BIBLIOTHÈQUE
HISTORIQUE
DE LA FRANCE,

CONTENANT

Le Catalogue des Ouvrages, imprimés & manuscrits, qui traitent de l'Histoire de ce Royaume, ou qui y ont rapport;

AVEC DES NOTES CRITIQUES ET HISTORIQUES:

Par feu JACQUES LELONG, Prêtre de l'Oratoire, Bibliothécaire de la Maison de Paris.

NOUVELLE ÉDITION

Revue, corrigée & considérablement augmentée

Par M. FEVRET DE FONTETTE, Conseiller au Parlement de Dijon.

TOME SECOND.

A PARIS,

De l'Imprimerie de JEAN-THOMAS HERISSANT, Imprimeur ordinaire du Roi, Maison & Cabinet de SA MAJESTÉ.

M. DCC. LXIX.

AVEC APPROBATION ET PRIVILÉGE DU ROI.

BIBLIOTHEQUE
HISTORIQUE
DE LA FRANCE.

a)

TABLE
DES CHAPITRES ET ARTICLES

Contenus dans ce second Volume de la Bibliothèque Historique de la France.

SUITE CHRONOLOGIQUE DES ROIS DE FRANCE,

Depuis le commencement de la Monarchie jusqu'à préfent.

SECTION PREMIERE DU LIVRE III.
CONTENANT L'HISTOIRE POLITIQUE DE FRANCE.

AVANT-PROPOS, pag. 1.

CHAPITRE I.
Préliminaires de l'Histoire des Rois de France. 3

   ARTICLE I. Traités de l'Origine des François, *ibid.*

   ARTICLE II. Traités & Ouvrages sur les Mœurs, Usages & Coutumes des François ; sur la Langue Françoise & les Antiquités, 20

   ARTICLE III. Mélanges & Ouvrages qui traitent de plusieurs parties de l'Histoire de France, 28

   ARTICLE IV. Histoires générales, Plans, Sommaires & Abrégés de l'Histoire de France, 39

   ARTICLE V. Traités concernant la Chronologie des Rois de France, [& l'établissement fixe des François dans les Gaules,] 63

   ARTICLE VI. Catalogue des Ecrivains de l'Histoire de France. [Jugemens sur les Historiens François.] 70

   ARTICLE VII. Collections d'Historiens contemporains, de Chroniques, & d'autres morceaux servans à l'Histoire de France, 75

CHAPITRE II.
Histoires des Rois de France, 79

   ARTICLE I. Histoires de ce qui s'est passé sous la première Race, *ibid.*

   ARTICLE II. Histoires de la seconde Race, 97

      §. I. Règne de Pepin, depuis 752, jusqu'en 768, *ibid.*

      §. II. Règne de Charlemagne, depuis 768, jusqu'en 814, 99

      §. III. Règne de Louis-le-Débonnaire, depuis 814, jusqu'en 840, 109

      §. IV. Règne de Charles-le-Chauve, depuis 840, jusqu'en 877, 114

      §. V. Règnes des derniers Rois de la seconde Race, depuis Louis le Begue, jusqu'à la mort de Louis V. ou depuis l'an 877, jusqu'en 987, 117

   ARTICLE III. Histoires de ce qui s'est passé sous la troisième Race, 125

PREMIERE PARTIE.

Règnes des premiers Rois de la troisième Race, ou des Capétiens, depuis l'an 987, jusqu'en 1328, *ibid.*

      §. I. Règnes de Hugues Capet & de Robert, jusqu'en 1031, *ibid.*

§. II. Règne de Henri I, depuis l'an 1027, (ou 1031) jusqu'en 1060, 127

§. III. Règne de Philippe I, depuis l'an 1059, jusqu'en 1108, 129

§. IV. Règne de Louis VI, ou *le Gros*, depuis l'an 1108, jusqu'en 1137, 135

§. V. Règne de Louis VII, ou *le Jeune*, depuis l'an 1137, jusqu'en 1180, 137

§. VI. Règne de Philippe II, ou *Auguste*, depuis l'an 1180, jusqu'en 1223, 140

§. VII. Règne de Louis VIII, depuis l'an 1223, jusqu'en 1226, 149

§. VIII. Règne de S. Louis, ou IX, depuis l'an 1226, jusqu'en 1270, 150

§. IX. Règne de Philippe III, dit *le Hardi*, depuis l'an 1270, jusqu'en 1285, 159

§. X. Règne de Philippe IV, dit *le Bel*, depuis l'an 1285, jusqu'en 1314, 160

§. XI. Règnes de Louis X, dit *le Hutin*, de Jean I, de Philippe V, ou *le Long*, & de Charles IV, dit *le Bel*; depuis l'an 1314, jusqu'en 1328, 165

SECONDE PARTIE.

Règnes de la première Branche de Valois,

§. I. Règnes de Philippe VI, ou *de Valois*, de Jean II, & de Charles V, ou *le Sage*; depuis l'an 1328, jusqu'en 1380, 167

§. II. Règne de Charles VI, depuis l'an 1380, jusqu'en 1422, 172

§. III. Règne de Charles VII, depuis l'an 1422, jusqu'en 1461, 178

§. IV. Règne de Louis XI, depuis l'an 1461, jusqu'en 1483, 195

§. V. Règne de Charles VIII, 1483 jusqu'en l'an 1498, 201

TROISIEME PARTIE.

Règnes de la seconde Branche de Valois, désignée sous le nom d'Orléans-Valois,

§. I. Règne de Louis XII.... 1498-1515, 207

§. II. Règne de François I.... 1515-1547, 213

§. III. Règne de Henri II..... 1547-1559, 227

§. IV. Règne de François II... 29 Juin 1559, jusqu'au 5 Décembre 1560, 233

§. V. Règne de Charles IX... 1560-1574, 236

§. VI. Règne de Henri III.... 1574-1589, 271

QUATRIEME PARTIE.

Règnes de la Branche de Bourbon, 328

§. I. Règne de Henri IV..... 1589-1610, ibid.

§. II. Règne de Louis XIII.... 1610-1643, 390

§. III. Règne de Louis XIV... 1643-1715, 492

§. IV. Règne de Louis XV, 612

CHAPITRE III.

Histoires de la Famille Royale de France, 627

ARTICLE I. Histoires Généalogiques des Rois de France, ibid.

§. I. Histoires Généalogiques des trois Races, 627

§. II. Traités Généalogiques de la première Race, 630

§. III. Traités Généalogiques de la seconde Race, 632

§. IV. Traités Généalogiques de la troisième Race, 635

ARTICLE II. Histoires des Reines de France, 644

ARTICLE III. Histoires des Seigneurs, Princes & Princesses issus de la Famille Royale de France, 657

§. I. Traités des Fils & Filles de France, & de leurs Appanages, ibid.

§. II. Histoires & Généalogies des Princes & Princesses du Sang de la première Race des Rois de France, 659

§. III. Histoires & Généalogies des Princes & Princesses de la seconde Race, 660

§. IV. Histoires & Généalogies des Princes & Princesses de la troisième Race, 661

Enfant de Hugues Capet, ibid.

Enfans du Roi Robert, ibid.

—— Anciens Ducs de Bourgogne, descendus du Roi Robert, en 1032, ibid.

—— Rois de Portugal, issus du Roi Robert, par les anciens Ducs de Bourgogne, 662

Enfans de Henri I, ibid.

Enfans de Louis VI, Comtes de Dreux, issus de Robert de France, cinquième fils de Louis VI, en 1147, ibid.

—— Ducs de Bretagne, issus de Louis VI, par les Comtes de Dreux, 663

—— Seigneurs de Courtenay, issus de Pierre de France, septième fils de Louis VI, ibid.

Enfant de Louis VII, 665

Enfans de Louis VIII, ibid.

—— Rois de Sicile, de la Branche des Comtes d'Anjou, issus de Charles, dernier fils de Louis VIII, ibid.

—— Comtes d'Artois, issus de Robert, fils de Louis VIII, 667

—— Comtes de Toulouse, dont Alphonse de France fut le dernier, ibid.

—— Isabelle de France, Fille de Louis VIII, ibid.

Enfans de S. Louis, IX. du nom, ibid.

—— Comtes de Clermont (&) Maison de Bourbon (renvoyée plus bas.)

Enfans de Philippe III, dit le Hardi : Comtes d'Evreux & Rois de Navarre, issus de Louis de France, fils puîné de Philippe III, 668

—— Comtes & Ducs d'Alençon, issus de Charles II. de Valois, petit-fils de Philippe III, ibid.

Enfans de Philippe VI, dit de Valois : Ducs d'Orléans, 669

TABLE DES CHAPITRES, &c.

Enfans du Roi Jean : Ducs d'Anjou, Rois de Sicile, issus de Louis son second fils, *ibid.*
—— Ducs de Berry, depuis Jean, troisième fils du Roi Jean, 670
—— Ducs de Bourgogne, issus de Philippe, quatrième fils, *ibid.*
Enfans de Charles V, Ducs d'Orléans, issus de Louis son second fils, desquels descendoit le Roi Louis XII, 674
—— Première Branche des Ducs d'Orléans, Comtes d'Angoulême, desquels descendirent les Rois depuis François I jusqu'à Henri III, 675
—— Seconde Branche des Ducs d'Orléans, Ducs de Longueville, 677
—— Troisième Branche, Marquis de Rothelin, issus des Ducs de Longueville, 679
Fille de Charles VI. *ibid.*
Fille de Charles VII. *ibid.*
Fils de Louis XI. *ibid.*
Sixième fils de S. Louis : Ducs de Bourbon, issus de Robert, Comte de Clermont, *ibid.*
—— Première Branche de Bourbon : Comtes de Montpensier, 680
—— Seconde Branche : Comtes de la Marche, 681
—— Troisième Branche : Comtes de Vendôme, *ibid.*
Enfans de Henri IV, 682
—— Ducs d'Orléans, *ibid.*
—— Filles du Roi Henri IV, 683
—— Ducs de Vendôme, issus du (même) Roi, 684
—— Autre fils naturel du Roi Henri IV, 686
Enfans de Louis XIII, Ducs d'Orléans, *ibid.*
Enfans de Louis XIV, Louis Dauphin son fils, Louis Duc de Bourgogne, &c. 687
—— Rois d'Espagne, issus de Louis XIV, 689
—— Princes Légitimés, fils de Louis XIV, *ibid.*
Enfans de Louis XV, 690
Enfans de Charles de Bourbon, Duc de Vendôme, ayeul du Roi Henri IV. Quatrième Branche de Bourbon, Princes de Condé, 692
—— Cinquième Branche : Princes de Conti, 695
—— Sixième Branche : Comtes de Soissons, 696
—— Septième Branche : Ducs de Montpensier, *ibid.*
—— Autres Branches de Bourbon, Seigneurs de Carency, &c. 697

Article IV. Généalogies des Princes Etrangers prétendus issus du Sang de France, *ibid.*
Observation sur les différentes Branches de la Maison Royale (troisième Race.) 701

CHAPITRE IV.

Cérémonial de France, 702
Article I. Cérémoniaux ou Recueils des Cérémonies de France, *ibid.*
Article II. Traités des Sacres des Rois & Reines de France, & du Couronnement de quelques Ducs, grands Vassaux, 703
Article III. Relations des Entrées solemnelles des Rois de France, des Reines, [des Seigneurs & Dames : Fêtes & Réjouissances publiques.] 712

Article IV. Discours de plusieurs autres Cérémonies faites du vivant des Rois, [Mariages, Baptêmes, Lits de Justice, Processions, Entrevues, Formulaires, Rangs & Séances.] 732
Article V. Descriptions des Pompes Funèbres des Rois, Reines, Princes & Princesses de France, 737

CHAPITRE V.

Traités politiques concernant les Rois & le Royaume de France, 742
Article I. Traités des Prérogatives des Rois de France, de leurs Palais & de leurs Armoiries, *ibid.*
§. I. Discours des Titres & Prééminences des Rois de France, [de leur Souveraineté & Autorité.] *ibid.*
§. II. Traités des Palais de nos Rois, 754
§. III. Traités des Armoiries des Rois de France, 756
Article II. Ouvrages sur le Gouvernement de l'Etat, 758
§. I. Traités du Droit Public, du Gouvernement en général, & des Devoirs des Souverains & des Sujets, *ibid.*
§. II. Traités historiques généraux sur le Gouvernement de la France, depuis l'origine des François jusqu'à présent, 767
§. III. Traités particuliers sur le Gouvernement du Royaume, 771
§. IV. Traités & Actes des Régences du Royaume, & de la Majorité des Rois de France, 781
§. V. Traités & Procès-verbaux des Etats Généraux du Royaume, & des Assemblées des Notables, 785
Article III. Recueils des Loix du Royaume,
§. I. Traités historiques généraux, 795
§. II. Des anciennes Loix des François, 796
§. III. Capitulaires des Rois de la seconde Race, 797
§. IV. Ordonnances des Rois de la troisième Race, 798
Article IV. Traités & Titres des Domaines du Roi,
§. I. Traités généraux du Domaine, 803
§. II. Titres & Droits du Domaine, rangés selon l'ordre alphabétique des Provinces & Villes du Royaume, 805
Article V. Traités concernans les Finances du Roi, 819
Article VI. Ouvrages sur le Commerce & la Marine de France, 829
Article VII. Contracts de Mariage & Testamens des Rois, &c. 837

Article VIII. Ouvrages sur le Droit de Succession à la Couronne, 844	§. III. Sur les Etats de Bourgogne & de Flandre, 871
Article IX. Traités sur les Alliances politiques de la France, 856	§. IV. Sur le Hainaut, la Flandre & le Brabant, 872
	§. V. Sur les Etats d'Espagne, 876
Article X. Ouvrages par rapport aux Droits de la Couronne de France sur plusieurs Etats voisins, 866	§. VI. Sur les Duchés de Lorraine & de Bar, 883
	§. VII. Sur Avignon & le Comté Venaissin, 886
§. I. Sur l'Empire, 867	§. VIII. Sur plusieurs Etats d'Italie, 887
§. II. Au sujet des Anglois, 870	§. IX. Intérêts des Princes & Etats de l'Europe, 890

Fin de la Table des Chapitres & Articles.

APPROBATION DU CENSEUR ROYAL.

J'ai lu, par ordre de Monseigneur le Chancelier, le second Volume de la nouvelle Edition de la *Bibliothèque Historique de la France*. J'y ai trouvé la même critique, & des recherches aussi curieuses que dans le premier Tome. Ainsi c'est avec une égale satisfaction, que je donne cette Approbation nouvelle. Fait à la Bibliothèque du Roi, ce 5 Septembre 1769. CAPPERONNIER.

Le Privilège est au Tome premier.

AVERTISSEMENT.

L'INTÉRÊT que les Sçavans continuent de prendre à la perfection de la Bibliothèque Historique, mérite de notre part un nouvel hommage de reconnoissance. Parmi ceux qui nous ont encore communiqué un grand nombre d'Articles, nous devons nommer en particulier M. le Baron DE HEISS, Capitaine au Régiment d'Alsace; M. JARDEL, Officier chez le Roi, demeurant à Braine, près Soissons; & M. de BEAUCOUSIN, Avocat au Parlement de Paris, le même, qui par un désintéressement digne de sa profession, nous a donné l'Exemplaire que le Père LE LONG avoit préparé pour une seconde Edition.

En publiant le premier Volume, nous nous sommes engagés de mettre à la tête du second une *Suite Chronologique de nos Rois* qui précédoit l'Ouvrage du P. LE LONG. Nous l'avons augmentée de réflexions préliminaires, & des différens systêmes proposés par les meilleurs Critiques, pour fixer les époques de la première Race, dont la Chronologie est, comme on sçait, sujette à mille difficultés. On peut se rappeller que le P. LE LONG disoit dans sa Préface, (*pag.* xvij de notre Edition,) qu'il suivoit à cet égard les sentimens de l'Abbé DE LONGUERUE, l'un des plus sçavans hommes de notre siécle.

Les Critiques, Auteurs des systêmes que nous avons rapprochés, sont rangés selon l'ordre des temps où leurs Ouvrages ont paru. Mais pour ne pas multiplier les colonnes, nous nous sommes bornés à ceux qui ont vraiment discuté la Chronologie de ce premier âge de notre Histoire. Ce sont Gilles *Boucher*, Jésuite Flamand, qui a écrit dès l'an 1638; Adrien *de Valois*; Godefroy *Henschenius*, l'un des premiers Bollandistes; Philippe *Labbe*, autre savant Jésuite; Charles *le Cointe*, Prêtre de l'Oratoire, Auteur des *Annales Ecclésiastiques de France*; François *Pagi*, Cordelier, dans sa *Critique* de Baronius; les Bénédictins, Auteurs du *Gallia Christiana*, qui représentent les sentimens de Dom Jean *Mabillon*; Dom Martin *Bouquet*, qui, dans sa *Collection des Historiens de France*, a communément suivi le systême de l'Abbé *de Longuerue*; feu M. Gouye de Longuemare; & M. *Schoepflin*, dans le premier Volume de son *Alsatia illustrata*.

AVERTISSEMENT.

Quant aux Historiens modernes qui sont entre les mains de tout le monde, tels que *Mézeray*, le Père *Daniel*, M. le Président *Hénault*, l'Abbé *Velly*, on trouvera leurs noms placés, comme en note, sous l'année fixée par les Critiques qu'ils paroissent avoir suivis. On n'a pas fait une mention particulière du Livre intitulé : l'*Art de vérifier les Dattes*; parceque les Auteurs d'un Ouvrage si utile, se sont conformés à Dom Bouquet, dans l'Histoire de la France.

Quelques personnes auroient desiré qu'on eût mis un *Errata* à la fin du premier Volume : mais nous les prions de considérer, que la nature de cet Ouvrage donnant lieu à des omissions, & même à des fautes que nous osons dire inévitables, il paroît plus utile de réunir dans le dernier Volume toutes les corrections & additions. Il auroit toujours fallu dans ce dernier Tome, revenir sur les précédens ; & cet *Errata* ainsi divisé, n'auroit pas offert les mêmes avantages qu'un Supplément suivi, & rendu complet par un plus grand nombre d'observations.

Nous avons, en terminant la Préface du premier Volume, prié les Savans de nous communiquer leurs remarques, soit pour les omissions, soit pour les corrections : nous renouvellons ici la même invitation. Trop heureux, si, par leurs avis, nous pouvons réussir à donner à cet Ouvrage important la perfection dont il est susceptible ! C'est le prix le plus flatteur que nous puissions attendre de notre travail.

SUITE CHRONOLOGIQUE
DES ROIS DE FRANCE,
Depuis le commencement de la Monarchie jusqu'à préfent.

LA Chronologie de nos Rois de la première Race eſt un cahos que les plus habiles Critiques ont tâché de débrouiller. Mais y ſont-ils parvenus? Peu d'accord entr'eux, rarement avec eux-mêmes, les Modernes ont élevé différens ſyſtêmes ſur ce que les Anciens nous avoient laiſſé. Chacun a voulu compter les années à ſa manière; & les inductions qu'on a tirées d'une date certaine, n'ont ordinairement ſervi qu'à jetter une plus grande incertitude ſur les faits qu'on cherchoit à éclaircir.

Que de ſentimens différens n'a pas enfanté la diſcuſſion de l'année de la Mort de S. Martin; que Grégoire de Tours a donnée comme une Epoque ſûre, pour fixer celle du grand Clovis! Il me ſemble qu'une des choſes qui a répandu beaucoup d'obſcurité dans ces calculs Chronologiques, c'eſt que nos premiers Hiſtoriens n'ont pas fait attention que l'année de la Naiſſance de J. C. ne répondoit pas exactement à celle de notre Ere vulgaire. On convient communément aujourd'hui que celle-ci, telle que Denys le Petit l'a donnée, & qu'on l'a ſuivie juſqu'à préſent, eſt trop courte, & qu'il s'en faut quatre années entières qu'elle remonte à la Naiſſance de notre Sauveur.

Je crois auſſi avec Dom Mabillon, que cette diverſité vient encore de ce qu'on a négligé les fractions d'années qui ſe ſont trouvées ou au commencement ou à la fin des Règnes de nos Rois; & que bien des Auteurs les ont tout à fait retranchées, pour n'exprimer que par des nombres complets les années de ces Règnes.

Mon deſſein n'eſt pas de m'ériger en juge entre tant de ſçavans hommes. J'ai héſité long-temps ſi je devois rapporter leurs ſentimens, expoſer avec toute la fidélité & la préciſion poſſibles, les raiſons qu'ils ont alléguées pour ou contre, les rapprocher les unes des autres, & inſiſter ſur celles qui m'auroient paru les plus convainquantes.

Mais quelque préciſion que j'euſſe employée, ce plan ne pouvoit manquer d'être très-vaſte, & par conſéquent déplacé dans cet Ouvrage. J'ai fait auſſi réflexion, que n'ayant point d'autres argumens à fournir que ceux dont les plus ſçavans Modernes ſe ſont ſervis, il valloit mieux, pour éviter toute répétition, renvoyer à leurs Ouvrages, qui ſont aſſez connus, & que nous indiquons ci-après, *pag*. 63 *& ſuiv*.

D'ailleurs, je me ſerois trop éloigné du but que je me ſuis toujours propoſé, de ſuivre en tout le Père le Long, & de donner exactement dans cette ſeconde Edition, ce qui avoit déjà paru dans la première. Cependant il n'étoit pas poſſible de faire imprimer la Chronologie des Rois dans l'état où il l'avoit donnée. Elle étoit trop remplie de fautes pour la durée des Règnes, & il l'avoit retranchée dans l'Exemplaire diſpoſé pour une nouvelle Edition.

Il paroit encore qu'adopter un ſentiment particulier, ce ſeroit excluré tous les autres. Si celui de l'Abbé de Longuerue, que le Père le Long a ſuivi, mérite la préférence ſur certains points, il y a d'autres ſentimens auſſi qui peuvent l'emporter de beaucoup ſur le ſien. Ainſi je me ſuis déterminé à tracer une Table ſynoptique des dates qu'ont fixées pour les Règnes en queſtion, les plus célèbres Critiques, & les meilleurs Hiſtoriens. J'ai cru que c'étoit le moyen le plus ſûr de contenter le Public, & d'éviter toute partialité, puiſque je laiſſe à chacun la liberté de choiſir celle des opinions qu'il regardera comme la mieux fondée. Je les range ſelon l'ordre des temps où les Ouvrages ont paru.

Dès le premier pas, on ſe trouve arrêté par une difficulté qui ne laiſſe pas d'avoir beaucoup de rapport à la Chronologie. Il s'agit de ſçavoir ſi l'on doit retrancher un ou pluſieurs de nos premiers Rois, & n'en commencer la ſuite qu'à Clovis. Le Père Daniel, qui a ſoutenu ce Problême hiſtorique, a trouvé autant de contradicteurs, qu'il y avoit alors de Sçavans. Ce n'eſt pas qu'ils fuſſent tous d'accord ſur celui de ces Rois, qui le premier avoit eu un établiſſement fixe dans les Gaules; mais le Père Daniel choquoit l'opinion commune; & Dom Liron, qui l'a réfuté, en avouant que cet Hiſtorien marque fort bien l'état de la queſtion, prétend que l'argument négatif dont il ſe ſert, n'a aucune force, & que toutes ſes autorités ne ſont pas ſuffiſantes pour rejetter un fait clairement fondé ſur l'ancien Auteur de la Vie de Sainte Geneviéve, & même ſur Grégoire de Tours, qui ſuppoſe que Clodion, après ſon irruption dans les Gaules, n'en a jamais été chaſſé entièrement; & que, croire le contraire, c'eſt confondre des faits que les Sirmond & les Pétau ont bien ſçu diſtinguer.

Dom Liron, après avoir répondu en détail aux objections du Père Daniel, regarde comme inconteſtable, que Childeric a régné paiſiblement en deçà du Rhin, & qu'il y poſſédoit un établiſſement fixe. D'autres penſent que c'eſt Mérovée ſon père; d'autres, que c'eſt Clodion. Au reſte, diſoit le Père le Long, (dans une Note miſe à la fin de ſa Suite Chronologique,) « on » tombe d'accord que c'eſt un ſentiment nouveau, mais bien fondé, de retrancher Pharamond » du nombre des premiers Rois de France; (1°. parceque le père de notre Hiſtoire, Grégoire

SUITE CHRONOLOGIQUE DES ROIS DE FRANCE.

de Tours, & tous les Ecrivains des VI. & VII. fiécles n'en font aucune mention : 2°.) « parce-
» que le commencement & la fin de fon Règne, dont on ne fçait aucune circonftance, ne
» font appuyés que fur la Chronique de Tyro-Profper, Auteur interpolé, (principalement dans
» les endroits où il parle des Rois de France, & fort décrié) au jugement de tous les Sça-
» vans. »

Mais retrancher Pharamond de la fuite de nos Rois, n'eft-ce pas diminuer l'antiquité de
cette Monarchie ? Non, difoit encore le Père le Long, « foit qu'on le place ou non entre
» nos Rois, il n'arrive aucun changement dans la Chronologie ; car tous conviennent que
» Clodion eft mort l'an de J. C. 451, après un Règne de plus de trente-fept ans. » C'eft en
effet n'y rien perdre, puifqu'alors la Monarchie aura été fondée en 414. Mais on verra
par la Table qui fuit, que le prétendu confentement fur la durée du Règne, & fur l'époque
de la mort de Clodion, n'eft rien moins qu'avoué de tous.

Au refte, la Monarchie Françoife eft encore plus ancienne dans les Gaules, fi l'on fait
attention à ce que M. Freret avance dans un Traité de l'Origine des François, qui eft encore
manufcrit. Selon lui, les Saliens, principale Nation des Francs, de laquelle viennent nos
premiers Rois connus, s'établirent vers l'an 291, dans la Toxandrie, aujourd'hui le Brabant
Septentrional, & ils furent confirmés dans cet établiffement par Julien en 358. Là étoit *Difpargum*, d'où Clodion partit pour s'emparer de Cambray, &c. C'eft le premier Roi des Francs
nommé par Grégoire de Tours, le père de notre Hiftoire ; mais il reconnoît que les Francs
en ont eu avant lui. On en trouve en effet plufieurs nommés par les Ecrivains Romains ; mais
on ignore de quelle Tribu ils étoient.

Ceux qui ne veulent ni ne peuvent examiner les raifons des Critiques dont nous allons
rapporter les différens fentimens, adopteront peut-être les dates fuivies par le plus
grand nombre, & fur-tout par les derniers, qui ont pefé les raifons de ceux qui les ont devancés :
cela feroit affez raifonnable. Après les plus grands travaux, on trouve quelquefois d'affez
fortes probabilités, fouvent de fimples vraifemblances ; ce qui vient de l'obfcurité où nous
ont laiffé les Ecrivains anciens, dont la plupart n'étoient pas contemporains, & qui font
d'ailleurs trop abrégés, ou peu exacts.

Première Race, dite des Mérovingiens.

	Le Père le Long & l'Ab. de Longuerue.	Le Père Boucher	Adr. de Valois.	Le Père Henfchenius.	Le Père Labbe.	Le Père le Cointe.	Le Père Pagi.	Gallia Chriftiana des Bénédictins.	Dom Bouquet.	Gouye de Longuemare.	M. Schoepflin.
CLODION règne en France vers l'an de J. C.	414	. . . .	428 Mezerai Velly	428	427	426	. . . .	427	427		
Il meurt l'an	451	. . . .	448 Mezerai Velly	448	447	446	447	447 ou 448	447		
MEROVÉE, fon fils, ou de fa race, lui fuccède. Il meurt l'an	456	456	458 Mezerai Daniel Velly	455	457	456	456	456 ou 458	456		
CHILDERIC I. fon fils, lui fuccède. Il eft dépofé, & le Comte Gilles eft mis à fa place	457										
Childeric I. eft rétabli l'an . .	464										
Il meurt l'an	481	481 ou 482	482	479	481 Mezerai Daniel	481	481	481 ou 482	481		
CLOVIS I. ou *le Grand*, fon fils, lui fuccède. Il meurt le 26 Novembre, l'an . .	511	511	511 Mezerai Daniel Velly Hénault	509	511	511	511	511	511		511
Ses quatre fils lui fuccédent. THIERRI I. règne à Reims [en Auftrafie.] CLODOMIR, à Orléans. CHILDEBERT, à Paris. CLOTAIRE I. à Soiffons. Clodomir, fecond fils de Clovis I. meurt l'an	524	. . . .	524 Mezerai	524	524 Daniel Velly	524 Hénault	524	524	524		
Thierri I. fils aîné de Clovis, meurt l'an	534	534	534 Mezerai	533	534 Daniel Velly	534 Hénault	534	534	534	. . . .	534
THEODEBERT I. fon fils, lui fuccède. Il meurt l'an	547	547	548 Mezerai	548	548 Daniel Velly	548 Hénault	547	548	547	. . . .	548

SUITE CHRONOLOGIQUE DES ROIS DE FRANCE.

	Le Père le Long & l'Ab. de Longuerue.	Le Père Boucher	Adr. de Valois.	Le Père Henschenius.	Le Père Labbe.	Le Père le Cointe.	Le Père Pagi.	Gallia Christiana des Bénédictins.	Dom Bouquet.	Gouye de Longuemare.	M. Schoepflin.
THEODEBALDE, son fils, lui succède. Il meurt l'an........	553	554	555 Mezerai	555	555 Daniel Velly	555 Hénault	553	555	553	....	555
Childebert I. troisième fils de Clovis I. meurt l'an.......	558	560	558 Mezerai	558	558 Daniel Velly	558 Hénault	558	....	558	....	558
Clotaire I. quatrième fils de Clovis I. règne seul. Il meurt l'an... Ses quatre fils lui succèdent. CARIBERT I. règne à Paris. GONTRAN, à Orléans, ou en Bourgogne. CHILPERIC I. à Soissons. SIGEBERT, le cadet de tous, à Metz.	561	561	561 Mezerai	561	561 Daniel Velly	561	561	560	561 [562 Hénault]	....	561
Caribert I. fils aîné de Clotaire I. meurt l'an.........	567	569	570 Mezerai	570	570	567 Daniel Velly	566 ou 567	566 Hénault	567	....	567
Sigebert I. quatrième fils de Clotaire I. meurt en Décembre de l'an................	575	575	575 Mezerai	575	575	575 Daniel Velly	575 Hénault	....	575	....	575
CHILDEBERT II. son fils, lui succède. Chilperic I. troisième fils de Clotaire I. meurt au commencement du mois d'Octobre de l'an................	584	584	584 Mezerai	584	584	584 Daniel Velly	584 Hénault	585	584	....	584
CLOTAIRE II. son fils, lui succède. Gontran, second fils de Clotaire I. meurt le 27 de Mars de l'an................	593	594	592 Mezerai	593 Daniel Velly	594	593	593 Hénault	592	593	....	....
Childebert II. fils de Sigebert I. lui succède au Royaume de Bourgogne. Il meurt l'an.. Ses deux fils lui succèdent. THEODEBERT II. en Austrasie. THIERRI II. en Bourgogne.	596	596	595 Mezerai	596	596 Daniel Hénault Velly	596	....	596	596	....	596
Theodebert II. fils aîné de Childebert II, meurt en l'an..	612	612	611 Mezerai	612 Daniel Velly	612	612	612	....	612	....	611
Thierri II. fils de Childebert II. meurt en l'an.....	613	613	612 Mezerai	613 Daniel	613 Hénault	613	613	....	613	....	612
SIGEBERT II. son fils, lui succède. Il est tué au commencement de Décembre........	613	613	613 Mezerai	613 Daniel Velly	614	613	613	....	613	....	613
Clotaire II. fils de Chilperic I. règne seul. DAGOBERT I. son fils, règne en Austrasie l'an.......	622	623	623	621	622 Mezerai Daniel	622 Hénault Velly	622	....	622	....	622
Clotaire II. fils de Chilperic I. meurt en l'an...........	628	628	628 Mezerai	628	628 Daniel Velly	628 Hénault	628	628 no 629	628	....	628
Dagobert I. fils de Clotaire II. règne en Austrasie & en Bourgogne. CARIBERT II. son frère, règne en Aquitaine. Il meurt en l'an.......	629	637	631 Mezerai	636	637	630 Daniel Hénault Velly	630	....	631	....	630
Dagobert I. fils aîné de Clotaire II. règne seul. SIGEBERT III. son fils, règne en Austrasie l'an.....	632	639	633 Mezerai	638	639	633 [632 Daniel Hénault Velly]	633 Velly	633	633	634	633
Dagobert I. fils aîné de Clotaire II. meurt en l'an.....	638	644	638 Mezerai	644	644	638 Daniel Hénault Velly	638	....	638	638	638
CLOVIS II. son fils, lui succède en Neustrie & en Bourgogne. Sigebert III. second fils de Dagobert I. meurt l'an.....	656	654	650 Mezerai	662	662	654 Daniel Velly	656 Hénault	650	656	655	656

Tom. II.

SUITE CHRONOLOGIQUE DES ROIS DE FRANCE.

	Le Père le Long & l'Ab. de Longuerue.	Le Père Boucher	Adr. de Valois.	Le Père Henschenius.	Le Père Labbe.	Le Père le Cointe.	Le Père Pagi.	Gallia Christiana des Bénédictins.	Dom Bouquet.	Gouye de Longuemare.	M. Schoepflin.
CHILDEBERT, fils de Grimoalde, Maire du Palais de Sigebert, Roi d'Auſtraſie, tient la Couronne pendant ſept mois. Clovis II. fils aîné de Dagobert I. règne ſeul. Il meurt en Novembre....	656	660 Hénault Velly	654	663	663	655 Mezerai	656	655 ou 656 Daniel	656	656	656
CLOTAIRE III. ſon fils, lui ſuccède. CHILDERIC II. ſon frère, règne en Auſtraſie, l'an....	660	655	655	664	664	660 Hénault	660	....	●	661	660
Clotaire III. fils aîné de Clovis II. meurt l'an........ THIERRI III. ſon frère, lui ſuccède. Childeric II, ſecond fils de Clovis II. règne ſeul en Auſtraſie & en Neuſtrie. Il meurt l'an........	670	664	668 Mezerai Hénault Velly	675	676	669	670	....	670	671	671
Il meurt l'an........ DAGOBERT II. fils de Sigebert III. règne dans (une partie de) l'Auſtraſie, l'an........	673	667	673 Mezerai Hénault Velly	679	680	673	673	....	673	674	674
	674	....	673 Mezerai	680	....	680	674	[672 Daniel]	673 Hénault	....	674
Il eſt maſſacré l'an.... Thierri III. troiſième fils de Clovis II. règne ſeul.	678	....	680 Velly	687	....	678 Mezerai	....	....	678	679 Daniel Mezerai	679
Il meurt l'an........ CLOVIS III. ſon fils, lui ſuccède.	690	690	690 Mezerai Hénault Velly	693	694	692	691	691	691	691	691
Il meurt l'an........ CHILDEBERT III. ſon frère, lui ſuccède.	695	694	694	698	698	694	695 Mezerai Hénault Velly	695	695	695	695
Il meurt l'an........ DAGOBERT III. ſon fils, lui ſuccède.	711	711	711 Mezerai Daniel	711	711	711	711 Hénault Velly	711	711	711	711
Il meurt l'an........ CHILPERIC II. fils de Childeric II. lui ſuccède. CLOTAIRE IV. cru fils de Thierri III. ou de Clovis III. ou de Dagobert III. eſt déclaré Roi en..............	715	715	715	715	716 Daniel Hénault Velly	715	715	715	715	715	715
	717	718 Mezerai	717 Daniel	718 Velly	718	718	717	717	717	....	717
Il meurt l'an........	719	719 Mezerai	718		718	719 Daniel	719 Velly	719	719	719	719
Chilperic II. meurt l'an... THIERRI IV. dit de Chelles, fils de Dagobert III. eſt déclaré Roi.	721	720	721 Mezerai Daniel Velly	720 Hénault	720	721	720	720	720	720	720
Il meurt l'an........	737	741	738 Mezerai Velly	737 [736 Daniel Hénault]	737	737	737	737	737	737	737
Interrègne, qui finit l'an.. CHILDERIC III. fils de Thierri IV. ou de Chilperic II. eſt fait Roi.	742	....	743 Mezerai Velly	743	743	743	742 Daniel Hénault	742	742	743	742
Il eſt dépoſé l'an......	752	752	....	752 [750 Daniel Hénault]	752 [751 Mezerai Velly]	752	752	752	752	752	752
Il meurt l'an........	754										

Seconde Race, dite des Carliens ou Carlovingiens.

S'il y a quelque différence dans la Chronologie de cette Race, elle eſt ſi peu conſidérable, qu'elle ne mérite pas qu'on s'y arrête. Ainſi je vais reprendre le plan du Père le Long, en corrigeant les fautes qui étoient dans la première Edition, qu'il avoit lui-même rectifiée.

PEPIN, dit *le Bref*, eſt ſacré le 21 d'Avril de l'an.............................. 752.
Après avoir régné ſeize ans & cinq mois, il meurt le 24 de Septembre de l'an........ 768.

Ses fils lui ſuccèdent, & ſont ſacrés le 9 d'Octobre.
CHARLEMAGNE, fils aîné de Pepin, règne en Neuſtrie.
CARLOMAN, ſecond fils de Pepin, règne en Auſtraſie & en Bourgogne. Après avoir régné trois ans avec ſon frère, il meurt l'an...... 771.
Charlemagne règne ſeul.
Après avoir régné quarante-cinq ans &

SUITE CHRONOLOGIQUE DES ROIS DE FRANCE.

quatre mois, il meurt le 28 Janvier de l'an : 814.
Louis I. dit *le Débonnaire*, son fils lui succède.
 Après avoir régné vingt-six ans & environ cinq mois, il meurt le 20 de Juin de l'an... 840.
Charles II. dit *le Chauve*, son fils, lui succède.
 Après avoir régné trente-sept ans & environ quatre mois, il meurt le 6 d'Octobre de l'an 877.
Louis II. dit *le Bègue*, son fils lui succède, & est sacré le 8 de Décembre.
 Après avoir régné un an & demi, il meurt le 10 d'Avril de l'an................ 879.
 Ses deux fils lui succèdent.
Louis III. fils aîné de Louis II. après avoir régné trois ans & quelques mois, meurt au mois d'Août de l'an................ 882.
Carloman II. second fils de Louis II. règne seul.
 Après avoir régné environ six ans, il meurt l'an........................ 885.
Charles *le Gros*, Empereur, troisième fils de Louis I. Roi de Germanie, qui étoit le troisième fils de Louis-le-Débonnaire, & Cousin de Louis-le-Bègue, gouverne le Royaume pendant la minorité de Charles-le-Simple.
 Après trois années de son Gouvernement, il meurt le 14 Juin de l'an.......... 888.
Eudes, Comte de Paris, est élu, sacré & couronné Roi.
Charles III. dit *le Simple*, troisième fils de Louis II. dit *le Bègue*, est proclamé Roi le 27 Janvier de l'an................. 893.

Eudes, Comte de Paris, après avoir régné neuf ans six mois vingt-un jours, meurt le 5 de Janvier de l'an.................. 898.
Robert, frère d'Eudes, Comte de Paris, est élu Roi le 30 Juin de l'an............. 922.
 Après avoir régné un an moins quinze jours, il est tué le 15 de Juin de l'an........ 923.
Raoul, Duc de Bourgogne, & beau-frère de Robert, est déclaré Roi le 13 de Juillet.
 Charles III. dit *le Simple*, après avoir régné trente-six ans & huit mois, avec bien des traverses, meurt, dans la prison où le tenoit le Comte de Vermandois, le 7 d'Octobre de l'an 929.
 Raoul, fils de Richard, Duc de Bourgogne, après avoir régné douze ans & six mois, reconnu seulement d'une partie de la France, meurt le 15 de Janvier de l'an....... 936.
Louis IV. dit *d'Outremer*, fils de Charles *le Simple*, succède à Raoul, & est sacré le 20 de Juin.
Lothaire, fils de Louis IV. règne, étant associé par son père, l'an............. 951.
 Louis IV. fils de *Charles le Simple*, après avoir régné dix-huit ans & environ huit mois, meurt le 11 de Septembre de l'an... 954.
 Lothaire, fils de Louis IV. règne seul.
Louis V. son fils, est couronné Roi l'an.... 983.
 Lothaire, fils de Louis IV. après avoir régné trente-quatre ans, meurt le 2 de Mars de l'an............................ 986.
 Louis V. fils de Lothaire, règne seul.
 Après avoir régné quatre ans, il meurt le 22 de Juin de l'an................. 987.

Troisième Race, dite des Capétiens.

Hugues Capet, fils de Hugues *le Grand*, & petit-fils du Roi Robert, est élevé à la Couronne par les Etats du Royaume, assemblés à Noyon au mois de Mai de l'an.. 987.
 Il est sacré & couronné à Reims le 3 de Juillet de la même année.
Robert de France, son fils, est couronné Roi le premier Janvier de l'an............ 988.
 Hugues Capet, après avoir régné dix ans & quatre mois, meurt le 24 d'Octobre de l'an.............................. 998.
 Robert de France, son fils, règne seul.
Hugues de France, fils de Robert, est sacré Roi & couronné le 9 Juin de l'an....... 1017.
 Il meurt sans avoir été marié, le 17 Septembre de l'an....................... 1026.
 Robert de France règne seul pour la seconde fois.
Henri I. second fils de Robert de France, est couronné le 23 Mai de l'an............ 1027.
 Robert de France, après avoir régné quarante-trois ans & demi, meurt le Mardi 20 Juillet de l'an....................... 1031.
 Henri I. son fils, règne seul.
Philippe I. fils de Henri I. est sacré & couronné le 23 Mai de l'an............... 1059.
 Henri I. après avoir régné trente-trois ans trois mois, meurt le 4 Août de l'an..... 1060.
 Philippe I. son fils aîné, règne seul.
 Louis, son fils aîné, est désigné Roi l'an... 1099.
 Philippe, après avoir régné quarante-neuf ans deux mois & six jours, meurt le 29 de Juillet de l'an...................... 1108.
Louis VI. dit *le Gros*, son fils aîné, lui succède, & il est sacré & couronné le 2 Août.
Philippe de France, fils aîné de Louis VI. est couronné le 14 Avril de l'an......... 1129.
 Après avoir régné deux ans & demi avec son père, il meurt sans enfans, le 13 d'Octobre de l'an........................ 1131.
 Louis VI. fils de Philippe I. règne seul.

Louis VII. dit *le Jeune*, son second fils, est couronné le 25 d'Octobre de la même année. 1131.
 Louis VI. fils de Philippe I. après avoir régné vingt-neuf ans, meurt le 1 Août de l'an 1137.
 Louis VII. fils de Louis VI. règne seul.
Philippe II. surnommé *Auguste*, fils unique de Louis VII. est couronné le premier Novembre de l'an................... 1179.
 Louis VII. second fils de Louis VI. après avoir régné quarante-neuf ans moins un mois & quelques jours, meurt le 18 Septembre de l'an........................... 1180.
 Philippe II. son fils, règne seul.
 Après avoir régné quarante-trois ans huit mois & quatorze jours, il meurt le 14 Juillet de l'an............................ 1223.
Louis VIII. son fils, lui succède.
 Après avoir régné trois ans trois mois & vingt-quatre jours, il meurt le 8 Novembre de l'an............................ 1226.
Saint Louis, IX. du nom, son fils, lui succède.
 Après avoir régné quarante-trois ans neuf mois & dix-sept jours, il meurt le 25 Août de l'année......................... 1270.
Philippe III. dit *le Hardi*, son fils lui succède.
 Après avoir régné quinze ans un mois & dix jours, il meurt le 5 d'Octobre de l'an... 1285.
Philippe IV. dit *le Bel*, son fils, lui succède.
 Après avoir régné vingt-neuf ans un mois & vingt-quatre jours, il meurt le 29 Novembre de l'an........................ 1314.
Louis X. dit *Hutin*, son fils aîné, lui succède.
 Après avoir régné un an six mois & six jours, il meurt le 5 de Juin de l'an...... 1316.
 Il ne laisse qu'une fille, nommée *Isabelle*, qu'il avoit eue de Marguerite de Bourgogne; laquelle fille, par la Loi Salique, (pra-

SUITE CHRONOLOGIQUE DES ROIS DE FRANCE.

tiquée dès le commencement de la première Race,) étoit incapable de succéder à la Couronne : mais il avoit épousé en secondes noces, le 5 Août 1315, *Clémence d'Anjou*, dite de *Hongrie*, qui se trouva enceinte le jour du décès du Roi. Comme il étoit incertain si elle mettroit au monde un fils ou une fille, *Philippe* de France, Comte de Poitou, frère de Louis Hutin, ne prit d'abord que la qualité de Régent.

La Reine *Clémence* accoucha d'un fils le 15 Novembre, qui fut nommé JEAN; il mourut le 19 du même mois.

PHILIPPE V. dit *le Long*, second fils de Philippe IV. succède au Roi Jean son neveu.

C'est le premier exemple de la Loi Salique, dans la postérité de Hugues-Capet.

L'année commençoit alors à Pâques.

Philippe V. second fils de Philippe IV. est sacré le 7 Janvier 1316. & nouveau style.. 1317.

Après avoir régné quatre ans sept mois moins trois jours, il meurt le 2 Janvier de l'an.... 1321.

CHARLES IV. dit *le Bel*, Comte de la Marche, troisième fils de Philippe IV. succède à Philippe-le-Long, son frère. 1322.

Après avoir régné six ans & un mois moins un jour, il meurt le premier Février de l'an. 1327. ou 1328.

Il laisse une fille, nommée Marie, de *Jeanne d'Evreux*, sa troisième femme, qui étoit enceinte. Dans le doute si elle auroit un fils, Philippe, Comte de Valois, Pair de France, cousin-germain de Charles IV. & fils de Charles de France, Comte de Valois, qui étoit fils de Philippe III. dit le Hardi, est nommé Régent.

La Reine Jeanne accouche d'une fille le premier Avril suivant, qui est nommée Blanche, & qui est incapable, par la Loi Salique, de succéder à la Couronne.

PHILIPPE VI. dit *de Valois*, prit alors la qualité de Roi, malgré les oppositions d'Edouard III. Roi d'Angleterre, fils d'Isabelle de France, fille de Louis Hutin.

Première Branche, dite de Valois.

Philippe VI. dit de Valois, fut couronné Roi le 29 de Mai de l'an.............. 1328.

Ce fut en sa personne que la Loi Salique fut suivie pour la seconde fois dans la postérité de Hugues-Capet.

Philippe VI. après avoir régné vingt-trois ans six mois & vingt-un jours, meurt le 22 d'Août de l'an................... 1350.

JEAN II. son fils aîné, lui succède.

Il est fait prisonnier par les Anglois, le 19 Septembre......................... 1356.

Charles, son fils aîné, Dauphin de Viennois, est nommé Régent pendant la détention de son père.

Jean retourne en France, en vertu du Traité de Bretigny, le 7 Mai de l'an......... 1360.

Après avoir été Roi treize ans sept mois & seize jours, il meurt le 8 Avril de l'an.... 1364.

CHARLES V. dit *le Sage*, son fils aîné, lui succède.

Après avoir régné seize ans & près de cinq mois, il meurt le 3 de Septembre de l'an.... 1380.

CHARLES VI. son fils aîné, lui succède.

Après avoir régné quarante-deux ans un mois dix-sept jours, il meurt le 20 d'Octobre de l'an..................... 1422.

CHARLES VII. son cinquième fils, lui succède, les quatre autres étant morts avant leur père.

Après avoir régné trente-neuf ans & neuf mois, il meurt le 22 de Juillet de l'an... 1461.

LOUIS XI. son fils aîné, lui succède.

Après avoir régné vingt-deux ans un mois & huit jours, il meurt le 30 d'Août de l'an.. 1483.

CHARLES VIII. son fils unique lui succède.

Après avoir régné quatorze ans sept mois & huit jours, il meurt sans enfans le 7 Avril de l'an....................... 1498.

Seconde Branche, dite d'Orléans-Valois.

LOUIS XII. fils de Charles, Duc d'Orléans, qui étoit fils de Louis de France, second fils de Charles V. est sacré le 27 de Mai.

Après avoir régné seize ans huit mois & vingt-quatre jours, il meurt le premier Janvier de l'an 1514, ou, selon notre calcul ou le nouveau style................ 1515.

Il ne laissa que des filles.

FRANÇOIS I. Comte d'Angoulême & Duc de Valois, fils de Charles d'Orléans, qui étoit fils de Jean, Comte d'Angoulême, frère puîné de Charles, Duc d'Orléans, père de Louis XII. fut sacré le 25 Janvier.

Après avoir régné trente-deux ans deux mois & six jours, il meurt le 31 Mars de l'an 1547.

HENRI II. son fils puîné, lui succède; François son aîné étant mort avant lui.

Après avoir régné douze ans trois mois & dix jours, il meurt le 10 Juillet de l'an.... 1559.

FRANÇOIS II. son fils aîné, lui succède.

Après avoir régné un an quatre mois & vingt-cinq jours, il meurt sans enfans le 5 Décembre de l'an................. 1560.

CHARLES IX. son frère, second fils de Henri II. lui succède.

Après avoir régné treize ans cinq mois & vingt-cinq jours, il meurt sans enfans légitimes, le 30 de Mai de l'an.......... 1574.

HENRI III. son frère, troisième fils de Henri II. lui succède.

Après avoir régné quinze ans & deux mois, il est assassiné sans laisser d'enfans, le premier Août de l'an.................. 1589.

Troisième Branche, dite de Bourbon.

HENRI IV. dit *le Grand*, Roi de Navarre, fils d'Antoine de Bourbon, qui descendoit en ligne directe de Robert de France, Comte de Clermont, sixième fils de saint Louis, lui succède.

Il est sacré le 27 de Février de l'an...... 1594.

Après avoir régné vingt ans neuf mois & quatorze jours, à compter depuis le premier Août de l'an 1589, que fut tué Henry III. il est aussi assassiné le 14 Mai de l'an........ 1610.

LOUIS XIII. dit *le Juste*, son fils aîné, lui succède.

Après avoir régné trente-trois ans, il meurt le 14 de Mai de l'an................ 1643.

LOUIS XIV. dit *le Grand*, son fils aîné, lui succède.

Après avoir régné soixante & douze ans trois mois & dix-huit jours, il meurt le 1 Septembre de l'an..................... 1715.

LOUIS XV. troisième fils de Louis de Bourbon, fils aîné de Louis de France, qui étoit fils unique de Louis XIV. lui succède, & règne [encore heureusement.]

Il paroît évidemment, par cette Suite chronologique des Rois de France, que depuis le commencement de la Monarchie jusqu'à présent, il y a eu quatre-vingt-sept Rois qui ont porté la Couronne, ou ensemble, ou les uns après les autres, y comprenant l'Empereur Charles-le-Gros : sçavoir, trente-cinq dans la première Race, depuis l'an de Jesus-Christ 414, jusqu'en 752, seize dans la seconde Race, depuis l'an 752 jusqu'en 987, & trente-six dans la troisième Race, depuis l'an 987, [jusqu'à la présente année 1769, cinquante-cinquième du Règne de LOUIS XV. que ses peuples ont surnommé LE BIEN-AIMÉ.]

BIBLIOTHÈQUE
HISTORIQUE
DE LA FRANCE,

CONTENANT

Le Catalogue de tous les Ouvrages qui traitent de l'Hiſtoire de ce Royaume, ou qui y ont rapport.

LIVRE TROISIÈME.

Hiſtoire Politique de France.

J'APPELLE ainſi l'Hiſtoire renfermée dans ce Livre, parcequ'elle concerne le Gouvernement politique, ou l'Hiſtoire des Rois de France & de leurs Officiers.

Je la diviſe en ſix Chapitres.

Le premier contient les Préliminaires de l'Hiſtoire de nos Rois, ou les Traités de l'Origine des François; [les Mœurs, Coutumes & Antiquités; & les Mélanges de l'Hiſtoire de France;] les Plans, Sommaires & Abrégés de cette Hiſtoire; la Chronologie de ſes Rois; les divers Catalogues de ſes Hiſtoriens; [les Collections d'Hiſtoriens contemporains, Chroniques, Lettres, & autres Morceaux ſervans à l'Hiſtoire de France.]

On trouve dans le ſecond Chapitre, les Hiſtoires générales de France & les Hiſtoires particulières de ſes Rois, rangées ſelon la dernière date qui s'y trouve : ainſi il ſuffit de connoître cette date, pour trouver facilement la place qu'elles occupent dans cette Bibliothèque. Toutes ces Hiſtoires ſont partagées ſelon les trois Races; & la troiſième Race eſt ſubdiviſée en trois Parties, dont la première finit avec le Règne de Charles-le-Bel; la ſeconde comprend les Hiſtoires des deux Branches de Valois; & la troiſième, celles de la Branche de Bourbon.

Le troiſième Chapitre contient les Hiſtoires de la Maiſon Royale. Je place d'abord les Hiſtoires ou Traités généalogiques des Rois de France, ſoit en général, soit par rapport à chaque Race ; je mets enſuite les Vies des Reines de France. On trouve après ces Vies, les Hiſtoires chronologiques & les Généalogies des Enfans de France, Seigneurs, Princes & Princeſſes du Sang, en gardant l'ordre de leur Origine. Je finis ce Chapitre par les Généalogies ou Traités dans leſquels quelques Auteurs ſoutiennent que les Maiſons d'Autriche & de Lorraine ſont iſſues du Sang de France, avec les Réponſes à ces Traités.

Le Cérémonial de France remplit le quatrième Chapitre. Je mets au commencement les Recueils des Cérémoniaux, enſuite les Traités qui expliquent le Sacre des Rois & des Reines de France ; les Relations des Entrées publiques, les autres Cérémonies faites du vivant des Rois, & enfin leurs Pompes funèbres.

Je rapporte dans le cinquième Chapitre, les Traités politiques qui concernent les Rois & le Royaume. Les Traités des Droits, Prérogatives & Prééminences de nos Rois, de leurs Palais, de leurs Armes & Blaſon, ſont mis au premier rang. Je place au ſecond les Traités qui regardent le Gouvernement de l'Etat ; comme les Traités de l'Etat du Royaume, des Maires du Palais, des Régences, de la Majorité des Rois, des Etats-Généraux, & des Aſſemblées des Notables. Au troiſième rang, ſont les Recueils des Loix du Royaume, les Capitulaires & Ordonnances de nos Rois. Enſuite ſe trouvent les Ouvrages qui traitent du Domaine, & des Finances ; les Contrats de Mariage, les Ecrits qui parlent du Droit de Succeſſion à la Couronne, des Alliances politiques, des Droits de la France ſur pluſieurs Etats voiſins ; les Recueils des Traités de Paix, de Trève, de Neutralité, de Confédération, d'Alliance & de Commerce ; les Recueils des Actes publics & des Chartes : enfin, les Lettres hiſtoriques, Mémoires d'Etat, Dépêches, Ambaſſades, Négociations, Entrevues, Conférences, & autres Recueils de Pièces ſervant à l'Hiſtoire de France, qui ſont rangés ſuivant l'ordre des Règnes de nos Rois.

Le ſixième & dernier Chapitre renferme tout ce qui regarde les Offices & les Officiers principaux du Royaume. On y voit d'abord les Traités généraux des Dignités du Royaume, & ſur-tout ce qui regarde les Pairs ; enſuite je rapporte les Hiſtoires des Grands Officiers de la Couronne, ſuivies de celles des autres Officiers de Guerre, afin que ce qui la concerne ſe trouve ramaſſé de ſuite. Je place après les Hiſtoires des Grands Officiers de la Maiſon du Roi, auxquels je joins les Traités de ſes Commenſaux. Les Miniſtres, Conſeillers & Secrétaires d'Etat, avec les Ambaſſadeurs & les Maîtres des Requêtes, trouvent ici leurs places, ou plutôt leurs Hiſtoires. Ce Livre finit par les Hiſtoires des Officiers de Robbe, des Cours des Parlémens, des Chambres des Comptes, des Cours des Aydes, des Monnoies, &c.

CHAPITRE PREMIER.

Préliminaires de l'Histoire des Rois de France.

ARTICLE PREMIER.

Traités de l'Origine des François.

15357. Mſ. LIBER de origine Francorum, Gothorum, &c. *in-fol.*

Ce Livre [étoit] conservé dans la Bibliothèque de M. Colbert, num. 3994 [& est aujourd'hui en celle du Roi.]

15358. De Gallica Regione & Origine regnorum & gentium Regionis ejusdem : ex Memoriali historico JOANNIS, Parisiensis, Canonici Regularis sancti Victoris.

Cet Extrait de l'origine des François, des Bourguignons, des Normands, des Peuples de Flandres & de Lorraine, est imprimé dans du Chesne, au tom. I. de son *Recueil des Historiens de France*, pag. 128. Jean Bauyin, Chanoine Régulier de S. Victor, Auteur de ce Mémorial, est mort [vers 1351.]

15359. Mſ. ANDREÆ, Arelatensis, Libri tres de origine & gestis Francorum.

Cet Ouvrage, qui a été dans la Bibliothèque d'Alexandre Pétau, Conseiller au Parlement de Paris, a passé depuis dans celle de la Reine de Suède, comme le marque le Père Labbe, à la pag. 14 de sa *Nouvelle Bibliothèque des Manuscrits : Parisiis*, 1653, *in-4.* Il est à présent avec les autres Manuscrits de cette Reine, dans la Bibliothèque du Vatican. Du Cange, qui s'en est servi, le cite dans le Catalogue des Auteurs, au commencement du tom. I. de son *Glossaire Latin*.

15360. De l'Origine des François, & de leur venue ès Gaules ; par Nicole GILLE.

Ce Discours est imprimé au-devant de ses *Annales : Paris*, 1492, *in-4.* & dans les Editions suivantes.

15361. Nicolai COCCINII, Tubingensis, de Francorum origine.

Ce Discours est imprimé avec ses Ouvrages : *Argentorati*, Greminger, 1506, *in-4.* & dans Schardius, tom. I. pag. 717, de son *Recueil des Historiens d'Allemagne : Basileæ*, 1574, *in-fol.*

15362. Les Généalogies & Descentes des Gaulois ou François, Troyens, &c.

Ces Généalogies sont imprimées dans la première partie du *Rosier historial de France : Paris*, 1528, *in-fol.*

15363. Joannes TRITHEMIUS, Abbas Spanhemius, de origine Francorum : ex sex Libris Wastaldi de introitu Sicambrorum ad partes Rheni in Germaniam; & duodecim ultimis Hunibaldi Libris de Francis Epitome, usque ad Imperium Arnulphi Cæsaris : *Moguntiæ*, 1515, *in-fol.*

Cet Abrégé de Trithème, mort en 1519, est aussi imprimé dans le *Recueil de ses Ouvrages historiques : Francofurti*, 1606, *in-fol.* & dans Schardius : (*Basileæ*, 1574, *in-fol.*) pag. 301, tom. I. de ses *Historiens d'Allemagne*. Hunebaud, François, a (dit-on) continué l'Histoire de Walstad l'espace de neuf cens vingt-six ans, jusqu'à la mort du Roi Clovis, l'année 511 de Jesus-Christ, en laquelle on fait vivre Hunebaud. Il a été suivi par Nicole Gille, dans ses *Annales de France* ; par Texera, dans sa *Généalogie du Roi Henri IV.* mais surtout par Jacques Charron, dans son *Histoire universelle*, à laquelle il a joint une Apologie pour Hunebaud. C'est néanmoins un Auteur des plus décriés. Ses mensonges ont été réfutés par le Comte Nuénare, Adrien de Jonghe [ou Junius,] Douza, Scaliger, Cluvier, Isaac Pontanus, Jean Dillenus & plusieurs autres, dont la critique fait connoître combien l'on doit faire peu de cas de cet Abrégé de Trithème.

☞ *Voyez* sur ce Livre & le suivant, les *Mémoires du Père Niceron, tom. XXXVIII. pag. 116.*]

15364. ☞ Compendium sive Breviarium primi voluminis Annalium sive Historiarum de origine Regum & gentis Francorum Joannis TRITHEMII : *Parisiis*, Vechel, 1539, *in-fol.*

Cet Ouvrage n'est pas le même que celui rapporté à l'article précédent : il commence à peu près au même temps, c'est-à-dire, à l'an 440 avant Jesus-Christ, & il finit à la déposition de Childéric & à l'élection de Pepin, qu'il place à l'an de Jesus-Christ 749.]

15365. De la Généalogie des Princes descendus des Troyens, & nommément des François par Jean LE MAIRE, de Belges.

Cette Généalogie est imprimée au Livre III. de son *Illustration des Gaules : Paris*, 1512, *in-fol.* C'est une Piéce remplie de fables ; l'Auteur y fait remonter les Rois de France jusqu'aux Troyens. C'est sans doute de cet Ouvrage, dont parle au commencement de son *Inventaire de l'Histoire de France*, Jean de Serres, qui la rejette avec mépris. Cette Descendance est crue véritable près de huit cens ans, & soutenue par tous les Ecrivains de notre Histoire ; la fausseté n'en a été reconnue qu'au commencement du seizième siècle, par le Comte Nuénare, & depuis par Nicolas Vignier [, &c.]

☞ Voici les titres des différens Livres de cet Ouvrage.

Le premier Livre des Illustrations de Gaule & Singularités de Troyes, composé par Jean LE MAIRE, Secrétaire & Indiciaire, (c'est-à-dire, Historiographe) de Madame Marguerite Auguste ; avec les deux Epîtres de l'Amant verd.

Le second Livre des Illustrations de Gaule & Singularités de Troyes.

Le tiers Livre des Illustrations de Gaule & Singularités de Troyes, intitulé, nouvellement de France Orientale & Occidentale, auquel principalement est comprise au vrai la Généalogie historiale du très saint, très-digne & très-Chrétien Empereur, Charles le Grand, père de Louis le Débonnaire, premier de ce nom ; laquelle Généalogie, tant en ligne féminine comme masculine, est déduite de père en fils, depuis Francus, fils légitime de Hector de Troyes, jusqu'à Pepin le Bref, premier Roi des François, en cette Généalogie.

L'Epître du Roi à Hector de Troyes, & aucunes autres Œuvres assez dignes de voir : *Paris*, Nicolas Hertman, pour Ambroise Giraud, 1533, *in-fol.* goth.

Le Père le Long a parlé amplement de cet Ouvrage sous le Règne de Pepin. *Voyez* encore le *Voyage Lit-*

téraire de Jordan, *p.* 189. = Le Gendre, *tom.* II. *p.* 61. = Lenglet, *Méth. historiq. tom.* IV. *pag.* 51. = Sorel, *pag.* 217 & 265.]

15366. Libertas Germaniæ, quâ Germanos Gallis, neminem verò Gallum à Christi natali Germanis imperasse probatur certissimis classicorum Scriptorum testimoniis : sive de origine Francorum, eorumque Regibus, quos Germanos fuisse, ut & Civitates & Populos Transrhenanam ripam incolentes ostenditur ; auctore Hieronymo GEBWILERIO : *Argentorati*, Scotus, 1519, *in-*4.

Ce Traité est aussi imprimé dans Schardius, au tom. I. de son *Recueil des Historiens d'Allemagne, pag.* 433 : *Basileæ*, 1574, *in-fol.* Samuël Schurzfleisch, quoiqu'Allemand, avoue néanmoins qu'il est aussi probable que Charlemagne est né en Neustrie, qu'il est probable qu'il a commencé de vivre en Austrasie. C'est dans son Livre intitulé : *Lemmata Antiquitatum Francicarum*, [rapporté ci-après.]

15367. La Source & l'Origine de tous les Rois & Ducs de France, extraites de plusieurs Auteurs, tant anciens que nouveaux, avec leurs faits & gestes ; par Pierre DE LISLE, Anachorite, natif de Bourbonnois : 1521, *in-*8.

15368. Hermanni, Comitis NUENARII, brevis Narratio de origine & sedibus priscorum Francorum : *Coloniæ*, Soter, 1521, *in-*4.

Cette Narration du Comte Nuénare, Prévôt de Cologne, est aussi imprimée dans l'Histoire de Wittichind : *Basileæ*, 1532, *in-fol.* avec l'Histoire de Charlemagne, par Eginart : *Coloniæ*, 1561, *in-*16. *Francofurti*, 1617, & *Trajecti ad Rhenum*, 1711, *in-*4. & dans du Chesne, au tom. I. de son *Recueil des Historiens de France, pag.* 142. [On la trouve encore dans le Livre intitulé : *Bilibaldi Pirckmeiri descriptio Germaniæ utriusque* : *Antverpiæ*, 1596, *in-*8.] Ce Comte assure au commencement, que personne jusqu'à son temps n'a parlé avec assez d'exactitude de l'origine des François & des lieux dont ils sont sortis pour se jetter dans les Gaules : il attaque sur-tout ceux qui les font descendre des Troyens, & qui se fondent sur la fable d'Hunebaud, qu'il croit n'avoir jamais existé.

15369. Beati RHENANI, Selestadiensis, Rerum Germanicarum Libri tres : edente Joanne Sturmio : *Basileæ*, 1556, *in-fol. Argentorati*, 1600, *in-*8. [*Almæ*, edente Joanne Ottone, 1693, *in-*4.]

☞ L'Auteur, après avoir exposé l'état de l'ancienne Germanie avant & après César, traite des différentes Nations qu'elle renfermoit, & de leurs transmigrations en différentes Contrées. Voici ce qu'il dit des François. Ils sont Germains d'origine, & habitoient les bords de l'Océan Septentrional, ayant pour voisins les Chauques & les Saxons : ils sortirent de leur pays environ l'an 304, sous l'Empire de Constantius, & ravagèrent la Batavie & l'extrémité des Gaules : les pays les plus éloignés se sentirent aussi de leurs pirateries ; ce qui leur fut fort aisé, par rapport à leur situation sur les bords de la mer. Ce n'est pas qu'ils n'eussent été souvent défaits ; mais leur envie de s'établir dans les Gaules & de suivre les exemples des autres Nations, surmonta tous les obstacles. Ils s'avancèrent vers le Mein & le Sala, & occupèrent enfin la rive droite du Rhin, sous Constantius, fils de Constantin. C'est alors qu'ils prirent & ruinèrent la Ville de Cologne, qu'ils remirent à l'Empereur Julien en faisant la paix. Ils continuèrent à remuer ; & après la mort d'Aëtius ils s'emparèrent, pour n'en plus sortir, de la première Germanie & de la seconde Belgique. Ils donnèrent à ce pays le nom de France Teutonique, parcequ'on y parloit le Germain, tandis qu'ils appelloient France Romaine, tout ce qu'ils envahirent dans les Gaules, à cause du Romain (ou Latin) qu'on y parloit ; c'est ce qu'on nomma depuis l'Austrasie & la Neustrie. L'Auteur rapporte ensuite leurs guerres avec leurs voisins, & quelques-unes de leurs Loix : il traite ailleurs de leur manière de vivre & de leurs armes, & soutient que leur langage étoit le Germain. Il conjecture que les Bourguignons sont Vandales d'origine, & qu'ils étoient voisins des Allemands, sur lesquels ils envahirent ce qu'on nomme aujourd'hui le Palatinat ; ils en sortirent sous Théodose le jeune, & vinrent chasser de leur pays les Séquanois & les Eduens. Il en demeurèrent maîtres après différens succès, & jusqu'au temps que Childebert & Clotaire, Rois de France, mirent fin au Royaume de Bourgogne par la prise du Roi Gondemer (en 534). Depuis cette époque ils n'ont plus fait qu'un peuple avec leurs Vainqueurs. L'Auteur fait paroître beaucoup de sagacité, de jugement & d'érudition. Il est mort à Strasbourg, au retour des eaux de Bade, le 20 Mai 1547, âgé de 62 ans.]

15370. Jacobi SCHENCK Chronicon, de origine Francorum Germanorum : *Francofurti*, 1563, 1605, *in-*8.

☞ Cet Ouvrage, que le Père le Long attribuoit à Schonkens, est en Allemand, & ce n'est proprement qu'une traduction de l'Ouvrage de Trithème, indiqué ci-devant, N.° 15364.]

15371. ☞ De Cimmeriorum in Tractum Illyrici immigratione, unde Cimbri, Sicambri ac Franci, notissimi Europæ populi processerunt.

C'est le Livre III. de l'Ouvrage de Wolfang LAZIUS ; intitulé : *De Gentium migrationibus, &c. Basileæ*, Oporinus, (sine anno &) 1572 : *Francofurti*, 1600, *in-fol.* Avant ce Livre, on trouve deux morceaux préliminaires : le premier sur l'habillement des Rois & des Soldats Francs ; le second sur leur langue, & ce qui s'en trouve dans l'Allemand & le François Moderne.]

15372. Antonii SCHONHOVII, Canonici Regularis, Commentatio Epistolica de origine & sedibus Francorum.

Ce Discours est imprimé avec les *Analectes de l'Antiquité*, par Antoine Matthieu : *Lugduni-Batavorum*, 1692, *in-*8. L'Auteur l'a écrit en 1549 ; il croit que les François sont des peuples de Germanie : son Ouvrage est court, & c'est peu de chose.

☞ Antoine Schonhovius étoit Chanoine de Bruges : il est mort en 1557. Cet Auteur discute d'abord l'origine des Francs. Il les a cru, (avec raison) habitans des bords de la mer, & faisant partie (selon lui) des Cattes. Il croit que le mot *Wranck*, qui signifie férocité, est vraisemblablement celui d'où ils ont tiré leur nom ; que ceux qui parmi les Francs étoient appellés Saliens, ou habitans du Fleuve Sala, ou de l'Issel, ont donné leur nom à la Loi Salique. Il parle ensuite des différentes demeures avant leur entrée dans les Gaules.]

15373. La première partie du Traité de l'origine, progrès & excellence du Royaume & Monarchie des François & Couronne de France ; par Charles [DU MOLIN, ou] DU MOULIN, Parisien, Jurisconsulte : *Lyon*, 1561, *in-*4. *Paris*, 1561, *in-*8.

Cet Auteur est mort Catholique en 1566 ; il avoit composé cet Ouvrage en 1551.

☞ Son nom de famille étoit bien réellement celui de du Moulin ; il le traduisit même en Latin par celui de *Molendineus*, comme on le voit par les premières Notes sur Chassanée, qu'il signa de la main, pour les rendre plus authentiques. M. du Tronchet Martigny, de qui vient cette Observation, en avoit un original entre les mains. Mais dans la suite du Moulin voulut retrancher l'*u* de son nom, pour paroître patent de la Reine d'Angleterre, & il ne se nomma plus que *Molinæus* en Latin, & *du Molin* en François, & c'est ainsi qu'on le trouve écrit dans cet Ouvrage même, & qu'il est cité num. 15197, du Catalogue de M. Falconet.]

Eadem prima pars, Latinè reddita, ab Auctore: *Lugduni*, Sennetonius, 1564, *in-*4. *Geneva*, 1596, *in-fol.* Ibid. 1610, *in-*8.

Le même Traité est imprimé en Latin dans Goldast, au tom. III. de sa *Monarchie de l'Empire*; le même en Latin & en François se trouve dans les *Œuvres* de du Moulin: *Parisiis*, 1615, 1625, 1638, *in-fol.* 4 vol. *Ibid.* 1681, *in-fol.* 5 vol. L'Auteur a composé ce Livre lorsqu'il étoit Protestant; aussi est-il plus contre le Pape que pour la défense des Rois de France, & il l'a écrit plus en Jurisconsulte qu'en Historien.

☞ L'Auteur repasse toutes les anciennes Monarchies, & fait voir qu'il n'y en a eu aucune qui ait autant duré que la Françoise. Il dit que les Francs, qu'il croit être les mêmes que les Peuples nommés Sicambres, étoient connus très-long-temps avant J. C. Il ne distingue que deux Races de nos Rois: il appelle la première des anciens François, & la compose des Mérovingiens & des Carlovingiens, qu'il fait sortir de la même famille. Il observe que les François ont toujours eu des Rois de leur Nation, & que jamais les femmes n'ont succédé à la Couronne. Il compare leur Gouvernement à celui des Juifs, & prouve que les Rois ont le pouvoir de réformer la Religion & de faire des loix sur la discipline, & contre les entreprises des Papes. Ce dernier morceau est assez étendu.

Voyez sur cet Ouvrage, Lenglet, *Méth. hist. tom. II. pag.* 501, & *tom. IV. pag.* 15. = Le Gendre, *tom. II. pag.* 20.]

15374. Epitome de l'Antiquité des Gaules & de France; par feu Messire Guillaume DU BELLAY, Seigneur de Langey, [Chevalier de l'Ordre du Roi, & son Lieutenant-Général en Piedmont, avec un Prologue ou Préface sur toute son Histoire, & le Catalogue des Livres allégués en ses Livres de l'Antiquité des Gaules & de France.

Plus sont ajoutées:

La Translation (ou Traduction) d'une Oraison faite en la faveur du Roi Jean de Hongrie, de la guerre contre le Turc.

Translation d'une Lettre écrite en Allemand, sur les querelles & différends d'entre Charles-Quint, Empereur, & le Très-Chrétien Roi de France, François I.

Translation des Lettres écrites par le Très-Chrétien Roi de France, François I. aux Princes, Villes & autres Etats d'Allemagne, responsives aux calomnies semées par les malveillans, contre l'honneur de Sa Majesté]: *Paris*, Sortenas, 1556, *in-*4. *Ibid.* Marnef, 1587, *in-*4.

L'Auteur est mort en 1553.

✱ « Ce Livre est si rempli de mensonges, qu'on diroit que l'Auteur se proposa moins de faire une Histoire que de forger un Roman. *Non Franco-Gallicæ Historiæ, sed Amadisicarum fabularum instituisse tractationem videtur*. C'est ainsi qu'en parle François Hotman, à la fin du chap. 4. de sa *Francogallia* »: BAYLE, dans son *Dictionnaire*, *Note B.* de l'article G. de *du Bellay*. Il est surprenant que Bodin, *pag.* 78 de sa *Methodus Historiæ*, ait proposé ce Livre comme un excellent modèle à imiter, [n'en considérant que le style.]

☞ *Voyez Biblioth.* de Clément, *tom. III. pag.* 62. = Lenglet, *Méth. histor. tom. IV. pag.* 6. = *Hist. des Hist. pag.* 448. = Sorel, *pag.* 268.

Ce petit Ouvrage est divisé en quatre Livres, & contient un Abrégé de l'Histoire prétendue des anciens François & Gaulois, selon les fables alors en vogue, débitées par Trithème & Annius de Viterbe. Ce n'étoit qu'un Essai, puisque cette Histoire prétendue ne s'étend que jusqu'au règne d'Auguste, vers le commencement de l'Ere Chrétienne.

Le premier Livre traite de l'origine des Gaulois, comme descendus de Samothès, (que l'on prétend) fils aîné de Japheth: de sa postérité sortirent (dit-on) huit Rois de père en fils, desquels le dernier nommé Celtès, ou Celtus, donna le nom de Celtique à une partie des Gaules. Galathia, sa fille, eut un fils nommé Galathis, qui donna son nom à la Gaule: son fils Jasius régna sur les Gaulois, & eut pour frère Dardanus, duquel descendent les Rois de Troye.

Il fait sortir les François du mélange des Troyens échappés de la ruine de Troye, & des Gaulois qui avoient été au secours de cette Ville. En accompagnant les Troyens dans leur retraite, ces fugitifs abordèrent auprès des Palus Méotides, aux environs des embouchures du Fleuve Tanaïs, & on leur assigna une portion de terre appelée Saltique ou Salique. Ils y portèrent le nom de Scytho-Troyens, & les Gaulois celui de Celto-Scythes. Sur les premiers régna Francion, fils d'Hector, qui eut (dit-on) un fils nommé Sicamber, qui donna le nom aux Sicambriens.

Le second Livre contient la suite des expéditions des Gaulois Celto-Scythes, des Scytho-Troyens, & de leur Roi Francion.

Le troisième contient une Description & une Division des Gaules, & s'étend en particulier sur les Alpes, (l'Auteur étant Gouverneur du Piémont.) La suite des Livres des expéditions & des migrations des Gaulois sous Bellovèse, Sigovèse & Brennus, & celle des Saliens ou Scytho-Troyens, occupe le reste de ce Livre.

Le quatrième traite de la suite de l'Histoire des Gaulois & de la migration des Saliens Scythiques & Sicambriens en Germanie, sur les bords du Rhin, proche son embouchure; avec leurs expéditions depuis qu'ils y furent établis, ainsi que celles des Gaulois contre les Romains, jusqu'au temps d'Auguste. Ce fut alors que les Sicambriens & Saliens, habitans du Rhin, commencèrent (dit-on) à porter le nom de François, tiré de Francus, Roi des Sicambriens.]

15375. De Francorum rebus & origine Epistolæ vel Libri duo; auctore Joan. CURIONE Hofemiano, Medicinæ Doctore & Professore.

Ces deux Livres sont imprimés avec sa *Chronologie*: *Basileæ*, Henricpetri, 1557, &c. *in-fol.* Cet Auteur est mort en 1572.

☞ Ce ne sont que deux Lettres; la première est adressée à Jean Ottingen; la seconde à Gaspard Dytobach: toutes deux datées de Heydelberg, au mois d'Août 1557.]

15376. ☞ Mf. De origine primâ Francorum; auctore Bernardo GUIDONE, Ordinis Fratrum Prædicatorum, Inquisitore hereticæ pravitatis in Regno Franciæ, deinde Episcopo Lodovensi: *in-fol.*

Ce Manuscrit est conservé dans la Bibliothèque du Château d'Aubais, (près de Nîmes) num. 29.]

15377. Antrhopologia Gallici Principatûs; auctore Roberto CŒNALI, Episcopo Abrincensi.

C'est la première partie de l'Ouvrage que Robert

Ceneau, qui est mort en 1560, avoit [assez] mal-à-propos intitulé : *Historia Gallica*; car il ne contient que des Dissertations sur le nom, l'origine & les avantures des Gaulois, des François & des Bourguignons. On y donne dans bien des fables.

15378. Godefridi MALVINI, Burdigalensis, de prisca Francorum origine.

Ce Livre est imprimé avec son Ouvrage intitulé : *Gallia gemens : Burdigalæ*, 1563, *in-4*.

15379. De Regnorum Galliæ & Francorum origine, incremento & continuatione ; auctore Christophoro ROFFINIACO, in Senatu Burdegalensi Præside.

Cet Ouvrave se trouve avec son *Commentarius in omnes Historias : Parisiis*, 1571, *in-4*.

☞ L'Auteur y recherche l'origine de différens Peuples. On y trouve depuis la *pag.* 414 jusqu'à 475, *De Regnorum Galliæ & Franciæ origine, incremento & continuatione* : il y est traité principalement de l'origine des François.

Voici quel est son système. Les Francs ne sont autres que les Marcomans, les Scythes, les Cimbres & les Sicambres. Ils prirent successivement ces noms dans leurs différentes transmigrations : la dernière arriva l'année 433 avant J.C. sous la conduite de Marcomir leur Chef. Ils vinrent par de longs détours, de l'extrémité de la Scythie, au nombre de cent soixante & quinze mille six cens cinquante-huit, sans compter les femmes & les enfans, s'établir aux environs des embouchures du Rhin. Leurs Chefs eurent différentes affaires, tant avec les Romains qu'avec les Nations voisines : ce fut Francus, un de leurs Chefs, qui leur donna le nom de Francs. Il régnoit (dit-on affirmativement) l'an 714 de Rome. Les Francs passèrent le Rhin & la Meuse l'an de J.C. 266; ravagèrent les Gaules, & pénétrèrent jusqu'en Espagne, où ils ruinèrent la Ville de Tarragone. Clogio, leur XXXVe Chef ou Roi, laissa à sa mort deux fils; Hélénus l'aîné avoit vingt ans, & le cadet, Richimer, dix-huit. Ils furent exclus du Royaume, par la Loi qui défendoit de faire aucun Roi avant l'âge de 24 ans accomplis. Ce fut leur oncle Clodomir qui fut élu l'an 320. Il y eut un interrègne de 26 ans après la mort de Marcomir, leur XLe Roi, qui fut tué dans un combat contre l'Empereur Valentinien. Cet Empereur voulut imposer un tribut aux Francs, après cette déroute; mais ils répondirent qu'ils aimoient mieux mourir que de perdre leur liberté. L'interrègne dura jusqu'à l'année 420, qu'ils élurent Pharamond pour leur Roi : il étendit les bornes de son Royaume, & fit des Loix, & entr'autres la Loi Salique, ainsi nommée de Salagast, Grand-Prêtre de Jupiter, qui la rédigea avec plusieurs autres personnages choisis. L'Auteur fait sortir les Gaulois & les Celtes de Noé, & donne la suite de leurs Chefs, & les noms des différens Peuples qui s'établirent dans les Gaules, ou qui les inondèrent en différens temps. Ce fut (dit-il) sous Mérovée, qu'on donna à ce pays le nom de France, dont Clovis se trouva entier possesseur. Cet Ouvrage finit à la mort de Clotaire II. & est, comme l'on voit, un amas de fables.]

— Francisci HOTOMANI, Jurisconsulti, Franco-Gallia.

[Rapporté ci-après, §. *de l'état du Royaume*.]

Cet Auteur traite dans son Livre de l'origine des François ; mais il s'étend davantage sur le droit de Succession à la Couronne.

15380. Chronique de France, de l'origine des François & de leur venue en France ; par Denys FOREST : *Paris*, Buon, 1573, *in-8*.

15381. Discours de l'origine des Gaulois ; ensemble des Angevins & des Manceaux ; par Jean LE MASLE, Angevin : *La Flèche*, 1575, *in-8*.

☞ Ce petit Ouvrage est en vers, & ne contient que 23 pages. L'Auteur y parle d'abord de l'origine des Gaulois, qu'il tire de Gomer & de Samothès, ou Dis. Il combat l'opinion de ceux qui font sortir les François des Troyens; Samothès eut (dit-il) un fils nommé Sarrhon, ou Andes, Andis, c'est-à-dire régnant à la façon & au lieu de Dis, lequel fonda les Andeans ou Angevins. L'un de ses successeurs, nommé Paris, fonda (dit-on) la Ville de ce nom. Le fils de Paris, nommé Leman, fonda la Ville du Mans. L'Auteur finit par la Vie & les louanges de Jean Porthaire, Religieux de S. François, auquel son Ouvrage est dédié.]

15382. Diverses Considérations sur l'origine des François ; par François DE BELLEFOREST.

Ces Considérations sont imprimées au-devant de ses *Annales de France : Paris*, 1576, *in-fol*.

15383. ☞ Discours de l'étymologie & origine des Francs ou Francons, qui depuis furent appellés François; par Bernard DU HAILLAN.

Il se trouve au commencement de son *Histoire de France*, rapportée ci-après.]

15384. Della origine del Regno di Francia ; da Stephano LUSIGNANO, di Cipro, dell' Ordine de Predicatori.

Ce Livre est imprimé dans l'Ouvrage qu'il a intitulé : *Corona prima Lusignana : In Padoua*, 1577, *in-4*.

15385. Origine des François & ancienne extraction d'iceux, des purs Gaulois & non d'ailleurs; par François L'ALLOUETTE, Bailli du Vicomté de Vertu.

Traité de la Gaule-France ; démontrant la vraie source, commencement, succès & avancement des François; par Nicolas BERGERON, Avocat au Parlement.

Ces deux Traités sont cités dans la *Bibliothèque Françoise* de la Croix du Maine. L'Allouette fleurissoit en 1584, & Bergeron est mort en 1623.

15386. Traité de l'état & origine des anciens François ; par Nicolas VIGNIER, de Bar-sur-Seine, Docteur en Médecine : *Paris*, Nivelle, 1579, *in-fol*.

Le même Traité, plus ample : *Troyes*, Garnier, 1582, *in-8*.

Le même Traité de Vignier, mort en 1596, traduit en Latin par lui-même, sur l'Edition de Troyes, est imprimé dans du Chesne, au tom. I. de sa *Collection des Historiens de France*, *pag.* 134. Ce Livre est très-curieux; l'Auteur y traite son sujet avec beaucoup d'exactitude ; il cite tous les bons Auteurs qui ont parlé des François, d'où il tire beaucoup d'éclaircissemens pour l'Histoire.

» Je me suis d'autant plus étudié, (dit-il dans son
» Epître dédicatoire) dé rechercher la vraie source de
» la Nation Françoise, que je ne vois point qu'entre
» tant de bons esprits qui se sont mis à courir en cette
» lice, aucun ait encore justement atteint le but......
» Tellement que j'ai digéré & rapporté ensemble, selon
» l'ordre de l'Histoire des temps, avec une extrême curiosité & diligence, tout ce que j'ai pu remarquer;
» dont j'estime qu'il sera aisé de comprendre que l'appellation de l'origine des François n'est sortie d'ailleurs que de la Germanie ».

☞ Cet Ouvrage, qui est fort court, sert d'Avant-propos à son *Sommaire de l'Histoire de France*. Il est d'une main sçavante, mais trop peu étendu & un peu confus.

L'Auteur croit (avec raison) que le pays originaire des François étoit la Basse Germanie : qu'il s'étendoit depuis la contrée des Sicambriens, le long de la côte Germanique du Rhin, jusques par delà la rivière d'Elbe ; (sçavoir en la côte maritime Septentrionale, d'où les Cimbres & les Teutons étoient anciennement partis,) pays que les Romains n'ont point assujetti. Cela leur fit donner le nom de Francs ou François, qui ne fut connu que sous l'Empereur Gallien. Ils s'étendirent dans la Hollande & la Frise, lesquelles ils occupèrent aussi bien que la Sicambrie. Cette dernière avoit été abandonnée par ses anciens habitans, transportés dans les Gaules par l'Empereur Auguste. Ils firent revivre le nom de Sicambres, qui depuis cette transmigration étoit anéanti. Ayant occupé ces différens pays, ils formèrent un corps de Nation, sous le nom de François. Ils y furent gouvernés par des Rois, puis par des Ducs : sous la conduite d'un de ceux-ci, appellé Pharamond, ils passèrent le Rhin, vinrent se loger en la Tongrie, deçà le Rhin, ès environs de Liège, & là ils firent Roi, ce qui arriva vers l'an 420.

Voyez sur cet Ouvrage, Lenglet, *Méth. historique*, tom. IV. pag. 10. = Sorel, p. 268. = *Biblioth.* Harley, tom. II. pag. 505. = Le Gendre, tom. II. pag. 76. = *Biblioth. des Auteurs de Bourgogne*, tom. II. pag. 350.]

15387. Theodori MARSILII, de laudibus Galliæ, Oratio prima ; in qua de primis hujusce Imperii incunabulis, deque Galliæ Celticæ & Francicæ nomine disputatur : *Parisiis*, 1584, *in*-8.

Cet Auteur est mort en 1617.

☞ Il soutient que les Gaulois descendent de Gomer, qu'il croit avoir été aussi appellé Gallus, parce qu'il fut le premier fils de Japhet, qui échappa du Déluge. Il réfute en même temps quelques opinions, tant sur l'origine des Gaulois, que sur le nom de Gallus ou Gallia. Il soutient que les Celtes & les Gaulois sont un seul & même peuple, & que les François sont originairement une peuplade de Gaulois sortie des Gaules, qui après avoir passé le Rhin & séjourné quelque temps en Germanie, retourna ensuite dans la Gaule.

Théodore Marcille étoit d'Arnhem en Gueldre, (d'autres disent de Clèves) & Professeur Royal à Paris : il eut pour successeur dans cette fonction, Pierre Valens, qui étoit de Groningue. Scaliger, dans les *Scaligerana secunda*, le traite par ironie de grand personnage, qui faisoit beaucoup parler de lui. Il avoit publié en 1601 un Commentaire sur Perse, fait en dépit du bon sens, & par émulation pour Casaubon, qui avoit aussi commenté ce Poète. *Voyez* les *Lettres* de Casaubon, édition de 1709, *pag* 96, 177 & 196.]

15388. Le dessein de l'Histoire nouvelle des François, & pour avant-jeu la réfutation de la descente des fugitifs de Troyes aux Palus Méotides, Italie, Germanie, Gaules & autres pays, pour y dresser les plus beaux Etats qui soient en Europe, & notamment ceux des Gaulois & des Germains, & puis la Monarchie Françoise.

Lancelot Voisin, Sieur DE LA POPELINIERE, étoit de la Religion Prétendue-Réformée, lorsqu'il composa cet Ouvrage ; mais il est mort Catholique, selon Germain la Faille, dans ses *Annales de Toulouse*, tom. I. pag. 239. Cette mort arriva en 1608. Son Ouvrage est imprimé avec son *Histoire des Histoires* : Paris, Orry, 1599, *in*-8.

☞ Il est divisé en deux Livres. Dans le premier, l'Auteur traite de la façon dont il faut écrire l'Histoire de France, & il expose le plan qu'il compte suivre : Dans le second, il réfute l'opinion de ceux qui font descendre les François des Troyens. Cet Ouvrage est fort peu de chose.]

15389. ☞ De antiqua Francorum origine Fragmentum, ex Scholiis Jo. RICHARDI, ad Petronium Arbitrum : *Parisiis*, Richer, 1611, *in*-8. 55 pages.]

15390. De l'origine des François ; par Louis-Pascal DE LA COURT.

Ce Traité est imprimé avec son *Tableau des Gaules* : Paris, 1616, *in*-12.

☞ Il est divisé en cinq Livres, sous-divisés en plusieurs Chapitres. Dans le premier Livre, l'Auteur traite de l'origine des Gaulois, qu'il fait venir de Gomer, fils de Japheth, & des Sicambres, autrement appellés François, depuis Francion leur Chef, petit-fils de Priam, Roi des Troyens, jusqu'à Marcomir, premier Roi des François. Le second Livre s'étend depuis Marcomir jusqu'à la naissance de J. C. & comprend une suite de dix-sept Rois, jusqu'à Francus. Le troisième, depuis J. C. jusqu'à Marcomir, cinquième du nom, quarantième Roi des François. Il n'y a pas un de ces Rois fabuleux, que l'Auteur ne caractérise, & des actions duquel il ne donne une suite détaillée. Après Marcomir V. il y eut (dit-on) un interrègne, ce Prince ayant été tué dans une Bataille contre l'Empereur Valentinien, la 15e année de son règne, & la 393e de J. C. C'est à ce temps que l'Auteur rapporte la fondation de Francfort par les François, qui élurent pour Chef Dagobert, frère de Marcomir. Le quatrième Livre contient l'Histoire prétendue du temps que dura cet interrègne, jusqu'à Pharamond, que l'on donne comme le premier Roi des François établis dans les Gaules. L'Auteur examine dans ce Livre la manière dont ils tenoient leurs Diètes ou Parlemens, la forme de leur Gouvernement & l'ordre de la succession de leurs Rois. Dans le cinquième Livre, qui s'étend depuis Pharamond jusqu'à Clovis, premier Roi Chrétien, on voit par quels dégrés ils sont venus à bout de s'emparer des Gaules. Le second Chapitre traite en particulier de la Loi Salique. L'Auteur rapporte les différens sentimens sur son étymologie, sans en embrasser aucun.]

15391. Philippi CLUVERII, Disquisitio de Francia & de Francis.

Cette Disquisition de Cluvier, mort en 1623, est imprimée au tom. I. de sa *Germania antiqua*, (Liv. III. Chap. XX.) *Lugduni-Batav.* 1616, *in-fol.* & dans du Chesne, au tom. I. de sa *Collection des Historiens de France*, pag. 175. Il prétend que son Peuple de la Germanie, & qu'ils y ont toujours demeuré jusqu'à leur entrée dans les Gaules. [*Voyez* le Gendre, tom. II. pag. 83.]

15392. ☞ Philippi CLUVERII, Germaniæ antiquæ Libri tres. Opus post omnium curas elaboratissimum, Tabulis Geographicis & Imaginibus, priscum Germanorum cultum moresque referentibus, exornatum. Editio secunda, aucta & recognita. Adjectæ sunt Vindelicia & Noricum ejusdem auctoris : *Lugduni-Batav.* Elzévir, 1631, *in-fol.*

Cet Ouvrage entier est nécessaire pour l'Histoire de l'origine des François, sur-tout le Livre III. depuis le Chapitre V. jusqu'au Chapitre XX.

L'Auteur a divisé son Ouvrage en trois Livres, sous-divisés en plusieurs Chapitres. Dans le premier Livre, il traite de la situation, de l'origine & des mœurs des anciens Germains ; il prétend que l'ancienne Celtique comprenoit l'Illyrie, la Germanie, la Gaule, l'Espagne & les Isles Britanniques. Il réfute à ce sujet le sentiment de Bodin & des autres Auteurs, qui ont cru que la Gaule seule avoit porté ce nom, & qui ont fait descendre les

Gaulois des Grecs, & les Germains des Gaulois. Il pense que leur père commun est Aschenas, fils de Gomer, & petit-fils de Japheth, à qui l'Europe échut en partage, quand Noé en fit la division à ses trois enfans. Il assigne à chacun des fils & petits-fils de Japheth, la portion de terre qui lui échut, & qu'il occupa. Aschenas eut, sans contredit, la plus grande partie, qui, comme on l'a déja dit, comprenoit l'Illyrie, la Germanie, la Gaule, l'Espagne & les Isles Britanniques, à qui il donna le nom de Celtique. L'Auteur croit que ceux qui passèrent en Amérique furent des détachemens des enfans de Sem, qui avoit eu l'Asie en partage. A l'égard du langage, il prouve par des passages des Anciens, qu'il a été le même dans toute l'étendue de la Celtique ; il n'y a eu de différence que dans les Dialectes. Il le prouve encore par les noms des Peuples & des hommes, par celui des Villes & des Bourgs, & plusieurs autres qui ont été communs à ces Nations. Il ne sçait pas trop d'où le nom de Gaulois est venu à ceux qui habitoient les Gaules. Il conjecture qu'il peut venir du mot Celtique *Gallen*, qui signifie voyager. Le reste du premier Livre regarde les anciens Germains, leurs Mœurs, leurs Dieux, leurs Sacrifices & leur Police.

Dans le second, l'Auteur parle de tout ce qui a trait à la Germanie Cisrhénane ; il fait à cette occasion une division de la Gaule, & dans les quarante Chapitres qui composent ce Livre, il traite des différens Peuples qui l'ont habitée, de leurs noms, de leur demeure, & de tout ce qui les concerne.

Il emploie le troisième Livre à la division & la description de la Germanie Transrhénane ; il suit le même plan que dans le Livre précédent. Il rapporte les noms de ses différens Peuples & leurs confins. Dans le vingtième Chapitre il parle des Francs, Nation qui, au jugement de l'Auteur, a été la plus florissante de l'ancienne Germanie. Il comprend sous ce nom tous les Peuples qui habitoient entre le Rhin, l'Océan, l'Elbe, le Fleuve Sala & le Mein. Ils eurent en différens temps plusieurs guerres à soutenir avec les Romains, qui les subjuguèrent par parties, & l'un après l'autre. Ils en eurent honte dans la suite, & ayant vu plusieurs Nations voisines secouer le joug de ces maîtres impérieux, ils résolurent d'en faire de même, & de se réunir pour en venir plus facilement à bout. Ils donnèrent à leur Ligue le nom de Franken, en signe de leur liberté, environ l'an 215, sous l'Empire de Caracalla. Ceux qui passèrent le Rhin pour entrer dans les Gaules, prirent le nom de Francs, qu'ils donnèrent aux pays, quand ils en furent maîtres, & ceux qui restèrent au-delà du Rhin, donnèrent à celui qu'ils occupèrent le nom de Franconie.

Dans le trentième Chapitre, il dit que les Bourguignons ont habité cette partie de la Pologne qui est aux environs de la Vistule : que cette Nation, si petite dans ses commencemens, que plusieurs Auteurs n'en ont point parlé, s'accrut avec le temps au point que sous l'Empire de Probus ils quittèrent leur pays & vinrent sur le Rhin, d'où ils passèrent dans cette partie des Gaules qui a conservé leur nom.

Cet Ouvrage est estimé, & mérite de l'être. Les recherches immenses & l'érudition dont il est rempli, montrent que l'Auteur étoit aussi habile Critique que bon Géographe. Il étoit né à Dantzick en 1580, & il mourut à Leyde en 1623.

Voyez sur cet Ouvrage, *Præfat. Joan. Eccardi de orig. Germanor. pag.* 7.= Sorel, *pag.* 261, 272. = Struvius, *pag.* 676.]

15393. ☞ Cornelii TACITI de moribus Germanorum Liber, accedunt præter alia de rebus Germaniæ antiquæ ex priscis monumentis excerpta : ex recensione Henr. CORINGII, cum ejusdem de usu Historiæ & Reipublicæ Germanicæ notitia præfatione, hujusque à calumnia vindiciis : *Helmestadii*, 1652, *in*-4.

Cet Ouvrage sert, de même que les précédens, pour l'Histoire ancienne de notre Nation. Il faut voir sur les différentes Editions & Commentaires qui en ont été donnés, Struvius, dans sa *Bibliothèque historique, édition de* 1740, *pag.* 672 *& suiv.* & particulièrement sur celle de Coringius, *pag.* 677. La dernière & la meilleure, est celle qu'a donnée Dithmar en 1725 : *Francofurti, in-*8. Il y a réuni tous les meilleurs Commentaires qui avoient été faits sur le morceau de Tacite.

Il n'y a personne, pour peu qu'il soit versé dans l'Histoire, qui ne connoisse ce petit Traité de Tacite. Il est divisé en quarante-six Chapitres. Dans les vingt-sept premiers, l'Auteur parle des anciens Germains. Il prétend qu'ils sont originaires du pays même, ne pouvant y avoir eu aucun peuple assez barbare pour aller habiter un pays aussi affreux. Il traite ensuite de leurs Mœurs, de leurs Coutumes, de leur Police, de leurs Sacrifices, de leurs Mariages & de leurs Funérailles. Delà il passe aux Mœurs & aux Coutumes particulières des différens Peuples Germains. Il rapporte leurs noms, leurs situations respectives, & les irruptions qu'ils ont faites dans les Gaules : il s'étend un peu plus sur les Suèves & sur ce qui les concerne.

Voyez *Præfat. Joan. Eccardi, de Orig. Germanor. pag.* 32 *& seq.*]

15394. ☞ Traduction de quelques Ouvrages de Tacite, (des Mœurs des Germains, & la Vie d'Agricola, avec le texte) ; par M. l'Abbé (Jean Ph. René) DE LA BLETTERIE, Professeur d'Eloquence au Collége Royal, & de l'Académie des Inscriptions & Belles-Lettres (avec la Vie de Tacite, & des Notes sur le tout) : *Paris*, 1755, *in*-12. 2 vol.

On ne peut desirer de traduction plus parfaite & plus élégante ; la Vie de Tacite est un chef-d'œuvre ; les Remarques sont toutes solides & du meilleur goût.

On peut joindre à l'Ouvrage de Tacite, sur l'ancienne Germanie, trois Dissertations de Jean STRAUCHIUS, Professeur de Léipsick, qui l'éclaircissent parfaitement. La première, *De indigenatu Germanorum*; la seconde, *De modis acquirendi priscorum Germanorum*; la troisième, *De armis Germanorum priscorum, eorumque ad rem publicam usu*. Elles ont paru pour la première fois à *Léipsick,* 1650 & 1651, *in*-4. puis à la suite du Traité de Strauchius, intitulé : *Specimen Institutionum juris publici : Francofurti,* 1683, augmentées & corrigées ; & enfin parmi les *Opuscules* de Strauchius, donnés par Reinhardus & Knowius : *Francofurti & Lipsiæ,* 1727, *in*-4. & *Halæ,* 1729, *in*-4. (partie première.) Sur les Mœurs, Loix & Usages des Germains, qui ont beaucoup de relation avec ceux des anciens François, on peut voir les Ouvrages indiqués par Struvius, dans sa *Bibliothèque historique, édition de* 1740, *pag.* 710, §. XV. XVI. XVII. XVIII & XIX.]

15395. ☞ Gabrielis ACKELEY, Exercitationes XXV. seu Discursus politico-Philologici ad Librum Cornelii Taciti de moribus Germanorum veterum : *Sarâ,* 1646, *in*-8.]

15396. ☞ Historicum opus in quatuor tomos divisum ; (auctore D. Simone SCHARDIO, Jurisconsulto) : *Basileæ,* 1574, *in-fol.* 4 tomes en 3 vol.

Il n'y a que le premier Volume qui sert à l'Histoire de l'origine des François.

« Tomus primus Germaniæ antiquæ illustrationem
» continet, in qua veterum auctorum descriptiones tam
» generales quàm speciales cum doctissimorum virorum
» nostræ

» nostræ ætatis elaboratis Commentariis explicantur ;
» omissa ab antiquis recentiorum studio & industriâ
» supplentur ; præcipuæ Historiæ Germaniæ antiquæ &
» novæ describuntur : populorum migrationes indicantur : regionumque ac gentium appellationes recentes
» veteribus accommodantur, & aliæ quàm plurimæ res
» liberali cognitione dignissimæ continentur.

Les Ouvrages contenus en ce tome premier, sont:

1. Andreæ ATTHAMERI in Libellum P. Cornel. Taciti de situ, moribus & populis Germaniæ, Scholia.

On trouve *pag. 2*, quelque chose sur l'ancienne Gaule, sa division, & les Peuples qui l'ont habitée, & rien de plus.

2. Jodoci WILLICHII, in eumdem Corn. Taciti Libellum Commentaria.

3. Henrici GLAREANI, in eumdem Libellum Commentariolus, vetera ejus vocabula paucis explicans.

4. Philippus MELANCHTHON, de vocabulis regionum & gentium quæ recensentur in Tacito.

5. Germaniæ ex variis Scriptoribus brevis explicatio Bilibaldi PIRCKHEIMERI.

L'Auteur, *pag. 206*, fait descendre les François des Sicambres, qui habitoient les bords du Rhin. Il dit qu'on peut le prouver par plusieurs autorités ; mais il ne les rapporte pas. Une partie passa (dit-il) ce Fleuve sous Octavien César. Ceux qui restèrent, prirent le nom de Francs, & s'emparèrent du pays qu'on nomme aujourd'hui Franconie ; delà ils se jettèrent par Francfort dans les Gaules. Leur principale Ville étoit (dit-on) Aspueck, qui est à présent ruinée.

6. Henrici BEBELII Oratio ad Maximilianum I. Cæsarem, de ejus atque Germaniæ Laudibus.

7. Demonstratio ejusdem Germanos esse indigenas.

L'Auteur s'attache à prouver que les Germains sont les seuls peuples du monde qui n'aient point été conquis & chassés par d'autres peuples. Il réfute ensuite toutes les fables qu'on débite sur l'origine des Francs, que les uns font descendre des Troyens, les autres d'ailleurs ; il prétend qu'ils sont Germains d'origine, & que si les Auteurs anciens n'en ont pas fait mention, c'est parce qu'ils étoient peu considérables.

8. Idem, de laude, antiquitate, imperio, victoriis, rebusque gestis veterum Germanorum.

Il répète un peu plus au long, dans le dix-neuvième Chapitre, ce qu'il avoit dit dans le morceau précédent.

9. Idem, de origine Suevorum, &c.

10. De origine Francorum TRITTENHEMIUS, ex sex Libris Wastaldi, de introitu Sicambrorum ad partes Rheni in Germania, & sex Hennibaldi de Francis; deduxit autem epitomen usque ad imperium Arnulfi Cæsaris.

Ce sont des espèces d'Annales qui commencent à l'an 439 avant J. C. & à la mort d'Antenor, (prétendu) Roi des Sicambres, qui fut tué par les Goths sortis de la Scandie. Les Sicambres descendent (dit-on) des Troyens : ils habitoient aux environs des embouchures du Danube. Après la défaite d'Antenor, ils élurent Marcomir, son fils aîné, à la conduite duquel ils passèrent en Germanie, & furent reçus fort humainement par les Saxons, qu'ils regardoient comme frères, & comme eux descendans des Troyens. On leur céda le pays qui étoit situé entre le Rhin & la Saxe. Ainsi ils eurent pour limites à l'Orient, le Véser & les Saxons; au Midi, Mayence & le Rhin ; à l'Occident, le Rhin & l'extrémité des Gaules; & au Nord, la Mer Germanique. C'est delà qu'ils ne cessèrent de faire des courses sur tous les pays, & même les plus éloignés, avec différens succès, mais presque toujours avantageux. Le fréquent commerce qu'ils eurent avec les Saxons, leur fit insensiblement oublier leur ancien langage & adopter le Teutonique, qu'ils parloient plus communément. Ils conservèrent cependant leur nom de Sicambres jusqu'au règne (prétendu) de Frank, qui succéda à son père Authaire, l'an 36 après J. C. Ce Frank fut (dit-on) un homme féroce, belliqueux, & qui porta fort loin la gloire & le nom de sa Nation. Par vénération pour lui, elle se servit de son nom pour cri de guerre : *He Franck, hie Franck*; & pria le Roi de faire un Edit pour abolir le nom de Sicambres, & pour lui faire porter celui de Franque, qui signifie noble, libre ou belliqueuse. C'est sous ce nom qu'elle a été connue depuis, & qu'elle a fait tant de maux & d'incursions dans les Gaules. Environ l'an 101 de J.C. ils bâtirent (dit-on) la Ville de Francfort sur l'Oder, en mémoire d'une grande victoire qu'ils remportèrent sur les Goths. Plusieurs autres Villes leur doivent encore, ou leur fondation, ou leur nom. Les Romains éprouvèrent souvent par pertes le courage de cette Nation, que souvent aussi ils réprimèrent ; mais plusieurs Nations barbares ayant enfin inondé différentes contrées de l'Empire, les Francs, à leur exemple, voulurent profiter de sa foiblesse, & élurent, l'an 407, Pharamond pour leur Roi. Depuis ce temps, ils ne perdirent plus ce dessein de vue, jusqu'à ce qu'ils eussent entièrement conquis les Gaules sous Clovis, leur premier Roi Chrétien. C'est sous le règne de Clodion que Salagast, Philosophe très-sçavant, rédigea leurs Loix, qui de son nom furent appelées Saliques. Ces Annales s'étendent jusqu'à l'année 840. On voit qu'il y a bien des fables & des imaginations, que M. Schoepflin croit avoir été forgées au XIVe siècle.]

11. Epitome Germanicarum rerum Jacobi WYMPHELINGII.

12. Sermones convivales Conrad. PEUTINGERI, ad illustrationem Germaniæ.

13. Henrici HUTTENI Arminius, Dialogus de laude Germanorum.

14. Libertas Germaniæ, &c. scripta ab Hieronymo GEBERVILERIO, de origine Francorum, eorumque Regibus quos Germanos fuisse, ut & civitates & populos Transrhenanam ripam incolentes, probat, &c.

Voici ce que cet Auteur dit de l'origine des François, en suivant les fables alors en vogue. Après le Sac de Troye, ceux de ses habitans qui restèrent furent obligés de chercher de nouvelles demeures. Les uns, sous la conduite d'Enée, allèrent en Italie ; les autres s'arrêtèrent aux environs des Palus Méotides, où ils bâtirent la Ville de Sicambrie, du nom de laquelle ils furent appelés Sicambres. Ils y multiplièrent beaucoup, & y restèrent jusqu'à l'Empire de Valentinien, qui se servit avantageusement d'eux pour soumettre les Alains révoltés. L'Empereur, pour les récompenser, leur remit pendant dix ans le tribut qu'ils avoient coutume de payer. Telle est (dit-on) l'époque du nom de Franc, quoique plusieurs le rapportent à Francon, fils d'Hector. Ces peuples prirent goût à ne rien payer, & ne voulurent plus entendre parler de tributs, quand on les leur redemanda. Ils se répandirent dans la Pannonie, passèrent le Danube, & vinrent sur les bords du Rhin ; ils vainquirent une partie des Germains, qui s'incorporèrent avec eux, & formèrent cette Nation, qu'on nomme aujourd'hui Françoise, qui a constamment donné des Rois aux Gaulois, pendant près de 550 ans. L'Auteur semble croire que Hugues-Capet n'étoit pas de cette Nation, mais Gaulois d'origine. Il donne lui des Rois des deux premières Races, & fait un Chapitre sur les Maires du Palais, & un autre sur l'origine de Pepin le Bref, qu'il fait descendre de Clothaire I. par le mariage de sa fille Blitilde avec Ansbert. Il avoit entrepris ce Traité pour prouver que les Gaulois n'ont jamais donné de Loix aux Rois aux Germains, & qu'au contraire ils en ont reçu d'eux.

15. Conradi CELTES, de situ & moribus Germaniæ.

Ce petit Traité a été imprimé séparément : *Argentorati*, 1610, *in-8*.

16. Æneæ SYLVII Germania, In qua urbes, civitates,

Ecclesias, Episcopatus, Principatus & nobilissimas familias Germaniæ describit.

17. Germaniæ universalis & particularis veteris & novæ descriptio, per Sebastianum MUNSTERUM, pro Tabulâ Nicolai Usi intelligendâ, cum canone ejusdem tabulæ.

18. Historia Georgii SPALATINI de Arminio, Germanorum Duce contra ROMANOS; è Germanico in Latinum conversa, à Petro KEULERO.

19. Priscæ ac veræ Alpinæ Rheticæ, cum cætero Alpinarum gentium tractu, Auctore Ægidio TSCHUDO, descriptio.

20. Ejusdem TSCUDI Epistola ad Beatum Rhenanum de Lentinensium, Germanorum, Augustæ Vindelicorum, Octodori Veragrorum, Equestris coloniæ nomine & situ, cum explicatione nominum aliorum quorumdam in Germania locorum.

21. Joan. HEROLDI Commentarius de Romanorum in Rhætia Littorali stationibus ac ex iis vicorum, municipiorum & villarum & originibus.

22. Helvetiæ Descriptio; auctore Henrico GLAREANO, cum Commentario Usualdi MOLITORIS.

23. Ejusdem GLAREANI Panegyricon in laudem quatuor Pagorum & Tredecim urbium Helvetiorum, cum ejusdem MOLITORIS Commentario.

24. Huberti THOMÆ, Leodii, de Tungris & Eburonibus, aliisque inferioris Germaniæ populis Commentarius.

Ce Traité est encore imprimé séparément : *Argentorati*, 1541, *in*-4. & *Leodii*, 1630, *in*-8.

25. Petri DIVÆI, Lovaniensis, de Galliæ Belgicæ antiquitatibus, statumque ejus quem sub Romanorum imperio habuit, complectens.

Il est encore imprimé séparément : *Antverpiæ*, Plantini, 1566, 1584, *in*-8.

26. De nominibus propriis Germanorum Opusculum Studiosi antiquitatis.

Dans les Tomes suivans II & III. on trouve quelques morceaux servant à l'Histoire de France, qui seront rapportés ci-après, sous les Règnes, à leur date. Cette Collection, qui n'a été donnée qu'après la mort de Schardius, arrivée en 1572, a été publiée par les soins de Nicolas Gesner. La première Edition étant devenue rare, on en a donné une seconde : *Giessa*, 1673, *in-fol.*]

15397. ☞ Johan. Georgii ECCARDI, J. C. de origine Germanorum eorumque vetustissimis Coloniis, Migrationibus ac rebus gestis Libri duo; ex schedis mss. viri illustris edidit, figuras æri incisas adjecit & præfatus est Christianus Ludovicus SCHEIDIUS, J.C. *Gottinga*, 1750, *in*-4.

Cet Ouvrage contient quelque chose d'utile à l'origine des François, répandu en différens endroits, surtout *pag.* 163, 337, 445.

Il est précédé d'une Préface de l'Editeur Scheidius, dans laquelle il parle des différens Auteurs qui ont traité des Germains & des Celtes. Il s'étend plus particulièrement sur la Germanie de Tacite, & prétend que cet Ouvrage ne mérite pas autant de confiance que plusieurs Auteurs lui en ont donné.

Le Traité d'Eccardus est divisé en deux Livres, dans lesquels il parle de la Germanie, de son origine, des différentes migrations de ses Peuples depuis la création du monde jusqu'au commencement du troisième siècle de l'Ere Chrétienne. Il y marque les migrations des Germains, des Celtes, des Scythes, des Cimbres, des Gaulois, &c. Il soutient que les Germains sont des Peuples anciens, qui ont les premiers habité la Germanie méridionale, en même-temps que les Celtes ont occupé la Germanie supérieure ou la partie septentrionale de l'Europe, après avoir quitté le terrain au-delà de la Vistule, que les Cimmériens & les Scythes occupèrent ensuite. Ces deux premières Nations ont peuplé presque toute l'Europe : ce qu'il prouve, soit par la différence ou ressemblance des Mœurs & des Coutumes, soit par celles des Langues.

Son Ouvrage est sçavant & d'une bonne main; mais il manque un peu d'ordre, sur-tout dans le premier Livre, où l'Auteur ne fait pas assez sentir quel est son systême, & ne s'explique pas assez nettement sur l'origine & la distinction qu'il veut faire des Germains avec les Celtes, les Scythes & les autres Peuples, qui ont été regardés par plusieurs Auteurs, comme plus anciens que les Germains.]

15398. ☞ Burcardi Gottelfii STRUVII; Syntagma historiæ Germanicæ, à prima gentis origine ad annum 1716 : *Ienæ*, Bielkius, 1716, *in*-4. 2° vol.

Seconde Edition, intitulée : *Corpus Historiæ Germanicæ* : *Iena*, 1730, *in-fol.* 2 vol.]

== ☞ Mensonis ALTINGII Descriptio, secundùm antiquos, Agri Batavi & Frisii, unà cum conterminis, sive Notitia Germaniæ inferioris, &c.

Voyez ci-devant, N.° 478, (*tom. I. pag.* 40.)

Cet Ouvrage est très-utile pour la Géographie des lieux qu'habitoient les François, soit avant leur entrée dans les Gaules, soit dans leurs premières demeures.]

15399. ☞ Jacobi Car SPENERI, Professoris Hallensis, Notitia Germaniæ antiquæ, ab ortu Reipublicæ ad regnorum Germanicorum in Romanis Provinciis stabilimenta, Germaniæ & Germanicarum civitatum statum & conditionem plenè declarans. Accessit Conspectus Germaniæ mediæ qualis Sæculo sexto, & post paulo sequentibus Sæculis fuit : *Halæ Magdeburgicæ*, 1717, *in*-4.

Voyez sur cet Ouvrage Struv. *Bibl. hist. pag.* 757.]

15400. ☞ Hilderici MUTII de Germanorum primâ origine, moribus, institutis, legibus & memorabilibus pace & bello gestis Libri.

Cet Ouvrage se trouve dans le *Recueil de Pistorius*, intitulé : *Rerum Germanicarum Scriptores*, édition donnée par Struvius : *Ratisbonæ*, 1726, *in-fol.* 3 vol. (*tom. II. pag.* 609.)

Il avoit été imprimé, *Basileæ*, 1539, *in-fol.*]

15401. ☞ Bilibaldi PIRCKHEIMERI, Descriptio Germaniæ utriusque : *Antverpiæ*, 1585, *in*-8.]

15402. ☞ Petri BERTII, Commentariorum rerum Germanicarum Libri tres, quorum I. Germaniam veterem, II. Germaniam posteriorem à Carolo Magno ad nostra tempora, cum principium Genealogis, & III. præcipuas Germaniæ urbes complectitur; cum Tabulis Geographicis æri incisis : *Amst.* Janssonius, 1616, *in*-4. oblongo.

Le premier Livre de cet Ouvrage est très-utile pour l'Histoire des François en Germanie, & de leur transmigration dans la Gaule.]

15403. ☞ Godefr. Guill. LEIBNITII Accessiones Historiæ, seu varia superiorum temporum Historiis Germanicis illustrandis utilia Monumenta & Scripta, hactenùs non edita :

Lipsiæ, Forsterus, 1698 & 1700, *in-4.* 2 vol.]

15404. ☞ Joan. Mich. DILHERRI de Historia priscæ Germaniæ Commentatio posthuma, cum observationibus selectis edita : accesserunt Joan. Henr. HAGELGANSII de priscæ Germanorum ætate Dissertatio, & Ulrici HUTTENI Arminius : *Francofurti*, Stockius, 1718, *in-8.*]

15405. ☞ Aurei Seculi virago, sive Germanorum veterum vita, mores, virtus ac Religio, ab Abrahamo ORTELIO : *Antverp.* 1595, *in-4.*]

15406. ☞ Notitia veteris Germaniæ populorum, &c. auctore Joan. Nicolao HERTIO.

Ce morceau se trouve à la tête du tom. II. de ses *Commentationes & Opuscula : Francofurti*, 1737, *in-4.*]

15407. ☞ Notitia regni Francorum veteris, à prima ejus origine ad excessum usque Ludovici Pii ; auctore eodem HERTIO.

Cette Notice se trouve au même endroit. Le Père le Long l'avoit mal-à-propos rapportée à la Géographie, sous son num. 54. Le Chapitre I. traite du nom & de l'origine des François. Les cinq Chapitres suivans des Mœurs, Loix & Coutumes des anciens François, & le VII. Chapitre des Rois de France de la première & seconde Race, jusqu'à Louis le Débonnaire.

Ces deux Dissertations avoient déja été imprimées séparément ; la première, *Giessæ*, 1709, *in-4.* la seconde, *ibid.* 1710, *in-4.*]

15408. ☞ Histoire des anciens Germains, Religion, Loix & Police, jusqu'à l'irruption dans l'Empire Romain, leurs invasions dans les Gaules, & leur expulsion de ce Pays par les Francs.

Ancien Etat des Francs (de Germanie) jusqu'au temps où ils s'établirent dans les Gaules.

Ces deux excellens morceaux font partie du tom. XIII. de l'*Histoire Universelle traduite de l'Anglois*, &c. *Amsterdam*, 1752, *in-4.* Le premier se trouve p. 348-398, & le second, *pag.* 611-670.]

15409. ☞ Quòd Bataviam Franci invaserint & possederint. Qui fuerunt Franci, de eorumque sedibus ; auctore Hadriano JUNIO, Hornano.

Ce morceau intéressant forme le Chapitre IX. de l'Ouvrage intitulé : *Batavia*, &c. *Lugd. Batav.* 1588, *in-4.* & *Dordrechti*, 1652, *in-12.* L'Auteur, qui est mort en 1575, y fait voir autant d'érudition que de critique. Il rejette les fables qui étoient alors en faveur, & croit que les Francs étoient une Ligue de Germains, qui habitoient à la droite du Bas-Rhin.]

15410. * Abrégé fidèle de la vraie origine & Généalogie des François, auquel est traité de la Généalogie & hauts faits des anciens François ; ensemble de leurs Ducs & Rois, jusqu'à Clovis I. par Claude DU-PRÉ, Sieur de Vaux-Plaisant, Conseiller du Roi en la Cité de Lyon : *Lyon*, Ancelin, 1601, *in-8.*

Cet Auteur soutient les fables qui faisoient venir les François de Troyes, [& la suite des Rois prétendus qu'on leur a supposés en Germanie.]

15411. Originum Francicarum Libri sex, in quibus præter Germaniæ & Rheni Chorographiam, Francorum origines & primæ sedes, aliaque ad Gentis in Gallias transitum, variasque victorias, instituta & mores pertinentia, ordine deducuntur ; auctore Joanne Isacio PONTANO : *Hardervici*, Laurentii, 1616, *in-4.*

Cet Auteur est mort en 1640. C'est lui particulièrement que Jacques Charron attaque dans son Apologie pour [le fabuleux] Hunebaud : l'opinion de Pontanus est la meilleure. Adrien de Valois soutient que cet Auteur n'étoit guères versé dans la connoissance des Antiquités de France. Il parle des anciens François jusqu'à la mort de Clovis, l'an de Jesus-Christ 511.

☞ Son Ouvrage est divisé en six Livres.

Dans le premier, l'Auteur établit que le Rhin & le Danube étoient les confins de l'Empire Romain, & que s'il possédoit quelque chose dans la Germanie, c'étoit dans la supérieure & l'inférieure, qui étoient en deçà du Rhin, & non point dans la grande Germanie, qui étoit entre le Rhin & le Danube. Il passe ensuite à l'examen des Peuples qui occupoient la grande Germanie, sur-tout de ceux qui étoient les plus voisins du Rhin, les Suèves, les Ubiens, les Sicambres, &c. Il fait mention des places qu'ils ont occupées, selon Strabon, Tacite & autres.

Dans le Livre II. il traite des François, qu'il prétend être Sicambres d'origine. Ils habitoient la partie de la Sicambrie, qui étoit entre le Rhin & l'Issel, & au-delà de l'Issel, qui s'appelle à présent l'Owerissel, Zutphen, Vestphalie, pays de Clèves, Frise, &c. pays qui s'étendoient depuis le Rhin jusqu'au Véser ; ce qui étoit vraiment la Sicambrie maritime.

Il réfute ensuite les diverses opinions sur l'origine des François. Il parle des différens Peuples qui composoient cette Nation, dont les principaux sont les suivans. Les Ansivariens (du mot *Hans*, qui en Teuton & Gothique signifie, élevés, distingués, les premiers, les Grands) étoient connus avant les François ; mais ils se joignirent à eux par la suite, après avoir été vagabonds. Les Saliens, (qui tiroient leur nom de Sala ou Isala, l'Issel, Fleuve qui prend sa source en Vestphalie, reçoit une partie du Rhin par le Canal que Drusus fit construire, passe à Doesbourg, Zutphen, &c. & se jette dans le Zuyderssée, & delà dans la Mer Germanique : là étoient les Pays anciennement occupés par les François). Enfin les Ripuaires ne furent connus que depuis que les François eurent passé le Rhin, & qu'ils se furent établis dans les Gaules, pour n'en plus sortir. Ils tiroient leur nom du mot *Ripa*, comme habitans les rives du Rhin, de la Meuse & de la Moselle.

Dans le Livre III. Pontanus rapporte l'étymologie du nom François ou Franc, qu'il croit venir d'une espèce d'arme appellée Francisque. Il réfute les autres étymologies, ainsi que la suite fabuleuse des Rois qu'Hunibaldus & plusieurs de nos anciens Annalistes après lui, ont donnée aux François, qu'ils font remonter 400 & quelques années avant J. C. Il fait mention de quelques Rois des Sicambres, dont il est parlé dans les anciens Auteurs. Ensuite il rapporte ceux des François qui sont connus : les premiers sont Génébalde & Esatech, en 288, sous l'Empire de Dioclétien & de Maximien. Il fait voir que leurs noms sont tirés de la Langue Teutone ou Germaine.

Dans le Livre IV. il commence l'Histoire des Francs, qui ne furent connus (selon lui) sous ce nom, que l'an de J. C. 253, sous l'Empire de Gallien. Leurs premiers Rois connus sont, Génébalde, Esalech, Ascaric & Radagise, Malaric, Mellobande, Théodemer, Génébalde, Marcomir, Sunon, Pharamond, Clodion, Mérovée. C'est sous celui-ci que les François commencèrent à fixer leur demeure en-deçà du Rhin, dans les Gaules.

Le Livre V. contient le règne de Childéric & de Clovis, & quelques Réflexions sur l'accroissement & l'établissement de l'Empire des François dans les Gaules.

Dans le VIe qui est plus étendu que les autres, il traite de la Religion, des Mœurs, des Coutumes, des Loix, & sur-tout de la Langue des François. Ce dernier article y est détaillé d'une façon curieuse.

L'Auteur a eu pour but de prouver, dans son Ouvrage, que les François tiroient leur origine des Germains, soit en les faisant sortir de la Germanie même, soit en faisant voir la ressemblance des usages, de la Langue & des Mœurs de ces deux Nations. Il a exécuté son dessein d'une façon sçavante & utile pour notre Histoire, & même pour celle de l'ancienne Germanie : au surplus son style est bas, confus & trop verbeux.

Voyez sur cet Ouvrage, Lenglet, *Méth. historique*, tom. *IV. pag.* 10. = *Bibl. Harley.* tom. *II. pag.* 505. Sorel, *pag.* 271. = Le P. Niceron, tom. *XIX. pag.* 394 : tom. *XXXII. pag.* 273. = *Scaligeri Epist. pag.* 228. = Le Gendre, tom. *II. pag.* 62.]

15412. De l'origine des François; par Martin le Roy, Sieur DE GOMBERVILLE.

Cet Auteur est mort en 1674, son Traité est imprimé avec son Livre *des Vertus & des Vices de l'Histoire* : *Paris*, 1620, *in*-12. Il y combat l'origine fabuleuse qui fait descendre les François des Troyens.

☞ *Voyez* Sorel, *p.* 169. = *Mélanges* de Vigneul de Marville, tom. *III. pag.* 253.]

15413. Floridorum Liber singularis, unde pleraque minùs obvia de Francorum origine, ac Delphinatûs Provincia, novis Inscriptionibus additis, odorari liceat; Stephano CLAVERIO auctore : *Parisiis*, 1621, *in*-8.

☞ Cet Auteur étoit de Bourges, & est mort à Paris le 21 Avril 1622. Il est enterré dans le Charnier de S. Benoît.

C'est, en 49 Chapitres, une Collection de plusieurs choses qui ont rapport aux Gaulois & aux François, qu'il fait descendre des Troyens, originairement Gaulois. Il croit, avec les Annalistes fabuleux, qu'ils passerent en Scythie, & ensuite dans la Frise. Il traite de leur Religion, de leurs Colonies, de leurs mœurs, de leurs expéditions, de leur arrivée à Paris, de ce qui regarde l'origine & les autres particularités de cette Ville; de la valeur de ces Peuples & de plusieurs de leurs Rois. Il parle ensuite des Allobroges, de Grenoble & de ses Antiquités. On sent assez de quelle utilité seroit un pareil Recueil, s'il étoit suivi & fondé sur des preuves solides & des témoignages des bons Historiens ; mais l'Auteur ne va que par sauts, & débite bien des fables : cependant cet Ouvrage, tel qu'il est, présente quelquefois du curieux.]

15414. De l'origine des François; par Jean DARRERAC, Conseiller au Parlement de Bordeaux.

Ce Discours est imprimé au Chapitre XVIII. de ses *Antiquités : Bordeaux*, 1625, *in*-4.

☞ Ce morceau, ou plutôt ce Chapitre, est si peu de chose, qu'il ne méritoit pas un numéro particulier.]

15415. Les Dynasties, ou Traité des anciens Rois des Gaules & des François, depuis Gomer, premier Roi de France, jusqu'à Pharamond ; par Jacques DE CASSAN, Juge de Béziers : *Paris*, 1626, *in*-8.

☞ Les Gaulois, selon cet Auteur, descendent de Gomer, fils aîné de Japheth, qui vint s'établir dans les Gaules. Le mot *Gallim*, qui signifie une galère, peut avoir donné le nom à ces Peuples, qui, pour conserver le souvenir de leur transmigration, prirent pour armes un Navire ; ce qui a fait croire qu'ils adoroient la Déesse Isis. Gomer vint par mer dans ce Pays, & en fut (dit-on) le premier Roi, connu sous le nom de *Dis* ou de Sa-

mothès. C'est la suite des Rois prétendus issus de Gomer, que M. de Cassan développe, d'après les fables débitées avant lui. Il les distribue en trois classes, dont la première régna depuis Gomer jusqu'à la fondation de Rome ; la seconde jusqu'à Vercingentorix, qui vivoit quand Jules-César conquit les Gaules ; & la troisième depuis César jusqu'au temps où ce Royaume échut en partage aux François, comme vrais & originaires Gaulois, selon M. de Cassan. Ces Rois sont au nombre de soixante-cinq ; depuis Gomer jusqu'à Mérovée. Magus, que l'on dit fils de Gomer, fit bâtir plusieurs Villes aux Peuples qu'il commandoit, comme le témoignent, (dit-on) ces noms de *Reomagus*, *Rothomagus*, &c. Ils sont tous caractérisés par quelques inventions ou quelques exploits. Cet Auteur fait grand fond sur les témoignages des faux Bérose & Manethon, produits par Annius de Viterbe, & dont M. de Cassan tâche de prouver l'authenticité contre ceux qui dès-lors la révoquoient en doute. Il croit que les premiers Gaulois conservèrent long-temps la connoissance du seul & vrai Dieu que Gomer leur avoit donnée, & que leur créance sur l'immortalité de l'ame étoit entièrement conforme à celle des Hébreux. Il s'étend principalement sur la Cérémonie du sixième de la Lune de Septembre, où les Druides distribuoient au Peuple le Guy de chêne. La Langue Grecque fut, selon cet Auteur, de tout temps dans les Gaules, & les Grecs l'ont empruntée des Gaulois. Il parle ensuite de leurs Coutumes & de leur Police, qu'il trouve admirables. Il n'oublit pas leur valeur, leurs différens Peuples & leurs Colonies. La Loi Salique vient des François Saliens, qui demeuroient près du Fleuve Sala, &c.

Voyez Sorel, *pag.* 270. = Lenglet, *Méth. historique*, tom. *IV. pag.* 8.]

15416. Mss. L'origine des François, d'où ils viennent, quelle Langue ils parloient, & par qui ils étoient gouvernés jusqu'à Pharamond : *in-fol.*

Ce Traité [étoit] conservé dans la Bibliothèque de M. le Baron d'Hoendorff, Colonel de l'Empereur, [& est aujourd'hui dans la Bibliotheque Impériale.]

15417. De l'origine des François ; par MM. DE SAINTE-MARTHE.

Ce Discours est imprimé au Livre II. de l'*Histoire généalogique de la Maison Royale de France* : *Paris*, 1628, 1647, *in-fol.*

15418. Gabrielis TRIVORII, Jurisconsulti & Historiographi Regii, Observatio apologetica ad Inscriptionem Orationis ad Antecessores Digesti Justinianei propositæ, ubi etiam agitur de vera Francorum origine à Gallis deductâ, primis gestis, Monarchiæ fundamentis in Galliis, atque interitu Imperii Occidentalis : *Parisiis*, Cramoisy, 1631, *in*-4.

☞ L'Auteur a pour but, dans ce Traité, de faire l'Apologie de Justinien contre les Anecdotes de Procope, & de justifier la vérité des titres que prenoit cet Empereur. Il a divisé son Ouvrage en trente-deux Chapitres. Dans le treizième & les suivans, jusqu'au dix-septième, il traite des Gaulois & des François, & dit : Que les fils ou petits-fils de Noé étant venus s'établir dans les Gaules, multiplièrent si fort, que leur Roi Ambigat fut contraint d'envoyer ses deux fils, Sigovèse & Bellovèse, chercher d'autres demeures, avec une partie du Peuple Gaulois : (ce qui est rapporté par Tite-Live.) Bellovèse passa en Italie, & Sigovèse s'établit dans la Forêt Hercynienne, ou en Bohême. Leurs descendans s'étendirent dans l'Illyrie & dans la Pannonie, & furent la souche d'une grande patrie des Peuples de la Germanie. Ils furent successivement appellés Celtes, Teutons, Germains, (ceux qu'on appelle Allemands étoient Suèves d'origine)

& enfin ils prirent, sous l'Empire de Gallien, le nom de Francs, qui signifie libres. Ils occupèrent d'abord le terrein qui est entre le Rhin, le Nécker, l'Elbe & l'Océan. Les Saxons les resserrèrent ensuite (dit l'Auteur) pendant quelques temps dans le Pays qu'on nomme Franconie, & c'est de là qu'ils vinrent s'établir dans les Gaules. On trouve dans les Chapitres suivans les irruptions des différens Peuples Barbares dans l'Empire Romain, & en particulier ce qui concerne les Francs, jusqu'aux enfans de Clovis. L'Auteur prétend que ce fut à peu près dans ce temps que Justinien confirma leur Monarchie dans les Gaules, & permit à leurs Rois de faire battre monnoie en leur nom.]

15419. Traité de l'origine des François; par DU FOUSTEAU.

Ce Traité est imprimé dans son Livre intitulé : *Curieuses Singularités de France : Vendôme*, de la Saugere, 1631, *in-8*.

15420. ☞ Joannis DILLERI de origine Francorum usque ad Albertum & Isabellam: *Lovanii*, 1622, *in-4*.]

15421. ☞ Nicolai UNELLI, Franciados Libri duo, ad imitationem Æneidos: *Parisiis*, 1649, *in-12*.

Ce Poëme a pour objet l'origine des François.]

15422. Encomium Franciæ; Marco IRENÆO auctore: *Argentorati*, [1541] 1639, *in-8*.

Cet Eloge de la France contient une véritable déclaration de l'origine de l'antiquité & des mœurs des François.

☞ La première Edition de cet Ouvrage se trouve dans le Livre, *Selectarum Declamationum P. Melanchthon : Argentorati*, 1541, *in-4*. p. 573, & est adressée à Daniel Stibaro. Ainsi ce petit Traité est de près de 100 ans plus ancien qu'il ne le paroissoit par la dernière Edition, que le Père le Long rapportoit seule.]

15423. ☞ Ms. Louange de la France, ensuite des sept Graces que Dieu a démontrées, (en vers.)

Cette Pièce est conservée parmi les Manuscrits de la Bibliothèque du Roi, num. 7408. L'Auteur dit qu'au mois de Décembre 1483, il se proposa d'écrire quelque chose; il continue en prose, & débite ce Discours par des bénédictions qu'il donne à Charles VIII. Ensuite vient un Ouvrage en vers, qui répond au titre, où l'on voit sept Articles qui sont les sept Graces dont il est question ci-dessus.]

15424. De primis Gallorum sedibus in Flandriæ parte, quæ etiamnum Terra Francica appellatur; auctore Olivario UREDIO, Jurisconsulto Brugensi.

Ce Traité est imprimé dans son Livre intitulé: *Flandria vetus, sive Ethnica dicta nova Francia, seu ad Historia Comitum Flandria Liber Prodromus alter: Brugis*, 1650, *in-fol*. Cet Auteur, qui est mort en 1642, a rapporté dans son Ouvrage tous les sentimens différens du sien, sur l'origine des François, qu'il a réfutés; il a ensuite établi le sien. Il croit que les François ne sont que les anciens Gaulois qui sont revenus dans leur Pays.

15425. ☞ C. V. GRUPEN, Observatio de primis Francorum sedibus originariis: *Hanoveræ*, 1758, *in-4*.

Après avoir pesé toutes les opinions des Sçavans sur cette matière, l'Auteur place la patrie des Francs en Westphalie, sur le Rhin.]

15426. ☞ Ernesti Aug. SCHULZII Exercitatio de Cimbricâ Francorum origine.

C'est la cinquième Dissertation du premier Recueil des Pièces de ce Sçavant, publiées sous ce titre : *Ern. Aug. Schulzii Exercitationes Philologicæ : Berolini*, 1755, *in-8*.

Voyez les Actes des Sçav. de Léipsick, 1758, *p.19*.]

15427. Ms. Traité des anciens Germains & des anciens Francs; par Louis CHANTEREAU LE FEVRE: *in-fol*.

Cet Auteur est mort en 1658. Son Traité est conservé dans la Bibliothèque du Roi, num. 9597[18].

15428. De origine, lingua & excellentia Franciæ; auctore Joanne LIMNÆO.

Ce Traité est imprimé au Livre I. de sa *Notitia regni Francici : Francofurti*, 1655, *in-4*. [*pag. 1-25*.]

15429. ☞ Quæstio de origine Francorum tum populi tum regum.

Elle se trouve dans l'Ouvrage intitulé : *Propugnaculum Lusitano - Gallicum; auctore P. F. Francisco à S. Augustino* MACEDO : (*Parisiis*, 1647, *in-fol*.) *p. 229*.]

15430. De l'origine des François & de leur Empire; par AUDIGIER: *Paris*, Barbin, 1676, *in-12*. 2 vol.

Cet Auteur rapporte jusqu'à quatorze opinions différentes de l'origine des François. Mais, dit l'Auteur du *Journal des Sçavans*, du 29 Mars 1677, » de douze » opinions différentes que nous avons touchées de cette » origine, il n'y en a point qui soit allée plus avant, & » qui soit plus glorieuse à la Nation, que celle que cet » Auteur propose, & qu'il établit dans cet Ouvrage : » car au lieu que les autres Auteurs les sont allés chercher jusques dans les Pays les plus éloignés, celui-ci » les trouve dans les Gaules mêmes, & il prouve que » ces Peuples fameux, que l'Empereur Maximin re- » poussa dans la Scandie, & qui delà firent irruption » dans les Provinces Romaines, partie sous le nom gé- » néral de Vandales, partie sous celui de François, de » Sillenges, Goths, Gépides, &c. ne sont autres que » ceux qui sont sortis de la Gaule Celtique.

☞ Cet Ouvrage a deux buts principaux, ainsi que l'annonce le titre. Le premier, de découvrir l'origine des François, & le second de faire voir que l'Empire des François dans les Gaules, n'est autre chose qu'une division de l'Empire Romain, aux droits duquel ils ont succédé. Voici un extrait de son système sur l'origine des François.

L'an du monde 3464, & de Rome 164, & avant Jesus-Christ 590, sous Tarquin l'ancien, Bellovèse & Sigovèse, neveux d'Ambigat, Roi des Celtes (à Bourges) furent envoyés par lui hors des Gaules, à la conquête des Pays étrangers, avec hommes, femmes & enfans, pour décharger son Royaume de la multitude de peuple dont il abondoit. Bellovèse prit la route d'Italie, & s'établit dans le Pays (d'Italie) qui depuis porta le nom de Gaule Cisalpine, par rapport aux Romains : Sigovèse prit la route de Germanie. Cela est tiré d'un passage de Tite-Live. Voici ce qui est de l'Auteur.

Sigovèse, & les Gaulois qui le suivirent, fixèrent leur demeure dans la région des Suèves, qui étoit une partie septentrionale de la Germanie, auprès de la Forêt Hercynie, & pour se distinguer des Suèves, ils prirent le nom de Vandales. Ces Vandales se divisèrent en plusieurs petits Peuples : *Burgundiones, Varini, Gothones, Lemovii, Suerdones* ou *Farodini, Turingi, Langones, Semnones, Tectofages, Helvetii, Boii*, &c. & quelques autres. L'Auteur prétend qu'ils avoient retenu ces différens noms des différentes Provinces des Gaules qu'ils avoient quittées, & le prouve par la conformité de ces noms : *Semnones* ou *Senones*, de Sens; *Lemovii*, de

Limosin ; *Gothones*, de Gévaudan ; *Burgundiones* ou *Bituriges*, de Berry ; *Turingi* ou *Taroni*, de Touraine, &c. *Suardones*, ou *Farodini*, sont, selon cet Auteur, les François. Ils étoient, dit-il, venus avec les autres du fond de la Gaule Narbonnoise, sur les confins de l'Espagne, où ils occupoient le terrein où l'on trouve à présent Perpignan, Elne, Locate, Salses, Coilloures, &c. c'est-à-dire à peu près dans la Province qu'on appelle présentement le Roussillon. Pomponius Méla & Pline, les nomment *Sindones*, *Suardones* & *Surdaones*, lesquels (dit-on) ne sont nullement différens des *Suardones* du canton de Vandalie, desquels il est parlé dans Tacite, & des *Farodini*, dont parle Ptolomée, & que Cluvier, Peucer & Ortelius, ont placés dans le Pays qu'on nomme à présent le Meckelbourg.

Les Vandales (& les Suardons avec eux) quittèrent leur première demeure de Germanie, après y avoir séjourné 826 ans. Ce fut l'an 235, lorsque Maximin s'avança dans la Germanie, & y mit tout à feu & à sang. Pour éviter cet orage, les Vandales se réfugièrent en Scandie. Ils n'y purent demeurer long-temps, le Pays ne leur étant pas propre, & le climat trop froid. Ils voulurent venir reprendre leur première demeure en Vandalie ; mais la trouvant occupée par les Marcomans, ils se débordèrent de temps en temps dans les Gaules, & en différentes Provinces Romaines, qu'ils occupèrent successivement. Les Suardons ou François passèrent dans les régions des Bataves, (ou la Hollande) des Trévirois, (Trèves) & des Nerviens, (le Hainaut.) Ils en furent chassés par Probus, & contraints de se retirer en 276, dans des marais impénétrables, situés dans la Zélande, la Frise, &c. Ils en furent expulsés par les Saxons sur la fin de l'Empire de Probus, qui leur accorda des terres dans le fond de la Pannonie, jusqu'aux Palus Méotides, où ils ne séjournèrent que trois ou quatre années. Ils repassèrent en Batavie, en Tongrie ou Toxandrie, (le Pays de Tongres & de Liége) dans la Sicambrie, (le Pays de Gueldres, Juliers & Clèves.) C'est-là qu'ils commencèrent à prendre les noms de Saliens & de Ripuaires. Ces derniers sont ceux qui furent obligés de se porter sur les rives du Rhin, l'an 383. Par la suite les Saliens furent aussi chassés de leur place, & contraints d'aller demeurer hors les limites de l'Empire, dans la Germanie Transrhénane, où ils rejoignirent les Ripuaires, leurs compatriotes, & s'habituèrent avec eux parmi les Bructères, les Chamaves, les Ansivariens, les Chattes, les Chérusques & les Usipiens, qui s'attachèrent à la fortune de leurs hôtes, & ne firent qu'un même Peuple, sous le nom de François ; & même comme ils occupoient la troisième partie de la Germanie, ils sont souvent appellés Germains.

Les Ripuaires continuèrent d'y vivre sous des Ducs, & les Saliens sous des Rois, jusqu'en 419, qu'ils reconnurent tous Pharamond Roi des Saliens. Ils firent différentes courses, tant delà que deçà le Rhin, jusqu'à l'an 437, que sous Clodion ils pénétrèrent en Artois, en Cambrésis & en Picardie, où ayant été battus par Aëtius, ils ne laissèrent pas de rester dans les Gaules, où Clodion fixa son domicile, dans les limites de l'ancienne Tongrie, à *Dyspargum*, qui, selon l'Auteur, est Duysbourg, entre Bruxelles & Louvain. Ses successeurs s'étendirent dans les Gaules, jusqu'à ce qu'ils s'en fussent entièrement rendus maîtres.

Tel est le système de l'Auteur sur l'origine des François. Il rapporte douze opinions différentes, & les réfute en bref. Il fait ensuite une digression sur l'ancienneté des Gaulois ou Celtes. Il les prend depuis le Déluge, soutient que Noé & Gallus sont le même ; que Jupiter, Pluton & Neptune étoient Rois des Gaules ; delà il les suit dans les temps plus éloignés, & dans différentes expéditions qu'ils ont faites hors de leur Pays ; il parle de leurs transmigrations dans différens climats qu'ils ont peuplés. Enfin il prétend que les Germains & les Allemands sont sortis des Gaules, & en particulier les derniers de la Limagne d'Auvergne.

Il revient aux François, qui furent, dit-il, toujours gouvernés par des Ducs, jusqu'en 283, que les Ripuaires & Saliens commencèrent à avoir des Rois. Esatech fut le premier Roi des Ripuaires, qui se remirent par la suite sous le gouvernement des Ducs, jusqu'en 419. Génobon fut (dit-on) le premier Roi des Saliens, & de lui descendirent Mellobaudes, Priam, Marcomir & Pharamond, qui régnèrent successivement. Clodion, Mérovée, Childéric & Clovis, qui régnèrent après, étoient aussi de la même famille. L'Auteur parcourt ensuite les autres règnes de la première Race des Mérovingiens, jusqu'à Childéric III. & Thierry son fils. C'est-là que finit le premier volume.

Le second commence par une Dissertation sur les Divisions des Gaules & de la France, & sur le temps auquel le nom de Gaules a cessé d'être en usage ; sur les Loix qui y étoient observées, & sur celles qu'on a suivies depuis en France : il s'étend en particulier sur ce qui regarde les Coutumes.

Ensuite, passant à la seconde partie de son Ouvrage, pour prouver cette proposition, que l'Empire des François sous Clovis & ses successeurs, jusqu'à présent, n'est autre que l'Empire Romain, continué par eux dans les Gaules, il établit, 1.° que l'Empire Romain étoit divisé en trois parties ; Italie, Gaule & Orient. 2.° Que depuis l'Empereur Posthume en 260, la Gaule fut un Empire séparé de ceux d'Italie & d'Orient ; & que quoiqu'il arrivât par intervalles qu'un seul Empereur régnât en même-temps dans tous les trois, ce qui fut assez rare, néanmoins ils étoient pour lors regardés comme trois Empires en une personne, & qu'il arriva fort souvent depuis ce temps jusqu'à Clovis, que la Gaule eut son Empereur. 3.° Que les Empereurs d'Orient, depuis l'extinction de l'Empire d'Italie, disposoient, en quelque façon, des deux autres Empires. quand ils venoient à vacquer ; & qu'Anastase, Empereur d'Orient, trouvant l'Empire des Gaules vacant, (à la mort de Syagrius, en disposa en faveur de Clovis. 4.° Que les différens Princes, qui étoient de l'Empire des Gaules, relevèrent de Clovis & de ses successeurs, même dans la Seconde Race, comme ils relevoient auparavant de l'Empire. L'Auteur, en faisant le détail de ces différens Etats, fait quelques digressions sur l'origine des Bretons, sur les Princes Gascons, Espagnols, Anglois. Il passe ensuite à ce qui est arrivé à ce sujet, sous la troisième Race. Il traite de l'origine de Hugues-Capet, qu'il fait descendre ainsi de Charlemagne, de l'Empereur Avitus & d'Ansbert ; le second par Charles-Martel, & le premier par Childébrand, frère de Charles-Martel.

Il finit son Ouvrage par deux Dissertations. La première, sur les Fleurs de lys, qu'il prétend avoir été le symbole de l'Empire des Gaules depuis l'Empereur Posthume ; ce qui résulte de ses médailles. La seconde, sur le Tombeau de Childéric, trouvé à Tournay, & qu'il prétend être d'un Childéric fils de Clotaire I. qui régna sur une partie de la France, & mourut avant son père.

Cet Ouvrage contient bien des choses fort utiles pour notre Histoire, & même pour celle de plusieurs autres pays. L'Auteur a recherché avec grand soin, dans nos premiers Historiens, tout ce qui pouvoit servir à fonder son système & à établir les différentes propositions ou conjectures dont son Livre est rempli. Il seroit à souhaiter qu'il n'eût écrit avec plus de choix, qu'il eût fait un meilleur usage de ses recherches, & qu'il eût divisé son Ouvrage avec ordre, pour que le Lecteur pût aisément profiter de quelques-unes de ses Dissertations, sans être obligé de le lire en entier.

On devine sans peine que cet Auteur étoit Gascon. C'est peut-être en cette qualité qu'il a pensé à faire sortir les François de son pays, & à porter au plus haut la gloire de la Nation Françoise ; & c'est qu'il a exécuté aux dépens de la vraisemblance, dont son système est souvent dépourvu. Il débite ses conjectures avec un grand air de confiance, & sur-tout il n'est pas supportable dans ses étymologies.

Voyez sur ce Livre Lenglet, *Méthode historiq.* in-4.

tom. II. pag. 245, & *tom. IV. pag.* 10. *Journ. des Sçav.* 1677, *Mars.*]

15431. ☞ Des Francs Saliens & Ripuaires; ou de la France au-delà du Rhin, & de la France Gauloise.

Ce sont deux morceaux intéressans de l'Ouvrage de Charles WASTELAIN, intitulé : *Description de la Gaule Belgique*, &c. Lille, 1761, *in-4.* (*pag.* 25 - 74.) C'est tout ce qu'on peut dire en abrégé de plus raisonnable.]

15432. ☞ Histoire ancienne des Francs, (par Pierre LE ROY, de l'Académie de Montauban :) tom. I. *Paris*, 1753, *in-*8.

Ce volume, qui n'a pas été suivi d'un second, contient plusieurs morceaux.

1. Dessein de l'Ouvrage en général & en particulier.

L'Auteur distingue trois époques dans l'Histoire de France, qu'il comptoit traiter dans plusieurs volumes. La première commence à l'établissement fixe de la Nation Françoise dans le Pays compris entre le Mein, le Veser, la mer de Germanie & le Rhin, l'an 429 avant J. C. & finit à la guerre Cimbrique, environ 100 ans avant l'Ere Chrétienne. La seconde finit au baptême de Clovis, en 466 de J. C. La troisième & dernière finit à la réunion du Royaume d'Aquitaine à celui de France, en 852.

2. Discours préliminaire servant d'Introduction à l'Histoire générale des Francs.

L'Auteur commence par annoncer, malheureusement pour lui, que dans le silence des Auteurs Grecs & Latins, & des anciens Auteurs Gaulois, il a cru devoir recourir aux Auteurs de la Germanie ; & il n'en trouve pas de meilleurs à suivre que l'Abrégé que Trithème a donné en 1515, des Chroniques qu'Hunibald, ou Hunebaud, prétendu Franc de Nation, avoit, dit-on, composées sous Clovis, à la fin du Ve siècle : Ouvrage qu'Hunibald disoit avoir tiré lui-même des Écrits du Philosophe Dorac & de l'Historien Wastald, Sicambre de Nation. Ce dernier avoit, dit-on, écrit en langue Tudesque cette Histoire, qui comprenoit 758 ans, Hunibald la continua sur les vers & les écrits des Prêtres ou Druides de la Nation Françoise, jusqu'à la dixième année du règne de Clovis. Trithème, en abrégeant l'Ouvrage d'Hunibald, en fit la continuation sur les Ouvrages de plusieurs Auteurs contemporains, jusqu'à la division de la Monarchie que firent entr'eux les petits-fils de Charlemagne. Après avoir annoncé des morceaux aussi décriés, l'Auteur a bien senti qu'il falloit les étayer autant qu'il lui seroit possible ; c'est ce qu'il fait dans le reste de son Discours, soit par la croyance que mérite par lui-même Trithème, soit par un examen de l'Ouvrage d'Hunibald, eu égard à la forme & au fonds de ce qu'il contient ; soit enfin en faisant voir qu'il ne faut pas être surpris si Grégoire de Tours & Frédégaire n'ont pas eu une connoissance entière de tous les faits que le prétendu Hunibald avoit pu sçavoir mieux qu'eux.

3. Discours de l'ancien Gouvernement militaire des Francs.

Ce Discours traite principalement de ce qui regarde les Fiefs, que l'Auteur soutient avoir été de tout temps héréditaires. Ce morceau est écrit d'un style obscur ; les phrases sont mal construites, & d'un assez mauvais François.

4. Essai de Méthode sur l'Art historique.

Ce morceau, qui est du même Auteur, avoit déja été imprimé ailleurs. On a cru devoir l'insérer encore ici ; & on a bien fait ; car il est infiniment mieux écrit, & bien meilleur que les autres qui composent ce volume.

5. Histoire ancienne des Francs, depuis leur origine, particulièrement sous leurs premiers Rois, depuis l'an 436 jusqu'à l'an 272 avant Jesus-christ.

L'Auteur, après avoir donné un état très-succinct des Gaules & de l'origine de ses habitans, prétend que les Francs sortent des Tectosages, colonies des Teutons, qui, étant venus s'établir dans la Gaule aux environs de Toulouse, en étoient sortis sous la conduite de Sigovèse, & s'étoient fixés d'abord dans la Westphalie, d'où ils s'approchèrent peu à peu des Gaules par leurs conquêtes. On trouve ici la suite de leurs six premiers (prétendus) Rois, depuis Marcomir I. fils d'Anthénor, tué dans une bataille contre les Daces l'an 436 avant J. C. C'est à l'an 397, sous le règne d'Anthénor, fils de Marcomir I, que l'Auteur fixe l'origine de la Loi Salique, ainsi appellée de la rivière de Sala, confirmée par Pharamond, & revue par Clovis l'an 511. On lit avec plus de satisfaction ce qu'il avance concernant les mœurs & les usages des anciens Francs ou Germains, sur l'autorité de Tacite & de César, que tout ce qu'il débite de fabuleux sur la suite & les noms de leurs prétendus Rois.]

15433. De origine Francorum, qui trans & cis Rhenum habitaverunt, quique alii sunt à Gallis antiquis ; auctore Ægidio LACARRY, è Societate Jesu.

Ce Discours est imprimé avec son *Histoire des Colonies : Claromonti*, 1677, *in-*4.

☞ Il fait voir qu'il est parlé des François dans Trébellius Pollio, en 262, sous Valérien & Gallien, & plus anciennement dans Vopiscus, sous Gordien, environ l'an 242. Il passe ensuite aux Pays qu'habitoient les premiers François, & il distingue l'ancienne France générale (qui comprenoit les Saliens, les Bructères, les Chamaves, les Ansivariens, les Cattes, les Chérusces, les Cauces, les Sicambres, renfermés tous entre le Mein, l'Elbe & le Rhin,) & la France particulière, qui étoit comprise dans la première, étant composée des Ansivariens & des Cattes seulement, & qui occupoit une partie de la Westphalie, la Hesse en entier, l'Evêché de Paderborn, l'Abbaye de Fulde, la Thuringe ancienne, qui s'étendoit depuis l'Elbe jusqu'au Mein, & une petite partie de la Franconie, joignant la forêt Hercynienne. Les François Saliens occupoient les environs de l'Issel, dans le Comté de Zutphen, joignant les Bataves, d'où ils s'étendirent en différens temps dans la Batavie, la Zélande & la Toxandrie.

Il croit que la Loi Salique a été donnée par Pharamond, en 420, & corrigée sous Clovis, en 495 ; qu'elle fut ainsi appellée, ou de la rivière Sala, qui passoit par la France particulière, ou du lieu nommé Salitchem, où elle fut faite, ainsi qu'il paroît par le préambule de cette Loi. Il finit par quelques Dissertations chronologiques sur les règnes des Rois de la première Race, depuis Pharamond, en 420, jusqu'à la mort de Clotaire IV. en 717.

Le système de Lacarry, sur l'origine des François, a été réfuté par la Dissertation de Dom Vaissette, qui sera rapportée ci-après.]

15434. Histoire de France avant Clovis, ou l'origine des François, & leur établissement dans les Gaules ; par François (EUDES) DE MEZERAY.

Cette Histoire est imprimée au-devant de son *Abrégé chronologiq. de l'Hist. de France : Amsterdam*, 1681, [1696, &c.] *in-*12. La même, retouchée en plusieurs endroits, est imprimée au-devant de son *Histoire de France*, 1685, *in-fol.* & au-devant de son *Abrégé chronologique*, imprimée depuis ce temps-là. Cet Auteur est mort en 1683.

☞ Nouvelle Edition, plus complette : *Amsterdam*, (*Paris*) 1755, avec l'*Abrégé chronologique*.

L'Auteur y traite de l'origine, des mœurs, des coutumes & de la religion des Gaulois, de celles des François, & en un mot de tout ce qui s'est passé dans les Gaules depuis qu'elles sont connues, jusqu'au règne de Clovis. Cet Ouvrage est divisé en quatre Livres.

Le premier commence d'abord par l'origine des Celtes & Gaulois, dont on sçait fort peu de chose de certain, jusqu'à la conquête des Gaules par César. Vient ensuite une digression assez longue sur les mœurs, coutumes, religion, pays & origine des Germains : c'est un des plus beaux morceaux de l'Ouvrage, & des plus finis. Mézeray l'a cru nécessaire à son sujet, attendu que, comme il prétend, selon l'opinion commune, que les François sont sortis des bords du Rhin & de la Germanie, leurs mœurs ont dû être à peu près pareilles à celles des Germains. Il reprend ensuite le fil de l'Histoire Romaine, pour décrire ce qui se passa dans les Gaules, dans la Germanie & pays voisins du Rhin, après la conquête de César, sous Auguste & sous Tibère, jusqu'à l'année 18 ou 20 de J. C.

Dans le Livre II. il continue l'Histoire Romaine, & celle des Peuples voisins des Gaules, autant que cela est nécessaire à son sujet. Il commence au milieu du règne de Tibère, & va jusqu'à l'an 325, auquel Constantin commença à régner seul : c'est-là qu'il parle de l'origine des François. La première fois, dit-il, qu'il en est fait mention dans les anciennes Histoires, est l'an de J. C. 253, sous le règne de Décius, qui périt, dit la Chronique Aléxandrine, en allant à la guerre contre les Francs. Mézeray rapporte les différentes opinions sur l'origine des François, sans se décider véritablement pour aucun système ; mais il semble pancher pour celui qui les tire de Scythie & des bords du Palus Méotides, d'où ils vinrent s'établir dans la Germanie, ou dans le pays placé entre la mer, le Rhin, le Mein & l'Elbe, qui est, selon lui, le pays de l'ancienne France, c'est-à-dire, leur demeure avant qu'ils perçassent dans les Gaules.

Le Livre III. commence à l'année 325 de J. C. sous Constantin, & finit à l'année 419, sous Honorius, Théodose II. & Constantius. L'Histoire des François est mêlée, comme dans le Livre précédent, avec l'Histoire des Gaules & de l'Empire Romain. Il y est parlé de l'irruption des Vandales & des autres Barbares dans les Gaules, le dernier jour de l'an 406. Mézerai croit qu'en 415, une partie des François, sçavoir, les Attuariens, les Chamaves & les Saliens, occupoient déja le pays qui est entre le Rhin', la Meuse & la Moselle, & tout le territoire des Evêchés de Cologne, de Liége, & partie de celui de Trèves ; que ce fut en conséquence des Traités qu'ils firent avec Honorius, qui les détacha du parti des Armoriques, que ces terres leur furent délaissées, moyennant quelques redevances, & que par la suite ils prirent la liberté de se créer des Rois au-delà du Rhin.

Le Livre IV. ne contient autre chose que l'état de la Religion dans les Gaules. D'abord il y est parlé fort succinctement de celle des anciens Druides & des Gaulois ; ensuite, plus au long, de la Religion Chrétienne, depuis qu'elle fut prêchée dans les Gaules, jusqu'au commencement du Ve siècle ; des différens changemens qui arrivèrent dans l'Eglise pendant ce tems, & de la forme de la discipline Ecclésiastique qui y étoit observée. Ce Livre finit par de courtes Remarques sur la Religion des François avant la conversion de Clovis, & par quelques Réflexions sur l'état des Lettres & des Sciences dans les Gaules.

On croit que le Docteur François Dirois est le véritable Auteur de Livre, & que M. de Launoi l'a revu.

Tout l'Ouvrage contient, en abrégé, beaucoup de choses, & est fort bon. On n'y voit point, comme dans la plupart des Auteurs qui ont voulu traiter la même matière, des conjectures hasardées ; l'Auteur se contente d'y rapporter les différentes opinions, souvent sans rien décider, se contentant de mettre le Lecteur en état d'en juger par lui-même. C'est la meilleure, ou plutôt la seule façon d'écrire les commencemens de notre Histoire, qui sont trop embrouillés pour pouvoir les traiter d'une façon plus assurée. Il seroit à souhaiter que Mézerai eût cité de tems en tems les Auteurs originaux desquels il a tiré plusieurs faits, sur-tout les plus essentiels, pour qu'en lisant on pût y recourir & les voir plus au long. Quoique cette Histoire soit intitulée : *Histoire de France avant Clovis*, elle ne s'étend pas jusqu'à ce tems, comme on peut le voir par l'extrait ci-dessus.

Cependant il faut observer qu'originairement cet Ouvrage étoit composé de cinq Livres, au lieu de quatre, & que dans toutes les Editions qu'on en a données, on en a retranché un, qui étoit le véritable quatrième. Il contient ce qui s'est passé dans les Gaules sous les règnes des quatre premiers Rois, Pharamond, Merovée, Clodion & Childéric I. ce qui fait partie de l'*Abrégé chronologique* de Mézeray. Mais il y avoit des différences ; on a donné ce quatrième Livre dans la derniere Edition de cet Abrégé, imprimé sous le titre d'*Amsterdam*, 1755. L'Histoire de France sous les quatre premiers Rois, y est plus étendue dans le IVe Livre, qu'elle ne l'est dans l'*Abrégé* de Mézeray, & même dans sa grande *Histoire*, in-fol.

Le style de l'Avant-Clovis est concis & noble, tel que le demande l'Histoire. L'Auteur y a semé de tems en tems quelques réflexions qui ne sont ni déplacées ni trop longues, & fort judicieuses : elles sont marquées la plupart, dans cette Edition, à la marge, par des mains & des croix. En un mot, je crois que c'est le meilleur ouvrage de Mézeray, d'autant plus admirable à mon gré, qu'il y a rassemblé en bien peu d'espace, tout ce qu'on peut dire de meilleur sur les commencemens de notre Histoire : & comme il a été obligé de mêler l'Histoire de différens Peuples, il y a bien de l'art à ne l'avoir pas plus embrouillée qu'il n'a fait, & à n'avoir en même tems presque rien dit que d'utile à son sujet. *Voyez* la *Vie* de Mézeray, *pag.* 42.]

1543§. ☞ Des Antiquités de la Nation & de la Monarchie Françoise ; par Gilbert-Charles LE GENDRE, Marquis de SAINT-AUBIN-sur-LOIRE, ci-devant Maître des Requêtes : *Paris*, Briasson, 1741, *in*-4.

Ce Livre est divisé en VIII Chapitres.

Dans le premier, l'Auteur examine & réfute les différentes opinions sur l'origine des François, qu'il divise en six classes. Il passe ensuite à l'origine du nom de François ou de Francs ; & après avoir rapporté les différentes étymologies, il dit que la première fois qu'il soit parlé d'eux sous ce nom dans l'Histoire, c'est dans la Chronique Aléxandrine, sous l'empire de Dèce : *Decius in Francos movens bellum ab aliquo principum mactatur in Abyrto, cùm vixisset annos sexaginta*. Il dérive le nom de François du mot *Frank*, qui, en Allemand, signifie *libre* ; & il tire celui de Saliens, de la ville de Sales, dans la Pannonie.

Voici son systême sur l'origine de ces peuples. Il prétend qu'étant sortis des deux Phrygies, ils traversèrent le Pont-Euxin, & s'établirent sur le bord du Tanaïs & des Palus Méotides, où ils prirent le nom de Francs ou Scythes libres, suivant un passage d'Hérodote ; (le mot Ελευθεροι, étant la traduction grecque du mot *franc*, tiré de la langue Celtique ;) qu'ils revinrent, par leurs navigations, faire des incursions dans l'Ionie & dans l'Eolide ; que contraints, par une irruption des Scythes Nomades, de quitter leur second séjour des marais Méotides, ils s'emparèrent de la Lydie ; mais que le Roi Haliartès, père de Crésus, ayant repris sur eux la ville de Sardes, les François, poursuivis par les deux Nations des Scythes Nomades & des Lydiens, s'embarquèrent sur le Pont-Euxin, &, remontant le Danube par ses embouchures, fixèrent leur demeure dans la Pannonie inférieure, entre le Danube & la Save, où ils sont nommés par Strabon, Pline, Suétone, Ptolomée, Dion & Nicétas, *Brenci*, *Brençois*, Βρευκοι, nom qui a beaucoup d'affinité avec celui de François ; qu'après une longue suite de siècles, une Nation Scythique se jetta sur la Pannonie ; que la peste y suivit les ravages de la guerre ; que d'un autre côté les victoires de l'Empereur Maximin ayant rendu la Germanie déserte, les François se déterminèrent, par le concours de toutes ces circonstances, à quitter les bords du Danube & de la Save, pour gagner ceux du Rhin ; qu'ils se transportèrent aux environs des embouchures de ce dernier Fleuve, & sur sa rive droite, dans l'ancien séjour de la célèbre Nation des Sicambres, où la Carte de Peutinger marque l'établissement des François, par ce mot écrit en gros caractères : *FRANCIA*.

Cet Auteur prétend, par son système, avoir concilié quatre des six opinions qu'il a réfutées chacune en particulier : la première, qui tire les François de Phrygie ; la seconde, des marais Méotides ; la troisième, de la Pannonie ; & la quatrième, de la Germanie & des bords du Rhin. Ces quatre opinions entrent toutes dans le système de M. de Saint-Aubin.

Le Chapitre II. traite des Amazones. L'Auteur s'est attaché à faire leur Histoire, & à prouver qu'il y en a eu en Cappadoce & en Sarmatie, & que ces dernières se sont alliées aux Scythes libres, ou François, selon Hérodote. Ce Chapitre tient beaucoup du Roman.

Le Chapitre III. parle de l'origine des Lombards, venus de la Scandinavie.

Le IV. de l'origine des noms des Celtes, Gaulois & Germains.

Le V. de l'origine des Gaulois, que l'Auteur fait sortir des Cimmériens, issus d'Ascénas, fils de Gomer, & qui se divisèrent en deux branches : la première, de ceux qui, sortis de la Troade & de la Phrygie mineure, traversèrent le Pont-Euxin, allèrent s'établir sur les rivages des Palus Méotides, ils donnèrent lieu au nom de Bosphore Cimmérien, que (dit-on) les aïeux des François. La seconde branche fut celle de ceux qui, s'étant embarqués sur l'Hellespont, peuplèrent les côtes de l'Italie & les Gaules.

Dans le Chapitre VI. on discute le point fixe de l'établissement de la Monarchie Françoise, ainsi que le commencement & la fin de chaque Règne, depuis Pharamond, premier Roi, jusqu'à Clovis. L'Auteur place le Règne de Pharamond en 419.

Dans le Chapitre VII. l'Auteur réfute l'opinion de M. l'Abbé du Bos & de plusieurs autres Modernes, qui prétendent que le Royaume de France a été, dans ses commencemens, une dépendance de l'Empire Romain ; il prouve que les François se sont établis dans les Gaules par leurs conquêtes, & qu'ils y ont été indépendans de l'Empire dès le commencement de leur établissement.

Dans le Chapitre VIII. il soutient que tous les droits & les prérogatives des Empereurs ont été attachés depuis Clovis à la couronne de France, qui doit être regardée comme une des premières de l'Univers.

On peut consulter la Préface de ce Livre, où j'ai pris en partie cet Extrait : elle contient un plan ou sommaire des huit chapitres dont il est composé.

Cet Ouvrage est assez mal écrit ; cependant il est plein de recherches & de citations fort utiles pour les commencemens de notre Histoire, qui sont si embrouillés par eux-mêmes, qu'il est difficile de former sur ce sujet un plan suivi & satisfaisant. On ne peut faire que ce qu'a fait ici M. de Saint-Aubin, de rassembler différens passages d'Auteurs contemporains ou peu éloignés, & d'en tirer différentes conjectures. Il seroit à souhaiter qu'il eût exécuté son projet avec plus de netteté & de précision, & quelquefois même avec plus d'impartialité. Son zèle pour sa patrie l'a porté souvent au-delà des bornes de la vraisemblance. Le Ve & le VIIe Chapitres sont, à mon gré, les meilleurs de tous & les plus sensés.

Voyez sur cet Ouvrage, *Mém. de Trév. Sept. & Nov. 1741. = Févr. Avril, Juill. 1742. = Bibliothèque raison. tom. XXVIII. p. 344. = Journ. des Sçav. Octob. 1739. = Mercure, Août, 1741. = Mémoires des Gaules*, par M. Gibert, *pag.* 170. = *Nouv. édit. de l'Hist. de France de Daniel*, *tom. I. Préface, pag.* 107.]

15436. Conradi Samuelis SCHURZFLEISCHII, Germani, Lemmata Antiquitatum Francicarum : *Wittebergæ*, 1679, *in*-4.

Ejusdem, de origine Francorum & de Regno Pipini & Caroli Magni, Opusculum.

Ce petit Ouvrage est imprimé avec les *Act. Littéraires* du même : *Wittebergæ*, 1714, *in*-8.

Tome II.

15437. ☞ Ms. De Francorum origine : *in-fol*.

Ce Manuscrit est conservé dans le Cabinet de M. d'Esbiey, Fiscal de la Prevôté Royale de Born, à Saint-Julien en Guienne.]

15438. ☞ Ms. De Francorum Rebus gestis : *in-fol*.

Dans le même Cabinet.]

15439. Traité de l'origine des François ; par Guillaume MARCEL.

Le [petit] Traité de cet Auteur, qui est mort en 1709, est imprimé au tom. II. de son *Histoire de la Monarchie Françoise* : *Paris*, 1686, *in*-12.

15440. Histoire des Francs & de leur origine ; par (Géraud) DE CORDEMOY.

Cette Histoire est imprimée au tom. I. de son *Histoire de France*, *pag.* 65 : *Paris*, 1685, *in-fol*.

15441. De origine & regno Francorum ; auctore Gerardo DU BOIS, Congregationis Oratorii Presbytero.

Cette Dissertation est imprimée au Livre II. de son *Hist. Eccl. Paris. cap.* 1 : *Parisiis*, 1690, *in-fol*.

15442. ☞ Du Fondateur & des commencemens de la Monarchie Françoise dans les Gaules : Dissertation (de Dom LIRON,) où l'on répond à la Préface historique du P. Daniel.

Cette Pièce se trouve tom. I. des *Singularités historiques, &c. Paris*, 1738, *in-12. pag.* 49-102.]

15443. Ms. Traité de l'origine des François ; par Louis DU FOUR DE LONGUERUE, Abbé du Jars.

Ce Traité [étoit] dans la Bibliothèque de l'Auteur.

☞ Il est mort en 1733, à Paris. On peut voir ses pensées dans la *Critique des Annales de Baronius*, par P. Pagi, à qui l'Abbé de Longuerue a communiqué nombre de Mémoires.]

15444. Dissertation dans laquelle on tâche de démêler la véritable origine des François, par un parallele de leurs mœurs avec celles des Germains ; par René D'AUBERT DE VERTOT, de l'Académie Royale des Inscriptions & Belles-Lettres.

☞ Cette Pièce, qui se trouve dans le tom. II. des *Mém.* de cette Académie, *pag.* 611, est sçavante & pleine de recherches sur les mœurs & les usages des anciens Germains & des Francs, à qui l'Auteur donne une commune origine. Il la fit à l'occasion de la lecture que fit M. Fréret du Précis de sa grande Dissertation, ci-après, N.° 15451.

15445. G. G. L. de origine Francorum Disquisitio : *Hanoveræ*, Forester, 1716, *in*-12.

Les lettres initiales signifient Godefroy-Guillaume LEIBNITS, mort en 1716. Cet Auteur fait sortir les François des rivages de la mer Baltique & des bords de l'Oder. Il a tiré son sentiment du Géographe anonyme de Ravenne, publié par Dom Placide Porcheron, Religieux Bénédictin.

La même (en François,) ou Essai sur l'origine des François ; par M. LEIBNITS.

Cette Traduction se trouve dans le tom. II. du *Recueil de Pieces pour la Philosophie, &c.* par MM. Leibnits, Clarke, Newton : *Amsterdam*, 1720, *in*-12.

Ce petit Ouvrage se trouve aussi (en Latin,) joint au

Livre d'Eccardus, intitulé : *Leges Francorum Salicæ, &c.* (*fol.* 247 :) *Francofurti*, 1720.

Leibnits, après avoir réfuté les fables que les Anciens ont débitées sur l'origine des Francs, dit qu'ils sont originaires du Pays situé entre l'Elbe & la mer Baltique, (ce qui, selon les noms modernes, comprend le Holstein, le Lawembourg, le Mékelbourg & une partie de la Poméranie.) Ils en sortirent (selon lui) un peu après le commencement du IIIᵉ siècle, & occupèrent le Pays qu'on nomme aujourd'hui la Hesse & la Westphalie ; & c'est delà qu'ils firent depuis des courses dans les Provinces Romaines, jusqu'à leur entier établissement dans les Gaules.

Voyez à ce sujet, *Mém. de Trévoux*, *Janvier* 1716. = Le Père Niceron, *tom. II. pag.* 85. = Nouvelle édit. de l'*Hist. de France* de Daniel, *tom. I. Préface*, *p.* 195.

Nicolas-Jérôme GUNDLINGIUS a fait une Dissertation contraire à celle de Leibnits. Celui-ci y a répondu, & Gundlingius a répliqué. Le tout se trouve dans le *Recueil* de Gundlingius, Parties III. VI. & IX. *Voyez* Struvii, *Bibl. histor. pag.* 306, *édition de* 1740.]

15446. Réflexions (de Pierre-Joseph) DE TOURNEMINE, Jésuite, sur la Dissertation de M. Leibnits, touchant l'origine des François.

Ces Réflexions sont imprimées dans les *Mémoires de Trév.* article II. du mois de Janvier 1716.

☞ M. Leibnits soutenoit que les François sont originaires du Holstein & de la Poméranie. Le Père Tournemine, en avouant qu'ils ont habité, sous différens noms, le Pays qui s'étend entre l'Elbe, le Wéser, le Rhin, le Mein & la forêt Hircynienne, soutient qu'ils ne sont autres que les peuples appellés Germains, & que ces Germains sont des Gaulois qui passèrent le Rhin sous Sigovèse ; qu'ils prirent le nom de Francs sous l'empire de Gallien, pour conserver la mémoire de leur indépendance & pour s'animer à la défense de leur liberté, que les Empereurs Romains n'ont jamais pu, malgré tous leurs efforts, leur ôter entièrement.]

15447. ☞ LEIBNITII Responsio ad R. P. Turnominium.

Cette Réponse, qui est en François, quoiqu'avec un titre Latin, se trouve dans l'Ouvrage d'Eccardus, intitulé : *Leges Francorum Salicæ, &c. pag.* 261.]

15448. ☞ Franciæ & Francorum consideratio, auctore Jac. Car. SPENERO.

Ces morceaux, qui sont intéressans, sont dans sa *Notitia Germaniæ, &c. Halæ Magdeburgicæ*, 1717, *in*-4. *tom. I. pag.* 333-359, & *tom. II. pag.* 421-429.]

15449. Burcardi Gotthelffii STRUVII, Dissertatio de Francorum origine, nomine & migrationibus.

Cette Dissertation est la cinquième de l'Ouvrage, qu'il a intitulé : *Syntagma Historiæ Germanicæ : Ienæ*, Bielckii, 1716, *in*-4.

15450. * De origine veterum Germanorum & Francorum, auctore Medico Germano.

Elle se trouve au tom. II. *Exercitationum Francofurtensium : Francofurti ad Viadrum*, 1718, *in*-4. Dissert. 5.]

15451. ☞ Mss. De l'origine des François & de leur établissement dans la Gaule ; par Nicolas FRERET, de l'Académie Royale des Inscriptions & Belles-Lettres : petit *in-fol*. (248 pages.)

Ce Manuscrit est conservé dans la Bibliothèque de MM. les Avocats, à Paris. M. Fréret, qui est mort en 1749 Secrétaire de l'Académie, en lut l'Abrégé dans l'Assemblée publique du mois de Novembre 1714, & travailla depuis cette Dissertation à différentes reprises.

Il en fit part à l'Académie en 1727 & 1728. On trouve en tête un petit Avertissement de son écriture, comme tout le reste : il est daté de 1745, & il y dit que son Ouvrage a grand besoin, pour les répétitions, &c. de l'indulgence du Lecteur, qui ne doit s'attacher qu'au fonds, & à la suite des recherches & des preuves.

Après avoir examiné brièvement les différentes origines que l'on a données aux Francs, & les étymologies de leur nom, il soutient que c'étoit une Nation ou plutôt une Ligue de différens Peuples de la Germanie, établis sur le Rhin, en remontant depuis son embouchure jusqu'à Cologne ; qu'elle se fit connoître l'an 240 de Jesus-Christ, & qu'elle étoit composée à peu près des mêmes Peuples qui, du temps de César, formoient la Ligue des Sicambres : aussi S. Remi donna-t-il ce nom à Clovis, en le baptisant. Les Francs, ligués pour se mettre à couvert de l'invasion des Romains, ne se tinrent pas toujours sur la défensive : ils passèrent souvent le Rhin, & s'établirent en partie, sçavoir, ceux qui se nommoient Saliens, dans la Gaule septentrionale, vers l'an 287. Cet établissement devint stable, par le Traité qu'ils firent avec Julien, alors César, en 358, & ils s'engagèrent à donner des troupes auxiliaires aux Romains. C'est delà que sont venus les Rois Clodion & Mérovée. Il se fit plusieurs Traités semblables à celui de Julien, avec les autres Francs ; mais comme ces Traités ne se faisoient qu'avec les Empereurs, ils finissoient à leur mort, & étoient souvent suivis de guerres. Cependant nombre de Francs, qui avoient servi dans les troupes Romaines, parvinrent aux plus grandes charges de l'Empire, &c.

M. Fréret n'avance rien que d'après les Auteurs anciens les plus dignes de foi, dont il rapporte exactement les textes. Il déduit d'après eux tous les faits, depuis l'an 240, jusqu'à la mort de Clovis en 511. Enfin il observe, contre le Père Daniel, qu'il critique en plusieurs endroits, que l'on ne doit pas ôter à notre Monarchie près de 280 ans de durée ; ce que l'on fait en fixant son commencement à Clovis, que le Père Daniel suppose, contre toute raison, être venu d'au-delà du Rhin, pour faire la conquête de la Gaule.]

15452. ☞ Dissertation sur l'origine des François ; par Barthélemi GERMONT, Jésuite.

Elle se trouve, *pag.* clxxx-ccvij, du *tom.* I. de la dernière Edition de l'*Histoire de France* du P. Daniel, donnée par le Père Henri Griflet : *Paris*, 1751, *in*-4.

L'Auteur, qui est mort en 1718, croit que les François sont les Germains voisins du Bas-Rhin, qui se firent connoître sous le nom de Francs, en 253. Il fait leur Histoire depuis Jules-César jusqu'à Clovis. Cette Dissertation n'est que l'abrégé d'un Manuscrit Latin plus étendu.]

15453. ☞ De Francis ; auctore Joan. Dan. SCHŒPFLINO.

Ce morceau, dont l'Auteur est aussi exact que sçavant, se trouve dans son *Alsatia illustrata*, *tom. I.* (*Colmariæ*, 1751, *in-fol.*) *pag.* 619 & *suiv.*]

— ☞ Dissertation sur l'origine des François ; par RIBAUD DE LA CHAPELLE.

Dans son *Recueil* de Dissertations, ci-après.]

15454. ☞ Tabulæ temporum fatorumque Germaniæ ; auctore Joh. Frid. LICHTENBERGER : *Argentorati*, Heitzius, 1764, *in-fol*. 24 pages.

Cette Thèse, soutenue à Strasbourg le 25 Octobre, & où chaque événement est accompagné de citations, mérite d'être consultée pour le commencement de l'Histoire de France, comme pour celle d'Allemagne, jusqu'en 1752. On y fixe l'époque de la Monarchie Françoise à l'an 431, d'après Grégoire de Tours. On rejette le règne de Pharamond. D'après un Auteur anonyme du VIIIᵉ siècle, on donne à Clodion 21 ans de règne, ce qui tombe à l'an 451, temps auquel Attila

Préliminaires de l'Histoire des Rois.

ravagea la Gaule : or dans ce temps Priscus, le Rhéteur, nous apprend que le Roi des Francs mourut ; c'est ce Prince que l'on pense être Clodion. L'époque de la mort de Clovis est fixée à l'an 511, & en conséquence on fixe celle de Childéric à l'an 481, & celle de Mérovée à l'an 457.]

15455. ☞ Dissertation sur l'origine des François, où l'on examine s'ils descendent des Tectosages ou anciens Gaulois établis dans la Germanie ; (par Dom Joseph VAISSETE, Bénédictin) : *Paris*, Vincent, 1722, *in-12.*

L'Auteur de ce petit Ouvrage est le même qui a travaillé à l'Histoire du Languedoc, dans le commencement de laquelle il est aussi beaucoup parlé des Tectosages.

Son but est de combattre le sentiment de ceux qui font descendre les François des Tectosages, lesquels faisoient partie des différens Peuples sortis des Gaules 600 ans avant J. C. sous la conduite de Sigovèse, & qui s'établirent dans la Germanie. Il s'attache particulièrement à détruire le sentiment de Trévorius, du Père Laccary, d'Audiguier, & sur-tout celui du Père de Tournemine. Il fait voir que les Tectosages occupoient les bords du Danube & les frontières de la Pannonie, où ils portèrent le nom de Gothins & Scordisques, & conservèrent leur langage Gaulois.

Cette Dissertation est bien écrite, claire & solide. Il faut convenir qu'il est plus aisé de réfuter qu'il n'est facile d'établir parfaitement un système sur l'origine des François.]

15456. ☞ De Francorum origine, moribus, &c. auctore D. Martino BOUQUET, Benedictino.

Cette Dissertation Latine & Françoise, qui est divisée en huit Articles, se trouve *pag.* XXIII-LVIII. de la *Préface du tom. II. de la Nouvelle Collection des Historiens de France.*]

15457. ☞ Lettre sur l'origine de la Monarchie Françoise. *Journ. de Verdun*, 1742, *Juin.*

Cette Lettre de M. MONTIÉ, Légiste à Orléans, est très-courte, pour un sujet aussi étendu que celui qu'elle traite. Après avoir rapporté les différens sentimens sur l'origine de nos ancêtres, & n'en avoir adopté aucun, l'Auteur croit que les Francs n'étoient pas un Peuple particulier, mais une Ligue de plusieurs Peuples ramassés & unis pour défendre leur liberté, qui, après plusieurs excursions dans les Gaules, sous leurs quatre premiers Rois, n'y eurent point (dit-on) d'établissement fixe jusqu'au grand Clovis, qui leur en assura la possession par ses conquêtes.]

15458. ☞ Ms. Dissertation sur l'origine des Francs ; par Alexandre VINCENT, de l'Académie de Nismes.

Cette Dissertation, lue dans cette Académie, est entre les mains de l'Auteur.]

15459. ☞ Extrait d'une Lettre de M. DE CAMPS, Abbé de Signy, écrite à M. Thomassin de Mazaugues, contenant quelques Remarques sur une Dissertation de M. le Chevalier de la Chausse, intitulée : *Aureus Constantini Augusti nummus, de Urbe, devicto ab exercitu Gallicano Maxentio, liberata explicatus*, & imprimée à Rome en 1703.

Cette Lettre de l'Abbé de Camps se trouve dans le *Mercure 1722, Avril, pag.* 50-58. Il y fait voir que

Tome II.

cette Médaille, frappée à Trèves, ne regarde point la défaite de Maxence, mais quelques-unes des victoires remportées sur les François Germains, par l'armée Romaine des Gaulois. A cette occasion, il donne quelque détail des divers avantages que les Romains ont eus sur les François qui demeutoient au-delà du Rhin.]

15460. ☞ Observations (de Dom Jean LIRON) où il est prouvé que les François & les Gaulois étoient confondus long-temps avant Philippe Auguste.

Ces Observations se trouvent *p.* 265-274, du tom. I. des *Singularités historiques : Paris*, 1734, *in-12.* 4 vol.]

☞ On peut encore consulter sur l'origine des François :

Les Chapitres XIII & XV. du Livre III. de la partie I. de la Géographie sacrée de Bochart, qui traitent des Scythes, Germains & François. = Le tome I. des Annales du Père le Cointe, *pag.* 13 *& suiv.* = Les Mémoires pour l'Histoire des Gaules de M. Gibert, aux neuf derniers articles. = Adriani Scrieckii, Origines Celticæ. = Ejusdem Monita secunda. = Forcatulus, de Gallorum Imperio & Philosophia, *pag.* 622 jusqu'à 673. = Goropii Becani Francica, dans ses Œuvres. = Observations sur la Nation Gauloise, par Dordela, *pag.* 100. = Plan de l'Histoire de la Monarchie Françoise, dans la *Méth. historique* de Lenglet, *in-4. tom. I. pag.* 33 *& suiv.* = Le Discours Préliminaire de l'Histoire de France, par l'Abbé Velly. = Les Illustrations de Gaule. = Les Chroniques de S. Denis, tom. I. au commencement. = L'Avant-propos de l'Histoire de Dupleix. = L'Avertissement & le commencement de l'Histoire de la Monarchie Françoise de Sorel. = La Préface historique de l'Histoire de France du P. Daniel. = Roberti Gaguini Compendium, de origine & gestis Francorum, au commencement. = Les trois premiers Chapitres de l'Ouvrage d'André Sylvius, intitulé : *Historiæ Franco-Merovingicæ Synopsis.* = La première partie des anciennes Généalogies de Bouchet. = La première partie du Rosier historial. = La seconde partie de l'Ouvrage intitulé : *Leges Salicæ illustratæ*, *auctore Wendelino*, & *Natale solum Legum Salicarum.* = De l'excellence des Rois & du Royaume de France, par M. Bignon, *pag.* 238. = Les Annales de Paris, de D. Duplessis, 1753, *part. II. p.* 93. = La Collection du Chêne, tom. II. *pag.* 72, Historia calamitatum Galliæ Papiri Massoni, *p.* 129 ; de Francia & origine Francorum, *pag.* 196 ; Prosperi Aquitani Chronicon, *p.* 219 jusqu'à 251 ; Fragmenta de veterum Francorum moribus ac rebus gestis, *pag.* 250 ; Laus Francorum, *p.* 591 ; Vita Sigeberti tertii, &c. Gesta Regum Francorum, &c. *p.* 722 ; Historiæ Francorum Epitomata ex Fredegarii Historia, *pag.* 797 ; Chronica Regum Francorum, *p.* 799 ; Gesta Francorum, auctore Roricone, tom. III. *pag.* 1 ; Aimoini Monachi Historia, *p.* 130 ; Excerpta Chronici veteris, *p.* 455 ; Excerpta Historica ex vita sancti Genulphi, tom. V. *pag.* 68 ; Historia Rigordi, *p.* 93 ; Willelmi Britonis Philippidos. = Dans la Collection des Historiens de France de D. Bouquet, les morceaux précédens, & tom. II. *pag.* 461 ; Fragmenta ex aliis Fredegarii Operibus Collecta. = L'Avant-propos de Grégoire de Tours & la Préface de Dom Ruinart. = La Préface & le Livre I. des Mémoires de S. Remi. = Dans l'Ouvrage d'Eccardus, intitulé : *Leges Francorum Salicæ, &c.* 1720, *pag.* 265 ; Annales Francici regni, &c. = Dagobertus Rex Argentinensis, Henschenii. = Au Spicilège de d'Achery, tom. II. *p.* 292, caput I. de Gestis Francorum. = Historiæ Ademari epitome, cum Notis Petri à sancto Romualdo. = Hadriani Valesii Gesta Francorum, tom. I. les trois premiers Livres. = Chronique des Rois de France : *Paris*, 1491. = Sidonii Apollinaris Opera. = De origine Hugonis Capeti, auctore Zampino. = L'Histoire de Davila, au commencement. = L'Histoire de l'ancien Gouvernement de la France, par Boulainvilliers, *tom. I. pag.* 1 *& suiv.* = Le Théâtre d'honneur de Favin, tom. I. *pag.* 103. = L'Histoire Généalogique de la Maison de France, par Sainte-Marthe, *p.* 65.

= Les Recherches de Pasquier, Livre I. à la fin. = Les Œuvres de Fauchet, au Livre II. = Recueil des Rois de France, par du Tillet, *pag.* 1 & *suiv.* = Traité de la Loi Salique, par Malingre, *pag.* 1 & *suiv.* = Les Antiquités des Villes, &c. par du Chesne, tom. I. *pag.* 80 jusqu'à 207. = Dissertation sur les enfans de Clovis, & sur quelques usages des Francs, par l'Abbé Lebeuf, insérée dans ses Dissertations sur l'Histoire de Paris, tom. I. Pièce 32. = Les Mazures de l'Isle-Barbe, Chap. I.]

Article II.

Traités & Ouvrages sur les Mœurs, Usages & Coutumes des François; sur la Langue Françoise & les Antiquités.

☞ *Nota.* Tout ce qui a trait aux Antiquités particulières à chaque Province, se trouvera rapporté sous l'Histoire de chacune de ces Provinces.]

15461. ☞ Dictionnaire historique des Mœurs, Usages & Coutumes des François; contenant aussi les établissemens, fondations, époques, anecdotes, progrès dans les Sciences & dans les Arts, & les faits les plus remarquables & intéressans arrivés depuis l'origine de la Monarchie jusqu'à nos jours; (par Alexandre LA CHENAYE DES BOIS): *Paris*, Vincent, 1767, *in-8.* 3 vol.

Voyez le *Journal de Verdun*, 1767, Août, *pag.* 99-105, & celui des Sçavans, 1767, Novembre, *p.* 816 & *suiv. in-4.*]

15462. Mœurs & Coutumes des François dans les différens temps de la Monarchie; par Louis LE GENDRE, Chanoine de Notre-Dame de Paris : *Paris*, Colombat, 1712, *in-12.*

Ce même Traité est imprimé avec son *Histoire de France : Paris*, Cl. Robustel, 1718, *in-fol.* [& 1734, *in-12.*]

☞ C'est un Abrégé ou une compilation sans ordre ni méthode, des différens Ouvrages sur les Mœurs des François, depuis la fondation de leur Monarchie; ou plutôt ce sont quelques Extraits de Du-Cange, de du Chesne, &c. cousus ensemble.

Ce Livre est d'ailleurs assez bien écrit; mais il n'est bon que pour instruire des jeunes gens. On ne conseillera jamais à quelqu'un qui voudra faire une étude sérieuse de l'Histoire de France, de le lire. Il faut, tant que l'on peut, recourir aux originaux en fait d'Histoire.

Voyez Lenglet, *Méth. hist.* tom. II. p. 247, 501 : tom. IV. *pag.* 13. = *Journ. de Verdun*, Octobre, 1734. = *Journ. des Sçavans*, Mars, 1712. = *Mém. de Trév.* Août, 1712, & Janv. 1753. = *Mercure*, Mars, 1753.]

15463. ☞ De moribus Francorum, ab origine; auctore Joan. Dan. SCHOEPFLINO.

Dans son *Alsatia illustrata*, tom. I. (*Colmariæ*, 1751) *p.* 397 & *suiv.* Cet Article est sçavant & très-instructif.]

15464. ☞ Coutumes de Beauvoisis; par Messire Philippe DE BEAUMANOIR, Bailli de Clermont en Beauvoisis (l'an 1283). Assises & bons usages du Royaume de Jérusalem (en 1099); par Messire Jean D'IBELIN, Comte de Japhé & d'Ascalon, &c. (en 1250,) & autres anciennes Coutumes; le tout tiré des Manuscrits, avec des Notes, Observations & un Glossaire pour l'intelligence des termes de nos anciens Auteurs; par Gaspard THAUMAS DE LA THAUMASSIERE : *Bourges*, Fr. Toubeau, 1690, *in-fol.*

Ce Livre est un des plus utiles pour connoître les Mœurs & anciennes Coutumes des François, aussi bien que l'ancien langage François, depuis le XIe siècle.]

☞ On peut consulter pour les Mœurs & Coutumes des François, = le Traité de Forcadel, *de Gallorum Imperio & Philosophiâ.* = Les Livres X. XI & XII. des Antiquités de Paris, par Sauval. = Les Essais historiques sur Paris, de M. de Sainte-Foy. = Quelques Discours contenus dans les Mémoires de l'Abbé de Marolles. = La Préface des Mémorables Journées des François, par Girard. = Les Anecdotes Françoises : *Paris*, 1767, *in-8.* = L'Abrégé chronologique de M. le Président Hénault, = sur-tout l'Histoire de France de l'Abbé Velly, dans laquelle il s'est attaché particulièrement à cette partie, que les Historiens qui l'ont précédé avoient trop négligée.]

15465. ☞ Ms. Mémoire sur les avantages de la France; par M. DE PREMAGNY, de l'Académie de Rouen.

Dans les Registres de cette Académie, 20 Juillet 1751.]

15466. ☞ Giges Gallus, Petro FIRMIANO auctore; accessere Somnia Sapientis : *Parisiis*, 1658, *in-4.*

ZACHARIE DE LISIEUX, Capucin, s'est déguisé sous le nom de Firmian dans cet Ouvrage. Il y suppose un personnage, nommé Charmion, qui à l'aide d'un anneau pareil à celui de Giges, s'introduit dans l'intérieur de Paris & de la Cour; ce qui lui fournit matière à peindre les Vices, les Mœurs & les Coutumes de son temps. L'explication de cinq Songes d'Hermas, (Auteur des premiers siècles de l'Eglise) fait le sujet du second Ouvrage, qui a le même objet que le premier. Ils sont tous deux écrits d'un Latin assez pur, & d'un style assez clair; ils contiennent d'ailleurs une assez bonne critique.

Idem, cum Notis P. Gabr. LUBUZIT : *Ratisbonæ*, 1736, *in-8.*

Le Giges Gallus du Père Firmian, traduit par ANTOINE DE PARIS, Capucin : *Paris*, 1663, *in-12.*]

15467. ☞ Sæculi Genius, Petro Firmiano auctore : *Parisiis*, 1653, *in-8.*

Cet autre Ouvrage, du même Auteur, vaut beaucoup moins, à tous égards, que le premier. Il est d'ailleurs peu utile à l'Histoire, ne contenant que des Réflexions théologiques & morales, pour la plupart.

Voyez sur ces Ouvrages la *Méth. hist.* de Lenglet, tom. *IV.* p. 290. = *Isagoge in not. script. Hist. Gallic.* part. 2, p. 72.]

15468. ☞ Ms. Essai sur les différens génies du Peuple François; par M. GELOT, de l'Académie de Dijon.

Ce Mémoire a été lu à cette Académie le 7 Janvier 1746; il est conservé dans ses Registres.]

15469. ☞ Ms. Considérations sur le génie des François, sous François II. par M. DE GOMICOURT, de l'Académie d'Amiens.

Dans les Registres de cette Académie.]

15470. ☞ Parallele des Romains & des François, par rapport au Gouvernement;

(par l'Abbé Bonnot DE MABLI, de Briançon): *Paris*, 1740, *in*-12. 2 vol.

Voyez fur ce Livre, *Bibl. raifon*. tom. *XXVIII*. pag. 289. = *Obferv. fur les Ecrits modernes*, Lett. 321-326. = *Journ. de Verdun*, Octob. 1740. = *Mém. de Trévoux*, Février, Juin, 1741. = *Journ. des Sçav*. Juillet & Octobre 1740. = *Pour & contre*, N.° 289.]

15471. ☞ Lettre fur le Parallele des Romains & des François; par l'Abbé MABLY. *Mercure*, 1740, *Octobre*.]

15472. ☞ Confidérations fur les Mœurs de ce fiècle; par M. DUCLOS: 1751, *in*-12.]

15473. ☞ Lettres fur les Anglois & les François, & fur les Voyages; (par M. MURALT) 1725, fans nom de lieu ni d'Imprimeur: *in*-8.

Il y a une Edition de 1726, à laquelle on a ajouté l'Apologie du caractère des Anglois & des François, la Défenfe de la fixième Satyre de Boileau, & la Juftification du Bel-efprit François: *in*-12. 3 vol.]

15474. ☞ Apologie du caractère des Anglois & des François, &c. *Paris*, Briaffon, 1726, *in*-12. 218 pages.)

Voyez le *Journal de Verdun*, Août, 1726.]

15475. ☞ Lettres d'un François; (par M. l'Abbé LE BLANC, Hiftoriographe du Roi): *La Haye*, 1745, *in*-12. 3 vol.

Ces Lettres regardent les Mœurs, &c. des Anglois & des François: elles font au nombre de 92. Il y en a une Edition affez belle, de *Lyon*, 1758, *in*-12. 3 vol. C'eft la cinquième.

L'Abbé le Blanc eft de Dijon; fes Lettres font en partie le fruit de fon féjour en Angleterre: il y traite des mœurs & ufages des deux Nations, de leurs progrès dans les Sciences & dans les Arts, & de quantité d'autres fujets qui ont également rapport à la France & à l'Angleterre. Les adreffes de ces Lettres font prefque toutes mifes après coup. Il y a du bon & du très-bon, mais quelquefois auffi trop de diffufion, de l'inutile, &c. La Préface, qui eft fort longue, eft utile & bien écrite.]

15476. ☞ La différence du Patriotifme national chez les François & chez les Anglois; par M. BASSET DE LA MARELLE, premier Avocat-Général au Parlement de Dombes: *Paris*, 1766, *in*-8. (84 pages.)]

15477. ☞ Lettres Françoifes & Germaniques, ou Réflexions fur les François & les Allemands: *Londres*, 1740, *in*-8.]

15478. ☞ En quoi la piété des François diffère de celle des Espagnols, dans une profeffion de même Religion: *Paris*, 1658, *in*-4.]

15479. ☞ L'accord des Lettres & des Armes chez les François; par M. CARQUET, de la Ville de Caftel-Sarrafin; Pièce de Poéfie, qui a remporté en 1747 le prix à l'Académie de Montauban.]

15480. ☞ Lettre fur le goût des François en matière de Littérature; par M. GAILLARD, Avocat. *Mercure*, 1752, *Mai*.]

15481. ☞ Lettre d'un Sicilien, contenant une critique de Paris & des François: 1714, *in*-12.]

15482. ☞ Symphoriani CHAMPERII, Opera varia: *Lugduni*, Guenyard, 1507, *in*-4. Gothiq.

On trouve à la fin:

Trophæum Gallorum quadruplicem eorumdem continens Hiftoriam, in quatuor Libros. Primus, de Galliæ divifione, de Gallorum origine, de eorum adverfùs alias Nationes victoriis; de Caroli VIII. & Ludovici XII. Francorum Regum præclare geftis, & de ejufdem Ludovici Regis ingreffu in urbem Genuenfem; de Gallorum commendatione ex aliarum Nationum teftimoniis. = Secundus, de Commendatione & antiquitate Civitatis Lugdunenfis, de ejufdem Civitatis Viris illuftribus. = Tertius, de Scriptoribus famatis, qui in partibus Galliæ viguerunt. = Quartus, de Gallis Pontificibus, & Apologia in Galliæ Calumniatorem Status Ecclefiaftici apud Avenione, continens tranquillitatem.

Tout ce que Champier rapporte ici eft fort abrégé. On peut en recueillir que les Gaulois ont été un peuple très-brave & fort renommé. Leur nom vient, felon lui, du mot *Gal*, qui fignifie du lait.]

15483. ☞ De Republicâ & Linguâ Francicâ ac Gothicâ, deque diverfis Ordinibus Gallorum vetuftis & hodiernis, necnon de primâ Senatuum origine & Magiftratibus Artis Militaris; adjectâ Francicarum antiquitatum & Urbium ferie Latino-Gallicis aphorifmis explicata; auctore Juliano TABOETIO, Jurifconfulto ad prætorianum & Auguftalem fenatum ultimæ cognitionis aufpicia & dictatorias in Comitatu Regio fafces agentem: *Lugduni*, 1559, *in*-4.

Voyez fur ce Livre & fon Auteur, les *Singularités hiftoriques* de Dom Liron, *tom. I. pag.* 425.

C'eft un mélange fur l'Hiftoire de France: l'Auteur s'eft attaché principalement à ce qui regarde la Juftice & la Profeffion des armes, les Offices & Dignités, la Langue Françoife, qu'il dit être compofée du Grec, du Latin, du Gaulois & du Gothique: il a fait quelques recherches à cet égard, comme fur la nature des Fiefs.

Cet Ouvrage eft fort abrégé, & il feroit à fouhaiter que l'Auteur eût apporté plus d'ordre dans fa diftribution; au refte, il eft écrit d'un Latin fort clair & d'un ftyle très-concis. Il y a plufieurs chofes utiles; mais elles fe trouvent dans de plus grands Ouvrages, tels que ceux de Pafquier, le Gloffaire de Du-Cange, & autres.]

15484. ☞ Joachimi PERIONII, Benedictini Cormæriacensi, Dialogorum de Linguæ Gallicæ origine, ejufque cum Græca cognatione, Libri quatuor: *Parifiis*, 1555, *in*-8.

Dans le Livre I. l'Auteur établit qu'attendu la confufion des Langues qui fe fit à la Tour de Babel, il n'eft pas poffible d'affurer que la Langue Hébraïque foit plus ancienne qu'aucune autre, parcequ'il s'en forma alors une grande quantité, toutes différentes, toutes de même date; qui, lors de la difperfion qui fuivit, furent portées dans différentes Régions du monde. Il prétend enfuite que la Langue Grecque fut la première qui fut introduite dans les Gaules, par Samothès ou Dis, fils de Japheth; mais malheureufement pour lui il appuie prefque tout fon fyftême fur le témoignage de Bérofe & de Manethon, Auteurs, comme l'on fçait, fuppofés par Annius de Viterbe. Ainfi cette première Partie eft la moindre de fon Ouvrage; mais les trois dernières, dans lefquelles il s'attache à comparer avec le Grec plufieurs mots, accents & prononciations de la Langue Françoife, font infiniment plus curieufes & plus eftimables,

On trouve à la tête de cet Ouvrage un Index alphabétique très-ample, qui peut servir aussi de Table étymologique. Il paroît, par le Privilège, que ce Livre avoit été traduit en François par l'Auteur : je ne sçai si la traduction a été imprimée. Selon le Père le Long, Périonius est mort en 1559.]

15485. ☞ Dissertation sur les principes de l'étymologie, par rapport à la Langue Françoise ; par M. FALCONET. *Mém. de l'Acad. des Inscript. & Belles-Lettres, tom. XX. pag. 1.*]

15486. ☞ Dictionnaire étymologique, ou Racines des plus beaux mots que la Langue Françoise a empruntés des autres qui sont originelles ; par C. B. *Genève*, Widerhold, 1666, *in-12.*]

15487. ☞ Cl. MILATERIUS de vocabulis quæ Galli à Judæis didicerunt, Grammatica Gallica : Henr. Stephani, 1557, *in-8.*]

15488. ☞ Etymologie des mots François qui tirent leur origine de la Langue Grecque, en forme de Dictionnaire ; par Jules-César DE BERNIERES : *Paris*, 1644, *in-12.*]

15489. ☞ Observations sur la conformité du Grec vulgaire avec notre Langue ; par M. (Pierre Nic.) BONAMY. *Mém. de l'Ac. des Inscr. & Belles-Lettres, tom. XXIII. p. 250.*]

15490. ☞ Annotationes ad Franco-Galliam : Joh. Henrici OTTII.

C'est un Glossaire de mots François tirés de la Langue Germanique. Il se trouve dans l'Ouvrage de Leibnits, intitulé : *Collectanea etymologica, &c. Hannoveriæ*, 1717, *in-8. part. 1, pag. 1.*]

15491. ☞ Dictionnaire étymologique de la Langue Françoise, par M. (Gilles) MÉNAGE, avec les Origines Françoises de M. CASENEUVE ; les Additions du R. P. JACOB, & de M. Simon de VALHEBERT ; le Discours du R. P. BESNIER, sur la science des étymologies, & le Vocabulaire hagiologique de M. l'Abbé CHASTELAIN : nouvelle Edition, dans laquelle, outre les Origines & les Additions ci-dessus, qu'on a insérées à leur place, on trouvera encore les étymologies de MM. HUET, LE DUCHAT, DU VERGY, & plusieurs autres ; le tout mis en ordre, corrigé & augmenté ; par A. F. JAULT, Docteur en Médecine, & Professeur en Langue Syriaque au Collège Royal ; auquel on a joint le Dictionnaire des termes du vieux François, ou le Trésor des recherches ou antiquités Gauloises & Françoises de BOREL, augmenté des mots qui y étoient oubliés, extraits des Dictionnaires de MONET & NICOT, & des Auteurs anciens de la Langue Françoise : *Paris*, Briasson, 1750, *in-fol. 2 vol.*

On trouve à la tête une petite Epître de M. FORMEY, Secrétaire de l'Académie de Berlin, & une Vie de Ménage. *Voyez* l'Extrait de ce Livre dans le *Journal de Verdun*, Décembre, 1750.]

15492. ☞ Dictionnaire du vieux langage François, &c. par M. DE LA COMBE : *Paris*, 1766, *in-8.*

Supplément, &c. par le même : *Paris*, 1767, *in-8.*

On trouve à la tête de ce Supplément une Préface ou un Coup-d'œil sur les progrès de la Langue & de la Poésie Françoise, avec quelques fragmens des Troubadours & de nos plus anciens Poëtes, depuis Charlemagne jusqu'à François I.]

15493. ☞ Mss. Glossaires des anciens mots des Langues de la Province d'Anjou, du Poitou, de la Normandie, & du Lyonnois, lus en partie dans les Assemblées de la Société Littéraire d'Orléans ; en 1749.

Ces Ouvrages sont accompagnés de notes critiques, historiques & étymologiques, & de réflexions sur plusieurs expressions qui ne sont plus du bel usage. Ils ne peuvent qu'être très-utiles pour l'intelligence des Manuscrits, des anciennes Chartes, des Titres, & des autres Monumens de cette espèce. *Voyez* le *Journal de Verdun*, 1749, Février, *pag.* 182.]

15494. ☞ Glossarium ad Scriptores mediæ & infimæ Latinitatis ; auctore Carolo DU FRESNE, Domino DU CANGE, Regi à consiliis, & Franciæ apud Ambianos Quæstore : Editio nova ; auctior & locupletior, operâ & studio Monachorum Ordinis S. Benedicti è Congregatione sancti Mauri, (D. LOBINEAU, D. GUESNIER, D. TOUSTAIN, D. Maur D'ANTINE) : *Paris*, Osmond : 1733, *in-fol.* 6 vol.

Cet Ouvrage renferme quantité de choses sur les antiquités, les usages, &c. de la France. Le Tome I. contient les Lettres A & B. On trouve à la tête : Le Portrait de l'Auteur : Præfatio nova (par les nouveaux Editeurs :) Epistola Steph. BALUZII Tutelensis, ad v. clar. Eusebium Renaudotum, de vitâ & morte Car. Dufresnii Cangii, avec son Epitaphe & la Liste de ses Ouvrages : Præfatio (amplissima & exquisitissima) Caroli du Fresne du Cange, ad Glossarium, & de causis corruptæ Latinitatis.

Tome II. C.-D.
Tome III. E.-K.
Tome IV. L.-O.
Tome V. P.-R.
Tome VI. S.-Z.

On trouve différens Glossaires François : = Dans la Coutume de Beauvoisis de Beaumanoir. = Dans l'Histoire de S. Louis, de Joinville, dans celle de la Chaize ; & dans celle imprimée au Louvre en 1761. = Dans l'Histoire de Bretagne de Dom Lobineau, tom. II. à la fin, & dans les Preuves de Dom Maurice, au tom. III, à la fin. = Dans l'Histoire de Paris, de Félibien, tom. III. = Dans le Traité de la Noblesse, &c. de Larroque. = Dans le Recueil des Chansons du Roi de Navarre. = Dans les Œuvres de Pasquier. = Dans les Mélanges de Saint-Julien Baleure, &c.]

15495. ☞ Mss. Glossarium novum, &c. seu Supplementum ad auctiorem Glossarii Cangiani editionem, &c. collegit & digessit D.P. Carpentier, &c. *Parisiis*, le Breton, &c. 1766, *in-fol.* 4 vol.

Tome I. A-C. = Tome II. D-M. = Tome III. N-Z. = Tome IV. Index Auctorum, &c. Index rerum. Glossaire François A-Z. Dissertatio Cangii de Imperatorum Constantinopolitanorum, seu de Inferioris Ævi vel Imperii, uti vocant, Numismatibus, cum figuris. Cet Ouvrage passe pour excellent.]

15496. ☞ Les origines de quelques coutumes anciennes, & de plusieurs façons de parler triviales, avec un vieux Mſ. en vers, touchant l'origine des Chevaliers Bannerets ; (par M. DE BRIEUX) : *Caen,* 1672, *in*-12.

Coſtar, dans un Mémoire qui ſe trouve *pag.* 328, *tom. II.* des *Mémoires de Littérature* du Père DesMolets, parle de l'Auteur en ces termes : « De Brieux » Moiſſant, Conſeiller au Parlement de Metz, fait fort » bien des vers : il a fait ſur ſon coq qui ſont excel» lens. Il demeure à Caën, où il tient l'Académie des » beaux eſprits ».]

15497. ☞ De Linguis in Franciæ Regno ; auctore Joan. Dan. SCHŒPFLINO.

Dans ſon *Alſatia illuſtrata, tom. I. (Colmariæ,* 1751, *in-*fol.*) pag.* 807 & *ſuiv.*]

15498. ☞ Révolutions de la Langue Françoiſe, depuis Charlemagne juſqu'à S. Louis.

Ce Diſcours ſe trouve dans le tom. I. des *Chanſons du Roi de Navarre,* Edition de 1742, rapportées ciaprès, Article des *Reines, &c.*]

15499. ☞ Obſervations ſur la Langue Françoiſe ou Romance, formée du Latin ; par D. Antoine RIVET, Bénédictin.

Elles ſe trouvent au commencement des Avertiſſemens des tom. VII & VIII. de ſon *Hiſtoire Littéraire de la France.* Il y prouve que le Latin a été une Langue vulgaire dans les Gaules, juſqu'à ce que de ſa corruption ſe ſoit formée la Langue Romance, & que cette dernière a été employée vers le milieu du XIIe ſiècle à écrire pour la poſtérité.]

15500. ☞ Diſcours hiſtorique ſur l'origine de la Langue Françoiſe ; par M. ENLART DE GRANDVAL, Conſeiller au Conſeil Supérieur d'Artois ; lu à la Société Littéraire d'Arras. *Mercure,* 1757, *Juin,* IIe vol. & *Juillet.*]

15501. ☞ Lettre de M. LEVESQUE DE LA RAVALIÈRE, à l'Auteur du Diſcours précédent. *Ibid. Août.*]

15502. ☞ Diſſertation ſur l'origine de la Langue Françoiſe, & un Eſſai de Gloſſaire ; par M. BARBAZAN, à la tête de l'Ouvrage intitulé : *Ordene de Chevalerie : Lauzanne,* (*Paris,*) 1759, *in-*12.

L'Auteur prétend que la Langue Françoiſe vient de la Latine : l'opinion contraire a été ſoutenue par M. (Leveſque) de la Ravalière.]

15503. ☞ De l'origine de la Langue Françoiſe : Diſſertation où l'on recherche en quel temps elle a commencé à devenir vulgaire ; par D. Jean LIRON.

Dans ſes *Singularités hiſtoriques : Paris,* 1734, tom. *I. pag.* 103-133.]

L'Auteur conjecture que la Langue Romance ou vulgaire, commença ſous le gouvernement de CharlesMartel, & que le Latin ne fut plus entendu du peuple ſous le règne de Pepin, & au commencement de celui de Charlemagne.]

15504. ☞ Que la Langue Latine étoit vulgaire parmi les Gaulois dans le VIe ſiècle ; par le même.

Dans ſes *Singularités hiſtoriques, tom. III. pag.* 100.]

15505. ☞ Remarques ſur les origines de la Langue Françoiſe par M. MÉNAGE ; par le même D. LIRON.

Dans le tom. I. du même Ouvrage, *pag.* 133-138. Ces Remarques, qui ſont contre le Père Mabillon, ſont un Supplément à l'article précédent.]

15506. ☞ Diſſertation ſur les cauſes de la ceſſation de la Langue Tudeſque en France, & ſur le ſyſtème du Gouvernement pendant le règne de Charlemagne & de ſes ſucceſſeurs ; par M. (Pierre Nic.) BONAMY, du 16 Juillet 1751. *Mém. de l'Acad. des Inſcript. & Belles - Lettres, tom. XXIV. pag.* 657.]

15507. ☞ Réflexions ſur la Langue Latine vulgaire, pour ſervir d'introduction à l'Explication des ſermens en Langue Romance, prononcés par Louis de Germanie, & par les Seigneurs, Sujets de Charles-le-Chauve, dans l'Aſſemblée de Strasbourg, en 842 ; par le même. *Mém. de l'Acad. des Inſcript. & Belles-Lettres, tom. XXIV. pag.* 603.]

Dans ces deux Mémoires, qui ſont très-étendus, l'Auteur tâche de prouver que la Langue Latine s'eſt introduite dans les Gaules pendant 400 ans que les Romains y dominèrent, & qu'elle y a fait diſparoître la Langue Celtique ; que les François, Nation Germanique, s'étant établis dans les Gaules, ceſſèrent de parler la Langue Tudeſque, & n'en eurent plus qu'une qui leur étoit commune avec les Gaulois. Cette Langue n'étoit point celle qu'on trouve dans Cicéron, & dans les autres Ecrivains de la bonne Latinité ; elle ne s'apprenoit pas par principes ; mais c'étoit une Dialecte vulgaire que parloient ceux qui n'avoient pas étudié, & qui étoit preſque auſſi différente de l'autre que la Langue Françoiſe, à qui elle a donné l'origine, diffère des Dialectes des différentes Provinces, ou du langage de nos Payſans.]

15508. ☞ Explications des ſermens en Langue Romance, que Louis, Roi de Germanie & les Seigneurs François, Sujets de Charles-le-Chauve, firent à Strasbourg en 842 ; par M. BONAMY. *Mém. de l'Acad. des Inſcriptions & Belles - Lettres, tom. XXVI. pag.* 638.]

15509. ☞ Remarques de M. DE LA RAVALIÈRE, ſur la Langue vulgaire de la Gaule, depuis Céſar juſqu'au règne de PhilippeAuguſte. *Hiſt. de l'Acad. des Inſcript. & Belles-Lettres, tom. XXIII. pag.* 244.]

15510. ☞ Remarques ſur la Langue Françoiſe, des XIIe & XIIIe ſiècles, comparée avec les Langues Provençale, Italienne & Eſpagnole, dans les mêmes ſiècles ; par M. DE LA CURNE DE SAINTE-PALAYE. *Mém. de l'Acad. des Inſcript. & Belles-Lettres, tom. XXIV. pag.* 671.]

15511. ☞ Recherches ſur les plus anciennes Traductions en la Langue Françoiſe ; par M. l'Abbé (Jean) LEBEUF : 1741. *Mém. de l'Acad. des Belles Lettres, tom. II.*]

15512. ☞ Projet d'un Gloſſaire François ; (par M. DE LA CURNE DE SAINTE-PALAYE) : *Paris,* 1756, *in-*4.

Ce Gloſſaire s'imprime actuellement au Louvre, &

sera en quatre ou cinq volumes *in-fol.* Cet Ouvrage est le fruit d'un long & pénible travail, & ne peut manquer d'être très-utile, partant d'une aussi bonne main.

Le Supplément aux Mémoires de Philippe de Commines, *pag. 1 & suiv.* édition de 1713, *in-8.* contient une espèce d'Histoire du progrès des Lettres en France.

La Préface du Trésor des Antiquités Gauloises & Françoises de Borel, traite des progrès & des changemens des Langues, particulièrement de la Françoise.]

15513. ☞ Discussion Littéraire sur la chevelure des anciens Francs, sur ce qu'avoit de particulier celle des Rois & Princes de cette Nation; s'il y avoit entre les différens Sujets, & les différens Ordres de la Monarchie, une façon différente de porter les cheveux; par M. l'Abbé (Jean) LEBEUF.

Ce morceau forme l'Article IV. de la Dissertation (de M. Lebeuf) sur plusieurs points de l'Histoire des Enfans de Clovis I. &c. indiquée ci-après.]

15514. ☞ Mf. De Francorum specie, cultu & Capillitio : *in-fol.*

Dans le Cabinet de M. d'Esbiey, Fiscal de la Prévôté Royale de Born, à S. Julien, en Guienne.]

15515. ☞ Le conseil que Pierre DE FONTAINES donne à son ami, ou Traité de l'ancienne Jurisprudence des François.

On le trouve à la fin de l'*Histoire de S. Louis*, par Joinville, édition de du Cange : *Paris*, 1668, *in-fol.*]

15516. ☞ Les établissemens de S. Louis, avec les Observations de du Cange.

Il est dans le même Ouvrage.]

15517. ☞ Dissertatio singularis de Jurisdictione Colonaria & Curiis Dominicalibus veterum Francorum & Saxonum; sive Demonstratio Historico-Politico-Juridica, quòd nobiles & reliqui Domini proprietarii Jurisdictionem quamdam inferiorem sive colonariam, prædiariam & solariam, in homines proprios, colonos & rusticos, servilis conditionis, olim habuerint, & privatâ auctoritate 'exercuerint, &c. exhibita ab Hermanno Adolpho MEINDERS, Jurisc. Bilefeldiensi : *Lemgoviæ*, 1713, *in-4.*]

15518. ☞ Dissertation sur les causes & les suites de l'Esclavage chez les Romains, les Gaulois & les Francs ; par M. ARTUS, Maréchal de Camps & Directeur des Fortifications.

Dans le *Recueil II.* de l'Académie de la Rochelle : *Paris*, Thiboust, 1752, *pag. 2 & suiv.*]

15519. ☞ Dissertation (Académique) sur la Servitude & son abolition en France ; par M. DE GLATIGNY, Avocat-Général de la Cour des Monnoies de Lyon.

Dans les *Œuvres posthumes* de l'Auteur : *Lyon*, Duplain, 1758, *in-8.*

L'Auteur discute l'état des Esclaves dans les Gaules sous la première & la seconde Race ; leurs différens ordres & les différentes manières dont ils pouvoient recouvrer leur liberté ; les Formules usitées en pareil cas, & les raisons qui ont proscrit pour toujours la Servitude du Royaume. Il en fixe l'époque à l'an 1315, sous Louis X. dit le Hutin.]

15520. ☞ Mémoire pour l'entière abolition de la Servitude en France, ou Mémoire pour les Habitans de Sivry-la-Perche, près Verdun, &c. par M. DAMOURS, Avocat aux Conseils : *Paris*, Chenault, 1765, *in-4.* 78 pages.

L'Auteur, à l'occasion d'une Cause particulière (entre le Chapitre de Verdun & les Habitans de Sivry-la-Perche, au sujet d'un droit général de main-morte,) a fait des recherches curieuses & intéressantes pour notre Histoire. Il expose dans ce Mémoire les causes de la Servitude qui a subsisté en France pendant plusieurs siècles, ce qui concerne son abolition, ainsi que le droit de main-morte.]

15521. ☞ Remarques sur les anciennes Manumissions, &c. à l'occasion de diverses antiquités du Trésor de Notre-Dame de Paris ; par M. (Jean) LEBEUF. *Dissertations sur l'Hist. &c. tom. I.* Paris, 1739, *p.* 75-102.]

15522. ☞ Réflexions de M. DE LA MOTTE-CONFLANS, Avocat au Parlement, sur les différentes significations du terme de main-morte.

Recherches sur les Servitudes, & particulièrement sur le droit de main-morte ; par le même.

Notes du même, sur les Deshérences.

Ces trois Pièces sont dans le *Journ. de Verdun*, 1750, Janvier, Août & Décembre.]

15523. ☞ Recherches du même, sur les Albergues. *Journ. de Verdun*, 1751, *p. 285.*

Les rentes connues en France sous le nom d'Albergues, ne sont autre chose que les redevances qu'il est d'usage de se réserver lors de l'aliénation de quelques Domaines à titre de propriété incommutable.

Voyez encore sur cette matière, le *Journ. de Verdun*, 1748, Octobre, *pag.* 257.]

15524. ☞ De la signification du mot *Regnum*, dans quelques Historiens du Bas-Empire, sur-tout dans ceux qui ont écrit de la Monarchie Françoise ; par M. l'Abbé (René d'Aubert) DE VERTOT.

Cette Dissertation se trouve dans l'*Hist. de l'Acad. des Inscr. & Belles-Lettres, tom. I. pag. 162.*]

15525. ☞ J. Mar. FLORINI, Hist. & Eloquent. in Academia Nassavica Profess. de Campo Francorum Madio (Martio) Dissertatio.

Cette Dissertation, qui traite des Champs de Mars, c'est-à-dire des combats singuliers qui se donnoient tous les ans, le premier de Mars, chez les anciens Francs, est la quatrième & dernière du tom. I. du Recueil publié par l'Auteur sous ce titre : *Opuscula varia, &c. Herbornæ*, 1735, *in-4.*]

15526. Dissertation sur les sermens usités chez les François ; par René D'AUBER DE VERTOT, de l'Académie Royale des Inscriptions & Belles-Lettres.

☞ Cette Dissertation est imprimée au tom. II. des *Mémoires* de cette Académie, *pag.* 648. Que de recherches solides & curieuses dans cette Pièce ! Nos anciens usages y sont discutés avec une pénétration digne de

son

Préliminaires de l'Histoire des Rois.

son Auteur ; & l'on y voit, avec plaisir, les différentes Formules du serment usitées sous les trois Races de nos Rois, tant par ces Princes que par leurs Sujets.]

15527. ☞ Sur le Jugement par l'eau froide, & formalités qui s'y observoient.

On trouve ce morceau imprimé dans les *Annales du Père le Cointe, tom. VIII. pag. 85.*]

15528. ☞ Mémoire sur les Epreuves par le Duel & par les Élémens, communément appellées Jugemens de Dieu par nos anciens François ; par M. Duclos.

Ce Mémoire est imprimé au tom. XV. de ceux de *l'Académie des Inscriptions & Belles-Lettres, pag. 617.* Les principales espèces d'Epreuves, dont parle M. Duclos, se réduisent à trois, sçavoir le serment & l'ordalie, ou l'épreuve par les élémens, le feu & l'eau. Il examine ce que c'étoit que ces Epreuves, & ce qui s'y pratiquoit ; il en fait voir les progrès & la fin, & quelle idée on doit en concevoir. Cette Pièce est pleine de recherches curieuses.]

15529. ☞ Essai sur le luxe : 1764, *in-12.*]

15530. ☞ Mémoire sur les usages observés par les François dans leurs repas, sous la première Race de nos Rois ; par M. l'Abbé Jean LEBEUF. *Mém. de l'Acad. des Inscr. & Belles-Lettres, tom. XVII. pag. 191.*

Cette curieuse & sçavante Dissertation réunit, sous un même point de vue, les passages qui concernent la pratique des anciens Francs établis dans les Gaules, & leurs usages dans les repas.]

15531. ☞ De l'Etablissement des Loix somptuaires parmi les François ; par M. l'Abbé (René Auber) DE VERTOT. *Mém. de l'Acad. des Inscr. & Belles-Lettres, tom. VI. pag. 727.*]

15532. ☞ De la bisarrerie des modes & des usages.

Ce morceau curieux & intéressant, est imprimé dans les *Variétés historiques.*]

15533. ☞ Le mal de Naples ; son origine & ses progrès en France.

Ce petit Traité se trouve à la suite des *Mémoires historiques sur les amours des Rois de France : Paris, 1739, in-12.*]

15534. ☞ Conjectures sur ce qu'on appeloit Galère subtile, du temps de Charles IX. par M. le Comte DE CAYLUS.

Elles sont imprimées dans le tom. XXIII. *des Mém. de l'Acad. des Inscript. & Belles-Lettres, pag. 290.*]

15535. ☞ Réflexions sur la bisarrerie de différens usages qui ont paru & qui paroissent encore dans le monde ; par M. CAPPERON, ancien Doyen de S. Maixent.

Ces Réflexions, avec leur suite, ont paru dans les *Mercures de Janvier, Février & Juin 1732,* & dans ceux de *Juin & Juillet 1733.*]

15536. ☞ Lettre de M. R. L. D. au sujet d'un Manuscrit de la Bibliothèque de M. Séguier, (sur les gratifications de quelques Villes de France.)

Elle est imprimée dans le *Mercure du mois de Mars 1734.*]

15537. ☞ Extrait d'une Lettre écrite de Picardie, sur des dénominations populaires, & sur la cause pour laquelle les noms de Le Roi & Le Prince sont si communs en France. *Mercure, 1735, Février.*]

15538. ☞ Explication d'un terme singulier, (*Pristo*) d'anciens Statuts Synodaux du XIII° siècle.

Elle est imprimée dans le *Mercure du mois de Mai 1735.*]

15539. ☞ Lettre écrite par M. R. D. G. [RIBAUD de Ganat] en Bourbonnois, au sujet du jour des Etrennes.

Elle est imprimée dans le *Mercure du mois de Juillet 1735.*]

15540. ☞ Extrait d'une Lettre écrite d'Orléans, par M. D. P. [Daniel POLLUCHE] où l'on recherche si, lorsqu'en France l'usage s'introduisit de commencer l'année à Pâques, on continua de donner des Etrennes le premier jour de Janvier.]

Il est imprimé dans le *Mercure de Décembre 1735.*]

15541. ☞ Lettre de M. MAILLART, au sujet de la date d'avant ou après Pâques, qui se trouve dans les titres antérieurs à l'année 1566.

Elle est imprimée dans le *Mercure du mois de Juin 1736.*]

15542. ☞ Lettre de M. A. G. B. D. A. à P. [Antoine-Gaspard BOUCHER D'ARGIS, Avocat à Paris] sur le temps auquel on a commencé en France de se servir de Carrosses.

Elle est imprimée dans le *Mercure de Septembre 1737.*]

15543. ☞ Dissertation historique sur les Manufactures ; par M. JUVENEL.

Elle est imprimée dans le *Mercure du mois de Mars 1738,* & dans ses *Essais sur l'Histoire des Belles-Lettres, Sciences & Arts.*]

15544. ☞ Examen historique sur les Jeux de hasard, & sur ce qui les a produits ; par M. BENNETON DE PERRIN.

Cet examen est imprimé dans le *Mercure des mois de Septembre & Octobre 1738.*]

15545. ☞ Lettre sur le titre de Mercure de France, & sur l'antiquité des fenêtres à verre dans le Royaume.

Elle est imprimée dans le *Mercure d'Octobre 1738.*]

15546. ☞ Sentiment sur l'origine du Poisson d'Avril.

Il est imprimé dans le *Journal de Verdun, Juin, 1749.*]

15547. ☞ Lettre de M. L. sur le Feu de la Saint-Jean.

Autre de M. l'Abbé LEBEUF, sur le même sujet.

Ces deux Lettres sont imprimées dans le *Journal de Verdun, Juin 1749, & Août 1751.*]

15548. ☞ Lettre de M. DREUX DU RADIER, sur quelques manières de parler proverbiales.

Tome II. D

Observations du même, sur le dicton : Attendez-moi sous l'orme.

Réponse de M. LEBEUF.

Ces trois Pièces sont imprimées dans le *Journal de Verdun*, Septembre & Décembre 1750, & Mars 1751.]

15549. ☞ Lettre du même, sur l'usage de boire à la santé.

Lettre de M. DE LA MOTTE-CONFLANS, sur le même sujet.

Ces deux Lettres sont imprimées dans le *Journal de Verdun*, Février & Juin, 1751.]

15550. ☞ Lettre du Sieur BONNEVIE, sur le Dimanche des Bordes, & sur celui des Bures.

Elle est imprimée dans le *Journal de Verdun*, Février, 1751.]

15551. ☞ Observations de M. l'Abbé LEBEUF, sur le gras des Samedis d'après Noël, qui est permis à Paris & ailleurs.

Elles sont imprimées dans le *Journal de Verdun*, Juillet, 1751.]

15552. ☞ Conjectures sur la Reine Pedauque, où l'on recherche quelle pouvoit être cette Reine, & à cette occasion ce qu'on doit penser de plusieurs figures anciennes prises jusqu'à présent pour les Statues des Princes & Princesses de France. *Hist. de l'Acad. des Inscr. & Bell. Lettr. t. XXIII. pag. 227.]*

15553. ☞ Ms. Dissertation sur la Reine Pedauque ; par M. BULLET, Professeur de Théologie, Doyen de l'Université de Besançon, & Membre de l'Académie de cette Ville.]

15554. ☞ Ms. Dissertation sur le prétendu Combat du Chien de Montargis ; par le même.

Ces deux Dissertations sont conservées dans les Registres de l'Académie de Besançon.]

15555. ☞ Dissertation sur le Festin du Roi-boit, dont on fixe l'origine au XIVe siècle, & dont on décrit les variétés & les progrès en France ; par le même : *Besançon*, Charmet, 1762, *in*-12.]

15556. ☞ Dissertation sur la coutume à laquelle un événement, rapporté dans plusieurs des Historiens de Paris, a donné lieu ; (le Feu de la rue aux Ours) : *in*-12.]

15557. ☞ Mémoire sur quelques antiquités du Diocèse de Bayeux ; par M. l'Abbé LEBEUF. *Mém. de l'Acad. des Inscript. & Belles-Lettres, tom. XXI. pag.* 489.]

15558. ☞ Remarques sur quelques antiquités de Périgueux. *Ibid. tom. XXIII. Hist. pag.* 201.]

15559. ☞ Mémoire sur une Inscription découverte l'an 1754, à Périgueux. *Hist. de l'Acad. des Inscript. & Belles-Lettres, tom. XXVII. pag.* 171.]

15560. ☞ Sur deux Antiquités trouvées dans des pierres de nature différente ; (par M. le Comte DE CAYLUS. *Ibid. pag.* 174.]

15561. ☞ Examen d'un passage de Grégoire de Tours, sur le temps où l'on a commencé d'enterrer les morts dans les Cités. *Ibid. pag.* 176.]

15562. ☞ Conjecture sur l'usage des souterrains qui se trouvent en grand nombre en Picardie. *Ibid. pag* 179.]

15563. ☞ Mémoire pour servir à l'Histoire de la Fête des Foux, qui se faisoit autrefois dans plusieurs Eglises ; par M. DU TILLOT, Gentilhomme ordinaire de S. A. R. Monseigneur le Duc de Berry : *Lausanne* & *Génève*, Bousquet, 1741, *in-fol. Paris*, 1751, *in*-12.

Voyez ce qui en est dit dans les *Observations sur les Ecrits modernes* ; Lettre 425. = Bibliothèque des Auteurs de Bourgogne, tom. I. pag. 421. = Mélanges hist. & philosoph. tom. I. pag. 134. = Mercure, 1741, Août.]

15564. ☞ Extrait des Mémoires pour servir à l'Histoire de la Fête des Foux ; (par M. DU TILLOT) & Remarques de M. l'Abbé D'ARTIGNY, sur quelques autres Fêtes pareilles : tom. IV. *pag.* 278, & tom. VII. *pag.* 67, *des Mémoires de Littérature d'Artigny : Paris*, Debure, 1749 & *suiv. in*-12.]

15565. ☞ Observations sur la Fête des Foux ou des Innocens, (au sujet des Remarques de l'Abbé d'Artigny). *Journal de Verdun, Octobre,* 1751.]

15566. ☞ De l'origine de la Fête des Foux, & de la Mère folle de Dijon.

Dans les *Variétés historiques, &c.*]

15567. ☞ Lettre d'un Gentilhomme de Bourgogne, (M. DU TILLOT) écrite à M. Moreau de Mautour, au sujet des Mémoires sur la Fête des Foux. *Merc. Janv.* 1742.

☞ Lettre au sujet des Mémoires sur la Fête des Foux. *Mercure, Janvier,* 1743.]

15568. ☞ Lettre écrite à M. DE***, sur l'explication d'un terme de la Basse Latinité, donné dans le Mercure du mois d'Avril dernier : *Abbas Cornadorum*, &c. *Mercure, Juillet,* 1725.

Cette Lettre a trait à la Fête des Foux, & autres Ouvrages de cette espèce.]

15569. ☞ Remarques sur les Dons annuels faits anciennement aux Rois de France de la seconde Race, où, à l'occasion des Livres offerts en forme de présens, on parle de ceux qui ont été donnés depuis à la Bibliothèque de Charles V. & de ceux que Jean, Duc de Berry, son frère, reçut en étrennes au premier Janvier. *Recueil de divers Ecrits,* &c. de M. l'Abbé (Jean) LEBEUF : *Paris*, 1738, *tom. II. pag.* 248-263.]

15570. ☞ Observations concernant les Loix, les Mœurs & Usages, sous Hugues-Capet, Robert & Henri I.

C'est la seconde partie de la Préface du tom. XI. du *Recueil des Historiens de France*.]

15571. ☞ Lettre sur l'origine du Bonnet-Vert des Banqueroutiers; par M. Loisel, Professeur en Droit à Rennes. *Journal de Verdun, Août,* 1759, *pag.* 109.]

== ☞ Autre Lettre sur le même sujet; par M. Durand, Professeur à Evreux. *Ibid. Décembre, pag.* 430.]

15572. ☞ Recherches étymologiques & historiques sur les Routiers & la Jacquerie. *Journal de Verdun,* 1761, *Mai, pag.* 367, *Juin, pag.* 436, *Juillet, pag.* 35, & *Octobre, pag.* 276.]

15573. ☞ Traité des marques nationales, tant de celles qui servent à la distinction d'une Nation en général, que de celles qui distinguent les différens rangs des personnes dont cette Nation est composée, & qui les unes & les autres ont donné origine aux Armoiries, aux Habits d'Ordonnances des Militaires & aux Livrées des Domestiques; par M. Benneton de Morange de Peyrias: *Paris,* 1739, *in-*12.

Il y a dans cet Ouvrage bien des recherches, & presque toutes sont relatives aux usages & aux coutumes des François.]

15574. ☞ Les Monumens de la Monarchie Françoise, qui comprennent l'Histoire de France, avec les figures de chaque règne, que l'injure des temps a épargnées: ouvrage composé en Latin & en François; par Dom Bernard de Montfaucon, Bénédictin, de la Congrégation de S. Maur: *Paris,* Gandouin, 1729-1733, *in-fol.* 5 vol. avec fig.

Le Tome I. s'étend jusqu'à Philippe I. = Le Tome II. jusqu'à S. Louis. = Le Tome III. finit sous Louis XI. = Le Tome IV. sous François I. le Tome V. sous Henri IV. *Voyez* sur cet Ouvrage Lenglet, *Suppl. de sa Méth. hist. pag.* 158. = *Journal des Sçavans, Janvier,* 1731, *Février* 1732, *Janvier* 1733, *Janvier & Février* 1734. = *Mercure, Novembre,* 1733. = *Journ. de Léips.* 1731, *pag.* 49, 495. = 1732, *pag.* 97. = 1733, *pag.* 143. = 1735, *pag.* 442.]

15575. ☞ Trésor des Antiquités de la Couronne de France, représentées en figures d'après les originaux, &c. Collection très-importante de plus de 300 planches, & de très-grande utilité pour l'intelligence parfaite de l'Histoire de France, dans laquelle on trouve tout ce qui concerne les Rois, les Reines, les Dauphins, les Princes, &c. les marques de Royauté, tant anciennes que modernes, les Cérémonies, &c. les Convocations & Assemblées d'Etats, les Chasses, les Batailles, &c. les Usages & Coutumes du Royaume, selon les différens temps auxquels ils se sont établis, & les divers changemens qu'ils peuvent avoir subis; par exemple, les habillemens, les coëffures, les chaussures, les modes de toutes espèces, les mariages, les repas, les festins, les fêtes publiques, les spectacles, &c. les joûtes, les combats à outrance, & les simples carrousels, les enterremens & pompes funèbres, les tenues & assemblées d'Etats de Provinces, de Parlemens, &c. enfin tout ce qui peut appartenir à la vie civile: *La Haye,* Pierre de Hondt, 1745, *in-fol.* 2 tomes en 1 vol.

Ce Recueil est composé de 304 planches, avec les explications abrégées de ce que chacune contient. On y a fait entrer les planches des cinq volumes des Monumens de la Monarchie Françoise du P. de Montfaucon.]

15576. ☞ Galliæ antiquitates quædam selectæ; (auctore Scipione Maffeo) atque in plures Epistolas distributæ: *Parisiis,* 1733, *in-*4.

Il y a une seconde Edition: *Veronæ,* 1734, *in-*4. *Voyez* sur ce Livre Lenglet, *Suppl. de sa Méth. hist. p.* 155. = *Observ. sur les Ecrits mod. Lettr.* 50. = *Mém. de Trév. Mars,* 1734. = *Bibl. raison. tom. XII. p.* 321. = *Journ. de Léips.* 1736, *pag.* 298.]

15577. ☞ Mss. Parallèle des Antiquités de France & d'Italie; par M. Seguier, Secrétaire de l'Académie de Nismes.

Cet Ouvrage est entre les mains de l'Auteur. On y fait voir que si l'on excepte Rome & ses environs, la France possède dans ses Provinces méridionales plusieurs Antiquités, qu'on peut comparer avec toutes celles du restant de l'Italie.

15578. ☞ Explication de quelques Bas-reliefs en ivoire; par M. Lévesque de la Ravaliere. *Hist. de l'Acad. des Inscript. & Belles-Lettres, tom. XVIII. pag.* 323.

On voit dans ce Mémoire des éclaircissemens sur les usages & le génie du XIVe siècle, principalement sur la Chevalerie. L'Auteur fait voir que ces morceaux de Sculpture ne peuvent se placer plus bas que l'an 1350, & au plutard sous le règne de Philippe de Valois.]

15579. ☞ Mss. Miscellanea eruditæ antiquitatis, notis illustrata, (collecta à Joan. Benigno Lucotte du Tillot); Joannes Piron, scripsit & partim delineavit: 1725, *in-fol.* 4 vol.

Voyez sur ce Manuscrit & sur M. du Tillot, la Bibliothèque des Auteurs de Bourgogne, par M. l'Abbé Papillon, article *Lucotte*.

Ce Manuscrit, qui est actuellement dans le Cabinet de M. Févret de Fontette, Conseiller au Parlement de Dijon, est magnifique par la beauté du papier, de l'écriture, & sur-tout d'une quantité de figures & desseins faits à la plume avec la plus grande élégance. C'est l'original mis au net par les soins & sous les yeux de M. du Tillot; il contient, entr'autres, les morceaux suivans, d'Antiquités Françoises.

1. Dessein figuré du tombeau de Chindonax, trouvé à Dijon, dans une vigne, le 2 Novembre 1598, & Histoire de cette découverte. = Réfléxions de M. l'Abbé Papillon, sur ce tombeau. = Lettre écrite à M. Papillon, au sujet de ces Réfléxions; par Dom Planchet, Bénédictin.

2. Dessein figuré de la Reine Pedauque, qui est au Portail de l'Abbaye de S. Bénigne de Dijon, & notes à ce sujet.

3. Desseins figurés de plusieurs Agathes trouvées au tombeau de la Reine Brunehaut, (qui est à S. Martin d'Autun), & Notes.

4. Dessein figuré d'une Tombe de Ladislas, Roi de Pologne, qui est dans le milieu de la nef de la nouvelle Eglise de S. Bénigne de Dijon, & Notes.

5. Dessein figuré d'un ancien Etendard, gardé en la Chambre de Ville de Dijon.

6. Dessein figuré d'un Bas-relief qui étoit autrefois au-dessus de ce qu'on appelle, dans l'Ordre de S. Be-

noit, la fenêtre de la dépense, (c'est l'ouverture par laquelle on passe le vin dans le Réfectoire) & Observations à ce sujet.

7. Dessein figuré d'un Diptyque d'ivoire du Cabinet de M. du Tillot, & observations. *Voyez* sur ce Diptyque, la *Bibliothèque des Auteurs de Bourgogne*, article *Lucotte*.

8. Dessein figuré de la Colonne de Cussy, à six lieues de la Ville d'Autun. = Lettre de M. TISSERAND, Curé de Crugey, à M. le Président Bouhier, du 10 Juin 1722. = Description de la Colonne antique de Cussy en Bourgogne; par M. MOREAU de Mautour, 1723. = Autre Description de la Colonne de Cussy. = Lettre en forme de Dissertation de M. THOMASSIN, sur le même sujet, imprimée. = Lettre de M. le Président BOUHIER, à M. Thomassin, sur la Description de la Colonne de Cussy, du 25 Août 1725.

9. Dessein de deux figures antiques, trouvées près d'Autun, en 1668.

10. Dessein figuré du Portrait du Cardinal Rollin, qui se voit dans l'Eglise de la Cathédrale d'Autun, & Mémoire sur ce Cardinal.

11. Nouvelle découverte d'une des plus singulières & des plus curieuses Antiquités de la Ville de Paris, (c'est une Déesse Isis.)

12. Dessein figuré d'une petite statue d'albâtre, trouvée à Narbonne en 1723, & Explication.

13. Dessein d'une Bague ancienne, qui étoit autrefois entre les mains de l'Abbesse de Sainte-Andoche d'Autun, & Notes à ce sujet.

14. Dessein figuré d'un Vase d'agathe orientale qui est au Trésor de S. Denys, & Explication.

15. Instrumens des Sacrifices des Payens, trouvés ès environs de Langres, qui sont à présent au Cabinet de M. Thibaut, Chanoine de S. Mamez, à Langres, & Explication.

16. Inscriptio veteris lapidis qui extat Cabilone, (Châlon sur Saône) in vico quondam Judæorum, nunc Sacerdotum dicto, in limine domûs plebeiæ.

17. Frontispice d'un ancien Monument de la Ville de Reims.

18. Dessein du Cachet de Childéric I. Roi de France, trouvé à Tournay en 1653, avec des Observations.

19. Portrait de Childebert I. sixième Roi de France, né en 497, copié sur son Tombeau, qui est en l'Eglise de l'Abbaye de S. Germain des Prés, avec des Notes.

20. Somnium Gontranni Regis, avec une Explication.

21. Dessein figuré d'un Médaillon d'or de l'Empereur Charlemagne, qui est au Cabinet du Roi, avec des Observations.

22. Portrait du Connétable de Bourbon, tué devant Rome en 1527, avec des Observations.

23. Dessein figuré d'un Médaillon d'or de François I. qui est au Cabinet du Roi, avec des Observations.

24. Portrait du Duc Charles de Bourgogne, tué devant Nancy en 1477, avec plusieurs desseins figurés de ses pierreries, & Notes.

25. Dessein figuré du Pressoir des éponges du Roi, & l'Histoire de la Chambre de Justice établie en l'an 1607, pour la recherche des Financiers, &c. avec des Notes.

26. Plan de l'Isle de Bidassoa, & de la Maison qui y fut bâtie pour servir à la Conférence du Cardinal Mazarin, & de Dom Louis de Haro, touchant la paix générale & le mariage du Roi, au mois d'Août 1659.

27. Dessein figuré d'une Procession singulière représentée sur les Chapitaux des grands pilliers de l'Eglise Cathédrale de Strasbourg, avec des Notes.

28. Dessein figuré d'un Médaillon historique & emblématique qui étoit au Cabinet de M. du Tillot.]

ARTICLE III.

Mélanges & Ouvrages qui traitent de plusieurs parties de l'Histoire de France.

☞ LA plus grande partie de ces Ouvrages est rapportée dans cette Bibliothèque, à sa place & par morceaux; mais j'ai cru devoir réunir ici les principaux dans un Article séparé. Il m'a paru extraordinaire que des Livres aussi utiles pour notre Histoire, n'y occupassent pas une place distinguée, & un numéro particulier.]

15580. ☞ Joannis LIMNÆI Notitia regni Franciæ: *Argentorati*, Spoor, 1655, *in-*4. 2 vol.

Cet Ouvrage est divisé en sept Livres.

Le Tome I. contient, Liber I. &c. Ce Livre traite de l'origine des François, leur Langue, Mœurs & Coutumes, & tout ce qui a rapport au Royaume de France en général.

Le Livre II. traite des Rois de France, de la succession à la Couronne, du Domaine, des Princes du Sang & Grands du Royaume, &c.

Le Tome II. renferme le Livre III. qui traite de l'Eglise Gallicane, & autres matières Ecclésiastiques. = Le Livre IV. qui parle de la Noblesse, des Fiefs, des Ducs, Princes, Comtes, Marquis, &c. = le Livre V. qui traite du Tiers-Etat, & des Universités; = le Livre VI. où il est question des principales Villes du Royaume; = le Livre VII. qui traite des Etats, Parlemens & Cours Souveraines.]

15581. ☞ Les Recherches de la France d'Etienne PASQUIER, Conseiller & Avocat Général du Roi en la Chambre des Comptes de Paris, revues, corrigées, mises en meilleur ordre, & augmentées en cette dernière Edition de trois Livres entiers, & de plusieurs Chapitres entrelassés en chacun des autres Livres, tirés de la Bibliothèque de l'Auteur; imprimées à *Orléans*, & se vendent à *Paris*, chez Jean Guignard, 1665, *in-fol.*

Cet Ouvrage est divisé en neuf Livres.

Le Ier traite de la Gaule & des Gaulois, de la France & des François, & de leurs premiers Rois.

Le II. des Parlemens & Cours Souveraines, des Etats, des Grands du Royaume, des Fiefs & des Nobles, &c. de la Loi Salique, Régences, Minorités, &c.

Le III. de l'Eglise Gallicane & de tout ce qu'y a rapport. On trouve *p.* 289, le Plaidoyer de Pasquier, pour l'Université de Paris, contre les Jésuites.

Le IV. de l'état & condition des personnes, & de différens usages & coutumes.

Le V. de la première & seconde Race de nos Rois.

Le VI. de la troisième Race.

Le VII. de la Poésie Françoise.

Le VIII. de la Langue Françoise, de son origine, de ses différens idiômes, & de l'étymologie de plusieurs termes qui sont en usage en France.

Le IX. du progrès des Lettres dans la Gaule & dans la France; des Universités; des Loix & des Coutumes.

On trouve à la fin: Pour-parler du Prince, Pour-parler de la Loi, Pour-parler d'Alexandre.

Voyez *Lettr.* de Nicolas Pasquier, *pag.* 356. = Lenglet, *Méth. hist. tom. IV. pag.* 286. = *Biblioth. Harley, tom. II. pag.* 559. = *Essai de Littér.* 1701, *pag.* 87. = Le Gendre, *tom. II. pag.* 29. = La Croix du Maine, *p.* 79. = *Journ. des Sçav. Août*, 1724. = *Nouv. édit. de l'Hist. de France de Daniel, Préface, pag.* 123.]

15582. ☞ Les Recherches des Recherches, & autres Œuvres de Mᵉ Etienne Pasquier pour la défense de nos Rois, contre les outrages, calomnies & autres impertinences dudit Auteur ; (par le P. François Garasse, Jésuite): *Paris*, Chapelet, 1622, *in-*8.

Cet Ouvrage est divisé en cinq Livres ; le premier intitulé : Le *Médisant* ; le second, l'*Impertinent* ; le troisième, l'*Ignorant* ; le quatrième, le *Libertin* ; le cinquième, le *Glorieux*.]

15583. ☞ L'Antigarasse, ou Défense pour Etienne Pasquier, contre Garasse ; par Nicolas & Guy Pasquier : *Paris*, 1624, *in*-8.

Voyez les *Mémoires* d'Artigny, *tom. III & tom. VII. pag.* 29. = *Dictionnaire* de Prosper Marchand, article *Antigarasse*.]

15584. ☞ Les Œuvres d'Etienne & Nicolas Pasquier : *Amsterdam* (*Trévoux*) 1723, *in-fol.* 2 vol.

Le Tome I. contient les Recherches de la France ; les Pour-parlers du Prince, de la Loi & d'Alexandre ; le Plaidoyer pour le Duc de Lorraine, contre le Seigneur de Bussy d'Amboise ; les Poésies Latines ; le tout d'Etienne Pasquier ; & le Plaidoyer de Versoris, pour les Jésuites, contre l'Université de Paris.

Le Tome II. renferme les Lettres, les Œuvres mêlées, les Jeux poétiques, & les Poésies diverses d'Etienne Pasquier, & les Lettres de Nicolas Pasquier, (son fils.]

15585. ☞ Les Œuvres de feu Mᵉ Claude Fauchet, premier Président en la Cour des Monnoies, revues & corrigées en cette dernière Edition ; suppléées & augmentées sur la copie, Mémoires & papiers de l'Auteur, de plusieurs passages & additions en divers endroits ; à quoi ont encore été ajoutées de nouveau deux Tables fort amples, l'une des Chapitres & Sommaires d'iceux, l'autre des Matières & des choses plus notables : *Paris*, le Clerc, 1610, *in-*4. 2 vol.

Le premier Volume contient les choses advenues ès Gaules & en France, jusqu'en l'an 751.

Le second Volume renferme une première Partie, ou la fleur de la Maison de Charlemagne, contenant les faits de Pepin & ses successeurs, depuis l'an 751 jusqu'à l'an 840 de Jesus-Christ. = Origine des Dignités & Magistrats de France. = Origine des Chevaliers, Armoiries & Hérauts ; ensemble de l'Ordonnance, Armes & Instrumens desquels les François ont anciennement usé en leurs Guerres. = Traité des Libertés de l'Eglise Gallicane. = De la Ville de Paris, & pourquoi les Rois l'ont choisie pour leur Capitale. = Sur le couronnement du Roi Henri IV. Roi de France & de Navarre, & pour n'être sacré, il ne laisse d'être Roi & légitime Seigneur. = Recueil de l'origine de la Langue & Poésie Françoise, Rime & Romans ; plus, les noms & sommaire des œuvres de 127. Poëtes François, vivans avant l'an 1300.

Cet Ouvrage de Fauchet avoit été rapporté par le Père le Long, sous le N.° 6878, de l'ancienne Edition ; & il se trouvera encore dans celle-ci, à l'Article des Histoires générales, &c. ci-après.]

15586. ☞ Recueil des Rois de France, leur Couronne & Maison ; ensemble le rang des Grands de France ; par Jean du Tillet, Sieur de la Bussière, Proto-Notaire & Secrétaire du Roi, Greffier de son Parlement ; plus une Chronique abrégée contenant tout ce qui est advenu, tant en fait de guerre qu'autrement, entre les Rois & Princes, Républiques & Potentats étrangers ; par M. J. du Tillet, Evêque de Meaux, frères. En outre les Mémoires dudit Sieur, sur les Privilèges de l'Eglise Gallicane, & plusieurs autres de la Cour de Parlement, concernant lesdits Privilèges. En cette dernière Edition a été ajouté, les Inventaires sur chaque Maison des Rois & Grands de France, & la Chronologie augmentée jusqu'à ce temps : *Paris*, Mettayer, 1618, *in-*4. deux tomes en un volume.

Ce Recueil contient différens Mélanges, sçavoir :

Dans le Tome I. Recueil des Rois de France, leur Couronne & Maison.

Titres, Grandeurs & Excellence des Rois & Royaume de France.

De l'Autorité & Prérogatives des Reines de France.

Des Sacres & Couronnemens des Rois & Reines.

Des Régences du Royaume de France.

De Messeigneurs, Fils de France, leurs Apanages & Bienfaits.

De Mesdames, Filles de France.

Des Princes du Sang de France.

Des Ecus & Armoiries des Rois, & Messeigneurs, Fils de France.

De l'Extraction & Remise des Corps Saints, Oriflamme & Foire du Landit S. Denys en France.

Des derniers Jours, Exeques & Enterremens des Rois & Reines de France.

Des Pairs de France.

Des Grands Officiers de France.

Des Conseils-Privés du Roi.

Des Gouverneurs & Lieutenans-Généraux du Roi ès Provinces.

Des Chevaliers de l'Ordre du Roi, & Etat de Chevalerie.

Des Officiers Domestiques des Rois, Reines, Messeigneurs Fils, & Mesdames Filles de France.

Recueil des rangs des Grands de France, fait par M. Jean du Tillet, Greffier en la Cour de Parlement à Paris, dédié au Roi Charles IX. 1606.

Dans le Tome II. sont les Guerres & Traités de Paix, Trêves & Alliances d'entre les Rois de France & d'Angleterre ; par M. Jean du Tillet, Sieur de la Bussière, Proto-Notaire & Secrétaire du Roi, Greffier de son Parlement : 1606.

Briève récollection des principales querelles des Rois d'Angleterre, & défense de ceux de France.

Chronique abrégée des Rois de France, depuis Pharamond.

Mémoire & Avis de M. Jean du Tillet, Proto-Notaire & Secrétaire du Roi très-Chrétien, Greffier de sa Cour de Parlement ; sur les Libertés de l'Eglise Gallicane.]

15587. ☞ Desseins des Professions nobles & publiques, contenant plusieurs Traités divers & rares, &c. par Antoine de Laval, Géographe du Roi, Capitaine de son Pays & Château lès Moulins en Bourbonnois ; de nouveau revus, corrigés & augmentés ; &c.

Edition seconde : *Paris*, l'Angelier, 1613, in-4.

Ce sont différens Mélanges & morceaux, dont la plus grande partie est utile à l'Histoire de France ; sçavoir :

1. Remontrance au Roi, tenant ses Etats en la Ville de Blois, pour les Officiers (de Robe-Courte) de Sa Majesté, faite & présentée au nom de tous par le Sieur de Laval, en Novembre 1588.

Cette Piéce se trouve aussi dans l'*Histoire des Troubles*, par le même Auteur. Il s'agissoit de la suppression de ces Offices & Officiers, comme avantageuse au Roi, à l'Etat & aux Finances. Le Roi reçut très-bien cette Remontrance, & laissa les choses comme elles avoient été auparavant.

2. La Conférence Catholique ; Piéce faite pendant la Ligue, en Mars 1589 ; par le même Antoine de Laval.

Cette Conférence fut faite pour servir de Réponse au Libelle de Boucher, *De justa Henrici III. abdicatione*, &c. comme pour être un préservatif contre les Sermons séditieux des Prédicateurs de la Ligue. Elle roule entre un Prélat, un Gentilhomme, un Bourgeois & un Jurisconsulte, qui chacun, par des raisons & des exemples, prouvent qu'il n'est permis, en aucune occasion, de se révolter contre le Prince, & que les Catholiques ont toujours détesté ce sentiment, qui n'a été adopté que par les Huguenots.

3. Manifeste extrait de l'Avis donné à M. le Cardinal de Cajétan, en Décembre 1589.

Ce Manifeste fut envoyé par M. de Nevers, avec son Traité *Des raisons de la prise des armes*, à Paris, à M. l'Evêque d'Aire, qui y étoit venu avec le Cardinal de Cajétan. Après avoir fait un précis des raisons de la Piéce précédente, l'Auteur prouve qu'il étoit très-permis à Henri III. d'appeller à son secours le Roi de Navarre, sans encourir aucune excommunication. Ces deux Piéces furent aussi envoyées à Rome.

4. Remontrance apologétique à Nosseigneurs de la Cour de Parlement, transférée à Tours, pour la Ville de Moulins, Capitale du Bourbonnois : en 1589.

Le Roi ayant consenti l'établissement d'une Chambre pour rendre la Justice dans sa Ville de Moulins, il parut un Ecrit, sans nom d'Auteur ni d'Imprimeur, intitulé : « Remontrances très-humbles contre l'établissement demandé d'un Parlement, ou Chambre de Parlement, à Moulins ». Le Sieur de Laval fit sa Remontrance, pour y servir de réponse. Cependant le projet ne réussit pas.

5. Extrait de l'Oraison funèbre tumultuairement faite pour le Roi Henri III. au nom de toute l'armée de Henri IV. à S. Cloud, au mois d'Août 1589.

6. Oraison funèbre de Henri le Grand.

7. Du Secrétaire (d'Etat), dans lequel Traité on trouve une Dissertation sur la Question, Si les Ambassadeurs sont perpétuellement inviolables, & comme on peut procéder contre eux, s'ils sont trouvés au crime de lèze-Majesté du Prince, près duquel ils sont résidans ; & une autre sur la Question, Si un Prince Souverain se doit servir d'Officiers à vie, ou de Commissaires à temps.

8. Histoire de la Maison de Bourbon, contenant, entre autres choses mémorables, la Vie & les gestes signalés de M. Charles, dernier Duc de Bourbon, Comte de Montpensier, &c. Connétable de France, qui mourut devant Rome ; écrite par son Secrétaire MARILLAC, & transcrite mot après autre, sans aucun changement, sur l'original de sa main, étant en la Bibliothèque de Laval ; & suite (par ce dernier) de l'Histoire de M. de Bourbon, recueillie de bons Auteurs & authentiques Mémoires étant devers le Sieur de Laval : plus, choses remarquables extraites des Plaidoyers des Avocats de M. de Bourbon, & de Madame Louise de Savoie.

Gilbert DE MARILLAC a conduit son Histoire jusqu'en Mars 1520. On trouve à la tête une Généalogie de la Maison de Bourbon. Cette Histoire est fort curieuse & assez bien détaillée.

9. De la Ligue des Cantons Suisses, de sa longue durée, & pourquoi on ne voit pas toujours les effets des Ligues répondre à leurs premiers desseins & grandes apparences.

10. Si le Marquisat de Saluces & le Comté de Saint-Paul sont mouvans de la Couronne de France, & de quoi étoit composé l'ancien Royaume de Bourgogne.

Ce morceau est très-court, & l'Auteur soutient que le Marquisat de Saluces, &c. sont mouvans de la Couronne.

11. Des Finances.

12. Desseins des Problêmes politiques, pour tirer profit de l'Histoire, & y apprendre les Théorêmes du Droit public ; par Antoine DE LAVAL.

Ce n'est qu'une esquisse d'un plus grand Ouvrage qu'il promettoit. Il est rempli de Réflexions chrétiennes & solides.

13. Discours sur l'interprétation des Eloges, Devises, Emblèmes & Inscriptions de l'Arc Triomphal érigé à l'entrée du Roi en sa Ville de Moulins, le 26 Septembre 1595.

14. Des Peintures convenables aux Basiliques & Palais du Roi, même à sa Gallerie du Louvre à Paris.]

— ☞ Mélanges historiques de Camusat.

Voyez ci-après, aux *Lettres historiques*, sous l'année 1580.]

1588. ☞ Mélanges historiques & Recueil de diverses matières, pour la plupart paradoxales, & néanmoins vraies. En ce Livre sont traités plusieurs matières & choses non vulgaires, & desquelles le Lecteur tirera non-seulement plaisir, mais aussi utilité & profit ; par Pierre DE SAINT-JULIEN, de la Maison de Balleure, Doyen de Châlon, &c. *Lyon*, Rigaud, 1588, in-8.

Dans le Livre I. on trouve :

1. Mélanges-paradoxales, &c. Que les Rois de France n'ont & n'eurent jamais de surnom héréditaire ; contre ceux qui ineptement les surnomment de Valois.

2. Que Philippe, Duc de Bourgogne, surnommé le Bon, a été le plus grand, excellent & heureux Prince qui fut jamais, sans titre d'Empereur & de Roi.

3. Que bien anciennement le titre de Monsieur étoit plus illustre que celui de Monseigneur.

4. Que Loys & Carloman, Frères, Rois de France, n'étoient pas bâtards, ains fils légitimes du Roi Loys le Bégue.

5. Que Philippe, Duc de Bourgogne, surnommé le Bon, a été déclaré, par le Concile de Basle, premier Prince Chrétien après les Rois, & que les Electeurs de l'Empire, non Rois, furent condamnés contre ledit Duc.

6. Que présentement, en France, les Abbés Commendataires doivent être équiparés aux Abbés Titulaires ; où & quand on convient és Assemblées d'Etats, ou autres indictes par le Roi.

7. De la foi, & à qui il faut la garder.

8. Que ceux parlent impertinemment, qui disent toi à Dieu, au Roi & autres personnes signalées d'honneur.

9. Que le mot *loquentia* n'est pas Latin, & que éloquence est perfection de bien dire, laquelle nul n'a encore pu atteindre.

10. Des François Saliens, desquels print nom la Loi Salique.

11. Que les Romains, à l'imitation des Grecs, ont abusé du mot de Barbare.

Préliminaires de l'Histoire des Rois.

12. Que nous devons être dits en François Chrétiens, & non Chrétiens.
13. De la liberté de conscience.

Dans le Livre II.

14. Des Antiquités, Armes vieils, Rois & Princes de Bourgogne.
15. Paradoxe, & néanmoins Discours véritable de l'origine & extraction de Hugues-Capet, Roi de France.
16. Apologie & plus que juste défension de l'honneur & réputation de Pierre de Saint-Julien, &c. furieusement assailli par un Anonyme indiscret, & plus lettré que sage.
17. Que les bien-anciens Gentilshommes de Bourgogne portoient de gueule ; & Nobiliaire qui contient différentes Maisons de Bourgogne.
18. De quelques Eglises de Bourgogne qui ont conservé gueule en leurs armes.
19. Des Villes qui portent de gueule ; (en particulier de Lyon.)
20. De Dijon ou Digeon.
21. D'Autun, de Châlon, de Mâcon : des Armes & des Timbres.
22. Continuation du propos des Timbres ; mêmement des Honoraires ; ensemble des impertinentes fautes que les Artisans modernes y ont introduites.

Dans le Livre III.

23. De la Noblesse, & quelle vertu en est mère.
24. De l'origine des noms des Roturiers.

Dans le Livre IV.

25. Du Fief, & de ses espèces reçues en France.]

15589. ☞ Catalogus gloriæ mundi, D. Bartholomæi CHASSANÆI, Burgundi, apud Aquas Sextias in Senatu decuriæ Præsidis ac Viri clarissimi, in quo multa præclara de prærogativis, præeminentiis, majoritate & excellentiis circa honores, laudem, gloriam, dignitatem, commendationes, etiam statum, & ordinem, non solùm terrestrium & infernorum, verùm etiam cœlestium continentur ; maximè autem quæ omni ferè statui mortalium cujuscumque ordinis ac conditionis ornamentum & decorem afferre possunt. Opus ad omnes publicas & quotidianas actiones dirigendas, quæstionesque gravissimas dissolvendas, utilissimum ; in XII. Libros divisum, omne recens accuratissimè emendatum, ac novis figuris in hoc Opere antea nunquam conspectis, elegantissimè illustratum ; ita ut longè utrasque priores editiones superet & antecellat : *Francofurti*, 1579, *in-fol.*

Les 5, 6, 7, 8 & 9mes parties de cet Ouvrage contiennent des Mélanges sur l'Histoire de France.

La cinquième traite des Rois de France, Princes & Grands du Royaume : la sixième & la septième parlent des Offices, Dignités, Rangs, &c. la huitième de la Noblesse, la neuvième de la Milice.

Voyez Lenglet, *Méth. histor. tom. IV. pag.* 270.
= Les *Mémoires* du Père Niceron, *tom. III. p.* 371.]

15590. ☞ Dissertations ou Réflexions sur l'Histoire de S. Louis, écrite par Jean Sire de Joinville.

Ces Dissertations sont de M. (Charles du Fresne) DU CANGE, & se trouvent dans l'Edition qu'il a donnée de cette Histoire : *Paris*, 1668, *in-fol.*

1. Dissertation des Cottes-d'armes, & par occasion de l'origine des couleurs & des métaux dans les Armoiries.
2. Des plaids de la porte, & de la forme que nos Rois observoient pour rendre la justice en personne.
3. Du frérage & du parage.
4. Des Assemblées solemnelles des Rois de France.
5. Des Cours & des Fêtes solemnelles des Rois de France.
6. De l'origine & de l'usage des Tournois.
7. Des armes à outrance, des Joûtes de la table ronde, des Behours & de la quintaine.
8. De l'exercice de la chicane, & du jeu de paume à cheval.
9. Des Chevaliers Bannerets.
10. Des Gentilhommes de nom & d'armes.
11. Du cri d'armes.
12. De l'usage du cri d'armes.
13. De la mouvance du Comté de Champagne.
14. Des Comtes Palatins de France.
15. De l'Escarcelle & du Bourdon des Pélerins de la Terre-Sainte.
16. Du nom & de la dignité du Sultan, ou du Souldan.
17. Du mot de *Sale*, & par occasion des Loix & des terres Saliques.
18. De l'Oriflamme & de la Bannière de S. Denys.
19. Du Tourment, des Bernicles, & du Cippus des anciens.
20. De la Rançon de S. Louis.
21. Des adoptions d'honneur en frère, & par occasion des Frères d'armes.
22. Des adoptions d'honneur en fils, & par occasion de l'origine des Chevaleries.
23. Suite de la Dissertation précédente, touchant les adoptions d'honneur en fils, où deux Monnoies de Théodebert I. & de Childebert II. Rois d'Austrasie, sont expliquées.
24. Des Couronnes des Rois de France, de la première, seconde & troisième Race : de celles des Empereurs d'Orient & d'Occident, des Ducs, des Comtes de France, & des grands Seigneurs de l'Empire de Constantinople.
25. De la communication des Armoiries de famille, ou d'une partie accordée par les Princes à diverses personnes, par forme de privilège ou de récompense.
26. Explication des Inscriptions de la Vraie-Croix qui est en l'Abbaye de Grammont, & de celle qui est au Monastère du Mont-Saint-Quentin, en Picardie.
27. De la prééminence des Rois de France au-dessus des autres Rois de la terre, & par occasion de quelques circonstances qui regardent le Règne de Louis VII. Roi de France.
28. Du Port *Itius* ou Iccius.
29. Des Guerres privées, & du Droit de guerre par coutume.
30. Des Fiefs jurables & vendables.]

15591. ☞ Dissertations & Mélanges qui se trouvent dans l'Edition que le Père Henri Griffet, Jésuite, a donnée de l'Histoire de France du Père Gabriel Daniel : *Paris*, 1751, &c. *in-4.* 17 vol.

Les Pièces principales sont :

Dans le Tome I, *pag.* CLXXXV.

1. Dissertation historique & critique sur l'origine de la Nation Françoise, extraite d'un Ouvrage Manuscrit beaucoup plus étendu, composé en Latin par Barthélemi GERMON, Jésuite.

Liv. III. Histoire Politique de France.

Dans le Tome II. *pag.* 121 & *suiv.*

2. Sur le premier Roi de France.
3. Sur le Tombeau de Childéric, qui se voit à la Bibliothèque du Roi.
4. Sur le Sacre des Rois de la première Race.
5. Sur la sainte Ampoule de Reims.
6. Sur la longue Chevelure des Rois de la première Race ; (par le P. Daniel).
7. Du Droit de succéder à la Couronne dans le temps de la première Race ; (par le même).
8. Des Médailles & Monnoies des Rois de la première Race ; (par le même).
9. Des Chartes des Rois de la première Race ; (par le même).
10. De la Religion des François, sous la première Race ; (par le même).
11. De la Langue des François, sous la première Race ; (par le même).
12. Des Loix Saliques ; (par le même).
13. Des Gaulois Sujets des Rois de la première Race ; (par le même).
14. Des Tributs que les Sujets des Rois de la première Race leur payoient ; (par le même).
15. Du partage des terres entre les Gaulois & les François ; (par le même).
16. Des différentes conditions ou états qui étoient en usage parmi les François, dans le temps de la première Race ; (par le même).
17. Des Maires du Palais ; (par le même).
18. Des Titres de Ducs, Comtes & Marquis ; (par le même).
19. Des différens partages de l'Empire François, dans le temps de la première Race ; (par le même).
20. De la manière dont les Rois prenoient possession du Trône, dans le temps de la première Race ; (par le même).
21. Des Assemblées ou Parlemens, qui se tenoient sous les Rois de la première Race ; (par le même).
22. Des Fleurs de Lys.
23. Du titre de Très-Chrétien.
24. Des titres de Consul & d'Auguste donnés à Clovis.

Dans le Tome III. *pag.* 147 & *suiv.*

25. Des Médailles & Monnoies des Rois de la seconde Race ; (par le P. Daniel).
26. De la translation de l'Empire d'Occident, en la personne & à la famille de Charlemagne, *pag.* 295 & *suiv.*
27. De la Généalogie de Hugues-Capet.
28. Des Pairs de France, *pag.* 641.

Dans le Tome IV. *pag.* 571 & *suiv.*

29. Chronologie du Règne de S. Louis.
30. Des Monnoies au commencement de la troisième Race.
31. De l'Histoire de S. Louis ; par le Sieur de Joinville.
32. Des Guerres privées.
33. De l'Appanage donné à Philippe, fils aîné de S. Louis.

Dans le Tome V. *pag.* 172 & *suiv.*

34. De l'Election du Pape Clément V.
35. De l'abolition de l'Ordre des Templiers.
36. Du temps où le Parlement de Paris a commencé à être sédentaire.
37. Circonstances particulières du Démêlé de Philippe-le-Bel avec le Pape Boniface VIII. *pag.* 228.
38. Affaire de Pierre de Latilly.
39. Procès d'Enguerrand de Marigny.

Dans le Tome V. *pag.* 534 & *suiv.*

40. Procès de Robert d'Artois.
41. Des Etats-Généraux.
42. De l'état des Monnoies sous le règne du Roi Jean.
43. De quelques usages particuliers par rapport à l'expédition des Ordonnances.

Dans le Tome VI. *pag.* 169 & *suiv.*

44. De l'entrée des Compagnies en France, en 1367.
45. Du Voyage que l'Empereur fit en France, l'an 1377.
46. Actions & paroles remarquables du Roi Charles V.
47. De l'Assemblée des Etats tenus à Paris en 1369.
48. Affaires de l'Université.
49. Des combats singuliers.
50. Du meurtre de Jean, Duc de Bourgogne, sur le Pont de Montereau.

Dans le Tome VII. *pag.* 361 & *suiv.*

51. De la prise de Harfleur sur les Anglois.
52. De la défaite des Suisses en 1444.
53. De la mort de Marguerite d'Ecosse, Dauphine de France.
54. De la Retraite du Dauphin en Dauphiné.
55. Du Mariage du Dauphin avec Charlotte de Savoie.
56. De la Retraite du Dauphin dans les Etats du Duc de Bourgogne.
57. Extrait d'une Lettre écrite par le Comte de Foix, sur ce qui se passa dans le Conseil de Charles VII. à la fin de son règne, *pag.* 655.

Dans le Tome VIII. *pag.* 277 & *suiv.*

58. Epoque des principaux événemens arrivés au commencement du règne de Charles VIII. (extr. d'un Mémoire de M. Lancelot, tom. VIII. de l'Académie des Inscriptions & Belles-Lettres).
59. De la suite des Chanceliers, depuis Louis XI. jusqu'à Charles VIII.
60. Du Mariage de Louis XII. avec Jeanne de France.
61. Du Mariage de Louis XII. avec Marie d'Angleterre.

Dans le Tome IX. *pag.* 903.

62. Du Duel de Jarnac & de la Chateigneraye.

Dans le Tome X. *pag.* 103 & *suiv.*

63. Du Procès d'Anne du Bourg.
64. De la Conjuration d'Amboise.
65. Des Etats assemblés à Orléans, en 1560.
66. Des Conférences de Bayonne.
67. Du Duc de Guise, assassiné par Poltrot.
68. De la réconciliation des Guises avec les Coligny.
69. Du Massacre de la S. Barthélemi.
70. De la mort de Charles IX.

Dans le Tome XI. *pag.* 432 & *suiv.*

71. De la Journée des Barricades, en 1588.
72. De la mort du Duc de Guise.
73. De la mort de Henri III.
74. Procès fait après le meurtre de Henri III. au cadavre & à la mémoire de Jacques Clément, par François Duplessis Richelieu, Grand-Prévôt de l'Hôtel.

Dans le Tome XII. *pag.* 566 & *suiv.*

75. Des commencemens du règne de Henri IV.
76. Du Siège de Paris en 1590.

77. De la mort du Président Brisson, & des Sieurs l'Archer & Tardif.
78. De la blessûre de Henri IV. par Jean Châtel.
79. De l'Assemblée des Notables tenue à Rouen, en 1596.
80. De la Maison de Courtenay.
81. De la Maison de Chaumont-Quitry.
82. De la mort de Henri IV.]

15592. ☞ Dissertations sur l'Origine des Francs, sur leur établissement dans la Gaule, sur le Tombeau de Childéric I. sur la Milice des anciens Francs, sur les Dons gratuits de l'ancienne Noblesse, sur une Lettre de S. Remi à Clovis; & Réfutation du système de M. Eccard, sur l'autorité de nos premiers Rois; (par Jacques RIBAUD DE LA CHAPELLE).

Ce Recueil forme, avec une Histoire abrégée des Rois de France, en vers, un volume *in*-8. *Paris*, Chaubert, 1748. On peut voir ce qu'en ont dit les *Mém. de Trévoux*, Septembre, 1748, *pag.* 1798-1812.]

15593. ☞ Joan. Jac. CHIFFLETII, Equitis & Regii Archiatrorum Comitis, Opera politico-historica, ad Pacem publicam spectantia: *Antverpiæ*, Plantini, 1650, *in*-fol. 2 vol.

Le Tome I. contient:

1. Vindiciæ Hispanicæ, in quibus arcana Regia, Genealogica, Salica, prærogativa, luce donantur.

Le but de Chifflet, dans cet Ouvrage, est de prouver que Hugues-Capet & ses successeurs ne descendent pas par mâles de Charlemagne, mais par les femmes; & qu'en ce point, les Princes de la Maison d'Autriche ont le pas sur eux: Hugues-Capet étoit arrière-petit-fils de Welphe, Comte d'Altorff, qui vivoit du temps de Charlemagne. Il prétend aussi que la Loi Salique n'a rien de commun avec les François qui se sont établis dans les Gaules, & qu'ils ne l'ont jamais suivie ni pratiquée dans les élections de leurs Rois. Il le termine enfin par les louanges & les prérogatives des Rois d'Espagne. Cet Ouvrage est une réponse au Livre intitulé: *Assertor Gallicus*.

2. Ad Vindicias Hispanicas lumina nova, Genealogica, Salica, prærogativa, sive responsa ad Francorum objectiones.

Le premier Traité est contre MM. du Bouchet & Dominici. L'Auteur, en appuyant dans celui-ci ce qu'il avoit avancé dans le précédent, soutient que Hugues-Capet ne tire point son origine de Childebrand, par les mâles, & qu'ainsi n'est point de la même famille que Charlemagne, & que par les femmes il ne descend point d'Adélaïde, fille de Louis-le-Débonnaire. Les Traités suivans ne sont que des preuves confirmatives de ce que l'Auteur avoit avancé dans son premier Ouvrage.

3. Appendix ad lumina nova, Caput primum de matrimonio Ansberti & Blitildis, adversùs Fabrum.

Chifflet prouve dans ce Chapitre, contre M. Chantereau le Fevre, par le témoignage des Historiens de tous les siècles, la réalité de l'existence & des nôces d'Ansbert & de Blitilde.

4. Caput alterum contra mentem explicatam Gallici Assertoris, circa Salicæ legis intellectum.

5. Ad Vindicias Hispanicas Lampades historicæ, contra novas Marci Antonii Dominici cavillationes, parte alterâ rediviva, (ut ipse commentitur) Ansberti Senatoris familiæ: 1649.

L'objet de cette Pièce est de faire voir que la Généalogie des Rois de la troisième Race, que M. Dominici fait venir de S. Arnoul, par Childebrand, frère de Charles-Martel, est une pure fable, & qu'après la mort de Louis V. il ne resta aucun mâle de la race de Charlemagne.

6. Alsatia, jure proprietatis & protectionis, Philippo IV. Regi Catholico vindicata: 1650.

Chifflet prétend que l'Alsace, qui a eu le titre de Duché, est sous l'advoirie & défense de la Maison d'Autriche, comme propriétaire des Comté & Duché de Luxembourg.

Dans le Tome II. sont les Pièces suivantes:

7. Lotharingia masculina adversùs Anonymum Parisiensem: anno 1648.

Il est prouvé que la Lorraine est un Fief masculin, par la Loi Salique, par la Coutume de l'Empire, qui défend que les grands Fiefs passent aux femmes, & par le droit de famille, les Princes mâles de cette Maison ayant toujours succédé à ce Duché, à l'exclusion des femelles.

8. Commentarius Lotharienfis, quo præsertim Barrensis Ducatus Imperio asseritur: jura ejus regalia Sereniffimo Principi Carolo III. Duci Lotharingiæ & Barri, absolutè vindicantur: 1649.

L'Auteur prétend établir que le Barrois a toujours été un membre de l'Empire; que ce sont les Empereurs, & non point les Rois de France, qui lui ont donné le titre de Duché; que les Traités de Vic, de Loudun, de Charmes & de Paris, faits entre les Rois de France & les Ducs de Lorraine, sont absolument nuls, & que ces Ducs ne doivent pas les tenir.

9. Stemma Austriacum annis abhinc millenis: Hieronymus Vignerius priores novem gradus elucubravit; Joan. Jac. CHIFFLETIUS, Eques & regius Archiatrorum Comes, asseruit atque illustravit: 1650.

Chifflet fait remonter la Maison d'Autriche jusqu'au commencement du VIIe siècle, & à Patrice Richomères, Romain d'origine, & ayeul d'Erchinoalde, Maire du Palais, & parent de Dagobert I. lequel mourut en 671. Rodolphe, Comte de Habsbourg, se trouve dans le XVIIIe degré.

10. Origo Austriaca asserta & illustrata.

11. De pace cum Francis ineundâ consilium, à præteritorum exemplis, missum in Hispaniam, anno 1649, nunc verò publici Juris factum, postquam Philippi IV. Regis Catholici armis, Leopoldi Guillelmi, Archiducis Austriæ imperio, Alphonsi de Vivero Fonsaldaniæ Comitis ductu penetrati sunt, atque diminuti fines Francorum, hoc anno 1650, cum spe & animo progrediendi plus ultrà.

Ce n'est, selon cet Auteur, que par la force, & en portant la guerre dans les Provinces dépendantes de la France, que les François devoient consentir alors à faire la paix.

12. De Ampullâ Rhemensi nova & accurata Disquisitio ad dirimendam litem de prærogativâ Ordinis inter Reges: accessit parergon de unctione Regum contra Jacobum Alexandrum Tetneurium, fucatæ veritatis alterum vindicem: 1651.

Chifflet prétend, dans ce Traité, que tout ce qu'on débite de la sainte Ampoule, est controuvé, & qu'il n'a de réalité que dans la prévention & l'ambition de certains François, qui en ont voulu faire un titre de prééminence & de gloire pour leur Souverain. Il pense que c'est Hincmar qui a été l'inventeur de cette fable, (au moins est-il le premier qui en ait parlé) & qu'après lui les plus sensés de la Nation ont eu honte d'en parler sérieusement; que les Rois d'Espagne ont été sacrés, & ont porté le titre de Très-Chrétien avant les Rois de France.

13. Tetneurius expensus, & calumniæ palàm repulsæ: subjuncta est Appendix ad Corollarium de Baptismo Clodovæi I. Regis: 1651.

14. Leges Salicæ illustratæ: illarum natale solum demonstratum; cum Glossario Salico vocum Aduaticarum.

15. Imago Francici eversoris Davidis Blondelli, Ministri Calvinistæ: clypei Austriaci Liber prodromus: 1655.]

15594. ☞ Genealogiæ Francicæ plenior Assertio, Vindiciarum Hispanicarum, novorum Luminum, Lampadum Historicarum & Commentorum Libellis, Lotharingia masculina & Alsatia vindicata, Stemma Austriacum, de pace cum Francis ineundâ consilium, de Ampullâ Remensi Disquisitio, & Tenneurius expensus, à Joan. Jac. Chiffletio inscriptis, ab eoque in Francici nominis injuriam editis, omnimoda Eversio; auctore Davide BLONDELLO. Tom. I. *Amstelodami*, Blaeu, 1654, *in-fol.*

Tom. II. Genealogiæ Francicæ plenior Assertio, Vindiciarum Hispanicarum, novorum Luminum & Lampadum Historicarum, à Joan. Jac. Chiffletio, malè concinnatarum omnimoda Eversio; Caroli Sanguinis in Capetinam Familiam, per annos DCCC. continuus influxus; auctore Davide BLONDELLO: 1654, *in-fol.*

Le Tome I. contient une Préface apologétique, dans laquelle Blondel expose les raisons qu'a eues Chifflet de publier les différens Traités ci-devant indiqués; les fautes & les absurdités dans lesquelles il est tombé, & l'esprit dans lequel il a composé ses Ecrits. Il répond ensuite à tous ces Ouvrages, & ne laisse rien passer à son Adversaire; mais il seroit à souhaiter qu'il eût usé de plus de modération. Dans le second Tome il n'est question que de la Généalogie des Rois de la troisième Race, & de sçavoir si celle qu'a donnée Chifflet est vraie & recevable. Il le suit pied à pied, & réfute tous ses Chapitres l'un après l'autre : il y fait voir que les preuves sont ou fausses ou inutiles; que la plupart des choses qu'il a avancées sont controuvées; que les Capétiens & les Carlovingiens ont une même origine, les premiers descendans de Charles-Martel, & les autres de Childebrand; tous deux fils de Pepin d'Héristal. Cet Ouvrage est rempli de critique & d'érudition. On trouve à la fin de ce second Tome :

Barrum Campano-Francicum, &c.

Blondel y soutient, contre Chifflet, que le Duché de Bar a toujours été membre du Comté de Champagne ; ce qui se prouve, tant par les anciennes Tables Géographiques, que par les Monumens les plus anciens , comme Reconnoissances des Princes de Lorraine, Registres du Parlement, aux temps anciens, &c. Enfin il fait voir la justice des Traités que Chifflet avoit attaqués.]

15595. ☞ Propugnaculum Lusitano-Gallicum contrà calumnias Hispano-Belgicas (id est Caramuelis & Chiffletii;) in quo fermè omnia utriusque Regni, tùm domi tùm foris præclarè gesta continentur ; auctore P. F. Francisco à sancto Augustino MACEDO, Minoris Observantiæ Portugaliæ Provinciæ, Lusitano-Conimbricensi, Magistro Artium & Theologiæ Professore : *Parisiis*, (sans date) *in-fol.*

Cet Ouvrage est divisé en deux Parties :
Pars prima, Lusitana, &c.
Cette partie ne sert point à l'Histoire de France.
Pars secunda, Gallica, in Quæstiones & capita divisa.
Quæstio prima : De origine Francorum, tùm populi, tùm Regum.

Cet Auteur avance que l'origine des François se tire des Troyens; qu'ils furent appellés Francs, à cause de leur génie prompt & hardi; qu'ils étoient connus bien avant Valentinien, & dès le temps d'Auguste; qu'ils habitoient la Germanie occidentale, vers l'embouchure du Rhin, & qu'ils eurent plusieurs Chefs ou Rois avant Pharamond.

Quæstio secunda : De Lege Salica, & ex eâ in regnum Gallicum jure succedendi.

Cette Question est divisée en dix Chapitres, dans lesquels l'Auteur prouve que les Saliens, ainsi nommés de la rivière Sala, ont habité au-delà du Rhin avant de passer dans les Gaules; que ce fut Pharamond qui fit rédiger la Loi Salique par quatre Seigneurs; que ce mot *Terre Salique* signifie une terre du Domaine Royal, qui ne pouvoit être possédée par des femmes ; que les Francs ont toujours regardé cette Loi comme sacrée, & l'ont toujours observée exactement quand il s'est agi de la succession à la Couronne ; que Pepin & Hugues-Capet n'y avoient aucun droit par leur naissance; mais que l'élection qui fut faite de leur personne, est une preuve du respect des François pour la Loi, puisqu'ils aimèrent mieux appeller des étrangers pour occuper le Trône de leur Monarchie, que d'y laisser monter des femmes , quoiqu'elles aient ce droit dans une grande partie des pays du monde. Il est du sentiment de Bouchet, sur l'origine des Carlovingiens & des Capétiens , & finit par réfuter les objections que l'on a coutume de faire contre la Loi Salique.

Quæstio tertia : Utrùm Regibus Christianissimis jus aliquod ad Hispaniæ regnum sit.

Dans cette Question, & les trois suivantes, l'Auteur se sert des mêmes armes contre Chifflet, que celui-ci avoit employées pour prouver que le Royaume de France appartenoit aux Rois d'Espagne ; & il prétend que les Etats qu'ils possèdent appartiennent incontestablement à nos Princes, tant par les donations qui leur en ont été faites, que par le droit du sang & par hérédité.

Quæstio IV : De jure ad regnum Neapolitanum.
Quæstio V : De jure ad Mediolanensem Ducatum.
Quæstio VI : Utrùm regnum Navarræ ad Catholicos Hispaniæ, an ad Christianissimos Galliæ Reges pertineat.

Quæstio ultima : De prærogativis & excellentiis Regum Galliæ.

L'Auteur prouve ces prérogatives par l'ancienneté de leur origine & de leur couronne ; par leur onction sacrée, & les graces qui y sont attachées, par leur puissance, leur dignité, & les autres chefs qu'il avoit plu à Chifflet d'attaquer & de révoquer en doute.]

15596. ☞ Traité de la Loi Salique, Armes, Blazons & Devises des François ; dans lequel il est traité de l'origine du nom François, de l'origine des Troyens , de la naissance des François, de la fondation de la Ville de Paris, des Ducs des François, de la mutation du nom de Gaule en France, de l'origine & usance de la Loi Salique, de la Généalogie du Roi Louis XIII. des Fleurs de Lys de France , du Royaume d'Yvetot, retirés des anciennes Chartes, Chroniques & Annales de France ; par Claude MALINGRE, Historiographe : *Paris*, 1614, *in-12.*

Cet Auteur a travaillé beaucoup, mais avec peu de succès, à l'Histoire de France.]

15597. ☞ Divers Opuscules tirés des Mémoires de M. Antoine LOYSEL, Avocat, auxquels sont joints quelques Ouvrages de M. Baptiste DU MESNIL, Avocat-Général du Roi, de M. Pierre PITHOU, Avocat, &c. le tout recueilli & nouvellement mis en lumière par M. Claude Joly, ci-devant Avocat, & ensuite Chanoine en l'Eglise de Paris, petit-fils dudit Loyſel : *Paris*, 1652, *in-4.*

Les différentes Vies & morceaux qui appartiennent à l'Histoire de France, ſe trouveront rapportés à leur place dans cette Bibliothèque.]

15598. ☞ Mſ. Réflexions de M. (Henri) Comte DE BOULAINVILLIERS, sur l'Histoire de France : *in-fol.*

Ces Réflexions ſe trouvent indiquées au num. 15002, du Catalogue de M. d'Estrées.]

15599. ☞ Mſ. Extraits de divers Auteurs sur l'Histoire de France; par MICHAULT : *in-4.*

Ces Extraits ſe trouvent au num. 15005, du même Catalogue.]

15600. ☞ Traité politique & historique du Gouvernement de France, selon les trois Races : *Amſterdam*, 1734, *in-12.*

Cet Ouvrage contient différens mélanges sur l'Histoire de France, lesquels ont à peu près les mêmes objets que le Recueil de du Tillet.]

15601. ☞ Du Gouvernement de France; par M. DE RÉAL, Grand Sénéchal de Forcalquier.

C'eſt le commencement du tom. II. pag. 1-82, de son Ouvrage intitulé : *Science du Gouvernement : Aix-la-Chapelle*, (*Paris*) 1761 *& ſuiv. in-4.* 8 vol.]

15602. ☞ Variations de la Monarchie Françoiſe dans son Gouvernement Politique, Civil & Militaire, avec l'examen des causes qui les ont produites; ou, Histoire du Gouvernement de France, depuis Clovis juſqu'à la mort de Louis XIV. diviſée en neuf Epoques; par M. GAUTIER DE SIBERT : *Paris*, Saillant, 1765, *in-12.* 4 vol.

Cet Ouvrage eſt intéreſſant, & a mérité à son Auteur une place dans l'Académie Royale des Inſcriptions & Belles-Lettres. Comme c'eſt un Abrégé d'Histoire de France, nous aurions pu le placer dans l'article ſuivant; mais il nous a paru mieux ici, eu égard à ce qu'il a de particulier.]

15603. ☞ Traité de l'origine du Gouvernement François, où l'on examine ce qui eſt reſté en France sous la première Race de nos Rois, de la forme du Gouvernement qui ſubſiſtoit dans les Gaules sous la Domination Romaine; par M. l'Abbé GARNIER, Profeſſeur Royal d'Hébren & de l'Académie des Inſcriptions & Belles-Lettres : *Paris*, Vente, 1765, *in-8.*

L'Auteur s'étend principalement sur les Officiers & Magistrats, comme sur les différentes ſortes d'impoſitions. Son Ouvrage eſt curieux & intéreſſant.]

15604. ☞ Joannis MACRI Santinæi Juriſperiti, de Gallorum ſucceſſibus Libellus, quo pariter diſſeritur de tributorum exactionibus, tùm de jure quo Galli ſibi vindicant Provincias quas repetunt; cum Scholiis Jo. BLONDI, Divionenſis, & Jo. CEPIANI, Avenionenſis : *Pariſiis*, 1555, *in-12.*

L'Auteur débute par montrer la préférence qu'on doit donner à l'état Monarchique ſur tous les autres : il

Tome II.

examine enſuite quelles doivent être les qualités d'un Roi : il paſſe aux Loix ſomptuaires, & à celles qui ont été faites contre l'oiſiveté : il fait voir, par l'exemple de tous les Peuples & de tous les temps, que les Rois ont été en droit de demander & de lever des tributs ſur leurs Peuples : il fait l'éloge du Conſeil du Roi, & finit par montrer les droits que la France a ſur la Hollande, la Flandre & le Comté de Bourgogne. Il loue, à tout propos, Henri II. à qui il a dédié ſon Ouvrage, qu'il a d'ailleurs rempli de paſſages & de citations.]

15605. ☞ Mſ. Remarques ſur les Rois de la troiſième Race, avec des Remarques ſur la Pragmatique-Sanction, ſur la Servitude, les Dîmes, la Régale, la Puiſſance Eccléſiaſtique, les Offices devenus vénals : *in-fol.*

Ces Remarques (de Henri, Comte DE BOULAINVILLIERS) ſont conſervées dans la Bibliothèque de M. Joly de Fleury, Procureur-Général du Parlement de Paris, num. 736.]

15606. ☞ Notitia veteris Francorum regni uſque ad exceſſum Ludovici Pii, quam preſide Joan. Nicol. Hertio, Juris utr. Doctore, Cancellario Academiæ Gieſſenæ & Profeſſore primario, publicæ eruditorum diſquiſitioni ſubmittit Chriſtoph. Arnold. DE VOIGT, &c. ad diem... Maii 1710 : *Gieſſæ*, *in-4.*

Cet Ouvrage contient, en ſept Chapitres, différens mélanges utiles à l'Histoire de France, ſçavoir :

Caput 1. De nomine Francorum & gentis regniqué illorum tùm origine, tùm progreſſu.

2. De fine ſive ſcopo (& moribus) veterum Francorum.

3. De perſonarum & rerum conditione in vetere Francorum regno.

4. De ſumma poteſtate & ſubjectione (ſeu de regia poteſtate & ſucceſſione) veterum Francorum.

5. De conſultationibus, imperiis & judiciis veterum Francorum.

6. De bello, pace, fœderibus, opibus, & exiſtimatione veterum Francorum apud externos.

7. De Regibus Francorum Merovingicæ Stirpis, de Majoribus domûs, & de Pipino, Carolo Magno & Ludovico Pio.

Voyez ſur cet Ouvrage, *Journ. des Sçavans*, 1711, 6 Octobre, *& Mém. de Trévoux*, 1718, Février.]

15607. ☞ Les curieuſes Singularités de France, où ſont contenus les Traités ſuivans : De la diverſité des noms des François : De l'origine des François : Des anciennes Mœurs, Piété & Religion des Gaulois : De la Loi Salique : Des Armes de France : De l'excellence du Royaume : Deſcription de la France : De la prééminence des Rois de France ſur les autres Rois; par DU FOUSTEAU : *Vendôme*, 1631, *in-8.*

15608. ☞ Diſſertations ſur différens ſujets de l'Histoire de France; par M. BULLET, Profeſſeur Royal de Théologie & Doyen de l'Univerſité de Beſançon, de l'Académie des Inſcriptions & Belles-Lettres : *Beſançon*, 1759, *in-8.*

Ces Diſſertations ſont : Sur les Fleurs de Lys : = Preuves ſur la prééminence de nos Rois : = Sur le ſupport de leurs Armes : = Sur le bleu, couleur de nos Rois : = Sur la Main de Juſtice ; = Sur notre cri d'armes, *Montjoye*

S. *Denys* : = Sur l'Oriflamme : = Sur le nom des François : = Sur la manière dont nos premiers Rois prenoient possession de la souveraine puissance : = Sur le Sacre des Rois de la première Race : = Sur le Mortier des Présidens.]

15609. ☞ Recherches historiques sur les Cartes à jouer, avec des notes critiques & intéressantes; (par le même M. BULLET): *Lyon*, 1757, *in*-8.]

15610. ☞ Remarque sur l'étymologie de quelques mots François; sçavoir, Lit de Justice, Cours Militaires & Fleurs de Lys. *Année Littéraire*, 1763, *pag.* 319.]

15611. ☞ Recueil de divers Ecrits pour servir d'éclaircissemens à l'Histoire de France, & de Supplément à la Notice des Gaules; par M. l'Abbé (Jean) LEBEUF, Chanoine & Sous-Chantre de l'Eglise d'Auxerre : *Paris*, 1738, *in*-12. 2 vol.]

15612. ☞ Dissertations sur l'Histoire Ecclésiastique & Civile de Paris, suivie de plusieurs éclaircissemens sur l'Histoire de France; Ouvrage enrichi de figures en taille-douce; par M. l'Abbé (Jean) LEBEUF, Chanoine d'Auxerre : *Paris*, 1739, *in*-12. 3 vol.

Les Dissertations qui se trouvent dans ces deux Recueils, sont rapportées dans leur place.]

15613. ☞ Ms. Recueil contenant les Traités suivans : = Noms des Princes, Seigneurs, &c. emprisonnés depuis la Monarchie Françoise : = Abrégé des Tailles, Subsides & Impositions levées par ceux qui ont gouverné les Gaules, & des séditions émues en conséquence : = Récit sommaire des obligations que les Papes ont aux Rois de France : = Mémoire des querelles entre les Papes & les Rois de France : *in*-4.

Ce Recueil est indiqué num. 7111, du Catalogue de M. Barré, *pag.* 823.]

15614. ☞ Histoire de Tancrede de Rohan, avec quelques autres Pièces concernant l'Histoire de France & l'Histoire Romaine : *Liége*, 1767, *in*-12.

Ce Recueil contient différens morceaux; sçavoir, Histoire de Tancrede de Rohan. = Remarques sur la naissance de Henri II. Prince de Condé. = Histoire des Négociations secrettes de la France avec la Hollande, qui précédèrent le Traité d'Utrecht; elle s'étend de 1705 à 1710. = Observations sur les troubles de la Régence pendant la minorité de Louis XIV. = Recherches sur les Finances des Romains. = Des Guerres Civiles des Romains.]

15615. ☞ Bibliothèque Militaire, Historique & Politique; (par M. le Baron DE ZURLAUBEN) : *Cosmopolis*, & se vend à *Paris*, 1760, *in*-12. 3 vol.

Le Tome I. contient :

1. Le Général d'armée, par Onosander, Ouvrage traduit du Grec, par M. le Baron de Zurlauben.

2. Campagne de Louis, Prince de Condé, en 1674.

3. Cours du Rhin : lieux où l'Empereur peut passer ce Fleuve; moyens de s'y opposer.

4. Explication de tous les cols & passages du Dauphiné versans en Savoie & en Piedmont, & de tous ceux qui sont dans le Dauphiné versans dans les différentes vallées : (*Voyez* ci-devant, N.º 2284).

Dans le Tome II. on trouve :

5. Mémoire de M. le Baron de Zurlauben, sur Arnault de Cervole, dit l'Archiprêtre, Chevalier, Chambellan du Roi de France, Charles V. Capitaine général des Routiers, Compère & Conseiller de Philippe, Duc de Bourgogne, &c. Il est mort en 1366.

6. Abrégé de la Vie d'Enguerrand, VIIᵉ du nom, Sire de Coucy, avec un détail de son expédition en Alsace & en Suisse; par M. le Baron de Zurlauben. Il est mort en 1397.

Le Tome III. contient :

7. Lettre de Charles, Duc de Savoie, à Marguerite d'Autriche, le 28 Mars 1705.

8. Lettre de Maximilien, Empereur, à Marguerite d'Autriche sa fille, au sujet de la bataille de Marignan, le 7 Octobre 1515.

9. Lettre de Maximilien, Empereur, à la même, le premier Décembre 1515.

10. Moyens de maintenir les Cantons des Suisses au service du Roi, au désavantage de ses ennemis; par M. DE LIMOGES.

11. Avis de Henri, Duc DE ROHAN, sur le sujet des divisions de Hollande, en l'an 1618.

12. Discours politique de Henri, Duc DE ROHAN, composé pendant son séjour à Venise.

Il n'avoit pas encore été imprimé.

13. Nouvelles Anecdotes de la Vie de Henri, Duc de Rohan.

14. Discours de M. le Comte DU LUC, Ambassadeur du Roi à la Diette du Corps Helvétique, à Baden, le 8 Juillet 1711, pour ranimer l'ancienne union des Cantons.

15. Relation de la bataille de Stafarde, en 1690.

16. Observations préliminaires sur la Description de la bataille d'Almanza.

17. Description de la bataille d'Almanza, le 25 Avril 1707.

18. Diplôme de Philippe V. Roi d'Espagne, sur les services du Chevalier d'Asfeld, Lieutenant-Général de ses Armées, & de celles du Roi Très-Chrétien; daté de Buen-Retiro, le 30 Août 1715, en Espagnol, avec la Traduction.]

15616. ☞ Recueil de Pièces fugitives & détachées, tant en prose qu'en vers, & en différentes Langues, sur toutes sortes de matières & divers sujets, dont la plus grande partie concerne cependant l'Histoire de France, & regarde principalement les événemens singuliers arrivés pendant les troubles qui agitèrent cette Monarchie, sous les règnes particuliers des Rois Henri II. Charles IX. Henri III. Henri IV. & Louis XIII.

Ce Recueil est dans la Bibliothèque de M. le Duc de la Vallière, num. 4456, de son Catalogue. Il est renfermé dans 884 Porte-feuilles, dont 20 de format in-fol. 233 *in*-4. & 631 *in*-8. On y trouve la Note suivante :

« Ce Recueil précieux, à tous égards, est principa-
» lement remarquable par le grand nombre de Pièces
» singulières qu'il renferme. Il a été formé avec le plus
» grand soin par différentes personnes, qui successive-
» ment se sont attachées à le perfectionner; & dans la
» vue de le rendre plus complet; on y a fait entrer mê-
» me la plus grande partie des Pièces que feu M. Se-
» coussse avoit rassemblées dans ses Porte-feuilles.]

15617. ☞ Mf. Porte-feuilles de M. Lancelot.

Ils se trouvent à la Bibliothèque du Roi : en voici le détail :

1. Recueil contenant des Extraits du Trésor des Chartes, des Registres du Parlement, &c. sur toutes sortes de matières, rangs, cérémonies, affaires d'Etats, &c. Copie ancienne, *in-fol.* cotée sur le dos : *Table des temps.*

2. Quatre Porte-feuilles contenant des Titres originaux & autres Pièces servant à la Généalogie de la Maison de France.

3. Un Porte-feuille concernant la Famille Royale & les Princes du Sang.

4. Six Porte-feuilles concernant les Princes légitimés, Ducs de Vendôme, &c. L'affaire de 1716, 1717, y est complette, & contient, outre les Pièces imprimées sur ce différend, plusieurs autres Manuscrites, &c.

5. Cinq Porte-feuilles concernant la Maison de Lorraine.

6. Trois Porte-feuilles concernant la Maison de Longueville.

Il y a beaucoup de Titres originaux.

7. Cent soixante & douze Porte-feuilles, cotés Mémoires généalogiques, rangés par ordre alphabétique, contenant Originaux, Mémoires, Factums & autres Pièces servant à Généalogies ; avec une Table pour ces 172 Porte-feuilles.

Il y a dans ce Recueil plus de mille Titres Originaux, entre lesquels il s'en trouve des 12, 13 & 14ᵉ siècles ; & aussi beaucoup d'Extraits de Titres faits sur les Originaux.

8. Trente Porte-feuilles concernant les Dignités, Offices, Charges de la Couronne & de la Cour, les Conseils, Ambassadeurs, &c.

Dans ce Recueil, il y a sur certaines Dignités beaucoup de Mémoires & Pièces.

9. Huit Porte-feuilles concernant la Noblesse, ses prérogatives, ses différentes espèces, & Titres de Dignités, Fiefs, Droits Seigneuriaux, &c.

10. Trente-un Porte-feuilles de Cérémonies, Sacres, Naissances, Entrées, Lits de Justice, Cérémonies de Villes, Assemblées d'Etats-Généraux & de Provinces, Ordres de Chevalerie, Pompes funèbres, &c.

11. Trente-huit Porte-feuilles concernant les affaires Ecclésiastiques, Papes, Cardinaux, Clergé de France, Archevêchés & Evêchés, par ordre alphabétique ; Collégiales, Abbayes, Prieurés, Ordres Religieux.

Dans ces Porte-feuilles il y a quelques Titres originaux, mais beaucoup plus de copies faites sur les Originaux & sur des Cartulaires entiers (d'Apt , des Prieurés de Domène en Dauphiné , S. Martin & la Magdelaine de Chateaudun , de Montmartre , de Grenoble, &c.)

12. Cinq Porte-feuilles concernant la Religion Prétendue-Réformée.

13. Treize Porte-feuilles concernant les Parlemens, dont dix regardent celui de Paris, ses Prérogatives, ses différens Officiers, Evénemens, &c. Extraits de ses Registres, &c. Les trois derniers Porte-feuilles concernent les autres Parlemens, dont un contient les Registres de celui de Rouen, depuis son établissement jusques vers l'an 1650.

14. Deux Porte-feuilles concernant les Chambres des Comptes.

15. Onze Porte-feuilles concernant les Cours des Aydes & des Monnoies, Trésoriers de France, Présidiaux, Jurisdictions Royales, &c. Avocats, Procureurs, Greffiers, Huissiers, &c.

16. Sept Porte-feuilles concernant les Chambres Royales & de Justice, avec des Etats & Rôles de taxes.

On y a joint un Recueil imprimé *in-4.* touchant la Chambre de Justice de 1661.

17. Soixante & six Porte-feuilles concernant les différentes Provinces du Royaume, & les autres Etats du monde, remplis, de même que les précédens, de Pièces originales, Titres, Relations, Mémoires, &c.

18. Cinq Porte-feuilles sur les Droits du Roi : Aubaine, Régale, &c. Domaine, Réunions du Domaine, &c.

19. Cinq Porte-feuilles contenant uniquement des Titres, dont trois concernent différentes Eglises de Metz.

20. Cinq Porte-feuilles concernant les Monnoies.

21. Trois Porte-feuilles concernant le Commerce, les Manufactures, &c.

22. Cinq Porte-feuilles sur la Banque, la Compagnie des Indes, le Visa, &c.

23. Un Porte-feuille sur les Billets de Monnoie, d'Etat, &c.

24. Deux Porte-feuilles sur la Marine.

25. Trois Porte-feuilles sur la Guerre.

26. Dix Porte-feuilles sur les Professions, Métiers.

27. Six Porte-feuilles sur les Secrétaires du Roi.

28. Deux Porte-feuilles sur les Trésoriers & Receveurs Généraux & Particuliers.

29. Cinq Porte-feuilles sur les Offices municipaux & autres différens Offices.

30. Deux Porte-feuilles sur la Police générale du Royaume, Canaux, Mines, &c.

31. Quatre Porte-feuilles, Recueil d'Ordonnances & autres Pièces pour la Police de Paris : *in-4.*

32. Quatre Porte-feuilles, sur le Contrôle, Insinuations, Papier & Parchemin timbré.

33. Un Porte-feuille sur les Francs-Fiefs & Amortissemens.

34. Deux Porte-feuilles sur les Rentes de l'Hôtel-de-Ville : *in-4.*

35. Six Porte-feuilles, ou Recueils d'Arrêts, Mémoires, &c. sur les Fermes, Aydes, &c. Tailles, Capitation, Dixième, Cinquantième, &c. Ceinture de la Reine, Joyeux avénement, &c.

36. Six Porte-feuilles, ou volumes reliés, concernant les matières de Droit, Civiles & Criminelles, des Extraits, &c.

37. Un Porte-feuille concernant le Procès du Sieur de Bar, accusé de fausseté.

38. Un Porte-feuille concernant le Procès de Haudiquier, autre Faussaire. Il n'est pas entier.

39. Un Porte-feuille contenant Poésies & autres Pièces satyriques, Pièces fugitives, &c.

40. Un Porte-feuille contenant des Brevets, &c. du Régiment de la Calotte.

41. Quatorze grands Porte-feuilles de Cartes géographiques, Plans de Villes, Châteaux, &c. tant Manuscrits que gravés.

42. Recueil de Pièces concernant l'opération de M. Lancelot, au Trésor des Chartes de Lorraine, (1737-1740) & contenant des Mémoires, Lettres de Ministres, de M. le Chancelier, ses Réponses, &c.

On trouve aussi dans ce Porte-feuille, les Lettres, &c. de M. le Chancelier & de M. le Cardinal de Fleury, au sujet de la tracasserie qui fut faite à M. Lancelot, touchant l'Eloge de Coustou, qui fut imprimé sans son approbation ; avec ses Réponses apologétiques, &c.

43. Cent vingt-quatre Porte-feuilles de Pièces fugitives historiques, Factums, Mémoires, Titres originaux ou Copies, concernant la Lorraine & le Barrois, les trois Evêchés, l'Alsace, le Luxembourg, &c. ramassés en Lorraine, depuis 1737 jusqu'en 1740.]

15618. ☞ Pièces fugitives pour servir à l'Histoire de France, avec des Notes Historiques & Géographiques : *Paris*, 1759, *in-4*. 3 vol.

Ce Recueil, qui est excellent & précieux, par le grand nombre de Pièces qu'il contient, a été donné par M. le Baron D'AUBAIS.

Les Notes sçavantes & pleines de recherches sur les personnes, les lieux & les dates, & les Tables Chronologiques qu'il y a jointes, en relèvent encore le mérite : cette partie est toute entière de l'Editeur. Il s'est permis plusieurs retranchemens dans les Pièces qu'il a publiées, pour éviter, dit-il, le verbiage, & ne donner absolument que des faits essentiels ou inconnus. On peut consulter sur ce Recueil l'*Année Littéraire*, 1759, *t. VI. Lettre* 7, *pag*. 145. = *Journ. des Sçavans*, 1759, Novembre.

Les Pièces s'étendent depuis 1546 jusqu'en 1653, & seront rapportées ci-après en leur place. Les Mélanges qui s'y trouvent sont dans le Tome II. sçavoir :

1. Discours de la Bataille de Cerizolles, en 1544.
2. L'Ordonnance de cette Bataille.
3. Lettres sur le même sujet.
4. Un ample Discours de l'Arrivée de la Royne d'Espaigne, Sœur du Roi, à S. Jehan de Lus, & des Divertissemens & Fêtes qu'on lui donna.
5. Un Discours historial des événemens arrivés en Languedoc en 1586.
6. Le Journal du Voyage des Reistres en France, l'an 1587.
7. Le Journal de la Campagne de M. de Lesdiguières en Savoie, l'an 1600.
8. Un Projet pour rendre navigables les Rivières de Gardon & de Vistres, &c.
9. Plusieurs Chartes & Titres originaux.
10. Le Testament de Marie Stuart, Reine d'Ecosse, écrit de sa propre main, le matin du 18 Février 1587, jour qu'elle fut décapitée.
11. Lettres des Rois, Reines, &c. à M. de Crussol.
12. Explication de tous les cols & passages du Dauphiné, versans en Savoie & en Piedmont, & de tous ceux qui sont dans le Dauphiné, versans dans les différentes Vallées.
13. Tables des hauteurs & distances des montagnes qui dominent sur la Ville de Briançon & sur les Forts ; ce que les Forts dominent les uns sur les autres, & leur éloignement des uns aux autres : le tout levé exactement sur les lieux.
14. Projet des Ouvrages à faire pour rendre le Rhône flottable & navigable, depuis Genève jusqu'au Parc, distance de six grandes lieues.
15. Position par estime de trente-deux Milliaires, entre le Pont S. Esprit & Nismes, &c.]

15619. ☞ Lettre pour défendre le Compilateur des Pièces. *Mercure*, 1760, *Juillet, pag*. 209.

Cette Lettre a principalement trait à ce qui regarde la Noblesse de Provence.]

15620. ☞ Mémoires historiques & critiques sur divers points de l'Histoire de France, & plusieurs autres sujets curieux ; par François Eudes DE MÉZERAY ; (publiée par François-Denys Camusat) : *Amsterdam*, Bernard, 1732, *in-12*. 2 vol.

Cet Ouvrage est rangé par ordre alphabétique, & contient diverses remarques sur l'Histoire de France.

On trouve dans le Tome II. un Mémoire touchant le Parlement de France, appellé *Judicium Francorum*, lequel n'est point de Mézeray, & qui a été condamné au feu par Arrêts de différens Parlemens, en 1732.

Ces Mémoires portoient, dans le Manuscrit original, le titre de *Dictionnaire de la France*, ce qui prouve que Mézeray comptoit en faire un grand Ouvrage : ce ne sont que des fragmens informes, parmi lesquels il y en a d'assez curieux. Mézeray s'y explique avec beaucoup de liberté sur des matières délicates. M. Camusat, qui en est l'Editeur, a encore enchéri sur Mézeray ; ce qui a fait proscrire cette Edition en France.

Voyez sur ces Mémoires : *Bibliothèque raisonnée, tom. VIII. pag*. 237. = *Lettr. ser. & bad. tom. VII. pag*. 214. = *Journ. de Leipf. Suppl. nouv*. 1. *pag*. 257. = *Mém.* d'Artigny, *tom. I. pag*. 316.]

15621. ☞ Mémoires historiques, politiques, critiques & littéraires ; par AMELOT DE LA HOUSSAYE, Ouvrage imprimé sur le propre Manuscrit de l'Auteur : *Amsterdam*, le Cène, 1724, *in-12*. 2 vol. 1737, 3 vol.

Cet Ouvrage, rangé par ordre alphabétique, contient plusieurs choses qui servent à l'Histoire de France.

Il est dit dans les *Mémoires* de l'Abbé d'Artigny, *tom. III. pag*. 16, que ces Mémoires n'ont pas été donnés en entier, & qu'il y en a une suite qui est encore manuscrite.

Voyez sur cet Ouvrage : *Biblioth. Françoise de Camusat, tom. I. p*. 153. = *Journ. de Leipf*. 1723, *p*. 190. = Lenglet, *Suppl. de la Méth. histor. in-4. p*. 247. = *Le Nouvelliste du Parnasse*, *Lettr*. 31. = *Observ. sur les Ecriv. mod. Lettr*. 217. = Le P. Niceron, *tom. XXXV. pag*. 130. = *Réflex. sur les Ouvr. de Littér. tom. II. pag*. 121. = *Mém.* d'Artigny, *tom. VII. pag*. 8.]

15622. ☞ Recueil de Pièces anecdotes, &c. de l'Histoire de France, connu sous le titre de Recueil A.B.C. &c. (par MM. Pérau, Meusnier de Querlon, Barbazan, Graville, de la Porte & autres) : 1745 *& suiv. in-12*. 24 vol.

Ces Pièces seront rapportées sous les Règnes & ailleurs, à leur place.]

15623. ☞ Ms. Recueil de Pièces historiques, depuis l'an 1293 jusqu'en 1715, concernant l'Histoire de France, au nombre de 2500 & plus, presque toutes Manuscrites originales, ou Copies du temps, en 22 gros Porte-feuilles : *in-fol*.

Ce Recueil est conservé dans la Bibliothèque de M. Fevret de Fontette, Conseiller au Parlement de Dijon, & vient de M. Philibert de la Mare.]

15624. ☞ Ms. Traités & Ouvrages sur diverses parties de l'Histoire de France, au nombre de cinquante, en un Porte-feuille : *in-fol*.

Ces Traités sont dans la même Bibliothèque, & viennent aussi de M. de la Mare. Les principaux seront portés à leur place.]

☞ ON trouve encore différens Mélanges sur l'Histoire de France, dans les deux derniers Livres de l'Etat & succès des affaires de France, par du Haillan ; = dans la Préface du tom. I. de la Collection *Veterum Scriptorum*, de DD. Martenne & Durand ; = dans l'Histoire Ecclésiastique de Paris, par du Bois, sur-tout au tom. I. = dans les Antiquités & Recherches de la grandeur des Rois de France, de du Chesne ; = dans le Discours XXIII. du Supplément de la Méthode pour étudier l'Histoire de l'Abbé Lenglet ; = dans les Chroniques de Nicole-Gille, au commencement ; = dans le *Mars Gallicus* ; = dans le *Franco-Gallia* de Hotman.]

Article IV.

Histoires générales, Plans, Sommaires & Abrégés de l'Histoire de France.

☞ ON a dit, dans la Préface de cette nouvelle Edition, que l'on avoit réuni dans cet Article les Histoires générales aux Abrégés. Le Père Le Long avoit dispersé les premières dans les Règnes sous lesquelles elles finissent : on sent aisément les raisons qui ont engagé à faire ce changement, & à leur donner une place plus commode & plus naturelle, ainsi qu'aux autres Histoires générales qu'on y a ajoutées.]

15625. Dessein de l'Histoire de France ; par Bernard de Girard, Sieur DU HAILLAN : *Paris*, l'Huillier, 1577, *in*-8.

☞ Voici le vrai titre, ou au moins celui de la première Edition :

Promesse & desseing de l'Histoire de France au Roi ; par Bernard de Girard, Seigneur DU HAILLAN, Secrétaire de Monseigneur le Duc d'Anjou, de Bourbonnois & d'Auvergne, Frère de S. M. ayant charge & commandement d'icelle, d'escrire ladite Histoire : *Paris*, Pierre l'Huillier, 1571, *in*-8. de 25 feuilles.]

Cet Auteur est mort en 1610.

Je ne rapporte point ici le dessein de l'Histoire des François, publié par LA POPELINIERE, parcequ'il ne contient que la critique de la fabuleuse descente des Troyens dans les Gaules.

15626. Avertissement sur l'Histoire de France ; par (Charles) SOREL, Parisien : *Paris*, 1628, *in*-8.

Le même Avertissement de Sorel (retouché) est imprimé avec son *Histoire de la Monarchie Françoise* : *Paris*, 1630-1636, *in*-12. 2 vol. Sorel étoit fils d'un Procureur de Paris : il naquit en 1599, & mourut vers l'an 1670. Il avoit eu la qualité de premier Historiographe de France, depuis la mort de Charles Bernard son oncle. On voit dans son Avertissement quelques Jugemens sur nos Historiens, & plusieurs Remarques touchant les erreurs de l'Histoire. « Quelques considéra-
» tions, dit-il, dans sa Bibliothèque Françoise, ont fait
» retrancher beaucoup de choses dans la seconde Edi-
» tion de cet Avertissement ; pour l'avoir complet, il
» faut avoir la première Edition ».

☞ *Voyez* la Bibliothèque de Sorel, *pag.* 271, & le Père Niceron, *tom. XXXI. pag.* 395.]

15627. Projet de l'Histoire de France en Tableaux, pour Monseigneur le Dauphin ; par (Oronce Finé) DE BRIANVILLE, Abbé de S. Benoît de Quincé : *Paris*, 1665, *in-fol.*

Oronce Finé de Brianville est mort en 1675.

15628. ☞ Prospectus d'une Histoire synoptique du Royaume & de la Maison de France ; (par Pierre-Matthias DE GOURNÉ, Prieur de Notre-Dame de Taverny) : *Paris*, 1751, *in*-8. de 40 pages.]

15629. ☞ Histoire synoptique. *Journal de Verdun*, 1751, *Août.*

C'est un Extrait en forme de Dissertation critique.

On trouve à la suite une Lettre sur quelques points de l'Histoire de France.]

15630. ☞ Plan de l'Histoire générale & particulière de la Monarchie Françoise, où l'on trouve l'Histoire des Rois, celles des Maisons illustres, des Fiefs, des Charges & des Grands-Hommes ; par M. l'Abbé LENGLET du Fresnoy : *Paris*, 1753, *in*-12. 3 vol.

Ce n'est que la première Partie de l'Ouvrage, c'est-à-dire, une Chronologie ou suite des événemens les plus remarquables, qui appartiennent à l'Histoire de France, laquelle remonte à des temps plus reculés que celui de l'établissement de la Monarchie. L'Auteur n'a pu continuer cet Ouvrage, étant mort au commencement de 1755.

Le Tome I. commence à l'an 390 avant J. C. & finit avec la seconde Race, en 987. On trouve à la fin une Liste des Rois Gaulois, dont il est parlé dans l'Histoire des Préfets du Prétoire, établis par les Empereurs Romains pour gouverner les Gaules, & une autre Liste des Rois François avant leur entrée dans les Gaules. On trouve à la fin de ce volume le Traité de Savaron, sur la sainteté du Roi Clovis, &c.

Le Tome II. contient la troisième Race, depuis 987 jusqu'à 1498. On trouve à la tête un Discours sur l'étude de la troisième Race.

Le Tome III. commence en 1498, à Louis XII. & finit au Traité d'Aix-la-Chapelle, en 1748. On trouve à la fin un Procès-verbal du 24 Mars 1662, contenant la Déclaration que le Marquis de la Fuente, Ambassadeur extraordinaire du Roi Catholique, a faite à S. M. de la part de son Maître, pour satisfaire à S. M. sur ce qui étoit arrivé en la Ville de Londres, le 10 Octobre de l'année 1661 ; ensemble tout ce qui s'est passé en cette première audience.

L'Abbé Lenglet avoit assurément des talens, & possédoit l'Histoire ; mais il aimoit à publier des Livres, ce qui a été cause que souvent il a donné au Public des Ouvrages faits à la hâte, ou des choses déja rebattues, soit par lui, soit par d'autres.

Voyez le *Journ. des Sçav.* 1754. *Novembre.*= Année *Littér.* 1755, *tom. I. pag.* 335.]

15631. Introduction chronologique à l'Histoire de France ; par François DE LA MOTHE LE VAYER : *Paris*, 1670, *in*-12.

Cet Auteur est mort en 1672.

☞ *Voyez* le P. Niceron, *tom. XIX. p.* 132.= Lenglet, *tom. IV. pag.* 39.]

15632. Introduction à l'Histoire de France, par demandes & par réponses ; par LE RAGOIS, Précepteur de M. le Duc du Maine : *Paris*, Pralard, 1684, 1687, 1705, 1712, *in*-12. [*Paris*, Barbou, 1758.]

Ces dernières Editions sont augmentées.

☞ *Voyez* la *Méth. historique* de Lenglet, *tom. IV. in*-4. *pag.* 40.]

☞ Le même, sous ce titre : Instructions sur l'Histoire de France & Romaine ; par M. LE RAGOIS, Précepteur de M. le Duc du Maine : nouvelle Edition : *Paris*, Barbou, 1745, *in*-12. *Ibid.* Barbou & Babuty fils, 1758, *in*-12.]

15633. Méthode facile pour apprendre l'Histoire de France ; par M. D. *Paris*, 1684, 1691. Sixième Edition, 1696, *in*-12. [Septième Edition : *Paris*, Guérin, 1709.]

L'Auteur de cette Méthode s'appelloit LE COQ.

15634. Cartes géographiques, Tables chronologiques & Tables généalogiques, avec des Avertissemens sur ces Cartes & sur ces Tables, pour apprendre la Géographie & l'Histoire de France : *Paris*, 1693. *in-fol.*

Jacques CHEVILLART, Historiographe, est l'Auteur de cet Ouvrage.

15635. Idée générale de l'Histoire de France, contenue en quatre Instructions : *Paris*, Coignard, 1699, *in-12.*

C'est l'explication que Jacques CHEVILLART a donnée des Tables précédentes.

15636. * Extrait d'une Lettre de M. le Comte DE SOUILLAC, contenant quelques remarques & éclaircissemens sur l'Histoire de France. *Mercure*, 1719, Novembre, *pag.* 16.

15637. Nouvelle Méthode pour apprendre l'Histoire de France ; par DE COURSON : *Paris*, 1697, 1700, *in-8.*

Cette Méthode est composée en vers.

15638. Petri JOSSET, Burdigalensis, Franciados seu Annalium Francicorum, tomus primus, versibus : *Rupellæ*, 1640, *in-4.*

15639. Les Rois de France ; par Charles DE FLAVIGNY, Sieur de Juilly, Chevalier François : *Paris*, 1592, seconde Edition, *in-8.* *Ibid.* 1594 : *Genève*, 1593, *in-8.*

☞ L'Auteur s'appelloit Charles COTHIER, Sieur de Juilly, Gentilhomme Bourguignon, d'une ancienne Famille de cette Province : on l'appelloit aussi Charles de Souhé, dit de Flavigny.

Ce Livre n'est qu'un abrégé de l'Histoire des Rois de France, depuis Pharamond jusqu'à Hugues-Capet. » On » peut dire que cet Auteur s'est véritablement acquitté » à la cavalière de son entreprise, & encore en cavalier » de l'ancien temps, qui avoit peu de connoissance des » bonnes lettres, & de la vraie loi de l'Histoire. Plusieurs » croient qu'il faut plutôt voir ceci par curiosité, que » pour y chercher la vérité exacte des temps & des ac- » tions ». Sorel, *pag.* 315, de la *Bibliothèque Françoise.*

L'Abbé le Gendre en parle en meilleurs termes. Il dit que cette Histoire n'ennuie point ; que quoique le style soit un peu Gaulois, il est vif, & a un air cavalier, qui convient à la profession de l'Auteur, dont l'esprit étoit fort cultivé ; en sorte qu'il instruit & divertit en même temps. Flavigny prétend que ceux qui ont écrit avant lui l'Histoire de nos Rois, l'ont mal traitée, il en veut sur-tout à du Haillan, à qui il reproche bien des fautes : il ne laisse pas lui-même de donner dans les fables de la vieille Histoire.

Voyez le Gendre, *tom. II. pag.* 19. =Sorel, *p.* 186. =*Bibliothèque des Auteurs de Bourgogne*, *tom. II. pag.* 353.]

15640. Les Antiquités & Histoires Gauloises & Françoises, contenant les choses advenues en Gaule depuis l'an du monde 3350 ; par Claude FAUCHET, Parisien, premier Président en la Cour des Monnoies : *Paris*, 1579, *in-4.*

Ce Président est mort en 1601. La première Edition de son Ouvrage ne contient que les deux premiers Livres des Antiquités, jusqu'à Clovis.

Les Antiquités & Histoires Gauloises & Françoises, augmentées de trois Livres, contenant les choses advenues en Gaules & en France, depuis l'an du monde 3350, jusqu'en l'an de Jesus-Christ 751, & auxquels sont ajoutées les Fleurs de la Maison de Charlemagne, contenant les faits de Pepin & de ses successeurs, depuis l'an 751 jusqu'en 840, recueillies par le même : *Paris*, Périer 1599-1601, *in-8.* 2 vol. Le Tome III. fait voir le déclin de la Maison de Charlemagne, contenant les faits de Charles-le-Chauve & de ses successeurs, depuis l'an 840 jusqu'en 987 de Jesus-Christ, & entrée de Hugues-Capet ; recueillies par le même : *Paris*, Périer, 1607, *in-8.*

Les mêmes Antiquités & Histoires sont aussi imprimées avec ses *Œuvres*, revues, corrigées et augmentées sur la copie & papiers de l'Auteur, de plusieurs passages & additions en plusieurs endroits, avec deux Tables fort amples : *Paris*, le Clerc, 1610 : *Genève*, Marceau, 1611. On trouve dans cet Ouvrage tout ce qui pouvoit alors se recueillir de nos bons Historiens. Il est écrit avec beaucoup de fidélité, mais le langage en est grossier, & l'Auteur n'y a pas mis assez d'ordre : quoiqu'il fût sçavant, il étoit un peu trop crédule. Il dit, au commencement de son premier Livre, qu'il a envie de publier le Recueil qu'il avoit fait depuis quarante ans, de beaucoup de Chartes, Livres & Titres inconnus, & qu'il étoit garni de bons & singuliers Mémoires. Il ajoute qu'âgé de soixante-dix ans, l'an de Jesus-Christ 1599, il publie & met par années les guerres & autres choses de remarques advenues ès Gaules, &c.

Cet Auteur dit, dans son Avis au Lecteur, « que ses » Antiquités se sont ressenties, aussi-bien que lui, du » mauvais temps ; qu'elles ont été transportées en di- » vers endroits, perdues, déchirées, brûlées en par- » tie, voire prisonnières &c mises en rançon, tellement » que n'ayant pu les racheter, étant emportées hors le » Royaume, elles sont demeurées en la main de ceux » qui en ont cuidé faire profit, fans que j'aie pu les re- » couvrer, mais seulement racouftrer sur ce que j'en » avois retenu. C'est pourquoi, Lecteur, tu trouveras » tant de blancs, n'ayant pu, avec la mémoire, remplir » ce qu'il défailloit en ma copie. Avec ce qu'à mon re- » tour à Paris, j'ai trouvé ma Librairie dissipée, en la- » quelle étoient mes originaux, & plus de deux mille » volumes de toutes sortes, principalement d'Histoires » écrites à la main, en très-bon nombre ».

Le Fragment suivant s'est trouvé écrit à la main à la fin d'un Tome premier, *in-8.* de ces Antiquités ; il contient des anecdotes qui pourront faire quelque plaisir à ceux qui les aiment. Fauchet fit les vers suivans le 8 Septembre 1599, à Paris, à son retour de S. Germain-en-Laye.

« Pour récompense de cet Ouvrage laborieux, ce » grand personnage me reçut du Roi qu'une moquerie, » laquelle advint en cette sorte. Le Sieur Fauchet étant » allé à S. Germain-en-Laye pour saluer Sa Majesté, le » Roi au gré, pour se décharger du sieur Fauchet, lui » monstra dans une niche une médaille de pierre au » bastiment neuf, du tout semblable à Fauchet. Mon- » sieur le Président, dit-il, j'ai fait mettre là votre ef- » figie pour perpétuelle mémoire : de quoi ledit Fau- » chet indigné, fit ces vers, lesquels furent présentés » au Roi ».

J'ai trouvé dedans Saint-Germain
De mes longs travaux le salaire ;
Le Roy, de pierre m'a fait faire,
Tant il est courtois & humain.

S'il

S'il pouvoit aussi-bien de faim

Me garantir, que mon image ;

Ah, que j'aurois fait bon voyage !

J'y retournerois dès demain.

Viens Tacite, Salluste & toi

Qui a tant honoré Padoue,

Venez ici faire la moue,

En quelque coin, ainsi que moi.

» De quoi le Roi se sentant piqué & noté d'ingrati-
« tude, à la poursuite de quelques-uns, le fit coucher
» sur son Etat, & six cens écus de gages, avec le titre de
» son Historiographe. Sur quoi, &c. »

Le reste a été perdu à une seconde reliûre de ce volume.

☞ *Voyez* le Père Niceron, *tom. XXV. pag.* 324.
= Lenglet, *Méth. historique, in-*4. *tom. II. pag.* 501 :
tom. IV. pag. 7 & 55. = Sorel, *pag.* 186. = *Bibliothèque Harley, tom. II. pag.* 504. = Le Gendre, *tom. II.
pag.* 21.]

15641. Histoire de France ; par (Géraud)
DE CORDEMOY, Lecteur ordinaire de Monseigneur le Dauphin, Tome I. depuis les
temps des Gaulois & le commencement de
la Monarchie Françoise, jusqu'en 814 : *Paris*, Coignard, 1685, *in-fol*. Tome II jusqu'en 987 : *Ibid.* Coignard, 1689, *in-fol.*

☞ Cette Histoire est ornée de vignettes, fleurons, &c. gravés par le Pautre.

L'Auteur, l'un des Membres de l'Académie Françoise, est mort en 1685. Il étoit critique délicat & judicieux : il a éclairci fort heureusement les temps obscurs de la France. Son style est pur & noble ; & s'il étoit un peu moins diffus, il céderoit à peu d'Ecrivains.
Voyez les *Mémoires de Trévoux*, article 115, de Juillet 1703. La fin du Règne de Louis V. & les trois derniers de la seconde Race, sont de Louis-Géraud de Cordemoy, Abbé de Ferrière, fils de l'Auteur. « M. de
» Cordemoy, dit Bayle, article VII. des *Nouvelles de
» la République des Lettres*, du mois d'Octobre 1685,
» éclaircit beaucoup de faits qui étoient demeurés confus jusqu'à présent : il en découvre quelques-uns que
» l'on ignoroit encore, & en réfute d'autres que l'on
» tenoit pour certains ».

Cette Histoire a été encore continuée par l'Abbé
de Cordemoy jusqu'en l'année 1060, & cette partie,
qui n'a point été imprimée, est conservée manuscrite
dans la Bibliothèque de M. le Comte de Pontchartrain.

Voyez le *Parallèle des anciens & modernes, tom. II.
pag.* 100. = Le Gendre, *tom. II. pag.* 38. = Lenglet,
Méth. hist. tom. II. in-4. pag. 256 : *tom. IV. pag.* 47.
= *Biblioth. Harley. tom. II. p.* 509. = *Journ. des Sçav.*
Septembre 1685, & *Juillet* 1689. = Le Père Niceron,
tom. XXXVII. pag. 47 & 50. = *Siècle de Louis XIV.*
tom. II. pag. 366. = *Journ. de Léipsick*, 1686, *p.* 313.
= *Mém. histor. polit. critiq. tom. II. p.* 152. = *Hist. de
France*, par Daniel, *nouv. édit. Préf. du tom. I. p.* 76.]

15642. Histoire de France ; par Louis LE
GENDRE, Chanoine de l'Eglise de Paris:
Paris, Guignard, 1700, *in*-12. 3 vol.

Ces trois volumes ne contiennent que l'Histoire des
deux premières Races : l'Auteur l'a retouchée & continuée jusqu'à la mort de Louis XIII. *Paris*, 1718,
in-fol. & in-12.

☞ *Voyez Journ. des Sçav. Février* 1700, & *Avril*
1718. = *Mém. de Trévoux, Décembre*, 1716, *Septembre* 1718. = *Nouv. Littér. tom. VII. pag.* 248 : *tom. XI.
pag.* 39. = *Europe Sçavante, Avril*, 1719. = Lenglet,
Méth. hist. in-4. tom. IV. pag. 41. = *Journ. de Léipsick*,
1701, *pag.* 304, & 1720, *pag.* 49.]

15643. Histoire des deux premières Races
des Rois de France ; par le Comte (Henri)
DE BOULAINVILLIERS : *in-fol.*

Cette Histoire [étoit manuscrite, dit le P. Le Long,]
dans le Cabinet de l'Auteur, & de quelques uns de ses
amis. [Il ajoutoit, d'après] l'Auteur des *Nouvelles
Littéraires*, du 22 Août 1716, *pag.* 156, imprimées à
la Haye chez du Sauzet, « On espéroit obtenir un
» privilège pour imprimer cette Histoire ; mais il paroît
» qu'on sera obligé de la faire imprimer sans cela : c'est,
» à ce qu'on dit, une belle pièce, tant pour le style
» que pour le fonds des choses. Il y a ici (à Paris) pour
» cet Ouvrage, un grand empressement parmi les gens
» de condition ; car cette Histoire n'est pas à la portée
» du vulgaire ».

☞ Elle a été imprimée en 1727, à *la Haye*, sous ce
titre : *Histoire de l'ancien Gouvernement de la France*,
& elle sera rapportée ci-après, au chapitre du *Gouvernement*. On y trouve aussi un Abrégé de l'Histoire de la
troisième Race, jusqu'à la mort de Louis XI.]

☞ Abrégé Chronologique de l'Histoire de
France ; par le Comte DE BOULAINVILLIERS :
La Haye, (*Paris*) 1733 : *in-*12. 3 vol.

Cet Abrégé, de la première & de la seconde Race,
se trouve aussi dans le *tom*. I. de son *Etat de la France :*
1728, *in-fol.* 1737, 1752, *in-*12.]

15644. Mf. Journal du règne des Rois
de France, jusqu'en 1475 ; par le même :
in 4. 9 vol.

Ce Manuscrit est indiqué num. 2242, du Catalogue
de M. B. rnard. On ne sçait si ce journal commence avec
la Monarchie ; mais on trouve dans la Bibliothèque de
MM. les Avocats à Paris, un journal manuscrit attribué
au Comte de Boulainvilliers, qui va depuis S. Louis
jusqu'à la mort de Louis XI (en 1483) *in*-4. 10 vol.]

15645. Mf. Abrégé de l'Histoire de France,
depuis l'an de J. C. 288, jusqu'à l'élévation
de Hugues Capet ; par François DE CAMPS,
Abbé de Signy : *in-fol.*

Cet Abrégé [étoit] conservé dans la Bibliothèque de
l'Auteur, [& a passé depuis en celle de M. de Béringhen.]

15646. Mf. Histoire des Rois de France,
depuis Chilpéric jusqu'à Philippe I.

Le Catalogue de Frère Eloy, Augustin Déchaussé de
Lyon, *p.* 9, en indique un exemplaire écrit l'an 1223.

15647. Mf. Gesta Regum Francorum, ab
exordio Regni ad Ludovicum Juniorem.

Ces Gestes sont conservés dans la Bibliothèque du
Vatican, entre les Manuscrits de la Reine de Suède,
num. 348.

15648. ☞ Mf. Les grandes Chroniques de
France, jusqu'au Règne du Roi Louis VII.
dit le Jeune : *in-fol.*

Ce Manuscrit se trouve parmi ceux de M. de Baluze,
num. 99, dans la Bibliothèque du Roi.]

15649. De Gestis Regum Galliæ compendiosa Narratio, à Pharamundo ad Ludovicum V. deducta ; per Nicolaum PROUST
DES CARNEAUX, Historiographum Regium:
Parisiis, 1617, *in-*8.

Louis V. est mort en 987, & des Carneaux en 1638.

Ejusdem Pars tertia, usque ad Ludovicum VIII.
Parisiis, 1623, *in-*16.

Ce volume finit en l'année 1137.

15650. Histoire des Rois de France, dépuis 811. jufqu'en 1152; par Jean BESLY, Avocat du Roi à Fontenay-le-Comte.

Cette Hiftoire eft imprimée dans fon *Hiftoire des Comtes de Poitiers* : *Paris*, 1647, *in-fol*. Cet Auteur eft mort en 1641. Il rapporte dans fon Hiftoire tout ce que nos Rois ont fait de plus confidérable pendant trois cens foixante ans.

[Voyez *Longueruana*, p. 12. = Le Gendre, *tom. II.* pag. 58.]

15651. ☞ Mf. Les grandes Chroniques de France : *in-fol*. 2 vol.

Ces Chroniques fe trouvent parmi les Manufcrits de Baluze, num. 115 & 116, dans la Bibliothèque du Roi.]

15652. Mf. Hiftoire de France, finiffant en 1223 : *in-fol*.

Cette Hiftoire eft confervée dans la Bibliothèque du Roi, num. 8396.

15653. Mf. Hiftoria Francorum, ufque ad Ludovicum VIII. Regem.

Ce Manufcrit [étoit] confervé dans la Bibliothèque de M. de la Mare , Confeiller au Parlement de Dijon , [& eft à préfent dans celle du Roi.]

15654. ☞ Mf. Chroniques *in-4*. contenant 140 feuillets.

Elles fe trouvent dans le Cabinet de M. Godefroy, Garde des Archives de la Chambre des Comptes de Lille. Ce Manufcrit, d'ancienne écriture , n'a aucune marque qui puiffe défigner par qui & en quel temps il a été compofé. Il paroit avoir été fait par un Moine. Il commence ainfi, *En l'an après le commencement du monde, V. M. & C C. V. moins, fu notre Seigneur né pour le monde racheiter, Hérodes régnoit lors, &c.*

Il parle fucceffivement des Empereurs Tibère , & autres, des fucceffeurs d'Hérodes, du temps où la Religion commença à s'établir dans les Gaules, des Saints qui l'y ont apportée , des Baptêmes & des Miracles qui s'y font faits.

Après avoir traité toutes ces chofes en bref, jufqu'à la *pag*. 36 du Manufcrit, il fait une Hiftoire fuccinte des Rois de France , depuis Pharamond jufqu'en 1226, temps auquel finit le Manufcrit.]

15655. Mf. Hiftoire de France; par Philippe MOUSKES , Chanoine de Tournay.

Cette Hiftoire a été écrite en vers par Mouskes, qui eft mort Evêque de Tournay en 1283. Elle commence au raviffement d'Hélène , que Pâris enleva, & finit à l'an de Jefus-Chrift 1242. Elle eft confervée dans la Bibliothèque du Roi, num. 244, felon le P. Labbe, *p.* 273 , de fa *Nouvelle Bibliothèque des Manufcrits*. C'eft de cet exemplaire que Charles du Frefne du Cange tira ce qu'il en a publié depuis l'an 1198 jufqu'à la fin. L'Auteur fe vante d'avoir été le premier qui ait compofé en vers l'Hiftoire de France. Du Cange dans fa Préface fur Villehardouin, dit que cette Hiftoire eft remplie d'un grand nombre de belles remarques, & n'eft en rien communes, quoique l'Auteur n'ait pas oublié les fables du prétendu Archevêque Turpin, [fur Charlemagne.]

15656. Fragmenta rerum Francicarum, ab origine Monarchiæ ad annum 1254, excerpta ex Speculo Hiftoriali VINCENTII BELLOVACENSIS, Ordinis Prædicatorum.

Ces Fragmens font partie de fon *Miroir hiftorial*, imprimé, *Norimberga*, 1473 : *Parifiis* & *Moguntiæ*, 1474: *Venetiis*, 1484, 1491 : *Parifiis*, 1495, *in-fol*. 5 vol. & *Duaci*, 1624. Cet Auteur eft mort en 1264. Il étoit Bourguignon , & a été furnommé de Beauvais, parcequ'il demeuroit dans cette Ville.

15657. ☞ Mf. Chroniques des Rois de France , jufqu'à la mort de S. Louis , en 1270 : *in-fol*.

Ces Chroniques fe trouvent indiquées au Catalogue des Manufcrits du Roi d'Angleterre : *Londres*, 1734. *in-fol. pag*. 291.]

15658. Sommaire des Geftes de quarante Rois de France, & des Ducs qui régnèrent fur les François avant Pharamond ; par Jean BOUCHET, Procureur à Poitiers.

Ce Sommaire finit en 1270, à la mort de S. Louis : il eft imprimé avec fes anciennes & modernes Généalogies des Rois de France : *Poitiers*, 1527, *in*-4.]

15659. ☞ Lamberti Ludolphi PILHOPEOI, Hiftoria Francorum, ab annō Chrifti 800, ad annum 1280 : *Francofurti*, apud hæred. Wechel, 1596, *in-fol*.]

15660. Mf. Hiftoria Regum Francorum ufque ad Philippum V. auctore IVONE, Monacho fancti Dionyfii in Francia.

Cette Hiftoire, qui finit en 1317, eft citée par Dom Félibien , *pag*. 269 , de fon *Hiftoire de l'Abbaye de S. Denys*. Ivon vivoit fous l'Abbé Gilles , qui eft mort en 1326.

15661. ☞ Mf. Hiftoire de France, depuis l'origine des François jufqu'à Philippe le Hardi, fils de S. Louis : *in-fol*.

Ce Manufcrit eft dans la Bibliothèque de la Cathédrale de Reims , num. C. 55.]

15662. Mf. Hiftoria de origine Francorum, ufque ad Philippum VI. Comitem de Valefio.

Cette Hiftoire eft confervée dans la Bibliothèque du Vatican , num. 2043.

15663. ☞ Mf. Nomina Regum Francorum ufque ad Philippum VI. auctore Bernardo GUIDONE , Ordinis Fratrum Prædicatorum, Inquifitore hæreticæ pravitatis in regno Franciæ , deinde Epifcopo Lodovenfi.

Ce Manufcrit fe trouve dans la Bibliothèque de M. le Baron d'Aubais.]

15664. Mf. Hiftoria Regum Francorum, ufque ad annum 1327.

Cette Hiftoire eft confervée dans la Bibliothèque du Vatican , entre les Manufcrits de la Reine de Suède, num. 354.

15665. Hiftoire des Conquêtes des Gaulois jufqu'au Roi Jean ; par Antoine DE LESTANG, Seigneur de Belleftang.

Cette Hiftoire eft imprimée avec celle des Gaules du même Auteur : *Bordeaux*, 1617, *in*-4.

15666. ☞ Mf. La Chronique des Rois de France, depuis le commencement jufqu'à Charles, petit-fils du Roi Jean.

Ce Manufcrit eft dans la Bibliothèque du Roi. Voyez *Bibliothèque des Auteurs de Bourgogne*, qui attribue cet Ouvrage à Pierre de SAINT-JULIEN, dans fon Article.]

15667. Mf. Hiftoire de France , finiffant à Charles V. *in-fol*.

Cette Hiftoire [étoit] confervée dans la Bibliothèque de M. le premier Préfident de Mefme.

15668. Mf. Hiftoire de France, depuis l'an 1224 jufqu'en 1379, *in-fol*.

Ce Manufcrit eft dans la Bibliothèque de M. le Chancelier d'Agueffeau.

15669. Mſ. Gesta Regum Franciæ, Imperatorum & Pontificum Romanorum, usque ad annum 1380 : *in-fol.*

Cette Histoire [étoit] conservée dans la Bibliothèque de M. Colbert, num. 6430, [& est aujourd'hui dans celle du Roi.]

15670. Mſ. Miroir historial, finissant en 1380, compilé & ordonné de Latin en François; par religieuse personne, Abbé de S. Vincent de Laon : *in-fol.* 3 vol.

Ce Miroir historial est de Jean Desnouelles, vulgairement DE GUISE, mort en 1396. Il [étoit] conservé dans la Bibliothèque de M. Colbert, entre les Manuscrits de du Chesne, [& aujourd'hui dans la Bibliothèque du Roi.] Le Tome III. est aussi dans la Bibliothèque de l'Abbaye de Saint-Vincent de Laon. L'Ouvrage contient l'Histoire de France & de Flandres, avec les principaux évenemens de l'Histoire de l'Eglise, & principalement de celle de Laon.

15671. Mſ. Histoire depuis Noé jusqu'au couronnement de Charles VI. *in-fol.*

Cette Histoire est conservée dans la Bibliothèque de M. le Chancelier d'Aguesseau.

15672. Mſ. Chroniques des Rois de France, jusqu'au couronnement de Charles VI. *in-fol.* 5 vol.

Ces Chroniques sont conservées dans la Bibliothèque du Roi, num. 8306-8311, dans la même Bibliothèque, num. 10297, 10300, 10301, & dans celle de Saint-Victor, num. 896. On lit à la fin de ces Manuscrits ces paroles : « Ce sont les Chroniques de France, selon » qu'elles sont composées en l'Eglise de S. Denys ».

Les Chroniques de France, compilées par l'ordre du Roi Charles VII. *Paris*, Bonhomme, 1476, *in-fol.* 3 vol.

Les mêmes, sous ce titre : Les grandes Chroniques de France, jusqu'à la mort de Charles VII. dédiées au Roi Charles VIII. avec des figures en bois : *Paris*, Vérard, 1493, *in-fol.* 3 vol.

Les grandes Chroniques de France, faites par le commandement du Roi Charles VII. continuées jusqu'en 1513, avec plusieurs incidences survenues durant les Règnes des Rois Très-Chrétiens de France, tant ès Royaumes d'Ytalie, d'Alemaigne, &c. & autres lieux circonvoisins ; avec la Chronique de Frère Robert Gaguin, contenue à la Chronique Martinienne, avec figures en bois : *Paris*, Eustace, 1514, *in-fol.* 3 vol.

Cette Histoire est appellée communément les Chroniques de Saint-Denys; parceque, comme le remarque l'Auteur du Prologue, « cette Histoire est décritte se» lon la Lettre & l'Ordonnance des Chroniques de » Monseigneur Saint Denys en France, où les histoires » & les faits de tous les Rois sont escrits, dont ces pré» sentes Chroniques sont extraites ». Il ajoute, qu'il a fait ces grandes Chroniques par le commandement du Roi Charles VII.

☞ Il y a grande apparence que l'Auteur, chargé par Charles VII. de rédiger les Chroniques de S. Denys, est le même Jean CHARTIER, qui a fait la Chronique de Charles VII. par où finit cette première Edition. Il étoit proche parent de Guillaume Chartier, Evêque de Paris, mort sous Louis XI.

Voyez les Preuves de Comines, liv. 1, pag. 68.]

Le commencement de ces Chroniques, jusqu'à la mort de Pepin le Bref, est presque tout tiré de l'Histoire Latine d'Aimoin. La Vie de Charlemagne, jusqu'à son voyage d'Espagne, est traduite du Latin d'Eginhart, & la suite, jusqu'à sa mort, est copiée du Roman du faux Turpin. Le style grossier dont sont écrites les Vies suivantes, jusqu'à celle de Philippe I. feroit croire qu'elles sont toutes du même Auteur. La Vie du Roi Louis VI. a été faite par celui qui a traduit du Latin celle de Louis VII. son fils : c'est peut-être le même qui a traduit du Latin de Rigordus, celle de Philippe Auguste & celle de Louis VIII. son fils, écrite par un Anonyme. La Vie de S. Louis, qui est différente de celle de Joinville, & des trois imprimées dans le Tome V. de du Chesne, a pour Auteur celui qui a traduit du Latin la Vie de Philippe III. son fils. Les Histoires des Rois suivans, depuis Philippe IV. jusqu'au Roi Jean, ont un commencement si semblable, qu'on est porté à croire qu'elles sont du même Auteur : le style est un peu moins rude que celui des Histoires précédentes. C'est, sans doute, l'Auteur de cette compilation, qui a composé la Vie de Charles V. qu'il termine au sacre de Charles VI. son fils. Elle est aussi plus étendue que les précédentes ; c'est à ce sacre que finissent les Manuscrits de ces Chroniques. Celui qui en a procuré la première Edition, sous Louis XI. y a ajouté la Chronique du Roi Charles VI. qui est extraite presque de mot à mot de l'Histoire que Jean Juvénal des Ursins en a composée, depuis l'an 1380 jusqu'en 1422. L'Auteur l'ayant plus étendue dans la suite, jusqu'à la mort de ce Roi, arrivée en 1422. Jean Chartier, Religieux & Chantre de Saint Denys, a écrit la Chronique de Charles VII. par où finit cette première Edition.

Il n'y a dans la seconde Edition de changement, que le commencement du Prologue, dont on a fait une espèce de Dédicace au Roi Charles VIII. sans faire aucune mention de la première Edition ; & il y a encore de plus une Addition jusqu'en 1422.

La troisième contient la même chose que les deux précédentes, avec une continuation jusqu'en 1513 ; quelques Additions sous le nom d'incidences ; la Chronique de Louis XI. tirée de la Chronique Martinienne, (& cette Chronique a été depuis imprimée sous le nom de Chronique scandaleuse) ; la Chronique de Charles VIII. composée par Pierre DESREY ; & enfin celle de Louis XII. commencée sans doute par Robert Gaguin, nommé dans le titre de cette troisième Edition.

Ces Chroniques sont remplies de fables, du moins dans le commencement de la Monarchie. Elles ont été cependant la source où ont puisé la plupart des Auteurs modernes qui ont écrit l'Histoire générale de France, ce qui est la cause des fautes qui se trouvent dans leurs Ouvrages.

☞ Elles se trouvent aussi dans le *Recueil des Historiens* de Dom Bouquet, tom. III. & suiv. avec quelques notes & variantes.

Voyez la *Biblioth. Harley*, tom. II. pag. 508. = Le Père Niceron, tom. XLIII. pag. 23. = Le Gendre, tom. II. pag. 24.]

15673. ☞ Notice d'un Manuscrit des Chroniques de S. Denys, le plus ancien que l'on connoisse.

Cette Notice se trouve au tom. XVI. des *Mém. de l'Académie des Inscript. & Belles-Lettres*, pag. 175.]

15674. ☞ Mémoire concernant les principaux monumens de l'Histoire de France, avec la Notice & l'Histoire des Chroniques de S. Denys ; par M. de la Curne DE SAINTE-PALAYE : 1738.

Ce Mémoire se trouve au tom. XV. des *Mém. de l'Acad. des Inscriptions*, pag. 580.]

15675. ☞ Croniche di Francia, e cronica

di san Dionigio : *In Parigi*, 1475, *in-fol.* 3 vol.]

15676. Mſ. Hiſtoire de France, juſqu'à Charles VI. tirée de la Fleur des Hiſtoires; par Jean Mantel.

Cette Hiſtoire eſt conſervée dans la Bibliothèque du Roi, num. 56. 2.

15677. Mſ. Hiſtoire de France, depuis la mort de Louis le Débonnaire, juſqu'à Charles VI. *in-fol.* 5 vol.

Ce Manuſcrit eſt conſervé dans la Bibliothèque du Roi, num. 9646-9653.

15678. Mſ. Hiſtoire de France, depuis l'an 1146 juſqu'en 1383.

Cette Hiſtoire [étoit] dans la Bibliothèque de M. le Chancelier Séguier, num. 1272, [aujourd'hui à S. Germain des Prés.]

15679. Mſ. Hiſtoire des Rois de France, juſqu'à Charles VII.

Ce Manuſcrit eſt conſervé dans la Bibliothèque du Vatican, entre les Manuſcrits de la Reine de Suéde, num. 750.

15680. Mſ. Hiſtoire de France, depuis Pharamond juſqu'au Roi Charles VII. *in-fol.* 2 vol.

Elle eſt dans la Bibliothèque du Roi, n. 9626-9627.

15681. Inventaire général de l'Hiſtoire de France; par Jean de Serres, Hiſtoriographe de France : *Paris*, Saugrain, 1597, *in-16.* 2 vol.

Cet Auteur commence ſon Hiſtoire à Pharamond, & finit à la mort de Charles VI. en 1422. Il eſt marqué à la fin du ſecond volume, que cet Inventaire a été achevé d'imprimer pour la première fois le 26 Novembre 1596. Le Privilége avoit été obtenu en 1595, & la Préface eſt ſans doute de 1596. L'Auteur, qui eſt mort en 1598, avoit dédié ſon Hiſtoire à Henri IV. *Voyez* à la fin de cette Bibliothèque le Mémoire de ſes Ouvrages.

Le même Inventaire, commencé par Jean de Serres, & continué juſqu'à la fin du Règne de Charles VII. par un autre : *Paris*, Vignon, 1599, *in-16.*

Le même, continué juſqu'au 3 Septembre 1598 : *Paris*, Saugrain, 1600, *in-8.* 3 vol.

C'eſt Cayet, au tom. I. de ſa *Chronologie Novennaire*, & pluſieurs autres après lui, qui attribuent la continuation de l'Inventaire général de l'Hiſtoire de France, à Jean Monlyard, Miniſtre de la Religion Prétendue-Réformée.

Le même, juſqu'en 1606 : *Paris*, Vignon, 1606, *in-8.* 4 vol.

Le même, juſqu'en 1614 : *Paris*, 1614, *in-8.* 4 vol.

☞ Tout ce qui ſe trouve au-delà de 1606 juſqu'en 1650, & plus loin, dans toutes les Editions de l'Inventaire de Serres qui ont été faites depuis, y a été ajouté à diverſes fois, tant par Théodore Godefroy, comme le reconnoiſſoit Jean, ſon petit-fils, que par pluſieurs autres Compilateurs Catholiques, qui ſe ſont le plus ſouvent contentés de copier les Mercures & les Gazettes de leur temps : ainſi l'on a eu grand tort de mettre ſur ſon compte les erreurs & les bévues qui s'y rencontrent.

Dictionnaire de Proſper Marchand, art. *Monlyard*, Note C.]

Le même : *Paris*, 1618, 1621, 1627, 1631, 1636, 1640, *in-fol.* Ibid. Morlot, 1620, *in-12.* 4 vol. *Ibid.* (après 1622) 1624, 1636, *in-8.* 4 vol.

Le même Inventaire, (continué juſqu'à la mort de Louis XIII. en 1643) : *Paris*, 1643, 1648, *in-fol.* Lyon, 1653, *in-8.* 3 vol. *Paris*, 1658, *in-fol.* Rouen, 1660, *in-fol.* 2 vol.

Ces deux dernières Editions ſont préférables aux précédentes, parcequ'elles ont été revues par d'habiles gens. On en a néanmoins retranché quelques traits qui font rechercher les premières Editions, ſelon M. [l'Abbé] Lenglet.

Eadem Hiſtoria, uſque ad annum 1606, in Latinum ſermonem converſa, per C. Reinium : *Francofurti*, 1606, 1625, 1643, *in-fol.*

Le même Inventaire, continué par Pierre Mathieu, traduit en Anglois par Edouard Grimſton : *London*, 1611, 1624, *in-fol.*

☞ Il faut voir ſur l'Inventaire de Jean de Serres, & ſur ſes différentes Editions, ce qu'en a dit Proſper Marchand, dans ſon Dictionnaire, art. *de Serres*, Note M. Il y raſſemble tous les différens jugemens qui ont été portés de cette Hiſtoire, & critique ce qu'en dit le Père le Long, tant ſous ce numéro, que dans la Vie de Jean de Serres, qui eſt à la fin de ſa Bibliothèque.

Voyez encore Lenglet, *Méth. hiſtor. in-4. tom. IV. pag.* 45. = Sorel, *pag.* 338. = Le P. Niceron, *tom. IV. pag.* 326. = Le Gendre, *tom. II. pag.* 62. = Lettres de Bongats, *tom. II. pag.* 644. = *Iſagoge in notit. Script. Hiſt. Gall. part. 2, pag.* 15, *part. 3, pag.* 15.]

15682. Inventaire des erreurs, fables & déguiſemens remarquables en l'Inventaire général de l'Hiſtoire de France de Jean de Serres; par Scipion Dupleix, Hiſtoriographe de France : *Paris*, Sonnius, 1625, *in-8.* Seconde Edition : *Ibid.* 1630, *in-8.* Troiſième Edition corrigée & augmentée : *Ibid.* 1633, *in-8.*

Ce Livre eſt une critique de l'Inventaire de Jean de Serres, depuis Pharamond juſqu'au Règne de Charles VII. où l'Auteur a terminé ſon Hiſtoire. Dupleix l'accuſe de n'avoir fait des extraits que de quelques méchantes & fabuleuſes Chroniques, & de l'Hiſtoire de du Haillan, ſur lequel il a enchéri, lorſqu'il s'agit de décrier les Papes. Cette critique finit par ces paroles : « Que » le Continuateur de Jean de Serres, qui lui cède en » ſuffiſance, lui ſuccède en malice ».

☞ On trouve à la fin une Table de ces erreurs, diſtinguées par articles particuliers.

Voyez Sorel, *pag.* 338. = Le P. Niceron, *tom. II. pag.* 305, & *tom. XLIII. pag.* 80 & *ſuiv.*]

15683. Mſ. Hiſtoire des Rois de France, juſqu'à la mort de Charles VII. *in-8.*

Elle eſt conſervée dans la Bibliothèque du Roi, entre les Manuſcrits de M. de Gaignières.

15684. Hiſtoire générale des Rois de France, contenant les choſes mémorables advenues tant au Royaume de France, qu'és Provinces étrangères ſous la domination des François, depuis Pharamond juſqu'à Charles VII. incluſivement; eſcrite par Bernard de Girard, Sieur DU HAILLAN, premier Historiographe de France : *Paris*, Sonnius, 1576, *in-fol.* (Genève) Saint-André, 1577-1580, *in-8*; 2 vol.

La même, corrigée & augmentée, avec une nouvelle Epître Dédicatoire au Roi Henri III. *Paris*, 1584, *in-fol. Ibid.* 1580-1585, *in-8*. 2 vol.

La même, augmentée & continuée, jusqu'à Louis XI. par un Auteur du temps, & jusqu'à la fin du Règne de François I. par Arnoul DU FERRON, & depuis par plusieurs autres, jusqu'en 1615 : *Paris*, Petitpas, 1615, *in-fol.* 2 vol.

L'Histoire de Louis XI. n'est autre que la Chronique scandaleuse.

La même, écrite jusqu'à Louis XI. & augmentée de plusieurs Auteurs, tant de Paul Emile, Philippe de Comines, Arnoul du Ferron, le sieur du Bellay, qu'autres, jusqu'à présent : *Paris*, Petitpas, 1627, *in-fol.*

Ces deux dernières Editions sont les plus recherchées. L'Auteur est mort en 1610. On trouvera un Mémoire sur sa Vie & sur ses Ouvrages, à la fin de cette Bibliothèque.

☞ *Voyez* le Père Niceron, tom. XIV. pag. 115. = Sorel, pag. 337. = Le Gendre, tom. III. pag. 17. = Lenglet, *Méth. historiq. in-4*. tom. IV. p. 44. = Biblioth. Harley. tom. II. pag. 509. = *Disc. prélimin. de l'Hist.* de Dubos, p. 54. = *Invent. des erreurs* de de Serres, Préface, pag. 10.]

15685. Ms. Histoire des Rois de France, jusqu'à la mort de Charles VII. avec de belles peintures : *in-fol.* 6 grands vol.

Cette Histoire est indiquée dans le Catalogue des Manuscrits du Roi d'Angleterre : *Londres*, 1734, p. 306, *in-4.*]

15686. Ms. Joannis CANDIDÆ de origine Regum Galliæ, à Pharamundo ad Ludovicum XI. Carolo adolescenti Ludovici filio, Regi Christianissimo dicatum : *in-4.*

Cette Histoire est conservée à Paris, dans la Bibliothèque des Minimes, num. 16.

15687. Histoire sommaire des Rois de France, depuis Pharamond jusqu'à Louis XI. par Bernard de Girard, Seigneur DU HAILLAN.

Cette Histoire est imprimée avec ses deux premiers Livres de l'*Etat de France* : *Paris*, 1671, *in-8.*

15688. Chronique abrégée des Rois de France : *Paris*, 1491, *in-4.*

☞ Elle commence à la Création du monde, & finit en 1483. L'Auteur fait remonter l'origine des François, par les Troyens, jusqu'à Noé. Il détaille & donne la suite de toutes ces générations, & selon lui, nous descendons de Cham, second fils de Noé, & père de Nembroth, de qui descend Dardanus, Auteur des Troyens. Il fait quatre Races de nos Rois, dont la quatrième se nomme de Valois, & commence à Philippe V. du nom. Les derniers Règnes sont plus détaillés que les premiers, qui sont fort courts.]

15689. Les Annales & Chroniques de France, de l'origine des François & de leur venue ès Gaules, faites jadis briévement par Nicole GILLES, Secrétaire du Roi Louis XII. avec la suite des Rois & Princes des Gaules, jusqu'au Roi Charles VIII. *Paris*, 1492, *in-4. Ibid.* Trepperel, 1498, *in-fol. Caën*, 1510, *in-4.*

Cette Histoire est pleine de fables. L'Auteur est le premier qui ait parlé du Royaume d'Yvetot. Il étoit trop crédule; aussi son Ouvrage n'est-il bon que pour le règne de Louis XI. jusqu'en 1483, où il finit. Pour ce qui précède, il ne fait qu'abréger les Chroniques de S. Denys, & celle de Guillaume de Nangis. Nicole Gilles est mort en 1503.

Les mêmes Chroniques augmentées : *Paris*, 1520, 1525, 1534, *in-fol. Ibid.* 1538, *in-8.* 2 vol.

Les mêmes, contenant aussi les vaillances & prouesses de François I. & plusieurs additions des choses qui ont été faites depuis le commencement de son Règne jusqu'en 1544 : *Paris*, 1544, *in-fol.* 1545, *in-4.*

Les mêmes, augmentées par Denys SAUVAGE, Seigneur de Fontenaille en Brie : *Paris*, 1552, *in-8.* 2 vol.

Les mêmes, corrigées & annotées par Denys SAUVAGE, & additionnées, selon les modernes Historiographes, jusqu'au Roi François II. *Paris*, Petit, 1560, 1562, 1566, *in-fol.*

Les mêmes, continuées par Denys Sauvage, jusqu'au Roi François II. revues, corrigées & augmentées, selon la vérité des Registres & Pancartes anciennes, jusqu'au Roi Charles IX. par François DE BELLEFOREST : *Paris*, Buon, 1573, *in-fol.*

Les mêmes, continuées jusqu'à Henri III. (en 1585.), par Gabriel CHAPPUIS, avec les Généalogies & Effigies des Rois, & plusieurs Discours touchant la Majesté de nos Rois, &c. *Paris*, 1585, 1600, *in-fol.*

☞ Cette dernière Edition de 1600, contient une Continuation de l'Histoire jusqu'en 1599.]

Les mêmes, continuées jusqu'en 1617 : *Paris*, 1617, *in-fol.* 2 vol.

Eadem Chronica, Latinè versa ab Henrico Pantaleone, & Nicolao Falketero : *Basileæ*, Brylingeri, 1572, *in-fol.*

☞ *Voyez* Lenglet, *Méth. historiq.* tom. IV. p. 43. & 44. Le Gendre, tom. II. p. 24. & 32. = Sotel, p. 336. = Le P. Niceron, tom. XI. pag. 101 & 105.]

15690. PAULI-ÆMILII, Veronensis, Canonici Ecclesiæ Parisiensis, de rebus Gestis Francorum, usque ad annum 1110. Libri quatuor : *Parisiis*, ancienne Edition, *in-fol.*

De Iisdem, usque ad annum 1223, Libri sex : *Parisiis*, Badius, (circa annum 1500) *in-fol.*

De Iisdem, usque ad annum 1488, Libri decem : additum est Chronicon Joan. TILII, Episcopi Meldensis : *Parisiis*, Vascosan, 1539, 1544, Morel, 1598, *in-fol.*

Iidem, cum continuatione Arnoldi FERRONI, Senatoris Burdigalensis, usque ad Francisci I. obitum : *Parisiis*, [Parvus] 1548, *in-8.* 2 vol.

Cette Edition se trouve quelquefois en un volume

Liv. III. Histoire Politique de France.

fort épais. La Chronologie de du Tillet, en Latin, est à la fin. Arnoul le Ferron, Conseiller au Parlement de Bordeaux, a continué l'Histoire de Paul-Emile depuis l'an 1484. jusqu'en 1547; ce qu'il a fait est d'un style pur & net; il l'exécuta avec une merveilleuse promptitude. Mais il fut arrêté dans son travail par sa mort, qui arriva en 1563, n'étant âgé que de quarante-huit ans. Cette Histoire, sans être longue, contient beaucoup de détails curieux, & fut imprimée séparément : *Paris*, Vascosan, 1555, *in*-8.

☞ *Voyez* Lenglet, *Méth. historiq.* in-4. tom. II. pag. 272. : tom. IV. p. 70. = *Hist. de de Thou*, tom. IV. pag. 599. = Le Gendre, tom. II. pag. 12.]

Iidem : *Parisiis*, 1550, 1566, 1576., *in-fol.*

Iidem, cùm continuatione FERRONI, & Joan. THOMÆ Paralipomenis, usque ad annum 1569 : *Basileæ*, Henricpetri, 1569, *in-fol.*

Iidem, cum continuatione FERRONI & altera Jacobi HENRICPETRI, Jurisconsulti, usque ad annum 1601 adjectà ad calcem Joannis TILII Chronico : *Basileæ*, 1601, *in-fol.* 2 vol.

Mf. Pauli-Æmilii, Veronensis, de rebus à recentiore Franciæ gestis Liber : *in-fol.*

Cette Histoire est conservée entre les Manuscrits de M. Dupuy, num. 272., [en la Bibliothèque du Roi.]

Les deux premiers Livres de l'Histoire de France, écrite en Latin par Paul-Emile; traduits par Simon du Monstiers, Avocat au Parlement de Rouen : *Paris*, Vascosan, 1556, *in*-4.

Les cinq premiers Livres de Paul-Emile, traduits par Jean RENART, sieur de la Micquetière : *Paris*, 1553, *in*-8. Ibid. 1556, 1574, *in-fol.*

Les dix Livres de l'Histoire de France de Paul-Emile, avec la continuation d'Arnoul le Ferron, mis en François, par le même : *Paris*, 1581, [1597, 1609] 1643, *in-fol.*

I medesimi dieci Libri, tradotti dal Latino : *In Venetia*, 1549, *in*-4.

Les mêmes, traduits en Allemand, par Jean-Thomas Fren : *Basil.* 1572, *in-fol.*

« Quoique Paul-Emile ait travaillé, (au rapport d'E-
» rasme, Liv. VI. *Apophthegmat.*) plus de trente années
» à son Histoire, il n'en a cependant composé que les
» neuf premiers Livres, & une partie du dixième, jus-
» qu'en 1488. Le reste de ce Livre a été achevé par Da-
» niel Zavari, son parent, sur les Mémoires mal digérés
» qu'il en avoit laissés ».

« Cet Auteur a plus illustré notre Histoire par son
» élégance que par sa fidélité. Son style est pur, court &
» serré; mais il n'est pas toûjours égal : son Histoire est
» peu sûre; il y a commis bien des erreurs, pour avoir
» trop déféré à son jugement, & ne s'être pas assez ap-
» pliqué à faire une recherche exacte des faits qu'il rap-
» porte. Il paroît trop passionné pour ceux de sa Nation ».
Aussi plusieurs sçavans, comme le rapporte Beaucaire dans la Préface de son Histoire de France, le nomment-ils : *Italorum Buccinatorem potiùsquam Gallicæ Historiæ scriptorem.* On lui doit cependant cette justice, qu'il a été le premier un peu débrouillé l'ancienne Histoire de France. Il est mort en 1529.

☞ *Voyez Hist. des Hist.* pag. 437. = *Disc. prélimin. de l'Hist. de Dubos*, pag. 48. = *Vie du Cardinal d'Amboise*, tom. II. pag. 71. = Lenglet, *Méth. historiq.* in-4. tom. IV. pag. 38. = Le Gendre, tom. II. p. 82. = Char-

lataner. *des Sçav.* pag. 151. = Sorel, pag. 333. = *Biblioth. Harley.* tom. II. pag. 512. = Le Père Niceron, tom. XL. pag. 63. = Lambert, *Hist. Littér. du Règne de Louis XIV.* tom. I. liv. 4. *Discours*, pag. 11. = *Biblioth.* de Clément, tom. I. pag. 61.]

15691. Mf. Franciæ Annales usque ad annum 1498, jussu Caroli VIII. *in-fol.* 4 vol.

Ces Annales sont citées par Grammaye, [Historien de Brabant,] dans le Catalogue des Auteurs dont il s'est servi.

15692. Mf. Alberti CATTANÆI, Placentini, Archidiaconi Cremonensis, Historiæ Regum Francorum à Pharamundo ad Ludovicum XII. Epitome.

Cet Abrégé est conservé dans la Bibliothèque du Roi, num. 9619. Denys Godefroy en rapporte un Extrait, qui concerne le Règne de Charles VIII. dans son *Recueil de l'Histoire de ce Roi*, p. 277 : *Paris*, 1684, *in-fol.*

15693. Joannis LAZIARDI, Cælestini, conserta Epitomata, à primæva mundi origine ad obitum Caroli VIII. cui accessit HUBERTI, Sabatensis Minoritæ, aliud Epitoma ab initio Regni Ludovici XII. usque ad sextum Francisci I. annum : *Parisiis*, Kerver, 1521, *in-fol.*

Ce Religieux Célestin, né à Paris, se nommoit Jean LE JARS : il entra dans cet Ordre en 1513.

15694. Compendium Roberti GAGUINI, Ordinis sanctissimæ Trinitatis Generalis Ministri, super Francorum Gestis, à Pharamundo usque ad annum 1497 : *Parisiis*, 1497, *in*-4. Lugduni, 1497, *in-fol.*

Idem, ab Auctore novissimè ampliatum, usque ad annum 1499, & diligenter emendatum : *Parisiis*, 1500, 1504, *in-fol.* Ibid. 1507, 1511, 1514, *in*-8.

Le même, sous ce titre : Annales rerum Gallicarum, seu compendium usque ad annum 1499, cum Supplemento Huberti VELLEII, Senatorii Advocati, usque ad annum 1520 : *Parisiis*, 1521, *in*-4. Ibid. 1522, 1528, *in*-8. Lugduni, 1524, & *Parisiis*, 1554, *in-fol.*

Iidem Annales, cum Supplemento ad Henricum II. *Francofurti*, Wecheli, 1577, *in-fol.* *Parisiis*, 1582, *in-fol.*

Iidem, cum Appendice Jacobi BOURGESII, ejusdem Ordinis : *Duaci*, 1586, *in*-8.

Les Chroniques de France, par Robert Gaguin, traduites en François & continuées jusqu'en 1514; par Pierre DESREY : *Paris*, Regnault, 1536, *in-fol.* goth.

Les mêmes, en François : *Paris*, 1538, *in*-4.

Gaguin n'est point ignorant. Il est même assez versé dans l'Histoire, la Rhétorique & l'Art Poëtique. Mais on lui reproche de n'avoir pas été assez fidèle dans le récit qu'il a fait des affaires de France, & lorsqu'il loue ceux de sa Nation. À l'égard de son style, Erasme (*in Ciceroniano*) dit qu'il vaut mieux que ses Ouvrages, (*Dictione magis quàm Scriptis vendibilior*;) ce qui doit s'entendre pour son temps; car, ajoute-t-il, à peine seroit-il reçu à présent entre ceux qui savent parler Latin. C'est ce que rapporte Warthon, dans son *Supplément de l'Histoire Littéraire Ecclésiastique de Guillaume*

Cave, sous l'année 1494. D'autres regardent cet Auteur comme superficiel, & trop crédule. Selon Mézeray, il n'a fait qu'abréger les Chroniques de S. Denys. Dupleix, dans la Préface de son Histoire de France, dit que Jean Chartier, Nicole Gilles & Robert Gaguin, ont écrit l'Histoire de France d'un style inégal & grossier, & qu'ils y ont laissé glisser des erreurs, même des contes fabuleux de Roman.

M. l'Abbé le Gendre en parle d'une manière plus favorable, quoiqu'il passe condamnation sur les fables qu'il rapporte : « Son Histoire, dit-il, fait plaisir à lire; » elle n'est ni longue ni courte; l'Auteur narre agréa- » blement ; il n'omet rien de remarquable, & parle » même sans déguisement des choses de son temps ». Robert Gaguin est mort en 1501.

☞ *Voyez* Lenglet, *Méth. historiq. in-4. tom. IV. pag.* 37. = Sorel, *pag.* 335. = *Biblioth. Harley. tom. II. pag.* 507. = Le P. Niceron, *tom. XLIII. pag.* 21. = Le Gendre, *tom. II. pag.* 93. = *Vie* de Mézeray, *pag.* 15. = *Hist. des Hist. pag.* 437. = Lambert, *Hist. Litter. du Règne de Louis XIV. tom. I. liv.* 4, *Disc. pag. xj.*]

1569s. Michaelis RICCII, Neapolitani, Ludovico XII. Regi à Consiliis, de Regibus Francorum Libri tres, à Pharamundo, usque ad Ludovicum XII. *Romæ*, 1505, *in*-4. *Basileæ*, 1517, & 1534, *in*-8.

Michel Riccio est mort Conseiller au Parlement de Dijon en 1515. Ses Livres de l'Histoire de France sont aussi imprimés dans Freherus, à la *pag.* 581 de son *Recueil des Historiens*.

Iidem Libri, Editio sexta : *Neapoli*, Longi, 1645, *in*-4.

Le style de cet Auteur est travaillé; mais il ne fait qu'effleurer les principaux événemens, tant il les abrège.

☞ *Voyez* le Gendre, *tom. II. pag.* 75. = Lenglet, *Méth. historiq. in-4. tom. IV. pag.* 38.]

1696. ☞ La Louange des Rois de France, en vers : *Paris*, 1507, *in*-8.] *Voyez* 15874.

1697. Rerum Francicarum Decades IV. in quibus Historia Gentis ab origine, imperii Belgarum exordium, progressus & bella, aliaque memorabilia usque ad annum 1507; auctore Joanne RIVIO, Augustiniano Lovaniensi : *Bruxellis*, 1651, *in*-4.

« Cet Auteur, selon Mézeray, dans une Note ma- » nuscrite, n'a ni réputation, ni jugement. Il est si pré- » venu contre les François, qu'emporté par sa passion, » il n'épargne pas même les Flamands, qui n'en étoient » pas distingués dans les premiers temps. Cet Ouvrage » n'est qu'une rapsodie mal faite d'anciens Auteurs, » dans laquelle il y a peu à profiter. On y trouve ce- » pendant des choses qui ne sont pas communes.

1698. La Mer des Chroniques, & Mirouer historial de France, lequel traite de la source & origine des François, & des faits belliqueux de tous les Rois de France; traduit en François par Pierre DESREY, de Troyes, continuées jusqu'en 1514 : *Paris*, Dupré, 1515, *in-fol.*

La même, augmentée de plusieurs faits advenus depuis le Règne de François I. *Paris*, 1527, 1530, 1536, *in-fol.*

Ce Livre, selon la Croix du Maine, est extrait des Chroniques de Robert Gaguin, de Guillaume de Malmesbury, de Jean le Maire, de Hugues de Fleury, de Grégoire de Tours, de Hugues de Fleury, d'Antoine Sabellicus, du Chroniqueur de S. Denys, de Platine, de Sigebert, d'Aimoin, de Vincent de Beauvais, d'Eudes, Abbé de Clugny, de Turpin, de Raphaël Volaterran, de Froissart, de Monstrelet & d'autres Chroniqueurs. Mézeray a cru que ce n'étoit qu'un abrégé de la Chronique de S. Denys.

☞ *Voyez* le *Ducatiana*, *p.* 277. = Lenglet, *Méth. historiq. in-4. tom. IV. pag.* 37.]

15699. Mf. Les Chroniques de France, en Vers héroïques, depuis Pharamond jusqu'au Roi François I. divisées en douze Livres; par Guillaume CRETIN, Poëte François & Historien, Secrétaire & Chroniqueur de Louis XII. Chantre & Chanoine de la Sainte-Chapelle de Paris; & par René MACÉ Vendômois, surnommé le Petit Moine, Chroniqueur du Roi François I. & son Poëte : *in-fol.* 5 vol.

Ils sont conservés dans la Bibliothèque du Roi, num. 8397, 8397², 8398, 8399, 8400, & dans la Bibliothèque de M. le Chancelier Séguier, num. 1008, *in-fol.* 2 vol. [aujourd'hui à S. Germain des Prés.]

Ces Chroniques commencent à la prise de Troyes, & finissent avec la seconde Race. Crétin est mort en 1525.

Chronique du même, depuis le Roi Pepin jusqu'au Roi Jean : *in-fol.*

Cette partie [étoit] conservée dans la Bibliothèque de M. Colbert, num. 602, [aujourd'hui dans celle du Roi.]

☞ Mf. Chroniques Françoises, composées par Guillaume CRETIN, second & sixième Tome : *in-fol.* 2 vol.

Ce Manuscrit est rapporté, *pag.* 54, du Catalogue de M. de Cangé, & a passé dans la Bibliothèque du Roi.]

☞ Mf. Partie des Chroniques de France; par Guillaume CRETIN & René MACÉ.

Ce Manuscrit est la septième partie des douze volumes de ces Chroniques. Il est sur vélin, & très-bien conservé dans la Bibliothèque de M. le Marquis d'Aubais.]

15700. ☞ Sommaire de l'Histoire des François, recueillie des plus certains Auteurs de l'ancienneté, & dirigée selon le vrai ordre des temps, en quatre Livres, extraits de la Bibliothèque Historiale de Nicolas VIGNIER, de Bar-sur-Seine, Docteur en Médecine, avec un Traité de l'origine, état & demeure des anciens François : *Paris*, Nivelle, 1579, *in-fol.*

Cet Auteur dit dans sa Préface, « qu'il a été curieux » de chercher la vérité de l'ordre & des temps, & d'en » donner les preuves les plus certaines qu'il a pu trou- » ver, parceque cet ordre est par-tout ailleurs per- » verti & confondu, sur-tout depuis le commen- » cement jusqu'à l'an 1100 de Notre Seigneur ». Il nomme à la fin de chaque chapitre ses Auteurs & ses garans. Il ajoute, « que comme les Écrits de tels Auteurs » sont la plupart dépravés de mensonges, il a tâché d'y » suppléer, principalement en ce qu'il a écrit depuis le » commencement du Règne de Charles-le-Chauve, jus- » qu'à deux cens ans après, qui est l'endroit où notre » Histoire est la plus embrouillée ; ce qu'il n'a pas fait, » dit-il, sans y ajouter les raisons. (Il marque ensuite » qu'il a) vu une partie des Annales, Chroniques, His- » toires & autres Écrits non imprimés, qu'il cite, com- » me ceux de Guitard, d'Odorannus, de Glaber, les Vies » de Flodoart, d'Hilgaud, de Loup de Ferrières, de » Gerbert & autres ». Cette Histoire commence à l'origine des François, & finit à la mort de Louis XII. en

1515. L'Auteur est mort en 1596. Son Livre est plein de recherches & d'Actes tirés des Trésors de diverses Eglises.

« Vignier a commencé, après du Haillan, à illustrer » les affaires des François d'une docte, fidèle & curieuse » recherche qu'il a faite de plusieurs choses notables, » tirées de quelques Auteurs étrangers, par lesquelles » il a éclairci notre Histoire », dit la Popelinière, dans la Préface de son Histoire de France.

Le même, pag. 554, de son *Histoire des Histoires*, n'en parle pas si avantageusement. Il dit que « Vignier, » homme docte & de grand travail, a le premier com» mencé de remarquer les faits en l'Histoire des Fran» çois ; mais manquant de l'expérience des choses, & » n'étant relevé par aucun valable secours, il ne put as» sez bien juger, & moins user des moyens propres d'y » remédier ».

« Il ne céde à nul autre, (dit Dupleix, dans la Pré» face de son Histoire de France,) soit en diligence, » soit en l'ordre des temps, outre qu'il relève ses Au» teurs. Il seroit à desirer qu'il se fût arrêté à écrire plus » amplement notre Histoire, & qu'il eût été Catholi» que (quand il la composa; car il est rentré depuis » dans la Communion de l'Eglise Catholique, peu avant » sa mort) ». On remarque en ses Ecrits plusieurs traits de Religionnaire.

Voyez *Biblioth. Harley. tom. II. pag. 508.* = Le P. Niceron, *tom. XLII. pag. 23.*]

1701. De Galliâ, Franciâque, Francorumque Regibus, ab origine ad Ludovicum XII. auctore Raphaele VOLATERRANO.

Cette Histoire est imprimée avec son Livre intitulé : *Commentaria Urbana*, au Livre III. *Parisiis*, 1516: *Basileæ*, 1530, 1544, *in-fol.* Cet Auteur est mort en 1521.

1702. Sommaire historial de France, jusqu'à François I. *Paris*, le Noir, *in-fol. Ibid.* 1523, *in-fol.*

1703. In omnium Regum Franconiæ & Franco-Galliæ res gestas, à Pharamundo usque ad Franciscum I. Compendium : Ferrando DE BEZ, auctore : *Parisiis*, 1577, *in-fol*. Libri tertii pars prima, Hugovinorum Regum Galliæ res gestas complectens : *Parisiis*, 1578, *in-4.*

Les mêmes Histoires ensemble sont imprimées : *Parisiis*, 1583, *in-4.* Cet Auteur est mort en 1581.

1704. Mer des Histoires & Chroniques de France : Extrait en partie de tous les anciens Chroniqueurs qui ont écrit depuis la Création du monde des faits & des gestes des François, & d'où ils sont descendus, jusqu'au temps de François I. *Paris*, du Pré, 1514-1516, *in-fol.* 2 vol. *Ibid.* 1517-1518, *in-fol.* 4 vol.

Le Compilateur est nommé Jean DESCOURTILS, au commencement du Prologue [du Libraire] & est qualifié d'Historiographe du Roi. « J'ai stipulé, dit-on, au » Roi François I. & enhardi l'entendement du tien très» adonné serviteur volontaire, indigne Historiographe, » Maistre Jehan Descourtils, aagé de vingt-sept ans, à » ce qu'il osast entreprendre ce labeur, & luy ay ad» ministré toutes choses convenables, & appartenantes » de ma part, & aussi à la sienne ». Il est dit qu'il a entrepris cet Ouvrage par le commandement d'Anne de Bretagne. Apparemment qu'il n'est Auteur que des deux premiers Livres qui traittent des anciens François & des autres peuples qui se sont emparé des Gaules. A la *pag.* 271, du premier volume de la seconde Edition, commence un autre Ouvrage intitulé : *De la source & de l'origine des François, des faits & gestes des Rois de France*, qui est pris de la Mer des Chroniques jusqu'au règne de Charlemagne. Depuis ce règne jusqu'à la fin de celui de Charles VIII. ce Compilateur a tout tiré de la troisième Edition des grandes Chroniques de France ; c'est ce qui a fait donner par du Chesne le nom de Chronique de S. Denys à cet Ouvrage. La Chronique ordinaire de Louis XII. est différente de celle de cette Edition.

1705. ☞ S'ensuivent les Chroniques de France abrégées, avec la génération de Adam & de Eve & de Noé, & leurs générations, & les Villes & Cités, &c. avec les noms de tous les Rois de France, & combien ils ont régné, &c. jusqu'en 1514, Pièce en vers : *Paris*, veuve Jean Trepperel & Jean Jehannot, sans date d'année, petit *in-4.* goth. 1 vol.]

1706. Le Rosier historial de France, divisé en deux parties : *Paris*, 1523, *in-fol.*

La seconde Partie contient les Chroniques abrégées des Rois de France, depuis le commencement de la Monarchie jusqu'en 1517.

Le même, sous ce titre : Le Rosier, ou Epitome historial de France, divisé en trois Parties. En la première, est traité depuis la Création du monde jusqu'à Pharamond, premier Roi de France, contenant les Généalogies & Descentes des Gaulois ou François, Troyens, Latins, Allemands. La seconde, laquelle est compilée à la Requête du feu Roi Louis XI, contient, par manière de Chroniques, & par années distinctes, les faits & gestes des François, Anglois, Ecossois, Espagnols, & autres dignes de mémoire, depuis Pharamond, jusqu'en 1517. La troisième partie contient le Rosier des Guerres : *Paris*, 1528, *in-fol.*

La troisième partie de cette Edition est la première partie dans la précédente.

Le même : *Paris*, Buon, 1616, *in-8.*

Cette Edition est fort imparfaite, & ne vaut rien.

☞ Il y a une Edition de la troisième partie de ce Livre, donnée en 1616, par Jean d'Espagnet, Président. (*Voyez* Bayle, article *Espagnet*, Note Y.) On la trouve au Catalogue de M. Barré, n. 1935, sous ce titre : « Le Rosier des Guerres, ou Instruction composée par » le Roi Louis XI. pour le Dauphin Charles, son fils, » mis en lumière sur le Manuscrit trouvé au Château de » Nérac, dans le Cabinet du Roi, par le Président d'Es» pagnet, avec un Traité de l'Instruction du jeune » Prince ; par le même ESPAGNET : *Paris*, Buon, 1616, *in-8.*

C'est la même chose que le numéro précédent, à l'exception de la seconde partie, & des trois premiers chapitres de la première, que le Président d'Espagnet fit imprimer en 1616, comme une pièce nouvelle, & tirée des Manuscrits du Château de Nérac, quoique l'Ouvrage entier eût déja été imprimé dès 1523.

On trouve au Catalogue de M. Bellanger, num. 176, *p.* 346, l'article ci-après, avec la note qui est à la suite : « Le Rozier historial de France, contenant deux Ro» ziers. Le premier Rozier contient plusieurs belles rozes » & boutons d'instructions & beaux enseignemens pour » Rois, Princes, Chevaliers, Capitaines & gens de » guerre ; comme ils se doivent maintenir, gouverner » & conduire, pour mener ost & batailles contre leurs » ennemis,

» ennemis, tant par mer que par terre. Le second Ro-
» zier, autrement Chroniques abrégées, contient plu-
» fieurs belles rozes & boutons extraits & yffus de la
» Maifon de France & d'Angleterre, tant en ligne di-
» recte que collatérale, & pareillement d'Allemaigne,
» d'Espaigne, d'Ecoffe, Sicile, Flandres & autres, tant
» de Royaumes Chrétiens que des Infidèles : (Ouvrage
» composé par l'ordre du Roi Louis XI. & nommé par
» lui le Rozier des Guerres, dont la première partie,
» qui comprend les enseignemens pour Roys, Princes,
» Chevaliers, &c. ne contient que dix feuillets, & la
» seconde, qui est fort ample, comprend l'Hiftoire de
» France, & en même temps d'autres pays, depuis l'ori-
» gine des François juſqu'au règne de François I. en
» 1515, avec les portraits des Rois, & quantité de figu-
» res gravées en bois, & miſes en or & en couleurs,)
» imprimé fur vélin : *Paris*, 1522, *in-fol.*
» Ce Livre ne porte point de nom d'Auteur. On voit
» ſur le feuillet qui ſuit le Frontiſpice, une figure qui
» repréſente un Evêque, le genouil en terre, offrant ſon
» Livre au Roi de France, & aux gens de ſa Cour; au
» bas de laquelle figure ſont des vers moraux, dont les
» quatre derniers parlent ainſi :

» De par l'humble & obéïſſant ſujet
» Dont le nom eſt en reproche icy fiet;
» Car qui appoint les lettres en aſſier,
» Trouver le peut s'il ne faut à ſon geet.

» D'où l'on pourroit croire trouver le nom de l'Auteur,
» en aſſemblant & combinant les lettres initiales de
» chaque vers, ce qui pourtant n'eſt pas aiſé. (Etienne
» Porchier, ſelon la Croix du Maine, & Naudé, dans
» ſon Addition à l'Hiſtoire de Louis XI. chap. 3.) Ce
» Livre porte, ſur un feuillet de vélin, qui fait face au
» Frontiſpice, les armes de l'Amiral Chabot, blaſonnées
» en miniature, ce qui peut faire juger qu'il a autrefois
» appartenu à ce Seigneur. ».

L'Auteur du Rozier hiſtorial fait deſcendre les Gaulois de Gomer, fils de Japheth, & les François des
Troyens, qui s'établirent en Pannonie, & y fondèrent
la Ville de Sicambrie ; d'où ils furent nommés Sicambres. Delà ils vinrent, (dit-on) habiter la Frife occidentale, & y prirent le nom de France, que leur donna
Francus, qui régnoit alors ſur eux. Les deux premières
parties ſont aſſez détaillées par le titre : la troiſième
contient ſept Chapitres, qui renferment un grand nombre de préceptes pour fixer les devoirs des Princes envers leurs Sujets. Le troiſième regarde la manière dont
ils doivent rendre la juſtice, & veiller au bien public.
Dans le quatrième, on traite de ce qui a rapport aux
Chevaliers, des ſignes qui diſtinguent le fort, le ſage
& le hardi Chevalier ; des exhortations que le Prince
doit faire quand il va à la guerre, & des choſes qui y
ſont néceſſaires. On voit dans le cinquième, quand il
doit aſſaillir ſes ennemis, & ce qu'il doit faire pour
avoir, en peu de temps, autant de ſoldats qu'il voudra.
Le ſixième trace les règles de la conduite d'une armée,
& ce qu'on doit obſerver dans les batailles, ſoit de
mer, ſoit de terre. Le ſeptième contient encore bon
nombre de conſeils donnés aux Princes, pour faire
fleurir leur Royaume.

Voyez Lenglet, *Méth. hiſt. in-4. tom. IV. pag.* 37.
= *Biblioth. Harley. tom. II. pag.* 507.]

15707. ☞ Diſcours non plus mélancoliques
que divers, des choſes qui appartiennent
même à notre France : *Poitiers*, Marne,
in-4.]

15708. Faits & Geſtes des Rois de France;
par Pierre DE LISLE.

Cette Hiſtoire eſt imprimée avec la *Source & l'Origine
des Rois de France* ; par le même : 1521, *in-8.*

15709. Iconographia Regum Francorum :
Coloniæ, 1521, *in-4.*
Tome II.

15710. Le vite de' gli Ré di Francia & de'
gli Duca di Milano fin alla preſa di Franceſco I. da Vittorio SABINO : *in Roma*, 1525,
in-4.

15711. Epitome abrégé en vers huitains des
Empereurs, Rois & Ducs d'Auſtraſie ; par
Nicolas DE VOLKYR de Serouville, Secrétaire & Hiſtorien d'Antoine, Duc de Lorraine : *Paris*, Maheu, 1530, *in-4.*

15712. Chronica Chronicarum, ou le Regiſtre des ans paſſez, depuis la Création du
monde juſqu'en 1532 : *Paris*, 1532, 1540,
in-4.

15713. Libro chiamato Réali di Franza, nelle
quali ſi contiene la generatione de' tutti li
Ré, Duchi, Principi & Baroni di Franza &
de' li Paladini : *in Venetia*, 1537, *in-4.*

15714. Epitome ou Chronique des Geſtes
de cinquante-huit Rois de France, juſqu'à
François I. en Latin & en François, avec
leurs portraits : *Lyon*, 1540, *in-fol. Paris*,
1546, 1552, 1556, *in-8.*

15715. Chronicon multiplicis hiſtoriæ utriuſque Teſtamenti, ab orbe condito ad annum Chriſti 1540 ; auctore Chriſtiano MAS-
SÆO, Epiſcopo Cameracenſi : *Antverpiæ*,
1540, *in-fol.*

Cet Auteur eſt mort en 1546. Il aſſure, dans ſa Préface, qu'il a été employé cinquante années à la compoſition de cette Chronique, que Martin Zeiller appelle
Hiſtoire de France, parcequ'elle en comprend une
partie.

☞ Chrétien Maſſeus n'a jamais été Evêque de Cam-
brai ; ce Siége, pendant ſa vie, ayant été occupé par
Jacques, Guillaume & Robert de Croy. Voyez *Biblioth.
Belg. pag.* 173, & le *Gallia Chriſtiana.*]

15716. ☞ Anacephaleoſes geneſum ſapien-
terque dicta & monodiæ 58, Francorum
Regum, à Pharamundo ad Rhenum primo
ſedente, uſque ad Franciſcum Valeſium ; à
Franciſco BONADO, Angerianenſi Aquitano
Bulomiſta, opus Carmine Latino conſ-
criptum ; cum effigiebus Regum : *Pariſiis*,
Gromarſus, 1543, 1548, *in-8.*]

15717. Papyrii MASSONI, Annalium Libri
quatuor, quibus res geſtæ Francorum explicantur, à Clodione ad Franciſci I. obitum :
Pariſiis, Cheſneau, 1577, *in-4.* Secunda
Editio : *Ibid.* 1578, *in-8.* Tertia Editio, à
Pharamundo ad Henricum II. *Ibid.* 1598,
in-4.

Maſſon a compoſé ſon Ouvrage en Latin & en François ; mais il ne l'a pas publié en cette dernière Langue. Il s'eſt ſervi dans le titre du nom d'Annales, quoiqu'il ne ſe ſoit pas attaché à rapporter ce qui s'eſt fait châ-
que année. Il y a inſéré pluſieurs bonnes remarques : il
eſt aſſez exact, mais il n'eſt pas aſſez profond. Dans ſa
première Edition, il n'a point parlé de Pharamond, parceque Grégoire de Tours n'en fait point mention. Maſſon eſt mort en 1611.

☞ *Voyez* la *Méth. hiſt.* de Lenglet, *in-4. tom. II.
pag.* 502, *tom. IV. pag.* 39. = Sorel, *pag.* 355. = Le
P. Niceron, *tom. V. pag.* 189.]

15718. Chronicon de Regibus Francorum à

Pharamundo usque ad Henricum II. auctore J. T. [*Parisiis*, 1543, *in-fol. Ibid.* 1548, *in-4*, & *in-8*.

Dans les premières Éditions le nom de Joannes Tilius n'est désigné que par des lettres initiales.

Idem : *Parisiis*, 1551, *in-8. Francofurti*, 1581, *in-fol*.

La même Chronique est imprimée à la fin de l'*Histoire de France* de Paul-Emile : *Parisiis*, 1550, *in-fol*.

La même Chronique, traduite en François : *Paris*, 1549, 1550, *in-8*. continuée jusqu'en 1551, & suivie de Catalogues des Papes & des Empereurs : [*Rouen*, 1551, *in-8*.] *Paris*, 1553, 1570, *in-8*.

Cette Traduction est aussi imprimée avec une suite jusqu'en 1604, dans le *Recueil des Rois de France* de Jean du Tillet, Greffier au Parlement : *Paris*, 1607, 1618, *in-4*.

Mſ. La même Chronique, avec beaucoup d'Additions tirées des autres Historiens : *in-fol*.

Cette Chronique manuscrite est conservée entre les Manuscrits de M. Dupuy, num. 679. Jean du Tillet, Evêque de Meaux, est mort en 1570; il avoit mis sa Chronique à l'an 1547. Elle est succinte & bien ordonnée : en son genre, c'est une pièce parfaite; aussi l'Auteur l'a dressée sur des Mémoires fort exacts. La Traduction est si fort augmentée, qu'on peut la regarder comme un autre Ouvrage; outre qu'elle a été continuée par un autre Ecrivain.

☞ Il ne faut pas confondre ce Jean du Tillet, Evêque de Meaux, avec Jean du Tillet son frère, Greffier du Parlement, dont il sera parlé ci-après.]

15719. ☞ Mſ. Chronique des Rois de France, par Jean du Tillet, augmentée par ordre de M. d'Estampes de Vallançay, Archevêque de Reims, jusqu'en 1624; par Antoine FAVEREAU, Secrétaire dudit Archevêque : *in-fol*.

Ce Manuscrit est indiqué au Catalogue de M. Lancelot, num. 159.]

15720. ☞ Mſ. Ci commencent les Généalogies des Rois de France & les Chroniques : *in-fol*.

Ce Manuscrit se trouve indiqué num. 2912, du Catalogue de M. de Pont-Carré.]

15721. La Chronique des Rois de France, des Papes & des Empereurs : *Paris*, 1549, *in-8*.

15722. Regum Gallorum, à Pharamundo ad Franciscum II. Icones. Item Ducum Lotharingorum Icones; auctore Bernardo GIRARDO, Domino DU HAILLAN, Burdigalensi : *Parisiis*, Perrier, 1559, *in-4*.

Bernard de Girard, Sieur du Haillan, [nom sous lequel il est plus connu,] est mort en 1610. Il exprime en trois vers ce qu'il dit de chaque Roi.

15723. Historiæ Franciæ Regum Genesis, duplici dialecto, in Epitomen contracta usque ad Franciscum II. auctore Juliano TABOETIO, Jurisconsulto : [*Lugduni*] Edoardo, 1560, *in-4*.

☞ Ces mots, *duplici dialecto*, ne signifient pas, comme l'avoit cru le Père le Long, que le Livre est en Latin & en François; mais en Prose & en Vers : le tout en Latin.

Voyez sur Julien Tabouet & ses Ouvrages, les *Singularités historiques* de Dom Liron, tom. *I. pag.* 425.

« Julien Tabouet, né dans la Paroisse de Chantenay, » à quatre lieues du Mans, Avocat & Procureur-Général du Parlement de Chambéry, fut condamné, par » Arrêt du Parlement de Paris, à faire amende honorable, à Paris & à Chambéry, pour avoir accusé calomnieusement Rémond Pélisson, premier Président du » Parlement de Chambéry, lequel étoit le bisaïeul de » M. Pélisson, Mᵉ des Requêtes ». Ménage, *Histoire de Sablé, pag.* 14.]

15724. ☞ Abrégé de l'Histoire de France; par Jacques-Bénigne BOSSUET, Evêque (de Condom, & ensuite) de Meaux : *Paris*, 1747, *in-4*. & *in-12*. 4 vol.

L'Auteur fit cet Abrégé vers 1680, pour l'Instruction de M. le Dauphin, dont il étoit Précepteur, & qu'il y fait parler. L'Ouvrage finit à Charles IX.]

15725. Mſ. Abrégé de l'Histoire, depuis Mérovée jusqu'à Charles IX. *in-fol*.

Cet Abrégé est conservé dans la Bibliothèque de M. le Chancelier Séguier, num. 618.

15726. Godofredi MALVINI, de Gallorum rebus gestis, à Pharamundo usque ad initia Caroli IX. brevis Descriptio.

Cette Description est imprimée avec la *France gémissante* du même Auteur : *Burdigalæ*, 1563, *in-4*.

15727. Brief sommaire des Généalogies, Faits & Gestes des Rois de France, jusqu'à Charles IX. avec leurs portraits; par François DESPREZ : *Paris, in-4. Ibid.* 1569, 1577, *in-8*.

Eadem Epitome Latinè reddita ab eodem auctore : *Parisiis*, le Noir, 1566, *in-8*.

15728. Chronique abrégée, ou Recueil des Faits, Gestes & Vies illustres des Rois de France, jusqu'à Charles IX. *Paris*, 1569, *in-8*.

15729. ☞ La Chronique abrégée des Rois de France, avec leurs portraits : *Lyon*, Arnoullet, 1570, *in-8*.]

15730. Mſ. Historiæ Regum Francorum Epitome seu Chronicon; auctore Joanne DE NAISSEY, Canonico & Archidiacono Ecclesiæ Cathedralis sancti Vincentii Cabillonensis.

Ce Chanoine est mort en 1570. Sa Chronique est citée par Louis Jacob, au Livre I. des *Personnages illustres de la Ville de Châlon* : *Parisiis*, 1652, *in-4*.

15731. ☞ Franciæ Regum, aliorumque virorum illustrium Chronica compendiosa Gallicè : *Lugduni*, 1570, *in-8*.]

15732. Mémoires & Recherches touchant plusieurs choses mémorables pour l'intelligence de l'Etat & des Affaires de France; par Jean DU TILLET, Greffier au Parlement : *Rouen*, 1577, *in-fol. Troyes*, 1578, *in-8*.

Les mêmes, traduits en Latin, & publiés sous ce titre : Joannis TILII Commentariorum & Disquisitionum de rebus Gallicis, Libri duo, nunc primùm Latinè redditi : *Francofurti*, Wecheli, 1579, *in-fol.*

☞ L'Auteur de cette Traduction s'est déguisé sous le nom de Lotarius Philoponus.]

Les mêmes Mémoires, sous ce titre : Recueil des Rois de France : seconde Edition augmentée, corrigée & revue sur la Minute de l'Auteur, avec plusieurs figures & portraits des Rois de France : *Paris*, 1580, 1586, *in-fol.*

Cette Minute de l'Auteur [étoit] conservée en trois volumes *in-fol.* dans la Bibliothèque de M. Foucault.

Le même Recueil, auquel est joint l'Inventaire des Pièces : *Paris*, 1607, 1618, *in-4.*

Jean du Tillet étoit fort sçavant dans notre Histoire : son Ouvrage est rempli de recherches fort curieuses, d'Extraits de bons Auteurs, & de beaucoup de Titres. M. Boivin, à la *pag.* 103, de la Vie de P. Pithou, dit que du Tillet a fait une partie de son Livre sur les Mémoires de ce grand homme. Les deux dernières Editions sont les meilleures. François Pithou y a ajouté l'Inventaire des Pièces.

Scévole de Sainte-Marthe, dans ses *Eloges des Hommes illustres*, parle en ces termes de cet Auteur & de son Ouvrage : « Comme Jean du Tillet, Greffier au » Parlement, avoit en cette qualité l'entière disposi- » tion des Registres du Parlement, il sçut ainsi s'en ser- » vir avec tant d'adresse, que ce fut du sein de ces vieil- » les & véritables Archives qu'il tira la vraie origine des » François, l'établissement de leur Monarchie, leurs » Loix fondamentales, la création de leurs Magistrats, » la suite continue de leurs Rois, & les illustres Famil- » les qui en sont descendues. Ce qu'il fit en Langue vul- » gaire, avec autant de diligence que de jugement & de » fidélité, & publia ce travail, (il ne le fut qu'après sa » mort) sous le titre de *Mémoires*. Il eut un frère de » même nom que lui, & qui eut les mêmes inclinations : » il fut Evêque de Saint-Brieu, & depuis Evêque de » Meaux. Comme ces deux frères portoient le même » nom, avoient une même inclination aux bonnes Let- » tres, faisoient profession de semblables Etudes, & n'é- » toient guères plus âgés l'un que l'autre ; aussi dans un même » lieu, une même année & un même mois les virent sor- » tir de ce monde ». Ils moururent tous deux au mois de Novembre 1570.

☞ Voyez *Diction. de Bayle.* = *Biblioth. Harley. tom. II. pag.* 504. = Lenglet, *Méth. historiq. in-4. tom. IV. pag.* 38.]

15733. Omnium Regum Francorum, à Pharamundo usque ad Carolum IX. Vitæ breviter complexæ atque certis epigrammatis illustratæ ; auctore Henrico PANTALEONE : *Basileæ*, 1574, *in-fol.* & *in-4.*

Cet Auteur est mort en 1595.

15734. Les grandes Annales & Histoire générale de France, dès la venue des François dans les Gaules, jusques vers la fin du Règne de Charles IX. avec les portraits de nos Rois, contenant la conquête d'iceux François, du pays des Gaulois, des courses de plusieurs Nations étrangères en icelui : la Suite des familles du Sang Royal, & l'ordre de l'Etat François ; les Maisons de ce Royaume, l'établissement des Officiers de la Couronne, & tout ce qui concerne le Gouvernement de la Monarchie, soit pour la paix, soit pour la guerre, suivant les Pancartes anciennes, les Loix du Pays & la foi des vieux exemplaires ; recueillis & mis en ordre par François DE BELLEFOREST, Annaliste du Roi : *Paris*, Buon, 1579, *in-fol.* 2 vol.

Cet Auteur est mort en 1583. *Voyez* à la fin de cette Bibliothèque un Mémoire de ses Ouvrages.

Les mêmes, continuées jusqu'en 1591 ; par Gabriel CHAPPUIS : *Paris*, 1600, *in-fol.* 4 vol.

Les mêmes, continuées jusqu'en 1610 : *Paris*, Chevalier, 1621, *in-fol.* 2. vol.

On a inséré dans cette Edition l'Histoire de la sainteté de Clovis, composée par Jean Savaron.

☞ *Voyez* Lenglet, *Méth. hist. in-4. tom. IV. p.* 44. = Sorel, *pag.* 336. = Le P. Niceron, *tom. XI. p.* 103, 105. = Le Gendre, *tom. II. pag.* 32.]

15735. Ms. Critique de l'Histoire de Belleforest : *in-8.*

Cette Critique est conservée dans la Bibliothèque du Roi, entre les Manuscrits de M. Bigot, num. 447.

15736. La Franciade, Poëme de Pierre RONSARD, Vendômois, les quatre premiers Livres : *Paris*, 1576, *in-12.*

Ce même Poëme de Ronsard, mort en 1583, est imprimé avec ses *Œuvres* : *Paris*, 1604, *in-12.* 9 vol. Ibid. 1609, 1623, *in-fol.* « Au jugement de ses amis » & de ses ennemis, ce Poëme est le moindre de ses » Ouvrages ; cependant Claude Binet, dans la Vie de » cet Auteur, n'y trouve d'autre défaut que celui de n'ê- » tre point achevé. Il le finit à la mort de Charles IX. » en 1574. quoiqu'il ait vécu long-temps depuis. Le » P. Rapin y trouve un air dur & sec, qui y règne par- » tout, & qui tient peu de l'héroïque «. Baillet, tom. VII. du *Jugement des Sçavans*, *pag.* 593.

☞ *Voyez* Réveil-matin des François, *pag.* 109 & *suiv.*

15737. Discours de toutes les choses mémorables qui ont été faites par les Rois de France, jusqu'au Règne de Henri III. par Jacques BOUJU, Angevin, Président du Parlement de Rennes.

Histoire de France, intitulée : Des Faits des François ; par Madelon JARRY, Sieur de Vurigny, Gentilhomme du Maine.

Remarques de France ; par Ravend GRIMOULT, natif de Falaise.

Ces trois Auteurs sont cités par la Croix du Maine, dans sa Bibliothèque. Jarry est mort en 1573, & le Président Boujou en 1588.

15738. Les Chroniques des Rois de France jusqu'à Henri III.

Ces Chroniques sont imprimées avec les *Antiquités de Saint-Denys* : *Paris*, 1575, *in-8.*

15739. Effigies cum Chronica Regum Francorum ad Henricum III. ad vivum expressæ à Virgilio SOLIS & Justo AMMAM : *Francofurti*, 1622, 1644, *in-4.*

☞ La première Edition est : *Lauribergæ*, 1576, *in-4.* La troisième, de 1644, s'étend jusqu'à Louis XIII.]

15740. ☞ Faits mémorables advenus depuis Pharamond jusqu'à l'an 1577 : *Lyon*, 1577, *in-16.*]

15741. Chronicon breve de' i fatti illustri de Ré di Francia, con le loro effigie dal natural; per Bernardo GIUNTI : *in Venetia*, 1578, *in-fol.*

L'istessa racolta per Andrea HARAULT : *in Venetia*, 1589, *in-fol.*

15742. Histoire abrégée de tous les Rois de France, d'Angleterre & d'Ecosse; par David CHAMBRE, Sieur d'Ormond, Ecossois, Conseiller au Parlement d'Edimbourg : *Paris*, Coloumbel, 1579, *in-8.*

15743. Sommaire de la Chronique & des Vies des Rois de France, avec leurs portraits; par Claude BERNARD, de Saint-Haon-le-Chastel en Forez : *Lyon*, 1580, *in-8.*

15744. Abrégé de l'Histoire de France jusqu'en 1580; par Gabriel DU PREAU, Docteur en Théologie.

Cet Auteur est mort en 1588. Son Abrégé est imprimé avec ses *Annales Ecclésiastiques* : *Paris*, 1583, 1604, *in-fol.* 2 vol.

15745. Epitome Chronica Regum Francorum; auctore Philippo GALLEO.

Cet Abrégé est imprimé avec son *Histoire de Flandres* : *Francofurti*, 1583, *in-8.*

15746. La Biographie & Prosopographie des Rois de France jusqu'à Henri III. ou leurs Vies briévement décrites & narrées en vers, avec les portraits & figures d'iceux : *Paris*, Carelat, 1583, 1586, *in-8.*

Antoine DU VERDIER, Sieur de Vauprivas, est Auteur de cette Histoire.

15747. Abrégé de l'Histoire des François, contenant la Vie de chacun Roi de France, avec leurs visages & ressemblances, & les descriptions des Batailles qu'ils ont données; par Nicolas HOVEL, Parisien.

Cet Auteur fleurissoit en 1584. Son Abrégé est cité par la Croix du Maine, dans sa Bibliothèque.

15748. Abrégé de l'Histoire Françoise, avec les effigies des Rois, jusqu'à Henri III. par H. C. *Paris*, le Clerc; 1585, *in-fol.*

Le même Abrégé jusqu'à Henri IV. par le même Auteur : *Paris*, le Clerc, 1599, *in-fol.*

Ne seroit-ce point l'Abrégé cité par la Croix du Maine : alors H. signifieroit Hovel.

☞ On croit bien que H. peut marquer Hovel; mais que signifiera le C. puisque Hovel étoit Parisien : d'ailleurs la première Edition est de l'an 1585, & la Bibliothèque de la Croix du Maine a paru en 1584.]

15749. ☞ Cronica de' Re di Francia : *Venetia*, Giunti, 1590, *in-fol.*]

15750. Ms. Histoire de France, depuis Pharamond jusqu'à la mort de Henri III. *in-fol.*

Ce Manuscrit est conservé dans la Bibliothèque de M. d'Aguesseau.

15751. Epitome de Francorum regno, eorumque Regibus, à Pharamundo usque ad Henricum IV. ex probatissimis tum Latinæ tum Gallicæ Linguæ historicis concinnata; ab Huldrico ZUINGLIO Juniore.

Cet abrégé est imprimé à la fin de son *Commentaire sur le Chapitre XI. de l'Epître de Saint Paul aux Hébreux*, pag. 186; *Basileæ*, 1592, *in-fol.*

15752. Syllabus Annalium Galliæ, à Pharamundo usque ad Henricum IV. Joannis SERRANI, Nemausensis Ministri, industriâ & labore concinnatus : *Francofurti*, 1612, *in-4.*

Jean DE SERRES est mort en 1598. Je n'ai trouvé cet Ouvrage cité que dans la Bibliothèque Classique de Draudius.

15753. Histoire de l'origine & du progrès de la Monarchie Françoise, où tous les Faits historiques sont prouvés par des Titres authentiques & par des Auteurs contemporains; par Guillaume MARCEL, Avocat au Conseil : *Paris*, Thierry, 1683, 1686, *in-12.* 4 vol.

Cet Auteur est mort en 1708. Son Ouvrage ne contient qu'une suite chronologique de quelques principaux événemens de la Vie de nos Rois, jusqu'en 1600; avec la Liste de leurs Enfans & des grands Officiers de la Couronne, qui ont servi sous chaque Règne, à la fin desquels sont ramassées les preuves des Faits que l'Auteur a racontés. Il a ajouté seulement la Liste des Enfans & des Officiers de la Couronne des Règnes de Louis XIII. & de Louis XIV. ce qui y étoit d'historique ayant été supprimé.

Le Tome I. renferme tout ce qui concerne l'ancienne Gaule & ses Peuples; leur Origine, leur Langage, leur Religion, leurs Mœurs & Coutumes, leurs Monnoies, leur Milice, leurs Colonies & leurs Hommes illustres. Cette partie est pleine de recherches. On trouve à la fin une Table alphabétique des Peuples & des Villes les plus considérables des Gaules, & les noms qu'on leur donne à présent. Le second Volume contient un petit Traité sur l'origine des Francs. L'Auteur y rapporte les différentes opinions des plus fameux Auteurs, & se déclare pour ceux qui les font Germains. Il donne, dans les deux autres Volumes, un précis de l'Histoire de France, qu'il a divisée par siècles, à la fin desquels il a ajouté les Citations & les Passages qui en sont comme les Preuves, parmi lesquelles on trouve plusieurs Généalogies, & quelques Pièces importantes. On voit à la fin de la vie de chaque Roi, le nom de ses Enfans & des Officiers de sa Couronne. Il paroît qu'il n'a puisé que dans de bonnes sources.

Voyez Lenglet, *Méth. historiq.* in-4. tom. II. p. 502, & tom. IV. pag. 40. = *Répub. des Lettres*, Sept. 1686. = Le Gendre, tom. II. pag. 44. = *Journ. de Leipsick*, 1688, pag. 206. = *L'Esprit de la Ligue*, tom. I. p. LI.]

15754. Franciæ Reges Τετράστιχοι; à Jacobo LE VASSEUR : *Parisiis*, 1602, *in-8.*

15755. La Franciade, Poëme de Pierre DE LAUDUN, Sieur de l'Agaliers : *Paris*, 1603, *in-12.*

15756. ☞ Epitome Historiæ Gallicæ, additis Genealogiis Regum & præcipuarum Familiarum Galliæ : *Francofurti*, Rhodius, 1604, *in-8.*]

15757. Epitome Historiæ Gallicæ, hoc est Regum & Rerum Galliæ usque ad annum 1603, brevis Notatio : (*Francofurti*,) ex Officina Palthenians, 1604, *in-8.*

15758. L'Histoire de France, depuis Pharamond jusqu'à maintenant; Œuvre enrichie de plusieurs belles & rares antiquités, &

d'un abrégé de la Vie de chaque Reine, avec les portraits au naturel des Rois, Reines & Dauphins, tirés de leurs Chartes, effigies & autres anciens originaux, ou de leurs véritables copies, conservées dans les curieux Cabinets de l'Europe; le tout embelli d'un recueil nécessaire de Médailles, sous chaque Règne; par F. E. DE MÉZERAY, Historiographe de France : *Paris*, Guillemot, 1643-1651, *in-fol.* 3 vol.

François Eudes de Mézeray est mort Directeur de l'Académie Françoise en 1683. Son premier Tome, qui contient l'Histoire de France, depuis Pharamond jusqu'au Règne de Charles VI. a été imprimé en 1643. Le second, qui contient ce qui s'est passé depuis Charles VI. jusqu'au Règne de Charles IX. a paru en 1646, & le troisième en 1651. Il comprend l'Histoire depuis le Règne de Henri III. jusqu'à la paix de Vervins en 1598.
☞ Les Portraits sont tirés de l'Ouvrage de l'habile Graveur Jacques DE BIE; mais ils n'en sont pas plus vrais, sur-tout les premiers. Les quatre vers que Mézeray a mis au bas, sont de Jean BAUDOIN, de l'Académie Françoise.]

La même Histoire, nouvelle Edition, revue, corrigée & augmentée, par l'Auteur même : *Paris*, Thierry, 1685, *in-fol.* 3 vol.

L'Auteur a augmenté cette Edition de trois Livres de l'Origine des François, & d'un de l'état & conduite des Eglises dans les Gaules, jusqu'au Règne de Clovis. L'Histoire de la première Race est fort augmentée dans cette Edition. La Chronologie y est presque toute changée; mais elle l'est un peu moins dans la seconde Race. Le premier volume de cette Edition ne contient que ces deux Races. Le second renferme l'Histoire depuis Hugues Capet, jusqu'au Règne de François II. Il s'y trouve très-peu de changemens. Le troisième Tome commence à Henri III. & quoiqu'il finisse à la mort de Henri IV. on peut dire qu'il n'y a eu que les premières lignes de retouchées; car pour l'addition, depuis la paix de Vervins jusqu'à la mort du Roi Henri IV. elle est prise de l'Abrégé chronologique de cet Auteur. Cette Edition est beaucoup plus exacte que la première.
Voyez le *Mémoire de la Vie & des Ouvrages* de Mézeray, à la fin de cette Bibliothèque. = [*Compar. des Hist. de Daniel & de Mézeray*, *pag.* 91. = *Siècle de Louis XIV*. tom. II. pag. 393. = *Parrhasiana*, tom. I. p. 195. = *Ducatiana*, p. 440. = *Vie de Mézeray*, pag. 8. = Le Gendre, tom. II. p. 34. = *Journ. de Leips.* 1686, p. 401. = *Préf. des Observat. critiq. sur l'Hist. de Mézeray*. = *Nouv. Edition de l'Hist. de France de Daniel*, tom. I. *Avertissement*, pag. 3, *Préf*. pag. 82 & 109.]

15759. Observations critiques sur l'Histoire de France, écrite par Mézeray : *Paris*, 1700 : *Ibid.* Musier, 1720, *in-12*.

Pierre Bayle dit, dans sa Lettre cent quatre-vingt-quatorzième, *pag.* 741, qu'il a parcouru ces Observations, (de L'ESCONVEL) qu'elles lui ont paru la plupart mal fondées; elles ne regardent que le style. Prosper Marchand, dans sa note sur cet endroit, dit que cette critique est plutôt le fruit de l'oisiveté de son Auteur, que de son travail.

« L'Auteur de cette critique déclare, dès la première
» page, qu'il est persuadé que M. de Mézeray est un
» bon Historien, & que ce n'est que par amusement
» qu'il a entrepris de faire voir qu'il y avoit quelque
» chose à changer dans son Histoire de France. Cepen-
» dant dans l'Avis, il dit que son style est dur, quelques-
» unes de ses périodes mal liées, ses termes barbares &
» connus seulement du menu peuple; qu'il ne sçait pas
» faire le détail d'une action de guerre, & qu'il forme
» de mauvais raisonnemens sur toutes sortes de matiè-
» res. Comment un écrivain qui tombe dans toutes ces
» fautes, peut-il être bon Historien ? Il semble que le
» Critique devroit un peu mieux s'accorder avec lui-
» même ». *Journal des Sçavans*, du 20 *Mai* 1700.
☞ *Voyez* Lenglet, *Méth. historiq. in-4.* tom. *IV.* pag. 47, & *Supplément*, pag. 158. = *Hist. des Ouvrages des Sçav. Septembre* 1701. = *Lettres* de Bayle, *tom. II*, pag. 741.]

15760. ☞ Ms. Extrait de l'Histoire de France de Mézeray; par M. le Comte DE BOULAINVILLIERS : *in-4.* 5 vol.

Cet Extrait est indiqué au num. 2235, du Catalogue de M. Bernard.]

15761. ☞ Ms. Remarques du Chevalier GUICHENON, sur l'Histoire de Mézeray.

Ces Remarques sont conservées dans le Cabinet de M. Févret de Fontette, Conseiller au Parlement de Dijon.

On peut encore voir sur l'Histoire de Mézeray, le Discours préliminaire qui se trouve à la tête des Mémoires historiques & critiques de cet Auteur : *Amsterdam*, 1732 & 1752, *in-12*. & au tom. I. pag. 169, de l'ancien Gouvernement de la France de Boulainvilliers, où l'on trouve des Réflexions sur cette Histoire & sur celle du P. Daniel.]

15762. Abrégé Chronologique, ou Extrait de l'Histoire de France, depuis Pharamond jusqu'à la paix de Vervins, avec les portraits des Rois; par François (Eudes) DE MÉZERAY : *Paris*, Billaine, 1668, *in-4.* 3 vol. *Ibid.* 1673, & *Amsterdam*, 1674, *in-12.* 6 vol.

☞ *Voyez* sur l'Edition de 1668 & sur celles qui l'ont suivie, la Préface de la nouvelle Edition de cet Abrégé : *Amsterdam*, (*Paris*) 1755.]

Cet Abrégé vaut mieux que la grande Histoire du même Auteur. Il en a sur-tout ôté les médailles supposées, dont son Histoire est farcie : c'est le jugement du Père Ménestrier. Bayle, dans son *Dictionnaire historique & critique*, article *Ancillon*, Note D. dit que la seconde Edition est plus correcte que la première; car l'Auteur en ôta les fautes; mais comme il en ôta aussi des vérités qui avoient déplu, la première se fait toujours rechercher des curieux. Cet Abrégé finit en 1598, dans les Editions précédentes : mais il est continué jusqu'en 1610, dans celles qui suivent.

Le même Abrégé, continué jusqu'à la mort de Henri IV. *Paris*, Billaine, 1676, 1678, *in-12.* 8 vol. *Amsterdam*, 1682, *in-12.* 8 vol. *Paris*, 1690, *in-12.* 7 vol. *Ibid.* Thierry, 1698, *in-12.* 8 vol.

Le même, précédé de l'Histoire des François avant Clovis : *Amsterdam*, 1692, 1696, *in-12.* 7 vol.

Le même, augmenté de la Vie des Reines : *Amsterdam*, 1701, *in-12.* 6 vol.

Le même, sur l'Edition de Hollande : (*Rouen*) 1713, *in-12.* 6 vol.

Le même, troisième Edition : *Paris*, Osmond, 1717, *in-4.* 3 vol. & *in-12.* 10 vol.

C'est la même Edition en deux formes différentes.

Le même, traduit en Anglois; par Jean BUTEEL, *London*, Besset, 1683, *in-fol.*

Liv. III. Histoire Politique de France.

☞ Le même Abrégé : *Amsterdam*, (*Paris*) 1740, *in*-4. 4 vol. & *in*-12. 13 vol.

Cette Edition contient l'Origine des François, ou l'Avant-Clovis ; les Vies des Reines, un Avertissement, qui est de M. l'Abbé Goujet, des Notes de M. Amelot de la Houssaye, qui étoient manuscrites, en Latin, en Espagnol, en Italien, & quelques-unes en François. C'est l'Abbé Goujet qui en a fait le choix, & qui les a traduites.]

Le même : *Amsterdam*, (*Paris*) 1755, *in*-4. 4 vol. *in*-12. 14 vol.

Cette Edition comprend tout ce qui est dans les deux précédentes. On a ajouté à l'Avant-Clovis un Livre qui manquoit, un Abrégé chronologique de l'Histoire de France, les Notes d'Amelot de la Houssaye, la Continuation de Limiers, & une Table très-ample & très-bien faite, qui occupe le volume XIV. en entier.

Le même, traduit en Flamand : *Amsterdam*, 1682, *in*-4. 2 vol.

Mézeray a retouché, dans cet Abrégé, la Chronologie des deux premières Races, en quelques endroits. Il a composé ses Sommaires de l'Histoire Ecclésiastique, qu'il a placés à la fin de chaque siècle, sur les Mémoires de Jean de Launoy & de François Dirois, Docteurs en Théologie. Enfin il a continué son Histoire dans la troisième Edition de Paris, jusqu'en 1610 ; & cette Continuation a été ajoutée à la seconde Edition de sa grande Histoire, par les Libraires qui ont aussi détachés de l'Edition de 1685 le Traité de l'Origine des François, & les Vies des Reines de France, pour les placer dans l'Abrégé Chronologique.

☞ Voyez *Parall. des anciens & des modernes*, *t*. II. pag. 97. = *Observat. sur la Littér. moder. tom*. I. p. 189. = Lenglet, *tom*. IV. *p*. 41. = Préf. de l'*Hist*. du P. Daniel, *pag*. 70. = *Disc. des Mém. critiques* de Mézeray, *pag*. 41. = *Biblioth. Harley. tom*. II. *pag*. 511. = Mém. de Trévoux, Avril, 1741. = Le Père Niceron, *tom*. V. *pag*. 320. = *Vie de* Mézeray, *pag*. 28. = *Biblioth. anc. & moderne, tom*. XIV. *pag*. 233. = *Journ. historiq. Octob*. 1721. = *Rép. des Lettr. de* Bernard, Septembre, 1701. = *Biblioth. curieuse & instructive, pag*. 145.]

15763. ☞ Abrégé Chronologique de l'Histoire de France, sous les règnes de Louis XIII. & de Louis XIV. pour servir de suite à celui de Mézeray ; par Henri-Philippe de Limiers : *Amsterdam*, C. Mortier, 1723, *in*-12. 2 vol.

Il y a une Edition de 1728, 3 volumes, qui contient de plus la Vie de Mézeray, & une autre de 1734, *in*-12. 3 vol.

Cette Continuation est assez estimée, sur-tout pour la sincérité. *Voyez* la *Préface de la nouv. édit. de l'Abr. de* Mézeray, *de* 1755. = Lenglet, *tom*. IV. *pag*. 42. = *Journ. historiq.* Mars, 1717. = *Mém. de Trév.* Févr. & Juin, 1722, Juillet, 1734. = *Nouv. Littér. tom*. XI. *pag*. 115.]

15764. Histoire de France, depuis l'établissement de la Monarchie Françoise dans les Gaules, dédiée au Roi ; par le P. (Gabriel) Daniel, Jésuite : *Paris*, Mariette, 1713, *in-fol*. 3 vol. 1722, *in*-4. 10 vol.

Cette Histoire de France est bien écrite ; mais le premier volume est plus travaillé que le dernier. L'Auteur produit assez souvent en marge les garans de ce qu'il avance. Il place le commencement de la Monarchie Françoise à la première année du règne de Clovis, c'est-à-dire l'an de Jesus-Christ 468, & il regarde ce Roi comme le premier Monarque des François dans les Gaules. Ce sentiment avoit été soutenu par Louis Chantereau le Fevre, qui appelle Clovis le Fondateur de la Monarchie Françoise, dans la Préface de son Traité manuscrit de la Loi Salique. Mais quoique le P. Daniel ne commence son Histoire qu'au premier Roi Chrétien, il n'omet cependant rien de ce qui se trouve dans les Historiens qui l'ont précédé. Car, dans la première partie de sa Préface historique, il rapporte tout ce qu'il a cru de plus sûr touchant Pharamond, Clodion, Mérovée & Childéric. Il traite de fable la déposition de ce dernier, dans la seconde partie de cette Préface ; & dans la troisième, il examine si le Royaume de France a été depuis son établissement un Etat héréditaire ou successif. Il finit son Histoire à la mort de Henri IV. On a réimprimé *in*-4. en Hollande, cette Histoire, revue & corrigée par l'Auteur. [Cette Edition est en 7 volumes *in*-4. à deux colonnes.]

15765. ☞ La même, nouvelle Edition, augmentée de Notes, de Dissertations critiques & historiques, de l'Histoire du Règne de Louis XIII. & du Journal de celui de Louis XIV. ornée de Plans, de Cartes Géographiques & de Vignettes représentant des Médailles & des Monnoies de chaque Règne ; (par le P. Henri Griffet, Jésuite) : *Paris*, 1755 *& suiv. in*-4. 17 vol.

On ne trouvera pas ici le détail de toutes les Dissertations répandues dans le corps de cet Ouvrage : elles sont portées à l'article des *Mélanges*, ci-devant, N.° 15591, à l'exception des Vies particulières.

Le Tome I. commence à Clovis en 468, & finit à la mort de Clotaire II. en 628. On trouve à la tête un Avertissement du Père Griffet, sur cette nouvelle Edition, & sur la Vie & les Ouvrages du Père Daniel ; une Epître au Roi, du Père Daniel ; la première Préface du même, & sa seconde Préface, qui est historique ; Table où l'on marque la division de la Monarchie Françoise en divers Royaumes, & les noms de tous les Rois de la première Race qui y ont régné.

Le Tome II. commence à Dagobert, en 621, & finit à la mort de Charles-le-Chauve, en 877. On y trouve, après la page 220, une Chronologie de la première Race des Rois de France, & des Notes Chronologiques sur l'Histoire de cette Race.

Le Tome III. commence à Louis-le-Bègue, en 877, & finit à la mort de Louis-le-Jeune, en 1180.

Le Tome IV. ———— à Philippe Auguste, en 1180, & finit à la mort de Philippe-le-Hardi, en 1285.

Le Tome V. ———— à Philippe-le-Bel, en 1285, & finit à la mort du Roi Jean, en 1364.

Le Tome VI. ———— à Charles V. en 1364, & finit à la mort de Charles VI. en 1422.

Le Tome VII. ———— à Charles VII. en 1422, & finit à la mort de Louis XI. en 1483.

Le Tome VIII. ———— à Charles VIII. en 1483, & finit à la mort de Louis XII. en 1515.

Le Tome IX. ———— à François I. en 1515, & finit à la mort de Henri II. en 1559.

Le Tome X. ———— à François II. en 1559, & finit à la mort de Charles IX. en 1574.

Le Tome XI. ———— à Henri III. en 1574, & finit à l'Assemblée des Etats de Paris, sous Henri IV. le 26 Janvier 1593.

Le Tome XII. depuis le 26 Janvier 1593, jusqu'à la mort de Henri IV. en 1610.

Le Tome XIII. comprend le Règne de Louis XIII. depuis 1610 jusqu'en 1630, avec une Préface.

Le Tome XIV. la suite de Louis XIII. depuis 1630 jusqu'en 1637.

Le Tome XV. la suite de Louis XIII. depuis 1637 jusqu'à sa mort, en 1643. On trouve à la fin : Suite du Chapitre I. du Testament politique du Cardinal de RIchelieu, & quatre pièces fur les affaires de Mantoue, ès années 1628-1629-1630.

Le Tome XVI. contient un Journal Historique du règne de Louis XIV. depuis 1643 jusqu'à sa mort, en 1715. On trouve à la fin les Traités de paix faits pendant ce Règne, à commencer depuis celui de Munster, jusqu'à celui de Bade.

Le Tome XVII. contient une Table générale des matières, pour les seize volumes précédens, & quatre Cartes dressées pour la lecture de cette Histoire, par le sieur Robert, en 1756.

Le but du Père Daniel, dans sa première Préface, est de donner des règles & de tracer le modèle d'une Histoire parfaite, particulièrement de celle de France. Il examine quelles doivent être les qualités d'un Historien, les sources où il doit puiser, les monumens qu'il doit consulter, & les défauts qu'il doit éviter ; quel doit être son style & son langage, & quelles connoissances il doit avoir de toutes les Histoires qui ont quelque connexité avec la sienne. Il rapporte des exemples tirés des Auteurs qui l'ont précédé, pour en faire voir, ou la conformité avec les règles, ou les excès dans lesquels ils ont donné. Il défend, entr'autres choses, à un Historien d'être partial, & donne une idée de la conduite qu'il a tenue dans des faits de parti. Il pense qu'on ne doit s'en prendre qu'à l'ignorance & à la négligence de nos premiers Historiens, de l'obscurité & de la stérilité qui règne dans les deux premières Races. Cette Préface est bonne & judicieuse, & il seroit à souhaiter que nous eussions une Histoire écrite selon les règles qu'elle prescrit.

Il a partagé sa Préface historique en trois Sections. Dans la première, il soutient, contre le sentiment de tous les Historiens, que c'est Clovis qui a fondé la Monarchie Françoise en deçà du Rhin, qui y a fixé la Nation, & que ses prédécesseurs en avoient été toujours chassés, quand ils avoient tenté de s'y établir : ce qu'il prétend prouver, tant par le silence que par le témoignage des Auteurs contemporains. Dans la seconde, il soutient la fausseté de la déposition de Childéric, & de l'élection du Comte Gilles, Général de l'armée Romaine. Dans la troisième, il montre que l'Empire François fut héréditaire sous la première Race; qu'il y eut quelque changement sous la seconde, mais qu'il redevint héréditaire sous la troisième, & qu'il a continué sur ce pied fans aucune interruption jusqu'à nos jours. Tous ces morceaux sont remplis d'érudition & de critique; mais ils donnent lieu eux-mêmes à de justes critiques, sur quoi l'on peut voir ci-devant, N.° 15442, 15451, &c.

On trouve dans le *Ducatiana*, pag. 426 : Essai d'une critique de l'Histoire de France du Père Daniel, relatif à l'Extrait que les Journalistes de Trévoux ont donné de la dernière partie de cette Histoire, dans leur Journal du mois de Juin 1713. Cet Essai est fait en faveur des Protestans, contre ce qu'a dit à leur sujet le Père Daniel.

Voyez Boulainvilliers, *Hist. de l'ancien Gouvern. de France*, tom. I. pag. 195. = *Biblioth Harley*. tom. II. pag. 509. = Lenglet, tom. IV. pag. 47, & *Supplément*, p. 159. = *Journ. des Sçav. Avril*, 1696 : *Juillet*, *Août*, 1713 : *Août*, *Sept. Décemb*. 1756. = *Hist. des Ouvr. des Sçav. Octob*. 1696. = *Biblioth. choif*. tom. XXVII. pag. 1. = *Biblioth. anc. & mod*. tom. XIV. pag. 230 : tom. XXII. pag. 168. = *Journal Histor. Juillet*, 1721. = *Longuer*. pag. 2. = *Mém. de Trév. Avril*, *Mai*, *Juin*, 1713 : *Août*, 1723. = *Eloge de quelques Aut. François*, pag. 418. = *Ducat*. p. 226. = *Biblioth. Neocori*, tom. I. pag. 209. = *Observ. sur la Litter. moder*. tom. I. p. 190. = *Compar. des Hift. de Mézeray & de Daniel*, pag. 49. = *Journ. de Leipf*. 1698, pag. 153 : 1714, pag. 212. = *Siècle de Louis XIV*. tom. II. p. 368. = *Disc. prélim. de l'Hist. critiq. de Dubos*, pag. 57. = *Nouv. édit. de l'Hist. de France de Daniel*, tom. I. *Avertiff*. pag. 24. = *Année Litter*. 1755, tom. II. p. 351 : 1756, tom. IV. pag. 189 : 1757, tom. I. pag. 3.]

15766. ☞ Abrégé de l'Histoire de France; par le P. DANIEL : *Paris*, 1724, *in*-12. 9 vol. *Voyez* Lenglet, tom. IV. p. 42. = *Journ. des Sçav. Septembre*, 1724.]

☞ Le même : *Paris*, 1727, *in*-4. 6 vol.]

☞ Le même Abrégé, augmenté de l'Histoire de Louis XIII & de Louis XIV. par le P. (DORIVAL, Jésuite) : *Paris*, 1751, *in*-12, 12 vol.]

15767. Histoire du Père Daniel, traduite en Allemand : *Nuremberg*, 1760, *in*-4. 10 vol. (seulement jusqu'en 1589).]

15768. ☞ Recueil de l'Histoire de France; contenant les Faits, Gestes & Vies illustres de tous les Rois, depuis Pharamond jusqu'au Roi Louis XIII. à présent régnant, avec ce qui s'est passé entre les Maisons de France & d'Autriche, jusqu'au sacre du Roi régnant aujourd'hui ; ensemble la Chronologie des Papes & Empereurs, & les noms des Archevêchés & Evêchés du Royaume de France ; augmentée en cette dernière Edition des pompes solemnelles du Couronnement de la Reine : *Lyon*, Rigaud, 1611, *in*-16.

Cet Abrégé commence à Pharamond, & finit à la mort de Henri IV. en 1610.]

15769. ☞ Abrégé de l'Histoire Françoise, avec les Effigies des Rois : *Rouen*, 1610, *in-fol*.]

15770. Le sacré Trône des Rois de France, jusqu'à Louis XIII. par J. Philippe VARIN : *Paris*, 1611, *in*-8.

— ☞ Le Tréfor des Histoires de France; par Gilles CORROZET, &c.

Voyez au commencement de l'Article suivant.]

15771. Histoire de France ; par Claude VILLETTE, Chanoine de S. Marcel.

Cette Histoire est imprimée avec ses *Annales de l'Eglise* : *Paris*, Fouet, 1616, *in*-4.

15772. Histoire universelle de toutes les Nations, & spécialement des Gaulois & Françcois, contenant l'origine & lignée de tous les anciens Rois, Princes & Peuples de la Terre ; les Controverses des Gaulois & Francs contre divers Peuples, pour la gloire & prééminence de leur Nation; l'abus de ceux qui les ont estimés issus des Allemands, ou pensé qu'aucun Peuple de la France eût autre origine que la Gauloise. Les droits & prérogatives de leurs Rois, tant sur l'Empire que sur plusieurs autres Royaumes ; comme Pharamond, Charlemagne & Hugues-Capet sont issus de une même souche masculine, la plus illustre de la terre ; & toutes autres choses généralement les plus remarquables, depuis la création du monde jusqu'à l'an de Jesus-Christ 1621, avec une Apologie pour la défense de quelques Auteurs, qu'aucuns modernes rejettent comme fabuleux & supposés ; par Jacques CHARRON, Ecuyer, Sieur de Monceaux, Valet-de Chambre ordinaire du Roi : *Paris*, Blaife, 1621, *in-fol.*

Le Difcours que cet Auteur a fait pour la défenfe des prétendus Bérofe, Manéthon, Hunebaud, & autres Hiftoriens décriés ou fuppofés, forme un préjugé très-peu avantageux à cette Hiftoire, dans laquelle l'Auteur, crédule jufqu'à l'excès, a rapporté toutes les fables publiées par ces Auteurs, touchant l'origine des François.

15773. Hiftoire & Recueil des Geftes & Règnes des Rois de France, leur Couronnement & Sépulture, les noms des Roynes leurs Epoufes & de leurs Enfans. Enfemble les événemens & chofes remarquables advenus en chacun fiècle jufqu'à préfent; par Pierre AUBERT, Confeiller au Préfidial de Beauvais : *Paris*, Chaftelain, 1622, *in-4*.

15774. ☞ Hiftoire générale de France, tirée de Jean de Serres, de Matthieu, &c. en Anglois : 1624, *in-fol.* fans nom de ville.]

15775. Sylvæ Regiæ, feu Gallorum Monarchiæ Panegyrica duodecim Balthazaris DE VIAS, Nobilis Maffilienfis, ufque ad Ludovicum XIII. quibus felecti Annalium Francicorum & politioris litteraturæ flores inferuntur : *Parifiis : Romæ : Aureliis : Antverpiæ : Venetiis*, 1623, *in-4*.

L'Auteur, qui étoit Gentilhomme ordinaire de la Chambre du Roi, a cru rendre fon Ouvrage plus recommandable, en le produifant comme imprimé dans les Villes les plus célèbres.

15776. ☞ Rerum Gallicarum Epitome, quadrilingue, ad Ludovicum XIII. perductum à Joan. THOMASSINO : *Notre-Dame de l'Hermitage, en Suiffe*, (& *Paris*, Boudot) 1693, *in-8*. 2 vol.]

15777. La Franciade, ou l'Hiftoire générale des Rois de France, depuis Pharamond jufqu'à Louis le Jufte, en Vers François ; par GEUFFRIN : *Paris*, 1623, *in-8*.

15778. ☞ La fainte Franciade ; par Jacques CORBIN : *Paris*, 1634, *in-8*.]

15779. ☞ Hiftoire généalogique des Rois de France, avec leurs Portraits ; extraite de l'Hiftoire univerfelle de Jacques CHARRON : *Paris*, Blaizé, 1630, *in-8*.]

15780. Florus Francicus, feu Rerum à Francis bello geftarum Epitome; auctore Petro BERTHAULT, Congregationis Oratorii Presbytero : *Parifiis*, 1630, *in-24. Ibid.* 1636, *in-8*. Tertia Editio : *Parifiis*, 1640, *in-12*. Quinta Editio, 1647. Sexta Editio : 1660 : *Coloniæ*, 1653, 1659, *in-24. Lugduni*, 1671 : *Cadomi*, 1678, *in-12*.

Cet Auteur eft mort Chanoine de Chartres en [1681]. Il a conduit fon Abrégé depuis l'an de Jefus-Chrift 420, jufqu'en 1630. Son Ouvrage, dont le ftyle eft élégant, paffe pour un des meilleurs Abrégés de notre Hiftoire.

☞ Le Florus Francicus eft divifé en quatre Livres. On trouve à la tête du premier, les différens fentimens fur l'origine des Francs. L'Auteur croit qu'il ne faut pas la chercher ailleurs que dans le Pays où ils ont été connus des Romains, c'eft-à-dire, entre l'Elbe & le Rhin : delà pendant 160 ans ils firent des courfes dans les Gaules, & s'y établirent fous Pharamond, &c. Ce Livre s'étend jufqu'à l'élection de Pepin, que l'Auteur fixe à l'an 750, mais qui eft de 752. Le fecond Livre va jufqu'à Hugues-Capet, Chef de la troifième Race, c'eft-à-dire, jufqu'à l'an 988 (ou plutôt 987). Le troifième finit à Louis XI. l'an 1461, & le quatrième en 1630. On trouve enfuite une Table Chronologique des Rois de France, & une Lifte des Archevêchés & Evêchés de ce Royaume.

Voyez Lenglet, *Méth. hiftoriq. in-4. tom. IV. p. 39*, & *Supplément, pag. 158*. = Sorel, *pag. 345.* = *Hiftoire critique des Journ. pag. 14*.

Dupleix, jaloux du bruit que pourroit faire cet Ouvrage, & de l'eftime qu'on avoit pour l'Auteur, fut trouver le Père Berthault, & lui dit : « Mon Père, le » Livre que vous voulez faire imprimer eft fort bon; » mais j'entends que vous annonciez dans la Préface » qu'il eft entièrement traduit de mes Œuvres, & tiré » de mon Hiftoire de France ». Le Père le Cointe, qui fut informé peu de temps après de la ridicule prétention de Dupleix, lui en fit de vifs reproches, en lui remontrant qu'il étoit impertinent de demander pareille chofe au Père Berthault, qui étoit d'ailleurs fi docile, qu'il fut fur le point de faire ce que Dupleix exigeoit de lui.]

15781. ☞ Raccolta dell' Iftoria di Francia, fatta dal Signor di Lamy : *Bologna*, Zenero, 1651, *in 12*.]

15782. Hiftoire Celtique, où fous les noms d'Amindorix & de Célanire, font comprifes les principales actions de nos Rois, & les diverfes fortunes de la Gaule & de la France; par Fr. HOTMAN, Sieur de la Tour : *Paris*, 1634, *in-8*. en vers.

15783. ☞ Amours des Rois de France : *La Haye*, 1739, *in 12*.]

15784. Les Avantures de la France, de Jean HEUDON, Poëme en cinq Livres : *Paris*, Bonfons, 1602, *in-12*.

15785. Epitome Hiftoriæ Regum Franciæ, à Pharamundo ufque ad annum 1632, ex Dionyfio PETAVIO excerpta, per Ægidium LACARRY, è Societate Jefu, & Chronologia Regum Franciæ : *Claromontii*, Jacquart, 1672, *in-4*.

C'eft un Extrait du Chapitre XLVIII. du Livre XI. intitulé : *De Doctrina Temporum*.

☞ *Voyez* Lenglet, tom. IV. *pag. 40*.]

15786. Abrégé de l'Hiftoire de France; par CHOMER : *Rouen*, 1636, *in-8*. [*Paris*, 1665, *in-12*. 2 vol.]

15787. Les vrais Portraits des Rois de France, tirés de leurs Monumens; par Jacques DE BIE, Calcographe : *Paris*, 1636, *in-fol*.

Le même Livre, fous ce titre : Les vrais Portraits des Rois de France, tirés de ce qui nous refte de leurs Monumens, Sceaux & Médailles, & autres Effigies, confervés dans les rares & curieux Cabinets; par le même, feconde Edition, augmentée de nouveaux Portraits, & enrichie des Vies des Rois; par Hilarion DE COSTE, Religieux de l'Ordre des Minimes : *Paris*, Camufat, 1636, *in-fol*.

15788.

15788. La France Métallique, contenant les Actions célèbres, tant publiques que privées, des Rois & Reines, depuis Pharamond jusqu'à Louis XIII. remarquées en leurs Médailles d'or, d'argent & de bronze, tirées de plusieurs Cabinets; avec une explication ou sommaire Description de ces Médailles: *Paris*, Camusat, 1636, *in-fol.*

DE BIE est aussi l'Auteur de ce Recueil. [Il étoit né à Anvers en 1581.] « Les Portraits des Rois de France, » qu'on a insérés dans l'Histoire de Mézeray, après avoir » paru sous le nom de Jacques de Bie, pour être de bon » goût, bien désignés & bien gravés, ne sont pas pour » cela plus véritables; & de Bie ne fut pas en ce point » plus véritable qu'en sa *France Métallique*, dont pres- » que toutes les Médailles sont forgées de sa seule ima- » gination ». De Brianville, dans l'Avis au Lecteur, qui est au-devant de son *Abrégé de l'Histoire de France*.

☞ *Voyez* Lenglet, tom. *IV*. pag. 42. = *Vie de Mézeray*, pag. 11. = *Biblioth. Clément. tom. IV. p. 228.*]

15789. Mſ. Discours sur les véritables Effigies de nos Rois de la première & du commencement de la seconde Race; par René Auber DE VERTOT, Prieur de Pubelle, de l'Académie Royale des Inscriptions.

Ce Discours est conservé dans les Registres de cette Académie, année 1708.

15790. Portraits des Rois, Princes & Seigneurs de France, gravés par Balthasar MONCORNET: *Paris*, B. Moncornet, *in-4.*

15791. Portraits des Rois de France, avec un sommaire Discours contenant les principales Actions de leur Règne, leur Naissance, Mariage, Décès, & autres Remarques curieuses, depuis Pharamond jusqu'à Louis XIII. par A. V. *Paris*, Poissévin, (1652) *in-fol.*

15792. ☞ Portraits des Rois de France, & Tableaux historiques des illustres François & Etrangers, avec des Eloges sommaires, gravés par DURET & BOISSEVIN: *Paris*, *in-4.*]

15793. * Les augustes Représentations de tous les Rois de France, depuis Pharamond jusqu'à Louis XIV. avec un Abrégé historique sous chaque Portrait; par N. DE LARMESSIN: *Paris*, Bertrand, 1679, *in-4.*

☞ Le même: 1711, *in-4.*]

15794. Recueil de l'Histoire de France, contenant les divers succès des Armes de nos Rois, depuis la naissance de la Monarchie jusqu'à présent; par LAMY: *Paris*, 1634, *in-12.* 1640, 1645, *in-16. Ibid.* 1647, *in-24. Toulouse*, 1651: *Paris*, 1652, 1654, *in-12.* [*Paris*, Jost, 1656, *in-16.*]

Ce n'est que le *Florus Gallicus* traduit en François, & continué jusqu'en 1640.

15795. Rerum Gallicarum Liber primus; auctore Joanne SAMBLANCATO, Tolosano: *Tolosa*, 1635, *in-8.* Earumdem Liber quintus: (1637) *in-4.*

Les Livres second, troisième & quatrième n'ont point été imprimés.

15796. Annales de France, depuis le commencement de la Monarchie jusqu'en 1642; par PIERRE DE SAINT ROMUALD, Religieux Feuillent.

Ces Annales sont imprimées aux Tomes II. & III. de son *Trésor chronologique*: *Paris*, 1642, *in-fol.*

15797. Mémoires de la Marine, ou Sommaire de ce qui s'est passé de considérable sur Mer, depuis le commencement de la Monarchie jusqu'en 1642; par Georges FOURNIER, Jésuite.

Ces Mémoires sont imprimés au Livre VI. de son *Hydrographie*: *Paris*, 1643, 1667, *in-fol.*

15798. Portraits des Rois de France, avec un Sommaire de leur Règne, jusqu'à Louis XIV. Ensemble les Hommes illustres dans les Armes & dans les Lettres; par divers Graveurs: *Paris*, *in-4.*

15799. Abrégé de l'Histoire de France jusqu'à la mort de Louis XIII.

Cet Abrégé est imprimé au tom. I. du *Portrait historique & géographique de l'Europe*, pag. 353: *Paris*, 1675, *in-12.*

15800. ☞ Mſ. Journaux des Règnes de nos Rois, faits sur les Registres du Parlement; par M. (Louis) AUBERY, Avocat au Conseil: *in-fol.*

Ce Manuscrit [étoit] dans la Bibliothèque de M. le Président de Lamoignon. Louis Aubery est mort en 1694.]

15801. Les mémorables Journées des François, où sont décrites leurs grandes Batailles & Victoires, depuis le commencement de la Monarchie jusqu'à présent; par Antoine GIRARD, Jésuite, avec des figures de Chauveau: *Paris*, 1646, 1647, *in 4. 1682, in-12.* 2 vol. [Nouvelle Edition, augmentée: *Paris*, 1696, *in-12.* 2 vol.]

La première Bataille décrite dans cet Ouvrage, est celle de Tolbiac, qui se donna en l'année de Jesus-Christ 498, & la dernière est celle de Rocroy, en 1643, ajoutée après coup.

☞ L'Auteur est mort vers 1680. « Son style, ses ré- » flexions, se ressentent du temps où il écrivoit, & la plu- » part des faits qu'il rapporte ne sont soutenus de l'au- » torité d'aucun Historien »: M. Alletz, dans la Préface de l'Ouvrage qui suit: « Mais le titre de *Journées mé- » morables*, ou *Batailles mémorables des François*, qui » est celui du Jésuite, est plus juste que celui de *Victoi- » res mémorables des François*, de M. Alletz. Car ce » sont des Victoires déplorables que celles que les Fran- » çois ont remportées sur les François même, dans » l'horreur des discordes civiles, à Dreux, à S. Denys, » à Jatnac, à Moncontour, à Coutras, à Arques, à Ivry. » On ne doit pas mettre non plus au rang des expédi- » tions heureuses la Bataille de Fontenay, si funeste à » la Maison Carlovingienne, & si célèbre par l'épuise- » ment du sang François ». *Journal des Sçavans*, du mois de Décembre 1754.

Le Père Girard a donné aussi deux combats de la première Race, que M. Alletz a cru devoir négliger. Ce sont ceux de Soissons en 597, & de Narbonne en 731.

L'Ouvrage du Jésuite contient le récit de quarante-six Batailles gagnées par les François, depuis celle de Tolbiac, jusques & compris celle de Rocroy. L'Auteur, qui n'a pour but que d'étaler les belles actions de la Nation Françoise, a supprimé, avec raison, les Batailles perdûes. Il est commode de trouver cette suite rangée; mais cependant il faut avouer qu'il est toujours plus sûr de recourir aux Auteurs contemporains, ou gens du métier, qui nous ont transmis des Mémoires à ce sujet. On trouve à la tête du Livre une Préface sur la valeur des François, & sur l'avantage qu'ils ont sur les autres Nations dans l'exercice des armes.

Bien loin que la Bataille de Rocroy ait été mise après coup, je croirois que tout ce Livre n'a été fait que pour en venir là.]

☞ Les Batailles des François, depuis celle de Tolbiac en 498, jusqu'en 1692 : *Amsterdam*, Gallet, *in*-12. 2 vol. *Ibid.* 1701, sous ce titre : Batailles mémorables.]

15802. ☞ Victoires mémorables des François, ou les Descriptions des Batailles célèbres, depuis le commencement de la Monarchie jusqu'à la fin du Règne de Louis XIV. (par Pons-Augustin ALLETZ) : *Paris*, 1754, *in*-12. 2 vol.

Cet Ouvrage, qui commence comme le précédent, à la Bataille de Tolbiac, va jusqu'aux Lignes de Denain, forcées en 1712 par le Maréchal de Villars. L'Auteur a placé à la tête du récit de chaque Bataille, une espèce de Préliminaire, pour mettre le Lecteur au fait de l'état de la France, peu avant l'action dont il s'agit, & pour lui exposer les causes qui l'ont occasionnée. Souvent le caractère des Généraux y est tracé avec fidélité. M. Alletz a de plus recueilli, dans nos Ecrivains Militaires, les réflexions qu'ils ont faites sur les actions qu'il décrit. Dans les remarques qu'il sème à la fin de ses récits, il rapporte les changemens qui se sont introduits dans la Discipline Militaire, dans l'ordre du Service, dans la forme des Régimens, dans le choix & la fabrique des armes; en sorte que son Livre est une espèce d'Histoire suivie de la naissance & des progrès de l'Art Militaire en France.

Voyez *Mém. de Trévoux*, Décembre, 1754. = Journ. des Sçavans, Décembre, 1754. = Année Litter. 1755, tom. V. pag. 117.]

15803. Recherches curieuses des Annales de France; par Pierre DU VAL, Géographe du Roi : *Paris*, 1646, [1661, Cloufier] *in* 8.

15804. Abrégé de l'Histoire de France; par MM. DE SAINTE-MARTHE.

Cet Abrégé est imprimé au tom. I. de l'*Histoire généalogique de la Maison Royale* : *Paris*, 1647, *in-fol.*

15805. Réflexions Chrétiennes & Politiques sur la Vie des Rois de France; par René DE CERISIERS, Aumônier du Roi : *Paris*, 1641, 1644, *in*-12.

Le même Livre, augmenté par l'Auteur, & publié sous ce titre : Le Tacite François, avec des Réflexions Politiques & Chrétiennes sur la Vie des Rois de France : *Paris*, 1648, *in*-4. 2 vol. *Ibid.* 1653, *in*-12. 2 vol.

Il Tacito Francese, tradotto da Cesare Gustiniani Masucci : *In Roma*, 1680, *in*-12.

Voyez Sorel, *pag.* 345.

15806. Nouvelle Histoire de France, contenant premièrement, l'Histoire des Rois jusqu'à la mort de Louis XIII. secondement, les Mœurs & Coutumes de la Nation dans les différens états de la Monarchie; troisièmement, la Généalogie de la Maison Royale; quatrièmement, l'Histoire des grands Officiers de la Couronne; avec un jugement sur les principaux Historiens contemporains, dont on s'est servi pour composer cette Histoire; par Louis LE GENDRE, Chanoine de l'Eglise de Paris : *Paris*, Robustel, 1718, *in-fol.* 2 vol. & *in*-12. 7 vol. [1719, *in*-12. 8 vol.]

Le style de cette Histoire est vif, net & châtié; les faits y sont appuyés sur l'autorité des Auteurs contemporains, que l'Auteur a consultés avec beaucoup de soin. Quoique l'Histoire des Rois ne contienne guères qu'un volume *in-fol.* l'Auteur prétend n'avoir rien omis de ce qui doit entrer dans une Histoire générale; aussi l'a-t-il dégagée de tout ce qui regarde les Reines, & les grands Officiers de la Couronne, dont il rapporte les faits les plus remarquables dans la troisième & la quatrième Partie. Les jugemens courts & précis qu'il fait de nos Historiens, sont des preuves qu'il les a lus avec attention.

15807. ☞ Histoire de France, depuis l'établissement de la Monarchie jusqu'au Règne de Louis XIV. par M. l'Abbé VELLY, & continuée par MM. VILLARET & GARNIER : *Paris*, 1755 *& suiv. in*-12. 18 vol. &c.

On a donné l'année dernière 1767, les Tomes XVII & XVIII. L'Ouvrage se continue.

Le Tome I. s'étend depuis Pharamond, en 420, jusqu'à la mort de Charlemagne, en 814.

Le Tome II. depuis Louis le Débonnaire, en 814, jusqu'à la mort de Philippe I. en 1108.

Le Tome III. depuis Louis le Gros, en 1108, jusqu'à la mort de Philippe II. en 1223. On trouve à la tête de ce volume une Préface servant de réponse aux Critiques de cet Ouvrage insérées dans le *Journal de Verdun*, Avril, 1755; dans celui de *Trévoux*, Décembre, 1755; & dans une Pièce intitulée : *Lettre importante sur l'Histoire de France.*

Le Tome IV. depuis Louis VIII. en 1223, jusqu'à l'an 1250, sous S. Louis.

Le Tome V. continuation du Règne de S. Louis, jusqu'en 1266.

Le Tome VI. la fin du Règne de S. Louis, & celui de Philippe le Hardy en entier.

Le Tome VII. celui de Philippe le Bel.

Le Tome VIII. depuis Louis X. en 1314, jusqu'à la mort de Philippe de Valois, en 1350.

Le Tome IX. le Règne du Roi Jean.

Le Tome X. celui de Charles V. jusqu'en 1378.

Le Tome XI. le reste du règne de Charles V. & le commencement de celui de Charles VI. jusqu'en 1387.

Le Tome XII. Charles VI. jusqu'en 1407.

Le Tome XIII. Charles VI. jusqu'en 1418.

Le Tome XIV. le reste de Charles VI. & le commencement de Charles VII. jusqu'en 1430.

Le Tome XV. la suite de Charles VII. jusqu'en 1450.

Le Tome XVI. le reste de Charles VII. & le commencement de Louis XI. jusqu'en 1463.

Le Tome XVII. la suite de Louis XI. de 1463 à 1472.

Le Tome XVIII. la suite de Louis XI. de 1472 à 1480.

M. l'Abbé Velly est mort en 1759, & M. Villaret, qui a continué cette Histoire depuis le Règne de Philippe de Valois, est mort en 1766. M. l'Abbé Garnier, Professeur Royal en Hébreu, de l'Académie des Belles Lettres, a été choisi pour le remplacer. Sa continuation commence à la page 348, du Tome XVII.

Voyez *Mercure*, Avril, 1755. = Journ. *des Sçavans*,

Préliminaires de l'Histoire des Rois.

1755, Octobre, 1756. = *Mém. de Trév. Décemb.* a 1755. = *Journ. de Verdun*, Septembre, 1756. = *Année Littér.* 1755, tom. I. 1756. & tom. IV. pag. 239.]

15808. ☞ Remarques sur une nouvelle Histoire de France de M. l'Abbé Velly; (par M. LEBEUF), *Journ. de Verdun, Avril, 1755.*]

15809. ☞ Lettre à M. l'Abbé Velly, sur les Tomes III & IV. de son Histoire de France, au sujet de l'autorité des Etats, & du droit du Parlement de vérifier les Edits, Déclarations, &c. (1756), *in-12.*]

15810. ☞ Lettre sur le Tome VI. de l'Histoire de France de M. l'Abbé Velly.

Cette Lettre se trouve au *Journal de Verdun*, Septembre, 1758, pag. 180.]

15811. ☞ Observations sur quelques endroits de l'Histoire de France de M. l'Abbé Velly; (par M. MIGNOT, Chantre de l'Eglise d'Auxerre).

Ces Observations sont imprimées dans le *Journal de Verdun*, Juillet, 1763, pag. 40.]

15812. ☞ Histoire générale de France, depuis Pharamond jusqu'à présent, avec l'état de l'Eglise & de l'Empire, & les Mémoires des Gaules, depuis le Déluge jusqu'à l'établissement de la Monarchie Françoise; par Scipion DUPLEIX, Historiographe de France: *Paris*, 1621 & *suiv. in-fol.* 5 vol.

Le Tome I. qui finit avec la seconde Race, a été imprimé en 1621, 1631, 1634, 1649. Le second, qui va jusqu'à la mort de Louis XI. l'a été en 1624 & 1638. Le troisième, qui se termine à la mort de Henri III. a été imprimé en 1630, 1637, 1641. Le quatrième, qui comprend les Règnes de Henri IV. & de Louis XIII. jusqu'en 1635, l'a été cette année là. La continuation de ce Règne, jusqu'en 1643, l'a été aussi cette année 1643.

La même Histoire, continuée par l'Auteur jusqu'en 1646: *Paris*, 1648, *in-fol.* 5 vol. Sixième Edition, 1650, 1654, 1665.

☞ « Cette Histoire seroit passable, s'il n'avoit pas » tant flatté le Cardinal de Richelieu; mais il est excusa- » ble de ce qu'il ne pouvoit alors faire autrement, puis- » qu'il écrivoit l'Histoire de son temps, sous celui qui y » prenoit part, & qui vouloit que cela fût ainsi ». *Gui Patin*, Lettre 150.]

Dupleix est mort en 1661. On peut voir à la fin de cette Bibliothèque historique, le Mémoire qui concerne sa Vie & ses Ouvrages; & sous l'Histoire de Louis XIII. année 1634, les Critiques que l'on a faites de son Histoire de Henri IV. & de Louis XIII.

☞ *Voyez* Sorel, pag. 340. = *Siècle de Louis XIV.* tom. II. pag. 372. = Le P. Niceron, tom. III. pag. 305; tom. XLIII. pag. 80 & 208. = *Vie de Mézeray*, pag. 18. = Lenglet, *Méth. hist. in-4.* tom. IV. pag. 45. = Lettre de Gui Patin, tom. II. pag. 151. = *Mém. d'un Favori du Duc d'Orléans*, p. 184. = Isaac, *in notit. script. Hist. Gall. part.* 2, pag. 16. = *L'Esprit de la Ligue*, tom. I. pag. LII.]

15813. Epitome de l'Histoire de France, tirée de l'Histoire générale de Scipion Dupleix; par Guy RÉMOND, Notaire, enrichi de figures: *Paris*, 1647, *in-12.* 2 vol.

Le même, sous ce titre: Abrégé de l'Histoire de France de Scipion Dupleix, continué jusqu'en 1661: *Paris*, 1662, *in-12.* 4 vol.

☞ Guy Rémond étoit Notaire au Châtelet de Paris; il dédia la première Edition de ce Livre à Henri de Mesmes, Président au Parlement de Paris, par un Poëme Latin de près de cent vers, & la seconde Edition à Jean-Antoine de Mesmes, frère du premier, par une Epître aussi en vers Latins. Il conçut le dessein de faire cet Abrégé du consentement de Dupleix, qui lui donna un certificat que cet Abrégé étoit dans le sens de son Histoire. Cette Histoire lui ayant paru plus nette & plus ample que celles de plusieurs autres Auteurs, il le choisit préférablement pour en publier un Abrégé, dans lequel il a soin d'avertir qu'il s'est beaucoup plus resserré sur les Mémoires des Gaules que sur l'Histoire de nos Rois, parceque la plupart des Lecteurs sont moins curieux de l'Histoire ancienne que de la moderne. Pour se souvenir, ajoute-t-il, avec plus de facilité de ce qui concerne nos Rois, j'ai mis au bas du Portrait de chacun d'eux, un distique Latin, avec la traduction en deux vers François, où l'on voit, en quelque sorte, un abrégé de tout ce qu'ils ont fait.]

15814. Nicolai VELLII, Franciados Libri duo: *Parisiis*, 1649, *in-8.*

Je ne sçai si c'est une Histoire de France, ou seulement une Description du Royaume.

15815. Eloges historiques des Rois de France; par Philippe LABBE, Jésuite.

Ces Eloges sont imprimés au tom. II. de son *Abrégé de l'Alliance chronologique de l'Histoire sacrée & prophane: Paris*, 1651, 1664, *in-4.*

15816. ☞ Les Tombeaux & Mausolées des Rois inhumés dans l'Eglise du Monastère Royal de Saint-Denys en France, depuis le Roi Dagobert jusqu'à Louis XIII. avec un abrégé des choses les plus notables arrivées pendant leur Règne; par Dom Louis-Gabriel BROSSE, Bénédictin, (mort en 1685): *Paris, in-8.*]

15817. Philippi Jacobi SPENERI, Synopsis rerum Gallo-Francicarum: *Basileæ*, 1660, *in-4.*

Cet Auteur Allemand est mort en 1705.

15818. La Gallerie des Peintures, ou Recueil des Portraits du Roi, de la Reine, des Princes & Dames illustres, &c. *Paris*, 1663, *in-12.* 2 vol.

15819. ☞ Ms. Carmen de nominibus & ordine Regum Franciæ; auctore Nicolao NANCELIO: *in-8.*

Ce Manuscrit se trouve indiqué au num. 15541, du Catalogue de M. Colbert.]

15820. Histoire des Rois de France, depuis l'origine des François jusqu'en 1663; par Michel DE MAROLLES, Abbé de Villeloin: *Paris*, 1663, 1672, *in-12.*

Cet Auteur est mort en 1681.

☞ *Voyez* Lenglet, *Méth. hist. in-4.* tom. IV. pag. 39. = Sorel, pag. 346.]

15821. Abrégé méthodique de l'Histoire de France, pour la Chronologie, les Généalogies & les Faits mémorables, le caractère moral & politique des Rois, avec leurs

Portraits; par l'Abbé DE BRIANVILLE : *Paris*, 1664, 1667, 1674, *in*-12.

Oronce Finé de Brianville, Abbé de S. Benoît de Quincy, est mort en 1675. Son Abrégé est fait avec beaucoup de méthode, & écrit avec soin.

☞ *Voyez* Lenglet, *Méth. historiq. in*-4. *tom. IV. pag.* 39.= Sorel, *pag.* 347.= *Journ. des Sçav. Mars*, 1665.]

15822. Abrégé chronologique de l'Histoire de France ; par S. D. R. C. C. *Paris*, 1675, 1678, *in*-12. 2 vol. [Struvius en cite une de 1667.]

Les lettres initiales signifient Simon DE RIENCOURT, Conseiller-Correcteur de la Chambre des Comptes de Paris, mort en 1693.

☞ Les premières Editions de cet Ouvrage ont bien des fautes de Chronologie : l'Auteur l'étudia beaucoup, pour donner l'Edition suivante.

☞ Abrégé de l'Histoire de France, depuis Pharamond jusqu'au Règne de Louis le Grand; (par Simon DE RIENCOURT;) avec les Portraits des Rois & Reines, suivant leurs véritables originaux : *Paris*, 1695, *in*-12. 6 vol.

Cet Ouvrage ne va que jusqu'à la mort de Henri IV. *Voyez* Lenglet, *Méth. historiq. in*-4. *tom. IV. p.* 40. *Mercure, Janv.* 1695.]

15823. ☞ Mſ. Eloges des Rois de France, (en abrégé) donnés à Marseille par le Père CHARPY, Professeur de Rhétorique : *in*-4.

Ces Eloges se trouvent indiqués, num. 2131, du Catalogue de Godefroy.]

15824. Histoire des Rois de France, réduite en forme d'Abrégé chronologique ; par Philippe LABBE, Jésuite : *Paris*, 1667, *in*-12.

15825. Francorum Regum Annales accuratissimi, studio Philippi LABBE, Societatis Jesu, ab anno Christi 420 ad annum 1200 concinnati, & à Philippo BRIETIO, ejusdem Societatis Jesu, ab anno 1201 ad annum 1600 perducti, cum Breviario decimi septimi seculi Æræ Christianæ.

Ces Annales sont imprimées aux trois premiers tomes de sa *Chronologie historique* : *Parisiis, è Typographia Regia*, 1670, *in*-fol. Le premier Tome étoit achevé d'imprimer en 1636. Le troisième ne le fut qu'en 1670. Le P. Labbe est mort en 1667, & le Père Brier en 1668.

15826. Abrégé de l'Histoire de France ; par (Gilbert Saunier) Sieur DU VERDIER, Historiographe de France : *Paris*, 1651, 1652, 1654, *in*-12. 2 vol. Quatrième Edition augmentée, 1660. Nouvelle Edition : *Paris*, 1667, 1676, 1686, *in*-12. 3 vol.

Cet Auteur est mort vers l'an 1686.

☞ *Voyez* Lenglet, *Méth. historiq. in*-4. *tom. IV. pag.* 40.]

15827. Mſ. Sommaire de l'Histoire générale de France, depuis le commencement de la Monarchie Françoise ; par Hardouin DE PÉRÉFIXE, Evêque de Rhodez, Précepteur du Roi Louis XIV.

Cet Abrégé est cité dans le Privilège & dans la Préface de l'Histoire de Henri le Grand, du même Auteur. Ce Prélat est mort Archevêque de Paris en 1671.

15828. Vies des Rois de France, (en Allemand) : *Nuremberg*, 1671, *in*-12.

15829. ☞ Mſ. Les Oracles des Rois de France, ou Recueil des paroles remarquables des Princes qui ont occupé le Trône de cette Monarchie ; par Etienne DU BOURGLABBÉ, Docteur de Sorbonne & Curé de Nanteuil.

Ce Manuscrit est sur papier, & l'original fut présenté au Roi le 12 Septembre 1673, & reçu par Sa Majesté : *in*-8.]

15830. Sommaire Royal de l'Histoire de France ; par DE BONAIR : *Paris*, 1676, 1678, 1682, *in*-12.

Ce n'est que la Traduction du *Florus Francicus*, avec une Continuation de vingt années, faite par DE BONAIR, Historiographe du Roi, Gentilhomme de la Garde Ecossoise ; avec des Portraits des Rois, leurs armes & leurs devises. Ainsi tout ce qu'a dit l'Auteur du *Journal des Sçavans, du mois de Mars* 1677, au sujet de ce Sommaire, n'est pas vrai.

☞ *Voyez Hist. critiq. des Journ. part.* 2, *pag.* 14.= Lenglet, *Méth. hist. in*-4. *tom. IV. pag.* 39. = *Journ. des Sçav. Mars*, 1677.]

15831. Abrégé de l'Histoire de France, en vers ; par BÉRIGNY : *Paris*, 1679, *in*-12.

Cet Abrégé n'a pas quatre vers de supportables.

☞ L'Auteur s'appelloit Godard de Bérigny : il étoit Conseiller au Présidial de Caën.]

☞ Mſ. Abrégé de l'Histoire de France, depuis Pharamond jusqu'en 1678, Poëme en vers ; par Godard BÉRIGNY, avec un Frontispice, des Vignettes, & les Portraits des Rois de France, dessinés à l'encre de la Chine : *in*-4.

Ce Manuscrit de 1678, présenté à Louis XIV. se trouve indiqué au Catalogue de M. de Sardières, num. 1646.]

15832. Sommaire de l'Histoire de France, depuis Pharamond jusqu'à présent, avec les Portraits des Rois & des Reines ; par (Jean le Royer,) Sieur DE PRADE : *Paris*, 1651, 1658, *in*-4.

Le même, augmenté & continué par l'Auteur jusqu'en 1679 : *Paris*, 1684, *in*-12. 5 vol.

☞ *Voyez* Lenglet, *Méth. historiq. in*-4. *tom. IV. pag.* 275.]

15833. ☞ L'Art de fixer dans la mémoire les faits les plus remarquables de l'Histoire de France, avec un Abrégé de tout ce que nos meilleurs Historiens rapportent de plus intéressant, tant pour servir de Supplément aux faits qui n'ont pu entrer dans cette nouvelle Méthode d'apprendre l'Histoire, que d'éclaircissement à ceux qui y sont rapportés ; Secours imaginé pour le soulagement de la Jeunesse, tant de l'un que de l'autre sexe : *Paris*, Desprez, 1745, *in*-8.

Cet Ouvrage est en vers, ou plutôt en prose cadencée. L'Auteur est Pons-Augustin ALLETZ, de Montpellier, encore vivant.

Voyez le Journ. de Verdun, Mai, 1745.]

Préliminaires de l'Histoire des Rois. 61

15834. Nouvelle Histoire de France, depuis Pharamond jusqu'à présent; extraite de tous les meilleurs Historiens: *Paris*, de Luynes, 1698, *in-*12. 2 vol.

Lesconvel, Breton, est l'Auteur de cette Histoire qui a été supprimée.
Voyez Lenglet, *tom. IV. pag.* 40.

15835. ☞ Les Galanteries des Rois de France, ou de la Cour de France, depuis le commencement de la Monarchie : *Cologne*, Marteau, 1694, *in-*12. 3 vol.

Ce Livre commence à Pharamond, & finit sous Louis XIV. à la mort du Cardinal Mazarin, en 1660.]

15836. ☞ Méthode nouvelle & très-facile pour apprendre l'Histoire de France & l'Histoire Romaine, depuis Romulus jusqu'aux Empereurs; par le Sieur de Coursons : *Paris*, Josse, 1700, *in-*8.]

15837. Singularia Historiæ Galliæ; auctore anonymo Germano: *Francofurti*, 1703, *in-*8.

« C'est un Abrégé de l'Histoire de France, depuis le
» commencement de la Monarchie jusqu'à présent. L'Au-
» teur est très-exact; il rapporte plusieurs circonstances
» omises par les autres Historiens, & il les appuie par
» des autorités ». Struvius, chap. 3, de sa *Bibliothèque historique.*

15838. ☞ Tablettes Historiques & Chronologiques des Guerres de France, contenant les Batailles, les Combats, les Siéges les plus considérables de cette Monarchie, avec les Paix, les Traités, les Ligues & les autres Evénemens qui y ont rapport; par de Feuquerolles : *Paris*, Mariette, 1705, *in-*12.

Ce Livre, ainsi que le porte le titre, est en forme de Tablettes.

15839. ☞ Pratique de la mémoire artificielle, pour apprendre & retenir aisément l'Histoire de France; par le Père (Claude) Buffier, Jésuite.

C'est la seconde partie de sa *Mémoire artificielle* pour apprendre l'Histoire : *Paris*, 1707, 1712, &c. 1767, *in-*12. 2 vol. Cet Ouvrage, dont la base est une suite de vers, avec une assez ample explication, a été fait pour l'instruction des Ecoliers du Collége de Louis le Grand. L'Auteur est mort en 1737.]

15840. Histoire de la Monarchie Françoise, où se voient les Portraits de tous ses Rois, depuis Pharamond jusqu'à Louis XIV. avec une de leurs principales actions, divisée en treize Planches; par Berey, 1711, *in-fol.*

15841. ☞ Histoire des Révolutions de France; par M. de la Hode : *La Haye*, Gosse, 1738, *in-*12. 4 vol.]

15842. Journal de la France, ou Calendrier historique contenant ce qui s'est passé de plus mémorable depuis l'origine de la Monarchie jusqu'à présent, avec une Histoire abrégée de la Vie des Rois de France, & diverses remarques sur les Etablissemens qui se sont faits de leur Règne : *Paris*, Thiboust, 1715, *in-*12.

☞ Le même, corrigé par l'Auteur : *Paris*, Thiboust, 1719, *in-*8.

Autre Edition, augmentée des Etablissemens qui se sont faits dans l'Eglise : *Paris*, de la Tour, 1721, *in-*12. *Ibid.* Simon, 1728, *in-*12.

Le même, quatrième Edition, revue & augmentée par l'Auteur : *Paris*, 1752, *in* 8.

Le sieur [Guillaume] Valerot, [de Dijon,] dans la première partie, a marqué, suivant l'ordre des jours, les Evénemens les plus remarquables de l'Histoire de France, qui sont arrivés chaque jour. La seconde est une Histoire abrégée de nos Rois, qui contient les dates précises de leur naissance, de leur couronnement, de leur mort, leur caractère, & ce que chaque Règne a de plus remarquable.]

15843. ☞ Tables historiques de la Monarchie Françoise; (par M. l'Abbé de Dangeau) : *Paris*, 1715, *in-fol.*]

15844. ☞ Histoire de France, (composée par Claude Chalons, sur le plan qu'en a donné M. de Harlay, Procureur-Général, & ensuite premier Président) : *Paris*, Jean Mariette, 1720, *in-*12. 3 vol.

Claude Châlons étoit Oratorien. Les premiers articles de cette Histoire sont de feu M. Bourgeois du Chastenet, & le reste du Père Châlons : les Libertés de l'Eglise Gallicane y sont bien exposées.
Voyez Lenglet, *Suppl. de la Méth. histor. pag.* 158. = *Journ. de Leips. Suppl. VIII. pag.* 49. = *Journ. des Sçav. Juillet*, 1720.]

15845. ☞ Histoire des Rois de France; depuis Pharamond jusqu'à Louis XV. (ou plutôt leurs Portraits, avec un abrégé de leur Histoire); par Nicolas de Fer, Géographe: *Paris*, 1722, *in-*4.

Voyez Journal de Verdun, Août, 1722.]

15846. ☞ Les Annales de la Monarchie Françoise, depuis Pharamond jusqu'à la Majorité de Louis XV. enrichies des principales Médailles qui ont été frappées sous tous les Règnes; par M. de Limiers, Docteur en Droit : *Amsterdam*, Honoré, 1725, *in-fol.* 3 parties en 1 vol.

Voyez Lenglet, *Méth. hist. in-*4. *tom. IV. pag.* 42, & *Suppl. pag.* 159. = *Biblioth. ancienne & moderne*, *tom. XXIII. pag.* 191. = *Journ. de Verdun, Septemb.* 1725.]

15847. ☞ Elémens de l'Histoire de France, de l'Histoire Romaine, &c. & du Blazon : *Paris*, le Gras 1729, *in-*12. 2 vol.]

15848. ☞ Nouvelle Histoire de France; par demandes & par réponses, dédiée à M. le Prince de Conti : *Paris*, le Gras, 1736, *in-*12.]

15849. ☞ Mémoires historiques & secrets, concernant les Amours des Rois de France, avec quelques autres Pièces : *Paris*, 1739, *in-*12.

Ces Pièces sont : Réflexions historiques sur la mort de Henri le Grand : Le mal de Naples, son origine & ses progrès en France : Trésor des Rois de France. Ces Mémoires ne sont autre chose que les Additions, ou Cartons des Antiquités de Paris, par Sauval, lesquels se trouvent rarement à la suite. On a cru devoir les réimprimer ici. Les trois autres Pièces sont nouvelles, à l'ex-

Liv. III. Histoire Politique de France.

...ption de la seconde, dont une partie est encore tirée des Additions de Sauval.]

15850. ☞ Abrégé Chronologique de l'Histoire de France; par M. le Comte (Henri) DE BOULAINVILLIERS : *La Haye*, Gosse, 1733, *in-12*. 3 vol.

Cet Abrégé commence à Pharamond, & finit à la mort de Henri IV. en 1610. Le premier volume s'étend jusqu'à la mort de Louis le Jeune, en 1180, le second jusqu'à celle de Charles V. en 1380, & le troisième, comme je l'ai déja dit, finit en 1610.
Voyez Lenglet, *Suppl. de la Méth. histor. p. 158.*]

15851. ☞ L'Histoire de France avec l'Histoire Romaine, par demandes & par réponses : *Paris*, veuve de Laulne, 1733, *in-12*.

Cet Abrégé commence à Pharamond, & finit en 1725.]

15852. ☞ Nouvel Abrégé Chronologique de l'Histoire de France, contenant les Événemens de notre Histoire, depuis Clovis jusqu'à la mort de Louis XIV. les Guerres, les Batailles, les Siéges, les Traités de Paix, nos Loix principales, les Edits importans & quelques Conciles, avec un mot qui en explique l'occasion : enfin, quelques-uns des Événemens les plus marqués de l'Histoire de l'Europe. On y trouve aussi les Femmes de nos Rois, leurs Enfans, &c. les Princes contemporains, les Ministres, les Guerriers, les Magistrats, & les Sçavans illustres, rangés par colonnes, avec la date de leur mort; (par Charles-François HÉNAULT, Parisien, de l'Académie Françoise, & de celle de Berlin, Président honoraire en la première des Enquêtes, & Surintendant des Finances de la Maison de la Reine) : *Paris*, Prault, 1744, *in-12*.

☞ La même, (belle Edition, ornée de Vignettes historiques) : 1749, *in-4*.

Il y en a aussi une Edition *in-8*. de la même année, en 2 volumes, augmentée d'une Table des matières. Les augmentations insérées dans cette Edition ont été imprimées séparément : *Paris*, 1756, in 8. de 185 pages, sous le titre de *Supplément pour servir à la troisième & quatrième Edition.*]

☞ Nouvel Abrégé Chronologique de l'Histoire de France, &c. (par le Président HÉNAULT,) cinquième Edition, revue, corrigée & augmentée, (notamment d'une Table des matières très-ample) : *Paris*, 1756. Sixième, 1761. Septième, 1768, *in-8*. 2 vol.]

☞ Nouvelle Edition, *in-4*. 1768.

☞ Nuovo compendio Cronologico della Storia di Francia; del Presidente Henault, tradotto in Italiano; (per Vittorio Amedeo Cigna, col una Prefattione del Tradottore): *In Venezia*, Remondini, 1757, *in-8*. 2 vol.]

☞ Le même Abrégé, traduit en Allemand; par Ch. Fred. Træusch : *Bamberg*, Gæbhard, 1760, *in-4*.

Voyez sur cet Abrégé, *Jugem. sur quelques Ouvr. nouveaux*, tom. I. pag. 97. = *Journ. de Verdun*, Janv. 1750, Décemb. 1753. = *Mém. de Trév.* Janv. & Février 1745 : Août & Nov. 1746 : Nov. 1749 : Janv. 1753 : Juillet 1756. = *Journ. des Sçav.* Mai, 1744 : Décemb. 1746 : Novemb. 1756. = *Mercure*, Juin 1744 : Juin & Juillet 1746. = *Observ. sur la Litter. moderne*, tom. I. pag. 174. = *Siècle de Louis XIV.* tom. II. pag. 383. = *Année Litter.* 1756, tom. II. pag. 217.]

15853. ☞ Observations sur l'Abrégé Chronologique de l'Histoire de France.

Elles sont imprimées dans le *Journal de Verdun*, du mois de Janvier 1750.]

15854. ☞ Lettre à l'Auteur du Journal de Verdun, sur le nouvel Abrégé Chronologique de l'Histoire de France, quatrième Edition; & réponse de M. le Président HÉNAULT.

Elles sont imprimées dans le *Journal de Verdun*, des mois de Décembre 1753, & Février 1754.]

15855. ☞ Mf. Mémoire sur un Article de l'Abrégé Chronologique de l'Histoire de France, par M. le Président Hénault, qui concerne un Edit de Henri IV. sur la Noblesse ; par M. DE LA CHAPELLE.

Ce Mémoire est conservé dans les Registres de la Société Littéraire de Clermont-Ferrand.]

15856. ☞ Fastes François; par M. JACQUIN : *Paris*, Claude Hérissant, 1747, *in-12*.]

15857. ☞ Sommaire de l'Histoire de France, en vers : *Paris*, Bordelet, 1748, *in-8.*]

15858. ☞ Abrégé de l'Histoire de France; en vers; par M. RIBAUD DE LA CHAPELLE.

Dans son *Recueil de Dissertations*, ci-devant, N.° 15592.]

15859. ☞ L'Histoire de France & l'Histoire Romaine, par demandes & par réponses; par DES FONTAINES (& D'AUVIGNY, avec des augmentations par l'Abbé GUYART) : *Paris*, le Gras, 1749, *in-12*. 2. vol.]

15860. ☞ La Chronique des Rois de France, avec le Catalogue des Papes & des Empereurs : *Rouen*, le Mégissier, 1752, *in-12.*]

15861. ☞ Nouveaux Elémens de l'Histoire de France, depuis l'origine de la Monarchie jusqu'à présent, composés pour l'instruction de la Jeunesse : *Paris*, Didot, 1759, *in-12.*]

15862. ☞ Tablettes anecdotes & historiques des Rois de France, depuis Pharamond jusqu'à Louis XV. contenant les traits remarquables de leur Histoire, leurs actions singulières, leurs maximes & leurs bons mots ; par M.D.D.R. (DREUX DU RADIER): *Paris*, 1759, *in-12.* 3 vol.

Les mêmes, seconde Edition : *Paris*, 1766, *in-12*. 3 vol.

Voyez l'Année Littéraire, 1759, tom. VI. & l'extrait qui en a été fait dans les *Mémoires de Trévoux*, du mois d'Août 1759.]

15863. ☞ Précis de l'Histoire de France; par M. l'Abbé FAVEDE de Montcili, Précenteur de S. Julien : 1760, *in-12*.

L'Auteur est né à Alais, le 18 Mai 1728.]

15864. ☞ Nouvel Abrégé de l'Histoire de France : *Paris*, 1763, *in-12*.]

15865. ☞ Nouvel Abrégé de l'Histoire de France, à l'usage des jeunes gens; par Mademoiselle D'ESPINASSI : *Paris*, Saillant & Desaint, tom. I. 1766, *in*-12. tom. II & III. 1767, *in*-12. tom. IV. 1768, &c.

C'est proprement un abrégé de l'Ouvrage de l'Abbé Velly & de M. Villaret. La Demoiselle, Auteur, y a joint quelques réflexions.

Voyez sur ce Livre le *Journal de Verdun*, 1767, Septembre, *pag.* 184-187.]

15866. ☞ Tableau de l'Histoire de France, depuis le commencement de la Monarchie jusqu'à la fin du Règne de Louis XIV. représentant le caractère & les actions principales de chaque Roi, les Evénemens les plus intéressans de son Règne, les Hommes célèbres, les progrès des Sciences & des Arts, & les changemens arrivés dans les mœurs, &c. par Pons-Augustin ALLETZ : *Paris*, Prosper Lottin, 1766, *in*-12. 2 vol.]

☞ Le même, avec des Additions & corrections : *Ibid.* 1769, *in*-12. 2 vol.

La méthode de l'Auteur est concise sans être décharnée : il offre à ses Lecteurs ce qu'il y a de plus intéressant dans notre Histoire.]

15867. ☞ Anecdotes Françoises, depuis l'établissement de la Monarchie jusqu'au Règne de Louis XV. *Paris*, Vincent, 1767, *in*-8.

15868. ☞ Elémens de l'Histoire de France; par M. l'Abbé MILLOT : *Paris*, Durand, 1767, *in*-12. 2 vol.]

15869. ☞ Abrégé de l'Histoire de France, générale & particulière ; par l'Abbé (Nicolas) LENGLET.

C'est le tom. IV. de ses *Principes de l'Histoire pour l'éducation de la Jeunesse* : *Paris*, Rollin, 1737, *in*-12. 6 vol. Il commence par les Gaulois, & finit comme la première Partie, par ce qui s'est passé sous Louis XV. jusqu'en 1735. Après cela il fait l'Histoire Abrégée des grands Fiefs, ou des principales Provinces, des grands Officiers de la Couronne, & finit le volume par quelques remarques sur les différentes classes de Noblesse.]

15870. Histoire de France, depuis le commencement de la Monarchie jusqu'à présent, par Jettons gravés & frappés; par Nicolas DE LAUNAY, Directeur de la Monnoie des Médailles, finie au mois de Juillet 1715.

Ce Recueil est composé d'une suite Métallique de soixante-cinq de nos Rois. L'Auteur n'a rien épargné pour découvrir la vérité & pour l'exprimer, tant sur les têtes que sur les revers. Comme on n'a aucune de Portraits originaux de la première & d'une partie de la seconde Race, il a consulté les Monnoies qui nous restent de ces Princes, les Sceaux, les Cachets, les Bas-reliefs, les Descriptions & les Mémoires; de sorte que si depuis S. Louis il a eu assez de preuves pour convaincre l'esprit, il a dans les premiers assez de conjectures pour fixer l'imagination.

Il a marqué sur les revers le rang de chaque Roi, l'année de sa naissance, le commencement de son Règne, une de ses principales actions, le temps & le genre de sa mort, sa race & son dégré de parenté avec son successeur, ce qui fournit huit traits d'Histoire pour chaque Roi. Il y a joint une brochure où sont des Remarques, dont est extrait ce que je viens de rapporter, & où il explique son dessein. Quoique ce Recueil ne compose pas un Livre, on peut le regarder comme un Abrégé de l'Histoire de France. Les *Mémoires de Trévoux de Janvier* 1717, font mention de cette Histoire par Jettons.

☞ *Voyez* encore le *Journ. de Verdun*, Mai, 1716.]

ARTICLE V.

Traités concernant la Chronologie des Rois de France, [& *l'établissement fixe des François dans les Gaules*].

15871. Ms. LES noms des Rois de France; & le temps de leur Règne, en vers, jusqu'à Charles V. *in-fol*.

Cette Suite est conservée dans la Bibliothèque de M. Colbert, num. 1424. 1430.

15872. ☞ Etymologies des noms des Rois de France depuis Marcomir, père de Pharamond ; par M. DREUX DU RADIER. *Journal de Verdun*, Janvier, 1762, *pag.* 52.]

15873. ☞ Petit Abrégé sur aulcuns pas des Cronicques de France, (principalement de la Généalogie des Rois de France, du Gouvernement par les femmes, &c.) dédié à Anne de France, Duchesse de Bourgogne ; par Regnault HAVART, Prestre, Chappellain de ladite Dame, ci-devant Clerc ordinaire des Offices de la Maison du Roi, & Vicomte de Conches & de Breteuil : *in*-4.

Ce Manuscrit sur velin, écrit du temps, se trouve dans la Bibliothèque du Roi, parmi ceux de M. Lançelot.]

15874. ☞ Les Louanges des Rois de France, en vers; par André DE LA VIGNE : *Paris*, 1507, *in*-8.]

15875. ☞ Devises des Rois de France, Latines & Françoises, tirées de divers Auteurs anciens & modernes, avec une briève exposition d'icelles en vers François; par J. L. V. R. D. L. D. P. & la Paraphrase en vers Latins; par Michel GRENET, de Chartres : le tout enrichi des figures de tous les Rois de France, jusqu'à Henri IV. à présent régnant : *Paris*, Bouriquant, 1609, *in*-4.

Dom Liron n'a pas connu cette Paraphrase de Michel Grenet. *Voyez* son article dans la *Bibliothèque Chartraine, pag.* 140.]

15876. Le Trésor des Histoires de France, ou le Catalogue des Roys & des Roynes de France, réduit par titres & lieux communs; par Gilles CORROZET, Libraire : *Paris*, Galiot Corrozet, 1583, 1617, 1622, [1627, 1633] *in*-8.

☞ Ce petit Ouvrage a été publié par le fils de l'Auteur, nommé aussi Gilles Corrozet, qui l'a dédié à M. Achilles de Harlay, premier Président au Parlement de Paris. Jean Corrozet, petit-fils de l'Auteur, a donné en 1627 une Edition de cette Histoire ou Table, qu'il a continuée jusqu'à cette année. On voit dans la Croix du Maine, que la première Edition de 1583 est de Galiot Corrozet, autre fils de Gilles.]

Le même Tréfor des Hiftoires de France, augmenté de plufieurs Recherches curieufes, avec l'Hiftoire des Rois de France, & leurs Portraits; par C. M. H. D. F. *Paris, Clousier*, 1639, [1645] *in-8*.

Ces lettres initiales fignifient Claude MALINGRE, Hiftoriographe de France.

Le même Tréfor, augmenté de plufieurs Recherches; par L. C. *Paris*, 1646, *in-8*.

Ces lettres initiales fignifient Louis COULON.

Cet Ouvrage n'eft rien moins qu'un Tréfor; car il ne contient que les noms des Rois, leur âge, le temps de leur Règne: le refte eft très peu de chofe.

☞ *Voyez* le Gendre, *tom. II. pag.* 39. = Sorel, *pag.* 179. = Le P. Niceron, *tom. XXIV. pag.* 155.]

15877. Francorum Regum Series; auctore Guillelmo PARADINO, cum ejus Epigrammatis: *Lugduni*, 1581, *in-4*.

15878. Chronologia Regum Franciæ & Tarvannæ, ex fancto Gregorio Turonenfi; auctore Jacobo MALBRANCO, è Societate Jefu.

Cette Chronologie eft imprimée à la fin du tom. I. de fon Hiftoire, intitulée: *De Morinis: Tornaci*, 1639, *in-4*. Cet Auteur prétend qu'on doit fuivre Grégoire de Tours dans ce qui regarde la Chronologie des premiers Rois de France; & fur fon autorité, il en détermine divers points.

15879. GREGORII Turonenfis Chronologia, cum Notis P. M. T.

Cette Chronologie eft imprimée dans l'*Appendice de l'Hiftoire de l'Eglife de Tours*, par Maan, *pag.* 213: *Auguftæ Turonum*, 1667, *in-fol*. avec les Notes de Pierre MÉNARD de Tours.

☞ Cet Auteur, écrivant en Latin, fe nommoit *Menander. Singular. hift.* de D. Liron, *tom. III. p.* 390.]

15880. Examen Chronologiæ Gregorii Turonenfis; auctore Carolo LE COINTE, Congregationis Oratorii Prefbytero.

Cet Examen eft imprimé au tom. IV. de fes *Annales de l'Eglife de France*, fous l'année 681, num. 9-58.

15881. Annales Francici: ex Gregorio Turonenfi Epifcopo, ab anno Chrifti 458, ad annum 591: collectore Carolo BULTEAU, Regi à Secretis.

Ces Annales font imprimées avec les *Œuvres* de cet Evêque: *Parifiis*, 1699, *in-fol*.

15882. Annales Francici: ex Fredegarii Chronico, ab anno 593, ad annum 768: collectore Carolo BULTEAU.

Ces Annales font imprimées dans le volume précédent.

15883. Ægidii BUCHERII, Societatis Jefu, Annotatio de Chronologia Regum Francorum Merovædearum.

Cette Chronologie eft imprimée dans Chapeauville, à la fin du tom. I. de fon *Recueil des Hiftoriens de Liége: Leodii*, 1612, *in-4*. Le P. Boucher eft mort en 1665.

✱ « Le premier qui a commencé à parler avec affu-
» rance de la Chronologie des Rois de la première Li-
» gnée, a été le R. P. Gilles Boucher, Jéfuite, dans les
» Tables Chronologiques & Differtations fçavantes qu'il
» ajouta, l'an 1613, aux trois Tomes des Hiftoriens qui
» ont traité des Evêques de Liége ». Labbe, *Introduction du Chronologue François*, *tom. III. part.* 3, *p.* 619.

15884. ☞ Mémoire fur le nom de Mérovingiens, donné à la première Race de nos Rois; par M. (Jofeph Balthafar) GIBERT, 1746. *Mém. de l'Académie des Infcript. & Belles-Lettres*, *tom. XX. pag.* 557.

L'Auteur attaque dans ce Mémoire le fentiment de ceux qui croient que c'eft Mérovée, troifième Roi des Francs depuis Pharamond, qui a donné fon nom à la première Race de nos Rois. Il tâche d'établir qu'il y a eu dans la Germanie, dès le fiècle d'Augufte, un Roi appellé Merwé, autrement Meraubaude, par le nom duquel on a défigné une Famille Royale, dont il a été le Chef, & même une peuplade entière de Germains qui s'eft formée après fes difgraces, de fes fidèles fujets. Il conjecture que de cette peuplade font fortis les Francs, qui ont continué de donner à leurs Souverains le nom de Mérovingiens.

☞ Le même Mémoire, plus ample que le précédent, par le même, 1759. *Ib. t. XXX. pag.* 567-586.]

15885. ☞ Obfervations fur le nom de Mérovingiens; par (Nicolas) FRERET, 1746. *Ibid. tom. XX. pag.* 63.

C'eft la réfutation du premier Mémoire de M. Gibert. On y fait voir que le nom de Mérovingiens ne fut connu que fur la fin de cette Race, qui fut ainfi appellée de Mérovée, aïeul de Clovis. Les Ecrivains ont été portés à la nommer ainfi, parcequ'c'eft depuis ce Prince que la filiation & la defcendance de nos Rois eft devenue certaine. On y établit enfuite l'impoffibilité de la faire venir de Mellauboduus, ou Metaubaude; & à la fin on trouve un détail curieux des peuples qui habitoient alors la Germanie. M. Freret eft mort Secrétaire de l'Académie en 1749.

M. Gibert a répondu aux raifonnemens de M. Freret, dans fon fecond Mémoire, produit en 1759.]

15886. ☞ Lettre fur une Differtation de M. Gibert. *Journ. de Verdun, Avril*, 1745.

Cette Lettre fignée L. BOTTU, eft contre la Differtation des *Mémoires* de M. Gibert, (ci-devant, N.° 3748) fur l'étymologie du nom François, qu'il tiroit de *Framea*, arme commune à tous les Germains. L'Auteur croit que M. Gibert n'a pas été heureux dans fes conjectures.]

15887. ☞ Differtation fur la Chronologie des Rois Mérovingiens, &c. par M. GOUYE DE LONGUEMARE, Avocat au Parlement, & Greffier au Bailliage Royal de Verfailles: *Paris*, 1748, *in-8*.

Ce Livre contient, 1.° une Differtation qui a remporté le prix à l'Académie de Soiffons, en l'année 1746. On y fixe l'époque du commencement & de la fin du Règne de chacun des derniers Rois de la première Race, tant pour les Royaumes de Bourgogne, de Neuftrie & d'Auftrafie, que pour toute la Monarchie, à commencer après la mort de Dagobert I. que l'on fuppofe être arrivée en 638, jufqu'à l'Election & Couronnement de Pepin, Chef de la feconde Race.

2.° Lettre de M. DE LONGUEMARE, du 27 Juillet 1745, aux Collecteurs du Mercure, au fujet d'un Extrait de deux Differtations (fur la ceffion d'Athalaric, & fur les Leudes,) qui ont été couronnées par l'Académie de Soiffons en 1745.

3.° Lettre écrite à M. D. L. B. Auteur du Mercure, par M. l'Abbé LEBEUF, inférée dans le vol. II. de Décembre 1745, au fujet d'une Differtation (de M. de Longuemare, fur le lieu nommé Truecia ou Troufy, où s'eft donné une bataille;) & Lettre de M. DE LONGUEMARE, du 1 Février 1749, au R. P. Berthier, Auteur du Journal de Trévoux, pour fervir de Réponfe à celle de M. l'Abbé Lebeuf.

4.°

Préliminaires de l'Histoire des Rois.

4.° Eclairciſſemens ſur un Officier de la Maiſon de nos Rois, appellé Roi des Ribauds, (à préſent le Prévôt de l'Hôtel.)

Dans la première Pièce, l'Auteur fixe la Chronologie des Rois Mérovingiens, depuis Sigebert III. Roi d'Auſtraſie, fils de Dagobert, en 634, juſqu'en 752, à l'élévation de Pepin. Il place la mort de Dagobert au 19 Janvier 638; celle de Sigebert III. en 655; celle de Clovis II. en 656; celle de Clotaire III. Roi de Neuſtrie, en 671; celle de Childéric II. Roi de Neuſtrie, en 674; celle de Dagobert II. le 23 Décembre 679; celle de Thierry II. en 691; celle de Clovis III. en 695; celle de Childebert III. en 711; celle de Dagobert III. en 715; celle de Chilperic IV. en 720; celle de Thierry de Chelles en 737, & la dépoſition de Childéric III. en 752.

Dans la première Lettre, M. DE LONGUEMARE examine ce qu'on doit entendre par le mot *Leudes*, & prétend, contre M. l'Abbé Fénel, qu'il ſignifie tous les Sujets du Roi, à l'exception des Serfs. Dans l'autre, il ſoutient, contre M. l'Abbé Lebeuf, que le lieu *Truccia*, où ſe donna la bataille de Soiſſons, en 593, doit être Bruil & non pas Droiſſy.

Dans la Diſſertation ſur le Roi des Ribauds, il réléve un paſſage de du Tillet, où cet Auteur prétend que le Prévôt de l'Hôtel a ſuccédé à cet Officier. M. de Longuemare croit; au contraire, qu'il n'étoit dans ſon origine que le premier des Sergens de la Juriſdiction des Maîtres d'Hôtel du Roi, qui fut établie après que le Parlement & le Bailli du Palais eurent été fixés à Paris, & qu'il exiſtoit encore après la création de la charge de Prévôt de l'Hôtel.

Tous ces morceaux ſont diſcutés avec netteté & préciſion ; la critique en eſt bonne, & jette beaucoup de lumières ſur les endroits qu'elle éclaircit.

Voyez *Mém. de Trévoux, Septembre, 1748; & Juin 1749. = Journ. des Sçav. Novembre 1748.*

Nous joindrons ici quelques remarques importantes ſur un point de cette Chronologie, tirées des *Mémoires de Trévoux, 1753, Juin,* l. vol. pag. 1221.

Selon le Père Mabillon, le Père Daniel & M. de Longuemare, dans la ſçavante *Chronologie des Rois Mérovingiens,* le Règne de Dagobert II. qui a tant exercé les Sçavans, commence à l'an 671; mais M. Schoepflin, (*Alſat. illuſt. tom. I. p.* 743,) réfute le ſentiment par une Charte authentique, où l'on voit que Childéric II. prédéceſſeur de Dagobert, fit des dons au Monaſtère du Val Saint-Grégoire en Alſace, l'an 13 de ſon Règne, c'eſt-à-dire en 673, ou au plutard en 674. On ne peut diſconvenir que cette preuve ne ſoit excellente, & c'eſt à quoi il faut s'en tenir pour déterminer ce point de Chronologie, c'eſt-à-dire pour placer l'époque du Règne de Dagobert II. en 674. Il ſemble qu'on auroit dû mettre la dernière main à cette diſcuſſion, en répondant à la difficulté que ſe propoſe M. de Longuemare, après pluſieurs autres, que Grimoald, Roi des Lombards, qui mourut en 671, fit un Traité d'alliance avec Dagobert. Le Père Pagi a réſolu cette difficulté, en diſant que Paul Diacre, dont on tire ce fait, eſt un Auteur trop peu inſtruit des affaires de France, pour qu'on puiſſe déférer à ſon autorité : il aura pris Dagobert II. pour Clotaire III. ou Childéric. Quoi qu'il en ſoit, on ne peut aller contre le monument authentique cité ci-deſſus.]

15888. ☞ Extrait de la Lettre d'un Bénédictin de Province, à un autre Bénédictin, touchant une Diſſertation (de M. Gouye de Longuemare, ſur la Chronologie des Rois Mérovingiens,) qui a été couronnée à l'Académie de Soiſſons. *Mercure, Décembre,* 1748.]

15889. ☞ Lettre de M. GOUYE DE LONGUEMARE, à M. Rémond de Sainte-Albine,
Tome II.

pour répondre à celle d'un prétendu Bénédictin, &c. *Mercure, Mai,* 1749.]

15890. Mſ. Eſſai chronologique de Louis CHANTEREAU LE FEVRE, touchant les années des Règnes de nos premiers Rois, en quatre parties : *in-fol.*

Cet Auteur eſt mort en 1658. Son Eſſai chronologique eſt conſervé dans la Bibliothèque du Roi, n. 9597.

15891. Chronicon rerum Francicarum, à Valeriani principatu ad vigeſimum quintum Juſtiniani annum, mortemque Chlotarii prioris deductum ; auctore Adriano VALESIO, Hiſtoriographo Regio.

Cet Auteur eſt mort en 1692. Sa Chronique eſt imprimée au tom. I. de ſon *Hiſt. Franc. Pariſiis,* 1646, *in-fol.* Elle eſt continuée depuis l'an de Jeſus-Chriſt 254, juſqu'en 561.

15892. ☞ Reges Francorum Merovingici, Documentorum autoritate aſſerti, à GEBHARDO : *Luneburgi,* 1736, *in-*4.

L'Auteur, après avoir traité (avec raiſon) de fabuleuſe l'opinion qui fait ſortir les François des Troyens, rapporte ſuccinctement celles des différens Auteurs, ſur leur origine & leurs habitations, & ſur l'établiſſement des Loix Saliques, ſans en adopter aucune. Il fait enſuite mention des Rois ou Chefs qu'ils ont eus, & dont 1 eſt parlé dans les Hiſtoires anciennes. Il commence la Généalogie à Priam ou à Pharamond I. qui régnoit en 382. Il ſoupçonne que la conformité de ce nom a bien pu donner lieu à l'opinion qui les fait deſcendre des Troyens. Selon lui, Mérovée n'étoit point fils de Clodion, mais d'un autre Mérovée, fils de Sunnon, & petit-fils de Priam ou Pharamond I. Le Pharamond que nous regardons ordinairement comme le premier Roi des François, & père de Clodion, étoit fils de Marcomere & petit fils dudit Priam. Gebhard conduit enſuite la Généalogie & la ſuite des Rois, ſelon l'ordre des temps, juſqu'à la ſeconde Race. Il la prouve par les Hiſtoriens ou Annaliſtes contemporains, dont il diſcute & critique les faits qui ne s'accordent pas. On trouve à la fin cinq Tables Généalogiques, où l'on peut, d'un coup d'œil, réſumer tout ce qu'il avance dans le corps de ſon Ouvrage.]

15893. Tabula chronologica Regum Francorum, ab anno 417, ad annum 625 ; auctore Carolo LE COINTE, Congregationis Oratorii Presbytero. Secunda Tabula, ab anno 692, ad annum 749.

Ces deux Tables contiennent le rapport de la Chronologie de Sigebert, du Père Boucher, d'Henſchenius, d'Adrien de Valois, du Père Labbe & du Père le Cointe. La première, [où les matières ſont diſcutées avec beaucoup de méthode,] eſt imprimée au tom. IV. de ſes *Annales de l'Egliſe de France,* ſous l'année 683, n. 49, & la ſeconde au tom. V. ſous l'année 744, num. 120.

15894. Reges Francorum, ab anno Chriſti primo ad annum 828, eodem Carolo LE COINTE, auctore.

Cette Suite Chronologique eſt au commencement du tom. VII. de ſes *Annales de l'Egliſe de France.*

15895. Mſ. Diſſertatio chronologica, à Pharamundo ad Pipinum. Alia à Carolo Simplice ad Philippum I. auctore Antonio ALLEN, Senatore Trecenſi : *in-fol.*

Ces Diſſertations [étoient] conſervées dans la Bibliothèque de M. le Pelletier le Miniſtre.

I

15896. Francorum Regum Chronologia explicata à Godefrido Henschenio, è Societate Jesu.

Cette Chronologie est imprimée dans le *Recueil* de Bollandus, au tom. I. de Février, dans le Commentaire sur la Vie de S. Sigebert, depuis le §. 7 jusqu'au 12.

15897. ☞ Godefridi Henschenii Exegesis de genealogico stemmate Regum Francorum primæ Stirpis, per tres Dagobertos deducendo.

À la tête du tom. III. de Mars, dans le même Recueil, *p.* xxiv. & *suiv.*]

15898. ☞ Ejusdem Exegesis innovans & stabiliens Diatribam olim editam de tribus Dagobertis Francorum Regibus, & eorum genealogico stemmate.

A la tête du tom. III. d'Avril, *pag.* xiv. & *suiv.*]

15899. * Chronologie des Rois de France; par Philippe Labbe, Jésuite.

Elle se trouve *pag.* 620 & *suiv.* du tom. III. de son *Chronologue François* : Paris, 1666, *in*-12. Cet Auteur prétend, dans son Avertissement au Lecteur, que personne n'a encore publié une Suite Chronologique si juste, si conforme aux règles enseignées par les Sçavans Chronologues, si fermement établie sur les anciens Auteurs, &c. Il ajoute, qu'il révoque tout ce qu'il a publié dans des Ouvrages précédens, qui n'est pas conforme à ce qu'il marque dans ce Chronologue François.

15900. Chronologie des Rois de la première Race, depuis Clovis jusqu'à la mort de Dagobert II. avec les Preuves; par Gabriel Daniel, Jésuite.

Cette Chronologie est imprimée au tom. I. de son *Histoire de France* : Paris, 1713, *in-fol.* &c.

15901. Joannis Mabillonii, Benedictini, Congregationis sancti Mauri, de Notis chronologicis primæ, secundæ & tertiæ Stirpis Franciæ.

Ces Notes chronologiques sont imprimées au Livre II. de son Ouvrage intitulé : *De re diplomatica, cap. XXVI.* §. 1, 2, 3 : *Parisiis*, 1681, 1709: *in-fol.*

15902. Ejusdem Observationes historicæ circa Regum Francorum annos.

Ces Observations sont imprimées au tom. IV. des *Actes des Saints de l'Ordre de S. Benoît, pag.* 141, *num.* 198.

☞ Elles concernent Dagobert I & Dagobert II. On y éclaircit & on y appuie tout ce qu'en avoient dit le Père Henschenius & M. de Valois.]

15903. Ejusdem Dissertationes duæ de Epocha Dagoberti & Clodovei Junioris, Regum Francorum : *Parisiis, in*-8.

15904. ☞ Ejusdem Dissertatio de anno mortis Dagoberti I & Chlodovei II.

Dans le *Recueil des Historiens*, par Dom Bouquet, *tom. III. pag.* 708.]

15905. Petri-Francisci Chiffletii, è Societate Jesu, Dissertatio de annis Dagoberti.

Cette Dissertation est imprimée avec son Traité qui a pour titre : *Beda Presbyteri & Fredegarii Concordia, ad Junioris Dagoberti definiendam Monarchiæ periodum : Parisiis*, Martin, 1681, *in*-4.

Cet Auteur composa sa Dissertation pour l'opposer au sentiment d'Adrien de Valois, qui avoit dit dans le Livre XVII. de son *Histoire de France*, que Dagobert I. étoit mort en 638. Le Père le Cointe, dans ses *Annales Ecclésiastiques*, aux Tomes II. III. & IV. & le Père Mabillon, dans ses Préfaces des Tomes II. & IV. des *Actes des Saints de son Ordre*, avoient soutenu le même sentiment. Voici ce que le Père du Bois raconte, au Chapitre III. du Livre IV. de l'*Histoire de l'Eglise de Paris*, de ce démêlé entre le Père Chifflet & le Père le Cointe. « Les Pères Jésuites, Boucher, Petau & Sirmond, & » depuis le Père Chifflet, ont cru que Dagobert étoit » mort en 644. Ce dernier fit sur ce sujet un défi au Père » le Cointe : le jour pris, la question fut agitée en pré-» sence de François de Harlay, Archevêque de Paris. » Comme le Père Chifflet y perdit son Procès, il atten-» dit à publier sa longue Dissertation, que le Père le » Cointe fût mort ». Il décéda l'année d'après en 1681.

☞ Cette Dissertation est divisée en vingt-deux Chapitres. Elle sert beaucoup à éclaircir la Chronologie de tout ce temps-là. Plusieurs Auteurs estimés prétendoient que les seize années du règne que Frédégaire donne au Roi Dagobert, devoient se compter depuis son élévation à la Couronne d'Austrasie. C'est cette opinion que le Père Chifflet veut réfuter. Il distingue trois commencemens du règne dans Dagobert. Le premier en 622, quand il fut fait Roi d'Austrasie ; le second, en 626, quand Clotaire II. lui augmenta son Royaume, de l'avis de son Conseil ; le troisième, quand il succéda à la Monarchie entière, par la mort de son père, qui mourut le 28 Septembre 628. Il prétend que c'est de cette dernière Epoque que doivent courir les seize années, & que Dagobert ne mourut que le 29 Janvier 644. Cet Ouvrage est sçavant.]

15906. Joannis Mabillonii, Benedictini ; Congregationis sancti Mauri, Dissertatio historica de anno mortis Dagoberti I. & Chlodovei Junioris Regum Francorum. Ejusdem Dissertatio altera de anno & die ordinationis, itemque obitûs Desiderii Episcopi Cadurcensis, ex quibus Dagobertina Epocha denuò comprobatur.

Ces deux Dissertations sont imprimées au tom. III. de ses *Analectes, pag.* 515 & 428 : *Parisiis*, 1682, *in*-8. L'Auteur y fait voir clairement, en réfutant le Père Chifflet, que Dagobert I. est mort en 638.

☞ *Voyez* Lenglet, *Méth. historiq. in*-4. *tom. IV. pag.* 48. Ces mêmes Dissertations ont été réimprimées *pag.* 708 & 713 du tom. III. de la *Collection des Historiens de France*, par D. Bouquet.

15907. Hadriani Valesii Observationis de annis Dagoberti Francorum Regis adversùs Petri-Francisci Chiffletii Dissertationem Defensio : *Parisiis*, Cramoisy, 1684, *in*-8.

Cet Auteur défend, contre le Père Chifflet, la découverte qu'il avoit faite des seize années du règne de Dagobert, à les commencer à la trente-neuvième année de Clotaire ; ce qu'il fait voir, en rapportant exactement, sur le témoignage de Frédégaire, ce qui s'est passé dans ces années-là. Il y a vers la fin de ce volume une Réponse assez vive à quelques endroits de la Dissertation du Père Mabillon.

☞ M. de Valois répond dans cet Ouvrage à trois adversaires, Chifflet, Mabillon & Germon. Il se plaint beaucoup dans sa Préface de ces deux derniers, qui après avoir, pendant près de 15 ans, profité de ses conseils, & des différentes observations qu'il leur a fournies, se sont ensuite érigés en ses Censeurs, & se sont déchaînés contre lui.

Dans la première partie il prouve, contre Chifflet, qu'il faut compter les seize années du règne de Dagobert I. non depuis la mort du Roi Clotaire son père, mais depuis la trente-neuvième de son règne, temps auquel il donna à son fils le Royaume d'Auftrafie, c'est-à-dire l'an 623. C'est ce que M. de Valois établit principalement par l'autorité de Frédégaire. Il fait voir enfuite que Thierry III. petit-fils de Dagobert I. & fils de Clovis II. n'a pas occupé le Trône à trois différentes reprises, comme le prétend Chifflet, mais à deux seulement ; sçavoir, après la mort de Clotaire III. son frère, & après la mort de Childéric, son autre frère, & non pas immédiatement après la mort de Clovis II. temps auquel il n'avoit alors que huit ans, étant le cadet de ses deux frères. L'Auteur relève plusieurs fautes de Chifflet & d'Henschenius, par rapport au règne de Dagobert II. fils de Sigebert, & celles de Chifflet seul, par rapport à une Vie de sainte Geneviève. Enfin, le dernier Chapitre de cette Partie est destiné à répondre à la Dissertation du Père Mabillon, sur la mort de Dagobert I. & sur celle de Clovis II. inférée dans ses *Analectes*, *tom. III*.

Dans la Partie II. il répond à la Dissertation du Père Germon, sur les Palais & Maisons de campagne de nos Rois, où la Notice des Gaules de Valois & son Traité *de Basilicis* se trouvent critiqués.

Ce Livre est écrit d'un Latin & d'un style bien pur & bien clair ; c'est dommage qu'il ne soit pas aussi poli. M. de Valois (qui cependant s'avoue septuagénaire) n'y a pas traité avec assez de modération ses adversaires.

☞ *Voyez* Lenglet, *Méth. historiq.* *in-4*. *tom. IV*. *pag.* 49. = Le P. Niceron, *tom. III. pag.* 217.]

15908. Mf. Observation d'Ismaël BOUILLAUD, Prêtre, sur le temps de la mort de Dagobert.

Cette Observation de Bouillaud, mort en 1694, est conservée au sept cent soixante-dix-septième volume des Manuscrits de M. Dupuy.

15909. * Disputatio de annis Dagoberti; auctore Gerardo DU BOIS, Congreg. Oratorii Presbytero.

Voyez son *Hift. Eccl. Parif. lib. IV. cap. III. p.* 16.

15910. Dissertatio chronologica de principio & exitu Regni Regumque Franciæ primæ Familiæ, maximè Clotarii III. Childerici II. & Theodorici eorum fratris ; auctore Ægidio LACARRY, Societatis Jesu.

Cette Dissertation est imprimée au Livre V. de ses *Colonies*, *Chap. VII. Claromontii*, 1677, *in-4*.

15911. Deux Dissertations préliminaires pour une nouvelle Histoire de France, depuis l'établissement de la Monarchie dans les Gaules : *Paris*, 1696, *in-12*.

Ces deux Dissertations sont de Gabriel DANIEL, Jésuite, qui les a fait réimprimer au tom. I. de son *Hist. de France* : *Paris*, 1713, *in-fol. &c.* Dans la première, l'Auteur prétend que Clovis I. est le Fondateur de la Monarchie Françoise; & il soutient dans la seconde, que la déposition de Childéric I. est une fable.

15912. Lettres (de M. M.) ou Réflexions critiques sur ces deux Dissertations, où l'on fait voir que l'Auteur se tourmente inutilement à détruire l'opinion commune sur l'établissement de la Monarchie Françoise dans les Gaules, & où l'on prouve que Pharamond a été le premier Roi de France : *Paris*, Coignard, 1698, *in-12*.

15913. Mf. Remarques critiques sur les deux Dissertations du Père Daniel ; par François DE CAMPS, Abbé de Signy.

Ces Remarques [étoient] conservées au tom. II. des Remarques critiques de l'Auteur, sur quelques Historiens de France, dans sa Bibliothèque, [& sont aujourd'hui dans celle de M. de Béringhen.]

15914. * De l'Epoque de la Monarchie Françoise ; par René AUBER DE VERTOT, de l'Académie Royale des Inscriptions & Belles-Lettres.

Ce Discours est imprimé à la *pag.* 299. du tom. I. des *Mémoires* de cette Académie. L'Auteur, qui le fit en 1705, se déclare pour l'année 420 de Jesus-Christ.

☞ Du Fondateur & des commencemens de la Monarchie Françoise dans les Gaules, (contre le P. Daniel) ; par D. LIRON.

Voyez ci-devant, N.° 15442.]

═ Mf. Recherches de l'établissement des Francs dans les Gaules ; par Nicolas FRERET, de l'Académie Royale des Inscriptions & Belles-Lettres.

Ces Recherches sont conservées dans les Registres de cette Académie, de l'année 1714.

☞ L'Auteur y fait l'Abrégé de l'Ouvrage qu'il composa dans la suite, & que nous avons indiqué, ci-devant, N.° 15451.]

15915. ☞ Histoire critique de l'établissement de la Monarchie Françoise dans les Gaules ; par Jean-Baptiste DU Bos, l'un des Quarante, & Secrétaire perpétuel de l'Académie Françoise : *Paris*, 1734, *in-4*. 2 vol. *Amsterdam*, *in-12*. 3 vol. Nouvelle Edition ; revue, corrigée & augmentée : *Paris*, 1742, *in-4*. 2 vol. & *in-12*. 4 vol.

Cet Ouvrage tend à détruire l'opinion presque généralement reçue jusqu'à présent, que les Francs se sont emparés des Gaules sur les Romains, par une irruption & par la force des armes, & à prouver qu'au contraire ils ne s'en sont mis en possession que du consentement de ces derniers, qui se sont soumis volontairement aux Princes qui régnoient alors sur les Francs.

L'Auteur, dans le Discours préliminaire, expose son opinion, & attribue celle qui y est contraire au dépérissement des Lettres dans les Gaules, dont il fixe l'époque à la décadence de l'Empire d'Occident, & à sa destruction par les Barbares, à la fin du Ve siècle. Il y démontre la difficulté d'écrire les commencemens de notre Histoire, depuis ce temps jusqu'à l'invention de l'Imprimerie, par l'impossibilité où l'on étoit de rassembler les Auteurs originaux manuscrits, & même depuis l'Imprimerie jusqu'au XVIIe siècle. Par occasion, il rapporte son sentiment sur différens Ecrivains de notre Histoire, ou qui y ont rapport.

L'Ouvrage est divisé en six Livres.

Dans le premier, l'Auteur expose l'état des Gaules au commencement du Ve siècle, la forme de gouvernement qu'y avoit été introduite par les Romains ; quelles étoient les troupes qu'ils y entretenoient ; les revenus que l'Empire Romain avoit alors, qui étoient de quatre sortes : sçavoir, les Fonds de terre qu'il y possédoit en propriété, le Tribut public ou le Subside, les Gabelles, Péages & Douane, & les Dons gratuits ; la façon dont ses revenus leur passoient. Il finit ce Livre par le détail des Peuples qui habitoient au Nord de l'Empire Romain ; sçavoir, les Bourguignons, les Allemands, les Saxons, les Francs, les Goths, les Alains, les Huns, &c.

Le second Livre commence par l'invasion des Vandales dans les Gaules en 407, le soulèvement des Armoriques & leur République. On traite ensuite du règne de Pharamond, de Clodion & de Mérovée, des guerres d'Attila, jusqu'à l'élévation d'Avitus (par les Visigoths) à l'Empire d'Occident en 456. Il est très-peu parlé dans ce Livre, des Francs, qui, selon l'Auteur, n'avoient pas encore passé le Rhin pour lors.

Le troisième contient encore un grand détail des affaires des Romains dans les Gaules & Pays voisins; le règne de Childéric, qui, selon l'Auteur, commença en 457 ou 458; sa déposition, son rétablissement. L'Abbé du Bos prétend que son Royaume ne s'étendoit pas au delà de Tournay & Pays adjacens, & que la Somme lui servoit de bornes; ce qui est fort sujet à contradiction. Il est ensuite parlé de la mort de Childéric, de l'avénement de Clovis à la Couronne en 481. C'est alors que l'Auteur commence à traiter sérieusement l'Histoire des François; cependant en la mêlant toujours avec l'Histoire des Romains & de l'Empire d'Occident, qui est nécessaire à l'exécution de son dessein. Ce Livre finit à la Guerre de Clovis contre les Allemands, à sa Conversion & à son Baptême, qu'il place le 25 Décembre 496. Il prétend que Clovis & Childéric ont été Maîtres de la Milice Romaine dans les Gaules.

Le quatrième Livre comprend la suite des progrès de Clovis dans les Gaules, la Bataille de Vouglé, &c. Il finit à l'année 510.

Le cinquième contient la fin du règne de Clovis, jusqu'à sa mort, arrivée en 511, & le règne de ses successeurs jusqu'en 548. Il y est parlé de la conquête de la Turinge, de celle de la Bourgogne, de celle des Pays que les Ostrogoths tenoient dans la Germanie & dans les Gaules, suivie de la cession qu'ils en firent aux Francs en 537, du premier Traité que fit l'Empereur Justinien avec les Francs, pour chasser les Ostrogoths d'Italie; il le place à l'année 535 environ; enfin, du second Traité de Justinien avec les Rois des Francs, rapporté par Procope, par lequel l'Auteur prétend qu'il ratifia la cession qui leur avoit été faite en 537 par les Ostrogoths, & leur abandonna la libre possession des Gaules. L'Auteur place cet événement entre l'année 539 & l'année 547.

Le sixième Livre, qui n'a pas un rapport direct au dessein de l'Auteur, traite de l'état de la Nation sous les Successeurs de Clovis, de la forme du Gouvernement, des revenus du Prince, & des usages particuliers de la Nation.

Cet Ouvrage n'est pas mal écrit, & le projet de l'Auteur est bien suivi & exécuté. Je trouve cependant qu'il est trop verbeux, & qu'il a traduit beaucoup de passages inutiles; ce qui ôte une partie de l'agrément de son Livre. D'ailleurs il a fait souvent ce qu'il a pu pour accommoder les passages à son opinion, à l'aide d'un tissu de conjectures qui répandent plus de doutes dans notre Histoire, qu'elles n'y jettent de lumières. On peut, au surplus, regarder ce Livre comme un Ouvrage d'un grand travail, & fort utile pour ceux qui voudront débrouiller les commencemens de l'Histoire des François. J'observe encore que l'Auteur s'est déclaré dans cet Ouvrage grand partisan de l'Etat Monarchique. A la fin du dernier volume est une Lettre de l'Abbé du Bos à M. Jordan, sur les Dissertations qui suivent.

Voyez la *Préf. des Histor. des Gaules*, p. 78. = *Journ. des Sçavans*, Mai, Juin, Juillet, 1734 = Août, 1741. = *Journ. de Verdun*, 1734, Juillet, 1742. = *Mémoires de Trévoux*, Octob. Novemb. Décemb. 1734 : Septemb. 1741. = *Pour & contre*, tom. III. N.° 32. = Lenglet, *Suppl.* pag. 159. = *Biblioth. raison. tom. XIII.* p. 388. = *Journ. de Leipf.* 1736, pag. 437. = Daniel, *Hist. de France*, nouv. édit. *Préf. tom. I.* pag. 207.]

15916. ☞ Joannis Guillelmi HOFFMANNI, de fœderibus quæ Imperatores Romani cum Francis ante tempora Clodovei fecerunt, duæ Dissertationes : *Wittebergæ*, *in*-4.

Elles ont été composées pour réfuter plusieurs endroits du Livre de l'Abbé du Bos. On en trouve un Extrait dans la *Bibliothèque Germanique*, t. XLII. art. 13. M. du Bos a fait sur ces deux Dissertations des remarques qui sont insérées dans la même Bibliothèque, art. 14. outre la Lettre dont on vient de parler.]

15917. ☞ Première Dissertation, sur la véritable Epoque de l'établissement fixe des François dans les Gaules; par M. RIBAUD DE ROCHEFORT. *Recueil de Pièces d'Hist. & de Littér.* tom. III.

L'Auteur prétend que les Francs sont les vrais Sicambres qui ont habité originairement la Pannonie; que Clodion fut le Fondateur de la Monarchie Françoise, & qu'il fut le premier Roi Franc qui ait eu un établissement fixe dans la Gaule, aux environs du Duché de Luxembourg, l'an de grace 428.

Cette Dissertation & les suivantes ont été remaniées de nouveau par l'Auteur, & publiées dans le Recueil de ses Dissertations, ci-devant, N.° 15592. Il porte depuis quelques années le nom de RIBAUD DE LA CHAPELLE.]

15918. ☞ Seconde Dissertation, sur la vérité ou la fausseté de l'éjection de Childéric, & de l'élévation d'Egidius en sa place; par le même. *Ibid.*

Il prouve la vérité de l'éjection de ce Prince; mais il fait voir en même-temps, contre les partisans de ce sentiment, qu'il est impossible qu'Egidius ait gouverné les Francs pendant huit années, ainsi qu'on le suppose ordinairement : il concilie ce que Frédégaire avoit avancé de plus que Grégoire de Tours, sur le voyage de Childéric à Constantinople, & fixe l'Epoque du règne de ce Prince à l'année 450.]

15919. ☞ Troisième Dissertation, sur l'espèce & l'étendue de l'autorité d'Egidius & de Syagrius son fils, dans le Soissonnois & pays circonvoisins; par le même. *Ibid.*

Il soutient qu'Egidius n'a jamais eu le titre de Roi, mais qu'il étoit Duc des Gaulois Romains, c'est-à-dire de ceux qui suivoient encore les Loix & la Religion Romaine; que son pouvoir étoit très-étendu, & que son fils, en lui succédant, ne reçut point la charge de Maître de la Milice que son père avoit exercée.]

15920. ☞ Dissertation sur la véritable Epoque de l'établissement fixe des François dans les Gaules; sur la vérité ou la fausseté de l'expulsion de Childéric, & de l'élévation d'Egidius en sa place, & de son rétablissement sur le Trône, par l'adresse de Guyemans; sur l'espèce & l'étendue de l'autorité d'Egidius & de Syagrius son fils, dans le Soissonnois & pays circonvoisins, & sur le lieu où s'est donnée la fameuse Bataille de Soissons; Ouvrage qui a remporté le prix de l'Académie Françoise de Soissons, en l'année 1736; par M. BIET, Chanoine Régulier de la Congrégation de France, Abbé de S. Léger de Soissons : *Paris*, Delespine, 1736, *in*-12.

On a mis à la fin du même volume, deux Dissertations sur le même sujet : la première en François, par M. l'Abbé Lebeuf, Chanoine d'Auxerre : la seconde en Latin, par M. RIBAUD DE ROCHEFORT (OU DE LA CHAPELLE), Avocat à Ganat en Bourbonnois.

La première de ces Dissertations contient quatre parties. Dans la première, l'Auteur soutient, contre le sentiment du Père Daniel, que les François s'établirent dans les Gaules long-temps avant le règne de Clovis. Il prouve, par différens passages, qu'il faut fixer l'époque de cet établissement à l'an 351 de Jesus-Christ, la quatorzième ou quinzième année de l'Empire de Constans. Dans la seconde, il défend, contre les Frères Daniel, le passage de Grégoire de Tours, qui regarde la déposition de Childéric. Dans la troisième, il fait voir qu'Egidius n'a jamais régné dans les Gaules, non plus que son fils

Syagrius; & dans la quatrième, que la Bataille de Soissons, entre Clovis & Syagrius, ne s'eſt pas donnée ſous les murs de cette Ville, mais dans une plaine qui n'en eſt pas éloignée, ſur le chemin qui va à Cambray, un peu au-deſſus de Juvigny & de Montescouves, dans un territoire qui dépend en partie de l'Abbaye de Nogent. Cette Diſſertation eſt ſçavante & bien écrite. Au reſte l'Auteur croit, comme quelques autres, du nombre deſquels eſt M. l'Abbé du Bos, que nos Rois ne commencèrent à être pleinement Souverains des Gaules, que par la conceſſion qu'en fit Juſtinien aux enfans de Clovis. Il eſt vrai qu'il ne donne pas autant d'étendue à leur dépendance des Romains, que M. l'Abbé du Bos; il le combat même dans bien des articles à cet égard.

La ſeconde Diſſertation ſoutient à peu près le même ſentiment ſur l'établiſſement des François. M. l'Abbé Lebeuf dit qu'ils avoient paſſé le Rhin, & s'étoient établis dans la Gaule Belgique, dès l'an 358 ; ſçavoir, dans la Toxandrie, près de Tongres. Il appuie auſſi le ſentiment de Grégoire de Tours, au ſujet de la dépoſition de Childéric ; & il croit qu'Egidius & Syagrius ont été Souverains, & ont poſſédé des Etats dans les Gaules. Il place la Bataille de Soiſſons à trois ou quatre lieues de Soiſſons, dans les plaines qui ſont entre Chavigny & Epagny, ou dans une grande plaine ſituée auprès de Vic ſur Aire. C'eſt peu de choſe que cet Ouvrage.

Dans la troiſième Diſſertation, M. Ribaud ſoutient que les Francs ont eu un établiſſement fixe en-deça du Rhin, en l'an 428, ſous la conduite de Clodion, qui a régné ſur eux depuis ce temps ; que Childéric a été Roi en 449 ; qu'il fut chaſſé par ſes Sujets l'an 454 ; qu'il fut exilé pendant huit ans ; que pendant ce temps les François choiſirent Egidius pour régner ſur eux ; que Childéric fut rétabli en 462, & régna 30 ans, non compris les huit de ſon exil. Il ajoute qu'Egidius a été Comte Souverain de Soiſſons, & Maître de la Milice pour les Romains ; que Syagrius ſon fils lui a ſuccédé ſeulement dans le Comté de Soiſſons ; enfin, que la Bataille de Soiſſons s'eſt donnée auprès de la rivière d'Oiſe, ſur les confins du Cambréſis.

Voyez les Obſerv. ſur les Ecr. modernes, Lett. 80. = *Journ. de Verdun, Novemb.* 1736. = *Journ. des Sçav. Juillet & Août* 1737.]

15921. ☞ Mémoires & Obſervations hiſtoriques & critiques pour ſervir à l'Hiſtoire des premiers temps de la Monarchie Françoiſe ; par M. D'AMYENS (de l'Académie d'Amiens) : 1754, *in*-12.]

15922. Mſ. Introduction à l'Hiſtoire de France, avec la Chronologie des Rois Mérovingiens, depuis Clodion en 414, juſqu'à Clotaire II. en 628 ; par Louis du Four DE LONGUERUE, Abbé du Jars.

Mſ. Chronologia Regum Francorum, ab obitu Clotarii II. ad Pipinum ; eodem auctore, anno 1706.

Mſ. Annales de Charlemagne & de Louis le Débonnaire ; par le même : *in-fol.*

Cette Suite Chronologique, qui [étoit] conſervée dans la Bibliothèque de M. l'Abbé Béraud, n'eſt preſque qu'un tiſſu d'Auteurs contemporains, avec quelques réflexions de l'Auteur, qui ſoutient, dans une de ſes Préfaces, que le défaut d'anciens monumens & la négligence des Chronologues, eſt cauſe que la Chronologie depuis Clotaire II. juſqu'à Pepin, ſe trouve dans un grand déſordre. [Cette partie de la Chronologie, dreſſée par l'Abbé de Longuerue, a été publiée par Dom Bouquet, tom. III. *pag.* 685 & *ſuiv.*] L'Auteur défend le parti du Père le Cointe & d'Adrien de Valois, contre le Père Chiflet. J'ai ſuivi le ſentiment de ce ſçavant Abbé, dans la Suite chronologique des Rois de la pre-

mière Race, qui eſt au commencement [de ce volume.]

☞ On peut voir, pour un certain détail, la Chronologie de la Critique de Baronius par le Père Pagi, à qui l'Abbé de Longuerue fourniſſoit des Mémoires.]

15923. ☞ Ludovici du Four DE LONGUERUE, Diſquiſitio de annis Childerici I. Francorum Regis.

Dans le *Recueil des Hiſtoriens de France*, par Dom Bouquet, tom. III. *pag.* 681.]

15924. ☞ Lettre importante ſur l'Hiſtoire de France de la première Race, du 4 Juillet 1755.

Elle relève des fautes de Chronologie de M. l'Abbé Velly & de M. le Préſident Hénault.]

15925. ☞ Mſ. Extrait de l'Introduction à l'Hiſtoire de France de l'Abbé de Longuerue ; par M. le Comte (Henri) DE BOULAINVILLIERS : *in*-4.

Ce Manuſcrit eſt indiqué num. 2236, du Catalogue de M. Bernard, & ſe trouve dans la Bibliothèque de MM. les Avocats.]

15926. * Joan. MABILLONII, Obſervationes hiſtoricæ de anno Hugonis Capeti obitûs, & de tempore quo Robertus Bertam repudiavit, duxitque Conſtanciam. *Tom. VI. Act. Sanct. Bened. pag.* 86. *Præf. pag.* 27, 29.

15927. * De anno obitûs Roberti Regis ; auctore Gerardo DU BOIS. *Hiſt. Eccl. Pariſ.* tom. *I. pag.* 640.

15928. Chronologie des Rois de France, depuis Pharamond juſqu'à Louis XIV.

Elle eſt imprimée avec les Deviſes & Emblèmes Royales & hiſtoriques, Latines & Françoiſes, qui ſont peintes ſur le Pont Notre-Dame de Paris, de tous les Rois de France, pour l'Entrée triomphante du Roi & de la Reine : *Paris*, 1660, *in*-4.

15929. ☞ Francorum Regum Chronologia.

On la trouve à la fin du tom. I. de la dernière Edition du *Gallia Chriſtiana*. Elle commence à Clovis I. & finit à Louis XIV.]

15930. Jeu des Rois de France ; par Jean DESMAREST, Sieur de Saint-Sorlin, de l'Académie Françoiſe ; une feuille : *Paris, in-fol.*

Ce Jeu eſt accompagné d'une Brochure, qui en explique les règles ; il contient une Suite chronologique des Rois de France. L'Auteur eſt mort en 1676.

15931. Mſ. Dates de la Vie des Rois de France des trois Lignées ; par Jean BESLY, Avocat au Siége de Fontenay-le-Comte.

Ces Dates ſont conſervées entre les Manuſcrits de M. Dupuy, num. 639. Cet Auteur exact, judicieux & profond, eſt mort en 1644.

15932. Table chronologique, hiſtorique & généalogique des Rois, Ducs, Comtes & autres Seigneurs qui ont poſſédé après les Romains les diverſes Provinces qui compoſent aujourd'hui les douze Gouvernemens de France ; par Meſſieurs de la Conférence géographique & hiſtorique d'Avignon : *Avignon,* 1679, *in-fol.*

On voit dans cette Table, non-ſeulement en quels

temps, & comment les Provinces de France, qui en font aujourd'hui les douze Gouvernemens principaux, ont été démembrées de la Couronne, & y ont été ensuite réunies : on trouve encore les noms, la date de la mort, le rang & la durée du règne des Souverains qui ont régné dans les plus considérables Provinces du Royaume.

15933. Chronologie des Rois de France, avec des Remarques sur l'Histoire de leur Règne.

Cette Chronologie, dressée par Nicolas DE GUEUDEVILLE, est imprimée au tom. I. de son *Atlas historique*: *Amsterdam*, 1708, *in-fol.* Cet Ouvrage est fort mauvais, & il est écrit d'une manière pitoyable. [Il a pour Auteur un Religieux apostat, réfugié en Hollande.]

☞ ON peut aussi rapporter ici plusieurs Indices Chronologiques, qui contiennent un Abrégé & une Chronologie de différens événemens appartenans à l'Histoire de France. Tels sont ceux qui se trouvent au commencement de chaque volume de la nouvelle Collection des Historiens de France, par Dom Bouquet, pour la première & la seconde Race. = Celui qui se trouve à la fin de l'Ouvrage d'Henschenius, intitulé : *De tribus Dagobertis*, qui finit en 1158.]

ARTICLE VI.

Catalogue des Ecrivains de l'Histoire de France. [Jugemens sur les Historiens François.]

POUR connoître les Auteurs qui ont écrit en François sur l'Histoire du Royaume, on peut consulter ceux qui suivent.

15934. Bibliothèque de (François Grudé,) Sieur DE LA CROIX DU MAINE, (de la Religion Prétendue Réformée) : *Paris*, Langelier, 1584, *in-fol.* La Bibliothèque d'Antoine DU VERDIER, Sieur de Vauprivas : *Lyon*, Honorat, 1585, *in-fol.* La Guide des beaux Esprits, ou le Promptuaire de tous les Ecrits en François, ou traduits en notre Langue : *Paris*, 1596, *in-4*. (c'est un Abrégé des deux Livres précédens). Le Trésor des beaux Esprits ; par Philibert MARESCHAL, Sieur de la Roche, Prêtre : *Paris*, 1602, *in-8*.

Ce dernier Livre est une Bibliothèque des Auteurs François, où l'on ne marque ni le temps de l'Edition de leurs Ouvrages, ni la forme des Livres : ils y sont rangés par matière.

☞ Il y a eu une autre Edition de cet Ouvrage, sous cet autre titre :

La Guide des Arts & Sciences, & Promptuaire de tous Livres, tant composés que traduits en François ; par Philibert MARESCHAL, &c. *Paris*, Jacquin, 1598, *in-8*.]

15935. Bibliothèque des Auteurs qui ont écrit l'Histoire & Topographie de France : *Paris*, Cramoisy, 1618, *in-8*.

L'Auteur est André DU CHESNE, Tourangeot, comme il paroît par l'Edition suivante.

La même Bibliothèque : seconde Edition, revue & augmentée de plus de deux cens Historiens ; par André DU CHESNE, Tourangeot : *Paris*, Cramoisy, 1627, *in-8*.

Cet Auteur dit dans son Avertissement, « que ce n'a » pas été son but, en dressant cette Bibliothèque, d'y » remarquer les plus sincères Auteurs de notre Histoire ; » mais qu'il a compris indifféremment les bons & les » mauvais, selon l'ordre des temps & des matières, en » laissant le jugement & le choix libre à chacun ». J'ai suivi le même plan dans cet Ouvrage ; j'y ai joint seulement quelques jugemens sur les principaux Auteurs. Tout l'Ouvrage de du Chesne est entré dans le mien, mais dans un autre ordre. Je laisse aux Lecteurs à les comparer & à en porter leur jugement.

☞ *Voyez* Sorel, *pag.* 176. = Le Père Niceron, *tom. VII. p.* 329. = *Mél.* de Vigneul-Marville, *tom. I. pag.* 146.]

15936. Series Auctorum omnium, qui de Francorum Historia & de rebus Francicis cum Ecclesiasticis, tum Secularibus, ab exordio Regni ad nostra usque tempora quorum editionem pollicetur Andreas DU CHESNE, Geographus Regius : *Parisiis*, Cramoisy, 1633, 1635, *in-fol.*

Dans la première Edition, le projet est dédié au Lecteur studieux ; dans la seconde, il l'est aux Prélats du Clergé de France ; & au lieu de ces paroles de la première Edition : *Quorum editionem pollicetur*, du Chesne a mis dans la seconde : *Quorum editionem aggressus est*. Le premier projet ne devoit contenir que vingt volumes *in-fol.* & le second en indique vingt-quatre. Il n'y en a eu que six d'imprimés, en comptant celui de l'Histoire des Normands : le premier, le second, & partie du troisième tome du Recueil ont été imprimés par les soins d'André du Chesne ; le reste du troisième, le quatre & le cinquième l'ont été par ceux de son fils François du Chesne. L'Auteur a retranché du second projet l'Histoire des Goths, par Jornandès ; celle des Lombards, par Paul Diacre ; & l'Histoire de France de Jacques-Auguste de Thou, lesquelles il avoit insérées dans le premier projet. Il marque que la seconde Edition est fort augmentée, cela est vrai ; car outre les Pièces du troisième tome, dont il n'est point parlé dans le projet précédent, on a ajouté dans ce dernier projet les titres de plus de deux cens Pièces.

☞ Il n'y a eu que les quatre premiers Livres de ce *Prospectus* d'exécutés. André du Chesne le publia en 1635. Il devoit contenir, comme on vient de le dire, 24 volumes. Il donna les deux premiers en 1636. Les deux suivans parurent en 1641, & le cinquième en 1649. C'est François du Chesne qui publia les trois derniers, & l'Ouvrage en resta là. Les quatorze volumes de la Partie I. étoient destinés aux Historiens qui ont traité de l'origine de la Nation & de ses Rois. Les dix derniers, qui faisoient la Partie II. devoient contenir les Historiens qui ont donné l'Histoire des Eglises, des Monastères, des Ducs, des Comtes & des Provinces ; dans le dernier on auroit trouvé différentes Chartes qui ont quelque rapport aux affaires de l'Etat.]

Eadem Series Auctorum quorum editionem aggressus est Andreas DU CHESNE, & nunc quoque aggreditur filius, post patrem, Franciscus DU CHESNE, tertia Editio auctior & copiosior : *Parisiis*, 1663, *in-12*.

Eadem, recusa studio Joannis Alberti Fabricii.

Cette dernière Edition contient plusieurs autres Pièces sur les Historiens de France : elle a été faite à Hambourg en 1708. Cette troisième Edition devoit aussi contenir vingt-quatre volumes *in-fol*. Quoiqu'on marque dans le titre qu'elle est plus ample que la seconde, ce n'est tout au plus que de dix Pièces, qui ne sont point indiquées dans celle-là. Le P. Labbe, dans sa *Nouvelle Biblioth. des Manuscrits*, fait mention de ces trois éditions du Plan de du Chesne, que j'ai vues & examinées.

15937. Ms. Bibliothèque de ceux qui ont écrit l'Histoire de France; par Louis JACOB, dit de S. Charles, Carme Réformé des Billettes.

Cet Auteur cite lui-même cet Ouvrage dans son Livre des *Personnes Illustres de Châlons : Parisiis*, 1652, *in-4*. Il est mort en 1670.

15938. Inventaire des Manuscrits de Claude Fabry DE PEIRESC, Conseiller au Parlement de Provence.

Cet Inventaire comprend, en quatre-vingt-deux articles, cent vingt-cinq volumes *in-fol*. Il y en a quatre-vingt-douze qui concernent l'Histoire de France. Il est imprimé avec bien des fautes, à la fin de la Vie de ce sçavant homme, mort en 1637, composée par Gassendi, dans l'Edition de la Haye de 1655. Le Baron de Rians, son neveu, hérita de ses Manuscrits, & croyant en retirer une somme considérable, il les apporta à Paris, où ils restèrent jusqu'en 1660, qu'il les reporta en Provence. M. Thomassin Mazaugues, parent de M. de Peiresc, tant du côté paternel que du côté maternel, possède à présent la plupart de ces Manuscrits. Il y en a aussi vingt-deux volumes à Aix, dans la Bibliothèque de M. de Gaufridi, Avocat-Général au Parlement de Provence, desquels sept concernent l'Histoire générale de France; treize celle de Provence, & trois d'autres matières. Il y en a aussi quelques-uns d'égarés, & qui ne se trouvent plus.

15939. Ms. Inventaire des Manuscrits de MM. DUPUY : *in-fol*.

Cet Inventaire, lorsqu'il est entier, contient les titres de sept cens soixante-dix-sept volumes *in-fol*. comme est celui de M. Clairambaud, & sur-tout celui de M. le Président de Ménars, qui [possédoit] ce riche Recueil de Manuscrits, [aujourd'hui dans la Bibliothèque du Prince de Soubise.] Les autres Inventaires de la Bibliothèque du Roi, num. 9430-9432, celui de M. le Président de Lamoignon, & plusieurs autres Copies, ne contiennent que six cens sept volumes *in-fol*. Plus des deux tiers de ce Recueil regardent notre Histoire, & renferment un fort grand nombre de Pièces originales. Pierre Dupuy, Conseiller d'Etat, Garde de la Bibliothèque du Roi, est mort en 1651, & Jacques Dupuy, Prieur de S. Sauveur, qui étoit aussi Garde de cette Bibliothèque, est mort cinq ans après son frère.

Le Recueil de leurs Manuscrits semble avoir été composé de plusieurs autres Recueils, ce qui n'est pourtant qu'une conjecture. Le premier pourroit être celui de Nicolas le Fevre, Parisien, Précepteur du Roi Louis XIII. Scévole de Sainte-Marthe, dans l'Eloge qu'il en a fait, rapporte « qu'il avoit un grand nombre de Manuscrits » & des plus curieux ; que comme il avoit plus d'incli- » nation pour Jacques-Auguste de Thou, que pour au- » cun autre de ses amis, ce fut aussi à lui qu'en mourant » il laissa par testament tous ses Livres manuscrits ». Je ne sçaurois dire comment ils passèrent entre les mains de M. Dupuy ; mais on peut croire qu'à la mort de M. de Thou, ses Manuscrits se trouvant en leur possession, il leur en laissa à ses bons parens & amis, la jouissance pendant leur vie. Ce qui fortifie cette conjecture, est que MM. Dupuy donnèrent à la Bibliothèque du Roi tous les Livres imprimés qu'ils avoient, & trois cens anciens Manuscrits : mais Jacques Dupuy, qui mourut le dernier, en 1656, ordonna par son testament, qu'on rendît à François-Auguste de Thou, second fils de Jacques-Auguste, les Livres que celui-ci lui avoit confiés. Le second Recueil est celui d'Antoine de Loménie, Sieur de la Ville-aux-Clercs, qui avoit amassé avec soin beaucoup de Pièces originales : il les confia à MM. Dupuy, qui les mirent en ordre, & en firent mettre une copie au net, dont se contenta M. de Loménie, qui leur laissa les originaux.

M. Boivin, dans la Vie de M. Pithou, nous indique un troisième Recueil qui fut d'un grand secours à MM. Dupuy. « Après la mort de M. Pithou, (en 1621) » MM. Dupuy travaillèrent à former le grand Recueil » de Traités & de Manuscrits de toute espèce, qui a dis- » paru depuis quelques années. Il paroît, par le Catalo- » gue qu'on en a, qu'une bonne partie de ce grand Re- » cueil a été composée des Extraits de Pierre Pithou, & » de beaucoup de Pièces dont il avoit recouvré les ori- » ginaux, ou fait faire des Copies ». Après en avoir rapporté quelques preuves, M. Boivin ajoute, « On ne » peut donc douter que le grand Recueil de MM. Du- » puy n'ait été formé en partie des Extraits & des Re- » cueils de Pierre Pithou, Originaux ou Copies ».

Jacques Dupuy avoue aussi, dans une de ses Lettres, que son frère avoit fait copier quelques-uns des Manuscrits de M. de Peiresc.

15940. Ms. Inventaire des Manuscrits d'Antoine DE LOMÉNIE, Sieur de la Ville-aux-Clercs, Secrétaire d'Etat : *in-fol*. 3 vol.

Cet Inventaire, qui contient les titres de 360 volumes, qui tous concernent l'Histoire de France, est conservé, avec tous ses Manuscrits, dans la Bibliothèque du Roi, num. 1-360, dans une Chambre particulière. [Il y [avoit] une copie de tous ces Manuscrits dans la Bibliothèque de M. Colbert, [& une dans le Recueil de M. de Fontanieu, qui sont aujourd'hui, l'une & l'autre, dans la Bibliothèque du Roi.] Ces Manuscrits ont été copiés sur ceux de M. Dupuy ; mais ils l'ont été avec tant de négligence, qu'ils sont remplis de fautes.

Antoine de Loménie, qui mourut en 1638, avoit fait, deux ans auparavant, un don de ses Manuscrits à son fils Henri-Auguste de Loménie, Comte de Brienne, dont ils portent ordinairement le nom. Voici ce qu'en dit Nicolas Rigaud, p. 51 de la Vie de Pierre Dupuy : « Ce grand » Homme avoit des liaisons très-étroites avec MM. de » Peiresc & de Loménie. Il se servit de leur crédit pour » amasser de toute part les Pièces & les Mémoires, qui » peuvent servir à faire connoître les circonstances les » plus curieuses de notre Histoire & de celle des Pays » étrangers. Il recueillit par ce moyen un grand nom- » bre de Lettres originales de Princes & d'Ambassa- » deurs avec les Réponses, des Instructions, des Or- » donnances, & une infinité d'autres Pièces, découver- » tes par l'adresse & la sagacité de MM. de Loménie & » de Peiresc, qui furent assez heureux, ou qui eurent » assez de crédit pour les obtenir. Elles furent mises en » ordre par les soins de M. Dupuy, qui fit paroître en » cela son industrie. C'est ce qui a formé le Recueil de » quatre cens volumes de Manuscrits, (il n'y en a que » trois cens soixante) que M. de Loménie fit copier » avec beaucoup de dépense, & qu'il fit relier d'une ma- » nière fort magnifique. Il les mit dans son Cabinet, » pour les communiquer à ses amis. Après sa mort, le » Roi les acheta (de son fils aîné) quarante mille livres ; » ils furent portés au Louvre, comme un meuble vrai- » ment Royal, en attendant qu'ils fussent placés dans la » Bibliothèque la plus nombreuse qui fût au monde, » d'où ils ont été transportés dans la Chambre du Tré- » sor des Chartes ». Si ce dernier fait est vrai, ces Manuscrits en ont été depuis tirés & mis dans la Bibliothèque du Roi. Cette Bibliothèque si nombreuse, où ils devoient être placés, est celle du Cardinal Mazarin, comme l'assure Gabriel Naudé, son Bibliothécaire, dans un Acte imprimé le 14 Février 1651.

15941. ☞ Ms. Table des Manuscrits de

Brienne, qui font à la Bibliothèque du Roi : *in-fol.* 2 vol.

Elle eft à la Bibliothèque du Roi, & vient de M. Lancelot.]

15942. Mſ. Inventaire des Manuſcrits du Comte DE BÉTHUNE, Chevalier des Ordres du Roi : *in-fol.*

Cet Inventaire, qui eſt avec ces Manuſcrits dans la Bibliothèque du Roi, num. 10515, contient les titres de 1560 volumes *in-fol.* dont plus de 1100 concernent l'Hiſtoire de France. Ils ſont mêlés à préſent avec ceux de cette Bibliothèque, Hippolyte, Comte de Béthune, qui mourut en 1665, les ayant laiſſés au Roi par ſon teſtament. L'inclination qu'il avoit pour la connoiſſance des Affaires d'Etat, lui fit faire des recherches extraordinaires de tout ce qui pourroit en ce genre la ſatisfaire. Il fut aſſez heureux pour recouvrer un grand nombre d'originaux, ſouvent aſſez mal écrits, & fort difficiles à lire. Celui qui a publié les Preuves de l'Hiſtoire de la Maiſon de Coligny, marque à la *pag.* 280, « que parmi » les rares & uniques Manuſcrits de la Bibliothèque du » Comte de Béthune, il y a mille volumes de Lettres originales de la plupart des Rois, Reines, Princes & Princeſſes, & Républiques de l'Europe, leurs grands Officiers & Miniſtres d'Etat, des Négociations, des Traités de Paix, d'Alliance, Inſtructions d'Ambaſſadeurs, & autres Pièces curieuſes, deſquelles on peut tirer la connoiſſance de l'Hiſtoire, depuis l'an 1300 juſqu'à préſent ; » c'eſt-à-dire, au milieu du dix-ſeptième ſiècle.

M. le Comte de Béthune en avoit eu de Michel de Marolles, Abbé de Villeloin, comme celui-ci l'aſſure à la page du Catalogue de ſes Ouvrages : « J'avois, dit-il, » recueilli avec grand ſoin, pluſieurs Lettres & Négociations, avec divers Extraits, Copies & Mémoires concernant les curioſités de l'Hiſtoire de France, qui ont paſſé depuis dans le Cabinet du Roi, par les mains du feu Comte de Béthune, qui les avoit paſſionnément ſouhaités.

15943. ☞ Mſ. Tables des Manuſcrits du Comte de Béthune : *in-fol.* 6 vol.

Elles ſont conſervées dans la Bibliothèque du Marquis d'Aubais.]

15944. Mſ. Inventaire des Manuſcrits de Claude Bouthillier, Miniſtre & Secrétaire d'Etat, & de Léon Bouthillier, Comte de Chavigni, auſſi Secrétaire d'Etat ; dreſſé par François BOUTHILLIER, fils de Léon, ancien Evêque de Troyes, Conſeiller d'Etat au Conſeil de la Régence : *in-fol.* 2 vol.

Cet Inventaire, de deux cens ſoixante & dix volumes *in-fol.* qui concernent ce qui s'eſt paſſé depuis 1618, juſqu'en 1652, [étoit] conſervé à Paris avec ces Manuſcrits, dans la Bibliothèque de M. l'ancien Evêque de Troyes.

15945. Catalogue des Manuſcrits de la Bibliothèque de M. le Chancelier (Pierre) SEGUIER : *Paris*, le Coinre, 1686, *in-12.*

M. Séguier eſt mort en 1672, & Melchiſédech THEVENOT, Garde de la Bibliothèque du Roi en 1692. C'eſt lui qui a dreſſé ce Catalogue, où il n'a pas gardé tout l'ordre que ce grand Recueil demandoit, il a été aſſujetti à ſuivre l'ordre où les Livres étoient rangés. Ce Catalogue contient plus de quatre mille volumes, dont près des deux tiers regardent l'Hiſtoire de France, entre leſquels ſe trouvent tous ceux de la Bibliotheque d'Auguſte Galland. Ils [ont paſſé] à M. le Duc de Coiſlin, Evêque de Metz, petit-fils du Chancelier Séguier, [qui après les avoir] mis en dépôt dans la Bibliothèque de S. Germain des Prés, [les lui a légués.] Je les cite ſous le nom de ce Chancelier, à cauſe qu'ils ſont connus ſous ce nom, depuis que le Catalogue a été rendu public.

15946. Mſ. Inventaires des Manuſcrits de François Roger DE GAIGNIÈRES, ancien Gouverneur de la Ville & Principauté de Joinville, dreſſé par les ordres de M. de Torcy, & par les ſoins de M. Clairambaud, Généalogiſte de l'Ordre du S. Eſprit : *in-fol.*

Cet Inventaire eſt conſervé dans la Bibliothèque du Roi, avec les Manuſcrits de M. de Gaignières, où ils ont été portés peu après ſa mort, arrivée en 1715. Il contient les titres de plus de deux mille volumes, remplis d'un grand nombre de Pièces originales, & de copies de Titres & Actes ramaſſés avec beaucoup de ſoin & de dépenſe durant le cours de ſes Voyages dans toutes les Provinces de France. La plupart de ces Manuſcrits regardent l'Hiſtoire de France, ſur-tout celle des principales Familles du Royaume. Il ſeroit à ſouhaiter que les Copies fuſſent plus exactes.

15947. Mſ. Inventaire des Manuſcrits de M. le Chancelier (Henri-François) D'AGUESSEAU : *in-fol.*

Cet Inventaire eſt conſervé dans la Bibliothèque de M. [d'Agueſſeau de Freſne.] Il contient entr'autres plus de quatre cens volumes, dont trois cens ſoixante regardent l'Hiſtoire de France. M. d'Agueſſeau les a eus de M. Rouſſeau, Auditeur de la Chambre des Comptes de Paris, & Chevalier de l'Ordre de S. Lazare. Il en a eu encore d'autres de M. Loger, Avocat au Parlement.

ON ne voit point ici les Inventaires des Manuſcrits de pluſieurs autres Bibliothèques de Paris, parceque ces Inventaires contiennent les Livres qui concernent l'Hiſtoire de France, que d'autres matières, & que les premiers n'y ſont pas ſéparés des autres. Ces Bibliothèques ſont, celle de M. le Duc de Bourbon ; de M. Colbert, Miniſtre d'Etat, qui [eſt aujourd'hui dans la Bibliothèque du Roi] ; de M. le Pelletier, Miniſtre d'Etat, qui eſt à M. le Pelletier, ancien premier Préſident du Parlement ; de M. de Harlay, ancien premier Préſident du Parlement, que ſon fils a légué à M. de Chauvelin, [qui a remis les Manuſcrits peu avant ſa mort à S. Germain des Prés ;] de M. de Meſme, premier Préſident du Parlement ; de M. de Lamoignon, Préſident à Mortier ; de M. Foucault, Conſeiller d'Etat ; de M. l'Abbé d'Eſtrées, nommé à l'Archevêché de Gambray ; de MM. les Abbés de Caumartin & de Camps ; de M. Baluze ; de M. Godefroy, ancien Officier de la Chambre des Comptes ; des Abbayes de S. Germain des Prés, de S. Victor & de ſainte Geneviève ; du Collège des Jéſuites de Paris ; & enfin de MM. des Miſſions Etrangères. J'ai vu tous ces Manuſcrits, & je les indique dans cet Ouvrage.

☞ Pluſieurs de ces Bibliothèques n'exiſtent plus : les unes ont été réunies à la Bibliothèque du Roi, ou à celle de S. Germain des Prés : d'autres ont été diſperſées ou vendues, comme on l'obſervera aux articles particuliers.]

15948. ☞ Table générale du Recueil de Titres, &c. fait par M. DE FONTANIEU.

On a parlé de ce Recueil à la fin de la Préface de cette Bibliothèque, & on en trouvera la Table dans le dernier volume. Ce grand Recueil, qui eſt en 841 volumes *in-4.* ſe conſerve dans la Bibliothèque du Roi.

15949. ☞ Catalogue des Rolles Gaſcons, Normans & François, conſervés dans les Archives de la Tour de Londres ; (avec) le Précis & le Sommaire de tous les Titres qui s'y trouvent, concernant la Guyenne, la Normandie & les autres Provinces de la France,

France; sujettes autrefois au Roi d'Angleterre : *Londres*, & se trouve à *Paris*, Barrois, 1743, *in-fol.* 2 vol.]

15950. ☞ Catalogue des Livres imprimés & Manuscrits de la Bibliothèque du Roi : *Paris*, de l'Imprimerie Royale, 1739 & *suiv. in fol.* 10 vol. &c.

On pourra tirer un grand secours, pour l'Histoire de France, de ce Catalogue, qui contient des trésors immenses, lorsqu'il sera conduit à sa fin : mais il s'en faut beaucoup, il n'y a encore que six volumes pour les Livres imprimés; sçavoir, trois pour la Théologie, deux pour les Belles-Lettres, & le premier de la Jurisprudence; enfin, quatre pour les Manuscrits, qui ne contiennent encore que des Manuscrits Hébraïques, Syriaques, &c. Grecs & Latins. Le dernier volume a été imprimé en 1753, & malheureusement on n'a point encore entamé la partie Historique, qui est la plus abondante, &qui eût été la plus utile au Public.]

15951. ☞ Discours de François (Grudé) DE LA CROIX DU MAINE, où il est fait mention de ses Œuvres pour la France : 1579, *in-4.*

On doute fort que tous les Ouvrages, dont il parle, aient été faits : au moins n'en connoit-on d'autres que sa Bibliothèque des Ecrivains François. *Voyez* ce qui en est dit dans les *Singularités historiques* de D. Liron, tom. III. pag. 73 & *suiv.*]

15952. ☞ Catalogue des Livres du Cabinet de M. Imbert DE CANGÉ : *Paris*, Guérin, 1733, *in-12.*

Ce Cabinet est un des plus curieux qui ait existé, par la quantité de morceaux rares & singuliers qu'il contenoit, non-seulement en Poëtes, Romans, Facéties, &c. mais encore pour l'Histoire de France, qui s'y étend depuis la page 206 jusqu'à la page 409. Il auroit fallu une Table à ce Catalogue, dont les Livres ont été achetés en gros pour le Roi 40000 liv. c'étoit assurément un bon marché : ils sont actuellement placés à leur rang dans la Bibliothèque.]

15953. ☞ Catalogus Bibl. Thuaneæ, à Petro & Jacob. PUTEANIS, ordine alphabetico distributus, tum secundùm scientias digestus ab Ismaele BULIALDO; nunc editus à Jos. QUESNEL, Bibliothecario : 1679, *in-8.* 2 vol.

Ce Catalogue peut servir à l'Histoire de France, principalement pour la Collection des Manuscrits qui se trouve à la fin du Tome II.]

15954. ☞ Catalogue des Livres de la Bibliothèque de M. GODEFROY, Ecuyer, Avocat au Parlement & au Conseil du Roi : *Paris*, Barois, 1746, *in-8.*

Ce Catalogue est intéressant pour l'Histoire de France, sur-tout pour la partie des Manuscrits qui s'y trouve *pag.* 171. On les conserve, pour la plus grande partie, dans la Bibliothèque de la Ville de Paris; & il y en a quelques-uns dans celle du Roi.]

15955. ☞ Catalogue des Livres de feu M. BERNARD, Conseiller d'Etat : *Paris*, Barois, 1754, *in-8.*

Il est utile pour la partie des Manuscrits qui se trouve *pag.* 139.]

15956. ☞ Catalogue des Livres de la Bibliothèque de feu M. le Maréchal Duc d'Estrées; par Jacques GUÉRIN : *Paris*, 1740, *in-8.* 2 vol. avec une Table dressée par Louis-Nicolas PREVOST, Libraire.

Cette Bibliothèque a été vendue en 1740 & 1741. Elle étoit composée de plus de 10000 numéros : c'est un amas & non un choix de Livres en tout genre, parmi lesquels il n'est guères possible qu'il n'y en ait de bons & de rares. La partie de l'Histoire de France y est assez considérable : elle y occupe plus de 2000 numéros, depuis la *pag.* 145 du Tome II. jusqu'à la *pag.* 252.

15957. ☞ Catalogue des Livres de feu M. LANCELOT, de l'Académie Royale des Belles-Lettres; par Gabriel MARTIN : *Paris*, 1742, *in-8.*

Il est très-curieux & très-abondant sur la partie de l'Histoire de France, & fort bien détaillé; mais il y manque une Table : il est divisé sur un mauvais plan en trois parties, les *in-fol.* les *in-4.* les *in-8. In-12.* &c. Dans la première partie l'Histoire de France occupe 304 numéros, depuis la page 11 jusqu'à 34; dans la seconde partie plus de 900, depuis la page 81 jusqu'à 176; & dans la troisième, près de 1500, depuis la page 265 jusqu'à 383; il y a outre cela un supplément. Cette Bibliothèque a été vendue à bas prix, les livres étant mal conditionnés.]

15958. ☞ Catalogue des Livres de la Bibliothèque de M. SECOUSSE, Avocat au Parlement, de l'Académie Royale des Inscriptions & Belles-Lettres, avec le Supplément & la Table; par Jacques-Marie BAROIS : *Paris*, 1755, *in-8.*

Cette Bibliothèque n'est, à vrai dire, composée que d'Histoire de France. C'est, sans contredit, le plus beau Recueil & le plus abondant sur cette partie, que jamais particulier ait possédé : elle y occupe près de 5000 numéros, & s'étend principalement depuis la page 89 jusqu'à 360. On y trouve sur-tout un grand détail des Recueils de Pièces : il seroit à souhaiter qu'il y eût un peu moins de sécheresse dans les autres articles. Indépendamment de ces 5000 numéros, on trouve à la fin du Catalogue un Supplément ou détail abrégé des Pièces volantes, qui toutes regardent l'Histoire de France, & sont contenues dans près de 400 Porte-feuilles. Ce morceau a été vendu en gros 2400 liv. & est actuellement dans la Bibliothèque de M. le Duc de la Vallière. Le surplus de ce Catalogue a été vendu en détail en 1755.]

15959. ☞ Catalogue des Livres de M. Bernard COUET, Chanoine de Notre-Dame; par Jacques-Marie BAROIS : *Paris*, 1737, *in-12.* avec une Table des Auteurs.

Ce Cabinet contenoit près de 2500 numéros, & étoit bien composé, sur-tout pour la Théologie & l'Histoire : celle de France y étoit assez abondante.]

15960. ☞ Catalogue de la Bibliothèque de M. BURETTE, Médecin de la Faculté de Paris, de l'Académie Royale des Belles-Lettres, & Doyen des Professeurs Royaux : *Paris*, Martin, 1748, avec la Table des Auteurs.

Ce Catalogue est rangé par *in-fol. in-4. in-8.* & *in-12.* séparément, & néanmoins par ordre des matières. Il est composé d'environ 10200 numéros, & ne comprend que trois Facultés; l'Histoire, les Belles-Lettres, les Sciences & Arts. Ces parties y sont abondantes & bien choisies, sur-tout la dernière, dans laquelle l'Histoire Naturelle & la Médecine sont d'une étendue très-considérables. Dans celle de l'Histoire, les Antiquités & l'Histoire des Provinces de France se trouvent assez au long & bien choisies.]

☞ *Nota.* On auroit pu citer encore plusieurs Catalogues; mais je m'en suis tenu à ceux qui m'ont paru les

Liv. III. Histoire Politique de France.

mieux composés en Histoire de France, & les mieux disposés pour pouvoir être consultés.]

15961. La Guide de l'Histoire de France, où l'ordre, l'examen & le choix des Histoires particulières suivant les trois Races de nos Rois & de nos Histoires générales ; par Charles SOREL, premier Historiographe de France.

Cette Guide est imprimée à la seconde partie de sa *Bibliothèque Françoise : Paris, 1661, 1667, in-12.* On trouve dans cet Ouvrage quelques jugemens assez exacts sur nos Historiens.

15962. ☞ Des défauts de l'Histoire de France ; (par Charles SOREL, Sieur de Souvigny).

Cette Pièce se trouve à la fin du Livre du même Auteur, intitulé : *De la Prudence : Paris,* Praiard, 1673, *in-12.*

M. Sorel, après un Eloge de l'Histoire en général, a divisé ce petit Traité en deux parties. Dans la première, il examine les contrariétés, les incertitudes & les obscurités de nos premières Histoires, & comment on pourroit y remédier. Dans la seconde, il donne des préceptes pour conduire l'Histoire de France à sa perfection ; & pour cela il voudroit qu'on établît une Académie d'Historiens. Il traite ensuite des qualités d'un Historien ; & en parlant de la fonction de premier Historiographe de France, qu'il avoit exercée après la mort de Charles Bernard son oncle, il ne peut s'empêcher de laisser entrevoir le dépit qu'il a de ce qu'on la lui a ôtée, & retranché les appointemens qui y étoient attachés. Sorel est mort l'année suivante, 1674.]

15963. Discours du Duc DE SULLY, sur les Historiens des derniers temps, où il justifie le Roi Henri IV.

Ce Discours est imprimé au tom. IV. de ses *Mémoires : Paris, 1662, in fol.* Maximilien de Béthune, Duc de Sully, est mort en 1640.

15964. Discours de M. DE SAINT-EVREMONT, sur les Historiens François.

Ce Discours de Charles de Saint-Denys, Sieur de Saint-Evremont, mort en 1703, est imprimé dans la première partie de ses *Œuvres, tom. II. Paris, 1713, in-12.* Il se rend si difficile, & demande tant de talens dans ceux qui écrivent l'Histoire, que s'ils étoient nécessaires pour réussir, il n'y auroit pas un seul Historien dans l'antiquité à qui ce nom convint. Quoique plusieurs de nos Historiens méritent sa censure, il la pousse aussi trop loin, en parlant d'eux avec un grand mépris.

15965. ☞ Comparaison des Histoires de Mézeray & du P. Daniel ; par G. LOMBARD : *Amsterdam, 1723, in-4.*

Voyez *Mém. critiq.* de Mézeray, pag. 49. = Lenglet, *Suppl. de la Méth. hist. in-4. pag. 159.* = *Bibl. Franç.* de Camusat, *tom. IV. pag. 1.*]

15966. De Scriptoribus Historicis Regni Gallici & Navarreni ; auctore Burchardo Gottelfio STRUVIO.

Ce Discours est imprimé au Chapitre XIV. de sa *Bibliothèque des Historiens : Jenæ, 1705,* [& au Chapitre XIII. de l'Edition de 1740, in-8. 2 gros vol.]

15967. ☞ Réflexions sur les Historiens François, & sur les qualités nécessaires pour composer l'Histoire ; par M. le Marquis D'ARGENSON, du 14 Mars 1755. *Mém. de l'Académie des Inscriptions & Belles-Lettres, tom. XXVIII. pag. 627.*]

15968. Isagoge in Historiam Scriptorum Historiæ Gallicæ, quâ continentur : I. Andreæ DU CHESNE, Bibliotheca chronologica Scriptorum ab Originibus Regni Francici ad sua usque tempora ; (seu Series Auctorum) ; II. Christiani GRYPHII, Sylloge Scriptorum seculi decimi-septimi de rebus Gallicis ; III. Hermanni Dieterici MEIBOMII, de Gallicæ Historiæ periodis & Scriptoribus Disputatio. Edidit Joannes Albertus Fabricius, Professor Hamburgensis : *Hamburgi*, 1708, *in-8.*

Le *Series Auctorum* de du Chesne, est réimprimé sur la troisième Edition. Gryphius a ramassé dans son Discours des titres de Livres, qui ne méritoient pas qu'il en fît mention. Pour Meibomius, il dit beaucoup de bien du Royaume de France, mais peu de choses de ses Historiens ; [aussi n'est-ce qu'un Programme.]

☞ La première partie contient le plan de vingt-quatre volumes, que M. du Chesne s'étoit proposé de donner au Public sur l'Histoire de France. Nous n'avons de ce grand Ouvrage que cinq volumes, dont les deux premiers sont d'André du Chesne, & les trois autres de son fils François. La seconde partie de l'*Isagoge* renferme une Dissertation sur les Auteurs de l'Histoire de France, du XVIIᵉ siècle, parmi lesquels il y en a plusieurs qui avoient échappé à du Chesne : on y a joint quelques réflexions littéraires, & des notes sur leurs Ouvrages, ainsi que dans la troisième partie. Ces Traités, quelque courts qu'ils soient, ont leur prix, & méritent d'être lûs. L'Ouvrage de Gryphius est rempli de fautes, sur-tout d'impression.]

15969. Schediasma de Commentariis Historicis, quos Galli *Mémoires* vocant, publico eruditorum examini, die 19 Aprilis 1708, exponet Henricus Augustus HENSES, Magdeburgensis ; Præside Joan. Baptista MENCKENIO : *Lipsiæ,* Fleischer, 1708, *in-4.*

Cette Thèse contient de petites Observations sur les *Mémoires historiques,* appellés en Latin *Commentarii.* Les Livres qui y sont énoncés, sont rangés par l'année & le lieu de leur Edition. L'Auteur distingue ceux auxquels on peut ajouter foi, d'avec ceux qui passent pour suspects.

15970. ☞ Histoires de la Vie & des Ouvrages de quelques Auteurs qui ont écrit l'Histoire de France du temps des Croisades.

A la tête des Parties I. & II. du *Recueil* de BONGARS intitulé : *Gesta Dei per Francos : Hanoviæ,* 1611, *in-fol.* 2 vol.

15971. ☞ Extrait d'une Lettre de M. le Comte DE SOUILLAC, à M. l'Abbé de ***, contenant quelques Remarques & des Eclaircissemens que l'on croit qu'il seroit nécessaire de faire pour l'Histoire de France. *Mercure,* Novembre, 1719.]

15972. Méthode pour étudier l'Histoire de France, avec un Catalogue de ses principaux Historiens, accompagné de Notes critiques & historiques sur leurs Ouvrages.

Cet Ouvrage est imprimé au tom. II. de la *Méthode pour étudier l'Histoire ;* par Nicolas LENGLET DU FRESNOY, Parisien, Licentié en Théologie : *Paris,* Coustelier, 1713, *in-12.* Bruxelles, 1714, & augmentée par Jean-Baptiste MENKE ; Historiographe du Roi de Pologne : *Leipsick,* 1714, *in-12.* J'ai suivi quelquefois les jugemens de cet Auteur.

15973. ☞ Méthode pour étudier l'Histoire, avec un Catalogue des principaux Historiens, & des Remarques sur la bonté de leurs Ouvrages & sur le choix des meilleures Editions ; par M. l'Abbé (Nicolas) Lenglet du Fresnoy : nouvelle Edition, augmentée & ornée de Cartes Géographiques : *Paris*, Gandouin, 1729, *in-*4. 4 vol.

On trouve au Tome II. pag. 239 jusqu'à 298, Chapitre XXIX. Histoire de France, & *pag.* 500 jusqu'à 533, un Catalogue choisi des Historiens de France.
Au Tome IV. *pag.* 1 jusqu'à 290, Catalogue général des principaux Historiens de France.
Il y a eu une seconde Edition de cet Ouvrage en 1735, *in-*4. 4 volumes & *in-*12. 9 volumes, où l'Auteur a été obligé de faire plusieurs changemens. Elle a été réimprimée à *Amsterdam*, 1737, *in-*12. 5 vol. sans le grand Catalogue. L'Abbé Lenglet est mort en 1755. On prépare à Paris une nouvelle Edition de sa *Méthode historique*, où les articles du Supplément seront rangés en leurs places, &c.]

15974. ☞ Supplément de la Méthode pour étudier l'Histoire, avec un Supplément au Catalogue des Historiens, & des Remarques sur la bonté & le choix de leurs Editions, par M. l'Abbé Lenglet du Fresnoy, en deux parties : *Paris*, Rollin & de Bure, 1741, *in-*4. 1 vol. & *in-*12. 3 vol.

On trouve dans la seconde partie *in-*4. *pag.* 154 jusqu'à 183, un Supplément au Catalogue des Historiens de France mentionné ci-dessus.
Voyez les *Observations sur les Ecriv. modern. Lettr.* 372, 449. = *Journ. de Verdun, Avril,* 1728. = *Mém. de Trévoux, Décemb.* 1713, & *Octobre* 1741. = *Merc. Mars,* 1728. = *Beyeri lib. rarior. pag.* 166. = *Biblioth. Franç.* de Camusat, tom. XXVI. *pag.* 248. = *Journ. de Léipf.* 1714, *pag.* 409. = *Journ. des Sçavans, Mai & Juin* 1730.]

15975. Jugemens sur plusieurs anciens Historiens de France, ou Auteurs contemporains ; par Louis le Gendre, Chanoine de l'Eglise Cathédrale de Paris.

Ces jugemens sont à la tête du tom. I. de son *Histoire de France* : *Paris*, Cl. Robustel, 1718, *in-fol.* & *in-*12.

15976. ☞ Mss. Remarques critiques sur les Historiens de France, & sur ceux de Lorraine ; par François de Camps, Abbé de Signy, en plusieurs volumes *in-fol.*

Ils sont conservés dans la Bibliothèque de M. de Béringhen, & il y en a des copies dans le grand Recueil de M. de Fontanieu, à la Bibliothèque du Roi.]

15977. ☞ Observations sur LXXXVII Ouvrages cités dans celui qui est intitulé : L'Esprit de la Ligue, &c.

Elles se trouvent à la tête du premier volume de cet Ouvrage : *Paris*, Hérissant, fils, 1767, *in-*12. 3 vol. & rapporté ci-après sous le règne de Henri IV. à l'année 1598.]

15978. ☞ Considérations sur les difficultés d'écrire une Histoire de France, & Réflexions sur celles de Mézeray & du P. Daniel.

Elles se trouvent dans l'Histoire de l'ancien Gouvernement du Comte de Boulainvilliers, tom. I. *p.* 169, & à la tête de ses Lettres sur les Parlemens, imprimées à part : *Londres*, (*Rouen*) 1752, *in-*12. 3 vol.]

Tome II.

15979. ☞ Mémoire sur l'utilité des Histoires particulières des Provinces, & sur la manière de les écrire ; (par M. Baudeau, Chanoine Régulier de Chancelade , en Périgord) : *Paris*, Lambert, 1759, *in-*8. de 57 pages.]

☞ On peut consulter sur les mêmes sujets, la Préface de l'Histoire de France du P. Daniel ; = celle de Du Haillan , & son Epître au Roi ; = le Discours de l'Histoire de l'Etablissement de la Monarchie Françoise, par l'Abbé du Bos, &c.]

Article VII.

Collections d'Historiens contemporains, de Chroniques, & d'autres Morceaux anciens servans à l'Histoire de France.

☞ Tous les Morceaux contenus dans ces différentes Collections, & qui peuvent servir à l'Histoire de France, soit pour les Règnes, soit pour l'Histoire Ecclésiastique, ou autres parties, se trouvent rapportés chacun dans sa place.]

15980. Historiæ Francorum, ab anno 900, ad annum 1285. Scriptores veteres undecim, ex Bibliotheca Petri Pithoei editi : *Francofurti*, 1596, *in-fol.*

Cette Collection, faite par les soins de Pierre Pithou, est toute entière dans celle de du Chesne. Quoique Pithou ait marqué dans le titre, qu'il rapportoit les Auteurs qui ont écrit depuis l'an 900 ; cependant Glaber, qui est le premier, ne commence qu'en l'an 1000 de Jesus-Christ.
☞ *Voyez* Lenglet, *Méth. historiq.* *in-*4. tom. IV. *pag.* 17. = Le Gendre, tom. II. *pag.* 88. = *Vie* de Pithou, *tom. I. pag.* 245.
On a sur le Recueil de Pierre Pithou des Corrections, Notes & Additions, dans les *Noctes Academicæ* de Christius : (*Hala Magdeburg.* 1729, *in-*8.) *pag.* 190 & *suiv.* 300 & *suiv.*]

15981. Corpus Francicæ Historiæ veteris & sinceræ, in quo prisci ejus Scriptores, hactenùs miris modis in omnibus editionibus depravati & confusi, nunc tandem seriò emendati & pro ordine temporum dispositi, Pseudepigrapha veris Autoribus suis restituta, omnia denique Notis marginalibus illustrata ; à Marquardo Frehero : *Hanoviæ*, 1613, *in-fol.*

☞ Cette Collection, qui n'est ni ample ni des plus correctes, est devenue inutile depuis celles de du Chesne & des Bénédictins : aussi est-elle aujourd'hui peu recherchée. Freher est un Allemand d'Ausbourg, qui a publié plusieurs Ouvrages, & est mort en 1614.]

15982. Historiæ Francorum Scriptores coætanei, quorum plurimi nunc primùm ex variis Codicibus manuscriptis prodeunt : alii verò auctiores & emendatiores, cum Epistolis Regum, Reginarum, Pontificum, Ducum, Comitum, Abbatum, & aliis veteribus rerum Francicarum Monumentis. Tomus I. ab ipsius gentis origine ad Pipinum Regem : operâ & studio Andreæ du Chesne, G. R. *Parisiis*, Cramoisy, 1636, *in-fol.*

K 2

Tomus II. à Pipino Caroli Magni Imperatoris Patre ufque ad Hugonem Capetum : *Parifiis*, 1636, *in-fol.*

Tomus III. à Carolo Martello Pipini Regis Patre ufque ad Hugonis & Roberti tempora; operâ & ſtudio filii poſt patrem Francifci DU CHESNE: *Parifiis*, 1641, *in-fol.*

Tomus IV. ab Hugone & Roberto Regibus, ufque ad Philippi Augufti tempora : operâ & ſtudio Francifci DU CHESNE: *Parifiis*, 1641, *in-fol.*

Tomus V. à Philippo Augufto Rege ufque ad Philippi IV. dicti Pulchri tempora : *Parifiis*, 1649, *in-fol.*

Cette Collection des Hiſtoriens de France, qui finit à l'année 1285, eſt la plus confidérable qui ait été faite [avant celle des Bénédictins;] on doit y joindre le volume des *Hiſtoriens de Normandie*, publié en 1619, par André du Chefne, Hiſtoriographe du Roi, mort en 1640. Son fils a vécu jufqu'en 1693. *Voyez* le Mémoire ſur la Vie & les Ouvrages de ce célèbre Auteur, à la fin de cette Bibliothèque. J'ai rapporté en détail toutes les Piéces de ce Recueil, & j'ai mis chacune à la place qui m'a paru le plus convenable.

☞ *Voyez* Sorel, pag. 176. = Lenglet, *Méth. hift. in-4. tom. IV.* p. 16. = *Biblioth. Harley. tom. II,* p. 507, 560. = Le P. Niceron, *tom. VII.* pag. 333. = Le Gendre, *tom. II.* pag. 8. = Le Cointe, *Annal. Eccleſ. Franc. tom. I.* pag. 55.]

15983. ☞ Geſta Dei per Francos, Orientalium Expeditionum & Regni Francorum Hierofolymitani Hiſtoria, à variis ſed illius ævi Scriptoribus, litteris commendata, nunc primùm aut editis aut ad libros veteres emendatis : Orientalis Hiſtoriæ Tomus I. (collectore Jac. BONGARSIO): *Hanoviæ*, Wechel, 1611, *in-fol.*

Liber ſecretorum Fidelium Crucis ſuper Terræ Sanctæ recuperatione & confervatione, quo & Terræ Sanctæ hiſtoria ab origine, & ejufdem vicinarumque Provinciarum Geographica Deſcriptio continetur; cujus Auctor Marinus SANUTUS, dictus Torſellus, Patricius Venetus; nunc primùm cum Libello ejufdem fine Auctoris nomine ex Mſſ. veteribus editus : Orientalis Hiſtoriæ Tomus II. *Hanoviæ*, Wechel, 1611, *in-fol.*

Cette Hiſtoire s'étend depuis 1095, ſous Philippe I. jufqu'en 1329, ſous Philippe de Valois.

Voyez Lenglet, *Méth. hiſtor. in-4. tom. IV.* p. 394. = Baillet, *Jugem. des Sçavans, tom. II.* pag. 207.

La Préface de l'Hiſtoire Orientale du feu Sieur BONGARS, traduite par lui-même, a été imprimée : *Hanau*, Aubry, 1613, *in-8.*

Les Bénédictins, Continuateurs du Recueil ſuivant des Hiſtoriens, ſe propoſent de donner comme Supplément, une nouvelle Collection plus ample des Ecrivains de l'Hiſtoire des Expéditions Orientales, ou des Croifades, qui ſera (dit-on) en trois volumes *in-fol.* Dom Georges-François BERTHEREAU en eſt chargé.

15984. ☞ Recueil des Hiſtoriens des Gaules & de la France, par Dom Martin BOUQUET, Prêtre & Religieux Bénédictin de la Congrégation de S. Maur, (continué par J. B. & Charles HAUDIQUER, frères, & par D. Jacques PRECIEUX, auſſi Bénédictins): *Paris*, 1738 & *ſuiv*, *in-fol.* 11 vol. &c.

A la tête de chaque volume, on trouve une Préface Latine & Françoiſe ſur les Morceaux qu'il contient, un Index Chronologique & un Sommaire des Monumens ou Piéces : à la fin ſont quatre Index, ſçavoir : 1.° Index Geographicus, Latino-Gallicus : 2.° Index Geographicus, Gallico-Latinus : 3.° Index Onomafticus : 4.° Index Rerum.

Les différens Morceaux qui compoſent ce Recueil feront rapportés à leur place. Dom Bouquet les a coupés & difpoſés dans ſon Ouvrage, pour chaque Race & pour chaque Règne. C'eſt à cette nouvelle Collection qu'il faut recourir par préférence à celles de du Chefne, &c parceque les Piéces y ſont plus correctes, mieux imprimées, conférées ſur les Manufcrits, avec les différentes leçons, & accompagnées de Notes qui ne ſe trouvent pas ailleurs. L'Index Chronologique qui eſt à la tête de chaque volume eſt affez ample, raffemble tous les faits par ordre de date, indique les Morceaux de la Collection d'où ils ſont tirés, & eſt d'un très-grand ſecours pour compoſer une Hiſtoire ſuivie.

Le Tome I. 1738, contient tout ce qui a été fait par les Gaulois, & ce qui s'eſt paſſé dans les Gaules avant l'arrivée des François, & pluſieurs autres choſes qui regardent notre Nation, depuis ſon origine jufqu'à Clovis. Ce Volume contient une précieuſe Collection, faite avec ſoin & exactitude.

Le Tome II. 1739, renferme ce qui s'eſt paſſé dans les Gaules, & ce que les François ont fait ſous les Rois de la première Race.

Le Tome III. 1741, de même, pour la première Race.

Le Tome IV. 1741, contient les Lettres hiſtoriques, les Loix, les Formules, les Diplômes, & pluſieurs autres Monumens qui concernent les Gaules & la France, ſous les Rois de la première Race.

Le Tome V. 1749, renferme ce qui s'eſt paſſé ſous les Règnes de Pepin & de Charlemagne, c'eſt-à-dire, depuis l'an 752 jufqu'à l'an 814, avec les Loix, les Ordonnances & les Diplômes de ces deux Rois, & autres Monumens hiſtoriques.

Le Tome VI. 1749, contient les Geſtes de Louis le Débonnaire, d'abord Roi d'Aquitaine & enſuite Empereur, depuis l'an 781 jufqu'à l'an 840, avec les Loix, les Ordonnances & les Diplômes de ce Prince & autres Monumens hiſtoriques.

Le Tome VII. 1749, renferme les Geſtes des fils & petits-fils de Louis le Débonnaire, depuis l'an 840 jufqu'en 877, avec les Capitulaires de Charles le Chauve, & autres Monumens hiſtoriques, les Diplômes étant rejettés dans le volume ſuivant.

Le Tome VIII. 1752, contient ce qui s'eſt paſſé depuis le commencement du Règne de Louis le Bègue, fils de Charles le Chauve, jufqu'à la fin du Règne de Louis V. dernier Roi de la ſeconde Race, c'eſt-à-dire, depuis l'an 877 jufqu'à l'an 987, avec les Diplômes des fils & des petits-fils de Louis le Débonnaire, qui n'ont pu entrer dans le volume précédent.

Le Tome IX. 1757, renferme ce qui reſtoit à publier des Monumens de la ſeconde Race, depuis le commencement du Règne de Louis le Bègue, jufqu'aux premières années de Hugues-Capet, c'eſt-à-dire, depuis l'an 877 jufqu'à 991, par des Religieux Bénédictins de la Congrégation de S. Maur, (après la mort de Dom Bouquet, arrivée le 6 Avril 1754).

Dom J. B. Haudiquer, que D. Bouquet avoit aſſocié à ſon travail, a donné dans la Préface de ce Tome IX. l'Eloge de ſon illuſtre Confrère.

Le Tome X. 1760, contient ce qui s'eſt paſſé depuis le commencement du Règne de Hugues-Capet, jufqu'à celui de Henri I. c'eſt-à-dire, depuis l'an 987 jufqu'en 997.

Préliminaires de l'Histoire des Rois. 77

Le Tome XI. 1767, renferme ce qui est arrivé en France sous le Règne de Henri I. fils de Robert le Pieux, c'est-à-dire, depuis l'an 1031 jusqu'en 1060. Ce volume est en partie de Dom Jacques Précieux.

15985. ☞ Thesaurus novus Anecdotorum, quinque in Tomos distributus. Prodit nunc primùm studio & operâ Domni Edmundi MARTENNE, & Domni Ursini DURAND, Presbyterorum & Monachorum Benedictinorum, è Congregatione sancti Mauri : *Lutetiæ*, 1717, *in-fol.* 5 vol.

Tomus I. complectens Regum ac Principum aliorumque virorum illustrium Epistolas & Diplomata bene multa.

(A la tête) : Index Chronologicus Epistolarum & Diplomatum hujus voluminis.

Tomus II. in quo continentur URBANI Papæ IV. Epistolæ 64. CLEMENTIS Papæ IV. Epistolæ 711. JOANNIS XXII. Processus varii in Ludovicum Bavarum & ejus asseclas. Innocentii VI. Regiftrum Epistolarum anno 1361, aliaque plura de Schismate Pontificum Avenionensium Monumenta.

(A la tête) : Index Chronologicus contentorum hoc in volumine.

Tomus III. complectens Chronica varia, aliaque cùm Ecclesiastica tùm Civilia omnium penè Nationum Monumenta historica.

Tomus IV. in quo continentur varia Concilia, Episcoporum Statuta Synodalia, illustrium Monasteriorum ac Congregationum, edita præsertim in Capitulis generalibus Decreta.

Tomus V. complectens SS. Patrum aliorumque Auctorum Ecclesiasticorum omnium ferè Sæculorum, à quarto ad decimum quartum Opuscula.

(A la fin) : Index Onomasticus vocum Barbararum & Exoticarum, quæ in his quinque Tomis reperiuntur.]

15986. ☞ Notes, Remarques & Observations sur le Trésor des Anecdotes de Dom Edmond Martenne, par Dom Jean LIRON, Bénédictin.

Dans ses *Singularités historiques*, tom. III. pag. 194-232 : (Paris, 1739, in-12.]

15987. ☞ Veterum Scriptorum, &c. Monumentorum, Historicorum, Dogmaticorum, Moralium amplissima Collectio. Prodit nunc primùm studio & operâ Domni Edmundi MARTENNE, & Domni Ursini DURAND, Presbyterorum & Monachorum Benedictinorum : *Parisiis*, Montalant, 1724 & *suiv.* in-fol. 9 vol.

Tomus I. complectens Regum & Principum aliorumque Virorum illustrium Epistolas & Diplomata bene multa.

(A la tête) : Præfatio (&) Index Chronologicus.

Tomus II. in quo continentur vetera Monumenta Imperialis Monasterii Stabulensis , WIBALDI Abbatis , Stabulensis & Corbiensis in Saxoniâ Epistolæ : ALEXANDRI Papæ II. Regiftrum Epistolarum pro Remensi Provincia : Epistolæ variorum ad sanctam Hildegardem cum Responsis ad easdem : FRIDERICI II. Imperatoris Epistolæ variæ cum Summariis privilegiorum Ecclesiæ Romanæ, & quibusdam aliorum Epistolis.

(A la tête) : Præfatio (&) Index Chronologicus.

Tomus III. in quo continentur Ambrosii Camaldulensis Ordinis Præpositi generalis Epistolarum Libri XX. Præfationes in varias translationes de Græco in Latinum ab eo factas, & Virorum eruditorum ad eum Epistolæ, ALBERTI Sarthianensis Ordinis Minorum Vicarii generalis, & quorumdam aliorum Epistolæ selectæ : Petri DELPHINI, Camaldulensis Ordinis Epistolæ 242 : ÆGIDII Viterbiensis, Thomæ WOLSEI, & Petri CIACONII, quædam Epistolæ.

(A la tête) : Præfatio.

Tomus IV. complectens plures Scriptores historicos de rebus præsertim Germanicis.

(A la tête) : Præfatio in Tomum IV & V.

Tomus V. complectens plures Scriptores historicos de rebus præsertim Gallicis, Anglicis, Italicis, Constantinopolitanis, & Terræ-Sanctæ.

Tomus VI. complectens plures Scriptores historicos de variis Ordinibus Religiosis, antiqua Martyrologia nonnulla, cum quibusdam Sanctorum actis.

(A la tête) : Præfatio.

Tomus VII. complectens varia Concilia, Episcoporum Statuta Synodalia, Actaque plurima quæ Concilium Pisanum præcesserunt ac subsecuta sunt.

(A la tête) : Præfatio.

Tomus VIII. complectens varia Concilia, Episcoporum Statuta Synodalia, cum amplissimâ Collectione Auctorum ad Concilium Basileense pertinentium, & duplici Historia Concilii Tridentini.

(A la tête) : Præfatio.

Tomus IX. varia complectens Opuscula sanctorum Patrum, ac aliorum Auctorum Ecclesiasticorum.

(A la tête) : Præfatio. (A la fin) : Index Onomasticus vocum Barbararum & Exoticarum in hac Collectione contentarum.

Voyez sur ce Recueil, *Journ. des Sçav. Févr. Mars, Avril* 1718 : *Août, Novemb. Décemb.* 1724, *& Avril, Juin, Juillet*, 1734. = *Bibl. anc. & modern. tom. XV.* pag. 237. = Lenglet, *Méth. hist.* in-4. *tom. IV. pag.* 36. = *Bibl. Harley. tom. II. pag.* 507. = *Mém. de Trév. Juin*, 1718 : *Octob.* 1721, *& Janv. Avril*, 1722. = *Bibl. des Aut. de la Congr. de S. Maur, pag.* 305. = *Bibl. des Aut. de Bourg. tom. II. pag.* 30. = *L'Europe Sçavante, Janvier*, 1718. = *Pièces fugit. tom. I. part.* 2, *pag.* 50. = *Journ. de Leipf.* 1718, *pag.* 481. = *Journ. des Sçav. Décemb.* 1700, *& Octobre, Novemb. Décembre*, 1729. = *Mém. de Trévoux, Janv.* 1701. = *Abrégé de l'Hist. Ecclésiaftique de Racine, tom. XIII. in-12. p.* 258.]

15988. ☞ Spicilegium sive Collectio veterum aliquot Scriptorum qui in Galliæ Bibliothecis delituerant, olim editum operâ ac studio D. Lucæ D'ACHERY, Presbyteri ac Monachi Ordinis S. Benedicti Congregationis S. Mauri, nova Editio, priori accuratior, & infinitis prope mendis ad fidem Manuscriptorum Codicum, quorum varias Lectiones V. Cl. Stephanus Baluzius, ac R. P. D. Edmundus Martenne collegerunt expurgata, per Ludovicum Franciscum Joseph DE LA BARRE, Tornacensem : *Parisiis*, Montalant, 1723, *in-fol.* 3 vol.

On trouve à la tête du premier volume :

Elenchus contentorum in 13 voluminibus Spicilegii. (La première Edition étoit en 13 vol. *in-*4.)

Index alphabeticus Operum in tribus voluminibus contentorum.

(A la fin:) Index Operum omnis generis Epistolarum, ac Diplomatum quæ in tribus Spicilegii voluminibus edita sunt annorum serie digestus.

Voyez Lenglet, *Méth. historiq.* in-4. *tom. IV. p.* 34. = *Journ. des Sçav. Janv.* 1665, *Octob.* 1668, *Février*, 1678, *Mai*, 1724. = Le P. Niceron, *tom. XXI. p.* 336. = Baillet, *Jug. des Sçav. tom. II. pag.* 258. = *Mel. de Vign. de Marv. tom. I. pag.* 77. = Le Gendre, *tom. II. pag.* 68. = *Mém. de Marolles, tom. III. p.* 216. = *Bibl. de Clément, tom. I. pag.* 31. = *Abrégé de l'Hist. Ecclef. de Racine, in-*12. *tom. XII. pag.* 472.]

15989. ☞* Vetera Analecta, five Collectio veterum aliquot Operum & Opusculorum omnis generis, Carminum, Epistolarum, Diplomatum, Epitaphiorum, &c. cum Itinere Germanico, Adnotationibus & aliquot Disquisitionibus R. P. D. Joan. MABILLON, Presbyteri ac Monachi Ord. S. Benedicti, è Congregatione S. Mauri, nova Editio, cui accessère Mabillonii Vita & aliquot Opuscula, scilicet, Dissertatio de Pane Eucharistico, azymo ac fermentato, ad Eminentiss. Cardinalem Bona. Subjungitur Opusculum Ildefonsi Hispaliensis Episcopi de eodem argumento, & Eusebii Romani ad Theophilum Gallum Epistola, de cultu Sanctorum ignotorum: *Paris.* Montalant, 1723, *in-fol.*]

15990. ☞ Thesaurus Anecdotorum novissimus, seu veterum Monumentorum præcipue Ecclesiasticorum ex Germanicis potissimùm Bibliothecis collectio, per Bern. PEZIUM, Benedictinum: *Augustæ Vindelic.* 1721 & *suiv. in-fol.* 7 vol.

Dom Pez étoit un Bénédictin Allemand, de l'Abbaye de Molk, (Mellicensis) en Autriche.]

15991. ☞ Reliquia Mss. Diplomatum, edente Petro DE LUDEWIG: *Halæ*, 1720-1727, *in-8.* 11 vol. & *Francofurti*, 1720-1727, *in-8.* 8 vol.]

15992. ☞ Sacræ Antiquitatis Monumenta Historica, Dogmatica, Diplomatica, edente Carolo Ludovico HUGO: Seragii, 1725-1731, *in-fol.* 2 vol.]

15993. ☞ Nova Bibliotheca manuscriptorum Librorum: studio Ph. LABBE: *Parisiis*, Cramoisy, 1657, *in-fol.* 2 vol.

Ce Recueil contient des Histoires, Chroniques, Vies de Saints, &c. Le Tome II. regarde particulièrement l'Aquitaine, notamment la Province de Berry.

Voyez Lenglet, *tom. IV. pag.* 27. = Le P. Niceron, *tom. XXV. pag.* 35. = Le Gendre, *tom. II. pag.* 85.]

15994. ☞ Steph. BALUZII Miscellanea, hoc est, Collectio veterum Monumentorum quæ hactenùs latuerant in variis Codicibus ac Bibliothecis: *Parisiis*, 1675-1715, *in-8.* 7 vol.]

15995. ☞ Thesaurus Monumentorum Ecclesiasticorum & Historicorum, sive Henrici CANISII Lectiones antiquæ ad seculorum ordinem digestæ, variiisque Opusculis auctæ, cum Præfationibus & Notis Jacobi BASNAGE: *Antverpiæ* (*Amsterdam*) 1725, *in-fol.* 4 vol.

La première Edition de ce Recueil fut donnée *Ingolstadii*, 1601-1617, *in-4.* 7 vol. On peut voir la plus grande partie de ce qu'il contient, dans la *Bibliothèque historique* de Struvius, Edition de 1740, *p.* 880. L'Edition de Basnage a quelques Pièces nouvelles, & est enrichie de Préfaces & de Notes, dont quelques-unes sont de Claude CAPPERONNIER, Professeur Royal en Langue Grecque.]

== ☞ Floriacensis vetus Bibliotheca, &c. *Parisiis*, 1605, *in-fol.*

On en a déja parlé ci-devant, N.° 11940, (*tom. I. pag.* 743.)

15996. ☞ Veteris Ævi Analecta, seu vetera aliquot Monumenta quæ hactenùs nondum visa, collegit primus & edidit, Observationes suas passim etiam adjecit Antonius MATHÆUS, Juris in illustri Academia Lugduno-Batava Antecessor: *Lugduni-Batav.* 1698, *in-8.*

Eadem, nova Editio, cum Notis Corn. Pauli HOYNCK van Papendrecht: *Hagæ Comitum*, Block, 1738, *in-4.*

Ce Recueil contient différentes Pièces & Ouvrages, dont quelques-uns servent à l'Histoire de France, & seront rapportés, comme les autres, à leur place. La plus grande partie regardent les Pays-Bas, ainsi que celles d'un Recueil que le même Hoynck a publié quelques années après sous ce titre: *Analecta Belgica: Hagæ Comitum*, 1746, *in-4.* 6 vol.]

15997. ☞ Mss. Extraits de plusieurs anciens Titres, tant d'Abbayes & Chapitres, que de Communautés, tirés avec les sceaux figurés, en conséquence d'une Lettre de cachet accordée au Sieur Nicolas DE ROUSSEVILLE, Procureur du Roi en la Commission pour la recherche de la Noblesse en Picardie: *in-4.* 5 vol.

Ces Volumes sont d'environ mille pages chacun, & la Collection est terminée par une Table des matières & noms des Maisons dont il y est fait mention. Elle est conservée dans le Cabinet de M. de Rousseville.]

15998. ☞ Mss. Vingt-cinq Porte-feuilles contenant des Extraits, Mémoires & autres Pièces historiques manuscrites concernant nos Rois, rangés par Règnes.

Cette Collection est dans la Bibliothèque du Roi, & vient de M. Lancelot.]

15999. ☞ Recueil de Titres concernant l'Histoire de France, tirés tant des anciens Manuscrits, que des Mémoires originaux & Pièces fugitives du temps; par M. DE FONTANIEU, Conseiller d'Etat, (mort en 1767): *in-4.* 841 Porte-feuilles.

Ce grand Recueil est dans la Bibliothèque du Roi, & l'on en trouvera la Table dans le dernier Volume de cet Ouvrage, comme on l'a dit dans la Préface de cette Edition.]

CHAPITRE SECOND.

Histoires des Rois de France.

Les Histoires contenues dans ce Chapitre, sont placées selon la dernière année où elles finissent, aussi-bien que leur continuation.

☞ Dom Bouquet, dans son *Recueil des Historiens de France*, en a coupé un grand nombre, selon les Races, ou même les règnes des Rois; & il a inséré, dans sa Collection, des Extraits de quantité de Chroniques & autres Pièces, qui sont placées ici différemment. De cette manière Dom Bouquet a mis sous les yeux du Lecteur tous les Monumens qui concernent une Période ou un Règne. Nous avons cru devoir conserver la méthode du Père le Long.]

ARTICLE PREMIER.

Histoires de ce qui s'est passé sous la première Race.

Cette Race, dite des Mérovingiens, a régné trois cens trente-huit ans, depuis l'an de Jesus-Christ 414 jusqu'en 752. Les Sçavans sont fort partagés sur le commencement de la Monarchie Françoise dans les Gaules. Les uns la commencent à l'an 414 de Jesus-Christ; d'autres en 417, 419; la plupart des Historiens en 420, sous Pharamond, qu'ils reconnoissent pour le premier Roi de France. Le silence des Auteurs contemporains & de tous les Ecrivains du VIe & du VIIe siècle, qui n'en font aucune mention, est un grand préjugé qu'il n'a jamais existé. La preuve qu'on tire ordinairement de la Chronique de Tyro Prosper, ne me paroît d'aucune force, s'il est constant que S. Prosper n'en soit point l'Auteur; ou s'il elle est de lui, on peut assurer qu'elle a été interpolée dans les endroits où se trouvent les noms des Rois de France. En effet, le Père le Cointe fait un long discours, pour tâcher de justifier l'Auteur sur ce qu'il a mal placé celui de Pharamond, & il a bien de la peine à y réussir.

Le premier Auteur, qui ait parlé de ce Roi, & dont on connoisse à peu près le tems, est l'Anonyme qui a écrit les Gestes abrégés des Rois de France. Il est appellé par les bons critiques, l'*Anonyme fabuleux*, parceque son Histoire est remplie de fables. [*Voyez* la Collection de Dom Bouquet, tom. II. *pag.* 539.] Il vivoit, selon quelques-uns, sous le règne de Thierry de Chelles, qui a commencé en 621, & fini en 637. Selon d'autres, il n'a fleuri que sous Charles-Martel, [vers l'an 730.] Henschenius dit seulement, qu'il est plus ancien qu'Aimoin de Fleuri & que Sigebert de Gemblours. Au reste, cet Auteur est si décrié, que son témoignage ne peut pas contrebalancer le silence des Historiens qui l'ont précédé; cependant il a été suivi par l'Auteur de la Préface sur la Loi Salique, qui a écrit cette Préface vers le IXe siècle.

Ces mêmes Preuves sont déduites avec beaucoup de netteté, & sont mises dans un nouveau jour, *pag.* 20 & 21 de l'*Europe Sçavante*, 1718, Juillet. Je les copie avec d'autant plus de plaisir, qu'elles confirment le sentiment que j'ai suivi.

« N'auroit-il pas été plus à propos d'examiner s'il y a
» jamais eu un Pharamond Roi des François & père de
» Clodion ? (C'est un Avis que l'Auteur donne à M.
» l'Abbé de Vertot, qui dans une de ses Dissertations,
» qu'il a présentée à l'Académie Royale des Inscriptions,
» fixe l'époque à la première année du règne de Pha-
» ramond). Grégoire de Tours, le plus ancien de nos
» Historiens, qui écrivoit dans le second siècle de la Mo-
» narchie Françoise, avoue que plusieurs ne connoissent
» pas le premier de nos Rois. (Greg. Turon. lib. II. n. 9.
» *de Francorum verò regibus quis fuerit primus à multis*
» *ignoratur*). Il ne fait aucune mention de Pharamond,
» qui a été aussi inconnu aux anciens Historiens, Sul-
» pice Alexandre, & Renatus Frigeridus. Frédégaire,
» (édit. de Ruinart, *pag.* 550) bien loin d'avoir connu
» ce prétendu Roi, assure que Clodion étoit fils de
» Théodemer.

» Le premier Auteur qui a parlé de Pharamond, est
» l'Anonyme qui a composé le Livre intitulé : *Gesta Re-*
» *gum Francorum*; il se trouve dans le premier Tome,
» (p. 690) des Historiens du Chesne. Cet Auteur vivoit
» dans le VIIIe siècle, trois cens ans après le tems où
» l'on place Pharamond. Quelle comparaison à faire en-
» tre Grégoire de Tours, qui a recherché avec soin l'o-
» rigine de la Monarchie Françoise, & qui écrivoit dans
» un tems où la mémoire en étoit encore assez récente,
» & un Anonyme qui vivoit dans un siècle où l'igno-
» rance étoit montée à son plus haut dégré; qui ne nous
» donne aucun garant de tout ce qu'il nous dit, quoi-
» qu'il ne l'ait pu sçavoir par lui-même, & qu'il ne l'ait
» point appris des Auteurs contemporains?

» On objectera, peut-être, qu'il est parlé de Phara-
» mond dans la Chronique de saint Prosper; mais cette
» Chronique n'est point de S. Prosper. (M. de Tille-
» mont, tom. XVI. *pag.* 734). Elle ne s'accorde point
» avec celle que nous avons sous le nom de ce Saint, &
» que tout le monde reconnoît être de lui. Personne
» n'ignore l'attachement que ce Père avoit pour la Doc-
» trine de S. Augustin. Cependant voici ce qu'on lit
» dans cette Chronique, (Labbe, *Bibliotheca manus-*
» *criptorum*, tom. I. pag. 58). *Prædestinatorum hæresis,*
» *quæ ab Augustino accepisse dicitur initium, his tempo-*
» *ribus serpere exorsa*. Ces paroles ne peuvent être d'un
» disciple de S. Augustin, ni même d'un Auteur
» qui ait vécu de son tems. De plus, il y a des Manus-
» crits de cette Chronique, où l'endroit qui fait men-
» tion de Pharamond ne se trouve point. Henschenius,
» (*de Episcopatu Tungrensi*, anno 418, num. 81) en
» avoit vu deux ».

Quoique je ne commence pas la Monarchie Françoise à Pharamond, elle ne perd rien de son antiquité; au contraire, je l'augmente de quelques années; en marquant son Epoque à l'an 414 de Jesus-Christ. Grégoire de Tours dit, sur le bruit commun, que Clodion régnoit au tems que Théodemer, fils de Ricimer, fut mis à mort avec Ascille sa mère. On suppose ordinairement que ce fut Castin, Chef des Domestiques de l'Empereur, qui fut chargé de cette exécution; & cet Officier ne fut envoyé dans les Gaules contre les François, que vers l'an 413, du tems de la mort du Tyran Jovin.

16000. ☞ *De Pharamundo, Clodione, Meroveo*; auctore Joan. Dan. SCHOEPFLINO.

Dans ses *Illustres de Franciâ Historiâ Controversiæ: Argentorati* 1737, *in-*4. réimprimées *Basileæ* 1741, *p.* 367 des *Commentationes historicæ* du même Auteur.]

16001. Pharamond, ou Histoire de France: *Paris*, de Sommaville, 1641-1649, 1654, 1661.; *Amsterdam*, 1664, *in-*8. 12 vol.

Le Tome X. de Paris est très-rare, parcequ'il a été brûlé dans un incendie arrivé au Collège de Montaigu. L'Edition de Hollande, en 12 volumes, est moins estimée que celle de Paris.

Cet Ouvrage a été commencé par Gautier de Coste, Sieur DE LA CALPRENÈDE, qui a fait les sept premiers

Tomes, & il a été continué par Pierre Dortigue, Sieur DE VAUMORIERE, qui est mort en 1665. On avoue que c'est un Roman qui a beaucoup d'art : mais plus il y en a dans ces sortes d'Ouvrages, plus ils sont dangereux, soit pour la vérité des faits qui y sont déguisés, ou la plupart controuvés, soit pour les mœurs, parcequ'ils en sont plus agréables. On y a conservé le fond de ce qu'on croit ordinairement de ce Roi; mais pour en rendre les Héros plus accomplis, on en a déguisé les caractères.

« De tous les Romans que la Calprenede a composés, » dit l'Auteur du *Journal des Sçavans*, du 23 Février » 1665, il n'y en a point qui ait fait plus de bruit que » celui-ci. La mort ne lui ayant pas permis de l'achever, » M. de Vaumoriere en a entrepris la continuation. Il » est fort bien entré dans l'esprit de son Auteur; son » discours est même plus uni & plus châtié que le sien ».

On ne doit pas être surpris de ce que je place un Roman à la tête des Histoires de France : dans le dessein que j'ai eu de ne rien négliger de ce qui a été écrit sur notre Histoire, je n'ai pas dû omettre ces sortes d'Ouvrages, sur-tout lorsque je ne les donne que pour des Romans. Si l'on examinoit de près ce que dit de Pharamond l'Auteur des Gestes abrégés des Rois de France, on n'y ajouteroit pas plus de foi qu'à un Roman.

☞ « Cette comparaison n'est pas exacte ni raison-» nable, (dit Dom Liron, qui trouve mauvais qu'on » fasse ici mention des Romans). Car nous sçavons, » (ajoute-t-il) que l'Auteur du Pharamond a voulu faire » un Roman dans toutes les formes ; mais on ne peut » pas dire la même chose de l'Auteur des Gestes : mais » on peut regarder cet ancien comme un Romancier, » qui n'avoit pourtant pas dessein de composer un Ro-» man, & ne pas ajouter foi à ce qu'il a écrit. Mais il ne » faut laisser l'examen aux personnes habiles, & il a dû » être marqué à cause de son antiquité ». *Singularités historiques*, tom. III. pag. 388.

Voyez sur le Pharamond, le P. Niceron, *t. XXXVII. pag. 242.= Journ. des Sçav. 1665. = Biblioth. des Romans, tom. II. pag. 64.*]

16002. ☞ La Pompe funèbre de l'Auteur de Pharamond : *Paris*, 1663, *in-12.*]

16003. ☞ Abrégé de Pharamond ; par M. de S..... 1753, *in-12.* 3 vol.]

16004. Nouvelles Découvertes sur Clodion & les François : *in-4.*

Louis des Ours DE MANDAJORS a publié les Découvertes qu'il a faites sur ce Roi.

16005. PROSPERI, Aquitanici, Chronicon, ab obitu Valentis Imperatoris, usque ad annum Domini 445.

Cette Chronique est imprimée dans toutes les Editions de la Chronique d'Eusebe & de S. Jérôme ; dans Canisius, *pag.* 134, tom. I. de son Recueil intitulé : *Lectiones antiquæ : Ingolstadii*, 1601, *in-4.* & plus amplement à la *pag.* 188 du même tome.

Idem Chronicon ab anno 379, (usque ad annum 455) multò quàm in vulgatis exemplaribus auctius & emendatius.

Cette Edition, plus exacte, se trouve dans du Chesne, au tom. I. de son *Recueil des Historiens de France*, pag. 201 ; dans Labbe, au tom. I. de sa *Nouvelle Bibliothèque des Manuscrits*, pag. 46, & dans les Œuvres de S. Prosper : *Paris*, 1711, *in-fol.* Cette Chronique de S. Prosper, mort en 463, est appellée ses Fastes Consulaires, parcequ'elle suit les années des Consuls, pour la distinguer d'une autre qui lui est attribuée, & qui suit les années des Empereurs. Elle commence à la mort de Valens, en 379, & finit dans les Editions faites depuis celle de du Chesne, à la fin de la prise de Rome par Genseric, en 455. Plusieurs croient que S. Prosper a fait cette Chronique en trois temps, ou qu'il l'a augmentée plusieurs fois ; c'est-à-dire, en 433, en 445 & en 455.

☞ *Voyez* le Gendre, *tom. II. pag.* 91.= *Hist. des Hist. pag.* 418.= *Annales Ecclesiast. Francor.* de le Cointe, tom. I. pag. 58, & le *Recueil des Historiens*, par les Bénédictins, *tom. I. pag.* 614.]

☞ Idem Chronicon.

Dans le même *Recueil des Historiens : ibid.* Bonne Edition, avec des Notes, par D. Martin BOUQUET.]

16006. Chronicon PROSPERI TYRONIS, à morte Valentis (anno 379) ad captam à Genserico urbem, nunc primùm editum ex Bibliotheca Petri Pithoei : *Parisiis*, 1588, *in-8.*

Cette Edition se trouve encore dans Canisius, au tom. I. de ses *Lectiones antiquæ*, *in-4. pag.* 163, avec les *Opuscules* de Pithou, *pag.* 431 : *Parisiis*, 1609, *in-4.* dans du Chesne, au tom. I. de son *Recueil des Historiens de France*, pag. 196. La même Edition, corrigée en plusieurs endroits sur divers Manuscrits, est aussi dans Labbe, au tom. I. de sa *Nouvelle Bibliothèque des Manuscrits*, pag. 56 ; & enfin dans l'*Appendice des Ouvrages de S. Prosper*, pag. 207 : *Paris*, 1711, *in-fol.*

Cette Chronique, qui suit les années des Empereurs, commence & finit dans les mêmes années que la précédente, qui suit les années des Consuls : le premier article de l'une & de l'autre est le même ; & ce qui est à la fin depuis la troisième année de Valentinien III. ne diffère qu'en deux faits, qu'on ne lit point dans la Chronique Impériale. Dans le reste elles sont fort différentes, soit pour le style, soit pour l'ordre des temps & les matières. La première décrit les ravages des Vandales, & parle peu des Goths ; la seconde raconte les conquêtes des Goths sur l'Italie & les autres Provinces de l'Empire, & ne dit presque rien des Vandales : ainsi ces deux Chroniques sont de divers Auteurs.

Selon le Père Sirmond, Henschenius, Chantereau le Fevre, M. de Tillemont & M. l'Abbé de Longuerue, les Fastes Consulaires sont de saint Prosper ; mais pour la Chronique, elle n'en est pas. Elle ne s'accorde ni avec les Fastes de ce Saint, ni avec les Chroniques d'Idace, de Marcellin & de Cassiodore ; elle est pleine d'Anachronismes dans les années des Papes & des Empereurs ; & selon Henschenius, dans son Traité intitulé : *Exegesis de Episcopatu Tungrensi*, num. 69, qui se trouve au commencement du tome VII. du *Recueil* de Bollandus, au mois de Mai ; selon Chantereau le Fevre, dans son Traité manuscrit de la Loi Salique ; & selon M. l'Abbé de Longuerue, dans son Introduction manuscrite de l'Histoire de France, cette Chronique est interpolée dans les endroits où elle parle des Rois de France, qui, selon ce que prétendent ces Auteurs, y ont été fourrés après coup.

Au reste, ces deux Chroniques contiennent si peu de choses qui concernent les affaires des Gaules, qu'elles n'auroient pas trouvé de place ici, si je ne m'étois proposé de rapporter tout ce que contient le grand Recueil de du Chesne.

☞ Idem Prosperi Tyronis Chronicon, cum Notis D. Martini BOUQUET.

Dans le *Recueil des Historiens de France*, par les Bénédictins, *tom. I. pag.* 635.]

16007. Mf. Discours sur les deux Chroniques attribuées à S. Prosper, où l'on prouve que la première est de lui, & que l'autre n'en est pas ; par Louis CHANTEREAU LE FEVRE.

Ce Discours se trouve dans le troisième Chapitre de son Traité manuscrit de la Loi Salique, qui est dans la Bibliothèque du Roi : Il a été achevé en 1643, & l'Auteur

Histoires des Rois de la première Race. 81

teur est mort en 1658. La première Chronique est celle qui est imprimée ensuite de celle d'Eusèbe & de saint Jérôme.

16008. Mérovée, Fils de France: Nouvelle historique; par H. F. M. *Paris*, Loyson, 1678: [*La Haye*, 1679], *in-12*.

« C'est une chose étrange, dit Bayle, dans ses *Nouvelles de la République des Lettres*, du mois d'Octobre 1684, article VIII. qu'y ayant tant de sujets sur lesquels MM. les Faiseurs de Romans peuvent exercer leur génie, ils viennent nous enlever les choses qui doivent être le plus à couvert de leurs invasions. On seroit bien en peine de s'obliger à se forger des choses imaginaires, ou à prendre celles que l'antiquité leur fournit, comme ils ont déja pratiqué tant de fois: pourquoi empoisonner si hardiment notre Histoire? »

16009. ☞ Histoire du Siége d'Orléans par Attila, (environ l'an 450); par .... TRIPAULT: *Orléans*, 1635, *in-8*.

Voyez ci-devant, sur Attila, (*tom*. I.) N.º 503 & *suiv*.

☞ De annis Childerici Regis.

Voyez ci-devant, N.º 15923.]

16010. Dissertation sur la déposition de Childéric, père de Clovis, & l'élévation du Comte Gilles, Général de l'Armée Romaine, pour être mis en sa place sur le Trône des François; par Gabriel DANIEL, Jésuite.

Cette Dissertation est imprimée dans la seconde partie de la Préface de son *Histoire de France: Paris*, 1713, *in-fol*. [& dans le Volume de 1696, indiqué ci-après, N.º 16046.]

☞ Dom Liron y a répondu dans une Dissertation où il examine notre Préface: *voyez* ci-devant, N. 15442.]

16011. IDACII Lemicensis, in Gallœcia Episcopi, Chronicon, à morte Valentis Imperatoris, usque ad annum 467, studio Francisci Lindenbrogii editum: *Romæ*, Profilii, 1615, *in-4*.

Idem, studio Jacobi Sirmondi: *Parisiis*, 1619, *in-8*. & entre ses Œuvres: *Parisiis*, Anisson, 1696, *in-fol*.

☞ Idem, cum Notis D. Martini BOUQUET.

Dans le *Recueil des Historiens de France*, par les Bénédictins, *tom*. I. *pag*. 611.]

La même Chronique est imprimée dans le *Recueil des Historiens d'Espagne*, par Sandoval, *pag*. 27: en *Pampelona*, 1634, *in-fol*. Dans du Chesne, au tom. I. de son *Recueil des Historiens de France*, *pag*. 183; dans la *Bibliothèque des Pères*, de l'édition de Lyon, au tom. VII. *pag*. 1231; dans le Cardinal d'Aguirre, au tom. II. de ses *Conciles d'Espagne*, *pag*. 168, 171, 179. Idace, Espagnol, natif d'un lieu appellé Aqua-Flavia, est mort Evêque de Lamégo en 1658. Il est mis au nombre des Historiens de France, parcequ'il rapporte ce que les Goths & d'autres Nations barbares ont fait dans les Gaules, peu de temps avant que les François en eussent fait la conquête. Les anciens Historiens François l'ont inséré tout entier ou en partie dans leurs Collections. Son style est barbare; mais on trouve dans sa Chronique, qui commence en 378 de Jesus-Christ, plusieurs choses touchant les Goths & les Suèves, qu'on ne lit point ailleurs.

☞ *Voyez* le Gendre, *tom*. II. *pag*. 57. = *Annal. Eccles. Francor*. de le Cointe, *tom*. I. *pag*. 103.]

16012. Anastasis Childerici I. Francorum Regis, seu Thesaurus sepulchralis Tornaci

Tome II.

effossus & Commentariis illustratus; auctore Joanne Jacobo CHIFFLETIO, Doctore Medico, Equite Aurato: *Antverpiæ*, Moret, 1655, *in-4*.

Cet Auteur a inséré dans son Ouvrage beaucoup de choses touchant les Cachets, les Sceaux & les marques d'honneur de nos Rois. Le Père le Cointe, sous l'année 673, num. 12, de ses *Annal. Eccles. Francorum*, rapporte de quelle manière & en quel temps ce Trésor a été transporté à Paris dans la Bibliothèque du Roi. Chifflet est mort en 1660.

☞ Ce fut le 27 Mai 1653, qu'en creusant les fondations de la Maison du Trésorier de l'Eglise de Saint-Brice de Tournay, on découvrit les restes de ce précieux monument de nos premiers Rois. On y trouva les parcelles d'un manteau Royal, l'anneau de Childéric, une tête de bœuf, des abeilles, des Tablettes d'or, un bouclier, une hache, une lance, un sabre d'acier, qui se mit en poussière dès qu'on le toucha, des médailles Romaines d'or & d'argent, & plusieurs autres choses précieuses. Cette découverte attira l'attention des Sçavans. M. Chifflet entre à ce sujet dans le plus grand détail. Il commence par donner un précis de la Vie de Childéric, de sa taille & de sa figure. Il fait voir que tous ces ornemens ne peuvent convenir qu'à ce Prince, & qu'il est indubitable que c'est en cet endroit qu'il fut inhumé. Son Livre est sçavant & plein de recherches. Il prouve, à l'occasion des abeilles, que nos Rois en portoient autrefois plusieurs dans leur écusson, & qu'elles ont pu donner l'origine aux lys par la conformité de leur figure, avec celle de ces fleurs. Il réfute aussi les opinions de différens Auteurs sur cette matière. Les pièces de cet ancien monument furent d'abord transférées à Vienne. L'Empereur les donna ensuite à l'Electeur de Bavière, qui en fit présent à Louis XIV. Cependant il y a quelques petites pièces qui sont restées à Tournay, où on les voit encore.

Voyez sur l'Ouvrage de Chifflet, le Père Niceron, *tom*. XXV. *pag*. 264. = Lenglet, *tom*. IV. *pag*. 49. = *Annal. Eccl. Francor*. de le Cointe, *tom*. III. *p*. 656.]

16012.* ☞ Ernesti Aug. SCHULZII Exercitatio de capite taurino in monumento Childerici reperto, antiquissimo Francorum insigni.

C'est la sixième Dissertation du premier Recueil des pièces de ce Sçavant, publié sous ce titre: *Ernesti Aug. Schulzii Exercitationes Philologicæ: Berolini*, 1755, *in-8*. Chifflet rapporte cette tête de bœuf au culte d'Apis par les Egyptiens, la Chapelle aux Sacrifices des Taureaux que les Romains immoloient en l'honneur de Pluton & de Proserpine. M. Schulzius en cherche l'origine dans la religion même des Francs & des Cimbres, qui portoient un Taureau d'airain dans les combats, juroient par lui, &c. *Voyez* les *Actes de Leipsick*, 1758, *pag*. 31.]

16013. Ms. Privilegium à Childerico Rege sancto Berchario datum.

Copie ancienne, de 18 pages: dans la Bibliothèque de M. Fevret de Fontette, Conseiller au Parlement de Dijon.]

16014. ☞ Anecdotes de la Cour de Childéric; (par M. HAMILTON): *Paris*, 1736, *in-12*. 2 vol.]

16015. ☞ Du Mariage de Clovis avec Clotilde, en 491.

Cette Pièce se trouve dans l'*Illustre Orbandale*, (ou l'*Hist. de Châlon*, 1662, *in-4*. 2 vol.) *tom*. I. *pag*. 360. *Voyez* ci-devant, sur le lieu de leur première entrevue, N.º 539, tom. I. *pag*. 45.]

L

16016. Alcimi Aviti, Episcopi Viennensis, Epistola ad Clodoveum, de suscepta ab eo Christi fide & baptismo.

Cette Lettre est imprimée dans du Chesne, au tom. I. de son *Recueil des Historiens de France*, pag. 835, & avec un long & sçavant Commentaire du P. le Cointe, au tom. I. de ses *Annales Ecclésiastiques de France*. Avitus est mort en 523.

16017. Anastasii Papæ II. Epistola Clodoveo Regi Francorum, quòd Christo nomen dedit, scripta anno Christi 497.

Cette Lettre est imprimée dans d'Acheri, au tom. V. de son *Spicilège*, pag. 532.

16018. ☞ Observations sur le Baptême de Clovis, les anciens Baptistères, l'ancienne forme du Baptême & Confirmation, la sainte Ampoule.

Ce morceau se trouve aux *Annales* de le Cointe, tom. I. pag. 143. Ce fut aux Fêtes de Noël de l'an 496 que Clovis fut baptisé à Reims, dans le Baptistère qui joignoit l'Eglise Métropolitaine de Sainte-Marie.]

16019. Gesta Francorum, ab ipsius Gentis origine ad obitum usque Clodovei I. Regis; auctore Roricone quodam Monacho.

Cette Histoire est imprimée dans du Chesne, au tom. I. de son *Recueil des Historiens de France*, p. 799. Clovis est mort en 511. Ce Moine étoit François, & gardoit les troupeaux, comme il le dit dans sa Préface. Le Père Daniel, dans la Préface historique de son *Histoire de France*, pag. 3, & dans une Note marginale, assure qu'on ne sçait ni en quel lieu, ni en quel temps il a vécu; que son Histoire est pleine de fables, & que son stile doit le faire regarder comme un homme frivole. Il ne fait que copier l'Auteur anonyme de l'*Abrégé des Gestes des Rois de France*, qui a fleuri sous Thierry IV. ou sous Charles-Martel. Si l'on en juge par son stile affecté & plein de fleurs & d'ornemens d'une fausse éloquence, on le croira du onzième siècle.

☞ Eadem Gesta, cum Notis.

Dans le *Recueil des Historiens de France*, par Dom Bouquet, *tom. III. pag. 1.*
Voyez sur cet Ouvrage l'*Hist. Littér. de la France*, tom. *VII*. pag. 146 (186) & *Avertissement*, p. LXIII. = Le Gendre, tom. II. p. 94. = Rec. des Hist. de France, tom. III. Préf. pag. IX.]

16020. ☞ Recherches critiques sur le temps où vivoit l'Historien Roricon, & sur l'autorité que doit avoir cet Ecrivain; par M. l'Abbé Lebeuf. *Mém. de l'Académie des Inscript. & Belles-Lettres, tom. XVII. pag. 228.*]

16021. ☞ Dissertation de M. le Marquis de Saint-Aubin, sur le temps & l'authenticité de Roricon. *Mercure, Octobre, 1741, pag. 2188.*

Roricon étoit Prieur de S. Denys, dans Amiens.]

16022. Mss. De transitu Clodovei Dissertationes duæ Antonii Allen, Senatoris Trecensis.

Ces Dissertations [étoient] conservées dans la Bibliothèque de M. le Pelletier des Ministre.

16023. La vita di Clodoveo, Re' di Francia; per Giovanni Botero.

Cette Vie est imprimée dans la première partie de son Ouvrage, intitulé: *Le vite di Principi Christiani*: *in Torino*, 1601, *in-*4.

16024. De la sainteté du Roi Clovis, avec les preuves & les autorités, & un Abrégé de sa Vie; par Jean Savaron, Lieutenant-Général de Clermont.

Ce Livre est imprimé avec les *Annales* de Belleforest: *Paris*, 1621, *in-fol*.

Le même Livre: *Paris*, Juilleron, 1622, *in-*4.

☞ Le même Ouvrage se trouve encore imprimé dans le *Plan de l'Histoire de la Monarchie Françoise* de l'Abbé Lenglet, *tom. I.* à la fin: ci-devant, N.º 15630.

Voyez la *Méth. hist*. de Lenglet, *in-*4. *tom. IV.p.* 49. Savaron fait un détail des actions du Roi Clovis, & des actes de justice & de sainteté qu'il a faits avant & après sa conversion. Il a grande foi aux miracles de la sainte Ampoule, des Fleurs de Lys & autres. Son but est de montrer que notre premier Roi Chrétien a été Saint; & il exhorte le Roi (Louis XIII.) à le faire reconnoître pour tel. Cet Ouvrage, qui est fort singulier, étoit devenu rare. L'Auteur a laissé plusieurs autres, qui sont sçavans & estimés. Il est mort en 1622.]

16025. Clovis, ou la France Chrétienne: Poëme héroïque de Jean Desmarest, Sieur de Saint-Sorlin, de l'Académie Françoise; *Paris*, 1657, *in-*4. [belle Edition, avec figures de Chauveau]: *Leyde*, Elzévier, 1657, *in-*12. *Paris*, 1666, *in-*12. Troisième Edition augmentée: *Paris*, 1673, *in-*8.

☞ Cette dernière Edition est assez jolie, & il y a des figures de Chauveau à la tête de chaque Chant, qui sont bien gravées.]

L'Auteur est mort en 1676. Son Poëme n'est qu'un Roman, & un mauvais Roman, selon les *Mémoires de Trévoux*, *Avril* 1714, *p.* 592. « Il a été loué des amis » de l'Auteur. Chapelain en loue la diversité & l'agré-» ment; le Père Mambrun, l'invention & l'industrie; » les autres, la beauté des descriptions & les ornemens » du Poëme. Mais M. de Furetiere témoigne que c'est » un Poëme fait à la hâte, & M. Despréaux dit, qu'il » est ennuyeux à la mort. L'ordonnance a déplu à beau-» coup de connoisseurs, qui cherchent la régularité; » d'autres ont trouvé à redire au style. Les avis qu'il re-» çut, ou ceux qu'il prit de lui-même, ont produit un » nouveau Poëme; car les changemens & les additions » qu'il fit à son propre Ouvrage, sont si considérables, » qu'il n'est presque plus reconnoissable dans la moitié » du Poëme qui parut en 1673 ». Baillet, tom. IX. des *Jugemens des Sçavans*, *pag*. 69. La troisième Edition ne contient que vingt Livres, au lieu qu'il y en avoit vingt-six dans les précédentes; elle est cependant augmentée de plusieurs endroits insérés dans les autres Livres.

☞ *Voyez* Baillet, *Jug. des Sçavans*, *in-*4. *tom. IV*. *pag*. 293. = Le Père Niceron, tom. *XXXV*. pag. 151. = *Mém. de Trév*. *Avril* 1714. = *Biblioth. Françoise*, *tom. XVII*. pag. 434.]

16026. Considérations de Michel de Marolles, Abbé de Villeloin, sur le Poëme Epique de Clovis.

Ces Considérations sont imprimées à la *pag*. 129 de ses *Préliminaires sur les Œuvres de Virgile*, traduits en vers: *Paris*, 1673, *in-*4. L'Abbé de Marolles dit ici fort judicieusement, qu'il ne voit point que pour faire un Poëme héroïque, il faille composer un Roman en vers, à l'occasion des fables & des fictions que Desmarest a fait entrer dans le sien.

16027. Mss. Clovis: Poëme où l'on fait voir l'Etablissement du Royaume de France, & la Conversion des François; par Antoine

Houdar DE LA MOTTE, de l'Académie Françoise.

Ce Poëme est conservé entre les mains de l'Auteur, au rapport des *Mémoires de Trévoux, Avril, 1714, pag.* 592. Comme cet Auteur connoît bien les défauts des Poëmes Epiques qui ont paru en notre Langue, on doit espérer qu'il les aura soigneusement évités. La raison qu'il rapporte du peu de succès que ces sortes d'Ouvrages ont eu, est que les Auteurs de ces Poëmes ont prodigué mal-à-propos le merveilleux, en distribuant les Anges & les Démons dans différens partis, comme fait Homere, qui distribue ses Dieux & ses Héros entre les Grecs & les Troyens. De plus, la langueur & tous les autres vices de la versification, comme les métaphores forcées, les jeux de mots puérils, souvent un style froid & prosaïque; tous ces défauts joints à l'uniformité fatigante de la rime, ont jetté les Lecteurs dans l'ennui, & leur ont fait tomber le Livre des mains. Ainsi ces Poëmes ont dû tomber, puisque leur objet étoit de plaire, & qu'ils ont ennuyé.

L'Auteur des Conversations sur la Princesse de Clèves, Conversation seconde, en rend une autre raison. « Nos François (dit-il) qui se sont mêlés de faire de » ces grands Poëmes, ne se sont pas beaucoup acquis de » gloire par-là, & y ont au contraire tous échoué. Je » me suis quelquefois demandé à moi-même, si on ne » leur a point fait d'injustice; & j'ai jugé que non, par » la raison que quoique leurs Poëmes soient écrits dans » toutes les règles que les Maîtres ont proposées, & » quoique leurs fictions soient ingénieuses, & leurs ex- » pressions belles & nobles, il est vrai aussi que tout » cela n'est point appuyé sur la vérité, qui seule peut sa- » tisfaire l'esprit, ou du moins sur la vraisemblance.

☞ Cet Ouvrage ne paroît pas avoir été exécuté. M. de la Motte est mort en 1731.]

16028. ☞ Clovis, Poëme dédié au Roi; (par M. LIMOJON DE SAINT-DIDIER): *Paris, 1725, in-8.*

Ce n'est que la première partie, que l'Auteur a donnée pour pressentir le goût du Public: la suite n'a pas été imprimée.]

16029. ☞ Lettre sur le nouveau Poëme de Clovis; par M. P. V. D. G. (Magdelaine POISSON, veuve DE GOMEZ): *Paris, 1725, in-8.*]

16030. ☞ Clovis, Poëme héroïque, avec des Remarques; par M. LE JEUNE: 1763, *in-12.* 3 vol.]

16031. ☞ Clodoveo triunfante, Tragedia: *Fiorenza, 1644, in-4.*]

16032. Vie de Clovis; par MODESTE de saint Amable.

Cette Vie est imprimée au tom. I. de sa *Monarchie sainte, pag.* 1: *Clermont, 1671, in-fol.*

16033. Mf. Parallele de Clovis I, Roi des François, & de Théodoric I, Roi des Ostrogoths, contre le P. Daniel, Jésuite; par François DE CAMPS, Abbé de Signy.

Ce Parallele [étoit] conservé au tom. II. des Remarques de l'Auteur sur quelques Historiens de France, dans son Cabinet; [& est aujourd'hui dans la Bibliothèque de M. de Béringhen.]

☞ Joan. Dan. SCHOEPFLINI illustres ex Clodovæi historia controversiæ.

A la suite de l'Ouvrage indiqué ci-devant, N.° 16000.]

16034. ☞ Dissertation sur plusieurs circonstances du Règne de Clovis, & en particulier sur l'antiquité des Monnoies de nos Rois & de celles qui portent le nom de Soissons, qui a remporté le prix dans l'Académie Françoise de Soissons en 1738; par M. l'Abbé LEBEUF: *Paris, 1738, in-12.* de 100 pages.

Voyez l'*Extrait au Journal de Verdun, Févr.* 1739. = Les *Observations sur les Ecriv. modernes, Lettr.* 117. = *Journ. des Sçav. Juin,* 1739. = *Merc. Octobre,* 1738.]

16035. ☞ Dissertations sur le Règne de Clovis; par M. RIBAUD DE ROCHEFORT: 1741, *in-8.*

Il y a quatre Dissertations. Voyez les *Mém. de Trév. Mai* 1742. = *Journ. des Sçav. Mars* 1742. = *Observ. sur les Ecriv. modernes, Lettr.* 415.]

16036. ☞ Mémoire sur la politique de Clovis; par M. le Duc DE NIVERNOIS, 1746. *Mém. de l'Académie des Inscript. tom. XX. pag.* 147.

L'Auteur y suit ce Prince dans tous ses projets. Il fait voir que c'étoit un de ces génies profonds qui par des combinaisons suivies alloit à son but, & qu'il étoit aussi grand politique que grand conquérant. Il faut confronter cette Dissertation avec les Livres IV & V. de l'Histoire de la Monarchie Françoise, par M. l'Abbé du Bos, & avec le P. Daniel.]

16037. ☞ Mf. Vie de Clovis I. Fondateur de la Monarchie Françoise; par M. l'Abbé MOREAU, Chanoine d'Auxerre, & de la Société Littéraire de cette Ville.

Cet Ouvrage est entre les mains de l'Auteur. Il en a lu différentes portions dans plusieurs Assemblées particulières & publiques de sa Société. L'Ouvrage est divisé en trois parties. 1.° Une Introduction, où l'on traite du Gouvernement des Romains dans les Gaules, des Peuples barbares qui en étoient voisins, & principalement des Francs, considérés comme les descendans de ces mêmes Germains dont César & Tacite ont décrit les mœurs. 2.° La Vie de Clovis, que l'Auteur représente, non comme Conquérant, mais uni aux Romains, & entretenant une étroite correspondance avec leurs Empereurs ; les Gaulois étoient une Nation amie, qui le choisit pour Maître à certaines conditions. M. l'Abbé Moreau termine cette partie par l'exposé du Gouvernement Franc, qui alla, selon lui, de pair avec le Gouvernement Romain, pendant cent ans, & prit ensuite le dessus : il y rapporte l'origine de notre Droit public. 3.° Enfin plusieurs Dissertations, pour appuyer par des preuves & des raisonnemens, divers points avancés dans les deux premières parties.]

16038. Excerpta ex Appendice ad Marcellini Comitis Chronicon, ab anno 551, ad annum 557.

Ces Extraits sont imprimés dans du Chesne, au tom. I. de son *Recueil des Historiens, pag.* 217. La Chronique du Comte Marcellin a été imprimée plusieurs fois à la suite de celle d'Eusèbe; elle finit à la quatrième année de l'Empire de Justinien, c'est-à-dire en 534 de Jesus-Christ. Un Anonyme fort ancien l'a continuée; mais Onuphre Panvinius a ajouté dans son Edition à cette Chronique la continuation, sans en avertir le Lecteur, de sorte que l'un & l'autre a passé long-temps pour être du même Auteur. Le Père Sirmond a donné cette continuation plus ample en 1619, sur un Manuscrit de du Tillet.

☞ Eadem Excerpta.

Dans le *Recueil des Historiens de France*, par Dom Bouquet, *tom.* I. *pag.* 640.]

16039. Chronicon rerum Francicarum, à Valeriani principatu ad XXV. Imperii Justiniani annum mortemque. Chlotarii prioris deductum; auctore Adriano VALESIO, Historiographo Regio.

Cette Chronique est imprimée après la Préface du tom. I. de son *Hist. Franc. Parisiis*, 1646, *in-fol*. C'est sur cette Chronique qu'il a composé le premier tome de son Histoire.

16040. Fragmenta de veterum Francorum moribus & rebus gestis à Constantino Magno usque ad Clodoveum I. ejusque liberos: ex CONSTANTINI ipsius Constitutione, LIBANIO Sophista, PRISCO Rhetore, JORNANDE, PROCOPIO, AGATHIA, MENANDRO Protectore, & aliis.

Ces Fragmens vont jusqu'en 561 ; ils sont imprimés dans du Chesne, au tom. I. de son *Recueil des Historiens de France*, [& dans celui des Bénédictins, tom. I. & II.]

16041. Gothicarum rerum Scriptores, PROCOPIUS, AGATHIAS, JORNANDES, & alii: *Basileæ*, Froben, 1532, *in-fol.*

Iidem, studio Bonaventuræ Vulcanii : *Lugduni-Batavorum*, 1618, *in-8.*

Iidem, studio Hugonis Grotii : *Amstelodami*, 1655, *in-8.*

Histoire générale des Goths, traduite du Latin de JORNANDES ; [par Jean Drouet de Maupertuis] : *Paris*, Barbin, 1703 : *Amsterdam*, 1703, *in-12.*

Ces Historiens sont réimprimés dans le tom. I. du *Recueil* de Muratori : *Milan*, 1723, *in-fol*. 27 vol. Jornandès, avec les corrections de Joseph-Antoine SAXIUS ; Procope, avec une explication des noms & des mots gothiques, Vandales & Lombards ; par Hugues GROTIUS ; & Agathias, traduit du Grec par le même.

16042. ☞ Excerpta ex JORNANDIS, PROCOPII, AGATHIÆ, MENANDRI Protectoris, & Theophylacti SIMOCATTÆ Historiis, de Francis.

Dans le *Recueil des Historiens de France*, par Dom Bouquet, tom. II. *pag.* 21-74.]

Procope, Auteur Grec, qui n'avoit pas encore achevé son Histoire anecdote l'an 561, a beaucoup parlé des François dans cette Histoire & dans celle de la Guerre des Goths ; il y rapporte même plusieurs faits ou circonstances qui ne se trouvent pas dans nos Historiens. Agathias, qui vivoit sous l'Empire de Justinien, dans le VIe siècle, a écrit d'un style fleuri l'Histoire de son temps, comme a fait Jornandès, Archevêque de Ravenne, [au VIe siècle. Ménandre fleurissoit en 598, & Théophylacte Simocatte au commencement du VIIe siècle.] Ces Historiens rapportent bien des particularités qui concernent notre Histoire, & qu'on ne voit point dans nos Auteurs.

☞ Jornandès qui étoit Goth, fait paroître beaucoup de partialité pour sa Nation, qu'il élève par dessus toutes les autres. Il n'y a de Simocatte, Auteur Grec, qu'un seul passage qui regarde les François. C'est le sujet d'une Ambassade envoyée à Constantinople, vers l'Empereur Maurice, par un Roi de France qu'il nomme Thierry ; en quoi il s'est visiblement trompé, dit Dom Bouquet : ce Roi étoit Childebert II. fils de Sigebert.]

16043. Hieronymi RUBEI, Ravennatis, Historia de Gothis & Longobardis.

Cette Histoire est imprimée au Livre X. de ses *Histoires de Ravenne : Venetiis*, 1572, *in-fol.*

16044. Vie du bienheureux Childebert, Roi de France ; par MODESTE de S. Amable.

Cette Vie est imprimée au tom. I. de sa *Monarchie sainte*, *pag.* 62 : *Clermont*, 1671, *in-fol.*

16045. Histoire & Chronique de Clotaire I. Roi de France, & de sainte Radegonde son Epouse, Fondatrice du Monastère de Sainte-Croix de Poitiers ; par Jean BOUCHET, Procureur à Poitiers : *Poitiers*, 1527, *in-4.*

☞ Le principal but de Bouchet est d'écrire la Vie de sainte Radegonde. Ce qu'il dit de Clotaire n'est que relatif à son sujet. La Chronique & la Généalogie qu'il en donne sont fort courtes. Il le fait descendre des Troyens, & c'est le sentiment qu'il a suivi dans tous ses Ouvrages. Il a divisé celui-ci en quatre Livres, dans lesquels il parle de l'origine de sainte Radegonde, de sa façon de se gouverner quand elle fut mariée, de son entrée en religion après la mort de son mari, & des miracles qu'elle opéra pendant sa vie & après sa mort. Elle étoit petite-fille de Bazin, Roi de Turinge, dont la femme vint épouser le Roi Childéric. Tout le monde sçait combien les Hagiographes ont servi à débrouiller plusieurs points de notre Histoire & à en fixer les dates ; il ne faut cependant pas les suivre aveuglément. Le dernier Livre contient les faits & gestes des enfans du Roi Clotaire.]

☞ On peut voir encore pour l'Histoire de Clotaire I. la Preuve de l'Histoire du (prétendu) Royaume d'Yvetot, par Jean Ruault : = La Vie de S. Médard, Evêque de Noyon, rapportée dans le *Spicilège* de d'Achery, *tom. II. pag.* 70.]

16046. Histoire de France, depuis la Monarchie Françoise dans les Gaules, avec des Notes historiques & des Dissertations sur divers points de cette Histoire ; par Gabriel DANIEL, Jésuite : *Paris*, Anisson, 1696, *in-4.*

Ce volume ne contient que l'Histoire de Clovis I. & de ses Enfans.

☞ C'est la première Edition du Père Daniel. Ce Volume est unique, & n'a point été suivi du reste de son Histoire de France, qui ne parut entière qu'en 1713, en trois volumes *in-fol*. Dans celui-ci, le Père Daniel fait seulement l'Histoire de Clovis & de ses quatre fils, & l'accompagne de Notes & de Chronologies. On trouve à la tête de ce Livre une Préface qui est beaucoup plus courte, & différente en quelques endroits de celle qui se trouve dans les Editions suivantes. Cette Préface est suivie d'une Carte de l'ancienne France, faite pour le règne de Clovis & de ses Enfans, qui, lorsqu'elle parut, fournit matière à plusieurs critiques. Viennent ensuite les règnes de Clovis & de ses Enfans, jusqu'à la mort de Clotaire, en 562. Ce morceau est le même que dans les Editions suivantes, à quelques legers changemens près, & à l'exception d'une partie des Notes & des étymologies qui ne se trouvent que dans celle-ci.

A la fin de ce premier Volume on trouve huit Dissertations. Les deux premières, qui concernent le Fondateur de la Monarchie Françoise dans les Gaules, & la déposition du Roi Childéric, forment les deux premiers articles de la Préface historique, qui se trouve à la tête des Editions suivantes, & sont les mêmes, à quelques différences près. A l'égard des six dernières, elles ne se trouvent pas dans les dernières Editions. Ainsi voilà

Histoires des Rois de la première Race.

bien des motifs qui devroient faire rechercher celle-ci, même à ceux qui possèdent les autres.]

16047. ☞ Histoire de la Vie & des Ecrits de Chilpéric I. par Dom Antoine RIVET, Bénédictin.

Dans l'*Hist. Littér. de la France*, tom. III. pag. 338-343.]

16048. Epistola sancti GERMANI, Parisiensis Episcopi, ad Brunichildem Reginam, ut Sigibertum I. Regem revocet à consilio belli quod (Childerico) fratri suo inferebat.

Cette Lettre est imprimée dans Labbe, au tom. V. de son *Recueil des Conciles*, pag. 923. S. Germain est mort en 576. Sa Lettre est aussi pag. 343 de ses *Œuvres* : *Paris*, 1699, *in-fol*.

16049. MARII, Aventicensis, seu Lausanensis Episcopi, Chronicon, à tempore quo Prosper Aquitanus desiit, usque ad annum Christi 581, ex pervetusto Codice nunc primùm in lucem editum.

Cette Chronique est imprimée dans du Chesne, au tom. I. de sa *Collection des Historiens de France*, *p.* 110. Cet Auteur, selon le Père Chifflet, a souscrit en 585 au Concile de Mâcon.

☞ On trouve encore cette Chronique dans le *Recueil des Historiens de France* de D. Bouquet, tom. II. *pag.* 12.]

✱ Marius, qui étoit Bourguignon, ne parle guères que de ceux de sa Nation, & il rapporte seulement sur les François, les irruptions qu'ils ont faites jusqu'au temps où ils ont subjuguèrent la Bourgogne.

Il y a dans cette Chronique des faits dérangés de leur place, contre l'intention de l'Auteur; par exemple, on y met la mort de Totila, Roi des Goths, dans la douzième année après le Consulat de Basile, Indiction première, c'est-à-dire l'an 553, quoique cette mort soit certainement arrivée en 552. On y met la mort de Tija, successeur de Totila, l'an 554, qui fut tué en 552. Celle de Théobalde, fils du Roi Théodebert, dans la quatorzième année après le Consulat de Basile, c'est-à-dire l'an 555, & Eric fait périr Bucélin en ce temps-là; mais il avoit été taillé en pièces avec tous ses gens, l'an 553. Enfin, l'an 556 on fait reparoître dans cette Chronique une armée de François, qui remportent d'abord de grands avantages sur les Romains, & qui sont ensuite défaits, & perdent tout ce que le Roi Théodebert avoit conquis en Italie; ce qui est manifestement la même expédition que celle que fit Bucélin en 553, & qui fut suivie de sa défaite. Il est sûr que depuis l'an 556 il ne se trouve plus rien dans cette Chronique, ou du moins très-peu de choses en ce qui concerne les François, qui ne convienne avec la plus exacte Chronologie, ou avec les meilleurs monumens de l'Histoire. C'est le jugement qu'en porte M. l'*Abbé de Longuerue*, dans son *Introduction à l'Histoire de France*.

Le même dit ensuite que sur les années de Justinien & de Tibère, il ne faut point y avoir d'égard, parce qu'elles y sont mal placées, mais à l'Indiction commençant au premier jour de Septembre, & anticipant l'année Consulaire ou Romaine de quatre mois. Selon cette méthode Sigebert a été tué, & Childebert son fils lui a succédé en la neuvième Indiction. Mérovée, fils de Chilpéric, est mort sur la fin de l'an 577, en la onzième Indiction, & la Reine Austregisile, femme de Gontran, est morte en la quatorzième Indiction, l'an 580, où la quatorzième Indiction commence le premier jour de Septembre; & ce Chronologue ajoute que cette année-là l'Indiction finissoit au dernier jour d'Août.]

— FREDEGARII Excerpta ex Chronica seu Historia Francorum Gregorii, Turonensis Episcopi, ab initio Monarchiæ ad mortem Childerici, anno 584.

J'indique ici cet Abrégé de Frédégaire, pour suivre la méthode que je me suis prescrite de ranger les Histoires de ce chapitre, selon l'ordre des années où elles finissent; mais comme c'est aussi l'Abrégé de Grégoire de Tours, je le place après, quoique cet Abrégé ne finisse pas avec cette Histoire.

16050. ☞ Ex Libro Pauli Diaconi Emeritensis, &c.

Cet Extrait regarde l'an 587, & se trouve dans le *Recueil* de D. Bouquet, tom. II. *pag.* 706. On trouve devant & après plusieurs morceaux sur les Rois Goths d'Espagne, qui ont été pendant long-temps maîtres d'une partie des Gaules.]

16051. Sancti Florentii GREGORII, Episcopi TURONENSIS, Historiæ Francorum Libri decem, ab orbe condito ad annum 595, (aut potiùs 591.)

Cette Histoire est imprimée avec ses *Œuvres*, par les soins de Guillaume Parvi : *Parisiis*, 1512, 1521, *in-fol*.

Iidem, ad Codices manuscriptos Bibliothecæ sancti Martini Turonensis, curâ Guillelmi Morelli emendati : *Parisiis*, ejusdem Morelli typis, 1561, *in-8*.

Iidem, juxta veterem Codicem sancti Nazarii in Lorichem, edita studio Matthiæ Flaccii Illyrici, qui & Præfationem adjecit : *Basileæ*, 1568, *in-8*.

Iidem. Accedit Liber undecimus, sive Appendix ab alio quopiam Gregorio Turonensi adjectus.

Ces onze Livres sont imprimés dans l'*Histoire Chrétienne* de Laurent de la Barre : *Parisiis*, 1583, *in-fol*.

Iidem, quibus non ita pridem adjectus est Liber undecimus centum & decem annorum Historiam continens; alio quopiam auctore. His Appendicem ad Gregorium ante quingentos circiter annos concinnatam, aliaque nonnulla ejusdem sæculi & argumenti Opuscula nondum edita attexuimus. Ex Bibliotheca Laurentii Bochelli : *Parisiis*, du Fossé, 1610, *in-8*.

On a joint à la fin de cette Edition, des variétés de Leçons, tirées du Manuscrit d'Antoine Loisel.

Iidem, cum Libro undecimo, seu Appendice Historiæ Francorum Supplementi loco; ab alio quopiam Gregorio Turonensi adjecto.

Ces onze Livres sont imprimés dans la *Bibliothèque des Pères*, de l'Edition de Cologne, part. 2, tom. VI. *pag.* 417, & de celle de Lyon, tom. XI. *pag.* 707. Le onzième Livre finit en 768, & contient la Chronique de FRÉDÉGAIRE.

Iidem Libri decem, nunc primùm è Palatino, aliisque Codicibus manuscriptis passim emendati.

Ces dix Livres sont imprimés dans Freher, part. 2, de son *Recueil des Historiens de France*, pag. 1.

Iidem, nunc tandem post editiones omnes, ope quinque vetustissimorum Codicum manuscriptorum diligenter ac seriò emendati.

Ces Livres sont imprimés dans du Chesne, au tom. I, de son *Recueil des Historiens de France*, pag. 251.

Historiæ Francorum Ecclesiasticæ Libri decem; auctore sancto Florentio GREGORIO, Episcopo Turonensi, necnon FREDEGARII Scholastici Epitome & Chronicon, cum suis Continuatoribus & aliis antiquis Monumentis, ad Codices manuscriptos & veteres editiones collati, emendati & aucti, atque Notis & Observationibus illustrati à Domno Theodorico Ruinart, Benedictino, è Congregatione sancti Mauri : *Parisiis*, Muguet, 1699, *in-fol.*

☞ Cette Edition de Grégoire de Tours, par Dom Ruinart, se trouve en entier, & avec quelques nouvelles Notes, dans le *Recueil des Historiens de France*, de Dom Bouquet, *tom. II. pag.* 74.]

Saint Grégoire de Tours est mort en 595. Il n'a pas composé dans le même temps les dix Livres de son Histoire : il fit d'abord les six premiers; il leur ajouta, pour achever son Histoire, les quatre suivans, comme il le dit lui-même au commencement du septième. Il est le premier Historien François, ou Sujet des Rois de France; ceux qui ont écrit avant lui étant Etrangers.

Cet Auteur doit être regardé comme sçavant pour son temps. Son Histoire est écrite d'un style rude & grossier, mais ce défaut vient du génie de son siècle; sa sincérité & sa naïveté éclatent par tout dans ses Ouvrages. S'il rapporte des choses extraordinaires, & s'il paroît trop crédule, principalement lorsqu'il s'appuie sur le témoignage des Anciens, ou sur le bruit des vieilles Traditions, c'est plutôt l'effet de sa simplicité, qu'un défaut de sincérité ; car en toutes occasions il en donne des preuves, sur-tout quand il raconte ce qu'il a vu ou entendu; & son témoignage doit être alors de grand poids.

Sans son secours les commencemens de notre Histoire seroient presque entièrement inconnus. Il est vrai qu'il omet plusieurs faits qui se trouvent ailleurs ; mais aussi il en rapporte un grand nombre, qui ne se trouvent pas dans les autres Historiens. Il mérite du moins cette louange, de n'avoir pas donné dans les fables, quand il traite de l'origine des François, comme ont fait tous ceux qui ont écrit depuis lui.

La Popelinière assure que les Manuscrits de cette Histoire, qu'on a en Allemagne, diffèrent beaucoup de ceux qui sont en France, lesquels sont plus amples. M. de Valois, dans la Préface de son *Histoire de France*, & le Père le Cointe, dans le tom. I. de ses *Annales Ecclésiastiques*, sous l'année 417, parlent amplement des Manuscrits de cette Histoire, qu'ils croient, après du Chesne, être fort corrompus & altérés. Dom Thierry Ruinart fait aussi mention dans sa Préface de dix Manuscrits dont il s'est servi, & répond aux critiques de ces deux sçavans Personnages.

Guillaume Parvi, ou le Petit, a le premier publié l'Histoire de France de Grégoire de Tours; il se trompe lorsqu'il marque qu'elle finit en l'année de Jesus-Christ 595 ; elle ne va que jusqu'en 591. Les Sçavans lui reprochent de ne l'avoir pas plus épargnée que celle d'Aimoin & la Chronique de Sigebert, qu'il a aussi donnée au Public, avec beaucoup d'additions. Sigebert en a été purgé dans l'Edition d'Aubert le Mire, & Aimoin dans celle de du Chesne, sur la foi des Manuscrits. Pour Grégoire de Tours, dit le Père le Cointe, sçavant pour l'année 555, num. 101, quoiqu'il ait été souvent imprimé, il est toujours demeuré dans le même état où l'a publié Guillaume Parvi; c'est-à-dire, chargé d'additions & le style changé ; car il est trop élégant pour être attribué, tel qu'il est aujourd'hui, à Grégoire de Tours, qui avoue lui-même qu'il ne sçavoit pas les règles de la Grammaire. Le Père Ruinart a répondu aux plaintes que fait ici le Père le Cointe. Son Edition, qui a été faite sur dix Manuscrits & sur toutes les Editions précédentes, est la meilleure & la plus exacte ; il y a rétabli le titre sur l'autorité des Manuscrits. Sa Préface est très-sçavante & très-curieuse.

☞ *Voyez* sur Grégoire de Tours, Lenglet, *Méth. hist. in-4. tom. IV. pag.* 48. = Sorel , *pag.* 282. = Bibl. *Harley. tom. II. pag.* 512. = Le Gendre, *tom. II. p.* 40. = *Recueil des Historiens de France*, *tom. II. Préf. pag.* 3 & 75. = *Hist. des Hist. pag.* 416. = *Dissert. sur l'Hist. de Paris*, *tom. I. pag.* 55 : *tom. III. pag.* 26. = *Journ. des Sçav. Juin*, 1699. = *Disc. prélim. de l'Hist.* de du Bos, *p.* 27. = *Annal. Eccl. Francor. tom. I. p.* 47 & 685 ; *tom. II. pag.* 3 & 264.]

L'Histoire de France écrite par GRÉGOIRE de Tours, traduite par Claude Bonnet, Gentilhomme de Dauphiné : *Paris*, 1610, *in-*8.

Adrien d'Amboise, Maître des Requêtes, justifie cet Auteur dans la longue Préface qui est au-devant de cette Traduction, contre les accusations de Flaccius Illyricus; mais il l'abandonne sur le sujet des deux saints Denys.

☞ Cette Préface a été imprimée séparément avec une autre Pièce, sous le titre de *Deux Traités de ce temps,* &c. *Paris*, Huby, 1614, *in.*8. de 46 pages.]

La même Histoire, traduite par Michel de Marolles, Abbé de Villeloin, avec ses Remarques : *Paris*, Léonard, 1668, *in-*8. 2 vol.

☞ Le second Volume est intitulé : « La seconde » partie des Histoires de S. Grégoire, Evêque de Tours, » contenant ses Livres de la gloire des Martyrs & des » Confesseurs, avec les quatre Livres de la Vie de saint » Martin, & celui de la Vie des Pères, de la traduction » de M. DE MAROLLES, Abbé de Villeloin, avec des » Remarques & la Vie de S. Grégoire : *Paris*, Léonard, 1668.]

Les bons connoisseurs ne seront peut-être pas plus de grace à cette Traduction, qu'à toutes les autres de ce fameux Traducteur, qui a fait paroître dans cette occupation plus de travail que de capacité & d'exactitude.

16052. Interpolationes Historiæ Francorum Gregorianæ, à Carolo LE COINTE observatæ.

Ces Remarques sont imprimées au tom. II. de ses *Annales Ecclésiastiques*, sous l'année 595, num. 42 & suivans. Le Père le Cointe y donne une critique exacte des six premiers Livres de Grégoire de Tours, les plus maltraités par Guillaume Parvi, qui les a données fort corrompus ; car non-seulement on a ajouté à son Histoire plusieurs choses supposées ; mais encore on a changé en plusieurs endroits son style, sous prétexte de le rendre plus élégant. Le Père le Cointe a conféré avec soin ces six premiers Livres avec divers anciens Manuscrits, & a remarqué toutes les additions qui y ont été faites. *Journal des Sçavans, du* 22 *Novembre* 1666.

16053. De sancti Gregorii, Episcopi Turonensis, Operibus necnon variis Editionibus ; auctore Theodorico RUINART, Benedictino, è Congregatione sancti Mauri.

Ces Observations sont imprimées dans la Préface de son Edition des *Œuvres de ce Saint* : *Parisiis*, 1699, *in-fol.*

16054. Mss. Gregorius Turonensis amplissimis Notis illustratus, ab Ægidio BUCHERIO, è Societate Jesu.

Ces Notes sont conservées dans la Bibliothèque du Collège de Tournay, comme je l'ai appris de M. de Vatcant. Gilles Boucher est mort en 1665.

16055. Antonii Dadini ALTESERRÆ, U.J.D. Notæ & Observationes in decem Libros Historiæ Francorum beati Gregorii, Turonenfis Episcopi, & Supplementum Fredegarii : *Tolosæ*, 1679, *in-*4.

D'Hauteserre est mort en 1682. Ses Observations ne contiennent rien de considérable.

☞ Elles servent ou à éclaircir le texte, ou à faire connoître les usages du temps & les personnes dont parle Grégoire de Tours, sur lesquelles il ne s'est pas assez expliqué. L'Auteur est mort à plus de 80 ans.]

16056. Ms. Remarques critiques sur la Préface & les Notes du Père Ruinart, jointes à l'Edition des Ouvrages de Grégoire de Tours, & de la Chronique de Frédegaire, & sur l'onzième article du vingt-sixième chapitre du second livre de la Diplomatique du Père Mabillon ; par François DE CAMPS, Abbé de Signy.

Ces Remarques [étoient] conservées au tom. I. des Remarques de l'Auteur sur quelques Historiens de France, dans son Cabinet, [& sont aujourd'hui dans la Bibliothèque de M. de Beringhen.]

16057. ☞ Excerpta ex GREGORII Turonensis Opusculis.

Dans le *Recueil des Historiens de France*, par Dom Bouquet, *tom. II. pag.* 465.]

16058. ☞ FORTUNATI, Pictaviensis Episcopi, Carmina historica.

Dans le même Volume, *pag.* 472.]

16059. ☞ Quædam Epitaphia vetera.

Au même endroit, *pag.* 531.]

16060. ☞ Dissertations sur plusieurs points de l'Histoire des Fils de Clovis I. par M. l'Abbé (J. B. Paschal) FENEL, & M. Gouye DE LONGUEMARE ; qui ont remporté le premier & le second prix à l'Académie de Soissons en 1743 : *Paris*, Chaubert, 1744, *in*-12.

La première de ces deux Pièces, qui sont intéressantes, porte le titre de *Dissertation sur la conquête de la Bourgogne, &c.*]

16061. ☞ Dissertation sur plusieurs points de l'Histoire des Enfans de Clovis I. & sur quelques usages des Francs, qui a remporté le prix dans l'Académie Françoise de Soissons, en 1741.

Voyez les *Dissertations sur l'Histoire de Paris*, par M. l'Abbé (Jean) LEBEUF, *tom. III.* ag. 1-79 : (*Paris*, Durand, 1739-1743, *in*-12. 3 vol.]

Cette sçavante & curieuse Dissertation est divisée en quatre articles. Dans le premier, l'Auteur examine si les enfans de Clovis gouvernèrent eux-mêmes leurs Etats ; s'il y avoit des loix pour la tutelle des Princes mineurs, pour la Régence de leur Royaume, & sur l'âge de leur Majorité. Dans le second, si les frères de Clodomir s'emparèrent de ses Etats avant le meurtre de ses fils, & en quelle année. Dans le troisième, il traite du droit qu'avoient les enfans de succéder à leur père ; & dans le quatrième, de la chevelure des anciens Francs.]

16062. ☞ Divers Eclaircissemens sur l'Histoire des Enfans de Clotaire I.

On les trouve dans la *Dissertation sur l'état du Soissonnois*; par M. Gouye DE LONGUEMARE : *Paris*, Chaubert, 1745, *in*-12.]

16063. Res gestæ à sancto Guntramno, Burgundiæ Rege ; ex Historia Ecclesiastica GREGORII, Episcopi Turonensis, cum Commentario prævio.

Cette Vie est imprimée dans le *Recueil* de Bollandus, au 28 de Mars. Le Roi Gontran est mort en 592. Il étoit fils de Clotaire I. Roi de France.

16064. Vie de saint Gontran ; par MODESTE de S. Amable.

Cette Vie est imprimée au tom. I. de sa *Monarchie sainte*, *pag.* 127 : *Clermont*, 1671, *in-fol*.

16065. Vie du même ; par François GIRY.

Cette Vie est imprimée dans son *Recueil des Vies des Saints*, au 28 de Mars.

16066. Vie du même ; par Adrien BAILLET.

Cette Vie est imprimée dans son *Recueil des Vies des Saints*, au même jour.

16067. ☞ Histoire de la Vie & des Réglemens de Gontran ; par Dom RIVET.

Dans l'*Hist. Littér. de la France*, *tom. III. pag.* 368.]

16068. ☞ Histoire de Childebert II. par le même.

Dans le même Volume, *pag.* 397.]

16069. Excerpta ex Chronico JOANNIS Biclariensis, Episcopi Gerundensis.

Ces Extraits sont imprimés dans du Chesne, au tom. I. de son *Recueil des Historiens de France*, *pag.* 218. Cet Evêque est mort en 700. Il a fini sa Chronique l'an 594 de Jesus-Christ. Elle a été imprimée à Ingolstad en 1600, par les soins de Canisius. Elle a été aussi insérée dans les *Historiens d'Espagne*, au tom. II. des *Conciles d'Espagne*, du Cardinal d'Aguirre, & dans le *Trésor des temps* de Joseph Scaliger.

☞ Ce morceau commence en 585, sous Clotaire II. & finit en 589. Il se trouve encore dans la *Collectio vet. script.* de DD. Martenne & Durand, *tom. V. p.* 218, & dans le *Recueil des Historiens de France* de D. Bouquet, *tom. II. pag.* 21.]

16070. FRECULPHI, Episcopi Lexoviensis, Chronicorum Libri duo, ab orbe condito ad Francorum & Longobardorum regna : *Coloniæ*, Egenolphi, 1539, *in-fol*. Commelin, 1597, *in*-8.

Ces Livres sont imprimés dans toutes les Editions de la *Bibliothèque des Peres*. L'Auteur est mort en 850 ; sa Chronique finit vers l'an 606 de Jesus-Christ ; il y dit peu de choses de ce qui s'est passé dans les Gaules ; il s'étend davantage sur ce qui s'est fait dans les autres Provinces de l'Empire Romain. Au jugement de Thomas Dempster, cet Auteur est excellent : les noms propres sont fort corrompus dans l'Edition de cette Chronique.

☞ Voyez Lenglet, *Méth. historiq. in*-4. *tom. III. pag.* 66, & *IV. pag.* 50. = *Hist. Littér. de la France*, *tom. V. pag.* 77.]

16071. Ad Marii Aventicensis Chronicon Appendix incerti auctoris, ab anno 581, ad annum XL. Clotarii II.

Cette Appendice, qui finit en l'année 624 de Jesus-Christ, est imprimée dans du Chesne, au tom. I. de son *Recueil des Historiens de France*, *pag.* 216, [& dans celui de D. Bouquet, *tom. II. pag.* 19.] On peut croire que l'Auteur vivoit en 624.

16072. ☞ Histoire de Clotaire II. par Dom RIVET.

Dans l'*Hist. Littér. de la France*, *tom. III. pag.* 541.]

16073. ☞ Ex sancti Isidori Hispalensis Historia Gothorum, &c.

Ces Extraits commencent en 410, & finissent en 621. Ils se trouvent dans le *Recueil des Historiens de France*, de Dom Bouquet, *tom. II. pag.* 700. Il a cru devoir donner ensuite, comme du Chesne, la Chronologie des Rois Goths d'Espagne, qui ont été maîtres d'une partie de ce qu'on appelle aujourd'hui le Languedoc, jusqu'au temps du Roi Pepin.]

16074. Fragmenta de Regum Francorum rebus piè gestis, à Clodoveo I. usque ad Dagobertum magnum Clotarii II. filium, excerpta ex Historiis seu Vitis Sanctorum qui eorumdem Regum tempore claruerunt.

Ces Fragmens comprennent l'Histoire depuis 481 jusqu'en 628; ils sont imprimés dans le tom. I. de du Chesne, *pag.* 520. On trouve dans les Légendes dont ces Fragmens sont tirés, plusieurs traits d'Histoires qui servent du moins à fixer les dates de notre Histoire, & même à découvrir des faits qu'on ne trouve pas ailleurs.

☞ *Voyez* ces Extraits & les suivans augmentés, dans le tom. III. du *Recueil des Historiens de France*, par Dom Bouquet, *pag.* 369 & *suiv.*]

— Gesta Regum, &c.

Voyez ci-après, N.° 16119.

16075. Ms. Partie d'Histoire de France, contenant ce qui s'est passé du temps du Roi Dagobert, jusqu'en 630 : *in-fol.*

Cette Histoire est conservée dans la Bibliothèque du Roi, num. 9633².

Gesta Dagoberti, Regis Francorum, qui obiit anno 638, scripta à Monacho Sandionysiano.

Voyez ci-après, N.° 16105.

16076. Fragmenta de rebus gestis Dagoberti I. ex Historiis seu Vitis sanctorum Pontificum, Abbatum, & aliorum qui tunc præcipuè in Palatio, & aliis Regni partibus floruerunt.

Ces Fragmens sont imprimés dans du Chesne, au tom. I. de son *Recueil des Historiens de France*, *p.* 622.

☞ Ils se trouvent *pag.* 578, du tom. II. de Dom Bouquet, qui a mis ensuite : *Quidam Versus de Dagoberto*, *pag.* 596.]

16077. Vie de Dagobert I. Roi de France; par Modeste de S. Amable.

Cette Vie est imprimée au tom. I. de sa *Monarchie sainte*, *pag.* 30 : *Clermont*, 1671, *in-fol.*

16078. ☞ Histoire de Dagobert I. par D. Rivet.

Dans l'*Hist. Littér. de la France*, *tom. III. pag.* 554.]

16079. ☞ Observations sur une Médaille d'or de Dagobert I. trouvée à Marseille. *Mercure, Mai*, 1727.]

16080. Gregorii Turonensis Excerpta chronica ; ex Fredegarii Scholastici Historia Miscella.

Ces Extraits sont imprimés dans Freher, partie première de son *Recueil des Historiens de France*, *p.* 90.

Eadem Excerpta, seu Historiæ Francorum Epitomata.

Ces mêmes Extraits sont imprimés dans du Chesne, au tom. I. de son *Recueil des Historiens de France*, *pag.* 722.

Sancti Gregorii, Episcopi Turonensis, Historiæ Francorum Epitomata ; per Fredegarium Scholasticum.

Ces mêmes Extraits, sous le nom d'*Histoire abrégée*, sont imprimés par Dom Thierry Ruinart, avec les *Œuvres de S. Grégoire de Tours*, *pag.* 541 : *Parisiis*, 1699, *in-fol.*

☞ On les trouve aussi *pag.* 391, du tom. II. de la Collection de Dom Bouquet.]

16081. Fredegarii Scholastici Chronicæ Liber.

Ce Livre est imprimé dans Freher, en la première partie de son *Recueil des Historiens de France*, *p.* 117.

Fredegarii Scholastici Chronicon, quod ille jubente Childebrando Comite, Pipini Regis Patruo, scripsit, & à fine Historiæ Gregorii, Episcopi Turonensis, usque ad Pipini ipsius consecrationem perduxit, hactenusque nomine Appendicis ad eumdem Gregorium additæ vulgatum est. Subjungitur & Appendix altera, à Pipini Regis consecratione ad annum usque 768, auctoritate viri illustris Nibelungi Comitis, Childebrandi filii, scripta. Omnia tandem accuratè emendata, & plerisque in locis auctiora facta subsidio duorum Codicum manuscriptorum.

Cette Chronique est imprimée dans du Chesne, au tom. I. de son *Recueil des Historiens de France*, *p.* 740.

Ejusdem Chronicon cum suis Continuatoribus : (Prima Continuatio, cap. 91, ab anno 641, ad annum 680. Secunda Continuatio, cap. 97, ab anno 680, ad annum 735 ; auctore anonymo Austrasio. Tertia Continuatio, cap. 109, circa medium, ab anno 736, ad annum 752 ; auctore anonymo Austrasio, qui jussu Childebrandi Comitis scripsit. Quarta Continuatio, cap. 118, ab anno 752, ad annum 768 ; auctore anonymo, qui jussu Nibelungi scripsit.)

Cette même Chronique est imprimée avec les *Œuvres* de Grégoire de Tours, par Dom Thierry Ruynart, *p.* 585 : *Parisiis*, 1699, *in-fol.*

☞ On les trouve aussi dans le *Recueil des Historiens de France* de Dom Bouquet, *tom. II. pag.* 413, avec les Continuations, à l'exception de la quatrième, qui est *pag.* 1, du tom. V. On a aussi imprimé, *pag.* 461, du tom. II. divers Fragmens historiques tirés des autres Ouvrages de Frédegaire.]

Nous avons de Frédegaire, Bourguignon, deux Ouvrages, qui font une suite d'Histoire depuis le commencement du Monde, jusqu'à la mort du Roi Pepin, en 768, en y joignant ses Continuateurs ; car cet Auteur finit le second à l'an 641, ou à la quatrième année de Clovis II. selon Adrien de Valois, aux Livres XV & XX. *De Gestis veterum Francorum*. Le premier n'est qu'un abrégé des six premiers Livres de Grégoire de Tours. Canisius a publié dans le tom. II. de ses *Leçons antiques*, la partie qui précède la Monarchie Françoise, aux pages 579 & 601, sous ces titres : *Collectio historico-chronographica ex Idatio & aliis : Collectore Gallo quodam Caroli Magni temporibus. Liber Generationum I. Liber Generationum II.* & a rapporté, *pag.* 608, ce qui regarde cette Monarchie jusqu'à la mort de Chilpéric, où Grégoire de Tours finit son Histoire ; & il l'a donnée sous ce titre : *Collectio historico-chronographica*

ex

ex Toromacho & aliis : Collectore quodam, qui Carolo Magno compar, Libet quartus, Excerpta ex Chronica Greca, Toromachi, ou plutôt, *ex Chronica Gregorii Toromachi Episcopi.* Fréher, du Chesne & Ruinart, n'ont publié que cette dernière partie.

Le second Ouvrage de Frédegaire est sa Chronique, qui contient la continuation de son Abrégé, ou l'Histoire de cinquante-huit années, depuis 584 jusqu'en 641. Ce qui suit est de différens Auteurs. Elle a été d'abord imprimée comme le onzième Livre de Grégoire de Tours, dans diverses Editions de cet Auteur : mais depuis, Fréher, du Chesne & Ruinart, l'ont publiée séparément. Canisius en avoit donné dans son Tome II. de ses *Leçons antiques*, p. 708, un Fragment qui commence en 642, & va jusqu'à la fin de cette Chronique.

« Je remarque (dit Adrien de Valois, tom. II. *De Gestis Franc. Reg.* pag. 443,) que Frédegaire a divisé sa Chronique en cinq Livres, & qu'il l'a terminée à la mort de Pepin, ou au commencement du Règne de Charlemagne ; mais qu'elle a été augmentée par une main étrangère ». (Il marque ici d'où il a tiré les trois premiers Livres, qui ne concernent pas l'Histoire de France.) « Le quatrième Livre contient un abrégé des six premiers Livres de l'Histoire de Grégoire de Tours, qu'il a mêlé de quelques fables, & aussi de plusieurs événemens assez considérables, qu'on ne trouve point ailleurs. Il le commence par l'entrée des Huns en France, & le termine à la mort de Chilpéric ; ce Livre est intitulé dans les anciens Manuscrits : *Excerpta Chronica Gregorii Turonensis.* L'Auteur continue son Histoire dans le cinquième & dernier Livre, où il renferme, avec beaucoup de soin, ce qui s'est fait pendant soixante ans, & ce qu'il a appris ou vu pendant ce temps-là jusqu'à la quatrième année de Clovis le Jeune ; c'est ce qu'on appelle communément le onzième Livre de l'Histoire de Grégoire de Tours. Ces cinq Livres sont d'une même main ; aussi le style en est-il par-tout égal & semblable, aussi barbare, aussi peu travaillé, principalement lorsque l'Auteur parle de lui-même, & qu'il ne copie pas d'autres Histoires ». M. de Valois ajoute, qu'il n'a trouvé que dans un seul Manuscrit le nom de Frédegaire, qui ayant conduit son Histoire jusqu'au Règne de Clovis le Jeune, a sans doute alors fleuri. Il croit qu'il étoit de Bourgogne, parceque dans son dernier Livre il rapporte beaucoup de choses des Peuples de ce Royaume.

Frédegaire est le plus ancien Auteur que nous ayons, après Grégoire de Tours, qui a écrit l'Histoire de France. Il étoit encore vivant en 655, comme on le juge de ses Ouvrages ; ainsi il doit passer pour témoin oculaire de ce qu'il rapporte dans sa Chronique. On y trouve beaucoup de choses qu'on ne lit point ailleurs ; & si nous ne l'avions pas, on ne sçauroit presque rien de ce qui s'est passé depuis 584 jusqu'en 641, qui est la quatrième année de Clovis II. où il finit. On lui a beaucoup d'obligation pour l'Histoire de ce temps-là ; ce qui doit faire supporter son style obscur & barbare ; (car il ne sçavoit pas la Langue Latine, ni même la Grammaire ;) comme aussi sa manière d'écrire trop concise : c'étoit des défauts des Ecrivains de son temps.

Le Père le Cointe, sous l'année 640, num. 17, marque que cet Auteur finit sa Chronique à la mort de Flacoat en 640, (ou selon d'autres, en 641,) & que ce qui suit est de divets Auteurs. Le plus ancien est celui qui assure avoir écrit l'an 735 son Histoire, qu'il appelle les Gestes ou Histoire des François, qu'il a composée par l'ordre de Childebrand, & continuée par ordre de Nebelung. Cet Auteur n'a pas commencé son Histoire où Frédegaire finit la sienne ; mais à l'année 680, en laquelle Thierry monta sur le Trône d'Austrasie. Il rapporte ce qui regarde particulièrement Pepin & sa famille ; de sorte que depuis la fin de Frédegaire jusqu'au commencement de l'Histoire de cet Anonyme, il y a un vuide de quarante années. Un nouvel Auteur s'est servi, pour le remplir, des Gestes abrégés des Rois de France,

publiés sous le Règne de Thierry de Chelles, & de l'Histoire de Dagobert & de Clovis II. son fils, écrite par un Moine de S. Denys, qui la finit en 656.

Dom Thierry Ruinart croit qu'on peut partager la Continuation de Frédegaire en quatre parties. Il place dans la première ce qui remplit l'espace depuis 641 jusqu'en 680, de la même manière que le Père le Cointe ; cette première partie ne contient que le chapitre quatre-vingt-dixième & les quatre suivans. La seconde commence au chapitre quatre-vingt-seizième, & finit par ces mots, *Regnum Francorum :* vers le milieu du chapitre cent neuvième, l'Auteur y rapporte avec soin, principalement ce qui s'est passé en Austrasie depuis 680 jusqu'en 735, qu'il écrivoit, comme il le fait connoître dans le dernier chapitre cent neuvième. La troisième partie est comprise depuis le milieu de ce chapitre jusqu'à la fin du cent dix-septième ; & il paroit, par l'inscription qui est à la fin de ce chapitre, qu'elle a été écrite par l'ordre du Comte Childebrand. L'Auteur parcourt l'Histoire depuis 736 jusqu'au couronnement de Pepin en 752. La quatrième partie, qui va jusqu'à la mort de Pepin en 768, a été écrite par l'ordre de Nebelung, selon l'inscription précédente. Le Père Ruinart veut bien croire qu'elle l'a été aussi par l'ordre de Childebrand, pourvu qu'on reconnoisse que la troisième & la quatrième partie de cette Continuation ont été écrites en différens temps par divers Auteurs. Quelques Sçavans sont d'avis que les dernières lignes de cette quatrième partie ne sont pas du même Auteur, mais d'un Ecrivain postérieur & fort ignorant ; car il fait régner vingt-cinq années le Roi Pepin, qui n'a pas atteint la dix-huitième année de son Règne.

On ne peut pas juger si c'est un même Auteur qui a réuni toutes ces parties ; mais il paroît par plusieurs Manuscrits cités par Dom Thierry Ruinart, que ce Recueil n'a été fait que dans le IXe siècle.

16082. L'Histoire de FRÉDEGAIRE, traduite par l'Abbé de Marolles.

Cette Histoire est imprimée avec celle de Grégoire de Tours : *Paris*, 1668, *in-8*.

☞ *Voyez* sur *l'Histoire de Frédegaire*, le Gendre, tom. II. pag. 35. = *Recherch. de Pasq.* pag. 441. = *Hist. Littér. de France*, tom. III. pag. 586. = *Recueil des Hist. de France*, tom. II. Préf. pag. 9 & 123 : tom. V. Préf. pag. 3. = *Prélim. de l'Hist. de du Bos*, pag. 19 & 22. = *Annal. Eccl. Francor.* de le Cointe, tom. I. pag. 51 : tom. II. pag. 265, 704 : tom. III. pag. 103. = *Bibl. des Auteurs de Bourgogne*, tom. I. pag. 227.]

16083. De Fredegario, ejusque Operibus, Dissertatio Adriani VALESII.

Cette Dissertation est imprimée au tom. II. de son *Histoire de France*, pag. 443 : *Parisiis*, 1658, *in-fol.*

☞ On peut voir plusieurs Observations d'Adrien de Valois, sur Grégoire de Tours & Frédegaire, dans sa Préface du tom. II. de son *Histoire de France*, ou *De Gestis Franc. Reg.*]

16084. De Fredegarii Chronico, Judicium Godefridi HENSCHENII, è Societate Jesu.

Ce Jugement est imprimé dans le *Recueil* de Bollandus, au 2 de Février, *pag.* 214.

16085. De Fredegario, ejusque Operibus ; auctore Theodorico RUINART, Benedictino, Congregationis sancti Mauri.

Ce Discours est imprimé dans sa Préface des *Œuvres* de Grégoire de Tours : *Parisiis*, 1699, *in-fol.*

16086. Fragmenta ex aliis Fredegarii Excerptis selecta, quæ ad Historiam Francorum pertinent ; collectore eodem Theodorico RUINART.

Ces Fragmens sont aussi imprimés avec les *Œuvres*

de Grégoire de Tours, dans le volume précédent, pag. 706.

16087. Apologie de l'Histoire de Frédegaire, qui concerne l'Histoire de France; par René d'Aubet DE VERTOT, de l'Académie Royale des Inscriptions & Belles-Lettres.

Cette Apologie est imprimée à la *pag.* 302 du tom. I. des *Mémoires* de cette Académie. L'Auteur l'a composée en 1708.

16088. ANNONII, Monachi Benedictini, diserti & veridici, & quorumdam aliorum venerabilium ejusdem Professionis Patrum, de Regum, Procerumque Francorum Origine, Gestisque clarissimis usque ad Philippi Augusti nativitatem, Libri quinque : *Parisiis*, Jodocus Badius Ascentius, 1514, *in-fol.*

Aimoin, Moine de Fleuri, nommé mal-à-propos Annon par cet Editeur, vivoit encore l'an 1004. Il a écrit son Histoire depuis le commencement de la Monarchie Françoise jusqu'à la seizième année de Clovis II. qui est la six cent cinquante-quatrième année de J. C. il finit au quarante-unième chapitre du quatrième livre. « Ce qui suit, depuis le quarante-deuxième chapitre » jusqu'à ces paroles : *Huc usque protenditur Liber Mo*» *nasterii sancti Benedicti ad Ligerim,* du cinquante-» deuxième, est pris du Livre des Gestes des Rois de » France, depuis le quarante-troisième chapitre jusqu'au » bout de ces Gestes, qui finissent par ces mots : *In* » *Regno subsistit,* c'est-à-dire, depuis l'an 654 jusqu'en » 727; le reste jusqu'à l'année 1165, qui est celle de la » naissance de Philippe-Auguste, a été ajouté par un Re-» ligieux de S. Germain-des-Prés, qui a inséré plusieurs » choses en faveur de son Monastère ». Le Père le Cointe, sur l'année 654, num. 25 & 27.

Selon Adrien de Valois, au tom. II. de son *Histoire de France, pag.* 441, il paroît « qu'Aimoin n'avoit ex-» trait que les sept premiers Livres de Grégoire de » Tours, car il le suit exactement, sans jamais le nom-» mer, changeant seulement ses paroles, & ne gardant » pas le même ordre des temps, de peur que son larcin » ne fût reconnu; il le suit, dis-je, jusqu'à la mort du » Tyran Gondebaud, où Grégoire de Tours finit son » septième Livre. Aimoin a omis entièrement ce qui se » trouve dans les trois derniers Livres de cet Auteur, » & a pris d'ailleurs ce qu'il rapporte de l'Histoire de ce » temps-là. Le reste de son Ouvrage est extrait du Livre » des Gestes des Rois de France, de Frédegaire, & sur-» tout de Paul Diacre ». Le même Adrien de Valois ajoute, « Que Frédegaire & Aimoin, dans leur Histoire, » si on peut leur donner ce nom, (car ils désignent & in-» diquent plutôt les faits qu'ils ne les racontent,) ne rap-» portent que fort succinctement les Guerres, sans en » faire connoître ni les causes, ni les suites.

« Guillaume Parvi, dit le Père Labbe, au tom. II. de » sa *Dissertation sur les Ecrivains Ecclésiastiques , » pag.* 830, qu'on croit avoir pris soin de cette première » Edition d'Aimoin, s'est servi d'un Manuscrit de la Bi-» bliothèque de S. Germain-des-Prés; ce qui l'a sans » doute porté à mettre à la fin de cet Ouvrage, que l'Au-» teur étoit un Religieux de ce Monastère. On lit néan-» moins dans ce Manuscrit, après le chapitre quarante-» unième du quatrième Livre, ces mots : *Huc usque* » *protenditur Liber Monasterii sancti Benedicti ad Li-* » *gerim*. Après quoi l'Editeur a ajouté : Il est vraisem-» blable que ce qui suit est d'un autre Auteur; car il ré-» pète, avec moins de politesse, ce qui regarde la mort » & les funérailles de Dagobert, & plusieurs autres cho-» ses ». Le Père le Cointe accuse Guillaume Parvi, ou Petit, d'avoir fort interpolé son Auteur; du moins son Edition est pleine de fautes.

AIMOINI, Monachi, qui antea Annonii nomine circumferebatur Historiæ Francorum, Libri quinque ad Codicem manuscriptum emendati à Joanne Nicotio, Supplicum Libellorum Magistro : *Parisiis*, Wecheli, 1567, *in*-8.

L'Auteur de cette Edition a mis, après le chapitre quarante-unième du quatrième Livre, une conclusion prise d'un Manuscrit de S. Germain-des-Prés, & plus étendue que dans la première Edition. « Jusqu'ici, dit-» il, le Livre du Monastère de Fleuri raconte les Gestes » des François; ce qui suit n'est pas d'Aimoin, mais de » quelqu'autre, ou plutôt de plusieurs autres ».

AIMOINI, Monachi inclyti Cœnobii D. Germani à Pratis, Libri quinque de Gestis Francorum; Ejusdem Libri duo de Inventione & Translatione Corporis sancti Vincentii, &c. Abbonis Libri duo de obsessâ à Normannis Lutetiâ, &c. operâ & studio D. Jacobi du Breul : *Parisiis*, 1603, *in-fol.*

Cette Edition d'Aimoin est en cinq Livres. Les soixante-seize derniers Chapitres du Livre IV. & le cinquième en entier, ne se trouvent pas dans du Chesne. Le tout s'étend depuis le commencement de la Monarchie jusqu'à la naissance de Philippe-Auguste, en 1165.

Jacques du Breul nomme mal-à-propos Aimoin, Moine de S. Germain-des-Prés : il l'étoit de Fleuri ou de S. Benoît sur Loire. Le Père du Breul croit bien que le cinquième Livre est une addition faite par un autre Auteur, ou même par plusieurs : mais il paroît persuadé qu'Aimoin en avoit fait le commencement, à cause de ces paroles : « J'ai appris de l'Ouvrage d'Ademare » que j'ai rapporté jusqu'au temps de l'Empire des Fran-» çois ». Ainsi du Breul étoit persuadé que la fin du quatrième Livre, depuis le chapitre quarante-unième, & le commencement du cinquième, étoient d'Aimoin.

AIMOINI, Monachi, Historiæ Francorum, Libri quatuor : ex editione Joannis Nicotii.

Ces quatre Livres sont imprimés dans Fréher, à la seconde partie de son *Recueil des Historiens de France, pag.* 247. Le Père Labbe, dans sa Dissertation sur Aimoin, qui se trouve à la fin de celle sur les Ecrivains Ecclésiastiques, marque en détail ce qui suit. « Le qua-» trième Livre, dit-il, finit à cette conclusion : *Hacte-* » *nùs Liber Floriacensis Monasterii*. Fréher a retranché » ce qui se trouve depuis le quarante-deuxième chapi-» tre jusqu'au cinquante-septième du même Livre, & » ce n'est qu'un extrait du Livre des Gestes des Rois de » France, (depuis le quarante-troisième chapitre jusqu'à » la fin,) que Fréher avoit déja mis tout entier au com-» mencement de son Recueil. Au lieu de cet Extrait, il » rapporte les Annales des Rois de France, depuis l'an » 741 jusqu'à 818, qu'il attribue à Adémare; quoi-» qu'on les croie d'Eginhart. Il a mis à la page 433 la » Vie de Charlemagne, composée par cet Auteur; à la » page 445, celle de Louis le-Débonnaire, faite par » un Auteur inconnu, mais contemporain, qui sçavoit » l'Astronomie; elle commence au premier chapitre du » cinquième Livre, & va jusqu'au dix-neuvième. Les pa-» ges de l'Edition de Pithou sont citées en marge. En-» fin depuis la page 482, jusqu'à la fin de ce dernier » Livre, Fréher a rétabli au haut des pages ce titre : » *L'Histoire d'Aimoin*. La fin du chapitre dix-neuviè-» me, depuis ces mots, *Obiit autem anno Domini* 840, » & tout le vingtième, est de celui qui a interpolé cet » Ouvrage. Le chapitre vingt-unième, *pag.* 477, & » tous les autres, jusqu'à la fin de cet Ouvrage, sont » pris des Annales de Saint-Bertin, de Hugues de Fleuri, » de l'Abbé Suger, & de plusieurs autres Ecrivains.

❊ Aimoin a écrit son Histoire en l'an 1000 de Jesus-Christ. Il l'a dédiée à Abbon, Abbé de Fleuri, mort en 1004. Le Cointe, tom. II. *pag.* 705.

Histoires des Rois de la première Race.

AIMOINI, Monachi, Historiæ Francorum, Libri quatuor.

Ces Livres sont imprimés dans du Chesne, au tom. III. de son *Recueil des Historiens de France*, pag. 1, [& pag. 21 du tom. III. de la Collection de Dom Bouquet, qui a revu le tout sur de nouveaux Manuscrits.]

Du Chesne a fait imprimer pour la première fois un quarante-deuxième chapitre, à la fin du quatrième Livre, par où l'on connoît évidemment, qu'Aimoin étoit Moine de Fleuri. Son Histoire a été corrigée avec beaucoup de soin sur plusieurs Manuscrits dans cette Edition de du Chesne, qui est la plus fidèle de toutes celles qui ont paru jusqu'ici ; car on en a ôté ce que le Moine de S. Germain y avoit ajouté. Aimoin l'a écrite d'un style net, élégant & fleuri, digne des Historiens de temps plus heureux ; il l'a finie en 654. Ce qui suit est en partie d'un style barbare, dur, nullement travaillé, & même ridicule ; en partie d'un style plus exact, qui s'éloigne du style rampant & populaire des Chroniques ; celui-ci est néanmoins différent d'Aimoin : preuve convaincante que ce Recueil est de différens Auteurs, comme le dit le Père Labbe dans sa Dissertation [indiquée ci-après, &] que l'on peut consulter, si l'on veut en sçavoir davantage.

☞ *Voyez* sur l'Histoire d'Aimoin, Lenglet, *Méth. hist. in-4. tom. IV. pag.* 50. = Le Gendre, *tom. II. p.* 6. = *Hist. des Hist. pag.* 431. = *Biblioth. Eccl.* de du Pin, XIe siècle, p. 169. = *Annal. Eccl. Francor.* de le Cointe, *tom. I. pag.* 781, 849 : *tom. II. pag.* 705 : *tom. III. pag.* 401, 753 : *tom. IV. pag.* 117: = *Abrégé de l'Hist. de France*, *tom. I. pag.* 121. = D. Bouquet, *Recueil des Historiens de France*, *tom. III. Préf. pag.* 9.

François JURET a fait des Notes manuscrites sur l'édition de 1514 d'Aimoin : elles se trouvent à Dijon, dans la Bibliothèque de feu M. le Président Bouhier, qui appartient aujourd'hui à M. le Président de Bourbonne.]

16089. Qui sint ejus Francicæ Historiæ auctores, qui Aimoini nomine circumferuntur, Observatio Guillelmi RANCHINI, in Schola Monspeliensi Antecessoris, & in Subsidiorum Curia Occitana Regii Patroni.

Cette Observation est imprimée dans le Livre I. de ses *Varia Lectiones* : (Parisiis, 1597, *in-4.*) cap. *XV*. au commencement de Fréher, dans son *Recueil des Historiens de France*, & dans le Livre intitulé : *Syntagma criticum*, publié par Jean Herman Schminck : *Marpurgi Cattorum*, 1717, *in-4*.

☞ Ce morceau est intéressant, & curieusement travaillé.]

16090. De Aimoino, Monacho, Jacobi DU BREUL, Benedictini, Judicium.

Ce Jugement est imprimé dans la Préface de son Edition de l'Histoire d'Aimoin : *Parisiis*, 1603, *in-fol.* & au commencement de Fréher, dans son *Recueil des Historiens de France*.

16091. De Aimoino, Monacho, Observatio Marquardi FREHERI.

Cette Observation est imprimée au commencement de son *Recueil des Historiens de France* : *Francofurti*, 1613, *in-fol.*

16092. Philippi LABBE, è Societate Jesu, Diatriba de Aimoino Historiæ Francicæ Auctore ejusque Continuatore & Interpolatore Anonymo Monacho sancti Germani Parisiensis.

Cet Ouvrage est imprimé à la fin du tom. II. de sa *Dissertation sur les Auteurs Ecclésiastiques*, pag. 829 : *Parisiis*, 1660, *in-8*.

16093. De variis Editionibus Aimoinianæ Historiæ, Judicium Caroli LE COINTE, Congregationis Oratorii Presbyteri.

Ce Jugement est imprimé au tom. I. de ses *Annales Ecclésiastiques*, sous l'année 551, num. 13.

Ejusdem Judicium de Scriptis Aimoini.

Cet autre Jugement est imprimé là-même, au tom. III. sous l'année 654, num. 25, 26, 27 & 28.

16094. Vita sancti Sigeberti III. Regis Austrasiæ, cujus auctor etsi contemporaneus non fuit, eam tamen ex veteribus Historicis & Vitis Sanctorum se collegisse testatur.

Cette Vie est imprimée dans du Chesne, au tom. I. de son *Recueil des Historiens de France*, pag. 591. Ce Roi est mort en 656. L'Auteur de sa Vie l'écrivoit dans le onzième siècle ; car il dit au commencement, qu'il y avoit six cents ans, lorsqu'il la composoit, que les François s'étoient rendus maîtres des Gaules.

16095. Vita ejusdem ; auctore SIGEBERTO, Monacho Gemblacensi, cum Commentario prævio Godefridi HENSCHENII, è Societate Jesu.

Cette Vie est imprimée dans le *Recueil* de Bollandus, au premier Février. Cet Auteur est mort en 1113, ainsi il étoit éloigné du temps de ce Roi ; mais il s'est servi de l'Histoire de Frédegaire, qui étoit contemporain.

L'ample & sçavante Dissertation d'Henschenius contient une infinité de faits relatifs à notre Histoire, & qu'ils éclaircissent, tant pour la descendance de nos Rois, que pour les différentes divisions qui furent faites dans leurs Etats après leur mort. On trouve à la tête un paragraphe qui traite de l'origine, des demeures & des migrations des François, jusqu'à leurs premiers Rois. L'Auteur croit qu'il ne faut pas les chercher ailleurs que dans les pays voisins de l'Océan, depuis Boulogne chez les Belges, jusqu'aux extrémités de la Hollande, où commençoient les Germains.

☞ Les deux Vies de S. Sigebert se trouvent aussi dans le *Recueil des Historiens de France*, par D. Bouquet, *tom. II. pag.* 597.]

16096. La Vie de S. Sigebert, écrite par Sigebert de Gemblours, traduite en François ; avec une succinte Description de la Lorraine & de la Ville de Nancy, & la Généalogie de la Maison de Lenoncourt ; par Georges AULBERY, Secrétaire de Charles de Lorraine : *Nancy*, Gerniel, 1616, *in-8*.

16097. Historia Translationis sancti Sigeberti, Regis, è Gallico in Latinum versa à Georgio Alberico.

Cette Histoire est imprimée dans le *Recueil* de Bollandus, au premier de Février.

16098. Vie de saint Sigebert ; par Adrien BAILLET.

Cette Vie est imprimée dans son *Recueil des Vies des Saints*, au même jour.

16099. Histoire de la Vie de S. Sigebert, XIIe Roi d'Austrasie, troisième du nom ; avec un Abrégé de la Vie du Roi Dagobert son fils ; par VINCENT de Nancy, Religieux du Tiers-Ordre de saint François : *Nancy*, 1702, *in-12*.

☞ *Voyez* Lenglet, *Méth. historiq. in-4. tom. IV. pag.* 50. = *Journal des Sçavans*, Février 1703.]

L'Auteur de la Lettre suivante, N.° 16103, attribue cette Histoire au Père Hugo, Prémontré.

16100. ☞ Vie de Saint Sigebert III. Roi d'Auſtraſie ; par Nicolas Frison : *Nancy*, 1726, *in-*12.]

16101. ☞ Lettre écrite à M***, ſur l'Hiſtoire de Saint Sigebert III. Roi d'Auſtraſie ; (par le Père Benoist de Toul, Capucin): *in-*12. 24 pages.]

16102. ☞ Réplique à la Réponſe aux deux Lettres écrites ſur l'Hiſtoire de S. Sigebert, troiſième du nom, XIIe Roi d'Auſtraſie : *in-*12.]

16103. Mſ. Lettre de François de Camps, Abbé de Signy, écrite au Père Hugo, ſur l'Hiſtoire de Sigebert, Roi d'Auſtraſie.

Cette Lettre [étoit] conſervée dans le Cabinet de l'Auteur, au volume de ſes *Remarques critiques ſur quelques Hiſtoriens de Lorraine*, [aujourd'hui chez M. de Béringhen.]

16104. ☞ Hadriani Valesii de Dagoberto II. Sigeberti III. filio, Epiſtola.

Dans le *Recueil des Hiſtoriens de France*, par Dom Bouquet, *tom. II. pag.* 727.]

16105. Geſta Domni Dagoberti, Regis Francorum, filii Clotarii II. ſcripta à Monacho ſancti Dionyſii anonymo quidem, ſed contemporaneo.

Cette Hiſtoire eſt imprimée dans du Cheſne, au tom. I. de ſon *Recueil des Hiſtoriens de France*, *p.* 572.

Eadem : ex Codice manuſcripto Bibliothecæ Salanæ, cum Obſervationibus hiſtoricis Burcardi Gottlivii Struvii edita.

Cette Edition ſe trouve dans le premier *Recueil des Actes Littéraires*, tirés des Manuſcrits par le même Auteur : *Jena*, 1706, *in-*8. Cette Hiſtoire ne contient pas ſeulement la Vie de Dagobert I, elle rapporte auſſi celle de Clovis II. ſon fils. Pierre de Marca croit que cet Anonyme vivoit ſous le Règne de Clovis II. parcequ'il finit ſon Hiſtoire à la mort de ce Roi, en 656. Dom Félibien dit qu'il a vécu en 780. Adrien de Valois le met dans le neuvième ſiècle. Le Père le Cointe marque qu'il a écrit ſous Charlemagne ou Louis le Débonnaire, devant Hilduin, Abbé de S. Denys. Il a rempli ſon Hiſtoire de choſes ſi peu vraiſemblables, qu'on ne doit pas le croire, s'il ne ſe trouve point d'autres Auteurs qui autoriſent ce qu'il avance.

16106. De horum Geſtorum auctore, Judicium Godefridi Henschenii, è Societate Jeſu.

Ce Jugement eſt imprimé dans le *Recueil* de Bollandus, au premier de Février, *pag.* 215, *num.* 46.

☞ Eadem Geſta, & quidam Verſus de Dagoberto.

Dans le *Recueil des Hiſtoriens de France*, par Dom Bouquet, *tom. II. pag.* 577.

Voyez ſur cet Ouvrage l'*Hiſtoire Littéraire de France*, *tom. IV. pag.* 163, & la Préface du tom. II. du *Recueil des Hiſtoriens*, *pag.* xiv.]

16107. Hiſtoria Vambæ, Regis Toletani, edita à Juliano, Toletano Archiepiſcopo, de Expeditione ac Victoria quâ rebellantem contra ſe Galliæ Provinciam celebri triumpho perdomuit.

Cette Hiſtoire eſt imprimée dans du Cheſne, au tom. I. de ſon *Recueil des Hiſtoriens de France*, p. 821, [& dans celui de Dom Bouquet, *tom. II. pag.* 707.] Cette Province ſe révolta en 672, ſous Paul, qui commandoit à Narbonne.

16108. Judicium in perfidos & rebelles promulgatum.

Ce Jugement eſt imprimé au même volume de du Cheſne, *pag.* 831, [& de D. Bouquet, *pag.*719.]

Vita ſancti Leodegarii, Auguſtodunenſis Epiſcopi & Majoris-Domûs Franciæ.

Voyez ci-devant, aux Evêques d'Autun, [*tom. I. pag.* 598, & *pag.* 611 & 627, du tom. II. du *Recueil des Hiſtoriens de France*, par Dom Bouquet.]

Ce Saint eſt mort en 678. Sa Vie contient bien des choſes qui regardent les Règnes de Childéric II. & de Thierry III. qui ſont omiſes par les autres Auteurs. « Le défaut d'Hiſtoriens eſt cauſe qu'on n'a pas con» noiſſance de tout ce qui s'eſt paſſé ſous les Règnes de » Sigebert III. de Dagobert II. ſon fils, de Clovis II. » ſon frère, & ſous ceux de Clotaire III. de Childéric II. » & de Thierry III. depuis l'an de Jeſus-Chriſt 640, où » finit la Chronique de Frédegaire, juſqu'en 680, que » Thierry poſſéda ſeul la Monarchie des François ». Le Père le Cointe, au tom. III. de ſes *Annales Eccléſiaſtiques*, ſous l'année 652, num. 60.

16109. ☞ Eclairciſſement ſur le lieu de la mort du Roi Dagobert II. *Journal de Verdun*, 1728, *Juin*.

Ce Prince fut aſſaſſiné à Eſcurey, près de Damvilliers, à trois lieues de Stenay.

16110. Fragmenta de rebus piè geſtis Clotarii III. Childerici II. & Theoderici III. filiorum Clodovei II. Regis : ex Vitis Sanctorum.

Ces Fragmens ſont imprimés dans du Cheſne, au tom. I. de ſon *Recueil des Hiſtoriens de France*, *p.* 670. Thierry III. eſt mort en 690 [ou 691.]

☞ *Voyez* ſur le même ſujet le tom. II. du *Recueil* de Dom Bouquet, *pag.* 572 & *ſuiv.*]

16111. ☞ Mſ. Diſſertation ſur l'inhumation de Thierry III. Roi de France, & de la Reine ſon épouſe, dans l'Egliſe de S. Vaaſt d'Arras, à l'occaſion de leur exhumation en 1748 ; par M. Binet, de la Société Littéraire d'Arras.

Cette Diſſertation a été lue dans les ſéances de cette Société, & eſt conſervée dans ſes Regiſtres. L'Epitaphe de Thierry III. ſe trouve dans le *Recueil* de du Cheſne, *tom. I. pag.* 687, & dans celui de Dom Bouquet, *tom. III. pag.* 367.]

16112. De Pipino Anſegiſi filio, Orientalium Francorum Principe & Majori-Domûs Regni Auſtraſiæ, cognomento Brevi, Fragmentum inſigne, ab anno 688, ad annum 692.

Ce Fragment eſt imprimé dans Fréher, à la partie première de ſon *Recueil des Hiſtoriens de France*, *pag.* 168.

16113. Vie du bienheureux Childebert, Roi de France ; par Modeste de S. Amable.

Cette Vie eſt imprimée au tom. I. de ſa *Monarchie ſainte*, *pag.* 62 : *Clermont*, 1671, *in-fol*. Ce Roi eſt mort en 711.

— Vita beati Pipini, Ducis, qui fuit Major-

Domûs Auſtriæ, ſub Clothario, Dagoberto & Sigeberto potentiſſimis Regibus.

Voyez ci-après, [au Liv. III. *Maires du Palais*.]
Ce Maire du Palais eſt mort en 714.

16114. ☞ Childeberti III. Francorum Regis Placitum, anno 711.

Cette Pièce ſe trouve dans la Collection de Dom Bouquet, tom. VIII. *pag.* 876.]

16115. Acta ſancti Dagoberti, Francorum Regis & Martyris, cum Notis Alexandri Withelmii, Societatis Jeſu : *Molshemii*, 1623, *in*-4.

Eadem aucta à Juliano Floncel, Doctore : *Lucemburgi*, 1653, *in*-4.

Ces Actes de Dagobert III. mort en 715, ne ſont pas eſtimés, parcequ'ils ſont remplis de fables & d'anachroniſmes. L'Auteur étoit un Moine qui vivoit au douzième ſiècle. Il aſſure dans ſa Préface, qu'il n'a rien trouvé d'écrit de ce Saint, & que ſa mémoire étoit entièrement tombée dans l'oubli. Il confond S. Dagobert, mort à Stenay, avec Dagobert III. Roi de France.

☞ *Voyez* Lenglet, *Méth. hiſtoriq. in*-4. *tom. IV. pag.* 50. = *Annal. Eccl. Francor.* de le Cointe, *tom. III. pag.* 538.]

16116. Examen Actorum ſancti Dagoberti, Regis, à Carolo Le Cointe.

Cet Examen eſt imprimé au tom. IV. de ſes *Annales Eccléſiaſtiques*, ſous l'année 715, num. 3-14. Adrien de Valois eſt le premier des modernes qui ait diſtingué trois Dagoberts, Rois de France ; il dit qu'il a fait cette découverte dès l'an 1650. Il ſe plaint dans la Préface du tom. II. de ſon *Hiſtoire de France*, de ce qu'Henſchenius s'en faiſoit honneur en 1655, dans la ſeconde Edition de ſon Traité intitulé : *De tribus Dagobertis*. Le Père le Cointe a auſſi diſtingué Dagobert Martyr, de Dagobert III. tous deux Rois de France.

╺ Dagobertus Rex, Argentinenſis Epiſcopatûs Fundator prævius ; auctore Jodoco Coccio, è Societate Jeſu.

Voyez Ev. de Straſbourg, ci-devant, N.° 9124, tom. I. *pag.* 605.

16117. Vie de Dagobert, Roi de France & Martyr ; par Adrien Baillet.

Cette Vie eſt imprimée dans ſon *Recueil des Vies des Saints*, au 23 Décembre.

╺ ∗ Mémoires hiſtoriques ſur le Règne des trois Dagoberts, au ſujet des fondations de pluſieurs Egliſes d'Alſace, faites par le ſaint Roi Dagobert II. & fauſſement attribuées à Dagobert I. par M. Berain, Chanoine & Cuſtos de l'Egliſe de Haſlac : *Strasbourg*, 1717, *in*-8.

☞ Cet Ouvrage a déja été indiqué, moins au long, N.° 9125, tom. I. *pag.* 605.]

16118. ∗ Diſſertation critique ſur la Charte de Dagobert II. en faveur de l'Egliſe de Haſlac.

A la fin du Livre précédent.

16119. Geſta Regum Francorum Epitomata, partim è Gregorii, Turonenſis Epiſcopi, Commentariis, (cujus & nomen in vetuſtiſſimis Codicibus præferunt) partim aliundè, neque ſatis conſtat unde, deſumpta ; ab auctore quidem perantiquo, cujus fidem etiam Aimoini nomine notus compilator in pleriſque verbotenùs ſecutus eſt : è Manuſcriptis diverſis optimæ notæ ſummâ fide & diligentiâ nunc primùm edita.

Ces Geſtes ſont imprimés dans Freher, à la partie première de ſon *Recueil*, *pag.* 57.

Geſta Regum Francorum partim è Gregorii, Turonenſis Epiſcopi, Hiſtoria, cujus & nomen in vetuſtiſſimis Codicibus præferunt, partim aliundè deſumpta, & uſque ad regem Theodericum II. perducta ; auctore incerto, ſed qui ejuſdem Theoderici tempore vixit. Editio Marquardi Freheri collata cum diverſis Codicibus manuſcriptis, & Appendice etiam ad Pipinum uſque Regem, nunc primùm aucta. Adjecta eſt quoque Geſtorum eorumdem comparatio cum alia Hiſtoria ſcriptoris, ut videtur, antiquioris utpotè qui in Chramno Chlotarii I. filio deſinit : ex pervetuſto exemplari.

Ces Geſtes ſont imprimés dans du Cheſne, au tom. I. de ſon *Recueil des Hiſtoriens de France*, *pag.* 690, [& dans celui de Dom Bouquet, tom. II. *pag.* 391.]

L'Auteur commence ſon Hiſtoire avec la Monarchie, & la conduit juſqu'au règne de Thierry IV. dit de Chelles, qui monta ſur le trône en 631, & mourut en 637. L'addition que rapporte du Cheſne va juſqu'en 752. Elle paroît être d'une autre main. L'Auteur anonyme des Geſtes ſemble avoir écrit ſous le règne de Thierry de Chelles, ſelon ces paroles, par où il finit : « Les Fran- » çois élevèrent ſur le Thrône Thierry II. (ou plutôt IV.) » dit de Chelles, parcequ'il avoit été nourri dans ce Mo- » naſtère, lequel règne maintenant ». Cet Auteur a pu fleurir ſous Charles-Martel, Maire du Palais. Henſchenius le croit plus ancien qu'Aimoin & que Sigebert de Gemblours. Dans la dernière partie de ſon Ouvrage, qui eſt de lui, il eſt plus court & plus négligé ; car il renferme en ſix pages l'Hiſtoire d'environ cent quarante ans depuis la mort de Chilpéric en 584, juſques ſous le règne de Thierry de Chelles, & dans cet eſpace de temps, il ne marque aucune date des événemens qu'il rapporte.

Au reſte cet Auteur eſt ſi plein de fables, qu'il ne mérite pas qu'on y ajoute foi ; auſſi eſt-il appellé par les Sçavans, le fabuleux Anonyme. Cependant il a été copié par le Continuateur d'Aimoin, depuis le chapitre cinquante-troiſième juſqu'à la fin. Ademare la copié auſſi depuis le commencement juſqu'à l'an 720. C'eſt pour cela que le Père Labbe n'a commencé l'Hiſtoire d'Ademare ſous ſon Edition, qu'à cette année. S'il eſt vrai que la Chronique annale de Proſper, comme en ſont perſuadés quelques Sçavans, ſoit altérée dans les endroits où elle rapporte les noms de quelques Rois de France ; alors l'Auteur anonyme des Geſtes eſt le plus ancien qui ait fait mention de Pharamond.

A l'égard de l'Hiſtoire des François comparée par du Cheſne avec ces Geſtes, c'eſt la même choſe à deux additions près : dans l'Hiſtoire le ſtyle eſt un peu plus exact & plus régulier ; ſi elle finit à Chramne, il paroît que le Réviſeur s'eſt laſſé de copier ſon Auteur, comme il a fait depuis le dix-ſept juſqu'au vingt-ſeptième chapitre.

☞ *Voyez* le Gendre, *tom. II. pag.* 49. = *Rec. des Hiſt. de France*, tom. II. *Préf.* p. 13 & 539. = *Annal. Eccl. Francor.* tom. II. *pag.* 764. : *tom. III. pag.* 276.]

16120. ☞ Appendix (ad Geſta Francorum) à Theodorico IV. uſque ad Pipinum Regem.

Ce Fragment, qui eſt preſque une copie de la Continuation IV. de Frédegaire, eſt imprimé dans du Cheſne, tom. I. *pag.* 720, & dans Dom Bouquet, au tom. II. *pag.* 572. Ce dernier a mis ensuite un Extrait de la Chronique d'ADEMARE.]

16121. Historia Francorum jussu Childebrandi Comitis exarata, ab anno 680, ad annum 735, cum duplici Appendice usque ad annum 768.

Cette Histoire, qui est d'un Auteur Austrasien, se trouve imprimée à la suite de la Chronique de Frédegaire, N.° 16081, dont cette Histoire fait la seconde continuation.

✴ L'Auteur y rapporte les belles actions de Pepin d'Héristal & de Charles-Martel.

16122. ERCHANBERTI Fragmentum : ex Breviariq Regum Francorum & Majorum-Domûs.

Ce Fragment est imprimé dans Fréher, à la première partie de son *Recueil des Historiens de France*, p. 167; dans du Chesne, au tom. I. de son *Recueil, pag.* 780, [& dans D. Bouquet, tom. II. *pag.* 690.]

Il commence en 613 & finit en 737, à la mort de Thierry de Chelles. L'Auteur l'a écrit lorsque Charles-Martel étoit Maire du Palais.

☞ Voyez *Hist. Littér. de la France*, tom. IV. p. 65. = *Annal. Eccl. Francor.* tom. III. *pag.* 265, & tom. V. *pag.* 34.]

16123. Mf. Historia rerum gestarum Caroli Majoris Domûs, qui bello Vinciaco habito Ragenfredum victum fugavit, & alia quàmplurima fortiter & utiliter gessit.

Cette Bataille se donna l'an 717. L'Histoire en est conservée dans la Bibliothèque de l'Empereur, selon Lambecius, au tom. II. de ses *Commentaires*, p. 929.

16124. ☞ Martellus (seu Poëma de Carolo Martello); auctore Petro DE BOISSAT.

Ce Poëme se trouve dans le *Recueil de ses Œuvres Latines*, 1649, *in-fol.* Il est en six Livres, avec des argumens à la tête, & des Allégories à la fin de chaque Livre. *Voyez* sur le Recueil rare de Boissat & sur ce Poëme, les *Mémoires* d'Artigny, tom. II. p. 5 & 10.]

16125. Childebrand, ou les Sarrazins chassés de France, Poëme héroïque ; par DE SAINTE-GARDE, Aumônier du Roi : *Paris,* 1666, *in-12.*

Childebrand étoit frère de Charles-Martel.

✴ L'Auteur de ce Poëme s'appelloit Jacques CAREL, sieur de Sainte-Garde, & étoit Prêtre & Prédicateur, né à Rouen : *Mém.* d'Artigny, tom. VI. p. 353, où l'on voit que le Poëme suivant n'est qu'une nouvelle Edition, où l'on a un peu changé le titre.]

16126. Charles-Martel, ou les Sarrazins chassés de France, Poëme héroïque ; par DE SAINTE-GARDE, Aumônier du Roi : *Paris*, 1680, *in-12.*

Cette victoire fut remportée par Charles-Martel, Maire du Palais en 732. Cet Auteur entreprend dans son Poëme de célébrer la grandeur de la Maison Royale : il dresse pour ce sujet, à diverses reprises, l'Arbre généalogique de cette auguste Maison, qu'il fait monter avec nos nouveaux Historiens, par Childebrand, frère de Charles-Martel, jusqu'à Clodion & à Pharamond.

16127. Le Polexandre, Roman ; par Marin le Roi, Sieur DE GOMBERVILLE : *Paris*, 1632, 1637, *in-4.* *Ibid.* 1641, *in 8.* *Ibid.* 1647, *in-8.* 5 vol.

Cet Auteur étoit de l'Académie Françoise ; il est mort en 1674. « Nous avons, dit Sorel, *pag.* 183 & 184 de » sa *Bibliothèque Françoise*, le Polexandre, dont les in-» ventions sont hautes & magnifiques, dont le langage » est fort, & où l'on remarque par-tout du sçavoir & » de l'art. On y trouve ceci de particulier, à quoi cha-» cun ne pense pas, que selon les différentes Editions, » ce Roman a changé trois ou quatre fois de Scène & » de Personnage ; que Polexandre, qui étoit Charles-» Martel, père du Roi Pepin, est encore un Prince de » la Cour de Charles IX. & enfin un grand Seigneur de » France, qui vivoit sous Charles VIII. & Louis XII. » Il semble que l'Auteur ait fait ceci pour montrer qu'il » s'est joué de son Ouvrage, comme un Ouvrier qui » d'une même cire fait diverses figures l'une après l'au-» tre ». Mais cet Académicien ne s'est-il pas plutôt joué de ses Lecteurs, en leur racontant des aventures, qu'il attribue successivement à diverses personnes qui ont vécu dans des temps si éloignés les uns des autres, & dont les mœurs devoient toutes être différentes?

16128. Mf. Historia de origine & gestis Francorum plebeio & rusticano sermone Latino composita, ab Orbe condito ad mortem Caroli Martelli.

Cette Histoire est conservée dans la Bibliothèque de l'Empereur, selon Lambecius, tom. II. de son *Commentaire*, *pag.* 929.

16129. ☞ Ex PAULO DIACONO, de Gestis Longobardorum, &c.

Ce Fragment commence sous Clotaire I. avant 553, & finit en 739. Il se trouve dans le *Recueil des Historiens de France*, de Dom Bouquet, tom. II. *pag.* 634. On y voit diverses circonstances des guerres d'Italie & du voisinage. Dom Bouquet fait (*pag.* 633) quelques remarques sur l'Auteur, qui est mort au Mont-Cassin l'an 799.]

16130. Fragmenta de rebus Eudonis Aquitaniæ & Caroli Martelli Franciæ Principum, ac de ficta ejusdem Caroli Martelli damnatione.

Ces Fragmens sont imprimés dans du Chesne, au tom. I. de son *Recueil des Historiens de France*, p. 784. Le Cardinal Baronius, au tom. IX. de ses *Annales Ecclésiastiques*, sous l'année 741. Le Père Sirmond, Jésuite, dans ses *Notes sur les Capitulaires de Charles le Chauve*; & le Père le Cointe, au tom. V. de ses *Annales*, sous l'année 743, nom. 4 & suiv. ont fait voir la fausseté de cette Relation de la damnation de Charles-Martel.

16131. ☞ Ex Chronico LAMBERTI SCHAFNABURGENSIS.

Ce Morceau s'étend depuis l'an 710 jusqu'à 750. Il se trouve dans le *Recueil des Historiens* de D. Bouquet, tom. III. *pag.* 348.]

16132. Chronicon brevissimum, à Theodorico I. Rege usque ad Childericum, cui successit Pipinus.

Cette Chronique est imprimée dans du Chesne, au tom. I. de son *Recueil des Historiens de France,* p. 781, [& dans celui de D. Bouquet, tom. II. *pag.* 691.] Elle ne contient que neuf lignes, commençant avec le Règne de Thierry III. en 678, & finissant avec celui de Chilpéric III. qui mourut en 753.

16133. Fragmentum historicum Auctoris incerti, à Dagoberto I. usque ad Pipinum Regem : ex alio prolixiori Fragmento, quod Alberti Argentinensis Chronico præfixum est in editione Christiani Urstitii.

Ce Fragment va depuis l'an 631 jusqu'en 752 ; il est plein de fautes, & n'a aucune autorité, au jugement du Père le Cointe, sous l'année 674. Il est imprimé dans le volume précédent de du Chesne, *pag. 782,* [& dans celui de Dom Bouquet, *pag. 692.*]

16134. ☞ Vetera Monumenta Imperialis Monasterii Stabulensis in Arduenna, ex Archivis ejusdem Monasterii.

Ces Piéces commencent en 648, & finissent en 1485. Elles sont imprimées dans la *Collectio veterum Scriptorum,* de DD. Martenne & Durand, tom. II. *pag. 1.*]

16135. Ms. Excerpta historica, quæ res Gallicas spectant ; ex Libro de Regno Italiæ ; auctore anonymo Romano, qui Græcorum historicorum vestigia premere se fatetur.

Ces Extraits [étoient] conservés dans la Bibliothèque de M. l'Abbé de Camps. L'Ouvrage entier de l'Auteur anonyme est dans la Bibliothèque du Roi.

16136. Reges Merovingici, quotquot post Clotarium III. extiterunt, ab inertiæ socordiæque accusatione vindicati à Carolo LE COINTE.

Cette Apologie est imprimée au tom. IV. de ses *Annal. Eccles. Francor.* sous l'année 692, num. 6 & suivans. Clotaire III. est mort en 670.

☞ L'Auteur prouve que ces Princes, jusqu'à Thierry III. n'ont été rien moins que fainéans, & que c'est par calomnie, & pour complaire aux Rois Carliens, que les Auteurs qui en ont parlé leur ont donné cet infame épithète.]

16137. Dissertation de René d'Auber DE VERTOT, de l'Académie Royale des Inscriptions, dans laquelle il prouve que les derniers Rois de la première Race ne doivent point être appellés fainéans ni stupides, comme ils ont été appellés par les Auteurs qui ont écrit sous la seconde Race.

Cette Dissertation est imprimée au tom. IV. des *Mémoires de l'Académie des Belles-Lettres, pag. 704.*]

— ☞ Dissertations sur la déposition de Childéric III.

Voyez ci-après, au Règne de Pepin.]

16138. Compendium seu Breviarium primi voluminis Chronicorum sive Annalium de origine Gentis & Regum Francorum ; auctore Joanne TRITHEMIO, Abbate Spanhemensi : *Parisiis,* Wechel, 1539, *in-fol.*

L'Auteur dit avoir achevé en 1514 son Abrégé, qui commence à l'an 440 avant Jesus-Christ, & finit à Pepin en 752.

16139. Idem Compendium : Insuper & alterum (ejusdem) TRITHEMII, de origine Gentis Francorum Compendium ex duodecim ultimis Hunibaldi Libris, quotum sex priores Wastaldus conscripsit, ab introitu Sicambrorum ad partes Rheni in Germaniam.

Ces deux Chroniques sont aussi imprimées dans le tom. I. des *Œuvres historiques de Trithème,* publiés par Fréher : *Francofurti,* 1601, *in-fol.* [& dans le *Recueil des Historiens d'Allemagne* de Schardius : *Basileæ,* 1574, *in-fol.* tom. I.] Cet Ouvrage est plein de fables, & ramassé des Auteurs les moins croyables. Hunebaud, s'il a jamais existé, est de ce nombre.

☞ On en a déja parlé ci-devant, à l'article de l'Origine des François, N.º 15363.]

16140. ☞ Chronicon brevissimum à Theodorico I. Rege usque ad Childericum, cui Pipinus successit : ex Codice Ms. sancti Remigii Remensis.

Cette Chronique commence en 674 & finit en 752. Elle se trouve dans la *Collectio veterum Scriptorum,* de DD. Martenne & Durand, *tom. V.*]

16141. ☞ Epitome in primam Regiam Francorum Stirpem : *Parisiis,* Dion. à Prato, 1575, *in-12.*]

16142. Annales de France, avec les Alliances, Généalogies, Conquêtes, Fondations Ecclésiastiques & Civiles de ses Rois, depuis Pharamond jusqu'à la déposition de Childéric. Tome I. par Jean-Étienne TARAULT, Jésuite : *Paris,* Billaine, 1635, *in-fol.*

Cet Auteur est mort en 1638. « Son Livre est assez » gros, parcequ'il y a mis tout ce qu'il a pu rencon-» trer dans les Histoires originales, & des choses même » que les autres Historiens en avoient ôtées. Il seroit à » souhaiter qu'on eût des Annales de France accomplies » jusqu'à ce temps-ci, à peu près de la même méthode » que cet Auteur les avoit commencées, afin qu'on sçût » précisément ce qui seroit arrivé dans l'État ». Sorel, à la *pag.* 316 de sa *Bibliothèque Françoise.* Tout le monde n'a pas été du goût de Sorel, puisque le Privilége du second Tome de ces Annales ayant été obtenu en 1639, il n'a pas été imprimé.

☞ *Voyez* Lenglet, *Méth. historiq. in-4. tom. IV. pag. 51.* = Sorel, *pag. 286.*]

16143. Hadriani VALESII Gesta Francorum, seu rerum Francicarum, Tomus primus, à primordiis Gentis usque ad Chlotarii Senioris mortem : *Parisiis,* Cramoisy, 1646, *in-fol.* Tomus secundus, à Chlotarii Senioris morte ad Chlotarii Junioris Monarchiam : *Ibid.* 1658, *in-fol.* Tomus tertius ; à Chlotarii Junioris Monarchia ad Childerici destitutionem : *Ibid.* 1658, *in-fol.*

Cet Historiographe du Roi est mort l'an 1692. Il a commencé son Histoire à l'an 254 de Jesus-Christ ; c'est-à-dire, au temps où les François commencèrent à faire parler d'eux, & l'a finie en 752. Elle est écrite avec tant de soin & d'élégance, qu'elle peut servir d'un excellent Commentaire sur ce que Grégoire de Tours, Frédegaire, & d'autres anciens Historiens avoient écrit de notre Histoire d'un style rude & tout-à-fait barbare. Le Père le Cointe, au tom. I. de ses *Annales Ecclésiastiques, pag. 47.* On peut dire, avec M. le Gendre, que cette Histoire en bien des endroits a plus l'air de Dissertation que d'Histoire, tant elle est chargée de citations & de digressions, même pour examiner des passages & les confronter les uns avec les autres.

☞ » M. d'Hérouval disoit que M. de Valois n'a-» voit pas continué son Histoire, parcequ'il trouvoit » beaucoup d'embarras dans la Maison de Charlema-» gne ». *Mém. Manuscrits* de Philibert de la Mare.]

« On trouve dans cet Ouvrage, dit M. Lenglet, no-» tre antiquité Françoise tirée des vrais monumens de » l'Histoire. Aussi il n'y a personne, au jugement des » plus habiles, qui ait mieux traité les affaires de la » première Race de nos Rois ». Il a achevé son Histoire au mois de Mai 1654, après y avoir employé sept années & demie, comme il le dit lui-même dans la Préface du second tome.

☞ *Voyez* sur cette Histoire, le Gendre, *tom. II. pag. 5.* = Lenglet, *Méth. hist. in-4. tom. IV. pag. 46,* & *tom. II. pag. 256.* = Le P. Niceron, *tom. III. p. 212.* = *Annal. Eccles. Francor.* de le Cointe, *tom. I. p. 47.* = *Abrégé de l'Hist. Eccl.* par Racine, *in-12. tom. XII. pag. 492.*]

16144. Histoire de France, & origine de la Maison Royale ; par Adrien JOURDAN, Jésuite : *Paris*, Mabre-Cramoisy, 1679, *in-*4. 3 vol.

Cet Auteur est mort en 1692. Il a commencé son Histoire au temps des premiers François, sous l'Empereur Philippe, & l'a continuée jusqu'en 752. Il a voulu faire revivre le sentiment fabuleux, que nos Rois descendoient des Princes fugitifs de Troyes. Son Histoire est chargée d'une érudition si peu ménagée, qu'on a de la peine à en démêler la suite ; son style est peu châtié, & les longues & fréquentes digressions le rendent ennuyeux. « Ce n'est pas répondre à l'attente d'un Lec- » teur, dit le Père Daniel, dans la *Préface de son His-* » *toire de France*, que de lui présenter des Tomes ou » des Livres entiers, avec le titre d'Histoire de France, » où pour lier quelques Fragmens qui parlent des Fran- » çois, on ne donne en effet rien autre chose que l'His- » toire Romaine. Cela n'a pas peu contribué à faire » tomber l'Histoire de France du Père Jourdan, où ce » défaut règne, quoiqu'elle vaille dans le fond beau- » coup mieux que d'autres qui ont plus de cours ». L'Auteur devoit faire voir dans les fuivans, que tous les Rois de la seconde & troisième Race sont sortis de la même tige que ceux de la première Race.

☞ *Voyez* Lenglet, *Méth. historiq.* in-4. tom. *IV*. pag. 51. = *Journ. des Sçav.* Février & Décembre, 1679. = Le Gendre, tom. *II*. pag. 4.]

16145. Conradi Samuelis SCHURZFLEISCHII Dissertatio de Regno Austrasiæ: *Vitteberga*, 1693, *in-*4.

Cet Auteur rapporte dans sa Dissertation ce qui s'est passé sous les Rois Mérovingiens.

☞ *Voyez* Lenglet, *Méth. historiq.* in-4. tom. *IV*. pag. 51.]

16146. ☞ Reges Austrasiæ ; auctore Joan. Dan. SCHOEPFLINO.

Dans son *Alsatia illustrata*, tom. *I.* (*Colmariæ*, 1751, in-fol.) pag. 739. On y trouve des choses intéressantes & nouvelles ; par exemple, ce qui a été remarqué cidevant, N.º 15887.]

16147. Mémoires concernant ce qui s'est passé de plus mémorable en France depuis le commencement de la Monarchie jusqu'à présent, Tome I. qui comprend les Mémoires de la première Race : *La Haye*, 1701, *in-*12.

16148. Mémoires de M. DE SAINT-REMY, contenant ce qui s'est passé de plus mémorable en France depuis l'Etablissement de la Monarchie, tant par rapport au Gouvernement qu'à la Religion, avec une Préface critique & quelques Réflexions du même Auteur, sur les principaux Historiens de France : *La Haye*, 1716, *in-*12. 2 vol.

L'Abbé DE SAINT-REMY, appellé Jean-Baptiste de la Landelle, Gentilhomme Breton, « Auteur de ces » Mémoires, tient le milieu entre les Abrégés succints » & les Histoires fort allongées ; il se vante que la since- » rité sera le plus bel ornement de son Histoire ; il pro- » met de louer ou de blâmer sans aucune partialité ». Beauval, dans l'article onzième de l'*Histoire des Ouvrages des Sçavans*, de *Juin* 1701.

☞ Ces Mémoires ne contiennent que l'Histoire de la première Race, & le second volume finit en 752 ; à l'élévation de Pepin sur le Trône des François. L'Auteur n'a pas poussé plus loin son Ouvrage, qui est en tous points assez médiocre. La Préface est ce qu'il y a de meilleur.

Voyez le *Journ. des Sçav.* Nov. 1701. = Lenglet, *Méth. hist.* in-4. tom. *IV*. p. 51. = *Mém. de Trév.* Juillet, 1703. = *Répub. des Lett.* de Bernard, Juin, 1701.]

16149. ☞ Excerpta ex Vitis Sanctorum de Francorum Regibus primæ Stirpis ; à Clodoveo I. ad Pipinum.

Ces Extraits, qui sont en grand nombre, se trouvent dans le *Recueil des Historiens de France*, par Dom Bouquet, tom. *III*. pag. 369-676. Du Chesne en avoit déja donné plusieurs, ci-devant, N.º 16074 & 16076.

Quant aux *Lettres* & *Diplômes* qui se trouvent aussi dans ce Tome, & les suivans, pour les différens Règnes, nous les avons rapportés ci-après, au Chapitre des *Lettres historiques*. On peut en tirer de grands secours pour illustrer l'Histoire : « c'est-là qu'on découvre les » motifs qui font entreprendre une affaire, les intri- » gues dont on se sert, les moyens qu'on employe, les » ressorts qu'on fait jouer pour y réussir. On y trouve » mille autres choses qui ne sont pas rapportées par nos » Historiens, & qu'on chercheroit inutilement chez eux. » C'est ce qui a engagé du Chesne à insérer un grand » nombre de Lettres dans sa Collection : nous y en avons » ajouté plusieurs autres ». Dom Bouquet, *Préface du tom. IV.* pag. 1.]

16150. ☞ Excerpta ex Conciliis : *Ibid.* pag. 99.

On y trouve encore bien des faits intéressans pour notre Histoire, sur les bornes du Royaume en différens temps, sur les mœurs, &c.]

16151. ☞ Réflexions sur les noms *Francia* & *Franci*, & sur les titres *Reges Francorum* & *Reges Franciæ*, donnés à nos Rois ; par M. BONAMY. *Histoire de l'Académie des Inscriptions & Belles-Lettres*, tom. *XXIX*. pag. 263.]

16152. ☞ Si les Seigneurs François se faisoient la guerre sous les Rois de la première Race.

Dans les *Singularités historiques* de Dom LIRON, tom. *III*. pag. 119. L'Auteur soutient la négative, contre MM. d'Hauteserre & du Cange.]

16153. ☞ Euménie & Gondamir, Histoire Françoise, du temps où commença la Monarchie : *Paris*, Jorry, 1766, *in-*12. 170 pag.

« On trouve dans ce petit Ouvrage une esquisse des » mœurs, des sentimens, de la Religion de nos pre- » miers Ancêtres, l'origine de plusieurs usages de la » Nation, & quelques faits historiques qui ont échappé » à nos Ecrivains. Le tout y est présenté avec l'agré- » ment qu'offre la vérité mêlée de fictions ». *Mercure*, 1766, *Décembre*, pag. 128.]

☞ ON doit consulter encore, pour l'Histoire des Rois de la première Race, les quatre premiers volumes & la moitié du cinquième, jusqu'à la page 319, des Annales du Père le Cointe. = Le Livre V. des Recherches de Pasquier. = Les II. III. IV. & V.mes Livres des Œuvres de Fauchet. = XXIII Observations ou Dissertations sur l'Histoire de la première Race, qui se trouvent au tom. II. de la nouvelle Edition du Père Daniel, par le Père Griffet, pag. 121 & *suiv.* = Les Tomes I. & II. de l'Histoire d'Allemagne du Père Barre. = Le Tome I. de l'Abrégé Chronologique de l'Histoire d'Italie, par M. de S. Marc. = Les Dissertations de M. Ribaud de Rochefort & de la Chapelle, sur l'origine des Francs, &c. = Les Préfaces des Tomes II & III. du *Recueil des Historiens de France*, de Dom Bouquet. = Les Notes LI-LXXIV. qui se trouvent au Tome I. de l'Histoire du Languedoc,

Languedoc, de DD. de Vic & Vaissette. = Les II. III. & IV.mes Livres du Tome I. de l'Histoire de l'Eglise de Paris, de du Bois. = La Dissertation du Père Ruinart, sur l'Abbaye de S. Germain des Prés, qui se trouve dans le *Recueil des Historiens de France* de Dom Bouquet, tom. II. pag. 722. = Les Annales de Paris de Dom du Plessis. = Dissertation sur l'état du Soissonnois, par M. de Longuemare. = Les Capitulaires publiés par M. Baluze, tom. I, pag. 1, jusqu'à 161, depuis Childebert en 554, jusqu'à Pepin : on les trouve aussi dans le tom. III. des Historiens de France, par Dom Bouquet, avec plusieurs autres Pièces. = L'Histoire de la Chapelle des Rois de France, par Archon. = Adriani Valesii Disceptatio de Basilicis, &c. = La Dissertation de l'Abbé Carlier, sur l'état du Commerce en France. = Recherche des Monnoies, par Bouteroue. = Diverses Pièces indiquées ci-devant dans la Géographie, N.os 456.462.503.506.518. 522.523.532.533.537.539-542. = Le Porte-feuille I. du Recueil de M. de Fontanieu, à la Bibliothèque du Roi.]

Article II.

Histoires de ce qui s'est passé sous la seconde Race.

Cette Race, dite des [Catliens ou] Carlovingiens, a régné pendant deux cens trente-cinq ans, depuis l'an 752 jusqu'à 987.

☞ On peut consulter en général, sur ce qui la concerne, le Porte-feuille II. du Recueil de M. de Fontanieu, à la Bibliothèque du Roi.]

§. Premier.

Règne de Pepin, mort en 768.

16154. * Epistola Joannis Launoii, ad Ludovicum Maræsium ; in qua disquiritur an Zacharias Papa, ut ait Bellarminus, justè & legitimè deposuerit Childericum Regem & creari jusserit Pipinum : scripta anno 1670.

Cette Lettre est la VIII.e du tom. VII. des Lettres de M. de Launoy. Il y réfute Bellarmin, *cap. 17, lib. II. de Potestate Summi Pontificis*, qui y rapporte douze Historiens pour appuyer son sentiment. Notre Docteur fait voir qu'il y en a peu de ceux qu'il cite qui lui soient favorables ; il rapporte ensuite plusieurs autres Historiens qui lui sont contraires.]

16155. De Pipini ad Solium Regium elevatione & ejus unctione ; auctore Carolo le Cointe, Congregationis Oratorii Presbytero.

Cette Dissertation est imprimée au tom. V. *Annal. Eccles. Francor.* sous l'année 752, depuis le num. 2 jusqu'au num. 62.

16156. Natalis Alexandri, ex ordine Prædicatorum, de Translatione Regni Francorum à Childerico Rege ad Pipinum Majorem Domûs, Dissertatio.

Cette Dissertation est imprimée la seconde entre celles qu'il a publiées sur les principaux points de l'Histoire Ecclésiastique du VI.e siècle : *Parisiis,* 1680, *in-8. Ibid.* 1699, 1713, *in-fol.*

☞ Le Père Alexandre soutient que la déposition de Childéric III. & l'élévation de Pepin ne se fit point par l'autorité des Papes Zacharie & Etienne III. qui ne furent peut-être pas même consultés ; mais dans une Assemblée générale des François, qui proclamèrent Pepin à la manière accoutumée. Il réfute les fables avancées à ce sujet par l'Annaliste de Loisel, & par Eginard, & lave les derniers Rois Mérovingiens de la tache de fainéantise & d'imbécillité qu'on a voulu leur attribuer. Il prouve, contre Bellarmin, que le Pape Zacharie n'a eu aucun droit, & n'a pu, sans injustice, déposer Childéric & donner la Couronne à Pepin, & que les Auteurs dont il appuie son sentiment n'ont jamais prétendu traiter cette question de droit, mais ont rapporté simplement le fait tel qu'ils l'ont eru sur la foi les uns des autres.]

16157. De Pipini electione in Regem Francorum & ejus sacra unctione ; auctore Gerardo du Bois, Congregationis Oratorii Presbytero.

Cette Dissertation est imprimée au Liv. V. Chap. I. de son *Histoire de l'Eglise de Paris* : (*Parisiis,* 1690, *in-fol.*) Le Père du Bois traite cette matière importante avec beaucoup de solidité.

16158. Ms. De l'Abdication volontaire du Roi Childéric, & de la succession légitime de Pepin le Bref à la Couronne des François ; par François de Camps, Abbé de Signy.

Cette Dissertation [étoit] conservée dans la Bibliothèque de l'Auteur, [& est aujourd'hui dans celle de M. de Béringhen.]

16159. Ms. Dissertation sur l'Abdication forcée de Childéric III. & de l'élévation de Pepin sur le Trône des François, & quelle part les Papes ont eue dans cette grande révolution ; par René Auber de Vertot, de l'Académie Royale des Inscriptions.

Cette Dissertation est conservée dans les Registres de cette Académie, en l'année 1715.

16160. ☞ Dissertation touchant la part qu'eut le Pape Zacharie à la déposition de Childéric III.

Elle se trouve dans le *Recueil de Pièces d'Hist. & de Litt.* (*Paris,* Chaubert, 1731,) *tom. I.*

Baronius, & les Auteurs Ultramontains modernes, prétendent que le Pape Zacharie déposa Childéric ; ils en insèrent que les Papes ont toujours eu le droit de déposer les Rois. Le Père le Cointe & quelques autres, pour trancher la difficulté, ont nié le fait. L'Auteur de cette Dissertation a prétendu montrer, 1.° contre ce dernier & ses adhérans, que le Pape fut consulté sur cette déposition, & qu'il répondit à l'attente & aux souhaits de Pepin, qui avoit envoyé sçavoir sa volonté : 2.° il réfute le sentiment des Ultramontains, qui veulent que le Pape, de sa pleine puissance, ait transféré la Couronne du légitime possesseur à un autre qui en avoit toute l'autorité.]

16161. ☞ Deux Dissertations sur la Question si le Pape Zacharie déposa Childéric III. & mit Pepin en sa place, &c.

Elles se trouvent entre les *Dissertations historiques* de Rival : *Amsterdam,* 1716, *in-12.* C'est la seconde & la troisième.

16162. ☞ Ludovici du Four de Longuerue, Annales ab anno sexto Dagoberti, Christi 628, ad annum 754, & Pipini regnantis tertium.

Dans le *Recueil des Historiens* de Dom Bouquet, *tom. III. pag. 685.* Ces Annales sont citées comme Manuscrites, ci-devant, N.° 15922.]

16163. Fragmenta diversorum Scriptorum de gestis Carlomanni & Pipini Regis.

Ces Fragmens sont imprimés dans du Chesne, au tom. III. de son *Recueil des Historiens de France*, pag. 376.

Vie de S. Carloman, fils de Charles-Martel.

Voyez dans l'*Histoire de l'Ordre de S. Benoît*, ci-devant, N.º 11639 & 11640, *tom. I. pag.* 727 & 728.]

16164. ☞ Clausula de Pipini consecratione facta post abdicationem Childerici, ultimi Meroveadum Familiæ Regis.

Cette Pièce se trouve dans la *Diplomatique* de Dom Mabillon, p. 348, & dans la *Collection des Historiens de France*, par Dom Bouquet, *tom. V. pag.* 9.]

16165. Appendix ad Fredegarium, auctoritate Nebelungi Comitis, Childebrandi filii, scripta.

Cette Addition contient la Vie de Pepin, depuis 752 jusqu'en 768. Elle est imprimée à la suite de la Chronique de Frédégaire.

☞ C'en est la quatrième Continuation : elle se trouve dans Ruinart & au commencement du tom. V. de la *Collection* de Dom Bouquet. Childebrand, dont le fils Nebelunge la fit écrire, étoit frère de Charles-Martel, & par conséquent oncle de Pepin.]

16166. Chronicon brevissimum, à Clotario II. ad obitum Pipini.

Cette Chronique est imprimée dans du Chesne, au tom. I de son *Recueil des Historiens de France*, p. 86. Elle va depuis l'an 584 jusqu'en 768.

☞ On la trouve dans la *Collection* de D. Bouquet, *tom. II. pag.* 691.]

16167. ☞ Diploma Pipini Francorum Regis pro Monasterio sancti Hilarii Pictaviensis, anno 768.

Dans la *Collection* de Dom Bouquet, *tom. VIII. pag.* 677.]

16168. Mſ. Histoire du Roi Pepin : *in-fol.*

Cette Histoire est conservée dans la Bibliothèque de M. le Chancelier Séguier, num. 617, [à S. Germain des Prés.]

16169. Mſ. Histoire de Pepin le Bref, Roi de France : *in-4*.

Cette Histoire, qui est d'Antoine AUBERT, Avocat au Conseil, mort en 1695, & écrite de sa main, [étoit] conservée dans la Bibliothèque de M. le Baron d'Hoendorff, Colonel de l'Empereur, [& est aujourd'hui dans la Bibliothèque Impériale.]

16170. ☞ Mſ. Le Roman de Pepin & de Berte ; par ADENEZ.

Il se trouve parmi les Manuscrits d'Urfé, n. CVI. & finit par *De Bert as grans piés*. Elle n'est ainsi qualifiée pour la première fois qu'au tiers du Livre. Environ au milieu la fausse Berte dit,

N'ay pas de la moitié les piés ne les talons,
Comme ot Berte no Dame.

Ce Roman & celui de Lohérans paroissent de la même main : on y trouve communément les même termes & les mêmes expressions.]

16171. Les Illustrations de Gaule & singularités de Troyes, intitulé nouvellement de France Orientale & Occidentale : auxquelles principalement est comprise au vrai la Généalogie hystoriale du très-saint, très-digne & très-Chrétien Empereur Charles-le-Grand, en ligne masculine, depuis Francus, fils d'Hector de Troyes ; par Jean LE MAIRE de Belges, Secrétaire & Indiciaire, c'est-à-dire, Historiographe de Madame Marguerite Auguste : *Paris*, 1512, *in-fol. Ibid.* 1513, 1515, 1521, 1533, *in-*4. *Ibid.* 1531, *in-*16.

Les mêmes, revues, corrigées & restituées ; par Antoine du Moulin : *Lyon*, de Tournes, 1549, *in-fol.*

Jean le Maire, natif de Belges ou de Bavay en Flandres, est fort partial & plein de fables : il finit à la mort du Roi Pepin. Son Ouvrage est dédié à la Reine Anne, Duchesse de Bretagne ; il fut achevé à Nantes en 1511. C'est de lui dont parle Jean de Serres, au commencement de son *Inventaire de l'Histoire de France*, comme d'un Auteur fort décrié. « Peu d'années avant moi, » (dit Adrien Junius, *pag.* 73, de son Ouvrage intitulé » *Batavia*,) Jean le Maire se proposa de publier les » Illustrations de Gaule, ainsi que porte le titre de son » Livre ; mais bien loin de les illustrer, il les a plutôt » obscurcies par les épaisses ténèbres dont il les a enve- » loppées, & par les mensonges grossiers & ridicules » dont son Ouvrage est rempli ».

« Le Maire, [dit Sorel] prétend montrer que les » Rois de France descendent des Troyens ; & pour » prouver que des Troyens sont venus habiter dans les » Gaules, il rapporte une grande partie de ce qui se » trouve dans les Fables, plutôt que dans les Histoires, » remplissant son Ouvrage de Contes tirés de l'Iliade » & de l'Odyssée d'Homère, de l'Enéide de Virgile, » des Métamorphoses d'Ovide, & d'autres Poésies. Il » joint la suite de certains Rois descendus d'un Fran- » cus, qui a son dire a donné le nom aux François. » Y eut-il jamais une plus grande impertinence que d'al- » léguer comme des vérités, des fictions toutes connues, » & de donner pour Fondateur de la Monarchie Fran- » çoise un Personnage imaginaire ? C'est un étrange » style d'avoir fait ici le Poète & l'Historien tout en- » semble, & même le Poète en prose ; car il faut sça- » voir que le dénombrement des anciens Rois des Gau- » les ou des François issus de Francus, qu'on voudroit » faire passer pour une narration véritable & histori- » que, n'est qu'un Extrait de la Chronique Allemande, » aussi fabuleuse que celle que Jean le Maire avoit prise » des anciens Poètes ». Sorel, *pag.* 294, de sa *Bibliothèque Françoise*.

☞ Jean le Maire peut avoir vu les deux ou trois premières années du Règne de François I. M. de la Monnoye, (sur Saint-Gelais, VIIe huitain,) doute fort qu'il ait vécu jusqu'en 1520, comme le dit la Croix du Maine, sans preuves.

Voyez sur diverses circonstances de sa Vie, & sur ses Ouvrages, le Mémoire de l'Abbé Sallier, tom. XIII. des *Mémoires de l'Académie des Inscriptions & Belles-Lettres, pag.* 593.]

16172. Annales Francici (Bultellani dicti) seu veterum omnium Auctorum, qui Gregorium Turonensem præcesserunt, loca & alia antiqua monumenta, in quibus Franciæ & Francorum mentio occurrit, secundùm ordinem chronologicum disposita & collecta à Carolo BULTELLO, Regi à Secretis.

Ces Annales sont imprimées après la Préface des *Œuvres de Grégoire de Tours* : *Parisiis*, 1699, *in-fol.* Elles vont depuis 255 de Jesus-Christ, jusqu'en 768. On appelle ces Annales *Bultellani*, à cause du nom de celui qui les a composées ; il est mort en 1710.

16173. ☞ Excerpta ex Vitis Sanctorum, de Pipino Rege.

Dans le *Recueil des Historiens de France*, par Dom Bouquet. *tom. V. pag.* 424.]

16174. ☞ De la Donation faite par Pepin au saint Siége, sur ce qu'elle comprenoit, & sur ce qu'y ajouta Charlemagne.

Voyez les *Annales* de le Cointe, *tom. V. pag.* 483, & *tom. VI. pag.* 40.]

16175. ☞ Des Donations de Pepin & de Charlemagne à l'Eglise de Rome, où l'on montre qu'elles sont le commencement de la souveraineté des Papes.

Cette Dissertation est imprimée dans le *Recueil de Pièces d'Hist. & de Littér.* (Paris, Chaubert, 1731,) tom. II.

L'Auteur, après avoir démontré la fausseté de la donation de Constantin, & avoir parlé de son Auteur & du temps auquel elle fut fabriquée, établit deux propositions, qui divisent sa Dissertation en deux Parties. La première, qu'avant la donation de Pepin les Papes n'ont eu aucune souveraineté, ni à Rome, ni en Italie, ni en aucun endroit. La seconde, que Pepin & Charlemagne étoient maîtres de ce qu'ils ont donné au Pape, & que les Empereurs d'Orient n'y avoient plus aucun droit.

On peut consulter aussi sur ce même sujet, *l'Origine de la Grandeur de la Cour de Rome*, par l'Abbé de Vertot : La Haye, 1737, in-12. & l'*Essai historique & critique* de M. François Sabbathier, *sur l'Origine de la Puissance temporelle des Papes*, Ouvrage qui a remporté le Prix proposé par l'Académie Royale de Prusse : Berlin & la Haye, (Châlons-sur-Marne) 1765, *in-*12.]

Voyez encore sur le Règne de Pepin, le tom. II. de l'*Histoire d'Allemagne*, du P. Barre, *pag.* 297 & *suiv.* = Sur l'étendue de sa domination, ci-devant, N.° 463.]

§. II.

Règne de Charlemagne, depuis 768 jusqu'en 814.

16176. Mſ. Inauguratio & confirmatio Pipini filiorumque ejus, Caroli & Carlomanni, per Stephanum Papam.

Cet Acte est conservé dans la Bibliothèque de S. Germain des Prés, num. 603.

16177. * Mſ. Historia Carlomanni, Regis Francorum, Fratris Caroli Magni Imperatoris : *in-fol.*

Cette Histoire [étoit] conservée dans la Bibliothèque de M. Colbert, num. 4642, [& est aujourd'hui en celle du Roi.] Carloman est mort en 771.

16178. ☞ Mémoire sur la date d'une Charte de Carloman ; par M. Polluche, d'Orléans. *Mercure, Novembre,* 1746.]

16179. Fragmenta veterum Scriptorum de Pipino & Carolo Magno Francorum Regibus.

Ces Fragmens contiennent l'Histoire, depuis l'an 742 jusqu'en 770. Ils sont imprimés dans du Chesne, au tom. II. de son *Recueil des Historiens de France, p.* 185.

☞ On les trouve, avec plusieurs autres, dans le tom. V. de la Collection de Dom Bouquet, qui renferme tous les Monumens historiques des Règnes de Pepin & de Charlemagne.]

16180. ☞ Les premières expéditions de Charlemagne pendant sa jeunesse & avant son Règne, composées par Angilbert, surnommé Komare, l'un de ses Secrétaires d'Etat, & son Favori ; (par du Fresne de Francheville) : *Paris,* 1741 : *Berlin,* 1745 ; *in-*8.

Cette Histoire est fabuleuse, & tout-à-fait romanesque. Elle a pour objet les Voyages de ce Prince en Angleterre & en Suède.]

16181. Mſ. Histoire de la Conquête du Fort d'Eresbourg en Westphalie, par Charlemagne, & de la destruction de l'Idole & du culte du Dieu Irmensul, fausse Divinité des Saxons (en 772) par René Auber de Vertot, de l'Académie Royale des Inscriptions.

Cette Histoire est conservée dans les Registres de cette Académie, à l'année 1715.

16182. Fragmentum de rebus Pipini & Caroli Magni in Italia gestis usque ad annum 774, ex Libro sexto Historiæ Longobardicæ Pauli Diaconi ; cum Appendice Auctoris incogniti, ab anno 776, ad annum 825.

Ce Fragment est imprimé dans Freher, partie première de son *Recueil des Historiens de France, p.* 179, au Tome II. de celui de du Chesne, *pag.* 205, [& au Tome V. de Dom Bouquet, *pag.* 189.] Paul, fils de Warnefrid, & appellé Winfrid, Diacre d'Aquilée, ensuite Chancelier de Didier, dernier Roi des Lombards, enfin Moine du Mont-Cassin, qui a fleuri l'an 774, est Auteur de cette Histoire des Lombards, qui a été imprimée plusieurs fois, d'abord à Ausbourg, en 1515 ; à Basle, en 1532 ; à Leide, en 1595 ; à Hambourg, en 1611, avec un Fragment donné par Lendinbrogius ; & sans ce Fragment à Amsterdam, en 1655, par Grotius ; enfin dans les *Bibliothèques des Pères*, des Editions de Cologne & de Lyon.

« Cet Historien est le meilleur de son temps pour les » choses qui s'y sont passées, & pour le siècle, ou à » peu près, qui l'a précédé ; quant au surplus, il n'o-» blige la créance qu'autant qu'il suit ceux qui l'ont de-» vancé de siècle en siècle ». Chantereau le Fevre, *p.* 18 de son *Discours historique sur Ansbert & Blithilde*. Paul Diacre n'étoit pas non plus bien instruit de notre Histoire ; car il marque la mort de Dagobert en 674, quoiqu'elle soit arrivée dès 638.

16183. ☞ Mſ. Historia famosissimi Caroli Magni, qui tellurem Hispanicam & Galeciam à potestate Saracenorum liberavit ; à beato Turpino, Archiepiscopo Remensi conscio, cum Epistola ejusdem Turpini ad Leprandum.

Ce Manuscrit qui est, selon les apparences, un grand fragment du Roman attribué à Turpin, est conservé dans la Bibliothèque de M. Jardel, Officier du Roi, demeurant à Braine près Soissons.]

16184. Batalla de Roncevalles ; por Francisco Garrido : *en Toledo,* 1583, *in-*4.

La Bataille de Roncevaux se donna en 778, lorsque les Gascons attaquèrent l'arrière-garde de Charlemagne, qui revenoit d'Espagne. Ce fut dans cette Bataille que le fameux Rolland, prétendu neveu de ce Roi, fut tué. Les Faiseurs de Romans, & entr'autres le faux Turpin, confondent cette Expédition avec une prétendue défaite des François par les Espagnols en 813.

16185. ☞ Mſ. Bataille de Roncevaux.

C'est un Roman en vers Alexandrins, d'un Auteur

inconnu, qui dit à la fin que Jean Badiaine, (c'eft Jean Badel) a traité la même matière en vers. Ce Manufcrit fe trouvoit chez M. Foucault. *Voyez* Galland, *Mém. de Littérature*, tom. II. pag. 736. On trouve auffi parmi les Manufcrits de M. Colbert, num. 658, à la Bibliothèque du Roi, un Roman de Roncevaux.]

16186. Joannis Turpini aut Tulpini, feu Tilpini, Archiepifcopi Remenfis, Hiftoria de Vita Caroli Magni & Rollandi ejus nepotis.

Cette Hiftoire eft imprimée dans Schardius, en fon *Recueil des Hiftoriens d'Allemagne : Francofurti*, 1566, *in-fol.* dans celui de Reuberus : *Francofurti*, 1584, *in-fol.*

☞ Dans la Bibliothèque de M. Jardel, à Braine près Soiffons, eft confervé un Exemplaire de ce Roman hiftorique, Manufcrit du XIIIe fiècle, *in-fol.* Il eft plus étendu que l'Imprimé. Voici fon titre : « Chronica » Tulpini, Remenfis Archiepifcopi, de Vita & geftis » Caroli Magni, cum Epiftolâ ejufdem Tulpini, Leo- » brando Aquifgranenfi Decano tranfmiffâ, fanctitatis » beati Caroli Magni affertivâ ». La portion que nous en avons citée de la même Bibliothèque, (ci-deffus, N.o 16183) eft, dit-on, différente de cette prétendue Hiftoire générale, ainfi que des imprimés ; mais cela eft peu important, dès qu'il ne s'agit que d'un Roman.]

Mf. L'Hiftoire de Charlemagne & des douze Pairs de France, en Latin & en vieil François ; par l'Archevêque Turpin.

Cette Hiftoire eft confervée dans la Bibliothèque du Roi, num. 65, felon le Père Labbe, *pag.* 310, de fa *Nouvelle Bibliothèque des Manufcrits : Parifiis*, 1653, *in-4.* & à la *pag.* 316, num. 487, il rapporte le même Livre fous le titre de, *Chronique de Charlemagne.*

16187. ☞ Mf. Chronique de France, depuis 778 jufqu'en 812 ; par l'Archevêque Turpin : *in-4.*

Ce Manufcrit Gothique eft indiqué au Catalogue de M. de Pont-Carré, num. 2192.]

La Chronique ou Hiftoire faite par le Révérend Père en Dieu Turpin, Archevêque de Reims, l'un des Pairs de France, contenant les proueffes de Charlemagne & de fon neveu Rolland, traduite du Latin en François par Robert Gaguin, par ordre du Roi Charles VIII. *Paris*, en lettres Gothiques, *in-4. Ibid.* Chaudiere, 1527, *in-4.*

☞ Cet Ouvrage fabuleux de Turpin, remplit dans les Chroniques de S. Denys le IVe & le Ve Livre de la Vie de Charlemagne. Il y en a un Exemplaire Latin dans la Bibliothèque de S. Germain des Prés.]

☞ Mf. Traduction de l'Hiftoire de Turpin, Archevêque de Reims, faite par le commandement de Philippe-Augufte en 1207.

Cette Traduction, qui eft en profe, eft citée par du Cange fur Villehardouin, dans le Gloffaire, aux mots *Boxine*, &c. Il appelle le Traducteur Mikieus de Harnès. Elle fe trouve parmi les Manufcrits de la Bibliothèque du Roi, num. 7534. L'Auteur y eft nommé fimplement Mikius. Dans le Prologue, il eft dit que l'Ouvrage Latin fut trouvé parmi les Livres de Renaud, Comte de Boulogne, & la Traduction faite en 1207, pour Philippe, Roi de France & Loïs fon fils. Il finit par la mort du prétendu Turpin, Auteur du texte Latin. Papire Maffon croit cette Hiftoire écrite dès Charles le Chauve. Oihénart, *p.* 397, ne la croit que du XIIe fiècle, compofée par quelque Efpagnol ; il reprend Papire Maffon, qui *Pfeudo-Turpinum licet imperitum ac fabulofum, à vetuftate commendat*, & il rapporte un paffage de *Galfredus, Prior Vofienfis* (du Vigeois) *in Diæceft Lemovicenfi*, tiré d'un Manufcrit à lui communiqué par M. des Cordes, Chanoine de Limoges. Ce Manufcrit, fans doute, eft l'Hiftoire de Turpin, corrigée par Galfredus, & le paffage eft tiré de la Préface. Voici comment il y parle :

« Se accepiffe Regis Caroli triumphos & Rotholandi » predicandos agones in Efpaniâ geftos nuper ex Efperiâ » excepiffe, & corrigendo fcribere feciffe, maximè quòd » fe ifta latuerant hactenùs ; nifi quæ joculatores in fuis » præferebant Cantilenis. » A quoi il ajoute : « Quia » verò fcriptura ipfa fcriptorum vitio depravata ac penè » deleta fuerat, non fine magno ftudio correxi, non » fuperflua fubtrahens, fed quæ neceffaria addens, ne » quis me putet reprehendere inclitæ laudis Turpinum » qui fe infrà-fcripta fcripfiffe fatetur ».

J'ai lu quelque part que le Turpin a été fait par un Chanoine de Barcelone ; ce que Galfredus, dans le paffage précédent, fembleroit confirmer, en difant, *ex Efperiâ excepiffe*. J'ai lu quelque autre part que Renaud, Comte de Boulogne & de Dammartin, fous Philippe Augufte, chargea un Maître Jehans de lui ramaffer les faits les plus conftans de la vie de Charlemagne, & que ce Maître Jehans ayant trouvé en la Librairie de S. Denys l'Hiftoire fabuleufe de Turpin, la tranflata de Latin en François. Ce Maître Jehans eft peut-être le même que Mikieu de Harnes, dont il vient d'être parlé.]

La Chronique de Turpin, Archevêque & Duc de Reims, traduite par Mikius de Harnes, (c'eft-à-dire Michel,) qui vivoit fous Philippe Augufte : *Lyon*, Arnoulet, 1583, *in-8.*]

C'eft un Hiftorien fabuleux des actions de Charlemagne & de celles de fon neveu Rolland, contre les Sarrazins d'Efpagne. Il eft évident que ce Roman eft fauffement attribué à l'Archevêque Turpin, qui mourut en 788, long-temps avant Charlemagne, puifque felon Flodoart, Liv. II. cap. 8, de fon *Hiftoire de Reims*, Vulfaire fut nommé à fa place par cet Empereur. Cependant au Chapitre XXXII. de cette prétendue Hiftoire, la mort de Charlemagne y eft rapportée. L'Abbé de Longuerue croit que ce Roman a été forgé après l'an 1000 de Jefus-Chrift, près de deux cens ans après la mort de Charlemagne, par un Ecrivain très-ignorant. Guy Allard, *pag.* 224, de fa *Bibliothèque de Dauphiné*, l'attribue à un Moine de Saint-André de Vienne, qui, felon lui, le compofa en 1092.

☞ Le Père le Long a placé la mort de Turpin, Archevêque de Reims, à l'an 788 ; mais il eft indubitable qu'il a vécu beaucoup au-delà. Hincmar dit qu'il avoit été plus de 40 ans Evêque : on ne fçait pas en quelle année il le fut ; mais Abel, fon prédéceffeur, vivoit encore fous Etienne II. & peut-être même après. Quand on mettroit le commencement de Turpin vers 760, il faudroit encore en ce cas mettre fa mort après l'an 800.

Voyez le *Gallia Chriftiana* de MM. de Sainte-Marthe, qui fe font étrangement brouillés au fujet de Turpin. Dans la nouvelle Edition des Bénédictins, on met fa mort en 794.

On trouve au Catalogue de M. de Sardière, num. 860, une Note, qui après avoir rapporté ce que nous avons dit de Papire Maffon, d'Oihénart & de du Cange, ajoute : « La plus commune opinion, fuivant M. l'Abbé » Lebeuf, eft que l'Auteur vivoit vers le XIe fiècle » qu'il y a eu deux Traducteurs de cette Chronique ; la » première en 1206, par les foins de Renaud, Comte » de Boulogne, & qu'en 1207 Michel de Harnes, fils » d'un Connétable de Flandres, en fit faire une feconde. » La Traduction imprimée eft de Gaguin, qui a ajouté » au texte Latin beaucoup de moralités & de miracles : » il a habillé en Chevaliers tous les grands Seigneurs de » l'armée de Charlemagne.

Voyez Lenglet, *Meth. hift. in-*4, tom. *IV. p.* 325.]

16188. ☞ Mf. Visio Turpini, Archiepiscopi Remensis, de animâ Caroli Magni à dæmonibus liberata, per sanctum Jacobum Apostolum, & Dionysium Areopagitam: *in-fol.*

Cette Pièce, du même goût que l'Histoire romanesque qui précède, se trouve dans un *Recueil* des Manuscrits de M. Baluze, num. 334, à la Bibliothèque du Roi.]

16189. Lis Faits & Gestes de Charlemagne; Rolland & autres braves Gaulois contre les Infidèles, décrits en Vers François fort anciens : [*Paris*, Sergent], *in-4*. [Gothique :] *Troyes*, Oudot, *in-8*. fig.]

16190. ☞ La Conquête que fit le grand Roi Charlemaigne, du pays des Espaignes; avec les Faits & Gestes des douze Pers de France, & du grand Fier-à-bras; & le combat fait par lui contre le petit Olivier, lequel le vainquit; & des trois frères qui firent les neuf épées, dont Fier-à-bras en avoit trois pour combattre ses ennemis : *Paris*, Bonfons, *in-4*. goth. ou *Lyon*, 1536, *in-4*. goth.

Ce Livre n'est qu'un Roman de Chevalerie. L'opinion de l'établissement des Pairs par Charlemagne, est à présent rejettée de tout le monde. Ils ne furent créés, selon Favin, que sous le Roi Robert, & même plus tard.

16191. Mf. Historia fabulosa rerum heroïcarum Ducis Arpini & Caroli Magni, & aliorum, cum figuris.

Cette Histoire est conservée dans la Bibliothèque du Vatican, entre les Manuscrits de la Bibliothèque Palatine, num. 152.

16192. * Secreta alcuna Ystoria breve de Rè Karlo Imperatore, poi del nascimento & opere di quello magnifico Cavalieri nominato Guerino & prænominato Meschino : *In Padoa*, de Rochis, 1473, *in-fol. In Venetia*, Gerard de Flandria, 1477 : *Venetiis*, 1481, *in-fol.*

16193. * Historia del Emperador Carlo Magno, en laqual se trata de las grandes proezas y hazenas de los doze Pares de Francia : *In Barcelona*, *in-8*. ancienne Edition.

16194. ☞ Li fatti di Carlomagno, e de suoi Paladini, in ottava rima ; per Luigi Pulci : *In Venetia*, Luca Venetiano, 1481, *in-fol.*

Ce Volume ne renferme autre chose que le Poëme de Luigi Pulci, intitulé : *Morgante maggiore*. Cette Edition de 1481 est fort rare.]

16195. Le Triumphe des neuf Preux, contenant leurs faits & gestes, avec l'Histoire de Bertrand du Guesclin : *Abbeville*, Gérard, 1487, *in-fol.* goth.

Edition très-rare & précieuse par son ancienneté. = Il s'en trouve encore une autre, imprimée à *Paris*, chez Michel le Noir en 1507, *in-fol.*

16196. ☞ La Historia e Real di Franza, que tratta de fatti dei Paladini, & di Carlo Magno, in sei Libri : *Mutinæ*, Mausfer, *in-fol.*]

16197. ☞ Il Libro delle Bataglie de li Baraoni di Franza, soto il nome de lardito & gaiardo giovene altobello ; nelle quale si contengono molte belle cose : *In Venetia*, Varexi Milanese, 1499, *in-4*.]

16198. Charlemagne, Poëme Italien ; par Simon Rugiero : *In Roma*, 1655, *in-12*.

16199. Mf. Histoire des Gestes de Rolland & de Charlemagne, en Vers Allemands, écrite par Walfrand de Ekembach ; avec la Vie de Henri, Comte de Narbonne, aussi écrite en Vers Allemands ; *in-4*.

Cette Histoire est conservée dans la Bibliothèque du Vatican, entre les Manuscrits de la Bibliothèque Palatine, num. 395. Le même Poëme est dans la Bibliothèque de l'Empereur, num. 332, sous ce titre : *La Vie & les Actions de Charlemagne, en Vers Allemands*. Celui qui l'a retouchée s'appelle lui-même Strichemer, selon de Nessel.

16200. ☞ Mf. Le Roman de Philomena en langage vulgaire ancien, & avec sa traduction Latine, contenant les actions héroïques de l'Empereur & Roi de France, Charlemagne, dans le Languedoc.

Le titre du Latin est :

Gesta Karoli Magni Regis & Imperatoris de captione Carcassonæ & Narbonæ civitatum, constructione & confectatione Ecclesiæ & Altaris Monasterii Crassensis : (anno 780).

Ce Manuscrit est conservé dans la Bibliothèque du Marquis d'Aubais, num. 60.

« Tout ainsi que quelques-uns ont inventé des » mensonges pour ravaller & abbaisser la gloire de l'Em- » pereur Charlemagne, de même plusieurs ont inventé » des fables pour le rehausser. C'est ce qui a donné le » sujet à plusieurs Italiens, Allemands, Espagnols & » Grecs, de forger là-dessus des Romans, desquels le » plus ancien est l'Histoire fabuleuse de Tilpin ou Tur- » pin ». De Catel, *pag*. 544, de ses *Mémoires sur les Comtes de Toulouse.*

16201. Charlemagne, Poëme héroïque de Louis le Laboureur, Bailly du Duché de Montmorency : *Paris*, 1664, *in-8*. *Ibid.* 1666, 1687, *in-12*.

Cet Auteur n'a publié que les trois premiers Livres de son Poëme. Il est mort en 1679.

16202. Charlemagne, ou le rétablissement de l'Empire Romain ; Poëme héroïque de Nicolas Courtin : *Paris*, 1666, *in-12*.

J'ai marqué de suite toute cette sorte d'Ouvrages, afin de ne les pas confondre avec les Histoires véritables.

16203. Examen critique de trois Histoires fabuleuses, dont Charlemagne est le sujet : (1.º Histoire du prétendu Voyage de Charlemagne dans la Terre-Sainte ; par un Anonyme : 2.º Histoire d'une expédition en Espagne, attribuée long-temps à Turpin, Archevêque de Reims : 3.º Roman de *Philomena*, sur les Sièges de Narbonne & de Carcassone) ; par M. l'Abbé (Jean) Lebeuf. *Hist. de l'Académie des Inscript. & Belles-Lettres*, tom. XXI. pag. 136.]

16204. ☞ Examen de la Tradition histori-

Liv. III. Histoire Politique de France.

que touchant le Voyage de Charlemagne à Jérusalem ; par M. DE FONCEMAGNE. *Hist. de la même Académie, tom. XXI. p.* 149.]

16205. Mf. Fragmentum de Regibus Francorum à Rege Childerico à Stephano Papa deposito & detonso, ubi de bellis Regis potentissimi Caroli agitur.

Ce Fragment est conservé à Londres dans la Bibliothèque du Chevalier Cotton, Vitellius II. 1.

16206. Mf. Discours de la Conquête de la Bretagne Arémorique par Charlemagne, en 786 : *in-fol.*

Ce Discours est conservé dans la Bibliothèque [du Roi, parmi les Manuscrits] de M. Colbert, num. 5253.

16207. Versus de Carolo Magno ; ex Libro Evangeliorum, quod jussu ejusdem Caroli scripsit Godescalcus, anno 788.

Ces Vers sont imprimés dans du Chesne, au tom. II. de son *Recueil des Historiens de France*, *pag.* 186, [& dans celui de Dom Bouquet, comme on le marquera plus bas, avec d'autres Poësies.]

16208. Annales Francici breves, ab anno 707, ad annum 790, in Monasterio sancti Nazarii, propè Rhenum scripti, (unde dicti Nazariani).

Ces Annales sont imprimées dans Freher, première partie de son *Recueil des Historiens de France*, *p.* 163 dans du Chesne, au tom. II. *pag.* 3, [& dans Dom Bouquet, tom. II. *pag.* 639.] Le Père Le Cointe croit que ces Annales commencent en 687. Elles ne nous apprennent pas grand'chose, les plus grands événemens étant rapportés en une ligne ; le Latin est plein de solécismes. Du Chesne, là-même.

16209. Epistola CAROLI MAGNI, Francorum Regis, ad Frastradam Reginam de Victoria Avarica, anno 791.

Cette Lettre est imprimée dans du Chesne, au tom. II. de son *Recueil des Historiens de France*, *p.* 187, [& dans celui de Dom Bouquet, *pag.* 623. On y trouve aussi plusieurs autres Lettres de Charlemagne.]

16210. Inscriptio vetus de capta Arelate & Saracenis ab ea expulsis, & de restauratione Montis-Majoris per Carolum Magnum, anno 793.

Cette Inscription est imprimée au même endroit, [dans du Chesne], *pag.* 149.

☞ Cette Inscription est fausse, suivant Dom Bouquet, tom. V. de la Collection, Préface, *pag.* xxij. Charles n'est pas venu en Provence en 793.]

16211. ☞ EX ERCHEMPERTI, Cassinensis Monachi, Historiâ Longobardorum.

Ce Morceau s'étend depuis l'an 781 jusqu'à 793. Il se trouve dans la Collection de Dom Bouquet, tom. V. *pag.* 324.

Muratori a publié en entier, (dans le tom. II. des *Hist. d'Italie,*) cette Chronique, qui est comme un Supplément à l'Histoire de Paul Diacre : elle va jusqu'en 888. On en indiquera dans la suite deux autres Fragmens, qui ont rapport à l'Histoire de France.]

16212. Fragmenta de rebus Pipini & Caroli Magni in Italia gestis ; ex Historia Pontificia ANASTASII Bibliothecarii.

Cet Auteur est mort en 886. Son Fragment va depuis 742 jusqu'en 795. Il est imprimé dans du Chesne, au tom. II. de son *Recueil des Historiens de France*, *pag.* 208. Cette Histoire finit en 867. Elle a été publiée à Mayence en 1602, & à Paris en 1649.

16213. ☞ EX FLODOARDI, Presbyteri Ecclesiæ Remensis, Historiâ, & Appendix.

Ce Morceau se trouve dans la Collection de D. Bouquet, tom. V. *pag.* 361.

L'Histoire en entier a été ci-devant indiquée N.° 16081.]

16214. Annales Francorum, ab anno 726, ad annum 796.

Ces Annales sont imprimées dans Labbe, au tom. II. de sa *Nouvelle Bibliothèque des Manuscrits*, *pag.* 733.

16215. CONSTANTINI MANASSIS, de Carolo Magno Versus politici, græcè.

Ces Vers sont imprimés dans Pithou, dans son *Recueil des onze Historiens contemporains*, *pag.* 290, & avec la Version Latine de Jean Meursius, dans du Chesne, au tom. II. de son *Recueil des Historiens de France*, *pag.* 199, [& dans celui de Dom Bouquet, tom. V. *pag.* 397.]

16216. De Carolo Magno Versus Domini Magistri in Aula.

Ces Vers sont imprimés dans le volume précédent [de du Chesne], *pag.* 645.

16217. ☞ Versus de Carolo Magno, & quibusdam aliis.

On trouve ces Vers dans la Collection de Dom Bouquet, tom. V. *pag.* 388. Il y a aussi dans cette Collection plusieurs Morceaux qui ne sont pas dans celle de du Chesne.]

16218. Mf. Vetustissimum Chronicon, ab anno 708, ad annum 798 : *in-fol.*

Cette Chronique [étoit] conservée dans la Bibliothèque de M. Colbert, num. 3287, [aujourd'hui à la Bibliothèque du Roi.]

16219. Fragmentum de rebus Caroli Magni Regis, cum Hunis & Slavis, anno 798, ex Historia conversionis Boiorum ad fidem Christianam.

Ces Fragmens sont imprimés dans du Chesne, au tom. II. de son *Recueil des Historiens de France*, *p.* 220. Cette Histoire a été écrite vers l'an 858.

16220. De Carolo Magno Rege, & Leonis (Papæ) ad eum adventu anno 799, Poëma.

Cette Narration est imprimée dans Canisius, au tom. VI. de ses *Antiques Leçons*, *pag.* 519, entre les Œuvres d'Alcuin : *Parisiis*, 1617, *in-fol.* dans du Chesne, au tom. II. de son *Recueil des Historiens de France*, *p.* 188, [& dans celui de D. Bouquet, tom. V. *pag.* 388.] Ce Poëme, qui contient l'entrevue du Roi Charlemagne & du Pape Léon III. paroît faire partie d'un Ouvrage plus considérable ; & peut-être est-ce une partie de la Vie de Charlemagne, composée par ALCUIN, mort en 804, comme quelques-uns l'ont remarqué.

16221. Levini HILPERICI, Monachi Selingestadiensis, de Carolo Magno & Leone Papa, cum animadversionibus Melchioris Goldasti, varias Francorum & Germanorum antiquitates continentibus : *Genevæ*, 1600, *in-4.*

Cet Auteur a fleuri dans le IX.ᵉ siècle.

☞ Vogt met cet Ouvrage parmi les Livres extrêmement rares.]

Règne de Charlemagne.

16222. Chronicon breviſſimum, ab anno 697, ad annum 799.

Cette Chronique eſt imprimée dans Pithou, au commencement de ſon *Recueil des onze Hiſtoriens contemporains.*

16223. Annales Francorum, (Petaviani) ab anno 708, ad annum 800.

Ces Annales ſont imprimées dans du Cheſne, au tom. II. de ſon *Recueil des Hiſtoriens de France, pag.* 6, [& dans celui de D. Bouquet, tom. II. *pag.* 641, & V. *pag.* 13.] Elles tirent leur nom de ce qu'elles ſont imprimées ſur un Manuſcrit d'Alexandre Petau, Conſeiller au Parlement de Paris.

16224. ☞ Mémoire ſur le pouvoir que la dignité de *Patrice* donnoit aux Exarques de Ravenne, & ſur la ſorte d'autorité que les Romains eurent intention de déférer à Charles-Martel, à Pepin, à Charlemagne, en les déclarant *Patrices des Romains*, (& par occaſion ſur la manière dont Charlemagne devint Empereur d'Occident); par M. LE FEBVRE DE SAINT-MARC. *Recueil de l'Académie de la Rochelle, tom. III. p.* 109.

On peut voir auſſi ce que l'Auteur dit ſur les mêmes ſujets, dans ſon *Abrégé Chronologique de l'Hiſtoire d'Italie, tom. II. pag.* 379: *Paris*, J. Th. Hériſſant, 1762, *in-8.*]

16225. ☞ De l'Empire d'Occident déféré à Charlemagne.

Voyez les *Annales* du P. le Cointe, tom. VI. *p.*723.]

16226. ☞ Natalis ALEXANDRI, de Tranſlatione Imperii ad Carolum Magnum.

C'eſt la première Diſſertation de ſon *Hiſtoire Eccléſiaſtique du IX.e ſiècle: Paris*, 1680, *in-*8. 1699 & 1713, *in-fol.*]

16227. ☞ Joannis Danielis SCHOEPFLINI Diatriba hiſtorica de extincto & reſtaurato Occidentali Imperio.

Cette Diſſertation ſe trouve dans ſes *Commentationes Hiſtoricæ: Baſileæ*, 1741, *in-*4.]

— ☞ Eſſai critique ſur l'établiſſement & la tranſlation de l'Empire, &c.

Voyez dans le Paragraphe ſuivant.]

16228. De rebus Caroli Magni cum Imperatore Conſtantinopolitano, ab anno 776, ad annum 801, ex Chronographia THEOPHANIS.

Cet Auteur eſt mort en 815; il a continué ſon Hiſtoire juſqu'en 806. Ce Fragment eſt imprimé dans le tom. II. de du Cheſne, *pag.* 198, [& tom. V. de D. Bouquet, *pag.* 187.]

16229. Mſ. Hiſtoria de rebus geſtis à Carolo Francorum Rege & Imperatore in captione Carcaſſonæ & Narbonæ, anno 802: *in-fol.*

Cette Hiſtoire [étoit] conſervée dans la Bibliothèque de M. le Chancelier Séguier, num. 524, des Miniatures, [aujourd'hui à S. Germain des Prés.

16230. Annales Francorum, ab anno 794, ad annum 803, ex codice Cæſareo in principio mutilo, ſed Caroli Magni tempore manu exarato, editi.

Ces Annales ſont imprimées dans Lambecius, au Livre II. de ſon Commentaire intitulé: *De Bibliothecâ Vindobonenſi, pag.* 377. L'Auteur vivoit en 803.

☞ On trouve auſſi ces Annales dans la Collection de Dom Bouquet, tom. II. *pag.* 645, & V. *pag.* 63.]

16231. Fragmentum Annalium, ab anno 769, ad annum 806.

Ce Fragment eſt imprimé dans du Cheſne, au tom. II. de ſon *Recueil des Hiſtoriens de France, pag.* 21, [& dans celui de Dom Bouquet, tom. V. *pag.* 16.]

16232. Charta diviſionis Imperii Francorum, quam Carolus Magnus fecit pro pace inter filios ſuos conſervanda.

Cet Acte eſt imprimé dans Pithou, à la première partie de ſon *Recueil des onze Hiſtoriens de France, pag.* 183, & dans celui du Cheſne, au tom. II. p. 88. On tient cet Acte de l'année 806. Pithou le croit ſuppoſé par quelque Ecrivain poſtérieur, qui étoit de loiſir. Baronius l'a inſéré dans ſes *Annales Eccléſiaſtiques*, & l'a approuvé, parcequ'il appuie les intérêts de la Cour de Rome. Le Père le Cointe a ſuivi le ſentiment de Baronius, croyant cet Acte véritable.

16233. Annales Francorum (Tiliani,) ab anno 708, ad annum 808, quo autor ſe vixiſſe teſtatur.

Ces Annales ſont imprimées dans du Cheſne, au tom. II. de ſon *Recueil des Hiſtoriens de France, p.* 11, [& dans celui de D. Bouquet, tom. II. *pag.* 642, & V. *pag.* 17.] Elles tirent leur nom de ce qu'elles ont été d'abord imprimées ſur un Manuſcrit de Jean du Tillet, Greffier au Parlement de Paris. L'Auteur abrège les autres Annales, comme celles de Pétau, depuis l'an 708 juſqu'en 741, & celles de Loiſel, depuis 741 juſqu'en 808; il ſe ſert même très-ſouvent de leurs termes, dit le Père le Cointe, ſous l'année 752. Les dates de ces Annales ſont fautives & les noms propres eſtropiés, ſelon du Cheſne.

16234. Mſ. Annales Francorum, ab anno 742, ad annum 809.

Ces Annales [étoient] conſervées dans la Bibliothèque de M. Colbert, num. 1399, [& ſont aujourd'hui en celle du Roi.]

16235. Mſ. EGINHARDI, Imperatoris Caroli Magni Cancellarii, Breviarium chronologicum, ab orbe condito ad annum Chriſti 809.

Cet Abrégé eſt conſervé dans la Bibliothèque de l'Empereur, comme le dit de Neſſel.

16236. Chronicon breve (Bedanum) à mundi exordio ad annum Chriſti 810, ex vetuſto Codice manuſcripto Bedæ de ratione temporum.

Cette Chronique eſt imprimée dans du Cheſne, au tom. III. de ſon *Recueil des Hiſtoriens de France, p.* 225, [& dans celui de D. Bouquet, tom. II. *pag.* 643.] On lui a donné le nom qu'elle porte, à cauſe du Manuſcrit de Bede, dans lequel elle ſe trouve. Elle contient pluſieurs choſes qui regardent les Rois de France, depuis l'an 691 juſqu'en 810, qu'elle raconte en très-peu de mots.

16237. De rebus geſtis Caroli Magni cum Anglorum Regibus: ex Vita Ælfredi, quam ſcripſit ASSER Menevenſis.

Cet Auteur eſt mort en 909. Ce Fragment eſt imprimé dans le tom. II. du *Recueil* de du Cheſne, *pag.* 221, [& dans celui de Dom Bouquet, tom. V. *pag.* 358.]

16238. Fragmentum de Caroli Magni Francorum Regis gestis : ex Libro primo de Gestis Anglorum WILHELMI Malmesburiensis, cap. 4.

Ce Fragment est imprimé dans le tom. II. du *Recueil de du Chesne*, *pag.* 222.

16239. Chronici Novaliensis Excerptum de expeditione Caroli Magni adversùs Longobardos, & de aliis ejusdem in Italia gestis.

Cette Chronique est imprimée dans le même volume, *pag.* 223.

16240. Bella Caroli Magni cum Saxonibus; auctore Casparo SAGITTARIO.

Ces Guerres sont imprimées avec l'*Histoire de la Ville très-ancienne de Bardevic : Jenæ*, 1674, *in-*4. Cet Allemand est mort en 1694.

16241. Annales (Loiselliani) rerum Francicarum, ab anno 741, ad annum 814.

Ces Annales sont imprimées dans le tom. II. de son *Recueil des Historiens de France*, *p.* 24. [& dans celui de Dom Bouquet, tom. V. *pag.* 32.] Elles tirent leur nom de ce qu'elles ont été imprimées sur un Manuscrit d'Antoine Loisel, Avocat au Parlement de Paris. L'Auteur a fleuri l'an 814 ; le Latin est grossier & barbare. Canisius n'en a donné qu'un Fragment, depuis l'an 741 jusqu'en 793, dans le tom. III. de ses *Lectiones antiquæ.* Elles ont plus d'autorité que celles qui ont été imprimées sur le Manuscrit de du Tillet, qu'elles copient depuis 741, mais elles sont plus correctes & plus étendues.

« C'est sans doute ces Annales que Réginon, Abbé » de Pruim, dit sous l'année 814 avoir suivies, qui » étoient écrites d'un style populaire & grossier. Mais » on ne peut assurer qui en est l'Auteur : car aucun Ma- » nuscrit ne l'indique ; & Réginon, qui s'est servi de cet » Ouvrage, n'en a pas connu le nom. On voit, en com- » parant le Manuscrit de Canisius avec celui de Loisel, » qu'ils diffèrent dans les cinq dernières années, & qu'ils » ne s'accordent pas toujours en plusieurs endroits ». Du Chesne, là-même.

☞ *Voyez* la Préface du tom. V. du *Recueil des Historiens de France, par* Dom Bouquet, *pag.* v.]

16242. Mf. Appendix ad hos Annales.

Cette Addition est conservée dans la Bibliothèque de l'Empereur, selon Lambecius, au tom. II. de son Commentaire intitulé : *De Bibliotheca Vindobonensi*, *p.* 930.

16243. ☞ Chronicon brevissimum Monasterii sancti Galli, ab anno 691, ad annum 814.

Cette Chronique se trouve dans la Collection de Dom Bouquet, tom. V. *pag.* 30.]

16244. ☞ Ex diversis Chronicis.

Ce Morceau s'étend depuis l'an 742 jusqu'en 814. Il est dans la Collection de Dom Bouquet, tom. V. *pag.* 384.]

16245. Mf. Gesta Francorum, ab eorum exordio ad mortem Caroli Magni.

Cette Histoire est conservée dans la Bibliothèque de S. Victor, num. 447.

16246. Caroli Magni Francorum Regis & Imperatoris Vita : ex Annalibus plebeiis, ab incerto quodam Scriptore, sed coætaneo, ut videtur, composita, nunc primùm edita.

Cette Vie est imprimée dans du Chesne, au tom. II. de son *Recueil des Historiens de France*, *pag.* 50. Le Latin de ces Annales est si rustique & si grossier, que l'Auteur de cette Vie a été obligé de le retoucher en plusieurs endroits, pour le rendre plus intelligible.

16247. Vita Caroli Magni descripta, ut videtur, magnâ ex parte à Monacho Cœnobii Engolismensis sancti Eparchii : ex Vita & Annalibus plebeio & rustico sermone compositis, nonnullis interpolatis, quibusdam etiam additis : nunc edita ex Codice manuscripto Thuano Chronici Ademari, Monachi sancti Eparchii.

Cette Vie est imprimée dans Pithou, au tom. II. de son *Recueil des onze Historiens contemporains*, *pag.* 6. Cet Auteur vivoit sous le Règne de Charles-le-Chauve. Son Ouvrage contient la Vie précédente, retouchée en quelques endroits ; il n'y a presque de lui que le commencement & la fin.

☞ C'est pour cela que Dom Bouquet n'en a donné dans sa Collection qu'un Extrait, tom. V. *pag.* 184.]

Eadem recognita, & variis in locis emendata, ad fidem Codicum manuscriptorum.

Cette Vie est imprimée dans du Chesne, au tom. II. de son *Recueil des Historiens de France*, *pag.* 68, & dans Kulpis, partie cinquième, de son *Recueil des Affaires d'Allemagne*, *pag.* 45.

16248. Vita & Gesta Caroli Magni ; per EGINHARDUM seu EGINHARTUM, Notarium regium, descripta ; edita studio Hermanni Comitis de Nuenare : *Coloniæ*, Soter, 1521, *in*-4.

Cette Vie est imprimée avec Videchinde & autres Historiens d'Allemagne : *Basileæ*, 1532, *in-fol.*

Eadem edita à beato Rhenano, in Commentariis de rebus Germanicis : *Basileæ*, 1551, *in-fol.*

Eadem, cum Præfatione Lamberti Venradii: *Coloniæ*, Birchmanni, 1561, *in*-16.

☞ François JURET a fait des Notes Manuscrites sur cette Edition d'Eginhard, 1561. Elles sont conservées dans la Bibliothèque de M. le Président Bouhier, à Dijon.]

Cette même Vie est imprimée dans Reuberus, en son *Recueil des Historiens d'Allemagne*, *pag.* 1 : *Francofurti*, 1584, *in-fol.*

Eadem, cum Animadversionibus Melchioris GOLDASTI : *Genevæ*, Crispini, 1610, *in-*4.

Eadem : *Francofurti*, Grossii, 1617, *in-*4.

Eadem, cum Commentario Georgii HELWICH, Moguntini : *Francofurti*, 1631, *in-*4.

Eadem, nunc demum post varias editiones cum vetustissimis quinque Codicibus manuscriptis diligentissimè comparata.

Cette Vie est imprimée dans du Chesne, au tom. II. de son *Recueil des Historiens de France*, *pag.* 93, & avec les Notes de BOLLANDUS, dans son *Recueil des Actes des Saints*, au 20 de Janvier.

Eadem, cum Vita Caroli Magni à FRANTZIO edita : *Argentinæ*, 1644, *in-*4.

Eadem, cum Animadversionibus Joannis Frid. BISSELII : *Helmstadii*, 1667, *in-*4.

Cette Vie est aussi imprimée entre les Historiens d'Allemagne, publiés par Heineccius : *Francofurti*, 1707, *in-fol.*

Eadem,

Eadem, cum Commentario BISSELII & Notis BOLLANDI. Accefferunt Melchioris GOLDASTI animadverfiones ineditæ, cum variis Differtationibus Joan. Hermanni SCHMINCKII : *Trajecti ad Rhenum*, 1711, *in-4*.

☞ Cette Edition a été donnée avec beaucoup de foins, & on trouve à la fin la comparaifon & les Variantes des différentes Editions & Manufcrits de cet Ouvrage.]

☞ Eadem, cum Notis D. Martini BOUQUET.

Dans fon *Recueil des Hiftoriens de France*, tom. V. pag. 88.

Voyez fur cette Vie, Lenglet, *Méth. hiftoriq. in-4. tom. II. pag.* 258, *& tom. IV. pag.* 52. = Journ. des Sçav. Décemb. 1711. = Biblioth. choifie, tom. XXIII. pag. 70. = Hift. Littér. du Règne de Louis XIV. tom. I. Liv. IV. au Difc. pag. iij. = Journ. de Léipf. 1711, pag. 529. = Recueil des Hift. de France, tom. V. Préf. pag. vij.]

16249. ☞ EGINHARTI de Vita Caroli Magni Commentarius, cum Annotationibus Nicolai HEERKENS : *Groningæ*, 1755, *in-8*.

M. Heerkens, Médecin, a joint à fon Edition une Vie d'Eginhart.]

16250. * La Vie de Charlemagne ; par EGINHART, traduite en François par Hélie Viret : *Poitiers*, 1546, *in-8*.

☞ La même, traduite du Latin d'Eginhart, par Léonard Pournas : *Paris*, Sevestre, 1614, *in-12.*]

La même Hiftoire, traduite en François par Louis Coufin.

Cette Traduction eft imprimée au tom. I. de fon *Hiftoire de l'Empire d'Occident : Paris*, Barbin, 1684, *in-12*. Eginhart eft mort après l'an 828.

Eginhart eft un Auteur exact & judicieux, dont l'Hiftoire eft écrite avec d'autant plus de vérité, qu'il a été témoin d'une bonne partie de ce qu'il raconte ; car il a toujours été auprès de Charlemagne. Son ftyle eft fi pur & fi élégant, que quelques Sçavans ont cru que le Comte Nuénare, qui l'a donné le premier au public, l'avoit retouchée ; mais la conformité de cette première Edition avec toutes les Editions fuivantes, & avec les Manufcrits & les Fragmens cités par d'anciens Auteurs, eft une preuve manifefte qu'elle a été imprimée de la manière qu'elle a été écrite.

16251. De Eginhardo Scriptore Vitæ Caroli Magni, Judicium Marquardi FREHERI.

Ce Jugement eft imprimé au commencement de fon *Recueil des Hiftoriens de France*.

16252. Andreas DU CHESNE, de Eginhardo, Caroli Magni Notario, & ejus Scriptis.

Cette Remarque eft imprimée au tom. II. de fon *Recueil des Hiftoriens de France*, pag. 91, [& tom. V. de Dom Bouquet, *pag.* 84.]

16253. Differtatio Hiftorica de Vita & Scriptis Eginhardi ; auctore Joanne Hermanno SCHMINCKIO.

Cette Differtation eft imprimée au-devant de fon Edition d'Eginhart : *Trajecti ad Rhenum*, 1711, *in-4*.

16254. Mf. Lettre de René PIHAN, (ou François DE CAMPS, Abbé de Signy) à M. Schminck, au fujet de fon Edition d'Eginhart, écrite le 30 Juin 1712 ; avec des Notes & des Obfervations fur cette Edition : *in-4*.

Cette Lettre eft confervée dans la Bibliothèque de M. le Baron d'Hoendorff, Colonel de l'Empereur, [aujourd'hui dans la Bibliothèque Impériale.]

16255. Eginhartus, quondam Caroli Magni Cancellarius, dein Ecclefiæ Seligenftadienfis Fundator, nunc autem illuftratus & contra quofdam auctores vindicatus à Joanne WEINCKENS, ejufdem Abbatiæ Profeffo Sacerdote, Theologo & Priore ; cum ejufdem Eginharti Epiftolis hactenùs ignotis : *Francofurti*, Andreæ, 1714, *in-fol*.

16256. Libri duo de Geftis Caroli Magni, ad Carolum Craffum Imperatorem, ejufdem Caroli Pronepotem, fcripti à quodam Monacho fancti Galli, ex relationibus Werimberti Sacerdotis & Adalberti Militis patris ejus.

Cette Hiftoire eft imprimée dans Canifius, au tom. I. de fes *Lectiones antiquæ*, pag. 358. Cette Edition eft pleine de fautes, & défectueufe en quelques endroits.

☞ Elle eft plus correcte dans l'Edition de Canifius, donnée par Bafnage : (*Antverpiæ*, 1725, *in-fol*.) tom. II. part. 3, *pag.* 41.]

Iidem, cum Manufcripto codice Moiffiacenfis Cœnobii diligenter collati.

Cette Hiftoire eft imprimée dans du Chefne, au t. II. de fon *Recueil des Hiftoriens de France*, pag. 107, [& dans celui de Dom Bouquet, tom. V. pag. 106.] Quelques-uns croient que Notker le Bègue eft l'Auteur de cette Hiftoire. Il a fleuri en 886. « Son ftyle eft fimple » & rude : il mêle quelquefois des fables dans fa narra- » tion. On y trouve cependant plufieurs chofes qui re- » gardent l'Hiftoire de ce temps-là, qu'on chercheroit » inutilement ailleurs », dit Voffius au Chap. XXXVIII. du Livre II. de fes *Hiftoriens Latins*, pag. 338. Ce Moine de S. Gal n'a écrit cette Vie que plufieurs années après la mort d'Eginhart, ou après l'an 850. C'eft Goldaft qui a écrit, je ne fçai fur quel fondement, que Notker étoit l'Auteur de cette Vie, dont la première partie traite de la piété de cet Empereur ; & la feconde, de fes actions militaires.

☞ *Voyez* le Gendre, tom. II. p. 100. = *Hift. Littér. de France*, tom. V. pag. 614. — *Recueil des Hift. des Gaules*, tom. V. Préface, pag. ix & pag. 104.

On trouve dans le tom. II. du Recueil de Hahnius ; *Monumentorum veterum : Brunfvigæ*, 1726, (*in-8*. 2 vol.) *Monachus fan-Gallenfis de Vita Caroli Magni*. C'eft probablement la même Hiftoire que la précédente.]

16257. Annalium de rebus geftis Caroli Magni Imperatoris, Libri quinque, verfu heroïco. Opus quidem incerti auctoris, fed Paderbonâ-Saxonis, Hiftorici & Poëtæ antiquiffimi, id eft Arnulphi Imperatoris tempore æqualis : ex Bibliotheca Guelferbytanâ communicavit Reinerus Reineccius : *Helmftadii*, 1596, *in-4*.

Iidem, cum Notis Reineccii : Opus auctoris incerti, fed Saxonis ac Poëtæ Arnulpho Imperatori æqualis.

Cette Vie eft imprimée dans du Chefne, au tom. II. de fon *Recueil des Hiftoriens de France*, pag. 136, & dans Kulpis, au tom. IV. de fon *Recueil des Hiftoriens d'Allemagne*, pag. 3.

Iidem, ex Codice authentico Bibliothecæ Juliæ Helmstadii.

Cette Vie est imprimée dans Leibnitz, au tom. I. de son Recueil intitulé : *Accessiones historicæ, pag.* 120: *Lipsiæ*, 1698, *in*-4. [& dans son *Recueil des Historiens de Brunswick*, tom. *I. pag.* 110. On la trouve encore dans la Collection de D. Bouquet, *tom. V. p.* 136.]

Ce Poëte a fleuri sous le Règne de l'Empereur Arnoul, qui a commencé en 888 & fini en 899. Il est appellé par Leibnitz, Auteur élégant pour son temps. Selon Vossius, il a pris son sujet d'Adémare, qui a copié Eginhart. Les quatre premiers Livres sont en Vers hexamètres, & le cinquième en Vers élégiaques.

☞ *Voyez* le Gendre, tom. *II. pag.* 47. = *Recueil des Historiens de France*, tom. *V. Préf. pag.* xj.]

16258. ☞ Alcuini Abbatis, & Theodulphi Aurelianensis Episcopi, Carmina.

Ces Poësies renferment divers traits historiques : on les trouve *pag.* 410 & 415, de la Collection de Dom Bouquet, qui a encore donné dans le même Volume quelques autres Morceaux en Vers, qui ont rapport à Charlemagne.]

16259. ☞ Ms. Fragmentum de Historiâ Caroli Magni & de Sanctâ Amalbergâ : *in-fol.*

Ce Fragment, qui est conservé dans la Bibliothèque de M. Jardel à Braine, n'a jamais été imprimé, & ne se trouve pas même dans les Bollandistes, qui ont rapporté tout ce qu'ils ont pu trouver touchant sainte Amalberge.]

16260. Ms. Vita Caroli Magni, scripta jussu Federici I. Imperatoris; per Micrologum, [seu Micrologii Auctorem] circa annum 1165.

Cette Vie est conservée dans la Bibliothèque de l'Empereur, selon Lambecius, qui en a fait imprimer les titres des Chapitres & la Préface, au tom. II. de son Commentaire sur cette Bibliothèque. Micrologus n'est point le nom de l'Auteur, mais le titre de l'Ouvrage sur les rites composé par un Anonyme; ainsi *per Micrologum*, signifie par l'Auteur du Micrologue.

☞ Il y a apparence que c'est la même que celle qui se trouve dans la Bibliothèque de M. Jardel, à Braine, près Soissons, & qui est dans un Recueil de Manuscrits *in-fol.* du XIII. siècle. Elle est intitulée : *Nova Vita Karoli Magni Imperatoris, jussu Frederici Augusti conscripta*, sans nom d'Auteur.]

16261. Fragmenta diversorum Scriptorum de gestis Caroli Magni.

Ces Fragmens sont imprimés dans du Chesne, au tom. III. de son *Recueil des Historiens de France, pag.* 381.

16262. ☞ Excerpta ex Vitis Sanctorum de Pipino & Carolo Magno.

Ces Extraits se trouvent dans la Collection de Dom Bouquet, tom. V. *pag.* 424.]

16263. ☞ Ms. Diverses Histoires de Charlemagne, en vieux François.

Elles sont conservées dans la Bibliothèque du Roi d'Angleterre, comme on le voit par le Catalogue de ses Manuscrits : (*Londres*, 1734, *in*-4.) *pag.* 53 & 288. Voici les titres de ces Manuscrits:

1. Histoire de Charlemagne commençant : *Veirs est que li plusseurs unt oï volentiers.*
2. Les quatre Livres de Charlemaine (en vers.) On les trouve dans un Manuscrit de la Généalogie de Henri VIII.
3. Comment Charles de France vint en Jérusalem. (C'est un Roman).]

16264. Ms. Carolinus, seu Caroli Magni Libri quinque ; auctore Ægidio Parisiensi, Diacono, qui vixit sub Philippo Augusto, cujus filio Ludovico hoc opus inscribitur.

Cette Histoire est citée par Dominicy, *pag.* 273, de son Traité intitulé: *Ansberti familia rediviva : Parisiis*, 1648, *in*-4. Du Boullay, au tom. II. de l'*Histoire de l'Université, pag.* 719, croit que cet Auteur est mort avant l'année 1230.

16265. Ms. Conradi, Presbyteri, Historia Caroli Magni, Linguâ antiquâ Franconicâ, quam priùs Latinè scripsit, deinde Germanicè vertit, ut in fine notatur.

Cette Histoire est conservée dans la Bibliothèque du Vatican, entre les Manuscrits de la Bibliothèque Palatine, num. 112, 384. C'est peut-être Conrad de Mure, Chanoine de Zurich, qui vivoit en 1213, &, selon Gesner, écrivit la Généalogie & l'Histoire de Charlemagne, tirée de plusieurs Histoires, & ramassée de diverses Chroniques.]

16266. Ms. Chronicon Aymerici de Peyraco, Decretorum Doctoris, Abbatis Moissiacensis, de gestis Caroli Magni, ad Joannem Ducem Bituricensem, cum Glossis.

Cette Chronique est conservée dans la Bibliothèque du Roi, num. 9638, & [étoit] num. 2825 de celle de M. Colbert, [dont les Manuscrits sont joints à ceux de la précédente.] L'Auteur fleurissoit en 1401.

16267. Ms. Histoire de France jusqu'à la mort de Charlemagne, en Provençal: *in-fol.*

Cette Histoire est conservée dans la Bibliothèque du Roi, num. 4764.

16268. Ms. Histoire de Charlemagne, en vieux langage du bas Languedoc, autrement appelée Philomela.

Cette Histoire [étoit] conservée dans la Bibliothèque de M. Baluze, num. 658, [& est aujourd'hui dans celle du Roi.]

16269. Ms. Clemens, de Vita Caroli Magni Imperatoris.

Cette Vie est citée par Wolfgang Lazius, dans son Livre de la *République Romaine : Basileæ*, Oporini, 1551, *in-fol.*

16270. Donati Acciaioli, Florentini, de Vita Caroli Magni Commentarius.

Cette Vie est imprimée avec quelques Vies de Plutarque, traduites en Latin, *in-fol.* vieille Edition, 1470, & dans l'*Hagiologe* de Georges Vicelius, *pag.* 178 : *Moguntiæ*, 1541, *in-fol.* Vicelius, par inadvertance, ou plutôt un ignorant correcteur de son Ouvrage, attribue cette Vie à Plutarque ; car Vicelius n'étoit pas capable de faire une pareille méprise. Elle est aussi imprimée dans Freher, à la seconde partie de son *Recueil des Historiens de France, pag.* 549. Acciaïoli est mort en 1478. Il copie dans cette Vie celle qu'Eginhart en a composée. Volaterran écrit qu'il n'y a rien de plus doux que le style de Donat, ce qui exprime bien son caractère & la politesse de ses mœurs. Eginhart & Acciaïoli, selon Bodin, comblent Charlemagne de tant de louanges, qu'ils paroissent plutôt faire un Panégyrique qu'écrire une Histoire.

☞ Cette Vie, tirée d'un Manuscrit plus ample, a été réimprimée dans le *Recueil* de Menkenius, *Script. rerum Germanicarum*, tom. I. *pag.* 813.

Voyez Lenglet, *Méth. historiq. in*-4. tom. *IV. p.* 53. = Le Gendre, tom. II. *pag.* 27.]

16271. ☞ Mf. Vie de Charles le Grand, mife en François avant 1200, à la requête d'Yoland, Comteffe de S. Paul, fœur de Baudouin, Comte de Haynault, furnommé le Bâtiffeur.

Elle eft citée par Fauchet, Liv. I. Ch. IV. de la Langue, & il en rapporte un morceau.]

16272. Mf. Liber Hiftoriæ magnifici Karoli Magni, cum Gloffis folemnibus ; auctore Bernardo DE ROSERGIO, Archiepifcopo Tolofano.

Cet Auteur eft mort en 1474. Son Livre eft cité par Nicolas Bertrand, fol. 68, verfo, Operis de geftis Tholofanorum : Tholofæ, 1515, in-fol.

16273. ☞ Notice d'un Manufcrit intitulé : *Vita Caroli Magni* ; par M. de la Curne DE SAINTE-PALAYE. *Hift. de l'Académie des Infcriptions & Belles-Lettres*, tom. VII. pag. 280.]

16274. Hiftoire de Charlemagne ; par François DE BELLEFOREST.

Cette Hiftoire eft imprimée avec celle des neuf Charles, Rois de France ; par le même : *Paris*, 1568, in-fol.

16275. Chronique choifie, contenant l'Hiftoire de Charlemagne, (en Allemand) ; par Marc WAGNER, de Turinge : *Magdebourg*, 1579, in-4.

☞ On y trouve, parmi des chofes communes, des Obfervations affez curieufes.]

16276. La Vita di Carlo Magno Imperatore, fcritta da Petruccio UBALDINI, Fiorentino : *In Londra*, 1581, in-4.

16277. Harderwici A DASSEL Oratio, quæ continet Hiftoriam Caroli Magni : *Auguftæ Vindelicorum*, 1585, in-4.

16278. ☞ Anonymi Hiftoria Caroli Magni, (en Allemand) : *Hamburgi*, 1723, in-4.

Cette Hiftoire eft citée par Struvius, pag. 896 de fa Bibliothèque hiftorique.]

16279. ☞ Augufta quinque Carolorum Hiftoria, Differtatio L. B. Adami PATACHICH A ZAIESDA, Croata Caroloftadienfi, fub præfidio R. P. Francifci Dolfin propofita : *Viennæ Auftriæ*, 1735, in-4.

On trouve dans cette Thèfe plufieurs chofes intéreffantes concernant la Vie de Charlemagne, & les Diplômes de cet Empereur.]

16280. Caroli Magni Imperatoris, Regis & Principis Vitæ togatæ, Liber primus ; auctore Arnaldo SCHEUFFER : *Fabriani-Saxonum*, 1590, in-4.

16281. Chronique des geftes de Charlemagne, (en Allemand) ; par Erpold LINDENB●●GE : *Hambourg*, 1593, in-4.

☞ Cet Auteur a tiré fa Chronique de différens Ouvrages, tant anciens que modernes. On lui reproche d'avoir fuivi quelquefois les fables de Turpin, & d'avoir manqué d'exactitude dans fes citations. Il a d'ailleurs mêlé a●●●●● plufieurs Antiquités de la Baffe-Saxe.]

16282. ●●●●ti REINECCII Annalium de geftis Caroli Magni, Libri quinque : *Helmftadii*, 1594, in-4.

16283. Hiftoire de Charlemagne, (en Allemand) ; par Jean LETZNER : *Hildesheim*, 1602, in-4.

Cet Auteur a fleuri en 1599.

☞ On y trouve plufieurs fables mêlées avec l'Hiftoire, & des Obfervations affez bonnes fur quelques endroits de la Baffe-Saxe, mais accompagnées de Commentaires qui paroiffent fouvent peu fenfés.]

16284. De Statura Caroli Magni Imperatoris, φιλοπόνημα Marquardi FREHERI.

Cet Ecrit eft imprimé dans la *Repréfentation des Etats d'Allemagne*, du même : *Heidelbergæ*, 1612 : *Norimbergæ*, 1657 : *Heidelbergæ*, 1622, in-4. Dans les *Origines Franc.* de Jean-Ifaac Pontanus, pag. 527 : [*Hardevici*, 1616, in-4.] Dans du Chefne, au tom. II. de fon *Recueil des Hiftoriens de France*, pag. 130, [& dans celui de Dom Bouquet, tom. V. pag. 779.]

16285. Idem, cum Florum Sparfionibus & Notis Guntheri Thulemarii : [*Heidelbergæ*, 1662, in-4.]

Ce même Ecrit eft encore imprimé : *Heidelbergæ*, 1681, in-4. & avec l'Hiftoire d'Eginhart, par Schminck : *Trajecti ad Rhenum*, 1711, in-4.

16286. ☞ Rythmus in obitum Caroli Magni Imperatoris.

Cette Pièce de vers fe trouve dans le tom. III. du *Recueil des Hiftoriens d'Italie* de Muratori.]

16287. ☞ Joannis Henrici BOCRISII, Gymnafii Suevophordienfis Profefforis, Differtatio Scholaftica, de eruditione Catoli Magni ejufque meritis in rem Litterariam : *Suinfurti*, 1726, in-4.

L'Auteur étoit fçavant ; mais il a manqué des fecours néceffaires pour cet Ouvrage.]

16288. ☞ C. A. HEUMANNI Meditatio critica fuper loco illo exagitatiffimo Eginharti, cap. 25 : *Tentabat (Carolus M.) & fcribere, tabulas, qui & Codicillos ad hoc in lectulo, fub cervicalibus, circumferre folebat, ut cùm vacuum tempus effet MANUM EFFINGENDIS LITTERIS ASSUEFACERET.*

Quelques Auteurs ont inféré de ce paffage, que Charlemagne ne fçavoit pas former les Lettres ; d'autres, qu'il vouloit apprendre à peindre ; d'autres enfin, qu'il compofoit des Livres. M. Heuman rejette ces trois fentimens, & prétend que Charlemagne s'exerçoit à faire des Vers. Il propofe pour cela de lire dans Eginhart, *Effingendis metris*. Sa Differtation eft imprimée dans les *Mifcellanea Lipfienf. nova : Lipfiæ*, 1744, in-8. tom. III. part. 1, pag. 124.]

16289. ☞ Joannis Davidis KOELERI, de Bibliothecâ Caroli Magni, Imperatoris, Augufti gloriofiffimi, ad Eginharti de Vitâ ejufdem, capite XXXIII. ex tot Scriptoribus conquifita, Commentatio : *Altdorffii*, 1727, in-4.]

16290. ☞ Chriftiani NIFANII, oftenfio quòd Carolus Magnus non fuerit Papifta : *Francofurti*, 1670, in-8.

L'Auteur veut prouver que Charlemagne avoit fait pour les Eglifes de la Saxe des Réglemens contraires au

Liv. III. Histoire Politique de France.

Rit Romain, & conformes à ceux que Luther a renouvellés depuis.]

16291. ☞ Carolus Magnus, Imperator Romanorum & Francorum Rex Romano-Catholicus adversùs Nifanium; auctore Nicolao SCHATENIO: *Nihusii*, 1674, *in-4*.]

16292. ☞ Carolus Magnus Veritatis Evangelicæ Confessor denuò exhibitus, atque ab impugnationibus Schatenii vindicatus; auctore NIFANIO: *Francofurti*, 1679, *in-8*.]

16293. ☞ Joannis Henrici HEIDEGGERII, Carolus Magnus testis veritatis, Dissertatio.

Cette Piéce se trouve au tom. II. des Dissertations de cet Auteur: *Tiguri*, 1680, *in-4*.

Struvius, dans sa *Biblioth. historiq.* pag. 898, cite encore deux Ouvrages écrits en Allemand à ce sujet. Le premier est de Henri THANA, dans lequel il fait Charlemagne Catholique, mais n'ayant pas beaucoup de Religion: *Coln*, (ou *Cologne*,) 1666, *in-12*. Le second est imprimé à *Ingolstat*, 1584, *in-8*.]

16294. ☞ Pietas Caroli Magni, quâ in conversione Saxonum ad Christianorum sacra usus est.

Cette Dissertation est de Charles HOFFMAN, & il l'a placée à la tête de l'Edition qu'il a donnée de l'Ouvrage de Schutzfleischius, intitulé: *Fundamenta Historiæ Germanicæ mediæ*: *Sneeberga*, 1728, *in-8*.]

16295. De rebus Caroli Magni præclarè gestis; auctore Petro BECANO, Juliacensi.

Ces Gestes sont imprimés dans l'*Histoire d'Aix-la-Chapelle*, du même Auteur, dont le nom en langue vulgaire est VON-BECK: *Aquisgrani*, Hultingii, 1622, *in-4*.

☞ Cet Auteur suit presque en tout Eginhart.]

16296. ☞ Poetæ Anonymi, de Gestis Caroli Magni & aliorum: *Argentorati*, 1687, *in-fol*.]

16297. Historia Caroli Magni, Imperatoris Romani, ex præcipuis Scriptoribus horum temporum concinnata; à Joanne Joachimo FRANTZIO, edita à Joanne Henrico Boeclero: *Argentinæ*, 1644, *in-4*.

☞ Boecler, dans le tom. II. de ses *Dissertations Latines*: (*Argentorati*, 1710, *in-4*.) a donné en Latin cette Histoire de Charlemagne, qui est assez étendue, & dans le tom. III. *Ibid.* 1712, celles de Lothaire I. Louis II. Charles le Chauve, Louis le Bègue, Charles le Gros, Arnoul, Louis IV, & autres Empereurs.]

16298. ☞ Gesta Caroli Magni, Francorum Regis, Carmen Joan. BOVERI & Guill. BOUCHET: *in-4*.]

16299. ☞ Dissertatio de Carolo Magno; auctore Burcardo Gottelfio STRUVIO.

Cette Dissertation sur le Règne de Charlemagne, est la septième de son Ouvrage intitulé: *Syntagma Historiæ Germanicæ*: *Ienæ*, 1716, *in-4*. Les trois Dissertations suivantes traitent aussi des descendans de Charlemagne, qui ont tenu l'Empire jusqu'à Charles le Gros, qui est le dernier.]

16300. Discursus politicus de Carolo Magno, quatenùs vitam ejus distribuunt Claudius Fauchet & Joannes de Serres, Galli; auctore Christiano WEISSIO: *Weissenfelsæ*, 1647: *Leucopetræ*, 1674, *in-4*.

16301. Vie de Charlemagne, premier Empereur d'Allemagne, (en Allemand); par Henri THEVIN, Jésuite: *Cologne*, 1658, *in-8*.

16302. Joachimi Augustini PASTORII, Liber de origine & gestis Caroli Magni.

Ce Livre est imprimé avec son *Tacite Flamand*: *Coloniæ*, 1658, *in-8*.

16303. Joannis GRYPHIANDRI, Jurisconsulti, Commentarius de Weichbildis Saxonicis, sive Colossis Rulandicis Urbium quarumdam Saxonicarum: *Argentorati*, 1666, *in-4*.

Cet Auteur examine l'Histoire fabuleuse de Charlemagne & du Chevalier Rolland, & éclaircit les principaux points de l'Histoire véritable de Charlemagne.

16304. Fasti Caroli Magni, seu rerum à Carolo Magno gestarum Series, quâ non solùm constitutiones quidem sacræ & civiles, ac bella ordine explicantur ac antiquitates, &c. excerpti ex Opere manuscripto Annalium Westphalicorum Henrici TURKII, è Societate Jesu: ex Musæo Conradi Bertholdi Behrens, Doctoris Medici: *Francofurti ad Mœnum*, 1707, *in-4*.

Ces Fastes sont aussi imprimés dans le *Recueil de trois Ecrivains choisis de l'Histoire d'Allemagne*, publiés par Henneccius: *Francofurti*, 1707, *in-fol*.

16305. Vie de S. Charlemagne; par MODESTE de S. Amable.

Cette Vie est imprimée au tom. II. de sa *Monarchie sainte*, pag. 468: *Paris*, 1672, *in-fol*.

16306. Vie du même; par François GIRY.

Cette Vie est imprimée dans son *Recueil des Vies des Saints*, au 20 de Janvier.

16307. Vie du même; par Adrien BAILLET.

Cette Vie est imprimée dans son *Recueil des Vies des Saints*, au même jour.

16308. ☞ Histoire de la Vie de Charlemagne, de ses Réglemens & Ecrits; par Dom Antoine RIVET, Bénédictin.

Dans l'*Hist. Littér. de la France*, tom. IV. pag. 368-413.]

16309. ☞ Histoire du Règne de Charlemagne; par M. le Clerc DE LA BRUERE: *Paris*, 1745, *in-12*. 2 tom. en 1 vol.

C'est un Ouvrage très-superficiel. M. de la Bruere, Secrétaire de l'Ambassade de France à Rome, y est mort de la petite vérole, le 18 Septembre 1754, âgé d'environ 38 ans: il étoit des Académies de la Crusca & des Arcades.

On trouve à la tête une Carte de l'Empire de Charlemagne, & un Discours préliminaire.

A la fin est un mémoire lu à l'Académie des Belles-Lettres, le Vendredi 9 Avril 1745. Il s'y agit du partage fait par Pepin, entre ses deux enfans Charles & Carloman. On y concilie un passage d'Eginhart, avec un autre du Continuateur de Frédégaire sur ce sujet.

Voyez *Jugem. sur quelques Ouvr. nouv. tom. VIII.* p. 89, & 189. = *Journ. de Verdun*, Août, Octob. Nov. 1746. = *Mém. de Trévoux*, Septemb. 1745. = *Merc. Mai*, 1745. = *Controll. du Parnas. tom. I. pag. 99*.]

16310. ☞ Ms. Liber de Sanctitate meritorum & gloriâ miraculorum beati Caroli Magni, ab Anonymo, sub Imperatore Friderico I. circa annum 1165, conscriptus.

Ce Manuscrit se trouve dans la Bibliothèque de S. M. Impériale, num. 201, des *Historiens Latins*.

Voyez le *Supplément de la Méthode de l'Histoire* de l'Abbé Lenglet, *in-*4. *pag.* 160, & les *Actes de Leips.* 1752, *pag.* 367.]

16311. ☞ Christ. Guill. Franc. WALCHII Historia Canonisationis Caroli Magni, variis Observationibus illustrata : *Ienæ*, Sumtibus Gothianis, 1750, *in*-8.]

☞ ON peut voir encore sur l'Histoire de Charlemagne, ce qui en est rapporté dans le tom. II. de l'*Histoire d'Allemagne*, *pag.* 332 & *suiv.* = Dans l'*Abrégé Chronologique de l'Histoire d'Italie*, par M. de Saint-Marc, *tom.* I. *pag.* 361 & *suiv.* = Et pour l'étendue de son Empire, ci-devant (*tom. I.*) les N.os 409-414.& 464-466.]

§. III.
Règne de Louis-le-Débonnaire, depuis 814 jusqu'en 841.

☞ LE Tome VI. du *Recueil des Historiens de France*, par D. Bouquet, est tout entier sur ce Règne.]

16312. Ms. Epitome Historiæ Francicæ, à Priamo & Antenore ad initium imperii Ludovici Pii.

Cet Abrégé est conservé dans la Bibliothèque de l'Empereur, selon Lambecius, *Libro II. de Bibliotheca Vindobonensi*, *pag.* 931.

16313. Ms. Chronique des Rois de France, depuis Clovis jusqu'à Louis le Pieux, dédiée au Comte de Poitiers & de Thoulouse. Elle est tirée d'anciens Ecrivains, sur-tout de plusieurs Légendes.

Cette Chronique est traduite du Latin; elle est conservée dans la Bibliothèque de Berne en Suisse, entre les Manuscrits de Jacques Bongars, num. 607.

16314. Charta Privilegiorum à Ludovico Pio concessorum Hispanis, qui ad ipsum Saracenorum metu confugerant, anno 815.

Cet Acte est imprimé dans Pithou, partie seconde de son *Recueil des douze Historiens contemporains*, *pag.* 188; dans celui de du Chesne, au tom. II. p. 321, [& dans la Collection de Dom Bouquet, tom. VI. *pag.* 470.]

16315. Constitutum de Monasteriis Regni Francorum qui Regi militiam, dona, vel solas orationes debent, ab Ludovico Pio sancitum, anno 817.

Cet Acte est imprimé dans du Chesne, au tom. II. de son *Recueil des Historiens de France*, *pag.* 323.

16316. Fragmentum de Expeditione Ludovici Pii in Britanniam, & Fundatione Monasterii Rothonensis, anno 818.

Ce Fragment est imprimé dans le volume précédent, *pag.* 324.

16317. Chronicon Monasterii Besuensis, complectens res memorabiles in Francia gestas, à Pharamundo usque ad Carolum Magnum, & ulteriùs; auctore JOANNE Monacho Besuensi : editum studio Lucæ d'Achery : *Parisiis*, 1654, *in*-4.

Cette Chronique de l'Abbaye de la Fontaine de Bèze, est jointe ordinairement au tom. I. du *Spicilège* de Dom Luc d'Achery. *Voyez* la Note à l'article de cette Abbaye, (ci-devant, N.° 11719, tom. I. *pag.* 732).

☞ Cette Chronique finit en 1134. Elle se trouve au tom. II. du *Spicilège* de d'Achery, de l'Edition de M. de la Barre, *in-fol.* p. 400. *Voyez* sur cette Chronique & sur celle de S. Bénigne de Dijon, les *Mémoires de Littérature* du Père des-Molets, *tom. IV.*]

16318. Annales Francorum, (Fuldenses dicti seu Laureshamenses,) ab anno 714, ad Ludovici Pii quartum annum; auctore anonymo, qui utitur supputatione temporis secundùm annos regni Francorum : ex vetustissimo Codice hoc tempore non solùm composito, verùm eodem tempore propriâ auctoris manu literis Gothicis exarato.

Ces Annales sont imprimées dans Lambecius, au tom. II. de son Commentaire, intitulé : *De Bibliotheca Vindobonensi*, *pag.* 366, [& dans le *Recueil* de Dom Bouquet, tom. II. *pag.* 644, V. 326, & VI. 206.]

Ces Annales, qui finissent en 817, doivent être appellées, selon Lambecius, les Annales de Fulde ou de Lauresham, par rapport à leur Auteur; car sous l'année 41 de Charlemagne, il les nomme tous deux son Monastère. Elles ont été augmentées & continuées en différens temps par divers Auteurs. Une bonne partie, surtout le commencement, est tirée des Annales de Fulde, citées ci-après, §. V.

☞ *Voyez Hist. Litt. de France*, *tom. IV. pag.* 424. = *Préf.* du *tom. II. du Recueil des Historiens de France*, *pag.* xvij. & du *tom. V. pag.* xx.]

16319. Excerpta Chronici veteris, ab initio Regni Francorum ad annum 818, seu Chronicon Moissiacense ex Codice ejusdem Cœnobii exscriptum.

Cette Chronique est imprimée dans du Chesne, au tom. III. de son *Recueil des Historiens de France*, *pag.* 130.

☞ Dans l'édition qu'a donnée du Chesne de cette Chronique, il y a une lacune qui s'étend depuis 717 à 776, laquelle se trouve remplie, (sur un Manuscrit du Monastère de Repouil, qui est à la Bibliothèque du Roi) dans le *Recueil des Historiens de France*, de Dom Bouquet, *tom. II. pag.* 648.]

16320. De Missis à Ludovico Pio per Episcopatus & Comitatus Regni sui ordinatis Fragmentum : ex Libro *Capitulorum* Karoli Magni & Ludovici Pii, capite 25.

16321. De Translatione divinorum Librorum in Theudescam Linguam jussu Ludovici Pii facta.

Je ne rapporte ces Pièces, qui sont imprimées dans le troisième volume de du Chesne, *pag.* 325 & 326, que parceque j'ai crû que je n'en devois omettre aucunes de celles qui se trouvent dans ce Recueil, quoiqu'elles ne concernent pas notre Histoire.

16322. Versus THEODULPHI, Episcopi Aurelianensis, de Ludovico Pio Imperatore.

Ces Vers sont imprimés dans Canisius, au tom. VI. de ses *Lectiones antiquæ*, *pag.* 504, dans du Chesne, au tom. II. de son *Recueil des Historiens de France*, *pag.* 326, [& dans celui de Dom Bouquet, tom. VI. *pag.* 257.] Théodulphe est mort en 821.

16323. Mf. Fragmentum Annalium Francorum, qui à quibufdam THEODULPHO adfcribuntur.

Ce Fragment eſt conſervé dans la Bibliothèque du Vatican, entre les Manuſcrits de la Reine Chriſtine, num. 989.

☞ Jacques Baſnage a fait imprimer ce Fragment, toujours ſous le nom de Théodulphe, dans ſon Edition des Leçons de Caniſius : (*Antverpiæ*, 1725, *in-fol.*) tom. II. part. 2, pag. 48.]

16324. ☞ Breves Annales Ratiſponenſes.

Elles commencent en 748, & finiſſent en 810. On les trouve dans les Analectes du Père Mabillon, *pag.* 367.]

16325. Fragmentum Gallici Scriptoris : ex CONRADO, Abbate Uſpergenſi, ad ann. 822.

Ce Fragment eſt imprimé dans Pithou, *pag.* 216, de ſon *Recueil des douze Hiſtoriens contemporains.*

16326. ☞ Annales Francorum vetuſti à Carolo Magno, & anno 801, ad annum 822.

Ces Annales ſont imprimées dans la Collection de Menkenius, tom. I. *pag.* 101.]

16327. ☞ Conſtitutio Lotharii Imperatoris, ſub Eugenio II. Papa facta in atrio Petri Apoſtoli, anno 824.

Dans la Collection de Dom Bouquet, tom. VI. *pag.* 410.]

16328. Præceptum LUDOVICI Pii de diviſione Regni inter dilectos filios Pipinum, Ludovicum & Karolum, anno 837.

Cet Acte eſt imprimé dans Pithou, *pag.* 148, de ſon *Recueil des douze Hiſtoriens contemporains.*

Eadem Charta, ſub hoc titulo : LUDOVICI Pii Imperatoris Auguſti Conſtitutio de pace publica & diviſione Regni facienda inter filios; ordinata in Cariſiaco in generali conventu procerum Imperii, anno 837.

Ce même Acte eſt imprimé dans Goldaſt, au tom. II. des *Conſtitutions Impériales : Francofurti*, 1615, *in-fol.*

Eadem, ſub hoc titulo : Præceptum Domini LUDOVICI Pii de diviſione Regni ſui inter filios.

Ce même Acte eſt imprimé dans du Cheſne, au tom. II. de ſon *Recueil des Hiſtoriens de France*, *p.* 327.

Eadem, ſub hoc titulo : Charta diviſionis Imperii inter Pipinum, Ludovicum & Carolum, filios Imperatoris, data anno Chriſti 837. Aquiſgrani in generali populi conventu.

Ce même Acte eſt imprimé dans Baluze, au tom. II. des *Capitulaires des Rois de France : Paris*, 1682, *in-fol.*

☞ On le trouve auſſi dans la Collection de Dom Bouquet, tom. VI. *pag.* 405.]

16329. Examen diſcriminis horum titulorum, à Carolo LE COINTE, Congregationis Oratorii Presbytero.

Cet Examen eſt imprimé au tom. VIII. de ſes *Annales Eccléſiaſtiques*, ſous l'année 837, num. 27. Le Père le Cointe croit que cette Charte a été ſignée à Thionville en 835.

16330. Appendix ad Paulum Diaconum, ab anno 776, ad annum 825.

Voyez ci-devant, au commencement du Règne de Charlemagne.

16331. Fragmenta diverſorum de Ludovico Pio, anno 828.

Ces Fragmens ſont imprimés dans du Cheſne, au tom. II. de ſon *Recueil des Hiſtoriens de France*, *p.* 650. [Dom Bouquet en a donné un bien plus grand nombre, dans ſon Tome VI.]

16332. Annales (Laureſhamenſes dicti) Regum Francorum Pipini, Caroli & Ludovici, ab anno 741, ad annum 829, collecti per quemdam Benedictinæ Religionis Monachum.

Ces Annales ſont imprimées avec la Vie de Charlemagne par Eginhart, par les ſoins du Comte de Nuénate : *Coloniæ*, 1521, *in-*4. *Ibid.* 1561, *in-*16. Dans le Continuateur d'Aimoin, depuis le chapitre cinquante-huitième du cinquième Livre juſqu'à la fin. Ces mêmes Annales, avec l'addition juſqu'en 843, ſont imprimées dans Reuberus, *pag.* 15, de ſon *Recueil des Hiſtoriens d'Allemagne : Francofurti*, 1584, *in-fol.* Cette Addition, de quatorze années, eſt priſe de la Vie de Louis le Débonnaire, citée ci-après, N.° 16360; mais on n'y a pas gardé l'ordre des temps.

16333. Iidem Annales ; auctore ADELMO, vel ſecundùm alios ADEMARO, Monacho Benedictino, per annos continuos octoginta ſeptem uſque ad annum 829.

Ces mêmes Annales ſont imprimées dans Freher, à la ſeconde partie de ſon *Recueil des Hiſtoriens de France*, *pag.* 381.

16334. Iidem ; auctore EGINARDO, Caroli Magni Notario, poſteà Abbate (Salinſtadienſi) ex editione Hermanni Comitis Nuenarii, multis in locis emendata ope exemplaris Manuſcripti.

Ces mêmes Annales ſont imprimées dans du Cheſne, au tom. II. de ſon *Recueil des Hiſtoriens de France*, *pag.* 233; dans le *Recueil des trois Ecrivains choiſis de l'Hiſtoire d'Allemagne*, publiés par Henneccius : *Francofurti*, 1707, *in-fol.* [& dans la Collection de Dom Bouquet, tom. V. *pag.* 196, & VI. 174.]

☞ Ces Annales, dans Henneccius, ſont dites ne s'étendre que depuis 747 à 798.

On trouve des corrections ſur ces Annales dans du Cheſne, tom. II. *pag.* 835. Elles ſont encore plus exactes dans la Collection de D. Bouquet.]

16335. Les mêmes Annales, traduites en François par Louis Couſin.

Cette Traduction eſt imprimée au tom. I. de l'*Hiſtoire de l'Empire d'Occident : Paris*, Barbin, 1683, *in-*12. Du Cheſne, dans ſa nouvelle Obſervation, rapporte les preuves que ces Annales ſont d'Eginhart; c'eſt le ſentiment le plus ſuivi. Cependant le Père le Cointe s'en étonne; il les appelle les Annales de Lauresheim, parceque l'Auteur, ſous l'année 772, de ſes Annales, ſe dit élève de ce Monaſtère. Le même Père le Cointe, ſous l'année 774, num. 127, & ſuivans, rapporte les contradictions qui ſe trouvent entre la Vie de Charlemagne, compoſée par Eginhart, & ces Annales dont la Chronologie eſt vicieuſe, depuis l'an 747 juſqu'en 757.

✠ Dom Mabillon, au tom. II. des *Annales de ſon Ordre*, *pag.* 228, avoit témoigné être du ſentiment du Père le Cointe ; mais *pag.* 504, du même volume, il dit que le témoignage d'Odilon, fort voiſin du temps d'Eginhart, doit l'emporter ſur les conjectures du Père le Cointe. La partie de ces Annales, depuis 700 juſqu'en 714, eſt conforme, mot pour mot, aux Annales qui ont été imprimées ſous le nom de du Tillet, (*Annales Tiliani.*)

☞ *Voyez* sur les mêmes Annales la Préface du Tome V. de Dom Bouquet, *pag.* XIII. *& suiv.* Il rapporte les différens sentimens sur leur Auteur, & paroît incliner pour Eginhart.]

16336. ☞ Annales Regum Franciæ, ab anno 741, ad 829: *Coloniæ*, 1561, *in-*8.

Ce sont probablement les mêmes que celles rapportées par le Père le Long, ci-dessus, sous le nom d'Adémare, N.° 16833.]

16337. WALFRIDI, Abbatis Augiensis, Versus de exilio Judith, Imperatoris Ludovici Pii conjugis.

Ces Vers sont imprimés dans Canisius, au tom. VI. de ses *Leçons antiques*, & dans du Chesne, au tom. II, de son *Recueil des Historiens de France*, *pag.* 338, [& dans celui de Dom Bouquet, tom. VI. *pag.* 167.] Cet Auteur est mort l'an 849.

16338. Mss. Chronica Regum Francorum, à Pharamundo ad annum 16 Pipini Regis Aquitaniæ breviter scripta.

Cette Chronique est conservée au tom. III. des *Fragmens de l'Histoire d'Aquitaine*, recueillis par Claude Estiennot, Bénédictin, *pag.* 97, dans l'Abbaye de saint Germain des Prés.

16339. Consilium HINCMARI, Archiepiscopi Remensis, de pœnitentia Pipini Junioris, Regis Aquitaniæ, anno 832.

Ce Conseil est imprimé dans du Chesne, au tom. III. de son *Recueil des Historiens de France*, *pag.* 414.

16340. AGOBARDI, Archiepiscopi Lugdunensis, flebilis Epistola de divisione Imperii Francorum inter hæredes Ludovici Pii, anno 833.

Cette Lettre est imprimée dans Goldast, au Livre I. de la *Monarchie de l'Empire*, *pag.* 13 dans du Chesne, au tom. II. de son *Recueil des Historiens de France*, *pag.* 329, & au tom. II des *Œuvres d'Agobard*, *p.* 42: *Parisiis*, 1666, *in-*8. Cet Auteur est mort en 840.

16341. ☞ AGOBARDI, Lugdunensis Archiepiscopi, Chartula porrecta Lothario Augusto in Synodo Compendiensi anno 833.

Dans la Collection de D. Bouquet, tom. VI. *p.* 246. C'est un acte ou attestation qu'Agobard donna à Lothaire dans la fameuse Assemblée de Compiègne en 833, de tout ce qui s'y étoit fait pour la déposition de Louis son père. Il y a apparence que les autres Evêques en firent autant. *Voyez* sur Agobard, le *Dictionnaire de Chauffepié* principalement, Note C.]

16342. ☞ AGOBARDI, Liber Apologeticus pro filiis Ludovici Pii Imperatoris, adversùs patrem, anno 833.

Cette Apologie se trouve dans la Collection de Dom Bouquet, tom. VI. *pag.* 248. *Voyez* encore sur cet Ouvrage, le *Dictionnaire de Chauffepié*.

16343. Acta impiæ & nefandæ exauctorationis Ludovici Pii apud Compendium, anno 833.

Ces Actes sont imprimés dans Pithou, au tom. II. de son *Recueil des douze Historiens contemporains*, *p.* 1363 dans Baronius, au tom. IX. de ses *Annales Ecclésiastiques*; dans Sirmond, au tom. II. des *Conciles de France*; dans du Chesne, au tom. II. de son *Recueil des Historiens de France*, *pag.* 327. Ce titre convient très-bien au sujet; car il n'y a rien en effet que de très-méchant & de très-impie dans toute cette affaire.

☞ On trouve ces mêmes Actes, *pag.* 243, du tom. VI. de la Collection de Dom Bouquet.]

16344. Refutatio horum Actorum à Carolo LE COINTE, Congregationis Oratorii Presbytero.

Cette Réfutation est imprimée au tom. VIII. de ses *Annales Ecclésiastiques*, sous l'année 833, num. 38 & suivans. Pour sçavoir en détail les intrigues de la conspiration des fils de Louis le Débonnaire contre lui-même, il faut consulter la Vie de l'Abbé Wala, écrite par Paschase Radbert, rapportée [ci-dessus à l'Abbaye de Corbie, N.° 11879, tom. I. *pag.* 740.]

16345. Ludovici Pii devotio erga sanctum Sebastianum, cùm in Monasterio sancti Medardi à filio suo detineretur; auctore incerto sancti Medardi Monacho, sed coætaneo.

Cet Ecrit est imprimé dans du Chesne, au tom. II. de son *Recueil des Historiens de France*, *pag.* 334.

16346. LUDOVICI Pii conquestio de crudelitate & defectione militum suorum, & horrendo scelere filiorum suorum in sui dejectione & depositione patrato.

Cette Plainte est imprimée dans le volume précédent, *pag.* 336.

16347. Natalis ALEXANDRI, ex Ordine Prædicatorum, de Ludovici Pii Imperatoris exauctoratione & restitutione.

Cette Dissertation est la seconde de celles que cet Auteur a faites sur les principaux points de l'Histoire Ecclésiastique du neuvième siècle: *Parisiis*, 1681, *in-*8. *Ibid.* 1699, 1713, *in-fol.*

☞ L'Auteur prétend détruire, dans cette Dissertation, le sentiment de ceux qui croient que Louis le Débonnaire fut dégradé dans le Synode de Compiègne. Il avoue que ce fut quelques Evêques qui furent les promoteurs de toute cette abominable intrigue; mais il soutient que l'Empereur étoit déja dégradé par ses fils avant la tenue du Concile, qui ne fit autre chose que lui imposer la pénitence canonique, qu'il ne méritoit sûrement pas, comme l'Auteur le prouve. Il le disculpe ensuite de tous les crimes qu'on lui imputoit, de même que l'Impératrice Judith. Il discute aussi les Ecrits des Auteurs qui en ont mal parlé, & finit par un grand nombre de passages des Conciles qui défendent d'attenter à la Majesté des Rois.]

16348. ☞ La Conjuration des Fils de Louis le Débonnaire, contre cet Empereur.

Cette Histoire est imprimée au Tome I. de celle des Conjurations, Conspirations & Révolutions célèbres, tant anciennes que modernes; par M. du Port DU TERTRE: *Paris*, Duchesne, 1754, *in-*12.]

16349. ☞ Ex FLODOARDI Presbyteri Historia Ecclesiæ Remensis.

Ce Fragment s'étend de 814 à 834. Il se trouve dans la Collection de D. Bouquet, tom. VI. *pag.* 213.]

16350. ☞ Ex ERCHEMPERTI, Cassinensis Monachi, Historia Longobardorum.

Ce Fragment s'étend de 818 à 836. Il se trouve *pag.* 205, du même volume.]

16351. ☞ Ex notitiâ de Villa Novilliaco, anno 834.

Ce Morceau se trouve dans le volume précédent, *pag.* 216.]

16352. Opus THEGANI, Franci, Chorepiscopi Trevirensis, de Gestis Ludovici Pii Imperatoris, cum Præfatione Walfridi Strabonis, Abbatis Augiensis.

Cet Ouvrage est imprimé dans Pithou, au tom. II. de son *Recueil des douze Historiens contemporains*, *pag.* 191; dans du Chesne, au tom. II. de son *Recueil des Historiens de France*, *pag.* 174; dans Kulpis, au tom. VI. de son *Recueil des Historiens d'Allemagne*, *pag.* 67, [& dans le *Recueil* de Dom Bouquet, tom. VI. *pag.* 73.] Il y a plus de sincérité que d'agrément de style dans Thégan; son Ouvrage est curieux; il l'a écrit en 837. Lambecius dit au Livre II. de son Commentaire intitulé: *De Bibliotheca Vindobonensi*, *pag.* 391, qu'on y conserve un Manuscrit de cette Histoire, plus ample que les imprimés, & qui contient une addition de deux années, qui manque à l'Edition de Pithou; elle commence en 813, & finit en 837.

☞ Cette Addition de deux années est imprimée après l'Ouvrage de Thégan, dans la Collection de Dom Bouquet, tom. VI. *pag.* 85.

Voyez sur Thégan, le Gendre, *tom. II. pag.* 96. = *L'Hist. Littér. de la France*, *tom. V. pag.* 45. = *La Préface du tom. VI. du Recueil des Historiens de France*, *pag.* v.]

Le même Ouvrage, traduit par Louis Cousin.

Cette Traduction est imprimée au tom. I. de l'*Histoire de l'Empire d'Occident*: Paris, 1683, *in-12*.

16353. Christophori BROUVERI, è Societate Jesu, Observatio de Thegano.

Cette Observation est imprimée au tom. II. de l'*Histoire de la Ville de Trèves*, *p.* 273: Leodii, 1670, *in-fol*.

16354. Ms. Chronicon, ab anno 532, ad annum 839.

Cette Chronique [étoit] conservée dans la Bibliothèque de M. de Harlay, ancien premier Président, [& est aujourd'hui à S. Germain des Prés.]

16355. ☞ Ex Chronographia CONSTANTINI Porphyrogeneti jussu conscripta.

Ce Fragment se trouve dans la Collection de Dom Bouquet, tom. VI. *pag.* 235, & regarde l'an 839.]

16356. ☞ Ex diversis Chronicis.

Ces Extraits s'étendent depuis l'an 814 jusqu'en 840. On les trouve dans le même volume de Dom Bouquet, *pag.* 239.]

16357. Fragmenta diversorum Auctorum de gestis Ludovici Pii.

Ces Fragmens sont imprimés dans du Chesne, au tom. III. de son *Recueil des Historiens de France*, *pag.* 388.

16358. ☞ Excerpta ex Vitis Sanctorum de Ludovico Pio Imperatore.

Ces Extraits se trouvent dans la Collection de Dom Bouquet, tom. VI. *pag.* 272. La pièce intéressante pour ces temps-là est celle de Wala, Abbé de Corbie, composée par Paschase Radbert.]

16359. ☞ Diversorum Carmina, de Ludovico Pio, &c.

Dans le même Volume, *pag.* 297.]

== ☞ Chronicon Monasterii sancti Michaelis in pago Virdunensi.

Cette Chronique, & les Pièces y jointes, servent à l'Histoire de Charlemagne & de Louis le Débonnaire. On la trouve dans les *Analecta* du P. Mabillon, tom. II. *pag.* 350. Le Père le Long a indiqué cette Chronique à l'article de cette Abbaye, ci-dessus, N.° 11684, tom. I. *pag.* 785.]

16360. Vita Ludovici Pii Imperatoris, Karoli Magni filii: incerto auctore, sed tamen coætaneo.

Cette Vie est imprimée dans Pithou, à la seconde partie des *douze Historiens contemporains*, *pag.* 157.

16361. Eadem, sub hoc titulo: Annales rerum gestarum à Ludovico Pio.

Cette même Vie est imprimée dans Reuberus, *p.* 15, de son *Recueil des Historiens d'Allemagne*: Francofurti, 1584, *in-fol*.

16362. Eadem; per Anonymum quemdam & incertum, sed tamen coævum, fidumque Scriptorem, hactenus pro Libro (aut parte Libri quinti) Aimoini credita & edita; sed pleniùs quàm in Collectione Pithœana ex manuscriptis Codicibus Palatinis.

Cette même Vie est imprimée dans Freher, à la seconde partie de son *Recueil des Historiens de France*, *pag.* 445.

16363. Eadem; incerto auctore, qui se professione Astronomum & in Palatio ipsius Imperatoris versatum testatur. Editio nunc recognita, variisque in locis emendata ad fidem duorum Codicum manuscriptorum.

Cette même Vie est imprimée dans du Chesne, au tom. II. de son *Recueil des Historiens de France*, *p.* 286, [& dans celui de Dom Bouquet, tom. VI. *pag.* 87.] Cet Histoire commence en 776; l'Auteur dit à la fin de sa Préface, que ce qu'il a mis jusqu'au commencement du Règne de Louis le Débonnaire, en 814, il l'a pris d'Adémare, qui avoit été élevé avec ce Prince, & qu'il est lui-même témoin de tout ce qui suit, parce qu'il étoit présent à tout ce qui passoit dans le Palais. Du Chesne. Les Editions de cet Ouvrage sont fort différentes. C'est ce que nous avons de meilleur sur le Règne de ce Prince: ses mœurs, ses inclinations & ses différentes avantures y sont décrites fort au long, sur-tout lorsqu'il fut Empereur. L'Abbé le Gendre.

☞ *Voyez* sur cet Ouvrage la Préface du tom. VI. du *Recueil des Historiens de France*, par Dom Bouquet, *pag.* v & vi.]

16364. La même Histoire, traduite par Louis Cousin.

Cette Traduction est imprimée au tom. I. de l'*Histoire de l'Empire d'Occident*: Paris, Barbin, 1683, *in-12*.

16365. Vie de Louis le Débonnaire, (en Allemand); par Jean LETZNER: [cum adjuncta Historia Monasterii Corbeiensis in Saxonia, & triginta nobilium Familiarum Vasallorum Cœnobii]: Hildesheim, 1604, *in-8*.

16366. Hermoldi NIGELLI Exulis, ex Milite Clerici, Ludovici Pii æqualis, Poëma elegiacum de rebus gestis Ludovici Pii in quatuor divisum libros.

Ce Poëme est conservé [Manuscrit] dans la Bibliothèque de l'Empereur, selon Lambecius, au tom. II. de son Commentaire, intitulé: *De Bibliotheca Vindobonensi*, *pag.* 359. Lambecius rapporte en cet endroit le commencement & la fin de ce Poëme, que Barthold-Chrétien Richard devoit publier avec des Remarques, comme le marquoient les *Journaux de Leipsick*, du

mois

mois de Septembre 1712 ; ceux de *Trévoux*, du mois de Mai 1714, nomment Jean-Benoît Gentillot, Bibliothécaire de sa Majesté Impériale, qui s'est chargé de ce soin.

☞ Ce Poëme historique, qui s'étend depuis l'an 781 jusqu'en 826, a été imprimé depuis avec les Notes de Louis-Antoine MURATORI, dans le *Recueil* de Menkenius : *Script. rerum Germ.* tom. *I.* pag. 865. Il éclaircit beaucoup l'Histoire de Louis le Débonnaire & les usages de ce temps. Il se trouve encore dans le *Recueil des Historiens d'Italie*, par Antoine Muratori, tom. III. & dans la Collection de Dom Bouquet, tom. V. *pag.* 1, avec la Préface de Muratori.]

16367. Mf. Vetus Chronicon erutum è manuscripto Codice sancti Martialis Lemovicensis, saltem ab annis 650, exaratum à Monacho sancti Martialis, complectens res gestas ab anno 600, ad annum 840.

Cette Chronique est conservée au tom. I. des *Fragmens de l'Histoire d'Aquitaine*, recueillis par D. Claude Estiennot, dans la Bibliothèque de S. Germain des Prés. Elle convient en quelque chose avec celle d'Ademare, & en diffère en d'autres.

16368. Histoire de la Monarchie Françoise, où sont décrits les faits mémorables & les vertus héroïques de nos anciens Rois, depuis Pharamond jusqu'en 840 ; par Charles SOREL, Historiographe de France : *Paris*, [1629,] 1630, [1632, 1633,] 1636, *in*-8. 2 vol.

L'Auteur dit dans son Avertissement, « qu'encore » que son Ouvrage ne soit pas long, la vraie Histoire » s'y trouve, & que c'est un Extrait des bons Auteurs » de l'antiquité ; que plusieurs choses inutiles ou fausses » en ont été retranchées pour n'y mettre que ce qu'on » a jugé absolument nécessaire ». Il ajoute, *pag.* 317, de sa *Bibliothèque Françoise*, « que son Ouvrage n'a » pu avoir beaucoup de cours, à cause que l'Histoire » n'y est pas entière ». Quoique cet Auteur combatte dans sa Préface les fables touchant l'origine des François, il adopte pourtant celles qu'on a débitées sur les Armoiries de nos Rois, qui sont venues, à ce qu'il prétend, du Ciel, & ont été apportées par un Ange. Sorel est mort vers l'an 1670.

☞ Le premier Volume, qui a paru seul d'abord, va jusqu'en 752. Le second, publié en 1633, sit.it en 840. On trouve à la tête un Avertissement dans lequel il est traité, 1.° de l'origine des François. L'Auteur y réfute les fables qui les font sortir des Troyens, & quelques autres opinions. Il dit qu'il n'y a nulle nécessité & nulle possibilité de connoître l'origine la plus reculée des François ; qu'il suffit de sçavoir que ces Peuples, qui chassèrent les Gaules les Romains, sortoient de l'Allemagne ; qu'il ne faut pas penser non plus que cette Nation entière soit sortie de son pays pour venir s'établir dans les Gaules, mais seulement ceux qui étoient les plus dispos & propres au métier des armes : que le nom de France est un nom de Ligue ou Communauté, qui signifie libre, & non pas un nom de Nation. 2.° On trouve ensuite une espèce de Traité sur la façon dont il faut écrire l'Histoire, en particulier celle de France. Cet Avertissement est ce qu'il y a de meilleur dans l'Ouvrage de Sorel.

Voyez Lenglet , *Méth. hist. in-*4. tom. *IV.* pag. 37. *Biblioth.* de Sorel , *pag.* 187. = Le Gendre , *tom. II.* pag. 20.]

16369. ☞ Hermanni Adolphi MEINDERS, Jurisconsulti Biclefeldensis, Tractatus historico-politico-juridicus de statu Religionis & Reipublicæ sub Carolo Magno & Ludovico Pio, in veteri Saxoniâ, sive Westphaliâ & vicinis regionibus : cui accessit Commentarius ad Capitulationes binas Caroli Magni de partibus Saxoniæ, necnon ad indiculum superstitionum & paganiarum Saxonicarum, &c. *Lemgoviæ*, Meyer, 1711, *in*-4.

Voyez sur cet Ouvrage, les *Actes de Léipsick*, t. *VI*, Suppl. pag. 211.]

16370. NITHARDI, Angilberti filii, Caroli Magni Imperatoris ex Bertha filia nepotis, Abbatis sancti Richerii, de dissentionibus filiorum Ludovici Pii, ab anno 817, ad annum 843, Libri quatuor.

Ces quatre Livres sont imprimés dans Pithou, à la seconde partie de son *Recueil des douze Historiens contemporains*, pag. 297.

16371. Iidem à mendis & corruptionibus innumeris expurgati, partimque ope vetustissimi manuscripti Codicis, partim conjecturis à sensu Historiæ desumptis.

Ces mêmes Livres sont imprimés dans du Chesne, au tom. II. de son *Recueil des Historiens de France*, pag. 359 ; dans Kulpis, au tom. VII. de son *Recueil des Historiens d'Allemagne*, *pag.* 83 , [& dans celui de Dom Bouquet, tom. VI. *pag.* 67, & tom. VII. *pag.* 10.]

Nithard a écrit les premiers Livres par ordre de Charles le Chauve, en 841, & y a ajouté ensuite le troisième, qui contient ce qui s'est passé cette année là ; & le quatrième où il décrit ce qui est arrivé l'année suivante. Il est mort en 853. « C'est un Auteur sensé, prudent, & » même élégant pour son temps, tel qu'il convenoit » être à une personne de sa naissance, & qui avoit une » si grande expérience des affaires ; car les enfans de » Louis le Débonnaire l'avoient employé dans des Am» bassades ; il avoit aussi commandé les Troupes qui te» noient le parti de Charles le Chauve. Il mériteroit » plus de louanges, s'il ne s'étoit pas si fort déchaîné » contre Lothaire ». Gaspard Barthius , au Liv. XLVI. de ses *Diverses Leçons* : *Francofurti*, 1624, *in*-fol.

Voyez le Gendre, *tom. II.* pag. 79. = Rec. des *Hist. de France*, *tom. VII.* Préf. *pag.* iv. = *Hist. Littér. de la France*, *tom. V.* pag. 204.].

16372. ☞ Correction proposée dans le texte de l'Historien Nithard.

Dans les *Singularités historiques* de Dom LIRON, *tom. III. pag.* 285.]

16373. De Nithardo Caroli Magni nepote breve Syntagma, è Pa. P. in Franciæ Curia Consiliarii bimestri rerum prolatarum otio : *Parisiis*, 1616, *in*-4.

Ce même Ouvrage est imprimé dans du Chesne, au tom. II. de son *Recueil des Historiens de France*, *p.* 351. Ces lettres initiales Pa. P. signifient Paul PETAU, Conseiller au Parlement de Paris, mort en 1614.

16374. Chronicon Casauriense, seu Historia fundationis Monasterii Casauriensis, seu Piscariensis in Italia, quod Ludovicus II. Imperator in Italia condidit.

Cette Chronique est imprimée dans le tom. III. du *Recueil* de du Chesne, *pag.* 544. Elle contient beaucoup de choses qui regardent les François, depuis l'an 752 jusqu'en 840.

☞ Elle se trouve dans le tom. III. du *Recueil des Historiens d'Italie*, donné par Muratori, sous ce titre :

Chronicon Casauriense, sive Historia Monasterii Casauriensis à Ludovico II. Imperatore anno 866 conditi ; auctore Joan. BERARDI, Monacho ; ab ejusdem origine, usque ad

Liv. III. Histoire Politique de France.

annum 1182; cum Apparatu Chartarum ineditarum.

Cette Pièce est connue sous le nom de *Chronicon Pistariense.* D. Bouquet en a donné un Extrait, tom. VII. pag. 261. *Voyez* le Gendre, *tom. II. pag.* 58.]

16375. ☞ Annales veteres Francorum ex Manuscripto Bibliothecæ Regiæ.

Ces Annales commencent en 670, & finissent en 840. Elles se trouvent dans la *Collectio veterum Scriptorum*, de DD. Martenne & Durand, tom. V. *pag.* 883.]

16376. ☞ Histoire de la Vie & des Réglemens de Louis le Débonnaire; par D. Antoine Rivet, Bénédictin.

Dans l'*Hist. Littér. de la France, tom. IV. pag.* 583-606.]

☞ On peut voir encore ce qui concerne Louis le Débonnaire, dans l'*Histoire d'Allemagne* du P. Barre, *tom. II. pag.* 517 *& suiv.* = Dans l'*Abrégé Chronologique de l'Histoire d'Italie*, par M. de Saint-Marc, *tom. I. pag.* 462 *& suiv.*]

§. IV.

Règne de Charles le Chauve, depuis l'an 840 jusqu'en 877.

☞ Tous les Monumens qui y ont rapport, ainsi qu'aux autres fils & petits-fils de Louis le Débonnaire, se trouvent dans le tom. VII. de la Collection de Dom Bouquet.]

16377. Flori, Diaconi Lugdunensis, Querela de divisione Imperii post mortem Ludovici Pii Imperatoris.

Cette Plainte est imprimée dans Mabillon, au tom. I. de ses *Analecta, pag.* 388. L'Auteur vivoit en 852.

☞ Elle se trouve *pag.* 301, du tom. VII. de la Collection de Dom Bouquet, qui a mis ensuite diverses autres Pièces en vers sur les affaires du même temps. *Voyez* sa *Préface, pag.* xvj & xvij.]

== ☞ Apologeticon Ebbonis, anno 840.

Dans la Collection de D. Bouquet, tom. VII. p. 281, Le P. le Long l'a rapporté à l'Article de l'Archev. de Reims, ci-devant, N.° 9546.]

16378. ☞ Conradi Samuelis Schurzfleschii Disquisitio de divisione Imperii Carolini ex optimis Scriptoribus.

Cette Dissertation se trouve num. 111, de son Recueil intitulé : *Disputationes*, imprimées à Leipsick.]

16379. ☞ Observations sur l'Epoque de la Bataille de Fontenai, (en 841); par M. l'Abbé (Jean) Lebeuf. *Hist. de l'Académie des Inscript. & Belles-Lettres, tom. XVIII. pag.* 303.]

16380. ☞ Nouvelle preuve de l'Epoque de la Bataille de Fontenai, avec le récit de quelques événemens remarqués par des Italiens, qui en informèrent un de leurs Historiens; par M. l'Abbé Lebeuf. *Journal de Verdun*, 1755, Février.]

16381. Marquardus Freherus, de fœdere Ludovici Germaniæ & Caroli Galliæ Regum, anno 842 percusso : 1611, *in-*4.

Cet Auteur est mort en 1614.

☞ Dom Bouquet a fait réimprimer cet Ouvrage dans son *Recueil des Historiens de France, tom. VII. pag.* 34.]

16382. ☞ Privilegium Episcoporum Germiniaci Congregatorum pro Corbionensi Monasterio, anno 843.

Dans la Collection de D. Bouquet, tom. VII. p. 284.]

16383. Fragmentum ex Chronico sancti Sergii Andegavensis, de bello Britannico inter Rainaldum Caroli Calvi Ducem & Lambertum Comitem, & de direptione Urbis Nanneticæ per Normannos, anno 843.

Ce Fragment est imprimé dans du Chesne, à la page 20 de son *Recueil des Historiens de Normandie*, & au tom. II. de celui des *Historiens de France, p.* 386. ☞ On le trouve aussi dans la Collection de Dom Bouquet, tom. VII. *pag.* 53.]

☞ Fragmentum Historiæ Britanniæ Armoricæ, ex Ms. Cartusiæ Vallis-Dei.

Ce Fragment est imprimé dans le *Trésor des Anecdotes* de Dom Martenne, tom. III. *pag.* 830. Il est le même que celui rapporté au numéro précédent, dont du Chesne n'avoit donné que le commencement : celui-ci est plus entier. On le trouve aussi *p.* 46, du tom. VII. de la Collection de Dom Bouquet.]

16384. ☞ Dissertation sur une Lettre d'Eginhart, qui concerne un point important pour l'Histoire du Règne des Enfans de Louis le Débonnaire.

Cette Dissertation est de D. Jean Liron, Bénédictin, & se trouve dans ses *Singularités historiques, tom. I. pag.* 1 : *Paris*, 1738, *in-*12.

L'Auteur prouve, contre le Père Mabillon, que cette Lettre n'est point d'Eginhart; qu'elle a été écrite par un Seigneur François, qui pourroit être Adalard, oncle d'Hermentrude, femme de Charles le Chauve, & que ce fut environ l'an 843, pour répondre à une autre que l'Impératrice Hermengarde, femme de Lothaire, avoit adressée à ce Seigneur, qui, par ce qu'il dit de lui-même, paroît avoir été fort au-dessus d'Eginhart.]

16385. ☞ Narratio de morte Bernardi Septimaniæ Ducis, anno 844.

Dans la Collection de D. Bouquet, tom. VII. p. 286. *Voyez* la *Préface, pag.* xiii.]

16386. Fragmentum de Normannorum gestis circa Parisiacam Urbem, & de divina in eos ultione tempore Caroli Calvi, anno 846; auctore Aimoino, Monacho sancti Germani à Pratis.

Le Fragment de ce Religieux de S. Germain des Prés, qui vivoit alors, est imprimé au tom. II. des *Historiens de France* de du Chesne, *pag.* 655.

16387. ☞ Exemplar Notitiæ qualiter Dominus noster Carolus filius vester carissimus querelæ Roberti Episcopi finem dederit, anno 848.

Dans la Collection de Dom Bouquet, tom. VII. *pag.* 297.]

16388. ☞ Indiculus de Episcoporum Britonum depositione, anno 848.

Dans le même volume, *pag.* 288.]

Règne de Charles le Chauve.

16389. Fragmenta de Regum Francorum rebus gestis, à Carolo Martello anno 738, ad annum 853; auctore ADREVALDO, Monacho Floriacensi, excerpta ex Libro ejusdem de Miraculis sancti Benedicti in Gallia patratis post translationem.

Ces Fragmens sont imprimés au tom. I. des *Actes des Saints de l'Ordre de S. Benoît*, pag. 369. Cet Auteur vivoit encore en 890. Il rapporte ici des choses considérables des Règnes de Pepin, de Charlemagne, de Louis le Débonnaire, de Charles le Chauve & de Louis le Begue. Son style est ampoulé & peu naturel.

☞ *Voyez* le Gendre, tom. II. *pag.* 4.]

== Historia Eversionis Monasterii sancti Florentii veteris à Britonibus & Normannis, &c.

Cette Histoire s'étend depuis l'année 843 jusqu'en 853. Elle se trouve dans le *Trésor des Anecdotes* de Dom Martenne, tom. III. pag. 843. Le Père le Long l'a rapportée à l'article de cette Abbaye, ci-devant, N.° 12469.]

16390. Excerpta revelationum, quas AUDRADUS Modicus scripsit, anno 853.

Ces Extraits sont imprimés dans du Chesne, au tom. II. de son *Recueil des Historiens de France*, p. 390.

☞ Ces Révélations, vraies ou feintes, pour corriger les Rois, se trouvent dans la Collection de Dom Bouquet, tom. VII. p. 289. Audrad demeuroit à Sens.]

== ☞ Narratio Clericorum Remensium de Ebbone Archiepiscopo.

Cette Histoire Apologétique s'étend depuis l'année 840 jusqu'en 853. Elle se trouve dans la Collection de Dom Bouquet, tom. VII. pag. 177. Le Père le Long l'a rapportée à l'article de l'Archevêché de Reims, ci-devant, N.° 9543. Le Père le Cointe l'a réfutée, *ad ann.* 840, num. 67.]

16391. Chronica (Tiliana) Regum Francorum breviter digesta, à primo Francorum eorumdem ortu usque ad Ludovici Pii Imperatoris filios, sive ad annum 855; Auctore anonymo, qui sub Rege Carolo Calvo scribebat ante mensem Septembrem anni 855, quo Lotharius Imperator Prumiæ obiit : ex Codice Joannis Tilii.

Cette Chronique est imprimée dans Labbe, au tom. I. de sa *Nouvelle Bibliothèque des Manuscrits*, pag. 330. [Elle se trouve dans la Collection de D. Bouquet, mais partagée selon sa méthode, au tom. II. pag. 642, & V, pag. 17.]

16392. Ms. Fragmentum brevis Chronici, ab anno 742, ad annum 855, ex Codice Elnonensis Monasterii in Belgio.

Cette Chronique est conservée dans la Bibliothèque de ce Monastère.

16393. Fragmenta Chronici Fontanellensis, ab anno 841, ad annum 856.

Ces Fragmens, qui contiennent une partie du Règne de Charles le Chauve, sont imprimés dans du Chesne, au tom. II. de son *Recueil des Historiens de France*, p. 383. Dom Luc d'Achery a publié toute cette Chronique au tom. III. de son *Spicilége*, pag. 185.

☞ On en trouve des Extraits dans la Collection de D. Bouquet, tom. VI. pag. 173, & tom. VII. p. 40.]

16394. ☞ Præceptum Caroli Aquitaniæ

Tome II.

Regis, pro Agilmaro, Archiepiscopo Viennensi, anno 856.

Dans la même Collection, tom. VII. *pag.* 675.]

16395. Excerptum ex Epistola EULOGII, Presbyteri Cordubensis, scripta anno 886, de factionibus Wilhelmi Magni & Comitis Sancii Sancionis adversùs Carolum Calvum.

Cet Extrait est imprimé dans du Chesne, au tom. II. de son *Recueil des Historiens de France*, pag. 399.

16396. Fragmenta diversorum Scriptorum de rebus Lotharii & Ludovici II. Imperatorum in Italia.

Ces Fragmens sont imprimés dans le Volume précédent, pag. 394.

16397. Libellus proclamationis D. Caroli Regis adversùs Wenilonem, Archiepiscopum Senonensem, in Synodo Tullensi apud Saponarias, anno 859.

Ce Livre est imprimé dans Pithou, au tom. II. de son *Recueil des douze Historiens contemporains*, pag. 379, & dans du Chesne, au tom. II. de son *Recueil des Historiens de France*, pag. 436.

16398. De Divortio Lotharii Regis & Reginæ Teutbertæ Liber, anno 860, scriptus ab HINCMARO, Archiepiscopo Remensi : *Parisiis*, 1615, *in-4*.

Ce même Livre est imprimé avec ses Œuvres : *Parisiis*, 1645, *in-fol.* & au tom. XVI. de la *Bibliothèque des Pères*, de l'Edition de Lyon.

16399. ☞ Ex Libro HINCMARI, Archiepiscopi Remensis, de Divortio Lotharii Regis.

Dans la Collection de D. Bouquet, tom. VII. p. 292. On y voit que l'épreuve de l'eau bouillante étoit alors encore en usage.]

16400. De eodem Divortio ac Waldradæ pellicis nuptiis Concilia Aquisgranensia tria, annis 860 & 862.

Ces Conciles sont imprimés dans le *Recueil des Conciles du Louvre & du Père Labbe*, sous ces années.

16401. Natalis ALEXANDRI, Ordinis Prædicatorum, Dissertatio de eodem Divortio.

Cette Dissertation est la neuvième de celles que cet Auteur a publiées sur les principaux points de l'Histoire Ecclésiastique du dixième siècle : *Parisiis*, 1681, *in-8*. *Ibid.* 1699, 1713, *in-fol.*

☞ On y rapporte fort au long tout ce qui se passa dans l'affaire du Divorce du Roi Lothaire, tant en France qu'à Rome, les intrigues & les ressorts qu'on y fit jouer, la courageuse résistance des Papes, & le succès qu'eut la Reine Teutberge sur sa concurrente Valdrade.]

16402. ☞ Annales Francorum Lambeciani, cum Additamentis & crisi Joan. Benedicti GENTILLOTI. Supplementum, sive Fragmentum Concilii Romani habiti anno 863..

Dans le tom. III. du *Recueil des Historiens d'Italie*, par Muratori. Dom. Bouquet a donné des Fragmens de ces Annales dans sa Collection, tom. II. pag. 645 & VI. pag. 63. *Voyez* la Préface de ce dernier volume, p. vj.]

16403. Fragmentum de incursu Normannorum in Vasconiam & de Provinciæ ejus Ducibus tempore Caroli Calvi, anno 864.

Ce Fragment est imprimé dans du Chesne, au tom. II. de son *Recueil des Historiens de France*, *pag.* 400.

16404. Divisio Regni Lotharii facta anno 870, inter Reges Carolum & Ludovicum fratres.

Cet Acte est dans le même Volume, *pag.* 453.

16405. Epistola Apologetica LUDOVICI II. Imperatoris ad Basilium Imperatorem missa, anno 871.

Cette Lettre est imprimée au tom. III. du *Recueil* de du Chesne, *pag.* 555.

☞ *Voyez* aussi *pag.* 572 du tom. VII. de D. Bouquet, qui a donné, *p.* 209, un Extrait de la Vie de Basile, Empereur de Constantinople, par Constantin Porphyrogenete son petit-fils.]

16406. Qualiter Normanni Civitatem Andegavensem ceperunt, & ab ea per Carolum Calvum expulsi sunt anno 872, ex Chronico sancti Sergii Andegavensis.

Cet Ecrit est imprimé au *Recueil des Historiens de* du Chesne, *tom. II. pag.* 400.

16407. Exactio Normannis constituta tempore Caroli Calvi Regis, ut ab ipsius Regno recederent, anno 872.

Ce Traité est imprimé dans le même volume, *p.* 460.

16408. ☞ Mémoire sur l'état de l'Empire François, lorsque les Normans y firent des incursions ; par M. BONAMY. *Mém. de l'A- cadémie des Belles-Lettres, t. XV. p.* 639.]

☞ Mémoire sur l'état du Royaume de France, pendant le Règne de Charles le Chauve, & sur les causes de la facilité que les Normans trouvèrent à le ravager ; par le même. *Ibid. tom. XVII. pag.* 245.]

☞ Mémoire sur les incursions que les Normans firent dans la Neustrie ; par le même. *Ibid. pag.* 273.

L'Auteur expose, dans les deux premiers Mémoires, les causes de la facilité que les Normans trouvèrent à ravager la France. Ces causes sont la dissention entre les Princes de la famille Royale, le partage du Royaume, l'ambition & le mécontentement des Grands, la misère des peuples & plusieurs autres qui en étoient des conséquences. Dans le troisième Mémoire, il traite des incursions que ces Barbares firent sur les bords de la Seine, depuis la mort de Louis le Débonnaire jusqu'au Siège de Paris en 885. Ce point de notre Histoire est discuté avec toute la netteté, la précision & la méthode possibles.]

16409. ☞ Ex Historiolâ Longobardorum; auctore Monacho Cassinensi coævo.

Ce Fragment va depuis 846 jusqu'en 871. On le trouve au tom. II. du *Recueil des Historiens d'Italie*, par Muratori, & dans la Collection de Dom Bouquet, tom. VII. *pag.* 45.]

━━ ☞ Ex FLODOARDI Historia Ecclesiæ Remensis.

Dans le même volume de D. Bouquet, *pag.* 212. Ce Morceau s'étend depuis 840 jusqu'en 873.]

16410. ☞ ANDREÆ, Presbyteri Itali, Chronicon breve, hactenus ineditum, ab anno 568, usque ad annum 877.

Cette Chronique est imprimée dans la Collection de Menkenius, *Script. rer. Germanic. tom. I. pag.* 89. On en trouve deux longs Extraits dans le *Recueil des Historiens de France* de D. Bouquet, tom. VI. *pag.* 680, & VII. *pag.* 204. On croit qu'André étoit Prêtre de Bergame. Il fut l'un des Ecclésiastiques qui porta le corps de l'Empereur Louis II. de Bergame à Milan.]

16411. ADONIS, Viennensis Archiepiscopi, Breviarium Chronicorum de sex ætatibus mundi, ab orbe condito ad annum Christi 879 ; *Parisiis*, 1522, *in-*4.

Cette Chronique est aussi imprimée avec l'*Histoire de France* de Grégoire de Tours : *Parisiis*, 1512, *in-fol. Ibid.* Morelli, 1561 : *Basileæ*, Pernæ, 1568, *in-*8. dans l'*Historia Christiana* de Laurent de la Barre : *Parisiis*, 1583, *in-fol.* & dans toutes les *Bibliothèques des Pères*. Toutes ces Editions sont pleines de fautes. Adon est mort en 875, selon le Père Mabillon, partie II. du quatrième Siècle Bénédictin.

☞ Dom Bouquet en a donné des Extraits correctement ; dans sa Collection, tom. V. *pag.* 316, VI. *p.* 190, & VII. *pag.* 54.]

Quoique la Chronique d'Adon soit générale, elle regarde néanmoins plus particulièrement l'état des François. Elle est citée avec éloge par les Auteurs les plus exacts. Le Père Labbe, *pag.* 11, de sa *Dissertation sur les Ecrivains Ecclésiastiques*, dit que ce qui a été ajouté à cette Chronique après l'année 874, jusqu'au décès de Louis le Begue en 879, est d'un inconnu fort peu versé dans la connoissance de l'Histoire de ce temps-là.

☞ *Voyez* Lenglet, *Méth. historiq. in-*4. *tom. IV. pag.* 52. = Le Gendre, *tom. II. pag.* 4. = *Recueil des Historiens de France, tom. V. Préface, pag.* xvj.]

16412. ☞ Ex ERCHEMPERTI, Cassinensis, Historiâ Longobardorum.

Ce Fragment s'étend de 840 à 875. Il est imprimé dans la Collection de D. Bouquet, tom. VII. *p.* 155. On en a donné, dans les Volumes précédens, deux autres Extraits que nous avons indiqués. Cette Chronique, qui commence à l'an 768, va jusqu'en Janvier 889, & l'Auteur mourut alors. Muratori est le premier qui l'ait publiée, dans son *Recueil des Historiens d'Italie*.]

16413. ☞ Ex EUTROPII, Presbyteri, Tractatu de juribus & privilegiis Imperatorum, in Imperio Romano.

Dans la Collection de D. Bouquet, tom. VII. *p.* 298. Cette Pièce se rapporte à l'an 875, environ, quoique l'Auteur paroisse n'avoir écrit qu'au onzième siècle. *Voyez* dans la Préface du tom. VI. de Dom Bouquet, *pag.* xv. & xvj. quelques exemples de ces erreurs relevées par le Père Pagi.]

16414. Electio Caroli Imperatoris ab Italici Regni Episcopis & cæteris Optimatibus confirmata, anno 876.

Cet Acte est imprimé dans Pithou, à la seconde partie de son *Recueil des douze Historiens contemporains*, *pag.* 390, & dans du Chesne, au tom. II. de son *Recueil des Historiens de France*, *pag.* 458.

16415. Acta Concilii Ticinensis anno 876, habita pro electione Caroli Calvi, cum Animadversionibus Jos. Antonii SAXII.

Dans le *Recueil des Historiens d'Italie*, par Muratori, *tom. III.* Pavie s'appelloit autrefois *Ticinum.*]

16416. ☞ Ex Notitia de Villa Noviliaco, ab anno 843 ad 876.

Dans la Collection de D. Bouquet, tom. VII. *p.* 215.

C'est un Supplément à Flodoard, dont on croit qu'Hincmar est l'Auteur.]

16417. ☞ Ex Chronico Britannico, ab anno 841 ad 876.

Dans le même Volume, *pag.* 221.]

16418. Gesta qualiter electio Caroli Imperatoris confirmata fuit Romæ, anno 877.

Ces Gestes sont imprimées dans du Chesne, au tom. II. de son Recueil des Historiens de France, *pag.* 467.]

16419. ☞ Annales Weingartenses.

Ces Annales commencent en 811 & finissent en 877. On les trouve dans les *Analectes* du Père Mabillon, *pag.* 368.]

16420. ☞ Ex Chronico Fratris RICHARDI, quod Petro Cluniacensi Abbati, scripsit.

Ce Morceau est dans le même volume, *pag.* 258. Il commence à l'an 841, & finit en 877, qui fut l'année de la mort de Charles le Chauve.]

16421. Inscriptiones de Carolo Calvo Imperatore: ex Codice veteri Evangeliorum Monasterii sancti Dionysii.

Ces Inscriptions sont imprimées dans le tom. II. du Recueil de du Chesne, *pag.* 659.

16422. ☞ Versus, Epitaphia, &c. de Carolo Calvo.

Dans la Collection de Dom Bouquet, tom. VII. *pag.* 310, & tom. VIII. *pag.* 678.]

16423. ☞ Excerpta ex Vitis Sanctorum, de Lothario & Ludovico Imperatore ejus filio, de Lothario Lotharingiæ Rege, de Ludovico Germaniæ Rege, & de Carolo Calvo.

Dans le tom. VII. de Dom Bouquet, *pag.* 323.]

16424. ☞ Dissertatio de Ludovico Pio, Lothario & Ludovico II.

Cette Dissertation est la huitième de celles qui sont contenues dans l'Ouvrage de STRUVIUS, intitulé : *Syntagma Historiæ Germanicæ*, tom. I. Iena, 1716.

☞ On peut voir encore, *Historia & res gestæ Ludovici Germanici*, dans les Opuscules de Jean Gottlieb Heineccius, & dans ses Œuvres, tom. VII. part. 2, *pag.* 695.]

16425. De Gestis Caroli Calvi & fratrum ejus ac nepotum.

Cette Narration est imprimée dans le *Recueil* de du Chesne, au tom. III. *pag.* 40.

16426. Fragmentum Historiæ Franciæ, à morte Ludovici Pii, anno 840, ad Regem Ludovicum II. seu ad annum 877.

Ce Fragment, qui contient le règne de Charles le Chauve, est imprimé dans le même volume, *p.* 401.

16427. ☞ Ex Libro Monasterii sancti Wandregisili.

Ce Fragment, qui s'étend depuis 841 jusqu'en 877, se trouve dans la Collection de D. Bouquet, tom. VII. *pag.* 44. C'est presque entièrement une copie de ce qui se lit dans la Chronique d'Adon.]

16428. Ms. Historia quædam de Carolo Magno, Ludovico Pio & Carolo Calvo : *in-*4.

Cette Histoire est conservée dans la Bibliothèque de S. Germain des Prés, num. 646. Elle va depuis l'an 768 jusqu'en 877.

16429. ☞ Ex diversis Chronicis.

Ces Extraits, qui commencent en 841 & finissent en 877, sont imprimés dans la Collection de D. Bouquet, tom. VII. *pag.* 270.]

16430. Ms. De origine & gestis Francorum usque ad Ludovicum Balbum, Libri tres anonymi Scriptoris.

Ces Livres sont conservés dans la Bibliothèque du Vatican, num. 1795.

16431. Histoire de Charles le Chauve; par François DE BELLEFOREST.

Cette Histoire est imprimée dans celles des neuf Charles : *Paris*, 1568, *in-fol.*

16432. ☞ Histoire de la Vie, des Réglemens, &c. de Charles le Chauve.

Dans l'*Hist. Littér. de la France*, tom. V. *p.* 483-514.]

16433. ☞ Explication d'une Inscription de Charles le Chauve.

Dans les *Mém. de Littér.* du P. Des-Molets, *tom. IX.*]

16434. ☞ Monumens historiques concernant nos Rois des huitième & neuvième siècles. Les deux premiers sur Lothaire & Hugues, fils de Charlemagne, & l'autre sur l'apport du corps de S. Corneille à Compiègne, par Charles le Chauve.

Dans le *Recueil de divers Ecrits* de l'Abbé LEBEUF : *Paris*, 1738, *tom. I. pag.* 333-351.]

§. V.

Règnes des derniers Rois de la seconde Race, depuis Louis le Bègue jusqu'à la mort de Louis V. ou depuis l'an 877 jusqu'en 987.

☞ Les Monumens historiques de cet intervalle, recueillis par Dom Martin Bouquet, forment les Tomes VIII & IX. de son *Recueil des Historiens de France* : il est mort en 1754, comme l'on imprimoit le Tome IX.]

16435. Ms. Brevis Chronica & Genealogia Regum Francorum, à Marcomiro usque ad Ludovicum III. seu ad annum Christi 879, unâ cum Genealogia Ducum Normannorum à Rollone usque ad Joannem Anglorum Regem.

Cette Chronique est conservée dans la Bibliothèque du Vatican, entre les Manuscrits de la Reine Christine, num. 166.

16436. Ms. Livre neuvième des Chroniques, ou seconde partie de l'Histoire, depuis Constantin le Grand, jusqu'à Louis III. Roi de France, traduit par ordre de Charles V. Roi de France; par Jean GOLEIN, de l'Ordre des Carmes.

Ce Livre est conservé à Londres, dans la Bibliothèque du Chevalier Cotton, Otho, C. IV.

☞ Il y en a aussi un Exemplaire du XIVe Siècle, avec de belles Vignettes, dans l'Abbaye de S. Vincent de Besançon.]

16437. Annales Regum Francorum, à tem-

LIV. III. *Histoire Politique de France.*

pore quo, Carolo Martello defuncto, Carlomannus & Pipinus, fratres, Regnum adepti funt, ad annum 882, ex vetusto Codice Monasterii sancti Bertini, (unde Bertiniani dicti.)

Ces Annales sont imprimées dans du Chesne, au tom. III. de son *Recueil des Historiens de France*, *pag.* 50. Elles tirent leur nom du Monastère où l'on conserve le Manuscrit sur lequel elles ont été imprimées. « La première partie de ces Annales, depuis l'an 741. jusqu'en 814, (qui dans le Manuscrit de S. Bertin, suit l'Appendice de l'Histoire de Grégoire de Tours, & qui forme la petite partie des Gestes des Rois de France,) est la même chose que les Annales populaires des Rois de France. La suite, depuis l'an 814. jusqu'en 830, s'accorde avec les Annales d'Eginhart. Mais ce qu'on y rapporte particulièrement depuis l'an 840, où commence le Règne de Charles le Chauve, jusqu'en 882 où elles finissent, ne se trouve presque point ailleurs, excepté dans le Continuateur d'Aimoin, qui en a inféré quelques endroits dans son cinquième Livre, depuis le chapitre Vingt-unième jusqu'au quarante-unième. Au reste, ces Annales sont excellentes; on peut les appeller de saint Bertin, pour les opposer à celles de Fulde ou de Mayence, dont l'Auteur s'est emporté jusqu'au point de calomnier Charles le Chauve. Ces dernières sont ainsi appellées, parcequ'elles ont été écrites à Fulde, sous la domination du Roi de Germanie, ou, comme d'autres disent, à Mayence ». Du Chesne, là même.

Les mêmes Annales, traduites par Louis Cousin.

Cette Traduction est imprimée au tom. I. de l'*Histoire de l'Empire d'Occident : Paris*, Barbin, 1683, *in*-12. « Les Annales de S. Bertin sont les plus amples & les plus exactes de toutes celles qui contiennent l'Histoire du huitième ou du neuvième siècle ; ce qui n'empêche pas qu'on ne trouve dans celles de Metz ou de Fulde certains événemens avec plus d'étendue ». Cousin, dans la Préface de cette Traduction.

☞ Annales Bertiniani, &c. juxtà exemplar quod est in Bibliotheca sancti Bertini, quod differt aliquantulum à Rosweidano.

Dans la *Collection* de D. Bouquet, tom. VI. p. 192, tom. VII. p. 57, & tom. VIII. pag. 26.

Ces Annales ont été encore imprimées, d'après du Chesne, dans le *Recueil des Historiens d'Italie*, par Muratori, tom. II. avec un Supplément d'un autre Auteur, qui s'étend depuis 883 jusqu'à 900.

Voyez sur ces Annales, le Gendre, tom. II. p. 14. = Lenglet, *Méth. hist. in*-4. tom. II. pag. 144. = *Hist. Litter. de la France*, tom. V. pag. 594. = *Recueil des Historiens de France*, tom. VI. *Préface*, pag. 9, t. VII. *Préface*, pag. 6 : tom. VIII. *Préface*, pag. 3.]

16438. ☞ Notice raisonnée d'un Manuscrit des Annales de S. Bertin, que du Chesne n'a pas connu ; par M. l'Abbé (Jean) LEBEUF. *Hist. de l'Académie des Inscript. & Belles-Lettres*, tom. *XVIII*. pag. 274.

Ce sont celles qui ont été publiées par D. Bouquet.]

16439. ☞ Doute proposé aux Sçavans, au sujet des Auteurs des Annales des Rois de France, connues sous le nom de S. Bertin ; (par M. Lévêque DE LA RAVALIERE. *Merc. Décembre*, 1736, prem. & second vol.

L'Auteur de ce Doute l'a divisé en deux parties. Dans la première, il tâche de montrer que la partie de ces Annales qui s'étend depuis 830 jusqu'à 860, a été écrite par S. Prudence, Evêque de Troyes ; dans la seconde, qu'il y a apparence qu'elles ont été continuées

par Hincmar. Les Pièces qui suivent servent à confirmer ce sentiment, & à éclaircir d'autres faits qui y ont rapport.]

16440. ☞ Lettre touchant le Doute précédent. *Mercure*, 1737, *Mai*, pag. 837-840.]

16441. ☞ Réponse à l'Auteur de la suite de la différence de l'Eglise de Troyes : (*Paris*, Osmont, 1738) sur ce qu'il a écrit contre l'Auteur du Doute précédent. *Mercure*, 1738, *Octobre*.]

16442. ☞ Examen critique des trois dernières parties des Annales de S. Bertin, avec les preuves démonstratives que Prudence de Troyes est Auteur de la pénultième partie, & Hincmar de Reims Auteur de la dernière ; par M. l'Abbé LEBEUF. *Dissertations sur l'Histoire de Paris, &c.* 1739, tom. *I*. *pag.* 432-497.]

16443. ☞ Lettre de M. DE LA RAVALIERE, à M. Lebeuf, au sujet de la nouvelle Dissertation sur les Annales de S. Bertin, laquelle est à la fin de son nouveau volume de la présente année. *Mercure*, 1739, *Décembre*, II. vol. pag. 2976.]

16444. Fragmentum de rebus Ludovici III. & Carlomanni, Regum, Ludovici II. filiorum, annis 881 & 882.

Ce Fragment est imprimé dans du Chesne, au tom. II. de son *Recueil des Historiens de France*, pag. 483.

16445. Ms. De Vita Caroli Magni & posterorum ejus usque ad Ludovicum & Carlomannum, Ludovici Balbi filios.

Cette Vie est conservée à Dijon, dans la Bibliothèque de M. le Président Bouhier, A. 25.

16446. ☞ Dissertatio de Carolo Calvo & Ludovico Balbo.

C'est la neuvième des Dissertations contenues dans l'Ouvrage de STRUVIUS, intitulé : *Syntagma Historiæ Germanicæ*, tom. I.]

16447. ☞ Epinicion, rythmo Teutonico, Ludovico Regi acclamatum, cùm Normannos, anno 883, vicisset, ex Codice Ms. Monasterii Elnonensis per Joan. Mabillon descriptum, cum interpretatione Latina & Commentatione Historica Joan. SCHILTERI : *Argentorati*, 1696, *in*-4.

On trouve aussi cette Pièce de Vers dans la Collection de D. Bouquet, tom. IX. *pag.* 99.]

16448. HINCMARI, Remensis Archiepiscopi, ad Carolum III. Imperatorem Epistola, quâ illi commendat ut Ecclesiam Gallicanam penè collapsam restituat.

Cette Lettre est imprimée dans du Chesne, au tom. II. de son *Recueil des Historiens de France*, pag. 484, & dans ses *Œuvres : Parisiis*, 1645, *in*-fol. Elle a été écrite vers l'an 883.

16449. Ms. Historia Carlomanni Regis Francorum, filii Caroli Magni, Imperatoris : *in*-fol.

Cette Histoire [étoit] conservée dans la Bibliothèque de M. Colbert, num. 4642, [& est aujourd'hui

Règnes des derniers Rois de la seconde Race. 119

dans celle du Roi.] Carloman est mort en 884, il étoit fils de Charles le Chauve, & non pas de Charlemagne.

16450. De Regno Caroli Crassi Imperatoris in Francia, & de divisione Imperii Francici post ejus obitum: Fragmentum ex Vita Ælfredi Anglorum Regis, quam Asser Menevensis scripsit.

Ce Fragment va depuis 884 jusqu'en 887. Il est imprimé dans du Chesne, au tom. III. de son *Recueil des Historiens de France*, pag. 497.

☞ Dom Bouquet en a donné un qui va depuis 876 jusqu'à 888, tom. VIII. pag. 99. *Voyez* à ce sujet quelques Remarques dans sa Préface, pag. ix.]

16451. Fragmentum ex eadem Vita, de Normannorum incursionibus, annis 886 & 887.

Ce Fragment est imprimé dans Pithou, à la seconde partie de son *Recueil des douze Historiens contemporains*, pag. 432.

16452. Abbonis, Monachi sancti Germani Parisiensis, Libri duo, scripti de Bello Parisiacæ Urbis, & Odonis Comitis, posteà Regis, adversùs Normannos ipsam Urbem obsidentes sub Carolo Crasso Imperatore & Rege Francorum, annis 885 & 886.

L'Histoire de ce Siége, écrite en Vers, est imprimée dans Pithou, à la seconde partie de son *Recueil des douze Historiens contemporains*, p. 435, avec l'Histoire d'Aimoin, p. 400: *Parisiis*, 1603, *in-fol.* dans du Bouchet, de l'*Origine de la seconde & troisième lignée de France*; dans du Chesne, pag. 35, de son *Recueil des Historiens de Normandie*, & au tom. II. de celui des *Historiens de France*, pag. 499.

☞ Elle se trouve aussi dans la Collection de D. Bouquet, tom. VIII. pag. 1. Mais l'Edition la plus correcte est celle qui est imprimée dans les *Nouvelles Annales de Paris*, par D. Toussaints du Plessis: (*Paris*, Butard, 1753, *in-4.*) pag. 215. On y trouve les Gloses entières d'Abbon & des Notes de l'Editeur.]

Abbon vivoit encore en 922. Car il composa alors des Sermons à la prière de Fulrad, Evêque de Paris. Son Poëme contient plus de douze cens Vers hexamètres. Il témoigne, dans le premier Livre, qu'il a été présent à ce Siége; ce qui doit lui concilier d'autant plus les esprits, qu'il raconte non-seulement ce qu'il a oui, mais aussi ce qu'il a vu. S'il n'est pas bon Poëte, dit l'Abbé le Gendre, du moins est-il bon Historien, entrant dans un grand détail & rendant justice au mérite. Son style est rude & peu travaillé.

Le Père du Bois, Prêtre de l'Oratoire, a abrégé ces deux Livres d'une manière élégante, dans son *Histoire de l'Eglise de Paris*.

☞ *Voyez* le Gendre, tom. II. pag. 1. = *Recueil d'Ecrits* (de l'Abbé Lebeuf) *pour l'Histoire de Paris*, tom. I. pag. 109. = *Recueil des Historiens de France*, tom. VIII. Préface, pag. 1.]

16453. ☞ Ex Chronico Regum Francorum; Auctore anonymo, qui sub Contado III. vixit.

Ce Fragment, qui a rapport à l'an 888, se trouve dans la Collection de D. Bouquet, tom. VIII. p. 231.]

16454. Histoire de l'Empire d'Occident, de la traduction de Lquis Cousin, Président de la Cour des Monnoies: *Paris*, Barbin, 1683, *in-12.* 2 vol.

☞ Ce Recueil contient les Auteurs contemporains suivans: = La Vie de l'Empereur Charlemagne, écrite par Eginhard. = Les Annales du même Eginhard, contenant ce qui s'est passé sous le règne de Charlemagne, depuis l'an 768 jusqu'à sa mort en 814. = La Vie de l'Empereur Louis le Débonnaire, &c. depuis 814 jusqu'en 835, écrite par Thégan. = Une autre Vie du même Empereur, depuis l'an 787 jusqu'à sa mort en 840, écrite par un Auteur anonyme, contemporain. = L'Histoire des différends des fils de Louis le Débonnaire, depuis l'an 823 jusqu'en 840, écrite par Nithard, & adressée à Charles le Chauve. = Les Annales de S. Bertin, qui contiennent l'Histoire depuis 843 jusqu'en 889, où sont insérées (par le Traducteur) quelques événemens rapportés avec plus d'étendue dans les Annales de Metz & de Fulde. = Une Lettre de l'Empereur Louis II. à Basile, Empereur d'Orient, qui est une apologie contre les plaintes que faisoient les Grecs, de ce que ce Prince prenoit la qualité d'Empereur des Romains. = L'Histoire de l'Empire & des autres Etats de l'Europe, depuis l'an 892 jusqu'en 964, écrite par Luitprand, Diacre de Pavie. = L'Ambassade du même Luitprand, devenu Evêque de Crémone, vers Nicéphore Phocas, Empereur de Constantinople, pour les Empereurs Othons & pour l'Impératrice Adelaide. = Enfin l'Histoire de Saxe, contenant ce qui s'est passé sous les Empereurs de la Maison de Saxe, depuis 918 jusqu'en 973, écrite par Vitichind, Religieux de Corbie.]

En matière d'Antiquité, nous n'avons rien de plus authentique que les Pièces dont le Président Cousin nous donne ici la traduction ; car les Auteurs à qui nous les devons, tous gens considérables par leur naissance ou par leur mérite, ne sont pas seulement Auteurs contemporains, mais la plupart n'écrivent que ce qu'ils ont vu, ou ne parlent que des affaires auxquelles ils ont été employés eux-mêmes. Ce Recueil commence en l'année 800 de Jesus-Christ. « Les Pièces de ce Recueil contiennent plus d'un siècle ; c'est-à-dire, tout le temps » que la Dignité Impériale a demeuré dans la famille de » Charlemagne, depuis qu'elle lui fut déférée par le » Pape & le Peuple Romain ». *Journal des Sçavans*, du 20 Mars 1684.

✻ Le Président Cousin avoit entrepris de traduire les meilleurs Historiens de l'Empire d'Occident, depuis Charlemagne jusqu'à notre temps, dont il n'y a eu que deux Volumes d'imprimés. Le reste est achevé, & auroit pu être publié.

☞ *Voyez* Lenglet, *Méth. historiq. in-4.* tom. II. pag. 484, & tom. IV. pag. 2. = *Journal des Sçavans, Mars*, 1684. = Le Père Niceron, tom. XVIII. p. 192. = *Hist. critiq. des Journ.* tom. II. pag. 30.]

Pour avoir une connoissance plus exacte de l'Histoire de France, depuis l'Empire de Charlemagne en 800, jusqu'à la mort de Charles le Gros en 888, dernier Empereur des Carlovingiens, on peut consulter les Auteurs suivans ; sçavoir, Herman, Moine de Richenou, dit Contractus ; Lambert d'Aschaffenbourg, Marianus Scotus, Albert de Stade, Gobelin Persona, Théodore Engelhusius, Herman Schedelius, Jean-Baptiste Egnace, Adam Chanoine de Breme, Jacques Wimphelinge, Hermold, Albert Crantz, Jean Cuspinien, Octave Strada, Balthazar Mencius, Jean-Henri Boecler, Christophe Ott, Godefroy Guillaume de Leibnitz, Burchard Gottlieb Struvius.

☞ Voici les titres, &c. de ces Ouvrages:

1. Laurus Carolina, de gestis Caroli Magni & sequentium Cesarum ; auctore Christophoro Otto: *Ingolstadii*, 1654, *in-4.* Il ne contient rien que de très-commun.

2. Joannis Henrici Boecleri, Commentarius de rebus sæculi IX & X. per seriem Germanicorum Cæsarum, à Carolo Magno ad Ottonem III. *Argentorati*, 1656, *in-4.* & dans le tom. III de ses Dissertations Académiques.

3. HERMANNI Contracti Chronicon. Dans le Recueil de Pistorius, tom. I. *pag.* 117.

4. LAMBERTI Schaffnaburgensis Germanorum res præclaræ olim gestæ : *Tubingæ*, 1533, *in*-8. & dans le Recueil de Pistorius, avec une Préface de Struvius, & un Appendice, tom. I. *pag.* 301.

5. ALBERTI, Stadiensis Abbatis, Chronicon, à condito orbe usque ad ann. Chr. 1258; dans la Collection de Kulpis.

6. Gobelini PERSONÆ, Decani Bilfeldensis & Officialis Paderbornensis, Cosmodromicum, sive Chronicon universale ab orbe condito usque ad annum Christi 1418 : *Francofurti*, 1599, *in-fol.* & dans le Recueil de Meibomius, tom. I. *pag.* 55, cum Notis. Cet Auteur est exact & estimé : on lui reproche cependant d'être trop partial en faveur des Papes, contre les Empereurs.

7. Theodori ENGELHUSII, Presbyteri Eimbeccensis, Chronicon, ab orbe condito usque ad ann. 1420 : *Helmstadii*, 1671, *in*-4. & dans le Recueil des Ecrivains de Brunsvick de Leibnitz, tom. II. *pag.* 978. Cet Ouvrage contient plusieurs choses singulières.

8. Joannis Baptistæ EGNATII de Romanis Cæsaribus Libri tres, cum viri docti Supplemento ad Rudolphum II. Dans le *Corpus Historiæ Romanæ* : *Genevæ*, 1609 & 1653, *in-fol.* 2 vol.

9. Jacobi WIMPFLENGII, Selestadiensis, Epitome Imperatorum Germanicorum, per eruditum quemdam recognita. Dans la Collection d'Hervagius, *pag.* 315.

10. Joannis CUSPINIANI, sive Spieshammer, de Imperatoribus à Julio Cæsare ad Maximilianum primum Commentarius; cum Wolfangi HUNGERI Adnotationibus : *Basileæ*, 1540, *in-fol.* & *Francofurti*, 1601, *in-fol.* Cet Auteur est curieux & estimé.

11. Burcardi Gottelfii STRUVII syntagma Historiæ Germanicæ à primâ Gentis origine ad annum usque 1716 : *Ienæ*, 1716, *in*-4. & secunda Editio, cui titulus : Corpus Historiæ Germanicæ : *Ienæ*, 1730, *in.-fol.* 2 vol. Cet Ouvrage est très-estimé.

12. Mariani SCOTI Chronicon, à creatione mundi Libris tribus per ætates sex, usque ad annum Christi 1083 : *Basileæ*, 1559, *in-fol.*

13. Hermanni SCHEDELII Chronicon universale, à creatione mundi ad annum 1493 : *Norimbergæ*, 1493, *in-fol.*

14. Alberti KRANTSII Saxonia, &c. *Francofurti*, 1580 & 1621, *in-fol.*

15. Octavius STRADA de Vitis Cæsarum à Julio Cæsate ad Imperatorem Mathiam : *Francofurti*, 1615, *in-fol.* Idem usque ad Ferdinandum II. 1629, *in-fol.*

16. Gotofr. Guillelmi LEIBNITZII Accessiones Historicæ, quibus Scriptores rerum Germanicarum continentur : *Hannoveræ*, 1700, *in*-4. 2 vol.

On peut consulter sur tous ces Ouvrages le Catalogue des Historiens de l'Abbé Lenglet, à la suite de sa *Méthode pour l'Histoire*, Tomes III & IV.

Il faut y ajouter deux Histoires nouvelles, sçavoir :

Histoire d'Allemagne ; par le Père (Joseph) BARRE : *Paris*, 1748, *in*-4.

Les Tomes II & III. ont rapport à notre Histoire, & nous en avons déja indiqué des Morceaux, ainsi que de l'Ouvrage suivant :

Abrégé Chronologique de l'Histoire d'Italie ; par M. DE S. MARC : *Paris*, 1761 & *suiv.* *in*-8.

Voyez les Tomes II & III. On y trouve ce qui regarde non-seulement les Empereurs François, mais encore plusieurs Princes de la Nation qui se mêlèrent des affaires d'Italie.]

16455. ☞ Essai critique sur l'établissement & la translation de l'Empire d'Occident ou d'Allemagne, (avec) les causes pour lesquelles les François l'ont perdu ; par M. l'Abbé GUYON : *Paris*, 1752, *in*-8.

Il y a dans cet Ouvrage des choses qui ne sont pas communes, sur-tout dans la seconde partie. *Voyez* le *Mercure*, 1753, Janvier. = Les *Mémoires de Trévoux*, 1753, Juin.]

16456. ☞ Histoire de la décadence de l'Empire depuis Charlemagne, & des différends des Empereurs avec les Papes, au sujet des Investitures & de l'indépendance, depuis la mort de Charlemagne en 814, jusqu'en 1356 ; par Louis MAIMBOURG, Jésuite ; troisième Edition : *Paris*, Mabre-Cramoisy, 1682, *in*-12. 2 vol.]

16457. ☞ Augusta quinque Carolorum Historia ab Adamo PATACHICH à Zajezdal Croata Carolostadiensi, Collegii Croatici alumno : *Viennæ Austriæ*, Vª. Voigna, 1735, *in-fol.*

Ces cinq Charles sont Charlemagne, Charles le Chauve, Charles le Gros, Charles IV. Charles V.

Voyez les *Actes de Leipsick*, 1737, *pag.* 481.]

16458. Ms. Dissertation sur le titre de Roi, donné par la plupart des Historiens à Eudes, Comte de Paris, fils de Robert le Fort ; par René Auber DE VERTOT, de l'Académie Royale des Inscriptions.

* Cette Dissertation est conservée dans les Registres de cette Académie, de l'année 1710.

16459. Eloge d'Anscheric, Ministre sous le Roi Eudes & son Chancelier ; par Charles D'AUTEUIL.

Cet Eloge est imprimé dans son *Histoire des Ministres d'Etat* : *Paris*, 1642, *in-fol.* Ce Ministre est mort en 889.

16460. Eloge d'Ebles de Poitiers, Abbé de S. Denys, Ministre du Roi Eudes ; par le même.

Ce Ministre est mort en 893. Son Eloge est imprimé dans le Volume précédent.

16461. De Gestis Carlomanni, Caroli Simplicis & successorum.

Cette Histoire, depuis l'an 887 jusqu'en 896, est imprimée dans du Chesne, au tom. III. de son *Recueil des Historiens de France*, *pag.* 419.

16462. Chronicon de Gestis Normannorum in Francia, ab anno 833, ad annum 896.

Cette Chronique est imprimée dans du Chesne, au tom. III. de son *Recueil des Historiens de France*, p. 524, [& dans celui de Dom Bouquet, tom. VIII. pag. 94.] Quoique fort courte, elle n'omet rien de ce qu'on lit plus au long dans les autres Historiens contemporains. Elle contient l'Histoire des premières courses des Normans en Frise, Hollande, France, Flandre & Allemagne. Du Chesne soupçonne que l'Auteur, qui vivoit en 896, étoit Flamand.

16463. PETRI Bibliothecarii, Historia Francorum abbreviata, ab anno 715, ad an. 898.

Cette Histoire de Pierre, Bibliothécaire du Mont-Cassin, qui vivoit en 898, est imprimée dans du Chesne, au tom. III. de son *Recueil*, *pag.* 540, [& par Extraits dans celui de D. Bouquet, *tom. V, pag.* 325, *VI.* 205, *VII.* 158.]

16464. Annales Francorum Fuldenses, ab anno 714, ad initium anni 883. Moguntiæ, ut videtur, sub ditione Lotharii & Ludovici Germanici, Ludovici Pii filiorum, scripti.

Ces Annales sont imprimées dans Pithou, à la première partie de son *Recueil des douze Historiens contemporains*, pag. 1.

Iidem, usque ad annum 900, è Libris Marci Welseri.

Ces mêmes Annales sont imprimées dans Fréher, en son *Recueil des Historiens d'Allemagne* : *Francofurti*, 1600, *in-fol*. Ce qui se lit dans ces Annales depuis l'an 900, est d'un autre Auteur. L'Edition de Fréher est plus ample que celle de Pithou ; mais elle n'est pas plus correcte, étant aussi corrompuë l'une que l'autre.

☞ Jean Frédéric CHRISTIUS, dans son Ouvrage intitulé : *Noctium Academicarum libri, sive Specimina quatuor*, imprimé à *Hall*, (au Duché de Magdebourg) en 1729, a donné une partie de ces mêmes Annales à côté de l'Edition de Fréher, en trois endroits. *Specim.* 3, *Observ. XV. p.* 193, *Specim.* 4, *Observ. XXIX. p.* 301, & *Observ. XXX. pag.* 336. Cette nouvelle Edition est faite sur un Manuscrit du dixième ou onzième siècle, qui avoit été conservé dans le Monastère d'Altazen, & qui a passé dans les mains de l'Auteur, qui y a joint des Scholies ou Remarques sur les différences qui sont entre les deux Editions de Freherus & de Christius, & sur celles qu'on doit préférer.]

Il y a dans la Bibliothèque de l'Empereur un Manuscrit de ces Annales, plus ample & plus correct que les imprimés. Lambecius, à la *pag.* 346 du Livre II. de son *Commentaire*, en rapporte les corrections & des supplémens jusqu'en 887, fort différens de ce qu'on lit dans du Chesne. [Dom Bouquet a suivi ce Manuscrit dans son Edition, ci-après.]

Iidem, ab anno 794, usque ad annum 900, in Cœnobio Fuldensi, sub ditione Ludovici, fratris Caroli Calvi, incœpti, & usque ad excessum Arnulphi Imperatoris continuati ab incertis sed illius ævi Scriptoribus, qui utuntur supputatione temporis ab Incarnatione Domini. Editione Pithœanâ cum Germanica Freheri collatâ, & plerisque in locis auctior redditâ.

Ces mêmes Annales sont imprimées dans du Chesne, au tom. II. de son *Recueil des Historiens de France*, pag. 531. Le même en rapporte un Fragment qui regarde les Normans, à la *pag.* 14 de sa *Collection des Historiens de Normandie*, depuis l'an 808 jusqu'en 891.

Supplementum hiatûs Annalium Fuldensium editum a G. G. Leibnitio.

Ce Supplément est imprimé au tom. I. des *Historiens de Brunswic*, pag. 192 : *Hanovera*, 1708, *in-fol.*

☞ Iidem, ex Bibliothecâ Cæsareâ, per D. Martinum Bouquet.

Dans son *Recueil des Historiens de France, tom. II.* pag. 645, V. pag. 63, VI. pag. 206, VII. pag. 159, VIII. pag. 38. *Voyez* ce qu'il en dit dans les Préfaces de ces volumes & au commencement de chaque extrait.]

« Ces Annales sont estimées, parcequ'elles sont bien » écrites, qu'elles sont amples & exactes, qu'on y trouve » quantité d'Actes, qu'elles contiennent bien des parti- » cularités touchant les Princes Carlovingiens, qui ont » régné au-delà du Rhin ». L'Abbé le Gendre.

Gaspar Sagittarius, au Chapitre XXIII. de son *Introduction à l'Histoire Ecclésiastique*, dit « qu'on trouve » dans ces Annales plusieurs faits concernant l'Histoire » de l'Empire sous le Règne de Charlemagne & de ses

» successeurs. Voilà le jugement qu'en porte Adrien de » Valois, dans le Livre XXIV. de son *Histoire de France*. » Nous sommes, dit-il, fort redevables à ces Auteurs, » tout secs & arides qu'ils sont, de ce qu'avec une mé- » diocre capacité ils ont composé ces espèces d'Annales ; » qui ne sont que des fruits proportionnés au temps où » ils vivoient, & de ce qu'ils ont transmis ainsi de main » en main, jusqu'à la postérité, ce qu'ils avoient appris » de leurs Ancêtres. En effet, nous avons reçu d'eux » plusieurs choses dignes de mémoire, dont nous n'au- » rions point la connoissance, sans ce secours, malgré » notre sagacité & notre industrie, y ayant une infinité » de faits qui seroient demeurés inconnus, s'ils ne nous » les avoient pas laissés par écrit ».

16465. ☞ Annales Vedastini, ab anno 874, usque ad 900.

Elles sont imprimées dans la *Collection* de Dom Bouquet, tom. VIII. *pag.* 79.

Voyez la Préface de ce volume, *pag.* vij.]

16466. ☞ Notice raisonnée des Annales Védastines, Manuscrit du Xe siècle, où sont renfermés des détails curieux sur l'Histoire de France de la fin du IXe siècle, par M. l'Abbé LEBEUF. *Mém. de l'Académie des Inscriptions & Belles-Lettres*, tom. *XXIV. pag.* 687 & 713.]

16467. Annales rerum Francicarum, ab anno 687, ad annum 904, in Monasterio sancti Arnulfi Metensis scripti (unde Metenses dicti).

Ces Annales sont imprimées dans du Chesne, au tom. III. de son *Recueil des Historiens de France*, pag. 262, [& dans celui de D. Bouquet, tom. II. & *suiv.*] On lit au haut des pages : *Annales Francorum Metenses*; elles sont ainsi appellées du nom de la Ville où elles ont été composées. « Un Auteur inconnu de S. Arnoul de » Metz, a commencé ces Annales dès les premiers temps » de la Monarchie Françoise ; mais comme il a pres- » que toujours transcrit mot à mot les anciens Historiens » rapportés dans le premier Tome [du *Recueil de du » Chesne*] afin de ne point ennuyer par des redites, on » a cru devoir omettre tout ce qui précède le Chapi- » tre quatre-vingt-dix-neuvième de la Chronique de » Frédégaire, qui se trouve à la *pag.* 769, du Tome I. » Du Chesne, *pag.* 262, du tom. III. de son Recueil.

Le même du Chesne, dans une note marginale, dit, » que Fréher a donné sous le nom de Fragment consi- » dérable de ces Annales, un morceau d'Histoire, de- » puis l'an 688 jusqu'en 692, qui regarde Pepin, fils » d'Ansegise, Prince des François Orientaux, ou Maire » du Royaume d'Austrasie ; mais que dans l'Edition » qu'il publie, ce Fragment y est plus ample & plus cor- » rect que dans celle de Fréher ».

Le même, sous l'année 814, dit, « que ce qui suit » dans l'Exemplaire de S. Arnoul, depuis l'an 814 jus- » ques & y compris l'an 829, est la même chose que ce » qui est rapporté ci-dessus, sous le nom d'Annales de » S. Bertin ; ainsi on ne le répéte point ».

※ Le même, sous l'année 776, observe que depuis cette année jusqu'en 803, & depuis l'an 806 jusqu'en 813, tout ce qui s'y lit convient presque par-tout avec la Chronique de Régnion. Sous l'année 812, *pag.* 297, il y a un grand Fragment tiré de la Vie de Charlemagne, écrite par Eginhart.

Il dit encore, pag. 299 & 300, « que ce qui suit » depuis l'année 830, jusqu'à ces paroles de l'année 833 : » *Et datis obsidibus fideles se pollicit sunt permansuros*, » se lit aussi dans les mêmes Annales de S. Bertin ». Il marque, p. 304, « que l'Auteur des Annales de Metz » suit Réginon depuis l'an 853 jusqu'en 904 ». Et à la pag. 331, « que ce qui suit cette année, paroît ajouté

« par un autre Ecrivain, d'après le premier Livre des Annales de Witichind ».

Les Annales de Metz sont compilées par un Auteur qui vivoit encore l'an 894. L'Original est gardé dans les Archives de S. Arnoul de Metz. On [conservoit] dans le Collége des Jésuites de Paris, un Exemplaire plus ample que l'Edition de du Chesne. Ces Annales sont postérieures à celles de S. Bertin & à celles qui sont attribuées à Eginhart, & sont de moindre autorité.

Adrien de Valois, au tom. III. de son *Histoire de France*, *pag*. 432, dit « que cet Ouvrage n'est que la » Chronique de S. Arnoul de Metz, à qui du Chesne » a donné le nom d'Annales de Metz, parcequ'elle est » disposée par années, & qu'elle a été composée par un » Moine de Metz, qui a copié entr'autres Grégoire de » Tours, Frédégaire, Eginhart & Réginon, presque » mot à mot. Cet Auteur rapporte des choses très-belles » & très-mémorables du Duc Pepin, du Prince Charles » & de ses trois fils, qu'on chercheroit inutilement ail- » leurs, & qu'il a sans doute copiées de quelque Auteur » de ce temps-là, mais qui est flateur ».

☞ *Voyez* le Gendre, *tom. II. pag*. 15. = *Biblioth. Lorraine*, *pag*. 49. = *Recueil des Hist. de France*, *tom. II. pag*. xix & 676.]

16468. RHEGINONIS, Abbatis Prumiensis, Chronicorum Libri duo, à Christo nato ad annum 906, editi à Sebastiano de Rothenhan, Franco, Jurisconsulto & Equite aurato : *Moguntiæ*, 1521, *in-fol*.

Ces mêmes Livres sont imprimés dans Pistorius, au tom. I. des *Historiens d'Allemagne*, *p*. 1 : *Francofurti*, 1583, *in-fol*.

Iidem, cum Appendice, ab anno 907, ad annum 972, à recentiore quodam adjecta.

Ces mêmes Livres sont imprimés dans Schardius, au tom. I. de son *Recueil des Historiens d'Allemagne* : *Francofurti*, 1584, *in-fol*. & avec la Chronique de Contad, Abbé d'Usperg : *Argentorati*, 1609, *in-fol*.

Du Chesne, à la *pag*. 7, de sa *Collection des Historiens de Normandie*, en rapporte un Fragment depuis 812 jusqu'en 892, qui regarde les Normans. Réginon est mort en 915. Sa Chronique contient plusieurs choses qui regardent particulièrement les François, sur-tout l'Histoire des Rois de France de la seconde Race. Le Pète Labbe observe qu'elle n'est imprimée que par des Allemands, avec bien des fautes. Le Père le Cointe, sous l'année 774, au tom. VI. de ses *Annales de l'Eglise de France*, num. 127, & sous l'année 792, num. 3, est surpris de ce que quelques Sçavans, après du Chesne, les attribuent à Eginhart.

Ces mêmes Livres sont imprimés dans un *Recueil des Historiens d'Allemagne* : *Francofurti*, 1566, *in-fol*. & dans Pistorius, 1583, *in-fol*.

※ Dans les Annales de Metz, il y a de longs Fragmens des Chroniques de Réginon, depuis l'an 776 jusqu'en 803, depuis l'an 806 jusqu'en 813, & depuis l'an 853 jusqu'en 904. Il paroît par un Fait rapporté sous l'année 886, *pag*. 322, que ce n'est point Réginon qui a copié les Annales de Metz, mais bien l'Auteur de ces Annales qui a copié Réginon.

16469. ☞ Dissertatio de Ludovico Germanico, Carlomanno, Ludovico Juniore, Carolo Crasso, Arnolpho & Ludovico infante.

C'est la dixième des Dissertations contenues dans l'Ouvrage de STRUVIUS, intitulé : *Syntagma Historiæ Germanicæ*, tom. I. *Ienæ*, 1716, *in*-4. 1730, *in-fol*.]

16470. Aquila inter Lilia, sub qua Francorum Cæsarum à Carolo Magno usque ad Conradum Imperatorem Occidentis decem Elogiis, Hieroglyphicis ; Numismatibus, Symbolis facta exarantur ; auctore Joanne PALATIO J. U. D. in Veneto Lycceo publico Professore, & Venetorum Plebano : *Venetiis*, 1671, *in-fol*.

L'Empereur Conrad fut élu en 912. Cet Auteur n'est point exact ni de bonne foi ; car il suppose plusieurs Médailles qui sont fausses.

☞ *Voyez* Struvius, *pag*. 891, de sa *Bibliothèque historique*.]

16471. ☞ Ex Libro de diversis casibus Cœnobii Dervensis, circà annum 919.

Ce Fragment se trouve dans la *Collection* de D. Bouquet, tom. IX. *pag*. 6.

Voyez sur cette Chronique de Montier-en-Der, quelques Remarques dans la Préface de ce Volume, *pag*. x.]

16472. Fragmentum Chronici Laureshamensis Monasterii, à prima hujus loci Fundatione sub Pipino Rege (anno 764) usque ad annum 920.

Ce Fragment est imprimé dans du Chesne, tom. III. de son *Recueil des Historiens de France*, *pag*. 490. Il traite de plusieurs choses, qui regardent les affaires de France & de Germanie. Fréher a publié cette Chronique toute entière, dans son *Recueil d'Historiens d'Allemagne* : *Francofurti*, 1600, *in-fol*.

☞ Dom Bouquet en a donné un Fragment, tom. V. *pag*. 380. *Voyez* ce qu'il en dit dans la Préface, *pag*. xx.]

16473. Excerptum Chronici HERMANNI Contracti, Comitis de Voringen, Majoris-Augiæ Monachi, de rebus Francorum ab anno 714, ad annum 920, Editio à vulgatis omnibus diversa & completior.

Cet Extrait est imprimé dans Canisius, au tom. I. de ses *Leçons antiques*, *pag*. 429 : *Ingolstadii*, 1601, *in*-4. Cet Auteur est mort en 1154; sa Chronique, qui commence à Adam, & finit à l'an de Jesus-Christ 1052, a été imprimée plusieurs fois, entr'autres par Urstitius, dans son *Recueil d'Historiens d'Allemagne*.

☞ Dom Bouquet en a donné des Extraits dans sa *Collection*, tom. V. *pag*. 362. *Voyez* sa *Préface*, *p*. xix: = tom. VI. *p*. 224. : = tom. VII. *pag*. 232. : = tom. VIII. *pag*. 245. *Voyez* la *Préface*, *pag*. xxi].]

16474. Fragmentum Gallici Scriptoris : ex CONRADO, Abbate (Urspergensi,) finiens anno 922.

Ce Fragment est imprimé dans Pithou, à la seconde partie de son *Recueil des douze Historiens contemporains*, *pag*. 294 ; & dans du Chesne, au tom. II. de son *Recueil des Historiens de France*, *pag*. 586. L'Auteur de ce Fragment vivoit en 922.

16475. Mss. Vita Caroli, Francorum Regis, Simplicis dicti ; auctore anonymo sed erudito.

Cette Vie [étoit] conservée dans la Bibliothèque de M. Colbert, entre les Manuscrits de du Chesne, [& est aujourd'hui en celle du Roi.]

16476. ☞ Mss. Chronicon RAYNALDI, Presbyteri & Monachi Tutelensis, sub Rege Carolo Simplice.

Cette Chronique est citée par Baluze, dans les *Capitulaires*, tom. II. *pag*. 1274, & dans son Edition des Œuvres de Loup de Ferrières en 1710, *pag*. 523.]

16477. Mss. Historia de tempore Caroli Simplicis.

Cette Histoire est conservée dans la Bibliothèque des

Règne des derniers Rois de la seconde Race.

Carmes de la Ville de Clermont, selon le Père Labbe, pag. 106, de sa *Nouvelle Bibliothèque des Manuscrits: Parisiis*, 1653, *in-4*.

16478. Histoire de Charles le Simple; par François DE BELLEFOREST.

Cette Histoire est imprimée dans son *Histoire des neuf Rois Charles: Paris*, 1568, *in-fol.*

16479. Pœnitentia injuncta his qui Bello Suessionico inter Karolum & Robertum Reges interfuerunt, anno 924.

Cet Ecrit est imprimé dans du Chesne, au tom. II. de son *Recueil des Historiens de France, pag.* 588.

16480. ☞ Observation critique sur la mort de Herbert, Comte de Vermandois, qui trahit Charles le Simple.

Dans les *Singularités historiques* de Dom LIRON, tom. III. *pag.* 237.]

16481. Eloge de Seulphe, Archevêque de Reims, Ministre d'Etat sous les Rois Robert & Raoul; par Charles D'AUTEUIL.

Cet Eloge est imprimé dans son *Histoire des Ministres d'Etat: Paris*, 1642, *in-fol.*

16482. Chronicon breve in Monasterio sancti Galli, ab anno 748, ad annum 926.

Cette Chronique est imprimée dans du Chesne, au tom. III. de son *Recueil des Historiens de France, p.* 466, [& dans celui de D. Bouquet, par Extrait en différens Volumes.] Cette Chronique mêle les affaires de France avec celles d'Allemagne.

16483. LUITHPRANDI, Ticinensis Ecclesiæ Levitæ, rerum ab Europæ Imperatoribus & Regibus, ipsius præsertim tempore gestarum Libri sex, ab anno 888, ad annum 928.

Cette Histoire est imprimée dans Reuberus, *pag.* 90 de son *Recueil d'Historiens d'Allemagne: Francofurti*, 1584, *in-fol.* par du Breul, avec l'Histoire d'Aimoin: *Parisiis*, 1603, *in-fol.* & dans du Chesne, au tom. III. de son *Recueil des Historiens de France, pag.* 562. Luithprand étoit Diacre de Pavie en 946; il vivoit encore en 970. Sa Chronique, qui commence en l'année de Jesus-Christ 606 & finit en 968, a été imprimée avec les Remarques de Thomas Tamaio de Vargas, Historiographe de Philippe IV. Roi d'Espagne: *Mantuæ Carpentanorum:* (*Madriti*) 1635, *in-4.*

☞ Cette Histoire est réimprimée dans le *Recueil des Historiens d'Italie*, de Muratori, tom. II. avec les Notes de Canisius, & un Supplément de Muratori; & au tom. III. les Variantes de cette Histoire. Dom Bouquet n'en a donné qu'un Extrait, (tom. VIII. p. 130) parce que la plus grande partie de cette Histoire ne regarde pas la France. On en trouve une Traduction Françoise au commencement du tom. II. de l'*Histoire de l'Empire d'Occident*, par L. Cousin.]

16484. Excerpta Chronici Monasterii Acutiani, sive Farrensis, in Ducatu Spoletano, de rebus Francicis & Italicis, ab anno 669, ad annum 928.

Ces Extraits sont imprimés dans du Chesne, au tom. III. de son *Recueil des Historiens de France, p.* 630.

16485. Chronicon Aquitanicum, ab anno 830, ad annum 930, ex veteri Codice Monasterii Lemovicensis.

Cette Chronique est imprimée dans Chifflet, *Histoire de l'Abbaye de Tournus: Dijon*, 1664, *in-4.* Elle est aussi imprimée jusqu'en 1025, dans la *Bibliothèque*

Tome II.

nouvelle *des Manuscrits* du Père Labbe, *pag.* 291, du Tome I.

☞ Breve Chronicon Normannicum sive Britannicum, ex Manuscripto Colbertino.

Cette Chronique s'étend de 830 à 930. Elle se trouve dans le *Trésor des Anecdotes* de D. Mattenne, tom. III. *pag.* 448, & est rapportée par le Père le Long à l'Histoire de Normandie.]

16486. Ms. Historiæ Gentis Francorum, ab exordio Regni ad Ludovicum IV.

Ces Histoires qui finissent à l'année 936, sont conservées dans la Bibliothèque du Vatican, entre les Manuscrits de la Reine Christine, num. 1217.

16487. Ms. Vie de Rodolphe, Roi de France, tirée de tous les bons Auteurs; par Jean MUNIER, Avocat du Roi ès Cours Royales d'Autun.

Cet Auteur est mort en 1635. Cette Vie [étoit] conservée avec ses *Recherches sur les anciens Comtes d'Autun*, dans la Bibliothèque de M. de la Mare, à Dijon, [& est à présent dans celle du Roi.]

16488. Ms. ODONIS, primi Abbatis Cluniacensis, Chronicon, ab exordio Mundi usque ad annum Christi 937.

Cette Chronique est conservée à Cambrige, dans la Bibliothèque du Collége de S. Benoît. Odon est mort en 942.

16489. ☞ Ex WITICHINDI, Corbiensis in Saxonia Monachi, Annalibus.

Ce Fragment s'étend de 888 à 937. Il se trouve dans la *Collection* de D. Bouquet, tom. VIII. *pag.* 217.]

16490. Chronicon Wirzeburgense, ab anno 687, ad annum 938.

Cette Chronique est imprimée dans Baluze, au tom. I. de ses *Miscellanea, pag.* 501. Ce qui suit l'année 938 regarde les affaires d'Allemagne.

16491. Somnia seu Visiones Puellæ FLOTILLÆ, anno 940.

Ces Visions sont imprimées dans Pithou, à la première partie de son *Recueil des douze Historiens contemporains, pag.* 279, & dans du Chêne, au tom. II. de son *Recueil des Historiens de France, pag.* 614. Les Visions de cette jeune fille, qui paroit avoir été Religieuse du Monastere d'Avennes, ont si peu de rapport à l'Histoire, qu'il y a lieu d'être surpris de ce que Pithou & du Chesne leur ont donné place dans leurs Recueils.

══ ☞ Ex FLODOARDI, Presbyteri Remensis, Historiâ Ecclesiæ Remensis.

Ce Fragment va depuis 840 jusqu'à 948. On le trouve dans la *Collection* de Dom Bouquet, tom. VII. *pag.* 212, & tom. VIII. *pag.* 154. Le Père le Long a rapporté cette Histoire à l'Article de l'*Archev. de Reims*, ci-devant N.° 9490.]

16492. ☞ Ex Libello HUGONIS, Floriacensis Monachi, de modernis Francorum Regibus.

Ce Fragment se trouve dans la *Collection* de D. Bouquet, *tom. VIII. pag.* 317. Il s'étend depuis l'an 888, jusqu'en 949. *Voyez* ce qui en est dit dans la *Préface* de D. Bouquet, *pag.* XXXVI.]

16493. ☞ Ex Chronico Augiensi.

Dans le même Volume, *pag.* 101. Il va depuis 878, jusqu'à 904.]

16494. ☞ Ex Chartario Sithienſi.

Ce Fragment s'étend de 879 à 952, & ſe trouve dans le même tom. VIII. de D. Bouquet, *pag.* 215.]

16495. Fragmentum de Geſtis Regum & Principum Francorum in Italia, à Carlomanno, Caroli Martelli filio, ad annum 962, ex Chronico Caſſinenſi Leonis Marſicani, Epiſcopi Oſtienſis.

Ce Fragment, qui commence en 771, eſt imprimé dans du Cheſne, au tom. II. de ſon *Recueil des Hiſtoriens de France,* pag. 644. Cette Chronique finit en 1085. Il y en a pluſieurs Editions; à Veniſe, en 1563; à Paris, en 1603; & à Naples, en 1616.

— ☞ Ex Guillelmi, Gemeticenſis Monachi, Hiſtoriâ Normannorum.

Ce Fragment s'étend de 876 à 961, & ſe trouve dans la *Collection* de Dom Bouquet, *tom. VIII.* pag. 254. *Voyez* la *Préface,* pag. xxvii. Le Père le Long l'a rapporté à l'*Hiſtoire de Normandie*.]

16496. Frodoardi, Presbyteri Eccleſiæ Remenſis, Annales ſeu Chronicon ætatis ſuæ, ab anno 919, ad annum 966, cum Appendice aliquot annorum uſque ad annum 978. Continuatio ab anno 977, ad annum 990; ex Chronicis Wilhelmi Nangii, Monachi ſancti Dionyſii, nondum (tunc) editis.

Cette Chronique de Frodoart ou Flodoart, eſt imprimée dans Pithou, à la ſeconde partie de ſon *Recueil des douze Hiſtoriens contemporains,* pag. 147.

Editio Pithœana cum altero Codice antiquiſſimo collata, & pleriſque in locis emendata.

Cette même Chronique eſt imprimée dans du Cheſne, au tom. II. de ſon *Rec. des Hiſtoriens de France,* p. 590. Pithou ne croit pas que ces Chroniques ſoient de Flodoart, Chanoine de l'Egliſe de Reims, mort en 966; parceque les Vies des Archevêques de cette Egliſe qu'il a compoſées, ſont d'un ſtyle tout différent de celui de ces Chroniques. Mais qui que ce ſoit, dit-il, qui en ſoit Auteur, il a diſſipé bien des ténèbres de ſon ſiècle, en renverſant toutes les fables que l'on avoit publiées touchant les Normans, ſur-tout Guillaume de Jumiéges. Il a écrit d'une maniere peu polie ce qu'il a vû ou entendu. Sans ſon ſecours nous ſçaurions peu de choſes du Règne de Charles le Simple, de celui de Louis V, & d'une bonne partie de celui de Lothaire IV.

☞ *Voyez* ſur ces Annales, le Gendre, *tom. II,* pag. 36. = *Recueil des Hiſtoriens de France,* tom. VIII. Préface, pag. xv. = *Hiſt. Litt. de la France,* tom. VI. pag. 313 & *ſuiv.*]

16497. Appendix ad Rheginonis Chronicon, ab anno 907, ad annum 972, à recentiore quodam adjecta.

Cette Addition eſt imprimée enſuite de la Chronique de Réginon, rapportée ci-deſſus (N.º 16468.) Simler, dans ſon Edition de la Bibliothèque de Geſner, dit que Romerius a fait une Addition à la Chronique de Réginon, depuis l'an 877 juſqu'en 977, qui eſt à peu près la même eſpace de temps que comprend l'Addition qui ſe trouve enſuite de cette Chronique. Ainſi il eſt vraiſemblable que Romerius en eſt l'auteur, ou que du moins elle eſt tirée de la ſienne, dit Voſſius, au Livre III. de ſe: *Hiſtoriens Latins,* pag. 765.

— ☞ Ex Geſtis Abbatum Lobienſium.

Ce Fragment s'étend depuis l'an 879 juſqu'à 974. Il eſt imprimé dans la *Collection* de D. Bouquet, *tom. VIII.* pag. 220. Le Père le Long a rapporté cette Chronique à l'Article de l'*Abbaye de Lobes,* ci-devant, N.º 12047.]

16498. Mſ. Tractatus de Geſtis Regum Franciæ; auctore Sigiberto, Epiſcopo Uticenſi.

La Chronique d'Uzès, rapportée par Caſeneuve à la fin de la ſeconde Edition de ſon *Traité du Franc-Alleu,* marque, ſur l'année 887, que cet Evêque, qui vivoit alors, avoit fait ce Traité.

== ☞ Ex Chronico Cameracenſi; auctore Balderico.

Ce Fragment, qui va depuis l'an 881 juſqu'à 885, ſe trouve dans la *Collection* de Dom Bouquet, *tom. VIII.* pag. 278.

Voyez ce qu'il en dit dans ſa *Préface,* pag. xxx. Cette Chronique eſt indiquée en entier à l'Article de l'*Archevêché de Cambray,* ci-devant, N.º 8523, où l'on a fait à ſon ſujet diverſes Obſervations nouvelles.]

16499. Excerpta hiſtorica ex Libro ſecundo Vitæ ſancti Genulfi, cujus Author anonymus, ſed vetuſtus & eruditus, ab initio Regni Francorum uſque ad Regem Hugonem Capetum; ex Bibliothecâ Floriacenſi Joannis à Boſco, parte primâ, paginâ 15.

Ces Extraits ſont imprimés dans du Cheſne, au tom. III. de ſon *Recueil des Hiſtoriens de France,* pag. 455. L'Auteur a vécu dans le IXᵉ ſiècle. La Vie de ce Saint eſt indiquée ci-devant, Article de l'*Abbaye de Saint-Genou,* [N.º 11476.]

== ☞ Ex Chronico Namnetenſi.

Ce Fragment va depuis l'an 841 juſqu'en 984, & eſt imprimé dans la *Collection* de D. Bouquet, *tom. VII.* pag. 217, & *tom. VIII.* pag. 275. Le Père le Long a rapporté cette Chronique à l'*Hiſtoire de Bretagne,* & il la fait finir en 950.]

16500. ☞ Duæ Narrationes de Barcinone captâ à Sarracenis; an. 985 vel 986.

Ces Relations ſont imprimées dans la *Collection* de D. Bouquet, *tom. IX.* pag. 1 & 2.]

16501. Fragmentum Hiſtoriæ Francorum, à Ludovico II. Caroli Calvi filio, uſque ad Hugonem Capetum.

Ce Fragment eſt imprimé dans Pithou, à la ſeconde partie de ſon *Recueil des douze Hiſtoriens contemporains,* pag. 407, & dans celui de du Cheſne, au *tom. II.* p. 630. Il va depuis l'an 877 juſqu'en 987.

— ☞ Ex Orderici Vitalis, Uticenſis Monachi, Eccleſiaſticâ Hiſtoriâ.

Ce Fragment va depuis l'an 888 juſqu'à 987. Il ſe trouve dans la *Collection* de D. Bouquet, *tom. IX.* pag. 10. *Voyez* ſa *Préface,* pag. xi. Le Père le Long l'a rapporté ſous l'*Hiſtoire de Normandie*.]

16502. Mſ. Chronicon breve Regum Franciæ, primæ & ſecundæ Stirpis.

Cette Chronique eſt conſervée à Dijon, dans la Bibliothèque de M. le Préſident Bouhier, E. 20.

16503. ☞ Ex diverſis Chronicis.

Ces Extraits, qui ſont imprimés dans la *Collection* de D. Bouquet, *tom. IX.* pag. 82, vont depuis l'an 877 juſqu'à 987.]

16504. Mſ. Extrait de l'Hiſtoire de France, depuis Pharamond juſqu'à Hugues Capet; par Granier: *in-fol.* 4 vol.

Cet Extrait [étoit] conſervé dans la Bibliothèque de M. le Chancelier Séguier, num. 619, [& eſt aujourd'hui dans celle de Saint-Germain-des-Prés.]]

16505. ☞ Excerpta ex Vitis Sanctorum, ab anno 877 ad 987.

Ces Extraits sont imprimés dans la *Collection* de Dom Bouquet, *tom. IX. pag.* 106-156.]

16506. ☞ Ex Conventibus & Conciliis.

Dans le même Volume, *pag.* 300.]

☞ On peut encore consulter, pour l'Histoire de la seconde Race, les *Annales Ecclésiastiques* du P. le Cointe : sçavoir, le tom V. depuis la page 319 ; & les trois suivans, qui s'étendent jusqu'en 845. = Aimoin, depuis le Chapitre 62 du Livre IV. jusqu'au Chapitre 45 du V.e = La première & la seconde Partie du tom. II. des *Antiquités Françoises* de Fauchet. = L'*Histoire de l'Eglise de Paris*, de du Bois, les Livres V. VI. VII. & VIII. du tom. I. = La *Dissertation historique sur les Monnoies de Charlemagne & de ses successeurs*, qui est à la suite du *Traité historique des Monnoies* de le Blanc. = L'*Alphabetum Tironianum* de Pierre Carpentier. = Les *Annales de Paris* de D. du Plessis. = La *Dissertation* de l'Abbé Carlier, sur l'état du Commerce en France. = Les Notes LXXXV. LXXXVI. XC. -XCIX. du tome I. de l'*Histoire de Languedoc* par DD. de Vic & Vaissette, & les Notes I. jusqu'à XVIII. du tom. II. = L'*Histoire de la Chapelle des Rois de France*, par Atchon.]

Article III.

Histoires de ce qui s'est passé sous la troisième Race.

Cette Race, dite *des Capétiens*, règne depuis l'an 987. La succession directe en a été plusieurs fois interrompue. En 1328, succéda à Charles le Bel, Philippe VI. dit de Valois, son cousin germain, qui donna le nom à cette nouvelle Branche. Louis XII. qui, avant que d'être parvenu au trône, se nommoit le Duc d'Orléans, succéda, en 1498, à Charles VIII. qui avoit été germain sur lui. Louis mourut en 1515, sans laisser de postérité mâle ; François, Duc de Valois, lui succéda : ils descendoient l'un & l'autre de Louis Duc d'Orléans, Comte de Valois, second fils du Roi Charles V. d'où [quelques-uns ont] nommé cette Branche *Orléans-Valois*. Henri III. le dernier de cette Branche, étant décédé sans enfans, en 1589, Henri IV. de Bourbon, commença une nouvelle Branche de son nom, qui règne glorieusement. Ainsi cette troisième Race se trouve partagée en [trois ou] quatre parties ; la Souche des Capétiens, la Branche des Valois, [&] celle d'Orléans-Valois, enfin celle de Bourbon.

16507. ☞ Discours sur l'étude de la troisième Race.

Il se trouve dans le *Plan de l'Histoire de la Monarchie Françoise*, par l'Abbé Lenglet, *tom. II.* au commencement : *Paris, 1753, in-12.* 3 vol.]

PREMIÈRE PARTIE.

Règnes des premiers Rois de la troisième Race, ou des Capétiens, depuis l'an 987 jusqu'en 1328.

§. Premier.

Règnes de Hugues Capet & de Robert, jusqu'en 1031.

☞ Les Monumens historiques de ces deux Règnes occupent le tom. X. du *Recueil des Historiens de France*, dont les volumes précédens ont été publiés par D. Bouquet ; la continuation a été donnée par d'autres Bénédictins. *Voyez* ci-devant N.º 15984.

On trouve au commencement de la Préface de ce tome X. une espèce de Dissertation sur l'origine de la Maison des Capétiens, avec l'Exposé des différens sentimens sur la Généalogie des Ancêtres de Hugues Capet.

Il faut voir aussi, comme utiles pour l'Histoire de ces deux Règnes, les *Avertissemens* des *Diplômes* de Hugues & de Robert, *pag.* 543 & 565 du même Volume.

Le Porte-feuille II. du *Recueil* de M. de Fontanieu, qui est à la Bibliothèque du Roi, contient quelques Pièces sur les droits de Hugues Capet à la Couronne ; & les Porte-feuilles III. & IV. renferment diverses Pièces sur les Règnes de ce Prince & de son fils Robert.]

16508. De Hugone Capeto, Carloque Duce Lotharingiæ, quo ille modo & jure Regno potitus sit, iste privatus ; auctore Davide Blondello, Historiæ Professore in Academia Lugduno-Batava.

Cet Auteur est mort en 1655. Sa Dissertation est imprimée à la *page* 250 de son *Assertion de la Généalogie de France*, contre la quatrième Chapitre des *Vindices Espagnoles* de Jean-Jacques Chifflet : *Amstelodami*, 1655, *in-fol.*

16509. De pietate Hugonis Ducis, posteà Regis Francorum, Versibus ; ex Libro quarto Miraculorum sancti Richarii, cujus Auctor ejusdem Hugonis tempore vixit.

Ces Vers sont imprimés dans du Chesne, au tome IV. de son *Recueil des Historiens de France, pag.* 99. Le Roi Hugues Capet est mort en 997.

16510. ☞ Ms. Notice générale du Règne du Roi Hugues Capet, en VIII chapitres, & de celui du Roi Robert, en VII chapitres ; par l'Abbé (François) de Camps.

Dans la Bibliothèque de M. de Béringhen ; & dans celle du Roi, aux Porte-feuilles Manuscrit III. & IV. de M. de Fontanieu : *in-4.*]

16511. Ms. Chronique depuis Adam jusqu'au Roi Robert.

Cette Chronique est conservée à Dijon, dans la Bibliothèque de M. le Président Bouhier, E. 37.

== ☞ Gesta Abbatum Lobiensium ; auctore Folcuino, &c.

Ces Gestes commencent sous le Règne de Clovis III. environ l'an 655, & finissent en 990. On les trouve au *Spicilége* de d'Achery, *tom. II. in-fol. pag.* 730. Le Père le Long en a parlé à l'Article des *Abbés de Lobes*, ci-devant, N.º 12047 ; mais on doit rapporter ici cette Pièce comme utile à l'Histoire générale de France.]

16512. Dissertatio de primo & ultimo anno Regis Hugonis Capeti, atque de anno mortis Roberti ejus filii ; auctore Ægidio Lacarri, è Societate Jesu : *Claromonti, 1680, in-4.*

☞ Le Roi Robert est mort en 1031.]

16513. Chronicon Engolismense, ab anno 814, ad annum 991.

Cette Chronique est imprimée dans Labbe, au tom. I. de sa *Nouvelle Bibliothèque des Manuscrits, pag.* 323.

== Vie de Bouchard, Comte de Melun, Ministre d'Etat sous Hugues Capet.

Voyez ci-devant, à l'Article de l'*Abb. de Saint-Maurdes-Fossés*, N.º 12647 *& suiv.*

16514. ☞ Ex Gestis Comitum Barcinonensium.

Ce Fragment s'étend de 888 à 993. Il se trouve dans la *Collection* de D. Bouquet, *tom. IX. pag.* 68.]

16515. Chronicon Remense brevissimum, ab anno 830, ad annum 999.

• Cette Chronique est imprimée dans Labbe, au tom. I. de sa *Bibliothèque nouvelle des Manuscrits, pag.* 362.

16516. Pars Vitæ sancti Abbonis, Floriacensis Abbatis; auctore AIMOINO, Monacho Floriacensi.

Ce Fragment est imprimé dans du Chesne, au tom. IV. de son *Recueil des Historiens de France, pag.* 125. Il contient dix années depuis l'an 990 jusqu'à l'an 1000 de Jesus-Christ. Aimoin fleurissoit en 1004.

16517. Ms. Chronicon breve, ab anno 800, ad annum 1000.

Cette Chronique est conservée dans la Bibliothèque du Vatican, entre les Manuscrits de la Reine de Suède, num. 249.

16518. ☞ Ex Chronico Cœnobii Massiaciensis, in Biturigibus.

Ce Fragment s'étend de 910 à 1013. Il est imprimé dans la *Collection* de D. Bouquet, tom. *VIII. pag.* 230. *Voyez* la *Préface, pag.* XIX.]

16519. Chronicon Auctoris incerti, ab anno 688, ad annum 1015.

Cette Chronique est imprimée dans du Chesne, au tom. III. de son *Recueil des Historiens de France, p.* 348. Il paroît, par ce que dit cet Anonyme, qu'il étoit du Diocèse de Sens. On l'avoit fort mal informé de l'affaire d'Arnoul, Archevêque de Reims, puisqu'il rapporte des choses contraires à l'Acte de sa déposition.

☞ *Voyez* le Gendre, tom. *II. pag.* 24.]

16520. Fragmenta Chronici Novaliciensis, à tempore Hugonis & Lotharii Regum Italiæ usque ad Imperatorem Conradum, cognomento Salicum.

Ces Fragmens commencent en 928, où se termine l'Histoire de Luitprand, & finissent en 1024. Ils sont imprimés dans du Chesne, au volume précédent, *p.* 635.

☞ Dans le Recueil des Bénédictins, il y a un petit Extrait de cette Chronique, par rapport à ce qui regarde la France, tom. X. *pag.* 144.]

16521. Chronicon Aquitanicum quod ab aliis dicitur Fragmentum Chronici Lemovicensis, ab anno 834, ad annum 1025.

Cette Chronique est imprimée dans Labbe, au tom. I. de sa *Nouvelle Bibliothèque des Manuscrits, pag.* 291, & dans son *Mélange curieux*, au tom. I de l'*Abrégé de l'Alliance chronologique, &c. Paris,* 1664, *in-*4. enfin, avec l'*Histoire de l'Abbaye de Tournus*, par le P. Chifflet, depuis 830 jusqu'en 930 : *Dijon,* 1664, *in-*4.

16522. Ms. Chronicon brevissimum, à Christo nato ad annum 1027.

Cette Chronique est conservée dans l'Abbaye de Saint-Germain, au tom. II. des *Mélanges* du Père Durant, *fol.* 31 *verso.* Le commencement du Règne de Pharamond y est marqué en 369, & sa mort en 420.

16523. Chronicon ADEMARI seu ADELMI, Chabanensis deinde sancti Eparchi Engolismensis Monachi, à principio Monarchiæ Francorum, præcipuè ab anno 829, ad annum 1029. Hæc pars desumpta est ex Codice Valesii cum duobus aliis collato, suppleto & correcto, in cujus calce legitur: Explicit Chronicon Ademari in annorum quidem notatione confusum, sed optimum in his quæ ad Aquitanicas res spectant.

Cette Chronique est imprimée dans Labbe, au tom. II. de sa *Nouvelle Bibliothèque des Manuscrits, pag.* 151. Aymar de Chabanois, qui vivoit en 1029, n'est point exact pour la Chronologie. Le Père Labbe dit qu'il n'a pas fait imprimer le commencement de sa Chronique jusqu'en 720, excepté quelques Fragmens des Chapitres XII. XVIII. XXX. XXXIII. XL. & LI. parceque ce commencement avoit déja été imprimé par Freher & du Chesne, sous ce titre : *Gesta Regum Francorum Epitomata.* Il a aussi omis la Vie de Charlemagne, donnée par Pithou & du Chesne; enfin, il n'a choisi de la Vie de Louis le Débonnaire, composée des Annales écrites d'un style grossier & populaire, de celles d'Eginhart, de Saint-Bertin & d'autres Chroniques, que ce qu'il y avoit de singulier, & qui regardoit particulièrement les affaires d'Aquitaine.

☞ On trouve cet Auteur, par parties, dans la *Collection* de D. Bouquet, tom. *VI. pag.* 223 ; *VII. p.* 225; *VIII.* 232; *X.* 144.

Voyez Syllab. script. Nov. Bibl. Mss. Labbe. = *Hist. Littér. de la France,* tom. *VII. pag.* 300.]

16524. Alia pars hujus Chronici, (seu) Fragmentum Historiæ Aquitanicæ, ab anno 877, ad annum 1028, cum altera Appendice.

Ce Fragment est imprimé dans Pithou, au tom. II. de ses douze *Historiens contemporains de France, pag.* 416; & à la *pag.* 79 de ses onze anciens *Historiens de France*; & dans du Chesne, au tom. II. de son *Recueil des Historiens de France, pag.* 632 ; & au tom. *IV. pag.* 80. Ces Fragmens font partie d'un abrégé de l'Histoire d'Aymar de Chabanois, selon Besly.

16525. Ejusdem Chronici Epitome à Faramundo usque ad annum 1029, cum continuatione usque ad annum 1652; per PETRUM à SANCTO ROMUALDO, Fuliensem : *Parisiis,* Chamhoury, 1652, *in-*12, 2 vol.

Le même Abrégé, traduit en François par l'Auteur : *Paris,* 1652, *in-*12, 2 vol.

Ce Religieux se nommoit Guillebaud : il est mort en 1667.

☞ *Voyez* sur Ademar & sur son Ouvrage, les Préfaces de D. Bouquet, &c. tom. *VI. p.* XII. & *X. p.* XXIV. & dans le corps de ce dernier Volume, *pag.* 144.]

16526. Ms. Chronicon Regum Francorum, incipiens ab Alexandro Magno usque ad obitum Roberti Regis.

Cette Chronique est conservée dans la Bibliothèque de l'Eglise de Notre-Dame de Paris, I. 6. Le Roi Robert est mort en 1031.

16527. Fragmenta plurima de Regibus Francorum, & eorum circa Sanctos & Ecclesiam, & cultum Dei gestis, à Carolo Martello, Regis Pipini patre, usque ad Robertum Hugonis Capeti filium : ex Historiis seu Vitis & Miraculis Sanctorum, qui in diversis Imperii Francici partibus floruerunt.

Ces Fragmens sont imprimés dans du Chesne, au tom. III. de son *Recueil des Historiens de France, p.* 374.

16528. ☞ Excerpta ex Vitis Sanctorum, de Regibus Hugone & Roberto.

Dans le *Recueil des Hist.* par les Bénédictins, tom. *X. pag.* 328-386.]

Règnes de Hugues Capet & de Robert.

16529. HELGALDI seu HELGAUDI, Floriacensis Monachi, Epitome Vitæ Roberti Regis, filii Hugonis Capeti ; ex alterius Monachi scriptis.

Cet Abrégé est imprimé dans Pithou, *pag.* 59 de ses onze anciens *Historiens de France* ; & dans du Chesne, au tom. IV. de son *Recueil des Hist. de France*, *pag.* 59 & 61. Cet Auteur fleurissoit en 1050. Il a écrit la Vie de ce Prince, qu'il avoit fort pratiqué. » Il lui donne de si » grandes louanges, qu'il passeroit pour un flatteur, s'il » ne prouvoit, par les actions qu'il en rapporte, que ce » Monarque en étoit digne ». L'Abbé le Gendre, [*tom. II. pag.* 50.]
☞ Cet Abrégé est aussi imprimé au tom. X. du *Recueil des Historiens de France, pag.* 98. L'Auteur fait plutôt l'éloge de la piété du Roi Robert & de ses vertus chrétiennes, qu'il n'écrit l'Histoire de sa Vie : il en convient lui-même à la fin de son Ouvrage. *Voyez* la *Préface* du *tom. X.* des Bénédictins, *pag.* XVIII.]

16530. ☞ Mémoire sur la Vie du Moine Helgaud, sur l'Epitome de la Vie du Roi Robert, & sur trois Fragmens qui sont imprimés à la suite de cet Epitome, dans la *Collection des Historiens de France* ; par M. de la Curne DE SAINTE-PALAYE. *Mém. de l'Acad. des Inscript. & Bel. Let. tom. X. pag.* 553.]

16531. ☞ Histoire de la Vie & des Ecrits du Roi Robert ; par D. RIVET.

Dans l'*Histoire Littéraire de la France , tom. VII. pag.* 326-332.]

16532. ☞ Dissertation sur les cinq mariages de Robert, surnommé le Pieux, Roi de France ; par M. l'Abbé François DE CAMPS : *Mercure*, 1723, *Mars.*]

16533. Excerpta historica de gestis sub Hugone & Roberto Regibus ; ex Libro tertio Miraculorum sancti Benedicti ; auctore AIMOINO, Monacho Floriacensi.

Ces Extraits sont imprimés dans le tom. IV. de du Chesne, *pag.* 135.

16534. Fragmenta variorum de Roberto Rege.

Ces Fragmens sont imprimés dans le même Recueil, *pag.* 144. [On en trouve beaucoup d'autres dans celui des Bénédictins, *tom. X.*]

16535. ☞ ADALBERONIS, Episcopi Laudunensis, Carmen ad Rotbertum Regem Francorum, cum Notis Adriani VALESII.

Ce Poëme contient plusieurs choses qui concernent l'Histoire du Roi Robert : il est imprimé avec un autre Poëme d'un Auteur anonyme, *De laudibus Berengarii Augusti : Paris.* Dupuis, 1663, *in-8.*
Cette Edition a été donnée par le sçavant Adrien de Valois. C'est un Dialogue entre le Roi Robert, encore jeune, & Adalbéron, qui a pour objet les désordres de l'Etat. Il y règne beaucoup d'obscurité, & un assez mauvais goût ; mais il est utile, soit pour quelques faits historiques, soit pour les mœurs de ce temps. Il a été réimprimé dans le tom. X. du *Recueil des Hist. de France*, par les Bénédictins, *pag.* 65. *Voyez* leur *Préface , pag.* XVI.]

16536. ☞ Rhythmus satyricus de temporibus Roberti Regis.

Cette Pièce de Vers se trouve dans les *Analectes* de D. Mabillon, *pag.* 366 ; & dans le tom. X. du *Recueil* *des Hist. de France, pag.* 93. C'est une satyre assez vive de ce qui se passoit alors en France, sur-tout à la Cour.]

16537. ☞ Eloge de Eudes de Chartres, Comte de Champagne, Ministre sous le Roi Robert ; par Charles D'AUTEUIL.

Cet Eloge est imprimé dans son *Histoire des Ministres d'Etat : Paris ,* 1642, *in-fol.*

16538. Histoire de Hugues de Beauvais, Comte de Paris, Favori de Robert, Roi de France.

Cette Histoire est imprimée dans l'*Hist. des illustres Favoris : Leyde ,* 1660, *in-12.*

16539. ☞ Explication d'un Cantique latin fait sous le règne du Roi Robert.

Dans les Dissertations sur l'*Hist. de Paris , par* l'Abbé Jean LE BŒUF , *tom. II.*]

16540. MS. Breve Chronicon Regum Francorum, à Pipino Rege ad Henricum I. Francorum Regem ; auctore Canonico, ut putatur, Carcassonensi, qui vixit anno 1065.

Cette Chronique est conservée dans le *Recueil* de Dom Estiennot, au tom. X. de ses *Fragmens d'Histoire, p.* 253, qui sont dans la Bibliothèque de S. Germain-des-Prés.

16541. ☞ Ex diversis Chronicis & Historiis.

Ces Fragmens se trouvent dans le t. X. du *Recueil des Hist. de France,* par les Bénédictins, *p.* 118 & 387. C'est une suite de différens morceaux coupés & tirés de différentes Chroniques, Vies des Saints, &c. pour les parties seulement qui servent à l'Histoire des Rois Hugues Capet & Robert. Ces morceaux deviennent trop abondans sous la troisième Race, pour pouvoir suivre la méthode que j'avois suivie sous les deux Races précédentes, de leur donner à chacun une place séparée sous l'année où ils finissent. Les Règnes de la troisième Race sont plus distincts & séparés que ceux des deux premières ; & les Bénédictins ont rassemblé avec soin dans celui-ci toutes ces sortes de Fragmens, qui peuvent servir à l'Histoire de ces deux premiers Rois de la troisième Race. Quiconque voudra travailler sur cette partie de notre Histoire, doit nécessairement recourir à ce Volume. D'ailleurs, j'ai placé la meilleure partie de ces Chroniques , Vies de Saints , &c. utiles à l'Histoire de nos Rois, sous l'année à laquelle elles finissent ; & c'eût été une répétition assez inutile , que d'en rapporter encore sous chaque Règne les parties disséquées dans le *Recueil des Historiens de France ,* publié par les Bénédictins.]

16542. ☞ Ex Conciliis, &c.

Ces Extraits se trouvent au même tom. X. *p.* 513-543. C'est un Recueil de morceaux tirés de différens Conciles, servant à l'Histoire de ces deux Règnes.

Quant aux Lettres & Diplômes qui se trouvent aussi dans le tom. X. ils seront rapportés ci-après, au Chapitre des *Lettres historiques,* ainsi que je l'ai fait pour les deux premières Races. On trouve à la tête des Diplômes de Hugues & Robert, deux Dissertations qui sont très-utiles à l'Histoire de ces deux Règnes.]

§. II.

Règne de Henri I. depuis l'an 1027 (ou 1031) jusqu'en 1060.

☞ CE Prince fut couronné Roi en 1027, & en 1031 il succéda à son père qui l'avoit associé.]

16543. Odoranni, Monachi sancti Petri Vivi Senonensis, Chronicon, ab anno 675 ad annum 1032, quod Auctor jam sexagenarius cum aliis suis opusculis collegit in unum, anno 1045, ex Codice Alexandri Petavii, Senatoris Parisiensis.

Cette Chronique est imprimée dans du Chesne, au tom. II. de son *Recueil des Historiens de France, p.* 636; [& dans celui des Bénédictins, tom. *VIII.* pag. 236, & *X.* p. 165.] Pithou avoit publié, *pag.* 4 de les *douze Historiens contemporains*, un Fragment de cette Chronique jusqu'en 982. Elle est courte jusqu'en l'an 1000; mais elle est plus étendue depuis cette année-là. Sa Chronologie n'est point exacte, comme s'en plaint le Père le Cointe, au tom. IV. de ses *Annales Ecclésiastiq.* sous l'année 704, num. 8. M. l'Abbé de Longuerue, sous l'année 735, soutient que cette Chronique n'est qu'un Extrait de celle de Saint-Pierre-le-Vif, laquelle n'a par conséquent nulle autorité. M. du Cange, dans son *Plan des Historiens de France*, en marque une du même Auteur, qui commence en 399, & finit en 1268. In quo, dit-il, *Senonensium Præsulum Historia potissimùm perstringitur.* Si cette Chronique est d'Odorannus; elle a été continuée par un autre jusqu'en 1268; car ce Moine de Saint-Pierre-le-Vif vivoit en 1045, & avoit alors soixante ans.

☞ Voyez *Biblioth. Ecclés.* de Dupin, *XIe Siècle, pag.* 370. = Le Gendre, tom. *II.* pag. 80. = *Hist. Littér. de la France*, tom. *VII.* pag. 356.]

16544. Chronicon breve, à Pipino Rege usque ad annum 1034.

Cette Chronique est imprimée dans du Chesne, au tom. III. de son *Recueil des Hist. de France, pag.* 356.

16545. Fragmenta duo Chronici HUGONIS, Monachi Floriacensis, à Carolo dicto Simplice (sive ab anno 893) usque ad annum 1034.

Ces Fragments sont tirés de la Chronique que cet Auteur a dédiée à Yves de Chartres, indiquée num. 4906, de laquelle on a omis ce qui précède l'année 893, parcequ'il a été publié plusieurs fois. [Cet Auteur est mort vers l'an 1130.] Il rapporte des choses particulières & assez bien écrites. Ces deux Fragments sont imprimés dans le tom. III. du *Recueil* de du Chesne, *pag.* 343, & au tom. IV. *pag.* 142.

16546. Mf. Ejusdem, de Gestis modernorum Regum, ad Mathildem Imperatricem.

Ce Fragment de Hugues de Fleuri, [étoit] entre les mains de Dom Mattenne, Religieux Bénédictin, [qui a publié l'Epître dédicatoire de cet Ouvrage, adressée à l'Impératrice Mathilde, au tom. I. de son *Trésor de Pièces anecdotes, pag.* 327.]

☞ Dom Bouquet en a imprimé un morceau, dans sa *Collection*, tom. *VIII.* pag. 317; & il s'en trouve un second, tom. *X.* pag. 219.]

16547. Breve Chronicon Lemovicense seu Aquitanicum, ab anno 538, ad annum 1037.

Cette Chronique est imprimée dans Labbe, au tom. I. de sa *Nouvelle Bibliothèque des Manuscrits, pag.* 312 & 331.

Le P. Martenne en a publié une autre dans le tom. III. de son *Nouveau Trésor de Pièces anecdotes, pag.* 1400. Elle commence en 687, & elle finit en 1060.

16548. ☞ Brevis Historia Turonensis sancti Juliani Monasterii, ex Manuscripto ejusdem Monasterii.

Cette Histoire commence en 570, & finit en 1040. Elle est imprimée dans la *Collectio veterum Scriptorum* de D. Martenne, tom. *V.* pag. 1072.]

☞ Chronicon Monasterii Conchensis, sive nomina Abbatum Conchensium qui fuerunt post destructionem Sarracenorum; ex Archivis Conchensis Monasterii.

Cette Chronique commence en 817 environ, & finit vers 1040 ou 50. Elle se trouve dans le *Trésor des Anecdotes* de D. Martenne, tom. *III.* pag. 1387. On l'a déja indiquée à l'*Hist. de l'Abbaye de Conches*, ci-devant. [N.° 11866.]

16549. HEPIDANNI, Monachi sancti Galli, Annales breves, ab anno 709, ad annum 1044.

Ces Annales sont imprimées dans du Chesne, au tom. III. de son *Recueil des Historiens de France, p.* 471; dans celui de Goldast, des *Historiens d'Allemagne*, au commencement : *Francofurti*, 1661, *in-fol.* [& en partie dans le *Recueil* des Bénédictins, tom. III. *pag.* 316, & X. *pag.* 193.]

Cet Auteur fleurissoit en 1072. Il parle quelquefois dans son Ouvrage des affaires de France, & souvent de celles d'Allemagne; il s'étend plus sur ce qui regarde son Monastère. Il n'est point exact dans ses dates.

☞ Voyez le Gendre, tom. *II.* pag. 53. = Bibl. Eccl. de du Pin, *XIe siècle, pag.* 376. = *Recueil des Historiens de France*, tom. *III.* Préf. pag. xiij.]

16550. GLABRI Rodulphi, Cluniacensis Monachi, Historiarum Libri quatuor, ab anno 1000, qui suit Roberti Regis decimum tertius, usque ad annum 1045.

Cette Histoire est imprimée dans Pithou, *pag.* 1, de son *Recueil des Historiens de France : Francofurti*, 1596, *in-fol.*

16551. Ejusdem Historiarum sui temporis Libri quinque, ab electione potissimum Hugonis Capeti in Regem ad sua usque tempora.

Cette même Histoire est imprimée dans du Chesne, au tom. IV. de son *Recueil des Historiens de France, pag.* 1. Elle va depuis l'an 987 jusqu'en 1048, auquel l'Auteur vivoit. Bellarmin dit dans son Livre des *Ecrivains Ecclésiastiques*, que Glaber l'a écrite avec une prudence toute singulière. Baronius, sous l'année 933, reconnoît la rudesse de son style. M. l'Abbé le Gendre marque que cet Auteur, pour avoir voulu faire entrer toutes les Histoires de son temps dans la sienne, l'a rendue moins exacte.

☞ L'Histoire de Glaber est aussi imprimée au tom. X. du *Recueil des Historiens de France*, par les Bénédictins, *pag.* 1. Elle s'étend depuis l'année 900 jusqu'en 1046 ou 1047. Elle se sent de l'ignorance de son temps à bien des égards. Cependant on doit-on faire cas, parcequ'elle contient bien des faits qu'on ne trouveroit pas ailleurs, & elle peint assez bien les mœurs de son siècle.

Voyez le Père Niceron, tom. *XXVIII.* pag. 146. = Le Gendre, tom. *II.* pag. 39. = *Histoire d'Auxerre*, tom. *II.* pag. 484. = *Préface du tom. X. du Recueil des Historiens de France*, pag. xiij.]

16552. ☞ Mémoire concernant la Vie & les Ouvrages de Glaber, Historien du temps de Hugues Capet; par M. de la Curne DE SAINTE-PALAYE. *Mém. de l'Académie des Inscriptions & Belles-Lettres*, tom. *VIII.* pag. 549.]

☞ Chronicon Fontanellense, &c.

Cette Chronique commence à Pepin, père de Charles-Martel, en 688, & finit en 1053. Elle est imprimée dans le *Spicilège* de d'Achery, tom. *II.* pag. 263, & dans

Règne de Philippe I. 1059.

dans le *Recueil des Historiens de France* de D. Bouquet, *tom. II. pag.* 657. Le Père le Long en a parlé à l'article de l'*Abb. de S. Wandrille*, N.° 11838; mais on doit en faire ici mention.]

— Chronicon sancti Michaelis de Monte in finibus Normannorum, ab anno 421, ad annum 1056.

☞ Elle est déja indiquée à l'Article de l'Abbaye du *Mont-Saint-Michel*, comme étant dans la *Nouvelle Bibliothèque des Manuscrits* du P. Labbe, *tom. I. p.* 349.]

16553. Chronicon Andegavense, ab anno 678, ad annum 1057.

Cette Chronique est imprimée dans Labbe, au tom. I. de sa *Nouvelle Bibliothèque des Manuscrits*, *p.* 283.

☞ On l'appelle Chronique d'Anjou, parcequ'on la croit faite dans le Monastère de l'Evière à Angers; « mais il me paroît, (dit Dom Liron, *pag.* 31, de sa » *Bibliothèque Chartraine*) qu'elle a été écrite dans l'Ab- » baye de Vendôme. L'Auteur mourut en 1057; mais » il y a de grandes Additions jusqu'en 1257. C'est la » même Chronique qui est indiquée dans la suite sous » le nom de Chronique de Vendôme ».]

— Ivonis Carnotensis Episcopi, Chronicon de Regibus Francorum, à Pharamundo ad Philippum I.

Cette Chronique est imprimée avec ses *Lettres : Parisiis*, 1585, 1610, *in-8*. Dans Fréher, partie première de son *Recueil des Historiens de France, pag.* 55, & avec les *Œuvres* du même Ives de Chartres, *pag.* 305 : *Parisiis*, 1647, *in-fol.* Cet Auteur est mort en 1115 ou 1116. Sa Chronique est très-courte & fort défectueuse. L'Auteur y rapporte, selon M. l'Abbé le Gendre, bien des choses qui ne s'accordent pas avec les Historiens du temps.

☞ Cette Chronique est la même que celle attribuée à Hugues de Fleuri, ci-devant, N.° 16546.]

16554. Mf. Chronicon breve usque ad Philippum I. Regem Francorum.

Cette Chronique est conservée dans la Bibliothèque du Roi, num. 1449, selon le Père Labbe.

16555. De Henrico I. Rege, filio Philippi, Fragmentum Historiæ manuscriptæ Auctoris incerti.

Ce Fragment, qui contient un bon Abrégé du Règne de Henri I. est imprimé dans du Chesne, au tom. IV. de son *Recueil des Historiens de France, pag.* 148.

16556. De Henrico Fragmentum Historiæ miscellaneæ Miraculorum sancti Benedicti, Abbatis ; auctore AIMOINO, Monacho Floriacensi.

Ce Fragment est imprimé dans le volume précédent, *pag.* 151.

16557. ☞ Recueil des Historiens de France, Tome XI. contenant principalement ce qui s'est passé sous le Règne de Henri I. par les Religieux Bénédictins : *Paris*, 1767, *in-fol.*

Ce Volume sert particulièrement pour l'Histoire de ce Règne : on y trouve tous les morceaux de différentes Chroniques, Annales, Histoires, Conciles, Vies des Saints, &c. qui y ont rapport. Tout y est bien dissequé, mais la Table Chronologique met les choses en ordre.]

16558. ☞ Mf. Notice générale du Règne de Henri I. divisée en onze Chapitres ; par l'Abbé (François) DE CAMPS, avec des Re-
Tome II.

marques historiques, par le même ; diverses Pièces sur ce Règne, & Singularités.

C'est ce qui est contenu dans le Portefeuille V. du *Recueil* de M. de Fontanieu, à la Bibliothèque du Roi. Les Originaux de M. l'Abbé de Camps sont chez M. de Béringhen.]

16559. Eloge de Geoffroy, dit Martel, Comte d'Anjou, Ministre sous le Roi Henri I. par Charles D'AUTEUIL.

Cet Eloge est imprimé dans son *Histoire des Ministres d'Etat : Paris*, 1642, *in-fol.*

16560. Mf. Histoire de France, troisième Race, depuis Hugues Capet jusqu'à la mort de Henri I. en 1060; par Louis Géraud DE CORDEMOY, Abbé de Ferrières : *in-fol.*

C'est la suite de l'Histoire de France, composée par le Père de l'Auteur, [& rapportée ci-dessus, N.° 15641.] Cette continuation [étoit] conservée dans la Bibliothèque de M. le Comte de Pontchartrain.

16561. ☞ Remarques de M. MAILLART, ancien Bâtonnier de l'Ordre des Avocats au Parlement, sur le lieu [de la mort du Roi Henri I. arrivée le 4 Août 1060. *Mercure*, 1741, *Août*.

L'Auteur le place au Château de Vitry-en-Bière, près de la Forêt de Fontainebleau.]

§. III.

Regne de Philippe I. depuis l'an 1059 *jusqu'en* 1108.

16562. DE Rege Philippo I. Ordo qualiter Philippus in Regem consecratus est anno 1059.

Cet Ecrit est imprimé dans du Chesne, au tom. IV. de son *Recueil des Historiens de France, pag.* 161.

16563. Breve Chronicon Lemovicense, ad Cyclos Paschales, ab anno 687, ad annum 1060.

Cette Chronique est imprimée dans Martenne, au tom. III. de son *Nouveau Trésor des Pièces Anecdotes, pag.* 1400. [Elle est aussi imprimée dans le *Recueil des Historiens de France*, par D. Bouquet, *tom.* I. *pag.* 611, & dans les volumes suivans, par Extraits.]

16564. Excerpta Chronici Monasterii sancti Vincentii propè Vulturnum fluvium, de rebus Italicis & Francicis, ab anno 727, ad annum 1071.

Ces Extraits sont imprimés dans du Chesne, tom. III. de son *Recueil des Historiens de France, pag.* 672.

16565. Mf. Gesta Francorum, ab eorum exordio ad annum 1075.

Cette Histoire est conservée dans la Bibliothèque de S. Victor, num. 96.

16566. ☞ Ex Chronico LAMBERTI Schafnaburgensis.

Ce Fragment s'étend de 753 à 1177, & se trouve dans le *Recueil* de Dom Bouquet, *tom. V. pag.* 367, *tom. VI. pag.* 227, *tom. VII. pag.* 240.]

16567. ☞ EX MARIANI Scoti Chronico.

Cet Extrait va depuis l'an 753 jusqu'en 1086. Il est imprimé dans le même *Recueil*, par parties, *tom.* V.
R

16568. Mf. Breve Chronicon RAYNALDI, Archidiaconi fancti Mauritii Andegavenfis, ab anno Chrifti 320, ad annum 1085.

Cette Chronique eft confervée dans l'Abbaye de S. Germain des Prés, au tom. II. du *Recueil d'anciens Actes* faits par les foins du Père Jean Durant, Religieux Bénédictin, *pag.* 24. Cette Chronique commence à Ptolomée Evergete: on ne l'a copiée ici que depuis l'année 320 de Jefus-Chrift. Dans la Bibliothèque du Chevalier Cotton, à Londres, Otho, B. III. 4, il y a une Chronique intitulée : *Chronica* REGINALDI, *Andegavenfis Archidiaconi (quæ eft continuatio Chronicæ Frodoardi, Monachi fancti Albani, quæ definit in annum 966) ufque ad annum 1177. In fine eft Genealogia Regum Francorum, à Pharamundo ad Philippum, filium Henrici* : & un des Manufcrits de la Reine de Suède qui eft dans la Bibliothèque du Vatican, a pour titre : *Chronica quædam, cum continuatione Raynaldi, Archidiaconi fancti Mauritii Andegavenfis.*

16569. ☞ Mf. Chronique de l'Abbaye du Saint-Sépulchre de Cambray : *in-fol.* vélin.

Elle paroît écrite du commencement du XIVᵉ fiècle : elle eft divifée en 324 Chapitres, dont les Sommaires font à la tête du Manufcrit. La Chronique finit en 1090. Mais ce que l'Auteur promet de dire, fait voir qu'elle devoit aller plus loin. Le détail des Généalogies pour les Pays-Bas, & le Chapitre de la fondation d'Anchin, font croire que l'Auteur eft un Moine de cette Abbaye.]

Chronicon Centulenfe, ab anno 625, ad annum 1088, auctore HARIULPHO, Monacho Benedictino.

Voyez ci-devant, article de l'*Abbaye de S. Riquier*, N.° 12733.

16570. De Philippe, Roi de France, de fon Mariage avec Bertrade de Montfort; comme il fut excommunié comme adultère, & abfous avec condition; par Jean BESLY.

Cette Differtation eft imprimée après les Preuves de fon *Hiftoire des Comtes de Poitou*, *p.* 93 : *Paris*, 1647, *in-fol.*

16571. Empêchement du Mariage de Philippe I. & de Bertrade de Montfort ; par le même.

Cette autre Differtation eft imprimée dans le même volume, *pag.* 113.

16572. Digreffion touchant le Mariage du Roi Philippe avec Bertrade de Montfort; par Gilles MENAGE.

Cette Digreffion eft imprimée *pag.* 83, de fon *Hiftoire de Sablé : Paris*, 1686, *in-fol.*

☞ Le Père Sirmond a fait un Mémoire touchant l'excommunication & l'abfolution de Philippe I. & de Bertrade, qu'il avoit donné à M. Bigot, écrit de fa main, felon M. Ménage, dans fon *Hiftoire de Sablé.*]

16573. Deux Traités de la Claufe, *Regnante Chrifto*, qui fe trouve en la date de plufieurs Titres, avec les preuves ; par Jean BESLY.

Ces Traités font imprimés dans fon *Hiftoire des Comtes de Poitou*, *pag.* 125 : *Paris*, 1647, *in-fol.* & la date de ces Titres fe trouve fous le Règne de Philippe I.

16574. Diatribe de Formulæ, *Regnante Chrifto*, in veterum monumentis ufu, juftas pro Regibus Francorum Philippo I & II. vindicias complexa : à Davide BLONDELLO, Hiftoriarum Profeffore Leidenfi : *Amftelodami*, Blaeu, 1646, *in*-4.

Cet Auteur eft mort en 1655. Son Traité eft très-curieux, plein d'érudition, & fur une matière fingulière. Il contient plufieurs traits, qui regardent l'Hiftoire de Philippe I. Son principal deffein eft de prouver que l'excommunication dont les Rois Philippe I & II. avoient été frappés, n'avoit rien diminué des droits de leur Couronne ; & qu'on ne devoit point pour cela dans les Actes les années par le Règne de Jefus-Chrift, au lieu du Règne de ces Princes.

☞ Le but de cet Ouvrage eft de réfuter le fentiment de quelques Auteurs, qui ont avancé que la Formule, *Regnante Chrifto*, qui fe trouve dans plufieurs Actes, avoit pour caufe l'excommunication de Philippe I, & celle de Philippe II. L'Auteur a divifé cette Differtation en quatre Sections. Dans la première, il expofe qui font ceux qui les premiers ont embraffé cette erreur. Dans la feconde, qui occupe la plus grande partie de ce Livre, il prouve qu'il n'eft pas poffible que l'excommunication de Philippe I. ait été la caufe de l'introduction de cette Formule ; & à cette occafion, il traite à fond le divorce de ce Prince avec Berthe de Hollande, pour époufer Bertrade de Monfort, femme de Foulques Réchin, Comte d'Anjou ; les excommunications lancées contre lui par le Pape Urbain II. & par les Conciles de Clermont & de Poitiers, & les menaces qui lui avoient été faites précédemment par Grégoire VII. Il entre à ce fujet dans une très-longue difcuffion des entreprifes que fit ce Pape fur l'autorité des Souverains, & particulièrement de fes efforts contre l'Empereur Henri III (ou IV.) Dans le Chap. XIVᵉ de cette Section, il explique un paffage d'Yves de Chartres, duquel le Cardinal Bellarmin avoit induit que Philippe I. avoit été privé de la Couronne par les Cenfures lancées contre lui. Il fait voir que les Rois étoient alors dans l'ufage de fe faire couronner fouvent par les Evêques, & dans les Fêtes les plus folemnelles de l'année. Mais parceque Philippe, pendant fon excommunication, ne fut pas ainfi couronné, il ne s'enfuit nullement qu'il fût pour cela privé de fa Couronne. Il conferva la même autorité fur fes Sujets pendant ce temps, & l'on a plufieurs Actes infcrits, *Regnante Philippo*.

Dans la troifième Section, l'Auteur prouve auffi qu'il n'eft pas moins ridicule de prétendre que l'excommunication lancée contre Philippe-Augufte, à caufe de fon divorce avec Ingelberge de Danemarck, ait donné lieu à cette Formule.

Enfin dans la quatrième, il rapporte la date d'une infinité d'Actes qui prouvent qu'avant Philippe I. & même dès les premiers temps de la Monarchie, on fe fervoit fouvent de cette Formule, fans y appofer le nom du Roi régnant ; que dans le temps que Philippe I & Philippe II. étoient réconciliés avec l'Eglife, & même après eux, elle fe trouve avoir été employée plufieurs fois indifféremment & fans aucun fujet. Le dernier exemple qu'il rapporte eft de l'an 1379.

Voyez Lenglet, *Méth. hift.* in-4. *tom. IV. pag.* 341. = Le Père Niceron, *tom. VIII. pag.* 50. = *Bibl.* de Clément, *tom. IV. pag.* 305.]

16575. STEPHANI, Carnutenfis & Blefenfis Comitis, Epiftola Adelæ uxori fuæ, in qua fcribit, quæ ante Antiochiam acta funt anno 1098.

Cette Lettre eft imprimée dans d'Achery, au t. VII. de fon *Spicilège*, *pag.* 257.

16576. Breve Chronicon (Tornacenfe:) ex Manufcripto fancti Martini Tornacenfis, ab anno 449, ad annum 1099.

Cette Chronique eft imprimée dans Martenne, au tom. III. de fon *Nouveau Tréfor des Pièces Anecdotes*, *pag.* 1453.

Règne de Philippe I. 1088.

16577. ☞ Bellum Christianorum Principum, præcipuè Gallorum, contrà Sarracenos, anno 1088, pro Terrâ Sanctâ, gestum; auctore Monacho.

Se trouve à la tête d'une Collection de quelques morceaux d'Histoire Orientale, imprimée : *Basileæ*, 1533, *in-fol.*]

16578. ☞ Mf. Dissertation sur la première Croisade; par M. RIBAUD DE LA CHAPELLE, de Gannat, Membre de la Société Littéraire de Clermont-Ferrand.

Elle est dans les Registres de cette Société, & entre les mains de l'Auteur.]

16579. Petri TUDEBODI, Galli, Sacerdotis Sivracensis nobilis, ex Diœcesi Pictaviensi, Historia de Hierosolymitano itinere, ab anno 1095, ad annum 1099, cum Præfatione Joannis Besly Pictaviensis.

Cette Histoire est imprimée dans du Chesne, au tom. IV. de son *Recueil des Historiens de France*, p. 773 & 777. Cet Auteur, qui étoit Prêtre de Civray en Poitou, vivoit l'an 1100 de Jesus-Christ. Il fut de l'expédition qu'il décrit : son Latin est grossier & plein de solécismes. Comme son Histoire est ample & exacte, elle est estimée. Balderic, Evêque de Dol; Robert, Moine de S. Remy, & Guibert, Abbé de Nogent, qui la citent sans nommer l'Auteur, n'ont presque fait autre chose que la copier, avouant cependant qu'ils ne faisoient que l'étendre.

☞ *Voyez* le Gendre, tom. *II.* pag. 90. = *Bibl. de Poitou*, tom. *I.* pag. 198. = *Hist. Litter. de la France*, tom. *VIII.* pag. 629.]

16580. Gesta Francorum & aliorum Hierosolymitanorum, ab anno 1095, ad annum 1099, Scriptore anonymo Italo & teste oculato.

Cette Histoire est imprimée dans Bongars, *pag.* 1, du tom. I. du Recueil intitulé : *Gesta Dei per Francos*: *Hanoviæ*, Aubrii, 1611, *in-fol.* Il paroit par le Manuscrit de Basle, que cite Pierre de Marca, au Livre V. de son *Histoire de Béarn*, que cette Edition est tronquée. En effet, il y a un Manuscrit dans le Collège de la Trinité à Cambrige, (Cod. 21, num. 156, *Catalogi manuscripti editi*,) qui est plus ample que les imprimés. Cette Histoire commence au Voyage que le Pape Urbain II. fit en France, où la Croisade fut prêchée en 1094, & finit à la prise de Jérusalem en 1099. Besly soutient dans sa Préface, que cet Auteur anonyme a presque tout pris de l'Histoire que Tudebelde a intitulée : *Voyage de Jérusalem*, mais qu'il a quelquefois inséré des endroits qu'il a tirés d'ailleurs.

16581. ROBERTI, Monachi, Historia Hierosolymitana Libris octo explicata : *Basileæ*, Henricus Petrus, 1533, *in-fol.*

Cette Edition est pleine de fautes.

☞ On trouve à la suite cinq autres morceaux d'Histoire qui ne regardent pas celle de France.]

Eadem Historia.

Cette même Histoire est imprimée dans Reuberus, *pag.* 217, de son *Recueil des Historiens d'Allemagne*: *Francofurti*, 1584, *in-fol.*

Ejusdem Historiæ Libri novem.

C'est la même Histoire imprimée dans Bongars, au tom. I. de *Gesta Dei per Francos*, *pag.* 31. Cette Edition marque neuf Livres, parceque le septième est partagé en deux parties. L'Auteur étoit un Moine de Saint-Remy de Reims, qui a écrit ce qui s'est passé depuis 1095 jusqu'en 1099. Il mérite qu'on y ajoute foi, parcequ'il a été de l'Expédition en la Terre-Sainte. Oudry (ou Orderic) Vital, dit sur la fin du Livre IX. de son Histoire, que Robert n'a pas écrit avec moins de vérité que d'élégance; aussi l'a-t-il souvent copié.

☞ Cet Ecrivain étoit Champenois & de la Ville de Reims : il est mort dans le XII° siècle. On le tira en 1095 du Monastère de Marmoutier, pour être Abbé de S. Remy. Il fut déposé en 1096, pour n'avoir pas observé la règle qu'il avoit embrassée, & non pour avoir dissipé les revenus de son Abbaye à faire le Voyage de la Terre-Sainte, ainsi que l'ont avancé quelques Auteurs, puisqu'il ne fit ce voyage qu'après sa déposition. A son retour, il ne put obtenir son rétablissement, & il fut envoyé au Prieuré de Sénac. C'est-là qu'il composa son Histoire de la première Croisade, jusqu'à la prise de Jérusalem en 1099. Ce morceau historique est d'autant plus précieux, nonobstant le merveilleux dont il est rempli, que Robert a été témoin oculaire de tous les faits qu'il raconte. M. FRADET, Membre de la Société Littéraire de Chaalons-sur-Marne, a fait une Dissertation sur la Vie & les Ouvrages du Moine Robert.

Voyez sur l'Histoire de Robert, *Biblioth. Eccl.* de du Pin, *XII° siècle*, pag. 648. = *Præfat. Gest. Dei per Francos.*]

16582. BALDERICI Andegavensis, Abbatis Burguliensis, Historiæ Hierosolymitanæ, Libri quatuor, ab anno 1095, ad annum 1099.

Cette Histoire est imprimée dans le *Recueil* de Bongars, tom. *I.* pag. 81. Baudry est mort Archevêque de Dol en Bretagne, l'an 1131. « Il ne raconte pas ici ce » qu'il a vu, mais ce qu'il a appris d'un Anonyme qui » avoit écrit d'un style fort grossier : il y a inséré ce qu'il » a entendu dire à ceux qui assistèrent avec lui au Con- » cile de Clermont en 1095 ». Bongars, dans sa Préface. Oudry Vital, qui l'a souvent copié dans son Histoire, dit sur la fin du Livre IX. que Baudry a fait la Description de cette Guerre avec autant de vérité que d'élégance.

☞ *Voyez* le Gendre, tom. *II.* pag. 16. = *Biblioth. Eccl.* de du Pin, *XII° siècle*, pag. 648.]

16583. BALDERICI, Carmina historica, quæ res Gallicas spectant sub Philippo I. Rege.

Ces Vers sont imprimés dans du Chesne, au tom. IV. de son *Recueil des Historiens de France*, pag. 251.

16584. Raimundi DE AGILES, Canonici Podiensis, Capellani Comitis sancti Ægidii, Historia Francorum, qui ceperunt Hierusalem.

Cette Histoire est imprimée dans Bongars, au tom. *I.* de *Gesta Dei per Francos*, pag. 139. Raimond, Auteur du temps, raconte ce qui s'est passé pendant cinq ans depuis l'entrée de l'armée Chrétienne dans l'Esclavonie en 1095, sous le commandement du Comte de Toulouse, dont il étoit Chapelain, jusqu'à la victoire remportée sur Ammirato, Soudan de Babylone en 1099.

☞ *Voyez* le Gendre, tom. *II.* p. 91. = *Præf. Gest. Dei per Francos.*]

16585. De captione Hierusalem, anno 1099.

Cette Narration est imprimée dans Ughelli, au t. III. de son *Italia sacra*, p. 853 : *Romæ*, 1647, *in-fol.*

16586. Belli sacri sive de Via Hierosolymis, qualiter usurpata sit tempore Urbani II. usque ad annum 1100 perducta; Auctore anonymo æquali.

Cette Histoire est imprimée dans Mabillon, au tom. *I.* de son *Musæum Italicum*, pag. 130 : *Parisiis*, 1687, *in-4.* Elle a été attribuée par quelques-uns à GRÉGOIRE,

Tome II.

Moine du Mont-Caſſin. « On conſerve dans la Biblio-
» thèque du Mont-Caſſin, ce Livre de l'Expédition de
» Jéruſalem, ſans nom d'Auteur. Celui qui eſt le pre-
» mier dans le *Recueil des Hiſtoires des Croiſades*, avoit
» vu ce Livre, & il l'a abrégé ; mais il en a omis beau-
» coup de choſes ſingulières. Cet Ouvrage a été fait par
» un témoin oculaire, quel qu'il ſoit. Il y a aſſez de
» vraiſemblance qu'il a été écrit par un Laïc François
» ou Normand ». *Mabillon*, dans ſa Préface. Cet Auteur eſt peu éclairé ; il eſt ſimple & crédule ; ſa narration ſent le Roman.

16587. Mſ. Sacra Gothofredi Bullionis in
Orientem Expeditio, carmine heroico ;
auctore GUALFREDO, Longobardo, Epiſcopo Lucenſi.

Ces Vers ſont conſervés dans la Sacriſtie de l'Egliſe
de Sienne, ſelon Ughelli, au tom. II. de ſon *Italia ſa-
cra, pag. 26 : Romæ*, 1647, *in-fol*. Godefroy de Bouillon eſt mort en 1100, & Gaufredi en 1127.

16588. Mſ. Hiſtoria redemptionis & captionis Terræ-Sanctæ.

Cette Hiſtoire eſt conſervée dans la Bibliothèque du
Vatican, entre les Manuſcrits de la Reine de Suède,
num. 200.

16589. Mſ. Chronique ou Hiſtoire de Godefroy de Bouillon, qu'on croit être de Nicolas FALCON.

Cette Chronique eſt conſervée dans la même Bibliothèque, num. 691.

16590. ☞ Mſ. Chronique de Godefroy
de Bouillon : *in-fol*.

Ce Manuſcrit en vélin, eſt indiqué *pag*. 96 du Catalogue de M. de Cangé, & eſt à préſent dans la Bibliothèque du Roi.]

16591. Mſ. Fragmentum longiſſimum Belli
ſacri ; auctore incognito.

Ce Fragment [étoit] conſervé dans la Bibliothèque de
M. Colbert, num. 3837. [& eſt dans la Bibl. du Roi.]

16592. Mſ. Le Siége de Hiéruſalem ; par
Godefroy de Bouillon, décrit en Vers.

La Deſcription de ce Siége eſt conſervée dans la Bibliothèque d'Oxford, num. 4043.

16593. ☞ De la Conquête de Jéruſalem,
par Eraclis, Godefroy de Bouillon, &c. avec
peintures : *in-fol*.

Il ſe trouve indiqué au Catalogue des Manuſcrits du
Roi d'Angleterre : (*Lond*. 1734, *in-4.*) *pag*. 292.]

16594. Le Paſſage d'Outremer de Godefroy
de Bouillon, & autres Princes : *Paris*, 1487,
in-8.

16595. Les Faits & Geſtes du preux Godefroy de Bouillon & de ſes Chevaleureux
Frères Baudouin & Euſtace, yſſus & deſcen-
dus de noble ligniée du Chevalier au Ci-
gne, avec leur généalogie, traduit du Latin : *Paris*, [Michel le Noir, 1499] *in-fol*.
lettre gothique : *Ibid*. (1500), *in-4*. *Ibid*.
1511, *in-fol. Lyon*, Arnoullet, 1589, *in-12*.

Cette Traduction a été faite par Pierre Deſrey, de
Troyes en Champagne.

16596. ☞ Mſ. Le Roman de Godefroy
de Buillon & de Salehadin, & de tous les
Rois qui y ont été juſques à S. Loys, qui
premièrement fut ; & leurs faits : & de Pierre
l'Hermite, qui premier eſmut le peuple, &c.
& ſont ces Romans ordonnés ſur tous les faits
d'Outremer : Manuſcrit ſur vélin, avec mi-
gnatures & lettres griſes coloriées, à trois
colonnes : *in-fol*. 2 vol.

Ce Manuſcrit eſt dans la Bibliothèque de M. le Duc
de la Vallière.]

16597. ☞ Vie de Godefroy de Bouillon,
Duc de Lorraine & Roi de Jéruſalem, par
le ſieur DE LANNEL : *Paris*, 1625, *in-8*.

Voyez le Catalogue de M. de Cangé, *pag*. 403.]

16598. Hiſtoire des Guerres faites par les
Chrétiens contre les Turcs, ſous la conduite
de Godefroy de Bouillon, pour le recouvrement de la Terre-Sainte ; par Guillaume
AUBERT, Avocat : *Paris*, 1559, 1562, *in-4*.

16599. ☞ Hiſtoire de la Guerre ſainte ;
par Yves DUCHAT : *Paris*, 1620, *in-8*.]

16600. Mſ. Lotareis PEROTI, ſeu de Bello
ſacro à Godefrido & Principibus Lotharingicis ſuſcepto ad Jeroſolymæ Urbis libera-
tionem, verſibus exarato : Poëma dicatum
Franciſco & Carolo Lotharingicis Principibus : *in-4*.

Ce Poëme eſt conſervé à Paris dans la Bibliothèque
des Minimes, num. 21. Il eſt peut-être d'Æmilius Perot-
tus, François, mort en 1556, cité par Friſius, dans ſa
Bibliothèque : cet Auteur l'aura compoſé en faveur de
la Maiſon de Guiſe, qui avoit déja un ſort grand crédit
en France.

16601. La Croiſade, ou Voyage de la Terre-
Sainte ; par Jean DE BOISSIERES, de Mont-
ferran en Auvergne : *Paris*, Severt, 1555,
in-4.

16602. Il Goffredo, o verò la Gieruſalemme
liberata, Poëma heroïco di Torquato
TASSO : *In Venetia*, 1580, 1589, 1599 :
In Ferrara, 1581 : *In Caſal Maggiore*,
1581, *in-4*.

La medeſima, con allegorie, argomenti, annotationi & li cinque Canti aggiunti, di
CAMILLO Camilli : *In Ferrara*, 1585, *in-12*.
1652, *in-24*.

La medeſima colle figure di Bernardo Caſ-
tello, e con le annotationi di Scipione Gentili & di Giulio Guaſtavini : *In Genova*,
Bartoli, 1590 : *In Pavia*, 1592, *in-4*.

L'Edition de 1590, eſt la plus recherchée à cauſe des
figures du Carache.

La medeſima : *In Venetia*, 1595 : *In Parigi*,
in-12. 1595 : *In Roma*, 1598, *in-4*.

La medeſima con le figure di Bernardo Caſ-
tello : *In Genova*, Pavoni, 1604, *in-12*.

La medeſima con le figure di Tempeſta : *In
Roma*, Ruffinelli, 1607, *in-24*.

La medeſima con Commentario de PAOLO
BENI : *In Padoua*, 1616, *in-4*.

La medeſima colle annotationi de Gentili & di
Giulio Guaſtavino & colle figure di Caſtel-
lo : *In Genova*, Pavoni, 1617, *in-fol*.

Règne de Philippe I. 1095.   133

La medesima con una Prefatione aggiunta di nuovo da Filippo PARUTA : *In Venetia*, Sarzina, 1625, *in-4*.

La medesima, colle annotationi di Gentili, di Guastavino & le Notitie historiche di Lorenzo Pignoria : *In Venetia*, 1625, *in-24*. *In Padoua*, 1628, *in-4*. *In Parigi*, nella Stamperia reale, 1644, *in-fol.*

La medesima : *In Roma*, 1646, 1670, *in-24*. *Ivi*, 1657, *in-16*. *In Amsterdam*, 1678, *in-12*. 2 vol.

L'istessa travestita alla rustica Bergamasca, da Carlo Assonica : *In Venetia*, Pezzana, 1670, *in-4*.

Hierosolyma vindicata, seu heroïcum Poëma à Torquato TASSO, Epico carmine Latino vindicata ab Hieronymo de Placentinis : 1673, *in-12*.

La Hierusalem délivrée de Torquato TASSO, Poëme Epique, traduit en François par Blaise Vigenère : *Paris*, 1595, *in-4*. Ibid. 1610, *in-8*.

Le même Poëme, traduit par Jean Baudouin, avec les figures de M. Lasne : *Paris*, 1626, 1632, *in-8*.

Le même Poëme, traduit par Jean Baudouin, Edition nouvelle, corrigée en divers endroits sur l'Original Italien, & augmentée d'un Recueil d'Observations nécessaires, avec l'allégorie du Poëme : *Paris*, de la Coste, 1648, *in-8*.

Le même, traduit par M. le Clerc, avec des figures de Chauveau : *Paris*, 1662, *in-4*.

Les cinq premiers Chants traduits en Vers François, par Vincent Sablon, avec des figures de le Clerc : *Paris*, 1667, *in-4*. Tout le Poëme, traduit en Vers par le même : *Paris*, 1671, 1701, *in-12*. 2 vol.

Godefroy de Bouillon, ou la Jérusalem délivrée, nouvelle Traduction : *Paris*, 1703, *in-12*.

☞ La même, traduite par J. B. MIRABAUD, Secrétaire de l'Académie Françoise : *Paris*, Barois, 1724, 1735, 1744, 1752, &c. *in-12*. 2 vol.

La même, traduite en Allemand : *Francfort*, Aubri, 1626, *in-4*.

16603. Apologia di Torquato TASSO in difesa della sua Gierusalemme liberata : *In Mantua*, 1585 : *In Ferrara*, 1586, *in-12*.

« Le Tasse Napolitain, de Sorrento, est mort en 1595. Il n'avoit que vingt-un ans lorsqu'il commença sa *Gierusalemme liberata*. Cet incomparable Poëme est la pièce la plus achevée qui se soit vue depuis le siècle d'Auguste, selon le jugement de tous les Critiques ; & il l'acheva dans la trente-neuvième année de son âge. On l'imprima contre son gré, sans qu'on lui permit d'y mettre la dernière main. Cet Ouvrage ne laissa pas de se répandre par tout tel qu'il étoit, & d'avoir un succès si prodigieux, qu'on le traduisit en Latin, en François, en Espagnol, en Arabe & en Langue Turque. Cependant l'Auteur en fut si peu satisfait, qu'il le réforma entièrement ». *Teissier*, tom. IV. de la seconde Edition de ses *Eloges des Hommes Illustres* de M. de Thou, *pag*. 216.

Selon le Père Mambrun, dans sa Préface sur les Œuvres poétiques : « La Jérusalem de Tasse est le Poëme le plus accompli des modernes ». Il accuse cependant l'Auteur « d'avoir péché dans la partie essentielle de l'Epopée, qui consiste dans l'unité de la fable, & dans celle de l'action ». Il prétend aussi « qu'il a très-mal observé l'unité du Héros ». Enfin il conclud « que le Tasse a fort bien commencé ; mais que la passion qu'il a voulu témoigner pour ceux qu'il vouloit flater & favoriser sous les figures & les masques de ses personnages, l'a tellement aveuglé, qu'il s'est jetté dans des égaremens sans pouvoir reconnoître sa route naturelle ». *Baillet*, *Jugemens des Sçavans*, tom. *VIII*. *pag*. 10.

16604. La Gierusalemme Conquista, di Torquato TASSO : *In Parigi*, 1595, 1615, *in-12*. *In Venetia*, 1628, *in-4*.

Ce Poëme, selon Lorenzo Crasso, n'est que le premier refait & racommodé sur les objections de ses Censeurs, & sur ses nouvelles lumières : *Elogia de gli Huomini litterati*, tom. *I*. *pag*. 83. Dans le Livre intitulé : *Il duello della ignoranza, & della scienza*, le Tasse est blâmé d'avoir ôté plusieurs beaux endroits de cet Ouvrage pour en substituer de ridicules.

16605. La Gierusalemme liberata, tradotta in Lingua Bolognese ; cioe prima Crociata, overò lega di milite Christiano segnato de cruce, liberatrice di sancto Sepolcro ; da Giov. Francesco NEGRI : *In Colonia*, 1658, *in-fol*.

Cet Ouvrage, dont est ici la Traduction, est différent de celui du Tasse, quoique le commencement du titre soit le même, & que l'Auteur traite le même sujet.

☞ Il y a une autre Edition avec ce titre :

Prima Crociata, overò lega di militie Cristiane, segnalati di croce, liberatrice del sacro Sepolcro di Giesu Cristo, e del regno di Terra-Santa, racolta da Giov. Francesco NEGRI : *Bologna*, Ferroni, 1658, *in-fol*.]

16606. Petri ANGELI, Bargæo-Tusci, Syrias, hoc est expeditio illa celeberrima Christianorum Principum, quâ Hierosolyma, ductore Gauffrido Bullionæo, Lotharingiæ Duce, Turcarum tyrannis liberata est, Libri duodecim carmine Latino, cum Scholiis Roberti Titii : *Parisiis*, 1582, *in-fol*. *Florentiæ*, 1591, *in-4*. *Venetiis*, 1616, *in-4*.

« Quoique Pierre Angeli ait composé sa Syriade dans sa vieillesse, on ne laisse pas d'y remarquer beaucoup de pureté dans l'expression, & une extrême abondance de choses qui sont écrites avec élégance & avec agrément ». *Teissier*, dans ses Eloges de M. de Thou.

16607. Labores Herculis Christiani Gothofredi Bullioni ; [auctore Guill. DE WAHA] : [*Insulis*, de Rache,] 1674, *in-12*.

16608. ☞ EKKCARDI, Abbatis, Libellus de expugnatione Hierosolymitanâ, ex Manuscripto Bibliothecæ Regis Christianissimi.

Cet Ouvrage va depuis l'an 1095 jusqu'en 1100. Il se trouve dans la *Collectio veterum Scriptorum* de D. Martenne, tom. *V*. *pag*. 507.]

16609. Historia Hierosolymitana, quæ dicitur : Gesta Dei per Francos, Libri novem ;

auctore GUIBERTO, Abbate Monasterii sanctæ Mariæ Novigenti.

Cette Histoire est imprimée dans Bongars, au tom. I. du Recueil intitulé : *Gesta Dei, &c. pag.* 467, & avec les Œuvres de Guibert de Nogent : *Parisiis*, 1651, *in-fol.* Cet Auteur est mort en 1124. Il a commencé son Histoire à l'année 1095, & l'a finie en 1100. Il y a une Addition jusqu'en 1112. Il assure qu'il n'écrit pas ce qu'il a vu, mais qu'il suit ceux qui ont écrit avant lui, y ajoutant les choses qu'ils ont omises, & ce qu'il a appris de ceux qui étoient présens à cette Expédition. *Bongars*, dans sa Préface.

☞ *Voyez Biblioth. des Auteurs Eccl.* de du Pin, *XIIe siècle, pag.* 649. = Le Gendre, *tom. II. p.* 41.]

16610. Ms. Hierosolymita, sive de oppressione, liberatione & restauratione Ecclesiæ Hierosolymitanæ, Terræ sanctæ recuperatione; per F. FIDENTIUM.

Cette Histoire est conservée dans la Bibliothèque du Roi, selon le Père Labbe.

16611. * Ms. Relation de la mort de Godefroy de Bouillon & de ses successeurs.

Cette Relation [étoit] conservée entre les Manuscrits de M. Baluze, [& est dans la Bibliothèque du Roi.]

16612. Gesta Tancredi, ab ipso belli sacri exordio ad annum 1108; auctore RADULFO, Cadomensi, ejus familiari.

Ces Gestes sont imprimés dans Martenne, au tom. III. de son *Nouveau Trésor des Pièces anecdotes, pag.* 108. Tancrède, Prince des Normans qui s'établirent dans le Royaume de Naples, mourut en 1142. L'Auteur de cette Histoire écrit mieux que ceux de son temps, dit Dom Martenne : il n'avance rien qu'il n'ait appris de Tancrède & de Boëmond ; il rapporte plusieurs circonstances, qu'il chercheroit inutilement dans d'autres Auteurs. Il a inséré dans son Ouvrage plusieurs Descriptions en vers hexamètres.

☞ La même Histoire se trouve dans le tom. V. du *Recueil des Historiens d'Italie* de Muratori.]

16613. Historia Gestorum viæ nostri temporis Hierosolymitanæ, cujus Libri tres priores, à FULCONE quodam, quatuor reliqui à GILONE, Parisiensi Episcopo, editi sunt, versibus.

Ces Livres sont imprimés dans du Chesne, au tom. IV. de son *Recueil des Historiens de France, pag.* 890. Gilon est mort en 1114. Du Boullay, au tom. II. de son *Histoire de l'Université de Paris, pag.* 738, confond ce Gilon avec Gilles de Paris ; mais celui-ci n'étoit que Diacre, & il est mort peu avant l'année 1220, au rapport du même du Boullay.

16614. Historia Gestorum viæ nostri temporis Hierosolymitanæ Libri sex ; auctore GILONE, Episcopo Parisiensi.

Cette Histoire est imprimée dans Martenne, au tom. III. de son *Nouveau Trésor des Pièces anecdotes, pag.* 212. Les lacunes de l'Edition précédente sont remplies dans celle-ci, & elle est augmentée d'une partie du quatrième Livre, & de tous les cinq & sixième Livres.

☞ *Voyez* le *Voyage Littéraire de deux Bénédictins, tom. II. pag.* 91 : *Paris*, 1724, *in-4.*]

16615. Ms. Pontii DE PALUDANO Historia prioris Belli sacri : *in-fol.*

Cette Histoire [étoit] conservée dans la Bibliothèque de M. Baluze, num. 284, [& est aujourd'hui en celle du Roi.] Il ne reste de cette Histoire, que les huit derniers chapitres du troisième Livre, & le quatrième Livre entier.

☞ Je crois que l'Auteur s'appelloit *de Baladuno.* C'est ainsi qu'il est toujours nommé par Raymond d'Agiles.]

16616. Des Croisées & entreprises faites par les Rois & Princes Chrétiens, pour le recouvrement de la Terre-Sainte ; par Nicole LE HUEN, Carme, au Pont-Audemer, Chapelain & Confesseur de la Reine Charlote.

Ces Histoires sont imprimées dans la seconde partie de sa *Pérégrination de Outremer en Terre-Sainte : Lyon*, 1488, *in-fol. Paris*, 1517, 1522, *in-fol. Ibid.* Regnault, *in-4.*

16617. Ms. Chronographia ab initio Mundi ad Balduinum Regem Hierosolymitanum.

Cette Chronique est conservée dans la Bibliothèque du Vatican, entre les Manuscrits de la Reine de Suède, num. 1215. Baudouin régnoit en 1100.

16618. ☞ Ex Chronico Virdunensi.

Ces Fragmens, qui vont depuis l'an 754 jusqu'en 1102, sont imprimés dans la *Collection* de D. Bouquet, *tom. V. pag.* 372, *tom. VI. pag.* 230, *tom. VII. p.* 246, *& tom. VIII. pag.* 286.]

16619. ☞ Chronicon Farfense, seu Historia Monasterii Farfensis, ab ejus origine sive anno 681, usque ad annum 1104 ; auctore GREGORIO, Monacho, cum Notis Antonii MURATORII.

Cette Chronique, qui renferme des choses utiles pour l'Histoire de France, est imprimée dans le Tome III. du *Recueil des Historiens d'Italie* de Muratori.]

16620. Ms. Chronicon Regum Francorum ; à Merovæo ad annum 1108, eoque circiter tempore scriptum.

Cette Chronique est conservée dans l'Abbaye de S. Germain des Prés, au tom. VIII. des *Fragmens d'Histoire, pag.* 38, recueillis par le Père Estiennot.

16621. Ms. Liber de Regibus Francorum à Rege Philippo ad Ludovicum Crassum, cum figuris.

Ce Livre est conservé à Londres, dans la Bibliothèque du Chevalier Cotton, Vitellius, E. II. 22.

16622. Fragmentum Historiæ Francicæ, à Ludovico Pio Imperatore ad mortem Philippi I. Regis ; (hoc est ab anno 840, ad annum 1108.)

Ce Fragment s'est trouvé dans la Bibliothèque de Fleuri, ce qui fait croire qu'il est d'un Moine de cette Abbaye ; il contient un grand nombre de choses curieuses. Il est imprimé dans Pithou, partie seconde de ses douze *Historiens contemporains, pag.* 407, & dans son *Recueil des onze anciens Historiens de France, p.* 79, enfin dans du Chesne, au tom. III. de son *Recueil des Historiens de France, p.* 334, & au tom. IV. *pag.* 97.

16623. ☞ Ms. Notice générale du Règne de Philippe I. en XIV. Chapitres ; par l'Abbé (François) DE CAMPS ; avec des Remarques historiques du même, & diverses Pièces.

C'est ce que contiennent les Portes-feuilles VI & VII. du Recueil de M. de Fontanieu, à la Bibliothèque du Roi. Les Originaux de l'Abbé de Camps sont chez M. de Béringhen.]

16624. Eloge de Guy de Montlcheri, Sénéchal de France, & Ministre d'Etat, sous Philippe I. par Charles D'AUTEUIL.

Cet Eloge est imprimé dans son *Histoire des Ministres d'Etat* : Paris, 1642, *in-fol.*

16625. Excerpta ex variis Auctoribus de Philippo I.

Ces Extraits sont imprimés dans du Chesne, au tom. IV. de son *Recueil des Historiens de France*, pag. 161.

16626. Ms. Breve Chronicon, à Carolo Magno ad Ludovicum VI.

Cette Chronique est conservée dans la Bibliothèque du Roi, *in Codice Usaticorum Barcinonensium*.

16627. Ms. Chronicon Anonymi, ab anno 940, ad annum 1109.

Cette Chronique est citée dans le Catalogue des Manuscrits de M. de Thou, *pag.* 239.

16628. Excerptum Chronici veteris, ab anno 986, ad annum 1109.

Cet Extrait est imprimé dans du Chesne, au tom. IV. de son *Recueil des Historiens de France*, pag. 96. Selon l'Abbé le Gendre, cette Chronique est courte, mais bien digérée : elle contient en peu de mots beaucoup de choses ; elle est bien écrite. Il semble que l'Auteur soit un Moine de Fleuri.

☞ On peut consulter encore pour l'Histoire du Règne de Philippe I. = L'Histoire de Mathieu Paris, depuis l'an 1066 jusqu'à la fin de ce Règne. = Le commencement de la Vie de Louis VI. par Suger, depuis 1081. = La Vie de Suger. = L'Histoire des Croisades de Maimbourg.]

§. IV.

Règne de Louis VI. [ou le Gros] *depuis l'an* 1108 *jusqu'en* 1137.

16629. Ms. BREVE Chronicon Fontanellense, ab anno 570, ad annum 1110.

Cette Chronique [étoit] entre les mains de Dom Martenne, Religieux Bénédictin, & on la conserve dans l'Abbaye de S. Germain des Prés.

16630. SIGEBERTI, Gemblacensis Monachi, Chronicon, ab anno Christi 381, ad annum 1112, cum insertionibus ex Historia Galfredi, & Additionibus ROBERTI, Abbatis de Monte, nunc primùm in lucem emissum: *Parisiis*, H. Stephani, 1513, *in-4*.

Guillaume Parvi, ou Petit, Docteur en Théologie, a joint à son Edition des Additions tirées de Geoffroy de Montmouth : la continuation qu'il a donnée, sous le nom de Robert du Mont, finit en 1210.

Idem Chronicon usque ad annum 1112.

Simon Schardius l'a fait imprimer aussi sans continuation, mais avec plusieurs autres Chroniques : *Basileæ*, 1564, *in-fol.*

Idem Chronicon cum insertionibus Galfredi, & Additionibus Roberti de Monte, usque ad annum 1210.

Pistorius a inséré cette Chronique avec la continuation sur l'Edition de Parvi, au tom. III. de son *Recueil des Historiens d'Allemagne* : *Francofurti*, 1582, *in-fol.*

& Laurent de la Barre l'a mise aussi dans son *Histoire Chrétienne* : *Parisiis*, 1583, *in-fol.*

Idem Chronicon ad Autographum, veteresque Codices comparatum usque ad annum 1112. Accessit ANSELMI Gemblacensis Chronicon cum auctuariis Gemblacensi, Affligemensi, Vallicellensi & Aquicinctino usque ad annum 1225, primùm nunc typis editum studio Auberti Miræi, Bruxellensis, Canonici & Bibliothecarii Antverpiensis : *Antverpiæ*, Verdussi, 1608, *in-4*.

Le Père le Cointe, au tom. I. de ses *Annales Ecclésiastiques*, sous l'année 544, num. 101, prétend que « Le Mire a donné la véritable Chronique de Sigebert, » & qu'il a seulement distingué les interpolations, les » faisant imprimer d'un plus petit caractère ». Guillaume Cave, dans son *Histoire Littéraire*, sous l'année 1113, paroît d'un autre sentiment. « Quoiqu'Aubert le Mire » se vante, dit-il, que son Edition soit la plus sincère & » la plus dégagée des bagatelles que l'on a insérées dans » cet Ouvrage, il y a néanmoins bien des gens qui la » condamnent, comme étant corrompue & fort gâtée ».

Sigebert, Moine de Gemblours, est mort en 1113. Le Père Labbe dit, dans sa *Dissertation sur les Ecrivains Ecclésiastiques*, que sa Chronique est pleine de fautes de Chronologie ; & Adrien de Valois, au Livre XXIV. de son *Histoire de France*, assure « que cette » Chronique est peu exacte ; ce qui fait regarder l'Au» teur comme peu heureux à mettre par ordre les suc» cessions des Rois de France : que cependant il ne voit » pas pour les faits beaucoup de choses à reprendre dans » cette Chronique ». La Popelinière n'en a pas jugé si favorablement. « Sigebert, dit-il, *pag.* 433, de son *Histoire des Histoires*, est repris de plusieurs choses aussi » légèrement crues qu'indiscrètement écrites, sur-tout » d'avoir tant cru au Moine Hunebaud, qu'il s'en fait » moquer par les plus avisés ».

Il ajoute à la page 426, « qu'on accusoit Sigebert » d'avoir mieux aimé suivre l'imposteur Hunebaud, que » d'autres Auteurs plus approuvés, sur-tout dans les en» droits où Grégoire de Tours ne dit mot ». Il a inséré au commencement de sa Chronique celle de Tiro Prosper. Cependant, malgré tous ces défauts, qui n'étoient pas moins connus autrefois, cet Auteur a été fort célèbre, puisqu'un grand nombre d'Ecrivains ont entrepris d'en donner la continuation.

On peut en compter jusqu'à six. La première, publiée par Guillaume Parvi, sous le nom de Robert du Mont, va jusqu'en 1210 ; elle doit être divisée en trois parties ; & Robert du Mont n'a composé que la seconde, depuis l'an 1155 jusqu'en 1186. Ce qui précède est d'un Anonyme mort en 1155, & ce qui suit a été fait par un Moine de Jumièges, comme le prouve le Père Janning dans sa Dissertation.

Le Mire a donné la seconde continuation, dont la première partie, qui finit en 1136, est d'Anselme de Gemblours. La seconde partie, qui va jusqu'en 1163, a été écrite par un Moine Bénédictin, du Monastère d'Affligem, qui vivoit alors ; & la dernière partie de l'ouvrage d'un Moine de l'Abbaye d'Anchin, qui l'a terminée en 1225. La troisième continuation, qui finit en 1162, a été publiée par le Père Labbe, au tom. I. de sa *Bibliothèque des Manuscrits*, *p.* 390. Dom Luc d'Achery a donné la quatrième, dans l'Appendice des Œuvres de Guibert, Abbé de Nogent, sous le nom de Robert, Abbé du Mont-Saint-Michel, qui dit dans sa Préface, que Sigebert ayant fini à l'année 1100 de Jésus-Christ, il a dessein de la continuer, & il l'a continuée en effet jusqu'en 1186. Ce qui porte à croire que dans d'Exemplaire qu'il avoit de cette Chronique, les douze dernières années ne s'y trouvoient pas. La cinquième continuation est la Chronique du Monastère de Mortemer, depuis l'an 1113 jusqu'en 1234. Dom Martenne l'a publiée au tom. III. de son *Nouveau Trésor des Pièces anecdotes*, pag. 143. La sixième continuation a été aussi imprimée par les soins du même Père d'Achery, au tom. XI. de son *Spicilège*, pag. 405. C'est la Chronique de Guillaume de Nangis, qui dit sous l'année 1113, qu'il continue celle du Moine Sigebert: il la finit en 1301; d'autres l'ont encore poussée plus loin: il s'est servi avant l'année 1113, de Sigebert, & a tiré aussi depuis quelque chose d'Anselme de Gemblours.

☞ *Voyez* Lenglet, *Méth. hist. in-4. tom. III. p. 66.* = *Voyage Littér. de deux Bénédictins*, t. II. p. 83. = *Hist. Littér. de la France*, tom. IX. p. 535. = *Hist. des Hist.* p. 433, 470. = *Ann. Eccl. Francor.* de le Cointe, tom. I. p. 686: tom. III. p. 222. = *Recueil des Hist. de France*, tom. III. *Préf.* pag. xiv.]

16631. Disquisitio in Supplementum chronologicum, quod Chronico Sigeberti Gemblacensis subjici solet sub nomine Roberti de Monte; auctore Conrado JANNINGIO, è Societate Jesu.

Cette Disquisition est imprimée dans le *Recueil* de Bollandus, au tom. VI. de Juin, part. 2, *pag.* 175.

16632. Ms. Antonii ALLEN, Senatoris Trecensis, Notæ in Sigeberti Chronicon.

Ces Notes [étoient] conservées dans la Bibliothèque de M. le Pelletier le Ministre.

— ☞ Historia Trevirensis.

Cette Histoire commence à l'an 30 de Jesus-Christ, & finit en 1112. Elle est imprimée dans le *Spicilège* d'Achery, tom. II. p. 208. Le Père le Long en a parlé à l'article des Electorats, ci-après. Mais elle doit encore être placée ici comme utile à l'Histoire générale de France.]

16633. GAUTHERII, Galli, Cancellarii, Antiochena Bella, seu res ad Antiochiam feliciter gestæ, anno 1115; infeliciter autem, anno 1119.

Cette Histoire est imprimée dans Bongars, au tom. I. des *Gesta Dei per Francos*, pag. 441. Les Gallicismes de cet Auteur, qui a été témoin oculaire de ce qu'il rapporte, font connoître qu'il étoit François.

☞ *Voyez* la *Bibl. Eccl.* de du Pin, *au XII.e siècle*, pag. 649. = *Præfat. Gest. Dei per Francos.*]

16634. Eloge d'Ansel de Garlande, Sénéchal de France, & principal Ministre d'Etat sous Louis VI. par Charles D'AUTEUIL.

Cet Eloge est imprimé dans son *Histoire des Ministres d'Etat*: Paris, 1642, *in fol.* Ce Ministre est mort en 1118.

16635. Chronicon Hierosolymitanum de Bello sacro, cum Chronologia Henrici Meibomii ad Historiam Belli sacri, edente Reinero Reineccio: Helmstadii, 1584, *in-4.*

Idem, sub hoc titulo: Historia Hierosolymitana super Passagio Godefridi de Bullione & aliorum Principum, ab ipso Expeditionis initio ad annum secundum Balduini II. Hierosolymitani, libri duo; auctore ALBERTO, sive ALBERICO, Aquensis Ecclesiæ Canonico & Ædituo.

Cette Histoire d'Alberic, Chanoine d'Aix-la-Chapelle, est aussi imprimée dans le *Recueil* de Bongars, au tom. I. *pag.* 184. Elle commence en 1095, & finit en 1120, auquel temps l'Auteur fleurissoit. Il a écrit ce qu'il a entendu & appris de ceux qui avoient été les témoins de cette Expédition. Son Histoire est ample & exacte, & se feroit lire avec plus de plaisir, si le style en étoit moins rude.

☞ *Voyez* Lenglet, *Méth. historiq. in-4. tom. IV.* pag. 394.]

16636. Chronicon breve Remense, à Christo nato ad annum 1120.

Cette Chronique est imprimée dans Labbe, au tom. I. de sa *Nouvelle Bibliothèque des Manuscrits*, pag. 358. L'Auteur Anonyme de cette Chronique a fleuri en 1120.

16637. FULCHERII, Carnotensis, Gesta peregrinantium Francorum, cum armis Hierusalem pergentium, seu Historia Hierosolymitana.

Cette Histoire est imprimée dans Bongars, au tom. I. des *Gesta Dei per Francos*, p. 206, & dans du Chesne, au tom. IV. de son *Recueil des Historiens de France*, pag. 816. [Dom Martenne en a donné la Préface, au tom. I. de son *Nouveau Trésor*, pag. 364.] Foucher a été témoin oculaire de ce qu'il rapporte; il étoit Chapelain de Baudouin, qui fut élu Roi de Jérusalem l'an 1100. Il a écrit par années tant ce qu'il a vu, que ce qu'il a oui dire à des gens sincères & exacts. Il n'écrit pas mal, & ne rapporte que ce dont il étoit bien assuré. Son Histoire s'étend depuis l'an 1095 jusqu'à l'an 1127, elle est ample & curieuse. Dans du Chesne, le commencement jusqu'au Chapitre XIX. du Livre I. est pris de l'Edition de Bongars; elle est plus ample dans ce qui suit. On y a joint les titres des Chapitres.

« L'Abbé Guibert, dans les Chap. XXIX. XXX. XXXI. » & XXXVIII. de son Histoire, reprend Foucher; mais » au Livre IX. de son Histoire, il le loue de sa bonne » foi, » dit Vossius, au Livre III. Chapitre VI. de ses *Historiens Latins*, pag. 775. Guillaume de Malmesbury, dans son Livre IV. de l'*Histoire des Rois d'Angleterre*, dit que son style n'est pas à la vérité barbare, qu'il n'a aucune beauté, & qu'il doit servir de motif aux autres pour écrire avec plus de soin.

☞ *Voyez Biblioth. Eccl.* de du Pin, *XII. siècle*, p. 649. = Le Gendre, tom. II. pag. 30. = *Præfat. Gest. Dei per Francos.*]

16638. Gesta Francorum expugnantium Hierusalem.

Cette Histoire est imprimée dans le *Recueil* de Bongars, au tom. I. *pag.* 561. Cet Ouvrage, qui commence en 1095, & finit en 1119, n'est qu'un abrégé de celui de Foucher de Chartres.

☞ *Voyez Præfat. Gest. Dei per Francos.*]

16639. Secunda pars Historiæ Hierosolymitanæ, ab anno 1100, ad annum 1124; Auctore anonymo, qui Fulcherium sequitur, & penè exscribit.

Cette seconde partie est imprimée dans le Volume précédent, *pag.* 594. On n'a plus la première partie.

16640. Chronicon Leodiense, ab anno 400, ad annum 1132; cum Appendice, ab anno 1133, ad annum 1184.

Cette Chronique est tirée d'un Manuscrit de la Bibliothèque de S. Victor. Elle est imprimée avec son Appendice, dans Labbe, au tom. II. de sa *Nouvelle Bibliothèque des Manuscrits*, pag. 334 & 405.

16641. ANSELMI, Gemblacensis Monachi, Chronicon, seu Appendix ad Sigebertum, ab anno 1113, ad annum 1136.

Cet Auteur est mort en 1137. Sa Chronique a été imprimée par les soins d'Aubert le Mire, à la suite de celle de Sigebert: *Antverpiæ*, 1608, *in-4.* L'Auteur la

Règne de Louis VII. 1137.

la Chronique, publiée sous le nom d'Alberic, en cite plusieurs Fragmens.

16642. Mſ. Breve Chronicon Beccense, ab anno 851, ad annum 1136.

Cette Chronique est conservée dans la Bibliothèque de S. Germain des Prés.

16643. Mſ. Chronicon Turonense, ab anno 677, ad annum 1137.

Cette Chronique est citée par du Chesne, à la page 175 de son *Plan des Historiens de France*. Elle étoit autrefois dans la Bibliothèque du Collége des Jésuites de Paris, selon M. Ménage. Elle est d'un Auteur récent; qui ne mérite aucune créance. Il y a du temps que les Sçavans ont remarqué qu'elle étoit pleine d'anachronismes.

16644. Chronicon breve, ab initio Regni ad annum 1137.

Cette Chronique est imprimée dans du Chesne, au tom. III. de son *Recueil des Historiens de France*, p. 357. L'Auteur est un Moine, qui ne dit qu'un mot de chaque Règne.

— ☞ Gesta Consulum Andegavensium.

Cette Chronique s'étend de 873 à 1137. Elle est imprimée dans le *Spicilège* de d'Achery, tom. II. p. 232. Le Père le Long l'a rapportée à l'Article de l'Orléanois. Dom Bouquet en a donné plusieurs Fragmens dans son *Recueil des Historiens de France*.]

16645. Mſ. Abbreviatio Gestorum Regum Franciæ usque ad annum 1137 : in-fol.

Cet Abrégé [étoit] conservé dans la Bibliothèque de M. Colbert, num. 921, [aujourd'hui en celle du Roi.] On le trouve aussi dans celle de S. Victor lès-Paris, num. 893.

16646. Mſ. Fragmenta Historiæ Francicæ, ab anno Christi 484, ad annum 1137, ex manuscripto Codice Ecclesiæ sancti Quintini.

Ces Fragmens sont conservés dans la Bibliothèque du Roi, entre les Manuscrits de du Chesne, *pag.* 388, du volume dix-neuvième.

16647. Mſ. Chronicon Hugonis & Richardi, Pictaviensis, à Cæsare Octaviano ad Ludovicum Juniorem : in-4.

Cette Chronique [étoit] conservée dans la Bibliothèque de M. Colbert, num. 6213, [& est aujourd'hui en celle du Roi.] Hugues de Poitiers, Moine de Vézelay, vivoit en 1160, & Richard de Poitiers, Moine de Cluni, vivoit en 1260. Louis le Jeune a commencé à régner en 1137.

16648. Mſ. Chronicon breve, à Pipino Rege ad Ludovicum VI. seu ad annum 1137, ex Codice veteri Bibliothecæ Tilianæ.

Cette Chronique [étoit] conservée dans la Bibliothèque de M. Colbert, entre les Manuscrits de du Chesne. [Elle est aujourd'hui dans celle du Roi.]

16649. Eloge d'Etienne de Garlande, Evêque de Beauvais, principal Ministre d'Etat, sous le Roi Louis VI. par Charles d'Auteuil.

Cet Eloge est imprimé dans son *Histoire des Ministres d'Etat*: Paris, 1642, in-fol.

16650. Vita Ludovici VI. qui Grossus vel Crassus dicitur; auctore Sugerio, Abbate sancti Dionysii.

Cette Vie est imprimée dans Pithou, *pag.* 95, de son
Tome II.

Recueil des onze anciens Historiens de France : Francofurti, 1596, in-fol.

Eadem Vita ab infinitis mendis, quibus in editione Germanica scatebat, repurgata collatione duorum Codicum manuscriptorum.

Cette même Vie est imprimée dans du Chesne, au tom. IV. de son *Recueil des Historiens de France*, *pag.* 281. Louis VI. est mort en 1138, & cet Abbé en 1153. « Comme Suger a eu l'honneur d'approcher ce » Roi de fort près, ayant eu beaucoup de part à sa con- » fiance, personne ne fut mieux instruit du détail de ses » actions ». *Félibien*, *pag.* 168, de son *Histoire de l'Abbaye de S. Denys* ; mais cette Vie est moins une Histoire qu'un Panégyrique historique.

☞ *Voyez* le Gendre, tom. II. *pag.* 96.]

16651. Veterum Scriptorum Fragmenta de rebus Ludovici Grossi.

Ces Fragmens sont imprimés dans du Chesne, au tom. IV. de son *Recueil des Historiens de France*, *pag.* 322.

16652. Versus de Ludovico VI. Rege, cognomento Grosso.

Ces Vers sont imprimés dans le volume précédent, *pag.* 327.

16653. De rebus Ludovici Grossi.

Voyez sous le Règne suivant, Chronique de Morigny.

16654. ☞ Histoire de Louis VI. dit le Gros.

Dans l'*Hist. Littér. de la France*, tom. XI. *pag.* 656.]

16655. ☞ Mſ. Notice générale du Règne de Louis VI. dit le Gros, en XIV. Chapitres, avec des Remarques historiques ; par l'Abbé (François) de Camps, & diverses Pièces.

C'est ce qui est contenu dans les Porte-feuilles VIII. IX & X. du Recueil de M. de Fontanieu, à la Bibliothèque du Roi. Les Originaux de l'Abbé de Camps sont chez M. de Béringhen.]

16656. ☞ Eclaircissemens sur la Chronologie des Règnes de Louis le Gros & de Louis le Jeune ; par M. l'Abbé Lebeuf. *Hist. de l'Académie des Inscript. & Bell. Lettres*, tom. XXVII. *pag.* 184.]

☞ On peut consulter encore, pour le Règne de Louis le Gros ; = la Vie de Suger, Abbé de S. Denys ; = l'Histoire des Croisades de Maimbourg ; = l'Histoire de Matthieu Pâris.]

§. V.

Règne de Louis VII. [*ou le Jeune*] *depuis l'an 1137, jusqu'en 1180.*

16657. Mſ. Chronicon Magistri Hugonis a Sancto Victore, ab initio mundi ad annum Christi 1138 : in-fol.

Cette Chronique [étoit] conservée dans la Bibliothèque de M. Colbert, num. 1068, [& est aujourd'hui dans celle du Roi.] On la trouve aussi dans celle du Vatican, entre les Manuscrits de la Reine de Suède, num. 1627. Ces deux Exemplaires sont imparfaits ; le dernier finit en 1098, & le premier en 1127. L'Auteur de la grande Chronique de Flandres, publiée par Pistorius, la copie fouvent, en indiquant le nom de l'Auteur, qui eft mort en 1141. Matthieu Pâris dit, fous l'année 1428, que cette Chronique finit cette année-là. L'Auteur de la Chronique imprimée fous le nom d'Albéric, cite fouvent la Chronique de Hugues de Saint-Victor; il dit, page 63, qu'elle finit en 1130.

16658. Chronicon Hildeshemenfe, ab anno 714, ad annum 1138.

Cette Chronique eft imprimée dans du Chefne, au tom. III. de fon *Recueil des Hiftoriens de France,p.*504. M. de Leibnitz, qui a publié cette Chronique toute entière, fous le titre d'*Annales d'Hildeshemenfes*, au t. I. des *Hiftoriens de Brunfwic*, en 1708, affure qu'elle a été commencée dans le Monaftère de Lauresham en 767, continuée après l'année 800 dans celui de Fulde, & achevée pour la plus grande partie dans l'Eglife d'Hildesheim. Cette Chronique traite en peu de mots les affaires de France, jufqu'à la mort de l'Empereur Arnoul & de Louis III. fon fils, les derniers Princes du Sang de Charlemagne, qui ont régné en Allemagne. Elle devient plus ample dans la fuite fur les affaires d'Allemagne, & ne parle plus de ce qui regarde la France.

16659. ☞ Ex Chronico Saxonico.

Cette Chronique va depuis l'an 814 jufqu'en 1139. Elle eft imprimée dans la *Collection* de Dom Bouquet, *tom. VI. pag.* 217, *tom. VII. pag.* 216, *tom. VIII. pag.* 223, & *tom. IX. pag.* 30. Elle fe trouve auffi dans le *Recueil des Hiftoriens de Leibnitz*, publié par Eccard.]

16660. Mf. Chronica Chronicarum, ab orbe condito ad annum Chrifti 1140.

Cette Chronique eft citée par du Chefne, à la *pag.* 290 de fa *Bibliothèque des Hiftoriens de France*. Il dit en cet endroit, que cette Chronique contient plufieurs particularités de l'Aquitaine, fur-tout depuis Charles le Chauve.

16661. Mf. Julii FLORI Chronicon potiffimùm de rebus Aquitanicis, à Carolo Calvo ufque ad annum 1140 : *in-fol.*

Cette Chronique eft conservée dans la Bibliothèque du Roi, num. 4729. Elle paroît être une partie de la Chronique précédente; celle-ci ne commence qu'en 840.

☞ Ex Chronico fancti Maxentii quod vulgo Malleacenfe dicitur.

Cette Chronique s'étend de 841 à 1140. Elle fe trouve dans le *Recueil* de Dom Bouquet, *tom. VII. pag.* 228, & *tom. IX. pag.* 8. Le Père le Long a parlé de cette Chronique, à l'Article de l'Abbaye de Maillefais, N.° 12125.]

☞ Actus Pontificum Cenomannenfium, &c.

Ces Actes finiffent en 1144. Ils font dans le *tom. III.* des *Analectes* du Père Mabillon, *pag.* 50. Le Père le Long en a parlé à l'Article des Evêques du Mans, [N.° 10334;] mais ils doivent être encore indiqués ici, comme utiles à l'Hiftoire des Rois : auffi D. Bouquet en a-t-il donné des Fragmens dans fa Collection.]

16662. Hiftoria Regis Ludovici VII. ab anno 1137, ad annum 1145.

Cette Hiftoire eft imprimée dans Pithou, *pag.* 136, de fon *Recueil des douze Hiftoriens contemporains*, & dans du Chefne, au tom. IV. de fon *Recueil des Hiftoriens de France, pag.* 412. Elle fuit dans le Manufcrit celle du Roi Louis VI. compofée par l'Abbé Suger, ce qui fait croire à quelques-uns qu'il pourroit bien en être auffi l'Auteur.

☞ *Voyez* le Gendre, *tom. II. pag.* 55.]

16663. Chronicon Morigniacenfis Cœnobii in Epifcopatu Senonenfi, ab anno 1108, ad annum 1147; Auctoribus TEULFO & aliis ejufdem loci Monachis.

✱ Du Chefne place l'Abbaye de Morigny dans le Diocèfe de Chartres : mais il fe trompe en cela; car elle eft fituée près d'Etampes; qui eft du Diocèfe de Sens.

Teulfe, Moine, & depuis Abbé de Morigny, a écrit le premier Livre de cette Chronique, dont il ne refte que la fin, & deux autres Livres compofés par deux Moines de cette Abbaye. Il y eft fait mention de ce qui s'eft paffé fous les Règnes de Louis le Gros & Louis le Jeune, jufqu'à fon embarquement pour la Terre-Sainte. Papire Maffon cite dans fes Annales de France, *Morigniacenfis Cœnobii Annales*; c'eft fans doute le même Ouvrage que cette Chronique. Elle eft imprimée dans le tom. IV. de du Chefne, *pag.* 359.

16664. ☞ Mémoire fur la Chronique de Morigny, & fur les Auteurs qui l'ont compofée; par M. de la Curne DE SAINTE-PALAYE. *Mém. de l'Académie des Infcript.* & *Belles-Lettres, tom. X. pag.* 541.]

16665. De Ludovici VII. Francorum Regis profectione in Orientem, Opus feptem Libellis diftinctum; auctore ODONE DE DEOGILO, Monacho Dionyfiano, Regi comite itineris à facris & à fecretis. Præmittuntur hujus opufcula τὰ τοπικὰ κỳ τὰ χρονικὰ, ab anno 1146, ad annum 1148.

Cet Ouvrage eft imprimé dans Chifflet, en fon Traité intitulé : *Sancti Bernardi genus illuftre affertum : Divione*, 1660, *in-4. pag.* 1. Eudes de Deuil, lès-Paris, eft mort en [1162.]

== ☞ Liber de compofitione Caftri Ambafiæ & ipfius Dominorum geftis.

Cette Hiftoire commence à la venue de Céfar dans les Gaules, & finit environ l'an 1150. Elle eft imprimée au *Spicilege* de d'Achery, *tom. III. pag.* 266. Le Père le Long l'a rapportée à l'Hiftoire de l'Orléanois; mais elle doit être encore indiquée ici comme utile à l'Hiftoire générale de France. Auffi Dom Bouquet en a-t-il donné des Fragmens dans fa Collection.]

16666. Epiftola Guidonis DE BASAINVILLA, Domorum Militiæ Templi Præceptoris in Regno Hierofolymitano, de rumoribus partium transmarinarum.

Cette Lettre eft imprimée dans du Chefne, au t. IV. de fon *Recueil des Hiftoriens de France, pag.* 172.

== Sugerii Abbatis, Liber de Rebus in fua Adminiftratione geftis fub Ludovico Groffo & Ludovico Juniore Regibus.

☞ *Voyez* ci-devant, à l'Article de l'*Abbaye de S. Denys*, N.° 12430.]

16667. Gefta Ludovici VII. Regis, filii Ludovici Groffi, qui Junior dictus.

Cette Hiftoire eft imprimée dans Pithou, *pag.* 136, de fon *Recueil des onze anciens Hiftoriens de France : Francofurti*, 1596, *in-fol.*

Eadem Gefta, ex Editione Francofurtenfi, cum Codice manufcripto comparata & correcta.

Cette même Hiftoire eft imprimée dans du Chefne, au tom. IV. de fon *Recueil des Hiftoriens de France, pag.* 390. Elle ne contient que la Relation du Voyage d'outremer du Roi, qui finit en 1154, lorfqu'il fit divorce avec la Reine Eléonor. L'Auteur eft un homme

Règne de Louis VII. 1137. 139

de bon sens, & retenu, qui ne dit pas tout ce qu'il sçait ; il étoit contemporain. L'Abbé le Gendre.

16668. ☞ Mémoire sur deux Ouvrages historiques, concernant Louis VII. intitulés : l'un, *Gesta Ludovici VII.* & l'autre, *Historia gloriosi Regis Ludovici, &c. ab anno 1137. usque ad annum 1165*, & sur les Auteurs de ces Ouvrages ; par M. de la Curne de Sainte Palaye. *Mém. de l'Académie des Inscript. & Bell. Lettr. tom. X. p. 563.]*

16669. Ms. Breve Chronicon Beccense, ab anno 1026, ad annum 1154.

Cette Chronique est conservée dans la Bibliothèque de S. Germain des Prés.

16670. ☞ Les Notes LIII & LIV. du Tom. II. de l'Histoire de Languedoc ; par DD. de Vic & Vaissete.

Elles servent à l'Histoire de ce Règne, pour les années 1154 & 1159.]

16671. ☞ Réflexions de D. Jean Liron, sur ce que les Historiens modernes, (surtout de Larrey) rapportent de la guerre de Languedoc, entre Louis VII. Roi de France, & Henri II. Roi d'Angleterre, (en 1159).

Dans les *Singularités historiques, tom. II. pag. 65-84.* Cet événement y est bien développé. On y prouve que le Roi d'Angleterre assiégea Toulouse, & qu'il perdit ses troupes & son trésor ; que Louis VII. au contraire y eut tout l'avantage, & s'y comporta avec beaucoup de prudence & de valeur.]

═ ☞ Narratio restaurationis Abbatiæ sancti Martini Tornacensis ; auctore Herimanno Abbate.

Cette Histoire, qui s'étend de 1060 à 1160, se trouve dans le *Spicilège de d'Achery, tom. II. pag. 888.* Le Père le Long l'a rapportée à l'Article de cette Abbaye, N.° 12636.]

16672. Ms. Richardi Pictaviensis, Monachi Cluniacensis, Chronicon, ab orbe condito, ad annum Christi 1161.

☞ « Forte legendum est 1261. Amalricus enim » Augerii de Biterris inde quædam sub Ottone IV. Im-» peratore & Innocentio III. Papâ, acta adducit, & si-» mul indicat se Richardi Chronica suo operi inseruisse. » Idem sub Joanne XXI. Papâ, eum Monachum Clunia-» censem vocat, & continuatorem saltem ejus, usque » ad Joannem modo dictum, fuisse Martinum Polonum » asserit, adeò ut Martinus inter plagiarios locum me-» reatur ». *Ita Eccardus, in Præfat. tom. I. ad Scriptores med. ævi, num. 23.]*

Cette Chronique de Richard de Poitiers, qui fleurissoit en 1260, est conservée dans la Bibliothèque du Vatican, entre les Manuscrits de la Reine de Suède, num. 163.

☞ Cette Chronique a été imprimée dans la *Collectio veterum Scriptorum*, de DD. Martenne & Durand, *tom. V. pag. 1159.]*

16673. Roberti de Monte, brevissima ad Sigebertum Appendix, ab anno 1113, ad annum 1162.

Cette Addition est imprimée dans Labbe, au tom. I. de sa *Nouvelle Bibliothèque des Manuscrits, pag. 390.* Elle n'a aucun rapport avec celle qui est imprimée ensuite de Sigebert ; ni avec celle qui a été publiée par Dom Luc d'Achery.

Tome II.

16674. Historia gloriosissimi Regis Ludovici, filii Ludovici Grossi, ab anno 1137, ad annum 1165, ex manuscripto Exemplari.

Cette Histoire est imprimée dans du Chesne, au tom. IV. de son *Recueil des Historiens de France*, pag. 412, & dans la continuation d'Aimoin, à laquelle on a ajouté quelque chose touchant les Abbés de S. Germain des Prés : *Paris, 1603, in-fol.* « C'est moins, » selon l'Abbé le Gendre, une Histoire complete & sui-» vie, qu'un simple Discours de ce que l'Auteur a vu » ou ouï dire. L'Auteur s'étend beaucoup sur de petits » événemens, & dit peu de choses des grands. Le » Voyage de ce Prince au Levant ne contient que qua-» tre ou cinq lignes ».

16675. Francorum Regum sequentium, (ab anno 840, ad annum 1165,) Continuatio ad nativitatem Philippi Augusti, è diversis & incertis per Compilatorem quemdam minimè recentem coagmentata, & pro parte Aimoini Historiæ hactenùs falsò obstrusa.

Cette Continuation est imprimée dans Fréher, partie seconde de son *Recueil des Historiens de France, p. 477.* Le nom de l'Auteur, qui est Robert de Cassenotte, est peu connu, quoique cet Auteur soit très-fameux sous le nom de Continuateur d'Aimoin. Il vivoit, selon du Bouchet, vers l'an 1200. Sa Continuation, qui va jusqu'à la naissance de Philippe-Auguste, se trouve dans toutes les Editions d'Aimoin, excepté dans celle du Chesne.

16676. ☞ La Note III. du Tome III. de l'Histoire de Languedoc ; par DD. de Vic & Vaissete.

Elle sert à l'Histoire de ce Règne, en 1165 ou 1167.]

16677. Ms. Suite de l'Histoire Françoise de Frère (René) Macé, Religieux de la Trinité à Vendôme, qui contient l'Histoire de Louis le Jeune.

Cette Histoire, écrite en Vers, est conservée dans la Bibliothèque du Roi, num. 1153, selon le Père Labbe, *pag. 92*, de sa *Nouvelle Bibliothèque des Manuscrits : Paris, 1653, in-4.*

═ Ms. Chronicon Wilhelmi Godelli, Monachi sancti Martialis Lemovicensis, ab orbe condito ad annum Christi 1172.

☞ *Voyez* ci-devant, N.° 12600, à l'Abbaye de S. Martial.]

16678. ☞ Chronicon Auctoris anonymi, ex veteri Codice manuscripto.

Cette Chronique, qui commence en 1096 & finit en 1172, se trouve dans l'*Histoire des Comtes de Tolose*, de Catel, pag. 459.]

16679. Chronicon breve sancti Stephani Autissiodorensis, ab anno 1105, ad annum 1174, cum Appendice ab anno 1034, ad annum 1190.

Cette Chronique est imprimée dans Labbe, au tom. I. de sa *Nouvelle Bibliothèque des Manuscrits, pag. 292* & 405. Elle contient plusieurs choses touchant les Comtes de Nevers.

16680. Ms. Chronicon, à Carolo Magno ad Philippum Augustum.

Cette Chronique est conservée dans la Bibliothèque de S. Victor, num. 91.

16681. Historia Belli sacri à Principibus

S 2

Christianis in Palæstina & in Oriente gestis Libris XXXII. comprehensa; auctore Guillelmo Tyrio, curâ Philippi Poissenoti : *Basileæ*, Oporini, 1549, *in-fol.*

Eadem, cum hoc titulo : Historia Belli sacri, in quâ Hierosolyma & tota ferè Syria per Principes Christianos Occidentis , anno Christi 1099 recuperata, & Regnum Hierosolymitanum ad Balduinum IV. anno 1184 continuatur & describitur. Accessit Joannis Herold, Continuatio ejusdem Historiæ usque ad annum 1521, cum quibusdam aliis ejusdem argumenti : edente Henrico Pantaleone, cum ejus Præfatione : *Basileæ*, Brylengeri, 1564, *in-fol.*

Cette Histoire est imprimée (sans la Continuation) dans Bongars, au tom. I. des *Gesta Dei per Francos*, pag. 625.

La même Histoire, traduite en François par Gabriel du Preau, & publiée sous ce titre : Histoire de la Guerre sainte, dite la Franciade Orientale : *Paris*, 1573, *in-fol.*

☞ Le Livre XXIII. qui n'est pas de Guillaume de Tyr, s'étend jusqu'en 1187.
Cette Histoire contient en tout un espace d'environ 90 années. Le Traducteur a ajouté quelques chapitres à son original.]

La medesima tradotta per Gioseppe Horologgi : *In Venetia*, 1562, *in-4.*

L'istessa data in luce da Tomaso Bagloni : *In Venetia*, 1610, *in-4.*

Guillaume, Evêque de Tyr, est mort en 1188. Son Histoire commence en 1095, & finit en 1180. Il a seulement fait le commencement du Livre XXXII. que Jean Hérold a achevé, & y a ajouté six autres Livres. Il paroît par cet Ouvrage, que cet Evêque étoit un Ecrivain qui aimoit la vérité, qui étoit modeste, sçavant & élégant pour son temps. Vossius, au Liv. II. Chap. LIII. de ses *Historiens Latins*, pag. 436. Cet Evêque a fait l'Histoire des deux premières Croisades; de la première, sur des oui-dire, & de la seconde, sur ce qu'il en a vu lui-même.

☞ Voyez *Biblioth. Eccles.* de du Pin, *XIIe siècle*, pag. 649. = *Præfat. Gest. Dei per Franc.* = Le Gendre, tom. II. p. 47.]

☞ Guillelmi, Archiepiscopi Tyriensis, continuata Belli sacri Historia, Gallico idiomate ab antiquo auctore, ante annos 400 conscripta ; ex Manuscripto Codice Gastonis de Noailles, quondam Episcopi Cataliaunensis.

Cette Continuation va jusqu'en 1275. Elle se trouve dans la *Collectio Veterum Scriptorum* de D. Martenne; tom. V. p. 581.]

☞ Ms. Histoire des Croisades; par Guillaume de Tyr, suivie d'une Notice du Patriarchat d'Antioche, & de ce qui s'est passé depuis 1187 jusqu'à la prise de Ptolémaïde : gros *in-fol.* sur vélin.

Cette Histoire est indiquée au Catalogue des Manuscrits de la Bibliothèque d'Urfé, num. XVII. Il n'y est pas dit si elle est en Latin ; mais je crois que c'est la Traduction de Hugues Plagon, dont parle M. du Cange, dans l'Index qui est à la tête de son Glossaire Latin. C'est un Auteur ignoré par le Père le Long, & même par les Pères Martenne & Durand, qui dans le tome V. de leur Collection *Veterum Scriptorum*, ont donné la Continuation de Guillaume de Tyr, écrite en François, qui, je crois, est du même Hugues Plagon.

On trouve aussi parmi les Manuscrits de M. Colbert, N.ºs 1105, 1121, 1409 & 1828, une Histoire des Guerres d'outremer de Guillaume de Tyr, qui pourroit bien être encore cette même Traduction.]

16682. Veterum Scriptorum Fragmenta de rebus Ludovici VII.

Ces Fragmens sont imprimés dans du Chesne, au tom. IV. de son *Recueil des Historiens de France*, p. 420.

16683. ☞ Ms. Notice générale du Règne de Louis VII. dit le Jeune, divisée en XVII. Chapitres, avec des Remarques historiques & Notices particulières ; par l'Abbé (François) de Camps.

Pièces sur le même Règne.

C'est ce qui est renfermé dans les Porte-feuilles XI-XIX. du Recueil de M. de Fontanieu, à la Bibliothèque du Roi. Les Originaux de M. l'Abbé de Camps sont chez M. de Béringhen.]

16684. ☞ Réfutation d'une opinion singulière sur la naissance du Roi Louis VII. par M. de Foncemagne. *Mém. de l'Académie des Inscript. & Belles-Lettres, tom. XIV. pag. 211.*]

☞ On peut consulter encore, pour le Règne de Louis le Jeune, = la Vie de Suger, = l'Histoire des Croisades de Maimbourg, = l'Histoire de Matthieu Pâris, = l'Héritière de Guyenne par Larrey, qui cependant est une espèce de Roman.]

§. VI.

Règne de Philippe-Auguste, depuis l'an 1180 jusqu'en 1223.

16685. Ms. Breve Chronicon Tungrense, ab anno 540, ad annum 1182.

Cette Chronique [étoit] entre les mains de D. Martenne, Bénédictin, [& se trouve à S. Germain des Près.]

16686. Eloge de Robert Clément, Seigneur du Mez, Régent du Royaume, & de Gilles Clément son frère, principaux Ministres d'Etat sous le Roi Philippe-Auguste ; par Charles d'Auteuil.

Ces Eloges sont imprimés dans son *Histoire des Ministres d'Etat* : *Paris*, 1642, *in-fol.*

16687. Roberti de Monte seu de Torrineio, Normanni, Abbatis sancti Michaëlis de Monte seu in periculo maris, Accessiones ad Sigebertum, ab anno 876, ad annum 1100.

Ces Additions sont imprimées dans l'*Appendice des Œuvres de Guibert de Nogent*, p. 717 : *Parisiis*, 1651, *in-fol.*

Ejusdem Appendix germana ad Sigebertum, ab anno 1101, ad annum 1186, ex Codice manuscripto Monasterii sancti Michaëlis de Monte.

Cette Appendice est imprimée dans le même Livre,

Regne de Philippe-Auguste. 1184.

page 734; une partie depuis l'an 1155 jusqu'en 1186, l'étoit déja dans celle qui est imprimée ensuite de la Chronique de Sigebert. Robert du Mont est mort en 1186. Ses Additions regardent les affaires des Anglois & des Normans.

== Chronicon sancti Petri Vivi Senonensis, ab anno 442, ad annum 1184; auctore CLARIO, Monacho ejus Cœnobii.

☞ *Voyez* ci-devant, N.° 12713, *Hist. de l'Abbaye de S. Pierre le Vif.*]

16688. GAUFFREDI, Prioris Vosiensis in Diœcesi Lemovicensi, Chronica, à tempore Roberti Pii (sive ab anno 997) ad annum 1184.

Cette Chronique est imprimée dans Labbe, au tom. II. de sa *Nouvelle Bibliothèque des Manuscrits*, *pag.* 330. Cet Auteur fut ordonné Prêtre en 1167; il commence son Histoire à l'an 997. L'Abbé Chastelain, *pag.* 159, de son *Martyrologe*, appelle excellente cette Chronique de Geoffroy, Prieur du Vigeois.

16689. * Eloge de Guillaume de Blois ou de Champagne, Archevêque de Reims, Ministre d'Etat sous Philippe - Auguste ; par Charles D'AUTEUIL.

L'Eloge de ce Ministre, mort en 1185, est imprimé dans son *Histoire des Ministres d'Etat : Paris*, 1642, *in-fol.*

16690. * Trophæum Pelusiacum versu heroïco descriptum, quò Harlemo-Batavos, ob res in Pelusii, (quod Ægypti Oppidum est, hodiè Damieta,) obsidione anno 1188 feliciter gestas, donavit Fridericus I. Imperator; auctore Theodoro SCHREVELIO, Harlemo : *Harlemi*, 1598, *in-4.*

16691. Commentarius de profectione Danorum in Terram-Sanctam ; auctore incerto.

Ce Mémoire est imprimé avec un autre, intitulé : *De Regibus Norvagicis*, par Bernard-Gaspar Kirchmann: *Amstelodami*, 1684, *in-8.* Je rapporte ces Mémoires, qui contiennent la Relation du Voyage des Danois en la Terre-Sainte, vers l'an 1185, pour ne rien omettre des Histoires des Croisades. L'Auteur de cette petite Histoire n'est pas connu; mais on le croit contemporain : il ne nous apprend rien de considérable, dit Bayle, article II. des *Nouvelles de la République des Lettres*, Février 1685.

16692. Breve Chronicon Autissiodorense, ab anno 1022, ad annum 1188.

Cette Chronique est imprimée dans Martenne, au tom. III. de son *Nouveau Trésor des Pièces anecdotes*, *pag.* 1384.

16693. Ms. Historia Belli sacri, à Morte Balduini pueri, Latinorum Regis VII. ad Hierosolymas à Saracenis captas.

Cette Histoire est conservée à Londres dans la Bibliothèque du Chevalier Cotton, Cleopatra, B. I. 1. On y raconte ce qui s'est passé depuis l'an 1184 jusqu'en 1188.

16694. Ms. Quoties & à quibus capta fuit Hierusalem.

Cet Ecrit est conservé dans la Bibliothèque de S. Victor, num. D. D. 7.

16695. Excerpta ex Georgii ELMACIN Historiâ Saracenicâ, de rebus Francorum Hierosolymitanis, Arabicè & Latinè per Thomam Erpenium, *pag.* 363, *& seq. Lugd. Batav.* 1625, *in-4.*

Cet Auteur se nommoit Gergis, fils d'Amid. Son Histoire commence au faux Prophète Mahomet, & finit à l'année de l'Hégire 512, de Jesus-Christ 1118.]

16696. ☞ Vita & res gestæ Saladini, &c. Edidit ac Latinè vertit, &c. Albertus SCHULTENS : *Lugduni Batav.* 1732, *in-fol.*]

16697. Ms. Histoire du Sultan Saladin, & du recouvrement qu'il fit de la Palestine sur les Chrétiens ; composée en Arabe par ABOU MUDAFIR, fils de Schâdi.

16698. Ms. Histoire des Guerres Saintes faites en Palestine avec les Sarrazins & les Francs ; depuis l'Ere de l'Hégire 583 jusqu'en 587, c'est-à-dire depuis l'an de Jesus-Christ 1187 jusqu'en 1191 ; écrite en Arabe par ABOU ABDALLAH Mahomet, fils d'Achmet, d'Ispahan.

Ces deux Histoires sont conservées dans la Bibliothèque de Leyde; la première, au num. 1819, du Catalogue, *p.* 483, (*in-fol.* 1716) & la seconde aux num. 1800, 1813, 1814, de la *pag.* 482.

16699. Ms. La Splendeur & l'Ornement de la Syrie, contenant l'Histoire de Nourreddin & de Salaheddin, Sultans d'Egypte & de Syrie ; écrite en Arabe par ABOU ABDALLAH Mahomet, surnommé Omad Alkab al Ashahani, Secrétaire des Commandemens du Sultan Saladin : 7 vol.

Ms. Les Fleurs des deux Jardins ou Parterres sur l'Histoire des Règnes des mêmes Sultans ; composée en Arabe par SCHABAD-EDDIN ABDALRAHMAN, fils d'Israel, connu sous le nom d'Abou Schamah al Damaschi.

Ms. Les Etoiles lumineuses sur les Histoires des Rois d'Egypte & du Caire, en quatre volumes, dont le troisième contient l'Histoire des deux Sultans ; composée par JOSEPH, fils de Tangri Virdi, nommé par les Arabes Tangribardi.

Ms. Divan composé de dix Ouvrages, dont le premier est en Vers Arabes acrostiches, sur les louanges de Saladin ; par ABOUL-FADHL Abd Al Monaem, fils d'Omar, d'Andalousie, surnommé Gassani.

Ce dernier Ouvrage est conservé dans la Bibliothèque du Roi, num. 1072. Ces quatre Auteurs sont cités par d'Herbelot, *pag.* 746, 747, 497 & 360, de sa *Bibliothèque Orientale : Paris*, 1697, *in-fol.* Le Sultan Nourraddin est mort l'an de l'Hégire 569, de Jesus-Christ, 1173. Le Sultan Saladin, l'an de l'Hégire 589, de Jesus-Christ 1193. Le premier Auteur, l'an de l'Hégire 597, de Jesus-Christ 1200. Le second, l'an de l'Hégire 665, de Jesus-Christ 1266. Le troisième Auteur est mort vers l'an de l'Hégire 840, de Jesus-Christ 1436.

16700. Histoire de la Conquête de Jérusalem sur les Chrétiens par Saladin, traduite d'un ancien Manuscrit : *Paris*, 1679, *in-12.*

Cette Edition a été faite par M. de Citri. « Il y a ici
» tant de circonstances différentes de ce que les Auteurs
» nous ont donné de la Conquête que Saladin fit du
» Royaume de Jérusalem en 1188, par la faute du

» Grand-Maître des Templiers, que plusieurs habiles
» personnes ont eu pour suspect le vieux Manuscrit Gau-
» lois, d'où cet Auteur les a tirées. Il tâche de le justifier
» dans sa Préface ; & l'on peut dire que si tout ce qu'on
» y trouve n'est pas véritable, les incidens en sont du
» moins fort bien ménagés pour donner du plaisir au
» Lecteur ». *Journal des Sçavans*, du 6 Mars 1679.

16701. Mſ. Histoire de la Guerre faite contre les Francs ; composée en Arabe par Mu-
HAMED Al Curchi.

Cette Histoire est conservée dans la Bibliothèque de
Leyde, entre les Manuscrits de Jacques Golius.

16702. Mſ. Actes & condition du Roi Sa-
lah-Eddyn, qui a enlevé la Palestine aux
Chrétiens, [en Arabe.]

Ces Actes sont conservés dans la même Bibliothèque.

16703. Mſ. Histoire de Saladin, Sultan d'E-
gypte & de Syrie, tirée de divers Auteurs ;
par Eusèbe RENAUDOT, des Académies
Françoise & des Belles-Lettres, Historiographe de France.

Cette Histoire [étoit] entre les mains de l'Auteur,
[& doit être dans la Bibliothèque de S. Germain des
Prés, avec les autres Manuscrits & Livres, que l'Abbé
Renaudot lui a légués.]

16704. ☞ Histoire de Saladin, avec des
Notes ; par M. MARIN : *Paris*, Tilliard,
1758, *in-12*. 2 vol.

Cette Histoire est faite sur les Historiens Orientaux
comme sur les Occidentaux. Elle est précédée d'une
Introduction sur le commencement, les progrès & les
divisions des Mahométans, & sur les Croisades qui ont
été faites avant Saladin.

16705. Excerpta ex Gregorii ABUL FARA-
GII, Historia Dynastiarum de rebus Francorum Hierosolymitanis, pag. 242. 243.
245. 246. 248. 250. 255. 256. 257. 262.
273. 274. 275. 276. 278. 294. 305. 322.
323. 337, Arabicè & Latinè ex versione &
cum Notis Eduardi POCOCKII : *Oxonii*,
1650, *in-4*.

Georges Abul-Farage, fils d'un Médecin Chrétien
& Jacobite, natif de Malatie ou de Mélitène, dans l'Ar-
ménie Mineure, a passé pour un homme très-docte.
Il vivoit l'an de l'Hégire 660, de Jesus-Christ 1261.

16706. ☞ Bibliothèque Orientale, ou Dictionnaire Universel, contenant généralement tout ce qui regarde la connoissance
des Peuples de l'Orient ; par (Barthélemi
D'HERBELOT: *Paris*, 1897, *in-fol*.

Cet Ouvrage (posthume) doit être consulté sur les
Princes avec qui les Croisés ont eu affaire. L'Auteur est
mort en 1695.]

» ON trouve plus de choses qui concernent la pre-
» mière Croisade des François dans nos Auteurs imprimés
» par les soins de Bongars, que dans les Mahométans.
» Cependant ceux qui sont le plus versés dans la lecture
» des Livres Orientaux, disent ordinairement que les
» Auteurs Arabes ont beaucoup d'avantage sur les La-
» tins, & qu'on ne peut, sans leur secours, rien enten-
» dre dans ces Histoires : cela n'est pas vrai en tout, mais
» seulement en partie ; parcequ'on ne peut sçavoir que
» des Mahométans les noms propres des Hommes &
» des Lieux, la distinction de divers Gouvernemens,
» l'état de l'Orient, qui étoit alors dans un grand trou-
» ble ; il est très-difficile d'apprendre tout cela d'autres,
» que des Auteurs Arabes. Mais pour ce qui regarde les
» faits & les événemens, ils sont de beaucoup inférieurs,
» étant moins instruits de ce qui concerne les affaires
» d'Europe, que nos Auteurs ne le sont de celles d'O-
» rient. Ceux qui voudront se donner la peine de les
» consulter, n'en trouveront pas davantage de bien as-
» suré que ce qu'on lit dans Elmacin & dans Abul Fa-
» rage, & rien de plus, sinon beaucoup de verbiage,
» mais peu de faits. Si l'on veut sçavoir à fond cette
» Histoire, il faut lire les Auteurs Arabes & Latins, mais
» préférer ceux-ci aux autres, dont il n'y en a aucun qui
» puisse être comparé avec Guillaume de Tyr, Auteur
» sçavant & exact, & qui a un mérite qui n'est pas connu
» de toutes sortes de Lecteurs ». L'Abbé Renaudot,
pag. 477, de son *Histoire Latine des Patriarches d'A-
lexandrie : Parisiis*, 1713, *in-4*.

☞ On pourra voir les récits des Ecrivains Mahométans sur les affaires des Francs ou Croisés, dans l'*Histoire des Huns, Turcs, &c*. par M. DEGUIGNES: (*Paris*,
1756, *in-4*.) tom. III. 2 partie, pag. 13-28. 40-42. 51-
53. 85-144. 157-226. 289-291, & tom. V. pag. 112-
123. 140-151. 159 165. On trouvera encore des Extraits des mêmes Ecrivains Mahométans, dans la nouvelle Edition de l'Histoire de S. Louis, par Joinville :
Paris, 1761, *in-fol*.]

16707. Fragmentum Historiæ Hierosolymitanæ ; auctore incerto, qui visa scripsit.

Ce Fragment est imprimé dans Bongars, au tom. I.
des *Gesta Dei per Francos*, pag. 1150. Le même Fragment est imprimé dans Gale, au tom. II. de son *Recueil
des Historiens d'Angleterre*, pag. 247, sous ce titre :
*Itinerarium Regis Anglorum Richardi, & aliorum, in
Terram Hierosolymorum*, anno 1190, auctore Gaufrido
VINESAUF. Cet Auteur a fleuri en 1199 ; il étoit Anglois, mais Normand d'origine. Sa narration commence
à l'an 1127, & finit en 1190. Il n'étoit point ignorant
pour son temps ; & il est d'autant plus croyable, qu'il
fait assez bien connoître ce qu'il a vu. C'est la remarque
de Vossius, au Livre III. Chapitre VII. de ses *Historiens
Latins*, pag. 783. L'Edition de Bongars est fort mu-
tilée.

16708. Appendix ad Chronicon sancti Stephani Autissiodorensis, ab anno 1033, ad
annum 1190.

Cette Addition est imprimée ensuite de cette Chronique, rapportée [ci-devant, N.° 16679.]

16709. ☞ Chronicon Terræ-Sanctæ ; auctore Radulpho COGGESHALE, Ordinis Cisterciensis Abbate ; ex pervetusto Codice Parisiensis sancti Victoris Bibliothecæ, Autoris
ætate conscripto.

Cette Chronique, qui va depuis l'an 1187 jusqu'en
1191, se trouve dans la *Collectio Veterum Scriptorum*
de Dom Martenne, tom. V. pag. 543. C'est peut-être
la même que celle rapportée ci-après, sous l'année 1219,
laquelle, en ce cas, seroit plus étendue dans le Manuscrit.

== ☞ Chronicon Clarevallense, ab anno
1147, usque ad annum 1192.

Elle se trouve dans l'Ouvrage de Chifflet, intitulé :
Sancti Bernardi genus illustre assertum, p. 81. Le Père
le Long l'a rapportée à l'Article de l'*Abbaye de Clair-
vaux*, [N.° 13073.]

16710. Chronicon breve Leodiense, ab anno
549, ad annum 1192.

16711. Breve Chronicon Andegavense, ab
anno 881, ad annum 1192.

Règne de Philippe-Auguste. 1193.

16712. Breve Chronicon Senonense sanctæ Columbæ, ab anno 708, ad annum 1193.

✱ Cette Chronique finit en 1211, dans un Manuscrit de S. Germain des Prés, tom. II. de la Collection de Dom Durand.

16713. Excerpta ex Chronico Monasterienfi, in Valle Gregoriana, ab anno 500, ad annum 1194.

Ces quatre Chroniques sont imprimées dans Martenne, au tom. III. de son *Nouveau Trésor des Pièces anecdotes*, pag. 1403. 1374. 1449, & 1434.

16714. Historiæ Franco-Merovingicæ Synopsis, seu Historia succincta de gestis & successione Regum Francorum, qui Merovingici dicti : ab Andrea SYLVIO, Regii Marcianensis Cœnobii Magno Priore, ante annos circiter 433, conscripta : nunc operâ Raphaëlis DE BEAUCHAMP, Marcianensis Monasterii Religiosi prolegomenis, appendicibus, notationibus & paralipomenis illustrata, primùm in vulgum emissa : *Duaci*, Bogardi, 1633, *in-4.* 2 vol.

André de Bos ou du Bois, qui est mort en 1194, avoit réduit en abrégé la Chronique de Sigebert & d'Anselme, Moine de Gemblours ; il en a imité le style, & en a pris avec choix beaucoup de choses, au jugement de l'Auteur de la Préface : cependant cet abrégé est peu exact & fort sec.

☞ Le premier Volume ne sert de rien à l'Histoire de France. Il contient les Prolégomènes de Beauchamp, ou la Chronique de différentes Monarchies, tant anciennes que modernes. Le second Volume contient, 1.° *Synopsis Andreæ Sylvii & Continuatio* WILLELMI, *Andrensis Abbatis*, qui s'étendent depuis l'an 381 de Jesus-Christ, jusqu'à l'an 1194. 2.° *Paralipomena Synopseos ex Anonymi Chronico*, qui s'étend depuis la mort de Louis le Jeune en 1180, jusqu'en 1194. 3.° *Appendix ad Synopsim Franco-Merovingicam*, &c. eruta ex nobili Codice Manuscripto Abbatia Andrensis, qui s'étend depuis l'an 1194, jusqu'à 1268.]

16715. INNOCENTII III. Papæ, Expeditionis pro recuperanda Terra-Sancta Ordinatio facta, anno 1198.

Cet Acte est imprimé dans du Chesne, au tom. V. de son *Recueil des Historiens de France*, pag. 749.

▬ ☞ Fragmentum Chronici Cluniacensis, ex Manuscripto Codice Nivernensis sancti Stephani Monasterii.

Ce Fragment commence en 1109, & finit en 1199. Il se trouve dans le *Trésor des Anecdotes* de Dom Martenne, tom. III. pag. 1387. Le Père le Long l'a rapporté à l'Article de l'*Abbaye de Cluni*, [ci-devant, N.° 11772.]

16716. Ms. Chronica abbreviata, ab orbe condito ad annum Christi 1199 : *in-4.*

Cette Chronique, composée par un Bourguignon, [étoit] entre les mains de Dom Bernard de Montfaucon, Religieux Bénédictin, [& ainsi se trouve à S. Germain des Prés.]

Guy DE BAZOCHES, Chantre de S. Etienne de Châlons, a fait une Chronique qui comprend le même espace de temps. L'Auteur de la Chronique, imprimée sous le nom d'Albéric, en rapporte un grand nombre de Fragmens, & il parle de cet Auteur, page 431, en l'année 1203, en laquelle Guy mourut. Sa Chronique finit à la mort de Richard I. Roi d'Angleterre, en 1199.

16717. Chronicon sancti Albini, Andegavensis, ab anno 929, ad annum 1200.

Cette Chronique est imprimée dans Labbe, au tom. I. de sa *Nouvelle Bibliothèque des Manuscrits*, p. 275.

16718. Ms. Chronicon Remense, à Christo nato ad annum 1200.

Cette Chronique est conservée à Dijon, dans la Bibliothèque de M. le Président Bouhier, E. 59.

16719. Ms. Chronicon, à Christo nato ad annum 1200 ; auctore Monacho sanctæ Columbæ Senonensis.

Cette Chronique est conservée dans la Bibliothèque de ce Monastère, num. 581.

▬ ☞ Historia Monasterii sancti Florentii Salmuriensis, ex Manuscripto ejusdem Monasterii.

Cette Histoire s'étend de 841 à 1200. Elle se trouve dans la *Collectio Veterum Scriptorum* de D. Martenne, tom. V. pag. 1081. Le P. le Long l'a rapportée comme manuscrite à l'Article de cette Abbaye, [ci-devant, N.° 12470.]

16720. ☞ Chronicon Anglicanum, ab anno 1066, ad ann. 1200, auctore Radulfo COGGOSHALE Abbate, ex Manuscripto Codice Bibliothecæ Parisiensis sancti Victoris.

Cette Chronique se trouve dans la *Collectio Veterum Scriptorum* de D. Martenne, tom. V. p. 801. Voyez ci-devant, N.° 16709.]

16721. HELINANDI, Frigidi Montis Monachi, Ordinis Cisterciensis, Chronicorum Libri 45, 46, 47, 48 & 49, seu pars ultima, ab anno 634, ad annum 1204.

Cette Chronique de Hélinand, mort en 1227, est imprimée dans Teissier, au tom. VII. de sa *Bibliothèque de Cîteaux*, pag. 73 : *Bonofonte*, 1664, *in-fol*. Le style est grave & sentencieux, mais fort chargé d'ornemens & de figures.

16722. Fragmentum de Regibus Francorum & Anglorum, ex Libro de Mirabilibus Mundi ; auctore GERVASIO Tilberiensi.

Ce Fragment est imprimé dans du Chesne, au tom. III. de son *Recueil des Historiens de France*, pag. 363. L'Auteur a écrit avant l'an 1200.

16723. Ejusdem de Imperio Romanorum, Gothorum, Longobardorum, Britonum, Gallorum, aliorumque Regnis, Commentatio, à Joachimo Madero edita : *Helmstadii*, 1673, *in-4.*

C'est un Fragment du Livre intitulé : *De Mirabilibus Mundi*, qui est aussi intitulé : *Otia Imperialia*, & que M. Leibnitz a imprimé tout entier à la fin du tom. I. de son *Recueil des Historiens de Brunsvic* : *Hanovera*, 1708, *in-fol.*

✱ Cet Ouvrage est rempli de choses si absurdes & si fabuleuses, qu'il y a lieu d'être surpris qu'il ait été copié par tant d'Auteurs qui l'ont suivi, dont le premier est le Moine Hélinand, dans sa *Chronique Universelle*, dont on n'a que la dernière partie.

16724. ☞ Michaelis RITII (Ricci) Historia Regum Hierosolymitanorum usque ad Balduinum : [*Basileæ*, 1534, *in-8.*] *Neapoli*, Longhi, 1645, *in-4.*

Cette Histoire se trouve avec ses autres Ouvrages.]

16725. Mf. Historia expugnatæ Urbis Constantinopolitanæ : ex gestis INNOCENTII III. Papæ.

Cette Histoire est citée dans le Plan que M. du Cange a dressé des Historiens de France.

16726. Epistola HUGONIS, Comitis sancti Pauli ad Henricum Ducem Brabantiæ de Constantinopolitanæ Urbis expugnatione per Latinos facta, anno 1202.

Ejusdem Epistola de capta eadem Civitate & de Balduini, Comitis Flandriæ, in Imperatorem Constantinopolitanum electione.

16727. Epistola BALDUINI, Imperatoris, ad omnes Christianos de Urbis Constantinopolitanæ expugnatione, anno 1203.

Ejusdem Epistola ad Summum Pontificem cum Responsione.

Toutes ces Lettres sont imprimées dans du Chesne, au tom. V. de son *Recueil des Historiens de France*, pag. 272. 275. 228 & 283.

16728. GUNTHERI, Monachi Parcensis Cœnobii in Diœcesi Basileensi, Ordinis Cisterciensis, Historia Constantinopolitana sub Balduino, sive de capta à Latinis Constantinopoli, anno 1204, ex ore Martini cujusdam Abbatis, qui rebus gestis interfuit.

Cette Histoire est imprimée dans Canisius, au tom. V. de ses *Leçons antiques*, pag. 355. Cet Auteur a fleuri en 1210.

16729. Nicetæ ACOMINATI, Choniatis, Historiæ de rebus post expugnatam à Latinis, 12 Aprilis anno 1204. Constantinopolim gestis, Liber primus de Imperio Balduini Imperatoris, Flandriæ Comitis ; ab anno 1204, ad annum 1206.

Cette Histoire est imprimée avec celle que le même Auteur a écrite des Empereurs de Constantinople, parties VIII. IX & X. en Latin dans la version de Jérome Wolphius : *Parisiis*, 1566 : *Francofurti*, 1568, *in-fol*. En Grec & en Latin, avec les Notes de Wolphius : *Basileæ*, 1557, *in-fol*. *Genevæ*, 1593, *in-4*. *Parisiis*, è Typographia Regia, 1647, *in-fol*.

La même Histoire, traduite en François ; par Louis Cousin.

Cette Traduction Françoise est imprimée au tom. VI. de son *Histoire de Constantinople* : *Paris*, 1672, *in-4*. [& *Hollande, in-12*.]

L'istessa tradotta dal Greco di Gioseppe Horologgi : *In Venetia*, Valgrisi, 1562, *in-4*.

La medesima tradotta da Lodovico Dolce : *In Venetia*, Giolito, 1569, *in-4*.

« Nicétas Acominat, Choniate, ou de la Ville de Co-
» losse, commence son Histoire de l'Empire Grec à Jean,
» fils d'Alexis Comnène, & la finit à la prise de Cons-
» tinople [par les Latins,] ou à Baudouin, Comte de
» Flandres. J'avoue que cet Auteur est encore peu con-
» nu, quoiqu'il mérite beaucoup de l'être. Il a l'esprit
» droit autant qu'aucun autre de son temps ; son style
» est travaillé ; on y remarque le goût des Poëtes, &
» sur-tout d'Homère : à l'égard de la narration, elle est
» distincte, bien composée ; il n'y fait point paroître de
» vanité ; elle est exempte de bagatelles ; elle est, en un
» mot, courte & fidèle. Il y mêle souvent & à propos
» des avis ; ses jugemens sont sains & libres ». *Juste Lipse*,

dans ses Notes sur le Chapitre IX. du Livre I. de ses *Politiques*. Toutes ces bonnes qualités ont fait dire de cet Auteur, qu'il étoit un des plus judicieux Ecrivains que nous eussions pour l'Histoire. Nicetas Acominat est mort en 1216.

☞ *Voyez* sur ce Livre, *Hist. des Hist*. p. 461. = Lenglet, *tom. III. pag.* 247. = *Biblioth. Eccles*. de du Pin, *XIIIe siècle, pag*. 316.]

☞ Le Père le Long n'a pas fait mention d'un grand Fragment de Nicétas Acominate, où l'ignorance & la barbarie des François, dans le XIIIe siècle, sont bien dépeintes. Il a été donné en Grec & en Latin par Fabricius, dans sa *Bibliothèque Grecque*.]

16730. GEORGII, Logothetæ, Acropolitæ, Chronicon Constantinopolitanum, complectens captæ à Latinis Constantinopoleos, & annorum circiter LX. Historiam, à Balduino Flandro Augusto ad Balduinum ejus Nepotem ultimum Byzantinum Imperatorem : ex Bibliotheca Theodori Douzæ, cum ejus Notis : *Lugduni-Batav*. 1614, *in-8*.

Douza fit imprimer cette Histoire sur un seul Manuscrit, qui étoit fort défectueux. Le mème Abrégé est imprimé sans les Notes de Douza, & plein de fautes, avec l'Histoire de Chalcondyle : *Genevæ*, 1615, *in-fol*.

16731. Eadem Chronographia compendiaria de rebus in Imperio Constantinopolitano gestis, Græcè & Latinè, interprete Leone Allatio, cum ejusdem & Theodori Douzæ Notis : *Parisiis*, è Typographia Regia, 1651, *in-fol*.

Cette Chronique commence en 1204, & finit en 1261. L'Auteur, qui est mort en 1282, n'est point à mépriser ; il a écrit non-seulement ce qu'il a vu, mais aussi les choses auxquelles il a eu bonne part, comme il le donne assez à entendre.

16732. Nicephori GREGORÆ, Constantinopolitani, Historiæ Byzantinæ Libri undecim Græcè & Latinè, Hieronymo Wolphio interprete, cum ejus Notis : *Basileæ*, Oporini, 1562 : *Coloniæ Allobrogum*, 1615, *in-fol*.

Ces Editions sont toutes semblables, & ont les mêmes fautes.

Ejusdem Historiæ Byzantinæ tomus prior, Libri undecim, ab Hieronymo Wolphio jampridem Latini facti in lucem editi, iidem nunc auctiores & castigatiores quàm anteà. Tomus secundus, Libri tredecim, nunc primùm è Codicibus manuscriptis eruti & typis mandati. Ex his Libros ferè undecim Latinè vertit Joannes Boivin, Bibliothecæ Regiæ custos alter. Idem Codices contulit, Notas addidit & alias Appendices : *Parisiis*, è Typographia Regia, 1702, *in-fol*. 2 vol.*

Cette Histoire commence en 1204, & finit en 1341, dans les Editions précédentes ; mais dans celle-ci elle est continuée jusqu'en 1351.

L'istessa, tradotta da Lodovico Dolce : *In Venetia*, Giolito, 1569, *in-4*.

Cette Traduction ne comprend que les onze premiers Livres.

Grégoras est mort l'an 1359. « Il a écrit la même Histoire que Nicétas Acominate ; mais il ne l'a pas fait avec le même soin ni avec le même succès. Il se ressent beaucoup des fautes communes de son temps : il dit
» bien

» bien des choses superflues, s'écartant de son sujet,
» & y mêlant, sans aucun égard, & même mal-à-propos,
» ses actions & ses propres discours. Le jugement qu'il
» porte souvent sur les événemens, est presque toujours
» équitable; & il en recherche aussi avec soin les causes ».
Juste Lipse, dans ses Notes sur le Chapitre IX. du Liv. I.
de ses *Politiques*.

☞ *Voyez* le *Journ. des Sçav. Avril*, 1703. = *Mém. de Trévoux, Février* 1704. = *Journ. de Leips.* 1704, *pag.* 17, 173. = Lenglet, *Méth. historiq. in-4. tom. II. pag.* 110: *tom. III. pag.* 248. = *Hist. des Hist. p.* 461.]

1673 3. L'Histoire de Geoffroy DE VILLE-HARDOUIN, Maréchal de Champagne & de Romanie, de la Conquête de Constantinople par les Barons François associés aux Vénitiens, depuis l'an 1198 jusqu'en 1207, d'un côté en son vieil langage, & de l'autre en un plus moderne & intelligible; par Blaise de Vigenère, Gentilhomme du Duc de Nivernois : *Paris*, Langelier, 1585, *in-4*.

La même Histoire en son vieil langage. Edition plus correcte que la précédente, & tirée d'un Exemplaire de la Bibliothèque de Venise : *Lyon*, 1601, *in-fol*.

La même, sous ce titre : L'Histoire de l'Empire de Constantinople sous les Empereurs François, divisée en deux parties, dont la première contient l'Histoire de la Conquête de Constantinople par les François & les Vénitiens, en 1204, écrite par Geoffroy DE VILLEHARDOUIN, en son vieil langage, avec une nouvelle version à côté, revue & corrigée sur le Manuscrit de la Bibliothèque du Roi, & illustrée d'Observations historiques & d'un Glossaire, avec la suite de cette Histoire, depuis l'an 1220 jusqu'en 1240, tirée de l'Histoire de France, écrite en Vers par Philippe MOUSKES, Chanoine, & depuis Evêque de Tournay. La seconde partie contient une Histoire générale de ce que les François & les Latins ont fait de plus mémorable dans l'Empire de Constantinople, depuis qu'ils s'en sont rendus les maîtres, justifiée par les Ecrivains du temps, & par plusieurs Chroniques & Chartes, & autres Pièces non encore imprimées ; par Charles DU FRESNE DU CANGE, Trésorier de France à Amiens : *Paris*, de l'Imprimerie Royale, 1657, *in-fol*.

☞ La Partie I. contient :

Geoffroy de Villehardouin, de la Conquête de Constantinople : Ouvrage qui commence en 1198, & finit en 1207.

Histoire des Empereurs de Constantinople François, depuis sa prise jusqu'après l'an 1240, tirée de l'Histoire de France, écrite en vers, par Philippe Mouskes, depuis Evêque de Tournay : elle commence en 1220, & finit en 1243 environ.

Suite de l'Histoire de Geoffroy de Villehardouin.

Observations sur l'Histoire de Geoffroy de Villehardouin ; ensemble son Eloge & la Généalogie de la Maison de Villehardouin.

Glossaire ou Explication des vieux mots François qui se rencontrent en l'Histoire de Geoffroy de Villehardouin.

Tome II.

La Partie II. contient :

Histoire de l'Empire de Constantinople sous les Empereurs François, contenant ce qui s'est passé de plus mémorable dans cet Empire, depuis que les François s'en rendirent maîtres, jusqu'à ce que les Turcs s'en sont emparés ; dans laquelle les suites des Empereurs François, des Patriarches de Constantinople Latins, des Rois de Thessalonique, des Princes de la Morée & d'Achaïe, d'Epire, des Ducs d'Athènes, de Duras, des Seigneurs de Négrepont, de Metelin & autres, sont décrites ; avec un Recueil de plusieurs Titres, & autres Pièces non encore publiées, tirées tant du Trésor des Chartes du Roi, que d'ailleurs, pour servir à cette Histoire. Elle commence en 1198, & finit en 1464. Le tout est accompagné d'Observations de Charles du Fresne, Sieur du Cange.

Tables Généalogiques de plusieurs Familles dont il est fait mention dans l'Histoire précédente.]

Du Cange est mort en 1688. Il dit dans sa Préface, « que l'Histoire des François qui ont possédé l'Empire » de Constantinople, fait une partie de celle de France ; » que cette Histoire est d'autant plus curieuse, qu'elle » est peu connue aux Grecs & aux François ; car d'un » côté les Grecs l'ont traitée si foiblement & avec tant » d'ignorance, qu'à peine les François peuvent y remar- » quer les noms & les familles de tant de braves Capi- » taines qui se sont signalés par leur valeur dans ces occa- » sions....... D'autre part, les Ecrivains François ont » presque tous négligé cette partie de notre Histoire.... » Ces considérations m'ont porté à donner quelque étu- » de pour la rendre plus familière ; & parceque Geof- » froy de Villehardouin, qui a été le témoin de ces » grandes entreprises, où il a eu les principaux Emplois, » en a donné le récit, sinon avec l'élégance d'un style » exquis, du moins avec toute la fidélité qu'on peut re- » quérir en un Historien, je me suis persuadé que je fe- » rois une chose agréable au Public, si je lui faisois voir » le jour pour la troisième fois ».

« Cette Histoire est très-estimable, soit pour son ob- » jet, soit par la noble naïveté & par l'exactitude dont » elle est écrite. L'Auteur parle comme témoin ; & » quoiqu'il eût plus de part que bien d'autres à cette » conquête, il parle de lui avec une retenue qui le rend » encore plus croyable ». *Remarques* de l'Abbé le Gendre.

☞ Du Cange s'est appliqué toute sa vie à perfectionner cet Ouvrage. Les corrections & augmentations qu'il a laissées, & qui sont à présent à la Bibliothèque du Roi, forment un Ouvrage absolument neuf & d'un très-grand prix : il y a des additions considérables aux Pièces qui servent de preuves.

Voyez sur Villehardouin, = Sorel, *pag.* 224. = *Mél.* de Vigneul - Marville, *tom. I. pag.* 30. = Le Gendre, *tom. II. p.* 37. = *Rech.* de Pasquier, *pag.* 660. = *Bibl. Eccl.* de du Pin, *XIIIe siècle, pag.* 208.]

16734. Historia rerum gestarum à Francis in Imperio Constantinopolitano, ab ipsa Urbis expugnatione, anno 1204, ad annum 1300, scripta versibus politicis Græco-Barbaris ab Anonymo, qui circa eadem tempora vixit, hoc est circa annum 1300, in duas partes divisa. In priore, quæ altera longè brevior est, quæ gesta sunt in Urbis expugnatione, perstringit, & ab Imperatoribus Francis, donec in potestatem Saracenorum rediit. In altera Moreæ, seu Peloponnesi Principatûs à nostris expugnationem, bellique subinde gesta fusiùs prosequitur. In qua quidem parte multa & præclara continentur ad illustrationem Historiæ Gallo-Byzantinæ.

Cette Histoire est imprimée dans le Volume précédent, [publié par M. du Cange.]

16735. Mf. Histoire de la Conquête de Constantinople ; par François ROSE, d'Amiens.

Cette Histoire est citée par la Croix du Maine, dans sa *Bibliothèque*. L'Auteur vivoit en 1584.

16736. De Bello Constantinopolitano Historia Pauli RAMNUSII, Veneti : *Venetiis*, 1584, *in-4*.

Eadem de Bello Constantinopolitano, & de Imperatoribus Comnenis per Gallos & Venetos restitutis : Historia Pauli RAMNUSII. Editio altera : *Venetiis*, Brogioli, 1634, *in-fol*.

Cet Auteur a commencé son Histoire à l'an 1198, & l'a finie en 1207. Elle a été réimprimée par les soins de Jacques Gaffarel, qui marque dans son Avertissement tous les Auteurs dont Ramnusio s'est servi. « Il a » suivi entièrement l'Histoire de Villehardouin, dont » le Manuscrit étoit en la possession de son père, ne » s'étant pas tant attaché à une version exacte, qu'au » sens de l'Auteur qu'il a paraphrasé, l'entremêlant de » plusieurs remarques, tirées tant des Ecrivains Grecs, » que des Historiens de Venise, & des Archives de la » République, sans toutefois se détourner de l'ordre & » de la suite de son Auteur, avec lequel il finit ». Du Cange, dans sa *Préface* de l'Histoire de Villehardouin.

16737. L'Imprese & Espeditioni di Terrasanta, & l'acquisto fatto dell' Imperio di Constantinopoli dalla Republica di Venetia, dopo l'anno 1198, insino all' anno 1205, da Andrea MOROSINI : *In Venetia*, 1627, *in-4*.

16738. Petri D'OUTREMAN, è Societate Jesu, Constantinopolis Belgica, sive de rebus gestis à Balduino & Henrico, Imperatoribus Constantinopolitanis, ortu Valentinensibus Belgis, Libri quinque, ab anno 1171, ad annum 1207, cum uberibus Notis : *Tornaci*, Quinqué, 1643, *in-4*.

Cet Historien est mort en 1656. « Il ne s'est » pas tant arrêté à l'ordre de l'Histoire de Villehar-» douin, qu'il en a fait une Histoire complete, qu'il a » enrichie de plusieurs remarques tirées de divers Au-» teurs. Mais comme il n'avoit pas vu l'Edition de Lyon » de l'Histoire de Villehardouin, ni la Paraphrase de » Paolo Ramnusio, ni même les Epîtres d'Innocent III. » qui sont absolument nécessaires pour l'intelligence de » cette Histoire, il y a laissé glisser quelques fautes & » quelques omissions ». Du Cange, dans sa *Préface* de l'Histoire de Villehardouin.

16739. ☞ Histoire de Jean de Brienne, Roi de Jérusalem & Empereur de Constantinople ; (par le Père Joseph-François LAFITAU :) *Paris*, 1727, *in-12*.

Voyez le Journ. des Sçav. Octobre, 1727.]

16740. Gesta Philippi Augusti, descripta à Magistro RIGORDO seu RIGOTO, ipsius Regis Chronographo, ab anno primo hujus unctionis, usque ad XXVIII. Regni annum.

Cette Histoire est imprimée dans Pithou, p. 158 de son *Recueil des onze anciens Historiens de France : Francofurti*, 1596, *in-fol*. La même, jusqu'en 1214, imprimée dans du Chesne, au tom. V. de son *Recueil des Historiens de France*, pag. 1. Le style de l'Auteur, qui étoit Moine de S. Denys, est assez élégant, & son Histoire, qui commence en 1179, & finit en 1207, passe pour la meilleure de toutes celles qui ont été écrites de la Vie de ce Roi par des Auteurs contemporains, & pour la plus complete dans les années qu'elle contient. Dom Félibien, pag. 223 de son *Histoire de l'Abbaye de S. Denys*, rapporte que cet Auteur étoit de Languedoc, Clerc ou Religieux de la même Abbaye ; & quoiqu'il eût employé dix ans à travailler son Ouvrage, il en fait si peu de cas, qu'il l'auroit supprimé, si Hugues, pour lors Abbé de S. Denys, mort en 1104, ne l'eût pressé de le publier. On ne sçait s'il l'a entièrement achevé ; il dit, sous l'an 1205, qu'il étoit pour lors fort âgé. La continuation depuis 1207 jusqu'en 1214, est de Guillaume le Breton, selon Meierus, qui l'appelle Rigotus, Clerc de S. Denys.

☞ *Voyez Biblioth. Eccles. de* du Pin, *XIII*[e] *siècle, pag.* 218. = Le Gendre, *tom. II. pag.* 92.]

16741. ☞ Mémoire concernant la Vie & les Ouvrages de Rigord & de Guillaume le Breton ; par M. de la Curne DE SAINTE-PALAYE. *Mém. de l'Académie des Inscriptions & Belles-Lettres*, *tom. VIII*. p. 528.]

16742. Mf. Abrégé de l'Histoire de France jusqu'en 1202, ou plutôt 1207, composé en Latin sous Philippe-Auguste, & traduit en François avant l'an 1271, par l'ordre d'Alphonse, Comte de Poitou, frère du Roi S. Louis : *in-4*.

Ce Manuscrit original [étoit] conservé dans la Bibliothèque de M. l'Abbé de Camps, qui a mis au commencement une Notice assez ample : [on le trouve aujourd'hui dans la Bibliothèque de M. de Béringhen.] Ce Chroniqueur dit à la page 71, que Childéric III. dernier Roi des Mérovingiens, renonça volontairement à la Couronne, & qu'il se fit Moine.

16743. ROBERTI de Monte, Appendix ad Chronicum Sigeberti, ab anno 1113, ad annum 1210.

On peut voir la Remarque que j'ai faite sur la Chronique de Sigebert, (sous le règne de Louis VI.) J'y marque que cet Appendice n'est pas entièrement de Robert, Abbé du Mont-Saint-Michel ; (car il n'y a de lui que la partie depuis l'an 1155 jusqu'en 1186 ;) mais aussi d'Anselme, Moine de Gemblours, & de plusieurs autres.

Historia Albigensium & Belli sacri in eos suscepti, anno 1209 ; auctore PETRO, Monacho Vallis Cernaii.

Voyez ci-devant, à l'*Hist. des Albigeois*, N.° 5743.

16744. Guerres du Comte de Montfort, contre le Comte de Toulouse ; par Antoine NOGUIER.

Ces Guerres sont imprimées dans son *Histoire Tolosaine : Tolose*, 1556, *in-fol*.

16745. Mf. Eracles, de la Conquête de la Terre-Sainte par Godefroy de Bouillon, continuée jusqu'au Roi Jean de Brienne, (en 1210) : *in-fol*.

Cette Histoire est conservée dans la Bibliothèque du Roi, num. 6744.

16746. Chronicon Autissiodorense, seu Anonymi Monachi sancti Meriani Autissiodorensis Chronologia exponens Seriem temporum & Historiam rerum in orbe gestarum, ab ejus origine usque ad annum à Christi ortu millesimum ducentesimum duodecimum, cum Appendice ad annum 1223, primùm edita : operâ & ſtudio Nicolai Camuſæi : *Trecis*, Moreau, 1608, *in*-4.

Il eſt ſurprenant que Camuſat ait publié cette Chronique, ſans marquer dans le titre le nom de l'Auteur, qui eſt indiqué à la fin, ſous l'année 1211, par ces paroles : *Huc uſque perduxit Chronicon Frater* ROBERTUS. L'Auteur anonyme de l'Appendice marque ſa mort en 1212, comme celle de l'Auteur de cette Chronique, qui eſt fort travaillée. Ils étoient l'un & l'autre Chanoines Réguliers du Monaſtère de S. Marien, qui eſt de l'Ordre des Prémontrés.

☞ *Voyez* ſur cette Chronique de S. Marien & ſur ſon Auteur, la *Bibliothèque des Auteurs de Bourgogne*, article *Robert*.]

16747. ☞ Lettre de M. B. Ch. d'Auxerre, ſur le véritable Auteur de la Chronique de S. Marien d'Auxerre.

Dans les *Mémoires de Littér. du Père Des-Molets, tom. VIII*.]

16748. De Bello inter Chriſtianos Fragmentum.

Ce Fragment, qui contient la Guerre des Chrétiens en 1212, eſt imprimé dans du Cheſne, au tom. V. de ſon *Recueil des Hiſtoriens de France, pag*. 427.

16749. Mſ. Chronicon, à Chriſto nato ad annum 1213; auctore anonymo Monacho ſancti Stephani Cadomenſis, quod ejuſdem loci Monachus alter continuavit uſque ad annum 1328.

Cette Chronique eſt conſervée dans la Bibliothèque du Vatican, entre les Manuſcrits de la Reine de Suède, num. 175. Cet Exemplaire eſt fort différent de l'imprimée dans du Cheſne, *pag*. 1015, de ſa *Collection des Hiſtoriens de Normandie*. Il y a un Extrait de cette Chronique, depuis l'an de Jeſus-Chriſt 182 juſqu'en 1328, au tom. II. des *Mélanges* du Père Durand, Bénédictin, qui ſont conſervés dans l'Abbaye de S. Germain des Prés.

16750. Mſ. Hiſtoria Regum Franciæ uſque ad annum 1214.

Cette Hiſtoire eſt conſervée dans la Bibliothèque de S. Victor-lès-Paris, num. 893.

16751. Mſ. De Geſtis Francorum uſque ad annum 1214, Libri tres; Auctore anonymo.

Cette Hiſtoire eſt conſervée à Dijon, dans la Bibliothèque de M. le Préſident Bouhier.

16752. ☞ Bulla Innocentii Papæ III. in quâ inſeruntur nonnullæ Litteræ Regis Hungariæ.

Cette Pièce regarde l'an 1216. Elle ſe trouve dans le *Recueil* de Bongars, intitulé : *Geſta Dei per Francos :* (*Hanoviæ*, 1611, *in-fol.*) *tom. I. pag*. 1192.]

16753. Mſ. Chronicon Auctoris anonymi, qui, ut videtur, Anglus eſt natione, ſed Canonicus Laudunenſis, à Chriſto nato uſque ad annum 1218, in quo de rebus præcipuè Belgicis tractatur.

Cette Chronique eſt conſervée dans la Bibliothèque de M. Colbert, entre les Manuſcrits de du Cheſne.

16754. Jacobi DE VITRIACO, Epiſcopi Acconenſis, Cardinalis, Libri duo, quorum prior Orientalis ſive Hieroſolymitanæ, alter Occidentalis Hiſtoriæ nomine inſcri-
Tome II.

bitur, curâ Andreæ Hoiï : *Duaci*, 1597, in 8.

La Préface de ces Livres eſt imprimée dans Caniſius, au tom. V. de ſes *Leçons antiques, pag*. 1323.

Ejuſdem Hiſtoriarum Liber primus & tertius.

Ces deux Livres ſont imprimés dans le *Recueil de* Bongats, tom. I. *pag*. 1097.

Ejuſdem Liber tertius, ab editis diverſus.

Bongars a ſoupçonné que ce troiſième Livre n'étoit pas de Jacques de Vitri, mais que le commencement avoit été pris de la narration ſuivante, & le reſte tiré de l'Ouvrage qu'Olivier le Scholaſtique a écrit de la priſe de Damiette.

Narratio Patriarchæ Hieroſolymitani coram Summo Pontifice, de ſtatu Terræ-Sanctæ, ſive Jacobi DE VITRIACO, Hiſtoriæ Orientalis Liber tertius, ab editis diverſus.

Ce troiſième Livre eſt imprimé dans Martenne, au tom. III. de ſon *Nouveau Tréſor des Pièces anecdotes, pag*. 268. Il n'a pas trouvé dans le Manuſcrit dont il s'eſt ſervi, d'autre titre que la première partie du précédent; mais il a jugé que c'étoit le troiſième Livre de Jacques de Vitri, qui, ſelon Ciaconius, avoit été fait Evêque de Saint-Jean d'Acre, Patriarche de Jéruſalem, enſuite Evêque de Tuſculum & Cardinal.

Mſ. Eadem Hiſtoria Orientalis, ab editis valdè diſcrepans.

Cette Hiſtoire eſt conſervée dans la Bibliothèque de Leide, entre les Manuſcrits d'Iſaac Voſſius, Codice Lat. 53. Jacques de Vitri eſt mort en 1244. » Bongars » n'a donné dans ſon *Recueil* que le premier Livre de » l'Hiſtoire Orientale, & le troiſième ; il les a donnés plus » corrects, avec le ſecours de quelques Manuſcrits. Il » a omis le ſecond Livre, parcequ'il ne regarde pas » cette Hiſtoire. Le premier commence à la publication » des impiétés du faux Prophète Mahomet, & vient juſ- » qu'au temps de Pierre l'Hermite, finiſſant au cou- » ronnement de Jean de Brienne. Le troiſième ſe ter- » mine par la priſe de Damiete en 1218 ». Voſſius, Livre II. des *Hiſtoriens Latins, Chap. LVII. pag*. 466. Cette Hiſtoire contient en aſſez bon Latin une ample deſcription de la Terre-Sainte, des mœurs des Habitans, tout ce que l'on y voit, & tout ce qui s'y eſt paſſé de plus conſidérable juſqu'en l'an 1218.

☞ *Voyez* la *Bibl. Eccleſ*. de du Pin, *XIIe ſiècle, pag*. 651. = Le Gendre, *tom. II. pag*. 57. = *Præf. Geſtor. Dei per Francos*.]

16755. Jacobi DE VITRIACO, Epiſtola ad familiares ſuos in Lotharingia, de capta Damieta.

Cette Lettre eſt de 1218; elle ſe trouve imprimée dans le *Recueil* de Bongars, *pag*. 1146.

16756. Ejuſdem Epiſtolæ quatuor ad Honorium Papam III. in quibus ea deſcribit quæ ab exercitu Chriſtianorum in Terrâ-Sanctâ geſta ſunt.

Ces quatre Lettres ſont imprimées dans Martenne, au tom. III. de ſon *Nouveau Tréſor des Pièces anecdotes, pag*. 287.

16757. Hiſtoria captionis Damietæ.

Cette Hiſtoire eſt imprimée dans Gale, au tom. II. des *Hiſtoriens d'Angleterre, pag*. 435 : *Oxonii*, 1692, *in-fol*.

16758. OLIVERII, Scholaſtici Colonienſis, de captione Damietæ, annis 1218 & 1219.

Cette Hiſtoire eſt imprimée dans Bongars, au tom. I.

T 2

des *Gesta Dei per Francos* : *Hanoviæ*, 1611, *in-fol*. L'Auteur étoit présent à cette prise. Celui de la Chronique, imprimée sous le nom d'Albéric, *pag*. 512, marque sur l'année 1223 qu'en cette année a fini son Histoire de Jérusalem OLIVIER, Evêque (Pateburgensis) qu'il a commencée à la naissance du Monde. Il semble le distinguer d'Olivier de Cologne, dont il dit sous l'an 1214, qu'il prêcha alors la Croisade dans le Brabant.

16759. ☞ OLIVERII, Scholastici, Historia Regum Terræ Sanctæ, & ejusdem Historia Damiatina.

Ces Histoires se trouvent dans le *Recueil* d'Eccardus, intitulé : *Corpus Historicum medii Ævi* : (*Lipsiæ*, 1723, *in-fol*. 2 vol.) *tom. II. pag.* 1355 & 1398.]

☞ On trouve encore dans le même *Recueil*, *pag*. 1346 , *Descriptio Itineris in Terram - Sanctam*, = *pag*. 1350, *Brevis Historia occupationis & amissionis Terræ-Sanctæ*, = *pag*. 1455, *Poema Germanicum vetus de amissione Sanctæ-Terræ*.]

16760. Jacobi VITRIACI, Epistola ad Honorium III. Papam , in qua agit de calamitatibus Terræ-Sanctæ, anno 1219.

Cette Lettre est imprimée dans d'Achery, tom. VIII. de son *Spicilège*, *pag*. 373.

16761. Mss. Chronicon Terræ-Sanctæ; auctore RADULFO Coggoshalensi, Anglo, Ordinis Cisterciensis.

Cette Chronique est conservée dans la Bibliothèque de S. Victor lès-Paris. Cet Auteur vivoit en 1228.
☞ Elle paroît avoir été imprimée , au moins en partie. *Voyez* ci-devant, N.° 16720.]

16762. ☞ Bellum Philippi Regis cum Othone Augusto, Anglis & Flandris, Carmen : *Antverpiæ*, 1534, *in-*8.]

16763. Ms. Chronicon, ab orbe condito ad annum Christi 1219.

Cette Chronique [étoit] conservée dans la Bibliothèque de M. Colbert, num. 5439, [aujourd'hui dans celle du Roi.]

16764. ☞ La Note XIX. du Tome III. de l'Histoire du Languedoc par DD. DE VIC & VAISSETE.

Elle regarde l'an 1219.]

16765. Excerpta librorum de origine & diversis casibus Monasterii sancti Galli in Helvetia; Auctoribus RATPERTO , & EKKERHARDO Juniore.

Ces Extraits sont imprimés dans du Chesne, tom. III. de son *Recueil des Historiens de France, pag*. 481. Ces Auteurs ont fleuri en 1220. Ils mêlent dans cet Ouvrage les affaires de France avec celles d'Allemagne.

16766. Ms. Breve Chronicon, à Pharamundo usque ad annum 1220, quo scriptum est hoc Registrum per mandatum R. P. Guarini, Sylvanectensis Episcopi, à Stephano DE GUAL...... Clerico suo.

Cette Chronique, qui ne contient que l'année des Règnes de nos Rois, est conservée au tom. III. des Fragmens d'Histoire, *pag*. 89, ramassés par D. Claude Estiennot, dans l'Abbaye de S. Germain des Prés.

== Chronicon Fiscanense, in Caletensi Pago, à Christo nato ad annum 1220.

Voyez ci-devant, *Histoire de l'Abbaye de Fescan*, [N.° 11910.]

16767. Chronicon Virzionense brevissimum, ab anno 843, ad annum 1221.

Cette Chronique est imprimée dans Labbe, tom. II. de sa *Nouvelle Bibliothèque des Manuscrits*, *p*. 737.

16768. Breve Chronicon Elnonense, ab anno 534, ad annum 1222.

Voyez ci-devant , *Histoire de l'Abbaye de S. Amand*, [N.° 12313.]

16769. Testamentum Philippi Augusti, anno 1222.

Cet Acte est imprimé dans du Chesne, au tom. V. de son *Recueil des Historiens de France, pag*. 261.

Appendix ad Chronicon Roberti, Monachi sancti Meriani, ad annum 1223.

Voyez ci-devant, [N.° 16746.]

16770. Ms. Breve Chronicon Turonense, ab anno 331, ad Ludovicum VIII. Regem Franciæ, cum Catalogo Comitum Andegavensium & Turonensium.

Cette Chronique est conservée dans la Bibliothèque du Roi, num. 1437, selon le Père Labbe. Du Chesne dit que l'Auteur anonyme de cette Chronique vivoit l'an 1225. Il en rapporte un Fragment depuis l'an 841, jusqu'en 893 , à la page 25, de son *Recueil des Historiens de Normandie*.

16771. Ms. Chronicon, à Carolo Magno ad Ludovicum patrem sancti Ludovici ; (seu ab anno 768 , ad annum 1223).

Cette Chronique est conservée dans la Bibliothèque du Vatican, entre les Manuscrits de la Reine Christine, num. 685.

16772. Historia de Vita & Gestis Philippi Augusti post Rigordum ; Auctore GUILLELMO Aremorico, ipsius Regis Capellano.

Cette Histoire est imprimée dans du Chesne, au tom. V. de son *Recueil des Historiens de France, p*. 68. Elle commence après l'année 1207, & finit à la mort de ce Roi en 1223. Ce Prêtre Breton a fait un Abrégé des Annales de Rigord. Il a composé un Poëme de douze Livres en Vers héroïques, qu'il a intitulé : *Philippide*. Barthius, dans ses *Recueils*, Livre XLIII. Chapitre VII. l'appelle le plus sçavant Poëte de son tems ; & il ajoute que s'il n'avoit eu les défauts de son siècle, il seroit un Poëte admirable. A l'égard de cette Histoire écrite en prose, elle n'est pas bonne que pour remplir quelques endroits de celle de Rigord, que Guillaume abrège ordinairement : il l'a continuée depuis 1208 jusqu'en 1223. Elle ne suffit pas pour faire connoître toute la suite des actions mémorables de Philippe-Auguste.

16773. WILLHELMI Britonis Aremorici , Philippidos Libri duodecim, sive Gesta Philippi Augusti versibus heroïcis descripta.

Ces Livres sont imprimés dans Pithou, à la page 126. de ses *onze anciens Historiens : Francofurti*, 1596, *in-fol*.

Editio Pithœana à mendis innumeris repurgata & locis aliquot auctior facta, ope duorum Codicum manuscriptorum.

Cette Histoire est ainsi imprimée dans du Chesne, au tom. V. de sa *Collection des Historiens de France*, *pag*. 93.

Iidem Libri à Gaspare BARTHIO Commentario illustrati : *Lipsiæ*, 1658, *in-*4.

Ce Poëme épique contient plus de neuf [mille] Vers

hexamètres, qui ne sont pas mauvais pour ce temps-là. L'Auteur qui l'a dédié au Roi Louis VIII. étoit le Précepteur de Pierre Carlotte son frère [naturel.] Barthius a fait sur ce Poëme un fort long Commentaire.

☞ L'Auteur composa son Poëme, l'un des meilleurs du temps, à l'âge de 55 ans : c'est une Histoire assez complette. Il le divisa en XII. Livres, dont on trouve un Sommaire à la tête de chacun. Personne n'étoit plus en état de nous transmettre les faits glorieux de Philippe-Auguste, que cet Auteur contemporain, & qui avoit vu une grande partie des choses qu'il raconte. Barthius, qui a fait le Commentaire qu'on trouve à la suite, fait un grand éloge des Vers & de l'Auteur. Ce morceau parut pour la première fois dans le Recueil des Historiens anciens, donnés par M. Pithou en 1596.

Voyez *Ducatiana*, pag. 13. = Lenglet, *Suppl. Méth. hist. in-4. pag.* 160. = Le Père Niceron, tom. *XXVIII. pag.* 97.]

Fragmentum ejusdem editum à Jacobo Meyero, sub hoc titulo : Bellum quod Philippus Francorum Rex, cum Othone (anno 1197.) Anglis Flandrisque gessit ; anno abhinc 300 conscriptum, nunc à mendis repurgatum, Carmine heroico : *Antverpiæ*, 1534, in-8.

Ce Fragment comprend la Guerre que fit Philippe-Auguste avec l'Empereur Othon, l'an 1197.

16774. Gesta alia Philippi Augusti.

Cette Histoire est imprimée dans du Chesne, au tom. V. de sa *Collection des Historiens de France*, pag. 257.

16774. * ☞ Elogium Philippi Augusti.

Dans les *Analectes* de Dom Mabillon, tom. *II. in-8. pag.* 623.]

16775. Histoire de Philippe-Auguste.

Cette Histoire est imprimée avec celle de S. Louis, dans le Tome I. (*Paris*, 1688, *in-*4.) FILLEAU DE LA CHAIZE en est l'Auteur.

16776. Histoire du même : *Paris*, Brunet, 1702, *in-*12. 2 vol.

Cette Histoire est bien écrite ; elle est estimée. Nicolas BAUDOT DE JUILLY, natif de Vendôme, qui l'a composée, « y rapporte à peu près ce qu'on trouve dans les » autres Historiens, qui ont travaillé avant lui sur cette » partie de notre Histoire. D'Argentré, Catel, de Sainte-» Marthe, Mariana, Belleforest, du Chesne, Bosio, & » sur-tout Mézeray, sont les originaux qu'il a suivis ; » aussi ne se vante-t-il point d'avoir consulté des Mé-» moires particuliers ; il s'est contenté de ramasser & de » mettre en ordre ce qu'il a trouvé dans les Livres qui » sont connus de tout le monde ». *Journal des Sçavans*, du 4 Décembre 1702.

☞ Baudot de Juilly s'étoit retiré à Sarlat : il est mort en 1760, âgé d'environ 98 ans.

Voyez sur son Ouvrage, Lenglet, *Meth. hist. t. II. pag.* 264. : tom. *IV. p.* 57. = *Plan de l'Hist. de France*, tom. *II. pag.* 5. = *Mercure*, *Août*, 1702. = *Mém. de Trévoux*, *Février*, 1703.]

16777. Mſ. Remarques critiques sur l'Histoire de Baudot ; par François DE CAMPS, Abbé de Signy.

Cette Pièce [étoit] conservée au tom. I. de ses *Remarques critiques de quelques Histoires de France*, dans la Bibliothèque de l'Auteur, [& est aujourd'hui dans celle de M. de Béringhen.]

16778. ☞ Mſ. Notice générale du Règne de Philippe-Auguste, avec des Remarques historiques ; par l'Abbé (François) DE CAMPS.

Pièces sur le même Règne.

C'est ce qui est contenu dans les Porte-feuilles XX-XXXVI. du Recueil de M. de Fontanieu, à la Bibliothèque du Roi. Les Originaux de l'Abbé de Camps sont chez M. de Béringhen.]

16779. ☞ Anecdotes de la Cour de Philippe-Auguste ; par Mlle DE LUSSAN : *Paris*, veuve Pissot, 1733 & 1738, *in-*12. 6 vol.

On attribue cet Ouvrage à l'Abbé DE BOISMORAND. Voyez *Observ. sur les Ecr. mod. Lett.* 223. = *Bibl. des Romans*, tom. *II. pag.* 75. = *Journ. des Sçav. Nov.* 1733. = *Journ. de Verdun*, *Octob.* 1733. = *Merc. Nov.* 1738. = *Pour & contre*, tom. *III. num.* 38.]

☞ On peut encore consulter, pour le Règne de Philippe-Auguste, = l'*Héritière de Guyenne*, par Larrey, jusqu'en 1204, = l'*Histoire des Croisades* de Maimbourg, = l'*Histoire de Mathieu Pâris*, = la seconde partie du Traité de Blondel, *de formulâ Regnante Christo*, = *Blanche*, *Infante de Castille*, pour ce qui suit l'an 1200.]

§. VII.

Règne de Louis VIII. depuis l'an 1223, *jusqu'en* 1226.

16780. Mſ. Chronique de France jusqu'en 1225 : *in-fol.*

Cette Chronique est conservée dans la Bibliothèque du Roi, num. 10298.

16781. Mſ. Annales Francorum, ab anno 879, ad annum 1225.

Ces Annales [étoient] dans la Bibliothèque de M. Baluze, num. 426, [& sont aujourd'hui en celle du Roi.]

16782. Testamentum Ludovici VIII. anno 1225.

Ce Testament est imprimé dans du Chesne, au tom. V. de son *Recueil des Historiens de France*, pag. 324.

16783. Fragmentum continens gesta Ludovici VIII. Auctore incerto.

Ce Fragment est imprimé dans Pithou, *pag.* 346, de ses *onze anciens Historiens de France* : *Francofurti*, 1596, *in-fol.* & plus correctement dans du Chesne, au tom. V. de sa *Collection des Historiens de France*, *pag.* 284. Il va depuis l'an 1223 jusqu'en 1226. C'est un discours de peu de pages sur la Généalogie & les Exploits de ce Prince.

☞ *Voyez* le Gendre, tom. *II. pag.* 48.]

16784. Fragmentum de Vita Ludovici VIII.

16785. Gesta Ludovici VIII. carmine heroïco ; auctore Nicolao DE BRAIA.

Ce Fragment & cette Histoire sont imprimés dans le volume précédent, *pag.* 288 & 290. L'Auteur de cette Histoire décrit, en dix-huit cens Vers hexamètres, un Règne de trois ans & trois mois, pendant lequel il y a eu peu d'événemens considérables. Il ne parle ni de la mort de ce Roi, ni de la prise d'Avignon. L'Auteur a du feu, mais sa Versification n'est pas bonne. Il adresse son Poëme à Guillaume d'Auvergne, élu Evêque de Paris en 1228, & mort en 1248.

16786. Fragmenta de Ludovico VIII. Regd & de Parisiensibus litteratis, Versibus : ex Karolino ÆGIDII, Parisiensis, scripto ad instructionem ejusdem.

Ces Fragmens sont imprimés dans le Volume précédent, *pag.* 323.

16787. Mſ. Chronicon incerti Auctoris, qui fuit Canonicus ſancti Martini Turonenſis, ab anno 841, ad annum 1226.

Cette Chronique eſt conſervée dans la Bibliothèque [du Roi] entre les Manuſcrits de du Cheſne. Le Père Labbe en rapporte un long Fragment, depuis l'an 1072 juſqu'en 1136, dans le Chapitre XII. de ſon *Mélange curieux*, imprimé à la fin du tom. II. de ſon *Abrégé de l'Alliance chronologique, pag.* 561, & un autre Fragment depuis l'an 1200 juſqu'en 1222, à la page 644, & une Addition à la même Chronique, par un Moine de S. Julien, à la page 648. Le même Père Labbe cite encore cette Chronique à la page 5 de ſa *Nouvelle Bibliothèque des Manuſcrits*, qui commence *ab orbe condito uſque ad annum Chriſti* 1227.

16788. Mſ. Chronicon Turonenſe breve, ab anno 374, ad annum 1226, ex illo majori, ut videtur, excerptum, quod habetur nomine Canonici Turonenſis Eccleſiæ.

Cette Chronique eſt conſervée dans la même Bibliothèque, entre les Manuſcrits de du Cheſne. C'eſt ſans doute la même Chronique citée ci-devant, N.° 5545.

16789. ☞ Chronicon Turonenſe; auctore anonymo, Canonico Turonenſi ſancti Martini, ex Manuſcripto Codice Bibliothecæ Regiæ.

Cette Chronique eſt imprimée dans la *Collectio Veterum Scriptorum* de DD. Martenne & Durand, *tom. V. pag.* 917. Elle paroît avoir beaucoup de reſſemblance avec les deux précédentes. Celle-ci s'étend depuis le commencement du monde juſqu'en 1227.]

16790. ☞ Mſ. Chronique des Rois de France, du XIV.ᵉ ſiècle: *in-fol.* vélin.

Cette Chronique eſt conſervée dans les Archives de l'Egliſe Métropolitaine de Cambray. Elle va juſqu'à la mort de Louis VIII. L'écriture paroît antérieure à l'an 1340. On trouve enſuite la Vie de Monſeigneur ſaint Looys, &c. qui eſt d'une main différente & d'une écriture plus récente.]

16791. ☞ Mſ. Hiſtoire des Rois Philippe-Auguſte & Louis VIII. depuis 1169 juſqu'en 1227 : *in-fol.*

Cette Hiſtoire ſe trouve indiquée num. 62, des Manuſcrits de M. Godefroy.]

━━ Eloge de François Guérin, Evêque de Senlis, principal Miniſtre d'Etat, ſous le Roi Louis VIII. par Charles D'AUTEUIL.

Voyez Evêques de Senlis, [ci-devant, N.° 9665.]

☞ ON peut encore conſulter, pour l'Hiſtoire de Louis VIII, = l'Hiſtoire de Mathieu Paris, = Blanche, Infante de Caſtille, = les Poéſies du Roi de Navarre.]

§. VIII.

Regne de S. Louis, (ou IX.) *depuis l'an* 1226 *juſqu'en* 1270.

16792. Mſ. CHRONICON, à Chriſto nato ad annum 1227.

Cette Chronique eſt conſervée dans la Bibliothèque du Vatican, entre les Manuſcrits de la Reine Chriſtine, num. 184.

16793. BALDUINI, Imperatoris Conſtantinopolitani, Epiſtola ad ſanctum Ludovicum ſuper donatione à ſe facta de Terra de Curtiniaco, anno 1229.

Cette Lettre eſt imprimée dans du Cheſne, au tom. V. de ſa *Collection des Hiſtoriens de France, pag.* 423.

16794. ☞ BERNARDI THESAURARII Liber de acquiſitione Terræ-Sanctæ, ab anno 1095, ad annum 1230, Gallicè primùm ſcriptus, in Latinum converſus circiter annum 1320, à Franciſco Pepino.

Cet Ouvrage eſt imprimé au tom. VII. du *Recueil des Hiſtoriens d'Italie* de Muratori.]

16795. (Conradi A LIECHTENAW,) Urſpergenſis Cœnobii, Ordinis Præmonſtratenſis ad Mindulam in Auguſtana Diœceſi Abbatis Chronicon, quo omnes ferè veteres, potiſſimùm verò rerum Germanicarum & Gallicarum Hiſtorici ſuccinctè continentur, & à Nino Aſſyriorum Rege uſque ad Federici II. Imperatoris Germanorum tempora, præcipuæ Hiſtoriæ ac res geſtæ continentur ; editum hoc opus primùm à Conrado Peutingero, Juriſconſulto : *Argentinæ,* 1515, *in-fol.*

Idem, cum Paralipomenis ab eodem editum, ſub nomine Abbatis Urſpergenſis : *Argentorati,* 1538, *in-fol.*

Peutinger ne connoiſſoit pas le véritable nom de cet Auteur.

Idem, ſub proprio Auctoris nomine & caſtigatius editum : *Baſileæ,* Pernæ, 1569 : *Argentorati,* 1609, *in-fol.*

Cet Auteur (Allemand) qui eſt mort en 1240, a fini ſa Chronique à la neuvième année du Règne de [l'Empereur] Frédéric; c'eſt-à-dire, en 1229. Il l'a formée de preſque toutes celles qui l'avoient précédé, & il ſe ſert des mêmes paroles des Auteurs, qui parlent en leur propre perſonne; il y a ajouté dans la dernière partie ce qui s'eſt paſſé de ſon temps. Il paroît qu'après ſa mort un de ſes amis y a fait une petite addition, ſous l'année 1298. Il traite bien des affaires d'Allemagne, & la lecture de ſa Chronique peut être très-utile.

16796. ☞ LAMBERTI PARVI, Leodienſis & ſancti Jacobi Monaſterii Monachi, Chronicon, à Reinero ejuſdem Cœnobii aſceta continuatum ex ipſo, ut videtur, autographo.

Cette Chronique s'étend de 988 à 1230. Elle ſe trouve dans la *Collectio Veterum Scriptorum* de Dom Martenne, *tom. V. pag.* 1. Le Père le Long l'a rapportée manuſcrite, article de l'*Ev. de Liège*, Nᵒˢ. 8693 & 8694.]

16797. Mſ. Journal du Règne de S. Louis; par René PIHAN : *in-4.*

Ce Journal, qui commence à la naiſſance de S. Louis, & finit en 1233, [étoit] conſervé dans la Bibliothèque de M. le Baron d'Hoendorff, Colonel de l'Empereur, [& eſt aujourd'hui dans celle de l'Empereur.] L'Auteur eſt mort en 1716.

16798. Fragmentum de Matrimonio ſancti Ludovici cum Margareta, Berengarii Comitis Provinciæ filia : ex Vita ſancti Theobaldi, Abbatis Vallis Cernaïi.

Le récit de ce Mariage, fait en 1235, eſt imprimé

dans du Chesne, au tom. V. de son *Recueil des Historiens de France*, pag. 406.

Chronicon Monasterii Mortui-Maris, Ordinis Cisterciensis, ab anno 1113, ad annum 1234.

Voyez ci-devant, à l'Histoire de l'*Abbaye de Mortemer*, [N.° 13111.]

16799. Ms. **Chronicon breve, à Christo nato ad annum 1135.**

Cette Chronique, écrite par un Moine de Cluni, est conservée dans la Bibliothèque du Roi, n. 5217². Il y a vers la fin une Addition d'un Moine d'Evreux : on y trouve quelques endroits qui regardent la Normandie ; d'ailleurs cette Chronique est sèche & stérile.

16800. ☞ **Breve Chronicon Monasterii sancti Florentii Salmuriensis, ex Manuscripto Codice ejusdem Monasterii.**

Cette Chronique s'étend de 789 à 1235. Le Père le Long en a parlé à l'article de cette Abbaye, (ci-devant, N.° 11471) mais elle doit être encore indiquée ici. Elle a été imprimée dans la *Collectio Veterum Scriptorum* de DD. Martenne & Durand, *tom. V.* p. 1140.]

16801. **Wilhelmi, Abbatis Andernensis, Appendix ad Andream Sylvium Marcianensem Abbatem, ab anno 1194, ad annum 1238.**

Cette Appendice est à la fin de *Synopsis Historiæ Franco-Merovingica* : Duaci, 1633, *in-4.*

16802. **Historia Susceptionis Coronæ Spineæ Jesu Christi, quam Ludovicus IX. Rex, à Balduini, Imperatoris Constantinopolitani, hærede obtinuit, ac Parisios portavit, anno 1239 ; auctore Gualtero Cornuto, Archiepiscopo Senonensi.**

Cet Archevêque est mort en 1241. Son Histoire est imprimée dans du Chesne, au tom. V. de son *Recueil des Historiens de France*, pag. 407. **Gerard**, Moine de S. Quentin, a écrit la même Histoire, au rapport de Henri de Gand, Chapitre LII. de son *Catalogue des Hommes illustres.*

16803. **Alberici, Monachi trium Fontium, Chronicon (ab orbe condito, ad annum Christi 1241,) è Manuscriptis nunc primùm editum à Godefrido Guillelmo Leibnitio : *Lipsiæ*, Forsteri, 1698,** *in-4.*

Ejusdem Pars, sub hoc titulo : Chronici Alberici, Monachi trium Fontium, Lectiones emendatiores & auctiores, vel ejus Continuatio, ab anno 960, ad annum 1241.

Cette partie, qui est la plus importante, se trouve dans la Collection de Menkenius, intitulée : *Scriptores rerum Germanicarum* : (*Lipsiæ*, 1728-1730, *in-fol.* 3 vol.) *tom. I.* pag. 38.]

Cette Chronique, qui commence à Adam, & finit en l'année de Jesus-Christ 1241, est aussi comprise dans le *Recueil* de Leibnitz, intitulé : *Accessiones Historicæ*, & il en fait le second Tome. Quoiqu'elle soit générale, elle s'étend néanmoins davantage sur les affaires de l'Empire, sur celles de France & d'Angleterre, & vers la fin sur les Croisades. Ce n'est qu'une compilation de plusieurs autres Chroniques. Les noms des Auteurs n'en sont pas toujours marqués. Mais ceux qui le sont plus souvent, sont Sigebert & Anselme, Moine de Gemblours, Hugues de S. Victor, Turpin, Archevêque de Reims, Otton, Evêque de Frisingen, Guy de Bazoches, Chantre de S. Etienne de Châlons-sur-Marne, Helinand, Guillaume l'Anglois (ou de Malmesbury) Luithprand, Baudry, Evêque de Dole, Albéric & quelques autres.

Le dernier y étant cité jusqu'à seize fois, depuis l'an 1163 jusqu'en 1223, il s'agit de sçavoir s'il en est le véritable Auteur. Ce qui engage à le croire, est que son nom est dans le titre de cinq Manuscrits ; dans celui de la Bibliothèque du Roi, qui est fort ancien & fort entier, bien écrit & sur du vélin ; celui dont s'est servi M. Leibnitz, qui en a procuré l'Edition, est aussi entier & sur du vélin ; celui de la Bibliothèque de M. Colbert est entier, mais d'une écriture récente : les deux, qui sont l'un dans la Bibliothèque de Volfembutel, & l'autre dans celle du Collége des Jésuites de Paris, sont aussi récens ; ils ne sont pas entiers, ne commençant qu'en 960. Albéric étoit Moine de Cîteaux, dans le Monastère des trois Fontaines, établi dès l'an 1118, dans le Diocèse de Châlons-sur-Marne. Parlant sous l'année 1100, pag. 183, de la mort du Pape Urbain II. « Notre Ordre de Cîteaux, dit-il, conservera un souvenir » éternel de ce Pape, sous lequel il a commencé ». Il est vrai que sous l'année 1098, pag. 171, il ne parle que comme en passant de l'établissement de cet Ordre, comme il fait sous l'année 1119, pag. 237, de celui de Prémontré, sans faire marquer qu'il soit de Cîteaux. Il fait aussi mention, mais fort légèrement, depuis l'an 1042 jusqu'en 1237, de douze Evêques de Châlons, dans la dépendance desquels le Monastère des trois Fontaines est situé. C'est tout ce que l'on peut dire de plus fort en faveur d'Albéric.

Ces preuves néanmoins semblent s'évanouir, lorsqu'on fait attention aux citations suivantes, qui font connoître que l'Auteur de cette Chronique est un Chanoine Régulier du nouveau Monastère de Huy, près de Liège. Voici ce qu'on lit dans la grande Chronique de Flandres, de l'établissement de ce Monastère : « En 1091, Pierre l'Hermite revenant de la Terre» Sainte, avec plusieurs grands Seigneurs de Flandres, » ils furent assaillis sur mer d'une tempête épouvan» table, ce qui les engagea à implorer le secours di» vin ; & ils promirent, s'ils échappoient de ce dan» ger évident, qu'ils fonderoient un Monastère ». Ce fut pour exécuter leurs promesses, que Pierre l'Hermite, arrivé en Flandres, fit construire, avec le secours de quelques Habitans de Huy, dans leur Fauxbourg, un Monastère, qui fut appellé le nouveau Monastère. Il faut avouer que l'Auteur ne parle non plus de l'établissement de ce Monastère, sous l'année 1091, que de celui des trois Fontaines, sous l'année 1118 ; mais il fait mention en plusieurs endroits du premier, & ne dit mot du dernier.

Sous l'année 1208, pag. 448, il raconte le changement qui se fit dans le nouveau Monastère de Huy, lorsqu'au lieu des Prieurs qui l'avoient gouverné depuis cent sept ans, (ou plutôt depuis cent seize ans,) on y établit des Abbés selon l'usage de l'Eglise du S. Sépulcre de Jérusalem. Il avoit dit sous l'année 1100, pag. 183, que Godefroy de Bouillon avoit le premier mis des Chanoines Réguliers dans l'Eglise du saint Sépulcre de Jérusalem, selon l'usage de l'Eglise de France : c'étoit par conséquent des Chanoines Réguliers qui possédoient le nouveau Monastère de Huy. Sous l'année 1236, pag. 557, l'Auteur rapporte la mort d'Alexandre, premier Abbé de ce Monastère ; il en fait l'éloge, & l'appelle l'Abbé de notre Eglise du nouveau Monastère. Sous l'année 1237, pag. 561, parlant d'une inondation extraordinaire de la Meuse ; « elle fut si grande, dit-il, » que de mémoire d'homme on ne se souvenoit pas » alors d'en avoir vu une pareille ; en sorte qu'elle étoit » en nos quartiers presque égale à l'Enclos de notre » nouveau Monastère ». Enfin, sous l'année 1239, pag. 568, il nomme son Evêque, Guillaume nouvellement élu Evêque de Liège. Outre cela, il parle assez au long des dix-huit Evêques de cette Eglise, & s'étend en divers endroits sur ce qui se passoit en la Ville de Liège ou aux environs.

Liv. III. *Histoire Politique de France.*

Non-seulement Albéric est cité plusieurs fois dans cet Ouvrage, comme je l'ai déja observé ; mais même le Compilateur, sous ce titre, *l'Auteur*, rapporte fort rarement, à la vérité, son sentiment en peu de mots. « J'avoue, dit-il, à la *pag.* 341, que je n'ai point vu, » mais je me souviens d'avoir lu, que ce Prince (Henry, » Comte de Champagne,) étoit très-libéral : » & aussi-tôt il cite pour la première fois le Moine Albéric.

Ce n'est donc point, comme le prétend Charles de Vich, dans sa *Bibliothèque de l'Ordre de Citeaux*, après le Mire, dans les *Additions à sa Bibliothèque Ecclésiastique, Chapitre CCCCXIII.* un Moine de Citeaux, qui est l'Auteur de cette Chronique, mais un Chanoine Régulier du nouveau Monastère d'Huy, dont le nom, où n'est pas connu, ou qui se nommoit, si on le veut, Albéric ; mais on n'en a pas d'autres preuves que le titre des Manuscrits ci-dessus mentionnés. L'Auteur, quel qu'il soit, paroît plus favorable aux Allemands qu'aux François ; ce qui est une nouvelle preuve qu'il vivoit sous la domination des premiers. Il rapporte assez au long l'Histoire de Philippe-Auguste, y ayant employé cent cinquante pages ; il la copie, comme il le dit à la *pag.* 360, d'après Rigord & Guillaume le Breton. Depuis la mort de ce Roi, arrivée en 1223, il ne cite plus aucun Auteur.

Sanderus marque à la *pag.* 168, de la seconde partie de sa *Bibliothèque des Manuscrits de Flandres*, que l'original d'Albéric est conservé à Arras dans la Bibliothèque des Capucins. Jean-Jacques Chifflet, dans sa Réponse à Jacques-Alexandre le Tenneur, intitulée : *Tenneurius expensus*, loue cette Chronique d'Albéric. Il dit que non-seulement il est fort étendu dans ses recherches ; mais aussi qu'il a trois choses fort singulières : il décrit en premier lieu, avec beaucoup de soin, les Généalogies des Maisons illustres ; en second lieu, il insère dans sa Chronique des endroits les plus choisis des autres Chroniques, & même de plusieurs qui se sont depuis perdues ; & qu'enfin il tire des meilleurs Manuscrits les sentimens les plus sains & les plus exacts des Auteurs imprimés. Le Père le Cointe, au *tom.* IV. de ses *Annales Ecclésiastiques, pag.* 548, ne fait pas grand cas de cet Auteur. « Albéric, dit-il, ne peut pas être » mis au nombre des bons Auteurs ; car il est très-peu » exact dans sa Chronologie : » (en effet, celle de nos Rois de la première Race ne vaut rien absolument,) « & il s'éloigne souvent de la vérité de l'Histoire ».

Au reste, MM. de Sainte-Marthe n'ont pas eu raison de dire au *tom.* IV. de leur *Gallia Christiana, p.* 881, qu'Albéric a fait l'Histoire du Monastère des trois Fontaines. Ils n'ont eu communication que du Manuscrit de du Bouchet, qui l'a laissé à la Bibliothèque du Roi, & qui ne contient que sa Chronique, où il n'est pas dit un mot de ce Monastère.

☞ *Voyez* le Gendre, *tom.* II. *pag.* 7. = *Journ. de Leipf.* 1698, *pag.* 353. = Lenglet, *Méth. historiq.* in-4. *tom.* III. *p.* 67. — *Recueil des Hist. de France, tom.* IX. *Preface, pag.* 19.]

[16804. ☞ Les Notes XXXIII & XXXIV. du Tome III. de l'Histoire de Languedoc ; par DD. DE VIC & VAISSETE.

Elles regardent l'an 1242.]

16805. Mſ. Chronicon, ab orbe condito ad annum Christi 1243 : *in-fol.*

Cette Chronique [étoit] conservée dans la Bibliothèque de M. Colbert, num. 2940, [& est aujourd'hui en celle du Roi.]

16806. BALDUINI Imperatoris, Epistola ad Blancham, Reginam Franciæ, super matrimonio Soldani de Yconio, cum ejusdem Imperatoris nepte, anno 1243.

Cette Lettre est imprimée dans du Chesne, au *tom.* V. *llection des Historiens de France, pag.* 424.

16807. De subventione & subsidio Terræ-Sanctæ.

Cette subvention se fit sous Innocent IV. l'an 1245. Elle est imprimée dans le Volume précédent, *p.* 756.

16808. Mſ. Hodœporicon primæ Profectionis sancti Ludovici in Syriam : auctore GUIBERTO seu WIBERTO, sive GILBERTO, Tornacensi, ex Ordine Minorum.

Ce Voyage, qui se fit en 1248, est cité par Henry de Gand, Chapitre LIV. de ses *Ecrivains Ecclésiastiques*. Guibert de Tournay fleurissoit en 1270.

16809. Epitome Chronici sancti Nicasii Remensis, ab anno 350, ad annum 1248.

Cet Abrégé est imprimé dans Marlot, au *tom.* I. de *l'Histoire de l'Eglise de Reims, p.* 613 : *Insulis*, 1666, *in-fol.*

— Mſ. Chronicon Vindocinense, ab anno 638, ad annum 1248.

☞ Cette Chronique de Vendôme est rapportée ci-après, dans l'article des Provinces, à l'Orléanois.]

== Chronicon Lirense Monasterii, ab anno 814, ad annum 1249.

Voyez ci-devant, *Abbaye de Lire*, [N.° 12098.]

16810. ODONIS, Episcopi Tusculani, Litteræ ad Innocentium IV. Papam, in quibus narrat quæ ab exercitu Christiano actitantur contra Infideles in Cypro, anno 1249.

Cette Lettre est imprimée dans d'Achery, au *tom.* VII. de son *Spicilège, pag.* 213.

16811. H. Episcopi Massiliensis, Litteræ ad Innocentium Papam IV. de obsidione Castri de Cadro ab exercitu Christiano, anno 1249.

Le R. P. de Sainte-Marthe, dans son Edition du *Gallia Christiana*, (*t.* I. *p.* 652.) croit que l'Auteur de cette Lettre se nommoit BENOIST, & que la ressemblance des Lettres H. & B. dans les anciens Manuscrits, a fait prendre l'une pour l'autre. Cette Epître est imprimée dans d'Achery, au *tom.* VII. de son *Spicilège, pag.* 225.

== BERCHARII, Presbyteri, Historia brevis Episcoporum Virdunensium.

Cette Histoire commence à Clovis, & finit en 1250. Elle se trouve au *Spicilège* de d'Achery, *tom.* II. *in-fol. pag.* 234. Le Père le Long en a parlé à l'Evêché de Verdun, (ci-devant, N.° 10650,) mais elle doit être encore rapportée ici, comme utile à l'Histoire générale de France.]

16812. Epistola INNOCENTII IV. Papæ, super Profectione sancti Ludovici in subsidium Terræ-Sanctæ, ac super ejus captione per Saracenos, anno 1250.

Cette Lettre est imprimée dans du Chesne, au *tom.* V. de sa *Collection des Historiens de France, pag.* 412.

16813. Beati LUDOVICI, Regis, Epistola ad Subditos suos in Regno Franciæ constitutos scripta in Accon, anno 1250, de captione sua & liberatione sua.

Cette Lettre est imprimée dans Bongars, au *tom.* I. des *Gesta Dei per Francos, p.* 120, & dans du Chesne, au *tom.* V. de sa *Collection des Historiens de France, pag.* 428.

== ☞ Abbatiæ Senonensis in Vosago Historia ;

Regne de S. Louis. 1251.

toria; auctore RICHERIO, ejusdem Monasterii Monacho.

Cette Histoire commence en 720, & finit en 1250. Elle ne sert à l'Histoire de France que depuis Philippe-Auguste. On la trouve dans le *Spicilège* de d'Achery, *tom. II. pag.* 603. Le Père le Long l'a indiquée à l'article de l'Abbaye de Sénones, ci-devant, N.° 12883.]

16814. Saint Louis, ou la sainte Couronne reconquise (sur les Infidèles:) Poëme héroïque; par Pierre LE MOINE, Jésuite: *Paris*, Courbé, 1658, 1666, *in-*12.

☞ Ce Poëme se trouve aussi dans les *Œuvres poétiques* du même Père le Moine: *Paris*, 1653, *in-fol.* Il est composé de dix-huit Chants. On trouve à la tête de chacun des figures de Chauveau. Il est précédé d'un Traité du Poëme Epique, très-étendu, & chaque Chant est suivi de Remarques.]

Le Père le Moine est mort en 1671. « C'est contre » ce Poëme que le Père Mambrun, aussi Jésuite, a fait » son Traité du Poëme Epique; cependant c'est un des » meilleurs Poëmes qui ait été fait en notre Langue: » mais cela prouve que notre Langue n'est guères heu- » reuse pour ces sortes d'ouvrages. Les Vers du Père le » Moine sont pompeux; ils ont beaucoup de poésie, » mais ils sont extrêmement durs. L'Auteur y a mis » trop à tâche d'imiter Virgile, lorsqu'il insère un Ca- » rousel, &c. de sorte qu'il paroît plutôt un Eneide tra- » vesti, qu'un Poëme fait en l'honneur de la sainte » Epine ». Baillet, *tom.* VII. du *Jugement des Sçavans*.

« C'est de cette émulation imprudente (de faire des » Ouvrages d'aussi longue haleine que l'Iliade & l'E- » neïde) que sont nés la Pucelle, Clovis, S. Louis, &c. » Poëmes allongés, dont on ne sçauroit achever la lec- » ture qu'en se roidissant contre l'ennui, & que l'on n'a » jamais été tenté de relire ». De la Mothe, *pag.* 155. de son *Discours sur Homère.*

« Le Père le Moine écrit purement en Prose & » en Vers François; mais son style en tous deux tient de » la déclamation, est guindé, enflé & rempli de » figures vicieuses. Ce n'est pas qu'il n'ait de la gran- » deur & de l'élévation; mais il n'a ni dignité, ni gra- » vité, ni majesté, qui sont les conditions du style su- » blime & magnifique, lequel chez lui dégénère en hy- » perbolique, & fait paroître Balzac modéré, quoi- » que cette figure lui ait été tant reprochée. Ce défaut » ne lui vient que de trop d'imagination. Il ne laisse pas » d'être homme de mérite, & ne pèche que dans le » choix & l'excès; faisant d'ailleurs honneur à sa robe ». C'est ce que dit Chapelain, dans un Mémoire qui se trouve au tom. II. des *Mémoires de Littérature* du Père Des Molets, *pag.* 21.

« Le Père le Moine fait de bons Vers François, mais » il fait de mauvais Poëmes. Il a fait un Poëme Epique » de S. Louis, contre lequel le Père Mambrun, Jésuite, » a écrit le Traité du Poëme Epique. Ses Vers sont si » figurés qu'ils en sont extravagans ». *Mémoire de Costar*, *ibid. pag.* 325.

Le Père le Moine avoit dédié son S. Louis à M. le Duc d'Anguien, avant qu'il sortît de France; mais la disgrace de ce Prince fit supprimer l'Epître, & changer plusieurs passages. L'Abbé de Marolles avoit une copie de cette Epître.

Le Père le Moine demandant un jour à M. de Boisrobert son sentiment sur le Poëme de S. Louis, celui-ci lui répondit qu'il le trouvoit très-bien fait; & pour lui faire voir qu'il l'avoit lu, & qu'il avoit remarqué les beaux endroits, il lui dit qu'il avoit admiré ces deux Vers entr'autres:

Son armet délacé lui servant de chevet,
Il fit ainsi sa plainte, &c.

Voyez Baillet, *Jugem. sur les Poëtes François.* = *Bibliothèque Françoise* de du Sauzet, *tom.* XVII. *p.* 147.]

Tome II.

16815. Hymne du Roi S. Louis & de la Maison Royale de Bourbon; par Jean BERTAUT, Evêque de Séez.

Cet Hymne est imprimé avec les *Œuvres poétiques* de ce Prélat, *p.* 84: *Paris*, Bertault, 1633, *in-*8. C'est un Poëme de plus de mille Vers. L'Auteur est mort en 1611.

16816. Appendix ad Chronicon Andegavense, ab uno vel pluribus addita, ab anno 1057, ad annum 1251.

Cette Appendice est imprimée dans Labbe, au tom. I. de sa *Nouvelle Bibliothèque des Manuscrits*, *p.* 283.

16817. Blanche, Infante de Castille, mère de S. Louis, Reine & Régente de France: *Paris*, de Sommaville, 1644, *in-*4.

Cette Reine est morte en 1253, & Charles DE COMBAULT, Baron d'Auteuil, qui a écrit sa Vie, est mort en 1671.

☞ *Voyez* Lenglet, *Méth. historiq. in-*4. *tom.* IV. *pag.* 157. = *Biblioth. Harley. tom.* II. *pag.* 532.]

16818. ☞ Les Notes XXXIX & XL. du Tome III. de l'Histoire de Languedoc; par DD DE VIC & VAISSETE.

Elles regardent l'an 1258.]

16819. Ms. Le Livre, qui se appelle: Li Charboclois d'armes, du conquest de la Terre-Sainte; par Roger DE STAVEGNE, dédié au Roi d'Angleterre, Edouard III.

Ce Livre est conservé dans la Bibliothèque du Chevalier Cotton, Otho, D. V. [en Angleterre.]

16820. Ms. Histoire des Guerres saintes finissant en 1261.

Du Chesne, à la page 45, de son *Histoire généalogique de la Maison de Bethune*, en rapporte un Fragment.

16821. De Bellis sacris, ab anno 1095, ad sancti Ludovici tempora; auctore Gerardo DU BOIS.

Cette Histoire est imprimée dans celle de l'Eglise de Paris, au Chapitre second du troisième Livre, & au Chapitre premier du quatorze & du seizième Livres.

16822. Historiarum Fragmentum, ab anno 631, quo Dagobertus trium populorum Rex factus est, usque ad annum 1262; auctore anonymo: præmitti solitum Alberti Argentinensis Chronico.

Ce Fragment est imprimé dans Urstitius, en son *Recueil des Historiens d'Allemagne*: *Francofurti*, 1585, *in-fol.*

16823. Appendix ad Andream Sylvium, ab anno 1238, ad annum 1265.

Cette Appendice est imprimée à la fin de sa *Synopsis Hist. Franco-Merovingicæ*: *Duaci*, 1633, *in-*4.

== ☞ Chronicon Episcoporum Metensium.

Cette Chronique commence l'an 45 de Jesus-Christ, & finit en 1260. Elle se trouve au *Spicilège* de d'Achery, *tom.* II. *in fol.* Le Père le Long en a parlé à l'article de l'Evêché de Metz, [ci-devant, N.° 10544.] Mais il falloit encore le rapporter ici comme utile à l'Histoire générale de France.]

16824. Indulgentiæ variæ concessæ ab Ur-

V

Liv. III. *Histoire Politique de France.*

bano Papa IV. in favorem sancti Ludovici X. & Philippi ejusdem Ludovici IX. filii primogeniti.

16825. Contractus Navigii Domini Regis Ludovici IX. cum Venetis factus, anno 1268, postquam Rex secundò ad acquisitionem Terræ-Sanctæ proficisci statuit.

16826. Testamentum Ludovici IX. Regis, quod in Terram-Sanctam profecturus condidit, anno 1269.

Ces trois Actes sont imprimés dans du Chesne, au tom. V. de sa *Collection des Historiens de France*, p. 418, 435, 438.

Chronicon sancti Medardi, Abbatiæ Suessionensis, ab anno 497, ad an. 1269; auctore anonymo Benedictino ejusdem Ascererii.

Voyez ci-devant, [N.º 12650.]

16827. Ms. Les Enseignemens que saint Louis donna à sa fille Agnès, Duchesse de Bourgogne, avec la Vie de S. Louis : *in-fol.*

On les conserve à la Bibliothèque du Roi, parmi les Manuscrits de M. Baluze, num. 313.]

16828. Eloge de Pierre de Villebeon, Chambellan de France & principal Ministre d'Etat sous S. Louis ; par Charles d'Auteuil.

Cet Eloge est imprimé dans son *Histoire des Ministres d'Etat : Paris*, 1642, *in-fol.*

16829. * Ms. Mare Historiarum ab orbe condito ad sancti Galliæ Regis Ludovici IX. tempora inclusivè, compositum à Joanne de Columna Romano, Ordinis FF. Prædicatorum : *in-fol.* 2 vol.

Ce Manuscrit est conservé dans la Bibliothèque du Roi, num. 4684 des Manuscrits.

16830. Ms. Adami, Clerici Episcopi Claromontani, Opus historicum usque ad annum 1270.

Cette Histoire est conservée dans la Bibliothèque des Carmes de Clermont, au rapport du Père Labbe, pag. 106, de sa *Nouvelle Bibliothèque des Manuscrits : Parisiis*, 1653, *in-4.*

16831. Ms. Chronique de France, depuis Pharamond jusqu'à Philippe le Hardy, (en 1270.)

Cette Chronique est conservée dans la Bibliothèque de M. le Chancelier Séguier, num. 661, [à l'Abbaye de S. Germain des Prés.]

16832. Ms. Histoire de France, depuis Charlemagne jusqu'à Philippe le Hardy.

Cette Histoire est conservée dans la Bibliothèque du Vatican, entre les Manuscrits de la Reine de Suède, num. 836.

16833. Ms. Chronique de France, depuis Louis le Bègue (en 877) jusqu'à Philippe III. fils de S. Louis.

Cette Chronique est conservée dans la Bibliothèque de l'Eglise Cathédrale de Tournay : Sanderus, tom. I. de sa *Bibliothèque des Manuscrits Belgiques*, p. 221.

16834. Epistola publicata super obitu Ludovici IX.

Cette Lettre est imprimée dans du Chesne, au tom. V. de sa *Collection des Historiens de France*, pag. 440.

16835. ☞ Epistola Episcopi Thunensis ad Theobaldum Regem Navarræ, de felici obitu sancti Ludovici Regis Francorum, ex Manuscripto Præmonstratensi Monasterii.

Cette Lettre est imprimée dans la *Collectio Veterum Scriptorum* de Dom Martenne, *tom. VI. pag.* 1218.]

16836. Sermon de Robert de Sainceriaux, sur la mort de S. Louis, composé en Vers.

Ce Sermon est imprimé à la page 162 des *Additions de l'Histoire de Joinville*, [par M. du Cange :] Paris, 1668, *in-fol.* C'est une Oraison funèbre composée en Vers de six pieds, & elle en contient bien trois cens.

16837. ☞ P. des Groux, Oratio de D. Ludovici præconiis : *Parisiis*, 1519, *in-4.*]

16838. Sancti Ludovici Vita, conversatio & miracula ; per Gaufridum de Belloloco, Ordinis Prædicatorum, ejusdem Confessarium, & Guillelmum Carnotensem, Ordinis Prædicatorum, ejusdem Capellanum.

Cette Vie est imprimée dans Ménard, *Histoire de Joinville : Paris*, 1617, *in-4.* & dans du Chesne, au tom. V. de sa *Collection des Historiens de France*, p. 444 & 466. Ces Auteurs ne parlent que des actions vertueuses de S. Louis, & ne rapportent rien de ses guerres & des affaires civiles.

☞ Cette Vie se trouve encore à la tête de celles qui ont été publiées par le Père Stilting, dans le *Recueil* de Bollandus. Elle fut imprimée la première fois en 1617, sur un Manuscrit des Frères Prêcheurs du Couvent d'Evreux, & de même par du Chesne en 1649. Cependant, suivant l'Historien du Comté d'Evreux, (*pag.* 202,) ce Manuscrit étoit perdu depuis la communication qu'en avoit été donnée pour l'Edition de 1617. Il s'en trouve un autre dans la Bibliothèque du Collège de Navarre, numéroté A 250. Il paroît à peu près du temps où vivoit l'Auteur, ou tout au plus tard de la fin du XIVe siècle : il s'y rencontre plusieurs Variantes, dont quelques-unes sont importantes, & entre autres un Chapitre entier qui manque dans les Imprimés.]

16839. Ms. Vie de S. Louis, écrite peu après sa mort : *in fol.*

Cette Vie [étoit] conservée dans la Bibliothèque de M. Colbert, num. 3036, [& a passé dans celle du Roi.] C'est peut-être celle qui fut écrite par le Confesseur de la Reine Marguerite de Provence sa femme, citée par M. la Chaize, dans le Catalogue des Auteurs dont il s'est servi pour composer cette Vie.

☞ Le P. Stilting a traduit l'Ecrit de ce Confesseur en Latin & l'a donnée dans le *Recueil* de Bollandus.

16840. ☞ Ms. Histoire de la Vie & Miracles du Roi S. Louis, composée au commencement du quatorzième siècle, sur les Manuscrits originaux ; par N**, Confesseur de Marguerite, Reine de France *in-4.*

Ce Manuscrit qui est du temps, avec miniatures & sur vélin, a passé de la Bibliothèque de M. de Cangé dans celle du Roi, & a été publié dans la nouvelle Edition (ci-après) de l'Histoire de Joinville, imprimée au Louvre.

Dans le *Mercure de Juin* 1736, *pag.* 1335, on cite un Manuscrit *in-4.* de Vie de S. Louis, par le Frère Guillaume, Confesseur de la Reine Marguerite de Provence, comme étant alors entre les mains de M. de Senicourt, Avocat au Parlement de Paris, qui est mort en 1767, & dont la Bibliothèque a été vendue.]

Règne de S. Louis. 1270.

16841. Mſ. Vie de S. Louis.

Cette Vie est fort ancienne, & est différente de celle que Joinville a composée. Elle [étoit] entre les Manuscrits de M. le Préſident de Harlay.

16842. ☞ Mſ. Vie de S. Louis.

Elle ſe trouve à la fin de la Chronique Manuscrite des Rois de France, qui est conservée dans l'Eglise de Cambray. « Cy commence la Vie de Monſeigneur S. Loys » & tuit li fet qui advinrent en son temps. Un mois » après ce que li Rois de France Loys qui mourut à » Montpensier & trépassa de ce siècle, Loys son premier fils, &c. » Elle finit par ces mots: « A ſçavoir ſi » le Roi povit donner & autroier le cuer de son père, » (S. Louis) ſans la diſpenſation du ſouverain Eveſque ».]

16843. PETRI de Condeto, Capellani Regis ſancti Ludovici, Epiſtolæ quatuor de rebus geſtis ſub extrema Regis hujus tempora, ac poſt exceſſum ejuſdem.

Ces Lettres ſont imprimées dans d'Achery, au tom. II. de ſon *Spicilège*, pag. 551.

16844. Miracula facta in Domo Fratrum Prædicatorum Ebroïcenſium præſidio ſancti Ludovici, anno 1294.

Ces Miracles ſont imprimés dans du Cheſne, tom. V. de ſa *Collection des Hiſtoriens de France*, pag. 477.

16845. BONIFACII Papæ VIII. Sermones duo de Canonisatione ſancti Ludovici Regis IX. anno 1297.

Ces Sermons ſont imprimés dans Ménard, *Histoire de Joinville* : Paris, 1617, in-4. & dans du Cheſne, au tom. V. de ſa *Collection des Hiſtoriens de France*, pag. 481.

16846. Bulla Canoniſationis ſancti Ludovici, anno 1297.

Elle ſe trouve dans du Cheſne, tom. V. pag. 426.]

16847. ☞ Regis Francorum B. Ludovici Canoniſatio.

Cette Pièce ſe trouve dans le *Recueil* de Bongars, intitulé : *Geſta Dei per Francos*, &c. tom. I. pag. 1201.]

16848. Indulgentiæ pro ſancto Ludovico Rege Francorum, in translatione corporis hujus quadraginta diebus conceſſæ à Bonifacio Papa VIII. anno 1297.

Cette Pièce est imprimée dans du Cheſne, au tom. V. pag. 492.

16849. Mſ. Abrégé ou Extrait en l'honneur de S. Louis, fait l'an 1272, contenant les noms des Rois de France qui ont été en Terre-Sainte, & autres choſes mémorables faites par iceux Rois ; écrit par Louis LE BLANC, Notaire & Secrétaire du Roi, & Greffier de la Chambre des Comptes de Paris.

Ce Manuscrit est conſervé au Tréſor des Chartes de la Chambre des Comptes à Paris , au rapport de la Croix du Maine, sous le nom de Louis le Blanc.

16850. Histoire & Chronique de S. Louis, Roi de France ; par Jean, Sire DE JOINVILLE, Sénéchal de Champagne, contemporain du Roi : *Poitiers*, Marnef, 1547, in-4.

Cette Histoire a été d'abord publiée avec la Préface de Guillaume de la Périère, par Antoine-Pierre de Rieux, qui commence ainſi ſon Epître à François I : « Il y a deux ans que moy eſtant à Beaufort en Vallée, » au Pays d'Anjou, viſitant quelques vieux Regiſtres » du feu Roy René de Cécile..... auroy trouvé la Chronique du Roy ſaint Loys, eſcrite par un Seigneur de » Joinville....... & pour ce que l'Histoire eſtoit un » peu mal ordonnée & miſe en langage aſſez rude, j'ay » icelle veue au moins mal qu'il m'a été poſſible, & » l'ayant polie & dreſſée en meilleur ordre...... ay voulu » icelle mettre en lumière ».

« Pierre de Rieux a changé l'ordre & même le diſ» cours de ſon Manuscrit, y a mêlé pluſieurs circonſtan» ces tirées de Guillaume de Nangis ». Du Cange, dans ſa *Préface* ſur cette Histoire.

Le Baron d'Auteuil a été ſi mécontent de cette Edition, qu'il a même aſſuré que cette Chronique étoit fauſſement attribuée à Joinville, dans ſon Catalogue des Auteurs pour la Vie de la Reine Blanche. C'est la première Histoire de France écrite en François, dont le style original marque la ſimplicité du ſiècle de l'Auteur, & fait voir qu'un homme de ſa condition ne ſçavoit pas alors arranger un diſcours. On y a changé quantité de vieux mots, qu'on eût mieux fait de laiſſer, & de les expliquer dans des éclairciſſemens.

De la Croix du Maine dit à la page 235 de ſa *Bibliothèque*, qu'il a pardevers lui cette Histoire de S. Louis, écrite à la main ſur du parchemin, en langage François uſité pour lors.

La même Histoire, ſur l'imprimé de *Genève*, [Chouet, 1596, in-12.] *Paris*, 1596, in-4. *Ibid.* Guillemot, 1608, in-12.

La même, avec diverſes Pièces Latines du même temps, non encore imprimées, & avec des Obſervations hiſtoriques concernant la Vie de ce Prince ; par Claude MÉNARD, Lieutenant-Général en la Prévôté d'Angers : *Paris*, [Cramoiſy,] 1617, in-4.

Ménard a tâché de rétablir cette Histoire ſur un Manuscrit qui lui étoit tombé entre les mains. Il paroît beaucoup de jugement & d'érudition dans ſes Notes. Le Baron d'Auteuil prétend [à tort] que cette Edition contient la vraie Histoire compoſée par Joinville ; [car le style y est encore changé.]

☞ La même, traduite en Eſpagnol, par Jacques LEDEL : *Toledo*, Guzman, 1657, in-fol.]

La même Histoire : *Paris*, Cotin, 1666, in-12.

La même, enrichie de nouvelles Obſervations & Diſſertations hiſtoriques, & de pluſieurs autres Pièces concernant ce Règne, tirées des Manuscrits ; par Charles du Freſne DU CANGE, Tréſorier de France à Amiens : *Paris*, Mabre-Cramoiſy, 1668, in-fol.

☞ La première Partie contient :
= Histoire de S. Louis, par Joinville.
= Histoire & Vie du même Roi, tirée de l'Histoire de France Manuscrite de Guillaume GUYARD, intitulée : *La Branche aux Royaux lignages*.
= Sermons en Vers, de Robert SAINGERIAUX, sur la mort de S. Louis, tiré d'un Manuscrit de M. Vyon, Seigneur d'Hérouval, Conseiller du Roi & Auditeur en ſa Chambre des Comptes.
= Vie d'Iſabelle de France, ſœur de S. Louis, Fondatrice de l'Abbaye de Longchamp, écrite par Agnès DE HARCOURT, troiſième Abbeſſe de ce Monaſtère, communiquée par le même M. d'Hérouval.

La ſeconde Partie contient :
= Généalogie de la Maiſon de Joinville en Champa-

gne, avec l'Eloge & un Abrégé de la Vie de Jean, Seigneur de Joinville, Sénéchal de Champagne, Auteur de cette Histoire.

= Observations sur l'Histoire de S. Louis, écrite par Jean, Sire de Joinville.

= Dissertations ou Réflexions sur l'Histoire de Saint Louis, par le Sire de Joinville. (Elles ont été détaillées au Chapitre des Mélanges, ci-devant, N.° 15590.)

= Observations de Claude MÉNARD, Conseiller du Roi & Lieutenant en la Prévôté d'Angers, sur l'Histoire du Roi S. Louis.

La troisième Partie contient :

= Etablissemens de S. Louis en France, selon l'usage de Paris & d'Orléans, & de Court de Baronie ; tiré du Manuscrit qui a appartenu à M. le Févre Chantereau, Conseiller du Roi, Trésorier de France en la Généralité de Soissons, conféré par M. Ménard, Maire de la Ville de Tours, & Avocat au Parlement, avec un autre Manuscrit qui appartient à M. Nublé, aussi Avocat au Parlement.

= Testament de Pierre de France, Comte d'Alençon, communiqué par le même : (il est de l'an 1282.)

= Conseil que Pierre DE FONTAINES donne à son ami, ou Traité de l'ancienne Jurisprudence des François, tiré d'un Manuscrit qui est conservé en l'Hôtel public de la Ville d'Amiens.

= Notes ou Observations du Sieur du Cange, sur les Etablissemens de S. Louis.

= Table de plusieurs Pièces Manuscrites insérées dans les Observations & les Dissertations des Sieurs du Cange & Ménard.

= Table des Auteurs & de divers autres Livres & Registres Manuscrits, cités dans les Observations & les Dissertations du Sieur du Cange, sur l'Histoire du Sire de Joinville, & sur les Etablissemens de S. Louis.

= Table de quelques termes de la basse Latinité, qui sont expliqués dans les mêmes Observations & Dissertations du Sieur du Cange.

Voyez sur cet Ouvrage les *Mémoires* du P. Niceron, tom. *VIII. pag. 74.*]

« On ne trouve point d'Histoire écrite en François
» avant le treizième siècle : ce n'est pas que la Langue
» Françoise ne fût dès auparavant en usage ; mais il n'y
» avoit guères que les Poëtes qui écrivissent en Langue
» vulgaire. Villehardouin & le Sire de Joinville ont été
» les premiers qui l'ont employée pour écrire l'Histoire.
» Nous avons encore l'ancien texte de Villehardouin.
» Pour l'Histoire de Joinville, elle ne se trouve plus en
» vieux langage ; car il est certain qu'elle n'a point été
» composée par cet Auteur, en l'état qu'elle est maintenant...... Cette nouvelle Edition est la meilleure de
» toutes ; car M. du Cange a non-seulement conféré
» l'édition de Ménard, avec l'ancienne de Poitiers, &
» a ainsi rétabli plusieurs endroits qui étoient corrompus ; mais il a fait aussi des observations sur les endroits
» de cette Histoire qui avoient besoin d'explication.
» Pour celles qui méritent une discussion plus exacte,
» il en a composé des Dissertations, où il traite avec
» beaucoup d'érudition & d'exactitude plusieurs belles
» antiquités ». *Journal des Sçavans*, *du 23 Janvier 1668.*

« M. du Cange a rétabli plus heureusement cette
» Histoire, que ceux qui l'avoient publiée avant lui. On
» ne croit pas pourtant que cet Original soit dans sa
» première pureté ; & M. du Cange juge lui-même cet
» Auteur un peu trop poli pour le temps où il vivoit :
» cependant tel que nous l'avons, on ne laisse pas d'y
» remarquer un caractère de vérité par-tout. L'Auteur
» raconte toutes choses d'un même air, sans affectation,
» sans artifice, avec une naïveté & une franchise qui
» plaît ». Baillet, dans la *Critique de la Vie de S. Louis*, *au 25 d'Août* de ses *Vies des Saints.*

Charles du Fresne du Cange, mort en 1688, fait pa-

roître dans toutes ses Dissertations une prodigieuse lecture ; mais il n'avoit pas le talent de bien écrire en François. Il juge à la page 21 de la *Généalogie de la Maison de Joinville*, que cet Auteur est mort en 1318, & qu'il a écrit son Histoire après l'an 1305. « Il est constant, » dit-il, que le Sire de Joinville acheva non-seulement » son Histoire depuis la Canonisation de S. Louis, qui » se fit en 1297, mais encore après l'an 1305, puisqu'il » y parle de la mort de Guy, Comte de Dampierre, » avenue à Compiegne en cette année-là ».

☞ Le Père Stilting a traduit en Latin cette Histoire de Joinville, & l'a donnée dans le *Recueil* de Bollandus, au 25 d'Août.

M. de Voltaire, dans son *Histoire des Croisades*, dit que nous n'avons pas la véritable Histoire de Joinville, mais seulement une Traduction infidèle du temps de François I. d'un Ecrit qu'on n'entendroit aujourd'hui que très-difficilement. Il ne dit pas sur quoi il appuie cet allégué, & l'on ne doit pas s'y arrêter.]

16851. ☞ Dissertation sur la Vie de S. Louis, écrite par le Sire de Joinville ; par M. le Baron DE LA BASTIE, en 1738, & Addition en 1740. *Mém. de l'Académie des Inscript. & Belles-Lettres*, tom. *XV. pag. 696 & 736.*]

16852. ☞ Histoire de S. Louis ; par Jean, Sire DE JOINVILLE : les Annales de son Règne ; par Guillaume DE NANGIS : sa Vie & ses Miracles par le Confesseur de la Reine Marguerite (de Provence sa femme) : le tout publié d'après les Manuscrits de la Bibliothèque du Roi, & accompagné d'un Glossaire : *Paris*, Imprimerie Royale, 1761, in-fol.

Nous devons ces morceaux précieux de notre Histoire aux soins de M. MELOT. Son travail a été perfectionné après sa mort, arrivée en 1759, & donné au public par M. CAPPERONNIER.

Le premier Ouvrage est l'Histoire de Joinville, composée entre 1310 & 1314, imprimée sur un Manuscrit de la Bibliothèque du Roi, dont l'écriture & le langage paroît être du commencement du XIV° siècle ; par conséquent telle qu'elle a été composée par Joinville. Le texte est fort différent, à tous égards, de celui qui avoit paru jusqu'ici.

Le second morceau est une traduction des Annales ou Gestes de S. Louis, par Guillaume de Nangis, écrits sur la fin du XIII° siècle, tels qu'ils se trouvent dans un Manuscrit donné à la Bibliothèque du Roi par MM. de l'Eglise de Paris.

Le troisième contient deux parties ; sçavoir la Vie de S. Louis, écrite en François au commencement du XIV° siècle, par le Confesseur de la Reine Marguerite de Provence, & l'Histoire des recherches faites pour la Canonisation de S. Louis, ou le détail des Miracles opérés par son intercession.

A la suite de ces trois Ouvrages, on a ajouté des Extraits traduits des Ecrivains Arabes, relatifs aux deux Expéditions de S. Louis en Egypte & à Tunis : un Glossaire & une Table des Matières.

Voyez sur l'Histoire de Joinville, *Journ. des Scav. Janv.* 1668. = Lenglet, *Méth. historiq.* in-4. tom. *IV. pag.* 57. = *Biblioth. Eccles.* de du Pin, *XIV° siècle*, pag. 188. = Sorel, *pag.* 224. 290. = Le Gendre, tom. *II. p.* 61. = Lambert, *Hist. Littér. du Règne de Louis XIV. tom. I. Liv. IV. Disc. pag. iij.* = *Nouv. Edit. de l'Hist. de France* de Daniel, *tom. IV. pag.* 601.]

16853. ☞ Lettre de *** , à M. le Président Hénault, sur la nouvelle Edition de l'Histoire de Sire du Joinville, (dressée par M. Melot.) *Année Littér.* 1763, tom. *I. p.* 4.

Le Journaliste dit que l'Auteur de cette Lettre est un

Sçavant du premier ordre, un habile Ecrivain, & l'un des hommes de notre temps les plus verſés dans l'Hiſtoire de France. Ses Obſervations ont principalement pour objet la Liſte des Chevaliers qui accompagnèrent S. Louis à ſa ſeconde Croiſade en 1269.]

16854. Geſta ſancti Ludovici IX. Francorum Regis, deſcripta per GUILLELMUM de Nangiaco, Monachum ſancti Dionyſii in Francia.

Cette Vie eſt imprimée dans Pithou, *pag.* 400, de ſes onze anciens *Hiſtoriens de France : Francofurti*, 1596, *in-fol.* & dans du Cheſne, tom. V. de ſa *Collection des Hiſtoriens de France, pag.* 326. Cette Vie a été commencée par Gillon de Reims, l'un des confrères de l'Auteur, qui prévenu par la mort, n'a pû l'achever; mais Guillaume de Nangis a ramaſſé tous les Fragmens que divers Auteurs avoient écrits ſur ce ſujet, & en a compoſé cette Vie, qu'il préſenta vers l'an 1300 au Roi Philippe-le-Bel.

16855. Hiſtoire de la Vie de S. Louis, en Vers; par Guillaume GUIART, natif d'Orléans, tirée de ſon Hiſtoire de France, intitulée : *La Brance aux réaux lignages*.

Cette Hiſtoire eſt imprimée dans du Cange, à la page 131, de l'*Addition à l'Hiſtoire de Joinville : Paris*, 1668, *in-fol.*

16856. La ſainte Vie & les hauts faits de Monſeigneur Saint Louis, Roi de France, diviſé en quatre parties : *Paris*, Ballard, 1666, *in-8.*

Cette Vie, qui a été copiée ſur un Manuſcrit, a été imprimée par les ſoins des Maîtres & Gardes des Marchands Merciers de Paris; elle contient des particularités qui ne ſe rencontrent point ailleurs. On en a conſervé le vieux langage.

☞ *Voyez* Lenglet, *Méth. hiſtoriq. in-4. tom. IV. pag.* 58.]

16857. Mſ. Vie & Miracles de S. Louis, compoſée par ordre de Charles, Cardinal de Bourbon, à la pétition & requête de la Ducheſſe du Bourbonnois.

Cette Vie eſt citée par Ménard, *pag.* 404 de ſes *Notes ſur l'Hiſtoire de Joinville : Paris*, 1617, *in-4.*

☞ Il étoit indiqué num. 3311 du Catalogue de M. Dufay : *in-4. velin.*]

16858. ☞ Mſ. Vie de S. Louis, en Vers, petit *in-fol.*

Elle ſe trouve dans la Bibliothèque du Collège de Navarre, num. 248. L'Ouvrage eſt de l'an 1461, ſuivant une Note qui ſe trouve à la fin. Par les ratures, corrections & renvois dont il eſt chargé, on peut préſumer que c'eſt la minute de l'Auteur. On y trouve la Vie de S. Louis, depuis ſa naiſſance juſqu'à ſa mort, & aux premiers Miracles qui la ſuivirent. L'Ouvrage eſt en forme de Dialogue ; les faits y ſont racontés par les différentes perſonnes qui y ont eu part, mais ſans choix, ſans goût ; & malgré la prolixité des récits, ſans aucun détail intéreſſant. Du reſte, il ne contient rien qui ne ſoit ailleurs.]

16859. Mſ. Vie de S. Louis.

Cette Vie eſt conſervée dans la Bibliothèque du Roi, entre les Manuſcrits de M. de Gaignières.

16860. ☞ Mſ. Faits du Roi Saint Louis : *in-fol.*

Ce Manuſcrit eſt indiqué num. 63 de ceux de M. Godefroy.]

16861. Joannis RAULINI, Artium & Theologiæ Profeſſoris Pariſienſis, Oratio in laudem ſancti Ludovici IX.

Ce Diſcours eſt imprimé dans du Cheſne, au tom. V. de ſa *Collection des Hiſtoriens de France, pag.* 493. Cet Auteur eſt mort en 1514.

16862. Chriſtophori LONGOLII, Mechlinienſis, Civis Romani, Oratio de laudibus ſancti Ludovici : *Pariſiis*, H. Stephani, 1510, *in-4.*

Ce Diſcours eſt auſſi imprimé dans du Cheſne, au tom. V. de ſa *Collection des Hiſtoriens de France, pag.* 500. Cet Auteur eſt mort en 1522.

16863. Oratio de ejuſdem laudibus ; auctore Judoco CLICHTOVEO, Neoportuenſi, Theologiæ Doctore Pariſienſi : *Pariſiis*, 1516, *in-4.*

Cet Auteur eſt mort en 1543.

16864. Vita di ſan Lodovico; per Giovanni BOTERO.

Cette Vie eſt imprimée dans la première partie de l'Ouvrage qu'il a intitulé : *Le Vite de Principi Chriſtiani : In Torino*, 1602, *in-4.*

16865. Vie de S. Louis ; par Louis LASSERÉ, de Tours, Grand-Maître du Collège de Navarre.

Cette Vie eſt imprimée avec la Vie de S. Jérôme : *Paris*, 1541, 1588, *in-4.* Cet Auteur eſt mort en 1542.

16866. Hiſtoire de S. Louis : *Paris*, Martin, 1618, *in-4.*

Pierre MATTHIEU, Hiſtoriographe de France, eſt l'Auteur de cette Vie. Il eſt mort en 1621.

☞ *Voyez* Sorel, *pag.* 292.]

16867. Vie du même, en Vers ; par François DE SARCÉ, Gardien des Cordeliers de Vaſtan : *Paris*, de Bray, 1619, *in-8.*

16868. Vie du même ; tirée des Vies des Saints de Pierre DE RIBADENEIRA : *Paris*, 1641, *in-4.*

16869. Les Lys ſacrés, ou Parallele du Lys de S. Louis & des autres Rois de France ; par Georges-Etienne ROUSSELET, Jéſuite : *Lyon*, 1631, *in-4.*

16870. ☞ Vertus & triomphes de S. Louis, Roi de France ; par Louis FORGET : *Tours*, 1647, *in-12.*]

16871. ☞ Idée d'un grand Roi, ou Panégyrique de S. Louis, prononcé à Gènes en 1709 ; par M. l'Abbé RIQUETI : *Gènes*, 1709, *in-4.*]

16872. Vie de S. Louis ; par PROMONTOIS : *Paris*, 1650, *in-4.*

16873. La mexor Lis de Francia, ò Diſcorſo ſobre la Vida de ſan Luis IX. Rey de Francia, eſcritto en Toſcano por el Conde DE LA ROCA, buelto en Eſpañol por Antonio de Mor : *en Leon*, 1655, *in-4.*

16874. Le Roi Très-Chrétien, ou la Vie de S. Louis ; par JEAN-MARIE de Vernon, Religieux du Tiers-Ordre de S. François : *Paris*, Joſſe, 1662, *in*-4.

16875. Mſ. Hiſtoire du Règne de S. Louis, par Antoine VARILLAS, Hiſtoriographe de France : *in*-4. 2 vol.

Cette Hiſtoire eſt conſervée entre les mains des Légataires de l'Auteur, qui eſt mort en 1696. Il n'y a eu d'imprimé de l'Hiſtoire de S. Louis, que ſa minorité ou l'Hiſtoire du commencement de ſon Règne, depuis l'an 1226 juſqu'en 1229 : *La Haye*, 1682, & *Amſterdam*, 1687, *in*-8. *Paris*, 1689, *in*-4. Le P. Daniel, dans la *Préface de ſon Hiſtoire de France*, traite cette Hiſtoire de la Minorité de S. Louis, d'un vrai Roman.

☞ *Voyez Rép. des Lettr. Nov.* 1684. = Le P. Nicéron, *tom. V. p.* 66. = *Journ. de Léipſ.* 1685, *p.* 191.]

16876. Mſ. Mémoires de la Vie de S. Louis, avec des Préliminaires qui contiennent celle de Louis VIII. ſon Père ; par Sébaſtien LENAIN, Sieur DE TILLEMONT : *in*-4.

Ces Mémoires [étoient] conſervés dans le Cabinet de M. Tronchai, Secrétaire de l'Auteur, qui eſt mort en 1698, & eſt entre les mains d'autres Curieux.

☞ M. Tronchai eſt mort en 1733, au Château de Nonant, Diocèſe de Liſieux.]

— ☞ Mſ. Journal du Règne de S. Louis ; par Antoine AUBERY : *in*-4.

Voyez ci-après, à la fin du Règne de Charles VIII.]

16877. ☞ Le même, avec une Préface critique & des Notes ; par Henry Comte de Boulainvilliers : *in*-4. 3 vol.

Il y en a une copie dans la Bibliothèque de MM. les Avocats à Paris. M. de Boulainvilliers avoit été engagé à revoir tous les Journaux d'Aubery ; mais il n'a fait des Notes que ſur ceux de S. Louis & de Philippe III. ſon fils. Sa Préface eſt curieuſe & hardie. Le but de l'Auteur a été de critiquer le Journal, & ſur-tout les Additions du ſieur Péan.]

16878. ☞ Mſ. Anecdotes curieuſes du Règne de S. Louis, depuis 1226 juſqu'en 1270, avec une Préface critique : *in-fol*.

Ce Manuſcrit eſt dans la Bibliothèque de M. Févret de Fontette, Conſeiller au Parlement de Dijon. Il paroît être du Comte DE BOULAINVILLIERS, & la Préface qui ſe trouve à la tête eſt probablement la même que celle dont on vient de parler.]

16879. Hiſtoire de la Vie de S. Louis, en quinze Livres : *Paris*, 1688, *in*-4. & *in*-12. 2 vol.

FILLEAU DE LA CHAIZE a compoſé cette Hiſtoire par l'ordre de ceux qui avoient ſoin de l'éducation de Monſeigneur le Dauphin, ſur les Mémoires originaux. « Je n'oſerois aſſurer, dit l'Auteur dans ſon Avertiſſement, qu'il ne ſoit rien échappé à la recherche qu'on » a faite des Mémoires ; mais je puis dire, qu'il eſt mal » aiſé d'en faire une plus exacte, & qu'on n'a rien oublié » pour recueillir tout ce qu'on a pu de Mémoires & » d'Inſtructions ». Cet Auteur eſt mort en 1693 ; ſon ſtyle eſt pur.

☞ *Voyez Hiſtoire des Ouvr. des Sçavans, Mars & Avril* 1688, *art. XV.* = *Bibl. univ. & hiſtor. tom. X. pag.* 555. = *Parrhaſiana, tom. I. pag.* 178. = Lenglet, *tom. II. pag.* 265 : *tom. IV. pag.* 58. = *Journ. des Sçav. Mars*, 1688. = Lenglet, *Plan de l'Hiſtoire de France, tom. II. pag.* 7. = *Abrégé de l'Hiſt. Eccleſ. de Racine, tom. XII. in-*12. *pag.* 387.]

16880. Vie de S. Louis ; par François GIRY.

Cette Vie eſt imprimée dans ſon *Recueil des Vies des Saints*, au 25 d'Août.

16881. Vie du même ; par [François Timoléon] DE CHOISY, (Prieur de S. Lo, de l'Académie Françoiſe :) *Paris*, Barbin, 1689 : *Paris*, Dazallier, 1690, *in*-4.

☞ *Voyez Biblioth. Harley. tom. II. pag.* 511. = *Journ. des Sçavans, Janv.* 1689. = Lenglet, *tom. II. pag.* 265 : *tom. IV. pag.* 58.]

16882. Vie du même ; par Adrien BAILLET.

Cette Vie eſt imprimée dans ſon *Recueil des Vies des Saints*, au 25 d'Août.

16883. ☞ Acta ſancti Ludovici, Francorum Regis, illuſtrata Commentario & Notationibus à Joanne STILTINGO, è Societate Jeſu, Presbytero Theologo : *Antverpiæ*, Vander Plaſſche, 1741, *in-fol*.

Cet Ouvrage eſt tiré du volume des Bollandiſtes, qui comprend le 25 Août. On trouve à la fin trois Vies de S. Louis, qui ont été rapportées ci-deſſus ; ſçavoir, celle de Geoffroy DE BEAULIEU ; celle d'un Auteur anonyme, Confeſſeur de la Reine Marguerite, traduite en Latin, par le Père Stilting & celle faite par Joinville, auſſi traduite en Latin, par le même.]

16884. ☞ Remarques critiques de M. l'Abbé LEBEUF, ſur les Actes de S. Louis, nouvellement publiés par les Bollandiſtes. *Mercure*, 1735, *Février*.]

16885. ☞ Lettre du même, touchant quelques particularités d'un Manuſcrit de la Vie de S. Louis. *Ibid.* 1737, *Février.*]

16886. ☞ Lettre ſur quelques circonſtances de la Vie de S. Louis, qui ont rapport à l'Abbaye de Chaalis, dans le Diocèſe de Senlis. *Ibid.* 1736, *Septembre, pag.* 1953.]

16887. ☞ Notice générale du Règne de Saint Louis en quinze Chapitres, [Sommaires & Remarques hiſtoriques ; par l'Abbé François DE CAMPS ; avec des Pièces concernant ce Règne.

C'eſt ce qui eſt contenu dans les Porte-feuilles 39-46 du Recueil de M. de Fontanieu, à la Bibliothèque du Roi. Les Originaux de l'Abbé de Camps ſont chez M. de Béringhen.]

16888. ☞ Lettre de M. l'Abbé Bellet, ſur la Légende d'une Monnoie de S. Louis. *Mercure*, 1730, *Mai, pag.* 920.]

16889. ☞ Extrait d'une Diſſertation de M. (Adrien) MAILLART, Avocat au Parlement de Paris, ſur le lieu de la naiſſance de ſaint Louis, Roi de France. *Merc.* 1735, *Février, pag.* 283.]

16890. ☞ Lettre du R. P. Matthieu TEXTE, Dominicain, à Madame ***, Religieuſe du même Ordre, dans le Monaſtère Royal de Poiſſy, au ſujet du lieu de la naiſſance de S. Louis, Roi de France. *Mercure*, 1735, *Novembre, p.* 2400, & *Paris*, 1736, *in*-12.

Cette Lettre eſt deſtinée à combattre le ſentiment de M. Maillart & du Père de Montfaucon ; qui ont cru devoir fixer à la Neuville, dans le Diocèſe de Beauvais, le lieu de la naiſſance de S. Louis, dont on a toujours regardé Poiſſy comme la Patrie. *Voyez Mémoires de Trévoux*, 1736, *Août, pag.* 1895. Le Père de Montfaucon, *(Monumens de la Monarchie Françoiſe, tom. II. p.* 121.)

cite la Dissertation de M. Maillart sur ce sujet, & s'appuie beaucoup sur elle.]

16891. ☞ Réponse de M. MAILLART, à la Lettre du P. TEXTE. *Mercure, 1736, Juin,* Vol. II. *pag.* 1327.]

16892. ☞ Réponse du Père TEXTE, à la Lettre précédente. *Ibid. Décembre,* Vol. I. *pag.* 2595.]

16893. ☞ Réfutation de deux Ecrits du Père Texte, au sujet du lieu de la naissance de S. Louis, ou Lettre écrite par M. l'Abbé (Jean) LEBEUF. *Mercure, 1737, Mars, pag.* 412.]

16894. ☞ Réponse du Père TEXTE. *Mercure,* 1737, *Juin,* Vol. II. *pag.* 1338.]

16895. ☞ Lettre adressée aux Auteurs du Mercure, par un Voyageur Littéraire, sur le même sujet. *Merc.* 1738, *Mars,* p. 428.]

16896. ☞ Réponse du P. TEXTE, à la Lettre précédente. *Ibid.* 1738, *Juillet,* p. 1480.]

16897. ☞ Lettre de M. l'Abbé LEBEUF, au Père Texte, au sujet de ses derniers Ecrits, avec deux Inscriptions remarquables de l'Eglise de Garches, près Paris. *Ibid.* 1738, *Août, pag.* 1746.]

M. Maillart & M. l'Abbé Lebeuf, fondés sur des Chartes, marquoient la naissance de ce saint Roi à la Neuville en Hez, Diocèse de Beauvais. Le Père Texte au contraire, avec tous les Historiens modernes, la met à Poissy. Cette contestation a été traitée avec beaucoup de sagacité, de recherches & d'érudition.]

☞ ON peut encore consulter, pour le Règne de S. Louis, = l'Histoire des Croisades de Maimbourg, = l'Histoire de Matthieu Paris.

On ne parle point ici des Panégyriques de S. Louis, qui tous les ans se prononcent devant plusieurs Académies : ce sont plutôt des Discours Oratoires que des morceaux historiques.]

§. IX.

Règne de Philippe III. dit le Hardi, depuis l'an 1270 jusqu'en 1285.

16898. Mſ. CHRONICON, Lemovicense dictum, ab orbe condito usque ad annum 1271; (auctore Gerardo DE FRACHETO, Ordinis Prædicatorum.)

Cette Chronique est anonyme dans la plupart des Manuscrits ; dans quelques-uns elle est appellée Chronique de Limoges, parcequ'elle rapporte plusieurs choses qui concernent cette Ville ; & que l'Auteur, sous l'année 1234, dit qu'il fut témoin de ce qui s'y passoit. Les Exemplaires manuscrits de la Bibliothèque du Roi, num. 5950, & de celle de M. Colbert, num. 5419 & 6107, finissent en 1264 ; deux autres de cette dernière Bibliothèque, n. 4933 & 6635, vont jusqu'en 1268. Il y en a un cinquième qui va jusqu'en 1285. Cet Exemplaire, qui est écrit de différente main, porte pour titre : *Chronica Gerardi DE FRACHETO, Ordinis Prædicatorum;* ce qui fait connoître qu'il y a eu une continuation jusqu'en 1285, depuis l'an 1271 que mourut cet Auteur, qui étoit de Limoges, & y avoit été Prieur de la Maison de son Ordre. Il y est même parlé de ses plus illustres Personnages.

Bernard de la Guionie, Religieux du même Ordre & Evêque de Lodève, dans quelques Exemplaires de sa Chronique, cite sous les années 1264 & 1272, celle de Gérard. Toutes ces preuves me paroissent assez fortes pour attribuer à Gérard de Frachet cette Chronique avec le cinquième Manuscrit de la Bibliothèque de M. Colbert, n. 6318, celui de la Reine Christine, n. 1002, & un troisième qui est dans la Bibliothèque des Carmes de Clermont en Auvergne, num. 74. Il est vrai que cette Chronique est aussi attribuée à Jean FRASQUET, Moine de S. Germain d'Auxerre, dans l'Exemplaire de la Bibliothèque du Collège des Jésuites de Paris, M L. 33 ; il finit proprement à l'année 1264. Un autre Auteur, qui y a ajouté quelque chose sous les années 1268, 1271 & 1272, a écrit au bas de la dernière page, & hors de l'œuvre, ces paroles : *Auctor hujus Chronici fuit Frater Jo. Frasquet, Monachus sancti Germani Autissiodorensis, prout fertur ab aliquibus ;* & sur le côté gauche de la couverture, on lit cette Note écrite d'une main encore différente : *In hoc volumine continentur Chronica ex diversis Autoribus, quam aliqui dicunt factam à Joanne Frasquet, Monacho Autissiodotensi.* Elle lui est aussi attribuée dans un ancien Catalogue des Manuscrits de la Bibliothèque de S. Victor, où on lit : *Chronica, Auctore, ut fertur, Joanne Frasquet, Monacho;* & c'est sur cet Exemplaire que du Boullay, p. 696, de l'*Histoire de l'Université de Paris,* l'en fait Auteur. Il y a apparence que Belleforest a eu en possession l'une de ces deux Manuscrits ; car il cite cette Chronique sous le même nom, au *folio* 448 *verso,* du tom. I. de ses *Annales.* Ces dernières autorités ne me paroissent pas assez fortes, pour ôter cette Chronique à Gérard de Frachet, & la donner à Jean Frasquet. Quoiqu'elle soit universelle & tirée de celles d'Eusèbe, de S. Jérôme, de Bede, d'Adon, de Sigebert & de plusieurs autres ; elle parle plus néanmoins des affaires de France, que de celles des autres Pays. L'Auteur se rencontre souvent avec Martin Polonois, qui vivoit dans le même temps ; quelquefois aussi il s'en écarte.

☞ On en a mis des Extraits dans le *Recueil des Historiens de France,* par D. Bouquet. *Voyez* la *Préface, du tom. III. pag.* xiij.]

16899. Mſ. GERARDI de Antverpia Abbreviatio Historiæ, ab orbe condito ad annum Christi 1272.

Cet Abrégé est conservé dans la Bibliothèque du Vatican, entre les Manuscrits de la Reine de Suède, n. 73. Il y a un Extrait de cette Chronique, depuis l'an 813 jusqu'en 1190, avec la continuation d'un autre Auteur, depuis 1199 jusqu'en 1212, inclus, dans le tom. II. des *Mélanges* du Père Durand, Bénédictin, *pag.* 69, qui sont gardés dans l'Abbaye de S. Germain des Prés. Valère André parle dans la *Bibliothèque Belgique,* d'un Gérard d'Anvers, Clerc, qui vivoit en France vers l'an 1270 ; mais il ne lui attribue aucune Histoire.

16900. Chronicon Auctoris anonymi, ab anno 1096, ad annum 1272.

Cette Chronique est imprimée dans Catel, *pag.* 159, des *Additions à son Histoire Tholosaine : Tholose,* 1623, *in-fol.*

Chronicon GUILLELMI de Podio Laurentii, ab anno 1170, ad annum 1272.

Voyez ci-devant, Article des Albigeois, (N. 5745.)

Pour suppléer à la Note, qui se trouve en cet endroit, j'ajouterai après Catel, « que Guillaume de Puy-Laurens se contente d'écrire particulièrement l'Histoire de son temps ; c'est-à-dire, les Guerres faites par les deux derniers Raimonds, contre Simon, Comte de Montfort, & ceux qui lui ont succédé, comme il le dit dans sa Préface, ce qu'il a vu & entendu. Il étoit Chapelain de Raimond VII. & vivoit l'an 1245, suivant la souscription d'une Donation rapportée par Catel, qui avoit dit auparavant dans sa *Préface de l'Histoire des Comtes de Tolose,* que bien que cette

» Chronique soit écrite d'un style fort rude & quasi bar-
» bare, la vérité qui y paroît par-tout, la rend recom-
» mandible «.

☞ *Voyez* le Gendre, *tom. II. pag. 46.* = *Hist. gén.
du Languedoc, tom. III. Avertissement, pag. 1.*]

16901. Fragmentum ex Libro de statu Saracenorum post Ludovici Regis de Syria reditum ; auctore Guillelmo, Tripolitano,
Ordinis Prædicatorum.

Ce Fragment est imprimé dans du Chesne, au tom. V.
de sa *Collection des Historiens de France, pag.* 432. Ce
retour se fit en 1273. Guillaume de Tripoly vivoit alors.

16902. Ms. Chronica abbreviata, ab Abraham ad annum Christi 1274.

Cette Chronique est conservée dans la Bibliothèque
de S. Victor, num. 824.

16903. Ms. Histoire des Rois & Seigneurs
de France, depuis Jesus-Christ jusqu'en
1278.

Cette Chronique est conservée dans la Bibliothèque
du Vatican, entre les Manuscrits de la Reine de Suède,
num. 835.

== Chronicon breve sancti Vincentii Metensis, ab anno 511, ad annum 1279.

Voyez à l'Article de S. Vincent de Metz, ci-devant,
[N.° 12835.]

16904. Ms. Chronicon, ab anno 1000, ad
annum 1280 ; auctore Guillelmo DE BON-
GEVILLA, Neustrio, Monacho Beccensi.

Cette Chronique est citée par du Cange, *pag.* 118 de
la Liste des Auteurs dont il s'est servi pour son Glossaire Latin. Cet Auteur vivoit en 1280.

16905. Ms. Summaria, brevis & compendiosa doctrina felicis Expeditionis & abbre-
viationis Guerrarum & Litium Regni Francorum, scripta à quodam Advocato Regio,
circa annum 1285.

Cet Abrégé est conservé dans la Bibliothèque du
Roi, num. 2118.

16906. Chronique de France, finissant en
1285.

Cette Chronique est imprimée dans le *Mélange curieux* du Père Labbe, au tom. II. de son *Alliance chronologique, pag.* 529 : *Paris*, 1664, *in-*4.

16907. Ms. Chronica Regum Francorum,
à Pharamundo, ad annum 1285.

Cette Chronique est conservée dans l'Abbaye de
S. Germain des Prés, au troisième Volume des *Fragmens d'Histoire* recueillis par Claude Estiennot, *p.* 109.

16908. Gesta Philippi, quem Audacem cog-
nominant, filii sancti Ludovici, fratris Roberti qui auctor familiæ Borboniæ, Francorum Regis : descripta per GUILLELMUM de
Nangiaco, Monachum sancti Dionysii, excerpta ex ejus Chronico.

Cette Histoire de Philippe III. est imprimée dans Pithou, *pag.* 471, de ses *onze anciens Auteurs de l'Histoire de France : Francofurti*, 1596, *in-fol.*

Eadem Editio emendata ope duorum Manuscriptorum.

Cette Histoire est imprimée dans du Chesne, tom. V.
de sa *Collection des Historiens de France, pag.* 516.

Guillaume de Nangis a écrit l'Histoire de S. Louis, sur
ce qu'il a oui dire aux gens les mieux informés. A l'égard
de Philippe III. & de ce qu'il y a dans sa Chronique du
Règne de Philippe IV. il en parle comme témoin, &
en homme d'autant mieux instruit, qu'il étoit en liaison
avec les personnes qui avoient le plus de part aux affaires. C'est la remarque de l'Abbé le Gendre.

16909. Fragmenta de Vita Philippi III.

Ces Fragmens sont imprimés dans le même Volume
de la *Collection* de du Chesne, *pag.* 549.

16910. ☞ Journal du Règne de Philippe III.
par Antoine AUBERY, avec des Notes de
M. le Comte DE BOULAINVILLIERS : *in-*4.

Dans la Bibliothèque de MM. les Avocats, à Paris.
Voyez ce qui a été dit, ci-devant, N.° 16877.]

16911. ☞ Ms. Notice générale du même
Règne ; par l'Abbé DE CAMPS, & Pièces à
son sujet.

C'est ce qui est contenu dans les Porte-feuilles 47
& 48, du Recueil de M. de Fontanieu, à la Bibliothèque du Roi.]

== Vie de Matthieu de Vendôme, Abbé de
S. Denys, Ministre d'Etat sous Philippe le
Hardi ; par Charles D'AUTEUIL.

Voyez l'Article de cette Abbaye, [N.° 12442.]

16912. ☞ Histoire de Pierre Brosses, Favori sous Philippe III.

Elle se trouve dans l'*Histoire des Favoris* de Dupuy.]

16913. Ms. Chronique du Règne du Roi
Philippe, fils de S. Louis, &c. par un Auteur
qui vivoit du temps de Charles VI. *in-fol.*

Cette Chronique est conservée dans la Bibliothèque
du Roi, num. 9650.

16914. ☞ Dissertation sur un Tombeau
de Philippe le Hardi, & sur l'usage d'inhu-
mer le cœur & les entrailles des Princes séparément de leur corps. *Merc.* 1718, *Août.*

Ce Tombeau est dans l'Eglise Primatiale de Narbonne, & la Dissertation, qui est curieuse, sert à fixer
l'époque de la mort de Philippe III.]

☞ ON peut consulter encore pour son Règne,
= l'Histoire de Matthieu Paris, qui finit en 1273. = Les
Notes II. III. V & VII. du tom. IV. de l'*Histoire du Languedoc*, par DD. DE VIC & VAISSETE.]

§. X.

Règne de Philippe IV. dit le Bel, depuis l'an 1285 jusqu'en 1314.

16915. BREVE Chronicon Monasterii Cla-
rimarisci, ad calcem Chronici Hugonis
Victorini, ab anno 1098, ad annum 1286.

Cette Chronique est imprimée dans Martenne, au
tom. III. de son *Nouveau Trésor des Pièces anecdotes*,
pag. 1385.

16916. Ms. Chronicon GERARDI de Arvernia Canonici, ad Yvonem (de Chasan) Cluniacensis Cœnobii Ministrum, ab Adam ad
annum duodecimum Yvonis Abbatis.

Cette Chronique, qui finit en 1287, est conservée
dans

Règne de Philippe IV. 1288.

dans la Bibliothèque du Roi, entre les Manuscrits de du Chesne, *pag.* 156, du volume dix-neuvième.

16917. Mſ. **Annales Aquicinensis Monasterii**, de rebus maximè in Francia, in Belgio & in Terra-Sancta gestis, ab anno 1149, ad annum 1288 : *in-fol.*

Les Annales de ce Monastère de Flandres [étoient] conservées dans la Bibliothèque de M. Baluze, num. 259, [& sont aujourd'hui en celle du Roi.]

16918. Mſ. **Roman des Guerres de la Terre-Sainte**, jusqu'en 1288.

Ce Livre est conservé dans la Bibliothèque du Vatican, entre les Manuscrits de la Reine de Suède, n. 814. Ce peut-être une Histoire véritable, à laquelle on aura donné le nom de Roman, qui dans son origine ne signifie qu'une Histoire.

16919. Mſ. **Chronique depuis Jesus-Christ** jusqu'en 1290.

Cette Chronique est conservée dans la Bibliothèque de S. Victor, num. 831.

16920. ☞ **De Excidio urbis Acconis**, (anno 1291,) Libri II. ex tribus Manuscriptis ; uno Leodiensi sancti Jacobi, altero Regii Collegii Navarræ, tertio Bibliothecæ sancti Victoris Parisiensis.

Cette Histoire se trouve dans la *Collectio Veterum Scriptorum*, de D. Martenne, tom. V. *pag.* 757.]

16921. **Liber Secretorum filiorum Crucis**, qui est tam pro conservatione fidelium, quàm pro conversione & consumptione Infidelium, à primis incolis ad annum 1320 ; auctore Marino SANUTO dicto Torsello, Patricio Veneto.

Ce Livre est imprimé dans Bongars, au tom. II. des *Gesta Dei per Francos* : Hanoviæ, 1611, *in-fol.* Sanud [est mort après l'an 1329. Il fut surnommé *Torsello*, parcequ'il fit mettre dans les Eglises des Orgues, que les Italiens appellent *Torselli*.]

16922. **Recuperatio Terræ-Sanctæ**, cujus auctor Patronus Regius causarum Ecclesiasticarum in Ducatu Aquitaniæ.

Cet Ouvrage, dont l'Auteur a fleuri en 1313, est imprimé là-même, *pag.* 311.

16923. **Epitome Bellorum à Christianis Principibus pro recuperatione Terræ-Sanctæ susceptorum** [in quâ etiam Descriptio Palæstinæ & multa de Mahomete.]

Cet Abrégé est imprimé dans Canisius, au tom. IV. de ses *Lectiones antiquæ*, *pag.* 423. Il commence en 1095, & finit en 1422. La première partie a été écrite l'an 1374 ; mais la seconde partie est d'un Auteur qui vivoit en 1422, comme il paroît par les derniers mots de cet Ouvrage : *Ad hanc diem & annum 1422, sicut vidi, perseverent.* Canisius, là-même.

16924. **Benedicti DE ACCOLTIS**, Aretini, Jurisconsulti, de Bello à Christianis contra Barbaros gesto pro Christi Sepulchro & Judæa recuperanda, Libri quatuor : *Venetiis*, 1532, *in*-4. *Basileæ*, 1544 : *Francofurti*, 1573, *in*-8. Iidem, à Thoma Dempstero editi, emendati & Notis illustrati : *Florentiæ*, Pignorii, 1623 : [*Groningæ*, 1731,] *in*-4.

I medesimi tradotti per Francesco Bandelli : *In Venetia*, Giolito, 1549, *in*-8.

De Accoltis est mort en 1466 ; il étoit né en 1415.

Tome II.

16925. **Liber de Viagio Crucis signatorum contra Thurcum crudelem Christianitatis invasorem** ; auctore Petro DE ROSERGIO, [electo] Archiepiscopo Tholosano.

Cet Auteur [vivoit vers 1480.] Son Livre est cité par Nicolas Bertrand, *fol.* 68 *verso*, *Operis de Tholosanorum gestis* : *Tholosæ*, 1515, *in-fol.*

16926. ☞ Tho. FULLERI **Bellorum sacrorum, seu Cruciatorum Historia**, (en Anglois.) *Cantabrigiæ*, 1651, *in-fol.*]

16927. **Les Passages d'Oultremer en la Terre-Sainte par les François, Godefroy de Bouillon, du bon S. Louis, & de plusieurs vertueux Princes qui se sont croisés pour augmenter & soutenir la Foi Chrétienne** : *Paris*, à l'Eléphant, *in*-4. *Ibid.* le Noir, 1517. *Ibid.* 1518, *in-fol.*

Sébastien MAMEROT de Frixone, Chantre & Chanoine de S. Etienne de Troyes, a composé cette Histoire, comme il est marqué sur un Exemplaire manuscrit de la Bibliothèque du Roi, num. 413, selon le Père Labbe, *pag.* 315 de sa *Nouvelle Bibliothèque des Manuscrits*. Il l'a commencée à Troyes le 14 de Janvier 1433, & finie à Vierzon le 14 Avril 1474. Ménage, *pag.* 313 de son *Histoire de Sablé*.

16928. ☞ **Les Passages d'Outremer du noble Godefroy de Bouillon, qui fut Roi de Jérusalem, du bon Roi S. Louis, & de plusieurs vertueux Princes, qui se sont croisés pour augmenter & soutenir la Foi Chrétienne, avec autres nobles faits des Rois d'Espaigne & de Hongrie, contre les ennemis de notre sainte Foi Catholique** : 1492, *in*-8. gothique.

Cette Histoire s'étend depuis 1096 jusqu'en 1492. Elle est de Sébastien MAMEROT, Chantre de S. Etienne de Troyes, & c'est la même qui a été réimprimée en 1518 : *Paris*, le Noir, *in-fol.* sous ce titre : « Les Passages » d'Outremer faits par les François, avec plusieurs Ad- » ditions recueillies de plusieurs opérations dudit Voya- » ge & faits d'armes par lesdits François & autres Sei- » gneurs ayant eu la dévotion de défendre la Terre- » Sainte.

L'Ouvrage contient 95 Chapitres, dans lesquels l'Auteur narre assez briévement tout ce qui s'est passé entre les Chrétiens & les Sarrazins, dans les différentes Croisades, depuis Godefroy de Bouillon jusqu'à la prise de Jérusalem par Saladin ; sur Guy de Lusignan ; dans celle de S. Louis & autres, qui furent ou entreprises ou projettées dans la suite avec peu de succès. Il parle aussi des irruptions que les Sarrazins firent en Espagne, & comment ils furent vaincus par le Roi Alphonse ; des différentes tentatives qu'ils firent sur la Hongrie, qui ne leur réussirent pas mieux ; & enfin de la destruction de l'Empire d'Orient par les Turcs, qui se rendirent maîtres de Constantinople & de plusieurs autres Villes. Il finit par la conquête du Royaume de Grenade que fit le Roi d'Arragon. On trouve à la tête un Alphabet Sarrazin, un Hébraïque, un Grec, & un Chaldaïque.]

16929. ☞ **Le grand Voyage de Jérusalem**, avec plusieurs autres choses singulières touchant les Guerres & Croisées des Princes Chrétiens, pour le recouvrance de la Terre-Sainte, & aussi le Chemin de Rome, avec toutes les Eglises & Stations de ladite Cité : Extrait de VINCENT, Historial, (ou Vincent de Beauvais,) & autres Chroniques : *Paris*, Regnault, 1522, *in*-4. gothique.]

X

16930. ☞ Breve Descrizione dell'acquisto di Terra-Sancta, di Ant. Messi Fiorent, ove si contengono tutte le cose occorse dal principio della guerra, per in sino chè il Duca Gotfredo fu fatto Rè : e della forma e stato del Regno Gierosolimitano : *In Firenze*, 1601, *in-*4.]

16931. Militia Francorum Regum pro re Christiana, sive Opusculum Joannis Pyrrhi Englebermæi, Jurisconsulti Aurelianensis, de rebus fortiter à Francis gestis pro Fide Christiana : *Parisiis*, Ascentii, 1518, *in-*4.

16932. ☞ Petri Bizari Narrationes de Christianorum in Syriam Expeditionibus VII. *Antverpiæ*, Plantin, 1579, cum aliis ejusdem Operibus : *in-fol.*]

16933. L'Histoire politique d'Oultremer, tirée des Livres non encore imprimés, & des assietes & bons usages de Hierusalem établis par Godefroy de Bouillon.

Cette Histoire est imprimée dans Labbe, au tom. II. de son *Abrégé de l'Alliance chronologique, &c.* (*Paris*, 1664, *in-*4.) pag. 464.

16934. La Chronique des Guerres entre les Rois de France & ceux de la Famille Ottomanne, (en Hébreu;) par le Rabbin Joseph, Espagnol, fils de Josué, fils de Meïr, &c. *Venise*, Adelkind, l'an de la petite supputation des Juifs, 314 : *in-*8.

Cette Chronique, qui est imprimée l'an de Jesus-Christ 1554, contient les Guerres que ces Rois ont faites dans la Palestine en différens temps, & les calamités & les exils que les Juifs ont soufferts en France & en Espagne, depuis l'an 623 de Jesus-Christ jusqu'en 1553. Il y a au-devant une Chronique abrégée depuis Adam jusqu'en 1554. Cette Chronique est écrite d'un style commun, mais propre à l'Histoire. L'Auteur, qui est estimé des Juifs, vivoit dans le milieu du seizième siècle. Il n'est point sincère ni exact dans ses narrations, & il a besoin d'être souvent corrigé. C'est le sentiment de Plantavit de la Pause, dans sa *Bibliothèque Rabbinique*, num. 122. Il n'avoit pas vu l'Edition de ce Livre; car il dit que le lieu & l'année de l'Edition ne sont point indiqués, quoiqu'on ait marqué Venise, & en l'année 314 de la petite supputation, ce qui revient à l'année 1554 de Jesus-Christ.

16935. ☞ Conspectus seu Synopsis Libri Hebraici (seu) Annalium Regum Franciæ & Regum Domûs Othomanicæ : *Lutetiæ*, Cramoisy, 1670, *in-*8. 10 pages.

C'est une Lettre Latine de Louis Ferrand, Docteur de Sorbonne, adressée, je crois, à l'Abbé de Bourzeis, où il lui donne le plan de l'Ouvrage précédent, qu'il dit être d'un Juif nommé Joseph Sacerdos, né à Avignon en 1496, fils de Josué, qui fut chassé d'Espagne en 1492. Le Père le Long ignoroit cette Lettre de Ferrand, qui lui auroit fourni un autre témoignage que celui de Plantavit, duquel Ferrand paroît faire peu de cas.]

16936. ☞ Ms. Histoire des Croisades depuis Godefroi de Bouillon : *in-fol.*

Ce Manuscrit, en vélin d'une écriture ancienne, est conservé dans la Bibliothèque de la Ville de Paris.]

16937. L'Historia della Guerra fatta da Principi Christiani nella Terra-Sancta contra i Saraceni ; per Francesco Rachis : *In Torino*, 1690, *in-*4.

16938. Expeditiones cruciatæ duodecim.

Ces Expéditions sont imprimées dans le Livre de Sylburge, intitulé : *Historia Saracenica*, pag. 107, & seq. Typis Commelini, 1595, *in-*8.

16939. Des Croisades, & quels fruits nous avons rapporté des Voyages d'Outremer; par Estienne Pasquier.

Ce Discours est imprimé au Livre VI. de ses *Recherches de la France*, Chapitre XXVII. M. l'Abbé Fleuri a traité ce sujet avec son exactitude ordinaire, dans la Préface du Tome XVIII. de son *Histoire de l'Eglise*, imprimée en 1715.

16940. Traité des dernières Croisades pour le recouvrement de la Terre-Sainte, (jointà) la Vie de Pierre l'Hermite, Chef & Conducteur des premiers Chrétiens dans les Croisades ; par Pierre d'Oultreman, Jésuite : *Valenciennes*, 1632, *in-*12.

Voyez ci-devant, [N.os 13374 & 13375.]

16941. Le même, auquel est ajoutée une suite généalogique de l'Hermite, Seigneur de Souliers : *Paris*, 1645, *in-*12.

Cette suite est aussi fausse que le commencement que cet Auteur avoit donné à cette Généalogie.

16942. L'Histoire des Croisades ; par Archange de Clermont, Récollect.

Cette Histoire est imprimée dans son Traité du *Calvaire de Hiérusalem & de Dauphiné : Lyon*, 1638, *in-*8.

16943. ☞ Croisades conclues à Paris sous différens Règnes.

Ces Observations se trouvent dans les *Antiquités de Paris*, par Sauval, *in-fol.* tom. II. pag. 697.]

16944. Histoire des Croisades pour la délivrance de la Terre-Sainte ; par Louis Maimbourg, Jésuite : *Paris*, 1675, *in-*4. 2 vol. *Ibid*. 1676, *in-*12. 4 vol. Troisième Edition : *Paris*, 1686, *in-*4. 2 vol.

« Louis Maimbourg étoit né pour écrire l'Histoire;
» il accompagne les faits de tant de circonstances, que
» le Lecteur en est satisfait ; & il fait des Portraits où il
» marque si naïvement les caractères extérieurs & intérieurs
» que son imagination lui fournit, que l'on croit
» voir les originaux ; mais il eût été à souhaiter qu'ils
» eût peints au vif ». Denys Simon, au tom. II. de sa *Bibliothèque des Auteurs du Droit Canon*, pag. 164.

✶ « Le sujet, dit M. du Pin, étoit convenable au
» style du Père Maimbourg. Les guerres, les batailles,
» les sièges, les événemens incroyables, le bonheur &
» l'infortune des Princes qui s'engagèrent à ces Expéditions,
» les actions de valeur des Croisés, la situation &
» la nature des pays & des villes, les mœurs des peuples,
» les armes & les machines, les stratagèmes de guerre ,
» & quantité d'autres choses de cette nature, donnent
» un grand champ pour faire valoir le talent qu'il avoit
» de faire des descriptions & des portraits qui plaisent
» & qui surprennent ». *Biblioth. Eccl. du XVIIe. siècle*, part. 4. *pag*. 244.

L'Abbé de Choisy, dans le tom. VI. de son *Histoire de l'Eglise*, renvoie à cette Histoire du P. Maimbourg, « parceque, dit-il, je me suis donné la peine d'examiner les Auteurs contemporains, dont il a tiré son Histoire ; & je puis assurer que j'y ai trouvé jusqu'aux moindres circonstances, qu'il rapporte souvent d'un air si romanesque, qu'il fait douter de la vérité ».

☞ *Voyez* Lengler, *Méth. historiq. in-*4. tom. II. pag. 21, & 259, tom. IV. pag. 395.]

Règne de Philippe IV. 1292.

16945. ☞ Histoire des Croisades; par M. (François-Marie Arouet) DE VOLTAIRE. *Mercure*, 1750, *Septembre, Octobre, Décembre*, & 1751, *Février*.

Cette Histoire abrégée est aussi imprimée dans ses *Œuvres*.]

16946. ☞ Lettre sur l'Histoire précédente. *Mém. de Trévoux*, 1750, *Octobre*, p. 2268, & *Novembre*, pag. 2470.]

16947. ☞ Autre Lettre sur la même. *Ibid. Novembre*, pag. 2474.

On peut voir sur cette Histoire de M. de Voltaire, le Chap. XVIII. du Tome I. du Livre intitulé : *Les erreurs de M. de Voltaire* : *Avignon*, 1762, *in-12*. 2 vol.]

16948. Joannis Francisci BUDDEI Exercitatio Historico-Juris Naturalis de Expeditionibus Cruciatis, habita Halæ Saxonum, anno 1694.

Ce Discours est imprimé à la page 95 de son Ouvrage intitulé : *Selecta Juris Naturæ & Gentium* : *Halæ Saxonum*, 1717, *in-8*.

16949. ☞ De sacris Regum Galliæ in Orientem Expeditionibus Commentatio Historica Joannis Danielis SCHOEPFLINI : *Argentorati*, 1726, *in-4*. & dans ses *Comment. Hist. Basileæ*, 1741, *pag.* 321-366.]

16950. ☞ Ms. Le Livre dou Conquest de la Terre-Sainte, de Jérusalem.

Ce Manuscrit est conservé dans la Bibliothèque du Grand Duc de Toscane. Il finit après la mort de Jean, Pape [XXI.] qui fut né d'Espagne, appellé auparavant Pierre li Espaignol, c'est-à-dire en 1277.]

16951. ☞ Histoire générale des Royaumes de Chypre, de Jérusalem, d'Arménie & d'Egypte, comprenant les Croisades, avec plus d'exactitude qu'aucun Auteur moderne les ait encore rapportées, & les faits les plus mémorables de l'Empire Ottoman, depuis sa fondation jusqu'à la fameuse Bataille de Lépante (en 1571) &c. par M. le Chevalier Dominique JAUNA, Conseiller de Sa Majesté Impériale & Royale, &c. *Leide, Luzac*, 1747, *in-4*. 2 vol.

Cette Histoire est assez intéressante, quoiqu'elle ne soit faite que sur les Monumens des Occidentaux : les Sçavans auroient désiré que l'Auteur eût cité en marge les Ecrits dont il s'est servi. Il s'est plus étendu sur l'Isle de Chypre, que sur toute autre Histoire. On sçait que ce Royaume fut possédé par une branche de la Maison Françoise de Lusignan, depuis l'an 1192 jusqu'en 1473. On trouvera ci-après, dans l'Article des *Généalogies des différentes Familles Françoises*, plusieurs Histoires des mêmes Royaumes de Jérusalem, de Chypre & d'Arménie. On n'a mis ici celle de M. de Jauna qu'à cause des Croisades, qu'il ne traite cependant que d'une manière assez abrégée.]

16952. Breve Chronicon sancti Dionysii in Francia, ab anno 808, ad annum 1292.

Cette Chronique est imprimée dans d'Achery, au tom. II. de son *Spicilège*, *pag.* 808, & dans Dom Félibien, *pag.* 103, des *Preuves de son Histoire de l'Abbaye de S. Denys.* « Cette Chronique, qui traite des affaires » de France très-succinctement, est assez exacte, soit » pour les faits, soit pour les dates; » selon l'Abbé le Gendre.

Tome II,

16953. Ms. Chronique de France, depuis l'an 1181 jusqu'en 1292 : *in-fol*.

Cette Chronique est conservée dans la Bibliothèque du Roi, num. 9643.

16954. ☞ Ms. Cartel de défi de l'Empereur Adolphe de Nassau, au Roi Philippe le Bel, en 1294, avec la Réponse dudit Roi : *in-fol*.

Ce Cartel est indiqué num. 3189, du Catalogue de M. le Blanc.]

16955. Ms. Chronicon breve, à Christo nato ad annum 1294; auctore BALDUINO, Ninivensi, Ordinis Præmonstratensis.

Cette Chronique est conservée dans la Bibliothèque du Monastère de Ninove, selon Sanderus, au tom. I. de sa *Bibliothèque des Manuscrits Belgiques*, pag. 22. L'Auteur est mort en 1294.

══ ☞ JOANNIS IPERII, Abbatis, Chronicon Sithiense sancti Bertini, ex duobus codicibus Manuscriptis.

Cette Chronique commence en 590, & finit en 1294. Elle se trouve dans le *Thesaurus anecdotorum* de DD. Martenne & Durand, *tom. III. pag.* 442. Le Père le Long en a parlé à l'Histoire de l'Abbaye de S. Bertin, (ci-devant, N.° 11362;) mais elle doit être encore rapportée ici, comme utile à l'Histoire générale de France.]

16956. Ms. Chronicon rerum, à Christo nato, ad annum 1295; auctore Gaufrido DE COLLONE, Monacho sancti Petri Vivi Senonensis : *in-fol*.

Cette Chronique de Geoffroy de Coulon, qui vivoit en 1295, [étoit] conservée dans la Bibliothèque de M. Colbert, entre les Manuscrits de du Chesne, [aujourd'hui dans la Bibliothèque du Roi.] M. l'Abbé Fenel, Doyen de l'Eglise de Sens, [avoit] dans son Cabinet un Manuscrit intitulé : *Chronica quæ loquitur de rebus præteritis, à nativitate D. N. J. C. usque ad annum* 1295, qu'il [croyoit] être de cet Auteur.

16957. Ms. Chronique de France en Vers, depuis l'an 1214 jusqu'en 1296, tirée du Cartulaire de S. Magloire.

Cette Chronique [étoit] conservée dans la Bibliothèque de M. Colbert, [aujourd'hui dans celle du Roi,] entre les Manuscrits de du Chesne, au Volume intitulé : *Cartulaire de Paris*.

16958. ☞ Chroniques de France en Vers, depuis l'an 1214 jusqu'à l'an 1296.

Voyez les *Dissertations sur l'Histoire de Paris*, par l'Abbé LEBEUF, *tom. II.*]

16959. Fragmentum Chronici Colmariensis, de causa funesti Belli inter Philippum IV. Galliæ & Eduardum I. Angliæ Reges, in quo Rex Romanorum, Adolphus, Anglorum partes secutus est.

Ce Fragment, qui contient l'Histoire de cette Guerre, qui finit par la Bataille de Furnes en 1297, est cité par du Chesne, dans le Plan de sa *Collection des Historiens de France*, *pag.* 104. La Chronique est imprimée dans Fréher, au tom. II. de son *Recueil des Historiens d'Allemagne* : *in-fol*.

16960. Chronicon GUILLELMI DE NANGIACO, Monachi sancti Dionysii, ab anno 1112, ad annum 1301.

Cette Chronique commence à Adam; mais D. Luc

X 2

d'Achery, qui l'a publiée au tom. XI. de son *Spicilège*, *pag*. 405, ne l'a commencée qu'en 1112, où finit Sigebert de Gemblours, parceque dans ce qui précède, Guillaume de Nangis ne fait que le copier; il a aussi emprunté quelque chose d'un de ses Continuateurs. Il est mort en 1302. Pithou, à la page 287 de la première partie de la *Collection de ses onze anciens Historiens*, avoit donné un Fragment de cette Chronique, depuis l'an 977 jusqu'en 1302. L'Auteur a écrit avec exactitude ce qu'il a vu, & ce dont il étoit bien instruit. Sa Chronologie, qui est sûre, peut servir beaucoup à diriger l'Histoire de Froissart.

Continuatio prima Chronici Guillelmi de Nangiaco : ab anonymo item Monacho ejusdem Abbatiæ, ab anno 1301, ad annum 1340.

Continuatio secunda : ab alio Monacho Sandionysiano, ab anno 1340, ad annum 1368.

Ces deux Continuations sont imprimées dans le Volume précédent du *Spicilège* de d'Achery, p. 603 & 785. L'Auteur de la seconde Continuation nous apprend qu'il étoit du Village de Venette, proche de Compiegne, & qu'il étoit né vers l'an 1307. Son style est grossier & même barbare. « Quoique son Ouvrage ne contienne que l'Histoire de vingt-huit années, il mérite néanmoins d'être estimé comme l'un des meilleurs monumens qu'on ait de ce temps-là. Son style à la vérité se ressent de la barbarie de son siècle; en récompense il paroît beaucoup de jugement dans cet Auteur, qui est mort en 1369 ». C'est ce que dit Félibien, *pag*. 284 de son *Histoire de l'Abbaye de S. Denys*.

L'Abbé le Gendre, dans ses *Jugemens sur nos Historiens*, observe « que sans ces deux Continuateurs, témoins de ce qu'ils écrivoient, nous n'aurions point d'Histoire sûre des treize dernières années du Règne de Philippe IV. nous n'en aurions point non plus des Règnes de Louis Hutin, de Philippe V. de Charles IV. de Philippe VI. & du Roi Jean ».

Ms. La même Chronique jusqu'en l'an 1301, traduite en François par l'Auteur, & continuée par d'autres jusqu'en 1381, sous ce titre : *Les Chroniques des Gestes Royaux & Françoises*.

Cette Chronique, traduite en François, est conservée dans la Bibliothèque du Roi, num. 191, & dans celle de S. Victor, num. 77. Ce dernier Exemplaire est continué jusqu'en 1384.

Ms. La même Chronique, continuée jusqu'en 1467 : *in-fol*.

Cet Exemplaire [étoit] conservé dans la Bibliothèque de M. Baluze, num. 77.

☞ Il est aujourd'hui dans la Bibliothèque du Roi.

Voyez sur cette Chronique de Nangis, Lenglet, *Suppl. à la Méthode historiq. in-4. pag*. 160. = Le Père Niceron, tom. *XXVIII*. p. 153. = Le Gendre, *tom. II. pag*. 45. = *Biblioth. Eccles*. de du Pin, *XIV*e siècle, *pag*. 186.]

16961. Chronici Guillelmi de Nangiaco & ejus Continuatorum variæ Lectiones, ex Codice manuscripto Abbatiæ Cisterciensis : operâ Domini Jacobi DE LAUNOY, ejusdem Monasterii Ascetæ Presbyteri.

Ces variétés de Leçons sont imprimées à la fin du tom. XIII. du *Spicilège* de D. Luc d'Achery, *pag*. 100.

16962. ☞ Mémoire sur la Vie & les Ouvrages de Guillaume de Nangis & de ses Continuateurs; par M. de la Curne DE SAINTE PALAYE. *Mém. de l'Académie des Inscript, & Belles-Lettres, tom. VIII. pag*. 560.]

16963. Ms. Chronique universelle, depuis la création du Monde jusqu'à l'an de Jesus-Christ, 1301 : *in-fol*.

Cette Chronique [étoit] conservée à Nanci dans le Cabinet du Père Hugo, Prémontré.

16964. ☞ Tablettes de Jean DE SAINT-JUSTE, contenant le Journal du Voyage du Roi Philippe IV. (ou le Bel) en 1301.

Elles sont de bois de hêtre enduites de cire, dans la Bibliothèque du Grand Duc de Toscane. Antoine Cocchi les a publiées avec une Explication, intitulée : *Lettera critica, &c*. Firenze, 1746, *in-4*. *Voyez* le *Dictionnaire* de Prosper Marchand, *tom. II. pag*. 162.]

16965. Ms. Roumanz, appellé la Branche aux Reaux lignages, que Guillaume GUIART d'Orliens compila l'an de grace 1306, à l'honneur de Pheippe le Quart, Roi de France ; en quel Roumanz sont contenus les faits des François en Vers, depuis l'an 1165 jusqu'en 1306.

Ce Livre est conservé dans la Bibliothèque du Roi, entre les Manuscrits de du Chesne, *pag*. 134 du volume XVIII. « Cet Auteur, au rapport de l'Abbé le Gendre, a écrit en Vers de quatre pieds, ou plutôt en prose cadencée : l'expression en est assez nette ; mais il y a peu d'invention. Il rapporte des circonstances curieuses ». Du Cange en a extrait la Vie de S. Louis, qu'il a publiée en 1668, avec l'Histoire de Joinville.

— ☞ Chronicon Nicolai FRIVETTI (Freveth) Dominicani, ab anno 1136, ad annum 1307.

Cette Chronique se trouve dans le *Spicilège* de Dom d'Achery, *tom. III. pag*. 143. Le Père le Long l'a rapportée à l'Article de la *Normandie*.]

16966. ☞ Histoire des Guerres faites en plusieurs lieux de France, tant en la Guyenne & Languedoc qu'ailleurs, depuis l'an 1200 jusqu'à l'an 1311; par Jean TOURNIER: *Tholose*, Colomiez, 1568, *in-4*.]

☞ Tout ce qui regarde les Albigeois a rapport à l'Histoire générale, depuis l'an 1209 jusqu'en 1311. En conséquence, *voyez* ci-devant, N.° 5739 & *suiv*.]

— Præclara Francorum facinora, ab anno 1201, ad annum 1311.

☞ *Voyez* ci-devant, N.° 5746.]

Catel dit dans la Préface de son *Histoire des Comtes de Toulouse*, « que quelques-uns ont estimé cette petite Chronique être de PIERRE, Evêque de Lodève, (qui vivoit en 1312.).... Et bien que l'on ne sçache pas certainement le nom de l'Auteur, si pouvons-nous apprendre qu'elle a été composée par quelqu'un du temps : car il a écrit en l'an 1307 qu'une chose mémorable arriva de son temps ; sçavoir, que les Templiers furent chassés de France. Cette petite Chronique a été non-seulement vue, mais entierement transcrite par Frère Bernard Guido, (ou de la Guionie,) dans la *Chronique des Papes*, &c. tellement qu'on peut, à bon droit, douter si elle a été extraite de celle de Frère Bernard Guido, ou si Frère Bernard Guido l'a esparsément insérée dans la sienne, (indiquée ci-après;) car ces deux Chroniques furent écrites quasi en même temps, l'une en l'année 1311, & celle de Guido en 1331 ».

══ Acta inter Bonifacium VIII. Papam, &

Philippum Pulchrum, (avec l'Histoire de ce différend.)

Voyez ci-devant, [tom. I. Article des *Libertés*, N.° 7116-7114.]

☞ On peut consulter à ce sujet Lenglet, *Méthode hist.* in-4. tom. *I.* pag. 55. tom. *IV.* pag. 59. = *Plan de l'Histoire de France*, tom. *II.* pag. 8. = *Journ. des Sçav. Mars*, 1718. = Le P. Niceron, tom. *III.* p. 35. = *Nouvelles Littér.* tom. *VII.* pag. 184. = *Europe Sçavante, Septemb.* 1718. = *Journ. de Léipf. Suppl.* pag. 54.]

16967. ☞ Mſ. Histoire du différend du Pape Boniface VIII. & de Philippe le Bel : *in-fol.*

Cette Histoire est indiquée num. 68, des Manuscrits du Catalogue de M. Godefroy.]

16968. ☞ Les Notes XI. XII. XIII & XIV. du Tome IV. de l'Histoire du Languedoc; par DD. DE VIC & VAISSETE.

Elles concernent ce Démêlé.]

16969. Mſ. Chronique abrégée de Philippe le Bel & de Guy de Dampierre, Comte de Flandres.

Cette Chronique est conservée à Bruxelles dans la Bibliothèque des Ducs de Bourgogne, selon Sanderus, au tom. II. de sa *Bibliothèque des Manuscrits Belgiques*, pag. 8. Le Comte de Dampierre est mort en 1305.

16970. ☞ Eclaircissement sur la Statue Equestre de Philippe le Bel, & sur la fondation qu'il fit à Notre-Dame, en conséquence de la victoire qu'il remporta sur les Flamans en 1304.

On trouve cet Eclaircissement, pag. 25 & *suiv.* du *Voyage* de M. JOLY, à *Munster* : (*Paris*, Aubouin, 1670, *in-12.*) On voit à la fin, pag. 339 & *suiv.* quelques Lettres de M. JOVET, sur une fondation faite pour le même sujet, à Notre-Dame de Chartres, par le même Prince. Il sera encore question de cette Statue, &c. ci-après, au Règne de Philippe de Valois, à qui quelques Auteurs l'ont rapportée.]

16971. Mſ. Chronique du Règne du Roi Philippe, fils de S. Louis, & de son fils Philippe le Bel, depuis l'an 1270 jusqu'en 1314; par un Auteur qui vivoit du temps de Charles VI. *in-fol.*

Cette Chronique est conservée dans la Bibliothèque du Roi, num. 9650.

16972. Mſ. Histoire de France en Vers François, depuis l'an 1301 jusqu'en 1314.

Cette Histoire est conservée dans la même Bibliothèque, num. 267² selon le Père Labbe.

16973. Mſ. Fragmentum Historiæ Regum Francorum, à tempore Philippi Augusti Regis, ad Philippi IV. obitum ; Auctore anonymo Monacho sancti Dionysii, qui eodem Philippo IV. regnante vixit.

Ce Fragment, qui commence en 1180, & finit en 1314, est conservé à Paris dans la Bibliothèque des Carmes Déchaussés.

16974. ☞ Gesta GUILLELMI MAJORIS, Andegavensis Episcopi, ab ipsomet relata.

Cette Histoire peut servir à l'Histoire de ce Règne, depuis 1290 jusqu'à la fin. Elle se trouve dans le *Spicilège* de d'Achery, tom. *II.* pag. 159. Le Père le Long l'a rapportée à l'*Histoire de l'Evêché d'Angers*, N.° 10402.]

16975. ☞ Mſ. Storia di Francia composta in Linguâ Fiorentinâ, da Andrea CAMBINI ; (al tempo di Carlo di Valois, fratello del Rè Philipo Pulcro.)

Cette Histoire est dans la Bibliothèque du Grand Duc de Toscane, & n'est pas finie.]

16976. ☞ Mſ. Notices générales & particulières du Règne de Philippe le Bel ; par l'Abbé DE CAMPS, avec les Pièces qui y ont rapport.

Ce sont les Porte-feuilles 49-61 du *Recueil* de M. de Fontanieu, à la Bibliothèque du Roi. Les Originaux de M. de Camps sont chez M. de Beringhen.]

16977. ☞ Dissertation du Père TEXTE, Dominicain, sur une Médaille de Philippe le Bel, qui a pour Légende, *Vota mea Domino reddam*.

Cette Dissertation se trouve dans le *Mercure* 1742, *Avril*, pag. 1765.]

16978. ☞ Lettre du même, sur le lieu de la sépulture du cœur de Philippe le Bel. *Mercure*, 1739, *Mars*, pag. 479.]

16979. ☞ Histoire d'Enguerrand de Marigny, Favori sous Philippe le Bel.

Elle est imprimée dans l'*Histoire des Favoris* de Dupuy.]

☞ On peut consulter encore, pour le Règne de Philippe le Bel, l'Histoire des Templiers de Dupuy & de Gurtler, &c.]

§. XI.

Règnes de Louis X. dit le Hutin, de Jean I; de Philippe V. ou le Long, & de Charles IV. dit le Bel, depuis l'an 1314 jusqu'en 1328.

16980. Mſ. ACTES des Ligues & Associations de la Noblesse de diverses Provinces de France, des Ecclésiastiques & du Peuple, contre le Roi Louis Hutin, pour s'opposer à plusieurs exactions & tailles mises sur eux outre les charges ordinaires, en 1314 & en 1315 : *in-fol.*

Ce Manuscrit est conservé entre ceux de M. Dupuy, num. 758.

16981. ☞ Affaire de Pierre de la Tilly, sous le Règne de Louis le Hutin.

Cette Dissertation est la XLIᵉ de celles insérées par le Père GRIFFET dans sa nouvelle Edition de l'*Histoire de France* du Père Daniel.]

16982. ☞ Procès d'Enguerrand de Marigny.

C'est la Dissertation XLII.ᵉ de la même Histoire.]

== Chronicon Vizeliacense, ab anno 660, ad annum 1316.

Voyez ci-devant, à l'Histoire de l'Abbaye de Vézelay, [N.° 11928.]

16983. Historia mirabilis de Francorum Rege supposito ; scripta per Thomam AGAZ-

ZANUM & Salomonem PICOLOMINEUM, Italos.

Cette Histoire est imprimée dans les Œuvres de Jean-Jacques Chifflet, *pag.* 278 de son Livre intitulé : *Lumina Salica : Antverpiæ*, 1650, *in-fol*. Clémence d'Anjou, femme de Louis Hutin, se trouva enceinte à la mort de ce Roi, arrivée le 5 de Juin 1316, elle accoucha d'un fils le 15 Novembre de la même année, qui fut nommé Jean, ou Petit-Jean ou Jeannot, & qui mourut le 19 du même mois. L'Auteur du Roman soutient qu'il mourut en 1362.

16984. Hujus Historiæ à Chiffletio allatæ Falsitas probata à Joanne Alexandro TENNEURIO.

Cette Critique est imprimée à la page 115 de la première partie de sa *Défense de la vérité : Parisiis*, 1651, *in-fol*.

16985. Ms. Memoriale Historiarum JOANNIS, Parisiensis, Canonici sancti Victoris, ab orbe condito ad annum Christi 1320.

Cette Histoire est conservée dans la Bibliothèque du Vatican, entre les Manuscrits de la Reine Christine, num. 268.

Idem ad annum 1322.

Cet Exemplaire est conservé dans la Bibliothèque de S. Victor, num. 901, & dans celle du Roi, num. 4725.

Idem continuatum ad annum 1394.

Cet autre Exemplaire est conservé dans la Bibliothèque de S. Victor, num. 448. Jean BOIVIN, dit de Saint-Victor, ou de Paris, est entré à S. Victor en 1327, & est mort vers l'an 1351. Son Mémorial a été continué par un autre, qui dit à la page 532 de ce volume, qu'il étoit à Rome, lorsqu'en 1370 Grégoire XI. fut élu Pape ; & à la page 560, qu'il y étoit aussi, lorsqu'en 1378 ce Pape mourut : ainsi ce ne peut être le même Auteur qui ait continué cette Chronique jusqu'en 1464.

☞ Le Père le Long n'a pas connu un autre Manuscrit du *Memoriale Historiarum*, qui est dans la Bibliothèque du Collége de Navarre, sous le num. A. 234. Il finit à l'an 1323, & à la tête est une Table générale qui ne se trouve pas dans les autres Manuscrits, laquelle est dite avoir été faite, *per Jacobum* DE CARPALYM, *Clericum Atrebatensis Diœcesis, &c*.

Cet Ouvrage est une espèce d'Histoire Universelle, qui ne mérite d'être consulté que pour les années qui approchent du temps où vivoit l'Auteur. Il nous apprend lui-même au *fol*. 10 *verso*, qu'il écrivoit la vingt-quatrième année de Philippe le Bel, c'est-à-dire, l'an 1309. Cet Auteur est appellé Jean BOUIN, par M. Thoulouse, dans son *Histoire de l'Abbaye de S. Victor*, qui a été insérée en partie dans les *Antiquités de Paris* de Claude Malingre ; il le qualifie, Parisien, mais selon Vossius, il étoit Anglois, *Joannes Parisius, sive Paris, Anglus : De Histor. Latin. pag.* 709. Et Fabricius a suivi cette opinion dans sa *Bibliothèque du Moyen âge*, au mot *Joannes Parisiensis*. Dans le doute où les variétés nous laissent sur son origine, je me déterminerois à le décider Anglois, d'après la façon dont il parle de la Loi Salique, sous l'an 1316, à l'occasion de l'avénement de Philippe le Long à la Couronne. Il n'y a guères qu'un Anglois qui ait pu écrire, *qu'on ne pouvoit pas prouver évidemment qu'en France les femmes ne doivent pas succéder au Royaume*. Au surplus, son Ouvrage doit être consulté par ceux qui travailleront pour l'Histoire de Philippe le Bel. Ils y trouveront des circonstances qui ont été omises par le Continuateur de Nangis. Du Chesne a fait imprimer un Extrait de ce *Memoriale*, au tom. I. du *Recueil des Historiens des France*, pag. 128, d'après un Manuscrit, sans dire de quelle Bibliothèque il l'a tiré. Il y a encore dans la Bibliothèque de Sainte Geneviève un Exemplaire Manuscrit de ce *Memoriale Historiarum*, lequel s'étend jusqu'à l'année 1230. Ce Manuscrit est très-bien écrit.]

16986. Ms. Histoire des Rois de France, depuis Henri I. jusqu'à Charles le Bel.

Cette Histoire [étoit] conservée dans la Bibliothèque de l'Eglise de Notre-Dame de Paris, I. 10, [& est aujourd'hui en celle du Roi.] Elle commence en 1031, & finit en 1321.

16987. Elogia Philippi Pulchri, Francorum Regis, ejusque Filiorum Ludovici Hutini & Philippi Longi : excerpta ex Chronico Landulphi DE COLUMNA, Canonici Carnotensis.

Ces Eloges sont imprimés dans Labbe, au tom. I. de sa *Nouvelle Bibliothèque des Manuscrits*, *pag.* 659. Philippe le Long est mort en 1321. Cet Extrait est pris de l'Ouvrage intitulé : *Breviarium historiale, ab orbe condito ad sua tempora : Pictavis*, 1479, *in-4*. L'Auteur vivoit en 1320.

☞ Dom Liron, (*Biblioth. Chartr. pag.* 120) soutient qu'il étoit de Coulombelle, Diocèse d'Orléans ; & il le croit neveu de Raoul, aussi Chanoine de Chartres.]

16988. Ms. Chronique de France, qui finit en 1321 : *in-4*.

Cette Chronique est conservée dans la Bibliothèque de M. le Baron d'Hoendorff, Colonel de l'Empereur, [& est aujourd'hui dans la Bibliothèque Impériale.]

16989. Ms. Breve Chronicon Nemausense, ab anno 815, annum 1323.

Cette Chronique [étoit] entre les mains de Dom Edmond Martenne, Religieux Bénédictin, [& ainsi elle se trouve à S. Germain des Prés.]

☞ Selon M. Ménard, (*Histoire de Nismes, tom. I. Préf. pag.* iv.) Cette Chronique est la même que celle qu'on trouve avec un Catalogue des Evêques de Nismes, dans un ancien Lectionnaire copié au XIII° siècle, & conservé parmi les Archives de l'Eglise de la même Ville. Il est vrai que cette dernière Chronique ne s'étend que jusqu'en 1177, & non point jusqu'en 1323, comme l'Exemplaire qui étoit entre les mains de D. Martenne. » Mais cet Exemplaire peut, dit M. Ménard, avoir été » grossi des additions d'un Chroniqueur postérieur, ou » seulement de quelques articles du Catalogue des Evê- » ques dont on vient de parler, & qui se termine à la » fin du XV° siècle ». Quoi qu'il en soit, l'Historien de Nismes a fait imprimer parmi les Preuves qui accompagnent le premier Tome de son Ouvrage, cette ancienne Chronique, telle qu'il a trouvée dans l'Exemplaire de sa Patrie.]

16990. Ms. Chronique, depuis Adam jusqu'à l'an de Jesus-Christ 1326, écrite l'an 1496.

Cette Chronique [étoit] conservée dans la Bibliothèque de M. Chauvelin, [& est aujourd'hui en celle de S. Germain des Prés.]

16991. Ms. Chronique de France & d'Angleterre ; par Jean LE BEL, Chanoine de S. Lambert de Liège, suivant ce qui est advenu de son temps en 1326.

Cette Chronique est citée par Froissart, dans sa Préface, où il dit qu'il veut fonder son Histoire sur cette Chronique.

16992. Ms. Chronique de Maître Noël DE FIBROIS, jusqu'en 1327.

Cette Chronique est conservée dans la Bibliothèque du Vatican, num. 808.

Règne de Louis X. 1327.

16993. Mſ. Chronique des Rois de France, finiſſant en 1327.

Cette Chronique eſt conſervée dans la Bibliothèque du Roi, num. 236 ª, ſelon le Père Labbe, *pag.* 313.

16994. Mſ. Hiſtoire, depuis le commencement du Monde juſqu'à la mort de Charles IV. Roi de France : *in-fol.*

Cette Chronique, qui finit en 1317, [étoit] conſervée dans la Bibliothèque de M. Colbert, num. 3205, [aujourd'hui dans celle du Roi.]

16995. Mſ. Chronicon de Regibus Francorum, à Pharamundo ad Philippum Valeſium ; auctore Bernardo GUIDONIS, Epiſcopo Lodovenſi : *in-fol.*

Cette Chronique eſt conſervée dans la Bibliothèque du Roi, num. 5229¹, 9620, dans celle de M. Colbert, num. 1887, 3276, 5076. Bernard de la Guionie (ou Guido,) qui avoit été Religieux de l'Ordre de S. Dominique, a copié entièrement, ſelon Catel, la Chronique intitulée : *Præclara Francorum Facinora*.

Il y [avoit] un Exemplaire écrit de la main de l'Auteur, entre les Manuſcrits de M. le Préſident de Harlay, [qui ont paſſé de M. Chauvelin, à la Bibliothèque de l'Abbaye de S. Germain des Prés.]

16996. Mſ. Extrait d'une vieille Chronique Françoiſe, depuis Pepin le Bref juſqu'à Philippe de Valois : *in-fol.*

Cet Extrait, qui commence en 752, & finit en 1327, [étoit] conſervé dans la Bibliothèque de M. le Chancelier Séguier, num. 616².

16997. Fragmentum hiſtoricum, à morte Philippi IV. Regis anno 1315, ad tempora Philippi VI. [ſive ad annum 1327.]

Ce Fragment eſt à Paris dans la Bibliothèque des Carmes Déchauſſés.

16998. Vie de Charles IV. par François DE BELLEFOREST.

Cette Vie eſt imprimée dans ſon *Hiſtoire des neuf Charles* : *Paris*, 1568, *in-fol.*

16999. ☞ Mſ. Hiſtoire de Philippe le Bel & de ſes Fils : *in-fol.*

Elle eſt dans la Bibliothèque du Roi, provenant de M. de Fontanieu.]

17000. ☞ Elogia Philippi Pulchri, ejuſque filiorum.

Dans la *Nouvelle Bibliothèque Manuſcrite* de Labbe, *pag.* 659.]

17001. ☞ Mſ. Notices générales & particulières de l'Abbé DE CAMPS, ſur les Règnes de Louis le Hutin, Philippe le Long & Charles le Bel ; avec nombre de Pièces qui y ont rapport.

C'eſt ce qui eſt contenu dans les Porte-feuilles 62-68 du Recueil de M. de Fontanieu, à la Bibliothèque du Roi. Les Originaux de M. l'Abbé de Camps ſont chez M. de Béringhen.]

17002. ☞ Mſ. Pièces concernant l'Hiſtoire des François, ſous les Rois Philippe le Hardy, Philippe le Bel, Louis le Hutin, Philippe le Long & Charles le Bel, depuis l'an 1270 juſqu'en l'an 1328 : *in-fol.*

Ce Recueil eſt conſervé dans la Bibliothèque de ſainte Geneviève, à Paris.]

☞ ON peut conſulter, pour les deux dernières années de Charles IV. ou le Bel, les Chroniques de Froiſſard, qui commencent en 1326.]

SECONDE PARTIE.

Règnes de la première Branche de Valois.

§. PREMIER.

Regnes de Philippe VI. ou de Valois, de Jean II. & de Charles V. ou le Sage, depuis l'an 1328 juſqu'en 1380.

17003. Mſ. CHRONIQUES abrégées, depuis Adam juſqu'en 1328.

Ces Chroniques ſont conſervées dans la Bibliothèque de M. le Chancelier d'Agueſſeau.

17004. Hiſtoire des Guerres entre la France & la Flandres, depuis l'an 1180 juſqu'en 1331 ; par Auguſte GALLAND.

Cette Hiſtoire eſt imprimée dans ſes *Mémoires pour l'Hiſtoire de Navarre & de Flandres* : *Paris*, 1648, *in-fol.*

17005. Chronicon ex veteri Martyrologio Eccleſiæ ſancti Pauli Narbonenſis, ab anno 890, ad annum 1332.

Cette Chronique eſt imprimée dans Catel, *pag.* 163 de ſon *Appendice de l'Hiſtoire de Languedoc* : *Paris*, 1633, *in-fol.*

17006. Mſ. Chronique, depuis Adam juſqu'à l'an de Jeſus-Chriſt 1336 : *in-fol.*

Cette Chronique eſt conſervée dans la Bibliothèque du Roi, entre les Manuſcrits de M. de Gaignières.

17007. Mſ. De Geſtis Francorum, uſque ad annum 1336 : Auctore anonymo, Monacho ſancti Dionyſii.

Cette Chronique eſt conſervée dans la Bibliothèque du Vatican, entre les Manuſcrits de la Reine de Suède, num. 352.

17008. Mſ. Chronique abrégée, commençant à Adam & finiſſant l'an 1339.

Cette Chronique eſt conſervée dans la Bibliothèque du Roi, num. 1273, ſelon le Père Labbe, *pag.* 287.

17009. Mſ. Bibles hiſtoriaux, contenant pluſieurs Hiſtoires appartenant à la France juſqu'en 1339.

Ce Livre eſt conſervé dans la même Bibliothèque, num. 1227, ſelon le Père Labbe, *pag.* 331.

17010. ☞ Examen des prétentions d'Edouard III. (en 1339,) ſur la Couronne de France.

Dans les *Eſſais hiſtoriques ſur Paris*, par M. DE SAINT-

Foix: (*Paris*, Duchesne, 1757,) *Part. III. pag.* 120 *& suiv.*]

17011. Mſ. Hiſtoria Gallorum, uſque ad annum 1340.

Cette Hiſtoire eſt conſervée dans la Bibliothèque du Vatican, entre les Manuſcrits de la Reine de Suède, num. 285.

17012. Mſ. Chronique abrégée, depuis Adam juſqu'en 1340 : *in-fol.*

Cette Chronique eſt conſervée dans la Bibliothèque de M. Colbert, num. 1886.

17013. Chronicon Rothomagenſe, à Chriſto nato, ad annum 1344.

Cette Chronique eſt imprimée dans Labbe, au tom. I. de ſa *Nouvelle Bibliothèque des Manuſcrits, pag.* 364.

17014. ☞ Hiſtoire d'Euſtache de S. Pierre, ou Siége de la Ville de Calais, ſous le Règne de Philippe de Valois en 1346 & 1347 : *Calais*, (*Paris,*) 1765, *in-12.* 140 pages.

C'eſt un Roman qui conſerve une partie des faits, & falſifie l'autre.]

17015. ☞ Le Siége de Calais, Tragédie dédiée au Roi; par M. DE BELLOY, ſuivie de Notes hiſtoriques: *Paris*, Duchesne, 1765, *in-8.*

Cette Pièce, qui a pour objet un des beaux événemens de notre Hiſtoire, a eu un très-grand ſuccès; & la Ville de Calais, par Délibération de ſon Hôtel de Ville, a fait préſenter à l'Auteur des Lettres de Citoyen. *Voyez* le Mercure, 1765, *Avril, pag.* 57-64. *Journal Encyclopédique, tom. IV. pag.* 125-130.]

17016. ☞ Lettres & Obſervations à une Dame de Province, ſur le Siége de Calais, ornées d'une Carte Géographique de cette Ville; par M. de ✱✱✱ : *Paris*, Leſclapard, 1765, *in-8.*

Cette Brochure conſiſte en neuf Lettres. Les trois premières contiennent le Tableau hiſtorique & politique des Démêlés d'Edouard III. Roi d'Angleterre, & de Philippe de Valois, de la ſituation des affaires de la France & de l'Angleterre, les motifs de la guerre, les caractères d'Edouard & de Philippe, & une courte relation du ſiége de Calais. La quatrième Lettre contient une Analyſe de la Tragédie de M. de Belloy. Dans les V & VImes l'Auteur, en rendant juſtice au mérite du Poëte, fait une critique de ſa Pièce. Dans la VIIe Lettre on trouve un détail de la repréſentation gratuite que les Comédiens François ont donnée au Peuple. La VIIIe Lettre a pour objet une Tragédie ſur le même ſujet; par M. de Rozoi, qui n'a pas été repréſentée. Le ſujet de la IXe. Lettre eſt l'examen de l'Ouvrage ci-deſſus indiqué, ſous le titre d'*Hiſtoire d'Euſtache de S. Pierre.*]

17017. ☞ Examen impartial du Siége de Calais : *Calais*, 1765, *in-8.*]

17018. ☞ Les Décius François, ou le Siége de Calais, Tragédie; par M. (Farmain) DE ROZOI: *Paris*, 1766 & 1767, *in-8.*]

17019. Mſ. Ancienne Chronique Françoiſe, finiſſant en 1347.

Cette Chronique [étoit] conſervée dans la Bibliothèque de M. Colbert, num. 487, [& eſt aujourd'hui dans la Bibliothèque du Roi.]

⚐ ☞ Genealogia Comitum Flandriæ ex Manuſcripto Codice Monaſterii Claris-Mariſci.

Cette Pièce commence pour l'Hiſtoire de France en 1179, & finit en 1347. Elle eſt imprimée dans le *Tréſor des anecdotes* de Dom Martenne, *tom. III. pag.* 377. Le P. le Long l'a rapporté à l'Article des *Généalogies,* Lettre I.]

17020. Mſ. Libri duo Chronicorum Ægidii LI MUSIS (ſive MUSI) Abbatis XVII. Cœnobii Tornacenſis poſt reſtaurationem, ab anno 972, ad annum 1348.

Cette Chronique eſt conſervée dans la Bibliothèque de ce Monaſtère, ſelon Sanderus, tom. I. de ſa *Bibliothèque des Manuſcrits Belgiques, pag.* 128. Elle [étoit] auſſi dans la Bibliothèque de M. Colbert, num. 5994, [d'où elle a paſſé en celle du Roi.] L'Auteur eſt mort en 1353. Il rapporte beaucoup de choſes depuis le temps de S. Louis juſqu'en 1350, qui regardent les affaires de France & de Flandres.

17021. ☞ Mſ. Hiſtoire du Roi Philippe de Valois, en 1328 : *in-fol.*

Cette Hiſtoire eſt indiquée num. 65, des Manuſcrits du Catalogue de M. Godefroy.]

17022. Mſ. Vieilles Chroniques Françoiſes, depuis la naiſſance de Jeſus-Chriſt juſqu'en 1350 : *in-4.*

Ces Chroniques ſont conſervées dans la Bibliothèque du Roi, entre les Manuſcrits de M. de Gaignières.

— ✱ Hiſtoire de Philippe de Valois, depuis 1328 juſqu'en 1350; par l'Abbé (Jean Timoléon) DE CHOISY.

Elle ſe trouve ci-après, avec la Vie du Roi Jean.

17023. ☞ Sententia arbitralis Joannis Regis Franciæ, ſuper controverſia honoris & appellatione ad duellum inter Crtonem Ducem in Brunſwich & Henricum Ducem Lancaſtriæ, 9 Decembr. 1352.

Cette Pièce ſe trouve au tom. II. du *Recueil des Hiſtoriens de Brunſwich*, donné par Léibnitz, *pag.* 47.]

17024. Mſ. Chronique de France, depuis le Roi Priam juſqu'au Roi Jean, où l'on voit pluſieurs choſes qui ſe ſont paſſées dans le quatorzième ſiècle, écrite vers l'an 1360 : *in-fol.*

Cette Chronique eſt conſervée dans la Bibliothèque de Sainte-Geneviève.

17025. ☞ Mſ. Chronique des Guerres des Anglois en Bretagne, en Normandie & en Guyenne : *in-fol.*

Cette Chronique ſe trouve à la fin de la précédente, dans le même Volume. Elle a été compoſée par JEAN DE BERCY, Rois des Armes, & a été écrite par un nommé Rocham, qui l'a ſignée.]

17026. Mſ. Chronique de France, depuis le Règne de S. Louis juſqu'au Règne du Roi Jean : *in-fol.*

Cette Chronique [étoit] conſervée dans la Bibliothèque de M. Baluze, num. 354, [& elle eſt aujourd'hui en celle du Roi.]

17027. Mſ. Vitæ Ludovici X. Philippi V. Caroli IV. & Philippi VI. auctore Joanne DESPRETZ, Epiſcopo Lingonenſi, deinde Tornacenſi.

Ces Vies ſont citées par Valère André, dans ſa *Bibliothèque*

Bibliothèque de Flandres. Philippe VI. est mort en 1350, & Jean Despretz en 1379.

17028. Mf. Chronicon incerti Auctoris sub Philippo VI. Rege Francorum : *in-*4.

Cette Chronique [étoit] conservée dans la Bibliothèque de M. le Chancelier Séguier, [aujourd'hui à S. Germain des Prés.]

17029. ☞ Dissertation de M. DE SAINT-FOIX, au sujet de la Statue Equestre d'un de nos Rois, qui est dans l'Eglise de N. D. de Paris. *Mercure,* 1763, *Janvier, p.*73.

Elle représente Philippe de Valois, selon l'Auteur, qui a suivi l'erreur de Nicole Gilles, &c. *Voyez* ci-devant, N.° 16970.]

17030. ☞ Lettre d'un Anonyme, pour défendre le sentiment de M. le Président Hénault, qui croit (avec raison) que cette Statue représente Philippe le Bel. *Ibid. Avril, pag.*74.]

17031. ☞ Réponse de M. DE SAINT-FOIX. *Ibid. pag.*79.]

17032. ☞ Dissertation du Père TEXTE, Dominicain, sur une Médaille de Philippe VI. Roi de France. *Merc.* 1742, *Août.*]

17033. ☞ Extrait d'une Lettre sur l'Ecrit du Père Texte. *Ibid.* 1743, *Janvier.*]

17034. ☞ Réponse à cette Lettre. *Ibid. Juillet.*]

17035. ☞ Réponse à l'Ecrit du Père Texte. *Mercure,* 1745, *Mars.*]

17036. ☞ Réplique à la Réponse précédente. *Ibid. Août.*]

17037. ☞ Dissertation du Père TEXTE, sur le jour du décès de Philippe de Valois, & sur le temps de son Règne. *Mercure,* 1746, *Mars.*

Ce Prince, selon l'Auteur, est mort le 23 Août 1350, après qu'il eut régné 22 ans, 4 mois & 21 jours.]

17038. ☞ Mf. Notices de ce Règne; par l'Abbé DE CAMPS, & Pièces qui le concernent.

C'est ce qui est contenu dans les Porte-feuilles 69-77, du Recueil de M. de Fontanieu, à la Bibliothèque du Roi. Les Originaux de l'Abbé de Camps sont dans celle de M. de Béringhen.]

☞ ON peut consulter, pour le Règne de Philippe de Valois, = les Chroniques de Froissart, = les différentes Vies de Bertrand du Guesclin, = les Notes XX & XXI. du tom. IV. de l'*Histoire du Languedoc* de DD. DE VIC & VAISSETE.]

17039. ☞ Observation sur l'âge de Jean II. lorsqu'il commença à régner en 1350.

Dans les *Singularités historiques* de Dom LIRON, *tom. III. pag.* 442.]

17040. Chronica Bernardi DE LA MOTE, Episcopi Bazatensis, ab anno 1299, ad annum 1355.

Cette Chronique est imprimée dans du Chesne, *pag.* 289 de ses *Preuves de l'Histoire des Cardinaux François: Paris,* 1666, *in-fol.*

☞ Dans le *Gallia Christiana* de MM. de Sainte-Tome II.

Marthe, Bernard se trouve parmi les Evêques de Bazas, en 1348, sous le nom de Raymond IV. mais l'Edition des Bénédictins le nomme *Raymundus Bernardi, seu Bernardus de Mota.*]

17041. ☞ Mémoire historique & critique pour servir à l'Histoire des Troubles qui s'élevèrent en France, sur-tout à Paris, après la Bataille de Poitiers; par Denys-François SECOUSSE. *Mém. de l'Académie des Inscript. & Belles-Lettres, tom. XVI. pag.* 194.

Ce n'est qu'un Extrait de l'Ouvrage que l'Auteur a composé sur ce sujet, Extrait qui fait désirer l'Ouvrage même. M. Secousse est mort en 1754.]

17042. ☞ Mf. Discours de Charles de France, sur la détention du Roi Jean son père, en 1356, six pages.

Cette Pièce est dans la Bibliothèque de M. Fevret de Fontette, Conseiller au Parlement de Dijon. C'est une Déclaration par laquelle le Prince réintegre en leurs charges plusieurs de ses Conseillers, entr'autres Pierre de la Forest, Cardinal, ci-devant Chancelier, M˙ Regnaud Meschin, Abbé de Falaise, Président des Enquêtes, Simon de Bucy, premier Président du Parlement, qu'il avoit été obligé de renvoyer, par la ligue de plusieurs factieux qui furent punis.]

17043. Mf. Relation touchant l'aide qui fut octroyé (en 1359) par les trois Etats du Royaume de France à M. le Duc de Normandie, pour la rédemption du Roi Jean son père, prisonnier en Angleterre : *in-fol.*

Cette Relation [étoit] conservée dans la Bibliothèque de M. Baluze, num. 312, [& est aujourd'hui en celle du Roi.]

17044. Mf. La Génération d'Adam, ou Chronique depuis la création du Monde jusqu'à l'an de Jesus-Christ 1360 : *in-fol.*

Cette Chronique est conservée dans la Bibliothèque du Vatican, entre les Manuscrits de la Reine de Suède, num. 697. [Il y en avoit un exemplaire] dans celle de M. Foucault, [qui a passé depuis à M. l'Abbé de Rothelin, &c.]

17045. ☞ Mf. Histoire vraye & notable des nouvelles Guerres & choses avenues depuis l'an 1326 jusques à l'an 61, en France, en Angleterre, en Ecoce, en Bretaigne & ailleurs, & principalement des haults faits du Roi Edowart d'Angleterre, & des deux Roys, Philippe & Jehan, de France.

Cette Histoire est conservée dans la Bibliothèque de S. Pierre de Châlons. Elle est distribuée en 225 Chapitres. Le premier commence ainsi :

« Qui veult lire & oïr la vraye Histoire du preu &
» gentil Roi Edowart, qui au temps présent règne en
» Angleterre, si lise ce petit Livre, que j'ai commencé
» à faire & laissé un grand Livre rimé que j'ai vu & lu,
» lequel aulcun controuveur a mis en rimes, par gran-
» des faultes & bourdes, &c. » L'Auteur ne se fait pas
connoître, mais il assure avoir été témoin d'une partie
des faits qu'il raconte, & rapporte les autres sur la foi
de personnes dignes de croyance. Voici ses termes :

« Je veul mettre paine & entente ; quant je pouray
» avoir loisir d'écrire par prose ce que je ai vu & ouï
» recorder par ceux qui ont été là où je n'ai pas été ».]

17046. Mf. Chronicon Almerici AUGERII, usque ad Urbani V. Papæ tempora (circa annum 1362.)

Cette Chronique [étoit] entre les mains de Dom Ed-

Y

170 **Liv. III. Histoire Politique de France.**

miond Martenne, Religieux Bénédictin, [& ainsi se trouve à S. Germain des Prés.]

17047. Mf. Chronique des Papes, Empereurs & Rois Très-Chrétiens, depuis la naissance de Jesus-Christ jusqu'en 1364, où il est singulièrement parlé des Rois de France, des Comtes de Flandres, de la Terre-Sainte : *in-fol.*

Cette Chronique est citée dans le Catalogue des Manuscrits du Frère Eloy, Augustin Réformé de Lyon, *pag.* 9.

☞ Continuatio Memorialis Joannis à sancto Victore, ab anno 1322, ad annum 1364.

Voyez ci-devant, [N.° 16985.]

17048. ☞ Mf. Histoire du Roi Jean, depuis 1350 jusqu'en 1364 : *in-fol.*

Cette Histoire est indiquée num. 66 des Manuscrits du Catalogue de M. Godefroy.]

17049. Mf. Chronique contenant le Règne du Roi Jean, depuis l'an 1350 jusqu'en 1364 : *in-fol.*

Cette Chronique est conservée dans la Bibliothèque du Roi, num. 9652.

17050. ☞ Mf. Notice du Règne du Roi Jean; par l'Abbé DE CAMPS, & Pièces qui le regardent.

Dans la Collection de M. de Fontanieu, Porte-feuilles 78-87, à la Bibliothèque du Roi. On peut les voir aussi dans celle de M. de Béringhen.]

☞ Les Livres IX. X & XI. du tom. I. de l'*Histoire de l'Eglise de Paris* de Dubois, & le tom. II: en entier, peuvent servir à l'Histoire de la troisième Race, depuis le commencement jusqu'à la mort du Roi Jean, en 1364.]

☞ ON peut consulter, pour le Règne du Roi Jean, = les Chroniques de Froissart, = les différentes Vies de Bertrand du Guesclin, = l'Histoire de Louis III. Duc de Bourbon, depuis 1356, = les Mémoires de M. Secousse, sur la Vie de Charles le Mauvais, Roi de Navarre : *Paris*, 1758, *in-4*. = la Vie de Boucicaut, depuis 1360. = les Notes XXII. XXIV. XXV & XXVI. de l'*Histoire du Languedoc* de DD. de Vic & Vaissete.]

17051. Mf. Chronicon, à creatione Mundi usque ad Regem Carolum Bonum.

Cette Chronique est conservée dans la Bibliothèque des Carmes de Clermont, selon le Père Labbe, *p.* 106, de sa *Nouvelle Bibliothèque des Manuscrits.*

17052. * Histoire de Philippe de Valois & du Roi Jean, depuis 1328 jusqu'en 1364; par l'Abbé (François Timoléon) DE CHOISY : *Paris*, Barbin, 1688, *in-4.*

17053. ☞ Mf. Chronique de France, depuis le commencement de la Monarchie jusqu'en 1380, que le Roi Charles V. mourut: *in-4.*

Elle est conservée dans la Bibliothèque de sainte Geneviève, à Paris. On y doit principalement remarquer ce qui regarde le Règne de Charles V. & de son Père, que l'Auteur a vu, & dont il a eu une parfaite connoissance. Ce Livre est en vélin, & orné de plusieurs figures des Rois en miniatures.]

17054. Mf. Appendix Chronici Guillelmi de Nangiaco, ab anno 1302, ad annum 1367 : *in-fol.*

Cette Appendice [étoit] conservée dans la Bibliothèque de M. Baluze, num. 430, [& est aujourd'hui en celle du Roi.]

17055. Mf. Chronicon incerti Auctoris, ab initio Regni Franciæ ad annum 1368.

Cette Chronique est conservée dans la même Bibliothèque, num. 426. D'Auteuil, à la fin de la Vie de la Reine Blanche de Castille, rapporte les Fragmens d'une Chronique, qui finit en 1368, & qui étoit autrefois dans la Bibliothèque de M. de Thou.

17056. Mf. Les Faits des Guerres qui furent faites & perpétuées au temps du Roi Charles V. *in-fol.*

Cette Histoire est conservée dans la Bibliothèque de M. le Prince, [de Condé,] num. 49.

17057. ☞ Mémoire dans lequel on prouve que Charles V. étoit Souverain de la Guyenne, lorsqu'en 1369 la Cour des Pairs de France décerna contre Edouard, Prince de Galles & Duc de Guyenne, un ajournement qui fut suivi d'une Declaration de guerre; par M. SECOUSSE. *Mém. de l'Acad. des Insc. & Belles-Lettres, tom. XVII. pag.* 316.]

17058. La Cour du Roi Charles V. surnommé le Sage, & celle de la Reine Jeanne de Bourbon son épouse; (par Claude François MENESTRIER, Jesuite:) *Paris*, Jollain, 1683, *in-12.*

Ce Livre contient l'explication de deux Tableaux, dont le premier représente l'hommage que Louis II. Duc de Bourbon, rendit au Roi Charles V. pour le Comté de Clermont, ancien Appanage de Bourbon, depuis Robert, fils de S. Louis, premier Comte de Clermont en Beauvoisis; & l'autre contient la rencontre ou l'entrevue d'Isabeau de Valois, Douairière de Bourbon, avec la Reine Jeanne de Bourbon sa fille, auprès du Château de Clermont, dans une Forêt où chassoit le Duc de Bourbon. L'Auteur est mort en 1705.

☞ *Voyez* le *Journal des Sçav.* 1683, *p.* 20, pour la première Edition, ou 14 pour la seconde Edition.]

17059. Mf. Annales Francorum, scripti in Monasterio sancti Dionysii in Francia, ab anno 1057, ad annum 1370 : *in-fol.*

Ces Annales [étoient] conservées dans la Bibliothèque de M. Baluze, n. 62, [& sont dans celle du Roi.]

17060. Mf. Chronique de France, finissant en 1377, écrite en ladite année par Bertoulet LE BRUN, Archer du Corps de Philippe, Duc de Bourgogne : *in-fol.*

Cette Chronique est conservée dans la Bibliothèque de M. le Chancelier d'Aguesseau.

17061. Mf. Chronique, depuis le commencement du Monde jusqu'à l'année de Jesus-Christ 1378, touchant la France & l'Angleterre : *in-fol.*

Cette Chronique est dans la Bibliothèque de S. Victor, num. 1195.

17062. Mf. Chronica Regum Francorum usque ad annum 1378.

Cette Chronique [étoit] conservée dans la Bibliothèque de M. Colbert, num. 1320, [& est aujourd'hui en celle du Roi.]

17063. Entrevue de Charles IV. Empereur, de son fils Venceslas, Roi des Romains, & de Charles V. Roi de France, faite à Paris l'an 1378, publiée par Théodore Godefroy: *Paris*, 1613, *in-4*.

Cette Entrevue est extraite d'une Chronique manuscrite de la Bibliothèque du Roi, qui finit en 1380.

☞ *Voyez* Lenglet, *Méth. historiq. in-4. tom. IV. pag.* 59.]

17064. Ms. Chronique de France, depuis l'an 1225 jusqu'en 1380.

Cette Chronique est conservée dans la Bibliothèque du Roi, num. 1183, selon le Père Labbe, *pag.* 293 de sa *Nouvelle Bibliothèque des Manuscrits*.

17065. Ms. Ancienne Chronique de France, jusqu'en l'an 1380 : *in-fol*.

Cette Chronique [étoit] conservée dans la Bibliothèque de M. Colbert, num. 1016, [aujourd'hui en celle du Roi. Il y en avoit aussi un Exemplaire] dans celle de M. le premier Président de Mesme.

17066. ☞ Ms. Chroniques abrégées des Rois de France, jusqu'en 1380 : *in-8*.

Cet ancien Manuscrit est conservé dans la Bibliothèque du Roi, parmi ceux de M. de Cangé.]

17067. ☞ Ms. Histoire de Charles V. depuis 1364 jusqu'en 1380 : *in-fol*.

Cette Histoire est indiquée num. 67 des Manuscrits du Catalogue de M. Godefroy.]

— Histoire de Bertrand du Guesclin, Connétable de France; par Paul Hay DU CHASTELET, depuis l'an 1314 jusqu'en 1380.

Voyez ci-après, *Hist. des Connétables*.
Du Guesclin est mort en 1380.

17068. Ms. Chronique, depuis Philippe de Valois jusqu'à Charles VI.

Cette Chronique [étoit] dans la Bibliothèque du Collége des Jésuites de Paris, [& est aujourd'hui dans celle de M. Meerman, à Rotterdam.]

17069. Ms. Histoire des Rois Philippe de Valois, Jean & Charles V.

Cette Histoire [étoit] conservée dans la Bibliothèque de l'Eglise de Notre-Dame de Paris, I. 11, [& est aujourd'hui dans la Bibliothèque du Roi.]

17070. Ms. Le Livre des faits & bonnes mœurs du sage Roi Charles V. fait & compilé par Christine DE PISAN, Damoiselle, accompli, le 30 Novembre 1404 : *in fol*.

Ce Manuscrit est conservé dans la Bibliothèque du Roi, num. 9668, [& dans celle de MM. les Avocats.] Cette Demoiselle étoit fille de Thomas de Pisan, dit de Bologne, Médecin du Roi Charles V.

☞ Cet Ouvrage a été imprimé, un peu abrégé, sous le titre suivant.]

17071. ☞ Vie du Roi Charles V. par Christine DE PISAN, avec des Notes.

Dans les *Dissertations sur l'Histoire de Paris*, par M. LEBEUF, *tom. III.* (p. 81-389) : *Paris*, 1743, *in-12*.

Cette Vie, dont le style est assez naïf, est divisée en trois parties. Elle fut écrite par ordre de Philippe le Hardi, Duc de Bourgogne, frère du Roi Charles V. Elle contient plusieurs faits curieux de l'Histoire de ce Monarque, qu'on ne trouve point ailleurs. On doit sçavoir gré à M. Lebeuf d'en avoir fait part au Public : il

en a conservé le langage, mais il en a tronqué plusieurs endroits, qu'il auroit peut-être mieux valu donner en entier. Il y a joint beaucoup de Notes très-étendues, & plusieurs Pièces qu'on n'avoit point publiées jusqu'ici. Cet Ouvrage est précédé d'un Avertissement qui contient un Abrégé de la Vie de Christine de Pisan. Elle étoit veuve d'Etienne du Castel, jadis Clerc, Notaire & Secrétaire du Roi, fille de Thomas de Bologne, Conseiller & Astrologien du feu Roi Charles. *Voyez l'Histoire de Charles VI*. par Godefroy, *pag.* 790 & 791. M. Godefroy se proposoit de publier son Livre des faits de Charles V. *Ibid. pag.* 799.

On peut encore voir l'Article de cette Dame dans le *Diction.* de Prosper MARCHAND, *tom. II.* p. 146-150.]

17072. Ms. Histoire du Roi Charles V. par l'Historien anonyme du Roi Charles VI.

Cette Histoire est citée dans le Prologue de celle de Charles VI. du même Auteur. Le Laboureur croit qu'il se nommoit Benoît GENTIEN, Moine de l'Abbaye de S. Denys, & D. Félibien combat ce sentiment, *pag.* 339 de son *Histoire de cette Abbaye*.

« L'Historien de Charles VI. (publié par Jean le Laboureur,) nous apprend au commencement de son Ouvrage, qu'il a écrit l'Histoire de Charles V. & comme elle ne se trouve point, le mérite du sujet & celui de l'Auteur, doivent également engager les doctes & tous les curieux à la recherche d'une pièce si considérable, puisqu'elle doit être de la force de celle de Charles V. C'est-à-dire, plus entière & plus véritable que toutes celles que nous avons, tant imprimées que manuscrites. Ce n'est pas qu'il ne se trouve un assez grand nombre d'Histoires des Règnes précédens; mais ce sont pour la plupart des récits tout cruds & mal digérés, & l'on en voit fort peu, depuis S. Louis, qui nous ayent instruits des secrets du Cabinet, des motifs des plus belles entreprises & des actions les plus signalées ». C'est ce qu'observe le Laboureur, au commencement de ses *Mémoires pour l'Histoire de Charles VI.*

☞ Ms. Les derniers propos de Charles V. Roi de France, à la mort : *in-fol*.

☞ Ms. Préceptes du Roi Charles V. à son fils Charles VI. *in-4*.

Ces deux Manuscrits se trouvent parmi ceux de M. Séguier : *Invent. des miniat.* p. 47, à S. Germain des Prés.]

17073. ☞ Notices du Règne de Charles V. par l'Abbé François DE CAMPS, & Pièces qui le concernent.

C'est ce qui est contenu dans les Porte-feuilles 88-97 de M. de Fontanieu à la Bibliothèque du Roi. Les Originaux de l'Abbé de Camps sont dans celle de M. de Béringhen.]

17074. Histoire de Charles le Sage ; par François DE BELLEFOREST.

Cette Histoire est imprimée dans son *Histoire des neuf Charles* : *Paris*, 1568, *in-fol*.

17075. ✱ Histoire du Roi Charles V. par l'Abbé (François Timoléon) DE CHOISY : *Paris*, Barbin, 1688, *in-4*.

17076. ☞ Observation sur des Fables publiées au sujet du Roi Charles V.

Dans les *Singularités historiques* de D. Liron, *tom. III. pag.* 443.]

17077. ☞ Examen des reproches d'injustice & de mauvaise foi que quelques Historiens Anglois ont faits à la mémoire de Charles V. par M. l'Abbé SALLIER. *Mém. de l'A-*

Lɪᴠ. III. *Histoire Politique de France.*

cadémie des Inscript. & Bell.Lettr.t.XVII. pag. 339.]

17078. ☞ Mſ. Essai sur le Règne de Charles V. par M. Doderel, Président de l'Election d'Amiens & de l'Académie de cette Ville.

Dans les Registres de cette Académie.]

17079. ☞ Eloge de Charles V. Roi de France; Discours qui a remporté le Prix de l'Académie Françoise; par M. de la Harpe: *Paris*, veuve Regnard, 1767, *in-8.*]

17080. ☞ Eloge de Charles V. Roi de France; Discours qui a obtenu l'*Accessit* à l'Académie Françoise en 1767; par M. l'Abbé Ménard: *Paris*, veuve Regnard, 1767, *in-8.*]

17081. ☞ Autre; par M. Sautreau de Marsy: *Genève* & *Paris*, veuve Regnard, 1767, *in-8.*]

17082. ☞ Eloge historique de Charles V. Roi de France; par M. de Villette: *Paris*, Grangé: *in-4.*]

17083. ☞ Mſ. Inventaire des Ornemens de la Chapelle de Charles V.

Ce Manuscrit est conservé dans la Bibliothèque du Roi, num. 8356. On est surpris de la quantité prodigieuse de Vases, de Croix, de Reliquaires, de Diamans & de Pierreries dont cet Ecrit fait mention.]

☞ On peut consulter encore, pour le Règne de Charles V. = les Chroniques de Froissart, = la Vie de Louis III. Duc de Bourbon, par Masson, = les Histoires du Maréchal de Boucicaut, de Pelham & Godefroy, = les Vies de du Guesclin, = les Mémoires de M. Secousse, sur la Vie de Charles le Mauvais, Roi de Navarre : *Paris*, 1758, *in-4.* = les Notes XXVII. XXVIII & XXIX. de l'*Histoire du Languedoc*, de DD. de Vic & Vaissete.]

§. II.

Règne de Charles VI. depuis l'an 1380 jusqu'en 1422.

17084. Mſ. Anciennes Chroniques finissant en 1383.

Ces Chroniques [étoient] conservées dans la Bibliothèque de M. Colbert, num. 1380, [& sont aujourd'hui en celle du Roi.]

17085. ☞ Mémoire historique & critique sur quelques événemens arrivés au commencement du Règne de Charles VI. ès années 1380, 1381 & 1382; par M. Denys-François Secousse.

On trouve ce Mémoire dans la Préface du Tome VI. de son *Recueil des Ordonnances de la troisième Race.*]

17086. Mſ. Chroniques depuis le commencement du Monde jusqu'à l'an de Jesus-Christ 1383 : *in-fol.*

Ces Chroniques, dont les cinq cens dernières années regardent particulièrement l'Histoire de France, [étoient] conservées en vélin dans la Bibliothèque de M. le Prince Eugène de Savoye, [& sont aujourd'hui en celle de l'Empereur.]

17087. Mſ. Chroniques tirées des Histoires de France, d'Angleterre & de Flandres, d'Ecosse, d'Espagne & de Normandie, depuis l'an 366 de Jesus-Christ jusqu'en 1383.

Ces Chroniques sont conservées à Londres, dans la Bibliothèque du Chevalier Cotton, Julius, E. VI.

17088. ☞ Mſ. Chronique de France, depuis l'hommage d'Edouart, Roi d'Angleterre, pour le Duché d'Aquitaine [en 1329] jusqu'au Couronnement du Roi Charles VI. *in-fol.*

Cette Chronique est indiquée au num. 15056, du Catalogue de M. d'Estrées.]

17089. ☞ Mſ. Chroniques des Rois de France, jusqu'en 1383.

Ces Chroniques se trouvent à la fin d'un Manuscrit de la Bibliothèque du Roi, num. 7431. Elles commencent depuis le siège de Troyes, & vont jusqu'à Charles VI. Dans le Prologue il y a un grand éloge de Nicolas Oresme, avec une énumération de ses Œuvres, & des Traités du même Auteur sur diverses matières, du temps de Charles VI & Charles VII.]

17090. Mſ. Chronique abrégée de France, jusqu'en 1383, dont l'Auteur vivoit l'an 1383.

Cette Chronique est conservée dans la Bibliothèque du Roi, num. 10298 ².

17091. Mſ. Historia Caroli VI. ab ejus coronatione ad annum 1385.

Cette Histoire [étoit] conservée dans la Bibliothèque de M. Colbert, num. 3286, [& est aujourd'hui en celle du Roi.]

17092. Mſ. Annales de France, depuis l'an 646 jusqu'en 1387.

Ces Annales [étoient] conservées dans la Bibliothèque d'Olivier de Urée, selon Sanderus, tom. I. de sa *Bibliothèque des Manuscrits Belgiques*, pag. 226.

17093. Mſ. Joannis Fabri, Episcopi Carnotensis, & Ludovici Ducis Andium, Siciliæ Regis Cancellarii, Diarium historicum, quo res gestas omnes, quibus interfuit singulis diebus, prout gestæ sunt, ab anno 1381, ad annum 1388, ordine describit : *in-fol.*

Le même Journal en François : *in-fol.*

Ces deux Exemplaires [étoient] conservés dans la Bibliothèque de M. Colbert, num. 586 & 587. [Ils sont aujourd'hui dans celle du Roi.] Jean le Fevre est mort en 1390.

17094. Opusculum ex Libris Domûs communis Tholosæ excerptum, de Karoli Regis Franciæ in Tholosam adventu, anno 1389.

Cet Extrait est imprimé dans les *Gestes des Toulousains* de Nicolas Bertrand, pag. 59 : *Tholose*, 1515, *in-fol.*

17095. Mſ. Journal de l'Histoire de France & d'Angleterre, depuis Philippe le Bel (en 1285) jusqu'en 1390 : *in fol.*

Ce Journal est indiqué dans le Catalogue des Manuscrits de M. le Chancelier Séguier.

Règne de Charles VI. 1392.

17096. ★ Petri Baiocensis, Ordinis Prædicatorum, Chronicon sui temporis, ab anno 1350, ad annum 1392, studio Thaddæi de Argentinâ : *Basileæ*, Loppart, 1512, *in-8*.

17097. Mſ. Arrêts & Mémoires des querelles entre les Maisons d'Orléans & de Bourgogne, du temps de Charles VI. en 1399 : *in-fol.*

Ce Recueil est conservé entre les Manuscrits de M. Dupuy, num. 108, & entre ceux de M. de Brienne, num. 196, 197, & dans la Bibliothèque de M. le Chancelier Séguier, num. 177.

17098. Mſ. Chronique de Jacques de Conigshoffen, ou de la Cour du Roi, qui contient la suite & l'Histoire des François & des Gaules, depuis l'origine de la Nation jusqu'en 1399, (en Allemand).

Cette Chronique est conservée dans la Bibliothèque du Vatican, entre les Manuscrits de la Bibliothèque Palatine, num. 475.

17099. Mſ. Chronique, depuis Adam jusqu'à l'an de Jesus-Christ 1399 : *in-fol.*

Cette Chronique est conservée dans la Bibliothèque du Roi, num. 7511.

17100. Histoire & Chronique de Jean Froissart, de Valencienne, Trésorier & Chanoine de Chimey, contenant les Guerres de France & d'Angleterre, & autres lieux, depuis l'an 1326 jusqu'en 1400, continuée par un Auteur anonyme, jusqu'en 1498 : *Paris*, Verard, *in-fol.* 4 vol. *Ibid.* 1503, 1505, *in-fol.* 3 vol.

☞ Les mêmes : *Paris*, 1518, *in-fol.* 4 vol.]

Les mêmes, continuées jusqu'en 1513 : *Paris*, 1513, *in-fol.* 3 vol.

Les mêmes, revues & corrigées sur divers Exemplaires, & suivant de bons Auteurs ; par Denys Sauvage : *Lyon*, 1559-1561, *in-fol.* 4 vol. *Paris*, 1574.

L'Edition de 1559 est la plus belle & la plus rare. L'Auteur, qui a fleuri en 1400, dit dans sa Préface, (qui se trouve dans le Manuscrit, num. 8317, de la Bibliothèque du Roi,) qu'il se « veut fonder & ordonner » sur les vraies Chroniques jadis faites & rassemblées » par Jean le Beau, Chanoine de S. Lambert de Liége, » qui grant cure & diligence mist en ceste matière, & » la continuast tout son vivant le plus juste qu'il pust ».

« Froissart s'est acquis plus de recommandation à re- » cueillir divers Mémoires, & disposer tellement quel- » lement les Guerres & les choses mémorables d'entre » les Anglois & les François, que pour la vérité & droite » affection qu'il y devoit garder, & à l'un & à l'autre » desquels il naître les actions : car il ne fait que trop » connoître qu'il balance aux Anglois, pour les appoin- » temens qu'il recevoit de leurs Princes, & la froide re- » connoissance dont les François caressoient ses labeurs ». La Popelinière, *pag.* 430 de son *Histoire des Histoires*.

« Denys Sauvage, qui a remis sous la presse plusieurs » anciens Livres ; & plusieurs autres, qui ont travaillé » après lui, ont plutôt disgracié qu'illustré notre Histoi- » re, & n'ont servi qu'à rendre les originaux & les pre- » mières éditions plus rares & plus chères de la vieille » Chronique de Flandres, de Froissart, de Monstrelet, » de Philippe de Comines, de Joinville, & d'autres ex- » celleus Historiens ». Le Laboureur, *pag.* 677, du Tome I. des *Mémoires de Castelnau*.

« Le quinzième siècle a été l'un des plus grossiers & » des plus remplis d'ignorance ; c'est pourquoi nous n'y » trouvons pas un grand nombre d'Historiens. Jean » Froissart mérite, avec raison, d'avoir la première » place parmi eux, ayant fini sa vie & son Histoire vers » le commencement de ce siècle. Il fut quelque temps » Chanoine & Trésorier de Chimey, au Diocèse de » Liége. Son Ouvrage contient les affaires de France, » d'Espagne & des autres parties de l'Europe, aussi-bien » que de l'Angleterre, quoiqu'il insiste particulièrement » sur celles de cette Nation. L'Auteur étoit né François, » & avoit été élevé à la Cour d'Edouard III. & plusieurs » années après il parut à celle du Roi Richard II. Il a » écrit dans sa Langue naturelle, qui étoit aussi en ce » temps-là la Langue de la Cour d'Angleterre. Les Co- » pies que l'on en a en François, soit imprimées soit » manuscrites, sont généralement pleines de fautes, les » noms & les chiffres étant très-défigurés ; ce qui ne » peut venir de l'Auteur, qui connoissoit parfaitement » la Cour d'Angleterre. Plusieurs de ses fautes ont été » corrigées dans l'Edition Angloise, publiée par Jean » Bourchier, Lieutenant de Calais, suivant l'ordre qui » lui en avoit été donné par Henri VIII. sur la fin de son » Règne. La Narration de Froissart est simple & natu- » relle, & peut-être personne n'a-t-il mieux rapporté les » affaires d'Edouard III. & de son infortuné successeur » Richard II. Sleidan a donné en Latin l'Abrégé de cette » Histoire ; mais il ne l'a pas fait avec le désintéressement » & la fidélité que l'on devoit attendre d'un homme » d'une si grande réputation. Voici la Censure que le » sçavant Lhuïd (*Comment. Britann. descript. pag.* 27) » a donnée il y a long-temps de cette Pièce & de son Au- » teur : Pour vouloir trop favoriser les François, Slei- » dan passe sur les actions les plus illustres des Anglois, » ou il s'éloigne du sens de son Auteur, en écrivant au- » trement les choses que n'a fait Froissart ». Nicolson, *pag.* 184, de sa *Bibliothèque des Historiens d'Angleterre*.

☞ Sur ce que la Croix du Maine dit que Froissart fleurissoit en 1326, M. de la Monnoye observe que cela n'est pas exact, puisque Froissart vivoit encore en 1400. Froissart lui-même, au Prologue de ses Chroniques, dit qu'avant la bataille de Poitiers, en 1356, il étoit lui bien jeune de sens & d'âge ; que cependant au sortir de l'école il s'étoit occupé à rédiger les guerres précédentes, & qu'il en présenta le Recueil à la Reine Philippe d'Angleterre. Ainsi ayant alors 25 ans, (en 1356) il pouvoit avoir 70 ans en 1400. M. de la Monnoye dit aussi que les Allemands accusent les François d'avoir extrêmement corrompu & estropié le texte de Froissart.

Voyez Lenglet , *Méth. historiq. in-4. tom. II. p.*165 : *tom. IV. pag.* 59. = *Plan de l'Hist. de France, tom. II. pag.* 10. = Sorel, *pag.* 292. = Le Gendre, *tom. II. p.*10. = *Bibl. du Verdier, pag.* 693. = Lambert, *Hist. Littér. du Règne de Louis XIV. tom. I. Liv. IV. Disc. pag.*111. = La Croix du Maine, *pag.* 226. = *Histoire des Histoires, pag.* 434.]

Frossardi, Opus omne breviter collectum & Latino sermone redditum à Joanne Sleïdano : *Parisiis*, 1537, 1562, *in-8.* *Francofurti*, 1578, & *Heidelbergæ*, 1587, *in-fol.* *Francofurti*, 1584, *in-fol. Amstelodami*, 1640, 1656, *in-12.*

Ce Traducteur a retranché plusieurs choses de son Auteur, aussi n'a-t-il eu dessein que de donner les faits les plus mémorables & plus dignes d'être sçus. Nicolson lui attribue un autre motif de ses retranchemens.

Voyez [ce qu'on en a rapporté ci-dessus.]

☞ On peut voir au sujet de Froissart, les *Mémoires du Père Niceron, tom. XXXIX. pag.* 38 & *suiv.*]

Chronique abrégée de Froissart, depuis 1326 jusqu'en 1400.

Cet Abrégé est conservé dans la Bibliothèque de M. le Chancelier d'Aguesseau.

L'Abrégé de cette Chronique, traduit en Anglois par P. Golding : *London*, 1608, *in-4*.

L'Histoire de Froissart, traduite en Flamand par Gerrit Potters Vander-Loo : *in fol.*

La même, traduite en Anglois, par Jean Bourchier, par l'ordre du Roi Henri VIII.

Elle a été imprimée sur la fin de son Règne. Cette Edition est plus correcte pour les noms propres.

17101. Recueil diligent & profitable, auquel sont contenues les choses plus notables à remarquer dans toute l'Histoire de Jean Froissart, mis en un abrégé & illustré de plusieurs Annotations; par François DE BELLEFOREST : *Paris*, Hulpeau, 1572, *in-16*.

Ce Volume contient un fort petit Abrégé de la Chronique de Froissart.

17102. ☞ Mémoire sur Froissart, & Jugement sur son Histoire; par M. de la Curne de SAINTE-PALAYE. *Mém. de l'Ac. des Inscr. & Bell.Lettr. t. X. p. 664, & XIII. p. 534 & 55.*]

17103. Histoire de la première découverte & conquête des Canaries, faite en 1402, par Jean de Béthencourt, Chambellan du Roi Charles VI. écrite du temps même; par Pierre PONTIER & Jean LE VERRIER; & mise en lumière par Galien de Béthencourt : *Paris*, Joly, 1630, *in-8*.

☞ *Voyez* dans le Recueil des *Voyages en Asie, &c.* l'Introduction de Bergeron : *La Haye*, Néaulme, 1735, *in-4.*]

17104. ☞ Ms. Relation du Combat de sept François contre sept Anglois, en 1402.

Ce Manuscrit, qui est fort ancien & à peu près du temps, est dans la Bibliothèque de M. Fevret de Fontette, Conseiller au Parlement de Dijon. Les François eurent l'avantage.]

17105. Ms. Histoire de France, depuis l'an 1136 jusqu'en 1404 : *in-fol.*

Cette Histoire est conservée dans la Bibliothèque du Roi, num. 8311.

17106. Ms. Chronique de Charles V. & de Jeanne de Bourbon sa femme, avec celle de Charles VI. depuis l'an 1380 jusqu'en 1406 : *in-fol.*

Cette Chronique est conservée dans la même Bibliothèque.

— Histoire de la Vie de Louis III. Duc de Bourbon; (par Jean D'ORRONVILLE).

Ce Duc est mort en 1410. *Voyez* ci-après, *Généalogies des Princes.*

17107. Ms. Lettres, Actes & Mémoires contenant les grands différends entre les Maisons d'Orléans & de Bourgogne, depuis l'an 1407 jusqu'en 1429 : *in-fol.*

Ce Recueil est conservé dans la Bibliothèque de MM. des Missions Etrangères, & dans celle de M. le Chancelier d'Aguesseau.

17108. Ms. Mémoire de ce qui s'est passé à Paris ensuite de la mort du Duc d'Orléans, tiré la plûpart de Monstrelet : *in-fol.*

Ce Mémoire est conservé dans la Bibliothèque du Roi, num. 8429.

17109. Ms. Justification du Duc Jean de Bourgogne; par Jean PETIT, Docteur de l'Université de Paris : *in-8*.

Cette Justification est citée dans la Bibliothèque de M. de Thou. Gérard de Montaigu, Evêque de Paris, condamna d'hérésie, le 23 Novembre 1414, les Propositions qui étoient dans ce Livre de Jean Petit, mort en 411.

※ Cette Pièce se trouve dans Monstrelet, Liv. I. chap. 38 & 39, sous le titre de *Plaidoyé*.

17110. Ms. Procès-verbal de la Proposition de Jean Petit, pour la justification du Duc de Bourgogne.

Ce Manuscrit [étoit] conservé dans la Bibliothèque de M. le Chancelier Séguier, num. 423, [& est aujourd'hui à S. Germain des Prés.]

17111. Ms. Tractatus compositus per (Martinum PORÉE) Episcopum Atrebatensem, pro parte Ducis Burgundiæ, quòd licitè fecit occidi Ducem Aurelianensem.

Ce Traité est conservé à Paris dans la Bibliothèque du Collège de Navarre. L'Auteur est mort Evêque d'Arras en 1426.

17112. Ms. Recueil de ce qui s'est passé pour la justification du Duc de Bourgogne, en 1407.

Ce Recueil [étoit] dans la Bibliothèque de M. Colbert, num. 2403, [& se trouve aujourd'hui dans celle du Roi.]

17113. Acta Concilii Parisiensis super cæde Ducis Aurelianensis à Duce Burgundiæ, perpetrata anno 1407, habiti circa finem anni 1413, & initio anni 1414, & quæ in Gallia insecuta sunt.

Ces Actes sont imprimés au tom. V. des *Œuvres* de Gerson, partie seconde : *Antverpia*, (*Amstelodami,* de Lorme,) 1706, *in-fol.*

17114. ☞ Mémoire sur le lieu, les circonstances & les suites de l'assassinat de Louis, Duc d'Orléans, frère du Roi Charles VI. par M. BONAMY. *Mém. de l'Académie des Inscript. & Belles-Lettres, tom. XXI. pag. 515.*]

17115. Plurima Scripta Joannis GERSONII adversùs Assertionem Joannis Parvi.

Ces Ecrits sont imprimés au tom. I. des *Œuvres* de Gerson, *pag.* 375, 396, 409 : *Parisiis*, 1606, *in-fol.* & au tom. III. *pag.* 69, de l'Edition d'Amsterdam, 1706.

※ Gerson réfute, au nom de l'Université de Paris, toutes les parties du Discours & du Livre de Jean Petit.

17116. Acta in Concilio Constantiensi circa damnationem Propositionum Joannis Parvi.

Ces Actes sont imprimés au tom. V. des *Œuvres* de Gerson, partie troisième, de l'Edition de l'année 1706.

17117. ☞ Ms. Histoire des célèbres contestations agitées au Concile de Constance, entre Martin Porée, Dominicain, Evêque d'Arras, & Jean Gerson, Chancelier de l'Université de Paris, au sujet de la Doctrine de Jean Petit, Docteur de Paris, contenue dans sa *Justification du Duc de Bourgogne*; pour servir de réfutation à ce que le Protestant Jacques l'Enfant a écrit sur ce sujet;

par le R. P. J. J. Proville, Dominicain de la Maison d'Arras, Docteur de la Faculté de Paris, & Professeur en Théologie au Couvent de la Minerve à Rome : 1755, *in-*4.

M. Enlart de Grandval, Conseiller au Conseil Supérieur d'Artois, possède une copie de ce Manuscrit, revue & corrigée par l'Auteur, qui lui en a fait présent. C'est une Histoire fort approfondie, & où l'on relève beaucoup d'erreurs dans lesquelles sont tombés d'autres Historiens.]

17118. Actes de la Faculté de Théologie de Paris, contre les erreurs de Jean Petit.

Ce Recueil contient dix Pièces, entr'autres la Relation faite dans l'Assemblée de l'Université de Paris, contre les erreurs de Jean Petit; Sommaire de la Censure de ces Propositions; les Lettres écrites par cette Université au Concile de Constance; avec la Définition faite par ce Concile, sur la fidélité due aux Rois, &c. Ces Actes sont imprimés dans le *Recueil des Censures de la Faculté de Théologie de Paris, touchant la souveraineté des Rois* : Paris, 1717, *in-*4.

17119. ☞ Deux Mémoires historiques & critiques sur les révolutions arrivées dans l'administration du Gouvernement François, depuis 1392 à 1411; par M. Secousse.

Ces deux Mémoires se trouvent aux Préfaces des Tomes VIII & IX. de son *Recueil des Ordonnances de la troisième Race.*]

17120. Mf. Relation de la mort de Jean, Duc de Bourgogne, tué à Montereau en 1419.

Cette Relation est conservée entre les Manuscrits de M. Dupuy, num. 702.

17121. Mf. Le Livre de la mort de Jean, Duc de Bourgogne.

Ce Livre [étoit] dans la Bibliothèque de M. Baluze, num. 654, [& est aujourd'hui en celle du Roi.]

17122. Mf. Narré de la mort du Duc Jean de Bourgogne.

Ce Narré est conservé dans la Bibliothèque de l'Eglise Cathédrale de Tournay, selon Philibert de la Mare, *pag.* 9, du *Plan des Historiens de Bourgogne.*

17123. ☞ Mf. Récit comment fut occis le Duc Jean de Bourgogne.

Il est au commencement du tom. III. d'un Recueil en 3 volumes *in-fol.* qui se conserve dans la Bibliothèque de S. Vincent de Besançon, & est intitulé : *Mélanges de choses curieuses.*]

17124. ☞ L'Histoire du meurtre de Jean Sans-peur, Duc de Bourgogne, avec les Preuves.

Cette Histoire est imprimée dans les *Mémoires pour servir à l'Histoire de France & de Bourgogne* : Paris, 1729, *in-*4.

M. de Saint-Foix a fait voir que ce meurtre n'étoit point prémédité : *Essais historiques sur Paris* : (Paris, Duchesne, 1757) part. IV: *pag.* 187 & *suiv.*]

17125. Mf. Recueil de Pièces touchant le Duc de Bourgogne, depuis l'an 1405 jusqu'en 1414.

Ce Recueil [étoit] conservé dans la Bibliothèque de M. le premier Président de Mesme, num. 64.

17126. Mf. Diverses Pièces & Mémoires concernant la mort du Duc de Bourgogne en 1419, avec les Preuves recueillies par Prosper Bauyn, Conseiller du Roi & Maître ordinaire en sa Chambre des Comptes de Dijon.

[Cet Auteur est mort en 1688.] Son Recueil est conservé entre les mains de ses héritiers, selon Philibert de la Mare, *pag.* 10, de son *Plan des Historiens de Bourgogne.*

17127. Mf. Historia rerum gestarum sub Carolo VI. Galliarum Rege, ab anno 1380, usque ad annum 1412; auctore Simone le Couvreux, Atrebatensi, Carmelita.

Cette Histoire est citée par Valère André, dans la *Bibliothèque des Auteurs Belgiques.* Le Couvreux a fleuri en 1489.

17128. Mf. Desolatio Franciæ, dum Rex Carolus VI. (anno 1412,) detineretur ab Anglis; per Robertum Blondelli, carmine.

Ces Vers sont conservés dans la Bibliothèque du Roi, num. 935.

17129. Mf. Historia Caroli VI. ab anno 1380, ad annum 1415, jussu Guidonis de Monceaux & Philippi de Villette, Abbatum sancti Dionysii, scripta à quodam Monacho sancti Dionysii in Franciâ : *in-fol.*

Cette Histoire [étoit] conservée dans la Bibliothèque de M. Colbert, num. 606, & dans celle de M. Baluze, num. 448, 451. Les Manuscrits de ces deux Bibliothèques [aujourd'hui en celle du Roi,] différent en quelques endroits; le dernier est plus complet.

La même Histoire, traduite en François, & publiée sous ce titre :

☞ Histoire de Charles VI. Roi de France, écrite par les ordres & sur les Mémoires & les avis de Guy de Monceaux & de Philippe de Villette, Abbés de Saint-Denys, par un Auteur contemporain, Religieux de leur Abbaye, contenant tous les secrets de l'Etat & du Schisme de l'Eglise, avec les intérêts & le caractère des Princes de la Chrétienté, des Papes, des Cardinaux & des principaux Seigneurs de France; traduite sur le Manuscrit Latin tiré de la Bibliothèque de M. le Président de Thou; par Messire Jean le Laboureur, Prieur de Juvigné, Conseiller & Aumônier du Roi, Historiographe de France, & par lui-même illustrée de plusieurs Commentaires tirés de tous les Originaux de ce Règne, avec un Discours succinct des Vies & Mœurs, & de la Généalogie & des Armes de toutes les personnes illustres du temps mentionnées en cette Histoire, & en celle de Jean le Fevre, Sieur de Saint-Remy, pareillement contemporain, qui y est ajoutée pour servir de Supplément, & qui n'avoit pas encore été vue : Paris, Billaine, 1663, *in-fol.* 2 vol.

Le Tome I. contient : Mémoires pour servir d'introduction à l'Histoire du Règne de Charles VI. Roi de France. = Histoire particulière des quatre Princes Gouverneurs du Royaume pendant la minorité de Charles VI. = Tables Généalogiques de tous les Descendans du Roi Charles VI. = Histoire du Règne du Roi Charles VI. qui commence en 1380, & finit en 1416, six ans avant sa mort.

Le Tome II. comprend : Suite de l'Histoire précédente, depuis 1407 jusqu'en 1415. = L'Histoire de Charles VI. Roi de France, par Jean LE FEVRE, dit *de S. Remy*, autrement nommé *de la Toison d'Or*, Chancelier de Philippe le Bon, Duc de Bourgogne. Elle commence en 1408, & finit en 1422, après la mort de Charles VI.]

L'Auteur anonyme de la Vie de Charles VI. dès l'an 1381, résidoit en la Cour du Roi d'Angleterre pour les affaires de l'Abbaye de S. Denys, dont il étoit Religieux. Le Laboureur, qui a fait des recherches pour découvrir son nom, conjecture que c'étoit Benoît GENTIEN, Docteur en Théologie, qui étoit en ce temps-là un des plus célèbres Religieux de ce Monastère. Dom Michel Félibien, pag. 339 de l'*Histoire de l'Abbaye de S. Denys*, remarque « qu'il ne sçait comment on peut » regarder comme d'une même personne, ce que l'Au-» teur dit de soi-même & de Benoît Gentien son con-» frère. Car pourquoi, ajoute-t-il, ce double langage ? » tantôt parler en première, tantôt en tierce personne ». La mort de cet Historien, qui arriva vers l'an 1416, nous a empêché d'avoir de sa main les dernières années de Charles VI.

« Le célèbre Auteur anonyme de cette Histoire, » (dit le Laboureur dans sa Préface) étoit un hom-» me d'un singulier mérite, pour un temps où il n'y » avoit de simplicité que pour le style, & où les mœurs » étoient fort corrompues. Il étoit admirablement ins-» truit des secrets du Cabinet de France, des intrigues » de la Cour Romaine d'Avignon, des intérêts des Par-» ticuliers, & généralement de toutes les affaires de son » temps, qu'il traite fidèlement & sans faire paroître » de passion, que pour le bien de sa Patrie. En effet, il » blâme & loue en un chacun de ses Sujets tout ce qu'ils » ont pu faire en divers temps de louable & de blâma-» ble, sans tenir aucun parti sous un Règne si partagé » de suffrages & d'inclinations que celui de la justice & » de la vérité....... Juste dans le récit aussi bien que » dans l'ordre & dans l'économie de son Histoire...... » ferme dans sa morale & sa politique. Pour moi, con-» tinue le Laboureur, je l'estime le premier des Fran-» çois qui a commencé de donner une Histoire accom-» plie, & je vois si peu de modernes à lui comparer, que » je le crois encore capable d'être proposé pour exem-» ple à tous nos Ecrivains de l'avenir. C'étoit le senti-» ment de feu M. Dupuy, Garde de la Bibliothèque du » Roi..... La Latinité de cet Auteur est si rude, & quel-» quefois si peu régulière, qu'il m'auroit été presque » impossible de la traduire, si je n'avois été fort instruit » des choses du Règne qu'il traite..... Je n'y ai rien » ajouté du mien que les Chapitres avec leurs Sommai-» res, & les Tables chronologiques qui sont au com-» mencement de chaque Livre ».

☞ *Voyez* Lenglet, *Méth. historiq. in-4. tom. II. pag. 266 & tom. IV. pag. 60.* = Sorel, *pag. 294.* = Le Père Niceron, *tom. XIV. p. 121.* = Le Gendre, *tom. II. pag. 55.*]

17130. ☞ Mſ. Factum du Sieur de Gaucourt, contre Louis, Seigneur d'Etouteville, où il y a plusieurs choses curieuses sur la Bataille d'Azincourt, (en 1415).

Cette Pièce est conservée dans la Bibliothèque du Roi, parmi les Manuscrits de M. Baluze, num. 544.]

17131. ☞ Observation sur un point de l'Histoire de Charles VI. *Journ. de Verdun*, 1733, *Octobre*.

Il s'agit de sçavoir si le Dauphin fut déclaré atteint & convaincu du meurtre du Duc de Bourgogne en 1419, expressément, comme l'a dit Mézeray, ou implicitement, comme le croit Rapin-Thoyras, dans ses *Notes sur les Actes publics d'Angleterre*, de Rymer. L'Auteur fait voir qu'il n'y eut personne de nommé dans l'Arrêt.]

17132. Mſ. Histoire de Jean le Maingre, dit de Boucicaut, Maréchal de France, depuis l'an 1378 jusqu'en 1421.

Voyez ci-après, l'Article des *Maréchaux de France*.

17133. Mſ. Chronique des Rois de France, jusqu'en 1422.

Cette Chronique est conservée dans la Bibliothèque du Roi, num. 1956, & dans celle du Vatican, entre les Manuscrits de la Reine de Suéde, num. 756.

17134. Mſ. Historia de nonnullis rebus Caroli V. & Caroli VI. Regum, & de prærogativis Regum Franciæ super omnes alios Reges Christianos. Opusculum Stephani DE CONTY, nati de Ambianis, Monachi & Officialis Corbeïæ, qui regnante ipso Carolo VI. scripsit : *in-fol*.

Cette Histoire est conservée dans la Bibliothèque de S. Germain des Prés, num. 520.

17135. Mſ. Chronica Caroli VI. ab anno 1383, ad annum 1422.

Cette Histoire est conservée dans la Bibliothèque [du Roi, entre les Manuscrits] de M. Colbert, num. 679.

17136. Mſ. Chronique du Roi Charles VI. depuis l'an 1380 jusqu'en 1422.

Cette Chronique [étoit] conservée dans la Bibliothèque de M. le Chancelier Séguier, num. 621, & [est] dans celle de M. le Chancelier d'Aguesseau. Il y en a un volume depuis l'an 1403 jusqu'en 1422, dans la Bibliothèque de S. Victor, num. 32.

✤ C'est la Chronique de Jean Juvenal DES URSINS, [indiquée ci-après.]

— Mſ. Chronique du Roi Charles VI. avec celle du Roi Charles VII. *in-fol*.

Cette Chronique est conservée dans la Bibliothèque du Roi, num. 1095 & 2126.

17137. Mſ. Historia Caroli VI. ab anno 1380, ad annum 1422; auctore Monacho sancti Dionysii anonymo.

Cette Histoire [étoit] conservée dans la Bibliothèque de M. le Président Molé.

17138. ☞ Journal du Règne de Charles VI. (en Latin;) par Nicole DE BAYE, Greffier du Parlement de Paris.

Etienne Pasquier en parle dans ses *Recherches, Liv. VI. Chap. 47*. Il l'avoit fait copier.]

17139. Mſ. Historia ejusdem scripta stylo pro ævo illo satis eleganti, à Joanne VITTIO ad sanctam Virginem Canonico Ultrajectino.

Cette Histoire est citée par Valère André, dans sa *Bibliothèque des Auteurs Belgiques*. Cet Auteur est mort en 1622.

17140. Mſ. Mémoires de plusieurs choses arrivées sous le Règne de Charles VI.

Ces Mémoires sont conservés entre les Manuscrits de M. Dupuy, num. 760.

17141. Mſ. Histoire de Charles VI. par Jean LE FEVRE de Saint-Remy, Chancelier de Philippe le Bon, duc de Bourgogne.

Cette Histoire, publiée par le Laboureur, est imprimée

mée au tom. II. de l'Histoire de ce Roi : *Paris*, 1661, *in-fol.* Elle ne commence qu'en 1408, & finit dans l'imprimé en 1422, à la mort de Charles VI. Pour la suite, qui va jusqu'en 1435, le Laboureur l'avoit réservée pour un autre dessein, où elle devoit tenir mieux sa place, comme il le dit dans un Avis qui est à la fin de cette Histoire.

Il dit aussi dans sa Préface, « que cet Auteur passe légèrement sur les premières années de ce Règne, & » ne commence à s'étendre que sur les dernières années. » La profession des Armes qu'il faisoit, l'ayant rendu té- » moin des principaux exploits de son temps, tant dans » le service des Anglois qu'à la suite du Duc de Bour- » gogne, auquel il se donna depuis ; il est à croire qu'il » en a bien écrit. En effet, il paroît qu'il n'a point re- » noncé au devoir de sa naissance, & qu'il a seulement » cédé à la nécessité des temps, qui rendit ceux du Com- » té de Ponthieu, dont il étoit originaire, Sujets du Roi » d'Angleterre, & qui depuis sa réduction & sa réunion » à la Couronne de France, les obligea d'assurer leurs » biens sous la protection des Ducs de Bourgogne ».

17142. Histoire de Charles VI. & des choses mémorables advenues durant quarante-deux ans de son Règne ; par Jean Juvenal DES URSINS, Archevêque de Reims ; mise en lumière par Théodore Godefroy : *Paris*, Pacard, 1614, *in-4*.

La même Histoire, augmentée en cette nouvelle Edition de plusieurs Mémoires, Journaux, Observations historiques, & Annotations contenant divers Traités & Contrats, Testamens & autres Actes & Pièces du même temps, non encore imprimées ; par Denys GODEFROY, fils de Théodore, Historiographe du Roi : *Paris*, de l'Imprimerie Royale, 1653, *in-fol.*

☞ Ce Volume contient :

Histoire de Charles VI. par Juvenal des Ursins, &c. Cette Histoire est écrite d'un style naïf & exact. L'Auteur, qui étoit homme de Cour, a été témoin oculaire, & a eu souvent très-grande part à tout ce qu'il raconte.

Autres Histoires & Journaux du Règne du Roi Charles VI. recueillis de divers Auteurs, pour servir d'éclaircissement & de Supplément à cette Histoire ; sçavoir :

1.° Extrait d'un Abrégé d'Histoire chronologique non encore imprimé.

Elle commence à l'an 1400 & finit en 1467, que mourut Philippe, surnommé le Bon, Duc de Bourgogne ; ce qui comprend le temps que régna ce Prince, au service duquel l'Auteur, (dont on ignore le nom) semble avoir été attaché.

2.° Extrait d'une Chronique qui commence l'an 1402 & finit en 1455.

Quelques-uns l'attribuent à Alain CHARTIER, Secrétaire du Roi, & d'autres à Jacques LE BOUVIER, surnommé Berry, premier Hérault d'Armes de Charles VII. lequel en outre a fait un Armorial ou Traité des Hérauts.

3.° Mémoires de Pierre DE FENIN, Ecuyer & Pannetier de Charles VI. Roi de France, contenant l'Histoire de ce Prince, depuis l'an 1407 jusqu'en 1422, recueillis par Girard de Thieulaine, Sieur de Graincourt-lès-Duizans.

M. Godefroy conjecture par le style & par quelques termes dont use l'Auteur, qu'il étoit Picard de nation, ce qui fait pencher en faveur des Bourguignons, auxquels la Picardie, pour la plus grande partie, étoit alors sujette, quoiqu'il paroisse assez désintéressé & peu passionné dans la suite de son Histoire.

4.° Extrait d'une Chronique, ou plutôt du Journal d'un Bourgeois de Paris ou d'un Prêtre, qui a écrit les choses advenues en ladite Ville, depuis l'an 1409 jusqu'en 1449.

Ce Journal est curieux, & contient bien des choses remarquables arrivées sous les Règnes de Charles VI. & Charles VII. Quelques-uns l'ont attribué à un Curé de Paris, Docteur en Théologie, ennemi déclaré des Armagnacs. Il parle avec excès, & favorise par-tout le parti des Bourguignons. M. Godefroy dit qu'on pourroit, à bon droit, intituler cet Ecrit, *Chronique scandaleuse*, à cause de la liberté avec laquelle l'Auteur reprend, & la hardiesse dont il parle.

5.° Généalogie de la Maison de Jean Juvenal des Ursins, Archevêque de Reims, Auteur de l'Histoire de Charles VI. Roi de France, tirée des Titres & Mémoires de cette Famille.]

Tous ces Historiens contemporains étoient de différentes factions. Ils sont tous partiaux ; ainsi, pour découvrir la vérité, il faut corriger les uns par les autres. » Denys Godefroy, (qui a donné ce Recueil au Public) » étoit fils d'un excellent homme, le plus consommé sur » les Droits & les Titres du Royaume. Il marche sur les » traces de son père avec beaucoup de capacité, & sur- » tout dans notre Histoire, dont il a donné des Pièces » considérables avec de très-bonnes illustrations ». Coltat, dans son *Mémoire Manuscrit*, cité ci-après, Article des *Personnes célèbres dans les Sciences*.

Jean Juvenal des Ursins est mort en 1473.

✻ Le nom de sa famille étoit Jouvenel, ou Jouvenal de Lurcine, comme il est marqué dans l'Obituaire de l'Eglise Cathédrale de Paris. Elle prit le nom & les armes des Ursins, après que la Ville de Paris lui eut donné l'Hôtel des Ursins, par reconnoissance du service que Jean Jouvenel, père du Chancelier, d'abord Avocat, puis Prévôt des Marchands, lui avoit rendu pour la conservation de ses Privilèges.]

» Cette Histoire ne nous apprend rien depuis l'an 1380 » jusqu'en 1416, qu'elle n'ait emprunté de l'original de » l'Histoire de Charles VI. faite par l'ordre de Guy de » Monceaux, duquel elle n'est, à vrai dire, que l'épitome » & l'abrégé ». C'est ainsi qu'en parle Jean le Laboureur, au commencement de l'Histoire de Charles VI.

☞ *Voyez* Sorel, *pag.* 193, 294. = Le Gendre, *tom.* II. *pag.* 64. = Lenglet, *tom.* IV. *pag.* 60. = *Bibl. Harley. tom.* II. *p.* 510. = Le P. Niceron, *tom. XVII. pag.* 80.]

17143. Mémoires de Pierre DE FENIN, Ecuyer & Pannetier du Roi Charles VI. recueillis par Gérard de Thieulaine, Sieur de Graincour.

Ces Mémoires, qui contiennent une Relation historique de ce qui s'est passé depuis l'an 1407 jusqu'en 1422, entre Louis, Duc d'Orléans, ses Enfans, & Jean, Duc de Bourgogne, sont imprimés avec l'Histoire de Juvenal des Ursins, dans le Volume précédent. Pierre de Fenin étoit Artésien, Prévôt de la Ville d'Arras : il est mort en 1433. » Il y a dans ses Mémoires, dit l'Abbé » le Gendre, des détails curieux ; l'Auteur paroît hon- » nête homme, & bien instruit des choses du monde ; » & quoiqu'il fût un peu Bourguignon, il parle sans ai- » greur & sans passion des Armagnacs ».

17144. Journal du Règne de Charles VI. par un Bourgeois de Paris, depuis 1409 jusqu'en 1422.

Ce Journal est imprimé dans Labbe, au tom. I. de son *Abrégé de l'Alliance chronologique, &c. pag.* 652 : *Paris*, 1664, *in-4*.

Le même Journal continué jusqu'en 1449.

Il est imprimé dans le Volume précédent.

» Froissart & Monstrelet inclinent du côté des Bour-
» guignons. Jean Juvenal des Ursins ne dit rien que sur
» de bons Mémoires, ce qu'il a vu ou ce qu'il a pu ap-
» prendre de ceux qui étoient présens aux affaires. La
» vérité est exactement observée dans son Histoire; il
» montre ce qui fait pour la défense & la juste querelle
» de ceux qu'on appelloit Orléanois; son langage est
» sans fard & sans artifice. Pierre de Fenin penche un
» peu du côté des Bourguignons. L'Auteur du *Journal*
» est un esprit fort passionné, favorisant en toute ren-
» contre ce parti. L'Auteur de l'*Abrégé chronologique*
» semble avoir été attaché au même parti ». Denys Godefroy, dans la *Préface de l'Histoire de Charles VI.*

☞ Le même, avec une Table des matières
& des noms des Familles les plus considérables dont il est fait mention dans l'Ouvrage :
Paris, Gandouin, 1729, *in-4*.

Cette Edition contient des Pièces depuis 1408 jusqu'en 1477. Celles qui regardent l'Histoire de Bourgogne seront détaillées dans l'Histoire de cette Province.
Ces Mémoires ont été recueillis par Dom DES SALLES,
Bénédictin, & publiés par feu M. DE LA BARRE, de l'A-
cadémie des Belles-Lettres. Il y a quelques morceaux de
Guillaume AUBREY, Bénédictin. *Voyez* sur ces Mémoires les *Lettres sérieuses & badines*, tom. III. Lettr. 2.]

17145. Les Gestes du Roi Charles VI. par
Sébastien MAMEROT, Chantre & Chanoine
de S. Etienne de Troyes.

Cette Histoire est imprimée au tom. II. de la *Chronique Martinienne* : *Paris*, Verard, *in-fol*. Mamerot
vivoit en 1474.

17146. Histoire de Charles VI. par François
DE BELLEFOREST, Historiographe de France.

Cette Histoire est imprimée avec celle des neuf Charles : *Paris*, 1568, *in-fol*.

17147. ☞ Histoire de la Vie & du Règne
de Charles VI. Roi de France ; par Mademoiselle DE LUSSAN : *Paris*, Pissot, 1753,
in-12. 8 vol.

Nicolas BAUDOT DE JUILLY en est le véritable Auteur, quoiqu'elle ait paru sous le nom de Mademoiselle
de Lussan. On a cru cette Demoiselle fille naturelle du
Prince Thomas ou du Prince Eugène ; mais la vérité est
qu'elle étoit fille illégitime d'un Cocher, & de la Fleury,
célèbre diseuse de bonne avanture. Elle naquit à Paris
sur la fin de l'année 1682, & y mourut le 31 Mai 1758,
âgée de 75 ans.

» Mademoiselle de Lussan, qui avoit déja signalé ses
» talens dans un genre moins utile, a fort bien déve-
» loppé, dans ce grand Ouvrage, les affaires de l'Eglise,
» celles de la Guerre, les troubles intérieurs du Royau-
» me, les motifs des démarches, les objets des passions
» & les causes des événemens. Elle a puisé dans l'His-
» toire les portraits qu'elle a faits des Princes, des Minis-
» tres, des Hommes célèbres, qui ont rempli les pre-
» miers rôles dans les révolutions de ce Règne. Elle n'y
» a fourni que les couleurs d'un pinceau brillant, mais
» exact. Ses éloges & ses critiques, distribués avec sa-
» gesse & avec justice, ne sont ni enflés par l'enthou-
» siasme, ni dégradés par le préjugé, ni altérés par l'i-
» magination. On ne sçauroit lire sur-tout, sans en être
» attendri, la peinture touchante de la consternation où
» jetta les Etats du Royaume la nouvelle de l'étonnante
» maladie de Charles VI. » *Journaux des Sçavans, des
mois d'Avril, Mai, Juin & Juillet* 1754, *Année Littéraire*, tom. II. Lettr. 3.

Ce que les critiques ont reproché à Mademoiselle de
Lussan, est d'une part l'excès de longueur dans les détails, & d'autre part, l'omission de quantité de traits curieux qui ne sçauroient entrer dans les Histoires géné-

rales, mais qu'on s'attend à trouver dans l'Histoire particulière d'un Prince. Elle a continué celle-ci jusqu'à la
mort de la Reine Isabelle de Bavière, au mois de Septembre 1435. Par rapport à cette dernière partie, elle
a emprunté bien des choses de M. Baudot de Juilly,
qui a fait l'Histoire de Charles VII. indiquée ci-après.]

17148. Histoire de Philippe de Valois (& de
ses Successeurs, jusqu'à la mort de Charles VI.) par l'Abbé DE CHOISY : *Paris*, Barbin, 1688 - 1695, *in-4*. 3 vol. [*Ibid*. Didot,
1750, *in-12*. 4 vol.]

François Timoléon DE CHOISY, Prieur de S. Lo de
Rouen, de l'Académie Françoise, a écrit cette suite
d'Histoire de France d'un style pur, clair & net. Son
Histoire est exacte ; mais le sujet n'en est pas entièrement épuisé.

☞ L'Abbé de Choisy est mort en 1724, âgé de
80 ans.

Voyez Lenglet, *Méth. historique*, *in-4*. tom. IV.
pag. 60. = *Journal des Sçavans*, *Mai*, 1695.]

17149. ☞ Mf. Histoire des Rois de France
après Philippe III. fils du Roi S. Louis, jusqu'à Charles VI. avec plusieurs peintures :
in-fol.

Cette Histoire est indiquée au Catalogue des Manuscrits du Roi d'Angleterre : (*Londres*, 1734, *in-4*.)
pag. 304.]

On trouve dans quelques Catalogues l'Histoire de
Charles VI. par Guillaume BESSE, imprimée à Paris en
1660. Ce n'est pas une Histoire de ce Roi, mais un Recueil de Pièces qui concernent son Règne, qui sera rapporté ci-après [à l'Article des *Lettres, &c. historiques*.]

17150. ☞ Mf. Notices du Règne de Charles VI. par l'Abbé François DE CAMPS, &
Pièces qui le concernent.

C'est ce qui est contenu dans les Porte-feuilles 98-112
du Recueil de M. de Fontanieu, à la Bibliothèque du
Roi. Les Originaux de M. de Camps sont chez M. de
Béringhen.]

17151. ☞ Mf. Différentes Pièces concernant le Règne de Charles VI. & entr'autres
l'information du meurtre du Duc d'Orléans
en 1407 : *in-fol*.

Dans la Bibliothèque de la Ville de Paris.]

☞ ON peut consulter encore, pour le Règne de
Charles VI. = les Chapitres II. & III. du Livre VI. des
Recherches de Pasquier ; = les Mémoires de M. Secousse
sur la Vie de Charles le Mauvais, Roi de Navarre : *Paris*, 1758, *in-4*. jusqu'en 1386 ; = la Vie de Louis III.
Duc de Bourbon, = les Vies de Boucicaut, jusqu'en
1415, = les Chroniques de Monstrelet, depuis 1400,
= l'Histoire de Jean, Comte d'Angoulême, par Jean
du Port, depuis 1404, = l'Histoire d'Artus III. Duc de
Bretagne, depuis 1413, = les Notes XXX. XXXI &
XXXII. du tom. IV. de l'*Histoire du Languedoc* de DD.
de Vic & Vaissète.]

§. III.

Règne de Charles VII. depuis l'an 1422
jusqu'en 1461.

17152. Mf. CHRONIQUE abrégée, depuis
l'an 1407 jusqu'en 1424.

Cette Chronique est conservée dans la Bibliothèque
[du Roi, parmi les Manuscrits] de M. Colbert, n. 1724.

17153. Mſ. Histoire de Loys, Duc d'Orléans, frère du Roy Charles le Bien-aimé, ou plutoſt l'Histoire de ce qui s'eſt paſſé en France & en Bourgogne, après la mort de ce Duc, depuis l'an 1407 juſqu'en 1424.

Cette Chronique eſt conſervée en Angleterre, dans la Bibliothèque du Chevalier Cotton, Vitellius, E. X. 1.

17154. Mſ. Chronique, depuis Adam juſqu'à l'an de Jeſus-Chriſt 1427.

Cette Chronique eſt conſervée dans la Bibliothèque du Vatican, entre les Manuſcrits de la Reine de Suède, num. 765.

17155. Mſ. Chronicon, ab orbe condito ad annum Chriſti 1428, ab Auctore anonymo, qui ſe ſequi profitetur Landulphum de Columna, Canonicum Carnotenſem.

Cette Chronique eſt conſervée dans la Bibliothèque [du Roi, parmi les Manuſcrits] de M. Colbert, n. 1805. Cet Anonyme n'a pu ſuivre Landulphe de Columna, que juſqu'en 1320, puiſque ce Chanoine de Chartres eſt mort cette année-là.

17156. Mſ. Chronique des Rois de France, juſqu'en 1429.

Cette Chronique eſt conſervée dans la même Bibliothèque, num. 1710.

17157. Mſ. Hiſtoire qui contient partie du Règne de Charles VII. depuis l'an 1422 juſqu'en 1429, dans laquelle ſe voient diverſes circonſtances qu'on ne rencontre point dans les pièces précédentes (du même volume,) ſur-tout de la Pucelle d'Orléans, du nom de laquelle cette Hiſtoire eſt communément appellée l'Hiſtoire de la Pucelle d'Orléans, avec pluſieurs Pièces qui la concernent.

Cette Hiſtoire eſt imprimée à la page 481, de l'Hiſtoire de Charles VII. publiée par Denys Godefroy : Paris, 1661, in-fol. Il y a dans ce Fragment des choſes fort curieuſes, ſur-tout de cette Héroïne, quoiqu'il finiſſe en 1429, environ un an avant ſa mort.

17158. Mſ. Bartholomæi FACII, Genuenſis, de origine Belli inter Gallos & Britannos.

Cet Auteur eſt mort en 1457.

Son Manuſcrit & le ſuivant ſont conſervés dans la Bibliothèque des Carmes de la Ville de Clermont en Auvergne, num. 81 & 95, ſelon le Père Labbe, p. 209, de la Nouvelle Bibliothèque des Manuſcrits.

17159. Mſ. Hiſtoria Francorum, ab anno 1418, ſimul cum conditionibus Pacis factæ inter Gallos & Anglos.

17160. Humberti MONTISMORETANI, Poëtæ, Oratoriſque clariſſimi, Bellorum Britannicorum à Carolo VII. Francorum Rege in Henricum Anglorum Regem, felici ductu, auſpice Puellâ Francâ geſtorum, prima pars verſibus expreſſa, continens Bellum Crayenticum, Bellum Broſſimeriauum, Bellum Vernolianum & Bellum Aurelianum : Pariſiis, [Badius] 1512, in-4.

☞ Humbert de Montmoret étoit Franc-Comtois. Outre l'Ouvrage dont on vient de parler, on a de lui, De bello Ravennati : j'en ai entendu parler ſans l'avoir vu ; c'eſt ſans doute la guerre de Louis XII. en Italie :

= De laudibus ſuperioris Burgundiæ, qui eſt imprimé avec Deſcriptio Comitatûs Burgundiæ, de Gilbert Couſin. = Montmoret a fait, outre cela, des Poëmes, entre autres Herveis, qui eſt la Deſcription d'un combat naval, ou un nommé Hervé, qui commandoit le Vaiſſeau appellé la Cordelière, ſe fit ſauter ou ſe jetta dans la mer plutôt que de ſe rendre. Le Manuſcrit du N.º qui ſuit pourroit bien être encore de ce Montmoret.]

17161. Mſ. Liber primus Carolidos, de miſeriis Belli Anglici.

Ce Livre eſt conſervé dans la Bibliothèque du Roi, num. 1983.

17162. Dialogus cujus interlocutores ſunt milites duo, unus Francus, alter Anglus, contendentes de querelis Franciæ & Angliæ.

Ce Dialogue eſt imprimé au tom. II. des Œuvres de Gerſon, pag. 854 : Pariſiis, 1606, in-fol. Il ne paroît pas être du Chancelier Gerſon.

17163. Le Quadrilogue invectif, compoſé par Alain CHARTIER.

Cet Ouvrage eſt imprimé à la page 402 de ſes Œuvres : Paris, 1617, in-4. Il a été compoſé vers l'an 1422, contre les prétentions d'Edouard III. Roi d'Angleterre ; il eſt appellé Quadrilogue, parceque la France y eſt repréſentée comme une Reine faiſant la correction aux trois Etats.

☞ Ce Quadrilogue fut compoſé environ l'an 1422, comme le dit l'Auteur dans ſon Prologue. Il y repréſente la France comme une Dame reſpectable, qui ſe plaint des abus qui règnent dans le Clergé, la Nobleſſe & le Tiers-Etat. Cet Ouvrage eſt médiocre.

Voyez Lenglet, Méth. hiſt. in-4. tom. IV. p. 62.]

17164. Dialogus familiaris amici & ſodalis ſuper deploratione Gallicæ calamitatis : ab Alano AURIGA editus, ac primùm è Codice manuſcripto vulgatus.

Cet Ecrit & le ſuivant, du même Alain CHARTIER, ſont imprimés dans le même Volume, pag. 455 & 477.

17165. Alani AURIGÆ Epiſtolæ de deteſtatione Belli Gallici & ſuaſione Pacis.

17166. Mſ. Dialogus de calamitate Regni Franciæ ; auctore Guillelmo MAJORIS, Monacho Dionyſiano, ſub nomine Alani Chartier : in-4.

Ce Dialogue eſt conſervé dans la Bibliothèque de S. Germain des Prés, num. 603.

17167. Mſ. Hiſtoire des différends des Rois de France & d'Angleterre ; par Jean CHARTIER : in-fol.

17168. Mſ. Hiſtoire ancienne des différends ſur les affaires entre les Rois de France & d'Angleterre : in-fol.

Ces deux Hiſtoires [étoient] conſervées dans la Bibliothèque de M. le Chancelier Séguier, num. 641 & 665, [& ſont aujourd'hui à S. Germain des Prés.]

17169. Joannis PETRI, Cameracenſis, Dialogi duo de querelis Franciæ & Angliæ.

Ces Dialogues ſont imprimés dans le Volume intitulé : Sibylla Francica : Urſellis, 1606, in-4.

17170. Mſ. Ad Carolum VII. Francorum Regem & Franciæ Domûs Principes, Libellus per Robertum BLONDELLI editus, exhortativus ad pestem Anglicæ tyrannidis à Regni finibus extirpandam : *in-fol.*

Ce Livret [étoit] conservé dans la Bibliothèque de M. le Chancelier Séguier, num. 113, des Miniatures, & est dans celle [du Roi parmi les Manuscrits] de M. Colbert, num. 4148, & de M. Baluze, num. 428. L'Auteur y traite des querelles des François contre les Anglois.

17171. ☞ Histoire abrégée des Guerres entre la France & l'Angleterre, jusqu'à la fin du Règne de Charles VII.

Elle se trouve dans les *Essais historiques sur Paris*, par M. DE SAINT-FOIX : (*Londres* & *Paris*, Duchesne, 1757, *in-12*.) Partie III. *pag.* 48-182. Part. IV. *p.* 81-216. Part. V. *pag.* 1-20. On y relève les fautes de plusieurs Historiens, sur-tout de Rapin de Toiras.]

17172. Valerandi VARANI, Galli, Doctoris Theologi Parisiensis, de Gestis Joannæ Virginis egregiæ, Libri quatuor versu heroico : *Parisiis*, 1516, *in-*4.

Ce Poëme de Jeanne d'Arc, est aussi imprimé dans le *Recueil* de Jean Ravisius Textor, intitulé : *De Claris Mulieribus* : *Parisiis*, 1521, 1529, *in-fol*. Ce Docteur en Théologie de la Faculté de Paris, étoit d'Abbeville ; il vivoit sous le Règne de Louis XII.

☞ Il a décrit en plus de 3000 vers héroïques assez bons, la naissance, les mœurs, la vie, les actions & la mort de la Pucelle : il finit à la révision du Procès de cette fille, faite par ordre du Pape en 1456. Ce Poëme est sans fiction, & sans aucun de ces ressorts qui font l'ame de l'Epopée.

Voyez Lenglet, *Méth. hist.* in-4. tom. *IV. pag.* 61. = *Hist. de Jeanne d'Arc*, par le même, tom. I. p. 194, & tom. II. pag. 195.]

17173. Le Miroir des Femmes vertueuses, où est la patience de Griselidis, ou l'Histoire de la Pucelle d'Orléans : *Orléans*, 1547, *in-12*.

☞ Ce Livre est de la dernière rareté, suivant Lenglet, qui dit l'avoir cherché inutilement dans les meilleurs cabinets. A en juger par son titre, il y a lieu de croire qu'il ne renferme rien de fort intéressant.]

17174. Histoire admirable de Jeanne la Pucelle : *Lyon*, Rigaud, 1560, *in-*8.

☞ Il est moins difficile à trouver, selon Lenglet, que le précédent.]

17175. Aureliæ Urbis memorabilis Obsidio, anno 1428, & Joannæ, Virginis Lotharingæ, res gestæ ; auctore Joanne Ludovico MICQUELLO, Juventutis Aureliæ Moderatore : *Aureliæ*, 1560, *in-*8. [*Parisiis*, Wechel, 1560, *in-*12.]

☞ Cet Ouvrage est dédié au Cardinal de Lorraine. Micqueau y a recueilli d'une manière exacte & curieuse, ce qu'il a trouvé de plus véritable dans plusieurs Manuscrits, & mis en ordre les principales circonstances de ce fameux Siège. Par un fragment de Lettres de Gentian Hervet, insérée en tête de l'Ouvrage, on voit que ce dernier fit part à Micqueau de plusieurs observations, & de quelques recherches sur son Ouvrage.]

Idem Opus recognitum. Accessit Historiæ Supplementum seu innocentia & fortitudo Puellæ plurimis & gravibus testimoniis comprobata, contra hostiles calumnias Petri Cauchonii, Episcopi, & Ducis Bedfordiensis, Anglorum Præfecti, cum adjuncta Sententia Delegatorum à Callixto III. Pontifice Maximo, de Joannis Puellæ innocentia Rotomagi, anno 1456, data : *Parisiis*, Auger, 1631, *in-*12.

☞ Cette seconde Edition, qui est dédiée à MM. les Magistrats, Maire & Echevins de la Ville d'Orléans, par un Anonyme, qui signe R. L. M. est préférable à la première, en ce que, outre l'Ouvrage de Micqueau, (car c'est ainsi qu'il faut dire, & non Micqueler,) l'Editeur y a joint un Supplément, dans lequel il fait voir la fausseté des accusations dont on avoit chargé la Pucelle, & il rapporte plusieurs témoignages en sa faveur, avec la sentence de justification donnée à Rouen par les Légats du Pape, le 7 Juillet 1456.

Voyez Lenglet, *Méth. hist.* in-4. tom. *IV. pag.* 61. = *Hist. de Jeanne d'Arc*, par le même, tom. I. p. 195.]

17176. ☞ Histoire du Siége d'Orléans & de la Pucelle Jeanne, mise en notre langue par le sieur DU BRETON : *Paris*, Villery, 1631, *in-*8.

On dit dans la Préface que cette Histoire avoit été composée par un Principal du Collége d'Orléans, au temps de Charles VII. (On peut croire que c'est Louis Micqueau.) Elle commence par ces paroles : « Je puis, » après plusieurs excellens Historiens, dire à bon droit » au commencement de cette Histoire, que j'écrirai la » plus signalée & la plus mémorable, &c. ».

Cet Ouvrage, (au rapport de l'Abbé Lenglet) est une Histoire suivie & assez curieuse du Siége d'Orléans. Mais l'Auteur n'ayant pas connu toutes les pièces nécessaires pour son sujet, est tombé dans plusieurs fautes. Outre cela il met dans la bouche du Comte de Dunois & de la Pucelle, des Discours qui paroissent plutôt de sa propre composition, que de ce Comte & de la Pucelle.]

17177. ☞ Histoire du Siége d'Orléans & des Faits de Jeanne la Pucelle. = Guillelmi Cardinalis d'Estouteville , & Theobaldi (Thibault d'Aussigny) ac Francisci (François de Brilhac,) Aurelianensium Episcoporum , & Joannis Rolin, (Episcopi Augustodunensis & Cardinalis) Diplomata, de Processione pro libertate ejusdem urbis.

Ces Actes se trouvent dans la Bibliothèque Vaticane, num. 770, parmi ceux de la Reine de Suède. L'Abbé Lenglet les a fait insérer à la fin de la troisième partie de son *Histoire de Jeanne d'Arc*, *pag*. 267, d'après les Originaux qui sont en l'Hôtel de Ville d'Orléans.]

17178. La Historia de la Donzella de Orléans, y de sus grandes hechos, sacados de la Chronica Real : por un Cavallero discreto, embiado per Embaxador de Castilla en Francia por los Reïes Ferdinando y Isabel : en Burgos, 1562, *in-*8.

☞ L'Abbé Lenglet dit n'avoir pu trouver cet Ouvrage.]

17179. L'Histoire & Discours du Siége mis par les Anglois devant Orléans en 1428, & de sa délivrance par Jeanne d'Arc, dite la Pucelle ; prise d'un vieil Exemplaire écrit à la main, & mise en lumière par la diligence de Léon Trippault : *Orléans* & *Paris*, [Hotot] 1576, *in-*8.

La même Histoire publiée sous ce titre : Jeanne la Pucelle d'Orléans, ou l'Histoire du Siége d'Orléans, avec la continuation de l'Histoire de la Pucelle jusqu'à sa mort : *Orléans*,

1606, *in*-8. [*Ibid.* Boynard, 1611, 1612, *in*-12. *Lyon*, 1619: *Troyes*, 1621: *Paris*, 1622, *in*-8.]

☞ L'Edition de 1606 porte le titre suivant :

L'Histoire & Discours au vrai du Siége qui fut mis devant la Ville d'Orléans, par les Anglois, en 1428, sous le Roi Charles VII. avec la venue de Jeanne la Pucelle, & comment elle fit lever le Siége; prise mot à mot d'un vieil exemplaire Manuscrit, en parchemin, trouvé en la Maison de Ville d'Orléans; illustrée d'Annotations en marge, & augmentée de la Harangue du Roi Charles VII. à ses gens; de celle de la Pucelle au Roi, pour l'induire à aller se faire sacrer à Reims, & de la continuation de son Histoire jusqu'à sa mort, arrivée à Rouen en 1430. Ensemble le Jugement rendu en 1456, par les Commissaires du Pape, qui casse celui rendu contre la Pucelle par ceux qui l'avoient fait mourir, en Latin & en François. Plus, l'antiquité de la Ville d'Orléans, & choses plus notables d'icelle, recueillies par Léon TRIPPAULT, & un Avertissement touchant la Procession annuelle d'Orléans, pour la délivrance de la Ville : *Orléans*, Boynard, 1606, *in*-8.

Cette Histoire du Siége d'Orléans est tirée d'un vieil Livre manuscrit trouvé dans les Archives de la Maison de Ville d'Orléans, écrite en vieil langage Gaulois, selon la phrase de ce temps-là. Symphorien Guyon en a tiré la substance, qu'il a insérée dans son *Histoire d'Orléans, part.* 2, *pag.* 182, *num.* 68-146, retranchant quelques choses non-nécessaires, & y ajoutant quelques autres nécessaires qui avoient été omises.

☞ Ce petit Ouvrage est un des plus intéressans que nous ayons sur cet objet. C'est un Journal exact qui contient jour par jour, depuis le Mardi 12 Octobre 1428 jusqu'au 8 Mai 1429, les principaux événemens de ce Siége. On y rapporte aussi les suites avantageuses qu'eut la levée du Siége d'Orléans, l'expulsion des Anglois des principales Villes du Royaume, les progrès successifs de Charles VII. sur ses ennemis, son sacre à Reims, & les divers avantages qui le mirent en possession de ses Etats. La Harangue du Roi Charles VII. est une exhortation qu'il fait aux principaux de sa Cour, pour les engager à lui donner les preuves de leur valeur & de leur fidélité, & à secourir promptement la Ville d'Orléans. Celle de la Pucelle est un Discours pressant qu'elle fait au Roi d'aller à Reims pour s'y faire sacrer. Enfin le Jugement de justification de la Pucelle termine les Pièces contenues dans cet Ouvrage, écrit d'une manière sincère & véridique. Il est outre cela rempli de traits naïfs & singuliers, & au milieu de l'ancien langage dans lequel il est rédigé; il règne dans les expressions un certain naturel qui en rend la lecture assez intéressante. Voyez l'*Histoire de Jeanne d'Arc*, par l'Abbé Lenglet, *tom. I. pag.* 196, *& tom. II. pag.* 295.]

17180. ☞ Histoire mémorable du Siége de la Ville d'Orléans par les Anglois, commencé le 12 Octobre 1428, & levé le 8 Mai 1429, par la valeur de Jeanne d'Arc, dite la Pucelle d'Orléans; enrichie de la Vie de Jean d'Orléans, Comte de Dunois & de Longueville, &c. Général des Armées du Roi Charles VII. Grand-Maître de France, &c. ornée des noms de MM. les Maires & Echevins de ladite Ville, depuis leur création, avec le temps de leurs exercices : *Orléans*, Jacob, 1739, *in*-8.

Cet Ouvrage, qui commence par une Description de la Ville d'Orléans, est du sieur Etienne BARAOIS, qui l'a dédié aux Maire & Echevins. Il donne une idée assez exacte & assez suivie du Siége d'Orléans; mais il n'est point entré dans de grandes recherches, ni dans l'examen de la plûpart des Ouvrages faits sur cet événement. (La seule Pièce originale qu'il renferme, est la Lettre de la Pucelle aux Anglois, *pag.* 18.) L'Auteur paroît d'ailleurs avoir travaillé d'après quelques bons Mémoires, & le Journal que Trippault avoit publié en 1576 lui a été d'un grand usage. Il est vrai, comme l'a observé l'Abbé Lenglet, qu'il est insuffisant pour ceux qui voudroient approfondir la matière, & qui doivent recourir aux sources; mais dans son objet, on y trouve un précis assez méthodique de ce Siége fameux. Le style en est mauvais, & l'expression vicieuse. L'Auteur n'étoit pas, ce me semble, un grand Littérateur, ni un élégant Historien. La Vie du fameux Comte de Dunois est dans le même genre, c'est une compilation passable.]

17181. ☞ Discours sur la Pucelle d'Orléans, prononcé dans l'Eglise Cathédrale d'Orléans, le 8 Mai 1759, (*Mulierem fortem quis inveniet*, Prov. 31) : *Orléans*, Couret: *Paris*, Expilly, 1759, *in*-12.

Ce Discours, ou plutôt ce Panégyrique, est du Père DE MAROLLES, de la Compagnie de Jesus. On ne sçait sur quel fondement l'Auteur de l'*Année Littéraire*, *pag.* 63, du tome VII. année 1759, en annonçant ce Discours, dit que MM. du Corps de Ville, frappés de sa bonté, l'ont fait imprimer eux-mêmes, chez Couret de Villeneuve.]

17182. ☞ Discours sur la délivrance d'Orléans, prononcé le 8 Mai 1760; par le même : *Ibid.* 1760, *in*-12. (*Habebitis hanc diem in monumentum, & celebrabitis eam solemne min generationibus vestris.* Exod. ch. 12.)

Ces deux Pièces méritent d'être lues, & les sujets y sont traités d'une manière intéressante. Ils font honneur aux talens & au génie de leur Auteur, & ne démentent point la réputation qu'il s'est acquise dans le cours de ses Sermons. Il y avoit long-temps que la mémoire de ce fameux événement n'avoit été célébrée d'une manière si éloquente. Nous n'entrerons point dans l'Analyse de ces Discours, attendu qu'ils n'appartiennent qu'indirectement à la classe des Ouvrages historiques. Nous dirons seulement qu'en fait de morceaux d'Eloquence, ils méritent quelque distinction.]

17182. * Autre, par M. LOISEAU : 1764. = Autre, par M. PERDOULX : 1767.]

17183. ☞ Acte de la donation du chapeau de la Pucelle, faite à la Maison de l'Oratoire d'Orléans, par le Père Métezeau, Prêtre de ladite Congrégation, du 22 Avril 1631.

Cet Acte se trouve inséré à la fin de la troisième partie de l'*Histoire de Jeanne d'Arc*, par l'Abbé Lenglet, *pag.* 278. Ce chapeau est encore conservé dans cette Maison.]

17184. ☞ Ode aux Habitans d'Orléans, pour les engager à rétablir le monument de la Pucelle : *Orléans*, Couret, *in*-12. Brochure de 8 pages, qui a paru en 1758.

Cette Ode est de M. BEAUVAIS fils, autrefois de la Congrégation de l'Oratoire, & aujourd'hui Professeur de Grec au Collège de Dijon : les Vers en sont exacts, & la Versification pure & châtiée; mais on y désireroit un peu plus de feu & de chaleur. Il n'a rien d'historique.]

17185. ☞ Aurelia, ou Orléans délivré, Poëme Latin traduit en François ; (par M. Roussy) : *Paris*, Merigot, 1738, *in-12*.

Ce Poëme en Profe n'a jamais eu d'original Latin, comme le fuppofe le titre : il n'eft pas fort amufant ; c'eft tout ce que j'en peux dire. *Voyez* le Journal des Sçavans, Novembre, 1738.

L'Abbé Lenglet a parlé de cet Ouvrage, comme un homme qui ne l'a jamais vu. Ce n'eft pas une piéce de Poéfie comme il le dit ; c'eft une piéce de Profe, un Poëme en Profe compofé de douze Chants, dans lequel l'Auteur a célébré toutes les actions de la Pucelle & les principaux événemens du Siége d'Orléans, ce qu'il a entremêlé d'épifodes & de récits pour donner une jufte étendue à fon Poëme. Ce Traducteur nous apprend, dans un Avis préliminaire, que l'original Latin de ce Poëme n'a jamais vu le jour, & que l'Auteur a toujours refufé de le publier ; qu'il en avoit eu communication, & que ce même Auteur, qui étoit un de fes amis, lui avoit feulement permis de le traduire. L'Auteur ou le Traducteur de ce Poëme eft le fieur Roussy, Chanoine de la Rochelle, & de l'Académie de cette Ville : au refte l'Ouvrage ne fçauroit être d'ufage & d'aucune utilité pour la partie Hiftorique ; quant à la partie Littéraire, le fujet n'eft que médiocrement traité.]

17186. ☞ La France délivrée par la Pucelle d'Orléans ; Poëme qui a remporté le prix des Jeux Floraux en 1734, par Charles-Simon FAVART.

C'eft un Poëme de 100 Vers, qui fe trouve réimprimé au fecond Volume du *Tréfor du Parnaffe*, ou le plus joli des Recueils : Londres : (Orléans, Villeneuve,) 1762, *in-12.*]

17187. ☞ Poëme François, & Cantique Latin, fur la délivrance d'Orléans : *Orléans*, Rouzeau, 1729, *in-4*. de 6 pages.

L'Auteur eft M. PERDOULX DE LA PERRIÈRE, qui dans l'Epitre Dédicatoire à MM. les Maire & Echevins, s'eft caché fous le nom de Rouffel. Cet Auteur ne tenoit pas le premier rang fur le Parnaffe, & fon Poëme n'a rien d'inftructif. C'eft toujours l'effet d'un zèle fort louable, que de célébrer la Libératrice de fes aieux, & de pareils fentimens méritent de juftes éloges.]

17188. La Parthénie Orléanoife, ou l'Hiftoire de la Ville d'Orléans affiégée par les Anglois, tirée de l'Hiftoire d'Orléans de M. Symphorien GUYON : *Orléans*, Borde, 1654, *in-8*.

☞ *Voyez* ce que dit de ce Livre, qui n'eft pas commun, l'Abbé Lenglet, dans fon *Hiftoire de Jeanne d'Arc*, tom. I. part. 2, pag. 203.]

17189. Le Livre de la Pucelle, native de Lorraine, qui réduifit la France entre les mains du Roi. Enfemble le Jugement & comment elle fut brûlée au vieil Marché à Rouen l'an 1431, avec les Procédures & Interrogatoires.

Ce Livre eft imprimé avec la *Chronique de Normandie* : *Rouen*, 1581, *in-8*. & avec l'*Hiftoire de Normandie* : *Ibid*. 1610, *in-8*.

17190. Mf. Démonftration très-claire que Dieu a plus de follicitude de la France, qu'il n'a de tous les Etats temporels ; & principalement déclaration quelle fut la Pucelle Lorraine, Jeanne de Vaucouleur ; par Guillaume POSTEL : *in-fol*.

Cet Ecrit [étoit] confervé dans la Bibliothèque de M. Baluze, [& eft aujourd'hui en celle du Roi.]

17191. ☞ Les très-merveilleufes victoires des femmes du monde, & comme elles doivent à tout le monde par raifon commander, & même à ceux qui auront la Monarchie du monde vieil. Livret écrit par G. POSTEL, à Madame Marguerite de France : *Paris*, de l'Imprimerie de Jean Geullard, à l'enfeigne du Phénix, près le Collége de Reims : 1553, *in-24*.

Il eft parlé de cet Ouvrage dans les *Mémoires de Littérature* de Salengre, tom. II. part. 1, pag. 196 & fuiv. C'eft, felon cet Auteur, un des Ecrits les plus rares & les moins connus ; & ce font ces raifons qui l'ont engagé à en donner un Extrait. On voit par-là que Poftel mettoit la Pucelle d'Orléans au nombre des plus illuftres femmes. « Elle fait le fujet de tout un chapitre, *pag*. 18. » Il déclame contre ceux qui traitoient de fable tout ce » qu'on difoit de cette Hiftoire là. Il voudroit qu'on pu- » nît de mort, ou du moins qu'on bannît tous ces in- » crédules. La raifon, ce femble, pourquoi il introduit » Jeanne d'Arc, qui naturellement n'a aucun rapport » à fon fujet, c'eft qu'il veut en tirer quelque confé- » quence en faveur de fa Mère Jeanne ; mais ce qu'il dit » fi obfcur, qu'il n'y a pas moyen d'y entrevoir le » moindre fens raifonnable : le titre même du Chapitre » eft affez peu intelligible ». *Réfolution de ce qu'il faut tenir tant de Jehanne la Pucelle, comme de la fouveraine puiffance féminine en ce monde*.]

17192. Joannis d'Arc, obfidionis Aurelianenfis Liberatricis, res geftæ, Imago & Judicium, Latinè & Gallicè, à Leone TRIPPAULT : *Aurelia*, 1583, *in-12*.

☞ Cet Ouvrage n'eft proprement que le Jugement des Commiffaires pour la juftification de la Pucelle, que Trippault a traduit en François, & à la tête duquel font trois pages Latines & Françoifes, des geftes de cette Héroïne, qui ont été inférées dans l'Ouvrage qu'il avoit fait auparavant, Editions de 1606 & 1611.]

17193. ☞ La Vie & la mort de la Pucelle d'Orléans : *Lyon*, 1619, *in-12*.

Cet Ouvrage n'eft qu'une copie de ceux qui font énoncés ci-deffus, avec changement de titre ; publié d'après Léon Trippault : il contient 251 pages. On y a joint auffi quelques Difcours qui ne font pas de la Pucelle, mais formés fur ce qu'elle auroit pu dire.]

17194. La Pucelle d'Orléans reftituée ; par l'induftrie (de François) DE BEROALDE, Sieur de Verville : *Tours*, Guillemot, 1599, *in-12*.

☞ Les Ouvrages de cet Auteur, dit Lenglet, font en général affez médiocres, quoique peu communs. Celui-ci eft un mauvais Roman abfolument inutile. Bayle en a porté le même jugement, dans fon *Dictionnaire*, Art. *Béroalde*, Note F.]

17195. De la Pucelle d'Orléans & de fon Procès ; par Eftienne PASQUIER.

Ce Difcours eft imprimé aux Chapitres IV & V. du Livre VI. de fes *Recherches de la France*.

☞ On y trouve un affez grand détail fur ce Procès : Pafquier avoit eu en mains un Original du temps, figné du Greffier Bofquille, & où fe voyoient les fceaux de l'Evêque de Beauvais, &c. L'Abbé Lenglet a porté un jugement avantageux de ces deux Chapitres, dans fon *Hiftoire de Jeanne d'Arc*, tom. I. part. 2, pag. 197.]

17196. ☞ Problême hiftorique fur la Pucelle d'Orléans ; par M. (Daniel) POLLUCHE : *Orléans*, Couret, 1749, de 24 pages.

L'Auteur voudroit nous perfuader dans ce Mémoire,

Règne de Charles VII. 1430.

que la Pucelle n'a pas été brûlée par les Anglois, en faisant naître quelques doutes sur le genre de sa mort violente ; mais ce fait n'a jamais été un Problême, & on ne sçait comment il a pu devenir tel aux yeux de M. Polluche. Le Roi Charles VII. l'a certifié par ses Lettres-Patentes, du 15 Février 1450, aussi-bien que la Sentence de Justification.

Ce Problême a été réimprimé *pag.* 94, du tom. I. de l'*Histoire de l'Orléanois : Amsterdam*, (*Paris*,) 1766, *in-*4.]

17197. Sibylla Francica, seu de admirabili Puella Joanna Lotharinga, Pastoris filia, Ductrice exercitûs Francorum sub Carolo VII. Dissertationes aliquot coævorum Scriptorum historicæ & philologicæ. Omnia ex Bibliotheca Melchioris Goldasti eruta : *Ursellis*, Sutorii, 1606, *in-*4.

Les Traités contenus dans ce Recueil sont : = *Laudayani Clerici*, de Sibylla Franciæ, *Libri duo* : = *Henrici* DE GORICKHEM, *Propositionum de Puella militari in Francia, Libri duo* : = *Joannis* DE GERSON, *Apologia pro eadem* : = PETRI, *Cameracensis, Canonici sancti Autpertii in patria, Dialogi duo de querelis Regum Franciæ & Angliæ, & Jure successionis in Regno Franciæ.* Henri de Gorickem, Théologien Flamand, écrivoit cette Histoire en 1428. L'Anonyme, qui étoit un Clerc Allemand, a écrit aussi la sienne avant la mort de la Pucelle.

ON trouve l'Extrait de ces Traités dans l'*Histoire de Jeanne d'Arc*, par l'Abbé Lenglet, (ci-après) *tom. I. part.* 2, *pag.* 185. On peut voir encore sa *Méth. hist. in-*4. *tom. IV. pag.* 63. = *Biblioth. Harley. tom. II. pag.* 512. = Le P. Niceron, *tom. XXIX. pag.* 393.]

17198. Opus collativum, de quadam Puella, quæ olim in Francia equitavit, cujus editio Mag. Joanni DE GERSON adscribitur, sed magis apparet stilus Mag. Henrici DE GORICKHEM.

Cet Ouvrage est imprimé au tom. II. des *Œuvres de Gerson*, *pag.* 870 : *Parisiis*, 1606, *in-fol.* & *pag.* 854 : *Antverpiæ*, 1706, *in-fol.*

17199. ☞ Mſ. Jacobi GELU, Ministri (seu Archiepiscopi) Ebrodunensis Metropolis, Dissertatio de Puella Aurelianensi (quindecimo seculo exarata videtur.)

C'est ainsi que ce Manuscrit est rapporté au Catalogue des Manuscrits de la Bibliotheque du Roi, tom. IV. num. 6199. Il vient de M. du Cangé, & il est en vélin. L'Auteur de cet Ouvrage avoit été consulté en 1429, par ordre du Roi Charles VII. & il répond par ce Traité aux différentes questions qui lui furent faites, au nombre de cinq.]

17200. ☞ Mſ. Petit Traité en manière de Chronique, contenant en bref le Siége mis par les Anglois devant la Cité d'Orléans en 1428 : *in-fol.*

Ce Manuscrit est conservé dans la Bibliotheque de S. Victor de Paris, num. 417. Il renferme plusieurs Pièces originales & intéressantes.]

17201. Mſ. Processus Puellæ Aurelianensis : *in-fol.*

Ce Procès [étoit] conservé dans la Bibliotheque de l'Eglise de Notre-Dame de Paris, l. 9, [& est aujourd'hui dans celle du Roi. Il étoit] aussi chez M. de Mesme, sous ce titre : *Processus Joannæ Puella.*

Dans la révision de ce Procès, on produisit six Traités Latins, pour servir de griefs & de contredits contre les Actes & prétendues accusations des ennemis de la Pucelle. Le premier est un Opuscule que fit Jean GERSON, en faveur de cette fille, aussi-tôt après la levée du Siège d'Orléans. Le second est d'Elie DE BORDEILLE, Cordelier, Evêque de Périgueux, depuis Archevêque de Tours & Cardinal. Le troisième est souscrit M. E. N. Le quatrième est de Jean BREHAL, Dominicain, Docteur en Théologie, Inquisiteur de la foi au Royaume de France, par commission du saint Siége. Le cinquième est de Robert CIBOLE, Docteur en Théologie, Chancelier de l'Université de Paris. Le sixième est de Guillaume BOUILLÉ, Docteur en Théologie, Doyen de l'Eglise de Noyon. Ces Auteurs déclarent que la Pucelle n'étoit point justiciable de l'Evêque de Beauvais.

17202. Mſ. Procès fait à Jeanne d'Arc de Vaucouleur, vulgairement appellée la Pucelle d'Orléans, en 1430 & 1431 : *in-fol.*

Ce Procès est conservé dans la Bibliotheque du Roi, entre les Manuscrits de M. de Brienne, num. 180 : ceux de M. Baluze, & ceux de M. Colbert, num. 1642 : ce dernier est l'original. Il y en [avoit] aussi un Exemplaire dans la Bibliotheque du Collège des Jésuites, [dont les Manuscrits ont été acquis par M. Meerman, de Rotterdam.]

17203. ☞ Mſ. Processus contra Joannam dictam *la Puzil*, (la Pucelle.)

Ce Procès se trouve dans la Bibliotheque du Collége de S. Benoît à Cambrige.

Processus pro eadem Johanna.

Dans la même Bibliotheque.]

17204. ☞ Mſ. Processus condemnationis Johannæ d'Arc, Puellæ Aurelianensis, factus anno Domini 1431 : *in-fol.*

Dans la Bibliotheque du Roi, parmi les Manuscrits Latins, num. 5965. Il est d'écriture du XVe siècle.

Idem : *ibid.* num. 5966. = Idem : *ibid.* n. 5967. = Idem : *ibid.* n. 5968. = Idem : *ibid.* n. 5969.]

☞ Mſ. Idem Processus condemnationis, &c. *in-fol.*

Ce Manuscrit est conservé chez M. de Cotte, Président en la seconde des Requêtes du Palais. Il est cotté & signé à chaque feuillet, par les Greffiers de la commission. Il y avoit à la fin les sceaux de l'Evêque de Beauvais & du Vice-Inquisiteur ; mais ils en ont été attachés.]

17205. ☞ Mſ. Procès, ou l'Histoire de la Pucelle d'Orléans : *in-fol.* de la fin du quinzième siècle.

Ce Manuscrit est dans la Bibliotheque de feu M. le Cardinal de Rohan, ou du Prince de Soubise. On y trouve des Pièces intéressantes & originales.]

17206. Mſ. Procès de la Justification de l'innocence de la même, en 1456 : *in-fol.*

Ce Procès est conservé dans la Bibliotheque du Roi, entre les Manuscrits de M. de Brienne, num. 181.

☞ Ce Manuscrit est moderne, & assez peu exact. L'Abbé Lenglet dit qu'il doit s'en trouver un pareil, dans les Archives de l'Eglise de Coutances, dont l'Evêque Richard Olivier étoit un des Commissaires nommés par le Pape Calliste III. pour la révision du Procès de la Pucelle.]

17207. ☞ Mſ. Processus Justificationis Johannæ d'Arc, Puellæ Aurelianensis : *in-fol.*

Ce Manuscrit, qui est dans la Bibliotheque du Roi, num. 5970, est très-authentique. Il contient de très-bons Traités, non equivoques, & la plupart originaux, de différens Evêques & Docteurs en Théologie, où la Pucelle est pleinement justifiée. Outre cela on trouve après ces Traités & hors du Procès, une Pièce d'environ 700 Vers, à l'honneur de cette fille.]

☞ Mſ. Proceſſus Juſtificationis Johannæ d'Arc, Puellæ Aurelianenſis : *in-fol.*

Celui-ci a paſſé de la Bibliothèque de l'Egliſe de Paris, en celle du Roi. Il eſt authentique, & ſigné à chaque feuillet par les deux Greffiers de la Commiſſion. Il vient de Guillaume Chartier, alors Evêque de Paris, depuis l'an 1447 juſqu'en 1472, qu'il mourut. Il contient des Pièces originales.]

☞ Mſ. Proceſſus & ſententia Juſtificationis Johannæ d'Arc, vulgò dictæ Puellæ Aurelianenſis : *in-fol.*

Ce Manuſcrit eſt au Tréſor des Chartes de la Couronne. Il eſt énoncé par du Tillet, *pag.* 364, de ſon *Recueil des Rois de France*, ſeconde partie, Edition de 1618. Jean Hordal, *pag.* 205, de ſon *Traité Latin ſur la Pucelle d'Orléans*, marque l'avoir lu dans ce Dépôt.]

17208. Mſ. Proceſſus condemnationis & abſolutionis in causâ fidei contra quamdam mulierem dictam Johannam, vulgariter *la Pucelle*, anno 1430.

Ces Procès ſont conſervés à Dijon, dans la Bibliothèque de M. le Préſident Bouhier, A. 22.
☞ Il n'y en a qu'une copie très-récente, faite ſur le Manuſcrit qui ſuit.]

☞ Mſ. Le Procès de la Pucelle, ſur vélin, (qui a appartenu à Honoré d'Urſé), grand *in-fol*, relié en bois couvert de velours verd, avec garnitures de vermeil.

Ce Manuſcrit précieux, qui eſt du temps, & un des plus beaux & des plus entiers, eſt actuellement dans la Bibliothèque de M. Fevret de Fontette, Conſeiller au Parlement de Dijon. Il appartenoit auparavant à M. Thomas d'Iſlan, qui l'avoit eu de M. de Chevannes.

Il a appartenu au fameux Honoré d'Urſé, Auteur du Roman de l'Aſtrée ; il eſt garni de ſes armes en plaques de cuivre doré.

Il contient les morceaux ſuivans :

1. Petit Traité en forme de Chronique, concernant en brief le Siége mis par les Anglois devant la Cité d'Orléans, & les ſaillies, aſſauts, eſcarmouches, qui durant le Siége & furent faites de jour en jour : la venue & vaillans faits d'armes de Jeanne la Pucelle, & comment elle en fit partir les Anglois, & en leva le Siége par grace divine & force d'armes.

C'eſt probablement le même que celui qui eſt à la Bibliothèque de S. Victor, rapporté ci-deſſus, N.° 17200.

2. In nomine Domini, amen. Incipit Proceſſus in causâ fidei, contra quondam quamdam mulierem Johannam, vulgariter dictam *la Pucelle*.

Ce Morceau, qui n'eſt pas auſſi complet que le ſuivant, contient une partie des Pièces de ce Procès & des Interrogatoires de la Pucelle, moitié en Latin, moitié en François.

3. In nomine Domini, amen. Incipit Proceſſus in causâ fidei, contra quondam quamdam mulierem Johannam, vulgariter dictam *la Pucelle*.

Ce Morceau, qui eſt preſque tout en Latin, contient en entier les Pièces & Procédures du Procès de la Pucelle. On y trouve à la fin ces mots : *Finis Proceſſus condemnationis Libri ſancti Victoris*.

4. Hic eſt initium Libri Abſolutionis.

On trouve d'abord à la tête de cette Partie le préambule des Notaires Perimitis & Ferebourg, qui ont fait cette Collection ſur les Titres originaux, & enſuite cet intitulé :

» Continet iſtud opus Proceſſum judicialem gravi » maturitate digeſtum , juris ordine deffinitum man-
» dato æquiſſimo ſanctæ Apoſtolicæ Sedis, ac univerſa-
» lis Eccleſiæ Summi Pontificis ſpectabilis, indictum re-
» verendiſſimis Presbyteris electiſſimis & diſertiſſimis
» judicibus directum infra ſcriptis per.... ſeriem juſti-
» tiâ prævalente. Iniquus ille, deteſtabilis, falſus & ca-
» lumnioſus Proceſſus generaliter damnatus, caſſatus &
» revocatus eſt, quo mediante Johanna d'Arc, dicta
» Puella, ſubdolâ fictâque fidei ſuſpicione cauſata, vio-
» lentâ manu iniquè damnata, igne feroce tandem con-
» ſummata, in fide ſolida perſiſtens poſt pias exclama-
» tiones ſancti nominis Jeſu ſpiritum Creatori, in conſ-
» pectu populi lachrimoſis ſuſpiriis condolentis, palam
» reddere edita eſt, poſt latam ante hujus...... Proceſſus
» celebris deffinitivam in Archiepiſcopali Palatio Roto-
» magenſi ſententiam ; executio publica Proceſſionibus
» generalibus & prædicationibus publicis ſolemniter &
» devotiſſimè celebratis ſubſecuta eſt : ubi palam uni-
» verſæ plebi precedentis iniqui Proceſſus abominatio
» revelata eſt ».

A la fin de cette partie on trouve ces mots :

» Acta fuerunt hæc in Palatio Archiepiſcopali, anno
» Domini 1456, die ſeptima menſis Julii, ſic ſignatum:
» Perimitis & Ferebourg. Hic eſt finis Libri Abſolutio-
» nis Johannæ, dictæ vulgariter *la Pucelle* ».

Enſuite ſont les ſix Traités Latins mentionnés ci-deſſus, (N.° 17201) & qui furent produits dans la réviſion du Procès.]

17209. ☞ Mſ. Proceſſus in causâ Joannæ de Arca, Puellæ Aurelianenſis, autoritate Calliſti III. confectus, cum aliis ad Puellam ſpectantibus.

Ce Procès ſe trouve dans la Bibliothèque Vaticane, entre les Manuſcrits de la Reine de Suède, n. 256.

Proceſſus Juſtificationis Puellæ Aurelianenſis.

Il y en a trois Exemplaires dans la même Bibliothèque, parmi les Manuſcrits du célèbre M. Pétau, n. 237, 744 & 836.]

17210. ☞ Mſ. Procès de Jeanne d'Arc, Pucelle d'Orléans, tiré d'un Manuſcrit donné à M. le Cardinal d'Armaignac, le 25 de Mars 1569 : *in-4.*

Ce Manuſcrit contient une eſpèce de Précis fort abrégé du Procès de la Pucelle. On trouve à la ſuite deux Conſultations ſur Jeanne d'Arc & ſon Procès. La première intitulée : *Aucunes allégations de Meſſire Paul* du Pont*, Avocat Conſiſtorial en Parlement, touchant le Procès de la Pucelle.* = La ſeconde intitulée : *L'Extrait de Vénérable perſonne Me Théodore, des Auditeurs de la Rote en Cour de Rome*.

On trouve à la tête un abrégé de la Vie de Jeanne d'Arc, & à la fin la Sentence de réhabilitation rendue à Rouen en 1456, par l'Archevêque de Reims, l'Evêque de Paris & l'Evêque de Coutances, aſſiſtés de l'Evêque du Mans, & pluſieurs autres.

Il y a une Copie de ce Manuſcrit dans la Bibliothèque de M. Fevret de Fontette, Conſeiller au Parlement de Dijon.]

17211. ☞ Mſ. Opinio & Conſilium Thomæ Lexovienſis Epiſcopi, ſuper Proceſſu Joannæ Puellæ Aurelianenſis.

Cette Pièce ſe trouve dans la Bibliothèque Vaticane, num. 1832.]

17212. ☞ Mſ. Procès, tant de la Condamnation que de la Juſtification de Jeanne d'Arc, dite Pucelle d'Orléans : *in-fol.*

Ce Manuſcrit eſt écrit ſur papier, & ſe conſerve dans la Bibliothèque du Chapitre de l'Egliſe Cathédrale d'Orléans.

léans. Il fut fait par ordre du Roi Louis XII. & de l'Amiral de Grafville. On y trouve des Pièces intéreſſantes.]

17213. **Puellæ Aurelianenſis Cauſa**, adverſariis Orationibus diſceptata; auctore Jacobo JOLIO : *Pariſiis*, 1609, *in*-8.

☞ Ce ſont onze petits Plaidoyers que l'Auteur fit réciter par ſes Ecoliers. L'un accuſe & l'autre défend la Pucelle. Les chefs d'accuſation ſe réduiſent à quatre : le changement d'habits, le port d'armes, le libertinage & la magie. Tous ces points ſont diſcutés pour & contre ; & enfin le Juge, qui eſt Anglois, prononce la ſentence de mort. On y trouve auſſi deux Pièces en vers. L'Auteur promettoit de faire l'Apologie de cette fille; mais il ne paroît pas l'avoir faite. Son Ouvrage eſt très-médiocre. Ces Plaidoyers furent récités dans le Collége de Navarre, à Paris.
Voyez l'*Histoire de Jeanne d'Arc*, par l'Abbé Lenglet, tom. *I*. pag. 198, & tom. *II*. pag. 297.]

17214. **Heroïnæ nobiliſſimæ Joannæ d'Arc, Lotharingæ, vulgò Aurelianenſis Puellæ, Hiſtoria, ex variis graviſſimæ incorruptiſſimæque fidei Scriptoribus excerpta, ejuſque innocentia à calumniis vindicata**; auctore Joanne HORDAL, J. U. Doctore & Profeſſore in alma Civitate Pontimuſſana, Ducis à Lotharingia Conſiliario : *Pontimuſſi*, Bernard, 1612, *in*-4.

☞ C'eſt l'Apologie de Jeanne d'Arc, que cet Auteur a entrepriſe. Dans la première Partie, il donne un Sommaire de l'état de la France au temps où la Pucelle vint ſe préſenter au Roi Charles VII. Il compare cette fille aux Héroïnes les plus renommées dans l'Hiſtoire, & rapporte les textes des Ecrivains qui en ont parlé. Dans la ſeconde Partie, il prouve ſon innocence. Cet Ouvrage eſt bien écrit : il contient des Extraits de plus de cinquante Auteurs, tant Hiſtoriens que Théologiens, Médecins, Poëtes, &c.
Voyez le Gendre, tom. II. pag. 61. = Hiſt. de Jeanne d'Arc, tom. I.

On voit en tête quelques Eſtampes repréſentant la Pucelle en Amazone guerrière. Jean Hordal, Auteur de cet Ouvrage, étoit parent de la Pucelle, & deſcendoit d'une fille d'un de ſes frères. Ce fut le motif qui l'engagea à travailler à ſon Hiſtoire, & il y avoit en outre été engagé par Charles du Lys, Avocat-Général en la Cour des Aydes de Paris, qui deſcendoit de Pierre d'Arc, troiſième frère de la Pucelle, & qui n'a rien négligé pendant qu'il a vécu, pour recueillir tout ce qui pouvoit ſervir à illuſtrer la mémoire de cette Héroïne.

L'Auteur a ajouté à la fin de ſa première Partie, (*pag*. 153-157) une Notice de tous les Ouvrages faits ſur la Pucelle. Cette Notice renferme plus de ſoixante Ouvrages, parmi leſquels il y en a beaucoup qui ne méritent aucune attention. Nous indiquons ici les meilleurs. On peut cependant, ſi l'on veut, y avoir recours.]

17215. ☞ **Innocence opprimée par des Juges iniques**.

Cette Pièce, qui concerne la Pucelle d'Orléans, ſe trouve dans le tom. IX. des *Cauſes célébres* : (*Paris*, 1750, *in*-12.) *pag*. 1-111. On y trouve nombre de fautes, ſur-tout dans les noms propres, & par rapport à des faits eſſentiels. Il y a auſſi du Roman & du mauvais.]

17216. **Hiſtoire mémorable de Jeanne d'Arc, appellée la Pucelle, extraite du Procès de ſa condamnation, & des dépoſitions des Témoins ouïs pour ſa juſtification en 1455**, publiée par Jean MASSON : *Paris*, 1612, *in*-8.

☞ Cette Hiſtoire eſt diviſée en 177 petits Chapitres. Elle renferme tout ce qu'on ſçait & tout ce qu'on a pu ſçavoir de cette fille, tant par ſes interrogations que par la dépoſition des témoins. Elle commence à ſa naiſſance, & finit à la ſentence d'abſolution donnée à Rouen le 7 Juillet 1456, par les Juges délégués par le Pape ; mais elle eſt écrite d'une manière faſtidieuſe & rebutante.]

17217. ☞ **Lettre de M. VIGNIER, écrite en 1684, dans laquelle il prétend prouver, contre l'opinion commune, que la Pucelle d'Orléans n'a pas été brûlée, & qu'après ſes exploits elle fut mariée.**

☞ **Lettre ſur la Pucelle d'Orléans, écrite par M. DE VIENNE-PLANCY, à M. Vignier, de Richelieu, en 1684.** *Mercure*, 1725, *Février* & *Mars*.

Elles ſe trouvent auſſi dans les *Variétés hiſtoriques* : (*Paris*, Nyon, 1752) tom. *II*. pag. 499.

☞ **Réponſe de M. VIGNIER, à M. de Vienne-Plancy, en Mars 1684 :** *Ibid.*

Ces trois Lettres roulent ſur un vrai Paradoxe en Hiſtoire. Ce fut le Père Vignier de l'Oratoire qui y donna lieu, fondé ſur un ancien Manuſcrit qu'il trouva à Metz, & ſur le Contrat de mariage de Robert des Armoiſes, qu'il prétend avoir épouſé cette Héroïne. C'eſt au Lecteur à juger ſi les preuves qu'il en donne doivent l'emporter ſur le témoignage de tous les Auteurs qui ont parlé de cette fille. D'ailleurs, on ſçait que quelques années après ſa mort il parut une prétendue Pucelle (mariée en effet) qui prétendoit avoir échappé aux flammes, que Charles VII. convainquit de fourberie, & qui fut montrée au Peuple dans la Cour du Palais. *Voyez* ce qui en eſt dit d'après les Auteurs du temps, dans le Fragment qui ſuit.]

17218. ☞ **Remarques ſur la Pucelle d'Orléans ; par l'Abbé Nicolas LENGLET.**

Elles ſont imprimées dans l'Ouvrage intitulé : *L'Hiſtoire juſtifiée contre les Romans* : (*Amſterdam* (*Paris*) 1735, *in*-12.) *pag*. 263-288. On y trouve encore parmi les Pièces à la fin, (*pag*. XLV-L.) l'Extrait d'un Ouvrage de POSTEL ſur le même ſujet.]

17219. ☞ **Eſſai ſur la Queſtion : Jeanne d'Arc a-t-elle ſubi réellement l'Arrêt qui la condamnoit au ſupplice du feu ? par M. DE LANEVERE, ancien Mouſquetaire.** *Mercure*, 1764, *Novembre*, *pag*. 44.

Autre Lettre ſur la même Queſtion ; par M. LE MOINE. *Ibid.*

17220. ☞ **Lettre écrite de Munich, ſur la Bataille d'Azincour, & ſur la Pucelle d'Orléans, à l'occaſion des Tomes XIII & XIV. de l'Hiſtoire de France par M. de Villaret.** *Gazette Littéraire*, 1764, *tom. III. p.* 63.

Lettre de M. Villaret, (en réponſe à la précédente.) *Ibid. pag*. 263.]

17221. ☞ **Hiſtoire de Jeanne d'Arc, Vierge, Héroïne & Martyre d'Etat, ſuſcitée par la Providence pour rétablir la Monarchie Françoiſe ; tirée des Procès & autres Pièces originales du temps ; par M. l'Abbé (Nicolas) LENGLET DU FRESNOY :** *Paris*, 1753, *in*-12. 2 vol.

Le Tome I. a deux Parties. = La première contient une Préface aſſez ample, & des réflexions de l'Auteur ſur les avantures de la Pucelle & ſur les procédures.

L'Hiſtoire de la Pucelle & ſon Procès de condamnation. = La ſeconde Partie renferme l'Hiſtoire du Procès de ſa Juſtification, & un Extrait de quelques Pièces concernant les deux Procès. On trouve à la fin une Liſte des Pièces manuſcrites & imprimées ſur Jeanne d'Arc, avec des Remarques ſur chacune; par l'Abbé Lenglet.

Le Tome II. contient la troiſième Partie, qui comprend = Divers témoignages ou Extraits de différens Auteurs ſur la Pucelle, avec des Notes & réfutations de quelques-uns. = Différens ſyſtêmes imaginés pour expliquer le Phénomène de la Pucelle d'Orléans. = Parallèle héroïque du courage de Jeanne d'Arc, avec celui de pluſieurs autres Dames. = Indulgences accordées à la Ville d'Orléans. = Lettres de Nobleſſe données par le Roi Charles VII. à la Pucelle & à toute ſa parenté & poſtérité. = Additions à la Liſte rapportée à la fin de la ſeconde Partie.

On peut recourir, pour voir quels ſont les Ouvrages manuſcrits & imprimés ſur la Pucelle & ſon Procès, au détail qu'en a donné l'Abbé Lenglet, & aux jugemens qu'il en a portés.

Cet Ouvrage n'eſt, au reſte, que l'abrégé d'une Hiſtoire manuſcrite de la Pucelle, (dont on parlera ci-après, &) qui avoit été compoſée par Edmond Richer, Docteur de Sorbonne, célèbre par ſes Ecrits, & plus encore par ſes malheurs. Le Manuſcrit *in-fol.* avoit été diſpoſé pour l'impreſſion, par Richer même; mais il eſt mort ſans l'avoir fait imprimer. Un Libraire (De Bure l'aîné) ayant eu vers 1750 communication de ce Manuſcrit, le donna à examiner à M. l'Abbé Lenglet & à M. de Burigny, (connu par les Vies de Grotius, d'Eraſme, de M. Boſſuet, & du Cardinal du Perron;) ils portèrent un jugement fort avantageux de cet Ouvrage ſur la Pucelle d'Orléans, & crurent qu'au moyen de quelques légers changemens il pourroit être reçu favorablement du Public. D'après ce jugement, le Libraire engagea un autre Littérateur, (M. l'Abbé d'Artigny) de vouloir bien ſe charger de l'Edition de l'Ouvrage de Richer, & d'y faire les changemens & corrections néceſſaires. M. d'Artigny avoit acquieſcé à la demande du Libraire, & avoit commencé ſon travail, lorſque l'Ouvrage de l'Abbé Lenglet parut. On a prétendu que pendant les trois ou quatre mois que ce dernier avoit eu le Manuſcrit de Richer entre les mains pour l'examiner, il en avoit tiré ce qu'il y avoit de plus eſſentiel, & en avoit formé ſon Ouvrage; qu'enſuite il renvoya le Manuſcrit au Libraire, ſans lui parler du travail qu'il avoit fait, & qu'auſſi-tôt il fit imprimer ſon Ouvrage. Cette Hiſtoire ne peut donc être regardée que comme un Extrait & un Abrégé de l'Ouvrage même de Richer. Sans la précipitation avec laquelle l'Abbé Lenglet a rédigé ſon travail, il eût pu nous donner une excellente Hiſtoire de la Pucelle, avec plus d'examen; & aidé de l'excellent Manuſcrit de Richer, il eût formé un très-bon ouvrage. Mais il avoit intérêt de hâter ſon travail; & la crainte d'être prévenu, l'empêcha de mettre à profit tous les ſecours qu'il avoit. Quelque imparfaite cependant que ſoit cette Hiſtoire, c'eſt une des plus ſatisfaiſantes que nous ayons ſur cet important événement. Les diviſions & l'ordre que l'Abbé Lenglet a donné à ſon Ouvrage ſont peu différentes de l'Hiſtoire compoſée par Richer. M. l'Abbé d'Artigny le dit d'une manière poſitive; & il ajoute que l'Abbé Lenglet ne rapporte « pas un ſeul fait qui ne ſoit dans le Manuſ- » crit de Richer, que j'ai eu (dit-il) entre les mains. » L'arrangement des faits eſt auſſi de même dans les » deux Hiſtoires, à commencer depuis la naiſſance de » Jeanne d'Arc, juſqu'à ſa mort: preuve évidente que » Richer avoit travaillé ſur de bons Mémoires, & rien » ne lui fait plus d'honneur que cette ſurprenante conformité de travail avec M. l'Abbé Lenglet ». On ſent bien que c'eſt ici une ironie de M. l'Abbé d'Artigny, au ſujet de Lenglet.

Voyez ſur ſon Hiſtoire l'*Année Littér.* 1754, *tom. I. pag.* 217. = *Mém.* d'Artigny, *tom. II. p.* 41: *tom. VII. pag.* 326. = *Journal des Sçav.* 1753, *Novembre.*]

17222. Diſcours ſommaire tant du nom & des armes, que de la naiſſance & parenté de la Pucelle d'Orléans & de ſes frères, extrait des Titres & autres bonnes Preuves: *Paris*, 1612, *in-8.*

☞ C'eſt un Livret paſſable, mal écrit, où néanmoins ſe trouve une partie de la Généalogie de la Pucelle.

Voyez l'*Hiſt. de Jeanne d'Arc*, par l'Abbé Lenglet, *tom. I. pag.* 109, & *tom. II. pag.* 297.]

17223. ☞ Traité ſommaire du nom, des armes, naiſſance & parenté de la Pucelle d'Orléans & de ſes frères, avec les Preuves: *Paris*, 1633, *in-4.*

Il paroît que ce Livre eſt une ſeconde édition de l'Ouvrage précédent, mais augmentée de preuves & d'un plus grand détail, dit l'Abbé Lenglet: *Ibid.*

Les armes de la Pucelle, de ſes frères & de ſa poſtérité, étoient d'azur, à une épée d'argent poſée en pal la pointe en haut, croiſée & pommetée d'or, accolée de chaque côté d'une fleur de lys d'or, & ſurmontée d'une couronne d'or; c'eſt ce que témoigne Monſtrelet, contemporain de la Pucelle, au Livre II. de ſes *Chroniques*, auſſi-bien que Waſſebourg, Belleforeſt, Etienne Paſquier, André Thévet, Claude Paradin, la Roque, & autres. Ce dernier (la Roque) dans le Chapitre XLIII. de ſon *Traité de la Nobleſſe*, après avoir parlé de celle de Jeanne d'Arc, rapporte les circonſtances les plus conſidérables de ſa Vie & de ſa mort. Il marque enſuite les principaux Auteurs qui ont écrit ſes faits généreux, & qui ont réfuté les crimes que la calomnie lui imputoit. La Pucelle avoit été annoblie avec toute ſa parenté & poſtérité, par Lettres-Patentes du Roi Charles VII. données à Meung près d'Orléans, au mois de Décembre 1429. La Nobleſſe par femme des deſcendans des frères de la Pucelle a été ſupprimée par Arrêt du Parlement de 1614.

La famille de cette célèbre Héroïne vient de s'éteindre, par Meſſire Henri-François de Coulombe du Lys, Chanoine de Champeaux, & Prieur de Contras, arrivée le 29 Juin 1760, qui en étoit le dernier mâle. La penſion qu'il recevoit de la Cour en cette qualité eſt également éteinte.

Le même Traité du nom & des armes de la Pucelle, &c. ſe trouve encore imprimé à la ſuite de l'Ouvrage ſuivant.]

17224. Recueil d'Inſcriptions propoſées pour remplir les tables d'attente, étant ſous les ſtatues du Roi Charles VII. & de la Pucelle d'Orléans, qui ſont élevées également armées & à genoux ſur le Pont de la Ville d'Orléans, dès l'an 1458, avec le Diſcours ſommaire tant du nom & des armes que de la naiſſance & parenté de la Pucelle, &c. *Paris*, 1613, *in-4.*

Le même Recueil, augmenté conſidérablement de diverſes Poéſies faites à la louange de cette Pucelle, de ſes frères & de leur poſtérité: *Paris*, Méturas, 1628, *in-4.*

☞ Ce Recueil, qui eſt rare & curieux, eſt préférable de la dernière Edition, parcequ'elle contient bien des Pièces qui ne ſe trouvent pas dans la première.]

[Il] a été fait par Charles du Lys, Conſeiller d'Etat, Avocat-Général en la Cour des Aydes de Paris, deſcendu d'un des frères de la Pucelle. Il contient un grand nombre d'Inſcriptions, & beaucoup de Vers d'Auteurs différens & très-célèbres, comme Charles de la Sauſſaye, Nicolas Rigaud, Jacques Goutier, Nicolas Bergier, Jean-Louis Fabrot, Charles-Annibal Fabrot, Etienne Paſquier, Jean Dorat, Archidiacre de Reims ; Jean Sirmond ; Balthasar de Vias, de Marseille ; Sébastien Rouillard, &c.

17225. Mf. Histoire de la Pucelle d'Orléans, en quatre Livres ; par Edmond RICHER, Docteur en Théologie : *in-fol.*

☞ L'Abbé Lenglet, qui dit avoir lu & bien examiné cet Ouvrage, n'en parle pas avantageusement. Il ajoute qu'avant d'avoir lu les deux Procès de la Pucelle & les autres Pièces du temps, il l'avoit cru bon & bien fait : mais (ajoute-t-il) dès que j'eus parcouru les Originaux, j'ai remarqué qu'Edmond Richer n'avoit pas travaillé d'une manière assez lumineuse ni assez instructive. En cela il s'en faut beaucoup que cet Ecrivain rende justice à Richer. Nous avons dit ci-dessus, N.° 17221, les raisons qui peuvent l'avoir engagé à en parler ainsi.]

Cette Histoire [étoit] conservée dans le Cabinet de M. Thuillier, d'Orléans, Docteur en Médecine de la Faculté de Paris. Le Livre premier contient l'Histoire de cette Pucelle ; le second, son Procès de condamnation, avec les réflexions sur chaque article & chaque séance, & les Pièces originales qui y furent produites ; le Livre troisième contient la révision du Procès, avec les Pièces originales servant de preuves ; & dans le quatrième se trouvent l'énumération de tous ceux qui ont écrit de la Pucelle. L'Auteur est mort en 1633.

☞ Ce Manuscrit, qui est l'original de Richer, se trouve aujourd'hui dans la Bibliothèque du Roi, où il est venu par M. de Fontanieu. On peut voir ce qui en est dit dans les *Mémoires* de M. l'Abbé d'Artigny, *tom. VII. pag. 314 & suiv.* Cette Histoire a eu une approbation de Docteurs, en 1630, & un Privilège pour l'impression, en 1691.]

17226. Histoire de la Pucelle d'Orléans ; par François LE MAIRE.

Cette Histoire est imprimée dans celle qu'il a composée de la Ville d'Orléans, *pag.* 185-304 : *Orléans, Maria Paris,* 1648, *in-fol.* L'Auteur ne pouvoit manquer de s'étendre sur la Pucelle, qui fait la gloire d'Orléans. Il parle de la Procession qui se fait tous les ans le 8 Mai en mémoire de sa délivrance.]

17227. ☞ Mémoire sur un projet qu'avoit formé l'Auteur des Mémoires (d'Artigny) de donner au Public une Histoire de la Pucelle d'Orléans, composée par Edmond Richer : Préface & commencement de cette Histoire.

Cette Pièce forme le XII° Article du Tome VII. des *Mémoires* de M. l'Abbé d'Artigny, *pag.* 323 : *Paris, Debure l'aîné,* 1749-1756, *in-*12. 7 vol. Nous avons dit ci-dessus, en parlant de l'Histoire de Jeanne d'Arc, par l'Abbé Lenglet, que le Libraire Debure avoit engagé l'Abbé d'Artigny à revoir le Manuscrit de Richer. « Je commençai donc, (dit cet Abbé) à travailler avec
» toute l'application qu'exigeoit l'importance de la ma-
» tière, & l'envie de plaire au Public.... Mais sur la nou-
» velle que je reçus que l'Abbé Lenglet faisoit imprimer
» une Histoire de la Pucelle, je discontinuai mon tra-
» vail..... (Pour donner au Public une idée) de la ma-
» nière dont Richer traitoit son sujet, je transcrirai la
» Préface & le commencement de son Histoire, avec
» les changements & corrections dans le style, qu'un
» Editeur est en droit de se permettre ». C'est ce qui fait l'objet de ce Mémoire, qui donne une idée avantageuse de l'Ouvrage de Richer, auquel l'Abbé d'Artigny rend toute la justice qui est due à son travail ; plus équitable en cela que l'Abbé Lenglet : aussi n'avoit-il aucun motif de déguiser la vérité.

L'Abbé d'Artigny est mort cette année 1768, à Vienne en Dauphiné, où il étoit Chanoine : il avoit été Jésuite.]

17228. ☞ Examen de deux Articles des Mémoires de M. l'Abbé d'Artigny, (Tom. II.) touchant la Pucelle d'Orléans ; par (M. Daniel) POLLUCHE. *Mercure,* 1750, *Mai.*

Le même, avec des Notes de M. l'Abbé D'ARTIGNY, (dans ses *Mémoires, tom. VII. p. 57.*

Ce qui a donné occasion à la Pièce de M. Polluche, c'est que l'Abbé d'Artigny avoit semblé approuver ce que M. de la Barre dit *pag.* 119 du tom. I. de ses *Mémoires pour servir à l'Histoire de France & de Bourgogne : (Paris,* 1729, *in*-4.) Voici de quoi il s'agit.

Il y avoit, dit-on, du temps de la Pucelle d'Orléans, un Frère Richard, Cordelier, grand Prédicateur & Missionnaire, qui avoit à sa suite & sous sa direction, trois ou quatre dévotes, du nombre desquelles étoit la Pucelle. On prétend que ce Directeur les entretenoit de visions & de révélations, remplissant leur imagination de mille idées extravagantes. On ajoute que Jeanne d'Arc, dans laquelle Frère Richard avoit reconnu beaucoup de disposition à l'enthousiasme, fut préférée à ses compagnes, & qu'à l'aide des instructions de ce Cordelier, elle fut produite sur la scène, où elle joua le rôle le plus remarquable qui ait été exécuté par les personnes de son sexe. On ajoute qu'une de ses compagnes fut brûlée un Dimanche 3 Septembre 1430.

L'objet de M. Polluche est de détruire les conséquences des liaisons qu'on suppose avoir été entre la Pucelle & ce Cordelier, persuadé qu'il importe extrêmement à l'honneur de cette Héroïne, & à sa mémoire, de n'avoir pas été sous la direction de ce Religieux. Il s'attache à faire voir que la Pucelle n'a jamais pu connoître Frère Richard ; que dans le cas où elle l'auroit connu, cette connoissance ne peut être arrivée que long-temps après que la Pucelle eut exécuté ses principaux desseins, & entr'autres la levée du Siége d'Orléans ; & qu'ainsi on ne sçauroit raisonnablement supposer que la Pucelle ait été instruite par ce Cordelier, *avant de paroître sur la scène,* comme plusieurs Ecrivains l'ont avancé. Il adresse son Mémoire à M. d'Artigny, qui avoit paru approuver le récit de M. de la Barre, & ce sentiment injurieux à la Pucelle. M. Polluche, en justifiant cette fille à cet égard, n'entreprend point l'apologie du Frère Richard ; au contraire, il le représente comme *un intriguant très-propre à conduire & à faire réussir une fourberie.*

Malgré les soupçons qu'on s'est plu à faire naître sur la Pucelle & sa mission, il sera toujours vrai de dire que le Royaume lui est redevable de son rétablissement, & Orléans de sa délivrance. Avant que cette généreuse Fille parût, les affaires de Charles VII. étoient presque désespérées. Son Royaume borné à l'enceinte des murailles de Bourges, tendoit à sa prochaine extinction, & la situation du Prince devenoit tous les jours plus accablante. Si ce que l'on dit d'un Cordonnier, qui ayant essayé une paire de bottes à ce Prince, les remporta, parcequ'il n'avoit pas d'argent pour les payer, est véritable, que doit-on penser de l'état accablant où il se voyoit réduit ?

Voyez ses *Mémoires* d'Amelot de la Houssaye, *t. II. pag.* 24, *Edition de* 1737.]

17229. ☞ Dissertation sur la Pucelle d'Orléans, par RAPIN DE THOYRAS.

Elle est imprimée dans son *Histoire d'Angleterre, tom. IV. pag.* 180 *& suiv.* M. de Thoyras suppose qu'il n'y a que Monstrelet parmi les Auteurs contemporains, qui ait parlé de la Pucelle, & qui mérite quelque créance. Cette supposition est fausse, comme l'a fort bien démontré le Père Berthier, dans le premier article de la Dissertation suivante, en convenant que M. de Thoyras a traité la matière avec étendue, & que sa Dissertation est raisonnée.]

17230. ☞ Discours sur la Pucelle d'Or-

Jéans; (par le P. Guillaume-François Berthier, Jésuite.)

Ce Discours est imprimé dans l'*Hist. de l'Eglise Gallicane*, t. XVI. p. 449. Il est fort étendu ; & il fut composé
pour servir de réponse à la Dissertation précédente
de Thoiras. Il est divisé en quatre parties, dans lesquelles on examine les différens sentimens qu'on a eus
de la Pucelle d'Orléans. Dans le premier article on propose les témoignages & les raisons qui font voir qu'elle
fut inspirée de Dieu : ce sentiment est appuyé de trois
raisons principales. Dans le second article, on expose les
témoignages dont on se servit pour montrer qu'elle
étoit coupable de sortilège ; dans le troisième, ceux qui
ont fait croire à quelques-uns que l'entreprise de cette
Fille fut une ressource ménagée à Charles VII. par une
intrigue de politique ; dans le quatrième enfin, ceux
qui prouvent que la Pucelle étoit dans l'illusion ; & c'est
en particulier le sentiment de M. de Thoyras.]

17231. ☞ Mss. Remarques historiques sur
Jeanne d'Arc, Pucelle d'Orléans.

Ce Manuscrit est conservé dans la Bibliothèque de
M. Févret de Fontette, Conseiller au Parlement de
Dijon.]

17232. La Pucelle d'Orléans, ou la France
délivrée : Poëme héroïque de Jean Chapelain, de l'Académie Françoise ; avec les
figures de Bosse : *Paris*, 1656, *in-fol*. *Ibid.*
1656, *in-12*. Troisième édition : *Paris*,
1657, *in-12*.

« Cet Auteur a apporté à l'exécution de son projet
» une connoissance suffisante de ce qui étoit nécessaire.
» Il a conduit son dessein avec beaucoup de jugement.
» Il a le style pur & châtié, & la diction correcte. Sa
» narration est nette, claire & bien suivie ; ses pensées
» sont nobles & graves, il y en a peu qui ne soient point
» de son sujet. Cependant son Poëme est froid & lan-
» guissant, & tout à-fait gêné. Ses Vers ont des duretés
» insupportables, & plus ils paroissent étudiés & limés,
» plus ils sont effectivement foibles & rampans. En un
» mot la versification de la Pucelle est plate; & quoiqu'elle
» soit sans faute, on ne peut pas se persuader qu'elle
» soit bonne, puisqu'elle fait perdre le courage à son
» Lecteur ». Baillet, au tom. IX. des *Jugemens des Sçavans, pag.* 50.

« Chapelain demeura trente ans à composer ou à pro-
» mettre son Ouvrage, qui parut enfin en 1656. Toute
» la France l'attendoit avec beaucoup d'impatience ;
» mais l'impression en fut l'écueil. Il seroit difficile de
» trouver rien de plus ennuyeux que la lecture de la Pu-
» celle, dont les Vers sont extrêmement durs, forcés &
» pleins de transpositions monstrueuses ». Brossette, dans
ses *Notes sur les Œuvres de Boileau Despréaux*, tom. I.
pag. 70.

« Ce qu'on a repris principalement dans ce Poëme
» est, que contre la règle des Poëmes épiques, dont la
» conclusion doit toujours être glorieuse pour le Héros,
» le Poëme de la Pucelle finit par la prison de l'Héroïne.
» Le Poëte, pour s'excuser, disoit qu'il n'avoit donné
» que la moitié de son Ouvrage, & que dans les douze
» autres Chants, le Comte de Dunois, qui étoit le véri-
» table Héros du Poëme, le terminoit par la délivrance
» du Royaume, & par la défaite des ennemis de la Fran-
» ce. On assure que ces douze Chants sont achevés, &
» qu'ils sont dans la Bibliothèque de M. Huet, ancien
» Evêque d'Avranches ». De la Monnoye, tom. I. des
Additions au Menagiana, *pag.* 114. Cet Exemplaire des
douze derniers Livres de la Pucelle, est [corrigé] de la
main de l'Auteur, qui est mort en 1674.

☞ Il est aujourd'hui conservé dans la Bibliothèque
du Roi.]

« La Pucelle n'est pas un bon Poëme Héroïque ; mais
» en avons-nous de meilleurs ? Lit-on davantage le *Clovis*, le *Saint-Louis* & les autres ? Cependant il y a des
» endroits inimitables dans la Pucelle. Ce qu'il y a, c'est
» que M. Chapelain vouloit épuiser toutes les matières,
» & qu'il n'a pas sçu l'art de laisser à penser à ses Lec-
» teurs, comme a fait Virgile ». Segrais, dans son *Recueil Manuscrit de Critique & de Littérature*.

☞ Ce Recueil a été imprimé sous le titre de *Segrai-
siana, &c.* à La Haye, (Paris,) 1722, *in-12*. *Amsterdam*, 1723.

Voyez sur le Poëme de la Pucelle, = *Charlatanerie
des Sçavans, p.* 71. = *Mathanasius, pag.* 267. = *Siècle
de Louis XIV. tom.* II. *pag.* 361. = *Histoire de Jeanne
d'Arc, tom.* I. *pag.* 209. = *Hist. critique des Journaux,
pag.* 182. = *Huetiana, pag.* 51.]

17233. Lettre d'Eraste, sur le Poëme de la
Pucelle : *Paris*, Champdhoury, 1656, *in-4*.

17234. ✱ Lettre du Sieur du Rivage, (Jean
de Montigny) contenant des Observations
sur le Poëme Epique, & sur le Poëme de la
Pucelle : *Paris*, [de Sommanville] 1656,
in-4.

17235. Lettre à Eraste, pour répondre à son
Libelle contre la Pucelle : *Paris*, Courbé,
1656, *in-4*.

Jean Chapelain est l'Auteur de cette Lettre. L'Abbé
de Marolles dit à la fin de ses *Considérations sur le Poëme de Clovis, pag.* 171, « qu'il en a fait de semblables
» sur le Poëme de S. Louis du Père le Moine, & sur la
» Pucelle de Chapelain, mais qu'il les réserve pour une
» autre Edition ». Elles n'ont point été jusqu'ici imprimées.

17236. ☞ La Pucelle d'Orléans, Tragédie
en Prose : *Paris*, 1642, *in-12*.

Voyez à son sujet l'*Histoire de Jeanne d'Arc*, par
Lenglet, *part.* 3, *pag.* 297. Paul Boyer, dans sa *Bibliothèque universelle, pag.* 167, attribue cette Pièce à Benserade ; mais Samuel Chapuzeau, dans son *Histoire du
Théâtre François*, la donne à Hippolyte-Jules de la
Menardière, Officier de la Maison du Roi, & duquel
nous avons quelques Poésies médiocres. L'Auteur du
Dictionnaire des Théâtres croit le sentiment de Boyer
plus sûr que celui de Chapuzeau. Au reste, quel que soit
l'Auteur de cette Pièce, il est toujours vrai de dire
qu'elle est peu essentielle.]

17237. ☞ La Pucelle d'Orléans, autre Tragédie en Prose de l'Abbé d'Aubignac,
(François Hédelin) donnée la même année
1642.

On sent que toutes ces Pièces ne sont pas d'un grand
secours pour l'Histoire. Nous les rapportons pour ne
rien omettre des petits détails dans lesquels les Bibliographes ont coutume de descendre.]

17238. ☞ Les trois Etats de l'Innocence ;
par le Sieur de Cerisiers, Aumônier du
Roi : *Paris*, Camusat & le Petit, 1646 :
Toulouse, 1650, *in-8*.

René de Cerisiers est dit de la Compagnie de Jésus,
dans l'Approbation de l'Ouvrage. On trouve dans la
première Partie l'Innocence affligée ; sçavoir, l'*Histoire
de la Pucelle*. L'Abbé Lenglet a fort bien remarqué que
cet Ouvrage étoit une rapsodie du temps, digne d'être
assimilée avec l'Article de la Pucelle, que le P. Caussin,
Jésuite, a inséré dans la *Cour Sainte*. Les vues de l'un
& de l'autre de ces deux Auteurs, pouvoient être fort
louables, & leurs Ecrits ont reçu quelque accueil dans
le temps où ils ont paru ; mais un siècle de distance a
beaucoup diminué de leur mérite.]

17239. ☞ Tragédie de Jeanne d'Arc, dite
la Pucelle d'Orléans, native du Village

d'Emprenne, près Vaucouleurs en Lorraine: *Rouen*, Du-petit-Val, 1606, *in-*12.

L'Auteur du *Dictionnaire des Théâtres* date cette Pièce, dont l'Auteur lui est également inconnu, de 1615 sans doute qu'il y a eu une autre Edition de cette année. Cette Pièce, en Vers François, est en cinq Actes & à Chœurs. Elle est en général assez médiocre & très-défectueuse, ainsi que la plûpart de celles de ce temps: nul plan, nul ordre, nul enchaînement dans les faits & les récits.]

17240. ☞ Histoire Tragique de la Pucelle de Dom-Remy, autrement d'Orléans, nouvellement départie par Actes & représentée par personnages, avec chœur des Enfans & Filles de France, & un Avant-Jeu en Vers, & des Epodes chantées en Musique: dédiée par Jean BARNET, à M. le Comte de Salms, Seigneur de Dom-Remy la Pucelle: *Nancy*, veuve Sanson, 1581, *in-*4.

Ce Jean Barnet n'étoit pas l'Auteur, mais seulement le Réviseur & l'Editeur de cette Pièce, qui n'est pas commune, & que le Père Niceron attribue, avec fondement, au Père Fronton DU DUC, sçavant Jésuite. Elle fut représentée le 7 Septembre 1580, à Pont-à-Mousson, en présence de Charles III. Duc de Lorraine. Ce Prince en fut si content, qu'il fit donner une somme assez considérable au Poëte, afin qu'il s'achetât une robe neuve, celle qu'il avoit sentant un peu trop la pauvreté Evangélique. C'est ce qui est rapporté dans un Fragment des Manuscrits du Père Oudin, insérés dans les *Mémoires* de M. Michault: (*Paris*, 1754,) tom. II. p. 277.
Voyez aussi le P. Niceron, tom. *XXXVIII.* p. 114.
☞ *Hist. de Jeanne d'Arc*, tom. III. pag. 196.]

17241. ☞ L'Amazone Françoise, Poëme nouveau, contenant l'Histoire de Jeanne d'Arc, dite la Pucelle d'Orléans, par le Père NÉON, dit le Philopole: *Orléans*, Jacob, 1721, *in-*4.

On ne sçait ce qui prédomine le plus dans cet Ouvrage, dédié à MM. les Magistrats de la Ville d'Orléans, ou du mauvais goût de l'Auteur & de son peu de talent pour la Poésie, ou du ridicule qui y règne. L'Auteur, Chanoine Régulier de la Congrégation de France, & demeurant alors à Orléans, dans le Monastère de S. Euverte, se nommoit le Père LE JEUNE, & avoit jugé à propos de tourner son nom en Grec par celui de *Néon*. Son Poëme contient environ 1200 Vers.]

17242. ☞ Vie de Jeanne d'Arc.

Elle commence le Tome I. des *Vies des Femmes Illustres de la France* : (*Paris*, Duchesne, 1762, *in-*12.) Je ne la crois pas bien essentielle: nous avons assez de Pièces sur cet objet. L'Auteur n'y parle que d'après les autres; & par l'extrait que j'en ai vu, elle ne me paroit nullement digne d'attention.

☞ ON ne parlera point de toutes les Rapsodies qui inondent chaque année Orléans, au 8 de Mai, jour de la Fête de la Pucelle, où de médiocres Ecrivains du dernier rang font imprimer quelques feuilles de Prose ou de Vers, à la louange de cette Héroïne. On en a indiqué assez sans grossir ce Recueil de tout ce fatras d'Ecrits aussi obscurs que méprisables.

On ne croit pas non plus devoir placer ici un Ouvrage qui a paru depuis quelques années, intitulé: « La » Pucelle d'Orléans, Poëme héroï-comique, en XVIII. » Chants, nouvelle édition sans rature, augmenté d'une » Epître du Père Grisbourdon à M. de Voltaire, & un » Jugement sur le Poëme de la Pucelle, à M.... avec une » Epigramme sur le même Poëme: *Londres*, 1757, *in*-8. » avec une Estampe & un Médaillon à la fin ». Cet Ouvrage n'a rien d'historique; il est d'ailleurs abominable en tout genre, & a été désavoué par M. de Voltaire, à qui on l'avoit attribué. Il y en a une Edition corrigée, augmentée & collationnée sur le Manuscrit de l'Auteur : 1761, *in-*16. Elle est en XX. Chants. On y a ajouté une Préface & des Notes; & il s'y trouve plusieurs changemens, additions, corrections & retranchemens, qui la rendent différente de celle de 1757. = Il y en a une autre Edition de 1762, *in-*8. avec des Notes, & des Estampes à chaque Chant.]

17243. ☞ Lettres du Roi Charles VII. sur la réduction de la Ville de Troyes en son obéissance : en 1429.

Ces Lettres sont imprimées dans les *Mélanges historiques* de Camusat.]

17244. Ms. Annales Francici, ab anno 1107, ad annum 1430 : *in-fol.*

Ces Annales [étoient] conservées dans la Bibliothèque de M. Baluze, num. 431, [& sont aujourd'hui en celle du Roi.]

17245. Ms. Chronicon, res Franciæ, Flandriæ & Burgundiæ maximè spectans, ab anno 1107, ad annum 1430.

Cette Chronique [étoit] dans la Bibliothèque de M. Colbert, entre les Manuscrits de du Chesne, [& est aujourd'hui dans la Bibliothèque du Roi.] Ce Manuscrit & le précédent pourroient bien être la même chose.

17246. Ms. Chronique, depuis l'an 1403, jusqu'en 1442.

Cette Chronique est conservée dans la [même] Bibliothèque, num. 621, des Manuscrits de Baluze.

17247. Ms. Abrégé des choses arrivées en France, depuis l'an 1403 jusqu'en 1433 : *in-*8.

Cet Abrégé est conservé dans la Bibliothèque du Roi, entre les Manuscrits de M. Bigot, num. 430.

17248. ☞ Ms. Chronique de France, commençant à Pharamond, & finissant en 1440 : *in-fol.*

Ce Manuscrit se trouve dans la Bibliothèque de Sainte Geneviève.]

17249. Ms. Historia assertionis seu reductionis Normanniæ per Regem Carolum VII. ferè unius anni decursu prosperè consummatæ : à Roberto BLONDELLI edita.

Cette Histoire est conservée dans la Bibliothèque du Roi, num. 935, & num. 428, des Manuscrits [ibid.] de M. Baluze.

17250. Ms. Le Recouvrement du Duché de Normandie, & du reste de la Guyenne, par la vaillance du Roi Charles VII. l'an 1448; par BERRY, Hérault d'Armes: *in-fol.*

Ce Manuscrit est conservé dans la Bibliothèque du Roi, à la fin d'un Manuscrit de la Chronique de Monstrelet, num. 8326, dans la Bibliothèque de l'Eglise Cathédrale de Tournay, selon Sanderus, tom. I. de sa *Bibliothèque des Manuscrits Belgiques*, pag. 210, & dans celle de Sainte Geneviève, [à Paris].

17251. Ms. Histoire de la Normandie, & du recouvrement de la Normandie : *in-fol.*

Cette Histoire [étoit] conservée dans la Bibliothèque de M. Colbert, num. 1416, [& est aujourd'hui en celle du Roi.]

Liv. III. *Histoire Politique de France.*

17252. Mſ. Conquête de la Normandie ſur les Anglois.

Cet Ecrit eſt conſervé dans la Bibliothèque du Roi, num. 1810. [des Manuſcrits de M. Colbert.]

17253. Mſ. Le débat de la France & de l'Angleterre, & de la ſainte Egliſe, tiré d'un Regiſtre de la Chambre des Comptes de Dauphiné, intitulé : *Liber in quo inſeruntur plura tangentia factum diſcordiæ Franciæ, Angliæ & ſanctæ Matris Ecclesiæ*, ſous Charles VII. *in-fol.*

Cet Ecrit [étoit] conſervé dans la Bibliothèque de M. l'Abbé de Camps, [qui a paſſé à M. de Béringhen.]

17254. Mſ. Chronique abrégée, depuis l'an 1403 juſqu'en 1442.

Cette Chronique eſt conſervée dans la Bibliothèque de M. le Chancelier d'Agueſſeau.

— ☞ Chroniques du Doyen de Saint-Thibaut de Metz.

Elle commence en 1229 & finit en 1445. Elle eſt imprimée dans l'*Histoire de Lorraine* de Dom Calmet, *tom. II*. Le Père le Long l'a rapportée comme Manuſcrite, à l'Hiſtoire de la Ville de Metz, ci-après, Article de *Lorraine*; mais il falloit encore la placer ici.]

17255. Journal du Règne de Charles VI. & de Charles VII. attribué à un Bourgeois de Paris, qui écrit les choſes advenues en la Ville de Paris, depuis l'an 1409 juſqu'en 1449.

Un Extrait de ce Journal eſt imprimé dans Denys Godefroy, *Histoire de Charles VI. pag.* 497 : *Paris,* 1653, *in-fol.* « Ce Journal de pluſieurs choſes mémora- » bles arrivées durant une partie des Règnes de Char- » les VI. & Charles VII. père & fils, ſervant de Mémoi- » res particuliers pour leur Hiſtoire, eſt attribué par au- » cuns à un Curé de Paris & Docteur en Théologie, » d'un eſprit fort paſſionné, & favoriſant en toute ren- » contre, avec excès, le parti des Bourguignons : au » contraire il ſe montre furieux ennemi de ceux qu'on » appelloit Orléanois ou Armagnacs. Outre ce, il parle » fort hardiment, & reprend avec la même liberté ; de » ſorte qu'on pourroit bien intituler cet Ecrit du nom » de Chronique ſcandaleuſe, donnée à une autre ſem- » blable du Roi Louis XI ». Godefroy, là-même, *p.* 497.

☞ Il eſt auſſi imprimé dans les *Mémoires pour ſervir à l'Histoire de France & de Bourgogne,* publiés par M. de la Barre : *Paris,* 1729, *in-*4.]

17256. ☞ Extrait d'une Lettre de Bourgogne ; (par l'Abbé Jean LEBEUF,) ſur le Journal de Paris, ſous les Règnes de Charles VI. & Charles VII. *Mercure,* 1730, *Décembre, vol.* 1.]

17257. Mémoires ſecrets de la Cour de Charles VII. Roi de France ; par Madame D**. *Paris,* Ribou, 1700, *in-*12. 2 vol.

Catherine BEDACIER, veuve de M. Durand, a compoſé ces Mémoires. « C'eſt un inconvénient qui aug- » mente tous les jours, par la liberté qu'on prend de » publier les Amours ſecretes, l'Hiſtoire ſecrete, &c. » de tels & tels Seigneurs, fameux dans les Hiſtoires. » Les Libraires & les Auteurs font tout ce qu'ils peu- » vent pour faire accroire que ces Hiſtoires ont été pui- » ſées dans des Manuſcrits anecdotes ; ils ſçavent bien » que les intrigues d'amour & de telles autres avantu- » res plaiſent davantage ; quand on croit qu'elles ſont » réelles, que quand on ſe perſuade que ce ſont des in-

» ventions. Delà vient que l'on s'éloigne autant que l'on » peut de l'air Romaneſque dans les nouveaux Romans ; » mais par-là l'on répand mille ténèbres dans l'Hiſtoire » véritable ». C'eſt ainſi que s'exprime Bayle, en parlant de ces ſortes de Livres, dans ſon *Dictionnaire hiſtorique & critique,* Note D. ſous le nom de *Nithard.*

17258. Mſ. Annales de France ; par un Moine de Saint-Denys, juſqu'en 1450.

Ces Annales ſont conſervées dans la Bibliothèque des Minimes de Lyon. Cet Exemplaire vient de la Bibliothèque de l'Abbaye de Saint Denys.

17259. Mſ. Guillelmi BARDIN, Senatoris Toloſani, regnante Carolo VII. Hiſtoria chronologica, ab anno 1031, ad annum 1454.

Cette Hiſtoire [étoit] conſervée dans la Bibliothèque de M. le Chancelier Seguier, & dans celle de M. Colbert : [le ſecond Exemplaire eſt dans la Bibliothèque du Roi. Le premier, qui étoit l'Original, a diſparu de la Bibliothèque de M. Seguier, & l'on ne ſçait ce qu'il eſt devenu.] L'Auteur, qui étoit un Conſeiller d'Egliſe, « aſſure avoir compoſé ſa Chronique des faits qu'il » avoit tirés de divers Mémoires & Titres authenti- » ques, & des choſes auſſi qui s'étoient paſſées de ſon » temps, & dont il avoit été le témoin. Elle eſt écrite » en un Latin aſſez ſimple, mais beaucoup plus pur que » le Latin ordinaire des Ecrivains de ce temps-là ». La Faille, dans la *Préface de ſon Histoire de Toulouſe.*

☞ Elle eſt imprimée dans le tom. IV. de l'*Histoire de Languedoc,* par D. VAISSETE.]

17260. ☞ Mſ. Faits aucuns au Royaume de France, depuis 1403 juſqu'en 1454.

Ce Manuſcrit eſt indiqué dans le Catalogue de M. Sardière, num. 534, ſuivant lequel on trouve à la fin du Manuſcrit ces mots écrits d'une main moderne : *Ce Livre mérite d'être lu, & vu par les curieux.*]

17261. Mſ. ANIANI, Monachi ſancti Winochi, deinde Abbatis Aldemburgenſis, Chronicon univerſale, ab orbe condito ad ſua uſque tempora.

Cette Chronique eſt conſervée dans la Bibliothèque du Monaſtère d'Aldembourg, ſelon Sanderus, au tom. I. de ſa *Bibliothèque des Manuſcrits Belgiques, p.* 225. L'Auteur fleuriſſoit l'an 1457.

☞ Voſſius, *Lib. III. pag.* 175 *de Hiſtoricis Lat.* dit que cette Chronique a été emportée en temps de guerre.]

— Hiſtoire d'Artus III. Duc de Bretagne, Comte de Richemont, Connétable de France, depuis l'an 1413 juſqu'en 1457.

Voyez ci-après, *Hiſt. des Connétables.*

17262. Mſ. Chronique de Charles VI. & de Charles VII. depuis l'an 1402 juſqu'en 1458.

Cette Chronique eſt conſervée dans la Bibliothèque du Roi, num. 2095, 2126. C'eſt la Chronique attribuée à préſent à Jacques LE BOUVIER ; [dit BERRY.]

17263. Mſ. Chronique de France, commençant au Règne de Philippe de Valois, & finiſſant en 1459.

Cette Chronique eſt conſervée dans la même Bibliothèque, num. 489, ſelon le Père Labbe, *pag.* 316, de ſa *Nouvelle Bibliothèque des Manuſcrits.*

17264. Recueil des choſes mémorables advenues du temps de Georges Chaſtelain,

Judiciaire de Philippe, Duc de Bourgogne, décrites en Vers.

Ce Recueil est imprimé avec les Dits & Faits de Jean Molinet : *Paris*, 1537, *in*-8. L'Auteur vivoit en 1480.

17265. Mf. Diarium rerum Gallicarum sub Carolo VII.

Ce Journal est conservé dans la Bibliothèque du Vatican, entre les Manuscrits de la Reine de Suède, num. 803.

17266. Mf. Chronique de France, depuis Adam jusqu'à Louis XI. par Pierre LE MOINE, Curé de Saint-Fargeau.

Cette Chronique [étoit] conservée dans la Bibliothèque de l'Eglise Notre-Dame de Paris, I. 9, [& est aujourd'hui en celle du Roi.]

17267. Mf. Historia Caroli VII. Francorum Regis : per JOANNEM, Monachum sancti Dionysii.

Cette Histoire est conservée dans la Bibliothèque du Vatican, entre les Manuscrits de la Reine de Suède, num. 759. L'Auteur seroit-il différent de Jean Chartier, Moine de Saint-Denys, qui a fait en François la Vie de ce Roi, indiquée ci-après ?

17268. Mf. De rebus gestis Caroli VII. Historiarum Libri quinque ; auctore AMELGARDO, Presbytero Leodiensi : *in-fol.*

Cette Histoire [étoit] conservée dans la Bibliothèque de M. Colbert, num. 806, & dans celle de M. Baluze, num. 262, [toutes deux unies présentement à celle du Roi.]

17269. Mf. Mémoires de Charles VII. *in-*4. 2 vol.

Ces Mémoires sont conservés dans la Bibliothèque de M. le Prince de Condé, num. 114-115.

17270. Histoire de Charles VII. Roi de France, qui contient les choses mémorables advenues depuis l'an 1422 jusqu'en 1461, mise en lumière & enrichie de plusieurs Titres, Mémoires, Traités & autres Pièces historiques ; par Denys GODEFROY, Historiographe de France : *Paris*, de l'Imprimerie Royale, 1661, *infol.*

Ce Volume comprend un morceau de notre Histoire, qui est fort beau & très-curieux pour les événements singuliers qu'il renferme. Les Auteurs contemporains de ce Volume sont Jean Chartier, Jacques Bouvier, dit Berry, Matthieu de Coucy, & autres qui sont anonymes.

☞ On y trouve :

1.° Histoire de Charles VII. par Jean CHARTIER, &c. qui commence en 1422 & finit en 1461.

Jean Chartier étoit Historiographe de France. Il s'attacha de bonne heure au service du Roi, & le suivit dans plusieurs de ses Expéditions. On a regardé son Ouvrage, quoique mal lié & mal cousu, comme la pièce la plus originale de ce temps-là. Le langage en est assez naïf, & ses narrations paroissent très-vraisemblables. Son titre d'Historiographe a dû lui faire voir bien des Pièces qui en assurent l'authenticité.

2.° Eloge de Charles VII. tiré d'un Manuscrit anonyme.

3.° Recueil d'autres Histoires composées par divers Auteurs, du Règne de Charles VII. pour servir d'éclaircissement & de Supplément à celle de Jean Chartier. Sçavoir :

= Suite d'un Abrégé d'Histoire Chronologique non encore imprimé, commençant l'an 1400 & finissant l'an 1467, que mourut Philippe, surnommé *le Bon*, Duc de Bourgogne. Il comprend l'Histoire du Gouvernement du temps de ce Prince, au service duquel l'Auteur (dont on ignore le nom) paroît avoir été attaché, aussi-bien qu'au parti des Anglois, durant leurs prospérités. Le commencement de cette Histoire a été joint à celle de Charles VI. par Jean Juvenal des Ursins, (ci-devant, N.° 17142) depuis la page 401 jusqu'à 410.

= Une partie de cette Chronique se trouve augmentée & continuée jusqu'en 1476, sur les Notes des Journaux tenus par les Maîtres d'Hôtel du Duc de Bourgogne.

= Eloge de Philippe le Bon, en Latin, extrait du *Flandria illustrata*, d'Antoine SANDERUS.

= Les Lettres de la Fondation de la Chartreuse de Dijon, où ce Duc est inhumé, données en 1384.

= Suite d'une Chronique qui va depuis l'an 1402 jusques vers la fin du Règne du Roi Charles VII. composée par BERRY, premier Hérault d'Armes de France ; dont le commencement est joint à l'Histoire de Charles VII. par Juvenal des Ursins, depuis la page 411 jusqu'à 444.

= Deux autres Morceaux, ajoutés par l'Editeur ; pour remplir le vuide depuis 1455, où finit la Chronique précédente, jusqu'en 1461, que mourut Charles VII. Jacques ou Gilles LE BOUVIER, dit BERRY, étoit natif de Bourges, si l'on en croit Thaumas de la Thaumassière.

= Histoire d'un Auteur inconnu, contenant partie du Règne du même Charles VII. sçavoir, depuis l'an 1422 jusqu'en 1429, dans laquelle se voient diverses circonstances curieuses & des particularités mémorables qui ne se rencontrent point dans les précédentes, & qui par conséquent peuvent beaucoup leur servir d'éclaircissement, sur-tout par rapport à la Pucelle d'Orléans, du surnom de laquelle cette Histoire est communément appellée, bien qu'elle finisse un peu avant la mort de cette illustre Fille, c'est-à-dire plus d'un an. C'est dommage que nous n'ayons pas de la même main toute l'Histoire de cette Héroïne.

= Histoire d'une partie du Règne de Charles VII. depuis l'an 1444 jusqu'en 1461, mise en écrit par Matthieu D'ESCOUCHY, ou Matthieu de Couchy, résident en la Ville de Péronne en Vermandois, dont il étoit originaire, & natif du Quesnoy-le-Comte, en Hainaut. Son Histoire est passable, mais curieuse sur-tout pour les fêtes & les cérémonies du temps, aux descriptions desquelles il emploie une grande partie de son Ouvrage.

= Extrait de l'Histoire des Antiquités de l'Abbaye de S. Denys, mise en lumière par Jacques DOUBLET, Religieux d'icelle, contenant le Règne de Charles VII.

= Mémoires concernant les Vies ou les Emplois des Personnes les plus illustres dont il est parlé dans le corps de cette Histoire, avec quelques Actes, Titres & Observations, pour le plus grand éclaircissement de tout ce Recueil.

On trouve dans ce dernier morceau bien des faits curieux, & beaucoup de recherches profondes & sçavantes, qui font autant d'honneur à leur Auteur, (M. GODEFROY) qu'aux Familles dont il y fait mention.

Voyez sur ce Recueil, Lenglet, *Méth. historiq. in-*4. tom. *IV.* pag. 61. = *Biblioth. Harley.* tom. *II.* pag. 510. = Le P. Niceron, tom. *XVII.* pag. 82. = Le Gendre, tom. *II.* pag. 55.]

17271. La Chronique & Histoire du Roi Charles VII. depuis l'an 1402 jusqu'en 1461 : *Paris*, Regnault, 1528, *in-fol.*

Les mêmes, sous ce titre : Histoire mémorable des grands troubles du Royaume de France sous le Roi Charles VII. ou Chroniques des Rois Charles VI. & Charles VII.

LIV. III. Histoire Politique de France.

par Alain CHARTIER, Clerc, Notaire & Secrétaire de ces Rois: *Nevers*, 1594, *in-4*.

☞ Le titre de mon Edition est:

Les Chroniques du feu Roi Charles, septième de ce nom, que Dieu absolve, contenant les Faits & Gestes dudit Seigneur, lequel trouva le Royaume en grand désordre, & néanmoins le laissa paisible: l'avénement de la Pucelle, Faits & Gestes d'icelle, & autres choses singulières advenues de son temps, rédigées par écrit; par feu Maître Alain CHARTIER, homme bien estimé en son temps, Secrétaire dudit feu Roi Charles VII. *Paris*, Jean Longis.

Au Privilège François Regnault est nommé avec Longis, & ce Privilége est du Samedi 5 Décembre 1528. Cette Edition est en caractères gothiques, & à la tête Chartier est représenté écrivant son Histoire.]

Les mêmes sous ce titre: Histoire du Roi Charles VII. par Alain Chartier.

Cette Histoire est imprimée sous le nom d'Alain Chartier, dans ses *Œuvres*, augmentées & publiées par André du Chesne: *Paris*, 1617, *in-4*.

☞ *Voyez* le Gendre, *tom. II. pag*. 59.]

Les mêmes, sous ce titre: Histoire chronologique de Charles VI. & Charles VII. par (Jacques LE BOUVIER, dit) BERRY, Hérault d'Armes de Charles VII.

Cette Histoire est imprimée depuis 1402 jusqu'en 1422, dans Denys Godefroy, *pag*. 369, de *l'Histoire de Charles VI*. *Paris*, 1653, *in-fol*. & depuis 1422 jusqu'en 1455, avec deux continuations jusqu'en 1461, dans l'*Histoire de Charles VII*. *Paris*, 1661, *in-fol*. Cette Chronique a été d'abord imprimée sans nom d'Auteur, ensuite elle l'a été sous celui d'Alain Chartier, même par du Chesne, qui a reconnu dans la suite, par la Préface de cette Histoire, insérée depuis dans l'Edition de Godefroy, que Jacques le Bouvier, Hérault d'Armes, dit Berry, en étoit l'Auteur.

✻ Elle finit dans les Manuscrits de la Bibliothèque du Roi, 2095, 2116, à l'an 1458. Ce qui suit a été ajouté aux grandes Chroniques de S. Denys, afin d'achever le Règne de Charles VII.

Thaumas de la Thaumasière, *pag*. 79 de son *Histoire de Berry*, dit que « Gilles le Bouvier, premier Hérault » d'Armes de Berry, étoit natif de Bourges, que sa Chro- » nique a été long-temps attribuée à Alain Chartier; » mais qu'à présent il passe pour constant que c'est notre » Gilles Bouvier qui en est l'Auteur».

« Cette Chronique est assez mal bâtie, & l'on y » trouve, selon Sorel, *pag*. 325, de sa *Bibliothèque* » *Françoise*, si peu de certitude, que Jeanne la Pucelle » y est appellée Jeanne du Lys, nom qu'elle n'a jamais » porté, mais qui a été donné à ses frères en sa consi- » dération ». Ce surnom ne se trouve que dans l'Edition de du Chesne, qui dit à la page 831 de ses Notes, l'avoir ajouté suivant un Exemplaire à la main; ce pourroit bien être la faute d'un Copiste, & non de l'Auteur.

☞ Berry, dans sa Chronique, dit qu'en 1402 il avoit 16 ans, date que du Chesne attribue mal-à-propos à Alain Chartier; c'est une suite de sa première erreur. A l'égard de son nom de baptême, Gilles ou Jacques, sur lequel le Père le Long ne paroît pas d'accord avec lui-même, il paroît qu'il s'appelloit Gilles. Dans son Ouvrage Manuscrit d'Armoiries, rapporté ci-après, il dit lui-même: « Je Gilles Bouvier, dit Berry, premier Hé- » raut de très-haut & très-Chrétien le Roi Charles VII.

» par lui créé Héraut en 1420, & depuis couronné à Roi » d'Armes du Pays & Marche de Berry ». Sans doute que c'étoit dans le temps où il ne restoit que le Berry à Charles VII. & qu'on l'appelloit le Roi de Bourges.]

☞ Les Œuvres de Maître Alain CHARTIER, Clerc, Notaire & Secrétaire des Rois Charles VI. & Charles VII. contenant l'Histoire de son temps, l'Espérance, le Curial, le Quadrilogue & autres Pièces toutes nouvellement revues & corrigées, & de beaucoup augmentées sur les Exemplaires écrits à la main, (particulièrement sur un Manuscrit de la Bibliothèque de M. le Président de Thou, écrit & additionné de la propre main de l'Auteur;) par André du Chesne, Tourangeau: *Paris*, 1617, *in-4*.

On y trouve entr'autres:

= Préface sur la Vie & les Ouvrages d'Alain Chartier.

= Histoire de Charles VII. &c.

= Généalogie des Rois de France, depuis S. Louis jusqu'à Charles VII. & l'extinction du faux droit & musse querelle prétenduz sur le Royaume de France par les Anglois.

= Description de la Gaule.

= L'Espérance ou la consolation des trois Vertus.

= Le Curial, fait par Alain Chartier; lequel il envoya à un sien Compagnon qui avoit voulenté de venir en Cour.

= Le Quadrilogue invectif.

= Dialogus familiaris Amici & Sodalis, super deploratione Gallicæ calamitatis, ab Alano Aurigâ editus.

= Alani Aurigæ Epistolæ de Detestatione Belli Gallici & suasione Pacis.

= Poésies de Maître Alain Chartier.

= Annotations (de du Chesne) sur les Œuvres de Maître Alain Chartier, & premièrement sur l'Histoire de Charles VII.]

17272. Discours sur l'Histoire de Charles VII. jadis écrite par Alain Chartier, où se peut voir que Dieu n'abandonne jamais la Couronne de France; (par Blaise DE VIGENERE): *Paris*, Langelier, 1589, *in-8*.

Ce Discours fut fait avant l'absolution du Roi Henri IV. L'Auteur y paroît peu judicieux, & trop passionné. Il y mêle quelques recherches curieuses; mais on y trouve des maximes & des propositions peu chrétiennes. Il est mort en 1596.

☞ Le Père le Long a marqué cet Ouvrage de 1589. Mon Edition est de 1594, & il paroît que c'est la première, puisque le Privilége est de Paris, le 1 Octobre de cette année; à moins que ce n'en fût un second. Le titre est:

Discours sur l'Histoire de Charles VII. jadis écrite par Mᵉ Alain Chartier, son Secrétaire, où se peut voir que Dieu jamais n'abandonna cette très-chrétienne invincible Couronne, en ses plus fort déplorées affaires, & que tout ce que ses plus conjurés ennemis y ont oncques voulu entreprendre, s'est enfin comme en moins de rien dissipé & évanouï en fumée: *Paris*, Abel Langelier, 1594, *in-8*. 204 pages.

On peut voir sur cette Histoire les *Mémoires* du Père Niceron, *tom. XVI. pag*. 33.]

17273. ☞ Ms. Discours en forme de Vision, sur les Guerres du temps de Charles VII.

les VII. adreſſé aux Etats de France & d'Angleterre, en proſe : *in-fol.* vélin.

Ce Manuſcrit ſe trouve indiqué au Catalogue de la Bibliothèque de M. Danet, *pag.* 17.]

17274. ☞ Chronicon CARNELIZANT FLIET, ſancti Jacobi Leodienſis Monachi, &c.

Elle s'étend de 1230 à 1461, dans la *Collectio Veterum Scriptorum,* de D. Martenne, *tom. V. pag.* 67.]

17275. Hiſtoire de Charles VII. (par Jean CHARTIER, Chantre de l'Egliſe Abbatiale de S. Denys.)

Cette Hiſtoire eſt imprimée dans les grandes *Chroniques de France* : *Paris*, 1476, 1493, 1514, *in-fol.* & dans Godefroy, *pag.* 1, de l'*Hiſtoire de Charles VII. Paris*, 1661, *in-fol.*

« La Charge d'Hiſtoriographe de France, que le » Roi Charles VII. donna à Jean Chartier, l'obligeoit » ſouvent d'être à la Cour. Il raconte qu'il fut à la ré-
» duction d'Harfleur : il marque auſſi qu'il étoit aux ga-
» ges du Roi, & défrayé en voyage lui & ſes chevaux. » Il fut de trop bonne heure au ſervice de ce Prince, » pour n'avoir pas été parfaitement bien informé de » tout ce qui le regardoit. D'ailleurs, comme il s'eſt » trouvé aux actions qu'il décrit, ou qu'il en a été in-
» formé en qualité d'Hiſtorien de la Nation, il n'y a » pas lieu de douter de ſa fidélité & de ſon exactitude.... » Auſſi a-t-on fait l'honneur à ſon Ouvrage de le re-
» garder comme la Pièce la plus originale que nous » ayons de ce tems-là ». Dom Michel Felibien, *p.* 360 de ſon *Hiſtoire de l'Abbaye de S. Denys.*

« Ce n'eſt pas proprement une Hiſtoire, où les » événemens ſont liés les uns aux autres (dit l'Abbé le » Gendre,) mais des Annales où l'Auteur ramaſſe les » événemens grands & petits ſans liaiſon, d'un ſtyle » clair & en un langage qui n'eſt pas mauvais pour ce » tems ».

✳ On voit dans cette Hiſtoire la naïveté de ces tems-là. Elle contient bien des choſes curieuſes, & l'Auteur paroît s'être attaché à la deſcription des Fêtes qui ſe firent alors.

☞ Jean Chartier, dans l'Edition de Godefroy, *pag.* 190, parle ainſi au ſujet du Siége d'Harfleur. « Le » Siége fut ainſi conduit par les Seigneurs que dit eſt : » ce que le Frère Jean Chartier, Chantre de S. Denys » en France, & Chroniqueur de France, certifie avoir » vu & y avoir été préſent, endurant de grandes froi-
» dures, (en Décembre & Janvier 1449,) & ſouffrant » beaucoup de vexation, combien que j'étois ſalarié & » défrayé pour les dépens, tant de moi que de mes » chevaux, par l'ordonnance & volonté du Roi, com-
» me de tout tems étoit & eſt encore acoutumé ».

Comme ce Siége eſt décrit preſque en mêmes termes par Monſtrelet, Vol. III. Chap. XXVII. il eſt croyable que Monſtrelet a emprunté ce qu'il en dit de Chartier, qui y étoit préſent. D'où je conclus qu'il a emprunté du même Chartier tout ſon Volume III. depuis la priſe de Fougières par les Anglois, parcequ'il eſt vraiſemblable que Chartier a été préſent à une partie des Expéditions contenues dans ce Volume, ou du moins a été chargé de s'en informer avec exactitude, ayant la charge de Chroniqueur. Il y a auſſi apparence que le Manuſcrit ſur lequel Godefroy a fait imprimer l'Hiſtoire de Chartier, a été altéré par des Copiſtes poſtérieurs, puiſque Monſtrelet qui eſt du même tems, & qui probablement l'a copié, comme je viens de le dire, parle un langage qui ſent mieux le ſiècle de ces deux Auteurs. Il eſt ſurprenant que Godefroy n'ait fait aucune remarque ſur leur conformité, dans ce qui regarde Charles VII.]

17276. Eloge de Charles VII. ou Abrégé de l'Hiſtoire de ce Prince, tiré d'un Manuſcrit
Tome II.

anonyme, qui porte pour titre : *De la Vie, complexion & condition dudit Roi.*

Cet Eloge eſt imprimé dans le Volume de l'*Hiſtoire de Charles VII.* publiée par Denys Godefroy.

17277. ☞ Mſ. Conſidérations ſur Charles VII. par M. TRIBERT, Inſpecteur des Manufactures, & de l'Académie d'Amiens.

Dans les Regiſtres de cette Académie.]

17278. Hiſtoire d'une partie du Règne de Charles VII. depuis 1444 juſqu'en 1461; par Matthieu D'ESCOUCHY, (ou DE COUCY, du Queſnoy, en Hainaut.)

Cette Hiſtoire eſt imprimée dans la même Collection de Godefroy, *pag.* 531. On trouve bien des choſes curieuſes dans cet Auteur, qui s'attache ſur-tout aux deſcriptions des Fêtes qui ſe faiſoient de ſon tems; mais il les rend ſi longues & ſi fréquentes, qu'il en devient ennuyeux.

17279. Mſ. La Vie privée de Charles VII.

Cette Vie eſt conſervée dans la Bibliothèque du Roi, num. 2128.

17280. Les Vigiles de la mort du feu Roi Charles VII. à neuf Pſeaumes & à neuf Leçons, contenant la Chronique & les Faits advenus durant la Vie dudit feu Roi; compoſées par Mᵉ MARCIAL de Paris, dit d'Auvergne, Procureur au Parlement : *Paris*, Dupré, 1493 : *Ibid.* le Noir, 1505 : *Ibid.* 1428, *in-*4.

☞ Les Poéſies de Marcial de Paris, dit d'Auvergne, Procureur au Parlement, ont été imprimées par Couſtellier : *Paris*, 1724, *in-*12. 2 vol.]

Marcial de Paris, dit d'Auvergne, n'étoit point de Pays, mais Limouſin, ſelon la Croix du Maine. Benoît la Court, Juriſconſulte, qui a commenté ſes Arrêts d'Amour, dit qu'il étoit du Pays dont il portoit le nom, c'eſt-à-dire, d'Auvergne. Il fut Procureur au Châtelet de Paris, l'an 1480. Outre ſes Arrêts d'Amour, il a écrit en ce tems-là en Vers François, au nombre de ſix à ſept mille Vers à quatre pieds, une Hiſtoire qu'il a intitulée : *Les Vigiles du Roi Charles VII.* Elle contient la Vie de ce Prince : la verſification n'en eſt pas exacte; mais l'Auteur y fait paroître de l'invention. On y voit comment ce Roi chaſſa les Anglois de la France, dont ils occupoient une bonne partie. Cet Auteur étoit l'homme de ſon ſiècle qui écrivoit le mieux & avec plus d'eſprit : ſon Ouvrage lui a acquis beaucoup de réputation. Il mourut en 1508. Ce que dit la Croix du Maine, qu'il ſe ſouvenoit d'avoir lu qu'il mourut d'une fièvre chaude, & que preſſé de la fureur de ſon mal, il ſe précipita dans l'eau, eſt faux. Mais la Croix du Maine ne ſe ſouvenoit pas bien alors de ce qu'il avoit lu dans la Chronique ſcandaleuſe, qu'en 1466 Marcial d'Auvergne, malade d'une fièvre chaude, s'étant précipité de ſa chambre dans la rue, fut en grand danger de mourir de ſa ſaut, qui lui avoit rompu une cuiſſe & froiſſé tout le corps. Il ſe nommoit Marcial de Paris, dit d'Auvergne; il eſt vraiſemblable qu'il étoit Auvergnac, & qu'il ne s'eſt ſurnommé de Paris, que parcequ'il s'y étoit tranſplanté & marié, comme le dit la Chronique ſcandaleuſe. Il n'y a que la Croix du Maine qui l'ait dit Limouſin; il l'a cru bonnement, parceque Marcial eſt un nom commun aux Limouſins. *Mémoires de Littérature, tom. II. pag.* 450 & 460.

☞ La Chronique ſcandaleuſe, *pag.* 86, nomme Marcial d'Auvergne le Procureur qui ſe jetta par les fenêtres au tems que les fèves fleuriſſent, en 1466, au mois ● Juin. Il eſt dit Procureur au Parlement,

Notaire au Châtelet, qui trois semaines après être mariée avec une des filles de Me Jacques Fournier, Conseiller au Parlement, se jetta le jour de S. Jean, à neuf heures du matin, dans la rue par la fenêtre, se rompit une cuisse, & fut en grand danger de mourir. La Chronique après Monstrelet, Chap. II. *pag.* 21, ajoute, que depuis il persévéra longuement en ladite frénésie, & après en revint & fut en son bon sens.

Voyez sur son Ouvrage, Lenglet, *Méth. hist. in-4.* tom. *IV. pag.* 63. = Le Père Niceron, *tom. IX. p.* 182. = *Biblioth. Françoise d'Amsterdam*, tom. *X. pag.* 48. = Le Gendre, tom. *II. pag.* 70.]

17281. ☞ Mſ. Complainte sur la mort de Charles VII. en Prose & en Vers : *in-*4.

Ce petit Ouvrage, qui est du temps même, & écrit sur papier, se trouve dans la Bibliothèque du Roi, parmi ceux de M. Lancelot.]

17282. Les Gestes de Charles VII. par Sébastien Mamerot.

Ces Gestes sont imprimés à la fin de la continuation de la *Chronique Martinienne* : *Paris*, (1500) *in-fol.*

17283. ☞ Mſ. Abrégé des Chroniques du Roi Charles VII. composées par le Doyen de S. Thibault : *in-*4.

Ce Manuscrit, qui est cité *pag.* 219 du Catalogue de M. de Cangé, est conservé parmi ses Manuscrits dans la Bibliothèque du Roi. C'est probablement le même Ouvrage que les Chroniques du Doyen de Metz, rapportées ci dessus, (N.º 17254.) Si celles-ci contiennent le Règne de Charles VII. en entier, elles ont plus d'étendue.]

17284. Histoire du Roi Charles VII. par François de Belleforest.

Cette Histoire est imprimée dans celle des neuf Charles : *Paris*, 1568, *in-fol.*

17285. Eloge historique de Jean d'Orléans, Comte de Dunois, contenant ses plus glorieux Exploits, depuis l'an 1423 jusqu'en 1461 ; par Jean le Laboureur.

Cet Eloge est imprimé dans le Laboureur, *pag.* 801, de son *Histoire de Charles VII. Paris*, 1663, *in-fol.*

17286. Histoire de Charles VII. (par Nicolas Baudot de Juilly) : *Paris*, de Luyne, 1697 : [*Ibid.* 1754,] *in-*12. 2 vol.

☞ Cette Histoire contient la Vie de ce Roi, depuis l'an 1417 qu'il se mit à la tête des affaires en qualité de Dauphin, pendant la maladie de son père Charles VI. c'est-à-dire cinq ans avant son avénement à la Couronne, jusqu'à sa mort en 1461.]

« Elle n'est pas de M. l'Abbé Geneſt, mais de M. Baudot de Juilly, Auteur de quelques autres Histoires & » de quelques Romans, comme, par exemple, de l'Hiſ- » toire de Philippe-Auguste, imprimée à Paris en 1702, » de celles des Hommes Illustres, tirées de Brantôme, » imprimées aussi à Paris ; de celle du Connétable de » Bourbon, & de celle de Catherine de France, Reine » d'Angleterre, toutes deux imprimées à Paris, chez » Gosselin, 1696 », selon que le rapporte Prosper Marchand, dans sa Note IX. sur la Lettre cent quatre-vingt-dix-huitième de Bayle, *pag.* 751. Ce Livre est bien écrit ; l'Auteur le composa dans une grande jeunesse, ce qui lui a fait appréhender depuis de n'avoir pas choisi ses Mémoires avec assez de discernement.

L'Auteur du *Journal des Sçavans*, du 26 Novembre 1696, dit que « les événemens de cette Histoire y sont » dans le plus bel ordre du monde, & mis dans tout » leur jour. Rien ne s'y peut desirer, si ce n'est quel-

» ques circonstances dont l'Auteur s'est servi, qui ne se » trouvent point dans les Livres imprimés, mais seu- » lement dans des Mémoires & des Pièces écrites à la » main ».

Au jugement d'un de ses Critiques, ce bel Ouvrage est écrit avec beaucoup de feu, d'ordre & de prudence ; en un mot, c'est la production d'un habile homme : c'est ainsi que parle l'Auteur des *Aménités de la Critique, pag.* 242. Il en relève dans la suite quelques fautes qui sont échappées à cet habile Historien.

☞ *Voyez* sur cet Ouvrage, = *Mercure*, 1696, *Novembre.* = Lenglet, *Méth. hist. in-4.* tom. *II. pag.* 268 & tom. *IV. pag.* 61. = Plan de l'*Hist.* de France, par le même, *tom. II. pag.* 11. = *Année Littér.* 1755, tom. I. *pag.* 96. M. Baudot de Juilly est mort en 1759, à Sarlat, où il étoit Subdélégué de l'Intendant : il étoit âgé de 81 ans.]

17287. ☞ Mſ. Histoire de Charles VII. par M. (Gaspard-Moyse) de Fontanieu, Conseiller d'État ordinaire : *in-*4. 2 vol. & *in-fol.* (Copie & Original.)

Cette Histoire est conservée dans la Bibliothèque du Roi.]

17288. ☞ Mémoires secrets de la Cour de Charles VII. (par Madame Durand) : *Paris*, Prault, 1734, *in-*12.]

17289. ☞ Mémoires secrets & intrigues de la Cour de France sous Charles VII. par Mademoiselle de Lussan : *Paris*, 1741, *in-*12.

Cet Ouvrage est proprement de M. Baudot de Juilly. *Voyez* ci-devant, N.º 17286.]

17290. ☞ Lettres de Charles le Hardi, Duc de Bourgogne, au sieur de Neuchâtel du Fay, Gouverneur du Luxembourg, & plusieurs autres Monumens très-utiles pour l'éclaircissement de l'Histoire des XIV. & XVᵉ siècles.

Elles sont imprimées dans les *Mémoires pour servir à l'Histoire de France & de Bourgogne*, par M. de la Barre : *Paris*, 1729, *in-*4.]

17291. ☞ Lettre écrite au R. P. H. sur l'explication que le Père Daniel a donnée d'une Médaille du Cabinet de M. l'Abbé Fauvel, dans son Histoire de la Milice Françoise. *Mercure*, 1723, *Mai.*

On y fait voir que cette Médaille est de Charles de France, fils de Charles VII. & frère de Louis XI. & non pas de Charles VII. comme le croyoit le Père Daniel.]

17292. ☞ Mſ. Notices du Règne de Charles VII. par M. l'Abbé (François) de Camps, avec nombre de Pièces qui le concernent.

C'est ce qui est renfermé dans les Portes-feuilles 113-124 de la Collection de M. de Fontanieu, qui est à la Bibliothèque du Roi. On y trouve ensuite, num. 125 & 126, une Histoire de Charles VII. écrite par M. de Fontanieu.]

17293. ☞ Mſ. Divers événemens arrivés en France, sous les Règnes de Charles VI. & Charles VII. depuis l'an 1390 jusqu'à l'an 1445, en Vers héroïques : *in-fol.*

Ce Manuscrit original, dédié à Monseigneur de Croy, est conservé dans la Bibliothèque de la Ville de Paris.]

☞ On peut consulter encore, pour l'Histoire de ce Règne, = les Chroniques de Monstrelet, = la Vie de

Jean, Comte d'Angoulême, = les Chapitres IV & V. du Livre VI. des Recherches de Pasquier, = l'Histoire d'Artus III. Duc de Bretagne, jusqu'en 1457, = les Mémoires d'Olivier de la Marche, depuis 1435, = le Livre I. de l'*Histoire de Louis XI.* par Duclos, depuis 1439, = les Notes XXXIII. & XXXIV. du tom. IV. de l'*Histoire du Languedoc*, par DD. de Vic & Vaissete.]

§. IV.

Règne de Louis XI. depuis l'an 1461 jusqu'en 1483.

17294. Ms. LA Guerre menée par les Seigneurs du Sang Royal contre le Roi Louis, la forme de cette Guerre, & la Paix & fin d'icelle, en 1464.

Cette Relation [étoit] conservée dans le volume quatre-vingt-dixième des Manuscrits de M. Colbert de Croissy, Evêque de Montpellier.

17295. Chronique d'Enguerrand DE MONSTRELET, Gouverneur de Cambray, contenant l'Histoire depuis l'an 1400 jusqu'en 1467, où l'on voit les cruelles guerres civiles entre les Maisons d'Orléans & de Bourgogne, l'occupation de Paris & Normandie par les Anglois, l'expulsion d'iceux & autres choses advenues de son temps en ce Royaume & ailleurs, avec les Chroniques de Louis XI. & de Charles VIII. additionnées jusqu'en 1498, [par Pierre Desrey] : *Paris*, Verard : [*Ibid.* Renaud] : *Ibid.* le Noir, 1512, *in fol.* 3 vol.

Les mêmes, avec les continuations jusqu'en 1516, revues, corrigées & augmentées sur l'Exemplaire du Roi : *Paris*, 1572, 1595, 1603, *in-fol.* 2 vol.

Les Exemplaires qui ont ces trois dates ne sont tous que la même Edition ; elle a été faite par les soins de Denys Sauvage, Sieur du Parc. Bayle, dans son *Dictionnaire*, fait mention d'une Edition du Louvre ; mais il se trompe. On peut porter le même jugement des Editions de ce Livre, que de celles de Froissart, dont Monstrelet est une continuation ; il a fleuri l'an 1467. Il n'écrit pas mieux que lui, & n'est pas plus judicieux ; mais il est un peu plus véritable & moins passionné ; il penche cependant comme lui du côté des Bourguignons. Il est si diffus, qu'il ne rapporte que l'Histoire de soixante-sept années dans deux ou trois volumes *in-fol.* Il est vrai qu'il y insère les Edits, Harangues, Plaidoyers, Défis, Traités, qui lui servent de preuves justificatives de son Histoire, & qui la rendent plus estimable.

☞ Monstrelet étoit Gentilhomme de bas lieu (c'est-à-dire bâtard :) il fut Prévôt de la Ville de Cambray, & il mourut en 1462, selon les Mémoires Manuscrits de Jean le Robert, Abbé de S. Aubert, son ami : ci-devant, N.° 8531. Si cela est, la fin de sa Chronique ne peut être de lui. Ce qui est certain, c'est qu'il écrivoit du temps du Concile de Constance ; car au Chapitre CXXVIII. du Volume I. après avoir dit qu'il avoit commencé en 1412, il ajoute, *il a été prolongé jusqu'à maintenant*, sous le Pape Jean XXIV. Dans le Prologue de son Volume II. il dit, qu'il écrit ce qui s'est passé depuis 1422 jusqu'à 1444. A la fin de ce Prologue, il parle de Charles VII. comme lui ayant survécu ; car il dit.... *Du règne de très-bonne mémoire, Charles le bien instruit.* Au Volume III. Chapitre CXVII. il est cité en tierce personne, à l'occasion de la mort de Charles, Duc d'Orléans, qui commença guerre en France contre le Duc Jean de Bour-

Tome II.

gogne, comme on le peut voir ci-dessus par les Chroniques d'Enguerrand de Monstrelet.

Cependant l'Auteur des Chroniques extraites de l'Histoire de Robert Gaguin, qui suivent Monstrelet, cite ses trois Volumes comme de lui en entier, jusqu'à l'enterrement de Philippe le Bon, en 1467, & on l'a cru jusqu'à présent. Monstrelet & Jean Chartier paroissent être le même Auteur en bien des endroits, sur-tout depuis le Chapitre VIII. du Volume III. dans Monstrelet, & depuis la page 136 de Jean Chartier de Godefroy, à la prise de Fougières en 1448. Godefroy semble avoir adouci le langage en quelques endroits, & rétabli les noms propres. Dans Monstrelet on trouve souvent la même chose racontée deux fois : la première comme Jean Chartier, & la seconde autrement.

Voyez sur cette Chronique, Lenglet, *Méth. hist. in-4.* tom. II. pag. 268, & tom. IV. pag. 61. = Sorel ; p. 193. = *Biblioth. Harley.* tom. II. pag. 510. = Ducat. p. 129. = Le Gendre, tom. II. pag. 19. = Lambert, *Hist. du siècle de Louis XIV.* tom. I. liv. 4, Disc. pag. iv. = Lenglet, *Plan de l'Hist. de France*, tom. II. p. 11. = *Hist. des Hist.* pag. 435. = *Mém. de l'Acad. des Inscript. & Belles-Lettres*, tom. XVI. part. 1, pag. 151.

M. DU CANGE a fait sur l'Edition de cette Chronique, publiée en 1572, mille à onze cens corrections, remarques ou additions. Elles sont toutes importantes, & tombent principalement sur les noms Allemands, Anglois, & autres mots étrangers qui sont défigurés. M. d'Aubigny, son neveu, en a déposé les Manuscrits à la Bibliothèque du Roi.]

17296. Abrégé de l'Histoire chronologique des Rois Charles VI. Charles VII. [&c.] depuis l'an 1400 jusqu'en 1467, par un Auteur contemporain.

Cet Abrégé est imprimé pour les années 1400-1422, dans Godefroy, à la page 441 de l'*Histoire de Charles VI., Paris*, 1653, *in-fol.* & pour les années 1422-1467, il est imprimé page 369 de l'*Histoire de Charles VII.* par le même Godefroy : *Paris*, 1661, *in-fol.* Cet Auteur anonyme est exact & sincère ; son Abrégé contient des choses particulières. Quoiqu'il fût attaché au service de Philippe le Bon, Duc de Bourgogne, il rend néanmoins justice aux plus grands ennemis de ce Prince.

Extrait de cette Chronique, augmentée depuis 1461, & continuée jusqu'en 1478, sur les Notes des Journaux tenus par les Maîtres d'Hôtel des Ducs de Bourgogne, (tirées de différens Registres de la Chambre des Comptes de Lille ; par Jean Godefroy, fils de Denys ;) imprimé à la page 319 du Supplément aux Mémoires de Philippe de Comines : *Bruxelles*, 1713, *in-8.*

Cet Extrait contient ce qui s'est passé en France & à la Cour des Ducs de Bourgogne, principalement le Journal de Charles le Hardi. Il y a quelques aventures remarquables, on y trouve aussi des minuties. Il peut servir à l'Histoire de ce temps-là, en ce qu'il fixe la date de plusieurs événemens arrivés pendant la vie de ce Prince.

17297. Ms. Mémoires de Jacques DE CLERCQ, Seigneur de Beauvoir en Ternois, depuis l'an 1448 jusqu'en 1467.

Ces Mémoires sont conservés dans la Bibliothèque de Saint-Wast d'Arras, selon Sanderus, au tom. II. de sa *Bibliothèque des Manuscrits Belgiques*, pag. 2.

17298. Ms. Chronica Regum Franciæ, ab anno 1285, ad annum 1469.

Cette Chronique est conservée à Dijon dans la Bibliothèque de M. le Président Bouhier, D. 44.

17299. ☞ Mſ. Récit de l'entrevue du Roi & de Monſeigneur de Guyenne, (ſrère de Louis XI.) ſur le pont proche le Château de Charon, en 1469.

Ce Manuſcrit eſt dans la Bibliothèque de M. Févret de Fontette, Conſeiller au Parlement de Dijon.]

17300. Mſ. Chronique de France, depuis l'an 1375 juſqu'à Louis XI. l'an 1470.

Cette Chronique eſt conſervée dans la Bibliothèque du Roi, num. 1312, ſelon le Père Labbe, *pag.* 288, de ſa *Nouvelle Bibliothèque des Manuſcrits.*

17301. Mſ. Chronique très-ample & très-véritable de Guillaume Cousinot, Chevalier François, contenant les choſes advenues de ſon temps.

Cette Chronique eſt citée par la Croix du Maine, dans ſa Bibliothèque. Guillaume Couſinot eſt mort en 1471.

17302. Abrégé de la vie & des actions mémorables de Guillaume Couſinot, Chambellan du Roi Charles VII. & du Roi Louis XI. employé dans les affaires les plus difficiles, tiré mot pour mot des Hiſtoires publiques & d'un Livre non encore imprimé, intitulé : *Recherches ſur la vie & les actions plus mémorables de Guillaume Couſinot ;* par Jacques Cousinot, Pariſien, Docteur en Médecine : *in-4.*

☞ Couſinot étoit Maître des Requêtes.]

— Eloge de Jean & Gaſpard Bureau, frères, Grands Maîtres d'Artillerie.

Voyez ci-après, *Hiſt. des Grands Officiers.*

17303. Mſ. Chronique abrégée des Rois de France, depuis l'an 1400 juſqu'en 1470.

Cette Chronique eſt conſervée dans la Bibliothèque de M. le Chancelier d'Agueſſeau.

17304. ☞ Mſ. Chronique de France, juſqu'en 1470.

Elle ſe trouve à la ſuite du *Roſier des Guerres,* dans les Manuſcrits de la Bibliothèque du Roi, num. 7433 & 7904.]

17305. Mſ. Chroniques d'Angleterre de Jehan de Vauvrin, Sieur de Foreſtel, Chevalier du Pays d'Artois, qui commence à Dame Albine, auxquelles ſont décrites les Guerres d'entre les Rois de France & d'Angleterre : *in-fol.* 12 vol.

Ces Chroniques ſont conſervées dans la Bibliothèque du Roi, num. 6748-6759, & [elles étoient] dans celles de M. Godefroy. Le commencement de ces Chroniques eſt fabuleux ; elles s'étendent ſur-tout depuis l'année de Jeſus-Chriſt 1339 juſqu'en 1471, auquel l'Auteur fleuriſſoit : il les a tirées la plûpart de celles de Froiſſart & de Monſtrelet.

17306. Mſ. Chronique des Guerres entre la France, l'Angleterre & la Bourgogne, depuis l'an 1444 juſqu'en 1471.

Cette Chronique eſt conſervée dans la Bibliothèque du Roi, num. 6772.

17307. ☞ Mſ. Mémoires concernant la Guerre du Duc de Guyenne contre Louis XI. *in-fol.*

Ils ſont conſervés dans la Bibliothèque du Roi, pro-venant de M. de Fontanieu. Charles de France, Duc de Guyenne, frère de Louis XII. eſt mort en 1472.]

17308. Diſcours du Siége de Beauvais en 1472, par Charles de Bourgogne : *Beauvais,* 1622, *in-8.*

Pierre Louvet, Avocat au Préſidial de Beauvais, eſt l'Editeur de ce Diſcours.

☞ Ce n'eſt qu'un Journal, tenu aſſez imparfaitement du côté des Aſſiégés, de ce qui s'eſt paſſé depuis les premiers aſſauts du 27 Juin, juſqu'au 22 Juillet, jour de la retraite du Duc de Bourgogne.]

17309. Diſcuſſion des différends entre les Rois de France & d'Angleterre, au Roi Louis XI.

Cette Diſcuſſion eſt imprimée dans le Livre intitulé : *Mantiſſa Codicis Juris Gentium Diplomatici à G.G. Leibnitio edita, pag. 63 : Hanovera,* 1700, *in-fol.*

17310. ☞ Mſ. Traité de Paix entre le Roi & le Duc de Bretagne, en 1475 ; Copie en 7 pages.

Il eſt conſervé dans la Bibliothèque de M. Févret de Fontette, Conſeiller au Parlement de Dijon.]

17311. Mſ. La vraie Hiſtoire de la Bataille de Nanci, (en 1476.)

Cette Hiſtoire eſt conſervée entre les Manuſcrits de M. Dupuy, num. 646.

17312. Mſ. La vraie déclaration du fait & conduite de la Bataille de Nancy, écrite par René, Duc de Lorraine, & tirée de Chrétien ſon Secrétaire.

Cette Hiſtoire [étoit] conſervée [à Dijon] dans la Bibliothèque de Philibert de la Mare, *pag.* 21 de ſon *Catalogue des Hiſtoriens de Bourgogne.*

17313. Petri de Blarrorivo, Parrhiſiani, inſigne Nanceïdos Opus de Bello Nanceïano, anno 1476. In celebri Lotharingiæ pago D. Nicolai de Portu, 1518, *in-fol.*

Le même Ouvrage traduit du Latin de Pierre Blaru, en Vers François ; par N. C. Romain, Docteur ès Droits, Prévôt & Gruier de Pont-à-Mouſſon.

Cette Traduction a été imprimée.

Mſ. La même : *in-fol.*

Cette même Traduction manuſcrite eſt conſervée dans la Bibliothèque de Sainte Geneviève.

☞ Cet Ouvrage a été réimprimé à la ſuite de l'*Hiſtoire de Lorraine,* par Dom Calmet, dernière Edition : 1745, *in-fol.*]

17314. ☞ Mſ. Déclaration de Louis XI. contre Charles, Duc de Bourgogne, en 1478, pour faire procéder à la notoriété des crimes commis par feu Charles, Duc de Bourgogne, & à la confiſcation de ſes Terres, Biens, Duché, &c. mouvans de la Couronne de France.

Cette Pièce eſt conſervée dans la Bibliothèque de M. Févret de Fontette, Conſeiller au Parlement de Dijon.]

17315. ☞ Remarques hiſtoriques touchant la Vie de Louis XI.

Elles ſe trouvent dans les *Variétés hiſtoriques, p.* 87, *tom. I.* Il y eſt principalement queſtion de l'invaſion de l'Artois, après la mort de Charles, dernier Duc de Bourgogne, en 1477, & des divers changemens qui furent faits dans la Capitale par le Roi de France.]

Règne de Louis XI. 1480.

17316. Mſ. Chronique de France, juſqu'en 1480.

Cette Chronique eſt conſervée dans la Bibliothèque du Roi, num. 1583.

☞ Rerum Leodienſium, &c. Opus Adriani DE VETERE-BUSCO.

Cette Pièce s'étend depuis l'an 1429 juſqu'en 1482. Elle ſe trouve dans la *Collectio Veterum Scriptorum*, de Dom Martenne, tom. *IV*. pag. 1199. Le Père le Long l'a indiquée comme Manuſcrite à l'article de l'*Evêché de Liége*, (ci-devant, N.º 8700) mais pour l'Hiſtoire de France, elle doit être encore ici.]

17317. Mſ. Chronique de France, juſqu'en 1483.

Cette Chronique eſt conſervée dans la Bibliothèque du Roi, num. 1599.

17318. Mſ. Hiſtoria Gentis Francorum, ab excidio Trojæ ad annum Chriſti 1483 : *in-fol.*

Cette Hiſtoire [étoit] conſervée dans la Bibliothèque de M. Colbert, num. 2460, [& eſt aujourd'hui dans celle du Roi.]

17319. ☞ Mſ. Les Chroniques du très-Chrétien & très-victorieux Roi Louis de Valois, XI.ᵉ du nom, avec pluſieurs adventures advenues tant en ce Royaume de France, comme ès Pays voiſins, depuis 1415 juſqu'en 1483 : *in-fol.*

Ce Manuſcrit étoit conſervé dans la Bibliothèque de M. le Comte de Hohendorff, num. 762, & il eſt aujourd'hui dans celle de l'Empereur.]

17320. Fragmentum hiſtoricum ex Breviloquio peregrinationis Thomæ BASIN, Epiſcopi Lexovienſis, ſcripto anno 1488.

Cet Evêque ayant encouru la haine du Roi Louis XI. parcequ'il n'avoit pas voulu violer le ſerment de fidélité qu'il avoit fait à Charles, Duc de Normandie, frère du Roi, fut obligé de ſortir du Royaume. Après pluſieurs voyages en divers endroits, s'étant retiré à Utrecht, il y compoſa un Journal en 1488. Il mourut en 1491. Ce Fragment eſt conſervé dans la Bibliothèque de S. Victor-lès-Paris.

17321. Mſ. Le Calendrier du Roi Louis XI. compoſé par Jean NICOLAY.

Ce Calendrier [étoit] conſervé chez M. de Vatcant, Chanoine de Tournay. Jean Couſin cite ce Calendrier, entre les Ouvrages dont il s'eſt ſervi pour ſon Hiſtoire de Tournay.

17322. La Chronique de Loys de Valois, feu Roy de France, XI. de ce nom, avec pluſieurs autres avantures advenues tant dans ce Royaume comme ès voiſins, depuis l'an 1461 juſqu'en 1483 : *in-fol.* en lettres gothiques, ſans nom de lieu ni d'impreſſion.

La même Chronique.

Celle-ci eſt imprimée dans Mamerot, ſeconde partie de la *Chronique Martinienne* : *Paris*, (1500) *in-fol.* Enſuite de la *Chronique* de Monſtrelet : *Paris*, 1512, *in-fol.* Dans les grandes *Chroniques de France*, troiſième Edition : *Paris*, 1514, *in-fol.* & à la fin de l'*Hiſtoire de France* du Haillan : *Paris*, 1584, *in-fol.* Il y a quelques différences dans ces Editions, dont le commencement eſt imparfait.

La même, ſous ce titre : La Chronique du Roi Louis XI. avec pluſieurs autres Hiſtoires advenues tant ès Pays de France, que Flandres & Artois; par un Greffier de l'Hôtel de Ville : *Paris*, *in-fol.* ancienne Edition : (1529.)

Gabriel Naudé & Denys Godefroy, [& avant eux la Croix du Maine, pag. 270 de ſa *Bibliothèque*] appellent ce Greffier Jean DE TROYES, & d'autres, Denys HESSELIN, qui a été depuis Prévôt des Marchands de Paris.

La même, ſous ce titre : Hiſtoire de Louis XI. & des choſes mémorables advenues ſous ſon Règne, depuis 1461 juſqu'en 1483, autrement dite la Chronique ſcandaleuſe : *Paris*, Dupré, 1558, *in-8.*

La même, augmentée d'une Table, & imprimée ſur le vrai original : 1611, *in-8.* 1620, *in-4.*

La même ; par Jean DE TROYES.

Cette dernière Edition eſt imprimée dans le *Supplément aux Mémoires de Philippe de Comines* : *Bruxelles*, 1713, *in-8.* « Du temps de Philippe de Comines vi-
» voit l'Auteur anonyme, qui a donné, je ne ſçai pour-
» quoi, le nom de *ſcandaleuſe* à l'Hiſtoire qu'il a pu-
» bliée de Louis XI. car elle ne contient rien qu'on ne
» puiſſe écrire ſans crime. Ne ſeroit-ce point qu'il ſe
» trouve dans la vie de ce Prince pluſieurs faits ſcanda-
» leux, que l'Auteur décrit avec beaucoup de ſincérité ».
Sponde, dans ſon *Hiſtoire Eccléſiaſtique*, ſous l'année 1461, *nombre XI.*

« Il y a une Hiſtoire de Louis XI. dit Sorel, p. 328,
» de la *Bibliothèque Françoiſe*, qu'on dit avoir été faite
» par un Greffier de l'Hôtel de Ville de Paris. Vérita-
» blement elle a du rapport à la conduite d'un tel Au-
» teur ; c'eſt-à-dire, d'un bon Bourgeois qui parle naï-
» vement. On y rencontre des remarques aſſez curieu-
» ſes de ce qui s'eſt paſſé en ce temps-là. C'eſt prope-
» ment un Journal comme le pouvoit faire un hom-
» me qui avoit connoiſſance de la ſurface des choſes,
» ſans pénétrer jamais juſqu'aux motifs & à leurs cir-
» conſtances. Si ce Livre eſt appellé *la Chronique ſcan-
» daleuſe*, on n'en trouve pas le ſujet. Nous ne ſçavons
» en quoi eſt ſon ſcandale : car il ne s'étend en médi-
» ſance contre aucun ; il ne dit pas même toutes les vé-
» rités qu'il y avoit à dire du Roi Louis XI. Il faut donc
» croire que ce ſont les Libraires qui lui ont donné ce
» titre de *ſcandaleux*, pour le faire valoir davantage.
» Mais tel qu'il eſt, il peut ſervir à nous apprendre le
» ſuccès de quelques affaires du ſiècle ». Ce que dit Sorel touchant le titre de *Chronique ſcandaleuſe* eſt juſte ; car ce ne fut que dans l'Edition de 1558 qu'on lui donna, ayant été imprimée pluſieurs fois ſans ce titre.

« Il n'y a rien de plus curieux que certains Mémoi-
» res dreſſés par des perſonnes de qualité ou d'autres
» qui ont pris ſoin de marquer ce qui ſe paſſoit de leur
» temps & ſous leurs yeux : tels ſont les Mémoires d'un
» Bourgeois de Paris, imprimés ſous le titre de *Chroni-
» que ſcandaleuſe*, le *Journal de Louiſe de Savoye*,
» qui y rapporte pluſieurs choſes qui concernent ſon
» fils, les *Mémoires du Connétable de Bourbon*, (ce Li-
» vre ne m'eſt pas connu ;) le *Journal de Henri III.* les
» *Mémoires* de Brantôme, de Chiverny, de Villeroy,
» de Marillac, Secrétaire du Duc de Montpenſier, du
» Maréchal de Baſſompierre. Il y a dans ces Mémoires
» de certains traits curieux qui ne ſe trouvent point ail-
» leurs ». Meneſtrier, au tom. II. de ſa *Bibliothèque curieuſe.*

☞ La Chronique ſcandaleuſe, quoiqu'ainſi mal nommée, puiſque preſque toujours on y parle à l'avantage de Louis XI. rapporte cependant quelques traits qui ſont très-forts à la honte de ce Roi. Elle eſt preſque la même que la Chronique imprimée à la ſuite du Volume III. de Monſtrelet, à quelques retranchemens &

additions près, & si ce n'est que la prétendue scandaleuse finit à la mort de Louis XI. & que l'autre va jusqu'à Louis XII. Le style des deux Chroniques n'a que de légères différences. Je suis étonné que le P. le Long n'ait pas parlé de cette conformité, non plus que de celle de Monstrelet avec Jean Chartier. L'Auteur de la Chronique scandaleuse paroît être de la Maison de la Princesse Jeanne de France, sœur de Louis XI. & femme de Jean, Duc de Bourbon ; car rapportant sa mort en 1482, il l'appelle sa *très-redoutée Dame*.

« Je ne crois pas que personne jusqu'ici ait remar-
» qué que la Chronique, qu'on appelle scandaleuse, &
» qu'on attribue à un Greffier de l'Hôtel de Ville, mê-
» me celle qui fut imprimée en 1611, & qui est plus am-
» ple que les Editions précédentes, n'est autre chose que
» la Chronique de S. Denys, à laquelle ce Greffier a
» donné un Préambule de sa façon, dans lequel il avoue
» qu'il n'a pas été ordonné pour écrire des Chroniques,
» que cela ne lui appartient pas, ni ne lui est permis. Ce
» Préambule est suivi de quelques petits faits qui ne sont
» pas dans les Chroniques de S. Denys ; lesquels joints
» avec deux ou trois autres parsemés dans le corps du
» Livre, ne forment pas une feuille d'impression ; tout
» le reste est des Chroniques de S. Denys, rédigées par
» Jean Castel ». *Mémoires de M. l'Abbé Lebeuf, sur les Chroniques Martiniennes, au tom. XX. des Mémoires de l'Académie des Belles-Lettres*. Ce Mémoire est rapporté ci-après.

Dans le *Ducatiana, tom. II.* on trouve des Remarques intéressantes sur cette même Chronique.]

Ce n'est pas de cette Histoire, dont a parlé Brantôme, dans l'*Eloge du Roi Charles VIII*. où il dit qu'il y a une Histoire sanglante qui a été écrite de Louis XI. « On » m'a dit (ajoute-t-il) qu'elle est en la Bibliothèque du » Roi ; que le Roi François ne voulut jamais qu'elle fût » imprimée ». Car on voit par la première Edition & les suivantes de la Chronique de Louis XI. qu'elle a été plusieurs fois imprimée avant François I. & qu'elle l'a même été pendant son Règne, en 1529.

☞ *Voyez* à son sujet la *Méthode historique* de l'Abbé Lenglet, *in-*4. tom. *IV. pag.* 66. = Sorel, *pag.* 298. = Ducat. *p.* 419. = Le Gendre, *tom. II. pag.* 26. = La Croix du Maine, *pag.* 170.]

17323. Le second Volume de la Chronique Martinienne, qui suit selon les dates des temps les Chroniques de France, selon le Chroniqueur Castel & Robert Gaguin, Général des Mathurins, à fine de la Chronique dernière jusqu'en l'an 1500, contenant les Gestes des Rois Charles VI. & Charles VII. mise en François par Sébastien Mamerot, de Soissons, Chantre & Chanoine de Troyes, avec la Chronique de Louis XI. *Paris*, Vérard, *in-fol.* ancienne Edition.

La Croix du Maine, *p.* 66, de sa *Bibliothèque Françoise*, dit que le second Volume de la *Chronique Martinienne* est imprimé sous le nom de Castel & Gaguin, Historiens François, l'an 1500. Et à la page 250 il marque que Jean de Montreuil a écrit le second Volume de cette Chronique. André du Chesne, *pag.* 63 de sa *Bibliothèque des Historiens de France*, parle plus positivement, lorsqu'il assure que Mamerot a traduit la Chronique de Martinus Polonus (mort en 1279) par le commandement de Louis de Laval, Seigneur de Chastillon, Gouverneur de Dauphiné, & l'a continuée jusqu'à son temps (en 1458) à quoi la Chronique de Louis XI. a été ajoutée.

☞ Le Catalogue de la Bibliothèque de M. du Fay, num. 2908, en présente ainsi le titre : « La Chronique » Martinienne, contenant la Chronique de Martin Po-
» lonois, avec les Additions de plusieurs Chroniqueurs ;
» VERNERON, (Chanoine de Liège), CASTEL, (fils
» de Christine de Pisan) & GAGUIN, jusqu'en 1503, le
» tout translaté du Latin, par Sébastien Mamerot : *Pa-*
» *ris*, Vérard, *in-fol.* gothique.

M. de la Monnoye, dans ses *Corrections sur la Croix du Maine*, article *Sébastien Mamerot*, dit qu'en 1458, par ordre de Louis de Laval, il entreprit la Chronique Martinienne, prétendue traduction du Latin de Martin Polonus, & que de son chef il la continua jusqu'en 1503 inclusivement. Sur cela on peut voir la *Bibliothèque Dominicaine, tom. I. pag.* 369 & 370. M. de la Monnoye dit aussi que cette Chronique, imprimée sans date par Antoine Vérard, est différente d'une autre Chronique Martinienne imprimée par le même Vérard en 1503, qui commence à la Création du Monde, & finit au Mariage d'Edouard II. Roi d'Angleterre, avec Isabelle, fille de Philippe-le-Bel, à Boulogne en 1308. Tout cela est concilié dans le Mémoire suivant.]

17324. ☞ Mémoire sur les Chroniques Martiniennes ; par M. l'Abbé (Jean) LEBEUF. *Mém. de l'Acad. des Inscript. & Belles-Lettres, tom. XX. pag.* 224.

Voici ce que l'Auteur dit de plus important : « Le se-
» cond Volume de la Chronique Martinienne, ainsi qua-
» lifiée par Vérard, Imprimeur, environ l'an 1500,
» n'est qu'un ramas de différens Livres Manuscrits con-
» cernant l'Histoire de France, que ce Libraire trouva
» peut-être reliés ensemble, & qu'il crut devoir impri-
» mer tout de suite pour grossir son Volume. Comme
» le premier Volume est presque tout entier une tra-
» duction faite par Mamerot, du Chesne en avoit con-
» clu que la suite, c'est-à-dire jusques vers l'an 1460,
» devoit être aussi un Ouvrage du même Mamerot ; &
» le P. le Long en étoit apparemment si persuadé, qu'il
» n'a pas craint d'altérer le titre de ce second Volume ».

M. Lebeuf prouve ensuite que tout ce qui est dans le second Volume, jusqu'à l'année 1461, doit être attribué à d'autres Auteurs, & entr'autres à Jean de Montreuil, & depuis l'année 1461, il convient que le Rédacteur de la Chronique n'a fait que copier Castel, Chroniqueur de S. Denys.]

17325. Chronique & Histoire, ou Mémoires de Philippe DE COMINES, Seigneur d'Argenton, contenant les choses advenues durant le Règne de Louis XI. tant en France, Bourgogne, Flandres, Artois, Angleterre, qu'Espagne & autres lieux : *Paris*, 1523, *in-fol.*

Cette première Edition a été faite par les soins de Jean de Selve, premier Président au Parlement de Paris. Elle ne contient, en six Livres, que le Règne de Louis XI. depuis 1464 jusqu'en 1483.

La même Chronique : [*Paris*, 1524] : *Ibid.* Coutereau, 1525, sans nom de Ville, J. G. 1525 : *Lyon*, le Nourry, 1526, *in-fol.*

La même, traduite en Italien par un nommé Nicolas, & publiée sous ce titre : Historia di Mons. Filippo D'ARGENTON, delle Guerre di Lodovico XI. Rè di Francia, & di Carlo Duca di Borgogna, nella quale sono descritte tutte le Guerre fatte nella Francia & in diversi altri paesi, dall'anno 1464, insino à tiempi nostri (tradotta da Nicolò :) In *Venetia*, Giglio, 1569, *in-*8.

Cette Histoire finit à la mort de Louis XI. L'Auteur est décédé en 1509. Ses Mémoires ne commencent qu'en 1464, les autres Editions seront rapportées ci-après sous l'année 1498, où ils finissent.

17326. ✱ Ms. Annotations de Claude DE

MONTJOURNAL; Sieur de Sindrey, & DU THIL, sur les Mémoires de Comines.

Elles sont citées dans les *Mémoires de Saint-Julien*, qui dit « que si les Annotations d'un jadis Sieur du Thil » en Châlonnois étoient imprimées, on y verroit des » choses que peu de gens pourroient croire ». M. l'Abbé Papillon, dans sa *Biblioth. des Ecrivains de Bourgogne*.

17327. Mss. De rebus gestis Ludovici XI. Francorum Regis Historiarum Libri septem; auctore AMELGARDO, Presbytero Leodiensi.

Cette Histoire [étoit] conservée dans la Bibliothèque de M. Colbert, num. 806, & dans celle de M. Baluze, num. 262, [aujourd'hui dans la Bibliothèque du Roi.]

17328. ☞ Excerpta ex AMELGARDI, Presbyteri Leodiensis, Libro II. de Gestis Ludovici XI. ex Manuscripto Codice Bibliothecæ Regiæ.

Ce Fragment s'étend de 1465 à 1483. Il se trouve dans la *Collectio Veterum Scriptorum*, de D. Martenne, *tom. IV. pag.* 741.]

17329. Mss. Histoire de Louis XI. *in-fol.*

Cette Histoire est conservée dans la Bibliothèque de M. le Prince de Condé. Elle est attribuée à Claude MAUPOINT.

17330. Mss. Vie de Louis XI. par Bernard de Girard, Seigneur DU HAILLAN, présentée par lui-même au Cardinal de Bourbon: *in-fol.*

Cette Vie [étoit] conservée dans la Bibliothèque de M. le Chancelier Seguier, num. 670, [aujourd'hui dans celle de S. Germain des Prés.]

17331. L'Abrégé des Faits, dignes de mémoire, du Roi Louis XI. *Paris*, 1558, *in-8.*

17332. ☞ Sommaire Recueil des Mœurs du Roi Louis XI.

Cette Pièce se trouve dans les *Lettres* d'Etienne PASQUIER, (1619, *in-8.*) *tom. I. pag.* 152.]

17333. La Louange des Rois de France, composée en Vers & en Prose: *Paris*, de Brie, 1608, *in-8.*

Ce Livre a été composé au sujet d'une Ambassade de Louis XII. au Pape, pour lui remettre la Pragmatique-Sanction. Il contient plusieurs choses appartenantes à l'Histoire de Louis XI.

17334. Histoire de Louis XI. & des choses mémorables advenues en Europe durant vingt-deux années de son Règne, enrichie de plusieurs Observations & Commentaires; par Pierre MATTHIEU, Historiographe de France: *Paris*, 1610, *in-fol. Ibid.* 1628, *in-4.*

Historia di Luigi XI. & Giuditio politico sopra la Vita di esso Ré: da Pietro MATTEI, tradotta dal Francese per Girolamo Canini: In *Venetia*, 1628, *in-4.*

La même, traduite en Anglois, par Edouard Grimeston: *London*, Eld, 1614, *in-fol.*

Pierre Matthieu est mort en 1621. Cet Ouvrage est estimé pour le meilleur de tous ceux qu'il a donnés au Public. Sorel, *pag.* 318 de sa *Bibliothèque Françoise*, dit « qu'il l'a écrit sur divers Mémoires des premiers » Auteurs ; mais qu'il l'a rempli de fleurs de Rhétori- » que & de raisonnemens d'Etat, qui montrent la diffé- » rence de ce qui est fait avec quelque art d'avec ce qui » est naturel & sans ornemens affectés ».

☞ *Voyez* sur cette Histoire, Lenglet, *Méth. hist. in-4. tom. IV. pag.* 66. = Sorel, *pag.* 298. = *Biblioth. Harley. tom. II. pag.* 514. = *Perroniana*, *pag.* 330. = Le Père Niceron, *tom.* XXVI. *pag.* 243. = *Addition* de Naudé, *pag.* 141.]

17335. Addition à l'Histoire de Louis XI. par Gabriel NAUDÉ, (Parisien): *Paris*, 1630, *in-8.*

Le même Livre.

Il est imprimé dans le Supplément aux *Mémoires de Philippe de Comines*, ou dans le tom. III. ajouté à ces Mémoires: *Bruxelles*, 1713, *in-8.* Naudé, Parisien, est mort en 1653. Son Livre ne contient pas de simples narrations, mais des remarques & de bonnes preuves que nos Rois ont été instruits dans les Lettres, sur-tout Louis XI. On y trouve aussi plusieurs autres particularités de son Règne, comme l'origine de l'Imprimerie. On peut dire que ce Traité a plus de mérite par ses digressions Littéraires, que par le sujet qu'en promet le titre.

☞ Naudé a voulu principalement y prouver que Louis XI. étoit instruit dans les Sciences & dans les Belles-Lettres, & qu'il a témoigné beaucoup d'affection à ceux qui les cultivoient ; que la barbarie a commencé sous lui à être bannie des Ecoles, & que l'Impression a été reçue & établie en France sous son Règne. Il fait à cette occasion une digression sur son origine & ses progrès, & sur l'état des Sciences en France, depuis l'établissement de la Monarchie. Il soutient que l'Inventeur de l'Imprimerie a été Jean Guttemberg, & la Bible de Mayence le premier Livre imprimé en 1462. (Cependant il y en avoit eu une autre vers 1450, & quelques petits Livres ensuite, sans compter les essais faits en planches & caractères immobiles, sur-tout par Laurent Coster, à Harlem.) Au reste cet Ouvrage de Naudé, ainsi que tous ceux qu'il a publiés, sont pleins d'érudition & de recherches curieuses.

Voyez le Père Niceron, *tom. IX. pag.* 85. = Sorel, *pag.* 298. = Lenglet, *tom. IV. pag.* 65 & 66.]

17336. Le Cabinet de Louis XI. contenant divers Fragmens, Lettres, Intrigues non encore vues, recueillies de diverses Archives: *Paris*, Quinet, 1661, *in-12.*

Le même Livre.

Il est imprimé dans le *Supplément aux Mémoires de Philippe de Comines: Bruxelles*, 1713, *in-8.* La première Edition a été donnée par Jean-Baptiste Tristan l'Hermite de Soliers. On trouve dans ce Recueil des éclaircissemens sur plusieurs endroits de l'Histoire.

☞ C'est une Collection de Lettres de Louis XI. la plupart écrites à Antoine de Chabannes, Comte de Dammartin, Grand-Maître d'Hôtel de France, & liées par quelques récits historiques.

Voyez Sorel, *pag.* 299.]

17337. Histoire de Louis XI. par Antoine VARILLAS.

Cette Histoire est imprimée avec la *Minorité de saint Louis: La Haye*, 1685: *Amsterdam*, 1687, *in-12.*

La même Histoire, depuis l'an 1461 jusqu'en 1483; par le même: *Paris*, Barbin, 1686, *in-4.* 2 vol. & *in-12.* 4 vol. [*La Haye*, & *Paris*, 1689, *in-12.* 4 vol.]

Voyez à la fin de cette Bibliothèque le *Mémoire historique sur les Ouvrages de Varillas*.

☞ On peut aussi consulter Lenglet, *Méth. histor.*

tom. IV. pag. 66, 86. = *Journ. des Sçav. Février,* 1689.
= *Hift. des Ouvr. des Sçavans, Avril,* 1689. = *Journ.
de Léipf.* 1689, *pag.* 511. = *Supplément de Comines,
pag.* 405.]

17338. Remarques hiſtoriques & critiques
ſur l'Hiſtoire de Louis XI. par Varillas.

Ces Remarques de Jean GODEFROY ſont imprimées
dans le *Supplément aux Mémoires de Philippe de Comines, pag.* 405 : *Bruxelles,* 1713, *in-*8.

☞ Jean Godefroy, que le Père le Long diſoit être
de Lille, étoit né à Paris, & fut Procureur du Roi au
Bureau des Finances de Lille, & Directeur de la Chambre des Comptes du même lieu.]

« L'on n'a pas entrepris, dit-il, dans ſes *Remarques*,
» *pag.* 407, de ſuivre Varillas pas à pas, & de redreſſer
» toutes les fauſſetés, les mépriſes, les contradictions &
» les citations forgées qui ſe trouvent dans cette Hiſtoi-
» re ; il faudroit pour cela deux Volumes auſſi gros que
» ceux qu'il en a donnés..... L'on a cru qu'il étoit néceſ-
» ſaire de déſabuſer le Public des préventions où il étoit
» en faveur d'une Hiſtoire plus remplie de menſonges
» que de vérité ».... Le même Auteur dit à la page 475,
» que le ſecond Volume eſt moins l'Hiſtoire du Roi
» Louis XI. qu'un Recueil de pluſieurs Hiſtoriettes arri-
» vées avant ou après le Règne de ce Roi, dans lequel
» l'Auteur enchâſſe des portraits de ſa façon ». Et à la
page 494 : « Le dixième Livre contient l'Hiſtoire anec-
» dote du Roi Louis XI. Sous ce titre, on s'attend d'y
» trouver quelque choſe de nouveau & de ſingulier ;
» cependant cette Hiſtoire anecdote eſt preſque toute
» tirée de la comparaiſon que Claude de Seiſſel a faite
» des Rois Louis XI & Louis XII. il y a cent ans, dans
» ſon Hiſtoire de Louis XII. Varillas l'a ſeulement tour-
» née à ſa manière.

17339. Mſ. Vie & Hiſtoire de Louis XI.
avec les preuves ; par Joachim LE GRAND,
Prieur de Neuville-les-Dames : *in fol.* 2 vol.

Cette Vie [étoit] entre les mains de l'Auteur, [qui
eſt mort en 1733.] Comme nous avons pluſieurs Vies
de Louis XI. M. le Grand a cru qu'il ne lui étoit pas permis d'en expoſer une nouvelle aux yeux du Public, s'il
ne pouſſoit ſes recherches beaucoup plus loin que ceux
qui ont écrit avant lui ſur cette Vie. Auſſi ne s'eſt-il pas
contenté de lire avec ſoin Georges Chaſtelain, Jean
Vauvrin de Foreſtel, Amelgardus, Claude Maupoint,
pluſieurs Vies particulières de Philippe & Charles, Ducs
de Bourgogne, de Henri IV. Roi de Caſtille, de Jean,
Duc d'Alençon ; les malheurs & infortunes de Marguerite d'Anjou, Reine d'Angleterre ; les Recueils du Chancelier d'Oriole ; ceux de Simonetta, Secrétaire de François, & Galéas Sforce, Ducs de Milan ; tous Ouvrages
dont on n'a que peu ou point de connoiſſance : il a
fouillé auſſi dans toutes les principales Bibliothèques.

Après avoir travaillé très-long-temps à la Chambre
des Comptes de Paris, viſité les Regiſtres du Parlement,
copié pluſieurs Titres du Tréſor des Chartres, il a tiré
des autres Parlemens & Chambres des Comptes du
Royaume, du Château de Nantes, des Hôtels de Ville,
& de tous les lieux où il a ſu qu'il y avoit des Archives,
tout ce qu'il a pu de Mémoires & d'éclairciſſemens.

Quoique Louis XI. ſoit le Héros de cette Hiſtoire,
M. le Grand ne le donne pas pour un Prince ſans défaut :
il convient qu'il en a beaucoup, & de très-grands ;
mais il prétend en même temps que nous avons très-
peu de Rois qui aient eu, à un auſſi haut point que ce
Prince, l'eſprit de gouvernement ; & que c'eſt avec
raiſon que Henri IV. a fait écrire la Vie de ce Prince,
& vouloit qu'on le propoſât pour modèle à Louis XIII.

M. le Grand avoit un Manuſcrit de la Chronique
de Louis XI. plus ample d'un tiers que celle qui eſt
imprimée. Il a corrigé ſur un Exemplaire manuſcrit de
la Bibliothèque de ſaint Waſt d'Arras, la continuation
de la Chronique de Monſtrelet. Philippe de Comines
ne commence ſes Mémoires qu'à la Bataille de Mont-

le-Héry, lorſque Louis XI. avoit quarante-cinq ans
accomplis. Matthieu, dans l'Hiſtoire qu'il en a faite,
en a eu très-peu de connoiſſance, outre qu'il s'écarte
ſouvent de ſon ſujet par des digreſſions inutiles. Mais
c'eſt moins ſur ces Chroniques & ſur des Vies particulières, que M. le Grand a compoſé cette Hiſtoire,
que ſur les Lettres & Inſtructions de ce Prince, des
Ducs de Bourgogne & de Bretagne, des Rois de Caſtille,
d'Arragon & d'Angleterre, & de leurs Miniſtres, dont
il a ramaſſé un très-grand nombre, juſqu'à quatre
mille, ou Lettres, ou Inſtructions, ou Mémoires, outre
un très-grand nombre d'Hiſtoires qui n'ont pas encore
été imprimées.

Comme il doit rendre compte au public des raiſons
qu'il a eues d'entreprendre cette Hiſtoire, des recherches qu'il a faites, & des Mémoires ſur leſquels il a
travaillé ; nous n'en parlerons pas davantage. Nous dirons
ſeulement, pour donner une idée de l'ordre qu'il a
ſuivi, que les deux premiers Livres contiennent la Vie
de Louis XI. Dauphin ; que dans les troiſième & quatrième
Livres ſont décrites les quatre premières années de ſon
Règne ; que la Journée de Mont-le-Héry n'eſt rapportée que vers le milieu du cinquième Livre ; qu'enfin
les ſuivans ne comprennent chacun qu'une année. On
peut juger de-là que cette Hiſtoire de Louis XI. eſt
plus ample que toutes celles qui ont paru. Au reſte il
n'y a pas un ſeul fait dont M. le Grand ne donne la
preuve, ou ne nous apprenne quelque circonſtance
ignorée juſqu'à cette heure. Nous ſouhaitons donc
avec empreſſement qu'on voie bientôt paroître un
Ouvrage commencé depuis ſi long-temps, & exécuté
avec tant de ſoin & de dépenſe.

☞ Cet Ouvrage n'a pas été donné juſqu'à préſent.
On voit ſeulement, par les citations des tomes XVII
& XVIII. de la nouvelle *Hiſtoire de France,* commencée
par l'Abbé Velly, que M. l'Abbé Garnier a eu communication de l'Ouvrage de l'Abbé le Grand, & qu'il
s'en eſt ſervi pour achever l'Hiſtoire de Louis XI,
commencée par M. de Villaret, premier Continuateur
de l'Abbé Velly.]

17340. ☞ Hiſtoire de Louis XI. par M.
(Charles) DUCLOS, de l'Académie des
Inſcriptions & Belles-Lettres, & depuis de
l'Académie Françoiſe : *Paris,* 1745 & 1746,
*in-*12. 4 vol. *La Haye,* 1750, *in-*12. 3 vol.

Cette Hiſtoire commence en 1423, à la naiſſance
de ce Prince, & finit à ſa mort, en 1483. Les trois
premiers Volumes de la première Édition, ou les deux
premiers de la ſeconde, contiennent l'Hiſtoire entière
de Louis XI. le dernier eſt un *Recueil de Pièces Juſtificatives,* dont la plus grande partie ne ſe trouve pas
dans l'Édition de Comines, donnée nouvellement,
quoiqu'elle contienne auſſi un grand nombre de Pièces.
Il y a eu un Arrêt du Conſeil d'État, du 28 Mars
1745, rendu au ſujet de cet Ouvrage. Le *Journal des
Sçavans,* contrefait & augmenté à Amſterdam, 1750,
dit que le Parlement a condamné ce Livre, à cauſe
de ce paſſage : *La dévotion fut de tout temps l'aſyle
des Reines ſans pouvoir.* M. de Voltaire a obſervé que
le fait n'étoit pas vrai, & que d'ailleurs le motif ſeroit
pitoyable. *Voyez* le fragment d'une Lettre écrite à un
Académicien de Berlin, dans la *Nouvelle Collection de
ſes Œuvres.*

Voyez *Jug. ſur quelq. Ouvr. nouv. tom. V. pag.* 337 ;
tom. VI. pag. 49, 97 : *tom. VII. pag.* 197 : *tom. VIII.
pag.* 160 : *tom. IX. p.* 359. = *Bibl. Franç.* du Sauzet,
tom. XLI. p. 127, 293 : *tom. XLII. pag.* 135. = *Biblioth.
raiſon. tom. XXXVII. p.* 27 : & *Journal de Trévoux,
Août* 1746, *pag.* 1716.]

17341. ☞ Hiſtoire du Règne de Louis XI.
par Mlle. DE LUSSAN, (ou plutôt M. BAUDOT
DE JUILLY) : *Paris,* 1755. *in-*12. 6. vol.

Voyez le *Mercure, Juill.* 1755. = *Journ. des Sçav.
Juillet,*

Règne de Charles VIII. 1483.

Juillet, Août, Septembre 1755. = *Année Litter.* 1755, *tom. V. pag.* 173.]

☞ Le Président DE MONTESQUIEU avoit composé une *Histoire de Louis XI.* qui a été perdue, son Secrétaire ayant jetté au feu le Manuscrit tiré au net, au lieu du brouillon, que son Maître lui avoit ordonné d'y jetter; M. de Montesquieu trouvant ensuite ce brouillon sur la table, crut que son Secrétaire avoit oublié d'exécuter ses ordres, & le jetta également au feu. Cet accident n'est point arrivé dans sa dernière maladie, comme l'a dit M. Fréron, mais en l'année 1739, ou 1740.]

17342. ☞ Ms. Notices du Règne de Louis XI. par l'Abbé François DE CAMPS, avec nombre de Pièces qui y ont rapport.

C'est ce qui est contenu dans les Porte-feuilles 128-143 du Recueil de M. de Fontanieu, à la Bibliothèque du Roi, *in-4.*]

☞ ON peut encore consulter, pour le Règne de Louis XI. = les Mémoires de Philippe de Comines, les six premiers Livres & la Préface de l'Edition de 1747, = l'*Histoire de Charles VII.* par Chartier, donnée par Godefroy, *pag.* 356, = la Vie de Jean, Comte d'Angoulême, jusqu'en 1468, = les Mémoires d'Olivier de la Marche, jusqu'en 1476, = *Historia del Duche Carlos de Borgona*, depuis 1464, = les Preuves de l'Histoire de Charles VIII, par Jaligny, donnée par Godefroy, depuis 1481. = *Francisci Carpesani Commentaria*, qui se trouvent dans la *Collectio Veterum Scriptorum* de D. Martenne, *tom. V. pag.* 475, depuis l'an 1470.]

§. V.

Règne de Charles VIII. depuis l'an 1483 jusqu'en 1498.

17343. EXTRAIT des Registres du Parlement, touchant les plaintes de Louis, Duc d'Orléans, contre l'enlèvement du Roi Charles VIII. par la Comtesse de Beaujeu, en 1484, avec des Observations de Sovil DE CINQ CIEUX: *Paris*, 1652, *in-4.*

Ludovic. DE QUINCɪ paroît s'être caché sous l'anagramme de son nom.

17344. Ms. Chronique de France & d'Angleterre, & pays voisins, qui commence au Schisme, après la mort de Grégoire XI. jusqu'en 1485.

Cette Chronique, qui commence en 1378, est conservée dans la Bibliothèque du Roi, num. 298, selon le Père Labbe, *pag.* 314, de sa *Nouvelle Bibliothèque des Manuscrits.*

17345. ☞ Ms. Lettre de Maximilien, Roi des Romains, au Roi Charles VIII. avec la Réponse; & celles du Parlement, de l'Université, de l'Hôtel de Ville de Paris, en 1486.

Ces Pièces sont dans la Bibliothèque de M. Fevret de Fontette, Conseiller au Parlement de Dijon. Maximilien se plaint de la trop grande autorité que le Roi donnoit aux Sieur & Dame de Beaujeu. Les réponses contiennent des plaintes sur la prise de Thérouanne.]

17346. ☞ Ms. Harangue de Madame France, au Roi Charles VIII son fils, en 1486.

Elle se trouve parmi les Manuscrits de la Bibliothèque du Roi, num. 7405.]

17347. Histoire de plusieurs choses mémorables advenues du Règne de Charles VIII. ès années 1486, 1487, 1488 & 1489; par Guillaume DE JALIGNY, Secrétaire de Pierre II. Duc de Bourbon, sous lequel se passèrent les affaires que cet Auteur a décrites.

Cette Histoire est imprimée la première du Recueil que Denys Godefroy a publié en 1684, de l'Histoire de Charles VIII. parceque de tous les Historiens contemporains, c'est celui qui a le plus fidèlement rapporté toutes les intrigues de ce Règne.

17348. ☞ Eclaircissement sur les premières années du Règne de Charles VIII. par M. (Antoine) LANCELOT. *Mém. de l'Acad. des Inscr. & Bell. Lettr. tom. VIII. pag.* 709.]

17349. Ms. Histoire de Charles VIII. depuis le mois de Septembre 1486, jusqu'au mois d'Août 1489.

Cette Histoire [étoit] conservée dans la Bibliothèque de l'Eglise de Notre-Dame de Paris, I. 12, [& est aujourd'hui dans celle du Roi.]

17350. Ligue faite & conclue entre les Ducs d'Orléans & de Bourbon, & plusieurs autres Seigneurs du Royaume, en 1491, *in-fol.*

Ce Traité [étoit] conservé dans la Bibliothèque de M. l'Abbé de Caumartin, [en Manuscrit.]
☞ Il est imprimé dans le Recueil de l'*Histoire de Charles VIII.* donné au public par Denys Godefroy, (en 1684, *in-fol.*) *pag.* 616.]

17351. Ms. Histoire depuis l'année 1487 jusqu'en 1491; par Jean MOLINET : *in-fol.*

Cette Histoire est conservée dans la Bibliothèque de M. le Chancelier d'Aguesseau.

17352. ☞ Mémoire sur le Mariage de Charles VIII. avec Anne de Bretagne; par M. (Antoine) LANCELOT. *Mém. de l'Acad. des Inscript. & Bell. Lettr. t. XIII. p.* 666.

Cette Pièce est intéressante; & elle éclaircit un point de notre Histoire, sur lequel plusieurs Auteurs, & des meilleurs, avoient pris le change.]

17353. ☞ Bulla Innocentii VIII. cum Executoriis Andreæ Cardinalis sancti Martini in Montibus, & Ludovici Episcopi Albiensis, ad Carolum VIII. pro subventione contra Turcas : 1491, *in-fol.*]

17354. Ms. Litteræ CAROLI VIII. Francorum Regis, de sua contra Turcas expeditione, & recuperatione Regni Neapolitani.

Cette Lettre est conservée dans la Bibliothèque de l'Eglise Cathédrale de Tournay, selon Sanderus, *tom.* I. de *Bibliothèque des Manuscrits Belgiques, p.* 213.

17355. Legatio Gallicana de Expeditione Italica Regis Francorum Caroli VIII. ad Pontificem Romanum, Regem Neapolitanum, & Principes ac liberas Civitates Italiæ : ex Bibliotheca Danielis SCHEIDNERI : *Hanoviæ*, 1613, *in-4.*

Cette Légation est aussi imprimée dans Goldast, partie vingtième de ses *Politiques de l'Empire; pag.* 853 : *Francofurti*, 1614, *in-fol.* & dans Denys Godefroy, *pag.* 238 de l'*Histoire de Charles VIII. Paris,* 1684, *in-fol.* Jean de Villiers-Houman, dans son *Traité de* l'*Ambassadeur*, dit de cette Légation, que si elle n'est pas vraie, elle est inventée avec esprit.

17356. Joannis Francisci & Hieronymi DE ARCUATE, Sutrii, Jurisconsulti, Memorabilia in adventu Caroli VIII. in Italiam : *Roma*, 1514, *in*-4.

17357. ☞ Eclaircissemens historiques sur quelques circonstances du Voyage de Charles VIII. en Italie, & particulièrement sur la cession que lui fit André Paléologue, du droit qu'il avoit à l'Empire de Constantinople ; par M. DE FONCEMAGNE. *Mém. de l'Académie des Inscr. & Bell. Lettr. t.* XVII. *pag.* 539.]

17358. ☞ Plusieurs Nouvelles envoyées de Naples par le Roi Charles VIII. à Monseigneur de Bourbon & d'Auvergne : 1494, *in*-8. en gothique.]

17359. Mf. Bernardi ORICELLARII de Bello Italico, Caroli VIII. Commentarius, ex manuscripto Apographo, nunc primùm editus : *Londini*, 1733, *in*-4.

[L'original de] cette Narration est conservé dans la Bibliothèque du Grand Duc de Toscane. Le nom vulgaire de cet Auteur est Ruscellai ; il fleurissoit en 1496. Albert Leandre, dans sa *Description d'Italie*, le met au nombre des Sçavans Florentins.

✻ Le Père Mabillon, qui avoit lu cette Relation, dit que l'Auteur l'a écrite avec beaucoup de partialité. *Mus. Italic. pag.* 69.

17360. Descriptio apparatûs bellici Regis Franciæ Caroli VIII. intrantis in Italiam contra Regem Neapolitanum pro recuperando Siciliæ Regno.

[L'original de] cette Description est conservé dans la Bibliothèque de l'Eglise Cathédrale de Tournay, selon Sanderus, tom. I. de sa *Bibliothèque des Manuscrits Belgiques*, *pag.* 213.

☞ Elle a été imprimée à la fin du tom. II. du *Voyage Littéraire* de DD. Martenne & Durand : *Paris*, 1724, *in*-4. Le Père le Long avoit indiqué cette Piéce & la précédente comme Manuscrites.]

17361. Mf. Accessus & introitus Regis Francorum in Urbem Romam : Litteræ plures de hac Expeditione, & continuatio rerum gestarum in hac Expeditione potissimùm in Urbe Roma.

Ce Discours est aussi conservé dans la Bibliothèque de la Cathédrale de Tournay.

17362. Mf. Relation de ce que fit dans Rome le Roi Charles VIII. & son entrevue avec le Pape Alexandre VI. en 1495 : *in-fol.*

Cette Relation est conservée entre les Manuscrits de M. Dupuy, num. 288, & [étoit] dans la Bibliothèque de M. le Chancelier Seguier, num. 106, [aujourd'hui à S. Germain des Prés.]

17363. ☞ Diarium Alexandri VI. &c. auctore BURCHARDO.

Ce Journal a été publié d'abord en Extrait, par Leibnitz : *Hanovera*, 1696, *in*-4. sous le titre de *Specimen Historiæ arcana*. Il l'a été ensuite plus complet par Eccard, au tom. III. des *Scriptores medii Ævi* : *Lipsia*, 1723, *in-fol.* Mais on voit par les Observations de M. de Foncemagne, (ci-après, N.° 17368) que nous n'a- vons pas encore une bonne Edition de ce curieux Journal, & qu'il y en a plusieurs Manuscrits à la Bibliothèque du Roi & ailleurs.]

17364. Voyage de Naples par le Roi Charles VIII. en 1495 ; par Jean MOLINET, Chanoine de Valenciennes.

Cette Relation a été écrite en Vers par l'Auteur, qui est mort en 1505. Elle est imprimée dans un Recueil d'une partie de ses Œuvres, sous ce titre : *Les Faits & Dits de Jean Molinet : Paris*, Langelier, 1537, *in*-8.

17365. Extrait d'un Voyage de Naples de Charles VIII. (depuis le 9 Septembre 1494, jusqu'au 7 Novembre 1495,) mis par écrit en forme de Journal de son exprès vouloir & commandement ; par André DE LA VIGNE, Secrétaire d'Anne de Bretagne.

17366. Relation du même Voyage, qui sert de Supplément au Journal précédent ; par Pierre DESREY, de Troyes.

Ces deux Relations sont imprimées dans Denys Godefroy, *pag.* 114 & 190, de son *Recueil des Historiens de Charles VIII. Paris*, 1684, *in-fol.*

17367. Le Vergier d'honneur de l'Entreprise & Voyage de Naples par le Roi Charles VIII. écrit par son commandement en rime & en prose ; par Octavien DE SAINTGELAIS, Evêque d'Angoulême, & par André DE LA VIGNE, Orateur du Roi : *Paris*, Trepperel, *in*-4. *Ibid.* le Noir, *in-fol.* (vieille Edition.)

Octavien de Saint-Gelais est mort en 1502.

☞ C'est un Journal assez curieux de l'Expédition de Charles VIII. pour la Conquête de Naples ; il y a des détails intéressans. L'Auteur n'en a oublié aucun, quelque petit qu'il fût ; & l'on voit avec plaisir la relation d'une guerre aussi glorieuse pour ce Roi, qu'elle fût très mérairement entreprise.

Dans l'Exemplaire Mf. de M. de Boze, n. 1845 de son Catalogue, on trouvoit à la tête une Epître Dédicatoire (Manuscrite) en forme de Ballade, sur vélin, adressée par André de la Vigne à un Chevalier, qui est représenté en miniature, monté sur son palefroy & armé de toutes piéces. On croit que c'est Engilbert de Clèves, Comte de Nevers & Pair de France. M. L'évêque de la Ravaliere, de l'Académie des Inscriptions, a fait une Dissertation à ce sujet.

André de la Vigne, appellé vulgairement André, est Auteur de cet Ouvrage, qui est rempli de plusieurs Ballades, Triolets, Rondeaux & autres vieilles Poésies, d'un style approchant de celui de Coquillart, à la tête desquelles est un Journal, moitié prose, moitié vers, du Voyage de Charles VIII. à Naples. Octavien de Saint-Gelais ne devoit pas être nommé comme un des Auteurs de ce Livre, puisqu'il n'y a de lui en tout qu'une Complainte de cinq ou six feuillets sur la mort de Charles VIII.

M. de la Monnoye avoit peine à croire qu'André de la Vigne fût parvenu jusqu'au Règne de François I. mais il a lu depuis, que Guillaume Cretin l'invite à déplorer avec lui la mort du Vicomte de Falaise, tué en 1511. De plus, on a de lui plusieurs Rondeaux sur la mort d'Anne de Bretagne, en 1514. Ce qui a fait préfumer à M. de la Monnoye que c'est le même la Vigne auquel s'adresse la Réponse des Filles de Madame, dans Saint-Gelais en 1526 ; car en lui donnant 40 ans en 1498, temps de la mort de Charles VIII. il n'en auroit eu que 68 en 1526. Ce qu'il y a de sûr, c'est qu'il étoit mort en 1527, avant Jean d'Auton, mort cette même année, selon Bouchet, dans ses *Epîtres familières*, *Epit.* 57, puisqu'il met la Vigne au nombre de ceux qui reçurent d'Auton aux Champs Elysées.

La Croix du Maine dit qu'André de la Vigne étoit Secrétaire du Duc de Savoye : il y a apparence qu'il étoit Savoyard. On trouve dans ses Poésies le mot *Molart* pour *Mothe*, ce qui est pur Savoyard. Il dit dans sa Ballade à une Marguerite, p. 229 de son *Vergier d'honneur*, qu'après avoir couru l'Allemagne & la Suisse, il habitoit alors en Loraine. Dans la Ballade suivante pourtant, il souhaite retourner à Paris. C'est un Poëte médiocre, qui badine quelquefois assez plaisamment, quand il ne se force pas; mais quand il veut s'élever, il ne sçait ce qu'il dit.

Du Chesne, dans ses Notes sur Alain Chartier, cite toujours Octavien de Saint-Gelais comme Auteur du *Vergier d'honneur*, à l'occasion des différens morceaux qu'il en rapporte, entr'autres à la pag. 813.

Voyez sur le *Vergier d'honneur, &c.* Lenglet, *Méth. hist. tom. IV. pag.* 67. = Le Gendre, *tom. II. pag.* 80. = *Ducatiana*, *pag.* 139. = La Croix du Maine, *p.* 9.]

17368. ☞ Observations sur deux Ouvrages historiques concernant le Règne de Charles VIII. (le Vergier d'honneur & le Journal de Burchard); par M. DE FONCEMAGNE. *Mém. de l'Acad. des Inscript. & Bell. Lettr. tom. XVII. pag.* 579.]

17369. Ms. Neapolitanæ Expeditionis Liber primus; auctore Janoto PATOILETTO, sanctæ Sedis Apostolicæ Protonotario.

Ce Livre [étoit] conservé dans la Bibliothèque de Philibert de la Mare, Conseiller de Dijon, [& est à présent dans celle du Roi. Il y en a aussi une copie écrite de la main de Philibert de la Mare, dans la Bibliothèque de M. Fevret de Fontette, Conseiller au Parlement de Dijon.]

17370. * Ms. De adventu Caroli Magnanimi Regis Franciæ, qui expulit ex Neapoli Regem Alphonsum, Liber Thomæ SCHIFALDI, Ordinis Prædicatorum.

Cet Ouvrage est cité par Mogitor, dans sa *Bibliotheca Sicula*.

17371. De Bello Gallico Ferdinandi II. Aragonum Regis, seu de Caroli VIII. Francorum Regis Expeditione in Regnum Neapolitanum ; auctore Joanne ALBINO, Lucano.

Cette Histoire est imprimée au Livre IV. de son *Histoire des Rois de Naples : Neapoli*, 1589, *in-*4.

17372. ☞ Louange de la Victoire & Conquête du Royaume de Naples, en Vers : *in-*4. vieille Edition.]

17373. Ms. Historia Caroli VIII. Francorum & Siciliæ Regis, ad recuperationem præfati sui Regni Siciliæ, &c. *in fol.*

Cette Histoire est citée dans le Catalogue des Manuscrits de M. le Chancelier Seguier, *pag.* 40.

17374. Histoire des choses advenues sous Charles VIII. tirée de François GUICCHARDIN : *Paris*, 1568, *in-*8.

17375. Historia di Marco GUAZZO, ove si contengono la venuta & partita d'Italia di Carlo Rè di Francia : *In Venetia*, Bernardino, 1547, *in-*12.

— Georgii FLORI, Mediolanensis, de Caro-

Tome II.

li VIII. Expeditione Neapolitana, annis 1494 & 1495.

Voyez ci-après, au *Règne de Louis XII.*

17376. ☞ P. Fausti ANDRELINI, Foroliviensis , Decretorum Doctoris, Laureatique ac Regii Poetæ, de Neapolitanâ Fornoviensique Victoria, ad Carolum octavum Francorum , Siciliæ, ac Hierusalem, Regem Christianissimum invictissimumque (Libri duo).

La première page porte simplement : *Faustus de Neapolitanâ Fornoviensique victoriâ.*

On lit à la dernière : « Libri duo de Gestis gloriosissi- » mi Caroli Francorum Regis octavi ; à clarissimo Poeta » Fausto Andrelino Foroliviensi compositi, & summa » cum diligentia à Guidone Mercatore, ac Joanne Parvo, » in Bellovisu impressi : *Parisiis*, anno à natali Chris- » tiano MCCCCLXXXVI. pridiè Kal. Septembris ».

Andrelinus a aussi chanté la même Victoire de Fornove remportée en 1495, dans un second Poëme beaucoup plus court, & en Vers Elégiaques. Il a été aussi imprimé à Paris, mais sans indication de lieu ni d'année, sous ce titre :

Faustus de Neapolitanâ Victoriâ : *in-*4.

La figure qui suit ces mots présente le nom de *Felix*, avec ces Vers qui désignent aussi l'Imprimeur :

Felix quem faciunt aliena pericula cautum.
Felici monumenta die felicia Felix
Pressit, &c.

17377. Ms. Bellum gestum apud Fornovium, versibus heroicis descriptum; auctore JOANNE quodam.

Cette Histoire [étoit] conservée dans la Bibliothèque de M. le Chancelier Seguier, num. 82, des Miniatures, & est [dans celle du Roi] entre les Manuscrits de du Chesne.

17378. ☞ De inclytâ Caroli octavi, Francorum Regis, in agro Fornoviensi Victoriâ, VALARANDI de Varanis, Abbatensis, Carmen; cum aliis quibusdam Valarandi Carminibus : *Parisiis*, Murat, 1501.]

17379. Ms. Chronica Regis Caroli VIII. ab anno 1486, ad annum 1495.

Cette Chronique est conservée dans la Bibliothèque de l'Eglise Cathédrale de Tournay, selon Sanderus, tom. I. de sa *Bibliothèque des Manuscrits Belgiques*, *pag.* 216. Ce ne sont que des Calendriers auxquels de jour en jour un homme d'Etat ou d'Affaire a tenu Note de tout ce qui se passoit.

17380. Diaria de Bello Carolino, sive de Bello per Carolum VIII. contra Venetos gesto, anno 1495, Libri duo : primo, pugna Tarrensis : secundo, Novariensis expugnatio describitur ; auctore Alexandro Peautio BENEDICTI , Veronensi Medico : *Venetiis*, 1496, *in-*4. *Argentorati*, 1611, *in fol.*

Ces Journaux sont aussi imprimés avec l'*Histoire de Venise* de Pierre Justiniani : *Venetiis*, 1611, *in-*4.

☞ On les trouve aussi dans le *Corps des Historiens du moyen âge*, publiés par Jean-Georges Eccard : *Lipsia*, Gleditch, 1723, *in-fol.*

L'Auteur de ces Mémoires étoit Médecin dans l'Armée Vénitienne qui combattit contre Charles VIII.]

I medesimi Libri tradotti da Lodovico Domenichi : *In Venetia*, 1545, *in-*8.

17381. Fatto d'arme del Tarro trà Principi d'Italia & Carolo VIII. Ré di Francia, tradotto per Lodovico Domenichi : *In Venetia*, Giolito, 1549, *in-8.*

17382. Histoire des Guerres d'Italie, sous Charles VIII. par Guillaume DE VILLENEUVE, son Maître d'Hôtel, qui y étoit présent.

Cette Histoire est imprimée dans Martenne, tom. III. de son *Nouveau Trésor des Pièces anecdotes*, *p.* 1505.

17383. Les grandes Chroniques de Charles VIII. depuis l'an 1484 jusqu'en 1496, recueillies & assemblées par Pierre DESREY, Orateur de Troyes : *Paris,* le Noir, 1510, *in-fol.*

Les mêmes aussi sont imprimées à la fin des *Chroniques* de Monstrelet : *Paris,* 1517, *in-fol.* & dans les *Grandes Chroniques de France*, troisième Edition : *Paris*, 1514, *in-fol.*

17384. — ☞ Additions à la Chronique de Bretagne d'Alain Bouchard : *Paris*, 1532, *in-fol.* 1541, *in-4.*

Cette Addition, dont il sera fait mention ci-après, (art. *Bretagne*,) commence au Règne de Charles VIII. & va jusqu'en 1532.]

17385. Le séjour d'honneur ; composé par Octavien DE SAINT-GELAIS, Evêque d'Angoulême : *Paris*, 1526, *in-4.*

Il y a dans ce Livre beaucoup de particularités historiques sur les Règnes de Charles VII, Louis XI & Charles VIII.

☞ *Voyez* Lenglet, *Méth. hist.* *in-4.* tom. II. *p.* 270, & tom. *IV. pag.* 68.]

17386. ☞ Mss. Complainte du Trépas de Charles VIII. Roi de France, avec l'Epitaphe de ce Prince ; par Octavien DE SAINT-GELAIS, Evêque d'Angoulême, en Vers François : *in-4.*

Elle se trouve dans un *Recueil de Pièces*, conservé dans la Bibliothèque de la Ville de Paris, & qui commence par des Vers sur la Guerre de Troyes.]

17387. Mss. Chronique des Rois de France, depuis l'an 419 jusqu'à Louis XII. *in-fol.*

Cette Chronique [étoit] conservée dans la Bibliothèque de M. Colbert, num. 3107, [& est aujourd'hui dans celle du Roi.]

17388. Chroniques de France, abrégées : *Paris*, 1498, *in-4.*

17389. Mss. Caroli VIII. Francorum Regis Vita.

Cette Vie est conservée dans la Bibliothèque du Vatican, num. 3887.

17390. Mss. La Vie, ou plutôt l'Eloge de Charles VIII. par BAUDE, avec figures.

Cette Vie est conservée dans la Bibliothèque du Roi, num. 2128.

17391. Mss. Histoire du Roi Charles VIII.

Cette Histoire est conservée entre les Manuscrits de M. Dupuy, num. 745.

17392. Mémoires de Philippe DE COMINES, Seigneur d'Argenton, contenant les principaux Faits & Gestes de Louis XI. & de Charles VIII. son fils, depuis l'an 1464 jusqu'en 1498, en huit Livres : *Paris*, de Marnef, 1528, Regnault, 1529, *in-fol.*

Les Editions précédentes, indiquées ci-devant, (N.º 17325) ne contiennent que le Règne de Louis XI. depuis l'an 1464.

Les mêmes, cinquième Edition : *Paris*, 1539, *in-8.*

Cette Edition, faite en lettres Gothiques, est divisée d'une autre manière que les autres.

Les mêmes : *Paris*, 1543, 1546, *in-8.* Ibid. Mesvieres, 1549 : *in-fol.*

Les mêmes, revues & corrigées par Denys Sauvage, Sieur du Parc, sur un Exemplaire pris à l'original de l'Auteur : *Paris*, 1552, 1561, 1580 : *Lyon*, 1559, *in-fol. Paris*, 1572, 1576, *in-16. Anvers*, 1597 : *Rouen*, 1605, *Paris*, Thibout, 1613, *in-12. Ibid*, 1615, *in-fol. Rouen*, 1634 : *Leyde*, 1648 : *Paris*, sur l'Edition de Leyde, 1661, *in-12.*

Denys Sauvage a mis au commencement de son Edition le Sommaire de la Vie d'Angelo Catto, Archevêque de Vienne, à qui Philippes de Comines dédie ses Mémoires, parceque c'étoit à sa prière qu'il les avoit composés. Cette Vie est imprimée de mot à mot & en tel style qu'elle a été trouvée entre les papiers de quelque bon ancien Personnage. Il paroît par le commencement des *Mémoires de Philippe de Comines*, qu'il ne s'est mis à les composer qu'après la mort de Louis XI.

Les mêmes, revus & corrigés sur divers Manuscrits & anciennes Impressions, augmentés de plusieurs Traités, Contrats, Testamens, autres Actes & diverses Observations ; par Denys GODEFROY, Historiographe de France : *Paris*, de l'Imprimerie Royale, 1649, *in-fol. La Haye*, Leers, 1682, *in-8.* 2 vol.

Les mêmes, avec les mêmes Observations, augmentés de la Chronique scandaleuse & de nouvelles Preuves & Notes historiques ; & de portraits en taille-douce : *Bruxelles*, Foppens, 1706-1713, *in-8.* 4 vol.

Le dernier Tome a le titre de *Supplémens à ces Mémoires*, contenant l'Addition à l'Histoire de Louis XI. avec plusieurs Pièces, Lettres, Mémoires, Recherches, Remarques critiques & historiques sur le même sujet & sur plusieurs autres. Cette dernière Edition a été procurée par les soins de Jean Godefroy de Lille, fils de Denys Godefroy, Historiographe de France.

La même Edition : (*Rouen*,) 1714, *in-8.* 4 vol.

☞ La même : *Bruxelles*, 1723, *in-8.* 5 vol.]

Le Tome IV. (de 1714) est un *Recueil d'Actes* ; il est différent de celui de [la première] Edition de Bruxelles ; l'Edition [de Rouen] qui est contrefaite, est pleine de fautes.

Les *Mémoires de Comines* sont divisés en huit Livres ; les six premiers contiennent le Règne de Louis XI. depuis l'an 1464, & les deux derniers celui de Charles VIII. mais sur-tout son Voyage & sa Conquête du Royaume de Naples. L'Auteur les composa en 1498, comme il le dit au Chapitre VII. du Livre dernier ; & il mourut en 1509.

François Baucaire, au tom. VI. de son *Histoire de France*, *pag.* 188, rapporte « qu'il a connu un homme » digne de foi, qui disoit avoir vu un Exemplaire de

Règne de Charles VIII. 1498.

» ces Mémoires plus amples & plus entiers que les Ma-
» nuscrits ; & il assuroit que Jean de Selve, Président au
» Parlement, avant de les donner à l'Imprimeur, les
» avoit corrigés & mutilés, en ayant retranché plu-
» sieurs endroits, ce qui étoit arrivé après la mort de
» l'Auteur ; & qu'ainsi nous ne devons pas être surpris,
» s'il s'y trouvoit quelque chose de feint ou de changé
» par un homme qui ne sçavoit pas l'Histoire ».

Cet homme, quelque digne de foi qu'on nous l'assure, n'est pas croyable dans ce qu'il avance ; car il doit
supposer que ce Président avoit le seul & unique original de ces Mémoires, qu'il a publiés après l'avoir retouché, ou plutôt corrompu. Si cela est vrai, sur quels
Exemplaires ont été faites les Copies manuscrites qui se
trouvent dans les Bibliothèques, & qui sont si conformes aux Imprimés?

☞ Mémoires de Messire Philippe de Comines, Seigneur d'Argenton, où l'on trouve
l'Histoire des Rois de France, Louis XI. &
Charles VIII. nouvelle Edition, revûe sur
plusieurs Manuscrits du tems, enrichie de
Notes & de figures, avec un Recueil de
Traités, Lettres, Contrats & Instructions,
utiles pour l'Histoire & nécessaires pour l'é-
tude du Droit Public & du Droit des Gens;
par M. GODEFROY, augmentée par M. l'Abbé LENGLET du Fresnoy : *Londres*, 1747,
in-4. 4 vol.

Le Tome I. contient, = une Préface dans laquelle
on trouve, enrr'autres choses, une Histoire abrégée de
Louis XI. depuis 1436 jusqu'en 1464, temps auquel
commencent les Mémoires de Philippe de Comines.
= L'Histoire de Philippe de Comines, qui commence
en 1464 & finit en 1498.

Au num. 1843 du Catalogue de M. de Boze, on trouve indiqué un Exemplaire de cette Edition, dans lequel
il y a une Dédicace singulière à M. le Maréchal de Saxe,
& cinquante Portraits qui ne s'y trouvent pas toujours.

Le Tome II. contient, entr'autres choses : = Les Chroniques de Louis de Valois, onzième du nom, depuis
l'an 1460 jusqu'en 1483 ; (c'est ce qu'on a appellé la
Chronique scandaleuse ;) & plusieurs autres Pièces qu'on
trouvera rapportées en leur place. = Preuves des Mémoires de Comines, contenant les Traités, Instructions,
Lettres & autres Actes, servans d'éclaircissemens à l'Histoire des Rois Louis XI. & Charles VIII. Parmi ces Pièces se trouvent celles qui ont été rassemblées dans un
Ouvrage intitulé : *Le Cabinet du Roi Louis XI. &c.* par
Jean-Baptiste TRISTAN L'HERMITE de Soliers : *Paris*,
1661, *in*-12.

Le Tom. III. entier comprend la suite des Preuves.

Le Tom. IV. contient le reste de ces Preuves, & quelques autres Pièces, qui seront aussi rapportées à leur
place.

Odieuvre a gravé cinquante Portraits d'Hommes illustres sous les Règnes de Louis XI. & de Charles VIII.
pour accompagner cette Edition : il y a joint aussi les
Plans de la Bataille de Mont-le-Héry & de celle de
Nancy.

Voyez sur ces *Mémoires* Lenglet, *Méth. hist. in*-4.
tom. II. pag. 270, & tom. IV. pag. 64. = Sorel, p. 227,
295. = *Préf. de l'Hist.* du P. Daniel, *pag.* 61, *nouvelle
édit.* tom. VIII. pag. 287. = *Biblioth. Harley.* tom. II.
pag. 513. = *Journ. des Sçavans*, Décemb. 1683, Avril,
1706, Septemb. 1713. = *Lettr.* de Guy Patin, *tom.* III.
pag. 364. = *Mém.* de Trévoux, *Mai*, 1747. = *Caract.
des Aut. anc. & mod.* pag. 146. = *Ducatiana, pag.* 411.
= *Mél. de Vign. Marv.* tom. I. pag. 98, 378. = *Bibl.
Franç. Camus.* tom. IV. p. 156. = Le Gendre, *tom.* I.
pag. 83. = *Comparaison des Hist.* de Mézerai & Daniel,
pag. 6. = Le P. Niceron, tom. XVII. pag. 78. = Lambert, *Histoire Litter. du Règne de Louis XIV.* tom. I.

Liv. IV. Disc. pag. iv. = Rech. de Pasq. pag. 885.
= Lenglet, *Plan de l'Hist. de France*, t. II. p. 12. = *Hist.
des Hist.* pag. 435. = *Hist. de l'Acad. des Insc.* tom. XVI.
p. 249. = *L'Hist. de la Rochelle*, par M. Arcère, *tom.* I.
pag. 619 & 620.]

17393. Philippi COMINÆI, Commentarii Latinè in compendium redacti à Joanne Sleidano : *Argentorati*, 1545, 1548, *in*-4. *Parisiis*,
1545 : [*Argentorati*, 1548] *in*-8. *Parisiis*,
1560, 1568, *in*-16. *Francofurti*, 1578, *in-fol.
Ibidem.* 1584, *in*-12. *Basileæ*, 1599, *in*-8.
Amstelodami, 1648, 1656, *in*-12.

☞ L'Edition d'Amsterdam, chez Blaeu 1656, porte
pour titre :

Philippus Cominæus de rebus gestis à Ludovico XI. & Carolo VIII. Francorum regibus,
è Gallico in Latinum sermonem conversus,
brevique explicatione illustratus à Joanne
SLEIDANO.]

Cette Traduction n'est pas fidèle, mais la Latinité en
est bonne. Possevin accuse Sleidan d'avoir supprimé ce
que Comines avoit écrit en faveur des Catholiques.

Ejusdem Commentationes rerum gestarum &
dictarum Ludovici XI. & Caroli VIII. Regum Franciæ, quas Latinè transcripsit Gaspar Barthius : *Francofurti*, Aubrii, 1619,
in-8.

Cette Version, quoiqu'un peu obscure, est meilleure
que celle de Sleidan.

Le Memorie di Philippo DE COMINES, tradotte da Nicolo Reince, Parigino, Secretario del Cardinale du Bellay : *In Venetia*,
1544 : *In Genoua*, Bartoli, 1594 : *In Milano*, 1601, *in*-8.

Le medesime, tradotte da Lorenzo Conti : *In
Brescia*, 1612 : [*In Venetia*, 1640] *in*-4.

Las Memorias de Felippe DE COMINES con
escolios proprios, por Dom Juan Vitrian :
Amberes, Meursio, 1643, *in-fol.* 2 vol.

Les mêmes, traduits en Flamand, par Corneil
Kilian : *Anvers*, Plantin, 1578, *in*-8.

Les mêmes, traduits en Allemand : *Strasbourg*,
1580 : *Francfort*, 1625, *in-fol. Ibid.* 1643,
in-8.

Les mêmes, traduits en Anglois, par Thomas
Darlet : *Paris*, 1576, *in*-8. *London*, 1596,
1614, *in-fol.*

☞ Les mêmes, traduits en Hollandois, par
François de Hacs, avec des Notes critiques ;
(tirées principalement de l'Histoire des Ducs
de Bourgogne, par Fabert, & de celle de
Louis XI. par M. Duclos) : *Amsterdam*, Hout-
tuyn, 1757, *in*-8.]

Toutes ces Editions, & un si grand nombre de Versions, font assez connoître que les Mémoires de Philippe
de Comines ont eu une approbation générale ; aussi
est-ce l'Auteur le plus sensé, le plus judicieux & le plus
véritable de tous nos Historiens. C'est ce qui me dispense
de rapporter ici au long les divers sentimens des Auteurs les plus célèbres, dont je vais indiquer les endroits
où ils en parlent. Bodin, pag. 46, de sa *Méthode d'é-
tudier l'Histoire* ; la Croix du Maine, *pag.* 375 de sa *Bibliothèque* ; Michel de Montagne, Chap. X. de ses *Es-*

fais; Juste Lipse, Chap. IX. du Liv. I. de ses *Politiques*, dans ses *Notes*; Henri de Sponde, dans son *Histoire Ecclésiastique*, sous l'année 1498; Jean Impérial, dans son *Cabinet historique*; Gerard Jean Vossius, au Chap. X. du Liv. III. de ses *Historiens Latins*, *pag.* 641. Il y a cependant des Auteurs qui l'ont critiqué, comme Jacques Meïer, du Haillan, la Mothe-le-Vayer & Varillas. [*Voyez* encore ceux que l'on a cités après la dernière Édition de l'Original François.]

17394. ☞ Remarques sur les Mémoires de Comines, de l'Édition de Bruxelles, 1706, & sur la Chronique scandaleuse.

Ces Remarques se trouvent dans le *Ducatiana*, *pag.* 411.]

17395. Histoire de Charles VIII. par Guillaume DE JALIGNY, André DE LA VIGNE, & autres Historiens de ce temps-là, où sont découvertes les choses les plus mémorables arrivées pendant ce Règne, depuis l'an 1483 jusqu'en 1498, mise en lumière par Théodore Godefroy: *Paris*, Pacard, 1617, *in*-4.

La même Histoire, enrichie de plusieurs Mémoires, Titres & Pièces historiques, non encore imprimées; le tout recueilli par Denys GODEFROY, Historiographe de France: *Paris*, de l'Imprimerie Royale, 1684, *in-fol*.

☞ Cette Édition contient:

Histoire de plusieurs choses mémorables advenues du Règne de Charles VIII. Roi de France, ès années 1486-1489, par Guillaume DE JALIGNY, Secrétaire de Pierre II. Duc de Bourbon, sous lequel se passèrent les affaires que cet Auteur a décrites.

Extrait d'une Histoire de France manuscrite, qui commence à l'an 1270 & finit à l'an 1510, recueillie par un des Gentilshommes de Charles d'Orléans, Comte d'Angoulême (SAINT-GELAIS) laquelle sert de suite & de continuation à l'Histoire précédente.

Extrait de l'Histoire du Voyage de Naples du Roi Charles VIII. mise par écrit en forme de Journal, de son exprès vouloir & commandement, par André DE LA VIGNE, Secrétaire d'Anne de Bretagne, Reine de France, tiré de la Bibliothèque du Roi. (Cet Extrait commence en 1494, & finit en 1495.)

Relation du même Voyage du Roi Charles VIII. pour la conquête du Royaume de Naples, qui sert de Supplément au Journal précédent, (où le commencement semble manquer;) par Pierre DESREY, de Troyes. (Il commence en 1493 & finit en 1494.)

Histoire de Louis, Seigneur de la Trimouille, dit le Chevalier Sans-reproche, écrite par Jean BOUCHET, (dans laquelle il y a quelques circonstances qui servent à éclaircir l'Histoire du Roi Charles VIII.)

Georgii FLORI, Mediolanensis J.C. de Expeditione Caroli VIII. in Neapolitanum Regnum, Libri duo.

Legatio Gallicana, post liberatam Italiam, pro inferendo, ac recuperando Orientis Imperio, in lucem retracta atque edita ex Bibliotheca Danielis Scheidneri, J. C. & Cancellarii Ducalis Megapolitani, Consiliariique Saxonici Vismariensis. (Cette Pièce avoit été imprimée, *Hanoviæ*, 1613.) Elle regarde l'an 1494. *Voyez* Sorel, *pag*. 299. = Le Gendre, *tom. II. pag.* 44. = Lenglet, *Méth. hist. in*-4. *tom. IV. pag.* 67. = Le Père Niceron, *tom. XVII. pag.* 82.)

Extrait d'une Histoire abrégée (manuscrite) des Rois de France, recueillie par Albert CATTANÉE, Archidiacre de Crémone.

Extrait de l'Histoire de Louis, Duc d'Orléans, (Roi de France sous le nom de XII.) pour ce qui regarde l'Histoire du Roi Charles VIII. (son prédécesseur.)

Extrait d'une autre Histoire des Rois de France, intitulée: *Francorum Regum Genealogia*, par Symphorien CHAMPIER, Médecin d'Antoine, Duc de Lorraine. (C'est une Chronique très-abrégée de ce Règne.)

Extrait d'une Histoire dont le titre est, *Tropheum Gallorum*, par le même CHAMPIER, où est le Traité de paix du Roi Charles VIII, avec le Pape Alexandre VI. (C'est aussi une Chronique abrégée de ce Règne. Le Traité qui y est rapporté fut fait en 1494.)

Extraits de différens Ouvrages, qui ont rapport au Roi Charles VIII. & à son Règne; sçavoir, = Effigies Regum Francorum, auctore Henrico PANTALEONE; = Epitome des Gestes des Rois de France; = Généalogie & Epitaphes des Rois de France, par Jacques BOUCHET; = Chronique abrégée des Rois de France; = Recueil des Antiquités de l'Abbaye de Saint-Denys; = Stephani PASCHALII Iconum Liber; = Theod. PASCHASII in Icones Regum Francorum Notæ; = La Franciade; = Antiquités & singularités remarquables de Paris.

Traités de paix, Négociations, Contrats de mariages, Testamens, Lettres Historiques & autres Actes servant de preuves à l'Histoire du Roi Charles VIII. pris sur les Originaux, ou sur des Manuscrits authentiques.

La mort de Denis Godefroy, fils de Théodore, arrivée l'an 1681, l'empêcha d'achever cette Édition: son fils aîné de même nom en prit soin. Elle est plus belle que la précédente; mais les Auteurs, sçavoir, Guillaume de Jaligny, André de la Vigne, Pierre Desrey, Jean Bouchet, George Flore, &c. qui sont compris dans ce *Recueil*, n'ont pas autant de réputation que ceux que Denis Godefroy avoit déjà publiés dans les Histoires de Charles VI. & de Charles VII. On n'y remarque pas non plus cet esprit de partialité qui régnoit alors, & qui s'étoit dissipé avec le sujet qui en étoit la cause & qui l'entretenoit. Guillaume de Jaligny étoit Secrétaire de Pierre II. Duc de Bourbon; son Histoire n'est qu'un Journal écrit d'un style grossier, qui ne contient que des intrigues de Cour; il ne parle que par occasion des guerres & des autres événemens du temps, selon la remarque de l'Abbé le Gendre.

17396. Ms. Jacobi GOHORII, Parisiensis, Matheseos Professoris, de rebus gestis Francorum ad Paulum Æmilium, ab excessu Ludovici XI. Liber duodecimus, Carolus VIII. Rex LV.

Cette Histoire est conservée dans la Bibliothèque du Roi, num. 8420.

17397. Ms. Chronique de Charles VIII. Roi de France, avec peintures: *in-fol*.

Cette Chronique est indiquée au Catalogue des *Manuscrits du Roi d'Angleterre*: (*Londini*, 1734, *in*-4). *pag.* 304.]

17398. Ms. Mémoire historial sous Charles VIII. *in-fol*.

Cette Histoire [étoit] conservée dans la Bibliothèque de M. le Chancelier Séguier, num. 628, [aujourd'hui dans celle de S. Germain-des-Prés.]

17399. Histoire de Charles VIII. par François DE BELLEFOREST.

Cette Histoire est imprimée dans celle des neuf Charles: *Paris* 1568, *in-fol*.

17400. Eloge du Roi Charles VIII. par Pierre Bourdeille, Seigneur DE BRANTOME.

Cet Eloge est imprimé au tom. I. des *Eloges de ses Capitaines François: Leyde*, 1666, *in*-12. & dans le Supplément aux *Mémoires de Philippe de Comines*, *pag.* 245: *Bruxelles*, 1713, *in*-8.

☞ On trouve dans cet Eloge plusieurs particularités qui regardent la Vie & le Règne de Louis XI. son père : ce Prince n'y est pas flatté. Il y a à la suite quelques Lettres écrites par le Roi, à Jacques de Beaumont, Sieur de Bressieure, son Conseiller & Chambellan, Sénéchal & Lieutenant général de Poitou.]

17401. ☞ Observations historiques & critiques, relatives à l'Histoire du Règne de Charles VIII. par M. DE FONCEMAGNE. *Mém. de l'Acad. des Inscr. & Bell. Lettr.* tom. XVI. pag. 237.]

17402. ☞ De Caroli VIII. præclaris Gestis, &c.

Ce Morceau se trouve dans les *Œuvres diverses* de Symphorien CHAMPIER.]

17403. ☞ Opusculum de funere Caroli VIII. cum Commentario Simonis NAUQUERII : *Parisiis*, 1606, *in-8.*]

17404. * Histoire de Charles VIII. par (Antoine) VARILLAS : *Paris*, Barbin, 1691, *in-4.* & *in-12.* 3 *vol.*

Voyez à la fin de cette Bibliothèque le Mémoire concernant cet Auteur.

17405. ☞ Mf. Histoire de Charles VIII. par Gaspard-Moyse DE FONTANIEU, Conseiller d'État ordinaire : *in-fol.* & *in-4.* Original & Copie.]

Ce Manuscrit est conservé dans la Bibliothèque du Roi.]

17406. Mf. Journal du Règne de saint Louis, Roi de France, & de ses Successeurs, jusques & y compris celui du Roi Charles VIII. par Antoine AUBERY, Avocat au Conseil, *in-4.* 7 *vol.*

Ce Journal écrit de la main de l'Auteur, [étoit] conservé dans la Bibliothèque de M. le Baron d'Hoendorff, Colonel de l'Empereur, [& il est aujourd'hui à Vienne, dans la Bibliothèque Impériale.] Il n'est composé que d'Extraits d'Auteurs, dont il y en a peu de contemporains, & un grand nombre de modernes, faits souvent avec peu de choix ; car on y rapporte des faits peu importans, & beaucoup qui concernent plutôt l'Histoire étrangère que celle de France. Si c'est de ces Journaux, dont veut parler Ancillon, dans son *Mémoire sur la Vie & les Ouvrages d'Aubery*, il a été fort mal informé. Le public ne souffrira pas beaucoup, quoi qu'il en dise, de s'en voir privé. Ancillon entreprend de prouver qu'Aubery se nommoit *Louis* & non pas *Antoine* : s'il eût consulté les Privilèges accordés pour l'impression de son *Histoire des Cardinaux*, & de son *Traité de la Régale*, & toutes les Listes des Avocats au Conseil, jusqu'en l'année 1695, au commencement de laquelle Aubery mourut, il n'auroit pas soutenu cette thèse, ou l'auroit fait plus modestement. Il y [avoit], dans la Bibliothèque de M. le Président de Lamoignon, deux Copies de ce Journal, l'une plus ample que l'autre ; elles sont en vingt-deux volumes *in-fol.* chaque Règne en a un ou deux volumes, excepté le Règne de Charles VI. qui en a cinq, & celui de Charles VII. qui en a trois.

☞ Il y en a aussi une Copie dans la Bibliothèque de MM. les Avocats de Paris : elle est précédée d'une *Préface critique* de M. le Comte de Boulainvilliers, & de quelques Notes du même sur les premiers Règnes. Elle est en 12 vol. *in-4.* mais elle ne va pas jusqu'à la fin de Louis XI. finissant en 1475.]

17407. ☞ Mf. Notices du Règne de Charles VIII. & diverses pièces tirées du Trésor des Chartres, &c.

C'est ce qui est contenu dans les Porte-feuilles 145-150 du *Recueil* de M. de Fontanieu, à la Bibliothèque du Roi.]

17408. ☞ Mf. Remarques du P. (Dominique) DE COLONIA, Jésuite, sur une Inscription du temps de Charles VIII. nouvellement découverte à Lyon : *Mém. de Trév.* 1707, *Décembre*, pag. 2164.]

☞ ON peut consulter encore, pour l'Histoire de Charles VIII. = le commencement de l'Histoire de Louis XII. par l'Abbé Tailhé, = les Additions aux Chroniques de Monstrelet, = Historia del Duche Carlos de Borgona, = la Vie du Cardinal d'Amboise : = Francisci Carpesani Commentaria, = les Œuvres de Brantôme, = les Histoires du Chevalier Bayard, depuis 1489, = l'Histoire des Guerres d'Italie de Guicciardin, depuis 1490, = la Note première du tom. V. de l'*Histoire du Languedoc*, de DD. DE VIC & VAISSETE.]

TROISIÈME PARTIE.

Règnes de la seconde Branche de Valois, désignée sous le nom d'Orléans-Valois.

§. PREMIER.

Règne de Louis XII. depuis l'an 1498 jusqu'en 1515.

17409. ☞ Mf. L'ETAT d'Espagne, avec le Procès verbal de l'hommage fait par l'Ayeul du Roi Philippe, à présent régnant, au Roi de France Louis XII. l'an 1499, & autres pièces, sans nom de Ville ni d'Imprimeur : 1594, *in-12.*

Il s'agit de l'hommage que Philippe, fils de Maximilien d'Autriche, Seigneur des Pays-bas, devoit au Roi pour les Comtés de Flandre & d'Artois. Louis XII. envoya son Chancelier, Guy de Rochefort, recevoir cet hommage à Arras, & voulut bien dispenser Philippe de le rendre en personne.]

17410. Mf. Histoire de la Conquête de Milan, en 1499.

Cette Histoire est conservée entre les Manuscrits de M. Dupuy, num. 122.

17411. Mf. La Conquête de Milan, en vers & en prose.

Cette Histoire est conservée dans la Bibliothèque du Roi, num. 1496, selon le Père Labbe, *pag.* 291, de sa *Nouvelle Bibliothèque des Manuscrits.*

17412. L'Acte fait par les Milanois devant le Cardinal d'Amboise, le 17 Avril 1500, sur le pardon par eux requis, à cause de leur rébellion contre Louis XII. Roi de France, Duc de Milan.

Cet Acte est imprimé avec l'*Histoire de Louis XII.* par Seyssel, *pag.* 192 : Paris, 1615, *in-4.*

17413. Mf. Chronique des faits & gestes

du Roi Louis XII. au-delà des Monts, en 1500: *in-fol.*

Cette Chronique [étoit] conservée dans la Bibliothèque de M. le Chancelier Seguier, num. 66, [& est aujourd'hui à S. Germain-des-Prés.]

17414. ☞ Marini SANUTI Commentarius Italicè scriptus de bello Gallico, sive de rebus in Italia gestis à Carolo VIII. & Ludovico XII. Galliæ Regibus, ab anno 1494, ad annum 1500.

Cette Histoire se trouve au commencement du tom. XXIV. du *Recueil des Historiens d'Italie* de Muratori.]

17415. Publii Fausti ANDRELINI, Foroliviensis, Laureati ac Regii Poetæ, de secundâ Neapolitanâ Victoriâ ad invictissimum Christianissimumque Ludovicum duodecimum, Francorum Regem, Sylva: *Parisiis*, 1502, *in-4.*

☞ Le Frontispice porte simplement: *Faustus, de secunda Victoriâ Neapolitanâ.*]

« Les Poësies de cet Auteur ne sont ni fort excel» lentes ni fort recherchées. Gerard-Jean Vossius dit » que c'étoit une rivière de paroles, & une goutte » d'esprit; mais Erasme ne trouvoit pas même cette » goutte d'esprit dans tout ce qu'il a fait. » Baillet, tom. VII. des *Jugemens des Sçavans*, pag. 119.]

17416. Descriptio adventûs Ludovici XII. in Urbem Genuensem, anno 1502: Auctore BENEDICTO Portuensi, Reipublicæ Genuensis Cancellario.

Cette Description est imprimée avec l'Histoire de Charles VIII. de Guillaume de Jaligny: *Paris*, Pacard, 1617; *in-4*. L'Auteur fleurissoit en 1502.

17417. Mf. Chronique des Rois de France, jusqu'en 1506: *in-fol.*

Cette Chronique [étoit] conservée dans la Bibliothèque de M. Colbert, num. 1687, [& est aujourd'hui dans celle du Roi.]

17418. Mf. Recueil des choses mémorables advenues tant en France qu'en d'autres lieux, depuis l'an 1483 jusqu'en 1506, écrites en vers par Guillaume BOYVIN, d'Angers, Religieux Bénédictin de saint Serge.

La Croix du Maine dit qu'il avoit cet Ouvrage en manuscrit. Ce Religieux vivoit en 1506.

17419. Descriptio Expeditionis in Genuenses à Ludovico XII. anno 1506, facta; per Symphorianum CHAMPIER.

Cette Description est imprimée avec son *Trophée des François*: *Lugduni*, 1507, *in-fol.*

☞ Elle est aussi imprimée avec l'*Histoire de Charles VIII.* de Guillaume de Jaligny: *Paris*, Pacard, 1617, *in-4.*]

17420. ☞ La Vie du Pape Alexandre VI. & de son fils César de Borgia, contenant les guerres de Charles VIII. & Louis XII. Rois de France, & les principales négociations & révolutions arrivées en Italie, depuis 1492 jusqu'en 1506, avec les Pièces originales qui ont rapport à l'Ouvrage; traduites de l'Anglois d'Alexandre GORDON: *Amsterdam*, Mortier, 1732, *in-12*, 2 vol.]

17421. Mf. Histoire de l'Expédition faite sur les Génois par le Roi Louis XII. décrite en vers par Jean DES MARAIS: *in-4.*

Cette Histoire [étoit] conservée dans la Bibliothèque de M. le Chancelier Seguier, num. 164, des Miniatures, [aujourd'hui à S. Germain-des-Prés.]

17422. Mf. Chronique des Gestes du Roi Louis XII. par Jean D'AUTON (ou D'ANTON), de l'Ordre de saint [Augustin,] Abbé d'Angle, Historiographe de France: *in-fol.* 3 vol.

Cette Chronique est conservée dans la Bibliothèque du Roi, num. 9700, 9701 & 8421. Le premier tome contient ce qui s'est passé en 1499; 1500 & 1501. Le second, ce qui s'est passé en 1502, jusqu'à la fin de 1505. Le troisième, qui ne se trouve plus, contenoit ce qui s'étoit passé en 1506 & 1507. Théodore Godefroy en a publié les trois premières années, sous ce titre: « Histoire de Louis XII. & des choses mé» morables advenues de son Règne, ès années 1499, » 1500, 1501 & 1502, tant en France qu'au recou» vrement du Duché de Milan, en la conquête de » Naples & autres lieux: *Paris*, Pacard, 1620, *in-4.*» Il avoit donné la fin de cette Chronique cinq auparavant, sous ce titre: « Histoire de Louis XII. & » des choses mémorables advenues de son Règne, dès » l'an 1506 jusqu'en 1508: *Paris*, Pacard, 1615 *in-4.*» Des quatre années que Godefroy n'a pas mises au jour, l'Histoire de l'année 1502, est aussi étendue que celle de 1501. Pour les deux autres, il y a très-peu de faits avec quelques Vers, & ces deux autres ne sont pas si longues que la précédente. Jean d'Auton entre dans un grand détail; & comme il suivoit toujours le Roi, il étoit bien informé de tout ce qui se passoit.

17423. ☞ Histoire de Louis XII. & des choses mémorables advenues de son Règne ès années 1499, 1500, 1501 & 1502, tant en France qu'au recouvrement du Duché de Milan, en la conquête de Naples & autres lieux, tirée de la Chronique de Jean d'Auton, & mise en lumière par Théodore GODEFROY: *Paris*, Pacard, 1620, *in-4.*

C'est le commencement de l'*Histoire* de Jean d'Auton, dont la fin se trouve ailleurs, comme on vient de le dire; les quatre années intermédiaires n'ont pas été données.

Voyez le Père Niceron, tom. *XVII.* pag. 63. = Sorel, pag. 299. = Lenglet, *Méth. histor.* tom. *IV.* *in-4.* pag. 68.]

17424. Mf. Apud Julium II. Pontificem & sacrum Cardinæum Collegium, pro Rege Ludovico XII. (adversus Maximilianum Imperatorum), Oratio habita per Guill. BRICONNETUM, Lodoviensem Antistitem, anno 1507.

Ce Discours se trouve à la fin de l'*Histoire* de Briçonnet, par Bretonneau: *Paris*, 1620, *in-4.* & imprimé séparément: *Rothomagi*, 1507, *in-8.* sous ce titre *Apologia habita Romæ, &c.*]

17425. Carmen de Expugnatione Genuensi, cum multis ad Gallicam Historiam pertinentibus: *Parisiis*, 1507, *in-4.*

Ces Vers ont été faits par Valerand DE VARANIS, Docteur en Théologie de Paris.

☞ La Révolte de Gênes regarde l'an 1507. Ce Poëme est assez bien fait pour le temps auquel il a été composé. Il est écrit en vers Alexandrins.]

17426. Les Triomphes de France, translatés du Latin de Charles DE CURRES, mis en marge en Vers François par Jean D'IVRY, Bachelier en Médecine : *Paris*, 1508, *in-*4.

Voyez la Croix du Maine, au mot *Jean d'Ivry*. Cet Auteur étoit natif de Beauvais. Charles de Curres, Auteur du *Poëme Latin*, étoit de Mammers au Maine : il s'appelloit en Latin *Currus Mamertinus*.

17427. Antonii DE ARENA, Provincialis de bragardissima Villa de Soleriis, de Guerra Neapoletana, & de revoluta Genuensi, & de Guerra Avenionensi, Liber scriptus ab Autore studioso Juris : *Avenione*, anno 1519, Versibus elegiacis, dictionibus Latinis & Gallicis ridiculè permixtis.

Cet Ouvrage écrit en style macaronique, est imprimé avec un autre du même Auteur, intitulé : *Antonius de Arena ad suos Compagnones studiantes, qui sunt de persona friantes, bassas, dansas, in galanti stylo bisognantes, cum Guerra Romana, & cum Guerra Neapoletana*, &c. *Lugduni*, de Wingle, 1529, 1533, *in-*12. & avec d'autres *Opuscules macaroniques*, 1671, *in-*12. Cet Auteur est mort en 1544. Il étoit Juge de la ville de Saint-Remi en Provence. Il décrit dans cet Ouvrage le siège de la ville de Rome, par le Connétable de Bourbon, & les Guerres de Louis XII. dans le Royaume de Naples, & ses Victoires contre les Génois.

17428. ☞ Antonius DE ARENA, Provincialis de bragardissima Villa de Soleriis ad suos Compagnones, qui sunt de persona triantes, bassas, dansas & branlos practicantes nouvellos perquam plurimos, mandat, &c. *Londini*, (*Paris*, Coustélier,) *in-*12. de 100 pages.

Voyez la *Bibliothèque* de *Clément*, *tom. II. p. 17. Les Poësies macaroniques* d'Antoine d'Arena étoient devenues rares. On a joint dans cette Edition le Poëme macaronique de Remy BELLEAU, intitulé : *Bellum Hugonoticum*.

Le Père le Long avoit traduit *Antonius de Arena*, Antoine de Sablon, ayant cru que cet Auteur avoit latinisé son nom : il étoit de Soliers, & s'appelloit véritablement d'*Arène*: je crois que la famille subsiste encore à Hières.]

17429. Publii Fausti ANDRELINI, Canonici Baïocensis, de Regia in Genuenses Victoria, Libri tres : *Parisiis*, 1509, *in-*4.

17430. ☞ La Conquête de Gènes, (en Gothique).

17431. ☞ L'Attollite Portas de Gènes, en Ballades; par André DE LA VIGNE, (en Gothique).

17432. ☞ Le Grand Chemin de l'Hôpital : *Lyon*, 1508.]

17433. ☞ L'Exil de Gènes la Superbe ; par Frère Jean D'ANTON : *Paris*, Guillaume Eustace, 1508, *in-*4.

C'est un petit Poëme François sur la prise de Gènes sous le Roi Louis XII. Il faut noter que le nom de l'Auteur est ainsi écrit, comme dans la Croix du Maine; & non d'Auton, comme les autres l'écrivent, & entre autres Jean Bouchet en ses *Poësies*, *pag.* 79, où l'on voit qu'il mourut au mois de Janvier 1527.]

17434. Entrevue de Louis XII. Roi de France & de Ferdinand, Roi d'Arragon, à Savone, *Tome II.*

l'an 1507, tirée de Jean D'AUTON, donnée au public avec d'autres Pièces, par Théodore Godefroy: *Paris*, Pacard, 1613, *in-*4.

17435. Andreæ MOCENICI, Patricii Veneti, Libri sex Belli Cameracensis, quod Veneti cum quatuor Regibus, cum Helvetiis & tota Italia gesserunt, ab anno 1505, ad annum 1508 : *Venetiis*, de Vitalibus, 1525, *in-*8.

17436. La Guerra di Cambrai, tradotta dal Latino per Andrea Arrivabene : *In Venetia*, 1544, 1560, *in-*8.

MOCENIGO s'est caché sous ce nom, en traduisant son propre Ouvrage.

17437. Histoire de la Ligue de Cambray, faite l'an 1508, contre la République de Venise; (par Jean-Baptiste DU BOS): *Paris*, Delaulne, 1709, *in-*12. 2 vol.

☞ La même, quatrième Edition : *Paris*, Chaubert, 1729, *in-*12. 2 vol. |

Cette Edition a un grand avantage sur les précédentes: la description de la manière dont on faisoit la guerre, & de ce qu'étoient les Troupes au commencement du XVIe Siècle, qui faisoit partie du Livre III. a été imprimée séparément, sous le titre de *Dissertation Préliminaire*, & ce morceau curieux est augmenté de près de moitié.]

La Ligue de Cambray se fit entre le Pape Jules II. Maximilien I. Empereur, le Roi Louis XII. & Ferdinand Roi d'Arragon, contre les Vénitiens. L'Histoire en est estimée; elle peut autant passer pour un Ouvrage de politique sur les affaires du temps, que pour une Histoire. L'Auteur y fait paroître beaucoup de jugement : il y parle comme un homme très-instruit de l'Histoire qu'il publie. Il écrit bien, & se fait lire avec plaisir. Il dit dans sa Préface que c'est la singularité de cette Ligue, qui lui a fait prendre le dessein de la mettre dans tout son jour.

☞ *Voyez* sur cet Ouvrage, Lenglet, *Méth. hist. in-*4. *tom II. pag.* 272 : *tom. III. pag.* 379, & *tom. IV. p.* 69. = *Journ. de Verdun*, Janv. 1729. = *Mém. de Trévoux*, Décem. 1709. = *Journ. des Sçav.* Janv. 1709. = *Rép. des Lettr. de Bernard*, Oct. 1709. = *Journal de Leipsick*, 1710, *pag.* 42. = *Siècle de Louis XIV. tom. II. pag.* 353.]

17438. Ms. La Sommation de par le Roi notre Sire, au Duc & Seigneur de Venise, & au Capitaine de Crémone, par le Roi d'Armes Montjoye, & la Réponse que lui firent lesdits Duc & Seigneur de Venise, & Capitaine de Crémone : *in-*4. sans date, (en Gothique).

17439. ☞ Ms. Mémoire (en Allemand), sur les causes & les suites de l'Alliance faite à Cambray contre les Vénitiens.

Il est imprimé dans un Recueil intitulé : *Abhandlungen*, &c. *Zuric*, 1763, *in-*8.]

17440. De Triumphali atque insigni Ludovici XII. in Venetos Victoria : Chilias heroïca Antonii SYLVIOLI, Parisiensis : *Parisiis*, de Marnef, *in-*4.

17441. ☞ Trophæum Gallorum quadruplicem eorumdem complectens Historiam ; per Symphorianum CHAMPERIUM : *Lugduni*, 1507, *in-*4.]

Dd

17442. Les Triomphes de Louis XII. contenant l'origine & la déclinaison des Vénitiens, & leur défaite à Agnadel ; par Symphorien CHAMPIER, Docteur en Médecine: *Lyon*, 1509, *in-4*.

L'Extrait du premier & du second Livre de ce Triomphe, est imprimé aux pages 337 & 344, du volume de l'*Histoire de Louis XII*. par Seyssel: *Paris*, 1615, *in-4*.

17443. La Victoire de Louis XII. contre les Vénitiens, & la Bataille d'Agnadel en Lombardie, en 1508; par Claude DE SEYSSEL: *Paris*, 1510, *in-4*.

17444. ☞ Le Libelle des cinq Villes d'Italie, contre Venise, en Vers; par André DE LA VIGNE, (Gothique).

17445. ☞ L'Armée du Roi, contre les Vénitiens, & l'Ordre des Batailles: *Lyon*, 1509.]

17446. ☞ La Victoire de Louis XII. sur les Vénitiens. *Ibid*.]

17447. ☞ Monitoire du Pape Jules, contre les Vénitiens, translaté du Latin, en rime Françoise. *Ibid*.]

17448. ☞ L'Avènement & Entrée de Louis XII. à Milan, translaté d'Italien en rime Françoise. *Ibid*.]

17449. Mss. Histoire de France, qui commence l'an 1270, & finit l'an 1510: *in-fol.*

Au commencement de ce volume, qui [étoit] conservé dans la Bibliothèque de M. le Baron d'Hoendorff, [& qui est aujourd'hui dans celle de l'Empereur], on lit ces mots : « Il a bien besoin de pardon qui présume » bailler par don si petit œuvre, au Roi de France » Louis XII. de ce nom, en renom le très-grand des » Rois, en faits, vertus, excellences: DE MONTLIEU.» Jean DE SAINT-GELAIS, Sieur de Montlieu, Auteur de cette Histoire, l'a divisée en deux parties ; la première contient un Abrégé des Règnes précédens, depuis saint Louis jusqu'à Louis XII. & dans la seconde, le Règne de Louis XII. que Théodore Godefroy a publiée en 1622, comme le marque l'Article suivant. De Montlieu vivoit en 1510; il écrit en homme exact & sincère, qui parle librement des choses qu'il raconte. Il ne fait point de détail des Expéditions de Louis XII.

Histoire du Roi Louis XII. Père du Peuple, & de plusieurs choses mémorables advenues en France & en Italie, jusqu'à l'an 1510, (divisé en deux Parties, dont la première, pour montrer que ledit Roi est descendu du Roi S. Louis & de son fils aîné, commence au trépas de S. Louis, en 1270, & finit au trépas de Charles VIII. en 1497. La seconde Partie commence au Couronnement de Louis XII. jusqu'en 1510.); par Jean DE SAINT-GELAIS; mise en lumière avec les Traités & Actes qui concernent cette Histoire ; par Théodore GODEFROY: *Paris*, Pacard, 1622, *in-4*.

17450. Description (en Vers héroïques) des deux heureux Voyages de Gênes & de Venise, victorieusement mis à fin, par le Très-Chrétien Roi Louis XII. par Jean MAROT, Valet de Chambre du Roi François I. *Paris*, Roussset, 1532: *Lyon*, Juste, 1537, *in-8*.

Ces deux Voyages, décrits en Vers héroïques par Jean Marot, père [du fameux] Clément Marot, & qui mourut en 1523, sont aussi imprimés dans leurs Œuvres: *Anvers*, Steels, 1530, *in-12*.

☞ Les Œuvres de Jean & de Clément Marot ont été encore imprimées par Coustelier : *Paris*, 1723, *in-12*. & *La Haye*, *in-4*. & *in-12*.]

— Histoire de l'Administration du Cardinal d'Amboise, Ministre d'Etat sous François I. jusqu'en 1510; par BAUDIER, &c.

Voyez ci-après, *Histoire des Ministres d'Etat*.

17451. Michaëlis COCCINII, Tubingensis, de rebus gestis in Italia, annis 1511 & 1512, seu de Bello Maximiliani Imperatoris & Ludovici XII. Regis Francorum cum Venetis gesto, Liber unus; (vieille Édition) : *in-fol.*

Ce même Livre est aussi imprimé avec d'autres Historiens : *Basileæ*, 1544, *in-fol.* & dans Freher, tom. II. de sa *Collection des Historiens d'Allemagne*, pag. 267: *Francofurti*, 1623, *in-fol.*

17452. ☞ Martini DOLET, Carmen de partâ à Ludovico XII. in Maximilianum Ducem Victoriâ : *Parisiis*, Garmontius, *in-4*.]

17453. ☞ La Vie du Pape Jules II. ennemi du bon Roi Louis XII. & des François gens de bien, tant Ecclésiastiques que autres, (ou Dialogue contre Jules II. traduit du Latin de Jean REUCHLIN): 1615, *in-8*.]

17454. Diario de' successi seguiti in Italia, d'all anno 1498, sino all'anno 1512, da Biaggio BUONACORSI: *In Fiorenza*, 1568, *in-4*.

17455. Georgii FLORI, Mediolanensis Jurisconsulti, de Bello Italico & de rebus Gallorum præclarè gestis, temporibus Caroli VIII. & Ludovici XII. Regum Franciæ, Libri sex : ex Bibliotheca Hugonis Picardeti, in supremo Burgundiæ Senatu Procuratoris: *Parisiis*, 1613, *in-4*.

Cette Histoire est aussi imprimée dans Denys Godefroy, à la page 161 de l'*Histoire de Charles VIII. Paris*, 1684, *in-fol.* Georges Florus, qui vivoit en 1512, parle dans les deux premiers Livres de l'Expédition faite à Naples en 1494 & 1495, par Charles VIII. & dans les autres, de la Guerre de Boulogne faite par Louis XII. du temps de Jules II, de la Guerre que ce Roi fit aux Génois pour les soumettre, & de la Guerre contre les Allemans, ou que l'Empereur Maximilien faisoit contre Louis XII. pour le chasser d'Italie. Cet Auteur, selon Picardet, a écrit son Histoire avec soin, avec jugement & avec liberté ;-quoique son style ne soit pas élégant. On y trouve bien des vérités qui peuvent servir à réfuter les mensonges & les railleries de Guichardin, & des autres Historiens contraires aux François.

17456. Tractatus Nicolai BERTRANDI, J. U. Professoris & in Parlamento Tolosano Advocati, de Bello inter summum Pontificem Julium II. & Ludovicum XII. Franciæ Regem.

Ce Traité est imprimé pag. 73, de son Ouvrage des

Gestes des Tholosains: *Tolose*, 1515, *in-fol.* Cet Auteur est mort en 1527.

17457. ☞ Mf. L. PARMENII, Genesii, de Cladibus per Gallos Italiæ illatis, & de triumpho Julii II. Pont. Max. versus Elegiaci.

Cette Piéce de Vers est dans la Bibliothèque du Grand Duc de Toscane.]

17458. ☞ La Journée de la Bataille faite près de Ravenne, le 11 Avril, jour de Pâques 1512, avec l'Ordonnance faite à Milan à l'Entrée du corps de Monsieur de Nemours, dont Dieu ait l'ame : *in-16.* gothiq.]

17459. Hultrici ZWINGLII, Toggiensis in Helvetia, ad Joachimum Vadianum de gestis inter Gallos & Helvetios ad Ravennam, anno 1512, Relatio.

Cette Relation est imprimée dans Freher, tom. III. de son *Recueil des Historiens d'Allemagne.* Zwingle fut tué dans une Bataille, l'an 1531.

17460. Le Sire d'Aubigny : Nouvelle historique : *Paris*, Girin, 1698 : *Amsterdam*, 1700, *in-12.*

Ce Livre contient les Guerres d'Italie sous les Règnes de Charles VIII. & de Louis XII. depuis l'an 1494 jusqu'en 1512, entremêlées de quelques avantures galantes de ces deux Princes & d'autres Seigneurs de leur Cour. Beraud Stuart, de la Maison Royale d'Ecosse, appellé le Sire d'Aubigny, a donné le nom à cette Histoire. L'Auteur est un Breton, nommé LESCONVEL, qui s'est donné, dit Prosper Marchand, dans sa Note sur la Lettre 194 de Bayle, *pag.* 741, « pour un Solitaire, » qui rebuté par plusieurs efforts inutiles, n'ayant pu » parvenir à aucun emploi de considération, ne son-» geoit qu'à remplir quelques-unes des heures de sa » grande oisiveté où il languissoit à Paris ».

17461. Mf. Extrait des Chroniques de France & de Bourgogne, écrites par SIMEON, Carme, Prieur à Arras.

Cet Extrait est conservé dans la Bibliothèque du Roi, entre les Manuscrits de du Chesne, *pag.* 169 du dix-neuvième Volume.

☞ Chronica sancti Benigni Divionensis.

Cette Chronique, qui commence à l'an 195, finit en 1513. Elle se trouve au *Spicilège* de d'Achery, *tom. II. in-fol. pag.* 357. Le Père le Long en a parlé, Article de l'*Abbaye de S. Bénigne*, (ci-devant, N.ᵒˢ 11348 & *suiv. tom. I. pag.* 765 & 766;) il ne lui donne pas autant d'étendue. D'ailleurs elle doit être rapportée ici comme utile à l'Histoire générale de France.]

17462. Annales Hirsaugenses, Historiam Franciæ & Germaniæ, gesta Imperatorum, Regum, Principum & illustrium Virorum complectentes, ab anno 830, ad annum 1370; à Joanne TRITHEMIO, Abbate Spanhemensi : *Basileæ*, 1559, *in-fol.*

Ces mêmes Annales sont imprimées avec les *Œuvres historiques du même* : *Francofurti*, 1601, *in-fol.*

Idem Opus secundis curis Auctoris & ad annum 1513, productum : nunc primum integrum prodit curâ Monachorum Sangallensium : Typis ejusdem Monasterii, 1690, *in-fol.* 2 vol.

L'Auteur est mort en 1519.

17463. Epître envoyée des Champs Elisées (en 1513) par le feu Henri, autrefois Roi d'Angleterre, à Henri son fils, VIII.ᵉ de ce nom, sur l'entreprise par lui faite contre le Roi Louis XII. contenant la dissention du débat d'entre les François & les Anglois; par Jean BOUCHET.

Cette Epître est imprimée entre les Epîtres familiéres du même Auteur, sous le nom du *Traverseur des voies périlleuses* : *Poitiers*, 1545, *in-fol.*

17464. ☞ Mf. Poëme sur l'embrasement du vaisseau nommé la Cordelière, (commandé par Hervé-Portemoquer) en 1513, traduit du Latin de BRICE, Secrétaire d'Anne de Bretagne, & dédié à cette Princesse : *in-4.*

Ce Manuscrit du temps, avec miniatures, est conservé dans la Bibliothèque du Roi, parmi ceux de M. Lancelot.]

17465. Mf. Histoire du Siége de Dijon, (en 1513), par les Suisses, & le Traité fait avec eux par Louis de la Trimouille, Gouverneur de Bourgogne, pour la levée d'icelui, avec les Preuves; par Pierre TABOUROT.)

L'Histoire de ce Siége fait en 1513 [étoit] conservée dans la Bibliothèque de Philibert de la Mare, Conseiller de Dijon, [& est à présent dans celle de M. Fevret de Fontette, à Dijon.]

17466. ☞ Matthæi Cardinalis SEDUNENSIS Oratio Philippica ad excitandos contra Galliam Britannos, 1514, edente Jo. Tolando : *Amstelodami*, 1709, *in-8.*]

17467. ☞ Histoire de la réunion de la Bretagne à la France, &c.

Voyez ci-après, Art. de *Bretagne*, dans les Histoires des Provinces.]

17468. ☞ Cornelii AURELII, D. Erasmi olim Præceptoris, Apocalypsis sive Narratio facetissima super obitu Ludovici, Regis Galliarum, & Maximiliani, Imperatoris Romani; qui in unum consentientes, nepotes suos, super imperio contendentes, felici fœdere pacificarunt, Carmine Elegiaco.

L'Auteur étoit Chanoine Régulier en Hollande, où il vivoit vers l'an 1500. Dans le Recueil des Lettres d'Erasme, on en voit plusieurs de lui, avec les Réponses de ce Sçavant. L'Ouvrage que nous venons d'indiquer est suivant les apparences dans la Bibliothèque de Leyde, à qui Bonaventure Vulcanius a légué ses Manuscrits. On a parlé de cette Piéce dans la Préface d'un autre Ouvrage du même Auteur, qu'il a publié & qui a pour titre : *Batavia, sive de antiquo veroque situ, &c. Antverpiæ*, Plautini, 1586, *in-8. Voyez* les Remarques de M. l'Abbé Joli contre le *Diction.* de Bayle, *pag.* 791.]

17469. Mf. Gesta Ludovici XII. Regis; auctore Jacobo GOHORIO, Parisiensi, Matheseos Professore : *in-fol.*

Cette Histoire [étoit] conservée dans la Bibliothèque de M. Colbert, num. 2925, [& est aujourd'hui en celle du Roi.] L'Auteur est mort en 1576.

17470. ☞ De Ludovici XII. præclaris Gestis.

Ce Morceau se trouve dans les *Œuvres diverses* de Symphorien CHAMPIER.]

17471. Mf. Ludovici, Aurelii Ducis, poſtea Regis Francorum ejus nominis XII. Vita & Hiſtoria ; auctore NICOLAO Bartholomæo, Lochienſi , Priore Beatæ Virginis à bonis nuntiis apud Aureliam.

Cette Vie [étoit] conſervée dans la Bibliothèque de M. Colbert, entre les Manuſcrits de du Cheſne. Théodore Godefroy en a fait imprimer un Fragment qui regarde le Règne de Charles VIII. dans la Vie de ce Roi : *Paris*, 1617, *in*-4. & Denys Godefroy , *pag*. 253, de ſon *Recueil de Charles VIII*.

17472. Mf. Hiſtoire du Règne de Louis XII. faite par Humbert VELLAY : *in-fol*.

Cette Hiſtoire eſt conſervée dans la Bibliothèque du Roi, num. 8461, & [étoit] dans celle de M. le Chancelier Séguier, num. 623, [aujourd'hui à S. Germain des Prés.] Humbert Vellay étoit fort attaché au ſervice du Roi ; le ſtyle de ſon Hiſtoire a été retouché en 1592, par Nicolas de Langes.

17473. ☞ Hieronymi DONATI, Patricii Veneti, Oratio ad Ludovicum XII. Gallorum Regem.

Ce Diſcours ſe trouve dans un Recueil intitulé : *Orationes clarorum Hominum, &c*. in Academiâ Venetâ, 1559, *in*-4.]

17474. ☞ Ludovici XII. Panegyris : *in*-4.

Parmi les Mſſ. du Préſident de Harlay, num. 1598, [à la Bibliothèque de S. Germain-des-Prés.]

17475. Mf. Mémoires du Chancelier Antoine DU PRAT, ſous le Règne de Louis XII.

Ces Mémoires [étoient] conſervés dans la Bibliothèque de M. le Chancelier Séguier, num. 763, [& ſont à S. Germain des Prés.] Le Chancelier du Prat eſt mort en 1535. [*Voyez* ſa Vie, aux *Miniſtres d'Etat*.]

17476. ☞ Les Louanges du Roi Louis XII. compoſées en Latin ; par Mᵉ Claude DE SEYSSEL , Docteur en tous Droits, & Maître des Requêtes ordinaire de l'Hôtel du Roi, tranſlatées par lui de Latin en François : *Paris*, Vérard, 1508, *in*-4. Goth.]

Hiſtoire ſingulière de Louis XII. par Claude DE SEYSSEL, Maître des Requêtes de l'Hôtel du Roi : *Paris*, 1508, *in*-8.

La même, revue par Denys Sauvage : *Paris*, 1587, *in*-8.

Seyſſel eſt mort Archevêque de Turin en 1520. Son Ouvrage eſt écrit en forme de Panégyrique, qui roule ſur le parallele de ce Roi avec ſes prédéceſſeurs, ſur-tout avec Louis XI. Il les dégrade pour relever la gloire de ſon Héros. Quoiqu'il ait demeuré long-temps à la Cour, ſon ſtyle ſe reſſent encore de ſon Pays, qui étoit le Bugey, d'un endroit appellé Seyſſel. Il rapporte dans cette Hiſtoire des faits très-curieux.

☞ Cet Ouvrage eſt généralement eſtimé : l'Auteur l'a compoſé ſur les Mémoires & ſur les témoignages de gens dignes de foi. Il ſoutient avec force les droits de la Couronne, & réfute les Ecrivains qui vouloient y donner atteinte. Il étoit d'autant plus en état d'écrire la Vie de Louis XII. qu'il avoit été l'un de ſes Conſeillers. On trouve à la fin de cette Hiſtoire de fort bonnes Pièces pour ſervir de preuves & éclaircir différens endroits de l'Ouvrage.

Voyez le Gendre, tom. *II*. *pag*. 23. = *Rech*. de Paſquier , *pag*. 885. = Le Père Niceron , *tom*. *XXIV*. *pag*. 327.]

17477. Comparaiſon du Règne de Louis XI. à celui de Louis XII. tirée de l'Hiſtoire précédente DE SEYSSEL.

Cette Comparaiſon eſt imprimée dans le *Supplément aux Mémoires de Philippe de Comines*, *pag*. 284 : *Bruxelles*, 1713, [&c.] *in*-8. Cette Pièce eſt bonne , & l'on y trouve un air de ſincérité qui charme le Lecteur.

17478. Hiſtoire de Louis XII. & des choſes mémorables advenues de ſon Règne , depuis l'an 1498 juſqu'en 1515 ; par Claude DE SEYSSEL , Jean D'AUTON & autres Auteurs contemporains ; miſe en lumière par Théodore GODEFROY, avec des Notes & des Preuves : *Paris*, Pacard , 1615, *in*-4.

☞ La première Partie contient :

Les Louanges du bon Roi de France Louis XII. de ce nom, dit Père du Peuple , & de la félicité de ſon Règne, compoſées en Latin par Meſſire Claude DE SEYSSEL, Docteur en tous Droits, & Maître des Requêtes ordinaire du Roi, & tranſlatées par lui du Latin en François, l'an 1508.

Apologie des Louanges de Louis XII. Roi de France, pour répondre à ſes détracteurs ; compoſée l'an 1510, par Meſſire Claude DE SEYSSEL, élu Evêque de Marſeille.

Procès-verbal de l'hommage fait par Philippe ; Archiduc d'Autriche, à Louis XII. Roi de France , pour les Comtés de Flandres , Artois & Charollois, le 5 Juillet 1499, rédigé par écrit par Jean AMYS, Notaire & Secrétaire du Roi.

L'Acte fait par les Milanois devant le Cardinal d'Amboiſe, le 17 Avril 1500, ſur le pardon par eux requis à cauſe de leur rébellion, contre Louis XII. Roi de France, Duc de Milan.

La Propoſition & Harangue faite & propoſée par Meſſire Claude DE SEYSSEL, Conſeiller & Ambaſſadeur du Roi Très-Chrétien, à Louis XII. de ce nom , au Roi d'Angleterre Henri VII. pour le mariage de Madame Claude de France, avec M. le Duc de Valois, en Latin & en François. (Cette Pièce regarde l'an 1506).

Extrait du premier Livre de l'Hiſtoire intitulée : *Le triomphe du Très-Chrétien Roi de France Louis XII. de ce nom, contre les Vénitiens*, compoſée par Symphorian CHAMPIER , Conſeiller & Médecin ordinaire d'Antoine , Duc de Lorraine. (Ce Morceau regarde l'an 1509.)

Extrait d'une Hiſtoire de France Manuſcrite, qui commence en 1270 & finit l'an 1510.

Hiſtoire du recouvrement du Duché de Milan, fait en l'an 1515, par François I. Roi de France.

Annotations de Th. GODEFROY, ſur les Pièces qui précèdent.

La ſeconde Partie contient :

Hiſtoire de Louis XII. Roi de France, Père du Peuple , & des choſes mémorables advenues de ſon Règne, dès l'an 1506 juſqu'en 1508, par Jean D'AUTON, ſon Hiſtoriographe , & Abbé d'Angle , de l'Ordre de S. Auguſtin ; extraite de la Bibliothèque du Roi.

Adjudication du Comté de Provence à Louis XII. contre les prétentions de René Duc de Lorraine, extraite d'une Hiſtoire de France manuſcrite , qui commence l'an 1270, & finit en 1510.

Lettre de Jean, Roi de Dannemark, à Louis XII. ſur le différend que ledit Roi de Dannemarck avoit avec la ville de Lubeck : de Hafné, le 20 Juillet 1509.

L'Excellence & la Félicité de la Victoire qu'eut le Très-Chrétien Roi de France, Louis XII. de ce nom, dit *Père du Peuple*, contre les Vénitiens, au lieu appellé *Aignadel*, près la Ville de Carayos, en la contrée de Giradade au

Règne de François I. 1515.   213

pays de Lombardie, l'an de grace 1509, le 4 de Mai; composée par Messire Claude DE SEYSSEL, Docteur, &c.

L'Investiture du Duché de Milan, faite par l'Empereur Maximilian I. à Louis XII. Roi de France : à Trente le 14 Juin 1509.

Lettre d'Emmanuel, Roi de Portugal, à Louis XII. d'Almerin, le premier Octobre 1510.

Lettre d'Alphonse I. Duc de Ferrare, à Louis XII. écrite de Ferrare, le 5 Octobre 1510, touchant le différend qui étoit entre le Pape Jules II. & ledit Alphonse.

Traité de paix & Confédération entre Louis XII. & la Seigneurie de Venise; fait à Blois le 23 Mars 1513.

Extrait du Livre XII. de l'Histoire de François GUICCHARDIN, Ambassadeur de la République de Florence en Espagne, vers Ferdinand II. Roi d'Arragon, après Gouverneur de Modène, Reggio, Parme & Boulogne, & Président de la Romagine, du temps des Papes Léon X. Adrien VI. & Clément VII. & depuis principal Conseiller d'Alexandre & Côme ducs de Florence. (Cet Extrait regarde l'an 1515.)

Extrait du Livre I. des Mémoires de Martin DU BELLAY, Seigneur de Langey, Chevalier de l'Ordre du Roi, Capitaine de cinquante hommes d'armes de ses Ordonnances, & Sous-Lieutenant général en ses Pays & Duché de Normandie, en l'absence de Monseigneur le Dauphin. (Ce Morceau regarde les années 1513 & 1514.)

Extrait du Livre VI. des *Annales de Gènes*, d'Augustin GIUSTINIANO, Evêque de Nebio. (Il s'étend depuis 1506 jusqu'en 1512.)

Extrait du Livre XVIII. de l'*Histoire de Gènes*, de Pierre BIZARRUS.

Extrait du Livre XVIII. de l'*Histoire de Gènes*, de Hubert FOGLIETA, Gentilhomme de Gènes. (Il regarde les années 1509 = 1512.)

Annotations de Théodore GODEFROY, sur les Pièces qui précedent.]

17479. ☞ Sommaire de la Vie & des actions les plus remarquables de Louis XII. *in-fol.*

Ce Sommaire est indiqué num. 3180, du Catalogue de M. le Blanc.]

17480. ☞ Histoire de Louis XII. (par Jacques TAILHÉ, Prêtre de Villeneuve d'Agénois): *Paris*, 1755, *in-12.* 3 vol.

Le Tome I. s'étend depuis la naissance de ce Prince en 1462, jusqu'en 1503.

Le Tome II. depuis 1504 = 1511.

Le Tome III. depuis 1511 = 1515.

L'Auteur met d'abord sous les yeux le Catalogue des Livres où il a puisé, parmi lesquels on remarque principalement l'*Histoire manuscrite du Règne de Louis XII.* par Humbert Vellay, (rapportée ci-dessus, N.° 17471.) La nouvelle Histoire est partagée en huit Livres, dont le dernier est terminé par un bel Eloge que M. de Voltaire a fait de Louis XII. dans le Chant VII. de la Henriade.

Voyez *Mercure*, Juill. 1755. = *Journ. des Sçav.* Oct. & Décem. 1755. = *Mém. de Trév.* Nov. 1756. = *Ann. Litt.* 1755, *tom. VI. pag.* 315.]

17481. ☞ Dissertation sur la Devise du Roi Louis XII. par feu Monsieur CHESNEAU, Membre de la Société Royale d'Orléans: *Mercure*, 1753, Novembre, pag. 6.

L'Auteur prétend que cette Devise, *Cominus & eminus*, n'étoit point particulière à ce Prince, mais celle de l'Ordre de Porc-épi, institué en 1393, par Louis d'Orléans, & que Louis XII. supprima, en retenant seulement pour lui la devise.]

17482. ☞ Anecdotes secrètes des Règnes de Charles VIII. & de Louis XII. avec des Notes historiques. *La Haye*, Néaulme, 1741, *in-12.*]

17483. * Histoire de Louis XII. par (Antoine) VARILLAS: *Paris*, Barbin, 1688, *in-4.* & *in-12.* 3 vol.

☞ *Voyez* à la fin de cette Bibliothèque, le Mémoire concernant cet Auteur.]

17484. ☞ Mss. Notices du Règne de Louis XII. & Pièces qui le concernent, tirées du Trésor des Chartres.

C'est ce qui est contenu dans les Porte-feuilles 152-159, du Recueil de M. de Fontanieu, à la Bibliothèque du Roi: *in-4.*]

☞ ON peut encore consulter, pour l'Histoire de Louis XII. = les Additions aux Chroniques de Monstrelet, = les Œuvres de Brantôme, = le Journal de Louise de Savoie, qui se trouve au tome VI. des *Mémoires de du Bellay*, donnés par l'Abbé Lambert, = les Mémoires de Fleuranges, qui se trouvent au tome VII. = la Vie de la Bienheureuse Jeanne de France, = l'Itinéraire de Guichardin, = Francisci Carpesani Commentaria, = les Histoires du Chevalier Bayard, = les Vies du Cardinal d'Amboise, = les Lettres de Louis XII. & de ce Cardinal.]

§. II.

Règne de François I. depuis l'an 1515 jusqu'en 1547.

17485. ☞ FELIX Præsagitio de invictissimo Gallorum Domino Francisco, Duce Engolismensi, & incomparabili sorore ejusdem Margaretâ, uxore laudatissimâ Principis Alenconis: *Parisiis*, 1512, *in-4.*]

17486. ☞ Petri PONTANI, Brugensis, Carmen extemporaneum, de invictissimo Francorum Rege, Francisco I. *Parisiis*, 1522, *in-4.*]

17487. Journée de sainte Brigide (en 1515), près de Marignan, dans le Milanez: extraite de l'Histoire de Robert DE LA MARCK, Duc de Bouillon, Maréchal de Fleuranges.

Cette Relation est imprimée dans Marcel, au tome IV. de sa *Monarchie Françoise: Paris*, 1686, *pag.* 288, *in-12.*

17488. Lettre du Roi FRANÇOIS I. à Madame sa mère, Régente en France, sur la défaite des Suisses à Marignan.

Cette Lettre est imprimée dans le Traité d'Antoine Laval, intitulé: *Desseins & Professions nobles: Paris*, 1613, *in-4.*

☞ L'Abbé Lenglet l'a fait réimprimer comme une Pièce intéressante, à la fin de son Ouvrage, qui a pour titre: L'*Histoire justifiée contre les Romans: Amsterdam*, (*Rouen*) 1735, *in-12.*]

17489. Publii Francisci MODESTI ad Claudiam Reginam, Sylvarum Liber unus, seu de Francisci Gallorum Regis adversùs Helvetios ad Mediolanum Victoria: *Arimini*, 1521, *in-8.*

17490. ☞ Hugonis AMBERTANI Silvæ Francisci I. in Helvetios Victoriam, Caroli VIII. & Ludovici XII. prælia, quibus Jacobus Chabannus, Marescallus Franciæ interfuit, complectentes: *Parisiis*, 1516, *in-8.*]

17491. Mf. De rebus gestis Francisci I. sub anno 1515; ex Diario PARIDIS, Episcopi Pisaurensis, Magistri Ceremoniarum sub Julio II. & Leone X.

Cette Histoire [étoit] conservée dans la Bibliothèque de M. Colbert, entre les Manuscrits de du Chesne, [& est aujourd'hui dans celle du Roi.]

17492. Voyage & Conquête du Duché de Milan, en 1515, par François I. rédigé en Vers & en Prose; par Pasquier LE MOINE, dit le Moine sans froc, Portier ordinaire du Roi: *Paris*, Couteau, 1520, *in-4.*

☞ Le vrai titre de cet Ouvrage est :

Le Couronnement du Roi François premier de ce nom. Voyage & Conquête de la Duché de Milan. Victoire & répulsion des Usurpateurs d'icelle, avec plusieurs singularités des Eglises, Convents, Villes, Châteaux & Forteresses d'icelle Duché, faits l'an 1515; recueillies & rédigées par LE MOINE sans froc : *Paris*, Couteau 1520, petit *in-4.* (Gothique).

L'Auteur se nomme lui-même dans le cours de l'Ouvrage, Pasquier le Moine, Portier ordinaire du Roi François I. Le premier Morceau de la première Pièce de cet Ouvrage, intitulé : *Le Couronnement de François I.* ne regarde nullement la cérémonie du couronnement de ce Prince; c'est un Dialogue en Prose & Vers, entre l'Acteur & le Passant, sur la composition d'une Couronne pour François I. tirée des 8 lettres qui forment son nom, & appliquées à 8 Vertus : Fidélité, Raison, Audace, Noblesse, Courtoisie, Opportunité, Jeunesse & Sapience. La seconde pièce est en Vers, & contient le récit du Voyage & expédition du Roi dans le Milanois, depuis son départ d'Amboise, le 28 Juin 1515, jusqu'à la prise de Milan. La troisième pièce est en Prose, & contient un Journal de la marche de l'armée Françoise, depuis le 7 Août 1515, & de ce qui s'est passé dans le Milanois, jusques & y compris le 23 Octobre, que François I. fit son entrée dans Milan.

Voyez sur cet Ouvrage, la *Méthode historique in-4.* de l'Abbé Lenglet, *tom. IV. pag. 71.*]

17493. Histoire du recouvrement du Duché de Milan par François I.

Cette Histoire est imprimée à la *p. 418* de l'*Histoire de Louis XII.* par Seyssel, &c. [ci-devant, N.° 17478.]

17494. Historiæ novæ & veteres, à novissimis Francisci Sfortiæ temporibus ad Franciscum I. Regem Francorum, Ducemque Mediolani, sive Trivultiro, carmine Elegiaco; Auctore Andrea ASSARACO, Sarracho: *Mediolani*, Pontici, 1516, *in-fol.*

On trouve dans les quatre, cinq & sixième Livres de cette Histoire, les Voyages des Rois Charles VIII. Louis XII. & François I. en Italie.

17495. Continuation de la Chronique de Monstrelet, depuis l'an 1487 jusqu'en 1516.

☞ *Voyez* ci-devant, N.° 17295.]

17496. Mf. Histoire de France, ou Journal, depuis 1513 jusqu'en 1517.

Cette Histoire [étoit] conservée dans la Bibliothèque de M. Colbert, num. 1906, [& est aujourd'hui en celle du Roi.]

17497. Mf. Histoire des deux premières années du Règne de François I. écrite par Jean BARILLON, Secrétaire du Chancelier du Prat.

Cette Histoire est conservée dans la Bibliothèque du Roi, num. 8618.

17498. Mf. Chronique depuis le temps de saint Bernard, l'an 1113 jusqu'en 1518.

Cette Chronique [étoit] conservée dans la Bibliothèque de M. Foucault, [qui a été vendue & distraite.]

17499. ☞ Mf. Compte des deniers provenants de la Croisade pour la Guerre contre les Infidèles, reçus dans le Diocèse de Tholose, pour les années 1517 & 1518; *in-fol.*

Ce Manuscrit original est conservé dans la Bibliothèque du Roi, parmi ceux de M. Lancelot.]

17500. Corona delle Guerre d'Italia, principiando dell'anno 1494, fin all'anno 1518: *In Venetia*, 1565, *in-4.*

17501. ☞ Oratio Richardi PACCI, in pace nuperrime composita, & fœdere percusso, inter Angliæ & Francorum Reges, in æde D. Pauli Londini habita : *Parisiis*, Garmont, 1518, *in-4.*]

17502. ☞ Le Penser de royale mémoire, auquel sont contenus les Epitres envoyées par le Royal Prophète David, à François I. Roi de France, avec aucuns Mandemens & autres choses convenables à l'exhortation du soutiennement & entretennement de la sainte Foi Catholique; composé par Guillaume MICHEL, dit de Tours : *Paris*, de la Garde, 1518, *in-4.*]

17503. Mf. Histoire des premières années du Règne de François I. par Sébastien MOREAU : *in-fol.*

Cette Histoire est conservée dans la Bibliothèque du Roi, num. 9901.

17504. Mf. Histoire particulière de France, depuis l'an 1514, jusqu'en 1520; par un Secrétaire du Cardinal du Prat : *in-fol.*

Cette Histoire [étoit] conservée dans la Bibliothèque de M. Colbert, num. 407, [& est aujourd'hui en celle du Roi.] C'est peut être la même que l'Histoire de Jean BARILLON; qu'il a continuée jusqu'en 1520 : [ci-devant, N.° 17497.]

17505. Mf. Histoire des choses mémorables advenues en France, en Italie & en Allemagne, du Règne des Rois Louis XII. & François I. depuis l'an 1503, jusqu'en 1521. par Robert DE LA MARCK, Seigneur DE FLEURANGES & de Sedan, Maréchal de France : *in-fol.*

Cette Histoire est conservée [en Manuscrit], entre les Manuscrits de M. Dupuy, num. 107; entre ceux de M. de Brienne, n. 136, [à la Bibliothèque du Roi] :

Règne de François I. 1522.

dans la Bibliothèque de M. le Chancelier Seguier, num. 772, [à S. Germain-des-Prés] : & dans celle de Messieurs des Missions Etrangères. Elle n'est pas complette, car il y a quelques lacunes. Robert de la Marck ayant été fait prisonnier à la Bataille de Pavie, en 1525, fut conduit au Château de l'Ecluse en Flandres, où il composa cette Histoire, qui est à proprement parler celle de sa Vie, comme il le dit lui-même au commencement. Il mourut en 1537.

☞ « Le Père Anselme dit que cette Histoire a été » écrite sous le titre du *Jeune Avantureux* ; elle est » imprimée sous celui de *Mémoires du Maréchal de* » *Fleuranges*, à la suite de l'Edition de 1753 des » *Mémoires de Martin & Guillaume du Bellay Langey*, » (ci-après,) dont elle remplit le tome VII. Aux évé- » nemens rapportés dans nos Historiens, le Maréchal » ajoute quelquefois des circonstances intéressantes, & son » témoignage doit être respecté. M. l'Abbé LAMBERT » qui a donné cette Edition, a éclairci plusieurs faits par » des Remarques. » *Journ. des Sçav. Mai, 1754.*]

17506. Mf. **Histoire des sept premières années de François I.**

Cette Histoire [étoit] conservée dans la Bibliothèque de M. de Harlay. Elle est attribuée à Jean BOURDEL, Secrétaire du Chancelier du Prat. On l'indique sous un autre titre, ci-après, article des *Lettres historiques, &c.*

☞ Elle se trouve aujourd'hui parmi les Manuscrits de la Bibliothèque de S. Germain-des-Prés, provenans de M. de Harlay, & elle y est intitulée : « Journal des sept » premières années du Règne de François I. depuis 1515 » jusqu'en 1529, » ce qui contient quatorze années, quoique le titre n'en porte que sept ; il faut qu'on y ait fait une Addition, soit de la part de l'Auteur, soit de quelqu'autre.]

17507. ☞ **La Copie des Lettres des Révérends Pères en Dieu Messeigneurs les Cardinaux Prêtres, Diacres & Sous-Diacres, Archevêques & Evêques de la sainte Eglise Militante de Rome, envoyées au Roi François I.** contenant les exhortations, prières, & requêtes de la paix universelle, entre les Rois & Princes Chrétiens, 8 Mars 1523 : *in-4.*]

17508. **Histoire du Chevalier Bayart & de plusieurs choses advenues sous les Règnes de Charles VIII, Louis XII & François I.** depuis l'an 1489 jusqu'en 1524.

Voyez ci-après, *Hist. des Officiers de Guerre.*

— **Histoire de Louis de la Trimouille**, dit le Chevalier Sans-reproche, mort en 1524.

— **Vie de Guillaume Gouffier**, Seigneur de Bonnivet, Amiral de France, tué en 1524.

Voyez dans le même Article, & aux *Amiraux.*

17509. ☞ **Epître (en Vers) du Roi François I.** traitant de son partement de France en Italie, & de sa prise devant Pavie.

Cette Pièce, qui est intéressante pour l'Histoire de cet événement, est imprimée à la fin de l'Ouvrage de l'Abbé Lenglet, intitulé : *L'Histoire justifiée contre les Romans : Amsterdam* (Rouen) 1735, *in-12.*]

17510. **Obsidio & pugna Papiensis, anno 1525 ; auctore Adriano BARLANDO, Zelando.**

Cette Histoire est imprimée dans le Livre de Schardius, intitulé : *Syntagma Historiæ Germanicæ : Basileæ*, 1574, *in-fol.* Barland est mort en 1542.

17511. **Pavia assediata da Francesco I. l'anno 1524, con la sua prigione seguita li 24 Februario 1525, da Ottavio BALLADA :** *In Pavia*, 1655, *in-4.*

17512. ☞ **Francisci TÆGII, Physici & Equitis, candida & vera Narratio diræ ac chronicæ Papiæ obsidionis, anno 1525 :** *Coloniæ*, 1525, *in-12.*]

☞ **Franc. TÆGII Physici & Equitis, de Obsidione urbis Ticinensis seu Papiensis, & captivitate Francisci I. Regis Galliæ, Liber :** *Papiæ*, 1525, *in-12.*

La même année il en parut deux Editions en Italien, l'une à Pavie & l'autre à Crémone, *in-8.*

Idem, Notis illustratus curâ & studio Bernardi PEZII, Benedictini Mellicensis : *Norimbergæ*, Schmid, 1736, *in-4.*]

17513. ☞ **Hermannus Comes NUENARIUS de rebus Francorum usque ad annum 1525 :** *Basileæ, in-4.*]

17514. **De Bello Mediolanensi, seu de rebus factis in Italia, ab anno 1521, pro restitutione Francisci Sforciæ II. Mediolanensium Ducis, inter Pontificem, Gallicum, Venetum & Cæsarem, Libri octo ;** auctore Galleatio CAPELLA : *Norimbergæ*, Petreii, 1532, *in-4. Venetiis*, 1535, *in-8.* [*Parisiis*, 1537, *in-16.*] *Norimbergæ*, 1537, *in-4. Haganoæ*, 1538, & *Argentorati*, 1553, *in-8.*

Les mêmes Livres sont imprimés dans Schardius, au tom. II. de son *Recueil des Historiens d'Allemagne*, pag. 1104 : *Basileæ*, 1574, *in-fol.* & dans le tom. II. du *Trésor des Antiquités d'Italie*, publié par Jean-Georges Grævius : *Lugduni-Batavorum*, 1704, *in-fol.* Galéas Capella est mort en 1537.

I medesimi tradotti per Francesco Philippopoli : *In Venetia*, Giolito, 1539, *in-4.*

El mismo de las Guerras sobre el Estado de Milano : *en Valencia*, 1536, *in-8.*

17515. ☞ **Lettres de Noblesse de Louis Mercy**, Bourguignon, données par Charles-Quint, & autres Pièces concernant la captivité de François I.

Dans les *Mélanges* de Camusat.]

17516. ☞ Mf. **Recueil de Poésies de FRANÇOIS I.** faites lors de sa prise à Pavie, & pendant sa prison en Espagne ; avec quelques Vers de la Reine de Navarre sa sœur.

Ce Manuscrit, qui est du temps de François I. est conservé dans la Bibliothèque du Roi, parmi les Manuscrits de Baluze, num. 370. C'est delà que l'Abbé Lenglet a tiré l'Epître de François I. sur sa prise à Pavie, ci-devant, N.° 17509.]

17517. ☞ Mf. **Plusieurs Lettres & Poésies que composa FRANÇOIS I.** pendant sa prison à Madrid : *in-4.*

Ce Manuscrit, en vélin & très-bien écrit, est conservé dans la Bibliothèque de Sainte-Geneviève, à Paris.]

17518. **Historia captivitatis Francisci I. Galliarum Regis**, à Prudentio DE SANDOVAL,

Epiſcopo Pampelonæ,Hiſpanicè conſcripta: *Mediolani*, 1715, *in-*8.

Cette Hiſtoire a été traduite de l'Eſpagnol en Latin par Adam Ebert. L'Evêque de Pampelune eſt mort en 1621. Son Hiſtoire de l'Empereur Charles V. a été imprimée en deux Volumes : *en Barcelona*, 1634, *in-fol.* ☞ *Voyez* Lenglet, *Méth. hiſt. in-*4. *tom. IV. p.*71. = *Journ. des Sçav. Janv.* 1716.]

17519. ☞ Mſ. Traité de Paix fait à Madrid, contenant la délivrance de priſon du Roi de France : *in-*4.

Il eſt conſervé dans la Bibliothèque de S. Vincent de Beſançon.]

17520. ☞ Apologia Madriciæ Conventionis, &c. *Pariſiis*, 1526, *in-*4.

C'eſt une Brochure de ſept feuillets.]

17521. ☞ Le Traité de la Paix entre notre Très-Saint Père le Pape Clément VII. le Roi notre Sire, le Roi d'Angleterre & autres leurs Alliés ; avec le double des Lettres envoyées au Roi par le Grand Turc : 1526, *in-*4.]

17522. Hiſtoire ou Recueil de la Victoire obtenue contre les Luthériens du Pays d'Aulſays, & autres, par Antoine, Duc de Calabre, de Lorraine & de Bar, en 1525, eſcript par Nicolas DE VOLKIR, de Serrouville, Secrétaire & Hiſtorien de ce Duc : *Paris*, 1526, *in-fol.*

17523. Ritratti delle coſe di Francia & d'Alemagna : da Nicolo MACHIAVELLI, Fiorentino : *In Venetia*, 1537, *in-*8. *In Firenze*,1550, *in-*4. *In Venetia*,1554, *in-*12.

Ce même Livre eſt imprimé avec ſes Œuvres : *In Geneva*, 1550, *in-*4. L'Auteur eſt mort en 1526.

Les mêmes, traduits en Anglois : *London*, 1580, *in-*4.

17524. ☞ Franciſci CARPESANI, Flaminis Parmenſis, Commentaria ſuorum temporum Libris X. comprehenſa, ab anno circiter 1470, ad annum 1526, ex manuſcripto Codice olim Bibliothecæ Altuempenſis, deinde Cardinalis Ottoboni, qui poſteà fuit Alexander Papa VIII. Eruit Jo. Mabillonius.

Cette Hiſtoire eſt imprimée dans la *Collectio Veterum Scriptorum*, de Dom Martenne, *tom. V. p.*1175.]

17525. Mſ. Pluſieurs Hiſtoires advenues depuis l'an 1501 juſqu'en 1526, principalement du temps des premières Guerres entre Charles V. & le Roi de France François I.

Ces Hiſtoires ſont conſervées dans la Bibliothèque de l'Egliſe Cathédrale de Tournay, ſelon Sanderus, au tom. I. de ſa *Bibliothèque des Manuſcrits Belgiques*, *pag.* 217.

— Hiſtoire de Charles de Bourbon, Connétable de France, tué en 1527.

Voyez ci-après, *Gén. & Hiſt. des Princes du Sang.*

17526. ☞ Cæſaris GROLIBRII Hiſtoria expugnatæ & direptæ urbis Romæ an. 1527: *Pariſiis*, 1637, *in-*4.]

17527. ☞ Narratio Hiſtorica direptionis urbis Romæ : *Francofurti*, 1625, *in-*4.]

17528. ☞ Pro Carolo V. Imperatore apologetici Libri duo circà res geſtas cum Clemente VII. Pontifice Romano & Franciſco I. Galliarum Rege, anno 1526 & 1527 : *Antverpiæ*, 1527, *in-*8.]

17529. ☞ Due Dialoghi, l'uno di Mercurio & Caronte ; nel quale oltre molte coſe belle, gratioſe & di buona dottrina, ſi raconta quel che accade nella guerra dopo l'anno 1521 : l'altro di Lattantio & di uno Archidiacono ; nel quale pontualemente ſi trattano le coſe avenute in Roma nel l'anno 1527, di Spigennale in Italiano, con molta accuratezza & tradotti & reviſti : *Vinegia*, *in-*8.]

17530. ☞ La prinſe & aſſault de Pavie, faite par M. de Lauſtrec, Lieutenant-Général du Roi notre Sire delà les Monts, avec la fuite des Eſpagnols : 1527, *in-*16 Gothiq.]

17531. ☞ La prinſe de Gènes & la fuite des Eſpagnols, le 13 Août 1527, *in-*16. Gothiq.]

17532. ☞ Le Traité de la Paix perpétuelle, accordée entre le très-Chrétien Roi de France & le très-puiſſant Roi d'Angleterre, publiée à Paris le Mardi 27 Août 1527 : *in-*16. Gothiq.]

17533. ☞ La Concluſion faicte entre le très-Chrétien Roi de France & le Roi d'Angleterre, par eux prinſe de, ſommer l'Empereur de rendre les Enfans de France, & au refus de ce les deſſuſdits Rois de France & d'Angleterre le deffient à feu & à ſang: *Rouen*, Brenouzet, 1527, *in-*16. Gothiq.]

17534. ☞ La manière de la défiance faite par les Hérauts des Rois de France & d'Angleterre à l'Empereur, & la Réponſe de la même Impériale Majeſté auxdits Hérauts, en 1527 : *Anvers*, 1528, *in-*4.]

17535. ☞ Deffenſio Franciſci I. adversùs Imperatorem, auctorem duelli prorogati : *Pariſiis*, 1528, *in-*4.]

17536. ☞ Traduction de deux Lettres de François I. au Pape, pour répondre aux calomnies de Charles V. *Paris*, 1527, *in-*8.]

17537. ☞ El deſafio de los Reges de Francia, y Inglaterra, a Emperador Carlos V; cón ſus Reſpueſtas : *Burgos*, 1528, *in-*4.]

☞ Mſ. Le défiement fait à l'Empereur, de la part des Rois de France & d'Angleterre : 1528, en 17 pages.

Cette Pièce eſt conſervée dans la Bibliothèque de M. Fevret de Fontette, Conſeillea au Parlement de Dijon.]

17538. ☞ Hiſtoire générale de l'Europe ; depuis la naiſſance de Charles-Quint juſqu'au 5 Juin 1527, compoſée par Robert MACQUEREAU, de Valenciennes : *Louvain*, de l'Imprimerie Académique : 1765, *in-*4.

L'Auteur paroît fort partiſan de la Maiſon d'Autriche.

Règne de François I. 1528.   217

che. Le Siége de Pavie & ses suites y sont rapportés dans un grand détail.]

17539. Mſ. Discours des Rois d'Armes de France & d'Angleterre à Charles V. Empereur, étant à Bourges, le 22 Janvier 1528, par lesquels ils demandent la liberté des Enfans de France qu'il avoit pour ôtages; & les Réponses que leur fit ledit Empereur verbalement & par écrit : *in-fol.*

Ce Discours est cité dans le Catalogue de Frère Eloy, Augustin Réformé de Lyon.

17540. Mſ. Chronique des différends entre Charles V. Empereur, & François I. Roi de France, en l'an 1528 : *in-fol.*

Cette Chronique [étoit] conservée dans la Bibliothèque de M. Colbert, n. 2405, [aujourd'hui dans celle du Roi.]

17541. ☞ Instruction aux sieurs de la Guiche & de Tournon, envoyés par Sa Majesté aux Nobles du Bailliage de Mâcon: 1529.

Le Roi leur faisoit demander une Décime pour aider à payer sa rançon.]

17542. Mſ. Mémoires des choses arrivées au Royaume de Naples, depuis l'an 1519, jusqu'en 1530.

Ces Mémoires sont conservés dans la Bibliothèque du Vatican, entre les Manuscrits de la Reine de Suède, num. 701.

17543. ☞ Mémoire (en Allemand) concernant l'Histoire de ce qui s'est passé de mémorable en Europe, depuis l'année 1515 jusqu'à l'année 1530.

Il est imprimé dans le Recueil intitulé : *Abhandlungen, &c.* Zuric, 1763, *in-8.*]

17544. ☞ Réduction & délivrance des Enfans de France en 1530, & autres Pièces concernant la même matière, &c. *in-4.*

Ce Recueil est indiqué num. 2244, du Catalogue de M. Godefroy.]

17545. ☞ La Procession de Soissons, dévote & mémorable, faite à la louange de Dieu, pour la délivrance de Nosseigneurs les Enfans de France, par le R. P. en Dieu Monseigneur Jehan Olivier, Abbé de Saint-Mard (Saint-Médard) dudit Soissons, Conseiller du Roi & Chroniqueur de France, le Dimanche dernier jour de Juillet 1530, mise & rédigée par escrit, par Mᵉ Jacques Petit, Procureur du Roi au Comté de Soissons, lequel a été Maistre de Cérémonies à ladite Procession, & Maistre d'Hostel du Banquet: Paris, Tory de Bourges, 1580, *in-8.*

L'Auteur compte plus de trois cens mille personnes qui sont venues à cette Fête, dont la description très-singulière est rapportée dans ce Livre, qui est assez rare.]

17546. Chronique des choses plus mémorables advenues depuis l'an 1500 jusqu'en 1532 : *in-8.* (sans nom de lieu, &c.)

17547. Della Historia dell'anno 1494, fin all'anno 1526, Libri sedeci; da Francesco Guicciardini, Gentilhuomo Fiorentino : *In Firenze*, 1561, *in-fol. & in-8.* [2 vol.]

☞ L'Edition *in-fol.* qui est magnifique, rare & chère, ne contient que les seize premiers Livres de Guichardin, & finit en 1526, tellement qu'avec cette Edition il faut avoir celle de Porcacchi [marquée ci-après] ou au moins les quatre derniers Livres, qui se trouvent imprimés séparément. On a fait une Edition à *Venise* en 1738 & 1740, chez Pasquali, *in-fol.* 2 vol. qui contient le texte entier de Guichardin avec des Annotations : elle est belle & plus commode en ce qu'elle est complette; mais elle n'empêche pas que la première n'aie toujours son prix. Au reste, ces quatre derniers Livres ne sont pas travaillés & finis comme les seize premiers. Ce n'est qu'une ébauche ou des Mémoires sur lesquels l'Auteur se proposoit de travailler. Il est mort au mois de Mai 1540, âgé de 58 ans. Son Histoire ne fut publiée que vingt ans après sa mort, par les soins d'Agnolo Guicciardini son neveu; & cette Edition de 1561 est la première, dans laquelle il n'y a rien de retranché.]

L'istessa, con le Annotazione di Remigio Fiorentino : *In Venetia*, 1563, *in-4.*

De l'Istessa fin all'anno 1532, ultimi quarto Libri : *In Venetia*, [Giolito de Ferrari] 1564, *in-4.*

☞ L'Istessa, con l'aggiunta de summari à ciascun Libro & di molte Annotazioni in margine delle cose piu notabili di M. Papirio Picedi : *In Parma*, Viotti, 1564, *in-4.*]

Li venti Libri della medesima Historia, insieme ristampati, con la Vita del Autore scritta da Marco Remigio : *In Venetia*, 1567, 1569, *in-4.*

L'istessa Historia, con diverse addizioni de Tomaso Porcacchi : *In Venetia*, [1574] 1610, *in-4.* 2 vol. *In Geneva*, 1621, *in-8.*

Selon Bayle, cette Edition est la meilleure.

☞ La Historia d'Italia di M. Francesco Guicciardini, Gentilhuomo Fiorentino, divisa in venti Libri, riscontrata con tutti gli altri Historici & Autori, che dell'istesse cose habbiano scritto; per Tomaso Porcacchi da Castiglione Arretino. Con un Giudicio fatto dal medesimo, per discoprire tutte le bellezze di questa Historia; & una Raccolta di tutte le sententie sparze per l'Opera; & con due Tavole : una de gli Autori citati in margine, & l'altra delle cose notabili : aggiuntavi la Vita dell'Autore, scritta da M. Remigio Fiorentino : *In Vinegia*, presso Giorgio Angelieri, 1583, *in-4.*

Cette Edition de Thomas Porcacchi est la meilleure de toutes & la plus complette. Il y en a une première de Venise, chez Georges Angelieri, 1574. Les remarques de cet Auteur ont été d'un grand secours pour corriger quelques méprises dans lesquelles l'Historien est tombé. Il y a encore eu d'autres Editions de Venise, en 1587, 1590, 1599, 1610, 1616, 1623, *in-4.*]

☞ L'istessa, con un discorso di Curtio Marinello del modo di studiar l'Historie per reggere e governare Stati : *In Venetia*, 1580, *in-4.*]

L'istessa, corretta per Francesco Sansovino, [1621, *in-8.* 2 vol. sans nom de lieu; mais à Genève] : *In Venetia*, 1636, 1645, *in-4.* 2 vol.

☞ La même Edition de Sansovino, où l'on

Tome II.   E e

ne trouve point les notes marginales qui font le mérite de celle de Porcacchi, mais où l'on a rétabli les fameux passages qui avoient été retranchés dans toutes les précédentes, a été réimprimée *Con le considerazioni di Giov. Bat.* LEONI, presso Jacopo Stoër, (c'est-à-dire à Genève) 1636, *in-*4. & ensuite en 2 vol. *in-*8.]

Eadem, per Cœlium Secundum Curionem Latinè reddita: *Basileæ*, Pernæ, 1566, *in-fol. Ibid.* 1567, *in-*4.

La même Histoire des Guerres d'Italie, traduite de l'Italien par Jérôme Chomedey : [*Paris*, 1568 & 1577, *in-fol.*] Genève, 1577, 1583, *in-*8.

Cette Traduction a été faite sur la première Edition de Genève, dont on n'a rien retranché.

La même, avec des Remarques de François de la Noue : *Genève*, 1593, *in-* 8. 2 vol. *Paris*, 1612, *in-fol.*

☞ Histoire des Guerres d'Italie, traduite de l'Italien de François Guicciardin : *Londres*, (*Paris*, Guérin) 1738, *in-*4. 3 vol.

Le Tome I. s'étend depuis 1490 = 1508. On y trouve une Préface sur la Vie & les Ouvrages de Guichardin.

Le Tome II. depuis 1508 = 1522.

Le Tome III. depuis 1522 = 1534, & une Table générale des Matières.

On trouve dans cette Edition les Passages retranchés de la plûpart des autres Editions, (que M. de Vicquefort avoit fait imprimer à la suite du *Thuanus restitutus*) & plusieurs Notes du Traducteur.

Cette Traduction de Guichardin a été trouvée manuscrite parmi les papiers d'un nommé Fabre, qui avoit été Intendant de quelque maison. Le Substitut du Procureur du Roi (feu M. Doyen) qui assistoit à l'Inventaire, mit cette Traduction trop littérale entre les mains de M. Hyppol. Louis Guérin, qui la confia à feu M. GARGEON, Avocat, qui sçavoit bien l'Italien. Il la revît sur l'original, y donna le style, & en fit la Préface & les Notes.]

La même (en Anglois); par G. Fenton : *London*, 1618, *in-fol.*

☞ La même, en Allemand; par Georges Forberger : *Basileæ*, 1574, *in-fol.*]

☞ La même, avec les Notes de M. de la Noue, traduite en Flamand : *Dordrecht*, 1599, *in-*4.]

☞ La même, traduite en Espagnol, par Antoine Florès de Benavides : *Baeza*, 1581, *in-fol.*

Comme cette Histoire est très-estimée, & qu'elle est une des meilleures de ces temps-là, elle mérite qu'on rapporte les divers jugemens qu'on en a faits. Bodin, *p.* 70, de sa *Méthode pour lire l'Histoire*, dit « que Guicchardin a surpassé, au jugement des plus judicieux Critiques, non-seulement ceux de son temps, mais même, » si cela peut se dire, les anciens Historiens ». Il ajoute dans la page suivante, « que cet Auteur fait paroître » un soin merveilleux à découvrir la vérité; qu'il n'a» vance rien témérairement, mais qu'il confirme ce qu'il » écrit par de bonnes preuves : aussi dit-on qu'il a » consulté les Sources, telles que sont les Lettres, Actes, » Traités, Discours; dont il emploie souvent les propres termes ».

Le même, au Chapitre IV. du même Livre, dit « qu'entre trente Auteurs ou environ qui ont écrit sur » les affaires d'Italie, qui se sont passées dans les temps » précédens, Guicchardin, selon son jugement, est le » seul dont la fidélité est reconnue de tout le monde ; » aussi mérite-t-il la préférence par-dessus tous les autres ».

« Guicchardin, (dit Juste Lipse, dans ses *Notes sur le Chapitre IX. du Livre I. de ses Politiques*) est un Ecrivain plein de sagesse & très-capable, & qui peut rendre tels ses Lecteurs. Il est libre & vrai, exempt même » de passions, si l'on en excepte l'endroit où il fait pa» roître de la haine contre le Duc d'Urbin. Il mêle dans » sa narration des Sentences bonnes & utiles ; mais son » style n'est pas assez serré. Il n'a pas évité les deux défauts de son siècle, d'être trop diffus, & de rapporter » bien des choses qui n'en valoient pas la peine ; ce qui » est contre les loix & la dignité de l'Histoire. Ses Harangues ne me paroissent pas assez vives ni assez tra» vaillées ; elles sont souvent écrites d'un style languissant, & n'ont pas toujours assez de rapport au sujet » qu'il traite. En un mot, Guicchardin est un de nos » meilleurs Historiens ; mais il ne peut passer que pour » un Auteur médiocre, si on le compare avec les An» ciens ».

Sponde, dans son *Histoire Ecclésiastique*, sur l'année 1534, au nombre 18, en juge plus favorablement. « Cet Auteur, dit-il, est très-excellent. Il ne doit céder le pas qu'à un très-petit nombre d'Anciens ; car » pour les modernes, il l'emporte sur eux par la gravité » de ses discours, la force des sentimens & la discrétion » qu'on remarque dans ses raisonnemens. S'il semble » quelquefois s'élever un peu contre les Princes & con» tre ceux dont il fait l'Histoire, & censurer leurs ac» tions , c'est moins sa faute que celle de ceux qui ont » mérité ses reproches ».

Antoine Teissier, dans le tom. II. de ses *Additions aux Eloges des Hommes Sçavans de M. de Thou*, sous Louis Guichardin, porte ce jugement de François Guichardin, qui étoit son oncle. « Son Histoire, dit» il, est écrite avec beaucoup de jugement, de politesse & de fidélité. Ses plus grands ennemis tombent » d'accord, qu'il ne se peut voir rien de plus achevé que » les cinq premiers Livres de cet Ouvrage ; mais il y en » a qui soutiennent, qu'ils ont été corrigés par un savant » Homme, qui étoit de ses amis ; & que les autres Li» vres font bien plus éloignés de la perfection qu'on admire dans les premiers. Quoi qu'il en soit, il est constant que Guichardin mérite le premier rang entre les » Historiens modernes ; & il y a même de judicieux Cri» tiques qui croient qu'il est comparable aux plus excel» lens Historiens de l'antiquité. Cependant, comme l'es» prit de l'homme ne peut rien produire de parfait, on » a accusé Guichardin d'avoir manqué en certains en» droits à la fidélité, qui est le caractère d'un parfait » Historien : car on prétend que pour se venger de quel» ques paroles qui lui furent dites dans un Conseil de » Guerre , par François-Marie, Duc d'Urbin, il a dissi» mulé les belles actions de ce Prince, & a tâché de dé» crier sa conduite, & d'obscurcir sa gloire ».

» Il n'y a rien de plus instructif que l'Histoire de ce » qui se passe dans le Cabinet, lorsqu'un homme tel que » Guichardin, qui connoît les secrets & qui a eu part » aux affaires, veut bien en instruire le Public, en les » rapportant aussi judicieusement qu'il fait, quoique » peut-être d'une manière ennuyeuse ». Gilbert Burnet, *Défense de la Critique du Livre IX. de l'Histoire des Révolutions de Varillas*, nombre 19.

Voici le jugement d'autres Auteurs, qui n'ont pas eu tant d'indulgence pour cet illustre Historien. « Guichardin (dit du Verdier dans la Censure des Auteurs, » rapportée par Popeblount, page 390 de l'*in-quarta*) » raconte froidement & comme malgré lui, les Victoires » des François, tandis qu'il rapporte avec soin, & même » avec complaisance, leurs plus petites disgrâces ; par » exemple, la perte de leur bagage dans le passage d'une » rivière, sur laquelle il s'étend trop. »

Règne de François I. 1531.

La Popelinière, dans le Livre VII. de l'*Histoire des Histoires*, *pag*. 406, l'accuse aussi d'avoir été trop partial contre la France. Et Michel de Montagne, dans le Livre II. de ses *Essais, Chapitre XII.* lui reproche d'avoir attribué plusieurs actions à des motifs illégitimes.

Voyez encore Lenglet, Meth. histor. in-4. tom. II. pag. 271, & tom. *IV*. pag. 72. = Sorel, pag. 299. = *Histoire des Histoires*, *pag*. 407. = *Pour & contre*, tom. XIII. num. 178. = *Vie* de Pithou, tom. II. p. 76. = Le P. Niceron, tom. *XVII*. pag. 107 & suiv. = *Nouv. édit. de l'Hist. de France de* Daniel, tom. I. Préf. p. 61.]

17548. Epitome dell' Historia di Francesco Guicciardini, [con diverse Annotazioni da Francesco Sansovino]: *In Venetia*, 1580, *in-8*.

☞ Sansovin a réduit les vingt Livres de Guichardin à dix-sept beaucoup plus courts.]

17549. L'Historie del Guicciardini ridotte in compendio da Manilio PLANTEDIO: *In Fiorenze*, 1637, *in*-4.

17550. ☞ Francisci Guicciardini Paralipomena, &c. Latinè, Italicè & Gallicè.

Ces Extraits retranchés de la plûpart des Editions, se trouvent à la suite de l'Ouvrage intitulé: *Augusti Thuani Recensio*; Autore Joan. Petro TITIO: *Gedani*, 1685, *in*-12. & du *Thuanus restitutus*: *Amstel*. 1663, *in*-12.

Voyez au sujet de ces Paralipomènes, d'un morceau retranché du Livre IV. de Guichardin, & d'une Dissertation de M. Pithou sur ce morceau, la *Vie de MM. Pithou*; par M. GROSLEY, tom. II. pag. 76. Ces passages rétablis sont satyriques contre les Papes & leur autorité. On trouve à la fin: *Josephi* SCALIGERI *Scazon*, *in Curiam Romanam*.]

17551. ☞ Fr. GUICCIARDINI duo loci dolo malo ex ejus Historiâ detracti; Lat. Ital. & Gall. *Basileæ*, 1569, *in*-8. & *Francofurti*, 1609, *in*-4.]

17552. Considerazioni civili sopra le Historie di Francesco Guicciardini d'altri Historici; da Marco REMIGIO, Fiorentino: *In Venetia*, 1582. [& 1603,] *in*-4.

17553. ☞ Considérations sur plusieurs Histoires de Guicciardin; par REMY, (Dominicain de Florence); traduit par Gabriel Chappuys: *Paris*, 1583, *in*-8.]

17554. Considerazioni di Giovan-Battista LEONI sopra la Historia d'Italia del Guicciardini, Libri V. *In Venetia*, 1583, 1599, 1600, *in*-4.

On remarque dans cet Ouvrage les faussetés & les partialités de cet Historien.

☞ La dernière Edition est la plus ample : il y a cinq Livres. L'Auteur en avoit composé trois à Rome ; & ce fut à Malthe où il passa pour être Secrétaire du Grand-Maître, qu'il finit les deux derniers en 1582. Son but est de réfuter plusieurs faits essentiels que Guichardin avoit avancés dans son Histoire, au désavantage de la République de Venise.]

17555. Mf. Aforismi politici cavati dall' Historia di Franc. Guicciardini ; da Girolamo CANINI: *In Venetia*, 1625, *in*-12.]

17556. ☞ Pauli BELMISSERI Elegiæ tres hortatoriæ ad bellum adversùs Turcas, ejusdem Epithalamium in Nuptiis Henrici filii Francisci Gallorum Regis, celebratis Massiliæ: anno 1533, *in*-8.]

17557. Mf. Projet d'Histoire des années 1531, 1532, 1533; par Guillaume DU BELLAY, Seigneur de Langey: *in-fol*.

Ce Projet [étoit] conservé dans la Bibliothèque de M. le Président de Mesmes.

17558. Historie delle Guerre del Piemonte tra la Maestà Cesarea & il Re Christianissimo, por la discordia del Stato di Savoia, (nell'anno 1534), descritte in ottave rime dal ALBICANTE: *In Venetia*, 1539, *in*-8. & *in*-12.

17559. ☞ Translation de Latin en François, des Lettres écrites par le Très-Chrétien Roi de France, François I. de ce nom, aux Princes, Villes & autres Etats d'Allemaigne, responsives aux calomnies semées par ses malveillans, contre l'honneur de Sa Majesté: *Paris*, Rosset, 1534, *in*-12.]

17560. Mf. Journal du Regne de François I. (jusqu'en 1535): *in-fol*.

Ce Journal est conservé entre les Manuscrits de M. Dupuy, num. 743. Il ne va que jusqu'en 1535. C'est très-peu de chose ; car il ne rapporte que des faits de peu de conséquence, ou d'autres connus de tout le monde.

17561. Mf. Relazione di Marino GIUSTINIANI, tornato Ambasciatore dal Ré di Francia, l'anno 1535: *in fol*.

Cette Relation [étoit] conservée dans la Bibliothèque de M. le Chancelier Seguier, num. 137, [aujourd'hui à S. Germain-des-Prés.] Elle se trouve aussi dans celle du Vatican, entre les Manuscrits de la Reine de Suède, num. 2076.

17562. Relation du Siège mémorable de Péronne, par l'Empereur Charles-Quint, en 1536, publiée par Pierre Fénier, de l'Ordre des Minimes: *Paris*, Muguet, 1682, *in*-12.

Cette Relation a été écrite par QUENTIN & DE VAUX.

17563. ☞ Double d'une Lettre escripte par ung Serviteur du Roi Très-Chrétien, à ung Secrétaire Allemand son ami, &c. avec un Arbre de consanguinité d'entre les Maisons de France, Autriche, &c. *Paris*, à l'Enseigne du Phœnix, 1536, *in*-8.]

17564. ☞ Nouvelle Défense pour les François, à l'encontre de la nouvelle entreprise des Ennemis, comprenant la maniere d'éviter tous poisons, avec les remedes à l'encontre d'iceux ; par Bertrand DE LA LUCE, Médecin: *Paris*, 1537, *in*-12.

Cette Pièce a été faite au sujet de l'empoisonnement du Dauphin.]

17565. ☞ Du glorieux retour de l'Empereur, de Provence en 1536, par un double de Lettres écrites de Bouloigne à Rome, à l'Abbé de Caprare ; translaté d'Italien en François. Ajouté le double Dicton prononcé à la condamnation de l'Empoisonneur de feu M. le Dauphin de France: *Lyon*, Monsnier, 1537, *in*-12.]

17566. Mf. Guill. BIGOTII, Lavallensis, somnium de expulsione Imperatoris Caroli V. è Galliâ : *Parisiis*, 1537, *in-*8.]

17567. ☞ Déploration sur le Trépas de très-noble Princesse Madame Magdeleine de France, Reine d'Ecosse, (en Vers) : *Rouen*, Guill. de la Motte, 1537.

Cette Princesse, troisième fille du Roi François I. avoit épousé Jacques Stuart V. Roi d'Ecosse. Elle est morte à Edimbourg d'une fièvre étique, le 2 Juillet 1537.]

17568. ☞ Observations sur l'entrevue que le Roi François I. eut (en 1538), à Aigues-Mortes, avec l'Empereur Charles-Quint.

C'est le sujet de la Note II. du tom. V. de l'*Histoire du Languedoc*, par D. Vaissete, *pag.* 626. On trouve une Relation particulière de cette entrevue, dressée dans le même temps, parmi les Preuves du même volume, *pag.* 93.]

17569. ☞ Le triomphant département de N. S. P. le Pape, du très-Chrétien Roi de France, & de l'Empereur de Rome, avec les grands dons & présens que ledit Empereur a faits à la Reine de France & aux autres Dames & Demoiselles : *Rouen*, Jean l'Homme, 1538.]

17570. ☞ La triomphante & magnifique entrée de l'Empereur Charles V. accompagné de Messeigneurs le Dauphin de France & Duc d'Orléans, en la ville de Valenciennes : *Rouen*, Jean l'Homme, 1539.]

17571. ☞ La Complainte de Mars, sur la venue de l'Empereur en France, &c. (en Vers) ; par Claude Chappuys : *Rouen*, Guillaume de la Motte.]

17572. Ms. Voyage de Charles V. Empereur, par la France en 1539, décrit en Vers par René Macé, Religieux de la Trinité de Vendôme : *in-*4.

Cette Relation [étoit] conservée dans la Bibliothèque de M. Foucault, [qui a été distraite.]

17573. Francisci Valesii, Gallorum Regis, Fata (Versibus hetoïcis expressa), ubi rem omnem celebriorem à Gallis gestam noscas, ab anno 1513 ad annum 1539 ; Stephano Doleto auctore : *Lugduni*, Typis Autoris, 1539, *in-*4.

Les mêmes Sommaires des Faits & Gestes de François I. tant contre l'Empereur que ses Sujets & autres Nations étrangères ; traduits du Latin par l'Auteur : *Lyon*, 1540, *in-*4. *Ibid.* Nicolas de Burge, 1543 : *Paris*, 1546, *in-*8.

Cet Auteur fut brûlé en 1547, [à cause de ses impiétés.] Il a décrit en Vers heroïques dans cet Ouvrage, la Vie de François I.

☞ Il y a une Edition des Gestes de François I. par Dolet, imprimées en lettres Gothiques, sans date ni nom de lieu, *in-*8. qui s'étend jusqu'en 1543, suivant le Catalogue de M. Bellanger, num. 1904, *pag.* 363, ainsi que les Editions de Lyon 1543 & 1546.

Voyez sur cette Histoire, Baillet, *Jug. des Sçav.* t. *IV.* *pag.* 65. = Le Gendre, tom. *II. pag.* 29.]

17574. Ms. Chronicon breve, ab anno 1191 ad annum 1539.

Cette Chronique est conservée dans la Bibliothèque du Roi, entre les Manuscrits de M. du Chesne, *pag.* 240 du dix-septième Volume.

☞ Chronicon Monasterii Mortuimaris, Ordinis Cisterciensis in Ms. Colbertino, ubi post Eusebii, Hieronymi, Prosperi, & Sigeberti Chronica habetur.

Cette Chronique s'étend de 1113 à 1539 ; elle se trouve dans le *Trésor des Anecdotes* de D. Martenne, *tom. III. pag.* 1437. Le Père le Long l'a rapportée à l'*Histoire de l'Abbaye de Mortemer*, (ci-devant, *tom. I. pag.* 811.) Il l'a fait finir à l'an 1530.]

17575. ☞ Descriptio Pacis inter Carolum V. Cæsarem, & Franciscum I. ad Aquas-Mortuas agri Narbonensis ; Carmen Corn. Scribonii, Graphei : *Antverpiæ*, 1540, *in-*8.]

17576. ☞ La Proposition faite en personne, de Sa Majesté Impériale, aux Electeurs, Princes & Etats du S. Empire, en la Cité de Reinsbourg, l'an 1541 : *Rouen*, Jean l'Homme.]

17577. Belli inter Franciscum Galliæ Regem & Carolum V. Imperatorem, anno 1542, inchoati Historia, Apologo expressa ; à Joanne Fraxineo.

Cette Histoire est imprimée dans Goldast, *part.* 10 de ses *Politiques de l'Empire*, *pag.* 963 : *Francofurti*, 1614 ; *in fol.* Fraxineus se nominoit Jean du Monstier, Seigneur de Fresle ; il fut fait Evêque de Bayonne.

17578. Les différends qui sont entre le Roi & l'Empereur, & les motifs de la Guerre présente, en 1542 : *Lyon*, 1542, *in-*16.

17579. ☞ Cry de la Guerre ouverte entre le Roi de France, & l'Empereur, Roi des Espagnes : 1542, *in-*8.]

17580. Ms. Chronique du Roi François I. jusqu'en 1542 : *in-*4.

Cette Chronique est conservée dans la Bibliothèque du Roi, entre les Manuscrits de M. de Gaignières.

17581. Geldro-Gallica Conjuratio, Duce Martino Rossemio ; scriptore Joanne Servilio, vulgò Knapio : *Antverpiæ*, Dumæ, 1542 : *Augustæ*, 1544, *in-*8.

☞ Ce Livre se trouve aussi au tom. III. du *Recueil des Historiens d'Allemagne* de Fréher.]

17582. Le Voyage de François I. à la Rochelle, pour la rébellion que les Habitans des Isles & de ladite Ville avoient faite contre lui (en 1542) : *Paris*, (G. de Nyverd), 1542, *in-*8.

17583. ☞ Voyage du Roi à la Rochelle ; Supplication des Isles & de ladite Ville ; l'Arrêt de miséricorde donné par ledit Seigneur en 1542. Festin fait au Roi par les Rochelois ; les prises faites par les Normands sur les Espagnols : 1543, *in-*8.]

17584. ☞ Francisci Regis, & Henrici Delphini Triumphus ; Carmen Martini Theodorici : *Parisiis*, 1543 : *in-*8.]

17585. ☞ La Déclaration de Guerre faite par le Très-Chrétien Roi de France, contre l'Empereur & tous ses Sujets, tant par mer que terre, 19 Juillet 1542 : *in-*8.]

17586. ☞ Circonstances du Voyage que le Roi François I. fit en Languedoc l'an 1542, pendant & après le Siége de Perpignan.

C'est le sujet de la Note III. du tom. V. de l'*Histoire du Languedoc*, par D. VAISSETE, pag. 629.]

17587. ☞ Déclaration de la Guerre envers le Roi de France, de par le Roi d'Angleterre & de par ses Sujets. Ladite Déclaration faite à Monseigneur l'Ambassadeur de France, étant pour lors à la Cour du grand Conseil d'Angleterre : publiée à Rouen le 5 Juillet 1543, contre lesdits Anglois.]

17588. ☞ La prise de Tournehan & de Montoyre, &c. avec la fuite de M. du Reulx, faite par M. de Vendôme : *Paris, Jehan Real,* 1542, *in-*12. Gothiq.]

17589. ☞ La prinse de Nice en Savoye ; par un Gentilhomme du pays ; avec une Lettre envoyée par le Roi de Dannemarck, au Très-Chrétien Roi de France : *in-*8.]

17590. ☞ La défaite des Bourguignons & Hennuyers, faite par M. de Vendôme & le Prince de Melphes en la Comté d'Artois, près Landrecy : *Jean l'Homme,* 1543.]

17591. ☞ L'assaut & prinse d'une Ville en Brabant, avec la défaite des gens de l'Empereur, faite par le Duc de Clèves ; & la prinse de la Ville de Vienne, faite par le Grand Turc ; avec la prinse des Anglois faite sur la mer par les Dieppoys : *Jean l'Homme,* 1543.]

17592. ☞ La prinse & défaite des Anglois par les Bretons devant la Ville de Harfleur, près la Hogue, au Pays de Costentin, Duché de Normandie, le 22 Juillet 1543 : *Paris,* 1543, *in-*4. Gothiq.

On trouve à la fin : Chanson nouvelle faite & composée de la prinse des Anglois qui furent amenés à Ardres, &c.]

17593. ☞ La grande prinse & déconfiture des Espagnols, & Bourguignons & Anglois devant la Ville & Château de Landrecy ; avec la Chanson faite le 12 de Septembre 1543 : *Rouen, Guillaume de la Motte : in-*8.]

17594. ☞ Combat fait entre les Anglois & la Garnison de Thérouenne : *Jacques Gentil,* 1543 : *in-*8.]

17595. ☞ Epître du Roi de France envoyée aux Electeurs de l'Empire assemblés à Meremberg, translatée de Latin en François, par Pierre Collet, l'an 1543 : *Jean l'Homme : in-*8.

Le Roi s'y disculpe dés bruits que Charles V. répandoit sur son alliance avec les Turcs; & il lui reproche de ce que l'ayant laissé passer par la France pour aller punir les Gantois, il n'en avoit été payé que d'ingratitude, tant par l'assassinat qu'il a fait faire d'Octavien Fregose & de Rivau, ses Ambassadeurs, que par les calomnies qu'il répandoit contre lui.]

17596. ☞ Pauli III. Pontificis Max. ad Carolum V. Imp. Epistola hortatoria ad pacem : ipsius Caroli tum ad eam, tum ad alias ejusdem Consilii convocatorias responsio : Francisci Christianissimi Francorum Regis adversùs ipsius Caroli calumnias, Epistola apologetica, ad Paulum III. scripta : *Parisiis,* Robert. Estienne, 1543, *in-*8.]

17597. De rebus gestis in Belgio à Duce Andegavensi ; auctore Guillelmo PARADINO : *Parisiis,* 1544, *in-*8.

Discours de la Guerre de l'an 1542 & 1543, traduit du Latin de PARADIN, par P. H. G. *Paris,* 1544, *in-*8.

17598. L'Aigle qui fait la Poule devant le Cocq à Landrecy : Poëme de la fuite de l'Empereur Charles-Quint devant le Roi François I. par Claude CHAPPUYS, de Rouen, Valet de Chambre ordinaire du Roi, son Imprimeur ou Libraire : *Paris,* Rosset, 1543, *in-*8.

L'application du proverbe employé dans ce titre, y est assez marquée dans la suite.

17599. Brief Discours du déportement aux affaires de Piémont par le Comte d'Anghyen, Gouverneur dudit Piémont : Ordonnance de la Bataille de Syrizoles : Autre Victoire devant Carignan & Syrizoles : *Paris,* [Janot] 1544, *in-*8.

La première Bataille de Cérisoles s'est donnée en 1544, par François de Bourbon, Duc d'Anghien.

☞ Autres Lettres de la défaite des Espagnols à Syrizoles : 1544, *in-*8.]

17600. ☞ L'Ordre triomphant & grand nombre des Navires équipés pour le fait de la guerre par mer à l'encontre du Roi d'Angleterre, avec la nouvelle réformation de la Paix faite entre l'Empereur & le Roi : *Rouen,* Guillaume de la Motte : *in-*8.]

17601. ☞ La prinse & assaut de la Ville de Carignan, faite par M. d'Anghien, le 20 Avril 1544 : *Rouen,* Jean le Prest : *in-*8.]

17602. ☞ La prinse & défaite de la Ville de Advenne la petite, près la Ville de Arras, faite par M. le grand Maréchal de France ; avec l'assiégement de l'armée de l'Empereur près de la Ville de Dure : *Rouen,* Guillaume de la Motte : *in-*8.]

17603. ☞ De la triomphante & heureuse nativité de Monseigneur le Duc, fils premier de Monseigneur le Dauphin : *Rouen,* Jean le Prest : *in-*8.]

17604. ☞ La déconfiture des Nobles de l'Empereur, ensemble la prise du Château de la Ville de Lumes, & la destruction de Besançon : *Rouen,* Jean l'Homme, 1544 : *in-*8.]

17605. ☞ La défaite du Prince d'Orange avec la Gendarmerie ; Ensemble, la vengeance de la mort du Duc de Clèves, faite par le Duc de Cassone son oncle : *Rouen,* Jean l'Homme, 1544, *in-*8.]

17606. ☞ L'ordre de l'Armée du Roi nôtre Sire, pour la garde des frontières de France, contre le Camp de l'Empereur & celui des Anglois nos ennemis : Jean l'Homme, 1544 : *in*-8.]

17607. ☞ La défaite des Anglois & Bourguignons, faite par M. de Vendôme, avec le nombre des Prisonniers, Enseignes & Guidons, & autres Victoires obtenues du depuis par ledit Sieur : Jean l'Homme, 1544 : *in*-8.]

17608. ☞ La publication du Traité de la Paix faite & accordée entre très-hauts & très-puissans Princes François, Roi de France, & Charles, Empereur & Roi des Espaignes; publiée à Paris le 20 Septembre 1544 : *Paris*, Jacques Nyon, *in*-8. Gothiq.]

17609. ☞ Caroli Andreæ BELII, (Academiæ Lipsiensis Bibliothecarii,) de causis repentinæ Pacis Crepiacensis, (ann. 1544) Disputatiuncula.

Cette Pièce est imprimée dans les *Nov. Act. Lips.* 1763, *Novemb.* pag. 535-550. Elle est intéressante, & l'on y trouve la critique de plusieurs Ecrivains fameux.]

17610. Pauli JOVII, Novocomensis, Episcopi Nucerini, Historiarum sui temporis, Libri XLV. *Florentiæ*, Torrentii, 1550, *in-fol.* 2 vol. *Venetiis*, 1552, *in*-8. *Parisiis*, 1553, 1558 : *Basileæ*, 1567, *in-fol. Venetiis*, 1665, *in*-4.

Cette même Histoire est imprimée avec les *Œuvres de Paul Jove* : *Basileæ*, 1579, *in* fol.

La même Histoire, traduite en François par Denys Sauvage, Sieur du Parc : *Paris*, 1581, *in-fol.*

☞ Le Tome I. commence en 1494; ou plutôt en 1490, & finit en 1516. Il contient les dix-huit premiers Livres.

Le Tome II. comprend, 1.° les Sommaires des six Livres suivans, depuis 19 jusqu'à 24 inclusivement. Paul Jove les a faits pour tenir lieu de ces six Livres, & pour remplir une lacune de onze années qui se seroit trouvée dans son Histoire. Ainsi ces Sommaires contiennent un précis des faits principaux qu'il auroit dû traiter dans cet intervalle. Paul Jove donne pour excuse de cette interruption, que tout ce qu'est passé pendant ce temps peut se voir dans les Vies qu'il a faites des illustres Seigneurs de son temps. On trouve ensuite, 2.° la Continuation de l'Histoire, depuis le XXV° Livre jusqu'au XLV° c'est-à-dire, depuis l'an 1527 jusqu'en 1547.

Il y a encore à la tête de chaque Volume des Annotations & des Tables.]

La medesima tradotta in Lingua Toscana da Lodovico Domenichi, con Supplemento di Girolamo Ruscelli : *In Venetia*, Bonelli, 1560, 1572, 1602, 1608, *in*-4. 2 vol.

Cet Auteur est mort en 1552. Son Histoire commence à la vingt-troisième année de Charles VIII. c'est-à-dire en 1494, & finit en 1544 [ou 1547]. Il y a une lacune considérable, depuis le dix-neuvième Livre jusqu'au vingt-quatrième inclusivement. Ces six Livres, qui s'étendoient depuis la mort du Pape Léon X. en 1521, jusqu'à la prise de Rome en 1527, ne contiennent qu'un sommaire des événemens. Au reste, cet Auteur n'a pas une réputation aussi entière que celle de Guichardin.

« Les jugemens que l'on a portés de Paul Jove sont » si peu exempts de passion, qu'on y voit-par-tout l'en- » vie & la malignité, tant on s'élève vivement contre » lui ». Quant à moi, (dit Juste Lipse, dans ses Notes sur le Chap. IX. du Livre I. de ses *Politiques*,) « voici » ce que j'en pense : le style en est fort bon; il est grave » & propre à l'Histoire ; pour le jugement & la bonne » foi, cet Historien est suspect. Il va droit, lorsqu'il » n'est pas entraîné par des motifs de parti ; mais s'il » en a, il le fait bien connoître. Il cherche des louanges, » sans garder sur cela aucune mesure. Il est froid, & » même ridicule dans ses Harangues. Il mérite pourtant » des louanges, & doit être lû, à cause d'un nombre » infini de choses qu'il rapporte, & dont il fait une suite » assez nette & bien déduite ».

Baucaire l'épargne encore moins dans la Préface de son *Histoire de France*; il en parle ainsi : « Cet Auteur » garde si peu de mesures, qu'il ne craint point de pro- » duire des mensonges avec connoissance de cause. Il » donne pour vraies des choses qui sont fausses, ou il les » exagère trop. Il les diminue ou les change, & les ex- » prime tout autrement qu'elles ne sont arrivées; de » sorte qu'il semble quelquefois moins composer une » Histoire que déclamer en Sophiste. Cela n'est pas sur- » prenant ; car on peut assurer que sa plume étoit vé- » nale ».

« Il y a dans Paul Jove, (dit Bodin) plusieurs choses » véritables & très-bien écrites ; mais il est tellement dé- » crié par ses mensonges, que quoiqu'il dise vrai, on ne » le croit pas. Ce qu'il y a de plus indigne & de plus » déplorable, c'est qu'ayant rendu sa plume vénale, il » a reçu de plus grandes récompenses de ses menson- » ges, que d'autres Ecrivains n'ont dit que des vé- » rités ». Chap. IV. de la *Méthode pour lire l'Histoire*.

On ne trouve pas un jugement plus avantageux de cet Historien dans Jacques-Auguste de Thou, à la fin du Livre XI. de son Histoire ; dans la *Prima Scaligerana*, pag. 95, & dans les *Lettres* de Rolland Desmarest, Lettre XLI. du Livre I.

« Paul Jove, (selon la Popelinière, *pag.* 436 de son » *Histoire des Histoires*) en commun propos se vante » n'avoir en si grande recommandation la vérité histo- » riale, qu'il ne fist plus grand compte de la gloire de » son Pays. Et néanmoins comme celui qui a sa plume » exposée à qui plus lui donne, quand il entre aux ter- » mes du Roi François I. duquel il avoit pension, vous » reconnoîtrez à l'œil qu'il commence d'attremper son » style, & de flatter notre France ».

« Paul Jove, (selon Bayle) s'acquit par le moyen de » ses Ouvrages, un fort grand nom, & l'Evêché de » Nocèra ; mais il passa pour une plume vénale, de » sorte qu'on n'ajoute pas beaucoup de foi à ses Histoi- » res. On dit qu'il ne se défendoit pas trop de cette mau- » vaise qualité, & qu'il avouoit assez franchement qu'il » louoit ou qu'il blâmoit, selon qu'on avoit eu soin ou » qu'on avoit négligé ses bonnes graces. On prétend » qu'il ne se plaignoit d'avoir perdu quelques Livres, » (depuis le dix-neuvième jusqu'au vingt-quatrième) » de son Histoire, au saccagement de Rome, qu'à cause » que des raisons d'intérêt ne souffroient qu'il les » publist. Son style est assez brillant, mais non pas assez » historique ni assez pur. Sa mauvaise foi n'est pas l'uni- » que défaut que l'on critique dans ses Histoires, qui est » de tous ses Ouvrages celui qu'il a le plus travaillé. » Quoi qu'il en soit, on ne peut nier que cet Ecrivain » n'eût de l'esprit, & qu'on ne trouve dans ses Livres » beaucoup de choses curieuses ». Bayle, dans son *Dictionnaire*, Art. Jove.

☞ *Voyez* Sorel, *pag.* 299. = Le Père Niceron, *tom.* XXV, *pag.* 364. = Le Gendre, *tom. II.* pag. 83. = Lenglet, *Méth. hist. in*-4. pag. 345. = *Hist. des Hist. pag.* 403.]

17611. Défense du Roi contre les calomnies de Jacques Omphalius, Jurisconsulte, tra-

Règne de François I. 1544.

duite en François par Pierre Bunel : *Paris*, 1544, 1552, *in*-4.

☞ L'Edition Latine eſt de la même année 1544: *in*-4.]
Bunel eſt mort en 1546.

17612. ☞ Legatorum Regis Chriſtianiſſimi ad Conventum Spirenſem, de ſententiâ ejuſ-dem Regis : *Pariſiis*, 1544, *in*-4.

La même Oraiſon en François : *Ibid.* 1544; *in*-4.]

17613. Lettre d'un Serviteur du Roi, à un Secrétaire Allemand, ſur les différends entre le Roi de France & l'Empereur : *Paris*, Sertenas, 1546, *in*.8.

Ce Serviteur de François I. eſt Guillaume DU BELLAY, Seigneur de Langey, mort en 1553.

☞ Il y en a une autre Edition, outre celle de Sertenas, intitulée : « Double d'une Lettre écrite par un Serviteur » du Roi, &c. Au bout d'icelle eſt ajouté un Arbre de » conſanguinité, d'entre les Maiſons de France, Autri-» che, Bourgogne, Milan & Savoye », &c. *Paris*, Au Mont Saint-Hilaire, &c. *in*-8.]

17614. ☞ Epitres ſur les querelles & diffé-rends d'entre Charles V. Empereur, & le Roi François I. par le même : *Paris*, Sertenas, 1556, *in*-4.]

17615. ☞ Réponſe d'un Allemand à un Serviteur du Roi : *in*-4.]

17616. ☞ Apologie en défenſe pour le Roi, fondée ſur texte d'Evangile, contre ſes en-nemis & calomniateurs, (Pièce en Vers); par François DE SAGON : *Paris*, Janot, 1544, *in*-12.]

17617. ☞ Hiſtoire des Guerres de Charles-Quint & de François I. depuis 1521 juſqu'en 1544.

C'eſt le ſecond Volume entier du Livre intitulé : *Mémoires Hiſtoriques, Politiques & Militaires de l'Eu-rope* ; par l'Abbé RAYNAL : *Amſterdam*, 1754, *in*-12. 3 vol.]

17618. Mſ. Chronique de Nicaiſe L'ADAM, natif de Béthune, demeurant à Arras, com-mençant en 1488, & finiſſant en 1545.

Cette Chronique eſt conſervée dans la Bibliothèque de ſaint Waſt d'Arras, & dans celle de M. le Chancelier d'Agueſſeau. Ce dernier Exemplaire finit en 1541.

17619. Mſ. Relazione del Ré Franceſco Primo di Francia, fatta per Marino DE' CAVALLI, Ambaſciatore Veneto in quella Corte, nell'anno 1546.

Cette Relation [étoit] conſervée dans la Bibliothèque de M. le Chancelier Seguier, num. 1076, [aujourd'hui à S. Germain-des-Prés] & dans celle de M. Colbert, num. 5320, [maintenant à la Bibliothèque du Roi.]

17620. Mſ. Relazione delle coſe di Francia, ſcritta nel anno 1547.

Cette Relation [étoit] conſervée dans la Bibliothèque de M. Colbert, num. 5155, [& eſt aujourd'hui dans celle du Roi.]

17621. Les Mémoires de Meſſire Martin DU BELLAY, Seigneur de Langey, contenant le Diſcours de pluſieurs choſes advenues au Royaume de France, depuis l'an 1513 juſ-qu'au trépas du Roi François I. en 1547, aux-quels l'Auteur a inſéré trois Livres, & quel-ques Fragmens des Ogdoades de Meſſire Guillaume DU BELLAY, Seigneur de Langey, ſon frère, (qui ſont les cinq, ſix & ſeptieme de ces Mémoires) : Œuvre mis nouvelle-ment en lumière, & préſenté au Roi par Meſſire René du Bellay, Chevalier de l'Or-dre de Sa Majeſté, Baron de la Lande, héritier d'icelui Meſſire Martin du Bellay, en dix Livres : *Paris*, 1569, 1572, 1582, 1588, *in-fol*. *Ibid.* 1570, 1586 : *Heidel-berg*, 1571 : *La Rochelle*, 1573 : *Genève*, 1594, *in-8*.

Les mêmes Mémoires imprimés avec des Notes manuſcrites de François DE NOAILLES, Evêque d'Acqs : *in-fol*.

Cet Exemplaire eſt conſervé dans la Bibliothèque du Roi.

☞ Les mêmes, Manuſcrit du temps : *in-fol*. 2 vol.

Cet Exemplaire eſt cité *pag*. 638, du tom. II. du Catalogue de M. Barré.]

Iidem Commentarii, Latinè redditi ab Hugo-ne Suræo : *Francofurti*, [Wechel,] 1574, *in-fol*.

Mſ. Guillelmi BELLAII, Domini de Langey, de rebus geſtis Franciſci I. Regis, ſive Og-doadis I. Liber primus, ab eo Latinè conſ-criptus : [*in*-4.]

Ce Manuſcrit, qui ne contient qu'un des Livres de la première Ogdoade, eſt conſervé dans la Bibliothèque du Roi, n. [6205, & étoit] dans celle de M. Colbert, num. 5240; & entre les Manuſcrits de du Cheſne. [Ces deux derniers Exemplaires ſont auſſi maintenant à la Bi-bliothèque du Roi.]

Guillaume du Bellay eſt mort en 1553, & Martin en 1559. Celui-ci dit dans ſa Préface, qu'il a cru ne devoir pas épargner ſa peine pour faire publier trois Livres qui nous reſtent de la cinquième Ogdoade de ſon frère, & les accompagner d'autres [au nombre de] ſept, contenant pluſieurs briefs Mémoires, tant de la Paix que de la Guerre, dont il peut, dit-il, parler en partie comme témoin oculaire. Ces Mémoires ſont en dix Livres, dont les quatre premiers & les trois derniers ſont de Martin du Bellay, les autres de ſon frère Guil-laume de Langey, & ont été tirés de la cinquième Ogdoade, depuis l'an 1536 juſqu'en 1540. La Croix du Maine ſe trompe, lorſqu'il dit que ce fut Guillaume Cappel, Docteur en Médecine, qui fit imprimer ces Mémoires. René du Bellay, Baron de la Lande, gendre de Guillaume, les a mis en lumière : [mais peut-être Cappel lui a-t-il aidé à les mettre en ordre.] Ils finiſſent en 1547.

☞ *Voyez* le *Dictionnaire* de Bayle, Art. *du Bellay*, Remarque C.]

17622. Mſ. Guillelmi BELLAII Langei, Ogdoadis primæ Libri tres.

Ce Manuſcrit, non encore imprimé, eſt dans la Bi-bliothèque de M. Fevret de Fontette, Conſeiller au Parlement de Dijon ; c'eſt probablement le même que celui qui eſt à la Bibliothèque du Roi, à cela près que, celui-ci ne contient qu'un Livre.

On n'a imprimé de Guillaume du Bellay, que trois

Livres de sa cinquième Ogdoade, qui commence en 1535. En voici trois de la première, qui sont le commencement de son Ouvrage. *Voyez* la Préface de la première Edition donnée par Martin du Bellay, dans laquelle il dit : « Que son frère avoit composé cette » Ogdoade latine, par lui-même traduite du comman- » dement du Roi en notre Langue vulgaire, où l'on » pouvoit voir, comme en un clair miroir, non-seule- » ment le portrait des occurrences de ce siècle, mais une » dextérité merveilleuse, & à lui particulière, selon le » jugement des plus Sçavans ; toutefois son labeur nous » est demeuré inutile, par la malice de ceux qui ont » dérobé ses Œuvres, voulans ensevelir l'honneur de » leur Prince ou de leur Nation, ou faisant leur compte » peut-être qu'à succession de temps ils en pourront » faire leur profit, en changeant l'ordre & déguisant un » peu le langage, &c. A raison de quoi il m'a semblé » ne devoir épargner ma peine & diligence, pour faire » publier trois Livres qui nous restent de la cinquième » Ogdoade, & les accompagner d'autres sept, conte- » nant plusieurs briefs Mémoires, tant de la Paix que » de la Guerre, dont je puis parler en partie comme » témoin oculaire ».

Au reste, ces trois premiers Livres-ci commencent en 1515, avec un préambule sur les Gaulois & les François. L'Auteur annonce dans ce préambule que son intention est de ne commencer son Histoire qu'en l'an 1521 ; mais qu'il croit devoir reprendre ce qui s'est passé en France, depuis l'avènement de François I. à la Couronne ; & il commence par le portrait de ce Prince. Ainsi ces trois premiers Livres ne servent guères que d'introduction au reste de l'Ouvrage, qui malheureusement est perdu, à l'exception des trois autres Livres que son frère nous a conservés.

Je ne peux me refuser ici une réflexion naturelle à mon objet : si tous ceux qui possèdent des morceaux d'Histoire de France imprimés ou manuscrits, prenoient le parti de les faire connoître au Public, on sçauroit qu'ils existent, ce qu'ils contiennent, & sans sortir de l'article dont il s'agit, on rassembleroit peut-être le reste des Ogdoades perdues de Guillaume du Bellay ; & le nouvel Editeur de ses Mémoires auroit sçu où les trouver, pour en donner une Edition plus complette. M. l'Abbé Lambert n'a fait aucune attention aux indications qu'avoit données le P. le Long, qui lui auroient fait trouver un Livre de la première Ogdoade.]

17623. ☞ Mémoires de Martin & Guillaume DU BELLAY-Langey, mis en nouveau style, auquel on a joint les Mémoires du Maréchal de FLEURANGES, qui n'avoient point encore été publiés ; & le Journal de Louise DE SAVOIE : le tout accompagné de Notes critiques & historiques, & de Pièces justificatives, pour servir à l'Histoire du Règne de François I. par M. l'Abbé (Claude-François) LAMBERT : *Paris*, Nyon & Guillyn, 1753, *in-*12. 7 vol.

Ces Mémoires sont précédés de trois Eloges historiques de Guillaume, de Martin, & de Jean du Bellay.

Le Tome I. contient l'Histoire depuis 1513 jusqu'en 1525.

Le Tome II.... 1525=1535. On trouve, *pag.* 73 & *suiv.* Procès-verbal, contenant la défense du Roi Très-Chrétien, contre l'élu en Empereur déloyant. Le combat d'entr'eux, & la réponse de Charles V. à ce cartel ; en 1528. = *pag.* 419 & *suiv.* Extrait d'une Lettre écrite sur l'ordre & cérémonies observées à l'Entrevue des Rois de France & d'Angleterre, en 1532. = Double des Traités faits avec le Roi d'Angleterre, à l'Entrevue de Boulogne & de Calais, en 1532. = Traité touchant la Constitution que le Roi de France & le Roi d'Angleterre doivent faire pour la destruction du Turc, en 1532. = & autres Pièces justificatives.

Le Tome III..... 1535 = 1536, & quelques Pièces à la fin.

Le Tome IV....1536=1540.

Le Tome V... 1541=1544. On y trouve deux Pièces à la fin, = 1.° l'Ordre de la Bataille faite à Serisoles en Piémont ; ensemble la défaite des Espagnols, en 1544. = 2.° L'Oraison des Ambassadeurs du Roi Très-Chrétien aux Etats du S. Empire, assemblés en la ville de Spire, 1543.

Le Tome VI....1544=1547. On trouve à la fin, =Le trépas, obsèques & enterrement du Roi François I. du nom, 1547.= Journal de Louise de Savoie, Duchesse d'Angoulême, mère du grand Roi François I. tiré de l'original ; il commence en 1459, & finit en 1522. (*Voyez* ci-après, au Chapitre des *Lettres & Dépêches*.).= L'Ordonnance faite à l'Entrée du très-Chrétien Roi de France François de Valois I. dedans la ville de Milan, le 16 Octobre 1515.= Le Traité fait à Pavie, avec François & Maximilien Sforce, le 14 Octobre 1515. = La Copie des Lettres des Cardinaux & de l'Eglise de Rome, envoyées à François I. sur la Paix universelle avec les Princes Chrétiens, 1523. = L'Entrée de la Reine & des Enfans de France à Angoulême, en 1530. = Copie de l'Arrêt du Grand-Conseil, à l'encontre de l'empoisonnement de Monseigneur le Dauphin (par le Comte Sebastiano de Montecucullo) ; avec des Epitres & Rondeaux sur la mort dudit Dauphin, en 1536.= Du glorieux Retour de l'Empereur (Charles-Quint) de Provence, par des Lettres écrites de Boulogne à Rome, à l'Abbé de Caprare, translaté d'Italien ; ajouté le double Dicton prononcé à la condamnation de l'empoisonneur de Monseigneur le Dauphin, en 1536.= Les triomphantes Entrées faites par le commandement de François I. à Charles-Quint, ès Villes de Poitiers & Orléans, avec la Harangue du Bailly d'Orléans à l'Empereur, & la réponse de ce Prince : l'Accueil que lui fit le Roi à son Entrée à Fontainebleau. = La Complainte de Mars sur la venue de l'Empereur en France. = Epigramme de Clément Marot sur le même sujet. = Triomphes d'Honneur faits par le commandement de François I. à Charles-Quint, en la ville de Poitiers, le 9 Décembre 1539. = L'Ordre de l'Entrée de Charles V. dans la ville de Paris, &c. 1539.

Le Tome VII. contient : Mémoires ou Histoire des choses mémorables advenues du Règne de Louis XII. & François I. en France, Italie, Allemagne & Paysbas, depuis l'an 1499, jusqu'en l'an 1521 ; mise en écrit par Robert de la Marck, Seigneur de FLEURANGES & de Sedan, Maréchal de France. (*Voyez* ci-devant, N.° 17505.)

Ces sept volumes sont remplis de Notes, mises par l'Editeur au bas des pages ; elles sont amples, & faites pour éclaircir différens faits rapportés dans ces Mémoires.

M. L'Abbé Lambert n'a pas borné son travail à substituer les tours & les expressions modernes, au langage depuis long-temps suranné de Martin du Bellay : il a suppléé, dans le texte même, aux omissions de son Auteur. Dans les Notes, il fait connoître les Hommes Illustres du temps, & relève les fautes de plusieurs Historiens. Il indique les intérêts des Puissances, & distingue les changemens arrivés depuis dans leurs prétentions. Enfin, il n'a rien épargné pour offrir aux Lecteurs une Histoire authentique & complette du Règne de François I. selon le *Journal des Sçavans du mois de Mai* 1754.]

« Guillaume du Bellay ; (dit Bayle dans son *Dictionnaire*), avoit composé en Latin une Histoire de son temps, » (qui ne contenoit que les Guerres de François I.) » divisée en Ogdoades (c'est-à-dire, qu'il faisoit ses » divisions de huit en huit Livres) ; & par ordre » du Roi il l'avoit traduite en François ; de sorte que le » public en est demeuré frustré, à la réserve de quelques » fragmens du IIIe & IVe Livre, que Martin du Bel- » lay, frère de l'Auteur, a insérés dans ses Mémoires.....

» L'Ouvrage

Règne de François I. 1547.

» L'Ouvrage entier contenoit sept Ogdoades; mais la
» première ne regardoit que les antiquités des Gaulois,
» (citée ci-devant). Les six autres étoient destinées au
» Règne de ce Monarque. »

Montaigne, au Livre II. de ses *Essais*, Chapitre X.
dit, « que c'est toujours plaisir de voir les choses écrites
» par ceux qui ont essayé comme il les faut conduire.
» Mais il ne se peut nier qu'il ne se découvrira en ces
» deux Seigneurs (Guillaume & Martin du Bellay) un
» grand déchet de la franchise & liberté d'écrire, qui
» reluit ès anciens de leur sorte, comme au Sire de Join-
» ville, Domestique de saint Louis; Eginhart, Chance-
» lier de Charlemagne ; & de plus fraiche mémoire,
» en Philippe de Comines. C'est ici plutôt un Plaidoyer
» pour le Roi François I. contre l'Empereur Charles-
» Quint, qu'une Histoire. Je ne veux pas croire qu'ils
» aient rien changé quant au gros du fait, mais de con-
» tourner le jugement des évènemens, souvent contre
» raison à notre avantage, & d'obmettre tout ce qu'il
» y a de chatouilleux en la vie de leur Maître, ils en
» font métier.......... Somme pour avoir l'entière
» connoissance du Roi François, & des choses advenues
» de son temps, qu'on s'adresse ailleurs, si on m'en croit.
» Ce qu'on peut faire ici de profit, c'est que par la dé-
» duction particulière des Batailles & des Exploits de
» Guerre, où ces Gentilshommes se sont trouvés, on
» peut apprendre quelques paroles & actions privées
» d'aucuns Princes de leur temps, & pratiques & né-
» gociations conduites par le Seigneur de Langey, où
» il y a tout plein de choses dignes d'être sçues, & des
» discours non vulgaires. »

☞ *Voyez* la *Bibliothèque* de Clément, t. *III.p. 68.*
= Lenglet, *Plan de l'Histoire de France*, *tom. II. p. 14.*
= Le Gendre, tom. *II. pag.* 70. = Lenglet, *Méth. hist.
in-4. tom. IV. pag.* 70. = *Mélanges de Vigneul-Marville*,
tom. *I. pag.* 274. = Isag. in notit. Hist. Gall. part. *III*,
pag. 20. = Journ. des Sçav. Mai, 1754. = Ann. Litt.
1754, tom. II. pag. 238.]

17624. Mf. **Commentaire des Guerres entre
Charles V. du nom, Empereur & Prince
de Belges, & François I. de ce nom, Roi
de France, dès l'an 1519, jusqu'en 1547,
dont l'Auteur est incertain, mais du parti
de l'Empereur.**

Ce Commentaire est conservé entre les Mémoires du
Sieur d'Oresmieux, selon Sanderus, au tom. I. de sa
Bibliothèque des Manuscrits Belgiques, pag. 183.

17625. Mf. **Histoire du Roi François I.
remplie de digressions morales, louanges
& exhortations audit Roi.**

Cette Histoire est conservée dans la Bibliothèque du
Roi, num. 148, selon le Père Labbe, *pag.* 313, de sa
Nouvelle Bibliothèque des Manuscrits: *Paris*, 1653,
in-4.

17626. **Triomphes du Roi Très-Chrétien
François I. contenant la différence des Nobles, en Vers; par Jean** BOUCHET: *Paris*,
1550, *in-fol.*

17627. Mf. **Lettre du Roi** HENRI II. **au
Parlement, incontinent après la mort de
François I. & la Réponse du Parlement,
avec les particularités de la mort de François I. écrites par l'Evêque de Mâcon**: *in-fol.*

Cette Lettre, avec la Réponse de Pierre CASTELLAN,
est conservée entre les Manuscrits de M. le Chancelier
d'Aguesseau.

17628. Petri CASTELLANI, Episcopi Matis-
conensis, Oratio in funere Francisci Regis
Tome II.

Francorum habita: *Parisiis*, Estienne, 1547,
in-4.

**Oraison funèbre de François I. contenant un
brief discours de ses gestes, faits & actions
les plus remarquables; traduite du Latin de
Pierre** CASTELLAN OU DU CHASTEL;
par Jean Martin: *Paris*, Estienne, 1547,
in-4.

✱ **La même en Italien**: *In Venegia*, 1547,
in-4.

☞ *Voyez* la *Bibliothèque des Auteurs de Bourgogne*, *pag.* 138. Le Chevalier Casal dans sa *Lettre au Pape
Paul III. pag.* 151, (du *Recueil des Lettres des Princes*,
publiées par Ruscelli, & traduites par Belleforest), dit
" que l'Evêque de Mâcon a fait l'Oraison du Roi Fran-
» çois fort doctement & bien à propos, sauf qu'il n'a pas
» été bien écouté, à cause de la grande plainte & pleurs
» émus par les paroles mêmes dudit Evêque.] »

17629. ☞ **Oraison sur le trépas du Roi
François I. par Pierre** GALANDIUS, translatée
du Latin par Jean Martin: *Paris*, Vascosan,
in-4.]

17630. ☞ **Cynthii Joannis Baptistæ Gy-
RALDI Oratio, in funere Francisci I.
Gallorum Regis, ad Herculem Ferrariæ
ducem.**

Cette Oraison funèbre se trouve dans le Recueil,
intitulé: *Orationes clarorum hominum*, &c. *In Academiâ Venetâ*: 1559, *in-4.*]

17631. ☞ **Orazione funebre nelle morte
di Francesco I. da Hieron.** VIDA: *Padoa*,
1583, *in-4.*]

17632. Mf. **Le Trépas, obsèques & enterrement du Roi François I. avec les deux
Sermons funèbres prononcés par Pierre**
CHASTELAIN, **en 1547**: *Paris*, Estienne,
1547 [& 1548], *in-8*

— **Pars Historiæ Francisci I. usque ad ejus
obitum**: Auctore Claudio COTEREO.

Voyez ci-après, au Règne de Henri II.

17633. ☞ **Joan. Bapt.** EGNATII **Panegyricus in Franciscum I. Regem Galliæ.**

Cette Pièce est citée par l'Abbé Lenglet, dans son
Supplément à la Méth. histor. in-4. pag. 161.]

17634. ☞ **Panégyrique de François I.**
Paris, 1538, *in-4.*]

17635. **Eloge de François I. par Pierre de
Bourdeille sieur** DE BRANTOSME.

Cet Eloge est imprimé au tom. I. de ses *Capitaines
François*, pag. 225 : (*Leyde*, 1666, *in-12.*)

17636. **Guillelmi** PARADINI, **Memoriæ
nostræ Libri quatuor**: *Lugduni*, Tornæsii,
1548, *in-fol.*

Ces Mémoires contiennent l'Histoire du Règne de
François I. jusqu'à sa mort. L'Auteur fleurissoit alors; il
vivoit encore en 1581. Son Histoire est assez estimée.

**Les mêmes rendus en François par l'Auteur,
& publiés sous ce titre** : « Histoire de nostre
» temps, depuis l'avènement de François I.
» à la couronne jusqu'en l'an 1550: *Lyon*,

» de Tournes, 1554, [1558], *in-12*. *Paris*, » 1556, *in-16*.

☞ On trouve à la fin de cette Edition qui est très-jolie, *p.*733, *Continuation de l'Histoire du Roi Henri II.* (tirée de divers Auteurs). Elle commence en 1550, & finit à la prise de Calais en 1558. Il y a une Edition de 1568, où l'on trouve une autre continuation qui va jusqu'en 1567.]

Voici quel est le jugement de du Haillan sur les Histoires de François I. tiré de la Préface de son Histoire : « Pour ce que toutes les Histoires qui parlent du Roi » François I. ont été faites de son temps ou de celui du » Roi Henri II. son fils, ceux qui les ont écrites se sont » plus étendus à la louange dudit Roi qu'il ne conve- » noit possible à son mérite, (combien qu'il fût un grand » & excellent Roi), ni au devoir de l'Histoire, ni à la » vérité. Ce qui est un vice de tous ceux qui écrivent » l'Histoire de leur temps, & des Princes sous lesquels » ils vivent ».

☞ *Voyez* Lenglet, *Méth. histor. in-4. t. II. p.* 276. & *tom. IV. pag.* 71-74. = *Bibliothèque des Auteurs de Bourgogne, tom. II. pag.* 123. = Le Gendre, *tom. II. pag.* 45.]

17637. * Histoire de François I. par Antoine VARILLAS, (depuis 1515 jusqu'en 1543): *La Haye*, Leers, 1684, *in-8*. 2 vol.

L'Auteur a désavoué cette Edition dans la suivante, parceque celle de Leers étoit défigurée, & qu'il y manquoit plus de la moitié de l'Ouvrage.

La même Histoire, augmentée de la comparaison de Charles-Quint, & continuée jusqu'en 1547 : *Paris*, Barbin, 1685, *in-4*. 2 vol. & *in-12*. 3 vol. *La Haye*, Leers, 1686, *in-12*. 3 vol.

L'Auteur a ajouté dans cette Edition une Apologie pour l'Histoire de François I. où il dit que l'impression de cet Ouvrage a été retardée depuis quinze ans.

17638. ☞ Anecdotes de la Cour de François I. par Mademoiselle DE LUSSAN : *Londres*, (*Paris*), 1748, *in-12*. 3 vol.]

17639. ☞ Histoire (politique) de François I. par M. GAILLARD : *Paris*, 1766, *in-12*. 4 vol.

Suite ou Histoire Littéraire & Galante (du même Prince), avec Additions aux premiers Volumes) : 1768, *in-12*. 3 vol.

La même Histoire : nouvelle Edition : *Paris*, 1768, *in-12*. 8 vol.]

17640. ☞ Pièces concernant le Règne de François I. en 95 Porte-feuilles: *in-4*.

Dans le Recueil de M. de Fontanieu, (à la Bibliothèque du Roi), num. 162-256.]

17641. ☞ Histoire & Parallèle de Charles V. Empereur & Roi d'Espagne, & de François I. Roi de France, où l'on voit le caractère moral & politique de ces deux grands Monarques ; tiré d'un Manuscrit de la Bibliothèque du Vatican, & traduit en François par M. (PELISSON) : *Paris*, Filleau, 1707 & 1730, *in-12*.]

17642. ☞ Mf. Œuvres Poëtiques de FRANÇOIS I. avec quelques-unes de ses Lettres: *in-4*.

Ce Manuscrit en vélin, cité, *pag.* 56 du Catalogue de M. de Cangé, se trouve à présent dans la Bibliothèque du Roi.

Il est ci-devant question, N.os 17509, 17516 & 17517, d'autres Recueils semblables.]

☞ ON peut encore consulter, pour le Règne de François I. = l'Histoire de ce Roi, par Mathieu, = les Œuvres de Brantôme, = l'Histoire des Guerres entre la France & l'Espagne, par Mathieu, = la Vie de l'Amiral de Coligny, = les Commentaires de Montluc, depuis 1521, = les Mémoires de Tavannes, depuis 1523, = ceux du Maréchal de Vieilleville, depuis 1528, = l'Histoire des Martyrs Protestans, par Crespin, depuis 1534, = l'Histoire de Cabrières & Mérindol, depuis 1534, = les Notes II. & III. du tom. V. de l'*Histoire du Languedoc*, par DD. de Vic & Vaissette, pour les années 1538 & 1542, = les Mémoires du sieur Richer, depuis 1541, = l'Histoire de M. de Thou, depuis 1543.]

§. III.

Règne de Henri II. depuis l'an 1547 jusqu'en 1559.

17643. Mf. HENRI II. ou les choses mémorables arrivées sous son Règne, durant les neuf premiers mois de l'année 1547, & toute l'année 1548.

Cette Histoire est conservée dans la Bibliothèque de M. le Prince de Condé, num. 112, 113.

17644. Description de la rébellion en France en 1548 : *Berne*, 1549, *in-8*. (en Allemand.)

17645. ☞ Articles contenant les causes qui ont meu notre Sire Henri II. de ce nom, Très-Chrétien, à faire la Procession générale à Paris, le quatrième jour de Juillet 1549 : *Paris*, Rosset, 1549, *in-4*. de 6 pag.]

17646. Discours de la Guerre faite par le Roi Henri II. pour le recouvrement du Pays du Boulonnois sur mer, en 1549 ; par Nicolas NICOLAY, Gentilhomme de Dauphiné : *Lyon*, Rouille, 1550, *in-8*.

Cet Auteur est mort en 1583.

☞ C'est probablement le même que la Pièce qui dans un autre format, est intitulée :

» Double d'une missive envoyée par le Seigneur Ni- » colas Nicolaï, Géographe du Roi, à Monseigneur » Dubuys, Vice-Bailli de Vienne, contenant le Discours » de la Guerre faite par le Roi notre Sire Henri II. pour » le recouvrement du Pays de Boulonnois, en l'an 1549 : » *Lyon*, Guillaume Rouille, 1550, *in-4*.]

17647. ☞ Deux Apologies contre les calomnies des Impériaux ; sur la descente du Turc : *Paris*, 1551, *in-4*.]

17648. ☞ Le Discours de la Guerre de Parme (en 1551) nouvellement traduit de l'Italien en François : *Lyon*, Payen, 1552, *in-8*.]

17649. Les Faits & Gestes de Henri II. *Paris*, 1550, *in-16*. *Blois*, 1556, *in-8*.

17650. Mf. Chronicon, à Christo nato ad annum 1550 ; auctore Vincentio SEVERTIO, Præcentore Ecclesiæ Senonensis.

Cette Chronique est citée par du Chesne, *pag.* 209, de sa *Bibliothèque des Historiens de France*.

Règne de Henri II. 1548.

17651. Mſ. Pars Hiſtoriæ Franciſci I. uſque ad captam Urbem Heſdinium ; auctore Claudio COTEREO, Turonenſi, Eccleſiæ Pariſienſis Canonico : *in-fol.*

Cette Hiſtoire eſt conſervée dans la Bibliothèque du Roi, num. 9718. L'Auteur eſt mort en 1550.

17652. ☞ Lettre du Roi Très-Chrétien aux Souverains Etats de l'Empire, traduite par Barthélemi Anneau : *Lyon*, Rollet, 1552, *in* 8.]

17653. ☞ La Sciomachie & Feſtins faits à Rome au Palais du Cardinal du Bellay, pour l'heureuſe naiſſance de Monſeigneur d'Orléans : le tout extrait d'une Copie des Lettres écrites au Cardinal de Guiſe ; par François RABELAIS, Docteur en Médecine : *Lyon*, Gryphe, 1549, *in-*12.]

CE ſeroit ici le lieu où je pourrois rapporter le Livre de François RABELAIS, de Chinon, intitulé : » Les cinq » Livres de la Vie, Faits & Dits héroïques de Gargan- » tua, & de ſon fils Pantagruel », ſi cette Satyre infâme » & tout-à-fait impie, dont il y a pluſieurs Editions, méritoit d'entrer dans cette Bibliothèque. On trouve entre les Manuſcrits de M. Dupuy, au num. 488, un Mémoire pour l'explication de cet Ouvrage. Rabelais eſt mort en 1553.

✻ » Il eſt le Pétrone de ſon temps ; car comme celui- » ci a donné ſous des noms empruntés l'Hiſtoire de la » Cour de Néron, Rabelais a publié, ſi l'on en croit » quelques-uns, celle de la Cour de François I. & de » Henri II. mais toujours *magis ſcitè quam ſanctè*, dit » Bernier, *pag.* 117, de ſon *Jugement ſur Rabelais* ». Le Père Rapin eſt de ceux qui trouvent fort ſpirituelle cette Satyre ; mais elle lui paroît écrite d'une manière ſi bouffone & ſi peu conforme à l'honnêteté du Siècle où nous vivons, qu'il ne la croit pas digne des honnêtes gens. C'eſt dans ſa *Réflexion XXVIII. ſur la Poétique d'Ariſtote*, qu'il s'explique ainſi.]

» Les Œuvres de Rabelais ſont des fables comiques & » ſatyriques, où l'on prétend que l'Hiſtoire de ſon temps » étoit figurée. On en donne quelques exemples, & » pour le reſte on l'attribue à quelques contes qui ſe » faiſoient de perſonnes autour de Chinon, Ville de » l'Auteur ». Sorel, *pag*. 192 de ſa *Bibliothèque Françoiſe.*

» La Satyre de Rabelais eſt la première qui ait paru » en François. Quelques perſonnes s'imaginent que c'eſt » le portrait de la Cour & des Princes ſous leſquels il a » vécu ; mais c'eſt moins l'Hiſtoire de ſon temps que la » cenſure, non pas tant de ce qu'il y avoit, que de ce qu'il » croyoit trouver de cenſurable dans tous les hommes » & dans toutes les ſciences. Je m'étonne que des per- » ſonnes auſſi judicieuſes que Scévole de Sainte-Marthe » & Jacques-Auguſte de Thou, aient donné de ſi grands » éloges à cet Ouvrage, puiſque toute la beauté ne con- » ſiſte que dans de ridicules hyperboles, qui l'ont fait » regarder par nos plus judicieux Ecrivains, comme une » Pièce fade & inſipide que l'honnête homme a tou- » jours regret d'avoir lue ». Lenglet, *Méthode d'étudier l'Hiſtoire.*

17654. ☞ Orazione di M. Claudio TOLOMMEI, Ambaſciator di Sierra, recitata dinanzi ad Henrico II. *In Parriggi*, Carlo Stefano, 1553, *in*-4.]

17655. Mſ. Diſcours de la Guerre ouverte entre le Roi Henri II. & l'Empereur Charles V. en 1552 : *in-fol.*

Ce Diſcours eſt conſervé dans la Bibliothèque du Roi, num. 8575.

17656. Lettres du Roi HENRI II. aux Electeurs, Princes & Etats de l'Empire, du 26 Février 1552 : *Paris*, 1552, *in*4.

Eædem Latinæ redditæ : *Pariſiis*, 1552, *in*-4.

Les mêmes, traduites en Allemand : 1552, *in*-4.

17657. Apologia pro Henrico II. contra Cæſarianos, in qua de cauſis Belli inter Regem & Cæſarem orti, agitur : *Pariſiis*, 1552, *in*-4.

Antoine Teiſſier, dans ſes *Additions aux Eloges de M. de Thou, tom. III.* de la quatrième Edition, attribue cet Ouvrage à Pierre DANÈS, Evêque de Lavaur, mort en 1577.

Apologia contre les calomnies des Impériaux ſur les entrepriſes du Turc, & ſur la déclaration de la Guerre : *Paris*, [Ch. Etienne, 1551 : *Lyon*, Bonhomme,] 1552 ; *in*-4.

17658. Apologia altera pro Rege Chriſtianiſſimo contra Cæſarianos : *Pariſiis*, 1552, *in*-4.

Seconde Apologie contre les calomnies des Impériaux ſur les cauſes & ouvertures de la Guerre : *Paris*, 1552, *in*-4.

La même Apologie : 1552, *in*-8. (en Allemand).

17659. ☞ Apologia cujuſdam Regiæ famæ ſtudioſi, quâ Cæſariani Regem Chriſtianiſſimum arma & auxilia Turcica evocaſſe vociferantes, mendacii & calumniæ arguuntur : *Lutetiæ*, Carol. Stephani, 1552, *in*-4.

C'eſt peut-être la même Pièce que l'une de celles rapportées ci-deſſus, mais ſous un titre différent.]

17660. ☞ Breve recollection des choſes advenues au Royaume de France, depuis le mois d'Août 1538, juſqu'au mois d'Octobre 1552, *in*-12.]

17661. Mſ. Ephémérides du Siége & Saillies de Metz, en 1552 ; par DE CHANATZ, Soldat en la Compagnie de Voguemar : *in-fol.*

Ces Ephémérides [étoient] conſervées dans la Bibliothèque de M. Colbert, num. 4804. [& ſont aujourd'hui en celle du Roi.]

17662. Le Siége de Metz en 1552 ; (par Bertrand DE SALIGNAC :] *Paris*, Eſtienne, 1553, *in*-4. *Metz*, Colignon, 1665, [avec une Carte de le Clerc.]

Metz difeſa da Franceſco da Lorena, Duca de Ghiza, tradotta de Franceſe : *In Firenze*, Onofrio, 1553, *in*-4.

Cette Relation du Siége de Metz, fait par l'Empereur Charles-Quint, eſt ample & exacte. Bertrand DE SALIGNAC de la Mothe-Fénélon, qui a ſigné la Préface en qualité d'Auteur, eſt mort en 1599.

☞ *Voyez* ſur cette Pièce, Lenglet, *Méth. hiſtor.* *in*-4. *tom. II. pag.* 276, & *tom. IV. pag.* 75. = Le Gendre, *tom. II. pag.* 17. = *Dictionnaire* de Proſper Marchand, *Art. Salignac*.]

17663. Diſcorſo dell' Aſſedio di Metz : *In Lione*, 1553, *in*-4.

Discours du Siége de Metz, traduit de l'Italien, par Hubert-Philippe, dit de Villiers : *Lyon*, Payen & Rollet, 1553, *in*-4. [de 22 pages.]

17664. ☞ Le Discours de la Guerre de Metz en Lorraine, contenant les assauts & allarmes faits par l'Empereur, avec la défense & victoire des François, (en 1552) : *Lyon*, Payen, 1553, *in*-8.]

17665. ☞ Chanson nouvelle, composée par un Soudart faisant la sentinelle sur les Remparts de Metz : *Lyon*, Payen, 1553, *in*-8.]

17666. Ob quas causas, quibusque modis Henricus II. Galliarum Rex, Urbem Metensem cœperit & militem in Germaniam duxerit, aliaque gesta usque ad tempus quò Carolus V. Imperator Metim obsedit; Joanne SICARDO auctore.

Cet Ecrit est imprimé dans Schardius, au tom. II. de son Recueil *de rebus Germanicis*, pag. 1740 : *Basileæ*, 1574, *in-fol*.

17667. Historia Expeditionis ab Henrico Rege Francorum in Germaniam susceptæ & occupatæ ab eodem Urbis Metensis, desumpta ex Commentariorum Libro vigesimo-quarto Joannis SLEIDANI, Germani.

Cet Auteur est mort en 1556. Son Extrait est dans le Volume précédent.

— Brief Discours de la vie & de la mort de Charles & Sébastien de Luxembourg, frères, & des Guerres où ils se sont trouvés jusqu'en 1553, recueilli des Mémoires de Hugues GASSION, leur Domestique.

Voyez ci-après, *Hist. des Officiers de Guerre*.
Charles de Luxembourg fut tué en 1553, & Sébastien en 1569.

17668. Lettres au Cardinal de Ferrare, sur le Voyage du Roi (Henri II.) au Pays-Bas de l'Empereur, en l'an 1554; par (Bertrand) DE SALIGNAC, Gentilhomme François : *Paris*, Estienne, 1554, *in*-4.

Les mêmes, sous ce titre : Le Voyage du Roi aux Pays-Bas de l'Empereur, en 1554, briévement récité par Lettres missives, que [Bertrand] DE SALIGNAC écrivoit du Camp du Roi au Cardinal de Ferrare : *Paris* & *Lyon*, 1554 : *Rouen*, 1555, *in*-8.

☞ *Voyez* sur ces Lettres de M. de Salignac, le *Dictionnaire historique* de Prosper Marchand, Art. *Salignac*, Note E.]

17669. ☞ Lycampæi Castri obsidio atque excidium 1554; à Joanne Lodovico MICQUELLO : *Parisiis*, 1555 : *Rothomagi*, 1555, *in*-12.]

17670. Histoire de la Bataille navale faite par les Dieppois & les Flamans, & de la Victoire remportée sur ces derniers en 1555 : *Paris*, 1555, *in*-8.

C'est la Relation de ce qui s'est passé de plus remarquable dans cette Expédition.

17671. ★ Joannis MACRI, Santinæi, de prosperis Gallorum successibus, cum Scholiis Joannis BLONDI & Joannis COEPIANI : *Parisiis*, Guillard, 1555, *in*-8.

17672. De Morini, quod Theruanam vocant, & Hedini expugnatione, deque prælio apud Rentiacum, & omnibus inter Cæsarianos & Gallos ad annum 1555, [vario eventu [gestis,] narratio & Dialogus, Jacobo Basilico MARCHETO, Despota Sanii, auctore : *Antverpiæ*, Plantin, 1555, *in*-8.]

Cette Histoire est aussi imprimée dans Schardius, au tom. II. de son *Recueil des Historiens d'Allemagne*, pag. 1803 : *Basileæ*, 1574, *in-fol*.

☞ Le même, traduit en François, sous ce titre : Récit de la prise de Thérouane & Hesdin, avec la Bataille de Renti, & des exploits militaires faits depuis deux ans entre les Impériaux & les François; par Jacques-Basilic MARCHETI, traduit du Latin : *Anvers*, Plantin, 1555, *in*-8.

Cet Auteur après avoir mené une vie aussi criminelle que vagabonde, se fit reconnoître pour Vaivode de Valaquie, & fut assassiné par ses Sujets, le 5 Novembre 1563, un peu moins de deux ans après qu'il se fut rendu maître de cette Principauté.]

17673. ☞ Discours de ce qui a été proposé & débattu par Messeigneurs les Délégués du Roi & de l'Empereur, pour le Traité de la Paix, ès mois de Mai & Juin 1555 : *Lyon*, Frein, *in*-8.]

17674. ☞ Oraison de Jacques TAHUREAU au Roi (Henri II.) de la grandeur de son Règne, & de l'excellence de la Langue Françoise : *Paris*, veuve de la Porte, 1555, *in*-4.]

17675. ☞ De rebus à Carolo V. gestis Mich. BRUTI Oratio : *Antverpiæ*, 1555, *in*-8.]

17676. ☞ Copie de la publication de la Trève faite entre Henri II. Charles V. & Philippe, Roi d'Angleterre, son fils : *Lyon*, 1555, *in*-8.

Philippe, fils de l'Empereur Charles-Quint, & son successeur en Espagne, sous le nom de Philippe II. ayant épousé Marie, Reine d'Angleterre, porta pendant un temps le titre de Roi de ce Pays.]

17677. ☞ La Journée des embuscades faite par le Sieur DE VIEILLEVILLE, Chevalier de l'Ordre du Roi, Gouverneur & Lieutenant-Général pour ledit Seigneur à Metz, &c. sur le Comte de Mesgue & les Troupes de Luxembourg, le 20 Octobre 1555, entre Metz & Thionville; ensemble la Mascarade des faux Cordeliers de la Reine de Hongrie & de leur folle entreprise.

Dans les *Mémoires* de Vieilleville, tom. III. p. 311 & 312.]

17678. ☞ Interprétation Grecque, Latine, Toscane & Françoise du Monstre ou Enigme d'Italie, *Sol & Lucina parentes*; à Gab. SIMEONE : *Lyon*, 1555, *in*-8.]

17679. Discours sur l'état des affaires de

Règne de Henri II. 1556.

France, depuis l'Edit de Pacification, en 1556: Reims, 1557, in-8.

17680. Discours sur la rupture de la Trève, en 1556; par Charles DE MARILLAC, Archevêque de Vienne : *Paris*, Vascosan, 1557, *in-8*.

Cet Auteur est mort en 1560.

☞ Il prouve que le Roi a été nécessité à la Guerre, parcequ'il a été attaqué dans la personne du Pape, qui étoit expressément dénommé dans la Trève, parceque le Roi d'Espagne a violé le droit des gens, & fait des entreprises sur les Places du Roi, parcequ'il a suscité ses Sujets à attenter à sa personne, & enfin parcequ'il lui a débauché ses Alliés.]

17681. ☞ L'heureux partage des excellens dons de la Déesse Pallas, résignés du conseil & permission d'icelle au Roi Henri II. & à Madame sa sœur, par le feu Roi François leur père; par M. G. DUMAYNE, Lecteur de ladite Dame : *Paris*, Vascosan, 1556, *in-4*.]

17682. ☞ Cantique sur la nativité de Madame Victoire, fille du Roi Henri II. de ce nom; par Jean DE LA MAISON-NEUFVE : *Paris*, Denys, 1556, *in-8*.]

17683. ☞ Facultates Rever. Domino Carolo, tituli sancti Viti in macello Martyrum Diacono, Cardinali Caraffa nuncupato, in regno Franciæ Legato à latere, per D. Paulum Papam IV. concessæ : *Parisiis*, Rosset, 1556, *in-12*.]

17684. Continuation de l'Histoire de notre temps; par Guillaume PARADIN : *Lyon*, 1556, *in-fol. Paris*, 1575, *in-8*.

17685. Le Guerre d'Italia e d'altri paësi dall' anno 1525, dove il Guicciardini finisce le sue Historie, sino all'anno 1557, da Alfonso ULLOA.

L'Histoire de ces Guerres est imprimée avec la *Vie de Ferrand de Gonzague, Prince de Molfetta* : *In Venetia*, 1563, *in-4*.

17686. Ms. Relation du Voyage de M. de Guise en Flandres, en 1557.

Cette Histoire est entre les Manuscrits de M. Dupuy, num. 86.

17687. ☞ Ms. Mémoires de M. le (Duc D'AUMALE, ensuite) Duc de Guise, depuis 1547 jusqu'en 1557 : *in-fol*. 2 vol.

Ils sont indiqués num. 1961, du Catalogue de M. Bernard.]

17688. ☞ Le Siége & la prise de la Ville de Saint-Quentin, & du Château de Gouy, avec autres choses mémorables en Italie, Angleterre & Ecosse : *Ypres*, Sestrez, 1557, *in-12*. Gothiq.]

17689. Ms. Déroute de Saint-Quentin, le 10 Août 1557, décrite par Guillaume DINTEVILLE, Seigneur Descherets, Bailli de Troyes.

Cette Narration est conservée dans la Bibliothèque du Roi, entre les Manuscrits de du Chesne, page 228 du dix-septième Volume. Dinteville est mort en 1559.

17690. Discours de Gaspar DE COLIGNY, Amiral de France, où sont sommairement contenues les choses qui se sont passées durant le Siége de Saint-Quentin, en 1557.

Ce Discours est imprimé avec la *Vie de l'Amiral de Coligny* : *Amsterdam*, 1643, *in-4*. & dans du Bouchet, *Preuves de l'Histoire Généalogique de la Maison de Coligny*, pag. 489 : *Paris*, 1663, *in-fol*. [& dans le Recueil de Lannel : *Paris*, 1623, *in-8*.]

☞ Ce Discours de l'Amiral de Coligny se trouve encore dans les Mémoires du Sieur Mauléon de Granier, *pag.* 120.]

Le même, sous ce titre : Mémoires de l'Amiral DE COLIGNY : [*Leyde*, Elzévir, 1643,] *Paris*, Barbin, 1665; *Grenoble*, 1669, *in-12*.

Ces Mémoires ne contiennent que le Discours précédent sur le Siége de Saint-Quentin. Ils ont été finis le 31 Mars 1558 : ainsi il ne faut pas les confondre avec un autre Ouvrage de cet Auteur, qui ne subsiste plus, & dont parle Brantôme, à la fin de l'Eloge de ce Seigneur. « Il fut trouvé, dit-il, après sa mort, un très-
» beau Livre, qu'il avoit lui-même composé des choses
» plus mémorables de son temps, & même des Guerres
» civiles. Il fut apporté au Roi Charles (IX.) qu'aucuns
» trouvèrent très-beau & très-bien fait, & digne d'être
» imprimé. Mais le Maréchal de Retz (Albert de Gondi)
» en détourna le Roi, & le jetta dans le feu & le fit
» brûler, envieux du profit & récréation que ce Livre
» eût pu apporter au monde, ou envieux de la mé-
» moire de ce grand personnage ».

Colomiez n'a fait qu'abréger cet endroit de Brantôme, à la page 42 de *les Mélanges historiques*. On voit par ce que rapporte Brantôme, que le seul Exemplaire de cet Ouvrage fut jetté au feu; autrement sa réflexion seroit fausse. Il est dit à la page 130 de la Vie de cet Amiral, « que depuis la dernière Paix (en 1568) il ne
» laissa passer un seul jour que devant que de se coucher
» il n'eût écrit de sa main dans son Papier Journal, les
» choses dignes de mémoire qui étoient arrivées du-
» rant les Guerres ». Ce qui ayant été trouvé après sa
» mort, & porté au Conseil du Roi, ses plus capitaux
» ennemis eurent en grande admiration la douceur &
» tranquillité de son esprit ».

Il semble que David Ancillon, (*Mélange critique de Littérature*, *Art*. 38) parle d'autres Mémoires dans le récit qu'il fait de cette avanture, qui est différent en plusieurs circonstances de celui de Brantôme. « L'Ami-
» ral Coligny avoit donné au Roi Charles IX. des Mé-
» moires concernant la Guerre que le Roi pouvoit faire
» en Flandres contre les Espagnols, & les moyens dont
» il falloit se servir pour en avoir un bon succès. Mais
» le Duc de Guise, qui le haïssoit, les fit jetter au feu.
» On les a bien regrettés depuis ». Je ne sçai où Ancillon a trouvé que les Mémoires de l'Amiral regardoient la Guerre de Flandres. Il est bien vrai que dans la visite que le Roi lui fit après sa blessure, il l'entretint de cette Guerre, & qu'il l'exhorta à l'entreprendre; mais je ne sçai pas s'il lui a donné aucun Mémoire sur ce sujet.

☞ Il y a un Mémoire sur la Guerre de Flandres, sous le nom DE COLIGNY, dans le *Recueil* de du Plessis-Mornai, *tom. I*. pag. 1 & *suiv*. Il se trouve aussi dans l'*Histoire de M. de Thou, Liv. LI*.]

17691. ☞ Copie d'une Lettre écrite au Roi par M. l'Amiral, du Camp des ennemis étant devant Saint-Quentin, après que la place fut rendue, en 1557.

Cette Pièce, & la suivante, se trouvent dans le *Recueil* de Lannel : *Paris*, 1623, *in-4*.]

17692. ☞ Copie de ce que M. l'Amiral a donné à Francisque Dias, pour déclarer de qui il étoit prisonnier, suivant la réquisition qui lui en fut faite par ledit Francisque Dias: 1557.]

17693. Relation fidèle de la Bataille de Saint-Quentin, entre les Armées du Roi de France & de celui d'Espagne, au jour de S. Laurent : 1557, *in-*4. (en Allemand.)

17694. Discours sur la réduction de Calais au Royaume de France, (en 1558) détenu par les Anglois depuis l'an 1347, & du Comté d'Oye, Guines, Ham, & autres Places de Mer; par P. D. T. A. *Paris*, Micard, 1558: *Lyon*, Temporal, 1558, *in-*8.

17695. Ms. Mémoire des Guerres d'entre le Roi Henri II. & le Roi d'Espagne, en 1557 & 1558. Bataille de S. Laurent, Prise de Saint-Quentin, Prise de Calais.

Ce Mémoire est cité à la page 467 de la Bibliothèque de M. de Thou.

17696. ☞ Nicolai QUERCULI, in fortunam jocantem carmen heroicum, universam belli apud Belgas gesti Historiam complectens: *Parisiis*, Sartenas, 1558, *in-*8.]

17697. Ms. Mémoire du Voyage de M. de Guise en Italie, son retour; la prise de Calais, & celle de Thionville en 1558 : *in-fol.*

Ce Mémoire est conservé dans la Bibliothèque du Roi, num. 9910. [Il est aussi imprimé au tom. III. du *Journal de Henri III*. 1744, *in-*8.]

☞ Le Discours de la prise de Calais, faite par Monseigneur de Guise : *Paris*, l'Homme, 1558, *in-*8.]

Relation historique du Siége & de la prise de la Ville de Calais, par le Duc de Guise: *Berne*, Apiatio, 1558, *in-*4. (en Allemand.)

17698. Guillelmi PARADINI, de motibus Galliæ expugnato receptoque Itio Caletorum : *Lugduni*, 1558, *in-*4.

Ce même Discours est imprimé dans Schardius, au tom. III. de ses *Histoires d'Allemagne*: *Basileæ*, 1574, *in-fol.*

☞ On y trouve aussi pag. 1961, *Varia doctissimorum Virorum Gallia Poemata de capto Caleto*.]

17699. ☞ De Caleto ab Henrico II. receptâ, Georgii BUCHANANI Carmen : *Lutetiæ*, 1558.]

17700. De Caleti & Guinæ Oppidorum, proximo hoc Bello captorum, Expugnatione, Carmen doctissimum : *Parisiis*, 1558, *in-*4.

Ces Vers sont aussi imprimés au Livre III. des [Epîtres en Vers] de Michel DE L'HOSPITAL, qui en est l'Auteur : *Paris*, 1595, *in-fol.* [& en Hollande, *in-*8.]

17701. ☞ La prise de Calais par les François, en chant lyrique; & autres Pièces du temps : *in-*12.]

17702. ☞ Description de la prinse de Calais & de Guines, composée par forme & style de Procès; par M. G. de M. en Vers : *in-*8.]

17703. ☞ Epitaphe de la Ville de Calais, faite par Antoine FAUQUEL, natif de la Cité d'Amiens ; plus une Chanson sur la prinse dudit Calais : *Paris*, Caveiller, 1558, *in-*8.

Cette Pièce de Vers est une Paraphrase du Verset 15 du Chapitre XXXI. de Jérémie. L'Auteur l'applique à la Ville de Calais, & tous les mots Latins y trouvent leur place.]

17704. ☞ Le Siége de Calais (1558) nouvelle historique ; (attribuée à M. DE PONT-DEVESLE, ou plutôt à Madame Claudine Alexandrine Guérin DE TENCIN :) *La Haye*, 1740, *in-*12. 2 vol.

C'est un vrai Roman très-joliment écrit.]

17705. Discours sur la prise de Guines; par Antoine FAUQUEL, Prêtre natif d'Amiens: *Paris*, Huby, 1558, *in-*8.

17706. La prise de Thionville en 1558, décrite par Claude DE LA CHASTRE, (depuis Maréchal de France): *Paris*, 1558, *in-*8.

17707. ☞ Brief Discours de la prise de la Ville de Thionville, mise en l'obéissance du Roi par le Seigneur de Guise, &c. avec les articles d'icelle : *Paris*, Estienne, 1558, *in-*8.]

17708. ☞ Discours de ce qui a été accordé entre le Duc de Guise & le Gouverneur de Thionville : 1558.]

17709. ☞ Discours de l'entreprise faite contre la Couronne de France, par Emmanuel, Duc de Savoie : *Paris*, 1558 : *Lyon*, de Rosne, 1558, *in-*8.]

17710. ☞ Description sur la Victoire que Philippe a remportée à Gravelines, le 13 de Juillet : *Ypres*, 1558.]

17711. ☞ Les Regrets, Complaintes & Lamentations d'une Damoiselle, laquelle s'étoit retirée à Genève; avec la conversion d'icelle : *Paris*, 1558, *in-*12.]

17712. ☞ Arrêt donné à l'encontre des traîtres qui ont voulu trahir les Villes de Lyon, Bourg-en-Bresse & plusieurs autres: *Paris*, 1558, *in-*8.

Cet Arrêt, donné par le Sénat de Chambéry le 10 Décembre 1557; condamne par contumace Pierre Grangier, Sieur de Myons, Charles de Lucinges, Sieur des Alymes, Claude Dupuy Buscard, Liatod, & le Sieur de Briod, les nommés Rousset & Verdet, à être traînés sur la claie & écartelés.]

17713. La défaite & détrousse du Comte Guillaume devant Luxembourg, faite par les François, jointe la teneur des Lettres ci-après déclarées, avec la Chanson nouvelle: *in-*8.]

17714. ☞ Facultates Rever. D.D. Antonio tituli sanctorum Joannis & Pauli Presbytero Cardinali, Trivultio nuncupato, in Regno Franciæ Legato à latere, per S. D. N. D. Paulum Papam IV. concessæ : *Parisiis*, Rosset, 1558, *in-*12.]

17715. * Exhortation aux Princes Chrétiens pour le fait de la Paix, notamment à

Règne de Henri II. 1549.

l'Empereur Charles V. & au Roi Henri II. *Paris*, Wechel, 1558, *in-4*.

17716. ☞ Harangue de M. le Chancelier OLIVIER, faite au Parlement de Paris l'an 1559, en la préfence du Roi Henri, lorfqu'il fit fon entrée à Paris.

Elle eſt imprimée dans le *Recueil* de Lannel : *Paris*, 1623, *in-4*.]

17717. Commentaires ſur le fait des dernières Guerres en la Gaule Belgique, entre Henri II. Roi de France & Charles V. Empereur, depuis l'an 1551 juſqu'en 1543 ; par François RABUTIN, Bourguignon, Gentilhomme de la Compagnie du Duc de Nivernois : *Paris*, Vaſcoſan, 1555, *in-4*.

Continuation des Commentaires des dernières Guerres en la Gaule Belgique, juſqu'en 1558 ; par le même : *Paris*, 1559, *in-8*.

☞ L'Auteur dit dans ſon Epître Dédicatoire à M. de Nevers, que le fixiéme Livre a été corrigé par Guy de Bruez, Gentilhomme de Languedoc de ſes amis, & que Bernard de Poſy de Luc en Béarn, a revu le reſte de l'Ouvrage.

La Croix du Maine, *pag.* 104 de ſa *Bibliothèque*, lui attribue encore la *Deſcription du Voyage dernier* que fit M. le Duc de Guiſe en Italie.

☞ Ces Mémoires parurent d'abord par parties. La première en 1555, *in-4*. Elle contient les ſix premiers Livres. La ſecond de parut ſous le titre de *Continuation* en 1558, *in-8*. Enfin ils furent réunis en onze Livres, dans l'Edition de 1574, dont on va parler : il s'en fit enſuite pluſieurs Editions par différens Libraires aſſociés. L'Auteur y détaille aſſez bien, & d'un ſtyle paſſable, les différends arrivés entre le Roi & l'Empereur-Charles-Quint : il parle preſque toujours comme témoin oculaire. On a porté différens jugemens ſur cet Ouvrage, qu'on doit regarder comme aſſez bon.

Voyez la *Bibliothèque des Auteurs de Bourgogne*, *tom. II. pag.* 178.

L'Edition *in-4*. eſt belle & bonne : la Continuation *in-8*. de 1558 eſt peu commune. La première finit en 1554, après la Bataille de Renty.]

Les mêmes Commentaires, depuis 1551 juſqu'en 1558, revus, corrigés & augmentés juſqu'en 1562 : *Paris*, la Noue, 1574, *in-8*.

Cette dernière Edition a été continuée par Guy DE BRUEZ. Quoique la cenſure que fait Bodin, *pag.* 53 de ſa *Méthode d'étudier l'Hiſtoire*, ſemble convenir au titre de cet Ouvrage, on peut néanmoins aſſurer qu'elle ne le regarde pas. Car Rabutin dit dans ſa Préface, qu'il a porté ſa part de la fatigue de la guerre, & qu'il ne rapporte que ce qu'il a vu. On n'y trouve point auſſi, ſelon le reproche de Bodin, ces louanges exceſſives données au Roi Henri II. ni ces outrageuſes déclamations contre l'Empereur Charles-Quint. Ainſi il faut que ce Critique ait eu en vue un autre Hiſtorien, qui ait parlé de ces Guerres. Le ſtyle de Rabutin eſt ſimple, cependant aſſez châtié pour ce temps-là. Il a été retouché par M. le Comte de Brienne, qui a mis cet Ouvrage en état de paroître dans un ſtyle plus coulant & plus moderne. Ce Manuſcrit [étoit] entre ſes mains, prêt à imprimer.

☞ M. Goujet, (au ſecond *Supplément de Moréri*, Article de François de *Rabutin*,) dit que l'Edition de la Noue, 1574, *in-8*. a été précédée d'une autre en la même année, en onze Livres, auſſi à Paris, chez Marc le Guéneux : il ajoute que cette Hiſtoire renferme le récit des guerres arrivées depuis 1550 juſqu'en 1558. Cela ne s'accorde pas avec le titre indiqué par le Père le Long, qui donne ces Commentaires pour augmentés juſqu'en 1562, à moins que l'on ne diſe que François de Rabutin, qui n'eſt mort cependant au plutôt qu'en 1581, a terminé ſon Ouvrage en 1558, & que la Continuation juſqu'en 1562 eſt de Guy de Bruez, comme le Père le Long le fait entendre.

Voyez ſur ces Commentaires, la *Méth. hiſtoriq.* de Lenglet, *in-4. tom. II. pag.* 276, & *tom. IV. pag.* 76. = Sorel, *pag.* 301. = Le Gendre, *tom. II. pag.* 34.]

17718. ☞ Mſ. Annales hiſtoriques des Guerres de Henri II. contre Charles V. & Philippe II. par François DE RABUTIN, rédigés par M. le Comte de Brienne : *in-4*.

Ce Manuſcrit original eſt indiqué num. 2263, du Catalogue de M. Godefroy.]

17719. ☞ Les articles du Concordat & Traité de la Paix entre les François, Eſpagnols, Flamans, Ecoſſois, Bourguignons & Anglois, fait & accordé au Conſeil-Privé de Notre Seigneur Jeſus-Chriſt : *Paris*, Gaultier, 1559, *in-8*.]

17720. ☞ Diſcours moral de la Paix faite entre très-hauts, très-excellens & très-puiſſans Princes Henri ſecond de ce nom, Très-Chrétien Roi de France, & Philippe, Roi des Eſpaignes, & François & Marie ; Roi & Roine d'Ecoſſe, Daulphins de France, & Eliſabeth, Roine d'Angleterre : *Paris*, Barbe Regnault, 1559, *in-8*.]

17721. ☞ Colloque Social de Paix, Juſtice, Miſéricorde & Vérité, pour le heureux accord de très-auguſtes & très magnanimes, Rois de France & d'Eſpagne ; par Jean de la MAISON-NEUFVE, Berruyer : *Paris*, l'Homme, 1559, *in-8*.]

17722. ☞ La réjouiſſance du Traité de la Paix en France, publiée le 7 Avril 1559 : *Paris*, de Hanſy, 1559, *in-8*.]

17723. Mſ. Mémoires des Favoris ſous le Règne de Henri II. *in-fol*.

Ces Mémoires ſont conſervés dans la Bibliothèque de MM. des Miſſions Etrangères.

17724. ☞ Mémoires de l'état des affaires de France ſur la fin du Règne de Henri II, *in-fol*.

Ces Mémoires [étoient] conſervés dans la Bibliothèque de M. le premier Préſident de Meſme, & [ſont] dans celle du Roi, num. 577, ſelon le Père Labbe.

17725. Infelicis vulneris Henrici II. ſucceſſûs Relatio Andreæ VESALII, Bruxellenſis, Doctoris Medici.

Cette Relation eſt citée dans du Cheſne, *pag.* 128, de ſon *Plan des Hiſtoriens*. Veſale eſt mort en 1564.

17726. ☞ Diſcours ſur la mort du Roi Henri II.

Ce Diſcours eſt imprimé au tom. II. des *Mémoires de Condé*, 1565, *in-12*. [& au tom. I. *pag.* 213, de l'Edition *in-4. Londres*, 1743.]

17727. ☞ Réfutation de MM. de Pybrac & de Thou, au ſujet de Luc Gauric, (comme ayant prédit la mort de Henri II.)

Dans les *Mémoires* de M. l'Abbé D'ARTIGNY, *t. III. pag.* 317.]

232   Liv. III. *Histoire Politique de France.*

17728. ☞ Deux Sermons funèbres ès Obsèques & Enterrement du Roi Henri II. de France : *Paris*, Rob. Eftienne, 1559, *in-4.*]

17729. ☞ Déploration & Oraifon funèbre sur le trépas du Roi Henri II. par Jean Vezov : *Paris*, Gerlier, 1559.]

17730. ☞ Les pleurs tragiques de la Vertu pour le trépas du Roi de France Très-Chrétien, Henri II. de ce nom, avec son Epitaphe ; par Jacques Dubois, de Péronne : *Paris*, de Harfy, 1559, *in-8.*]

17731. ☞ Les regrets & triftes lamentations sur le trépas du Très-Chrétien Roi Henri II. composé en forme de Dialogue ; par François Habert, de Berry : *Paris*, Moreau, 1559, *in-8.*]

17732. ☞ Orazione di Pietro Angelo da Barga, nella morte d'Enrico II. Rè di Francia.

Cette Oraifon funèbre se trouve dans le Recueil intitulé : *Orazioni volgarmente scritte da diversi huomini illustri*, &c. *Vinegia*, Aftrobello Salicato, 1584, *in-4.*]

17733. Confolatio in morte Henrici II. Regis, ubi per occafionem exitus ejus notabilis exponitur, quæque antecefferunt & confecuta funt mirabilia exponuntur ; auctore Ludovico Regio, Conftantino : *Parifiis*, 1560, *in-4.*

L'Auteur eft mort en 1579.

17734. Henrici II. Elogium, effigies & tumulus ; auctore Petro Pascalio : *Parifiis*, 1560, *in-fol.* & *in-8.*

Idem, Latinè à Petro Pascalio, Gallicè à Lancelotto de Carle ; Italicè ab Antonio Caracciolo, & Hispanicè per Garciam Sylvium : *Parifiis*, 1560, *in-fol.*

Pierre Pafcal eft mort en 1565.

☞ Profper Marchand, dans fon *Dictionnaire*, Article *Carracciol*, Note H. dit qu'il y en a une Edition *in-4.*

La Traduction Françoise de Lancelot de Carle, Evêque de Riez, a été imprimée, *Lyon*, 1560, *in-8.* & *Paris*, Vafcofan, 1560, *in-8.*]

17735. ☞ Epitaphium in mortem Henrici II. per Carolum Utenhovium & alios, duodecim Linguis : *Parifiis*, Robert. Stephani, 1560, *in-4.*]

17736. ☞ Joachimi Bellaii Tumulus Henrici II. Latinè & Gallicè : item Elegia ad illuftrifl. Principem Carolum, Cardinalem Lotharingum : *Parifiis*, 1559, *in-4.*]

17737. ☞ Varia Epitaphia & de morte ejufdem diverfa, nempe Antonii Ferrerii, Caroli Utenhovii, &c.

Cette Collection eft indiquée num. 9936, au Catalogue du Cardinal Mazarin.]

17738. Mſ. Hiftoire de France ; par Jean Amelin, Gentilhomme de Sarlat.

Cette Hiftoire eft citée par la Croix du Maine. Jean Amelin fleurifloit fous le Règne de Henri II.

17739. Eloge du Roi Henri II. par Pierre de Bourdeille, Seigneur de Brantosme.

Cet Eloge eft imprimé au tom. II. de fes *Capitaines François* : (*Leyde*, 1666, *in-12.*) pag. 1.

17740. Mſ. Hiftoire particulière de la Cour de Henri II. *in-fol.*

Cette Hiftoire eft confervée entre les Manufcrits de M. Dupuy, num. 86, & dans la Bibliothèque de M. le Chancelier Seguier, [aujourd'hui à S. Germain-des-Prés.]

17741. ☞ Annales galantes de la Cour de Henri II. par Mademoifelle de Lussan : *Amfterdam*, (*Paris*) 1749, *in-12.* 2 vol.]

17742. Mſ. Hiftoire des chofes advenues depuis la prinze de M. le Conneftable, & la perte de la Bataille de Saint-Laurens, en 1557, jufqu'à la prinze de Thionville & au commencement du Traité de Paix de Chafteau en Cambrefis, en 1559 : *in-fol.*

Cette Hiftoire [étoit] confervée dans la Bibliothèque de M. de Mefme, premier Préfident au Parlement.

17743. Mſ. Geftes d'Anne de Montmorenci, Conneftable de France fur la fin du Règne de Henri II.

Cette Hiftoire [étoit] confervée dans la Bibliothèque de M. Colbert, [jointe aujourd'hui à celle du Roi] : elle eft aufli dans la Bibliothèque de M. le Chancelier d'Aguefleau.

17744. ☞ Vie d'Anne de Montmorenci, Duc, Pair, Grand-Maître & Conneftable de France, &c. par M. d'Auvigny : (1745).

Elle eft imprimée au tom. XI. de fes *Vies des Hommes Illuftres de la France*, *in-12.* pag. 240.]

17745. Thomæ Cormerii, Alenconii, five Rerum in Gallia Henrico II. Rege geftarum Hiftoriæ, Libri quinque : *Parifiis*, Nivelle, 1584, *in-4.*

Cet Ouvrage eft moins une Hiftoire qu'un Panégyrique, dont le ftyle eft net & la latinité belle, au jugement de l'Abbé le Gendre.

17746. ☞ Faits & Geftes du Très-Chrétien Roi de France Henri II. *Blois*, 1556, *in-16.*]

17747. Mſ. Commentarius de rebus geftis Henrici II. Gallorum Regis ; auctore Carolo Lothareno, Cardinale Guifio, Archiepifcopo Remenfi.

Ces Mémoires font cités par Louis Jacob, Carme Réformé, dans fon Livre intitulé : *Bibliotheca Cardinalitia manufcripta*. Ce Cardinal eft mort en 1574. Il avoit donné cet Ouvrage à Pierre Pafcal, pour l'achever.

☞ Celui-ci s'en eft fervi pour faire fon Panégyrique, ci-deflus, N.° 17734, & fans doute pour compofer l'Ouvrage qui fuit.]

17748. Mſ. Petri Pascalii, Hiftoriarum Fragmenta tempore Henrici II. *in-fol.*

Cette Hiftoire eft confervée entre les Manufcrits de M. Dupuy, num. 614, & à Troyes, dans la Bibliothèque du Collége des Prêtres de l'Oratoire.

17749. Commentario de los hechos de los Efpañoles, Francefes y Venecianos en Italia, y de otros Republicas, Principes y Capitanes

tanes famosos Italianos, desde el año de 1285, hasta el de 1599; por Antonio DE HERRERA: *en Madrid*, Delgado, 1624, *in-fol.*

17750. Le Guerre nel Piemonte trà Imperatore Carlo V. & il Ré Arrigo (II.) di Francia; scritte da Christophoro Visconti.

Cette Histoire est imprimée avec d'autres Histoires de cet Auteur: *In Luca*, 1600, *in-8.*

17751. Vita di Camillo Orsino, nella quale si narrano tutte le Guerre successe dalla venuta di Carlo VIII. Ré di Francia (nel anno 1494), sin all'anno 1559: *In Venegia*, de Ferrari, 1565, *in-4.*

17752. * Histoire de Henri II. par (Antoine) Varillas: *Paris*, Barbin, 1692, *in-4.* 2 vol. *in-12.* 3 vol. *La Haye*, 1693, *in-12.* 3 vol.

17753. ☞ Histoire du Règne de Henri II. Roi de France; par M. (Claude-François) Lambert, (Curé de Saineau, Diocèse de Rouen): *Paris*, 1755, *in-12.* 2 vol.

Le Tome I. contient ce qui s'est passé depuis 1547 jusqu'en 1553.
Le Tome II..... 1554-1559.

Cette Histoire n'est pas mal écrite; mais elle est aride, & peu intéressante. On y a abrégé & cousu une suite de faits tirés de différens Auteurs contemporains, qui regardent presque uniquement les Guerres, les Siéges, les Batailles & les Traités; & on y a négligé totalement ce qui étoit anecdote, les intrigues du cabinet, les portraits des gens qui ont eu part aux affaires, les réflexions sur les principaux évènemens: c'est cependant la partie la plus intéressante & la plus amusante de l'Histoire, comme celle qui distingue le plus un Historien, lorsqu'il sait s'en acquitter.

Il y a quelques légères inexactitudes, dont une partie est relevée au *Journal des Sçavans*, Juin, 1756.

Voyez encore sur cet Ouvrage, l'*Année Littéraire*, 1755, tom. *VI. pag.* 169.]

17754. ☞ Mss. Mémoires concernant le secours accordé par Henri II. au Pape Paul IV.

Ils sont indiqués au Catalogue de M. de Cangé, *pag.* 441, & ils doivent se trouver dans la Bibliothèque du Roi.]

17755. ☞ Mss. Pièces concernant le Règne de Henri II. trente-quatre Porte-feuilles, *in-4.*

C'est ce qui est contenu depuis les N°s 258 jusqu'à 291, du Recueil de M. de Fontanieu, qui est dans la Bibliothèque du Roi.]

17756. ☞ Mss. Recueil des Pièces d'Etat, ou Cartable: *in-fol.*

Ce Recueil est conservé dans la Bibliothèque de S. Vincent de Besançon. On lui a donné le nom de *Cartable*, patceque la plupart des Pièces qu'il contient sont des Chartes ou Monumens pour les Règnes de François I. & de Charles-Quint, principalement des Lettres de ces Princes, de Marie Reine de Hongrie, de l'Archiduchesse Marguerite, &c.]

☞ On peut encore consulter, pour le Règne de Henri II. = les Œuvres de Brantôme, = l'Histoire de ce Roi, par Matthieu, = l'Histoire d'Etacle Piguerre, = les Mémoires de Vielleville, = l'Histoire de M. de Thou, depuis le Livre III. jusqu'au XXIII. = l'Histoire des Guerres entre la France & l'Espagne, de Matthieu, = la Vie de l'Amiral de Coligny, = les Commentaires de Montluc, = les Mémoires de Tavannes, = les Mémoires

de Ribier, = la Vie de François de Lorraine Duc de Guise, = les Actes des Martyrs Protestans de Crespin, = le Livre V. de l'Histoire de notre temps, de Paradin, = les Mémoires du sieur Richer, jusqu'en 1549, = l'Histoire de Cabrières & Mérindol, jusqu'en 1551, = la Légende du Cardinal de Lorraine, = l'Histoire des choses mémorables, &c. de de Serres, = Prosper Sancta-Crucius de civilibus Galliæ dissensionibus, qui se trouve au tom. V. de la *Collectio Veterum Scriptorum* de D. Martenne, = les Mémoires de Boyvin de Villars, depuis 1550, = l'Histoire de la Popelinière, de même, = l'Histoire d'Aubigné, depuis 1553, = les Mémoires militaires de Mergey, depuis 1554, = les Commentaires de l'Etat & de la Religion du sieur de la Place, depuis 1556, = la Vie de la Noue, depuis 1557.]

§. IV.

Règne de François II. depuis le 29 de Juin de l'an 1559 jusqu'au 5 de Décembre 1560.

17757. ☞ Copie des Lettres envoyées à la Reine Mère, par un sien Serviteur, après la mort du feu Roi Henri II. 1559.

Elle est imprimée *pag.* 620 du tom. I. des *Mémoires de Condé*, Edition de *Londres*, 1743 : *in-4.* Elle est aussi singulière par le style que par ce qu'elle contient. L'Auteur recherche la cause de la mort de Henri II. & il la regarde comme une punition de Dieu pour la vie qu'il avoit menée avec Diane de Poitiers, & pour l'emprisonnement d'Anne du Bourg; il se dit Serviteur de Marguerite, Reine de Navarre, Sœur de François I.]

17758. De sacra Francisci II. Galliarum Regis initiatione, Regnique ipsius administrandi providentia, Michaelis Hospitalii, Sermo versibus scriptus: *Parisiis*, 1560, *in-8.*

Cette Pièce & les suivantes se trouvent aussi dans le *Recueil de ses Poësies*: *in-fol.* & *in-8.*

17759. Mich. Hospitalii Carmen de sacra initiatione Francisci II. de Meti urbe captâ & liberatâ, ad Franciscum Lotharingum Epistola; de Caleti, Guinæ & Theavillæ expugnatione; de Nuptiis Francisci II. & Mariæ Stuartæ; & Epistola ad Margaritam Regis Sororem: *Parisiis*, 1560, *in-8.*]

17760. Tumultus Ambosianus, hoc est Historia hujus Tumultûs, qui nuper in Gallia ad oppidum Ambosianum propter Guysiorum Principum gubernationem à Nobilitate Gallica excitatus est mense Martio 1560. Adjuncti sunt Libelli ex Anglia & Gallia adversùs Guysiorum gubernationem promulgati: 1560, *in-4.*

La même Histoire du Tumulte d'Amboise, traduite en François; ensemble un Avertissement & une Complainte au Peuple François, 1560: *in-8. Strasbourg*, Nesle, 1560, *in-12.*

☞ On trouve à la fin un Sonnet; & il y a ce joli Quatrain, *pag.* 24.

> Le feu Roi devina ce point,
> Que ceux de la Maison de Guise,
> Mettroient ses enfans en pourpoint,
> Et son povre peuple en chemise.

La même est imprimée au tom. I. des *Mémoires de*

Condé, pag. 2 : 1565, in-12. & tom. I. pag. 402, de l'Edition de 1743 : in-4.

L'Auteur de cette Histoire soutient que les Conjurés d'Amboise n'en vouloient qu'aux Guises, qui s'étoient emparés du Roi & du gouvernement de l'Etat, & nullement au Roi ; que conséquemment c'est mal à propos qu'ils furent condamnés comme criminels de lèze-majesté. Il y a deux Notes assez curieuses sur les Princes de la Maison de Lorraine, & sur la Renaudie, chef de la conjuration.]

17761. ☞ Le *Salve Regina* des Prisonniers arrêtés au Château d'Amboise, (sans nom de Ville) : *in*-8.]

17762. ☞ Les Etats de France opprimés par la tyrannie de Guise.

Cette plainte de l'assemblée des Conjurés d'Amboise, adressée au Roi sous le nom des Etats, contient des protestations d'être ses fidèles Sujets, & de n'en vouloir qu'aux Guises. Elle est imprimée dans le tom. I. *p*. 405, des *Mémoires de Condé de l'Edition* de 1743, *in*-4.]

17763. ☞ Epitre envoyée à la Reine, Mère du Roi, au commencement du Règne de Très-Chrétien Roi François II. en laquelle est sommairement répondu aux calomnies, desquelles on a par ci-devant chargé malicieusement ceux qui font profession de l'Evangile.

Cette Pièce & la suivante se trouvent dans le tom. II. *pag*. 639 & 645, des *Mémoires de Condé, de l'Edition* de 1743, *in*-4.]

17764. ☞ Deux Requêtes de la part des Fidèles de France, qui desirent vivre selon la réformation de l'Evangile, données pour représenter au Conseil, tenu à Fontainebleau, au mois d'Août 1560, au Roi.]

17765. Pouvoir obtenu par le Duc de Guise, du Roi François II. à Amboise. *Mém. de Condé* de 1565, *pag*. 19, [& tom. I. *p*. 342, de l'Edition de 1743 : *in*-4.]

17766. Lettre du Roi FRANÇOIS II. au Roi de Navarre, écrite après le Tumulte d'Amboise. *Mém. de Condé*, tom. I. *pag*. 70 : 1565, *in*-12. [& tom. I. *pag*. 398, de l'Edition de 1743 : *in*-4.]

17767. Lettres du Roi FRANÇOIS II. aux Cours du Parlement de France, avec une briève exposition des Lettres du Cardinal de Lorraine, envoyées le 31 Mars 1560. *Mém. de Condé* de 1565, tom. I. *pag*. 77, [& de l'Edition de 1743, tom. I. *pag*. 347, *in*-4.]

☞ Cette Pièce & la suivante ont le même but que la précédente. Le Cardinal de Lorraine & les Guises y sont très-mal traités. On leur attribue des Lettres données sous le nom du Roi François II. & l'on répond article par article à ce qu'elles contiennent. Sur la dernière Pièce, voyez l'*Histoire* de M. de Thou, tom. III. *pag*. 501, de la traduction Françoise : *in*-4.]

17768. ☞ Réponse Chrétienne & défensive sur aucuns points calomnieux, contenus en certaines Lettres envoyées aux Baillifs, Sénéchaux & Lieutenans du Roi, par lesquelles le Cardinal de Lorraine & son frère, avec leurs adhérans, ennemis mortels du genre Chrétien, traîtres à la Couronne, tyrans & pirates sur le Peuple François, veulent malicieusement & faussement charger les Etats de France de rébellion, conjuration, conspiration, sédition & autres crimes, desquels le Ciel & la Terre les connoît eux-mêmes être infects & coupables : 1560. *Mém. de Condé* de 1565, *tom. I. pag*. 95, & dans l'Edition de 1743, tom. I. *pag*. 360.]

17769. Supplication & Remontrance adressée au Roi & aux autres Princes du Sang de France, pour la délivrance du Roi & du Royaume, contre la Maison de Guise : [1560, *in*-8. &] *Mém. de Condé* de 1565, tom. I. *pag*. 229, [& dans l'Edition de 1743, *in*-4. tom. I. *pag*. 490.]

Cette Pièce a le même but à peu près que les précédentes. Elle est adressée au Roi de Navarre & au Prince de Condé, pour leur faire connoître quels sont leurs droits, & les exciter à les soutenir. L'Auteur s'y est attaché particulièrement à exposer en détail toutes les mauvaises actions qu'il impute au Cardinal de Lorraine & à ses frères, pour prouver combien il est dangereux que l'Etat soit gouverné par de pareilles gens.

M. de Thou rapporte que le Duc de Guise avoit voulu faire assassiner Antoine Roi de Navarre, dans la chambre de François II. & qu'il avoit engagé ce jeune Roi à permettre ce meurtre. Antoine qui avoit le cœur hardi, quoiqu'il eût l'esprit foible, fut informé du complot, & ne laissa pas d'entrer dans la chambre où on vouloit l'assassiner : S'ils me tuent, dit-il à Reinsy, Gentilhomme, prenez ma chemise toute sanglante, portez-la à mon fils & à ma femme ; ils liront dans mon sang ce qu'ils doivent faire pour me venger. François II. n'osa pas, dit M. de Thou, se souiller de ce crime ; & le Duc de Guise en sortant de la chambre s'écria : *Le pauvre Roi que nous avons*.

☞ On peut voir sur ce fait l'*Observation du Journal de Verdun*, 1764, *Juillet, pag*. 7-9.]

17770. La manière d'appaiser les troubles qui sont à présent en France, & qui pourront être ci-après. *Mém. de Condé* de 1565, tom. I. *p*. 306, [& dans l'Edition de 1743, *in*-4. tom. I. *pag*. 584.]

☞ Ce Discours est beau & hardi, sans être emporté. Il est fait, non-seulement pour exposer à la Reine les abus qu'il convenoit de corriger dans l'Etat, mais plus particulièrement pour justifier ceux de la Religion Prétendue-Réformée, des blâmes qu'on leur donnoit ; pour se plaindre des cruautés qu'on exerçoit contre eux ; pour critiquer la Religion Romaine ; pour blâmer la domination Papale ; pour demander que le Concile qu'on se proposoit d'assembler fût composé d'autres que des seuls Evêques, gens d'Eglise, &c. enfin pour exciter la Reine à employer à un meilleur usage & au bien de l'Etat, les revenus des Ecclésiastiques.]

17771. ☞ Discours fait par M. le Chancelier DE L'HOPITAL, dans le Parlement de Paris, avec la Réponse de M. le premier Président, du 5. Juillet 1560 : *in*-8.]

☞ Discours de M. le Chancelier DE L'HOPITAL au Parlement de Paris, & la Réponse de M. le Premier Président : 7 Septembre 1560 : *in*-8.

Ces deux Discours sont imprimés, *pag*. 542 & 574, du tom. I. des *Mém. de Condé, Edition* de 1743 : *in*-4.]

17772. Remontrance aux Princes touchant les affaires du temps. *Mém. de Condé de*

Règne de François II. 1560.

1565, *tom. I. pag.* 357, [& dans l'Edition de 1743, tom. II. *pag.* 215.]

17773. Remontrance sur la Réformation des Trois Etats, & principalement de l'Etat Ecclésiastique, en l'Assemblée du Tiers-Etat en l'Hôtel de Ville de Paris, le 8 Novembre 1560. *Mém. de Condé de* 1565, *tom. I. pag.* 605, [& dans l'Edition de 1743, *in-*4. tom. II. *pag.* 649.]

17774. Mſ. Commentario del Regno di Francia: da Michele SURIANO, Ambaſciatore Veneto, nel anno 1560.

Ces Mémoires [étoient] conſervés dans la Bibliothèque de M. le Chancelier Seguier, [& ſont dans celle de S. Germain-des-Prés.]

☞ Hiſtoire de la Religion & de l'Etat de France, depuis la mort de Henri II. juſqu'au commencement des troubles en 1560.

Voyez ci-devant, l'*Hiſtoire des Calviniſtes*, [N.° 5782, tom. I. *pag.* 379.]
L'Auteur ſe nommoit DE MONTAGNE.

17775. Mſ. Hiſtoire de la mort de Henri II. & du Règne de François II. & de ce qui s'eſt paſſé aux Etats de Blois en 1560.

Cette Hiſtoire eſt citée à la page 468, du Catalogue de la Bibliothèque de M. de Thou.

17776. Remontrance des Etats de France au Roi.

Cette Remontrance, [qui n'eſt que l'Ouvrage d'un particulier,] eſt imprimée au tom. I. des *Mémoires de Condé*, *pag.* 11, de l'Edition de 1565, [& tom. I. *pag.* 405, de l'Edition de 1743, *in-*4.]

17777. Mſ. Choſes notables, & qui ſont dignes de l'Hiſtoire, advenues aux premiers troubles, & qui ont été omiſes aux Hiſtoires qui en ont été publiées.

Cet Ouvrage eſt cité à la page 468, du Catalogue de la Bibliothèque de M. de Thou. Théodore Agrippa D'AUBIGNÉ en eſt l'Auteur.

☞ Hiſtoire de l'Etat de France, tant de la République que de la Religion, ſous le Règne de François II.

Voyez ci-devant, *Hiſt. des Calviniſtes*, N.° 5783, [tom. I. *pag.* 379.]
Cette Hiſtoire a été compoſée par DE LA PLANCHE.

17778. Mſ. Franciſci II. Regis Galliarum Vita eleganti ſtylo ſcripta à Roberto HURALTO Bellebato.

Cette Vie eſt citée à la page 468, du Catalogue de la Bibliothèque de M. de Thou.

17779. Mſ. Ab exceſſu Henrici II. Annalium Liber primus.

Ces Annales [étoient] conſervées dans la Bibliothèque de M. le Chancelier Seguier, num. 625, [aujourd'hui à S. Germain-des-Prés.]

17780. Mſ. Supplément à l'Hiſtoire Latine de Henri II. & de François II. *in-fol.*

Ce Supplément [étoit] conſervé dans la Bibliothèque de M. Pelletier le Miniſtre.

17781. Sommaire récit de la calomnieuſe accuſation du Prince de Condé, avec l'Arrêt de ſa juſtification.

Ce récit eſt imprimé dans le tom. I. de ſes *Mémoires*, *Tome II.*

Edition de 1565, *pag.* 722, [& tom. II. *pag.* 375, de l'Edition de 1743 : *in-*4.]

☞ Il eſt ſuccinct & curieux. M. le Prince de Condé fut empriſonné à Orléans, où il s'étoit rendu volontairement en Octobre 1560, pour ſe juſtifier, auſſi bien que le Roi de Navarre. Le Duc de Guiſe lui fit faire ſon procès par commiſſion, & on n'eut aucun égard à la réclamation qu'il fit de ſes Juges naturels. Le Roi François II. étant mort fort à propos pour lui, Charles IX. par Arrêt du Conſeil privé, le déclara innocent. Cela ne contenta pas ce Prince, qui voulut être innocenté avec connoiſſance de cauſe, par un Arrêt du Parlement. Cet Arrêt qui ſe trouve à la ſuite, eſt du 3 Juin 1561.]

17782. ✱ Hiſtoire de François II. par Antoine VARILLAS.

Elle eſt imprimée après celle de Henri II. ſon père, ci-devant, N.° 17752. *Voyez* ſur les Ouvrages de l'Auteur, l'un des Mémoires qui ſont à la fin de cette Bibliothèque.

17783. ☞ Remarques critiques ſur un endroit de l'Hiſtoire de François II. (par Varillas), *p.* 269; par un Bénédictin : *Journal de Verdun*, 1761, Novembre, *pag.* 376.]

17784. ☞ François II. Roi de France, (Tragédie) en cinq Actes ; (par M. le Préſident Charles-Jean-François HÉNAULT), 1748, (ſans nom d'Imprimeur) : *in-*8.

Cette Pièce eſt intéreſſante, & on devroit ainſi repréſenter les différentes Epoques de l'Hiſtoire de France.]

17785. ☞ Le Tigre : 1560, (ſans nom de lieu ni d'Auteur).

M. de Thou dans ſon *Hiſtoire*, tom. III. *pag.* 512, de la traduction imprimée à Londres, 1734, *in-*4. parle de cette Pièce en ces termes : « C'eſt un Libelle » qui parut dans le temps où l'on repréſentoit, avec » beaucoup de fiel & d'amertume, la cruauté des Princes » de Guiſe. On arrêta un pauvre Libraire nommé Martin l'Hommet, qu'on avoit trouvé ſaiſi d'un Exemplaire » de cet Ouvrage ; on l'appliqua à la queſtion pour lui » faire avouer qui en étoit l'Auteur, & qui étoit celui » qui le lui avoit donné ; n'ayant rien voulu dire, il fut » condamné à être pendu, &c.]

17786. ☞ Poema macaronicum de Bello Huguonotico : *Pariſiis*, 1650, *in-*4.

Il ſe trouve encore réimprimé dans la Nouvelle Edition d'Antonius de Arena, donnée en 1758.

Ce Poëme contient une deſcription très-burleſque & très-plaiſante des maux que les Huguenots ont faits à la France. L'Auteur qui a traduit en Vers pareils l'Ecole de Salerne, s'appelloit MARTIN, & il étoit Docteur en Médecine à Toulouſe, comme on le voit par le Privilège qui eſt à la fin du Livre dont il eſt ici queſtion. Il y a un autre Poëme macaronique fait ſur le même ſujet, par Remi BELLEAU. (*Voyez* le *Maſcurat* de Naudé, *pag.* 276) : c'eſt l'Ouvrage ſuivant.]

17787. ☞ Dictamen metrificum de Bello & ruſticorum pigliamine ad Sodales : *in-*4.

Cet Ouvrage Burleſque eſt de Remi BELLEAU, mort en 1577. Il étoit l'un des ſept Poëtes de ce temps, qui formoient la Pléiade Françoiſe, à l'imitation de celle des Grecs.]

17788. ☞ Calculation des Deniers de France : *Paris*, 1560 : *in-*8.]

17789. ☞ Harangue au Peuple François, contre la rébellion ; par G. DES AUTELS,

Gg 2

Gentilhomme Charrolois, Jurisconsulte : *Paris*, Sertenas, 1560. *in-8*.]

17790. ☞ Eclaircissement des véritables Quatrains de Maître Michel NOSTRADAMUS, Docteur & Professeur en Médecine, Conseiller & Médecin ordinaire des Rois Henri II. François II. & Charles IX. grand Astrologue de son temps, & spécialement pour la connoissance des choses futures : 1656, *in-16*.

Le Commentateur, dans une longue Préface, donne un précis de la Vie de Nostradamus, & fait l'apologie de ce Médecin Astrologue, qu'il appelle un grand homme, & qu'il dit avoir été divinement inspiré. Il expose ensuite l'ordre qu'il doit tenir dans son Ouvrage : il le partage en dix-huit parties ou petits volumes, dont les sept premiers contiennent les prédictions qui ont rapport aux affaires de France, jusqu'en 1655. Les autres regardent les affaires générales de l'Europe, ou particulières. La partie indiquée est la première de toutes, & la seule qui ait paru. Elle s'étend depuis le premier Mars 1555 jusqu'au 5 Décembre 1560. L'explication de ces Quatrains renferme bien des faits de l'histoire du temps ; on en trouve d'assez heureuses.]

17791. ☞ Orazione di Giov. Battista PIGNA, nella morte di Francesco II. Ré di Francia.

Cette Oraison funèbre est imprimée dans le Recueil intitulé : *Orazioni volgarmente scritte da diversi Huomini illustri*, &c. *Vinegia*, Astobello Salicato, 1584, *in-4*.]

17792. ☞ Ad Illustrissimam Reginam Catharinam Francisci II. Franciæ Regis Matrem Consolatio Ludovici REGII, ubi per occasionem exitus ejus notabilis exponitur : *Parisiis*, 1560, *in-8*. & au-devant de la Vie Latine de Budée ; par le même Le Roy : *Parisiis*, 1577, *in-8*.]

17793. ☞ Mſ. Inventaire des Vaisselles, Bijoux & Pierreries de François II. fait à Fontainebleau le 15 Janvier 1560 : *in-fol*.

Ce Manuscrit Original sur vélin, est conservé dans la Bibliothèque du Roi, parmi ceux de M. Lancelot. Janvier 1560 étoit 1561, selon notre façon de compter.]

17794. Mſ. Pièces concernant le Regne de François II. en trois Porte-feuilles : *in-4*.

Ce sont les N.os 293-295, du Recueil de M. de Fontanieu, qui est à la Bibliothèque du Roi.

☞ ON peut encore consulter, pour le Règne de François II. = l'Histoire de ce Roi par Matthieu, = le tom. II. des Mémoires de Boyvin de Villars, = les Mémoires de Montluc, = la Vie du brave Crillon, = les Memoires du Maréchal de Vielleville, = l'Histoire de Piguerre, = celle de la Popelinière, = celle d'Aubigné, = celle de M. de Thou, = les Actes des Martyrs Protestans de Crespin, = Dinothus de Bello civili Gallico, = l'Histoire de Davila, = les Commentaires de la Place, = l'Histoire des Guerres entre la France & l'Espagne, = celle des choses mémorables de Matthieu, = les Mémoires de Villeroy, = l'Essai sur les Guerres civiles, de Voltaire, = les Mémoires de Tavannes, = la Vie de François Duc de Guise, = les Mémoires de Castelnau, = les Œuvres de Brantôme, = les Vies de l'Amiral de Coligny & de la Noue, = la Légende du Cardinal de Lorraine, = les Mémoires militaires de Mergey, = le Discours de la Vie de Catherine de Médicis, = Prosper Sanctactucius de civilibus Galliæ dissensionibus, = le Livre IV. des Lettres d'Etienne Pasquier, = l'Histoire des troubles, par Jean le Frère de Laval, = la Vie de Michel de l'Hôpital, Chancelier.]

§. V.

Règne de Charles IX. depuis l'an 1560 *jusqu'en* 1574.

17795. ☞ TROIS Sonnets au Très-Chrétien Roi de France Charles IX.

Ces Sonnets sont imprimés au tom. II. *pag.* 221, des *Mémoires de Condé : Londres*, (*Paris*) 1743, *in-4*.]

17796. ☞ La Harangue du Peuple & Tiers-Etat de toute la France, au Roi Très-Chrétien Charles IX. tenant ses Etats généraux en sa Ville d'Orléans, le 1 Janvier 1560, [1561] faite par Mᵉ Jean LANGE DE LUFE, Conseiller & Advocat de la Royne au Parlement de Bordeaulx : *Orléans*, Gibier, 1560, *in-8*. & *Paris*, Jean Lange, *in-12*.]

17797. Mſ. Histoire particulière de ce qui s'est passé en France, depuis l'an 1556 jusqu'en 1561 : *in-fol*.

Cette Histoire est conservée dans la Bibliothèque du Roi, num. 9743.

☞ Commentaires de l'Etat de la Religion & de la République sous les Rois Henri II. François II. & Charles IX.

Voyez ci-devant, Hist. des Calvinistes, N.° 5785, [tom. I. pag. 379.]

Ces Commentaires, qui commencent en 1556, & finissent en 1561, sont du Président DE LA PLACE.

17798. Mémoires de François Boyvin, Baron DE VILLARS, Bailly de Gex, sur les Guerres démêlées, tant dans le Piémont qu'au Montferat & Duché de Milan par Charles de Cossé, Comte de Brissac, Maréchal de France, & Lieutenant Général de là les Monts pour le Roi Henri II. commençant en l'an 1550 & finissant en 1559, & ce qui s'est passé aux années suivantes, pour l'execution de la Paix jusqu'en 1561 : *Paris*, 1607, *in-4*. *Lyon*, 1610, *in-8*.

L'Auteur avoit composé ses Mémoires long-temps avant qu'ils fussent publiés ; car il étoit fort âgé lorsqu'il les mit en ordre, & qu'on les imprima.

Il dit, dans la Préface de la seconde Edition, « que » ses Mémoires ont été d'abord imprimés à son desçu, » & auparavant qu'il les eût revus, corrigés & aug» mentés ; qu'il y a ajouté presque les deux années de » l'exécution de la Paix ; que depuis la première Edition, » ayant recouvert plusieurs Papiers & Instructions, Let» tres & Mémoires sortis de la main du feu Roi Henri II. » & de ses premiers Ministres, qu'il avoit égarés durant » la Guerre de la Ligue, il les a insérés dans ses Mé» moires, bien que ces Pièces ne regardent pas tant les » Guerres d'Italie, que celles qui en même temps se » démêlèrent en France. »

Troisième Edition continuée jusqu'en 1629, par C. M. Historiographe : *Paris*, Besogne, 1630, *in-8*. 2 vol.

Ces Lettres initiales C. M. signifient Claude MALINGRE, qui a continué cette Edition jusqu'en 1629. Ces Mémoires sont d'autant plus estimés, que l'Auteur a eu part aux évènemens qu'il rapporte. Il continue la suite de la Narration de du Bellay, racontant ce que les François ont fait en Piémont.

Règne de Charles IX. 1561.

« Boyvin conte fidèlement les Guerres d'Italie que le
» Maréchal de Brissac y avoit démêlées ; il témoigne par
» tout une exacte diligence, guidée d'un fort bon juge-
» ment, avec une façon de s'expliquer pertinente, d'un
» style qui n'est point désagréable. » C'est le jugement
que porte de ces Mémoires, René de Lusinge, *pag.* 29,
de la manière de lire l'Histoire.

L'Abbé le Gendre, dans ses *Jugemens sur nos Historiens*, ne parle pas si avantageusement de cet Auteur,
qui, selon lui, « n'est ni fort exact ni poli. Il est louable
» cependant (ajoute-t-il) d'avoir conservé la mémoire
» de quantité d'exploits dont il a été le témoin, & aux-
» quels il a eu plus ou moins de part ».

☞ Les douze Livres des *Mémoires du Baron de Villars*, qui composent la première Partie de cet Ouvrage,
contiennent tout ce que Charles de Cossé, sieur de
Brissac, fit en Italie, sous le Règne de Louis XII. L'Auteur s'étend beaucoup sur les louanges de ce Maréchal ;
mais il n'oublie pas les siennes. Son style est sec & dur :
Claude Malingre a ajouté les quatre autres Livres pour
servir de suite à ces Mémoires, & faire comme un corps
d'Histoire des démêlés de la France avec la Savoie. Ils
s'étendent jusqu'en 1630. *Voyez* la *Méthode historique*
de Lenglet, *in-4. tom. IV. pag.* 74.]

17799. ☞ Instruction du même, sieur Boyvin DE VILLARS, sur les affaires d'Etat, de
la Guerre & des Vertus morales : *Lyon*,
Rigaud, 1610, *in-8.*]

17800. ☞ Briève Exposition de la Peinture
ensuivante, qui a été semée en France, concernant le présent état de la Cour : 1561.
Mém. de Condé, 1743, *tom. II. pag.* 655.

L'Estampe ne s'y trouve pas. Je ne sçai si elle a existé ;
mais le détail en est assez plaisant.]

17801. ☞ Le Pasquil de la Court, composé nouvellement par Me Pierre Cuniè-
res, ressuscité, jadis Advocat en la Cour de
Parlement à Paris.

Ce Pasquil ou cette Satyre des principaux de la Cour
de Charles IX. en vingt Quatrains, n'est pas mal faite
pour le temps. Elle est *pag.* 655. du *tom. II. des Mémoires de Condé* de 1743, *in-4.*]

17802. Ms. Journal des choses advenues en
France, particulièrement à la Cour & dans
Paris, en 1561.

Ce Journal est conservé entre les Manuscrits de M.
Dupuy, num. 531.

17803. ☞ Advis donné au Roi en l'As-
semblée tenue en la Cour de Parlement de
Paris, sur le fait de la Religion, le 23 de
Juin 1561.

Cet Avis, qui se trouve imprimé *pag.* 701 du *tom. II.*
des *Mémoires de Condé, Edition de Londres*, 1743,
in-4. est l'Ouvrage d'un Huguenot, qui a pris le nom
du Parlement de Paris. Il conseille les voies de douceur,
& une assemblée Nationale, laquelle sera composée des
plus sages Evêques, de Théologiens, de Magistrats &
gens sçavans, pour décider sur le fait de la Religion.]

17804. ☞ Arrêts, & Procès-verbaux de l'e-
xécution d'iceux, contre Jean Tanquerel,
Me Artus Désiré, François de Rozières, &
autres : *in-8.*

Tanquerel avoit soutenu que le Pape peut détrôner
les Rois ; & de Rozières, dans son Livre intitulé :
Stemmata Lotharingiæ, avoit avancé plusieurs choses
contraires à l'honneur & à la grandeur des Rois de
France : pour raison de quoi ils furent tous deux condamnés à faire amende honorable. Artus Désiré, Prêtre
Normand, séditieux & rimailleur, fut condamné en
1561 à faire aussi amende honorable, & à une prison
perpétuelle, pour avoir été trouvé auteur & porteur
d'une Requête au Roi d'Espagne, par laquelle, à raison
de l'Edit de Janvier nouvellement accordé aux Huguenots, le Clergé François supplioit ce Prince de prendre
la défense de la Religion Catholique, laquelle, au dire
de cette Requête, s'en alloit être perdue en France sous
un Roi mineur, par la collusion de la Reine & des
Grands du Royaume.

On peut voir sur cet Artus Désiré, & quelques autres
Ouvrages de sa façon, les *Mémoires de Littérature* de
Sallengre, *tom. II. part.* 1, *pag.* 111 : *La Haye*, 1715
& 1717, *in-8.*]

17805. ☞ Le Glaive du Géant Goliath ;
Philistin, ennemi de l'Eglise de Dieu, ou
Recueil de certains passages du Droit Ca-
non, qui font connoître que le Pape a la
gorge coupée de son propre glaive ; par
Léopard : 1561.]

17806. ☞ Harangue de Théod. DE BEZE,
prononcée au nom des Eglises Réformées
en l'Assemblée de Poissy : 1561.]

17807. ☞ L'Oraison du Cardinal DE LOR-
RAINE, faite en ladite Assemblée : *in-12.*]

17808. ☞ Réponse à un cauteleux & rusé
Moyenneur : 1561, *in-12.*]

17809. ☞ Remontrance aux Etats d'Anjou, assemblés à Angers ; par François GRI-
MAUDET : 1561, *in-8.*]

— Commentarii de Statu Religionis & Reipublicæ in Regno Galliæ, ab anno 1557,
ad annum 1561.

Voyez ci-après, *Règne de Henri IV.*

C'est le premier Volume des Mémoires Latins de
Jean DE SERRES, mort en 1598.

17810. Hugonæorum Hæreticorum Tolosæ
conjuratorum Profligatio ; à Georgio Bos-
QUETO, Jurisconsulto : *Tolosæ*, Colomesii,
1563, [*in-8.*]

Histoire des troubles arrivés à Tolose (en 1561),
traduite du Latin : *Tolose*, 1563, *in-12.*

Cet Auteur n'est pas toujours fidèle dans ce qu'il rapporte, quoiqu'il fût témoin oculaire : c'est ce que dit
la Faille, dans son *Histoire de Toulouse*.

17811. Ms. Expéditions sur la rébellion de
la Ville de Tolose, Carcassonne & Béziers :
in-fol.

Cette Histoire est conservée dans la Bibliothèque du
Roi, entre les Manuscrits de M. de Gaignières.

17812. ☞ Lettre écrite au nom de la Noblesse de Rouergue, du Quercy & du Périgord, à MM. de Burie & de Montluc,
pour leur demander justice des violences
des Huguenots : 1561.

Cette Lettre est imprimée au tom. III. des *Mémoires
de Condé : Londres, (Paris)* 1743, *in-4.*]

17813. Histoire de la Mutinerie & Sédition
faite par les Prêtres de saint Médard à Paris,
le 27 Décembre 1561.

Cette Histoire est imprimée au tom. I. des *Mémoires*

de Condé, Edition de 1565, *pag.* 822, [& de l'Edition de 1743, *in*-4. tom. I. *pag.* 541.]

17814. ☞ Réponse aux Remontrances faites contre les Placards, attachés le 18 Avril 1562, en ce qu'elles touchent le fait de la Paroisse de S. Médard : 1562, *in*-8.]

17815. * La manière d'appaiser les troubles; à la Reine : 1561, *in*-8.

17816. * Remontrances à la Reine Mère, pour ceux qui sont persécutés pour la parole de Dieu; par Augustin MARLORAT : 1561, *in*-12.

17817. * Réponse (de Nicolas DURAND, Chevalier de VILLEGAIGNON), aux Remontrances (précédentes) : *Paris*, Wechel, 1561, *in*-8.

17818. ☞ Histoire des choses mémorables advenues en la Terre du Brezil, partie de l'Amérique Australe, sous le gouvernement de M. de Villegaignon, depuis l'an 1555 jusqu'à l'an 1558 : (*Genève*) 1561, *in*-12.

Nicolas Durand de Villegaignon, Chevalier de Malthe, fut envoyé du temps du Roi Henri II. en Amérique, avec deux Vaisseaux. Le but secret de sa commission, (qui lui fut procurée par l'Amiral de Coligny,) étoit de chercher un lieu de retraite pour les Calvinistes de France. Plusieurs l'y suivirent, & ces François firent un établissement dans une Isle de la Rivière appellée aujourd'hui Janeiro, où ils bâtirent un Fort auquel ils donnèrent le nom de Coligny. Villegaignon fit venir des Ministres de Genève ; mais ensuite il y eut entre' eux des contestations de Religion. Ils se plaignent de ses persécutions, dans cette Pièce & dans les suivantes, qui sont très-satyriques.]

17819. ☞ L'Etrille de Nicolas Durand, dit le Chevalier de Villegaignon : 1561, *in*-12.]

17820. ☞ La suffisance du même, pour sa retenue en l'Etat du Roi : Item, l'espoussette des Armoiries de Villegaignon, pour bien faire luire la fleur de lys, que l'Etrille n'a point touchée : 1561, *in*-12.]

17821. ☞ L'Amende honorable du même : 1561, *in*-12.]

17822. ☞ La Réponse aux Lettres du même, addressées à la Reine Mère : ensemble la Confutation d'une hérésie mise en avant par ledit Villegaignon, contre la souveraine puissance & autorité des Rois: 1561, *in*-12.]

Le commencement de cette Pièce est en Vers, & le reste en Prose.]

17823. ☞ Réponse aux libelles & injures publiées contre N. Durand de Villegaignon; par le même : *Lyon*, 1562.]

17824. ☞ Mf. Articles prétendus avoir été envoyés par la Reine au Pape : 1561, de 20 pages.

Ce Manuscrit, qui est du temps, se conserve dans la Bibliothèque de M. Fevret de Fontette, Conseiller au Parlement de Dijon. *Voyez* M. de Thou, Liv. 28.]

17825. ☞ Exhortation Chrétienne au Roi de France, Charles IX. avec une Epître à la Reine Mère du Roi.

Cette Exhortation est faite par un Huguenot, en faveur de sa Religion contre la Catholique, avec des préceptes & des exemples tirés de l'Ecriture-Sainte.

Elle est imprimée, ainsi que les quatre Pièces suivantes, *pag.* 230, &c. du tom. II. des *Mémoires de Condé*, Edition de Londres, (*Paris*) 1743, *in*-4.]

17826. ☞ Complainte Apologétique des Eglises de France, en 1561, au Roi, Reine Mère, Roi de Navarre, & autres du Conseil.

Les Huguenots se plaignent dans cette Pièce des maux qu'on leur fait souffrir : ils les attribuent à l'ambition des gens d'Eglise. Le Pape, les Cardinaux, Evêques, Moines, Prêtres, &c. n'y sont pas épargnés.]

17827. ☞ Remontrance en forme de Lettre missive, à très-illustre & débonnaire Prince Antoine de Bourbon, Roi de Navarre, par les Fidéles de l'Eglise de Paris.]

17828. ☞ Epître envoyée au Roi de Navarre, par les Ministres & Eglises assemblées au nom de J. C. en la Ville de Rouen : 1561.]

17829. ☞ Remontrances du Parlement de Paris au Roi, sur un Edit faisant défense de s'entre-injurier pour fait de Religion : qu'il faut que les Edits & Déclarations soient publiés au Parlement, & non aux Siéges subalternes.

Voyez à ce sujet la *Vie du Chancelier de L'Hospital*, *pag.* 84 & *s.* Londres, (*Paris*, Debure) 1764, *in*-12.]

17830. ☞ La Requête présentée au Roi le 11 Juin 1561, par les Députés des Eglises éparses parmi le Royaume de France.]

17831. ☞ L'Histoire des schismes & hérésies des Albigeois, conforme à celle du présent, par laquelle appert que plusieurs grands Princes & Seigneurs sont tombés en extrêmes désolations & ruines pour avoir favorisé aux Hérétiques : A Messire Anne de Montmorency, Connétable; par Jean GAY, Procureur en la Cour de Parlement de Tholose : *Paris*, Gaultier, 1561, *in*-12.

Cette Histoire contient en six Articles un parallele de ces deux Hérésies, & des maux qu'elles ont entraînés après elle. L'Auteur déclame ensuite sur les dangers de la doctrine, & les mauvaises mœurs des nouveaux Sectaires.]

17832. ☞ Remontrance en forme de Réquête, à la Royne, Mère du Roi, & au Roi de Navarre.

Cette Remontrance est imprimée au tom. II. des *Mémoires de Condé*, *Edition de Londres*, 1743, *in*-4. On y supplie Sa Majesté d'éloigner les gens d'Eglise des Affaires, des Conseils, & des Cours de Parlement, en les envoyant à leurs fonctions.]

17833. ☞ Deux Remontrances de la Cour de Parlement à Paris, l'une sur l'Inquisition pour le fait de la Religion Chrétienne; l'autre touchant la Jurisdiction de ceux qu'on nomme Hérétiques, donnée par Edit aux

Evêques & Ecclésiastiques de France : 1561, *in*-12.

On peut voir à ce sujet la *Vie du Chancelier de L'Hôpital*: (*Paris*, 1764) *pag.* 106 & *suiv.*]

17834. ☞ Remontrance à la Royne, Mère du Roi, par ceux qui sont persécutés pour la parole de Dieu; en laquelle ils rendent raison des principaux articles de la Religion, & qui sont aujourd'hui en dispute: tierce Edition, revue, augmentée, &c. 1561, *in*-12.

Cette Pièce est très-longue, & forme elle seule un Volume.]

17835. Edit du Roi Charles IX. du 17 Janvier 1561 (ou 1562) sur le moyen d'appaiser les troubles survenus pour le fait de la Religion.

Cet Edit est imprimé dans le tom. II. des *Mémoires de Condé* de 1565, *pag.* 824. [& tom. III. *pag.* 8, de l'Edition de 1743, *in*-4.]

L'année commençoit encore en ce temps-là à Pâque ; ce ne fut qu'en 1567 qu'elle commença au premier jour de Janvier. [Ainsi cet Edit de 1561 étoit de 1562 selon notre façon de compter, comme les Pièces suivantes.]

17836. Remontrances faites au Roi par Messieurs de la Cour de Parlement de Paris, sur la publication de l'Edit du mois de Janvier; du 12 Février 1561: *Cambray*, 1561, *in*-12. *Anvers*, 1565, *in*-8.

Ces mêmes Remontrances sont imprimées au tom. IV. des *Mémoires d'Etat*, ensuite de ceux de M. de Villeroy: *Paris*, 1628, *in*-8. Elles sont contre la tolérance des Religions.

☞ C'est proprement un Recueil de tout ce qui s'est passé au Parlement de Paris, au sujet de l'enregistrement de l'Edit du 17 Janvier 1561, qui permet l'exercice de la Religion Prétendue-Réformée. Les Remontrances faites contre cet Edit ne produisirent aucun effet ; & le Parlement, après itératives Lettres de jussion, l'enregistra. On y supplioit le Roi d'exterminer l'hérésie & les Hérétiques, de ne point souffrir deux Religions dans ses Etats, parceque tout Royaume divisé ne peut subsister, &c.]

17837. ☞ Sommaire Recueil de la Harangue du Roi, & de M. le Chancelier, en l'Assemblée des Présidens & Conseillers des Parlemens de France, à S. Germain-en-Laye, sur le fait de la Religion : en Janvier 1561.

Cette Pièce & les suivantes sont imprimées dans le tom. II. des *Mémoires de Condé, Edition de Londres*, (*Paris*) 1743, *in*-4.]

17838. ☞ Exhortation aux Princes & Seigneurs du Conseil, pour obvier aux séditions qui semblent nous menacer pour le fait de la Religion : *in*-8.

Ce Discours est beau & bien suivi. Il veut prouver qu'il n'y a d'autre moyen de pacifier les troubles du Royaume, que d'y permettre deux Eglises; & pour cela, on avance que ce moyen est possible, qu'il est nécessaire dans la situation présente, & qu'il ne sera aucun tort à l'Etat.]

17839. ☞ Déclaration faite par les Ministres & Députés des Eglises de France, étant en Cour, pour servir d'avis & conseils auxdites Eglises sur l'exécution & observance des principales clauses de l'Edit fait par le Roi, sur le réglement de la Religion, suivant l'avis de tout le Conseil & des Convoqués de tous les Parlemens de France : à S. Germain-en-Laye, le 17 Janvier 1561.

Cette Pièce est imprimée p. 93 du tom. III. des *Mémoires de Condé, Edition de Londres*, 1743, *in*-4.]

17840. Déclaration du Roi sur l'Edit du 17 Janvier 1561, concernant la Religion: *Paris*, Estienne, 1562, *in*-12.

17841. Mſ. Commentarii delle attioni del Regno di Francia, concernenti la Religione & altri accidenti, comminciando dall'anno 1556, fin all'anno 1562: *in-fol.*

Ces Mémoires [étoient] conservés dans la Bibliothèque de M. Colbert, num. 2219, [aujourd'hui dans la Bibliothèque du Roi.]

17842. Mſ. Relazione di Francia di Marc-Antonio BARBARO, Ambasciatore Veneto, dell'anno 1562 : *in-fol.*

Cette Relation est conservée dans la Bibliothèque [de S. Germain-des-Prés, & vient de celle] de M. le Chancelier Seguier, num. 144.

17843. Nouvelle d'une action cruelle que le Duc de Guise a commise dans la Ville de Vassy : 1562, *in*-8. (en Allemand.)

17844. Discours entier de ce qui est advenu à Vassy, lorsque le Duc de Guise y passa.

Vassy est sur les confins du Duché de Bar ; le tumulte y arriva le premier Mars 1562. Ce fut le premier signal de toutes les Guerres de Religion en France. Le Discours qui en fait l'Histoire est imprimé dans un *Recueil de divers Mémoires : Paris*, 1561, *in*-8. & au tom. II, des *Mémoires de Condé, Edition de 1565, pag.* 118, [& tom. III. *pag.* 114, de l'*Edition de 1743, in*-4.]

17845. Relation des cruautés commises par le Duc de Guise dans la Ville de Vassy : 1562, *in*-8. (en Allemand).

Eadem Relatio Latinè reddita : 1562, *in*-8.

17846. ☞ Discours au vrai & en abrégé de ce qui est dernièrement arrivé à Vassy, y passant Monseigneur le Duc de Guise : *Paris*, 1562 : *in*-8.

Cette Relation est tirée d'une Lettre du Duc de Guise; dans laquelle il raconte cette affaire à son avantage, prétendant avoir été attaqué en passant à Vassy, & que le massacre n'a été occasionné que par la nécessité d'une légitime défense.

Le *Discours entier*, dont les Relations Allemande & Latine ne sont, selon les apparences, que des Traductions, est bien plus détaillé, & a été fait par un Huguenot. Il y raconte les choses d'une façon bien différente de la précédente. Il en parle comme d'une action préméditée de la part du Duc de Guise : ce qu'il prouve, soit par la façon dont l'affaire se passa, soit par les circonstances qui l'avoient précédée. Ce qu'il y a de sûr, c'est que le Duc de Guise passa par Vassy le 1 Mars 1562, accompagné de 200 hommes bien armés, & qu'il déclara à sa mort, n'avoir pas prémédité le Massacre.]

17847. ☞ Dissertation sur le Massacre de Vassy; par M. LE FEBVRE, Prêtre de la Doctrine Chrétienne. *Année Littéraire*, de M. Fréron, 1760, *tom. IV. Lett. II.*]

17848. ☞ Mſ. Chanson sur la défaite &

Meurtre de Vaſſy (le premier jour de Mars 1562) par le grand Duc de Guiſe.

Cette Chanſon eſt conſervée dans la Bibliothèque de M. Fevret de Fontette, Conſeiller au Parlement de Dijon.]

17849. Hiſtoire comprenant en brief ce qui eſt advenu depuis le partement des Sieurs de Guiſe, Connétable, & autres de la Cour, étant à Saint-Germain, juſqu'au temps préſent.

Cette Hiſtoire eſt imprimée au tom. II. des *Mémoires de Condé* de 1565, pag. 29, [& tom. III. pag. 187, de l'Edition de 1743, *in-4*.]

17850. Déclaration faite par M. le Prince, pour montrer les raiſons qui l'ont contraint d'entreprendre la défenſe [tant de la Religion qu'il maintient comme bonne & loyale, que] de l'autorité du Roi, [& repos de ce Royaume, avec la protection ſur ce requiſe :] 1562, *in-8.*]

17851. Seconde Déclaration de M. le Prince, ſur les troubles du Royaume : 1562, *in-8.* [22 pages.]

Ces deux Déclarations de Louis DE BOURBON, Prince de Condé, furent auſſi imprimées [en 1565] au tom. II. des *Mémoires* qui portent ſon nom, p. 175 & 224, [& dans l'Edition de 1743, *in-4*. tom. III. p. 222 & 319.]

☞ Dans la première Déclaration, le Prince ſe récrie fortement contre le Maſſacre de Vaſſy, & contre le Duc de Guiſe & ſes adhérans, qui, malgré l'Edit de Janvier, ne penſent qu'à ruiner la Religion Prétendue-Réformée, & tiennent le Roi & la Reine comme priſonniers. Il proteſte que s'il eſt obligé de prendre les armes, on ne doit l'imputer qu'à ceux qui en ſont les Auteurs & la cauſe.

Ces deux Pièces contiennent l'énumération de tout ce qu'a fait le Triumvirat, pour empêcher l'exécution de l'Edit de Janvier 1561 (ou 1562) & la Juſtification du Prince de Condé, que l'on prétend néceſſité à prendre les armes.]

17852. ☞ Réponſe à la Déclaration que fait le Prince de Condé, pour ſon excuſe d'avoir prins les armes de ſon autorité privée contre le Roi, ſous prétexte de ſon ſervice : 1562, *in-8.*

Cette Réponſe eſt auſſi imprimée p. 235, du tom. III. des *Mémoires de Condé*, Edition de Londres, 1743, *in-4*.]

17853. ☞ Traité d'Aſſociation faite par Monſeigneur le Prince de Condé avec les Princes, Chevaliers de l'Ordre, Seigneurs, Capitaines, Gentilshommes & autres de tous états, qui ſeront entrés ou entreront ci-après en ladite Aſſociation, pour maintenir l'honneur de Dieu, le repos du Royaume, & l'état & liberté du Roi, ſous le gouvernement de la Reine ſa Mère.

Ce Traité eſt imprimé *pag. 258, du tom. III. des Mémoires de Condé : 1743, in-4.]*

17854. ☞ Réponſe des Habitans de la Ville de Rouen, à ce que M. le Duc de Bouillon, &c. leur a dit & remontré du vouloir & commandement du Roi : 1562, *in-12.*]

17855. ☞ Obſervations ſur les émotions excitées à Toulouſe, au mois de Mai 1562; par les Religionnaires, & leurs circonſtances.

C'eſt le ſujet de la Note IV. du tom. V. de l'*Hiſtoire du Languedoc*, par D. VAISSETE, pag. 631.]

17856. ☞ La Commiſſion de haut & puiſſant Prince Claude de Lorraine, Duc d'Aumale, &c. Lieutenant-Général en Normandie, avec les Lettres-Patentes dudit Seigneur, pour la Séance de la Cour de Parlement en la Ville de Louviers; enſemble les Arrêts de ladite Cour, donnés contre les Rébelles ſéditieux, qui ont pris & porté les armes contre le Roi, violé les Temples, ſaccagé & brûlé les Monaſtères, Religions & lieux de dévotion, & même les maiſons des Catholiques, pillé, volé, & emporté les biens y étant, avec la Profeſſion de la foi faite par les Préſidens, Conſeillers & Officiers de ladite Cour, ſignés au Regiſtre ſecret d'icelle : *Paris*, Sertenas, 1562, *in-12.*]

17857. ☞ Facultates Rever. D. Hippolyti Cardinalis Ferrarienſis, Legati à latere, &c. ad Regem & Regnum Franciæ, necnon quæcumque loca ipſi Regi ſubjecta : *Pariſiis*, Sertenas, 1562, *in-12.*]

17858. ☞ Le Procès-verbal fait par Ordonnance de la Cour de Parlement, de l'exécution de l'Arrêt donné le 6 de Juin dernier, touchant les articles & la Profeſſion de foi d'icelle Cour : *Paris*, Morel, 1561, *in-12.*]

17859. Moyens de pacifier les troubles, envoyés à la Royne Mère, par le Prince de Condé : 1562, *in-8.*

Il a été réimprimé p. 265, du tom. II. des *Mémoires de Condé*, 1565, [& pag. 384 du tom. III. de l'Edition de 1743, *in-4*.]

17860. ☞ Defenſio Religionis & Regis adversùs factiones Calvini, Bezæ & Ottomani : Lat. & Gall. *Pariſiis*, 1562, *in-8.*]

17861. Apologie contre certaines calomnies miſes ſus au déſavantage de l'état des affaires du Royaume.

Il ſe trouve tom. I. p. 574, des *Mémoires de Condé*, 1565, [& dans l'Edition de 1743, tom. II. pag. 579.]

17862. Diſcours ſur le bruit qui court, que nous aurons la guerre à cauſe de la Religion.

Dans les *Mémoires de Condé*, 1565, *tom. II. p. 61*; [& tom. III. *pag.* 159, dans l'Edition de 1743, *in-4*.]

☞ L'Auteur prétend que c'eſt mal-à-propos qu'on menace la France d'une guerre de la part de l'Eſpagne, pour le fait de la Religion ; que cela n'eſt nullement à craindre, puiſque le Roi d'Eſpagne n'eſt pas en état de l'entreprendre, & que s'il l'entreprenoit, il trouveroit les Catholiques & les Huguenots réunis contre lui.]

17863. ☞ Prières ordinaires des Soldats de l'armée conduite par M. le Prince de Condé, accommodées ſelon l'occurrence des temps.

Cette Pièce & les quatre ſuivantes ſont dans le tom. III. des *Mémoires de Condé* : 1743, *in-4*.]

17864.

17864. ☞ Remontrance aux fidéles de persévérer en leur sainte entreprise : *in-8*.
Cette Pièce est en Vers.]

17865. ☞ Remontrance faite au Roi par les Catholiques, manans & habitans en la Ville de Paris, sur les Placarts & Libelles attachés & semés le 18 du présent mois d'Avril, par ceux qui se disent de la Religion Réformée; avec la Réponse : *in-8*.]

17866. ☞ Remontrance envoyée au Roi sur le fait des Idoles abattues & dejettées hors des Temples, en quelques Villes de ce Royaume : *in-8*.]

17867. ☞ Avertissement à la Royne, Mère du Roy, touchant les misères du Royaume au temps présent, & de la conspiration des ennemis de Sa Majesté : *in-8*.]

17868. ☞ Arrêt de la Cour de Parlement, des 27 & 30 Juillet derniers passés contre les Rebelles & Séditieux, qui en forme d'hostilité ont prins les armes contre le Roi en son Royaume, & pillé les Eglises & maisons des Catholiques: *in-12*. caractères gothiques.

Autre Arrêt & Ordonnances de la Cour de Parlement, sur la permission aux Communes tant des Villes que Villages, de prendre les armes contre les pilleurs d'Eglises & maisons, & faiseurs de conventicules & assemblées illicites.

Autre Arrêt de la Cour de Parlement, pour la saisie, vente & adjudication des biens, meubles & immeubles, états & Offices, & saisie du revenu des Bénéfices de tous ceux qui se sont dévoyés de la Religion Chrétienne, qui ont porté les armes contre la Majesté du Roi. Fait en Parlement le 10° jour de Février, l'an 1562, (ou 1563) publié le 13 : *in-12*.

Tous ces Arrêts sont en caractères Gothiques, & sans nom d'Imprimeur. On les trouve réimprimés dans les *Mémoires de Condé*, *in-4*. avec beaucoup d'autres qui n'avoient jamais paru, ou dont les exemplaires avoient péri.]

17869. Sommaire des choses premièrement accordées entre les Ducs de Montmorenci & de Guise, & le Maréchal de Saint-André, pour la conspiration du Triumvirat.

Ce Sommaire se trouve *pag. 154*, du tom. II. des *Mémoires de Condé de 1565*, [& *pag. 209* du tom. III. de l'Edition de 1743 : *in-4*.]

17870. Requête du Triumvirat au Roi, avec la Réponse du Prince de Condé : 1562, *in-8*.

La même Requête est Imprimée au tom. II, des *Mémoires de Condé*, (1565) p. 299, [& tom. III. p. 388, de l'Edition de 1743 *in-4*.]

☞ Ces Pièces, qui sont relatives l'une à l'autre, sont au nombre de quatre. Les deux premières sont deux Requêtes signées du Duc de Guise, du Connétable & du Maréchal de Saint-André, (qui formoient le Triumvirat,) & elles sont approuvées par le Roi d'Espagne. Ils demandent, entr'autres choses, qu'on ne souffre qu'une Religion en France; que ceux d'Orléans, (le Prince de Condé & ses adhérens) se désarment; que

Tome II.

nul ne puisse armer sans la permission du Roi de Navarre; au moyen de quoi ils offrent de se retirer chacun en sa maison, pour obéir audit Roi de Navarre dans tout ce qui leur sera par lui commandé; & ils consentent que le Prince de Condé vienne prendre sa place auprès de Sa Majesté. La troisième Pièce est la Réponse de la Reine; elle approuve le contenu de la Requête, sauf qu'elle veut que l'Edit de Janvier 1561 soit exécuté. La quatrième est la Réponse du Prince de Condé à ces Requêtes : il y fait voir sans ménagement pour les Triumvirs, leurs artifices, &c. On peut voir sur cette Réponse, l'extrait qu'en a fait M. de Thou, *Traduction Françoise*, *tom. IV. pag. 100*. Il l'attribue à Jean DE MONTLUC, Evêque de Valence.]

17871. Découverte du Duc d'Orléans touchant la conspiration des Ducs de Guise & de Nemours, qui ont voulu enlever sa Majesté : 1562; *in-4*. (en Allemand.)

17872. Lettre de Louis DE BOURBON, Prince de Condé, à la Reine; avec la Réponse par lui faite à la Requête du Triumvirat : [*in-8*.]

17873. Seconde Requête présentée à la Royne par le Triumvirat : [*in-8*.]

17874. Réponse de M. le Prince à cette seconde Requête : [*in-8*.]

Ces trois Ecrits sont [aussi] imprimés dans les *Mémoires de Condé de 1565*, tom. II. p. 295, 304 & 306; [& dans l'Edition de 1743, tom. III. pag. 416, 392, & 395.]

17875. Harangue du Seigneur DE PASSY à l'Empereur Ferdinand I. & à la Diette de Francfort, en 1562.

Cette Harangue est aussi imprimée au tom. II. des *Mémoires de Castelnau*, *pag. 29*. Le Prince de Condé, pour justifier ses armes, voulut faire choix du plus grand homme d'Etat qu'il eût dans son parti. Cette commission tomba sur Jacques SPIFAME, auparavant Evêque de Nevers, & alors appellé le Seigneur de Passy, depuis qu'il eut changé de Religion pour se faire Ministre Calviniste. Cette Harangue servit de Manifeste pour le parti des Huguenots, & contient des particularités qui ont rapport à l'Histoire.

☞ On peut voir à ce sujet le *Dictionnaire* de Prosper Marchand, au mot *Spifame*, Note B. où il remarque que cette Harangue fut suivie de deux autres du même Spifame.]

La même Harangue (en Allemand) : 1562, *in-8*.

17876. Lettre de la Reine Catherine DE MÉDICIS, à Bernardin Bochetel, Evêque de Rennes, Ambassadeur du Roi auprès de Ferdinand I. pour répondre à la Harangue précédente.

Cette Lettre est imprimée dans le tom. II, des *Mémoires de Castelnau*, *pag. 42*.

17877. Traité d'Union faite entre le Duc Louis de Bourbon & autres Princes & Etats, pour le maintien du Royaume, de la dignité Royale & de la Régence de la Royne Mère : 1562, *in8*.

17878. Harangue sur les causes de la Guerre entreprise contre les Rebelles & Séditieux, qui en forme d'hostilité ont pris les armes contre le Roi & le Royaume; par Gabriel

H h

DU PREAU, Docteur en Théologie : *Paris*, [Chesneau] 1562, *in-8*.

☞ C'est une mauvaise Pièce, pleine de déclamation contre les maux que causent les Huguenots, & dans laquelle l'Auteur ne fait que battre la campagne, sans rien prouver & sans rien apprendre à ceux qui ont la complaisance de le lire.]

17879. ☞ Remontrance de la vraie Religion au Roi Très-Chrétien Charles IX. par F. Melchior DE FLAVIN, Religieux Cordelier : 1562, *in-8*.

Cette Remontrance, qui est peu de chose, est faite pour inviter le Roi à détruire les Huguenots de son Royaume.]

═ ☞ Discours sur le saccagement des Eglises Catholiques, &c. par Claude DE SAINTES.

Voyez ci-devant, N.° 5798, (*tom. I. pag.* 380.]

17880. ☞ Petri RATI ad Pictones admonitio : *Pictavis*, 1562, *in-8*.]

17881. L'Invasion de la Ville du Mans par les Religionnaires, en 1562. [Conversation par écrit à M. D. R. A. C.] *au Mans*, Peguineau, 1567, *in-8*.

17882. Remontrance faite au Roi par les Habitans de la Ville du Mans : 1563, *in-8*.

Cette Pièce a été réimprimée au tom. II. des *Mémoires de Condé*, (1565) *pag.* 166, [& dans l'Edition de 1743, *tom. III. pag.* 350.]

17883. La prinze de Lyon par les Protestans, en 1562 : *Lyon*, 1562, *in-8*.

Cette Relation est aussi imprimée au tom. II. des *Mémoires de Condé*, (1565) *pag.* 252, [& dans l'Edition de 1743, tom. III. *pag.* 339.]

Elle a été composée par un Huguenot.

17884. Epître au Roi, pour l'Eglise de Lyon : 1562, *in-8*.

Cette Epître est d'un Huguenot.

17885. * Histoire des Triomphes de l'Eglise de Lyon, & la prise de Montbrison : *Lyon*, 1562, *in-8*.

17886. La juste & sainte Défense de la Ville de Lyon : 1562, *in-8*.

Un Huguenot est l'Auteur de cette Défense.

17887. Discours des premiers troubles advenus à Lyon en 1562, avec l'Apologie pour la Ville de Lyon, contre le Libelle (précédent;) par Gabriel DE SACONAY, Précenteur & Chanoine de l'Eglise de Lyon : *Lyon*, 1569, *in-8*.

17888. ☞ Le piteux remuement des Moines, Prêtres & Nonains de Lyon, par lequel est découverte leur honte, & la juste punition de Dieu sur la vermine Papale, avec un département des Paroisses ; par E. P. C. 1562.

Ce Libelle est cité par le P. Menestrier, dans ses *Caractères historiques, &c. pag.* 186.]

17889. Discours sur la liberté ou captivité du Roi, écrit d'Orléans le 6 Juin 1562 : [*in-8*.]

Ce Discours d'un Huguenot, est [aussi] imprimé au tom. II. des *Mémoires de Condé*, (1565) *pag.* 340, [& dans l'Edition de 1743, tom. III. *pag.* 374.]

☞ Il est fait pour prouver que le Triumvirat tient le Roi, la Reine, & les Enfans de France, dans une espèce de captivité, & qu'ils n'ont aucune liberté de faire ce qu'ils veulent.]

17890. Advertissement sur la fausseté de plusieurs mensonges semés par les Rébelles, du 29 Juillet : *Paris*, Morel, 1562, *in-12*.

17891. ☞ Remontrance pour le Roi à tous ses Sujets qui ont pris les armes ; par J. D. L. T. D. B. (Jean DE LA TAILLE, de Bondaroy) en Beauce : *Paris*, Morel, 1562, 1578, *in-8*. en Vers, de 8 pages.]

17892. * Copie d'une Association faite par les Seigneurs qui sont à Orléans : 1562, *in-8*.

17893. ☞ Discours faits dans le Parlement de Paris par le Cardinal DE LORRAINE, dans lesquels, par ordre de la Royne Mère & du Roy de Navarre, il lui fait part de l'état présent des affaires & des négociations de la Royne Mère, pour parvenir à la pacification ; avec les Réponses du premier Président.

Ce Discours est imprimé dans le tom. III. des *Mémoires de Condé*, Edition de Londres, 1743, *in-*4. *p.* 489.]

17894. ☞ Sommaire-Déclaration & Confession de foi faite par Monseigneur le Prince DE CONDÉ, contre les calomnies & impostures des ennemis de Dieu, du Roi & de lui. *Ibid. pag.* 524.]

17895. ☞ Les Récusations envoyées à la Cour de Parlement de Paris, contre aucuns des Présidens & Conseillers d'icelle ; par Monseigneur le Prince DE CONDÉ & ses Associés. *Ibid.* 549.

Ces récusations contiennent différens faits de reproches contre quelques Officiers du Parlement, qui y sont désignés par leurs noms, & qui y sont fort maltraités. Cependant le Prince de Condé fut ménagé, & l'on ne fit le procès qu'à ses adhérens. Il se plaint dans la Pièce suivante de cette distinction, & il y critique amèrement le jugement qui fut rendu contr'eux.]

17896. Remontrance du Prince DE CONDÉ & de ses Associés, à la Royne, sur le jugement de rébellion contr'eux avec Protestation ; d'Orléans le 8 Août 1562.

Cette Remontrance du Prince DE CONDÉ est imprimée au tom. II. des *Mémoires* publiés à son sujet en 1565, &c. *p.* 385, [& dans l'Edition de 1743, tom. III. *pag.* 583.]

17897. Urbis Pictaviensis Tumultus, ejusque restitutio, carmine elegiaco ; auctore Florentino BROUCHORSTIO, Noviomago, Jurisconsulto : *Pictavis*, 1562, *in-8*.

Cet Auteur est mort en 1610.

17898. Capitulation de la reddition de Bourges, du 31 Août 1562.

Cette Capitulation est imprimée au tom. II. des *Mémoires de Condé*, (1565) *pag.* 414, [& dans l'Edition de 1743, tom. III. *pag.* 634.]

17899. Le Siége de Bourges en 1562, decrit par Nicolas CATHERINOT, Avocat à Bourges : *Bourges*, 1689, *in*-4.

Cet Auteur est mort en 1688.

17900. Discours des moyens que M. le Prince de Condé a tenus pour pacifier les troubles qui sont à présent en ce Royaume, par lequel l'innocence dudit Seigneur Prince est vérifiée, & les calomnies & impostures de ses adversaires clairement découvertes : 1562, *in*-8.

Ce Discours a été réimprimé dans les *Mémoires de Condé*, (1565) tom. *II*. pag. 437, [& dans l'Edition de 1743, tom. IV. pag. 1.]

On y repasse sur-tout ce qui est arrivé, & principalement sur ce que le Prince a fait depuis le commencement de ce Règne. On assure qu'il n'a entrepris la guerre que pour s'opposer à la puissance du Triumvirat, & par ordre de la Reine. On y allègue les Lettres qu'il a reçues d'elle à ce sujet, qui sont en effet rapportées au tom. II. des *Mémoires de Condé*.

17901. ☞ La déploration des François & Navarrois, sur le douloureux trépas de très-haut & très-illustre Prince Antoine de Bourbon, Roi de Navarre, Régent & Lieutenant-Général en France : 1562, *in*-8.

Antoine de Bourbon fut tué au Siége de Rouen, le 17 Septembre 1562.]

17902. Discours des choses faites par Monseigneur le Prince de Condé, [Lieutenant-Général du Roi, représentant sa personne par tous ses Pays, Terres & Seigneuries] depuis son partement d'Orléans, [& mêmement de ce qui s'est négocié pendant la Paix près la Ville de Paris, au mois de Décembre 1562 ; avec deux Epîtres dudit Seigneur, l'une à la Royne, Mère du Roy, l'autre au Peuple François.]

Ce Discours est imprimé au tom. II. des *Mémoires de Condé*, (1565) pag. 570, [& dans l'Edition de 1743, tom. IV. pag. 136 & 144.]

☞ Les deux Epîtres sont en Vers. Le Discours contient la relation de la conférence entre la Reine & le Prince de Condé au Port-à-Langlois, proche Paris, & le détail des Propositions & Réponses qui y furent faites de part & d'autre, avec des Observations.]

17903. Explicatio Bellicorum, quibus nunc Gallia miserrimè conflictatur, tumultuum, sacri Imperii Electoribus proposita à Principis Condæi Legatis in publico sacri Imperii consessu Francofurti, pridiè Nonas Novembris 1562, cui interposita sunt aliquot Litterarum Reginæ, Regis Galliæ matris, exemplaria ad eundem Principem missa : 1563, *in*-8.

17904. Véritables raisons & sources des présentes Guerres & Séditions en France, représentées aux Electeurs de la Nation Allemande par les Envoyés de Louis de Condé, dans l'Assemblée de Francfort le 4 Novembre 1562, avec quelques Lettres écrites par la Reine, Mère du Roi, auxdits Princes ; traduites du Latin en Allemand : 1563, *in*-8.

17905. ☞ Le *Te Deum* des Catholiques Chrétiens, chanté en louant Dieu & sa douce Mère, pour la déroute & défaite des Rébelles, qui fut faite au haut de Mézières, près Dreux, le 11 Décembre 1562 : *in*-8.]

17906. Brief Discours de ce qui est advenu en la Bataille donnée près de la Ville de Dreux, le 19 Décembre 1562.

Ce Discours est imprimé au tom. II. des *Mémoires de Condé*, (1565) pag. 619, [& dans l'Edition de 1743, tom. IV. pag. 178.]

☞ Cette Relation paroît être de l'Amiral de COLIGNY : elle est fort courte, & on y a joint un Plan de la Bataille. Le Prince de Condé y fut fait prisonnier.

17907. Discours de la même Bataille : *Paris*, 1563, *in*-8.

☞ Il est réimprimé au tom. IV. des *Mémoires de Condé* de 1743, pag. 685.

François DE LORRAINE, Duc de Guise, est l'Auteur de ce Discours ; il est mort en 1563.

☞ Cette Relation, qui étoit devenue fort rare, est faite pour répondre à celle de l'Amiral, qui précède. Elle est aussi accompagnée d'un Plan de cette Bataille, qui fut la première Bataille rangée qui se donna entre le parti Catholique & le parti Protestant.]

17908. Relation véritable de cette Bataille : 1563, *in*-8. (en Allemand.)

17909. Nouvelle de la Bataille entre le Prince de Condé & le Duc de Guise, le 19 Décembre 1562 : 1563, *in*-8. (en Allemand.)

17910. Discours de (cette) Bataille ; par André THEVET : *Paris*, 1563, *in*-8.

17911. Francisci BELCARII, Episcopi Metensis, Oratio ad Patres Concilii Tridentini, de Victoria Druidensi adversùs rebelles, anno 1562, habita : *Brixiæ*, 1563, *in*-4.

Le même Discours est imprimé à la fin de son *Histoire de France* : *Lugduni*, 1625, in-fol. & avec les *Actes du Concile de Trente* : *Lovanii*, 1567, in-fol.

17912. Mf. Description de la vaillance & naïfve & grande générosité de François, Duc de Guise, traduite du Latin en Vers François : *in*-8.

Cette Description se trouve indiquée au num. 2353, du Catalogue de M. de Pontcarré.]

17913. ☞ Complainte de la France, & le *De profundis* chanté par icelle, sur la mort de François de Lorraine, Duc de Guise & Pair de France, occis au camp devant Orléans (le 24 Février 1563) ; avec l'Elégie sur la mort conspirée de ce Duc : *Paris*, Nyverd, (sans date d'année ;) Pièce en Vers, *in*-8.]

17914. ☞ Elégie sur la mort conspirée au Seigneur Duc de Guise, Lieutenant-Général de la majesté du Roi ; avec les exhortations faites par le Clergé aux Citoyens de Paris ; par M. L. *Paris*, Nyverd, 1563, *in*-8.

On voit au Frontispice :

» Mon M. sans L. ne peut voler : » (allusion à la lettre initiale du nom de l'Auteur).

» Anagramme de François de Lorraine.

» Croi dans la foi, n'erre.

» Credè in fide, hec aberras.]

17915. ☞ Le *De profundis* chanté par la France à la mort & trépas de feu M. le Duc de Guise : *Paris*, Nyverd, 1563, *in*-8.]

17916. ✱ Déclaration du Prince de Condé, pour défendre l'Amiral sur le fait de la mort du Duc de Guise, avec un Arrêt du Conseil sur ce sujet : 1563, *in*-8.

17917. Réponse de l'Amiral COLIGNY aux Interrogatoires qu'on dit avoir été faits à Jean Poltrot sur la mort du feu Duc de Guise : *Orléans*, 1563, *in*-8.

La même Réponse est réimprimée au tom. II. des *Mémoires de Condé*, (1565) *pag*. 725, [& dans l'Edition de 1743, tom. IV. *pag*. 285.] « Cet Amiral se défend si mal dans son *Apologie sur la mort de François de Guise*, que les amis qu'il avoit conservés jusques-là entre les Catholiques, parcequ'ils ne le croyoient pas capable d'une action si noire, en prirent occasion de soupçonner qu'il l'avoit commise, & l'abandonner ensuite, sur la manière foible dont il avoit travaillé à sa propre justification, sans y être contraint, puisqu'il étoit en guerre ouverte avec ceux qui avoient fait le Procès à Poltrot ». Varillas, dans sa *Préface de l'Histoire de Charles IX*.

☞ Cette Réponse, traduite en Latin, est imprimée dans le *Recueil des Historiens d'Allemagne*, publié par Schardius. Elle est datée de Caen, en Normandie, le 12 Mars 1562 (ou 1563) & signée de MM. de Châtillon, de la Rochefoucault, & de Théodore de Beze.

Poltrot fut pris, se sauvant. Il fut interrogé le 21 Février, trois jours après l'assassinat, pardevant la Reine Mère, & autres de son Conseil. Il fit des aveux par lesquels il chargea l'Amiral de l'avoir engagé à sûre garde, & qu'il lui fût confronté. Cependant il fut condamné à mort par Arrêt du Parlement de Paris, du 18 Mars, & exécuté après avoir été appliqué à la question, sans avoir été confronté avec l'Amiral. Nous n'avons pas le Procès-verbal de torture.]

17918. ☞ Autre Déclaration dudit Seigneur Amiral, quant à son fait particulier sur certains points, desquels aucuns ont voulu tirer des conjectures mal fondées.

Cette Déclaration est du 5 Mai. Elle est imprimée au tom. IV. des *Mémoires de Condé*, 1743, *in*-4. L'Amiral se plaint de la précipitation avec laquelle on a jugé & exécuté Poltrot, malgré la demande qu'il avoit faite de lui être confronté. Il avoue lui avoir donné des écus pour acheter un cheval, l'ayant chargé d'une commission pressée ; mais il persiste à nier de lui avoir donné charge de tuer le Duc de Guise, quoiqu'il fût son ennemi déclaré, & qu'il n'eût vraiment rien de plus à cœur que sa destruction.]

17919. Véritable & solide Défense & Réfutation de tous les points contre Jean Poltrot, Sieur de Merey, qui a tué le Duc de Guise près d'Orléans ; par Gaspar DE COLIGNY, Amiral de France : 1563, *in*-8. (en Allemand.)

17920. Nouvelles de la France, touchant ce qui s'est passé entre le Duc de Guise, le Maréchal de Saint-André & le Prince de Condé, le 21 Décembre 1562 : 1563, *in*-8. (en Allemand.)

17921. Edit du Roi sur la pacification des troubles, du 19 Mars 1562 : [*Paris*, Eloy Gibier, pour Robert Estienne, 1563, *in*-8.]

Cet Edit est [aussi] imprimé au tom. II. des *Mémoires de Condé*, (1565) *pag*. 764, [& dans l'Edition de 1743, tom. IV. *pag*. 311. Il fut donné en 1563, selon notre façon de compter.

17922. Discours des troubles de l'année 1562, en France ; par Gentien HERVET, d'Orléans, Chanoine de Reims : *Paris*, 1564, *in*-8.

Cet Auteur est mort en 1594.

17923. ☞ Remontrances au Roi & à son Conseil, envoyées par le Seigneur DE BOURDILLON, lorsqu'il étoit sollicité de rendre à M. de Savoye les places que Sa Majesté s'étoit réservées en Piémont : 1562.

Cette Remontrance est imprimée *p*. 681 du tom. III. des *Mémoires de Condé de 1743*. Elle se trouve aussi dans le premier Volume des *Mémoires de Nevers*, mais d'un style rajeuni.]

17924. ☞ Protestation faite par la Reine d'Angleterre, par laquelle elle déclare les justes & nécessaires occasions qui l'ont mue de prendre la protection de la cause de Dieu, la défense du Roi & de son Royaume, contre les Auteurs des troubles qui y sont à présent : 1563, *in*-8.

Cette Protestation se trouve aussi *p*. 693, du tom. III. des *Mémoires de Condé*, Edition de 1743.

La même, en Latin, se trouve dans le *Recueil des Historiens d'Allemagne*, de Schardius, tom. III. *pag*. 2111.]

17925. De la Réduction du Havre-de-Grâce en l'obéissance du Roi : *Paris*, 1563, *Lyon*, Saugrain, 1563, *in*-8.

Le même Discours est imprimé au tom. III. des *Mémoires de Condé* (1565), *pag*. 39, [& dans l'Edition de 1743, tom. IV. *pag*. 560.]

17926. ☞ Brieve Description de l'Esjouissance de la Réduction du Havre-de-Grâce, notre bonne ville Françoise, qui fut le 28 Juillet 1563 : *Paris*, Nyverd, 1563, *in*-12.]

17927. ☞ Les Propos tenus par le Roi, en son Lit de Justice à Rouen, en 1563.

Cette Pièce se trouve à la fin de la Chronique de Nagerel.]

17928. Discours sur la prise de Mende par les Hérétiques, (en 1563) ; par Jean BOURLÉ, Curé de saint Germain-le-Vieil à Beauvais : *Paris*, 1580, *in*-8.

17929. ✱ Discours certain du Siége de Rouen : *Lyon*, 1563, *in*-8.

17930. ☞ Déclaration du 15 Mai 1563, faite par le Prince de Condé, touchant la juste défense de M. l'Admiral, sur le fait de la mort de M. de Guise, avec l'Arrêt du Conseil sur ce intervenu : 1563, *in*-8.]

17931. ☞ Déclaration du Roi sur le différend d'aucuns Ecrits publiés sous le nom de M. de Dampville, &c. & du sieur Carle de Birague, Gouverneur de Savillan : 7 Juin 1563, *in*-8.]

Règne de Charles IX. 1563.

17932. ☞ Edit & Déclaration sur la pacification des troubles de ce Royaume, à Amboise, le 19 Mars 1562, publiée à *Lyon* le 24 Juin 1563 : *in-*8.]

17933. ☞ Edit du Roi, contenant ce qu'il veult être observé ès jours de Fêtes commandées par l'Eglise Catholique, à Vincennes le 14 Juin 1563 : *in-*8.]

17934. ☞ Commission expédiée par le Roi à Vincennes, le 18 Juin 1563, pour l'établissement de certains Commissaires, pour faire entretenir l'Edit & Traité sur la pacification des troubles dudit Royaume : *in-*8.]

17935. ☞ Déclaration du Roi de sa Majorité, tenant son Lit de Justice au Parlement de Rouen, le 17 Août 1563, & Ordonnance par lui faite pour le bien & repos public de son Royaume, publiée au Parlement de Paris le 28 Septembre 1563 : *in-*8.]

17936. ☞ Déclaration & interprétation du Roi sur l'Edit de pacification des troubles sur le fait de la Religion, du 14 Décembre 1563, publiée au Parlement de Paris, le 20 du même mois, & à Lyon le 10 Janvier 1564 : *in-*8.]

17937. ☞ Remontrances présentées au Roi le 1 Janvier 1563 (1564.) par les Nobles & gens du Tiers-Etat de ce Royaume, contre la Requête des Ecclésiastiques, tendante à fin de pouvoir retirer leurs biens vendus par l'Edit dudit Seigneur, en date du mois de Mars dernier.

Cette Pièce est imprimée dans la première Edition des *Mémoires de Condé*, tom. III. *pag.* 56, & dans celle de 1743, tom. V. *pag.* 6.]

17938. ☞ Pour la Monarchie de ce Royaume contre la division, à la Royne Mère du Roy ; par Jean VAUQUELIN de la Fresnaye : *Paris*, Morel, 1567, *in-*8. de 11 pages.

Il y a une autre Edition de 1563, qui est la même chose ; mais celle-ci est la meilleure.]

17939. ☞ Discours sur ce que les Pilleurs, Volleurs & Brusleurs d'Eglises, disent qu'ils n'en veulent qu'aux Prêtres ; par Gentian HERVET : *Paris*, 1563, *in-*8.]

17940. ☞ Echo parlant, à la Paix, avec une Ode des Princes & Seigneurs fidèles de France, en laquelle est déclarée la cause qui les a meûs de prendre les armes : 1563, *in-*8.]

17941. Lettre adressée de Rome à la Royne, contenant utile admonition pour pourvoir aux affaires qui se présentent, traduite de l'Italien : 1563, *in-*12.]

Cette Lettre est imprimée au tom. III. des *Mémoires de Condé* (1565), *pag.* 193, [& dans l'Edition de 1743, tom. IV. *pag.* 442.] Elle est adressée à Catherine de Médicis, & signée Marco BRUCCIO, qui est Jacques-Paul SPIFAME, fameux par son changement, ayant quitté l'Evêché de Nevers, pour aller épouser une femme à Genève, où il eut quelque temps après la tête coupée, étant accusé de crime d'Etat.

☞ Cette Pièce est assez étendue, & n'a jamais existé en Italien. L'Auteur commence par faire l'Apologie de l'action de Poltrot. Il parle ensuite assez librement à la Reine, au sujet des différens abus qui sont à corriger dans le Gouvernement, mais plus particulièrement pour ce qui regarde la Religion. Il traite assez mal le Parlement de Paris & quelques membres de cette Compagnie.

Voyez sur cette Lettre le *Dictionnaire* de Prosper Marchand, Article *Spifame*, Note B.]

17942. * Le Sommaire des propos que le Roi a tenus à sa Noblesse, au Louvre : *Lyon*, 1563, *in-*8.

17943. Discours des Villes, Châteaux, Forteresses battues, assaillies, prises par la force de l'artillerie, sous les Règnes de Henri II. François II. & Charles IX. sous Jean d'Estrées, Grand-Maître de l'Artillerie & Capitaine-Général d'icelle ; par F. D. L. T. *Paris*, Buon, 1563, *in-*8.

Cette Brochure de deux feuilles, contient ce qu'a fait Jean d'Estrées, depuis 1552 jusqu'en 1563. Elle a pour Auteur François DE LA TREILLE, Seigneur de Barriol, Commissaire ordinaire de l'Artillerie, & Lieutenant de M. d'Estrées en l'Arcenal de Paris & l'Isle de France.

17944. Histoire de notre temps, contenant les Commentaires de l'état de la Religion & République ; par François RASLE : *Paris*, 1566, *in-*16.

Ces Commentaires commencent proprement en 1561, & finissent en 1563.

17945. Brief Discours de tout ce qui a été négocié pour la querelle qui est entre les Maisons de Guise & de Chastillon, depuis l'Edit de pacification des troubles, jusqu'au premier jour de Janvier 1563 : *in-*8. [1564.]

Ce même Discours est imprimé au tom. III. des *Mémoires de Condé* (1565), *pag.* 72, [& dans l'Edition de 1743, tom. V. *pag.* 17.]

17946. Remontrance de l'Assemblée des trois Etats du Duché de Bourgogne, au Roi Charles IX. sur l'Edit [du mois de Mars 1562], qui avoit accordé aux Protestans l'exercice de leur Religion : *Anvers*, Sylvius, 1564, *in-*4. La même augmentée : *Ibid. in-*12. *Tolose*, Colomiers, 1565, *in-*4. En Latin : *Coloniæ*, 1564, *in-*8.

La même Remontrance est imprimée au tom. III. des *Mémoires de Condé* [1565], *pag.* 395, [& dans l'Edition de 1743, tom. IV. *pag.* 356.] Jean BEGAT, Conseiller au Parlement de Dijon, en est l'Auteur ; il est mort en 1572.

« Cet Auteur parle si bien & si doctement, qu'aucune » Remontrance n'a été mieux reçue de notre temps ; » ce qui se peut juger, parcequ'elle a été traduite en » Latin, en Italien, Espagnol & Allemand ». C'est ce que dit Pierre de Saint-Julien, *pag.* 123, de ses *Mélanges paradoxales*.

17947. Apologie de l'Edit du Roi, sur la pacification de son Royaume, contre la Remontrance des Etats de Bourgogne : 1564, *in-*8.

Cette Apologie, qui a été composée par un Calviniste, est imprimée au tom. III. des *Mémoires de Condé*, (1565), *pag.* 494, [& tom. IV. *pag.* 417, de l'Edition de 1743, *in-*4.]

☞ Elle est d'un Protestant Anonyme, & sert de

Réponse à la Remontrance qui précède. L'Auteur suit pied-à-pied son Adversaire, & montre par des exemples tirés de l'Histoire, que tous les bons Empereurs, même ceux qui étoient Chrétiens, ont toléré la différence de Religion, pour procurer la paix à leurs Sujets; & que l'Edit de pacification étoit très-nécessaire dans les circonstances.]

17948. Réponse (de Jean BÉGAT,) pour les Députés des trois Etats du Pays de Bourgogne, contre la fausse accusation publiée sous le titre d'Apologie de l'Edit du Roi Charles IX. pour la pacification du Royaume : 1564, in-8.

Idem Opus Latinè redditum: Responsum Conventus trium Ordinum Ducatûs Burgundiæ de Edicto pacis, in causâ Religionis in Galliâ factâ, anno 1563 : *Coloniæ*, Cholini, 1564, in-8.

☞ On peut consulter la *Bibliothèque des Auteurs de Bourgogne*, par l'Abbé Papillon, pour être plus particulièrement instruit de tout ce qui regarde ces Pièces, & leur Auteur.

L'Original de cette Réponse étoit chez M. Philibert de la Mare, écrit de la main de cet Auteur, à la suite de la Remontrance; & M. de la Mare avoit mis pour titre à ce Recueil: « Deux Traités de M. J. B. Agneau » Begat », lors Conseiller, & depuis Président au Parlement de Bourgogne.]

17949. ☞ Proposition de la Noblesse de France, faite au Roi; par Claude de Beaufremont, Baron DE SENECEY, Chevalier de l'Ordre du Roi, &c.

Cette Pièce est imprimée dans le *Recueil G. in-12.*

Elle fut prononcée au Roi après sa majorité. L'Auteur supplie sa Majesté d'interdire l'exercice de la Religion Prétendue-Réformée, sans que néanmoins aucun soit recherché en sa maison. Il dit en passant un mot contre les Etrangers, en quoi il semble désigner la Maison de Guise.]

17950. Brief Discours des principales conjurations de ceux de la Maison de Guise contre le Roi & son Royaume, les Princes du Sang & les Etats : 1585, in-8.

Il se trouve aussi pag. 1 du tom. II de la Satyre Ménippée : *Ratisbonne*, 1711, in-8.

17951. * Remontrance présentée au Roi par le Tiers-Etat : 1564, in-8.

☞ Protestation du Roi, au sujet du Monitoire du Pape Pie IV. contre la Reine de Navarre.

Voyez ci-devant, tom. I. Article des *Libertés*, N.ᵒˢ 7136-7138.]

17952. Lettre d'un Seigneur du Hainaut, envoyée à un sien ami, suivant la Cour d'Espagne, le 15 Avril 1564, (avant Pasques): 1564, in-8.

Cette Lettre étoit destinée à justifier le Cardinal de Lorraine, Charles DE VAUDEMONT, à qui elle est attribuée. Elle contient plusieurs médisances contre la Maison de Montmorency & contre l'Amiral Coligny.

17953. ☞ Réponse à l'Epitre de Charles de Vaudemont, Cardinal de Lorraine, jadis Prince imaginaire des Royaumes de Jérusalem & de Naples, Duc & Comte, par fantaisie, d'Anjou & de Provence, & maintenant simple Gentilhomme de Haynaut, 1565.

Cette Pièce fut faite par un Protestant, contre les Guises, à l'occasion du différend qui survint en 1564, entre le Cardinal de Lorraine & le Maréchal de Montmorency, Gouverneur de Paris, qui s'opposa à l'entrée du Cardinal & des Gens d'armes de sa suite, dans son Gouvernement. L'Auteur s'attache à justifier le Maréchal de Montmorency & l'Amiral de Coligny, contre le contenu de la Lettre précédente, & à détourner le Prince de Condé d'aucune alliance avec les Guises.

« Cette Réponse est très-vigoureuse; elle vient d'une » plume mieux taillée que celle de l'Apologiste du Car-» dinal ». C'est le jugement que Bayle en porte dans son *Dictionnaire*, au mot *Lorraine*, Note L.

« Elle est extrêmement vive, & contient des choses » bien curieuses; surtout, concernant la Généalogie des » Châtillons & des Lorrains, & touchant les causes de » l'inimitié, entre l'Amiral de Coligny & le Duc de » Guise. C'est dommage qu'on ne connoisse pas l'Auteur » de cet Ecrit, qui est certainement de bonne main, » de quelque part qu'il vienne. Je croirois aisément » qu'elle est de Louis Regnier, sieur DE LA PLANCHE, » Ecrivain de ce temps-là, fort zélé pour le parti Ré-» formé, & la Maison de Montmorency, comme contre » celle de Guise. En tout cas, je voudrois qu'il n'eût pas » approuvé l'assassinat du Chef de cette Maison ». *Dictionnaire* de Prosper Marchand, au mot *Poltrot*, NoteC.]

17954. Recueil des troubles advenus en France sous les Rois François II. & Charles IX. *Strasbourg*, 1564, in-8: 1567, in-16.

Jean DE HAINAULT, Ministre de Saumur, est l'Auteur de ce Recueil.

17955. Faits & Dits mémorables de plusieurs grands Personnages François, & des choses rares & secrètes arrivées en France sous François I. Henri & François II. & Charles IX. contenues en la Réponse faite à un Gentilhomme de Haynaut, à la Lettre à lui envoyée sous le nom d'un Seigneur du Pays: 1565, in-8.

☞ Cette Pièce concerne encore le différend qui survint en 1564 & 1565, entre le Cardinal de Lorraine & le Maréchal de Montmorency, au sujet duquel ce Cardinal obtint de la Reine Catherine de Médicis la permission de porter & de faire porter dans sa Compagnie des armes offensives. C'est une seconde Réponse à la Lettre du prétendu Seigneur de Haynaut.]

17956. Désaveu d'un Seigneur de Haynaut, de la Lettre écrite en son nom, par le Cardinal de Lorraine: *Anvers*, 1565, in-8.

17957. ☞ Lettre d'un Gentilhomme Champenois, à un sien Ami Parisien, pour réponse à certains Libelles fameux, nouvellement publiés: *Orléans*, 1565, in-8.]

17958. ☞ Déclaration du Roi sur l'Edit de pacification, à Rossillon, le 4 Août 1564, publiée à Lyon le 12 Août : in-8.]

17959. ☞ Lettre du Roi au Duc de Nemours, Gouverneur & Lieutenant-Général ès Pays de Lyonnois, Forès, &c. du 8 Août 1564, pour la publication de l'Ordonnance précédente de Rossillon: in-8.]

17960. ☞ Confirmation du Roi, pour l'observation de l'Edit de pacification, Provisions & Déclarations d'icelui, du 9 Novembre 1564, à Marseille, publiée à Lyon le 18 suivant : *in-8.*]

17961. ☞ Doléance faite au Roi, sur l'importunité des meurtres & oppressions qui se commettent journellement dans ce Royaume, au préjudice de son Edit.

Cette Pièce est imprimée dans le tom. V. des *Mémoires de Condé, Edition in-4. de 1743, pag. 164.*]

17962. ☞ Délibération du sieur de Candale & autres de sa ligue, contre le Roi & ses Edits, faits au mois d'Août 1564.

C'est Frédéric de Foix, Comte de Candale, dont il est parlé dans cette Pièce & la suivante, qui sont imprimées dans les *Mémoires de Condé, 1743, tom. V. p.* 170 & 177. L'Assemblée où se prit cette délibération, fut par lui convoquée à Cadillac, le 9 Août 1564. On trouve à la suite deux Lettres du sieur DE LAGE-BAITON, Premier Président du Parlement de Bordeaux, adressées au Roi & à la Reine à ce sujet.]

17963. ☞ Ligue, Confédération & Alliance du sieur de Candale & autres Seigneurs Papistes de Guyenne, bons & fidèles Sujets du Roi Catholique, voulant vivre & mourir sous son obéissance, en la Religion ancienne Romaine & Catholique, au mois d'Août 1564.]

17964. ☞ Lettre de M. le Prince de Condé à la Royne, Mère du Roy, avec Avertissemens depuis donnés par ledit Seigneur Prince, à leurs Majestés, des choses qui concernent l'honneur de Dieu, le service du Roy, & la paix & repos de ce Royaume : *in-8.*

On s'y plaint des altérations que la Déclaration de Rossillon a faite à l'Edit de pacification.]

17965. ☞ Epître écrite à Monseigneur le Prince de Condé, par le Seigneur de Guérine, Me Claude DU BOURG, &c. concernant l'entrevue & embouchement dernier fait avec ledit Seigneur Prince, par Monseigneur le Cardinal de Lorraine, 15 Décembre 1564 : *in-8.*]

17966. ☞ Sommaire Recueil des choses mémorables que le Prince de Condé a protestées & faites pour la gloire de Dieu, repos & utilité du Royaume de France, contre les auteurs des troubles advenus depuis l'an 1560 jusqu'en 1564, avec un Recueil des Piéces de ce temps : 1564, *in-16.*

Ce Recueil a été fait par un Protestant.]

17967. ★ Petit Traité des Guerres civiles, sous François II. & Charles IX. 1564 : *in-8.*

17968. Mſ. Curiosités du temps, pendant les tumultes de France; recueillies par SCARRON, Secrétaire de Chantonay, Ambassadeur d'Espagne : *in-fol.*

Ces Curiosités [étoient] conservées dans la Bibliothéque de M. Foucault. Cet Ambassadeur se nommoit Thomas Perrenot de Granvelle, Seigneur de Chantonay. Les tumultes dont il est parlé ici, arrivèrent en 1564.

17969. ☞ Discours sur les bruits contraires à l'observation de l'Edit de pacification : 1565.

Cette Pièce est imprimée dans les *Mémoires de Condé,* 1565, *tom. III. pag* 961, [& dans l'Edition de 1743, tom. V. *pag.* 164.]

17970. ☞ Remontrance envoyée au Roi par la Noblesse de la Religion-Réformée, du Pays & Comté du Maine, sur les assassinats, pillemens, saccagemens de maisons, séditions, violences de femmes, & autres excès horribles, commis depuis la publication de l'Edit de pacification dans ledit Comté, & présentée à Sa Majesté à Rossillon, le 10 Août 1564, avec un Avertissement des crimes exécrables advenus dans ledit Pays, depuis le mois de Juillet 1564 jusqu'au mois de Mai 1565, envoyé à M. le Maréchal de Vieilleville.

Cette Pièce & la suivante sont imprimées dans les *Mémoires de Condé,* 1565, *tom. III. pag.* 719 & 764. Dans l'*Edition* de 1743, tom. V. *pag.* 277 & 301.]

17971. ☞ Avertissement des crimes commis par les Séditieux Catholiques Romains, au Pays & Comté du Maine, depuis le mois de Juillet 1564 jusqu'au mois d'Avril 1565.

Il est parlé de cette Pièce & de la précédente dans M. de Thou, *Traduction Françoise,* tom. IV. *pag.* 646. Il semble les attribuer à Gervais LE BARBIER FRANCOURT. Le Roi, sur cette Remontrance, envoya le Maréchal de Vieilleville, pour connoître des plaintes des Réformés. Ils se plaignent surtout de François le Roi de Chavigny Gouverneur, des Magistrats du Pays, & de Jean & Matin Chalopin. Tous les meurtres & brigandages dont ils se plaignent, y sont racontés en détail, ainsi que dans l'Avertissement qui fut adressé au Maréchal de Vieilleville.]

17972. ☞ Traité de ce qui durant les troubles a été fait pour la conservation de l'Etat du Roi, par le Seigneur de Morvilliers, Capitaine de cinquante hommes d'armes, & Gouverneur de Boulogne sur Mer.

Ce Traité est imprimé *pag.* 246 du tom. V. des *Mémoires de Condé, Edition* de 1743, & tom. II. p. 522, de l'*Edition* de 1565.

Louis de Launoy, sieur de Morvilliers, n'appartenoit point à la famille de Jean de Morvilliers, Evêque d'Orléans. Il étoit du parti du Prince de Condé, & il fut envoyé après le Massacre de Vassy, pour défendre la ville d'Orléans contre le Duc d'Aumale, qui fut obligé de lever le Siège.]

17973. ☞ Harangue au Roy, à la Royne, & aux hommes François, sur l'entretenement & réconciliation de la paix, & entrée dudit Seigneur en ses Villes; par Gabriel BAMIN, Avocat à Paris, & Lieutenant de Châteauroux en Berry: *Paris,* Robert Etienne, 1565, *in-12.*

L'Auteur, après avoir montré que les loix & leur manutention sont le seul & le plus sûr appui des Monarchies, exhorte le Roi & ses Seigneurs à se réconcilier, & à mettre les Rébelles à la raison, sans quoi la paix ne pourra jamais subsister.]

══ Recueil des choses mémorables, faites & passées pour le fait de la Religion & Etat de ce Royaume, depuis l'an 1559 jusqu'en

1565 : *Strasbourg*, 1565, 1566, *in-*16. 3 vol.

Voyez ci-devant, N.° 5814, tom. I. pag. 381 & 382.]

Ce Recueil est appellé communément les *Mémoires de M. le Prince de Condé*, parcequ'il contient un grand nombre de Pièces concernant Louis de Bourbon, Prince de Condé.

☞ *Voyez* sur Louis I. Prince de Condé, une Note curieuse dans la *Henriade*, *Chant II.* sur le Vers 93.]

17974. ☞ Recueil des choses mémorables passées & publiées pour le fait de la Religion & Etat de la France : *Strasbourg*, Pierre Estiard, 1566, petit *in-*16. Second & troisième Volume, commençant à l'Edit de Janvier 1561.

Voici ce qu'en dit l'Auteur de l'*Esprit de la Ligue*. « Ce Recueil, tout Calviniste, est fondu dans les *Mémoires de Condé*, & je n'en fais mention qu'à cause d'une singularité typographique; c'est qu'on prétend qu'il n'a jamais eu de premier volume.]

17975. ☞ Mémoires de Condé, servant d'Eclaircissemens & de Preuves à l'Histoire de M. de Thou, contenant ce qui s'est passé de plus mémorable en Europe : Ouvrage enrichi d'un grand nombre de Pièces curieuses qui n'ont jamais paru, & de Notes historiques, orné de Portraits, Vignettes & Plans de Bataille : *Londres*, (*Paris*), 1743, *in-*4. 5 vol.

Ces Mémoires, donnés au Public par M. Secousse, avoient déjà été imprimés en partie, & il y en avoit eu deux Editions dont on vient de parler, mais qui étoient devenues fort rares : l'une est en trois gros Volumes, grand *in-*16. l'autre en petit *in-*16. appellée ordinairement les *Petits Mémoires de Condé*. La première, quoique moins rare, est la plus complette, & c'est celle que le nouvel Editeur a suivie; mais il y a ajouté un grand nombre de Pièces qui ont augmenté l'Ouvrage de plus de moitié, & beaucoup de Notes historiques, critiques & généalogiques de sa façon. Ces Pièces forment un Recueil considérable pour l'Histoire de François II. & des premières années de Charles IX. Il est composé d'Edits, Déclarations, Arrêts, Extraits de Regîtres des Parlemens, Lettres, Relations, Expéditions militaires, & de quelques autres événemens, Ecrits politiques publiés pendant le cours de la première Guerre, qui fut excitée en France par les Huguenots, dont Louis I. Prince de Condé, s'étoit déclaré le Chef. Le tout est rangé dans cette nouvelle Edition par ordre Chronologique. Plusieurs de ces écrits sortent de la main des Huguenots; & par conséquent leur sont favorables, & très-contraires au Gouvernement, mais surtout à la personne & à l'autorité des Guises. On a indiqué ici les principales de ces Pièces, en les mettant dans leur place, & selon l'ordre chronologique.

On trouve à la fin du Tom. V.

Table générale des Matières.

Table des noms des Lieux.

Table Alphabétique des noms propres des personnes.

Table des Matières contenues dans les trois Volumes de l'ancienne Edition, avec un renvoi aux tomes & aux pages de la nouvelle Edition.

Table Chronologique des Pièces contenues dans la nouvelle Edition, avec un renvoi aux tomes & aux pages de l'ancienne Edition.

Il y a encore une Edition des *Mémoires de Condé* : *Rouen*, 1740, *in*-12. 6 vol. Elle est conforme entièrement à celle qui est en trois vol. *in-*16. Mais celle de 1743 qui est beaucoup plus ample, a fait tomber toutes les autres.]

17976. ☞ Mémoires de Condé, &c. Tome VI. ou Supplément : *La Haye*, 1743, *in-*4.

Ce Volume, qui n'a presque rien de commun avec les Mémoires de Condé, & qui a été défendu, vient de l'Abbé Lenglet. Il l'a divisé en trois Parties, qui contiennent grand nombre de Pièces curieuses, & dont quelques-unes étoient devenues assez rares. On y en trouve deux ou trois qui sont déja dans les *Mémoires de Condé*. *Voyez* ce qu'on en dit dans l'*Esprit de la Ligue*, pag. x. On en détaillera les Pièces dans la suite, en les plaçant à leur date.]

17977. Discours sur le Congé obtenu par le Cardinal de Lorraine, de faire porter armes défensives à ses Gens, pour la tuition & défense de sa personne, & sur ce qui lui advint à l'occasion de cela, à son arrivée à Paris, le 8 Janvier 1565 : *Paris*, 1565, *in-*8.

Jacques-Paul Spifame, ci-devant Evêque de Nevers, & depuis Huguenot, est l'Auteur de ce Discours.

17978. ☞ Ordonnance de M. de Montmorency, Gouverneur de Paris, concernant la police pour le temps du Carême : *Paris*, Robert Estienne, 1565.]

17979. Histoire de l'Etat de France & de la Religion, depuis l'Edit de Janvier 1561, jusqu'en 1565.

Voyez ci-devant, l'Article des *Calvinistes*, [N.° 5815, tom. I. pag. 382.]

17980. La Réponse faite par le Maréchal de Montmorency, quand on lui présenta le Congé obtenu par le Cardinal de Lorraine, &c. avec le Discours du Voyage fait à Paris, par M. l'Amiral, au mois de Janvier 1565 ; *in-*8.

17981. La Guerre Cardinale de l'Administrateur du temporel de l'Evêché de Metz, contre le sieur de Salcède, Gouverneur de Marsal : 1565, *in-*8. [& dans les *Mémoires de Condé, Edition de* 1743, *tom. V. p.* 332.]

Cette Guerre est appellée Cardinale, parceque Salcède s'opposoit aux entreprises que le Cardinal de Lorraine faisoit dans le Pays Messin.

☞ Le Cardinal s'étant retiré à Metz, dont il étoit Administrateur temporel, outré de l'affront qu'il venoit de recevoir à Paris, au sujet du port d'armes, eut la bassesse de demander à l'Empereur Maximilien II. une Sauvegarde pour ce Pays, aimant mieux être Vassal de cet Empereur que du Roi de France; mais il trouva dans la personne de Salcède, Officier Espagnol, un cœur vraiment François, & un zélé Serviteur du Roi, qui s'opposa vivement à cette entreprise. L'Editeur attribue cette Pièce à Salcède même, ou à quelqu'un qui a travaillé sur ses Mémoires.]

17982. ☞ Suite de la Guerre Cardinale, ou Brief Discours & véritable des principales Conjurations de ceux de la Maison de Guise, contre le Roi & son Royaume ; les Princes de son Sang & ses Etats.

Ce Discours se trouve dans le Supplément ou Tome VI. des *Mémoires de Condé*, avec la Pièce qui précède. Il avoit déjà été imprimé en 1565 : *in-*8. & parmi les Pièces de la *Satyre Ménippée*: outre plusieurs traits violens contre les Guises, il contient encore des choses curieuses sur la Guerre Cardinale. On y trouve un projet chimérique d'exterminer les Protestans, de France & d'Allemagne, & la Copie de la Sauve-garde mandiée par le Cardinal de Lorraine.]

17983. Mf. Mémoires de Guillaume DE ROCHECHOUART, Seigneur du Jars, premier Maître-d'Hôtel du Roi Charles IX. écrits par lui-même.

Ces Mémoires sont conservés dans le Recueil de Dom Estiennot, au tom. XII. de ses *Fragmens d'Histoires*, en l'Abbaye de S. Germain-des-Prés. Ils finissent en 1565. L'Auteur, né en 1497, y raconte ce qui s'est passé de considérable de son temps.

17984. Recueil des choses notables qui ont été faites à Bayonne, à l'entrevue du Roy Charles IX. & la Royne sa Mère, avec la Royne Catholique sa sœur, ès années 1564 & 1565: *Paris*, Vascosan, 1566: *Lyon*, Rigaud, 1566, *in*-4. & *in*-8.

☞ Cette Relation est bonne à consulter, dit l'Auteur de l'*Esprit de la Ligue*, sur l'objet dont elle traite. Les presses de Vascosan valoient mieux que la plume de l'Auteur.]

17985. * Récit d'une entreprise faite en 1565, contre la Royne de Navarre & ses Enfans, [par lequel on peut connoître comme Dieu s'est montré leur Protecteur, & a miraculeusement sauvé notre Roy Henri IV. dès son enfance, de la Conspiration que ses Ennemis, Auteurs des troubles & misères de notre temps, avoient dès-lors jurée avec le Roy d'Espagne, à l'entière subversion & ruine de leur Maison & de cet Etat.]

Ce Récit est imprimé au tom. II. des *Mémoires d'Etat*, ensuite de ceux de M. de Villeroy, *pag.* 39: *Paris*, 1628, *in*-8.

17986. Recueil & Discours du Voyage du Roy Charles IX. de ce nom, à présent régnant, accompagnés de choses dignes de mémoire, faites en chacun endroit, faisant sondit Voyage en ses Pays & Provinces de Champaigne, Bourgoigne, Daulphiné, Provence, Languedoc, Gascogne, Bayonne & plusieurs autres lieux, suivant son retour depuis son partement de Paris jusqu'à son retour audit Lieu, ès années 1564 & 1565; fait & recueilli par Abel JOUAN, l'un des Serviteurs de sa Majesté: *Paris*, Bonfons: 1566, *Lyon*, Rigaud, 1566, *in*-8.

☞ C'est une Pièce assez curieuse & peu connue. Elle est aussi imprimée dans le tom. I. des *Pièces fugitives* du Baron d'Aubais: *Paris*, 1759, *in*-4.]

══ Brief Discours des principales conjurations de ceux de la Maison de Guise, &c.

Voyez ci-devant, N.° 17950.]

17987. ☞ Harangue prononcée par le sieur DE BOUCART, devant la Majesté du Roi, étant en son Conseil privé, à Angoulême, le seizième jour d'Août 1565.

Cette Pièce (qui se trouve *pag.* 367. du tom. V. des *Mémoires de Condé* de 1743), a encore trait à l'affaire de Saleède. Le sieur de Boucart étoit député par les Gentilshommes de Champagne & de Bassigny, pour se plaindre des levées de gens de pied & de cheval que faisoit le Cardinal de Lorraine dans les environs. Jacques de Boucart étoit Protestant, & M. de Thou en parle, ainsi que de sa Harangue, tom. V. de la *Traduction Françoise*, *pag.* 4.]

17988. Du grand & loyal devoir, fidélité & obéissance de Messieurs de Paris envers le Roi & la Couronne de France: 1565, *in*-8.

Ce Livre, (qui s'appelle autrement le Livre des Marchands,) a été fait par Louis Regnier, Sieur DE LA PLANCHE, Gentilhomme Parisien, Huguenot, selon la Croix du Maine, dans sa *Bibliothèque Françoise*. Il est écrit contre les Princes de la Maison de Guise.

☞ Cette Pièce, qui est assez étendue, fut faite principalement contre le Cardinal de Lorraine & ceux de la Maison de Guise. On y est occupé à justifier le procédé de M. de Montmorenci, Gouverneur de Paris, qui s'étoit opposé à l'entrée dudit Cardinal, accompagné d'une nombreuse suite de gens armés. L'Auteur introduit plusieurs Marchands haranguans successivement dans une de leurs assemblées faites à ce sujet, tant sur les services qu'ont rendus MM. de Montmorenci à l'Etat & à la Ville de Paris, que sur les entreprises & les torts que leur ont fait les Guises. On trouve dans cette Pièce, qui n'est pas extrêmement emportée, différens faits assez curieux, depuis les Règnes de François I. & Henri II. jusqu'au temps auquel elle a été faite; comme plusieurs choses concernant quelques Familles de Paris, particulièrement la Maison de Montmorenci, & celle de Lorraine. L'Auteur prétend que Ferry de Vaudemont étoit Gentilhomme issu de la Maison de Graville en Normandie, qui épousa en premières nôces une fille de la Maison d'Harcourt, & en secondes Yoland, fille de René, Duc d'Anjou, héritière par sa mère du Duché de Lorraine. Il paroit que l'intention de cet Auteur étoit de faire une seconde partie; mais je ne crois pas qu'il ait exécuté son dessein.

Voyez sur les Pièces faites à ce sujet, la *Préface de la dernière Edition des Mémoires de Condé*, *pag.* ij & iij. = *Réveil matin des François*, Dialog. 1, *pag.* 104.]

17989. Commentaire des Guerres civiles; par Honoré HENRY: *Avignon*, 1565, *in*-4.

17990. ☞ Lettres-Patentes du Roi, portant renvoi & réglement à MM. de la Chambre de la Tournelle, du Parlement de Toulouse, sur l'exécution de l'Edit de S. M. pour la pacification des troubles, des 8 Mars & 9 Avril 1565: *in*-8.]

17991. ☞ Lettres-Patentes du Roi, à Bordeaux, le 13 Avril 1565, portant renvoi à MM. les Sénéchal de Lyon ou son Lieutenant, & Gens tenant le Siège Présidial, pour l'exécution de l'Edit de S. M. pour la pacification des troubles, Procès mus & à mouvoir, excès & causes qui en dépendent, dans les ressorts desdits Sièges: *in*-8.]

17992. ☞ Lettres-Patentes du Roi, contenant itératives défenses du port d'armes & assemblées illicites, sur les peines de confiscation de corps & de biens, à Bordeaux le 30 Avril 1565: *in*-8.]

17993. ☞ Lettre du Roi à M. le Prince de la Roche-sur-Yon, sur la prohibition des armes, à Toulouse le 6 Février 1565: *in*-8.]

17994. ☞ Lettres-Patentes portant défenses de s'assembler en armes, & autres Pièces de l'an 1565, concernant les Guises : *in-12.*]

17995. ☞ Livre merveilleux, contenant en bref la fleur & substance de plusieurs traités, tant de prophéties & révélations, qu'anciennes Chroniques faisant mention d'un Pape, qui sera appellé Pasteur Angélique; & d'un Roi de France nommé Charles, saint homme : *Paris*, 1565, *in-8.*]

17996. ☞ Harenga habita in Monasterio Cluniacensi, die 5 Aprilis 1566, ad D. Reverendissimum Cardinalem de Lotharingiâ : 1566, *in-8.*

Théodore DE BEZE est l'Auteur de cette ingénieuse Satyre, (qui est réimprimée au Supplément ou Tome VI. des *Mémoires de Condé, part.* 1, *pag.* 116 : 1743, *in-4.*) Il s'y agit d'un fait qu'on ne trouve nulle part ailleurs. C'est une Couronne d'or massif que le Cardinal enleva, dit-on, aux Dominicains de Metz, & que l'Auteur feint lui être redemandée par une Ambassade que ces Pères lui envoient à Cluny, où il s'étoit arrêté en allant à Moulins. Cette Pièce est écrite en Prose rimée d'un style macaronique.]

17997. Discours des troubles arrivés en la Ville de Pamiers, le 5 Juin 1566 : 1567, *in-4.*

17998. ☞ Mſ. Prise du Cardinal de Lorraine avec le Chancelier (de l'Hôpital) au sujet de ceux de la Religion Prétendue-Réformée : en 1566.

Cette dispute regarde les Calvinistes qui avoient fait quelques actes en la Ville de Dijon. Le Manuscrit, qui a six pages d'écriture ancienne, est conservé dans la Bibliothèque de M. Fevret de Fontette, Conseiller au Parlement de Dijon.]

17999. ☞ Prosperi SANCTA-CRUCII de civilibus Galliæ Dissentionibus ; (ab anno 1547, ad annum 1567.)

Cette Histoire se trouve dans la *Collectio Veterum Scriptorum* de Dom Martenne, *tom.* V. p. 1427. Prosper de Sainte-Croix étoit Evêque de Chisame : il fut envoyé Nonce en France l'an 1561. *Voyez* ci-après, l'article des *Lettres historiques*, année 1565.]

18000. ☞ Ordonnances du Roi (Charles IX.) concernant la police générale de son Royaume, arrêtées au Conseil du Roi, tenu à Paris le 4 Février 1567 : *Paris*, Robert Estienne, 1567, *in-8.*

Ces Ordonnances sont très-curieuses, & s'étendent sur-tout jusques sur les habits des femmes, des veuves & des filles.]

18001. ☞ Recueil des points principaux de la Remontrance faite en la Cour du Parlement de Paris; par Gui du Faur, Seigneur DE PIBRAC : *Paris*, 1567, *in-8. Lyon*, *in-16.*]

18002. Exhortatio ad cunctos Galliæ Cives, ut sibi caveant à falsis sermonibus & libellis conjuratorum in Regem & ruinam Reipublicæ Gallicæ : 1567, *in-4.*

Le même Livre, sous ce titre : Avertissement à tous bons & loyaux Sujets du Roi, Ecclésiastiques, Nobles & du Tiers-Etat, pour n'estre surpris & circonvenuz par les propositions colorées, impostures, suggestions & suppositions des Conspirateurs, Participans & Adhérans à la pernicieuse & damnée entreprise, faite & machinée contre le Roi nostre souverain Seigneur, & son Etat : *Tours*, Tafforeau, 1567, *in-8.*

☞ Cet Avertissement fut fait à l'occasion d'une nouvelle prise d'armes par les Rebelles. L'Auteur observe que le prétexte du bien public a été de tout temps avancé pour justifier les mauvaises intentions des Conspirateurs contre l'Etat ; mais qu'on doit tenir pour maxime inviolable qu'il n'y a que le Roi seul qui puisse lever des troupes & des deniers dans son Royaume.]

18003. ☞ Mſ. Histoire de la surprise, de la ruine & incendie de la Ville de Soissons, arrivée le jour de S. Côme & S. Damien, 27 Septembre de l'an 1567, par l'armée des Religionnaires, & de tous les environs : *in-fol.*

Cette Histoire est conservée dans la Bibliothèque de M. Jardel, à Braine.]

18004. ☞ Lamentations & voix plaintives des Habitans Catholiques d'Orléans, fugitifs & exilés en l'an 1567, déclamés en la Ville de Paris par Jean LE GEAY, Docteur-Régent en l'Université d'Orléans, & traduites du Latin en François par Mᵉ Claude Robineau, Seigneur de Lignerolles, Conseiller du Roi, & son Procureur au Duché d'Orléans : *Orléans*, Gibier, 1573, *in-4.* 30 pag.

Voici l'objet de cette Pièce : Les Calvinistes s'étant emparés d'Orléans en 1567, au mois de Septembre, (par les intelligences que le Prince de Condé avoit avec le Bailli d'Orléans, Jérôme Groslot,) commirent plusieurs excès contre les Catholiques, & forcèrent les principaux d'entr'eux d'abandonner la Ville. Jean le Geay fut de ce nombre ; il se retira à Paris, où se voyant destitué de tout secours, il fut obligé de faire des Leçons publiques de Droit, pour subvenir à ses besoins. A l'ouverture de ses Leçons, il prononça dans l'Auditoire du Droit, en Latin, ces *Lamentations des Habitans d'Orléans*, dans lesquelles il fait un récit fort touchant des maux que les Catholiques essuyoient de la part des Calvinistes. Il les dédia à Claude Robineau, auquel il les envoya. Ce dernier les traduisit en François, & les fit imprimer en 1572, avec une Epître Dédicatoire au Roi ; & c'est ce qui fait l'objet de ce Discours. Au surplus il n'y a rien d'historique. Ce que disent Guyon, Historien d'Orléans, & le Maire, *pag.* 343 de ses *Antiquités, Edition in-4.* est plus instructif & mieux détaillé.]

18005. ☞ Remontrances aux Princes François de ne point faire la paix avec les mutins; par François DE BELLEFOREST : *Paris*, 1567, *in-8.* (en Vers).]

18006. ☞ Trahison du Roi Guillot : 1567.]

18007. ☞ Marini LIBERGEI, de præsentis tempestatis & seculi calamitate, Oratio : *Pictavii*, 1567, *in-4.*]

18008. Commentarii d'Antonio Francesco CERNI, ne' quali si discrive la Guerra ultima di Francia : *In Roma*, 1567, *in-4.*

☞ Il y a plusieurs morceaux joints qui ne regardent pas l'Histoire de France.]

18009. * Requestes, Protestations, Remonstrances & Advertissemens faits par

Monseigneur le Prince de Condé & autres de sa suite; où l'on peut aisément connoître les causes & moyens des troubles & guerres présentes: *Orléans*, Ribier, 1567, *in-*8.

18010. ☞ Lettres-Patentes du Roi, contenant le pouvoir donné à M. le Duc d'Anjou son frère, par tous les Pays, Terres & Seigneuries de son obéissance, 12 Novembre 1567: *Lyon*, Jove, 1568, *in-*12.]

18011. ☞ Lettres-Patentes par lesquelles est enjoint prendre & enlever tous & un chacun les biens appartenans aux Séditieux & Rébelles, 10 Décembre 1567: *Lyon*, Jove, 1568, *in-*12.]

18012. Rerum Gallicarum Commentaria; ab anno 1461, ad annum 1580, [vel potius 1567] regnante Carolo IX. Opus posthumum Francisci BELCARII, Peguillionis, Episcopi Metensis: editum à Petro Dinet, de sancto Romano, ex Nobilium vice Regis Cubiculario: *Lugduni*, 1625, *in-fol.*

Cet Auteur est mort en 1593. Il dit dans sa Préface, « qu'il a écrit des Mémoires touchant les affaires de » France, auxquelles il a joint les étrangères, lorsqu'elles » y avoient rapport; qu'il ne s'engage pas de les mettre » au jour; qu'ils pourront bien demeurer cachés dans » sa Bibliothèque jusqu'à ce qu'ils puissent en sortir li- » brement. Il assure qu'il a écrit ce qu'il a cru vrai, & » jamais par haine ou par complaisance pour qui que ce » soit ».

S'il a continué son Histoire jusqu'en 1580, le sieur Dinet de Saint-Romain, ou quelque autre, aura retranché ce qui suit l'an 1567, où elle finit; ce qui m'a engagé à la placer sous cette année-là.

« L'Histoire que Baucaire a composée avec assez d'é- » légance & d'étendue, paroît depuis peu (dit Sponde, » sous l'année 1461, de son *Histoire Ecclésiastique*, nom- » bre XI.) Elle contient non-seulement les choses pas- » sées sous le Règne de Louis XI. & qui sont arrivées en » France, mais aussi par occasion celles d'Italie, d'Alle- » magne, Espagne, Hongrie & Turquie. Elle a été faite » sur les Mémoires de Philippe de Comines, de Guic- » chardin, sur ceux du Bellay, & sur plusieurs autres » semblables écrits en langue vulgaire ».

Varillas en parle ainsi : « Les divers Emplois que » François Baucaire, de Puy-Guillon, eut pendant sa » vie, ne le détournèrent pas d'écrire en Latin l'Histoire » de son temps, d'une manière si élégante & si nette, » qu'il a mérité le titre de *Tite-Live des François* ». *Préface de l'Histoire de Louis XI.*

« Je ne sçai (dit l'Abbé le Gendre) pourquoi cette » Histoire est si négligée, qu'on ne la cite presque » point : cependant, non-seulement elle est bien écrite, » mais on y trouve autant qu'ailleurs les circonstances » considérables des principaux événemens. L'Histoire » de Baucaire doit être d'autant plus estimée, qu'elle est » très-certaine, ayant appris des Princes, dont il a eu la » confiance, les secrets qu'il révèle en plusieurs endroits. » Nous n'avons rien de plus curieux des Règnes de » Louis XI. & des suivans, jusques & compris celui de » Charles IX. en 1567 ».

☞ Voyez *Huetiana*, pag. 21. = *Méth. historiq.* de Lenglet, *in-*4. *tom. IV.* pag. 67 & 100. = *Supplément des Mémoires de Condé*, pag. 126; Note 1.]

18013. De Navigatione Gallorum in terram Floridam, deque clade anno 1565, ab His-

panis accepta ; auctore Levino APOLLONIO, Gando-Brugensi: *Antverpiæ*, 1568, *in-*8.

Cet Auteur fleurissoit en 1568.

Le même Voyage : *Basel*, 1585, *in-fol.* (en Allemand.)

18014. Jacobi LE MOINE, cognomento de Morgues, brevis Narratio eorum quæ in Florida Gallis acciderunt, secunda in illa Navigatione, Duce Renato de Landoniere, Classis Præfecto, anno 1565.

Cette Narration est imprimée dans la première & seconde partie de la *Description de l'Amérique*, par de Bry : *Francofurti*, 1591, *in-fol.*

☞ Ce n'est qu'une Traduction faite par C.C.A. d'une Relation Françoise écrite par Jacques le Moine.]

18015. Historia de Expeditione Gallorum in Floridam : 1581, *in* 8.

☞ Cette Histoire anonyme est encore imprimée part. 6, de la *Description de l'Amérique*, par de Bry.]

18016. ☞ Histoire d'un Voyage fait par les François en la Floride en 1565, &c. par Urbain CHAUVELON.

Elle est à la suite de l'*Histoire de l'Amérique*, par Benzoni, traduite en François par le même Chauvelon : *Genève*, Vignon, 1579, *in-*8.]

18017. Histoire de la Floride, contenant les trois Voyages faits en icelle par les François, depuis l'an 1565, décrits par le Capitaine René DE LANDONIERE ; avec un quatrième Voyage fait en 1567, par le Capitaine Gourgues, mise en lumière par Basanier : *Paris*, 1586, *in-*8.

18018. Ms. La reprise de la Floride par le Capitaine Gourgues, Gentilhomme Gascon de Mont-Marsan, en 1567.

Cette Narration [étoit] conservée dans la Bibliothèque de M. Baluze, num. 22, [& est aujourd'hui en celle du Roi.]

18019. ☞ Ms. La reprinse de la Floride ; par le Capitaine Gourgues, écrite par Robert LE PREVOST : *in-*4.

Ce Manuscrit est conservé parmi ceux de M. Lancelot, dans la Bibliothèque du Roi.]

18020. ☞ Histoire des troubles de France & Pays circonvoisins; par RODEAU : *in-fol.*

L'Histoire de ces troubles, arrivés vers l'an 1568, est conservée dans la Bibliothèque du Roi, num. 9753.]

☞ Histoire de la prise d'Auxerre par les Huguenots, en 1567, & sa délivrance en 1568.

Voyez ci-devant, Art. des *Calvinistes*, N.° 5826, tom. I, pag. 382. Cette Histoire regarde aussi les environs d'Auxerre, & est assez particulière, ayant été dressée sur les Mémoires de plusieurs Bourgeois, qui avoient écrit dans le temps même.]

18021. ☞ Articles présentés au Roi le 4 Mars 1568, par MM. le Cardinal de Châtillon, le Comte de la Rochefoucault, & Bouchavanes, Députés par M. le Prince de Condé : *Anvers*, 1568, *in-*12.]

18022. ☞ Confidération fur l'Hiſtoire Françoiſe & l'Univerſelle do ce temps, dont les nouvelles ſont ſuccinctement récitées, &c. par Loys LE ROY, dit REGIUS : *Lyon*, Rigaud, 1568, *in-12.*]

18023. ☞ Des troubles & différends advenans entre les hommes par la diverſité des Religions, &c. par Loys LE ROY : *Lyon*, Rigaud, 1568, *in-12.*]

18024. ☞ Complainte & Quérimonie des pauvres Laboureurs, ſuivant la calamité du temps préſent : *Lyon*, Rigaud, 1568, *in-12.* en Vers.]

18025. ☞ Avertiſſement du Médecin de Monſeigneur le Cardinal de Guiſe à Ronſard, touchant ſa Franciade. *Ibid.* 1568, *in-12.*]

18026. ☞ Eglogue de deux Bergers de France ſur l'Excellence du Roi, & Blazon des Fleurs de Lys de la Maiſon de France, dédiée au Roi, avec une Epître Latine envoyée à M. de Thou, premier Préſident lors abſent en temps de Vacations ; par Anſelme HAMBERT : *Paris*, Dupré, 1568, *in-8.*]

18027. ☞ Odes lamentables ſur le déſaſtre de la France, agitée de troubles & révoltes civiles ; par François D'AMBOISE, Pariſien, Ecolier du Roi : *Paris*, Dupré, 1568, *in-8.*]

18028. Edit de Pacification, du 23 Mars 1568, *in-8.*

18029. Remontrance à la Royne, Mère du Roi.

Cette Remontrance eſt contre le Cardinal de Guiſe. Elle ſe trouve dans le Livre intitulé : L'*Hiſtoire de notre temps*, (1570, *in-8.*) *pag.* 1.

18030. Diſcours des raiſons & perſuaſions de Paix. *Ibid. pag.* 27.

18031. Les moyens que tient le Cardinal de Lorraine, pour empêcher le rétabliſſement de la Paix, & ramener les troubles en France. *Ibid. pag.* 59.

18032. ☞ Serment des Aſſociés de la Ligue Chrétienne & Royale, dans la Province de Champagne, le 25 Juin 1568.

Ce Serment eſt imprimé au tom. II. du *Journal de Henri III.* (1744, *in-8.*) On voit par cette Pièce, que l'Aſſociation de Péronne de 1576 n'eſt pas la première comme on l'avoit toujours cru, & que celle-ci l'a précédée de huit années.]

18033. Lettres & Requêtes envoyées au Roi par M. le Prince de Condé, contenant les cauſes & raiſons de ſon départ de Noyers, du 23 Août 1568.

On les trouve imprimées dans l'*Hiſtoire de notre temps, pag.* 88.

18034. Lettres de la Royne de Navarre au Roy, à la Royne ſa mère, &c. avec une ample déclaration d'icelles, contenant les cauſes de ſon partement, du 16 Septembre 1568. *Ibid. pag.* 157.

18035. Remonſtrance au Roi par M. l'Amiral ; ſur les calamités advenues au Royaume depuis le ſecond Edit de pacification. *Ibid. pag.* 244.

Cette Remontrance eſt de l'Amiral Gaſpar DE COLIGNY.

18036. Proteſtation du Prince de Condé, des cauſes qui l'ont contraint de prendre les armes. *Ibid. pag.* 262.

18037. Edit du Roi, par lequel eſt défendu tout exercice de Religion fors que la Catholique Romaine. *Ibid. pag.* 281.

18038. ☞ Diſcours des préſages & miracles advenus en la perſonne du Roi, & parmi la France ; par François DE BELLE-FOREST : *Paris*, le Magnier, 1568, *in-8.*]

18039. ☞ Doléance faite au Roi, ſur l'impunité des meurtres & oppreſſions qui ſe commettent journellement en ce Royaume, au préjudice de ſes Edits : 1568, *in-12.*]

18040. Sommaire Diſcours ſur l'infraction de paix, & ſur les moyens que tient le Cardinal de Lorraine pour ſubvertir l'Etat de France, & en inveſtir l'Eſpagnol.

Cette Pièce eſt imprimée dans l'*Hiſtoire de notre temps, pag.* 300.

18041. Recueil des choſes mémorables advenues, tant de par le Roi que du Prince de Condé & autres de ſa compagnie, depuis le 28 Octobre 1567 & 1568 : *Anvers*, 1568 & 1570, *in-8.*

18042. Réponſe à un certain écrit publié par l'Amiral (de Coligny) & ſes Adhérans : *Paris*, Fremy, 1568, *in-8.*

Cette Réponſe a pour Auteur Antoine FLEURY.

☞ Elle parut dans le courant du mois de Novembre 1568, & fut ainſi traduite en Latin : c'eſt ſans doute l'Ouvrage ſuivant.

L'Auteur exalte beaucoup les droits, les privilèges, & les ſentimens de la Nobleſſe en général. Il exhorte celle du parti du Roi à faire un effort pour la cauſe commune de l'Etat & l'extirpation de l'héréſie. Il invite celle de ce dernier parti à ſe réunir à l'autre, qui eſt beaucoup plus fort, & à abandonner des gens qui, par toute leur conduite, font aſſez connoître qu'ils veulent principalement abattre le Clergé & la Nobleſſe.]

18043. ☞ Ad perduellionis Admirallii cauſſas reſponſio : *Pariſiis*, Fremy, 1568, *in-8.*]

18044. Advertiſſement à la Nobleſſe, tant du Parti du Roi que des Rebelles Conjurez, du 6 Novembre 1568 : *Paris*, Fremy, 1568 : *Ibid.* Poupy, 1574, *in-8.*]

☞ C'eſt une Pièce aſſez forte contre l'Amiral de Coligny, que l'Auteur accuſe d'avoir ſuborné le Roi de Navarre & le Prince de Condé, de piller & ruiner la France, & d'attenter même à la vie de Sa Majeſté.]

18045. Remonſtrance aux Catholiques de prendre les armes en l'Armée de la Croiſade, inſtituée en la Ville de Toloſe, contre les Calviniſtes, Huguenots & Rebelles ; par Jean DE CARDONNE : *Toloſe*, Colomiers, 1568, *in-8.*

Règne de Charles IX. 1568.

18046. Mſ. Relatione di Francia, di Giovanni CORRERO, Veneto, Ambaſciatore in Francia, nell'anno 1568 : *in-fol.*

Cette Relation [étoit] conſervée dans la Bibliotheque de M. le Chancelier Seguier, num. 144, [maintenant à S. Germain-des-Prés] ; & dans celle de M. Colbert, num. 5320, [aujourd'hui dans la Bibliotheque du Roi.]

18047. ☞ Avertiſſement ſur le pourparler qu'on dit de paix entre le Roi & les Rébelles : *Paris*, Dallier, 1568, *in-8*.

L'Auteur de cette Piéce ne croit pas qu'il ſoit ſûr de faire la paix avec les Rébelles. Il veut, au contraire, qu'on les pouſſe à bout, parceque c'eſt le ſeul moyen d'en établir une ſolide, & de raccommoder l'Etat, l'extirpation de telles gens, qui ne ſont propres qu'à le troubler, ne pouvant pas lui apporter un grand dommage.]

18048. ☞ Diſcours des raiſons & perſuaſions de la Paix, en l'an 1568 ; par M. le Chancelier DE L'HOSPITAL.

Ce Diſcours eſt imprimé dans le *Recueil* de Lannel : *Paris*, 1623, *in-4*. Rien de plus ſage & de plus ſenſé que ce Diſcours. L'Auteur y fait voir combien la paix eſt préférable à la guerre ; il s'éléve fortement contre ceux qui conſeillent la guerre, & il répond pertinemment à tout ce qu'on objectoit ſur l'honneur du Roi, que cette paix ſembloit ne ménager pas aſſez.]

18049. Déclaration de ceux de la Religion Réformée de la Rochelle ſur la priſe d'armes : 1568, *in-4*.

Seconde Déclaration de l'an 1569 : 1569, *in-4*.

Les mêmes Déclarations : 1569, *in-4*. (en Allemand).

18050. Claudii GRANGÆI, Bituricis, de ſecundo Bello civili, ab anno 1563 : *Montalbani*, Hautin, 1569, *in-8*.

L'Hiſtoire de ce Huguenot finit au commencement de la troiſiéme Guerre civile, en 1568.

18051. ☞ Cantique de Victoire (en 46 ſixains) par lequel on peut remarquer la vengeance que Dieu a priſe deſſus ceux qui vouloient ruiner ſon Egliſe & la France ; par Louis D'ORLÉANS : *Paris*, le Magnier, 1569, *in-8*. en Vers.]

18052. ☞ Arraiſonnement fort gentil & profitable ſur l'infélicité qui ſuit ordinairement le bonheur des grands, avec un beau Diſcours ſur l'excellence des Princes du Sang de France, qui gouvernent l'Etat de France ; à quoi eſt ajouté un récit de la miſère qui accompagne les traîtres & rébelles, &c. par François DE BELLE-FOREST : *Paris*, Hulpeau, 1569, *in-8*.

Cette Piéce eſt fort étendue & pleine d'exemples hiſtoriques qui prouvent ce que l'Auteur annonce dans le titre, &c.]

18053. Diſcours touchant la guerre civile & diverſes calamités de ce temps, fait en forme de Dialogue ; par Joachim BLANCHON, Limoſin : *Paris*, Dupté, 1569, *in-8*.

Les Interlocuteurs de ce Dialogue, écrit en Vers, ſont le Monde & le Temps.

18054. ☞ Remontrance au Roi Très-Chrétien Charles IX. Roi de France ; par M. Pierre GODEFROI, Docteur en Droit, & Procureur de S. M. en la Sainte Inquiſition de la Foi, à Carcaſſone : *Paris*, Hulpeau, 1569, *in-8*.

Cet Ouvrage, en Vers, a 50 Quatrains.]

18055. Trattato delle Guerre di ſua memoria del Signor Cap. Chriſtoforo VISCONTI, Milaneſe, diviſo in due parti : nella prima ſi narrano le Guerre nel Piemonte trà Imperatore Carolo V. & il Ré Arrigo di Francia, & al Trento ſopra Civitella trà Monſiur de Guiſa per Papa Paulo IV. & il Duca d'Alba per Filippo Ré di Spagna : nella ſecunda deſcriveſi la Rebellione nel Iſola di Corſica dalli Signori Genoveſi procurata da ſanti Pietro Corſo, Colomnello di Carolo IX. Ré di Francia. Coſe accadute dall'anno 1548, all'anno 1568, a le quali iſſe autor intervicne : *In Luca*, Belgrado, 1600, *in-8*.

18056. Della Guerra fatta da Franceſi, & de' tumulti ſuſcitati poi da Sampiero della Baſtellica nella Corſica, Libri otto di Michele MERELLO : *In Genova*, Pavonii, 1695, *in-4*.

Cette Guerre a duré depuis l'an 1553 juſqu'en 1569.

18057. Le vrai Diſcours de la Bataille donnée (par M. le Duc d'Anjou,) le 13 Mars 1569, entre Châteauneuf & Jarnac : *Paris*, Nyverd ; *Rouen*, le Megiſier, 1569 : [*Lyon*, Jove, 1569] *in-8*.

18058. ☞ Mſ. Relation des choſes remarquées au Camp du Duc d'Anjou, frère du Roi.

Ce Manuſcrit eſt conſervé dans la Bibliotheque de M. Fevret de Fontette, Conſeiller au Parlement de Dijon. Il contient une Relation de la Bataille de Jarnac, qui ſe donna le 13 Mars 1569, & où le Prince de Condé fut tué.]

18059. ☞ Alléegreſſe de la France pour la Victoire obtenue entre Coignac & Châteauneuf ; par Arnault SORBIN : *Paris*, 1569, *in-8*.]

18060. ☞ Diſcours fait à Charles IX. de la défaite du Prince de Condé ; par le Chevalier COSSE : 1569.]

18061. ☞ Chant triomphal ſur la Victoire de Charles IX. Roi de France ; par Jean DORAT, Poëte du Roi : *Paris*, Chatron, 1569, *in-4*.]

18062. ☞ Lettres & Remontrances au Roi, par Louis de Bourbon, Prince de Condé, &c. du 23 Août 1568, ſur les contraventions de la Paix faite & jurée l'an 1568, avec la Proteſtation dudit ſieur Prince, & le Réglement par lui établi en ſon armée. Lettres de la Majeſté de la Royne de Navarre, de même argument. Enſemble le Récit du meurtre déloyalement perpétré en la perſonne dudit ſieur Prince, en la rencontre des deux armées Françoises, le 13 Mars 1569, avec plusieurs Épitaphes en vers François & Latins, (sans date:) *in*-8.

Les mêmes, en Latin : 1570, *in*-8.]

18063. Actes des choses mémorables survenues au Siége devant Nyort, par le Comte du Lude, le 20 Juin 1569 : [*La Rochelle*, 1569, *in*-8.]

Ces Actes sont imprimés dans l'*Histoire de notre temps*, pag. 577 : 1570, *in*-8.

18064. ☞ Supplicatio Carolo IX. exhibita (mense Julio 1569) post collectas conjunctasque copias & stipendia Germanico exercitui persoluta, ab illustrissimis Principibus, Nobilibus, cæterisque qui ad suam suorumque defensionem contra Guisias, reliquosque Hispanicæ ac Papisticæ factionis conjuratos, arma sumere coacti sunt: ex Gallico sermone repræsentata : 1570, *in*-8.]

18065. Ample Discours de ce qui s'est fait & passé au Siége de Poitiers, écrit durant icelui par un homme qui étoit dedans : *Rouen*, 1569, *in*-8.

Ce Discours est daté du 11 Septembre 1569, & signé, M. Lib. M. Marin LIBERGE, Docteur ès Droits, Catholique, mort en 1620, est l'Auteur de ce Discours.

Le même Discours, avec plusieurs augmentations: *Paris*, [Chesneau] 1569, *in*-8. *Poitiers*, 1570, *in*-4. *Ibid.* Thoreau, 1621, *in*-12.

18066. Ms. Journal du Siége de Poitiers, par l'Armée Calviniste, sous les ordres de l'Amiral Chastillon (de Coligny;) par Jean DE LA HAYE, Lieutenant-Général de Poitiers.

Cet Auteur fut tué en 1575. Son Journal est cité par Varillas, qui dit qu'il mérite d'autant plus d'être lu, qu'il est le plus exact de ceux du siècle passé pour la matière dont il traite.]

18067. ☞ Lettre de M. DREUX DURADIER, sur la Relation du Siége de Poitiers, par VARILLAS, dans son Histoire de Charles IX. *Journal de Verdun*, 1752, *Août.*]

18068. Discours du succès des affaires passées au Siége de Poitiers, le 19 Juillet 1569, jusqu'au 21 Septembre : *Paris* & *Rouen*, 1569, *in*-8.

18069. ☞ Au très-illustre Duc de Guise, Pair de France, sur la défense de Poitiers, Vers imités du Latin de J. V. 1569, *in*-12.]

18070. ☞ Elégie de J. V. au Duc de Lorraine, au sujet de la défense de Poitiers, & traduite par Guillaume Durand, Conseiller au Présidial de Senlis : *Paris*, Dupré, 1569, *in*-4.]

18071. ☞ Marini LIBERGEI, de calamitatum Galliæ Causis, Oratio, 1569, *in*-4.]

18072. ☞ Discours de l'entreprise faite par les Huguenots sur la Ville de Bourges : *Paris*, 1569.]

18073. ☞ Recueil de Guy du Faur, sieur DE PIBRAC, sur la seconde Remontrance par lui faite en la Cour de Parlement : *Paris*, 1569, *in*-8. & *Lyon*, *in*-16.]

18074. ☞ Apologie pour la Ville de Lyon, contre le Libelle intitulé : La juste & sainte Défense de la Ville de Lyon ; par Gabriel DE SACCONAY : *Lyon*, Jove, 1569.]

18075. ☞ Supplication pour faire punir ceux qui ont manqué de foi à ceux qui sont sortis de S. Jean d'Angély : *Angoulême*, 1569, *in*-8.]

18076. ☞ Copie des Lettres au Roi & du sieur de Lansac au Seigneur de Pardaillan, Gouverneur de Blaye : 1569, *in*-8.]

18077. Journal des choses plus remarquables arrivées en France depuis la mort de Henry II. arrivée le dernier Juin 1559, jusqu'à la Bataille de Moncontour, laquelle fut donnée le 3 Octobre 1569 : le tout recueilli par M° Pierre (ou plutôt Nicolas) BRULART, Abbé de Joyenval, Chanoine de Notre-Dame de Paris, & Conseiller Clerc audit Parlement.

☞ Il paroît que l'Auteur étoit Conseiller au Grand-Conseil, comme le remarque Blanchard, en ses *Eloges des Présidens à Mortier du Parlement de Paris*, p.365.

Son Journal, (qui est imprimé à la tête du tom. I. des *Mémoires de Condé*, Edition de 1743 : *Londres*, *in*-4.), renferme ce qui s'est passé en France, depuis la mort de Henri II. en 1559, jusqu'en 1569. Mais il y a une lacune depuis le 25 Août 1566 jusqu'au 19 Septembre 1567. Ce Journal est sec & bien inférieur à celui de l'Etoile ; mais il contient des faits importans, & plusieurs Pièces qui ne se trouvent pas ailleurs. L'Editeur (M. Secousse), a tiré ce Journal d'une Copie manuscrite qui est conservée dans le Cabinet de feu M. le Président Bouhier. L'Auteur s'appelloit Nicolas, (& non Pierre) Brulard. Il est mort en 1597. Son Père, Noël Brulart, étoit Procureur général au Parlement de Paris. Pierre Brulart, frère de Nicolas, fut Seigneur de Genlis, & devint Secrétaire d'Etat, le 8 Juin 1569. Au surplus l'Auteur du Journal étoit un zèlé Catholique, & fort attaché à la Maison de Guise.]

18078. Discours de la Bataille donnée le 3 Octobre 1569, proche de Moncontour: *Paris*, Dallier, 1569 : *Orléans*, Gibier, 1569, *in*-8.

Le même Discours, avec le Siége de Saint-Jean-d'Angéli, (en 1569): *Poitiers*, 1621, *in*-12.

Ce Discours est signé par DE NEUFVILLE.

18079. ☞ Victoria Moncontoriensis : *Parisiis*, 1569, *in*-4.]

18080. Discours de ce qui s'est passé au Siége de Saint-Jean-d'Angély, du 15 Décembre 1569 : [*Angoulesme*, 1569, *in*-8.]

Ce Discours est (aussi) imprimé dans l'*Histoire de notre temps*, pag. 629, (1570): *in*-8.

18081. Acta tumultuum Gallicorum, ab obitu Henrici II. Regis, anno 1559, ad memorabilem Regis Caroli IX. Victoriam anno 1569, consecutam.

Ces Actes sont imprimés avec le Livre intitulé : *Illus-*

Règne de Charles IX. 1569.

tria Ecclesiæ Catholicæ Trophæa, [*ex recentioribus Anglicorum Martyrum Scotica proditionis, Gallicorumque furorum rebus gestis*] : 1573, *in-8.*

18082. Mſ. Diſcours ſommaire de ce qui s'eſt paſſé en la Guerre que le Roi Charles IX. a faite à ſes Sujets rébelles, ès années 1568 & 1569, ſous la conduite du Duc d'Anjou ſon frère : *in-fol.*

Ce Diſcours [étoit] conſervé dans la Bibliothèque de M. Baluze, num. 754, [& eſt aujourd'hui dans celle du Roi.]

18083. Obſervations ſur pluſieurs choſes advenues aux trois premiers troubles ſous Charles IX. depuis l'an 1562 juſqu'en 1569, avec la vraie déclaration de la plupart d'icelles ; par (-François) DE LA NOUE.

Ces Obſervations ſont imprimées avec ſon *Diſcours Politique & Militaire* : *Baſle*, 1587, *in-4.* L'Auteur eſt mort en 1591. De Freſne Canaye, qui fit imprimer ce Diſcours, & qui étoit alors de la Religion Prétendue-Réformée, dit dans ſon Avertiſſement, « qu'en ce que » l'Auteur touche de nos Guerres civiles, il apporte » ſincérité ; qu'il remarque plutôt les fautes du parti qu'il » a ſuivi que des autres, & priſe ce qu'il a trouvé de » louable en ceux contre leſquels il a porté les armes. »

18084. Tome premier, contenant quarante Tableaux ou Hiſtoires diverſes qui ſont mémorables, touchant les Guerres, Maſſacres & Troubles advenus en France ès dernières années, le tout ſelon le témoignage de ceux qui y ont été en perſonnes, & qui les ont vus, leſquels ſont pourtraits à la vérité : *in-fol.*

C'eſt un Recueil de quarante Eſtampes, gravées en bois, qui repréſentent les événemens les plus conſidérables, depuis le 10 Juin 1559 juſqu'en 1570.

18085. La Légende de Charles, Cardinal de Lorraine, & de ſes frères, de la Maiſon de Guiſe, décrite en trois Livres ; par François DE L'ISLE : *Reims*, Martin, [ou *Genève*,] 1576, [ou 1574 & 1579.] *in-8.*

Satyre ingénieuſe contre les ambitieux deſſeins de cette puiſſante Maiſon ; mais Satyre trop ſanglante pour croire tout ce qu'on y dit. Il n'y a que le premier Livre d'imprimé qui finit à la troiſième Guerre civile.

☞ Cette Pièce eſt auſſi imprimée dans le Supplément (ou Tome VI.) des *Mémoires de Condé*, part. I. pag. 1-115 : *La Haye*, 1743, *in-4.* C'eſt l'une des plus ſatyriques qui aient été faites contre les Guiſes, & ſurtout contre Charles, Cardinal de Lorraine. Elle contient tous ſes déportemens ſous les Règnes de Henri II. François II. & Charles IX. On y voit que cette branche de la Maiſon de Lorraine, en venant s'établir en France ſous François I. forma, & ne perdit jamais de vue, le deſſein de ſe frayer le chemin au trône, qu'elle s'imaginoit fauſſement lui appartenir. L'Auteur qui a pris le nom de ſieur de l'Iſle, étoit un zélé Proteſtant, & fort attaché à la Maiſon de Montmorency. L'Abbé Lenglet (qui a fait réimprimer cette Pièce dans le prétendu Supplément aux *Mémoires de Condé*), dit qu'il y en a eu deux Editions : l'une en 1574, & l'autre en 1579. Il conjecture que le véritable Auteur eſt le ſieur Regnier DE LA PLANCHE, connu par pluſieurs autres Ouvrages : quel qu'il ſoit, il paroit bien inſtruit, & les détails dans leſquels il entre, ſont curieux. Cependant il outre quelquefois les choſes, & ſa haine contre les Guiſes l'empêche même de convenir des belles actions qu'ils ont faites. Il finit vers l'an 1570. Il avoit promis de donner une ſuite encore plus curieuſe & plus ſanglante ; mais cela n'a pas été effectué.

Voyez la *Méth. hiſtor.* de Lenglet, *in-4.* tom. *IV.*

pag. 82, & ſon *Supplément*, pag. 161. = Le Gendre, tom. *II.* pag. 69. = *Supplément des Mémoires de Condé*, Préface, pag. 2.]

18086. Mémoires de la troiſième Guerre civile, & des derniers troubles de France ſous Charles IX. depuis l'Edit de pacification, du 3 Mars 1568, juſqu'au mois de Décembre 1569, diviſés en trois Livres : 1570, *in-8.*

Jean DE SERRES eſt l'Auteur de cet Ouvrage : [On ſçait qu'il étoit Calviniſte.] *Voyez* à la fin de cette Bibliothèque, le *Mémoire* ſur les Ouvrages de cet Auteur. L'Exemplaire qui eſt dans la Bibliothèque du Roi, a le nom de Jean de Serres, écrit de la main de Pierre Dupuy, Garde de cette Bibliothèque.

Les mêmes, compoſés en quatre Livres, contenant les cauſes, occaſions, ouverture de la troiſième Guerre civile, & pourſuite d'icelle : 1571, *in-8.*

Les mêmes ſont encore imprimés à la fin du tom. III. des *Mémoires du Règne de Charles IX. Middelbourg*, 1578, *in-8.*

☞ Les Mémoires de Jean de Serres ne ſe trouvent pas avec ceux du Règne de Charles IX. de la première Edition qui fut faite en 1576, *in-8.* 3 vol. ni dans celle de 1578, en petits caractères. On reproche à l'Auteur d'être peu exact dans ſes narrations. Il eſt mort en 1598, à 50 ans, empoiſonné, à ce qu'on croit, par quelques Calviniſtes zélés, qui étoient indignés d'un Livre qu'il venoit de compoſer pour concilier les deux Religions, intitulé : *De fide Catholica.*]

18087. Mouvement François, c'eſt-à-dire, Relation des raiſons qui ont porté les Réformés de ſe ſoulever, & défendre la première, deuxième & troiſième fois contre les perſécutions du Cardinal de Lorraine, traduit du François en Allemand : 1569, *in-4.*

18088. ☞ Obſervations ſur diverſes circonſtances du paſſage de l'armée des Princes de Navarre & de Condé, & de l'Amiral de Coligny, dans le Languedoc, én 1570.

C'eſt le ſujet de la Note V. du tom. V. de l'*Hiſtoire du Languedoc* ; par D. VAISSETE, *pag. 635.*]

18089. ☞ Mſ. Diſcours délibératif ſur les moyens de faire la Paix, propoſé à la Reine ſur la fin de Janvier 1570.

Ce Manuſcrit qui eſt du temps, & en 17 pages, ſe trouve dans la Bibliothèque de M. Fevret de Fontette, Conſeiller au Parlement de Dijon.]

18090. ☞ Mſ. Le But de la Guerre & de la Paix, ou Diſcours du Chancelier DE L'HOSPITAL, pour exhorter Charles IX. à donner la Paix à ſes Sujets, 1570.

Ce Manuſcrit qui eſt du temps, a 47 pages, & eſt conſervé dans la même Bibliothèque.]

18091. Edit du Roi ſur la pacification des troubles, du 11 Août 1570 : *Paris*, Dallier, 1570, *in-8.*

Le même Edit eſt imprimé au tom. I. des *Mémoires du Règne de Charles IX.* pag. 7 : *Middelbourg*, 1578, *in-8.*

18092. Exhortation aux François, pour vivre en concorde, & jouir du bien de la paix ; par Loys LE ROY : *Paris*, Morel, 1570, *in-8.*

☞ Cette Pièce qui eſt d'un François Catholique,

& écrite d'une façon assez sensée, fut faite à l'occasion de l'Edit de pacification de 1570. Il invite les François à se maintenir dans cet état de paix; & pour les y engager, il leur fait voir quel bien résulte de la concorde, & quels maux la discorde & la sédition ont apportés dans différens Etats, particulièrement en France.

On trouve à la suite :

1.° Projet ou Dessein du Royaume de France, pour en représenter en dix Livres, l'Etat entier, sous le bon plaisir du Roi; par le même Auteur.

2.° Les Monarchiques de Loys le Roy, ou de la Monarchie & des choses requises à son établissement & conservation, avec la conférence des Royaumes & Empires plus célèbres du monde, anciens & modernes, en leurs commencemens, progrès, accroissement, étendue, revenus, forces par mer & par terre, diversités de guerroyer, trains & cours de Princes, Conseils Souverains, Polices, Judicatures, Loix, Magistrats, durées, décadences & ruines.

Ces deux derniers Ouvrages ne sont que des projets ou plans, qui n'ont jamais été mis à exécution.]

== Histoire de notre temps, contenant un Recueil des choses mémorables, passées & publiées pour le fait de la Religion & Etat de France, depuis l'Edit de pacification, du 23 Mars 1568, jusqu'au 11 Août 1570.

Voyez ci-devant, Article des *Calvinistes*, N.° 5819, [*tom. I. pag.* 382.]

18093. Mémoires de Michel DE CASTELNAU, Seigneur de Mauvissière, contenant les choses remarquables qu'il a vues & négociées en France, en Angleterre, en Ecosse, sous les Rois François II. & Charles IX. depuis l'an 1559 jusqu'au 8 Août 1570, mis en lumière par Jacques de Castelnau son fils: *Paris*, Chappelet, 1621, *in-*4.

Les mêmes Mémoires, illustrés & augmentés de plusieurs Commentaires manuscrits, & de Lettres, Négociations & autres Pièces secrètes & originales, servant à donner la vérité des Règnes de François II. Charles IX. & Henri III. & de la Régence de Catherine de Médicis; avec les Eloges des Rois, Princes & Personnes illustres, & l'Histoire généalogique de la Maison de Castelnau; par Jean LE LABOUREUR, Prieur de Juvigné, Historiographe de France: *Paris*, Lamy, 1659, *in-fol.* 2 vol.

☞ Les mêmes Mémoires de Messire Michel de Castelnau, &c. par Jean LE LABOUREUR, Conseiller & Aumônier du Roi, Prieur de Juvigné : Nouvelle Edition, revue avec soin, (par M. Jean GODEFROY), & augmentée de plusieurs Manuscrits, avec près de 400 Armoiries gravées en taille douce, &c. *Bruxelles*, Léonard, 1731, *in-fol.* 3 vol.

Le Tome I. contient les Mémoires de Castelnau, qui commencent en 1559, à la mort de Henri II. & finissent sous Charles IX. en 1570. = Additions aux Mémoires de Castelnau, disposées selon l'ordre des Livres & des Chapitres desdits Mémoires.

Le Tome II. comprend la suite des Additions: elles finissent en 1570, ainsi que les Mémoires. Il y a dans ces Additions plusieurs Vies particulières, qui se trouveront détaillées ci-après, à l'Article des *Officiers de Guerre*.

Le Tome III. qui est un ample Supplément aux Mémoires de Castelnau, contient : Eloge de Charles IX. par BRANTOSME.

= Historia Vitæ Caroli Valesii Galliarum Regis, ejus nominis noni, à Papyrio MASSONIO, conscripta 1575 : (en Latin & en François).

= Discours de la Vie du Roi Henri III.

= Abrégé de la Vie de Messire Michel de Castelnau, Auteur de ces Mémoires; par M. LE LABOUREUR.

= Histoire Généalogique de la Maison de Castelnau.

= Généalogie de plusieurs Maisons alliées à celle de Castelnau, (elles seront détaillées ci-après, Article des *Généalogies*).

= Nouvelles Additions aux Mémoires de Castelnau, contenant plusieurs Pièces intéressantes qui servent de preuves auxdits Mémoires, tirées d'un Manuscrit de la Bibliothèque de l'Abbaye de S. Germain-des-Prés, & qui n'avoient jamais été imprimées; elles sont partagées en deux Livres, le premier contient des dépêches du Roi, de la Reine Mère & du Duc d'Anjou, à M. de la Mothe-Fénelon, Ambassadeur en Angleterre, depuis 1572 jusqu'en Octobre 1575. Le second Livre comprend l'Instruction de Mauvissière, s'en allant résider Ambassadeur pour le Roi en Angleterre, avec plusieurs Lettres, &c. Ces nouvelles Additions s'étendent depuis 1572 jusqu'en 1578.]

Michel de Castelnau est mort en 1592; Jean le Laboureur en 1675, [& Jean Godefroy en 1732.]

Le Laboureur parle ainsi dans sa Préface de ces Mémoires : « Je dirai en faveur de ces Mémoires, qu'il » n'y en a point de plus véritables, & que personne ne » s'est mieux acquitté d'un dessein tel que le sien, de » donner une connoissance parfaite des affaires de la » France, depuis l'an 1559 jusqu'en 1570. Son Discours » est pur & succint ; ses sentimens sont beaux & justes; » on y voit la vérité sans aucun artifice, un sçavoir sans » affectation, & une expérience sans faste & sans vanité. » Aussi (Castelnau) est-il le seul des Historiens modernes » qu'on estime avoir moins de passions ; & les Religion- » naires contre lesquels il a combattu & négocié, n'ont » point eu de reproches à lui faire contre ses Commentai- » res. Il a fait part au public de toutes ses connoissances, & » il n'a rien ignoré de tous les secrets du Gouvernement, » dont il a été le dépositaire avec Jean de Morvilliers, » Evêque d'Orléans......

« Leur beauté y a fait trouver un défaut, c'est qu'il » les ait un peu trop abrégés, & qu'il ne les ait pas » poursuivis plus avant. Mais comme son dessein n'étoit » que de former le jugement de son fils, il s'est contenté » de toucher seulement les choses, pour lui en donner » une connoissance certaine, malgré les différentes Histoires qui les racontent diversement ; & d'ailleurs il a » eu tant d'horreur du massacre de la saint Barthé- » lemy, que ne pouvant parler de cette barbarie, sans » en découvrir les véritables motifs, & sans compromettre » dans la complicité d'une si cruelle conjuration des personnes vivantes de la première dignité, il aima mieux » en demeurer à la moitié de sa Décade, qui finit à la » Paix, le 8 Août 1570. »

« J'ai choisi cet Abrégé (continue le Laboureur), » afin de donner sous le nom de *Commentaires & d'Additions*, la vérité en original de trois Règnes fort embrouillés, & encore plus confusément écrits selon la » passion des Auteurs. » Il fait ensuite un détail de toutes les Pièces dont il s'est servi dans [son] Edition, qui contient un des plus excellens morceaux que nous ayons pour l'Histoire de ce temps-là. Les Eloges qu'il rapporte sont ceux qui ont été composés par Pierre de Bourdeille, Sieur DE BRANTOSME.

☞ *Voyez* la *Méth. histor.* de Lenglet, *in-*4. *t. IV. pag.* 83. = Sorel, *pag.* 301. = Bibliothèque de Harley, *tom. II. pag.* 517. = Nouvel. du Parnasse, Lettre 51. = Journal de Verdun, Avril 1731 : Avril 1732. = Le P. Niceron, *tom. XIV. p.* 118. = Essai de Littér. 1702, *pag.* 255.

pag. 255. = Le Gendre, *tom. II. pag.* 73. = Lenglet, *Plan de l'Hist. de France*, *tom. II. pag.* 18. = *L'Esprit de la Ligue*, *tom. I. pag.* 45.]

18094. La vraie & entière Histoire des derniers troubles, advenus tant en France qu'en Flandres, depuis l'an 1562 jusqu'en 1570, en quatorze Livres: *Cologne*, 1571, *Basle*, 1572, [*La Rochelle*, Davantes, 1573,] *in*-8.

☞ La même, comprise en dix-huit Livres, dont les cinq derniers sont nouveaux, & les autres revus, enrichis & augmentés de plusieurs choses notables: *Basle*, Germain, 1579, *in*-8. 2 vol.

Cette Histoire commence en 1562, sous Charles IX. & finit en 1577 sous Henri III. On ne fait pas grand cas de cet Ouvrage, qui est assez mal écrit. Il peut cependant servir à éclaircir bien des faits qui ne se trouvent pas aussi développés ailleurs. Les Calvinistes le condamnèrent dans leur Synode national de la Rochelle, du 28 Juin 1581, comme contenant plusieurs faussetés & calomnies au préjudice de la vérité de Dieu, & au désavantage & deshonneur de la Doctrine de la Religion Réformée.]

Du Haillan attribue cette Histoire, dans sa *Préface de l'Histoire de France*, à Lancelot de Voësin, Sieur DE LA POPELINIERE, Gentilhomme Poitevin: il avoit été de la Religion; mais il est mort Catholique en 1608. [*Voyez* Lenglet, *tom. IV. pag.* 78.]

18095. ☞ Au Roi, Congratulation de la Paix faite par Sa Majesté, entre ses Sujets, le onzième jour d'Août 1570, (en Vers); par Etienne PASQUIER, Parisien: *in*-4.]

18096. ☞ Véritable Discours du Mariage de très-haut, très-puissant, très-Chrétien Charles IX. de ce nom, Roi de France, & de très-excellente & vertueuse Princesse Madame Elisabeth, fille de l'Empereur Maximilien (II.) fait & célébré en la Ville de Mézières (sur Meuse), le vingt-sixième jour de Novembre 1570; du 29 du même mois de Novembre 1570: *in-fol.*

Ce Discours, qui est de M. PINART, Secrétaire d'Etat, est imprimé dans le *Cérémonial François*, de Théodore Godefroy: (*Paris*, 1649, *in-fol.*) *tom. II. pag.* 20.

On voit dans l'Eglise de Notre-Dame de Mézières, au côté droit collatéral, une Inscription simple sur la célébration de ce Mariage, aussi bien qu'une autre sur le Siége de cette Ville, que Charles-Quint, le 27 Septembre 1521, fut forcé de lever, par Pierre du Terrais, (plus connu sous le nom de Chevalier Bayard). Ces deux Inscriptions sont renfermées dans un Manteau-Royal. Mais on en trouve une autre sur la consommation du Mariage de Charles IX. que nous transcrirons ici, parcequ'on n'en a fait mention nulle part. Elle est dans une Maison qui appartient actuellement à M. le Seur, Chanoine de la Collégiale de S. Pierre de Mézières, & où il demeure.

« Hac in aulâ prima Catō. 9ˡ. Franc. Reg. invict.
» & Isabel. ab Austriâ Reg. Maxim. 2ˡ. Rom. Imp. filiæ,
» Sacrarum nuptiarum connubia feliciter absolvebantur.
» Anᵒ Domi 1570, mēsis Nov. 26. »

Cette Inscription est sur un marbre noir, qui est dans un cadre de marbre jaspé. Au-dessus de ces mots, *Hâc in aulâ*, est l'Ecusson de France: au-dessus de *prima Carō*. est une Colomne torse, avec ces mots, *Pietate & Justitia*: enfin au-dessus de 9ˡ. *Franc.* sont les armes de France accollées avec celles de l'Empereur.]

18097. ☞ Jacobi BARLÆI Deprecatio

poetica, ad Christum in nuptias Caroli IX. & Isabellæ Austriacæ, Lat. & Gall. *Parisiis*, 1571, *in*-8.]

18098. ☞ Hymne sur l'avant-Mariage du Roi; par Scevole DE SAINTE-MARTHE, Gentilhomme Lodunois: *Paris*, Morel, 1570, *in*-8.]

18099. ☞ Panégyrique sur le Mariage du Roi, prononcé à Angers le 23 Novembre 1570; par François BALDUIN: *Angers*, 1571, *in*-4.]

18100. ☞ Joan. BRAUN, Cybimensis Pannonii; Epithalamia in nuptias Caroli IX. & Elisabethæ, filiæ Maximiliani II. 1570, *in*-4.]

18101. Harangue au Roi, par les Ambassadeurs d'Allemagne, du 23 Décembre 1570.

Cette Harangue est imprimée au tom. I. des *Mémoires du Règne de Charles IX. pag.* 24: *Middelbourg*, 1578, *in*-8.

Colomiez, dans ses *Opuscules*, conjecture que cette Harangue est d'un Bourguignon, nommé Hubert LANGUET, Conseiller de l'Electeur de Saxe, mort en 1581. Voici ce qu'en dit Languet même dans ses *Epîtres* écrivant de Vienne à son Héros, Philippe Sydney, le premier Janvier 1574.

« Je ne crois pas avoir de copie de la Lettre que je
» vous ai montrée, touchant l'Election du Roi de Polo-
» gne; mais si vous aimez ces bagatelles, je ferai en
» sorte que vous ayez la Harangue que je fis il n'y a pas
» trois ans, au Roi de France, au nom de quelques
» Princes d'Allemagne, dans laquelle il se trouve des
» choses dites avec tant de liberté, que dans le tumulte
» de Paris, j'appréhendai qu'elle ne me fût fatale.

18102. Réponse du Roi à cette Harangue, le 24 Décembre 1570.

Elle se trouve, *pag.* 28, du tom. I. des *Mémoires du Règne de Charles IX.*

18103. ☞ Novem Cantica de Pace ad Carolum IX. 1570.

Ces Poësies se trouvent à la suite du Discours de Léon Tripault sur le Siége d'Orléans.]

18104. ☞ Le Retour de la Paix, & du fruit provenant du bénéfice d'icelle, &c. *Lyon*, Rigaud, 1570, *in*-12.]

18105. ☞ Articles accordés par le Grand Seigneur, en faveur du Roi & de ses Sujets, à Messire Claude du Bourg, Chevalier, Sieur de Guyenne, pour la liberté & sûreté du commerce au Levant: *Paris*, Jean de Bordeaux, 1570, *in*-8.]

18106. ☞ Ode sur les misères des Eglises Françoises: 1570, *in*-8.]

18107. ☞ Pourparler, [fait à la Rochelle,] par M. le Maréchal de Cossé, [& les Commissaires députés par le Roi, pour l'accompagner], avec la Royne de Navarre, Messieurs les Princes, l'Admiral, [& autres étant avec eux audit lieu], ensemble, un brief Discours [des Remontrances faites par lesdits Seigneurs, auxdits sieurs Maréchal & Commissaire], des occasions des troubles

Tome II. K k

en ce Royaume: (sans nom de Ville ni d'Imprimeur) 1571, *in-12.*

Cette Pièce est aussi *pag.* 33, du tom. I. des *Mémoires de Charles IX.*]

18108. Discours du Massacre fait à Orange, au mois de Février 1571. *Mémoires de Charles IX. tom. I. pag.* 40.

18109. Massacre de ceux de la Religion, au mois de Mai 1571. *Ibid. pag.* 57.

18110. Discours de ce qui advint touchant la Croix de Gastines, l'an 1571, vers Noël; par René BENOIST, Docteur en Théologie. *Ibid. pag.* 88.

☞ Par Arrêt du 30 Juin 1569, Philippe & Richard de Gastines, Marchands de Paris, avoient été condamnés à être pendus pour le fait de la Religion. Leur maison, rue S. Denys, fut démolie; & des deniers provenants de la vente des fers & des bois de ladite maison, fut érigée une Croix. On en demanda la destruction, conformément à l'Article XXXII. de l'Edit de pacification. La Cour chercha des délais. Enfin, sur la fin de Décembre 1571, pendant une nuit fort sombre, elle fut enlevée & transportée au Cimetière des Saints-Innocens. Le peuple fit le matin quelque désordre, après quoi il se retira: voilà le sujet de ce Discours.]

18111. Réponse d'un Huguenot au Discours précédent. *Ibid. pag.* 95.

☞ Son premier Titre étoit:

Réponse de la plus saine partie de Messieurs de Paris, à l'Avertissement à eux envoyé par Messire René Benoist, Docteur en Théologie, sur le moyen d'appaiser les troubles advenus à cause de la Croix, & autres concernant la Religion: *in-8.*

Elle refute pied à pied l'Auteur du Discours, & l'accuse de maximes fausses, dangereuses, & tendantes à la sédition.]

18112. Considération sur l'Histoire Françoise & universelle de ce temps, dont les merveilles sont succinctement rapportées; par Louis LE ROI, Professeur Royal en Eloquence: *Paris,* 1571, *in-8.*

Cet Auteur est mort en 1577.

18113. ☞ Livre contenant la fleur & substance de plusieurs Traités, tant des Prophéties & Révélations, qu'anciennes Chroniques, faisant mention des faits de l'Eglise universelle, &c. auquel est ajouté une Prophétie, laquelle démontre ce qui est advenu depuis le Roi François I. jusqu'à présent: *Paris,* 1571, *in-8.*]

18114. ☞ Mémoires de la Vie de François de Scepeaux, Sire de Vieilleville & Comte de Duretal, Maréchal de France, contenant plusieurs Anecdotes des Règnes de François I. Henri II. François II. & Charles IX. composés par Vincent CARLOIS, son Secrétaire: *Paris,* 1757, *in-8.* 5 vol.

Le Maréchal de Vieilleville est mort en 1571, de poison, dans son Château de Duretal. Les Mémoires de sa Vie s'étendent pour l'Histoire, depuis l'an 1528 jusqu'en 1571. On trouve à la fin quelques remarques de l'Editeur. On y a conservé le style du temps auquel ces Mémoires ont été composés. Ils sont très-curieux. C'est le Père GRIFFET, Jésuite, qui a fait la Préface & les Notes, & qui a continué les Mémoires jusqu'à la mort du Maréchal.

Voyez le *Journal de Verdun, Juillet,* 1758.=L'*Esprit de la Ligue, tom.* I. *pag.* xlij.]

18115. Discours moderne & facétieux des faits advenus en divers Pays, pendant les Guerres civiles de France, avec un sens moral; par Jean BERGER, dit de Saint-Clément: *Lyon,* Michel, 1572, *in-16.*

18116. Copies des Lettres du Roi de Navarre & du Cardinal de Bourbon, & du Prince de Condé, au Pape Grégoire, [pour être remis à la sainte Eglise Catholique Romaine, du 3 Octobre 1572]; ensemble la Réponse de sa Sainteté, en Latin & en François; traduites par Jean Touchard: *Paris,* 1573, *in-8.* [*Paris,* Lhuillier, 1572, en François seulement.]

Les mêmes Lettres écrites en 1572, au Pape Grégoire XIII. sont imprimées au tom. I. des *Mémoires du Règne de Charles IX. pag.* 538: *Middelbourg,* 1578, *in-8.*

☞ Tout le monde sçait que ces deux Princes furent forcés à écrire ces Lettres, par la peur qu'on leur fit, lors de la Saint-Barthélemi.

18117. Commentaires de Blaise DE MONTLUC, Maréchal de France, où sont décrits les Combats, Rencontres, Batailles, Siéges & autres Faits de Guerre signalés, où il s'est trouvé depuis l'an 1521 jusqu'en 1572: *Bourdeaux,* 1592, *in-fol. Paris,* 1594, 1609, 1617, 1626, *in-8. Paris,* 1661, *in-12.* 2 vol. [*Paris,* Barois, 1746, *in-12.* 4 vol.]

I medesimi tradotti da Gulielmo Ferrari: *In Cremona,* 1572, *in-4.*

I medesimi tradotti dal Francese, de Vincenzio Pitti: *In Firenze,* Sermartelli, 1630, *in-4.*

Les mêmes, traduits en Anglois: *London,* 1666, *in-fol.*

« Le Maréchal de Montluc s'est rendu autant recommandable par l'Histoire en laquelle il a compris tant de choses notables advenues de son temps, que par les armes, où il a fait connoître, tant en France qu'en plusieurs lieux de l'Italie, sa promptitude, dextérité, expérience & suffisance; mais il a écrit son Histoire plûs à la Soldatesque qu'en Historien. » La Popelinière, *pag.* 451, de l'*Histoire des Histoires.*

« Blaise de Montluc, qui de simple Soldat, après plusieurs dégrés, étoit parvenu à la dignité de Maréchal de France, a écrit les Escarmouches, les Batailles & les Assauts qu'il avoit vus de son temps, & où il avoit été un des plus avant pendant les Règnes de François I. de Henri II. de François II. & de Charles IX. La vérité est plus assurée en tels Livres qu'en d'autres; parceque ce sont des gens de bonne race & de grand cœur, qui les ont composés, lesquels avoient trop de générosité pour user de quelque déguisement. Les choses qu'ils ont écrites, étant de leur profession, sont rapportées pour l'instruction de ceux qui les lisent, & qui veulent suivre comme eux la voie des armes ». Sorel, *pag.* 332, de sa *Bibliothèque Françoise.*

Ces Commentaires sont estimés, & sont fort utiles pour l'Histoire du seizième siècle. D'Aubigné en parle cependant fort cavalièrement. Il semble vouloir se venger par-là du mal que le Maréchal avoit fait à ceux de sa Religion. Naudé dit, *pag.* 425, du *Naudaeana,* « que

Règne de Charles IX. 1572.

» les choses qu'a écrites ce Maréchal dans ces Commen-
» taires, ne sont pas si grandes qu'il les fait; qu'il étoit
» Gascon & vantard, qu'il y a pourtant de très-bonnes
» choses ».

« On lit avec plaisir ces Commentaires (dit le Père
» Daniel dans sa *Préface de l'Histoire de France*), parce-
» que le style en est léger, vif & naïf, quoique le lan-
» gage en soit suranné ». Scévole de Sainte-Marthe avoit
déja dit que ce grand homme s'étoit représenté lui-
même dans le tableau de son Histoire, avec un style naïf
& une éloquence vraiement militaire. Blaise de Montluc
est mort en 1577.

☞ *Voyez* le Gendre, *tom. II. pag.* 18. = *Lett.* de
Bongars, *tom. II. pag.* 678. = *Caractère des Auteurs
anc. & modern. pag.* 65. = *Letter.* d'Etienne Pasquier,
tom. II. pag. 385. = Lenglet, *tom. IV. de sa Méth. histor.
in-4. pag.* 83. = Sorel, *p.* 302. = *Journ. des Sçav. Févr.
1747.* = *Caract. des Ouvr. histor. pag.* 98. = *Nouv. Edit.
de l'Hist. de Franc. de* Daniel, *Préf. tom. I. pag.* 115.
= *Hist. des Hist. p.* 452. = *L'Esprit de la Ligue, tom. I.
pag. xlj.*]

18118. ☞ Vie de Blaise de Montluc ; par
M. D'AUVIGNY, 1745.

Elle est imprimée, *pag.* 97-365, du *tom*. XII. des
*Vies des Hommes Illustres de France : Amsterdam &
Paris*, le Gras, *in*-12.]

18119. ☞ Histoire de toutes choses mémorables, depuis 1500 jusqu'en 1572; traduit
du Latin de SURIUS, par Estourneau : *Paris*,
1573, *in*-8.]

18120. ☞ Discours au Roi Charles IX.
pour la Guerre contre les Espagnols, ès Pays-
bas, 1572.

Ce Discours est imprimé au *tom*. I. des *Mémoires* de
Duplessis-Mornay : 1624, *in*-4.

Le moyen de décharger la France du grand
nombre de Soldats dont elle fourmille, est d'entreprendre une Guerre qui soit juste, facile & utile.
Tous ces avantages se trouvent dans celle qu'on propose contre l'Espagne, sur-tout dans les Pays-bas. Il y a
beaucoup de détail & de raisonnement dans ce Discours,
que l'Auteur fit à l'âge de 13 ans, & que l'Amiral de
Coligny, qui poussoit fort à cette entreprise, présenta
au Roi.]

18121. ☞ Lettre écrite par le Comte Pa-
latin, (15 Mars 1572), à Monseigneur le
Duc de Montpensier, & Réponse, &c. sur
le Département de Madame l'Abbesse de
Juerre, (Jouarre) sa fille pour se retirer en
Almaigne : 1572, *in*-12.

Charlotte de Bourbon, Abbesse de Jouarre, fille du
Duc de Montpensier, embrassa la Religion Prétendue-
Réformée, & se retira chez l'Electeur Palatin.]

18122. ☞ Remontrance à une Religieuse
sur le débauchement de plusieurs abusées
par les nouveaux Evangéliques L. D. S.
Paris, Richard, 1572, *in*-12.

Cette Pièce a trait au même objet que la précédente.]

18123. ☞ Brief Discours sur la mort de la
Royne de Navarre : 1572, *in*-12.]

18124. ☞ Discours du Triomphe des
Noces du Roi de Navarre, avec Madame
Marguerite de France, & la Narration de
la mort de l'Amiral & de ses Complices :
Lyon, 1572, *in*-8.]
Tome II.

18125. Déclaration du Roi Charles IX. Roi
de France, de la cause des massacres & occasion de la mort de l'Amiral & de ses Adhérens en cette Ville de Paris : *Lyon*, Joüe,
1572, *in*-8.

La même Déclaration, du 24 Août 1571, est imprimée au *tom*. I. des *Mémoires du Règne de Charles IX.
pag.* 321 : *Middelbourg*, 1578, *in*-8.

18126. Discours sur les massacres de la Saint-
Barthélemi.

Ce Discours est imprimé dans le même volume,
pag. 272.

18127. Discours sur la mort de Gaspard de
Coligny, qui fut Amiral de France, & de
ses Complices, le jour de Saint Barthélemi :
1572, *in*-8.

18128. ☞ Lettre de M. SAVARY de Fonte-
nettes, sur la mort de MM. de la Force,
massacrés à la journée de Saint Barthélemi.
Journal de Verdun, Novembre, 1753.]

18129. ☞ Copie d'un Manuscrit dont l'O-
riginal s'est conservé dans les Archives de
la Maison de la Force, concernant la façon
dont le Maréchal de la Force a été sauvé
du Massacre de la Saint-Barthélemi. *Merc.
1765, Novemb. pag. 31-51.*]

— Vie de l'Amiral de Coligny.

Voyez ci-après, *Histoire des Amiraux*.

☞ Nous en indiquerons cependant ici une qui a
paru nouvellement, parcequ'on y voit clairement exposée l'Histoire du temps qui a précédé la mort de l'A-
miral, & de tous les troubles, &c. auxquels il a eu
part.]

18130. ☞ Vie de Gaspard II. du nom,
Comte de Coligny, Seigneur de Chastillon
sur Loing, Gouverneur de Paris, &c. Colonel Général de l'Infanterie Françoise, & Amiral de France ; (par M. l'Abbé PERAU).

C'est ce qui forme les Tomes XIV. & XV. des *Vies
des Hommes Illustres de France*, (commencées par M.
d'Auvigny) : *Amsterdam & Paris*, le Gras, 1747;
in-12.]

18131. Discours sur les causes de l'exécution
faite ès personnes de ceux qui avoient conjuré contre le Roi & son Etat : *Paris*,
Lhuillier, 1572, *in*-8.

18132. Avis de la France, de ce qui s'est
passé le 24 Août 1572, à Paris, sur-tout
des cruautés commises contre l'Amiral :
1572, *in*-8. (en Allemand).

18133. Courte Apologie de la Journée de
la Saint-Barthélemi.

Cette Apologie est imprimée avec le *Traité de la
Religion Catholique & Foi Chrétienne des Rois de France, &c. Paris*, 1572, *in*-8.

☞ Le Père le Long n'avoit probablement pas vu
ce Traité : il est seul, & n'a aucune autre Pièce jointe
intitulée : *Apologie, &c*. Mais il est vrai qu'il contient
une Apologie de la Saint-Barthélemi ; & il ne paroît pas
avoir été fait pour un autre sujet. Il est rapporté ci-
après, Article des *Titres & Préémincences des Rois de
France*.]

18134. Remontrance faite par le Seigneur de BELLIÈVRE, Conseiller au Conseil Privé du Roi, devant les Ambassadeurs de Messieurs des Treize-Cantons des anciennes Ligues des hautes Allemagnes, à la journée assignée à Baden en Ergowe, le 18 Décembre 1572, où il est traité des causes qui ont meu le Roi de faire procéder à la punition de l'Amiral de Chastillon & de ses Complices.

Cette Remontrance est imprimée au tom. IV. des *Mémoires d'Etat*, de M. de Villeroy, *p.* 362. Pomporine de Bellièvre est mort Garde des Sceaux de France, en 1607.

☞ Il attribue aux crimes & à la révolte de l'Amiral cette cruelle exécution, qui étoit, dit-il, si nécessaire, qu'elle ne pouvoit plus être retardée, sans entraîner la ruine de l'Etat. Il disculpe le Roi de tous les bruits qui couroient contre Sa Majesté, & impute au Peuple furieux le trop de cruauté qu'on apporta.]

18135. ☞ Le Miroir de la tyrannie Espagnole, perpétrée aux Pays-bas par le Duc d'Albe & autres Commandans pour le Roi Philippe II. ensemble le Massacre de la Saint-Barthélemi, à Paris: *Amsterdam,* 1620, *in*-4. (avec figures en taille douce).]

18136. Wolfgangi PRISBACHII, Cracoviensis, Responsio ad Orationem Pomponii Bellevræi, Oratoris Francici, habitam in Concilio Helvetiorum, pro Defensione cædium quæ in Gallia commissæ sunt, anno 1572: *Rupellæ,* 1573, *in*-4. 1575, *in*-8.

Cette Réponse, traduite en François, est imprimée au tom. II. des *Mémoires du Règne de Charles IX.* pag. 28. Elle est très-emportée & pleine d'injures.

☞ Le Roi fit solliciter les Cantons Protestans pour faire chasser les Huguenots de son Royaume, qui s'y étoient retirés. Son Ambassadeur y fit une longue Harangue sur la nécessité où s'étoit trouvé Sa Majesté de faire massacrer l'Amiral & ses Adhérans. L'Auteur de ce second Discours en fait voir les faussetés & les contradictions; il disculpe l'Amiral de toutes les calomnies qu'avoit avancées contre sa mémoire l'Ambassadeur du Roi.]

18137. Lo Stratagemma di Carlo IX. contra gli Ugonotti, ribelli di Dio; da Camillo CAPILUPI: *In Roma,* 1572, *in*-4. 1574, *in*-12.

Le Stratagème de Charles IX. contre les Huguenots, traduit de l'Italien: 1574, *in*-8.

☞ Les deux, c'est-à-dire, la Traduction & l'Original, sont imprimés à la suite l'un de l'autre, dans l'Edition de 1574. Il y a à la tête de la Traduction un Avertissement au Lecteur, qui n'est pas dans l'Italien.

Voyez l'*Histoire* (en François) de M. de Thou, *tom. VI. pag.* 443. = *Dictionnaire de Bayle,* Act. Capilupi. = *L'Esprit de la Ligue, tom. I. pag.* xx.]

18138. ☞ Discours d'un Courtisan Catholique, découvrant les ruses du Roy, de la Royne Mère, & de leur Conseil secret.

Ce Discours est tiré du *Stratagème de Charles IX.* par Camillo Capilupi. Il est imprimé au tom. I. des *Mémoires de Charles IX.* & concerne le Massacre de la Saint-Barthélemi. L'Auteur s'étonne comment une entreprise de cette nature a pu être menée à sa fin, sans que les Huguenots & l'Amiral, qu'on amusoit par les promesses les plus spécieuses, en aient eu le moindre soupçon.]

18139. Dialogus quò multa exponuntur, quæ Lutheranis & Hugonotis Gallis acciderunt: *Orangiæ,* 1573, *in*-8.

☞ Dialogue des choses advenues aux Lutheriens & Huguenots de France: *Basle,* 1573, *in*-8.

C'est la Traduction de la Pièce précédente.]

18140. De furoribus Gallicis & cæde Admiralii Castillionii, atque illustrium Virorum passim edita per complures Galliæ Civitates, vera & simplex Narratio; ab Ernesto WARAMUNDO, Frisio: *Edimburgi,* 1573, *in*-4. *Londini,* 1573, *Lugduni-Batavorum,* 1619, *Amstelodami,* [Jansson], 1641, *in*-8.

Ce Livre est faussement attribué à Théodore de Beze, & à Hubert Languet; l'Auteur de la Vie du dernier prouve qu'il n'est point un Ouvrage de sa façon; mais il est de François HOTMAN, Parisien, qui s'est caché.

☞ Il parle comme témoin oculaire. On lui reproche cependant de n'être pas bien instruit des affaires de France. Il y a de la simplicité & du détail dans le récit qu'il fait de cette sanglante journée. Il en commence l'Histoire dès les premiers troubles; la suit jusqu'à la mort de l'Amiral, & ce qui s'ensuivit dans les Provinces. On trouve à la fin des Lettres du Roi, aux Princes étrangers & aux Gouverneurs de ses Provinces, par lesquelles on impute ce massacre, tantôt aux Guises, à cause de leurs vieilles querelles avec l'Amiral; tantôt à Charles IX même, à cause d'une secrette conspiration contre sa personne, celle de sa Mère & de ses frères. Il est inutile de faire de longues réflexions sur cette action indigne & barbare, qu'il seroit à souhaiter qu'on pût effacer de notre Histoire.

« Eremundo: ce nom est ainsi écrit dans l'Edition » *in*-12. d'*Amsterdam,* 1641. Le Père le Long néan- » moins corrige *Waramundo* dans son *Errata*. En effet, » j'ai vu une Traduction Françoise de ce Livre, par » un Anonyme, imprimée à *Basle, in*-12. Vallemand, » 1573, où l'Auteur est appellé *Varamond.* Je doute » que ce Livre soit de François Hotman. Il me paroît » peu vraisemblable que ce soit un Auteur supposé. Il » a encore fait un autre Livre, omis par le Père le » Long, parmi les Historiens des Pays-bas, & qui est » imprimé avec l'Edition de Jansson, 1641, sous ce titre: » *Origo & Historia Belgicorum Tumultuum* ». Cette Note est de M. le Président Bouhier.

Le titre de cette Traduction est:

« Discours simple & véritable des rages exercées par » la France, des horribles & indignes meurtres commis » ès personnes de Gaspard de Coligny, &c. & du lâche » & étrange carnage fait indifféremment des Chrétiens » qui se sont pu recouvrer en la plupart des Villes de » ce Royaume, sans respect aucun de sang, sexe, âge, » ou condition: le tout traduit en François du Latin » d'Ernest VARAMOND, de Frise; auquel est ajouté en » forme de parangon, Histoire tragique de la Cité de » Holme saccagée, contre la foi promise l'an 1517; » par Christiern II. Roi de Dannemarck, & de la pu- » nition divinement faite de ce Tyran & de son Arche- » vêque Goustave, extraite de la *Cosmographie* de » Monster. » Imprimé à *Basle,* par Pieter Wallemand, année 1573, petit *in*-12. de 130 pages. L'Histoire tragique de Holme a été à la fin, est un Morceau de 20 pages. L'Epître qui est à la tête, est de Jean G R. Jurisconsulte, & est aussi une Traduction. Il faut que ce Livre soit rare; car hors l'Exemplaire dont parle M. le Président Bouhier, & celui que j'ai, (qui a été poussé à 20 liv. dans la vente de la Bibliothèque de la Marquise de Pompadour), je ne l'ai vu nulle part ailleurs ni dans aucun autre Catalogue.]

Règne de Charles IX. 1572.

18141. Discours (en Vers) sur l'occurrence des Guerres intestines de ce Royaume, & ensemble le Tombeau de Gaspard de Coligny; par J. T. *Paris*, de Roigny, 1572. *in-8.*

18142. ☞ Ms. Discours sur les troubles de France: 1572.

Ce Discours, qui est Latin, & une Copie du temps, de 9 pages, est conservé dans la Bibliothèque de M. Fevret de Fontette, Conseiller au Parlement de Dijon. Il tend à justifier la Saint-Barthélemi, & il fut dressé par ordre de Charles IX, pour être présenté aux Princes Étrangers.]

18143. ☞ Narratio cædis Bartholomeanæ, (6 pages).

C'est également une Copie ancienne, qui est dans la même Bibliothèque.]

18144. Vera & brevis Descriptio tumultus postremi Gallici Luteciani, in quo occidit Admiralius, cum aliis non paucis: *Cracoviæ*, 1573, *in-4.*

Cet Ouvrage fut publié par le commandement de Henri III, lors Roi de Pologne.

18145. Discours de HENRI III. Roi de Pologne, à une personne d'honneur & de qualité, étant près de sa Majesté à Cracovie, sur les causes & motifs de la Saint-Barthélemi.

Ce Discours est imprimé au tom. II. des *Mémoires d'État de M. de Villeroy*, pag. 59.

☞ Si ce Discours est vrai, il n'y a pas à douter que ce ne soit ce Prince qui, avec la Reine sa Mère, fut Auteur du massacre. Il avoue que toutes les fois que l'Amiral parloit au Roi, ce Prince entroit en fureur, & faisoit à sa Mère & à lui, Duc d'Anjou, le plus mauvais accueil, jusqu'à le menacer, par signes, de le tuer. Ce fut la raison qui lui fit aposter le sieur de Maurevel, pour assassiner l'Amiral d'un coup d'Arquebuse, par une fenêtre; mais ayant été manqué, ils ne songèrent qu'à le faire absolument périr, en persuadant au Roi que l'Amiral avoit envoyé chercher du secours chez les Étrangers, & que les Catholiques vouloient se faire un Chef, puisque le Roi ne les défendoit pas contre les Huguenots, que ce Prince en conséquence résolut d'exterminer.

Matthieu, dans son *Histoire*, prétend que c'est à son Médecin Miron que Henri III. tint ce discours; cependant on croit communément que c'est à M. de Souvré.]

18146. Joannis MONTLUCII, Episcopi Valentini, Defensio pro illustrissimo Andium Duce, adversùs calumnias quorumdam. Alia, adversùs hujus ipsius Defensionis calumnias, Zachariæ FURNESTERI Defensio pro innocente tot millium animarum sanguine in Galliam effuso: 1573, *in-8.* [*Lusiniani Picconum*, Durer, 1574, *in-12.*]

Le premier Ouvrage [n'est point] de Michel SEURE, Chevalier de Malthe, [mais de Jean de Montluc.] Hugues DONEAU, Jurisconsulte, Huguenot, s'est caché sous le nom de Furnesterus: Doneau est mort en 1591.

Défense de Jean DE MONTLUC, Evêque de Valence; Ambassadeur du Roi de France, pour maintenir le très-illustre Duc d'Anjou, contre les calomnies de quelques malveillans, à la Noblesse de Pologne: *Paris*, 1575, *in-12.*

☞ Il étoit d'une très-grande importance pour le Duc d'Anjou que les bruits qui furent portés en Pologne, au sujet de la Saint-Barthélemi, fussent réfutés ou déguisés; c'est ce que fit admirablement bien Montluc, qui négocioit pour son Election, en soutenant que le Roi n'avoit été porté à cette extrémité que par l'insolence & la rébellion des Protestans, qui avoient commis les derniers excès, pillant & brûlant les Temples, & saccageant tous les Pays où ils passoient; que quand même on pourroit accuser le Roi de cruauté, il ne s'ensuivroit pas qu'on dût en taxer le Duc d'Anjou, qui étoit généralement reconnu pour un Prince très-humain & très-accompli.]

Réponse de Zacharie FURNESTERUS, soutenant l'innocence & justice de tant de milliers de personnes massacrées au Royaume de France, contre les calomnies de Jean de Montluc, Evêque de Valence.

Cette Réponse est vive & suivie; les faits y sont bien détaillés, il y manque de la modération; ce qui arrive presque toujours aux Protestans, quand ils répondent à quelques Écrits des Catholiques.

Ces deux Pièces sont la Traduction des précédentes, & sont imprimées au tom. II. des *Mémoires du Règne de Charles IX.*

18147. Pro Joanne Montlucio Præscriptio, adversùs Libellum Zachariæ Furnesteri: *Antverpiæ*, 1574, *in-8.*

Jacques CUJAS, Jurisconsulte, Auteur de cette Apologie, est mort en 1590. « Il parut (dit M. de Thou, » sous l'année 1572, du Livre LIII. de l'*Histoire de* » *son temps*, pag. 35), deux ans après, un Ecrit fort » emporté contre la Défense de l'Evêque de Valence; il » étoit composé par un François réfugié en Allemagne, » qui le publia sous le nom de Zacharie Furnester. Cujas, » célèbre Jurisconsulte de ce temps, quoiqu'il ne fût » pas exercé dans ces sortes d'Ouvrages, crut devoir » entreprendre la défense de ce nom, & fit paroître ce » qu'il pouvoit faire sur un pareil sujet ».

☞ Cette même Défense de Jean de Montluc a été traduite en François, & imprimée à *Paris*, le Magnier, 1575, *in-8.*]

18148. Epistola ornatissimi Viri ad Stanislaum Helvidium, Kalendis Novembris publicata anno 1572, de rebus Gallicis; & ad hanc Responsio, Kalendis Januariis anni 1573. Responsio Latinè & Gallicè: *Parisiis*, 1573, *in-4.* [*Lugduni*, Rigaud, 1573, *in-8.*]

Les mêmes en François: *Basle*, Cousin, 1574, *in-8.*

On attribue communément cette Réponse, sous le nom déguisé d'Helvidius, à Joachim CAMERARIUS le Père, qui est mort en 1574. Elle se trouve imprimée dans le Volume précédent, pag. 636. Ces deux Auteurs écrivent encore avec plus d'emportement que le Jurisconsulte Doneau.

☞ Elle est adressée à Guillaume Papon, qu'il appelle frère & ami.]

Les mêmes Lettres sont imprimées au tom. I. des *Mémoires du Règne de Charles IX*. pag. 600, [*Edition de 1578*, & tom. II. pag. 11, Edition de 1577.]

Guy du Faur, Sieur DE PIBRAC, est l'Auteur de la première Lettre; il est mort en 1584.

☞ Comme il importoit beaucoup que les Etrangers, & principalement les Polonois, auprès de qui Montluc négocioit pour l'Election du Duc d'Anjou, ne prissent pas une idée de la Saint-Barthélemi, telle que les Protestans cherchoient à la donner, la Cour choisit Guy du Faur, sieur de Pibrac, Avocat du Roi au Parlement, pour écrire que le Roi & son frère n'avoient pas été Auteurs de ce Massacre; que l'Amiral & les siens avoient fait une Conjuration dont il fait l'Histoire; qu'il ne falloit attribuer qu'à la populace les cruautés qui s'en étoient ensuivies, & non au Prince qui les avoit expressément défendues. Cette Lettre eut son effet; & les Protestans dirent que Pibrac en avoit été bien payé. Le Seigneur Helvide à qui elle est adressée, est un personnage supposé : elle est du premier Novembre 1572.]

18149. ☞ Réponse à une Epître commençant : Seigneur Helvide, où est traité des Massacres faits en France, en 1572; par Pierre Burin, à M. Guillaume Papon.]

18150. ☞ Réponse de Stanislaus Elvidius, à l'Epître d'un excellent personnage, touchant les affaires de France, écrite & publiée l'an 1573.

Aussi-tôt que la Lettre de Pibrac eut vu le jour, elle trouva bien des Contradicteurs, surtout au sujet de la Conjuration qu'il avoit supposée avoir été la cause des Massacres. Les deux Auteurs des Réponses précédentes s'étendent beaucoup sur cela; & l'accusent de faux. Le second, qui est Protestant, le fait avec beaucoup plus de modération & de politesse que le premier, qui se dit Catholique. La première Réponse est datée de la Palice, le premier Janvier, & la seconde du 15 Avril 1573, est datée de Villefranche. Ces deux Pièces ont paru d'abord en Latin, aussi-bien que la première. Elles se trouvent aussi dans une Edition des Œuvres de Marot: *Leipsic*, 1672, *in-8*. *Voyez* le tom. I. de l'*Esprit de la Ligue*, *pag. xix.*]

18151. Discours du Massacre de ceux de la Religion Réformée, fait à Paris par les Catholiques Romains, en 1572: *Lyon*, 1574, *in-8*.

18152. Le Réveil-matin des François & de leurs voisins; composé par Eusèbe PHILADELPHE, Cosmopolite, en forme de Dialogue: *Edimbourg*, 1574, *in-8*.

Le même Livre en Latin sous ce titre : Dialogi ab Eusebio PHILADELPHO, Cosmopolita, in Gallorum & cæterarum Nationum gratiam compositi, quorum primus ab ipso Authore recognitus & auctus ; alter verò in lucem nunc primùm editus fuit : *Edimburgi*, Jamæi, 1574, *in-8*.

Le même, traduit en Allemand ; par Emeric Lebusius : 1585, *in-8*.

Placcius, num. 2097 de ses Anonymes, nomme cet Auteur BARNAUD de Dauphiné ; mais Adrien Baillet l'attribue à Théodore DE BEZE. C'est une Satyre pernicieuse en plusieurs manières ; & quoique l'Auteur fasse le bon Huguenot en beaucoup d'occasions, il fut néanmoins désavoué par ceux de la Religion ; comme il est dit dans les *Mémoires du Duc de Nevers*, tom. I. pag. 343.

☞ *Voyez* sur cet Ouvrage, la *Méthode historique* de Lenglet, *in-4. tom. IV. pag. 84.*]

« Tant que les Huguenots ont été foibles, ils ont
» écrit qu'il falloit tuer tous les Rois, ce qui se voit par
» le Réveil-matin & le Tocsin des François, qu'ils ont
» fait imprimer » : *De Saulx, p. 217, de ses Mémoires*.

☞ On trouve à la tête du *Réveil-matin* quelques Pièces, sçavoir :

= Epître traduite en François, du Livre Latin dédié aux Etats, Princes, Seigneurs, Barons, Gentilshommes & Peuples Polonois ; par Eusèbe PHILADELPHE, Cosmopolite.

= Double d'une Lettre missive, écrite au Duc de Guise, par un Gentilhomme, duquel on n'a pu sçavoir le nom : 1573.

= Dialogisme sur l'Effigie de la Paix.

Ce Livre est au reste composé de deux Dialogues, dont voici les argumens tels qu'on les trouve à la tête.

I. Alithie, c'est-à-dire la Vérité, étant en une de ses maisons qu'elle a librement dressée ès quartiers de la Hongrie, qui est sous la puissance du Turc, voit venir son ami Philalithie, échappé de la France ; l'interroge sur l'occasion de son départ. L'Historiographe, à la prière de Philalithie, la lui récite, discourant en gros des choses advenues touchant la Religion en France, depuis François I. jusqu'au mois d'Août 1572, sous Charles IX. où il commence à raconter plus en détail ce qui s'est passé. Le Politique aide l'Historiographe au récit de l'Histoire, & marque incidemment les fautes faites des deux côtés, montrant à l'œil le misérable état de la France. L'Eglise qui la étoit, prie & parle par fois, selon la matière sujette. Daniel, c'est-à-dire, le jugement divin, prononce sur tout cela un Arrêt de grande conséquence, contenant, entr'autres choses, 40 Articles de Police civile & militaire. Le Politique & l'Historiographe François, qui jusqu'alors étoient Papistiques, sont convertis à Dieu, & envoyés par l'Eglise en Charges ; à sçavoir, l'Historiographe aux Princes & Nations voisines, pour leur faire entendre les Tragédies Françoises & leur devoir envers les bons ; & le Politique aux François oppressés, pour les avertir de l'Arrêt de Daniel, & de l'ordre qu'il leur donne.

II. Le Politique & l'Historiographe François revenus, par divers chemins de leurs Charges, se rencontrent (comme Dieu veut) logés en une même hôtellerie à Fribourg-en-Brisgaw ; & après s'être reconnus, caressés & recueillis, ils récitent l'un à l'autre, le succès de leurs voyages, l'état présent de la France, & par occasion quelques traits de celui d'Angleterre. Ils traitent aussi de la puissance des Rois, de la tyrannie & de la servitude volontaire, & plusieurs autres belles matières, très-nécessaires en ce temps, réservant au lendemain ce qu'ils ont à dire de plus.

Struvius, dans sa *Bibliothèque historique* (Edition de 1740, *pag.* 380) assure que cet Ouvrage est de BARNAUD, Dauphinois. (Allard, dans sa *Bibliothèque de Dauphiné*, le nomme Nicolas Barnaud, & le dit de Crest.) Struvius se fonde sur une Note manuscrite du temps, qui est sur son Exemplaire. Cette même Note porte que ce Livre est plein de mensonges & de calomnies, & que ce fut pour cela que le sieur de la Fin donna publiquement un soufflet à l'Auteur, sur la Place au bled à Basle. *Voyez* sur cette Pièce & sur Barnaud, le *Dictionnaire* de Prosper Marchand, Art. *Barnaud*.

On pourroit peut-être croire que ce Philadelphe est Hugues DONEAU : c'étoit l'opinion de Jean de Montluc, ou plutôt de Jacques Cujas, en sa *Prescription ou Défense contre Zacharie Furnesterus*, c'est-à-dire le même Doneau, à qui il attribue ce Libelle. Mais comme il étoit son ennemi, on peut rejetter son témoignage. *Voyez* les *Mélanges* de Colomiés, Edition *in-4. p.* 827, où l'on renvoie au tom. VIII. de Cujas, *pag.* 1260, qui parle de cette dispute.]

18153. ☞ Briefve Remontrance sur la mort de l'Admiral & ses adhérans, au Peuple François : *Lyon*, Rigaud, 1572, *in-8.*]

18154. ☞ La Tragédie de feu Gaspard de Coligny, jadis Amiral de France, contenant ce qui advint à Paris le 24 Août 1572; (par le sieur François DE CHANTETOURE, en 1575) : *in-12*.

On ne peut alléguer, en faveur de cette Pièce, que sa extrême rareté : nulle ordonnance, mauvaise versification, dont l'Auteur connoît à peine les règles. Il fait un portrait odieux de l'Amiral, & sort des bornes de la vraisemblance. Ce mauvais Ouvrage a cependant coûté trois années de travail à son Auteur. On a réimprimé cette Tragédie dans le Tome I. du *Journal de Henri III*. 1744, in-8.]

18155. ☞ La Marmite renversée & fondue, de laquelle parlent les Prophètes, où est prouvé que la Secte Calvinique est la vraie Marmite; avec un Sommaire de ses conjurations, causes de sa ruine, &c. par le Père BEAUX-AMIS, Carme : *Paris*, 1572, *in-8*.]

18156. ☞ Cocq-à-l'âne des Huguenots, tués & massacrés à Paris le 24e jour d'Août 1572 : *Lyon*, Rigaud, 1572, *in-8*.

Cette Pièce est en Vers.]

18157. ☞ Chanson nouvelle à l'encontre des Huguenots; avec une Chanson nouvelle des triomphes & magnificences qui ont été faites à Paris au mariage du Roi de Navarre, & de Madame Marguerite, sœur du Roi : *Lyon*, 1572, *in-8*.]

18158. ☞ Histoire des massacres & horribles cruautés commises en la personne de Messire Gaspard de Coligny, grand Amiral de France, & autres Seigneurs Gentilshommes, tant en la Ville de Paris, qu'en plusieurs lieux & endroits du Royaume, le 24e jour du mois d'Août 1572 & suivans; traduite en François, & augmentée de quelques particularités omises en l'Exemplaire Latin : 1573, *in-8*.

Cette Histoire est assez bien détaillée & remplie de faits; mais l'Auteur est Protestant & trop partial.]

18159. ☞ Complainte & regrets de Gaspard de Coligny, qui fut Amiral de France, (en Vers) : *Paris*, 1572, *in-8*.

Cette Complainte est fort satyrique.]

18160. ☞ Les Regrets & Complaintes de Briquemault, tué le 24 Août 1572, avec son Epitaphe : *in-8*.]

18161. ☞ Figure & exposition des pourtraicts & des dictons contenus ès Médailles de la Conspiration des Rébelles en France, opprimée & éteinte par le Roi, le 24e jour d'Août 1572; par Nicolas FAVIER, Général de ses Monnoies : *Paris*, Dallier, 1572, *in-8*.]

18162. ☞ Mort prodigieuse de Gaspard de Coligny, qui fut Amiral de France, & de ses adhérens, les noms d'iceux; ensemble, des plus signalés Huguenots, morts le jour S. Barthélemi, 24 Août 1572, & autres jours subséquens : *in-8*.]

18163. ☞ Hymne triomphal au Roi, sur l'équitable justice que S. M. fit des Rébelles la veille & jour de S. Loys; par Claude NOUVELET, Religieux, & natif de Talloyres en Savoie : *Paris*, Granjon, 1572, *in-8*.]

18164. ☞ Réponse prophétique d'un Gentilhomme François, sur la demande à lui faite par un quidam le jour de la Fête S. Barthélemi, 24 Août dernier passé 1572, sur ce que pouvoient signifier ou présager les vents impétueux qui couroient ledit jour; par F. M. D. M. L. D. E. B. *in-8*.]

18165. ☞ Discours sur la mort de Gaspard de Coligny, qui fut Admiral de France, & de ses complices, le jour de S. Barthélemi, 24 du mois d'Août : 1572, *in-8*.

Les six Pièces précédentes sont en Vers.]

18166. ☞ Dits magnifiques & gaillards touchant les causes de la mort de l'Admiral de Coligny & ses Complices, (en Prose) : *Lyon*, Rigaud, 1572, *in-8*.]

18167. ☞ Tragica historia de miseranda & abominosa illa Lanienâ, anno 1572, die 24 Augusti in Urbe Parisina, post nuptias Navarricas, &c. reddita carmine heroico : 1573, *in-12*.]

18168. Joan. CYPRIANI, Germani, Dissertatio de statu & motibus Galliæ, in Lienam Parisiensem desinentibus, contra Gabrielem Naudæum : *Lipsiæ*, 1674, *in-4*.

18169. ☞ Passio Domini nostri Gaspardi Colignii, secundùm Bartholomeum.

Voyez les Notes de l'Abbé Lenglet, sur la Henriade, Edition de 1756, pag. 194.]

18170. ☞ La Tragédie de Coligny, ou la Saint-Barthélemi; par M. (François-Thomas-Marie D'ARNAUD DE BACULARD : 1740, *in-12*.

18171. ☞ Critique de la Tragedie de Coligny, ou Lettre d'un François, écrite de la Haye à un de ses amis à Paris : *Bruxelles*, 1740, *in-12*.]

18172. ☞ Leodegarius à Quercu, de internecione Gasp. Colignii : 1572.

Léger DU CHESNE étoit Professeur au Collège Royal.]

☞ Exhortation au Roi pour poursuivre ce qu'il a commencé contre les Huguenots, avec les Epitaphes de Gaspard de Coligny & de Pierre Ramus, traduites du Latin de Léger du Chesne : *Paris*, 1572, *in-4*.]

18173. ☞ Pompa funebris Gasparis Colignæi; per Adamum BLACVODÆUM : *Parisiis*, de Roigny, 1572, *in-12*.]

18174. ☞ Discours sur les occurrences des Guerres intestines de ce Royaume, & de la justice de Dieu contre les Rébelles au Roi, & comme de Droit Divin est licite à S. M. punir ses Sujets pour la Religion violée; ensemble le Tombeau de Gaspard de Coligny, jadis Admiral de France; par J. T. *Paris*, de Roigny, 1572, *in-8*.]

18175. Mf. De Laniena Parisiensi Descriptio Guillelmi DE BONHEIM, Nobilis Germani, qui tunc Aureliis versabatur.

Cette Description est citée par Jean-Baptiste Mencke, Auteur de la [seconde] Edition de la *Méthode pour étudier l'Histoire*, imprimée à Leipsick en 1714.

18176. Mf. Histoire des Massacres arrivés

en 1572, sous le Règne de Charles IX. Roi de France: *in-*4.

Cette Histoire, qui n'est qu'un Extrait des *Mémoires de l'Etat de la France sous le Règne de Charles IX.* est conservée dans la Bibliothèque de M. le Prince de Condé, num. 116.

18177. Le Récit des Massacres faits à Paris l'an 1572: *London*, 1618, *in-*4. (en Anglois).

18178. Oratio perstringens breviter Historiam Gallicæ Lanienæ, speciatim verò Parisiensis istius horribilis quæ incidit in annum 1572: *Londini*, Snodham, 1619, *in-*4.

L'Auteur de ce Discours est désigné par ces lettres initiales A. D. B.

☞ Ce Livre, qui est très-rare, roule sur le même sujet que les précédens. Il fut écrit quarante-cinq ans après le Massacre, par un Hollandois Calviniste, & réfugié en Angleterre. L'Auteur ne nous apprend rien qu'on ne sçût déja par les Relations antérieures à la sienne : son emportement contre l'Eglise Romaine est tel qu'on doit l'attendre d'un homme passionné & qui porte les choses à l'excès.

☞ Dans le *Scrinium Antiquarium* ou *Miscellanea Groningana nova, tom. VI. part.* 2 : *Groningæ*, 1761, *in-*4. On trouve un Traité sur les Nôces Parisiennes de la S. Barthélemi.

Il y a des traits fort curieux sur la S. Barthélemi, & ses Auteurs, dans les Notes sur le Poëme de la Henriade, aux Vers 236, 291, 305, du Chant II. « L'Amiral de » Coligny fut tué dans sa maison, où la Bétizy, qui est à » présent une Auberge appellée l'*Hôtel S. Pierre*, où on » voit encore sa chambre. Les Protestans prétendent que » Catherine de Médicis envoya au Pape la tête de l'A-» miral : le fait est plus que douteux. Mais il est sûr » qu'on apporta sa tête à cette Reine, avec un coffre » plein de papiers, parmi lesquels étoient l'Histoire du » temps écrite de la main de Coligny ». *Voyez les mêmes Notes de la Henriade, pag.* 17 & 29 *de l'Edition de* 1756.]

18179. ☞ Le Tocsin contre les Massacreurs & Auteurs des confusions en France, par lequel la source & origine de tous ces maux, qui de long-temps travaillent la France, est découverte, afin d'inciter & d'émouvoir tous les Princes fidéles de s'employer pour le retranchement d'icelle : adressée à tous les Princes Chrétiens : *Reims*, 1577, *in-*8.

C'est l'Ouvrage d'un Huguenot, fait à l'occasion & dans le temps de la S. Barthélemi, quoiqu'il n'ait été publié qu'en 1577. Cette Pièce contient une déclamation vive & hardie contre le Roi Charles IX. & les Guises, particulièrement contre la Reine Catherine de Médicis, à laquelle l'Auteur impute cette tragique exécution. Il fait le récit de tout ce qui s'y est passé, & des raisons qui y ont donné lieu. Pour les découvrir, il remonte à la mort de Henri II. & à tout ce qu'a fait depuis la Reine Mère, pour entretenir la division entre les Chefs des deux partis, comme aussi à la mauvaise éducation qu'elle a donnée à ses enfans, enfin à toutes les pratiques qu'elle a mises en œuvre pour satisfaire son ambition & pour conserver son autorité.]

18180. Relation du Massacre de la S. Barthélemi, recueillie des Histoires de Mézerai, de Thou, & autres Auteurs : *London*, 1666, *in-*8. (en Anglois)

18181. ☞ Discours du Massacre des Prétendus Réformés à Lyon en 1572, avec une Epître des anciens fidéles de Lyon & de Vienne, sur la persécution soufferte sous Antonius Verus : 1574, *in-*12.]

18182. ☞ Mss. Le Massacre de la S. Barthélemi fait à Orléans, avec quelques autres Pièces à ce sujet.

Ce Manuscrit est conservé dans la Bibliothèque de M. Jousse, Conseiller au Présidial d'Orléans. Il est bien plus complet & exact que la Relation qui est dans les *Mémoires de Charles IX: tom. I.*]

18183. ☞ Observations sur le Massacre des Religionnaires de Toulouse, en 1572.

C'est le sujet de la Note VI. du tom. V. de l'*Histoire du Languedoc*, par D. Vaissette, *pag.* 639.]

18184. ☞ Dissertation sur la Journée de la S. Barthélemi, (accompagnée de Notes).

Cette Pièce se trouve à la suite de l'Ouvrage intitulé : *Apologie de Louis XIV. & de son Conseil, sur la révocation de l'Edit de Nantes :* (Paris) 1758, *in-*8. L'Auteur est l'Abbé de Caveyrac. Dans cette Dissertation il combat tout ce que les gens de la Nation & les Etrangers ont pensé jusqu'à présent de ce fait. Il prétend montrer, 1.° que la Religion n'y a aucune part : 2.° que ce fut une affaire de proscription : 3.° qu'elle n'a jamais dû regarder que Paris : 4.° qu'il y a péri beaucoup moins de monde qu'on ne l'a écrit.]

18185. ☞ Mss. Les François lavés du crime de la S. Barthélemi, par M. de Valette-Travessac, Secrétaire de l'Académie de Milhaud, près Nismes.

Cette Pièce est conservée dans les Registres de cette Société.]

18186. ☞ Ordonnance du Roi de Navarre, par laquelle il veut que la Religion Catholique soit remise en tous les endroits de ses Pays & Royaume, 16 Octobre : *Paris*, Lhuillier, 1572, *in-*12.]

18187. ☞ Remontrance à la Noblesse de France, de l'utilité & repos que le Roi apporte à son peuple ; par Maurice Poncet : *Paris*, Sonnius, 1572, *in-*8.]

18188. ☞ Lettre de Pierre Carpentier, Jurisconsulte, adressée à François Portus, Candiot ; par laquelle il montre que les persécutions des Eglises de France sont advenues non par la défaite de ceux qui faisoient profession de la Religion, mais de ceux qui nourissoient les factions & conspirations, qu'on appelle la cause : 1572, *in-*12.

La même ; en Latin : 1572, *in-*12.

Pierre Carpentier étoit de Toulouse. Il professa à Genève ; d'où s'étant retiré, il vint en France, & servit d'espion, à ce qu'on dit, à la Reine Mère. Bientôt après la Saint-Barthélemi il fut dépêché à Strasbourg. C'est de cet endroit qu'il écrivit cette Lettre à François Portus, Professeur en Grec à Genève. Elle est du 15 de Septembre. Il y disculpe absolument le Roi, & rejette la faute de tout ce qui est arrivé sur les Chefs de la Réforme, qui, sous ce prétexte, ne faisoient que souffler le feu de la discorde & de la rébellion. Cette Lettre est très-sensée & pleine de modération : c'est pourquoi les Protestans en ont dit beaucoup de mal.]

18189. ☞ Réponse de François Portus, Candiot, aux Lettres diffamatoires de Pierre Carpentier, Avocat, pour l'innocence des fidéles

Règne de Charles IX. 1572. 165

fidéles Serviteurs de Dieu, & obéïssans Sujets du Roi, massacrés le 24 d'Août 1572, appellés factieux par ce plaideron : 1572, *in-12.*

La même, en Latin : 1573, *in-8.*

Elle est datée de Genève du premier Mars 1573. Portus n'avoit lu la précédente qu'au mois de Février. Il débute par témoigner à l'Auteur sa surprise, de ce que lui étant adressée, il ne l'avoit reçue qu'après avoir passé par les mains de tout le monde. Il découvre ensuite quelle a été la vie de Carpentier, à Genève, à Besançon, à Paris, & comment il est allé à Strasbourg. L'Auteur défend sa cause, disculpe l'Amiral, blâme le Roi & les Papistes avec beaucoup d'humeur. Selon lui les Réformés sont des gens tranquiles, qui avoient droit de demander à main armée le libre exercice de leur Religion.]

18190. ☞ Erreurs notables de la Lettre de Carpentier, remarquées par François Balduin : *in-8.*

Ces trois Pièces sont aussi imprimées au tom. I. des *Mémoires de Charles IX.* en François seulement.]

18191. ☞ Ms. Conseil tenu par le frère du Roi, la Reine, & le Cardinal de Lorraine : 1572.

Ce Manuscrit, qui est une Copie ancienne de sept pages, est conservé dans la Bibliothèque de M. Fevret de Fontette, Conseiller au Parlement de Dijon.]

18192. ☞ Discours sur l'Histoire des présages advenus de notre temps, signifiant la félicité du Règne de nostre Roi Charles IX. par BELLEFOREST, Commingeois : *Paris*, Mangnier, 1572, *in-8.*

« C'est une Pièce fugitive, échappée à Belleforest, » laborieux, mais insipide Compilateur, Pièce qui ne » vaut pas mieux que ses gros Ouvrages. Observez que » ces heureux présages de félicité font de l'année de la » S. Barthélemi ». *Esprit de la Ligue, tom. I. p. xxvj.*]

18193. La vraie & entière Histoire des Troubles & des Guerres civiles advenues de notre temps pour le fait de Religion, tant en France, Allemagne, que Pays-Bas, réduite en dix-neuf Livres; par Jean LE FRERE, de Laval : *Paris*, 1572, *in-8.*

L'Auteur est mort en 1583.

☞ Cette Histoire commence en 1370, & finit en 1573. Les quatre premiers Livres ne traitent que de l'Histoire d'Allemagne. Ce qui regarde l'Histoire de France commence au Ve, en 1560, sous François II. L'Auteur avoue l'avoir composée sur des Mémoires & lambeaux cousus des autres Historiens, & qu'il n'a rien avancé de son chef, à l'exception de quelques petits articles. Il se montre aussi bon patriote que zélé Catholique. On trouve à la tête de chaque Livre un Sommaire de ce qui y est contenu.]

La même, augmentée jusqu'en 1575 par le même Auteur : *Paris*, 1576, *in-8.* 4 vol.

La même, augmentée jusqu'en 1582, recueillie de plusieurs Auteurs François & Latins, & réduite en trente-huit Livres : *Paris*, de la Noue, 1584, *in-8.* 2 vol.

Antoine du Verdier, dans sa *Bibliothèque Françoise,* dit « que cette Histoire est celle de la Popelinière, cor» rigée par Jean le Frere, qui l'a fait imprimer sous son » nom ». La Popelinière même, dans la *Préface de sa grande Histoire,* imprimée en 1581, s'en plaint vive-

ment, en déclarant « qu'il a découvert que quelques» uns ayant, par plusieurs impressions, dérobées, fait » courir sous leur nom emprunté sa première Histoire » par toute l'Europe, se sont, au prix de son mérite, » moyenné la bonne réputation qui lui étoit due...... » Plusieurs, afin de le faire court, se sont dit Auteurs » de son Histoire, qu'il a fait avec grands frais, dépen» ses, & dangers ».

☞ *Voyez* Sorel, *pag.* 306. = Le Gendre, *tom. II. pag.* 60.]

18194. ☞ Marci Ant. MURETI, Patricii Romani, ad Gregorium XIII. Pontif. Maximum Oratio, habita nomine Caroli IX. Regis Christianissimi, *Lugduni*, Rigaud, 1573, *in-8.*

Il y en a une Traduction Françoise, par Jean le Frere, de Laval : *Ibid.* 1573, *in-8.*]

18195. ☞ Ms. Harangue du Cardinal de Lorraine au Roi, au départ du Clergé; à Fontainebleau : 1573.

Ce Manuscrit du tems, en 23 pages, fut envoyé à M. Froissard, Président à Dole, par M. de Bauffremont. Il est conservé dans la Bibliothèque de M. Fevret de Fontette, Conseiller au Parlement de Dijon.]

18196. Mémoires de l'Histoire de notre temps : *La Rochelle*, 1573, *in-8.*

On lit à la première page de cet Ouvrage la devise : *Le Péché y rendra l'ire;* c'est, selon la Croix du Maine, l'anagramme de Pierre LE CHANDELIER, Auteur de cette Histoire.

18197. Le Siège de Sancerre, en Janvier l'an 1573; par Jean DE LA GESSÉE, Secrétaire de la Chambre du Duc d'Alençon : *Paris*, 1573, *in-8.*

18198. Description de ce Siège.

Cette Description est imprimée au tom. II. des *Mémoires du Règne de Charles IX. pag.* 320.

18199. Histoire mémorable de la Ville de Sancerre, contenant les Entreprinzes, Siége, Approches, Batteries, Assauts & autres efforts des Assiégeans, les Résistances, la Famine extrême, & la délivrance des Assiégez; par Jean DE LERY : 1574, *in-8.*

Jean de Lery est né en 1534, à la Margelle, près de Saint-Seine en Bourgogne. Il étoit, lors du Siège, Ministre de la Religion Prétendue-Réformée de la Charité-sur-Loire; il vivoit encore en 1611.

☞ Il étoit né à Lery, Village près de la Margelle, & c'est delà qu'il a pris son nom de Lery; car on ignore son véritable nom.]

La même Histoire en Latin, sous ce titre : De Sacro-Cæsarei, quod Sancerrum vocant, obsidione, fame, ditione, Historia : *Heidelberga*, 1576, *in-8.*

18200. Le Tumulte de Bassigny appaisé par le Cardinal de Lorraine, décrit par Jean LE BON, Hétropolitain, Docteur en Médecine : *Paris*, 1573, *in-8.*

Ce Tumulte arriva au mois de Mai l'an 1573. L'Auteur se dit Hétropolitain, parcequ'il étoit d'Autreville, proche de Chaumont en Bassigny.

18201. Sommaire Discours des causes des Troubles du Royaume de France, procé-

Tome II. Ll

dantes des impostures & conjurations des Hérétiques & des Rebelles; ensemble le loyal devoir des Catholiques envers le Roi : *Paris*, Lhuillier, 1573, *in*-8.

C'est la quatrième Guerre civile.

☞ En lisant ce titre, dit l'Auteur de l'*Esprit de la Ligue*, il est aisé d'en tirer l'induction que, dans l'Ouvrage, la cause du Massacre de la S. Barthélemy est rejettée sur les Calvinistes.]

18202. ☞ Brief Discours sur les Troubles qui depuis douze ans ont perpétuellement agité & tourmenté le Royaume de France, &c. avec une Exhortation aux Huguenots, &c. par Jean LE MASLE, Angevin, (en Vers) : *Lyon*, Rigaud, 1573, *in*-12.]

18203. Mss. Li Commentarii di Francia di Monsignor di TERRACINA, dall'anno 1556, sino all'anno 1573.

Ces Mémoires [étoient] conservés dans la Bibliothèque de M. l'Abbé d'Estrées, [aujourd'hui à S. Germain-des-Prés : ils sont aussi] dans la Bibliothèque du Vatican, entre les Manuscrits de la Reine Christine, n. 2082. Cet Evêque de Terracine se nommoit François BELTRAMINO.

18204. Les Guerres arrivées pendant les Troubles du Royaume, depuis le commencement, sous Henri II. jusqu'au premier Siége de la Rochelle, en 1573; par Estienne PASQUIER.

Cette Narration est imprimée aux quatrième & cinquième Livre de ses *Lettres* : *Paris*, 1619, *in*-8. Cet Auteur est mort en 1615.

18205. Mss. Philippi CAURIANÆ de obsidione Rupellæ Commentarius : *in-fol.*

Ce Commentaire [étoit] conservé dans la Bibliothèque de M. Colbert, num. 3909, [& est aujourd'hui dans celle du Roi.] Il se trouve aussi dans la Bibliothèque du Vatican, entre les Manuscrits du Duc d'Urbin, num. 718.

18206. Discours du Siége de la Rochelle; par un Catholique : 1573, *in*-8.

18207. Le vrai Discours des Rébellions de la Ville de la Rochelle, en 1567, jusqu'à présent : *Paris*, Mallot, 1573, *in*-12.

18208. Histoire du Siége de la Rochelle en 1572 & 1573 : *Maillé*, 1621, *in*-12.

Comme je ne connois de Livres imprimés à Maillé, outre celui-ci, que l'*Histoire générale de Théodore Agrippa d'Aubigné*, dont l'impression du troisième Volume finit en 1620, & son *Baron de Fæneste* en 1617, je croirois bien qu'il est aussi l'Auteur de l'Histoire de ce Siége.

18209. ☞ La Rochelleïde, en Vers; par Jean LA GESSÉE, Mauvesinois : *Paris*, 1573, *in*-8.]

18210. ☞ Mss. Requête des Habitans de la Rochelle au Roi de Pologne : 1573.

C'est une Copie du temps, en neuf pages, qui est conservée dans la Bibliothèque de M. Fevret de Fontette, Conseiller au Parlement de Dijon. Elle regarde la Capitulation de cette Ville, entre le Duc d'Anjou, élu Roi de Pologne, & les Rochellois.]

18211. ☞ In Christianiss. Francor. Regis Caroli IX. & Henrici III. Polonorum Regis commendationem, Franciadum laudem & honorem Elegiæ aliquot, tribus distinctæ actibus ; auctore Regio Franciæ alumno, Jacobo A FALKEMBOURG, Milite Brennipolitano, Germano Jurisconsulto : *Lutetiæ*, 1573, *in*-8,

Voyez sur cet Auteur les témoignages des Universités de Paris & d'Orléans, qui sont à la fin du Livre.]

18212. ☞ Epitre présentée au très-invincible Roi de Poloigne, fils & frère des Rois de France, à sa bien-venue à Paris, au retour de la Rochelle; par Ant. COUILLARD : *Paris*, 1573.

Ce doit être une ironie maligne, ou un éloge faux & absurde; ce Prince ayant été obligé de lever le siège de la Rochelle. *Voyez* la nouvelle *Histoire de la Rochelle* de M. Arcère, *tom. I.*]

18213. ☞ Remontrance au Roi, par M. BAILLY, Président de la Chambre des Comptes, sur un Edit concernant la suppression de plusieurs Cours & Officiers du Royaume : *Paris*, 1573.]

18214. ☞ Remontrance à la Noblesse de France, du repos que le Roi apporte à son peuple, & de l'instruction qu'il doit avoir pour le bien gouverner; par F. Maurice PONCET : *Paris*, 1573.]

18215. ☞ Dix Sermons au Peuple Chrétien, pour obvier aux guerres civiles; par Charles SEVIN : *Paris*, 1573.]

18216. Mémoires militaires de Jean DE MERGEY, Sieur de Haraus-Mesnil, Gentilhomme Champenois, contenant ce qu'il a vu depuis l'an 1554 jusqu'en 1573.

Ces Mémoires sont imprimés dans le *Recueil de Piéces* de Nicolas Camusat : *Troyes*, 1619, *in*-8. L'Auteur marque à la fin de ses *Mémoires*, qu'il les acheva le 5 Septembre 1613, & de son âge soixante-dix-sept ans, à Saint-Amand en Angoumois.

18217. Mémoires de Gaspard de Saulx, Seigneur de Tavannes, Maréchal de France, Amiral des Mers du Levant, Gouverneur de Provence : (*Sully*, près d'Autun,) *in-fol.*

Il paroît, par la Préface, que c'est un des fils de Gaspard de Saulx qui a dressé ces Mémoires. L'aîné est mort fort jeune. L'Auteur dit, *pag.* 471, qu'à la mort de son père, en 1573, il n'avoit que dix-huit ans, & qu'il étoit sans état & sans charge ; ce qui ne peut convenir qu'à Jean DE SAULX, Vicomte de Tavannes & de Lugny, mort vers l'an 1629, troisième fils de ce Maréchal; aussi y trouve-t-on plusieurs de ses avantures. Car Guillaume de Saulx, son second fils, dit à la page 33 de ses *Mémoires*, qu'à la mort de son père il avoit dix-neuf ans, & qu'il fut aussi-tôt employé en Bourgogne, où il étoit Lieutenant de Sa Majesté. Ces Mémoires commencent en 1530 & finissent en 1573. Ce n'est point une narration continuée, mais un mélange de réflexions, dans lesquelles l'Auteur enchâsse de temps en temps des faits historiques ; ce qui en rend la lecture peu agréable, quoiqu'elle puisse avoir quelque utilité.

Les Mémoires de Gaspard de Saulx sont précédés de cinq Avis au Roi, écrits sur la fin de l'année 1620, ou au commencement de 1621, sans doute par le même Jean de Saulx. On a joint aux Mémoires du Maréchal ceux de Guillaume de Saulx, son fils, qui avoient déja été imprimés. Ils sont suivis de quatre Avis donnés au Roi sur les affaires du temps, en 1571, 1572 & 1573, par Gaspard de Saulx; ils sont à la *pag.* 81.

« Fourny a imprimés les *Mémoires du Maréchal de Tavannes, in-fol.* mais il ne les vend qu'en cachette, parcequ'il n'a pas pu obtenir le Privilége, à cause de plusieurs choses hardies qui sont là-dedans, de François I. Henri II. & de Catherine de Médicis ». Guy Patin, *Lettre CLV. du tom. V.* écrite le 15 d'Octobre 1657.

Le même Patin, dans sa *Lettre CXXXVI*. écrite à Charles Spon, le 13 Juillet de la même année, avoit déja parlé de ces Mémoires. « J'ai ouï dire autrefois au » P. Jacob, Carme, Bourguignon, qu'un certain M. de » Tavannes, (c'est sans doute Jean de Tavannes) avoit » fait imprimer dans son Château, (c'est celui de Sully, » à quelques lieues d'Autun, qui appartenoit à sa fa- » mille) en cachette, un Tome de *Mémoires histori- » ques, in-fol.* qu'il n'a osé publier, à cause de quel- » ques choses étranges qu'il y avoit dit contre les grands, » & entr'autres de Catherine de Médicis; & qu'il n'en » avoit donné que quelques exemplaires à peu de ses » amis. Cet Auteur y parle quelquefois hardiment; mais » néanmoins je n'y ai encore pu trouver rien de pareil. » *Vir fuit militaris ingenii, ferreus & altè cinctus,* qui » ne fut jamais sçavant. Il a tâché de s'appuyer de quel- » ques raisons d'Etat plus vraisemblables que bonnes, *in » gratiam sui Regis*; mais qu'il me fait bien rire, » quand il en vient aux ruses & aux impostures des Fa- » voris, au secret du Cabinet, où les Princes mêmes » sont trompés ».

Jean le Laboureur, dans ses *Additions aux Mémoires de Castelnau,* pag. 565 du *tom. II.* dit « que le Vicomte » de Tavannes, fils (du Maréchal) lui a rendu de voir nécessaire d'écrire sa vie, où l'on voit des cho- » ses assez curieuses; mais dont on devroit retrancher, » pour la rendre plus digne de foi, quantité de contes » qui nuisent plus qu'ils ne favorisent l'antiquité de la » maison de Saulx, à laquelle il donne des alliances » avec des Rois de Bohême, plusieurs siècles avant que » cet Etat eût des Rois, & devant même qu'on en con- » nût le nom, aussi-bien que du Château de Saulx, dont » il fait un Duché héréditaire, dans un temps où la di- » gnité de Duc étoit un emploi militaire dans une gran- » de Province, qui ne s'enfermoit point dans l'enclos » d'un Château, & qui n'étoit point successif ».

☞ Gaspard de Saulx naquit en 1509, & mourut en 1573. Ces Mémoires commencent, pour l'Histoire, en 1525 ou 1530, & finissent en 1596. On y trouve plusieurs préceptes de Guerres & maximes d'Etat répandues dans tout l'Ouvrage, dont on peut voir le détail à la Table qui est à la fin. On trouve après cette Table cinq Avis adressés au Roi, qui seront détaillés ci-après. On peut voir sur le Maréchal de Tavannes, une Note sur le Chant II. de la *Henriade,* pag. 30, Edition de 1756.

Jean de Saulx, Vicomte de Tavannes & de Lugny, troisième fils de Gaspard, passe pour le véritable Auteur de ces Mémoires. M. l'Abbé Papillon le prouve très-bien dans sa *Bibliothèque des Auteurs de Bourgogne, tom. II.* pag. 240. On en compte trois Editions, toutes *in-folio,* sans date & sans nom de Ville; mais celle qu'on regarde comme la seconde, n'est autre que la première, sous un différent titre. Tout y est semblable, jusqu'aux fautes: elle a été faite à Sully, environ l'an 1617. La troisième est de Lyon, en 1649 ou 1650. Ces Mémoires sont remplis de faits curieux & remarquables; il y en a quantité de hardis, beaucoup qui regardent l'Auteur, son père & sa famille. L'Auteur y a traité de toutes sortes de sujets; maximes de Religion, d'Etat, de Politique, de Guerre; ce qui fait comme autant de petits Traités.

Voyez *Biblioth. des Auteurs de Bourgogne,* = l'*Esprit de la Ligue,* pag. xxxv.

On trouve à la fin :

=== Mémoires de plusieurs choses advenues en France ès Guerres Civiles, depuis 1560 jusqu'en 1596; par Messire Guillaume de Saulx, Seigneur de Tavannes, &c.

=== Trois Avis du Maréchal de Tavannes.

Ils sont écrits d'un style sec & ennuyeux.

On peut voir sur tous ces Mémoires, la *Bibliothèque des Auteurs de Bourgogne,* par l'Abbé Papillon, au mot *Jean de Saulx,* où il dit, entr'autres choses, avoir trouvé dans la Bibliothèque de M. le Président Bouhier, les matériaux préparés par Jean de Saulx, sur lesquels il a formé la Vie de Gaspard de Saulx son père.

Voyez encore le Gendre, tom. II. pag. 46. = Lenglet, *Méth. hist* in-4. tom. *IV.* pag. 85. = L'*Esprit de la Ligue,* tom. *I.* pag. xxxv.

L'Abbé PEREAU a fait une Vie de Gaspard de Saulx, tom. XVI. des *Hommes Illustres de France : Paris,* 1749, *in-12.*]

18218. Instruction & Devis d'un vrai Chef de guerre ou Général d'armée, recueillis des Mémoires de feu Gaspard de Tavannes; par Charles DE NEUFCHAISES, Sieur des Francs, neveu du Maréchal: *Paris,* Hulpeau & de la Noue, 1574, *in-8.*]

18219. Le vrai Réveil-matin, pour la défense de la Majesté de Charles IX. par Arnaud SORBIN, Docteur en Théologie : *Paris,* 1574, *in-8.*

☞ Il y a une Edition, *Paris,* Guillaume Chaudiere, 1576, *in-8.* dont le titre est : *Le vrai Réveil-matin des Calvinistes & Publicains,* où est amplement discouru de l'autorité des Princes & du devoir des Sujets envers iceux.]

18220. * Discours ou Epître à MM. de Paris & autres Catholiques de France, sur les nouvelles entreprises n'aguères découvertes d'aucuns Rébelles & Séditieux, lesquels sous couleur & prétexte qu'ils disent en vouloir aux Ecclésiastiques, & vouloir réformer le Royaume, entreprennent contre le Roi & son Estat : 1574, *in-8.*

18221. Le Siége de Domfront, & la Captivité du Comte de Montgommery.

Cette Narration est imprimée au tom. III. des *Mémoires du Règne de Charles IX.* p. 352 : *Middelbourg,* 1578, *in-8.*

18222. * Discours de la mort & exécution du Comte de Montgommery : *Paris,* 1574, *in-8.*

18223. ☞ Les Regrets & Lamentations du Comte de Montgommery, sur les troubles qu'il a émeus au Royaume de France, depuis la mort de Henri II. jusqu'au 26 Juin qu'il a été exécuté : *Rouen,* 1574, *in-12.*]

18224. ☞ Ms. Chanson sur les infortunes & misères du Comte de Montgommery, exécuté à Paris le 26 Juin 1574.

Cette Chanson est conservée dans la Bibliothèque de M. Fevret de Fontette, Conseiller au Parlement de Dijon.]

18225. ☞ Harangue du Roi Charles IX. au Parlement de Paris : *Rouen,* 1574, *in-12.*]

18226. ☞ Discours des choses les plus remarquables advenues au Siége de Lusignan, jusqu'au 15 Janvier 1574 : 1574, *in*-8.]

18227. ☞ Avertissement à la Noblesse de France, tant du parti du Roi que des Rébelles & Conspirateurs contre lui & son Etat : 1574.

C'est pour leur représenter ce qu'ils doivent au Roi, comme à eux-mêmes, & les exhorter à prendre les armes contre les Hérétiques, qui, après avoir ruiné l'Eglise, ne manqueront pas aussi de ruiner la Noblesse.]

18228. ☞ Avis & très-humbles Remontrances à tous Princes, Seigneurs, Cours de Parlement & Sujets de ce Royaume, par un bon & grand nombre de Catholiques, tant de l'Etat Ecclésiastique, la Noblesse, que le Tiers-Etat, sur la mauvaise & universelle disposition des affaires : 1574.

La ruine entière du peuple causée par les impôts est suivie de celle du Clergé & de la Noblesse : delà viennent toutes les misères qui perdront enfin l'Etat, si l'on n'y remédie : la voie la plus courte est l'Assemblée des Etats-Généraux qu'on supplie le Roi de vouloir convoquer, & l'on exhorte les Protestans à se réunir à la cause commune, pour vivre désormais en paix sous la protection du même Souverain.]

18229. ☞ Remontrances aux Seigneurs, Gentilshommes & autres, faisans profession de la Religion Réformée en France, & tous autres bons François désirans la conservation de ce Royaume : 1574.

Le séditieux Auteur de cet Ecrit, après avoir gémi sur les maux qui affligent l'Eglise & l'Etat, invite les Protestans à se pourvoir afin de n'être plus opprimés. Il se déchaîne contre le gouvernement des Etrangers, des Femmes, & des Ecclésiastiques, & veut une Assemblée des Etats pour mettre un frein à la Puissance Royale.

Ces deux Pièces sont imprimées au tom. II. des *Mémoires du Règne de Charles IX*.]

18230. ☞ Prières pour le Roi, accommodées au temps des troubles : *Paris*, 1574, & *Lyon*, Jove, 1574, *in*-8.]

18231. ☞ Discours des derniers propos mémorables & Trépas de Charles IX. *Paris*, le Sueve, 1574, *in*-8.]

18232. ☞ Regrets & Lamentations d'Elisabeth d'Autriche, sur la mort de Charles IX. son époux : 1574.]

17233. ☞ De obitu Caroli IX. Oratio funebris : 1574, *in*-12.]

18234. ☞ Complainte universelle des trois Etats sur la mort du Très Chrétien Roi de France : *Paris*, Buffet, 1574, *in*-12. en Vers.]

18235. ☞ Lamentations du peuple François sur la mort du Roi ; A. D. P. *Paris*, Buffet, 1574, en Vers.

Ces Lettres initiales paroissent désigner Antoine DU PARC.]

18236. ☞ Discours des Obséques & Enterrement du Roi Charles IX. écrit par un Catholique.

Ce Discours est imprimé au tom. III. des *Mémoires du Règne de Charles IX*. *pag*. 374.

18237. ☞ De Caroli IX. Regis Francorum pompâ, Poema, (sine anno, &c.) *in*-8.]

18238. ☞ Academia Tolosana de Obitu Caroli IX. *Tolosa*, 1574, *in*-4.]

18239. ☞ Antonii MURETI, Jurisconsulti, & civis Romani, Oratio habita Romæ in funere Caroli IX. 1574, *in*-4.

Cette Oraison funèbre se trouve dans les Œuvres de Muret, Edition d'Ingolstadt, & dans celle de Léipsick. Elle a été traduite en François, par Jean le Frère ; *Lyon*, Rigaud, 1574, *in*-4.]

18240. ☞ Joan. RONDINELLI, Oratio habita in Exequiis Caroli IX. *Florentiæ*, Marescottus, 1574, *in*-4.]

18241. ☞ Joannis AURATI Tumulus Caroli IX. *Parisiis*, Morel, 1574, *in*-4. Item aliorum, nempe Jacobi AMYOTI, Barthol. FAYI, Germani Valentis GUELLII, Nicolai PERROTI, Jul. GASSOTI, Jo. PASSERATII, Anton. MISALDI, Leodegarii A QUERCU, Petri DE RONSARD, Joan. Ant. DE BAIF.]

18242. ☞ Oraison funèbre du trépas du Roi Charles IX. par J. B. BELLAUD : *Paris*, Morel, 1574, *in*-4.]

18243. ☞ Regrets sur la mort hastive du Très-Chrétien Roi de France, Charles de Valois, neuvième de ce nom ; par M. Jacques BOURLÉ, Docteur en Théologie : *Paris*, Hulpeau, 1574, *in*-8. de 8 feuilles.]

18244. Mémoires de l'Etat de France sous Charles IX. contenant les choses les plus notables faites & publiées, tant par les Catholiques que par ceux de la Religion, depuis le troisième Edit de pacification fait au mois d'Août 1570, jusqu'au Règne de Henri III. avec plusieurs Pièces & Traités : *Middelbourg*, Wolff, 1576, *in*-8. 3 vol.

Les mêmes, augmentés des Mémoires de la troisième Guerre civile : *Middelbourg*, 1578, *in*-8. 3 vol.

☞ Ces Mémoires s'étendent depuis 1570 jusqu'en 1574. Il s'y trouve plusieurs Pièces dont les principales sont ici indiquées à leur place.

Il y a deux Editions de 1578, l'une en petits caractères de Wolff, à Middelbourg : c'est la véritable. On n'y trouve cependant pas les Mémoires de la troisième Guerre civile, à la fin. C'est ce qui rend l'autre préférable, outre qu'elle est en caractères plus gros & plus faciles à lire. Il y a deux Editions précédentes de Wolff, 1576 & 1577, mais moins complettes que celle de 1578.]

« Ces Mémoires & ceux de la Ligue contiennent des » Pièces fort curieuses ; mais on doit lire ces Recueils » avec beaucoup de précaution, à cause de l'animosité » avec laquelle on écrivoit alors, & qui faisoit parler » diversement, selon les intérêts où l'on se trouvoit en- » gagé. Ils ont été les uns & les autres composés par des » gens de la Religion, qui étoient si transportés de zèle » pour leur parti, qu'il semble qu'ils aient voulu com- » poser plutôt des Apologies que des Histoires ». Sorel, *pag*. 336 de sa *Bibliothèque Françoise*.

☞ *Voyez* la Méth. histor. de Lenglet, tom. IV. *pag*. 85. = Catalogue de M. Bellanger, *pag*. 369.]

18245. La Légende de D. Claude de Guise, Abbé de Cluny, ses Faits & Gestes, depuis sa naissance jusqu'à la mort du Cardinal de Lorraine (en 1574) & des moyens tenus pour faire mourir le Roi Charles IX. ensemble plusieurs Princes & autres durant ledit temps : 1574, 1683, *in-*8. [& dans le tom. VI. ou Supplément aux Mémoires de Condé : *La Haye*, 1744, *in-*4.]

Ce Libelle fut imprimé d'abord sous le titre de *Légende (de l'Abbé) de Saint-Nicaise*, Claude de Guise, depuis Abbé de Clugny, qui passoit pour bâtard [de la Maison] de Lorraine ; c'est une satyre contre lui horriblement sanglante. Elle est de DAGONEAU, Sieur de Vaux, Juge de Cluny, selon M. de Thou, dans son *Histoire du temps*, sous l'année 1574. D'autres l'attribuent à (Gilbert) REGNAULT, dont il est parlé à la page 177 de la seconde Edition. Il étoit Juge-Mage de Cluny, faisant profession de la Religion Prétendue-Réformée. Le Cardinal de Guise voulut le déposer à l'instigation de Dom Claude de Guise ; mais ce Juge se défendit avec vigueur, & fut maintenu par Arrêt. Le lendemain il tint l'Audience, après laquelle il jetta dans le Parquet les Provisions de sa charge, il se retira ensuite à Mâcon, où il fit la profession d'Avocat. Je tiens ces circonstances de M. Papillon de Dijon.

[*Voyez la Bibliotheque des Auteurs de Bourgogne*, tom. II. pag. 190.]

Ce Livre, ou plutôt ce Roman, qui étoit fort rare avant qu'on l'eût réimprimé dans le *Supplément de la nouvelle Edition des Mémoires de Condé*, (ou tom. VI. part. 2, pag. 1,) contient une satyre outrée & des plus vives contre D. Claude de Guise ; dans laquelle le Cardinal de Lorraine se trouve quelquefois mêlé. Presque toutes ses conjectures paroissent hasardées. Il n'y a que trois ou quatre événemens qui intéressent l'Histoire de France : la mort du Prince de Porcean, en 1567, celle de la Reine de Navarre, en 1572, celle du Roi Charles IX. & celle du Cardinal de Lorraine, en 1574.

Le Bâtard de Guise, dont ce Livre contient la Vie prétendue, devoit être né environ l'an 1540 ou 1542, puisque Claude, Duc de Guise, son père, mourut en 1550, & que Dom Claude commençoit alors ses études. Cette époque est inconciliable avec le plan de l'Auteur, qui le fait naître d'une fille du Président des Barres, de Dijon. Ce Président ne naquit qu'en 1536, ne fut Président qu'en 1576, & mourut en 1599, dans sa soixante-troisième année, ainsi qu'il se voit par son épitaphe, qui est en l'Eglise de Notre-Dame de Dijon, rapportée par Palliot, dans son *Parlement de Bourgogne*. C'est donc une erreur dans laquelle a donné aussi le dernier Editeur du P. Anselme.

M. de Boulainvilliers, dans son *Etat de la France*, tom. III. Edition *in*-12. pag. 194, Chapitre de la Bourgogne, en parlant de la Noblesse du Bailliage de Saulieu, dit que le Président de Dijon, dont parle la Légende, est le sieur de Serres, premier Président de la Chambre des Comptes ; mais cela ne se rapporte guères avec le nom des Barres, dont il est parlé plusieurs fois dans la Légende, & avec la qualité de Président qu'il lui donne. Ce dernier s'appelloit Bénigne de Serres, & fut premier Président en 1535. Il en est parlé dans le *Traité de la Chambre des Comptes de Dijon*, *in*-fol. pag. 111.

Il y a plusieurs autres traits pareillement imaginés dans cette Légende, parmi lesquels il s'en trouve quelques-uns d'assez plaisans. Dom Claude mourut en 1612 ; mais sa Légende ne s'étend que depuis sa naissance jusqu'à la mort du Cardinal de Lorraine, en 1574.

L'Auteur de cet Ouvrage est véritablement DAGONEAU, Calviniste, né dans le Charollois, ayeul de MM. Dagoneau de Marcilly, Conseillers au Parlement de Dijon. L'Abbé Lenglet prétend que c'est Regnault. *Voyez* son Avertissement du tom. VI. des *Mémoires de Condé*, pag. xij. Il a joint à son Edition de la Légende, une Lettre du Cardinal de Pellevé, à D. Claude de Guise, pag. 139.]

18246. Istoria de' suoi tempi dall'anno 1536, all'anno 1574 ; da Gio-Battista ADRIANI : *In Firenze*, Giunti, 1583, *in-fol. In Venetia*, 1587, *in*-4.

L'Histoire de cet Auteur a été publiée par Marcel Adriani son fils. « Cet Historien a écrit ce qui s'est passé » en Italie depuis 1536, & a continué avec beaucoup » de diligence & d'exactitude l'Histoire de Guichardin. » Or comme dans cet Ouvrage Adriani fait paroître un » jugement sain & équitable, une extrême candeur, » jointe avec beaucoup de fidélité ; j'avoue (dit Jac- » ques-Auguste de Thou, dans son *Histoire de France*, » sous l'année 1574) que son Histoire m'a été très-utile, » & que j'ai emprunté de lui beaucoup plus de choses » que d'aucun autre ». Adriani est mort en 1579. C'est un des plus fameux Historiens qui ait écrit en Langue Italienne.

Voyez *Biblioth*. de Clément, tom. I. pag. 53. = Lenglet, tom. III. pag. 73, 345.]

18247. Petit Traité des Guerres-civiles advenues en France sous les Rois François II. & Charles IX. (par un Protestant anonyme) : 1574, *in*-12. (sans nom de lieu ni d'Imprimeur.)

18248. Discours sommaire du Règne de Charles IX. ensemble de sa mort, & d'aucuns de ses derniers propos : *Paris*, de Lastre, 1574, *in*-8.

La Croix du Maine attribue cet Ouvrage à Joachim DES PORTES, Abbé de Tiron, Chartrain, & à Nicolas DU MONT, de Saumur.

18249. Eusebii PHILADELPHI de vitâ Caroli IX. ejusque matris : *Edimburgi*, 1574. Latinè, Gallicè, Germanicè.]

18250. La reddition de la Ville de Carentan, le 26 Juin 1574 : *Paris*, Buffet, 1574, *in*-12.

18251. Histoire contenant un Abrégé de la vie, mœurs & vertus de Charles IX. où sont contenues plusieurs choses merveilleuses advenues pendant son Règne ; par Arnauld SORBIN, dit de Sainte-Foi, Docteur en Théologie : *Paris*, 1574, *in*-8.

Voyez Lenglet, tom. IV. pag. 85. = Le Gendre, tom. II. pag. 12.]

18252. Recueil pour l'Histoire de Charles IX. avec l'Histoire abrégée de sa Vie ; par Nicolas FAVIER, François DE BELLEFOREST, & Arnauld SORBIN : *Paris*, 1575, *in*-8.

18253. Historia Vitæ Caroli IX. Francorum Regis : 1575, *in*-8.

La même Vie est imprimée avec les Eloges dont Papire MASSON est l'Auteur, & publiés par Jean Ballesdens, tom. I. pag. 507 : *Parisiis*, 1643, *in*-8. Papire Masson a écrit cette Vie en 1575.

18254. Histoire des neuf Charles de France, contenant la fortune, Vertu & hauts Faits des Rois qui sous ce nom de Charles ont mis à fin des choses merveilleuses ; le tout compris en dix-neuf Livres ; par François DE BELLEFOREST, Commingeois, Annaliste du Roi :

Liv. III. Histoire Politique de France.

Paris, 1568 : [Ibid. l'Huillier, 1570 : Lyon, Jove, 1583, in-fol.

Il y a beaucoup de digressions dans cette Histoire. La Vie de Charles IX. à qui il dédie son Ouvrage, comprend les quatre derniers Livres. Belleforest est mort en 1583.

☞ Voyez le P. Niceron, tom. XI. p. 95. = Biblioth. de Clément, tom. III. pag. 73.]

18255. Eloge de Charles IX. par Pierre de Bourdeille, Seigneur DE BRANTOSME.

Cet Eloge est imprimé au tom. IV. de ses Capitaines François, pag. 1. Cologne, 1666, in-12.

18256. Mss. Rerum à Carolo IX. in Gallia gestarum Historia : auctore Thoma CORMERIO, in-fol.

Ce Manuscrit, qui est l'Original de l'Auteur, [étoit] dans la Bibliothèque de M. Foucault, & ensuite [a passé] dans celle de l'Abbé de Rothelin.

18257. ☞ Mss. Historia Caroli IX.

Cette Histoire qui est assez courte, est conservée dans la Bibliothèque de l'Abbaye de S. Vincent de Besançon, au tom. I. d'un Recueil en 3 vol. intitulé : Mélanges de choses curieuses.]

18258. ☞ Mss. L'Acquit du Trésorier d'Abra DE RACONIS, ou Etat au loin de l'ancien Ordre de l'Etat de France, les causes de la corruption d'icelui, & des moyens d'y remédier, par forme de Discours, addressé au Très-Chrétien Roi, & aux François, & comprins en dix Livres.

Cet Ouvrage intéressant, comme on peut le voir par le sujet de chaque Livre, est indiqué dans Sanderus, (Catalogue des Manuscrits Belgiques) & dans les Singularités historiques de D. Jean Liron, tom. I. pag. 318. & suiv. Il paroît avoir été fait sous le Roi Charles IX. par un Gentilhomme Chartrain. Ce Manuscrit étoit conservé il y a environ cent ans, dans le Cabinet de Jean le Comte, Seigneur de Jeaudrain, dans les Pays-bas.

Pour exciter les Curieux François qui se croiront à portée de réussir dans leurs recherches, nous mettons ici les titres & le contenu de chacun des Livres de cet Ouvrage, tels que les a donnés D. Liron.

Par le premier, contenant XII. Chapitres, est fait mention de l'éthimologie & définition du mot Etat, de la partition & division de l'Etat François, des Pairs de France & Officiers de la Couronne, de l'Office de Connétable, Maréchaux, Amiral de France & Gouverneurs des Provinces, des Officiers des Finances & de la Justice.

Au Second, en LXX. Chapitres, est contenu l'ancien ordre de l'Etat Monarchique, de l'excellence de l'Etat Royal, des Vertus dont il doit être orné, & des vices qu'il doit éviter.

Le Troisième Livre traite, en XVI. Chapitres, des Lettres divines, & du devoir des Professeurs d'icelles, ensemble des abus qui se commettent.

Le Quatrième Discours, par XVII. Chapitres, du devoir des Juges & de leurs abus.

Le Cinquième, des Lettres humaines, & des Professeurs d'icelles, de leur devoir, & de leurs corruptions, en IV. Chapitres.

Au Sixième, en XXVIII. Chapitres, est fait ample déclaration de l'état des Armes, de la Noblesse, de l'Ordre des Chevaliers, de l'Artillerie, des Réparations, des Vivres, des Finances, du devoir des Professeurs desdits Etats, & de la dépravation de leurs mœurs.

Le Septième, sous III. Chapitres, comprend le devoir des Artisans, & de leurs abus.

En le Huitième, par VI. Chapitres, est montré quel est le devoir des Laboureurs & Marchands, & de la corruption qui est en leur Etat.

Le Neuvième découvre, en VI. Chapitres, les causes des maux qui sont advenus en l'Etat.

Et le Dixième propose les moyens d'y remédier, en VI. Chapitres.]

18259. Mss. Journal des Règnes de François I. Henri II. François II. & de Charles IX. par François MONNIER.

Ce Journal est conservé du moins en de longs fragmens, dans la Bibliothèque du Roi, entre les Manuscrits de Mezeray.

18260. Mss. Histoire de France, depuis la saint Barthelemi : in-fol.

Cette Histoire [étoit] conservée dans la Bibliothèque de M. le Chancelier Séguier, num. 625, [& est aujourd'hui à S. Germain des Prés.]

12861. Histoire de notre temps, contenant les Guerres civiles advenues en France, principalement en la Gaule Aquitanique, jusqu'au Règne de Henri III. par Jean DE LA HAYE, Baron des Couteaux, Gentilhomme Poitevin.

Cette Histoire est citée par la Croix du Maine, dans sa Bibliothèque Françoise. L'Auteur fut tué en 1575.

18262. Histoire de France sous Henri II. François II. & Charles IX. (en Allemand): Basel, 1574, in-fol. 2 vol.

18263. Vita di Carlo IX. per Giov. BOTERO. In Torino, 1601, in-4.

Cette Vie est imprimée dans la première Partie de son Ouvrage, intitulé : Le Vite de Principi Christiani:

18264. * Histoire de Charles IX. par Antoine VARILLAS : Paris, Barbin, 1683, in-4. 2 vol.

La même Histoire (où les passages retranchés dans l'Edition précédente sont restitués): Cologne, Marteau, in-12. 2 vol.

☞ On trouve à la tête du premier, un Avertissement en forme de Préface, pour servir d'éclaircissemens sur les principaux Manuscrits dont cette Histoire est tirée.]

La même (corrigée sur les remarques de Charles D'HOZIER, en plus de 400 endroits:) Paris, Barbin, 1686, in-4. 2 vol.

La première Edition a été réformée, tant pour les faits que pour les fautes de Chronologie, sans que l'Auteur ait fait mention de celui qui lui avoit fourni ces Corrections, de quoi l'on s'est plaint dans une Lettre rapportée par M. de Larroque, pag. 4, de sa Critique du Livre I. de Varillas, sur les Révolutions de la Religion. Voyez à la fin de cette Bibliothèque le Mémoire concernant cet Auteur.

☞ On peut encore voir sur cette Histoire, = Journ. des Scav. Juill. 1683, = Journ. de Verdun, Août 1751, = le P. Niceron, tom. V. pag. 65, = Mercure, Mai 1683, Journ. de Léipsick, 1684, pag. 29.]

18265. ☞ Mss. Pièces concernant le Règne de Charles IX. en trente-sept Portefeuilles, in-4.

Ce sont les Nos 297-333, du Recueil de M. de Fontanieu, qui est à la Bibliothèque du Roi.]

☞ ON peut encore consulter, pour le Règne de Charles IX. = l'Histoire de ce Roi par Matthieu, = l'Histoire de M. de Thou, depuis le Livre XXVII. jusqu'au LVIII.

= celles de Piguerre, la Popeliniere & d'Aubigné, = Dinothus, de Bello civili Gallico, = l'Histoire de Davila, = les Mémoires des Guerres civiles de Vivarais, & le Journal de Faurin dans le Recueil des Pièces fugitives donné par M. le Marquis d'Aubais; = les Actes des Martyrs Protestans de Crespin, = la Vie du Chancelier Michel de l'Hôpital, = les Mémoires de l'Etoile, = l'Histoire des Guerres entre la France & l'Espagne, & l'Histoire des choses mémorables de Matthieu; = l'Essai sur les Guerres civiles par M. de Voltaire, = la Vie du brave Crillon, = l'Histoire du Duc de Bouillon, par Marsolier, = la Vie de la Noüe, = la Vie de l'Amiral de Coligny, jusqu'en 1572, = les Livres IV. & V. du tom. I. des Lettres d'Estienne Pasquier, jusqu'en 1572, = la Vie de François de Lorraine, Duc de Guise, jusqu'en 1563, = le Discours merveilleux de la Vie de Catherine de Médicis, = l'Histoire des Guerres du Comté Vénaissin de Perusses, & celle de la Guerre civile en Languedoc, qui se trouvent dans le Recueil des Pièces fugitives donné par M. le Marquis d'Aubais, depuis 1560, = la Vie de Duplessis Mornay, depuis 1562, = la Vie de Louis de Bourbon, Duc de Montpensier, = la Vie de Lesdiguières, depuis 1563, = les Mémoires de la Reine Marguerite, depuis 1565, = les Mémoires de Villeroy, depuis 1567, = ceux de Cheverny, de même, = ceux de Villegamblais, de même, = les Mémoires de Sully, depuis 1570, = les Notes IV. V. & VI. du tom. V. de l'Histoire du Languedoc, par DD. de Vic & Vaissette.]

§. VI.

Règne de Henri III. depuis l'an 1574 jusqu'en 1589.

☞ ON a cru convenable de commencer ce qui regarde Henri III. par les Ouvrages qui concernent son Election au Royaume de Pologne, quoique cela soit arrivé en 1573, du vivant de Charles IX. son frère. On peut en voir le détail & les suites dans l'*Histoire de Pologne*, de M. le Chevalier DE SOLIGNAC : *Paris*, 1750, *in*-12. tom. *V. Liv. XXI. XXII. & XXIII.* C'est un bon Extrait des Ecrivains Polonois & François.]

18266. ☞ Deux Lettres du Roi Charles IX. au sieur de Schomberg en Allemagne, pour faire favoriser l'Election de Henri, Duc d'Anjou, pour Roi de Pologne, 1573.

Elles sont imprimées au tom. I. du *Journal de Henri III.* 1744, *in*-8.]

18267. Epistola Joannis MONLUCII, Episcopi Valentini, Regis Gallorum Legati, ad Ordines Poloniæ, de Illustrissimo Andium Duce in Regnum Polonicum allegando : 1573, *in*-12. *Lusiniani*, 1574, *in*-12.

18268. Harangue [première] à la Noblesse de Pologne, prononcée le 10 Avril 1573, par Jean DE MONTLUC, Evêque de Valence, Ambassadeur du Roi Très-Chrétien, en l'Assemblée tenue à Warsovie, pour l'Election du nouveau Roi, après le décès du Sérénissime Sigismond-Auguste.

☞ Seconde Harangue faite & prononcée en l'Assemblée des Etats de Pologne, par le même sieur Evêque de Valence, lorsqu'il fut licencié, le 25 Avril 1573.

Ces deux Harangues ont été imprimées ensemble : *Paris*, Richer, 1573, *in*-8.

Dans la première, l'Evêque de Valence fait en trois points l'exposé des motifs de son Ambassade. 1.° Renou-veller l'union avec la France. 2.° Offrir son secours. 3.° Proposer pour Roi le Duc d'Anjou, sur les vertus & qualités duquel il s'étend très-au long, & fait voir l'avantage qui en reviendra à la Pologne, ce Prince ayant de l'argent & de bonnes troupes toutes prêtes. Il répond ensuite aux objections, & sur-tout à la cruauté dont on accusoit ce Prince, au sujet de la Saint-Barthelemi. Le 25 avril, ayant reçu ordre de se retirer, il fit la seconde qui est confirmative de tout ce qu'il avoit allégué dans la première. Il y a développé toute la force de son génie & de son éloquence, & l'on ne peut lui refuser le titre d'habile Négociateur.]

La [première] Harangue de Montluc se trouve encore au tom. II. des *Mémoires du Règne de Charles IX.* pag. 197: *Middelbourg*, 1578, *in*-8.

« Il est surprenant (dit Varillas, dans sa *Préface de* » *l'Histoire de Charles IX.*) qu'il ne reste que cette » Pièce de toutes les Négociations de Jean de Montluc, » qui a été employé dans quatorze Ambassades ; aussi » est-il l'homme de son siècle qui réussissoit le mieux » en Négociations ». Il est encore plus surprenant que Varillas n'eût pas connoissance du Volume 265. des *Manuscrits de M. Dupuy*, qui contient les Lettres de Montluc, écrites à Rome en 1538, (citées ci-après, à l'Article des *Lettres historiques*, année 1538), lui qui avoit eu communication de ces Manuscrits, comme il s'en vante.

18269. ☞ Joan. Francisci COMMENDONI Oratio ad Polonos: *Parisiis*, 1573, *in*-4.

La même, en François, traduite par François de Belleforest. *Ibid.* 1573, *in*-8.

Commendon étoit Légat du Pape en Pologne. On peut voir ce qu'il fit alors dans le Livre IV. de sa *Vie*, écrite par Gratiani en Latin, & traduite en François par M. Fléchier : *Paris*, 1671, &c. *in*-12.]

18270. Election du Roi Henri III. Roi de Pologne; décrite par Jean DE MONTLUC, Evêque de Valence : *Paris*, 1574, *in*-4.

18271. L'Ordre tenu par les Seigneurs Polonois, en l'Election du Duc d'Anjou, au Royaume de Pologne : *Paris*, Nyverd, *in*-8.

18272. ☞ Discours sur l'Histoire des Polonois, jusqu'à l'Election de Henri, Duc d'Anjou ; plus, les voix données, & Remontrances faites des Compétiteurs au Royaume de Pologne, pour l'Election de ce Roi : *Paris*, 1573, *in*-8.]

18273. La fausta & felice Elettione in Ré di Polonia di Henrico de Valois; da Emilio Maria MANOLESSO: *In Venetia*, 1573, *in*-4.

18274. Joannis Sarii ZAMOSCII Belsensis & Zamechensis Præfecti, ac in Galliam Legati, Epistola quâ Henricum Valesium Poloniæ Regem renuntiat: *Parisiis*, Morel, 1573, *in*-4.

La même Lettre, traduite en François par Louis le Roi : *Paris*, 1574, *in*-4.

Cet Auteur est mort en 1615.

☞ A la suite se trouve :

Joan. AURATI ad Polonorum Legatos prosphonetici Versus, Descriptioque magnificentissimi spectaculi à Reginâ Matre in hortis suburbanis eâ occasione editi.]

18275. Stanislai CARNCOVII, Episcopi Vladislaviensis, ad Henricum Valesium Poloniæ Regem designatum Panegyricus. Vidi Fabri DE PIBRAC Responsio, Latinè & Gallicè: *Parisiis*, Vascosan, *in*-4. & *in*-8.

18276. ☞ De Legatione Polonicâ, Oratio Franc. BALDUINI; nec non variæ Legatorum Polonorum, & ad eos Orationes: *Lutetiæ*, 1573, *in*-4.]

☞ Ejusdem ad Academiam Cracoviensem Disputatio: *Parisiis*, 1573, *in*-4.

François Baudouin qui étoit d'Artas, est mort le 24 Octobre 1573. *Voyez* le P. Niceron, *tom. XXVIII. pag. 264.*]

18277. ☞ Caroli D'ESCARS, Lingonensis Episcopi, Oratio ad Legatos Polonorum Metis habita: *Parisiis*, 1573.]

Harangue de Messire Charles D'ESCARS, Evêque & Duc de Langres, Pair de France, & Conseiller du Roi en son privé Conseil, prononcée aux magnifiques Ambassadeurs de Pologne, étant à Metz, le huitième jour du mois d'Août 1573.

Elle est imprimée au tom. II. des *Mémoires du Règne de Charles IX.* L'Edition Latine est la Traduction.

Les Polonois ayant élu pour leur Roi, Henri Duc d'Anjou, lui envoyèrent des Ambassadeurs que l'Evêque de Langres alla recevoir à Metz, par ordre de la Cour. Il leur fit une belle Harangue, où il leur exposa le déplaisir qu'avoit la France de perdre un tel Prince, & sa joie de le voir élevé au comble de l'honneur, par le suffrage unanime d'une Nation telle que la Polonoise. Il s'étend fort au long sur les louanges qu'il donne à leur Roi & à la Nation, à qui il fait voir les grands biens qui résulteront de cette Election.

18278. Discours sur l'Histoire des Polonois, en l'Election du Duc d'Anjou. Epître au Roi de Pologne, sur sa bienvenue à Paris; par Nicolas PAVILLON, Parisien: *Lyon*, Rigaud, 1573, *in*-8.

18279. ☞ Hymne sur l'Entrée de Henri, Roi de Pologne: *Paris*, 1573, *in*-8.]

18280 * Litteræ & Acta varia de discessu Henrici Valesii, Poloniæ Regis.

Dans le tom. III. du *Recueil de l'Histoire de Pologne*, par Pistorius: *Basileæ*, Henrici Petri, 1582, *in*-fol.

18281. Discours au vrai de ce qui s'est passé pour l'entière Négociation de l'Election du Roi de Pologne; par Jean CHOISNYN, de Châtelleraud, Secrétaire du Roi de Pologne: *Paris*, Chesneau, 1574, *in*-8. *Lusiniani*, Duret, 1574, *in*-12.

18282. Les honneurs & triomphes faits au Roi de Pologne, tant par les Princes Allemans, en son Voyage, que par ses Sujets à sa réception; par un Gentilhomme François: *Paris*, 1574, *in*-8.

18283. Achillis STATII, Lusitani, de Electione & Profectione Henrici Regis Poloniæ, Sermo: *Romæ*, Bladii, 1574, *in*-4.

Cet Auteur est mort en 1585.

18284. Mémoire de la Conférence qu'eut Henri III. avec l'Electeur Palatin Frédéric III. à Heidelberg, écrite de la propre main de FRÉDÉRIC (en Allemand).

Ce Mémoire est imprimé à la page 311 du Recueil intitulé: *Monumenta pietatis & litteraria : Francofurti*, 1701, *in*-4.

18285. ☞ L'Entrée, Sacre & Couronnement de Henri, à présent Roi de Pologne, le tout fait à Cracovie, au mois de Février 1574: & récitées par deux Lettres missives d'un Gentilhomme François: *Paris*, 1574, *in*-8.]

18286. ☞ Le Allegrezze e solemnità fatte in Cracovia, nella Coronatione del Rè Enrico di Valois: 1574, *in*-4.

Cette Relation paroît avoir été imprimée à Venise.]

18287. Successi del viaggio d'Errico terzo, della sua partita di Cracovia sino all'arrivo in Torino; da Nicolo LUCEBUANGELI, de Bevagna: *In Venetia*, 1574, *in*-4.

18288. ☞ Andreæ Maximiliani FREDRO, Gestorum Populi Poloni sub Henrico Valesio, Polonorum, posteà Galliæ Rege Historia; curante Georgio Forstero: *Dantisci*, 1659, *in*-4.

Cette Histoire, qui s'étend depuis 1572 jusqu'en 1576, ne traite que des affaires de Pologne. On y trouve seulement quelque chose sur la Diette dans laquelle fut élu Henri III. & sur son départ de Pologne, après la mort de Charles IX. Cette Histoire est bien écrite.]

18289. ☞ De rebus in Electione, profectione, Coronatione Henrici Regis Poloniæ in Galliâ & in Poloniâ gestis ; auctore Stanislao RESCIO. *Romæ*, Hered. Bladii, 1574.]

18290. ☞ La Réception de Henri (revenant de Pologne), par l'Empereur Maximilien & l'Archiduc Ferdinand, & les Vénitiens: *Paris*, 1574.]

18291. Stephani FORCATULI, Biterrensis, Jurisconsulti, Polonia Felix, regnante Henrico Valesio: *Lugduni*, Rovillii, 1584, *in*-8.

18292. ☞ Probi & Galliæ ac Poloniæ amantis Viri, ad Gallos & Sarmatas Oratio, &c. *Basileæ*, 1575, *in*-12.]

18293. Le attioni d'Errigo terzo Ré di Francia, & quarto di Polonia, descritte in Dialogo, nelle quali si racontano molte imprese di Guerra, l'intrata sua in Polonia, la partita & le pompe con le quali è stato ricevuto in Venetia & altrove; dal Tomaso PORCACCHI: *In Venetia*, Anglieri, 1574, *in*-4.

Cet Auteur est mort en 1585.

18294. ☞ Actarius MENINUS in Henrici III. Galliarum & Sarmatiæ Regis ad urbem Venetam adventum, Odæ: *Venetiis*, 1574, *in*-4.]

18295. ☞ Ordre de la Réception & Entrée de Henri de Valois, Roi de France & de Pologne,

logne, en la riche & floriſſante Ville de Venife, &c. *Lyon*, Rigaud, 1574, *in*-12.]

18296. ☞ La Salutation & Entrevue du Cardinal Boncompagne, Neveu & Légat du Pape, vers le Roi Très-Chrétien, enſemble, des autres Princes & Seigneurs d'Italie, avec les triomphes & magnificences faites à Veniſe : *Paris*, Dupré, 1574, *in*-8.]

18297. ☞ Epiſtola Henrici ad Archiepiſcopum Gneſnenſem.

Le Roi écrivit en Pologne cette Lettre, de Lyon : il s'y plaint de ce qu'on a indiqué une Diette ſans ſes ordres. On trouve cette Pièce, *pag*. 258 de l'Hiſtoire de Fredro, marquée ci-devant.]

18298. ☞ L'arrivée du Roy en France, & la Réception de Sa Majeſté par la Royne ſa Mère, [& Meſſeigneurs le Duc d'Alençon & le Roy de Navarre, le 4 Septembre 1574,] avec un Sommaire Diſcours des principales choſes ſurvenues depuis ſon partement de Veniſe, (le 27 Juillet) : *Paris*, Dupré, 1574, *in*-8. de 31 pages.]

18299. * Diſcours ſur le très-heureux avénement du Très-Chrétien Roi Henri de Pologne, en France : *Lyon*, Jove, 1574, *in*-8.

Il eſt de Claude de MONJOURNAL, ſieur de Sindrey & du Til. On l'a auſſi traduit & imprimé en Latin.]

18300. ☞ Les Feux de Joie faits à Paris, pour l'arrivée du Roi de France, avec l'ordre tenu à ſon Entrée & Réception en la Ville de Lyon, en Septembre 1574 : *Paris*, Dupré, *in*-8. de 31 pages.]

18301. ☞ Concion de joie, pour la bienvenue de Henri III. à l'Abbaye de Grandmont, dans laquelle il eſt démontré s'il eſt loiſible de faire la Guerre à ſon Prince, ores qu'il ſoit Tyran; par François DE NEUFVILLE : *Limoges*, 1574.]

18302. ☞ Avénement de Henri III. à la Couronne : *Paris*, 1574.]

18303. ☞ Déclaration des Seigneurs de Pologne, ſur le Retour du Roi en France, & une Ode au Roi à ce ſujet : *Paris*, 1574, *in*-8.]

18304. ☞ Panégyrique ſur la venue du Roi Henri III. 1574, *in*-12.]

18305. ☞ Panégyric du Chant d'allégreſſe, ſur la Venue du Très-Chrétien Henri III. par la grace de Dieu, Roi de France & de Pologne; par Germain FORGET, Advocat à Evreux : *Paris*, Poupi, 1574, *in*-8.]

18306. ☞ Resjouiſſance ſur la France déſolée, pour l'heureux retour du Très-Chrétien Henri III. de ce nom; les Perſonnages ſont France déſolée & Resjouiſſance : *in*-8.]

18307. ☞ Acteon Gallicus ſuper apotheoſi Caroli IX. auſpicato, adventu & inauguratione Henrici III. Franciæ Regis, &c. (Auctore Claudio ROILLETO, Belnenſi) : *Pariſiis*, 1575; *in*-4.]

Tome II.

18308. ☞ Ad Henricum III. de illius in Poloniam profectione, deque felici reditu, Panegyricus; à Jacobo FABRO : *Pariſiis*, 1575, *in*-8.]

18309. ☞ In Henrici III. Regis Galliæ & Poloniæ felicem reditum Verſus (Joannis DORAT,) in fronte domûs publicæ Lutetiæ Urbis aſcripti, 14 Septembre 1574; cum Ode Gallica D. BAYF : *Pariſiis*, Morel 1574.]

18310. ☞ Jacobi AMYOT, Poëma Heroicum de Felici inauguratione Henrici III. *Pariſiis*, 1574, *in*-4.]

18311. ☞ Pſalterium Decachordum Apollinis & novem Muſarum in inaugurationem Henrici III. per Nicolaum QUERCULUM, (Cheſneau) : *Remis*, de Foigny, 1575, *in*-8.]

Le même, en François. *Ibid*, *in*-8.]

18312. Remontrance faite au Roi l'an 1574, par le Duc DE NEVERS, Pair de France, pour lors Gouverneur & Lieutenant-Général de Sa Majeſté, de-là les Monts, ſur l'avis qu'il eut que Sadite Majeſté vouloit aliéner de ſa Couronne les Villes de Pignerol, la Perouſe, Savillan & l'Abbaye de Genoble, pour les bailler au Duc de Savoye : *Paris*, Dupré, 1574, *in*-12. 1630, *in*-8.]

☞ Ces Remontrances ſont de Louis de GONZAGUE, Duc de Nevers. Il tâche de diſſuader le Roi de cette reſtitution, en lui faiſant voir qu'il ne peut s'aſſurer de la Maiſon de Savoye, que par ces Places qui lui ouvrent le chemin en Italie; que ſi cependant Sa Majeſté eſt réſolue de les rendre, il la ſupplie de lui faire expédier des Lettres-Patentes, pour le décharger de ſon Gouvernement, & pour ſervir de preuve à la poſtérité qu'il a fait ſon devoir comme un bon Sujet du Roi; c'eſt ce qu'on lui octroya.]

Cette Pièce eſt encore imprimée au tom. I. des *Mémoires de Nevers*, pag. 1 : *Paris*, 1665, *in*-fol.

18313. ☞ Pour-parler, fait à la Rochelle par M. le Maréchal de Coſſé : 1574, *in*-16.]

18314. ☞ Diſcours de la prinſe de l'Iſle de Rhé, par le Seigneur de Landreau, & de l'incroyable & ſubite repriſe par le ſecours envoyé de la Rochelle; enſemble les Articles & Inſtructions au ſieur Landreau, touchant ſes Deſſeins & ſa Commiſſion. Item, les Lettres, tant de Sa Majeſté que du Comte du Lude, audit Landreau : 1575, *in*-8. (ſans nom de Ville ni d'Imprimeur) de 41 pages.]

18315. Déclaration des cauſes qui ont mu ceux qui de la Religion à reprendre les armes pour leur conſervation, l'an 1574 : *Montauban*, 1574, *in*-12.

18316. La Prinze de la Ville de Saint-Lo, le 10 Juin 1574, par M. de Matignon : *Paris*, [Ruffet] 1574, *in*-8.

18317. La priſe de Fontenay-le-Comte, le 21 Septembre, par le Duc de Montpenſier; décrite en Vers par Jean LE BIGOT : *Paris*, Dupré, 1574, *in*-4. & *in*-12.

M m

18318. ☞ Explication d'une Médaille insolente, addreſſée par les Huguenots à Henri III. au commencement de ſon Règne. *Mém. de Trévoux* 1704. Décembre, pag. 2127.]

18319. Remontrance faite au Roi Henri III. ſur le fait des deux Edits donnés à Lyon le 10 Septembre & le 13 Octobre 1574, touchant la néceſſité de la Paix, & les moyens de la faire; avec leſdits deux Edits: *Francfort*, 1574, *in-8*. Angeſtein, Jaſon, 1577, *in-8*.

Cette Pièce eſt d'Innocent GENTILLET.

18320. La Prinze du Mont Saint-Michel, ſurpris par les Ennemis, & recouvré par le Seigneur de Viques, ſous Henri III. Poëme de Jean DE VITEL, Avranchès.

Cette Relation de la priſe du Mont Saint-Michel, en 1575, eſt imprimée avec les *Poëſies* du même Auteur: *Paris*, Hubl, 1588, *in-8*.

18321. ☞ Diſcours au Peuple de Paris & autres Catholiques de France, ſur les nouvelles entrepriſes des Rébelles & Séditieux, qui ſous couleur de vouloir réformer le Royaume, entreprennent contre le Roi & ſon Etat: *Paris*, Poupi, 1574, *in-12*.

Ce Diſcours eſt imprimé au tom. III. *des Mémoires du Règne de Charles IX.* 1578, *in-8*. C'eſt un récit des vexations & des cruautés que les Proteſtans ont exercées contre les Prêtres, à qui ils imputoient la cauſe de la Guerre. L'Auteur dit que ſous ce prétexte ils en veulent au Roi & à tous les Catholiques.]

18322. ☞ Mſ. Déclaration & Proteſtation de M. DAMPVILLE, Maréchal de France.

Cette Pièce eſt datée de Montpellier, le 3 Novembre, 1574. Elle ſe trouve dans le Volume 547 des Manuſcrits de M. Séguier, en l'Abbaye de Saint-Germain. C'eſt le Manifeſte que ce Maréchal publia pour juſtifier ſa conduite, lorſqu'il ſe mit à la tête des Religionnaires & Politiques.]

18323. Diſcours des choſes les plus remarquables advenues par chacun jour durant le Siége de Luſignen, en l'an 1574: 1575, *in-8*. de 136 pages, (ſans nom de Ville ni d'Imprimeur.)

18324. ☞ Les Efforts & Aſſauts faits & donnés à Luſignen, la vigile de Noel, par M. le Duc de Montpenſier, Prince & Pair de France; par P. G. S. D. L. C. 1575, *in-8*. (ſans nom de Ville ni d'Imprimeur.)

18325. Petri CARPENTARII, Pium & Chriſtianum de retinendis armis & pace repudianda Conſilium, cum Petri FABRI Reſponſione: *Pariſiis*, 1575, *in-8*.

* Le même, traduit en François ſous ce titre: Avertiſſement ſur le port des armes, &c. *Paris*, 1575, *in-8*.

18326. Petri FABRI, ſupplicum Libellorum in Regia Magiſtri, ad Petrum Carpentarium Reſponſio: *Neoſtadii*, 1579, *in-8*.

18327. Négociations de la Paix, ès mois d'Avril & de Mai, 1575, contenant les Articles préſentés au Roi par le Prince de Condé & autres Seigneurs Catholiques; avec la Réponſe du Roi aux ſuſdits Articles: 1576, *in-8*.

Les mêmes ſont imprimées au tom. I. des *Mémoires du Duc de Nevers*, [*Paris*, 1665, *in-fol.*] pag. 308 & 425.

☞ C'eſt une eſpèce de Journal de ce qui ſe paſſa au ſujet des Articles préſentés par les Députés du Prince, du Maréchal de Damville & de leurs partiſans, avec les diſputes qu'il y eut à ce ſujet; comment les Articles furent débattus, & les réponſes que Sa Majeſté y fit. Cette Négociation qui tenoit les eſprits en ſuſpens, & qui devoit rétablir le calme, n'eut aucun effet, par les mauvaiſes impreſſions que donnèrent à leur retour les Députés, piqués du peu de conſidération qu'on avoit eue pour eux. Ils étoient partis de Baſle le 22 Mars 1575, & arrivèrent à Paris le 5 Avril. Les Conférences durèrent depuis le 11 juſqu'au 28 de Mai.]

18328. Mſ. Relatione di Francia; di Giovanni MICHELE, Ambaſciatore Veneto, dall'anno 1575: *in-fol*.

Cette Relation eſt conſervée entre les Manuſcrits de M. Dupuy, num. 769, & parmi les Manuſcrits de la Bibliothèque de M. le Chancelier Seguier, num. 144. [à S. Germain des Prés.]

18329. Brève Hiſtoire touchant l'entrepriſe de Beſançon par certains conſpirateurs, le 20 Juin 1575, [enſemble la repriſe, &c.] *Lyon* [& *Paris*,] 1575, *in-8*.

18330. Déclaration & proteſtation de Monſeigneur Damville, Maréchal de France, Gouverneur de Languedoc, & Général pour le Roi, en l'abſence de M. le Prince de Condé en tous ſes Royaume, Pays & Terres, pour la manutention & conſervation de ſa Couronne & Etats, &c. 1575, *in-8*.

18331. Déclaration de Monſeigneur, fils & frère du Roi, Duc d'Alençon, &c. contenant les raiſons de ſa ſortie de la Cour, le 18 Septembre 1575: 1575, *in-8*.

C'eſt un ſanglant Manifeſte de François, Duc D'ALENÇON, contre les Mignons de la Cour du Roi Henri III.

☞ *Voyez* la *Méth. hiſt.* de Lenglet, *in-4. tom. IV*, pag. 87.]

18332. Brève Remontrance de la Nobleſſe Françoiſe, ſur le fait de la Déclaration du Duc d'Alençon, avec cette Déclaration; 1576, *in-8*.

18333. * Remontrance au Peuple François pour l'induire de ſe tenir en paix à l'avenir: 1576, 1585, *in-8*.

18334. ☞ Mſ. Remontrances très-humbles de la Ville de Paris, & des Bourgeois & Citoyens d'icelle, au Roi Henri III. l'an 1575.

Cette Pièce eſt dans la Bibliothèque de M. Fevret de Fontette, Conſeiller au Parlement de Dijon, & au tom. I. d'un Recueil en 3 vol. *in-fol*. intitulé: *Mélanges de choſes curieuſes*, lequel eſt conſervé dans la Bibliothèque de l'Abbaye de S. Vincent de Beſançon.

Le Roi eſt invité à jetter un coup d'œil ſur la miſère de ſon Peuple, épuiſé par les guerres; & on le prie de travailler à réformer les abus qui ſe ſont gliſſés dans les différens Ordres du Royaume.]

18335. ☞ Mf. Missives de très-illustre Prince Henri de Bourbon, Prince de Condé, envoyées au Prince Jean Casimir, Comte Palatin, &c. écrites de Strasbourg.

Ces Lettres font conservées dans le même Recueil de S. Vincent de Besançon. Le Prince de Condé y rappelle tout ce qu'ont souffert les Protestans de France, & demande des troupes pour remédier aux maux que plusieurs & lui essuient dans ce Royaume.]

18336. ☞ Déclaration de M. le Prince de Condé, contenant les causes de son Voyage en France avec main armée vers Monseigneur le Duc, frère du Roi; ensemble les Ordonnances Militaires de son Armée : 1576, *in-*8.]

18337. L'Histoire au vrai des Guerres civiles ès Pays de Poitou, Aulnis, Xaintonge & Angoumois, depuis l'an 1574 jusqu'en 1576: *Paris*, Dupuys, 1578, *in-*8.

Cette Histoire est écrite par Pierre BRISSON, Sénéchal de Fontenay-le-Comte, frère de Barnabé Brisson.

18338. * Le Tocsin contre les Massacreurs & Auteurs des confusions de France, par lequel la source & origine de tous les maux qui travaillent depuis long-temps est découverte, afin d'inciter & émouvoir tous les Princes fidèles de s'employer pour le retranchement d'icelle, & contient bien au long la Vie de Catherine de Médicis, sa manière à élever les Rois ses enfans, sa conduite pendant sa Régence, & un récit bien ample du Massacre de la S. Barthélemi, en 1572, & la suite: (1576) *in-*8.

18339. ☞ Harangue & Remontrance faite aux Habitans de Limoges; par M. DE CHAMBÉRY, leur Gouverneur, sur le bénéfice de la Guerre, & plusieurs autres occurrences: *Paris*, Dupré, 1576, *in-*8. de 28 pages.

On trouve à la fin un Sonnet de J. BLANCHON.]

18340. ☞ Discours de la défaite des Reistres par le Duc de Guise, le 10 Octobre 1575: *Poitiers*, *in-*12.]

18341. ☞ Discours de la déconfiture des Publiquains par les Capitaines de l'armée de Monseigneur le Duc de Montpensier; par G. DOGNET: *Rouen*, 1575, *in-*12.]

18342. ☞ Mf. Recueil des Gazettes Italiennes, sous le nom d'AVISI, dal' 1571, fino al 1575 : *in-*fol.

Ce Manuscrit sur papier écrit du temps, est conservé dans la Bibliothèque du Roi, parmi ceux de M. Lancelot.]

18343. ☞ Résolution claire & facile sur la question tant de fois faite de la prise des armes par les inférieurs: *Basle*, 1575, *in-*8.]

18344. Remontrance aux Etats pour la paix: *Lyon*, Isoret, 1576, *in-*12.

☞ Le P. le Long l'attribue dans son Exemplaire avec des Notes manuscrites, à Philippe du Plessis MORNAY; mais ce pourroit bien être la même que celle qui est attribuée à Philibert BUGNYON, par l'Abbé Papillon, dans la *Bibliothèque des Auteurs de Bourgogne*, p. 118.

L'Auteur de cette Remontrance ne prêche que la tolérance. Il veut qu'on laisse vivre les Huguenots en paix & dans la liberté de conscience qu'on leur a accordée, puisque si l'on vouloit leur ôter l'exercice de leur Religion, il faudroit nécessairement recommencer une guerre qui a été jusqu'alors infructueuse, & que si l'on parvenoit à les ruiner, ce qui est fort douteux, l'Etat se trouveroit accablé de leur ruine même. Ce Discours est fort modéré.]

18345. ☞ Harangue prononcée à Paris 1 Janvier 1576, à MM. les Princes ; par Odet DE MATIGNON: *Paris*, Dupré, 1576.]

18346. ☞ Exhortation à la Paix, aux François Catholiques.

Elle est imprimée au tom. III. des *Mémoires du Règne de Charles IX*. *Middelbourg*, 1578, *in-*8. Cette Pièce est courte & solide. L'Auteur fait voir en deux mots quelles sont les causes, les moteurs, & les tristes effets de nos Guerres Civiles. C'est la Maison de Lorraine qu'il désigne sous le nom d'Etrangers.]

18347. Commentariorum de statu Religionis & Reipublicæ in Regno Franciæ, Libri tres, Regibus Henrico II. ad illius quidem Regni finem, Francisco II. & Carolo IX. 1570, 1571, 1572: Quarta Editio : 1572, *in-*8.

Cet Ouvrage a été composé par Jean DE SERRES, depuis Ministre de Nismes, comme il le reconnoît dans une de ses Lettres à Bonaventure Vulcanius. Il a aussi pour titre, dans quelques Exemplaires : *Rerum in Gallia Gestarum*, *Regibus Henrico II. Francisco II. & Carolo IX. Libri tres*. Ce Volume commence en 1557, & finit en 1561. On lit le symbole de l'Auteur : *Etiam veni, Domine Jesu*, à la fin de la quatrième Edition. Voyez à la fin de cette Bibliothèque, le Mémoire sur les Ouvrages de cet Auteur.]

Secundæ partis Commentariorum de statu Religionis & Reipublicæ in Regno Galliæ, Libri tres, Carolo IX. Rege : 1572, 1574 : Quarta Editio : 1577, *in-*8.

Cette seconde partie commence en 1561, & finit en 1562.

Tertiæ partis Commentariorum, Libri VII. VIII. & IX. ad tertii Belli Gallici finem, postremò pacis edicto conclusum, Carolo IX. Rege : 1575, 1577, *in-*8.

La troisième partie va jusqu'en 1570.

☞ Il y a des Exemplaires qui sont dits imprimés à *Genève*, 1572 & 1573, qui ne contiennent que ces trois parties, en 3 volumes *in-*8.]

Quartæ partis Commentariorum, Libri X. XI. & XII. Carolo IX. Rege, ad illius obitum : 1575, 1577, *in-*8.

La quatrième partie finit au mois de Mai 1574.

Quintæ partis Commentariorum, Libri XIII. XIV. & XV. Henrico III. Rege : *Lugduni-Batavorum*, 1580, 1590, *in-*8.

Cette dernière partie se termine à l'année 1576.

☞ Le Tome I. contient la première Partie en trois Livres, sous Henri II. François II. & Charles IX. Il s'étend depuis 1557 jusqu'à l'Edit de Janvier 1562.

Le Tome II. contient la seconde Partie en trois Livres, & regarde l'année 1562 entière.

Le Tome III. contient la troisième Partie en trois Livres, & comprend ce qui s'est passé depuis l'année

1563 jusqu'à la Paix du mois d'Août 1570, conclue à S. Germain.

Le Tome IV. contient la quatrième Partie, ou les Livres X. XI. & XII. Il s'étend depuis le mois d'Août 1570, jusqu'à la mort de Charles IX. en 1574, le 30 Mai. On trouve à la fin une longue Lettre Latine des révoltés des Provinces-Unies, adressée au Roi d'Espagne Philippe II.

Cet Ouvrage a été composé par Jean de Serres, Protestant, assez connu par plusieurs autres Livres. Celui-ci est hardi, & contient un détail bien circonstancié de tout ce qui s'est passé en France à l'occasion de la Religion, pendant dix-sept années.

Le Tome V. ou la dernière suite, qui s'étend depuis la mort de Charles IX. jusqu'à l'année 1576, est si rare, qu'on ne l'a vu dans aucun Catalogue de Bibliothèque vendu depuis quarante années, pas même un Exemplaire des quatre premières Parties ou Volumes, aussi complet que celui qui est chez M. Fontette, à Dijon. M. Secousse, malgré toutes ses recherches, n'en avoit pu ramasser que les deux premiers Volumes, & même d'une mauvaise Edition.

On trouve dans cet Ouvrage plusieurs Pièces, soit en entier, soit par extrait, qui ont paru la plupart dans les *Mémoires de Condé*; mais il n'en est pas moins nécessaire pour toute personne qui voudra approfondir cette partie de notre Histoire. L'Auteur a commencé son Livre dans le temps à peu près où finit celui de Sleidan, qui porte le même titre que celui-ci. C'est une espèce de continuation faite pour la France, au lieu que Sleidan a pour objet principal ce qui s'est passé en Allemagne sous l'Empereur Charles-Quint. Jean de Serres attribue aux Guises toutes les divisions & tous les maux qui ont affligé la France pendant ces temps de trouble. Les motifs, les préparatifs, l'exécution du Massacre de la Saint Barthélemi, tant à Paris que dans le reste du Royaume, & ses suites, sont décrites dans le Tome IV. avec plus de détail que nulle part ailleurs.

« Struvius qui parle fort avantageusement de ces
» Commentaires, (*Biblioth. historic. pag.* 323) dit
» qu'ils ont été traduits en François & imprimés en
» 1603, *in*-8. mais cette Traduction ne se trouve nulle
» part, & Struvius est le seul Bibliothécaire qui en parle.
» Cet Ouvrage est très-curieux & très-intéressant; c'est
» un de ceux dont M. de Thou s'est le plus servi : il en
» a pris beaucoup de choses, & M. Meibomius, (*Dissert.*
» *de Gallic. Script. pag.* 2) remarque qu'il les a souvent
» insérées telles qu'il les trouvoit, se contentant d'y
» changer par fois quelques mots. Ce qu'il y a de cer-
» tain, c'est que depuis l'année 1557 où commencent
» ces Commentaires, jusqu'en 1576 où ils finissent,
» M. de Thou ne manque point de les citer au com-
» mencement de chacun de ses Livres ». *Dictionnaire*
de Prosper Marchand, *Art. de Serres*, Note E.

Voyez la *Méth. histor.* de Lenglet, *in*-4. tom. *IV.* pag. 77 = Le P. Niceron, tom. *IV.* pag. 320. = *L'Esprit de la Ligue*, tom. I. pag. xlvij.]

18348. ☞ Mf. Mémoires d'Estat de Messire Jean DE MORVILLIERS, Evesque d'Orléans.

Ces Mémoires (qui s'étendent depuis l'an 1571 jusqu'en 1576) sont conservés à Dijon dans le Cabinet de M. Guyot, Docteur aggrégé de l'Université de cette Ville. Voici ce qu'ils contiennent :

1. Ce qui fut proposé par le Roi Charles IX. en l'Assemblée qu'il fit des Princes & Seigneurs qui étoient près de sa personne, l'an 1571. = 2. Réponse faite par le Roi sur les Articles que lui avoit proposés par écrit le Légat des Ursins. = 3. Instruction envoyée aux Gouverneurs. = 4. Remontrances (au sujet de l'inobservation des Edits de pacification). = 5. Deux Lettres à la Royne Mère, (au sujet de la négociation du sieur Frégose, auprès des Rébelles des Pays-Bas.) = 6. Remontrances (sur la manière dont on doit se comporter avec les Princes Protestans d'Allemagne). 7. Instruction pour le fait de Genève (dont les Cantons Suisses soupçonnoient le Roi de vouloir s'emparer.) 8. Ce qu'a dit le Roi au Parlement de Paris, quand il en partit l'an 1573, au mois d'Août, peu avant que le Roi de Pologne s'en allât en Pologne. = 9. Remontrance faite par le Roi à sa Cour de Parlement, au mois d'Août 1575. = 10. Sur les affaires passées avec le Duc de Ferrare, en l'an 1555 & 1556. = 11. Advis donné au Roi suivant son commandement, sur la Guerre des Pays-Bas en 1572. = 12. Discours pour sçavoir s'il est expédient d'arrêter par les armes le cours de la nouvelle Religion en ce Royaume. = 13. Fragment du Discours qui fut fait au mois de Septembre 1574. = 14. Des Délibérations faites devant le Roi, au mois d'Avril 1574; = Février 1574; = 18 & 29 Août 1574. = 15. Ce qui sera de la Guerre. = 16. Sommaire de l'opinion en Novembre 1575; = le 2 Octobre 1574; = Février 1576, = 17. De l'an 1575 & 1576.

Dans ces différens morceaux, M. l'Evêque d'Orléans fait le portrait le plus vrai & le plus touchant de l'extrémité & des misères de ce Royaume, & des maux infinis qu'y causoit la Guerre civile. Le résultat de tous ces Avis est qu'il faut faire la paix à quelque prix que ce soit; qu'elle sera toujours préférable aux avantages qu'on pourroit avoir par les armes, parcequ'il n'y a que ce moyen de rétablir l'autorité du Roi, & de soulager ses Sujets.]

18349. ☞ Remontrance au Roi par un grand Seigneur étranger, touchant les moyens de pacifier la France.

Cette Remontrance est imprimée au tom. II. des *Mémoires du Règne de Charles IX. Middelbourg*, 1578, *in*-8. Cesser de persécuter les Protestans, avoir plus de droiture dans les négociations, ne pas suivre les conseils du Cardinal de Lorraine, sont trois des moyens principaux proposés au Roi, pour rétablir ses affaires & sa réputation.]

18350. ☞ Sur la publication de la cessation d'armes faite à Paris le 8 Mai 1576 : *Paris*, Dupré, 1576, *in*-8. (de 20 pages, sans des Vers de 8 pages.)

On trouve en effet à la fin un Hymne de la Paix, & quatre Sonnets au Roi.]

18351. Edit du Roi pour la pacification des troubles de ce Royaume, le 14 Mai 1576: *Orléans*, Gibier, 1576 : *Lyon*, 1576, *in*-8.

Le même Edit est imprimé au tom. I. des *Mémoires du Duc de Nevers*, pag. 117 : *Paris*, 1665, *in*-fol.

18352. Remontrance d'un bon Catholique François, aux trois Etats de France, qui s'assembleront à Blois le 6 Août 1576: 1576, *in*-8.

☞ Cette Pièce est aussi imprimée dans le tom. I. des *Mémoires* de Duplessis Mornay. En voici l'Abrégé. Sans la paix les Etats ne peuvent servir à rien. Tous les membres veulent être soulagés; on ne peut le faire qu'en mettant fin à la guerre. L'Etat est partagé en deux Religions : il seroit à souhaiter qu'il n'y en eût qu'une; mais comme cela est impossible dans les conjonctures présentes, il faut les permettre toutes les deux, à moins que de vouloir rentrer en guerre, & dissiper ce qui reste de notre Etat, qui penche déja vers sa ruine. L'Auteur exhorte ensuite tous les François à se réunir pour goûter les fruits de la Paix. Ce Discours est sensé, & prouve assez bien ce que son Auteur avoit avancé.]

18353. ☞ Remontrance & Advertissement aux Etats - Généraux de la France tenus à Blois; par Philibert BUGNYON : *Lyon*, Roussin, 1576.]

Règne de Henri III. 1576.   277

18354. Harangue de Pierre d'Espinac, Archevêque de Lyon, prononcée au nom du Clergé devant le Roi aux Etats de Blois en 1576: *Paris*, L'huillier, 1577, *in-*4. & *in-*12. *Anvers*, 1577, *in-*8.

18355. ☞ Oraison de Marc-Antoine Muret, Prêtre Jurisconsulte, & Concitoyen Romain, prononcée pour Henri III. devant le Pape Grégoire XIII. *Paris*, Morel, 1576.]

18356. ☞ Articles de la Ligue & association de quelques Catholiques, ennemis de la paix établie en France : 1576, *in-*8. (13 pages, sans nom de Ville ni d'Imprimeur.]

18357. Extrait d'un Discours des choses naguères désignées au Consistoire Romain, peu après l'arrivée de l'Evêque de Paris, en 1576, pour ruiner la Maison de France, & rendre un nouveau Roi Vassal du Pape, trouvé aux Papiers de l'Avocat David.

Cet Extrait est imprimé au tom. I. des *Mémoires de la Ligue*, pag. 1 : 1599, *in-*8. & à la fin du *Journal de Henri III.* 1621, *in-*8.

Summa Legationis Guisianæ ad Pontificem Maximum, deprehensa nuper inter chartas (Joannis) David, Parisiensis Advocati, è Gallico in Latinum conversa : 1577, *in-*8.

Ce même Sommaire est imprimé dans le Livre intitulé : *Scripta utriusque partis : Francofurti*, 1586, *in-*8. & dans Jacques-Auguste de Thou, Livre LXIII. de l'*Histoire de son temps*, sous l'année 1576, *pag.* 161, de l'Edition de Paris, 1609. David étoit un Avocat de mauvaises causes, qui n'avoit jamais parlé en public, pour avoir été condamné à l'amende. Ce Sommaire est ce qu'on appelle les *Mémoires de l'Avocat David*, non pas qu'il les eut faits, mais parcequ'il s'étoit chargé de les porter à Rome.

☞ Faire une assemblée des Etats-Généraux, exterminer les Huguenots, faire le procès au frère du Roi & aux Princes du Sang qui les appuient, déclarer la Race de Hugues Capet incapable de succéder à la Couronne, pour la donner aux Guises, comme descendus de Charlemagne, enfermer le Roi & la Reine dans un Monastère, reconnoître l'autorité du Pape, en abolissant les Priviléges & les Libertés de l'Eglise Gallicane. Tel est le résultat de ce prétendu Conseil, trouvé, selon l'Avis au Lecteur, dans les coffres de l'Avocat David, revenant de Rome.]

18358. ☞ Harangue faite au Roi par le Sieur de Buterich, Député de M. le Duc Casimir, le 16 Mars 1576.

Elle est imprimée au tom. III. du *Journal de Henri III.* 1744, *in-*8. Le Roi y est invité à pacifier son Royaume, en donnant la liberté de conscience à ceux de la Religion Prétendue-Réformée, & les places de sûreté qu'ils demandoient.]

18359. Recueil des choses jour par jour advenues en l'Armée conduite d'Allemagne en France, par le Prince de Condé, pour le rétablissement de l'Etat du Royaume, & pour la Religion : 1577, *in-*16.

Ce Recueil commence en 1575, au mois d'Octobre, & finit au mois de Mai 1576.

☞ Cette Armée entra par la Lorraine, passa par le Bourgogne & le Bourbonnois, où Monsieur la joignit le 11 Mars 1576, par la Beausse & la Champagne, où la Paix se fit à Etigny, Bourg à une lieue de Sens, le 6 Mai. L'Auteur, témoin oculaire, est Huguenot, mais fort modéré, qui raconte & blâme avec sincérité tout ce qui se passa durant cette route, les violences, les meurtres, le peu d'ordre dans la discipline militaire, & tout ce qui fut proposé & dit pour arriver à la Paix.]

18360. ☞ Mémoires sur les Guerres civiles du haut Vivarais.

Ces Mémoires sont imprimés dans le tom. II. des *Pièces Fugitives de M. le Marquis d'Aubais* : *Paris*, Chaubert, 1759, *in-*4.

Ils s'étendent depuis 1558 jusqu'en 1576. On trouve ensuite un détail de la peste de 1585 & 1586, avec une Description du Vivarais. Ils sont d'Achille de Gamon, Avocat d'Annonai. *Voyez* les *Nouvelles Recherches sur la France* : (*Paris*, J.Th.Hérissant, 1766) *t.* I. *p.* 20 & *s.*]

18361. ☞ Aimable accusation & charitable excuse des maux & événemens de la France ; par Pierre de Dompmartin : *Paris*, le Mangnier, 1576, *in-*8.]

18362. ☞ La France Turque, c'est à-dire, Conseils & moyens tenus par les ennemis de la France, pour réduire le Royaume en tel état que la tyrannie Turquesque, contenant l'Antipharmaque du Chevalier Poncet, & les Lunettes de Crystal de Roche, pour servir de contre-poison : *Orléans*, 1576, *in-*8. *Ibid.* 1586, *in-*8.

Le prétendu Chevalier Poncet est peut-être Maurice Poncet, Bénédictin de l'Abbaye de S. Pierre de Moulin, Curé de S. Pierre des Arcis à Paris, fameux Prédicateur sous Henri III. & grand frondeur de la corruption & de la tyrannie de ce temps-là, comme on peut le voir dans plusieurs endroits du *Journal de Henri III.*

L'*Antipharmaque* avoit été imprimé séparément : *Paris*, Frédéric Morel, 1575, *in-*8. & les *Lunettes de Crystal de Roche* : *Orléans*, Thibaud des Murs, 1576, *in-*8.]

18363. Déclaration du Roi pour la pacification des troubles, du 8 Mai 1576 : *Paris*, Morel, 1576, *in-*12.

18364. Notable & sommaire Discours des affaires de France, depuis l'Edit de pacification fait au mois de Mai 1576, contenant les artifices dont les ennemis du repos de France ont usé pour abolir le dernier Edit de pacification, & introduire plus grands troubles que jamais : *Reims*, 1577, *in-*8.

Le même en Latin, sous ce titre : Narratio rerum in Gallia gestarum à promulgato pacis Edicto anno 1576, insignis & succincta Narratio ; auctore Georgio Ebouf : *Canthyrii*, 1577, *in-*8.

C'est la cinquième Guerre civile, ou le commencement de la Ligue.

18365. ☞ Notable propos & Remontrance faite par le Très-Chrétien Roi de France & de Pologne, à tous les Princes, Cardinaux Seigneurs & Gentilshommes, en l'Assemblée de ses Etats en la Ville de Blois : *Paris*, 1578, *in-*8.]

18366. ☞ Proposition faite par le Roi en l'Assemblée des Etats, ouverte en la Ville de Blois, le 6 Décembre 1576, pour la réforme de son Royaume.

Elle est imprimée dans le *Recueil* H, *in-*12.]

18367. ☞ Discours du Roi Henri III. en l'Assemblée des Etats de Blois, le 6 Décembre 1576.

Il se trouve au tom. I. des *Mémoires de Nevers*, p. 440.]

18368. ☞ Pièces originales des Etats de Blois : *in-fol.*

Elles sont conservées dans la Bibliothèque du Roi.]

18369. ☞ Mf. Articles présentés au Roi par les Députés de Monseigneur, & autres à eux joints : 1576.

C'est une Copie du temps, en 23 pages, qui est conservée dans la Bibliothèque de M. Fevret de Fontette, Conseiller au Parlement de Dijon.]

18370. ☞ Christianissimo Regi Henrico III. Carmen : 1576.

Ces Vers se trouvent dans l'*Histoire du Siége d'Orléans*, par Tripault.]

18371. ☞ Proposition de la Noblesse de France faite par Claude DE BEAUFREMONT : *Paris*, Breuille, 1577, *in-12*.

Cette Proposition roule sur plusieurs points, mais particulièrement sur l'extirpation de l'hérésie, sur l'unité d'une Religion, & sur les honneurs & les prérogatives de la Noblesse.]

18372. ☞ Remontrances au Roi Henri III. au nom du pays de Poitou ; par Bonaventure IRLAND : *Poitiers*, Bouchet, *in-8*.

Cet Auteur étoit Irlandois, établi à Poitiers ; sa famille y subsiste encore.]

18373. ☞ Les Patentes du Roi, contenant la commission pour la saisie & vente de ceux de la nouvelle opinion, & autres suivans leur parti, 18 Juin 1577 : *Paris*, Morel, 1577, *in-12*.]

18374. Discours du Siége de la Ville d'Yssoire (en Auvergne,) par Monseigneur le Duc d'Anjou, & la prise d'icelle : *Paris*, de Lastre, 1577, *in-8*.

18375. Rerum in Arvernia gestarum, præcipuè in Amberti & Issoduri Urbium obsidione luctuosa Narratio ; auctore Ludovico DE VILLEBOIS : *Neoburgi*, 1577, *in-8*.

18376. Discours du Siége tenu devant la Charité, l'an 1577 : *Paris*, de Lastre, 1577 : *Orléans*, Hotot, 1577, *in-8*.

Ce Discours est de J. D. L. Gentilhomme François.

✻ Il y a apparence que c'est Jean DE LERY, qui étoit Ministre de cette Ville pendant le Siége ; & il est dit dans les *Mémoires du Règne de Charles IX. tom. I. pag.* 257, qu'il fut garanti du massacre d'une manière extraordinaire. Au reste, le style est le même que celui du Siége de Sancerre, qui est certainement de lui.

18377. ☞ Discours de la surprise de la Ville & Forteresse de Concq, près de Vannes, par ceux de la Religion ; ensemble de la reprise de ladite Forteresse par les Habitans ; par G. DE LA VIGNE : *Paris*, 1577, *in-8*.

18378. Extrait d'un Journal fait par (Louis de Gonzague,) Duc DE NEVERS, pendant les Etats tenus à Blois ès années 1576, 1577.

Cet Extrait est imprimé au tom. I. de ses *Mémoires*, pag. 166 : *Paris*, 1665, *in-fol.*

18379. ✻ Le Tocsin contre les Massacreurs & Auteurs des confusions en France, adressé à tous les Princes Chrétiens : *Reims*, 1577, 1579, *in-8*.

Cet Ouvrage est d'un Huguenot. Ce pourroit bien être le même que le N.° 18338.]

18380. ☞ Avis donné au Roi par écrit, par son commandement, par la Royne sa mère, les Princes & autres Seigneurs, & les principaux de son Conseil, s'il étoit expédient pour le bien de son Etat de faire la guerre à ceux de la Religion Prétendue-Réformée, ou de traiter avec eux : au mois de Janvier 1577.

Cet Avis est imprimé au tom. I. des *Mémoires de M. le Duc de Nevers* : *Paris*, 1665, *in-fol*. Il consiste à employer d'abord la douceur ; mais comme l'Auteur (M. DE NEVERS) prévoit que cette voie sera inutile, il entre dans un grand détail des forces que Sa Majesté doit mettre sur pied, & des finances qu'elle y emploiera. Il ajoute que quand les mesures seront prises & que tout sera préparé, il faudra entrer en Guyenne & en Languedoc, pour y établir la paix de gré ou de force. Les Rebelles n'en auront d'autre garant que la parole de Sa Majesté ; il est à souhaiter qu'ils l'acceptent, puisqu'une paix, quelle qu'elle soit, est préférable à la guerre. L'Auteur s'applique plus à persuader qu'à bien parler. On reconnoît aisément qu'il n'aimoit pas les Huguenots.]

18381. Edit de pacification de l'année 1577 : [*Paris*, Morel, *in-12*.]

Cet Edit, [qui est du mois de Septembre] est [aussi] imprimé au tom. I. des *Mémoires de M. le Duc de Nevers*, pag. 290 : *Paris*, 1665, *in-fol.*

18382. Histoire des choses mémorables advenues en la Ville de Sommières en Languedoc, dans les deux Siéges qu'elle a soufferts pendant les derniers troubles ; par Estienne GIRY, Bachelier ès Droits, & Habitant de Sommières : *Lyon*, Rigaud, 1578, *in-8*.

☞ Cette Histoire est aussi imprimée dans le tom. III. des *Pièces Fugitives de M. le Marquis d'Aubais* : *Paris*, 1759, *in-4*. Le premier Siége en 1572, fut fait par les Huguenots, & le second par les Catholiques, en 1573. On a retranché dans la dernière Edition plusieurs choses qui se trouvent dans la première.]

18383. Remontrance aux Etats de Languedoc, tenus à Beziers ; par Jean DE MONTLUC, Evêque de Valence : 1578, *in-8*.

18384. Mf. Portraits des Guerres civiles de France & des Pays-Bas, depuis l'an 1558 jusqu'en 1577 : *in-fol*. 2 vol.

Ce Manuscrit est conservé dans la Bibliothèque du Roi.

18385. Histoire des troubles & des choses mémorables advenues tant en France qu'en Flandres, depuis l'an 1562 jusqu'en 1577, troisième Edition : *Basle*, 1579, *in-8*. 2 vol.

Cette Histoire est de Lancelot Voësin, Sieur DE LA POPELINIERE, mort en 1608.

☞ On ne fait pas grand cas de cet Ouvrage, qui est assez mal écrit. Il peut cependant servir à éclaircir bien des faits qui ne se trouvent pas aussi développés ailleurs. Les Calvinistes le condamnèrent dans leur Synode National de la Rochelle, du 28 Juin 1581, comme contenant plusieurs faussetés & calomnies, au préjudice de la vérité de Dieu, & au désavantage & deshonneur de la Doctrine de la Religion Réformée.]

18386. Histoire de France, enrichie des plus notables occurrences, survenues ès Provinces de l'Europe & Pays voisins, soit en paix soit en guerre, tant pour le fait séculier qu'ecclésiastique, depuis l'an 1550 jusqu'en 1577: 1581, [la Rochelle,] de l'Imprimerie d'Abraham [Haultin], in-fol. 2 vol. Paris, 1582: La Rochelle, 1587, in-8. 4 vol.

Du Haillan, dans la Préface de son *Histoire de France*, & du Chesne dans sa *Bibliothèque des Historiens de France*, pag. 97, attribuent cette Histoire, qui est fort curieuse, à Lancelot Voësin, Sieur DE LA POPELINIERE. Elle a été imprimée à la Rochelle par François Haultin. Ces deux Volumes in-fol. ne contiennent que l'Histoire de vingt-sept années.

« J'ai été tout-à-fait surpris (dit Varillas dans l'Avertissement du tom. V. de son *Histoire des Révolutions*), » de voir que la Popelinière avoit inséré presque toutes » entières les Histoires du Président de la Place, & du » Sieur de la Planche, dans la sienne, sans avoir fait au- » cune mention de ces deux Calvinistes, en qualité d'Au- » teurs; & mon étonnement s'est augmenté, lorsque j'ai » trouvé que la Popelinière parle avantageusement en » plus d'un lieu du Président de la Place, sans ajouter » qu'il lui étoit redevable de ce qu'il y a de plus curieux » dans le commencement de son Histoire ».

« Nous avons (dit Sorel, pag. 333, de la *Bibliothè- » que Françoise*), l'Histoire des troubles arrivés en » France depuis l'an 1562, attribuée au Sieur de la Po- » pelinière. On voit aussi une Histoire de France avouée » de lui, qui est depuis l'an 1550 jusqu'en 1577. Cet » Auteur a tâché de rendre cette Pièce d'un style plus » régulier que toutes celles qu'on avoit vues auparavant » en notre Langue; parcequ'il prétendoit imiter les His- » toriens Grecs & Romains, & même les surpasser, » s'il étoit possible ».

Sorel ajoute à la page suivante : « Il y en a qui tien- » nent qu'il n'a pas toute la politesse qu'on pourroit » desirer; mais c'est que la politesse du langage n'est » autre en ce temps-là qu'elle n'est à présent. Il est vrai » que d'ailleurs il a été si malheureux, que voulant » obliger les Huguenots sans désobliger les Catholiques, » il ne s'est acquis l'affection ni des uns ni des autres..... » Quoi qu'on en pense, il mérite d'être loué, d'avoir » osé entreprendre de nous donner une Histoire selon » les véritables règles ».

Le même Auteur en parle plus avantageusement à la page 80 de la *Science de l'Histoire*. « La Popelinière, » dit-il, doit passer pour un Auteur exact & diligent » Historien, à cause des bonnes Relations qu'il a eues, » & par le jugement & l'ordre avec lesquels il s'en est » servi ».

Le Père Daniel, au tom. III. de son *Histoire de France*, pag. 1104, après avoir parlé d'une action de bravoure de cet Officier, ajoute : « C'est ce Gentilhom- » me, dont nous avons ici une ample Histoire de ce temps- » là, fort mal écrite pour le style, mais remplie d'un » grand nombre d'excellens Mémoires, où il parle en » homme d'Etat & en homme de Guerre, & comme » ayant eu bonne part aux négociations & à l'exécution. » La modération & le détail avec lequel il écrit, le fait » regarder comme l'Historien le plus digne de foi de » tous ceux du parti Huguenot qui nous ont rendu « compte de ces Guerres civiles ».

Voyez Lenglet, tom. *IV.* pag. 74, 100. = Sorel, pag. 303. = Lambert, *Histoire Littéraire du Règne de Louis XIV.* tom. *I. Liv. IV.* Disc. pag. 4. = Le Gendre, tom. *II.* pag. 66. = Le P. Niceron, tom. *XXXIX.* pag. 383. = L'*Esprit de la Ligue*, tom. *I.* pag. 1.

On conserve dans la Bibliothèque de l'Oratoire de la Rochelle, un Exemplaire de cette Histoire, corrigé à la main, par ordre du Consistoire des Prétendus-Réformés de la Rochelle; les Notes sont ou interlinéaires, ou à la marge, quand elles sont un peu longues.]

18387. Mf. Diverses Lettres & Mémoires touchant l'Histoire du sieur de la Popelinière : *in-fol.*

Ce Recueil est conservé entre les Manuscrits de M. Dupuy, num. 744.

18388. ☞ Les Tragiques, donnés au Public par le Larcin de Prométhée ; (par Théodore Agrippa D'AUBIGNÉ) : au Désert, par L. B. D. D. 1616, *in-*4.

« Dans ce Poëme, l'Auteur dépeint de la manière la » plus forte & la plus vive, mais souvent d'un style obs- » cur & embarassé, les persécutions qu'on fit souffrir aux » Réformés, les malheurs extrêmes auxquels la France » se vit exposée sous l'administration de Catherine de » Médicis & de ses enfans. Il est d'une ordonnance bi- » zarre, mais rempli de beaucoup d'endroits fort beaux » & fort poétiques. Il est divisé en VII. Livres, qui ont » chacun leur titre particulier ; sçavoir, les Misères, les » Princes, la Chambre dorée, les Feux, les Fers, les » Vengeances, le Jugement. Il fut composé pendant les » Guerres de 1577, à Castel-jaloux, où *l'Auteur com- » mandoit quelques Chevaux-legers, & se tenoit pour » mort, pour les plaies reçues en un grand Combat*, ainsi » qu'il s'en explique lui-même dans l'*Epître aux Lec- » teurs* ».

Ceci est tiré du *Dictionnaire* de Prosper Marchand, au mot *Aubigné*, Note S. où il parle amplement de ce Livre, & en cite quatre Editions, dont la dernière est intitulée : « Les Tragiques donnés au Public par le Larcin de Pro- » méthée, seconde Edition, avec augmentation d'une » Quarte part, remplacement des Lacunes de la précé- » dente, & plusieurs Pièces notables ajoutées » : *Genève*, chez les Héritiers & veuve de Pierre de la Rovière, 1623, & une cinquième dont il est parlé dans les *Lettres de Guy Patin*, à Charles Spon, datée de 1645.]

18389. Richardi DINOTHI, de Bello civili Gallico, Religionis causâ suscepto, Libri sex: *Basileæ*, 1582, *in-*4.

Cet Historien étoit un Huguenot de Coutance ; il a écrit l'Histoire, depuis l'an 1555 jusqu'en 1577. Il dit dans sa *Préface*, qu'il a suivi entr'autres l'Auteur de l'*Histoire Ecclésiastique*, depuis 1521 jusqu'en 1563, (qui est attribuée à Bèze), & l'*Histoire de France* (de la Popelinière), qui commence en 1550, & finit en 1577.

☞ Cet Ouvrage est peu de chose. Il ne contient rien d'intéressant, ou qui ne se trouve ailleurs. *Voyez* la *Méthode historique* de Lenglet, in-4. tom. *IV.* pag. 78. = *Dictionnaire* de Bayle.]

18390. ☞ Le Siège de Jacopolis, (Brouage) en 1577 ; par M. le Duc du Maine : 1577, *in*-12.)

18391. ☞ Le Désordre & Scandale de France, par les Etats masqués & corrompus, (par Artus DESIRÉ) : *Paris*, Julien, 1577, *in*-12. (32 feuilles).

C'est une Déclamation en Vers, contre tous les Etats & toutes les Conditions, dédiée à Diane de France, Maréchale de Montmorency.]

18392. Association faite entre les Princes, Seigneurs, Gentilshommes, & autres, tant de l'Etat Ecclésiastique que de la Noblesse & Tiers-Etat, Sujets & Habitans du Pays de Picardie, le 13 Février 1577.

Cet Acte d'Association, [que l'on a cru être] se

premier de la Ligue, se trouve dans le Père Maimbourg, à la fin de son *Histoire de la Ligue: Paris*, 1683, *in-*4. *Voyez* ci-dessus, N.° 18356, un Acte antérieur sous l'année 1576.]

18393. ☞ Réavis & Abjuration d'un Gentilhomme François de la Ligue, contenant les causes pour lesquelles il a renoncé à ladite Ligue: 1577, *in-*12.]

18394. Ms. Recueil des choses plus remarquables advenues en ce Royaume & ailleurs, depuis l'an 1572 jusqu'en 1578: *in-*4.

Ce Recueil est conservé dans la Bibliothèque du Roi, entre les Manuscrits de M. de Gaignières.

18395. Ms. Grande & ample Histoire de tout ce qui s'est passé entre Monseigneur (le Duc d'Anjou), frère unique du Roi, & les Etats-Généraux des Pays-Bas, (en 1578); par Claude DE LA CHASTRE, (depuis Maréchal de France).

Cette Histoire est citée *pag.* 484, dans le Catalogue de la Bibliothèque de M. de Thou.

18396. Lettre concernant l'éclaircissement des actions & déportemens de Monseigneur le Duc d'Anjou & d'Alençon: *Rouen*, 1578, *in-*4.

18397. ☞ Anonymus de Expeditione Ducis Casimiri in Galliam: 1578, *in* 8.]

18398. ☞ Martini AKAKIÆ, Regii Medicinæ Professoris, Panegyricus Henrico Valesio Regi dictus: *Lutetia*, Morel, 1578, *in-*4.]

18399. ☞ Lettre de M. le Duc d'ALENÇON, au Roi son frère, sur son éloignement de la Cour: 1578.

Elle est imprimée avec l'Avis suivant, dans le tom. III. du *Journal de Henri III.* 1744.: *in-*8.]

18400. ☞ Avis de M. DE LA CHASTRE, à Monsieur, après son arrivée à Angers: 1578.

Monsieur ayant quitté la Cour, & étant arrivé à Angers, demanda à ses Serviteurs leurs avis, sur ce qu'il avoit à faire. Celui de M. de la Chastre fut qu'il falloit d'abord régler son intérieur, & se préparer ensuite à la Guerre & à la Paix tout ensemble.]

18401. ☞ Lettre de M. DE NEMOURS à Monseigneur le Duc d'Alençon, frère du Roi.

Cette Lettre est imprimée dans le *Recueil de Lannel: Paris*, 1623, *in-*4. M. de Nemours invite le Prince à se réconcilier, pour son propre intérêt, avec le Roi, qui sera toujours le plus fort.]

18402. ☞ Remontrances faites par le sieur DE VALENCE, aux Villes & Diocèses d'Uzès, Nismes & Montpellier, & aux Etats-Généraux de Languedoc, tenus à Béziers, en Avril 1578: *Paris*, 1578, 36 feuillets.]

18403. ☞ La Remontrance faite au Roi, le 16 Juin 1578, en la Ville de Rouen; par F. Nicolas BOUCHERAT, Abbé de Cisteaux, ensemble la Requête présentée à Sa Majesté, & Réponse faite sur icelle: *Dijon*, Desplanches, 1579, *in-*8.

Cette Remontrance fut faite au nom des Etats de Bourgogne, pour supplier Sa Majesté de les décharger des Impositions nouvelles, extraordinaires, & contraires aux Privilèges de la Province, ruinée par les gens de Guerre: il y a quelques points au sujet de la police Ecclésiastique.]

18404. ☞ Les Articles des Remontrances faites en la convention des trois Etats de Normandie, tenue à Rouen le 15 Novembre & jours ensuivans, 1578, avec la Réponse & Ordonnance du Roi sur ce, en son Conseil, le 8 Février ensuivant, 1579: *Rouen*, 1579, *in-*8.]

18405. ☞ Remontrances faites au Roi par les Députés des trois Etats de Normandie, en la continuation de l'Assemblée d'iceux, tenue à Rouen le 15 Mars & jours suivans, 1579; avec les Réponses de Sa Majesté, étant en son Conseil, le 15 Avril ensuivant: *Paris*, 1579, *in-*8.

L'objet de ces Remontrances contient XLVII. Articles fort sages, dont la plupart paroîtroient encore bien utiles aujourd'hui.]

18406. ☞ Le Ravage & Déluge des chevaux de louage, contenant la fin & la consommation de leur misérable vie; avec le Retour de Guillot le Porcher, sur les misères & calamités de ce Règne présent; par Artus DÉSIRÉ: *Paris*, 1578, *in-*12.]

18407. ☞ De Galliæ præsenti miseriâ: *Dijon*, Desplanches, 1579, *in-*4.

Cette Pièce de Vers est de Jean THOMAS.]

18408. ☞ Le vrai Patriot, aux bons Patriots (pour les Guerres de Religion): *Mons*, 1579, *in-*12]

18409. ☞ Copie de deux Discours faits à Monseigneur le Duc; par le sieur DE LA SERRE, (du 6 Août 1579), sur les choses mémorables advenues en Flandres, depuis la mort de feu Dom Juan; ensemble les intentions du Duc Cazimir, sur les affaires de France: *Paris*, Morel, 1579, *in-*12.]

— Vie de Louis, Duc de Bourbon, premier Duc de Montpensier, depuis l'an 1536, jusqu'en 1579.

Voyez ci-après, aux *Généalogies des Princes*.

— ☞ Mémoire sur les principales circonstances de la Vie du Maréchal de Bellegarde; par M. SECOUSSE.

Ce Mémoire sert particulièrement à l'Histoire de ce Règne, pour les années 1578 & 1579, & il sera rapporté ci-après, à l'Article des *Maréchaux de France.*]

18410. Ms. Mémoires des troubles de France, ou Histoire de notre temps; par Florent CHRETIEN, Précepteur du Roi de Navarre.

Cette Histoire est citée par la Croix du Maine. L'Auteur, qui étoit de la Religion Prétendue-Réformée, est mort en 1596.

18411. Les Exploits de Guerre faits par Matthieu de Merle, Baron de Salvas en Vivarais, depuis l'an 1576 jusqu'en 1580.

Cette Histoire est citée [Manuscrite] *pag.* 470, du Catalogue de la Bibliothèque de M. de Thou.

☞ Elle a été imprimée dans le *Recueil des Pièces fugitives* donné par M. le Marquis d'Aubais: *Paris*, 1759, tom. II.]

18412.

18412. ☞ Histoire d'un Voyage fait par les François au Brésil; par Jean DE LERY: *Genève*, Choppin, 1580, *in* 8.]

Eadem, Latinè versa, à C. C. A.

Cette Traduction se trouve dans la Part. III. de l'*Amérique* de *Th. de Bry* : *Francofurti*, *in-fol.*]

18413. ☞ Epître envoyée à un Gentilhomme François, étant en Allemaigne; par Martin SEGUIER, Conservateur apostolique de l'Université de Paris : *Paris*, Morel, 1580, *in-12*.

Le but de cette Epître est de le détourner d'amener des Reistres en France, & de désoler sa Patrie par une Guerre cruelle.]

18414. Avertissement à la Noblesse, sur une Lettre imprimée sous le nom du Roi de Navarre à ladite Noblesse, au mois de Juin : 1580, *in-8*.

18415. ☞ Remontrance pour le Roi à ses Sujets, sur la rébellion qui se fait en plusieurs endroits de la France, & à ceux qui ont pris les armes contre Sa Majesté ; par J. D. L. T. E. 1580, *in-8*.

Elle a 24 pages avec cette devise : *Ce sera quelque jour.*]

18416. Edit du Roi sur la pacification des troubles, donné à Poitiers en 1571, avec les Articles des Conférences tenues à Nérac & au Flex, en 1579 & 1580, sur l'exécution de cet Edit: *Bourdeaux*, 1581, *in-8*.

18417. Ms. Discours des troubles arrivés en Picardie, à cause de la surprise de la Fère, par M. le Prince; & la reprise de cette Ville, en 1580.

Ce Discours est cité *pag.* 471, de la Bibliothèque de M. de Thou.

18418. La vraie & entière Histoire des troubles advenus de notre temps, tant en France qu'en Flandres & Pays circonvoisins, depuis l'an 1560 jusqu'en 1580. Le tout mis en bon ordre, & réduit en XXVIII. Livres; par Jean LE FRERE: *Paris*, 1582, *in-8*. 2 vol.

18419. La même continuée jusqu'en 1582 : *Paris*, de la Noue, 1584, *in-8*. 2 vol.

L'Auteur est mort en 1583.

Voyez Sorel, *pag.* 305. = Le Gendre, *tom. II. pag.* 60.]

18420. L'Histoire de France, (ou l'Histoire Françoise de notre temps), contenant les plus notables occurrences & choses mémorables advenues en ce Royaume de France & ès Pays-Bas de Flandres, soit en Paix soit en Guerre, tant pour le fait Séculier qu'Ecclésiastique, sous les Règnes de Henri & François II. Charles IX. & Henri III. recueillie de divers Mémoires, Instructions & Harangues d'Ambassadeurs, Négociations d'Affaires, Expéditions de Guerre, & autres Avertissemens particuliers : *Paris*, Poupy & Chesneau, 1582, *in-fol.*

La Popelinière attribue cette Histoire, qui commence en 1547, & finit en 1580, à Jean LE FRERE de Laval, Principal du Collège de Bayeux à Paris, mort en 1583 ; & à Paul Emile PIGUERRE, du Pays Chartrain, Conseiller au Mans, comme on le verra ci-après. Elle n'est ni commune ni recherchée, quoique Sorel dise qu'elle soit des meilleures & des plus remplies pour l'Histoire. On l'attribue à divers Auteurs.

Antoine du Verdier, *pag.* 782, de sa *Bibliothèque*, la donne à la Popelinière ; & à la *pag.* 88, il avoit dit, « que sous le nom de Piguerre, Guillaume de la » Noue, Libraire de Paris, avoit imprimé l'*Histoire* » *de France*, faite par le Sieur la Popelinière, 1582, » *in-fol.* Ce Livre se vend chez Jean Poupy & Nicolas » Chesneau. » L'Edition est de 1582, & le Privilège a été obtenu au nom de Guillaume de la Noue. Du Verdier n'a pas tort d'attribuer cette Histoire à la Popelinière ; car ce n'est presque qu'une copie de la sienne. Après la Table des chapitres, on trouve un Sonnet avec le nom de Miles de Piguerre, Chartrain.

De la Croix du Maine, *pag.* 224. de sa *Bibliothèque*, « donne à Jean LE FRERE une très-ample Histoire de » notre temps, imprimée par Jean Poupy en 1581, sans » qu'il ait voulu y mettre son nom, à cause de plusieurs » Histoires contenues dans ce Livre, dont il ne vouloit » pas être estimé l'Auteur, pour ne pas déplaire à aucuns » de son temps ». Et à la *pag.* 333, il dit que « Piguerre » a écrit l'*Histoire de France*, touchant les troubles advenus pour la Religion : *Paris*, Robert le Fizelier, » 1582, *in-fol.* » Il avoit déja marqué à la *p.* 283 : « Faut » noter que les Histoires qui ont été écrites par le Frère, » & un nommé Piguerre, sont prises en partie de celle » du Sieur la Popelinière ; que ce qu'il y a de différence entre icelles, c'est qu'ils ont ôté tout ce qu'ils ont » vu qui étoit au désavantage des Catholiques ».

Du Haillan, dans sa Préface de l'*Histoire de France*, écrit que « Jean le Frère de Laval nous a laissé une Histoire de notre temps, presque tirée mot à mot de la » Popelinière ; & comme il n'a pas eu grande peine à » la faire de cette façon, aussi n'a-t-il pas reçu beaucoup » d'honneur ».

Enfin André du Chesne, *pag.* 101 de sa *Bibliothèque des Historiens de France*, attribue cette Histoire à Paul Emile Piguerre. Pour concilier toutes ces différentes opinions, je crois qu'il faut suivre le sentiment de la Popelinière, qui étant intéressé dans cette affaire, s'en sera mieux instruit que les autres. Il paroît à la *pag.* 357, du premier Livre de l'*Histoire nouvelle des François*, l'attribuer à Jean le Frère de Laval, assisté de Piguerre, Conseiller au Mans.

18421. Ms. Conférence de l'Histoire de la Popelinière, avec l'Histoire de Jean le Frère: *in-8*.

Cette Conférence [étoit] conservée dans la Bibliothèque de M. le Pelletier le Ministre, *pag.* 199.

La Croix du Maine attribue à Théodore DE BEZE une Histoire de son temps, imprimée en 1580. S'il a voulu parler de l'*Histoire Ecclésiastique*, qui passe pour être de Beze, il se trompe à l'égard de la date de l'Edition ; car cette Histoire Ecclésiastique ne fut imprimée qu'en 1583.

18422. Natalis COMITIS, Veneti, Universalis Historiæ sui temporis, Libri triginta, rerum toto orbe gestarum, ab anno 1545 ad annum 1571: *Venetiis*, Varisci, 1572, *in-4*.

Eadem usque ad annum 1581, cum duobus indicibus à Laurentio Grotto adjectis : *Venetiis*, Penarii, 1581, *in-fol*.

Eadem, additis Argumentis & Notis marginalibus à Gaspare Rischio, Jurisconsulto : *Argentorati*, Zenetzeri, 1612, *in-fol*.

L'istessa tradotta da Gio. Carlo Saraceni : *In Venetia*, Zenero, 1589, *in*-4. 2 vol.

Cet Ouvrage est très-bon dans l'Original & dans la Traduction.

18423. ☞ Comédie de Segne Peyre & de Segne Jouan : 1580 & 1581, *in*-8.]

18424. Le Cabinet du Roi de France, dans lequel il y a trois perles précieuses, par le moyen desquelles le Roi s'en va le premier Monarque du Monde & ses Sujets du tout soulagez ; par N. D. C. 1581 : *in*-8.

C'est une Satyre très-vive & très-méprisable, qui contient le détail de la France sous le Roi Henri III. Les trois perles, dont il est parlé dans le titre, sont les trois Etats du Royaume. « Je suis bien trompé, (dit M. le » Duchat, dans ses *Remarques sur le Chapitre III. de » la Confession de Sancy*, pag. 375, de l'Edition de » 1699), si ce n'est ce Nicolas FROUMENTEAU, qui a » fait le Cabinet du Roi de France, & peut-être encore » la Polygamie sacrée ; car le Cabinet & le Secret des » Finances, (indiqué ci-après, Article des *Finances*), » sont de même style, & tous les trois traitent le même » sujet ».

☞ Les trois Perles sont le Clergé, la Noblesse & le Tiers-Etat, dont l'Auteur traite séparément dans trois Livres ; mais il en veut particulièrement au Clergé. Il fait dans le premier Livre le dénombrement des Revenus Ecclésiastiques, de l'emploi qu'on en fait, & de l'usage qu'il faudroit en faire. Il veut que le Roi s'en empare, & les réunisse à son Domaine, moyennant quoi Sa Majesté pourra lever tous les impôts qui sont à la ruine du Peuple, entretenir de nombreuses armées, secourir les Pauvres de son Royaume, & remédier aux désordres qui règnent depuis long-temps dans le Clergé. Au second Livre, après avoir parlé des Gentilshommes, dont il fait deux classes, il revient aux Revenus Ecclésiastiques, dont il fixe l'emploi. Il insiste sur-tout, pour la fondation de plusieurs Colléges dans toutes les Provinces, pour l'éducation de la Jeunesse. Dans le troisième Livre, il fait intervenir le Tiers-Etat, qui se rend Fermier desdits revenus, se charge de payer les dettes de l'Etat, de fournir les coffres du Roi, & de donner ou assurer les sommes qui seront jugées nécessaires, pour marier tous les Ecclésiastiques. En un mot, cet Ouvrage est une des plus violentes Satyres qui aient paru. L'Auteur en étoit Huguenot, outre les choses au point qu'il n'est plus croyable. Il attaque par-tout le célibat, & son Livre n'est qu'un Précis du plus pur Calvinisme.

M. de la Monnoye, dans ses *Remarques sur les Auteurs déguisés de Baillet*, pag. 163, attribue cette Pièce à Nicolas BARNAUD. On prétend qu'il y a encore une Edition de cet Ouvrage : *Londres*, 1624, *in*-8. C'est Prosper Marchand qui le dit dans son *Dictionnaire*, au mot *Barnaud*, Note F. mais il a confondu mal à propos cette Pièce, avec celle intitulée : *Le Secret des Finances*, par Froumenteau, faute de les avoir vues. *Voyez* le *Journ. de Henri III.* tom. II. pag. 320. = Tom. V. pag. 406.]

18425. ☞ RICHARDI de Bello Civili Gallico, Religionis causâ susceptо, Libri sex : *Basileæ*, 1582, *in*-4.]

18426. ☞ Discours d'un Gentilhomme Tournaisien, à un Seigneur de Haynaut, sur le droit qu'a Monseigneur d'Anjou, Fils de France, de faire la guerre au Roi d'Espagne : *Anvers*, 1582, *in*-8.]

18427. Remontrance au Peuple de Flandres, écrite en Vers François ; par André DE ROSANT, Lyonnois, en faveur de Monseigneur, fils & frère de Roi : *Paris*, Chevillot, 1582, *in*-8.

18428. ☞ Dialogue ou Pourparler de deux Personnages, desquels l'un est le Bienveuillant public, & l'autre le très-puissant Prince M. le Duc d'Anjou, notre très-redouté Seigneur : 1582.

Cet Ouvrage regarde les affaires des Pays-Bas.]

18429. ☞ Les grandes & effroyables merveilles veues le premier jour du mois de Juin près la Ville de Authun, Ville fort ancienne en la Duché de Bourgogne, de la Caverne nommée aux Fées, & la décoration de ladite Caverne, tant des Fées, Seraines, Geants & autres Esprits : le tout veu par le Seigneur Dom Nicole de Gaulthières, Gentilhomme Espagnol, & le tesmoignage des deux Paysans, lesquels lui firent ouverture en ladite Caverne ; traduit d'Espagnol en François, par le Seigneur de Ravicres, Angoumois : 1582, *in*-8. de 38 pages.

Ce Récit est incroyable, & a bien l'air d'une fable mêlée cependant à quelque chose d'historique & de vrai.]

18430. ☞ Brief Discours de la magnifique Réception faite par Henri III. aux Ambassadeurs des Suisses & Grisons, députés à jurer l'alliance entre Sa Majesté & lesdits Seigneurs des Ligues, &c. (en 1582) par Charles TATTO, Gentilhomme & Citoyen de Coyre, pays des Grisons : *Paris*, Mettayer, 1585, *in*-8.]

18431. Discours tragique de Nicolas Salcedo, sur l'empoisonnement par lui entrepris en la personne de Monseigneur le Duc d'Anjou ; avec l'Arrêt de mort exécuté le 15 Octobre : 1582, *in*-8.

18432. Dialogue de deux personnes à Monseigneur le Duc d'Anjou & de Brabant, sur les Affaires des Pays-Bas : *Gand*, 1582, *in*-8.

18433. ☞ Advertissement contenant les causes pour lesquelles Grégoire XIII. & Henri III. ont ordonné estre retranchés dix jours de l'année 1582 : *Paris*, Mettayer, 1582, *in*-8.

Grégoire XIII. par l'avis des plus habiles Mathématiciens, retrancha les dix jours que l'on comptoit de trop, depuis le 4 Octobre jusqu'au 19 inclusivement ; & le Roi par son Edit du 3 Novembre, ordonna que cela se feroit en France, depuis le 10 Décembre jusqu'au 19.]

18434. ☞ De l'œil des Rois & de la Justice, Remontrance faite en la Ville de Bordeaux, à l'ouverture de la Cour de Justice envoyée par le Roi en ses Pays & Duché de Guyenne, (le 26 Janvier 1582) : *Paris*, Maugnier, 1584, *in*-8.

Cette Pièce contient un éloge de la Justice, & une invitation aux Peuples à remercier Sa Majesté de celle qu'il veut bien leur faire rendre.]

18435. ☞ Chronique de Metz, en Vers.

Elle s'étend jusqu'en 1583, & se trouve dans l'*His-*

toire de Lorraine de D. Calmet, *tom. II.* Le P. le Long, dans l'*Histoire des Provinces*, (*Elect. Ecclésiastiq.*) a parlé d'une Chronique de Metz en Vers, laquelle pourroit être la même que celle que nous indiquons ici, parcequ'elle est utile à l'Histoire générale de France.]

18436. ☞ Statuts de la Congrégation des Pénitens de l'Annonciation de Notre-Dame, par le commandement du Roi Henri III. *Paris*, 1583, *in*-4.

Il s'agit ici de la fameuse Confrairie des Pénitens Blancs, aux Processions de laquelle le Roi, vêtu d'un sac de toile blanche, avec ses Mignons, marchoit sans gardes, sans rang, sans distinction, & confondu avec les autres Confrères.]

18437. ☞ Apologie de la Confrairie des Pénitens, érigée & instituée en la Ville de Paris par Henri III. par C. DE CHEFFONTAINES, Archevêque de Césarée : *Paris*, 1583, *in*-8.]

18438. ☞ Métanoélogie sur le sujet de l'Archi-Congrégation des Pénitens de l'Annonciation de Notre-Dame, & autres dévotieuses assemblées : *Paris*, Mettayer, 1584, *in*-4.

L'Auteur de cet Ouvrage est le P. Edmond AUGER, Jésuite.]

18439. ☞ Proposition de MM. les Commissaires députés par le Roi aux Provinces de Lyonnois, Dauphiné & Provence, sur leur Commission, & l'intention de Sa Majesté, faite par l'Evêque de Nantes aux Etats tenus à Aix, le 11 Février 1583 : *Aix*, 1583, *in*-8.]

18440. ☞ Copie de Lettre écrite par le Duc D'ESPERNON, au Roi de Navarre, touchant les affaires de ce temps, envoyée par un Bourgeois de Poitiers, &c. 1583, *in*-8.]

18441. ☞ Discours au Roi Henri III. sur les moyens de diminuer l'Espagnol, du 24 Avril 1584.

Ce Discours est imprimé au tom. I. des *Mémoires* de du Plessis-MORNAY : 1624, *in*-4. Du Plessis-Mornay vouloit absolument qu'on fît la guerre à l'Espagne. Il se fonde sur la grandeur de la Maison d'Autriche, qui fera infailliblement pencher la balance de son côté, si l'on ne la prévient. Il avoue qu'il seroit peut-être peu sûr de l'attaquer au temps présent à force ouverte, attendu les grandes pertes que l'on a faites dans nos Guerres civiles ; mais on peut faire contre elle une Ligue avec les autres Puissances qui ne sont que trop allarmées de son ambition, & lui susciter assez d'affaires domestiques pour la contenir. Tout cela paroît fort aisé à l'Auteur, qui promet de grands éclaircissemens si Sa Majesté agrée son projet.]

18442. ☞ Articles & Propositions lesquels le Roi a voulu être délibérés par les Princes & Officiers de la Couronne, & autres Seigneurs de son Conseil, qui se sont trouvés en l'Assemblée tenue à S. Germain-en-Laye, en Novembre 1583 : avec les Avis de ceux desdits Princes, &c. qui ont été départis en la Chambre où présidoit le Cardinal de Vendôme : 1584, *in*-12.]

18443. Etat du Roi de Navarre & de ceux de son parti en France ; au mois de Mai 1583.

Cet Ecrit est imprimé à la *pag*. 180 du tom. I. des *Mémoires* de Philippe du Plessis-MORNAY, qui en est l'Auteur : *A la Forest*, 1624, *in*-4. L'Auteur est mort en 1623.

18444. ☞ Relation de M. du Plessis-MORNAY, de ce qu'il avoit fait auprès du Roi Henri III. y étant envoyé par le Roi de Navarre, sur ce qui étoit arrivé à la Reine de Navarre sa femme, auprès de Paris : 1583.

Cette Pièce se trouve à la fin des *Mémoires sur la Vie de M. de Pibrac : Amsterdam* (Paris) 1761, *in*-12.]

18445. MS. L'Histoire de notre temps sous les Règnes de François I. Henri II. François II. Charles IX. & Henri III. à présent régnant ; par Pierre TAHUREAU, Sieur de la Chevallerie, Gentilhomme du Maine.

Cette Histoire est citée par la Croix du Maine. Cet Historien fleurissoit en 1584.

18446. Discours très-véritable du passage & arrivée des Duc de Montpensier & Maréchal de Biron, & de leur Armée dans les Pays-Bas ; ensemble de tout ce qui s'y est fait depuis : *Paris*, Breuille, 1583, *in*-8.

18447. Discours véritable de l'Entreprise d'Anvers, (le 11 Janvier 1583) pour justification du Duc d'Anjou & de la Noblesse Françoise ; par Jules DE RICHY, Gentilhomme de Picardie : *Paris*, Vitré, 1644, *in*-8.

Cet Auteur fleurissoit en 1583. Son Livre est une Réponse à l'*Apologie des Etats de Flandres*.

18448. Mémoires contenant le vrai Discours des Affaires des Pays-Bas, & choses plus secrettes qui y sont advenues cette année 1583 : 1583, *in*-8.

18449. Incendium Calvinisticum, Regis Navarri Legatione ad quosdam Imperii Status ad certam Religionis & Reipublicæ perniciem procurandam : 1584, *in*-8.

L'Auteur de ce Libelle est un Ligueur.

Le même Livre, sous ce titre : Acta Legationis Henrici Navarrorum Regis & ordinum Protestantium in Gallia ad S. Cæsar. Majestatem, Reges, Electores, Principes & cæteros Imperii Germanici ordines Protestantes, pro pace publica Ecclesiæ & Unione generali concilianda, anno 1583.

Ces Actes sont imprimés dans Goldast, partie 29, de son Livre intitulé : *Politicorum Imperialium Collectio: Francofurti*, 1614, *in-fol. pag.* 1387.

Le même Livre, sous ce titre : Henrici Navarrorum Regis, Epistolæ ad Principes Europæ; cum eorum ad Henricum Responsionibus : *Ultrajecti*, Ribbius, 1674, *in*-12.

Le même, publié sous ce titre : Le Boutefeu des Calvinistes depuis n'aguères envoyé en Ambassade par le Roi de Navarre à quelque partie des Etats de l'Empire, pour troubler la Religion & la République, traduit du Latin en François : *Francfort*, 1584, *in-8.*

C'est un Recueil de quelques Lettres, Instructions, Mémoires, &c. concernant l'Ambassade de Jacques DE SEGUR DE PARDAILLAN, faite en 1583 & 1584, de la part du Roi Henri de Navarre, depuis Roi de France, pour moyenner la réunion des Protestans d'Allemagne avec les Calvinistes de France.

☞ On peut voir sur cet Ouvrage, la *Méth. hist.* de Lenglet, *in-4. tom. IV. pag. 89.*]

18450. ☞ Gab. MINUTII morbi Gallos infestantis salubris curatio & Medicina : *Lugduni*, 1583, *in-8.*]

18451. ☞ Le vrai Discours des grandes Processions qui se font depuis les frontières d'Allemagne jusqu'à la France : *Paris*, 1583, *in-8.*]

18452. ☞ Traité de l'Institution & vrai usage des Processions tant ordinaires qu'extraordinaires qui se font en l'Eglise Catholique, sur ce qui s'est passé à ce regard en la Province de Champagne, depuis le 22 de Juillet jusqu'au 25 Octobre 1583, divisé en trois Sermons faits en la grande Eglise de Reims ; par M. H. MEURIER, Doyen & Chanoine Théologal dudit lieu : *Reims*, de Foigny, 1584, *in-12.*

Ce sont les Processions blanches où les Pélerins assistoient revêtus d'habits blancs, portant la Croix en la main, à la manière des Pénitens d'Italie, dont Henri III. avoit rapporté les usages en France : ces Processions se faisoient sur-tout la nuit. L'Archevêque Louis de Guise y assistoit les pieds nuds comme la plupart des Confrères, qui se donnoient la discipline ; & il servoit lui-même les Pélerins dans la grande salle de son Archevêché, où tous étoient confondus, pauvre ou riche, Gentilhomme ou Manant. A la fin de l'Ouvrage on trouve que soixante-douze mille quatre cens neuf Pélerins ont tous été nourris gratis pendant ce temps-là.]

18453. ☞ Les grands Signes & Miracles advenus en cette année, principalement de la cruelle & sanglante bataille qui fut vue au Ciel sur la Ville de Paris ; ensemble les divers & miraculeux effets advenus en plusieurs lieux de la Brie, &c. (1583) : *Paris*, Chauchet, *in-8.*

Cette petite Pièce est en Vers.]

18454. Mſ. Historia tumultuum Belgicorum à discessu Philippi II. Hispaniarum Regis, usque ad obitum Francisci Valesii, Ducis Alenconii, (die 10 Junii 1584 ;) Auctore Joanne ASSELIERS, Antverpiensi, eidem Urbi à Secretis.

Cette Histoire est citée par Valere André, dans sa *Bibliotheca Belgique*, où il dit que ce Manuscrit étoit entre les mains du fils de l'Auteur, mort en 1587.

18455. ☞ Mſ. Pièces concernant le Duc d'Alençon : *in-fol.*

Elles sont dans la Bibliothèque du Roi, provenant de M. de Fontanieu.]

18456. ☞ Regret funèbre, contenant les actions & derniers propos de Monseigneur, fils de France, frère unique du Roi, depuis sa maladie jusqu'à son trépas ; par Fr. Jacques BERSON, Parisien, &c. (28 Juin) : *Paris*, Lhuillier, 1584, *in-8.*

Il s'agit ici de la mort de François, Duc d'Alençon, d'Anjou & de Brabant.]

18457. ☞ Avertissement à tous Chrétiens, de ce que lamente la France : 1584, *in-12.* en Vers.

Sur la mort du même Prince.]

18458. ☞ Déclaration du Roi contre ceux qui font ligue contre son Etat : *Paris*, 1584, *in-8.*]

18459. ☞ Articles de Remontrances faites en la Convention des trois Etats de Normandie, tenue à Rouen le 15 Novembre 1584, avec la Réponse du Roi : *Rouen*, 1585, *in-4.*]

18460. ☞ Lettre écrite par M. DU FRESNE, narrative d'un Discours tenu en la présence du Roi de Navarre, entre M. de Roquelaure, le Ministre Marmet, & M. de Ferrier : 1584.

Cette Lettre, qui se trouve dans le tom. II. des *Mémoires de Villeroy*, (1624, *in-8.*) est du 15 Juillet 1584, & roule sur deux points. La réunion du Roi de Navarre avec le Roi, son retour à la Cour & le changement de sa Religion. M. de Roquelaure parle en bon serviteur, & est de cet avis : le Ministre Marmet rejette l'un & l'autre ; M. de Ferrier approuve le premier, mais dissuade le Roi de quitter sa Religion. Ils parlent plus en Théologiens qu'en bons Politiques.]

18461. Discours de ce qui s'est passé au Cabinet du Roi de Navarre, lorsque le Duc d'Espernon l'alla voir en 1584, (Sans nom de lieu, 1584) : *Francfort*, 1585, *in-8.*

C'est un Ecrit publié par les Ligueurs.

☞ Voyez l'*Esprit de la Ligue*, tom. I. pag. xxix.]

18462. Edit du Roi Henri III. du 11 Novembre 1584, par lequel il défend toutes Associations & Ligues, sous peine contre les contrevenans d'être punis comme criminels de lèze-Majesté : 1584, *in-8.*

18463. ☞ Protestation des Ligués faite en l'Assemblée de Middelbourg au mois de Décembre dernier (1584) : 1585, *in-12.*]

18464. Mſ. Recueil de ce qui est advenu de plus digne de mémoire, depuis l'an 1500, jusqu'en 1585 ; par Jean BALLIN, Religieux de Clairmarest lès-Saint-Omer : *in-fol.* 3 vol.

Ce Recueil est conservé dans la Bibliothèque de M. le Chancelier d'Aguesseau. Charles de Vich, à la *pag.* 178 de sa *Bibliothèque de Cîteaux*, dit que cet Auteur avoit fait une Histoire, depuis le commencement du Monde jusqu'en l'an de Jesus-Christ 1599, en deux volumes, dont le premier est conservé dans la Bibliothèque de ce Monastère ; & l'autre a été perdu dans les dernières Guerres de France. C'est sans doute un Ouvrage différent du précédent.

18465. ☞ Mſ. Relation véritable, contenant tout ce qui fut fait, dit & observé en la Présentation & Réception de l'Ordre d'Angleterre, dit de la Jarretière, au Roi Très-Chrétien de France, (23 Février 1585) : *in-fol.* 12 feuillets.

Ce Manuscrit se trouve dans le Cabinet de M. l'Abbé de Terſan, à Paris.]

18466. Déclaration des causes qui ont mu le Cardinal de Bourbon, & les Princes, Seigneurs, Villes & Communautés Catholiques de ce Royaume, de s'opposer à ceux qui veulent par tous moyens subvertir la Religion Catholique & tout l'Etat; de Perrone, le 29 Mars 1585 : *Reims*, 1585, *in-*8.]

Cette Déclaration, qui est le Manifeste de la Ligue, est aussi imprimée au tom. I. des *Mémoires de la Ligue*, pag. 61 : *Genève*, 1590, *in-*8. & au tom. I. des *Mémoires de Nevers*, pag. 641. Elle contient les causes & les prétextes de la levée des Troupes qui se faisoit alors. On y trouve les noms des Chefs de la Ligue.

18467. Réponse aux Déclarations & Protestations de Messieurs de Guise, sous le nom de Monseigneur le Cardinal de Bourbon, pour justifier leur injuste prise d'armes.

Cette Pièce est aussi intitulée : « Avertissement sur l'intention & le but de Messieurs de Guise, & la prise d'armes : 1585, *in*-8. » Cette Réponse qui a été composée par Philippe du Plessis-MORNAY, se trouve au tom. I. des *Mémoires de la Ligue*, p. 89, & autom. I. des *Mémoires de l'Auteur* : *A la Forest*, 1614, *in*-4.

☞ Il répond aux plaintes des Guises, contre le Gouvernement de l'Etat, & fait voir que ce ne sont que des prétextes pour couvrir leur ambition, & se frayer un chemin au Thrône, au préjudice du Roi de Navarre & des vrais héritiers de la Couronne de France ; que le Cardinal de Bourbon est leur jouet, qu'ils n'en veulent faire qu'un Roi de Théâtre, propre à favoriser leur dessein.]

18468. Réponse de Messieurs de Guise à un Avertissement : 1585, *in*-8.

Ils se plaignent de ce que les Hérétiques leur imputent toujours les poursuites que l'on fait contre eux, quoique dès le Règne de François I. ils aient été condamnés par des Edits & par des Arrêts. Ils se plaignent également de ce qu'on leur impute d'en vouloir à la Couronne, en se faisant descendre de Charlemagne ; à quoi ils répondent : 1.° Que cette descendance n'étant que par femmes, la Loi Salique leur seroit un obstacle invincible. 2.° Que s'il s'agissoit de violer cette Loi, M. de Guise n'auroit pas besoin d'aller chercher si loin ; étant petit-fils du Roi Louis XII. Ils finissent par se justifier sur tout ce qu'on leur imputoit d'ailleurs.

Cette Réponse a été composée sur les *Mémoires du Duc de Nevers*, par Pierre D'ESPINAC, Archevêque de Lyon. Elle ne contient qu'une récrimination contre les Huguenots. On l'a réimprimée au tom. I. des *Mémoires de la Ligue*, & au tom. I. des *Mémoires du Duc de Nevers*, pag. 693.]

18469. ☞ Avis en forme de Paradoxe, sur le différend de la Religion : *Paris*, 1585, *in*-8.

Deux causes, dit l'Auteur, ont occasionné la division entre le Peuple, au sujet de la Religion : l'une est le trop grand nombre de préceptes, dont plusieurs sont superflus, & qu'on ne distingue pas assez de ceux qui sont nécessaires. L'autre, la trop grande curiosité de connoître & de parler des choses qui surpassent notre entendement, tandis qu'on néglige celles qu'on devroit sçavoir. Voilà, selon l'Auteur, les sources d'abus qu'il faut corriger. Il approuve que les Magistrats empêchent, même par la force des armes, les Sectes nouvelles, & improuve fort la conduite de ceux qui par force en veulent introduire.]

18470. ☞ Remontrance du Clergé de France, faite au Roi le 14 Octobre 1585 ; par M. l'Evêque de Noyon, &c. à l'Assemblée générale du Clergé, tenue audit mois d'Octobre : *Paris*, J. Richer, 1585, *in*-12.

Le Clergé supplie le Roi de ne plus souffrir deux Religions dans son Royaume ; & d'y maintenir sans mélange la Catholique, Apostolique & Romaine ; de faire recevoir & publier le Concile de Trente ; de rétablir les Elections, & de faire un Règlement au sujet des appels comme d'abus, qu'il prétend être la cause de presque tous les scandales qui arrivent dans l'Eglise. Il finit par protester, que quoique par ses immunités il ne soit pas tenu de contribuer pour les besoins de l'Etat, cependant il fera un effort en cette occasion, pourvu que le Pape y consente.]

18471. Déclaration de la volonté du Roi, sur les nouveaux troubles de ce Royaume, du mois d'Avril 1585 : *Paris*, 1585, *in*-8.

La même Déclaration est imprimée au tom. I. des *Mémoires de la Ligue*, pag. 72.

☞ Le Roi se plaint des troubles qu'apportent dans l'Etat les différentes Associations de ses Sujets, faites sous prétexte de restaurer la Religion Catholique. Il fait l'énumération de tous les moyens qu'il a employés pour y mettre ordre. Cette Pièce a plus l'air d'une Apologie que d'une Déclaration.]

18472. Lettres écrites de Marseille, contenant au vrai les choses qui s'y sont passées le 8, 9 & 10 du mois d'Avril 1585 : *in*-8.

☞ Un des Consuls de la Ville, sous prétexte d'y maintenir la Religion Catholique, avoir prétendu & commencé à s'en rendre Maître. Il fut pendu deux jours après, avec un de ses Complices.]

18473. Histoire véritable de la prinze de Marseille par ceux de la Ligue, & la reprinze par les bons serviteurs du Roi, le 26 Avril 1585, confirmée par Lettres de Sa Majesté, & autres Lettres.

Cette Histoire est imprimée au tom. I. de la *Ligue*, pag. 83.

18474. ☞ Remontrance aux Ministres de la nouvelle Religion ; par un Evêque de l'Eglise Catholique : Réponse à l'Avertissement du Concile National, présentée au Roi de Navarre : 1585, *in*-12.]

18475. ☞ Réponse faite à la Ligue, par un Gentilhomme François: 1585, *in*-12.]

18476. ☞ Le Nicoclès d'Isocrate, ou de la Royauté, à Henri II. Roi de Navarre ; & de l'obéissance & devoir des Sujets envers le Prince, à ce Peuple ; ensemble le Demonicus ou Instruction pour les mœurs, à la Noblesse : *Paris*, Chaudière, 1585, *in*-12.]

18477. Protestation des Catholiques qui n'ont pas voulu signer à la Ligue : 1585, *in*-8.

Elle a été réimprimée au tom. I. des *Mémoires de la Ligue*, pag. 114.

18478. Le Véritable, sur la sainte Ligue. *Ibid.* pag. 119.

Ce petit Discours (d'un Royaliste), est hardi. Il déclame contre la Ligue, & soutient qu'elle tend à réduire le Roi en tutelle, & à procurer au Duc de Guise qui en est le Chef, la domination entière du Royaume.]

18479. Réavis & Abjuration d'un Gentilhomme de la Ligue, contenant les causes pour lesquelles il a renoncé à ladite Ligue, & s'en est départi.

Cette Pièce (qui se trouve, *pag.* 123, du tom. I. des *Mémoires de la Ligue*), est d'un bon Catholique, [patriot & attaché à son Roi.]

☞ Il révèle les causes & les Mystères de la Ligue qu'il a quittée, fait voir qu'elle tend à bouleverser l'Etat, & invite toutes les Villes à lui fermer leurs portes.]

18480. ☞ Mf. Instructions aux Gentils-hommes envoyés par les Ducs de Guise & de Mayenne, aux Cantons Catholiques Suisses, avec les Réponses : 1585.

Copie du temps en 9 pages, qui est conservée dans la Bibliothèque de M. Fevret de Fontette. Les deux frères, Chefs de la Ligue, vouloient faire des levées d'hommes en Suisse.]

18481. Requête au Roy, & dernière résolution des Princes, Seigneurs, Gentilshommes, Villes & Communautés Catholiques, présentée à la Royne Mère du Roy, le 29 Juin 1585, pour monstrer que leur intention n'est autre que la gloire de Dieu, & l'ex-tirpation de l'Hérésie, sans rien attenter contre l'Etat.

Cette Pièce est imprimée au tom. I. des *Mémoires de la Ligue*, *pag.* 184, & dans le tom. I. des *Mémoires du Duc de Nevers*, *pag.* 681.

18482. ☞ Le Grand & Merveilleux Etonnement, miraculeusement advenu au Camp des Huguenots, tiré d'une Lettre & Discours d'un Gentilhomme, étant aux troupes de Monseigneur le Duc de Mayne, (ou Mayenne), &c. *Paris*, Bissault, 1585, *in-12*.]

18483. Déclaration du Roi de Navarre, contre les calomnies publiées contre lui, & protestations de ceux de la Ligue, qui se sont élevés en ce Royaume ; de Bergerac, le 10 Juin 1585 : *Orthès*, 1585, *in-8*.

Cette Déclaration qui a été dressée par Philippe DE MORNAY, est aussi imprimée au tom. I. des *Mémoires de la Ligue*, *pag.* 201, & au tom. 1. des *Mémoires de l'Auteur*, *pag.* 466, *A la Forest*, 1624, *in-4*.

Eadem Declaratio, Latinè reddita : *Lugduni-Batav.* 1585, *in-8*.

La même en Latin, est imprimée dans le Recueil intitulé : *Scripta utriusque partis : Francofurti*, 1586, *in-8*.

☞ On accusoit le Prince d'être Hérétique, relaps, persécuteur des Catholiques, & perturbateur de l'Etat. Au premier Chef, il répond qu'il croit être dans la bonne voie, & qu'il se soumettra volontiers à un Concile général, autre que celui de Trente. Au second, que ne croyant pas être, & n'étant pas Hérétique, il ne peut être relaps. Il prouve le contraire de la troisième accusation, par le témoignage de tous les Catholiques de ses Etats. Il se disculpe pour le quatrième Chef, au sujet des Ambassades envoyées aux Princes étrangers, & des Assemblées tenues dans le Royaume. Il passe ensuite aux motifs de ceux de la Ligue, & offre au Duc de Guise un défi, pour autant de personnes qu'il voudra, afin d'épargner le sang de la Noblesse, & d'éviter la désolation de l'Etat.]

18484. Lettres envoyées au Roi de France, par le Roi de Navarre : 1585, *in-8*.

18485. Conseil d'un Gentilhomme François

& bon Catholique (Ligueur), sur les occurrences de ces remuemens : 1585, *in-8*.

18486. * Remontrance au Peuple François, qu'il n'est pas permis à aucun Sujet, sous quelque prétexte que ce soit, se rébeller, ne prendre les armes contre son Prince & Roi, ne attenter contre son Estat ; par Thomas BEAUXAMIS, Carme : *Paris*, Chaudière, 1585, *in-8*.

Elle est aussi imprimée dans les *Mémoires de la Ligue*, tom. *IV*. *pag.* 128. L'Auteur est mort en 1589.

18487. Discours au Peuple de Paris & autres Catholiques de France, sur les nouvelles entreprises des Rébelles & Séditieux : *Paris*, 1585, *in-8*.

☞ On voit dans ce Discours, les excès commis par les Huguenots & leurs Chefs, sur-tout à l'égard des Ecclésiastiques.]

18488. ☞ Apologie de la Paix, représentant, tant les profits & commodités que la Paix nous produit, que les malheurs, confusions & désordres qui naissent durant la Guerre : *Paris*, Richer, 1585, *in-8*.]

18489. ☞ Articles généraux de la Paix universelle : *Paris*, Boudin, 1585, *in-8*.

Cette Pièce est toute de Morale, & pleine de conseils, pour goûter les fruits de la Paix, & désarmer la colère céleste.]

18490. ☞ Le Manifeste de la Sainte Ligue : 1585, *in-8*.

L'Auteur de ce Livret expose les vues de la Ligue & de ses Chefs, & les malheurs qui en arriveront au Roi & à ses Peuples.]

18491. ☞ Avertissement au Roi de Navarre de se réunir avec le Roi, & à la Foi Catholique : 1585, *in-8*.

Cet Avertissement est très-sensé.]

18492. ☞ Au Roi, sur le fait de l'Edit de Pacification : *in-8*.

Cette Remontrance, qui vient d'un Huguenot, fait voir l'insuffisance de cet Edit, & les suites qu'il peut avoir.]

18493. Apologie Catholique, contre les Libelles, Déclarations, Avis, Consultations faites, écrites & publiées par les Ligués, Perturbateurs du Royaume, qui se sont élevés depuis le décès du Frère unique du Roi ; par E. D. L. J. C. 1585 & 1586, *in-8*.

Apologia Catholica ad famosos & seditiosos Libellos Conjuratorum : auctore E. D. L. de Gallico expressa : 1585, *in-8*.

Eadem : *Parisiis*, 1586, *in-8*.

Selon Bayle, ce sont deux Traductions différentes, Philippe de Mornay, tom. I. de ses *Mémoires*, *p.* 657. & Jacques-Auguste de Thou, au Livre CX. de son *Histoire de France*, *pag.* 628, attribuent cette Apologie à Pierre DE BELLOY, de Montauban. Pierre-Victor Cayet désigne aussi cet Auteur sans le nommer, au tom I. de sa *Chronologie Novennaire*, *pag.* 17*. « Un Docte » Jurisconsulte Catholique, dans Paris même, aux dé- » pens de sa vie, entreprit, pour répondre à tout ce que » la Ligue des Seize avoit jusqu'alors fait publier, une » Apologie pour la défense du Roi de Navarre ».

Règne de Henri III. 1585.

Le même au *folio* 10 *verso*, de cette Chronologie, parlant des deux plus fameux Ecrivains du temps de la Ligue, c'est-à-dire, faisant le parallele de Pierre de Belloy & de Louis d'Orléans, dit : « Tous deux ont fait publier » leurs Livres sans se nommer; celui de la Ligue, (Louis » d'Orléans), plus éloquent, mais calomniateur ; celui » du parti du Roi de Navarre, (Pierre de Belloy), plus » docte & plus François ».

☞ On peut voir encore, *Dict. de Bayle*, = *Journ. de Henri III. tom. II. pag.* 16 ; *tom. V. pag.* 82, = Lenglet, *Méth. histor. in-4. tom. IV. pag.* 90, = *L'Esprit de la Ligue, tom. I. pag.* xxx.]

18494. Responsio ad præcipua capita Apologiæ, quæ falsò Catholica inscribitur, pro successione Henrici Navarreni in Francorum Regnum ; auctore Francisco ROMULO : *Romæ*, 1586, *in-*8. Juxta Exemplar Romæ editum, 1588 : [*Cracoviæ*, 1591, *in-*4.]

Réponse aux principaux articles de l'Apologie de Belloy, faussement inscrite : Apologie Catholique, traduite du Latin sur l'imprimé, à Rome, par M.M. 1588, *in-*8.

« L'Auteur de cette Réponse (que Baillet, *pag.* 74, des *Auteurs déguisés*, attribue au Cardinal Robert BELLARMIN), « n'attaque son Adversaire, ni sur la Généa- » logie de la Maison de Bourbon, ni sur la préférence » de l'Oncle au Neveu; il réduit tout à la Religion & » au fondement de la Bulle, qui ne déclaroit le Roi de » Navarre déchû de la Succession, & incapable de ré- » gner, qu'à cause de l'hérésie. » Bayle , *Dictionnaire critique & historique*, dans la Note B. sous le nom de Belloy.

☞ Ce Libelle rempli de sentimens Ultramontains, & peu conformes à nos maximes, est divisé en quatre parties, & subdivisé en XXXII. Chapitres. Dans la première partie, l'Auteur attaque de Belloy, & veut prouver qu'il s'est faussement attribué le nom de Catholique, vu qu'il est très-pernicieux Hérétique. Dans la seconde, que les Huguenots sont Hérétiques, & comme tels condamnés par l'Eglise universelle. Dans la troisième, que le Saint Siège a le droit de priver les Princes Hérétiques de leurs Etats. Enfin, que leurs adhérans & fauteurs sont non-seulement ennemis de la Religion Catholique, mais traîtres & perturbateurs du repos public. Les Ligueurs se plaignoient vivement de ce qu'on permettoit le débit public des Livres de Belloy & autres, tandis qu'on faisoit fouetter par tous les carrefours, ceux qui vendoient les Livres qu'ils nommoient Catholiques, tels que celui-ci & autres de pareille trempe. *Voyez l'Esprit de la Ligue, tom. I. pag.* xx].]

18495. ☞ Bulle du Pape Sixte V. contre Henri, Roi de Navarre, & le Prince de Condé : Protestation & autres Ouvrages.

Voyez à l'Article des *Libertés*, ci-devant, *tom. I. pag.* 484, N.° 7139, & *suiv*.]

18496. Ms. Rerum toto orbe gestarum Commentarii, ab anno 1572 ad annum 1585; auctore Renato DE LUCINGE, Domino des Alymes: Archiatro Ducis Sabaudiæ.

Ces Mémoires étoient entre les mains de Samuel Guichenon, comme il l'a dit dans sa Préface de l'*Histoire de Savoye*.

☞ Ils sont actuellement dans la Bibliothèque de M. Fevret de Fontette , Conseiller au Parlement de Dijon.]

18497. Ms. Traité pour la défense du Roi de Navarre, contre les calomnies & libelles diffamatoires, mis au jour contre lui, en 1585.

Ce Traité [étoit] conservé dans la Bibliothèque de M. l'Abbé de CAUMARTIN [mort Evêque de Blois, en 1733.] Ne seroit-ce point le Livre attribué à SOFFROY CALIGNON, Chancelier de Navarre , par Guy Allard, dans la Vie qu'il en a publiée,& qu'il a intitulée: *Apologie du Roi de Navarre contre le Bouteseu des Calvinistes*.

18498. Edit du Roi sur la réunion de ses Sujets à l'Eglise Catholique , Apostolique & Romaine, du 18 Juillet 1585.

Cet Edit est imprimé au tom. I. des *Mémoires de la Ligue, pag.* 196 : *Genève*, 1590, *in-*8.

Idem editum Latinè.

Cette Traduction est imprimée dans le Recueil intitulé : *Scripta utriusque partis* : *Francofurti*, 1586, *in-*8. Le Roi révoque par cet Edit tous les précédens, donnés en faveur des Huguenots.

18499. Panégyrique de l'Henoticon ou Edit du Roi Henri III. sur la réunion de ses Sujets de l'Eglise Catholique, Apostolique & Romaine, avec une sommaire Exposition d'icelui, & ample Discours des moyens de purger les Royaumes d'Hérésies, Schismes & Séditions : 1588, *in*-8.

Cet Ouvrage a été fait par Honoré DU LAURENS, alors Avocat Général de Provence , & qui est mort Archevêque d'Embrun, en 1612. *Voyez* ce qu'en dit Honoré Bouche, au tom. II. de son *Histoire de Provence, pag.* 736.

☞ Le Père le Long, trompé par la date du Frontispice, l'avoit mal placé en 1588. Il doit l'être ici en 1585. L'Approbation des Docteurs de Sorbonne qui se trouve à la tête, est de cette année; & l'Arrêt du Parlement d'Aix qui en permet l'impression, du 16 Septembre 1585. *Voyez* Lenglet, *Méth. histor. in-*4. *tom. IV. pag.* 94.]

18500. Déclaration & Protestation du Roi de Navarre, du Prince de Condé & du Duc de Montmorency, sur la Paix faite avec ceux de la Maison de Lorraine , chefs & principaux Auteurs de la Ligue , au préjudice de la Maison de France, du 10 Août 1585. Plus, deux Lettres dudit Roi de Navarre, écrites, l'une à Messieurs du Parlement, & l'autre à Messieurs de Sorbonne, avec une Epitre au Roi ; par un Gentilhomme : *Orthez*, 1585 : *La Rochelle*, 1585, *in*-8.

☞ Elle est aussi imprimée au tom. I. des *Mémoires de du Plessis-Mornay*.]

Les mêmes Pièces sont imprimées au tom. I. des *Mémoires de la Ligue, pag.* 201. La Déclaration a été dressée par Philippe du Plessis-MORNAY, & le Gentilhomme, Auteur des deux Lettres, signe P. M. D. ce qui peut signifier le même nom, Philippe MORNAY du Plessis.

☞ Il y est dit que depuis 25 ans la Maison de Guise, pour parvenir à ses fins, avoir les armes à la main, sous les plus beaux prétextes, mais en effet pour la ruïne de la Maison Royale & de l'Etat. Ce que le Roi ayant reconnu, il les avoit déclarés criminels de Leze-Majesté, & perturbateurs du repos public. Néanmoins on avoit conclu tout-à-coup la paix avec eux, & fait publier un Edit qui annulle celui de pacification, si solemnellement juré; c'est les armer de nouveau contre ceux qu'ils sçavent s'opposer à leurs dangereux desseins, sans pour cela en retirer d'autres fruits que ceux qu'on a eus par le passé.]

18501. ☞ Avis donné à M. de Guise, par

M. DE LA CHASTRE, après la Paix de Nemours, en 1585.

Il est imprimé au tom. III. du *Journal de Henri III.* 1744, *in-8*.

Dans cet Avis, M. de la Chastre tâche d'inspirer de la défiance au Duc de Guise ; & loin de tendre à la paix, il semble qu'il ne veuille que la guerre & la dissention.]

18502. ☞ Remontrances à la France, sur la protestation des Chefs de la Ligue, faites l'an 1585.

Ces Remontrances sont imprimées au tom. I. des *Mémoires de du Plessis-Mornay*, 1624, *in-4*.

Les Guises aspiroient à la Couronne ; ils ne pouvoient l'avoir qu'en cabalant & en bouleversant l'Etat. Ils se sont forgés des prétextes, dont les principaux sont la conservation de la Religion, la crainte d'avoir un Roi Hérétique, des plaintes contre le Roi régnant, à qui ils reprochent de se laisser gouverner par des Favoris, de fouler ses Sujets & de vendre la Justice. L'Auteur fait ici le Théologien, & réfute tous les vains raisonnemens, en faisant voir au Peuple quelles sont les vues de ces grands réformateurs.]

18503. ☞ Déclaration des causes qui ont mu les Ducs, Seigneurs, Barons & Nobles du Royaume d'Ecosse avec leurs adhérans, à prendre les armes pour le rétablissement de la Personne & Etat du Roi, & la Discipline Ecclésiastique, selon la Parole de Dieu, avec l'heureux succès qui s'en est ensuivi ; traduite d'Ecossois en François.

Cette Pièce regarde les affaires de la Religion en Ecosse & non pas en France ; mais elle est suivie d'un Sonnet adressé aux François, qui finit ainsi :

Misérable François regarde & considère
L'Ecossois ton ami, retiré de misère :
Et toi n'as-tu de cœur pour semblable dessein ?]

18504. ☞ Action de grâces pour la Victoire obtenue contre les Ennemis de l'Eglise, par M. le Duc de Joyeuse, &c. 1585, *in-8*. de 8 pages.]

18505. Discours du premier passage du Duc de Mercœur au Bas Poitou, de sa déroute & fuite ; du Siége de Brouage par le Prince de Condé, du Voyage qu'il entreprit à Angers, & de la rupture de son Armée de la Loire, & de ce qui est arrivé jusqu'au 30 Octobre 1585.

Ce Discours est imprimé au tom. II. des *Mémoires de la Ligue*, pag. 1.

18506. Déclaration du Roi sur son Edit du mois de Juillet dernier, touchant la réunion de ses Sujets à l'Eglise Catholique, Apostolique & Romaine, du 16 Octobre 1585.

Cette Déclaration est imprimée au tom. I. des *Mémoires de la Ligue*, pag. 251.

☞ Elle restraignoit à quinze jours, les deux mois qui restoient par l'Edit de Juillet aux Religionnaires, pour sortir du Royaume. Henri III. fut obligé d'accorder encore cela aux Ligueurs.]

Eadem Latinè.

Cette Traduction est imprimée dans le Recueil intitulé : *Scripta utriusque partis ; Francofurti*, 1586, *in-8*.

18507. Remontrance du Clergé de France, faite sur la précédente Déclaration, le 19 Octobre 1585, par l'Evêque de Saint-Brieu, (Nicolas LANGELLIER.)

☞ Cette Remontrance se trouve aussi dans les *Mémoires de la Ligue*, tom. I. pag. 272. Elle est assez belle. Le Clergé demande, 1.° que le Roi persiste dans la résolution de ne tolérer qu'une seule Religion : 2.° que le Concile de Trente soit publié & observé : 3.° que les Elections soient rétablies : 4.° que l'autorité du Clergé, ses priviléges & immunités soient conservées.]

18508. ☞ Discours sur l'Edit du Roi, concernant la réunion de ses Sujets à la Religion Catholique ; par Antoine DE PEYRUSSE : *Paris*, Royer, 1586, *in-12*.]

18509. ☞ Bulle de N. S. P. le Pape, contenant permission accordée au Clergé, à l'instance du Roi, d'aliéner du bien temporel des Ecclésiastiques de son Royaume, pour subvenir à partie des frais de la guerre pour la réduction de ses Sujets à la Religion Catholique, &c. vérifiée en la Cour de Parlement, le 27 Mars 1586, & Instructions à cet égard : *in-8*.]

18510. ☞ Discours sur les Etats (ou Offices) de France, & si seroit plus expédient qu'ils fussent annuels & non à vie, comme ils sont à présent, & d'avoir des Réformateurs & Officiers, & le dommage qu'apporte la vente des Etats ; par J. L. P. J. C. D. 1586, *in-8*.

L'Auteur allégue plusieurs passages, pour montrer que dans les Gaules & sous les trois Races de nos Rois, jusqu'à Louis XI. les Offices étoient révocables à volonté ; que ce fut Louis XII. qui introduisit la vénalité des Charges, d'où sont venus tant d'abus, que les Empereurs Romains & les Républiques les mieux policées avoient toujours évités, en ne donnant les Charges que pour un temps, par élection, à des gens experts & capables de les exercer. Il en conclud que ces abus se perpétueront, si l'on ne ramène les choses à l'ancien usage.]

18511. ☞ Au Roi de Navarre : 1586.

Cette Lettre, qui se trouve dans le *Recueil de Lannel*, (*Paris*, 1623, *in-4*.) est du 25 Janvier 1586. L'Auteur est un vrai François, qui prévoyant les maux qui doivent arriver à sa patrie, par la différence de Religion de l'héritier de la Couronne, l'invite par les plus solides raisons à rentrer dans le sein de l'Eglise.]

18512. Déclaration du Roi de Navarre, sur les moyens qu'on doit tenir pour la saisie des biens des fauteurs de la Ligue & de leurs adhérens.

Elle est imprimée dans les *Mémoires de la Ligue*, tom. I. pag. 298.

18513. Manière de Profession de Foi que doivent tenir ceux du Diocèse d'Angers, qui se voudront remettre au giron de notre Mère sainte Eglise Catholique, Apostolique & Romaine. *Ibid.* pag. 360.

Cette Pièce est de Guillaume RUZÉ, Evêque d'Angers.

18514. Lettres du Roi de Navarre à MM. des trois Etats de la France, & à MM. de la Ville

Ville de Paris, le premier Janvier 1586. *Ibid. pag.* 331.

18515. ☞ Lettre du Roi de Navarre à MM. les gens tenant la Cour de Parlement pour le Roi à Paris, sur les troubles excités par les Guises, Auteurs de la Ligue : en 1586.]

18516. ☞ Lettre du Roi à MM. de la Faculté de Théologie du Collége de Sorbonne, sur le même sujet que la précédente.

Ces deux Lettres sont imprimées dans le *Recueil D.* in-12.]

18517. Harangue des Ambassadeurs des Princes Protestans d'Allemagne, faite au Roi; avec sa Réponse.

Dans les *Mémoires de la Ligue*, tom. I. pag. 352.

18518. Remontrance aux trois Etats de la France sur la Guerre de la Ligue. *Ibid.* pag. 360.

Cette Pièce est de Philippe DE MORNAY, Sieur du Plessis. Elle se trouve aussi dans ses *Mémoires*, tom. I. pag. 706.

☞ On y expose en détail tous les maux qu'a faits la Ligue, soit dans les Provinces, soit dans les différens Ordres de l'Etat.]

18519. Lettre d'un Gentilhomme François à un sien ami étant à Rome, contenant le Discours du Voyage de la Royne, Mère du Roy, en 1586, vers le Roy de Navarre; avec le Récit de la Conférence de Saint-Bris.

Dans les *Mémoires de la Ligue*, tom. II. pag. 85.

☞ Ce Voyage de la Reine Mère en Poitou, avoit pour objet de moyenner une paix ou une trève. L'entrevue se fit à Saint-Bris, en Décembre 1586; mais elle ne réussit pas. Cette Lettre en contient les particularités.]

18520. Articles accordés entre la Royne Mère & le Roy de Navarre.

Dans les *Mémoires de la Ligue*, tom. II. pag. 209.

18521. Avertissement à la République, sur le Concile National demandé par le Roi de Navarre. *Ibid. pag.* 98.

Cette Pièce est d'un Calviniste.

18522. * Avertissement à la Noblesse de France sur les troubles de ce Royaume, par un Gentilhomme François: 1586, *in-8*.

18523. * Avertissement à la Noblesse sur une Lettre imprimée & publiée sous le nom du Roi de Navarre, à la Noblesse : 1586, *in-8*.

18524. Apologie ou Défense des Catholiques unis les uns aux autres, contre les impostures des Catholiques associés à ceux de la Religion Prétendue-Réformée : 1586, *in-8*.

Louis D'ORLEANS, Avocat-Général de la Ligue, est l'Auteur de ce Livre. Il est mort en 1622.

☀ On trouve à la suite de cette Apologie une Remontrance aux Catholiques de tous les Etats de France, pour entrer en l'association de la Ligue.]

18525. Briève Réponse d'un Catholique
Tome II.

François à l'Apologie, ou Défense des Ligueurs & Perturbateurs du repos public, qui se disent faussement Catholiques unis les uns aux autres : *Bordeaux*, 1586, *in-8*.

La même Réponse est imprimée au tom. I. des *Mémoires de la Ligue, pag.* 375. Cette Pièce paroît être plutôt d'un Protestant déguisé que d'un vrai Catholique.

☞ Elle est écrite avec force & vivacité.]

18526. L'Antiguisart : *in-8*.

Le même est imprimé au tom. I. des *Mémoires de la Ligue, pag.* 391. C'est un long Ecrit contre la Maison de Guise & ses Adhérens, composé par un Royaliste, qui témoigne beaucoup de compassion pour les Huguenots.

☞ Cette Pièce est étendue & assez bien écrite : c'est une des plus fortes qui aient été faites contre les Guises. L'Auteur expose le commencement de leur fortune dès Claude de Lorraine, sous Louis XII. l'accroissement de leur puissance, leur ambition & tous les maux qu'ils ont faits successivement à l'Etat. Il justifie la Religion Prétendue-Réformée, attaque l'autorité Papale, répond aux plaintes du Clergé, & finit par une exhortation au Roi.]

18527. ☞ Au Roi, mon souverain Seigneur, sur les misères du temps présent, & de la conspiration des ennemis de Sa Majesté; par un Gentilhomme de l'Eglise.

Dans ce petit Discours on représente au Roi que le but principal de la Ligue & des Princes Lorrains, n'est autre que d'entreprendre contre sa Personne & contre son Etat, sous prétexte de la Religion; & on lui prédit une partie des choses qui arrivèrent depuis.

Ce Discours, avec le suivant, est imprimé au tom. II. des *Mémoires de la Ligue* : *in-8*.]

18528. ☞ Les dangers & inconvéniens que la paix faite avec ceux de la Ligue apportent au Roi & à son Etat.]

18529. ☞ Apologie Catholique contre les Libelles publiés par les Ligués, Perturbateurs du repos du Royaume de France; (par Edmond L'ALLOUETTE:) 1586, *in-8*.]

18530. Le Pseautier de Henri III. *Paris*, Mettayer, 1586.]

18531. ☞ Remontrance au peuple François sur la diversité des vices qui régnent en ce temps, avec les remèdes d'iceux : 1586, *in-12*.]

18532. ☞ Harangue du Roi étant en son Conseil, le 16 de Juin, à la publication de 26 Edits; ensemble les Harangues de MM. le Chancelier & du Plessis : *Paris*, 1586.]

18533. ☞ Réglement que le Roi veut être observé par les Baillis & Sénéchaux, ou leurs Lieutenans, pour l'exécution de l'Edit de Sa Majesté pour la réunion de ses Sujets à l'Eglise Catholique, Apostolique & Romaine : 1586.]

18534. Conférence Chrétienne de quatre Docteurs & trois Avocats sur le fait de la Ligue au nom du Cardinal de Bourbon, contenant la Réponse à un Libelle intitulé : *Le Salutaire*, publié par ceux de la Ligue : 1586, *in-8*.

« La punition d'un Avocat de Paris, nommé Fran-

O o

» çois le Breton, qui fut pendu le 22 Novembre 1586,
» pour un Livre séditieux, ne servit qu'à donner ma-
» tière à de nouveaux Ecrits, aussi méchans que ceux
» qui avoient précédé. Les Seize prirent cette occasion
» de faire courir de nouveau une Remontrance faite
» l'an 1577, pour la réformation des abus de l'Etat &
» de la Justice; & en ayant coupé la première page, ils
» la firent passer pour le Livre de l'Avocat le Breton,
» dont on avoit fait brûler tous les Exemplaires; on
» couroit avec fureur après cet Ouvrage ». C'est ce que
remarque le P. Daniel, au tom. III. de son *Histoire de
France*, in-fol. pag. 1251. *Voyez* ce qu'en dit Cayet,
au tom. I. de sa *Chronologie Novennaire*, fol. 33 verso.

18535. Avertissement des Catholiques Anglois aux François Catholiques, du danger où ils sont de perdre la Religion, & d'expérimenter, comme en Angleterre, la cruauté des Ministres, s'ils reçoivent à la Couronne un Roi qui soit hérétique : 1586, in-8.

Le même, en cette dernière Edition, augmenté & approuvé par les Docteurs de Louvain : 1587, 1588, in-8.

Le même Avertissement est imprimé au tom. I. de la *Satyre Menippée*, pag. 101 : Ratisbone, 1709, in-8. L'Auteur du Tome V. des *Mémoires de la Ligue*, pag. 642, attribue à Louis d'ORLEANS cet Ouvrage, « qui est écrit, (selon Cayet, au tom. I. de sa *Chrono-
» logie Novennaire*, fol. 17 verso,) d'un langage fort
» naïf, plein de vives pointes; il contient des flateries
» du Roi, dit mille impostures du Roi de Navarre &
» de sa mère. Il se plaint sur tout de ce qu'on n'avoit
» pas bien solemnisé la Saint-Barthélemi, & qu'on avoit
» tiré moins de deux palettes de sang, dénotant par-là
» qu'on devoit tuer le Roi de Navarre & le Prince de
» Condé ». Le même, au *fol*. 20, fait un long parallele
entre un Avocat de la Ligue & Pierre de Belloy, qui
défendoit le parti du Roi de Navarre, & fait voir que
le sort de ces deux Ecrivains fut bien différent.

✶ Le Cardinal du Perron ne parle pas si avantageusement que Cayet du style de cet Ouvrage, qui étoit, selon lui, écrit très-vicieusement, & où l'Auteur se sert d'une métaphore continuelle de la Médecine, depuis le commencement jusqu'à la fin. Bayle dit dans son *Dictionnaire*, (au mot *Calvin*, Note Cc.) que « l'Auteur
» le composa contre le parti Huguenot, & dans la vue
» d'empêcher que Henri de Bourbon, Roi de Navarre,
» ne succédât à la Couronne de France. L'Auteur de ce
» Libelle n'étoit point Anglois : personne ne doute
» que Louis d'Orléans ne l'ait composé. Le tour qu'il
» prit fut de supposer que les Catholiques d'Angleterre
» avertissoient ceux de France de ne point souffrir qu'un
» Roi hérétique succédât à Henri III ».

☞ Cette Pièce reprend différens faits depuis la Conjuration d'Amboise, & est autant historique que politique. L'Auteur s'emporte assez vivement contre les Hérétiques & le Roi de Navarre.]

18536. ☞ Missives des Catholiques François aux Catholiques Anglois.]

18537. Lettre d'un Gentilhomme Catholique François, contenant brève Réponse aux calomnies d'un Livret d'un certain prétendu Anglois.

Cette Lettre est imprimée au tom. I. des *Mémoires de la Ligue*, pag. 454, & à la *pag*. 619 du tom. I. des *Mémoires* de Philippe du Plessis-MORNAY, qui en est l'Auteur.

☞ Il suit dans cette Lettre son adversaire pied-à-pied; & il réfute ce qu'il avance en faveur de la Ligue & des Guises, comme au désavantage du Roi de Navarre, qu'il excluoit absolument de la Couronne, quand bien même il seroit Catholique. Il y a beaucoup de méthode & de précision dans cette Lettre, qui contient bien des faits que l'Auteur offre de prouver.]

18538. ✶ Réponse à un Ligueur masqué du nom de Catholique Anglois, par un vrai Catholique bon François : 1587, in-8.

☞ Quoique l'Auteur se dise bon Catholique, il paroît par les termes outrageans qu'il emploie contre la Cour de Rome & le Clergé, qu'il a au moins une teinture de Calvinisme. Les louanges qu'il donne aux Huguenots en sont encore une plus grande preuve. Il suit son adversaire pied-à-pied, explique & rétorque contre lui tout ce qu'il avoit avancé. Cette Pièce est pleine de faits, de traits satyriques & d'anecdotes, dont quelques-unes sont fausses. L'Auteur s'attache sur-tout à noircir les Guises, & à déclamer contre leur ambition.]

18539. Réplique pour le Catholique Anglois, contre les Catholiques associés aux Huguenots : 1586, in-8.

« Louis d'ORLEANS composa deux volumes d'inju-
» res contre l'Etat & contre la personne du Roi Henri IV,
» sous le titre de *Catholique Anglois* ». Baillet, tom. II. des *Satyres personnelles*, pag. 117.

18540. Réponse d'un Gentilhomme François à l'Avertissement des Catholiques Anglois, où l'on traite la question, si pour chasser l'Hérétique il faut tuer les Hérétiques : 1587, in-8.

18541. Réponse des vrais Catholiques François à l'Avertissement des Catholiques Anglois, pour l'exclusion du Roi de Navarre de la Couronne de France, contre les Déclarations & Apologie dudit Roi de Navarre, & autres Livrets des Hérétiques, traduits du Latin : 1588, in-8.

Ces Livrets, dont parle cet Ouvrage, sont marqués au revers même du titre de ce Livre.

✶ Cette Réponse ne seroit-elle pas celle de Denys BOUTHILLIER, Avocat, à qui M. de Thou, Lib. 81, *ad ann*. 1585, en attribue une?

18542. Les mêmes Avertissemens des Catholiques Anglois; avec les Réponses & les Répliques : 1587, in-8.

18543. Discours sommaire de ce qui se passa en divers lieux de la France, après la rupture de l'Armée du Prince de Condé delà la Loire, à la fin de l'an 1585, jusqu'au premier Juin 1586.

Ce Discours est imprimé au tom. II. des *Mémoires de la Ligue*, pag. 173.

18544. Discours du Voyage de Monseigneur le Duc de Joyeuse, Pair & Amiral de France, en Auvergne, Gévaudan & Rouergue, & de la prise des Villes de Malziou, Marvèges & Peire, (en Août & Septembre 1586) écrit par un Gentilhomme de l'Armée dudit Seigneur, à un sien ami : Paris, [Patisson,] 1586, in-8.

☞ Ce Discours est aussi imprimé dans le tom. II. des *Pièces Fugitives de M. le Marquis d'Aubais* : Paris, 1759, in-4. Cette Pièce, qui est curieuse, étoit devenue très-rare. M. d'Aubais a retranché les Vers à la louange du Duc de Joyeuse, qui se trouvent dans la première Edition.]

Règne de Henri III. 1586.

18545. ☞ Avertissement des Avertissemens, au Peuple Très-Chrétien ; par Jean DE CAUMONT, Champenois : 1587, *in-8*.

Cette Pièce n'est autre chose qu'un Sermon, dans lequel l'Auteur exhorte le Peuple à fermer l'oreille aux médisances & calomnies des Huguenots, à ne permettre jamais qu'un Prince Hérétique règne sur lui, & à faire la guerre à toute outrance pour l'empêcher.]

18546. ☞ Journal de Louis CHARBONNEAU, sur les guerres de Béziers, en 1583, 1584, 1585 & 1586.

Il est imprimé dans le tom. III. du *Recueil des Pièces fugitives* donné par M. d'Aubais : *Paris*, 1759, *in-4.*]

18547. Discours du progrès de l'Armée du Roi en Guyenne, commandée par M. le Duc du Maine (ou Mayenne:) *Paris*, Nivelle, 1586, *in-8*.

☞ Cette Expédition se fit en 1586. On n'en retira pas tout le fruit que les Guises en avoient fait espérer. On y consuma une très-belle armée & une très-grande somme de deniers, pour avoir quelques bicoques, qui furent aussi-tôt reprises par les Huguenots.]

18548. Réponse (de Philippe DE MORNAY,) au petit Discours sur le Voyage de M. de Mayenne, du 22 Décembre 1586.

18549. Fidèle Exposition (du même) sur la Déclaration du Duc du Maine, contenant les Exploits de Guerre qu'il a faits en Guyenne.

La Réponse est imprimée au tom. I. des *Mémoires de du Plessis-Mornay*, pag. 623, & l'Exposition est imprimée au même endroit, pag. 493, [& au tom. I. des *Mémoires de la Ligue*.]

18550. ☞ Discours de M. DE LA CHASTRE, sur le Voyage de M. de Mayenne en Guyenne : 1586.

Ce Discours est tout à la louange de M. de Mayenne & des Armes des Catholiques, qui ne firent pas cependant tout ce qu'on devoit attendre des grands préparatifs qui avoient tant coûté à l'Etat.
Ce Discours, avec les deux Pièces suivantes, est imprimé au tom. II. du *Journal de Henri III*. 1744, *in-8*.]

18551. ☞ Résolution de ceux du parti de la Ligue, assemblés à Orchan : 1586.]

18552. ☞ Lettre de M. DE LA CHASTRE, sur l'entreprise de M. de Guise sur Sédan : 1586.]

18553. ☞ Discours sur l'excessive chèreté, présenté à la Reine Mère du Roi, par un sien fidèle serviteur : *Bordeaux*, 1586, *in-8*.

Il se trouve encore dans le *Recueil* G. *in-12.*]

18554. ☞ Les Statuts de la Règle de l'Oratoire & Compagnie du Benoist S. François, instituée par Henri III. Roi de France & de Pologne, en l'honneur de Dieu, & du Benoist S. François : *Paris*, Mettayer, 1586, *in-8*. (d'environ 150 pages).

Cet Etablissement paroît n'avoir eu aucune suite, & étoit apparemment une des dévotions passagères de Henri III.]

18555. Mémoires (de Henri de la Tour d'Auvergne) Duc DE BOUILLON, contenant ce qui s'est passé de son temps, depuis le commencement du Règne de Charles IX. (en 1560) jusqu'au Siége de Monsegur en Auvergne, (en 1586) : *Paris*, Guignard, 1666, *in-12*.

Ces Mémoires ont été écrits en 1609. On y apprend beaucoup de circonstances particulières des Règnes de Charles IX. & de Henri III. qui font souhaiter qu'on mette en lumière le reste de ces Mémoires, dont ce Volume ne contient que la première partie. Le style en est pur. Le Duc exhorte son fils, à qui il les adresse, à ne jamais entrer dans aucune cabale ; mais comme sa conduite, ajoute l'Abbé le Gendre, démentoit ces belles leçons, le fils ne s'attacha moins que les exemples de son père, qui est mort en 1623.

☞ Ces Mémoires ont été publiés par Paul le Franc.]

18556. Les dangers & inconvéniens que la paix faite avec ceux de la Ligue apporte au Roi & à son Etat.

Cet Ecrit est imprimé au tom. II. des *Mémoires de la Ligue*, pag. 119, & à la *pag.* 510 du tom. I. de ceux de Philippe du Plessis-MORNAY, qui en est l'Auteur.

18557. Exhortation & Remontrance faite d'un commun accord par les François Catholiques & Pacifiques pour la Paix ; contenant les commodités de la paix & les incommodités de la guerre, où il est aussi parlé des causes des troubles de ce Royaume & du moyen de les pacifier.

Ce Discours se trouve conforme presque mot à mot à une Remontrance faite pour les Etats de Blois en 1576, par Philippe DE MORNAY, laquelle est au tom. I. de ses *Mémoires*. Cette Exhortation est imprimée au tom. II. des *Mémoires de la Ligue*, pag. 127. Elle est d'un Protestant fort emporté, déguisé sous le masque d'un Catholique.

☞ Cette Pièce, qui est assez étendue, n'a trait qu'à la Religion. On y soutient que la duplicité ne peut faire aucun mal à l'Etat. Elle est suivie d'une Epitre ridicule & contrefaite du Pape Etienne, sur ce qui se passa lors de la consécration de Pepin, au sujet de l'obligation qu'il imposa aux François de n'établir d'autres Rois que ceux de la Race de Pepin.]

18558. Remontrance aux trois Etats sur la Guerre de la Ligue, faite sous le nom d'un Catholique Romain.

Cette Remontrance a été composée par Philippe DE MORNAY, & est imprimée à la *pag.* 706, du tom. I. de ses *Mémoires*, & à la *pag.* 360 du tom. I. des *Mémoires de la Ligue*.

18559. Avertissement à tous vrais François, des légitimes occasions qu'ils ont de pourvoir à leur juste défense contre les ennemis du repos de la France.

Cet Avertissement est imprimé au tom. II. des *Mémoires de la Ligue*, pag. 169.

☞ On y fait voir combien la Ligue & la Guerre sont dommageables au Royaume. L'Auteur donne un précis de la Campagne de M. de Mayenne en Guyenne, & de ce qui se passoit ailleurs en même temps dans les Armées de la Ligue, dont tous les efforts ont été inutiles, & n'ont servi qu'à découvrir sa foiblesse, épuiser les finances, & causer la mort à une infinité de braves gens. Enfin il fait voir qu'il n'est rien résulté des Etats dont on avoit fait une si grande parade.]

18560. De postremis motibus Galliæ, varia utriusque partis Scripta scitu dignissima :

Tome II. O o 2

omnia ferè ex Gallico in Latinum [sermonem fideliter] conversa per T. B. Æ. *Francofurti*, Wechel, 1586, *in*-8.

Ce Recueil commence en 1576; & finit en 1586; il traite sur-tout des Affaires de l'Eglise. Le Traducteur rend raison dans la Préface des Ecrits qui la composent, & en fait l'Analyse. Théophile Banosius, qui a fait la Vie Latine de Ramus, imprimée à Francfort en 1574 & en 1594, ne seroit-il pas le Traducteur des Pièces de ce Recueil ?

18561. Mſ. Histoire de l'Europe, depuis l'an 1559 jusqu'en 1587; par Jacques DE MONTAGNE, & jugement sur icelle : *in-fol*. 6 vol.

Cette Histoire [étoit] conservée dans la Bibliothèque de M. le Chancelier Séguier, n. 664. De Montagne étoit né au Puy en Velay, & avoit la Charge de Garde des Sceaux de la Chancellerie de Montpellier.

18562. Mſ. Iehova Servator, seu de rebus in Gallia gestis, ab anno 1585, ad annum 1587.

Cette Histoire est citée page 512 du Catalogue de la Bibliothèque de M. de Thou.

18563. ☞ HENRICI, Navarræi Regis, binæ Litteræ de causis præsentium Motuum, & de ratione componendi eos: 1586, *in*-4.]

18564. ☞ Ejusdem Declaratio causarum quibus externum militem conscribere coactus est : *Rupellæ*, 1587, *in*-4.]

18565. Litéarchie contre les [pernicieux escripts] libelles, calomnies & Apologies faites par aucuns Hérétiques, ennemis de Dieu, du Roi, &c. pour la conversion des dévoyés, restitution de l'Etat & assoupissement de ses troubles; [revue & corrigée par les Docteurs:] 1587, *in*-8.

Cet Ouvrage est d'un Ligueur.

☞ Le but de l'Auteur, après avoir rapporté les désolations & misères causées par les Huguenots, est de montrer que les desseins des Ligueurs sont justes & légitimes, & quel malheur ce seroit pour ce Royaume de tomber en la puissance d'un Prince hérétique ou fauteur d'hérétiques.]

18566. ☞ Plainte & doléance faite au Roi & à la Reine sa Mère; par Monseigneur le Duc de Guise, fait en la Ville de Meaux; ensemble est traité touchant le fait de la guerre : 1587, *in*-8.

Il s'y plaint des infractions faites à l'Edit de Juillet.]

18567. * Plaintes faites contre le Roy Henri III. par les Chefs de la Ligue, en 1587, pendant qu'ils furent assemblés à Meaux, où la Royne Mère fut les trouver : 1587, *in*-8.

Ces Plaintes sont aussi imprimées au tom. I. des *Mémoires du Duc de Nevers*, pag. 702.

18568. * Remontrance faite au Roy & à la Royne Mère, par MM. les Cardinaux de Bourbon & de Guise, assistés de MM. de Guise, de Rets, de Joyeuse, & autres Pairs de France, sur les plaintes & doléances des troubles de ce Royaume : *Paris*, Blochet, 1587, *in*-8.

☞ Ils y demandent l'unité de Religion, la réception du Concile de Trente, & le rétablissement des Elections.]

18569. ☞ Le Guidon des Catholiques sur l'Edit du Roi nouvellement publié en sa Cour de Parlement, pour la réunion de ses Sujets à l'Eglise, &c. *Paris*, du Coudret, 1587, *in*-8.]

18570. ☞ Avertissemens à tous bons & loyaux Sujets du Roi, Ecclésiastiques, Nobles, & du Tiers-Etat, pour n'être surpris & circonvenus par les propositions colorées, impostures, suggestions, & suppositions des conspirateurs, participans & adhérans à la pernicieuse & damnée entreprise faite & machinée contre le Roi & son Etat : *Paris*, de Roigny, 1587, *in*-12.

C'est une Apologie de la conduite du Roi pendant les troubles. L'Auteur prouve qu'il n'y a que le Roi qui ait droit en son Royaume de faire des levées de soldats; que celle qui vient d'être faite, quoique sous prétexte du bien public, n'est fondée que sur des passions particulières, & qu'on doit en regarder les Auteurs comme des criminels de lèze-majesté & des perturbateurs du repos public.]

18571. ☞ Harangue sur les causes de la guerre entreprise contre les Rébelles & Séditieux du Royaume de France, envoyée à Monseigneur le Duc de Guise & à toute la Noblesse Catholique, ce 4 Octobre 1587, par un Evêque de l'Eglise Catholique, Apostolique & Romaine : *Paris*, 1587, *in*-8.]

18572. ☞ Advertissement fait au Roi de la part du Roi de Navarre & de M. le Prince de Condé, touchant la dernière Déclaration de guerre: *La Rochelle*, Protost, 1587, *in*-12.]

18573. ☞ De sedandarum & evellendarum hereseon ratione Declamationes contrariæ, &c. auctore Laurentio BURCERETIO, (Bourceret, Dijonnois,) Marchianæ Scholæ Classico : *Parisiis*, à Prato, 1587, *in*-12.]

18574. ☞ Discours sur les calomnies imposées aux Princes & Seigneurs Catholiques par les Politiques de notre temps : 1587, *in*-8.

C'est une Pièce assez étendue en faveur de la Ligue. L'Auteur y discute trois chefs qu'on reprochoit aux Ligueurs : le premier, d'avoir fait ligue dedans & dehors le Royaume, sans l'autorité du Roi : le second, d'avoir troublé par leur ambition & leurs armes le Royaume qui étoit paisible; & le troisième, de vouloir exclure le Roi de Navarre, légitime héritier & successeur du trône.]

18575. ☞ Congratulation au Cardinal de Vaudemont, touchant la vie nompareille & austérité que meinent les Religieux que l'Abbé de Feuillans a amenés au Roi nouvellement; lesquels il a mis en l'Abbaye qu'il a fait bâtir ès Fauxbourg S. Honoré, près les Capucins : *Lyon*, Rigaud, 1587, *in*-8.]

18576. Avertissemens aux bons Catholi-

Règne de Henri III. 1587. 293

ques de Guyenne, en Juin 1586, sous le nom d'un Catholique.

Ces Avertissemens sont de Philippe DE MORNAY; ils sont imprimés au tom. I. de ses *Mémoires*, pag. 734.

18577. ☞ Avertissement aux François sur l'état des Affaires de France, au mois d'Août 1587 : *Reims*, 1587, *in*-8.

18578. ☞ Discours de la défaite des Rochellois, par M. le Duc de Joyeuse, le premier Août 1587 : *Lyon*, Pillehotte, 1587, *in*-12.]

18579. ☞ Discours au vrai de la prise & reddition de la Ville de Rocquecroix, par M. le Duc de Guise : *Paris*, Linocier, 1587, *in*-12.]

18580. De l'état de l'armée des Allemands en France, pour ceux de la Religion.

18581. Comment M. le Comte de Chastillon joignit cette Armée, & de tout le comportement d'icelle jusqu'à sa dissipation.

18582. De la capitulation faite par le Duc d'Espernon avec d'aucuns Chefs de cette Armée.

Ces trois Ecrits sont imprimés au tom. II. des *Mémoires de la Ligue*, pag. 231, 235 & 260.

18583. Mss. Discours de ce qui s'est passé en l'Armée étrangère, envoyée par M. de Chastillon au Roi de Navarre, en 1587, écrit par le Comte DE CHASTILLON.

Ce Discours est cité à la page 473 du Catalogue de la Bibliothèque de M. de Thou.

18584. Discours ample & très-véritable, contenant les plus mémorables faits advenus en 1587, tant en l'Armée commandée par le Duc de Guise, que par celle des Huguenots, sous le Duc de Bouillon, envoyé par un Gentilhomme François à la Royne d'Angleterre : *Paris*, Millot, 1588, *in*-8. [*Lyon*, 1588.] Troisième Edition : *Paris*, Bichon, 1588, *in*-8.

Ce Gentilhomme François n'est autre que Claude DE LA CHASTRE, qui fut depuis Maréchal de France, & mourut en 1614.

☞ Cette Pièce, adressée à la Reine d'Angleterre par un partisan du Duc de Guise, contient un récit purement historique de l'entrée des Reistres, Suisses & Lansquenets, qui étoient venus d'Allemagne au secours du Roi de Navarre & des Huguenots, & de leur défaite à Auneau par le Duc de Guise, & de leur sortie hors du Royaume.]

18585. ☞ La Descente des Reistres, par M. le Duc d'Epernon; ensemble tous ceux qui ont été tués.

C'est une Brochure de quatre feuillets en blanc. Au-dessus du quatrième & dernier est imprimé ce qui suit :
Blancy.
Attande qu'il soit faite.
Fin, 1587.
Voyez le *Diction. des Portraits historiq.* Art. *Beautru*.]

18586. ☞ Le Siége de Sarlat en 1587, par l'Armée Huguenote, conduite par le Vicomte de Turenne.

Il est assez étonnant que cette Relation ait été incon-

nue au Père le Long : elle a été deux fois imprimée à Bordeaux, en 1588 & 1638. Elle se trouve encore dans le tom. III. des *Pièces Fugitives de M. d'Aubais* : *Paris*, 1759, *in*-4.]

18587. ☞ Lettre de M. le Duc des DEUX-PONTS à M. de Schomberg : 1587.]

18588. ☞ Lettre du S..... à M. de F...... touchant la Négociation de la Reine à Saint-Bris : 1587.

Ces deux Lettres sont imprimées au tom. III. du *Journal de Henri III*. 1744, *in*-8. Cette Conférence de Saint-Bris, près de Cognac, fut sans effet; elle se passa en pourparlers touchant la paix, avec le Roi de Navarre. *Voyez* ci-devant, N.° 18519.]

18589. ☞ Pourparler de la Royne Catherine de Médicis avec le Duc de Guise, en 1587.]

18590. ☞ Lettre de M. DE SCHOMBERG au Roi Henri III. 1587.

Ces deux Pièces sont imprimées au tom. III. du *Journal de Henri III*. 1744, *in*-8. Il avertit le Roi que le Duc Otto de Lunebourg doit passer en France avec neuf à dix mille Reistres pour les Huguenots.]

18591. ☞ Onus totius Galliæ, ex Bibliotheca V. Cossardi : 1587, *in*-8.]

18592. ☞ Le vrai but où doivent tendre tous gens de guerre, qui aiment honneur : 1587.]

18593. ☞ Itératif Mandement du Roi aux Compagnies d'hommes d'armes y dénommés, pour se rendre ès lieux & aux jours désignés au présent Mandement : *Paris*, 1587, *in*-8.]

18594. ☞ Copie de la Harangue du Roi à MM. de Paris, devant que monter à cheval pour aller à la guerre : *Paris*, 1587, *in*-8.]

18595. ☞ Copie d'une Lettre envoyée de l'Armée du Roi, contenant ce qui s'y est passé depuis le partement de Sa Majesté de la Ville de Paris, jusqu'à la déroute des Reistres : *Paris*, 1587, *in*-8.]

18596. ☞ Du passage & route que tiennent les Reistres & Allemands, étant repoussés par le Duc de Lorraine, &c. *Lyon*, 1587, *in*-8.]

18597. ☞ Discours de la défaite des Suisses en Dauphiné, par M. de la Valette, contenant l'Histoire de la prise & reprise de la Ville de Montlimar ; par J. ROBELIN : *Paris*, 1587, *in*-8.]

18598. ☞ La défaite des Reistres par le Duc de Guise ; ensemble l'état de ce qui s'est passé en son Armée, depuis le 20 Octobre jusqu'au 26 ensuivant : *Paris*, 1587, *in*-8.]

18599. ☞ Discours de ce qui s'est passé en la Ville d'Estampes & ès environs, depuis le 23 Octobre jusqu'au 5 Décembre 1587 : *Paris*, 1588, *in*-8.]

18600. ☞ Ample Discours de la défaite de vingt & une Cornettes de Reistres, faite à Vimory en Gâtinois, près Montargis, le

26 d'Octobre 1587, par les Ducs de Guise & du Maine : *Lyon*, 1587, *in*-8.]

18601. ☞ Discours de la défaite des Reistres, près Montargis, par le Duc de Guise : *Paris*, 1587, *in*-8.]

18602. ☞ La Défaite nouvelle des Suisses par les Albanois, qui sont de la suite de M. le Duc de Guise : *Paris*, 1587, *in*-8.
Ce fut le Mardi 10 Novembre.]

18603. ☞ La nouvelle Défaite des Reistres, par le Duc de Guise, faite le Dimanche 22 Novembre 1587 : *Paris*, 1587, *in*-8.]

18604. ☞ La Défaite de six Cornettes de Reistres, par commandement de Monseigneur le Duc de Guise : *Paris*, 1587, *in*-8.]

18605. * Le Vrai Discours sur la déroute & déconfiture des Reistres, advenues par la vertu du Duc de Guise, le 22 Novembre 1587 : *Paris*, 1587, *in*-8.]

18606. ☞ Lettres écrites par Monseigneur le Duc de Guise, touchant la défaite des Reistres, près le Château d'Aulneau, du 22 Novembre 1587 : *Lyon*, Pillehotte : 1587, *in*-12.]

18607. ☞ Sur la Victoire d'Aulneau : 1587, *in*-12.]

18608. ☞ Action de Graces des Catholiques, sur la miraculeuse Victoire obtenue à Vilmory & Aulneau, contre l'épouvantable Armée des Allemands & Hérétiques, en Novembre 1587 : *Paris*, Benoist, 1588, *in*-12. en Vers.]

18609. ☞ Discours véritable de la défaite des Reistres Protestans, à Aulneau, par M. le Duc de Guise : *Paris*, Bichon, 1587, *in*-12.]

18610. ☞ La Déroute & Défaite générale des Reistres, avec l'ordre, nombre de gens de guerre & artillerie qui étoient au Camp desdits Reistres ; ensemble (la cérémonie du) *Te Deum*, qui fut chanté à Notre-Dame de Paris, rendant graces à Dieu : 1587, *in*-8.]

18611. ☞ La dernière défaite des Reistres, par le Duc de Guise, exécutée entre Nancy & Blasmont, le 3 du mois de Décembre ; ensemble un petit Discours des défaites précédentes, &c. *Paris*, Millot, 1587, *in*-8.]

18612. ☞ Discours de l'état de l'Armée des Reistres, depuis qu'ils ont perdu l'espérance du passage de la Rivière de Leyre : 1587, *in*-8.]

18613. ☞ Copie des Lettres du Duc DE NEVERS, contenant le retour des Suisses venus en France pour les Huguenots, & la fuite de huit Cornettes des Reistres, sur le chemin de Nogent à la Bussière, par le Duc de Guise : *Lyon*, 1587, *in*-12.]

18614. ☞ La Rendition & Protestation de 12000 Suisses au Roi, qui s'étoient acheminés contre Sa Majesté ; avec un Sommaire de tout ce qui s'est passé depuis la venue des Reistres en France jusqu'à présent : *Lyon & Paris*, Linocier, 1587, *in*-8.]

18615. ☞ Congratulation à la France, sur les Victoires obtenues par le Roi contre les Etrangers, & son retour en la Ville de Paris, le 23 Décembre : *Lyon*, Rigaud, 1588, *in*-12.]

18616. ☞ Cagasanga Reistro-Suysso-Lansqunettorum, per Magistrum Joan.-Baptistam LICHIARDUM, recatholicatum Spaliporcinum Poetam : *Parisiis*, Richer, 1588, *in*-12.
Cette Pièce en Vers macaroniques, sur la défaite des Reistres par le Duc de Guise, en 1587, est de Jean RICHARD, Avocat à Dijon. Il ne faut pas s'imaginer que ce soit lui qui l'ait fait imprimer : ce fut Tabourot qui en procura l'Edition, & qui y mit le Titre, avec quelques Notes marginales, pour rendre ridicule l'Auteur. *Voyez* le Mascurat de Naudé, *pag.* 277.]

18617. ☞ Ad Cagasangam Joan. Bapt. Lichiardi, Poetæ Spaliporcini, Reistrorum macaronica defensio per Joan. KRANSFELTUM, Germanum.
Cette Pièce est imprimée à la suite de la précédente. Etienne TABOUROT se cacha pour répondre à Richard, à qui il donne les noms les plus grotesques, & qu'il appelle *Catholique à gros grain*, Plagiaire, Auteur propre à divertir la plus vile populace.]

18618. ☞ Chant sur la défaite des Reistres, à l'imitation du Pseaume : *Quand Israël*, &c. par F. B. Auxonnois.
Je soupçonne que ces Lettres peuvent désigner Filibert BRETIN, Médecin à Dijon, mort en 1595. Ces Stances se trouvent imprimées avec les deux Ouvrages qui précèdent.]

18619. ☞ Réjouissance Chrétienne des vrais & naturels François, pour la rendition générale des Reistres à l'obéissance du Roi ; ensemble leur dernière défaite par M. le Duc de Guise, entre Nancy & Blasmont, le 3 Décembre : en ce compris un petit Discours de toutes les défaites précédentes : *Rouen*, Courant, 1588, *in*-12.]

18620. ☞ Du Passage & route que tinrent les Reistres, & Allemans, estant repoussés par le Duc de Lorraine, avec le nombre des gens d'ordonnance de leur Gendarmerie : *Paris*, Buffet, 1587, *in*-8. de 13 pages.]

18621. Ms. Journal de toutes les Actions, Délibérations & Conseils du dernier Voyage de guerre fait en France par les Reistres, pour le secours de ceux de la Religion, en 1587, conduite par le Baron Dona : *in-fol.*
Ce Journal étoit conservé dans la Bibliothèque de M. Colbert, num. 2252, [& est aujourd'hui en celle du Roi.]

18622. Ad nobilis cujusdam Germani Literas super Germanorum auxiliaribus copiis nuper fusis & cæsis clarissimi Viri Responsio : *Parisiis*, Bichon, 1588, *in*-8.
Cette Réponse est d'un Ligueur.

18623. Mémoires envoyés en divers lieux, de ce qui se passa le 24 Août, que le Roi de Navarre sortit de la Rochelle jusqu'à la Bataille de Coutras, du 20 Octobre 1587.

Ces Mémoires de Philippe du Plessis-Mornay, sont imprimés au tom. I. du Recueil de ses *Mémoires*, *p*. 754.

18624. Mf. Relation de la Bataille de Coutras : *in-fol.*

Cette Relation [étoit] conservée dans la Bibliothèque de M. le Premier Président de Mesme, *pag.* 292; du vingtième Volume.

18625. Voyage du Duc de Joyeuse en Poitou, & sa mort en 1587; décrite par François Racine, Seigneur DE VILLEGOMBLAIN.

Ce Voyage est imprimé au tom. II. de ses *Mémoires* : *Paris, 1668, in-12.*

18626. ☞ L'Ombre de M. l'Amiral de Joyeuse, (petit Poëme;) par Jacques Davy DU PERRON.

Dans les *Œuvres* de ce Cardinal, qui étoit alors jeune. Voyez sa Vie, *p*. 36-38 : *Paris*, Debure, 1768, *in-12.*]

18627. De la Bataille de Coutras gagnée par le Roi de Navarre, & de la défaite du Duc de Joyeuse.

Cette Relation est imprimée au tom. II. des *Mémoires de la Ligue, pag.* 262.

18628. Relation de la Journée de Coutras.

Cette Relation est imprimée avec la *Vie du Cardinal de Joyeuse*, à la fin, *pag.* 245 : *Paris, 1679, in-4.*

18629. ☞ Lettre d'un Gentilhomme Catholique François, à MM. de Sorbonne de Paris, sur la nouvelle Victoire obtenue par le Roi de Navarre, contre M. de Joyeuse, à Coutras, le Mardy 20 Octobre 1587 : *in-8.* (sans nom de Ville ni d'Imprimeur), de 62 pages.]

18630. Remontrance à la France sur les maux qu'elle souffre, & les remèdes qui y sont nécessaires : faite par Philippe DE MORNAY, en Octobre 1587, après la Bataille de Coutras.

Cette Remontrance est imprimée au tom. I. de ses *Mémoires, pag.* 767.

☞ C'est une répétition de ce qu'il avoit déja dit dans une autre Remontrance. Après avoir raconté tous les déportemens des Guises, il loue la patience & la modération du Roi de Navarre, & dit que la Guerre que l'on fait est injuste & inutile, qu'il n'y a qu'une paix sincère & durable qui puisse remettre l'Etat & empêcher sa ruine, & la destruction de tous ses membres.]

18631. ☞ Congratulation au Roi Henri III. sur sa Victoire contre l'Etranger; par Estienne PASQUIER : *Paris*, l'Angelier, 1588, *in-12.*]

18632. ☞ Medaglione delle ultime vittorie del Ré; di P. G. T. M. *Parigi*, 1588, *in-8.*]

18633. Déduction des raisons qui ont obligé les François de défendre le Roi de Navarre contre les Alliés de Guise : *Nottburg*, 1587, *in-4.* (en Allemand).

18634. Mémoires contenant plusieurs notables Exploits passés en Dauphiné depuis le mois d'Avril jusqu'au mois de Décembre 1587.

Ces Mémoires sont imprimés au tom. II. de ceux de la *Ligue, pag.* 221. On voit dans les *Preuves de la Généalogie de la Maison de Coligny*, *pag.* 636, un long fragment de ces Mémoires, depuis l'an 1572 jusqu'au 15 Novembre 1587. Guy Allard, *pag.* 165, de sa *Bibliothèque du Dauphiné*, en fait aussi mention. « Jacques » Pape DE SAINT-AUBAN, Lieutenant du Comte de » Chastillon, dit-il, qui a eu de grands Emplois parmi » ceux de la Religion sous Charles IX, & Henri III. a » laissé des Mémoires curieux des désordres de son » temps ».

18635. Mémoire envoyé par le Roi de Navarre, à l'Armée Etrangère, qui devoit venir le joindre au commencement de Novembre, 1587.

Ce Mémoire a été dressé par Philippe du Plessis-Mornay; il est imprimé au tom. I de ses *Mémoires*, *p*. 801.

18636. Histoire contenant les plus mémorables Faits advenus en 1587, tant en l'Armée commandée par le Duc de Guise, que celle des Huguenots commandée par le Duc de Bouillon, envoyée par un Gentilhomme François à la Royne d'Angleterre : *Paris*, 1588, *in-8.*

18637. Discours de la Guerre civile de la France, en 1587, *in-8.*

C'est la Guerre des trois Henris, ainsi nommée, parce que les trois Chefs, sçavoir, le Roi Henri III. le Roi de Navarre & le Duc de Guise, portoient le nom de Henri.

✻ L'Auteur de ce Discours est Claude DE LA CHASTRE, depuis Maréchal de France.

18638. ☞ Les Sept Livres des honnêtes loisirs de M. DE LA MOTHE Messemé, ou Discours en forme de Chronologie, des plus notables occurrences de nos Guerres civiles, & des divers accidens de l'Auteur, avec différentes Poësies : *Paris*, 1587, *in-12.*]

18639. Discours sommaire des choses plus mémorables qui se sont passées ès sièges, surprises & reprises de l'Isle Marans en Aulnis, ès années 1585, 1586 & 1587.

Ce Discours est imprimé au tom. II. des *Mémoires de la Ligue*, *pag.* 52.

18640. ☞ Mémoire de tout ce qui s'est fait & passé en l'armée du Roi de Navarre, composée de Reistres, Lansquenets, Suisses, & François, depuis le 23 Juin jusqu'au 13 Décembre 1587.

Ce Mémoire est imprimé dans le *Recueil G. in-12.*]

18641. Discours de l'entreprise sur la Ville d'Avranche, par ceux de la Religion Prétendue-Réformée, & de la découverte & prinze d'iceux, le 17 Décembre 1587 : *Paris*, Velu, *in-8.*

18642. Accord & Capitulation faits entre le Roi de Navarre & le Duc Cazimir, pour la levée de l'Armée des Reistres, venus en France en l'année 1587 : *Strasbourg*, Porché, 1588, *in-8.*

18643. ☞ Copie de Lettre envoyée par un Gentilhomme de l'armée du Roi, à un sien ami, contenant au vrai ce qui s'est passé depuis le partement de Sa Majesté de la Ville de Paris, jusqu'à la déroute des Reistres.

Elle est imprimée dans le *Recueil* G. *in*-12.]

18644. Histoire des cruautés commises en la Ville & Comté de Montbéliard, sur la fin de l'année 1587, & au commencement de l'année 1588, par les Troupes du Sieur de Guise & du Marquis de Pont, fils aîné du Duc de Lorraine.

Cette Histoire est imprimée au tom. III. des *Mémoires de la Ligue*, *pag.* 705.

18645. Responsio ad Scriptum Baronis Fabiani à Donau, quod de sua in Galliam expeditione, ope Serenissimi Regis Navarræ & Ecclesiarum Gallicarum suscepta, Germanicè edidit, 1588.

18646. ☞ Les Missives d'un Gentilhomme Allemand, contenant l'exécution & mort du Baron Don, Chef des dernières Troupes de Reistres, descendus en France, le second jour de Février dernier : *Paris*, Plumion, 1588, *in*-12.]

18647. Juste Complainte & Remontrance faite au Roy & à la Royne Mère, de la part du Duc de Guise, qui étoit à Nancy, touchant les dernières affaires de la Guerre & les derniers Troubles de France : 1588, *in*-8.

18648. Aucuns Articles proposés par les Chefs de la Ligue, en l'Assemblée de Nancy, en Janvier 1588, pour être arrêtés en la générale de Mars prochain ; avec des Expositions.

18649. Comment le Roi ne voulut accorder l'entière exécution desdits Articles, & des Exploits d'armes qui se firent à Sedan & à Jamets.

Ces deux Ecrits sont imprimés au tom. II. des *Mémoires de la Ligue*, *pag.* 293 & 305. Le premier l'est aussi au tom. I. des *Mémoires du Duc de Nevers*, *pag.* 723.

18650. Discours des Faits advenus en l'Armée commandée par le Duc de Guise : 1588, *in*-8.

18651. Discours sur l'Edit de pacification, révoqué par le Roi, & de la punition des Hérétiques : 1588, *in*-12.]

18652. Déclaration de François DE LA NOUE pour la prise d'armes, pour la juste défense de Sedan & de Jamets, Frontières du Royaume, & sous la protection de Sa Majesté : *Verdun*, Marchand, 1588, *in*-8.

18653. Discours sur l'Entreprise du Duc de Guise sur la Ville de Paris, pour y prendre le Roi.

18654. Amplification des particularités qui se passèrent à Paris, lorsque le Duc de Guise s'en empara, & que le Roi en sortit.

Ces trois Ecrits sont imprimés au tom. II. des *Mémoires de la Ligue*, *pag.* 317, 374, 343.

18655. La Foi & la Religion des Politiques de ce temps, contenant la réfutation de leurs Hérésies : *Paris*, Bichon, 1588 : seconde Edition, 1588, *in*-8.

Ce Livre est écrit contre Pierre Belloy & l'Antiguisart ; il est [adressé par un Théologien à un grand Seigneur du Royaume, &] signé par D. R. A. R. B. L. c'est-à-dire, Dom Robert A. Religieux Bénédictin Lorrain.

18656. ☞ Description de l'Homme politique de ce temps, avec sa Foi & sa Religion, qui est un Catalogue de plusieurs Hérésies & Athéïsmes, où tombent ceux qui préfèrent l'état humain à la Religion Catholique : *Paris*, Bichon, 1588.

Ce Discours est en Vers assez passables pour le temps.]

18657. Articles de la sainte Union des Catholiques François : *Paris*, 1588, [25 feuillets,] *in*-8.

18658. ☞ Discours politique d'un Gentilhomme François, contre ceux de la Ligue qui tâchoient de persuader au Roi de rompre l'Alliance avec l'Angleterre : *Paris*, 1588, *in*-4.]

18659. ☞ Discours de la mort du Prince de Condé, à S. Jean d'Angély, le 8 de Mars 1588 : *in*-8.]

18660. ☞ Remontrance faite à M. d'Espernon, entrant à l'Eglise Cathédrale de Rouen, le 3 Mai 1588, par le Pénitencier dudit Lieu : *Paris*, 1588, *in*-12.

Ce Discours fut fait à son entrée dans la Province, dont il venoit d'avoir le Gouvernement. L'Auteur l'exhorte à soutenir la Religion, & à exterminer les Hérétiques.]

18661. ☞ Copie d'une Lettre écrite par le Duc D'ESPERNON au Roi de Navarre, touchant les affaires de ce temps, envoyée par un Bourgeois de Poictiers à un sien ami estant dans cette Ville de Paris : 1588, *in*-12.]

18662. ☞ Lettre au Roi par M. le Duc D'ESPERNON : 1588, *in*-12.

Il le conjure de lui conserver ses bonnes grâces, sans lesquelles il ne peut supporter la Vie.]

18663. Procès-verbal de Nicolas POULLAIN, Lieutenant de la Prévosté de l'Isle de France, contenant l'Histoire de la Ligue, depuis le 2 Janvier 1585, jusqu'au jour des Barricades, le 12 Mai 1588.

Ce Procès-verbal est imprimé avec le *Journal de Henri III*. « Il y a tant de choses si peu vrai-semblables (selon » le Père Maimbourg, sous l'année 1586, de son *Histoire* » *de la Ligue*), dans ce Procès-verbal, & il y en a de » si manifestement fausses, qu'on a sujet de s'étonner » que M. de Thou ait bien voulu prendre la peine de le » transcrire presque mot à mot dans une Histoire aussi » élégante & aussi sérieuse que la sienne. »

Le Père Maimbourg traite Poullain « d'homme double, à qui on ne doit donner aucune créance ; parce » que, dit-il, étant du Conseil de la Ligue, il en ré- » véloit tous les secrets au Chancelier de Chiverny, & à » M. de Villeroy, Secrétaire d'Etat, & même au Roi. »

Il est vrai que cet Auteur décrit les services qu'il rendoit

Règne de Henri III. 1588.

rendoit secrètement au Roi, contre ceux de la Ligue, en quoi il fait paroître la fidélité qu'il avoit pour le véritable Successeur à la Couronne; & c'est ce que rapporte Jacques-Auguste de Thou dans l'*Histoire de son temps*, sous l'année 1587, *pag.* 172, de l'Edition de Paris, 1609.

☞ Nicolas Poulain ayant été instruit très-particulièrement des affaires de la Ligue, & des desseins qu'on y avoit contre le Roi, en avertit M. le Chancelier, ce qui fit retarder quelque temps l'entreprise par les précautions qu'on prit. Il parle de tout comme témoin oculaire, ayant été chargé de plusieurs affaires pour le fait de la Ligue. On y trouve aussi plusieurs faits sur la corruption des Courtisans.]

18664. * Préparatifs de la Ligue pour les Barricades, afin de tuer ou de prendre le Roi.

Dans le *Journal de Henri III. Edition de* 1720, *t. I. pag.* 53.

18665. Discours véritable de ce qui est arrivé à Paris, le 12 Mai 1588, [par lequel clairement on connoît les mensonges & impostures des Ennemis du repos public à l'encontre de Monseigneur le Duc de Guise, Propagateur de l'Eglise Catholique]: *Paris*, Millot, 1588, *in-*8.

C'est par rapport à ce qu'on a appellé *le jour des Barricades*. L'Auteur de ce Discours étoit un Ligueur.

☞ Il donne tout le tort à M. d'Espernon, qui par ses mauvais discours avoit persuadé au Roi de faire entrer des Suisses à Paris, pour contenir le peuple, tandis qu'on exécuteroit une centaine de Bourgeois qu'il accusoit d'être perturbateurs du repos public.]

18666. ☞ Récit véritable de ce qui s'est passé aux Barricades de l'année 1588, depuis le 7 Mai jusqu'au dernier Juin ensuivant, (en Vers Burlesques): *Paris*, Mettayer, 1649, *in-*4.

Cette Pièce fut faite dans le temps & à l'occasion des troubles de la Fronde, excités contre le Cardinal Mazarin, en cette année 1649, & pour servir de comparaison.]

18667. ☞ Lettre écrite par M. le Duc DE GUISE, sur ce qu'il se trouva à Paris, le jour des Barricades.

Elle est imprimée au tom. IV. des *Mémoires d'Etat*, à la suite de ceux de Villeroy.]

18668. ☞ Copie de la Traduction d'une Lettre écrite en Allemand, à M. le Duc de Guise; par le Colonel & Capitaine des Suisses du Roi, le 14 Mai 1588: *Paris*, Millot, *in-*8.

Elle contient une espèce d'Apologie de ce que les Suisses se trouvèrent dans l'affaire des Barricades, & une supplique de leur faire payer quatre Soldes qui leur étoient dues.]

18669. ☞ Le Discours & Tumulte fait à Paris le Jeudi 12 du mois de Mai; le tout assoupi par M. le Duc de Guise: *Paris*, Viveret, 1588, *in-*12.

On trouve à la fin quatre Sonnets au Roi.]

18670. ☞ Copie d'une Lettre écrite au Roi, & Extrait d'une autre aux Princes & Seigneurs François, le 17 Mai dernier; par M. le Duc DE GUISE, Pair & Grand-Maître de France: *Paris*, Millot, 1588, *in-*8.]

Tome II.

18671. Discours de Guillaume DU VAIR, sur ce qu'après les Barricades on proposa au Parlement, de la part de la Ville, de s'unir au Peuple, & aviser au bien public & de l'Etat.

Ce Discours est imprimé à la page 563 de ses *Œuvres: Paris*, 1641, *in-fol.*

18672. Nouvelles de Paris, récit véritable, comment le Duc de Guise est nouvellement arrivé à Paris au regret du Roi, & comment le Peuple s'est opposé à l'entrée de la Garde du Roi à Paris, & s'est soulevé contre elle; & comment enfin le Roi s'est retiré à Chartres, & le Duc de Guise est resté à Paris; traduit du François en Allemand: 1588, *in-*4.

18673. Ms. Histoire particulière de ce qui s'est passé à Paris au jour des Barricades & aux suivans, en Mai 1588: *in-fol.*

Cette Histoire est conservée entre les Manuscrits de M. Dupuy, num. 147, & dans la Bibliothèque de M. le Premier Président de Mesme.]

18674. Nouvelle de la France, ou Lettre du Roi (HENRI III.), écrite le 17 Mai 1588, au Sieur de Mandelot, contenant l'Histoire de la Sédition de Paris, & les entreprises du Duc de Guise contre le Roi; traduit du François en Allemand: 1588, *in-*4.

18675. Ms. Histoire de la Ligue en 1588: *in-fol.*

Cette Histoire [étoit] conservée dans la Bibliothèque de M. le Chancelier Seguier, num. 176, [& est dans celle de l'Abbaye de S. Germain-des-Prés.]

18676. ☞ Ms. Mémoires du Capitaine GUIS, en 1588, dans le Registre 66, Tome I, des Manuscrits de Peyresc.

Il y en a une Copie à la Bibliothèque du Marquis d'Aubais, num. 132.]

18677. Histoire véritable de ce qui est advenu à Paris le 7 Mai 1588, jusqu'au dernier jour de Juin ensuivant audit an: *Paris*, Jouin, 1588, *in-*8.

Cette Histoire est aussi imprimée au tom. II. des *Mémoires de la Ligue*, pag. 490, & au tom. II. de la *Satyre Menippée*, pag. 39: *Ratisbonne*, 1711, *in-*8. DE SAINT-YON, Echevin de Paris, quoique Ligueur, rapporte les Faits assez fidèlement. Cette Histoire lui est attribuée à la page 56 de la *Satyre Menippée, tom. III.*

18678. Déclaration du Duc de Guise, avec les copies des Lettres par lui écrites, tant au Roi qu'aux Habitans des Villes capitales du Royaume de France: le 18 Mai 1588, *Paris*, 1588, *in-*8.

18679. Excellent & libre Discours sur l'état présent de France, qui contient ce qui s'est passé depuis l'an 1585 jusqu'en 1588, avec la copie des Lettres Patentes du Roi, par lesquelles il s'est retiré de Paris; ensemble la copie des deux Lettres du Duc de Guise, du 21 Mai 1588; [par un docte personnage très-versé aux affaires de France:] 1588, *in-*8.

Ce Discours d'un Huguenot est aussi imprimé le premier des *Quatre excellens Discours:* 1593, *in-*12.

& dans le Recueil des excellens & libres Difcours, 1606 : *in*-12. Dans l'avis de l'Imprimeur de ces Recueils, on lit : « Qu'entre plufieurs Difcours dreffés fur la caufe, » le progrès & le remède des maux de la France, il a » choifi ces quatre précédans de deux mains ». En effet, les deux premiers font d'un même Auteur, qui étoit Religionnaire, & les deux autres dont le ftyle eft fort femblable, doivent être d'un même Auteur, qui étoit Catholique. Adrien Baillet attribue le dernier ou l'Anti-Efpagnol, [imprimé en 1592,] à Michel Hurault, Sieur du Fay; [mais M. d'Andilly nous apprend dans fes *Mémoires*, qu'il eft d'Antoine ARNAUD, Avocat, fon Père.]

18680. ☞ Exhortation aux vrais & entiers Catholiques, en laquelle eft enfemble démontré que ce qui eft dernièrement arrivé à Paris n'eft acte de rébellion contre la majefté du Roi : *Paris*, Bichon, 1588, *in*-8.

Cette Pièce regarde les Barricades ; l'Auteur, quoique du parti de la Ligue, eft fort modéré. Il exhorte les Catholiques à fe dépouiller de tout efprit de haine & de vengeance. Il dit que ce n'eft que par mauvais confeils que le Roi s'eft porté à cette extrémité, & par l'infatiable avarice de ceux qui pillent l'argent qu'on lève fur le peuple.]

18681. ☞ Amplification des particularités qui fe pafsèrent à Paris, lorfque M. de Guife s'en empara, & que le Roi en fortit.

Cette Pièce eft imprimée au tom. II. de la *Satyre Menippée*, *in*-8. Elle part d'une toute autre main que la précédente. On y trouve plufieurs particularités, & une Lettre du Duc de Guife au Roi, après fa fortie de Paris.]

18682. ☞ Lettre de M. DE VILLEROY au Roi de Navarre, pour l'induire à chercher la bonne grace du Roi, & penfer à la perte qu'il fit de l'Etat de France fur les émotions advenues en icelui le 12 Mai 1588.

Cette Lettre eft imprimée dans le *Recueil* de Lannel : *Paris*, 1623, *in*-4.]

18683. ☞ Recueil des impreffions les plus véritables mifes en lumière depuis le 22 Mai 1588 : 1588, *in*-8.

C'eft un Livret de 20 feuillets.]

18684. ☞ Remontrance à la France, fur les maux qu'elle fouffre : 1588, *in*-12.]

18685. ☞ Remèdes contre les piperies des Pipeurs : *in*-8.]

18686. ☞ Avertiffement contre les Politiques : *in*-8.]

18687. ☞ La merveilleufe complainte de la Paix pardevant notre Dieu, contre les inventifs & procureurs de la guerre : Plus, le Huictain aux Lecteurs, fur le temps préfent de la guerre : *Paris*, Velu, 1588, *in*-12.]

18688. ☞ La Complainte du commun peuple à l'encontre des Boulangiers qui font du petit pain, & des Taverniers qui brouillent le bon vin, lefquels feront damnés au grand Diable, s'ils ne s'amendent ; avec la louange de tous ceux qui vivent bien, & la Chanfon des brouilleurs de vin : *Paris*, le Heudier, 1588, *in*-8. de 147 pages.]

18689. ☞ La Complainte & Quérimonie des pauvres Laboureurs fur la calamité de ce temps préfent : *Paris*, le Clerc, 1588, *in*-8. de 6 pages.]

18690. Requête préfentée au Roi Henri III. par les Cardinaux, Princes & Seigneurs, & Députés de la Ville de Paris & autres Villes Catholiques, affociés & unis pour la défenfe de la Religion Catholique, Apoftolique & Romaine : *Paris*, Bichon, 1588 : *Anvers*, Trognes, 1588, *in*-8.

Cette Requête fut préfentée au Roi le 24 Mai 1588, contre les Ducs d'Efpernon & de la Valette. Elle eft auffi imprimée au tom. II. des *Mémoires de la Ligue*, p. 373, & dans les *Mémoires du Duc de Nevers*, tom. I. p. 714.

☞ On y traite de l'extirpation de l'héréfie. Le Duc d'Efpernon & fon frère la Valette font accufés de foutenir les Hérétiques, d'avoir confpiré contre l'Etat & volé les Finances. On demande qu'on leur ôte leurs Charges, en faifant voir l'avantage qui en reviendra au Roi. On fupplie le Prince, pour pacifier la Ville de Paris, d'éloigner M. d'O des affaires, & d'agréer la démiffion que les Prévôts & Echevins ont faite de leurs Charges.]

18691. Suite de la Requête préfentée au Roi par MM. les Cardinaux & Princes : *Paris*, Bichon, 1588, *in*-8.

Elle fe trouve auffi dans les *Mémoires du Duc de Nevers*, tom. I.

18692. ☞ Suite des Remontrances & Articles préfentés au Roi depuis la dernière Requête de MM. les Cardinaux & Princes Catholiques : *Rouen*, 1588, *in*-8.

Ils lui demandent la ruine des Huguenots, la publication du Concile de Trente, la rupture des alliances qu'il a avec les Hérétiques, la permiffion de s'affocier & s'unir pour leur confervation & celle de la Religion Catholique, Apoftolique & Romaine.]

18693. Propos tenu au Roi par les Députés de Paris, à la préfentation de cette Requête : *Paris*, Nivelle, 1588, *in*-8. & dans les *Mémoires de Nevers*, tom. I. pag. 708.

☞ C'eft au fujet des Barricades du 12 Mai. On ne ceffe de faire au Roi des proteftations de bonne volonté, de foumiffion & de fervices.]

18694. Réponfe du Roi à cette Requête : *Paris*, 1588, *in*-8.

La même Réponfe eft imprimée au tom. II. des *Mémoires de la Ligue*, pag. 382, & tom. I. de ceux du Duc de Nevers, pag. 720.

18695. Manifefte des Etats de France, qui fe nomment Mécontens, contenant une Defcription de la Vie de Catherine de Médicis, traduit en Allemand par Emeric Lebus : *in*-8.

18696. Exhortation pour la paix & la réunion des Catholiques : *Paris*, Mefnier, 1588, *in*-8.

Elle eft d'un Auteur bien intentionné pour la Religion, pour le Roi & pour le bien de fa Patrie.]

18697. Remontrance au Roi par un vrai Catholique Romain, fon Serviteur fidéle, répondant à la Requête préfentée par la Ligue contre les Sieurs d'Efpernon & de la Valette.

Cette Remontrance eft imprimée au tom. II. des *Mémoires de la Ligue*, pag. 386.

Règne de Henri III. 1588.

18698. Les Propos que le Roi a tenus à Chartres aux Députés de sa Cour de Parlement de Paris : *Paris*, Lhuillier, 1588, *in*-8.

Les mêmes Propos sont imprimés au tom. II. des *Mémoires de la Ligue*, pag. 395.

18699. Déclaration de la volonté du Roi, faite depuis son département de Paris, donnée à Chartres au mois de Mai 1588 : *Paris*, Sallé, 1588, *in*-8.

☞ C'est au sujet de l'arrivée du Duc de Guise à Paris, malgré les défenses du Roi. Cette Pièce traite aussi des Barricades du 12 Mai 1588.]

18700. ☞ Mémoire du Conseil tenu par ceux de la Ligue, & de ce qui y fut arrêté en la Ville de Châlons, en 1588.

Ce Mémoire est imprimé au tom. II. des *Mémoires de Villeroy* : 1624, *in*-8. C'est une espèce d'Instruction ou Récit des menées que cette cabale doit faire auprès du Pape, du Roi d'Espagne & autres, pour servir à ses desseins & ruiner les Hérétiques.]

18701. ☞ Bref Discours sur la Défaite des Huguenots, advenue le 10 Juin 1588, au Pays & Comté de la Haute Marche, & comme M. de Charon & autres Capitaines les ont assiégés ; ensemble le nombre des morts & blessés & détenus prisonniers : *Paris*, Plumion, 1588, *in*-8.]

18702. ☞ Copie d'une Lettre écrite de la Ville du Mans, par un personnage d'honneur & digne de foi, du Dimanche 26 Juin 1588, avec les dégâts & désordres qui se sont faits au Pays du Maine, par les troupes du Duc d'Espernon & autres : *Paris*, 1588, *in*-12.]

18703. Sommaire des demandes de MM. les Princes unis.

Ce Sommaire est imprimé au tom. II. des *Mémoires de la Ligue*, pag. 399.

18704. Discours sur la reprise de l'Isle, Forts & Châteaux de Marans par le Roi de Navarre, en Juin 1588.

Ce Discours de Philippe du Plessis-Mornay est imprimé au tom. II. des *Mémoires de la Ligue*, p. 411; & au tom. I. des *Mémoires de Mornay*, p. 885.

18705. * Plainte & Remontrances au Roy & à la Royne Mère, par MM. les Princes, & Seigneurs Catholiques : 1588, *in*-8.

18706. Remontrances des Habitans de la Ville de Paris ; avec la réponse du Roy sur icelles, en traitant de l'Union, du 5 Juillet 1588.

Ces Remontrances, avec la Réponse, sont imprimées au tom. I. des *Mémoires du Duc de Nevers*, pag. 733.

18707. Lettres du Pape Sixte V. au Cardinal de Bourbon & au Duc de Guise, du 15 Juillet 1588, traduites de l'Italien : *Paris*, Millot, 1588, *in*-8.

18708. ☞ Articles accordés au nom du Roy entre la Royne sa Mère d'une part, & Monseigneur le Cardinal de Bourbon, M. le Duc de Guise, tant pour eux que pour les autres Princes, Prélats, Seigneurs, Gentilshommes, Villes, Communautés, & autres qui ont suivi leur parti, d'autre part.]

18709. ☞ Instruction à M. de Guise retourné en Cour, par l'Archevêque de Lyon, après la paix de Juillet : 1588.

Cette Instruction est imprimée au tom. II. des *Mémoires de Villeroi* : 1624, *in*-8. Elle consiste en trois points : savoir, de gagner la faveur du Roi, un état & l'affection des courtisans. Quand il sera parvenu à ces trois points, il lui sera alors fort aisé d'atteindre à son but. L'Archevêque lui en marque les principaux moyens, & comment il doit se conduire.]

18710. ☞ La Harangue & proposition faite au Roi sur l'union de toute la Noblesse Catholique de France, présentée au Roi le 22 Juillet 1588, par M. de Mende, Archevêque de Bourges, (Renaud de Beaune) : *Paris*, 1588, *in*-8.

Il représente au Roi en quel danger se trouve le Royaume, & combien promptement on doit y remédier en recourant à Dieu, en exterminant les Hérétiques, & en réformant les abus dans la collation des Bénéfices & la vente des Charges de judicature. Cette Pièce est supposée, & l'Auteur l'a désavouée.]

18711. ☞ Discours fait par Michel Quilian, Breton, dédié à Monseigneur le Duc de Guise, en Vers : 1588, *in*-12.]

18712. ☞ Discours des desseins & entreprises vaines du Roi de Navarre, & de sa retraite du Pays d'Anjou : *Paris*, 1588, *in*-8.

Ce Discours est daté de Bourgueil, du 19 Août. Ce qu'il y a de plus remarquable est la description que fait l'Auteur de l'Etat de la Ville de Saumur, qu'on soupçonnoit d'avoir été assiégée par le Roi de Navarre.]

18713. ☞ Au Roi mon bon maître, pour les affaires expresses de Sa Majesté, (par Chicot) : 1588, *in*-8.]

18714. ☞ Réponse à une Lettre envoyée par un Gentilhomme de Basse Bretagne, à un sien ami étant à la suite de la Cour, sur la misère de ce temps; trouvée à Rouen, à la Porte de Martainville : *Rouen*, Brioche, 1588, *in*-12.]

18715. ☞ Requête des Etats de la France à MM. du Conseil ; (en Vers) : *Paris*, 1588, *in*-8.]

18716. ☞ Première Centurie des choses plus mémorables qui sont advenues depuis l'an 1588 jusqu'à la fin de la douzième Centurie, présagée pour 18 ans, extraite des plus illustres Mathématiciens ; mise en lumière par Conrad Leovitius, Allemand, selon le calcul de Imbert de Billy, dédiée à Monseigneur le Cardinal de Guise : *in*-8.]

18717. ☞ Stances, à Paris (1588).

Pièce en faveur du Roi de Navarre.].

18718. ☞ Avis au Roi : 1588, *in*-8.

L'Auteur lui conseille, pour remédier aux maux de son Royaume; de ne confier les Charges qu'à des gens capables, & de soulager son peuple.]

LIV. III. *Histoire Politique de France.*

18719. ☞ Au Roi (1588), *in-*8.

On lui fait sentir dans ce Discours, que pour être Maître & heureux dans son Royaume, & contenter ses peuples, il doit extirper l'hérésie, donner les Prélatures aux Sujets capables de se faire respecter, réformer la Justice, & chasser les Etrangers, qui par leurs monopoles ruinent ses Sujets.]

18720. ☞ La Description du Politique de notre temps, faite par un Gentilhomme François : *Paris*, Veuve Fr. Plumion, 1588, *in-*8.

C'est une Satyre contre ceux qu'on nommoit *Politiques*, & contre l'Avocat Général de Belloy. Elle est en Vers, quoiqu'imprimée à longues lignes comme de la Prose.]

18721. ☞ Nouvelle Lettre écrite à d'Espernon, sur les misères de la France; par un sien ami, étant en son Gouvernement de Metz, par laquelle il lui est remontré que lui seul est l'auteur de la ruine totale de la France : 1588, *in-*12.

Cette Pièce est en Vers.]

18722. ☞ La Confession & Repentance d'Espernon, des maux qu'il a faits contre les Catholiques ; envoyée par Zuinglius Antonius, Gentilhomme Lyonnois, à M. son cousin de Linon, &c. *Épernay*, Tarabat de Francfort, (1588), *in-*8. Vers & Prose.]

18723. ☞ La Harangue faite au Roi par la Noblesse de la France, sur les guerres & troubles de son Royaume, à Rouen, en Juin, 1588 ; *Paris*, *in-*8.]

18724. ☞ Harangue au Roi Très-Chrétien faite à Chartres par Monseigneur Don Bernardin DE MENDOÇA, Ambassadeur pour le Roi d'Espagne, vers Sa Majesté : 1588, *in-*8.]

18725. ☞ Edit du Roi, sur l'union de Sa Majesté avec les Princes & Seigneurs Catholiques, &c. ensemble les Articles sur ce faits, du 18 Juillet 1588 : *Paris*, Girard, 1588, *in-*8.]

18726. ☞ Lettre missive envoyée de la Ville du Mans, par un homme d'honneur & digne de foi, en date du 18 Juillet, 1588, à un sien ami demeurant à Paris, contenant les cruautés exercées par les Troupes d'Espernon & de Jarsay, au Pays du Maine : le tout bien avéré comme il appert par les informations faites sur les lieux : *Paris*, Bichon, 1588, *in-*8.

Ce qui se passa dans le Village de Beaufoy est horrible, s'il est tel que l'Auteur le raconte.]

18727. ☞ Articles accordés au nom du Roy, entre la Royne Mere, d'une part, & Monseigneur le Cardinal de Bourbon, & M. le Duc de Guise, tant pour eux que pour les autres Princes, Prélats, Seigneurs, Gentilshommes, Villes, Communautés & autres qui ont suivi leur parti, d'autre part ; imprimé par le commandement du Roi : *in-*8.

Ces Articles, qui font la honte de la Royauté, sont au nombre de 32, & confirment ceux accordés & signés à Nemours le 7 Juillet 1585. En outre, ils excluoient de la Couronne tout Prince hérétique ou fauteur d'hérésies, & ordonnoient de lever deux armées pour envoyer en Poitou & en Saintonge contre les Hérétiques, &c.]

18728. Edit du Roi sur l'union de ses Sujets Catholiques, avec les Articles accordés au nom de Sa Majesté, entre la Royne sa Mère, d'une part, le Cardinal de Bourbon, le Duc de Guise & autres qui ont suivi ledit Parti, d'autre part, du 21 Juillet : *Tours*, 1588, *in-*8.

Le même Edit est imprimé au tom. III. des *Mémoires de la Ligue*, pag. 56.

18729. ☞ Recueil de ce qui a été dit (par le Procureur Général), lors de la publication de cet Edit, &c. *in-*12.]

18730. ☞ Lettres Patentes du Roi, déclaratives des droits, privilèges & prérogatives de Monseigneur le Cardinal de Bourbon; données à Chartres le 17 Août 1588, & publiées au Parlement le 26 du même mois: *Paris*, Morel, *in-*8.

Ces Lettres associent, pour ainsi dire, à la Royauté ce Cardinal, qui fut cependant arrêté prisonnier peu de jours après. A la suite de ces Lettres est une Requête d'Antoine Hotman, Avocat dudit Seigneur Cardinal, pour l'enregistrement de cette Déclaration.]

18731. ☞ Mandement du Roi, pour la convocation des Etats - Généraux de ce Royaume, en la Ville de Blois, au 15 Septembre 1588 : *Paris*, Morel, 1588, *in-*8.]

18732. ☞ Lettre du Roi au Cardinal de Gondy, pour faire jurer l'Union aux Ecclésiastiques de son Diocèse : 1588, *in-*8.]

18733. * Commentaire & Remarques Chrétiennes sur l'Edit de 1588, où est écrit le devoir d'un vrai Catholique contre les Politiques de notre temps : *Paris*, 1588, *in-*8.

18734. * Déclaration & Protestation du Roi de Navarre, de M. le Prince de Condé & de M. le Duc de Montmorency, sur la Paix faite avec ceux de la Maison de Lorraine, Chefs & Généraux, auteurs de la Ligue, au préjudice de la Maison de France: 1588, *in-*8.

18735. * Discours sur l'Edit de pacification révoqué par le Roi, & sur la punition des Hérétiques : 1588, *in-*8.

18736. Discours véritable de ce qui s'est passé dans la Ville d'Angoulême, entre les Habitans & le Duc d'Espernon, le 14 Août 1588 : *Paris*, Roffet, 1588, *in-*8.

Ce Discours est signé par N. D. A.

18737. ☞ Avertissement de l'Armée que dresse le Roi de France, contre les Hérétiques du Pays de Poitou ; ensemble ce qui s'est passé en la Ville d'Angoulême, entre les Habitans & le Duc d'Espernon : *Paris*, Deshayes, 1588, *in-12.*]

18738. La Complainte de la France [en Vers], sur les démérites de Jean-Louis de Nogaret de la Valette, Duc d'Espernon, présentée au Roi : 1588, *in-*8.

18739. De l'Autorité du Roi & des crimes de lèze-Majesté, qui se commettent par Ligues, désignation de Successeur, & Libelles écrits contre la Personne & Dignité du Roi : 1588, *in-*8.

Ce Traité est de Pierre DE BELLOY.

☞ Il avance dans ce Discours trois Propositions : 1.° Que faire ligue & association sans la volonté du Roi, c'est aller contre la Religion. 2.° Qu'on ne peut être bon Sujet & bon Citoyen en suivant une autre lumière que celle de l'Etat. 3.° Qu'il n'est pas permis de lui chercher un Successeur de son vivant. Les Rois sont établis de Dieu pour être les Chefs de leurs Peuples ; c'est donc aller contre son ordre que de s'unir contre eux. L'Auteur s'élève avec force contre les misérables Ecrivains de Libelles.]

18740. Réponse à un Livre de Belloy, plein de faussetés & de calomnies, sous cet excellent titre : De l'Autorité du Roi : *Paris*, Bichon, 1588, *in-*8.

C'est un Ligueur qui a fait cette Réponse.

18741. Orbis Christiani status, hoc est, Discursus de triplici potentia Regis Galliæ, Navarræ & Guisiorum Principum ; tum Commonefactio Germani Nobilis ad Reges, Principes & Christiani orbis Nobiles. Item Vaticinium Sibyllæ de Rege Franciæ & Navarræ, Henrico IV. 1588, *in-*8.

18742. * Lettre écrite par (Henri) Duc DE GUISE, le 17 Mai 1588.

18743. Extraits d'autres Lettres écrites par le même.

Elles se trouvent dans l'Ouvrage qui suit.

18744. Le franc & libre Discours sur l'état présent de la France, 1591, 1593, *in-12.*

Michel HURAULT, Sieur du Fay, est l'Auteur de ce Discours, qui est imprimé au tom. III. des *Mémoires de la Ligue*, pag. 2, & au tom. III. de la *Satyre Ménippée*, pag. 84. Cet Ouvrage, qui sert de Réponse aux Lettres du Duc de Guise, est plein d'esprit & de jugement. L'Auteur étoit Petit-fils [par sa Mère] du Chancelier de l'Hospital. Il étoit alors Huguenot, mais bien affectionné au Roi.

☞ Cette Pièce est une des plus sensées & des mieux raisonnées qui aient été faites en ce temps-là. On y trouve ce qui s'est passé depuis 1585 jusqu'en 1588. L'Auteur distingue en France trois Partis ; celui des Guises ou de la Ligue, qui étoit le plus fort ; celui du Roi, qui étoit le plus foible ; & celui du Roi de Navarre, des Princes du Sang, &c. qui étoit selon lui le plus juste. Il approfondit ensuite la façon dont ils se sont comportés jusqu'alors, leurs différentes vues & les motifs qu'elles ont fait agir ; les caractères des Chefs & des principaux de chaque Parti ; leurs intérêts & ceux des Puissances Etrangères qui les soutenoient ; leurs moyens & leurs forces, ce qu'on doit en craindre ou attendre. Il finit par une apostrophe au Roi & au Duc de Guise, & il conseille au premier de s'allier avec le Parti du Roi de Navarre ; au second, de quitter ses projets ambitieux, en lui faisant voir l'impossibilité d'arriver à son but. Il seroit à souhaiter que les différens morceaux de notre Histoire fussent aussi bien développés que celui de la Ligue l'est dans ce Discours ; & je conseille à tous ceux, qui voudront réfléchir sur cet événement intéressant, de ne pas manquer de lire cette Pièce, qui leur sera d'un grand secours. *Voyez* le *Journ. de Henri III.* tom. II. pag. 410 ; tom. V. p. 596. = *Hist. de Thou*, Traduction Françoise, tom. X. pag. 409. = Lenglet, *Méth. histor. in-*4. tom. IV. pag. 93.]

18745. ☞ Bibliothèque de Madame de Montpensier, mise en lumière par l'avis de Cornac, avec le consentement du sieur de Beaulieu son Ecuyer.

Cette Satyre, qui se trouve au tom. II. du *Journal de Henri III.* (1744), *in-*8. est une de celle où il y a le plus à prendre pour le grand nombre d'intrigues & de faits singuliers qu'elle contient, tant contre les premières personnes de l'Etat que contre plusieurs autres. Il y a beaucoup de vivacité & d'enjouement ; les Notes, qui sont très-instructives, sont de M. GODEFROY.]

18746. Remontrance très-humble au Roi Henri III. par un sien Officier, sur les désordres & misères de ce Royaume, & moyens d'y pourvoir : 1588, *in-*8.

Cet Ecrit, très-violent & très-emporté, est attribué par Cayet, au tom. I. de sa *Chronologie Novennaire*, pag. 80, à Nicolas ROLLAND, Avocat, qui étoit un grand Ligueur.

☞ Ce Discours est assez beau, véridique & hardi, mais cependant sans invectives, & sans sortir du respect que tout sujet doit à son Souverain. L'Auteur, (qui a été Général des Monnoies) y expose les abus de toute espèce, qui se pratiquent tant à la Cour que dans le Gouvernement, & dans les différens Ordres de l'Etat. Il indique les moyens d'y remédier ; & des enseignemens sur la façon dont le Roi doit se conduire, & corriger les défauts de son administration. Il y est dit que le Revenu de ce Prince montoit à 10500000 livres.]

18747. ☞ Lettre Patente du Roi, donnée à Chartres le 14 Août 1588, contenant le pouvoir octroyé par Sa Majesté, à M. le Duc de Guise, Pair & Grand-Maître de France, &c. vérifiée au Parlement le 26 Août 1588, avec la Harangue de M. VERSORIS : *Paris*, Morel, *in-*8.

Ces Lettres donnent un pouvoir sans bornes au Duc de Guise, de commander toutes les armées, & prouvent en même temps son ambition, quoique Versoris, dans sa Harangue, avance que ce Seigneur doute s'il acceptera cette Charge, à cause de son insuffisance.]

18448. ☞ Remontrances de M. DE VILLEROY, au Roi Henri de Navarre, touchant sa Conversion à la Religion Catholique : 1588.

Cette Remontrance est imprimée au tom. III. du *Journal de Henri III.* 1744, *in-*8. Elle est aussi imprimée dans le *Recueil des Harangues* de Lannel, mais pleine de fautes. M. de Villeroy y fait voir le zèle qu'il a toujours eu pour la Maison de Bourbon, dans le temps même où il n'étoit pas trop sûr de se déclarer pour elle, puisque c'étoit le moment du Triomphe des Guises, & que la Ligue étoit parvenue à sa plus grande force.]

18749. ☞ Discours véritable de la malheureuse Conspiration & Attentat contre la personne de Monseigneur le Duc d'Espernon, &c. par François Normand, dit Puigrelier, Maire de la Ville d'Angoulême, &

les Complices, en Septembre 1588: *Angoulesme*, Minières, 1588, *in-12*.]

18750. Discours sur les calomnies imputées aux Princes & Seigneurs Catholiques, par les Politiques de notre temps: 1588, *in-8*.

Cet Ecrit est contre l'Examen fait par de Belloy, d'un Discours touchant la Succession à la Couronne.

18751. Déclaration du Roi sur son Edit de l'Union de tous ses Sujets Catholiques, du 18 Octobre.

18752. Acte du Serment fait par le Roi, aucuns Princes & Etats, pour l'observation de l'Edit contre ceux de la Religion.

Ces deux Actes sont imprimés au tom. II. des *Mémoires de la Ligue*, pag. 545 & 554.

18753. Histoire Tragique & mémorable de Pierre Gaverston, Gentilhomme Gascon, jadis Mignon d'Edouard II. Roi d'Angleterre; tirée des Chroniques de Thomas WALSINGHAM, & tournée de Latin en François, dédiée au Duc d'Espernon; avec la Requête sur les Etats généraux de France: 1588, *in-8*.

☞ Il y en a eu d'abord deux Editions la même année; la première est en gros caractère.]

18754. ☞ La même, troisième Edition, 1588, augmentée de la Requête sur les Etats de la France, en Vers.

C'est une vive Satyre contre le Duc d'Espernon. On fait l'application de l'Histoire de Gaverston, dans l'Epître dédicatoire. Le Parlement d'Angleterre fit trancher la tête à Gaverston, malgré le Roi son Maître, en 1312.

» Le bruit étoit (dit Pierre Cayet, au tom. I. de » sa *Chronologie Novennaire*), que le Docteur Jean » BOUCHER, Curé de saint Benoist, étoit l'Auteur de » ce Livre, qui est plein de calomnies ». M. de Thou, (*Lib.* 90, *ad ann.* 1588), dit que cette Histoire fut imprimée par les soins de Pierre d'Espinac, Archevêque de Lyon.

Voyez sur cette Pièce & les suivantes, le *Dictionnaire* de Prosper Marchand, au mot *Antigaverston*. = Lenglet, *Méth. histor. in-4. tom. IV. p.* 93. = *Chronologie Novennaire, part. I. fol.* 79, *verso*.]

18755. Réponse à l'Antigaverston de Nogaret: 1588, *in-8*.

18756. Replique à l'Antigaverston, ou Réponse faite à l'Histoire de Gaverston, par le Duc d'Espernon: 1588, *in-8*.

✱ Cette Replique est adressée à Henri de Vaudémont ou de Lorraine, à qui on reproche de grands crimes; & après avoir rendu douteuse l'Histoire de Gaverston, on assure qu'elle lui convient mieux qu'au Duc d'Espernon.

On rapporte à la page 4 de ce Livret, les titres de quantité de Libelles faits en ce temps-là.

18757. Le Restaurateur de l'Etat François, où sont traitées plusieurs notables Questions sur la Police, la Justice & la Religion: 1588, *in-8*.

Ce Livre est la Production d'un Huguenot.

☞ Les Questions qu'il traite sont: Si on peut légitimement donner & garder la foi aux Hérétiques: s'il faut forcer les consciences pour la Religion, & comment il faut employer le Magistrat contre les Hérétiques: si on peut en bonne conscience vivre avec ou auprès des Hérétiques: s'il faut rompre l'ordre établi ès Successions, & nommément des Couronnes, à cause de la Religion: si ceux qu'on appelle *Réformés* sont Hérétiques: comment il faut se résoudre pour juger le Schisme qui est aujourd'hui en la Chrétienté, & notamment si les Réformés sont Schismatiques; avec une application de tous les Discours susdits aux affaires de ce temps.]

18758. Mémoires à ceux qui vont aux Etats; par Pierre DU FOUR-LÉVESQUE: 1588, *in-8*.

[Pièce sous le nom d'un fou, alors très-connu.]

18759. Nouvelles de la Cour escrites de Blois le 10 Octobre, contenant l'Election de ceux qui présideront aux Etats, ainsi que le commencement de la disgrâce de M. d'Espernon]: *Paris*, Millot, 1588, *in-8*.

[Une Partie de] ce qui regarde les Etats de Blois, tenus cette année & en 1589, se trouve ci-après, [à l'Article des *Etats-Généraux*.]

18760. ☞ Advertissement & Advis à Messieurs les Députés des Etats-Généraux; pour cette année 1588: *Paris*, 1588, *in-8*.

Cet Avertissement contient 23 Avis fort sages & fort sensés, sur les moyens de soulager l'Etat & d'appaiser les troubles.]

18761. ☞ La vraie Harangue faite par le Roi Henri III. de ce nom, Roi de France & de Pologne, à l'ouverture de l'Assemblée des trois Etats-Généraux de son Royaume, en sa Ville de Blois, le 16 Octobre 1588: *in-8*.

Il les exhorte à le seconder dans la résolution où il est de rendre ses Sujets heureux, & son Royaume florissant; & il les charge des malheurs qui arriveront s'ils n'y contribuent pas de tout leur pouvoir. Il leur indique ce qui lui paroit mériter le plus d'attention, comme l'Hérésie, les Bénéfices, les Juremens, les Survivances, la Simonie & autres abus. On apprend par la Vie du Cardinal du Perron, *pag.* 53, (*Paris*, Debure, 1768), que ce fut ce Prélat (alors Laïc) qui dressa cette Harangue, mais que Henri III. y fit quelque changement. Voyez *ibid.* ce qu'on en pensa.]

18762. ☞ Notable Propos & Remontrance faite par le Très-Chrétien Roi de France & de Pologne, à tous Princes, Cardinaux, Seigneurs & Gentilshommes, en l'Assemblée de ses Etats, en la Ville de Blois: 1588, *in-8*.

Sa Majesté y fait une espèce d'Apologie de sa conduite depuis son avénement au Trône, exhorte les Etats d'apporter conjointement avec lui, les remèdes nécessaires pour rendre le calme au Royaume, & leur promet en foi & parole de Roi, de faire inviolablement garder les Règlemens qui seront faits par l'Assemblée.]

18763. ☞ La Harangue faite au Roi par le Prévôt des Marchands de Paris, en l'Assemblée des Etats, le 17 Octobre 1588: *Paris*, Jouin, 1588.

On trouve à la suite différentes Formules de Prières, pour les Membres qui composent lesdits Etats.]

18764. ☞ Remontrances très-humbles faites à Henri III. par Messire René, Comte DE SANSAY, Vicomte héréditaire de Poictou, Député de la Noblesse dudit Pays, aux Etats-Généraux de 1588, sur la Réformation de tous les Ordres, extirpation de l'hérésie, & poursuite contre les Hérétiques rebelles: *Lyon*, Rigaud, 1588, *in-8*.

Elles sont du 23 Novembre.]

18765. ☞ Remontrance au Roi Henri III. & aux Etats-Généraux à Blois, faite par le sieur DE SINDRÉ, l'un des Députés de la Noblesse du Bourbonnois: *Lyon*, Pillehotte, 1589, *in*-8.

Elle roule sur l'obéissance que les Sujets doivent à leur Prince, & sur le bien que les Peuples se promettent de la tenue des Etats.]

18766. ☞ Mémoires semés par quelques Politiques, aux Etats qui se tiennent en la Ville de Blois, avec la Réponse à iceux : *Paris*, 1588, *in*-8.

Le Politique vouloit la Paix à quelque prix que ce fût, & le Catholique déclame contre les Huguenots, & dit qu'il faut les exterminer.]

18767. ☞ Remontrance faite par M. le Garde des Sceaux de France, (François DE MONTHOLON II.) en l'Assemblée des Etats (de Blois, 1588) : *in*-8.

Elle fut prononcée après la Harangue que le Roi fit aux Etats, le 16 Octobre 1588. On y montre d'abord que de tout temps nos Rois ont convoqué de pareilles Assemblées, pour le bien de leur Etat; ensuite on invite les différens Ordres qui composent ceux-ci, à apporter chacun en leur conscience, les remèdes propres à extirper les abus qui règnent en France.]

18768. ☞ Harangue faite au Roi par un Député particulier de la Ville de Rouen, dans son Cabinet, à Blois le 27 Octobre 1588 : *Paris*, Veuve d'Allier, 1588, *in*-8.

L'Auteur se plaint que sa Province a été plus durement traitée que nulle autre, tant par toutes sortes de levées, que par l'exaction qui en a été faite par les Officiers à ce commis, ce qui retombe en quelque façon sur Sa Majesté, pour le mauvais choix qu'il en fait ; & il la supplie d'y apporter remède, & d'empêcher les horribles excès des gens de guerre.]

18769. ☞ Remontrances au Roi tenant ses Etats en sa Ville de Blois, par les Officiers de Sa Majesté : *Paris*, Montr'œil, (1588), *in*-8.

On y fait voir que tout ce que l'on dit contre les Offices est mal imaginé, que les gages des Officiers ne vont point à la ruine du Peuple, & que leur suppression n'y apporteroit aucun remède. On conseille au Roi de penser plutôt à racheter son Domaine, ce qui feroit entrer plusieurs millions dans ses coffres.

Cette Remontrance contient de plus quatre chefs ; la destruction de l'Hérésie ; la provision aux Bénéfices ; la vénalité des charges, & l'expulsion des Italiens qui s'engraissent du sang du peuple.]

18770. ☞ Le Dispositif, avec Avertissement & Avis à MM. les Députés des Etats-Généraux, pour l'année 1588 : *in*-8.]

18771. ☞ Remontrance au Roi par les Etats de la France : 1588, *in*-8.]

18772. ☞ Remontrance & Requête très-humble adressée au Roi, en l'Assemblée des Etats, par les François, exilés pour la Religion, ses très-humbles & très-obéissants Sujets.

Cette Pièce se trouve au tom. II. des *Mémoires de la Ligue*. Les Huguenots s'y plaignent de n'avoir pas été appellés aux Etats. Ils avertissent le Roi de se défier des Ligueurs & des Etats, qui tendent à la destruction de son autorité, & ils le pressent d'y apporter un prompt remède.]

18773. ☞ Articles pour proposer aux Etats, & faire passer en Loi fondamentale du Royaume : 1588, *in*-8.]

18774. ☞ Requête par les Etats de France, à Messieurs du Conseil : 1588, *in*-8. (en Vers).

18775. ☞ Ample Discours sur le fait des quatre Etats du Royaume de France, composé par J. D. B. A. *Paris*, Leblanc, 1588, *in*-8.

Cette Pièce est de plus de 800 Vers, & contient les abus & la réforme qu'il faut en faire dans les quatre Etats qui composent le Royaume ; sçavoir, le Peuple, la Noblesse, la Justice & l'Eglise. On y a mêlé des Eloges du Roi & de plusieurs personnes de la Cour.]

18776. ☞ Avertissemens aux trois Etats de la France, sur l'entretenement de la Paix, au Roi Très-Chrétien Henri, III. du nom, Roi de France & de Pologne ; (en Vers) : *Paris*, 1588, *in*-8.]

18777. ☞ Remontrance aux bons François, sur le prétendu Edit donné à Rouen, en 1588 : *in*-8.]

18778. ☞ Avertissement aux trois Etats de France, assemblés en la Ville de Blois, pour obtenir de sa Majesté l'interprétation d'une clause de son dernier Edit de réunion, faussement exposée par les Hérétiques & Politiques leurs Associés : 1588, *in*-8.]

18779. ☞ Bref Avertissement aux Députés des Etats : 1588, *in*-8.]

18780. ☞ Avis à Messieurs des Etats, sur la réformation & le retranchement des abus & Criminels de l'Etat : 1588, *in*-8.]

18781. ☞ La Découverture des deniers salés, dédiée au Roi & à Messieurs des Etats de Blois : avis très-utile & nécessaire pour le recouvrement de notables sommes de Finance, sur les Partisans du sel : *Paris*, Duval, 1589, *in*-8.

Cette Pièce fait voir le gain énorme que les Partisans du sel faisoient, & quelle restitution ils devoient faire à Sa Majesté.]

18782. ☞ La Replique à la Réponse faite sur l'Avis & Requête n'aguères présentés au Roi & à Messieurs des Etats, par le Président Mallet, & Bobier, contenant la perte & lézion que Sa Majesté a eue aux Contrats du parti du sel, pour les six années finies le dernier Septembre 1588, &c. contre celui ou ceux qui ont introduit le Livret intitulé : *Réponse aux Deniers Salés* : *Paris*, Duval, 1588, *in*-8.]

18783. ☞ Résolutions que l'on espère devoir être arrêtées en la présente Convocation des Etats, &c. 1588 : *in*-8.]

18784. ☞ Déclaration des causes qui ont mu Monseigneur le Cardinal de Bourbon, & les Pairs, Princes, Seigneurs, Villes, &c.

de ce Royaume, de s'opposer à ceux qui par tous moyens s'efforcent de subvertir la Religion Catholique & l'Etat : 1588, *in-8.*]

18785. ☞ La Balance des Etats : 1588, *in-8.*]

18786. Avertissement à Messieurs les Etats, pour la condamnation du Roi de Navarre : 1588, *in-8.*

18787. Apologie pour la Noblesse, durant les Etats de Blois, de l'an 1588.

Cette Apologie est imprimée dans Bouchel, au tom. I. de sa *Bibliothèque du Droit François*, pag. 977 : *Paris*, 1667, *in-fol.*

18788. Exploits d'armes faits par le Roi de Navarre, sur ceux de la Ligue, en Bas-Poitou, pendant l'Assemblée de Blois.

18789. De l'Acheminement de l'Armée, dite Royale, au Bas-Poitou, sous la conduite de M. de Nevers.

18790. Du Siége de la Garnache dans le Poitou, & de la dissipation de l'Armée, dite Royale.

Ces trois Ecrits sont imprimés au tom. II. des *Mémoires de la Ligue*, pag. 555, 579, 585.

18791. La prise de la Ville & Château de Montaigu par le Duc de Nevers, avec la Capitulation : *Paris*, 1588, *in-8.*

18792. Discours sur la Procédure indue de ceux de la Ligue & Etats convoqués à Blois par Sa Majesté, depuis le commencement jusqu'au mois de Novembre dernier : 1588, *in-8.*

18793. ☞ Harangue prononcée devant le Roi, séant en ses Etats-Généraux à Blois, par Messire Pierre d'Espinac, Archevêque de Lyon, au nom de l'Etat Ecclésiastique de France : *Paris*, Métayer, 1588, *in-8.*]

18794. Mémoires semés par quelques Politics, aux Etats qui se tiennent dans la Ville de Blois, avec la Réponse Catholique à iceux : *Paris*, 1588, *in-8.*

18795. Discours de ce qui advint à Blois, jusqu'à la mort du Duc de Guise, & du Cardinal de Lorraine.

Ce Discours d'Estienne BERNARD de Dijon, est imprimé au tom. III. des *Mémoires de la Ligue*, pag. 155, & au tom. III. de la *Satyre Ménippée*, pag. 159 : *Ratisbonne*, 1711, *in-8.* Louis Jacob, Carme Réformé, lui attribue cet Ecrit.

18796. ☞ Lettre du Roi Henri III. au sieur Miron, premier Médecin : 1588.]

18797. ☞ Lettre de M. DE LA CHASTRE, au Prévôt des Marchands de Paris : 1588.

Ces deux Lettres sont imprimées au tom. III. du *Journal de Henri III.* 1744, *in-8.*]

18798. ☞ Avertissement & Avis à Messieurs les Députés des Etats-Généraux, pour cette année 1588.

La plus grande partie des 22 Articles qui composent cette Pièce, regarde l'Hérésie & ses Fauteurs. Au dixneuvième ils demandent le rétablissement de l'Inquisition, dans le même état qu'elle étoit sous François I.]

18799. ☞ Remontrance d'un Conseiller du Duc de Savoie, à son Altesse, pour le dissuader d'entreprendre sur la France.

Elle est imprimée au tom. III. des *Mémoires de la Ligue*. Le Duc de Savoie, pendant la tenue des Etats de Blois, fit une irruption dans le Marquisat de Saluces, & dans une partie du Dauphiné. Cette entreprise se fit de concert avec le Roi d'Espagne. On crut aussi qu'il y avoit eu de l'intelligence avec le Duc de Mayenne & les Chefs de la Ligue.]

18800. ☞ Lettre à d'Espernon, pour montrer qu'il est seul auteur de la ruine de la France.]

18801. ☞ Mémoires secrets envoyés de Blois.]

18802. ☞ Bon Avis, & nécessaire Remontrance pour le soulagement des Pauvres du Tiers-Etat : 1588.]

18803. ☞ Traité des Tailles, Crues, Impôts, Aides & Subsides, & des Fermiers qui les perçoivent.]

18804. ☞ Discours véritable de ce qui est advenu aux Etats-Généraux de France, tenus à Blois en l'année 1588 ; extrait des Registres des Chambres du Clergé & Tiers-Etat, pour être envoyé par toute la Chrétienté : 1589, *in-8.*

Ce Discours contient particulièrement la mort & l'Eloge des Duc & Cardinal de Guise, & le récit de tout ce qui fut fait & déterminé aux Etats en conséquence.]

18805. Relation de la mort de Henri de Lorraine, Duc de Guise (le 23 Décembre 1588), & de Louis, Cardinal de Lorraine son frère ; par MIRON, premier Médecin du Roi Charles IX.

Cette Relation de François Miron, est imprimée dans Auberi, *Partie V.* de l'*Histoire des Cardinaux François*, pag. 551 : *Paris*, 1644, *in-4.* & dans Marcel, au tom. IV. de sa *Monarchie Françoise*, pag. 626.

☞ Cette Relation (qui se trouve aussi imprimée au tom. II. du *Journal de Henri III.*) est bien détaillée. On y remarque par quels dégrés le Duc de Guise étoit monté au point de se faire craindre du Roi ; quelles étoient ses vues ; la résolution que prit Henri III. de s'en défaire ; quelles précautions il apporta pour ne point le laisser échapper ; enfin les circonstances de sa mort & de celle de son frère.]

18806. ☞ Discours déplorable du Meurtre & Assassinat traitoirement commis en la Ville de Blois, les Etats tenans, de Très-Haut, Très-Puissant & Très-Catholique feu Henri de Lorraine, Duc de Guise, Pair & Grand-Maître de France, le Vendredi 23 Décembre 1588 : *Paris*, 1589, *in-8.*

On trouve dans cette Relation une circonstance singulière & plus que douteuse ; c'est que le Duc de Guise ayant été frappé de trois ou quatre coups de poignard dans le Cabinet du Roi, se sauva au Château de Blois, où il fut achevé. Il fut assassiné dans l'Anti-Chambre du Roi par Lognac, Gentilhomme Gascon, & par quelques-uns des Gardes de Henri III. qu'on nommoit les *Quarante-cinq*. Le Roi leur avoit distribué lui-même les poignards dont le Duc fut percé. Les Assassins étoient, La Bastide,

La Baſtide, Montſivry, Saint-Malin, Saint-Gaudin, Saint-Capautel, Holſtrenas, Herbelade, avec Lognac leur Capiraine. L'Auteur place Henri III. au-deſſus de tous les Tyrans de l'Antiquité, dont il fait une aſſez longue énumération. *Voyez* ſur la mort du Duc de Guiſe, la *Note* ſur le Vers 300 du *Chant III. de la Henriade,* & celle ſur le Vers 323.]

18807. ☞ Particularités notables, concernant l'Aſſaſſinat & Maſſacre de Monſeigneur le Duc de Guiſe & Monſeigneur le Cardinal ſon frère: *Chaalons,* du Bois, 1589, *in-*12.]

18808. * Hiſtoire au vrai, du Meurtre & Aſſaſſinat proditoirement commis en la perſonne de Monſeigneur le Duc de Guiſe, protecteur & défenſeur de l'Egliſe Catholique & du Royaume de France; enſemble du Maſſacre auſſi perpétré en la perſonne du Cardinal ſon frère, ſacré & dédié à Dieu: où ſont balancés les ſervices de ſes prédéceſſeurs & les ſiens, avec une tant inhumaine cruauté & ingrate rémunération; avec les figures des maſſacres deſdits Sieurs: 1589, *in-*8.

☞ C'eſt une Pièce aſſez étendue & curieuſe, par le grand nombre de particularités ſur les ſervices que la Maiſon de Guiſe a rendus aux Rois depuis 1513, & ſur le maſſacre des deux frères.]

18809. ☞ Le faux viſage découvert du fin Renard de la France, à tous Catholiques unis & ſaintement ligués pour la défenſe & tuition de l'Egliſe Apoſtolique & Romaine, contre l'ennemi de Dieu ouvert & couvert; enſemble quelques Anagrammes & Sonnets propres pour la ſaiſon d'aujourd'hui: 1589, *in-*8.

Cette Pièce contient l'éloge des Duc & Cardinal de Guiſe. L'Auteur invite tous les Ordres de ſe vanger par la mort du Roi qu'il qualifie des noms les plus odieux.]

18810. ☞ Diſcours véritable de ce qui eſt advenu aux Etats généraux de France, tenus à Blois en l'année 1588, pour être envoyé par toute la Chrétienté: 1589, *in-*8.

L'Auteur de cette Pièce, qui eſt fort longue, fait un détail très-circonſtancié de tout ce qui s'eſt paſſé aux Etats, & répond à toutes les objections qu'on faiſoit alors pour diſculper le Roi d'avoir fait mourir les Guiſes.]

18811. ☞ Pourtrait & Deſcription du Maſſacre proditoirement commis au Cabinet & par l'autorité du Roi, pendant les Etats à Blois, en la perſonne de Henri de Lorraine, magnanime Duc de Guiſe, protecteur & défenſeur de l'Egliſe Catholique & du Royaume de France: 1589, *in-*8. (avec figures.)]

18812. ☞ Cruauté plus que barbare, infidèlement perpétrée par Henri de Valois, ennemi des Catholiques du Royaume de France, en la perſonne de Monſeigneur l'Illuſtriſſime Cardinal de Guiſe, Archevêque Duc de Reims, dédié & conſacré à Dieu: 1589, *in-*8. (avec figures.)]

18813. ☞ Tombeau ſur le trépas & aſſaſſinat commis aux perſonnes de Meſſeigneurs de Guiſe, à Blois, le 23 & 24 Décembre

Tome II.

1588: *Paris,* Guérin, 1589, *in-*8. (avec fig.)
Cette petite Pièce eſt en Vers.]

18814. ☞ Oraiſon funèbre prononcée aux Obſèques de Loys de Lorraine, Cardinal, & de Henri, Duc de Guiſe, frères; (par A. MULDRAC.): *in-*8.

Elle fut prononcée à Senlis pendant le Carême de 1589. L'Orateur prit pour texte la Parabole du mauvais Riche & du Lazare, qu'il appliqua au Roi & à M. de Guiſe.]

18815. ☞ Tombeau & Epitaphe ſur la mort de très-haut & très-puiſſant Seigneur le Duc de Guiſe: *in-*8.

La moitié de cette Pièce au moins eſt la même mot à mot que celle intitulée: *Les Regrets & Lamentations faites par Madame de Guiſe, &c.* N.° 18859.]

18816. ☞ Regrets lamentables des Habitans de la Ville de Reims ſur la mort de feu Monſeigneur le Cardinal de Guiſe; enſemble ſon tombeau: 1589, *in-*8. (en Vers).

C'eſt un éloge de ce Cardinal, & une invective contre Henri III.]

18817. * Les cruautés ſanguinaires exercées envers feu Monſeigneur le Cardinal de Guiſe, &c. & les moyens tenus pour empriſonner le Prince de Ginville, & les Seigneurs Catholiques, tant Eccléſiaſtiques qu'autres, pendant les Etats à Blois, &c. avec la Remontrance faite au Roi par Madame la Ducheſſe de Nemours, ſur le Maſſacre de ſes enfans: 1589, *in-*8.

18818. ☞ La Vie & Innocence des deux frères, contenant un ample diſcours par lequel on pourra aiſément rembarrer ceux qui tâchent à éteindre leur renom: *Paris,* Dubreuil, 1589, *in-*8.

Cette Pièce eſt copiée mot à mot des quatre ou cinq premières pages de celle intitulée: *Les impoſtures & calomnies des Haguenots, &c.* N.° 18851.]

18819. ☞ Diſcours en forme d'Oraiſon funèbre ſur le Maſſacre & Parricide de Meſſeigneurs les Duc & Cardinal de Guiſe: *Paris,* Varangue, *in-*8.

Pièce ſéditieuſe & remplie d'invectives contre Henri III. juſqu'à le comparer & lui donner le nom d'Exécuteur de la Haute-Juſtice de Paris.

Le même, ſous ce titre: Hiſtoire des déportemens de Henri de Valois en l'armée des Reiſtres contre les Catholiques, où ſes fraudes & ruzes ſont découvertes, & ſes pratiques éventées à l'endroit des Etrangers: 1589, *in-*8.]

18820. ☞ Regrets ſur le Maſſacre & Aſſaſſinat du très-Chrétien, très-illuſtre & très-généreux Prince, Monſeigneur Henri de Lorraine, Duc de Guiſe, Pair & Grand-Maître de France, (en Vers.)

Cette Pièce contient vingt Sonnets en Vers. Elle eſt imprimée à la ſuite de la précédente.]

18821. ☞ Regrets & ſoupirs lamentables de la France ſur le trépas de très-haut, très-valeureux Seigneur Monſeigneur le Duc de

Guife, &c. *Paris*, Velu, 1588, *in-8*. en Vers.]

18822. ☞ Ode.

Cette Ode fut faite au sujet de la mort du Duc de Guife.]

18823. Mſ. La mort du Duc & du Cardinal de Guife, décrite en Vers Italiens par RAPHAEL de Toſcane, & comment enſuite Henri III. fut maſſacré.

Ces Vers Italiens ſont conſervés dans la Bibliothèque du Vatican, entre les Manuſcrits du Duc d'Urbin, num. 717.

18824. ☞ Extrait des Regiſtres de l'Hôtel de Ville de Paris, touchant ce qui a été délibéré en l'Aſſemblée publique de cette Ville, les 30 & dernier jours de Décembre 1588, pour la ſureté, &c. de ladite Ville, après le maſſacre, &c. avec l'Arrêt de la Cour de Parlement, &c. *Paris*, Nivelle, 1589, *in-12*.]

18825. Déclaration du Roi ſur la mort des Duc & Cardinal de Guiſe, du 31 Décembre 1588 : 1588, *in-8*.

18826. ☞ Réponſe des Catholiques zélés & unis pour la conſervation de la Religion Chrétienne, à la Déclaration de Henri III. ſur la mort des feus Cardinal & Duc de Guiſe : *Paris*, Parant, 1589, *in-8*.

Cette Réponſe eſt aſſez bien faite, mais très-emportée. L'Auteur reproche au Roi ſon hypocriſie, la protection qu'il a donnée conſtamment aux Huguenots, & le peu de vérité qui règne dans l'expoſé de ſa Déclaration. Il fait voir que tous les maux qu'endure le Royaume ne viennent que de lui & de ſes Mignons ; que les Princes de Guiſe l'ont toujours ſervi fidèlement ſans aucun mauvais deſſein, & qu'en les faiſant aſſaſſiner, il a commis l'acte le plus cruel, & un grand ſacrilège ; qu'ayant violé à la face des Etats la foi qu'il leur avoit donnée, il s'eſt mis dans le cas d'être regardé comme un parjure ; de n'être plus cru, quelque proteſtation qu'il faſſe, & d'encourir toutes les peines que méritent les Tyrans.]

18827. ☞ Réponſe faite à Henri de Valois, ſur ſon innocence prétendue ſur la mort de MM. de Guiſe : 1589, *in-8*.]

18828. ☞ Autre Réponſe : *Paris*, 1589.]

18829. ☞ Exhortation aux Pariſiens pour la défenſe de l'Egliſe Catholique, Apoſtolique & Romaine : 1589, *in-8*.]

18830. ☞ Nullité de la prétendue innocence & juſtification des Maſſacres de Henri de Valois, contre la Déclaration envoyée par les Villes de France pour être publiée : 1589, *in-8*.]

18831. ☞ Diſcours véritable & dernier propos de Monſeigneur de Guiſe, &c. enſemble ſon Tombeau : *Paris*, Marquan, 1589, *in-8*.

Cette Pièce ne contient que des regrets ſur la mort de ce Duc, & des invectives contre ſes aſſaſſins. Elle eſt plus ample que celle qui ſe trouve ci-deſſus, N.° 18813.]

18832. ☞ Epitaphes des deux frères Martyrs, par un Gentilhomme Angevin, & Vers adreſſés à Madame de Montpenſier : *Paris*, Millot, 1589, *in-8*. en Vers.]

18833. ☞ Chant douloureux de Madame la Ducheſſe de Guiſe ſur la mort de feu Monſeigneur le Duc de Guiſe ſon époux, &c. & ſur celle de feu Monſeigneur le Cardinal ſon frère : (1589) *in-8*. en Vers.]

18834. ☞ Pleurs & ſoupirs de Madame de Guiſe ſur la mort & aſſaſſinat du Duc de Guiſe ; *Paris*, *in-8*.]

18835. ☞ Remontrance faite par Madame de Nemours à Henri de Valois ; avec la Réponſe de Henri de Valois ; enſemble les Régrets & Lamentations faites par Madame de Guiſe ſur le trépas de feu M. de Guiſe ſon époux : 1589, *in-8*.]

18836. ☞ Mſ. Mandement du Chapitre de l'Egliſe de Reims, à l'occaſion du Maſſacre du Cardinal & du Duc de Guiſe, du Lundi 20 Mars 1589, ſigné Guériot.

Cette Pièce eſt des plus emportées contre Henri III. M. Jardel, demeurant à Braine, en a dans ſa Bibliothèque une Copie, qu'il a tirée des Archives du Chapitre, où elle ſe trouve.]

18837. ☞ Le Tombeau de Meſſeigneurs le Cardinal & Duc de Guiſe, avec pluſieurs Sonnets, (36) en forme de Regrets, & autres Poéſies ſur le même ſujet : plus, un Hymne de la ſainte Ligue des Catholiques unis : *Paris*, 1591, *in-8*. (55 pages.)

Ce Recueil n'a été publié que quelques années après la mort des Guiſes. L'Epître eſt ſignée R. G. A. D. F. On trouve enſuite à la tête une Epitaphe des deux Frères, aſſez longue & aſſez bien faite.]

18838. ☞ Mſ. Informations ſur la mort du Cardinal de Guiſe : *in-fol*.

On les conſerve dans la Bibliothèque du Roi, provenant de M. de Fontanieu.]

18839. Diſcours de (François) Cardinal de JOYEUSE, en forme d'Avis, ſur la mort de MM. de Guiſe, avec la Réponſe du Roi.

Ce Diſcours d'Arnaud D'OSSAT, fait depuis Cardinal, eſt imprimé au tom. II. de la *Suite des Mémoires d'Etat de Villeroy*, pag. 196 : *Paris*, 1625, *in-8*.

Amelot de la Houſſaye, dans ſes *Notes ſur la première Lettre du Cardinal d'Oſſat*, écrite à Henri III. marque que ce Diſcours a été compoſé par ce Cardinal, qui étoit alors à Rome en qualité de Député de la Reine de Navarre. Dans les *Additions aux Lettres du même*, de l'Edition de 1627, il eſt dit que les deux Lettres ou Inſtructions ou Mémoires au Roi Henri III. ſur cet événement tragique, qui portent le nom du Cardinal de Joyeuſe, ſont d'Arnaud d'Oſſat. Elles ſont dans cette Edition de 1627, des *Lettres du Cardinal d'Oſſat*, & dans l'*Hiſtoire du Cardinal de Joyeuſe*, par Aubery.

☞ Il raconte au Roi les diverſes opinions qu'on a ſur cette mort. Les uns l'approuvent, d'autres la blâment ; un tiers parti en la blâmant en reconnoît la néceſſité. Il y a de la ſolidité dans les réponſes qu'il fait aux objections de la ſeconde opinion. Il rend compte de la manière dont le Pape a pris la choſe, & il le dit très-courroucé. On trouve à la fin quelque choſe ſur l'affaire de Saluces & autres.]

18840. ☞ Lettre du Roi au ſieur Cardinal

Règne de Henri III. 1589.

de Joyeuse, sur le sujet des précédens Mémoires.]

18841. ☞ Réponse du P. Dom Bernard (DE MONTGAILLARD) Doyen des Religieux Feuillantins lès Paris, à une Lettre que lui a écrite Henri de Valois; en laquelle réponse il lui remontre chrétiennement & charitablement ses fautes, & l'exhorte à la pénitence: 1589, in-8.

Cette Réponse, qui est datée de l'Oratoire S. Bernard des Feuillantins lès Paris, est des plus insolentes. Dom Bernard déclare au Roi qu'il ne le regarde plus pour tel, que les crimes qu'il a commis & qu'il lui représente, l'ont fait déchoir de tous ses droits, & il ne le menace de rien moins que de l'abandon de Dieu, de ses sujets, & des peines éternelles de l'Enfer.]

18842. Guisiade, Tragédie nouvelle, en laquelle au vrai & sans passion est représenté le Massacre du Duc de Guise ; troisième Edition : *Lyon*, 1589, *in-8*.

L'Auteur de cette Pièce est Pierre MATTHIEU, depuis Historiographe de France, mort en 1621. Il s'est déguisé [d'abord] sous ces lettres initiales J. R. D. L.

☞ L'Auteur en avoit promis une continuation, qu'il n'a pas donnée. Il dédia cette Tragédie au Duc de Mayenne, & dans un Discours Préliminaire il fait un grand éloge du Duc de Guise & des vastes desseins qu'il avoit formés pour rétablir le Royaume. Il attribue à la jalousie du Roi, la mort de ce Prince. Cette Pièce est sans ordre & sans suite. Les Vers sont durs, & plusieurs termes bas la mettent au-dessous du médiocre. *Voyez* le Dictionnaire de Prosper Marchand, au mot *Anti-martyre*, = le Journal de Henri III. Préf. tom. I. pag. 14: tom. III. pag. 516 : = Le Père Niceron, tom. XXVI. pag. 237. Elle a été réimprimée, à la suivante, au tom. III. du Journal de Henri III. 1744, *in-8*.]

18843. ☞ La double Tragédie du Duc & Cardinal de Guise : *Paris*, des Monceaux, 1589, *in-8*.

C'est une autre mauvaise Pièce, à la louange des Guises : l'Auteur n'est pas connu. Il eût mieux fait d'écrire en Prose. Telle qu'elle est, elle n'étoit pas commune, avant qu'on la réimprimât avec le *Journal de Henri III*.]

18844. ☞ Le Duc de Guise, ou le Massacre de Blois , Tragédie en cinq Actes; par Jean DRYDEN : (en Anglois.)

C'est l'un des meilleurs Tragiques que l'Angleterre ait produits : il est mort en 1701.]

18845. Le Martyre des deux Frères, contenant au vrai les particularités plus notables des Massacres & Assassinats commis ès personnes du Cardinal & du Duc de Guise son frère par Henri de Valois, à la face des Etats de Blois : *Paris*, 1589, *in-8*. [59 pages & quelques Vers à la fin.]

☞ Le même, revu par l'Auteur, & augmenté de plusieurs choses notables: *Effuderunt sanguinem*, &c. 1589.

Cette Edition a 65 pages, & des Stances à la fin. On y trouve en effet plusieurs Additions.

Il n'y a point d'injures que l'Auteur ne se croie permises, quand il parle du Roi; & les louanges outrées qu'il donne aux Guises, montrent assez sa partialité. On trouve au commencement, pour Anagramme de son nom : Y. Presche le salut.

Cette Pièce est aussi imprimée avec le Libelle intitulé: *Origine, &c. de la Maison de Lorraine , &c. Paris*, 1589, *in-8*. N.° 18874. *Voyez* l'*Esprit de la Ligue*, t. I. pag. xxv.]

18846. * Le Guisien, ou Perfidie tyrannique commise ès personnes du Cardinal Louis de Lorraine , & Henri de Lorraine, Duc de Guise; par Simon BELYARD: *Troyes*, 1592, *in-8*.

18847. ☞ Sermon funèbre pour l'Anniversaire de Henri & Louis de Lorraine : *Nantes*, 1590, *in-8*.]

18848. ☞ Considérations sur le Meurtre commis en la personne de feu M. le Duc de Guise : *Paris*, Bichon, 1589.

Cette Pièce est contre Henri III. & en faveur des Guises, à l'occasion du meurtre du Duc & du Cardinal, tués aux Etats de Blois en 1588. On s'y propose deux choses. La première, de faire voir que le Duc de Guise, quoiqu'averti de ce qui alloit lui arriver, ne put se dispenser de rester à l'Assemblée des Etats : la seconde, de le justifier contre ceux qui prétendent qu'il avoit réduit Henri III. au point de ne pouvoir faire autrement que de s'en défaire.]

18849. ☞ Les impostures & calomnies des Huguenots, Politiques & Athéistes, pour colorer le Massacre commis ès personnes du Cardinal & Duc de Guise , par Henri de Valois; avec la réfutation d'icelles, & comme l'on se doit comporter contre l'inhumanité des Massacreurs & Tyrans, & de la punition nécessaire d'iceux; (avec des Vers à la tête:) 1589, *in-8*.

Cette Pièce est pleine d'invectives & d'injures contre le Roi & ceux qu'elle nomme Politiques.]

18850. ☞ Le Carême & Mœurs du Politique, où il est amplement discouru de la manière de vivre de son état & Religion; par P. V. B. C. *Paris*, Deshayes, 1589, *in-8*.

C'est encore une Satyre , avec une Ode & une Epigramme.]

18851. ☞ Histoire admirable des faits & gestes de Henri de Valois : *Paris*, 1589, *in-8*.]

18852. ☞ Histoire véritable de la plus sainte partie de la Vie de Henri de Valois, jadis Roi de France : *Paris*, Michel, 1589, *in-8*.

L'Auteur attaque ce Prince du côté de son hypocrisie & de sa connivence avec les Huguenots. Il expose les raisons qui ont déterminé le Duc de Guise à ne point abandonner les Etats, malgré les avertissemens qu'on lui donnoit de sa mort prochaine. Il répond ensuite aux raisons qu'on apportoit pour en disculper le Roi, & finit par conseiller de le poursuivre à feu & à sang , à moins qu'il ne prenne le parti de se retirer en quelque Couvent pour y faire pénitence.]

18853. ☞ La récompense du Tyran de la France, & Porte - Bannière d'Angleterre Henri de Valois, envers le Cardinal & Duc de Guise, pour leurs bons services, avec le loyer que ledit tyran, parjure, peut espérer & attendre pour ses faits inhumains : *Paris*, Jouin, 1589, *in-8*.

Cette Pièce n'est qu'un tissu d'injures grossières contre Henri III. de louanges pour les Guises & de re-grets sur leur mort.]

18854. ☞ L'Athéisme du Roi Henri de Valois, où est montré le vrai but de ses dissimulations & cruautés : *Paris*, Deshayes, 1589, *in-*8.

Cette Pièce tend à prouver que le Roi favorisoit les Huguenots.]

18855. ☞ Lettre (supposée) du Roi de Navarre renvoyée au Roi, sur la cruelle mort de Monseigneur le Duc de Guise ; & la Déclaration de la défiance qu'il a du Roi : 1589, *in-*8.]

18856. ☞ Exhortation aux Parisiens très-Catholiques, & ceux qui veulent exposer corps & biens pour l'édification & défense de l'Eglise Catholique, Apostolique & Romaine : 1589, *in-*8.]

18857. ☞ Les Regrets & Lamentations faites par Madame de Guise, sur le trépas de feu, &c. son époux: 1589, *in-*8.]

18858. ☞ Requête présentée à MM. de la Cour de Parlement de Paris, par Madame la Duchesse de Guise, pour informer du Massacre & Assassinat de feu Monseigneur le Duc de Guise : *Paris*, Thierry : 1589, *in-*8. (& tom. II. de la *Satyre Menippée*, *pag.* 313.)

La même, en Latin, *Libellus Supplex, &c.*

Au bas de cette Requête est un : « Soit montré au » Procureur-Général : fait en Parlement le 21 Janvier » 1589. (Et ensuite:) Je requiers commission être dé-» livrée à la suppliante, pour informer par deux Con-» seillers de ladite Cour du contenu en ladite Requête; » *signé*, Molé ». Il est encore bon d'observer qu'on lit dans cette Requête ces mots remarquables : « D'autant » que par la Loi certaine & notoire de ce Royaume, ce » Parlement est la Cour des Pairs de France qui en sont » les premiers Conseillers, avec privilége que ce qui » concerne leur honneur, leur état & leur vie, ne peut » être traité ailleurs par la voie de Justice ; la Sup-» pliante, &c.]

18859. ☞ Arrêts de la Cour Souveraine des Pairs de France, donnés contre les Meurtriers & Assassinateurs de MM. les Cardinal & Duc de Guise, du dernier Janvier 1589 : *Paris*, Nivelle, *in-*8.

On trouve à la fin la Commission qui nomme Pierre Michon & Jean Courtin, Conseillers en icelle, pour informer du contenu en ladite Requête, du même jour, *signé*, Boucher ; & ensuite un autre Arrêt du 1 Février 1589, qui reçoit ladite de Clèves, Duchesse Douairière de Guise, appellante de l'octroi d'icelle Commission, exécution d'icelle, &c. *signé*, du Tillet. *Voyez* le *Dictionnaire* de Prosper Marchand, *pag.* 205, au mot *Comte de Permission*, où il donne une Note curieuse sur cette Requête de Madame la Duchesse de Guise. Il cite les Pièces que l'on vient de rapporter, ce qui confirme la certitude de cette étrange procédure, dont Cayet doute si mal à propos. On peut en voir l'Histoire dans la *Satyre Ménippée*, tom. II. pag. 293. Le Grain, dans la *Décade de Henri le Grand*, *Liv. V.* pag. 353, en parle en ces termes : « Cette cohue de Parlement » ne fut pas moins furieuse que les Prédicateurs de Pa-» ris, tellement prostitués à l'injustice qu'ils voulurent » exterminer tout le Sang Royal, quand elle députa » deux Conseillers pour faire le procès au Roi Henri III.

» leur Prince légitime & naturel Seigneur , ... & pour » informer contre lui ».]

18860. ☞ Mf. Informations pour raison de la mort du Duc & du Cardinal de Guise, en 1589 & 1590 : *in-fol.*

Ces Informations se trouvent indiquées au n. 15317, du Catalogue de M. d'Estrées.]

18861. ☞ Le faux musle découvert du grand Hypocrite de la France, contenant les faits les plus mémorables par lui exercés envers les Catholiques en ces derniers temps : 1589, une feuille *in-fol.* en Vers, avec une figure.

Cette Pièce satyrique regarde la mort des Guises.]

18862. ☞ Déclaration par laquelle Henri de Valois confesse être tyran & ennemi de l'Eglise Catholique, Apostolique & Romaine : *Paris*, Binet, 1589, *in-*8. en Vers.

Cette Pièce se trouve aussi imprimée sous le titre :

Contenu par lequel Henri de Valois, &c.

C'est une confession de la mort des Guises ; l'Auteur fait dire à Henri III. qu'il n'a fait ces meurtres que par le conseil de d'Espernon.]

18863. ☞ Henri de Valois, de Gaulois ruiné : Anagramme, *in-*8.]

18864. ☞ La détestation de Henri dévalé ; sur l'assassinat du Duc de Guise : 1589, *in-*8.]

18865. ☞ Les Regrets de Madame de Nemours, sur la mort de Messeigneurs de Guise ses enfans, L. O. T. M. *Paris*, Velu, 1589, *in-*8.]

18866. ☞ Déploration en Vers lamentables sur la mort de Monseigneur le Duc de Guise ; par Jean MONDIN, Parisien : *Paris*, Jouin, 1589, *in-*8.]

18867. ☞ Consolation à la France, sur la mort de M. le Duc de Guise, dédiée à M. le Duc d'Aumale ; par Jean MONDIN, Jurisconsulte Parisien : *Paris*, Millot, 1589, *in-*8.]

18868. ☞ La Trahison découverte des Politiques de la Ville de Rouen, contenant ce qui s'est passé dans cette Ville : *Paris*, 1589, *in-*8.]

18869. ☞ Remerciement des Catholiques unis, fait à la Déclaration du Roi de Navarre : *Paris*, 1589, *in-*8.]

18870. ☞ Déclaration & Résolution de par les Major, Prévôt & Echevins de la Ville d'Amiens, du 2 Janvier 1589: *in-*12.]

18871. ☞ Réponse faite par les Officiers de Henri de Valois, aux Lettres Patentes qu'il a décernées, portant Mandement de l'aller trouver : *Paris*, Bichon, 1889, *in-*8.

Cette Réponse faite sous le nom emprunté de ces Officiers, est séditieuse & insolente.]

18872. ☞ Arrêts de la Cour Souveraine des Pairs de France, donnés contre les Meurtriers & Assassinateurs de MM. les

Cardinal & Duc de Guife, du dernier Février 1589: *Paris*, Nic. Nivelle, 1589, *in*-8.]

18873. ☞ Complainte de tous Capitaines & Soldats Catholiques revenus de Poiĉtou, fur la ceffation d'armes accordée aux Hérétiques de Poiĉtou ; enfemble l'Epitaphe de feu M. de Guife, fait par lefdits Capitaines & Soldats : *Paris*, Roger, 1589, *in*-8.]

18874. ☞ Origine généalogique, & Démonftration de cette excellente & héroïque Maifon de Lorraine & Guife ; avec plufieurs excellens, généraux & très-hauts faits des Ducs Charles de Lorraine, &c. & leurs enfans ; avec les Martyres de Henri & Louis Duc & Cardinal de Guife, par le commandement tyrannique de Henri de Valois tiers, abufant du Sceptre, Couronne & Dignité Royale de France : *Paris*, Perinet, 1589, *in*-8.

C'eft un long & faftidieux Panégyrique de la Maifon de Guife. L'Auteur traite Hugues-Capet d'ufurpateur de la Couronne. Autant il eft fécond en louanges pour les Princes Lorrains, autant il l'eft en injures groffières contre Henri III. Henri IV. & autres qui n'adhéroient pas aux Guifes.]

18875. Francifci FABRICII, Marcodurani, de Motibus Gallicis Relatio : 1588, *in*-8.

Ejufdem Continuatio, quâ de totius Europæ præfenti ftatu differitur: *Ex Specula Halcyonia*, 1592, *in*-8.

18876. Moti di Francia, mal evento del Armata Efpagnola, nell'anno 1588: *In Bergamo*, 1595, *in*-8.

18877. Difcours de la Guerre de Verdun, contre la Ville de Jamets : 1590, *in*-8. [1590, *in*-12.]

Jean [DE] SCHOFFIER, Proteftant, eft l'Auteur de ce Difcours. Il y raconte la Guerre du Duc de Lorraine contre la Maifon de Bouillon, depuis le 28 Mars 1585 jufqu'au 28 Décembre 1588. Ce Difcours eft auffi imprimé au tom. III. des *Mémoires de la Ligue*, *pag*. 593.

☞ L'Edition *in*-12, petit caractère, de 136 pages, a pour titre : « Brief & véritable Difcours de la Guerre » & Siége de la Ville & Château de Jametz, le fieur » Chelandre y commandant, 1590 ». L'Epître Dédicatoire adreffée à Mademoifelle la Ducheffe de Bouillon, eft fignée T. O. S. de Schoffier.]

18878. Le Siége de la Citadelle d'Orléans, par le Duc d'Aumont, le 30 Décembre 1588.

L'Hiftoire de ce Siége eft imprimée dans le tom. III. des *Mémoires de la Ligue*, *pag*. 173.

18879. Avertiffement particulier & véritable de tout ce qui s'eft paffé en la Ville de Tolofe, depuis le maffacre & affaffinat commis en la perfonne des Princes Catholiques, tant de l'emprifonnement & mort du Premier Préfident & Advocat du Roi d'icelle, que de plufieurs autres chofes qui méritent d'être remarquées pour le profit & utilité des affaires des bons & véritables Catholiques : *Paris*, le Fizelier, 1589, *in*-8. 34 pages.

☞ L'Auteur qui ne fe nomme pas, eft Urbain DE S. GELAIS-LANSAC, Evêque de Cominges. On trouve à ce fujet une Lettre dans le *Journal Encyclopédique*, 1764, 15 Décembre, *pag*. 120-130 : & dans le *Journal de Verdun*, 1765, *Février*, *pag*. 114-125, « des Obfer- » vations de M. Grofley, touchant un Monument fur le » meurtre du Préfident Duranti ».

D. Vaiffette a auffi donné, dans fon *Hiftoire de Languedoc, tom. V. Preuves*, *pag*. 303, une Relation Latine, d'après un Manufcrit de la Bibliothèque du Roi, fur cette émeute de Toulouse, en 1588.]

18880. Lettres d'Union pour être envoyées par toute la Chrétienté, touchant le meurtre & affaffinat commis envers les perfonnes du Duc & du Cardinal de Guife fon frère, & autres Princes & Seigneurs Catholiques, lefquels ont évité la cruauté commife en la Ville de Blois ; avec des Obfervations fur certains points contenus en cette Lettre, du mois de Janvier, 1589 : *in*-8. & *Mém. de la Ligue*, tom. III. *pag*. 157.

18881. Déclaration du Roi, portant oubliance & affoupiffement des contraventions qui ont été faites par aucuns de fes Sujets Catholiques ; enfemble l'Obfervation de fes Edits d'Union contre fefdits Sujets Catholiques, pour l'extirpation de l'Héréfie, le 7 Janvier 1589 : *in*-8. & *Mém. de la Ligue*, tom. III. *pag*. 181.

18882. Déclaration des Princes Catholiques unis avec les trois Etats du Royaume, pour la remife & décharge d'un quart des Tailles & Crues, du 29 Janvier 1589 : *in*-8. & *Mém. de la Ligue*, tom. III. *pag*. 189.

18883. Déclaration en forme de Serment, fait à Paris par ceux du Parlement, pour l'entretenement de leur union contre le Roi, du 30 Janvier 1589 : *in*-8. & *Mém. de la Ligue*, tom. III. *pag*. 192.

18884. ☞ Refponfum Facultatis Theologicæ Parifienfis, fuper præpofitâ Quæftione, An liceat jurare Ediĉtum Unionis, (7 Januarii 1589) : *Parifiis*, 1589, *in*-4.

Le même Avis, en François & en Latin, fous ce titre :

Avis & Réfolution de la Faculté de Théologie de Paris, fur cette Queftion, Si il eft loifible de jurer l'Ediĉt d'Union : *Paris*, Chaudière, 1589, *in*-8.]

On trouve cette même Pièce dans les *Mémoires de la Ligue*, tom. III. *pag*. 190, fous le titre fuivant :

Réfolution des Doĉteurs de Sorbonne, fur la queftion affavoir, s'il eft licite au Peuple François de fe révolter de l'obéiffance du Roi, en Latin & en François : 1589.

Ce Décret d'une partie de la Sorbonne eft du 7 Janvier, 15 jours après la mort du Duc de Guife. Les Doĉteurs décidèrent : 1.° Que les François étoient déliés du Serment de fidélité & obéiffance due à Henri III. 2.° Qu'ils pouvoient s'unir & s'armer contre lui, pour la défenfe & confervation de la Religion Catholique. 3.° Que l'on recourroit à l'autorité du Pape, pour approuver cette réfolution. Ce prétendu Décret de la Sorbonne fut dreſſé contre toutes les règles, par quelques factieux, & il y eut à peine dix ou douze Docteurs qui entrèrent dans leur sentiment ; les autres furent opprimés par les cris & la violence. *Voyez* à ce sujet le *Discours* prononcé en 1717, par le Syndic Ravechet, lequel est à la tête des *Censures & Conclusions de la Faculté de Théologie de Paris*, touchant la Souveraineté des Rois, &c. *Paris*, Delespine, 1717, *in-4.* On trouve encore à la fin de ce Discours, les témoignages de plusieurs Auteurs contemporains. Dès que la Sorbonne fut libre, elle révoqua ce Décret que la tyrannie de la Ligue avoit arraché à quelques-uns de son Corps ; tous les Ordres Religieux qui s'étoient aussi déclarés contre la Maison Royale se rétractèrent comme elle.]

18885. ☞ Discours sur la Résolution de la Faculté de Théologie de Paris : 1589, *in-8.*]

18886. Examen de la Résolution prise & donnée par Messieurs de la Faculté de Théologie de Paris, aux Prévost des Marchands, Eschevins & Consuls de ladite Ville, contre le Roi leur Souverain naturel & légitime, sur ce qui est advenu à Blois, le 23 Décembre 1588, *in-8. & Mém. de la Ligue, t. III. pag.* 198.

☞ L'Auteur reproche au Peuple de Paris ses fréquentes révoltes contre les Souverains, auxquels néanmoins il a tant d'obligations. Il fronde la résolution de la Sorbonne, & justifie le meurtre du Cardinal & du Duc de Guise.

Cette Pièce est suivie d'une Déclaration du Roi Henri III. sur l'attentat, félonie & rébellion du Duc de Mayenne, &c. (qui est indiquée à part ci-après). Elle est du mois de Février 1589, & contient des détail curieux des causes qui ont occasionné le Meurtre du Duc de Guise ; & entre autres un fait singulier, qui est que le Duc de Mayenne & le Duc d'Aumale avoient fait avertir le Roi des desseins du Duc de Guise sur sa personne.

Voyez sur cet Avertissement, la Harangue de Daubray dans la *Satyre Menippée*, & la Note où il est dit que la cause de cet avertissement fut la jalousie qui régnoit entre le Duc de Mayenne & le Duc de Guise, au sujet d'une femme pour laquelle ils furent sur le point de se battre. M. de Thou en parle aussi, *Liv.* 93.]

18887. ☞ Réponse à ce que les Politiques mettent en avant, pour excuser les massacres commis par le Roi à Blois, ès personnes du Cardinal & Duc de Guise ; avec la Justification de la sainte Ligue & de la Journée des Barricades ; éclaircissant quant & quant aucuns doutes touchant le droit, lequel le Roi prétend sur le Peuple de France : *Paris*, Bichon, 1589, *in-8.*

C'est un Ouvrage des plus fanatiques, & où la saint-Barthélemi est représentée comme une action de justice de la part de Charles IX.]

18888. Requête présentée au Parlement par les Echevins de la Ville de Paris, tendante à ce que défenses soient faites à tous Ecclésiastiques de payer les deniers de la subvention accordée par le Clergé de France, pour faire la Guerre aux Hérétiques, à autres qu'aux Receveurs de la sainte Union, &c. *Paris*, 1589, *in-8.*]

18889. ☞ Requête présentée au Parlement par les Echevins de la Ville de Paris, pour faire déclarer tous Gentilshommes & autres qui empêchent la sainte Union, parjures & infidèles, &c. *Paris*, 1589.]

18890. ☞ Extrait de deux Lettres des 9 & 10 de Janvier, envoyées de Rome : 1589, *in-8.*]

18891. ☞ Signes merveilleux apparus en la Ville & Château de Blois, en la présence du Roi ; ensemble les Signes & Comète apparus près Paris, le 12 Janvier 1589 : 1589, *in-8.*]

18892. ☞ Arrest de la Cour de Parlement, du 6 Février 1589, pour faire saisir les biens des Huguenots : *Paris*, 1589, *in-8.*]

18893. Bulla SIXTI Papæ V. contra Henricum III. *Parisiis*, Nivelle, 1589, *in-8.*

☞ La même Bulle en François : *Paris*, 1589, *in-8.*

On peut voir ci-devant, *tom. I. N.°* 7140 & *suiv.* plusieurs Ouvrages au sujet de cette Bulle.]

18894. ☞ Proposition faite par Notre Saint Père le Pape (SIXTE V.) au Consistoire tenu à Rome le 27 Janvier 1589, sur le sacrilège & assassinat commis en la personne du Cardinal de Guise, &c. 1589, *in-8.*]

18895. La Harangue faite au Consistoire à Messeigneurs les Cardinaux, par N. S. P. le Pape, sur la mort du Cardinal de Guise, avec le texte Latin, du 6 Février 1589 ; *Paris*, Gourbin, 1589, *in-8.*

☞ Ce Pape représente comme horrible & inouïe, l'entreprise du Roi de France, & promet, quoi qu'il puisse en arriver, d'en tirer vengeance.]

18896. ☞ Avertissement aux Catholiques sur la Bulle de N. S. P. le Pape, touchant l'Excommunication de Henri de Valois ; avec plusieurs exemples de punitions étranges & merveilleux jugemens de Dieu sur les Excommuniés : *Paris*, Chaudière, 1589, *in-8.*

L'Auteur, après avoir posé en fait que l'Eglise a le pouvoir d'excommunier, rapporte plusieurs exemples de punitions exercées contre ceux qui ont encouru cette censure. Il en infère celle que doivent craindre Henri III. & ses Fauteurs. Il passe de-là à la manière dont doivent se comporter les Catholiques avec eux, qui est de s'unir & conspirer saintement à les exterminer.]

18897. ☞ De l'Excommunication & Censures Ecclésiastiques encourues par Henri de Valois, pour l'assassinat commis ès personnes de MM. le Cardinal & Duc de Guise : *Paris*, Bichon, 1589, *in-8.*

Cette Pièce, qui est fort étendue, peut passer pour l'abrégé de tous les Paradoxes & principes dangereux des Ligueurs. L'Auteur, après un long détail de tout ce qui s'est passé en France, veut prouver que Henri III. est excommunié de fait, pour avoir fait tuer le Cardinal & le Duc de Guise ; & qu'en conséquence il est dégradé de tous ses droits & prérogatives, & qu'on ne doit plus le reconnoître pour Roi, mais le chasser à force ouverte. Il faut lire cette Pièce pour être convaincu des excès affreux où l'esprit de fanatisme peut porter.]

18898. ☞ Excommunication des Ecclésiastiques, principalement des Evêques,

Abbés & Docteurs qui ont affifté au Service Divin, fciemment & volontairement, avec Henri de Valois, après le maffacre du Cardinal de Guife; traduit du Latin d'un Docteur, par J. M. Gourbin: 1589, *in-8*.

Gilbert GENEBRARD eft Auteur de ce Traité, qui eft tout dogmatique. Il y prétend que ces Eccléfiaftiques ont encouru par le feul fait, l'excommunication majeure; & pour le prouver il allégue plufieurs paffages des Pères & des Canoniftes; & qu'on doit s'en tenir fur ce point à la décifion de la Sorbonne: 1589, *in-8.* On penfe que l'avis contraire ne s'accorde pas avec les Libertés de l'Eglife Gallicane, tandis que lui-même la fappe dans tous leurs fondemens.]

☞ Jurifconfultus Catholicus de Theologorum Affertione ad quemdam Parochum & tres excommunicatorum Patronos: 1590, *in-8.*

On a indiqué cet Ecrit, (Art. des *Libertés*, N.º 7152); mais il doit encore être ici placé. L'Auteur y défend le fentiment des Théologiens qui prétendoient que tous les Eccléfiaftiques qui avoient affifté aux Services Divins avec Henri III. après le maffacre du Cardinal de Guife, avoient encouru par ce feul fait l'excommunication majeure. Les Prélats de la Cour y font très-maltraités.]

18899. Déclaration du Roi fur l'attentat, félonie & rébellion du Duc de Mayenne, & du Chevalier d'Aumale, & de ceux qui les affifteront, en Février 1589: *in-8.* (& *Mém. de la Ligue, tom. III. pag. 215.*).

Cette Pièce eft curieufe.

☞ *Voyez* l'Obfervation que l'on a faite ci-devant, N.º 18886.]

18900. Déclaration du Roi fur l'attentat, félonie & rébellion des Villes de Paris, Orléans, Amiens, Abbeville & autres leurs Adhérans, en Février, 1589: *in-8.* (& *Mém. de la Ligue, tom. III. pag. 224*).

18901. ☞ Réponfe aux juftifications prétendues, par Henri de Valois III. du nom, fur les meurtres & affaffinats de feux Meffeigneurs les Cardinal & Duc de Guife, contenus en fa Déclaration par lui faite, contre Meffeigneurs les Duc de Mayenne, Duc & Chevalier d'Aumale: *Paris*, 1589, *in-8.*]

18902. Etabliffement du Confeil général de l'Union des Catholiques, avec les Ordonnances dudit Confeil, du 8 Février 1589: *Paris*, Morel, 1589, *in 8.*

18903. Lettre d'un Avocat de Tolofe, concernant ce qui s'eft paffé depuis le 15 Janvier jufqu'au 8 de Février 1589: *Paris*, 1589, *in-8.*

☞ *Voyez* ci-deffus, N.º 18879.]

18904. ☞ Déclaration de Meffieurs les habitans de la Ville de Touloufe, avec l'Arrêt du Parlement de ladite Ville: *Paris*, Jouin, 1589, *in-8.*

Cette Déclaration concerne la prife des armes contre le Roi. L'Arrêt le déclaroit déchu de la Couronne, & délioit fes Sujets du Serment de fidélité qu'ils lui avoient fait.]

18905. ☞ Juftification de la Guerre entreprife, commencée & pourfuivie fous la conduite du très-valeureux & débonnaire Prince Monfeigneur le Duc de Mayenne, par les Catholiques de la France, contre les Hérétiques, leurs défenfeurs, fauteurs, &c. contenant réponfe aux raifons ammenées par les Politiques, contre icelle Guerre & entreprife: *Paris*, Chaudière, 1589, *in-8.*]

18906. Traité des caufes & raifons de la prife d'armes, faite en Janvier 1589, & des moyens pour appaifer nos préfentes afflictions: 1589, *in-8.*]

Ce même Traité eft auffi imprimé au tom. II. *pag. 1*, des *Mémoires* de Louis de Gonzague Duc DE NEVERS, qui en eft l'Auteur: *Paris*, 1665, *in-fol.* Il eft mort en 1595. « Cette Pièce, faite contre la Ligue, eft fans » comparaifon la plus belle de celles qui nous reftent de » lui. L'Auteur y juftifie Henri III. de toutes les calom- » nies dont tous les Ligueurs tâchoient de noircir fa » réputation, & il y défabufe ceux qui s'étoient engagés » à prendre les armes contre le Roi, fous prétexte de » défendre la Religion. Il y a mêlé quantité de traits » d'Hiftoire très-remarquables, & qui ne fe trouvent » point ailleurs. « *Journal des Sçavans*, du 25 Janvier 1665.

☞ Le prétexte de la Religion a toujours fervi à cacher l'ambition des Catholiques & des Huguenots. L'Auteur le prouve par ce qui s'eft paffé depuis les premiers troubles. Il difculpe enfuite Henri III. de ce qu'on lui reprochoit d'être Apoftat, d'avoir favorifé l'Héréfie aux dépens de la Religion Catholique, & d'avoir voulu ouvrir au Roi de Navarre le chemin à la fucceffion à la Couronne, d'avoir été un tyran & un perfide, violant la foi publique. Ces reproches conviennent mieux aux Chefs de l'Union, dont l'Auteur dévoile ici les intrigues, les menées & les deffeins, qui ne tendoient à rien moins qu'à la Couronne. C'eft le prétexte de la Religion qui a donné lieu au Roi d'Efpagne de former les plus dangereux projets fur la France, en fomentant la rebellion, & protégeant les féditieux. C'eft ce prétexte qui a engagé MM. les Ducs de Lorraine & de Savoie à fe déclarer pour eux. M. de Nevers exhorte les François à ouvrir les yeux, à ne pas fouffrir la divifion de cette Monarchie, & à reconnoître le Roi de Navarre, qui fera très-humblement fupplié de rentrer dans le fein de l'Eglife Catholique. Ce Difcours fut fait à Nevers, en Janvier 1589. On peut dire que c'eft un chef-d'œuvre, par la force des raifonnemens & la juftefle des conféquences. Il eft rempli d'une multitude de faits importans qui fervent à éclaircir l'Hiftoire de ce temps. Il n'y a guère de Pièce qui découvre avec plus de vérité les vues ambitieufes des fauteurs de la Ligue. *Voyez* la *Méth. hiftor. in-4.* de Lenglet, *tom. IV. pag. 93.*]

18907. ☞ Lettre d'un Lieutenant Général de Province à un des premiers Magiftrats de France: *Paris*, Jouin, 1589, *in-8.*

Il lui mande que l'Edit d'Union a été juré d'un commun confentement dans fon Gouvernement, & annonce que la vie de Henri III. & celle du Roi de Navarre ne feront pas de longue durée.]

18908. Edit du Roi, par lequel la Cour de Parlement, qui fouloit feoir à Paris, eft transférée à Tours, & auffi la Chambre des Comptes; en Février 1589.

18909. Déclaration des Confuls, Echevins, Manans & Habitans de la Ville de Lyon, fur l'occafion de la prife d'armes faite par eux, le 24 Février 1589.

☞ Ces deux Pièces font au tom. III. des *Mémoires de la Ligue, pag. 239 & 284*. Il y a une Traduction Italienne de la Déclaration, imprimée en 1589. Cette Déclaration a été dreſſée par Claude Rubys, ſelon M. de Thou, dans ſon *Hiſtoire*, ſous cette année. La Ville de Lyon ſuivit le mauvais exemple de celle de Paris. La Pièce qui parut pour la juſtification de la première, eſt aſſez vive contre le Roi Henri III. auquel ils imputent le deſſein de détruire la Religion Catholique.]

18910. ☞ Mſ. Journal contenant ce qui s'eſt paſſé à Paris depuis le 23 Décembre 1588, juſqu'au 27 Février 1589.]

Suite dudit Journal, juſqu'à la fin d'Avril: in-fol.

Ce Manuſcrit original, cité *pag.* 237 du Catalogue de M. de Cangé, eſt conſervé dans la Bibliothèque du Roi.]

18911. ☞ Forme du Serment qu'il convient faire par tout le Royaume de France, pour l'entretennement de la ſainte Union, ſuivant l'Edit & Arrêt de la Cour, du premier Mars 1589; avec l'Arrêt: 1589, *in*-8.

☞ C'eſt du Parlement de la Ligue dont il eſt ici queſtion.]

18912. ☞ Remontrances ſur l'Arrêt de Paris, du premier de Mars 1589, par leſquelles il eſt prouvé qu'il n'eſt licite au ſujet de s'armer contre ſon Roi: *Caen*, 1589, *in*-12.]

18913. ☞ Edit du Duc de Mayenne & de l'Union, pour réunir tous les vrais François à la défenſe de l'Egliſe Catholique: *Paris*, 1589, *in*-8.]

18914. ☞ Le Remerciement des Catholiques unis, fait à la Déclaration & Proteſtation de Henri de Bourbon, dit Roi de Navarre: *Paris*, Thierry, 1589, *in*-8.

L'Auteur répond à quelques points de la Déclaration de ce Prince, du 4 Mars, & proteſte que les François périront plutôt que de ſouffrir deux Religions dans le Royaume. Il dit qu'il eſt inutile de demander la convocation d'un Concile, comme le demandoit le Roi de Navarre, puiſque l'affaire a été réſolue dans celui de Trente, & que l'envie qu'il témoigne de ſe faire inſtruire, n'eſt qu'un leurre pour les mieux attraper.]

18915. * Advis de MM. du Conſeil général de l'Union des Catholiques établis à Paris, ſur la nomination & élection de M. le Duc de Mayenne, Pair de France, pour lui être donné titre de Lieutenant Général de l'Eſtat Royal & Couronne de France, attendant l'Aſſemblée des Eſtats de ce Royaume, du 4 Mars, avec l'Arreſt de la Cour ſur ce intervenu, & le Serment fait par ledit Seigneur, du 7 Mars 1589: *in*-8.

18916. * Proteſtation & Serment ſolemnel fait en la Cour de Parlement, par le Duc de Mayenne, le 13 Mars 1589: *in*-8.

18917. ☞ Le Pouvoir & Puiſſance de Monſeigneur le Duc de Mayenne: *Paris*, Nivelle, 1589, *in*-8.]

18918. ☞ Arrêt du Conſeil général de l'Union des Catholiques, par lequel eſt enjoint à toutes perſonnes qui ſont retournées en leurs Maiſons depuis la Déclaration de M. de Mayenne, de prêter le Serment de l'Union, & défenſes à tous Officiers d'exercer leurs états, juſqu'à ce qu'ils aient prêté ledit Serment: *Paris*, 1579, *in*-8.]

18919. ☞ Avis de Rome, tiré des Lettres de l'Evêque du Mans, écrites le 15 de Mars à Henri de Valois, jadis Roi de France: *Paris*, 1589, *in*-8.

C'eſt un Extrait des Lettres de ce Prélat, où il parle des conférences qu'il a eues avec le Pape Sixte V, au ſujet du meurtre du Cardinal de Guiſe. L'Auteur des Réflexions ſur ces Lettres en infère, que vû la bonne intention du Pape, & l'hypocriſie du Roi, on doit ſe porter à tout, juſqu'à l'effuſion de ſon ſang, pour en tirer vengeance & conſerver la Religion Catholique.]

18920. ☞ Mandement du Chapitre de Reims, (en faveur de la Ligue); du 20 Mars 1589.

Il eſt imprimé *pag.*73 de la *Tradition des Faits, &c.* 1753, *in*-12. On y ordonne la privation des Sacremens, à l'égard de ceux qui ne ſe déclareront pas contre Henri de Valois excommunié, &c.]

18921. ☞ Le Théatre de France, auquel eſt contenu la réſolution ſur chacun doute, qui a retenu la Nobleſſe de ſe joindre à l'Union Catholique, à Meſſieurs de la Nobleſſe: *Paris*, Bichon, 1589, *in*-8.

Cette Pièce eſt aſſez longue, & contient 86 feuilles. Elle tend à exciter la Nobleſſe à dépoſer Henri III. & à élire un autre Roi. Le Privilège pour l'impreſſion a été donné par le Conſeil de l'Union, le 13 Juillet 1589, avant ſa mort. L'Epître dédicatoire eſt du 15, ſignée *Char. de Boſſ. Bar. deſc.* qui a ſans doute rapport au nom de l'Auteur.]

18922. ☞ La Nullité de la prétendue innocence & juſtification des Maſſacres de Henri de Valois, par le contraire de ſon artificielle Déclaration envoyée par les Villes de France pour être publiée: 1589, *in*-8.

L'Auteur reproche à Henri III. ſa mauvaiſe foi, & prétend prouver combien les raiſons qu'alléguoit ce Prince pour juſtifier ce qui s'étoit paſſé aux Etats de Blois, étoient dénuées de toute vraiſemblance.]

18923. ☞ La Déteſtation des cruautés ſanguinaires & abominables de Henri de Valois, en forme de regrets ſur la mort & cruel aſſaſſinat par lui commis & perpétré en la perſonne de Henri de Lorraine, Duc de Guiſe, & zélateur de la foi Catholique, Apoſtolique & Romaine: *Paris*, Binet, 1589, *in*-8. en Vers, avec Anagramme & Sonnet.]

18924. ☞ Apologie aux Rapſodeurs de la mort de Louis de Lorraine, Cardinal, & Henri, Duc de Guiſe, ſuivie d'une Elégie, & Tombeaux d'iceux; par Pierre ROSSET: *Paris*, Mercier, (1589) *in*-8. Proſe & Vers.

L'Auteur invite à ne plus ſe plaindre & à prendre courage, parcequ'il eſt à préſumer que ces grands Princes qui ont eu tant de zèle & d'amour pour le Royaume pendant leur vie, ſont plus en état par leur mort de l'aider & de le ſecourir.]

18925. ☞ Les plaintes & doléances du Prince de Joinville, fils de Henri de Lorraine, ne, Duc de Guife, envoyées aux Villes Catholiques de la France ; avec les Tombeaux des Cardinal & Duc de Guife: 1589, *in-*8. Profe & Vers.]

18926. ☞ Réponfe du Peuple Catholique de Paris aux pardons de Henri de Valois, femés par fes Miniftres : *Paris*, 1589, *in-*8.

Dans cette Réponfe, qui eft en forme de Lettres-Patentes, les Parifiens déclarent fe fouftraire à la domination de ce Roi, & vouloir fe défendre jufqu'au dernier foupir.]

18927. ☞ Copie des Mémoires fecrets en forme de Miffive envoyée de Blois par un Politique mal affuré, à un fien ami auffi Politique de cette Ville de Paris; avec la Réponfe, laquelle a été découverte fur un Laquais fortant de cette Ville, &c. 1589, *in-*8.]

18928. ☞ Copie de la Réponfe faite par un Politique de cette Ville de Paris aux précédens Mémoires fecrets, qu'un fien ami lui avoit envoyés de Blois, en forme de Miffive : de Paris le 3 Janvier 1589, fignée, N. L. D. J. *in-*8. avec Pièces en Vers à la fin.

Ce petit Ecrit renferme des traits affez circonftanciés & curieux, fur la manière gênante de vivre des Politiques à Paris, fur le zèle des Parifiens pour entretenir l'Union, & fur les faits d'armes des Ducs de Mayenne & d'Aumale.]

18929. ☞ De la différence du Roi & du Tyran ; dédié à M. L. L. D. M. *Paris*, Thierry, 1589, *in-*8.

L'Auteur, dans l'Epître Dédicatoire, fait le récit de tous les maux que les François ont endurés depuis douze ou treize ans. Enfuite dans le corps de l'Ouvrage, il pofe pour principe, qu'on doit plutôt obéir à Dieu qu'aux hommes, ce qui eft certain ; mais la plupart des conféquences qu'il en tire font fauffes, fur-tout celles qui regardent la dépofition des Rois.]

18930. ☞ Sentence contre Henri de Valois, fes complices, adhérans & fauteurs, felon les Saints Canons de l'Eglife. Bulle & Conftitution de Boniface VIII. faite il y a environ 300 ans, contre ceux qui ofent attenter fur la perfonne de MM. les Cardinaux, &c. 1589, *in-*8.]

18931. ☞ Hiftoire de la mort tragique de Popiel, Roi de Pologne, duquel les tyranniques actes fe peuvent conformer à fon fucceffeur Henri de Valois : *Paris*, le Borgne, 1589, *in-*8.

C'eft une Pièce allégorique, pour prouver que les Tyrans ont toujours une malheureufe fin.]

18932. ☞ Les vrais piéges & moyens pour attraper le faux hérétique & cauteleux Grifon, Henri de Valois ; avec une Remontrance à tout bon Catholique envoyée à Paris le 15 Février 1589 : *Paris*, Varangues, *in-*8. avec deux Sonnets à la fin.

L'Auteur de cette Pièce féditieufe invite les Parifiens à faire la guerre au Roi, & à s'en défaire. Il exhorte les femmes à vendre leurs habits & Joyaux, pour en faire

Tome II.

de l'argent, & l'employer aux frais de la guerre. Il veut fur-tout qu'on fe refufe à toute propofition de paix.]

18933. ☞ Trahifon découverte de Henri de Valois, fur la vendition de la Ville de Bologne, à Jézabel, Reine d'Angleterre ; avec le nombre de vaiffeaux pleins d'or & d'argent pris par ceux de la Ville de Bologne envoyés par Jézabel audit de Valois : *Paris*, Jouin, 1589, *in-*8.

On peut voir à ce fujet, l'*Efprit de la Ligue*, tom. I. pag. xxv.]

18934. ☞ Les Connivences de Henri de Valois avec M. de Charouges, Gouverneur de la Ville de Rouen ; enfemble, comme elle a été réduite à l'Union, par les Catholiques de ladite Ville : *Paris*, Jouin, 1589, *in-*8.

18935. ☞ Recette pour la toux du Renard de la France (Henri III.) par Michel JOUIN ; 1589, *in-*8.

Il y a un Sonnet & une Epigramme à la fin.]

18936. ☞ Arrêt du Parlement faifant défenfe à toutes perfonnes de n'emprifonner ni condamner les Catholiques du parti contraire à la fainte Union : *Paris*, 1589, *in-*8.]

18937. ☞ Arrêt du Parlement du 10 Avril 1589, portant injonction à tous Seigneurs, Capitaines & Soldats, étant de l'Union Catholique, de joindre l'armée du Duc de Mayenne : *Paris*, 1589, *in-*8.]

18938. ☞ Copie d'une Lettre écrite par un homme d'Eglife, étant de préfent à Tours, à M. Pyginac (Pigenat) Curé de S. Nicolas-des-Champs, furprife fur le chemin d'Orléans, du 9 Mai 1589 : *in-*4.]

18939. ☞ Copie de la Lettre écrite à ceux d'Orléans, par le Roi de Navarre, le 28 Mai 1589 : *in-*4.]

18940. ☞ Avertiffement des Avertiffemens au Peuple très-Chrétien ; par J. DE CAUMONT : *in-*8.]

18941. ☞ Lettre du Roi de Navarre & du Duc d'Efpernon aux Rochellois.]

18942. ☞ Contre les fauffes allégations que les plus qu'Achitofels, Confeillers Cabaliftes, propofent pour excufer Henri le Meurtrier, de l'affaffinat par lui perfidement commis en la perfonne du très-illuftre Duc de Guife : 1589.

L'Auteur perd fon temps & fa peine dans tout ce qu'il rapporte pour blâmer la conduite du Roi. La punition du Duc de Guife étoit devenue néceffaire, & on doit moins reprocher à Henri III. l'irrégularité de cette action, que d'avoir attendu pour la faire ; le moment où il alloit lui-même être détrôné, & peut-être privé de la vie.]

18943. ☞ Sur l'Affaffinat & Maffacre de Monfeigneur le Révérendiffime & Illuftriffime Loys, Cardinal de Guife, &c. Exhortation aux vrais & généreux François.

C'eft une fuite de la Pièce précédente. L'Auteur y

soutient que les Etats sont au-dessus du Roi, & qu'ils peuvent le déposer. Son style est très-emporté.]

18944. ☞ Advis & Exhortation en toute humilité & obéissance, à MM. du Conseil d'Etat général de la sainte Union de l'Eglise Catholique, Apostolique & Romaine, contre les blasphémateurs du nom de Dieu, & ceux qui seront trouvés en adultère & paillardise ; ensemble, contre ceux qui soutiennent les hérétiques & politiques de ce temps, & qui de leurs langues intimident les bons & fidèles Chrétiens au service de la sainte Union, pour y être poursuivi par voie de justice, ainsi que de raison. Plus, un Advertissement audit Conseil d'ôter les boutiques des Perruquiers qui vendent les cheveux des morts & des vivans. P. S. C. *Paris*, Binet, 1589, *in-8*.

Voilà un tissu bien long pour une Pièce fort courte, & qui d'ailleurs ne dit rien, & ne vaut pas la peine d'être lue.]

18945. ☞ Origine de la maladie de la France, avec les remèdes propres à la guarison d'icelle ; avec une Exhortation à l'entretiennement de la guerre : *in-8*.

L'Auteur prétend que tous les maux proviennent de la diversité de Religion qu'on souffre en France ; & que le seul remède qu'on puisse y apporter promptement & sûrement, est de se défaire du Roi, qu'on ne doit plus regarder comme tel.]

18946. ☞ La France mourante, Dialogue : *in-8*.]

18947. ☞ Avertissement des nouvelles cruautés & inhumanités desseignées par le Tyran de la France : *Paris*, Thierry, 1589, *in-8*.

L'Auteur prétend sçavoir de bonne part que Henri III. veut engager aux Suisses le Dauphiné & quelques Villes en Bourgogne, pour introduire plus facilement l'hérésie en France.]

18948. ☞ Comparaison des deux partis pour apprendre à tous vrais François d'embrasser le parti de Jesus-Christ, &c. & chasser la tyrannie & hypocrisie de Henri de Valois, associé avec les hérétiques, qui est le parti de Satan, où est déclaré le vol traîtreusement fait à Fontenay des ornemens des Eglises par le sieur de la Trimouille : *Paris*, Deshayes, 1589, *in-8*.

C'est une Pièce séditieuse & remplie de préceptes les plus opposés au Christianisme, & les plus favorables au Tyrannicide.]

18949. ☞ Les choses horribles contenues en une Lettre envoyée à Henri de Valois, par un enfant de Paris, le 28 de Janvier 1589, selon la copie qui a été trouvée en cette Ville de Paris, près l'Horloge du Palais : *Paris*, Grégoire, 1589, *in-8*.

C'est d'abord un Précis de tout ce qu'on a dit de plus horrible contre Henri III. & le Sieur d'Espernon. Ensuite est un Dialogue où ils s'entretiennent dans le dessein de faire mourir le Duc de Guise : ce qui est terminé par une invocation du sieur d'Espernon, où il invite tous les Diables à venir à son secours. Ces deux morceaux sont en Vers.]

18950. ☞ Avertissement à tous fidèles Chrétiens du Royaume de France, qu'ils ne doivent aucune obéissance à Henri de Valois : 1589, *in-8*.

Cette Pièce n'est autre chose que la Requête des Habitans de Paris, & la Réponse de la Sorbonne, qui déclare que les François sont absous du Serment de fidélité qu'ils ont fait au Roi, & qu'il est licite de s'armer contre lui.]

18951. ☞ L'Adjournement fait à Henri de Valois pour assister aux Etats tenus aux Enfers, avec figures : *Paris*, 1589, Dubreuil, avec Approbation des Docteurs de Théologie, *in-8*.

Cette Pièce est un Dialogue, en Vers.]

18952. ☞ Réponse du même peuple à la Déclaration de Henri, par la grace de Dieu, autant Roi de France que de Pologne, semée ces jours passés par les Politiques : *Paris*, Binet, 1589, *in-8*.

L'Auteur lui reproche ses liaisons avec les Hérétiques, le meurtre des Princes Catholiques, la désignation qu'il a faite d'un hérétique pour son successeur, la ruine de l'Eglise, l'excès des subsides, sa tyrannie & ses sacrilèges.]

18953. ☞ Le Catholique Lorrain au Catholique François, D. S. *Paris*, Munier, 1589, *in-8*.]

18954. ☞ Copie d'une Lettre écrite à Monseigneur de Nivernois, par un sien serviteur : *Paris*, le Blanc : 1589, *in-8*.]

18955. ☞ Consolation de Madame d'O, sur la mort de François de Rocherolles son époux ; ensemble, la consolation Latine adressée au Baron de Hacqueville son frère : *Paris*, 1589, *in-8*.]

18956. ☞ Tombeau & Discours de la vie & mort de M. de Haultefort, Gouverneur de Pontoise pour l'Union : *Paris*, 1589, *in-8*.]

18957. ☞ Les Propos tenus à Loches, entre Jean d'Espernon & son Diable familier, lorsqu'il lui prédit sa descente aux Enfers, fidèlement récités mot pour mot : *Paris*, Dubreuil, avec figures.

Ce Dialogue est en Vers.]

18958. ☞ Diablerie de Jean Valette, dit Nogaret, par la grace du Roi, Duc d'Espernon, Grand Animal de France, & Bourgeois d'Angoulesme, sur son département de la Cour, de nouveau mis en lumière par un des Valets du garçon du premier tournebroche de la cuisine du Commun dudit sieur d'Espernon : 1589, *in-8*. en Vers.

C'est une espèce de Complainte satyrique, & d'aveu des crimes les plus énormes.]

Les Regrets, Complainte & Confusion de Jean Valette, &c. 1586.

C'est la même Pièce que la précédente, à la différence près que dans la première Edition, il y a en tête la figure du Diable Nogaret, avec deux Vers ; & à la fin son portrait, aussi avec deux Vers.]

Règne de Henri III. 1589.

18959. ☞ Les causes qui ont contraint les Catholiques à prendre les armes; avec les articles des causes plus particulières qui y obligent chacun état; imprimé pour la défense de la Religion Catholique : 1589, in-8.

C'est une déclamation contre Henri III. qui renferme les principes les plus violens & la doctrine la plus meurtrière. Cependant elle fut imprimée avec l'approbation de Docteurs en Théologie de Paris, du 17 Mars 1589.]

18960. ☞ Discours de la fuite des imposteurs Italiens, des regrets qu'ils font de quitter la France, & de leur route vers le pays de Barbarie : *Paris*, Grégoire, 1589, in-8.]

18961. ☞ La Contreligue & Réponse à certaines Lettres envoyées à MM. de Rennes par un Ligueur, se disant Seigneur de la Vallée du Maine, & Gentilhomme de la suite de feu M. de Guise : 1589, in-12.]

18962. Articles de l'Union jurée & promise par les Habitans de Lyon, du 2 Mars 1589.

18963. ☞ Exploits du Roi de Navarre contre ceux de la Ligue en divers endroits.

Ces deux Pièces sont imprimées au tom. III. des *Mémoires de la Ligue*, pag. 299 & 242.]

18964. ☞ Relation des choses advenues en Poitou & ailleurs, depuis le 8 Décembre 1588, jusqu'au mois de Mars 1589.

Cette Relation est imprimée au tom. I. des *Mémoires du Duc de Nevers*, pag. 881 : *Paris*, 1665, in-fol.]

18965. Remontrance aux François sur leur sédition, rébellion & fellonie contre la majesté du Roi : 1589, in-8.

Cette Remontrance a été composée par un François Catholique du parti du Roi.

18966. Lettre du Roi de Navarre aux trois Etats de ce Royaume, contenant la Déclaration dudit Seigneur sur les choses advenues en France, depuis le 23 Décembre 1588, de Châtelleraud le 4 Mars : 1589, in-8.

La même : 1589, in-8. (en Allemand.)

☞ Cette Lettre est assez bien tournée pour concilier au Roi de Navarre la bienveillance des peuples, & pour réunir à lui le parti du Roi. Il proteste de n'en vouloir nullement à la Religion Catholique; que même il est prêt à l'embrasser, si on peut lui persuader qu'elle est meilleure que celle dans laquelle il est né. Il repasse sur tout ce qu'il a fait jusqu'alors, pour ménager les Sujets du Roi, en se bornant à une légitime défense. Il finit par déclarer que sans distinction de Religion, il protégera & soutiendra tous ceux qui se montreront fidèles Sujets du Roi. La réunion de ces deux Princes se fit le 29 Avril suivant.]

18967. ☞ La trahison découverte des Politiques de la Ville de Troyes en Champagne, avec les noms des Capitaines & politiques qui avoient conspiré contre la sainte Union des Catholiques : *Paris*, Binet, (1589) in-8.]

18968. Discours de la Défaite du Vicomte de Turenne, à Châteauneuf en Berry,

le 26 Mars, par M. de la Chastre : *Paris*, Binet, 1589, in-8.]

18969. ☞ Lettre écrite par M. DE BELLIEVRE, au Roi de Navarre.

Cette Lettre est dans le *Recueil* de Lannel : *Paris*, 1625, in-4. M. de Bellièvre remontre au Roi de Navarre que la diversité de Religion ne fait qu'éloigner de lui le Roi & les bons François, & qu'elle servira de prétexte au Roi d'Espagne pour cabaler & usurper la Couronne, si le Roi venoit à mourir sans enfans.]

18970. ☞ Lettre du Roi de Navarre au Roi.

Elle est aussi dans le Recueil précédent.]

18971. ☞ La Résolution des trois Etats du bas Pays d'Auvergne, avec la prise de la Ville d'Issoire par M. le Comte de Randan, (2 Avril 1589:) *Paris*, le Fiselier, 1589, in-8.]

18972. ☞ La Harangue prononcée à Henri de Valois, par un Marchand de la Ville de Tours, le 12 Avril 1589, (en Prose & en Vers:) *Paris*, Dubreuil, 1589, in-8.

Cette Pièce, qui paroît supposée, contient un paralléle des bons Princes avec les Tyrans. On y trouve plusieurs exemples que l'Auteur rapporte pour montrer que ces derniers ont toujours fait une fin malheureuse.]

18973. Avertissement au Roi de Navarre de se tenir au Roi & à la Religion Catholique : 1589, in-8.

18974. Arrêt de la Cour de Parlement contre ceux qui tiennent le parti de Henri de Bourbon, déclaré hérétique par Notre Saint Père le Pape, & qui lui prêtent aide, secours & faveur; du 18 Avril 1589 : *Paris*, Nivelle, 1589, in-8.

18975. Déclaration du Roi de Navarre faite à Saumur au passage de la Loire, pour le service de sa Majesté, le 21 Avril 1589.

Cette Déclaration a été dressée par Philippe du Plessis-MORNAY, & est imprimée au tom. I. de ses *Mémoires*, pag. 901, & au tom. III. des *Mémoires de la Ligue*, pag. 265.

18976. Instruction du Roi aux Gouverneurs & Lieutenans-Généraux des Provinces, sur les occasions que le Roi a eues de venir en sa Ville de Tours : *Tours*, 1589, in-8.

18977. * Le Manifeste de la France, aux Parisiens & à tout le Peuple François: 1589, in-8.

18978. Avertissement aux Bourgeois de la Ville de Paris & à tous bons Catholiques; par (Louis de Gonzague) Duc DE NEVERS.

Cet Avertissement est imprimé au tom. I. de ses *Mémoires*, pag. 885 : *Paris*, 1665, in-fol.

☞ Le Roi, après la mort des Guises, se retira à Tours. M. de Nevers se logea avec son armée aux environs de cette Ville. Ce fut-là qu'il composa, sous le nom d'un Bourgeois de Paris, cet Avertissement. Il commence par discuter les raisons qu'on apportoit pour justifier la prise des armes; il fait voir qu'elle est injuste, malgré l'avis précipité de MM. de Sorbonne; qu'il faut s'en remettre à la volonté de Dieu, qui a voulu nous punir ; que l'éloge qu'on fait des Guises, & le désir violent qu'on a de les venger, est injurieux aux autres Princes; que sous de beaux prétextes ils cachoient de pernicieux desseins, & qu'ils ont forcé le Roi à les faire périr. Il passe ensuite aux inconvéniens qui peuvent en arriver. Prétend-on tuer ou chasser le Roi de son Royaume? Le premier est horrible à penser; le second est totalement impossible. Il est absurde de croire qu'on puisse mettre M. de Mayenne sur le trône. Veut-on changer le Royaume en République? Le Clergé & la Noblesse s'y opposeront. Ainsi il n'y a que des malheurs à attendre. Ce Discours est très-sage & bien fait. L'Auteur n'a rien omis de ce qui pouvoit engager les Parisiens à rentrer dans leur devoir. Il est du mois de Mars 1589.]

18979. Traité de la Trêve de Dauphiné, accordée par Alphonse Ornano, Général en l'Armée de Dauphiné, & le Sieur de Lesdiguières, Commandant sous l'autorité du Roi de Navarre audit Pays, en 1589.

Ce Traité est imprimé au tom. III. des *Mémoires de la Ligue*, pag. 302.

18980. Ce qui se passa depuis le 8 Avril 1589, que le Roi de Navarre partit de Saumur, jusqu'au premier jour de Mai.

Cet Ecrit est imprimé dans le Volume précédent, pag. 312.

18981. Mf. Mémoires pour l'Histoire de la Ligue; fait par POITEVIN, Président de Provins, en 1589.

Ces Mémoires sont conservés entre les Manuscrits de M. Dupuy, la cinquante-septième Pièce du quatre-vingt-septième Volume.

18982. ☞ Traduction d'une Dépêche du Duc de Savoie au Roi d'Espagne: 1589.

Dépêche, en Chiffre, du même Duc: 1589.

Ces deux Pièces sont imprimées dans le tom. III. du *Journal de Henri III.* 1744, in-8.

Le Duc de Savoye remontre au Roi d'Espagne, dans la première, qu'il ne doit point laisser échapper l'occasion qui se présente de diviser la France; & dans la suivante, il l'avertit que le Roi ne sçait où donner de la tête; qu'il a envie de venir à Moulins & delà à Lyon, pour y assembler son armée; que le Prince de Béarn & d'Espernon se joindront à lui. Il lui mande plusieurs autres nouvelles de France.]

18983. Déclaration du Roi sur la Trêve accordée par Sa Majesté au Roi de Navarre; contenant les causes & prégnantes raisons qui l'ont meu à ce faire, du 24 Avril 1589.

Cette Déclaration & la suivante sont imprimées au tom. III. des *Mémoires de la Ligue*, pag. 315 & 321.

18984. Déclaration du Roi de Navarre sur le Traité de la Trêve faite entre le Roi & ledit Sieur Roi de Navarre, le 24 Avril 1589.

18985. Discours sur la Trêve accordée par le Roi Très-Chrétien Henri III. au Roi de Navarre: *Tours*, Métayer, 1589, in-8.

18986. Les raisons pour lesquelles le Roi s'est servi du Roi de Navarre & de ses forces: 1589, in-8.

18987. ☞ Journal des choses advenues à Paris, depuis le 23 Décembre 1588, jusqu'au dernier Avril 1589.

Il est imprimé avec le *Journal de Henri III.* 1744, in-8.]

18988. ☞ Réduction des Villes de Senlis, Pont-Saint-Maxence, Creil, Clermont en Beauvoisis & Crespy en Valois, à l'Union de l'Eglise Catholique; où sont décrites toutes les causes & particularités passées en icelles: 1589, in-8.]

18989. ☞ Les inhumanités & sacriléges du Capitaine Lignon envers les Religieux de la Chartreuse du Liget en Touraine: *Paris*, 1589, in-8.]

18990. ☞ La Victoire obtenue par M. de Mayenne auprès de Vendôme en Avril: *Paris*, 1589, in-8.]

18991. Discours ample & véritable de la défaite obtenue aux Fauxbourgs de Tours, sur les troupes de Henri de Valois, par Monseigneur le Duc de Mayenne, Pair & Lieutenant-Général de l'Etat Royal & Couronne de France: *Paris*, Nivelle, 1589, in-8.

18992. La nouvelle défaite obtenue sur les troupes de Henri de Valois, dans les Fauxbourgs de Tours, le 8 Mai 1589, par M. le Duc de Mayenne, &c. *Paris*, Nivelle, 1589, in-8.

18993. ☞ Seconde victoire obtenue à Tours sur les troupes de Henri de Valois dans les Fauxbourgs de Tours, le 9 Mai 1589, par Monseigneur le Duc de Mayenne, &c. *Paris*, Velu, 1589, in-8.

La moitié de cette Pièce, au commencement, est copiée mot à mot de la précédente.]

18994. Seconde Victoire obtenue à Tours par M. le Duc de Mayenne, le Mardi 9 Mai dernier, à l'encontre du Tyran, & ses plus forts alliés, ennemis de l'Eglise Catholique; en laquelle ont été ruinés les principaux Capitaines, Mignons & Sangsues de la France; &c. *Paris*, Millot, 1589, in-8.

☞ Là fin de cette Pièce est la même que celle de la précédente. Les Ligueurs faisoient grand bruit pour fort peu de chose, à l'effet de soutenir leurs partisans.]

18995. ☞ Entreprise découverte des Huguenots & Politiques de Lyon, par les Catholiques de ladite Ville; avec la défaite de ceux qui tenoient le parti de Henri de Valois: *Paris*, Jouin, 1589, in-8. avec un Sonnet.]

18996. ☞ Actions de graces à Dieu pour les beaux exploits faits à Saint-Ouyn près la Ville de Tours, par Monseigneur le Duc de Mayenne, où plusieurs Enseignes que le Comte de Brienne menoit, furent défaites, & plusieurs autres Gentilshommes de marque, & grand nombre de prisonniers pris: *Paris*, 1589, in-8.]

Règne de Henri III. 1589. 317

18997. * Reddition & prife de la Ville & Château d'Alençon, faite le 22 de Mai, &c. par Monfeigneur le Duc de Mayenne: *Paris*, Grégoire, 1589, *in-12*.

18998. ☞ Doléances des vrais Catholiques captifs & afservis en la Ville d'Angers; par lefquelles on peut voir à l'œil le traitement que reçoivent ceux qui fe laiffent apaftet à l'aigre-doux des Politiques & Catholiques fardés, & combien leur joug eft fâcheux à porter: *Paris*, Bichon, 1589, *in-8*.]

18999. ☞ Les cruautés exécrables commifes par les Hérétiques contre les Catholiques de la Ville de Nyort en Poitou: 1589, *in-12*.]

19000. ☞ Difcours de deux belles Défaites des ennemis exécutées en Champagne & Bourgogne, par les Sieurs de Hautefort, de Fervaques, de Gionville & autres Capitaines, le 23 d'Avril 1589: *Paris*, Nivelle, 1589, *in-8*.]

19001. ☞ Défaite des troupes Huguenottes qui étoient en Champagne, par M. de Saint-Paul, avec le nombre & les noms des Seigneurs morts & prifonniers: *Paris*, Nivelle, 1589, *in-12*.]

19002. ☞ La Défaite des Troupes de Lavardin; enfemble la prife d'icelui, & prife du Comte de Soiffons; par M. le Duc de Mercœur, Gouverneur du Pays & Duché de Bretagne: *Paris*, 1589, *in-8*.]

19003. ☞ La Défaite de M. de Bonnivet avec fes Troupes, au Pays de Picardie; par M. le Marquis de Pienne: *Paris*, Ramier, 1589, *in-12*.]

19004. ☞ Avis à l'Irréfolu de Limoges, qui peut fervir à toutes les Villes qui n'ont encore embraffé le parti de la fainte Union des Catholiques: *Paris*, le Fizelier, 1589, *in-8*.

C'eft une Pièce longue & diffufe.]

19005. Mf. Relation de la défaite de Saveufe (Charles Tiercelin, Gouverneur de Dourlens, le 18 Mai 1589); écrite par DE VILLARS-HOUDAN.

Cette Relation de Villars-Houdan, Chef de la Ligue en Bourgogne, eft citée dans le *Catalogue des Manufcrits* de M. de Thou, *pag.* 474.

19006. Lettres des Ligueurs au Pape, aux Cardinaux, du 25 Mai 1589.

Mémoires & Inftructions à MM. le Commandeur de Diou Coqueley, Confeiller en la Cour de Parlement de Paris, de Pilles Abbé d'Orbais, & Frifon Doyen de l'Eglife de Reims, Députés à N. S. P. de la part de Monfeigneur le Duc de Mayenne, Lieutenant Général de l'Etat Royal & Couronne de France, par le Confeil général de l'Union des Catholiques, établi à Paris.

Ces Lettres & Mémoires des Députés de la Ligue au Pape Sixte V. font imprimées au tom. III. des *Mémoires de la Ligue*, pag. 325 & 331.

☞ Elles contiennent un détail curieux de faits, de motifs & de deffeins de la Ligue, dans lequel le Roi n'eft nullement ménagé. On demande au Pape un fecours d'Argent, & on lui promet la publication du Concile de Trente.]

19007. Lettre (DE HENRI) Roi de Navarre, au Pape: 1589, *in-8*.

19008. ☞ Remontrance d'un Gentilhomme de Dauphiné, à Henri de Valois, pour le foulagement du pauvre peuple dudit Pays: 1589, *in-12*.]

19009. Saint & charitable Confeil à Meffieurs les Prévoft des Marchands, Echevins, Citoyens & Bourgeois de la Ville de Paris, pour fe départir de leur Ligue, & fe réunir au Roi leur Souverain, contre l'Avis & le Confeil qui leur a été donné par les Docteurs de Sorbonne.

Cet Avis d'un Royalifte, eft imprimé au tom. III. des *Mémoires de la Ligue*, pag. 344, & au tom. III. de la *Satyre Menippée*, pag. 191: Ratisbonne, 1711, *in-8*.

☞ Ce Difcours adreffé aux Parifiens, roule fur deux points: le premier, que la Ligue eft illicite: le fecond, qu'ils ne réuffiront pas felon leur deffein, & qu'il aboutira à leur ruine totale. C'eft ce qu'on y établit trèslonguement, & avec un ftyle plus verbeux qu'éloquent.]

19010. Confeil falutaire d'un bon François aux Parifiens, contenant les impoftures & monopoles des faux Prédicateurs; avec un Difcours véritable des Actes plus mémorables de la Ligue, depuis la Journée des Barricades, le 12 Mai 1588, jufqu'à la fin de Mai 1589.

Ce Confeil eft imprimé dans les mêmes Volumes, *pag.* 399 du premier, & *pag.* 268 du fecond.

☞ C'eft un mélange confus de paroles, de citations & d'injures contre les Prédicateurs féditieux, contre le Peuple de Paris qui les écoute, contre le Duc de Mayenne, le Chevalier d'Aumale & autres Chefs de la Ligue.]

19011. ☞ Avertiffement & Confeil notable à la France, touchant fes préfentes extrêmes mifères & calamités, &c. par M. R. BENOIST, Curé de S. Euftache: *Paris*, Huty, 1589, *in-12*.

Second Avertiffement, &c. par le même, auquel eft ajouté un brief Catéchifme, &c. *Ibid.* 1589, *in-12*.]

19012. Dialogue du Royaume, auquel eft difcouru des vices & des vertus des Rois, de leur établiffement, de l'Etat de la Monarchie & de la République, de leur changement, des devoirs des Rois envers Dieu & le Peuple; & des juftes caufes que peut avoir le Peuple de s'élever contre le Roi. *Paris*, Millot, 1589, *in-8*.

Libelle contre le Roi Henri III. en faveur du Duc de Mayenne.

☞ Cette Pièce paroit avoir été faite à l'occafion & immédiatement après le meurtre du Duc de Guife & du Cardinal fon frère, & pour établir que les François étoient déliés du ferment qu'ils dévoient à Henri III. L'Auteur introduit un perfonnage qui fait l'énumération des maux qu'a caufés la Royauté, particulièrement en France. Un autre y répond en faifant valoir les perfections de plufieurs Souverains, & le bien qu'ils ont fait à leur État. Un troisième prend un avis moyen, & décide que les Sujets ne sont tenus à leur Souverain qu'autant qu'il se conduit avec justice. Un quatrième l'interompt pour lui demander s'il croit que Henri III. se soit mis dans le cas que ses Sujets puissent se croire déliés du Serment qu'ils lui doivent. Sur cela on allègue toutes les raisons qui induisent à le penser. L'Auteur promettoit une Seconde Partie; mais il ne paroît pas qu'elle ait été publiée.]

19013. ☞ La Trahison conspirée par Pierre Baillony, Sieur de Saillans, contre la Ville de Lyon; avec une Lettre au Sieur de la Guiche sur ce sujet: *Paris*, 1589, *in*-8.]

19014. ☞ La Délivrance de la Ville de Rennes d'entre les mains des Politiques Hérétiques: *Paris*, 1589.]

19015. ☞ La Trahison découverte des Politiques de la Ville de Rouen, contenant un Discours véritable de ce qui s'y est fait & passé les 7 & 8 de Juin: *Paris*, 1589, *in*-12.]

19016. ☞ Avis donné à Monseigneur le Duc du Maine (ou Mayenne) après le retour de son Armée à Paris, au Conseil de l'Union, au Prévôt des Marchands & Echevins; par un Gentilhomme Catholique, très-affectionné en cette sainte cause, pour le repos de la France: *Paris*, Mercier, 1589, *in*-8.

Cet Avis est du 23 Juin 1589. Signé, *le Sieur de Varaine*.]

19017. ☞ Second Devis d'un Catholique & d'un Politique, sur l'exhortation faite au Peuple de Nantes, pour jurer l'Union des Catholiques, le 8 Juin 1589; par Fr. Jacq. LE BOSSU: *Nantes*, 1589, *in*-8.]

19018. ☞ Troisième Devis du Catholique & Politique réuni, sur la mort de Henri de Valois, selon ce qui en a été prêché à Nantes; par le même: 1589, *in*-8.]

19019. ☞ La Réponse d'un Avocat de Paris, à la Lettre que lui a envoyée un Politique associé au parti de Henri de Valois, par lui écrite à Poissy le 10 du présent mois de Juillet 1589: *Paris*, Binet, 1589, *in*-8.]

19020. ☞ Discours du Siége de Pontoise, contenant ce qui s'y est passé depuis le onzième de Juillet jusques à présent: *Paris*, Deshayes, 1589, *in*-12.]

19021. ☞ Discours abrégé de la prise & reddition de la Ville & Château de Jamets, par Monseigneur le Marquis de Pont-à-Mousson: *Paris*, Nivelle, 1589, *in*-12.]

19022. ☞ La Défaite & Route des Compagnies de M. d'Esternay à Clairfontaine, par M. de Sagonne, le 22 de ce présent mois de Juillet: *Paris*, 1589, *in*-8.]

19023. ☞ Sommaire de la défaite de quelques Troupes des Reistres, exploitée par MM. de Clemond, Milley & Guyonvelle, &c. au nom des Princes de l'Union, près Langres, &c. *Lyon*, Pardasson, 1589, *in*-12.]

19024. ☞ La Prise & Réduction de plusieurs Villes & Châteaux du Pays d'Auvergne à l'Union des Catholiques, par M. le Comte de Randan; extrait d'un ample Mémoire envoyé par un Gentilhomme Auvergnac: *Paris*, le Fizelier, 1589, *in*-12.]

19025. ☞ La Prise de la Ville de la Fère en Picardie; par M. le Marquis de Pienne: *Paris*, 1589, *in*-12.]

19026. ☞ Discours véritable de la Défaite obtenue sur les Troupes des Politiques & Hérétiques du Pays & Duché de Berry, le présent mois d'Août; avec le nombre des Morts & Prisonniers, par le sieur de Neufviz le Barrois, Commandant audit Pays de Berry, en l'absence du Seigneur de la Chastre: *Paris*, Millot, 1589, *in*-8.]

19027. ☞ La Défaite des Troupes Huguenotes & Politiques en Champagne, par le sieur de Saint-Paul; ensemble la prise de Bisseul, & la honteuse retraite du Baron de Thermes: *Paris*, Millot, 1589, *in*-12.]

19028. ☞ Les Propos tenus par Monseigneur le Duc de Mayenne, aux Capitaines & Soldats de la sainte Union, auparavant le combat: *Paris*, Dubreuil, 1589, *in*-12.]

19029. ☞ La Prise & Reddition de la Ville d'Eu, située près la Ville de Dieppe, par M. le Duc de Mayenne: *Paris*, Velu, 1589, *in*-12.]

19030. ☞ Discours au vrai de la défaite des Reistres du Prince de Béarn à Connerré par M. le Comte de Brissac, suivant la Lettre d'un Gentilhomme étant à ladite défaite: *Paris*, Métayer, 1589, *in*-8.]

19031. ☞ La Prise & Rendition de la Ville de Montereau-Fault-Yonne; à l'obéissance de M. le Duc de Mayenne, &c. *Paris*, Binet, (1589), *in*-12.]

19032. ☞ La Magie des Favoris: 1589.]

19033. ☞ Recitus veritabilis super terribili emeutâ Paysanorum de Ruellio; auctore Simone SANLYONA.

C'est une Pièce en Vers macaroniques, au sujet d'un Arrêt du Parlement, qui ordonnoit que les Vins de Ruel seroient amenés à Paris, & défendoit d'aller les enlever. *Voyez* le *Ducatiana*, *pag*. 48.]

19034. De justa Henrici III. abdicatione è Francorum Regno, Libri quatuor; Auctore Joanne BOUCHER, Theologo Parisiensi & Parocho sancti Benedicti: *Parisiis*, Nivelli, 1589, *in*-8.

Iidem auctiores: *Lugduni*, Pillehotte, 1590, *in*-8.

☞ A la fin est un Privilège, portant injonction à l'Imprimeur d'imprimer les *Livres de Piété & de Dévotion*, servant à l'*instruction* & *édification des Peuples*. C'est ainsi qu'on appelloit dans ce malheureux temps, d'aussi abominables Productions.

Cet Ouvrage est divisé en quatre Parties. Dans la première, l'Auteur veut établir que l'Eglise & la République ont le droit de déposer les Rois, ce qu'il prétend prouver par le Droit Civil, par les Loix & par des exemples. La seconde Partie traite des causes légitimes & du droit qu'a eu l'Eglise de déposer Henri III. La troisième, du droit de la République sur le même sujet. Dans la quatrième, il prétend qu'il n'étoit besoin d'aucunes formalités pour le déposer. Il finit par une apostrophe à ce Roi excommunié, & à ceux qui ont suivi son parti. Ce Livre fut imprimé une seconde fois à Lyon, par Jean Pillehotte, *Sanctæ Unionis Gallicana Bibliopola*, après la mort de Henri III. Cette seconde Edition eut moins pour objet ce Prince, que Henri IV. son successeur, auquel on vouloit susciter des assassins, comme il paroît suffisamment par la Préface qui est à la tête. Cette dernière Edition est plus ample.]

Dans l'Addition de la seconde Edition, l'Auteur prétend montrer qu'on devoit exclure Henri IV. de la succession à la Couronne. Ce Libelle contient une Satyre la plus infame & la plus séditieuse qui fût faite en ce temps-là, comme le rapporte M. de Thou: (*Libr.* 95, *ad annum* 1589). Boucher eut la hardiesse de mettre son nom à la première Edition; l'Impression n'en fut achevée qu'un peu après la mort funeste du Roi Henri III. La seconde Edition, où l'Auteur n'a pas mis son nom, est augmentée de douze Chapitres. Ce Libelle, tout détestable qu'il est, a cette utilité, qu'il fait connoître l'animosité & les emportemens des Ligueurs contre l'autorité de leur Prince légitime.

☞ Les 18 Membres du Parlement qui étoient exilés à Bourges en 1754 ont jugé qu'un aussi petit avantage ne devoit pas entrer en comparaison avec le danger des mauvaises impressions que de pareilles horreurs peuvent faire sur les esprits. Ayant donc vu exposer cet Ouvrage séditieux dans une vente de Livres, ils eurent l'attention de l'acheter & de le brûler sur le champ.]

Boucher a pris non seulement ses preuves, mais il a même souvent copié les paroles du Livre de Stephanus Junius Brutus; c'est ce qu'assure Grotius dans ses Additions à son Interprétation du *Livre de l'Apocalypse*, pag. 59, dans l'Edition de 1641, *in*-8. Le même, dans une de ses Réponses à Rivet, dit que Boucher a copié beaucoup de choses de Junius Brutus, de Buchanan & de Hotman.

Jean Boucher est mort Théologal de Tournay, en 1646, dans un âge fort avancé.

☞ Duboulay & Moréri marquent sa mort en 1644. Il étoit Recteur de l'Université de Reims, soixante & dix ans auparavant, en 1574. Ainsi il est mort âgé de près de 100 ans. On dit qu'après être demeuré long-temps entêté de ses malheureuses opinions, il en a reconnu la fausseté les dernières années de sa vie; & qu'il avoit coutume de dire avec douleur, qu'on devoit plaindre les Docteurs de la simplicité & de la Religion desquels les Chefs & les Promoteurs de cette Ligue détestable avoient si honteusement abusé. Voyez, pag. 16, du *Discours* de Hyacinthe Ravechet, Syndic de Sorbonne, du 17 Février 1717, qui se trouve à la tête des *Censures & Conclusions de la Faculté de Théologie de Paris, touchant la Souveraineté des Rois,* &c. Paris, Delespine, 1717, *in*-4.

Voyez sur cet Ouvrage de Boucher, *Biblioth. de Clément*, tom. V. pag. 145. = Lenglet, *Méth. histor. in*-4. tom. *IV.* pag. 94. = *Diction. de Bayle.* = *Satyre Menippée*, tom. II. pag. 49 & 332. = *Mém. de l'Etoile*, tom. II. pag. 32. = *Histoir. de Thou*, tom. X. pag. 595. *Max. du Vieux de la Montagne*, pag. 10. = *L'Esprit de la Ligue*, tom. *I.* pag. xxix.]

19035. * Discursus de rerum Gallicarum statu præsente : 1589, *in*-8.

19036. La Délivrance [admirable] de la Ville de Rennes en Bretaigne, d'entre les mains des Politiques & Hérétiques, [selon les Lettres missives de ce dernier Voyage, du 14 Mars : Paris, Chaudière.] : *Lyon*, Pillehotte, 1589, *in*-8.

19037. Exhortation notable aux Rois, Princes & Etats Chrétiens, & principalement aux François. *Mém. de la Ligue*, tom. *III.* pag. 459.

L'Auteur est un Calviniste.

19038. Discours sur ce qui s'est passé depuis six mois. *Ibid.* pag. 465.

☞ C'est une espèce de Sermon historique, dans lequel l'Auteur, aussi Calviniste, établit que le meurtre des Guises est une suite des jugemens de Dieu contre eux, & en punition des maux qu'ils ont fait souffrir à ceux de la Religion Prétendue-Réformée.]

19039. Réponse aux justifications prétendues par Henri de Valois, sur les meurtres & assassinats des feux Cardinal & Duc de Guise, contenues en la Déclaration par lui faite contre le Duc de Mayenne & le Chevalier d'Aumale : 1589, *in*-8. & *Mém. de la Ligue*, tom. *III.* pag. 511.

☞ Cette Pièce, d'un Ligueur, est une Réponse assez bien faite à la Déclaration du mois de Février 1589, rapportée ci-devant. On y nie expressément le fait de l'avertissement donné au Roi par les Ducs de Mayenne & d'Aumale. Cette Réponse est vive & insolente.]

19040. ☞ Réfutation des calomnies que les Hérétiques & Politiques leurs Adhérens sement & publient contre les Catholiques: Paris, 1589, *in*-8.

C'est l'Ouvrage d'un zélé Ligueur. Au commencement est une Approbation signée *de Lannoy*.]

19041. ☞ La Contrepoison contre les artifices & inventions des Politiques & autres Ennemis de la Religion Catholique; avec le nombre des Villes associées, Evêques, Justiciers & Officiers de ce Royaume : *Paris*, le Riche, 1589, *in*-8.]

19042. Exhortation à la sainte Ligue des Catholiques de France. *Mém. de la Ligue*, tom. *III.* pag. 537.

19043. Remontrance à tous bons Chrétiens & fidèles Catholiques, à maintenir la sainte Union pour la conservation de la Religion Catholique, Apostolique & Romaine, en ce Royaume de France, contre les efforts d'un Tyran, ses Complices & Alliés politiques, Huguenots & autres Hérétiques. *Ibid.* pag. 547.

☞ Ces deux Pièces sont faites pour échauffer le zèle des Ligueurs, & pour animer les Peuples contre le Roi, à l'occasion du meurtre du Duc de Guise. On cherche par toutes sortes de moyens à rendre le Prince odieux, & on finit par dire que l'Assemblée des Etats n'ayant pas réussi, il ne reste plus de remède que de couper ce membre pourri de l'Etat, pour sauver tout le reste. Cette Remontrance infame où le Roi est traité de Tyran, &c. se trouve néanmoins approuvée par un Docteur en Théologie.]

19044. Réponse d'un Politique de Paris aux Mémoires à lui envoyés de Blois par un de ses amis: *Paris*, 1589, *in*-8.

19045. ☞ Copie de trois Lettres Catholiques, du droit de prendre les armes & de reconnoître son Roi légitime, &c. *Orléans*, Habert, 1589, *in-*4.

[Ces Lettres sont attribuées à Mathurin CURMIER, Angoumois, & à Pierre LE FRANC, Parisien; mais ces noms sont supposés, & on croit que ces Lettres sont réellement de Louis D'ORLÉANS.]

19046. Les causes qui ont contraint les Catholiques de prendre les armes; 1589, *in-*8. & *Mém. de la Ligue*, tom. III. *pag.* 550.

19047. Les causes particulières qui obligent chaque Etat, sur-tout la Noblesse, de prendre les armes. *Ibid. pag.* 557.

19048. Articles remontrés au Duc de Mayenne, Lieutenant Général de l'Etat & Couronne de France; par le Recteur & l'Université de Paris. *Ibid. pag.* 561.

19049. Arrêts & Résolutions des Docteurs de la Faculté de Théologie de Paris, sur la question, sçavoir, s'il falloit prier pour le Roi au Canon de la Messe, avec l'Oraison pour la conservation des Princes Catholiques. *Ibid. pag.* 567.

La Résolution qui fut prise par les Docteurs, étoit d'ôter du Canon de la Messe: *Et pro Rege nostro Henrico*. Les Ligueurs dominoient alors dans cette Faculté.

☞ Cette dernière Pièce fut imprimée en Latin séparément: *Paris*, Chaudière, 1589, *in*-8. sous ce titre: *Ad quæstionem, An pro Rege orandum in Canone Missæ, Facultatis Parisiensis Responsum, &c.*]

19050. Avertissement & premières Ecritures du Procès: pour Messieurs les Députés du Royaume aux prétendus Etats qui doivent se tenir en la Ville de Blois, Demandeurs d'une part: le Peuple & les Héritiers des défunts Duc & Cardinal de Guise, aussi Demandeurs & joints d'une part: Contre Henri de Valois III. de ce nom, jadis Roi de France & de Pologne, autrement dit le Thessalonicien, au nom & en la qualité qu'il procède, Défendeur d'autre part: *Paris*, Binet, 1589, *in*-8.

Le même Libelle est imprimé au tom. III. de la *Satyre Menippée*, *pag.* 295, *Ratisbonne*, 1711, *in*-8. C'est un Libelle infâme.

☞ Plusieurs Historiens avoient fait mention de cet horrible attentat des Parisiens Ligueurs contre Henri III. & M. Pithou, qui fut chargé dans la suite par M. le Chancelier, de rechercher dans les Greffes de Paris tout ce qui s'y trouveroit d'injurieux à la Majesté de nos Rois, & de le supprimer, en avoit parlé sciemment dans la Harangue de Daubray; mais il auroit été presqu'impossible de justifier ce fait, si M. Bourdelot n'eût communiqué à M. Bayle cette Pièce si rare & si curieuse, imprimée en 16 pages: *Paris*, Binet, *in*-8. avec l'Approbation des Docteurs. Cette Pièce seule ne prouveroit cependant rien; car, quoi qu'en aient dit MM. Bayle, Bourdelot & Duchat, ce n'est qu'un Libelle du temps, & non point une Pièce sérieuse & faisant partie du Procès. Mais on trouve ensuite une autre Pièce non moins curieuse, qui est la Requête présentée à MM. de la Cour de Parlement de Paris, par Madame la Duchesse de Guise, pour informer du massacre & assassinat commis en la personne de feu Monseigneur de Guise. Elle fut imprimée à Paris par Thierry, rue des Anglois, près la Place Maubert, en 1589. La veuve du Duc de Guise étoit sûre d'obtenir tout ce qu'elle prétendoit, de gens qui s'étoient déclarés si ouvertement contre leur Souverain. Aussi trouve-t-on avec ces deux Pièces plusieurs Arrêts du Parlement de Paris rendus à ce sujet; & tous les Historiens du temps (entre autres l'Etoile, *tom. II. pag.* 289, & Mézeray, *tom. III. pag.* 597), nous apprennent les noms de tous ceux qui furent employés dans cette odieuse affaire, & particulièrement ceux de Pierre Michon & Jean Courtin, qui en étoient les Rapporteurs (l'Etoile, *tom. II. pag.* 589). Si cette procédure ne fut pas suivie, ce fut parceque Jacques Clément y mit fin. Cependant, selon que le remarque Cayet dans sa *Chronologie Novennaire*, (tom. I. p. 141), quelques gens tenoient que cette Requête, quoiqu'imprimée, n'avoit jamais été présentée.

M. Bourdelot, M. Bayle & M. le Duchat lui-même, qui a placé cet Avertissement dans son Edition de la *Satyre Menippée*, se sont trompés en croyant cette Pièce sérieuse, & comme faisant réellement partie du Procès instruit au Parlement de Paris, contre Henri III. à la sollicitation de la Ligue. S'ils avoient fait attention au commencement & à la fin de cette Pièce, ils auroient vu que ce n'étoit qu'un Libelle satyrique, pareil à une infinité d'autres qui couroient alors. Cette Pièce débute par *Messieurs les Députés de France demandeurs, selon l'Exploit & Libelle de Maître Pierre du Four-Lévesque*. Or le Four-Lévesque étoit un fou courant les rues, selon Garnier, & sous le nom duquel on avoit déjà donné quelques Pièces pareilles, entre autres celle intitulée: *Mémoire à ceux qui vont aux Etats, par Pierre du Four-Lévesque*, 1588, rapporté par le Père le Long, sous l'année 1588. L'Avertissement dont il est ici question, finit par ces mots: *Pour l'absence de l'Avocat*, signé *Chicot*. Or ce Chicot ou Cicquot, étoit un autre fou de notoriété publique, & sous le nom duquel, comme sous celui de Me Guillaume, on a débité plusieurs Pièces satyriques de ce temps, entre autres celle-ci: *Les Paraboles de Chicot*, *en forme d'Avis sur l'Etat du Roi de Navarre*: 1589.

J'avois déjà fait cette Remarque, lorsque je l'ai trouvée dans le *Dictionnaire de Prosper Marchand*, Article *Comte de Permission, Note B*.]

19051. Michaëlis RITII, in Aurelianensi Præsidiatu Advocati, optimus Gallus, sive de fide Gallica, ad Franciscum Balsacum Antracium, Equitem Regium & Secretioris Consilii Assessorem: *Parisiis*, Thierry, 1589, *in*-8.

Le même Livre en François, sous ce titre: La Vie d'Antrague le bon François, ou la Foi des Gaulois: traduit du Latin de Michel DU RIT, Avocat au Présidial d'Orléans: *Paris*, 1589, *in*-8.

Il y a dans ce Livret des circonstances qui appartiennent à l'Histoire du temps. L'Auteur étoit du parti de la Ligue.

☞ Cet Ouvrage est précédé d'une Epître satyrique à François de Balzac, sieur d'Antragues: il fut fait à l'occasion du meurtre des Guises. Le but de l'Auteur est de montrer que les Gaulois & les François ont toujours eu la probité & la bonne-foi pour règle de leurs actions; que si quelques-uns se sont parjurés, ils ont été regardés comme des traîtres & des infâmes, & qu'on ne doit pas chercher ailleurs la cause des révolutions qui sont arrivées quelquefois dans ce Royaume, que dans le manque de foi des Princes qui le gouvernoient, d'où l'Auteur laisse entrevoir ce qu'on devoit appréhender.]

19052. Mf. Les dernières paroles, en forme de Confession, de Henri de Valois, le 2 Août 1589, par D'ESTOURNEAU, Gentilhomme de sa Chambre.

Cet Ecrit est conservé dans la Bibliothèque du Roi, num. 9585, *pag.* 589. C'est un Procès-verbal signé de onze Officiers, le 3 Août 1589.

Règne de Henri III. 1589.

19053. L'Assassinat & Parricide commis en la personne de Henri III. le premier Août 1589; ensemble les dernières paroles de sa Majesté, touchant l'obéissance due à Henri de Bourbon, Roi de Navarre, lequel il déclare son vrai & légitime Successeur à la Couronne de France: 1589, *in-8.*

Cette même Relation est imprimée au tom. III. des *Mémoires de la Ligue*, *pag.* 587.

19054. Lettre de sa Majesté (le Roi Henri III.), écrite au Comte de Montbéliard, peu après sa blessure.

Cette Lettre est imprimée dans le Volume précédent, *pag.* 591, & au tom. I. des *Mémoires de Philippe de Mornay*, *pag.* 430.

19055. ☞ Certificat de plusieurs Seigneurs qui assistèrent le Roi depuis qu'il fut blessé, jusqu'à sa mort.

Il est imprimé au tom. II. du *Journal de Henri III.* 1744, *in-8.*]

19056. ☞ Lettre envoyée par les Princes du Sang, Pairs & Officiers de la Couronne, aux Ducs & Seigneurs de Venise, sur la mort du Roi Henri III. 1589.

Cette Lettre est imprimée au tom. II. des *Mémoires de Villeroy*, 1624, *in-8.*]

19057. Discours véritable de l'étrange & subite mort de Henri de Valois, advenue par permission divine, lui étant à Saint-Clou, ayant assiégé la Ville de Paris, le premier jour d'Août 1589, par un Religieux de l'Ordre des Jacobins: *Paris, Lyon, & Troyes,* 1589, *in-8.*

Le même Discours est imprimé au tom. IV. des *Mémoires de la Ligue*, *pag.* 9, au tom. III. de la *Satyre Menippée*, *pag* 344: *Ratisbonne,* 1711, *in-8.* [& au tom. III. du *Journ. de Henri III.* 1744, *in-8.*] Pierre Cayet, au tom. I. de sa *Chronologie Novennaire*, fol. 126. verso. attribue ce Discours à Edme Bourgoin, Prieur des Jacobins. Jacques-Auguste de Thou, sous l'année 1590, *pag.* 50, de la première Edition de Genève, lui attribue aussi un semblable Discours.

☞ Ce Discours est fort bref. Jacques Clément, Jacobin, âgé de 22 ans, natif de Sorbonne près de Sens, assure qu'il est averti la nuit par un Ange, qu'il doit tuer Henri III. Il consulte un autre Jacobin pour sçavoir si cet acte étoit permis. Celui-ci lui répond que le Roi étant un Excommunié & un Tyran, il fera, en le tuant, un acte aussi agréable à Dieu que celui de Judith. On raconte ensuite comment Jacques Clément s'en acquitta, & fut mis à mort. On finit par assurer que son ame est allée droit au Ciel. Ce Discours est suivi d'un Sonnet & d'un Sixain, sur la mort de Henri III. Voici le Sixain.

L'an mil cinq cens quatre-vingt-neuf,
Fut mis à mort d'un couteau neuf,
Henri de Valois Roi de France,
Par un Jacobin qui exprès,
Fut à saint Cloud pour de bien près,
Lui tirer ce coup dans la panse.

Telle vie, telle fin.

Il ne peut y avoir de preuve solide du sentiment de M. Godefroy que cette Pièce du temps, où l'Auteur avoue que Jacques Clément étoit Jacobin & Prêtre, que son corps exposé fut reconnu, & d'autres particularités qui ne laissent aucun doute.]

19058. ✱. Récit de ce qui s'est passé à Paris, après la mort du Roi Henri III.

On le trouve imprimé dans le tom. IV. des *Mémoires de la Ligue,* *pag.* 1, & dans la *Satyre Menippée,* tom. III. pag. 350.]

19059. Lettre de M. DE LA GUESLE, Procureur Général du Parlement, sur l'Assassinat de Henri III.

Cette Lettre est imprimée avec le *Journ. de Henri III.*

☞ M. de la Guesle fait dans cette Lettre un récit fort détaillé & circonstancié de tout ce qui se passa depuis qu'il eut rencontré Jacques Clément, en sortant de Paris, jusqu'au moment que ce Monstre frappa le Roi en sa présence.]

19060. Déploration de la mort de Henri III. & du scandale qu'en a l'Eglise: 1589, *in-8.*

Pièce excellente & d'un Auteur Catholique, mais extrêmement irrité contre la Ligue & contre ceux qui la fomentoient, sous le faux prétexte de Religion; les Entreprises du Pape Sixte V. les Décisions de Sorbonne, & les Discours séditieux des Prédicateurs de Paris, n'y sont pas épargnés.

✱ Pierre Ayrault, Lieutenant-Criminel de la Ville d'Angers, en est l'Auteur, selon M. de Thou, (an.1589.)

☞ Cette Pièce est faite principalement contre les Ligueurs & les gens d'Eglise qui autorisoient l'assassinat du Roi Henri III. L'Auteur y établit que le Pape n'a aucune autorité sur les Rois; que le meurtre du Duc de Guise & de son frère le Cardinal, a été juste & nécessaire au bien de l'Etat; qu'il n'est pas permis d'attenter à la vie du Prince, fût-il Tyran & Hérétique. *Voyez* la *Méth. histor. de Lenglet,* *in-4.* tom. IV. pag. 94.]

19061. ☞ Figure de l'admirable & divine Résolution de Frère Jacques Clément, Jacobin, de son arrivée à S. Cloud près Paris, accès aux Gardes & adresse au Roi, devant lequel s'y agenouillant, lui donna un coup de couteau, dont à cette occasion est soudain tué, & son corps porté mort devant le Roi ayant été mis blessé au lit, après le décès duquel fut ledit Frère Clément mort, martyrisé, tiré à quatre chevaux, puis brûlé: *Paris,* Guérard & Prévôt, *in-8.* avec fig.

Cette Pièce ne contient que trois Strophes de six Vers chacune.]

19062. ☞ Le vrai & naïf Pourtrait de Frère Jacques Clément, Religieux de l'Ordre de S. Dominique, lequel par permission divine a délivré l'Eglise & la Ville de Paris des menaces cruelles & horribles de Henri de Valois, *in-8.* avec fig.

Après l'Estampe on trouve un court Récit de la Vie & de l'Acte de ce Jacobin.]

19063. ☞ Histoire au vrai de la Victoire obtenue par Frère Jacques Clément, Religieux de l'Ordre de S. Dominique, lequel tua Henri de Valois, le premier jour d'Août 1589: *Paris,* Dubreuil, *in-8,* avec fig.]

19064. Le Martyre de Frère Jacques Clément, de l'Ordre de saint Dominique, contenant toutes les particularités les plus remarquables de la sainte résolution & heureuse entreprise à l'encontre de Henri de Valois; *Paris,* le Fizelier, 1589, *in-8.*

Ce Livret est impie, cruel, détestable, aussi-bien que

son titre. Je ne le rapporte, de même que plusieurs autres Libelles aussi mauvais, que pour faire connoître les emportemens de ces temps-là.

☞ *Voyez* sur cette Pièce, la *Note* sur le Vers 53, du *Chant V. de la Henriade*. Ce Libelle fut composé par Charles PINSELET, Chefcier de S. Germain-l'Auxerrois. On trouve dans l'*Hist. de S. Germain des Prés*, un fait assez singulier à ce sujet.

« Les Religieux de saint Germain & leur Abbaye, étoient fort mal traités (dans ce Livre) au trente-unième feuillet, où l'Auteur les accusoit de favoriser les Huguenots. Ils en portèrent leurs plaintes au Parlement, & demandèrent par une Requête, que tout ce qui avoit été dit contre eux & contre leur Abbaye, fût rayé & biffé du Livre. Les parties ayant comparu à l'Audience, Pinselet déclara qu'il n'avoit pas eu dessein de noter les Religieux de saint Germain, ni leur Abbaye, & qu'il s'en rapportoit à la Cour, pour ordonner ce qu'elle jugeroit à propos. Il fut dit que l'article en question seroit ôté du Livre, que l'Imprimeur y mettroit un autre feuillet ; & qu'en attendant l'exécution, les Religieux pourroient faire saisir tous les Exemplaires, & faire imprimer le présent Arrêt. Ceci se passa le douzième Septembre (1589) » : *Hist. de S. Germain des Prés*, par Jean Bouillart, *pag.* 204. Il est étonnant qu'on ne trouvât pas alors autre chose à retrancher de cet infâme Livre.]

19065. L'Antimartyre de Frère Jacques Clément, avec une belle Remontrance aux François : 1590, *in-8*.

L'Auteur agite cette question, si Frère Jacques Clément a justement tué le Roi Henri III. & s'il doit être mis au nombre des Martyrs de Jesus-Christ ; il soutient la négative de ces questions. On ne doit pas justifier cet Auteur à l'égard de tout ce qu'il avance contre son devoir, sous prétexte de défendre la Justice.

☞ Jacques Clément étoit âgé de 24 ans & demi, & venoit de recevoir l'Ordre de Prêtrise, lorsqu'il commit ce patricide. *Voyez* sur cette Pièce, qui fut faite pour servir de réponse à la précédente, le *Dictionnaire de Prosper Marchand*, au mot *Anti.*]

19066. ☞ L'Office de Saint Clément, à Messire Anne Duc de Joyeuse, Pair & Amiral de France, &c. *in-8*.

Ce n'est autre chose que l'Office du Pape S. Clément, que mal à propos l'on a voulu appliquer à Jacques Clément.]

19067. * Discours aux François sur l'admirable accident de la mort de Henri de Valois, n'aguères Roi de France, lequel peu avant son décès, avoit été excommunié par N. S. P. le Pape Sixte V. à présent séant, pour ses perfidies & déloyautés envers Dieu, son Eglise & ses Ministres, avec l'Histoire véritable de sa mort advenue au Bourg de S. Cloud-lès-Paris, le premier jour d'Août 1589, où il a été tué par Frère Jacques Clément, Religieux de l'Ordre de S. Dominique : 1589, *in-8*.

☞ L'Auteur, après un long exposé de tous les malheurs qui ont désolé l'Etat, raconte avec complaisance ce qui se passa à S. Cloud, quand Jacques Clément y alla pour assassiner Henri III. Il n'a pas assez de louanges à donner à cette détestable action, & ne craint point de canoniser son Auteur. Il finit par exhorter tous les Etats, (auxquels il dit d'ailleurs des vérités assez dures), à se porter avec courage & désintéressement, au maintien de la cause commune.]

19068. ☞ Cléophon, Tragédie conforme & semblable à celles que la France a vues durant les Guerres Civiles ; par J. D. F. Paris, Jacquin, 1600, *in-12*.

Mauvaise Tragédie, représentant l'assassinat de Henri III.]

19069. ☞ Les Sorcelleries de Henri de Valois : *Paris*, Millot, 1589, *in-8*.

Cette Pièce est aussi imprimée au tom. III. du *Journal de Henri III.* 1744, *in-8*. La fureur & la haine des Ligueurs étoient si grandes contre le Roi, qu'ils saisissoient toutes les occasions de le déchirer. Les Prédicateurs en Chaire, les Ecrivains dans leurs Libelles, l'accusoient d'être sorcier. M. d'Espernon, qui passoit pour un démon incarné, avoit instruit ce Prince dans cet art diabolique, jusqu'alors ignoré en France ; & ce qui donna la vogue à ce bruit, ce fut qu'on trouva au Bois de Vincennes deux satyres d'argent qui servoient de vases ou de cassolettes au-devant d'une croix d'or. Voilà en quoi consistoit toute la sorcellerie de ce Prince.]

19070. ☞ Les charmes & caractères de sorcellerie de Henri de Valois, trouvés en la Maison de Miron, son premier Médecin : *Paris*, Parant, 1589, *in-8*. avec la planche desdits caractères.

C'est l'explication & l'arrangement des couleurs de certains cercles écrits & enluminés sur un parchemin, qu'on suppose avoir servi de caractères magiques à Henri III.]

19071. * Admirable & prodigieuse mort de Henri de Valois : *Paris*, 1589, *in-8*.

Cette Pièce a été composée par un zélé Ligueur. On y trouve plusieurs circonstances sur Jacques Clément & sur sa mort.]

19072. ☞ Le Tyrannicide ou mort du Tyran, contenant sa dernière déclaration & délibération tyrannique, envers les Catholiques de la France, & spécialement sur ceux de la Ville & Fauxbourgs de Paris, si Dieu lui eût permis exécuter ses desseins misérables : Seconde Edition ; la première n'ayant été divulguée qu'aux amis de l'Auteur : *Paris*, Dubreuil, 1589, *in-8*. en Vers.

19073. ☞ Derniers propos tenus par Henri de Valois à Jean d'Espernon, avec les regrets qu'il a faits sur la mort de son Maître : *Paris*, 1589, *in-8*. avec figures.]

19074. ☞ Le Testament de Henri de Valois, recommandé à son ami Jean d'Espernon, fait à Blois le 7 Mars 1589, avec un Cocq-à-l'Ane : *Paris*, Binet, 1589, *in-8*. en Vers.

C'est une Pièce ironique, satyrique & assez singulière. On peut voir à son sujet les *Mémoires* de l'Abbé d'Artigny, *tom. V. pag.* 311.]

19075. ☞ Les Prophéties merveilleuses advenues à l'endroit de Henri de Valois, IIIe de ce nom, jadis Roi de France : *Paris*, Dubreuil, 1589, *in-8*.

L'Auteur de cette Pièce, qui ne contient rien d'historique, étoit un grand verbiageur.]

19076. Discours au vrai sur la mort & trépas du Roi Henri III. *Paris*, 1589, *in-8*.

19077. Deux Relations particulières de la mort de Henri III.

Ces Relations sont imprimées dans le *Recueil des*

Pièces servant à l'Histoire de ce Roi, ci-après, [N.° 19137.]

19078. * Advertissement ou vrai Discours de ce qui est advenu à Pont-Saint Clou, touchant la mort de Henri de Valois, Roi de France, le 1 d'Août, ayant assiégé la Ville de Paris : *Lyon*, Pillehotte, 1589, *in-8.*

19079. * Véritable Récit ou vraie Histoire de la mort subite de Henri de Valois, Roi de France, &c. 1589, *in-8.*

Ces deux Ecrits sont faits par d'outrés Ligueurs.

19080. Brief Avertissement sur deux Discours imprimés à Lyon, touchant la mort du Roi Henri III.

Cet Avertissement d'un Huguenot, est imprimé au tom. IV. des *Mémoires de la Ligue*, pag. 22.

☞ L'Editeur l'annonce comme traduit de l'Italien. On y trouve le contre-poison du Discours (N.° 19076), & il est plus étendu. L'Auteur fait voir que la prétendue apparition de l'Ange à Jacques Clément est imaginée, ou que si elle est réelle, elle a été préparée par ceux de la Ligue; qu'en supposant que le Roi fût excommunié, il n'étoit pas permis de tuer un Oint du Seigneur. Il tombe ensuite sur les Jacobins, & delà sur les Jésuites, auxquels il impute un Ouvrage Latin en quatre Livres, dont il donne un extrait. Je pense que c'est le Livre intitulé : *De Justâ Henrici III. abdicatione.*]

19081. ☞ La Récompense qu'a reçue Henri de Valois d'avoir cru son ami Jean d'Espernon : *Paris*, Grégoire, (1589) *in-8.*

Cette Pièce en Vers, quoiqu'écrite en longues lignes comme de la prose, est un Dialogue entre Lucifer, d'Espernon, son démon & le Roi. On suppose que le Prince, arrivé aux Enfers, y fait la plus triste figure qu'il soit possible, quoiqu'il eût témoigné au sieur d'Espernon un grand empressement d'y aller. Ne voilà t-il pas une belle idée!]

19082. ☞ Les traces des admirables Jugemens de Dieu remarqués en la mort & fin misérables de Henri III. Roi de France, excommunié, (en Vers) avec quelques Vers Latins sur le même sujet. Plus, huit Cantiques aussi en Vers Latins recueillis entièrement des Pseaumes de la sainte Bible, pour représenter tout ce qui est presque advenu tant pour que contre la sainte Union, & en donner publiquement louanges à Dieu & le prier pour le surplus, & notamment pour la délivrance de notre Roi (Charles X.) *Paris*, Bichon, 1589, *in-8.*]

19083. ☞ Ms. Chanson de la Ligue, faite pour les Politiques & Catholiques après la mort du Roi Henri III. 1589, *in-8.*

Cette Chanson, qui est assez étendue, est conservée dans la Bibliothèque de M. Fevret de Fontette, Conseiller au Parlement de Dijon.]

19084. Lettre de l'Evêque du Mans (Claude d'Angennes,) avec la Réponse à elle faite par un Docteur en Théologie, en laquelle est répondu à ces deux doutes : Si on peut suivre en sûreté de conscience le parti du Roi de Navarre, & le reconnoître pour Roi ; & si l'acte de Frère Jacques Clément, Jacobin, doit être approuvé en conscience, & s'il est louable ou non : *Paris*, Chaudière, 1589 : *Troyes*, Moreau, *in-8.*

Le Docteur, [dont il est ici question] est le fameux Ligueur Jean Boucher, Curé de S. Benoît, qui dans sa Réponse impie, vomit toutes sortes d'injures contre le Roi Henri III. & profane d'une horrible manière les paroles de la sainte Ecriture.

19085. Discours entier & véritable des entreprinzes & conspirations secretes faites en la personne du Roi Henri de Valois, Roi de France & de Pologne, dont s'est ensuivi sa mort : *Caen*, 1589, *in-8.*

19086. Effets épouvantables de l'Excommunication de Henri de Valois & de Henri de Navarre, où est contenu au vrai l'Histoire de la mort de Henri de Valois ; & que Henri de Navarre est incapable de la Couronne de France : *Paris*, Nivelle, 1589, *in-8.*

On ne doit pas s'attendre à trouver la vérité dans l'Ouvrage d'un Auteur aussi emporté que celui-ci.

19087. La Fatalité de Saint-Cloud, près Paris ; ou Justification des Jacobins sur l'assassinat de Henri III. 1674, *in fol.*

La même, 1672, (fausse date,) *in-12.* [*Hollande*, 1674, *in-8.*]

Le même Livret est imprimé au tom. II. de la *Satyre Ménippée*, pag. 435 : *Ratisbone*, 1711, *in-8.* Bernard Guyart, de l'Ordre des Frères Prêcheurs, qui est l'Auteur de ce Livre, y examine si c'est un Jacobin qui a tué le Roi Henri III. Il soutient la négative. Cet Ouvrage est réfuté en peu de mots dans l'*Histoire de la Ligue*, par Maimbourg, Liv. III. pag. 353.

☞ Sur cela Bayle a dit, que c'étoit nier qu'il fit jour en plein midi. On a vu, en effet, le contraire attesté dans le titre même des Ecrits du temps, & c'est ce qui fait voir l'utilité des Catalogues.]

La Fatalité de S. Cloud a paru 80 ans après, & est maintenant attribuée généralement au Père Bernard Guyart, Jacobin, & non aux Pères Jean Nicolaï & Jacques Quétif, Dominicains de Paris, ou au Père Gilbert de la Haye, Dominicain de Lille, comme quelques-uns l'ont cru. L'Ouvrage est divisé en 24 Chapitres, dans lesquels l'Auteur emploie tout son sçavoir pour prouver que ce n'est pas Jacques Clément, mais quelque personne supposée, qui a tué le Roi Henri III. L'Auteur est louable de vouloir disculper son Ordre & ses Confrères ; mais comment jetter du doute sur un fait avéré & attesté par tous les Ecrivains du temps ? Le parricide de Jacques Clément fut loué à Rome dans la Chaire où l'on aurait dû prononcer l'Oraison funèbre de Henri III. On en mit son portrait à Paris sur les Autels. Le Cardinal de Retz rapporte que le jour des Barricades, sous la minorité de Louis XIV. il vit un Bourgeois portant un Haussecol sur lequel étoit gravé un Religieux, avec ces mots : *Saint Jacques Clément*.

Voyez sur l'Ouvrage du P. Guyart, les *Mémoires* du P. Niceron, tom. *XXXVIII.* pag. 406. = Lenglet, *Méth. historiq.* in-4. tom. *IV.* pag. 95. = *Journal de Henri III.* tom. *II.* pag. 159.

19088. La véritable Fatalité de Saint-Cloud, au R. P. Religieux Jacobin. 1725, *in-8.*

☞ Cette Pièce est aussi imprimée au tom. III. du *Journal de Henri III.* 1744, *in-8.*]

L'Auteur de petit Ecrit dit au commencement, que deux Editions qui se sont faites de la Fatalité de Saint-Cloud, l'une a paru à Louvain, en 1674, que l'on prétend être la première, & l'autre à Paris. Le Pere Nicolaï, qui a pris soin de cette dernière Edition, l'a datée de l'an 1672, quoique faite depuis celle de 1674. On trouve dans cet Ouvrage quelques locutions Flamandes, qui feroient croire qu'il a été composé par le Père de la Haye, Jacobin de Lille, qui s'est certainement mêlé de l'Edition & de la distribution de ce Livre; & a fait plusieurs recherches à ce sujet.

☞ L'Auteur, (M. GODEFROY) répond dans cette curieuse Dissertation à la Pièce précédente. Il suit pas à pas le Père Guyart; & lui prouve clairement qu'il est impossible de disculper Jacques Clément, & de rejetter sur un autre l'infamie d'une action qu'on ne pourra jamais trop détester. Voyez sur l'acte de Jacques Clément, la Note sur le 53e Vers de la *Henriade*.

Voyez Lenglet, *Méth. histor.* in-4. tom. IV. p. 95.]

19089. Devis familier d'un Gentilhomme Catholique François avec un Laboureur, sur la mort de Henri III. & dépendances d'icelle : 1590, *in*-8.

C'est une Pièce fort longue & en faveur de Henri III. contre la Ligue.

19090. * Le Martyre de Jacques Clément, de l'Ordre de S. Dominique: *Paris*, le Fizelier, 1589, *in*-8.

L'assassin est représenté dans ce Livre avec une gloire sur sa tête, comme un Saint, dans la figure qui le représente tué à coup de pertuisannes.

19091. ☞ Les Propos lamentables de Henri de Valois tirés de sa confession par un remords de conscience qui toujours tourmente les misérables : *Paris*, Mercier, 1589, *in*-8.

C'est une Prosopopée où ce Prince, après avoir confessé les crimes les plus affreux, déclare qu'il souffre des tourmens inouis avec tous les Diables.]

19092. ☞ Copie certaine des Lettres arrivées de Paris en Toloze le Lundi 14 Août, de la mort très-assurée du Tyran Henri III. dernier de Valois : *Toloze*, Colomiez, 1589, *in*-8.

Cette Pièce contient un récit succinct de ce qui se passa à Saint-Cloud quand Jacques Clément blessa le Roi.]

19093. ☞ Avertissement aux Princes & Seigneurs Catholiques de s'humilier devant Dieu & avoir sa crainte, par l'exemple étrange de la mort de Henri de Valois, jadis Roi de France, advenue le 2 Août 1589 : *Paris*, 1589, *in*-8.

C'est un Ecrit moral, dans lequel l'Auteur prouve par plusieurs passages combien sévèrement Dieu punit les Princes qui abusent de leur pouvoir.]

19094. ☞ Prosa Cleri Parisiensis ad ducem de Mena post cædem Regis Henrici III. *Lutetiæ*, apud Seb. Nivellium, 1589, *in*-8. (en Vers.)

La même, en François, aussi en Vers, avec une Epigramme.

Quoique cette Pièce paroisse imprimée par l'Imprimeur de l'Union, & traduite par le Curé Pighenat, on ne peut s'empêcher de croire qu'elle est ironique, tant elle est satyrique contre le Duc & la Duchesse de Montpensier.]

19095. ☞ Histoire admirable à la postérité, des faits & gestes de Henri de Valois, comparés en tous points avec ceux de Louis le Fainéant, & la misérable fin de l'un & de l'autre; avec un nouveau & fatal Anagramme du nom dudit Henri de Valois: *Paris*, Deshayes, 1589, *in*-8. avec un Sonnet.

Cette Pièce, qui fut faite après la mort de Henri III. contient un parallele de ses vices avec ceux de Louis le Fainéant. L'Auteur trouve fort mauvais qu'on n'en ait pas usé avec Henri III. comme les Sujets de Louis en usèrent avec lui, en le déposant & l'enfermant dans un Cloître.]

19096. ☞ Ms. Henrici Valesii, Franciæ Herodis, impii tyranni, Elogium.

Cette Pièce emportée & satyrique est conservée, avec quelques autres semblables, dans la Bibliothèque de M. Fevret de Fontette, Conseiller au Parlement de Dijon.]

19097. ☞ Lettre de la Reine Louïse Douairière de France, au Roi : *Tours*, 1589.]

19098. ☞ Requête présentée au Roi par la Royne Loyse, Douairière de France, pour avoir justice du très-cruel & barbare assassinat commis en la personne de feu Henri III. avec le renvoi de ladite Requête, fait par Sa Majesté à sa Cour de Parlement, (résident à Tours,) & Arrêt de ladite Cour intervenu sur icelle Requête : *Tours*, Métayer, 1589, *in*-8.]

19099. Lettre du Cardinal DE MONTALTE, (Alexandre PERETTI,) écrite par le commandement de Sixte V. au Conseil Général de l'Union (sur la mort de Henri III.) en Italien & en François, du 26 Août 1589: *Paris*, Nivelle, 1589, *in*-8.

19100. Harangue prononcée par Notre Saint Père le Pape (SIXTE V.) en plein Consistoire & en l'Assemblée des Cardinaux, le 2 de Septembre 1589, contenant le Jugement de sa Sainteté touchant la mort du feu Henri de Valois, & l'acte du Frère Jacques Clément, en Latin & en François: *Paris*, Nivelle, 1589. Jouxte la Copie, 1590 : *in*-8.

Cette Harangue est [aussi] imprimée au tom. IV. des *Mémoires de la Ligue*, pag. 40.

Elle est très-courte. Le Pape impute à la Providence divine l'horrible attentat commis en la personne de Henri III. & en conséquence défend de faire des prières pour lui. Elle est en Latin & en François, & précédée, (dans les *Mém. de la Ligue*) d'un Avertissement dans lequel on critique cette Pièce, & l'on démontre la fausseté de quelques faits qui y sont rapportés.]

19101. La Fulminante pour très-grand & très-Chrétien Prince, feu Henri III. contre Sixte V. soi-disant Pape de Rome, & les Rébelles de France : 1589, *in*-8.

* Cette Réponse est fort dure, selon Jacques-Auguste de Thou, (*Lib.* 96, *ad ann.* 1589,) mais telle que méritoit le Discours du Pape. L'Auteur y défend, par plusieurs raisons, la cause du Roi, & il reproche à Sixte V. son emportement, de ce que non-seulement il l'a excommunié de son vivant, mais aussi de ce qu'il lui insulte après sa mort.

☞ Il proteste qu'il ne reconnoîtra jamais ce Pape de Rome, jusqu'à ce qu'il se soit purgé de l'assassinat du Roi, dont il étoit notoirement coupable.]

19102. Sixtus & Anti-Sixtus, five SIXTI V. de morte Henrici III. Sermo in Confiftorio habitus, 2 Septembris 1589, & in eum Refponfio : 1590, *in*-4. & *in*-8.

L'Anti-Sixtus eft l'Ouvrage de Michel HURAULT, Sieur du Fay, [petit-fils, par fa mère, du Chancelier de l'Hofpital.]

19103. Martine Mar-Sixtus, ou Réponfe à l'Apologie de Sixte V. de la mort de Henri III. *London*, 1591, *in*-4. (en Anglois.)

19104. Iehova Vindex, five de rebus Gallicis Narratio prima (contra Sixtum V.) Jacobo FRANCO differente : *Lipfiæ*, 1589, *in*-4. [*Bremæ*, 1590, *in*-4.]

Ejufdem Commentatio altera, complectens ea quæ poft Guifios fratres & poft Regem interfectum contigerunt : *Bremæ*, 1590, *in*-4.

19105. Les Mœurs, humeurs & comportemens de Henri de Valois, repréfentés au vrai depuis fa naiffance : quels ont été fes parrains & leur Religion : enfemble celle de fes précepteurs, & en quoi ils l'ont inftruit jufqu'à préfent ; avec les Inftructions & Mémoires des points fort notables concernant la Religion & l'état du Royaume : 1589, *in*-8.

André DE ROSSANT, Lyonnois, eft Auteur de cette Piéce. Elle eft fort étendue, & contient, comme toutes celles qui ont été faites contre ce Prince, tout ce qu'on pouvoit en dire de plus affreux ; mêmes reproches fur fon hypocrifie, fes parjures, fes excès, fa cruauté, fa connivence avec les Hérétiques. Ce qu'il y a de particulier, c'eft que l'Auteur en emploie une bonne moitié à prouver par toutes fortes de mauvaifes raifons, contre les Politiques, que Henri III. devoit être chaffé de fon trône, & que la plus grande grace qu'on pouvoit lui accorder étoit de le confiner dans un Couvent pour y faire pénitence de tous fes crimes.

Seconde Edition augmentée : *Paris*, 1589, *in*-8.

☞ Cette feconde Edition a été faite depuis que Henri III. fe fut réconcilié avec Henri IV. *Voyez* la page 125. A la fin de la première Edition, il y a un Sonnet qui n'eft pas dans celle-ci.

Voyez la *Méth. hiftoriq. in*-4. de Lenglet, *tom. IV. pag.* 95.]

19106. ☞ Graces & louanges dues à Dieu pour la juftice faite du cruel Tyran & ennemi capital de la France : *Paris*, la Roche, 1589, *in*-8.]

19107. Hiftoire mémorable récitant la Vie de Henri de Valois, & la louange de Frère Jacques Clément, comprife en 55 Quatrains fort Catholiques, & pleins de belles fentences très-utiles & très-propres à tout le peuple François, &c. par André ROSSANT, Jurifconfulte & Poëte Lyonnois : *Paris*, Mercier, 1589, *in*-8.

☞ Cet Ouvrage eft dédié au fieur Marreau des Chapelles, Prévôt des Marchands. L'Auteur l'invite à faire dreffer une ftatue à ce Religieux affaffin, pour être honorée par le peuple comme celle d'un Saint, & pour perpétuer fa mémoire.]

19108. De la Vie & Faits notables de Henri de Valois, hypocrite, ennemi de la Religion Catholique : *Paris*, 1589, *in*-8.

19109. La Vie & Faits notables de Henri de Valois, maintenant tout au long, fans rien requérir, où font contenues les trahifons, perfidies, facrilèges, exactions, cruautés & hontes de cet Hypocrite, ennemi de la Religion Catholique : 1589, *in*-8. Seconde Edition : *Paris*, Millot, 1589, *in*-8.

☞ C'eft un récit fatyrique & outré fur la vie & les actions de Henri III. fur-tout depuis fon élection au Royaume de Pologne jufqu'à la mort du Duc de Guife, affaffiné par fes ordres aux Etats de Blois.

Voyez le *Journal de Henri III. tom. III. pag.* 372. = Lenglet, *Méth. hift. in*-4. *tom. IV. pag.* 95.]

19110. ☞ Ici fe voit comme Henri III. a été mis à mort par un Jacobin : *in*-8.]

19111. ☞ L'effroyable éclat de l'Anathème, & les merveilleux effets d'icelui : *Paris*, Cotinet, 1589, *in*-8.]

19112. ☞ Hiftoire de la plus fainte partie de la Vie de Henri de Valois, jadis Roi de France : *Paris*, 1589.]

19113. ☞ La Vie & la Mort de Henri de Valois, troifième Edition : *Paris*, 1589.]

19114. ☞ Aiguillon aux vrais François.]

19115. ☞ Apologie contre Henri III.]

19116. ☞ Confeil contre les monopoles des faux Prédicateurs.]

19117. ☞ Juftification de l'Union.]

19118. ☞ La Trompette des Catholiques.]

19119. ☞ Avis contre les Catholiques fimulés.]

Les titres de tous ces Libelles font connoître le caractère des Ligueurs de ce temps-là, qui faifoient paroître un zèle emporté & Anti-Chrétien.

☞ Tous ces Ecrits horribles qu'ils ont débités dans le temps & au fujet de la mort de Henri III. prouvent jufqu'à quel point de fureur & de folie peut conduire le fanatifme & le faux zèle en matière de Religion, excités par l'ambition.]

« On ne fçauroit conferver trop foigneufement (dit » Bayle), les Pièces qui font les preuves authentiques » de la fureur dont la plupart des François furent faifis » fous Henri III. & quelques années après fa mort. Il » fe trouvera affez de gens qui tâcheront d'obfcurcir » la vérité de ces faits ; il faut aller au devant de leurs » attentats ; car plus on s'éloigne des fiècles où les chofes » fe font paffées, plus il eft facile de chicaner. Il n'y » avoit pas encore cent ans que Henri III. étoit mort, » quand un Anonyme ofa publier un Traité, pour foutenir que Jacques Clément ne tua point ce Monarque : » c'eft nier qu'il foit jour en plein midi » . *Diction. de Bayle*, Art. *Henri III*. Note 2.

19120. ☞ Oraifon funèbre fur le Trépas de Henri III. Roi de France & de Pologne, par Claude MORENNE, Evêque de Sées.

Elle eft imprimée dans un petit Recueil d'Oraifons funèbres de cet Evêque : *Paris*, Bertault, 1605, *in*-8.]

19121. ☞ Jani Gallici facies prior continens Hiftoriam Bellorum civilium quæ per tot annos in Galliâ graffata funt, cum aliis multis præclaris quæ contigerunt ab anno 1534 ad annum 1589, quo cecidit Domus Valesia : *Lugduni*, Hæred. Petri Reussin, 1594, *in-4.*]

19122. Mss. Troubles de Charles IX. & de Henri III.

Cette Histoire étoit conservée dans la Bibliothèque de M. le Chancelier Seguier, num. 175, [& est aujourd'hui à S. Germain-des-Prés.]

19123. Mss. Georgii BEVILAQUÆ, Historiæ de Bello Gallico, Libri tres.

Cette Histoire est conservée dans la Bibliothèque du Vatican, num. 5267.

19124. Mss. Annales de France très-exactes, écrites en Vers, depuis l'an 1547 jusqu'en 1589, *in-8.*

Ces Annales [étoient] dans la Bibliothèque de M. Foucault, [qui a été dispersée.]

19125. Mss. Traité de ce qui s'est passé à Paris au temps de la Ligue.

Ce Traité est conservé dans la Bibliothèque du Roi, num. 8931.

19126. Recueil des choses mémorables advenues en France sous Henri II. François II. Charles IX. & Henri III. depuis l'an 1547 jusqu'au premier Août 1589 : 1589, [1595], *in-8.*

C'est la première Edition du Livre connu sous le titre de l'*Histoire des cinq Rois*; parcequ'il a été continué sous le Règne de Henri IV. jusqu'en 1597. L'Auteur est Jean DE SERRES.

La même, seconde Edition, jusqu'au commencement de l'an 1597: *Dordrecht*, 1598, *in-8.* Troisième Edition: (*Genève*), Hédin, 1603, *in-8. Leyde*, 1643, *in-8.*

☞ Contre le sentiment du Père le Long, que Jean de Serres est l'Auteur de cet Ouvrage, & contre les motifs qu'il en donne dans la Vie de cet Historien, rapportée à la fin de sa Bibliothèque, il faut voir le *Dictionnaire de Prosper Marchand*, Art. *de Serres*, Note O.

J'en ai vu une Edition qui est de 1595, ainsi que l'Epître dédicatoire, & je la crois de Genève. Teissier, en ses Additions, à l'*Eloge de Théodore de Bèze*, par M. de Thou, dit qu'on lui attribue cette Histoire; que d'autres l'ont donnée à François Hotman, & d'autres à Jean de Serres; mais Hotman ne vivoit plus en 1595. Or, par ladite Epître, on voit que l'Auteur avoit été appellé à Dordrecht par les Magistrats, en 1593, apparemment pour être Ministre.]

19127. ☞ De rebus Gallicis, quo de totius Europæ statu præsente accuratè disseritur, & Reges ac Principes Orbis ad vivum depinguntur : *Ex Speculâ Halcyoniâ*, 1589, *in-8.*

19128. * L'Isle des Hermaphrodites, nouvellement découverte, avec les mœurs, loix, coutumes & ordonnances des Habitans d'icelle, *in-16.* sans date ni nom d'Imprimeur.

Il y a deux [anciennes] Editions de cette Satyre, l'une en gros & l'autre en petits caractères.

☞ Il doit y avoir une figure qui en fait le Frontispice ; mais elle se trouve dans peu d'Exemplaires. Prosper Marchand en a fait la description dans son *Dictionnaire*, Art. *Hermaphrodites*.

C'est une Satyre contre le Règne & les Mignons de Henri III. Elle se trouve encore dans le *Journal de ce Prince*, *tom. IV.* & il y en a eu une Edition séparée: *Cologne*, (*Bruxelles*), 1724, *in-8.* qui contient aussi quelques Pièces. L'Auteur y peint avec les couleurs les plus vives, la mollesse du Gouvernement de Henri III. les désordres de sa Cour, & les manières efféminées des Mignons de ce Roi, à peine pardonnables à des femmes. Rien ne lui échappe: il caractérise tout par les traits de la plus fine & de la plus hardie satyre. C'est dommage qu'il y ait mêlé de fort mauvais Vers qui ne font rien à son sujet. On croit qu'elle ne parut que long-temps après la mort du Roi, sçavoir en 1606. M. le Duchat, *pag.* 67 du *Ducatiana*, prétend qu'elle n'a été composée que depuis la Paix de Vervins, (qui est de 1598), & non sous le Règne de Henri III. Il dit que quelques-uns l'attribuent au Cardinal du Perron, d'autres à Artus Thomas, & que la plus ancienne Edition qu'il en ait vue, est de l'année 1612, *in-12. Voyez* le *Dictionnaire de Prosper Marchand*, au mot *Hermaphrodites*, où il parle amplement de cette Pièce & de celle qui suit, & où il réfute, par de bonnes raisons, le sentiment de ceux qui l'ont attribuée à Artus Thomas.

Voyez Ducatiana, pag. 67.= *Journ. de Henri IV. tom. II. pag.* 75.= Lenglet, *tom. IV. pag.* 96.= *Dict. de Bayle*, Art. *Salmacis.=Biblioth. des Romans*, t. II. *pag.* 269.= Marchand, Art. *Hermaphrodites*.]

19129. ☞ Discours de Jacophile à Limne.

C'est une suite de la Pièce précédente, mais sûrement d'une main fort différente. On ne peut lui refuser, en la lisant, l'Eloge de beaucoup d'érudition, mais mal placée, sans objet & en pure perte. L'Allégorie continuelle qui règne dans les faits & dans la narration, la rend obscure & peu intelligible. Elle est imprimée au *tom. IV.* du *Journal de Henri III.* 1744, *in-8.*]

19130. Istoria della Lega, dall'anno 1585, fin all'anno 1589, di 22 Agosto ; scritta da Stephano COSMI, Preposito Generale di Chierici Regolari della Congregatione di Somasca.

Cette Histoire est imprimée au second & troisième Livre des *Mémoires de la Vie de Jean-François Morosini, Cardinal*, alors Ambassadeur de Venise en France: *In Venetia*, 1676, *in-4.*

« Ils ont été tirés des Registres & des Lettres du » Cardinal Morosini, & comprennent en quatre Livres » ce qui s'est passé de considérable & de particulier dans » les Négociations importantes, où ce grand homme » a été employé par la République de Venise sa Patrie, » ou par le Saint Siége en Savoie, en France auprès du » Roi Henri III. & de Charles IX. Le second & le troi-» sième Livre peuvent passer pour une Histoire entière » des Guerres civiles de France. » *Journal des Sçavans, du 2 Août 1677.*

19131. Discours sur la Guerre civile & la mort fort regretée du Roi Henri III. par R. P. DAMBILLON, [en Vers, avec quelques autres Poësies du même Auteur:] *Tours*, [Métayer], 1590, *in-4.*

19132. Historia delle Revolutioni di Francia sotto Henrico Terzo : *In Venetia*, 1623, *in-4.*

Voyez ci-après la suite, sous l'année 1698. C'est un Morceau de l'*Histoire des Troubles par Matthieu*, traduites par Novillieti.]

19133. Discours sur la Vie de Henri III. par Jean LE LABOUREUR.

Ce Discours est imprimé au *tom. II.* des *Mémoires de Castelnau*, *pag.* 883 : *Paris*, 1659, *in-fol.*

Règne de Henri III. 1589.

19134. La Conduite de Dom Jean de la Barrière, Abbé & Instituteur des Feuillens, durant les Troubles de la Ligue sous Henri III. *Paris*, Muguet, 1689, *in-12*.

Jean de la Barrière est mort en 1600. JEAN-BAPTISTE de sainte Anne, qui est l'Auteur de cet Ouvrage, se nommoit dans le monde Pradillon; il est mort en 1701, après avoir été Général & Abbé de Feuillens. Son Ouvrage contient une critique de ce qu'a écrit sur ce sujet, Jean le Laboureur dans ses Additions aux *Mémoires de Castelnau*.

19135. La Fortune de la Cour, ou Discours curieux sur le bonheur ou le malheur des Favoris : Entretien entre le Sieur de Bussi d'Amboise & de Neufville, tiré des Mémoires des principaux Conseillers du Duc d'Alençon; par Pierre DAMPMARTIN, Procureur Général du Duc d'Alençon; publié par N. D. S. de la Neuville [fils]: *Paris*, de Sercy, 1642, *in-8*. Seconde Edition revue & augmentée : *Paris*, 1644, *in-8*.

☞ On trouve au Catalogue de M. Bellenger, num. 1547, *pag*. 151, cette seconde Edition de la Fortune de la Cour, & l'on y dit « que cette Edition est augmen-
» tée d'un Discours préliminaire sur quelques particu-
» larités touchant ce Livre, & sur les Mémoires de la
» Reine Marguerite, auxquels il a du rapport, par
» N. D. S. sieur des Isles, parent desdits de la Neuville;
» & d'un Discours sur les misères & infortunes des
» Grands, tiré du Livre de la connoissance du monde,
» du même Pierre de Dampmartin: *Paris*, de Sercy,
» 1644, *in-8*. »

Ce Livre contient, outre des raisonnemens politiques, plusieurs Remarques qui concernent notre Histoire, & sur-tout diverses particularités curieuses de la Cour de Henri III. jusqu'à la mort du Duc d'Alençon, arrivée en 1584.

A la fin de l'Edition de 1642, il est dit que l'Ouvrage est de N. D. S. sieur des Isles & de la Neufville, & qu'il a été publié par C. D. S. sieur des Isles (parent de l'Auteur.) Ce C. D. S. est Charles de Sorel. On en parlera plus au long, en indiquant les *Mém. de la Reine Marguerite*, ci-après, Art. des *Reines*.

Sorel avoue dans sa *Bibliothèque Françoise*, *pag*. 414, qu'il a publié cet Ouvrage, dont il a changé les vieux mots, & y a ajouté le Prélude & la dernière partie.

19136. Le même Ouvrage, nouvelle Edition.

Il est imprimé avec les *Mémoires de la Reine Marguerite* : Bruxelles, 1713, *in-12*. Jean Godefroy de Lille a publié ces deux Ouvrages ensemble, parceque l'un est une suite de l'autre. Ce Discours curieux contient plusieurs événemens du Règne de Henri III.

19137. Journal des choses mémorables advenues durant le Règne de Henri III. par un Audiencier de la Chancellerie de Paris: 1621, *in-4*. & *in-8*.

Le même, avec des Additions, imprimé dans le Recueil de Pièces servant à l'Histoire de Henri III. *Cologne*, 1662, 1693, 1699, 1706, *in-12*. 1720, *in-8*. 4 vol. avec les Remarques de Jacob LE DUCHAT.

☞ Journal de Henri III. Roi de France & de Pologne; ou Mémoires pour servir à l'Histoire de France; par M. PIERRE DE L'ESTOILLE, nouvelle Edition, accompagnée de Remarques historiques & de Pièces Manuscrites les plus curieuses de ce Règne; (par Nicolas LENGLET du Fresnoy): *La Haye*, & *Paris*, Gandouin, 1744, *in-8*. 5 vol.

Les Pièces contenues dans cette Edition sont rapportées à leur date, dans cette *Bibliothèque*.

Le Journal commence au mois de Mai 1574, & finit au mois d'Août 1589. Ce n'est qu'une Partie des Mémoires de Pierre DE L'ESTOILLE, qui est mort en 1611. C'est à tort qu'on attribue ce Journal à M. Servin, Avocat Général du Parlement de Paris, ce que semblent signifier ces lettres initiales M. S. A. G. D. P. D. P. qu'on a mises à la tête de cet Ouvrage dans quelques Editions; puisqu'il est constant que Pierre de l'Estoille en est l'Auteur, comme on le voit par l'Edition des Mémoires de cet Auteur, [rapportée ci-après, au commencement du Règne de Louis XIII.]

Il y a des gens qui regardent cette Pièce comme hardie & véritable; d'autres disent que ce ne sont que des Remarques grossières & sans ordre, écrites avec passion par un homme qui ne sçavoit pas les affaires, & qui travailloit sur le bruit commun, qui souvent se trouve faux, & de ce que le Roi Henri III. a fait, & de tout ce qui s'est passé sous son Règne : c'est le Jugement que Sorel porte de ce Journal. On peut dire que c'est une Satyre contre le Roi Henri III. qu'on représente un peu trop dans son deshabillé. Quelques-uns trouvent de l'esprit dans cet Auteur, dont la narration est fort naïve.

☞ *Voyez* Sorel, *pag*. 306. = *Merc. Décemb.* 1744. *Journal de Henri IV. Préface*, & tom. II. p. 217. = Le Gendre, tom. II. *p*. 66. = *L'Esprit de la Ligue*, tom. I. *pag*. xv.]

19138. Ms. Wolfgangi FUSII, Valesius, sive Narrationum historicarum de rebus Gallicis Commentarius.

Ces Narrations sont conservées dans la Bibliothèque du Vatican, entre les Manuscrits de la Bibliothèque Palatine, num. 951.

19139. Histoire de ce qui s'est passé sous le Règne de Henri III. par Gabriel CHAPPUIS.

Cette Histoire est imprimée avec celle du Règne de Henri IV. jusqu'en 1600, par le même : *Paris*, 1600, *in-8*.

19140. ☞ Abrégé de l'Histoire de Henri III. par L. MACHON, Archidiacre de Toul.

Cet Abrégé est imprimé dans le *Journal de Henri III*. 1744, *in-8*. & au tom. III. de la *Satyre Menippée*, *Edition de 1716*.]

19141. Guillelmi SOSSII, de Vita Henrici III. Libri novem, inscripti Musæ: *Parisiis*, 1628, *in-8*.

☞ *Voyez* Lenglet, *tom. IV. pag*. 86.]

19142. Ms. Histoire des cinq derniers Rois de France, de la Maison de Valois; par Marin le Roi, Sieur DE GOMBERVILLE, de l'Académie Françoise.

L'Auteur avoue qu'il n'a achevé que le premier Livre des vingt-quatre dont cette Histoire devoit être composée.

Quoique cet Ouvrage n'ait pas été exécuté; le plan que l'Auteur en rapporte m'a paru si utile à ceux qui voudront entreprendre la même Histoire, que j'ai cru faire plaisir aux Lecteurs de leur faire connoître qu'il se trouve dans la Préface des *Mémoires du Duc de Nevers*, publiés à Paris en 1665, par M. de Gomberville. Il indique d'abord les matériaux qu'il avoit ramassés, les Auteurs qu'il avoit consultés, & les motifs qui l'avoient porté à y travailler; entre les autres il marque qu'ayant fait une revue générale des meilleurs Historiens de ce temps-là, il avoit reconnu que les Allemans n'étoient pas plus fidèles que les Espagnols, qu'il avoit remarqué autant d'emportement dans les Italiens que dans les Anglois, & qu'il n'avoit trouvé dans les François, que des invectives & des partialités; il ajoute, qu'en effet ceux qui ont écrit notre Histoire depuis l'an 1515, si on en retranche un fort petit nombre, sont si Huguenots ou si Ligueurs, qu'ils ne méritent pas le nom d'Historiens véritables & désintéressés. Il raconte ensuite de quelle manière il s'y prit pour éviter tous ces défauts, & ce qui fit échouer son dessein. Cet Auteur est mort en 1674.

Costar, dans un Mémoire manuscrit indiqué ci-après, Article des Personnes célèbres dans les Sciences, donne une raison de ce que ce projet ne fut point exécuté. Voici comme il s'en explique : « Gomberville parle
» très-purement la Langue ; & les Romans qu'on a vus de
» lui, en sont une preuve certaine ; autrefois il sembloit
» qu'il se destinoit à l'Histoire : il faut qu'il ne se soit
» pas senti assez pourvu des qualités nécessaires pour
» cela ».

☞ On a sujet de croire que ce qu'il en avoit fait est absolument perdu. Son Petit-fils, Lieutenant Général d'Etampes, a fait sçavoir à M. l'Abbé d'Olivet, qu'on ne conservoit dans sa famille aucun Papier de son aïeul. *Hist. de l'Académie Françoise, tom. I. pag. 279.*]

19143. Histoire de Louis XI. (& de ses Successeurs, jusqu'à la mort de Henri III.) par Antoine VARILLAS : *Paris*, Barbin, 1683-1694, *in*-4. 14 vol. & *in*-12. 28 vol. *Amsterdam*, 1684-1694. *in*-12. 25 vol.

Cette suite d'Histoire, depuis l'an 1461 jusqu'en 1589, n'a pas été imprimée selon l'ordre des temps, [celle de Henri III. parut en 1694, en 3 vol. *in*-4. & 6 vol. *in*-12.]

On peut voir à la fin de cette *Bibliothèque historique*, le Mémoire pour la Vie & les Ouvrages de cet Auteur, qui est mort en 1695.

19144. ☞ Ms. Remarques sur l'Histoire de François I. & sur celle de Henri II. & de François II. écrites par M. Varillas : *in*-4. 2 vol.

Ces Remarques [étoient] conservées dans la Bibliothèque de M. le Comte de Pontchartrain.]

19145. Christiani FREYTAGII, Germani, Historia Valesiana Henrici III. & Francisci Andini Ducis : *Francofurti*, 1705.

19146. ☞ Ms. Pièces concernant le Règne de Henri III.

C'est ce qui est contenu dans 54 Porte-feuilles du *Recueil* de M. de Fontanieu, qui est à la Bibliothéque du Roi, num. 335-388.]

☞ ON peut encore consulter pour l'Histoire du Règne de Henri III.=l'Histoire de ce Roi par Matthieu, = les Œuvres de Brantôme, = l'Histoire de M. de Thou, depuis le Livre LVIII. jusqu'au XCVII. = celle d'Aubigné, & son Baron de Fenêtre, = la Vie du brave Crillon, = celle de Henri, Duc de Bouillon, = celle de Lesdiguieres, = les Mémoires de Boyvin de Villars, = le Journal de Faurin, qui se trouve au tom. III. du *Recueil des Pièces fugitives* du Marquis d'Aubais, = l'Histoire des Guerres entre la France & l'Espagne, & celle des derniers Troubles par Matthieu, = l'Essai sur les Guerres Civiles de Voltaire, = les Actes des Martyrs Calvinistes de Crespin, = l'Histoire de Davila, = celles de Piguerre & de la Popelinière, jusqu'en 1580, = Dinothus de *bello civili Gallico*, = les Mémoires de Ville-Gomblain, = la Vie de Louis de Bourbon, Duc de Montpensier, jusqu'en 1582, = la Vie de Mortnay & ses Mémoires, = la Vie de la Noue, = les Mémoires de Gaspard & Guillaume de Saulx, = ceux de Sully, ceux de Villeroy, = ceux de Chiverny, = les Mémoires militaires de Mergey, = ceux de Nevers, = la Vie d'Espernon, = les Mémoires de la Reine Marguerite, jusqu'en 1581, = les Mémoires des Guerres Civiles de Vivarais, & l'Histoire de la Guerre Civile en Languedoc, qui se trouvent au tom. II. du *Recueil des Pièces fugitives* du Marquis d'Aubais, = l'Histoire du Duc de Mercœur, depuis 1576, = l'Histoire du Cardinal de Joyeuse, depuis 1581, les Lettres d'Etienne Pasquier, = les Mémoires du Baron d'Ambres, qui se trouvent au tom. III. du *Recueil des Pièces fugitives* du Marquis d'Aubais, depuis 1586, = les Mémoires du Duc d'Angoulesme.]

QUATRIÈME PARTIE.

Règnes de la Branche de Bourbon.

§. PREMIER.

Règne de Henri IV. depuis l'an 1589 jusqu'en 1610.

19147. Ms. TRACTATUS Politicus de translatione regni è Valesiorum Domo in Borboniam : *in*-4.

Ce Traité [étoit] conservé à Paris, dans la Bibliothéque de M. Bouthillier, ancien Evêque de Troyes.]

19148. Discours de l'Avénement à la Couronne de France du Roi Très-Chrétien, à présent régnant ; ensemble de sa grandeur & prospérité à venir ; en François, pour le contentement de plusieurs, &c. (par Jean-Aimé DE CHAVIGNY : (*Lyon*, 1593, 1594, *in*-4.

Le même en Latin : *Lugduni*, 1594, *in*-4.

19149. Serment de protestation du Roi de Navarre, à son avénement à la Couronne, avec un Serment réciproque des Princes du Sang & autres Ducs, Pairs & Officiers de la Couronne de France, à Sa Majesté, le 4 Août 1589 : 1589, *in*-8.

19150. ✱ Discours sur la divine Election du Très-Chrétien Roi Henri III. Roi de France & de Navarre : *Tours*, 1590, *in*-8.

☞ Ce Discours est aussi imprimé au *Recueil L. in*-12. C'est une Pièce assez étendue, remplie d'exemples & de citations, dans laquelle l'Auteur, après avoir déploré les malheurs arrivés en France par l'ambition des Guises, & les fureurs de la Ligue, prend son Héros depuis son enfance, & le fait voir comme conduit par la main de la Providence, dans tous les instans de sa vie, jusqu'à son avénement à la Couronne, pour le bonheur de ses Sujets rebelles. « Cette Pièce rare & unique dans » son genre, dit l'Editeur, nous a paru mériter d'être » produite sous les yeux du Lecteur ».]

19151. Avertissement au Roi, où sont déduites les raisons pour lesquelles il ne lui est pas séant de changer de Religion : 1589, *in*-8.

19152. Harangue & Déclaration faite par le Roi Henri IV. Roi de France & de Navarre, & par lui-même, prononcée aux Seigneurs, Chefs & Gentilshommes de son Armée,

Règne de Henri IV. 1589.

Armée, devant la Ville de Paris, le 8 Août 1589.
Dans les *Mém. de la Ligue*, tom. IV. pag. 93.

19155. ☞ Avertissement Catholique, sur la Déclaration du Roi de Navarre : Paris, 1589, *in-8.*

19154. ☞ Copie des Lettres écrites à d'Esperron, par l'Abbé d'Elbene : Paris, Vedic, 1589, *in-12.*

Cet Ecrit est d'un Ligueur. On y prend occasion du Parricide commis en la personne de Henri III. pour exhorter M. d'Esperon à penser à Dieu & à son salut; ce que l'on prétend qu'il ne peut faire qu'en s'unissant à la Ligue, & en abandonnant le parti du Roi de Navarre, qui, à cause de son Hérésie, ne peut jamais être Roi de France.]

19155. ☞ Lettre d'un Ecclésiastique (M. B.) à un Seigneur, sur les difficultés que les Ecclésiastiques d'Angiers & autres Ligueurs, font de prêter serment de fidélité au Roi Henri IV. *Tours*, Monstrœil et Richer, 1589, *in-4.*]

19156. La Prise de la Ville d'Yssoire en Auvergne, par le Comte de Randan. (pour la Ligue). *Mém. de la Ligue*, t. IV. p. 42.

19157. Edit & Déclaration du Duc de Mayenne, & Conseil général de la sainte Union, pour réunir tous vrais Chrétiens François à la défense & conservation de l'Eglise Catholique, Apostolique & Romaine, & manutention de l'Etat Royal, du 5 Octobre 1589. *Ibid. pag.* 33.

19158. ☞ De la Succession du Droit, & prérogative de premier Prince du Sang, déférée à M. le Cardinal de Bourbon, par la loi du Royaume, & le décès de François de Valois, Duc d'Anjou; traduit du Latin de Matthieu Zampini : Paris, Mesnier, 1589, *in-8.*]

19159. ☞ La Défaite de 17 Compagnies de Gens de pied & de trois cens Chevaux du Comte de Brienne, par Monseigneur le Duc de Mayenne, Pair & Lieutenant Général de l'Etat Royal & Couronne de France : Paris, 1589, *in-8.*]

19160. ☞ Les Cruautés commises contre les Catholiques de la Ville de Vendôsme, par le Roi de Navarre, & les derniers propos de M. Jessé, Provincial des Cordeliers, misérablement exécuté & mis à mort : *in-8.*]

19161. ☞ Le Bouclier de la réunion des vrais Catholiques François, contre les artifices du Béarnois, des Hérétiques & leurs Fauteurs & Adhérans; par M. Claude de Rubys, Conseiller au Siège Présidial, & Procureur général de la Ville de Lyon : Paris, *in-8.* sur la Copie imprimée à Lyon par Jean Pillehotte : 1589, *in-8.*

Cette Pièce sert de Réponse à deux autres intitulées: *Avertissement aux Bourgeois de notre bonne Ville de Paris* : &, *Eponge propre pour effacer les mauvais bruits semés contre le Roi*, toutes deux faites pour prouver

l'obéissance que les Sujets doivent à leurs Rois. L'Auteur de celle-ci ose soutenir que selon Dieu & les hommes, on ne doit pas obéir aux Tyrans, & par conséquent à Henri de Valois, dont il fait le paralele avec les Tyrans les plus décriés : que la prise des armes pour lui résister a été juste & nécessaire, & que l'acte de Jacques Clément a été très-méritoire, très-héroïque, agréable à Dieu & profitable aux François.]

19162. ☞ Lettre des Etats tenus au Pays & Duché de Bourgogne, adressée à la Noblesse, le 21 Août : *Troyes*, Moreau, 1589, *in-8.*

Cette Lettre a le même but, que la Pièce précédente. Les Etats invitent tous les Corps de la Province à s'unir étroitement pour la défense de la Religion.]

19163. ☞ La Prise de la Ville & Château de Gournay en Normandie, par le Duc de Mayenne, le 7 de ce présent mois (de Septembre.) avec les noms & nombre des Prisonniers : *Lyon*, Patrasson, 1589, *in-8.*]

19164. ☞ Mf. Mémoire apporté de l'Armée du Roi, par homme exprès, le 7 Septembre 1589 : en 8 pages.

C'est une Copie du temps, qui est conservée dans la Bibliothèque de M. Fevret de Fontette, Conseiller au Parlement de Dijon.

19165. ☞ Arrêt du Parlement, sur les devoirs des Curés & Prédicateurs, en leurs Prosnes & Prédications; du 11 Septembre 1589 : *Tours*, Métayer, 1589, *in-4.*]

19166. ☞ Discours abrégé du combat des Armées de Monseigneur le Duc de Mayenne, Lieutenant Général de l'Etat-Royal & Couronne de France, & du Roi de Navarre, le Jeudi 21 Septembre 1589 : *Paris*, Bichon, 1589, *in-8.*]

19167. ☞ Défaite des troupes Huguenotes qui étoient en Champagne, par M. de S. Paul, avec le nombre & les noms des Prisonniers, entre Vitry & Saint-Amant, les premier Septembre & 17 Octobre : *Lyon*, Patrasson, 1589, *in-8.*]

19168. ☞ Déclaration du Roi, sur la conservation des Châteaux & Places fortes, en son obéissance, du 17 Octobre 1589 : *Tours*, Métayer, 1589, *in-4.*]

19169. ☞ Extrait des Registres de la Chambre des Comptes & Cour des Monnoyes, sur les faux doubles & quadruples pistoles, forgées par ceux de la Ligue; du 27 Octobre 1589 : *Tours*, Métayer, 1589, *in-4.*]

19170. ☞ Déclaration du Roi pour la remise de l'Assemblée générale des Princes, Cardinaux, Ducs, Pairs, Officiers de la Couronne & autres, au 15 Mars prochain; & pour rappeller ses Sujets & Villes rébelles à son obéissance, du 28 Novembre 1589, *in-4.*]

19171. Mémoire de la Négociation de M. de Savoye avec ceux du Dauphiné; Ensemble, le Discours véritable de ce qui s'est passé à Tolose depuis la Trève, entre les Maréchaux de Montmorency & de Joyeuse, jusqu'au commencement d'Octobre 1589, avec deux Avertissements sur lesdits Ecrits: 1589, in-8.

19172. * Déclaration des Princes Catholiques unis, [avec le Clergé, la Noblesse & le Peuple, pour la Religion & l'Etat; & le Réglement de Monseigneur le Duc d'Aumale: Paris,] 1589, in-8.

19173. Arrêt du Parlement de Paris, du 24 Octobre 1589, contre Henri de Bourbon, ses Fauteurs & Adhérans: Paris, 1589, in-8.

19174. Sommaire des raisons qui ont mû des François à reconnoître Charles X. ou le Cardinal de Bourbon: 1589, in-8.

19175. Avertissement au Roi Charles de Bourbon, X. de ce nom, avec une Remontrance démonstrative de l'extrême misère de ce temps; par Jacques Bourdin: Paris, 1589, in-8.

19176. * Discours de tout ce qui s'est passé en la Ville d'Orléans, par M. le Chevalier d'Aumale, & les Habitans d'icelle, contre les Gouverneurs de la Citadelle & autres qui étoient à l'entour de ladite Ville: 1589, in-8.

19177. * La Levée & Déroute du Siège d'Orléans; avec la Prise de la Citadelle, par le Chevalier d'Aumale: 1589, in-8.

19178. Martel en tête des Catholiques François: 1589, in-8.

19179. ☞ Discours au vrai de ce qui s'est passé en l'armée conduite par Sa Majesté, depuis son avénement à la Couronne, jusqu'à la prise des Fauxbourgs de Paris, (du premier Novembre 1589): Tours, Métayer, 1589, in-4.]

19180. ☞ Articles remontrés au Duc de Mayenne, par le Recteur de l'Université de Paris, le 29 Novembre 1589: Paris, 1589.]

19181. ☞ Métamorphose de Henri de Bourbon, jadis Roi de Navarre, faussement & iniquement prétendant être Roi de France: Lyon, Pillehotte, 1589, in-8.

C'est un Recueil de Lettres, Edits, Bulles, servant à prouver ce que l'Auteur annonce dans le titre. Il y a à la tête un avis de l'Imprimeur, très-outrageant contre le Roi.]

19182. La Vie, Mœurs & Déportemens de Henri Béarnois, soi-disant Roi de Navarre, décrite fidélement depuis sa naissance, jusqu'à présent; où les Catholiques de ce Royaume pourront découvrir quelles sont les hypocrisies de celui qui les voudroit dominer, & envahir la Couronne très-Chrétienne à Charles, Cardinal de Bourbon, Roi de France: 1589, in-8.

☞ Cette Pièce seroit un assez bon Abrégé de tout ce qui s'est passé en France depuis la naissance du Roi de Navarre, si l'Auteur n'en exagéroit ou dénaturoit les circonstances par sa prévention, & la haine qu'il fait paroître contre ce Prince. Il le croit indigne de la Couronne, parcequ'il est excommunié, sacrilège, tyran, parjure, hérétique & persécuteur de l'Eglise. Il dispute les raisons de ceux qui soutenoient qu'il étoit appellé au Trône par la qualité de premier Prince du Sang, & conclud, en suivant le sentiment de Zampini, que le Cardinal de Bourbon, par la proximité de sa personne & du Sang, doit être reconnu pour seul, vrai & légitime Roi de France, à l'exclusion de Henri de Bourbon, Roi de Navarre.]

19183. ☞ Le Fleau de Henri, soi-disant Roi de Navarre, par lequel, avec vives raisons, il est chassé de la Couronne de France qu'impiement & tyranniquement il se veut usurper: Paris, Chaudière, 1589, in-8. avec un Sonnet à la tête.

L'Auteur de cette Pièce intitulée aux Rois Henri III. & Henri IV. exhorte la Noblesse à reconnoître le Cardinal de Bourbon, à faire la guerre au Béarnois pour exclure de la Couronne, & à le tuer comme un tyran.]

19184. L'Arpocratie ou Rabais du Caquet des Politiques & Jébusiens de notre âge, dédié aux Agens & Catholiques associés de Navarre: Lyon, 1589, in-8.

Le même Livre est imprimé au tom. IV. des Mémoires de la Ligue, pag. 108. Cet Ecrit est un des plus outrés contre le Roi Henri IV. & ses Serviteurs.

☞ Dans cette Pièce, faite pour imposer silence au parti de Henri IV. on soutient deux choses; l'une que Henri III. a été justement mis à mort; l'autre, que le Roi de Navarre, Hérétique, ne peut être Roi de France. On en trouve un extrait assez ample dans le Journal de Henri IV. Edition de 1741, tom. I. pag. 81.]

19185. ☞ Avis de M. DE VILLEROY à M. le Duc de Mayenne, publié à Paris après la mort du Roi, sur la fin de l'an 1589.

Il est imprimé dans le tom. I. de ses Mémoires: 1624, in-8. Après avoir déploré les malheurs du Royaume, il dit au Duc de Mayenne qu'il a de trois partis à prendre; le premier, de composer avec le Roi de Navarre; le second, de réunir tous les Catholiques, pour les opposer à ce Prince; & le troisième, de se jetter entièrement entre les bras du Roi d'Espagne. Il faut suivre le premier, si le Roi de Navarre veut se convertir, & donner satisfaction au Pape & aux Catholiques. L'Auteur paroît douter que ce Prince veuille le faire; mais si ce projet ne réussit pas, il servira, dit-il, au moins à donner des forces au second, qui est le seul que le Duc de Mayenne puisse accepter; le troisième étant impossible, puisque si la guerre continue, elle ruinera la Religion & l'Etat.]

19186. ☞ La grande Prophétie: Regis filius pereis Abbatis Cambriscusis: Il y a 900 ans que la présente a été prophétisée, & qui ne doit plus durer que jusques en l'an 1589 & 90, selon les Rétrogrades de M. Michel Nostradamus; traduite du Latin en François, &c. 1589, in-8.

Cette Pièce est fort obscure, & ne dit pas grand chose.]

19187. ☞ Lettre du Roi de Navarre aux Illustrissimes Seigneurs de la République de Berne, par laquelle son intention & dissimulation pour le fait de la Religion, est amplement déclarée: 1589, in-8.

Règne de Henri IV. 1589.

19188. ☞ Lettre envoyée à la Dame de Tinteville, à Langres : 1589, *in-8.*]

19189. ☞ Lettre du Roi de Navarre à la Royne d'Angleterre & autres, &c. 1590, *in-8.*]

19190. De la Puissance des Rois, & droit de succession au Royaume, contre l'usurpation du titre & qualité de Roi de France, faite par le Roi de Navarre, & de l'assurance que peuvent avoir les Catholiques : 1590, *in-8.*

Le même, revû, corrigé & augmenté par l'Auteur : *Paris*, Nivelle, 1590, *in-8.*

C'est un Libelle fait par quelque Ligueur.

19191. * Déclaration de Thomas BEAUX-AMIS, Carme, sur sa Remontrance au Peuple François : *Paris*, Chaudière, 1589, *in-8.*

Cet Ouvrage prétend détruire tout ce qui a été prouvé dans la Remontrance (ci-devant, N.º 18486). Il a été supposé à l'Auteur après sa mort. *Voyez* Jacq. Aug. de Thou, *Lib.* 95. *ad ann.* 1589.

19192. Mémoires très-particuliers du Duc D'ANGOULESME, pour servir à l'Histoire des Règnes de Henri III. & Henri IV. *Paris*, Barbin, 1662, *in-12.*

Charles de Valois, Duc d'Angoulesme, étoit fils naturel de Charles IX. Il est mort en 1650. Ses Mémoires contiennent ce qui s'est passé depuis la mort de Henri III. le premier Août 1589, jusqu'au 3 Novembre suivant. Il n'y a rien de fort considérable que la Journée d'Arques, qui est très-bien décrite. L'Editeur de ces Mémoires, Jacques BINEAU, y en a joint d'autres assez amples, qui rapportent jour par jour les Négociations de la Paix faite à Vervins en 1598.

☞ Il y a une Edition de ces Mémoires, de ceux d'Estrées, de ceux de Monsieur, & de ceux de Déagent, réunis : *Paris*, Didot, 1756, *in-12.* 4 vol. Ceux du Duc d'Angoulême sont encore imprimés dans le tom. III. des *Pièces fugitives* de M. le Marquis d'Aubais, *Paris*, 1759, *in-4.*

Voyez Lenglet, tom. IV. *in-4.* p. 102. = Le Gendre, tom. II. pag. 21. = Journ. de Henri IV. tom. IV. p. 284. = Journ. des Sçav. Juin, 11 vol. 1756. = L'*Esprit de la Ligue,* tom. I. pag. xliij.]

19193. Expositio verissima juxtà & succinctà rerum gestarum inter Allobrogum Regulum, & Helvetias Regis Galliarum copias, ubi pro loco paucis quoque mentio fit de præliis vario eventu inter regios exercitus & seditiosos utrinque commissis : additis quæ ex Italiâ eodem spectantia bonis Auctoribus scribuntur, nuntianturque : *Augustæ Rauracorum*, 1589, *in-4.*

19194. Récit de la prise du Marquisat de Salusse, par le Duc de Savoye, en 1589.

Ce Récit est imprimé au tom. III. des *Mémoires de la Ligue*, pag. 733.

19195. Histoire des choses plus remarquables & admirables advenues en ce Royaume de France, ès années dernières 1587, 1588 & 1589, réputées être vrais miracles de Dieu : dédiée à très-haute, très-excellente & vertueuse Princesse Madame Catherine de Lorraine, Duchesse & Douairière de Montpensier, par S. C. 1590, *in-8.*

Tome II.

☞ C'est une Pièce des plus violentes qui ayent été faites en faveur des Guises contre le Roi Henri III. L'Auteur y raconte en bref la défaite des Reistres par le Duc de Guise, en 1587, les Barricades de Paris & le meurtre des Guises aux Etats de Blois en 1588, & l'assassinat de Henri III. en 1589. Il déclame contre lui avec fureur, & il loue avec aussi peu de bon sens le Duc de Guise & Jacques Clément.]

Les Lettres initiales ne signifieroient-elles pas Soffroy CALIGNON, Chancelier de Navarre, mort en 1606 ?

☞ Il n'y a aucune apparence qu'il ait été l'Auteur de cet Ouvrage, après ce qu'on vient d'en rapporter, & lorsqu'on se rappelle que Calignon étoit zèlé Protestant, & d'ailleurs homme de mérite, comme on peut le voir dans l'*Histoire* de M. de Thou.]

19196. ☞ Mf. Relation de ce qui s'est passé depuis la mort de Henri III. jusqu'au secours envoyé à Henri IV. par la Reine d'Angleterre.

Ce Manuscrit du temps, qui a 14 pages, est conservé dans la Bibliothèque de M. Fevret de Fontette, Conseiller au Parlement de Dijon.]

19197. Continuation de ce qui est advenu en l'Armée du Roi, depuis la prinse des Fauxbourgs de Paris jusqu'à celle de la Ville d'Alençon, le 23 Décembre 1589.

Cette Continuation est imprimée au tom. IV. des *Mémoires de la Ligue*, pag. 53.

19198. Vrai & sommaire Discours de ce qui s'est passé en l'Armée conduite par Sa Majesté, depuis son avénement à la Couronne jusqu'à la fin de 1589.

Ce Discours est imprimé au tom. IV. des *Mémoires de la Ligue*, pag. 53.

19199. Avis sur les affaires de France, du 29 Décembre 1589, par lequel est pleinement prouvée l'obéissance due aux Rois : [1590] 1615, *in-8.*

* Cet Avis a été réimprimé en 1615, pour l'opposer à ceux qui avoient entrepris d'anéantir l'Article premier du Cahier général du Tiers-Etat, assemblé aux Etats-généraux de 1614.

19200. * Avis (d'un Ligueur), par lequel on conseille aux François de se mettre sous la protection du Roi d'Espagne : *Paris*, 1589, *in-8.*

19201. * Réponse à un Avis qui conseille, &c. 1589, *in-8.*

Il est aussi imprimé dans les *Mémoires de la Ligue*, tom. IV. pag. 191, où l'on n'a pas mis l'Avis, parceque la Réponse contient tous ses argumens. C'est un Catholique qui l'a faite, & qui l'a écrite, comme bon François, avec beaucoup de vigueur. Il reproche aux Partisans de la Ligue qu'ils sont hérétiques eux-mêmes, & il justifie les deux Rois des calomnies dont on les chargeoit.

19202. Discours de divers Exploits & Déportemens du Duc de Mayenne & des Ligueurs jusqu'à la fin de l'année 1589.

Ce Discours, d'un Ligueur, est imprimé au tom. IV. des *Mémoires de la Ligue*, pag. 108.

19203. Mf. Histoire du temps, tirée des Registres du Parlement, depuis l'an 1371, jusqu'en 1590 : *in-fol.*

Cette Histoire est conservée dans la Bibliothèque de M. le Chancelier d'Aguesseau.

Tt 2

19204. Compendio y breve Relacion de la Liga y Confederacion Francese, con las cosas en aquel Reyño acontecidas desda el año 1585, hasta el año 1590 parte prima; por Pedro Corneïo : *Paris*, Millot, 1590, *in*-8. *En Bruſſellas*, 1591, *En Madrid*, Madrigal, 1592.

Ce Ligueur est mort en 1618, Il a écrit avec aſſez peu d'exactitude, ſelon Jacques-Auguſte de Thou, dans ſon *Histoire de France*, ſous l'année 1590.

19205. Avis d'Eſtienne Bernard, Avocat au Parlement de Dijon, à la Noblesse, sur ce qui s'est paſſé aux Etats de Blois : 1590, *in*-8.

Cet Avocat qui eſt mort en 1609, étoit fort zélé pour la Religion & le bien public, mais auſſi trop paſſionné. Il dépeint le Roi Henri III. & le meurtre des Guiſes avec les plus vilaines couleurs qu'on puiſſe imaginer ; il dit que la réſolution de cette Aſſemblée avoit été de déclarer le Roi de Navarre indigne de la Couronne.

☞ On peut voir ſur cette Pièce & ſur les Réponſes que l'on y fit, la *Bibliothèque des Auteurs de Bourgogne*, par l'Abbé Papillon, *part*, *I. pag.* 40.]

19206. Le devoir du Sujet, vrai François & Catholique, ſervant de Réponſe à l'Avis précédent ; par Jacques Guijon, Juriſconſulte de Dijon.

Cette Réponſe eſt imprimée entre les *Œuvres de Guijons*, *pag.* 134 : *Divione*, Chavance, 1658, *in*-4. Guijon eſt mort en 1625.

19207. Contre-Avis à l'Avis de l'Avocat Bernard de Dijon, à la Noblesse de Bourgogne, ſur ce qu'il eſt expédient de faire pour s'oppoſer à ceux qui, ſous le maſque de Religion, veulent transférer la Couronne de France en main étrangère.

Ce Contre-Avis eſt imprimé au tom. IV. des *Mémoires de la Ligue*, *pag.* 150.

☞ Il eſt fait pour donner une juſte horreur de l'aſſaſſinat de Henri III. pour juſtifier celui du Cardinal & du Duc de Guiſe, & pour établir le droit de Henri IV. à la Couronne, contre l'Avis ſéditieux de l'Avocat Bernard. On y trouve quelques détails aſſez curieux ſur ce qui ſe paſſa aux Etats de Blois, & ce qui mit le Roi dans la néceſſité de ſe défaire du Duc de Guiſe.]

19208. ☞ Arrêt de la Cour de Parlement (de Paris) pour reconnoître Charles X. du 3 Janvier 1590 : *in*-8.

La partie du Parlement qui étoit reſtée à Paris, & que la Ligue tyrannisoit, reconnut comme Roi le vieux Cardinal de Bourbon, que Henri III. avoit fait mettre en Priſon. Ce fut le Duc de Mayenne qui imagina de mettre en quelque ſorte ſur le trône ce fantôme, pour conſerver ſon autorité, & oppoſer un obſtacle aux deſſeins de Philippe II. Roi d'Eſpagne, qui vouloit ſe rendre maître de la France en y plaçant une de ſes Filles.]

19209. ☞ Continuation de ce qui eſt advenu en l'armée du Roi, depuis la priſe des fauxbourgs de Paris, juſqu'à celle de la Ville de Falaize, 6 Janvier 1590 : *Tours*, Metayer, 1590, *in*-4.]

19210. ☞ Narration ſur la Journée d'Arques.

Cette Narration eſt imprimée dans le *Recueil* de Lannel : *Paris*, 1623, *in*-4.]

19211. Diſcours au vrai de ce qui s'eſt paſſé en l'Armée conduite par Henri IV. depuis ſon avénement à la Couronne, juſqu'à la priſe de la Ville de Harfleur, en 1590, & de celle d'Arques : *Londres*, 1590, *in*-8.

19212. ☞ Diſcours ſur la Capitulation faite par le même, avec ceux de Provins : *in*-12.]

19213. ☞ Très-prudent & ſalutaire Conſeil donné par un Suiſſe Catholique, pour la pacification des troubles du Royaume : 1590, *in*-12.]

19214. ☞ Explicatio controverſiarum quæ à nonnullis moventur de Henrici Borbonii in Regnum Franciæ conſtitutione : *Sedani*, apud Hilarium, 1590, *in*-8.]

19215. Mſ. Deſcription du Siége de la Ville & Château de Meulant, fait par le Sieur (Joachim) de Berengeville, au commencement de l'année 1590.

Ce Siége eſt cité à la page 474 du *Catalogue* de la Bibliothèque de M. de Thou.

19216. Lettre d'un Ligueur déguiſé, touchant l'Etat de France, du 6 Janvier 1590.

Cette Lettre eſt imprimée au tom. IV. des *Mémoires de la Ligue*, *pag.* 210.

19217. Le Pouvoir & Commiſſion du Cardinal Cajétan, Légat en France, du 15 Octobre : *Paris*, Nivelle, 1590, *in*-8.

19218. Les Articles de la puiſſance donnée par Notre Saint Père le Pape au Légat, en Latin & en François : *Paris*, 1590, *in*-8.

19219. La Harangue prononcée à Henri, Cardinal Cajétan, Collatéral de ſa Sainteté en France : *Paris*, 1590, *in*-8.

19220. L'ordre & la magnificence faite à la réception du Légat, par Meſſieurs de Paris, le 20 & 21 Janvier 1590 : *Paris*, Velu, 1590, *in*-8.

19221. ☞ Harangue ſur la Légation en France, de Monſeigneur l'Illustriſſime & Révérendiſſime Cardinal Henri Cajétan, de la noble & ancienne Maiſon des Ducs de Sermonette, Collatéral de Sa Sainteté : *Lyon*, 1590, *in*-8.]

19222. ☞ Oratio quâ Illuſtriſ. & Reverend. Dominum Cardinalem Cajetanum S. Sedis apoſtolicæ Legatum de latere ad Regnum Franciæ R. P. Edmundus a Cruce, Ciſtercienſis Abbas Generalis, ſibi aſſiſtente D. Perpetuo Barbiſy Parlamenti Divionenſis Conſiliario, die Dominicâ primâ Adventûs, nomine Burgundiæ in Urbe Matiſconenſi excepit : *Divione*, 1590, *in*-8.]

19223. ☞ Le Martyre & cruelle mort du Prieur des Jacobins de Paris, fait à Tours le 23 Février 1590 ; enſemble la cruauté

Règne de Henri IV. 1590. 333

faite envers une Dame Dévote, & sa Chambrière, dans ladite Ville de Tours: *Orléans*, 1590, *in-8*.

Il avoit été pris dans le fauxbourg de l'Université de Paris, les armes à la main, & conduit à Tours, où justement (n'en déplaise à l'Auteur), il fut exécuté à mort comme un criminel de lèze-Majesté.]

19224. Lettre de Jean BODIN, Procureur du Roi au Siége Présidial de Laon, à Barnabé Brisson: *Paris*, Chaudière, 1590, *in-8*.

L'Auteur tâche de se justifier de ce qu'il s'est vû obligé de prendre le parti de la Ligue. Il est mort en 1596.

Il ose dire dans sa Lettre, que pour assurer les consciences scrupuleuses, & pour affermir les timides, il ne faut point regarder comme une rébellion le parti pris par un si grand nombre de Villes, & qu'en suivant leur exemple, on n'est point sujet au châtiment, qui n'est dû qu'au petit nombre dans ce cas. Après avoir mal parlé du Roi Henri III, il ajoute que comme l'année 63 est l'année climactérique, aussi ce Prince étant le soixante-troisième Roi depuis Pharamond, il doit être le dernier.

19225. Lettre d'un Gentilhomme Catholique & vrai François à un sien ami, pour le retirer de l'erreur où il est tombé par les fausses impostures & séductions de la Ligue, (datée de Tours, en Février): 1590, *in-8*.

19226. ☞ Narratio fidelis de morte DD. Joan. Stephani Duranti, Senatûs Tolosani Principis, & Jacobi Daffisii patroni Regii: *Parisiis*, Mamarel, 1600, *in-12*.

Cette Relation a été réimprimée *pag.* 303 des *Preuves* du tom. V. de l'*Histoire de Languedoc*, par Dom Vaissete, d'après un Manuscrit de la Bibliothèque du Roi. Adrien Martel l'attribue à DU MAY, Avocat.]

19227. ☞ Epoque & circonstances de la mort tragique de Jean-Etienne Duranti, premier Président du Parlement de Toulouse, (en 1589) & de l'émotion arrivée en cette Ville à l'occasion du Maréchal de Joyeuse; par Dom Joseph VAISSETE.

C'est le sujet de la *Note IX.* du tom. V. de l'*Histoire du Languedoc*, *pag.* 645. Le Président Duranti fut massacré le 10 Février 1589, par les Ligueurs zélés, quoiqu'il se fût déclaré pour la Ligue; mais il étoit attaché à son Roi.]

19228. Arrêt de la Cour de Parlement de Paris, pour reconnoître Charles X. pour vrai & légitime Roi de France, & pour défendre aucun Traité de Paix avec Henri de Bourbon, du 5 Mars 1590: *Paris*, Nivelle, 1590, *in-8*.

☞ *Voyez* ci-devant, N.° 19208.]

19229. ☞ Portrait du Roi Charles X. par J. PATRASSON: *Lyon*, *in-8*.]

19230. * De justâ Reipublicæ Christianæ in Reges impios & Hæreticos authoritate, justissimâque Catholicorum ad Henricum Navarræum & quemcumque Hæreticum à Regno Galliæ repellendum, confoederatione, Liber: *Parisiis*, Bichon, 1590, *in-8*.

L'Epître Dédicatoire au Duc de Mayenne est signée *G. G. R. A. Peregrinus Romanus*, & l'on attribue communément cet Ouvrage à Guillaume ROSE, Evêque de Senlis, grand Ligueur. [Il est dit dans le Privilège, qu'il a été donné *in Consilio Regio*: c'étoit le Conseil de la Ligue.]

Idem Liber; auctore Guillelmo ROSE, Episcopo Sylvanectensi: *Antverpiæ*, Keerberg, 1592, *in-8*.

Cet Evêque est mort en 1601. « Le Roi Henri IV. » pour maintenir les esprits brouillons & les langues » médisantes, fit (dit le Père Daniel) un exemple sur » Guillaume Rose, Evêque de Senlis. Ce Prélat, autre- » fois Ligueur des plus opiniâtres, ne pouvoit s'empê- » cher de louer & d'exalter la Ligue. Il fut accusé de » s'être fait honneur d'y avoir souscrit des premiers, » & d'avoir dit que si les mêmes circonstances du temps » revenoient, il en feroit encore autant. De plus, il » avoit fort loué un Livre très-séditieux d'un Avocat, » nommé d'Orléans, & y avoit fait des Notes margina- » les. Ayant été convaincu de ces faits, il comparut en » la Grand'Chambre : là, debout & tête nue, il fut ad- » monêté & obligé d'avouer sa faute, & déclarer qu'il » avoit parlé inconsidérément & témérairement, que » de plus il détestoit le Livre de l'Avocat: après quoi » il fut condamné à cent écus d'amende, au profit des » Pauvres ». Le Père Daniel, qui rapporte ces faits dans son *Histoire de France*, sous l'année 1598, les a tirés de l'*Histoire de Jacques-Auguste de Thou*, Libr. 127. *Voyez* aussi le tom. II. de la *Satyre Menippée*, *p.* 196 & 197: *Ratisbonne*, 1711, *in-8*.

☞ M. l'Abbé d'Artigny prétend, (tom. VI. de ses *Mémoires*, *pag.* 178,) que l'Ouvrage attribué à Guillaume Rose est Guillaume Reginaldus (ou Rainald) Anglois, & il s'appuie de l'autorité de Pitiscus son Compatriote, qui l'a en effet avancé; ajoutant que ce Reginaldus étoit alors à Paris, & grand Ligueur, qu'il avoit abjuré la Religion Anglicane à Rome, & que pour cela il prenoit la qualité de *Pélerin Romain*. Mais qui empêche de croire que cet Anglois a pu faire la Dédicace, Rose voulant se cacher? Les Espagnols, qui ne pouvoient ignorer le nom véritable de l'Auteur, paroissent l'avoir dans l'Edition d'Anvers plus sûrement dévoilé que Pitiscus, quoiqu'en dise M. l'Abbé d'Artigny.

L'Ouvrage dont il est question est étendu, raisonné & fait pour exclure le Roi de Navarre de la Couronne de France. Il est divisé en onze Chapitres, dans lesquels l'Auteur traite de la puissance de la République, & des droits qu'il prétend lui appartenir sur le Souverain, qui par sa mauvaise conduite est déchu de son pouvoir; que le Roi de Navarre étant hérétique & relaps, ne peut être Roi de France; que le Souverain Pontife a le droit d'excommunier un hérétique, & de le priver de la Couronne; que les autres Rois Catholiques & ses propres Sujets doivent lui faire la guerre. Il finit par une Exhortation au Peuple François, laquelle n'est pas moins séditieuse & outrée que les autres Assertions contenues dans cet Ouvrage.]

19231.* Déclaration du Roi d'Espagne, sur les troubles, misères & calamités qui affligent la Chrétienté, & notamment le Royaume de France, du 8 Mars 1590.

Cette Déclaration est imprimée au tom. IV. des *Mémoires de la Ligue*, *pag.* 226.

19232. L'Anti-Espagnol, ou Exhortation de ceux de Paris, qui ne se veulent faire Espagnols, à tous les François de leur parti de se remettre en l'obéissance du Roi Henri IV. & de se délivrer de la tyrannie de Castille.

Cette Exhortation est imprimée dans le quatrième & dernier des quatre *Discours excellens* sur l'état présent de la France: 1593, 1606, *in-12*.

La même Exhortation retouchée & publiée sous ce titre: L'Anti-Espagnol, ou bref Dis-

334   Liv. III. *Histoire Politique de France.*

cours du but où tend Philippe, Roi d'Espagne, se mêlant des affaires de France.

Cette Exhortation est imprimée au tom. IV. des *Mémoires de la Ligue*, pag. 230. C'est la production d'un Catholique bon François, & affectionné au service du Roi. [On l'attribue à] Michel Hurault, Sieur du Fay, petit-fils du Chancelier de l'Hospital.

☞ M. Arnauld d'Andilly assure dans ses *Mémoires*, (1734, *in-12*.) que cet Ouvrage est de son père Antoine ARNAUD. C'est un violent Ecrit contre les Espagnols & leurs desseins sur la France. Ils en desirent, dit-on, la possession ; mais ils n'y parviendront jamais, malgré l'appui des Ligueurs & tout leur or. La Noblesse Françoise se mettra-t-elle sous un joug étranger ? Permettra-t-elle que la Couronne tombe en quenouille ? Son zèle pour sa Patrie & son amour pour ses Rois, sont à l'épreuve de tout. Quoique les Pensionnaires d'Espagne débitent que le nôtre est hérétique & relaps, elle reconnoîtra toujours en lui le sang de S. Louis, & foulera aux pieds toute puissance qui voudra s'y opposer.

Voyez Baillet, *Jugement des Sçavans*, tom. VI. pag. 154.]

19233. Réponse à l'Anti-Espagnol semée ces jours passés à Lyon de la part des Conjurés, qui avoient conspiré de livrer la Ville aux Hérétiques : *Paris*, 1590: [*Lyon*, Pillehotte, 1590,] *in-8.*

☞ Le Père Menestrier, dans ses *Caractères historiques*, pag. 164, dit que c'est Claude DE RUBYS qui est l'Auteur de cette Réponse.]

19234. Premier & second Avertissement des Catholiques Anglois aux François Catholiques, & à la Noblesse, qui suit à présent le Roi de Navarre : *Paris*, Bichon, 1590, *in-8.*

Ces deux Avertissemens sont de Louis d'ORLEANS, Avocat-Général de la Ligue ; le premier est cité ci-dessus, sous l'année 1566, & a été imprimé en 1586.

19235. * Advertencias que los Catolicos de Inghilterra escrivieron a los Catolicos de Francia, tocantes a las reboluciones y cerco de Paris : traduzido del Frances per Antonio de Herrera : *Çaragoça*, Roblet, 1592, *in-8.*

☞ Dans le second Avertissement, dont l'original François fut publié en 1590, l'Auteur remarque les abus qui se sont glissés dans l'Union qu'on a faite pour la conservation de la Religion. Le premier est de n'avoir pas abandonné le vice ; le second, de ne s'être unis que de paroles & non d'effets ; le troisième, d'avoir pillé les Particuliers, sans que le Public en ait reçu aucun avantage ; le quatrième, l'ambition des Chefs ; le cinquième, l'avarice des Particuliers, qui, quoiqu'ils eussent beaucoup d'argent, n'ont pas voulu en donner pour la cause commune ; le sixième, le mépris de la Justice ; le septième, de n'avoir fait aucun fonds d'argent. Il fait ensuite l'éloge de la Ligue, & un portrait affreux du Roi Henri III. qu'il accuse d'avoir été sodomite, sorcier, violateur, sacrilège, tyran, impudique, homicide, fainéant & fauteur d'hérétiques ; pour lesquels crimes Dieu a permis qu'il ait été, dit-il, miraculeusement tué au milieu de son armée. Il prend delà occasion de soutenir que tuer un tyran, c'est conserver l'Etat. Il tombe après sur le fait des Hérétiques, qu'il prétend être ennemis de la Noblesse. Il finit par vouloir établir l'inhabilité du Roi de Navarre à la Couronne : on peut juger quelles sont les couleurs qu'il y emploie. On doit dire en deux mots de ce Livre, qu'il est rempli de maximes détestables, & d'injures indignes d'un Ecrivain honnête homme.

Voyez la *Chronologie Novennaire*, part. 1. fol. 16,

part. 3, fol. 437 verso. = Consid. sur le meurtr. du Duc de Guise, pag. 11. = Lenglet, *Méth. hist. in-4. tom. IV.* pag. 90. = *Hist. de Thou*, tom. IX. pag. 269. = *Satyre Menippée*, tom. II. pag. 245.]

19236. ☞ Récit véritable de ce qui s'est passé au Voyage du Roi Henri IV. à Dieppe, jusqu'à son retour, depuis le décès du Roi Henri III. par Charles DUCHESNE, Médecin du Roi, présent lors & servant Sa Majesté.

Cette Relation est imprimée au tom. IV. du *Journal de Henri IV, la Haye*, 1741, *in-8*. Quoique courte, elle mérite attention pour le grand nombre de faits importans qu'elle contient, & dont l'Auteur a été témoin. Il a conservé des circonstances qu'on ne trouve que dans sa Relation, qui sert d'ailleurs à corriger quelques fautes des Mémoires du Duc d'Angoulême, avec lesquels elle s'accorde parfaitement pour le reste.]

19237. Ms. Pièces concernant la Ligue, & tout ce qui s'est passé à son sujet depuis la sortie de Henri III. de Paris jusqu'à sa mort, & au commencement du Règne de Henri IV. tant dedans que dehors le Royaume : *in-fol.*

Ce Recueil [étoit] conservé dans la Bibliothèque de M. le Chancelier Seguier, [& est à S. Germain des Prés.]

19238. Discours apologétique des causes qui ont contraint les Habitans de Saint-Malo de s'emparer du Château de leur Ville, avec l'Histoire de la prise d'icelui, le 12 Mars 1590 : (*Paris*,) 1590, *in-8.*

19239. Ms. Discours sur la Bataille d'Ivry, le 14 Mars 1590, fait par Nicolas de Neufville, Seigneur DE VILLEROY.

Ce Discours est cité à la page 474, du Catalogue de la Bibliothèque de M. de Thou.

19240. Discours véritable de la Victoire obtenue par le Roi en la Bataille d'Ivry : *Londrès*, *in-4.*

Le même Discours est imprimé au tom. IV. des *Mémoires de la Ligue*, pag. 254.

☞ Ce Discours & les suivans, qui sont fort circonstanciés & assez bien faits, forment une espèce de Journal militaire du Règne de Henri le Grand. Il n'y en a guères où l'on trouve du curieux. On y raconte d'un style souvent burlesque & ironique, les actions & les expéditions du Duc de Parme, qui vint de Flandres au secours des Ligueurs.]

19241. Déclaration de la Bataille faite à Ivry-la-Chaussée, & de la Victoire obtenue par le Roi sur ceux de la Ligue : *Francfort*, Wechel, 1590, *in-4.*

19242. ☞ Description de la infinia Batalla de Ivry, &c. traduzido de Frances en Castellano, por A. D. C. Cavallero seno de Vau è del Ormoy : *Paris*, Robinot, 1609, *in-12.*]

19243. ☞ Cantique sur la Victoire d'Ivry ; par Guill. de Saluste, Sieur DU BARTAS : *Lyon*, Tholosan, 1594, *in-8.*]

19244. Lettre d'Armand de Gontaud, Baron DE BIRON, Maréchal de France, [à M. du Haillan] contenant ce qui s'est passé en la Bataille d'Ivry.

Cette Lettre est imprimée dans Marcel, au tom. IV.

de l'Origine de la Monarchie Françoise; pag. 64.
Paris, 1686, in-12. Ce Maréchal est mort en 1592. Il
étoit un grand homme de Cabinet aussi-bien que de
Campagne, qui ne vouloit rien ignorer, & se mêloit de
tout, & s'escrimoit aussi avantageusement de la plume
que de l'épée.

☞ Le Père Daniel a inséré cette Lettre dans son
Histoire de Henri IV. Elle est encore imprimée dans
le Recueil de Lannel : Paris, 3623, in-4.

19245. ☞ Lettre de M. du Haillan, ou
Réponse à la précédente.]

19246. ☞ Lettre du Roi aux Ambassadeurs & autres Seigneurs Étrangers, sur le
sujet de la Bataille d'Ivry : 1590.

Cette Lettre est imprimée dans le Recueil de Lannel :
1623.]

19247. ☞ Stances sur la Victoire obtenue
par le Roi (à Ivry) contre les ennemis de
son Etat ; par M. DE SAINTE-MARTHE,
Trésorier de France, à Poitiers : Tours,
1590, in-4.

19248. ☞ Scævolæ SAMMARTHANI Carmen
de victoria apud Evriacum, partâ anno
1590 : Lugd. Batav. 1592, in-8.]

19249. ☞ Cleri Turonensis Hymni duo
ad Henricum IV. unus ante pugnam, alter
post victoriam Ibriacam, addita est vernacula Versio : Augustæ Turonum, 1590, in-4.

La Traduction se trouve au Recueil I. in-12.]

19250. ☞ Discours de ce qui s'est passé
en l'Armée du Roi, depuis la Bataille d'Ivry, le 14 Mars, jusqu'au 2 Mai 1590.]

19251. ☞ Discours de ce qui s'est passé en
l'Armée du Roi, depuis le 13 Avril dernier
jusqu'au 2 Mai 1590, envoyé par un Gentilhomme qui est près de Sa Majesté, à un
sien ami.

Ces deux Discours sont imprimés au tom. IV. du
Journal de Henri IV. La Haye, 1741, in-8.]

19252. ☞ Arrêt de la Cour de Parlement
de Rouen, contre les Gentilhommes & autres qui persistent à la suite de Henri de
Bourbon, soi-disant Roi de Navarre. (Avril
1590) : Lyon, Tantillon, 1590, in-12.]

19253. ☞ Contre l'apologétique Exhortation faite sous le nom de Mᵉ René Gérault,
n'aguères Théologal & Pénitencier de l'Eglise d'Angers : 1590.]

19254. ☞ Le vrai Catholique Romain contre le Ligueur couvert, où il est montré que
nous devons tous prier Dieu de faire bientôt notre Roi Catholique, mais que le Discours imprimé sur ce sujet sous le titre de
Supplication, est un artifice de la Ligue &
de ses Pensionnaires, pour nous diviser &
conséquemment perdre : 1590.

Ces deux Pièces sont imprimées au Recueil P. in-12.]

19255. ☞ Coq-à-l'Asne & Chanson sur ce
qui s'est passé en France depuis la mort de
Henri de Valois, jusqu'aux nouvelles défaites, &c. 1590, in-12.]

19256. ☞ De l'obéissance due aux Princes
pour faire cesser les armes & rétablir la Paix
en ce Royaume : Caën, 1590, in-8.

Cet Ecrit est d'un Catholique Royaliste.

19257. ☞ Résolution de MM. de la Faculté
de Théologie de Paris, sur les Articles à
eux proposés par les Catholiques Habitans
de la Ville de Paris, touchant la Paix ou
Capitulation avec l'Hérétique, & admission
de Henri de Bourbon à la Couronne de
France, avec une Lettre aux Habitans Catholiques des Villes de France qui ont juré
l'union, du 7 Mai 1590, en Latin & en François : Paris, 1590 ; Lyon, Pillehotte, 1593,
in-8, succéder à la Couronne de France.

La même Résolution est imprimée au tom. IV. des
Mémoires de la Ligue, pag. 283. Voyez ce qu'en a dit
Jacques-Auguste de Thou, sous l'année 1590, pag. 68,
de son Histoire de la première Edition de Genève.

☞ Cette extravagante Résolution porte qu'il n'est
pas permis aux Catholiques de recevoir pour Roi un
hérétique & relaps, quand même il obtiendroit un jugement extérieur, portant absolution de ses crimes ; &
que quiconque lui porte secours, doit être regardé aussi
comme hérétique. La plus grande & la plus saine partie
des Docteurs de Sorbonne étoient alors retirés, on
doit attribuer ces sortes de Résolutions aux Disciples
des Jésuites qui étoient les arcboutans de la Ligue,
comme l'Université de Paris l'a observé dans les écrits
qu'elle publia peu d'années après.]

19258. ☞ Lettre d'un Gentilhomme Romain à MM. de la Sorbonne de Paris, contenant la Réponse à l'Avis que les dits Sieurs
avoient donné à Sa Sainteté d'excommunier
le Roi, & le moyen de pacifier les troubles de
ce Royaume, traduite du Latin en François.

Cette Lettre est imprimée dans le Recueil L. in-12.
Elle commence par un Narré succinct des brigues, faites par les Guises, & de leurs attentats contre la personne du Roi, & contre la famille Royale. Il justifie
ensuite la justice que le Roi s'est faite par la mort du
Duc & du Cardinal de Guise. Il invite les Ecclésiastiques
à rentrer dans leur devoir, à se repentir des excès auxquels ils se sont portés, en excitant les peuples à la révolte par leurs écrits & leurs déclamations séditieuses,
au lieu qu'ils devoient leur donner l'exemple de la soumission & de la fidélité. Il les exhorte à faire tenir un
Concile pour réprimer les abus qui se sont introduits
dans leurs corps, & pour ramener les Hérétiques au
sein de l'Eglise.]

19259. Dialogue entre un Catholique ancien, un Catholique zélé, & un Palatin, fait
en 1590, sur les causes des misères de la
France.

Ce Dialogue est de Guy COQUILLE, Avocat au Parlement, mort en 1603. Il est imprimé dans le Recueil
de ses Œuvres posthumes : Paris, 1650, in-4. & au
tomi I. de ses Œuvres : Paris, 1665, & Bourdeaux,
1703, in-fol. Antoine Teissier, au tom. IV. de ses Additions aux Eloges des Hommes Sçavans de M. de
Thou, p. 454, dit qu'on croit que le Cardinal Pellevé,
insigne Ligueur, étoit un des trois Personnages de ce
Dialogue.

☞ Ce Discours, adressé à M. le Duc de Nevers,
est du mois de Février 1590. Il roule sur la cause des
maux qui désolent la France. Le Catholique ancien, par
ses sages discours, propose les moyens de les éviter, &
combat fortement la violence que la Ligue vouloit employer pour exterminer les Hérétiques. Cette Pièce sert

336 Liv. III. Histoire Politique de France.

à faire voir les différentes vues des trois Ordres du Royaume.]

19260. ☞ Avis sur ce qui est à faire, tant contre les Catholiques simulés que contre les ennemis ouverts de l'Eglise Catholique, Apostolique & Romaine. *Lyon*, Pillehotte, 1590, *in-12.*]

19261. ☞ Raisons des Politiques qui veulent faire Henri de Bourbon Roi de France; & celles des Catholiques par lesquelles est prouvé qu'il ne le doit être: *Lyon*, 1590, *in-12.*]

19262. ☞ Conclusion & advis sur la réception d'un Roi; nul ne peut être habile à succéder à la Couronne de France, qui ne soit Catholique. *Toloſe*, Colomiez, 1590, *in-12.*]

19263. ☞ Discours véritable de tout ce qui s'est passé en la Ville de Paris, & ès environs, tant de la part du Roi de Navarre & de son Armée, que de la part du Duc de Nemours & des Habitans de Paris, depuis la retraite dudit Roi de Navarre de devant Sens, jusqu'au 12 de Juin 1590, avec un Arrêt de la Cour de Parlement, par lequel il est défendu à peine de la vie, de faire aucun traité ni composition avec ledit Roi de Navarre: [*Lyon*, Tantillon, 1590, *in-8.*]

Ce Discours de François PANIGAROLE, Evêque d'Aſte, Italien & Ligueur, mort en 1594, est aussi imprimé au tom. IV. des *Mémoires de la Ligue*, p. 291.

19264. ☞ Ms. Journal historique des Rois Henri III. & Henri IV. depuis 1584, jusqu'au 30 Juin 1590.

Il est parmi les Manuscrits de M. Godefroy, [aujourd'hui à la Bibliothèque de la Ville de Paris.] Les années 1589 & 1590, sont dans celle du Roi, num. 8929.

19265. L'Entreprise de la Ligue contre l'Etat & Couronne de France; avec tout ce qui s'est fait & passé contre ladite Ligue jusqu'à la Bataille de Mante, & autres que Henri de Bourbon Roi de France a eues contre la Ligue, depuis son avénement à la Couronne jusqu'aujourd'hui: *Montauban*, 1590, *in-8.*

19266. ☞ Articles accordés & jurés entre les Confrères de la Confrairie du saint Nom de Jesus, ordonnée en l'Eglise de S. Gervais & autres de la Ville de Paris; pour la manutention de la Religion Catholique, Apostolique & Romaine, sous l'autorité du Roi, des Princes & Magistrats Catholiques: *Paris*, Bichon, 1590, *in-8.*

Ces Articles, avec le Serment & le Réglement qui les suivent, sont aussi imprimés dans le tom. III. de l'*Histoire de Paris*, par Dom Félibien, pag. 790.

Ces Confrères juroient de vivre & mourir en la Foi Catholique, & sous l'obéissance du Roi Charles X. & de Monseigneur de Mayenne, son Lieutenant; promettoient de procurer la délivrance de leur Roi, de ne reconnoître jamais pour Roi aucun Prince Hérétique « d'employer toutes leurs forces & moyens à l'extirpation « des hérésies, à la ruine & extermination de ceux qui « en font profession, & nommément de Henri de Bourbon, prétendu Roi de Navarre, manifestement relaps « & excommunié par N. S. P. &c. » On vit dans le Parlement un Mandement émané de cette Confrairie, signé *Petit*, par lequel étoit enjoint aux Quarteniers d'envoyer à ce Petit un rôle des soupçonnés Politiques. Ce Mandement fut mis entre les mains de M. de Nemours, & il fut ordonné que le Lieutenant Criminel en informeroit; mais il ne put trouver ce Petit. M. Coqueley dit à la Cour qu'il ne viendroit point de faute de cette Confrairie.

« La Confrairie du Cordon régnoit principalement « à Orléans, où elle fut mise en vogue par un Cordelier, qui y fit une Association entre les Echevins & « Rossieux, qui étoit Maire de la Ville en 1588. Les Jésuites & quelques Religieux Mendians qui s'en mêloient aussi, y engagèrent le menu Peuple. Cette Confrairie, qui agissoit de concert avec les Seize de Paris, est confondue avec celle du Nom de Jesus, par « Mézeray, qui dit qu'elle subsista dans toute sa force à « Orléans, jusqu'au commencement de 1594, auquel « tems M. de la Chastre, ayant remis cette Ville sous « l'obéissance du Roi Henri IV. il y abolit toutes sortes « de Confrairies. *Note* sur la page 39 de la *Satyre Ménippée*, Edition de 1711, tom. II. pag. 124.

On voit dans le tom. IV. de la *Chronologie Novennaire*, fol. 496, *verso*, que les Confrères du Cordon juroient de n'épargner leurs propres frères & enfans, qui s'opposeroient à leur Confédération; & d'être prêts à obéir & prendre les armes au mandement de ceux qui seroient députés leurs Chefs.]

19267. ☞ Thériaque & antidote préparés pour chasser le venin, poison ou peste des Hérétiques Navarrois & athées Politiques de la France, où l'on pourra voir au vrai l'occasion des calamités de ce temps, les moyens pour ôter le masque d'hypocrisie & éviter les cauteles des ennemis de la foi Catholique, Apostolique & Romaine, en forme de Dialogue, dédié au Cardinal Cajétan, par le Seigneur B. D. B. 1590, *in-12* de 175 pages.]

19268. ☞ Réponse aux Lettres de Henri de Bourbon, envoyées aux Manans & Habitans de Paris, du Camp d'Aubervilliers, le 16 Juin 1590: *Paris*, Nivelle, 1590, *in-8.*

Cette Réponse est signée M. D. P. Bourgeois de Paris, & elle est du 3 Juillet 1590.]

19269. ☞ Deux Lettres écrites par M. DE LUXEMBOURG-PINEY, Duc & Pair de France; l'une aux Cardinaux pendant le Conclave, l'autre au Pape Grégoire XIV. en 1590.

Elles sont imprimées dans le *Recueil* L. *in-12.*]

19270. ☞ Relation de la Conspiration pour surprendre la Ville de Senlis, machinée par quelques Ligueurs, Chanoines, Curés, Vicaires, Moines, Cordeliers & Habitans de cette Ville, la nuit du 3 au 4 de Juillet 1590.

Elle est imprimée dans le *Recueil* M.]

19271. Discours de ce qui s'est passé en l'Armée du Roi, depuis son arrivée devant Paris, jusqu'au 9 de Juillet 1590: *Tours*, Métayer, 1590, *in-8.*

19272. Discours de ce qui s'est passé en l'Armée du Roi, depuis le 23 Juillet jusqu'au 7 d'Août 1590: *Tours*, Métayer, 1590, *in-8.*

19273.

Règne de Henri IV. 1590.

19273. Lettre au Pape Sixte V. du mois d'Août 1590.

Cette Lettre de Louis de Gonzague, Duc DE NEVERS, est imprimée au tom. II. de ses *Mémoires : Paris, 1665, in-fol.*

19274. ☞ Remontrances d'un fidéle sujet du Roi aux Habitans de Lyon, le 20 Août 1590.

Secondes Remontrances aux mêmes, le 20 Août 1590.

Elles sont imprimées dans le *Recueil* M.]

19275. ☞ Ms. Ligue depuis 1587 jusqu'en Août 1590.

Dans le Registre 66, Vol. I. des Manuscrits de Peiresc, à Aix. Il y en a une Copie à la Bibliothèque de M.lle Marquis d'Aubais, num. 132.]

19276. Discours brief & véritable des choses notables arrivées au Siége de Paris, & défense d'icelle par le Duc de Nemours contre le Roi de Navarre, jusqu'au 6 de Septembre; par Pierre CORNEIO : *Paris*, Millot, 1590, *in-8*.

Le même Discours de ce Ligueur est imprimé au tom. IV. des *Mémoires de la Ligue*, pag. 296, & au tom. I. de la *Satyre Menippée*.

El mismo, en Lengua Castellana : *En Brussellas, en Sevilla*, 1591 : *En Madrid*, 1592, *in-8*.

C'est la suite de l'*Abrégé de l'Histoire de la Ligue*, par le même Auteur, dont la première partie est indiquée ci-dessus, [N.º 19204.]

19277. Récit véritable du Siége de Paris & des choses mémorables qui s'y sont passées; comment le Duc de Nemours a défendu cette Ville contre l'Armée du Roi de Navarre; avec les Articles arrêtés à Melun par le Roi de Navarre & sa Noblesse : 1591, *in-8*. (en Allemand.)

19278. ☞ Discours véritable de la défense de MM. les Habitans de Paris, conduits avec leur Garnison par Monseigneur le Duc de Nemours contre le Roi de Navarre, qui vouloit loger son armée au Fauxbourg Saint-Martin, où fut blessé à mort le sieur de la Noue : *Lyon*, Pillehotte, 1590, *in-12*.]

19279. ☞ Articles accordés à Melun, par Henri de Bourbon, prétendu Roi de Navarre, &c. lorsqu'il pensoit entrer dans Paris, par lesquels on peut voir le desir qu'il a d'exterminer la Religion Catholique : 1590, *in-12*.]

19280. Brief Traité des misères de la Ville de Paris.

19281. Autre Discours sur le même sujet.

Ces deux Discours sont imprimés au tom. IV. des *Mémoires de la Ligue*, pag. 326, 337. Le premier est d'un Anti-Ligueur Catholique.

19282. Misère de Paris, Relation de ce qui s'est passé pendant le Siége que cette Ville a soufert : *Basle*, 1591, *in-8*. (en Allemand.)

19283. Relatione dell'assedio di Parigi, nell' anno 1590, col dissegno di questa Citta; *Tome II.*

di Philippo PIGAFETTA : *In Roma & Bologna*, 1591, *in-8*.

L'Auteur étoit venu en France avec le Cardinal Cajétan. Il fait une vive peinture de la famine que souffroient les Parisiens pendant ce Siége.

☞ *Voyez* Lenglet, *Méth. hist. in-4. tom. IV. pag. 103.*]

19284. Discours véritable & notable du Siége de la Ville de Paris, traduit de l'Italien.

Ce Discours [& le précédent sont] imprimés au t. II. des *Mémoires d'Etat*, ensuite de ceux de Villeroy, pag. 408.

☞ Le dernier est une Relation en forme de Discours, des misères du Peuple de Paris, & de ce qui se passa pendant le Siége, jusqu'à l'arrivée du Duc de Parme, qui contraignit Henri IV. de le lever. L'Auteur est Ligueur, & paroit grand ami des Jésuites. On en trouve une autre à la suite, intitulée : *Bref Traité des misères de Paris*, qui est fait par un partisan de Henri IV. & qui ne paroit pas à beaucoup près aussi fidéle que celui de Corneio.]

19285. ☞ Avertissement sur le Discours du Siége de Paris.

Il est dit dans cet Avertissement que la Relation suivante, du premier Siége de Paris, a été faite sur une copie Italienne, & que cette Pièce avoit eu l'approbation de tous les Pays où elle avoit paru. Elle est d'un zélé Ligueur, qui ne manque pas d'attribuer tout l'honneur de la levée du Siége, qu'il compare à celui de Jérusalem, à la bonne conduite de leur Chef, & à la patience comme au courage des Parisiens.]

19286. Regiæ Parisiorum urbis & reliquarum sacri fœderis contra Hæreticos initi Civitatum facilè principis, ab Henrico Borbonio hæretico, & hæreticorum hujus regni & perduellium duce, miserabilis, sed Deo propitio irrita, Obsidio, anno 1590 : *Lugduni*, 1591, *in-8*.

19287. Recueil de tout ce qui s'est passé en la Conférence du Cardinal de Gondi & de l'Archevêque de Lyon avec le Roi, le 7 Août 1590.

Ce Recueil est imprimé au tom. IV. des *Mémoires de la Ligue*, pag. 340, [& au tom. I. de la *Satyre Menippée*.]

☞ Les Habitans de Paris pressés par la plus extrême famine, députèrent au Roi le Cardinal de Gondy & l'Archevêque de Lyon, pour lui demander la paix. Ces Prélats allèrent le trouver à l'Abbaye de S. Antoine des Champs, où Sa Majesté leur fit un pathétique & naïf Discours sur l'envie qu'il avoit de donner la paix à son Royaume, & nommément à sa Ville de Paris.]

19288. Sommaire Discours de ce qui est advenu en l'Armée du Roi, depuis que le Duc de Parme s'est joint à celle des Ennemis, jusqu'au 15 de Septembre 1590 : *Corbeil*, *in-8*.

Le même Discours est imprimé au tom. IV. des *Mémoires de la Ligue*, pag. 347.

19289. Ms. Sommario di quanto è seguito in Franza di notabile giornalmente, dal primo d'Agosto 1587, alli 24 di Settembre 1590 : *in-4*.

Cet Abrégé [étoit] conservé à Dijon dans la Bibliothèque de M. de la Mare, [& est aujourd'hui dans celle du Roi.]

V u

19290. ☞ Discours de l'entreprise des Hérétiques & Huguenots sur la Ville de Troyes, conduite par le Sieur de Torteron, &c. (Septembre 1590) : *Lyon*, Pillehotte, 1590, *in*-12.]

19291. * Factio Gallica, id est Trojæ Gallicæ Obsidio, anno 1590 : *in*-8.

19292. Conclusio Theologicæ Facultatis pro firmanda pace & unione inter Theologos Parisienses, die 10 Octobris 1590, additis binis Literis Româ missis ad eandem Facultatem : *Parisiis*, 1590, *in*-8.

Cette Conclusion condamne cette Proposition & plusieurs autres semblables ; sçavoir, si on peut donner le titre de Roi à Henri de Bourbon.

19293. ☞ Articles accordés & jurés en la Sainte-Chapelle du Roi à Dijon, par les Gens des trois Etats du Pays & Duché de Bourgogne, en Octobre 1590 : *Lyon*, Pillehotte, 1590, *in*-12.]

19294. Discours sur la venue en France, progrès & retraite du Duc de Parme, & des exploits d'armes faits par lui pour le secours des Ligueurs, rébelles au Roi, jusqu'au 30 Novembre : *Tours*, Métayer, 1590, *in*-8.

19295. ☞ Mémoire de ce qui s'est passé dans la retraite & délogement du Duc de Parme, hors de France.

Ce Mémoire est imprimé dans le *Recueil* O. *in*-12.]

19296. ☞ Lettre du Roi Henri IV. écrite à M. de Montpensier, le 7 Septembre 1590. Elle est imprimée dans le *Recueil* M. *in*-12.]

19297. ☞ Mémoire de ce qui est advenu en l'armée du Roi, depuis le 15 Septembre jusqu'au 4 Novembre 1590.

Ce Mémoire est imprimé au tom. IV. du *Journal de Henri IV. La Haye*, 1741, *in*-8.]

19298. ☞ Ms. Discours de la constance, valeur & magnanimité des Parisiens, à la Sérénissime Altesse de l'invincible Prince de Parme & de Plaisance ; par P. LAIGNEAU, Chartrain : *in*-4.

Ce Libelle, que les furies de la Ligue ont vomi contre Henri IV. est conservé dans la Bibliothèque de M. Sardel, à Braine près Soissons.]

19299. ☞ Récit de ce qui s'est passé en Dauphiné depuis le mois de Mai 1590, contre le Duc de Savoye.]

19300. ☞ Lettre écrite par un des Gentilshommes de M. le Marquis de Villaines, à un de ses amis de la Ville de Tours, de l'armée de Saint-Sulpice, le 18 Décembre 1590.]

19301. ☞ Articles accordés & convenus sur le fait de la reddition de la Ville de Grenoble sous l'obéissance du Roi, entre le Sieur de Lesdiguières, Commandant pour Sa Majesté en Dauphiné, & les Sieurs Conseillers du Parlement, Commis du Pays & Consuls d'icelle, 22 Décembre 1590.]

19302. ☞ Lettre d'un Gentilhomme de l'armée de M. le Duc de Nevers à un ami sur la défaite des troupes du Capitaine Saint-Paul, contenant la distraction de plusieurs Villes des Pays-Bas de l'obéissance du Roi d'Espagne : 4 Novembre 1590.

Ces quatre Pièces sont imprimées dans le *Recueil* N. *in*-12.].

19303. ☞ La Rencontre & Escarmouche donnée par les Carabins Catholiques sur les Dragons maheurtés Hérétiques, au-dessus du Village de Longueval, &c. (Décembre 1590) : *Lyon*, Pillehotte, 1591, *in*-12.]

19304. Discours des Exploits du Duc de Nevers à son arrivée en son Gouvernement en Champagne : *Châlons*, 1590, *in*-12.

Ce même Discours de Louis de Gonzague, Duc de NEVERS, est imprimé au tom. II. de ses *Mémoires*.

19305. Discours véritable sur l'inique emprisonnement & la détention de Mesdames les Duchesses, de Mademoiselle de Longueville & du Comte de Saint-Paul, par ceux de l'Union : 1590, *in*-8.

[Il est aussi imprimé au tom. II. des *Mémoires de Nevers* : 1665, *in*-fol.]

☞ Aussi-tôt qu'on sçut à Amiens la mort du Cardinal & du Duc de Guise, les Habitans arrêtèrent prisonnières, pendant les Fêtes de Noël, Mesdames de Longueville, mère & fille, & M. le Comte de Saint-Paul, en l'absence de M. le Duc de Longueville, que M. de Nevers leur avoit laissé pour Gouverneur, pendant son voyage en Poitou. Elles y souffrirent toutes les indignités & les rigueurs que peut inventer un peuple furieux. MM. de Nevers & de Longueville eurent beau prier, menacer ; tout fut inutile. M. de Nevers fit enfin ce Discours, pour apprendre à toute l'Europe l'étendue de cet outrage & de son ressentiment. Il y découvre bien des vérités qui ne font pas honneur à MM. de la Ligue. Le Pape écrivit pour la liberté de ces Princesses, qui ne furent délivrées que le 22 Janvier 1591, à l'approche des troupes que conduisoient MM. de Nevers & de Longueville.]

19306. Ms. Journal du Roi Henri IV. en 1589 & 1590.

Ce Journal est conservé dans la Bibliothèque du Roi, num. 8929.

19307. Ms. Mémoires DE LA BORDE DU HOUSSAY, en 1589 & 1590.

Ces Mémoires sont conservés dans la Bibliothèque de S. Magloire, entre les Manuscrits de MM. de Sainte-Marthe, *pag*. 331, du tom. II. de leurs *Mélanges*.

19308. ☞ Lettre des Maire & Echevins de la Ville d'Orléans, aux Gouverneurs, Maire & Echevins de la Ville de Tours : 1590.]

19309. ☞ Lettre du Roi à M. le Maréchal de Biron : 1590.]

19310. ☞ Abrégé fait au Duc de Savoye, par PANIGAROLE, sur les derniers événemens de la France.

Cela regarde la levée du Siège de Paris, le 30 Août, & quelques exploits du Duc de Parme après son arrivée en France. Ces trois Pièces sont imprimées au tom. II. des *Mémoires d'Etat*, à la suite de ceux de Villeroy, 1624, *in*-8.]

19311. Ms. Traité particulier de ce qui s'est passé dans la Ville de Paris, au temps de la

Règne de Henri IV. 1591.   339

Ligue, depuis le 11 de Mars 1590, jusqu'à la fin de cette année : *in-fol.*

Ce Traité d'un Ligueur, est conservé dans la Bibliothèque du Roi, num. 8931.

19312. ☞ Lettre de M. DE MAYENNE au Roi d'Espagne.]

19313. ☞ Lettres de M. de Mayenne au Pape.]

19314. ☞ Discours véritable du Siége mis devant la Ville de Montbard en Bourgogne, par le sieur de Tavanne, associé des Reistres du Biarnois : *Lyon*, Pillehotte, 1590.]

19315. ☞ Le Masque de la Ligue & de l'Espagnol découvert, où la Ligue est dépeinte de toutes ses couleurs ; par L. T. A. *Tours*, 1590, *in-12.*]

19316. ☞ Le Pacifique ; par FRIDERICK : 1590, *in-8.*]

19317. ☞ Panégyrique adressé au Roi, de la part de ses bons Sujets de la Ville de Paris, contenant un Discours des Vertus du Roi & des tyrannies de la Ligue : 1590, *in-4.*]

19318. ☞ Le Fouet des Hérétiques politiques.]

19319. ☞ Lauriers du Roi contre les foudres pratiquées par l'Espagnol : 1590.]

19320. ☞ Orbis Christiani Status, hoc est Discursus de triplici potentiâ Regis Galliæ, Regis Navarræ & Guisiorum Principum ; Vaticinium Sibyllæ de Rege Franciæ & Navarræ Henrico IV. 1590 & 1598 : *in-8.* (sans nom de Ville).]

19321. ☞ Le Labyrinthe de la Ligue, & les moyens de s'en retirer : 1590.]

19322. ☞ Remontrance à la Noblesse de France, qui suit le parti de l'hérétique; par Matthieu DE LANNOY : *Paris*, 1590.]

19323. ☞ Réponse à la blasphème & calomnieuse Remontrance de Matthieu de Lannoy : *Tours*, 1591, *in-8.*]

19324. ☞ Histoire de la Guerre civile en Languedoc, particulièrement à Montpellier.

Cette Histoire est imprimée dans le second Volume des *Pièces Fugitives de M. le Marquis d'Aubais* : *Paris*, 1759, *in-4.*

Elle commence en 1560, & finit en 1590. On attribue cette Histoire à Jean PHILIPPI, Président en la Cour des Aides de Montpellier. On y trouve beaucoup de faits curieux concernant l'Histoire de France.]

19325. Relation des choses principales arrivées cette année en France, entre le Roi & ses Ennemis, des Batailles, Actions, Prise de Paris, jusqu'en 1591 : *in-4.* (en Allemand).

19326. Discours sur l'Etat de France, contenant l'Histoire de ce qui est advenu depuis 1588 jusqu'en 1591 ; avec permission du Roi : 1591, *in-8.*

Ce Discours a été composé par un Huguenot, (Michel HURAULT, sieur du Fay), Auteur du premier & du second des *Quatre excellens Discours* : 1593, 1606, *in-12.*

☞ Il contient des réflexions sur l'état actuel du Royaume & des affaires de Henri IV. L'Auteur reprend les choses dès le commencement de la Ligue en 1576; expose quels étoient les projets des Guises & du Roi d'Espagne, fait très-au long le portrait du Roi Henri IV. & il examine s'il doit se faire Catholique pour donner la paix à ses Sujets. Ce Discours est assez bien fait : il y règne plus de vérité que dans la plupart des Pièces de ce temps-là.]

19327. * Remède des excellens & libres Discours sur l'état présent de la France, nouvellement imprimé : 1598, *in-12.*

19328. Le Parénétique des bons Sujets aux Malcontens & aux Liguez : *Paris*, 1591, *in-4.*

Cette Exhortation a été faite par un Catholique, sur les misères de la France, & les moyens d'en sortir par la réunion des membres & la soumission au Roi légitime : elle est dédiée à M. de la Noue, dont l'Auteur fait un bel Eloge.

☞ *Voyez* la *Méth. histor.* de Lenglet, *in-4. tom. IV. pag. 103.*]

19329. Discours politiques & militaires du Seigneur (François) DE LA NOUE, sur les affaires de France: *Basle*, 1587, *in-4.* 1588, jouxte la Copie à Basle, *in-12. Basle*, 1591, 1597, *in-16. Basle*, 1599, 1612 & [1638], *in-8.*

Les mêmes: *London*, 1597, *in-4.* (en Anglois).

Ces Discours font connoître la beauté de l'esprit & la force du jugement de l'Auteur. « Ses grandes actions » sont exactement remarquées dans les Histoires de son » temps, & dans ses Discours politiques & militaires, » qui ne le rendent pas moins comparable aux plus » vaillans qu'aux plus sçavans & plus expérimentés Capitaines ». Jean le Laboureur, dans ses Additions aux Mémoires de Castelnau.

A la fin des Discours, l'Auteur fait de très-belles Observations sur plusieurs choses advenues en France aux trois premiers troubles, où il s'est trouvé. Ces Discours sont le fruit de sa longue & étroite prison en Flandres, & ce ne fut que peu après avoir recouvert sa liberté qu'ils furent mis en lumière par les soins de Philippe de Fresne Canaye, qui les avoit recueillis.

« De la Noue étoit un des grands Capitaines, & » de l'aveu de tout le monde, un des plus honnêtes » hommes de son temps. Il n'est pas seulement loué » dans nos Histoires par les Historiens de la Religion » Prétendue-Réformée, à laquelle sa vertu & sa régularité faisoit beaucoup d'honneur ; mais généralement » par tous ceux qui ont parlé de lui. Il nous reste un » Ouvrage de lui, intitulé : *Discours Politiques & Militaires*, dont le style net, les réflexions judicieuses » sur les Guerres civiles, & un certain caractère d'homme d'honneur qui y règne par tout, confirme les » témoignages que l'Histoire nous rend de sa vertu, de » sa modération, de sa politesse & de sa prudence ». Le Père Daniel, au tom. III. de son *Histoire de France*, sous l'année 1591.

☞ *Voyez* encore la *Méth. histor.* de Lenglet; *in-4. tom. II. pag.* 279, & *tom. IV. pag.* 103.]

19330. Vie de François de la Noue, dit Bras-de-fer, où sont aussi plusieurs choses mémorables arrivées en France & aux Pays-

Bas, depuis le commencement des troubles en 1560, jusqu'à sa mort en 1591; par Moyse AMYRAULT, Ministre de Saumur: *Leyde*, Elzevir, 1661, *in-*4.

De la Noue est mort en 1591.

☞ François de la Noue, Gentilhomme Breton, a joué un si grand rôle dans les premiers troubles de la Religion, que sa Vie en est comme l'Histoire. Depuis qu'il eut embrassé ce parti, il en fut un des principaux Chefs, & le soutint autant par ses actions que par ses conseils. On l'appella *Bras-de-fer*, parcequ'ayant eu l'os du bras gauche cassé à la prise de Fontenay en Poitou, on le lui coupa à la Rochelle, & qu'il s'en fit faire un de fer dont il se servoit fort bien. Il mourut d'un coup de mousquet qu'il reçut dans la tête au Siége de Lamballe. Cette Vie est pleine de belles actions & de détails intéressans. L'Auteur (Amyrault) s'est fait estimer dans son parti, & même chez les Catholiques, par son habileté & ses talens: il est mort Professeur en Théologie à Saumur, en 1664. *Voyez* sur cette Vie, l'*Esprit de la Ligue*, tom. *I*. pag. lx.]

19331. ☞ Le Tombeau de la Noue; par Etienne CAUCHOIS: *Melun*, 1594, *in-*8.]

19332. * Les raisons pour lesquelles Henri de Bourbon, soi-disant Roi de Navarre, ne peut & ne doit être reçu, approuvé, ne recognu Roi de France; avec les Réponses aux plus communes objections des Politiques: *Paris*, Nivelle, 1591, *in-*8.

19333. ☞ Protestation des Catholiques qui n'ont fait leur profit des deniers publics: *in-*8.

C'est une Déclamation contre les seize de Paris, qu'on accusoit d'avoir volé les deniers levés pour la Guerre, tandis que les Bourgeois de Paris mouroient de faim. On trouve à la fin la Réponse qui contient un grand Eloge du Conseil de l'Union, & soutient que tels murmures ne sont qu'un artifice du Roi de Navarre, pour semer la division dans le parti de la Ligue.]

19334. ☞ Discours succinct du Voyage de Sa Majesté en Lorraine: *Janvier*, 1591.

Ce Discours est imprimé au tom. IV. du *Journal de Henri IV. La Haye*, 1741, *in-*8.]

19335. Lettre contenant le Discours de l'Entreprise du Roi de Navarre sur la Ville de Paris, le 20 Janvier 1591, & autres choses advenues en ce temps: 1591, *in-*8.

Cette Lettre d'un Ligueur est aussi imprimée au tom. IV. des *Mémoires de la Ligue*, pag. 364.

— Les Lettres Monitoriales de Grégoire XIV. contre le Roi Henri IV. & les Ecrits faits contre ces Lettres.

On les trouve ci-devant, Article des *Libertés de l'Eglise Gallicane*, [N.ᵒˢ 7156 & *suiv*. tom. *I*. pag. 486.]

19336. Déclaration du Roi pour la vraie Noblesse Françoise, à l'encontre des Rebelles & Etrangers, du 8 Mars 1591: *Caen*, *in-*4.

19337. Lettre de François, Duc DE LUXEMBOURG, au Pape, du 8 Avril 1591. *Mém. de la Ligue*, tom. *IV.* pag. 374.

19338. Discours véritable de la défaite de l'Armée rebelle au Roi, en Provence, le 15 Avril 1591, & ès jours suivans. *Ibid.* pag. 379.

19339. Représentation de la Noblesse Hé-

rétique, sur le Théâtre de la France: *Paris*, Bichon, 1591, *in-*8.

Un Ligueur a composé cet Ecrit; il s'appelloit RAINSSANT de Viez-Maison.

19340. ☞ Réponse à l'instance & proposition que plusieurs font, que pour avoir une Paix générale & bien établie en France, il faut que le Roi change de Religion, & se range à celle de l'Eglise Romaine.

Cette Pièce est imprimée au tom. *IV*. des *Mémoires de la Ligue*, *in-*8.

L'Auteur commence par établir que les Calvinistes ne doivent point être regardés comme hérétiques. Il passe ensuite aux Propositions que l'on fait au Roi, de se faire Catholique, s'il veut voir son Royaume soumis en entier. Il fait voir que les bruits semés par les Ligueurs sont artificieux, & que leurs raisonnemens ne sont nullement sérieux.]

19341. ☞ Déclaration du Roi, confirmative d'autre Déclaration par lui faite à son avénement à la Couronne, de vouloir maintenir & conserver la Religion Catholique, Apostolique & Romaine, du 4 Juillet 1591: *in-*8.]

19342. ☞ Arrêt de la Cour de Parlement (séant à Tours), du 5 Août 1591: *in-*8.

Ces deux Pièces sont aussi imprimées dans le *Recueil P.* *in-*12.]

19343. Edit du Roi, contenant le rétablissement des Edits de pacification faits par le défunt Roi Henri III. sur les troubles de ce Royaume, du 24 Juillet 1591. *Mém. de la Ligue*, tom. *IV*. pag. 383.

19344. Discours au vrai du Siége & de la Prise de la Ville de Noyon, le 9 Août 1591. *Mém. de la Ligue*, tom. *IV*. pag. 655.

19345. Discours de la défaite de l'Armée du Duc de Savoye, en Grésivaudan, le 18 Septembre 1591. *Ibid.* pag. 666.

19346. * Remède très-salutaire contre le mal François, à Messieurs de Provence: *Nismes*, 1591, *in-*12.

Ecrit bien composé sur les affaires générales du Royaume, par un Catholique attaché au Roi Henri IV. & opposé à la division de la Monarchie. Il n'y a qu'une Préface assez longue qui regarde la Provence, contre l'entrée du Duc de Savoie que les Provençaux y avoient appellé.

19347. Avis ou Remontrance au Roi: 1591, *in-*8.

L'Auteur de cet Avis étoit du tiers Parti.

✻ Il se vit accablé de tant de Réponses de tous côtés, que ceux qui avoient entrepris de donner vogue à cette faction, n'osèrent jamais rien tenter en sa faveur, que dans le secret de leurs Cabinets. On peut dire hardiment, assure Cayet, (*Chronol. Novennaire*, Lib. *III.* fol. 58.) qu'il n'y avoit parmi eux ni esprit ni bon sens; comme on étoit d'ailleurs convaincu qu'il n'y avoit qu'une extrême foiblesse & beaucoup de méchante volonté. *Voyez* les *Remarques* sur la *Satyre Menippée*, tom. *II.* p. 126, Edit. de 1711.

19348. ☞ Discours véritable de la Délivrance miraculeuse de Monseigneur le Duc

Règne de Henri IV. 1591.

de Guife, n'aguères captif au Château de Tours : *Lyon*, Pillehotte, 1591, *in*-8.

Après la mort du Duc de Guife, fon fils aîné fut enfermé au Château de Tours, fous la garde du fieur de Rouvray. Il y refta plus de deux ans & huit mois, étroitement gardé. Enfin, il trouva le moyen de s'en tirer, en defcendant par une corde, le 15 Août 1591.]

19349. ☞ Eglogue Paftorelle, intitulée : *Charlot*, fur les mifères de la France, & fur la délivrance du Duc de Guife ; par Simon BELYARD : *Troyes*, Moreau, 1592, *in*-8.]

19350. ☞ Helvetiæ Gratulatio ad Galliam, de Henrico IV. Galliarum & Navarræ Rege : 1591, *in*-8.]

19351. Le Francophile pour le repos du très-grand Prince Henri, Augufte, IV. contre les confpirations du Roi d'Efpagne, du Pape & des Rebelles de France : 1591, *in*-8.

Ce Difcours qui eft auffi imprimé dans le Recueil des *Excellens & libres Difcours*, 1606, *in*-12. eft attribué par Adrien Baillet, à Michel HURAULT, fieur du Fay; & par d'autres, à André MAILLARD, Maître des Requêtes du Roi.

☞ Cette Pièce eft bonne & bien faite, & regarde la Converfion du Roi. L'Auteur prouve qu'on doit l'attendre & la demander à Dieu; que la Religion ne peut fubfifter & s'accroître par les armes; ce qu'on a (dit-il) éprouvé dans ce grand Schifme, qui divife à préfent la République Chrétienne. Il en reprend l'Hiftoire depuis Luther. Il montre enfuite qu'on doit l'obéiffance au Roi, quand même il feroit Hérétique, & que le Pape ne peut nous délier du ferment de fidélité que nous lui devons. Le Roi d'Efpagne & les Guifes n'y font pas trop bien traités. *Voyez* le Journal de Henri III. tom. II. pag. 123.]

19352. Le Réveil - matin, ou le mot du Guet des bons Catholiques ; par Yves MAGISTRI, Cordelier : *Paris*, 1591, *in*-8.

Livre plein de contes impertinens.

☞ *Voyez* à fon fujet, les *Mémoires de l'Etoile*, tom. II. pag. 67.

Il y en a un fous le même titre, qui eft attribué à J. DE LA MOTHE : *Douay*, 1591 : c'eft peut-être le même Ouvrage.]

19353. ☞ Fidèle Avertiffement du Seigneur Vafco FIGUEIRO, Gentilhomme Portugais, aux Rebelles François, de fe retirer de la faction de Philippe, Roi d'Efpagne, de peur qu'ils ne tombent fous fa tyrannique domination, & de retourner à l'obéiffance de leur Roi naturel & légitime : 1591 : *in*-8.]

19354. ☞ Prophétie de Daniel, interprétée du règne & de la mort du Chef des Hérétiques, qui fe prétend Roi de Navarre, & veut envahir la Couronne de France, *Tholofe*, 1591, *in*-4.]

19355. ☞ Propos & Devis en forme de Dialogue, tenus entre le Sire Claude & le fieur d'O, fervant d'inftruction à ceux qui fortent de Paris, pour aller demeurer ès Villes de parti contraire : *Paris*, 1591, *in*-12.]

19356. Expeditio Illuftriffimorum Germaniæ Principum, Henrici IV. Galliarum & Navarræ Regis omine & nomine Chriftiani, Principis Anhaltini ductu, Augufto menfe fufcepta : 1591, *in*-4.

19357. Narratio verè & graviter exponens, quid in Gallia poft Ducis Parmenfis adventum, proximis menfibus Augufto, Septembri & Octobri, memorabile fit actum : *Francofurti*, Brachfeld, 1591, *in*-4.

19358. Difcours du Siége de la Ville de Rouen, au mois de Novembre 1591, écrit par le Capitaine G. VALDORI : *Rouen*, Lallemant, 1592, *in*-8.

19359. ☞ Le Portrait du vieil & nouveau Fort de Sainte Catherine, avec une Miffive gratulatoire de Clément VIII. au Duc de Parme.]

19360. ☞ Lettre écrite au Roi d'Efpagne par les Seize de Paris, 1591.

Cette Lettre eft imprimée au tom. III. des *Mémoires d'Etat*, à la fuite de ceux de Villeroy ; elle eft du 20 Septembre 1591. Les Seize y reconnoiffent devoir leur délivrance à Philippe II. & ils lui offrent la Couronne de France, ou à tel autre Prince qu'il lui plaira choifir pour fon Gendre.]

19361. ☞ Déclaration du Roi fur le fervice qu'il attend de la Nobleffe, en la Guerre ouverte contre les Etrangers, Ennemis anciens de la Couronne de France ; le 8 Mars 1591 : *in*-8.

Cette Déclaration eft auffi imprimée dans le *Recueil* L. *in*-12.]

19362. La Cité de Montelimart, ou les trois prifes d'icelle, en Vers ; par Alexandre DE PONTAYMERI, Sieur de Fochoan : 1591, *in*-8.

19363. Remontrance de Hugues DE L'ESTRE, Avocat Général du Roi au Parlement de Châlons, du 12 Novembre 1591. *Mém. de la Ligue*, tom. V. pag. 2.

L'Auteur fait un ample Difcours de l'être perpétuel de la Monarchie Françoife, contre les prédictions de certains Pronofliqueurs des Périodes & fubverfions d'un fi puiffant Etat.

☞ Cette Pièce a pour but de détruire les impreffions des bruits & proteftations répandues fur une prétendue fubverfion de l'Etat. C'étoit un étrange Orateur & bien diffus, que M. de l'Eftre.]

19364. De la vraie & légitime Conftitution de l'Etat : 1591, *in*-8.

19365. Queftion utile à réfoudre en l'état préfent de la France ; fçavoir, quel confeil le Roi doit fuivre touchant le fait de la Religion dans ce Royaume : 1591, *in*-8.

19366. Ms. Difcorfo fopra le cofe di Francia ; di Monfignor LOMMELINO, a Papa Innocentio IX.

Ce Difcours d'Ambroife Lommelino, eft confervé dans la Bibliothèque du Roi, num. 9448, *pag*. 89. Le Pape Innocent IX. [qui n'occupa le S. Siége que 2 mois & 2 jours], eft mort le 30 de Décembre 1591.

19367. ☞ Discours au Roi, par un sien Sujet & Serviteur.

Cette Piéce, qui est dans les *Mémoires d'Etat*, à la suite de ceux de M. de Villeroy, roule sur les défauts de ce Prince, à qui l'on reproche son amour pour les femmes, son peu d'affection à ceux qui l'ont servi, son indifférence pour la Religion, son peu d'assiduité au Conseil. On l'exhorte à prendre garde à ses Officiers de Finances, & aux Gouverneurs de ses Provinces & de ses Villes, à être plus réservé dans ses paroles, & plusieurs autres choses que l'Auteur assure ne dire que par zèle & par amour pour Sa Majesté.]

19368. ☞ La Charge & Créance donnée au Père Matthieu Aquarius, par ceux de la Sorbonne de Paris.

C'est au sujet de l'Election d'un Roi qu'on devoit prendre dans la Maison de Lorraine, comme le Duc de Guise ou celui de Mayenne, & qu'on marieroit avec l'Infante d'Espagne.

Cette Piéce se trouve aussi dans les *Mémoires d'Etat*. Le Père Matthieu, Jésuite, étoit le Courrier de la Ligue, & ses confrères passent pour en avoir été l'ame & les arcboutans. *Voyez* l'Article VIII. de la Partie I. de la première partie de l'*Histoire générale des Jésuites*, 1760, &c.]

19369. ☞ Le Vrai Catholique Romain, contre le Ligueur couvert.]

19370. ☞ Remontrances pour la Religion Catholique.]

19371. ☞ Antiphilogie : 1591 & 1592.]

19372. ☞ Lettre du Prince de Parme, au Roi d'Espagne, sur le sujet des affaires de France, au mois de Janvier 1592.

Le Prince rend compte à son Maître de ce qui s'est passé dans son entrevue avec Madame de Guise & son fils, des plaintes qu'ils font du Duc de Mayenne, combien celui-ci étoit fâché de ce qu'on ne lui avoit pas laissé la disposition de cent mil écus que se distribuent tous les mois, & d'autres affaires particulières.]

19373. ☞ Lettre de l'Evêque de Plaisance, (Légat) au Prince de Parme.]

19374. ☞ Lettre de l'Evêque de Senlis, à un homme d'Etat de ses amis.

Il y a du curieux dans cette Lettre, au sujet des intérêts des quatre Chefs principaux qui partageoient la France; sçavoir, le Roi de Navarre, le Duc de Mayenne, le Roi d'Espagne & le Pape.

Ces trois Lettres sont imprimées dans le Recueil de *plusieurs Harangues* : *Paris*, 1622, *in*-8.]

19375. Mſ. Histoire des Exploits du Duc de Joyeuse en Languedoc, en 1592, & sa mort.

Cette Histoire est conservée entre les Manuscrits de M. Dupuy, num. 714.

— Mſ. Mémoires des Guerres de Languedoc, faits par le Sieur DAMBRES.

☞ *Voyez*-les imprimés ci-après, *sous l'an* 1593.]

19376. Lettre de Dom Diego IBARRA, Secrétaire du Duc de Parme, au Roi d'Espagne, du 12 Janvier 1592.

Cette Lettre est imprimée au tom. V. des *Mémoires de la Ligue, pag.* 2.

19377. Remontrance faite au Grand-Conseil du Roi, sur le rétablissement requis par les Officiers qui ont suivi la Ligue ; par François DE CLARI, Avocat Général de sa Majesté au Grand-Conseil : 1592, *in*-8.

La même Remontrance est imprimée au tom. IV. des *Mémoires de la Ligue, pag.* 671.

☞ L'Auteur excite les Officiers du Grand-Conseil à ne pas souffrir qu'on rétablisse parmi eux ceux qui se sont jettés dans le parti de la Ligue. Cette Piéce est assez oratoire, & rien de plus. Ces Officiers avoient été déclarés par trois Edits consécutifs, criminels de lèze-Majesté; ils avoient obtenu depuis des Lettres de rétablissement. L'Auteur agite si l'on doit y avoir égard, & les réunir au corps dont ils se sont volontairement séparés pour ruiner la France. Il soutient fortement la négative, en faisant voir l'énormité de leur crime, & les inconvéniens qui proviendroient d'un tel alliage.]

19378. L'Anti-Espagnol, autrement les Philippiques, d'un Démosthène François, touchant les menées & ruses de Philippe, Roi d'Espagne, pour envahir la Couronne de France, &c. 1592, *in*-8.

☞ M. Arnaud d'Andilly, dans ses *Mémoires* : (*Paris*) 1734, *in*-12. nous apprend que cet Ouvrage est de son Père Antoine ARNAUD l'Avocat.]

19379. Exhortation d'aucuns Parisiens n'agueres élargis de la Bastille de Paris, au Peuple François, & à leurs Concitoyens : 1592, *in* 8.

19380. * Origine des Troubles de ce temps, discourant briévement des Princes plus illustres de la Famille de Luxembourg, & principalement de Charles & Sébastien, freres germains, Princes de Martigues; & des Guerres où ils se sont trouvés, tant dedans que dehors le Royaume : recueilli de plusieurs Livres, & particulièrement des Mémoires de Hugues Gassion, Chevalier, &c. par Raoul LE MAISTRE, Jacobin: *Nantes*, 1592, *in*-4.

19381. L'aveuglement & grande inconsidération des Politiques, dits Maheutres, qui veulent introduire Henri de Bourbon à la Couronne de France, par Fr. J. P. Docteur en Théologie : *Paris, Thierry,* 1592, *in*-8.

Ces Lettres initiales Fr. J. P. signifient Frère Jean PIGENAT.

19382. ☞ Les Remedes qui peuvent servir à la nécessité de la France.

Il faut (dit-on) un Roi à la France : mais les Hérétiques veulent le Béarnois ; les Politiques souhaitent qu'il se convertisse, & les Catholiques désirent un bon & zélé Catholique. L'Auteur se déclare du parti des derniers. Son Ecrit se trouve, aussi-bien que le suivant, dans les *Mémoires d'Etat*, qui sont à la suite des *Mém. de Villeroy* : 1624, *in*-8.]

19383. ☞ Quelles sont les affections & inclinations des François à l'Election d'un Roi?]

19384. Briefs & simples Discours (d'une personne de qualité) ; comment les François n'ont jamais pu souffrir les Etrangers régner sur eux : que la domination des femmes a été calamiteuse aux François. Exhortation aux François de se ranger sous l'obéissance du Roi. *Mém. de la Ligue, tom.* V. *pag.* 77.

Règne de Henri IV. 1592.

19385. Bref Discours des choses plus mémorables advenues en la Ville de Rouen, durant le Siége mis devant icelle par Henri de Bourbon, prétendu Roi de Navarre, valeureusement soutenu jusqu'au 20 Février 1592 : *Lyon*, Tantillon, 1592, *in*-12.

Ce Discours est [aussi] imprimé, *pag*. 103 du tom. V. des *Mémoires de la Ligue*.

☞ On peut voir sur les trois Parties que comprend ce Discours, & l'Extrait de ce qu'elles contiennent, les *Notes du Journal de Henri IV*. Edition 1741, tom. I. *pag*. 267.]

19386. ☞ Traité en forme d'Apologie pour les François faisans profession de la Religion Réformée, contre les calomnies & impostures des Ministres du Siège Papal, envoyé par un Gentilhomme François, à un Seigneur Catholique son ami.

Ce Traité est imprimé au tom. V. des *Mémoires de la Ligue* : 1602, *in*-8. L'Auteur y expose quelle est la doctrine & la conduite des Prétendus-Réformés, pour la comparer à celle des Catholiques. Il tombe pour cela sans ménagement sur les pratiques de la Religion Catholique, particulièrement sur le Pape, sur les Ecclésiastiques, les Moines, &c. Il passe ensuite à différentes réflexions sur le conseil qu'on donne au Roi de se faire Catholique, & sur le misérable état dans lequel se trouve le Royaume.]

19387. Brief Discours de la Victoire du Roi sur la Ligue, ou déroute du Duc de Parme, ès mois d'Avril & Mai 1592. *Mém. de la Ligue*, tom. *V. pag*. 155.

Ce Discours est d'un Royaliste.

19388. Discours du Siége & Prise de la Ville d'Espernay, du 9 Août 1592 : *Tours*, 1592, *in*-8.

19389. ☞ Josephi STEPHANI, Episcopi Vestani, Decani Ecclesiæ Valentinæ, in causam Henrici Borbonii, ad Episcopos & Presbyteros cæterosque Catholicos regni Francorum Parænesis, ad exemplar Valentiæ impressum : 1592, *in*-8.]

19390. Discours de la déroute des Lorrains, devant Beaumont, le 14 Octobre 1592, par le Maréchal de Bouillon. *Mém. de la Ligue*, tom. *V. pag*. 163.

19391. Discours du Siége de Villemur en Languedoc, & de la défaite & mort du Maréchal de Joyeuse, compris dans une Lettre de Cl. DE LA GRANGE. *Ibid. pag*. 168.

19392. Avis certain sur ce qui s'est passé à Paris, à l'arrivée du Duc de Mayenne, le 26 Octobre jusqu'au 5 Novembre 1592 : 1592, *in*-8.

19393. Arrêt de la Cour du Parlement de Châlons, du 18 Novembre 1592, contre le Rescrit en forme de Bulle, adressé au Cardinal de Plaisance, & publié par les Rebelles de Paris, au mois d'Octobre 1592. *Mém. de la Ligue*, tom. *V. pag*. 188.

19394. Bref Discours de ce qui est advenu en la prise de la Ville de Dun, sur le Duc de Lorraine, par le Duc de Bouillon, au commencement de Décembre 1592. *Ibid. pag*. 191.

19395. Mémoires & Instructions baillées par le Duc de Nemours au Baron de Tenisse, pour traiter avec le Duc de Mayenne, afin qu'il trouve bon qu'il soit élû Roi. *Ibid. pag*. 195.

19396. Déclaration du Duc de Mayenne, pour la réunion de tous les Catholiques du Royaume de France, du mois de Décembre : *Paris*, Morel, 1592, *in*-8. & *Mém. de la Ligue*, tom. *V. pag*. 283.

19397. ☞ Mf. Discours sur l'Etat & affaires de la France, présenté au Pape par M. DESPORTES, en Novembre 1592.

Cette Pièce est conservée dans la Bibliothèque de S. Vincent de Besançon.]

19398. Plaidoyé des Gens du Roi (de Paris), du 22 Décembre 1592, sur la cassation d'un Arrêt du prétendu Parlement de Châlons, du 18 Novembre dudit an : *Paris*, Musat, 1593, *in*-8.

Louis D'ORLEANS, qui est l'Auteur de ce Plaidoyé, prétend y prouver l'incapacité & l'indignité de Henri de Bourbon à succéder à la Couronne de France.

19399. Discours de ce qui s'est passé, tant ès Armées du Roi en Provence, Lorraine & Bourgogne, qu'ès autres lieux, contre les Ducs de Savoye, de Lorraine & autres Ennemis de sa Majesté : *Tours*, Metayer, 1592, *in*-8.

19400. ☞ Mf. Journal de ce qui s'est fait & passé à Saint-Malo, depuis 1590, jusqu'en 1592 : *in-fol*.

Ce Manuscrit original est conservé dans la Bibliothèque du Roi, & vient de M. Lancelot.]

19401. Carolus Magnus Redivivus, hoc est Caroli Magni Gallorum, Germanorum, Italorum & aliarum Gentium Monarchæ potentissimi, cum Henrico Magno Gallorum & Navarrorum Rege florentissimo Comparatio, utriusque Regis Historiam complectens : Auctore Joanne Guillelmo STUCKIO, Tigurino : *Tiguri*, 1592, 1612, *in*-4.

Cet Auteur Suisse est mort en 1607.

☞ *Voyez* sur cet Ouvrage la *Méth. histor*. de Lenglet, tom. *IV. in-4. pag*. 53.]

19402. ☞ Discours Chrétien par un Escholier de la Compagnie du Nom de Jesus, sur certains Mémoires & Etats dressés par le Roi de Navarre & son Conseil, pour l'entretien des Ministres hérétiques, qui font assez connoître l'intention dudit Seigneur Roi & de ses Conseillers, & le danger où se trouve l'Eglise Catholique, Apostolique & Romaine, si elle n'est maintenue par la main de Dieu, & des Gens de bien qui restent encore en cet Etat, zélés & affectionnés à ladite Religion Catholique : 1592, *in*-8.]

19403. Mf. Histoire de la Ligue, ou Recueil

de Pièces, depuis l'an 1576 jusqu'en 1592; avec un Mémoire touchant cette Histoire.

Cette Histoire [étoit] conservée dans la Bibliothèque de M. Pelletier le Ministre, num. 166.

19404. MI. Relatione del successo e progresso fatto dal Duca di Parma, doppo la sua ultima andata in Francia: *in-fol.*

Cette Relation [étoit] dans la Bibliothéque de M. Colbert, num. 4156, [& est aujourd'hui dans celle du Roi.]

19405. Guillelmi DONDINI, Societatis Jesu, Historia de rebus in Gallia gestis ab Alexandro Farnesio, Parmæ & Placentiæ Duce III. supremo Belgii Præfecto: *Romæ*, 1673, *in-fol.*

Cette Histoire contient ce qui s'est passé depuis 1585 jusqu'en 1592 que mourut le Duc de Parme. « Le Père » Dondin a si bien mêlé les intérêts d'Alexandre Farnèse » à ceux du Roi Henri IV, que sans rien faire perdre de » la gloire à Alexandre, il a rendu tant de justice à Hen- » ri IV. & à tous les autres grands Capitaines que la » France avoit alors, qu'on ne doit pas regarder cette » Histoire comme une Histoire étrangère. Elle contient » la naissance & le progrès de la Guerre civile ». *Journ. des Sçavans, du 6 Mai 1675.*

☞ Il y en a une Edition faite en Allemagne, *ad exemplar Romanum*, 1675 : *in-4. Voyez* Lenglet, *Méth. histor. in-4. tom. IV. pag. 104.*]

19406. Histoire d'Alexandre Farnèse, Duc de Parme & de Plaisance, Gouverneur de la Belgique, jusqu'à sa mort en 1592; par L. D. M. *Amsterdam*, 1592, *in-12.*

Ce Livre est attribué à Jean BRUSLÉ, dit de Montplainchant, Navarrois, dans une Satyre contre lui, sous le titre d'Original multiplié, ou Portrait, de Jean Bruslé: *Liége*, 1712, *in-12.*

☞ *Voyez* la *Méth. histor.* de l'Abbé Lenglet, *in-4. tom. IV. pag. 104.*]

19407. ☞ Exactissimi Discursus de rebus Gallicis, anno 1588, editi continuatio, &c. Ex speculâ Halcyoniâ, 1589. Altera Continuatio, 1592: *in-8.*]

19408. Discours de ce qui est survenu après la mort du Duc de Parme, depuis le commencement de Décembre 1592, jusqu'à la fin de ce mois.

Ce Discours est imprimé au tom. V. des *Mémoires de la Ligue, pag. 201.*

— Discours de la Vie de Bernard de la Valette, Amiral de France, jusqu'en 1592.

Voyez ci-après, dans l'Article des *Amiraux.*

19409. Brief Discours & Exploits de Guerre du Sieur de Lesdiguières, Commandant en l'Armée du Roi contre le Duc de Savoye, depuis la fin de Septembre 1591, jusqu'au dernier Décembre 1592.

Ce Discours est imprimé au tom. V. des *Mémoires de la Ligue, pag. 781.*

19410. ☞ Avis donné à Monseigneur le Duc de Mayenne, pour le faire revenir en l'obéissance du Roi.

Cet Avis est imprimé avec la Pièce suivante, dans le *Recueil de plusieurs Harangues: Paris, 1622, in-8.* Il vient d'un homme zélé pour le bien de sa Patrie, & pour la gloire de M. de Mayenne. Il lui remontre que la Paix ou la Guerre sont des partis également dangereux; que le Roi d'Espagne a des vues particulières, & que les François s'opposeront toujours à une domination étrangère.]

19411. ☞ Remontrance à M. le Duc de Mayenne, Lieutenant Général de l'Etat & Couronne de France: 1593, *in-12.*

L'Auteur de cette Remontrance expose assez vivement les déportemens des Guises, du Duc de Mayenne, des Ligueurs & de leurs Adhérans. Ce qu'il dit au sujet de l'Absolution du Roi qu'on vouloit que ce Prince obtint de Rome, est très-sensé. Il finit par, exhorter le Duc de Mayenne à prendre garde que l'Assemblée des Etats Généraux qu'il a convoquée à Paris, ne serve à sa ruine, comme celle de Blois à celle du feu Roi. Cette Pièce paroît avoir été faite sur la fin de 1592.]

19412. ☞ Bref Discours de la Guerre émeue entre le Roi de France & le Duc de Savoye, (au sujet du Marquisat de Saluces); avec ce qui s'est passé de plus mémorable, (jusqu'en 1592): *Grenoble*, 1593; *Paris*, Langelier, 1595, *in-8.*]

19413. * Déclaration faite par le Duc de Mayenne, Lieutenant - Général, &c. pour la réunion de tous les Catholiques de ce Royaume, en Décembre 1592: *Paris*, Morel, 1593, *in-8.* & *Mém. de la Ligue, tom. V. pag. 295.*

19414. Déclaration du Roi, du 29 Janvier 1593, sur les impostures & fausses inductions contenues dans un Ecrit publié sous le nom du Duc de Mayenne: *Tours*, Métayer, 1593: *Chartres*, 1593, *in-8.*

C'est contre la Déclaration précédente.

19415. Discours sur l'état des Affaires de France: *Tours*, Métayer, 1593, *in-8.*

19416. ☞ Les Paraboles de CICQUOT, en forme d'Avis, sur l'état du Roi de Navarre: *Paris*, 1593, *in-12.*

Pièce bouffonne & singulière.]

19417. Déclaration du Duc de Mayenne, par laquelle il convie les Catholiques du parti Royal, de se réunir au parti de l'Union, & de venir ou envoyer à l'Assemblée qui doit se tenir à Paris, le 17 Janvier.

Cette Déclaration est imprimée dans Cayet, au tom. II. de sa *Chronologie Novennaire, pag.* 109 : *Paris*, 1608, *in-8.*

19418. Edit du Roi (Henri IV.) portant Réponse à la Déclaration du Duc de Mayenne.

Cet Edit est imprimé dans le même Volume, *p.* 119, *folio verso.*

19419. La Fleur de Lys, qui est le Discours d'un François, où l'on réfute la Déclaration du Duc de Mayenne, publiée au mois de Janvier dernier.

Le même Ecrit, qui est [attribué à] PIERRE DU FRESNEFORGET, Secrétaire d'Etat; est aussi imprimé dans le Recueil des *Quatre Discours excellens & libres*, Discours troisième: 1593, 1606, *in-12.*

☞ *Voyez* la *Chronologie Novennaire*, part. 2, *pag.* 117.

Règne de Henri IV. 1593.

pag. 117. M. Arnaud d'Andilly dit, *pag.* 14 de ses *Mémoires*, (1734, *in*-12.) que cet Ouvrage est de son père Antoine ARNAUD, l'Avocat.]

19420. Avertissement à MM. les Députés des Etats assemblés en la Ville de Paris, au mois de Janvier 1593 : *in*-8.

On fait voir dans cet Ecrit ce que sont les Etats.

19421. Propositions des Princes, Prélats, Officiers de la Couronne & principaux Seigneurs Catholiques, tant du Conseil du Roi, qu'autres étant près de Sa Majesté, faites le 27 Janvier 1593 : *Paris*, Morel, 1593, *in*-8.

Ces Propositions sont aussi imprimées au tom. V. des *Mémoires de la Ligue*, pag. 304, & dans Cayet, au tom. II. de sa *Chronologie Novennaire*, pag. 18 : *Paris*, 1608, *in*-8.

19422. Réponse du Duc de Mayenne [à ces] Propositions : *Paris*, Morel, 1593, *in*-8.

Cette même Réponse est imprimée au tom. V. des *Mémoires de la Ligue*, pag. 304, & au tom. II. de la *Chronologie Novennaire*, pag. 130.

19423. Répliques des Princes Catholiques Royaux à la Réponse du Duc de Mayenne.

Ces Répliques sont imprimées au tom. II. de la *Chronologie Novennaire*, fol. 132 verso.

19424. Ludovici D'ORLEANS, unius ex Confœderatis Parisiensibus adversùs A. S. (Antonium Seguier, Senatorem Parisiensem) unum ex Sociis pro hæretica perfidia Turonensibus, Expostulatio : *Parisiis*, Morel, 1593 : [*Lugduni*, Buisson, 1593,] *in*-8.

Cet Ecrit est encore plus emporté & plus séditieux, que ceux du même Auteur dont on a parlé ci-devant. [Il concerne deux Arrêts donnés au mois d'Août, par les Parlemens de Tours & Chaalons.]

19425. Apologia Christianorum Principum contra Ludovici ORLÆI Expostulationem ; per A. T. 1593, *in*-8.

19426. Scholastica Assertio pro Disciplinâ Ecclesiasticâ, quâ demonstratur Henrici Borbonii Bearnensis ad Galliæ Regnum perpetua inhabilitas, sacræ Scripturæ verbis, Conciliorum Decretis, Maximorum Pontificum Constitutionibus, sanctorum Patrum sententiis, Historiarum monumentis, Auctorum testimoniis, Jure communi, Pontificio & Cæsareo comprobata ; Auctore D. Gonsalvo PONCE DE LEON, Hispalensi J. U. D. Archidiacono Talaverensi, in Ecclesiâ Toletanâ : Adjectæ sunt Bullæ Pontificiæ quæ in hac causâ hactenùs prodiere (Sixti V. 7 Septembris 1585, & duæ Gregorii XIV. Martio mense 1590:) *Romæ*, 1593, *in*-8.

☞ Cette Pièce, assez étendue & faite par un bon serviteur du Pape, est purement dogmatique. Elle fut composée dans un temps où Henri IV. étoit prêt à faire abjuration. Il faut convenir que toutes les troupes que l'Auteur range en ordre de bataille dans le titre de son Ouvrage, ne valoient pas pour soutenir cette cause un soldat de l'Armée de ce Prince.]

« L'Auteur étoit Camérier du Pape ; il n'étoit point » ignorant ; il tâche de prouver qu'un relaps ne peut » pas, même par autorité du Pape, avoir des Dispenses

Tome II.

» pour régner. Arnaud d'Ossat, qui fut depuis Cardi- » nal, répondit à cet Ecrit par un autre, qui n'a point » été imprimé ». C'est ce que dit Jacques-Auguste de Thou, Livre CVII. de son *Histoire du temps*, sous l'année 1593. Il en rapporte à la *pag.* 376 & *suiv.* un fort long fragment.

☞ *Voyez* Lenglet, *Méth. historiq*. in-4. tom. IV. pag. 104.]

19427. Riposta all'assertione Scolastica; gia fatta a favore del Cristianissimo Enrico IV. Re di Francia, data in luce dal Francesco Ant. CARDASSI, da Bari : *In Vicenza*, Giovannini, 1600, *in*-4.

19428. Mf. Récit de tout ce qui s'est passé depuis le 2 Août 1589 jusqu'en 1593 : *in*-fol.

19429. Mf. Récit de ce qui s'est passé au commencement de 1593.

19430. Mf. Relation de l'état des Affaires de France faite au Duc de Savoye ; par François PANIGAROLE.

Ces trois Manuscrits [étoient] conservés dans la Bibliothèque de M. le premier Président de Mesme.

19431. Mf. Mélanges historiques, principalement pendant la Ligue, depuis l'an 1585 jusqu'en 1593.

Ces Mélanges sont conservés entre les Manuscrits de M. Dupuy, num. 317.

19432. Mf. Histoire de la Ligue, depuis 1590 jusqu'en 1593 : *in*-fol.

Cette Histoire [étoit] conservée dans la Bibliothèque de M. le Chancelier Séguier, [aujourd'hui dans celle de S. Germain des Prés.]

19433. * Etats Généraux tenus à Paris pendant la Ligue : *Paris*, Morel, 1593, *in*-8.

19434. ☞ Proposition de M. DE LA CHASTRE, Maréchal de France, aux Corps & Communautés de la Ville d'Orléans : 17 Février 1593.

Elle est imprimée dans le *Recueil* P. *in*-12.]

19435. Mf. Divers Mémoires de la Ligue & des Assemblées tenues à Paris, sous le nom d'Etats, depuis 1588 jusqu'en 1593 : *in*-fol.

Ces Mémoires sont conservés entre les Manuscrits de M. Dupuy, num. 582.

19436. Mf. Procès-verbal des Propositions & Délibérations de la Chambre du Tiers-Etat, en l'Assemblée tenue à Paris, sous le titre des Etats de France pendant la Ligue, en 1593 : *in*-fol.

Ce Procès-verbal est conservé entre les Manuscrits de M. Dupuy, num. 243, & entre ceux de M. de Brienne, num. 280.

☞ C'est la même chose que l'Ouvrage précédent.]

19437. ☞ Mf. Etats-Généraux assemblés par la Ligue en 1593 : *in*-fol.

Ce Manuscrit est conservé dans la Bibliothèque de la Cathédrale de Reims, num. H. 14.

Je ne sçai si ce n'est pas la même chose que ceux indiqués par le Père le Long, aux numéros précédens. Le Manuscrit de Reims commence, *Noms & surnoms & ordre des Séances*, & il finit : *Le Cardinal de Pellevé dressa deux Mémoires de la teneur qui ensuit*.]

19438. Mf. Extrait des choses plus notables & plus particulières contenues dans le Registre du Tiers-Etat de l'Assemblée faite à Paris en forme d'Etats, en 1593 : *in-fol.*

Cet Extrait est conservé dans la Bibliothèque de M. le Chancelier d'Aguesseau.

19439. Mf. Les Etats de la Ligue, recueillis par deux Députés, l'un pour l'Eglise, & l'autre pour le Tiers-Etat, avec diverses Pièces pour la puissance du Roi : *in-fol.*

Ces Etats étoient dans la Bibliothèque de M. Foucault, [& ont passé à M. l'Abbé de Rothelin, &c.] Ils sont encore dans celle de M. le Chancelier d'Aguesseau.

☞ On en trouvoit aussi un Exemplaire indiqué au num. 16576. du Catalogue de M. d'Estrées.]

19440. Mf. Recueil de Pièces concernant les Etats de la Ligue, en 1593, dont la première est le Procès-verbal de ce qui s'est proposé dans la Chambre de la Noblesse.

Ce Recueil est conservé entre les Manuscrits de M. Dupuy, num. 650.

19441. Mf. Abrégé & l'Ame des Etats, en 1593, avec cette Note à la fin : « Cet » Exemplaire est plus fidèle que les Impri- » més, qui sont pleins d'additions ineptes »: *in-8.*

Cet Abrégé est conservé dans la Bibliothèque du Roi, entre les Manuscrits de M. Bigot, num. 447.

19442. Mf. Plusieurs Harangues & autres Propositions tenues aux Etats de la Ligue, touchant l'Election du Roi.

Ce Recueil est cité à la page 476 du Catalogue de la Bibliothèque de M. de Thou.

19443. Acta in Comitiis Luteciæ habitis, anno 1593 : *Parisiis*, Morel, 1593, *in-8.*

19444. Discours du Sieur DE LA HUGUERIE, sur l'Election du Roi dans ce Royaume.

19445. Discours contre la Bulle de Clément VIII. pour l'Election du Roi de France, en 1593.

Ces deux Discours sont imprimés au tom. V. des *Mémoires de la Ligue*, pag. 476 & 477.

19446. Exhortation du Cardinal de Plaisance, Légat du Pape au Royaume de France, aux Catholiques du même Royaume, qui suivent le parti de l'Hérétique, du 15 Janvier 1593 : *Paris*, Nivelle, 1593, *in-8.*

Cette Exhortation de Philippe SEGA, mort en 1596, est aussi imprimée au tom. V. des *Mémoires de la Ligue*, pag. 312.

☞ Cette Pièce a été encore imprimée en Latin, sous le titre : *Cardinalis Placentini ad Catholicos Exhortatio : Parisiis*, 1593, *in-12.*

Le Légat y cherche à justifier la conduite de son Maître & de ceux qui l'ont précédé, à l'égard de la Ligue. Il invite les François à l'Assemblée des Etats, pour s'y pourvoir d'un Roi qui ne soit pas hérétique.]

19447. ☞ Avertissement au Roi, où sont déduites les raisons d'Etat, pour lesquelles il ne lui est pas bienséant de changer de Religion.

Cet Avertissement est imprimé dans les *Mémoires de la Ligue*. Il est hardi & assez bien fait. L'Auteur y prétend prouver au Roi qu'il se déshonore en changeant de Religion, qu'il fait chose contraire à son utilité particulière, & à celle de l'Etat. Il s'attache particulièrement à établir ces deux points.]

19448. ☞ Le Duc de Mayenne au Roi d'Espagne, pour répondre aux accusations du Duc de Féria : Discours Apologétique sur les actions & déportemens dudit Duc de Mayenne, pendant le temps de la Ligue.

Cette Apologie, qui est imprimée dans le Recueil de Lannel, (*Paris*, 1623, *in-4.*) est bonne & bien faite. M. de Mayenne se disculpe sur tous les points que le Duc de Féria, Ambassadeur d'Espagne, lui reprochoit. Les principaux étoient de ne penser qu'à son avancement, de s'entendre avec ceux qui rendoient les places, de se faire battre exprès pour mériter sa grace, & de tirer tout l'argent à lui. Sur ce dernier point, il répond qu'avant la Ligue il avoit cinq cens mille écus comptant qu'il a dépensés, & qu'il doit encore plus d'un million d'or.]

19449. Réponse d'un Bourgeois de Paris, à un Ecrit fait contre le Roi Henri IV. par le Cardinal SÉGA, (Légat).

Cette Réponse de Guillaume DU VAIR, Evêque de Lisieux, est imprimée dans ses *Œuvres*, pag. 618 : *Paris*, Cramoisy, 1641, *in-fol.*

19450. Harangue faite en l'Assemblée générale des trois Etats de France; par le Duc DE FERIA, au nom du Roi Catholique, pour l'Election d'un Roi Très-Chrétien ; avec la Lettre du Roi Catholique à ladite Assemblée ; & la Réponse du Cardinal DE PELLEVÉ, à cette Réponse.

Cette Harangue est imprimée, *ibid.* pag. 341.

19451. Satyre Menippée de la vertu du Catholicon d'Espagne, ou de la tenue des Etats à Paris, en 1593, par MM. de la sainte Union : *Tours*, 1593 : *Paris*, Turin, 1594, *in-8.*

☞ Ce sont, sans contredit, les premières Editions de cette fameuse Satyre. Elles ont leur mérite & leur rareté. On y a fait différentes corrections dans les Editions qu'on en a ensuite données; mais il est bon de l'avoir telle qu'elle parut dans le temps même.

» Dans l'Edition de 1594, pag. 6, on fait Promo- » teurs de la Ligue, Machaut & De Here. Dans toutes » les autres Editions on a ôté le nom de De Here, qui » étoit Denys De Here, Conseiller au Parlement de » Paris, fort habile, qui ayant quitté la Ligue après » la conversion du Roi, fit ôter son nom du Catholi- » con d'Espagne, en la place duquel on mit Baston, » furieux Ligueur, qui signa la Ligue de son sang, tiré » de sa main, laquelle en demeura estropiée ». *Mémoires Manuscrits de Philibert de la Mare.*]

Cette Pièce eut tant de cours, qu'en trois semaines elle fut imprimée quatre fois. Elle ne fut entièrement achevée qu'en 1594, après le retour du Roi à Paris.

La même Satyre, augmentée d'un Supplément ou suite du Catholicon; sçavoir, Nouvelles des Régions de la Lune ; le Testament de l'Union, en Vers ; Histoire des Singeries de la Ligue ; plus, le Regret funèbre d'une Demoiselle de Paris, sur la mort de son Asne Ligueur, en Vers; imprimée sur la copie de 1593 : *in-12.*

La même, avec des Observations : 1595, *in-8.*

Règne de Henri-IV. 1593. 347

La même, avec quinze nouveaux Tableaux, qui contiennent le Récit des Exploits du Duc de Parme dans ses deux Voyages en France, avec une Explication sous le titre d'Abrégé des Etats, tiré du Dialogue entre le Maheutre & le Manant.

Elle est imprimée au tom. V. des *Mémoires de la Ligue, pag.* 598. « Plusieurs traits, (dit l'Auteur de cette Edition) se » rencontroient dans cette Satyre, non propres en tels » discours, qui ayant été accommodés & rendus plus » supportables par certain personnage aussi peu affec- » tionné à la Ligue que l'Auteur même du Traité, » nous avons été d'avis de suivre son Exemplaire ».

La même : 1599, 1600, *in-*12. 1604, *in* 16. (en *Hollande*,) 1604, *in-*12.

La même, avec des Additions & l'Estampe de la Procession de la Ligue, le Tableau des Singeries de la Ligue, & l'Explication : 1612, 1624, 1649, *in-*12.

La même, augmentée de quelques Discours, avec des Remarques & des Explications sur les endroits difficiles : Ratisbone, Kerver, 1664, 1677, *in-*12.

Les Remarques sont de Pierre Dupuy; ces Editions ont été faites à Bruxelles par Foppens.

La même Satyre, nouvelle Edition imprimée sur celle de 1677, & augmentée d'une suite de Remarques sur tout l'Ouvrage, pour l'intelligence des endroits difficiles : *Ratisbone*, Kerver, 1696, *in-*12. 1699, *in-*8.

Ces deux Editions sont de Desbordes à Amsterdam; les nouvelles Remarques sont de M. LE DUCHAT.

La même, avec les Remarques précédentes & de nouvelles, augmentée de plusieurs Pièces de ce temps-là : *Ratisbone*, 1709, *in-*8. 3 vol. Autre Edition sur la précédente : *Ratisbone*, (*Rouen*) 1711, *in-*8. 3 vol.

Les Remarques de l'Edition de 1709, faite à Bruxelles par Foppens, ont été fort augmentées par le Sieur LE DUCHAT; il y a joint aussi plusieurs Pièces curieuses. Extrait de l'Avis qui est au commencement de l'Edition de 1664. « L'on tient communément que l'Auteur » se nommoit (Pierre) LE ROY, Chanoine de Rouen, » qui avoit été Aumônier du Cardinal de Bourbon; & » c'est à lui que M. de Thou. Livre cent cinquième de » son Histoire, l'attribue. Il le nomme *Vir bonus & à » factione summâ alienus,* » &c.

Avertissement du Libraire sur la nouvelle Edition de 1711. « Il n'est pas nécessaire de faire l'éloge de cette » ingénieuse Satyre, pour prévenir l'esprit des Lecteurs » en sa faveur. Dès qu'elle parut, elle fut reçue comme » un chef-d'œuvre, & il est certain que le temps n'a » rien diminué de son prix. Le Père Rapin dit dans ses » Réflexions sur la Poétique, que *cette Pièce surpasse » tout ce qu'on a écrit en ce genre dans ces derniers siè- » cles.* En quoi il n'a fait que confirmer par son suffrage » le jugement que tout le monde en avoit porté avant » lui. *L'Auteur de cette Satyre,* ajoute ce sçavant Jé- » suite, *instruit fort plaisamment le public des inten- » tions de la Maison de Guise pour la Religion; il ré- » gne dans tout l'Ouvrage une délicatesse d'esprit, qui » ne laisse pas d'éclater parmi les manières rudes & » grossières de ce temps-là; & les petits Vers de cet » Ouvrage sont d'un caractère très-fin & très-naturel* ».

Les Harangues de cette Satyre ont été composées par plusieurs beaux Esprits du temps : celle du Légat, par Jacques GILLOT; celle du Cardinal Pelleyé, par Florent CHRESTIEN; celle de l'Archevêque de Lyon,

Pierre d'Espinac, & celle de M. Rose, par Nicolas RAPIN; & enfin celle du Tiers-Etat, par Pierre PITHOU. Il y a beaucoup de Vers semés dans cette Pièce; ils sont de Jean PASSERAT.

☞ Le Regret sur la mort de l'Asne Ligueur, Pièce en Vers, est de Gilles DURANT, Sieur de la Bergerie, Avocat.]

M. de Segrais, dans le *Segresiana,* assure que Nicolas RAPIN a fourni les Vers de cet Ouvrage. Il avoit auparavant que le Catholicon d'Espagne étoit une des meilleures Satyres faite dans ces derniers temps; que sept ou huit personnes avoient travaillé à cet Ouvrage; que c'est LE ROY, Chanoine de Rouen, qui en a donné le titre & la disposition, & qui y a d'ailleurs le plus contribué.

La dernière Edition de Bruxelles [de 1711] est sans doute la meilleure, [aussi-bien que la suivante;] puisqu'outre les Notes de M. Dupuy & les Remarques de M. le Duchat, qu'on y a conservées, on y trouve encore quelques nouvelles Notes de l'Editeur, & quelques morceaux assez curieux; & entr'autres, un petit Abrégé de l'*Histoire de la Ligue,* fort sensé & fort judicieux; & un Titre-planche fort ingénieux (de *le Picard,*) accompagné d'une petite Explication, [par Prosper MARCHAND,] dans laquelle on voit en raccourci l'esprit de la Ligue. On est redevable de cette Edition à M. GODEFROY, Directeur de la Chambre des Comptes de Lille. [C'est l'observation de] *Prosper Marchand,* dans ses *Notes sur la Lettre CXXIX.* de P. Bayle, *pag.* 494.

☞ La même, dernière Edition, enrichie de figures en tailles douces, augmentée de nouvelles Remarques & de plusieurs Pièces qui servent à prouver & à éclaircir les endroits les plus difficiles, avec des Tables très-amples des Matières : *Ratisbone,* chez les Héritiers de Mathias Kerver, 1726, *in-*8. 3 vol.

Cette fameuse Satyre est si connue, & sa réputation si bien faite, (quoiqu'en dise M. de Voltaire, tom. IV. de ses *Œuvres, édition de* 1756, *pag.* 217) qu'il est inutile d'en faire ici plus d'éloge. Tout le monde convient qu'on en est redevable pour le fonds à Pierre LE ROY, Aumônier du jeune Cardinal de Bourbon; mais c'est Pierre PITHOU, qui l'a mise en l'état où elle est à présent, en l'augmentant, avec ses amis, de toutes les Harangues & Pièces qui portèrent, par leur ridicule, le dernier coup à la Ligue. Voyez ce qu'en dit M. Grosley, Auteur de la Vie de ce grand homme : (*Paris,* 1756, *in-*12.) *tom. I. pag.* 289.

« Il s'associa MM. Gillot, Passerat, Rapin, Florent » Chrestien, tous liés avec lui par la plus grande inti- » mité, tous passionnés comme lui pour le bien public » que détruisoit la Ligue. Les travaux & l'enjouement » de ces cinq hommes, aussi bons citoyens que beaux es- » prits, enfantèrent pendant l'hyver de 1593, cette fa- » meuse Satyre Menippée, qui, au jugement de l'hom- » me de notre siècle qui connoît le mieux notre His- » toire, & qui a mieux réussi à la faire connoître, » ne fut guères moins utile à Henri IV. que la Bataille d'I- » vry ». Cette Edition est enrichie de quantité de Notes utiles pour l'éclaircissement de cet Ouvrage, & augmentée de plusieurs Pièces qui en sont comme les preuves.

Philippe II. sous prétexte de zèle pour la Religion Catholique, vouloit envahir la Couronne de France. C'est ce qui a fait donner à cette Satyre le nom de *Catholicon.* Ce Prince n'épargna rien pour y réussir : artifices, promesses, pensions, meurtres; tout fut employé. Il trouva dans les Princes de la Maison de Lorraine, des gens qui tendoient au même but, & qui furent charmés de se servir de lui pour y parvenir. Ils l'eussent fait infailliblement, s'ils n'eussent été prévenus à temps, ou s'ils eussent sçu profiter mieux des circonstances. Le Duc de Mayenne devenu chef de cette faction, sentant bien que l'occasion étoit manquée pour lui, voulut ou feignit de vouloir donner un Roi à la France. Il assembla sur la fin de Janvier 1593, les Etats qui font le sujet de cette ingénieuse Satyre. Elle commence par un portrait grotesque du Cardinal de Plaisance Légat du Pape, & distributeur de l'argent d'Espagne, qu'elle appelle *Higuiero de infierno*, ou *Catholicon* composé. Il n'y a rien de plus comique que l'énumération des vertus de cette drogue. Quoi de plus risible que le Cardinal de Pellevé avec tout son galimathias? La Procession, quoiqu'imaginée, & contenant des faits passés depuis quelques années, est un Tableau des plus singuliers & des plus artistement faits. Rien n'égale la satyrique description des douze Tapisseries qui ornoient la salle des Etats. Il faut voir dans le Livre même les rangs & les épithètes donnés à chacun des Membres par le Héraut Courtejoye-Saint-Denys.

La première Harangue est celle de M. de Mayenne. On y voit tous les ressorts que ce Prince & ceux de sa Maison ont fait jouer pour parvenir à la Couronne; les crimes & les sacrilèges dont ils ont été cause, & que son but étoit de rendre la guerre éternelle en France, & d'exterminer la race des Bourbons. Le texte de la Harangue du Légat ne respire que la guerre. Il exhorte les Etats à faire un Roi, fût-il diable, pourvu qu'il soit feudataire du S. Siège & du Roi d'Espagne. Cette Pièce est de Jacques GILLOT. Le Cardinal de Pellevé dans la sienne, proteste qu'il ne tiendra pas à lui que les Bourbons ne soient rejettés du Trône; qu'il se souviendra long-temps d'avoir été dépouillé du revenu de ses Bénéfices par Henri III. que si toutes ses pratiques & ses menées avoient réussi, la Maison de Lorraine régneroit à présent. Il invite les Etats à laisser abîmer & saccager la France par les Espagnols & par les Lorrains, & propose pour être Roi, François de Lorraine, Marquis de Chaullin, frère du Duc de Mercœur. Cette Harangue est de Florent CHRÉTIEN. Celle que prononça l'Archevêque de Lyon est une Satyre contre ce Prélat même. Celle de M. Rose, Evêque de Senlis, en contient une de la Sorbonne & de M. de Mayenne. Ces deux Pièces sont de M. RAPIN, qui a supposé que Rose étoit Recteur. On fait parler le sieur de Rieux pour la Noblesse. Il opine pour la guerre, l'abolition de la Loi Salique, & prie qu'on ait quelque égard à lui dans l'Election du Roi futur. Enfin pour le tiers-Etat, M. d'Aubray, après le récit de tous les déportemens des Chefs de la Ligue, dit qu'il n'y avoit qu'à reconnoître Henri de Bourbon pour Roi, & conclud à faire la paix, n'y ayant que ces deux moyens capables de rétablir le Royaume. Cette Pièce qui est la plus longue & la plus judicieuse, fut composée par M. PITHOU. On trouve à la fin une Description de plusieurs Tableaux allégoriques, & des Vers sur différens événemens de ce temps. Ces Vers sont pour la plupart de MM. PASSERAT & RAPIN. Vient ensuite un discours de l'Imprimeur sur l'explication du mot de *Higuiero d'infierno*, & autres choses qu'il a, dit-il, apprises de l'Auteur.

☞ *Voyez* Lenglet, *Méth. histor. in-4. t. II. p.* 387, *t. IV. p.* 105. = *Biblioth. de Harley, tom. II. pag.* 735. = *Journ. des Sçav. Nov.* 1696. = *Hist. des Ouvr. des Sçav. Nov.* 1695. = *Rép. des Lettr. de Bernard, Mars,* 1699. = *Mélanges de Vigneul Marville, tom. I. pag.* 243. = *Vie de Pithou, tom. I. p.* 289. = *Abrégé de l'Hist. de France, tom. II. pag.* 563. = *Préface du Ducatiana.* = *L'Esprit de la Ligue, tom. I. pag.* xvij.]

19452. Observations notables sur le titre & le contenu de la Satyre Menippée.

Ces Observations sont imprimées au tom. V. des *Mémoires de la Ligue, pag.* 635.

19453. Mf. Ecrit de Nicolas de Neufville, Seigneur DE VILLEROY, à M. du Vair, sur le sujet d'un Livre intitulé : *Le Catholicon d'Espagne.*

Cet Ecrit est conservé entre les Manuscrits de M. Dupuy, num. 3, Pièce 3.

19454. ☞ Nouvelles Remarques sur le Catholicon d'Espagne.

Ce sont celles de MM. Dupuy, le Duchat, Godefroy & du nouvel Editeur, distinguées par une main. Elles servent à éclaircir les faits rapportés dans la Satyre Menippée : il y en a de très-curieuses, & particulièrement celle qui se trouve à la page 423 du Tom. II. (Edition de 1726.) au sujet d'une Médaille de Catherine de Médicis, par laquelle on a prétendu donner de cette Reine l'idée la plus affreuse & la plus horrible. L'Editeur croit que le Monument dont il s'agit, a été frappé pour perpétuer la mémoire des bons avis du Médecin Fernel, au sujet de la fécondité de la Reine. Il faut y joindre les réflexions qui se trouvent à la page 516, & les Observations intéressantes que Prosper Marchand a faites sur cette Médaille, dans son *Dictionnaire*, au mot *Catherine de Médicis, tom. I. pag.* 165.]

19455. ☞ Le Supplément du Catholicon, ou Nouvelles des Régions de la Lune, où se voient dépeints les beaux & généreux faits d'armes de feu Jean de Lagny (le Duc de Parme), frère du Charlatan, sur aucunes Bourgades de la France, durant les Etats de la Ligue, dédié à sa Majesté Espagnole, par un Jésuite, n'aguères sorti de Paris.

Ce Supplément est dans le goût des Ouvrages de Rabelais. Les Tableaux qu'on voit au Chap. X. sont ce qu'il y a de plus curieux. Les huit premiers contiennent les exploits du Duc de Parme dans son premier Voyage en 1590, & les sept derniers ceux de son second Voyage en 1592. On les retrouve au tom. V. des *Mémoires de la Ligue.*]

19456. ☞ Le Testament de l'Union.

Cette petite Pièce en Vers, est satyrique, & assez ingénieuse. Elle détaille les legs que la Sainte-Union fait à chacun de ses suppôts. Elle est imprimée avec la précédente au tom. I. de la *Satyre Menippée*, 1726, *in-8.*]

19457. ☞ Sillogismes ou Quatrains sur l'Education d'un Roi : *Tholose,* 1593, *in-8.*]

19458. ☞ Mercurius Gallo-Belgicus; Auctore M. JANSSONIO, Doccomensi, Frisio: *Parisiis,* 1594, *in-8.*

Voyez Crenius, *Animadvers. Philolog. parte XV. pag.* 134.]

19459. ☞ Abrégé de l'Histoire de la Ligue, faite en France depuis 1576 jusqu'en 1594.

Cet Abrégé est clair & bien fait. On y voit d'un coup d'œil quelles en furent les causes & les auteurs; il est imprimé à la tête de la *Satyre Menippée* des dernières Editions.]

19460. ☞ Discours de M. le Duc de Rohan sur l'affaire de la Ligue.

M. de Rohan prouve qu'il n'a fallu rien moins qu'un miracle pour sauver la France de la triste situation où l'avoient réduite la mollesse de Henri III. l'ambition des Guises & la politique du Roi d'Espagne.

Cette Pièce est aussi dans le tom. I. de la *Satyre Menippée,* 1726, *in-8.*]

19461. La Cause du Roi de France, contre les pernicieuses maximes & conclusions des Ligueurs rebelles à Sa Majesté : *Tours,* 1593, *in-12.*

Ce Livre est signé par C. A. Catholique.

19462. Remontrance de Guillaume DU VAIR, ou Exhortation à la Paix, adressée à ceux de la Ligue,

Le deſſein de l'Auteur de cette Remontrance étoit d'empêcher ceux de la Ligue de faire un Roi étranger. Elle eſt imprimée à la page 578, de ſes Œuvres : *Paris*, 1641, *in-fol.*

19463. Mſ.   Actes & Mémoires de la Conférence de Surenne, tenue au mois d'Avril 1593.

Ces Actes ſont cités à la page 476, du Catalogue de la Bibliothèque de M. de Thou.

19464.   Diſcours & rapport véritable de la Conférence de Surenne, entre les Députés des Etats Généraux aſſemblés à Paris, avec les Députés du Roi de Navarre : *Rouen*, 1593, *in-8.*

Idem Latinè redditus : *Pariſiis*, 1594, *in-8.*

« La Relation de cette Conférence n'eſt point fidelle. L'Auteur qui étoit Honoré Du Laurens, l'un des Députés des Provinces aux Etats de la Ligue, y fit paroître ſa mauvaiſe-foi, tant en y mêlant des fauſſetés, qu'en la publiant beaucoup plutôt qu'on n'étoit convenu ; comme on l'obſerve dans la *Satyre Menippée*, au tom. II. page 290 : *Ratisbonne*, 1711, *in-8.* L'Auteur, qui étoit alors Avocat-Général au Parlement de Provence, eſt mort Archevêque d'Ambrun en 1612. La Traduction Latine de cette Relation eſt d'Eſtienne Bernard, de Dijon.

☞ Cette Conférence commença le 29 Avril 1593. On y convint d'une ſurſéance d'armes le 3 Mai. Le Diſcours où l'on a prétendu faire le récit de ce qui s'y paſſa, contient le Journal de ce qui y fut dit de part & d'autre.]

19465. *   Remontrances au Roi, de vouloir embraſſer la Religion Catholique : *Melun*, 1593, *in-8.*

[19466. ☞   Trois Remontrances faites ſur la fin des derniers troubles (en 1593), à Henri IV. ſur la mort de Henri III. *Paris*, l'Huillier, 1608, *in-8.*]

19467.   Recueil curieux de ce qui ſe paſſa, tant aux Conférences tenues proche Paris, en 1593, entre les Députés Catholiques des deux Partis, qu'aux prétendus Etats aſſemblés à Paris dans le même temps ; avec les Déclarations, Propoſitions, Harangues, Lettres & autres Actes & Pièces de la même année, concernant ces deux Aſſemblées.

Ce Recueil a été fait par un Ligueur aſſez modéré. Il eſt imprimé au tom. IV. des *Mémoires d'Etat*, enſuite de ceux de M. de Villeroy, pag. 1, & ſuiv. *Paris*, 1632, *in-8.*

19468. ☞   Diſcorſo e Relatione veriſſima di quanto e ſeguito nelle Conferenze tenute tra i Deputati da Monſignor il Duca d'Umena & i Deputati da Monſignor li Principi, Prelati & altri Catolici che ſeguono il partito del Re di Navarra : *In Torino*, 1593, *in-8.*]

19469. ☞   Harangue faite par M. de Villeroy, pour être prononcée en l'Aſſemblée des prétendus Etats de Paris.

Cette Harangue, qui eſt imprimée au tom. I. de ſes *Mémoires* (1624, *in-8.*) fut faite au mois de Mai 1593 ; mais elle ne put être prononcée aux Etats comme l'Auteur l'avoit projetté, à cauſe des ſoupçons & des traverſes qu'il y rencontra. Elle eſt belle & ſolide. M. de Villeroy s'étend beaucoup ſur la propoſition de ſe donner au Roi d'Eſpagne, ou tout au moins de choiſir l'Infante. Il en fait voir l'impoſſibilité & les inconvéniens. Il veut qu'on rallie tous les Catholiques pour défendre la Religion, juſqu'à ce qu'on ait obtenu du Roi de Navarre d'abjurer la ſienne.]

19470. *   Avertiſſement de René Benoist, envoyé aux Paroiſſiens de Saint Euſtache à Paris : *S. Denys en France*, 1593, *in-8.*

19471. ☞   Theologorum Pariſienſium ad Legati Placentini poſtulata ſuper propoſitione in Libello quodam factionis Navarrenæ contenta, Reſponſum : *Pariſiis*, 1593, *in-12.*]

19472. ☞   Songe contenant une Remontrance de la France à tous les François des deux Partis : (en Vers, 1593), *in-4.*]

19473. ☞   Confeſſion générale de Meſſieurs les Pilliers de la Sainte Union, à la Sainteté du Légat, ſur les ſept péchés mortels.

Satyre très-forte & très-vive contre les Chefs & les ſuppôts de la Ligue. Elle eſt imprimée au tom. II. des *Avantures du Baron de Fæneſte* : *Cologne*, 1729, *in-8.*]

19474.   Lettre du Roi à l'Evêque de Chartres, du 18 Mai 1593, par laquelle il déclare qu'il veut ſe faire inſtruire. *Mém. de la Ligue*, tom. V. *pag.* 380.

19475.   Lettre des Députés de la Ligue aux Députés des Princes & Seigneurs Partiſans du Roi. *Ibid. pag.* 381.

19476.   Lettre des Députés des Princes & Seigneurs étant auprès de la perſonne du Roi, aux Députés du Duc de Mayenne, & de ceux de l'Aſſemblée de Paris, du 13 Juin 1593. *Ibid. pag.* 385.

19477.   Proteſtatio Cardinalis Placentini (Philippi Sega), ad Cardinalem Pellevæum Publicorum Galliæ Conventuum Præſidem miſſa, ut eam ipſis Conventibus ſignificaret, die 13 Junii, 1593.

19478.   Devis entre un Citoyen de Nevers, & un Citoyen de Paris, retiré à Nevers, ſur le ſujet de ladite Proteſtation du Cardinal de Plaiſance, du 11 Juillet 1593 ; par Guy Coquille.

Ces deux Pièces ſont imprimées au tom. II. de ſes *Œuvres* : *Paris*, 1666. *in-fol.*

19479.   Arrêt donné en la Cour du Parlement de Paris, le 28 Juin 1593. *Mém. de la Ligue*, tom. V. *pag.* 397.

19480. ☞   Propoſition de M. le Préſident Le Maistre, à la Cour de Parlement, du Mardi 29 Juin 1593.

Ces Remontrances, qui ſont imprimées dans le *Recueil de Lannel* : (*Paris*, 1623, *in-4.*) roulent ſur deux points. Le premier eſt le fameux Arrêt qui en maintenant la Loi Salique, conſerva la Couronne aux Bourbons, & l'empêcha de paſſer aux Etrangers ; le ſecond, ſur les miſères du Peuple, & particulièrement de celui de Paris, auxquelles on prie le Duc de Mayenne de remédier.]

19481. ☞   Propos tenus entre M. le Duc

Liv. III, Histoire Politique de France.

de Mayenne, & M. le Président le Maistre, du Mercredi dernier Juin 1593.

C'est une suite de la Pièce précédente, au sujet du fameux Arrêt du 28 Juin. Elle est imprimée dans le même *Recueil* de Lannel.]

19482. Discours de l'Estrif, entre le Duc de Mayenne & le Premier Président, sur le précédent Arrêt. *Mém. de la Ligue*, tom. V. pag. 398.

☞ Ce Discours pourroit bien être le même que l'Ecrit précédent.]

19483. Déclaration du Roi à ses Parlemens touchant son changement de Religion, du 25 Juillet 1593. *Mém. de la Ligue*, tom. V. pag. 401.

19484. Discours des Cérémonies observées dans l'Eglise de Saint-Denys, à la conversion du Roi à la Religion Catholique, Apostolique & Romaine. *Ibid*. pag. 403.

☞ Voyez à ce sujet la *Vie du Cardinal du Perron*, qui eut grande part au changement du Roi: (*Paris*, Debure, 1768, *in-*12.) pag. 83 & *suiv*.]

19485. Procès-verbal de la Cérémonie de l'Abjuration de Henri IV. depuis le 22 jusqu'au 26 Juillet 1593.

Ce Procès-verbal est imprimé au tom. II. de l'*Histoire de Toulouse*, par la Faille, page 89, du *Recueil des Pièces*: *Toulouse*, 1701, *in-fol*.

19486. Avis aux François sur la Déclaration faite par le Roi, en l'Eglise de saint Denis en France, le 25 Juillet 1593: *Tours*, Métayer, 1593, *in-8*.

Le même Avis est aussi imprimé au tom. V. des *Mémoires de la Ligue*, page 407.

☞ Dans cette Pièce, qui parut immédiatement après la Conversion du Roi, on exhorte les Catholiques & bons François du parti de la Ligue, à la quitter; maintenant que le prétexte de la Religion a cessé.]

19487. ☞ Intimidations faites par le Duc de Sessa, Ambassadeur du Roi d'Espagne, pour détourner le Pape de recevoir Henri IV. au giron de l'Eglise: *Paris*, 1594, *in-8*.]

19488. Articles accordés par la Trève générale, en Juillet. *Mém. de la Ligue*, tom. V. pag. 417.

19489. Véritable Déclaration de tout ce qui s'est passé depuis la prise des Fauxbourgs de Paris, en Octobre 1589, jusqu'au mois de Juillet 1593, & de ce qui s'est passé, tant à la Ferté-Bernard qu'en la Ville d'Orléans; par un Anonyme: *Orléans*, 1593, *in-*4.

Le nom de cet Anonyme est Cumneau.

19490. Racolta di alcune Scritture publicate in Francia, dal anno 1585 al 1593: *In Vicenza*, Giorgio Greco, 1594, *in-8*.

☞ Struvius marque cet Ecrit sous ce titre: « Raccolta da Georgio Greco; *Bergamo*, 1594, *in-8*. »]

19491. Sermons de la simulée Conversion & nullité de la prétendue Absolution de Henri de Bourbon, Prince de Béarn, donnée à Saint-Denys en France, le 23 Juillet 1593, sur le sujet de l'Evangile du même jour:

Attendite à falsis Prophetis; prononcés à saint Merry, par Jean Boucher, Docteur en Théologie, Curé de Saint Benoist: *Paris*, Chaudière, 1594, *in-8*. *Douay*, jouxte la Copie de Paris, 1594, *in-8*.

Ces Sermons, prononcés à Paris depuis le premier Août 1593, jusqu'au 9 de ce mois, furent brulés à la Croix du Tiroir [ou Trahoir] le lendemain de la réduction de Paris, comme le dit Cayet, dans sa *Chronologie Novennaire*, sur l'année 1593.

« Entre les Prédicateurs de ce temps-là, il y en avoit » un, Jean Boucher, Curé de Saint Benoît, qui s'étant » emporté d'une manière très-violente contre le feu » Roi, n'épargna pas moins celui-ci, ayant prêché » neuf Sermons dans la Paroisse de S. Méderic, contre » la Conversion simulée & la prétendue Absolution de » Henri de Bourbon, Prince de Béarn. Il les dédia au » Cardinal de Plaisance, le 28 Février, après les avoir » fait imprimer d'abord à Paris, & ensuite à Douay, » pendant son exil ». M. de Thou, Livre cent septième de son *Histoire*, sous l'année 1593, page 374, de la première Edition de Genève, 1620, *in-fol*.

☞ Ce Livre est composé de neuf Sermons assez longs, & faits dans le temps de la dernière fureur de la Ligue, dont l'Auteur étoit un très-zélé partisan. Ils sont mêlés de Réflexions & de Citations historiques, comme aussi de traits relatifs aux affaires qui avoient précédé. Ils furent faits pour persuader au Peuple de Paris, que la Conversion récente de Henri IV. étoit fausse & simulée, (ce que l'Auteur tâche de prouver par différentes conjectures); qu'elle étoit nulle, tant par rapport à l'excommunication qui le privoit de tout droit à la Couronne, que par la forme avec laquelle on y avoit procédé, & le défaut de pouvoir de l'Archevêque de Bourges, qui avoit reçu l'Abjuration. Il finit par exhorter le Peuple à l'élection d'un Roi Très-Chrétien, & à l'exclusion du prétendu Catholique.

Voyez sur cet Ouvrage, la *Bibliothèque de Clément*, tom. V. pag. 144. = *Journ. de Henri IV*. tom. II. p. 88. = *Méth. histor*. de Lenglet, *in-*4. t. IV. p. 106. = *Dict*. de Bayle. = *Mém. de l'Etoile*, tom. II. pag. 32.]

19492. ☞ Observations sur les Sermons de Jean Boucher, & sur divers Libelles publiés du temps de la Ligue; par M. l'Abbé d'Artigny.

Dans le tom. I. de ses *Mémoires*, pag. 465: *Paris*, Debure, 1749, *in-*12.]

19493. Cinq Sermons du Père Porthaise, Théologal de Poitiers, de l'Ordre de Saint François, sur la simulée Conversion du Roi de Navarre, prononcée en l'Eglise de Poitiers, l'an 1593: *Paris*, 1594, *in-8*.

☞ Voyez *Discours de l'orig. des Gaules*, pag. 18. = *Journ. de Henri III*. tom. V. pag. 314.]

19494. La Démonologie de la Sorbonne nouvelle.

Cet Ecrit d'un Catholique, ou se disant tel, est fait contre les Prédicateurs de la Ligue. Il est imprimé au tom. V. des *Mémoires de la Ligue*, pag. 413.

☞ Cette Pièce est très-courte; mais elle tend à faire voir combien la Doctrine qu'on enseignoit alors dans la Sorbonne, asservie à la Ligue, étoit différente de celle qu'on y enseignoit auparavant. C'étoit une Démonologie, & non plus une Théologie. *Voyez* le *Supplément* au *Journal de Henri IV*. tom. I. pag. 388.]

19495. ☞ Epître envoyée par M. Claude de Morenne, Curé de Saint Médéric, aux Catholiques de la Ville de Paris; *in-8*.]

19496. ☞ Claude de Morenne, Curé de

Saint Médéric, à Jacques Julian, Curé de Saint Leu & Saint Gilles. Salut : *in-8*.

Il se justifie d'avoir assisté à la Conversion du Roi, & d'avoir quitté pour un temps son troupeau.]

19497. ☞ Mémoires du Baron D'AMBRES, sur les Guerres de la Ligue en Languedoc, sous le Maréchal de Joyeuse & ses deux fils.

Ils sont imprimés dans le tom. III. des *Pièces Fugitives du Marquis d'Aubais* : *Paris*, 1759, *in-4*. Ils commencent en 1586, & finissent en 1593. Ils sont assez curieux & intéressans. On trouve à la suite des Notes qui les accompagnent, une Généalogie de la Maison de Voisins.]

19498. Mf. Mémoires d'Antoine Bigars, Seigneur DE LA LANDE, Capitaine de cinquante Hommes d'armes, contenant ce qui s'est passé depuis l'an 1588 jusqu'en 1593.

Ces Mémoires sont conservés à Paris, dans la Bibliothèque de Saint Magloire, entre les Manuscrits de Messieurs de Sainte-Marthe, premier volume des *Mélanges*, pag. 511.

19499. Mf. Discours des choses mémorables arrivées à Château-Vilain, & Lieux circonvoisins, ès troubles depuis l'an 1589 jusqu'en 1593.

Ce Discours est conservé dans la même Bibliothèque, au tom. II. des *Mélanges*, pag. 371.

19500. ☞ Le premier Livre de la Henriade de Jean LE BLANC, (en Vers) : *in-4*. sans année, & *Paris*, 1604, *in-4*.]

19501. ☞ Les huit derniers Livres de la Henriade, contenant les faits de Henri IV. contre les Espagnols ; par Sébastien GARNIER, (en Vers) : *Blois*, 1593, *in-4*.]

19502. Brief Discours du Procès criminel fait à Pierre Barrière, dit la Barre, natif d'Orléans, accusé de l'horrible & exécrable parricide & assassinat par lui entrepris & attenté contre la personne du Roi, le 25 Août 1593.

Ce Discours est imprimé au tom. V. des *Mémoires de la Ligue*, pag. 450.

☞ C'est un Précis fort abrégé du fait & du Procès.]

19503. Extrait du Procès criminel fait au même : *Melun*, 1593, *in-8*.

19504. Histoire prodigieuse d'un détestable parricide entrepris en la personne du Roi, par Pierre Barrière, & comme sa Majesté en fut miraculeusement garantie : 1594, *in-8*.

19505. ☞ Histoire prodigieuse d'un détestable parricide attenté contre le Roi Henri IV. par Pierre Barrière, à la suscitation des Jésuites.

Cette Pièce n'est pas la même que la précédente. On la trouve au tom. VI. des *Mémoires de la Ligue*, & des *Mémoires de Condé* : 1743, *in-4*.

Cette Pièce, ainsi que la suivante, est de Séraphin (& non Sébastien) BANCHI. Dans la Préface d'un autre Ouvrage du même Auteur, intitulé : *Le Rosaire spirituel de la salvée Vierge*, &c. il se justifie de ce qu'on lui imputoit d'avoir abusé de la Confession, pour révéler les desseins de Barrière. Voyez sur ces trois Pièces & seur Auteur, le *Dictionnaire* de Prosper Marchand, au mot *Banchi*, tom. I. pag. 80 & *suiv*.]

19506. Apologie contre les jugemens téméraires de ceux qui ont pensé conserver la Religion Catholique, en faisant assassiner les Très-Chrétiens Rois de France ; par Séraphin BANCHI, Florentin, Docteur en Théologie, de l'Ordre des Frères Prêcheurs : *Paris*, Métayer, 1596, *in-8*.

Cet Auteur y raconte de quelle manière il découvrit le détestable parricide que vouloit commettre Pierre Barrière, envers le Roi Henri IV.

19507. ☞ Mf. Déclaration de la Ville de Meaux, à MM. les Prévôt des Marchands, Echevins & Bourgeois de Paris, 1593, pour les engager à reconnoître Henri IV.

Cette Pièce, qui est [illisible] du temps, en six pages, est conservée dans la Bibliothèque [illisible] de Fontette, Conseiller au Parlement de [illisible].]

19508. Recette pour guérir les trahisons qui se font contre le Royaume ; par M. Jean LANAGERIE : 1594, *in-8*.

Cette Pièce est faite contre la Ligue & les Ligueurs. L'Auteur indique les moyens d'en purger entièrement la France. Ses préceptes sont bons pour la théorie ; mais ils étoient bien difficiles dans la pratique.]

19509. Discours en forme de Déclaration, sur les causes des mouvemens & prinze de la Ville de Lyon : 1593, *in-8*.

Le même Discours est imprimé au tom. V. des *Mémoires de la Ligue*, pag. 453. Il a été fait contre le Duc de Nemours, Gouverneur de Lyon, & l'un des Chefs de la Ligue.

☞ Le Duc de Nemours, qui n'aspiroit pas moins à la Couronne que le Duc de Mayenne, & qui se défioit de lui, avoit résolu de prendre les devants, & de s'établir dans son Gouvernement de Lyon, sur lequel il exerçoit un pouvoir tyrannique. Les habitans de cette Ville le prévinrent, & se saisirent de sa personne : peu s'en fallut qu'il ne pérît ; mais il en fut quitte pour une prison assez longue & assez dure. Dans ce Discours, on expose, sous le nom des Lyonnois, les maux que le Duc leur a fait souffrir, ses propos, & les justes causes qu'ils ont eues de le prévenir.]

19510. ☞ Stances contre l'ambition, adressées par le sieur DE TRÉLONG, au Duc de Nemours, son Maître, peu de jours avant l'emprisonnement dudit Seigneur Duc.

Elles sont imprimées au même endroit. Trélong étoit Serviteur du Duc de Nemours. La Pièce n'est pas mal versifiée pour le temps.]

19511. ☞ Réponse de Pierre LA COIGNÉE, à une Lettre de Jean de la Souche, au sujet de la réduction de Lyon.

Jean de la Souche avoit écrit contre l'Auteur du Discours de la réduction de Lyon, une Lettre dans laquelle il disoit qu'on en avoit fait peu de cas à Florence où il étoit, à cause des écarts, des impostures, des énigmes qu'on y trouvoit, & du style rude & affecté dont il étoit écrit. La Coignée le justifie pleinement dans cette Réponse, & il y attaque la Ligue, & l'Auteur qui prétendoit la soutenir.]

19512. Discours véritable & sans passion sur la prinze des armes & changemens advenus en la Ville de Lyon, pour la conservation d'icelle, le 18 Septembre 1593 : *Lyon*, 1593, *in-*8.

Pierre MATTHIEU est l'Auteur de ce Discours.

19513. Réponse à la Lettre, contenant le Discours véritable de la prinse d'armes & changemens advenus à Lyon, le 18 Septembre 1593, servant d'Avertissement.

C'est la Réponse d'un Ligueur au Discours précédent. Elle est imprimée au tom. V. des *Mémoires de la Ligue*, *pag.* 465.

19514. Mf. Discours du Siége de Blaye, en 1593.

Ce Discours est cité à la page 477, du Catalogue de la Bibliothéque de M. de Thou.

19515. ☞ Réponse à ceux qui disent être impossible qu'on approuve & tolère en France l'exercice public de la Religion Prétendue-Réformée, comme de la Catholique Romaine.

Cette Pièce est dans les *Mémoires de Villeroy*. L'Auteur dit qu'il seroit à souhaiter qu'il n'y eût qu'une Religion dans un Etat ; que cependant c'est chose fort commune d'en voir plusieurs tolérées ; que d'ailleurs, dans la situation où étoient les choses, il faudroit une guerre, & détruire une partie du Royaume, ce qui lui seroit beaucoup plus nuisible que profitable.]

19516. ☞ Apologie & Discours de M. DE VILLEROY, pour montrer la peine qu'il a prise de faire la paix entre le Roi & M. de Mayenne, & sa continuelle poursuite à la pacification de nos misérables troubles ; à M. de Belliévre.

Ce Discours est dans le tom. I. des *Mémoires de Villeroy*. Il y rend compte des raisons qui l'avoient obligé à suivre le parti du Duc de Mayenne, de tout ce qu'il a fait & négocié, soit avec ce Duc, soit avec les Députés du Roi, pour procurer la paix au Royaume. Il y a dans cette Apologie du curieux au sujet des prétentions des Espagnols, & de l'ambition du Duc de Mayenne. Elle s'étend depuis l'an 1589 jusqu'en 1594, temps auquel M. de Villeroy quitta la Ligue.]

19517. Traités d'aucuns droits du Roi Philippe aux Etats qu'il tient à présent.

Ces Traités, qui ont été faits par un Serviteur du Roi Henri IV. sont imprimés au tom. V. des *Mémoires de la Ligue*, *pag.* 683.

19518. Mf. Journal d'Antoine LOISEL, Avocat au Parlement, contenant plusieurs particularités de la Ligue, depuis le 9 Mai 1588, jusqu'au 9 Décembre 1593.

Cet Auteur est mort en 1617. Claude Joly, son Petit-fils, avoit promis dans la Vie qu'il a mis au jour, de donner ce Journal au public. Il ne se trouve plus aujourd'hui entre les Manuscrits qu'il a légués à l'Eglise Métropolitaine de Paris.
❧ Maimbourg, qui le cite souvent dans son *Histoire de la Ligue*, en a eu communication.

19519. Mf. Discours & autres Mémoires & Avis de Claude DE LA CHASTRE, Maréchal de France, la plupart concernant la Ligue, depuis l'an 1556 jusqu'en 1594 : *in-fol.*

Ces Discours sont conservés entre les Manuscrits de M. de Brienne, num. 143, [dans la Bibliothéque du Roi.]

19520. Histoire de la Vie & Faits de Henri le Grand, contenant ce qui s'est passé depuis l'usurpation du Royaume de Navarre, (l'an 1512) par Ferdinand, Roi d'Arragon, jusqu'en 1593 ; par Julien PELEUS, Avocat au Parlement de Paris : *Paris*, Huby, 1613-1616, *in-*8. 4 vol.

☞ *Voyez* sur cet Ouvrage, la *Méth. histor.* de Lenglet, *in-*4. tom. *IV. pag.* 106.]

19521. Discours de ce que fit (Louis de Gonzague) DUC DE NEVERS, à son Voyage de Rome, pour obtenir l'Absolution du Roi Henri IV. avec la Lettre du Roi au Pape, en 1593.

Ce Discours est imprimé au tom. II. des *Mémoires de Nevers*, *pag.* 453 : *Paris*, 1665, *in-fol.*

☞ Il avoit paru séparément : *Paris*, Metayer, 1594, *in*-4. Le titre de cette Edition est : « Discours » de la Légation de M. le Duc de Nevers, envoyé par » le Très-Chrétien Roi de France & de Navarre Henri IV. vers le Pape Clément VIII. » A la fin est : « Ecrit » envoyé au Pape par M. le Duc de Nevers, partant » de Rome pour s'en retourner en France.]

19522. ☞ Dépêche baillée à M. de Nevers, en s'en allant vers le Pape, après la Conversion du Roi, pour lui prester l'obéissance de sa part : 1594.

Cette Pièce & la suivante sont imprimées dans le *Recueil* de Lannel, *Paris*, 1623, *in*-4.]

19523. ☞ Instruction baillée aux Seigneurs de la Fin & de Saint-André, s'en allant en Lyonnois, pour pratiquer les habitans de Lyon à se remettre en l'obéissance du Roi, & autres affaires : 1594, *in*-8.]

19524. Manifeste de M. de Vitry à la Noblesse de France, du 12 Janvier 1594, avec la Déclaration de la Ville de Meaux, à Messieurs les Prevost des Marchands & Eschevins de la Ville de Paris : 1594, *in*-8. & *Mém. de la Ligue*, tom. *VI. pag.* 15.

Ce Manifeste de M. Vitry, Commandant pour la Ligue dans la Ville de Meaux, a été fait pour porter la Noblesse à quitter le parti de la Ligue.

☞ Le sieur de Vitry fut un des premiers de ce parti qui le quitta, après la Conversion du Roi, & il entraina avec lui la Ville de Meaux. Il déclare dans ce Manifeste, que ce n'est point par esprit de révolte, ni par amitié pour les Princes de Lorraine qu'il avoit suivi la Ligue, mais par zèle pour la Religion Catholique ; qu'au moment que cet obstacle a cessé, il n'a pas cru devoir prendre d'autre parti que celui de retourner à son Souverain légitime.]

19525. ☞ Le Panathénaïque : *in*-8.]

19526. ☞ Réponse d'un Bourgeois de Paris à la Lettre du Légat, du 27 Janvier 1594 : *in*-8.]

19527. ☞ Déclaration du Roi sur autre précédente, du 27 Décembre 1593, pour rappeller tous ses Sujets à sa grace & clémence, & à une générale réconciliation & vraie union, sous l'obéissance de Sa Majesté ; publiée & regîstrée en sa Cour de Parlement à Paris, le 6 Avril 1594 : *in*-8.

Elle est aussi imprimée dans le *Recueil* M.]

19528.

19528. ☞ Avis & Abjuration d'un notable Gentilhomme de la Ligue, contenant les causes pour lesquelles il a renoncé à ladite Ligue, & s'en est présentement départi.

Ce petit Avis est imprimé au tom. VI. des *Mémoires de la Ligue*. Il est d'un Gentilhomme de marque, qui ayant suivi le parti des Ligueurs, le quitta après avoir reconnu qu'il étoit pernicieux à la Religion Catholique & à l'Etat.]

19529. Remontrance aux François. *Mém. de la Ligue*, tom. *VI*. pag. 27.

Cette Remontrance a été faite aux François, afin qu'ils se soumissent au Roi.

19530. Discours où il est montré qu'il n'est pas loisible au Sujet de médire de son Roi, & encore moins de prendre les armes contre Sa Majesté, sous quelque prétexte que ce soit; par Claude DE MORENNE, Curé de Saint-Médéric. *Ibid. pag. 33.*

19531. ☞ Mf. Avis salutaire aux vrais Catholiques François, pour se mettre en repos; du 10 Janvier 1594.

Ce Manuscrit du temps, qui a 15 pages, est conservé dans la Bibliothèque de M. Fevret de Fontette, Conseiller au Parlement de Dijon.]

19532. * Lettre (de Philippe SEGA) Cardinal de Plaisance, Légat du Pape au Royaume de France, à tous les Catholiques du même Royaume; par laquelle est déclarée l'intention de Sa Sainteté, touchant ce qui s'est n'aguères passé à Rome : *Paris*, Thierry, 1594, *in-8*.

Eædem Litteræ, Latinè : *Parisiis*, 1594, *in-8*.

19533. * Réponse d'un Bourgeois de Paris (Guillaume DU VAIR) à la Lettre du Cardinal Sega, Légat du Pape, du 27 Janvier 1594 : 1594, *in-8*. Œuvres de du Vair, *pag*. 618 : *Paris*, Cramoify, 1641, *in-fol*.

Il est dit dans un Avis qui est au devant de cette Réponse, que M. de Villeroy, qui étoit à Pontoise, écrivit à M. du Vair, que le Roi desiroit qu'il fit cette Réponse sous le nom d'un habitant de Paris, & en termes convenables à cette qualité, qui pût faire voir clair à ceux qui étoient enveloppés dans le parti de la Ligue, & dissiper les artificieux nuages des opinions auxquelles on vouloit les entretenir.

19534. Dialogue entre le Maheutre & le Manant, contenant les raisons de leurs débats & questions en ces présens troubles au Royaume de France : 1594, *in-8*.

Le même Dialogue est imprimé au tom. III. de la Satyre Menippée, *pag*. 367 : *Ratisbone*, 1711, *in-8*.

✽ Le Maheutre est un Gentilhomme Royaliste, & le Manant est un Bourgeois de Paris, Ligueur. [Ce Dialogue fut achevé au mois d'Octobre 1593. Parmi de longs discours, on y trouve quelques faits particuliers qui ne se lisent point ailleurs. Le Duc de Mayenne & les Politiques y sont déchiffrés de toute façon.] « On » a cru (dit celui qui a publié l'Edition de la *Satyre Menippée*, en 1711, *p*. 380), que (Nicolas) ROLLAND, Général des Monnoies, dont il est parlé dans le Procès-» verbal de Nicolas Poullain, étoit l'Auteur de ce Dia-» logue; mais comme il étoit grand Ligueur, cela fait » douter s'il n'est pas plutôt l'Auteur de la Censure du » Dialogue que du Dialogue même ». Le même dit à la

Tome II.

pag. 94, » que L. MORIN, dit Cromé, Conseiller au » Grand-Conseil, l'un des Seize de la Faction Espagnole, » est celui que nous apprend Pierre Cayet, au tom. I. de » sa *Chronologie Novennaire*, *pag*. 11, *folio verso*, » qu'on croit avoir fait ce Livre ». Le même Cayet, *pag*. 281, dit, « que deux ou trois jours devant les » Fêtes de Noël on fit courir ce Livre, dont le Duc de » Mayenne fut fort fâché, & fit faire de grandes perqui-» sitions pour sçavoir qui en étoit l'Auteur ».

Gabriel Naudé, *pag*. 711, de la seconde Edition de son *Mascurat*, observe, «qu'un Carabin Maheutre, » c'est-à-dire du Parti du Roi de Navarre, & un pauvre » Manant, Ligueur, ont mieux discouru au milieu d'un » Champ, des secrettes intrigues & cabales de la Ligue, » & des intérêts de ces deux Partis, & qu'ils en font des-» Colloques si sérieux & si amples, que l'on n'a rien vu » au jugement des mieux entendus en ces matières, qui » fût de meilleure trempe».

☞ Cromé s'appelloit Lazare Morin, sieur de Cromé; il étoit de Bourgogne, où est située la terre de Cromé.

Il falloit aux Princes Lorrains un prétexte pour colorer leur révolte. L'hérésie, & notamment celle dont faisoit profession l'Héritier présomptif de la Couronne, fut le masque dont ils se couvrirent, & sous lequel se firent tant de désordres en France. Ce Dialogue roule uniquement sur la question, si Henri IV. hérétique, doit être reconnu pour véritable Roi, & si l'on doit se fier à la promesse qu'il fait d'une prochaine Conversion. Le Maheutre, ou Gentilhomme, bon Royaliste, soutient l'affirmative. Le Manant, ou Bourgeois, zélé Ligueur, est pour la négative. On trouve dans cette Pièce des détails circonstanciés & curieux de la naissance & du progrès de la Ligue, des intrigues des Seize, des déclamations des Prédicateurs, des fureurs de la Sorbonne, & des vues intéressées du Duc de Mayenne & des autres suppôts de cette faction. On l'attribue au Général Rolland, mais plus communément à Morin, dit Cromé, Conseiller au Grand-Conseil, l'un des Seize. Qu'elle vienne de Rolland ou de Morin, ce fut un grand coup porté à la Ligue, puisqu'elle fut faite par un de ses Membres. Aussi fit-elle plus de chagrin au Duc de Mayenne que les plus vives Satyres du Parti du Roi.

L'Abbé d'Artigny, tom. VI. *pag*. 179 de ses *Mémoires*, croit qu'elle pourroit être de CRUCÉ, Procureur de Paris & Ligueur. Il cite Raoul Bouthrays dans son Ouvrage : *De rebus in Galliâ gestis*, Lib. I. *p*. 6, lequel assure l'avoir appris du Libraire même qui débitoit ce Livre.

«On appella en France en 1467, *Mahoitre*, certain » rembourrement que les Courtisans & les gens de guerre » mettoient sur le haut de leurs pourpoints, pour se faire » les épaules plus larges & plus quarrées. Delà vient » que le Bourgeois qui ne portoit point de cette sorte de » pourpoint, appella environ l'an 1590 *Maheutres*, la » Gendarmerie Royaliste qui en portoit de tels. Le Li-» belle que les Ligueurs publièrent en 1594, contient » au revers du titre une Estampe dans laquelle un Gen-» darme Royaliste *Maheutre* est représenté portant un » de ces pourpoints dont on voit les semblables à plu-» sieurs portraits de gens de guerre. *Voyez* Monstrelet, » *Edition* de 1572, tom. III. *pag*. 130. Je ne sçai si ce » mot ne viendroit pas de *Mavors*, comme qui diroit » homme martial ». *Ducatiana*, *pag*. 329.

Voyez encore, *Mém. de l'Etoile*, tom. II. *pag*. 55 & 161 & *suiv*. = Lenglet, tom. *IV*. *pag*. 106. = Mascurat, *pag*. 646. = Satyr. Menipp. tom. II. *pag*. 204. = Chron. Noven. part. II. *pag*. 518, 522. = Journ. de Henri IV. tom. I. *pag*. 267.]

19535. * Abrégé des Etats de la Ligue, (tiré du Dialogue précédent); par un Huguenot Royaliste. *Mém. de la Ligue*, t. V. p. 640, & *Satyre Menippée*, t. I. *p*. 353.

C'est une excellente Pièce.

19536. Censure d'un Livre n'aguères impri-

Y y

mé à Paris, en forme de Dialogue, sous le nom du Manant & du Maheutre parleurs, à tous les bons & francs Catholiques du Parti de l'Union: *Paris*, 1594, *in*-8.

Cette Censure est attribuée à Nicolas ROLLAND, Général des Monnoies, grand Ligueur.

☞ Ce fut le Duc de Mayenne qui fit faire cette Réponse.

19537. Le Banquet & Après-dîné du Comte d'Arète, où il se traite de la dissimulation du Roi de Navarre, & des mœurs de ses Partisans: *Paris*, Bichon, 1594, *in*-8.

Le même Livre; par Louis D'ORLEANS: *Arras*, Bourgeois: 1594, *in*-8.

Ce Libelle peut être appellé un Livre exécrable en toute manière. (Aussi l'Auteur n'osa d'abord y mettre son nom). Cayet, *pag.* 225 de sa *Chronologie Novennaire*, sous l'année 1593, dit, « que l'Auteur du Catholi- » que Anglois fit aussi imprimer un Livre intitulé : *Le* » *Banquet du Comte d'Arète*, dans lequel il dit une infi- » nité d'impostures, touchant la Conversion du Roi...... » La manière d'écrire si satyrique (dont usa l'Auteur) fut » blâmée de beaucoup de gens du Parti même de l'Union ; » & l'Auteur de ce Livret ayant eu depuis besoin de la » clémence du Roi, s'est repenti d'avoir ainsi parlé de » son Prince ». *Voyez* le tom. II. de la *Satyre Menippée*, *pag.* 247. Il est dit à la page 219 de ce Tome, que le langage de ce Libelle en est assez mauvais, & ne donne pas une bonne opinion de l'éloquence de son Auteur.

☞ Dans une conversation tenue entre plusieurs personnes qui se trouvent à la campagne chez le Comte d'Arète, on cherche à prouver que la Conversion de Henri IV. est simulée, & que l'Absolution que lui a donné l'Archevêque de Bourges, est nulle. Henri IV. y est d'ailleurs fort mal traité. Les digressions, les citations & les comparaisons en occupent une bonne moitié ; cela est assurément d'un mauvais goût ; mais c'étoit celui de la plupart des Pièces & des Ouvrages de ce temps-là.

Voyez sur cet Ouvrage, *Méth. histor*. de Lenglet, *in*-4. *tom. IV. pag.* 107. = *Biblioth*. de Clément, *tom. II. pag.* 25. = *Mascurat*, *pag.* 626. = *Satyr. Menip. tom. II. pag.* 219, 244. = *Mém. de l'Etoile*, *tom. II. pag.* 59. = *Suppl. du Journ. de Henri IV. tom. I. pag.* 188.]

19538. ☞ Lettre de M. de VILLEROY, à M. de Mayenne, du second jour de l'an 1594.

Elle est imprimée au premier Volume de ses *Mémoires*, 1624, *in*-8.]

19539. Remontrance faite à Nantes, en la présence du Roi Henri IV. en 1594; par Jacques DE LA GUESLE, Procureur-Général, & Louis Brisson, Avocat-Général au Parlement, au nom de la Reine Louise (de Lorraine) Douairière de France, pour avoir justice du parricide du défunt Roi Henri III. avec l'Acte & Cérémonies qui y furent observées: *Paris*, Chevalier, 1610, *in*-4.

L'Epître dédicatoire à la Reine Marie de Médicis, est de Hadrien DE BOUFLERS, Gentilhomme de la Chambre de Henri III.

19540. Edit du Roi sur la réduction de la Ville d'Orléans à son obéissance, au mois de Février 1594.

Cet Edit est imprimé au tom. VI. des *Mémoires de la Ligue, pag.* 65.

19541. Discours contenant les moyens de délivrer la France de la tyrannie d'Espagne: 1594, *in*-8.

19542. Edit & Déclaration du Roi, sur la réduction de la Ville de Paris en son obéissance, le 28 Mars 1594. *Mém. de la Ligue, tom. VI. pag.* 80.

19543. Lettre-Patente du Roi, pour le rétablissement de la Cour de Parlement de Paris, du 28 Mars 1594. *Ibid. pag.* 92.

19544. Arrêt de la Cour de Parlement de Paris, du 30 Mars, sur ce qui s'est passé durant les présens troubles, contenant la révocation de tout ce qui a été fait au préjudice de l'autorité du Roi & des Loix du Royaume. *Ibid. pag.* 95.

19545. Acte publié de l'Université de Paris, touchant l'obéissance rendue au Roi Henri IV. *Paris*, 1594, *in*-8. *Mém. de la Ligue, tom. VI. pag.* 97.

19546. ☞ Histoire des Singeries de la Ligue, contenant les folles propositions & frivoles actions usitées en faveur de l'autorité d'icelle, en la Ville de Paris, depuis l'an 1590 jusqu'au 22 Mars 1594, jour de sa réduction à son Roi légitime Henri IV. avec la Plainte funèbre, en Vers, d'un Bourgeois de Paris, sur la mort de son Asne Ligueur; ensemble, le Tableau gravé en bois de la tenue des Etats de la Ligue ; plus les Chardons de la Ligue, ou Sentences des Poëtes de notre temps; par J. D. L. (Jean DE LATAILLE), dit le Comte Olivier, excellent Peintre: 1596, *in*-8.

C'est le Récit d'une partie de ce qui s'est passé de plus extravagant pendant la Ligue, depuis 1590 jusqu'à la Réduction de Paris, Les Vers qui y sont mêlés de temps en temps, en rendent la lecture amusante.

La même Histoire est imprimée au tom. II. de la *Satyre Menippée* : Ratisbone, 1711, *pag.* 328.]

19547. ☞ Ms. De la Religion Catholique en France; par M. DE LEZEAU, Conseiller d'Etat: *in-fol.*

Ce Manuscrit est conservé dans la Bibliothèque de Sainte-Geneviève de Paris. « L'Auteur étoit un homme » exact. Il a suivi avec intelligence l'intrigue des Seize, » & il la développe bien. On trouve dans son Livre » l'heure & le lieu des Assemblées, les noms, surnoms, » professions de ceux qui y assistoient, & jusqu'au détail » des Délibérations, les avis des uns & des autres, & » leurs conclusions ». *Esprit de la Ligue, tom. I. pag.* lxiv.]

19548. ☞ Ms. Poëme sur la Ligue, du style de la Pharsale de Lucain, & des Discours sur le même sujet, adressés aux Mâconnois; par N..... DE BOTON, Président en l'Election de Mâcon.

Ce Manuscrit étoit en Original dans le Cabinet de M. Bernard, Lieutenant Particulier au Présidial de Mâcon, & il a passé à ses héritiers.]

19549. ☞ La Ligue, ou Henri le Grand, Poëme Epique ; par M. (François - Marie Arouet) DE VOLTAIRE: *Genève*, (*Londres*), 1723, *in*-8.]

Règne de Henri IV. 1594.

La même, avec des Additions : *Amsterdam*, 1724, *in-*12.

19550. ☞ Lettre de M. DE LA BRUYERE, à M. de Voltaire, sur son Poëme de la Ligue. *Mercure, Décembre*, 1724.]

19551. ☞ Lettre sur le Poëme de la Ligue, écrite aux Auteurs du Mercure, le 23 Septembre 1724. *Mercure*, 1724, *Décembre*.]

19552. ☞ La Henriade de M. de Voltaire : *Londres*, 1728, *in-*4. avec figures.

Cette Edition est magnifique ; il y a encore deux Editions : *Londres*, 1730, *in-*8. & une de 1732.]

Le même Poëme : *Paris*, Gandouin, 1742, *in-*4.

Autre Edition : *Paris*, 1757, *in-*12.

Celle-ci est plus complette & conforme à l'Edition donnée dans les *Œuvres* de M. de Voltaire, dont on va parler.

Cet Ouvrage est relatif à l'Histoire du Siége de Paris, depuis la fin du règne de Henri III. en 1589, jusqu'en 1594, à l'entrée de Henri IV. dans cette Ville.

La première Edition de ce Poëme fut faite à Londres en 1713, sous le titre de *Poëme de la Ligue*. M. de Voltaire n'ayant pu y donner ses soins, elle est remplie de fautes, transpositions & lacunes. L'Abbé Desfontaines en donna une seconde à Evreux aussi imparfaite, & il s'avisa de glisser dans les vuides des Vers de sa façon, qui sont faciles à distinguer. Cette Edition est fort rare. Dans la belle Edition de Paris en 1742, on trouve les Variantes & toutes les Estampes de l'Edition de Londres.

Dans l'Edition de la Henriade qui se trouve au tom. I. des *Œuvres* de M. de Voltaire, 1756, *in-*8. 17 vol. on trouve un Avant-Propos ou Jugement qui n'avoit pas encore paru. Il est de la façon du Roi de Prusse. Ce Prince l'avoit fait pour être placé à la tête de ce Poëme, qu'il avoit chargé M. Algaroti de faire graver à Londres en 1736, ce qui ne fut pas exécuté. La fin du Chant V. est toute nouvelle ; les Remarques sont augmentées & mises dans un nouvel ordre. On y trouve les Variantes des Editions de 1723, 1728, 1732 & *suiv.* l'Histoire abrégée des Evénemens sur lesquels est fondée la fable du Poëme de la Henriade ; une Dissertation sur la mort de Henri IV. la Préface de M. MARMONTEL, les Notes de l'Edition de 1742 de M. l'Abbé LENGLET, & des Essais sur la Poësie Epique.

Voyez sur ce Poëme, *Anecdotes secrettes sur divers sujets de Littérature*, 1737, *pag.* 85. = D'Argens, *Réflexions histor. & critiq. pag.* 370. = *Diction. Encyclopédique*, Article *Poëme Epique*.]

19553. ☞ Lettre sur la Henriade, écrite par M. Antonio COICHI, Lecteur de Pise, à Monsignor Rinvenni, Secrétaire d'Etat de Florence, traduite par M. le Baron de C. Chambellan du Roi de Suède. *Mémoires de Trévoux*, 1730, *Décembre*.]

19554. ☞ Lettre aux Auteurs du Journal de Trévoux, sur le même Poëme. *Ibid.* 1731, *Décembre*.

19555. ☞ Lettre critique, ou Parallele des trois Poëmes épiques anciens ; sçavoir, l'Iliade, l'Odyssée & l'Enéide, avec un Poëme nouveau intitulé : La Ligue, ou Henri le Grand, Poëme épique, par M. de Voltaire : *Paris*, le Gras, 1724, *in-*8.]

19556. ☞ Parallele de la Henriade & du Lutrin, avec des Réflexions sur le Remerciment de M. de Voltaire à l'Académie Françoise, & une Dénonciation à la même Académie de l'Histoire de Louis XI. par M. Duclos : 1746, *in-*12.

L'Auteur du Parallele est Charles BATTEUX, de Reims, aujourd'hui de l'Académie Royale des Inscriptions & Belles-Lettres, de l'Académie Françoise, & Professeur de Philosophie au Collége Royal ; mais la Dénonciation n'est point de lui. Son Parallele a été réimprimé en 1748, dans le *Voltairiana, pag.* 146, sous le titre de *Critique de la Henriade adressée à M. de Voltaire*. L'Ouvrage contient dix Lettres.]

19557. ☞ Avant-propos (ou Jugement) sur la Henriade, composé par un des plus augustes & des plus respectables protecteurs que les Lettres ayent eu dans ce siécle.

Cette Pièce est celle dont nous avons parlé ci-dessus, & qui a été faite par le Prince de Prusse avant qu'il fût Roi : elle est dans les *Œuvres* de M. de Voltaire, Edition de 1756, tom. I.]

19558. ☞ Critique de la Henriade de Voltaire ; par un Anglois.

Cet Ouvrage a été fait par un ennemi de notre Nation & de l'Eglise Catholique. Il loue en général le Poëme ; mais il ne peut pardonner à M. de Voltaire d'avoir choisi pour sujet une action aussi vilaine, à ce qu'il dit, que la Conversion de Henri IV. Il parcourt ensuite tous les Chants, sur chacun desquels il dit un mot. Sa Critique devient forte & amère, lorsqu'il rencontre les usages & la croyance de l'Eglise Romaine, qu'il tourne en ridicule.]

19559. ☞ La Henriade travestie, en Vers Burlesques, & dix Chants ; (par M. FOUGERET DE MONTBRON, de Péronne :) *Berlin*, (*Paris*, Delespine,) 1745, *in-*12.

Cette Pièce, assez plaisante, est quelquefois un peu trop basse, mal rimée & versifiée. Les deux derniers Chants sont assez bien frappés.]

19560. ☞ La France divisée, contenant l'Histoire tragique de la Ligue : *in-*12.]

19561. ☞ Le triomphe de la Ligue, Tragédie ; par NEVEUS : *Leyde*, 1607, *in-*12.]

19562. ☞ La Retraite de la Ligue ; par P. F. D. G. C. *in-*8.

L'Auteur avoue avoir donné le premier signal de la révolte : il invite maintenant à la paix, dont il fait le parallele avec la guerre & les maux qu'elle entraîne. Il exhorte le Duc de Mayenne à se réconcilier avec le Roi, & les François à le reconnoître. Il n'y a presque point de page où l'on ne trouve un éloge du Roi & de ses vertus. Les Vers qui se trouvent à la fin, sont assez mauvais.]

19563. ☞ Sonnets contre la Ligue, du mois de Février 1594.

Mauvais Vers, mais sanglans, contre les projets de la Ligue. L'Auteur les composa à l'occasion de quelques complots qu'on faisoit pour ressusciter en Nivernois sa patrie.]

19564. ☞ Leçon aux Ligueurs, par un Curé de Village : 1594.

C'est comme un Recueil de plusieurs passages de l'Ecriture, pour prouver qu'on doit recevoir les Rois tels qu'ils sont, idolâtres ou hérétiques, puisque c'est Dieu qui les donne ; & que si les Prédicateurs des Ligueurs

Tome II.

étoient auſſi Catholiques qu'ils veulent le faire croire, ils le feroient paroître dans leurs Diſcours & dans leurs actions.]

19565. ☞ Mſ. Diſcours contre la Ligue.

C'eſt un Manuſcrit du temps, qui a 25 pages : il eſt conſervé dans la Bibliothèque de M. Fevret de Fontette, Conſeiller au Parlement de Dijon.]

19566. Remontrance faite à la Grand'Chambre, ſur la publication des Edits & Déclarations du Roi ſur la Réduction de la Ville de Paris ſous ſon obéiſſance, du 28 Mars 1594: *Paris*, Langelier, 1594, *in*-8.

19567. Mſ. Mémoires ſur la Réduction de Paris à l'obéiſſance du Roi Henri IV.

Ces Mémoires ſont conſervés dans la Bibliothèque du Roi, num. 8778, *pag.* 129.

19568. Diſcours véritable de ce qui s'eſt paſſé en la Réduction de la Ville de Paris, depuis le 6 Mars juſqu'à la fin de ce mois : [*Tours*, 1594] : *Lyon*, Michel, 1594, *in*-8.

19569. ☞ Henri IV. ou la Réduction de Paris, Poëme (Dramatique) en trois Actes; par M. P. de V. *Leyde*, (*Paris*, la Combe,) 1768, *in*-8.]

19570. ☞ Arrêt du Parlement de Paris, du 31 Mars, qui déclare nuls tous Arrêts, Décrets & Sermens faits depuis le 9 Novembre 1588, préjudiciables à l'autorité des Rois, & contraires aux Loix du Royaume, comme ayant été extorqués par force, &c. *Paris*, 1594, *in*-8.]

19571. Mſ. Commentarii delle coſe notabili ſucceſſe nel Regno di Francia, dache Henrico Terzo, per morte di Carlo IX. ne' piglio il poſſeſſo, inſino alla Entrata in Parigi di Henrico Quatro, Libri tre. De gli effetti che la Lega ha prodotti, & della intentione che hanno havuto gli autori di eſſa.

Cette Pièce, écrite en 1600, par le Cardinal d'Oſſat, ſe trouve à la page 11 du Volume 8949, des Manuſcrits de la Bibliothèque du Roi.

19572. Remontrance faite en la Cour de Parlement de Bretagne, en 1593 & 1594, au ſujet des Affaires du temps; par Pierre Charpentier, Préſident en ladite Cour : *Nantes*, 1596, *in*-12.

19573. Mſ. Mémoire de ce qui eſt arrivé à Abbeville, après la réduction de Paris, en 1594.

Ce Mémoire eſt cité à la page 478 du Catalogue de la Bibliothèque de M. de Thou.

19574. Avertiſſement à la Nobleſſe & Villes de Bourgogne, tenant le parti de la ſainte Ligue.

Cet Avertiſſement d'Eſtienne Bernard, eſt imprimé au tom. VI. des *Mémoires de la Ligue*, *pag.* 106.

19575. Edit & Déclaration du Roi, ſur la réduction de la Ville de Lyon ſous ſon obéiſſance, le 24 Mai 1594.

Cet Edit eſt imprimé dans le Volume précédent, *pag.* 119, [ainſi que la Pièce ſuivante.]

19576. Remontrance de la réduction de la Ville de Mâcon à l'obéiſſance du Roi : *Paris*, Morel, 1594, *in*-8.

☞ Cette Remontrance eſt dédiée à M. de Botheon, Conſeiller du Privé-Conſeil, Capitaine de cinquante hommes d'Armes, & Lieutenant-Général ès Pays de Lyonnois, Forès, Beaujolois, &c. par ſes très-humbles & très-obligés ſerviteurs P. L. Celui qui parle dans cette Remontrance s'adreſſe à ſes concitoyens, & leur remontre combien ils étoient aveuglés quand ils avoient ſuivi le parti de la Ligue; & à ce ſujet il retrace tous les maux que la France a ſoufferts pendant les troubles & les factions d'Eſpagne. Il exhorte ceux qui ne ſont pas encore revenus à l'obéiſſance du Roi, de ne point attirer ſur eux & ſur leur race, la juſte vengeance de ce Prince.]

19577. ☞ Edit ſur la réduction de la Ville d'Orléans : 1594, *in*-12.]

19578. ☞ Déclaration faite par M. de la Chaſtre aux habitans d'Orléans, pour reconnoître le Roi : 1594, *in*-12.]

19579. ☞ Lettres-Patentes ſur la réduction de la Ville de Rouen, & autres de Normandie : *in*-8.]

19580. ☞ Avis de quatre fameuſes Univerſités d'Italie ſur l'abſolution du Roi: *in*-8.]

19581. ☞ Lettres de Monſeigneur le Duc de Nevers, Gouverneur pour le Roi en Champaigne & Brie : *Troyes*, 1594, *in*-8.]

19582. ☞ Edit du Roi ſur la réunion de Monſeigneur le Duc de Guiſe, de MM. ſes frères, de la Ville de Reims, & autres Villes & Châteaux, en l'obéiſſance de Sa Majeſté : *Troyes*, 1594 : *Lyon*, 1595, *in*-8.]

19583. ☞ Mſ. Lettres des Rois Henri III. & Henri IV. à Jean Rouſſat, d'abord Maire & Lieutenant de Police de Langres, & enſuite Lieutenant-Général au Bailliage.

Elles ſont au nombre de plus de 100, & on les conſerve dans les Archives de l'Hôtel de Ville de Langres. Elles atteſtent que malgré les efforts du Duc de Guiſe, Gouverneur de Champagne, & de l'Evêque Charles d'Eſcars, qui ſouffloit par tout le feu de la Ligue, Rouſſat maintint Langres dans la fidélité due au Souverain, & contribua à ramener pluſieurs Villes voiſines à l'obéiſſance légitime.]

19584. Mſ. Relation de ce qui s'eſt paſſé en la Campagne de 1594, juſqu'au mois de Juillet.

Cette Relation eſt conſervée dans la Bibliothèque du Roi, num. 8778, *pag.* 41.

19585. ☞ Henrici Borbonii Chriſtianiſſimi & invictiſſimi Galliarum Navarræque Regis triumphus, ex veteri more Romani triumphi expreſſus : 1594, *in*-8.

Cette Pièce en Vers eſt aſſez bien faite. Elle eſt à la louange du Roi, & contient un Précis de ſes victoires & de ſes autres actions.]

19586. ☞ Le Roi triomphant; par Alexandre de Pontaymery, Seigneur de Focheran : *Cambray*, 1594, *in*-8.]

19587. ☞ L'Oracle, ou Chant de Protée;

où sont prédites les glorieuses victoires du Roi Henri IV. *Lyon*, 1594, *in*-4.]

19588. ☞ L'Oracle ou le Chant de Protée, contre la prédiction des victoires de Henri IV. par J. G. P. (en Vers) : *Paris*, 1595, *in*-8.]

19589. ☞ L'Irénophile, Discours de la paix contre les désordres des Guerres civiles ; par DE SAINT-GERMAIN d'Apchon : *Lyon*, 1594, *in*-4.]

19590. ☞ Harangue aux Consuls & Peuples de Lyon, sur le devoir & obéissance des Sujets envers le Roi, prononcée le 23 Décembre 1594; par Pierre MATHIEU : *Lyon*, 1594, *in*-8.]

19591. ☞ La démonstration de la quatriéme partie de rien, & quelque chose & tout ; avec la Quintessence tirée du quart de rien & de ses dépendances, contenant les préceptes de la sainte Magie, & dévote invocation de Démons, pour trouver l'origine des maux de la France, & des remédes d'iceux. Dédiée à la Ville d'Amiens ; (par Jean DEMONS :) 1594, *in*-8.]

19592. ☞ Extrait du Procès-verbal de l'Assemblée tenue en la Chambre de l'Echevinage de Troyes, le Mardi 5 Avril 1594, après midi.

Cet Extrait concerne la réduction de cette Ville à l'obéissance de Henri IV. & il est imprimé dans les *Mélanges historiques* de Camusat.]

19593. ☞ Les Feux de joie de Lyon, Orléans, Bourges & autres Villes, qui se sont remises en l'obéissance du Roi ; qui est une exhortation desdites Villes à ceux de Paris, & autres qu'on veut assujettir à l'Espagnol.

La Conversion de Henri IV. porta le dernier coup au parti de la Ligue, déja très-abattu. La Ville de Paris ne tarda pas à se rendre, & successivement toutes les autres. Cette Piéce fut faite pour exciter les Villes & les Provinces à en faire autant, en leur faisant sentir, nonseulement que c'étoit leur devoir, mais encore qu'elles n'avoient plus d'autre parti à prendre.]

19594. ☞ Discours des grands effets qui ont suivi la Conversion du Roi, tiré d'une Harangue faite sur la réduction de la Ville de Lyon, envoyé à M. de Revol, Conseiller Secrétaire d'Etat de Sa Majesté.

C'est le cinquiéme de ceux imprimés dans le *Recüeil d'excellens & libres Discours sur l'état présent de la France* : 1606, *in*-12.]

19595. ☞ Ms. Lettre du Roi aux Villes d'Arras, Mons, Lille & Douai, 17 Décembre 1594 : *in-fol.*

Cette Lettre est indiquée entre les Piéces du n. 3301* du Catalogue de M. le Blanc.]

19596. ☞ Discours sur la tenue des Conciles, servant à combattre les prétentions des Gens d'Eglise d'Auvergne, qui tiennent le parti de la Ligue. (par François DINSTRUIRES :) *Clermont*, 1594, *in*-12.

Jean Dinstruires, neveu de l'Auteur, qui étoit d'une des plus anciennes familles d'Auvergne, a fait sur cet Ouvrage des Notes curieuses, qui se conservent en Manuscrit à Vic en Carladès, dans le Cabinet de M. Dinstruires.]

19597. ☞ Turbulenze della Francia, in Vita del Re' Henrico il Grande, dall'anno 1553, all'anno 1594; di Alessandro CAMPIGLIA, Libri diece : *In Ausbourg*, Kruger, 1616, *in*-4. *In Venetia*, Valentini, 1617.

☞ Voyez l'*Esprit de la Ligue*, tom. I. pag. xxij.]

19598. Laurentii RISEBERGII, Epitome rebus Gallicis præcipuis, ab anno 1555, ad annum 1594, collecta : *Helmstadii*, 1594, *in*-4.

19599. Racolta d'alcune Scritture publicate in Francia, nel principio de gli ultimi movimenti di quel Regno, dall'anno 1589, fin all'anno 1594, per Comin VENTURA, Librario di Bergamo : *In Bergamo*, 1593, 1594, *in*-4.

19600. La reddition de Carentan : 1594; *in*-8.

19601. Recueil tiré des Registres du Parlement, contenant ce qui s'est passé durant les troubles qui commencèrent en 1588, & ce qui fut fait en 1594, en la pacification d'iceux ; par C. M. *Paris*, Courbé, 1652, *in*-4.

Claude MALINGRE a publié ce Recueil.

☞ Voyez l'*Esprit de la Ligue*, tom. I. pag. xxij.]

19602. Ms. Histoire abrégée de ce qui s'est passé depuis la mort de Henri III. jusqu'à l'affaire de Jean Chastel, sur la fin de l'année 1594.

Cette Histoire est conservée dans la Bibliothèque du Roi, num. 9658.

19603. * Apologie pour Jean Chastel, Parisien, exécuté à mort, & pour les Pères & Escholiers de Jesus, bannis du Royaume de France, avec l'Arrest donné contré eux le 20 Décembre 1594 : *Reims*, *in*-8.

☞ Apologie pour Jean Chastel, avec une Préface & les effets épouvantables de l'Excommunication de Henri de Valois & de Henri de Navarre, où est contenu au vrai l'Histoire de la mort de Henri de Valois, & que Henri de Navarre est incapable de la Couronne de France ; & la Lettre du Cardinal Montalte écrite au Conseil Général de la Sainte Union, avec un Discours par lequel est montré qu'il n'est loisible au Sujet de médire de son Roi, & encore moins d'attenter à sa personne : 1610, *in*-8.

Cette Piéce se trouve aussi au *Supplément des Mémoires de Condé*, ou tom. VI.]

19604. ☞ Traité de l'origine des anciens Assassins porte-couteaux ; avec quelques exemples de leurs attentats & homicides ès personnes d'aucuns Rois, Princes & Seigneurs de la Chrétienté ; par M. Denys LE BEY DE BATILLY, Maître des Requêtes de

Navarre & Commis Président de Metz : 1603, *in-8.*

Ce Traité est assez étendu. Il fut fait en 1595, au sujet de l'attentat de Chastel, & de celui commis auparavant en la personne de Henri III. par Jacques Clément.]

19605. ☞ Discours aux François qui se disent Catholiques, sur l'Arrêt sanguinaire exécuté en la personne de Jean Chastel, & contre les Pères de la Compagnie de Jesus; en Vers, avec deux Lettres Manuscrites du temps, dont la première concerne cette affaire, & est du R. P. Clément Dupuy.

Ces Pièces se trouvent dans la Bibliothèque de M. Fevret de Fontette, Conseiller au Parlement de Dijon.]

19606. ☞ Discours de l'amour du père, quel il doit être tant envers son Prince naturel qu'envers son enfant, sur le jugement de Jean Chastel, père & fils, contre la fausse instruction des Jésuites : *Paris*, 1595, *in-8.*

L'Auteur de cette Pièce agite la question de sçavoir, si le père de Chastel, qui avoit apperçu les mauvais desseins de son fils, en est responsable, faute de l'avoir livré à la justice. On ne le prétend pas; mais on paroît incliner en faveur du père. Les Jésuites sont assez maltraités dans cet Ecrit.]

19607. Discours d'Etat d'Alexandre DE PONTAYMERI, sur la blessure du Roi.

Ce Discours est imprimé au tom. VI. des *Mémoires de la Ligue, pag.* 268, [& tom. VI. des *Mém. de Condé,* ou *Supplément,* 1743, *in-4.*]

☞ Pontaymeri adresse ce Discours à M. de Harlai, premier Président. Il déclame contre quelques Religieux qui refusoient de prier Dieu pour le Roi, avant qu'il eût reçu son Absolution de Rome.]

19608. ☞ Histoire abrégée du Procès criminel de Jean Chastel, &c.]

19609. ☞ Prosopopée de la Pyramide, &c.]

19610. ☞ Complainte au Roi sur la Pyramide.]

19611. ☞ Invective contre l'abominable parricide attenté sur la personne du Roi Henri IV. par Pierre CONSTANT.

Ces quatre Pièces sont imprimées dans le Supplément ou le tom. VI. des *Mémoires de Condé* : *La Haye,* 1743, *in-4.* Elles regardent le même fait, & sont curieuses. Les trois dernières ne ménagent point les Jésuites.]

19612. ☞ Avertissement aux Catholiques sur l'Arrêt du Parlement de Paris en la cause de Jean Chastel.

Cet Avertissement est en faveur des Jésuites, & renferme un précis des furieux principes de Jean Boucher. Cette Pièce & les trois suivantes sont imprimées au tom. VI. des *Mémoires de Condé* : *in-4.*]

19613. ☞ Copie de la Lettre du Roi sur l'Assassinat attenté contre sa personne, envoyée à MM. les Consuls, Echevins & Habitans de la Ville de Lyon.]

19614. ☞ Procédure faite contre Jean Chastel.]

19615. ☞ Pyramide élevée devant la porte du Palais, à Paris.]

19616. Mémoire par lequel il est prouvé que le Roi Henri IV. peut être canoniquement & légitimement absous d'hérésie par les Evêques de son Royaume; par Pierre PITHOU, Avocat au Parlement.

Ce Mémoire est imprimé dans les *Œuvres mêlées* de Loisel, publiées par Claude Joly, *pag.* 427 : *Paris,* 1652, *in-4.*

19617. ☞ Discours Latin de Pompone DE BELLIEVRE, en faveur de Henri IV. au sujet de son Excommunication : 1585.

Je crois que la date de cette Pièce est fausse, & qu'elle doit être placée ici. L'Auteur fait voir que les Evêques ont pu l'absoudre, & il montre les dangers qu'il y auroit si le Saint Siége s'obstinoit à lui refuser l'absolution, ou à vouloir qu'il allât en personne à Rome pour la demander. Elle est imprimée dans un *Recueil de diverses Pièces servant à l'Histoire* : *Paris,* 1635, *in-8.*]

19618. Acta Absolutionis Henrici IV. à Prælatis Galliæ factæ, cum ejus Professione fidei.

Ces Actes sont imprimés dans le Recueil intitulé : *Mantissa Codicis Juris Gentium Diplomatici,* à G. G. Leibnitio : *Hanoveræ,* 1597, *in-fol.*

19619. Ms. Actes & Mémoires de la Conversion & Absolution du Roi Henri IV. *in-fol.*

Ces Actes sont conservés entre les Manuscrits de M. Dupuy, num. 119, & de M. de Brienne, num. 137. Ils [étoient aussi] dans la Bibliothèque de M. le Chancelier Seguier, num. 608, [aujourd'hui à S. Germain des Prés.]

19620. De justa & canonica Absolutione Henrici IV. Regis; auctore Petro PITHŒO :] *Parisiis,* Patisson, 1594, *in-8.*

19621. Traité de la juste & canonique Absolution de Henri IV. *Paris,* 1595, *in-8.*

Le véritable titre de ce Livre, qui avoit paru l'année précédente, est : « Raisons par lesquelles il est » prouvé que les Evêques de France ont pu de droit » donner l'Absolution à Henri de Bourbon, Roi de » France & de Navarre, de l'Excommunication par lui » encourue, même pour un cas réservé au Saint Siége » Apostolique, traduit de l'Italien : 1593, *in-8.* ». Pierre Pithou, qui en est l'Auteur, pour se déguiser, a supposé que cette Pièce avoit été traduite de l'Italien.

☞ *Voyez* ce qui a été dit de cet Ouvrage, ci-devant, à l'art. des *Libertés,* N.° 7188, (tom. I. *p.* 488).]

L'Absolution que les Evêques de France donnèrent au Roi en 1593, fit grand bruit. On disoit à Rome qu'il n'y avoit que le Pape qui pût la lui donner, & qu'il pouvoit même la lui refuser. M. Pithou prouve que les Evêques ont non-seulement pû, mais encore dû le faire : 1.° Parcequ'il n'y a aucune réserve à l'article de la mort, où un simple Prêtre peut absoudre de toute excommunication : 2.° Parcequ'une personne qui a un légitime empêchement d'aller à Rome, doit en être dispensée. Or, notre Roi, dit-il, est tous les jours dans les Combats & dans les Siéges; il ne peut quitter son Royaume sans l'exposer beaucoup, & l'on est tous les jours obligé de communiquer avec lui. Nous nous tenons avec raison aujourd'hui, comment des personnes habiles & sensées, étoient obligées d'écrire sur pareille matière. Il paroît cependant une Réponse à l'Ouvrage de M. Pithou; mais elle venoit d'au-delà des Alpes : c'est le N.° suivant.

Voyez le *Supplément des Mémoires de Condé,* *in-4.*

part. III. pag. 80, Note L. & *Vie de Pithou*, tom. I. pag. 333.]

19622. Responsio canonica ad Scriptum nuper editum in Causâ Henrici Borbonii, quò illius Fautores persuadere nituntur Episcopos in Francia jure illum absolvere potuisse ab Excommunicatione in casu Sedi Apostolicæ reservato; Auctore Francisco PEGNA: *Romæ*, 1595, *in-4*.

19623. Mf. Raisons & Preuves démonstratives contre les calomnies publiées, pour rendre la Conversion du Roi Henri IV. feinte, suspecte & odieuse, & autres Pièces touchant cette Conversion.

Cet Ecrit est conservé dans la Bibliothèque du Roi, num. 9214.

Cayet, au tom. II. de sa *Chronologie Novennaire*, pag. 234, *folio verso*, dit que René Benoist, Curé de Saint-Eustache, fit imprimer un Ouvrage sur la Conversion du Roi. Il y en eut aussi un composé par Claude de Morennes, Curé de Saint-Merry, depuis Evêque de Séez. [Nous les avons indiqués.]

Jacques-Auguste de Thou dit, sous l'année 1593, Livre cent huitième de l'*Histoire du temps*, que Claude d'Angennes, Evêque du Mans, en publia aussi un sur la même matière à Venise, à son retour de Rome.

19624. Instruction baillée à M. de Nevers, s'en allant vers le Pape, après la Conversion du Roi, pour lui prêter l'obéissance de sa part.

Cette Instruction est imprimée au tom. II. des *Mémoires du Duc de Nevers*, pag. 492 : *Paris*, 1665, *in-fol*.

19625. ☞ Réponse des Députés de la Ligue à ceux du Roi, aux Propositions par eux faites aux Conférences.

Cette Réponse, & les deux Pièces suivantes, sont imprimées dans le troisième Volume des *Mémoires d'Etat*, à la suite de ceux de Villeroy. Il est question dans cette Réponse de la Conversion du Roi, qui avoit déja fait une Assemblée de Prélats, Princes & Officiers pour ce sujet, & de la surséance d'armes pour deux ou trois mois.]

19626. ☞ Déclaration du Roi, sur l'Absolution des Prélats qui l'ont reçu en l'Eglise Catholique.]

19627. ☞ Lettres du Roi, au Pape, aux Cardinaux & autres sur ce sujet.]

19628. Actes concernant l'Absolution du Roi Henri IV. par Clément VIII.

Ces Actes sont imprimés, *pag.* 186 des *Lettres du Cardinal du Perron*: *Paris*, 1623, *in-fol*.

19629. Acta Legationis (Ludovici Gonzagæ), Ducis Nivernensis, pro Henrico IV. ad Clementem VIII. Pontificem Romanum : *Francofurti*, 1594, *in-8*.

* Ce Livre a été mis à l'Index, sans doute à cause de certains détails de la politique de la Cour Romaine. *Voyez* l'*Esprit de la Ligue*, tom. III. pag. 256.]

19630. Discours de la Légation du Duc DE NEVERS, par Henri IV. vers le Pape Clément VIII. en 1593 : *Paris*, Métayer, 1594, *in-4*. *Nevers*, 1595, *in-8*.

Le même Discours est imprimé au tom. II. de ses *Mémoires*, pag. 437 : *Paris*, 1665, *in-fol*.

☞ M. de Nevers arriva à Rome le 21 Novembre 1594. Il commença par représenter au Pape le but & les complots des Chefs de la Ligue. Il fait ici un Journal de tout ce qui se passa depuis son arrivée, au sujet de la Conversion du Roi. Il règne dans ce Discours beaucoup de fermeté & de liberté. Cette Pièce & la suivante ont été imprimées séparément : *in-4*.]

19631. Lettre de (Philippe SEGA), Cardinal de Plaisance, Légat du Pape au Royaume de France, à tous les Catholiques du même Royaume, par laquelle est déclarée l'intention de Sa Sainteté, touchant ce qui s'est n'agueres passé à Rome : *Paris*, Thierry, 1594, *in-8*.

Eædem Litteræ, Latinè : *Parisiis*, 1594, *in-8*.

19632. Mf. Relatione del Negotiato da Monsignor (Ambrosio) LOMELLINO, sopra l'Assolutione di Henrico IV. *in-fol*.

Cette Relation est conservée dans la Bibliothèque du Roi, num. 8948, *pag*. 420.

19633. Relatione della Reconciliatione, Assolutione & Beneditione di Henrico IV. fatta da Clemente VIII. alli 17 di Septembre 1595, descritta da Gio Paolo MUCANTE, Maestro delle Ceremonie di Papa : *In Viterbo*, 1597, *in-4*.

* Discours au vrai des saintes Cérémonies faites à Rome, pour la Renonciation, Absolution & Bénédiction de Henri IV. avec un autre Discours de la Route de Sinan Bassa, &c. Le tout fidélement traduit d'Italien en François, jouxte la Copie imprimée à Rome & Viterbe : *Lyon & Troyes*, 1596, *in-8*.

Le sieur du Troncy est le Traducteur [de la Relation Italienne dont on vient de voir le titre.]

☞ Ce Discours est curieux & très-détaillé. On imposa au Roi pour pénitence, plusieurs conditions ; mais les principales, & celles qui touchent particulièrement le Royaume, furent qu'on déclara invalide l'Absolution que les Evêques de France avoient donnée; & qu'on ordonna que le Concile de Trente seroit publié & reçu dans le Royaume, par Edit de Sa Majesté.]

19634. Brevis Narratio quomodò Henricus IV. ex Hæretico Catholicus factus humiliter apud Clementem VIII. per Legatos egerit, ac tandem in gratiam Romanæ Ecclesiæ receptus sit, cum figuris à Crispino Passæo sculptis : *Coloniæ Agrippinæ*, 1596, *in-4*.

Les Figures qui accompagnent cet Ouvrage sont pour la plupart ridicules.

19635. ☞ Renati CHOPINI Panegyricus, Henrico IV. dictus : *Parisiis*, 1594, *in-8*.]

19636. Les Triomphes de Henri IV. par Jean GODART : *Paris*, Morel, 1594, *in-8*.

☞ Ce Livre est aussi intitulé : *Les Trophées de Henri IV. &c.* (en 34 Sonnets) : *Lyon*, Dauphin, 1594, *in-8*.]

19637. Historia de los Successos de Francia, desde año 1585, hasta el fin de l'año 1594, por Antonio DE HERRERA, Chronista Major de las Indias : *En Madrid*, [Ayala,] 1598, *in-4*.

19638. * Abrégé de l'Histoire de la Ligue,

faite en France, depuis 1576 jufqu'en 1594; (par Jean GODEFROY).

Elle eft imprimée au commencement du tom. I. de la *Satyre Menippée*.]

19639. * Difcours de (Henri) Duc de ROHAN, fur l'affaire de la Ligue.

On le trouve dans le Volume précédent.

19640. Avis donné au Pape par le Cardinal Légat, des propos paffés entre le Duc de Mayenne & lui, fur la propofition faite par le Duc de Feria, pour le Mariage de l'Infante d'Efpagne: *Lyon*, 1595; *in*-8.

19641. Déclaration de la volonté du Roi, fur l'ouverture de la Guerre contre le Roi d'Efpagne, du 17 Janvier 1595: *Paris*, Morel, 1595, *in*-8.

La même Déclaration eft imprimée au tom. VI. des *Mémoires de la Ligue*, pag. 297.

19642. Le Siége de Rouen; par Raoul LE MAISTRE, Jacobin: *Nantes*, 1595, *in*-4.

19643. Difcours d'Etat d'Alexandre DE PONTAYMERI, ou la néceffité & les moyens de faire la Guerre à l'Efpagne: *Paris*, Métayer, 1595, *in*-8.

Le même Difcours eft imprimé au tom. VI. des *Mémoires de la Ligue*, pag. 318.

☞ Il eft adreffé au Comte de Soiffons. M. de Pontaymeri exhorte les François à fortir de la léthargie où ils font, & à porter la Guerre dans les Pays d'Efpagne, dont il fait envifager la conquête comme facile, fans quoi on ne peut efpérer une Paix folide.]

19644. Les caufes des Guerres civiles de France, au Roi: *Paris*, Morel, 1597, *in*-8.

Pierre CONSTANT, Auteur de cet Ecrit, l'a adreffé au Roi en 1595.

19645. Difcours de la défaite de la Garnifon de la Ville de Soiffons, le 15 Février 1595, par l'Armée du Roi.

Ce Difcours eft imprimé au tom. VI. des *Mémoires de la Ligue*, pag. 301.

19646. Difcours de la prife de la Ville de Ham, défaite des Efpagnols & de la réduction du Château à l'obéiffance du Roi: *Paris*, le Noir, 1595, *in*-8.

19647. ☞ Mf. Dialogue (fort plaifant), entre Henri IV. & deux Vignerons de Befançon, qui fe font adreffés à Sa Majefté, au temps qu'elle étoit en la Comté, en 1595; avec le Réjouiffement de Lay-Démantelure de Tailan; par Porreno de Lay-Marche, Vigneron de Plumeire, à M. de Lay-Frondreire; le tout en Vers Bourguignons: *in*-4.

Ce Manufcrit eft confervé dans la Bibliothèque de M. Jardel, à Braine.]

19648. Difcours de la prife de la Ville & Château de Beaune: *Paris*, Richer, 1595, *in*-8. [*Beaune*, Simonot, 1682, *in*-8.]

Le même Difcours eft [auffi] imprimé au tom. VI. des *Mémoires de la Ligue*, pag. 307.

☞ Henri III. avoit cédé par le Traité d'Epernay, la Ville de Beaune aux Ligueurs. Le Duc de Mayenne en avoit fait fa Place d'armes, & la regardoit comme la clef de la Bourgogne. Les Maire & Habitans excédés par fes véxations, réfolurent de fe donner au Roi; ce qu'ils exécutèrent le 5 Février. Le Maréchal de Biron, à qui ils avoient donné jour, étant arrivé près de Beaune, affiégea le Château, qui fut obligé de fe rendre, après fix femaines de Siége.]

19649. ☞ Mf. Réduction de la Ville & Château de Beaune, en l'année 1595: 92 pages.

Cette Relation eft différente de celle qui eft imprimée dans les *Mémoires de la Ligue*, & d'une autre qui eft auffi Manufcrite.]

19650. ☞ Mf. Autre Relation de la réduction de cette Ville: 1595, 31 pages.

Ces deux Relations Manufcrites font dans la Bibliothèque de M. Fevret de Fontette, Confeiller au Parlement de Dijon.]

19651. ☞ Le Triomphe de la Liberté Royale, & la prife de Beaune, avec un Cantique à N. S. J. C. pour préferver le Roi des Affaffins; à M. de Biron, Maréchal de France & Gouverneur de Bourgogne; par P. BOTON: *Paris*, Morel, 1595, *in*-8.]

19652. ☞ Les trois Vifions de Childeric IV. Roi de France, pronoftics des Guerres civiles de ce Royaume, & la Prophétie de Bafine fa femme, fur les Victoires de Henri de Bourbon, Roi de France & de Navarre, & fur le Rencontre fait à Fontaine-Françoife.]

19653. ☞ Difcours fur la réduction des Villes de Dijon & Nuys: 1595, *in*-12.]

19654. ☞ La Sexteffence diablactique & potencielle, tirée d'une nouvelle façon d'alambiquer, fuivant les préceptes de la Sainte Magie & Invocations; par DEMONS, Confeiller au Préfidial d'Amiens, tant pour guérir l'hémorragie, playes, tumeurs & ulcères vénériennes de la France, que pour changer les chofes plus nuifibles en bonnes & utiles: *Paris*, Prevofteau, 1595, *in*-8.]

19655. ☞ Homoncée, ou l'accord & union des Sujets du Roi fous fon obéiffance: *Paris*, 1595, *in*-8.]

19656. ☞ Au Roi, Difcours de Congratulation de la décadence de la Ligue, & Pacification de Paris, Rouen, Amiens, Lyon & meilleures Villes de fon Royaume, (en Vers): *Paris*, Dupré, 1595, *in*-8.]

19657. ☞ Le bon François pour Henri IV. contre les Confpirations du Roi d'Efpagne & des Rebelles en France: 1595, *in*-8.]

19658. ☞ Les Occafions; par Aubert DE MASSOIGNES: 1595, *in*-8.]

19659. ☞ Difcours fur l'exécution du Duc d'Aumale: 1595, *in*-12.]

19660. La prinze de la Ville d'Autun en Bourgogne, par le Maréchal de Biron: *Paris*, 1595, *in*-8.

19661.

19661. Discours de la prise & réduction de Vienne, le 24 Avril 1595: *Paris*, Huby, 1595, *in-8.*

19662. Edit du Roi, sur les Articles accordés au Duc de Mayenne pour la Paix de ce Royaume, du 29 Mai 1595.

Cet Edit est imprimé au tom. VI. des *Mémoires de la Ligue*, pag. 376.

19663. ☞ Articles accordés par le Roi, pour la Trêve générale du Royaume; 23 Septembre 1595: *Reims*, & *Paris*, 1595, *in-8.*

Ces Articles, au nombre de XIV. furent accordés par le Roi à Lyon, le 23 Septembre, & signés le même jour à Chaalons par le Duc de Mayenne, Chef de la Ligue, & l'enregistrement fut fait en la Cour & Palais Royal de Reims, le 10 Octobre 1595, publié par Jacquesson, Sergent-Royal.]

19664. ☞ Articles convenus & accordés pour le rétablissement de la neutralité des Comté & Duché de Bourgogne, &c. Septembre 1595: *Langres, in-8.*]

19665. Amnistie & oubliance des maux faits & reçus pendant les troubles & à l'occasion d'iceux: *Paris*, Langelier, 1595, *in-8.*

Antoine LOISEL, Avocat au Parlement, est l'Auteur de cet Ecrit: il est mort en 1617.

19666. Ms. Mémoire de la Guerre au Luxembourg, par le Maréchal de Bouillon, en 1595.

19667. Ms. Mémoires pour l'Histoire des années 1593, 1594 & 1595, écrits par DE VILLARS-HOUDAN.

Ces deux Mémoires sont cités à la page 478 du Catalogue de la Bibliothèque de M. de Thou.

19668. Ms. Recueils de la Ligue, en 1593, 1594 & 1595.

Ces Recueils [étoient] conservés dans la Bibliothèque de M. Colbert, [& sont aujourd'hui dans celle du Roi.]

19669. Manifeste & Déclaration de la Noblesse de Provence, contenant les causes qui l'ont mue de prendre les armes contre le Sieur d'Espernon; (par le Sieur CASTELLANE de Besaudun); avec une Lettre d'un Gentilhomme Provençal sur ce Manifeste, du 3 Novembre 1595: 1595, *in-8.*

✱ Ce Manifeste fut cause de la mort de l'Auteur, qui peu après fut fait Prisonnier par les troupes de M. d'Espernon.

19670. La première face du Janus François, contenant les troubles de France, depuis l'an 1534 jusqu'en 1589, extrait des Centuries & Commentaires de Michel Nostradamus; par Jacques-Aimes DE CHAVIGNY: *Lyon*, 1594, *in-4.*

Idem Liber Latinè: *Lugduni*, 1594, *in-4.*

Le même continué jusqu'en 1596, publié sous ce titre: «Commentaire sur les Centuries » de Nostradamus, contenant sommaire- »ment les troubles de France, depuis 1534 »jusqu'en 1596: *Paris*, 1596, *in-8.*»

On peut voir sur cet Ouvrage & sur son Auteur, le

tom. III. des *Mémoires de M. l'Abbé d'Artigny*, pag. 148 & *suiv.*

19671. Mémoires des choses advenues en France ès Guerres civiles, depuis l'an 1560 jusqu'en 1596; par Guillaume DE SAULX, Seigneur de Tavannes, Lieutenant Général [pour Sa Majesté, au Gouvernement de Bourgogne]: *Paris*, 1625, *in-4.* [*Francfort*, sans date.]

Les mêmes Mémoires sont imprimés à la fin de ceux de Gaspar de Saulx son père: *in-fol.* « J'ai rédigé par » écrit succinctement (dit cet Auteur), quelques parti- » cularités de ce qui s'est passé à ce Duché de Bourgogne » & en aucunes autres Provinces de France, depuis l'an » 1560 jusqu'en 1596. J'ai remarqué,& vu à l'œil ce que » j'écris, ayant été omis par tous ceux qui ont écrit de » l'état de France. Mon dessein n'a pas été de produire » une Histoire entière, mais un sincère & véritable récit». L'Auteur le fait d'un style sec & languissant, se loue souvent & sa famille. Il suivoit le parti de la Ligue: il est mort après l'an 1633.

☞ Guillaume de Saulx étoit Lieutenant-Général pour le Roi en Bourgogne, tandis que Jean son frère exerçoit la même charge pour la Ligue: *Voyez* le commencement du Liv. III. de ces *Mémoires*, & la suite. Le Père Anselme a fait la même faute. Du reste, je doute qu'il ait vécu jusqu'en 1633; mais il est sûr qu'il a fait imprimer la première Edition de ses Mémoires, les ayant dédiés au Roi Louis XIII. dans une Epître qui est au devant de l'Edition de Francfort.

Voyez la *Bibliothèque des Auteurs de Bourgogne*, tom. II. pag. 238, & le Gendre, tom. II. pag. 44.]

19672. ☞ Edit du Roi, sur les Articles accordés à M. de Mayenne, pour la Paix du Royaume; Janvier 1596: *Bourges*, Bouchier, 1598, *in-8.*]

19673. ☞ Apologie pour le Roi Henri IV. envers ceux qui le blâment de ce qu'il gratifie plus ses Ennemis que ses Serviteurs, faite en l'année 1596; par Madame la Duchesse de Rohan, Catherine DE PARTHENAY.

Cette Apologie est imprimée au tom. IV. du *Journal de Henri III.* 1744, *in-8.*

On avoit d'abord attribué cette ironie à M. Cayet; mais il est incontestable qu'elle est de Madame la Duchesse Douairière de Rohan, qui fit cette Pièce par pique contre le Roi, parcequ'il n'avoit pas voulu épouser sa fille, laquelle fut depuis mariée au Duc de Deux-Ponts; & aussi parcequ'il n'avoit pas, pour la Maison de Rohan, la considération qu'elle croyoit mériter. C'est sur le même ton d'ironie que cette Princesse fait l'énumération de toutes les qualités & des vertus du Roi. On peut voir ce que Bayle en dit dans son *Dictionnaire*, au mot *Parthenay*.]

19674. ☞ Lettre de M. DE VILLEROY à M. de Bellièvre, du 17 Mars 1596.

Cette Lettre est imprimée au premier Volume de ses *Mémoires*, 1624, *in-8.*]

19675. ✱ Delle Historie del Mondo, ove si narrano le cose avvenute dall'anno 1570, sin all'anno 1596: *In Venetia*, 1607, *in-4.* 2 vol.

19676. Ms. Histoire des Guerres civiles de France pendant la Ligue, depuis l'an 1586 jusqu'en 1596: *in-fol.* 7 vol.

Cette Histoire [étoit] conservée dans la Bibliothèque de M. le Prince Eugène de Savoye, [aujourd'hui dans celle de l'Empereur.]

19677. Mſ. Mémoire de ce qui s'eſt paſſé au Pays d'Artois, au mois d'Août, ſous la conduite du Maréchal de Biron, en 1596.

Ce Mémoire eſt cité à la page 479 du Catalogue de la Bibliothèque de M. de Thou.

19678. ☞ Remontrance & Exhortation au Roi Henri IV. de faire chrétiennement, vertueuſement & conſtamment la Guerre aux Hérétiques & Schiſmatiques, &c. par M. René BENOIST, (du 6 Septembre 1596): *Rouen*, Lallemant, 1596, *in*-12.]

19679. ☞ Le Plan (figuré) du Siége de la Fère en Picardie, l'an 1596; par P. DESPREZ, Ingénieur du Roi: *Paris*, le Clerc, 1596, *in-fol.*

On y voit toutes les diſpoſitions de ce Siége, qui fut long & difficile. Henri IV. y commandoit lui-même.]

19680. Diſcours véritable de la prize & réduction de Marſeille : *Paris*, 1596, *in*-4. [*Marſeille*, 1596, *in*-8.]

Etienne BERNARD, Conſeiller au Parlement de Bourgogne, Auteur de ce Diſcours, eſt mort en 1609.

19681. ☞ Diſcours véritable des particularités qui ſe ſont paſſées en la réduction de la Ville de Marſeille, en l'obéïſſance du Roi : 1596, *in*-8.]

19682. ☞ Diſcours de ce qui s'eſt paſſé en la priſe de Marſeille, pour le ſervice du Roi, par Monſeigneur le Duc de Guiſe ſon Lieutenant Général en Provence, ſelon l'avis donné par un de la Ville même, du 18 Février 1596.

Ces deux Diſcours ſont imprimés au tom. IV. du *Journal de Henri IV. La Haye*, 1741, *in*-8.]

19683. Hiſtoire véritable de la réduction de Marſeille, à l'obéïſſance du Roi Henri IV. *Anvers*, 1616, *in*-8.

19684. Harangue du Roi aux Députés des Etats aſſemblés à Rouen, le 4 Novembre 1596.

Cette Harangue eſt imprimée au tom. VI. des *Mémoires de la Ligue*, pag. 393.

19685. ☞ Remontrances à Meſſieurs de l'Aſſemblée tenue à Rouen en 1596 ; par René BENOIST, Confeſſeur du Roi, nommé à l'Evêché de Troyes: *Rouen*, Petitval, & *Paris*, Moreau, 1596, *in*-8.]

19686. ☞ Diſcours des premiers troubles advenus à Lyon, avec l'Apologie de la Ville, par Gabriel de SACONAY, Précenteur & Comte de Lyon: *Lyon*, 1596, *in*-8.

Cet Ouvrage eſt curieux.]

19687. ☞ Diſcours des Cérémonies & Réjouïſſances faites à Toloſe, ſur la réduction de cette Ville à l'obéïſſance de Henri IV. 1596 : *in*-12.]

19688. ☞ Mſ. Oratio Venetiis habita ad laudem Regis Henrici IV. menſe Julio 1596 ; à Doctore Dominico MUSÉE : *in*-4.

Ce Manuſcrit eſt conſervé dans la Bibliothèque de M. Jardel à Braine ; c'eſt l'Original même, préſenté à Henri IV. de la part de l'Auteur, écrit en lettres d'or. Il y a en tête un Portrait de ce grand Prince, en or & en couleurs.]

19689. ☞ Sources d'abus & Monopoles gliſſés ſur le Peuple de France, &c. par Barthélemi LAFFEMAS: *in*-8.]

19690. ☞ Tréſors & Richeſſes pour mettre l'Etat en ſplendeur ; par le même : 1596, 1597, *in*-8.]

19691. Diſcours de la priſe d'Amiens par les Eſpagnols, le 11 Mars 1597.

19692. Diſcours de la reddition de la Ville d'Amiens.

Ces deux Diſcours ſont imprimés au tom. VI. des *Mémoires de la Ligue*, pag. 530 & 561.

19693. Mſ. Deſcription de la ſurpriſe d'Amiens, par les Bourguignons, advenue l'an 1597, & du Siége qu'y mit le Roi de Navarre ; le tout recueilli par un Capitaine Wallon, qui étoit dans la Ville durant le Siége.

Cette Deſcription eſt citée par Sandérus, au tom. I. de ſa *Bibliothèque des Manuſcrits Belgiques*, pag. 290.

19694. ☞ Hiſtoire de la ſurpriſe d'Amiens par les Eſpagnols, le 11 Mars 1597, & de la repriſe par Henri IV. le 25 Septembre de la même année, (avec quelques Pièces).

Cette Hiſtoire intéreſſante eſt imprimée au commencement du tom. II. des *Mélanges hiſtoriques & critiques* (ſur) l'*Hiſtoire de France* : *Amſterdam & Paris*, de Hanſy, 1768, *in*-12.]

19695. Diſcours du ſuccès de l'Entrepriſe faite par le Cardinal Albert d'Autriche, pour ſecourir la Ville d'Amiens, les 15 & 16 Septembre 1597 : *Paris*, Métayer, 1597, *in*-8.

19696. Diſcours ſur les deux Entrepriſes faites par le Roi Henri IV. en 1597, pendant le Siége d'Amiens : 1597, *in*-4.

19697. ☞ Lettres du Roi, ſur la capitulation avec la Ville de Laon.]

19698. ☞ Lettres du Roi ſur la priſe de Laon & d'Amiens.]

19699. ☞ Lettres du Roi ſur la réduction de Beauvais & Neufchâtel.]

19700. ☞ Lettre du Roi aux Echevins & Habitans de Lyon.]

19701. Réglemens arrêtés aux Conſulats de Lyon.

Ce ſont 22 Articles qui regardent pour la plupart les Bannis de cette Ville, qui ſous prétexte de la Trève, ne gardoient pas leur ban. Le troiſième ordonne aux Officiers & Domeſtiques des Ducs de Mayenne & de Nemours, & aux autres Ligueurs, de vuider la Ville : les autres Articles concernent ſa ſûreté.

19702. ☞ Lettres du Roi ſur la convocation du Ban & arrière-Ban de ſa Gendarmerie.]

19703. ☞ Lettres du Roi contenant le

Règne de Henri IV. 1597. 363

pouvoir donné en la Ville de Lyon, à M. d'Ornano.]

19704. ☞ Lettres-Patentes aux Consuls & Eschevins de Lyon.]

19705. ☞ Lettres du Roi aux mêmes, sur la Réduction de Rouen.]

19706. ☞ Privilèges, Franchises & Libertés de la Ville Capitale de Boisbelle, pour convier tous Financiers, Laquais, Bouffons, Macquereaux, Forgeurs, Courtiers, Partisans, Demandeurs de dédommagemens & autres Gens d'affaires, d'y faire bâtir.

Maximilien de Béthune, Marquis de Rosny, acheta en 1597 Boisbelle, où il prétendoit faire un grand établissement. Voilà ce qui a donné lieu à cette Satyre, qui contient 32 Articles.

Cette Pièce est imprimée au tom. IV. du *Journal de Henri III.* 1744, in-8.]

19707. Sommaire Récit du progrès de l'Armée du Roi en Savoye, & de la prinze des Places, & Victoires obtenues en icelle, au mois de Juillet 1597 : *Paris*, du Chesne, 1597, in-8.

Le même Récit est imprimé au tom. VI. des *Mémoires de la Ligue*, pag. 533.

19708. Mss. Journal des Guerres faites par François de Bonne, Duc de Lesdiguières, depuis l'an 1585 jusqu'en 1597, par Soffroy DE CALIGNON, Chancelier de Navarre; in-fol.

Ce Journal [étoit] conservé dans la Bibliothèque de M. Colbert, num. 1295, [& est aujourd'hui dans celle du Roi.] L'Auteur est mort en 1606.

19709. Discours sur la défaite du Sieur de Saint-Laurent, Lieutenant du Duc de Mercœur, par le Maréchal de Brissac, Lieutenant pour le Roi en Bretagne.

Ce Discours est imprimé au tom. VI. des *Mémoires de la Ligue*, pag. 539.

19710. Articles de la Suspension d'armes accordés par Messieurs les Députés du Roi, avec ceux du Duc de Mercœur, du 17 Octobre 1597.

Ces Articles sont imprimés dans le même Volume, pag. 589.

19711. Remontrance au Roi, contenant un bref Discours des misères de la Province de Bretagne, des causes d'icelles, & du remède que Sa Majesté y a apporté par le moyen de la Paix : *Paris*, Huby, 1598, in-8.

La même Remontrance est imprimée au tom. VI. des *Mémoires de la Ligue*, pag. 641.

☞ C'est un Eloge continuel des vertus du Roi, & un remerciement pour le bien que sa présence a procuré à la Province, en lui rendant la paix.]

19712. ☞ Délivrance de la Bretagne : 1598, in-8.

Cet Ouvrage est d'Antoine ARNAUD, Avocat, selon M. d'Andilly son fils aîné, pag. 14. de ses *Mémoires* : 1734, in-12.]

19713. Recueil des choses mémorables advenues en France, depuis l'an 1547 jusqu'au commencement de l'an 1597 : *Dordrecht*, 1598, troisième Edition, in-8. *Hedin*, (Genève), 1603 : *Leide*, 1643, in-8.

Le même, traduit en Allemand : *Montbelliard*, 1600, in-8.

La première Edition de cet Ouvrage, rapportée ci-dessus, sous le Règne de Henri III. ne va que jusqu'en 1589. On appelle ce Recueil l'*Histoire des cinq Rois*, à cause qu'il renferme ce qui s'est passé sous Henri II. François II. Charles IX. Henri III. & Henri IV. jusqu'en 1597. Teissier, à la fin de ses Additions sur Theodore de Beze, dans son Eloge tiré de l'Histoire de M. de Thou, attribue cet Ouvrage à Jean de SERRES. *Voyez* à la fin de cette Bibliothèque, le Mémoire touchant les Ouvrages de cet Auteur.

« C'est contre les Mémoires qui racontent les Guerres civiles (dit le P. Daniel, dans sa *Préface sur l'Histoire de France*), qu'un Lecteur doit principalement se précautionner ; c'est dans ces sortes d'Ouvrages où la partialité & l'animosité règne le plus. Nous en avons des exemples dans une infinité d'Ecrits historiques, depuis le Règne de François II. jusqu'à celui de Louis XIII. par les Catholiques & par les Huguenots. C'est l'effet ordinaire des Guerres civiles, surtout lorsqu'elles sont allumées par le motif ou par le prétexte de la Religion ».

Le Laboureur, dans ses *Additions aux Mémoires de Castelnau*, dit que de tous les Historiens Protestans de ce temps-là, celui-ci est le plus emporté.

☞ Ce Livre est divisé par années, & l'on en trouve un Sommaire à la tête. Dans la Partie historique, l'Auteur n'est ni fidèle ni exact. Il montre beaucoup d'emportement contre l'Eglise Romaine, & se déchaîne d'une manière indécente contre les personnes les plus respectables.]

19714. Histoire de Jacques de Matignon, Maréchal de France, & de ce qui s'est passé depuis la mort de François I. (en 1547); jusqu'à celle de ce Maréchal (en 1597); par (J.) DE CALLIERE, Maréchal de Bataille des Armées du Roi : *Paris*, Courbé, 1661, in-fol.

19715. ☞ Vie du Maréchal de Matignon; par M. D'AUVIGNY : 1745.

Elle est imprimée pag. 366 du tom. XII. des *Vies des Hommes Illustres de la France : Amsterdam & Paris*, le Gras, 1749, in-12.]

19716. Mundus furiosus, sive Narratio rerum à mense Aprili 1596, ad Autumnum anni 1597, in totâ Europâ gestarum ; Auctore P. A. JANSSONIO : *Coloniæ Agrippinæ*, 1598, in-8.

19717. Edit du Roi, sur les Articles accordés au Duc de Mercœur pour la réduction des Villes de Nantes & autres de la Bretagne, à l'obéissance du Roi, du 5 Mars 1598 : *Paris*, Morel, 1598, in-8.

Cet Edit, qui mit fin à la Ligue, est imprimé au tom. VI. des *Mémoires de la Ligue*, pag. 625.

19718. Mss. Mémoires de (Jean) MONTMARTIN, des Guerres de la Bretagne, depuis 1589 jusqu'en 1598.

Ces Mémoires sont cités à la page 509 de la Bibliothèque de M. de Thou, & entre les Auteurs dont il s'est servi au Livre quatre-vingt-dix-neuvième de l'*Histoire de son temps*, pag. 72, de la première Edition de Genève.

19719. ☞ Mémoire historique concernant la Négociation de la Paix traitée à Vervins; par le Marquis DE BELLIN: *Paris*, de Sercy, 1667, *in-12*. 2 vol.

19720. ☞ Edit du Roi, & Déclaration sur les précédens Edits de pacification; Avril, 1598: *Paris*, Morel, 1599, *in-8*.]

19721. ☞ Discours sur l'accord des Rois de France & d'Espagne, 1598. *Mém. de la Ligue*, tom. VI.

La prise d'Amiens, la soumission de la Bretagne, l'épuisement des Finances, & la vieillesse de Philippe II. l'obligèrent à faire la Paix de Vervins. L'Auteur de ce Discours exhorte le Roi à cimenter la Paix, & à s'unir contre le Turc.]

19722. ☞ Mémoires de ce qui s'est passé en la Frontière de Champagne, depuis l'an 1581 jusqu'à la Paix de l'an 1598; par LA CAILLE: *Paris*, 1614, *in-12*.]

19723. ☞ Orazione di Scipione AMMIRATO, all'Henrico IV. Re di Francia dopo la pace fatta con Spagna: *In Firenze*, Marescotti, 1598, *in-4*.]

19724. Recueil contenant les choses les plus mémorables advenues sous la Ligue, tant en France & Angleterre qu'autres lieux, sous les Rois Henri III. & Henri IV. *Genève*, 1590-1599, *in-8*. 6 vol.

Ce Recueil, qu'on appelle ordinairement les *Mémoires de la Ligue*, commence en 1576, ou plutôt en 1585, & finit en 1598. Il y a eu quelques Volumes de réimprimés. Le premier avoit pour titre : « Recueil » des choses mémorables advenues sous la Ligue qui » s'est faite & élevée contre la Religion Réformée, » pour l'abolir : 1587, *in-8*. ». Les Préfaces du troisième & quatrième Volume sont sous le nom de Samuel DU LIS. Le cinquième paroît être du même Auteur, étant du même style que les deux autres; & la Préface est aussi adressée à son *très-cher Frère D. M. D. T.* comme celle des précédens. Baillet écrit que Simon GOULART de Senlis, Ministre de Genève, a fait ce Recueil, dont j'ai rapporté ci-dessus en détail les titres des principales Pièces. Il contient ce qui s'est fait de meilleur pendant la Ligue en faveur des Rois de France.

Il y a une Edition précédente en plus gros & en meilleurs caractères; elle est en trois Volumes imprimés en 1587, 1589 & 1590. On les appelle les *Petits Mémoires de la Ligue*, parcequ'ils ne sont pas si amples que les autres.

☞ Les Mémoires de la Ligue sous Henri III. & Henri IV. Rois de France; comprenant en six Volumes ou Recueils distincts, infinies particularités mémorables des affaires de la Ligue, depuis l'an 1576 jusqu'à l'an 1598 : *Genève*, 1602, *in-12*. 6 vol.

Elle est en petits caractères, & on la regardoit ci-devant comme la meilleure Edition.

Les mêmes, nouvelle Edition, revue, corrigée & augmentée de Notes critiques & historiques : *Amsterdam*, (Paris,) 1758, *in-4*. 6 vol.

Les augmentations se réduisent à peu de chose. Au Tome I. *pag.* 501, jusqu'à la fin, on a mis plusieurs Pièces tirées du Tome I. des *Mémoires* de du Plessis-Mornay. Au Tome II. cinq ou six petites Pièces, depuis la page 555. Je ne sçai si elles avoient été déja imprimées. Il n'y a rien de nouveau dans les quatre derniers Volumes. Les Notes sont en assez grand nombre : elles sont, de même que l'Avertissement, de M. l'Abbé GOUJET.

On trouve dans ce Recueil une suite de plusieurs Relations ou Morceaux d'Histoire & de Pièces du temps, cousues par quelque récit du premier Editeur, imprimés dans l'Edition de 1602 en Lettres italiques : c'est, au reste, un des plus excellens Recueils & des plus curieux que nous ayons. On l'attribue communément à Simon GOULART, de Senlis, qui y a pris le nom de *Samuel du Lys*.

Les principales Pièces qui s'y trouvent ont été détaillées à leur place.

Voyez le *Ducatiana*, *pag.* 185. = Lenglet, *Méth. hist. in-4*. tom. *IV*. *pag.* 98. = Sorel, *pag.* 305. = Le Gendre, tom. II. *pag.* 75. = *L'Esprit de la Ligue, dans les Observations sur les Ouvrages qui y sont cités, pag.* xiij.]

19725. MS. Litteræ ad Henricum Smetium Professorem Heidelbergensis Academiæ, in quibus multa de Bello Gallico inter Henricum IV. & Gallos fœderatos.

Ces Lettres sont conservées dans la Bibliothèque du Vatican; num. 804. [des Manuscrits] de la Bibliothèque Palatine.

19726. Histoire de la Guerre sous Henri IV. ou Chronologie Novennaire : *Paris*, Richer, 1608, *in-8*. 3 vol.

Cette Histoire est de Pierre Victor Palma CAYET, Docteur en Théologie, mort en 1610. Elle commence en 1589, & finit en 1598; elle est curieuse & estimée de nos Auteurs. Le Père Daniel dit que c'est une assez bonne Histoire de Henri IV. L'Abbé le Gendre la regarde comme des Mémoires excellens pour l'Histoire de ce temps-là. Sorel, *pag.* 82, de la *Science de l'Histoire*, paroît l'attribuer à Jean Richer, qui l'a imprimée; il dit néanmoins qu'elle semble être d'une meilleure plume que la sienne. Il ajoute que Richer a donné depuis ce temps-là, la *Suite du Mercure François*, & que son père Etienne Richer a continué après lui.

☞ *Voyez* sur cette Histoire, *Méth. hist.* de Lenglet, *in-4*. tom. II. p. 280, & tom. *IV. pag.* 109 : Supplément du même, *pag.* 163. = Sorel, *pag.* 314. = Le Gendre, tom. II. p. 98. = Le P. Niceron, tom. *XXXV. pag.* 408. = *Mém.* d'Artigny, tom. *V. pag.* 155. = *L'Esprit de la Ligue*, tom. *I. pag.* xlix.

On trouve des Extraits intéressans de la Chronologie Novennaire, sous le titre de *Mélange curieux*, au tom. V. des *Mémoires* de M. l'Abbé d'Artigny, p. 155-202 & 257-337.]

19727. L'Edit du Roi, sur la pacification des troubles de ce Royaume, donné à Nantes au mois d'Avril 1598 : *Paris*, Morel, 1599, *in-8*.

☞ C'est le fameux Edit en faveur des Protestans, qui leur a permis l'exercice de leur Religion, & qui a subsisté jusqu'à sa révocation par l'Edit de Louis XIV. du 22 Octobre 1685.]

19728. ☞ Etat des places & deniers ordonnés par Sa Majesté à Nantes, les 12, 14, 17 & 18 Mai 1598, pour sûreté & ôtage à ceux de la Religion : *Montpellier*, Gillet, 1617.]

19729. Historiarum à Pace constituta, anno 1598, Liber primus Caroli CANTOCLARI, Libellorum supplicum Magistrorum Decani : *Parisiis*, 1616, *in-4*.

Charles DE CANTECLAIR est mort en 1610. Le Volume qu'il a publié, ne contient que le premier Livre de l'*Histoire générale du Monde pendant l'année* 1598, qui devoit être suivi de onze autres, comme l'Auteur le marque au commencement de sa Préface, où il dit qu'il ne donne celui-ci que pour juger du goût du Public. Peut-être que sa mort qui suivit d'assez près l'Edition de son Ouvrage, le mit hors d'état de faire la suite.

19730. ☞ Declamationes quatuor de Pace nuper pridie Idus Junii indictâ habitæ à quatuor adolescentibus in Aulâ Gymnasii Remensis : *Parisiis*, Prevosteau, 1598, *in-8.*]

19731. ☞ Remontrances du Parlement de Paris au Roi, (pour l'engager à se marier, environ 1598) : *in-*12.]

19732. ☞ L'Anti-Huguenot, pour servir de Réponse à un bref Discours par lequel on tâche d'éclaircir un chacun des justes procédures de ceux de la prétendue Religion : 1598, 1599, *in-*12.

L'Auteur de cette Pièce s'appelloit Guillaume DE REBOUL. Elle fut faite après la paix de Vervins. *Voyez* sur l'Auteur, le *Dictionnaire* de Prosper Marchand, au mot *Reboul.*]

19733. ☞ Congratulation à la France pour le bénéfice de la Paix : *Lyon*, 1598, *in-*8.]

19734. ☞ Le Miracle de la Paix ; par J. DU NESME, Pontoisien : *Lyon*, 1598, *in-*8.]

19735. ☞ Discours de la vertu & fortune de la France ; par P. BOTON : *Lyon*, 1598, *in-*8.]

19736. ☞ La Devise de Henri IV. où il est comparé à César, & les Guerres de la Ligue rapportées avec les Guerres d'entre César & Pompée ; par Georges LAPASTRE : *Utrecht*, 1598, *in-*12.]

19737. Histoire des derniers Troubles de France, sous les Règnes de Henri III. & de Henri IV. depuis les premiers mouvemens de la Ligue (en 1585) jusqu'à la clôture des Etats de Blois, en 1589, en quatre Livres : *Lyon*, 1594 : *Paris*, 1597, 1599 : *Lyon*, 1604, *in-*8.

L'Auteur de ce Livre est Pierre MATTHIEU, mort en 1621. [Il étoit du Pays de Bresse, & non du Forez, comme le disoit le Père le Long.]

Les mêmes quatre Livres, avec un cinquième, contenant les Troubles de France, depuis la mort de Henri III. en 1589, jusqu'au Siége de la Fère, en 1591 : 1591, 1600, *in-*8.

Ce cinquième Livre n'est pas de Pierre Matthieu ; c'est le cinquième Volume des *Mémoires de la Ligue*, ajouté aux quatre Livres de Pierre Matthieu. Cette Edition a été faite à Genève.

La même Histoire en quatre Livres, jusqu'au Siége de la Fère : *Paris*, 1597, *in-*8.]

19738. ☞ Histoire des derniers Troubles de France, &c. 1601.

C'est le même Ouvrage ; mais cette Edition s'étend plus loin. Elle va jusqu'en l'année 1601. L'augmentation se trouve *fol.* 73 *verso*, du Livre V. jusqu'au *fol.* 128 *verso*. On trouve la raison de cette différence dans la Préface de Matthieu, sur l'*Histoire des sept années de Paix.*]

Les mêmes, avec une Histoire des Guerres entre la Maison de France & la Maison d'Autriche ; par le même : 1604, *in-*8.

La même Histoire des derniers Troubles de France, en quatre Livres, avec un cinquième, contenant l'Histoire des choses plus mémorables advenues en France sous le Règne de Henri IV. jusqu'en 1598, avec un Recueil des Edits de Henri pour la réunion de ses Sujets ; par Pierre MATTHIEU : *Lyon*, 1606, 1610 : *Paris*, 1613, *in-*8. *Ibid.* 1622, *in-*4.

» J'avois publié (dit cet Auteur, dans son *Avertisse-*
» *ment de l'Histoire du Règne de Henri le Grand*) qua-
» tre Livres de l'Histoire des derniers Troubles jusqu'à
» la fin des Etats de Blois, en 1589, pour éprouver
» quelle seroit leur destinée. Ils ont passé plusieurs
» fois par les Imprimeries de France ; mais ils ont été
» maltraités par ceux qui s'en étant servis pour remplir
» d'autres Ecrits, les ont enchâssés quasi tout entiers en
» la continuation d'autres Histoires. A ces quatre Livres,
» ils ont ajouté un cinquième, où on ne sçauroit lire
» avec fruit & sans colère, tant éloigné de mon hu-
» meur & de mon style, qu'il n'y a personne qui n'en
» connoisse la différence ; & pour me donner l'honneur
» d'un Ouvrage qui n'est pas de ma main, ils ont cousu
» à leurs haillons un Discours de ma façon sur l'Histoire
» des Guerres entre la Maison de France & la Maison
» d'Autriche ».

« Matthieu & Cayet, (dit Lusinge, *pag.* 29, de sa
» *Manière de lire l'Histoire*,) en écrivant les armes de
» la Ligue ou de nos dernières Guerres civiles, ont
» mené la même narration d'une tissure tant semblable,
» qu'en ce travail il semble que l'un y a dérobé l'autre.
» Tous deux flateusement, en ce qu'ils parlent de nos
» choses, soit que le dessein ou la crainte en ayent obs-
» curci, ou comme d'un voile ombragé la vérité. Ils ne
» l'y laissent pas en bon lustre, ni le récit de ces aucuns
» francs & de bonne foi, mais plutôt affecté & couvert
» d'un style non simple & débonnaire ».

☞ Pierre Matthieu, dans son Avertissement du Livre des choses mémorables arrivées dans l'Europe sous le Règne de Henri IV. se plaint que plusieurs Auteurs ont copié & défiguré cette Histoire, qui avoit eu une grande vogue, & avoit été fort estimée dès qu'elle parut ; que le cinquième Livre qu'on y a ajouté est si différent de son humeur & de son style, qu'il n'y a personne qui puisse s'y méprendre ; c'est pourquoi il le renonce. Mais il s'avoue le père de l'Histoire des Guerres entre la Maison de France & celle d'Autriche, qu'il dit être un discours de bonne étoffe. N'en déplaise à M. Matthieu, on doit en porter le même jugement que de ses autres Ouvrages, c'est-à-dire, qu'elle est écrite d'un assez mauvais goût.

Voyez la *Méth. hist. in-*4. de Lenglet, *tom. IV. pag.* 109. = Le P. Niceron, *tom. XXVI. pag.* 240.]

19739. ☞ Continuatione delle Rivoluzioni di Francia dall'anno 1589, sino al 1598, di Pietro MATTEI, tradotte da Guiglielmo Alessandro de Novillieri Clavelli, Francese : *In Venetia*, 1625, *in-*4.

C'est la suite de l'Histoire rapportée par le P. le Long, aux deux Articles précédens.]

19740. ☞ Historia delle Rivoluzioni di Francia, da Pietro MATTEI ; tradotta in Italiano dal Conte Alessandro Sanesio : *Venezia*, Fontana, 1628, *in-*4.]

19741. ☞ Réponse au Rescrit de Georges l'Apostre : 1598, *in-*8.

Ce Livre qui se trouve indiqué au n. 15380, du Catalogue de M. d'Estrées, paroît avoir trait à l'attentat de Jean Chastel.]

19742. Historia delle Guerre civili di Francia, di Enrico Caterino DAVILA, nelle quali si contengono le operationi di quatro Rè, Francesco II. Carolo IX. Enrico III. & Enrico IV. dall'anno 1559, fin all'anno 1598 : *In Venetia*, 1630, 1634, *in-4*.

Tertia impressione corretta dal autore : *In Venetia*, 1638, 1642 : *In Lione*, 1641, *in-4. InParigi*, nella Stamperia Reale, 1644 : (*In Roano*,) Berthelin, appresso la copia stampata in Venetia, 1646, *in-fol. In Venetia*, 1662, 1670, 1676, *in-4*.

☞ Idem, curâ Apostoli Zeni, qui vitam Autoris adjecit : *In Venetia*, 1733, *in-fol*.

C'est une très-belle Edition.]

☞ La même Histoire, traduite en Latin : *Per Petrum Franciscum Cornazanum, Foro-Corneliensem : Romæ*, 1735, *in-fol*. 2 vol.

Belle Edition. L'Abbé Cornazzani étoit Secrétaire du Connétable Colonne.]

☞ La même Histoire, traduite en François par Jean Baudouin, avec la Vie de l'Auteur : *Paris*, Rocolet, 1642, *in-fol.* [Seconde Edition : *Ibid.* 1644, *in-fol.*] Troisième Edition, corrigée en plusieurs endroits : *Paris*, 1647, *in-fol.* 2 vol. Quatrième Edition : *Paris*, 1657, *in-4.* 2 vol. *Ibid.* Foucault, 1666, *in-12.* 4 vol.

M. Pélisson, dans son *Histoire de l'Académie Françoise*, appelle la Traduction de Jean Baudouin, Membre de cette Académie, son chef-d'œuvre.

Voyez les *Mémoires* de Niceron, *tom. XII. p.* 214.]

☞ Histoire des Guerres civiles de France sous les Règnes de François II. Charles IX. Henri III. & Henri IV. traduit de l'Italien de Henri Caterin DAVILA, avec des Notes critiques & historiques ; par M. l'Abbé M *** (MALLET, Chanoine de Verdun) : *Amsterdam*, (*Paris*,) 1757, *in-4.* 3 vol.

Le Tome I. contient une ample Préface du Traducteur, & s'étend de 1559 à la mort de Charles IX. en 1574.

Le Tome II. depuis le commencement de Henri III. en 1574, jusqu'à la fin de 1589.

Le Tome III. depuis 1590 jusqu'à la Paix de Vervins, en 1598.

M. Grosley, Avocat à Troyes, & actuellement Membre de l'Académie Royale des Inscriptions, a traduit les deux premiers Livres, & M. l'Abbé Mallet, ci-devant Professeur de Théologie au Collége de Navarre, a traduit le reste.

Voyez sur ce dernier la *Table des Matières de l'Année Littéraire*, 1757, *tom. III.* & son *Eloge*, par M. d'Alembert, ci-devant, N.° 11262.]

La même, en Espagnol, con las Addiciones, desde el año 1598, hasta el año 1630, traducida por el Padre Basilio Varen de Soto : *Madrid*, 1651, 1659 : *Anvers*, 1686, *in-fol.* avec figures.

La même, jusqu'en 1572, traduite en Anglois par Guillaume Aylesbury : *London*, 1647, *in-fol.*

La même, jusqu'en 1598, traduite en Anglois par Charles Cotteral : *London*, 1666, *in-fol.*

☞ La même, traduite encore en Anglois, par Ellis Farneworth : *London*, Browne, 1758, *in-4.* 2 vol.]

Davila, qui étoit de l'Isle de Chypre, est un de nos meilleurs Historiens : il a bien saisi la manière d'écrire l'Histoire. Les Harangues & autres Discours insérés dans son Ouvrage, sont tous de son invention, & il les accommode avec ses sentimens. Comme il avoit servi en France, il raconte fort bien les Batailles, l'arrangement des Troupes, & plusieurs choses de cette nature. Mais on l'accuse d'avoir voulu pénétrer trop avant dans le cœur des Princes. Il se déclare fort reconnoissant des bienfaits qu'il avoit reçus de Catherine de Médicis, dont il prend toujours le parti. Il n'est pas toujours exact sur la Géographie, les noms propres & les rangs de ceux dont il parle ; ce qui est assez pardonnable à un Etranger. Baudouin a corrigé plusieurs de ces sortes de défauts dans sa Traduction. M. de Gomberville avoue que le lisant, il a connu qu'il avoit eu de bons Mémoires, & qu'il s'en est servi avec bien de l'art & du jugement, mais que pour le secret des Affaires, il n'en a sçu que ce que Catherine de Médicis lui en avoit communiqué. Comme il acheva son travail hors de France, il a pris la plupart de ce qu'il a écrit en ce temps-là, de l'Histoire du Président de Thou, & de quelques autres qu'il ajuste à sa mode. Au reste, son Histoire est écrite d'un style net, en beau langage, avec beaucoup d'ordre & d'exactitude.

☞ « Mézeray appelloit l'Histoire de Davila, le » Roman de la Ligue, & disoit qu'encore que cette » Histoire fût écrite avec beaucoup de jugement & d'e-» xactitude, néanmoins l'Auteur avoit en beaucoup » d'endroits attribué plusieurs événemens à des causes » auxquelles ils n'avoient rien de commun ». *Mémoire manuscrit de Philibert de la Mare.*]

J'ajouterai ici le jugement de feu M. de Fénelon, Archevêque de Cambray, sur cet Historien. « Davila (dit-il), dans ses *Réflexions sur la Grammaire*, &c. » *pag.* 137,) se fait lire avec plaisir ; mais il parle » comme s'il étoit entré dans les Conseils les plus secrets. » Un seul homme ne peut jamais avoir la confiance de » tous les Partis opposés. De plus, chaque homme a son » quelque secret, qu'il n'avoit garde de confier à celui » qui a écrit l'Histoire. On ne sçait la vérité que par » morceaux ; l'Historien ne sçait m'apprendre ce que » je vois qu'il ne peut pas sçavoir, me fait douter même » sur les faits qu'il sçait ».

☞ On peut voir encore la *Méth. hist.* de Lenglet, *in-4. tom. II. pag.* 275 : *tom. IV. pag.* 96. = Sorel, *pag.* 309. = *Biblioth.* Harley, *tom. II. pag.* 517. = Le Père Niceron ; *tom. XXXIX. pag.* 140. = Le Gendre, *tom. II. pag.* 52. = Lambert, *Hist. Littér. du Règne de Louis XIV. tom. I. Liv. IV. Disc. pag.* v. = *Journ. de Léips.* 1737, *pag.* 148. = Lenglet, *Plan de l'Hist. de France, tom. II. pag.* 10. = *Caract. des Ouvr. hist.p.*41. = *Nouv. Edit. de l'Hist. de France de* Daniel, *tom. I. Préf. pag.* 61 & 94. = *Réflex. sur l'Hist.* par le Père Rapin, *tom. II. art.* 26, *pag.* 293, *édit. Amst.* 1709. = *Ibid. art.* 3, *pag.* 235, & *pag.* 277. = *Hist. de la Vie du Duc d'Espernon, tom. I. pag.* 154 & *suiv.* = *Acad. des Sciences de* Brouillart, *tom. I. pag.* 183. = *L'Esprit de la Ligue, tom. I. pag.* liv.]

19743. **Remarques sur l'Histoire de Davila.**

Ces Remarques, d'un Protestant, sont imprimées avec les *Mémoires de Beauvais-Nangis*, ou *l'Histoire des Favoris François* : *Paris*, 1665, *in-12.* Quoique cette Critique soit juste, elle fait seulement connoître que les Auteurs, même les plus exacts, ne sont pas toujours sur leur garde.

☞ Parmi ces Remarques, il s'en trouve plusieurs que l'aigreur & l'esprit de parti ont visiblement dictées. Elles contiennent 150 pages.]

19744. ☞ Essai sur les guerres civiles de France, tiré de plusieurs Manuscrits curieux, traduit de l'Anglois de M. DE VOLTAIRE : *La Haye*, M. G. de Merville, 1729, *in-12.*

Cette petite Histoire se trouve aussi parmi les *Œuvres* de Voltaire, 1756.]

19745. Actes authentiques & Mémoires secrets touchant la Ligue & les Guerres civiles de France ; recueillis par Jean DU BOUCHET.

Ces Actes sont imprimés dans ses *Preuves de l'Histoire de la Maison de Coligny* : *Paris*, 1662, *in-fol.*

19746. ☞ Ms. Des Guerres de la Ligue : Poëme Latin ; par Antoine MORNAC, Jésuite.

L'Abbé de Marolles, dans ses *Mémoires*, pag. 169, en cite un assez long fragment.]

19747. Histoire de la Ligue, (depuis 1576. jusqu'en 1598;) par Louis MAIMBOURG : *Paris*, Mabre-Cramoisy, 1683, *in-4.* & *in-12.* 2 vol. *Ibid.* 1686, *in-4.*

Cet Auteur dit dans sa Préface qu'il fait avoir parlé de la Chronologie Novennaire de Pierre Cayet, que c'est en partie de cet Auteur, & en partie de ceux qui ont pu voir comme lui ce qu'ils ont écrit, soit en des Livres imprimés, soit en des Mémoires particuliers, (tel que le Journal d'Antoine Loisel) qu'il a tiré les faits qu'il raconte dans cette Histoire; aussi on y trouve beaucoup de choses qui n'avoient pas encore été rendues publiques. Louis Maimbourg est mort en 1686.

A l'occasion d'une réprimande qu'il fait au Président de Thou, on lui reproche qu'il n'est pas un Auteur assez exact & assez fidèle pour pouvoir faire comparaison de ses Histoires Romanesques avec celles de M. de Thou.

Bayle, dans son *Dictionnaire*, sous la Note D. de l'Article *Maimbourg*, en porte un jugement favorable. « Je crois, dit-il, pouvoir dire, que cet Auteur avoit » un talent tout particulier pour écrire des Histoires; il » y répand beaucoup d'agrément & des traits vifs, & » quantité d'instructions incidentes. Il y a peu d'Histo- » riens qui écrivent mieux que lui, & qui ayent l'adresse » d'attacher le Lecteur autant qu'il fait ».

Le même Auteur, dans ses *Nouvelles de la République des Lettres*, du mois d'Avril 1684, parlant de cette Histoire, dit « que si l'on demande d'où vient cette » avidité pour les Histoires de M. Maimbourg, qu'il en » sçauroit répondre autre chose, si ce n'est qu'on en » trouve la lecture fort divertissante, soit à cause de la » diversité des événemens qu'il y entremêle, soit parce- » qu'il a trouvé le secret de donner à l'Histoire l'air » du Roman, & au Roman l'air de l'Histoire, (ce qui » n'est pas un don médiocre;) soit enfin parceque cha- » cun a son goût, & que je ne sçai quoi s'est mêlé de » la partie. Il semble (ajoûte Bayle) que la curiosité des » Lecteurs commence à passer; le débit de l'*Histoire* » *de la Ligue* ne va pas si bien que celui des autres His- » toires du même Auteur. Ce ne peut être que l'effet » de l'inconstance, qui est naturelle à l'homme, & qui » fait qu'il se lasse de tout; car ce Livre en lui-même ne » doit rien à ceux qui l'ont précédé, & il mériteroit plus » que les autres d'être lu par les Protestans, &c. ».

Un autre Auteur, qui a vécu en 1683, a dit que si les descriptions des Batailles, les portraits de ceux qui les ont données, & ce qui est contraire à la vérité, étoient retranchés des Histoires de Maimbourg, tout ce grand nombre de volumes qu'il a composés pourroit être réduit à un seul volume, qui ne seroit pas d'une grosseur extraordinaire, ni d'une grandeur démesurée. Ce jugement paroît exagéré, & n'est pas sûr; aussi vient-il d'un des Adversaires de cet Historien.

« Ses premières Histoires furent bien reçues du » Public ; elles se faisoient lire agréablement, (l'Histoire » de l'Arianisme parut en 1673). Elles avoient un certain » air de Roman qui plaisoit ; mais peu à peu le monde est » revenu de ce goût. Ses dernières Histoires (les deux » Pontificats de S. Grégoire & de S. Léon), n'ont plus » eu tant de cours; & les premières sont tombées tout- » à-fait de son vivant ». Du Pin, *Biblioth. des Aut. du XVII. Siècle*, part. IV. pag. 245.

☞ *Voyez* la *Méth. histor. in-4.* de Lenglet, tom. II. pag. 279, & tom. IV. pag. 110. = *Républiq. des Lettr. Avril*, 1684. = *Journ. des Sçav. Janv.* 1684. = *Observ. sur la Litter. moder.* t. I. p. 189. = *Journ. de Léipsick*, 1684, pag. 120.]

☞ ON trouvera une bonne Histoire abrégée de la Ligue, dans les Vies que l'Abbé PERAU a données du Duc de Guise & du Duc de Mayenne, qui forment les tom. XVII. XVIII. & XIX. des *Vies des Hommes illustres de France*, commencées par M. d'Auvigny : *Amsterdam & Paris*, le Gras, *in-12.*]

19748. ☞ L'Esprit de la Ligue, ou Histoire politique des troubles de France, pendant les XVI. & XVII. Siècles; (par M. ANQUETIL, Chanoine Régulier) : *Paris*, Jean-Th. Hérissant, Fils, 1767, *in-12.* 3 vol.

Cet Ouvrage est intéressant. On n'y trouve pas seulement l'Histoire de la Ligue, mais encore celle des troubles occasionnés auparavant par les Religionnaires. Il y a en tête des Observations sur les Ouvrages qui y sont cités.]

19749. Mémoires d'Etat de (Philippe) HURAULT, Comte DE CHIVERNI, Chancelier de France, avec une Instruction à son fils, & la Généalogie de la Maison des Huraults : *Paris*, Billaine, 1636, *in-4. Paris & la Haye*, 1664, *in-12*, 2 vol.

Les mêmes : *La Haye*, 1720, *in-12.* 2 vol.

La Généalogie n'est pas dans les Editions *in-12.* L'Auteur est mort en 1599. Les Manuscrits de ces Mémoires sont plus amples que les Imprimés, au rapport de M. Clément, dans le Catalogue Manuscrit de la Bibliothèque du Roi. Au reste ces Mémoires n'ont paru que 37 ans après la mort de l'Auteur, par les soins de J. D. M. S. L. M. Hérault-d'Armes de Sa Majesté, sans l'aveu ni la concession de la Famille, quoique le Chancelier de Chiverni les eût laissés à l'Abbé de Pont-levoy, son second fils, qui a composé la Relation de la dernière maladie & de la mort de son Père, & qui est mort Evêque de Chartres, en 1628. L'Editeur, qui ne se nomme pas, dit les avoir heureusement rencontrés.

« La seconde partie de ces Mémoires, qui contient » les Instructions que ce grand Chancelier donne à ses » Enfans, est peu de chose : mais la première, qui con- » tient les *Mémoires d'Etat*, (depuis 1586 jusqu'en » 1599) est excellente; car elle nous apprend beaucoup » de circonstances du Règne de Henri III. & de Hen- » ri IV. qu'on ne peut apprendre ailleurs......... Il est » bon seulement d'avertir ceux qui liront ces Mémoires, » de prendre garde au grand nombre de fautes dont les » Copistes les ont remplies. » *Journal des Sçavans*, de 1665.

M. le Gendre porte un jugement diamétralement opposé à celui de M. de Salo, Auteur de ce Journal; car il dit que les Instructions que ce Chancelier donne à ses Enfans, sont excellentes; & que les *Mémoires d'Etat* ne contiennent rien de curieux; que ce n'est qu'un récit sec de choses triviales; que l'Auteur passe fort légèrement sur les plus grands événemens; qu'enfin il est peu exact. J'ai rapporté les sentimens de ces deux Ecrivains; j'en laisse le jugement aux Lecteurs.

☞ Le Chancelier de Chiverni naquit en 1528, & mourut en 1599. Ses Mémoires ramassés parmi ses papiers, par M. l'Abbé de Pont-levoy, dans l'intention de les donner au Public, s'étendent pour l'Histoire, depuis 1567 jusqu'à 1599. On trouve au second Volume la suite de la Vie de M. de Chiverny, par le même Abbé de Pont-levoy (Philippe HURAULT), & deux Instructions de M. de Chiverny. La première fort étendue, à son fils ; la seconde, à Madame la Marquise de Rasse sa fille aînée. L'Instruction à son fils est très-belle, mais un peu longue. A l'égard de ses Mémoires, ils ne contiennent pas autant de particularités & de détails curieux, qu'on auroit dû en attendre d'un homme aussi à portée de nous en donner. Aussi après avoir lu cet Ouvrage, j'ai préféré sans hésiter, le sentiment de M. le Gendre à celui de M. Salo. *Voyez* outre le *Gendre* & le *Journal des Sçav.* = *Critique des Journaux*, pag. 58. = *Méth. histor.* de Lenglet, *in-*4. tom. *IV*. pag. 110. = L'*Esprit de la Ligue*, tom. *I*. pag. xxxix.]

19750. Histoire mémorable des Guerres entre les deux Maisons de France & d'Autriche, depuis l'an 1515 jusqu'en 1598 : *Rouen*, 1599, *in-*8.

La même Histoire, qui est de Pierre MATTHIEU, se trouve imprimée avec l'Edition de 1601 de l'*Histoire des troubles de France*, *in-*8. [ci-devant, N.° 19738.]

L'istessa tradotta da Girolamo Canini : *In Venetia*, 1625, *in-*4.

19751. ☞ Mss. Pièces sur ce qui s'est passé en 1598.

Elles sont conservées dans la Bibliothèque du Roi, parmi les Manuscrits de M. de Fontanieu.]

19752. ☞ Recueil des Edits de pacification, Ordonnances & Déclarations des Rois de France, sur les troubles de la Religion, depuis 1561 jusqu'à 1599 : *Paris*, *in-*8.]

19753. ☞ Harangue faite par le Roi aux Gens de sa Cour de Parlement de Paris, le 8 Janvier 1599.

Ce Discours est mâle & plein de bonté : il est fait au sujet de la vérification de l'Edit accordé aux Calvinistes, que le Parlement refusoit d'enregistrer. Il est imprimé dans le *Recueil* de Lannel : *Paris*, 1623, *in-*4.]

19754. ☞ Mss. Discours des plus mémorables combats & rencontres où s'est trouvé Gilbert de la Curée, Capitaine des Chevaux-Légers de la Garde du Roi ; par Guy DE FAUR, Seigneur de Hermay.

Ce Discours, en forme de Mémoires, s'étend depuis la fin du Règne de Henri III. jusqu'au Mariage du Roi Henri IV. en 1600. Il est conservé dans la Bibliothèque de M. Fevret de Fontette, Conseiller au Parlement de Dijon.]

19755. ☞ Historie del Mondo, descritte dal Cesare CAMPANA, dall'anno 1578 fino al 1600 : *Paris*, *in-*8.]

19756. ☞ Le Monagone, ou le seul Combattant ; par le sieur DE BEAUVOIR, de Chauvincourt : *Paris*, 1599, *in-*12.]

19757. ☞ Le vrai Prince ; par le Sieur DU SOUHAIT : *Lyon*, 1599, *in-*12.]

19758. ☞ Accord fait entre les sieurs Duplessis & de Saint Phale, le 13 Janvier 1599.

C'est au sujet des coups de bâton que ce dernier avoit donnés à Angers, au sieur Duplessis. Cet Accord est imprimé au tom. IV. des *Mémoires d'Etat*, à la suite de ceux de Villeroy.]

19759. ☞ Gabrielle d'Estrées (mourante en 1599), à Henri IV. Héroïde dédiée à M. de Voltaire : *Au Château d'Anet*, 1761, *in-*8. (en Vers)].

19760. ☞ Le Retour d'Enfer de la Duchesse de Beaufort, avec des Annotations historiques ; par le Baron DE MONTEPINEUSE : *in-*8. (en Vers).

On croit que l'Auteur de cette Pièce satyrique, est Humbert D'AUBIGNÉ ; il seroit difficile d'en trouver un plus satyrique. Si la versification en est dure, on y trouve en revanche beaucoup de feu. Les Notes qu'on y a ajoutées sont pleines de fiel. Enfin, tout concourt à déchirer la réputation de cette fameuse Duchesse. L'Epigramme qui est à la fin, fait voir qu'elle a été composée peu de temps après sa mort, c'est-à-dire, vers l'an 1599.]

19761. ☞ Lettres du Roi Henri IV. à la Duchesse de Beaufort & à la Marquise de Verneuil.

Elles sont imprimées au tom. IV. du *Journal de Henri III*. 1744, *in-*8. Les treize premières sont adressées à Gabrielle d'Estrées, Duchesse de Beaufort, & les quarante-six autres à Henriette de Balzac d'Entragues, Marquise de Verneuil. Elles roulent presque toutes sur des matières assez indifférentes, & qui ne regardent que l'amour de ce Prince ; mais on y voit à découvert cette franchise, cette vivacité, cette tendresse, qui ont toujours caractérisé ce grand Roi.]

19762. ☞ Lettre de Gabrielle d'Estrées à Henri IV. précédée d'une Epître à M. de Voltaire, & de la Réponse par M. BLIN de Sainmore : *Paris*, 1766, *in-*8. en Vers.]

19763. ☞ Discours de l'obéissance du Peuple au Roi & au Magistrat ; par PASCHANT.]

19764. ☞ Moyen de conserver la Paix ; par René BENOIST.]

19765. ☞ Monopoles des Etrangers découvertes.]

19766. ☞ Rencontre des trois Pacifications.]

19767. ☞ Etrennes à la France.]

19768. ☞ Le bon Ange, au Roi.]

19769. ☞ Moyens de chasser la gueuserie de France ; par LAFFEMAS.

Ces Pièces sont de 1598 à 1600.]

19770. ☞ Discours au Roi sur la Conférence tenue à Fontainebleau ; (par Jean BERTAUT, Abbé d'Annet) : *Paris*, 1600, *in-*8.

Ce Discours est en Vers, tout à la louange de Henri IV. La Conférence à l'occasion de laquelle il fut fait, fut celle de du Perron & de du Plessis-Mornay.]

19771. ☞ Histoire de ce qui s'est passé sous le Règne de Henri III. & de Henri IV. (jusqu'en 1600) ; par Gabriel CHAPPUIS, Interprète du Roi : *Paris*, Métayer, 1600, *in-*8.

☞ *Voyez* la *Méth. histor. in-*4. de Lenglet, tom. *IV*. pag. 110.]

19772.

19772. ☞ Joan. PASSERATIUS in Nuptias Henrici IV. & Mariæ Mediceæ : *in-4*.]

19773. ☞ Harangue du Chevalier Philippe CARRIANA, à la très-Chrétienne Reine Marie de Médicis, à son partement de Toscane pour passer en France, (1600), présentée à Madame la Duchesse de Nemours, Gouvernante de la Reine.

Cette Harangue est imprimée dans le *Recueil* P, *in-12*.]

19774. ☞ Traité du Mariage de Henri IV. avec Sérénissime Princesse de Florence; des Ambassadeurs de part & d'autre; de son heureuse arrivée en France, à Marseille (en 1600), & ses Entrées en Avignon & Lyon; plus la Conspiration, Prison, Jugement & mort du Duc de Biron, (en 1602), avec un Sommaire de sa Vie, & pareillement le Procès de Jean l'Hoste, avec la Généalogie de la Maison de Médicis : *Rouen*, Petit, 1610, *in-8*.

Ce Recueil contient des détails extrêmement curieux, tant sur le Mariage de Henri IV. que sur la mort du Duc de Biron.]

19775. ☞ L'Allégresse de la France, à l'arrivée du Duc de Savoye : *Lyon*, 1600, *in-8*.]

19776. Déclaration & Ordonnance du Roi, contenant les causes de l'ouverture de la Guerre contre le Duc de Savoye : *Paris*, 1600, *in-8*.

19777. Discours de ce qui s'est passé dans la Guerre de Savoye, & en la prise du Château de Montmélian : *Paris*, Auvray, 1600, *in-8*.

19778. * Discours de la réduction de Montmeillan : *Lyon*, 1600, *in-8*.

19779. Première Savoysienne, traitant de la Guerre de Savoye : 1601, *in-8*.

Antoine ARNAUD, Avocat au Parlement de Paris, est l'Auteur de cet Ecrit. Il dit au commencement, qu'il étoit fort âgé; en effet, en 1601, il avoit 85 ans, puisqu'il est mort en 1619, âgé de 103 ans. Bayle lui attribue cet Ouvrage dans son *Dictionnaire*, après Samuel Guichenon. *Voyez* ci-après, Article des *Droits du Roi sur l'Italie*.]

☞ Je ne crois point que la première Savoysienne soit d'Antoine Arnaud l'Avocat: les preuves du Père le Long ne sont point fondées, & il y a dans cet Ecrit bien des choses qui ne peuvent convenir à Antoine Arnaud. Cependant on ne peut nier qu'il n'ait fait alors quelque Ecrit à ce sujet; la preuve en est dans ce Vers de son Epitaphe, qui se voit dans Moréri:

Et contre Emmanuel arma son éloquence.

Au reste, le P. le Long s'est trompé, lorsqu'il dit qu'il mourut âgé de 103 ans : il est mort à l'âge de 99 ans 4 mois & 22 jours. Il avoit été baptisé à S. André-des-Arcs, le 6 Août 1560. Son dernier fils, Antoine Arnauld, Docteur de Sorbonne, a inséré une *I* dans son nom, & quelques autres de ses parens l'ont imité.]

19780. ☞ Déclaration du Roi sur le Traité de Paix fait avec M. le Duc de Savoye : *Lyon*, 1601, *in-8*.]

19781. Discours sur l'attentat à la personne du Roi, par Nicole Mignon, dédié à Sa Majesté, par le sieur du SOUHAIT : *Paris*, 1600.

Elle fut brûlée vive le 2 Juin 1600. Elle étoit femme d'un Cuisinier du Roi, & avoit eu dessein d'empoisonner quelques mets destinés pour Sa Majesté. *Voyez* le *Journal de Henri IV*. C'est bien peu de chose que ce Discours; mais il est rare.]

19782. MS. Mémoires de Philippe HURAULT, Evêque de Chartres, contenant ce qui s'est passé depuis le décès du Chancelier de Chiverni son père, l'an 1599 jusqu'en 1601 : *in-fol*.

Ces Mémoires sont conservés entre les Manuscrits de M. Dupuy, num. 615.

19783. Historia di Francia di Homero TORTORA, da Pesaro, nella quale si contengono le cose avvenute sotto Francesco II. Carlo IX. Errico III. & Errico IV. *In Venetia*, 1619, *in-4*. 3 vol.

« Tortora de Pezaro mon ancien ami (dit Henri » Sponde, dans son *Histoire Ecclésiastique*, sur l'année » 1559, num. XXIII.) a commencé l'*Histoire des Trou-* » *bles de France au Règne de François II*. (en 1559), » & l'a conduite jusqu'en 1601. Il l'a composée sur les » monumens les plus vrais, qu'il a ramassés avec beau- » coup de fidélité; on doit lui ajouter foi plus qu'à tous » les Auteurs Huguenots qui ont corrompu cette His- » toire d'une manière très-infâme ».

☞ *Voyez* la *Méth. histor.* de Lenglet, *in-4*. tom. IV. pag. 97.]

19784. Histoire universelle du Sieur (Théodore Agrippa) D'AUBIGNÉ, contenant ce qui s'est passé depuis l'an 1550 jusqu'en 1601 : *Maillé*, Moussat, 1616-1618-1620, *in-fol*. 3 vol.

☞ Le Tome I. qui s'étend depuis la Paix entre tous les Princes Chrétiens, en l'an 1550, jusqu'à la pacification des troisièmes Guerres, en l'an 1570.

Le Tome II. commence en l'an 1571, & finit en 1585.

Le Tome III. qui de la Déroute d'Angers en 1586, déduit les affaires de France & les étrangères, continue jusqu'à la fin du Siècle belliqueux en 1602. Dans un *Appendix* séparé est le récit de la déplorable mort de Henri le Grand, en 1610.]

La même Histoire, augmentée par l'Auteur : *Amsterdam*, H. Commelin, 1626, *in-fol*.

La première Edition de cette Histoire, curieuse & satyrique, passe pour la meilleure. Cependant la seconde, quoique tronquée en plusieurs endroits, est plus ample, à cause des Additions que d'Aubigné, Gentilhomme Saintongeois, Conseiller d'Etat de la Reine de Navarre, de la Religion Prétendue-Réformée, Auteur de cette Histoire, y a faites. Il y rapporte beaucoup de choses curieuses qu'on ne trouve point ailleurs. Il remarque lui-même dans sa Vie, qui n'est encore que Manuscrite, « qu'il fit sa retraite à » Saint-Jean-d'Angely, où s'étant meublé, il acheva » l'impression de ses Histoires tout à ses dépens, & tint » à grand honneur de les voir condamner & brûler au » Collège Royal de Paris ».

« Genève servit d'azile (dit Spon, tom. II. de l'*Histoire de cette Ville, pag.* 226 & 227), au sieur d'Au- » bigné, lequel ayant mis son *Histoire de France* au jour, » avoit si fort irrité le Roi, qu'il voulut le faire arrêter. » Mais lui, ayant pressenti ce qu'on lui préparoit, se » retira à Genève en 1619. Il y mourut le 29 Avril » 1630, âgé de 80 ans ».

Il traite son sujet plus succinctement dans le premier & second Volume de son *Histoire*. Il s'étend davantage dans le troisième sur ce qui regarde le Roi Henri IV. qu'il ne ménage guères; & quoique ses *Mémoires* finissent

Liv. III. *Histoire Politique de France.*

en 1601, il rapporte cependant en abrégé la mort de ce Roi. Son style est guindé, plein de métaphores & d'expressions basses & rampantes.

« D'Aubigné s'est montré (selon Sorel, *pag.* 335 & » 336 de sa *Bibliothèque Françoise*), plus partial que » tout autre, exaltant beaucoup les Huguenots, & ne » faisant pas assez d'estime des Catholiques. Sur-tout on » doit le blâmer d'avoir tâché de rendre le Roi Henri III. » non-seulement ridicule & méprisable, mais odieux à » toute la postérité, par les contes qu'il en a faits.... Si » on a estimé d'Aubigné, c'est parceque les Expéditions » de Guerre y sont naïvement décrites, comme par un » homme qui étoit du métier. D'autre part, on n'a pas » manqué de gens qui l'ont accusé d'avoir donné l'avan-» tage & la gloire à qui il lui a plû. Mais enfin son style » brusque & martial a eu le don de plaire à quelques » personnes ; & on remarque beaucoup d'esprit dans » tout ce qu'il a fait, comme certainement il étoit un » fort habile homme, & qui a servi le Roi Henri IV. » de sa plume & de son épée, dans le temps qu'il l'a » suivi ».

« Comme il n'a pas observé dans son Histoire toute la » discrétion qu'on pouvoit y souhaiter ; dès qu'elle parut » au jour, après avoir été imprimée en une Ville Hu-» guenote, elle fut condamnée au feu par Arrêt du Par-» lement de Paris. Nous apprenons ceci de la *Bibliothé-» que historique* de M. du Chesne (*pag.* 107). Aujour-» d'hui on ne fait pas tant de difficulté d'avoir ce Livre » & de le lire. Ceux qui auront lû le *Dialogue Gascon* » *du Baron de Fœneste*, qu'il a fait depuis pour se railler » de quelques personnes de la Cour, (on pourroit encore » ajouter ici la *Confession de Foi de Sancy* , qui est du » même Auteur), sçauront combien il avoit l'esprit porté » à la Satyre ; c'est pourtant ce qu'il falloit modérer dans » une Histoire véritable & importante ». Aussi Bayle avoue qu'il rend ses Historiettes suspectes par ses traits satyriques. Marin le Roi de Gomberville traite très-mal cet Auteur, dans son *Discours des vertus & des vices de l'Histoire*, sur-tout à la page 85 , où il dit qu'il a fait un examen particulier des mensonges de cet Auteur, que plusieurs ont vû.

L'Arrêt que le Parlement prononça contre cette Histoire, porte que le Samedi 4 Janvier 1617, l'Histoire du sieur d'Aubigné, pour contenir plusieurs choses qui sont contre l'Etat & l'honneur des Rois Charles IX. Henri III. & Henri IV. des Reines, Princes & autres Seigneurs de ce Royaume, fut en exécution de la Sentence du Prévôt de Paris ou de son Lieutenant civil, brûlée publiquement par l'Exécuteur de la Haute-Justice.

☞ *Voyez* sur cette Histoire , *Meth. histor.* in-4. de Lenglet, tom. IV. pag. 97. = Sorel, pag. 304. = Parrhasiana, tom. I. pag. 177. = Le P. Nicéron, t. XXVIII. pag. 220. = Le Gendre, tom. II. pag. 97. = *Vertus & Vices de l'Histoire*, pag. 85. = Lambert, *Hist. Littér. du Règne de Louis XIV.* tom. I. Liv. IV. Disc. pag. iv. = *Biblioth.* de Clément, tom. II. pag. 188. = Lenglet, *Plan de l'Hist. de France*, tom. II. pag. 20. = *Isagog. in Not. Script. Hist. Gall.* part. II. pag. 15. = Dictionn. de Prosper Marchand , Art. *Aubigné*, Note V. = L'*Esprit de la Ligue*, tom. I. pag. lvj.]

19785. Lettre du sieur D'AUBIGNÉ, sur quelques Histoires de France, & sur la sienne : *Maillé*, 1620, *in-8.*

19786. ☞ Lettre sur l'Histoire d'Aubigné.

Elle se trouve dans les *Essais de Littérature*, 1704, *in-12.*]

19787. ☞ Histoire des Amours de Henri IV. avec un Recueil de quelques actions & paroles mémorables de ce Roi : *Cologne*, Sambix, 1667, *in-12.*

Cette Histoire a été composée par Louise-Marguerite de Lorraine, Princesse de CONTI, morte en 1601. Elle a été imprimée en 1667, à Leyde, par Elzévir, & aussi tom. I. du *Recueil de Pièces servant à l'Histoire de Henri III.* Cologne, 1699, *in-12.*

Il y a une Edition de 1695, datée faussement 1736; *Cologne*, *in-12*. Cette Pièce se trouve encore dans le *Recueil S. in-12.*

Voyez la *Bibliothèque des Romans*, tom. II. pag. 82. = *Isag. in Not. Script. Hist. Gall.* part. II. pag. 18.]

19788. ☞ Harangue faite par un fameux Ministre à ses Paroissiens, sur les affaires de ce temps : *in-12.*

Cette Pièce singulière, qui a pour Epigraphe, *Alcanum demens detegit ebrietas*, paroît faite après 1600, puisqu'il y est parlé de la dispute de M. du Perron avec du Plessis-Mornay.]

19789. ☞ Harangue faite pour la Paix, prononcée en l'Eglise Métropolitaine de S. Jean-Baptiste de Lyon, en présence du Roi Très-Chrétien, de la Reine, du Légat, &c. le 26 Janvier 1601 ; par Jacques MARCHESETTI, Docteur en Théologie de Pisaro, &c. traduite du Latin en François : *Paris*, Morel, 1601, *in-8.*]

19790. Histoire de la Conquête de Bresse & de Savoye par le Roi Très-Chrétien : *Paris*, 1601, *in-8.*

Lancelot de Voësin, Sieur DE LA POPELINIERE, a écrit cette Histoire.

19791. *Jus Belli Sabaudici*, seu quibus de causis Bellum inter Franciæ & Navarræ Regem Henricum IV. & Dominum Carolum Emmanuelem Ducem Sabaudiæ, anno 1600, exortum sit : *Amstelodami*, Heinsii, 1601, *in-4.*

19792. *Bellum Sabaudicum*, sive Narratio Belli ab Henrico IV. contra Emmanuelem Carolum Sabaudiæ Ducem, annis 1600 & 1601 : 1602, *in-4.*

19793. *Guerra trà Errico IV. Rè di Francia e Carlo Emmanuele*, Duca di Savoia, per il Marchesato di Saluzzo, dall'anno 1600, fin all'anno 1602, per Alessandro ZILIOLI.

Cette Histoire est imprimée au Livre I. de la première partie des *Histoires mémorables de son temps*: *In Venetia*, 1642, *in-4.*

19794. Mf. Journal d'Edoard OLIER, Conseiller au Parlement de Paris, de ce qui s'est passé de plus considérable depuis l'an 1593 jusqu'en 1602 : *in-fol.*

Ce Journal [étoit] conservé dans la Bibliothèque de M. Baluze, num. 546, & est aujourd'hui en celle du Roi.]

19795. ☞ Les occurrences & le motif de la dernière Paix de Lyon , en l'année 1601; par René DE SULINGE des Alymes : *in-8.* sans date.]

19796. ☞ Mf. Anecdote de ce qui s'est passé en 1601, lors de l'échange du Marquisat de Saluces contre la Bresse ; par le même.

Ce Manuscrit se trouve dans le Cabinet de M. Bernard, Lieutenant-Particulier au Présidial de Mâcon, ou chez ses héritiers.]

19797. ☞ Les Triomphes sur les Victoires du Roi; par M. Jules-César BULENGER, Docteur en Théologie, Prédicateur du Roi: *Paris*, 1601, *in-*8.]

19798. ☞ Willelmi STRUCTII Irene Gallica Henrîci IV. Regis auspiciis sancita; Gratulatio ad Gallos: *Basileæ*, 1602, *in-*8.]

19799. ☞ Genethliac, ou Triomphe de la Naissance de M. le Dauphin; par JOULY: *Paris*, 1601, *in-*8.]

19800. ☞ Bon. Irlandi Nunciatio publicæ lætitiæ, ob natum Regi & regno Delphinum, anno 1601. *Augustoriti Pictonum*, 1605, *in-*8.]

19801. ☞ La mode qui court au temps présent, avec le Supplément: 1601, 1604, *in-*8.]

19802. ☞ Mémoires des Troubles arrivés en France sous les Règnes des Rois Charles IX. Henri III. & Henri IV. par François de Racine, Seigneur DE VILLEGOMBLAIN: *Paris*, Guignard, 1667-1668, *in-*12. 2 vol.

Ces Mémoires contiennent l'Histoire depuis 1562 jusqu'en 1602. Ils ont été publiés après la mort de l'Auteur, par son neveu Rivaudas de Villegomblain.

☞ Cette Histoire est assez bien écrite. L'Auteur paroît instruit des faits qu'il raconte: on y en remarque de curieux & de particuliers. Par exemple, le Voyage du Duc de Mayenne, de 1572, après la Bataille de Lépante, & où ce Seigneur passa dans la Morée, au secours des Vénitiens. Celui de M. de Joyeuse contient un Précis de ce qu'il fit en Poitou en 1587, & une assez bonne Relation de la Bataille de Coutras, dans laquelle il fut tué.

Je ne connois ni le pays de l'Auteur ni l'année de sa mort. Je le crois cependant de Blois, pour deux raisons; la première est que je le trouve député par la Noblesse de Blois aux Etats de 1614. La seconde, que Bernier, Historien de Blois, qui ne parle point en particulier de ce Seigneur, marque la famille de Racine Villegomblain, parmi les familles Blésoises, sans la mettre au nombre de celles qui ont été transplantées de Blois en d'autres endroits.

Voyez sur ces Mémoires, *Méth. hist. in-*4. de Lenglet, *tom. IV. pag.* 110. = *Son Supplément*, *pag.* 163. = *L'Esprit de la Ligue*, *tom. I. pag.* xlvij.]

19803. ☞ Journal de FAURIN, sur les Guerres de Castres.

Ce Journal est imprimé dans les *Pièces Fugitives* de M. le Marquis d'Aubais, *tom. III. Paris*, 1759, *in-*4. Il s'étend depuis 1559 jusqu'en 1602. Il contient un détail exact & circonstancié de toutes ces guerres & de la famille de l'Auteur.]

19804. ☞ Lettres de supplication présentées au Roi par la part du Duc DE BIRON, Maréchal de France, étant prisonnier à la Bastille: 1602.

Elles sont imprimées dans le *Recueil* V. *in-*12.]

19805. ☞ Lettre de M. le Maréchal de Bouillon au Roi, sur ce qu'il est accusé d'être complice de M. le Maréchal de Biron, &c. 1603.

Cette Lettre est imprimée au tom. IV. des *Mémoires d'Etat*, à la suite de ceux de Villeroy.]

19806. ☞ Apologie Royale (sur la mort du Maréchal de Biron:) 1604, *in-*8.]

Tome II.

☞ Mf. Chanson sur la mort & exécution du Maréchal de Biron dans la Bastille, à Paris, en Juin 1602.

Cette Chanson, qui est assez ample, est conservée dans le Cabinet de M. Fevret de Fontette, Conseiller au Parlement de Dijon.]

19807. ☞ Le grand Roi amoureux, où est contenue la Généalogie de la Race de Bourbon, & les louanges du Roi & du Comte de Soissons, auxquelles sont joints les mérites de MM. le Chancelier, de Rhosni & de Villeroy; par Pierre de SAINTE-GEMME: *Lyon*, 1603, *in-*12.]

19808. ☞ Pleyades divisées en sept Livres, où est l'Explication des antiques Prophéties, conférées avec les Oracles du célèbre & célébré Nostradamus; est traité du renouvellement des Siècles, changement des Empires & avénement du Nom Chrétien; avec les promesses & couronnes promises à notre magnanime Prince Henri IV. Roi de France: *Lyon*, Rigaud, 1603, gros *in-*8.

Les mêmes, augmentées d'un Discours sur les choses Turques, & d'un Traité de la Comète de 1604: *Lyon*, 1606 & 1607, *in-*8.]

19809. ☞ Mf. Recueil des Présages prosaïques de M. Nostradamus, &c. Œuvre qui se peut dire à la vérité les merveilles de notre temps, où se verra à l'œil toute l'Histoire de nos troubles & Guerres civiles de la France, dès le temps même qu'elles ont commencé, jusqu'à leur entière fin & période, non-seulement, mais aussi plusieurs choses rares & singulières avenues à venir en l'Etat des plus puissans Empires, Royaumes & Principautés qui aujourd'hui levent le chef sur la terre: Extrait du Commentaire d'icelui, & réduit en XII. Livres.

Voyez sur ces deux Ouvrages, *Bibliothèque des Auteurs de Bourgogne*, par Papillon, *pag.* 141.]

19810. ☞ Manifeste de M. DE VILLEROY, sur l'évasion de l'Hoste, son Commis: 1604.

Il est imprimé au tom. I. de ses *Mémoires*, 1624, *in-*8. Ce Manifeste est du 4 Mai 1604. L'Hoste étoit accusé d'intelligence avec les Ministres d'Espagne, ce qui fut prouvé. Il s'enfuit de Fontainebleau dans le moment qu'il devoit être pris.]

19811. ☞ Le Jupiter de Candie: *Paris*, 1604, *in-*8.]

19812. ☞ Discours véritable du combat rendu (en 1604;) par le Capitaine Simon de Saint-Jean de Marseille, contre l'armée Turquesque, autour des Isles de Rhodes & de Scarpante: traduit d'Italien en François, sur une Copie imprimée à Naples; par J. B. Marseillois: *in-*8.]

19813. ☞ Inventaire des Livres trouvés en la Bibliothèque de M* Guillaume.

Maître Guillaume étoit de Louviers, & se nommoit Guillaume le Marchand; c'étoit un Bouffon fort connu sous Henri IV. & Louis XIII. Il étoit presque toujours en guerre avec les Pages & les Laquais; aussi trouve-t-on dans toutes les Pièces qui lui sont attribuées, un refrain pour eux. Il disoit la vérité, mais durement. La Satyre que l'on vient d'indiquer est pleine de sel, & les mœurs des Courtisans y sont peintes au naturel ; elle est, à ce qu'on croit, de l'an 1604.]

19814. ☞ Remarques sur l'Inventaire des Livres trouvés en la Bibliothèque de M˚ Guillaume.]

19815. ☞ Les Commandemens de M˚ Guillaume.

Cette Pièce est du même temps que la précédente ; c'est une Exhortation au Roi contre les abus qui régnoient dans sa Cour. Elle est semée de traits satyriques, qui sont expliqués dans les Notes qui suivent.]

19816. ☞ Notes sur les Commandemens de M˚ Guillaume.

Ces quatre Pièces sont imprimées au tom. II. des *Avantures du Baron de Fœneste : Cologne*, 1729, *in*-8.]

19817. Ms. Journal de ce qui s'est passé en France, depuis l'an 1601 jusqu'en 1604, par un des Officiers du Maréchal de Retz : *in-fol*. 2 vol.

Ces Mémoires [étoient] conservés dans la Bibliothèque de M. Baluze, num. 618, 619, [& sont aujourd'hui dans celle du Roi.]

19818. Chronologie Septennaire, ou Histoire de la Paix entre les Rois de France & d'Espagne, contenant les choses mémorables, depuis l'an 1598 jusqu'en 1604 ; par P. V. P. C. *Paris*, Richer, 1607, [1612]: *in*-8.

Ces Lettres initiales signifient Pierre-Victor Palma Cayet, Docteur en Théologie, mort en 1610.

☞ Dans l'Edition de 1607, on ne voit dans le Privilège, pour indiquer le nom de l'Auteur, que les lettres initiales, & le Frontispice qui est gravé en taille-douce, représente la gloire & la vertu couronnant le buste de Henri IV. Dans celle de 1612, qui paroît avoir été contrefaite à Lyon, on lit en toutes lettres le nom de l'Auteur : « composé, (y est-il dit) par Maître Pierre-Victor Cayet, Docteur en la Faculté de Théologie & Lecteur du Roi ès Langues Orientales.]

Il a fait cet Ouvrage, qui contient l'Histoire de sept années, avant sa Chronologie Novennaire, qui comprend celle de neuf années. On joint l'une & l'autre au Mercure François, qui en est une suite, & qui commence en 1605. Il y a dans la Chronologie Septennaire des Relations, des Poésies, des Manifestes, des Instructions, des Lettres, des Plaidoyers, des Factums, des Arrêts & d'autres Pièces.

☞ *Voyez* sur cette Histoire, la *Méth. histor. in*-4. de Lenglet, *tom. II*. pag. 280 : *tom. IV*. pag. 112. = Sorel, *pag*. 314.]

19819. Censura Facultatis Theologicæ Parisiensis, in Librum inscriptum : *Chronologie Septennaire, &c. Parisiis*, 1610, *in*-8.

19820. Défense pour Maître Pierre-Victor Cayet, Docteur en Théologie, contre la prétendue Censure de la Chronologie Septennaire : 1610, *in*-8.

Cayet écrivit lui-même son Apologie.

19821. Histoire de France, & des choses mémorables advenues ès Provinces étrangères durant sept années de Paix du Règne de Henri IV, depuis 1598 jusqu'en 1604 ; par Pierre Matthieu, Historiographe de France : *Paris*, 1602, *in*-4. 2 vol. *Ibid*. 1606 : *Rouen*, 1615, 1624. *in*-8. 2 vol.

La medesima tradotta dal Conte Alessandro Genesio : *In Brescia*, 1623 : *In Venetia*, 1624, *in*-4.

☞ *Voyez* la *Méth. hist. in*-4. de Lenglet, *tom. IV*. pag. 112. = Sorel, pag. 314. = Connoiss. *des Livres*, pag. 374. = Le P. Niceron, *tom. XXVI*, pag. 243.]

19822. Discours d'une trahison attentée contre Henri IV. découverte en 1604.

Ce Discours est imprimé dans un Recueil de diverses Pièces pour servir à *l'Histoire : Cologne*, 1663, *in*-12, & à la suite des *Mémoires de Beauvais - Nangis*, ou l'*Histoire des Favoris François, pag*. 273 : *Paris*, 1665, *in*-12.

19823. Histoire de la Marquise de Verneuil, & de sa conspiration contre le Roi Henri IV.

Cette Histoire est imprimée dans le Laboureur, tom. II. des *Mémoires de Castelnau, pag*. 651 : *Paris*, 1659, *in-fol*.

19824. ☞ Remerciment au Roi par Louis d'Orléans : *Paris*, Chaudière, 1604, *in*-8.

Fait à l'occasion de son rappel : il avoit été neuf années en exil.]

19825. Le Polémandre, ou Discours d'Etat de la nécessité de faire la Guerre en Espagne : 1604, *in*-8.

☞ L'Auteur dit que l'Espagnol est le plus grand ennemi de la France, qu'il ne fonde son élévation que sur sa ruine ; qu'il n'a cessé de semer la discorde & la désunion ; qu'il n'a fait la paix à Vervins que dans l'impossibilité où il étoit de continuer la guerre ; que le temps est venu de le châtier ; que ses trésors sont épuisés, son crédit perdu, & que nous ne trouverons aucun obstacle qui nous empêche de le mettre à la raison.]

19826. Le Soldat François : 1604, 1606, *in*-8.

L'Auteur est Pierre l'Hostal, Sieur de Roquebonne, Sendos & Mayeor, Béarnois, Vice-Chancelier de Navarre ; il avoue cet Ouvrage dans la Préface de son *Avant-Victorieux*. Il contient deux cens pages, & est écrit du style de ce temps-là, pour engager Henri IV. à reprendre les armes contre le Roi d'Espagne, afin de recouvrer son Royaume de Navarre ; il s'y trouve d'assez bonnes choses en quelques endroits ; mais elles sont sans ordre, & mal imprimées.

☞ Il faudroit retrancher au moins les trois quarts de cette Pièce, pour la rendre moins ennuyeuse ; le bon qui y est répandu par-ci par-là, en paroîtroit mieux, & l'on auroit moins de peine à comprendre ce que l'Auteur a voulu dire. Il paroît qu'il n'a composé cet Ecrit que pour engager le Roi à porter la guerre à l'Espagne & reconquérir le Royaume de Navarre ; il est rempli de fades louanges, d'exagérations & de gasconnades.

Voyez Baillet, *Jug. des Scav*. *tom. VI*. pag. 162. = *Journ. de Henri IV*. *tom. II*. pag. 5. = *De Henri III*. *tom. II*. pag. 122. : *tom. V*. pag. 160. = Sorel, *Conn. des Liv*. pag. 373.]

19827. Le Pacifique, ou l'Anti-Soldat François : 1604, *in*-12.

Ouvrage du même style que le précédent. Cette Pièce est de la façon du Sieur du Souhait, Auteur de quelques mauvais Romans. *Voyez* le *Dictionnaire de Prosper Marchand*, au mot *Anti*.

☞ L'Anti-Soldat est Ligueur, mais plus rassis que

le Soldat François, dont l'Auteur eſt un bravache & étourdi l'Hoſtal, dit Scaliger.]

19828. Réponſe du Roi au Soldat François, qui demande la Guerre, & au Soldat Eſpagnol qui demande la Paix ; qu'il ne fera ni la Guerre ni la Paix, datée de Douai, 1604 : *in-8*.

Badinerie pour répondre aux deux Pièces précédentes.

☞ Le Soldat Eſpagnol & le François plaident leur cauſe. Il y a du bon & du ſenſé dans le Diſcours du François au ſujet des Excommunications. Celui de l'Eſpagnol eſt d'un ſtyle burleſque.

Voyez le *Journal de Henri IV. tom. III. pag.* 193.]

19829. ☞ Le Pſeudo-pacifique, ou Cenſeur François : 1604, *in-8*.]

19830. L'Anti-pſeudopacifique, au Cenſeur François, ou Pſeudopacifique, réfuté de point en point par DE LA BARILLIERE : *Paris*, 1604, *in-12*.

19831. Le Politique François pour réprimer la fureur du Pſeudopacifique : 1605, *in-8*.

Cet Ecrit eſt ſigné par D. B. N. L.

☞ Ce qu'il y a de ſingulier dans cet Ecrit, eſt que l'Auteur invite le Roi de paſſer, après qu'il aura reconquis la Navarre, dans *cet ancien Royaume d'Aſie que la Grèce conjurée pour le rapt de ſon Hélene, oſta jadis au vieil Priam*, ayeul de notre *Francus*, & d'y porter nos enſeignes. Le ſtyle ne diffère en rien du Soldat François.]

19832. Le Capitaine au Soldat François : 1604, *in-8*.

☞ Cette Pièce eſt d'un ſtyle empoulé, comme la précédente, & lui ſert de réponſe. L'Auteur conſeille au Roi de jouir de la paix, qu'il s'eſt procurée par ſes travaux, & d'en faire goûter les fruits à ſon peuple.]

19833. La Réponſe du Soldat François au Capitaine : 1604, *in-8*.

☞ Le ſtyle empoulé qui règne dans les Pièces précédentes ſe ſoutient dans celle-ci.]

19834. Le Cavalier François : 1605, *in-8*.

Cet Ouvrage a été compoſé par Julien PELEUS, Avocat au Parlement.

☞ Le ſtyle de ce Livret répond à celui des Pièces qu'il attaque & qu'il défend ; même emphaſe, même étalage de mots & de phraſes, la plupart vuides de ſens, tandis qu'elles ſemblent courir après l'eſprit. On y rencontre une infinité de paſſages & d'exemples, qui en augmentant le volume de l'Ouvrage, ne le rendent pas meilleur.]

19835. * La Réponſe de Maître Guillaume au Soldat François, faite en la préſence du Roi, à Fontainebleau, le 8 Septembre 1604 : 1605, *in-12*.

☞ Cette Pièce ſe trouve réimprimée dans les Remarques de M. le Duchat, à la fin de ſon Edition des *Avantures du Baron de Fœneſte* : *Cologne*, 1729, *in-8*. 2 vol. Maître Guillaume eſt aſſez connu ; ſon ſtyle burleſque & preſque toujours ſatyrique, a donné la vogue à bien des Ecrits. Celui-ci ne cède en rien aux autres ; on y retrouve par-tout Maître Guillaume, & ſa haine contre les Pages & les Laquais. Duchat paroît faire cas de cette Pièce.

Voyez néanmoins le *Dictionnaire* de Proſper Marchant, au mot *Anti-Soldat*.]

19836. * Diſcours ſur la Réponſe de Maître Guillaume : 1605, *in-12*.

19837. * Le Lunatique à Maître Guillaume : 1605, *in-12*.

19838. ☞ Réplique modeſte à Maître Guillaume, [avec le Jugement intervenu entre les parties, à l'honneur du Roi, de la Reine & du Dauphin, & de la Nobleſſe :] 1605, *in-12*.]

19839. Le Soldat Navarrois : 1605, *in-8*.

☞ C'eſt une invective contre le Roi d'Eſpagne & les autres Puiſſances ennemies de la France. L'Auteur exhorte le Roi à rompre la paix qu'il a faite avec l'Eſpagne, & à reprendre la Navarre, qui a été enlevée injuſtement à ſes Ancêtres.]

19840. L'Harpocrate François, au Roi : 1605, *in-8*.

Cet Auteur ſe met tout de bon en colère contre tous ces Ecrits, ſur leſquels le Roi même gardoit un profond ſilence.

☞ On débute par avouer qu'il n'eſt plus poſſible de garder le ſilence, qu'il faut que le zèle éclate. Comment un bon ſerviteur ſe tairoit-il à la vue de tous les Libelles qui paroiſſent ? L'Auteur s'élève enſuite avec force contre tous les donneurs d'avis & les réformateurs de l'Etat.]

19841. Recueil des Réponſes faites au Soldat François, ou Rameau d'Olivier aux Pſeudes-Soldats de l'une & l'autre Milice, avec une Invective, &c. le tout compoſé par Floride DE LA FOREST, Dauphinois : 1605, *in-12*.

Cette Pièce eſt encore de plus bas aloi qu'aucune des précédentes.

19842. ☞ Appointement de maquerelle fait par Mathurine, entre le Soldat François & Maître Guillaume : 1605, *in-8*. de 45 pag.]

19843. ☞ Les plaintes de la captive Caliſton à l'invincible Ariſtarque (Henri IV.) par le Sieur COLOMBY, de Caen : 1605, *in-8*.

C'eſt un petit Poëme, où l'Auteur fait l'éloge de ce grand Roi.

19844. ☞ De Leone Belgico, ejuſque topographica atque hiſtorica deſcriptione Liber, ab anno 1559, ad annum 1595 ; Auctore Michaele AITSINGERO, Auſtriaco ; & Continuatio ad ann. 1605 ; cum fig. Franciſci Hogenbergii : (*Antverpiæ*,) *in-fol*.

Il y a dans cette Chronologie Belgique & Eſpagnole, quantité de choſes qui regardent l'Hiſtoire de France, & ſur-tout nombre de Plans & de figures très-curieuſes.]

19845. * La Victoire du Soldat François contre Maître Guillaume : 1606, *in-12*.

19846. ☞ L'Antitherſite, ou Réponſe à Maître Guillaume, adreſſant au Roi : 1606, *in-12*.]

19847. Le Cavalier de Savoye, ou Réponſe au Soldat François : 1606, *in-8*.

Samuel Guichenon dit dans ſa Préface de ſon *Hiſtoire générale de la Maiſon de Savoye*, que Marc-Antoine BUTTET, Gentilhomme Savoyſien, eſt l'Auteur du célèbre Cavalier. Il étoit fils de Claude Buttet, Avocat de

Chambéry. Jacques-Auguste de Thou le lui attribue aussi sous l'année 1600, *pag. 939*, de la première Edition de Genève. Aussi Jacob Spon se trompe, lorsqu'il en fait Auteur Claude Buttet le père, *pag.* 189 du tom. II. de l'*Histoire de Genève*. Cet Auteur, qui a écrit d'un style empoulé, produit dans son Ecrit les prétentions du Duc de Savoye sur Genève.

19848. L'Anti-Cavalier de Savoye, ou Réponse du Citadin de Genève, au Cavalier de Savoye : 1606, *in-*8.

Spon, au même endroit, attribue cette Réponse à Jean SARRAZIN, Conseiller de Genève.

19849. Le Cavalier de Savoye, avec un Discours servant d'Apologie contre les faussetés, impertinences & calomnies : 1607, *in-*8.

Tous ces Livres sont pleins de satyres piquantes. J'ai marqué ci-dessus, que Marc-Antoine BUTTET étoit l'Auteur de la première Pièce.

☞ Il y altère, avec un style dur & empoulé, le Prince Charles-Emmanuel au-dessus de tout ce qu'il y a eu de plus grand dans l'antiquité, & de tout ce qu'il y avoit de son temps. Il ne parle pas avec assez de ménagement des autres Princes. Son but est de prouver les droits de la Maison de Savoye sur la République de Genève. Le Discours qui est à la fin est le même que la première Savoysienne.]

19850. Fortunes & vertus du Roi Henri IV. comparées à celles d'Alexandre le Grand; (par J. D. C.) REBOUL : *Paris,* Houzé, 1604, *in-*12.

✱ Cet Auteur avoit été Calviniste, & Secrétaire du Duc de Bouillon : il fut décapité à Rome en 1611, pour avoir fait une Satyre contre cette Cour.

Voyez son Article, dans le *Dictionnaire* de Prosper-Marchand.]

19851. Ms. Journal du Secrétaire de Philippe du Bec, Evêque de Nantes & Archevêque de Reims, depuis 1588 jusqu'en 1605.

Ce Journal [étoit] conservé dans la Bibliothèque de M. Colbert, num. 3974, [& est aujourd'hui dans celle du Roi.]

19852. ☞ La Gazette Françoise; par Marcellin ALLARD : 1605, *in-*12.]

19853. ☞ Euphormionis Lusinini, sive Joannis BARCLAII Satyricon, cum Clavi : accessit Conspiratio Anglicana anni 1605 : *Amstelodami,* Cœsius, 1629, *in-*24. *&c.*

Cet Ouvrage de Barclai, est divisé en quatre Parties. Dans les deux premières, il déplore, sous différentes fictions, les désordres de son Siècle. On y voit sur-tout que l'Auteur n'aimoit point les Jésuites. Dans la troisième, il fait son Apologie, & impute à ses ennemis d'avoir voulu prévenir contre lui plusieurs grands Seigneurs qu'ils s'imaginoient reconnoître parmi les caractères qu'il avoit peints dans sa Satyre. La quatrième Partie enfin, expose le tableau des mœurs, coutumes, vices & vertus des différens Peuples de l'Europe, & plusieurs autres choses qui y sont relatives. La cinquième Partie, qui se trouve à la suite, n'est point de Barclai, mais de Claude-Barthélemi MORISOT, de Dijon.]

19854. ☞ Idem, cui adjecta sunt præcipua ejusdem Barclaii opera : 1. Apologia pro se : 2. Icon, sive Imago animorum, ad Lud. XIII. Galliæ Regem : 3. Alithophili, sive veritatis amantis Lachrimæ, &c. *Rothomagi,* de la Mare, 1628, *in-*8.

On trouve dans cette Edition l'*Apologie de l'Euphormion* & l'*Icon Animorum,* Pièces politiques du temps, qui ne se trouvent pas dans les Editions précédentes ; mais la Clef ne s'y trouve pas.]

☞ Les Satyres d'Euphormion, traduites du Latin de Jean Barclai ; par S. T. P. A. E. P. *Paris,* 1625, *in-*8.]

☞ La Satyre d'Euphormion, traduite du Latin de Jean Barclai ; (par J. Bérault), avec des Observations qui expliquent toutes les difficultés contenues en la première & seconde Partie : *Paris,* 1640, *in-*8.]

☞ L'œil clairvoyant d'Euphormion, dans les actions des hommes, & de son Règne parmi les plus grands & signalés de la Cour, traduit du Latin de Jean Barclai ; par M. Nan : *Paris,* 1626, *in-*8.]

19855. ☞ Soupirs de l'Eglise Gallicane.]

19856. ☞ Discours des possédés & tourmentés du Démon.]

19857. ☞ Rencontre de Pied-d'Egrette avec Mᵉ. Guillaume.]

19858. ☞ Remerciment du Peuple de Paris, à M. Miron, 1605, 1606.]

19859. ☞ Déclaration & Protestation des Docteurs du Royaume de France, touchant le fonds des affaires d'Etat d'icelui, & de toute la Chrétienté : 1605, *in-*8.]

19860. ☞ Remontrance à la Noblesse de France, qui fait profession de la R. P. R. où sont examinés les fondemens de la séparation de l'Eglise ; par Messire Alexandre ALLEMAND, Vicomte de Pasquiers ; donnée par Alexandre de Pressins son petit-fils : *Grenoble,* 1638, *in-*4.

Cette Pièce paroît faite sur la fin du Règne de Henri IV.]

19861. ☞ Balthasari DE VIAS Henricea : *Aquis Sextiis,* 1606, *in-*4.]

19862. ☞ Discours présenté au Roi avant son départ, pour aller assiéger Sédan : *Rouen,* 1606, *in-*8.]

19863. ☞ Copie d'une Lettre écrite au Roi, par un Gentilhomme François, sur les bruits qui courent que Sa Majesté veut aller assiéger Sédan : 1606.

Elle est imprimée dans le *Recueil d'excellens & libres Discours sur l'état présent de la France* : 1606, *in-*12.

L'Auteur tâche d'en dissuader le Roi par des raisons d'Etat & de politique, & par les difficultés qui peuvent se rencontrer dans l'entreprise.]

19864. ☞ Lettre d'un Gentilhomme à son ami, contenant la Relation de l'heureux Voyage du Roi Henri IV. à Sédan, où il entra le 6 Avril 1606, avec un Sonnet au Roi.

Cette Lettre est imprimée dans le *Recueil* P. *in-*12.]

19865. ☞ Recueil d'excellens & libres

Discours sur l'état présent de la France : 1606, *in-12.*

Ces Discours sont au nombre de onze. Cette Edition est la plus complette. Le Recueil s'étend depuis 1585 jusqu'en 1606, chaque Pièce a été indiquée à sa place.]

19866. Discours de FRANCESQUIN sur la reprise de la Ville de Metz : *Paris*, 1606, *in-4.*

19867. Breve Summa de las grandes y venturosas hazanas del muy famoso Henrico IV. Rey di Francia y de Navarra : por A. D. C. Cavallero : *En Paris*, 1606, *in-8.*

Achille de Harlay, Marquis DE CHANVALLON, publia vers ce temps-là d'autres Livres en Espagnol; & il pourroit bien être l'Auteur de cet Abrégé.

19868. ☞ Stances au Roi, sur le danger qu'il a couru en passant l'eau au pont de Neuilly; par DE NERVEZE : 1606.

Il y a aussi un Discours imprimé à ce sujet.]

19869. Jacobi Augusti THUANI, in suprema Regni Gallici Curia Præsidis Infulati, Historiarum sui temporis, Pars prima, continens Libros XVIII. priores ; *Parisiis*, Sonnius, Patisson, Drouart, 1604, *in-fol.*

Mf. Censura in Jacobi Augusti Thuani Historiam Editionis Parisiensis, 1604.

Cette Censure [étoit] conservée dans la Bibliothèque de M. le Baron d'Hoendorff [qui est aujourd'hui dans celle de l'Empereur.]

Le Président de Thou est mort en 1617. Quelques Editions que l'on ait de son *Histoire*, il faut y joindre ce Volume, qui contient la première Partie de cette première Edition, qui commence en 1544, & finit en 1560, à cause de certains endroits qui ne se rencontrent pas dans les autres Editions, selon que le rapporte Colomiez, *pag.* 16 de sa *Bibliothèque choisie*, où il en marque quelques exemples.

Historiarum ejusdem, Libri LVII. usque ad annum 1574 : *Parisiis*, Drouart, 1604-1606-1608, *in-8.* 9 vol.

Ejusdem Libri LXXX. usque ad annum 1584 : *Parisiis*, Drouart, 1606-1607-1609, *in-fol.* 4 vol. Iidem : *Parisiis*, 1609, *in-12.* 11 vol.

Iidem, quarta Editio emendatior, tomus primus : *Parisiis*, Roberti Stephani, 1618, *in-fol.*

Ce Volume ne contient que la première & la seconde Partie, depuis 1544 jusqu'en 1572. La mort de l'Auteur arrivée en 1617, fit échouer cette Edition.

Ejusdem Historiarum Libri LXXX. usque ad annum 1584 : *Parisiis*, 1619, *in-12.* 10 vol.

Ejusdem Historiarum Opus integrum, ab anno 1544 ad annum 1607, Libri CXXXVIII. quorum LXXX. priores multò quàm antehac accuratiores, reliqui verò LVIII. nunc primùm in lucem prodeunt. Accedunt Commentariorum de Vita sua Libri sex hactenùs quoque non editi : *Aureliæ Allobrogum*, (seu *Genevæ*), de la Roviere, 1620, *in-fol.* 5 vol.

« On doit préférer à toutes les Editions celle de Paris, que l'Auteur a donnée, & cette dernière de Genève, dans laquelle Michel-Guillaume Lingelsheim,

» qui l'a procurée, a retranché quelque chose, selon » l'ordre qu'en avoit laissé l'Auteur, & qui a marqué au » commencement de chaque Livre les noms des Histo- » riens dont M. de Thou s'est servi, (comme ils se trou- » vent dans son Manuscrit). *Boecler*, dans ses Notes sur Tacite.

Ejusdem Historiarum Opus integrum : *Francofurti*, Kepfii, 1617-1618-1621, *in-fol.* 3 vol. *Francofurti*, *in-12.* tomus primus, post annum 1608, tomus secundus & tertius, anno 1614, reliqui tomi, 1621 : 10 vol. Tomus primus & secundus, anno 1625. Tomus tertius, anno 1621 : *in-fol.* 3 vol.

Ce troisième Tome est le même que celui de l'Edition précédente, faite à Francfort, *in-fol.*

☞ On appelle cette Edition, la vieille Edition de Francfort; elle est avec des Notes marginales que M. de Thou a fort désapprouvées. *Voyez* Struvius, *Bibl. hist. pag.* 371. Il cite encore deux Editions de Francfort, dont le P. le Long n'a pas parlé. La première : *Francofurti*, 1614 & 1621, *in-8.* 5 vol. & la seconde. Ibid. tom. I. & II. 1625, tom III. & IV. 1628, *in-fol.* Il y ajoute cette Note : Huic Editioni Francofurtensi accessit Continuatio Anonymi ab anno 1607 ad annum usque 1618, quæ eo quidem judicio, elegantiâ, gravitate non quidem est scripta, ut Thuani possit Historiæ equiparari : notabiles tamen quasdam habet Narrationes.]

Editio secunda Genevensis, auctior Indice locupletissimo : *Aureliæ Allobrogum*, de la Roviere : 1626-1630, *in-fol.* 5 vol.

THUANI Historia, juxta exemplar incorruptum Aurelianense. Accessêre Hugonis Grotii Additamenta, cum Notis perpetuis &; augmento memorabili : *Francofurti*, impensis Jo. Philippi Andreæ, 1713, *in-fol.* 3 vol.

Cette Edition a été annoncée dans les *Mémoires de Trévoux* ; mais elle n'a pas sans doute été exécutée.

19870. ☞ Jac. Augusti THUANI Historia : *Londini*, Buckley, 1733; *in-fol.* 7 vol.

Le Tome I. contient les 24 premiers Livres, depuis l'an 1546 jusqu'en 1560.

On trouve à la tête le Portrait de M. de Thou, gravé par Chéreau ; une Epître Latine de Thomas CARTE, à Richard Mead, Médecin du Roi d'Angleterre ; & 5 Epîtres Latines de Samuel BUCKLEY au même Mead, sur cette nouvelle Edition. Les deux premières Lettres de Buckley ont été traduites en François, & imprimées à Londres, 1729 : *in-8.* Ces Lettres roulent non-seulement sur cette Edition, mais encore sur les différentes Editions qui l'ont précédée, & sur les différens morceaux relatifs à l'Histoire de M. de Thou.

Le Tome II. les Livres 25-48. Ann.	1560-1570.
Le Tome III. les Livres 49-73.	1570-1581.
Le Tome IV. les Livres 74-99.	1581-1590.
Le Tome V. les Livres 100-123.	1590-1600.
Le Tome VI. les Livres 124-138.	1600-1607.

On trouve à la fin Nic. RIGALTII de Gallia, à fine Jac. August. Thuani, Libri tres, (qui s'étendent de 1607 à 1610) ;= Index nominum propriorum; Rigaltii Epitomarum sive totius Thuani Operis historici Repertorium, = Index Latino-Vernaculus nominum propriorum, & etiam rerum quæ in Thuani Historiarum Libris continentur, = Index Vernaculo-Latinus nominum propriorum.

Il y a dans cette Edition, au bas de chaque page, les Variantes & les noms propres Latins mis en François.

Le Tome VII. intitulé : « Sylloge Scriptorum varii

Liv. III. Histoire Politique de France.

» generis & argumenti, in quâ plurima de vitâ, moribus,
» gestis, fortuna, scriptis, familiâ, amicis & inimicis
» Thuani, scitu dignissima continentur ; quibus partim
» antehac editis, partim ineditis, nunc vero primùm
» collectis, atque huic Editioni Historia additis con-
» ficitur.

Ce septième Volume est divisé en 12 Parties principales.

I. « De Thuani Historiæ successu, quem Romæ experta est ».

Cette Partie contient différentes Lettres; à ce sujet ;
les Censures faites à Rome & en Espagne, des 80 premiers Livres, & les passages censurés.

II. De Thuani Historiæ successu, quem in Aula Gal-
licâ experta est.

III. Gasp. Scioppii & Jesuitæ Machaulti, sub falso nomine Joan. Bapt. Galli sese occultantis, in Thuani Historiam Scripta contumeliosa.

IV. Jac. Aug. Thuani sui ipsius Defensio, sub titulo
Commentariorum de Vita sua Libri sex; (avec deux
Indices des noms propres qui s'y trouvent).

V. De Thuani Historiæ successu, apud Jacobum I,
Magnæ Britanniæ Regem.

VI. Illustrium quorumdam & doctissimorum Virorum
de prioribus Historiarum Thuani, 80 Libris Lutetiæ diversis annis & formis ab ipso Autore editis, judicia.

Cette Partie contient beaucoup de Lettres, entr'autres
de Clusius, de du Plessis-Mornay, &c. des Notes & des
Corrections.

VII. De Jac. Aug. Thuani Testamento & Morte. (On
y trouve différentes Lettres & Pièces en Vers, au sujet
de sa mort).

VIII. De Curâ & fide Amicorum, quibus paratam
Historiæ suæ Editionem publicandam Thuanus commisit.
= Adjiciuntur Scriptorum recentium celebriorum in
Thuani Historiam Elogia & Censura. (On y trouve, en-
tr'autres des Dissertations sur une Médaille de Louis XII.
qui a pour Inscription, Perdam Babylonis nomen.)

IX. Scripta varii argumenti: alia ab ipso Jac. Aug.
Thuano, alia à quibusdam Viris eruditis, quæ Thuani
ergà Litteras & Litteratos amorem & studium exhibent.
(On y trouve entr'autres Morceaux, deux Lettres de
M. de Thou, en 1592 & 1593, au sujet de la Ligue.)
=Epistola de Colloquio Juliodunensi [Loudun,] 1616.
=Papyrii Massoni Vita, auctore Jac. Aug. Thuano.=Un
Morceau concernant la Bibliothéque du Roi, tiré du
Père Jacob.

X. De Francisco Augusto Thuano. (Cette Partie contient différens Morceaux sur François-Auguste de Thou,
fils aîné de Jacques-Auguste, & décapité à Lyon en 1642,
& entr'autres, Mémoires de (M. Dupuy), & Instructions pour servir à justifier l'innocence de Messire François-Auguste de Thou, Conseiller d'Etat: Pièce fort
ample).

XI. De Jac. Aug. Thuani conjunctissimis & in Scriptis ejus maximè celebratis Amicis. (Cette Partie contient:
=Petri Pithoei Vita, accurante Joan. BOYVIN : Parisiis,
1716, in-4. = La Vie de Soffrey de Calignon, Chancelier de Navarre ; par Guy ALLARD, imprimée à
Grenoble, 1675 ; in-12. = Nicolai Fabri Vita, Scriptore
Francisco BALBO, [François le Bègue] ; & quelques
autres Morceaux sur le même Nicolas le Fevre, Précepteur de Louis XIII. = Petri Puteani Vita, curâ Nicolai RIGALTII, & plusieurs autres Morceaux sur le
même Pierre Dupuy & ses frères. On y a joint trois
Morceaux de sa façon; sçavoir, son Histoire du Différend
d'entre Boniface VIII. & Philippe le Bel ; celle de la Condamnation des Templiers, & celle du Schisme de 1378
à 1428). = Le Thuana.

XII. De Jac. Aug. Thuano, Jac. Aug. filio, deque
Bibliothecâ Thuaneâ. On trouve dans cette dernière
Partie, entr'autres, les Mémoires de ce qui s'est passé
de plus particulier en Hollande, pendant l'Ambassade
de ce Jacques-Auguste de Thou, second fils de M. de
Thou. Il y fut envoyé en 1657, & ces Mémoires &
Lettres y jointes, s'étendent jusqu'en 1661. Ils avoient
déja été imprimés à Cologne en 1710, in-8.

Index Epistolarum omnium, aliorumque Scriptorum
quæ in hoc VII. Tomo continentur.

Il est à propos de mettre ici ce que dit Monsieur le
Président de Thou, dans son Testament, rapporté en
Latin par Bouchel, dans sa Bibliothèque du Droit François, sur le mot Testament. Il est du 5 Juillet 1614.
« J'ai composé mon Histoire, à la gloire de Dieu, &
» pour l'utilité publique, sans aucun motif de haine ou
» de complaisance. Si je meurs avant qu'elle soit toute
» imprimée, j'en confie l'impression à Pierre Dupuy
» à M. Rigaud, & j'ordonne qu'ils suivent en cela les
» conseils de Messieurs de Sainte-Marthe, qui m'ont
» beaucoup aidé dans la composition de cet Ouvrage.

« Titius, Professeur de Danzic, s'est fort appliqué
» à faire connoître les différences de toutes ces Editions,
» & l'Auteur du Livret intitulé, Thuanus restitutus, a
» ramassé avec soin ce qui se trouve dans la seconde Edi-
» tion de Paris, & ce qu'on a ajouté dans celle de Franc-
» fort, dit Gaspard Sagittarius, Chap. IX. de son Introduc-
» tion à l'Histoire Ecclésiastique. Le même dit une page
» après, que nous n'avons pas toute l'Histoire de M. de
» Thou, soit que les Héritiers de cet Auteur aient ap-
» préhendé de se faire des affaires, soit que par un ordre
» du Roi on ait supprimé la dernière Partie; on ne sçait
» pas même si elle verra jamais le jour ».

Ce fait ou cette conjecture n'est pas véritable, si l'on
s'en rapporte à l'original de l'Auteur, qui est dans la
Bibliothéque du Roi, num. 9598-9603; car il finit en
1607.

« Dans la première Edition de Paris, in-8. il y manque
» les Livres, depuis le XIX. jusques & compris le XXVIII.
» car après le XIX. suit le XXVIII. Dans la première
» Edition de Paris, in-fol. il y manque aussi deux Livres,
» le L. & le LI. (ou plutôt il y a une erreur dans la
» suite des chiffres des Livres). Cette Edition a non
» seulement plus de Livres, que l'autre ; mais elle est
» aussi plus ample en beaucoup d'endroits. On adjoint
» certaines choses, & donné d'autres avec beaucoup plus
» d'étendue & plus d'exactitude dans les deux Editions
» de Genève, & dans la dernière de Francfort » Titius,
dans sa Dissertation sur cette Histoire, §. 37. 39.

Voici un Extrait d'une Lettre Latine de M. de Thou,
écrite le 31 Mars 1611, au Président Jeannin ; sur ce
que M. de Verdun lui avoit été préféré dans le choix
que la Reine avoit fait d'un Premier Président du Parlement de Paris, pag. 37 & suiv. L'Auteur y marque
ce qui l'engagea à publier l'Histoire de son temps.

« Les Protestans s'étoient souvent plaints, qu'on les
» avoit trompés par les Edits publiés jusqu'alors en leur
» faveur ; c'est ce qui les obligea de présenter hors de
» saison, une Requête au Roi, lorsqu'il étoit campé
» proche de Saint-Quentin. Afin de prévenir de bonne
» heure ces plaintes, le Roi ayant jetté les yeux sur moi,
» m'envoya vers eux chargé de pleins pouvoirs, (comme
» il le marque dans son Histoire, sous l'année 1597.
» pag. 744, de la première Edition de Genève). Je
» m'en défendis d'abord, comme le sçait M. de Villeroy,
» prévoyant que cette commission m'attireroit l'envie
» de ceux qui me vouloient du mal. Je fus cependant
» envoyé avec M. de Schomberg, pour appaiser les
» troubles de Bretagne ; on y délégua aussi à ma prière,
» Aimery de Vic & Soffroy Calignon, qui apportèrent
» avec eux de nouveaux pouvoirs du Roi. Nous travail-
» lâmes dans ans à cette affaire, comme j'avois fait les
» quatre années précédentes, en écrivant l'Histoire.
» Mais puisque je suis tombé sur ce sujet, & que c'est la
» principale raison du refus qu'on m'a fait ; il est à pro-
» pos que j'en dise quelque chose.

« J'ai toujours été persuadé, & je m'en sçai bon gré,
» que je devois plutôt travailler pour le Public & pour
» mes amis, que pour moi-même. Je me suis de plus
» toujours

» toujours porté avec beaucoup de plaisir à la lecture
» de l'Histoire, convaincu que les préceptes & les
» exemples qu'elle propose, servent beaucoup à former
» les mœurs, & contribuent à notre bonheur. Je crus
» donc que ce me seroit une entreprise glorieuse, &
» utile au public, si j'écrivois l'Histoire, en la commen-
» çant au temps où Paul Jove finit la sienne.

« Cette pensée m'étoit venue dès ma plus tendre
» jeunesse, & j'y avois rapporté mes Voyages, mes occu-
» pations dans le Barreau, mes Ambassades, soit en
» Guerre soit en Paix. Je ramassai tout ce qui m'étoit
» nécessaire pour l'exécution de mon dessein, lorsque
» j'en aurois le loisir. Je recherchai avec soin de toutes
» parts, les Histoires imprimées, & je fis copier celles
» qui ne l'étoient pas. Je lus les Mémoires des Généraux
» d'Armées, les Négociations des Ambassadeurs, &
» même les Lettres des Secrétaires d'Etat. J'acquis par
» des entretiens familiers que j'eus avec les personnes
» les plus illustres qui vivoient alors, une fort grande
» connoissance des affaires; je profitai de leur jugement
» & de la certitude de leur rapport, pour faire le discer-
» nement de tout ce qui avoit été dit ou écrit de part &
» d'autre, dans le temps de la chaleur des Partis. Entre
» ceux que je consultai, & qui étoient les plus distingués
» par leur mérite & par leur grande habileté dans les
» affaires, je nomme ici Paul de Foix de Carmain, Guy
» le Faure de Pibrac, Paul Hurault de Chiverni, mon
» beau frère, & Gaspard de Schomberg. Muni de ce
» secours, j'entrepris, pendant l'ardeur des Guerres ci-
» viles (en 1593), d'écrire l'Histoire du temps.

» Je prens Dieu à témoin, qui m'a donné assez de
» force & de génie pour achever un Ouvrage d'une si
» longue haleine, au milieu des troubles publics, & de
» mes occupations particulières; je le prens, dis-je, à
» témoin, que je n'ai point eu d'autre vue que sa gloire
» & l'utilité publique, en écrivant l'Histoire avec la
» fidélité la plus exacte & la plus incorruptible dont j'ai
» été capable, sans me laisser prévenir d'aucun motif
» d'amitié ou de haine. J'avoue que plusieurs ont l'avan-
» tage sur moi, par l'agrément de leur style, leur ma-
» nière de narrer, la clarté de leur Discours, & le poids
» de leurs sentences & de leurs maximes; mais je ne
» le cède à aucun de ceux qui ont écrit l'Histoire avant
» moi, en ce qui regarde la fidélité & l'exactitude. Je
» vous en laisse le jugement & à la postérité.

» J'avois beaucoup avancé mon travail, lorsque j'ap-
» pris d'Allemagne, qu'on avoit dessein d'y imprimer,
» sans mon aveu, la première Partie de mon Histoire,
» sur une Copie qu'un Copiste Allemand, dont je m'é-
» tois servi, avoit faite & emportée en ce Pays-là.
» Comme il étoit d'une extrême conséquence de l'em-
» pêcher, je fis tout ce que je pus, & je vins à bout
» par mes amis, de ravoir cette Copie ; mais comme il
» s'en étoit fait plusieurs autres sur celle-ci, je me vis
» tout-à-fait engagé à publier mon Histoire, & je n'y
» aurois pas mis mon nom, si j'avois pu le supprimer;
» mais j'aimai mieux m'exposer à perdre la faveur de la
» Cour, ma propre fortune & même ma réputation,
» que de suivre des vues d'une prudence mal entendue,
» en taisant mon nom, & de faire par-là douter de la
» fidélité d'une Histoire que j'avois travaillée avec tant
» de soin pour l'utilité publique, & pour conserver à la
» postérité le souvenir de ce qui s'est passé de mon
» temps.

» Je prévis bien que je m'attirerois l'envie de beau-
» coup de gens, ce que l'événement n'a que trop justi-
» fié. Car à peine la première Partie de mon Histoire
» eut été rendue publique (en 1604), que je ressentis
» l'animosité d'un grand nombre d'envieux & de factieux.
» Ils irritèrent contre moi, par d'artificieuses calomnies,
» plusieurs des Seigneurs de la Cour, qui, comme vous
» sçavez, ne sont pas par eux-mêmes au fait de ces sortes
» de choses. Ils portèrent d'abord l'affaire à Rome, où
» après m'avoir fort décrié, ils vinrent à bout facilement
» de faire prendre tout en mauvaise part par des Cen-
» seurs chagrins, qui étant déja prévenus contre la per-
» sonne de l'Auteur, condamnèrent tout l'Ouvrage dont
» ils n'avoient pas lu la troisième Partie.

« Le Roi prit d'abord ma défense, quoique plusieurs
» Seigneurs de la Cour me fussent contraires; mais peu
» à peu il se laissa gagner par l'artifice de mes ennemis.
» Lorsqu'on sçut à Rome que le zèle que le Roi avoit
» témoigné pour moi, se ralentissoit, sur-tout après la
» mort du Cardinal d'Ossat & celle du Cardinal Sera-
» phin, & depuis le départ de Rome, du Cardinal du
» Perron (en 1607), on ne porta des coups, que
» j'eusse facilement parés, si ceux qui étoient auprès du
» Roi, eussent donné la moindre marque qu'ils étoient
» sensibles à l'injure qu'on vouloit me faire, dans une
» affaire qui regardoit le Roi & le Royaume.

» La Cour étant divisée en différentes factions, je ne
» pouvois m'en promettre aucun secours. Cependant
» lorsqu'ils menacèrent à Rome de censurer mon His-
» toire, M. de Villeroy promit à Châteauneuf, qu'il
» écriroit au nom du Roi au Cardinal Séraphin, qui étoit
» alors encore en vie, & qu'il lui recommanderoit cette
» affaire. Châteauneuf me l'ayant assuré, je me tins en
» repos; mais M. de Villeroy n'en fit rien. Quelque
» temps après, le Roi fut importuné à ce sujet, en pré-
» sence du Chancelier de Sillery, qui m'avoua qu'il n'a-
» voit rien dit pour ma défense. Je lui fis mes plaintes de
» ce qu'étant mon ami, il ne m'avoit pas rendu service
» dans cette occasion. Je ne pus m'empêcher de plain-
» dre mon sort & l'ingratitude du temps présent. Il m'é-
» chappa de dire dans ma douleur, qu'on refusoit en
» France à un François de le récompenser d'un travail,
» dont en Espagne un Espagnol obtiendroit des récom-
» penses. Je fus étonné du peu de sensibilité ou de la
» trop grande politique qu'un si grand homme fit pa-
» roître en cela; car on ne peut attribuer qu'à son in-
» sensibilité pour moi, de ce qu'il ne daigna pas lire la
» Préface d'un Livre, qui faisoit tant de bruit, quoique
» je lui en eusse fait présent; vu que s'il en eût lu quel-
» que chose, il y eût trouvé de quoi me justifier; ou si
» après l'avoir lu, il n'a pas laissé de garder le silence,
» il a pour lors agi avec trop de politique, en ne pre-
» nant pas la défense de son ami dans une affaire publi-
» que.

« Dénué de toute protection à la Cour, il fut aisé de
» m'accabler à Rome, sous ces deux prétextes, que j'a-
» vois travaillé à l'Edit de Nantes, qui fut donné en fa-
» veut des Protestans; & que dans mon Histoire, où je
» défendois en toute occasion les Droits du Roi, j'avois
» parlé avec une franchise & une liberté qui ne pouvoit
» plaire à la Cour de Rome. Sur ces motifs, ils condam-
» nèrent précipitamment l'Ouvrage ». Cette Lettre,
qui a été écrite en Latin, est imprimée dans le *Recueil
des Pièces historiques & curieuses*: Delft, 1717, in-12.

Il est à propos de rapporter ici ce que dit M. le Président de Thou, dans son Testament publié par Bouchel, en sa *Bibliothèque du Droit François*, sur le mot
Testament : il est du 5 Juillet 1616. « J'ai composé
» mon Histoire à la gloire de Dieu & pour l'utilité pu-
» blique, sans aucun motif de haine ou de complai-
» sance. Si je meurs avant qu'elle soit imprimée, je con-
» fie l'impression à Pierre Dupuy & à M. Rigaud, &
» j'ordonne qu'en cela ils suivent les conseils de MM.
» de Sainte-Marthe, qui m'ont beaucoup aidé dans la
» composition de cet Ouvrage ».

☞ On peut voir sur cette Histoire, = Baillet, *Jug.
des Sçav.* tom. II. pag. 84. = *Insign. vir. Epist.* pag. 5.
= *Ducatiana*, pag. 262. = Lenglet, *Méth. histor.* in-4.
tom. II. pag. 275, & tom. IV. pag. 98. = *Suppl. à ladite
Méth.* pag. 161. = Sorel, pag. 307. = *Préf. du P. Daniel*,
pag. 50. = *Journ. des Sçavans*, Mai, 1735. = *Observ.
sur les Ecriv. moder. Lettr.* 359. = *Mém. de Trévoux*,
Août, Sept. 1734. = Le P. Niceron, tom. IX. p. 325.
= *Mélange de Vigneul Marville*, tom. I. p. 30 : tom. III.
pag. 312. = *Journ. de Henri IV.* tom. II. pag. 7. = *Anecd.
sur divers sujets de Littér.* 1734, pag. 478. = *Bibl. de
Colomiez*, pag. 23. = *Nouvél. Littér. de Des-Molets*,
pag. 111. = *Bibl. raison.* tom. XII. pag. 243. = *Observ.*

LIV. III. *Histoire Politique de France.*

sur la Littér. mod. tom. I. pag. 189. = Mathan. *pag.* 391. = Le Gendre, *tom. II.* p. 56. = *Lettr. de Patin à Spon, tom. I. p.* 358. = Lambert, *Hist. du règne de Louis XIV. tom. I. Liv.* 4, *Disc. pag.* v. = *Journ. de Leips.* 1737, *pag.* 241. = Racine, *Abrégé de l'Hist. Ecclés. in-*12. *tom. X. pag.* 344. = *Isag. in notit. Script. Hist. Gall. part.* 3, *pag.* 20.]

19871. Omissa in Thuani Historia, 1562 & 1563 : *in-*8.

Historia Concilii Tridentini, ab eodem THUANO scripta, & in ejus Opere historico prætermissa.

Cette Histoire est imprimée dans Heidegger, à la fin du tom. II. de son *Anatomia Concilii Tridentini : Tiguri,* 1672, *in-*8. Cette même Histoire se trouve aussi dans l'Edition de l'Histoire de M. de Thou, faite à Genève, au commencement du Livre XXXII.

Mss. Omissa in Thuani Historia, ab anno 1562, ad annum 1585 : *in-fol.*

Ce Recueil est conservé dans la Bibliothèque du Roi, num. 9684.

Mss. Detracta & mutata in hac Historia ex ejus Autographo Editioni Genevensi restituta : *in-*4.

Ce Livre est conservé dans la Bibliothèque du Roi, num. 1131, *in-fol.* Et dans celle de M. le Président de Lamoignon.

☞ Mémoires sur les Jésuites, ou Extraits de l'Histoire de M. de Thou.

Voyez ci-devant, *tom. I. pag.* 866, N.° 14217.]

Thuanus restitutus, seu Sylloge variorum locorum in Historia Jacobi Augusti Thuani hactenùs desideratorum : *Amstelodami,* Boom, 1663, *in-*12.

Ouvrage fort confus & fort défectueux ; Abraham de Wicquefort en est l'Editeur.

☞ Le but de M. de Wicquefort a été de rétablir les passages mutilés & ceux qu'on avoit supprimés : il y en a de très-curieux. Il dit les avoir tirés de l'Original même de l'illustre Auteur. On trouve dans la dernière Edition de Londres, & dans la première Lettre de Bukley à Mead, une Critique du *Thuanus restitutus.*

Voyez la *Méth. hist. in-*4. de Lenglet, *tom. IV. pag.* 991. = *Longueruana, pag.* 108. = Le P. Niceron, *tom. IX. pag.* 356, & *tom. XXXVIII. pag.* 99.]

19872. Mss. Nicolai FABRI, Ludovici XIII. Præceptoris, Præfatio in Historiam Concilii Tridentini à Thuano scriptam.

Cette Préface est conservée entre les Manuscrits de M. Dupuy, num. 749. Nicolas le Fevre est mort en 1612.

19873. Mss. Avis, Censures & Lettres originales sur l'Histoire du Président de Thou : *in-fol.*

Ce Recueil est conservé entre les mêmes Manuscrits, num. 409.

19874. ☞ Mss. Addenda vel delenda in Historiâ Thuanâ : *in-fol.*

Ce Manuscrit est indiqué num. 1373, du Catalogue de M. Bernard.]

19875. Mss. Lettres, Mémoires & Observations sur cette Histoire.

Ces Lettres, &c. sont conservées entre les Manuscrits de M. Dupuy, num. 632.

☞ Je crois qu'elles ont été écrites en 1646.]

19876. Epître du Président DE THOU, au Roi, ou la Préface d'une Histoire de France, mise en François par Jean Villiers-Hotman, en 1604 : *Paris,* le Bret, 1604, *in-*8.

La même Préface, datée 1603, & dédiée au Roi Henri IV. est imprimée dans les *Opuscules Françoises d'Hotman : Paris,* 1606, *in-*8.

La même Préface, traduite en François : *Paris,* 1610, *in-*4. *Ibid.* 1614, *in-*8.

Nicolas Rapin, Grand-Prevôt de la Connétablie de France, est l'Auteur de cette Traduction.

La même Préface, traduite nouvellement.

Cette nouvelle Traduction de M. Diss, Gentilhomme de Normandie, est imprimée avec les *Mémoires de la Vie de M. de Thou,* traduits par le même : *Roterdam,* 1711, *in-*4.

19877. Les cinquante-sept premiers Livres de l'Histoire de M. DE THOU, jusqu'en l'année 1574, traduits en François par Pierre du Ryer, de l'Académie Françoise : *Paris,* 1659, *in-fol.* 3 vol.

Ce Traducteur est mort en 1658. « Il faut placer en » un honorable rang l'Histoire de M. le Président de » Thou, qu'il a écrite en Latin, pour en donner la com- » munication aux Etrangers, & l'on a commencé de la » mettre en François. M. du Ryer en a traduit une par- » tie, & M. Cassandre l'autre, laquelle on croit qu'il » continue. Tous deux se sont acquittés dignement de » ce qu'ils ont fait ». Sorel, *pag.* 337 & 338 de la *Bibliothèque Françoise.*

Du Ryer a fait bien des bévues dans cette Traduction ; Bayle en rapporte quelques-unes dans son *Dictionnaire historique & critique,* Note A. sous le nom de Pierre du Ryer. Jean Pan, un des premiers Syndics de Genève, avoit entrepris de traduire la suite de cette Histoire ; il en envoya la première feuille, imprimée en 1659, à Denys Godefroy : je l'ai vue entre les mains de son fils aîné.

✻ François du Pont, Chanoine de Séez, a continué & achevé la Traduction de cette excellente Histoire, d'une manière à la faire lire avec plaisir & même avec utilité pour ceux qui ne sçavent pas le Latin.

☞ Cette Traduction de M. du Pont n'a point paru ; mais on en a été dédommagé par celle que nous allons indiquer.

Au reste, on peut voir sur la Traduction de du Ryer, le *Longueruana, pag.* 212. = Le P. Niceron, *tom. IX. pag.* 352. = Baillet, *Jugem. des Sçav. tom. II.* p. 436.]

« On doit mettre au premier rang des Historiens, » M. de Thou, (dit l'Auteur de la *Bibliothèque politique & curieuse.*) « En effet, il ne céde à pas un pour » son éloquence, sa franchise, sa prudence & sa fidélité ; » sur-tout lorsqu'il rapporte les affaires où il a eu part ; » car pour les étrangères, on ne lui doit pas par-tout » la même créance ; il s'est vu dans la nécessité de copier » les autres Historiens, dont il emprunte même jus- » qu'aux termes, ce qui rend alors son style inégal. A » l'égard des affaires de Religion, tout Catholique qu'il » étoit, il en a parlé avec beaucoup de modération & » d'équité ; ce qui le fait appeller par quelques-uns : » *Catholique politique* ».

Dupleix, qui s'est toujours si fort déclaré contre les Religionnaires, a justifié M. de Thou sur le Chapitre de la Religion, dans la Préface de son Histoire. A l'égard des noms propres, que cet excellent Auteur a quelquefois si fort déguisés en les exprimant en Latin, qu'on a de la peine à les reconnoître, on les a expliqués dans un Dictionnaire. Mais on remédieroit plus utilement à cet inconvénient, si dans une nouvelle Edition de cette Histoire, on marquoit en marge les noms propres en François, vis-à-vis du Latin, comme l'a pratiqué M. Du

Règne de Henri IV. 1607.

puy, dans l'Exemplaire manuscrit, qui est conservé dans la Bibliothèque du Roi : [c'est ce qui a été fait dans l'Edition de Londres, 1733.]

« Cette Histoire, (selon M. l'Abbé le Gendre) est » comparable aux Histoires des Grecs & des Romains » les plus excellentes. L'Auteur réussit sur-tout dans les » portraits ; il aime la vérité, & est très-sincère. Ce qu'il » rapporte des affaires de France, est d'autant plus as- » furé, qu'il n'écrit que ce qu'il a vu ou appris de per- » sonnes bien instruites. Son style est pur, net & grave ; » s'il peut se trouver quelque chose à redire dans son » dessein, c'est d'avoir rempli quatre gros volumes » d'une Histoire d'environ soixante-quatre années ».

« Ce ne sont pas seulement les François, (dit Adrien Baillet, p. 338, du tom. I. des Jugemens des Sçavans,) » mais les Etrangers sur-tout, qui ont donné au Prési- » dent de Thou la préférence sur tous les Historiens de » ces derniers temps, & qui l'ont égalé aux Anciens, » soit pour la grandeur du sujet, soit pour la disposition » & la proportion des parties, soit enfin pour le choix » d'un style convenable à la majesté de l'Histoire ».

Je pourrois encore rapporter plusieurs Jugemens favorables sur cette Histoire ; mais il suffit de marquer encore ici celui de M. Lenglet du Fresnoy, tiré de son Catalogue des Historiens, qui sera sans doute approuvé de tous ceux qui n'ont pas d'intérêt à condamner ce sçavant Magistrat. « Cet Historien, (dit-il en 1712,) » est le plus sincère & le plus exact que nous ayons » pour le seizième siècle. Il est généralement estimé par » les François & par les Etrangers, par les Catholiques » & par les Protestans ; néanmoins on ne sçauroit dé- » savouer qu'il n'y ait quelques fautes ».

19878. ☞ Histoire Universelle de Jacques-Auguste DE THOU, depuis 1543 jusqu'en 1607. traduite sur l'Edition Latine de Londres ; avec une Préface nouvelle (de M. GEORGEON,) une Addition de Pièces historiques, des Notes & des Tables : *Londres*, (Paris,) 1734, in-4. 16 vol.

L'Abbé J. B. LE MASCRIER, de Caen, a eu grande part à cette Traduction complette de M. de Thou, avec M. ADAM, Charles LE BEAU, Secrétaire de l'Académie Royale des Inscriptions & Belles-Lettres ; les Abbés DES FONTAINES & LE DUC. L'Abbé PREVOST a traduit le premier Volume, seulement qui parut en Hollande, in-4. 1733. Le Père FABRE, de l'Oratoire, a fait la Table des Matières.

☞ La même Histoire de Thou, avec la Suite de Rigault, les Mémoires de la Vie de l'Auteur, un Recueil de Pièces concernant sa personne & ses Ouvrages, & les Remarques historiques & critiques de Casaubon, du Plessis-Mornai, G. Laurent, G. Patin, P. Bayle, J. le Duchat & autres : *La Haye*, 1740, in-4. 11 vol.

Cette Edition n'est pas si bonne, ni si estimée que celle de 1734.]

19879. ☞ Abrégé de l'Histoire Universelle de Jacques DE THOU, avec des Remarques sur le Texte de cet Auteur, & sur la Traduction qu'on a publiée de son Ouvrage en 1734, par M. RAYMOND DE SAINTE-ALBINE : *La Haye*, (Paris) 1759, in-12. 10 vol.

☞ M. le Fevre, Doctrinaire à S. Julien, a fait un autre Abrégé, qui n'est encore que Manuscrit. Quelques personnes qui l'ont vu, en font plus de cas que de celui de M. de Saite-Albine.]

19880. ☞ Thuani Versio Germanica, edita *Francofurti*, 1621. & 1622, in-fol. 2 vol. ab anno 1546. ad 1575. Librosque tantum

cxxxII. habet : *Struv. Bibl. Hist. pag. 373.*]

19881. Nominum propriorum Virorum, Mulierum, Populorum, &c. quæ in Jacobi Augusti Thuani Historiis leguntur Index, cum vernacula eorum interpretatione ; (auctore Jacobo DUPUY:) *Genevæ*, Aubert, 1614, in-4.

Idem Index, sub hoc titulo : Resolutio omnium difficultatum, quæ circa nomina, &c. in Jacobi Augusti Thuani Historiis occurrunt : *Ratisbonæ*, 1696, in-4.

« Baillet, pag. 259, des Auteurs déguisés, attribue » à Bessin un Index des noms propres qui se trouvent » latinisés dans l'Histoire de M. de Thou. Si M. Baillet » avoit [plus] pratiqué les gens de Lettres, il sçauroit » que cet Index a été fait par M. Jacques DUPUY, Prieur » de Saint-Sauveur. Pierre Bessin, sous le nom duquel » le Privilége pour imprimer ce Livre, a été obtenu, » étoit un Valet de Chambre de M. de Thou le Conseiller d'Etat, lequel ne sçavoit point du tout le Latin ; je l'ai connu particulièrement. M. Dupuy de » Saint Sauveur m'a dit plusieurs fois de lui-même, » qu'il avoit fait cet Index ». Ménage, tom. I. de l'*Anti-Baillet*, pag. 109.

☞ Voyez encore le Journal de Henri III. tom. II. pag. 275. = Préface de son Histoire. = Le P. Niceron, tom. IX. pag. 355.]

19882. ☞ Johan. FABRICII Hemerologium, ex Jac. Aug. Thuani Historiarum operibus confectum, ut Compendium horumdem sit atque Index : *Neapoli-Nemetum*, 1617, in-12.]

19883. Pro Historiis Jacobi Augusti Thuani Carmen, ab amico quodam, nomine Auctoris scriptum.

Dans l'Imprimé, pag. 81, *Commentariorum de Vita sua*, on lit seulement : *Posteritati*.

Idem Carmen, sous ce titre : Jacobi Augusti THUANI, Poematium, in quo argutias quorumdam Criticorum in Historias sui ipsius refellit ; editum cum Notis à Joanne MELANCHTONE : *Amstelodami*, Elzevir, 1678, in-12.

Jean DE CHAMBRUN s'est déguisé sous le nom célèbre de Melanchton, qui signifie la même chose. Le premier titre de cet Article se trouve ainsi énoncé dans l'original, que l'Auteur en a écrit en 1611, & qui se conserve dans la Bibliothèque du Roi, num. 9603.

19884. In Jacobi Augusti Thuani Historiarum Libros Notationes : Auctore Joanne Baptista GALLO, Jurisconsulto : *Ingolstadii*, 1614, in-4.

Jean [Baptiste] DE MACHAULT, Jésuite, est l'Auteur de ces Remarques ; il est mort en [1640.] Alegambe, dans la Bibliothèque des Ecrivains de sa Compagnie, [& Struvius, Biblioth. histor. pag. 372,] attribuent un semblable Ouvrage à Jacques GRETSER, sans marquer le lieu ni la forme de l'Edition. Il pourroit bien seulement avoir eu soin de l'impression de ces Remarques.

☞ Le Père de Machault, Auteur de ce Libelle, a eu raison de se déguiser. Son Livre révolta aussi-tôt qu'il parut, & il attira l'attention du Ministère public, qui le proscrivit comme séditieux, tendant à troubler la tranquillité publique, pernicieux, plein d'impostures & de calomnies contre les Magistrats établis par le Roi, & contraire aux Edits de pacification. On ne peut rien voir, en effet, de plus insolent & de plus atroce que les calomnies qu'il débite contre la personne & l'Histoire de M. de Thou. Il faut les voir dans le Livre

LIV. III. Histoire Politique de France.

même, qui est divisé en XII. Chapitres, pour le croire. Il est bon d'avertir que le Privilége & le nom de l'Imprimeur, dont il est parlé dans le titre, sont supposés. Au surplus, on l'a réimprimé dans l'Edition de M. de Thou, faite à Londres. Le zèle amer du Jésuite venoit sans doute de ce que M. de Thou a parlé en détail de ses Confrères & des raisons qu'on avoit eu par-tout de s'opposer à leur établissement.

Voyez Lenglet, *Méth. hist. in-4. tom. IV. pag.* 99. = *Diction.* de Prosper Marchand, Art. de Louis I. de Bourbon, Note A.]

19885. Sentence (de Henri DE MESME,) Lieutenant-Civil de Paris, contre le Livre précédent, en Latin & en François: *Paris*, Durand, 1614, *in*-4.

☞ On vient de donner une idée de cette Sentence, en parlant du Livre. On trouve à la suite de la Sentence, un Mémoire (composé, dit-on, par MM. Dupuy,) qui répond nommément aux invectives du Jésuite.]

La même Sentence est imprimée dans Bouchel, au tom. II. de la *Bibliothèque du Droit François, pag.* 274: *Paris*, 1667, *in-fol.*

19886. Apologie pour M. le Président de Thou, sur son Histoire, 1620, par Pierre DUPUY.

Cette Apologie est imprimée sur l'original, dans le *Recueil de Pièces historiques & curieuses: Delft*, Vorburger, 1717, *in-*12.

☞ Cette Pièce, qui est signée *P. Dupuy*, est contre les Jésuites & leurs adhérans, qui trouvoient l'Histoire de M. de Thou trop partiale pour les Hérétiques, & en marquoient plusieurs autres défectuosités. Elle est fort vive, & les passages qu'on y trouve contre ces Pères ont dû les faire crier autant contre cette Apologie que contre l'Ouvrage même.]

19887. * J. B. ÆDUI Epistola quâ Thuanus à Jacobi Cellarii, Societatis Jesu, cavillationibus defenditur: 1626, *in*-4.

19888. Mf. Jacobi Augusti Thuani Historiarum Epitome: *in-fol.*

Cet Abrégé est conservé dans la Bibliothèque du Roi, num. 9605.

19889. Jacobi Augusti Thuani voluminum historicorum Recensio; à Joanne TITIO, Professore Gedanensi: *Gedani*, Rhetii, 1685, *in*-4.

Cet Auteur rapporte toutes les Editions de cette Histoire, les compare ensemble, & marque en quoi elles conviennent, & en quoi elles différent.

☞ Il y expose tout ce qui a trait aux différentes Editions, le jugement qu'on en a porté, les différences, les fautes, les additions, les omissions & les changemens qu'on y a faits. Ce Livre est utile à ceux qui veulent bien connoître cette Histoire. Il ne se trouve pas dans l'Edition de Londres. Mais il y a dans les Lettres de Bukley à Mead, quelque chose qui le remplace. Dans la première de ces Lettres, on voit les raisons pour lesquelles il ne l'a pas réimprimé. Il l'a trouvé, dit-il, trop imparfait, trop confus & rempli de faussetés. *Voyez* au reste sur cet Ouvrage, la *Méth. hist.* de Lenglet, *in*-4. *tom. IV. pag.* 100.]

19890. ☞ Epistola Jacobi Augusti Thuani, V. C. P. Janino: 1611.

Elle est imprimée dans le *Recueil de Pièces historiques: Delft*, 1717, *tom.* I. Il s'y plaint des mauvaises impressions qu'on a données contre lui à la Cour, & de ce que ses ennemis lui ont fait manquer la place de M. de Harlay. Il a principalement en vue la Cour de Rome & ses partisans, & il les accuse de l'exclusion qu'on lui a donnée.]

19891. Annalium Europæorum seculi à Christo decimi septimi, sive Thuani Continuatio, Liber primus: *Parisiis*, *in*-4.

Il n'y a eu que la Préface de cette Continuation, qui ait été imprimée.

19892. Continuatio Historiæ Thuani, Liber primus, complectens annos 1607 & 1608: *in-fol.*

Ejusdem, Liber secundus & tertius: *in-fol.*

Cette Continuation est de Nicolas RIGAULT, qui est mort en 1653. Il n'y a eu de ces trois Livres, que le premier qui ait roulé sous la presse; les deux autres sont conservés entre les Manuscrits de M. Dupuy, n. 408.

☞ Ils ont été imprimés tous trois dans l'Edition de Londres, Tome VI. ainsi que nous l'avons dit ci-dessus.]

19893. Mémoires de plusieurs choses considérables advenues en France, depuis le commencement de 1607, où finit l'Histoire de M. de Thou jusqu'en 1609, par Charles Fay, Sieur D'ESPESSES, Conseiller d'Etat: *Paris*, Blaise, 1634, *in*-8.

Cet Auteur ne tient en aucune façon la promesse qu'il fait dans son titre, tant son Histoire est différente de celle du Président de Thou, qu'il prétend continuer: il n'avoit ni le style ni les talens pour réussir dans une pareille entreprise. Il est mort en 1638.

☞ Il avoit promis plusieurs Livres; mais nous n'avons que le premier, qui est fort précis & fort succinct. *Voyez* le Gendre, *tom. II. p.* 19. = Lenglet, *tom. IV. pag.* 100, 117.]

19894. * Continuatio Historiarum Jac. Aug. Thuani, ab anno 1607, ad annum 1618.

Cette Continuation se trouve dans l'Edition de l'*Histoire de M. de Thou: Francofurti*, 1628, *in-fol.* à la fin du tom. III.

19895. ☞ L'Olympe des François, où sont représentés au naturel le Roi (Henri IV.) la Reine, les Enfans de France, & autres Personnages: *Paris*, de Mathonière, 1607, *in-fol.*

C'est une Estampe bien gravée, au bas de laquelle se trouve un Eloge historique de Henri IV.]

19896. ☞ L'injustice terrassée aux pieds du Roi: 1608, *in*-8.]

19897. ☞ La Nuit du Guerrier en sentinelle, sur l'injustice terrassée: 1609, *in*-8.]

19898. ☞ La Justice terrassée aux pieds du Roi: 1608, *in*-12.]

19899. La Justice aux pieds du Roi pour les Parlemens de France: 1608, *in*-8. ou Remontrance pour le maintien de la Justice, de la liberté des modifications, &c.]

Autre Edition, augmentée: 1609, Apologie de la Justice souveraine des Rois, 1609, La Justice en son trône: 1609, *in*-8.]

19900. Mf. Abrégé de ce qui s'est passé de remarquable en France, pendant les années 1605, 1606, 1607 & 1608.

Cet Abrégé est conservé dans la Bibliothèque du Roi, num. 8477, *pag.* 74.

19901. ☞ Exhortatio ad Regis Galliæ Confiliarios quo pacto obviam iri possit seditionibus quæ ob Religionis causam impendere videntur : ex Gallica Lingua translata : *Argentorati*, Bertram, 1609, *in-4*.

Nous mettons ici cette Pièce, n'ayant pu trouver l'original François, qui peut être d'une année différente.]

19902. Le Trompette François, ou le fidèle François : 1609, *in-12*.

Pièce mystérieuse & allégorique, qui traite des projets de Henri IV. contre le Roi d'Espagne. L'Auteur se nommoit BOMBASTE.

☞ *Voyez les* Maximes du vieux de la Montagne, *pag. 65.*]

19903. ☞ Le Miroir des Alchimistes, où l'on voit les erreurs qui se font en la recherche de la Pierre philosophale, par explication de diverses Sentences des anciens Philosophes qui en ont écrit, sous figures, analogies & ouvertement en général, avec instructions aux Dames pour dorenavant être belles & en convalescence, sans plus user de leurs fards vénimeux ordinaires. Seconde Edition, augmentée d'un Avertissement contre un Livre composé par Mastresart, perfection de la Chymie par le Chevalier Impérial : 1609, *in-8*.

Pièce allégorique & relative, ainsi que la précédente, aux projets de Henri IV. contre le Roi d'Espagne. Elles sont, comme la plupart des Pièces de cette espèce, c'est-à-dire presque inintelligibles & dépourvues de sens commun. La Prophétie rapportée ci-après donne l'explication d'une partie de celle-ci, & prétend que le Trompette François avoit annoncé la mort de Henri IV. On y trouve aussi quelque chose par rapport au Chevalier Impérial, dont il est parlé dans les trois Pièces, & que Bombaste, grand Mathématicien, avoit publié le Trompette François. *Voyez le* Conservateur de Juillet, 1758, où l'on trouve un grand détail sur ce Trompette, & sur-tout une explication très-ample de la Prophétie du Comte de Bombaste, qui y est insérée, laquelle, selon l'Auteur de cette Dissertation, regarde Louis XIV. & non Louis XIII.]

19904. ☞ Prophétie du Comte BOMBASTE, Chevalier de la Rose-Croix, neveu de Paracelse, publiée en l'année 1609, sur la naissance de Louis le Grand, &c. par François ALARY : *Rouen*, 1701, *in-12*.]

19905. ☞ Suite des Rencontres de Maître GUILLAUME en l'autre Monde : 1609, *in-8*.

Le burlesque est inséparable des Pièces qui portent le nom de Maître Guillaume. On trouve dans celle-ci, de très-bonnes choses sur le fait des Monnoyes. Le Dialogue roule entre Maître Guillaume & M. Turquant.]

19906. ☞ Dialogue du curieux Eraclite, représenté à trois personnages : *in-8*.

Cette Pièce est du nombre de celles qu'on regrette d'avoir lues, excepté quelques traits assez connus, tout le reste est enveloppé d'énigmes. Elle roule sur les misères du temps.]

19907. ☞ Recueil d'Histoires & choses mémorables advenues ès dernières années : 1609, *in-8*.]

19908. Mf. Le Sotifier de Pierre de l'Estoile.

Il se trouve dans la Bibliothèque de M. Fevret de Fontette, Conseiller au Parlement de Dijon. Ce Recueil contient plusieurs Pièces détachées, satyriques & anecdotes, presque toutes en Vers, & faites sous le règne de Henri IV. Il est partagé en deux parties. La première intitulée : « Recueil divers, bigeare, du grave » & du facétieux, du bon & du mauvais, selon le temps; » par Pierre de l'Estoile, père de Claude de l'Estoile, de » l'Académie Françoise ». La seconde est intitulée : « Le » Passe-partout des bons Bretons, corrigé & augmenté » de toutes les plus belles Pièces, copié sur un imprimé » qui étoit joint au Manuscrit de Pierre de l'Estoile, » daté de 1624.]

19909. ★ Voyage du Roi à Metz, [l'occasion d'icelui ; ensemble les signes de réjouissance faits par les Habitans pour honorer l'entrée de Sa Majesté ;] par Abraham FABERT : (*Metz*,) 1610, *in-fol.* avec fig. [72 pages.]

☞ L'Auteur étoit l'un des Magistrats de la Ville, & Maître de l'Artillerie : ce fut le père d'Abraham Fabert, Maréchal de France. Il y a dans ce Livre deux Cartes de lui, l'une du Pays de Metz, l'autre de la Ville, & nombre de figures sur les réjouissances que l'on y fit.]

19910. ★ L'Avant-Victorieux ; par Pierre DE L'HOSTAL, Sieur de Roquebonne, Vice-Chancelier de Navarre : *Orthez*, 1609 : *Bordeaux*, 1610, *in-8*.

☞ Il est intitulé (mal) Anti-Victorieux, dans le Catalogue de M. Secousse. C'est un pompeux & recherché galimathias sur les louanges de Henri IV. On ne comprend pas trop quel a été le but de l'Auteur. Il semble dire que ce Roi n'a pas besoin de statues pour l'immortaliser, mais d'une bonne plume qui transmette ses actions à la postérité.]

19911. Discours sur les projets & desseins du feu Henri le Grand, de long-temps médités & prêts d'être mis à exécution, s'il n'eût été prévenu de la mort ; par Maximilien de Béthune, Duc DE SULLY.

Ces Discours sont imprimés au tom. IV. de ses *Mémoires*, pag. 57 & 77 : *Paris*, 1661, *in-fol.*]

19912. Mf. Conférence secrette, tenue par le Roi avec trois de ses plus confidents, touchant les moyens de parvenir à l'Empire.

Cette Pièce, qui a onze pages, est conservée dans la Bibliothèque de M. Fevret de Fontette, Conseiller au Parlement de Dijon.]

19913. Joannis BARCLAII, Argenis : *Parisiis*, 1621, 1622, *in-8*, Tertia Editio, 1623, Quarta Editio, 1625, *in-8*.

Idem Liber, cum Clave Onomastica : *Lugduni-Batavorum*, 1627, 1630, 1637, *in-12*.

Argenis : nova Editio variorum Commentariis illustrata : *Lugduni-Batavorum*, 1659, 1662, *in-8*.

Argenis, traduit en François par Pierre du Ryer, avec figures : *Paris*, [Buon] 1623, 1638, *in-8*.

19914. ☞ L'Argenis de Jean BARCLAI, contenant les Amours de Poliarque & Argenis, traduit du Latin (par Pierre du Ryer) avec la Continuation par DE MONCHEMBERY : *Paris*, 1623 & 1626, *in-8*. Tomes en 2 Vol. fig. *Amsterdam*, 1644, *in-12*. 2 vol.]

Liv. III. *Histoire Politique de France.*

19915. ☞ Argenis, Roman héroïque : *Paris*, Prault, 1728, *in-*12. 2 vol.]

19916. ☞ L'Argenis de Barclay, traduite (par M. L. Josse, Chanoine de Chartres:) *Chartres*, Besnard, 1732, *in-*12. 3 vol.]

Il medesimo Libro tradotto per Francesco Pona : *In Venetia*, 1625, *in-8*.

Lo mismo transportado en Castellano por Joseph Pellicier de Salas : *En Madrid*, 1626, *in-8*.

Le même, traduit en Allemand, par Martin Opitius : *Vratislau*, 1626, 1631, *in-8*.

Le même, traduit en Anglois, par Hengelmill: *London*, 1625, *in-8*.

« Jean Barclay a voulu rendre son Ouvrage plus accompli, en y mêlant des discours politiques, outre les tendresses de l'amour, & y faisant quelques personnages vaillans & généreux. Il ne sert de rien de parler de l'affectation de son langage ; la traduction peut remédier à cela : on est fort satisfait au reste de ses inventions & de sa conduite ». Sorel, *pag*. 182 de sa Bibliothèque Françoise.

Cet Auteur rapporte, sous des noms empruntés, l'Histoire des Règnes de Henri III. & Henri IV. Son principal but est de donner une Instruction pour le Roi & le Royaume, sur-tout de France, qu'il désigne sous le nom de Sicile. Jean Barclay est mort [à Rome] en 1621.

☞ Il étoit né à Pont-à-Mousson, mais originaire Ecossois.]

19917. [Arcombrotus & Theopompus, sive] Joannis Barclaii Argenidis secunda & tertia pars : 1669, *in-8*.

☞ C'est ce qui fait le second Volume de l'Edition dite des *Variorum*.]

L'Auteur de ces deux parties se nommoit Gabriel Bugnot, [Bénédictin;] il est mort en 1673.

19918. ☞ Histoire de Poliarque & d'Argénis, abrégée & traduite du Latin de Jean Barclay, par Nicolas Coeffeteau, Evêque de Marseille ; avec le Promenoir de la Reine à Compiègne ; par Louis Videl : *Rouen*, Caillouë, 1641, *in-*12.

Voyez sur l'Argenis, *Diction*. de Bayle, Art. *Barclay*. = *Journ. des Sçav*. Octob. 1728. = *Bibl. des Romans*, tom. II. *pag*. 271. = *Lettres curieuses*, tom. I. *pag*. 142. = *Mém. de Trévoux*, Avril, Septemb. 1732. = Le P. Niceron, tom. XVII. *p*. 295 : tom. XX. *p*. 108.]

19919. Discursus de nominibus Arginidæis.

Ces Discours ont été faits par Christophe Fornster, d'Autriche, Chancelier de Montbéliard ; c'est le sentiment de Jean Ulric Meurer, *Centuria Anonymorum*, num. 100. Ils sont imprimés avec l'Argénis.

19920. Abrégé de la Vie du Roi Henri IV. *Paris*, 1609, *in-8*.

19921. ★ Les Parallèles de Jules-César & de Henri IV. par Antoine de Bandole : *Paris*, Richer, 1609, *in-*4.

19922. ☞ Henrico IV. Sylva de abolito more singularium certaminum ; auctore Turnero : *Parisiis*, 1609, *in-*4.]

19923. Inscriptions & Eloges de la Vie & des principales actions de Henri IV. *Paris*, 1609, *in-8*. & *in-*12.

19924. ★ Florilegium rerum ab Henrico IV. immortaliter gestarum ex variis Elogiis quæ illi scripserunt : *Parisiis*, 1609, *in-8*.

Ces Eloges sont tirés de Daubigné, de Capel, de Matthieu, & traduits en Latin par Rodolphe Boutray.

19925. Recueil des Eloges, (tant Latins que François,) sur les actions les plus signalées & immortelles de Henri IV. la plupart non encore imprimés ou publiés : *Paris*, Saugrain, 1609, *in-8*.

☞ Ce pourroit bien être le même Ouvrage que le précédent.]

19926. ☞ Eloge abrégé des principales actions de Henri IV. en 1609.

Cet Eloge est imprimé dans le *Recueil* P. *in*.12.]

19927. ☞ Les Triomphes du Roi, par l'Abbé de la Frenade : *Paris*, 1609, *in-8*.]

19928. ☞ Ms. Recueil des reparties, rencontres & autres dits mémorables du Roi Henri le Grand ; par Gaultier Quinne *in-fol*.

Il se trouve indiqué dans le Catalogue des Manuscrits du Roi d'Angleterre : *Londini*, 1734, *in-*4. *pag*. 290.]

19929. ☞ Ms. Apophthegmata ac responsa Regis Henrici IV. à Leonardo Petino, Latinè reddita.

Dans le Cabinet de M. Févret de Fontette, Conseiller au Parlement de Dijon.]

19930. ☞ Christianissimo Francorum & Nav. Regi Henrico IV. Monodia Theodori Marcilii, Professoris Eloquentiæ Regii : *Parisiis*, Libert, 1610, *in-8*.]

19931. Discours de Louis de Beleville, du Voyage des François en Suède, & des cruautés commises contr'eux : *Paris*, Mariette, 1610, *in-8*.

19932. Lou Gentilome Gascon, Rey de France & de Navarre, boudat à Monsegnou lou Duc d'Espernon ; par Guilleim Ader, Gascoun : *Tolose*, Colomiés, 1610, *in-8*.

☞ C'est un Poëme burlesque & macaronique, en Langue Gasconne, concernant les faits de guerre de Henri IV. jusqu'en 1609, en IV. Livres. L'Auteur étoit Médecin.

Voyez le *Mascurat* de Naudé, *pag*. 647.]

19933. ☞ Réplique au sieur Coeffeteau sur sa Réponse à l'Avertissement du Roi aux Princes & Potentats de la Chrétienté : *Londres*, 1610, *in-*12.

C'est la Réponse à la Pièce qui se trouve au *Mercure François*, tom. I. *pag*. 369.]

19934. ☞ Procès du Pape contre le Roi 1610, *in-8*.]

19935. Manifeste de Pierre du Jardin, Capitaine de la Garde, Prisonnier en la Conciergerie de Paris : (*Rouen*,) 1619, *in-8*.

☞ *Voyez* sur cette Pièce, la *Méthode historique in-*4. de Lenglet, tom. IV. *pag*. 112.]

Factum du même, contenant un abrégé de sa

vie & des causes de sa prison, pour ôter à un chacun les mauvais soupçons que sa détention pourroit avoir donnés : (*Rouen*,) 1619, *in-8.*

Ces deux Pièces réimprimées sous ce titre : « La mort de Henri le Grand découverte à Naples en l'année 1608; par Pierre DU JARDIN, Sieur & Capitaine de la Garde, natif de Rouen, détenu ès Prisons de la Conciergerie à Paris : 1619, *in-4. Paris,* 1619, *in-8.* Elles sont aussi imprimées dans un *Recueil de Pièces historiques & curieuses, pag.* 1 & 5 ; *Delft, Vorburger,* 1717, *in-12.* Elles contiennent bien des secrets.

☞ Elles se trouvent encore *pag.* 487 & *suiv,* du *Journal de Henri III. Edition de* 1720: *Cologne, Marteau, tom. II.*

La première de ces deux Pièces contient un abrégé de la Vie de Pierre du Jardin, jusqu'au temps où, se trouvant à Naples, il fut sollicité par le Père Alagona, Jésuite, & par plusieurs François réfugiés, d'assassiner le Roi. Il y mangea avec Ravaillac, qui avoit apporté au Vice-Roi de Naples des Lettres du Duc d'Espernon, & qui devoit repartir l'après-dîner, après en avoir reçu les réponses. Il déclara formellement à la compagnie qu'il tueroit le Roi ; de quoi le Sieur Capitaine du Jardin fit donner avis à Sa Majesté, & partit lui-même pour la France. Il en parla au Roi, qui ne parut pas en tenir compte. Il n'en a reçu d'autre récompense que la prison ; il demanda d'être élargi : ce qui fut fait ensuite sans aucun Arrêt de décharge, & il fut récompensé d'un Brevet de 600 liv. de pension.]

19936. ☞ Extrait du Livre intitulé : Recueil de Pièces touchant l'Histoire de la Compagnie de Jesus, composée par le Père Joseph Jouvency, Jésuite : *Liège,* 1713.

C'est comme un Précis du Factum précédent. Il a été réimprimé dans le *Recueil de Pièces historiques & curieuses: Delft,* 1717, *in-12.*]

19937. ☞ Arrêt du 12 Août 1616.

Cet Arrêt est imprimé au tom. IV. du *Journal de Henri IV. in-8. La Haye,* 1741. Il fut donné sur les faits résultans du procès du sieur Capitaine du Jardin de la Garde.]

19938. Ms. Réflexions historiques sur la mort du Roi Henri IV. extrait du Manuscrit écrit de la main d'Augustin le Petit, Sieur du Canon, Avocat au Parlement de Normandie : *in-4.*

Ces Réflexions [étoient] conservées dans la Bibliothèque de M. Foucault, [qui a été dispersée] & dans celle de M. le Baron d'Hohendorff, Colonel de l'Empereur : [cette dernière a été réunie à la Bibliothèque de l'Empereur.] L'Auteur a fait la plupart de ces Réflexions sur les deux Ecrits de Pierre du Jardin, qui sont transcrits dans ce Volume. Il indique les Auteurs & les complices de cet horrible attentat.

19939. Interrogatoire & Déclaration de Mademoiselle D'ESCOMAN : 1616, *in-8.*

Le même Interrogatoire publié sous ce titre : Le véritable Manifeste sur la mort de Henri IV. par la Demoiselle D'ESCOMAN.

Ce Manifeste est imprimé dans le précédent *Recueil de Pièces historiques & curieuses : Delft,* 1717, *in-12.* La Demoiselle d'Escoman n'ayant pu prouver juridiquement les faits qu'elle avoit avancés dans sa Déposition, dont quelques-uns sont des plus curieux, fut condamnée à une prison perpétuelle. Cette Déposition étoit à l'occasion de l'attentat de Ravaillac contre le Roi Henri IV.

« Une certaine Damoiselle nommée d'Escoman, (dit » Mézeray,) donna des avis d'une horrible conspira- » tion sur la personne du Roi. Après qu'il fut mort, elle » persista à tenir ce langage ; même par écrit. Mais on » la traita de folle, & on l'enferma. Si elle l'étoit ou » non, ceux qui l'ont connue & examinée eussent bien » pu nous en laisser leur jugement. Mais la conjoncture » des temps & la grande importance du sujet, ont bien » supprimé des choses ». Tome III. de l'*Abrégé, Chronologique de l'Histoire de France, pag.* 1448, de la première Edition, sous l'année 1610. Mézeray n'avoit pas encore connoissance du Factum de Pierre du Jardin ; car il n'en auroit fait mention : il ne l'a connu sans doute que depuis qu'il a achevé son Histoire. Il y en avoit un Exemplaire manuscrit entre ses papiers, qui furent portés après sa mort à la Bibliothèque du Roi. On lit plusieurs circonstances curieuses de la d'Escoman, *pag.* 357, 361, 376 & 377, des *Mémoires* de Pierre de l'Estoile.

☞ Jacqueline de Voyer, dite d'Escoman, femme d'Isaac de Varenne, avoit appris de Ravaillac même, le jour de l'Ascension 1609, le dessein qu'il avoit d'assassiner le Roi. Les personnes qu'elle accuse sont ; le Duc d'Espernon, la Marquise de Verneuil, la Demoiselle du Tillet, & autres. Elle fit tous ses efforts pour avertir le Roi ou la Reine ; enfin elle s'adressa au père Procureur des Jésuites, qui lui répondit que ce n'étoit pas à elle à se mêler de pareilles affaires. On se saisit de cette femme, & par Arrêt du 30 Juillet, elle fut condamnée à finir ses jours entre quatre murailles.

Voyez Lenglet, *Méth. hist. in-4. tom. IV. p.* 112.]

19940. ☞ Recueil de Pièces historiques & curieuses : *Delft,* 1717, *in-12.* 2 vol.

Il contient quelques Pièces sur la mort de Henri IV. en 1610. Elles ont été indiquées à leur place.

Voyez la *Méth. histor. in-4.* de Lenglet, *tom. IV. pag.* 113. = *Journ. de Henri IV. tom. II. pag.* 153, 166, 230.]

19941. Recueil de Pièces imprimées sur la mort du même : *in-8.*

Ce Recueil est conservé dans la Bibliothèque du Baron d'Hohendorff, [aujourd'hui dans celle de l'Empereur.] Il contient les Pièces suivantes :

1. La mort de Henri le Grand, découverte à Naples en l'année 1608, par Pierre DU JARDIN, Sieur & Capitaine de la Garde, détenu ès Prisons de la Conciergerie du Palais : *Paris,* 1619, *in-8.*

☞ *Voyez* ce qui en a été dit ci-dessus, N.° 19935.]

2. Interrogatoire & Déclaration de Mademoiselle d'Escoman : 1616, *in-8.*

3. Le véritable Manifeste sur la mort de Henri le Grand ; par la Demoiselle d'Escoman : 1616, *in-8.*

☞ En lisant ce Manifeste, on est forcé de convenir, qu'il y a eu une grande scélératesse dans la Demoiselle d'Escoman, en chargeant des personnes comme la Marquise de Verneuil & le Duc d'Espernon, ou une grande fatalité & beaucoup de mauvais desseins dans ceux qu'elle avoit chargés d'avertir leurs Majestés, d'un complot s'il étoit si important de prévenir. Cette Pièce a déjà été rapportée plus haut, N.° 19939.]

4. La Chemise sanglante de Henri le Grand : 1615, *in-8.*

5. Les Mânes de Henri le Grand se complaignant à tous les Princes, Peuples & Potentats : 1615, *in-8.*

☞ C'est une Prosopopée extrêmement vive & satyrique contre le Duc d'Espernon, Concini, les Jésuites & les Ministres. Il y a quelques traits injurieux contre la réputation de la Reine Mère. Cette Pièce vient d'un partisan zélé du Prince de Condé.]

6. La Rencontre de M. d'Espernon & de François de Ravaillac à Angoulême : 1616, *in-8.*

☞ C'est une violente Satyre contre le Duc d'Espernon & le Père Coton, Jésuite, qu'elle dit avoir été les principaux instrumens de la mort du Roi Henri IV. Elle contient en deux mots ce qui se passa dans leur malheureux Conseil, & tout ce qui s'ensuivit. Elle est postérieure à l'Arrêt contre la Demoiselle d'Escoman.]

7. La Rencontre de Henri le Grand au Roi, touchant le Voyage d'Espagne : 1616, *in-8.*

☞ Pièce injurieuse & sanglante contre une grande partie des Seigneurs de la Cour, sans en excepter la Reine Mère. Elle vient d'un partisan des Princes qui y sont beaucoup loués.]

8. L'Ombre de Henri le Grand, au Roi : 1615, *in-8.*

☞ Cette Pièce n'a aucun rapport à la mort de Henri IV, & n'a été réellement faite qu'en 1615. Elle contient uniquement des conseils adressés comme par le Roi Henri IV. à Louis XIII son fils, sur la façon dont il devoit se conduire pour le gouvernement de son Royaume. Elle est sage, & assez bien faite.]

9. Le bon Navarrois, aux pieds du Roi : 1615, *in-8.*

☞ Pièce véhémente, contre ceux qui conseillent l'alliance avec l'Espagne, contre Sa Majesté Catholique, contre le Conseil du Roi, & contre les Auteurs du parricide de Henri IV. On y cite nommément le Duc d'Espernon. L'Auteur reproche au Clergé de vouloir assujettir au Pape la Couronne de France. Ce n'est pas ici seulement qu'on trouve ce reproche, qui concerne ce qui se passa alors dans l'Assemblée des Etats, à l'occasion des Evêques opposés au Serment que proposa le Tiers-Etat sur l'indépendance de la Couronne & la sûreté de la personne des Rois.]

10. Extrait du Manuscrit du Duc d'Aumale : 1616, *in-8.*

☞ Cette Pièce contient une Satyre sanglante contre ceux qui avoient le maniement des affaires. On y accuse le Duc d'Espernon d'avoir suscité les assassins du Roi, & de lui avoir même donné un coup de coûteau ce qui fut apperçu par M. de Montbazon. Les Jésuites y ont aussi leur part. M. d'Aumale est Charles de Lorraine, second fils de Claude, mort dans les Pays-Bas vers 1619.]

11. L'Hermaphrodite de ce temps : *in-8.*

12. Discours au Roi, fait par le vrai Mathaut retourné du Purgatoire & du Paradis : 1616, *in-8.*

☞ Il y a du bouffon & du comique dans cette fiction, où l'Auteur passe quelquefois les bornes de la pudeur & du respect dû aux choses saintes. Il feint d'avoir été chez les morts, où on lui a demandé des nouvelles du Roi & de sa Cour. La plûpart de celles qu'il débite sont ou très connues, ou trop peu développées.]

19942. ☞ Réflexions sur ce qui concerne le Duc d'Espernon, dans la Préface du Supplément aux Mémoires de Condé, (par rapport à la mort de Henri IV.)

Elles se trouvent dans les *Mémoires* de M. l'Abbé d'Artigny, *tom. II. pag.* 313 : (*Paris*, Debure, 1749, *in-12.*) Elles tendent à innocenter le Duc d'Espernon.]

19943. ☞ Les imprécations & furies contre le parricide commis en la personne de Henri IV. traduit du Latin de N. Borbonius; par J. Prevost, du Dorat, avec quelques Vers sur le même sujet : *in-8.*]

19944. * La Navarre en Deuil; par le Sieur de l'Hostal : *Orthez*, 1610, [*Rouen*, Petit, 1611,] *in-12.*

19945. Arrêt du Parlement contre le très-méchant parricide François Ravaillac : *Paris*, Morel, 1610, *in-8.*

19946. Explication des Articles & Chefs d'accusation de crime de lèze-majesté, au sujet du parricide de Ravaillac; avec un Commentaire sur l'Arrêt rendu contre lui en 1610; par Bougler : *Paris*, 1622, *in-8.*

19947. ☞ Relatione del supplicio & morte di Fr. Ravallat; l'anno 1610 : *In Venetia*, Alberti, 1610, *in-8.*]

19948. ☞ Procès de Ravaillac : *Paris*, Richer, 1611, *in-8.*

Le même, nouvelle Edition, (plus ample,) où l'on a rétabli les Interrogatoires de Ravaillac, d'après un Manuscrit de la Bibliothèque du Roi.

Dans le tom. VI. des *Mémoires de Condé*, *part.* 3, *pag.* 199. Voyez à ce sujet la Préface de l'Abbé Lenglet, à la tête de ce Volume.]

19949. ☞ Regicidium detestatum, quæsitum, præcautum ; auctore Franc: Menardo : *Augustoriti Pictonum*, Mesnerii, 1610.

On voit par cette Pièce que Thouard s'est trompé en appellant Ménard Jean : il s'appelloit réellement François, La Dédicace de l'Apologie (ci-après) nous apprend qu'il y a eu encore une Réfutation de Ménard par un nommé Villotré, en Latin, *Villotræus*; elle n'est pas venue à ma connoissance.]

19950. ☞ Pauli Thomæ defensio Engolismensium, contra calumnias Meinardi : *Burdigalæ*, Millanges, 1610, *in-8.*]

19951. ☞ Apologia Victoris Tuartii pro Franco-Gallis, contra mendacia, imposturas & calumnias Joan. Meinardi, Frisii, in Academia Pictaviensi Leguleii, ((seu Apologia præsertim pro Engolismensibus occasione Regicidii : Auctore Dionysio Bultellerio :) *Parisiis*, 1611, *in-8.*

François Menard avoit avancé dans son Libelle, au sujet du Parricide de Henri IV. que ce crime avoit été commis par un Gaulois, & non par un François: Il avoit appuyé son opinion par tous les témoignages qui peuvent prouver que les Gaulois étoient des Peuples cruels, & que les habitans de l'Angoumois étoient une Nation inconnue, barbare & féroce; qu'il n'étoit pas étonnant que Ravaillac en fût sorti, & qu'on devoit étendre la punition sur tout le pays. L'Auteur de l'Apologie, qui est extrêmement vive, l'accuse d'imposture & de calomnie dans tous les faits qu'il allegue, lui fait voir que ses principes tendent à mettre la division parmi les François, & qu'il est inoui qu'on ait puni les innocens avec les coupables; que si on l'avoit fait, il n'y auroit plus de Moines, & qu'il ne resteroit plus que la place des Villes de Sens, de Lyon & de Paris.]

19952. ☞ Discours sur la mort de Ravaillac, exécuté à Paris le 27 Mai 1610 : *Lyon*, 1610.]

19953. ☞ Lettre contenant ce qui s'est passé tant à Paris qu'à Saint-Denys, les 13, 14 & 15 de Mai : *Lyon*, 1610, *in-8.*]

19954. ☞ De cæde Henrici IV. carmen : *Parisiis*, 1610, *in-8.*]

19955. ☞ Exécrations sur le parricide, &c. traduit par Champflour : *Paris*, 1610, *in-8.*]

19956. ☞ Lexivium pro abluendo malesano

sano capite fabulatoris qui cædem Henrici IV. in Jesuitas confert: *Ingolstadii*, 1610, *in*-4.]

19957. ☞ Le Convoy du cœur de Henri IV. jusqu'au Collége (des Jésuites) de la Flèche: *Paris, Rezé*, 1610, *in*-8.

Ces Pères étoient obligés de le porter à pied, mais ils le firent dans un bon carosse, &c. *Journ. de Henri IV. tom. IV. pag.* 101, 107.]

19958. ☞ Nœnie funèbre sur la conduite du cœur du Roi à la Flèche: 1610, *in*-12.]

19959. ☞ Apologia Senatûs Civitatis Coloniæ Agrippinæ, adversùs calumnias Anonymi Scriptoris Gallici, qui cædem Henrici IV. in eadem civitate publicè laudatam in annalibus suis commemorat: *Coloniæ Agrippinæ*, 1611, *in*-4.]

19960. ☞ Le zèle de la Royne & la piété des François, sur le bout de l'an du Roi Henri le Grand: *Paris*, Ramier, 1611, *in*-8.]

19961. ☞ Adieu de l'ame du Roi, avec la défense des P.P. Jésuites; par la Demoiselle de G. (DE GOURNAI:) *Lyon*, Poyet, 1610, *in*-8.]

19962. ☞ Les larmes & sanglots de la désolée France, sur la perte inestimable du très-Chrétien Henri le Grand, Roi de France & de Navarre: *Paris*, 1610, *in*-12.

On trouve à la fin une Pièce en Vers, à la Royne, par le Sieur DU CARROY.]

19963. ☞ Complainte de l'Université sur la mort du Roi Henri, avec la Consolation des Escoliers & l'Exhortation du Roi François régnant à présent; par M. Barthélemi COQUILLON: *Paris*, Veuve N. Buffet, sans date, *in*-8.

C'est une Pièce en Vers.]

19964. ☞ Le Deuil de la France: *in*-8.]

19965. ☞ Le Rameau de verte Epine: 1610, *in*-8.]

19966. ☞ Le Remerciement des Bourrières de Paris, au Sieur de Courbouzon-Montgommery: 1610, *in*-8.]

19967. ☞ Censures de la Faculté de Théologie de Paris contre le parricide des Rois, traduit du Latin: *Paris*, Blanvillain, 1610, *in*-8.]

19968. ☞ Discours pour la sûreté de la Vie & de l'Etat des Rois: *in*-8.]

19969. ☞ Le Songe de Lucidor, sur la mort de Théophile (Henri IV.) par NERVEZE: *Paris*, 1610, *in*-8.]

19970. ☞ Avis à la France; (par Edme COLON, Avocat au Parlement de Dijon:) *Dijon*, 1610, *in*-8.

Cette Pièce contient des regrets sur la mort de Henri IV.]

19971. ☞ La Plante humaine sur le trépas du Roi Henri le Grand, où il se traite du rapport des hommes avec les plantes qui

vivent & meurent de la même façon, & où se réfute ce qu'a écrit Tarquet contre la Régence de la Reine & le Parlement, en son Livre de la Monarchie Aristo-Démocratique; par Louis D'ORLEANS: *Lyon*, 1632, *in*-8.

Cette Pièce a pour objet de consoler la Reine Marie de Médicis de la mort du Roi son mari, & de justifier sa Régence. Elle paroît faite peu de temps après ces deux événemens. Cette Edition imprimée en 1632, peut avoir été précédée d'une autre: ce qu'il y a de sûr, c'est que l'Auteur étoit mort en 1619. Il avoit bien changé de style; car cette Pièce contient un Panégyrique perpétuel de Henri IV. mêlé de digressions & citations fort amples. On n'y trouve rien de particulier sur la mort de ce Prince, fort peu de chose qui puisse servir à l'Histoire; en un mot elle a beaucoup plus d'étendue & de singularité que de mérite.]

19972. ☞ Discours lamentable sur l'attentat & parricide commis contre la personne du Roi Henri IV. *Paris*, Huby, 1610: [*Troyes*, Moreau, 1610], *in*-8.

Ce Discours est de Pierre PELLETIER.

☞ C'est le même qui a paru sous ce titre:

De l'inviolable & sacrée personne des Rois, contre tous les assassins & parricides, qui osent attenter sur leurs Majestés; par PELLETIER: *Paris*, Huby; 1610; *in*-8.]

19973. ☞ Réflexions historiques sur la mort de Henri le Grand.

Elles se trouvent à la suite des *Mémoires hist. sur les Amours des Rois de France*: *Paris*, 1739, *in*-12.]

19974. Remontrance à MM. du Parlement sur le parricide commis en la personne de Henri le Grand: 1610, *in*-8.

☞ L'Auteur de cette Remontrance les invite à rechercher & punir les complices de cet attentat. Il ne tarde pas à les faire connoître. Les Jésuites seuls en sont, selon lui, coupables. Ravaillac, (ajoute-t-il,) étoit leur bras; ils en étoient l'esprit. Les détestables Ecrits que leurs Auteurs ont répandus dans le Public, ont tellement affermi cette malheureuse Doctrine, qu'il ne sert plus à rien de les désavouer comme l'a fait mollement le Père Coton. Il faut arracher l'arbre pour empêcher qu'il ne produise à l'avenir de pareils fruits.]

19975. ☞ Discours sur la mort de Henri le Grand.

Ce Discours est imprimé dans les *Mémoires du Duc de Rohan*: 1646, *in*-12.]

19976. Discours de Guillaume, DU PEYRAT, Aumônier du Roi, sur la vie & mort de Henri IV. *Paris*, Chevalier, 1610, *in*-8.

Cet Auteur est mort en 1645. Il avoit fait imprimer en 1611 un volume *in*-8. qui est un Recueil de trente-sept *Oraisons funèbres* de ce Roi. Je ne rapporte pas en particulier toutes ces Pièces d'éloquence, parcequ'il se trouve un assez grand nombre de Livres d'Histoires, où sont rapportées les actions de ce grand Roi.

19977. * L'Enfer du plus méchant & détestable parricide qui fût jamais, (Ravaillac;) par Jean D'INTRAS: *Bordeaux*, 1610, *in*-8.

19978. ☞ Ms. Histoire déplorable de la mort de Henri IV. *in*-8.

Ce Manuscrit qui est à peu près du temps, est indiqué au Catalogue de M. le Duc de la Vallière, num. 4525.]

Liv. III. Histoire Politique de France.

19979. ☞ Dissertation sur la mort de Henri IV.

Elle se trouve dans le tom. I. des Œuvres de Voltaire : 1756, in-12. 17 vol. On y disculpe toutes les personnes qu'on accusoit ou qu'on soupçonnoit d'avoir trempé dans cet exécrable dessein, & n'en charge que le seul Ravaillac & son fanatisme.]

19980. Histoire de la mort déplorable du Roi Henri le Grand. Ensemble un Poëme, un Panégyrique & une Oraison funèbre dressés à sa mémoire; par Pierre MATTHIEU: *Paris*, Métayer, 1611, *in-fol*. 1612, *in-8*.

☞ Il y a du même Auteur un autre Ouvrage sous ce titre : « Suite de l'Histoire de France, contenant les » derniers faits & mort de Henri IV. *Montbelliard*, Foillet, 1612, *in-12*.

Cela est différent de son Histoire, & peut-être du Livre mentionné en cet Article, que je n'ai point vu.

Voyez à son sujet la *Méth. histor. in-4.* de Lenglet, tom. IV. pag. 113. = Le Gendre, tom. II. pag. 88. = *Vert. & vices de l'Hist.* pag. 104. = Lenglet, Plan de l'*Hist. de France*, tom. II. pag. 23.]

19981. ☞ Discours sur la mort de Henri le Grand; par Jacques DE LA FONS, Angevin: *Paris*, Morel, 1610, *in-8*.]

19982. ☞ Les douleurs de Philire, sur l'horrible parricide commis en la personne de Henri IV. &c. en Vers : *Villefranche*, Jean le Preux, 1610, *in-12*.]

19983. ☞ Aux bons François (après l'assassinat de Henri IV.) *in-12*.]

19984. ☞ Brief Sommaire de tous les très-méchants parricides qui ont ci-devant attenté contre la personne de Henri IV. 1610, *in-12*.]

19985. Consolation envoyée à la Reine Mère, sur la mort du Roi Henri IV. par le Père Louis RICHEOME, Jésuite : *Lyon*, Rigaud, 1610, *in-8*.

Eadem, ex Gallico in Latinum versa, à Nicolao Caussino, ejusdem Societatis : *Antverpiæ*, Verdussi, 1613, *in-4*.]

19986. ☞ Les Tombeaux de Henri le Grand, de César & d'Alexandre : *Paris*, *in-8*.

Cette Pièce est de Clovis HESTEAU, Sieur de Ruyssement. *Voyez* ci-après, N.° 20055.]

19987. ☞ Comparaison de Henri IV. avec Philippe de Macédoine, (père d'Alexandre le Grand;) par M. DE BURY.

Elle est imprimée à la fin de son *Histoire de Henri IV.* ci-après, N.° 20067.]

19988. Epithète d'honneur de Henri le Grand, où par abrégé sont représentées les plus grandes actions de sa vie, & son lamentable trépas; ensemble ses Obséques; par André DU CHESNE : *Paris*, 1610, *in-8*.

19989. Muerte del Rey de Francia Henrique IV. de Borbon; por Juan Pablo MARTIR-RIZO : *En Madrid*, 1625, *in-8*.

19990. Ms. De Vita & Gestis Henrici IV. Liber unus : *in-fol*.

Cette Histoire est conservée dans la Bibliothèque du Roi, num. 9768.

19991. Elogium historicum Henrici IV. ex Gallico Latinum factum; auctore Petro ROVERIO, è Societate Jesu : *Antverpia*, Moreti, 1610, *in-8*.

19992. Tabulæ historicæ ac triumphales & ferales Henrici IV. Galliarum Regis; auctore Petro CORNUTO; in suprema Delphinatûs Curia Senatore : *Lugduni*, Cardon, 1615, *in-fol*.

19993. L'Apollon François, auquel les gestes de Henri IV. sont succinctement écrits, traduit du Latin par Jean Roguenan : *Paris*, 1616, *in-8*.

19994. Discours des faits héroïques de Henri le Grand, en forme de Panégyrique; par Hiérofme DE BENIVENT, Thréforier Général des Finances : *Paris*, Haqueville, 1611, *in-12*.

19995. ☞ La Regia tomba Orationi funerali del P. D. Serafino COLLINI, l'anno 1615, per l'Essequie celebrate in morte di cinque principi eminenti di Rodolfo II. Imperatore, di Henrico IV. Rè di Francia, &c. *In Napoli*, 1615, *in-4*.]

19996. Rodolphi BOTEREII, in Magno Consilio Advocati, Commentariorum Libri septemdecim de rebus in Gallia ac penè toto orbe terrarum gestis, ab anno 1594, ad annum 1610 : *Parisiis*, Chevalier, 1610, *in-8*. 2 vol.

19997. Henrici Magni, Augusti, Pii, Felicis, Clementis, Invicti, Vita : eodem Scriptore. Accedit Henrici Magni Vitæ Breviarium ex Gallico Petri MATTHIEU : Aliud ex Gallico d'AUBIGNÉ. Vers chronologiques de la Vie de Henri le Grand; par le même Raoul BOUTRAYS : *Parisiis*, Chevalier, 1611, *in-8*.

Cette Vie de Henri IV. fait la première partie du troisième Volume des *Annales de France* de ce dernier Auteur, [dont le nom est latinisé dans l'Ouvrage précédent.]

19998. Julii Cæsaris BULENGERI ; Lodunensis, Theologiæ Doctoris, Historiarum sui temporis, Libri XIII. in quibus motuum toto orbe causas, initia, gradus, ab Henrico II. Francorum Rege, ad Henrici IV. obitum deduxit : *Lugduni*, 1619, *in-fol*.

Boulenger commence son Histoire en 1559, & la finit en 1610. Il est mort en 1628.

19999. Préface de Pierre JEANNIN, sur la Vie du feu Roi Henri IV.

Cette Préface est imprimée entre ses Œuvres, p. 742 : *Paris*, 1656, *in-fol*.

20000. Décade contenant la Vie & Gestes du Roi Henri le Grand; par Baptiste LE GRAIN, Conseiller & Maître des Requêtes de la Reine, mère du Roy. En cette Décade est représenté l'état de la France, depuis le dernier Traité de Cambray, en 1559, & ce qui s'est fait incontinent après ; les grandeurs des deux Couronnes de France & de Navarre ; & droit dudit Seigneur sur plusieurs Terres: *Paris*, Laquehay, 1614, *in-fol. Rouen*, 1633, *in-4.*

La Narration de cet Auteur est désagréable, & mêlée de plusieurs traits de Philosophie & d'Histoire tout-à-fait étrangers à son sujet. Il tombe quelquefois dans des vraies puérilités, & même dans des emportemens plus dignes d'un Déclamateur que d'un Historien. Cependant, selon Sorel, *pag.* 352 de sa *Bibliothèque Françoise*, « le Grain a mis dans son Histoire des particularités qui ne se voient point ailleurs ; & l'on juge » qu'elle a été écrite de bonne foi, comme par un vrai » François ». Elle est comprise en dix Livres, ce qui lui a fait donner le nom de Décade.

☞ *Voyez* Lenglet, *Méth. historiq. in-4. tom. II. pag.* 280: *tom. IV. pag.* 101. = *Vert. & Vie. de l'Hist. pag.* 105. = Sorel, *pag.* 518. = *Le Gendre, tom. II. pag.* 16.]

20001. ☞ Discours sur le sujet du Colosse du Grand Roi Henri, posé sur le milieu du Pont-neuf de Paris, avec un Sommaire de la Vie de ce grand Prince, composé par forme d'Inscription pour le pied-d'estal du Colosse : *Paris*, de Montœil, *in-8*.

Ce Discours est de Louis SAVOT, Architecte.

20002. ☞ Les Soupirs de la France sur la mort de Henri IV. & la fidélité des François: *Paris*, Ramier, 1610, *in-8*.

C'est une espèce de Recueil qui contient un Eloge du Roi Henri IV. une Relation succincte de sa mort, & des protestations de fidélité à son Fils & à la Reine Régente.]

20003. ☞ Aux bons François : (1610) *in-8*.

Cette Pièce est contre les Jésuites & les équivoques de la Déclaration du Père Coton. Elle fut faite à l'occasion d'un Sermon de l'Abbé Du Bois Olivier, qui avoit fortement invectivé contre la doctrine homicide enseignée par nombre de ces Pères.]

20004. ☞ Stances sur le très-cruel parricide commis en la personne de Henri le Grand; par (Alexandre) BOUTEROUE : *Paris*, 1610, *in-4.*]

20005. ☞ Henrici Magni Galliæ & Nav. Regis Manes ; auctore LALAVANIO, Parisiensi : 1610, *in-4.*]

20006. ☞ Henrici Magni Apotheosis; auctore Jacobo TORNACIO, Suessionensis Urbis Præfecto Regio : *Parisiis*, Durand, 1612, *in-4.*]

20007. ☞ A l'immortelle mémoire de Henri IV. Roi de France & de Navarre : *Dijon*, Guyot, 1609, *in-12.*]

20008. ☞ Henrici Magni Anagrammata quinquaginta ; auctore S. D'HURVILLE, Blesensi ; cum tetrastichis in singula Anagrammata, & Breviatio Gallico ejusdem Henrici IV. vitæ : *Parisiis*, Huby, 1612, *in-4.*]

20009. ☞ Querimonia super acerbo funere Henrici IV. Elegiaco carmine expressa; auctore Petro DE NANCEL, Procuratoris Regii Substituto.]

Tome II.

20010. ☞ Elogium duplex funebre & historicum Henrici IV. auctore Gasparo ENS: *Coloniæ*, Erffens, 1611, *in-4.*]

20011. ☞ Pro libertate ac salute Gallici Imperii votum, ad augustissimæ memoriæ Henricum Magnum : 1611, *in-4.*]

20012. ☞ Stances de Mademoiselle Anne D'ROHAN, sur la mort du Roi : *Paris*, Chevalier, 1610, *in-8*.

C'est une Pièce de 150 Vers. *Voyez* ce qui en est dit dans les *Remarques* de M. l'Abbé Joli, sur le *Dictionnaire* de Bayle, *pag.* 695.]

20013. ☞ Funèbres Cyprès, dédiés à la Royne Régente, sur la mort de Henri le Grand, en Vers ; par F. CHAMPLOUR, Bénédictin : *Paris*, Libert, 1610, *in-8*.]

20014. ☞ Tombeau de Henri le Grand; par C. GARNIER, en Vers : *Paris*, Libert, 1610, *in-8.*]

20015. ☞ La Palme sacrée de Henri le Grand, avec la Mythologie du vrai Amour & du Persée dévot; à la Reine Marguerite, Duchesse de Senlis, &c. en Vers; par Hélie GAREL, Angevin: *Paris*, Libert, 1611.]

20016. ☞ Larmes sur la mémoire de Henri le Grand; (par Jean D'AULTRUY, Bachelier en Théologie & Régent de Philosophie en l'Université de Paris ;) *Paris*, Jacquin, 1610.]

20017. ☞ Henrico Magno Lachrymæ, Jo. BONNEFONII, Joannis Filii : *Parisiis*, Libert, 1610.]

20018. ☞ Tombeau de Henri le Grand, tiré d'un plus long Poëme de sa Vie héroïque ; par le Sieur METEZEAU : *Paris*, Thierry, 1611.]

20019. ☞ Oraison funèbre récitée en la Chapelle du S. Père au Vatican, aux Obsèques de Henri le Grand, le 28 Mai 1610; par Jacques SEGUIER de Rhodès, traduit du Latin : *Paris*, du Carroy, 1610.]

20020. ☞ Oraison funèbre prononcée en l'Eglise de Paris, aux Obsèques de Henri IV. par Philippe DE COSPEAN, Evêque d'Aire, premier Aumônier & Conseiller de la Reine Marguerite : *Paris*, 1610, *in-8.*]

20021. ☞ Discours funèbre sur la mort du feu Roi; par Jean BERTHAUD, Evêque de Séez : *Paris*, Veuve de l'Angelier : 1610, *in-8.*]

20022. ☞ Harangue funèbre du même, prononcée en l'Eglise de S. Etienne-du-Mont, le 22 Juin 1610; par François-Jean PETRINI : *Paris*, Sonnius, 1610, *in-8.*]

20023. ☞ Sermon funèbre fait aux Obsèques de Henri IV. le 22 Juin 1610, en l'Eglise de S. Jacques de la Boucherie ; par Jacques SUARES, Observantin Portugais: *Paris*, Dufossé, 1610.]

20024. ☞ Le Pourtraict Royal de Henri le Grand, proposé à MM. de Paris, en l'Eglise de S. Loup & S. Gilles, le 23 Juin, pendant qu'on y célébroit ses Obsèques ; par Jean DU BOIS Olivier, Abbé de Beaulieu : *Paris*, Thierry, 1610.]

20025. * Oraison funèbre faite à Paris en l'Eglise de Saint-Germain l'Auxerrois, au Service de Henri IV. Roi de France; par le R. P. Dominique THIBAULT, Frère Mineur : *Paris*, Huby, 1610, *in-8*.

20026. ☞ Harangue funèbre prononcée à Paris, en l'Eglise de S. Méry, au Service de Henri IV. par F. N. DESLANDES, de l'Ordre des Frères Prêcheurs : *Paris*, Huby, 1610.]

20027. ☞ Harangue funèbre prononcée à Paris, en l'Eglise de S. Benoît, au Service fait pour le repos de l'ame de Henri IV. Roi de France ; par F. N. COEFFETEAU, de l'Ordre des Frères Prêcheurs, Prédicateur du Roi : *Paris*, Huby, 1610.]

20028. ☞ Discours funèbre en l'honneur du Roi Henri le Grand, prononcé à Paris en l'Eglise de S. Nicolas des Champs; par le P. MATTHIEU D'ABBEVILLE, Prédicateur Capucin : *Paris*, Delanoue, 1610.]

20029. ☞ Discours funèbre à l'honneur du Roi Henri IV. par le Sieur DE NERVEZE, Secrétaire de la Chambre du Roi : *Paris*, Dubreuil, 1610.]

20030. ☞ Oraison funèbre prononcée en l'Eglise de Rouen, aux Funérailles de Henri IV. le 26 Mai 1610; par le P. François VREVAIN, de la Compagnie de Jesus : *Paris*, Ramier, 1610.]

20031. ☞ Mausolée Royal dressé pour la mémoire du Roi Henri IV. dans l'Eglise de S. Jean de Lyon ; par le P. Jacques GEORGES, de la Compagnie de Jesus : *Paris*, Chappelet, 1610.]

20032. ☞ Discours funèbre & Epitaphe du même ; par le Sieur GOUJON, Jurisconsulte Lyonnois : *Lyon*, Julleron, 1610, *in-8*.]

20033. ☞ Orazione funebre nella morte di Enrico IV. Ré di Francia, dal P. Ottavio MANFREDI, Priore Agostino : *Lione*, Rossino, 1610, *in-4*.]

20034. ☞ Harangue funèbre de Henri le Grand, prononcée en la grande Eglise de Metz, le 21 Juin 1610; par André VALLADIER : *Paris*, Cramoisy, 1610, *in-8*.]

20035. ☞ Oraison funèbre faite aux Obsèques du même, en l'Eglise Cathédrale de Troyes, le 17 Juin 1610; par Denys LATRECEY, Chanoine de ladite Eglise : *Paris*, Ramier, 1610, *in-8*.]

20036. ☞ Oraison funèbre prononcée en l'Eglise Cathédrale d'Orléans, aux Obsèques de Henri IV. par Messire Charles DE LA SAUSSAYE, Conseiller & Aumônier du Roi, Doyen de ladite Eglise : *Paris*, Thierry, 1610.]

20037. ☞ Oraison funèbre sur le trépas de Henri le Grand, prononcée en l'Eglise de Saint-Aignan d'Orléans, le 12 Juin 1610; par Pierre D'AMOUR, Provincial des Jacobins : *Paris*, Thierry, 1610.]

20038. ☞ Oraison funèbre du même, prononcée en l'Eglise Cathédrale de S. Cyr de Nevers, le 20 Juin 1610; par Messire Guillaume BONNET, Chanoine de Nevers, Aumônier du Roi : *Paris*, Percheron, 1610, *in-8*.]

20039. ☞ Oraison funèbre du même, prononcée le jour de son Service dans la Cathédrale de Poitiers, le 21 Juin 1610; par Messire François DE LA BÉRAUDIERE, Abbé Commendataire de Nouaillé : *Paris*, Roussset, 1610, *in-8*.]

20040. ☞ Discours des somptueuses Funérailles de Henri IV. faites par Monseigneur de Tournon en sa Ville, les 28, 29 & 30 Juillet 1610; ensemble, l'Oraison funèbre dite au même lieu ; par le R. P. ARNOUX, Jésuite : *Tournon*, 1610, *in-4*.

Cet Ouvrage est une espèce de Logogryphe singulier & bisarre. L'Auteur a été Confesseur de Louis XIII.]

20041. ☞ Discours funèbre sur la mort de Henri IV. par Louis PONCET, Recteur de la Chapelle Aldobrandine, fondée en Avignon, & Secrétaire de l'Evêque de Séez : *Paris*, Petitpas, 1610, *in-8*.]

20042. ☞ Oratio Francisci VENTURII, in funere Henrici IV. *Parisiis*, 1610, *in-4*.]

20043. ☞ Jacobi LECTII J.C. pro Errico IV° επιταφιος λογος, ex Typogr. Joan. Tornas, 1611, *in-4*.

Ce Discours est aussi imprimé dans les *Œuvres* de Lectius : *in-8*.]

20044. ☞ Apothéose du Très-Chrétien Roi de France & de Navarre, Henri IV. par Jean PRÉVOST, Avocat en la basse Marche.

Dans ses *Poésies : Poitiers*, 1614, *in-8*.]

20045. ☞ L'heureuse entrée au Ciel du feu Roi Henri le Grand, noble Harangue de ses louanges, & sacrée prière des François pour le sacre du Roi nouveau ; par Ch. DE NAVIERES, G. S. P. R. (en Vers) : *Paris*, Métayer, 1610, *in-12*.]

20046. ☞ De Franciâ ab Henrici IV. interim vindicatâ : Exercitatio Scholastica carmine & solutâ oratione, edente J. GRANGIER : *Parisiis*, 1611, *in-8*.]

20047. ☞ Pastorelle pour le Bout-de-l'An de Henri le Grand ; par E. G. T. *Paris*, Porcheron, 1611.]

20048. Ms. Particularités sur les Règnes des Rois Henri III. & Henri IV. avec les titres du Royaume d'Yvetot : *in-fol*.

Ces Particularités [étoient] conservées dans la Bibliothèque de M. le Chancelier Seguier, [aujourd'hui en celle de S. Germain des Prés.]

20049. Mſ. Chronique des Rois de France, depuis Pharamond jusqu'à Louis XIII. *in-fol.*

Cette Chronique eſt citée *pag.* 520, du Catalogue de la Bibliothèque de M. de Thou.

20050. Mſ. Ludovici FERRONII Henriados Libri quatuor, ſive de rebus geſtis Henrici Magni Francorum Regis : *in-fol.*

Ce Poëme héroïque [étoit] conſervé à Paris dans la Bibliothèque de M. de Bouthillier, ancien Evêque de Troyes.

20051. Guillelmi SOSSII, de Vita Henrici Magni, Libri quatuor : *Pariſiis*, 1622, *in-8.*

La même Vie, traduite en François, par Jean Tournet : *Paris*, 1624, *in-8.*

☞ *Voyez* la *Méth. hiſt.* de Lenglet, *in-4. tom. IV. pag.* 101.]

20052. Henricus Magnus; à Claudio Bartholomæo MORISOTO, Divionenſi : *Lugduni-Batavorum*, (*Divione*,) 1624, *in-8.* *Geneve*, Aubertus, 1627, *in-12.*

Cet Auteur, qui a écrit cette Vie du Roi Henri IV. eſt mort en 1661.

☞ *Voyez* Lenglet, *Méth. hiſtor. in-4. tom. IV. pag.* 101. = L'*Eſprit de la Ligue*, *tom. I. pag.* xxviij.]

20053. ☞ Henri le Grand, Poëme : *Paris*, 1661, *in-16.*]

20054. ☞ Regrets funèbres ſur la mort de Henri IV. par Charles DE RÆMOND, Abbé de la Frenade : *Paris*, 1610, *in-8.*]

20055. ☞ Parallele de Céſar & de Henri IV. par Antoine DE BANDOLE.

Cette Pièce ſe trouve imprimée avec la Traduction des *Commentaires de Céſar*, par Vigenere : *Paris*, 1609, 1625, *in-4.*]

20056. Particularités de la Vie de Henri le Grand.

Elles ſont imprimées au tom. II. des *Mémoires de M. le Duc de Nevers* : *Paris*, 1665, *in-fol.* Ce n'eſt qu'un Recueil de Pièces du temps, compoſées par divers Auteurs.

20057. ☞ Anecdote ſur Henri IV. par M. FRÉRON.

Dans l'*Année Littéraire*, 1754, *tom. IV. p.* 275.]

20058. ☞ La Partie de Chaſſe de Henri IV. Comédie en trois Actes & en Proſe; par M. COLLÉ, avec quatre Eſtampes de M. Gravelot : *Paris*, 1766, *in-8.*]

20059. Petri D'AULBEROCHE, de rebus geſtis Henrici IV. Galliæ Regis.

Cette Hiſtoire eſt imprimée avec ſes *Geſta Ludovici XIII. Pariſiis*, 1626, *in-8.*

20060. Hiſtoire de Henri le Grand, (en Hollandois;) par Pierre Corneille HOOFTS, Bailli de Groyland : *Amſterdam*, 1626, *in-fol. Ibid.* 1638, *in-4. Ibid.* 1652, *in-12.*

20061. Hiſtoire de Henri le Grand; par Scipion DUPLEIX, Hiſtoriographe de France : *Paris*, 1632, 1635, 1639, *in-fol.*

C'eſt un des Volumes de ſon *Hiſtoire générale de France*, & contre lequel le Maréchal de Baſſompierre a écrit.

20062. Diſcours ſur les Hiſtoriens de ces derniers temps; par Maximilien de Béthune, Duc DE SULLY.

Ce Diſcours eſt imprimé au tom. IV. de ſes *Mémoires, pag.* 204 : *Paris*, Courbé, 1662, *in-fol.* L'Auteur prend la défenſe de Henri IV. & ſe défend lui-même contre les accuſations calomnieuſes de pluſieurs Auteurs, & entr'autres de Dupleix, & de deux autres Libelles qui paroiſſoient depuis peu de temps.

20063. * Sommaire de la Vie de Henri IV. (publié ſur un Manuſcrit du temps; par VIGNOLLE:) *Paris*, de Sommaville, 1636, *in-8.*

20064. Abrégé de la Vie de Henri IV. *London*, 1637, *in-8.* (en Anglois.)

Grégorio Léti, dans la *Vie de Cromwel*, dit qu'il traduiſit en 1632 la Vie de Henri IV. Roi de France.

20065. Le Règne ſans Favoris, ou Abrégé de la Vie du Roi Henri le Grand, dédié aux bons François : *Paris*, Quenet, 1649, *in-4.*

Ce n'eſt qu'une Brochure de ſix pages.

20066. Hiſtoire du Roi Henri IV. par Hardouin DE PEREFIXE, Précepteur du Roi Louis XIV. Evêque de Rodez : [*Paris*, &] *Amſterdam*, 1661, *in-12.*

La même, revue, corrigée & augmentée par l'Auteur : *Paris*, 1662, *in-4. Amſterdam*, 1678 : *Paris*, 1681, *in-12.*

☞ L'Edition de Paris de 1681 eſt augmentée par l'Auteur, d'un Recueil de quelques belles actions & paroles mémorables de ce Roi.]

☞ La même Hiſtoire : *Paris*, 1749, *in-12.* 2 vol.]

La même, traduite en Allemand : *Léipſick*, 1669, *in-12.*

La même, traduite en Hollandois ; par Jean Dullaert : *Harlem*, 1679, *in-12.*

La même, en Flamand : *Amſterdam*, 1682, *in-4.* 2 vol.

La même, traduite en Anglois : *London*, 1670, *in-8.*

Hardouin de Péréfixe eſt mort Archevêque de Paris, en 1671. Son Hiſtoire n'eſt pas écrite avec moins d'exactitude & de politeſſe, que de ſolidité. Ce n'eſt qu'un échantillon du Sommaire de l'*Hiſtoire générale de France*, que l'Auteur dit, dans ſa Préface, avoir compoſé par le commandement du Roi. Il ajoute, que ſon intention n'a été que de recueillir tout ce qui peut ſervir à former un grand Prince; qu'il n'a pas trouvé à propos d'entrer dans le détail des choſes; qu'il n'a pris que le gros, & n'a rapporté que les circonſtances qu'il a jugé les plus belles & les plus inſtructives. Il y a bien des gens qui croient que Mézerai eſt l'Auteur de cette Hiſtoire, quoiqu'elle paroiſſe ſous le nom de M. de Péréfixe ; mais s'ils veulent ſe donner la peine de la comparer avec l'Abrégé de Mézerai, ils y trouveront tant de différence dans la narration des mêmes faits, mais ſur-tout dans le ſtyle, qu'ils pourront bien changer de

Liv. III. Histoire Politique de France.

sentimens, après les avoir lus; car le style de cette Histoire est beaucoup plus régulier que celui de Mézerai.

☞ Cette Histoire contient en entier la Vie de ce Prince, depuis sa naissance en 1553, jusqu'à sa mort en 1610. Il passe pour assez constant que Mézerai avoit fourni les Mémoires pour la composer, & qu'il se plaignoit même d'en avoir été mal récompensé. Mais ils ont été fondus & arrangés par M. de Péréfixe, dont le style est bien différent de celui de Mézerai, qui étoit dur & peu châtié. Celle-ci est écrite avec élégance & dignité. Voyez le *Carpenteriana*, pag. 374, l'*Histoire de l'Académie Françoise* de M. d'OLIVET, tom. II. p. 130 & 180. D'autres, comme Benoît, dans son *Histoire de l'Edit de Nantes*, tom. I. & M. de LARREY, dans son *Histoire de Louis XIV*. tom. IV. pag. 83, l'ont attribuée au Père Annat, Confesseur de Louis XIV. qui avoit prêté sa plume à M. de Péréfixe. Mais le Père Annat connoissoit mieux les disputes théologiques que les événemens de l'Histoire; il écrivoit beaucoup mieux en Latin qu'en François; & ce que nous avons de lui en cette dernière Langue, ne répond nullement à la pureté du style de l'*Histoire de Henri IV.*

Voyez sur cet Ouvrage la *Méth. hist.* de Lenglet, in-4. tom. II. pag. 280, & tom. IV. pag. 101. = Sorel, pag. 519. = *Bibl. Harley*. tom. II. pag. 521. = *Vie de Mézerai*, pag. 55. = Le Gendre, tom. II. p. 50. = Lenglet, *Plan de l'Hist. de France*, tom. IV. pag. 21. = *Isag. in noêt. Script. Hist. Gall.* part. 2, pag. 17. = *Siècle de Louis XIV.* = *Dictionnaire* de Prosper Marchand, au mot *Lunnel*.]

20067. ☞ Histoire de la Vie de Henri IV. Roi de France & de Navarre; par M. DE BURY : *Paris*, Saillant, 1765, in-4. 2 vol. & 1766, in-12. 4 vol.

La même, nouvelle Edition, corrigée & augmentée : 1767; in-12. 4 vol.

Il y a des portraits au nombre de dix, dans chacune des Editions; ils sont gravés par Chenu. On trouve à la fin du dernier Volume; « Comparaison de Henri IV. » avec Philippe, Roi de Macédoine, par le même.]

20068. ☞ Journal du Règne de Henri IV. Roi de France & de Navarre; par Messire Pierre DE L'ETOILE, Grand Audiencier en la Chancellerie de Paris : *Paris*, 1732, in-8. 2 vol.

C'est la suite du *Journal de Henri III.* rapporté ci-dessus, N.° 19137. Il y a plusieurs lacunes. La première, depuis 1589 jusqu'au 22 Mars 1594; la seconde, depuis 1598 jusqu'au 8 Mars 1602; & la troisième, depuis le 18 Mars 1607 jusqu'au 15 Mai 1610. Il contient aussi quelque chose du Règne de Louis XIII. depuis le 15 Mai 1610 jusqu'au 27 Septembre 1611.

Les lacunes s'étant retrouvées manuscrites dans la Bibliothèque de M. le Président Bouhier, il les a données au Public, sous le titre de *Supplément au Journal de Henri IV*. Paris, 1732, in-8.]

☞ Le même, avec des Notes; (par le Père BOUGES, Augustin) : *Paris*, 1736, in-8. 2 vol.]

☞ Autre Edition, avec des Pièces & des Remarques : *Paris*, 1741.

C'est la meilleure Edition. Nous en parlerons, ci-après, au commencement du Règne de Louis XIII. N.° 20079.]

20069. ☞ Histoire des Amours du grand Alcandre, avec la Clef & des Observations.

Nous sommes redevables de cette ingénieuse Pièce à Louise-Marguerite DE LORRAINE, fille du Duc de Guise, tué à Blois en 1588, seconde femme de François de Bourbon, Prince de Conti, morte le 30 Avril 1631. Elle joue un grand rôle dans cette Histoire, qui contient plusieurs anecdotes de celle de Henri IV. & de beaucoup de personnes de la Cour, sous des noms déguisés. On peut vraiment l'appeller la *Chronique scandaleuse du Roi Henri IV*. Elle est imprimée au tom. IV. du *Journal de Henri III.* Edition de 1744, in-8.]

20070. ☞ Recueil de quelques actions mémorables, & paroles de Henri IV.

Il est imprimé au tom. IV. du *Journal de Henri III.* 1744, in-8.]

20071. ☞ Recueil de quelques dits notables du Roi Henri IV.

Il se trouve au tom. II. des *Lettres d'Estienne Pasquier*, Edition de 1619, pag. 582.]

20072. ☞ Eloge de Henri le Grand, Roi de France & de Navarre; par M. DE SAPT. *Lyon*, Cellier, & *Paris*, Dufour, 1768, in-8.

On y trouve les beaux sentimens qui animent encore aujourd'hui un cœur François.]

20073. ☞ Ms. Recueil de Pièces sur le Règne de Henri IV. soixante & dix Portefeuilles : *in-4.*

Ce sont les num. 390-359, de la Collection de M. de Fontanieu, qui est à la Bibliothèque du Roi.]

☞ On peut encore consulter, pour l'Histoire du Roi Henri IV. & de son Règne, = l'*Histoire du Royaume de Navarre*, par l'un des Secrétaires de Sa Majesté, jusqu'en 1596. = l'*Histoire de ce Règne*, par Matthieu, = le Tome II. des *Lettres d'Estienne Pasquier*, depuis le quatorzième Livre jusqu'au vingtième; = les Tomes IV. & V. de la nouvelle Edition du *Journal de Henri III.* = les *Mémoires de Sully*, = ceux de Moers, = ceux de Villeroy, = la *Vie d'Espernon*, & le *Baron de Fenese*, = les *Mémoires Militaires de Mergey*, = les *Mémoires de Boyvin de Villars*, = l'*Histoire du Duc de Mercœur*, = la *Vie de du Plessis-Mornay*, = celle de Henri, Duc de Bouillon, = l'*Histoire du Cardinal de Joyeuse*, = celle de Lesdiguières, = le Tome I. de l'*Histoire de l'Edit de Nantes*, = l'*Essai sur les Guerres civiles* de Voltaire, = les *Actes des Martyrs Calvinistes*, par Crespin, jusqu'en 1597, = les *Mémoires de du Plessis-Mornay*, = la Vie du brave Crillon, jusqu'en 1601, = les *Mémoires d'Arnaud d'Andilly*, depuis 1590, = les *Mémoires de Bassompierre*, depuis 1598, = ceux de Pontis, = les *Mémoires chronologiques du Père d'Avrigny*, depuis 1600, = l'*Abrégé de l'Histoire Ecclésiastique de Racine*, de même, = l'*Histoire de la Mère & du Fils*, de même, = les *Commentaires de Louis Freton*, Seigneur d'Escovas, qui se trouvent au tom. III. du *Recueil de Pièces fugitives du Marquis d'Aubais*, depuis 1600, = les *Memorie recondite de Vittorio Siri*, depuis 1601, = les *Lettres de Nicolas Pasquier*, = le *Mercure François*, depuis 1605, = la *Henriade* de Voltaire, = les *Notes* IX. & X. du tom. V. de l'*Histoire de Languedoc*, de DD. de Vic & Vaissete, = l'*Eloge de M. de Sully*, Ministre de Henri IV. par M. Thomas, = les derniers Volumes de l'*Histoire d'Espagne* par Ferreras, qui finit à la mort de Philippe II. en 1498; *Paris*, 1742-1751, in-4. 10 vol. = les derniers tomes des Histoires de France par Mézerai & Daniel.]

§. II.

Règne de Louis XIII. depuis l'an 1610 jusqu'en 1643.

20074. L'HOROSCOPE du Roi, par lequel la Ville de Lyon prétend qu'ayant eu l'honneur de la conception du Roi Louis XIII. elle est sa vraie patrie & non le lieu de sa naissance; par GOUJON-FIERE, Avocat à Lyon: *Lyon*, 1622, *in-4*.

☞ C'est un Eloge très-verbeux de ce Prince. L'Auteur soutient qu'ayant été conçu à Lyon, c'est cette Ville qu'il doit regarder comme sa patrie; que le signe du Capricorne ayant présidé à sa conception, & celui de la Balance à sa nativité, il ne peut manquer d'être heureux & juste, & qu'il est probable que celui du Lyon a présidé à l'une ou à l'autre, puisqu'il sçait si bien réunir la puissance au bonheur & à la justice. On ne s'attendroit pas à la conclusion qu'il en tire; c'est qu'il demande à ce Prince l'établissement d'un Parlement dans la Ville de Lyon, pour illustrer sa patrie, & faire jouir ses Compatriotes des avantages qui leur en reviendroient.]

20075. ☞ Regrets funèbres sur la mort de Henri IV. avec le Couronnement de Louis XIII. & les magnificences de son Mariage: *Rouen*, 1617, *in-8*.]

20076. ☞ Remontrances très-humbles à la Royne Mère, Régente, pour la conservation de l'Etat pendant la minorité du Roi son fils: *Paris*, Petit-pas, 1610.

L'Auteur de ces Remontrances est Nicolas PASQUIER, Conseiller & Maître des Requêtes ordinaires de l'Hôtel du Roi. Il entre dans un grand détail, tant pour ce qui regarde la personne du Roi, que la gloire du Royaume & le bonheur de ses Peuples.]

20077. ☞ Déclaration du Roi sur les Edits de Pacification: 1610.]

20078. ☞ Exhortation au Peuple, sur la concorde de la France; par Nicolas PASQUIER: *Paris*, 1611.]

20079. Mémoires curieux pour servir à l'Histoire de France, depuis l'an 1515 jusqu'en 1611, avec des Remarques & des Figures: *Bruxelles*, Foppens, 1718, *in-12*. 2 vol.

Pierre DE L'ESTOILLE, Grand Audiencier de la Chanrie de France, est mort en 1611. Ses Mémoires contiennent peu de choses jusqu'au Règne de Charles IX. Le *Journal de Henri III*. imprimé plusieurs fois, fait une des principales parties de ses Mémoires.

Voyez la Note ci-dessus, au *Journal de Henri III*. à la fin de son Règne, [N.° 19137.]

☞ Le Tome I. s'étend depuis l'an 1515 jusqu'en 1589, & finit à la mort de Henri III.

Le Tome II. commence en 1589, à l'avénement de Henri IV. & finit en 1611.

Le premier Tome de ces Mémoires se trouve en entier dans la dernière Edition du *Journal de Henri III*. *Paris*, 1744, *in-8*. 5 vol. rapportée ci-devant.

Le second Tome est entièrement différent du *Journal de Henri IV*. dont la dernière Edition de 1741 forme l'article suivant. Ainsi, quoiqu'on aye les deux Journaux de ces deux Editions, qui sont les dernières & les plus complettes, on n'est pas pour cela dispensé d'avoir les *Mémoires de l'Estoille*. On trouve dans le *Ducatiana*, pag. 304, & dans le tom. I. de l'Edition de 1744, du *Journal de Henri III*. des Remarques sur l'Edition de ces *Mémoires de l'Estoille*, donnée en 1718.

Voyez la *Méth. histor. in-4*. de Lenglet, tom. IV. pag. 101.= *Journ. des Sçav.* Févr. 1733, Octob. 1741. = *Journ. de Verdun*, Sept. 1732.= Merc. Août, 1732, = *Journ. de Leipf.* 1721, pag. 168.= *Observ. sur les Ecr. mod. Lettr.* 39.= *Mém. de Trévoux*, Janv. 1736.]

20080. ☞ Journal du Règne de Henri IV. Roi de France & de Navarre; par M. Pierre DE L'ESTOILLE, Grand Audiencier en la Chancellerie de Paris, avec des Remarques historiques & politiques du Chevalier C.B.A. (l'Abbé LENGLET,) & plusieurs Pièces historiques du même temps: *La Haye*, Frères Vaillant: (*Paris*,) 1741, *in-8*. 4 vol.

Ce Journal, (dont on a déja parlé ci-devant, N.° 20068) s'étend depuis 1589 jusqu'en 1611, & donne ainsi quelque chose du Règne de Louis XIII.

On est redevable à M. le Président Bouhier de l'état où se trouve à présent ce Journal. C'est ce sçavant Magistrat qui, en 1732, en retrouva l'original, d'où l'on a tiré le Supplément, qui commence au 22 Mars 1594, & qui va jusqu'en 1611, à l'exception de quelques lacunes. Il contient un grand nombre de faits intéressans & curieux, propres à éclaircir l'Histoire du temps. On y voit les motifs secrets, les diverses intrigues & les ressorts qui ont produit tant d'événemens singuliers qui caractérisent le Règne de Henri IV. Le nouvel Editeur a enrichi ce Journal de quantité de Notes utiles, pour en dévoiler les secrets, & qui sont toutes tirées des meilleurs Auteurs contemporains. Il a placé à la fin du Tome IV. quelques Pièces rares, qui servent comme de Preuves à tout l'Ouvrage.

Voyez ce qui en est dit dans l'*Esprit de la Ligue*, tom. I. pag. xvij.]

20080. ☞ Lettre de M. DE ROSNY (ou DE SULLY,) à la Royne Régente, (en donnant la démission de ses Charges, & se retirant de la Cour après la mort de son maître:) 1611.]

20081. ☞ Lettre de M. DE ROSNY aux Eglises réformées, au sujet de la destitution de ses Charges: 1611.

Ces deux Pièces sont dans ses Mémoires.]

20082. ☞ Le Surveillant de Charenton, à MM. de l'Assemblée générale convoquée à Saumur: 1611.

Pièce sur le même sujet, où on conseille à M. de Sully de ne point insister sur son rétablissement, & de ne pas demander la récompense qui lui a été promise, mais de se soumettre en tout à la volonté de leurs Majestés.]

20083. ☞ Complainte à la Royne Mère, par le Soldat Catholique, touchant les fausses accusations que l'on fait contre les PP. Jésuites: 1610, *in-8*.]

20084. ☞ Réprimande & juste Remontrance du fidéle Catholique, sur les faux Ecrits que sément les Hérétiques du temps présent: 1611, *in-8*. en Vers.]

20085. ☞ Remontrance à MM. des trois Etats du Pays & Duché de Bourgogne, au sujet de leur Assemblée du 8 du mois d'Août prochain; par M. Jean DE SOUVERT: 1611, *in 8*.]

20086. ☞ Harangues du Crocheteur assis sur la Cloche de la Samaritaine: *in-8*.]

20087. ☞ Complainte à la Royne Mère faite par le Soldat Catholique: 1611, *in-12*.]

20088. ☞ Le franc & loyal Avis du Che-

valier Catholique ; par le Sieur DES PON-
TIERES : 1611, *in-12*. en Vers.]

20089. ☞ Le Passe-temps de Maître GUIL-
LAUME : 1611, *in-12*.]

20090. ☞ Utile & salutaire Avis au Roi
pour bien régner (vers 1612) : *in-12*.

Ce petit Ouvrage est d'Antoine ARNAUD, Avocat,
comme on l'apprend *pag.* 14 des *Mémoires* d'Arnaud
d'Andilly son fils : 1734, *in-12*.]

20091. ☞ Réception faite dans le Louvre
au Duc de Pastrane : *Paris*, 1612, *in-12*.]

20092. ☞ Les Alliances Royales & Réjouissances précédentes les Mariages des
Enfans de France & d'Espagne : *Lyon*,
1612, *in-8*.]

20093. ☞ Les Feux de joie de la France
sur l'Alliance de son Roi avec l'Infante d'Espagne : *Lyon*, 1612, *in-8*.]

20094. ☞ La Réponse de GUÉRIN à M*e*
Guillaume, & les Réjouissances des Dieux
sur les mêmes Alliances : *Paris*, 1612, *in-8*.]

20095. ☞ Histoire de ce qui s'est passé au
Parc Royal, sur la réjouissance du Mariage
du Roi avec l'Infante d'Espagne ; par le
Sieur G. L. C. *Paris*, 1612, *in-8*.]

20096. ☞ Le Triomphe Royal, &c. *Paris*,
1612.]

20097. ☞ Histoire de ce qui s'est passé en
Espagne pour l'accomplissement du Mariage
du Roi de France & de l'Infante d'Espagne, &c. *Paris*, 1612, *in-8*.]

20098. ☞ Relation de ce qui s'est passé
sur l'arrivée de MM. les Ducs de Mayenne
& d'Aiguillon en Espagne, pour l'accomplissement du Mariage de Louis XIII. & de
l'Infante d'Espagne, &c. *Paris*, Bertaud,
1612, *in-8*.]

20099. ☞ Les Articles du Mariage de Don
Philippe d'Espagne, & de Madame Eliza-
beth de France, arrêtés le 20 Août 1612 :
Paris, 1615, *in-12*.]

20100. ☞ Congratulation au Peuple François, sur l'Alliance de France & d'Espagne :
Paris, 1612, *in-8*.]

20101. ☞ La Consolation du Soldat François : 1612, *in-8*.]

20102. ☞ L'Enjouissance des François à la
Royne, sur les nouvelles Alliances : *Lyon*,
1612, *in-8*.]

20103. ☞ Stances sur les accords du Mariage du Roi de France & de l'Infante d'Espagne : *Paris*, 1612, *in-8*.]

20104. ☞ Le Portrait du Très-Chrétien
Roi de France Louis XIII. par Claude GAR-
NIER, G. P. traduit de rime Françoise en
Prose Espagnole ; par César Oudin : *Paris*,
Durand, 1612, *in-8*.

On trouve les Vers François d'un côté, & la Traduction Espagnole de l'autre.]

20105. ☞ Remontrance aux Eglises réformées de ce Royaume : 1613, *in-8*.

L'Assemblée de Saumur du 20 Juillet 1611, avoit
résolu de rétablir les Conseils & les Assemblées des Provinces qui avoient été cassées par l'Article 82 de l'Edit.
L'Auteur fait voir qu'on ne peut le faire sans y contreve-
nir, par conséquent sans être criminel, & sans donner
atteinte à l'obéissance que tout Sujet doit à son Prince.]

20106. ☞ La Guerre des Singes & des
Marmousets, représentée par un Discours
véritable de ce qui s'est passé à la Rochelle
le Vendredi 11 Janvier 1613, sur le sanglant dessein des factieux, contre leurs compatriotes : *in-8*.

En conséquence de la Résolution de Saumur, les Prétendus-Réformés des Provinces de Bretagne, d'Anjou,
de Saintonge & de Poitou, s'étoient assemblés sans la
permission du Roi, mais à l'instance de M. de Rohan,
pour tenir le Cercle à la Rochelle. La Cour l'ayant
sçu, le défendit expressément. Le Corps de Ville, vu
la Déclaration de leurs Majestés, ne voulut plus permettre l'Assemblée du Cercle, dont les Députés prirent la
résolution de massacrer les principaux Habitans, & de
changer la forme du Gouvernement. C'est ce qu'ils auroient exécuté le 11 Janvier, s'ils n'eussent été prévenus.]

20107. ☞ Emotion arrivée en la Ville de
Nismes en Languedoc, le 15 Juillet de l'an
1613, envoyée par les Sieurs Consuls dudit
Nismes, aux Sieurs Députés généraux des
Eglises Réformées de France, résidens près
leurs Majestés ; avec l'Excommunication de
M*e* Jérémie Ferrier, telle qu'elle a été prononcée en l'Eglise de Nismes, le Dimanche
14 de Juillet : 1613.]

20108. ☞ Parénétie, ou Discours de Remontrances au Peuple François, sur le sujet
de la Conjuration contre l'Etat : 1613;
in-8.]

20109. ☞ Expeditio Juliacensis : *in-8*.]

20110. ☞ La Réjouissance des Femmes sur
la defense des Tavernes & Cabarets : 1613;
in-8.]

20111. ☞ Manifeste du Duc DE SAVOYE,
sur les raisons qui l'ont meu de prendre les
armes, pour le recouvrement du Marquisat
de Montferrat : 1613, *in-4*.

Ce Manifeste est en Italien & en François.]

20112. Discours de la Guerre entre Louis XIII.
& le Duc de Savoye : *Genève*, 1613, *in-8*.

20113. Le Tableau de tous les Traités de la
Paix, ou l'Histoire de ce temps : *Paris*, Laquehay, 1614, *in-8*.

C'est une fiction sous des noms déguisés, composée
par DU PRESCHIER.]

20114. ☞ Arrêt de la Cour de Parlement
sur l'exécution de l'Edit contre les Duels,
donné ensuite du Duel fait la nuit du 25
Janvier dernier, entre quatre Seigneurs de
la Cour : *Lyon*, 1614, *in-8*.]

20115. ☞ Copie de la Lettre de la Reine
à M. de Lesdiguières ; de Paris, le 12 Février 1614 : *in-8*.

Il y est question de la retraite des Princes, & la Reine
tâche

Règne de Louis XIII. 1614.

tâche de justifier son administration, dont ils se plaignoient.

20116. ☞ Lettre de M. DE NEVERS à la Royne, & de M. le Prince DE CONDÉ à M. le Prince de Conti, du 18 Février 1614: in-8.]

20117. ☞ Lettre de M. le Prince au Parlement de Paris, présentée par le Sieur de Fiefbrun, le 22 Février 1614: in-8.

[Le Prince de Condé, dans toutes ces Lettres, s'excuse sur sa conduite, & demande la réforme de tous les abus du Gouvernement.]

20118. * Lettre écrite à tous les Parlemens du Royaume, aux Gouverneurs des Provinces & des Places, aux Prévôts des Marchands, Maires & Echevins des Villes, pour les exhorter à demeurer fidéles au Roi: Paris, 1614, in-8.

20119. Lettre du Prince de Condé, (Henri II. DE BOURBON,) à la Reine Mère: 1614, in-8.

☞ Cette Lettre est datée de Mezières, du 18 Février 1614. Elle fait le détail des abus qui sont à réformer, & demande la convocation des Etats-Généraux. Elle contient aussi les causes pour lesquelles ce Prince & ceux qui l'assistent, se sont assemblés à Mézières. Elle fut donnée à la Reine le 21 Février, par le Sieur de Roger.]

20120. Réponse pour la Reine à cette Lettre: Paris, 1614, in-8.

20121. Réponse de la Reine Régente à la même Lettre, [de Paris, le 27 Février:] Paris, 1614, in-8.

☞ Elle répond article par article. La Reine assure le Prince que la tenue des Etats est résolue. Elle s'explique sur la préférence qu'on a donnée au Roi d'Espagne sur le Duc de Savoye, au sujet des Mariages, & exhorte le Prince à demeurer fidèle à son devoir.]

20122. ☞ Lettre de M. DE VENDOSME au Roi, datée d'Ancenis le 1 Mars 1614: in-8.]

Seconde Lettre du même, au Roi, avec une Lettre à la Reine: datées de Lamballe le 27 Mars 1614: in-8.

Ce Prince y excuse sa sortie de la Cour.]

20123. Le Manifeste de M. le Prince, envoyé au Cardinal de Joyeuse: 1614, in-8.

☞ L'Auteur qui parle en tierce-personne, après avoir représenté à ce Cardinal les suites des mauvais conseils qu'on donne à la Reine, l'invite à supplier cette Princesse de ne pas les croire, d'accorder l'Assemblée libre & sûre des Etats-Généraux, & de faire désarmer & renvoyer les Etrangers.]

20124. Apologie pour Monsieur le Prince de Condé, sur son départ de la Cour: 1614, in-8.

☞ C'est plutôt l'Apologie de la Reine, du Marquis d'Ancre & de l'Alliance de la France avec l'Espagne.]

20125. Le Serviteur fidèle, & l'Homme d'Etat, Dialogue: 1614, in-8.

☞ Ce Dialogue roule sur les affaires du temps, & sur la prise d'armes des Princes. Le Serviteur fidèle, qui est attaché au Prince de Condé, tâche de disculper son

maître. L'Homme d'Etat prouve qu'il n'est jamais permis aux Sujets d'imposer des loix à leur Souverain.]

20126. ☞ La Réponse à la Lettre de M. le Prince, envoyée à MM. du Parlement de Bordeaux: 1614, in-8.]

20127. ☞ Lettre du Sieur PELLETIER à M. le Prince de Condé du 17 Mai: in-8.

Il s'excuse de ce qu'on lui attribuoit une Lettre du Parlement de Bordeaux.]

20128. ☞ Procès-verbal de la révolte faite par ceux de Poitiers, au Duc de Roannès leur Gouverneur: 1614, in-8.]

20129. ☞ Lettre du Prince DE CONDÉ à la Reine, sur le refus à lui fait par ceux de Poitiers: 1614, in-8.]

20130. Justice demandée par le Prince DE CONDÉ à la Reine, de la rébellion de Poitiers: 1614, in-8.]

20131. ☞ Lettre de M. DE BOUILLON à M. le Prince, sur l'affaire de Poitiers: 1614, in-8.]

20132. ☞ La Justice que M. le Prince demande à la Reine, de la rébellion de Poitiers: 1614, in-8.

Pièce d'un Sçavantasse, qui ne dit presque rien de son sujet.]

20133. ☞ Remerciement au Roi, par les Habitans de Poitiers, sur le soin que Sa Majesté a eu de leur conservation: 1614, in-8.]

20134. ☞ Avis à Monseigneur le Prince: 1614. in-8.

On l'invite à porter plutôt ses armes en Flandres contre l'Espagne, qu'à s'en servir contre sa propre patrie.]

20135. ☞ Lettre de la Reine au Parlement de Bretagne: 1614, in-8.]

20136. ☞ Lettres du Roi, avec l'Ordonnance dudit Seigneur, portant défenses de lever ni d'assembler aucunes troupes sans commission & exprès commandement de Sa Majesté, avec l'Arrêt de la Cour en conséquence d'icelles: 1614, in-8.

20137. ☞ Extrait des Registres du Parlement: 1614, in-8.

C'est contre le Prince de Condé & les autres Seigneurs, qui sans la permission du Roi & pendant son absence, ont pris les armes & commettent grand nombre d'hostilités.]

20138. ☞ Lettre de la Reine Régente, envoyée à MM. du Parlement (de Paris): 1614, in-8.

Elle est du dernier Mai. Cette Princesse leur donne avis de la réconciliation du Prince de Condé.]

20139. ☞ Lettre de M. DE VENDOSME à la Reine, sur son Entrée à Vannes: du 15 Juin 1614, in-8.]

20140. ☞ Réponse de M. le Cardinal DE SOURDIS, à la Lettre de Monseigneur le Prince: 1614, in-8.]

Tome II.   Ddd

Liv. III. Histoire Politique de France.

20141. ☞ Discours d'État présenté au Roi, sur la continuation de la guerre contre les Rébelles.

La Guerre est un mal, mais nécessaire, sur-tout contre des Sujets rébelles : voilà le fondement de ce Discours. L'Auteur passe ensuite à tous les maux que les Protestans ont faits à la France, malgré la bonté des Souverains. Il en fait un détail circonstancié, en répondant au Manifeste de ceux de la Rochelle, qu'il faut, selon lui, exterminer, puisque cette Ville est le séjour de la Rébellion. Il y a dans ce Discours un éloge des PP. Jésuites, au sujet de la haine que leur portent les Protestans.]

20142. ☞ Considération sur l'état de la France : *Rouen*, 1614, *in-12*.

Cette Pièce signée S. B. S. est adressée à la Reine, & part d'un cœur vraiment François. L'Auteur y cite l'exemple de Roboam, & dit qu'il vaut mieux se relâcher en quelque chose, que de tout perdre.]

20143. ☞ La Justice aux pieds des Parlemens de France ; par C. JOURDAN, Huissier des Comptes : *Lyon*, Hendier, 1614, *in-8*.]

20144. ☞ Les Prémices, dites le vrai François, ou Poëmes, Advis & Mémoires pour le bien du S. Père, du Clergé, &c. par DENYS FERET, Avocat : 1614, *in-8*.]

20145. ☞ Lettre écrite à Monseigneur le Prince de Condé ; par le Sieur DE NERVEZE : 1614, *in-8*.

Cette Lettre est raisonnée & fort affectueuse. L'Auteur, qui avoit été attaché au Prince, l'exhorte à rentrer dans son devoir, parceque quelque bonnes que puissent être ses intentions, elles serviront aux séditieux pour faire éclore leurs mauvais desseins.]

20146. ☞ Les Plaintes de Monseigneur le Duc de Vendôme au Roi : *in-8*.

C'est un Dialogue en Vers contre Sa Majesté & ce Seigneur, au sujet de sa détention.]

20147. ☞ Discours sur les Mariages de France & d'Espagne, contenant les raisons qui ont mu Monseigneur le Prince à en demander la surséance : 1614, *in-8*.

L'Auteur, grand Partisan des Princes, soutient que quoiqu'il soit permis de fiancer des impuberes, il est contre nature de procéder à leur Mariage avant le temps : que la raison du mécontentement du Prince de Condé a été le double Mariage proposé, non pas comme une chose à faire, mais comme une chose faite, & qui devoit s'exécuter au commencement du mois de Février : que cette nouvelle a soulevé non-seulement les Princes, mais tous les voisins, qui craignent les suites de cette alliance. Puis s'adressant à la Reine, il lui fait voir que les intentions des Princes sont droites, & qu'on abuse de son nom & de son autorité dans l'affaire présente.]

20148. ☞ Remontrance à la Reine, sur les Alliances d'Espagne : 1614, *in-8*.]

20149. ☞ Lettres-Patentes du Roi du mois de Juillet, contenant sa Déclaration sur ce qui s'est passé devant & à l'occasion des mouvemens de M. le Prince, &c. depuis le 1 Janvier ; vérifiées en Parlement le 4 Juillet 1614 : *in-8*.]

20150. ☞ Discours sur la Lettre de M. le Prince : 1614, *in-8*.

Pièce sensée sur le peu de solidité des plaintes de M. le Prince & de ses adhérans. L'Auteur y cite des exemples pour montrer que les Mécontens ont toujours pris pour prétexte le bien public.]

20151. ☞ La Harangue d'Alexandre lo Fergeron, prononcée au Conclave des Réformateurs : 1614, *in-8*.

Le résultat de ce Discours burlesque, & d'un style tout-à-fait trivial, est d'attendre avec patience la tenue des États, & de jouir de la paix.]

20152. ☞ Le Cabinet de Vulcan : *in-8*.]

20153. ☞ La Harangue d'Achior l'Ammonite, sur un avis donné à M. le Prince, prononcée après celle d'Alexandre le Fergeron : 1614, *in-8*.

Cette Pièce vient d'un homme sage & bien intentionné pour l'État. Il penche pour l'Alliance avec l'Espagne, & fait voir la futilité des raisons & moyens contenus dans un Libelle intitulé : *Avis à M. le Prince*, dans lequel on promettoit à ce Prince la Flandres & le Haynaut, sur ce que l'Archiduc alloit mourir, & que le Roi d'Espagne étoit hors d'état de secourir ces Provinces.]

20154. ☞ Le Lourdaut vagabond, mis en Dialogue ; par A. C. 1614, *in-8*.

Pièce remplie de sots quolibets & de fades polissonneries.]

20155. ☞ Discours de Maître Jean GOUFLU, sur les débats & divisions de ce temps : 1614.

C'est un composé bisarre & burlesque, de paroles basses, comiques & enjouées, ainsi que d'emblèmes pour exprimer que c'est une folie de s'élever contre les Maîtres.]

20156. ☞ Sentence arbitrale de Maître GUILLAUME, sur les différends qui courent : 1614, *in-8*.

Pièce bouffonne & comique.]

20157. ☞ Ennuis des Paysans Champêtres adressés à la Royne Régente : 1614, *in-8*.]

20158. ☞ Le Réveil de Maître GUILLAUME, aux bruits de ce temps : 1614, *in-8*.

Maître Guillaume est connu par le rôle qu'il a joué sous le Règne de Henri IV. Son réveil n'est qu'une pantalonade, où sous de grands mots souvent vuides de sens, il préfère la paix & la cuisine aux tumultes de la guerre.]

20159. ☞ La Remontrance de Pierre DUPUIS, sur le Réveil de Maître Guillaume : 1614, *in-8*.

Pierre Dupuis fait ici le même personnage que Maître Guillaume.]

20160. ☞ Lettre de Perroquet aux Enfans perdus de France : *in-8*.

Cette Lettre est sur la retraite des Princes, & à la louange de la Reine Régente.]

20161. ☞ Le vieux Gaulois à MM. les Princes : 1614, *in-8*.

Cette Pièce, qui est bonne & solide, réfute pied à pied les griefs des Princes & tout ce qu'ils alléguoient pour colorer leur mécontentement & leur révolte.]

20162. ☞ Le bon François : 1614, *in-8*.

C'est une Réponse au Livret intitulé : *Le vieux Gau-*

lois. Elle est en faveur de M. le Prince, dont l'Auteur paroît grand partisan.]

20163. ☞ Complainte de la France sur la rumeur de la guerre civile, adressée à Nosseigneurs les Princes retirés de la Cour : 1614, *in*-8.]

20164. ☞ Lettre de Monseigneur le Cardinal DU PERRON, à Monseigneur le Prince : 1614, *in*-8.

Il tâche de le ramener.]

20165. ☞ La Lettre du fidèle François, présentée au Roi : 1614, *in*-8.]

20166. ☞ Remontrance aux Malcontens : *in*-8.

C'est un Eloge de la Régente & de son Conseil. On le disculpe de tous les griefs qu'on lui imputoit, & surtout des deux alliances de France & d'Espagne. Il y a à la fin quelque chose sur la Lettre du Prince de Condé, indiquée ci-dessus, & au sujet des disputes de la Sorbonne & de Richer.]

20167. ☞ Epître de M. le Président DE THOU au Roi : 1614, *in*-8.

C'est la Traduction de l'Epître Dédicatoire de sa belle Histoire, au Roi Henri IV. Il s'y étend beaucoup sur la liberté de conscience.]

20168. ☞ *Lettre de Jacques BONHOMME, Paysan de Beauvoisis, à Messeigneurs les Princes retirés de la Cour : 1614, *in*-8.

L'Auteur se dit âgé de 97 ans, & descendu de Jacques Bonhomme son trisaïeul, qui donna le nom aux troubles de la Jacquerie. Il y a beaucoup de bon sens & de naïveté dans cette Lettre, qui est faite pour exhorter les Princes à rentrer dans leur devoir, & à jouir en paix des plaisirs de la Cour.]

20169. ☞ Réponse du Crocheteur de la Samaritaine, à Jacques Bonhomme, Paysan de Beauvoisis, sur sa Lettre écrite à MM. les Princes : 1614, *in*-8.

Cette plaisante Lettre, ainsi que la suivante, a le même objet que celle à laquelle elle sert de réponse.]

20170. ☞ La Réplique de Jacques BONHOMME, Paysan de Beauvoisis, à son compère le Crocheteur : 1614, *in*-8.]

20171. ☞ Les recommandations ordinairement faites & prêchées en la Chaire de Soissons, durant la Conférence, à Messeigneurs les Princes présens ; par Pierre DU BLANC, Protonotaire du S. Siège Apostolique, Docteur en Théologie, Aumônier & Conseiller ordinaire du Roi : 1614, *in*-8.

Pièce singulière, & qui est un échantillon de la façon de prêcher du temps, où l'Auteur fait l'éloge du Roi, de la Reine, des Princes, & exhorte ces derniers à se tenir unis à Sa Majesté.]

20172. ☞ Discours de Maître Guillaume & de Jacques Bonhomme, Paysan, sur la défaite de 35 Poules & le Cocq, faite en un souper par trois Soldats : 1614, *in*-8.]

20173. ☞ Remerciement des Poules à M. de Bouillon : 1614, *in*-8. de 8 pages.]

20174. ☞ La nouvelle Lune de Maître Guillaume, sur le retour de Messeigneurs les Princes : 1614, *in*-8.

Pièce bouffonne en style de la Halle, où il semble qu'on affecte de n'avoir ni rime ni raison.]

20175. ☞ Satyre (en Vers) de Maître Guillaume, contre ceux qui déclament contre le Gouvernement : 1614, *in*-8.

Cette Pièce est imprimée au *Recueil* Q. *in*-12.]

20176. ☞ L'Horoscope de MOREGARD, contre les Astrologues & Devins. = Horoscope de Louis XIII. en Vers. = Avis au Roi, par Jean-Antoine DE BAÏF, en Vers : 1614.

Ces trois Pièces sont imprimées dans le *Recueil* R. *in*-12.]

20177. ☞ Le Lourdaut de Champagne rencontré par l'Esprit de la Cour à la Monstre qui se faisoit aux Prez aux Clercs près Paris, mis en Dialogue par A. C. *Paris*, 1614, *in*-8.]

20178. ☞ Prédictions de Moregard pour la présente année 1614, avec les Centuries pour la même année, *in*-8.]

20179. ☞ L'Anti-Moregard sur les prédictions de la présente année 1614 : *Paris*, *in*-8.]

20180. ☞ L'Anti-Moregard, ou le Fantôme du bien public : 1614, *in*-8.

Pièce en mauvais Vers, contre l'Expédition des Princes à Mézières & à Soissons.]

20181. ☞ Résolution à la paix & au service du Roi : 1614, *in*-8.

Les Princes sont, dit-on, trop sages, & leur conduite prouve assez qu'ils ne veulent pas la guerre. Ils ne doivent point espérer de secours de la plus saine partie de l'Eglise, de la Noblesse & du Peuple ; mais supposé que la guerre se fasse, il n'y a point de parti plus sûr à suivre que celui du Roi & de la Régente, dont l'Auteur fait l'éloge. Cette Pièce est bonne & sensée.]

20182. ☞ Le Citoyen François, ou le Courier des bonnes nouvelles de la Cour : 1614, *in*-8.

Cette Pièce mêlée de Vers, traite de l'obéissance que tout Sujet doit à son Prince.]

20183. ☞ Exhortation aux Parisiens, & allégresse à tous François, sur la déclaration & bonne volonté des Princes envers notre Très-Chrétien Roi de France & de Navarre, avec les Prophéties mémorables pour le bonheur de Sa Majesté : 1614, *in*-8.

On y applique à Louis XIII. certaine prédiction qui disoit qu'un Roi de France bouleverseroit l'Empire des Turcs, dont il n'a rien été.]

20184. ☞ Le Hola des Gens de guerre, fait par le Messager de la Paix, qui avoit fait la Trêve par l'Esprit de la Cour, dédié à Monsieur, frère du Roi, qui donne la Sauvegarde aux Paysans, & la licence aux Gens de guerre : 1614, *in*-8.

Je ne connois rien de plus extravagant & de plus fol que cette Pièce. On trouve à la fin qu'elle a été faite par Pierre Beaunis de Chanterain, Sieur DES VIETTES, Historiographe du Roi.]

20185. ☞ Libre Harangue faite par MA-THAUD, en la préſence de Monſeigneur le Prince, en ſon Château d'Amboiſe, le 16 Juin 1614: *in-12.*

C'eſt une Piéce ironique, contre les deſſeins de ce Prince, & leur peu de ſuccès.]

20186. ☞ Jugement définitif donné par Mathaud, à l'encontre de la bête rouge & de la bête noire, & autres leurs complices, & aſſociés : 1614, *in-12.*]

20187. ☞ Confeſſion du bon Larron : *in-8.*

20188. ☞ Diſcours de M. SOUFFLE & autres : *in-8.*]

20189. ☞ Etrennes de Pierrot à Margot : *in-8.*]

20190. ☞ Miroir Royal de S. Louis : 1614, *in-8.*]

20191. ☞ Recueil de ce qui s'eſt fait depuis la Lettre de M. le Prince, envoyée à la Reine, juſqu'à maintenant, &c. 1614, *in-8.*]

20192. ☞ Diſcours de ce qui s'eſt paſſé en Réthelois, touchant le Sieur le Jau, qu'on nomme autrement le Sieur de Vertaut : 1614, *in-8.*]

20193. ☞ Avis ſur le départ de leurs Majeſtés : 1614, *in-8.*]

20194. ☞ Le Pacifique, ou Avant-Coureur de la Paix : 1614, *in-8.*]

20195. ☞ Le projet des principaux Articles de la Paix, & le choix du lieu pour la tenue des prochains Etats : 1614, *in-8.*

On y fait un court récit des guerres que les Princes ont entrepriſes en différens temps, ſous le prétexte du bien public : & l'on accuſe de terreur panique ceux qui parloient contre la double Alliance de la France & de l'Eſpagne.]

20196. ☞ Diſcours ſur le Traité de Soiſſons : 1614, *in-8.*

L'Auteur, après avoir dit qu'il n'y a rien de plus funeſte à un Etat que la guerre, & ſur-tout la guerre civile, parle des Etats Généraux qu'il a plû à la Reine de convoquer, comme étant le remède à tous les griefs dont on ſe plaint.]

20197. ☞ Articles accordés par le Sieur Duc de Ventadour & les Sieurs de Thou, Jeannin, Boiſſize & de Bullion, Commiſſaires députés par Sa Majeſté à M. le Prince de Condé, premier Prince du Sang, tant en ſon nom que des autres Princes, Officiers de la Couronne & autres Seigneurs qui l'ont aſſiſté, préſens ou abſens : *Lyon*, 1614, *in-8.*

Ce ſont les Articles ſignés à Sainte-Menehould, le 15 Mai 1614, par leſquels on accorde tout aux Mécontens.]

20198. ☞ Lettre de M. le Prince de Condé à la Royne Régente : *in-8.*

Il la remercie des Articles accordés.]

20199. ☞ Les ſeize Propoſitions de Pierre BOUTIQUIER, dédiées aux Seize Quarteniers de la Ville, Cité & Univerſité de Paris, avec les Loix & les conditions de la diſpute : *in-8.*

C'eſt une plaiſanterie ſur la Paix de Sainte-Menehould.]

20200. ☞ Remerciement à la Royne Régente, Mère du Roi, & à MM. les Princes & Seigneurs qui l'ont aſſiſtée, par les bons François, pour la bienvenue de la Paix : 1614, *in-8.*]

20201. ☞ Le Soldat déſarmé : 1614, *in-8.*

Cette Piéce contient les doléances des Soldats, qui croyant faire fortune à la guerre, voient toutes leurs eſpérances fruſtrées par la paix.]

20202. ☞ Le Cantique de la Paix, dédié aux Amoureux d'icelle : 1614, *in-8.*]

20203. ☞ Paraphraſe, en Vers, de l'Antienne *Da pacem, Domine*, &c. *in-8.*]

20204. ☞ Le Courier général de la Paix : 1614, *in-8.*

Ces deux Piéces ont le même objet ; ſçavoir, la Paix procurée par la ſageſſe & la douceur de la Reine, & par la ſoumiſſion des Princes.]

20205. ☞ Conjouiſſance de Jacques BONHOMME, Payſan de Beauvoiſis, avec Meſſeigneurs les Princes réconciliés : 1614, *in-8.*

Jacques Bonhomme, dont on a vu une Lettre aux Princes pour les détourner de la guerre, ſe réjouit dans celle-ci de ce qu'ils ont fait leur paix. On y trouve le même bon ſens & la même naïveté.]

20206. ☞ L'Hymne de la Paix chanté par toute la France, par les Laboureurs, Vignerons, & autres Payſans qui l'habitent, pour l'aſſurance qu'ils ont maintenant, de paiſiblement recueillir les fruits de leurs labeurs : 1614, *in-8.*]

20207. ☞ Louanges de la France au Roi, pour la paix de ce Royaume : 1614, *in-8.*

Piéce en mauvais Vers.]

20208. ☞ Le Triomphe de la Paix faite entre le Roi & Noſſeigneurs les Princes : 1614, *in-8.*

On étoit ſi las de la guerre en France, que l'on ne ceſſa de faire l'éloge de la Paix, dont on avoit tant de beſoin, ſitôt qu'on en eut reçu la nouvelle.]

20209. ☞ La Réjouiſſance de la France, pour la réconciliation de MM. les Princes : 1614, *in-8.*]

20210. ☞ Les Réjouiſſances des Harangères & Poiſſonnières des Halles, ſur les Diſcours du temps : *in-8.*

C'eſt un Dialogue fort gaillard, & qui a pu ſervir de modèle aux poiſſarderies de Vadé, Poëte bouffon de notre temps, mort en 1757.]

20211. ☞ Les Regrets du trépas de très-haut & invincible Prince Monſeigneur François Paris de Lorraine, Chevalier de Guiſe, Lieutenant-Général pour le Roi en Provence, où il eſt décédé au Château de Beaux

Règne de Louis XIII. 1614.

le 1 de Juin 1614; par M. DU BLANC, Protonotaire du S. Siége Apostolique, Docteur en Théologie, Conseiller & Aumônier ordinaire du Roi : *in-8.*]

20212. ☞ Lettre d'Espagne, présentée à la Roine Régente; par le Sieur Philothée Elian DE MONTALTO : 1614.]

20213. Steph. CLAVERII Carmina in Statuam equestrem Henrici IV. 1614.

Ces Vers sont à la fin du Poëme de l'Auteur, intitulé : *Ceres legifera, &c. Parisiis,* 1619, *in-4.*]

20214. ☞ Dialogue d'un Turc & d'un François sur la Statue Royale de Henri le Grand, mise sur le Pont-neuf; par J. PETIT, de Béziers : *Paris,* Bourriquant, (sans date d'année,) *in-8.* de 14 pages.]

20215. ☞ Lettres du Roi, contenant le Mandement de Sa Majesté pour la convocation des Etats-Généraux de ce Royaume en la Ville de Sens, au 10 de Décembre 1614, *in-8.*

Ils furent ensuite transférés à Paris.]

20216. ☞ Le Plaidoyé des préséances & difficultés des Etats, recueilli à l'Hôtel de M. le Prince, premier Pair & réunisateur des Sujets du Roi, lequel a autorisé l'esprit de Pierre des Viettes d'y répondre, & de les rédiger par écrit, étant à Paris, le 16 Mars 1614 : *in-8.*

C'est une Pièce badine. *Voyez* ci-dessus, sur ce Pierre des Viettes, le *Hola, &c.* N.° 20184.]

20217. ☞ Avis au Roi, sur la réformation générale des abus qui se commettent en son Royaume : 1614, *in-8.*

L'Auteur réduit ces abus à trois chefs : ceux qui se commettent dans l'Eglise, dans la Justice & dans les Finances. Il traite assez mal plusieurs personnes.]

20218. ☞ La Harangue Parisienne au Roi, touchant la tenue de ses Etats; par le Sieur DU PESCHIER : 1614, *in-8.*

C'est peu de chose que cette Pièce.]

20219. ☞ Avis aux trois Etats de ce Royaume, sur les bruits qui courent à présent de la guerre civile : *Paris,* Chevalier, 1614, *in-8.*

☞ Cette Pièce est contre les desseins des Princes, & leurs mauvaises intentions colorées du bien public.]

20220. ☞ Première Déclaration du Roi, depuis sa Majorité, publiée en Parlement, à Dijon le 27 Octobre 1614, avec les Conclusions de M. le Procureur-Général PICARDET : *Dijon,* 1614, *in-12.*]

20221. ☞ Le Franc Taupin : *Paris,* P. Butay, 1614, *in-8.*

Il ne faut pas chercher dans cette Pièce, comme dans beaucoup d'autres de ce temps, la raison ni le bon sens. C'est beaucoup quand on peut appercevoir parmi le galimathias qui y règne, quel est le but de l'Auteur. Il paroît que celui-ci a en vue les désordres de l'Etat & les Huguenots.]

20222. ☞ Humble Supplication au Roi, pour le soulagement du Tiers-Etat : 1614, *in-8.*

L'Auteur donne pour principaux moyens le commerce, l'expédition des procès, un bon conseil, & l'expulsion des flatteurs.]

20223. ☞ Avis, Remontrances & Requêtes aux Etats-Généraux tenus à Paris en 1614; par six Paysans : *in-8.*

Ces six Paysans, qui n'étoient pas des sots, sont un Bourguignon qui porte la parole, un Picard, un Champenois, un Poitevin, un Breton & un Tourangeau. Cette Pièce, qui est fort plaisante, est assez bien faite, & remplie de bon sens & de bonnes choses. Il y a cinquante-six Articles, qui contiennent ce que ces Paysans voudroient qu'on fît pour la réformation de l'Etat & le soulagement du Peuple. Ils taxent les Députés de n'être venus aux Etats que pour s'y vendre, & pour dépenser l'argent de ceux qui les y ont envoyés.]

20224. ☞ Le Surveillant François : *in-8.*

Ce sont des Avis aux Etats-Généraux de 1614.]

20225. ☞ Déclaration des Bailliages, Sénéchaussées & autres Siéges Royaux du Royaume dépendans de chacun Gouvernement : *Paris,* Gobert, 1614.]

20226. Remontrance faite sur les différends de ce temps, à Monseigneur le Prince de Condé : 1614, *in-8.*

C'est pour le détourner de la guerre civile, & l'exhorter de se réunir avec leurs Majestés.]

20227. ☞ Lettres du Sieur DE BALZAC au Roi & à la Reine, (au sujet des Etats-Généraux :) 1614, *in-8.*]

20228. ☞ Lettres-Patentes du Roi données sur les Remontrances des Gens des trois Etats du Pays & Duché de Bretagne, avec les Réponses de Sa Majesté sur icelles, vérifiées en Parlement, à Rennes le 9 Septembre 1614 : *Rennes,* Haran, 1614, *in-8.*]

20229. ☞ Remontrance du Politic aux trois Etats : 1614, *in-8.*

L'Auteur se désigne par ces Lettres P. L. P. S. D. B. L. Il prétend que sans la paix on ne peut tirer aucun fruit de la convocation des Etats : que pour parvenir à la paix, il ne faut point inquiéter les Huguenots, & que deux Religions peuvent fort bien s'accommoder dans un Etat, sans s'entredétruire ; ce qu'il prouve par l'exemple de nos voisins.]

20230. ☞ L'ordre observé en la Procession générale faite à Paris le 26 Octobre 1614, pour l'heureux succès des Etats-Généraux ; par M. C. JOURDAN, Huissier des Comptes, Parisien : *Paris,* Bruner, *in-8.*]

20231. ☞ Avis au Roi, en l'occurrence des Etats-Généraux, &c. 1614, *in-8.*]

20232. ☞ Discours d'un Gentilhomme François, à la Noblesse de France, sur l'ouverture de l'Assemblée des Etats-Généraux dans la Ville de Paris ; avec deux Avertissemens particuliers à MM. les Députés du Clergé & de la Noblesse : 1614, *in-8.*

☞ Il leur indique les causes pour lesquelles ils ont été convoqués, & les abus qui se commettent en chacun des trois Ordres, contre l'autorité & l'utilité du

Roi, au préjudice de son peuple, & soutient que c'est à la Noblesse particulièrement à en demander la réformation. Il mène mal les Officiers de Justice & de Finances.]

20233. ☞ Franc & libre Discours, ou Avis aux Députés des trois Etats, pour la réformation d'iceux; par B. L. D. l'un des Elus pour le Tiers-Etat : *Paris*, Dubreuil, 1614, *in-*8.]

20234. ☞ Discours à MM. les Députés aux Etats-Généraux de France : 1614, *in-*8.

Tous ces Discours & tous ces Avis aux Etats ne contiennent presque que la même chose, c'est-à-dire, les abus qui se trouvent dans le Clergé, la Noblesse, le Tiers-Etat, la Justice & les Finances, avec les remèdes qu'il faut y apporter.]

20235. ☞ Le Caton François, & autres Piéces de 1614 & 1615.

Voyez ci-après, Article du *Gouvernement de l'Etat*, Chap. V.]

20236. ☞ Harangues Panégyriques au Roi sur l'ouverture de ses Etats, & à la Reine sur l'heureux succès de sa Régence : *Paris*, Dubray, 1615, *in-*8.]

20237. ☞ A Messieurs des Etats, en la Chambre de la Noblesse : *in-*8.

Cette Requête concernant le Commerce Maritime, fut présentée par Jacques Fresneau, Ecuyer, Sieur de la Fresnière & de la Barilière, Auteur & Promoteur de l'association & négoce dont il est fait mention.]

20238. ☞ A Messieurs des Etats : *in-*8.

Autre que le précédent. Cette Piéce est une déclamation contre les pilleries du Maréchal d'Ancre.]

20239. ☞ Le Tondeux qui court en certains quartiers de la France, & pourquoi il tient la campagne : 1615, *in-*8.

Pièce qui semble avoir trait à l'abus de la vénalité des charges & à l'oppression du peuple.]

20240. ☞ Gazette des Etats de ce temps, du Seigneur Gio, serviteur de Pierre Grosa; traduite de l'Italien en François, le 1 Janvier 1615 : *in-*8.

On y traite de la suppression de la Paulette & des Pensions; de l'affaire du Duc d'Espernon, & de la réception du Concile de Trente.]

20241. ☞ Copie de la Harangue faite en la présence du Roi à l'entrée des Etats, par les Députés de la Rochelle, pour les Eglises Réformées, au rapport de Mathaud : *in-*8.

Piéce satyrique contre les Princes, le Clergé, la Noblesse & les Calvinistes.]

20242. ☞ Lettre du Courier de l'autre monde, arrivée en France : *in-*8.

Elle regarde le décri des Monnoies.]

20243. ☞ Anatomie des trois Ordres de la France, sur le sujet des Etats : 1615, *in-*8.

Satyre assez vive, contre les désordres de l'Etat : les gens de justice & de finance y sont mal menés.]

20244. ☞ Article de l'Eglise rapporté au Tiers-Etat, par M. l'Evêque de Mâcon, en Janvier 1615 ; *in-*8.

Contre les parricides des Rois & les Auteurs qui ont enseigné cette doctrine.]

20245. ☞ Le premier Article du Cahier général des Députés du Tiers-Etat de France, assemblés à Paris, aux Augustins, en l'année 1614, (sans nom d'Imprimeur :) 1615, *in-*8.

Il regarde la même chose que la Piéce précédente; mais il est plus étendu, & le Clergé s'y opposa.

Voyez à ce sujet l'*Histoire Eccles. du XVIIe siècle*, par du Pin, tom. I. pag. 360, & la *Vie du Cardinal du Perron* : (*Paris*, Debure, 1768, *in-*12.) pag. 320.]

20246. ☞ Manifeste de ce qui se passa dernièrement aux Etats-Généraux, entre le Clergé & le Tiers-Etat : *in-*8.]

20247. ☞ Le véritable de ce qui s'est passé en la présence du Roi le 8 Janvier 1615, sur la Loi proposée aux Etats touchant la personne sacrée des Rois, conformément aux Arrêts de la Cour de Parlement : 1615, *in-*8.]

20248. ☞ Arrêt de la Cour de Parlement, du 2 Janvier 1615, touchant la Souveraineté du Roi au Temporel, & contre la pernicieuse Doctrine d'attenter aux personnes sacrées des Rois; & autres sur le même sujet : *Paris*, 1615, *in-*8.]

20249. ☞ Extrait des Registres du Conseil d'Etat, sur le différend d'un Article proposé en la Chambre du Tiers-Etat : 1615, *in-*8.

Voyez plusieurs autres Ouvrages sur ce qui s'est passé aux Etats de 1615 à ce sujet, ci-après, Art. de la *Souveraineté des Rois*, &c.]

20250. ☞ Cahiers généraux des Articles résolus & accordés entre les Députés des trois Etats : 1615.]

20251. ☞ Les Articles des Cahiers généraux de France, présentés par Maître Guillaume aux Etats : *in-*8.

Piéce satyrique, en Vers, contre les trois Etats & les Dames.]

20252. ☞ Des Etats-Généraux de France, avec ouverture des moyens d'une bonne réformation, pour le bien du service du Roi & de son Etat, utilité, commodité & soulagement de son Peuple, & pour l'exécution des Ordonnances : 1615, *in-*8.

Il y a du bon dans cette Piéce, qui est divisée en deux parties, la première expose l'ordre qui doit être tenu parmi les Députés ; la seconde, les moyens de remédier aux abus.]

20253. ☞ Remontrance au Roi contre les Duels, prononcée au nom du Clergé de France à la tenue des Etats, le 26 Janvier 1615 ; par Pierre de Fenoillet, Evêque de Montpellier : *Paris*, 1615, *in-*8.]

20254. ☞ Discours remarquable sur un fait advenu à Paris, pendant les Etats : 1615, *in-*8.]

20255. ☞ Foucade aux Etats ; par Gabriel

LE BIENVENU, Gentilhomme Angoûmoisin: 1615, *in-8*.

Satyre libre & bouffonne contre les désordres de l'Etat.]

20256. ☞ Harangue au Roi, sur la conclusion des Etats : 1615, *in-8*.]

20257. ☞ Déclamation contre les vices des trois Ordres de l'Etat.]

20258. ☞ Remontrances sur l'exécution des délibérations prises en la Chambre du Tiers-Etat, pour le retranchement des Tailles, communication des Cahiers entre les trois Chambres, & pour la poursuite d'une Chambre contre les Financiers; prononcées au Roi, au Clergé, & à la Noblesse, par M* Pierre MARMIESSE, Avocat au Parlement de Tholose, & Député aux Etats-Généraux : 1615, *in-8*.

M. Marmiesse fit quatre Harangues, dont la seconde regarde le premier Article des Cahiers du Tiers-Etat, sur l'indépendance de la Couronne de nos Rois, & la sûreté de leurs personnes.]

20259. ☞ Lettre de GUILLOT le Songeux, Intendant de Vaugirard.

Pièce goguenarde & bouffonne, aux Députés des Etats sur quelques abus à réformer.]

20260. ☞ Recueil d'une Réponse du Tiers-Etat, rendue en la Chambre de la Noblesse, & le Compliment à Monseigneur le Chancelier, par MM. les Présidens & Lieutenans-Généraux, après la tenue des Etats : *Paris*, Bouillent, 1615, *in-8*.

C'est au sujet de la réponse que Sa Majesté devoit donner aux Cahiers des Etats.]

20261. ☞ Mémoires adressés à MM. des Etats, pour présenter à Sa Majesté, contenant les fautes, abus & malversations commises par les Officiers des Finances, Partisans & Payeurs des rentes, en l'étendue de ce Royaume : *in-8*.

On y détaille très-bien tous les moyens qu'ils employent pour détourner l'argent, & s'enrichir.]

20262. ☞ Le Catholique Christianisé : 1615, *in-8*.

Cette Pièce regarde les Etats & la corruption des Membres qui les composent. On y voit un commencement d'aigreur contre le Marquis d'Ancre.]

20263. ☞ Harangue de Turlupin le Souffreteux : 1615, *in-8*.

Pièce burlesque, pour demander au Roi le retranchement des pensions, la réduction des Tailles, l'abolition des Subsides & Gabelles, la suppression de l'Annuel, la réformation de la Justice, & le renvoi des Députés des Etats.]

20264. ☞ Harangue de l'Amateur de Justice, aux trois Etats : 1615, *in-8*.

C'est Louis XII. qui le premier rendit vénales les Charges de la Chambre des Comptes; ce qui a été suivi par François I. pour toutes les Charges de Judicature. L'Auteur déclame contre cet abus, & souhaite qu'on rétablisse les choses sur l'ancien pied.]

20265. ☞ Lettre du Roi : 1615, *in-8*.

Elle est datée du 16 de Mars : elle porte que sur la Remontrance des Etats-Généraux, Sa Majesté consent, quoiqu'avec grande incommodité pour ses affaires, à la révocation du droit annuel, à l'établissement d'une Chambre de Justice, & à la modération des pensions. Elle donne ensuite aux Députés la permission de se retirer, avec promesse de répondre plus amplement sur tous les Articles qu'ils lui ont présentés.]

20266. ☞ Les sept derniers Articles accordés par le Roi & son Conseil à MM. les Députés des trois Etats : *Paris*, 1615, *in-8*.]

20267. ☞ Remerciement de la France à MM. les Députés des trois Etats, sur la clôture & conclusion d'iceux : 1615, *in-8*.

C'est un fade éloge des trois Ordres qui composoient les Etats-Généraux.]

20268. ☞ Histoire de Louis XIII. & des actions mémorables arrivées tant en France qu'ès Pays Etrangers, durant la Régence de la Royne sa Mère, & depuis sa majorité ; par Claude MALINGRE : *Paris*, Petit-pas, 1616, *in-4*.

Cet Historien flatteur a écrit cette Histoire, qui contient ce qui s'est passé depuis l'an 1610 jusqu'en 1614.

20269. Regenza della Regina Maria di Francia, dalla morte del Ré Errico IV. suo Marito, che seguì l'anno 1610, fino all'anno 1614, nel quale prese l'amministratione del Regno il Ré Ludovico XIII. suo figlivolo ; dal Alessandro ZILIOLI.

Cette Narration est imprimée au Livre IX. de la première partie des *Histoires mémorables de son temps* : *In Venetia*, 1642, *in-4*.

20270. Manifeste ou Justification de M. le Prince : *Sédan*, 1615, *in-8*.

* On y dépeint d'une manière fort vive ce qui s'étoit passé dans les Etats-Généraux.

20271. ☞ Réponse au Manifeste de M. le Prince : 1615, *in-8*.

Si le parti des Princes avoit ses Apologistes, la Cour n'en manquoit pas. Ce que l'Auteur de celle-ci dit du Maréchal d'Ancre & du Chancelier (de Sillery) peut passer pour une véritable satyre.]

20272. Discours véritable de ce qui s'est passé au Parlement, ensuite de l'Arrêt de la Cour, du 28 Mars, avec les Remontrances : 1615, *in-8*.

20273. ☞ Relation de ce qui s'est passé tant au Parlement qu'au Louvre, au sujet de l'Arrêt du 28 Mars 1615, sur les Remontrances du Parlement.

Elle est imprimée dans le *Recueil* T. *in-12*.]

20274. ☞ De l'autorité Royale : 1615, *in-8*.

Cette Pièce fut faite à l'occasion de l'Arrêt du Parlement du 28 Mars, par lequel les Princes du Sang, les Pairs & autres Seigneurs avoient été convoqués pour pourvoir à tout ce qui seroit à faire pour le bien & le service du Roi & de l'Etat. L'Auteur n'est pas favorable aux prétentions du Parlement.]

20275. Le Conseiller fidèle, au Roi : 1615, *in-8*.

☞ Tout le soin d'un bon Roi doit être d'entretenir

LIV. III. *Histoire Politique de France.*

la justice & la paix dans ses Etats, qu'on peut diviser en onze parties : la famille Royale, les Princes & Officiers de la Couronne, ceux de Justice, la Noblesse, les Militaires, les Habitans des Villes, ceux de la Campagne, le Clergé, les Prétendus-Réformés, les Financiers & les Vagabonds. L'Auteur, grand réformateur, est partisan des Princes : il se déchaîne contre le Clergé & les Financiers. Il y a du bon dans cet Ouvrage, plusieurs choses ou inutiles ou puériles, beaucoup d'absurdes, & un très-grand nombre d'impossibles. Il conseille à la fin au Roi de prendre plutôt une simple Démoiselle de ses Etats, que de s'allier à des Princes Etrangers, ce qui entraîneroit, selon lui, la ruine du Royaume.]

20276. Le Conseiller fidèle, à M. le Prince de Condé & autres Princes & Seigneurs qui l'assistent, sur les troubles qu'ils font en France : *Paris*, Bouriquant : 1615, *in-*8.

☞ L'Auteur invite ce Prince à bien peser les suites & les conséquences de ses desseins, & à se réunir au Roi.]

20277. ☞ La Ligue ressuscitée : 1615, *in-*8.]

20278. ☞ Discours sur l'injustice des plaintes qu'on fait contre le Gouvernement de l'Etat : 1615, *in-*8.

Cette Pièce & les trois Articles suivans sont imprimés dans le *Recueil* T. *in-*12.]

20279. ☞ Lettre de M. de Longueville & de M. de Lesdiguieres, au Roi.

Autre du Roi, à M. le Prince de Condé, pour l'engager à l'accompagner dans son Voyage de Guyenne, le 26 Juillet 1615 ; avec la Réponse de M. le Prince.]

20280. ☞ Déclaration du Roi adressée au Parlement, sur son Voyage en Guyenne : 30 Juillet 1615.]

20281. ☞ Articles envoyés par M. DE LA FAYE, de la part de M. le Prince de Condé, à l'Assemblée de Grenoble : 23 Août 1615.]

20282. ☞ Lettre de M. le Prince, au Roi : 1615, *in-*8.

Il s'y excuse de ne pouvoir pas accompagner Sa Majesté en Guyenne, & nomme les auteurs des troubles, à la tête desquels il met le Marquis d'Ancre.]

20283. ☞ Articles présentés par M. le Prince, aux Députés de Sa Majesté à la Conférence de Loudun.

Ils sont au nombre de vingt-neuf.]

20284. ☞ Déclaration & Justification des actions de M. le Prince : *Sédan*, 1615, *in-*8.

Cette Pièce a aussi été imprimée avec le titre de *Manifeste & Justification*, &c. Le Prince se récrie fortement contre la manifeste subornation des Députés des Etats, qui n'ont fait qu'augmenter la misère de la France ; contre la tyrannie & l'injustice du Maréchal d'Ancre & de ses suppôts ; & contre le mariage du Roi avec l'Infante d'Espagne. Il exhorte les bons François à se joindre à lui, & les Princes Etrangers à lui prêter aide & faveur pour remédier à ces abus, & pour le soulagement du pauvre peuple.]

20285. ☞ Les affronts faits ces jours passés aux Soldats de l'Armée de M. le Prince de Condé, par le maître Cocq de la Paroisse d'Epernay : *Paris*, 1615, *in-*8.

C'est au sujet des poules qu'ils ont prises & mangées.]

20286. ☞ Discours sur la Conférence faite ces jours passés entre le Prince de Condé & le Duc de Nevers, pour le sujet de la Paix.]

20287. ☞ Refus fait à Monseigneur le Prince de Condé par le Sieur de Barneveldt, du secours qu'il lui demandoit de Messieurs les Etats des Provinces-Unies : *in-*8.]

20288. ☞ Lettre de M. le Prince envoyée au Comte Maurice, & la Réponse : *in-*8.]

20289. ☞ Défaite des Compagnies de M. d'Armentières, Capitaine pour MM. les Princes, par M. le Marquis de la Viéville.]

20290. ☞ Lettre du Roi envoyée à M. le Duc de Vendôme : *in-*12.]

20291. ☞ Lettre de Maître GUILLAUME envoyée de l'autre monde à MM. les Princes retirés de la Cour : *in-*8.

Cette Pièce est censée : le prétendu Maître Guillaume les invite à la Paix.]

20292. ☞ La France armée à la Paix, à Monseigneur de Condé : *in-*8.

L'Auteur crie aux armes en faveur du Roi ; il fait l'éloge de la Paix, & expose les désordres que les Guerres civiles ont causés dans les différens siècles, & dans les différens Empires.]

20293. ☞ Lettre du Marquis DE BONNIVET, envoyée à M. le Prince de Condé.]

20294. ☞ Arrêt de la Cour des Aydes, contre les Commissaires de M. le Prince, sur le fait des Aydes, Tailles & Gabelles : *in-*8.]

20295. ☞ Copie de la Lettre de N. S. P. le Pape, à M. le Prince de Condé, en Réponse de celle que ledit Prince avoit écrite à sa Sainteté, pour lui faire trouver bonnes ses Armes : *in-*8.]

20296. ☞ La Protestation du Maréchal de Bouillon, en présence de Monseigneur le Prince de Condé, & de tous les Chefs de son Armée : *in-*8.]

20297. ☞ Les desseins de M. le Prince envoyés au Roi, & ce qui s'est passé entre les deux Armées, ensuite de ce qui est arrivé ès deux journées du passage de la Rivière de Loire : *in-*8.]

20298. ☞ Recueil des Lettres de Monseigneur le Prince DE CONDÉ & autres, écrites au Roi, &c. depuis le 18 Février dernier 1614, avec la Réponse de la Reine ; & deux autres Lettres particulières, l'une du Parlement de Bordeaux, l'autre du Cardinal du Perron à Monseigneur le Prince de Condé : *in-*8.]

20299. ☞ Avis à M. le Prince : 1615, *in-*8.

L'Auteur l'exhorte à ne pas laisser son ouvrage imparfait,

Règne de Louis XIII. 1615.

parfait, & à repréſenter courageuſement au Roi la prévarication & la corruption des Députés des Etats, & combien l'alliance avec l'Eſpagne lui ſera dommageable.]

20300. ☞ Déclaration de la volonté du Roi, adreſſée à Noſſeigneurs de ſa Cour de Parlement, 1615, ſur le refus que le Prince de Condé avoit fait de ſuivre Sa Majeſté à Bourdeaux : *in-8.*]

20301. ☞ Diſcours ſur les Conférences faites entre M. le Prince, M. de Villeroy, & autres Députés de leurs Majeſtés : 1615, *in-8.*

C'eſt une Pièce ſenſée ſur le refus que le Prince avoit fait d'accompagner le Roi dans ſon Voyage de Guyenne, malgré les ſollicitations réitérées de Sa Majeſté.]

20302. ☞ Déclaration & Proteſtation de M. le Prince préſentée au Roi; enſemble la Lettre par lui envoyée à la Cour de Parlement de Paris : 1615, *in-8.*

C'eſt une Pièce intéreſſante, & qui fait aſſez bien connoître l'état de la Cour, la ſituation des eſprits d'alors, & les griefs (en grand nombre) de M. le Prince, & des Mécontens.]

20303. ☞ Déclaration de M. le Prince contre les ennemis du Roi & de l'Etat: 1615, *in-8.*]

20304. ☞ Réponſe de la Communauté de Gentilly & Bourgades voiſines, à la Sommation contenue au Manifeſte de M. le Prince de Condé : *in-8.*]

20305. ☞ Harangue du Capitaine LA CARBONNADE, aux Soldats de M. le Prince; 1615, *in-8.*

Ces deux Pièces ſont auſſi dans le *Recueil S. in-12.*]

20306. ☞ Les Triomphes de l'Armée du Roi ſous M. le Maréchal de Bois-dauphin : *Lyon*, 1615, *in-8.*]

20307. Le Cenſeur, Diſcours d'Etat, pour faire voir au Roi que Sa Majeſté a été mal ſervie : 1615, *in-8.*

☞ Ce Diſcours avoit été fait du vivant du feu Roi Henri IV. & il ne fut publié qu'après l'Aſſemblée des Etats faite en 1614 en la Ville de Paris. L'Auteur a particulièrement en vue les Financiers, contre leſquels il crie aſſez haut. Il exhorte le Roi à mettre ordre à ſes différens Conſeils.]

20308. ☞ La Réponſe du Duc DE ROHAN, faite aux choſes à lui propoſées par le Sieur de la Broſſe, de la part du Roi : 1615, *in-8.*]

20309. ☞ Le dénombrement des Chefs & Capitaines qui ont pris & levé les armes ſous l'autorité du Duc de Rohan : 1615, *in-8.*

Ces deux Pièces ſont imprimées dans les *Mémoires de Rohan* : 1646.]

20310. Avertiſſement aux François ſur les cauſes & les conſéquences des troubles préſens, & de l'intention du Manifeſte de M. le Prince : 1615, *in-8.*

Tome II.

20311. Remontrances préſentées au Roi par le Parlement, le 21 Mai : 1615, *in-8.*

» Ces Remontrances ſont très-graves. « Philippe » le Bel (y dit-on, *pag.* 10) qui le premier rendit vo- » tre Parlement ſédentaire, & Louis Hutin qui l'établit » dans Paris, lui laiſſèrent les fonctions & prérogatives » qu'il avoit eues à la ſuite des Rois leurs prédéceſſeurs. » Et c'eſt pourquoi il, ne ſe trouve aucune inſtitution » particulière de votre Parlement, ainſi que de vos au- » tres Cours Souveraines, qui ont été depuis érigées; » comme tenant votre Parlement la place du Conſeil » des Princes & Barons, qui de toute ancienneté étoient » près de la perſonne des Rois, né avec l'Etat; & pour, » marque de ce les Princes & Pairs de France y ont tou- » jours eu ſéance & voix délibérative; & auſſi depuis ce » temps y ont été vérifiées les Loix, Ordonnances & » Edits, Créations d'Offices, Traités de Paix & autres » plus importantes affaires du Royaume.... Voire même » que ce qui eſt accordé par nos Rois aux Etats-Géné- » raux doit être vérifié en votre Cour, qui eſt votre » Trône Royal & le Lit de votre Juſtice Souveraine.

☞ Le Parlement ayant arrêté le 28 Mars 1615 que, ſous le bon plaiſir du Roi, les Princes, les Ducs & Pairs, & les autres Officiers de la Couronne, ſeroient invités de ſe trouver au Parlement, pour y délibérer ſur le ſervice du Roi, le ſoulagement de ſes Sujets & le bien de l'Etat; la Cour déſapprouva cet Arrêt, comme entreprenant ſur les droits de Sa Majeſté. C'eſt à ce ſujet que furent faites ces Remontrances, dans leſquelles on fait voir que le Parlement a eu toujours le droit d'en uſer ainſi dans certaines occurrences, ſans cependant ſe vouloir ingérer dans les affaires d'Etat; & qu'il eſt autoriſé à porter aux pieds du Trône les plaintes des Sujets, qui ont toujours été écoutées favorablement. Ces Remontrances expoſent un grand nombre d'abus à réformer, particulièrement dans les Finances. Le Conſeil du Roi caſſa cet Arrêt le 23 Mai.

Voyez le *Mercure François.*]

20312. Diſcours de ce qui s'eſt paſſé à la préſentation des Remontrances ☀ 1615, *in-8.*

20313. Le Pacifique; pour la défenſe du Parlement, à la Royne : 1615, *in-8.*

☞ Cette Pièce regarde les Remontrances du Parlement du 21 Mai. L'Auteur attribue l'Arrêt du Conſeil donné à ce ſujet, aux mauvais conſeils du P. Coton & du Marquis d'Ancre.]

20314. ☞ La Pitarchie Françoiſe, ou Réponſe aux vaines plaintes des Malcontens : *Paris*, le Veau, (ſans date, mais de 1615) *in-8.*]

20315. ☞ Lettre du Maréchal DE BOUILLON, au Préſident Jeannin : 1615, *in-8.*

Elle eſt imprimée au tom. IV. du *Mercure François*, & datée du 9 Juin; elle contient les griefs & les plaintes des Mécontens. M. de Bouillon proteſte que malgré tous les torts qu'on lui fait, il conſervera toujours pour le ſervice du Roi & de la France, la bonne volonté qu'il a toujours eue.]

20316. ☞ Réponſe d'un ancien Conſeiller d'Etat, à la Lettre précédente : *in-8.*

Elle eſt imprimée dans le même *Recueil.* L'Auteur, pour juſtifier les Miniſtres contre leſquels on crioit tant, allégue le repos & la tranquillité dont le Royaume a joui durant la Minorité. Il dit que la ſource des maux vient du mécontentement des Grands; qu'on eſt prêt à remettre l'ordre dans le Conſeil & dans les Finances, s'il eſt jugé néceſſaire. Il répond enſuite aux plaintes du Maréchal de Bouillon, & finit par l'affaire des Mariages d'Eſpagne.]

Eee

20317. L'Ombre de Henri le Grand : 1615, in-8.

20318. Le Protecteur des Princes, à la Royne : 1615, in-8.

20319. Lettre d'un bon François à M. le Prince : 1615, in-8.

☞ C'est un Libelle séditieux où le Maréchal d'Ancre & sa femme sont fort maltraités.]

20320. ☞ Le Philothémis : in-8.

Autre Satyre contre le Maréchal d'Ancre, au sujet de ses entreprises sur la Justice.]

20321. ☞ Réponse au Libelle intitulé : *Philothémis*, ou pour mieux parler, *Misothémis* : 1615.]

20322. ☞ Réponse sur les calomnieux propos qu'un pédant a vomis contre un des Grands de cet Etat : in-8.]

20323. ☞ La Ruse des Flatteurs, découverte au Roi : in-8.

Je place ici ces deux Pièces sans date, n'ayant pu découvrir l'année où elles ont été imprimées.]

20324. ☞ Lettre en forme de Remontrance, de Madame la Duchesse DE SAVOYE, envoyée à son frère le Duc de Mayenne : in-8.

Elle est du 18 Septembre 1615. La Princesse l'exhorte à quitter le parti des Princes, & à suivre celui du Roi.]

20325. ☞ Déclaration de la Lieutenance-Générale & du pouvoir donné par le Roi à M. le Duc de Guise, pour la conduite de son Armée : *Paris*, Alexandre, 1616, in-8.

Elle est du 27 Novembre 1615, & datée de Bordeaux.]

20326. ☞ Avis à MM. des Etats, pour la sûreté du Roi, de l'Etat & Maison Royale : 1615, in-8.]

20327. ☞ Remontrances d'un Catholique Anglois aux bons François de ce temps, en faveur de la Royne Mère, du Roy & de l'Etat : *Paris*, Dubreuil, 1615.]

20328. ☞ Lettre du Roi d'Angleterre envoyée à M. le Duc de Mayenne ; 4 Novembre 1615. = Autre de l'Empereur à M. le Prince de Condé, & Seigneurs François, 1. Novembre. = Autre du Duc de Lorraine, à M. le Duc de Mayenne ; 10 Novembre, sur ses liaisons avec le Prince de Condé. = Autre des Capitouls de Bourdeaux à M. le Prince ; 13 Novembre : & la Réponse. = Autre du Marquis de Brandebourg, à M. de Guise ; 28 Novembre. = Autre au Roi, par le Prince de Condé ; 20 Décembre : & la Réponse : 1615, in-8.]

20329. ☞ Apologie sur la vénalité des Etats : 1615.

Les Pièces énoncées sous ces deux numéros, sont imprimées dans le *Recueil* V. *in-12*.]

20330. ☞ Extrait de l'Inventaire qui s'est trouvé dans les coffres de M. le Chevalier de Guise ; par Mademoiselle D'ANTRAIGUES, & mis en lumière par M. DE BASSOMPIERRE, avec un brief Catalogue de toutes les choses passées par plusieurs Seigneurs & Dames de la Cour, le tout recherché & écrit de la main dudit défunt, & présenté aux Amateurs de la vertu : 1615, in-8.

Pièce satyrique contre plusieurs Seigneurs & Dames de la Cour, dans le gout de la Bibliothèque de Mademoiselle de Montpensier. On trouve à la fin des Vers contre le Maréchal d'Ancre.]

20331. ☞ Le Courier courtisan, arrivé de Bourdeaux : 1615, in-8.

Il contient quelques traits satyriques contre le Maréchal d'Ancre, le Ministère & autres personnes.]

20332. ☞ Discours véritable de deux Artisans de Paris, Maréchaux de leur état, l'un demeurant à la Porte S. Honoré, appellé Maître Pierre de Rots ; l'autre à la Porte S. Antoine, appellé Maître Pierre Rosse ; rapporté par un des Serviteurs de la Pomme de pin de Paris : 1615, in-8.

Ce Dialogue roule sur tous les abus que M. de Rots dit qu'on va réformer. Les principaux sont, des duels, la malversation dans les Finances & dans la Justice, la diminution des tailles, la suppression du luxe & des carosses, & la perquisition des assassins du feu Roi.]

20333. ☞ Réponse à la Lettre d'un Gentilhomme sur les prétextes de la guerre, sur l'avis qu'il demande, à sçavoir s'il doit suivre le parti de M. le Prince : 1615, in-8.]

20334. ☞ Avis au Roi : 1615, in-8.

L'Auteur l'invite à choisir un bon Conseil, & des personnes capables pour remplir les charges de l'Eglise & de la Judicature, mais sur-tout à ruiner tout ce qui s'appelle Partisans & Financiers.]

20335. ☞ Petit Avis : in-8.

Il y avoit deux partis dans l'Etat ; l'un pour la guerre, qu'il disoit être honorable, utile, juste & nécessaire, ce qu'il prouvoit par plusieurs raisons ; l'autre pour la paix, en détruisant les raisonnemens qui précèdent les preuves ci-dessus, & les tournant contre leurs partisans. Ils soutenoient qu'il n'y avoit rien de plus à craindre que la guerre, parcequ'elle rend les Sujets trop orgueilleux, désespérés & aguerris : c'est pourquoi ils concluent qu'il ne faut rien tant souhaiter que la paix. C'est tout ce qui est renfermé dans cet Avis, qui regarde la guerre de Montauban & de la Rochelle.]

20336. ☞ Déclaration du Roi, portant renouvellement de tous les Edits de pacification, Articles accordés, Réglemens & Arrêts intervenus en conséquence ; publiée & registrée en Parlement le 29 Avril 1615 : in-8.]

20337. ☞ Arrêt de la Cour de Parlement, contre le Prince de Condé & autres Princes, Seigneurs & Gentilshommes, qui sans permission du Roi, & contre son autorité, depuis son absence, ont pris les armes, & commettent tous les actes d'hostilités, qui vont à la ruine & désolation de son pauvre peuple : 1615, in-8.]

20338. ☞ Sommaire & véritable Discours

envoyé de la Cour au Roi d'Angleterre, sur l'état présent des affaires : 1615, in-8.

Cette Lettre est écrite à un partisan du Prince de Condé, dont l'Auteur déchire le masque, en faisant voir que sous prétexte du bien public, il cache une envie démesurée d'être admis à la Régence, & qu'il n'a fait que cabaler pour cela durant les Etats; que n'ayant pu y parvenir, il a pris un autre moyen, & a demandé justice de la mort du feu Roi, dont il a accusé le duc d'Espernon, que l'Auteur défend de son mieux.]

20339. ☞ Remontrances faites par l'Ambassadeur de la Grande-Bretagne, au Roi & à la Reine sa mère : en Juin 1615 : in-8.

Dans la première de ces Remontrances, qui est contre l'alliance avec l'Espagne, le Sieur EDMONDES dit qu'elle est au désavantage du Roi, du Royaume & de toute la Chrétienté. Dans la seconde, il demande la suppression de la Harangue du Cardinal du Perron, contre le premier article des Cahiers du Tiers-Etat, comme séditieuse, injurieuse à la majesté des Rois, & attentatoire à leur personne sacrée.]

20340. ☞ Réponse du Roi faite aux Remontrances présentées à leurs Majestés par le Sieur Edmondes, Ambassadeur du Roi de la Grande-Bretagne : 1615, in 8.]

20341. ☞ Lettre de la Reine Mère envoyée à la Reine, le 9 Novembre 1615: in-8.

C'est au sujet de son arrivée en France, qu'elle lui dit désirer passionnément.]

20342. ☞ Discours sur l'exprès commandement que Sa Majesté a fait à tous les Gouverneurs des Villes & Provinces de son Royaume, pendant son Voyage en Guyenne : 1615, in-8.]

20343. ☞ Lettre de la Royne envoyée au Maréchal de Lesdiguières : 1615.]

20344. ☞ Lettre de Monseigneur le Duc DE LONGUEVILLE, au Roi : 1615.]

20345. ☞ Lettres de MM. de l'Assemblée de Grenoble, envoyées au Roi par les Députés, & une à la Royne.

Ils l'informent dans la seconde, que M. le Prince les a fait solliciter de se joindre à lui.]

20346. ☞ Le Courier Picard : 1615, in-8.

Il raconte les nouvelles qu'il a apprises sur sa route: elles sont toutes contre le Maréchal d'Ancre. La principale est celle du faquin que M. de Longueville courut à Amiens, & que ceux de la Citadelle prétendoient ressembler au Maréchal. Les autres ne sont ni moins vives, ni moins piquantes.]

20347. ☞ Le Confiteor de Henri IV. dédié au Roi Louis XIII.]

20348. ☞ Avis aux Gens de bien : 1615.

L'Auteur en veut sur-tout aux calomniateurs & faiseurs de Libelles. Il disculpe le Gouvernement, & répond assez pertinemment à ce qu'on avançoit contre la vénalité des Charges & contre les Financiers. Il fait voir que l'élévation d'un Etranger n'est ni contre la bonne politique, ni contre nos usages.]

20349. ☞ Les vraies Cérémonies de l'obédience faite à N. S. P. le Pape Paul V. de la part du Roi Très-Chrétien de France & de Navarre Louis XIII. par M. le Chevalier de Vendôme, Grand-Prieur de Toulouse, les 2, 3, & 4 Octobre dernier; avec le récit de l'Entrée solemnelle qui lui a été faite, & l'ordre qu'il a tenu en la visitation du sacré Consistoire, & autres Seigneurs particuliers; le tout exactement observé. Traduit sur la copie Italienne, imprimée à Rome : 1615, in-8.]

20350. ☞ Les offres & protestations faites au Roi, par les Habitans de Château-Thierry : in-8.]

20351. ☞ Lettres de l'Hermite Solitaire, contenant une Prophétie adressée à MM. les Princes retirés de la Cour : in-8.]

20352. ☞ Retraite de M. le Prince de Tingry, d'avec MM. les Princes; ensemble ce qui s'est passé lorsque lesdits Princes ont traversé la Rivière de Loire avec leur armée : in-8.]

20353. ☞ La proposition faite à la Noblesse de France du parti de M. le Prince de Condé, étant dans Château-Thierry; par un fidèle serviteur du Roi, par eux pris à rançon : in-8.]

20354. ☞ Le Gentilhomme François, armé de toutes pièces, pour le service du Roi, adressé à MM. les Princes & autres Seigneurs de la Cour, le 6 Juillet : in-8.

Ces deux Pièces regardent la guerre des Princes, qu'on invite à se réunir au Roi, & à donner la paix au Royaume.]

20355. ☞ L'Homme de Diogène : in-8.

C'est une réponse à la Pièce précédente, & dans le même goût. L'Auteur y fait un grand éloge de la Régente, & de ceux de son Conseil.]

20356. ☞ Avis salutaire donné au Sieur illustrissime Cardinal de Sourdis, pour sagement vivre à l'avenir : 1615.]

20357. ☞ Les regrets de Cendrin : 1615, in-8.

Ce nouvel Héraclite, qui ne cesse de pleurer le malheur de l'Etat, exhorte les Princes à venger la mort du grand Henri, & à réparer le mal que les Députés aux Etats ont fait & devoient empêcher. Il dit en passant, sur le Maréchal d'Ancre, qu'il craint qu'il ne devienne Duc de Papier, après avoir été Baron de la Plume.]

20358. ☞ Le vrai serviteur du Roi, dédié à Sa Majesté : in-8.

L'Auteur se déchaîne contre les Libelles, & notamment contre le précédent, qu'on répand par la France, pour engager les Sujets du Roi à la révolte.]

20359. ☞ Extrait des Prophéties & Révélations des saints Pères, in-12.]

20360. ☞ La colère de Mathurine, contre les difformes Réformateurs de la France : 1615, in-8.]

20361. ☞ Les colloques du Curé de Coussi aux François, touchant les alliances d'Espagne : 1615, in-8.

C'est un composé de plusieurs passages de l'Ecriture

Sainte, appliqués aux personnes & aux circonstances du temps.]

20362. ☞ Réponse de Dame Friquette, Bohémienne, appellée en France par les Malcontens, pour dire leur bonne aventure : *Paris*, 1615, *in-8.*]

20363. ☞ Avertissement à la France touchant les Libelles qu'on séme contre le gouvernement de l'Etat ; dédié à M. le Président Jeannin ; par le Sieur D. C. 1615 : *in-8.*

Cette Pièce tend à disculper le Ministère, & à faire voir l'utilité que la France doit retirer de son alliance avec l'Espagne.]

20364. ☞ La Noblesse Françoise, au Chancelier : *in-8.*

Dans cet Ecrit on accuse le Gouvernement de tyrannie, d'infidélité dans les promesses qu'il avoit faites pour le soulagement des Peuples, & l'on proteste de se défendre par les armes.]

20365. ☞ Lettre justificative d'un Député de Grenoble, à M. le Prince : *in-8.*

Il y est dit qu'il n'est pas trop sûr de se fier aux Princes, & l'on en donne quelques raisons un peu satyriques.]

20366. ☞ Lettre de Guillaume Sans-Peur, envoyée aux débandés de la Cour : 1615, *in-8.*

C'est un bon François qui blâme fort les plaintes qu'on fait contre le Gouvernement, & qui fait l'apologie de l'alliance avec l'Espagne.]

20367. ☞ Seconde Lettre de Madame la Duchesse de Savoye, à son frère le Duc de Mayenne.]

20368. ☞ Lettre présentée au Roi par le Sieur DU BUISSON, au nom & par l'avis de ceux de la Religion Prétendue-Réformée, touchant le Voyage du Roi : *in-8.*

Ils veulent lui persuader de différer son Voyage, & lui rendent compte de ce qu'ils ont répondu à M. le Prince de Condé.]

20369. ☞ Les Nouvelles d'Allemagne sur la levée des gens de guerre faite entre les Princes Protestans, le Marquis de Spinola & l'Archiduc Léopold.]

20370. ☞ Lettre du Prince d'Orange en forme de Remontrance, envoyée au nom des Seigneurs des Etats de Hollande, à M. le Prince de Condé : *in-8. comme les suiv.*]

20371. ☞ La Trompette divine & royale, adressée aux fidèles serviteurs du Roi.

L'Auteur les invite à prendre les armes pour Sa Majesté, contre ses Sujets rebelles.]

20372. ☞ Le Sire Benoît, ferreur d'Eguillettes : 1615.

On suppose que Sire Benoît a été un zélé Ligueur, qui se souvient de la maigre chère qu'il a faite durant le Siége de Paris. Il craint que cela n'arrive encore, si l'on n'arrête pas les avis de tous ces beaux réformateurs de l'Etat. Il exhorte ensuite la Reine à partir pour son voyage de Bourdeaux, sans craindre qu'il n'arrive rien de mal pendant son absence. Cette Pièce est écrite d'un style bouffon.]

20373. ☞ Plaidoyer pour les Laboureurs, contre les Gens d'armes : 1615.

C'est un éloge de l'Agriculture, & une comparaison des Laboureurs avec les Guerriers. L'Auteur donne la préférence aux premiers.]

20374. ☞ Discours sur un tableau de guerre, & sur la rencontre d'une épée d'or : 1615.]

20375. ☞ Extrait des Registres du Conseil d'Etat.]

20376. ☞ L'Héraclite Parisien, aux pieds du Roi : 1615.

On y déplore les misères de la France. Il y a quelque chose contre les Financiers, & contre l'alliance avec l'Espagne.]

20377. ☞ Le Protecteur des Princes, dédié à la Royne : 1615.

Cette Pièce, qui est très-vive, est une apologie & un éloge du Prince de Condé, & de tout ce qu'il a fait. L'Auteur le suit par-tout, à Poitiers, à Bourdeaux, à Paris, aux Etats. Il accuse de tous les désordres la Reine, dont il soupçonne l'honneur. Il se déchaîne contre le Maréchal d'Ancre son Favori, & contre le refus qu'on fait de punir les assassins du feu Roi. L'alliance avec l'Espagne n'y est pas épargnée, non plus que ceux qui composent le Conseil.]

20378. ☞ Les Reproches de la France faits à MM. les Princes & autres perturbateurs de son corps : 1615, *in-8.*]

20379. ☞ Les Lunettes à tout âge, pour faire voir clair à ceux qui ont la vue trouble, pour le service du Roi : 1615, *in-8.*

Cette Pièce roule sur l'obéissance qu'on doit aux Souverains.]

20380. ☞ Les Allarmes : *in-8.*

On avoit fort à cœur le premier Article des Cahiers du Tiers-Etat, qui regardoit la Souveraineté du Roi. L'Auteur déclame fortement contre la différence de ce qu'on fait d'avec ce qui se pratiquoit du temps de Saint Louis & de Philippe-le-Bel. Il attribue aux Jésuites le parricide du feu Roi, crie beaucoup contre ceux qui lui conseillèrent de rappeller ces Pères, & dit quelque chose de la Pyramide qui fut dressée à l'occasion de leur exil. Il exhorte le Roi & la Reine à suivre les conseils des Princes, du Parlement & des vrais François ; à éloigner ceux qui ne veulent que la ruine de l'Etat, & à punir les Auteurs des maximes contraires.]

20381. ☞ Le Gentilhomme Bourguignon : 1615, *in-8.*

Pièce contre les entreprises de la Cour de Rome, sur l'indépendance de la Couronne, & la Souveraineté du Roi.]

20382. ☞ Le patois Limosin à M. le Prince : 1615, *in-8.*

Il y est question des abus qui régnent en France & dans le Conseil, & sur-tout de la vénalité des Charges.]

20383. ☞ L'Almanach des abusés de ce temps, composé & diligemment calculé par le scientifique Docteur M. Guillaume, avec la pronostication de M. Gonnin : *in-8.*

Pièce assez singulière sur les désordres que les gens de

Règne de Louis XIII. 1615.

guerre ont commis en Champagne, Brie & Picardie. L'Auteur a trouvé dans la nature de tous les signes de l'année, les tristes effets de la fureur du soldat.]

20384. ☞ La Prise & Capitulation de la Ville de Méry sur-Seine, avec la défaite du Sieur de Poitrincourt, & sa mort, &c. *in-8*.]

20385. ☞ Réponse à la Lettre d'un soi-disant bon François, adressée à M. le Prince : 1615.]

20386. ☞ Lettre de M. le Prince envoyée à MM. du Parlement touchant la prison du Sieur Fraisé : 1615.

Elle est datée du camp de Noyon, le 3 Septembre. Le Sieur Fraisé avoit été arrêté à Chartres, portant une commission pour lever des gens de guerre.]

20387. ☞ Lettre de M. le Prince à M. le Maréchal de Bois-Dauphin, pour l'élargissement du Sieur de Fraisé : 1615.]

20388. ☞ Lettre de M. le Duc de Sully au Roi : 1615.

Pour le conjurer de donner quelque satisfaction aux Mécontens, & d'éviter la guerre civile.]

20389. ☞ Lettre de M. le Prince, écrite à M. de Guise : 1615.]

20390. ☞ Le Pacifique, sur les formalités présentes.]

20391. ☞ Tirtæus aux François.

Ce Libelle sonne le tocsin contre l'Espagne.]

20392. ☞ Les Adieux de la France, à Madame, sœur du Roi : 1615, *in-8*.]

20393. ☞ Les dernières Nouvelles de la Cour : 1615, *in-8*.]

20394. ☞ Le vrai Catholique François : 1615, *in-8*.]

20395. ☞ Le Train du Charivari assemblé aux Nôces du Mal-assis, rue Fromenteau, enseigné à Paris par l'esprit de la Cour : 1615, *in-8*.]

20396. ☞ Les exécrables impiétés commises en l'Eglise d'Espougny : 1615, *in-8*.]

20397. ☞ Le Maître d'Ecole : 1615, *in-8*.]

20398. ☞ Le Croquant de Poitou.]

20399. ☞ Le Rabais des Filles d'Amour.]

20400. ☞ L'Espagnol François : 1615.]

20401. ☞ Discours sur l'état présent des affaires de France, &c.]

20402. ☞ Remontrance au Roi contre les Duels.]

20403. ☞ Tombeau de la Paulette : 1615, *in-8*.]

20404. ☞ Résurrection & triomphe de la Paulette ; par le Sieur DE LA BRUYERE : *Paris*, 1615, *in-8*.]

20405. ☞ L'Ombre du Duc de Mayenne au Duc son fils : 1615.]

20406. ☞ Les Nouvelles de l'autre monde, envoyées par Caron aux mauvais François, par l'esprit d'un Carabin, qui lui fut envoyé par la fureur d'un Villageois désespéré : 1615, *in-8*.]

20407. ☞ Réponse aux Nouvelles de l'autre monde, par un Carabin.

20408. ☞ Extrait des Registres (du Parlement) pour ce qui s'étoit passé en l'affaire de M. d'Espernon ; *in-8*.

Il y vint faire excuse pour ce qui s'étoit passé au Fauxbourg S. Germain.]

20409. ☞ Récit véritable de ce qui s'est passé au Parlement sur la Déclaration du mois de Septembre 1615 : *in-8*.

Cette Déclaration, que le Parlement ne vouloit pas enregistrer, étoit contre le Prince de Condé.]

20410. ☞ Procès-verbal de ce qui s'est passé à Bordeaux en la présence du Roi, & ce qui a donné sujet à la Cour de donner Arrêt & Décret contre les complices de l'assassinat du Concierge & rupture des prisons de la Conciergerie : 1615, *in-8*.

Cette affaire fut une suite des menées du Cardinal de Sourdis.]

20411. ☞ Lettre de M. le Comte DE SAINT-PAUL, à M. le Prince de Condé : 1615.

C'est pour lui faire sçavoir qu'il se retire de son parti, attendu qu'il paroît plutôt ruiner la France, qu'en soulager les Peuples.]

20412. ☞ Lettre de M. le Marquis DE BONNIVET au Roi : 1615, *in-8*.

Elle est datée de Londres le 29 Octobre. Il y expose les raisons qui l'ont engagé à passer en Angleterre.]

20413. ☞ La défaite des Reistres & autres Troupes de M. le Prince de Condé, faite par M. le Duc de Guise devant la Ville de Sainte-Foi, assiégée par les Troupes du sieur Prince : *in-8*.]

20414. ☞ Récit véritable de la défaite des Troupes de M. le Prince de Tingry, par M. de Praslain, Lieutenant de M. de Bois-Dauphin, où sont dénommés tous les Capitaines de part & d'autre ; ensemble la Lettre de M. DE BOIS-DAUPHIN, à M. de Liancourt.]

20415. ☞ Lettre du Roi d'Espagne à M. le Prince de Condé.]

20416. ☞ Réponse des Maire, Gouverneur & Pairs de la Rochelle, à la Lettre que M. le Prince de Condé leur a envoyée par M. le Baron de S. Sever, le 13 Novembre 1615 : *in-8*.

Ils refusent de s'associer à lui, comme il le leur avoit demandé par ses Lettres.]

20417. ☞ La Surprise & Défaite des Troupes du Prince de Tingry, par les Soldats de la garnison de Metz, faite samedi 19 Décembre 1615.]

20418. ☞ La Défaite des Troupes de M. le

Prince de Condé, faite entre Nielle & Saint-Maixent, par les Sieurs de la Salle, du Bourg & de Fourile, Capitaine des Gardes de S. M. le lundi dernier Novembre : *in-8.*]

20419. ☞ La Description de tout ce qui s'est passé en Champagne, depuis le partement du Roi, & spécialement sous la conduite de M. le Marquis de la Vieuville; ensemble, de la reprise de Neuchâtel, &c.]

20420. ☞ Du Voyage du Roi, en Juillet 1615.

[Cette Pièce est imprimée aux *Mémoires du Duc de Rohan*, 1646.]

20421. Avertissement aux Provinces, sur la disposition présente des affaires : 1615, *in-8.*

20422. Mémoire de ce qui s'est passé à Creil, près de Clermont en Beauvoisis, pendant le séjour de M. le Prince : 1615, *in-8.*

20423. ☞ Discours véritable de ce qui s'est passé pour le Gouvernement d'Aigues-mortes : 1615, *in-8.*]

20424. ☞ Avertissement du sieur de Bruscambille sur le Voyage d'Espagne : 1615.

[Pièce écrite en style de la Halle. S'il y a quelque esprit, on y trouve aussi beaucoup de libertinage. L'Auteur approuve les mariages d'Espagne, & dit qu'on ne doit rien craindre des suites.]

20425. ☞ Arrêt du Parlement de Béarn; pour se venir conjouir de l'heureux mariage du Roi avec la Princesse d'Espagne; ensemble la Déclaration criminelle contre ceux qui prendront les armes contre Sa Majesté : 1615, *in-8.*]

20426. ☞ Les Terreurs paniques de ceux qui pensent que l'alliance d'Espagne doit mettre la Guerre en France : 1615.

[Le mariage du Roi avec l'Infante d'Espagne étoit le grand prétexte des Mécontens; & l'on disoit qu'il y avoit à craindre : 1°. Que le Prince de Condé ne fît une Ligue comme ci-devant les Guises. 2°. Que le Roi d'Espagne, à l'ombre de cette alliance, n'envahît le Royaume. L'Auteur combat assez bien ces deux prétextes. Il ajoute que le Prince de Condé a déja fait l'épreuve l'été dernier de ce qu'il devoit attendre de l'affection des François; qu'il n'a aucun secours à espérer des Protestans & des Etrangers; qu'il y a tout à perdre & rien à gagner pour lui, qu'ainsi il est de son intérêt de rentrer dans son devoir, & de donner l'exemple de la soumission à ceux qu'il a entraînés avec lui.]

20427. ☞ Discours d'Etat présenté au Roi sur les alliances de France & d'Espagne, tant vieilles que nouvelles; par J. B. Gentilhomme Champenois, ci-devant Député aux Etats pour la Nobléffe de Champagne : *Paris*, Dubreuil, 1615, *in-8.*]

20428. ☞ Brief Discours sur le prochain Voyage du Roi & de Madame sa sœur à Bayonne; par un bon & fidèle François: *Paris*, Dubreuil, 1615, *in-8.*]

20429. ☞ Des Nouvelles d'Espagne, sur ce qui s'est passé à Madrid à la réception du Commandeur de Sillery, Ambassadeur extraordinaire vers Sa Majesté Catholique : *Paris*, Dubreuil, 1615, *in-8.*]

20430. ☞ Récit véritable des choses plus remarquables, passées à l'arrivée de la Reine en France, & à la conduite & réception de Madame en Espagne; par D. F. *Paris*, Moreau, 1615.]

20431. ☞ Lettre du Roi à M. le Premier Président (de Paris) sur l'accomplissement & consommation des Mariages, avec les Feux de joie faits en la Ville de Bordeaux: *Paris*, Moreau, 1615.]

20432. ☞ Copie de la Lettre du Roi, envoyée à la Reine par M. de Luynes; à l'entrée de son Royaume : *Paris*, Saugrain, 1615.]

20433. ☞ L'Etat des Commissions extraordinairement données à plusieurs Chefs & Capitaines, pour lever des Troupes, & aller au devant de Sa Majesté, & tenir les passages libres à son retour de Bordeaux: *Paris*, Dubreuil, 1615, *in-8.*]

20434. ☞ L'heureuse Arrivée du Roi dans Bordeaux, & ce qui s'y est passé depuis; avec les cérémonies qui furent faites aux Espousailles de Madame, sœur aînée de Sa Majesté, jusqu'à son départ vers l'Espagne : *Bordeaux*, Millanges, 1615, *in-8.*]

20435. ☞ L'Hymenée Royal, sur le Mariage de Louis XIII. Très-Chrétien, Roi de France & de Navarre, & de Madame Anne d'Autriche, Infante d'Espagne, fait le 27 du mois de Novembre 1615 : *in-8.*]

20436. ☞ Ce qui a été présenté au Roi & à la Royne à son arrivée à Bordeaux: 1615, *in-8.*]

20437. ☞ Extrait de la Lettre envoyée au Roi en la Ville de Bordeaux; par M. le Maréchal DE LESDIGUIERES : 1615, *in-8.*

[C'est pour témoigner à Sa Majesté combien il approuve son mariage avec la Princesse d'Espagne.]

20438. ☞ La Lettre du Roi d'Espagne, envoyée à Leurs Majestés Très-Chrétiennes en la Ville de Bordeaux : 1615, *in-8.*]

20439. ☞ Discours véritable de ce qui s'est passé à Bordeaux sur les fiançailles & épousailles de Madame, sœur du Roi, avec le Prince d'Espagne, où sont décrites les cérémonies, les noms des Assistans, & les adieux de part & d'autre, au département de Madame; ensemble les noms des Chefs de ceux qui ont pris les armes & jusqu'à la rivière de la Garonne, pour empêcher ce Voyage, & de ceux qui sont délégués par Sa Majesté pour les repousser : 1615.]

20440. ☞ L'Ordre prescrit des Cérémonies faites & observées à S. Jean-de-Luz, en l'échange des Infantes de France & d'Espagne, avec les Harangues faites par les Ambassadeurs de part & d'autre : 1615, *in-8.*]

Règne de Louis XIII. 1616.

20441. ☞ Ludovico XIII. Galliarum & Navarræ Regi Christianissimo, de sua cum Rege Hispaniarum, affinitate, Gratulatio panegyrica; Auctore Jacobo FORNACIO, Suessionensis urbis Præfecto Regio : *Parisiis, Chevalier, 1616, in-4.*]

20442. ☞ Ludovico XIII. & Annæ Austriacæ, Hispaniarum Regis primævæ Filiæ, sacrum Epithalamium; Auctore eodem FORNACIO : *Parisiis, 1616, in-4.*

Cette Pièce a presque 500 Vers.]

20443. ☞ Discours Royal présenté au Roi, touchant les bénédictions & le bonheur de son Mariage ; par le Docteur Assensio Enrisquès DE MOMGRO, Théologien de l'Illustrissime & Révérendissime Cardinal de Sourdis, Archevêque de Bordeaux & Primat d'Aquitaine : *1615.*]

20444. ☞ Epithalame sur les Mariages de France & d'Espagne, accomplis au mois de Novembre 1615 ; (par Jean MASSOL, Seigneur de Marcilly, &c. Conseiller au Parlement de Bourgogne) : *Dijon, 1616, in-12.*

C'est peu de chose que cette Pièce.]

20445. ☞ De quelque chose remarquable & merveilleuse de paix & bonne amitié, arrivée entre les Rois de France & d'Espagne, qui pronostiquent de grands biens à ce Royal Mariage ; & comme les Mariages d'Espagne ont été heureux : *in-8.*]

20446. ☞ Les Magnificences faites en la Ville de Bordeaux, à l'Entrée du Roi, le mercredi 7 de ce mois : *1615 : in-8.*]

20447. ☞ La Réjouissance & Feux de joie des Prisonniers de la Conciergerie du Palais, sur le Mariage du Roi : *Paris, Moreau, 1615 : in-8.*

Ce n'est point une Description, mais un Discours adressé au Roi, en forme de Requête, pour le supplier de leur accorder leur élargissement.]

Voyez encore ci-après, Article des *Entrées, Fêtes & Ballets,* pour les réjouissances faites à l'occasion de ce double Mariage.]

20448. ☞ Congratulations publiques sur la consommation des Mariages de France & d'Espagne : réunion des Princes, par la Conférence de Loudun ; ensemble les souhaits des François ; par M. ROMANY, Avocat : *1616, in-8.*

Cette Pièce est divisée en trois Traités. Dans le premier, l'Auteur soutient que les Mariages des Rois se règlent plus sur le bien de l'Etat, que sur l'assemblage des cœurs. Il fait le parallèle de la Régente avec la Reine Blanche ; & la loue de sa prudence & de sa prévoyance dans l'affaire de ces Mariages. Il prédit qu'ayant été arrêtés au Ciel, ils ne peuvent manquer d'être heureux & suivis de la paix ; & qu'en y joignant l'alliance de l'Angleterre par le Mariage de Madame Chrétienne, autre sœur du Roi, on n'aura plus rien à craindre. Dans le second Traité, il fait l'éloge de la paix. Dans le troisième, il traite des réjouissances faites pour l'Entrée de la Reine à Paris. Il y a de bonnes choses dans cet Ouvrage, dont on pourroit retrancher la moitié sans faire tort au reste.]

20449. ☞ Les heureux Amours de Louis XIII. & d'Anne d'Autriche : *1616, in-8.*]

20450. Lettres Patentes & Déclaration du Roi contre M. le Prince, envoyées au Parlement au mois de Septembre 1615 : *Paris, 1615, in-8.*

20451. Mémoires particuliers de ce temps ; envoyés de Bourdeaux : *Paris, 1615, in-8.*

20452. Discours dict au Roi par le vrai Matthaut, n'aguières retourné du Purgatoire & du Paradis, présenté au Roi le 26 Décembre 1615 ; *Nil temerè credideris : 1616, in-8.*

Rien de plus sage que cet Axiome que l'on trouve à la suite du titre. On devroit l'appliquer à presque toutes les Pièces qui paroissent contre le Gouvernement & les Ministres. Ce n'est pas qu'elles ne renferment souvent bien des véritées; mais il faut les lire avec beaucoup de circonspection. Celle-ci, qui parut sous le nom d'un fou, est d'un partisan de M. le Prince.]

La Guerre précédente est appellée *la Guerre des Henris,* parceque la plupart des Chefs portoient ce nom, comme le Prince de Condé (Henri de Bourbon), le Duc de Mayenne (Henri de Lorraine), M. de Longueville (Henri d'Orléans), M. de Bouillon (Henri de la Tour-d'Auvergne).

20453. ☞ Recueil des Manifestes & Articles du Duc de Savoye, pour la résolution de la Paix ; traduits de l'Italien & de l'Espagnol ; par noble Etienne du Molard : *Chambéry, 1615, in-8.*]

20454. ☞ Véritable Relation de ce qui s'est passé en Sorbonne les quinze Mars, premier Avril, onze Mai 1616, onze Janvier & premier Février 1617 : *in-12. & in-8.*]

20455. Ordonnance du Roi, pour la pacification des troubles de son Royaume, du 6 Mai 1616 : *Paris, Morel, 1616, in-8.*

Autre, du 13 Juin 1616 : *Paris, 1616, in-8.*

☞ Elles furent publiées en attendant que la Déclaration ci-dessus, (N.° 20450) fût enregistrée.]

20456. ☞ Les Avis de Charlot à Colin, sur le temps présent ; mis en lumière par L. D. F. D. D. *in-8.*

Cette Pièce en Vers est de 1615 ou 1616. La brièveté & le style énigmatique qui y règnent, la rendent obscure.]

20457. ☞ Discours sur l'état présent des affaires de France : *Paris, Huby, 1616 ; in-8.*

☞ Cette Pièce est au sujet de la désertion de M. le Prince. L'Auteur fait l'éloge de la sagesse & du bon gouvernement de la Reine Mère.]

20458. Le Partisan Royal, au Roi, sur la Conférence de Loudun : *1616, in-8.*

☞ Pièce assez longue contre les prévarications du Conseil de Sa Majesté, & l'élévation des Etrangers. L'Auteur propose au Roi, comme un remède sûr, de chasser les uns & les autres, & de se fortifier par des alliances avec les Princes Etrangers.]

20459. Discours véritable de ce qui s'est passé à Péronne au mois d'Août 1616, *in-8.*

20460. Manifesto del Rè di Francia, sopra la detentione fatta per suo commendamento della persona del Prinçipe di Condè, il di primo di Settembre 1616: *In Viterbo, In Firenze*, 1616, *in*-4.

20461. Déclaration du Roi sur ce qui s'est passé à Perrone, du 25 Octobre : *Paris*, Morel, 1616, *in*-8.

20462. * Traité de ce qui s'est fait en Picardie & ailleurs, depuis la retraite de Messieurs les Princes: *Paris*, Saugrain, 1616, *in*-8.

20463. Commissions & Lettres-Patentes de M. le Prince & du Maréchal de Bouillon: 1616, *in*-8.

20464. Lettre du Maréchal DE BOUILLON (Henri de la Tour-d'Auvergne), au Roy & à la Royne; avec les Réponses, du mois de Décembre 1616 : *in*-8.

20465. Véritable Discours du Duc D'ESPERNON, (Jean-Louis de Nogaret & de la Valette), des raisons qui l'ont mû à prendre les armes pour faire reconnoître l'autorité du Roi dans son Gouvernement de Saintonge & d'Aulnis: *Paris*, 1616, *in*-8.

20466. Conférence entre M. d'Espernon & M. de Genouillé, Député de la Province de Saintonge : 1616, *in*-8.

20467. ☞ Mſ. Relation des Guerres du Siège de Saint-Affrique, fait par M. le Prince & M. le Duc d'Espernon.

Elle est conservée dans la Bibliothèque de M. le Marquis d'Aubais, num. 116.]

20468. ☞ La Protestation faite par M. d'Espernon envers son Démon: 1616, *in*-8.

Pièce satyrique, dans laquelle on lui fait dire qu'il est auteur du meurtre des Guises & de l'assassinat de Henri IV. & qu'il ratifie la donation qu'il a faite de sa personne au démon Ascarioth.]

== ☞ La Rencontre de M. d'Espernon & de François Ravaillac : 1616, *in*-8.

Elle a déja été rapportée sous l'année 1610, parmi les Pièces concernant la mort de Henri IV.]

20469. ☞ Préparatifs pour aller au-devant du Roi & de la Reine, à leur retour à Paris: *in*-8.]

20470. ☞ Poëme présenté à la Reine durant la Conférence de Loudun; ensemble la Réponse à icelui: 1616.

C'est bien peu de chose.]

20471. ☞ Récit de ce qui s'est passé entre le Roi & ceux de la Religion, sur la fin de la Conférence de Loudun: 1616, *in*-8.]

20472. ☞ Récit véritable des choses plus mémorables demandées au Roi par ceux de la Religion; ensemble les Sermens de fidélité par eux faits à Sa Majesté : 1616.]

20473. ☞ Déclaration des Maire, Echevins, Pairs & Bourgeois de la Ville de la Rochelle, avec la Conférence faite entre M. le Duc d'Espernon & M. de Genouillé, Député de la Province de Saintonge ; & une Réponse à certain Livret imprimé à Saintes : 1616, *in*-8.]

20474. ☞ Réponse de MM. les Députés de Grenoble, adressée à M. le Maréchal de Lesdiguières & autres de ladite Assemblée ; 1616.]

20475. ☞ Articles accordés entre M. le Prince & les Députés de l'Assemblée générale de Nismes, au nom de ceux de la Religion de ce Royaume & du Pays & Souveraineté de Béarn : 1616.]

20476. ☞ Articles présentés au Roi pour la Paix, de la part de M. le Prince & ceu de l'Assemblée de Nismes joints avec lui; ensemble la Réponse faite par Sa Majesté sur lesdits Articles : 1616.]

20477. ☞ Remontrance faite au Roi, par Messieurs de la Ville d'Orléans, pour la conservation de la Paix : 1616.]

20478. ☞ Articles accordés sous le bon plaisir du Roi, entre MM. de Brissac, Maréchal de France, & de Villeroy, Conseiller d'Etat de Sa Majesté, ses Députés d'une part, & Monseigneur le Prince de Condé, premier Prince du Sang, d'autre, afin de parvenir à une Conférence pour la pacification des troubles de ce Royaume: 1616, *in*-8.]

20479. ☞ L'Etrange & véritable accident arrivé en la Ville de Tours, où la Royne couroit grand danger de sa Vie, sans le Marquis de Rouillac & M. Vignolles, le Vendredi 29 Janvier 1616 : *in*-8.

Cet accident fut la chûte du plancher de la chambre où le Conseil se tenoit.]

20480. ☞ Très-humble Remontrance au Très-Chrétien Roi de France & de Navarre Louis XIII. pour l'union des Princes, Pairs, &c. punition de ses Sujets rébelles, établissement d'un bon & assuré repos en son royaume, au contentement de S. M. & soulagement de son Peuple : 1616, *in*-8.

C'est un Libelle rempli de petits Avis au Roi, pour sa conduite & celle de son Royaume.]

20481. ☞ Plaidoyé des Gens du Roi, au Parlement de Bordeaux, sur le différend mû entre le Ministre Cameron & Saint-Angel: 1616.

Il est imprimé au tom. IV. du *Mercure François*. Le Parlement de Bordeaux ayant par Arrêt du 29 Décembre 1615, ordonné que ceux de la Religion Prétendue-Réformée porteroient leurs armes à feu à l'Hôtel de Ville, les deux Ministres Cameron & Primeroze firent assembler le Consistoire, pour délibérer s'ils continueroient le prêche. Leur avis fut de se retirer; ce qu'ils firent malgré un autre Arrêt du 5 Janvier suivant, donné sur Requête de deux Avocats, Saint-Angel & l'Auvergnat, & qui leur enjoignoit de continuer ; sous peine d'être procédé contre eux, comme perturbateurs du repos public. Ils revinrent au commencement du mois de Juin, & continuèrent leur différend avec les deux Avocats qu'ils

Règne de Louis XIII. 1615.

qu'ils firent citer au Consistoire & excommunier. Ceux-ci se pourvurent au Parlement, où la cause fut plaidée les 4 & 5 Juillet. Le Procureur des Ministres demandoit le renvoi à la Chambre de l'Edit de Nérac; mais le Procureur Général soutint qu'il n'y avoit lieu, parcequ'il ne s'agissoit que d'un intérêt particulier; que la procédure du Consistoire étoit nulle & abusive; que le Parlement étoit déja saisi du fait; enfin, parcequ'aucun forain ne peut jouir du privilége de l'Edit de Nantes en France, concernant le renvoi aux Chambres : Cameron étoit Ecossois. Il fut donné un Arrêt le 9 de Juillet, qui cassa la citation & tout ce qui s'en étoit ensuivi, & mit fin à cette dispute.]

20482. ☞ Copie de la Lettre envoyée au Roi par M. le Prince, pour la Paix, écrite à S. Jean d'Angely, le 20 Décembre 1615: 1616.]

20483. Ms. La Patience de Job, aux fidèles François : 1616.

Pièce contre la déprédation des Finances, les horreurs de la Guerre & la Paix de Loudun.

20484. ☞ Apologie pour leurs Majestés, contenant ce qui s'est passé depuis le mouvement de Mézières jusqu'à la prise de M. le Prince: *Paris*, 1616, *in*-8.]

20485. * Déclaration du Roi sur l'arrêt fait de la personne de M. le Prince de Condé, sur l'éloignement de sa Cour, des autres Princes, Seigneurs & Gentilshommes, publiée en Parlement le 7 Septembre, le Roi y séant : 1616.

20486. * L'Ordre tenu en la Déclaration du Roi, sur la détention de la personne de M. le Prince : 1616.

20487. ☞ Ordonnance du Roi, portant commandement à tous Gentilshommes & autres de quelque qualité & condition qu'ils soient, domestiques de la suite de M. le Prince de Condé, de MM. les Ducs de Vendôme, de Mayenne & de Bouillon, de vuider cette Ville dans vingt-quatre heures, à peine de la vie : 1616.]

20488. * Lettre envoyée au Roi par M. le Duc de Nevers, sur l'Arrêt fait de la personne de M. le Prince : 1616.

20489. ☞ Lettre envoyée au Roi par M. le Duc de Guise, sur le même sujet: 1616.]

20490. ☞ Lettres-Patentes du Roi, sur sa Déclaration du 6 Septembre 1616, vérifiées en Parlement le 25 Octobre 1616.]

20491. ☞ Avantures du Retour de Guyenne, à l'imitation de la Chanson des Pélerins de S. Jacques : 1616.

Couplets en Vers qui ne sont pas aussi amusants maintenant qu'ils pouvoient l'être alors, qu'on sçavoit mieux les circonstances des avantures auxquelles ils ont rapport.]

20492. ☞ Articles présentés au Roi de la part des Princes, Ducs, Pairs, Officiers de la Couronne, Seigneurs & Gentilshommes retirés de la Cour, depuis la détention de la personne de M. le Prince de Condé : 1616.]

Tome II.

20493. ☞ Remontrance envoyée au Roi, par Nosseigneurs les Princes, Ducs, Pairs & Officiers de la Couronne, sur la détention de M. le Prince : *Soissons*, 1616.]

20494. ☞ Lettres de M. le Duc de Nevers au Roy & à la Royne, du 15 Novembre 1616, la Réponse qui lui a été faite sous le nom de Sa Majesté ; ensemble les Procès-verbaux & Actes judiciaires de la saisie féodale de la Maison & Seigneurie de Sii & autres terres du Marquis de la Vieuville, mouvantes du Duché de Réthelois : 1616, *in*-4.]

20495. ☞ Lettre de M. de Lesdiguieres au Roy & à la Royne : *in*-4.]

20496. ☞ Lettre de M. le Duc de Nevers, aux mêmes, le 27 Novembre 1616: *in*-4.]

20497. ☞ Lettre du même, contre les calomnies qui ont été publiées contre lui, du 13 Décembre 1616 : *in*-4.]

20498. ☞ Sejanus François, au Roi : 1616.

Satyre très-violente contre le Chancelier de Sillery.]

20499. ☞ La voix de l'Eléphant, ou la plainte d'un Oiseau de proie : (sans date ni nom d'Imprimeur :

Cette Pièce énigmatique est en Vers, assez bons pour le temps. Quelqu'un a écrit au bas de mon Exemplaire que cette Pièce est contre la Ligue ; mais je ne le crois pas, puisqu'il y est parlé *d'un pilier qu'abattit la Ligue* : je la croirois plutôt contre le Maréchal d'Ancre, ou quelqu'autre personne de ce temps-là.]

20500. ☞ Le Catholicon François ; par l'admirable Guillot le Songeur, aux bons François : 1616.

Cette ingénieuse fiction est une violente & curieuse Satyre contre le Maréchal d'Ancre, sa femme & leurs adhérens. Elle accuse le Maréchal de concussions & de tous les maux de la France. Elle qualifie sa femme de sorcière & de Messaline. On les avertit du sort qui les attend, & on exhorte les François à se défaire de ces monstres, qui ne tendent qu'à la ruine de tout le Royaume.]

20501. ☞ Généreux Passe-temps du Roi en sa basse jeunesse ; par Jules de Richy, Gentilhomme servant : *Paris*, Chevalier, 1616, *in*-4.

Cette Pièce est en Vers.]

20502. ☞ Lettres du Maréchal d'Ancro (Concini), à la Majesté Très-Chrétienne de la Royne Mère.]

20503. ☞ Arrêt de la Cour du Parlement de Paris, & Sentence de M. le Lieutenant Civil, pour la poursuite du pillage arrivé à Paris en la maison du Maréchal d'Ancre : 1616, *in*-8. 8 pages.]

20504. ☞ Le Coteret de Mars.]

20505. ☞ Les François au Roi, sur le *Libera nos, Domine* : 1616.]

20506. ☞ Miroir de la France.]

20507. ☞ Le Pasquil Picard coyonesque.]

20508. ☞ Coq à l'Ane de la Cour : 1616.]

20509. ☞ Traité de ce qui s'est fait en Picardie & ailleurs, depuis la retraite de MM. les Princes: *Lyon*, 1616, *in-*8.]

20510. La Ligue renversée, ou plutôt Réponse à la Ligue ressuscitée: *in-*8.

20511. Manifeste de ce qui s'est passé en la Ville de Sancerre, le 3 Septembre: 1616, *in-*8.

20512. Réponse au Manifeste publié par les perturbateurs du repos public: *Paris*, 1616, *in-*8.

20513. Discours sur les armes, n'aguières prises par ceux de la Religion: 1616, *in-*8.

20514. Ms. Histoire des affaires du temps, depuis le 9 Décembre 1603 jusqu'en 1617; par Antoine LOISEL, Avocat au Parlement.

Cette Histoire est citée dans sa Vie, composée par Claude Joly son petit-fils, qui avoit promis de la rendre publique; mais elle ne s'est point trouvée entre les Manuscrits qu'il a laissés au Chapitre de l'Eglise Métropolitaine de Paris.

20515. Etat général des affaires de France, sur tout ce qui s'est passé, tant dedans que dehors le Royaume, depuis la mort déplorable de Henri IV. jusqu'à présent: *Paris*, Tiffaine, 1617, *in-*8.

D'AUTREVILLE, Auteur de ce Livre, dit dans sa Préface, qu'il l'a mis en lumière pour y insérer la vérité de plusieurs choses, qui se reconnoissent fausses, controuvées & mal assurées dans les Histoires précédentes. Il finit cet Ouvrage en Janvier 1617: son nom est à la fin de son Epître dédicatoire.

20516. Déclaration du Roi contre le Duc de Nevers & tous ceux qui l'assistent, du 17 Janvier 1617: *Paris*, Morel, 1617, *in-*8.

20517. Manifeste de M. le Duc DE NEVERS, sur la Déclaration contre lui faite sous le nom de Sa Majesté, du 31 Janvier 1617: 1617, *in-*8.

☞ C'est une Apologie de la conduite de ce Duc, depuis 1614 jusqu'aux derniers troubles.]

20518. Réponse au Manifeste publié par les perturbateurs du repos de l'Etat: *Paris*, Estienne, 1617, *in-*8.

☞ On y fait l'éloge des Ministres, & sur-tout du Maréchal d'Ancre; elle pourroit être la même que celle rapportée au N° 20512.]

20519. ☞ Relation de ce qui est arrivé en l'Armée du Duc de Savoye, depuis le 27 Janvier 1617 jusqu'à la fin de ce mois: 1617.]

20520. ☞ Lettres Patentes & Déclaration du Roi, contre les Ducs de Vendôme & de Mayenne, Maréchal de Bouillon, Marquis de Cœuvres, le Président le Jay, & tous ceux qui les assistent, du 27 Février 1617: *Rennes*, Hatan.]

20521. ☞ Arrêt de la Cour de Parlement, pour la réunion au Domaine du Roi, confiscation & vente des biens des Ducs de Nevers, de Vendôme, de Mayenne, Maréchal de Bouillon, Marquis de Cœuvres, Président le Jay, & leurs adhérens: 1617, *in-*8.]

20522. Déclaration du Roi sur les nouveaux mouvemens de son Royaume, du 28 Février 1617: *Paris*, Morel, 1617, *in-*8.

☞ Les Ducs de Nevers, de Vendôme, de Mayenne & de Bouillon se plaignoient par leurs Lettres, qu'il n'y avoit point de sûreté auprès du Roi, & décrioient le Gouvernement de l'Etat. Sa Majesté y répond par cette Déclaration, & fait voir que leurs beaux prétextes ne tendent qu'à ébranler son autorité, & à ruiner ses Sujets. Ce Prince ajoute que si sa clémence & sa douceur ne peuvent ramener les Rebelles, il se verra obligé malgré lui, à s'armer contre eux, & à les punir comme ils le méritent.]

20523. ☞ Lettre du Roi à l'encontre du Duc de Nevers: 1617.]

20524. ☞ Discours sur le sujet de la mort du Seigneur Stuart, Ecossois, décapité devant le Château du Louvre à Paris, le lundi 27 de Février dernier: 1617.

Il étoit accusé d'intelligence avec les perturbateurs de l'Etat.]

20525. ☞ L'Eschiquier de la Cour: 1617.

C'est une comparaison, en Vers, avec ce jeu, de ce qui se passe dans la France & à la Cour.]

20526. ☞ Lettre de l'Assemblée des Etats de Guyenne, tenue en la Ville d'Agen: *in-*4.]

20527. ☞ Lettre de M. le Duc DE NEVERS, à N. S. P. le Pape, de Mézières le 10 Mars 1617: *in-*4.]

20528. ☞ Les Visions du Comte Palatin, envoyées à M. le Duc de Nevers, le 9 Janvier 1617.

Le 9 Janvier 1617, sur les quatre heures du soir, il parut dans les Etats de l'Electeur Palatin, deux Comètes & d'autres signes dans le Ciel. L'Auteur, après avoir cité des exemples de semblables Phénomènes, qui annoncent, dit-il, la ruine des Empires, en fait l'application en faveur de Louis XIII.]

20529. ☞ Lettre de M. le Duc DE MAYENNE au Roi, avec la Réponse à icelle par Sa Majesté: 1617.]

20530. ☞ Avis à Messieurs de l'Assemblée (des Notables): 1617.

Ce Livret est assez bien raisonné; il roule sur les maux de l'Etat & sur les remèdes qu'on doit y apporter.]

20531. ☞ Avis au Roi, pour faire entrer la Noblesse & gens de mérite aux charges, & pourvoir au prix excessif des Offices, sans mécontenter les Officiers: 1617.

Le résultat de cet Avis est de modérer le prix des charges, & de rétablir les élections, sans ôter la Paulette.]

20532. ☞ Avis donné au Roi: 1617.

Ce Libelle a été publié après la mort du Maréchal d'Ancre, & contient, comme la plupart des autres, quelques avis qu'il est plus aisé de donner que d'exécuter.]

Règne de Louis XIII. 1617.

20533. ☞ Assaut & Prinze de la Ville de S. Damien : plus, la prise du Château de Gammes, & de la Ville d'Albe, rendus par composition ; avec les Capitulations & dénombremens des Gens de guerre & du canon : 1617.]

20534. ☞ La Prise du Château de Richecourt, faite par M. le Duc de Guise, le Dimanche 5 de Mars ; ensemble un bref Narré de ce qui s'est passé en Picardie & Champagne, depuis ces derniers mouvemens jusques à présent : 1617.]

20535. ☞ La Noblesse Françoise, au Roi, sur la Guerre de Savoye : 1617.

Pièce remplie de louanges assez fades.]

20536. ☞ Le Paranymphe de M. le Duc de Longueville, sur les heureux auspices de son Mariage : 1617.]

20537. ☞ La Réunion du Roi, au retour de ses Lieutenans de guerre, faite au regard du Mariage de M. le Duc de Longueville & de Mademoiselle de Soissons : *Tours*, Vatard, 1617.]

20538. ☞ Lettres Patentes du Roi, pour la convocation de l'Assemblée que Sa Majesté veut être tenue, afin d'y résoudre ce qui est nécessaire au bien de son Etat, repos & soulagement de ses Sujets : 1617.]

20539. ☞ Prière à Dieu, pour la prospérité du Roi en son voyage de Normandie, & l'heureux succès de l'Assemblée des Notables ; dédiée au Roi, par le sieur DE NERVEZE : 1617.]

20540. ☞ Les fiévres de la Paulette & ses regrets : 1617.

La Paulette fut établie en 1605. On en demanda la suppression aux Etats en 1614 : voilà la crainte qui l'agitoit. Elle fait voir les biens qu'elle a procurés, & les maux qui suivront sa mort.]

20541. ☞ Le Normand sourd, aveugle & muet : *Paris*, 1617, in-8. de 16 pages.

Voyez ci-après, N.º 20619.]

20542. ☞ Polyarchie, ou de la domination tyrannique, & de l'autorité de commander pendant les troubles ; par le sieur de la Grée BELLORDEAU : *Paris*, 1617 ; in-4.]

20543. ☞ Révélations de l'Hermite solitaire sur l'état de la France ; avec la règle & constitution des Chevaliers de l'Ordre de la Magdeleine : *Paris*, 1617, in-8.]

20544. ☞ Très-humble Remontrance des Ducs de Vendôme & de Mayenne, du Maréchal de Bouillon, &c. au Roi : 1617.]

20545. ☞ Requête de la France, à son Souverain Roi, pour la liberté de son Avocat Alludée, à la mort & surrection du bon Lazare, ami de Notre Seigneur : 1617.]

Pièce en faveur de M. le Prince, & pleine d'avis tendans à soulager les malheurs de la France.]

Tome II.

20546. ☞ L'Union des Princes : 1617.]

20547. ☞ Lettre du Roi d'Angleterre à Madame la Princesse de Condé : 1617.

C'est au sujet de la détention de M. le Prince.]

20548. ☞ Discours sur les trois merveilles arrivées aux trois Fleurs de Lys, du titre du Très-Chrétien Roi de France Louis XIII, suivant le partage & disposition du Ciel ; & de la miraculeuse Liaison de Messeigneurs ses Princes : 1617.

Cette Pièce est du Sieur PETIT, Substitut de M. l'Avocat Général, en l'Election de Vézelay. C'est une Satyre contre le Maréchal d'Ancre.]

20549. ☞ Le Prince absolu : 1617.

Ce sont des conseils qu'on donne au Roi pour bien régner.]

20550. ☞ Le Fidèle Béarnois, au Roi : 1617.

Il l'exhorte à ne pas écouter les mauvais conseils qui l'ont indisposé contre M. le Prince.]

Le fidèle Gaulois, au Roi : 1617.

C'est mot à mot la même Pièce que la précédente, sous un autre titre.]

20551. ☞ L'Écho Royal des Thuilleries, au Roi, avec quelques Anagrammes sur les très-augustes noms du Roy & de la Royne ; (par F. FOURNIER) : 1617.

Pièce contre le Maréchal d'Ancre, & les autres Ministres qui gouvernoient alors.]

20552. ☞ Discours politique, au Roi.]

20553. ☞ La prise & réduction de la Ville & place de Clamecy, le 10 Mars, avec celles d'Antrein & de Donzy, faites par M. de Montigny ; ensemble la prise du Prince de Porcian, fils du Duc de Nevers, & le divertissement du Siége de S. Pierre-le-Moustier, par ledit sieur de Montigny, y ayant été mis par le commandement de la Duchesse de Nevers : 1617.]

20554. ☞ Les Privilèges & Exemptions accordés par le Roi à MM. de Paris, les Prévôts des Marchands, Echevins, Colonels, & autres Officiers de ladite Ville, en faveur de leur fidélité reconnue pendant le Voyage de leurs Majestés en Guyenne : 1617.]

20555. ☞ Les larmes de la France, à ses enfans mutinés : 1617.

Cette Pièce fut publiée avant la mort du Maréchal d'Ancre, & en sa faveur, contre les faiseurs de Libelles & les réformateurs de l'Etat.]

20556. ☞ Avis de Colin à Margot.]

20557. ☞ Complainte du sang de Henri le Grand.]

20558. ☞ Plaidoyé pour la défense du Prince des sots : 1617.]

20559. ☞ Lettres de M. le Duc DE BOUILLON au Roy & à la Reine, avec celles du Roy, des 14 & 27 Décembre 1616, & 6 Janvier 1617 : in-4.]

Fff 2

20560. ☞ Lettre de M. le Duc DE NEVERS au Roi, sur la Déclaration publiée contre lui sous le nom de Sa Majesté, le 31 Janvier 1617 : in-4.]

20561. Remontrance présentée au Roi, par les Princes, Ducs, Pairs, anciens Officiers de la Couronne, & principaux Seigneurs de ce Royaume, à Soissons le 4 Février 1617 : in-4.]

20562. ☞ Défense pour M. le Duc de Nevers contre les calomnies contenues en la Déclaration publiée contre lui sous le nom du Roi, le 17 Février 1617 : in-4.]

20563. ☞ Propositions au Roi, sur la réformation de l'Etat : 1617, in-4.]

20564. ☞ Sortes Virgilianæ, quibus æstuantis Galliæ Theatridium instruxit Pasquinus: *Verona*, Passavanti (circa 1617,) in-4.]

20565. Lettre écrite au Roi par M. le Maréchal d'Ancre : 1617.]

20566. ☞ Prise & réduction des Ville & Château de Rhétel, par M. le Duc de Guise, le Dimanche 16 Avril : 1617.]

20567. ☞ Discours véritable de tout ce qui s'est fait & passé au Siége de Soissons, tant dehors que dedans la Ville, entre M. le Duc de Mayenne & M. le Comte d'Auvergne, depuis le 9 d'Avril jusqu'au 26 dudit mois : 1617.]

20568. ☞ La France en larmes, pour exhorter les vrais François des deux armées, (en Vers:) in-4.]

20569. ☞ Remontrances des Princes & Seigneurs retirés à Soissons ; ensemble les Réponses : 1617.

Elles sont imprimées au tom. IV. du *Mercure François*. Le Roi, par sa Déclaration du mois de Février, ayant déclaré les Ducs de Vendôme & de Mayenne, le Maréchal de Bouillon & leurs adhérens, criminels de lèze-Majesté , ils lui adressèrent cette Remontrance, dans laquelle ils se plaignent de ne pouvoir approcher de Sa Majesté, qui est obsédée par ses Ministres, qui lui cachent le mal qu'ils font, & notamment le Maréchal d'Ancre & sa femme. Ils se plaignent aussi de la Déclaration contre le Duc de Nevers, & de la destitution des anciens Conseillers d'Etat. On y répond article par article , & on convainc les Seigneurs d'avoir rompu les premiers la Paix de Loudun.]

20570. Discours véritable de ce qui s'est passé au Parlement ensuite de l'Arrêt de la Cour, du 28 Mars 1617, avec des Remontrances : 1617, in-8.

20571. Mémoire de ce qui s'est passé au Siége de Soissons ; par DE FABRI, Ingénieur : *Paris*, Berjon, 1617, in-4.

☞ Le véritable titre est :

Mémoires de ce qui s'est passé durant le Siége de Soissons en 1617, avec le Plan & les Fortifications & Machines dont on se servoit, tranchées, batteries, & quartiers des Assiégeans, sur les Desseins du Sieur FABRI, par Melchior Tavernier, &c.]

20572. Remontrance faite à MM. les Princes, pour leur réduction au service du Roi, contre les prétextes de leur désobéissance : *Paris*, 1617, in-8.

20573. ☞ Harangue de l'Evêque de Mâcon, au Roi : 1617.

Elle roule sur les plaintes des Catholiques de Montpellier par rapport aux Jacobins, qui en avoient été chassés par les Huguenots, & sur le rétablissement de la Religion Catholique en Béarn, avec la restitution des Biens Ecclésiastiques. Cet Evêque se nommoit Gaspard DINET. Sa Harangue est du 8 Juin.

Cette Pièce & la suivante sont imprimées au tom. V. du *Mercure François*.]

20574. Remontrance du Clergé de France au Roi, par l'Evêque d'Aire.

Messire Philippe COSPEAN la prononça le 18 Juillet, & parla fortement contre les Duels, le bas âge de ceux qu'on nommoit aux Bénéfices, les Pensions Laïques, les Appels comme d'abus, & finit par remercier le Roi de la main-levée des Biens Ecclésiastiques du Béarn.]

20575. La naissance & le progrès de la Rébellion : *Paris*, 1617, in-8.

Toute l'Histoire du Règne de Louis XIII. jusqu'au mois d'Avril 1617, se trouve dans ce volume.

☞ L'Auteur adresse ce Discours à M. le Prince ; il lui retrace en peu de mots, & année par année, tout ce que les Mécontens ont fait contre l'Etat depuis la mort de Henri IV. & il l'exhorte à se contenter de sa fortune, sans vouloir se mesurer avec le Roi ; ce qui pourroit entraîner sa ruine & celle de sa famille.]

20576. ☞ Déclaration & Protestation des Princes, Ducs, Pairs, Officiers de la Couronne, &c. confédérés pour le rétablissement de l'autorité du Roi & la conservation du Royaume contre la conjuration & tyrannie du Maréchal d'Ancre & de ses adhérens, à Réthel le 5 Mars 1617 : in-4.

Cette Pièce est imprimée au tom. IV. du *Mercure François*. On y foudroie le Maréchal , qu'on accuse d'avoir voulu faire assassiner le Duc de Mayenne & tous les Princes, & d'usurper un pouvoir tyrannique, tel que nos anciens Maires du Palais. La même Déclaration a aussi été donnée, traduite en Latin, sous le titre suivant :

Declaratio & Protestatio Principum, Ducum, Patriciorum , aliorumque Procerum consociatorum ad Regis majestatem ac regni salutem publicam asserendam, adversùs nefariam Anchoritani & sociorum conjurationem ac tyrannidem : 1617, in-4.]

20577. La Conjuration de Concino Concini, Florentin, Marquis d'Ancre, Maréchal de France, en 1617 ; & le Procès fait à sa femme (Léonor Galigaï;) par Michel TREVENIN : *Paris*, Rocolet, 1617 ; in-8.

☞ Cet Ouvrage est assez mal écrit ; il contient plusieurs faits historiques mêlés de déclamations contre le Maréchal d'Ancre & sa femme. On y trouve l'Histoire de leur origine, de ce qui s'est passé pendant leur faveur & leur fin tragique. L'Auteur, au surplus, paroît bon citoyen, ennemi des entreprises du Clergé & de la puissance Ecclésiastique, & peu ami des Jésuites. On trouve à la tête de quelques Exemplaires une Estampe contenant en six petits tableaux ou emblèmes réunis avec des strophes au bas, l'Histoire de la détestable vie malheureuse fin du Maréchal d'Ancre, sous le nom de Maître Coyon, & sous la figure d'un Renard. C'est bien peu de chose que cette Estampe, & sa rareté fait son seul mérite.

L'Auteur, selon quelques-uns, s'appelloit Matthieu, & non Michel.

Il y a une édition de 1618, qui ne porte pour titre que *la Conjuration de Conchine, &c.*]

20578. ☞ Plaintes à la Reine Mère : 1617, *in*-8. de 16 pages.

Satyre sanglante contre le Maréchal d'Ancre & sa femme. C'est son ombre qui s'adresse à la Reine, & qui lui fait le récit de tout ce qu'il a entrepris contre le service du Roi.]

20579. ☞ Le Royaliste François respirant son être, que le Ligueur & dénaturé Coyoniste étouffoit ; aux Princes : *Paris*, Perrin, 1617, *in*-8. sur la mort du Maréchal d'Ancre.)

Pièce en faveur des Princes.]

20580. ☞ Mémoire & Conclusions pour Marie Bochart, veuve de Pierre de Prouville, contre le Maréchal d'Ancre & sa femme, au sujet du meurtre commis en la personne de son mari : 1617, *in*-8.

Elle demandoit cent cinquante mille livres de dommages & intérêts.]

20581. ☞ La Voix du Peuple au Roi, son Prince & son bienfaiteur, au sujet de la mort du Maréchal d'Ancre : 1617, *in*-8. de 8 pages.]

20582. ☞ Lettre de Maître Guillaume envoyée à MM. les Parisiens.

Ces deux Pièces sont imprimées dans le *Recueil* Y. *in*-12.]

20583. ☞ Oraison funèbre du Marquis d'Ancre : *Paris*, 1617, *in*-8. 6 pages.

Pièce satyrique.]

20584. ☞ Réception de M. le Marquis de Vitry en la dignité de Maréchal de France : *Paris*, 1617, *in*-8. 8 pages.

Ce Seigneur ayant été chargé par le Roi d'arrêter le Maréchal d'Ancre, le tua parcequ'il voulut mettre l'épée à la main pour se défendre.]

20585. ☞ Discours sur le Mariage du Duc de Longueville ; ensemble l'Inventaire du Marquis d'Ancre : *Paris*, 1617, *in*-8. de 14 pages.]

20586. ☞ Remerciment à M. le Maréchal de Vitry, par les bons François.]

20587. ☞ Les Vœux des Princes aux pieds du Roi, ou les promesses par eux faites à Sa Majesté au Château du Bois de Vincennes.]

20588. ☞ Les Prières de la France présentées au Roi, pour la délivrance de M. le Prince : 1617.]

20589. ☞ Déclaration du Roi en faveur des Princes, Ducs, Pairs, Officiers de la Couronne, Seigneurs, Gentilshommes & autres qui s'étoient éloignés de Sa Majesté, publiée en Parlement le 12 Mai 1617.

Aux mois de Janvier & Février, le Roi avoit donné ses Lettres Patentes contre les Princes, qu'il avoit déclarés criminels de lèze-Majesté ; maintenant il reconnoît qu'ils ont toujours été fidèles Sujets, & que s'ils ont pris les armes, ce n'a été, quoiqu'illicitement, que pour le bien de son service, & pour s'opposer aux violens desseins du Maréchal d'Ancre.]

20590. ☞ Le Coup d'Etat, présenté au Roi à Fontainebleau : *in*-8.]

20591. ☞ Heureux augures d'un Roi, de sa victoire remportée sur un monstre : *Paris*, 1617, *in*-8. de 15 pages.]

20592. ☞ La Lettre écrite au Roi, par le Sieur du Plessis MORNAY, du 26 Avril : *Paris*, 1617, de 6 pages.]

20593. ☞ Propos dorés sur l'autorité tyrannique de Concino, Florentin, Marquis d'Ancre, Maréchal de France, & prétendant la Royauté, par l'anéantissement de tous les Princes, grands Seigneurs & Officiers du Royaume & de la Maison de Bourbon, péri misérablement par la juste fureur de Dieu & la sagesse admirable du Roi, & par la main fidèle du Sieur de Vitry, Capitaine des Gardes de Sa Majesté, le lundi 24 Avril 1617, à la joie, contentement & paix universelle des vrais & fidèls François ; avec la vie & comportement dudit Maréchal : 1617, *in*-8.

Il est inutile d'avertir qu'il faut être en garde contre une infinité de traits qu'on trouve dans ces Libelles enfantés par l'envie, & dictés par la passion. Il y en a bien à dire, mais dans les circonstances on outre encore les choses.]

20594. ☞ Le Roi hors de Page à la Reine : 1617, *in*-8. 16 pages.]

20595. ☞ Le *Te Deum* des Béarnois, pour la mort du Marquis d'Ancre : *Paris*, 1617, *in*-8. 72 pages.]

20596. ☞ Le bon ami du Marquis d'Ancre, Stances : *Paris*, Hubert Velu & Mausan, 1617, *in*-8.]

20597. ☞ Le Magot de Conchine avertissant les Singes de se garder des pattes de Lino : *Lyon*, 1617, *in*-8. de 24 pages.]

20598. ☞ Actions de Grâces des Habitans de Nanterre & de Ruel, sur la mort du Marquis d'Ancre : *Paris*, 1617, *in*-8. de 7 pages.]

20599. ☞ Les Particularités de la mort tragique du Maréchal d'Ancre : *Aix*, 1617, *in*-8. 8 pages.]

20600. ☞ Le *Libera* grotesque & coyonesque du Marquis d'Ancre.

Voyez le *joli mois de Mai*, sur le retour de MM. les Princes auprès de Sa Majesté.]

20601. Conchini funus & fumus, auct. Jo. BONEFONIO, Jo. filio, apud Barro-Sacquanos Prætore regio : *Parisiis*, Libert, 1617, *in*-8. de 6 pages.]

Pièce en Vers Latins.]

20602. ☞ Copie de la Lettre écrite par le

Roi à M. de Bonouvrier, Commandant pour le service de Sa Majesté en la Ville & Citadelle de Metz, sur la mort du Marquis d'Ancre : 1617, *in*-8.]

20603. ☞ Recueil des charges qui sont au Procès fait à la mémoire de Conchino Conchini, n'aguères Maréchal de France, & à Leonora Galigaï sa vefve, sur le chef du crime de lèze-Majesté divine : *in*-8.

On trouve dans cet Ecrit un détail singulier des sorcelleries de la Maréchale d'Ancre.]

20604. ☞ Chapitre du procès fait à la mémoire de Conchino Conchine, &c. sur le chef du crime de lèze-Majesté Royale.]

20605. ☞ Le Tombeau du Marquis d'Ancre : *Paris*, Perrin, 1617, *in*-8.

On trouve à la fin une Epitaphe satyrique en Vers, & deux autres petites Pièces contre le Marquis & sa femme.]

20606. ☞ Harangue faite au Roi par les Députés du Synode National des Eglises Prétendues-Réformées de la France, avec la Réponse de Sa Majesté : le 27 Mai 1617: *in*-8. de 7 pages.

Ils lui font compliment sur la mort du Maréchal d'Ancre, & lui promettent une entière obéissance.]

20607. ☞ Les Feux de joie de la France, sur la mort & sépulture, &c. *Paris*, Perrin, 1617, *in*-8. de 7 pages.]

20608. ☞ Les Charmes de Conchine, desquels il devoit se servir pour éviter les coups de Pistolet ; de la manière dont les Etrangers doivent vivre en France, avec la prédiction de Nostradamus, tirée de la quatrième Centurie : *in*-8. 8 pages.]

20609. ☞ La défaite du faux Amour par l'unique des braves de ce temps, député par le soleil à l'exécution d'un acte tant héroïque en l'absence de Mars, Hercule, Mercure, Apollon & autres Dieux fugitifs du Ciel, de l'invention du Sieur Boistel de Gaubertin, dédié à M. de Vitry, Maréchal de France : *Paris*, Chevalier, 1617, *in*-12.]

20610. ☞ Histoire tragique de Circé, ou suite de la défaite du faux Amour ; ensemble l'heureuse alliance du Cavalier victorieux & de la belle Adrastée, de l'invention du Sieur Boistel, Sieur de Gaubertin, dédiée à Madame la Maréchale de Vitry : *in*-12.

Ces deux Pièces regardent la mort du Maréchal d'Ancre & de sa femme en 1617. La seconde Pièce est comme une partie ajoutée à la première. Elles sont toutes deux fort satyriques. Le faux Amour est le Maréchal d'Ancre, le Cavalier victorieux est Nicolas de l'Hôpital, Marquis de Vitry ; les autres Acteurs y paroissent sous des noms empruntés de Divinités, dont on trouve la clef au commencement ; & il y a plusieurs Anagrammes sur ces noms, à la fin de chaque Partie.]

20611. ☞ Actions de graces de la France, sur la mort du Marquis d'Ancre : *in*-8.]

20612. ☞ Dialogue du Berger Picard, avec la Nymphe Champenoise, sur la fortune du même : *in*-12.]

20613. ☞ Destinée du Maréchal d'Ancre, par Virgile de Mantoue, au IX° de l'Enéide : *Paris*, Bourriquant, 1617, *in*-8.]

20614. ☞ Confession générale du même, trouvée après sa mort dans son Cabinet : *in*-8.]

20615. ☞ Histoire d'Ælius Sejanus ; par Pierre Mathieu : *in*-8.]

20616. ☞ Inventaire des Pièces du Procès intenté à Concino Coyon, Coquefredouille, Marquis d'Ancre, &c. *in*-8.]

20617. ☞ La Complainte du Gibet de Montfaucon, sur la mort du même : *in*-8.]

20618. ☞ L'Anchre de la Paix, sur le retour des Princes, &c. *in*-8.]

20619. ☞ Le Normand sourd, aveugle & muet ; ensemble un Dialogue entre Jean qui sçait tout, & Thibaud le Natier : 1617, *in*-8.]

20620. ☞ Métamorphose du Maréchal d'Ancre ; par Ovide : *in*-8.]

20621. ☞ Voyage de Maître Guillaume, touchant le même : *in*-8.]

20622. ☞ L'heureux succès des François, sur la mort du même : raisons & causes d'icelle : *in*-8.]

20623. ☞ Stances au Roi, sur la mort du même : *in*-8.]

20624. ☞ Chefs du Procès fait au Maréchal d'Ancre & à sa femme : *in*-8.]

20625. ☞ Histoire tragique des mêmes, avec un Narré de leurs pratiques, depuis le Traité de Loudun jusqu'à leur mort : *in*-8.]

20626. ☞ La Justice du Ciel en la mort des mêmes : *in*-8.]

20627. ☞ Rencontre des mêmes en l'autre monde, & leurs Discours avec Henri IV. *in*-8.]

20628. ☞ Le Définiment de la Guerre apporté par la mort du Marquis d'Ancre : *in*-8. de 8 pages.]

20629. Relation particulière de la mort du Maréchal d'Ancre, le 24 Avril 1617.

Cette Relation est imprimée dans Dupuy, *Histoire des Favoris* : *Paris*, 1665, *in*-12. [& *Leyde*, Elzévier, 1659, *in*-4. & *in*-12.]

20630. Histoire du Marquis d'Ancre & de sa femme : *Paris*, 1617, *in*-8.

20631. ☞ Lettre du Roi écrite à Nosseigneurs du Parlement de Provence, sur la mort du Marquis d'Ancre : *Aix*, 1617, *in*-8. de 12 pages.]

20632. ☞ Leonora : *in*-8.]

20633. ☞ La Médée de la France, dépeinte en la personne de la Marquise d'Ancre : 1617, *in*-8.]

Règne de Louis XIII. 1617.

20634. ☞ Déclaration du Roi en conséquence de ses Lettres-Patentes, données en faveur des Princes, Ducs, Pairs, &c. in-8.]

20635. ☞ Manifeste de la France au Marquis de Vitry.]

20636. ☞ Stances au même, sur la mort du faquin de Conchine.]

20637. ☞ L'ombre du même, à la France.]

20638. ☞ La merveille Royale de Louis XIII.]

20639. ☞ Le Diogène du Favori de la fortune : *Paris*, 1617, in-8. de 9 pages.]

20640. ☞ La liberté recouvrée par la mort du Marquis d'Ancre & de sa femme : in-8.]

20641. ☞ La descente du Marquis d'Ancre aux Enfers, son combat & sa rencontre avec Maître Guillaume : 1617, in-8.]

20642. ☞ L'Ombre du Marquis d'Ancre, apparue à MM. les Princes : 1617.]

20643. ☞ Complainte du sang du grand Henri, de très-heureuse mémoire, & de tous les bons François exaucés : *Maillé*, 1617, in-8. de 7 pages.]

20644. ☞ L'Evanouissement de Conchine fait en Vers Latins & François ; par J. DE BONNEFONS, Lieutenant-Général du Bailliage de Bar-sur-Seine : *Reims*, de Foigny, 1617, in-12.]

20645. ☞ Les Larmes de la Marquise d'Ancre sur la mort de son mari, avec les Regrets de sa naissance, & détestations de ses crimes & forfaits : 1617, in-8. de 12 pages.]

20646. ☞ Allégresse des François sur la mort du Marquis d'Ancre : 1617, in-8. de 14 pages.]

20647. ☞ La Lettre de Maître Guillaume, envoyée à MM. les Parisiens : 1617, in-8. de 12 pages.]

20648. ☞ Lettre envoyée à M. le Duc de Guise, par LA MARTAGELLE, sur la mort du Marquis d'Ancre : 1617, in-8.]

20649. ☞ Le Procès du Marquis d'Ancre : 1617.]

20650. ☞ La juste punition de Lycaon Florentin, surnommé Marquis d'Ancre : 1617, in-8.]

20651. ☞ Echo du Marquis d'Ancre, répondant en sa maison, entendu par les bons François ; ensemble l'action de graces de Maître Guillaume : 1617, in-8.]

20652. ☞ L'homme de Ruel, au Roi, (contre le Maréchal d'Ancre) : *Paris*, Sara, 1617, in-8.]

20653. ☞ Le Passe-temps de Pierre Dupuys, sur la défaite de la Coyonnerie : 1617, in-8. de 7 pages.]

20654. ☞ Dialogue de la Galligaya & de Misoquin, Esprit-follet, qui lui amène son mari ; la rencontre dudit Esprit avec l'Ange gardien de M. le Prince : 1617, in-8. fig.

Ce petit Dialogue est fort plaisant, & mérite d'être lu.]

20655. ☞ L'Horoscope du Marquis d'Ancre, fait par un bon François : 1617, in-8.]

20656. ☞ L'Enterrement, obsèques & funérailles de Conchine, Maréchal d'Ancre, dédiés aux Conchinistes : 1617, in-8.]

20657. ☞ Arrêt de la Cour de Parlement, contre le Maréchal d'Ancre & sa femme, prononcé & exécuté à Paris le 8 Juillet : 1617, in-8.]

20658. ☞ Bref Récit de tout ce qui s'est passé pour l'exécution & juste punition de la Marquise d'Ancre : *Paris*, Saugrain, 1617, in-8.

On y trouve son Anagramme & deux Epitaphes, dont l'une est chronologique.]

20659. ☞ Les Regrets lamentables, avec la Harangue de la Marquise d'Ancre, étant sur l'échaffaut ; ensemble la Remontrance qu'elle a faite à son fils : in-8.]

20660. ☞ Discours sur la mort d'Eléonor Galigay, femme de Conchine, Marquis d'Ancre, exécutée en Grève, le Samedi 8 de Juillet 1617 : in-8.]

20661. ☞ Histoire des prospérités malheureuses d'une femme Cathénoise, Grande Sénéchalle de Naples ; par Pierre MATHIEU : *Lyon*, 1622, in-12.

Cette Pièce a pour objet la mort du Maréchal d'Ancre & de sa femme.]

20662. ☞ Les Articles du Testament de la Marquise d'Ancre, en la Conciergerie : *Paris*, Jos. Guerreau, 1617, in-8.]

20663. ☞ Actions & regrets de la même, après la prononciation de son Arrêt : in-8.]

20664. ☞ La Confession de la Marquise d'Ancre, déclarant ce que son Mari & elle avoient résolu & accordé, sur le crime de Lèze-Majesté Royale, concernant les intelligences qu'iceux Conchine & sa femme ont entretenues avec des Etrangers, depuis la mort de Henri IV. in-8.]

C'est un Extrait des Lettres trouvées dans leurs Papiers ; & le Cardinal de Richelieu, alors Evêque de Luçon, y est pour quelque chose.]

20665. ☞ Gazette sur la culbute des Coyons : 1617, in-8.

Cette Pièce en mauvais Vers, est une déclamation contre les actions du Marquis d'Ancre & de ses suppôts : il y a quelque chose contre les Jésuites.]

20666. ☞ La Victoire du Phœbus François, contre le Python de ce temps : Tragédie où l'on voit les desseins, pratiques, tyrannies, meurtres, larcins, mort & ignominies dudit Python: 1618, in-8.

Cette Pièce est en Vers, & a trois Actes. Elle commence par un Monologue de Python, qui se prépare à aller au Louvre, ensuite de l'ordre qu'il en a reçu du Roi, qui parle avec ses Courtisans des maux que le Maréchal a faits, & qui donne ordre de le tuer quand il entrera. Dans le second Acte, Galligaï s'applaudit de ce qu'elle est, dans un Dialogue avec son Démon, à qui elle demande si son mari peut aller surement au Louvre: il y est tué. Dans le troisième Acte, la Galligaï est menée à la Bastille, & son mari exhumé & traîné par une troupe de Crocheteurs. Viennent ensuite les Courtisans, qui félicitent le Roi de sa Victoire.]

20667. ☞ Le Testament & dernière volonté du Sieur Conchine de Conchino, jadis prétendu Maréchal de France, apporté en ce monde par un de ses Gentilhommes, qui fut tué auprès de Nanterre, lequel s'adresse au Villageois qui le tua. Plus y est compris un Discours de la rencontre dudit Conchino & de Ravaillac, en forme de Dialogue: 1617; in-8.]

20668. ☞ Le Roman de Conchine & de sa femme, contenant leurs vies, faits & gestes, depuis leur arrivée en France jusqu'à l'exécution de leurs personnes: 1617, in-8.

Conchine vint en France avec la Reine Marie de Médicis, dont il étoit simple Gentilhomme, & sa femme Dame d'honneur. Après la mort du Roi Henri IV. il fut fait premier Gentilhomme de la Chambre de Sa Majesté. Il se rendit ensuite maître du Conseil, & obtint le Marquisat d'Ancre & le grade de Maréchal de France. Heureux! s'il se fût contenté de ces honneurs, sans mettre le trouble parmi les Princes, envahir les Finances, & se saisir des meilleures Villes. Le Roi ayant donné ordre à M. de Vitry de l'arrêter, & le Maréchal s'étant mis en défense, il fut tué sur le Pont du Louvre, & subit après sa mort le traitement qu'il avoit mérité. Sa femme fut condamnée par Arrêt à avoir la tête tranchée, & son corps brûlé, pour cause de sortilèges: ce qui fut exécuté le 8 Juillet 1617. Voilà quelle fut leur fin, & l'abrégé de ce petit Récit.

20669. ☞ La Divine Vengeance, sur la mort du Marquis d'Ancre, pour servir d'exemple à tous ceux qui entreprennent contre l'autorité du Roi: 1617, in-8.]

20670. ☞ Le Discours avantageux de Rodomont au Marquis d'Ancre: 1617, in-12.]

20671. ☞ La Magicienne étrangère: Tragédie, en laquelle on voit les tyranniques comportemens, la mort & supplice du Marquis d'Ancre & de sa femme: Rouen, 1617, in-8.]

20672. ☞ Tragédie de la perfidie d'Aman: in-8.]

20673. ☞ La Tragédie des Rébelles: in-8.]

20674. ☞ Consolation sur la mort de Demoiselle Marie d'Ancre; par Henri LE MAIRE: Paris, 1617, in-8.]

20675. ☞ Abrégé de la vie, ruse, cautelle, mort, trépas, obsèques & funérailles du Marquis d'Ancre, & de tout ce qui s'est passé depuis sa mort; avec son origine & déclaration des biens qui lui furent donnés en mariage: Paris, veuve Ducarroy, 1617, in-8.

C'est un Livret de 21 pages, en Vers François.]

20676. ☞ Histoire recueillie de tout ce qui s'est passé, tant à la mort du Marquis d'Ancre, que de Léonor de Galigay sa femme: Moulins, 1618, in-8. de 32 pages.]

20677. ☞ Histoire générale du Maréchal & de la Maréchale d'Ancre, tirée du Livre de Bocasse intitulé: Les Nobles malheureux: Paris, Bouillerot, 1617, in-8.]

20678. Discours de la réjouissance de MM. les Princes, sur la mort & punition du Marquis d'Ancre, envoyé au Roi: Paris, Champenois, 1617, in-8. de 13 pages.

On trouve à la fin une Epigramme contre ce Favori, & un Sixain contre sa femme.]

20679. ☞ Le Réveil du Soldat François; au Roi, sur la juste punition du Marquis d'Ancre: Paris, Perrin, 1617, in-8.]

20680. ☞ Remerciement au Roi, de la justice exercée contre le Marquis d'Ancre & sa femme: Paris, Guerreau, 1617, in-8.]

20681. ☞ L'Entrée & réception qui a été faite au Maréchal d'Ancre aux Enfers; avec le Pourparler de Ravaillac avec lui: Paris, Hameau, 1617, in-8.

Dans un Quatrain qu'on trouve à la fin, Ravaillac dit au Marquis que c'est par ses conseils qu'il a assassiné Henri IV.]

20682. ☞ Les Desirs de la France sur la mort de Conchine: Paris, Durand, 1617, in-8. de 8 pages.]

20683. ☞ La honteuse chûte du Marquis d'Ancre, par les prières des bons François, faite ce 24 du mois d'Avril 1617: Paris, Berjon, 1617, in-8. de 6 pages.]

20684. ☞ La Fleurantine: 1617, in-8.]

20685. ☞ L'Italien François: 1617, in-8.

C'est une Apologie du Marquis d'Ancre.]

20686. ☞ Etrange fortune de ceux qui par trop se fient aux grandeurs de ce monde, comme se voit en la fin tragique de Conchine, jadis Marquis d'Ancre: Paris, Cl. Percheron, 1617, in-8. de 8 pages.

C'est une Pièce en Vers.]

20687. ☞ Les soupirs & regrets du fils du Marquis d'Ancre, sur la mort de son père, & exécution de sa mère: Paris, Saugrain, 1617, in-8. de 8 pages.

On lit dans les Manuscrits de Dupuy, num. 661, que M. de Fiesque prit ce fils en sa garde & le mit dans sa chambre, où la petite Reine lui envoya des confitures: elle se le fit même amener, curieuse de lui voir danser une Sarabande, que l'on disoit qu'il dansoit très-bien: il le fit malgré sa douleur.]

20688. ☞ Lettre du Roi aux Gouverneurs de ses Provinces: Paris, Morel & Métayer, 1617, in-8.

Elle est datée de Paris, du 24 Avril 1617, & concerne la mort du Marquis d'Ancre.]

20689.

20689. ☞ Martin l'âne, aux Parisiens: *in-*8.° (après la mort du Maréchal d'Ancre).

C'est une Pièce en faveur du Prince de Condé, contre le Maréchal & ses fauteurs.]

20690. ☞ Récit véritable de ce qui s'est passé au Louvre jusqu'au départ de la Royne Mère du Roy, avec les Harangues & les Réponses & l'Adieu du Roy & de la Royne sa Mère: *Paris*, Saugrain, 1617, *in-*8.

Ce Récit contient aussi la façon dont le Maréchal d'Ancre, sa femme & Barbin ont été arrêtés.]

20691. ☞ La descente des Anglois, pour le secours des Princes, empêchée par le Marquis de Spinola, & ce qui se passa à la Rochelle: *Lyon*, 1617, *in-*8.]

20692. ☞ La grande dispute du Soldat François & de Mᵉ Guillaume, contre Mathurine: 1617, *in-*8.]

20693. ☞ Discours des prises de Château-Portien, Pierrefons, &c. par MM. de Guise: 1617, *in-*8.]

20694. ☞ Discours de la déroute des Capitaines Blanquet & Gaillard, rébelles au Roi, & autres Pirates; par M. de BARRAULT: *Lyon*, 1617, *in-*8.]

20695. ☞ Discours merveilleux d'un Juif errant: *Saumur*, 1617, *in-*8.]

20696. ☞ Du Gouvernement de la Reine Mère, fait en 1617.

Cette Pièce est imprimée aux *Mémoires du Duc de Rohan*: 1646.]

20697. ☞ Libre Discours sur le temps présent: 1617.

Ce Discours est imprimé dans les mêmes Mémoires.]

20698. ☞ Les reproches faits aux Princes retirés de la Cour, en la dernière Assemblée de Soissons, par le Sieur R. D. M. n'aguières Cornette de leurs Compagnies, à présent au service du Roi: *Paris*, Dubreuil, 1617, *in-*8.]

20699. ☞ Avis au Roi sur les affaires de la Nouvelle France: *in-*8.

Il est question de la société des Marchands à qui l'on avoit accordé, privativement à tous autres, la traite du Canada. L'Auteur y fait voir que tous les Articles de la Convention sont très-mal exécutés, ce qui ne peut qu'apporter préjudice aux affaires du Roi, & causer la ruine de la Colonie.]

20700. La seconde Guerre civile, depuis la clôture des Etats, en Février 1615, jusqu'à la Paix de Loudun, 1616. Et la troisième, depuis l'arrêt du Prince de Condé, en Septembre 1616, jusqu'au 12 Mai 1617.

Ces Narrations sont imprimées au tom. IV. du *Mercure François*: *Paris*, 1618, *in-*8.

20701. Mémoires de la Régence de Marie de Médicis: *Paris*, Barbin, 1666, *in-*12.

☞ Ces Mémoires ont été réimprimés avec ceux de Monsieur, ceux de Deageant & du Duc d'Angoulême: *Paris*, 1756, *in-*12. 4 vol. *Voyez* ci-après, sous l'année 1636.]

Ces Mémoires ont été composés par François Hannibal D'ESTRÉES, Duc, & depuis Maréchal de France, qui est mort en 1670. Ils sont très-curieux & fort instructifs, mais ils ne sont pas très mieux écrits. Ils contiennent les choses les plus remarquables arrivées sous la Régence de la Reine Mère, depuis l'an 1610 jusqu'à la mort du Maréchal d'Ancre. On y voit le progrès de sa fortune, les commencements de celle du Connétable de Luynes & du Cardinal de Richelieu, en faveur duquel ces Mémoires sont écrits, & les démêlés des Princes avec les Ministres de ce temps-là, les uns voulant empiéter sur l'autorité royale, & les autres s'efforçant de la conserver toute entière en la personne de la Reine Régente. L'Auteur a été parfaitement instruit des choses qu'il rapporte; car il ne parle que des affaires auxquelles il a eu part. Il y a à la fin du Volume une Lettre du P. L. M. (du Père LE MOINE), Jésuite, où il porte son jugement sur cet Ouvrage & sur son Auteur.

☞ On trouve encore à la fin:

= Relation du Siége de Mantoue, en 1629.

= Relation du Conclave, dans lequel fut élu, en 1621, le Cardinal Ludovisio, nommé depuis Grégoire XV.]

20702. Décade contenant l'Histoire de Louis XIII. depuis l'an 1610 jusqu'en 1617, par Baptiste LE GRAIN, Maître des Requêtes de l'Hôtel de Marie de Médicis: *Paris*, Guillemot, 1619, *in-fol.*

« Cet Auteur a voulu faire des Décades . . . . Il n'en
» a donné qu'une parfaite, (c'est-à-dire, dix Livres)
» qui finit à la mort du Maréchal d'Ancre, & à l'origine
» de la faveur du Connétable de Luynes. Comme c'étoit
» une Histoire publiée dans le temps & le crédit de
» ceux dont elle parloit, les affaires d'auparavant y sont
» décriées; le Maréchal d'Ancre & ceux de son parti y
» sont fort mal traités; les bons serviteurs de la Reine
» n'y sont pas même épargnés, tellement qu'autrefois
» cela faisoit fort rechercher ce Livre ». Sorel, *pag.* 333, de sa *Bibliothèque Françoise*. On peut voir dans la Remarque qui est ci-dessus, sur sa Décade de Henri le Grand, (N°. 20000) ce qu'on a pensé de la manière de narrer de cet Historien.

☞ *Voyez* Lenglet, *tom. IV. p* 117. Suppl. *p.* 163. = Sorel, *pag.* 320.]

20703. ☞ Ms. La même Histoire. (DE LE GRAIN) continuée jusques aux environs de 1640; avec quantité de Pièces: *in-fol.*

Ce Manuscrit original étoit de la propre main de l'Auteur, témoin d'une grande partie des faits qu'il rapporte; il se trouve dans la Bibliothèque de M. l'Abbé Goujet, que M. le Duc de Charost possède.]

20704. Discours de ce qui s'est passé dans le Piémont & dans l'Etat de Milan, depuis le mois d'Août 1617: *in-*8.

20705. ☞ Discours sur ce qui s'est passé dans le Piémont & l'Etat de Milan, dès le premier de Septembre 1617 jusqu'au 9 du même mois, traduit de l'Italien en François: *Dijon*, Guyot, & *Paris*, Alexandre, 1617, *in-*8.

Ce Discours est du Sieur DU MAY, & adressé à Madame de Termes. L'Original Italien avoit été imprimé à Turin, chez L. Tizzamiglio.]

20706. Récit véritable de ce qui s'est passé au Louvre, depuis le 20 Avril jusqu'au départ de la Reine, Mère du Roi: *Paris*, 1617, *in-*8.

Il medesimo Libro: *In Venetia*, 1617, *in-*4.

20707. Nouvelles de Normandie sur tout ce qui s'est passé au Voyage du Roi, depuis le 11 Novembre jusqu'au 30: *Paris*, 1617, *in-8*.

20708. Les Révélations de l'Hermite solitaire sur l'état de la France, &c. par Jean CHENEL, Sieur de la Chapproxaye: *Paris*, du Bray, 1617, *in-8*.

20709. Histoire des choses plus mémorables de ce qui s'est passé en France, depuis la mort du Roi Henri IV, jusqu'à la fin de 1617; par P. B. Sieur DE GAUBERTIN: *Paris*, 1617; *Rouen*, Besogne, 1618, *in-12*.

20710. ☞ La même Histoire, avec une suite, jusqu'en 1642: *Rouen*, 1620 & 1647, *in-8*. 3 vol.

Ce Livre porte pour titre courant au haut des pages: *Histoire des Guerres civiles de la France*. P. B. signifie Pierre BOITEL.]

20711. ☞ Joan. BARCLAII, Ode de rebus Gallicis: 1617, *in-8*.]

20712. ☞ Les Triomphes du Très-Chrétien Roi de France & de Navarre Louis le Juste, digne héritier & successeur du Roi S. Louis: *Paris*, Alexandre, 1618, *in-8*.]

20713. ☞ La restauration de l'Etat, au Roi: 1618, *in-8*.

Cette Pièce contient un Eloge de la Régence de la Reine, & parle de la mort du Marquis d'Ancre & de sa femme.]

20714. ☞ Discours allégorique, au Roi: 1618, *in-8*.

C'est un Eloge de la justice de ce Monarque.]

20715. ☞ Sommaire des Propositions présentées par écrit de la part du Roi en l'Assemblée de Rouen, avec les réponses & avis de ladite Assemblée sur icelles: 1618, *in-8*.]

20716. ☞ Articles des Remontrances faites en la Convention des Notables & des trois Estats tenus à Rouen, le 24 Novembre, &c. 1617; avec la Réponse & Ordonnance du Roi sur ce faite en son Conseil, tenu à Paris le 14 Février 1618: *Paris*, 1618, *in-8*.

Ces Articles sont au nombre de 37. Les Ecclésiastiques y demandent à être maintenus en l'exemption de l'Impôt du sel; la Noblesse, de n'être point flétrie ni assujettie à aucune imposition extraordinaire, ni autres contributions; & le tiers Etat d'être soulagé des Impôts & Tailles dont le Maréchal d'Ancre l'avoit écrasé, par un abus de l'autorité, & en faisant enlever tous les vieux bleds.]

20717. ☞ L'Hercule François, au Roi, pour la Noblesse de France, en l'Assemblée des Notables tenue à Rouen; par D. B.

C'est principalement contre la Paulette & la vénalité des Charges.]

20718. Le Manifeste de la Reine Mère: *Blois*, 1618, *in-8*.

Matthieu DE MORGUES, Sieur de Saint-Germain, Aumônier de la Reine Mère, s'avoue l'Auteur de ce Manifeste, qui contient les choses à réformer dans le Gouvernement, &c. l'étoit à la Reine se trouve réduite. Cet Auteur est mort fort âgé, en 1670.]

20719. Discours sur l'injustice des plaintes que l'on fait courir contre le gouvernement de l'Etat, 1618, *in-8*.

20720. ☞ Lettres-Patentes du Roi, portant permission d'établir dans cette Ville de Paris & autres de ce Royaume, des chaises à bras, pour y faire porter de rues à autres ceux & celles qui desireront s'y faire porter; vérifiées en Parlement, le 11 Décembre 1617: *Paris*, 1618, *in-8*.

Ce sont les premières chaises qu'on ait vues à Paris. Le privilège en fut donné à Pierre Petit, Jean Regnault de Zamville, & Jean Douet, Sieur de Romprefoilant, & le dernier eut en 1639 un Procès contre François d'Amizel, Sieur de Catois, & le Sieur Marquis de Montbrun, auxquels le Roi avoit fait part il don.]

20721. ☞ Apologie contre les Politiques ennemis de la Religion & de l'Etat; avec le Procès fait à la médisance, & une brève Description de la généalogie de Madame de Luynes, le tout à elle dédié par le sieur DARDENNE, Prieur de Domerat: *Paris*, Bertault, 1618, *in-8*.

C'est peu de chose que cet Ouvrage. L'Auteur se nommoit Hercules de Cherbeyt, dit Dardenne. Il a divisé cette Apologie en quatre Parties. Dans la première, il dit que c'est la Religion qui maintient les Rois en leur autorité. Dans la seconde, que les Pères Jésuites sont nécessaires en France, & empêchent la subversion de l'Etat. Il s'élève dans la troisième contre la médisance des Athées. Et dans la quatrième, contre les Hérétiques. Il fait remonter la Généalogie des Rohan jusqu'au temps de César, en parlant de Madame de Luynes, qui étoit de la maison de Rohan.]

20722. ☞ Discours de ce qui s'est passé entre M. le Duc de Longueville & ses Sujets de Neufchâtel en Suisse, depuis son départ de France: 1618, *in-8*.]

20723. ☞ Accident merveilleux & épouvantable du désastre arrivé le 7 Mars de cette année 1618, d'un feu irrémédiable, lequel a brûlé & consommé tout le Palais de Paris, ensemble la perte & la ruine de plusieurs Marchands, lesquels ont été ruinés & tous leurs biens perdus: *in-8*.]

20724. ☞ Arrêt de la Cour de Parlement, sur le divertissement fait au Palais pendant l'incendie & advenu, des sacs, procès, pièces & registres qui y étoient: 1618.]

20725. ☞ Second accident arrivé en la Ville de Paris, le 26 Juin 1618, d'un feu, lequel a brûlé trente pauvres personnes & neuf batteaux de foin: *in-8*.]

20726. ☞ Seconde Lettre de M. le Duc d'Epernon, envoyée au Roi.]

20727. ☞ Arrêt donné par le Roi, en son Conseil; avec Lettres de Déclaration dudit Seigneur, sur la révocation du droit annuel: 1618.]

20728. ☞ A la mémoire de la Paulette: 1618, *in-8*.]

Règne de Louis XIII. 1618.

20729. ☞ Lettre de M. le Maréchal de Lesdiguieres, au Roi : 1618, in-8.
Il s'agit, dans cette Lettre, des affaires d'Italie.]

20730. ☞ Remontrance salutaire à Messieurs de la Religion Prétendue Réformée : 1618, in-8.
On les exhorte, dans cette Pièce, à se maintenir en paix dans les biens & les honneurs dont ils jouissent, & à ne point prendre le parti de la révolte, qui seroit suivie de leur perte.]

20731. ☞ Harangue faite à M. le Duc de Mayenne, Gouverneur de Bordeaux, à son arrivée en cette Ville, le 2 Août 1618 ; par M. de Primerose, Pasteur de l'Eglise réformée ; avec la Réponse.
Cette Harangue est imprimée dans le Recueil Y. in-12.]

20732. ☞ Discours sur le sujet de l'Ambassade du Grand Turc, envoyée au Très-Chrétien Roi de France & de Navarre ; ensemble la Réception d'icelui, faite à la Maison Royale de Monceaux, le Dimanche 23 Septembre 1618 : in-8.]

20733. ☞ Le Portrait du Roi, envoyé par le Sieur de Bellemaure, au Sieur de Mirancourt : Paris, 1618, in-12.]

20734. ☞ Avertissement contre les Conspirateurs de l'Etat : in-8.]

20735. ☞ Bout de l'an sur le repos de la France : 1618.]

20736. ☞ Libre & salutaire Discours des affaires de France, au Roi : Paris, (sans nom d'Imprimeur), 1618, in-8.
Il contient un détail de plusieurs points importans au bonheur du Royaume, sçavoir sur l'excellence des Rois, sur la Maison Royale & les Princes, sur la Justice, la Noblesse, la Guerre, le Tiers-Etat, le Clergé, la Religion Prétendue-Réformée, les Financiers, les Vagabonds, les alliances avec les Etrangers, & les moyens d'empêcher les désordres.]

20737. ☞ La Maladie de la France, Discours en deux Parties, présenté en 1602, au Roi Henri le Grand ; par Jacques Leschassier, Avocat en Parlement : Paris, Durand, 1618.
Ce Discours tend à prouver, que de même que l'inféodation des grands fiefs a causé la ruine de la seconde Race de nos Rois ; de même il est à craindre que les grands Gouvernemens qu'on donne à présent, & qui passent des pères aux enfans, n'entraînent la ruine de l'Etat ; à quoi contribuera aussi beaucoup la vénalité des charges. L'Auteur propose les moyens d'y remédier, & de rendre en France les Gouvernemens temporels, c'est-à-dire, les faire remplir par tour de rolle, du consentement même des Gouverneurs.]

20738. ☞ Les Prédictions des signes & prodiges qu'on a vus cette présente année 1618 ; ensemble la Comète chevelue qui se voit depuis quinze jours sur ce florissant Royaume de France ; descrites par le M. Provençal : Paris, 1618, in-8.
Il s'agit ici apparemment du Médecin Provençal, Nostradamus.]

20739. ☞ Discours véritable de l'apparition de la Comète qui s'est vue sur la Ville de Paris, Mercredi dernier 28 Novembre, & jours suivans ; avec une Explication de ses présages : Paris, 1618, in-8.]

20740. Continuatio Historiarum Jacobi-Augusti Thuani, ab anno 1607 ad annum 1618.
Cette Continuation est imprimée au tom. III. de son Histoire : Francofurti, 1628, infol.
☞ Voyez ci-devant, N°. 19869.]

20741. ☞ Lettre de Cléophon à Polémarque ; sur les affaires de ce temps, particulièrement de Béarn : 1619, in-8.
☞ L'Auteur y fait une description de l'état de la France & du parti des Huguenots. Il en conclud que le Royaume n'a rien à craindre de leurs menaces.]

20742. ☞ Harangue & Remontrance présentée par le Censeur Caton, sur les affaires de ce temps : 1619, in-8.
☞ Cette Pièce est contre le Duc de Luynes & ses adhérens, qui conseilloient au Roi de prendre les armes contre sa Mère. Le but de l'Auteur est de l'en détourner par la considération de tout ce que cette Princesse a fait durant sa Régence.]

20743. ☞ Extrait de deux Livrets ou Discours sur l'état de la France ; le premier intitulé : Le Tourment de l'envie Courtisane ; le second, Le Limosin : 1619.
Il est imprimé au tom. VI. du Mercure François. Il est dit dans l'Extrait du Limosin, que la Reine Mère a très-bien gouverné l'Etat pendant les sept années de minorité ; que le seul point où elle a manqué, a été d'avancer la Galligaï & son mari le Maréchal d'Ancre. On passe ensuite aux louanges du Connétable de Luynes, & l'on finit par des Observations sur la conduite de M. le Duc d'Epernon. L'autre intitulé : Le Tourment de l'envie Courtisane, fait descendre la Maison de Luynes, du côté paternel, de l'illustre Maison des Alberts ; & du côté maternel, de la Maison de S. Paulet.]

20744. ☞ Première Lettre de M. le Duc d'Epernon, envoyée au Roi le 17 Janvier 1619 : in-8.
Il lui mande que son service ne requérant pas qu'il soit à Metz, il est nécessité de faire un tour en Guyenne pour ses affaires particulières, malgré la défense de Sa Majesté.]

20745. ☞ Arrêt du Conseil d'Etat du Roi, portant défenses à toutes personnes de prêter argent à M. d'Epernon, ni à ceux qui sont joints avec lui, comme aussi à tous Notaires d'en passer aucuns contrats ni obligations, sur les peines y contenues : 1619.]

20746. ☞ L'Abcès de M. d'Epernon, percé par un de ses amis : 1619, in-8.]
On lui étale toutes ses fautes, pour lui en faire voir la grandeur, & à quelles extrémités il s'est porté.
La Roulée du Sieur d'Epernon, en forme de Remontrance & Avis salutaire ; par un de ses amis : 1619, in-8.
C'est la même Pièce mot à mot que la précédente, excepté une transposition de la première page, & quelques petites différences à la fin. La première est datée du 28 Mars, & celle-ci du 11 Avril.]

20747. ☞ Articles accordés à M. le Duc d'Espernon: 1619.]

20748. ☞ Lettre de M. d'Espernon, envoyée au Roi depuis la paix: 1619.]

20749. ☞ Déclaration du Roi en faveur de M. le Duc d'Espernon, & de ceux qui l'ont assisté depuis sa sortie de la Ville de Metz, publiée en Parlement le 5 Juillet 1619.]

20750. ☞ Sommation faite à M. le Duc d'Espernon, ensuite de la Déclaration du Roi: 1619.]

20751. ☞ Procès-verbal de la conspiration faite en la Ville d'Angoulême; ensemble, l'exécution publique qui s'en est ensuivie: 1619.

Un nommé Jean Poussi, Marchand Papetier, avoit entrepris de mettre le feu aux poudres, pour faire sauter la maison où étoit logé le Duc d'Espernon. Il fut pendu & son corps réduit en cendres.]

20752. ☞ Portrait du Duc d'Espernon, & sa fortune: 1619.

Cette Pièce est imprimée dans le *Recueil* Y. *in-12*.]

20753. ☞ Plaintes & supplications de la Reine Mère au Roi.]

20754. ☞ Lettres du Roi au Duc d'Espernon, & celles de ce Duc au Roi: 1619.
══ Autre du Duc de Rohan au Roi, du 16 Avril. ══ Autre de la Reine Mère audit Duc, du 10 Avril. ══ Réponse du 15 Avril 1619.

Ces Articles sont imprimés dans le *Recueil* Z. *in-12*.]

20755. ☞ Ordre de la Séance du Roi, tenue en Parlement; ensemble ce qui s'est passé audit lieu, le 12 Mars 1619: *Paris*, Mesnier, 1619, *in-8*.

C'est au sujet des Edits de la revente du Domaine, des Officiers de Gruyers, & de l'Imposition de deux sols tournois sur les petits Sceaux de France.]

20756. ☞ Lettre des quatre Ministres de la Rochelle, envoyée au Roi, le 14 de Mars 1619: *in-8*.

Cette Lettre est contre le Duc d'Espernon, qui vouloit prendre le Gouvernement de leur Ville.]

20757. ☞ Lettres-Patentes du Roi, portant défense de faire aucunes levées ni amas de Gens de Guerre, sous quelque prétexte que ce soit, sans Commission de Sa Majesté, signées de l'un de ses Secrétaires d'Etat; vérifiées en Parlement le 16 Mars 1619.]

20758. ☞ Lettre de M. l'Amiral Duc DE MONTMORENCY, envoyée au Roi: 1619, *in-8*.

Pour lui demander la liberté de M. le Prince.]

20759. ☞ Lettre de la Royne Mère, & la Réponse du Roy: 1619, *in-8*.]

20760. ☞ Lettre de la Royne Mère, envoyée à M. le Duc de Mayenne, le 6 de Mars 1619, avec la Réponse dudit Sieur, envoyée à la Royne Mère, le 12 de Mars 1619.]

20761. ☞ Seconde & dernière Lettre de la Royne Mère, envoyée au Roy, d'Angoulême, le 10 de Mars 1619.]

20762. ☞ Réponse de la main du Roy, à la Lettre de la Royne sa mère, du 10 Mars 1619.]

20763. ☞ Lettres de la Royne Mère, à MM. le Chancelier, le Garde des Sceaux, le Président Jeannin: 1619.]

20764. ☞ Lettre de MM. les Chancelier, Garde des Sceaux, & Président Jeannin, écrites à la Royne Mère: 1619.]

20765. ☞ La troisième Lettre de la Royne Mère, envoyée au Roy, par M. de Béthune, le 4 d'Avril 1619.]

20766. ☞ La quatrième Lettre de la Royne Mère, envoyée au Roy, sur la prise de Lusarche, le 11 Avril 1619. Ensemble la Lettre envoyée au Roy, par M. de Schomberg, sur la prise de Lusarche: 1619.]

20767. ☞ Réponse de la main du Roy, à la quatrième Lettre de la Royne Mère, de l'onzième Avril 1619.]

20768. ☞ Le Privilège fait par le Roi aux Bourgeois de Paris, pour l'exemption des Gens de Guerre à sept lieues à la ronde de Paris, donné à S. Germain le 4 Mai 1619: *Paris*, 1619, *in-8*.]

20769. ☞ Déclaration de la volonté du Roy, sur le départ de la Royne sa très honorée Dame & Mère, du Château de Blois, & de ce qui s'est ensuivi en conséquence d'icelui; publiée en Parlement le 20 Juin 1619.]

20770. ☞ Lettre du Roy, envoyée à la Royne Mère; ensemble la Réponse de la Royne envoyée au Roy le 28 Mai 1619.]

20771. ☞ Nouvelle Lettre du Roy envoyée à la Royne sa mère, par l'entremise de M. le Duc de Montbazon, écrite d'Amboise, le 17 Juillet 1619.]

20772. ☞ L'Audience donnée par le Roy à la Royne sa mère, le Jeudi 5 Septembre, à son arrivée dans Coussières, près Tours, contenant les propos mémorables tenus entre leurs Majestés: 1619, *in-8*.]

20773. ☞ Extrait des Raisons & Plaintes que la Reine Mère fait au Roi son fils: 1619.

Cette Pièce est contre les Luynes: on y fait un détail de tout ce qu'ils ont entrepris contre la Reine, les grands Seigneurs, & l'Etat.]

20774. ☞ Les humbles Supplications de la Reine Mère au Roi: 1619.

Elle l'invite à ne pas écouter les conseils violens & ceux qui veulent lui faire prendre les armes contre elle, & contre ceux qui l'assistent.]

Règne de Louis XIII. 1619.

20775. ☞ Articles accordés par M. le Cardinal de la Rochefoucault & M. de Béthune, au nom du Roi, à la Reine Mère : 1619.]

20776. ☞ Traité de la Paix, par l'heureux accord & amiable réconciliation du Roi avec la Reine sa mère ; ensemble tout ce qui s'est passé, tant d'une part que d'autre, à ce sujet, depuis le Voyage du Roi jusqu'à présent : 1619.]

20777. ☞ Récit véritable de ce qui s'est fait & passé à la Ville de Metz, & en la Province de Champagne, en conséquence du Traité fait entre le Roi & la Reine sa mère : 1619.]

20778. ☞ Lettre & Avis envoyé au Roi, par M. le Maréchal de Bouillon : 1619.

Il lui conseille de préférer le parti de la Paix à celui des armes. C'est au sujet de la sortie de Blois de la Reine Mère.]

20779. ☞ Les magnificences préparées en l'Eglise Notre-Dame de Chartres, pour les dévotes actions de graces du Roi & de la Reine sa mère ; de leur heureuse entrevue & amiable réconciliation : Paris, 1619, in-8.]

20780. ☞ Déclaration de MM. les Princes, au Roi : 1619.

Elle fut publiée après la paix, pour lui jurer une entière soumission & obéissance.]

20781. ☞ Jugement donné contre l'Avis séditieux envoyé à l'Assemblée de Loudun ; ensemble la réfutation des Propositions y contenues : 1619.

Cela regarde les Biens Ecclésiastiques du Béarn. On y trouve un détail succinct de l'état de cette Province, depuis que l'hérésie y fut introduite par la Reine Jeanne en 1569.]

20782. ☞ Lettre & Avis envoyés au Roi, par M. le Maréchal de Lesdiguières : 1619.

C'est au sujet de plusieurs infractions contre les Edits donnés en faveur de ceux de la Religion Prétendue-Réformée.]

20783. ☞ Mémoires envoyés de la Cour le 17 de ce mois, sur l'Accommodement des Princes & Seigneurs, & état présent des affaires de France ; ensemble les Résolutions de l'Entrevue de sa Majesté avec la Reine sa mère, & Monseigneur le Prince de Condé, à Fontainebleau le 12 du mois d'Août prochain : 1619.]

20784. ☞ Le bon François : 1619, in-8.

Pièce en faveur de M. le Prince, dont on demande la liberté.]

20785. ☞ Lettre du Roi à M. le Prince : 1619.

Il l'invite à se rétablir ; & lui promet sa liberté. Cette Lettre lui fut rendue par M. de Cadenet, avec son écharpe & son épée, qu'on lui avoit ôtées lorsqu'il fut arrêté.]

20786. ☞ Lettre du Roi, envoyée à MM. de la Cour de Parlement, sur la paix de son Royaume : 1619.]

20787. ☞ Remerciment au Roi, sur la délivrance de M. le Prince, faite le Samedi 19 Octobre 1619.

Il étoit prisonnier dès le premier Septembre 1616.]

20788. ☞ Déclaration du Roi, de l'innocence de M. le Prince, vérifiée en Parlement le 26 Novembre 1619 : Loudun, Labarre : Paris, Morel & Métayer, 1619, in-8.]

20789. ☞ La Réception faite à Monseigneur le Prince à son arrivée à Chantilly ; ensemble l'Audience donnée par le Roi audit Seigneur, & les paroles tenues entre lui & les autres Princes, Dimanche 20 Octobre : Lyon, 1619, in-8.]

20790. * Accord de M. le Prince de Condé, avec les trois Etats de France, sur sa délivrance ; ensemble les noms & qualités des Seigneurs qui l'ont pris au Château de Vincennes, & conduit à Sa Majesté le Dimanche 20 Octobre, le tout suivant la Lettre de Commission que le Roi en a délivrée à M. de Luynes : Lyon, 1619, in-8.

20791. ☞ L'accueil des François, sur la liberté donnée par le Roi à Monseigneur le Prince : Tours, Jean Vatard, 1619.

Cette Pièce est signée, DE BERNARD. C'étoit un grand sçavantasse.]

20792. ☞ La nouvelle assurée & agréable, sur l'élargissement de Monseigneur le Prince de Condé ; ensemble la Lettre du Roi, envoyée à M. le Prince : 1619, in-8.]

20793. ☞ La Palme victorieuse remportée par M. le Prince, sur l'envie qui l'a attaqué dès le berceau, & de l'heureux succès de sa liberté. Qui seminant in lacrymis, in exultatione metent : 1619, in-8.

L'Auteur de cette Pièce se nommoit LA CHAPELLE. Elle est assez longue & d'un style ampoulé.]

20794. * La Liberté donnée par le Roi à Monseigneur le Prince : Tours, Vatard, 1619, in-8.

Cette Pièce est signée, DE BERNARD.]

20795. ☞ La Justification de M. le Prince de Condé : Paris, Moreau, 1619, in-8.]

20796. ☞ Le Fantassin qui passe par tout, découvre tout, apprend tout, & enseigne tout : Paris, 1619, in-8.

Cette Pièce est signée, Philomène N. P. L'Auteur feint qu'un démon lui a fait voir Henri le Grand, Marie de Médicis & le Roi. Ces deux derniers proposent leurs griefs, & les raisons de leur conduite ; & Henri IV. tâchoit de les raccommoder.]

20797. ☞ Le Pourparler de M. le Prince, à son arrivée vers Sa Majesté ; ensemble les Remercimens de Madame la Princesse : Paris, Saugrain, 1619, in-8.]

20798. * Mémoires de la Cour sur l'accommodement des Princes : Lyon, 1619, in-8.

20799. ☞ Compliment des François au Prince de Condé sur sa liberté : 1619.

Il est imprimé dans le *Recueil Z*. *in-12*.]

20800. ☞ Le Pasquin des affaires de ce temps, & le pourquoi : 1619, *in-8*.

C'est une Satyre en Vers. On trouve à la fin ces mots : « Pasquin mal fait & séditieux, qui ne vaut qu'à mettre au feu ».]

20801. ☞ Le véritable Picard : 1619, *in-8*.

Pièce en faveur de M. le Prince, & pour le défendre contre les Libelles qu'on avoit publiés sur ses desseins.]

20802. ☞ Le Diopte, au Roi & à la France : 1619, *in-8*.

Pièce satyrique en Vers, contre les Luynes, l'hérésie & plusieurs autres sujets.]

20803. ☞ Le Courier général des affaires de ce temps : 1619, *in-8*.

Pièce de peu d'importance, & qui regarde principalement les affaires de l'Empire.]

20804. ☞ Le Bourgeois : 1619, *in-8*.

Pièce libre & bouffonne, sur l'éloignement du Roi & de la Cour, & sur les affaires du temps.]

20805. ☞ Réponse d'un Paysan au Libelle intitulé : *Le Bourgeois* : Paris, 1619, *in-8*.]

20806. ☞ Le Manifeste de Noël-Léon MOREGARD, Spéculateur ès causes secondes, contenant les affaires & divers accidens de la présente année : 1619, *in-8*.

C'est une Pièce vuide de sens, comme plusieurs autres qui ont paru sous ce nom.]

20807. ☞ Avis du gros GUILLAUME, sur les affaires de ce temps; avec une Remontrance à MM. qui se mêlent de tout : *Paris*, 1619, *in-8*.

Pièce très-plaisante, dans laquelle il y a de la vérité & du bon sens.]

20808. ☞ Articles & Capitulations faites entre le Très-Chrétien Roi de France & l'Empereur des Turcs, pour le bien & grand profit de toute la Chrétienté, &c. *Paris*, Mesnier, 1619, *in-8*.]

20809. ☞ Avertissement à M. de Luynes, à son avénement en faveur auprès du Roi, après la mort du Maréchal d'Ancre.

Il est signé DE RION, qui parle en ami à M. de Luynes, & lui trace la façon de se conduire. Si ses avis ne sont pas toujours praticables, il y en a au moins de très-sages.]

20810. ☞ Avis au Roi sur le rétablissement de l'Office de Connétable, par un bon François, serviteur du Roi, & amateur de son État & de sa grandeur : *in-8*.

Il lui représente combien cette charge peut devenir dangereuse. Si c'est un grand Seigneur qui la possède, il aura trop d'autorité ; si c'est un Seigneur de moindre qualité, il sera méprisé, sur-tout s'il est tel que celui à qui on la destine.]

20811. ☞ Remontrance au Roi, importante à son État : *in-8*.

L'Auteur déclame fortement contre le pouvoir excessif du Duc de Luynes & de ses frères, qui non contens d'avoir volé les Finances, s'approprient & achetent les meilleurs Gouvernemens & les plus fortes places du Royaume. Il remontre au Roi que c'est par une pareille conduite que ses Ancêtres sont montés sur le trône, & que s'il confere la charge de Connétable au Duc de Luynes, comme il s'y attend, il ne répond pas qu'un Charles d'Albert ne fasse ce qu'un Hugues-Capet exécuta avec succès.]

20812. ☞ Anti-Remontrance au Roi, pour son État : *in-8*.

C'est la Réponse à la Pièce qui précède. *Voyez* le *Dictionnaire* de Prosper Marchand, au mot *Anti*.]

20813. ☞ Avis à M. de Luynes, sur les Libelles diffamatoires qui courent : *in-8*.

Cette petite Pièce, qui est assez vive, reproche à M. de Luynes tous les malheurs de la France, & lui remet devant les yeux la fin tragique du Maréchal d'Ancre.

Cette Pièce, & la plupart des précédentes, sont imprimées dans le *Recueil* de celles qui ont été faites pendant le crédit du Connétable de Luynes. 1631, *in-12*.]

20814. ☞ Harangues faites au Roi par M. Louis SERVIN, son Avocat-Général en sa Cour de Parlement, Sa Majesté y étant en son Lit de Justice ; ensemble la Harangue de M. le premier Président : le Mardi 18 Février : 1620, *in-8*.]

20815. ☞ L'Avant-Courier du Guidon François.]

20816. ☞ Le Qu'as-tu vu de la Cour : *in-8*.

Pièce en Vers, ainsi que la suivante.]

20817. ☞ L'Ombre du Marquis d'Ancre, à la France.]

20818. ☞ Les admirables prophéties de l'Absynthe, nommée des Espagnols Alozna ; des Italiens, Assentio ; des Allemands, Wermiz ; des Polonois, Folin ; des Arabes, Assinitium ; & des François, l'Herbe de l'Aluyne ; le tout recueilli par un Secrétaire de la saveur, disciple de Tabarin : *in-8*.

Cette petite Pièce, qui est en Vers, n'a d'autres agrémens que les refrains de ses Strophes, qui finissent toutes par ce mot, *l'Aluyne* : allusion au nom de la femme du Favori.]

20819. ☞ Les Resveries de la Royne : *in-8*.

Cette plaisante & satyrique Pièce regarde le Roi, plusieurs personnes de la Cour, les Financiers & autres, notamment M. de Luynes.]

20820. ☞ Les Contre-vérités de la Cour, avec le Dragon à trois têtes : *in-8*.]

20821. ☞ Le tout en tout en la Cour, ensemble l'Elégie à un vieux Chevalier : *in-8*.]

20822. ☞ Le Monstre à trois têtes : *in-8*.

Ces trois Pièces satyriques sont en Vers.]

20823. ☞ Requête présentée au Roi Pluton, par Conchino Conchini, contre M. de Luynes : *in-8*.

Pièce assez plaisante, pour montrer que le Maréchal

Règne de Louis XIII. 1619. 423

d'Ancre étoit bien moins coupable que le Duc de Luynes & ses frères.]

20824. ☞ Lettre de Monseigneur le Cardinal DE GUISE, à M. le Duc de Guise, sur l'alliance que Luynes prétendoit faire de sa fille avec le dernier fils dudit Seigneur Duc: *in-8.*]

20825. ☞ Plainte de M. de Luynes: *in-8.*]

20826. ☞ Le Contadin Provençal: *in-8.*

Violente satyre contre M. de Luynes & ses frères. L'Auteur, après avoir rapporté que plusieurs Rois ont eu des Favoris qu'ils se sont plus à élever, entre dans le détail des actions de ce Duc, qu'il accuse de six défauts principaux; incapacité, lâcheté, ambition, avarice, ingratitude & mauvaise foi. Il prétend les prouver par un grand nombre de faits; & il finit par le comparer avec le Maréchal d'Ancre.]

20827. ☞ Eloge du sieur de Luynes; ensemble les Répliques avec l'Avis au Roi, par Théophile: *in-8.*

Pièce en Vers.]

20828. ☞ La Remontrance au Théophile: *in-8.*]

20829. ☞ Stances.

Les seize Pièces précédentes sont imprimées dans le *Recueil* de celles qui ont été faites sous le règne du Connétable de Luynes; 1632, *in-12.*]

20830. ☞ Plaintes de l'Epée de M. le Connétable: *in-8.*]

20831. ☞ L'Horoscope du Connétable, avec le Passe-par-tout des Favoris: *in-8.*

On y met M. de Luynes en parallèle avec l'animal que les Naturalistes nomment *Cancellus*, lequel se cache dans les coquilles des autres, n'est bon qu'à mettre à l'hameçon pour les surprendre, & qui a quantité de pieds & de griffes. Le Passe-par-tout est une Satyre contre les friponneries qu'on reproche au Connétable.]

20832. ☞ Réjouissance de toute la France, spécialement de tous les bons François, sur la mort du Connétable: *in-8.*]

20833. ☞ Le Géant François, au Roi: *in-8.*

L'Auteur s'étend sur les avantages de la paix qu'on ne peut espérer, tant qu'on semera la division dans les esprits au sujet de la Religion.]

20834. ☞ La Pourmenade des Bons-hommes, ou Jugement de notre siècle: *in-8.*

C'est un Dialogue entre trois Censeurs, dont le premier fronde tous les abus qu'il a remarqués dans l'Etat, & dans les différens Ordres qui le composent: il prétend qu'aucun siècle n'a été dépravé que celui où il vit. Le second, en convenant des abus, fait voir que les Histoires anciennes nous fournissent chez tous les peuples des exemples de débauches bien plus horribles que celles dont ils sont témoins. Ils s'emportent également tous deux sur l'usage des perruques. Enfin le troisième, qui est comme l'arbitre, prononce qu'on doit attendre le remède du Roi, qui donne de si grandes espérances par les bonnes qualités qu'on remarque déja dans Sa Majesté. Il s'étend sur le respect que les enfans doivent porter à leurs pères & mères: ce qui fait croire que cette Pièce a été faite par un ami de la Reine Mère.]

20835. ☞ Le Syndic du Peuple, au Roi: *in-8.*

Cette Pièce vient d'un partisan de la Reine Mère.

Il remontre au Roi la misère des peuples, & le peu de mérite de ses Favoris.]

20836. ☞ Lettre de la Royne Mère, envoyée au Roy.

Ces sept Pièces sont imprimées dans le *Recueil* de celles qui ont été faites pendant la faveur du Connétable de Luynes: 1632, *in-12.*]

20837. ☞ Lettre & Avis sur les affaires de ce temps, envoyée à M. de Luynes, par un très-fidel serviteur du Roi, & grandement amateur du repos public: 1619, *in-8.*

Pièce fort libre, pour l'exhorter à la paix, quand il ne le seroit que pour conserver sa faveur.]

20838. ☞ Apologie pour Monseigneur de Luynes: 1619, *in-8.*]

20839. ☞ Plaidoyé pour M. de Luynes: 1619, *in-8.*

On y répond aux Libelles qu'on répandoit contre lui. L'Auteur fait son éloge & celui de ses frères.]

20840. ☞ Requête présentée au Roi, par M. de Luynes: 1619, *in-8.*

Il s'y disculpe de tous les griefs dont on le chargeoit, & sur-tout de l'éloignement de la Reine Mère, & de la prison de M. le Prince.]

20841. ☞ Le Songe ou Démon véritable, sur l'état de la France: 1619, *in-8.*

20842. ☞ Lettre de la Reine Mère au Roi, après leur réunion; du 4 Juin. = Réponse du 17 Juillet 1619.

Elles sont imprimées dans le *Recueil Z. in-12.*]

20843. ☞ L'Alliance Françoise; avec un Discours touchant l'Ordre du Roi, enrichi d'un emblème: 1619, *in-8.*]

20844. ☞ Discours véritable de ce qui s'est passé en l'Assemblée générale tenue à la Haye en Hollande; contenant la Proposition faite par les Ambassadeurs du Roi, & la Réponse de MM. les Etats-Généraux des Provinces-Unies des Pays-Bas: 1619.]

20845. ☞ Tromperies des Charlatans.]

20846. ☞ Remontrances de Bruscambille: 1619.]

20847. ☞ Plainte de la nouvelle France.]

20848. ☞ L'homme d'Etat Catholique.]

20849. ☞ Le Revers de Henry le Grand, dédié au Roi Louis XIII. 1619, *in-12.* (sans nom de Ville ni d'Imprimeur.)]

20850. ☞ Les Triomphes de l'Entrée de la Reine Mère à Tours, le 6 Septembre 1619. Magnificences à Chartres, &c. Tout ce qui s'est fait à Poitiers, &c. *in-8.*]

20851. ☞ Histoire véritable de tout ce qui s'est passé depuis le premier Janvier 1619, jusqu'à présent, tant en Guyenne, Languedoc, Angoumois, la Rochelle, que Limosin & autres lieux circonvoisins: *Poitiers*, Thoreau, 1619, *in-8.*

20852. ☞ Extrait du Discours manuscrit

DE GARRIEL, Chanoine de Montpellier, de la guerre faite contre ceux de la Religion Prétendue-Réformée, depuis l'an 1619 jusqu'à la Réduction de Montpellier & à la paix.

Dans les *Mémoires de Littérature* du P. Des-Molets, tom. X.]

20853. ☞ Relation de la sortie de la Reine Mère, de Blois, en 1619; par M.L.C.D.L.V.

Dans les *Mémoires du Cardinal de Richelieu*, par Aubery, tom. I. in-12. pag. 175.]

20854. ☞ Lettre & Avis envoyé par M. le Maréchal de Bouillon, au Roi : 1620, in-4.

Ils sont datés du 24 Décembre 1619, & regardent principalement l'élection du Roi de Bohême.]

20855. ☞ Histoire de la Mère & du Fils, c'est-à-dire, de Marie de Médicis, femme du grand Henri, & mère de Louis XIII. Roi de France & de Navarre, contenant l'état des affaires Politiques & Ecclésiastiques arrivées en France, depuis & compris l'an 1600, jusqu'à la fin de 1619 ; (attribuée à) François Eudes DE MÉZERAY, Historiographe de France : *Amsterdam*, le Cene, 1730; in-8. 2 vol.

Le même, sous ce titre : Histoire de la Régence de la Reine Marie de Médicis, femme de Henri IV. & mère de Louis XIII. par François DE MÉZERAY : 1745, in-4. & in-12.

Cet Ouvrage est faussement attribué à Mézeray : ce n'est qu'un extrait (ou la première façon) de l'Histoire du Cardinal DE RICHELIEU, écrite par lui-même, & qui est restée manuscrite. L'original est au dépôt des Affaires Etrangères. *Voyez* la *Lettre sur le Testament politique* du Cardinal de Richelieu, vers la fin : *Paris*, 1750 & 1764, in-8. Cette Histoire contient bien des aveux qui font peu d'honneur au Cardinal, quoiqu'il tente de faire son apologie.

Prosper Marchand avoit déjà prouvé dans son *Dictionnaire*, Article *Lannel*, par des raisons, tirées de l'Ouvrage même, qu'il ne pouvoit être de Mézeray, & que le Cardinal de Richelieu en étoit le véritable Auteur. Il remarque au même endroit, qu'un Libraire infidèle a réimprimé ce Livre en 1743, in-4. & in-12. en lui substituant le titre de l'*Histoire de la Régence, &c.* à laquelle il a ajouté seulement deux portraits usés de Mézeray & de Louis XIII.

Voyez encore sur cette Histoire, *Lettr. sérieuses & badines*, tom. V. pag. 344. = *Vie de Mézeray*, p. 89. = Lenglet, *Méth. historiq. Suppl.* pag. 163. = *Disc. des Mém. critiq.* de Mézeray, pag. 51. = *Elog. de quelques Auteurs François*, pag. 322. = *Pour & contre*, tom. II. num. 29.]

20856. ☞ Mémoires concernant les affaires de France, sous la Régence de Marie de Médicis, contenant un détail exact des intrigues de la Cour, des désordres & des guerres dans le Royaume, & de tout ce qui s'y est passé de remarquable, depuis 1610 jusqu'en 1620 ; (par M. Phelippeaux DE PONTCHARTRAIN, Secrétaire d'Etat ;) avec un Journal des Conférences de Loudun : *La Haye*, Johnson, 1720, in-12. 2 vol.

Ces Mémoires, en forme de Journal, contiennent le récit des faits les plus curieux & les plus variés de notre Histoire. Ils ne pouvoient être écrits avec plus d'exactitude. M. de Pontchartrain étoit Secrétaire des Commandemens, & par-là bien instruit de tout ce qui se passoit. Il est souvent entré pour beaucoup dans les faits qu'il raconte ; aussi ses détails sont-ils très-curieux. La Conférence de Loudun, où il fut député, se tint le 15 du mois de Février 1616, & finit le 7 du mois de Mai. On y fit un Traité fort avantageux aux Mécontens & aux Calvinistes.]

20857. ☞ Arrêt de la Cour de Parlement, du 14 Janvier 1620, contre le prétendu Réglement de l'Assemblée de Loudun.]

20858. ☞ Déclaration du Roi, par laquelle ceux de la Religion Prétendue-Réformée assemblés à Loudun, sont déclarés criminels de lèze-Majesté ; à faute de se séparer dans le temps porté par icelle ; vérifiée en Parlement le 27 Février 1620. in-8.

Le Roi ayant permis aux Calvinistes, le 23 Mai 1619 de tenir à Loudun une Assemblée générale pour le 26 Septembre suivant, ils firent présenter leurs Cahiers, & ne voulurent point se séparer qu'ils ne fussent répondus. Sur cela la Cour leur envoya les sieurs le Mayne & Marescot, qui le 10 Décembre leur donnèrent ordre de se retirer dans quinze jours ; ce que n'ayant voulu faire, après plusieurs ordres réitérés, ils sont déclarés criminels de lèze-Majesté, si dans trois semaines pour tout délai, ils ne se conforment à la volonté du Roi.]

20859. ☞ Avis d'un vieil Conseiller d'Etat, opinant sur le fait de l'Assemblée de Loudun : 1620, in-8.

Il excuse les Huguenots sur ce qu'on néglige de leur donner satisfaction, & de faire exécuter les Edits donnés en leur faveur.]

20860. ☞ La Mercuriale à MM. de l'Assemblée de Loudun : 1620.

On les exhorte à se tenir tranquilles, par la considération du bonheur dont ils jouissent, & des horreurs de la guerre qu'ils ne peuvent éviter, & qui les ruinera.]

20861. ☞ Procès-Verbal contre l'Assemblée tenue à la Rochelle au mois de Novembre de l'an 1620, par ceux de la Religion Prétendue Réformée, sans le consentement & permission du Roi, avec les Articles & Ordonnances des Rois, portant défense de la tenue desdites Assemblées, sans l'expresse permission de leurs Majestés : 1620, in-8.]

20862. Manifeste ou Raisons de la Reine, mère du Roi, du mois de Juillet : 1620, in-8.

Il se trouve aussi dans le *Recueil* &c, in-12.

Il est daté du 8 Juillet 1620, d'Angers, & fut présenté au Roi, qui n'en tint compte. Il consiste en dix-huit Articles, sur les abus à réformer dans les Conseils; sur le Clergé, la Noblesse, les Finances, & à la décharge du peuple.

20863. Vérités Chrétiennes, au Roi Très-Chrétien, l'an 1620 : 1620, in-8.

Ces mêmes Vérités, composées par Matthieu DE MORGUES, Sieur de Saint-Germain, sont aussi imprimées dans le *Recueil* de Pièces, sous le règne du Connétable de Luynes, quatrième Edition, pag. 126 : 1628, in-8. Dans ces Vérités, l'Auteur soutient que la Reine avoit sujet de se plaindre de ceux qui lui avoient ravi l'éducation de ses Enfans. Cet Ecrit est appelé le *Manifeste d'Angers*, parceque la Reine s'y étoit alors retirée.

☞ L'Auteur de cette Pièce exhorte le Roi à ne pas écouter les mauvais conseils qui lui ont fait éloigner la Reine

Reine sa mère, & à la rappeller auprès de lui pour la sûreté de sa personne, la gloire de sa réputation, le repos de son Royaume, le contentement de ses peuples, & la satisfaction des étrangers.]

20864. ☞ Les Commentaires de Louis Freton, Seigneur de Servas.

Ils sont imprimés dans le tom. III. des *Pièces fugitives* de M. le Marquis d'Aubais : *Paris*, 1759, *in-4*. Ils commencent en 1600, & s'étendent jusqu'en 1620. Ils contiennent bien des faits curieux, qu'on auroit ignorés sans la vanité de l'Auteur, qui a voulu faire passer ses actions à la postérité. Il paroît être né à Calvisson, dans le Diocèse de Nismes, & il est mort en 1625.]

20865. ☞ La prise du Pont de Cé & de son Château par l'armée du Roi, après une grande résistance. Ensemble, la Déroute de 3500 hommes qui étoient dedans; les noms des Chefs, tant blessés que prisonniers; & le nombre des Drapeaux pris & apportés dans le Louvre : la Réduction de la Ville de Château-Gontier, surprise de Langey, & autres particularités : *Paris*, Rocoles, 1620, *in-8.*]

20866. Ms. Relation de la Guerre du Pont de Cé; par Louis DE MARILLAC, Maréchal de France : *in-fol.*

Cette Relation [étoit] conservée parmi les Manuscrits de M. le Chancelier Seguier, num. 79, [aujourd'hui à S. Germain des Prés.] Ce Maréchal est mort en 1632.

20867. Assemblée générale des Princes en la Ville de Poitiers; ensemble leur Déclaration faite au Roi : *Lyon*, 1620, *in-8.*

20868. ☞ La Réponse de Jupiter, conservateur à la feinte pitié : 1620.

Pièce en faveur de M. de Luynes. Elle est imprimée au tom. VI. du *Mercure François*.]

20869. ☞ Réduction de Caen, du 17 Juillet 1620 : *in-8.*]

20870. ☞ Remontrance faite au Roi par Messire Louis SERVIN, son Avocat-Général, en sa Cour de Parlement, Sa Majesté y étant, en son Lit de Justice, le Mardi 18 Février 1620 : *in-8.* (sans nom de lieu ni d'Imprimeur).]

20871. ☞ Lettre au Roi, écrite par les Députés des Eglises Réformées de France & Souveraineté de Béarn, assemblés à Loudun : 16 Janvier 1620.]

20872. ☞ Harangue faite au Roi; par M. DE LA HAYE, l'un des Députés de l'Assemblée des Eglises Réformées, tenue à Loudun, 25 Janvier 1620.

Ces deux Pièces sont imprimées dans le *Recueil* &, *in-12.*]

20873. ☞ Déclaration de Messieurs de la Religion Prétendue-Réformée, au Roi, faite à Sa Majesté par les Députés de leurs Assemblées, le 15 Août 1620 : *in-8.*

Ils lui promettent une entière fidélité & obéissance.]

20874. ☞ Lettre de M. DU PLESSIS (MORNAY), à M. le Duc de Montbazon, sur la

rupture de l'Assemblée de Loudun : 1620; *in-8.*]

20875. ☞ Manifeste pour le public, au Roi, pour le bien de son Royaume & soulagement du Peuple : 1620, *in-8.*

La Religion, la Justice & la Paix, sont les colonnes d'un Etat; le devoir d'un bon Prince est de les conserver & de bannir les vices qui y sont opposés. C'est à quoi l'Auteur invite le Roi.]

20876. ☞ Ordonnance du Roi, pour réprimer le luxe & superfluité qui se voit és habits de ses Sujets, & ornemens d'iceux, vérifiée en Parlement le 16 Mars 1620 : *in-8.*]

20877. ☞ Rétablissement du Droit annuel : 1620.]

20878. ☞ Discours touchant le Droit annuel, présenté au Roi : 1620, *in-8.*

L'Auteur, après avoir sommairement rapporté l'origine de ce Droit, balance les raisons pour & contre la suppression ou le rétablissement.]

20879. ☞ Récit véritable de ce qui s'est passé en la Ville de Rouen, à l'arrivée de Sa Majesté, & dans la Province de Normandie : *Paris*, Moreau : *Poitiers*, C. Courtoys, 1620, *in-8.*]

20880. ☞ Lettre du Roi, contenant la Déclaration par lui faite en la Cour de Parlement de Paris, le 4 Juillet 1620, & envoyée à tous les Parlemens de France : *Saumur*, Bureau, 1620, *in-8.*

C'est au sujet des mécontentemens de la Reine Mère.]

20881. ☞ Copie des Lettres de Commission de la Reine Mère, pour la levée de ses Gens de Guerre : 1620, *in-8.*]

20882. ☞ Déclaration du Roi, par laquelle les Princes, Ducs & Seigneurs y dénommés, sont déclarés criminels de lèze-Majesté, si dans un mois après la publication des Patentes présentes, ils ne posent les armes, & ne viennent trouver Sadite Majesté en personne; publiée en Parlement le 6 Août 1620 : *in-8.*]

20883. ☞ L'Entrevue du Roi Louis XIII. & de la Reine Marie de Médicis sa mère, au Château de Brissac, & du depuis à Tours, contenant les choses plus mémorables passées au Pour-parler de Leurs Majestés : 1620, *in-8.*]

20884. ☞ Traité de Paix, par l'amiable accord du Roy, avec la Royne sa très-honorée Dame & Mère, fait entre Leurs Majestés en la Ville d'Angers, le 10 Août 1620 : *Paris*, 1620, *in-8.*]

20885. ☞ Lettre du Duc d'Espernon à la Royne Mère sur ce Traité, écrite d'Angoulême le 12 Août 1620 : *in-8.*

20886. ☞ Harangue faite au Roi en la Ville de Xaintes, par le Duc d'Espernon, 10 Septembre 1620.

Cette Pièce est imprimée dans le *Recueil* Z, *in-12.*]

20887. ☞ Copie de la Lettre de M. le Prince de Piedmont, à la Reine Mère, sur les affaires présentes : 1620.

Elle est datée de Turin, du 14 Août ; le Prince lui fait compliment sur sa réconciliation avec le Roi.]

20888. ☞ Lettres (du 15 Août 1620), de M. le Duc de Savoye (Charles Emmanuel), au Roi & à la Reine Mère, sur les affaires de ce temps : *Paris*, Mesnier ; 1620, *in-8*.]

20889. ☞ Déclaration du Roi, de l'innocence de sa très-honorée Dame & Mère, & de sa volonté, touchant son très-cher & très-amé Cousin le Comte de Soissons, sa très-chère & très-amée Cousine la Comtesse sa Mère, les Princes, Ducs, Pairs, Officiers de la Couronne, & tous autres qui ont assisté sadite Dame & Mère, durant ces derniers mouvemens ; publiée en Parlement le 27 Août 1620 : *in-8*.]

20890. ☞ Humble Remontrance à la Reine, mère du Roi, sur l'entretien & conservation de la Paix, par tout le Royaume de France ; par un fidèle sujet & serviteur du Roi : 1620, *in-8*.]

20891. ☞ Lettre de l'Assemblée de Loudun, envoyée aux Princesses : 1620.]

20892. ☞ Lettre écrite à M. le Duc de Lesdiguières ; par Messieurs de l'Assemblée de Loudun, le 26 Mars 1620]

20893. ☞ Sommation & Commandement fait par M. le Duc d'Espernon, aux Habitans de la Rochelle, & autres personnes de la Religion Prétendue-Réformée, assemblés en ladite Ville, sans le consentement & permission du Roi, suivant l'exécution des Commandemens du Roi, & Déclaration de Sa Majesté, faite contre iceux, le 22 Octobre dernier : 1620, *in-8*.]

20894. ☞ Procès-verbal des crimes de lèze-Majesté, & malversations commises par le Baron d'Argilemont, Gouverneur des Villes & Châteaux de Caumont & Fronsac en Guyenne ; exécuté à mort en présence des Seigneurs de la Cour, par Arrêt de la Cour du Parlement de Bordeaux, en ladite Ville, le 25 Septembre 1620 : *in-8*.]

20895. ☞ Remarquable exécution faite à Bordeaux, en la personne du Gouverneur de Fronsac, près Libourne, estant Sa Majesté à Bordeaux : *Poictiers*, 1620, *in-8*.]

Le sieur d'Argilemont, Lieutenant de M. le Comte de Saint-Paul, au Château de Fronsac, fut condamné le Mardi 22 Septembre, à être rompu vif pour ses violences & concussions ; mais le Roi permit qu'il fût décapité.]

20896. ☞ Véritables Relations de ce qui s'est passé de jour en jour au Voyage du Roi, depuis son départ de Paris ; qui fut le 7 Juillet, jusqu'à son retour du Pays de Béarn, à la fin du mois d'Octobre 1620 : *in-8*.]

20897. ☞ Pernicieuse Entreprise des Gens de la Religion Prétendue-Réformée, sur la Garnison du Roi, à Navarrins en Béarn, & la punition mémorable qui en a été faite sur les lieux : 1620, *in-8*.]

20898. ☞ Les triomphantes Victoires du très-magnanime Roi Louis le Juste, au Royaume de Navarre & Pays de Béarn, contenant tout ce qui s'est passé de plus remarquable : *Poitiers*, Courtoys, 1620, *in-8*.]

20899. ☞ Le rétablissement des Evêques & Ecclésiastiques de Béarn, en leurs honneurs, fonctions de leurs charges, & jouissance de leurs bénéfices ; ou suite de l'heureux succès du Voyage du Roi : 1620, *in-8*.]

20900. ☞ Déclaration des Béarnois au Roi, sur ce qui s'est passé en leur Pays, depuis le partement de Sa Majesté de la Ville de Bordeaux, en 1620. Réponse du Roi à ladite Déclaration.

Elles sont imprimées dans le *Recueil* &c.]

20901. ☞ Déclaration du Roi, par laquelle il défend à ses Sujets de la Religion Prétendue-Réformée de s'assembler ; & à tous Gouverneurs, Lieutenans, Maires & Echevins des Villes de son Royaume, de les recevoir & admettre, déclarant criminels de lèze-Majesté tous ceux qui y contreviendront : vérifiée en Parlement le 14 Novembre 1620 : *in-8*.]

20902. ☞ Prosopopée de l'Assemblée de Loudun, aux pieds du Roi : 1620, *in-8*.]

Contre ceux qui les décrient dans l'esprit du Roi, & veulent l'exciter à les détruire par les armes.]

20903. ☞ Lettre de M. DE ROHAN, envoyée au Roi le 8 Décembre 1620 : *Paris*, 1620, *in-8*.

Elle est datée de S. Jean d'Angely, & roule sur les allarmes de ceux de la R. P. R.]

20904. ☞ Déclaration du Roi, portant injonctions à toutes personnes qui veulent changer leur habitation du lieu dont ils sont originaires, d'aller déclarer l'occasion dudit changement aux Maires, Consuls, Echevins & autres Officiers des lieux où ils voudront aller demeurer ; comme aussi est enjoint de faire le même à tous ceux qui l'ont changée depuis trois ans en çà ; vérifiée en Parlement le 22 Décembre 1620 : *in-8*.]

20905. ☞ Lettre de M. le Nonce du Pape, à la Reine, mère du Roi, traduite d'Italien en François : 1620, *in-8*.]

20906. ☞ Lettre d'un Gentilhomme François, étant en l'armée du Roi de Bohême, écrite à un sien ami & voisin de Poitou, sur le sujet du Voyage de l'Ambassadeur de l'Empereur Ferdinand, envoyé en France : 1620, *in-8*.]

20907. ☞ Raisons déduites par un des premiers Magistrats de Paris, contre les Assem-

Règne de Louis XIII. 1620.

blées secrettes tenues en plusieurs Convens de Paris, ès mois de Janvier, Février & Mars, l'an du Jubilé 1620, pour adviser aux moyens d'extirper les Hérétiques de France, sans endommager les Catholiques : 1621, *in-8.*]

20908. ☞ Avis sur la Harangue faite en la présence du Roi : 1620, *in-8.*

Elle fut faite au Roi séant en son Parlement, par M. le Premier Président, sur le sujet de quelques Edits à vérifier. L'Auteur en trouve les termes trop hardis & trop peu respectueux.]

20909. ☞ L'Enfer étonné à l'arrivée des trois Géryons : 1620, *in-8.*

Satyre contre le Connétable de Luynes & ses frères.]

20910. ☞ Le Guidon François; ensemble Rhadamanthe armé de Vengeance : 1620, *in-8.*

Autres Libelles satyriques & séditieux contre les trois frères.]

20911. ☞ Lettre de M***, envoyée à Monseigneur de Luynes, pour la réformation de l'Etat; ensemble, la Méditation de Monsieur de L. ou Réponse à la Remontrance au Roi : 1620, *in-8.*

Ce sont des Réflexions sur les dangers des Grandeurs humaines.]

20912. ☞ Le Mai de Paris, dédié au Roi : 1620, *in-8.*]

20913. ☞ Les Harangues prononcées en l'Assemblée de MM. les Princes Protestans d'Allemagne ; par Monseigneur le Duc d'Angoulême, Ambassadeur extraordinaire pour le Roi : 1620, *in-8.*]

20914. ☞ Discours & Avis sur les causes des mouvemens de l'Europe, envoyés aux Rois & aux Princes pour la conservation de leurs Royaumes & Principautés ; fait par Messire Alérimand Cunrad, Baron d'Infridembourg, & Comte du Palatinat, & présenté au Roi par le Comte de Furstemberg, Ambassadeur de l'Empereur ; traduit par le commandement de Sa Majesté : 1620, *in-8.*]

20915. ☞ Henrici AUBERII, Vota pro salute Regis Ludovici XIII. *Tolosæ*, 1620, *in-4.*]

20916. Inventaire général des Affaires de France, depuis l'an 1610 jusqu'en 1620 ; par d'Autreville : *Paris*, 1620, *in-8.*

20917. Histoire journalière du Voyage du Roi, depuis le départ de Sa Majesté jusqu'à la réduction de Clérac, le 30 Août 1620 ; par N. D. P. Avocat en Parlement : *Paris*, 1621, *in-8.*

20918. Sollevatione de' i Principi e Baroni di Francia, contro el Ré Ludovico XIII. con tutto quello che percio succede, dall'anno 1615, sin all'anno 1620 ; da Alessandro ZILIOLI.

Cette Histoire est imprimée au Livre troisième de la seconde Partie des *Histoires mémorables de son temps* : *In Venetia*, 1642, *in-4.*

20919. ☞ Le Roi en Béarn, ou Discours concernant le bon succès du Voyage du Roi : *Paris*, Estienne, 1620, *in-8.*

20920. ☞ Ludovici XIII. quadrimestre Itinerarium ab Oceano Neustriaco ad Montes Pirenæos, anno 1620 ; Rodolphus Botereïus collegit ex tertio tomo Annalium, ac seorsim publicavit : *Parisiis*, Chaudière, 1621, *in-8.*

20921. ☞ Nicolai Proust des Carneaux, de Gestis Ludovici XIII. in Normania & Aquitania compendiosa Descriptio : *Parisiis*, 1620, *in-8.*]

20922. ☞ Advis au Roi, contre les exécrables menaces des faux oracles des Prothées de la France ; par Jacques Dorat : *Bordeaux*, 1621, *in-8.*

L'Auteur est mort en 1626.]

20923. Bearnica Christianissimi Regis quinque dierum Expeditio : *Augustæ Vindelicorum*, 1621, *in-4.*

La Description de cette Expédition a été écrite par Jean Arnoux, Jésuite : [elle est très-rare en France.]

20924. Discours de ce qui s'est passé en Béarn, touchant la reprinze des Tours de Mongiscard sur les Rébelles : *Bordeaux*, 1621, *in-8.*

20925. Recueil véritable de tout ce qui s'est passé au Voyage du Roy, depuis le 7 Juillet que Sa Majesté est parti de Paris, jusqu'au jour des Articles accordés par le Roy à la Royne sa Mère : *Paris*, 1621, *in-8.*

20926. Relation de ce qui s'est passé de jour en jour au Voyage du Roi, depuis le départ de Sa Majesté jusqu'à la fin d'Octobre 1620 : *Paris*, Jacquin, 1620, *in-8.*

20927. Relation du Voyage du Roi en Béarn & Navarrois, réunis à la Couronne, & érigés en Parlement ; ensemble, le Rétablissement des Evêques & autres Ecclésiastiques en leurs Bénéfices : *Lyon*, 1620, *in-8.*

20928. ☞ Histoire (abrégée) des Troubles du Béarn, au sujet de la Religion, dans le XVIIe Siècle ; avec des Notes historiques & critiques, où l'on voit les principes des maux que les disputes de Religion ont causés à la France ; par le P. Dom Isidore Mirasson, Barnabite : *Paris*, Humaire, 1768, *in-12.*

Cette Histoire, comme il est dit avec raison à l'un des Approbateurs, est fort bien écrite & intéressante. Les Notes qui l'accompagnent l'embellissent en la développant : c'est comme une Collection de portraits bien choisis, relatifs au tableau principal. Il y a dans cet Ouvrage des recherches, de l'érudition, une critique saine, des réflexions judicieuses.]

20929. ☞ Lettre de la Ville de Tours, à celle de Paris, 1620, *in-8.*

Cette Lettre est imprimée dans le *Recueil &*, *in-12.*]

20930. ☞ Déclaration publique, présentée

à la Reine, mère du Roi, sur le retour de Sa Majesté en la Ville de Paris; par le Sieur Baron. DE CLAIRBOURG : *Paris*, Isaac Mesnier; *Tours*, Vatard, 1620, *in-8*.]

20931. ☞ La Rencontre de Maître Guillaume, & un Messager de fortune, parlant des affaires de ce temps: 1620; *in-8*.]

20932. ☞ Discours sur plusieurs points importans de l'état présent des affaires de France ; au Roi : *Paris*, *in-8*.

Ce Discours paroît avoir été fait vers 1620, & contient un Eloge de Louis XIII.]

20933. ☞ Joan. GRANGIERII Panegyricus dicatus Ludovico XIII. pro solemni præfatione Prælectionum in Aulâ Cameracensi: *Parisiis*, Libert, 1620, *in-4*. 25 pages.]

20934. ☞ Discours du mouvement de l'année 1620 : *Paris*, 1621, *in-8*.]

20935. ☞ Commentaires sur les Centuries de Nostradamus, &c. *in-8*.]

20936. ☞ Adoration du Veau d'or.]

20937. ☞ La Fulminante, contre les Calomniateurs.]

20938. ☞ La Poupée démasquée.]

20939. ☞ L'Asne tuant.]

20940. ☞ La Tête de bœuf couronnée.]

20941. ☞ Le Diable étonné.]

20942. ☞ Les Antipodes pour & contre.]

20943. ☞ Les Controverses de la Cour. 1620.]

20944. ☞ Le Jeu de l'Esbahi des Censeurs étonnés : 1620, *in-8*.

Cette Piéce roule sur les Courtisans.]

20945. ☞ Les Drogues admirables du merveilleux Opérateur des Isles non découvertes des Royaumes des invisibles ; avec la Résolution des Servantes qui veulent coucher au grand lit avec leur Maître, en dépit de leur Maîtresse : *in-8*.]

20946. Mss. Mémoires sur les mouvemens des années 1619 & 1620 : *in-fol*.

Ces Mémoires sont conservés dans la Bibliothèque de M. le Chancelier d'Aguesseau.]

20947. ☞ Histoire Universelle de ce qui s'est passé és années 1619 & 1620 ; sçavoir ; depuis le départ de la Reine, mère du Roi, du Château de Blois, jusqu'à présent, où est parlé du Traité d'Angoulesme, entrevue de Leurs Majestés, délivrance de M. le Prince, Cérémonie des Chevaliers, Retraite des Princes, Trouble de Rouen, Réduction de Caen, Charge des Ponts de Sé, Changement fait en Béarn, Assemblées de ceux de la Religion, leurs diverses menées & Députations, le Voyage du Roi à Calais, l'Ambassade du Maréchal de Cadenet en Angleterre, & autres particularités ; avec tous les Edits, Déclarations, Lettres-Patentes & Arrêts, tant du Conseil que des Cours Souveraines, intervenus sur l'occurrence des affaires, y compris les Troubles de l'Empire jusqu'à l'entière desconfiture du Palatin ; Affaires de Hollande, Guerre aux Grisons, Exploits de mer, tant des Galères de France que de Malte, sur celles de Turc : à M. de Loménie (Sieur de la Ville-aux-Clercs, Conseiller du Roi en ses Conseils d'Etat & Privé, & Secrétaire de ses Commandemens) : *Paris*, Vitray, 1621, *in-8*.

La première Partie, c'est-à-dire, l'Histoire de 1619, a 207 pages. La seconde, contenant celle de 1620, en a 372. Celui qui a fait l'Epître dédicatoire, signée M. M. D. S. (M. MALINGRE de Sens), dit, qu'en la description de ces choses, il s'est aidé de plusieurs Piéces & Mémoires envoyés à M. de la Haye, Conseiller & Secrétaire du Roi, grandement versé aux Langues étrangères, qu'il a estimé fort nécessaires pour l'intelligence de l'Histoire, & particulièrement de celle d'Allemagne. Cette Histoire fut achevée d'imprimer le 27 Février 1621, & il y est parlé de la vérification d'une Déclaration faite en Parlement le 22 de ce mois.]

20948. Mss. Annales & Chroniques, depuis l'an 1505 jusqu'en 1621 : *in-fol*.

Ces Annales [étoient] conservées dans la Bibliothèque de M. Baluze, num. 115, [& sont aujourd'hui en celle du Roi.]

20949. * Le Chant du Coq François, où sont rapportées les Prophéties d'un Hermite Allemand, en faveur de Louis XIII. par Jacques BARET : *Paris*, Langlois, 1621; *in-8*.

20950. Histoire de France, sous les Règnes de François I. Henri II. François II. Charles IX. Henri III. Henri IV. & Louis XIII; & des choses les plus mémorables advenues depuis cent ans ; par Pierre MATTHIEU, Avocat au Présidial de Lyon, Historiographe de France : *Paris*, Baillet, 1631, *in-fol*. 2. vol.

Cet Auteur est mort en 1621. Son Ouvrage a été publié par les soins de Jean-Baptiste Matthieu son fils, qui a ajouté à l'Histoire de son père, le Règne de Louis XIII. jusqu'en 1621. Ce Règne, avec celui de Henri IV. occupe tout le second volume ; car le premier, dont l'Histoire est abrégée, comprend les Règnes précédens, depuis le commencement de celui de François I. L'Auteur dit dans la Préface, qu'il a travaillé trente ans à cette Histoire, & ce par le commandement du Roi Henri IV. même, qui pour cet effet lui a fourni tous les principaux Mémoires qui étoient és mains des principaux Officiers de son Etat. Il ajoute qu'il n'a rien sans preuves ; qu'il écrit les affaires de France par dessein, & les étrangères par rencontre ; à laquelle pourquoi il a commencé l'Histoire de Henri IV. par celle de François I. & des autres Rois de la Maison de Valois.

« Pierre Matthieu (dit Sorel, *pag*. 341 de la Biblio-
» thèque Françoise) a fait l'Histoire des choses mémo-
» rables advenues en France durant sept années de paix,
» sous le Règne de Henri IV. y ajoutant les affaires
» étrangères, (Elle entre dans son Histoire avec quel-
» ques changemens). Cet Ouvrage parut d'un style plus
» élevé que les autres de son siècle. Il plut tant à la Cour,
» & particulièrement au Roi, qu'il voulut attirer l'Au-
» teur auprès de lui par ses bienfaits, lui donna la
» Charge d'Historiographe de France, vacante par le

» décès du Sieur du Haillan (en 1610), & lui en fit toucher les appointemens.

« Depuis ce temps-là (dit encore Sorel), cet Historien continua ses travaux par obligation, & ayant tiré des lumières de toutes sortes d'Ecrits & Mémoires, il prétendit faire une Histoire complète. Pour mieux accompagner l'Histoire de Henri IV. son Maître, il écrivit auparavant l'Histoire de François I. Henri II. François II. Charles IX. & Henri III. C'est presque le même dessein que celui de Davila; néanmoins il n'y a pas d'apparence qu'ils se soient imités l'un l'autre; car on ne parloit pas de l'Histoire de Davila, quand Matthieu a écrit la sienne; & celle de Matthieu n'a été imprimée qu'après la mort de tous les deux ».

« On remarque que Matthieu ayant écrit principalement pour le Roi Henri IV. ne fait qu'un petit Volume des autres Rois, afin de le mettre au-devant d'un plus gros, qui est pour ce Prince seul; au lieu que Davila y a mis plus d'égalité. Aussi Matthieu prétendoit que l'Histoire des premiers Rois ne servoit que de préparation ou d'introduction à celle de ce Roi ». Pour ce qui est du style de cet Historien, on peut consulter le même Sorel, pag. 348.

René de Lusinge, pag. 129 & 130, de sa *Manière de lire l'Histoire*, ne porte pas un jugement si avantageux de cet Historien. Après avoir parlé de lui & de Cayet, il ajoute: « Matthieu plus que l'autre, en ce qu'il a écrit des Gestes de Henri IV. se veut montrer au langage plus net & plus beau que sage & discret Historien. Il tait & passe exprès tant les choses nécessaires & remarquables qu'il encontre en la contexture de son Livre, qu'il encontre le même blâme de malignité, quand il laisse à écrire les choses mémorables, que celui qui outrage & médit de guet-à-pend...... Il est partial par tout, & si ouvertement pour le parti Huguenot, qu'il semble ou leur avoir vendu sa plume, ou que pour faire plaisir aux Rois sous lesquels les tems de son Histoire s'adressent, il y aye advantagé leur cause. Ce qu'il écrit des Etrangers, est un peu mieux que ce qu'il écrit de nôtre France; mais par tout il veut témoigner plus de doctrine qu'il n'a de suffisance. »

« Un Historien (dit le Père Daniel, dans sa *Préface de l'Histoire de France*), doit bien se donner de garde d'affecter de faire paroître de l'érudition, dès-là qu'elle peut mettre dans son Histoire, de l'embarras & de l'obscurité dans son Histoire. L'Historien Matthieu, qui a donné au Public plusieurs Morceaux de notre Histoire, est tombé dans ce défaut, en remplissant ses Ouvrages d'une infinité de traits de l'antiquité, qui ne font rien à son sujet. Il doit cependant être lu par ceux, qui veulent s'instruire du Règne de Henri IV. parcequ'il étoit Historiographe de ce Prince, qui prenoit plaisir à l'instruire lui-même de diverses particularités de ses avantures ».

☞ *Voyez* sur cette Histoire de Matthieu, la *Méth. hist.* de Lenglet, *in-*4. t. IV. p. 115, & son *Supplément*, pag. 13.=Sorel, pag. 314, 321.=Le Père Niceron, tom. XXVI. p. 245.= Lambert, *Hist. littéri du Règne de Louis XIV.* tom. I. liv. 4, *Disc.* pag. v.= *Nouv.* Edit. de l'*Hist.* de Daniel, tom. I. *Préface*, pag. 19.= L'*Esprit de la Ligue*, tom. I. pag. xlviij.]

20951. ☞ Raisons de la Reine Mère : *in-*8.

Cette Pièce & les seize qui suivent sont dans le Recueil de celles faites sous le règne du Connétable de Luynes: 1632, *in-*12. Celle-ci fut faite après que la Reine fut sortie de Blois. Elle y accuse le Connétable & ses frères des outrages qu'on lui a faits, rapporte quantité de leurs actions, invite le Roi à les chasser, faute de quoi elle proteste de se pourvoir par tous les moyens qu'elle jugera convenables pour se maintenir dans le poste qui lui convient.]

20952. ☞ La Sibylle Françoise, parlant au Roi: *in-*8.]

20953. ☞ Le Jugement de Minos, contre les trois Geryons qui pillent la France: *in-*8.

Déclamation contre le Connétable & ses frères.]

20954. ☞ Méditations de L'Hermite Valérien, traduite de bon Normand en vieux Gaulois; par un Pèlerin du Mont-Saint-Michel, en faveur de tous les bons François: 1621, 1622, *in-*8.

C'est une ingénieuse & vive Satyre contre les trois frères. L'Auteur feint avoir trouvé en terre deux instrumens, dont l'un sert à voir, & l'autre à entendre tout ce qui se dit & se fait au Louvre & dans la France. C'est par ce moyen qu'il débite bien des faits & des anecdotes curieuses & malignes.]

20955. ☞ Discours salutaire & Avis de la France mourante.

Après avoir fait le récit des maux qui l'affligent, elle supplie le Roi de ne point écouter les mauvais conseils de ceux qui veulent lui faire entreprendre la guerre contre les Huguenots.]

20956. ☞ L'Ombre de Monseigneur le Duc de Mayenne, aux Princes, Seigneurs, Gentilshommes & Peuples François.

Cette Pièce fronde assez vivement les actions du Connétable de Luynes, dont il faut, à son avis, se défaire.]

20957. ☞ Le Chien à trois têtes.]

20958. ☞ Les Pseaumes des Courtisans.

Pièce assez singulière & satyrique, contre le Connétable & plusieurs autres Personnes de la Cour, auxquels on fait dire des versets des Pseaumes Pénitentiaux, relatifs aux différentes situations où ils se trouvent.]

20959. ☞ Les Soupirs de la Fleur de Lys. Pièce en Vers.]

20960. ☞ Les Jeux de la Cour.

Cette Pièce est dédiée à M. le Prince de Condé.]

20961. ☞ Le *De profundis*, sur la mort de Luynes.]

20962. ☞ Le *Confiteor* de M. le Connétable (de Luynes), qu'il a fait devant mourir, avec le tombeau des deux frères, & la rencontre d'un Page avec le Connétable.

C'est une Satyre en Vers très-piquante contre M. de Luynes.]

20963. ☞ Le *Te Deum* chanté sur la mort de M. le Connétable.]

20964. ☞ Sur la vanité du Secrétaire du Connétable, qui pensoit être Secrétaire d'Etat.]

20965. ☞ L'Ombre de M. le Connétable, apparue à ses frères.

Cette Pièce contient bien des faits & des Anecdotes satyriques sur les trois frères.]

20966. ☞ Noël nouveau sur la mort de M. le Connétable.]

20967. ☞ *Lux orta est justo*, à M. de Luçon (depuis Cardinal de Richelieu).

Ces dix-sept Pièces sont imprimées dans le *Recueil* de celles qui ont été faites sous le règne du Connétable de Luynes: 1632, *in-*12.]

20968. ☞ Lettre de N. S. P. le Pape Paul V.

à Sa Majesté Très-Chrétienne, pour se conjouir avec elle de ses glorieuses Victoires: 1621.

Cette Lettre est imprimée au tom. IV. des *Mémoires d'Etat*, qui sont à la suite de ceux de Villeroy.]

20970. ☞ Historia di Francia delle cose piu memorabili, occorse nelle Provincie straniere da Pietro MATTEI: *Venétia*, 1638, *in-4.* 2 vol.]

20971. ☞ Lettre de Messieurs de l'Assemblée, au Roi : 1621, *in-8.*

Cette Assemblée est celle des Calvinistes de la Rochelle.]

20972. ☞ Troisième Lettre de M. le Duc DE ROHAN, au Roi : 1621, *in-8.*]

20973. ☞ La Victoire remportée sur ceux de la Religion Prétendue-Réformée, à la défense de la Citadelle de l'Eglise Catholique ; par M. le Marquis DE LA ROCHE D'OR, le 21 Février 1621 : *in-8.*]

20974. ☞ Lettres-Patentes du Roi, sur les levées & impositions de deniers qui se font par ceux de la Religion Prétendue-Réformée sur ses Sujets ; déclarant tant ceux qui ont ordonné ci-devant & ordonneront ci-après lesdites levées, que ceux qui en feront la recepte & y contribueront, criminels de lèze-Majesté, & perturbateurs du repos public ; vérifiées en Parlement, le 22 Février 1621 : *in-8.*]

20975. ☞ Manifeste Anglois, adressé aux Réformés de France, sur les troubles & divisions de ce temps : 1621, *in-8.*

On les exhorte à rester en paix, & à ne pas se révolter contre leur Souverain, en leur faisant considérer que toutes les ressources leur manquent.]

20976. ☞ Réponse notable des Syndics, Consuls & Habitans du Bailliage de Gex, aux Députés de l'Assemblée de Montpellier, pour le secours requis par ceux de la Religion Prétendue-Réformée de Languedoc : *Paris*, 1621, *in-8.*]

20977. ☞ Lettre de Messieurs de l'Assemblée de la Rochelle, à M. le Duc de Lesdiguières : 1621, *in-8.*

Ils s'y plaignent des contraventions faites aux Edits qu'on leur avoit accordés.]

20978. ☞ Seconde Lettre de l'Assemblée de la Rochelle, à M. le Duc de Lesdiguières, du 2 Avril 1621 : *in-8.*]

20979. ☞ Lettres de M. DE LA TRIMOUILLE, deux au Roi, une à Monseigneur le Prince, plus une autre de M. DE LA FORCE, à Sa Majesté, sur le sujet de l'Assemblée de la Rochelle : 1621.]

20980. ☞ Récit véritable de ce qui s'est passé à Saumur, à l'arrivée du Roi, & pendant son séjour ; & plusieurs autres nouvelles, tant de la Rochelle, que de Poitou & d'ailleurs : 1621, *in-8.*]

20981. ☞ Persécution des Eglises de la Souveraineté de Béarn, dediée à Messieurs de l'Assemblée générale des Eglises (Réformées) de la France & souveraineté de Béarn : 1621, *in-8.*

L'Auteur qui est du parti, veut prouver la grandeur & l'injustice des maux dont il se plaint.]

20982. ☞ Très-humbles Remontrances au Roi, par les Députés des Eglises Réformées de France, & Souveraineté de Béarn, assemblés à la Rochelle : 1621, *in-8.*

Ils s'y plaignent des infractions faites aux Edits qu'on leur a accordés, & sur-tout de la main-levée des Biens Ecclésiastiques du Béarn.]

20983. ☞ Remontrance adressée à Messieurs de Privas : 1621.

Pour leur faire sentir les conséquences de leur Révolte & les maux dont elle sera suivie.]

20984. ☞ Discours véritable de ce qui s'est passé sur l'occurrence des mouvemens de la Ville de Privas, au Pays de Vivarais : 1621, *in-12.*]

20985. ☞ La Piété Royale, Discours présenté au Roi par Jean-Bapt. MATHIEU, sur les effets de la présence du Roi en Béarn : *Lyon*, 1621, *in-12.*]

20986. ☞ Arrêts de la Cour de Parlement, donnés en exécution des Edits contre les duels & combats, du 27 Janvier 1614, 13 Juin 1618, 8 Février 1619, 14 Janvier 1620, 6 & 10 Mars 1621 : *Paris*, Morel, 1621.]

20987. ☞ Lettre de M. le Duc DE NEVERS, présentée au Roi par M. de Marolles, pour supplier Sa Majesté de permettre le combat audit Sieur Duc, avec M. le Cardinal de Guise, (en cas qu'il quitte le chapeau de Cardinal), ou contre le Prince de Joinville son frère, (pour avoir attenté contre la personne de ce Duc) ; datée de Mézières, le 24 Avril 1621 : *in-8.*]

20988. ☞ Lettres de Sa Majesté écrites à M. le Premier Président de Verdun, touchant le désordre arrivé en la Ville & Faux-bourg de Tours ; avec un Discours véritable de tout ce qui s'est passé, depuis le Dimanche 18 Avril, jusqu'au Mardi ensuivant : 1621, *in-8.*

Il s'agit de querelles entre les Catholiques & les Huguenots. Les choses allèrent jusqu'au point que le Temple de ces derniers fut brûlé.]

20989. ☞ Déclaration du Roi en faveur de ses Sujets de la Religion Prétendue-Réformée, qui sont & demeureront en leur devoir & obéissance ; publiée en Parlement le 27 Avril 1621 : *in-8.*]

20990. ☞ Le Caquet des Poissonières, sur le département du Roi & de la Cour.

Cette Pièce paroit être de l'an 1621. Elle est remplie de traits satyriques & de quolibets, sans aucune suite.]

20991. ☞ La Résolution prise en l'Assem-

Règne de Louis XIII. 1621.

blée des Princes, Ducs, Seigneurs & Officiers de la Couronne, tenue à Fontainebleau, sur le Voyage du Roi : *Paris*, Rocolet, 1621, *in-8.*]

20992. ☞ Histoire journalière de tout ce qui s'est fait & passé en France, depuis le départ du Roi de Fontainebleau, le 28 Avril dernier jusques à présent : 1621, *in-8.*]

20993. ☞ Lettre de M. DU PLESSIS-MORNAY, Gouverneur de Saulmur, envoyée à M. le Duc d'Espernon, touchant la résolution sur les affaires présentes, le premier de Mai 1621 ; ensemble, la Réponse dudit Sieur D'ESPERNON audit Sieur du Plessis, sur le même sujet, du 6 dudit mois 1621 : *in-8.*]

20994. ☞ Les Sentinelles, au Roi, ou Avertissement des dangereuses approches des forces Espagnoles, pour bloquer le Royaume de France, & Pays circonvoisins : 1621, *in-8.*

Ecrit contre l'ambition & les desseins de l'Espagne.]

20995. ☞ Pièces servantes à l'Histoire du temps présent : 1621, *in-8.*

Elles concernent la Religion Prétendue-Réformée, & les Places de sûreté accordées aux Calvinistes.]

20996. ☞ La Prise de la Ville & Château de Sancerre, par Monseigneur le Prince de Condé, le Samedi 29 Mai 1621 ; avec les Articles accordés par mondit Seigneur aux Habitans de ladite Ville, & généralement tout ce qui s'est passé à ladite prise de part & d'autre : 1621, *in-8.*]

20997. ☞ La Sommation faite de la part du Roi, à M. de Soubise, Chef des Rébelles de S. Jean d'Angély, par un Héraut de France ; la Réponse dudit sieur de Soubise, & Réplique dudit Héraut ; & ce qui s'est passé au Camp, depuis le 28 Mai jusques à présent : 1621, *in-8.*]

20998. ☞ Prise & Réduction de la Ville de S. Jean-d'Angély ; ensemble la Lettre envoyée par Sa Majesté à M. le Duc de Montbazon, Gouverneur de Paris & Isle de France ; avec les Articles accordés par Sa Majesté, tant aux Gens de guerre qu'Habitans d'icelle : 1621, *in-8.*]

20999. ☞ Récit véritable de ce qui s'est fait & passé au Siége de S. Jean-d'Angély, tant dehors que dedans, depuis le 16 Juin jusques à présent ; ensemble la ruine & exécution faite par M. le Duc d'Espernon : 1621, *in-8.*]

21000. ☞ L'Echo du Manifeste du Roi, adressé aux Habitans de la Rochelle, depuis la réduction de la Ville de S. Jean-d'Angély, & de Caumont, jusques à présent : 1621.]

21001. ☞ Déclaration du Roi, par laquelle tous les Habitans & autres personnes qui sont de présent ès Villes de la Rochelle & S. Jean-d'Angély, & tous ceux qui les favoriseront, sont déclarés criminels de lèze-Majesté ; avec injonction à tous ses Sujets de la Religion Prétendue-Réformée, de faire protestation de n'adhérer en aucune sorte à l'Assemblée de ladite Ville de la Rochelle, ni à toutes autres qui se sont tenues & tiennent sans expresse permission de Sa Majesté, publiée en Parlement le 17 Juin 1621 : *in-8.*]

21002. ☞ La Réduction de S. Jean-d'Angély, au Roi : *Paris*, 1621, *in-12.*]

21003. ☞ Victoria reportata da Signori di Ghiza & altri Francesi contra Rebelli del Ré di Francia, nel assedio di san Giovanni d'Angeli : *In Lione*, 1621, *in-8.*]

21004. ☞ Lettres-Patentes du Roi, en forme d'Edit, par lesquelles Sa Majesté veut & ordonne que les murailles de la Ville de S. Jean-d'Angély soient rasées, & les fossés comblés, avec privation de tous les privilèges desquels ladite Ville a ci-devant joui : 1621, *in-8.*]

21005. ☞ Lettre du Roi à M. le Premier Président, touchant la véritable réduction des Villes de Nérac & Bergerac, en l'obéissance de Sa Majesté, datée du 11 de Juillet 1621 : *in-8.*]

21006. ☞ Lettre du Roi envoyée à M. le Premier Président, touchant l'heureux succès des affaires de Sa Majesté, depuis la réduction de S. Jean-d'Angély jusques à présent : 1621.]

21007. ☞ Les ruines & razement des murailles & fortifications de la Ville de Cheylar en Vivarets, pour la rébellion des Habitans d'icelle, de la Religion Prétendue-Réformée, le 29 & 30 Juillet 1621 ; avec la Défaite des Troupes Huguenotes du Pays de Languedoc & Vivarets, par M. le Duc de Vantadour, Lieutenant pour le Roi au Gouvernement de Languedoc : 1621, *in-8.*]

21008. ☞ Lettre de M. le Duc DE BOUILLON, Maréchal de France, envoyée à Sa Majesté le 22 de Juin 1621 : *in-8.*

Il lui donne avis que plusieurs personnes de la Religion Prétendue-Réformée se réfugient à Sedan, & il prie le Roi de le trouver bon, & de donner ordre qu'on ne les empêche pas de s'y rendre.]

21009. ☞ La Prise du jeune Marquis de la Force, & de son frère le Sieur de Montpouillan ; avec la véritable Réduction de la Ville de Nérac, en l'obéissance du Roi, après un furieux assaut ; le tout fait le 3 Juillet ; par M. le Duc de Mayenne : *Paris*, Rocolet, 1621, *in-12.*

Cette Pièce a été réimprimée dans le *Conservateur*, *Novembre*, 1758, *Suppl. pag.* 167.]

21010. ☞ L'Ordre du Siége & Réduction de la Ville de Clérac, en l'obéissance du Roi ; avec les Articles accordés aux Habitans par la clémence de Sa Majesté, le 5 d'Août 1621 : *in-8.*

21011. ☞ La Harangue faite au Roi par les Habitans de Clérac, le 5 Août ; ensemble la Réponse de Sa Majesté, & la Réduction de la Place : 1621, *in-8*.]

21012. ☞ Lettres-Patentes du Roi, par lesquelles le Siége Présidial & Gouvernement de la Ville de la Rochelle, ensemble les autres Justices & Juridictions d'icelle, sont transférés en la Ville de Marans ; registrées en Parlement le 7 Août 1621 : *in-8*.]

21013. ☞ Lettre de M. le Duc de SULLY à M. le Duc de Rohan, sur sa résolution & celle des Habitans de Montauban : 1621, *in-8*.]

21014. ☞ Le Brûlement des Moulins des Rochelois ; la Défaite de M. de la Noue, & la blessure de Montpouillan, arrivés le 29 & 30 Août ; avec un véritable Récit de tout ce qui s'est passé en l'armée du Roi, commandée par M. le Duc d'Espernon, ès Pays de Xaintonge & Aulnix ; ensemble la Conversion du Ministre de Touars & de son fils : 1621, *in-8*.]

21015. ☞ Les grandes & signalées Victoires obtenues par MM. le Duc d'Angoulême, le Prince de Joinville & le Duc de Montmorency ; avec l'ordre particulier de la Bataille, les noms & qualités des Seigneurs, tués, blessés & prisonniers de part & d'autre ; ensemble les Articles de la Capitulation accordés aux Vaincus : 1621, *in-8*.]

21016. ☞ La rude charge faite l'onzième de ce mois, jusques aux portes de la Rochelle, par l'armée du Roi, commandée par M. le Duc d'Espernon, ès Pays de Xaintonge & Aulnix, en laquelle est demeuré plus de deux cens cinquante Rochelois sur la place, & presque autant de blessés, prisonniers ou en déroute, parmi lesquels il y avoit beaucoup de leurs francs-Bourgeois. Jouxte la Copie envoyée de l'armée aux Officiers du Roi à Poitiers : 1621, *in-8*.]

21017. ☞ Les Signes & Prodiges apparus sur la Ville de Paris, S. Denis & autres lieux, le soir du Dimanche 12 Septembre 1621 ; ensemble les divers Jugemens décrétés sur ce même sujet : 1621, *in-8*.]

21018. ☞ Arrest de la Cour de Parlement, sur l'émotion arrivée le 26 Septembre, au retour de ceux de la Religion Prétendue-Réformée, de Charenton : 1621, *in-8*.]

21019. ☞ Lettre du Roi envoyée à MM. les Prévôt des Marchands & Echevins de la Ville de Paris, sur la défaite des troupes du Duc de Rohan, venant au secours de Montauban, au Camp Royal, le 28 Septembre 1621, *in-8*.]

21020. ☞ La Défaite mémorable de l'Armée de M. le Duc de Rohan, venant au secours de Montauban, par M. le Duc d'Angoulême ; ensemble ce qui s'est passé aux assauts donnés par M. le Duc de Mayenne : 1621, *in-8*.]

21021. ☞ Récit véritable de ce qui s'est passé en la Défaite des ennemis rebelles au Roi, venant au secours de Montauban ; la quantité des morts & blessés, les noms & qualités des Capitaines tués & prisonniers, avec le nombre des Enseignes & Drapeaux gagnés & envoyés par le Roy à la Royne : 1621, *in-8*.]

21022. ☞ Ms. Mémoires d'Esprit Raymond, Comte DE MODENE, depuis l'expédition de Béarn jusqu'au Siége de Montauban.

Le Président de Gramond dit, *pag.* 381 de son *Histoire Latine de Louis XIII*. (indiquée ci-après, année 1629) qu'il s'en est servi avantageusement.]

21023. ☞ La Prise de la Ville de Montlieure, par l'Armée Royale, avec le saccagement de la place, pillée & brûlée pour cause de rébellion & de perfidie : 1621, *in-8*.]

21024. ☞ La Prise du Comte de la Suze, faisant levée en Dauphiné, pour secourir Montauban, mené & conduit à Grenoble par la Noblesse & Communes du Pays : 1621, *in-12*.]

21025. ☞ La Défaite de 600 Rochelois, par l'armée du Roi, commandée par M. le Duc d'Espernon ; avec la prise du Maire désigné, & de 54 Chefs des plus notables de la Rochelle : 1621, *in-8*.]

21026. ☞ La Prise du secours allant par mer à la Rochelle ; ensemble le grand & furieux Combat arrivé près de Brouage, contre leur Amiral & Armée navale, le 24 Septembre 1621 : *in-8*.]

21027. ☞ La nouvelle Défaite du second secours envoyé par M. de Rohan à Montauban, le 27 & 28 du présent mois de Septembre : 1621, *in-12*.]

21028. ☞ Lettre du Roi au Duc de Montbazon, touchant la défaite des Rébelles, tentant le secours de Montauban, du 28 Septembre 1621 : *in-8*.]

21029. ☞ Plainte sur l'embrasement du Pont-au-Change & Pont-Marchand, arrivée à Paris la nuit d'entre le vingt-trois & vingt-quatrième jour d'Octobre 1621.]

21030. ☞ La Déclaration du Roi d'Angleterre, contre les Rébelles du Royaume de France : 1621, *in-8*.]

21031. ☞ La Défaite des Ennemis rébelles au Roi, par M. le Duc de Vantadour, au Pays de Vivarets ; avec la Prise de dix pièces de Canon : 1621, *in-8*.]

21032. ☞ La grande & mémorable Défaite de trois mil six cens Reistres & Lansquenets, & leur entreprise découverte, par le Duc de Bavière & Marquis de Spinola ; ensemble

Règne de Louis XIII. 1621.

ensemble les furieuses rencontres & déroutes faites des troupes du Comte de Mansfeld & autres Protestans, sur les frontières du Duc de Lorraine, les noms des Villes & Places qui ont été prises, & celles qui ont été brûlées : 1621, *in-8.*]

21033. ☞ [Récit véritable de la Prise forcée de la Ville d'Albiac, près Montauban, & punition des Habitans d'icelle, mis & taillés en pièces pour cause de perfidie & rébellion, par M. le Duc de Mayenne : 1621, *in-8.*]

21034. ☞ Relation générale des Conquêtes & Victoires du Roi sur les Rébelles, depuis l'année 1620 jusqu'à présent ; avec les noms & situations des Villes, Places & Châteaux rendus en l'obéïssance de Sa Majesté, tant par force que par soumission : 1621, *in-8.*]

21035. ☞ Harangue au Roi sur le retour de ses Voyages de Béarn & Calais ; par Jacob DE LYMOGES, Escolier de Sa Majesté, âgé de 15 ans : *Paris*, Berjon, 1621, *in-8.*]

21036. ☞ Plan de l'Anarchie Rocheloise ; par François DE FREMINEAU : *Toulouse*, 1621, *in-8.*

La Suite : *Avignon*, 1622, *in-4.*]

21037. ☞ Juste jugement & mort du Maire de la Rochelle, envoyée par un Officier de la Maison du Roi : *Paris*, 1621, *in-8.*

C'est une singulière plaisanterie, où l'on suppose que le Diable, sous la forme d'un Corbeau, enlève le Maire de la Rochelle, lorsqu'il donnoit des ordres pour faire emprisonner aucuns des Bourgeois qui vouloient se soumettre au Roi, & le laisse retomber, ayant le visage tourné vers le dos, l'estomac ouvert, n'ayant plus ni foie, ni cœur, ni poumons, ni autres entrailles.]

21038. ☞ Discours des Raisons qui ont porté le Roi à forcer les Places qu'il a assujetties en 1621 : *Paris*, *in-fol.* avec figures.]

21039. ☞ Centuries prophétiques révélées à Jean Belot : *in-8.*]

21040. ☞ La descente de Tabarin aux Enfers : 1621, *in-8.*]

21041. ☞ Discours sur la promotion de M. le Chancelier, & du fruit que la France doit en espérer : *Paris*, Libert, *in-8.*]

21042. ☞ Lettre de M. le Duc DE LESDIGUIÈRES, écrite à N. S. P. le Pape, sur son avénement au souverain Pontificat : *Paris*, Vitray, 1621, *in-8.*]

21043. ☞ Les grands changemens arrivés en Espagne, sous le nouveau Roi Philippe IV. ensemble la remise de la Valteline, accordée en faveur du Roi Très-Chrétien Louis XIII. *Paris*, Saugrain, 1621, *in-8.*]

21044. ☞ Les justes Plaintes de Tabarin, sur les troubles & divisions de ce temps, (en Avril) 1621 : *in-8.*

C'est une Satyre contre les coupeurs de bourses & les femmes & filles débauchées.]

21045. ☞ Remontrance faite au Roi, par

Tome II.

MM. les Princes, contre les perturbateurs de l'Etat : 1621, *in-8.*

Pièce contre le Duc de Luynes & ses adhérans, & sur le départ ou l'éloignement des Princes & des plus grands Seigneurs.]

21046. ☞ Le bon François, à MM. du Parlement de Paris : 1621, *in-8.*

Ce petit Discours est contre les prétentions du Parlement, & le refus qu'il faisoit de vérifier plusieurs Edits onéreux.]

21047. ☞ Les signes effroyables nouvellement apparus en l'air, sur les Villes de Lyon, Nismes, Montpellier, & autres lieux circonvoisins, au grand étonnement du Peuple : 1621, *in-8.*]

21048. ☞ Discours sur ce que ceux de la Religion Réformée ne sont cause de la guerre, combien qu'elle leur soit plus utile en ce temps que la paix feinte & simulée dont on veut les abuser : 1621, *in-8.*]

21049. ☞ Le Surveillant de Charenton, aux Citadins de la Rochelle, salut, &c. amandement de vie : 1621, *in-8.*

Il leur prédit tous les maux qui doivent leur arriver. Cette Pièce est écrite dans le style de la Halle, c'est-à-dire avec une grossière naïveté.]

21050. ☞ Discours politique sur les occurrences & mouvemens de ce temps : 1621, *in-8.*

Il y est question de la Religion Prétendue-Réformée, & de la liberté de conscience, qu'on ne doit pas violenter par les armes. L'Auteur examine qui sont ceux dont le Roi doit prendre & suivre les avis dans cette affaire.]

21051. ☞ Discours & salutaire Avis de la France mourante : 1621, *in-8.*

Déclamation contre les abus qui y règnent, & pour détourner le Roi de faire la guerre à ses Sujets Huguenots, qu'on représente comme très-fidèles & très-obéïssans.]

21052. ☞ Le Pétard d'éloquence de Maître GUILLAUME LE JEUNE : 1621, *in-8.*

Pièce satyrique & bouffonne sur les troubles des Religionnaires, la réduction des Villes de Béarn, & contre les principaux du parti Huguenot.]

21053. ☞ Discours véritable de tout ce qui s'est passé en Languedoc sous le commandement de Monseigneur le Duc de Montmorenci, Amiral de France & Gouverneur de la Province, aux années de 1620 & 1621 ; ensemble la Prise de plusieurs Villes rébelles, sur ceux de la Religion, par mondit Seigneur, esquelles il a remis l'ancien Catholique service de Dieu, au grand contentement de Sa Majesté : *Paris*, de Gouy, 1621, *in-12.*

Ce Discours est réimprimé dans le *Conservateur*, Novembre, 1758, *Supplément*, pag. 173.]

21054. ☞ Histoire de la même Guerre.

Dans le tom. V. de l'*Hist. gén. du Languedoc*, par D. VAISSETE, *pag.* 520 & *suiv.* Voyez aussi *pag.* 655.]

21055. ☞ Lettre de M. le Duc DE LESDIGUI-

RES au Sieur de Montbrun, lui enjoignant expressément, de la part du Roi, d'avoir à désarmer dans son Gouvernement de Dauphiné, & à faute de ce déclaré criminel de lèze-majesté & perturbateur du repos public ; écrite du Camp royal de Sa Majesté, devant Montauban, le 19 Novembre 1621 : *in-8.*]

21056. L'Armée Royale devant Montauban, & ce qui s'est passé à l'Assaut de Bourdeaux : 1621, *in-8.*

21057. L'État du Siége de Montauban, du 12 Août 1621 : *Paris,* Mesnier, 1621, *in-8.*

21058. Récit de ce qui s'est passé aux trois nouvelles sorties de Montauban : *Paris,* Saugrain, 1621, *in-8.*

21059. Ms. Le Siége de Montauban, en 1621 : *in-fol.*

Cette Relation [étoit] conservée dans la Bibliothèque de M. le Chancelier Séguier, num. 548, [& est dans celle de S. Germain des Prés.]

21060. La réduction de la Ville de Montauban à l'obéissance du Roi : *Paris,* 1622, *in-8.*

21061. Histoire particulière des plus mémorables choses qui se sont passées au Siége de Montauban, en forme de Journal : *Leyde,* 1622, *in-12. Ibid.* 1622, *in-8.* Jouxte la copie de Leyde, 1624, *in-8.*

Cette Histoire est écrite par un Huguenot qui signe A. J. D.

☞ Elle est assez exacte. Louis XIII. en personne forma le Siége de Montauban, (défendu par le Marquis de la Force,) le 17 Août 1621. Ce Prince fut obligé de le lever le 13 de Novembre.]

21062. ☞ Histoire particulière des choses mémorables du Siége de Montauban ; par H. JOLI : *Genève,* Marceau, 1623, *in-12.*

Cette Histoire pourroit être la même que la précédente.]

21063. ☞ Songe de Maître GUILLAUME, avec un Récit général de tout ce qui s'est passé dans Montauban : 1622, *in-8.*]

21064. ☞ Remarques sur quelques circonstances du Siége de Montauban, par le Roi Louis XIII. en 1621.

C'est le sujet de la Note XI. du tom. V. de l'*Histoire du Languedoc*, par D. VAISSETE, *pag.* 655.]

21065. ☞ Lettre de M. le Connétable (DE LUYNES) à M. de Montbazon, (au sujet de la levée du Siége de Montauban,) du 18 Novembre 1621 : *in-8.*

Ce fameux Favori mourut peu après, sçavoir le 15 Décembre.]

21066. Sommaire de toutes les Guerres de Religion & du dernier Siége de Montauban ; par Henri LE BRET, Théologal de l'Église Cathédrale de Montauban.

Ce Sommaire est imprimé dans son *Histoire de cette Ville* : *Montauban,* 1668, *in-4.*]

21067. Relazione delle Città e fortezze pro-se da Luigi XIII. Ré di Francia a gli Ugonotti : *In Ferraria,* Suzzi, 1621, *in-4.*

21068. ☞ Tableau votif offert à Dieu pour le Roi Très-Chrétien de France & de Navarre, Louis XIII. sur ses Guerres faites par lui, & Victoires gaignées en ses Pays d'Anjou, Poictou, Xaintonge, Gascongne, Béarn, és ans derniers 1620 & 1621 ; par Louis RICHEOME, Provençal, Religieux de la Compagnie de Jésus : *Bordeaux,* Millanges, 1622, *in-8.* 190 pages.]

21069. ☞ Louanges à Dieu pour Sa Majesté contre les Hérétiques & Rébelles de ce temps, dédiées au Roi Louis XIII. par Mᵉ Charles PEPIN, Soissonnois, Avocat en la Cour : *Paris,* 1622, *in-8.*]

21070. Histoire journalière de tout ce qui s'est fait & passé depuis le 28 Avril 1621, jusqu'au 30 Décembre suivant : *Paris,* Bouillerot, 1622, *in-8.*

21071. ☞ Les Actes de l'Assemblée nouvellement tenue à Nismes, par les Députés des Églises Prétendues-Réformées du Languedoc, Dauphiné, Cévenes, haut & bas Vivarets, &c. contre M. de CHASTILLON : 1622, *in-8.*

M. de Chastillon étoit accusé de penser plus à son avancement qu'à celui des Églises Réformées, auxquelles il étoit attaché ; de favoriser les ennemis qu'il avoit souvent épargnés, & auxquels il donnoit des avis secrets ; d'avoir éludé les Réglemens, & de ne pas faire observer la discipline militaire ; d'avoir empêché le secours de S. Jean-d'Angély, différé celui de Montauban ; d'avoir voulu diviser les Provinces d'avec l'assemblée générale ; pour lesquelles causes on révoqua ses pouvoirs dans l'Assemblée de Nismes, du 20 Novembre 1621.]

21072. Manifeste de M. DE CHASTILLON, contre les calomnies des Rébelles & Ennemis du Roi : *Paris,* Rocolet, 1622, *in-8.*

Gaspard de Coligni, Seigneur de Chastillon, depuis Maréchal de France, est mort en 1636.

21073. L'Anti-Manifeste François, au Roi : 1622, *in-8.*

Cet Écrit est en faveur du Roi.

☞ Pièce fade sur les louanges du Roi, & par rapport aux Conquêtes qu'il a faites sur les Huguenots, que l'Auteur accuse d'avoir appellé à leur secours le Comte de Mansfeld & le Duc de Bouillon.]

21074. ☞ GRANGERII, Regii Professoris Eloquentiæ, Oratio, de compressâ pestilentiâ & felici reditu Justi Regis in Urbem ; habita in Scholis Regis, anno 1623 : *Parisiis,* Libert, 1624, *in-8.*]

21075. ☞ Ejusdem Oratio, de Justi Regis pietate in optimam Matrem Augustam ; habita in Scholis Regis, anno 1624 : *Parisiis,* Libert, 1624, *in-8.*]

21076. Brief Discours d'État, au Roi : 1622, *in-8.*

☞ L'Auteur exhorte Sa Majesté à se former un bon Conseil, à écouter les bons avis de la Reine Mère, & à faire la recherche des Financiers.]

Règne de Louis XIII. 1622.

21077. Mémoires des choses passées en Guyenne, en 1621 & 1622, sous les Ducs de Mayenne & d'Elbœuf; par (Bernard) DE VIGNOLES-LA-HIRE, Maréchal des Camps du Roi, donnés au Public par Jean Besly. *Nyort, Meussat, 1624, in-8. La Rochelle, 1629, in-8.*

☞ Ces Mémoires, qui sont fort estimés, étoient devenus rares. On les a réimprimés dans le tom. III. des *Pièces fugitives du Marquis d'Aubais : Paris, 1759, in-4.* Bertrand de Vignoles, dit la Hire, fut fait Chevalier des Ordres du Roi en 1619; & mourut à Péronne le 5 Octobre 1636, à l'âge de 71 ans.]

21078. Véritable Récit de ce qui s'est passé au second Voyage du Roi, en 1622; par Raoul BOUTRAYS : *Paris, 1632, in-8.*

21079. La dernière Résolution du Roi & de son Conseil, sur les affaires & mouvemens de ce temps, avec le Réglement donné sur le département des troupes de S. Germain, le 13 de Mars 1622 : *in-8.*

C'est un Eloge du Roi sur les Victoires qu'il a déja remportées, & que lui prépare encore la révolte de Montauban & de la Rochelle.]

21080. ☞ Les Avis de M. le Chancelier à MM. du Parlement, donnés au Roi, sur la résolution de son Voyage : 1622.

Le résultat de cet emphatique Avis est que le Roi doit commencer par Montauban, qu'on nommera désormais Montaubas, & finir par la Rochelle, que les courses du Duc d'Espernon ont déja fort resserrée.]

21081. ☞ Pusinensis obsidio, (ou Relation du Siége de Pousin, qui fut pris le 17 Mars 1622, par le Connétable de Lesdiguières;) par Pierre DE BOISSAT.

Cette Relation se trouve dans le *Recueil de ses Œuvres Latines*, imprimées en 1649, *in-fol.*

Voyez au sujet de ce Livre, & de Pierre de Boissat, les *Mémoires de l'Abbé d'Artigny*, tom. II. pag. 1 & suiv.]

21082. ☞ Proposition faite au Roi par la Noblesse de France, pour l'entretènement de l'Estat & affaires de ce Royaume; par C. D. B. Chevalier de l'Ordre du Roi : *Paris, 1622, in-8.*]

21083. ☞ Harangue & Protestation faite au Roi, au nom des trois Ordres de France, & de MM. les Parisiens, sur son prochain départ : *Paris, 1622, in-8.*]

21084. ☞ Récit véritable de la trahison & rendition de la Ville & Château de Saumur, par plusieurs de la Religion Prétendue-Réformée, avec le prompt départ du Roi de la Ville de Blois, pour y mettre ordre; ensemble la démolition de la place, & le nombre de cent prisonniers desdits Rébelles. *1622, in-8.*]

21085. ☞ Lettres du Roi à M. de Sully, & du Sieur DE SULLY au Sieur de Pybrac; ensemble celle d'un Officier de Figeac réfugié à Fons, à un sien ami de la Ville de Cahors, touchant les troubles faits par les Rébelles, tant en Gascogne, Guyenne, que Languedoc : *1622, in-8.*]

21086. ☞ Ordonnance de paix en Dauphiné, donnée par M. le Duc de Lesdiguières, Pair & Maréchal de France, Lieutenant-Général pour le Roi au Gouvernement de cette Province : *1622, in-8.*

21087. ☞ La Résolution du Conseil du Roi, pour la démolition & rasement des Fortifications de Saumur, donnée audit Saumur le 5 d'Avril 1622; ensemble l'ordre etabli par Sa Majesté pour la sûreté de la place, contre les mauvais desseins des Rébelles : *1622, in-8.*]

21088. ☞ La Sommation faite à la Ville de Montpellier, par un Hérault de France, la Harangue par lui faite; la Réponse des Rébelles, & la résolution de Sa Majesté sur icelle; & autres Nouvelles de Languedoc : *1622, in-8.*]

21089. ☞ La Réduction de la Ville & Château de Lunel à l'obéissance du Roi; ensemble la Défaite de 12 à 1500 Rébelles, mis & taillés en pièces par le Régiment des Gardes, entre Nismes & Lunel : *1622, in-8.*]

21090. ☞ La Réduction de la Ville & Château de Royan à l'obéissance du Roi, ensemble celle du Château de Taillebourg, & l'Inventaire des Canons, Armes & Munitions de guerres trouvées en icelui. Extrait des Lettres de Xaintes, du dernier Avril *1622 : in-8.*]

21091. ☞ Exécrable Massacre arrivé en la Ville de Montpellier, sur la personne du premier Président de l'Edit de la Chambre du Parlement de Grenoble, député par M. de Lesdiguières à M. de Rohan, pour pacifier les troubles du Languedoc : *in-8.*]

21092. ☞ Déclaration du Roi, portant défenses à tous ses Sujets, qui se sont contenus en leur devoir sous son obéissance, de s'en départir, ni d'abandonner leurs maisons, soit des villes ou des champs, sur les peines y portées; avec l'Arrêt de la Cour intervenu sur icelle, le 5 Août 1622.]

21093. ☞ La Prise par force de la Ville de Montravel sur les Rébelles du Roi, avec la Défaite des Garnisons de la Place; le rasement des murs de la Ville, le nombre des Chefs & Gentilshommes prisonniers; la quantité desdits Rébelles tués, pendus & exécutés; les Enseignes & Drapeaux envoyés au Roi; ensemble le Siége mis devant la Ville de Clérac. Le tout fait par Monseigneur le Duc d'Elbœuf, Général des Armées de Sa Majesté en Guyenne : *1622, in-8.*]

21094. ☞ La Défaite des Troupes de M. de Soubise & de la Cressonière son Lieutenant, par le Sieur des Roches Baritaud, ès Pays du bas Poitou; ensemble la mort dudit la Cressonière, & de plusieurs autres Rébelles à Sa Majesté : *Paris, 1622, in-8.*]

21095. ☞ Apologie en faveur des pre-

Tome II. Iii 2

miers desseins militaires du Très-Chrétien Louis XIII. Roi de France & de Navarre, adreſſée à la France : *Paris*, du Bray, 1622, *in*-8.]

21096. ☞ Nouvelle Ambaſſade des Députés du Royaume Platonique, vers les Religionnaires rébelles : 1622, *in*-12.]

21097. ☞ Le Portrait de la Ligue Rochelois, ſur le Pſalme CXXIII. 1622, *in*-8.]

21098. ☞ *Confiteor*, aux Rébelles : 1622, *in*-12. ſans nom de Ville ni d'Imprimeur.

— Aux Rochelois : *in*-12.

— Aux Huguenots rébelles de ce temps : *Paris*, *in*-12.

— Des Parpaillots rébelles, avec le *De profundis*, adreſſé au Roi d'Angleterre, par la Ville de la Rochelle : *in*-12.

Ces quatre Pièces, quoique ſous des titres différens, ſont les mêmes, à l'exception de la dernière, où eſt ajouté le *De profundis*.]

21099. ☞ L'Arrivée de la grande & puiſſante Armée navale du Roi, pour le bloquement de la Rochelle ; enſemble la teneur de l'Edit du Roi, donné à Nyort, contre ceux qui ont ſuivi les troupes du Sieur de Soubiſe : 1622, *in*-8.]

21100. ☞ Arrêt pour l'Inſtruction des enfans en la Religion Catholique, Apoſtolique & Romaine, nonobſtant que le père ſoit de la Religion Prétendue-Réformée : 1622, *in*-8.]

21101. ☞ Les Inventions de l'Ingénieur Pompée Targon, contre la Ville de la Rochelle : *Paris*, 1622, *in*-8.]

21102. ☞ La Défaite de trente Navires Ecoſſois venant au ſecours de la Rochelle : *Paris*, 1622, *in*-8.]

21103. ☞ Récit véritable de la mort du Duc de Rohan : 1622, *in*-12.]

21104. ☞ Le torrent de la Ligue Rochelloiſe, en Vers : 1622, *in*-8.]

21105. ☞ Le *De profundis* de la Rochelle : *in*-12.]

21106. ☞ Le Pélerin Huguenot, auquel eſt contenu, entr'autres choſes, l'Horoſcope du parti des Rébelles : 1622, *in*-8.

L'Auteur leur pronoſtique qu'ils ſeront abandonnés de tous ceux dont ils attendent du ſecours, & que le meilleur parti qu'ils puiſſent prendre eſt de vivre en paix, & de recourir à la clémence du Roi. On trouve encore dans cette Pièce quelques traits ſur la faveur du Connétable de Luynes, & la fortune de ſes frères.]

21107. ☞ La Capilotade Huguenote envoyée aux Rébelles de la Rochelle & aux Montalbaniſtes : 1622, *in*-8.

Cette Pièce a pour but de leur faire voir le précipice où ils ſont engagés, & le moyen d'en ſortir en ſe ſoumettant promptement.]

21108. ☞ Les Actions du temps : 1622, *in*-8.

Pièce ſatyrique, contenant les abus & malverſations de tous les états.]

21109. ☞ Antienne des Pſalmes Pénitentiaux des Fidèles de la Rochelle & de Montauban, Pénitens ; enſemble la Réponſe de Sa Majeſté à ces bons Réformés : 1622, *in*-8.]

21110. ☞ La Victoire remportée en champ de Bataille contre le Marquis de la Force, par M. le Duc d'Elbœuf, avec le nombre des morts, & les particularités de la Bataille : 1622, *in*-8.]

21111. ☞ La mémorable Défaite de la Garniſon ſortie de Montauban, par les Troupes du Roi, commandées par M. d'Ambre, Capitaine ès armes de Sa Majeſté, avec la quantité des morts & priſonniers : 1622, *in*-8.]

21112. ☞ Relation faite par M. le Maréchal DE VITRY, Commandant à l'avant-garde, de tout ce qui s'eſt paſſé en la Victoire obtenue par le Roi, contre les Rébelles commandés par M. de Soubiſe : 1622, *in*-8.]

21113. ☞ La Corneille déplumée : 1622, *in*-8.]

Cette cinquième fiction eſt probablement contre le Connétable de Luynes & ſes frères, qui avoient ſuccédé à la faveur du Maréchal d'Ancre.]

21114. ☞ Les Cahiers préſentés au Roi, par les Députés Généraux des Egliſes Réformées de France ; enſemble la Réponſe de Sa Majeſté ſur iceux : 1622, *in*-8.]

21115. ☞ Le Hérault François aux Princes Chrétiens : 1622, *in*-8.

Cette Pièce regarde les affaires générales de Religion & de politique de l'Europe ; & attaque principalement l'influence de l'Eſpagne, ſur la conduite de nos Miniſtres.]

21116. De Regis Expeditione in Inſula Rea adverſùs Subizium ; per N. P. D. C. H. R. *Pariſiis*, 1622, *in*-24.

Cette Hiſtoire eſt d'un ſtyle aſſez élégant. Les lettres initiales ſignifient Nicolas Prouſt DES CARNEAUX, Hiſtoriographe du Roi.

21117. Lettre écrite au premier Préſident de Bourdeaux, contenant au vrai tout ce qui s'eſt paſſé au Siége de la Rochelle, tant d'une part que d'autre ; par BARENTIN, Conſeiller d'Etat : *Bourdeaux*, 1622, *in*-8.

21118. Hiſtoire mémorable de tout ce qui s'eſt fait & paſſé de jour en jour, tant en la Ville de la Rochelle qu'à l'Armée du Comte de Soiſſons, depuis le 10 Juillet juſqu'au 5 Août : *Paris*, Martin, 1622, *in*-8.

21119. Récit véritable de tout ce qui s'eſt paſſé en la Frontière de Champagne, depuis que l'Armée du Comte de Mansfeld eſt partie du Palatinat pour venir en France : *Paris*, Pommeraye, 1622, *in*-8.

21120. Relation véritable de ce qui s'eſt

passé en Champagne à la vue de l'Armée étrangère conduite par le Comte Ernest de Mansfeld, depuis la Trève jusqu'à son arrivée en Flandres : *Troyes*, Chevillot, 1622, *in*-8.

21121. La Retraite du Comte de Mansfeld & de toute son Armée hors du Royaume de France : *Paris*, Bouillerot, 1622, *in*-8.

21122. * Les Lauriers de Louis le Juste ; [par un Auteur incertain :] *Paris*, du Bray, 1622, [1624] *in*-8.

☞ Cet Auteur est Paul DU MAY, Bourguignon.]

21123. Relation générale de toutes les Conquêtes & Victoires du Roi sur les Rébelles, depuis l'an 1620 jusqu'au 10 de Juin 1622 : *Paris*, Boutiquant, 1622, *in*-8.

21124. * Relation véritable & journalière de tout ce qui s'est passé en France & Pays étrangers, depuis le départ du Roi de sa Ville Capitale, (le 20 Mars 1622) jusqu'au 28 Août : *Paris*, Bouillerot, 1622, *in*-8. [Troisième Edition, revue & corrigée.]

21125. ☞ Articles de la Paix générale accordée par le Roi à ses Sujets de la Religion Prétendue-Réformée, le 19 Octobre 1622 : *Paris*, Binet, 1622, *in*-8.]

21126. ☞ Harangue faite à Monseigneur le Comte de Soissons, par les Maire & Echevins de la Rochelle : *Paris*, Binet, 1622, *in*-8.]

21127. Relation véritable de la Bataille navale gagnée par le Duc de Guise sur les Rochelois, le 22 Octobre 1622 : *Paris*, 1622, *in* 8.

21128. La seconde Défaite de l'Armée navale des Rochelois, par le Duc DE GUISE : *Paris*, 1622, *in*-12.

21129. La Réduction de la Rochelle à l'obéissance du Roi : *Paris*, 1622, *in*-12.

21130. Histoire générale de tout ce qui s'est passé entre les Armées navales de France & celle des Rochelois, depuis le mois d'Août 1621, jusqu'au mois de Novembre 1622 : 1624, *in*-8.

21131. Mémoires des Guerres & choses mémorables advenues sous le règne de Louis XIII. depuis l'an 1610 jusqu'en 1622, par P. D. *Paris*, 1622, *in*-8.

Ces Lettres P. D. peuvent signifier PIERRE DUPUY.

21132. Histoire générale des derniers troubles de France sous Louis XIII. par Claude MALINGRE : *Paris*, 1623, *in*-8. 2 vol.

21133. Intrigues & Guerres civiles de France, en 1620, 1621 & 1622, par le même : *Paris*, 1622, *in*-8. 2 vol.

21134. Histoire de la Rébellion excitée en France par les Rébelles de la Religion Prétendue-Réformée, depuis l'an 1620 jusqu'en 1622, par C. M. H. *Paris*, 1622, *in*-8. 2 vol.

Ces trois lettres C. M. H. signifient Claude MALINGRE, Historiographe. C'est avec raison que l'Auteur de la Préface du tom. VIII. du *Mercure François*, se plaint de ce que le même Auteur a publié sous les trois titres précédens un même Ouvrage ; car les Lecteurs trompés par ces différens titres [se trouvent exposés à acheter plusieurs fois la même Histoire.

☞ *Voyez* sur cet Ouvrage, la *Méth. hist.* in-4. de Lenglet, tom. IV. p. 121. = Le P. Niceron, t. *XXXIV*. pag. 189.]

21135. Méditation d'un Avocat de Montauban, sur les mouvemens du temps présent, en Vers : 1622, *in*-8.

☞ Ces prétendues Méditations sont en Vers. L'Auteur attribue aux Jésuites les mauvais conseils que suit le Roi ; & il avance qu'on en veut à la Religion, sous le prétexte de la désobéissance. Il met toute son espérance en Dieu, qui ne permettra pas que les siens succombent. On voit bien que c'est l'Ouvrage d'un Huguenot.]

21136. Apologie Royale, en Vers, contre le Libelle précédent : 1622, *in*-8.

21137. Apologie pour le Roi, ou Réponse aux calomnies de l'Avocat de Montauban : *Paris*, 1622, *in*-8.

21138. L'Enfer de l'Avocat de Montauban, à tous les Parlemens de France, en Vers : 1622, *in*-8.

☞ Cette Pièce, en Vers, est remplie de fureur, & ne respire que vengeance contre cet Avocat, qui avoit osé mal parler du Roi. L'Auteur veut qu'on épargne les Protestans pacifiques ; mais il invite le Roi à faire passer la charrue sur les Villes de Montauban & de la Rochelle.]

21139. ☞ Le Janus à deux faces, envoyé à Montpellier : *in*-8.

L'Auteur s'emporte contre ceux qui ont excité les troubles au moment qu'il y avoit lieu d'espérer une longue paix.]

21140. ☞ La Justice des Armes du Roi : 1622, *in*-8.

On y dit, que Dieu permet la guerre pour deux fins : pour le rétablissement de son culte, & pour le châtiment de son peuple. Il n'y a personne, ajoute-t-on, assez osé pour prétendre que le Roi ne doive châtier ses Sujets d'une Religion différente de la sienne, puisqu'ils se sont révoltés & sont en armes contre son autorité ; mais il faut, en les châtiant, rétablir le culte de Dieu.]

21141. ☞ Les grands jours tenus à Paris, par M. MUET, Lieutenant du petit criminel : 1622, *in*-8.

Pièce burlesque & de peu de conséquence.]

21142. ☞ Le Courbouillon des Rébelles accommodé à la sauce des Reistres d'Allemagne : *in*-8.

Cette Pièce est contre les Huguenots & le Duc de Bouillon, qui avoient attiré des Reistres en France.]

21143. ☞ Petit Avis d'un ferme Catholique, loyal François, humble Sujet & fidèle serviteur du Roi : 1622, *in*-8.

L'Auteur discute les raisons des partisans de la paix & de ceux de la guerre. Il soutient qu'on doit s'en tenit à la paix, si on le peut; sinon écraser tout d'un coup les Hérétiques.]

21144. ☞ Le Courant à l'ami du cœur, sur les affaires de ce temps : *Paris*, 1622, *in-8*.]

21145. ☞ Cantique d'allégresse sur le retour de la paix: *in-8*.

Cette Pièce, & la suivante, sont en Vers.]

21146. ☞ La Prière du Gascon, ou lou diable soit des Houguenaulx : *in-8*.]

21147. ☞ La Santé de la France; par Antoine RUEL: *Avignon*, 1622, *in-12*.]

21148. ☞ Le Caquet des Femelles du Fauxbourg de Montmartre, avec la Réponse des Filles du Fauxbourg S. Marceau : *Paris*, 1622, *in-8*.]

21149. ☞ Recueil général des Caquets de l'Accouchée. Le tout discouru & caqueté par Dames, Damoiselles, Bourgeoises & autres, mis par ordre en huit après-dînées, où elles ont fait leurs assemblées, par un Secrétaire qui a le tout ouï & écrit, 1623: *Troyes*, 1630, *in-12*.

Ces Caquets contiennent différentes avantures & anecdotes de la Cour, de la Ville de Paris, & concernent les gens de finances, & les familles que l'Auteur, caché dans la Chambre de l'accouchée, feint avoir entendu dans les différentes conversations qui s'y sont tenues lors des visites que lui ont faites les commères de son quartier.

Neuvième Journée.
Dernière Journée du Caquet de l'Accouchée.]

21150. ☞ L'Anti-çaquet : 1622, *in-8*.]

21151. ☞ La Sentence par corps obtenue par plusieurs femmes de Paris, contre l'Auteur des Caquets de l'Accouchée : 1622, *in-8*.]

21152. ☞ La Réponse des Dames & Bourgeoises de Paris, au Caquet : *Paris*, 1622, *in-8*.]

21153. ☞ Réponse aux trois Caquets : 1622.]

21154. ☞ Le Passe-partout du Caquet des Caquets de la nouvelle Accouchée : 1622, *in-8*.]

21155. ☞ La dernière après-dînée du Caquet de l'Accouchée : 1622, *in-8*.]

21156. ☞ Commentaires de César, ou Commentaires & Additions aux Caquets de l'Accouchée, & aux Actions du temps; 1622, *in-8*.]

21157. ☞ De la Pucelle d'Orléans, Jeanne d'Arc : 1622, *in-8*.

Ce sont des Vers sur la Pucelle, à qui l'Auteur compare le Roi.]

21158. ☞ L'Ombre du Chancelier de l'Hôpital : *in-8*.]

21159. ☞ Songe & révélation de Maître GUILLAUME : *in-8*.]

21160. ☞ Pièces sur les Affaires de Montauban, au sujet de M. de Luynes, &c. *in-8*.]

21161. ☞ La Nouvelle mode de la Cour, où le Courtisan à la négligence & à l'occasion, (en Vers) : *Paris*, 1622, *in-8*.]

21162. ☞ Le Satyrique renversé ; 1622, *in-8*.]

21163. ☞ Regnaud de Montauban ressuscité : *in-8*.]

21164. ☞ Le Triomphe de la France contre les Anthropophages de ce temps : *in-8*.]

21165. ☞ Justa Ludovici Justi adversùs injustam Novatorum rebellionem defensio; auctore F. MINEO : *in-8*.]

21166. ☞ La Cabale Espagnole : *in-8*.]

21167. ☞ Les Procès, Plaintes & Informations d'un Moulin à vent de la Porte Saint-Antoine, contre le Sieur Tabarin, touchant son habillement de toile neuve, avec l'Arrêt des Meûniers, prononcé en jaquettes blanches : *Paris*, 1622, *in-8*.]

21168. ☞ Apologie du Duc de Luynes: *in-8*.]

21169. ☞ Fraudes & impostures des Charlatans découvertes : *in-8*.]

21170. ☞ Finesses de Croustille : *in-8*.]

21171. ☞ La Tragédie des Rébelles: *in-8*.]

21172. ☞ Le Corbeau de la Cour : *in-8*, de 8 pages.]

21173. ☞ L'Homme d'Etat: *in-8*.]

21174. ☞ L'Ombre de Calvin : *in-8*.]

21175. ☞ La louange & l'utilité des Notes ; par le Chevalier ROSANDRE : *Paris*, 1622, *in-8*.]

21176. ☞ Pasquil de la Cour, pour apprendre à discourir & s'habiller à la mode, (en Vers): 1622, *in-8*.]

21177. Discours d'Etat présenté au Roi, sur la continuation de la Guerre des Rébelles: 1622, *in-8*.

Ce Discours a été présenté par M. D. P.

21178. Le Boutefeu de la Guerre contre les Rébelles de Sa Majesté : 1622, *in-8*.

21179. L'Ordre établi en France pour le Voyage du Roi, &c. *Paris*, 1622, *in-8*.

21180. Le Francophile, présenté au Roi, sur la résolution de son Voyage ; par (François) MANGEART, A. 1622, *in-8*.

21181. La Fièvre des Huguenots de France : 1622, *in-8*.

21182. La Métamorphose des Rébelles de Montauban: 1622, *in-8*.

21183. La Requête présentée au Roi par les

Habitans de Montauban, sur la réduction de leur Ville: *Paris*, 1622, *in-8*.

21184. Petit Avis: 1622, *in-8*.

Ce petit Avis est donné sur la Guerre de cette année-là.

21185. Le Manifeste de M. le Duc DE BOUILLON, envoyé à ceux de la Religion: 1622, *in-8*.

21186. La Chronique des Favoris: 1622, *in-8*.

Cette Chronique a été composée par LANGLOIS, dit Fancan, Chanoine de saint Honoré, mort à la Bastille. C'est une Satyre pleine d'esprit & de malice, écrite en forme de Dialogue, contre le Connétable de Luynes, ses frères & autres de son temps. Il y en a plusieurs Editions sans date & sans lieu d'impression.

☞ Il y a beaucoup de plaisanterie & de sel dans cette Pièce, l'une des meilleures qui ait été faite contre le Connétable. Elle contient ses actions depuis son élévation jusqu'à sa mort. La scène se passe aux champs Elysées devant Henri IV. à qui les Seigneurs, morts durant la guerre, & sur-tout devant Montauban, font le récit des malheurs de la France, causés par M. de Luynes & par ses frères. Il y fait lui-même la confession, & est condamné à servir de faquin aux Pages de M. le Duc de Mayenne. Henri IV. trace ensuite d'excellens projets pour le Roi son fils & le bonheur du Royaume. L'Auteur ne ménage point les Jésuites. *Voyez* Lenglet, *Méth. hist. in-4. tom. IV. pag. 121.*]

21187. Apologie pour le Connétable, ou Réponse à la Chronique des Favoris: 1622, *in-8*.

☞ On s'occupe souvent beaucoup des Ecrits faits avec autant de malice que d'esprits; mais il est de l'équité de voir les Apologies après avoir vu les accusations. L'Abbé Lenglet, dans le grand Catalogue qui termine sa *Méthode historique*, ne fait aucune mention de cette Défense du Connétable de Luynes, qui mérite d'être lue.]

21188. La France mourante, Dialogue.

Il est imprimé dans le Recueil des Pièces qui ont été faites sous le règne du Connétable de Luynes: 1632, *in-12*. Ce Dialogue est entre le Chancelier de l'Hôpital, le Chevalier Bayard & la France, qui fait un exposé pathétique de ses malheurs. On y trouve beaucoup d'Anecdotes sur grand nombre de personnes, dont plusieurs sont assez gaillardes.]

21189. Le Courier général de la Cour, ou les dernières résolutions du Conseil du Roi, pour le repos universel de la France: *Paris*, Jacquin, 1622, *in-8*.]

21190. ☞ Le Courier fidèle envoyé à la Noblesse Françoise: 1622, *in-8*.

C'est une Exhortation à la Noblesse de se rendre auprès du Roi pour l'aider dans ses Conquêtes.]

21191. Le Courier du temps: 1622.

C'est une Fiction, dans laquelle l'Auteur, en courant les rues de Paris, entend forces plaintes sur différens sujets.]

21192. Le Mercure & fidèle Messager de la Cour, au Roi: 1622, *in-8*.

Il fait voir succinctement au Roi, que depuis son avènement au Trône, il a toujours été en tutelle sous de mauvais Conseillers, qui ont presque ruiné son Etat & ses trésors. Il l'exhorte à se désister de la guerre qu'il fait à ses Sujets.]

21193. Le Boutefeu de la Guerre, contre les Rébelles de Sa Majesté: 1622, *in-8*.

L'Auteur rappellant les maux que les Huguenots ont faits à la France, invite le Roi à les exterminer, comme il l'a, dit-on, solemnellement promis à Dieu le jour de son Sacre.]

21194. ☞ Le Que-dit-on de la Cour: 1622, *in-8*. de 15 pages.

C'est un amas de toutes les nouvelles qui se débitoient en ce temps-là. Cette Pièce fut faite après la mort de M. de Luynes.]

21195. ☞ Le Coq-à-l'Asne envoyé de la Cour: 1622, *in-8*, 12 pages.]

21196. ☞ L'Insolente vie du Corbeau de Guise: 1622, *in-8*. 22 pages.]

21197. ☞ Le Tombeau du Connétable de Luynes: *in-8*. de 8 pages.

Ce sont des Stances en son honneur.]

21198. ☞ Lettre consolatoire du Roi, à Madame la Connétable: 1622, *in-8*. de 5 pages.]

21199. ☞ Harangue faite au Roi par la Reine-Mère: 1622, *in-8*. 23 pages.

C'est, sous le nom de la Reine-Mère, une Satyre contre les Ministres qui l'avoient exclue du Gouvernement.]

21200. ☞ Le Limosin: 1622, *in-8*. de 15 pages.

Ce petit Ouvrage renferme quelques particularités sur le Duc d'Espernon, & entr'autres sur la manière dont il s'empara de la petite Ville d'Uzerche en Limosin, & comment cette Ville a recouvré sa liberté.]

21201. ☞ Le Génie des mal-fortunés, sous les noms d'Alcidor & Melissandre: 1622, *in-8*. de 32 pages.]

21202. ☞ La merveilleuse Vision de l'Astrologue Joathan, expliquée par l'Auteur: *Paris*, 1622, *in-8*. de 13 pages.]

21203. ☞ La Magie des Favoris: (1622), *in-8*. de 30 pages.

Satyre assez vive contre le Sieur Desplan, le Marquis d'Ancre, le Connétable de Luynes & ses deux frères. Il paroît que cette Pièce a été faite après la mort du Connétable.]

21204. ☞ Harangue faite au Roi par la Reine-Mère: 1622, *in-8*.

Au sujet de sa réconciliation avec Sa Majesté. Elle insiste beaucoup sur les menées & les mauvais conseils du Connétable.]

21205. ☞ Sonnet: 1622, *in-8*.]

21206. ☞ L'Echo Dauphinois, sur le congé donné à Madame la Connétable de sortir de la Cour: 1622, *in-8*.

C'est une Pièce en Vers.]

21207. ☞ Remontrance faite à la Reine Mère, sur les affaires de ce temps: 1622, *in-8*.

L'Auteur la félicite sur son retour, l'invite à soutenir avec son fils les intérêts de l'Etat, & à détourner ce Prince de la guerre qu'il fait à ses Sujets.]

Liv. III. Histoire Politique de France.

21208. ☞ Accord de la querelle de MM. le Duc de Nevers & le Prince de Joinville, fait par le Roi en présence de MM. les Princes du Sang & autres Princes : 1622, *in-8.*]

21209. ☞ Lettre de Louis XIII. à M. le Duc de Nevers, ou Accord fait par ce Prince entre le Duc de Nevers & le Prince de Joinville, le 19 Mars 1622.

Cette Pièce est imprimée dans le *Recueil* C. *in-12.*]

21210. ☞ Le Courtisan à la mode : 1622, *in-8.*

Ce Discours s'adresse aux Petits-Maîtres, qui en paix font des Céfars, & dans l'occasion de vrais poltrons. L'Auteur s'élève auffi contre l'inconstance des mœurs & des modes.]

21211. ☞ La Trempe des Armes du Roi : 1622, *in-8.*

C'est une Exhortation au Roi, à faire vivement la guerre aux Religionnaires, pour plufieurs raifons qui y font déduites.]

21212. ☞ Recueil de Pièces les plus curieufes qui ont été faites pendant le règne du Connétable de Luynes, quatriéme Edition, augmentée des Pièces les plus rares de ce temps : 1628, 1632, *in-12.*

L'Edition de 1632 est la meilleure. Il doit y avoir à la page 428, un Quatrain contre les Jéfuites.]

Ces Pièces commencent en 1619, & finifient après la mort de M. de Luynes, en 1622. Elles ont été détaillées & rapportées ci-devant à leur place. On en attribue quelques-unes à l'Evêque de Luçon, depuis Cardinal de Richelieu; entr'autres le *Mot à l'oreille* & la *France mourante*. *Voyez* la Lettre du Père de Chanteloupe, *aux nouvelles Chambres de Justice,* & Lenglet, *Meth. histor. in-4. tom. IV. pag.* 119.]

21213. ☞ Histoire de Don Jean II. Roi de Castille, recueillie de divers Auteurs : *Paris,* de Bray, 1622, 1640 : *Rouen,* Vaultier, 1641, *in-8.*

Cet Ouvrage, publié fous le nom du Sieur DU CHAINTREAU, Jean DE LANNEL, est véritablement du Cardinal DE RICHELIEU, felon Claude Joly (*Recueil de Maximes*), & felon M. le Laboureur (*Mém. de Castelnau,* tom. II. *pag.* 423.) Ce Cardinal y a, dit-on, principalement peint l'administration & la mort tragique d'Alvare de Luna, Ministre & Favori du Roi Jean II. pour critiquer & inquiéter le Duc de Luynes. On ajoute que les deux dernières Editions ont été faites contre Richelieu même. *Voyez* à ce fujet le *Dictionnaire* de Profper Marchand, tom. II. pag. 9, Article *Lannel.* Il trouve que ces conjectures font peu fondées.]

21214. ☞ Remarques historiques fur Charles-Albert, Duc de Luynes; par D. Isidore MIRASSON, Barnabite.

Elles font imprimées *pag.* 236-253 de l'*Histoire des Troubles de Béarn* : *Paris,* 1768, *in-12.*]

21215. ☞ Remarques fur la Vie du Roi, & fur celle d'Alexandre Sevère : *Paris,* 1622, *in-4.*

21216. Historia prostratæ à Ludovico XIII. Sectariorum in Gallia Religionis ufque ad annum 1622. Auctore Gabriele BARTHOLOMÆO Gramondo.

Déja ci-devant, (*tom. I.*), Article *Calvinistes,* [N°. 5934.]

21217. Espedizioni e Vittoria di Ludovico XIII. contra gli Ugonotti dall'anno 1620, all'anno 1622, da Aleffandro ZILIOLO.

Cette Histoire est imprimée au Livre cinquième de la feconde Partie [de l'Ouvrage Italien] des *Histoires mémorables de fon temps : In Venetia,* 1642, *in-4.*

21218. ☞ Difcours fur le Cheval de bronze qui a été trouvé au Royaume de Naples; avec une Prophétie qui s'est trouvée dedans, &c. que N. S. P. le Pape Grégoire XV. a envoyée au Roi Louis le Jufte : *Paris,* Velu, 1623, *in-8.*

Cette Pièce est de 1622, & à la louange du Roi.]

21219. ☞ Voyage de M. le Prince de Condé, Henri de Bourbon, en Italie, fait en 1622, *Bourges,* 1624, *in-12.* & *Paris,* 1634, *in-8.*]

21220. Le fidèle Hiftorien des Affaires de France, contenant ce qui s'est passé depuis le mois de Décembre 1620 jufqu'au 10 Janvier 1623; par DE FREAUVILLE : *Paris,* du Bray, 1623, *in-8.*

Ce Livre contient plus de menfonges que de vérités. L'Auteur avoue qu'il le fait à deffein, ainfi qu'on le lit dans une Remarque manufcrite qui est à la tête de l'Exemplaire de la Bibliothèque du Roi. Il fe nommoit auffi Claude BOITET, & étoit Avocat à Orléans.

☞ Le but de l'Auteur a été de ramafier en un feul Volume différens faits rapportés par plufieurs Hiftoriens, & d'en fournir une Hiftoire fuivie. Il narre avec précifion, & fes dates font affez exactes. *Voyez* à fon fujet, la *Méth. hiftor.* de l'Abbé Lenglet, *in-4.* tom. *IV. pag.* 121.]

21221. ☞ Tréfor de l'Histoire générale de notre temps, de tout ce qui s'est fait & passé en France, fous le Règne de Louis le Jufte, depuis la mort déplorable de Henri le Grand jufques à préfent, contenant les troubles arrivés au Royaume durant la Régence de la Reine fa Mère, dans la Majorité du Roi, & pendant les Guerres de la Rébellion, jufques après la Paix donnée par Sa Majesté à fes Sujets de la Religion Prétendue-Réformée ; par M. GASPARD N. Hiftorien, feconde Edition, revue & augmentée par l'Auteur : *Paris,* 1623, *in-8.*

Cette Histoire commence en 1610, & finit en 1623.]

21222. Borbonias five Ludovici XIII. contra Rebelles Victoriæ partæ & Triumphi, ab anno 1620 ad annum 1623, Carmen heroïcum; per Abrahamum REMMIUM: *Parifiis,* Martin, 1627, *in-8.*

C'est un Poëme en deux Parties & huits Chants. Le nom de l'Auteur est REMY : il est ainfi nommé dans le titre de l'Edition de 1623.]

21223. Histoire de la Vie de Philippe de Mornay, Seigneur du Pleffis, contenant divers Avis fur les principaux événemens arrivés fous les Règnes de Henri III. Henri IV. & Louis XIII.

Déja ci-devant, [tom. I.], *Hift. des Calvinistes,* [N°. 5944.]

21224. ☞ Andr. MESTRALI Διαυλοι five Carmina retrograda, in Regem (Ludovicum XIII.) & alios, cum Anonymi notis in

Règne de Louis XIII. 1623.

in Græcos illos Diaulos : *Avenione*, Bramereau, 1623, *in*-8.]

21225. ☞ La mort de la France, ou la France en Croix, avec la consolation au pauvre Peuple affligé : 1623, *in*-8.]

21226. Petri VALENTIS votum Deo opt. max. pro salute Regis, & Elogia : 1623, 1629, *in*-8.]

21227. Abel SAMMARTHANI Panegyricus Ludovico Justo, Latinè & Gallicè : *Lutetia*, 1623, *in*-8.]

21228. ☞ Ejusdem Panegyricus alter : *Lutetia*, 1623, *in*-4.]

21229. ☞ La Réformation du Royaume : 1623, *in*-8.

Cet Ecrit plein de fiel, n'épargne personne. Il déclame contre tous les vices qui regnent dans le Royaume, depuis le Souverain jusqu'au dernier des Sujets. Le zèle de l'Auteur dégénère quelquefois en insolence.]

21230. ☞ La Consultation des trois Gentilshommes François, présentée au Roi, sur les affaires d'Etat : Avril, 1623, *in*-8.

Le premier de ces Gentilshommes rejette la cause des malheurs sur la trop grande puissance & arrogance des Huguenots ; le second, sur la misère & l'oppression des Peuples ; & le troisième, sur le peu de discipline qui règne dans la Gendarmerie, & sur les voleries des partisans.]

21231. ☞ Le Voyage de Fontainebleau, fait par BAUTRU & DESMARETS : 1623, *in*-12.]

21232. ☞ La voix publique au Roi, avec la Lettre de Cachet envoyée par le Roi à MM. du Parlement : *in*-8.]

21233. ☞ Les Etats tenus à la Grenouillère : *in*-8.]

21234. ☞ Le Clairvoyant de Fontainebleau.]

21235. ☞ Conception du petit Civriat des songes de son père, (en Vers) : 1623, *in*-8.]

21236. ☞ La Rencontre de M. de Vendôme avec un Paysan : *in*-8.]

21237. ☞ La Chasse au Renard : *in*-8.]

21238. Rencontre de Henri IV. & du Duc de Bouillon, en l'autre monde : *in*-8.]

21239. La Sapience du Roi : *in*-8.]

21240. Arrêts de Tabarin : *in*-8.]

21241. Les Singeries des femmes : 1623, *in*-8.]

21242. Le Passepartout des bons Bretons.]

21243. ☞ Pasquil du Duc de Rohan, au Connétable.]

21244. ☞ L'Innocence des Financiers : 1623.]

21245. ☞ La Dyssenterie des Financiers : & diverses Pièces contre M. de la Vieuville : *in*-8.]

21246. ☞ Le Docteur d'Hildeberg, traduit d'Allemand en François : 1623, *in*-8.

C'est une Déclamation d'un Huguenot contre les maux qu'on fait souffrir en France à ses frères, & contre ceux qui les conseillent.]

21247. ☞ Le Docteur François : 1623, *in*-8.

Rien de plus dangereux, dit l'Auteur, que les Guerres civiles de Religion : il seroit à souhaiter qu'on laissât les Huguenots en paix ; mais si le Roi est résolu de leur faire la guerre, il doit sur-tout consulter les vieux Officiers & les vieux Conseillers d'Etat, plus à portée de lui donner de bons conseils que ceux qui ne cherchent qu'à semer la division.]

21248. La Réformation de ce Royaume : 1623, *in*-8.

☞ L'Auteur veut que tout soit réformé, Noblesse, Tiers-Etat, Maison & plaisirs du Roi, & sur-tout qu'on extermine les Rochelois & les Sectaires. Cette Pièce parut encore mot à mot la même année sous le titre suivant :

Sault de l'Allemand, aux esprits curieux qui entendent le jard de la Cour.]

21249. ☞ L'Anti-Réformé, ou Réponse à un Libelle intitulé : *La Réformation de ce Royaume* : 1623, *in*-8.]

21250. ☞ Proposition d'Etat, au Roi : 1623, *in*-8.

Elle tend à prouver l'utilité de la paix, & le bien qu'en tireront les Sujets.]

21251. ☞ Liste des malcontens de la Cour, avec le sujet de leurs plaintes : 1623, *in*-8.]

21252. ☞ Dialogue de la France mourante, adressé au Chancelier de l'Hôpital : 1623, *in*-8.

Entre une infinité de maux dont elle se plaint, elle compte la guerre contre les Huguenots & leur destruction.]

21253. ☞ Défense de la Vertu contre la Calomnie, ou Réponse à la France mourante : 1623, *in*-8.]

21254. ☞ Avertissement de Henri le Grand au Roi, sur les affaires de ce temps : 1623, *in*-8.

Il le félicite d'avoir donné la paix à son Royaume, & l'invite à prendre les armes contre l'Espagne, à cause de l'invasion de la Valteline.]

21255. ☞ Pasquil satyrique du Duc de *** sur les affaires de France, depuis 1585 jusqu'en 1623 : 1623, *in*-12.]

21256. Relation au vrai, particulière & ample du Siège de Verrue en Piémont : *Paris*, Roussin, 1624, *in*-8.

21257. Sibylla Gallica, seu Felicitas seculi, Justo regnante Ludovico : Auctore Thomâ BILLONIO : *Parisiis*, Buon, 1616, *in-fol*. secunda Editio auctior, 1624, *in-fol*.

« Cet Ouvrage de Billon, Avocat au Parlement d'Aix, est composé de cinq cens Anagrammes qu'il offrit à Louis XIII. à Aix, sur la note de sa Majesté, qui le gratifia d'une pension considérable, qui a été continuée à ses enfans ». C'est ce que dit Honoré Bouche, tom. II. de son *Histoire de Provence*, pag. 867.

21258. ☞ Discours de l'Etat de tous les Princes Chrétiens, au commencement de l'an 1624.

Ce Discours est imprimé au tom. X. du *Mercure François*. Il tend à prouver que le Roi, après avoir soumis ses Sujets rébelles, & donné la paix à son Royaume, doit employer ses forces contre l'Espagne & la Maison d'Autriche, qui n'a pas encore perdu de vue son projet de Monarchie universelle, & qui a beaucoup profité de la foiblesse des Règnes précédens. Il y a des recherches & beaucoup de détails dans cet Ecrit.]

21259. ☞ Discours politique à la Reine, mère du Roi, sur l'état présent des affaires, touchant la Guerre contre l'Espagne: 1624, *in*-8.

L'Auteur dissuade clairement cette guerre.]

21260. ☞ Contrebaterie de la justice des François, à la présomption & injustes prétentions des Espagnols: 1624, *in*-8.

C'est une Exhortation à tous les membres de l'Etat de s'armer contre eux.]

21261. ☞ Copie de la Lettre de M. le Colonel D'ORNANO, prisonnier à la Bastille, du Mercredi 5 Juin 1624, plus de gré que de force, au Roi: *in*-8.

Il sortit de la Bastille le Vendredi 28 Juin 1624, sur la mi-nuit, & fut mené au Château de Caen.]

21262. ☞ La Chance tournée du Chancelier de France: 1624, *in*-8.

Pièce en fort mauvais Vers.]

21263. ☞ Dessein perpétuel des Espagnols, à la Monarchie universelle; avec les preuves d'icelui: 1624, *in*-8.

Cette Pièce a été faite au sujet de la Guerre de la Valteline.]

21264. ☞ Le bon Génie de la France, présenté au Roi Louis XIII. *Paris*, 1624, *in*-8.

C'est une invitation au Roi, de faire la guerre à l'Espagne.]

21265. ☞ Lettre sur la Déclaration du Roi d'Angleterre; ensemble ce qui a été conclu pour le Mariage de Madame, sœur du Roi, avec le Prince de Galles: *Paris*, de Neufville, 1624, *in*-8.]

21266. ☞ Réponse à la voix publique; envoyée de la Cour: 1624, *in*-8.]

21267. ☞ Le Gentilhomme Vendômois, au Roi, sur les bruits de ce temps: 1624, *in*-8.

On disoit que le Prince de Condé alloit se retirer à la Rochelle; que la Reine Mère & M. frère du Roi, recevoient tous les jours beaucoup de mécontentemens, & que les Gentilshommes étoient vexés dans les Provinces.]

21268. ☞ Le Soldat François: 1624, *in*-8.

Mauvaise Pièce, sur l'espérance qu'on n'auroit point de guerre.]

21269. ☞ Le Jugement des Dieux porté contre la Vieuville, révélé à un Marchand Hollandois: *Paris*, 1624, *in*-8.

Satyre ordurière contre plusieurs personnes, & surtout contre M. de la Vieuville.]

21270. ☞ Cahiers & plaintes des Etats de France, présentés à la Justice Divine, pour être rapportés au Cabinet du Roi: 1624, *in* 8.]

21271. ☞ Discours d'Etat, au Roi, (pour la réformation de son Royaume) : 1624, *in*-8.]

21272. ☞ Le Véritable, ou le mot en ami, sur l'état présent de ce Royaume: *in*-8.

Ce Discours qui est adressé à la Reine Mère, regarde la protection que la France donne aux Grisons pour la Valteline.]

21273. ☞ La Confession des Financiers, au Roi, & à MM. de la Chambre de Justice: 1624, *in*-8.

Jamais Pièce n'a porté plus de titres que celle-ci; puisqu'elle en a changé trois fois dans une année.]

21274. ☞ L'Ombre de M. le Duc de Bouillon, apparue au Comte Mansfeld, sur l'état présent de ses affaires, (sans date & sans nom de lieu ni d'Imprimeur) : *in*-8.]

21275. ☞ Requête présentée au Roi par Christophe LUDOT, Ecuyer, &c. contenant les Supercheries dont le Marquis de la Vieuville a usé pour le spolier de la Charge: icelles supercheries amplifiées de plusieurs exemples des actions noires dont le Marquis est coupable, à l'occasion desquelles sa mémoire doit être en perpétuelle exécration: *Paris*, 1624, *in*-8.]

21276. ☞ Effronterie, insolence & présomption d'Alard, dit des Plans, Comtadin, au mépris des Edits du Roi, & Arrêts de la Cour de Parlement, contre les Duels, au Roi: 1624, *in*-8.]

21277. ☞ Les Offres de M. le Chancelier (de Sillery), au Roi: 1624, *in*-8.

Satyre contre ce Ministre.]

21278. ☞ Le Prince de Corse: 1624.

Cette Pièce regarde M. d'Ornano. Elle est signée De G.]

21279. ☞ Lettre notable d'un de la Religion P. R. aux Eglises Prétendues Réformées de France, par laquelle il leur remontre qu'elles doivent rendre toutes leurs Villes à Sa Majesté: 1624, *in*-8.]

21280. ☞ Le Jostobole de ce temps; ou les Statuts, Règles & Ordonnances du Herpinot réformé, touchant la conversation & police humaine, donnés en l'Assemblée dernière tenue par son commandement, le 49 de Juin 10062040: *in*-8.

Pièce goguenarde sur les gens de plusieurs états & métiers.]

21281. ☞ L'Adieu du Plaideur à son argent: 1624, *in*-8.

Satyre en Vers contre les Officiers de Justice.]

21282. ☞ La Vision d'un Pélerin de Saint-

Maur, passant par Charenton, dédiée à J. B. 1624, *in*-8.

[Pièce dans laquelle l'Auteur feint avoit entendu en passant, les blasphèmes qu'on y vomissoit contre l'Eglise Romaine.]

21283. ☞ Les bons Bretons de Messieurs les Princes, au Roi : *Nyort*, 1624, *in*-8.]

21284. ☞ Panégyrique à Monseigneur Claude de Lorraine, Duc de Chevreuse, Grand-Chambellan de France, sur son Voyage d'Angleterre, par le commandement de Sa Majesté : *Paris*, Martin, 1624.

[L'Auteur fait descendre la Maison de Lorraine de Charlemagne & de Godefroy de Bouillon.]

21285. ☞ Libre Discours d'un vrai François, au Roi : *in*-8.

[Ce Discours est fait en faveur de la Maison de Courtenay.]

21286. ☞ Le Manifeste des Financiers au Roi, contre les Mouches bourdonnantes : 1624, *in*-8.]

[Ce Manifeste est fait principalement pour répondre aux Libelles qu'on répandoit contre l'honneur & la probité des Financiers.]

21287. ☞ L'Oracle Delphique, ou le courageux Soldat : 1624, *in*-8.

[Pièce faite contre les soi-disans Réformateurs de l'Etat. L'Auteur prouve que tout est dans l'ordre, & mieux que jamais.]

21288. ☞ Discours sur l'Election de M. d'Aligre, à la charge de Garde des Sceaux, par DE LA MAUNIAYE MACHAUT : *Paris*, 1624.]

21289. ☞ Les Sceaux renversés : 1624.]

21290. ☞ L'Adieu de Mᵉ de Puysieux, à la Cour : 1624.]

21291. ☞ La Disgrace des Favoris : *Nyort*, 1624, *in*-8.]

21292. ☞ Les Hypocondriaques de la Cour : 1624, *in*-8.]

21293. ☞ L'Empirique : 1624, *in*-8.]

21294. ☞ La Métempsycose, ou deuxième Vie de Mᵉ Guillaume au monde : *in*-8.]

21295. ☞ Arrêt de mort exécuté en la personne de Jean Guillot, Lyonnois, Architecte, duement convaincu de l'horrible calomnie par lui imposée à ceux de la Rochelle ; ensuite de l'admirable découverte de tout ce funeste dessein contre ceux de la Religion ; descrit par le Sieur DE MONT-MARTIN : *Paris*, Saugrain, 1624, *in*-8.]

21296. Découverte d'une Entreprise terrible, imputée faussement à ceux de la Rochelle ; tirée d'une Lettre de M. DE MONT-MARTIN à M. de Maisonneuve Montournois, (en Allemand) : 1624, *in*-8.

21297. Mémoires de M. (Guichard) DEAGEANT (de Saint-Marcellin), envoyés à M. le Cardinal de Richelieu, contenant plusieurs choses particulières & remarqua-

bles arrivées depuis les dernières années du Règne de Henri IV. jusqu'au commencement du Ministère du Cardinal de Richelieu : *Grenoble*, 1668, *in*-12.

☞ On trouve à la fin une Relation de Messire Guillaume DE HUGUES, Archevêque d'Embrun, adressée au Cardinal de Richelieu, & quelques Pièces y jointes, concernant une Négociation dont cet Archevêque avoit été chargé en Angleterre, qui regarde l'année 1624.]

Les mêmes Mémoires, nouvelle Edition : *Paris*, 1756, *in*-12.

Ils sont joints à ceux d'Angoulesme, d'Estrées & de Monsieur : 4 vol.

Guichard Deageant (qui est mort Premier Président de la Chambre des Comptes du Dauphiné, en 1639), « avoit composé ses Mémoires pour le Cardinal de Richelieu. Il ne s'y est pas arrêté à faire le récit des choses qu'on pouvoit sçavoir d'ailleurs : il ne s'est pas mis en peine de faire une Histoire suivie ; mais il a donné seulement une Relation de quelques particularités peu connues, d'intrigues de Cabinet & d'affaires secrettes. Il pouvoit en parler avec connoissance, parcequ'il avoit été bien avant dans la considération de M. de Luynes, au commencement de sa faveur ; & quoique dans la suite il se fût retiré des affaires, il ne laissa pas d'avoir part à plusieurs Négociations importantes. Comme la faveur de M. Deageant ne fut pas longue, ces Mémoires ne contiennent pas l'Histoire de beaucoup de temps. Ils commencent aux dernières années du Roi Henri IV. & finissent en l'année 1624, que le Cardinal de Richelieu fut admis au Ministère ». *Journal des Sçavans*, du 30 Juillet 1668.

Adrien de Roux de Morges, Conseiller au Parlement de Grenoble, petit-fils de l'Auteur, les a publiés. Ils ne contiennent que quelques intrigues pendant le séjour de Marie de Médicis à la Cour. L'Auteur s'y attribue souvent la gloire des événemens, où il n'a eu néanmoins que quelque part. Ces Mémoires, quoique curieux, ne donnent pas une grande idée de la fermeté de celui qui les a écrits.

☞ *Voyez* à leur sujet, la *Méth. histor.* de Lenglet, *in*-4. tom. *II*. p. 283 ; & t. *IV*. p. 121.—Journ. *Hist.* Novemb. 1710.—Le Gendre, tom. *II*. pag. 42.—Journ. de Verdun, Nov. 1710.—Journ. des Sçav. Juin, 1756.]

21298. Il Regno di Luigi XIII. Rè di Francia & di Navarra, Historia del conte Alessandro RONCOUERI, Piacentino, sin all'anno 1624 : *In Lione*, Anisson, 1691, *in*-4.

☞ *Voyez* ce qui en est dit au *Journal des Sçavans*, Novembre, 1691.]

21299. ☞ Histoire des Guerres & choses mémorables arrivées sous le très-glorieux Règne de Louis le Juste, depuis son avénement à la Couronne en 1610, jusqu'en 1624 ; par P. B. *Rouen*, Besongne, 1624, *in*-8.]

21300. L'Astrée, Roman ; par Honoré D'URFÉ, où par plusieurs Histoires & sous personnes de Bergers & d'autres, sont déduits divers effets de l'honnête amitié : *Paris*, 1612, *in*-4. [première & seconde Partie.]

☞ Le même : *Paris*, 1612, *in*-8. 4 vol.

M. d'Urfé n'avoit fait que les quatre premiers volumes, le cinquième fut achevé par le Sieur Baro, qui avoit appartenu à M. d'Urfé. Il y a une autre continuation qui est moins estimée, & qui est en 2 volumes.]

Le même, avec la Continuation de BARO &

celle de BOISTEL : 1624, 1631, 1633, [1637], in-8. 5 vol.

☞ La cinquième & sixième Partie de l'Astrée; par le Sieur DE BOISTEL : *Paris*, 1626, in-8. 2 vol.

C'est la continuation.]

Le même, dernière Edition, revue, corrigée & enrichie de figures (gravées par Michel Lasne): *Rouen*, 1647, [1659], in-8. 5 vol.

Le même, nouvelle Edition, avec la Clef : *Paris*, in-12. dix Parties en 5 vol. fig.

On y a corrigé le langage & abrégé les conversations. Cette Edition n'est pas la meilleure; celles de 1637 & 1647 sont plus estimées.

Le même, traduit en Allemand : *Strasbourg*, 1619, in-4. *Hall*, 1624, in-8.

L'Auteur rapporte dans ce Roman, sous les personnes de Bergers & d'autres, plusieurs Histoires, même de la Cour de son temps. Il y a caché son Histoire propre & ses Amours, sous les noms de Celadon & Sylvandre, qu'il s'est donné, & a caché le nom de la Demoiselle de Châteaumorand sous celui d'Astrée & de Diane. On trouve dans l'Edition du *Dictionnaire de Moreri*, de 1713, la clef des noms feints & supposés, dont l'Auteur s'est servi dans son Roman.

« Cet Ouvrage (selon Sorel, *pag.* 176 de la Biblio-
» thèque Françoise), est très-exquis; plusieurs Avantures
» sont dans le genre de vraisemblance, & les Discours
» en sont agréables & naturels. Il s'y trouve quantité
» d'Histoires détachées si parfaitement accommodées
» au temps, que cela est introduit, quoiqu'on tienne
» que ce sont toutes Avantures modernes qui ont été
» déguisées de cette façon ».

« Toutes les Histoires de l'Astrée (dit Patru, *pag.* 892
» de ses Ouvrages), ont un fondement véritable; mais
» l'Auteur les a toutes Romancées, c'est-à-dire, que
» pour les rendre plus agréables, il les a toutes mêlées
» de fictions, qui le plus souvent ne sont que des voiles
» d'un Ouvrage exquis, dont il conserve de petites vé-
» rités, qui autrement seroient indignes d'un Roman.

« Balthazar Baro étoit de Valence en Dauphiné. En sa
» jeunesse, il fut Secrétaire de M. d'Urfé, l'un des plus
» rares & des plus merveilleux esprits que la France ait
» jamais portés; lequel étant mort pendant qu'il achevoit la
» quatrième Partie de l'Astrée, Baro la fit imprimer, &
» composa la cinquième sur ses Mémoires..... Il a fait
» plusieurs Pièces de Théâtre & beaucoup de Poësies;
» mais son plus grand & son principal Ouvrage, est la
» *Conclusion de l'Astrée*, où il semble avoir été inspiré
» par le génie de son Maître ». Pelisson, *Histoire de
l'Académie Françoise*. Baro qui étoit Membre de cette
Académie, est mort en 1649.

☞ *Voyez* sur l'*Astrée*.=*Journ. des Sçav*. Juin 1713.
= *Le Nouv. du Parnasse*, Lettr. 35.= Segresiana, *p*. 29.
= Le P. Niceron, *tom*. *VI*. *pag*. 224. = *Mél*. de Vigneul
Marville, *tom*. *III. pag*. 141. = *Bibliothèque des Romans*, *tom*. *II*. *pag*. 43.]

21301. Eclaircissemens d'Olivier PATRU, Avocat au Parlement (de l'Académie Françoise), sur l'Histoire d'Astrée.

Ils sont imprimés dans ses *Œuvres* : *Paris*, 1681, in-8. 1714, in-4.

21302. Nouveaux Eclaircissemens sur Honoré d'Urfé & sur l'Astrée; par l'Abbé D'ARTIGNY.

Dans ses *Mémoires*, *tom*. *V* pag. 1. *& suiv*. Paris, Debure, 1752, in-12.]

21303. ☞ Le Roman Satyrique de Jean DE LANNEL, Ecuyer, Seigneur de Chaintreau & du Chambart : *Paris*, Dubray, 1624, 1637, in-8.

«Cet Ouvrage est un Portrait des désordres & des
» concussions du Règne de Henri III. & des deux sui-
» vans, & une peinture quelquefois un peu trop naïve
» de leurs dissolutions affreuses ». Marchand, dans son
Dictionn. Art. Lannel, tom. II. pag. 12.]

21304. ☞ La Voix publique, au Roi, *in-8*.

Pièce faite comme les suivantes, en 1624, & sur le même sujet. *Voyez* les *Mém*. de M. l'Abbé d'Artigny, *tom*. *VI*. *pag*. 53.]

21305. ☞ Le Génie de la France, à la France, sur le sujet de la Vieuville : 1624, *in-8*.]

21306. ☞ La Plainte des Pensionaires mal payés, au Roi & à Monseigneur le Marquis de la Vieuville, Surintendant des Finances : 1624, *in-8*.]

21307. ☞ Le Mot à l'Oreille : *in-8*.

Pièce encore de 1624, contre le Marquis de la Vieuville. Ce Marquis y est traité d'inconstant, d'écervelé, de fourbe, de voleur & d'homme sans conscience. Les Financiers y sont aussi mal menés. Cette Pièce n'est pas mauvaise. Elle se trouve avec la précédente dans le Recueil de celles qui ont été faites sous le Règne du Connétable de Luynes : 1632, *in-12*.]

21308. ☞ Lettre de cachet envoyée par le Roi à MM. de la Cour de Parlement, le 13 Août 1624, sur la détention de la personne de M. le Marquis de la Vieuville.]

21309. ☞ Apologie de M. de la Vieuville, adressée à M. le Chancelier : 1625.

Ces deux Pièces sont imprimées dans le *Recueil* F, *in-12*.]

21310. ☞ Déclaration des Ambassadeurs d'Angleterre, sur la signature des Articles du Mariage du Prince de Galles avec Dame Henriette de France : 1624.

Cette Déclaration est conservée dans la Bibliothèque de M. Fevret de Fontette, Conseiller au Parlement de Dijon.]

21311. La prise de la Ville de Bonail en Languedoc : *Paris*, 1625, *in-8*.

21312. Récit de ce qui s'est passé aux embuscades contre les Rochelois : *Paris*, 1625, *in-8*.

21313. Discours de ce qui s'est passé au Combat Naval, contre les Rébelles, & la prise de l'Isle de Ré & du Fort de Saint-Martin, les 15, 16 & 17 de Septembre 1625 : *Paris*, Morel, 1625, *in-8*.

21314. Trésor de l'Histoire générale de notre temps, de tout ce qui s'est passé en France sous le Règne de Louis XIII. depuis l'an 1610 jusqu'en 1625; par Charles LOISEL, Jurisconsulte & Historiographe : *Paris*, Bouillerot, 1626, *in-8*.

Cet Auteur est mort en 1618.

☞ *Voyez* sur son Histoire, la *Méth. histor*. de Lenglet, *in-4*. *tom*. *IV*. *pag*. 122.]

21315. ☞ Discours sur la résolution prise par Sa Majesté Très-Chrétienne, de secourir ses Alliés opprimés par la Maison d'Autriche: 1625.

Ce Discours est imprimé au tom. II. du *Mercure François*. Son but est de justifier les armes que Sa Majesté Très-Chrétienne a prises pout la défense de ses Alliés. L'Auteur en fonde la justice sur quatre raisons principales: 1°. L'honneur & la réputation: 2°. L'intérêt & l'utilité: 3°. La nécessité évidente: 4°. La facilité.
Il y a du détail, du bon sens & du zèle dans cette Pièce, faite à l'occasion du Libelle du Jésuite Jacques Keller, intitulé, *Mysteria Politica*.
Voyez ci-après, sur ce Libelle, & sur d'autres peu sages, faits à cette occasion, l'Article des *Alliances Politiques*.]

21316. Discorso sopra le Ragioni della revolutione fatta in Valtelina, contra la tirannide de Grisoni & Heretici; ovè si monstra l'ingiusta usurpatione di essa Valle, & le giuste ragioni della presente Guerra de' Principi Collegiati: *In Parigi*, 1625, *in-4*.

21317. Discours sur l'Affaire de la Valteline & des Grisons, dédié au Roi; traduit de l'Italien: *Paris*, Douceur, 1625, *in-8*.

21318. Relatione delle cose successe nella Valtelina, dopo la mossa d'Armi del Rè di Francia, & de' Collegiati, contrò quelle di sua Santita: 1630, *in-fol*.

21319. La Rebellione de' Popoli di Valtelina della Republica Grizone, con le Guerre fatte per questa cosa da diversi Principi fin all'anno 1626, nel quale si fece l'accordo di Mouzon: da Alessandro ZILIOLO.

Cette Histoire est imprimée au Livre septième de la seconde Partie [en Italien] des *Histoires mémorables de son temps* : *In Venetia*, 1642, *in-4*.

21320. ☞ Lettre de M. le Prince DE CONDÉ, au Roi, sur les Affaires de la Valteline : 4 Octobre 1625.

Elle est imprimée dans le *Recueil F. in-12*.]

21321. ☞ Avertissement de Henri le Grand, au Roi, sur les Affaires de la Valteline.

Cette Pièce est imprimée comme la suivante dans le *Recueil I. in-12*.]

21322. ☞ Entretien du Roi Henri IV. avec le Duc de Bouillon, dans les Champs-Elysées; avec le Voyage de ce Duc auprès de Louis XIII. *in-12*.]

21323. Mf. Relation de ce qui s'est passé de plus important sur les différends & Guerre de la Valteline, en 1625.

Cette Relation est conservée dans la Bibliothèque du Roi, num. 8939, *pag*. 77.

21324. Relation véritable de ce qui s'est passé en l'Armée du Roi étant en Italie, commandée par le Connétable de Lesdiguières: *Paris*, 1625, *in-8*.]

21325. ☞ Ligustica Expeditio (ou Relation de l'Expédition du Duc de Savoye & do M. de Lesdiguières contre les Génois, en 1625); par Pierre DE BOISSAT.

Elle se trouve dans le Recueil de ses *Œuvres Latines*, imprimées en 1649: *in-fol*.]

21326. ☞ Expeditiones Italicæ Ludovici Justi, auctore Abelio SAMMARTHANO: *Augustoriti Pictonum*, Thoreau, 1645, *in-8*.]

21327. Expeditio Valtelinæa, auspiciis Ludovici Justi suscepta; Auctore Abelio SAMMARTHANO: *Parisiis*, 1625, *in-4*. & *in-8*.

Cet Auteur est mort en 1652.

❋ On trouve aussi cette Relation dans le *Recueil de ses Œuvres* : *Parisiis*, 1633, *in-4*.

21328. Histoire véritable de ce qui s'est passé en la Valteline, sous le Marquis de Cœuvre: *Paris*, Martin, 1625, *in-8*.

21329. ☞ Memorie historiche della Valtellina, in libri dieci descritte da Pietro Angelo LAVIZARI: *Coira*, 1716, *in-4*.]

21330. ☞ Avertissement au Roi Très-Chrétien: *Francheville*, 1625, *in-8*.

Cette Pièce, qui paroît être la Traduction de l'*Admonitio, &c*. de Keller, regarde la Guerre de la Valteline & la confédération de la France avec les Protestans. L'Auteur en rejette toute l'horreur par lui prétendue sur les mauvais conseils des Ministres du Roi. Il dit que cette guerre est impie, injuste, destructive de la Religion, & par conséquent dommageable & nuisible à la réputation & au salut de Sa Majesté, & aux intérêts de son Etat.]

21331. ☞ La Prise & réduction de la Ville de Gavi, par Monseigneur le Connétable de Lesdiguières; avec l'étrange fatalité de la guerre qui se fait cette présente année, contre la République de Gênes : 1625, *in-8*.]

21332. ☞ Récit véritable de ce qui s'est passé en l'Armée de M. le Connétable, depuis la prise de Gavi, avec un prodige étrange arrivé en la Ville de Gênes, le 30 Avril 1625: *in-8*.]

21333. ☞ La furieuse & mémorable Défaite & déroute de huit cens Espagnols, voulant donner l'assaut général contre la Ville de Verrue, près de Montferrat, par l'Armée du Roi, conduite par M. le Maréchal de Créquy; ensemble la Prise des Forts dressés par lesdits Espagnols contre ladite Ville. Plus, la Prise du Château de Bourquière par M. le Prince de Piémont, & généralement tout ce qui s'est passé en ladite Armée, suivant les Mémoires rapportés par le Courier du Roi: 1625, *in-8*.]

21334. ☞ Lettre de Monseigneur le Connétable (DE LESDIGUIÈRES) au Roi; ensemble une Lettre de M. le Maréchal DE CRÉQUY, envoyée à Sa Majesté, sur la retraite du Duc de Feria & de ses troupes, d'alentour de la Ville d'Ast: 1625, *in-8*.]

21335. ☞ Arrêt de la Cour de Parlement de Tholoze, contre les Révoltés, & extorfions commifes par les Rébelles de Montauban, tant contre leurs propres concitoyens que contre leurs voifins; avec la Tranflation de la Jurifdiction Royale dudit lieu en la Ville de Moifac, prononcée en Parlement à Tholoze, le 22 Mai: 1625, *in*-8.]

21336. ☞ Lettre du Roi aux Etats du Pays de Languedoc: 1625, *in*-8.

C'eft au fujet des Troupes qui doivent refter dans cette Province.]

21337. ☞ Les Conquêtes généreufes du Séréniffime Duc de Savoye, & Prince de Piémont; contenant la Prife & réduction de la Ville & Château de Piene, en Italie; & du Général de l'Armée des Génois; avec la Lettre de fon Alteffe envoyée au Roi, par le Marquis de Caluze, & les Cérémonies obfervées au préfent qui a été fait à Sa Majefté, de 30 Drapeaux, le Samedi 24 Mai 1625; enfemble le nombre des prifonniers, & de ceux qui font demeurés morts fur la place: 1625, *in*-8.]

21338. ☞ Les Profpérités des Armes du Roi, & de celles de S. A. de Savoye en Italie, fous la conduite de Monfeigneur le Connétable; avec la Défaite de l'Armée des Efpagnols & Génois, & la Lifte des noms des Seigneurs, Capitaines & Enfeignes, & du Général qui conduifoit l'Armée; enfemble la Prife de plufieurs Villes, Châteaux & rencontres qui ont été faites depuis le 9 d'Avril 1625, jufqu'à maintenant: (1625) *in*-8.]

21339. ☞ Le Progrès victorieux des Armes du Séréniffime Prince de Piémont, contre les Génois; enfemble l'Arrivée de M. le Duc de Guife avec fes Galères, à Villefranche; avec la Prife de Villeneuve, Albengue, Diano, Onéglia, le Port-S. Maurice, Taggia, Saint-Remy, Vintimiglia, & plufieurs autres places; depuis le 13 jufqu'au 23 de Mai 1625: *in*-8.]

21340. ☞ Relation véritable de ce qui s'eft paffé en l'Armée du Roi, étant en Italie, commandée par M. le Connétable; enfemble la furieufe Défaite des Napolitains, envoyés du Milanois pour fecourir la Seigneurie de Gênes. Plus, la Prife de plufieurs Villes en ladite Seigneurie de Gênes, par l'Armée dudit Sieur Connétable: 1625, *in*-8.]

21341. ☞ La Sommation de la Ville & Seigneurie de Gênes, faite par Monfeigneur le Connétable; enfemble ce qui s'eft paffé à la Valteline, par l'Armée du Roi, commandée par M. le Marquis de Cœuvre: 1625, *in*-8.]

21342. Relation de tout ce qui s'eft paffé au Siége de Verrue, en 1625, traduite de l'Italien: *Lyon*, Rouffin, 1626, *in*-8.

☞ L'Original Italien eft plus complet: il eft intitulé:

Relatione del Affedio di Verrua: *in*-4.]

21343. ☞ Lettre du Connétable (DE LESDIGUIÈRES) au Roi, par laquelle il demande juftice contre fes calomniateurs, du 6 Août 1625.

Elle eft imprimée dans le *Recueil* F. *in*-12.]

21344. Mf. Mémoires de Pierre DE BORDEAUX, Sieur de la Sablonière, Capitaine, Exempt des Gardes du Corps, des chofes par lui vues, depuis l'an 1620 jufqu'en 1626: *in*-4. 3 vol.

Ces Mémoires [étoient] conferves dans le Cabinet de M. Moreau de Mautour, Auditeur des Comptes, de l'Académie Royale des Infcriptions, [mort en 1737.]

21345. Hiftoire des Exploits généreux faits par les Armées, tant du Roi que de fon Alteffe, en Piémont, fur les Terres de Gênes, Siége de Verrue; en Dauphiné, fous le feu Connétable de Lefdiguières, fon trépas & enterrement; par François BENEZOT: avec fon Eloge & fon Oraifon funèbre; par François BOUCHET, Lieutenant du Régiment du Comte de Saulx: *Grenoble*, Coekfon, 1626, *in*-8.

21346. Hiftoire du Duc de Lefdiguières, [François de Bonne,] Connétable de France, contenant fa Vie, avec plufieurs chofes mémorables fervant à l'Hiftoire générale, depuis l'an 1543 jufqu'à fa mort; par Louis VIDEL, fon Secrétaire: *Paris*, Rocolet, 1638, *in*-fol.

La même, augmentée par l'Auteur, & imprimée fous fes yeux: *Grenoble*, Nicolas, 1649, *in*-8.

Autre Edition: *Paris*, 1666, *in*-12. 2 tomes en 1 vol.

Le Duc de Lefdiguières eft mort en 1626, & l'Auteur de fa Vie en 1675. Cette Hiftoire eft écrite d'une manière agréable, auffi éloquente que curieufe; mais c'eft plutôt un Eloge qu'une Hiftoire.

☞ *Voyez* ce qui en eft dit dans la *Méthode hiftorique* de l'Abbé Lenglet, tom. *IV.* pag. 164. = Le Père Niceron, tom. *XIV.* pag. 399. = Le Gendre, tom. *II.* pag. 68. = L'*Efprit de la Ligue*, tom. *I.* pag. lx).]

21347. ☞ La Prife de la Ville & Château de Sommières, contre M. le Duc de Rohan: 1625, *in*-8.]

21348. ☞ La Retraite honteufe & abandonnement de la Ville de Sommières par le Duc de Rohan, Chef du parti des Rébelles, décrite au vrai par une Lettre du Sieur DE MICHEL, Lieutenant du Prévôt de la Connétablie, fervant près de M. de Valençay à Montpellier, envoyée à un fien ami étant en Cour: 1625, *in*-8.]

21349. ☞ Lettre du Roi écrite à M. de Gourgues, premier Préfident de Bordeaux, du 21 Juin, fur la rébellion du Sieur de Soubife; contenant auffi l'envoi de M. de la Valette à Bordeaux; & partement de l'Armée navale du Havre de Grace, jointe des Vaiffeaux d'Angleterre, pour s'oppofer aux armes des Rébelles: 1625, *in*-8.]

21350. ☞ Récit véritable de tout ce qui

s'est passé à Tholoze, & aux environs de Montauban, depuis le 10 du présent mois de Juin; la rencontre furieuse de M. de Malause & de M. de Rohan ; ensemble l'assassinat du Sieur de Rapin, par sa propre femme, dans Montauban; avec le département des Troupes de M. d'Espernon, & de M. de Thémines, en Guyenne & Languedoc : 1625, in-8.]

21351. ☞ Harangue des Députés de MM. de Rohan & de Soubise, & des Villes de la Rochelle, Montauban, Castres, Milhau & autres, prononcée au Roi à Fontainebleau, le 5 Juillet 1625 ; par le Sieur DE COURCELLES, Député de M. de Soubise ; avec la Réponse de Sa Majesté, & ce qui fut adjousté ensuite par le Sieur de Courcelles : 1625, in-12.]

21352. ☞ La seconde Défaite des Rébelles de Montauban, par l'Armée du Roi, commandée par Monseigneur le Duc d'Espernon; ensemble le nombre des morts & blessés desdits Rébelles ; avec la Prise de leur Chef, le Sieur de la Roche, & de quelques autres des plus riches de Montauban, habillés en Faucheurs, pour espionner le Camp du Roi. Le tout extrait d'une Lettre écrite au Camp de Montauban, le 12 Juillet 1625 : in-8.]

21353. ☞ Arrêt de la Cour du Parlement de Tholoze, donné contre les Rébelles, Commandans en la Ville de Castres & autres lieux; avec la Translation de Jurisdiction Ecclésiastique, Séculière, Bureaux & Recettes d'icelle, en la Ville de Lautrec; prononcé le 30 Mai 1625 : ensemble la Défaite de la Compagnie de M. de Montauban, Gouverneur de la Ville de Montauban, par M. le Maréchal de Thémines. Plus, la Prise de dix-huit Mulets chargés de picques & autres armes qu'on portoit à Castres, par le Prévôt de Tholoze : 1625, in-8.]

21354. ☞ Commission du Roi à M. le Maréchal de Thémines, pour commander son Armée de Languedoc : 1625, in-8.]

21355. ☞ La Prise par force & furieux assaut de la Ville de S. Paul Lamiate & Faix, par l'Armée du Roi, commandée par M. le Maréchal de Thémines en Languedoc ; ensemble le nombre des principaux Rébelles qui ont été pendus & étranglés. Plus, la grande Défaite des gens de la Garnison de Castres, qui étoient sortis pour empêcher le dégât qui a été fait, dont entr'autres a été tué le Sénéchal de Castres : 1625, in 8.]

21356. ☞ L'entière Conquête sur les Génois de leur rivière du Ponant, depuis la Comté de Nice jusqu'à Savonne, par le Sérénissime Prince de Piémont. Récit très-exact, jour par jour, & très-fidele, de toutes les particularités requises, & omises en ceux que l'avidité des prompts avis a fait voir, & envoyé à Sa Majesté Très-Chrétienne : 1625, in-8.]

21357. ☞ Relation au vrai de la Défaite de 6000 hommes envoyés par le Duc de Feria, pour le secours de Gênes; & la Prise de la Ville & reddition du Château d'Ostage, par son Altesse Sérénissime de Savoye, le 9 Avril 1625; ensemble le nombre des personnes de marque qui ont été fait prisonniers pendant le combat, depuis deux heures après midi jusqu'au soleil couchant : 1625, in-8.]

21358. ☞ La véritable Relation envoyée au Roi de ce qui s'est passé au combat de Perreval, près de Gênes, par M. le Comte d'Alès, Colonel de la Cavalerie légère : Paris, Hulpeau, 1625, in-8.]

21359. ☞ Réponse au Manifeste du Sieur de Soubise ; par FERRIER, jadis Ministre de Nismes ; & Discours à l'Eglise de Paris, à Charenton : 1625, in-8.

Cette Pièce est fort sensée. Il fait voir combien c'est à tort que M. de Soubise a pris les armes. Il répond exactement à tous les griefs avancés par son Apologiste, & fait voir l'injustice de ses plaintes, & de celles de ses adhérans.]

21360. ☞ Sincère & libre Discours, par supplications & remontrances très-humbles, au Roi : 1625, in-8.

Ce Discours a été fait par un Huguenot, qui se plaint de la contravention aux Edits accordés à ceux de la Religion Prétendue-Réformée.]

21361. ☞ Entrée de M. de Soubise à la Rochelle, retournant victorieux de la mer & de l'Isle de Ré : 1625, in-8.]

21362. ☞ Lettre du Sieur DE LA BOURGONDIERE, contenant le récit véritable de tout ce qui s'est passé en la fuite du Sieur de Soubise, & son arrivée à la Rochelle, avec toutes les particularités qui se sont faites tant en ladite Ville que sur mer, depuis leur défaite générale : in-8.

Cette Lettre est datée du Fort Louis près de la Rochelle, le 10 Septembre 1625, & elle est adressée au Baron de Mondonville.]

21363. ☞ Pauli BERTII, Cosmographi & Professoris Regii, Ode ad Christianissimum Regem Ludovicum XIII. post reportatam navali & terrestri prælio è perduellibus victoriam, in sinu Aquitanico, anno 1625, diebus 15, 16 & 17 Septemb. Lutetiæ, Stephanus, 1625, in-4.]

21364. ☞ Le Miroir du temps passé à l'usage du présent ; à tous bons Pères Religieux & vrais Catholiques non passionnés : (1625) in-8.

C'est une bonne Invective contre les maux de la Ligue, & semblables entreprises couvertes du manteau de la Religion.]

21365. ☞ La sausse Glace du Miroir du

temps passé, découverte par un Maître Miroitier du Palais : 1625, *in-*8.

C'est la Réponse apologétique des prétendus Catholiques contre l'Ecrit précédent.]

21366. ☞ Sommaire du Procès du Sieur de Beaumarchais, Trésorier de l'Epargne, avec le dicton de son Arrêt, & Réponse audit Sommaire : 1625, *in-*8.

Le Sieur Vincent Boyer de Beaumarchais, étoit accusé de péculat, & pour réparation dudit crime & autres résultans du Procès, il fut condamné par Arrêt de la Chambre de Justice, du 25 Janvier, à être pendu & étranglé dans la Cour du Palais, & tous ses biens acquis & confisqués au Roi.]

21367. ☞ Réponse au Sommaire du Procès ci-dessus, pour le Sieur de Beaumarchais : *in-*8.]

21368. ☞ Articles des Financiers présentés au Roi, sur leurs offres pour la révocation de la Chambre de Justice, avec les Remontrances & Supplications des Parens & Alliés des Officiers des Finances au Roi : *in-*8.]

21369. ☞ Le *Salve Regina* des Financiers, à la Reine Mère, en Vers François.]

21370. Responsorium au *Salve Regina* des Financiers : *in-*8.

21371. ☞ Les Plaintes de l'Eglise Gallicane au Roi, pour les concussions qu'elle souffre de ceux qui lèvent les deniers des Décimes : *Paris*, 1625, *in-*8.]

21372. ☞ L'Edit pour l'établissement de la Chambre de Justice, en 1624, & quelques Arrêts rendus par cette Chambre en conséquence : *in-*8.]

21373. ☞ La France revenant en santé, après sa grande maladie, & ses très-humbles Remontrances au Roi sur les affaires de ce temps : 1625, *in-*8.

Au sujet des Financiers, de la vénalité des Offices, de l'aliénation du Domaine, & des Pensions.]

21374. ☞ Lettre de M. le Marquis de la Vieuville, écrites au Roi, à la Reine & à la Reine Mère : 1625, *in-*8.

Il y fait l'apologie de son innocence.]

21375. ☞ Justes Plaintes faites au Roi par les Cabaretiers de Paris : 1625, *in-*8.]

21376. ☞ Plaintes vulgaires, justes & négligées : 1625, *in-*8.]

21377. ☞ Le Remerciement des Porteurs d'eau, aux Bourgeois de Paris : 1625, *in-*8.]

21378. ☞ L'Eventail satyrique (en Vers) : 1625, *in-*8.]

21379. ☞ Le Courtisan à la mode : *in-*8.]

21380. ☞ Les Amours du Roi & de la Reine, sous les noms de Jupiter & Junon; par PUGET DE LA SERRE : *Paris*, Bessin, 1625, *in-*4. avec figures.]

21381. Discours faits sur plusieurs points importans de l'état présent des Affaires de France, au Roi : 1626, *in-*8.

Le même Discours est imprimé dans le *Recueil du Châtelet, pag.* 1 : *Paris*, 1635, *in-fol.* Il a été fait pour relever les bons conseils du Cardinal de Richelieu.

☞ Le but principal de cette Pièce paroit avoir été de faire connoître l'ancien état de la Rochelle, ses révoltes & les maux qu'elle a faits au Royaume ; mais l'Auteur changeant tout-à-coup de langage, félicite le Roi du choix qu'il a fait du Cardinal de Richelieu, & entre dans quelques détails des choses que cette Eminence a exécutées depuis qu'elle est dans le Ministère.]

21382. * La Prise & Possession de l'importante Place & Château de Brest en Bretagne, par le Commandement du Roi; avec l'ordre maintenant tenu en la Province de Bretagne pour le service de Sa Majesté : *Paris*, Martin, 1626, *in-*8.

21383. ☞ M. Histoire secrette des affaires du temps, depuis le Siége de Montpellier, en 1622, jusqu'à la Paix de 1626 ; par ANNE RULMAN : *in-*8. de 352 pages.

C'est l'Histoire d'une partie des Guerres civiles. « Rulman qui y avoit eu part & en connoissoit tous les » ressorts, étoit plus en état que personne de pénétrer » les motifs de tous les mouvemens qui survinrent. Sa » Relation divisée en 37 Narrations, est curieuse, & » contient des Anecdotes qu'on chercheroit vainement » ailleurs. L'Original est aujourd'hui parmi les Manuscrits de la riche Bibliothèque de M. le Marquis d'Aubais » : Menard, *Hist. de Nismes*, tom. VI. p. 33.]

21384. ☞ L'Epée courageuse de Monsieur, frère du Roi, contre les Ennemis de la France : 1626, *in-*8.

Il n'y a rien dans cette Pièce, qui puisse répondre à son titre. C'est une Exhortation à la Noblesse & aux François, à ne se point démentir, & à se porter courageusement à la Guerre contre l'Espagne.]

21385. ☞ L'Epée courageuse des vrais François : *Paris*, 1626, *in-*8.]

21386. ☞ Mémoires de Monseigneur le Prince, présentés au Roi, à la Reine Mère, & à MM. de son Conseil : 1626, *in-*8.

Il y a 17 Articles, dans lesquels le Prince fait son Apologie, & demande la permission de revenir à Paris, tant pour se jetter aux pieds de Sa Majesté que pour mettre ordre à ses affaires, qui ont besoin de sa présence. Ce Mémoire fut envoyé de Bourges le 19 Mars à Madame la Princesse, pour le présenter au Roi.]

21387. ☞ La Royauté inviolable, contre les injustes armes des Rébelles de ce temps ; par M. François MEAULME : *Nyort*, 1626, *in-*8.]

21388. ☞ Discours sur plusieurs points importans de l'état présent des Affaires de France, *in-*12.]

21389. ☞ Le Purgatoire des Prisonniers : 1626 : *in-*8.]

21390. ☞ Le *Salve Regina*, du Colonel d'Ornano : *in-*8.]

21391. ☞ Les Centuries & Plaintes de M. de Vendôme : *in-*8.]

21392. ☞ Harangue des Boulangers du Fauxbourg Saint-Victor, pour ravoir leur cloche : *in-*8.]

21393.

Règne de Louis XIII. 1626.

21393. ☞ La Cassandre Françoise, à la Patrie : 1626, *in-8*.]

21394. ☞ La France hors du tombeau : 1626, *in-8*.]

21395. Mémoires d'un Favori de son Altesse Royale Monsieur le Duc d'Orléans : *Leyde*, Sambix, 1667, *in-12*. Sur l'Edition de Leyde, 1668, *Amsterdam*, 1702.

Il y en a une Edition jointe à celle des *Mémoires d'Angoulesme*, d'*Estrées* & de *Deageant* : *Paris*, 1756, *in-12*. 4 vol.

Ces curieux Mémoires, qui renferment bien des secrets, contiennent ce qui s'est passé de plus considérable touchant Monsieur, depuis sa naissance en 1608 jusqu'à la mort du Comte de Chalais, en 1626; & il y a un Recueil de Pièces servant d'éclaircissement à ces Mémoires. Le style simple & naïf dont ils sont écrits, leur donne un air de vérité, qui porte à croire ce que l'Auteur raconte.

« C'étoit un Gentilhomme d'une des meilleures Maisons de Basse-Normandie, qui s'appelloit Bois d'Almay (ou plutôt De Bois d'Annemets). On l'envoya jeune à Paris pour y faire ses Exercices : il s'y fit connoître du Duc d'Orléans, acheta une Charge dans sa Maison, & eut beaucoup de part à sa faveur & à sa confidence. Il servit plusieurs fois à l'Armée, & fut tué en duel par M. de Ruvigny. Ces Mémoires ont un caractère de sincérité & de bonne foi, qui ne permet pas de douter de ce qu'il dit. Il y paroît autant homme de bien que mauvais Courtisan........ Du reste on ne peut pas dire qu'il ait été mal instruit de ce qu'il rapporte, puisque cela s'est passé sous ses yeux, & qu'il y a eu lui-même beaucoup de part ». Des Maizeaux, Lettre imprimée dans les *Nouvelles de la République des Lettres*, Art. VII. du mois d'Avril 1704, pag. 471 & 472. *Voyez* encore le *Recueil des Lettres* de Bayle.

Dans les Mémoires de Monsieur, publiés par de Martignac, ce Gentilhomme est appellé Bois d'Annemets, comme aussi dans les *Mémoires manuscrits* de Goulas, rapportés à la fin de ce Règne, dans lesquels on lit plusieurs choses qui fournissent des éclaircissemens sur cet Historien. « On donna, (dit l'Auteur de ces Mémoires manuscrits), à Puy-Laurens un Normand fin & adroit, appellé Bois d'Annemets, qui fut depuis premier Maréchal des Logis de Monsieur, qui ne le mena pas avec lui lorsqu'il alla au Siége de la Rochelle ; ce Gentilhomme encourut sa disgrace pour s'y être rendu sans son ordre, & même l'avoir prévenu au Camp. Se croyant perdu, il s'en alla chez lui, & passa ensuite en Italie, où la Guerre étoit allumée, cherchant les occasions de se signaler ; & s'étant arrêté à Venise en 1627, il prit querelle avec Ruvigny, qui le tua en duel ».

☞ Ces Mémoires estimés contiennent diverses particularités curieuses de la Vie de Gaston, jusqu'en 1626, & de ses démêlés avec le Roi son frère, ou plutôt avec le Cardinal de Richelieu ; elles y sont fort abrégées & écrites sans nul agrément. Les Pièces s'étendent jusqu'à la retraite de ce Prince à Bruxelles, temps où commencent les Mémoires de Montrésor, dont ceux-ci forment, pour ainsi dire, le premier volume. *Voyez* dans la *Bibliothèque raisonnée*, tom. V, pag. 356, & VI. 371, deux Lettres où l'on justifie M. d'Andilly, de diverses accusations avancées contre lui dans les Mémoires du Favori.]

21396. ☞ Plaintes des Princes contre Barradas : *in-8*.]

21397. ☞ Pour la sûreté de la vie des Rois : *in-8*.]

21398. ☞ Contre les Abusés & Abuseurs Pénitens : 1626, *in-8*.]

Tome II.

21399. ☞ La Métempsicose, ou seconde Vie de Maître Guillaume au monde, avec l'Intrade, ou première partie de ses visions ; dédiée au Roi : 1626, *in-8*.

C'est une Pièce satyrique, extravagante & sans suite, qui contient cependant bien des faits.]

21400. ☞ La France au désespoir : (1626), *in-8*.

Elle se plaint de tous les désordres qui règnent, & demande la paix.]

21401. ☞ La Commodité des bottes en tous temps, sans chevaux, sans mulets & sans ânes ; avec la gentillesse des manteaux à la Roquette, & des cheveux à la garsetelle : *in-8*.]

21402. Dialogue des vaillans faits d'armes de Bolorospe, Cavalier Gascon hypocondre devant Nancy, & le récit de ses avantures à Adaminte, Cavalier François : *in-8*.]

21403. ☞ Deux Lettres écrites par le Roi au Parlement de Paris & aux Gouverneurs des Provinces, sur l'arrêt fait du Maréchal d'Ornano : 1626, *in-8*.]

21404. ☞ Lettre du Maréchal d'Ornano, au Seigneur d'Automaire, Lieutenant en son Gouvernement du S. Esprit, après son emprisonnement : 1626.

Elle se trouve dans les *Mémoires d'un Favori* : *Leyde*, 1668, *in-12*.]

21405. ☞ Mémoire de ce qui s'est passé pendant la captivité & la mort d'un Grand (Ornano) : 1626, *in-8*.]

21406. ☞ Advis à l'Assemblée de MM. les Notables, sur l'ouverture des Etats : *Paris*, 1626, *in-8*.]

21407. ☞ Discours au Roi sur la Paix qu'il a donnée à ses Sujets de la Religion Prétendue-Réformée.

Ce Discours qui est imprimé au tom. XII. du *Mercure François*, a pour Auteur le Sieur De Dryon. Il est bien raisonné & plein de bon sens. On y prouve qu'il seroit à souhaiter qu'il n'y eût qu'une Religion en France ; mais qu'il est dangereux de poursuivre les Sectaires par les armes ; que ceux qui les conseillent ont des intérêts particuliers ; que quand on leur a fait la guerre, il a fallu en venir à des Edits de pacification, qui ont toujours donné atteinte à l'autorité Royale. L'Auteur finit en disant au Roi qu'il ne doit point s'embarrasser de l'excommunication dont on le menace.]

21408. ☞ Relation de ce qui s'est passé à l'emprisonnement de M. le Duc de Vendôme & de M. le Grand-Prieur son frère, au Château de Blois.

Cette Pièce est imprimée dans les *Mémoires d'un Favori* : *Leyde*, 1668, *in-12*.]

21409. ☞ La Rencontre de Pontgibaut & de Chalais, au voyage de l'autre monde : *in-8*.]

21410. ☞ Les Droguistes du temps, aux Dames : *in-8*.]

21411. ☞ Les Serées satyriques de la Cour : *in-8*.]

Lll

21412. ☞ Le Testament de Théophile: 1626, *in-8.*]

21413. ☞ Avertissement très-important d'un Gentilhomme François, &c. sur le sujet de la Guerre d'Italie, avec la justification de Monseigneur le Connétable: 1626, *in-8.*]

21414. Petri DAULBEROCHE, Magnacensis, Rhetoris Marchiani in Academia Parisiensi, Gesta Henrici IV. & Ludovici XIII. Regum Francorum: *Parisiis*, [Libert], 1626, *in-8.*

21415. Histoire générale des Guerres de Savoye, depuis l'an 1616 jusqu'en 1627; (par Louis de Haynex) DU CORNET: *Douay*, 1628, *in-8.*

21416. Histoire de ce qui s'est passé dans la Ville de Montauban, durant & depuis les derniers mouvemens jusqu'à présent; avec les Lettres des Pasteurs & Habitans de cette Ville: 1627, *in-8.*

Cette Pièce a été faite par un Huguenot.

21417. ✱ Déclaration de M. le Duc (Henri) DE ROHAN, Pair de France, &c. contenant la justice des raisons & motifs qui l'ont obligé à implorer l'assistance du Roi de la Grande Bretagne, & à prendre les armes pour la défense des Eglises Réformées: 1627, *in-8.*

☞ Le Père le Long, en ajoutant ici cet Article dans l'Exemplaire qu'il préparoit pour une nouvelle Edition, a laissé subsister le N°. 21424, ci-après, quoique ce paroisse être le même Ouvrage: peut-être a-t-il remarqué quelque différence entre l'imprimé & le Manuscrit.]

21418. ☞ Agri Montalbanensis devastatio ad Henricum Borbonium Condæum, primum Stirpis Regiæ Principem: *Biturigibus*, Coppin, 1629, *in-4.*]

21419. Les Déclarations faites par les Habitans de la Ville de Castres, Montauban, &c. contre les Entreprises, tant du Roi d'Angleterre que celles du Duc de Rohan; avec la Lettre des Consuls de Montauban, au Roi: *Paris*, Richer, (1627), *in-8.*

21420. Avis au Roi, par Nosseigneurs les Princes & les Peuples de France, sur les Affaires de ce temps: 1627, *in-8.*

21421. ☞ Discours sur plusieurs points importans de l'état présent des Affaires de France, au Roi: 1627, *in-12.*]

21422. Lettre déchiffrée: *Paris*, 1627, *in-8.*

La même, sous ce titre: Lettre DE PIMANDRE à Théopompe.

Cette même Lettre, qui a été composée par Jean SIRMOND, de Riom, de l'Académie Françoise, qui est mort en 1649, se trouve aussi imprimée dans le *Recueil* de du Chastelet, *pag.* 14: *Paris*, 1635, *in-fol.* « Voici » (dit M. Pelisson, dans son Histoire de cette Académie) » les Pièces que j'ai vues de Jean Sirmond, dont la plû » part sont dans le Recueil de M. du Chastelet: le » Portrait du Roi, le Coup d'Etat de Louis XIII. écrit » en faveur du Cardinal de Richelieu; la Lettre déchif » frée, l'Avertissement aux Provinces par le Sieur de

» Cléonville, que j'ai ouï estimer son chef-d'œuvre; » l'Homme du Pape & du Roi, la Chimère défaite; » Relation de la Paix de Quérasque ». Cette Lettre déchiffrée, est une Histoire ou espèce de Panégyrique du Cardinal de Richelieu.

☞ L'Auteur, pour répondre à un Livre Latin intitulé: *Vita illustrissimi Cardinalis Richelii*, &c. feint d'écrire en chiffre à un ami qui avoit envie de travailler sur le même sujet, & qui lui demandoit des Mémoires. Il lui trace une esquisse de la naissance & des actions du Cardinal, & s'étend beaucoup sur sa Généalogie, qu'il fait remonter jusqu'à l'an 1208.]

21423. ☞ Considérations d'Estat sur le Livre publié depuis quelques mois, sous le titre d'*Avertissement au Roi*: 1626, *in-8.*]

21424. Ms. Manifeste du Duc (Henri) DE ROHAN sur ce qu'il a été obligé d'implorer le secours du Roi d'Angleterre, & prendre les armes pour la défense des Eglises Réformées; en 1627.

Ce Manifeste est conservé dans la Bibliothèque du Roi, num. 9567, fol. 45.

☞ Ce Manifeste a été publié & imprimé, comme le dit Prosper Marchand dans son *Dictionnaire*, au mot *Anti-Huguenot*. *Voyez* ci-devant, N°. 21417.]

21425. ☞ Au Duc de Rohan: *in-8.*

C'est une Réponse satyrique à son Manifeste, qui n'est peut-être pas différente du N°. suivant.]

21426. L'Anti-Huguenot, au Duc de Rohan, pour répondre à son Manifeste ou Déclaration: *Paris*, Bourriquant, 1627, *in-8.*

21427. Manifeste du Duc DE BOUCKINGHAN, Général de l'Armée du Roi de la Grande Bretagne, en ce présent armement: 1627, *in-8.*

21428. Le Surveillant de Charenton, au Duc de Bouckinghan, pour examen de son Manifeste ou Procès-verbal, du 21 Juillet dernier: 1627, *in-8.*

21429. Menippée de Francion, ou Réponse au Manifeste Anglois: *Paris*, Bessin, 1627, *in-8.*

Pièce emphatique & qui dit peu de chose.

21430. L'Anti-Anglois; ou Réponses aux prétextes dont les Anglois veulent couvrir l'injustice de leurs armes; par Louis TRINCANT, Procureur du Roi à Loudun: *Poitiers*, 1628, *in-8.*

21431. ☞ Le fidèle François, au Roi d'Angleterre, touchant l'injustice de ses armes contre la France: *Paris*, Brisson, 1627, *in-8.*]

21432. ☞ Soteria, seu Poema Eucharisticum ob restitutum Regi Ludovico XIII. sanitatem; à D. MORISOTO: *Parisiis*, 1627, *in-4.*]

21433. ☞ Exécrable Massacre arrivé en la Ville de Montpellier: *in-12.*]

21434. ☞ Inventaire général de tout ce qui s'est passé en Europe depuis 1623 jusqu'à présent: *in-12.*]

21435. ☞ ... à M. de Thoyras, avec la Réponse. 1627.

21436. ☞ Le dessein de l'armée Angloise découvert ...

21437. ☞ La descente de la Flote d'Angleterre, jointe à l'armée du Roi. 1627. in-8.

21438. ☞ Caracale, ou Dialogue de Philène & de Silvie ...

21439. ☞ Lettre Burlesque de Saint ...

21440. ☞ Lettre de M. le Prince de Condé & de M. de Montmorency au Roi, sur le sujet du Sieur de Bouteville. Paris, Quesnel, 1627.

Il s'agissoit de la grace de ce Seigneur, pour s'être battu en duel, mais cela ne servit de rien, & le Duc de Bouteville fut exécuté avec le Comte de Rosmadec des Chapelles, au mois d'Août 1627.

21441. ☞ L'Ombre du Sieur Marquis de Bouteville, à la Noblesse Françoise. 1627. in-8.

C'est pour la détourner de la fureur des duels, & lui prouver la justice & le bonheur de la mort.

21442. ☞ Déclaration du Roi contre le Sieur de Soubise & autres adhérans au parti des Anglois. Paris 1627. in-4.

21443. ☞ Les plaintes, ruses, & cabales de trois Bourgeoises de Paris. 1627. in-4.

21444. Entretien des bonnes Compagnies. in-8.

21445. ☞ Histoire de ce qui s'est passé en Piedmont, ès années 1627 & 1628. in-8.

21446. ☞ Relation du Voyage de M. le Prince, en Lyonnois, Dauphiné & Languedoc, en 1627.

Elle se trouve au tom. II. des Mémoires du Cardinal de Richelieu, par Aubery, page 604.

21447. Ms. Journal particulier de la Vie du Roi Louis XIII. depuis l'an 1601. jusqu'en 1628. composé & écrit de la main de Jean HÉROUARD, Seigneur de Vaugrigneuse, son premier Médecin. in-fol. 5. vol.

Ce Journal étoit conservé dans la Bibliothèque de M. Colbert, num. 1601-1605. & est dans celle du Roi. Il paroit que c'est le même que celui dont on nous a envoyé la Notice suivante.

21448. ☞ Ms. Ludovicotrophie, ou Journal de toutes les actions & de la santé de Louis Dauphin de France, qui fut ensuite le Roi Louis XIII. depuis le moment de la naissance (le 27 Septembre 1601) jusqu'au 29 Janvier 1628. par Jean HÉROUARD, premier Médecin du Prince. in-4. 4 vol.

Ce Manuscrit qui contient des anecdotes singulières, & qui est important pour les dates, est conservé dans le Cabinet de M. Gensac, Chancelier au Présidial de Nîmes. Le premier Volume, qui commence à la naissance du Prince, finit à l'année 1604. Il manque les années 1605 & 1606. Le second contient depuis 1607 jusqu'à 1610. Il manque ensuite les années 1611, 12 & 13. Le troi-

...le premier Volume contient, depuis le 8 Septembre 1613, jusqu'au 29 Janvier 1628. où il meurt subitement à Aitre, & y inhumé le 8 Février suivant. Il contient...

Le Roi Henri le Grand ayant choisi Hérouard pour le premier Médecin du Dauphin, le 11 Septembre ... l'obligea ... ce qui concernoit la santé ... d'enregistrer les sentences & actions louables qu'il remarqueroit ...

21449. ☞ Récit veritable de l'Entreprise des Anglois sur la Ville & Citadelle de Calais par le moyen d'un nommé du Plac, découverte par le Vicomte de Fusse, Étranger, à M. de Valence, Gouverneur de ladite Ville. Paris 1628. in-8.

Ce Récit est très-bien détaillé. Il est daté de Boulogne le 24 Juillet 1628.

21450. ☞ Pour le Roi, allant chastier la Rébellion des Rochelois, & chasser les Anglois, qui en leur faveur étoient descendus en l'Isle de Ré. Ode, par MALHERBE, avec une Epistre en Prose au Roi, (sans Frontispice) in-8. de 20 pages.

21451. ☞ Histoire générale des Exploits de guerre faits aux Sièges de la Rochelle & de l'Isle de Ré, contenant la suite des Anglois & la division des Habitans de la Rochelle. Paris, Barbote 1627. in-8.

21452. ☞ Retour de Placide, par BERNARD, Religieux Bénédictin, faite à Sa Majesté, à son retour de l'Isle de Ré. Paris & Lyon, 1627. in-8.

21453. Relation au vrai de ce qui s'est fait en l'Isle de Ré, depuis le jour que le Roi y fit passer les mille hommes de ses Gardes, jusqu'au départ des Anglois de ladite Isle. 1627. in-8.

21454. La générale & fidele Relation de tout ce qui s'est passé en l'Isle de Ré, envoyée par le Roi à la Reyne sa Mère. Paris, de Bray, 1627. in-4.

Cette Relation est de Charles de Valois, Duc d'Angoulême.

21455. ☞ Véritable Récit des choses les plus remarquables arrivées en l'Isle de Ré, dès le jour de la descente des Anglois, jusqu'à celui de leur defaite. par le Sieur de LA MAGDELAINE. ... Juillet 1628. petit in-4.

21456. ☞ Récit touchant l'état présent de l'Isle de Ré, & armée des Anglois à l'enseigne de Dunkerque. Paris, 1628. in-8.

21457. ☞ Lettre du Maréchal de Schomberg au Roi, sur le sauvement des fortifications & tranchées des Anglois, en l'Isle de Ré. Paris, 1627. in-8.

21458. Le vrai Journal de ce qui s'est passé...

LIV. III. Histoire Politique de France.

dans l'Isle de Ré, depuis la descente des Anglois jusqu'à leur fuite & rembarquement, ou Histoire de la Rébellion des Rochelois : *Tolose*, 1628, *in-8*.

Ce Journal, qui contient ce qui s'est passé depuis le 20 Juillet 1627 jusqu'au 28 Novembre suivant, est écrit avec soin ; il s'y trouve plusieurs Lettres écrites alors sur ce Siège.

Il medesimo Diario tradotto dal Francese : *In Firenze*, 1628, *in-8*.

21459. Relation de la descente des Anglois dans l'Isle de Ré, du Siège mis par eux au Fort & Citadelle de Saint-Martin, de tout ce qui s'est passé de jour en jour, tant dehors que dedans, pour l'Attaque & la Défense & Secours de ladite Place, jusqu'à la défaite & retraite des Anglois : *Paris*, Martin, 1628, *in-8*.

Cette Relation anonyme est de Michel DE MARILLAC, Garde des Sceaux de France.

21460. * Seconde Relation de ce qui s'est passé en l'Armée du Roi & Isle de Ré, depuis le 24 Octobre jusqu'au 30 dudit mois : *Paris*, Martin, 1627, *in-8*.

21461. ☞ Anglorum ad Rheam excensio & Rupella obsessa, Auctore Petro DE BOISSAT.

Cette Relation se trouve dans le *Recueil de ses Œuvres Latines*, imprimées en 1649 : *in-fol*. Le Maréchal de Schomberg défit les Anglois dans l'Isle de Ré, le 8 Novembre 1627.]

21462. Arcis Sammartinæ Obsidio & Fuga Anglorum à Rea Insula ; scriptore Jacobo ISNARD, Advocato : *Parisiis*, 1629, *in-4*.

Le style de cet Auteur est difficile & embarrassé.

☞ Voyez l'Ouvrage intitulé : *Isagoge in not. script. Hist. Gall. part.* 3, *pag.* 19.]

21463. Eduardi HERBERTI, Baronis de Cherbury, Expeditio Ducis de Buckinghan in Ream insulam, anno 1628. Opus posthumum, quod publici juris fecit Timotheus Balduinus : *Londini*, Moseley, 1656, *in-8*.

Cet Auteur a composé l'Histoire de cette Expédition, pour l'opposer à celle de Jacques Isnard ; mais, selon Chrétien Gryphius, *pag.* 19 de sa Dissertation *de Historicis Gallicis*, Herbert n'a pas mieux réussi qu'Isnard, dans la Description qu'il a donnée de cette Expédition. Son style est fort embarrassé & plein de parenthèses. On doit pourtant le consulter avec son Adversaire qu'il réfute en plusieurs endroits.

21464. ☞ Joannis DE BUSSIERES, è Societ. Jesu, de Rea liberata Poemation in tres Libros distinctum : *Lugduni*, Devenet, 1655, *in-12*.]

21465. ☞ GRANGIERII, Oratio in victoriam Ludovici XIII. de Anglo-Britannis habita in Aula Cameracensi 5 Kalendas Decembris : *Parisiis*, 1627, *in-4*.

Il y a pour Frontispice une gravure de Picard, qui représente un Antique trouvé à Lyon en 1555.]

21466. ☞ Mf. Histoire de la Vie & des faits de François V. du nom, & premier Duc de la Rochefoucauld ; jusqu'en 1628, *in-4*.

Elle est indiquée, num. 1048, du *Catalogue* de M. Bernard.]

21467. Réponse au Manifeste du Duc de Savoye : 1628, *in-8*.

☞ Cette Pièce est assez bien détaillée. L'Auteur y répond exactement à tous les Chefs, & fait sentir combien le Roi craint peu toutes ses menaces, & les démarches qu'il faudra faire pour soutenir ses Alliés.]

21468. ☞ La Prise de la Ville de Chamerac en Vivarets, par Monseigneur le Duc de Montmorency ; avec l'exécution de six vingts des Rébelles qui ont été pendus à la vue du Poussin, & le pillage & brûlement du Château de Mauras, & autres maisons qui pouvoient favoriser le passage des Rébelles de Privas audit Poussin : 1628, *in-8*.]

21469. ☞ Récit véritable fait aux Reines par le Sieur de Mongason, Gentilhomme ordinaire de Monseigneur le Duc de Montmorency, de la prise de la Ville & Château de Mirabel, par ledit Sieur Duc de Montmorency ; avec l'exécution d'un Soldat du Régiment de Pérault, lequel s'étoit jetté dans ladite Ville, pour donner avis aux Rébelles de l'État, & l'ordre que l'on tenoit au Siège de ladite Ville : 1628, *in-8*.]

21470. ☞ Narré de la merveilleuse Conversion des Hérétiques d'Aubenas, à notre sainte foi ; au Roi : 1628.]

21471. ☞ Relation véritable de ce qui s'est passé à la prise des Places & Villes de Vauvert, le Quella & Mommor, en Languedoc, par Monseigneur le Prince : 1628, *in-8*.]

21472. ☞ Arrêt de la Cour de Parlement de Tholoze, contre le Duc de Rohan, en exécution des Lettres-Patentes de Déclaration du Roi : 1628, *in-8*.]

21473. ☞ La défaite des Troupes du Duc de Rohan, dans la surprise qu'il a voulu faire de la Ville & Citadelle de Montpellier ; avec les noms des principaux Chefs & Gentilshommes de marque qui ont été tués, blessés & prisonniers, par Monseigneur le Marquis des Fossés, Gouverneur de ladite Ville & Citadelle : 1628, *in-8*.]

21474. ☞ Relation du Siège & de la Prise de Poussin, par Monseigneur de Montmorenci ; ensemble la Prise de quatre Canons & huit Drapeaux envoyés au Roi, par ledit Seigneur : 1628, *in-8*.]

21475. ☞ Lettre écrite par le Sieur DE BAILLOT, Secrétaire de Monseigneur le Duc de Nevers, à présent Duc de Mantoue & de Montferrat, de son arrivée & réception audit lieu, à Monsieur de Charnizay, Gouverneur de Monseigneur le Duc de Mayenne : 1628, *in-8*.]

21476. ☞ Le Ballet des Andouilles, 1628, in-8.]

21477. ☞ Lettre de M. le Prince à M. le Duc de Rohan; 1628, in-8.

Réponse de M. le Duc DE ROHAN à M. le Prince.

La Lettre & la Réponse sont imprimées aux *Mémoires de Rohan*, 1646.]

21478. Historia Motuum & Bellorum in Rhætia excitatorum hisce postremis temporibus, ad annum 1628, auspiciis Ludovici XIII. Reipublicæ Venetæ & Ducis Sabaudiæ confœderatorum: Auctore Fortunato SPRECHERO: *Coloniæ Allobrogum*, 1629, in-4.

21479. Mſ. Relation de la Prise de Pamiers, en 1628.

Cette Relation est conservée entre les Manuscrits de M. Dupuy, num. 658.

21480. ✻ Lettre d'un Solitaire, (André CHAVINEAU, Ministre,) au Roi, Princes & Seigneurs, faisant la guerre aux Rebelles: *Poitiers*, 1628, in-8.

21481. ☞ Les Mystères de l'Octonaire, ou Conjectures tirées tant de l'Ecriture-Sainte que des Mathématiques, & appuyées sur des raisons naturelles qui montrent évidemment qu'en cette année 1628, pleine de bonheur, le Mystère d'iniquité sera exilé, Rebelles Rochelois domptés, & les autres Hérétiques factieux subjugués par les armes victorieuses de notre grand Alcide Louis le Juste; dédiées à M. le Cardinal de Richelieu, par Pierre BONIN, Prêtre, Principal du Collège de Compiegne; *Paris*, 1628, in-8.]

21482. Journal du Siége de la Rochelle.

Ce Journal est imprimé aux Tomes XIII & XIV. du *Mercure François*.]

21483. Journal des choses plus mémorables qui se sont passées au dernier Siége de la Rochelle; par Pierre MERVAULX, Rochelois, 1628: *Rouen*, 1640, in-8.

☞ Autre Édition.

On y trouve la Permission de M. d'Argenson, Intendant, pour l'impression de ce Livre, donnée à la Rochelle le 28 Juillet 1644.]

Le même, augmenté de près de la moitié: *Rouen*, 1671, in-12.

☞ L'Auteur est nommé MERNAULT dans cette Edition.]

Le même: *London*, 1630, in-8. (en Anglois.)

☞ Ce Journal est fort étendu & curieux, tant par rapport au récit qu'il fait de tout ce qui se passa durant ce fameux Siége, que pour grand nombre de Pièces, Lettres, Instructions & Mémoires qu'il contient.] /.

21484. Mſ. Journal du Siége de la Rochelle, depuis le mois de Juillet 1627, jusqu'en Octobre 1628.

Ce Journal est conservé entre les Manuscrits de M. Dupuy, num. 653, & dans la Bibliothèque du Roi, entre les Manuscrits de M. de Gaignières.

☞ Ce Manuscrit est vraisemblablement de la première Edition du Journal de Mervault, comme il a été vérifié.]

21485. Histoire du Siége de la Rochelle, en 1628, avec celui de 1572: *Paris*, Targa, 1630, in-8.

☞ Les deux premiers Chapitres traitent de l'origine, progrès & situation de la Ville de la Rochelle. L'Auteur en décrit ensuite le premier Siège, il fait par celui de 1627 & 1628, avec des réflexions sur ce qui la précéda, & l'Avertissement à l'Assemblée de la Rochelle par Abraham Tifenus, en 1625. Cette Histoire est exacte, succincte, & fort estimée.]

21486. Relation véritable & journalière de tout ce qui s'est passé en la Réduction de la Ville de la Rochelle à l'obéissance du Roi: *Paris*, Barbote, 1628, in-8.

21487. Relation véritable de tout ce qui s'est passé dans la Rochelle, tant devant qu'après que le Roi y a fait son Entrée le jour de la Toussaints: *Paris*, Vitray, 1628, in-8.

21488. ☞ La Réduction de la Rochelle, avec l'Entrée du Roi, le Sermon du Père Souffren, Jésuite, & l'ordre de la Procession générale: *Nyort*, Bureau, 1628, in-8.]

21489. La fuite des Anglois devant la Rochelle, & le Récit véritable de tout ce qui s'est passé au combat, suivant le Mémoire envoyé aux Reines & à Monsieur, frère unique du Roi, 18 Mai 1628 ; in-8.]

21490. ☞ Récit véritable fait aux Reines, par M. DE CAMP-RÉMY, envoyé à leurs Majestés par le Roi, de la honteuse retraite des Anglois, & de ce qui s'est passé pendant les huit jours qu'ils sont restés à l'embouchure du Fanal de la Rochelle: *Paris*, 1628, in-8.]

21491. ☞ Remontrance aux Rochelois sur l'obéissance qu'ils doivent au Roi: *Paris*, 1628, in-8.]

21492. ☞ Les Lamentations du Jérémie Rochelois: *Paris*, Bason, in-12. sans date.]

21493. ☞ Prophétie de la Martingale en Cour, sur la réduction de la Rochelle: *Paris*, 1628, in-8.]

21494. ☞ Songe de Martingale: *Paris*, 1628, in-8.]

21495. ☞ Lettre d'Urbain VIII. envoyée au Comte de Schomberg sur la Victoire obtenue contre les Anglois en l'Isle de Ré: *Paris*, 1628, in-8.]

21496. ☞ L'heureuse arrivée des Vaisseaux de guerre du Havre-de-Grace au Canal de la Rochelle; le travail des Digues autour de ce Canal, (& plusieurs avantages remportés sur les Rochelois:) *Paris*, 1628, in-8.]

21497. ☞ La Victoire du Roi contre les Anglois au Siége de la Rochelle: *Paris*, 1628, in-8.]

Liv. . Histoire . . de France.

21488. ☞ Rétablissement du Commerce & de la ville de la Rochelle, le 1 Octobre 1628, &c. *Paris*, 1628, *in-8*.

21489. ☞ Le Naufrage & débris de la Flotte Angloise : *Paris*, 1628, *in-8*.

21500. ☞ Relation des Fortifications du Camp du Roi devant la Rochelle, &c. *Paris*, 1628, *in-8*.

21501. ☞ Ordres observés par le Roi en ses armées devant la Rochelle, la mort du Londrier, Gouverneur de la Rochelle, &c. *Paris*, 1628, *in-8*.

21502. ☞ Lettre du Roi à M. du Bellay, touchant les particularités des Camps de devant la Rochelle, & de l'Armée Angloise : (1628) *in-8*.

21503. ☞ Mémoire du prix excessif des vivres de la Rochelle, pendant le Siége : *Paris*, 1628, *in-8*. & *Rouen*, 1628, *in-8*.
Une Vache se vendoit 2000 livres, & la livre pesant 13 livres, un biscuit 15 livres, un œuf 8 livres, une pomme 12 sols, &c.]

21504. ☞ Mémoire très-particulier de la dépense faite à la Rochelle, & du prix & qualité des viandes pendant le Siége, &c. *Paris*, 1628, *in-8*.

21505. ☞ Prosopopée de la Rochelle, & la fièvre continue des Rochelois : *Paris*, 1628, *in-8*.]

21506. ☞ La Rochelle aux abois, ayant désespéré du secours des Anglois : *Paris*, 1628, *in-8*.

21507. ☞ Récit de ce qui s'est passé en la prise & exécution de mort d'un Espion sorti de la Rochelle avec des Lettres, &c. *Paris*, 1628, *in-8*.]

21508. ☞ Relation de ce qui s'est passé en la Réduction de la Ville de la Rochelle à l'obéissance du Roi : *Paris*, 1628, *in-8*.]

21509. ☞ La Réduction de la Rochelle à l'obéissance du Roi, le 28 Octobre 1628, & les Accords faits entre le Roi & les Rochelois : *Langres*, 1628, *in-8*.]

21510. ☞ Mr. Harangue faite au Roi, par Daniel DE LA GOUTE, Député de la Rochelle, pour lui demander pardon : Réponse du Roi : Articles du pardon : Déclaration de Sa Majesté, contenant l'ordre & la police qu'il veut être établi en la Ville de la Rochelle.
Ce Manuscrit est dans la Bibliothèque de M. Fevret de Fontette, Conseiller au Parlement de Dijon.]

21511. ☞ L'Entrée du Roi à la Rochelle, &c. avec l'emprisonnement de Madame de Rohan : *Rouen*, (1628) *in-8*.]

21512. ☞ Remarques de ce qui s'est passé à la Réduction de la Rochelle, & les Cérémonies observées, au rétablissement de la Religion Catholique, &c. *Paris*, 1628, *in-8*.]

21513. ☞ Articles de la grace accordée par le Roi à ses Sujets de la Rochelle, &c. *Paris*, 1628, *in-8*.

21514. ☞ Explication des Articles XXII & XXIII de la Déclaration du Roi, sur la Réduction de la Rochelle à son obéissance, &c. *Paris*, Bornier, 1628, *in-8*.]

21515. ☞ Apostrophe à la Rochelle réduite en l'obéissance du Roi : *Paris*, 1628.

21516. ☞ Le Triomphe du Roi, ensemble la Réjouissance de la France sur la Réduction de la Ville de la Rochelle, par Jean SAIGOT : *Paris*, 1628, *in-8*.

21517. ☞ Lettre du Roi aux Prevôt & Echevins de Paris, sur la Réduction de la Rochelle : 1628, *in-8*.]

21518. ☞ Sujet du feu d'Artifice que Morel doit faire sur la Seine à l'arrivée du Roi, après la prise de la Rochelle : *Paris*, 1628, *in-8*.]

21519. ☞ Lettre de la propre main de Louis XIII. à l'Archevêque de Paris, pour le remercier des Prières qui ont été faites à Paris, pour la Réduction de la Rochelle : *Paris*, 1628, *in-8*.]

21520. ☞ Le Chariot triomphant du Roi à son retour de la Rochelle, à Paris : *Paris*, 1628, *in-8*.]

21521. ☞ Le Roi victorieux, (sur la Réduction de la Rochelle :) *Paris*, 1628, *in-8*.]

21522. ☞ La Sibylle Françoise, sur la victoire des armes du Roi, aux Habitans de la Rochelle : *Paris*, 1628, *in-8*.]

21523. ☞ Le désespoir d'un Avocat Rochelois, ayant médit du Roi, 1628, *in-8*.]

21524. ☞ Bref de N. S. P. le Pape au Roi sur la prise de la Rochelle, avec la traduction en François : *Paris*, Martin, 1629, *in-8*.]

21525. ☞ Le Secrétaire de Pibrac, (en Vers :) *in-8*.
Cette Pièce a trait à la Rébellion des Rochelois, & à leurs fureurs & cruautés.]

21526. ☞ Protestation de l'obéissance des habitans de la Rochelle, *in-8*.]

21527. ☞ Le Confiteor aux Rochelois, (en Vers :) *in-8*.]

21528. ☞ La Fièvre des Huguenots de France, par Pierre BERTHEAU, Apothicaire à Chatellerauld, *in-8*.]

21529. ☞ Sire Benoist, Faiseur d'aiguilletes, sur les affaires de France, au Roi & aux Rochelois, *in-8*.]

21530. ☞ Le De profundis de la Rochelle, (en Vers :) *in-8*.

21531. ☞ Les Miracles de Louis le Juste

pour la conversion de la Rochelle, (en Vers:) *in-8*.]

21532. ☞ La Vérité des Mystères de l'Octonaire ou des conjectures tirées du nombre huit, selon qu'il a été prédit depuis huit mois en çà y sçavoir, est dès le 15 Mars dernier de cette même année ; par Pierre BONIN : 1628, *in-8*.

Cette Pièce amusera ceux qui aiment les vétilles & qui trouvent du mystère dans des riens. L'Auteur a trouvé que le nombre huit devoit être heureux au Roi. *Voyez* ci-devant, N.° 21481.]

21533. ☞ La Conversion de M. le Duc de la Trimouille, faite en l'armée devant la Rochelle, le 18 Juillet 1628 : *Paris*, Dubray, 1628, *in-8*.]

21534. ☞ La triomphante Entrée du très-Chrétien, clément, magnanime & victorieux Louis XIII. dit le Juste, Roi de France & de Navarre, en sa Ville de la Rochelle, le 1 Novembre 1628 : *Paris*, de Mathoniere, *in-4*.]

21535. ☞ Jacobi CUSINOTI Oratio de felici Rupellæ deditione : *Parisiis*, Libert, 1628, *in-4*.]

21536. ☞ Ludovici XIII. Triumphus de Rupellâ captâ, ab Alumnis Claromontani Collegii Societatis Jesu, vario carminum genere celebratus: *Parisiis*, Cramoisy, 1628, *in-4*.]

21537. ☞ Rupella à Ludovico XIII. Galliarum & Navarræ Rege invicto triumphatore, semper Augusto, capta & expugnata, anno 1628 : *Burdigalæ*, Millangius, 1628, *in-4*.

Jean Olivier DU SAULT, Avocat-Général du Parlement de Bordeaux, est l'Auteur de ce Poëme héroïque, qui contient 800 vers hexamètres & pentamètres. On trouve à la suite un Poëme élégiaque du même Auteur, de 42 vers, sur la levée du siége de l'Isle de Rhé, & plusieurs autres petites Pièces du même.

A la fin est un Poëme de Jean MAURES, Professeur en Médecine dans la Faculté de Bordeaux, ayant pour titre, *Rupella capta Prosopopeia*. La latinité & la versification du Médecin sont fort au-dessus des ouvrages du Magistrat qui plaidoit toujours fort bien, & faisoit rarement de bons Vers.]

21538. ☞ Ludovico XIII. rebellis Rupellæ domitori, gratiarum actio, (Oratio:) Galliæ Charites, (Ode); Chronogrammata; Rupellanæ Diræ Antidiræ (Carmen); auctore Jacobo ISNARD, in Sen. Paris. Patrono : *Parisiis*, Martin, 1629, *in-4*.]

21539. ☞ « Genio Galliæ sospitali Armando Cardinali de Richelieu, Ode ob Retiam ab Anglo liberatam, Rupellam captam ; auctore Hectore Antonio DE GAILLARD de Sainct-Tyr : *Parisiis*, Dugast, 1629, *in-4*.]

21540. ☞ Epinicium Ludovico Francorum Regi Christianissimo, ob receptam Rupellam, repulsamque Anglorum classem ; J. Bapt. DONI, (cum Præfatione in laudem ejusdem victoriæ habita in Academiâ Humoristarum ab eodem ante recitationem Odæ:) *Romæ*, 1629, *in-4*.]

21541. ☞ De fatali machinâ Rupellæ.

Leo Allatius cite cet Ouvrage, *pag.* 127 de ses *Apes urbanæ*, comme étant de Grégoire PORTIUS. Il faut entendre par cette machine funeste à la Rochelle, la Digue que fit faire le Cardinal de Richelieu.]

21542. ☞ Gregorii PORTII, Epigrammata pro Rupellâ debellatâ ; *Romæ*, Mascardi, 1629, *in-4*.]

21543. ☞ Récit des incidens secrets qui firent que l'Angleterre ne secourut point la Rochelle, & que le Roi Louis XIII. se rendit maître de cette Ville pendant le ministère du Cardinal de Richelieu ; par M. L. M. D. T. (M. le Maréchal DE TESSÉ.)

Il les attribue à l'amour que le Duc de Buckingham avoit pour la Reine. Ce Récit est imprimé dans le *Recueil A*.]

21544. Relatione di quanto a seguito nella presa della Rocella : *In Roma*, 1628, *in-8*.

21545. Histoire Rocheloise, ou la prise de la Rochelle ; par François GERSON : *Grenoble*, 1629, *in-8*.

21546. La Digue, ou le Siége & la prise de la Rochelle ; par Jean GAUFFRETEAU, Curé de l'Eglise de Libourne : *Bourdeaux*, de la Court, 1629, *in-8*.

21547. La Chasse aux Anglois en l'Isle de Ré, & au Siége de la Rochelle, & la réduction de cette Ville en 1628, [avec la Victoire de Sa Majesté contre les Anglois;] par Marc LESCARBOT, [Seigneur de S. Audebert de Presle la Commune, en Soissonnois:] *Paris*, 1629, *in-8*.

21548. ☞ Les lauriers du Roi sur la défaite des Anglois & réduction des Rebelles ; par le Sieur GAULTIER, Avocat en Parlement : *Paris*, Gesselin & Lamy, 1629, *in-12*.]

21549. Expeditio Rupellana, armis Ludovici Justi Regis confecta : Auctore Abelio SAMMARTHANO : *Parisiis*, 1629, *in-8*.

La même Expédition est imprimée dans ses *Œuvres*: *Parisiis*, 1633, *in-4*. Cette Description Latine est la meilleure de toutes celles qui furent publiées en ce temps-là.

La même, traduite par Jean Baudoin, & publiée sous ce titre : Histoire de la Rébellion des Rochelois & de leur réduction à l'obéissance du Roi : *Paris*, Pommeray, 1629, *in-8*.

☞ *Voyez* le Père Niceron, *tom. VIII. pag.* 23. = Lenglet, *Méth. hist.* In 4. *tom. IV. pag.* 123.]

21550. ☞ Joannis PERREAU, Philosophiæ Professoris Regii, in Ludovici XIII. Principis egregiis facinoribus Oratio apodeictica, historica & Christiana : *Parisiis*, 1629, *in-4*.]

21551. Rupella capta, seu de felici Ludovici XIII. ad perduelles Hæreticos Expedi-

...tione : Auctore Joanne SIRMONDO, Historiographo Regio : *Parisiis*, 1629, *in*-4.

21552. ☞ Rupella capta : Auctore Petro DE BOISSAT.

Cette Pièce se trouve dans le *Recueil de ses Œuvres Latines*, imprimées en 1649 : *in-fol.*]

21553. ☞ Rupella rupta, Carmen J. GUTHERII Patricii Romani : *Parisiis*, Cramoisy, 1628, *in*-4.]

21554. Les Triomphes de Loüis le Juste en la réduction des Rochelois & autres Rébelles de son Royaume ; (par Florent BON, Jésuite :) [*Reims*, 1629] : *Paris*, 1629, *in*-4. & *in*-8.

☞ Il y a seulement dans le titre par un Religieux de la Compagnie de Jesus, du Collége de Reims.]

21555. Petri BERTII, de aggeribus & pontibus hactenus ad Mare extructis Digestum novum : *Parisiis*, Libert, 1629, *in*-8.

Ce Livre fut fait à l'occasion de la fameuse Digue de la Rochelle, & il y est fait une ample mention du Siége de cette Ville.

☞ *Voyez* le Père Niceron, tom. *XXXI*. pag. 99. M. de Salengre l'a inseré dans le tom. II. de son *Thesaurus Antiquitatum Romanarum*.]

21556. De obsidione Urbis Rupellæ, Libri quatuor, per Nicolaum Proust DES CARNEAUX : *Parisiis*, Mondière, 1630, *in* 8.

21557. Capta Rupecula, Cracina (Rea Insula) servata, auspiciis ac ductu Ludovici XIII. descripta utraque à Philiberto MONETO, è Societate Jesu : *Lugduni*, 1630, *in*-12.

Cet Auteur est mort en 1643.

21558. La Rocella espugnata (Poema) di Francesco BACCIONI DEL'API ; [al Christianiss. Re di Francia, Lodovico il Giusto, con gl'argomenti à ciascun canto del sig. Desiderio Montemagni : *In Roma*, Mascardi, 1630, *in*-8.]

21559. Pauli THOMÆ, Engolismensis, Rupellaïdos, sive de rebus gestis Ludovici XIII. Libri sex : *Parisiis*, Morel, 1630, *in*-4.

21560. Assedio & Presa della Rocella ; per Alessandro ZILIOLO.

Cette Description est imprimée au Livre I. de la troisième partie, [en Italien] des *Histoires mémorables de son temps* : *In Venetia*, 1642, *in*-4.

21561. Georgii REVELLI, de Rupella ter obsessa, dedita demùm, capta, subacta, Libri tres : *Amstelodami*, Jansonii, 1649, *in*-8.

21562. ☞ Tableaux des Victoires du Roi : 1. la défaite des Anglois en l'Isle de Ré : 2. la prise de la Rochelle : 3. la prise de Suze : 4. la réduction du Languedoc ; par Mᵉ Julien COLLARDEAU, Procureur de Sa Majesté à Fontenay : *Paris*, Quesnel, 1630, *in*-12.]

21563. Remarques particulières de ce qui s'est passé en la Réduction de la Rochelle, & depuis l'Entrée du Roi en icelle : *Paris*, *in*-8.

21564. ☞ Mss. Siége de la Rochelle : *in-fol.*

Cette Histoire, qui vient de la Bibliothèque de M. de Fontanieu, Conseiller d'Etat, est nouvellement dans la Bibliothèque du Roi.]

21565. Déclaration du Roi sur la Réduction de la Ville de la Rochelle en son obéissance, contenant l'ordre & police que Sa Majesté veut y être établi, du mois de Novembre 1628 : *la Rochelle*, 1628, *in*-8.

* La medesima Dichiaratione, tradotta del Francese : *In Modena*, 1629, *in*-4.

21566. ☞ Les Lettres de tous les Princes Chrétiens envoyées au Roi de France, avec la Réponse du Roi à l'Empereur, au Roi d'Espagne & au Duc de Savoye : *Paris*, 1629, *in*-8.

Ces Lettres sont des rodomontades traduites de l'Italien, & qui ont d'abord paru à Rome.]

21567. ☞ Le Cabrier de Nismes, à un habitant des Villes de Nismes, Uzès, Castres, Montauban, & autres Anglo-Rohanistes, où on les exhorte à se reconnoître & à se rendre au Roi : 1629, *in*-8.]

21568. Mémoires fort abrégés de la conduite des Affaires de France, depuis la mort de Henri le Grand jusqu'à la prise de la Rochelle ; par Maximilien de Béthune, Duc DE SULLY.

Ces Mémoires sont imprimés au tom. IV. de ceux de cet Auteur, *pag*. 261 : *Paris*, 1662, *in-fol.*

 * Jac. Aug. Thuani Historiarum Continuatio, ab anno 1607, ad annum 1628 : *Francofurti*, 1628, *in-fol.*

☞ *Voyez* ci-devant, N°. 19869.]

21569. Ludovicus XIII. sive Annales Galliæ, ab excessu Henrici IV. Liber quo rerum in Gallia, Germania, Italia, Belgio, Lotharingia per Gallos hoc tempore gestarum, (usque ad annum 1617,) accurata Narratio continetur, & quidem uberior quàm in aliis hactenùs editis Libris ; auctore Gabriele Bartholomæo GRAMONDO, in Parlamento Tolosano Præside : *Parisiis*, 1641, *in-fol.*

Historiarum Galliæ ab excessu Henrici IV. ad annum 1629, Libri decem octo, eodem Auctore : *Tolosæ*, Colomerii, 1643, *in-fol. Amstelodami*, Elzevier, 1653 : *Moguntiæ*, 1673, *in*-8.

☞ L'Edition d'Amsterdam, 1653, est très-belle.]

L'Auteur est mort en 1654. Il a composé ses Annales sur les Mémoires des Ducs de Mayenne & de Rohan, & sur les Actes publics, au rapport de Martin Zeiller. Selon Guy Patin, Lettre 91 du premier Tome, datée du 15 Septembre 1654, « cet Auteur se faisoit de fête pour obtenir des Mémoires, & pousser son Histoire jusqu'à la mort du Roi : mais le Cardinal Mazarin n'a pas voulu lui donner cet emploi. Il est mort depuis peu à Toulouse. Son Livre est peu de chose, & infiniment au-dessous de l'Histoire du Président de Thou.

Règne de Louis XIII. 1629.

» Thou. Il est rempli de faussetés & de flatteries indi-
» gnes d'un homme d'honneur. Quand il fut achevé
» d'imprimer & près d'être mis en vente, M. de Gra-
» mond fit refaire les quinze dernières feuilles, pour y
» flatter plus fortement le Cardinal de Richelieu, qui
» étoit alors au plus haut point de sa faveur. Ce bon
» homme crut qu'il n'y avoit point de termes assez forts
» pour le louer ; mais il n'y gagna rien : car le Cardinal
» vint à mourir ».

Le même Patin, dans sa septième Lettre, écrite à
Charles Spon, dit encore « que le Président de Gramond n'approche en rien de M. de Thou ; que son
Latin n'est guères bon ; qu'il n'y a pas un éloge qui
vaille ; qu'il y a peu de particularités, & que ce n'est
autre chose que le Mercure François assez mal tourné.

« Le style de Gramond [dit Funccius] est confus &
» embarassé, & d'une brièveté fort affectée ; il paroit
» avoir voulu imiter le style de Tacite. Il est, au reste,
» comparable à Jacques-Auguste de Thou, en ce que
» comme lui il dit la vérité sans rien craindre, ne dis-
» simulant jamais les fautes grossières des Grands & des
» Courtisans : aussi a-t-il eu le même sort ; à peine son
» Histoire fut mise en lumière, qu'elle lui attira la haine
» d'un grand nombre de personnes ; en sorte qu'il n'étoit
» pas même en sûreté à Toulouse. C'est ce qui est cause
» qu'il n'y a que la première partie qui ait vu le jour. Si
» l'on donnoit la suite, on pourroit regarder cet Ou-
» vrage comme un chef-d'œuvre comparable à tout ce
» qu'il y a d'achevé dans l'antiquité ; car l'Auteur avoit
» pénétré fort avant dans les secrets du Cabinet ». C'est
le jugement qu'en porte Chrétien Funccius, au tome I.
de son Livre intitulé : *Breviarium Orbis hodie Imperan-
tis, pag.* 443.

Bayle, dans son *Dictionnaire*, dit que le style de
Gramond est un peu trop concis, & qu'il n'est pas
assez naturel.

Chrétien Gryphius parle de cet Auteur à la page 225
de sa *Dissertation sur les Historiens de France*, d'une
manière peu honorable. « Gramond, dit-il, a écrit
» en Latin ; mais son style empoulé & plein de maniè-
» res recherchées avec trop de soin, ne plaira pas beau-
» coup aux personnes bien sensées. Aussi Sarrau dit de
» lui, qu'il se sert d'un *Latin de Cuisine*. Il s'est d'ail-
» leurs trop déchaîné contre les Protestans, & s'est dé-
» claré trop ouvertement pour le Cardinal de Richelieu
» par ses flatteries ; de sorte qu'il ne paroit pas avoir
» attrapé le point de perfection qu'il avoit en vue.

« Gramond a continué l'Histoire de M. de Thou
» [& Rigault] depuis 1610 jusqu'en 1629, d'un style
» concis & confus. Il se donne la liberté de dire tout
» ce qu'il pense, à l'imitation de M. de Thou ; mais il
» n'a pas acquis la même autorité ». Denys Simon, au
tom. II. de sa *Bibliothèque historique des Auteurs du
Droit, pag.* 126.

☞ *Voyez* encore sur cette Histoire, la *Méth. hist.
in-4. de Lenglet, tom. IV. pag.* 115. = Lambert, *Hist.
Littér. du règne de Louis XIV. tom. I. Liv.* 4, *Disc.
pag. vj.* = *Bibl.* de Colomiez, *pag.* 188. = Le Gendre,
tom. II. pag. 36. = *Mém. d'un Favori du Duc. d'Orléans, pag.* 150. = *Isagog.* in not. *script. Hist. Gall.
part.* 2, *pag.* 18 : *purt.* 3, *pag.* 22.]

21570. ☞ Lettre de M. D'ANDILLY à M. de
Mourave, au sujet de l'Histoire de France
de Gramond : 1643, *in-8.*

Elle se trouve aussi dans le Recueil de ses *Lettres*,
avec d'autres sur le même sujet. Il nous a appris lui-même dans ses *Mémoires*, que pour empêcher que ces
Lettres ne fussent perdues au bout d'un temps, il s'é-
toit laissé aller à donner ce Recueil. *Mém. d'Andilly* :
Hambourg, (Paris) 1734, *in-8.*]

21571. Mss. Les Lauriers triomphans du
Grand Alcide Gaulois, Louis XIII. conte-
nant les troubles suscités en France par les
Tome II.

nouveaux Prétendus-Réformés, sous les rè-
gnes de François I. Henri II. François II.
Charles IX. Henri III. & Henri IV. & les
Victoires que le Grand Alcide a remportées
sur ses Sujets rébelles ; par Pierre BOYER,
Sieur du Pat : *in-fol.*

Cette Histoire est conservée dans la Bibliothèque de
M. le Chancelier Seguier, num. 394. des Manuscrits.
[*Voyez* dans la Bibliothèque de S. Germain des Prés.]

21572. ☞ Panégyrique de Louis le Juste ;
par Pierre DE SAUMAISE, Sieur de Chazans,
Conseiller au Parlement de Dijon : *Dijon*,
Guyot, 1629, *in-4.*]

21573. ☞ Panegyricus Ludovico Justo
scriptus ; auctore Cl. Bartholomæo MORI-
SOTO : *Divione*, Guyot, 1629, *in-4.*]

21574. Panégyrique au Cardinal de Richelieu, sur ce qui s'est passé aux derniers troubles de France : *Paris*, du Bray, 1629, *in-4.*

Ce Panégyrique est de Jean DE SILHON, de l'Académie Françoise, mort en 1666.

21575. La prise du Fort de Privas en Vivarais : *Aix*, 1629, *in-8.*

21576. ☞ Mss. Commentaire du Soldat de
Vivarais, depuis 1621 jusqu'en 1629 : *in-4.*

Dans la Bibliothèque de M. le Marquis d'Aubais,
num. 105 : *in-4.*]

21577. Histoire de la Rébellion excitée en
France par les Rébelles de la Religion Prétendue-Réformée, depuis le rétablissement
de la Foi dans le Béarn, en 1620 jusqu'en
1622, avec ce qui s'est passé de considérable dans les autres Etats de l'Europe ; par
C. M. H. *Paris*, 1622, *in-8.* 2 vol.

Cette Histoire est la même que Claude MALINGRE,
Historiographe, a publiée sous trois titres différens en
même temps, rapportés à l'année 1622, ci-devant,
[N.os 21132-21134.]

Troisième & quatrième Tome sous ce titre :
Histoire de notre temps, ès années 1623,
1624 & 1625 : *Paris*, 1625, *in-8.* 2 vol.

Suite de l'Histoire de la Rébellion pendant les
années 1625, 1626, 1627, 1628 & 1629 :
Paris, 1629, *in-8.*

« C'est contre les Mémoires qui racontent les Guer-
» res civiles, qu'on doit principalement se précau-
» tionner : c'est dans ces sortes de Mémoires, où la par-
» tialité & l'animosité régnent le plus. Nous en avons tant
» d'exemples dans une infinité d'Ecrits historiques, pu-
» bliés depuis le règne de François II. jusqu'à celui de
» Louis XIII. par les Catholiques & par les Huguenots,
» & la chose est si connue, qu'il seroit inutile de faire
» sur ce sujet la critique de quelques-uns d'eux en par-
» ticulier. C'est-là l'effet ordinaire des Guerres civiles,
» & sur-tout des Guerres civiles allumées par le motif
» ou par le prétexte de la Religion ». Le Père Daniel,
dans la *Préface de l'Histoire de France.*

21578. ☞ Mss. Ligue du Duc de Rohan
avec l'Espagne en 1629 : *in-fol.*

Cette Pièce est indiquée entre celles du num. 3301
du Catalogue de M. le Blanc.

21579. Mémoires (de Henri) Duc DE RO-

Mmm

MAN, fut les choses advenues en France, depuis la mort de Henri IV. jusqu'à la Paix faite par les Réformés, en 1629 : *Amsterdam*, 1644 (ou 1645). *in*-12. 1646, *in*-16.

Les mêmes, Edition postérieure, augmentée : *Paris*, 1661, *in*-12. 2 vol.

On trouve à la fin le Voyage du Duc de Rohan, fait en l'an 1600, en Italie, Allemagne, Pays-Bas, Angleterre, Ecosse ».

Les mêmes, dernière Edition, augmentée d'un quatrième Livre, contenant la troisième Guerre contre les Réformés, avec divers Discours politiques, & un Traité de l'Intérêt des Princes, du même Auteur : *Paris*, 1665, 1698, *in*-4. & *in*-12. 2 vol.

☞ Dans l'Edition de 1665 se joint le Traité de l'Intérêt des Princes, du même Auteur; Le Père le Long s'est trompé, en croyant cette Edition augmentée du quatrième Livre : il se trouvoit déja dans la seconde Edition de 1646, ainsi que les Discours politiques.

C'est M. de Sorbière qui fit imprimer ce Livre en 1644. Il en avoit apporté le Manuscrit de Languedoc, comme on le voit dans le *Sorberiana*, & dans une Lettre de M. de Gravérolles, Avocat à Nîsmes, à M. de Comminges. M. le Prince, maltraité dans les Mémoires de M. de Rohan, a fait retirer tous les Exemplaires de cette première Edition, qu'il a fait payer au Libraire : c'est ce qu'on apprend d'une Lettre de M. Dupuy, à Saumaise, du 4. Mai 1645. Elle étoit parmi les Lettres manuscrites de Saumaise, chez M. Philibert de la Mare, à Dijon, & elles sont à présent dans la Bibliothèque du Roi.

C'est de cette première Edition des *Mémoires de Rohan*, que parle l'Abbé Lenglet, comme étant très-rare : il la rapporte sous ce titre : « Mémoires pour servir à » l'Histoire de notre temps, par le S.D.D.R. 1645, » *in*-8. » Il faut qu'ils soient en effet devenus fort rares, par la raison marquée ci-dessus; car je ne les ai vus dans aucun Catalogue, si ce n'est dans celui de Lancelot, num. 3388, où ils ne furent pas connus pour rares, n'y ayant été vendus que vingt sols.]

☞ Les mêmes, augmentés de divers Discours politiques du même Auteur, & de son Voyage en Italie, en Allemagne, dans les Pays-Bas, en Angleterre & en Ecosse, l'an 1600 : *Amsterdam*, (*Paris*,) 1756, *in*-8. 2 vol.

La Préface, qui est sous ce titre, *Avis des Libraires*, est de M. l'Abbé Goujet.]

☞ Les mêmes : *Amsterdam*, (*Paris*) 1756, *in*-12. 4 vol.

Il n'y a dans ces Editions presque rien de plus que ce qui est dans celle de 1661, qui est la plus ample, & qui commençoit à devenir rare.

Les Mémoires du Duc de Rohan contiennent l'Histoire des trois Guerres qu'il soutint en France pour la défense des Prétendus-Réformés, & le détail des Négociations auxquelles il eut part. Ils sont curieux, & écrits avec une noble simplicité.

L'Auteur commence ainsi sa Préface. « Voici les Mé- » moires des trois dernières Guerres civiles soutenues » en France pour la défense des Réformés. Le sujet de » la première fut le Béarn; de la seconde, l'inexécution » de la Paix de Montpellier, & celui de la troisième, » l'espérance de sauver la Rochelle ». Le Duc de Rohan, mort en 1638, a été l'un des grands Capitaines & l'un des grands Politiques qu'il y ait eu en France. Ces Mémoires furent écrits en 1629 à Venise, où le Duc de Rohan s'étoit retiré, & ils furent publiés d'a-

bord à Amsterdam par les soins de Samuel de Sorbière.

Selon l'Abbé le Gendre, « ces Mémoires sentent son » homme de qualité, qui parle également bien de la » Guerre & du Cabinet; hors quelques phrases suran- » nées & quelques vieux termes, la diction en est assez » pure, le style clair & laconique. Ce Duc n'a rien agréa- » blement, & donne à tout ce qu'il dit un air à se faire » croire, dans les occasions même où il doit être le » plus suspect ».

Auguste Galland, qui étoit Religionnaire, choqué de ce que M. le Duc de Rohan avoit parlé désavantageusement de lui dans ses Mémoires, en entreprit une réfutation qu'il n'acheva pas : un de ses parens ou amis devoit la continuer jusqu'en 1629. La Préface & les motifs de cette Réfutation sont au num. 544. des Manuscrits de M. Seguier, [qui sont à S. Germain des Prés.]

☞ *Voyez* sur les *Mémoires de Rohan*, le Gendre, tom. II pag. 51. = Lenglet, *Méth. hist. in*-4. tom. IV. pag. 124. = Galland, *Mémoires de Navarre*.]

21580. ☞ Mf. Voyage de Henri, Duc de Rohan : *in*-4.

Ce Voyage original est indiqué num. 32 des Manuscrits du Catalogue de M. Godefroy.]

21581. ☞ Recueil de plusieurs Pièces concernant le Duc de Rohan & les Guerres de Languedoc de son temps, en 1627, 1628 & 1629 : *in*-8.]

21582. ☞ Mf. Traité de M. DE ROHAN avec l'Espagnol : 1629.

Ce Manuscrit est dans la Bibliothèque de M. Feret de Fontette, Conseiller au Parlement de Dijon. Le Duc de Rohan y promet d'entretenir la guerre en France tant qu'il plaira à l'Espagne.]

21583. Mf. Histoire des troubles de la Religion Prétendue-Réformée, depuis le Voyage du Roi Louis XIII. en 1620, jusqu'à la Paix faite en 1629 : *in-fol*.

Cette Histoire est citée dans le Catalogue des Manuscrits de M. le Chancelier Seguier. Ce pourroit bien être les *Mémoires du Duc de Rohan*.

21584. Histoire des Guerres de Louis XIII. contre les Religionnaires rebelles; par Charles BERNARD, Historiographe de France; *Paris*, de l'Imprimerie Royale, 1633, *in-fol*.

Sorel, neveu de l'Auteur, dit, *pag.* 356 de sa *Bibliothèque Françoise*, qu'on ne tira que deux ou trois douzaines d'Exemplaires de ce Livre, pour le faire voir au Roi & à ses Ministres. Il se trouve en entier dans l'Histoire du même Auteur a composée du Règne de Louis XIII. rapportée ci-après, [à la fin de ce Règne.]

Le même Sorel, dans la Vie de son Oncle, dit, » que quelque Ministre peut-être donna son Exemplai- » re à quelque autre Historien qui en sçut faire son » profit, ayant trouvé sa matière toute prête, qu'il n'a » eu, qu'à ranger à sa mode, accommodant le tout à » l'avantage de ceux qu'il a voulu obliger, c'est-à-dire, » à l'avantage du Cardinal de Richelieu ». On ne peut douter que ce ne soit de Dupleix, dont Sorel veut parler ici.

☞ *Voyez* sur l'Auteur & sur son Ouvrage, les *Mémoires du P. Niceron*, tom. XXVIII. pag. 326.]

21585. L'Histoire des Guerres des Huguenots, faites en France sous le Règne de

Louis XIII, avec le Plan des Villes qui ont été affiégées: *Paris*, 1634, *in*-4. *Paris*, 1665, *in*-12. 2 vol.

Louis DE MAYNE, Baron de Chabans, Gentilhomme ordinaire de la Chambre du Roi, Auteur de cette Hiſtoire, rapporte exactement ce qui s'eſt paſſé dans cette Guerre, où il a eu quelque commandement.

☞ *Voyez* la *Méth. hiſtor. in*-4. de Lenglet, *t. IV.* pag. 124.]

21586. Avis au Roi, ſur les mouvemens d'Italie, publié par le Duc de Savoye, en 1628: *in*-8.

21587. Réponſe à l'Avis publié ſur l'impoſſibilité du paſſage de France en Italie, par le Piémont.

Cette Réponſe eſt imprimée à la page 658 des *Mémoires de Villars*, ſeconde Edition.

La même Réponſe, ſous ce titre: Réponſe d'un Gentilhomme à un diſcours François, intitulé; *Avis au Roi*.

Le même, ſous ce titre: Réponſe au Manifeſte du Duc de Savoye, dédiée à ſon Alteſſe, traduite de l'Italien, imprimée à Francfort en 1628: *in*-8.

Le même Avis eſt imprimé dans le Recueil de du Chaſtelet, *pag.* 44: *Paris*, 1635, *in-fol.*

☞ On lui répond qu'il n'y a pas lieu de ſoupçonner, encore moins de craindre une rupture avec l'Eſpagne & l'Empire; qu'il eſt de la juſtice & de l'intérêt du Roi de protéger le Duc de Mantoue, & que Caſal n'eſt pas une Ville auſſi indifférente que ſon Alteſſe voudroit le faire croire.]

21588. Lettres, Déclarations, Manifeſtes de ſon Alteſſe de Savoye examinés; Intentions de Sa Majeſté, & Actions du Cardinal de Richelieu, juſtifiées dans la Réponſe de la Breſſante, à un Savoyard: 1630, *in*-4. *Paris*, Martin, 1630: *in*-8.

Les mêmes Pièces ſont imprimées dans le Recueil de du Chaſtelet, *pag.* 66: *Paris*, 1635, *in-fol.* Ce Recueil eſt ſigné par François de Vellay; mais Matthieu DE MORGUES, Sieur de Saint-Germain, s'avoue l'Auteur de cette Pièce. Il étoit François de Nation, & du Pays de Vellay. C'eſt la ſeule fois qu'il ait écrit en faveur du Cardinal de Richelieu.

☞ Quand le Père le Long a fait cette remarque, il lui a échappé que l'Abbé de S. Germain avoit déjà écrit en faveur de ce Cardinal, quatre années auparavant, en 1626, dans ſon *Avis d'un Théologien ſans paſſion*, que le P. le Long rapporte ci-après à l'Article des *Alliances politiques*.

La Lettre de François de Vellay, Seigneur Breſſan, répond à une autre qui lui conſeilloit de prendre le parti du Duc de Savoye, attendu que la plus grande partie de ſes biens étoit dans ſes Etats. Il dit que préférant ſon honneur à ſes intérêts, il ſuivra le parti qui a la juſtice de ſon côté; que ce parti eſt inconteſtablement celui de la France, & il le prouve par un récit ſimple & ſuivi, de tout ce que le Duc de Savoye a fait & témoigné de mauvaiſe volonté, depuis le Traité de Suze juſqu'à la priſe de Pignerol.]

21589. Conquêtes modernes des François: *Paris*, 1629, *in*-8.

21590. Relation du Siége de Mantoue, en 1629.

Cette Relation, écrite par Louis-Hannibal D'ESTRÉES, Tome II.

depuis Maréchal de France, ſe trouve imprimée avec ſes *Mémoires de la Régence de Marie de Médicis*: *Paris*, 1666, *in*-12.

21591. ☞ Mſ. Relation des Affaires de Mantoue; par M. D'ESTRÉES: Remarques ſur ladite Relation.

Ces Manuſcrits, d'écriture ancienne, ſont dans la Bibliothèque de M. Fevret de Fontette, Conſeiller au Parlement de Dijon.]

21592. Relatione de gli Affari di Mantoua: *In Francfort*, 1629, *in*-4.

21593. ☞ Mſ. Relation de ce qui s'eſt paſſé ſur le différend des Duchés de Mantoue & de Montferrat, entre le Duc de Nevers, depuis Duc de Mantoue; & le Duc de Savoye: 1629.

Dans la Bibliothèque de M. Fevret de Fontette.]

21594. ☞ Sylva-Duceſis expugnatio; auctore Petro DE BOISSAT.

La Relation du Siége de Bois-le-Duc ſe trouve dans le Recueil de ſes *Œuvres Latines*: 1649, *in-fol.*

Cette Ville fut priſe le 14 Septembre 1629, par Frédéric Henri Prince d'Orange, aſſiſté des troupes de France & d'Angleterre.]

21595. ☞ Diſcours d'Etat, à Monſieur, frère unique du Roi: 1629.

Ce Diſcours eſt imprimé au tom. XVII. du *Mércure François*. L'Auteur dit avoir été engagé par le Roi à l'écrire. Il fait ſentir au Prince combien ſa retraite peut être dangereuſe, ce que le Roi a fait pour lui, & l'injuſtice de ſes plaintes contre les Miniſtres. Il l'exhorte à rentrer dans les bonnes graces du Roi, s'il veut jouir des honneurs dûs à ſa qualité.]

21596. ☞ La Défaite de ſept Navires Anglois, par M. le Baron de la Luthumière, Gouverneur pour Sa Majeſté, de la Ville & Château de Chèrebourg, la veille & jour du Saint Sacrement dernier, aux côtes de mer du Bailliage de Coſtentin, en Normandie: 1629, *in*-8.]

21597. ☞ Lettre du Roi à M. le Duc de Montbazon, Pair, grand Veneur, Gouverneur & Lieutenant Général en l'Iſle de France, contenant la délivrance de la Ville de Caſal, le ravitaillement de la Place, & la retraite des Eſpagnols qui la tenoient aſſiégée: 1629, *in*-8.]

21598. ☞ Déclaration du Roi, contre ſes Sujets de la Religion Prétendue-Réformée, qui demeureront engagés dans la Rébellion, ne tenans les armes, ou tenans les Villes & Places contre le ſervice de Sa Majeſté; vérifiée en Parlement le 15 de Janvier 1629: *in*-8.]

21599. ☞ Relation de la priſe du paſſage de Suze, envoyée du Camp de Sa Majeſté, le 8 Mars 1629: *in*-8.]

21600. ☞ Relation véritable de ce qui s'eſt fait & paſſé au Voyage du Roi, ſur la priſe des Barricades & Villes de Suze en Piedmont, ſur les Etats du Prince de Savoye; enſemble le ſecours envoyé par Sa Majeſté

M m m 2

à Cazal, conduit par M. le Maréchal de Crequy: 1629, in-8.]

21601. ☞ Lettre du Roi à M. d'Halincourt, de Suze, le 27 Avril 1629.

Il lui mande la levée du Siége de Cazal, & que son dessein est d'aller en Languedoc pour y soumettre ses Sujets rebelles.]

21602. ☞ Lettre de M. le Duc DE MAYENNE, à Madame de Longueville sa tante, contenant la délivrance de mondit Seigneur Duc de Mayenne, retenu prisonnier de l'Espagnol: 1629, in-8.]

21603. ☞ Récit véritable de la prise de Vézel; ensemble ce qui s'est fait & passé au Siége de Bosleduc, depuis le 21 d'Août jusqu'à présent: 1629, in-8.]

21604. ☞ Relation & Mémoire des munitions qui ont été trouvées dans la Ville de Vézel, tant de bouche que de guerre, pour donner secours à la Ville de Bosleduc, & le nombre des prisonniers qui ont été pris; ensemble la grande quantité d'or & d'argent que l'on a trouvée dans ledit Vézel: 1629, in-8.]

21605. ☞ Edit du Roi sur la grace & pardon qu'il a plû à Sa Majesté donner, tant au Duc de Rohan & Sieur de Soubise, qu'à tous ses autres Sujets rebelles des Villes, plat-Pays, Châteaux & Places des Provinces du haut & bas Languedoc; avec les Articles vérifiés au Parlement de Tolose, le 27 Août 1629: in-8.]

21606. ☞ Harangue prononcée devant la Sérénissime Seigneurie de Venise, & l'Ambassadeur du Roi; par Rémond VIDAL, Gentilhomme François, sur l'heureux succès des armes de Sa Majesté; traduite d'Italien en François par le Sieur de Marcilly, Dijonnois: 1629, in-8.]

21607. ☞ L'Arche reposée sur la France, sous la conduite de Louis le Juste; par Pierre DE XAINTONGE, Avocat Général du Parlement de Dijon: Dijon, 1629, in-4.]

21608. Ms. ☞ La Pyramide Royale, ou Panégyrique de Louis XIII.

Ce Manuscrit du temps est conservé dans la Bibliothèque de M. Fevret de Fontette, à Dijon.]

21609. Ms. ☞ Origine de la Guerre d'Allemagne: 1629.

Dans la même Bibliothèque. C'est un Manuscrit du temps.]

21610. Ms. ☞ Divers Supplémens à l'Histoire de France, depuis le commencement du ministère du Cardinal de Richelieu jusqu'en 1630: in-fol.

Ces Supplémens, depuis 1624 jusqu'en 1630, sont conservés dans la Bibliothèque du Roi, num. 9295.

21611. ☞ Relation de qui s'est passé en Italie, en 1630.

Elle se trouve dans le Recueil de Pièces de du Chastelet, pag. 521.]

21612. Le Prince; par Jean-Louis-Guez DE BALZAC: Paris, 1631, in-8.

Le même Livre, retouché par l'Auteur: Paris, 1661, in-12.

Le même est aussi imprimé au tom. II. des Œuvres de l'Auteur, Paris, 1665, in-fol. Balzac est mort Membre de l'Académie Françoise, en 1654. Son Livre n'est proprement qu'un Panégyrique ou Histoire de Louis XIII. jusqu'au premier Voyage d'Italie & la prise de Suze. C'est un Eloge de sa piété & de sa prudence, orné de toutes les fleurs de l'éloquence.

☞ Cet Ouvrage est écrit d'un goût précieux & ampoulé; ce n'est pas, comme le titre le semble faire croire, un Traité de politique, mais un Eloge pompeux des vertus & des triomphes de Louis XIII. que l'Auteur compare avec les plus grands Princes, & dans lequel il a semé quelques réflexions sur le Gouvernement. Il rend compte dans la première Lettre au Cardinal de Richelieu du Plan de son Ouvrage, & du style qu'il y a employé. Dans la seconde, il fait l'Apologie de son style, & celle du différend de ce Ministre avec la Reine Mère. Balzac étoit très-attaché au Cardinal.

Voyez sur son Ouvrage, le P. Niceron, t. XXIII. pag. 324. = Diction. de Bayle, Art. Balzac, Note F. = Mém. de Marolles, tom. III. pag. 233.]

21613. ☞ Discours sur le Livre de Balzac, intitulé: Le Prince: in-8.]

21614. ☞ Continuation des Affaires d'Italie, depuis 1561 jusqu'en 1629.

Cette Continuation est imprimée au tom. II. des Mémoires de Villars; par Claude MALINGRE: Paris, 1630, in-8. 2 vol.]

21615. * Ms. Histoire de France, sous le Régne de Louis XIII. ou Mémoires du Cardinal DE RICHELIEU, depuis l'an 1609 jusqu'en 1630: in-fol. 4 vol.

Le premier va depuis 1609 jusqu'en 1619, & le dernier ou quatrième comprend l'Histoire de l'année 1629. Le Cardinal y marque beaucoup de partialité contre les Grands qui n'avoient pas sçu fléchir devant lui. Ces Manuscrits sont déposés au Dépôt des Affaires Etrangères.

21616. Relation des Affaires de Mantoue, en 1628, 1629 & 1630.

Cette Relation; qui est de Louis DE GURON, se trouve imprimée au tom. II. des Divers Mémoires pour les Guerres d'Italie, rapportés ci-après, [à l'année 1632.]

21617. ☞ Histoire de la Sédition arrivée en la Ville de Dijon, le 28 Février 1630, & le Jugement rendu par le Roi sur icelle: Paris, & Lyon, 1630, in-8.

Cette Histoire a été composée par Charles FEVRET, Auteur du Traité de l'Abus, mort en 1661, âgé de 79 ans.]

21618. ☞ Harangue du Sieur (Charles) Fevret, au Roi, au nom de la Ville de Dijon, pour lui demander pardon.

Cette Harangue est imprimée au tom. XV. du Mercure François. Elle fut faite au sujet de la sédition arrivée à Dijon le 28 Février 1630. La cause de ce tumulte vint de ce qu'on avoit fait entendre au Peuple qu'on vouloit établir en Bourgogne les Aydes & plusieurs autres impôts, ce qui étoit absolument faux. Le Roi vint à Dijon le 27 Avril, & pardonna aux Habitans, sous plusieurs conditions qu'on peut voir dans l'Arrêt qu'il fit prononcer le 28 dudit mois.]

21619. Relation de ce qui s'est passé en Piémont, depuis l'arrivée du Cardinal de Richelieu, entre les Armées du Roi & du Duc de Savoye: *Paris, & Troyes,* 1630, *in-*8.

21620. Mſ. Journal du Siége de Caſal, en 1630, par DE LA SERRE, Major au Régiment de la Grange, corrigé de la main de Regnaud de Tremeaux, Meſtre-de-camp audit Caſal: *in-fol.*

Ce Journal [étoit] conſervé à Dijon, dans la Bibliothèque de M. de la Mare, [& a paſſé dans celle du Roi.]

21621. ☞ La priſe de la Ville & Château de Carignan en Piémont, par M. le Duc de la Trimouille, Meſtre-de-camp de la Cavalerie Légère de France; enſemble la Défaite du ſecours envoyé au Marquis Spinola, par M. le Duc de Montmorency, Lieutenant Général de Sa Majeſté: 1630, *in*-8.]

21622. ☞ Relation de ce qui s'eſt paſſé en l'attaque des Forts & demi-Lunes faites par l'Armée ennemie, au-devant du Pont de Carignan, le 6 Août 1630, depuis la priſe de ladite Ville; avec la mort & priſon des principaux Chefs & grands Seigneurs qui commandoient l'Armée d'Eſpagne: 1630, *in-*8.]

21623. ☞ La priſe de la Ville de Veillane, par M. le Comte de Schomberg: 1630, *in-*8.]

21624. ☞ Véritable Relation de ce qui s'eſt paſſé à Cazal & Montmélian, avec le Traité de la Trève; enſemble la mort du Marquis de Spinola, &c. 1630, *in-*8.]

21625. ☞ Récit véritable des particularités & circonſtances plus remarquables du Combat de Veillane, ſous la conduite de MM. de Montmorency & Marquis d'Effiat, le 10 Juillet 1630; enſemble les dernières nouvelles de Caſal: *in-*8.]

21626. ☞ Relation du Combat arrivé le 10 Juillet 1630, entre partie des Troupes que le Roi faiſoit paſſer pour aller joindre ſon Armée en Piedmont, & les Troupes du Duc de Savoye, jointes à celles du Marquis de Spinola, envoyées audit Duc: 1630, *in-*8.]

21627. ☞ Lettre du Roi à Monſieur, frère unique de Sa Majeſté, ſur la défaite des Troupes du Duc de Savoye: 1630, *in-*8.]

21628. ☞ Harangue de M. LE PRINCE, faite à l'ouverture des Etats de Bretagne, le 7 Août 1630: *in-*8.]

21629. ☞ Mſ. Lettre du Duc de Savoye, à ſes Sujets, ſur les mouvemens des Armées Françoiſes. ⚓ Manifeſte d'un de ſes Miniſtres, ſur les manquemens de parole du Cardinal de Richelieu: 1630.

Ces Manuſcrits ſont dans la Bibliothèque de M. Fevret de Fontette, Conſeiller au Parlement de Dijon.

21630. ☞ La Caſaque du Savoyard: 1630, *in-*8.

Piéce ingénieuſe & ſatyrique, en Vers, ſur la dupliſité de ce Prince.]

21631. ☞ Récit véritable de ce qui s'eſt fait & paſſé à la priſe & réduction de la Ville & Citadelle de Pignerol, après avoir donné un furieux aſſaut; enſemble ce qui s'eſt paſſé au pillage de Rivole, par M. le Maréchal de Crequy: 1630, *in-*8.]

21632. ☞ Lettre du Roi à M. le Duc de Montbazon, Pair & grand Veneur de France, Gouverneur & Lieutenant Général pour Sa Majeſté à Paris & Iſle de France, ſur l'heureux ſuccès des Armes de Sa Majeſté, en la Conquête entière du Duché de Savoye: 1630, *in-*8.]

21633. ☞ Lettre du Roi envoyée à M. le Duc de Briſſac, Pair & grand Pannetier de France, Lieutenant Général pour Sa Majeſté en Bretagne; avec la Relation de tout ce qui s'eſt paſſé en Savoye, depuis le 14 de Mai juſqu'au 9 du préſent mois de Juin: 1630, *in-*8.]

21634. ☞ Articles accordés par Sa Majeſté Très-Chrétienne, aux Habitans de la Ville de Chambery en Savoye: 1630, *in-*8.]

21635. ☞ Relation de ce qui s'eſt paſſé entre l'Armée Impériale & celle de Mantoue, depuis leur entrée juſqu'à leur retraite, avec les Nouvelles qu'on a eues de Milan, depuis la Levée du Siége: 1630, *in-*8.]

21636. ☞ Mſ. Relation de la priſe de Mantoue: 1630.

Ce Manuſcrit du temps eſt conſervé dans la Bibliothèque de M. Fevret de Fontette, à Dijon.]

21637. ☞ L'Ordre & Cérémonies obſervées au Baptême du Prince d'Angleterre: 1630, *in-*12.

Ce Prince eſt le Duc de Cornouailles, qui fut baptiſé le lundi 27 Juin 1630, ſur les quatre heures du ſoir, & eut pour parrains les Rois de France & de Bohême, & pour marraine la Reine Mère.]

21638. ☞ La Fille du temps, c'eſt-à-dire, la Vérité récitant les maux faits à la France par les Huguenots, depuis l'Edit de Pacification; les mauvais deſſeins & pernicieuſes délibérations des Rochelois, les progrès du Roi ſur les Rébelles, les remarques du Siége de Montauban; Prières paraphraſiques pour la conſervation de Sa Majeſté, aux occaſions de la Guerre: la Ville de Lyon, aſſiégée de contagion aux pieds de Dieu; & autres Piéces curieuſes & utiles; par Laurent Miribelois Breſſand: *Lyon,* 1630, *in-*8.

C'eſt un Recueil d'aſſez mauvaiſes Piéces, en Vers, ſur différentes affaires de ce temps: 1629, *in-*8.]

21639. ☞ Mſ. De Juſtitia Regis Chriſtianiſſimi in rebus Italiæ: 1630.

Dans la Bibliothèque de M. Fevret de Fontette, Conſeiller au Parlement de Dijon.

21640. ☞ Mſ. Relation de ce qui s'eſt fait en Italie par Louis XIII. pour ſecourir le Duc de Mantoue: 1630.

Manuſcrit du temps dans la même Bibliothèque.]

21641. Les heureux progrès des Armées de Louis XIII. en Piémont & Montferrat, depuis le mois de Juillet 1630 jusqu'au mois d'Octobre de la même année ; par P. S. D. B. N.

Ces Lettres initiales ne signifient rien ; car elles n'ont aucun rapport avec le nom d'Antoine COIFFIER, dit RUZÉ, Maréchal D'EFFIAT, Surintendant des Finances, qui est l'Auteur de cet Ecrit. Il est imprimé dans le Recueil de *Diverses Relations : Bourg en Bresse*, 1632, *in-*4. & dans le Recueil de *Divers Mémoires*, touchant les Guerres d'Italie, [rapporté sous l'année 1632.] L'Auteur est mort cette même année.

21642. Ludovici XIII. Expeditio in Italiam pro Carolo Duce Mantuæ ; Auctore Joanne-Baptista DE MACHAULT, è Societate Jesu : *Parisiis*, Morel, 1630, *in*-4.

21643. ☞ Casallum bis liberatum, sive Belli Italici pro Duce Mantuano confecti duplex expeditio, Poema in duas partes ; Auctore P. BERTHAULT : *Paris*, 1631, *in*-8.

Il y a eu quelques autres Poëmes sur le même sujet.]

21644. Relation très-particulière de ce qui s'est passé au Piémont, depuis le commencement de la Trève jusqu'à la Paix de Cafal ; par Henri de SCHOMBERG, Maréchal de France : 1630, *in*-4.

La même Relation est imprimée au tom. II. du Recueil de *Divers Mémoires touchant les Guerres d'Italie*, rapporté ci-après, [à l'année 1632.] Ce Maréchal est mort en 1632.

21645. Relation fidèle de tout ce qui s'est passé en Italie, l'an 1630, entre les Armées de France & celles de l'Empereur, du Roi d'Espagne & du Duc de Savoye : *Paris*, 1631, *in*-8.

La même Relation est imprimée dans le *Recueil de du Chastelet*, pag. 186 : *Paris*, 1635, *in-fol.* & dans le Recueil de *Divers Mémoires des Guerres d'Italie*, rapporté ci-après. Elle est d'Armand-Jean DU PLESSIS, Cardinal DE RICHELIEU.

21646. Histoire de ce qui s'est passé en Italie, pour le regard des Duchés de Mantoue & de Montferrat, depuis l'an 1628 jusqu'en 1630 ; par le Seigneur D'EMERY, Intendant des Finances & des Vivres de l'Armée.

Cette Histoire est imprimée dans le Recueil de *Diverses Relations : Bourg en Bresse*, 1632, *in*-4. Michel Particelli, Seigneur d'Emery, est mort en 1650.

21647. Movimenti d'Armi in Italia per occasione del Ducato di Mantoua & di Monferrate, Istoria di tre anni dal 1628, fino all'anno 1630, da Alessandro ZILIOLO.

Cette Histoire est imprimée au Livre III. de la troisième Partie des *Histoires mémorables de son temps*, [en Italien] : *In Venetia*, 1642, *in-*4.

21648. Delle Guerre d'Italia dall'anno 1613, all'anno 1630, tomo primo ; da Luca ASSARINI : *In Torino*, Zavetta, 1665, *in-fol.*

21649. Tableau des Victoires de Louis XIII. par Julien COLARDEAU, *Paris*, 1630, *in*-8.

21650. Le Baron de Fœneste, première partie, revue & augmentée par l'Auteur. Plus y a ajouté la seconde, ou le Cadet de Gascogne : *Maillé*, 1617, *in*-8.

La troisième partie, ensemble la première & la seconde, revues & augmentées par l'Auteur de divers Contes : *Maillé*, S. M. Imprimeur ordinaire de l'Auteur, 1620, *in*-8.

Seconde Edition [plus ample] de tout l'Ouvrage : *au Désert*, 1630, *in*-8.

☞ Les Avantures du Baron de Fœneste ; par Théodore Agrippa D'AUBIGNÉ, Edition nouvelle, augmentée de plusieurs Remarques historiques, de l'Histoire secrete de l'Auteur, par lui-même, & de la Bibliothèque de Maître Guillaume ; enrichi de Notes par M *** (Jacob LE DUCHAT ;) *Cologne*, Héritiers de Marteau, 1729, *in*-8. 2 vol.

Le Livre du Baron de Fœneste est l'Ouvrage de Théodore Agrippa D'AUBIGNÉ, dont l'Edition de 1630 [qui est rare,] a été faite à Genève, où il s'étoit retiré. ☞ C'est un Dialogue entre un homme sage & un Gascon évaporé, qui raconte agréablement toutes les » Avantures. Si on en avoit retranché quelques discours » qui sentent trop le Huguenot, ce seroit un très-bon » Livre en son genre. L'Ouvrage est de M. d'Aubigné, » qui a pris plaisir de mettre plusieurs contes de la vieille » Cour ». Sorel, *pag.* 198 de sa *Bibliothèque Françoise*. D'Aubigné est mort en 1630.

Le Baron de Fœneste, selon quelques-uns, est le Duc d'Espernon, à qui l'Auteur en vouloit, & contre qui principalement il écrit cette Satyre, qui contient plusieurs événemens des Règnes de Henri III. de Henri IV. & de Louis XIII. Ainay, qui parle toujours si sagement, n'est autre que du Plessis-Mornay.

» J'ai de la peine à croire, (dit Bayle, dans *sa Lettre cent vingt-troisième*,) « que le Baron de Fœneste soit » M. d'Espernon. Je croirois plutôt que d'Aubigné a » fait dire souvent à son Gascon des choses qui repré- » sentent la sotte admiration que plusieurs Gascons » avoient pour ce Duc, & qui fournissent une occasion » à l'Auteur de se moquer de lui. Une bonne partie » des choses qu'on fait dire au Baron de Fœneste, ne » conviennent point au Duc d'Espernon ».

Cette Satyre est ingénieuse, mais si obscure & si enveloppée, que souvent elle est inexplicable.

Voyez à son sujet, *Lettres sérieuses & badin. tom. V.* pag. 198. = *Bibl. Clément. tom. II. p.* 198. = *Le Nouv. du Parn. Lettr.* 33. = *Journ. de Verdun, Mai*, 1731. = Le Père Niceron, *tom. XXVIII. pag.* 223. = *Lettre de Bayle, tom. II. pag.* 477. = *Biblioth. des Rom. tom. II. pag.* 261. = *Biblioth. raison. tom. VII. pag.* 152. = *Isag. in not. Script. Hist. Gall. part.* 2 , *pag.* 42. = *Ducat. Pref.* = *Diction.* de Prosper Marchand, Art. *Aubigné, Note R.*]

21651. La Cythérée [Roman ;] par Marin le Roy, Sieur DE GOMBERVILLE : *Paris*, 1621, 1642, *in*-8. 9 vol.

La même : *Paris*, 1632, 1637, *in*-4. 5 vol.

La même : *Paris*, 1641, *in*-8. 5 vol.

La même : *Paris*, 1645, *in*-8. 5 vol.

☞ Ces trois dernières Editions, quoique sous le même titre, sont toutes différentes ; quant aux événemens.

Ce Roman est à peu près du même style que le Polexandre, & s'accorde fort avec les Coutumes antiques ; il contient sous des temps, des Provinces & des noms supposés, plusieurs rares & véritables Histoires du temps de l'Auteur, qui est mort en 1674.

21652. Le Timandre, Roman de Pierre Marcassus : Paris, Sara, in-8.

L'Auteur raconte sous des noms empruntés plusieurs Histoires du temps. Il est mort [après l'an 1664. Voyez Niceron, tom. XXXI. pag. 112.]

21653. Histoire de la Cour, sous le nom de Cléodonte & d'Hermelinde ; par Humbert : Paris, de Bray, 1629, in-8.

21654. ☞ La Clytie, ou le Roman de la Cour ; par (Jean) Buget de la Serre : Paris, Loyson, 1631, in-8. 2 vol. 1635, in-8.

Ce Livre ne parle de rien moins que de la Cour, comme le titre semble le promettre. Les autres Livres précédens racontent, sous des noms déguisés, plusieurs événemens du Règne de Louis XIII. & des précédens : c'est ce qui a déterminé à les marquer ici, quoiqu'on ne les juge guères propres à éclaircir l'Histoire de ces temps-là.

21655. Réponse à un Libelle contre les Ministres d'Etat ; faite par un bon & vrai François : 1630, in-4.

La même Réponse est imprimée dans le Recueil de du Chastelet, pag. 161 : Paris, 1635, in-fol. Elle ne fait point connoître le titre de ce Libelle, que je n'ai pu découvrir ailleurs. « La France, dit l'Auteur, a vu » depuis six mois un Ecrit que l'on semoit avec beau- » coup de soin...... rempli de beaucoup d'aigreur contre » les Ministres de cet Etat....... Le respect dû à celui » dont on avoit pris le nom pour servir de passeport à » ce Libelle, empêchoit ceux qui auroient eu la volonté » d'y répondre, de l'entreprendre ; mais après avoir vû » que tant d'excès ne pouvoient convenir à la bonté » d'une telle personne, je me suis résolu de prendre la » plume, convié à cela principalement par les mauvai- » ses impressions qui en sont demeurées, en beaucoup » d'esprits....... & pour avoir sçu que l'Italie, l'Espagne, » l'Angleterre & l'Allemagne l'avoient traduit en leur » Langue.

☞ C'est une Réponse aux Libelles intitulés : Mysteria politica, & Admonitio ad Regem, (rapportés ci-après à l'Article des Alliances politiques.) L'Auteur fait voir dans cette Réponse, que les Rois sont maîtres de faire la guerre & des alliances avec qui il leur plaît ; que l'hérésie n'est pas un titre suffisant pour priver ses alliés du secours qu'on leur doit ; que l'Espagne en a contracté non-seulement avec toutes sortes d'hérétiques, sans qu'on ait crié à l'impiété, mais qu'elle s'est unie avec eux pour ruiner les Catholiques, ce que la France n'a pas fait ; & que les alliances que nous avons avec les Hollandois, les Grisons, les Vénitiens, & même les Turcs, sont très-justes & très-utiles au bien de la Chrétienté.]

21656. Memorie historiche dalla mossa d'armi di Gustavo Adolfo Rè di Suetia in Germania sin all'anno 1630, scritte dal Comte Majolino Bisaccioni : In Venetia, 1642, in-4.

Les François prirent part à la guerre que le Roi Gustave fit en Allemagne.

21657. Mémoires de (François) Maréchal de Bassompierre, contenant l'Histoire de sa Vie & de ce qui s'est passé de plus remarquable à la Cour de France, depuis 1598 jusqu'à son entrée à la Bastille : Cologne, 1665 ; Amsterdam, 1692, in-12. 3 vol. Cologne, [Rouen,] 1703, in-12. 2 vol.

☞ Nouvelle Edition des Mémoires de Bassompierre, Trévoux, 1724, in-12. 4 vol.]

L'Auteur composa ses Mémoires pendant le séjour qu'il fit dans la Bastille, où il fut conduit en 1631, & les intitula : Journal de ma vie. Ce titre leur convient fort ; car il y détaille bien des événemens ; mais il n'en raconte guères qui n'ait rapport à lui. Il est fort croyable dans tout ce qu'il dit ; il est mort en [1648. On a prétendu que] ces Mémoires [avoient] été d'abord publiés par les soins de Claude de Malleville son Secrétaire, ensuite de l'Académie Françoise. [mais celui-ci est mort en 1697. Tels qu'ils ont été imprimés,] ils sont tronqués en différens endroits, les Manuscrits étant plus amples. Au reste, ce Journal est très-long & ennuyeux en plusieurs endroits ; il n'est pas même bien écrit.

« Il est difficile de trouver une Histoire plus mêlée » que sont ces Mémoires ; car ils sont remplis de quan- » tité d'intrigues d'amour, de divers événemens arri- » vés dans la Guerre, de plusieurs affaires d'Etat & de » toutes les Cabales qui se sont faites de son temps à la » Cour. Journal des Sçavans, du 16 Février 1685.

☞ Voyez la Méth. hist. de Lenglet, in-4. tom. IV. pag. 125. = Hist. critiq. des Journ. pag. 85. = Mél. de Vigneul-Marville, tom. I. pag. 130 ; tom. II. pag. 87. = Le Gendre, tom. II. p. 31. = Pour & contre, tom. XII. pag. 349.]

21658. De Expugnatione Urbis Capellæ : Parisiis, 1631, in-8.

21659. ☞ Les Palmes du Juste, ou Poëme sur la vie de Louis XIII. jusqu'en 1631, en neuf Chants ou Livres : in-4.

L'Auteur se dit d'Alençon, pag. 189 & 194.]

21660. ☞ Recueil de différens Panégyriques Grecs de Louis XIII. prononcés par Paul Bertrand Meridon, (natif de la Ville d'Acqs, au Comté de Foix, Professeur en Langue Grecque & Orateur Grec du Roi,) depuis 1624 jusqu'en 1631 : in-8.]

21661. Les Entretiens des Champs Elysées : 1631, in-8.

Ces Entretiens, qui roulent sur les Affaires de France, sous Louis XIII. & particulièrement sur les Guerres d'Italie, ont été composés par Paul Hay, Sieur du Chastelet, qui est mort en 1636. Ils sont aussi imprimés pag. 212 de son Recueil de Pièces : Paris, 1635, in-fol. L'Abbé de Saint-Germain, dans sa Remontrance du Caton Chrétien, lui attribue ces Entretiens ; mais Varillas croit que Louis de Guron en est l'Auteur.

☞ C'est une Pièce assez ingénieuse, où l'on raconte ce qui se passoit alors, & l'on fait l'Eloge du Cardinal de Richelieu. La scène se passe devant Henri IV. Il y a un prélude des plus fameux Capitaines Espagnols, qui se plaignent du peu de reconnoissance qu'on a eue de leurs services.]

21662. Conversations de Maître Guillaume avec la Princesse de Conty aux Champs Elysées : Paris, Maillet, 1631, in-4. 1631, in-8.

☞ Ces Editions de 1631, que l'on croit faites à Bruxelles, ont un Avertissement au Lecteur, signé des Vallées. Il est suivi d'une prétendue Approbation du Cardinal de la Rochefoucault & du Duc de Montbazon, avec un Privilège du Roi supposé. Tout cela manque dans celle qui est imprimée dans le Recueil de l'Abbé Morgues de Saint-Germain. C'est une Pièce burlesque, & la plus satyrique de toutes celles qui ayent paru contre le Cardinal. Outre les faits publics que tout le monde lui reprochoit, on y trouve plusieurs Anecdotes, & notamment on l'accuſe d'avoir fait empoiſonner Madame femme de Gaſton.]

Les mêmes Converſations ſont imprimées dans le *Recueil* de l'Abbé de Saint-Germain : *Anvers*, 1643, *in-fol.* C'eſt un Libelle contre le Cardinal de Richelieu.

21663. **L'Ombre de Sandricourt, Conſeiller au Parlement, apparue au Préſident le Coigneux :** 1631, *in-8.*

C'eſt la Réponſe au Libelle précédent. Ils ſont l'un & l'autre réduits à quatre points ; mais le plus étendu regarde le Cardinal de Richelieu.

☞ Cet Ecrit eſt fort ſatyrique contre le Préſident le Coigneux, à qui l'Auteur impute la mauvaiſe conduite de Monſieur. Il l'accuſe auſſi de vouloir ſouiller la réputation de la Reine Mère, & ternir celle du Cardinal. On attribue cette Pièce à Mezeray.]

21664. **Le Coup d'Etat de Louis XIII. au Roi :** 1631, *in-4.* & *in-8.*

Ce Livre, écrit par Jean Sirmond, eſt auſſi imprimé dans le *Recueil* de du Chaſtelet, *pag.* 249 : *Paris*, 1635, *in-fol.* L'Auteur fait conſiſter ce Coup d'Etat, en ce que Louis XIII. après avoir pris la Rochelle, & ſecouru Caſal, aſſiégé par les Eſpagnols, a retenu auprès de lui le Cardinal de Richelieu pour ſon premier Miniſtre, malgré les efforts faits contre lui à Lyon, le jour de ſaint Martin 1629, appellé *la Journée des Duppes.*

☞ L'Auteur montre qu'un bon Miniſtre eſt très-rare, & qu'il ne peut être trop acheté. Il ſoutient que dans tout le Royaume, on n'auroit pû en trouver un qui l'eût égalé en tout. L'Auteur du *Véritable P. Joſeph*, *tom. II. pag. 56*, attribue cette Pièce à ce Capucin.]

✱ M. Péliſſon trouvoit ce Livre ſi bien écrit, qu'il le compte entre les quatre Ouvrages qui lui étant tombés entre les mains au ſortir du Collège, lui donnèrent du goût pour notre Langue.

21665. **Lettre du Cardinal de Richelieu, à la Reine, mère du Roi**, en 1631, *in-8.*

Cette Lettre eſt imprimée dans le *Recueil* de du Chaſtelet, *pag. 275* : *Paris*, 1635, *in-fol.* Elle eſt pleine de ſoumiſſions. L'Abbé de Saint-Germain, dans ſon Jugement ſur le *Recueil* de du Chaſtelet, la traite de ſuppoſée.

21666. **Lettre du Roi écrite aux Parlemens & aux Gouverneurs des Provinces ſur ſon partement de Compiégne, le 23 Février** 1631 : 1631, *in-8.*

La même Lettre eſt imprimée dans le *Recueil* de du Chaſtelet, *pag. 277 : Paris*, 1635, *in-fol.*

21667. **Relation de ce qui s'eſt paſſé depuis le 26 Février juſqu'à préſent, entre le Roi & Monſieur, ſon Frère ; enſemble la Lettre de M. de Bellegarde, avec la Réponſe de Sa Majeſté ; la Lettre de Monſieur, au Roi, avec la Réponſe de Sa Majeſté :** *Paris*, 1631, *in-8.*

La même Relation eſt imprimée dans le *Recueil* de du Chaſtelet, *pag. 279.*

21668. **Lettre écrite au Roi par Monſieur, du 23 Mars 1631, touchant ſa ſortie hors du Royaume ; avec la Réponſe de Sa Majeſté :** *Paris*, Vitré, 1631, *in-4.* 1631, *in-8.*

Elle eſt auſſi imprimée dans le *Recueil* de du Chaſtelet, *pag. 288.*

Les mêmes (en Allemand): 1631, *in-8.*

Cette Lettre de Monſieur a été écrite par Léonard Goulas, Secrétaire de ſes Commandemens. Dans les Converſations de Maître Guillaume, cette Lettre & pluſieurs autres écrites au nom de Gaſton de France, ſont attribuées au Préſident le Coigneux, Chancelier de Monſieur. Mais Nicolas de la Mothe Goulas, dans la Vie Manuſcrite de Léonard Goulas ſon parent, lui donne les deux premières Lettres écrites par Monſieur au Roi.

21669. **Lettre du Roi envoyée aux Provinces, avec celle de Monſieur, au Roi, & la Réponſe du Roi à Monſieur :** *Paris*, Martin, 1631, *in-8.*

21670. **Lettre de Monſieur au Roi, écrite de Bezançon, le premier Avril 1631.**

Cette Lettre eſt imprimée avec les *Mémoires d'un Favori de Monſieur*, *pag. 209*, *Leyde*, 1667, *in-12.*

La même, avec des Obſervations.

Ces Obſervations ſont du Cardinal de Richelieu, étant imprimées dans le *Recueil* de du Chaſtelet, *pag. 294.* L'Auteur de l'Avertiſſement, qui eſt à la tête du Journal de ce Cardinal, de l'Edition de 1648, les lui attribue.

21671. **Relation de ce qui s'eſt paſſé pendant le ſéjour du Roi à Dijon, & depuis qu'il en eſt parti juſqu'au 8 Avril 1631, contenant des Obſervations ſur la Lettre de Monſieur,** (rédigée par le Cardinal de Richelieu): 1631, *in-8.*

21672. **Lettre du Roi à Monſieur, du 5 Mai 1631.**

Cette Lettre, & la Relation précédente, ſont imprimées dans le *Recueil* de du Chaſtelet, *pag. 293, 305.*

21673. **Requête de Monſieur à Meſſieurs du Parlement, avec quelques Obſervations:** 1631, *in-8.*

La même Requête eſt imprimée dans le *Recueil* de du Chaſtelet, *pag. 307.*

☞ Il demande Acte contre une Déclaration du Roi, adreſſée au Parlement de Bourgogne, contenant la notification de ſa ſortie hors du Royaume. Il l'attribue aux mauvais conſeils que le Cardinal donne au Roi. Il demande un Monitoire pour être informé contre cette Eminence, & que le Procureur du Roi ſe joigne à lui. On trouve à côté une Réponſe qui diſculpe le Cardinal.]

21674. **Mſ. Mémoires concernant la ſortie de Monſieur, du Royaume, en 1631.**

Ces Mémoires [étoient] conſervés dans la Bibliothéque de M. le Chancelier Seguier, [aujourd'hui dans celle de S. Germain-des-Prés.]

21675. ☞ **Action très-chrétienne faite à Fontainebleau par le Roi Louis XIII. le jour de l'Aſcenſion dernière :** *Paris*, 1631, *in-12.*

Antoine du Mont, ci-devant Miniſtre, pendant vingt-ſept ans, des Egliſes Prétendues-Réformées de S. Aignan, & Mimbré au Maine, ayant été converti par le R. P. Athanaſe Molé, Capucin Miſſionnaire; Louis XIII. voulut que l'Abjuration ſe fît à Fontainebleau en ſa préſence, dans la Chapelle du Château, & il ſigna avec la Reine, le Cardinal de Richelieu & toute la Cour, dans le Regiſtre où ſont les Actes des autres qui ont reçu la même Abſolution par ledit P. Molé, qui ſont au nombre de deux mille cinq cens.]

21676. **Déclaration du 26 Mai 1631, contre la Reine Mère & Monſieur.**

Règne de Louis XIII. 1631.

21677. Deux Lettres de la Reine, mère du Roi, en 1631.

La Déclaration & ces deux Lettres sont imprimées dans le *Recueil* du Chastelet, *pag.* 311, 325.

21678. Très-humble, très-véritable & très-importante Remontrance au Roi: 1631, *in-4*.

Cette Requête fut composée en faveur de la Reine Mère & de Monsieur, par Matthieu DE MORGUES, Sieur de Saint-Germain, contre le Cardinal de Richelieu. L'Auteur, d'un air fort tranquille & avec une apparence modeste, le traite fort mal dans cet Ecrit, qui a été imprimé dans son *Recueil* : *Anvers*, 1639.

21679. Réponse au Libelle intitulé : Très-humble, très-véritable & très-importante Remontrance, au Roi, en 1631.

Cette Réponse est imprimée dans le *Recueil* de du Chastelet, *pag.* 567. Elle est attribuée par l'Auteur de la Répartie qui suit, à Achille DE HARLAY, Sieur DE SANCY, Evêque de Saint-Malo, qui est mort en 1646.

☞ Cette Réponse est vive & assez bien suivie. L'Auteur y relève toutes les calomnies que l'Abbé de Saint-Germain avoit avancées contre le Cardinal.]

21680. Répartie sur la Réponse à la très-humble Remontrance.

Cette Répartie est attribuée par Paul Hay du Chastelet, à l'Abbé Matthieu DE MORGUES, Sieur de Saint-Germain, & elle est imprimée p. 43 du *Recueil de Pièces* publié par ce dernier : *Anvers*, 1643, *in-4*. Les deux Auteurs de la Réponse & de la Répartie, ne gardent guères de ménagemens l'un pour l'autre.

21681. Lettre de M. le Cardinal de Lyon, à M. le Cardinal de Richelieu son frère : 1631.

C'est une Pièce supposée & satyrique contre le Cardinal & ses actions.

21682. ☞ Réponse du Cardinal de Richelieu au Cardinal de Lyon : 1631.

Ces deux Pièces, qui sont également supposées, se trouvent dans le *Recueil* de l'Abbé de Saint-Germain, tom. II. *Anvers*, 1643, *in-4*. Elles contiennent l'une & l'autre des Satyres très-malignes contre les deux frères; mais sur-tout contre le Cardinal de Richelieu.]

21683. Lettre de MONSIEUR au Roi, écrite de Nanci le 30 Mai 1631, & par lui envoyée au Roi pour lui être présentée; avec la Réponse du Roi: *Paris*, Vitré, 1631, *in-4.* & *in-8.*]

Cette Lettre, avec la Réponse, est imprimée dans le *Recueil* de du Chastelet, *pag.* 319. Elle est indiquée dans la Pièce qui suit, sous le nom de Monsieur.

☞ C'est un Ecrit sanglant contre le Cardinal, qu'on accuse d'avoir volé l'argent du Royaume, de s'être emparé des meilleures Places & des Charges, d'avoir voulu attenter à la vie du Roi, de son frère & de la Reine Mère, pour ensuite usurper la Couronne.]

21684. Défense du Roi & de ses Ministres contre le Manifeste, que sous le nom de Monsieur on fait courre parmi le Peuple, par le Sieur DES MONTAGNES : 1631, *in-4*. & *in-8*.

Jean SIRMOND, qui est l'Auteur de ce Livre, s'est déguisé sous le nom de Des Montagnes. Elle se trouve dans le *Recueil* de du Chastelet.

☞ C'est une assez bonne Réponse à la Lettre précédente. L'Auteur réfute en détail toutes les calomnies avancées contre le Cardinal de Richelieu. La Reine Mère, dont l'honneur n'y est pas ménagé, chargea l'Abbé de Morgues de S. Germain d'y répondre, ce qu'il fit en 1631, par l'Ecrit qui suit.]

21685. Vrais & bons Avis de François Fidèle, sur les calomnies & blasphêmes du Sieur Des Montagnes, ou Examen du Libelle intitulé : *Défense du Roi & de ses Ministres*.

Cet Examen est imprimé dans le *Recueil* de Matthieu de Morgues, plus connu sous le nom de l'Abbé de Saint-Germain. On attribue dans cet Ecrit, la Défense du Roi & de ses Ministres, au Père Joseph le Clerc du Tremblay, Capucin, [& le confident du Cardinal de Richelieu.] L'Auteur lui adresse la parole; mais il semble ne le faire que pour prendre occasion d'offenser ce Religieux, comme le dit du Chastelet, à la page 27 de la longue Préface de son Recueil. Le Cardinal de Richelieu & son Apologiste n'y sont pas épargnés.

☞ Il est parlé de cette Pièce dans le *Véritable P. Joseph*, tom. II. *pag.* 55 & 96. Ce Père y est assez mal traité.]

21686. Lettre de la Reine Mère au Roi, écrite d'Avesne le 28 Juillet 1631; avec la Réponse du Roi : 1631, *in-8*.

Les mêmes Lettres sont imprimées dans le *Recueil* de du Chastelet, *pag.* 389.

21687. Déclaration du Roi sur la sortie de la Reine sa mère & de Monseigneur son frère hors le Royaume, du 13 Août 1631 : 1631, *in-8*.

La même Déclaration est imprimée dans le même *Recueil, pag.* 395.

La même Déclaration du Roi, avec des Observations de Matthieu DE MORGUES, Sieur de S. Germain : 1631, *in-4*.

Les mêmes sont imprimées dans son *Recueil*. Ces Observations sont faites en faveur de la Reine Mère & de Monsieur, contre le Cardinal de Richelieu.

21688. Discours au Roi contre les Libelles faits contre le Gouvernement de son Etat : 1631, *in-8*.

Le même Discours, qui est de Paul Hay, Sieur DU CHASTELET, se trouve dans son *Recueil, pag.* 440. Il est composé en faveur du Cardinal de Richelieu, contre les Lettres & Remarques qui portent le nom de Monsieur, & sur-tout contre le Président le Coigneux, [Chancelier de Monsieur, Duc d'Orléans.

☞ L'Auteur attribue tout le mal au Président le Coigneux, qui s'imagine (dit-on), avoir manqué par les intrigues du Cardinal de Richelieu, le Chapeau de Cardinal qu'on lui avoit promis.]

21689. Discours d'un vieux Courtisan désintéressé, sur la Lettre que la Reine, mère du Roi, a écrite à Sa Majesté, après être sortie du Royaume: 1631, *in-8*.

Le même Discours est aussi imprimé dans le *Recueil* de du Chastelet, *pag.* 453. L'Abbé de Saint-Germain, dans son *Caton Chrétien*, attribue cet Ouvrage à Achille DE HARLAY Sieur DE SANCY, Evêque de Saint-Malo.

21690. L'Innocence justifiée en l'administration des Affaires : 1631, *in-8*.

Le même Livre, qui a été composé par Paul Hay, Sieur DU CHASTELET, se trouve imprimé dans son Recueil, *pag. 465*. Il a été fait contre Céfar, Duc de Vendôme, & le Préfident le Coigneux.

☞ C'eſt encore une Réponſe à une Pièce que l'Auteur attribue au Préſident le Coigneux, qu'il ne ménage guères, & auquel il impute tous les mauvais conſeils que ſuit Monſieur.]

21691. Remontrance à Monſieur ; par un François de qualité : 1631, *in-8*.

La même eſt imprimée dans le *Recueil* de du Chaſtelet, *pag. 517*. Elle eſt eſtimée ; on y reconnoît le ſtyle du Cardinal DE RICHELIEU, à qui elle eſt attribuée par l'Abbé de Saint-Germain, dans ſon *Caton Chrétien.*

☞ Elle eſt contre les mauvais conſeillers qui ont engagé Monſieur à la révolte, & pour l'inviter à ſe réunir au Roi.]

21692. Charitable Remontrance du Caton Chrétien, au Cardinal de Richelieu, ſur ſes actions, & quatre Libelles diffamatoires, faits par lui ou ſes Ecrivains.

Cette charitable Remontrance, qui eſt de l'Abbé DE MORGUES, Sieur de S. Germain, ſe trouve imprimée dans ſon Recueil. Il y répond aux quatre Ecrits précédens ; il attribue le premier & le troiſième à Paul Hay, Sieur du Chaſtelet ; le ſecond à l'Evêque de Saint-Malo, & le dernier au Cardinal de Richelieu.

21693. * Sentence du Prevôt de Paris, ou ſon Lieutenant, donnée contre deux méchans ou pernicieux Libelles (la *Charitable Remontrance*, &c. la *Très-humble, très-véritable & très-importante Remontrance*, &c.) *Paris*, Métayer, 1631, *in-8*.

21694. Avertiſſement aux Provinces ſur les nouveaux mouvemens du Royaume ; par DE CLÉONVILLE : 1631, *in-8*.

Le même Avertiſſement eſt imprimé dans le *Recueil* de du Chaſtelet, *pag. 472*. On en fait Auteur Jean SIRMOND, natif de Clermont en Auvergne, & c'eſt par alluſion à cette Ville, qu'il prend le nom de Cléonville. M. Peliſſon, qui lui attribue cet Ouvrage dans l'*Hiſtoire de l'Académie Françoiſe*, aſſure qu'il a ouï dire que c'étoit ſon chef-d'œuvre.

☞ L'Auteur s'y étend beaucoup ſur la punition que méritent les Princes révoltés & leurs adhérans. L'Auteur du *Véritable P. Joſeph*, attribue cet Ouvrage à ce Capucin.]

21695. Avertiſſement de NICOCLÉON à Cléonville, ſur ſon Avertiſſement aux Provinces.

Cet Avertiſſement eſt imprimé dans le *Recueil* de Matthieu DE MORGUES, Sieur de S. Germain, qui en eſt l'Auteur.

21696. Première Lettre de change de SABIN, à Nicocléon, ou Réponſe à ſon Avertiſſement.

Cette Lettre eſt imprimée dans le *Recueil* de du Chaſtelet, *pag. 713*. Elle a été compoſée en 1632 par Jean SIRMOND, ſous le nom de Sabin ; mais elle n'a paru que deux ans & demi depuis. Elle eſt appellée Lettre de Change, parceque, par le moyen de cette Lettre, dit l'Auteur, Nicocléon recevra des vérités & des raiſons, en payement des calomnies & des impertinences que Cléonville lui devoit, s'il avoit voulu lui rendre les mêmes eſpèces.

21697. Lettre de change proteſtée, ou Réponſe à la Lettre de Jean Sirmond, caché ſous le nom de Sabin ; par Matthieu DE MORGUES, Sieur de S. Germain, en 1637.

Cette Lettre de change proteſtée, eſt imprimée dans ſon *Recueil* : [*Anvers*, 1643, *in-4*.]

21698. Relation de ce qui s'eſt paſſé depuis quelque temps en Italie, pour le fait de Pignerol : 1631, *in-8*.

La même Relation eſt imprimée dans le *Recueil* de du Chaſtelet, *pag. 529*, [& au tom. *XVII*. du *Mercure François*.]

21699. Lettre de (Jean-Louis Guez) Sieur DE BALZAC, au Cardinal de Richelieu, du 3 Mars 1631.

Cette Lettre eſt imprimée dans le *Recueil* précédent, *pag. 557*.

21700. La même avec une autre.

Ces mêmes Lettres ſont imprimées avec le Traité de Balzac, intitulé : *Le Prince*, rapporté ci-deſſus, [N°. 21612.]

☞ Balzac les adreſſa au Cardinal de Richelieu, en lui envoyant ſon Livre, intitulé : *Le Prince*. La ſeconde, ſur-tout, contient un grand Eloge de ſon Eminence & de ſes actions.]

21701. Réponſe de Matthieu DE MORGUES, Sieur de S. Germain, à la ſeconde Lettre que Balzac a fait imprimer avec ſon Prince.

Cette Réponſe eſt imprimée dans le *Recueil* de l'Abbé de Saint-Germain. Balzac n'eſt pas mieux traité dans cet Ecrit que les autres Défenſeurs du Cardinal de Richelieu.

21702. Diſcours ſur le Livre intitulé : *Le Prince*, & les deux Lettres ſuivantes : 1631, *in-8*.

Ce Diſcours eſt auſſi du même Abbé DE MORGUES, Sieur de S. Germain, Aumônier de la Reine Mère.

21703. Défenſe de ce Diſcours contre l'Apologie de J. P. 1632, *in-8*.

21704. Lettre de la Reine Mère au Roi, du 20 Décembre 1631 : *in-4*.

Cette Lettre eſt auſſi imprimée dans le *Recueil* de Morgues, Sieur de Saint-Germain.

21705. ☞ Diſcours au Roi : *in-8*.

C'eſt un Panégyrique du Roi ſur la réduction de la Rochelle & le ſecours de Caſal. L'Auteur ſe rabat enſuite ſur les louanges du Cardinal, & veut prouver au Roi, par divers exemples, qu'il a fait un coup d'Etat, en refuſant à cette Eminence ſon congé quand elle le demande, & lorſque ſes ennemis avoient conjuré ſa ruine. Cette Pièce reſſemble beaucoup à celle ci-deſſus (N°. 21664), intitulée : *Le coup d'Etat*.]

21706. ☞ Diſcours ſur pluſieurs points importans de l'état préſent des Affaires de France, au Roi : *in-8*.

C'eſt encore un Eloge du Cardinal. On trouve à la tête quelque choſe ſur les guerres & les révoltes de la Rochelle.]

☞ L'Epée courageuſe du Roi, contre les ennemis de France : 1631, *in-8*.

C'eſt mot-à-mot la même Pièce que celle qui parut en 1616, ſous le titre de : *L'Epée courageuſe de Monſieur, frère du Roi*, [N°. 21385.]

21707. ☞ Lettre écrite au Roi par Mon-

Règne de Louis XIII. 1631.

sieur, & apportée par le Sieur de Briançon; avec la Réponse de Sa Majesté: 1631, *in*-8.]

21708. ☞ La Fièvre continue de Brioys, 1631, *in*-8.

C'est une Déclamation satyrique contre le Sieur Brioys, qui de garçon Cabaretier étoit parvenu par ses monopoles & ses voleries, au plus haut degré de la fortune.]

21709. ☞ Le Satytique François: 1631, *in*-8.

C'est fort peu de chose que cette Pièce, qui est en Vers, & divisée en plusieurs Discours. Le second est adressé à M. Gaston, frère du Roi, & contient les dernières paroles du Roi Louis VIII. à son fils, desquelles l'Auteur paroît vouloir faire l'application aux circonstances du temps où il écrivoit.]

21710. ☞ Ordonnance du Roi, portant injonction aux Officiers & Domestiques de M. le Duc d'Orléans son frère, de se retirer près sa personne, & aux autres qui sont hors le Royaume, défense d'y retourner, sous peines contenues par icelles: 1631, *in*-8.]

21711. ☞ Ordonnance du Roi, portant très-exprès Commandement aux Domestiques & Officiers de M. le Duc d'Orléans, de se retirer dans cinq jours hors le Royaume de France, sous les peines y contenues, 1632, *in*-8.]

21712. ☞ Déclaration du Roi, portant établissement d'une Chambre du Domaine, établie à la suite de la Cour, pour la vérification des Dons faits par Sa Majesté, des biens des Officiers de la Reine Mère & de Monsieur frère du Roi, déclarés rébelles, par la Déclaration du 12 d'Août dernier: 1631, *in*-8.]

21713. ☞ Arrêt de la Chambre du Domaine, portant confiscation des biens du Sieur Duc d'Elbeuf, & réunion dudit Duché au Domaine de Sa Majesté: 1631, *in*-8.]

21714. ☞ Arrêt de la Chambre du Domaine, portant vérification du Don fait par Sa Majesté, au Sieur de la Grise, des Biens du Sieur Marquis d'Oisan Sordiac: 1631, *in*-8.]

21715. ☞ Arrêt de la Chambre du Domaine, portant vérification du Don fait par Sa Majesté au Sieur Donyot, Conseiller & Commissaire ordinaire des Guerres, sur les biens acquis & confisqués à Sa Majesté, de Gautier, Valet de Chambre de la Reine, mère du Roi: 1631, *in*-8.]

21716. Journal (d'Armand Jean du Plessis), Cardinal de Richelieu, qu'il a fait durant le grand orage de la Cour, les années 1630 & 1631, tiré des Mémoires qu'il a écrits de sa main, avec diverses autres Pièces remarquables concernant les Affaires arrivées de son temps: 1649, *in*-8.

Dans l'Avis de l'Imprimeur, il est parlé des Éditions précédentes, dans lesquelles il dit qu'on a fait beaucoup de fautes, qui sont corrigées dans celle-ci, qui est d'un quart plus ample, y ayant ajouté plusieurs Pièces ramassées d'ailleurs, mais placées sans ordre & remplies de fautes d'impression. Ce Journal est fort imparfait & fort superficiel; ce n'est proprement qu'un Mémorial. Quoi qu'en dise le titre, il paroît que l'Éditeur n'est pas partisan de ce Cardinal; car il a mis les Pièces, dont il est composé, en un jour à le faire passer pour tyran & sanguinaire. Les matières principales sont les persécutions que la Reine Mère & Monsieur essuyèrent de ce Ministre, & la mort de plusieurs Grands, sacrifiés au ressentiment du Cardinal. La plus belle Edition est celle d'Amsterdam.

Le même Journal: *Troyes*, sur l'imprimé de *Paris*, 1652, *in*-12. 2 vol. *Amsterdam*, Wolfgang, 1664, *in*-12. [*Paris*, 1665, *in*-16. 2 vol.] *Lyon*, 1666, *in*-12.

☞ *Voyez* sur cet Ouvrage, *Méth. histor. de Lenglet*, *in*-4. tom. IV. pag. 126. = *Elog. de quelq. Aut. Franç.* pag. 100. = Le Gendre, tom. II. pag. 11.]

21717. Recueil de diverses Relations des guerres d'Italie, ès années 1628, 1629, 1630, & 1631; [par M. DE MÉZIRIAT]: *Bourg en Bresse*, 1632, *in*-4.

21718. Ms. Relation de ce qui s'est passé à la levée du Siège de Casal, en 1631: *in-fol.*

Cette Relation est conservée dans la Bibliothèque du Roi, num. 9350, pag. 21.

21719. Ms. Sommaire de ce qui s'est passé en Piémont, tant depuis le commencement de la Trève que jusqu'après le secours & la Paix de Casal: *in-fol.*

Ce Sommaire est conservé dans la même Bibliothèque, num. 9334, pag. 97.

21720. ☞ Histoire de la Valteline & des Grisons, depuis 1620 jusqu'en 1632: *Genève*, 1632, *in*-8.]

21721. * Casalum bis liberatum; auctore Petro BERTHAULT, Congregationis Oratorii Presbytero: *Parisiis*, 1636, *in*-4.

C'est un Poëme de deux mille Vers.

21722. Ms. Histoire des Guerres de la Valteline & de Gennes, depuis l'an 1624 jusqu'en 1631; par Paul ARDIER, Président en la Chambre des Comptes de Paris.

Cette Histoire est citée par Denis Godefroy, au tom. II. de son *Cérémonial François*, pag. 835.

21723. Histoire Journalière de tout ce qui s'est passé dans le Montferrat, pour la protection du Duc de Mantoue, depuis que le Roy en a donné la Garde à M. de Toiras, jusqu'à l'événement du second Siège de Casal: *Paris*, Tourette, 1631, *in*-8.

21724. Mémoires sur l'origine des Guerres qui travaillent l'Europe depuis cinquante ans; par Pierre Linage DE VAUCIENNE: *Paris*, 1677, *in*-12. 2 vol.

21725. ☞ Mémoires pour servir à l'Histoire de notre temps, écrits sur diverses occurrences des Affaires & Guerres Etrangères, depuis 1617 jusqu'en 1632, par le S. D. D. R. (le Duc DE ROHAN): 1645, *in*-8.

Voyez ce qui a été dit ci-dessus, (p. 458) en parlant des *Mémoires du Duc de Rohan*.]

21726. Mémoires concernans les dernières Guerres d'Italie, depuis l'an 1625 jusqu'en 1632, par divers Auteurs; avec trois Traités de Jean DE SILHON sur le même sujet: *Paris,* [1662, *in-12.* 1 vol.] 1669, 1682, *in-12.* 2 vol.

« Tout est extraordinaire dans l'Histoire dont ces » Mémoires traitent; & il est difficile de dire ce qu'on » y doit le plus admirer, ou le succès qu'a eu la Guerre, » ou la manière dont on a fait la Paix. Plusieurs person- » nes de qualité, qui ont eu les principaux Emplois dans » cette Guerre, ont pris plaisir à en écrire des Relations, » qu'on a ramassées dans ce Livre, avec d'autres Pièces » curieuses touchant le même sujet. Il y a dans ce volume » quatre Relations de la Guerre au sujet du différend » touchant la succession des Duchés de Mantoue & Mont- » ferrat; la première est de Louis DE GURON; la seconde » du Maréchal DE SCHOMBERG; la troisième du Marquis » D'ESTIAT; & la dernière du Cardinal DE RICHELIEU ». *Journal des Sçavans,* du 11 Février 1669.

☞ *Voyez* sur ce Recueil, la *Méth. histor. in-4.* de Lenglet, tom. *II.* pag. 284, tom. *IV.* pag. 127. = *Journ. des Sçavans,* Févr. 1669.]

21727. ☞ Recueil de quelques Lettres du Roi & de Monsieur, touchant sa sortie du Royaume, dans les années 1631 & 1632.

Ce Recueil est imprimé dans les *Mémoires d'un Favori* de Monsieur: *Leyde,* 1668, *in-12.*]

21728. Mémoires du Marquis de Montbrun, où l'on voit quelques événemens particuliers & faits anecdotes, arrivés depuis le commencement du dix-septième siècle jusqu'en 1632, ou environ: *Amsterdam,* Chevalier, 1701, *in-12.* Nouvelle Édition. *Amsterdam,* (*Rouen*), 1702, *in-12.*

« L'Auteur des Mémoires d'Artagnan, (dit Pierre » Bayle, dans sa *Lettre* cent quatre-vingt-onzième, » *pag.* 732; sçavoir, Gatien DE COURTILZ), vient de » publier les Mémoires du Marquis de Montbrun, fils » d'une Pâtissière, & du Duc de Bellegarde, qui n'a » pas voulu le reconnoître ».

☞ Prosper Marchand, dans sa Note sur cet endroit, ajoute que « ce Livre est encore un de ces Romans » historiques dont on ne sçauroit trop avertir les Lec- » teurs, qui sont d'autant plus nuisibles, que quelque peu » de vrai s'y trouve mêlé avec beaucoup de faux ». Ce Roman est fort différent de l'Histoire du Marquis de Saint-André Montbrun, mort en 1673.

☞ *Voyez* le P. Niceron, *tom. II.* pag. 175. = *Bibliothèque des Romans,* tom. II. pag. 88. = *Hist. des Ouvr. des Sçavans,* Févr. 1699.]

21729. Lettre de la Reine Mère, (Marie DE MÉDICIS), au Parlement, écrite de Bruxelles, du 6 Janvier 1632.

Cette Pièce & les cinq suivantes se trouvent dans le Recueil de l'Abbé de Morgues de S. Germain.

21730. Avis des Marchands de la Bourse d'Anvers, à ceux de la Place de Paris & du Change de Lyon.

☞ Pièce contre le premier Ministre, dans laquelle il s'agit principalement de répondre à un Ecrit intitulé: *Les assurances données par le Roi de Suède aux Villes par lui conquises sur l'Empereur, &c.* imprimée à Paris. C'est peu de chose.

21731. Lettres d'un Gentilhomme François, bon Catholique, à un sien ami, touchant les Affaires du temps, & l'Etat de France;

par A. D. T. de Paris, ce neuvième jour de l'an 1632.

☞ Contre les projets politiques du Cardinal, & en faveur de la Paix.]

21732. Lettres de Monseigneur, Frère unique du Roi, au Maréchal de Schomberg, du 10 Juillet 1632.

21733. Réponse véritable à une Lettre supposée du Nonce du Pape à la Reine Mère, avec cette Lettre du Nonce.

21734. Question d'Etat.

☞ Courte, mais très-violente Satyre contre le Cardinal de Richelieu.]

Ces six Pièces sont imprimées dans le tom. II. du *Recueil* de l'Abbé de Morgues, Sieur de Saint-Germain; mais elles ne sont pas de lui. Elles sont toutes contre le Cardinal de Richelieu.

21735. Sentence du Prévôt de Paris, contre le Libelle intitulé, *Question d'Etat,* du 25 Juin 1632: *Paris,* 1632, *in-8.*

21736. Discours sur la rencontre du temps & des affaires, présenté par un vieux Cavalier François à Monseigneur le Duc d'Orléans.

Il est imprimé au tom. III. du *Recueil* de l'Abbé de Morgues de S. Germain.

21737. ★ Lettre du P. DE CHANTELOUBE aux nouvelles Chambres de Justice: 1632, *in-8.*

Ce Père de l'Oratoire s'étoit attaché à la Reine Mère, & étoit devenu son principal Confident. Il se plaint de ce que les Commissaires le recherchent pour avoir fait quelques Ecrits contre le Cardinal: il y attaque le gouvernement de ce Ministre, & la conduite qu'il tient avec la Reine Mère.

☞ Sa Lettre se trouve aussi dans le tom. II. des *Pièces* de l'Abbé de Morgues: *Anvers,* 1643, *in-4.*]

21738. Lettre du Roi au Parlement de Bourgogne, & à M. de la Berchère, Premier Président audit Parlement, du 22 Juin 1632.

21739. Lettre d'un vieux Conseiller d'Etat, à la Reine Mère.

Ces deux Ecrits sont imprimés au tom. III. du *Recueil* de l'Abbé de Morgues de S. Germain. La dernière Lettre est signée F. D. S. A. elle contient des réflexions sur un accommodement qui avoit été proposé à Monsieur le Duc d'Orléans; il s'y trouve des particularités qui sont à la décharge du Père Chanteloube, attaché à ce Prince, & au désavantage du Cardinal de Richelieu.

21740. ☞ La Rencontre de M. le Maréchal d'Effiat & de M. de Marillac, aux Champs-Elisées; ensemble celle de Maître Guillaume, que le temps a rendu sage: 1632, *in-8.*

Le Maréchal Louis de Marillac eut la tête tranchée au mois de Mai 1632; & M. d'Effiat fut tué à l'Armée du Rhin au mois de Juillet. *Voyez* ci-après, *Hist. des Grands Officiers.*]

21741. ☞ L'Esprit bienheureux du Maréchal de Marillac, à l'Esprit malheureux du Cardinal de Richelieu : 1632, *in-8.*

Cette Pièce se trouve aussi dans le tom. II. du *Recueil* de l'Abbé de Morgues de S. Germain. Elle contient différentes anecdotes au sujet des Juges & du Jugement du Maréchal de Marillac.]

Règne de Louis XIII. 1731.

21742. ☞ Réponse du Roi faite à MM. les Députés des trois Etats du Pays de Liége; ensemble les Articles reconfirmés aux Bourgeois & Habitans de ladite Ville de Liége: *Paris*, 1632, *in-8.*]

21743. Le bon Génie de la France à Monsieur: 1632, *in-8.*

Cet Ecrit, composé par Jean SIRMOND, est imprimé dans le *Recueil* de du Chastelet, *pag.* 680.

☞ Il roule sur la mauvaise conduite de Monsieur, & les conseils de ses Favoris.]

21744. Le Génie démasqué.

Cet Ecrit, qui est de Matthieu DE MORGUES, Abbé de Saint-Germain; se trouve dans son Recueil; c'est une Réponse à l'Ecrit précédent. Cet Auteur dit dans son Epître à la Reine d'Espagne, qui est au-devant de la Vie de la Reine-Mère, morte en 1642, qu'il a composée; « que durant vingt-deux ans, (c'est-à-dire depuis l'an 1620) il a servi la Reine-Mère dans la Charge » de son premier Aumônier, & du seul Avocat de son » innocence ». Ainsi tout ce qui a été écrit du vivant de cette Reine pour sa défense, semble devoir être attribué à cet Auteur.

21745. Lettre du Roi [écrite de Sainte-Menehould,] à M. de Montbazon, du 17 Juin 1632, [contenant les pratiques du Duc de Lorraine, & autres causes qui ont obligé le Roi à porter les Armes dans ses Etats: *Paris*, 1632, *in-8.*]

Cette Lettre se trouve aussi dans le *Recueil* de du Chastelet, *pag.* 688.

21746. Déclaration du Roi sur l'entrée en armes de Monsieur en France, & contre tous ceux qui le suivent & assistent, du 12 Août 1632: 1632, *in-8.*

La même Déclaration est imprimée dans le *Recueil* de du Chastelet, *pag.* 692.

21747. ☞ Le Mercure, ou Courier céleste, parlant à Monsieur, frère de Roi: 1632, *in-8.*]

21748. La Sommation, le Siége & la Prise de Trèves, par le Maréchal d'Estrées: *Paris*, 1632, *in-8.*

21749. ☞ La Cabale des Espagnols découverte par les François: *Paris*, 1632, *in-8.*]

21750. Advis aux Princes Chrétiens sur les desseins & entreprises des Espagnols: 1632, *in-8.*]

21751. ☞ Exhortation à Monsieur, de faire cesser les troubles: 1632, *in-8.*]

21752. ☞ Déclaration du Roi contre le Duc de Montmorency, donnée à Cône le 23 Août 1632: *in-8.*]

21753. ☞ Harangue faite à M. le Duc de Montmorency, par un des premiers Officiers du Roi en Languedoc, sur le sujet des Affaires présentes: *Paris*, 1632, *in-8.*]

21754. Relation envoyée au Roi par le Maréchal DE SCHOMBERG, du combat entre l'Armée qu'il a commandée, & celle de Monsieur, près de Castelnaudari, le premier Septembre 1632: *Paris*, Rigaud, 1632, *in-8.*

21755. ☞ Observations sur quelques circonstances de l'entrée de Gaston, Duc d'Orléans, en Languedoc; de la défection du Duc de Montmorency, & du combat de Castelnaudari, (en 1632.)

C'est le sujet de la Note XII. de l'*Histoire du Languedoc*, par Dom VAISSETE, *pag.* 656.]

21756. Mémoire donné à M. d'Ayguebonne, allant trouver Monsieur de la part du Roi, le 9 Septembre 1632, avec les Propositions de la part de Monsieur, le 13 de ce mois 1632.

Dans le *Recueil* de du Chastelet, *pag.* 698: *Paris*, 1635, *in-fol.*

21757. ☞ Voyage de M. de Bullion à Béziers, vers Monsieur, & ce qui s'en est ensuivi: 1632, *in-8.*

Le Traité avec Monsieur y fut signé le 29 Septembre.]

21758. Articles de la Paix accordée par le Roi à M. le Duc d'Orléans, du 29 Septembre 1632.

Dans le *Recueil* de du Chastelet, *pag.* 699.

21759. Lettre de M. le Duc D'ORLÉANS au Roi, du 12 Novembre 1632.

Dans le même *Recueil* de du Chastelet, *pag.* 703.

☞ Monsieur s'y plaint de la mort du Duc de Montmorency, & déclare qu'il va chercher un asyle chez les Etrangers.]

21760. Lettre du Roi à M. le Duc d'Orléans, du 25 Novembre 1632.

Dans le même *Recueil*, *pag.* 707.

☞ C'est une Réponse à celle que le Prince avoit écrite au Roi, sur la mort de M. de Montmorency: il l'exhorte à rentrer dans son devoir.]

21761. ☞ Le Tombeau de la Rébellion, dressé par un fidèle François, dans la Province de Languedoc: *Paris*, 1632, *in-8.*]

21762. ☞ Advis à Monsieur, frère du Roi: 1632, *in-8.*]

21763. Histoire de Henri, dernier Duc de Montmorency, Pair & Maréchal de France; par Simon DU CROS: *Paris*, 1643, *in-4.*

Ce Maréchal fut décapité en 1632, [à Toulouse, ayant été pris à la Bataille de Castelnaudari.

☞ Il y a une Edition de cette Histoire sous le titre de *Mémoires de Henri, dernier Duc de Montmorency*, &c. *Paris*, Mauger, 1665, *in-12.*

Voyez le *Journ. des Sçav.* Sept. 1699. = Lenglet, *Méth. hist. in-4. tom. IV. pag.* 128, 164. = *Rép. des Letter.* de Bernard, *Décemb.* 1699.]

21764. ☞ Réflexions sur la mort de M. de Montmorency. *Journal de Verdun*, Novembre, 1749.]

21765. Histoire du même: *Paris*, Guignard, 1699, *in-12.*

L'Epître dédicatoire est signée C. D. qui désignent le

nom de l'Editeur. Il dit avoir tiré cette Histoire de l'obscurité. Pierre Bayle, dans son *Dictionnaire historique & critique*, & Jacques Bernard, dans ses *Nouvelles de la République des Lettres de 1699*, semblent croire que les deux Histoires sont du même Auteur, dont le style a été rafraîchi dans la derniere. S'ils avoient voulu se donner la peine de les comparer, ils auroient aisément reconnu que non-seulement le style est différent, mais aussi que la disposition des matières n'est pas la même.

21766. ☞ Etrange & déplorable Relation des cruautés d'une mère; de l'exécution de mort de son fils, & le sujet pourquoi, arrivés près Bordeaux le mois de Novembre dernier : *Paris, 1632, in-8*.]

21767. Ms. Mémoires écrits de la main de Gaspard, Comte de Coligny, Maréchal DE CHASTILLON, depuis l'an 1596 jusqu'en 1633 : *in-fol*.

Ces Mémoires sont conservés dans la Bibliothèque du Roi, entre les Manuscrits de M. de Gaignières.

21768. ∗ Joan. Bapt. BURGI, Commentarius de Bello Suecico : *Prage, 1633, in-4*.

Idem, sub hoc titulo : Mars Sueco-Germanicus, seu rerum à Gustavo Adolpho gestarum Libri tres; auctore Joanne Baptista BURGO: *Coloniæ, 1641, 1644, in-12*.

☞ Gustave Adolphe, qui étoit allié de la France, fut tué en 1632.]

21769. ☞ Ordonnance du Roi, de Versailles, le 23 Novembre 1632, portant très-exprès commandement aux Domestiques & Officiers de M. le Duc d'Orléans son frère, (sur sa seconde sortie du Royaume;) écrite de Saint-Germain le 25 Novembre 1632 : *in-8*.]

21770. ☞ Relation des Conseils d'Etat par deux des plus notables Seigneurs de la Cour, touchant les Affaires du temps : *Paris, 1632, in-8*.]

21771. ☞ Discours au Roi.

Cette Piéce est faite contre le Manifeste de Monsieur, & sert d'Apologie au Cardinal. On y trouve un fait curieux au sujet du Maréchal d'Ancre, & quelques circonstances sur le Maréchal d'Ornano, Chalais, le Grand-Prieur & autres.]

21772. ☞ Deux Discours faits par le Roi en 1632: *Paris, 1635, in-8*.]

21773. ☞ Lettre du Roi à M. le Comte (de Soissons) sur la défaite des troupes du Duc de Lorraine ; de Saint-Mihiel le 20 Juin 1632 : *in-8*.]

21774. ☞ Lettre de MONSIEUR au Parlement, Maire & Echevins de Dijon ; ensemble les Réponses; & ce qui s'est passé au Voyage de Monsieur, avec les progrès des armes du Roi, & articles accordés pour la paix en Lorraine : *1632, in-8*.]

21775. ☞ Lettre du Roi, écrite de Lyverdun le 26 Juin, à Monseigneur le Comte (de Soissons) sur l'accommodement du Duc de Lorraine : *1632, in-8*.]

21776. ☞ Lettre du Roi, envoyée à Nosseigneurs de la Cour de Parlement, contenant l'accommodement de Monsieur en la bonne grace du Roi ; le lieu où il s'en va, avec ce que Sa Majesté a accordé à ceux de sa Maison : *1632, in-8*.]

21777. ☞ L'Hellébore pour nos mal-contens : *1632, in-8*.]

21778. ☞ La furieuse défaite de quatre mille Espagnols & Napolitains, par les Habitans de la Catalogne & de la Biscaye : *Paris, 1632, in-8*.]

21779. ☞ Relation de ce qui s'est passé depuis quelque temps en Italie, pour le fait de Pignerol : *1632, in-8*.]

21780. Ms. Mémoires sur les Affaires générales de la Chrétienté, & sur-tout du Regne de Louis XIII. en 1633, *in-fol*.

Ces Mémoires [étoient] conservés parmi les Manuscrits de M. le Chancelier Seguier, [aujourd'hui à Saint-Germain des Prés.]

21781. Mémoires du Ministère du Cardinal de Richelieu, avec diverses Réflexions politiques : *Paris, Alliot, 1649, in-fol. Ibid. 1650, in-12. 2 vol. Leiden, 1651, in-8. 4 vol. Leide, 1664 : Paris, 1665, 1670: Amsterdam, 1671, in-12. 3 vol*.

Ces Mémoires ont été composés par Charles VIALART, dit DE SAINT-PAUL, Feuillent, mort Evêque d'Avranches en 1644. Ils contiennent ce qui s'est passé depuis l'année 1624, lorsque le Cardinal de Richelieu entra dans le Ministère, jusqu'en 1633. L'Auteur y a ajouté beaucoup d'Actes & de Lettres concernant les Négociations touchant les Affaires de Piémont. Selon Patin, Lettre 34, du tom. I. de ses *Lettres*; « ces Mémoires sont mal digérés & à mauvaise intention : ils » ne contiennent que l'Apologie du Cardinal de Richelieu ». Le même, Lettre 124, du Tome V. écrite le 6 Mars 1650. « On vend ici en cachette un Livre *in-fol.* » intitulé : Histoire du Ministère du Cardinal de Richelieu. C'est un méchant Livre, contenant une Apologie de la tyrannie de ce Cardinal. Il y a un Chapitre » contre M. de Matillac; il y en a aussi un contre M. de » Châteauneuf. Cela pourra le faire condamner à être » brulé par le Boureau...... On a découvert que le vrai » Auteur est un Supérieur des Feuillens, nommé le Père » Vialart. Ce Volume va depuis 1624 jusqu'en 1635, » (ou plutôt 1633.) On dit qu'il y a encore une autre » partie manuscrite; mais le changement de Chancelier » en pourra empêcher l'Edition ».

D'autres disent que ces Mémoires sont bien écrits, mais tout en faveur du Cardinal ; & que les Réflexions politiques, dont ils sont chargés, n'en sont pas toujours l'ornement le plus agréable. Dans les Manuscrits, ils sont intitulés : *Histoire politique du Regne de Louis XIII.* par l'Evêque d'Avranches. Il y en a une Edition *in-folio*, différente de celle que j'ai marquée ; car elle est à deux colonnes, & les Lettres qui concernent les Affaires d'Italie, ne s'y trouvent pas.

☞ *Voyez* sur ces Mémoires, la *Méth. hist. in-4*. de Lenglet, *tom. IV. p. 126* : le *Supplément, p. 164.* =Sorel, *pag. 19.* = *Lettr. de Guy Patin, tom. I. pag. 106, à Spon, & pag. 299.*]

21782. Arrêt du Parlement contre ces Mémoires, du 11 Mai : *Paris, 1650, in-4*.

« Quelques Libraires & Imprimeurs, (au rapport de Théophraste Renaudot, dans sa *Gazette du 21 Mai 1650*) » ayant entrepris d'imprimer & débiter sans per-

» miſſion & ſans nom d'Auteur, un Livre intitulé : *L'Hiſ-*
» *toire du Miniſtère d'Armand Jean du Pleſſis, Cardinal*
» *Duc de Richelieu, ſous le Règne de Louis le Juſte, &c.*
» que la Ducheſſe d'Aiguillon a déclarée n'être point l'Ou-
» vrage dudit Cardinal Duc ſon Oncle, le Parlement
» par ſon Arrêt du 11 de ce mois, publié & exécuté le
» même jour, a déclaré ledit Livre contenir pluſieurs
» propoſitions, narrations & diſcours faux, calomnieux,
» ſcandaleux, injurieux & impertinens, mêmes con-
» traires aux Loix du Royaume, & préjudiciables à l'E-
» tat, & comme tel, entr'autres choſes, a ordonné qu'il
» ſeroit brûlé, & que tous les Exemplaires en ſeroient
» confiſqués, &c. »

21783. Relation hiſtorique des Nouvelles du Monde, depuis 1632 juſqu'à la priſe de Nancy, & autres Traités : *Rouen, 1633, in-8.*

21784. Lettres-Patentes du Roi, contenant abolition en faveur de ſes Sujets rébelles de la Province de Languedoc, & de leurs adhérans, en Mars 1633.

Dans le *Recueil* de du Chaſtelet, ainſi que les quatre articles qui ſuivent.

21785. Arrêt de la Cour du Parlement contre le Duc de Lorraine, du 30 Juillet 1633.

21786. Lettres du Roi au Parlement de Metz, du 21 Septembre 1633.

21787. Lettre du Roi à M. de Montbazon, Gouverneur de Paris, contenant l'état des Affaires de Sa Majeſté en Lorraine, du 17 Septembre 1633.

21788. Obſervations (de Paul Hay, Sieur DU CHASTELET,) ſur la vie & condamnation du Maréchal de Marillac, & ſur le Libelle intitulé : Relation de ce qui s'eſt paſſé au jugement de ſon Procès, en 1633 : *Paris, 1633, in-4. & in-8.*

☞ *Voyez* le *Dictionnaire* de Bayle. = *L'Hiſtoire de France* du P. Daniel, *nouv. Edit. tom. XIV. pag.* 237.]

Ces cinq Ecrits ſont imprimés dans le Recueil de du Chaſtelet, *pag.* 774, 777, 778, 780, 783. Il eſt Auteur des *Obſervations*, dans leſquelles il n'eſt parlé que vers la fin, de l'Affaire du Maréchal de Marillac ; tout ce qui précède eſt employé à blâmer la conduite de la Reine-Mère.

☞ *Voyez* ci-après, Art. des *Maréchaux de France,* pluſieurs Ouvrages ſur la mort de Louis de Marillac.]

21789. La Vérité défendue ; enſemble quelques Obſervations ſur la conduite du Cardinal de Richelieu : 1635, *in-8.*

Cet Ecrit a été compoſé par Matthieu DE MORGUES, Sieur de Saint-Germain, contre le Livre précédent : il ſe trouve auſſi dans ſon Recueil. Il y avoit quatorze mois que ce Livre étoit fait, lorſqu'il fut publié ; l'Auteur en avoit ſuſpendu l'impreſſion, pour le bien de la paix, qu'on avoit lieu d'eſpérer alors.

☞ On y trouve un abrégé de différentes actions du Cardinal, & quelques traits contre le Sieur Du Chaſtelet, l'un de ſes Apologiſtes.]

21790. ☞ Remontrance faite à la Cour de Parlement de Provence, ſur la publication des Lettres-Patentes du Roi, portant création de la Charge de Grand-Maître, Chef & Surintendant Général de la Navigation & Commerce de France en faveur du Cardinal Duc de Richelieu : 1633, *in-8.*

Cette Remontrance eſt imprimée au tom. XIX. du *Mercure François.* M. DE CORMIS, Avocat Général, qui en eſt l'Auteur, l'a diviſée en deux chefs. Le premier regarde la création & érection en titre de cet Office ; le ſecond, le don dudit Office fait au Cardinal Duc. Par rapport au premier, il diſcute les avantages qui doivent en revenir à la France. Il dit, par rapport au ſecond, que le choix que le Roi a fait de M. le Cardinal eſt un chef-d'œuvre de prudence, & un gage certain du bonheur préparé à ce Royaume. Il s'étend enſuite beaucoup ſur les louanges du Cardinal.]

21791. ☞ Les étranges & déplorables accidens arrivés en divers endroits ſur la Rivière de Loire, & lieux circonvoiſins, par l'effroyable débordement des eaux, & l'épouvantable tempête des vents, le 19 & 20 Janvier 1633 ; enſemble les miracles qui ſont arrivés à des perſonnes de qualité & autres, qui ont été ſauvés de ces périlleux dangers : 1633, *in-8.*]

21792. ☞ Edit & Déclaration du Roi, contre les Officiers qui ſont atteints & convaincus par contumace du crime de lèze-majeſté ; vérifié en Parlement le Roi y ſéant, le 12 Avril 1633 : *in-8.*]

21793. ☞ Récit de ce qui s'eſt paſſé entre M. le Duc d'Eſpernon & M. l'Archevêque de Bourdeaux, en 1634 : *in-8.*]

21794. ☞ L'Hermite de Cordouan.

Pièce relative à la précédente, & qui fut faite dans le même temps. Elle eſt preſque toute dogmatique. Ces deux Pièces ſe trouvent dans le *Recueil* D. *in-12.*]

21795. ☞ Le Curé Bourdelois, portant le vrai avis de M. l'Evêque de Nantes : *Paris, 1633, in-8.*

Cette Pièce concerne l'affaire de M. d'Eſpernon avec l'Archevêque de Bourdeaux, & l'excommunication du Sieur Naugas, Lieutenant de ſes Gardes.]

21796. ☞ La gloire du Royaume de France, pour être le propre théâtre du ſacré Ballet & Epithalame du Roi Salomon ; par J. L'ASSERTEUR : *Paris,* 1633, *in-8.*]

21797. Relatione della Bataglia di Thionville trà l'Armata Imperiale e l'Armata di Francia : *In Milano,* 1633, *in-4.*

21798. Diſcours ſur l'heureuſe réduction de Bouchain : *Paris,* 1633, *in-4.*

Ce Diſcours & les Relations ſuivantes, juſqu'en l'an 1694, imprimées *in-4. Paris,* ſans nom d'Auteur, ſe trouvent ordinairement dans le *Recueil des Gazettes de France.*

21799. ☞ Dionyſii SALVAGNII BOESSII, Ludovici XIII. Regis ad Urbanum VIII. Papam Oratoris, Oratio habita Romæ, an. 1633, Carolo Crequio, Leſdiguiarum Duce, eidem Papæ, Regis nomine obedientiam præſtante.

Ce Diſcours eſt à la ſuite de diverſes Inſtructions & Mémoires concernant cette Obédience. Le tout eſt imprimé parmi les *Miſcella* dudit Sieur de Boiſſieu : *Lugduni,* Anisſon, 1661, *in-8.*]

21800. Histoire du temps, ou les trois Vérités historiques, politiques & chrétiennes, sur les Affaires du temps, ou Réponse aux calomnies publiées depuis quelque temps contre le Roi & ceux dont il se sert dans les Conseils; par L. G. C. D. R. (Louis GURON, Conseiller du Roi): *Cologne*, P. Marteau, 1686, *in-4*.

Ce Volume ne contient que la première Vérité; sçavoir, ce qui s'est passé dans le Royaume, depuis 1628 jusqu'en 1634, le tout en faveur du Cardinal de Richelieu, au parti duquel l'Auteur étoit fort attaché. Son Histoire est conservée en manuscrit dans la Bibliothèque de l'Abbaye de Marmoutier. La seconde partie contient les Brigues sous la minorité de Louis XIV, la Régence de la Reine-Mère & le Ministère du Cardinal de Mazarin. Récapitulation de tout ce qui s'est fait durant ces troubles, avec la Prison des Princes. Ce qui se passa depuis jusqu'à la Guerre de Guyenne; ce sont les Mémoires de M. le Duc de la Rochefoucault, rapportés ci-après [à l'année 1652.]

☞ *Voyez* sur cette Histoire, la *Méth. historiq.* de l'Abbé Lenglet, *in-4. tom. IV. pag.* 128.]

21801. ☞ *Lotharingia capta*; auctore Petro DE BOISSAT.

Cette Histoire se trouve dans le *Recueil de ses Œuvres Latines*; 1649, *in-fol*. C'est le meilleur de ses Ouvrages. Il est divisé en six Livres; il y parle en homme instruit des brouilleries qui firent sortir du Royaume la Reine-Mère & le Duc d'Orléans. Il décrit les expéditions qu'on fit en Lorraine, jusqu'à la prise de la Mothe, par le Maréchal de la Force, le 26 Juillet 1634. Il finit par l'Arrêt du Parlement, qui déclara nul le Mariage de Monsieur avec la Princesse Marguerite de Lorraine.]

21802. ☞ Les Amours, Intrigues & Cabales des Domestiques des grandes Maisons de ce temps: *Paris*, Villac, 1633, *in-8*.]

21803. Le Courier universel, ou l'Histoire de ce qui s'est passé depuis l'an 1630 jusqu'en 1634: *Rouen*, 1637, *in-8*.

21804. ☞ Reditus Ducis Aurelianensis in Gallias, cum Richeliade; auctore Jacobo HUMIO Scoto: 1634, *in-8*.]

21805. Vita & Elogia Ludovici XIII. Regis; auctore Petro LABBEO, Societatis Jesu: *Lugduni*, Badieu, 1634, *in-4*.

21806. ☞ Icon Lodoici XIII. Franciæ & Navarræ Regis Christianissimi 1633. = Ad eumdem Ludovicum XIII. Protrepticon; auctore Jacobo FAVEREAU, in suprema Vectigalium Curiâ Senatore: 1634, *in-fol*.]

21807. Déclaration du Roi, du 16 Janvier 1634, sur les Affaires du temps: *Paris*, Estienne, 1634, *in-8*.

21808. ☞ Déclaration du Roi, publiée en Parlement, Sa Majesté y étant, du 28 Janvier 1634: *in-8*.

C'est au sujet de la nouvelle sortie de France de Monsieur, & de sa retraite en Lorraine.]

21809. ☞ Arrêt de la Cour de Parlement, par lequel le prétendu Mariage de Monsieur, avec la Princesse Marguerite de Lorraine, est déclaré non-valablement contracté, & le Duc Charles de Lorraine, Vassalige de la Couronne, pour le rapt par lui commis, condamné avec Nicolas-François son frère, & Henriette de Lorraine, Princesse de Phaltzbourg, sa sœur: 1634, *in-8*.]

21810. ☞ Lettres du Roi, envoyées en sa Cour de Parlement de Metz, au mois de Septembre 1634: *in-8*.

C'est pour lui notifier l'Arrêt ci-dessus.]

21811. ☞ Arrêt du Parlement de Paris, donné à la Requête du Procureur-Général du Roi contre Charles II. Duc de Lorraine, en 1412: *Paris*, Villery, 1634, *in-8*.]

21812. ☞ Relation de ce qui s'est fait à la réduction des Villes & Château du Pays d'Alsace, à l'obéissance du Roi.]

21813. ☞ La Prise de Haguenau & du Château d'Ambar, le 3 Janvier 1634.]

21814. ☞ L'Entrée de l'Armée du Roi dans la Ville & Château de Saverne, le 9 Fevrier 1634: *in-8*.]

21815. ☞ Seize Pièces concernant le Siége & la Prise des Ville & Château de la Mothe: *in-8*.]

21816. ☞ Le combat donné sur les Frontières de la Franche-Comté, entre la Cavalerie Françoise & Espagnole: *in-8*.]

21817. ☞ Nouvelle défaite de l'Armée du Duc de Lorraine: *in-8*.]

21818. ☞ La dernière défaite des troupes de l'Armée Impériale conduites par le Duc de Lorraine: *in-8*.]

21819. ☞ Dernière retraite & résolution du Duc de Lorraine, après l'entière défaite du reste de son Armée: *in-8*.]

21820. ☞ Prosopopée de la Ville de Nancy & de la Mothe.]

21821. ☞ Prise & réduction de la Ville & Château de Villedestin, par l'Armée du Roi, le 9 Août: *in-8*.]

21822. ☞ La réduction de la Ville & Comté de Vaudemont à l'obéissance du Roi, avec l'ordre établi dans la Ville de Nancy: *in-8*.]

21823. ☞ Prise de la Ville de Biche, réduite à l'obéissance du Roi: *in-8*.]

21824. ☞ L'Acte de contrition du Duc de Lorraine, sur l'état de ses affaires: *in-8*.]

21825. ☞ L'Ordre du départ du Roi vers l'Allemagne, le 17 de Septembre: *in-8*.]

21826. ☞ Relation de ce qui s'est passé à l'établissement d'une Cour Souveraine à Nancy: *in-8*.]

21827. ☞ Déclaration du Roi, contenant l'établissement d'un Conseil Souverain dans Nancy: 1634, *in-8*.]

21828. ☞ Déclaration du Roi, publiée en Parlement,

Parlement, Sa Majesté y étant présente, le 18 Janvier 1634. *in-8.*]

21829. ☞ Le Courier véritable de tout ce qui s'est nouvellement passé de part & d'autre, au Siege de la Mothe, depuis la prise de la contr'escarpe & des fortifications de ladite Ville. 1634, *in-8.*]

21830. ☞ La Rencontre inconnue de Mr. le Duc (ci-devant Cardinal) de Lorraine, & sa femme, & leurs métamorphoses, pour sortir de la Ville de Nancy. 1634, *in-8.*]

21831. ☞ Conférence de la Samaritaine avec le Cocq de Notre-Dame. 1634, *in-8.*]

21832. ☞ Discours d'Etat, touchant les saintes intentions qu'a le Roi de soulager ses Peuples, & de faire vivre les Gens de Guerre avec ordre, & sans la foule de leurs Hôtes; par le Sieur PELLETIER: *Paris*, Estienne, 1634, *in-8.*]

21833. ☞ Lettre de la Cordonnière de la Reine-Mère, à M. de Barradas: 1634, *in-8.*

Elle est aussi imprimée au tom. II. du *Recueil* de l'Abbé de Morgues de S. Germain: *Anvers*, 1643, *in-4.*

Seroit-ce cette Lettre qui fut attribuée à Urbain Grandier, Curé de Loudun, auquel elle coûta la vie par la suite, selon quelques-uns? Voyez l'*Histoire des Diables de Loudun*, ci-devant, tom. I. N°. 4834. C'est au reste peu de chose.

Voyez encore le *Véritable P. Joseph*, tom. II. p. 112.

Barradas, de Page du Roi Louis XIII. étoit devenu son Favori. Il fut successivement premier Ecuyer, premier Gentilhomme de la Chambre, & Lieutenant de Roi en Champagne, &c. Sa faveur avoit commencé sous le Connétable de Luynes; il fut chassé de la Cour en 1626.

Voyez l'*Histoire de Louis XIII.* par le P. Griffet, tom. I. pag. 524.]

21834. ☞ Harangue du Cardinal de Richelieu au Parlement, en présence du Roi, le 18 Janvier 1634.

Elle est imprimée au tom. II. de son *Journal*: *Paris*, 1665, *in-12.* Il la prononça au sujet de la Déclaration du Roi, portant pardon & amnistie pour Monsieur & ses Adhérans. Il s'y répand en louanges sur les actions & les vertus de Louis XIII.]

21835. Histoire des Regnes de Henri IV. & de Louis XIII. jusqu'en 1634; par Scipion DUPLEIX, Historiographe de France: *Paris*, 1635, *in-fol.*

C'est un des volumes de son *Histoire générale de France*, qu'il a depuis continuée jusqu'en 1646. Le Cardinal de Richelieu revoyoit les épreuves de ce volume, à mesure qu'il s'imprimoit.

Patin, dans sa vingt-quatrième Lettre du quatrième Tome, écrite de Paris le 17 Novembre 1634, en parle ainsi: « On imprime ici à grande hâte, l'Histoire » du Roi d'à présent, faite par M. Dupleix, sur les Mé- » moires du Cardinal de Richelieu. Je crois bien qu'il » ne dira pas toutes les vérités; & néanmoins, par ce » que j'en ai vu, je vous assure qu'elle dit plusieurs » belles & étranges choses, vraies ou fausses. Elle sera » achevée aux Rois. »

21836. Lumières pour l'Histoire de France, & pour faire voir les calomnies & autres défauts de Scipion Dupleix; par Matthieu DE MORGUES, Sieur de Saint-Germain: 1636, *in-4.*

Le même Ouvrage, qui regarde sur-tout l'Histoire de Louis XIII. [& la Reine Mère], est aussi imprimé dans le *Recueil de Pièces* publié par ce même Abbé, en 1643.

21837. La Réponse à Saint-Germain, ou les Lumières de M. de Morgues pour l'Histoire de France éteintes; par Scipion DUPLEIX: *Condom*, 1645, *in-4.*]

21838. Remarques du Maréchal (François) DE BASSOMPIERRE, sur l'Histoire de Henri IV. & de Louis XIII. composée par Dupleix: *Paris*, Besogne, 1665, *in-12.*

Il faut tirer ces Remarques de l'Original de l'Auteur, intitulé: *Fautes remarquées par M. de Bassompierre, dans l'Histoire de Henri IV. & de Louis XIII. écrite par Scipion Dupleix.* L'Auteur de ces Remarques nous avertit qu'on y a fourré des Additions qui ne sont pas de lui. Il semble désavouer par-là toutes les injures qui se trouvent dans cet Ouvrage. Bayle dit « qu'on l'attri- » buoit au Maréchal de Bassompierre. Ce Seigneur, qui » connoissoit la Cour à fond, & qui sçavoit le véritable » état des choses de son temps, remarque cent bévues » & cent méprises; mais il les relève d'une manière qui » sent l'étourdi ». *Lettre XVII. de Bayle, pag. 12.*

☞ Si ce Livre est réellement du Maréchal de Bassompierre, comme on le croit, on doit être étonné de ce qu'il l'a rempli d'invectives peu utiles à son objet, & trop au-dessous d'un homme comme lui. Au reste l'Histoire de Dupleix étant aujourd'hui peu lue, il y a apparence qu'on ne fera pas grand usage de ces Remarques quoique bonnes, parcequ'elles sont toutes détachées, & qu'elles renvoyent au Texte dont on ne peut se passer en les lisant.]

21839. Philotime, ou Examen des Notes d'Aristarque sur l'Histoire de Louis XIII. par Scipion DUPLEIX: *Paris*, Sonnius, 1637, *in-8.*

Quoique les Remarques de Bassompierre n'aient été imprimées qu'en 1665, elles furent cependant composées en 1636, & coururent en manuscrit; & c'est à ces Remarques manuscrites que répond ici Dupleix.

21840. ☞ Relation véritable de ce qui s'est passé en l'affaire de Philipsbourg, (en Janvier 1635); avec la Réponse aux objections que l'on peut faire sur sa prise: *in-4.*

C'est la justification de M. Arnaud qui avoit rendu cette Place.]

21841. Relation de la Prise du Fort & de la Ville de Spire, en 1635: *Paris*, 1635, *in-4.*

21842. Recueil de diverses Pièces pour servir à l'Histoire: 1635, *in-fol. Paris*, 1635, 1643, *in-4.* 1653, *in-fol.*

☞ Ce Recueil commence en 1626, & finit dans les deux dernières Editions, en 1643.]

Paul Hay, Sieur DU CHASTELET, Conseiller d'Etat, mort en 1636, composa ce Recueil de diverses Pièces, tant des siennes que de celles que divers Auteurs avoient écrites pour la défense du Roi & de ses Ministres. Il mit au-devant une fort longue Préface, qui est comme l'Apologie du Cardinal de Richelieu. C'est ainsi qu'en parle Paul Fontanier Pélisson, dans son *Histoire de l'Académie Françoise.* Selon un autre, le style de du Chastelet est magnifique & pompeux jusqu'à l'excès. Son

Recueil fut d'abord imprimé à Paris, *in-folio*, par Cramoisy.

« Nous avons ici de Livres nouveaux (dit Patin), le grand Recueil de Pièces particulières, qui ont par ci-devant, un jour ou l'autre, paru pour la défense du Gouvernement de M. le Cardinal ; c'est une Réponse perpétuelle à ceux qui ont écrit contre lui, pour Monsieur, frère du Roi, & pour la Reine Mère ; c'est un *in-folio*. De toutes les Pièces, il n'y en a que trois de nouvelles ; sçavoir, une longue Préface (qui est excellente) une Pièce satyrique contre (l'Abbé de Morgues de Saint-Germain), Aumônier de la Reine Mère ; Auteur putatif de plusieurs Livres contre M. le Cardinal, & le Procès d'Alleston, de Châlon ». *Lettre* 20, *du tom. IV. de Patin, écrite le 16 Février 1635.*

« M. du Chastelet étoit un bel esprit, qui parloit aussi bien qu'il écrivoit ; M. le Cardinal de Richelieu aimoit ses entretiens, parcequ'il avoit beaucoup de feu ; mais il se défioit de la solidité de son esprit ; & c'est la cause pour laquelle il ne lui fut jamais donné d'emplois. Il l'a cependant quelquefois récompensé, mais légèrement, & un peu avant sa mort ; il lui fit donner dix mille écus. Du Chastelet a aussi écrit contre M. de Laffemas. »

21843. Jugement sur la Préface, & diverses Pièces que le Cardinal de Richelieu prétend de faire servir à l'Histoire de son crédit ; par Matthieu DE MORGUES, Sieur de Saint-Germain.

Ce Jugement est imprimé dans le *Recueil* de ses Ouvrages ou de Pièces curieuses ; *Anvers*, 1643, *in-4*.

21844. Discours d'Etat sur les Ecrits de ce temps, auquel est faite réponse à plusieurs Libelles diffamatoires, publiés à Bruxelles par les ennemis de la France : 1635, *in-8*.

Ce Discours est de Paul Hay, Sieur DU CHASTELET, Conseiller d'Etat.

« L'Auteur y fait un grand éloge du Cardinal de Richelieu, & prétend qu'il est d'une naissance aussi illustre que d'une vertu & d'un esprit supérieur. Il a surtout en vue de répondre à l'Abbé de Morgues de Saint-Germain & au Père de Chanteloube, qu'il accuse de mauvaise foi, de contradictions, d'être mauvais François, perturbateurs & ennemis de l'Etat, & de ceux qui le défendent ; enfin des impies. Cette Préface servit à l'Auteur de rançon & de prix pour mériter sa liberté. Il avoit été constitué prisonnier à la Bastille, en 1632. »

21845. Galimathias des oreilles coupées, ou le François criant : Où sont mes oreilles ? 1636, *in-8*.

21846. Trois Victoires obtenues par le Cardinal de la Valette, sur le Général Galas, en 1635 : *Paris*, 1635, *in-4*.

21847. Mf. Relation des principales actions du Cardinal de la Valette, pendant la Campagne de 1635 : *in-fol*.

Cette Relation est conservée dans la Bibliothèque du Roi, num. 3786.

21848. Historiæ Belgicæ Liber singularis de obsidione Lovaniensi ; auctore Erycio PUTEANO, Geldrensi : *Antverpiæ*, 1639, *in-16*.

Cet Auteur est mort en 1646.

21849. Rabies seu Clades Franco-Batava, seu Thenarum Excidium, Obsidionisque Lovaniensis, anno 1635, à duplici exercitu Franco-Batavo perpessæ compendiosa & vera Narratio ; auctore Francisco MERCA-

TORE, Sylvæducensi ad sanctum Michaelem Pastore : *Lovanii*, 1636, *in-4*.

Cet Auteur se nommoit en son Pays CRAMER.

21850. Mf. Déclaration du Roi, sur la rupture de la Paix avec l'Espagne : 1635.

Cette Pièce est conservée dans la Bibliothèque de M. Fevret de Fontette, Conseiller au Parlement de Dijon.

21851. La Rencontre inconnue.

21852. Lettre de la Reine Mère à sa Sainteté, du 1 Avril 1635 ; avec deux Brefs d'Urbain VIII.

21853. Lettre de la Reine Mère au Roi son fils ; du 31 Août 1635.

21853. Avis sur ce qui s'est passé au sujet d'une Lettre, présentée au Roi de la part de la Reine Mère ; composé par Matthieu DE MORGUES.

« Elle roule sur l'entrée de M. le Prince à Auxerre. »

Ces trois Pièces sont imprimées dans le *Recueil* de l'Abbé de Morgues de S. Germain.

21854. Rabbi Benoni visiones & doctrina, & Clavis Prophetiæ : 1635.

Cette Pièce se trouve, comme les trois suivantes, au tom. II. du même *Recueil*. Celle-ci qui est assez longue est écrite d'un style de prophétie. Elle a pour objet le pouvoir du Cardinal de Richelieu, & son crédit sur l'esprit du Roi.

21855. Le Bal des Princes de l'Europe par Dialogue, entre Pasquin & Marforio, touchant les Affaires du temps ; traduit d'Italien en François, sur la Copie envoyée de Rome : 1635.

21856. Le Jeu de la Prime des Princes de l'Europe : 1635.

21857. Manifeste pour la Maison d'Autriche : 1635.

Pièce contre le Cardinal, au sujet du Manifeste du Roi, & de la Déclaration de Guerre contre l'Espagne.

21858. POLYGROLLII de Lovanjo, Poëtæ laureati, super Regis Galliæ afflictione, ex auditis novorum præsentis temporis & anni 1635, Poëma Medico-Politico-Pathologicum, ad Cardinalem de Richelieu & P. Josephum Capucinum, eminentissimos Vincæ Domini Sabaoth demolitores : accedit Indiculus de Breviario Card. de Richelieu & Somnio P. Josephi, &c. *Selsenekeus-schans*, 1635, *in-8*.

C'est une espèce de Prose satyrique, faite au sujet des desseins & de la Ligue que ce Cardinal avoit formés contre la Maison d'Autriche. On y feint que le Roi étant malade, un de ses Médecins plus habile que les autres, qui ne pouvoient rien connoître à sa maladie, lui dit qu'elle provenoit de l'esprit, & lui explique tous les maux que les conseils du Cardinal & du P. Joseph ont faits & feront à ce Royaume. L'Indiculus n'est pas en Vers.

21859. Lettre de la Reine Mère à Monsieur Mazarini, Nonce de sa Sainteté, du 15 de Septembre 1635.

21860. Réponse de M. (Jules) MAZARINI ;

à la Reine, (en Italien), du 27 Novembre 1635.

21861. Seconde Lettre de la Reine Mère à sa Sainteté, du 7 Décembre 1635.

Les trois Ecrits précédens font imprimés dans le *Recueil* de l'Abbé de Morgues de S. Germain.

21862. Rerum Gallicarum Liber sextus & septimus, ab anno 1632 ad annum 1635; auctore Joanne SAMBLANCATO, Tolosate: *Tolosa*, 1649, *in-*8.

☞ Le septième Livre n'est que de 2 pages, par les raisons qui suivent & qui méritent bien d'être insérées ici : « Dominatio ultra mensuram justi imperii fuit : obsequium infra servilem patientiam..... amissa virtus cum libertate..... oppressa Judicum Collegia.... ex illustribus familiis nemo de capessendo gentili decore cogitabat....... Antistites venalis Lingux, &c. Hæc omnia remissiore voce narranda, ni si gravius dixerimus, veritas pro convicio accipiatur...... Fatebar potius me nescire verum quàm falsa contingant, &c. ». Le tout finit quatre lignes après.]

21863. Le Parnasse Royal, où les immortelles Actions du Roi Louis XIII. sont publiées par les plus célèbres Poëtes de son temps, en François & en Latin; recueillies par François Metel DE BOIS-ROBERT: *Paris*, 1635, *in*-4.

Cet Auteur, qui a été de l'Académie Françoise, est mort en 1662.

☞ Son Ouvrage a quatre Parties, deux Françoises & deux Latines; & ce sont quatre Recueils de Pièces, en Vers Latins & François, faites par différens Auteurs, en l'honneur du Roi Louis XIII. & du Cardinal de Richelieu. La première intitulée : *Le Parnasse Royal, &c.* Paris, 1635. = La seconde : *Palma Regia, &c. Parisiis*, Cramoisy, 1634. (Cette Partie a été imprimée la même année : *in-fol.*) La troisième : *Le Sacrifice des Muses, au grand Cardinal de Richelieu :* Ibid. 1635. = La quatrième : *Epinicia Musarum, Eminentissimo Cardinali Duci de Richelieu*. Ibid. 1634. Le tout forme un très-gros *in-*4.

Voyez ci-après, à l'Article des *Ministres d'Etat,* les Pièces satyriques faites à ce sujet contre le Cardinal de Richelieu.]

21864. ☞ Le Mercure d'Estat, ou Recueil de divers Discours d'Estat: *Genève*, Aubert, 1635, *in-*8.]

21865. Les nouvelles Muses Royales, où par ordre des années sont continuées les immortelles Actions de Louis XIII. depuis sa naissance jusqu'en 1636 : *Paris*, Quinet, 1637, *in*-4.

21866. ☞ Mss. Mémoires pour servir à l'Histoire: *in-fol.* 3 vol.

Les Pièces renfermées dans ce Recueil, qui est conservé à S. Vincent de Besançon, consistent principalement en une Histoire du Cardinal de Richelieu; avec des Observations sur des Mémoires présentés par des Ambassadeurs de France, & des Anecdotes sur la Guerre des Espagnols contre les François, en 1635 & 1636.]

21867. Mémoires de ce qui s'est passé de plus considérable en France, depuis l'an 1608 jusqu'en 1636 : *Amsterdam*, Mortier, 1683 : *Paris*, Barbin, 1685, *in*-12.

On appelle ces Mémoires, les *Mémoires de Monsieur*, parcequ'ils commencent à sa naissance, & qu'ils contien-

nent plusieurs choses qui le concernent. Ils ont été publiés par Estienne Algay de Martignac, mort en 1698.

« Il paroît de temps en temps divers Mémoires qui apprennent quelques particularités qu'on ne sçavoit pas; ceux-ci sont de cette nature. Ils sont écrits avec beaucoup de naïveté, & on les publie avec toute la négligence du langage qu'on leur a trouvé; mais comme ils viennent d'un homme qui a eu part à la dernière confidence de feu Monsieur le Duc d'Orléans, ils se soutiendront assez d'un autre côté par les faits & les circonstances qu'ils contiennent. ». Pierre Bayle dans ses *Nouvelles de la République des Lettres*, Août, 1685.

Voyez encore, *Méth. historique* de Lenglet; *in-*4. tom. *IV.* pag. 128. = Le Gendre, *t. II. p. 75. = Journ. des Sçavans*, Juin, 1756.]

21868. ☞ Les mêmes : *Paris*, 1756; *in*-12.

Dans le *Recueil* qui suit, tom. *IV.*]

21869. ☞ Mémoires particuliers pour servir à l'Histoire de France, sous les Règnes de Henri III. Henri IV. sous la Régence de Marie de Médicis, & sous Louis XIII. *Paris*, Didot, &c. 1756, *in*-12. 4 vol.

Le premier contient les *Mémoires du Duc d'Angoulesme* (depuis 1589 jusqu'en 1598 ; avec le *Discours sur le Traité de Paix fait à Vervins, le 2 Mai* 1598.) Le second sont les *Mémoires du Duc d'Estrées*, (depuis 1610 jusqu'à 1621) ; avec la *Lettre du Père le Moine, Jésuite*, sur ces Mémoires. Le troisième, les *Mémoires de M. Deagant*, dont on avoit déja une Edition). Et le quatrième, les *Mémoires du Duc d'Orléans*, (rédigés par Algay de Martignac), depuis 1608 jusqu'en 1636.]

21870. Peruviana; Auctore Claudio Bartholomæo MORISOT, Divionensi: *Lugduni-Batavorum*, Maire 1645, *in*-4.

Ce Livre a été imprimé à Dijon, chez Guyot. L'Auteur est mort en 1661. M. de la Monnoye, dans ses Additions au *Ménagiana*, tom. I. pag. 100, dit : « que Morisot, sous le nom du Pérou, a caché l'Histoire des Démêlés du Cardinal de Richelieu avec la Reine Marie de Médicis & Gaston Duc d'Orléans ». La clef de cet Ouvrage, qui ne se trouve que dans quelques Exemplaires, confirme ce qu'avance M. de la Monnoye. D'autres soutiennent que ce Livre renferme l'Histoire feinte de Gaston de France, à qui il est dédié. *Te forsan, sub persona Pumæ*, (dit l'Auteur dans sa Dédicace), *aliquot conjecturis augurabuntur rerum eventorumque isti afflictorum collatione, &c.* Il y en a qui assurent qu'il n'y a jamais eu de Table de noms propres qui contienne la clef de cet Ouvrage; mais qu'il n'y a eu que l'explication des mots du Pérou, qui se trouvent dans ce Livre. Dans la Conclusion, dédiée à M. du Fargis, [imprimée en 1646, séparément, à Dijon, *in*-4. sous ce titre : *Conclusio & interpretatio totius Operis : pag.* 6,] l'Auteur semble expliquer son Ouvrage de la Pierre Philosophale : *Hac Fabula, sive Historia Lapidis Philosophici conficiendi materiam & modum edocentes, &c.* mais il faut, comme le remarque M. Papillon, être initié dans les mystères de Morisot, pour trouver dans son Livre la Pierre Philosophale, ou les intrigues de la Cour de Louis XIII.

☞ C'est un Roman historique qui contient sous des noms déguisés, l'*Histoire de Louis XIII.* depuis le commencement, c'est-à-dire, en 1610, jusqu'à la fin, ou 1643. Il traite particulièrement de ce qui a rapport à Gaston d'Orléans, & à Marguerite de Lorraine sa seconde femme, que l'Auteur a fait le Héros & l'Héroïne de sa Pièce. Il y a une infinité d'autres noms déguisés, dont plusieurs sont aisés à découvrir en suivant l'Histoire de ce temps. En voici quelques-uns des principaux :

Yllapa, Louis XIII. = *Puma*, Gaston. = *Manco*,

Henri IV.=*Coya*, Marie de Médicis. =*Huaca*, Marguerite de Lorraine, seconde femme de Gaston. =*Guunomila*, Anne d'Autriche.=*Nusta*, Elizabeth de France, Reine d'Espagne. =*Viteanuta*, Philippe IV. Roi d'Espagne. = *Paria*, l'Espagne. = *Peravia*, le Royaume de France. = *Auta*, le Maréchal d'Ancre. = *Curaci*, les Princes du Sang. = *Cacici* les Ministres. =*Atac*, le Duc d'Epernon. = *Pusara*, le Cardinal de Richelieu. = *Chile*, Bruxelles. = *Visca*, l'Archiduc. = *Casana*, Marie de Rohan, veuve du Connétable de Luynes. = *Lantarus*, Charles de Lorraine. = *Rura*, Gustave, Roi de Suède.

Il se trouve dans cet Ouvrage quelques Avantures Romanesques, mêlées à celles qui sont vraiment historiques. *Voyez* la *Bibliothèque des Romans*, t. II. p. 84. = *Biblioth. des Aut. de Bourg. tom. II. pag. 97.* = *Menagiana*, tom. III. pag. 86.]

21871. ☞ Arrêt de la Cour de Parlement, contre les assemblées illicites de quelques particuliers, & voies de fait commises ès personnes des Prevôt des Marchands & Echevins de la Ville de Paris: 1636, *in*-8.]

21872. ☞ Le Nonce du Peuple François, sur le sujet de la Guerre contre l'Espagnol, au Roi: *Paris*, Griffet, 1636, *in*-8.

L'Auteur expose tous les maux que l'Espagne a faits à la France, les guerres qu'elle lui a suscitées, ses injustes usurpations; & il exhorte le Roi à en tirer vengeance par les armes.]

21873. ☞ L'Impieté renversée, ou la malice découverte de la haine contre les François, (Apologie de Jacques Gaufridy): *Paris*, 1636, *in*-8.]

21874. ☞ La Cabale Espagnole: 1636, *in*-8.]

21875. La Prise de la Ville de Sancerre: *Paris*, 1636, *in*-4.

21876. La Prise de la Ville & du Château de Bedfort: *Paris*, 1636, *in*-4.

21877. La Prise de la Ville d'Obenheiheim, en Alsace: *Paris*, 1636, *in*-4.

21878. Déclaration du Roi sur les attentats contre son Etat, par aucuns du Comté de Bourgogne: *Lyon*, 1636, *in*-4.

21879. ☞ Lettre de M. JOLICLERC, Avocat au Parlement & aux Cours de Lyon, sur le Siége de S. Jean de Losne en 1636.

Cette Pièce se trouve dans le Recueil intitulé, *Nouvelles Recherches sur la France*: tom. II. pag..... *Paris*, Hérissant, 1766, *in*-12.]

21880. Déclaration de l'Archevêque de Besançon sur l'entrée de l'Armée Françoise audit Pays: (*Dôle*, 1637), *in*-4.

Cette Déclaration est de Ferdinand DE RYE, Archevêque de Besançon, commis au Gouvernement de la Franche-Comté.

21881. Journal du Siége de Dôle, Capitale de Franche-Comté, de son heureuse délivrance; par Jean BOYVIN: *Dôle*, 1637: *Anvers*, [de l'Imprimerie Plantiniene de Balthasar Moretus], 1638, *in*-4.

☞ Cette derniere Edition est plus exacte que la première. Le Siége de Dôle fut fait & levé par le Prince de Condé en 1636, défendu par le Colonel de la Verne. La Relation peut être exacte; mais elle est sûrement mal écrite.]

21882. ☞ Mf. Réponse de Simon DE VILLERS LA FAYE, Seigneur de Chevigné, à Jean Boyvin, sur le Siége de Dôle, en 1636: *in*-4.

Ce Manuscrit est à la Bibliothèque du Roi; & il y en a une Copie, peut-être même l'Original, dans celle de M. Fevret de Fontette, en 112 pages. Cet Ouvrage sent la Déclamation.]

21883. Lettre de Louis PETREY, Sieur de Champvans, à son fils, contenant ce qui s'est passé au Comté de Bourgogne durant & après le Siége de Dôle.

Cette Lettre est imprimée avec le *Journal* précédent.

☞ M. l'Abbé Francequint, demeurant à Dôle, a l'Original manuscrit des Lettres écrites sur le Siége de Dôle, par Louis Pétrey.]

21884. Commentarius de Bello Burgundico apud Sequanos: auctore Philiberto DE LA MARE, Regii Ordinis Milite, Senatore Divionensi: *Divione*, 1642, *in*-4.

Idem auctior: *Divione*, 1689, *in*-4.

Cet Auteur décrit dans cet Ouvrage ce qui s'est passé dans la Guerre de 1636. Il est mort en 1687, & son fils a pris le soin de la seconde Edition.

21885. ☞ Mf. Guerre du Comté de Bourgogne, sous Louis XIII. 1636.

C'est une Copie du temps, en 21 pages, conservée dans la Bibliothèque de M. Fevret de Fontette, à Dijon.]

21886. Successos y Victorias de las Catholicas armas de España y del Imperio en Francia, nel año 1636: *en Sevilla*, *in*-4.

21887. Obsidio Corbeïensis; ab Antonio DE VILLE, Equite Gallo, cum figuris Van Lochon, Sculptoris Regii: *Parisiis*, Buon, 1637, *in-fol.*

❋ C'est l'Histoire de la reprise de cette Place sur les Espagnols, qui s'en étoient emparés quelques mois auparavant.

21888. Lettre de Vincent VOITURE, écrite le 24 Décembre 1636, après la prise de Corbie sur les Espagnols, par l'Armée du Roi.

Cette Lettre est imprimée dans le *Recueil* de ses Lettres, Lettre soixante-quatorzième: *Paris*, Joly, 1667, [*Paris*, 1734], *in*-12. Il y justifie le Cardinal de Richelieu. Voiture, qui étoit de l'Académie Françoise, est mort en 1648.

21889. Histoire du Maréchal de Toiras; ensemble une bonne partie du Règne de Louis XIII. avec la Généalogie de Toiras, & des figures; par Michel BAUDIER : & la Harangue funèbre du même; par Louis DU LAURENS, Prédicateur du Roi: *Paris*, Cramoisy, 1644, *in-fol.* 1666, *in*-12. 2 vol.

Ce Maréchal est mort en 1636.

☞ Cette Histoire est divisée en deux Parties. La première contient ce que ce Maréchal fit en France. La seconde, ce qu'il fit en Italie. On trouve à la tête de la première, une Généalogie de sa Maison, appellée originairement *Caylar*. Toiras naquit à S. Jean de Car-

Règne de Louis XIII. 1636.

donnenques, le premier Mars 1585, fut fait Maréchal de France, le 13 Décembre 1630. La défense de l'Ifle de Ré contre les Anglois, & celle de Cafal contre les Efpagnols, lui ont acquis une gloire immortelle. M. d'Andilly, dans fes Mémoires, dit que ce qui contribua à faire la réputation de cet Officier, fut d'avoir eu la compagnie que Pierre Arnaud fon oncle, avoit difciplinée au Fort-Louis, près la Rochelle. Il fut difgracié en 1633, & tué devant la Fontanette en Milanois, comme il reconnoiffoit la brèche, le 14 Juin 1636.]

21890. ☞ Remontrances du Parlement d'Aix, au Roi : 1636.

Elles font imprimées dans le tom. XXI. du *Mercure François*. Leur but eft de fupplier Sa Majefté, vu les grands avantages qui doivent en arriver au Royaume, de faire conftruire plufieurs Galères fur la Méditerranée. Ces Remontrances font belles & curieufes. On y a fait droit.]

21891. ☞ Mf. Harangue de M. Bignon, Avocat Général, au Roi, féant au Parlement de Paris.

C'eft au fujet d'un Edit, pour augmentation de charges. Cette Harangue eft conferveée dans la Bibliothèque de M. Fevret de Fontette, à Dijon.]

21892. ☞ Lettres-Patentes du Lieutenant Général, pour le Cardinal de Richelieu.

Elles font imprimées au tom. I. de fon *Journal* : *Paris*, 1665, *in-12*. On y fait un grand éloge de la fidélité & des talens de cette Eminence.]

21893. Mf. *Hiftoire de France, contenant ce qui s'eft paffé pendant les années 1634, 1635 & 1636*: *in-fol.* 4 vol.

Cette Hiftoire eft conferveée dans la Bibliothèque du Roi, num. 9296-9299.

21894. Mf. Extraits fort amples, tirés de l'Hiftoire de Louis XII. compofée fur les Mémoires & par le commandement du Cardinal de Richelieu, depuis le commencement de 1631, jufqu'à la fin de l'année 1636.

Ces Extraits font conferveés entre les Manufcrits de M. Dupuy, num. 767.]

21895. ☞ Le Roi Triomphant, ou la Statue équeftre de Louis XIII. pofée fur le front de l'Hôtel de Ville de Rheims, en 1636; avec d'autres Pièces fur le même fujet; par René DE LA CHEZE : *Reims*, 1637, *in-4*.]

21896. Relation de la Bataille gagnée en Languedoc fur les Efpagnols, & la levée du Siége de Leucate : *Paris*, 1637, *in-4*.

21897. Le Siége & la Bataille de Leucate ; par PAULHAC, Avocat à Tolofe : *Tolofe*, Colomiés, 1637 : *Paris*, Courbé, 1638, *in-4*.

21898. *Leucata obfidione liberata*; *ex Libris Rerum Gallicarum Joannis* SAMBLANCATI : *Tolofa*, 1637, *in-4*.

21899. *De Victis ad Leucatam Hifpanis, Triumphus Caroli Schomberti* ; *auctore Jacobo* VILLARIO [à Martinaria J. U. D. & *Judice in Marchionatu à Portis*.] : *Monfpelii*, Pech, 1638, *in-4*.

21900. La Prife de Bergerac, en 1637 : *Paris*, 1637, *in-4*.

21901. Mf. Mémoires de la Révolte des Croquans, en 1637 : *in-fol.*

Ces Mémoires font conferveés entre les Manufcrits de M. de Brienne, num. 358, [dans la Bibliot. du Roi.]

21902. Lettre du Soldat François, fur l'Hiftoire de ce temps ; par DE LA TERRIERE : *Paris*, Hulpeau, 1637, *in-8*.

21903. Manifefte du Duc de Rohan, fur les dernières occurrences arrivées aux Pays des Grifons & Valteline.]

21904. ☞ Lettre à M. le Prince de Condé.

Ces deux Pièces font imprimées dans les *Mémoires de Rohan*: 1646.]

21905. Mf. Hiftoire particulière de ce qui s'eft paffé aux Grifons & à la Valteline, pendant le Gouvernement du Duc de Rohan, depuis l'an 1631 jufqu'en 1637 : *in-fol.*

Cette Hiftoire eft conferveée entre les Manufcrits de M. Dupuy, num. 541.

21906. ☞ Mémoires & Lettres de Henri Duc de Rohan, fur la Guerre de la Valteline, publiés pour la première fois, & accompagnés de Notes Géographiques & Hiftoriques ; par M. le Baron de ZURLAUBEN, Capitaine au Régiment des Gardes Suiffes : *Genève*, (Paris), 1758, *in-12.* 3 vol.

Ils s'étendent depuis l'an 1631 jufqu'en 1637.]

21907. La prife des Ifles & Forts de Sainte-Marguerite & Saint-Honorat, par l'Armée du Roi, & les Capitulations faites aux Ennemis : *Lyon*, 1637, *in-8*.

21908. ☞ L'Ordre de l'attaque à l'Ifle Sainte Marguerite, par l'Armée Navale de France, felon qu'il avoit été concerté : *Aix*, Roize, 1637, *in-12.* de 8 pages.]

21909. ☞ Articles accordés à la Garnifon Efpagnole, fortant de l'Ifle : *Aix*, David, 1637, *in-12.* de 8 pages.]

21910. ☞ Relation de ce qui s'eft paffé fur l'Ifle de Sainte Marguerite, depuis la defcente jufqu'à la prife du Fort d'Arragon : 1637, *in-4*.]

21911. ☞ Hiftoire de l'Armée navale du Comte de Harcourt, jufqu'à la reprife des Ifles de Sainte-Marguerite & S. Honoré : *Aix*, 1637, *in-4*.]

21912. ☞ Lettres du Roi à M. l'Archevêque de Bordeaux, fur l'attaque des Ifles de Sainte-Marguerite & S. Honoré de Lérins ; enfemble la Lettre de M. le Cardinal, Duc de Richelieu, & celle de M. des Noyers, (Secrétaire d'Etat) fur le même fujet : *Aix*, David, 1637, *in-12.* de 8 pages.]

21913. L'Ambaffadeur chimérique, ou le Chercheur des Duppes du Cardinal de Richelieu, en 1637.

Cette Pièce eft de Matthieu DE MORGUES, Sieur de Saint-Germain, felon M. Péliffon ; elle eft imprimée dans son Recueil. C'est une sanglante Satyre contre le Cardinal de Richelieu & son Apologiste Jean Sirmond.

La même revue & corrigée : 1643, *in-4*.

Ce sont de prétendues Instructions, ridicules, données par le Père Joseph à Jean Sirmond, supposé Ambassadeur.]

21914. Satyre d'Etat : Harangue faite au Cardinal de Richelieu, par le Maître du Bureau d'Adresse ; avec la Réponse dudit Sieur Cardinal : 1638.

Cette Satyre, avec la Réponse, est réimprimée dans le Recueil de l'Abbé de Saint-Germain.

☞ Elle contient des réflexions & des anecdotes sur différens événemens, & sur différentes personnes de la Cour.]

21915. Catholicon François, ou Plaintes des deux Châteaux de Bissestre & de Vincennes, rapportées par Renaudot, Maître du Bureau d'adresse : 1636.

Cet Ecrit est réimprimé dans le Recueil précédent.

☞ A la fin on trouve des Remarques pour l'intelligence de cette Pièce.

L'Auteur introduit sur la scène, le Médecin Renaudot, Ecrivain de la Gazette, & un Diable, raisonnant ensemble sur les affaires du temps. Le Diable fait entendre à Renaudot une conversation entre le Château de Bicêtre & celui de Vincennes. Celui-ci raconte à l'autre différens faits qui se sont passés dans l'intérieur du Cabinet du Cardinal de Richelieu, sur-tout entre le Père Joseph, Bullion, Bouthillier & le Cardinal. Cette Pièce est d'une assez grande étendue, & contient des anecdotes assez singulières & curieuses, si l'on pouvoit compter sur ce qui se trouve dans un Ecrit purement satyrique.]

21916. ☞ Les justes Plaintes du Hollandois Catholique & pacifique, sur les Affaires du temps & les Guerres présentes : 1636, *in-8*.

21917. Avis du François fidèle aux Mécontens, nouvellement retirés de la Cour, (1637) : *in-8*.

Jean SIRMOND, qui en est l'Auteur, l'a composé en faveur des Ministres du Roi.

❋ C'est sans doute la Réponse qu'il fit à l'Ambassadeur chimérique, comme le remarque M. Pélisson.

21918. Dernier Avis à la France, par un bon Chrétien & fidèle Citoyen : (1639), *in-8*.

Cet Avis a été donné par Matthieu DE MORGUES, Sieur de Saint Germain : c'est la réponse au précédent. Il est imprimé dans son Recueil.

☞ L'Auteur s'adresse successivement à tous les Ordres de l'Etat, & les exhorte à se délivrer du pouvoir tyrannique du Cardinal.]

❋ Jean Sirmond, qui y étoit fort mal traité, voulut y répondre ; mais sur ces entrefaites, le Cardinal & le Roi étant morts, il ne put obtenir un Privilège.

21919. ☞ Recueil de Pièces curieuses, pour la défense de la Reine - Mère ; (par l'Abbé Matthieu DE MORGUES de S. Germain, &c.).

On auroit pu le placer ici : il se trouve ci-après, à l'Article des *Lettres historiques, &c.* année 1637.]

21920. La Prise de la Ville du Quesnoy, près de Cambray, & l'Histoire du Siége de l'importante Place de la Ville de Landrecy, par l'Armée du Roi : *Paris*, 1637, *in-8*.

21921. Le Siége de Landrecy : *Paris*, 1637, *in-4*.

21922. Les furieuses attaques contre la Ville de Landrecy : *Paris*, 1637, *in 8*.

21923. La prise & la réduction de la Ville de Landrecy : *Paris*, 1637, *in-8*.

Jacques DE BILLY, Jésuite, mort en 1679, est l'Auteur de ce petit Ouvrage.]

21924. ☞ Relations générales, contenant l'état de tout ce qui s'est nouvellement passé tant dans la Province de Picardie, & au Siége de Landrecy, que dans les Pays-Bas, par les Armées du Roi, sous la conduite de MM. les Généraux d'icelles : 1637, *in-8*.]

21925. Invasion de la Armada Francese del Arçobispo de Bourdeaux y Monsiur Conte d'Harcourt, sobra la Ciudad de Oristan del Reyno de Cerdeña : *en Caller*, 1637, *in-4*.

21926. Relation de la Bataille gagnée par l'Armée du Roi en Languedoc, contre celle du Roi d'Espagne, & la levée du Siége de Leucate, en 1638 : *Paris*, Courbé, 1638, *in-4*.

21927. Particularités de cette Victoire, omises dans la Relation précédente : *Paris*, 1638, *in-4*.

21928. ☞ Ms. Histoire du Cardinal de Richelieu, ou plutôt de Louis XIII. par le Cardinal DE RICHELIEU : *in-fol*. 8 vol.

Cette Histoire est conservée au Dépôt des Affaires étrangères, qui est au Louvre. Elle commence en 1610, & finit vers la fin de 1638. M. de Foncemagne en donne une Notice *pag.* 128 *& suiv.* de sa *Lettre sur le Testament politique* de ce Cardinal, seconde Edition : *Paris*, le Breton, 1764, *in-8*. L'*Histoire de la Mère & du Fils*, ci-devant, N.° 20855) lui paroît avoir été une première façon du commencement de cette grande Histoire.]

21929. Ms. Histoire de France sur les Mémoires du Cardinal de Richelieu, depuis 1631 jusqu'en 1638 : *in-fol*. 3. vol.

Cette Histoire [étoit] conservée dans la Bibliothèque de M. Colbert, num. 2242-2244, & dans celle de M. le Chancelier Seguier, num. 636, [aujourd'hui dans la Bibliothèque du Roi, & celle de S. Germain des Prés.]

21930. Ms. Cartels, Défis, & Déclarations de Guerre, depuis l'an 1528 jusqu'en 1638 : *in-fol*.

Ce Recueil est conservé entre les Manuscrits de M. Dupuy, num. 510.

21931. Le juste Prince, ou le Miroir des Princes en la Vie de Louis XIII. par Nicolas CHARPY de Sainte-Croix : *Paris*, Cramoisy, 1638, *in-4*.

21932. ☞ Déclaration du Roi Louis XIII. par laquelle il met le Royaume de France sous la protection de la Sainte Vierge, du 10 Février 1638 : *Paris*, 1638, *in-8*. *Ibid*. Imprimerie Royale, 1700, *in-4*.]

21933. Sant-Omero assediato da Francesi, e liberato dal Principe Francesco Tomaso di Savoya, nell'anno 1638, di Emmanuele

Règne de Louis XIII. 1638.   479

Thesauro : *in Torino*, Cavalleris, 1640, *in-fol.*

21934. Relatione del soccorso dato alla Villa di Sant-Omer, nell'anno 1638 : *in-*4.

21935. Julii Chiffletii Audomarum obsessum & liberatum, anno 1638 : *Antverpiæ*, 1640, *in-*4.

21936. Mss. Campagne de M. de Chastillon, en 1638.

Cet Ecrit est conservé dans la Bibliothèque de M. le Chancelier d'Aguesseau.

21937. ☞ Ordonnance du Roi, pour obliger les Chefs, Officiers & Soldats de ses troupes de Cavalerie à être armés en leurs marches, gardes, factions & actions de guerre, sous peine aux Cavaliers d'être punis de mort, & aux Chefs & Officiers d'être cassés & dégradés, &c. du 2 Septembre 1638 : à S. Germain en Laye, 1638, *in*-8.]

21938. ☞ La glorieuse Victoire gagnée par le Roi de France sur les Impériaux, par la conduite du Duc de Weimar, avec la Liste de toutes les Devises, des Cornettes & Drapeaux gagnés sur les Généraux Ganitz & Savelly, Impériaux, près Witenweir, & présentés au Roi à Chantilly : 1638, *in*-8.]

21939. ☞ Discours de M. le Prince, prononcé en l'Assemblée de Guyenne en 1638 : *in*-4.]

21940. Relation de tout ce qui s'est passé au Voyage des Galères de France, en 1638, avec les particularités de leur Combat avec celles d'Espagne : *Aix*, 1638, *in*-4.

Cette Relation de Pierre-Antoine Mascaron, Avocat à Marseille, né à Avignon, & mort en 1647, est écrite d'un style très-pur & fort net. Ce combat fut donné entre quinze Galères de France, & un pareil nombre de celles d'Espagne.

21941. ☞ Autre Relation du même Combat.

Elle se trouve *pag.* 361 de l'*Hydrographie* de Georges Fournier, Jésuite : *Paris*, 1643, *in-fol.*]

21942. Mss. Relation d'une Expédition de Guerre faite par mer du temps du Cardinal de Richelieu : *in-fol.*

Cette Relation [étoit] conservée dans la Bibliothèque de M. Foucaut, [qui a été vendue.]

21943. Histoire de Henri, Duc de Rohan, Pair de France : *Paris*, de Sercy, 1666, *in*-12. *En Hollande*, 1667, *in*-12.

Cette Histoire a été donnée au public par les soins d'Antoine Fauvelet du Toc, qui a signé l'Epître dédicatoire, & qui a retouché le style de cet Ouvrage. J'ai trouvé dans un Manuscrit la même Vie, sous ce titre : *Vie de Henri, Duc de Rohan, Pair de France*; par S. D. M. E. S. D. B. C. E. M. D. O. D. R. ce qu'on peut expliquer par S. D. M. Ecuyer, Sieur de B. Conseiller & Maître d'Hôtel ordinaire du Roi. Cet Auteur s'est moins occupé à décrire les grands Exploits de Henri, Duc de Rohan, mort en 1638, qu'à marquer le caractère de son esprit; & à faire connoître la beauté de son naturel, en rapportant la suite & les véritables motifs de ses actions. Dans la Bibliothèque du Roi il y a un Manuscrit de cette Vie, num. 9334.

☞ *Voyez* le Journ. des Scav. Juillet, 1666, & *Méth. hist.* de Lenglet, *in*-4. tom. IV. pag. 164.

Henri de Rohan a été un des plus beaux génies & l'un des plus grands Capitaines de son siècle. Il naquit au Château de Blain en Bretagne, le 25 Août 1579, de René de Rohan, & de Catherine de Parthenay. Heureux si son attachement à la Religion Prétendue-Réformée, dont il fut le dernier Héros en France, ne l'eût point engagé dans la révolte contre son Roi, avec lequel il traita presque d'égal à égal, lors de la paix de 1629. Il passa ensuite en Italie, & en Suisse, où il fut utile à la patrie, dans la Valteline. Ayant été blessé le 18 Février 1638, au Siège de Rhinfeld, il mourut de ses blessures le 13 Avril suivant. Son corps fut porté à Genève, & y fut enterré.]

21944. ☞ Nouvelles Anecdotes de la Vie de Henri, Duc de Rohan.

Elles se trouvent au tom. III. de la *Bibliothèque Militaire*, &c. du Baron de Zurlauben : *Paris*, 1751, *in*-12.]

21945. ☞ Mss. La Vie de Henri, Duc de Rohan : *in-fol.*]

21946. ☞ Mss. Mémoire qui regarde la Vie de M. de Rohan, & particulièrement ce qu'il a fait étant Général des Armées de Louis XIII. dans la Valteline, depuis 1631 jusqu'en 1637, *in-fol.*

Ces deux Manuscrits se trouvent indiqués aux numéros 1040 & 1041, du Catalogue de M. Pelletier.]

21947. Histoire secrette du Duc de Rohan: *Cologne*, 1697, *in*-12.

On ne doit pas plus se fier à cette Histoire secrette qu'à toutes les autres de Gratien de Courtils, qui en est l'Auteur. *Voyez* à la fin de cette Bibliothèque le Mémoire touchant ses Ouvrages.]

☞ Il est question de cet Ecrit dans la *Bibliothèque des Romans*, tom. II. pag. 91.]

21948. ☞ Vie de Henri, Duc de Rohan; par M. l'Abbé Perau : 1757.

C'est ce qui forme les tom. XXI. & XXII. des *Vies des Hommes illustres de la France*, commencées par M. d'Auvigny : *Amsterdam & Paris*, le Gras, *in*-12.]

21949. ☞ Abrégé de la Vie du Duc de Rohan.

Cet Abrégé est imprimé à la tête du premier Volume de ses *Mémoires* : *Paris*, 1758, *in*-12.]

21950. Histoire de la Vie de Charles de Crequi de Blanchefort, Duc de Lesdiguières, Pair & Maréchal de France ; par Nicolas Chorier : *Grenoble*, 1683, *in*-12.

Ce Maréchal a été tué en 1638.

21951. ☞ Le Pot aux roses découvert du plaisant Voyage fait par quelques curieux au Bois de Vincennes, à dessein de voir Jean de Werth, & ce qui s'en est ensuivi : *Paris*, Guillaume Sausse, (sans date d'année,) *in*-8.]

21952. La Historia del sitio y socorro de Fuentarabia, y successos de l'año 1638 : *en Madrid*, del Bario, 1639, *in*-4.

L'Histoire du Siège de Fontarabie, par les François, a été écrite par Don Jean de Mendoça & de Palafox, Evêque d'Osma.

LIV. III. Histoire Politique de France.

21953. Secundo succeſſo de la venida de los Franceſes en Fuentarabia : en Barcelona, 1638, in-4.

21954. Fragmenta Hiſtoriæ Catholicæ, in quibus Fons-rapidus, ſeu Fontarabia obſeſſa, Gallique indè ſubmoti ; auctore Joſepho RIPAMONTIO, Mediolanenſi : Mediolani, in-fol.

21955. Joſephi MORETI Hiſtoria obſidionis Fontarabiæ, anno 1638, fruſtra à Gallis tentata, Libri tres : Pampelonæ, 1638 ; Lugduni, Couronneau, 1656, in-24.

21956. Mſ. Relation de tout ce qui s'eſt paſſé tant durant le Siége de Fontarabie, qu'à la levée d'icelui : in-fol.

Cette Relation eſt conſervée dans la Bibliothèque du Roi, num. 9552.

21957. Mſ. Autre Relation de ce Siége, en 1638, par Bernard DE LA VALETTE, Duc d'Eſpernon.

Bernard de Nogaret de la Valette, de Foix, Duc d'Eſpernon, eſt mort en 1661. Sa Relation ſe trouve dans le Volume précédent.

21958. ☞ Mſ. Réponſe de M. le Prince à cette Relation, & une Lettre de M. le Duc de la Valette, en réplique à M. le Prince.

Ces deux Pièces ſont dans la Bibliothèque de M. Fevret de Fontette, à Dijon.]

21959. Priſe de la Ville de Briſac par le Duc de Veymar, (Allié des François:) Paris, 1638, in-4.

21960. ☞ Mſ. Lettre au Cardinal de Richelieu, avec un Diſcours des Conſuls de Dantzic : 1638.

Dans la Bibliothèque de M. Fevret de Fontette, à Dijon.]

21961. ☞ Diſcours ſincère entre le Cardinal de Richelieu & le Père Joſeph, ſon Confeſſeur, concernant les expéditions de guerre arrivées en cette année, pour avertiſſement & inſtruction à tous ceux qui ſont intéreſſés dans cette guerre, ou qui prétendent de l'être : 1639, in-4. (en Allemand.)]

21962. Remarques d'Hiſtoire ou Deſcription chronologique des choſes mémorables arrivées tant en France qu'ès Pays Etrangers, depuis l'an 1610 juſqu'en 1637 ; par DE SAINT-LAZARE : Paris, 1638, in-8.

Les mêmes, juſqu'en 1639 : Paris, 1639, in-8.

C'eſt ſans doute la même Edition que la précédente, à laquelle l'Auteur a ajouté ce qui regarde l'année 1638. Il ſe nommoit Claude MALINGRE de Saint-Lazare.

21963. ☞ Mſ. Hiſtoire de ce qui s'eſt paſſé de plus conſidérable en France, ſous le Cardinal de Richelieu, depuis l'année 1623 incluſivement , juſques & compris l'année 1638 : in-fol.

Cet Original, de près de 900 pages, d'une écriture fort menue, eſt conſervé dans la Bibliothèque de M.

Jardel, Officier du Roi, demeurant à Braine, près de Soiſſons. Ces Mémoires contiennent des choſes qui n'ont jamais paru, & feroient un Supplément intéreſſant pour le Règne de Louis XIII & l'Hiſtoire du Cardinal de Richelieu.]

21964. La priſe d'Heſdin, par l'Armée du Roi : Paris, 1639, in-4.

21965. Le Siége d'Heſdin ; par Antoine DE VILLE, Chevalier, [avec la Deſcription de la Ville & du Pays :] Lyon, 1639, in-fol. fig.

21966. Guerre di Germania, dal Aleſſandro DE NORIS : in Bologna, 1640, in-4.

21967. Relation envoyée au Roi de ce qui s'eſt paſſé dans l'Armée de Rouſſillon, depuis le Siége mis devant Saluces par les Eſpagnols : Paris, 1639, in-4.

21968. Mſ. Extraits touchant les Affaires d'Italie, & particulièrement de Piémont, durant les années 1638 & 1639, tirés des Lettres des Cardinaux de Richelieu, de la Valette, de M. de Chavigny, du Comte d'Harcourt & des autres Miniſtres : in-fol.

Ces Extraits ſont conſervés entre les Manuſcrits de M. Dupuy, num. 767.

21969. Affaires d'Italie de l'année 1639, paſſées entre la Ducheſſe & les Princes de la Maiſon de Savoye, contenant pluſieurs Lettres de Négociations pour les Affaires du Piémont & de Montferrat.

Ces Pièces ſont imprimées avec les Mémoires du Miniſtère du Cardinal de Richelieu, rapportés ci-deſſus à l'année 1635.

21970. ☞ Mſ. Relation des principales actions de Monſeigneur le Cardinal de la Valette, durant les années (1635, juſques & compriſe 1639) qu'il a commandé les Armées du Roi en Allemagne, en Lorraine, en Flandres & en Italie, recueillies par le Sieur TALON, ſon Secrétaire : petit in-fol.

Ce Manuſcrit original ſe trouve dans le Cabinet de M. le Marquis de Beleſta de Gardouch, à Touloufe.]

21971. ☞ Mſ. Lettre du Cardinal de Richelieu à Madame de Savoye : 1639, in-fol.

Cette Lettre eſt citée entre les Pièces du num. 3301 du Catalogue de M. le Blanc.]

21972. ☞ Diſcours de ce qui s'eſt nouvellement paſſé entre M. le Cardinal Barberin & le Maréchal d'Eſtrées, Ambaſſadeur Extraordinaire (à Rome) : (de 40 pages, ſans date ni nom de lieu :) in-4.

Ce Diſcours paroît avoir été imprimé en 1639 ou 1640, puiſque le Rouvray fut aſſaſſiné en Octobre 1639. On y trouve pag. 4. une Conſultation en Latin, & pag. 16. la Relation de l'aſſaſſinat de le Rouvray, en Italien.

Dans la Bibliothèque de M. Fevret de Fontette, à Dijon, il y a pluſieurs Pièces manuſcrites à ce ſujet, entr'autres, un Mémoire contre le Cardinal Barberin, & la Relation de ce qui fut dit à Dijon, au Nonce Scotti.]

21973. Relation faite par M. DE FONTRAILLES,

Règne de Louis XIII. 1639.

LES, des choses particulières de la Cour pendant la faveur de M. de Cinq-Mars, Grand Ecuyer de France, en 1639.

Cette Relation est imprimée au tom. I. des *Mémoires de Montresor*: Leyde, Sambix, 1663, *in-12*.

☞ Elle contient l'origine de l'inimitié qui survint entre le Cardinal & le grand Ecuyer ; M. de Fontrailles l'attribue à un Bénéfice donné à l'Abbé d'Effiat par le Roi, contre le gré de son premier Ministre. On y trouve aussi tout ce qui se passa en Espagne au sujet du Traité qui y fut fait par M. de Funtrailles, entre Sa Majesté Catholique, Monsieur & ses Adhérans. Cette Relation va depuis 1639 jusqu'en 1642. M. de Fontrailles étoit de la Maison d'Astarac, au Comté d'Armagnac.]

21974. ☞ La Consolation des Taxés : 1639, *in-8*.]

21975. ☞ Pièces de Turlupin : 1637, 1638, 1639, *in-8*.]

21976. ☞ Avis donnés par écrit au Roi, par MM. le Chancelier, Bullion & Bouthillier, Surintendant des Finances, Chavigny & des Noyers, Secrétaires d'Etat ; sçavoir si Sa Majesté doit permettre le retour de la Reine sa mère en ce Royaume : Mars, 1639.

Cet Avis est imprimé au tom. I. des *Mémoires de Montresor* : Leyde, 1665, *in-12*. Ils sont tous pour lui refuser cette grace, sous prétexte qu'elle est préjudiciable à l'Etat.]

21977. Mémoires de M. DE B***, Secrétaire de M. L. C. D. R. dans lesquels on découvre la plus fine politique & les affaires les plus secrettes qui se sont passées du Règne de Louis le Juste, sous le Ministère de ce grand Cardinal ; & l'on y en voit quelques autres curieuses & singulières sous le Règne de Louis le Grand : *Amsterdam*, Schelte : (Rouen) 1711, *in-12, 2 vol*.

Gratien DE COURTILZ est l'Auteur de cet Ouvrage, qu'il a publié sous le nom d'un Secrétaire de M. le Cardinal de Richelieu. Ils vont jusqu'en 1640. Cet Auteur est mort en 1712. *Voyez* le Mémoire de ses Ouvrages, à la fin de cette Bibliothèque.

21978. Ms. Séditions de Normandie, en 1639 & 1640 : *in-fol. 2 vol*.

Ces Relations étoient conservées dans la Bibliothèque de M. le Chancelier Seguier, num. 182, [aujourd'hui à S. Germain des Prés.]

21979. Déclaration du Roi, portant interdiction des Maire, Echevins, & autres Officiers de la Maison de Ville de Rouen, révocation de tous leurs privilèges, & réunion au Domaine de Sa Majesté du revenu appartenant à ladite Ville ; avec l'Arrêt portant établissement de Commissaires, pour l'administration des Affaires, au lieu des Officiers d'icelles avant ladite interdiction : 1640, *in-8*.]

21980. ☞ Arrêt du Conseil d'Etat, & de la Cour de Parlement de Rouen, portant les noms de ceux qui par contumace sont condamnés à la mort, ensemble de ceux qui sont condamnés à l'amende, restitution des deniers, & au bannissement : 1640, *in-8*.]

21981. ☞ Commission du Roi, à M. le Président Seguier, & aux Sieurs Crespin, Viole, Menardeau, & autres Conseillers de la Cour de Parlement de Paris, pour exercer la Justice Souveraine, au lieu & place de la Cour de Parlement de Rouen, publiée audit lieu en Parlement, le dernier Janvier 1640 : *in-8*.]

21982. ☞ Relation de ce qui s'est passé à la prise du Prince de Pologne & de toute sa suite, au Port de Bouc en Provence : 1640, *in-4*.]

21983. ☞ Joannis Casimiri, Poloniarum & Sueciæ Principis, Carcer Gallicus, ab Everhardo WASSEMBERGIO conscriptus : *Gedani*, Forsterus, 1644, *in-4*.]

21984. ☞ Ms. Epistolæ Uladislai IV. Regis Poloniæ ad Ludovicum XIII. & ad Cardinalem Richelium, cum Epistolâ Archiepiscopi Gnesnensis ad Comitem d'Avaux Legatum Ludovici XIII. super detentione Casimiri Fratris Regis Poloniæ : *in-fol*.

Ces Lettres sont rapportées entre les Pièces du numéro 3301 * du Catalogue de M. le Blanc.]

21985. Relacion de los successos en Rossellon & de Salsas, en l'año 1639 & 1640, en que entró el exercito Francés en el, por Joseph TOBAR : *en Barcelona*, 1640, *in-fol*.

21986. Ms. Histoire Latine de ce qui s'est passé en 1639 & 1640 : *in-fol*.

Cette Histoire est conservée entre les Manuscrits de M. Dupuy, num. 549.

21987. Relation très-particulière du passage du Rhin par l'Armée du Roi, commandée par le Duc de Longueville, le 4 Janvier 1640 : *Paris*, 1640, *in-4*.

21988. ☞ Lettre du Roi envoyée à MM. les Prevôt des Marchands & Echevins de la Ville de Paris, sur la Victoire obtenue par l'Armée de Sa Majesté à la levée du Siège de Casal ; ensemble les particularités du Combat qui a duré depuis midi jusqu'à la minuit close : 1640.]

21989. ☞ Ms. Relation de la Bataille de Casal : 1640.

Dans la Bibliothèque de M. Fevret de Fontette, à Dijon.]

21990. Le Siège de Casal & son Siège levé, & autres Expéditions de cette mémorable journée : *Paris*, 1640, *in-fol. & in-4*.

21991. * Il politico Soldato Monferino, o vero Discorso sopra gli Affari di Casale, &c. *in Casale*, 1640, *in-4*.

21992. ☞ Ms. Seconde Partie [Journal du Siège de Casal : 1640, en 66 pages, copie du temps.

C'est la seconde partie de la Relation de ce qui s'est passé en Italie, &c. rapportée ci-devant sous l'année 1630. Ce Manuscrit est conservé dans la Bibliothèque de M. Fevret de Fontette, à Dijon.]

Liv. III. Histoire Politique de France.

21993. ☞ Mſ. Caſale liberato : *in-fol.*

C'eſt un Poëme Italien, préſenté au Cardinal de Richelieu par le Père RIPA, Auguſtin, en 1640, après que le Comte d'Harcourt eut ſecouru Caſal. Ce Manuſcrit ſe trouve en la Bibliothèque de Sainte-Geneviève, à Paris.]

21994. ☞ Mſ. Journal de ce qui s'eſt paſſé entre les Armées de France & d'Eſpagne delà les Monts : 1640, 38 pages, copie du temps.

Dans la Bibliothèque de M. Fevret de Fontette, à Dijon.]

21995. Relation de tout ce qui s'eſt paſſé au Siége de Turin juſqu'au 10 de Juin 1640 : *Paris*, 1640, *in-4*.

21996. Relation de la Bataille donnée au Camp de Turin : *Paris*, 1640, *in-4*.

La medeſima Relatione tradotta dal Franceſe : 1640, *in-4*.

21997. Relation de tout ce qui s'eſt paſſé en Italie, depuis le 6 Juin 1640, juſqu'au 15 de Juillet : 1640, *in-4*.

21998. Journal de tout ce qui s'eſt paſſé au Siége de Turin, juſqu'au 14 Août : *Paris*, 1640, *in-4*.

21999. Le Soldat Piémontois revenant du Camp de Turin; & racontant tout ce qui s'eſt paſſé en la Campagne d'Italie, de l'année 1640; par Michel BAUPIER : *Paris*, 1641, *in-8*.

22000. Memorie hiſtoriche delle Guerre d'Italia del ſecolo preſente : dal Abbate FOSSATI : *in Milano*, 1640, *in-4*. *in Bologna*, 1645, *in-8*.

22001. ☞ Le Prophète François, à M. le Cardinal de Richelieu : 1640, *in-8*.

Cette Pièce, qui paroît à la louange du Cardinal, doit être prise à contresens, ſelon l'Avertiſſement qui ſe trouve à la fin. C'eſt peu de choſe. Elle eſt auſſi imprimée dans le *Recueil* de l'Abbé de Morgues de S. Germain.]

22002. Memorie recondite, da Vittorio SIRI, Conſeglier di Stato e Iſtoriographo della Maeſta Chriſtianiſſima ; (dall'anno 1601, fin all'anno 1640,) *in-4*. 8 vol. duo primi, *in Ronco*, (ſans date;) altri ſei, *in Lione*, 1680.

Le Tome I. *in Ronco*, 1677, s'étend de 1601 à 1608.
Le Tome II. s'étend depuis 1609 juſqu'en 1612.
Le Tome III. *in Parigi*, appreſſo Sebaſtiano Mabre-Cramoiſy, 1677 : depuis 1613 à 1616.
Le Tome IV. *in Parigi*, *ibid.* 1677 : depuis 1617 juſqu'à la fin de Juin 1619.
Le Tome V. *in Lione*, appreſſo Aniſſon è Poſuel, 1679-1619 : depuis Août 1625.
Le Tome VI. *Ibidem.* Août, 1625-1630.
Le Tome VII. *Ibidem.* 1630-1634.
Le Tome VIII. *Ibidem.* 1634-1640.]

L'Auteur eſt mort en 1685. Ses Mémoires ſont rares & curieux ; ils contiennent ce qui s'eſt paſſé depuis 1601 juſqu'en 1640. L'Auteur aimoit la vérité aux dépens de tout. « Il découvre dans ſes Mémoires le ſecret » de tout ce qui s'eſt fait de plus conſidérable, qu'il a » tiré des Archives, des Dépêches, des Chiffres du Roi » & des autres Princes, dont les Miniſtres lui ont com- » muniqué leurs Regiſtres, leurs Lettres & leurs Inſ- » tructions. *Journal des Sçavans*, 6 Septembre 1677.

❉ C'eſt à tort que l'Auteur des *Mélanges d'Hiſtoire & de Littérature*, tom. I. pag. 89, fait paſſer Siri pour une plume vénale : on ne le doit pas croire, comme je l'ai ſçu d'une perſonne qui l'a particulièrement connu.

☞ *Voyez* ſur ſes Mémoires, la *Méth. hiſt.* de Lenglet, *in-4. tom.* II. *pag.* 284, & *tom.* IV. *pag.* 117. = *Journ. des Sçav.* Sept. 1677. = *Parrhaſiana*, p. 136. = *Mél.* de Vigneul-Marville, *tom*, I. *pag.* 106.]

22003. ☞ Les mêmes, en François : *Amſterdam*, (*Paris*,) 1765, & ſuiv. *in-12*. 10 vol.

Ce n'eſt encore que le commencement de la Traduction, qui contient les années 1601 juſqu'à 1610. Elle eſt de M. Requier, qui avoit commencé celle du Mercure de Siri.]

22004. Le Combat Naval donné entre l'Armée du Roi & celle d'Eſpagne devant Cadis, le 21 Juillet 1640 : *Paris*, 1640, *in-4*.

Relation de ce Combat : *Paris*, 1640, *in-4*.

22005. Les Lauriers de la Maiſon de Bourbon; par Pierre COLINS : *Paris*, 1640, *in-8*.

22006. L'Attaque faite par les Eſpagnols contre le Camp du Roi devant Arras, le 2 Août : 1640, *in-4*.

22007. Relation du Combat de Thionville, & du Siége d'Arras, en 1639 & 1640; par Marc Duncan, Sieur DE CERISANTE : 1640: *in-4*.

22008. Relation du Combat donné devant Arras : *Paris*, 1640, *in-4*.

22009. ☞ Mſ. Relation de ce qui s'eſt paſſé le 2 Août (1640) au Camp devant Arras : *in-4*.

Cette Relation, qui eſt conſervée dans la Bibliothèque de M. Jardel à Braine, a pour Auteur le Maréchal DE CHASTILLON, qui commandoit à ce Siége avec les Maréchaux de Chaulnes & de la Meilleraye. Elle contient un détail très-exact de l'action où les Eſpagnols furent repouſſés en voulant jetter du ſecours dans la Ville d'Arras, qui fut priſe huit jours après, c'eſt-à-dire le 10 Août 1640.]

22010. Mſ. Relation de ce qui s'eſt paſſé devant Arras, en 1640.

Cette Relation eſt conſervée dans la Bibliothèque de MM. des Miſſions Etrangères.

22011. La priſe de la Ville d'Arras ſur les Eſpagnols : *Paris*, 1640, *in-4*.

22012. Relation ſuccinte du Siége & de la reddition d'Arras : *Paris*, 1640, [petit *in-fol.*]

☞ On y trouve jointe une Eſtampe groteſque concernant le Siége de cette Ville.]

22013. Relation du Siége & de la reddition d'Arras; (par Jean Armand du Pleſſis, Cardinal DE RICHELIEU :) *Paris*, Cramoiſy, 1640, *in-8*.

Règne de Louis XIII. 1640.

La medesima Relatione tradotta dal Francese : 1640, *in-*4.

Aubery, dans l'*Histoire du Cardinal de Richelieu*, Liv. VII. Chap. IV. lui attribue cette Relation.

22014. Expeditio Belgica & Atrebatensis, auspiciis Ludovici Justi, anno 1639 & 1640, confecta ; auctore Abelio SAMMARTHANO : *Pictavis*, 1643, *in-*4.

22015. ☞ Atrebatum expugnatio; Carmen Petri HALLÉ : *Parisiis*, 1641, *in-*4.]

22016. Historia delle Guerre di Imperatori Ferdinando II & III. & Filippo IV. Ré di Spagna, contrò Gostavo Ré di Suetia & Ludigi Ré di Francia, Libri XXVI. dall'anno 1630, sin all'anno 1640 ; dal Conte Galeazzo GUALDO Priorato : *in Bologna*, Monti, 1641, *in-*4. *in Geneva*, 1642, *in-*8. *in Venetia*, 1644.

22017. Proclamacion Catholica de la Ciudad de Barcelona al Rey Felippe IV. contrò los aggravios sacrilegos per los Soldatos en el Principado de Cataluña, en el año 1640: *in Barcelona*, 1640, *in-fol.* 1641, *in-*4.

La même Plainte, traduite de l'Espagnol: *Rouen*, 1641, *in-*4.

Gaspard SALAS, Catalan, de l'Ordre de S. Augustin, est Auteur de cet Ecrit, selon Nicolas Antoine, tom. I. de sa *Bibliothèque d'Espagne*, *pag.* 407.

22018. Aristarco e Censura de la Proclamacion Catholica de los Catalanes : 1640, *in-*4.

22019. Historia de los movimientos y separacion de Cataluña, y de la Guerra entre el Felippe IV. y la Deputacion general de aquel Principado, en el año 1640, per Clemente LIBERTINO : *en San Vincente*, Craesbeck, 1645, *in-*4.

22020. Cataluña en Francia, Castilla sine Cataluña, &c. por el Francisco MARTI Y VILADAMOR : *in Barcelona*, 1641, *in-*4.

22021. Cataluña defendida de sus emulos, illustrada con sus hechos, fidelidad e servicios a sus Reyes; por Antonio RAMQUEZ : *in Lerida*, 1641, *in-*4.

22022. Epitome de los principios y progressos de las Guerras de Cataluña, en el años 1640 y 1641 ; por Gaspar SALAS : *in Barcelona*, 1641, *in-*4.

22023. Le même Abrégé, traduit en François, publié sous ce titre : Histoire de ce qui s'est passé en Catalogne, en 1640 & 1641 : *Rouen*, 1641 [& 1642.]

☞ Cette Traduction est de Pierre la Cavalliera.]

22024. ☞ Requête en forme de Mémoire historique au Roi (Louis XIII.) au nom des Consuls & Conseils des Cent de la Ville de Barcelone, Chef & Métropolitaine au séculier de la Principauté de Catalogne: 1640, *in-*4.

Il y a beaucoup, dans cette Pièce, de faits concernant l'Histoire des Catalans.]

Tome II.

22025. ☞ Secrets publiés de la Catalogne, ou la Pierre de touche des intentions de l'ennemi, imprimée à Barcelone par l'ordre des très-illustres Seigneurs les Députés & Auditeurs; traduit de Catalan en François : *Rouen*, Berthelin, 1642, *in-*4.]

22026. ☞ Appui de la vérité Catalane, appugnée par un Libelle qui commence : La Justification Royale : *Lyon*, 1641, jouxte la Copie de Barcelone : *in-*4.

La version Françoise est vis-à-vis du texte Espagnol.]

22027. Mémoires de M. DE MONTRESOR.

Ces Mémoires de Claude de Bourdeille, Comte de Montresor, Gouverneur de Périgord, mort en 1668, sont imprimés dans un *Recueil de Pièces servant à l'Histoire moderne : Cologne*, P. Marteau, 1663 : [*Ibid.* Sambix, 1664, *in-*12.]

Les mêmes Mémoires avec diverses Pièces durant le Ministère du Cardinal de Richelieu : *Leyde*, Sambix, 1665, *in-*12. 2 vol.

Ces Mémoires sont assez détaillés & faits par un homme bien intentionné pour sa patrie & sa Religion. Il montre au doigt & à l'œil la nécessité où s'est trouvée la France de s'allier avec la Suède, pour s'opposer aux vues ambitieuses de la Maison d'Autriche, & que jamais les intérêts de la Religion n'ont été plus ménagés ; que s'ils ont souffert quelque échec, c'est plutôt de la part de ceux qui crient si fort contre cette Alliance, que de la part de la France & de ses Alliés.

Les Mémoires de Montresor contiennent une Relation de la retraite de Monsieur, Gaston de France, en Flandres, l'an 1632. Les intrigues de la Cour pendant son séjour, & la Relation de son retour en France, en 1641. Ce qu'il y a d'estimable dans ces deux volumes, selon M. l'Abbé le Gendre, c'est moins les Relations de M. de Montresor, quoiqu'elles soient assez bien écrites, que les Pièces qui y sont jointes, lesquelles sont très-utiles pour sçavoir à fond l'Histoire de ce temps-là.

☞ M. de Montresor s'appelloit *Claude*, (& non *François*, comme l'avoit d'abord mis le P. le Long.) Voyez ce qu'en dit l'Abbé de Marolles en ses *Mémoires*, part. 1, pag. 83, & part. 2, pag. 224; & le P. Anselme, en son *Histoire des Grands Officiers*, tom. II. p. 1698. Par rapport à ses Mémoires on peut voir le Gendre, tom. II. pag. 33. = Lenglet, *Méth. hist. in-*4. tom. IV. pag. 130.]

22028. ☞ Ms. Mémoires du même : *in-fol.* 4 vol.

Ces Mémoires que l'on dit bien plus amples en Manuscrit, sont cités num. 3186, du Catalogue de M. le Blanc.]

22029. ☞ Discours fait par M. de Montresor, touchant sa prison, & autres Pièces curieuses pour servir d'éclaircissement à ce qui est contenu dans le premier volume.

Ce Recueil est imprimé au tom. II. de ses *Mémoires*: *Leyde*, 1665, *in-*12. Il contient plusieurs Pièces depuis 1632 jusqu'en 1643, entr'autres, une Relation de ce qui s'est passé à Lyon durant l'instruction du Procès de MM. de Cinq-Mars & de Thou ; le Procès fait à M. le Duc de la Valette en 1638 & 1639, avec les suites qu'il eut. Le détail des autres Pièces se trouve à la table qui est à la fin.]

22030. ☞ Mémoires du Marquis de FEUQUIÈRES, (depuis 1632 jusqu'en 1640;) ses Maximes sur la Guerre, &c. *Amsterdam*, Chastelain, 1741, *in-*12. 4 vol. }.

22031. ☞ Succinte Narration des grandes Actions du Roi, par le Cardinal DE RICHELIEU.

La première partie se trouve dans le *Testament politique* de ce Cardinal, (chap. I.) & la seconde, qui va depuis 1639 jusqu'en 1641, est imprimée *pag.* 617 du Tome XV. de l'Édition que le P. Griffet a donnée en 1755 de l'*Histoire de France* du Père Daniel. Il observe *pag.* 619, que le Cardinal de Richelieu paroît n'avoir pas mis la dernière main à cette seconde Partie. Elle se trouve aussi dans l'Édition du *Testament politique* : *Paris*, 1764, *in-8.*]

22032. Origine des premiers mouvemens de la rébellion en Catalogne, & de la mort funeste de son Viceroy; par le Comte D'ISENGHIEN : *Ruremonde*, 1654, *in-12.*

22033. Extraits de quelques Lettres touchant les Affaires de Catalogne : *Paris*, 1641, *in-4.*

22034. Relation de ce qui s'est passé naguères en Catalogne pour les Affaires de cette Principauté : *Paris*, 1641, *in-4.*

22035. ☞ Catalonia iterum ad Lilia perfugiens, an. 1641 : *Barcinone*, 1642, *in-4.*]

22036. ☞ Histoire de ce qui s'est passé en Catalogne depuis qu'elle a secoué le joug de l'Espagne, jusqu'en 1641 : *Rouen*, 1642, *in-4.*]

22037. ☞ Mſ. Traité d'Alliance entre le Roi & la Principauté de Catalogne : 1641, (en Catalan, 7 pages, copie du temps.) – Serment fait par le Maréchal de Brezé, au nom du Roi, pour conserver les Coutumes & Privilèges de la Catalogne, en 1641, (en Catalan, 35 pages, copie du temps.)

† *Ces Manuscrits sont dans la Bibliothèque de M. Fevret de Fontette, à Dijon.*]

22038. ☞ Catalana justicia contra las Castellanas armas, por el Doctor Jusepe FONT, sacristan de san Pedro de Ripoll. *Barcelona*, Materud, 1641, *in-4.*]

22039. ☞ Politica del Comte de Olivarez contra politica de Cataluña, y Barcelona, &c. per lo Doctor Joseph CARROCA, contra desdel primer de Gener 1640, fins à 18 de Maig 1641 : *Barcelona*, Romen, 1641, *in-4.*]

22040. ☞ Lagrimas Catalanas al entierro y obsequias del illustre deputado Ecclesiastico de Cataluña Pablo Claris; por Gaspar SALA, de la Orden de san Agustin : *Barcelona*, Nogues, 1641, *in-4.*]

22041. ☞ Lettres-Patentes du Roi, en forme d'Edits, publiées en Parlement, Sa Majesté y étant présente, le 21 Février 1641 : *in-8.*]

22042. * Déclaration du Roi contre les Princes qui ont pris les armes à Sedan; du 8 Juin 1641 : *Paris*, 1641, *in-4.*

22043. ☞ Véritable récit de ce qui s'est passé en la rencontre faite avec les troupes du Général Lamboy & autres, le Samedi 6 Juillet 1641.]

22044. ☞ Mſ. Avis important pour entreprendre sur la Franche-Comté; par M. GAULMIN, Maître des Requêtes : 1641.

Dans la Bibliothèque de M. Fevret de Fontette, à Dijon.]

22045. ☞ Affaires de MM. le Comte de Soissons, & les Ducs de Guise & de Bouillon.

Cette Pièce, qui est imprimée au tom. I. des *Mémoires de Montresor* : Leyde, 1665, *in-12.* regarde les années 1641 & 1642. On y trouve un Manifeste sanglant du Comte de Soissons, contre le Cardinal de Richelieu : c'est le numéro suivant.]

22046. Manifeste de Louis de Bourbon, Comte de Soissons, Prince du Sang Royal de France, pour la justification des armes des Princes de la Paix : du 2 Juillet 1641.

* Il ne parut qu'après la Bataille de la Marfée, où ce Prince fut tué.

22047. Relation de la Bataille de la Marfée, donnée près de Sedan, le 6 Juillet 1641, écrite par le Maréchal DE CHASTILLON. Autre du Sieur DE GREMONVILLE : une troisieme du Maréchal DE FABER, en cette occasion-là Capitaine au Régiment des Gardes. Autre Relation de la même Bataille.

Ce Manifeste & ces Relations sont imprimés avec les *Mémoires de M. de Montresor* : Leyde, 1665, *in-12*, 2 vol.

22048. ☞ Déclaration du Roi en faveur du Duc de Bouillon, & de ceux qui se sont retirés à Sedan, publiée en Parlement le 2 Septembre : 1641, *in-8.*]

22049. ☞ Relation de ce qui s'est passé jusqu'à présent de plus mémorable en la maladie du Roi : 1641, *in-8.*]

22050. Réduction de la Ville d'Aire à l'obéissance du Roi : *Paris*, 1641, *in-4.* Journal du Siège : *Ibid.* 1641, *in-4.* Relation de ce qui s'est passé devant Aire : *Ibid.* 1641, *in-4.*

22051. Remarques journalières des actions militaires les plus signalées, vues durant les deux Siéges d'Aire, 1641 : *Douay*, Wyon, 1641, *in-4.*

22052. Bellum septimestre, seu Aria à Gallis obsessa & capta, moxque ab Hispano exercitu recuperata anno 1641; auct. Joan. HUMETZIO : *Audomari*, Boscardus, 1644, *in-4.*

22053. ☞ Julii CHIFFLETII Crux Andraeana victrix, seu de Cruce Burgundicâ cœlitus in Ariensi obsidione visâ Commentarius : *Antverpia*, 1641, *in-12.*]

22054. Mſ. Relations particulières en forme de Journaux, écrites de la main de Louis XIII. depuis le mois d'Octobre 1633, jusqu'en 1642.

Ces Relations sont conservées dans la Bibliothèque du Roi, num. 9334.

22055. Le Soldat Suédois, ou l'Histoire de ce qui s'est passé en Allemagne, depuis l'entrée du Roi de Suède, en 1630 jusqu'à sa mort, (en 1632): 1633, *in-8*.

Autre Edition, jouxte la Copie de Pierre Albert, 1633, *in-8*.

22056. Le Soldat Suédois, racontant l'Histoire de tout ce qui s'est passé en Allemagne, depuis la mort du Roi de Suède jusqu'à présent; avec un Eloge ou Discours sur la vie & mort du Duc de Veymar; par le Sieur DE GRENAILLE: *Paris*, de Varennes, 1642, *in-8*.

Ce second Tome finit au commencement de l'année 1642. Il ne paroît pas qu'il soit de la même main que le premier, qui a été fait sur les Mémoires, Relations & autres Pièces du temps, à la sollicitation de l'Ambassadeur de Suède, par Frédéric SPANHEIM, Professeur alors en Théologie à Genève, mort en 1649, au rapport de Paul Fréher. *Sect. III. pag.* 543, de son *Trésor des Hommes illustres*.

22057. ☞ Mf. Paraphrase de l'*In exitu*, ou, In exitu Gallorum de Belgio, Domûs Borboniæ de populo Brabantio: *in-4*.

Ce Manuscrit, dont il y a une Copie dans la Bibliothèque de M. Jardel à Braine, est une plaisanterie faite contre les François, lorsqu'ils abandonnèrent les Pays-bas, le Maréchal de Guiche ayant été battu par les Espagnols à Honnecourt, en Avril 1642.]

22058. Journal de ce qui s'est passé au Siége de Perpignan: *Paris*, 1642, *in-4*. Continuation de ce Siége: *Paris*, 1642, *in-4*. Capitulation de cette Ville, le 9 Août: *Paris*, 1642, *in-4*.

22059. La prise & la Réduction de la Ville de Perpignan: *Paris*, 1642, *in-4*.

22060. ☞ Les Articles de la Ville de Perpignan, accordés par le Gouverneur & habitans, aux Maréchaux de Schomberg & de la Meilleraye: ensemble la Capitulation: *Paris*, 1642, *in-8*.]

22061. ☞ Relation de l'entrée de l'Armée du Roi dans la Ville de Perpignan, avec les particularités en la prise de ladite Ville, Chasteau & Citadelle: *Paris*, 1642, *in-8*.]

22062. ☞ Lettre du Roi, écrite à M. le Duc de Montbazon, Pair & Grand Veneur de France, Gouverneur & Lieutenant Général de Paris & Isle de France, contenant la réduction des Ville, Château & Citadelle de Perpignan, en l'obéissance du Roi: 1642, *in-8*.]

22063. Perpinianum captum; auctore Antonio CHANUT, Societatis Jesu: *Tolosæ*, 1642, *in-4*.

22064. L'Espagne dépouillée, ou, Discours politique sur la prise de Perpignan; par GELLEGRAIN: *Paris*, 1642, *in-4*.

22065. ☞ Pax promissa, sive pro Perpiniano captâ Oratio Panegyrica in Rothomagensi Archiepiscopali Scholâ dicta à Guill. MARCELLO Congreg. Oratorii Sacerdote: *Rothomagi*, Maurry, 1642, *in-4*.]

22066. ☞ De Perpiniani deditione Epinicium, Carmen Simonis Olivæ MENELII, Senatoris Tolosani: *in-4*.]

22067. Relacion de la Bataglia que huvo entre Francéses y Españoles, sobre el soccorso de Perpignan: *in Lisbona*, 1642, *in-4*.

22068. La Trompette Catalane, publiant l'avantage des armes du Roi sur les Castillans, dans le Roussillon & la Catalogne: *Paris*, 1642, *in-4*.

22069. ☞ Card. Duci Richelio Ruxino recepta, Carmen; auctore P. HALLEY: *Parisiis*, Libert, 1642, *in-4*.]

22070. Mf. Relation de la défaite de l'Armée Espagnole, étant au secours de Perpignan; par Martin MUXICA.

Cette Relation est conservée entre les Manuscrits de M. Dupuy, num. 631.

12071. Relacion de los exercitos que tiene en Campaña el Rey Ludovico XIII. contra el Rey Felippe IV. *in Lisbona*, 1642, *in-4*.

22072. Relation de la prise de Tortose: *Paris*, 1642, *in-4*.

22073. Carta da un Capitan de la Armada Catholica con breve Relation de la Victoria de Castelet: 1642, *in-fol*.

22074. Joannis Jacobi CHIFFLETII, Dissertatio de Vexillo Regali in Castellensi pugna Francis erepto.

Rapporté ci-après, Article des *Portes-Oriflames*.

22075. Mf. ☞ Mémoire fait auparavant que le Roi partît de Monfrain, pour s'en retourner à Paris, au mois de Juin 1642, suivi de plusieurs particularités sur ce qui s'est passé cette année à la Cour de plus remarquable: *in-4*.

Dans la Bibliothèque de M. le Duc de la Vallière.]

22076. La réduction de la Ville & Château de Sedan, [avec le Plan de cette Place]: *Paris*, 1642, *in-4*.

22077. Mf. Mémoires de (Jean-Louis de Nogaret), Duc D'ESPERNON, Colonel de l'Infanterie Françoise: *in-fol*.

Ces Mémoires de Jean-Louis de Nogaret, de la Valette, Duc d'Espernon, mort en 1642, sont conservés dans la Bibliothèque du Roi, entre les Manuscrits de M. de Gaignières.

22078. Vie du Duc d'Espernon: *Paris*, Courbé, 1655, *in-fol*. *Rouen*, 1663, *in-12*. 3 vol. *Paris*, 1663, *in-12*. 2 vol.

☞ La même: *Paris*, Montalant, 1730, *in-4*. 1 vol. & *in-12*. 4 vol.]

La même: *Amsterdam*, (*Paris*), 1736, *in-12*. 4 vol.

La même, traduite en Anglois par le Chevalier Cotton : *London*, 1670, *in-fol*.

Cette Vie, qui contient ce qui s'est passé depuis l'an 1570 jusqu'en 1642, est écrite avec sincérité, par Guillaume GIRARD, Secrétaire de M. d'Espernon, comme il le marque au commencement de son *Epître dédicatoire au Duc de la Valette*, où il dit qu'il lui présente le Recueil qu'il a fait des principales actions du Duc d'Espernon son Père. « Mais c'est moins l'on Histoire que » celle de Henri III. Henri IV. & Louis XIII. sous les » Règnes desquels ce Duc eut grand part à tout ce qui » s'y passa de considérable. Au reste, elle est exacte & » bien écrite, & remplie de faits singuliers ». C'est le jugement qu'en porte l'Abbé le Gendre.

✻ Voici ce que Guy Patin en écrivoit, dans sa *Lett*. 86, à Charles Spon, le premier Mai 1654. «On va imprimer ici un fort bon Livre, qui a été examiné, & a passé par l'étamine de MM. Chappelain, Conrart, & autres habiles de l'Académie. C'est la Vie de feu M. d'Espernon, faite par M. Girard son Secrétaire. L'on m'a dit que cette Vie contiendra l'Histoire de cent ans, qu'elle sera fort belle & très-curieuse ; mais pour le certain on n'y dira pas tout ».

Voyez sur cette Vie, *Biblioth. de Harlay*, t. II. pag. 521. = Lenglet, *Méth. histor. in-4*. t. IV. p. 165. = Journ. *de Verdun, Décem*. 1739. = *Longueruana*, pag. 212. = *Lettr. sérieus. & badin*. tom. VI. pag. 195. = *Isag. in not. script. hist. Gall. part*. II. pag. 29. = L'*Esprit de la Ligue*, tom. I. pag. lxij.]

22079. ☞ Remarques historiques sur le Duc d'Espernon.

Elles sont imprimées, pag. 286-297 de l'*Histoire des Troubles de Béarn*, par le Père Isidore MIRASSON : *Paris*, 1768, *in-12*.]

22080. ☞ Réflexions sur ce qui concerne le Duc d'Espernon, dans la Préface du Supplément aux Mémoires de Condé ; par M. l'Abbé D'ARTIGNY.

Dans ses *Mémoires*, tom. II. pag. 313 : *Paris*, Debure, 1749, *in-12*.]

22081. Histoire générale des Guerres & mouvemens arrivés en divers Etats du Monde, sous le Règne de Louis XIII. par Claude MALINGRE de Saint-Lazare : *Paris*, 1638, *in-8*. 2 vol.

Ce sont des Recueils de ce qui a été écrit journellement, qui peuvent servir d'instructions ; ils commencent en 1610, & finissent en 1638.

La même continuée jusqu'en 1642 : *Rouen*, 1647, *in-8*. 4 vol.

22082. ☞ Mf. Traité de Monsieur avec les Espagnols, 13 Mars 1642, (Copie du temps, de 6 pages).

Dans la Bibliothèque de M. Fevret de Fontette, à Dijon.]

22083. Affaires de Messieurs de Cinq-Mars & de Montmorency, en 1642.

Ces Relations sont imprimées dans le Recueil de *Pièces curieuses, servant à l'Histoire moderne : Cologne*, 1663, *in-12*.

22084. Il Mercurio veridico, che contiene le cose avvenute nell'anno 1642, del Dottor Gio Batt. BIRAGO : *en Bologna*, 1651, *in-4*.

22085. Bollo di Vittorio SIRI, nel Mercurio veridico del Dottor Birago : *in Modena*, Soliani, 1653, *in-4*.

☞ Siri composa cette Pièce pour faire connoître au Public que le Docteur Birago avoit voulu s'approprier son Ouvrage, & que le *Mercurio veridico* étoit une véritable Copie du sien. Dans la première Partie, qui est pleine de citations & d'érudition, il critique mot à mot & phrase à phrase, le Titre & l'Avis au Lecteur du *Mercure* de Birago : elle contient 200 pages. Dans la seconde, qui n'en contient que 32, Siri indique les passages que Birago lui a volés. *Bollo* signifie le plomb ou la marque. Siri ne publia cet Ouvrage qu'après avoir donné son troisième *Mercure*, & il fit cesser celui de Birago, qui n'en donna que le Volume qu'on vient d'indiquer. Il n'a d'autre mérite que sa rareté ; d'ailleurs il est de pure critique, & ne sert en rien à l'Histoire.]

22086. Claudii PERRII, è Societate Jesu, Icon Regis, tribus variorum carminum Lyricorum Libris comprehensa, quibus res praeclarè gestae à Ludovico Justo distribuuntur : *Parisiis*, (Rocard), 1642, *in-12*.

22087. ☞ F. Pet. MARTYRIS, Coilarii, pro Franciâ crescente Commonitorium catholicum : *Avenione*, 1642, *in-8*.]

22088. Mf. Mémoires des actions principales de Louis XIII. & du Cardinal de Richelieu : *in-fol*.

Ces Mémoires [étoient] conservés dans la Bibliothèque de M. le Chancelier Seguier, num 981, [aujourd'hui à S. Germain-des-Prés.]

Histoire du Cardinal de Richelieu.

Voyez ci-après, aux *Ministres d'Etat*.

22089. Mémoires du Cardinal DE RICHELIEU, contenant ce qui s'est passé à la Cour pendant son Administration ; avec plusieurs Procès criminels : *Goude*, 1650, *in-12*.

☞ Toutes les Pièces qui composent ces Mémoires, se trouvent en entier au Recueil intitulé : *Journal du Cardinal de Richelieu*, 1665, 2 vol.]

22090. Ministerium Cardinalis Richelii, seu secretissima Instructio & Historia Universalis, ab anno 1624 ad annum 1642 ; cum Observationibus politicis : *Francofurti ad Manum*, 1652 : *Herbipoli*, 1662, *in-8*.

C'est un Extrait de l'Histoire de ce Cardinal, écrite par Antoine Auberi.

Le même Livre traduit par J. Doding-ton : *London*, 1677, *in-8*. (en Anglois.]

22091. ☞ Richelius effigiatus, sive Joanni Armando du Plessis, Duci Richelio, Cardinali Eminentissimo, Panegyris ; per Massiliensem BLANC, Presbyterum Oratorii D. Jesu : *Massiliae*, Garcin, *in-8*.]

22092. ☞ Le Richelieu de Monseigneur le Cardinal Duc, dédié à son Eminence, par le Sieur REGNAULT : *in-4*. (en Vers).]

22093. Lilietum novis florum politicorum accessionibus consitum ad illustrationem operis, cui titulus : Ministerium Cardinalis Richelii, &c. tradente Jacobo LE BLEU, Oppenheimensi-Palatino, J. U. D. *Giessae*, 1664, *in-12*.

Cet Auteur est mort en 1668.

Règne de Louis XIII. 1642.

22094. ☞ Plusieurs Pièces ou Anecdotes remarquables, recueillies pendant l'Administration du Cardinal de Richelieu : *in fol.*

Ce Manuscrit est conservé dans la Bibliothèque du Roi, parmi ceux de M. de Cangé.]

22095. ☞ Le Gouvernement présent, & Eloge de son Eminence, ou Pièce de mille Vers, appellée par cette raison la *Miliade*, (sans date d'année) : petit *in*-8.

On n'est pas encore bien certain du nom de l'Auteur de cette Satyre; les uns l'attribuent à M. FAVEREAU, Conseiller en la Cour des Aides, fort honnête homme, mais grand ennemi du Cardinal; les autres à M. D'ESTELAN, fils du Maréchal de Saint-Luc. De toutes les Pièces qui furent publiées contre ce Cardinal, il n'y en eut aucune qui l'irrita plus que celle-ci. Il fit tous ses efforts pour en connoître l'Auteur, qu'il ne put découvrir. On peut dire que c'est la seule injure qu'il ait laissé impunie.]

22096. ☞ Réflexions politiques du Sieur Julien FURIC DURUN, sur le Gouvernement du Cardinal de Richelieu, avec un narré raccourci de toutes les actions qu'il a faites pendant son Administration : *Paris*, 1640, *in*-4.]

22097. ☞ Palladium Franciæ, seu Richelias.]

22098. ☞ Le Roi du Roi, contre le Cardinal de Richelieu.]

22099. ☞ Observations sur la vie & les services du Cardinal de Richelieu.]

22100. ☞ Eloge du même, & Poëme sur la Harangue faite par lui au Parlement, en 1634; par BORDIER.]

22101. ☞ Monument incomparable du Cardinal de Richelieu : 1663.]

22102. ☞ Ejusdem Elogium : 1642.]

22103. ☞ Hector Ant. DE GAILLARD, Genio Galliæ sospitali : Armando Card. de Richelieu : *Parisiis*, 1639.]

22104. ☞ L'impiété sanglante du Cardinal de Richelieu.]

22105. ☞ Journal de ce qui s'est passé à la maladie & à la mort du Cardinal de Richelieu.]

22106. ☞ Le Cardinal de Richelieu tâche d'entrer en Paradis : Tragi-comédie.]

22107. ☞ L'Ombre du grand Armand, Cardinal de Richelieu : *Paris*, 1645.]

22108. ☞ Le Mausolée-Cardinal, ou Eloge funèbre du Cardinal de Richelieu : *Paris*, 1643.]

22109. ☞ Tombeau du même : *Paris*, 1643.]

22110. ☞ La nouvelle Epitaphe du même : *Paris*, 1642.]

22111. ☞ Ejusdem Epitaphium : 1643.]

22112. ☞ Le Trésor des Epitaphes pour & contre le Cardinal de Richelieu.]

22113. ☞ Oraison funèbre sur la mort du même : *Paris*, 1643.]

22114. ☞ Alphonso Richelio Cardinali Franciscus DE MOUSTIER, gratulabatur : *Parisiis*, 1648, *in*-4.]

22115. ☞ Nova novorum.]

22116. ☞ Jubilus confœderatorum.]

22117. ☞ Vita Cardinalis Richelieu.]

22118. ☞ Epistola Saxibelli.]

22119. ☞ Sapiens Francus.]

22120. ☞ Sur l'enlévement des Reliques de saint Fiacre, apportées de la Ville de Meaux, pour la guérison du ..... M. le Cardinal de Richelieu : *Anvers*, 1643.

Pièce en Vers, très-satyrique & très-mordante, contre ce Cardinal.

22121. ☞ Lettres de Mademoiselle de Chemerant, trouvées dans la cassette du Cardinal après sa mort.

Ces Lettres regardent les brouilleries de la Cour. Elles sont en chiffres ; mais on en trouve la clef à la tête. Elles sont imprimées, ainsi que la Liste qui suit, au tom. I. du *Journal du Cardinal de Richelieu : Paris*, 1665, *in*-12.]

22122. ☞ Liste ou extrait des noms de ceux qui ont été éloignés, emprisonnés, condamnés & suppliciés durant le Ministère du feu Cardinal de Richelieu.]

22123. ☞ Ode à M. de la Meilleraye, Maréchal de France, &c. sur ses conquêtes en Flandres, & sur sa conquête de Roussillon; par Jacques D'AMOURS, Ecuyer, Sieur de Lumières : *Paris, Flamant*, 1645, *in*-4.]

22124. ☞ Histoire universelle de nôtre temps, contenant ce qui s'est passé de plus remarquable depuis la Déclaration de la Guerre entre les Couronnes de France & d'Espagne, l'Empire, la Suède & les autres Etats Alliés jusqu'à la mort de Louis XIII. *Paris*, 1644, *in*-12. 4 vol.

22125. ☞ Epitome Rerum Germanicarum, ab anno 1617, ad annum 1643 : 1643, 1669, *in*-16.

Cette dernière Edition est très-correcte. L'Auteur est Léonard PAPPUS, Chanoine de Constance & d'Ausbourg. « Ce Livre, quoique petit pour la forme, est considé-» rable pour ce qu'il contient; il est vrai que les pério-» des un peu trop longues, & qu'une certaine construc-» tion embarassée en rend le style fort obscur ; mais il » est écrit avec sagesse & avec jugement ». Placcius, dans son *Théâtre des Anonymes*, num. 2122.

☞ Cette petite Histoire a quelque connexité avec la nôtre, par rapport aux affaires de la Valteline, à nôtre Alliance avec les Suédois, & à leurs Victoires en Allemagne. L'Auteur paroît habile homme & montre beaucoup de modération envers les Protestans.

Voyez la Méth. hist. de Lenglet, *tom.* IV. *pag.* 416. = Struvius, *pag.* 957.]

22126. ☞ Mémoire fidèle des choses qui se sont passées à la mort de Louis XIII. Roi de France, fait par DUBOIS, l'un des

Valets de Chambre de Sa Majesté, le 14 Mai 1643.

Il est imprimé au tom. II. des *Curiosités historiques: Amsterdam,* 1759, *in-*12.]

— ☞ Codicille de Louis XIII. &c.

Voyez ci-après, dans l'Art. de l'*Etat du Royaume.*]

22127. L'idée d'une belle mort, dans le récit de celle de Louis XIII. tiré des Mémoires de Jacques Dinet, Jésuite, son Confesseur ; par Antoine GIRARD, Jésuite : *Paris,* de l'Imprimerie Royale, 1656, *in-fol.*

22128. ☞ Joannis MASSOLEI, Rationalium in Burgundiâ Præsidis, Hercules Gallicus anni 1642 & 1643 : *Parisiis,* Chatelain, 1646, *in-*4.

Gravelinga, seu Herculis Gallici Liber Vus : *Parisiis,* 1647, *in-*4.

C'est un Panégyrique de Louis XIII. dédié, pour le premier Volume, à la Reine Régente, avec une Epître Françoise. Le cinquième Livre est dédié à Gaston, & l'Epître Dédicatoire est écrite aussi en François, quoique l'Ouvrage soit en Vers Latins. Jean Massol, né à Dijon, y est mort en 1649, âgé de 62 ans.]

22129. Discours funèbre, panégyrique & historique sur la vie & sur la mort du Roi Louis XIII. par Charles-François (ABRA) DE RACONIS, Evêque de Lavaur : *Paris,* 1643, *in-*4.

Cet Evêque est mort en 1646. Je ne rapporterai pas ici toutes les Oraisons funèbres de Louis XIII. dont on trouvera les titres aux pages 50 & suiv. de la *Bibliothèque Parisienne* de Louis Jacob, Carme Réformé: *Paris,* 1645, *in-*4. parceque l'Histoire de ce Roi est assez connue d'ailleurs.

22130. ☞ Oraison funèbre de Louis XIII. prononcée à Paris par le Père Nicolas DE CONDÉ, Jésuite : *Paris,* Moreau, 1643, *in-*4.

Ce Jésuite est mort l'an 1654.]

22131. ☞ Discours sur la mort de Louis XIII. par Guillaume GON : *Lyon,* 1643, *in-*8.]

22132. ☞ Brevis Dissertatio de morbis hereditariis, quâ probatur affectus morbosos, quibuscum Ludovicus XIII. conflictatus est, fuisse adventitios, non profectivos, non hereditarios ; auct. Roberto LYONNET : *Parisiis,* Meturas, 1647.]

22133. Le Règne de Louis XIII. donné pour exemple & pour instruction à son Fils ; par Jean DANES, Avocat au Parlement : *Paris,* [Lamy,] 1644, *in-*4.

22134. Aloysii JUGLARIS, è Societate Jesu, Vita & virtutes Ludovici Justi centum Elogiis explicata : *Lugduni,* 1648, *in-*4.

22135. ☞ Eloge funèbre & le Tombeau Royal de Louis XIII. par M. DE JAVERSAY : *Paris,* Brunet, 1643, *in-*4.]

22136. ☞ Oraison funèbre de Louis le Juste, prononcée en la Sainte-Chapelle de Dijon ; par Baltazard-Bernard BOUHIER,

Chanoine en ladite Sainte-Chapelle : *Paris,* 1643.]

22137. ☞ Harangue funèbre de Louis le Juste, Roi de France, prononcée le 3 Juin au Service solemnel qui fut fait en l'Eglise Paroissiale de S. Paul à Paris ; par Nic. MAZURE, Curé de ladite Eglise : *Paris,* 1643.]

22138. ☞ L'Etendue du Règne de Louis le Juste, prêchée en son Service solemnel en l'Eglise Collégiale de Bourg-en-Bresse, le jour de S. Louis ; par P. Cl. CONCHET, Religieux de l'Ordre des Frères Prêcheurs : *Lyon,* 1643.]

22139. ☞ Eloquia Regia Ludovici XIII. Justi Gall. ac Nav. Regis Christian. orata in Exequiis ejus Regiis celebratis in regali Gallicanæ Nationis Minimorum S. Franc. de Paula Montis-pinei Romano Cœnobio ; ab R. P. Emanuele MALTY, Ord. Minim. *Romæ,* Cabasti, (1643) *in-*8.]

22140. ☞ Parallele du Roi S. Louis & du Roi Louis XIII.

Il se trouve au tom. XI. du *Mercure François, p.* 96.]

22141. ☞ Davidis Sancti & Ludovici Justi parallela, &c. per Abel. SAMMARTHANUM : *in-*8.]

22142. ☞ Ms. Les hauts faits d'armes du Roi Louis XIII. ou, Abrégé de sa Vie, depuis sa naissance jusqu'à sa mort : 1643, *in-*8.]

22143. Histoire du Règne de Louis XIII. par D. J. D. J. *Paris,* 1643, *in-*8. 3 vol.

22144. Le Journal de Louis XIII. ou l'Histoire journalière du Règne de Louis XIII. contenant ce qui s'est passé de plus remarquable, depuis l'an 1610 jusqu'à sa mort, continué sous le Règne suivant, jusqu'en 1646 ; par S. M. C. *Paris,* Collet, 1646, *in-*8. 2 vol.

L'Auteur se désigne par ces lettres initiales S. M. C. que quelques-uns croient, en les renversant, signifier Claude MALINGRE, Sénonois, Auteur si fort décrié à cause de ses Histoires précédentes, qu'il ne cherchoit qu'à se cacher afin que son nom ne fît point tort à son nouvel Ouvrage.

☞ *Voyez* la *Méth. hist. in-*4. de Lenglet, *tom. IV. pag.* 115. = Le P. Niceron, *tom. XXXIV. pag.* 189 & 193.]

22145. Ms. Remarques de (Louis) MACHON, sur une Histoire journalière de Louis XIII. *in-fol.*

Ces Remarques sont indiquées dans le Catalogue des Manuscrits de M. le Chancelier Seguier, [aujourd'hui à S. Germain des Prés.]

22146. Journal des choses mémorables advenues sous le Règne de Louis XIII. & sous le Ministère du Cardinal de Richelieu : 1680, *in-*12. 2 vol.

22147. Histoire de Louis XIII. jusqu'à la (Guerre déclarée contre les Espagnols (en 1635) par Charles BERNARD, Lecteur ordinaire & Historiographe du Roi, avec un Discours

Règne de Louis XIII. 1643. 489

Discours sur la Vie de cet Historien : *Paris*, Courbé, 1646, *in-fol.*

Ce Discours est de Charles Sorel, neveu de l'Auteur, mort en 1640. Sorel a aussi continué cette Histoire jusqu'en 1643. Voici ce qu'il en dit à la *pag.* 346 de sa *Bibliothèque Françoise*. « Le Sieur Bernard voulant écrire l'Histoire de Louis XIII, donna un autre » commencement à la première Histoire qu'il avoit » faite, & qui avoit pour titre : *Histoire des Guerres* » *de Louis XIII. contre les Religionnaires & les Ré-* » *belles*.) Il fit aussi une Continuation, qui comprenoit » la Guerre d'Italie & les autres Affaires jusqu'à la Guerre » déclarée contre les Espagnols. Ceci étant imprimé » après la mort de l'Historien, d'autant que le peuple » ne tient aucun compte des Histoires imparfaites, on » a poursuivi le dessein jusqu'à la mort du feu Roi.

» Charles Bernard (selon M. l'Abbé le Gendre) a aussi » peu de style que de goût; il ramasse avec soin des ba- » gatelles; il donne trop de louanges; il fait de fré- » quentes digressions & de trop amples descriptions » d'ouvrages d'Architecture : il joint à tout cela des ré- » flexions fort communes. Tous ces défauts rendent son » Ouvrage ennuyeux. Il décrit bien cependant le détail » des Batailles, & il rapporte des particularités intéres- » santes, sur-tout plusieurs intrigues de la Cour, » il devoit être bien instruit, ayant passé la meilleure » partie de sa vie auprès de Louis XIII. dont il étoit » l'Historiographe ».

☞ *Voyez* le P. Niceron, tom. XXVIII. pag. 327. =Lenglet , tom. *IV*. pag. 115.= *Bibl.* de Clément, tom. *III*. pag. 190.]

22148. ☞ Jac. Isnardi Clio Gallica, seu Ludovici XIII. Tumulus : *Parisiis*, Martin, 1643, *in-4.*]

22149. Lustra Ludovici, ou la Vie de Louis XIII. Roi de France, & du Cardinal de Richelieu; par Jacques Howell : *London*, 1646, *in-fol.* (en Anglois.)

Cet Anglois est mort en 1666.

22150. La Forêt de Dodone ; par le même : *London*, 1640-1650, *in-8.* 2 vol. (en Anglois.)

Le même Livre traduit en François, [& publié sous ce titre : Dendrologie, ou la Forêt de Dodone, composée de plusieurs arbres mystérieux, sous l'ombre desquels il est discouru critiquement des plus mémorables occurrences, négociations & traverses d'Etat advenues en Europe :] *Paris*, [1641,] 1652, *in-4.* avec fig.

Cet Ouvrage contient plusieurs événemens arrivés sous le Règne de Louis XIII.

☞ L'Auteur étoit un Gentilhomme Anglois. Son Ouvrage s'étend depuis 1600 jusqu'en 1640. Il a été imprimé en François par Camusat.]

22151. ☞ Le sacré Monument dédié à la mémoire de Louis le Juste, compris en trois Discours prononcés à S. Germain l'Auxerrois, S. Gervais & S. Jacques de la Boucherie, en Mai & Juin 1643 ; par Charles Hersent : *Paris*, Charles, 1643, *in-8.*]

22152. ☞ Barth. Tortoleti Laurus Gallica : *Parisiis*, Cramoisy, 1647, *in-4.*

C'est un Recueil de Poésies qui contient : 1.° Ad Ludovicum XIII. Gal. & Nav. R. Justum, Pium, Victorem, Fames Rupellæa : 2.° In Seren. Princ. Lud. Borbonii Galliæ Delphini nunc Regis Nativitatem ; 3.° Ad Seren. Galliæ Delphinum ejusdem filium recens natum de 4.° Ludovico XIII. ut semper invicto sic & Sedanensi quoque suorum Clade Victori : 5.° Ad Jul. Mazarinum Card. Elogium & Ode : 6.° Armando Duci de Ricelio Panegyricus : 7.° De obitu ejusdem Ode : 8.° Ad Rob. Ubaldinum Nuntium Pontificium in Galliam : 9.° Ludovico XIII. funebre Elogium.]

22153. Ms. Recueil des choses passées tant dedans que dehors le Royaume, durant le Règne de Louis XIII. *in-fol.*

Ce Manuscrit [étoit] conservé dans la Bibliothèque de M. le Chancelier Seguier, [aujourd'hui à S. Germain des Prés.]

22154. Les Triomphes de Louis le Juste, contenant ses plus grandes actions, représentées en figures énigmatiques, exposées par un Poëme Latin de Charles Beys, accompagné de Vers françois de Pierre Corneille, avec le portrait du Roi, & ceux des Princes & Généraux d'Armée qui ont servi sous ce Prince, leurs devises & expositions en forme d'Eloges ; par Henri Estienne. Ensemble le Plan des Villes, Siéges & Batailles ; avec un Abrégé de la Vie de ce grand Monarque ; par René Barry, en Latin & en François ; traduit par Jean Nicolaï. Ouvrage entrepris & fini par Jean Valdor, Calcographe, par le commandement de leurs Majestés : *Paris*, Estienne, 1649, *in-fol.*

☞ *Voyez* sur cet Ouvrage la *Méth. hist. in-4.* de Lenglet, tom. *IV*. pag. 117.]

22155. Ms. Abrégé de l'Histoire du Règne de Louis XIII. *in-fol.*

Cette Histoire, écrite par Nicolas Goulas, Sieur de la Mothe, Gentilhomme ordinaire de son Altesse Royale Gaston de France, [étoit] conservée *in-folio* dans la Bibliothèque de M. le Prince Eugène de Savoye, & en deux volumes *in-4.* dans celle de M. le Baron d'Hoendorff : [toutes deux aujourd'hui dans la Bibliothèque Impériale.] Cette Histoire est divisée en deux parties. La première, qui finit en 1627, est intitulée : *Abrégé de l'Histoire de Louis XIII*. La seconde, qui se termine en 1643, porte pour titre : « Mémoire de ce qui s'est ar- » rivé en France, depuis le commencement de l'année » 1627, jusqu'à la mort de Louis XIII ». L'Auteur dit » au commencement de cette seconde partie, que « en » 1626, âgé environ de vingt-trois ans, à son retour » d'Italie, il a été donné à Monsieur, frère du Roi, par » son Secrétaire, dont il étoit proche parent, & que » Monsieur lui donna de quoi s'attacher à sa personne ». Ce Secrétaire des Commandemens de Gaston de France, étoit Léonard Goulas, qui fit présent à l'Auteur de ces Mémoires, d'une Charge de Gentilhomme ordinaire de Monsieur, comme il le raconte dans la Vie qu'il a composée de son bienfaiteur. Il ne se trouve au reste rien de fort considérable dans ces Mémoires, dont l'Auteur a composé d'abord la seconde partie, & y a ajouté depuis la première pour faire une Histoire entière du Règne de Louis XIII.

22156. Ms. Histoire ou la Vie du Roi Louis XIII. & l'Histoire de tout son Règne, depuis l'an 1610 jusqu'en 1643 ; par Matthieu de Morgues, Sieur de Saint-Germain, Aumônier de la Reine Mère, Marie de Médicis.

Cet Auteur est mort en 1670, âgé de quatre-vingt-huit ans. Guy Patin parle souvent de cette Histoire dans

Tome II. Qqq

ses Lettres. Il dit dans celle du 8 Février 1664, qui est dans le tome second, « qu'il n'y a plus guères que Madame de Combalet, nièce du Cardinal de Richelieu, » qui puisse empêcher que cet Auteur ne mette au jour » cette Histoire ». Il dit dans sa Lettre du 20 Mars 1665, « que ce sçavant homme & grand personnage, » (l'Abbé de Saint-Germain,) a devers lui la parfaite » Histoire de Louis XIII. laquelle il ne veut être imprimée qu'après sa mort. Il en a fait faire, ajoute-t-il, six » copies, qu'il a commises à six de ses bons amis, qui » ne manqueront pas d'exécuter ses intentions en temps » propre ». Dans une autre Lettre écrite en 1667, le 2 Septembre, & qui est dans le Tome III. page 258, après avoir parlé de l'*Histoire du Cardinal de Richelieu*, entreprise par le Père le Moine, Jésuite, sur les Mémoires de ce Cardinal & sur ceux de la Duchesse d'Aiguillon sa nièce : « il y a apparence, ajoute-t-il, que cette » Histoire sera réfutée par celle que nous promet M. » Matthieu de Morgues, Sieur de Saint-Germain, qui » commence à la naissance du Roi Louis XIII. & qui va » jusqu'à sa mort. Ce M. de Saint-Germain ne veut » point que son Histoire soit imprimée de son vivant, » mais seulement tôt après sa mort, & on m'a dit qu'il » l'a mise entre les mains de gens qui ne la lui manqueront » point. Notez qu'il est âgé de quatre-vingt-quatre ans. » Je ne souhaite pas sa mort, & j'en serois bien fâché; » mais je voudrois bien avoir vu cette Histoire, de la» quelle je lui ai oui dire de très-belles particularités & » d'étranges vérités, tant aux dépens du Cardinal de » Richelieu, que pour la défense de la Reine Mère ».

Si ce récit est certain, l'Abbé de Saint-Germain a été bien mal servi; car il y a plus d'un demi-siècle qu'il est mort, & son Histoire n'a pas encore été rendue publique; il est même douteux si elle existe encore. Pierre Bayle, dans son *Dictionnaire*, Art. *de Morgues*, Note L. fait une judicieuse réflexion sur le souhait de Guy Patin. « Voici, dit-il, deux hommes, dont l'un n'étoit guères » propre à faire l'Histoire du Cardinal de Richelieu, » qu'il haïssoit mortellement, parcequ'il l'avoit persé» cuté; & l'autre étoit fort disposé à ne la point lire » équitablement. Comme il haïssoit l'abus de la puis» sance souveraine, il étoit tombé dans une aversion » pour le Cardinal de Richelieu, il eut donc ajouté foi » à toutes les médisances d'un Historien de ce Cardinal ».

Le même Patin, dans sa *Lettre* du 15 Décembre 1670, qui est la cinq-cent-trente-unième du *Recueil de ses Lettres*, dit « que le bon homme Matthieu de Mor» gues, Abbé de S. Germain, jadis Aumônier de la Reine » Mère, Marie de Médicis, & qui fut le chaud ennemi » du Cardinal de Richelieu, est si vieux qu'il n'en peut » plus. Cet homme sçait, (poursuit-il) une infinité de » particularités de la Cour depuis soixante ans, & en » a vu une partie, y étant auprès de la Reine Mère. » L'Histoire qu'il a écrite sera fort belle; il y aura di» vers Mémoires qui ont été cachés jusqu'ici, qui seront » révélés. Il y aura des vérités fort sanglantes du Gou» vernement de ce Cardinal ».

Le même, dans sa *Lettre* du 29 Décembre 1670, qui est la suivante, mande « que M. Matthieu de » Morgues, Sieur de Saint-Germain, jadis Aumônier » de la Reine Mère, Marie de Médicis, & qui a tant » écrit pour elle contre le Cardinal de Richelieu, est » mort aux Incurables âgé de quatre-vingt-huit ans. Il » a fait une Histoire de Louis XIII. qui pourra doréna» vant être imprimée; car il ne l'a jamais voulu permet» tre de son vivant ».

22157. ☞ Mss. Louis XIII. Roi de France & de Navarre; par Roger DE BUSSY RABUTIN : *in-4*.

Cette Histoire se trouve indiquée num. 2422, du Catalogue de M. de Pont-Carré.]

22158. * Mss. La Vie du Roi Louis XIII. par PIERRE LE MOINE, Jésuite.

☞ « Cette Histoire étoit prête à imprimer quand il » mourut; & peu de jours avant sa mort, il en avoit re» mis le Manuscrit entre les mains du P. Potet, pour le » donner à son Neveu. Mais le P. Potet ayant cru qu'il » n'avoit pas le pouvoir de le remettre à ce Neveu, qui » vint quelques jours après, le donna au Supérieur de la » Maison Professe de S. Louis, qui l'ayant examiné, & » y ayant trouvé des endroits un peu délicats, n'a pas » voulu permettre qu'il soit imprimé. Et même la Du» chesse d'Aiguillon, nièce du Cardinal, qui payoit la » pension de l'Auteur, & lui avoit donné tous les Mé» moires pour cet Ouvrage, l'ayant demandé, on le lui » refusa. Ce Jésuite avoit de l'esprit; mais je crois que » cette Histoire, aussi-bien que ses autres Pièces, sentoit » un peu la Poësie ». *Mém. manusc.* de Philibert de la Mare, part. II. pag 102.]

22159. Histoire du Règne de Louis XIII. contenant ce qui est arrivé de plus remarquable en France & dans l'Europe, depuis le commencement de son Règne jusqu'à la mort de ce Prince; par M. LE VASSOR : *Amsterdam*, Brunet, 1700-1711, *in-12*. 19 vol.
[Autrement, 10 tomes & 25 vol.]

☞ Cette Histoire commence en 1610 & finit à la mort de ce Prince, en 1643.

Tome I. 1 & 2 vol. contient les choses les plus remarquables arrivées en France & en Europe, depuis la minorité de Louis XIII. 1610-1614.

Tome II. 3 vol. 1 part. depuis l'ouverture des Etats Généraux jusqu'au Mariage du Roi, 1614 & 1615. 4° v. 2 part. depuis le Mariage du Roi jusqu'à l'éloignement de la Reine-Mère, 1615-1617.

Tome III. 5 & 6 vol. s'étend depuis la faveur de Luynes jusqu'au commencement des Guerres de Religion, 1617-1620.

Tome IV. 7 & 8 vol. depuis l'Assemblée de la Rochelle jusqu'au Ministère du Cardinal de Richelieu, 1621-1624.

Tome V. 9 & 10 vol. le commencement du Ministère du Cardinal de Richelieu, depuis la Ligue pour le recouvrement de la Valteline, jusqu'à la prise de la Rochelle, 1624-1628.

Tome VI. 11 & 12 vol. depuis la première Expédition en Italie, jusqu'au Traité de Quierasque, 1619-1631.

Tome VII. 13 14 & 15 vol. depuis la première Expédition en Lorraine, jusqu'à l'entière possession du Duché, 1631-1634.

Tome VIII. 16 & 17 vol. depuis les premiers commencemens de la Rupture entre les deux Couronnes de France & d'Espagne, jusqu'à la prise de Corbie par les Espagnols, 1634-1636.

Tome IX. 18 19 & 20 vol. contenant la Naissance de Louis XIV. & ce qui est arrivé de plus remarquable en France & en Europe, depuis que les Espagnols ont été chassés de Corbie, jusqu'au Passage de l'Armée Françoise au-delà du Rhin, pour joindre celle de Suède, 1636-1639.

Tome X. 21, 22, 23, 24 & 25 vol. depuis la Révolution de Catalogne jusqu'à la mort de Louis XIII. 1640-1643.

Nouvelle Edition: *Amsterdam*, (*Paris*), 1757, *in-4* 7 vol. & *en Hollande*, 1750, *in-12*. 22 vol.

Cette Edition est augmentée d'une Table générale des Matières. Le Vassor avoit été de la Congrégation de l'Oratoire, & finit par être Prêtre de l'Eglise Anglicane. Le Père Griffet, Jésuite, a fait une Critique de cette Histoire, dans la *Préface de la Vie de Louis XIII.* qu'il a ajoutée à l'*Histoire de France* du P. Daniel, tom. XIV. *Paris*, 1755-1757, *in-4*.

Règne de Louis XIII. 1643.

« Cette Histoire de Michel le Vassor, réfugié en Angleterre, n'est pas (selon M. Lenglet du Fresnoy) assez considérable pour faire le bruit qu'elle a fait. Quoiqu'elle soit très-passionnée & fort aigre, le style n'est ni languissant, trop diffus, & pas assez châtié. Ce n'est qu'un Recueil ou Extrait de Gazettes, du Mercure François, de celui de Vittorio Siri, & d'autres écrivains connus de tout le monde; il n'y a aucune recherche curieuse, aucune anecdote, rien de rare. »

L'Auteur a souvent oublié qu'il étoit né François, ayant gardé si peu de mesures pour son Prince légitime; mais que pouvoit-on espérer d'un homme, qui n'ayant pu faire fortune dans son Pays, a sacrifié sa Religion pour aller chercher dans une terre étrangère ? Il y est mort en 1718.

Voyez la *Méth. histor.* in-4. de Lenglet, tom. II. pag. 282; & tom. III. pag. 454. = *Plan de l'Hist. de Fr.* du même, tom. II. pag. 24. = *Préf. des Mém. de S. Remy*, pag. 4. = *Hist. des Ouv. des Sçav.* Novembre 1699, Avril 1701; Avril & Novembre 1702; Nov. 1703; Janv. 1705. = *Républ. des Lett. de Bernard*, Mars 1700; Janv. Fév. & Nov. 1701; Décem. 1702; Avril 1703; Janv. 1704; Mars 1705; Novemb. 1706; Janv. 1708; Novemb. 1710. = *Cat. des Auteurs anc. & mod.* pag. 34. = *Journ. de Leips. Suppl. V.* pag. 195. = *Isag. in not. script. Hist. Gall.* parm. III. pag. 22. = *Nouv. Edit. de l'Hist. de Fr. de Daniel*, tom. XI. Préf. pag. 4. = *Mémoires d'Artigny*, tom. VI. p. 234. = *Siècle de Louis XIV.*

22160. ☞ Détail de l'affaire du Comte de Chalais. Réflexions sur le Cardinal de Richelieu. Caractère de Michel le Vassor, Historien de Louis XIII. par l'Abbé D'ARTIGNY.

Ces Morceaux se trouvent dans ses *Mémoires*, t. VI. pag. 103 & suiv.

22161. Histoire du Règne de Louis XIII. & des principaux événemens arrivés pendant ce Règne, dans tous les Pays du Monde: *Paris*, Montalant, 1716-1717, in-12, 10 vol. [ou plutôt 7.]

Cette Histoire n'est pas écrite d'une manière engageante; elle est attribuée à Jacques LE COINTE. Les six premiers Tomes doivent contenir l'Histoire de ce Règne, & les quatre derniers les Preuves justificatives; il n'y en a que sept de publiés. Entre ces Preuves, il n'y a rien qui n'ait déjà vu le jour.

22162. ☞ Recueil de Pièces concernant l'Histoire de Louis XIII. (publié par Louis Ellies DU PIN) : *Paris*, in-4. 5 vol.

Ce Recueil paroît être celui qui devoit accompagner l'Ouvrage de le Cointe.]

22163. ☞ Histoire des Guerres & choses mémorables arrivées sous le Règne de Louis le Juste ; *Rouen*, in-12.]

22164. ☞ Histoire militaire du Règne de Louis le Juste ; par M. RAYS DE SAINT-GENIÈS, Capitaine d'Infanterie : *Paris*, 1735, in-12. 2 vol.]

22165. Anecdotes du Ministère du Cardinal de Richelieu & du Règne de Louis XIII. avec quelques particularités du commencement de la Régence d'Anne d'Autriche, tirées & traduites de l'Italien du Mercurio di Siri ; par M. DE V.*** : *Amsterdam*, 1717, in-12. 2 vol.

Ces Anecdotes ont été imprimées à Rouen. Il est assez

Tome II.

difficile de comprendre sous quelle couleur l'on a pu faire VALORI a donné cet Ouvrage comme des Anecdotes tirées du Mercure de Vittorio Siri, qui ne commence qu'en 1635, & finit en 1655. Cependant il commence son Histoire à la naissance du Cardinal, en 1585. D'où a-t-il pris ce qui précède l'année 1635 ? Que si au lieu d'Anecdotes tirées du Mercurio di Siri, il eût dit des Œuvres de cet Italien, comme ses Mémoires secrets ne comprennent qu'en 1601, ne pouroit-on pas lui faire une semblable question ? d'où lui a pris ce qui précède cette année. A quelques tours de phrases près, cet Ouvrage n'est point la traduction; il paroît qu'on lui a donné un titre extraordinaire, que pour le relever davantage; mais on n'a pas fait attention qu'il est ridicule de publier, comme des Anecdotes, une Histoire imprimée il y a plus de trente ans, à cause qu'on en donne une traduction pour la première fois.

Le P. le Long appelloit *Valori* Abbé; il ne l'étoit pas, mais Huissier chez le Roi. Il a donné aussi les Anecdotes du Comte d'Olivarés. Quant à celles de Louis XIII. voyez la *Méth. histor.* in-4. de Lenglet, n IV. p. 128. = *Mercure, Juin 1717.* = *Mém. de Trév.* Mars 1718. = *Républiq. des Lettres de Bernard*, Janv. 1728.]

22166. ☞ Remarques sur quelques évènemens de l'Histoire de France, sous Louis XIII.

Dans les *Mémoires d'Artigny*, tom. VI. pag. 36.]

22167. Mémoires pour servir à l'Histoire du Roi Louis XIII. & de la Reine Anne d'Autriche, mère du Roi (Louis XIV.) par Madame D. M. *Amsterdam*, 1717, in-12.

Ces Mémoires ont été écrits par Madame Bertaud, veuve de M. DE MOTTEVILLE, laquelle a eu beaucoup d'accès auprès de la Reine-Mère, dont elle a été premiere Femme de Chambre.

☞ Voyez chapitre, deux Editions complettes de ces *Mémoires, sous l'année 1666.*]

22168. ☞ Histoire du Roi Louis XIII. par le Père Henri GRIFFET, Jésuite : *Paris*, 1757, in-4. 2 vol. ou XIV. & XV. de la Nouvelle Edition de l'*Histoire de France*, par le P. Daniel.

A la fin du dernier Volume, on trouve diverses Pièces curieuses.]

22169. ☞ Histoire de Louis XIII. par M. DE BURY. *Paris*, Saillant, 1766, in-12. 4 vol.]

22170. Ms. Diverses Pièces sur l'Histoire de Louis XIII. en vingt-quatre Porte-feuilles ; in-4.

C'est ce qui est contenu dans les Porte-feuilles 463-486. du grand *Recueil de M. de Fontanieu*, à la Bibliothèque du Roi.]

22171. La connoissance des Prophéties de Nostradamus ; avec l'Histoire depuis Henri II. jusqu'à Louis XIV. & l'Apologie de l'Auteur ; par GUINAUD, Ecuyer : *Paris*, Morel, 1693. in-12.

☞ On peut voir ce qui est dit de cet Ouvrage singulier, dans les *Mémoires de l'Abbé d'Artigny*, Paris, Debure, 1749, in-12, tom. II. pag. 101 & suiv. & tom. III. pag. 154 & 155.]

ON peut encore consulter pour l'Histoire du Règne de Louis XIII. = les Mémoires chronologiques du Père d'Avrigny; = les Mémoires de Pontis; = ceux d'Ar-

Qqq 2

naud d'Andilly, = L'Abrégé de l'Histoire Ecclésiastique de Racine, = le Tome I. de l'*Histoire de l'Edit de Nantes*, = les Mémoires de Marolles, = les Mémoires militaires de Mergey, jusqu'en 1619, = l'Histoire du Cardinal de Joyeuse, jusqu'en 1615, = les Mémoires de Villeroy, jusqu'en 1620, = la Vie de Mornay, jusqu'en 1623, = l'Histoire de Henri Duc de Bouillon, = les Lettres de Nicolas Pasquier, jusqu'en 1629, = les Mémoires de Boivin de Villars, continués par Malingre, jusqu'en 1629, = le Traité de l'antrée des Princes, du Duc de Rohan, jusqu'en 1638, = le véritable Pere Joseph, de même, = le Mercure François, = l'Histoire des Guerres qui ont précédé le Traité de Westphalie, du Pere Bougeant, = les Mémoires de Brienne, depuis 1613, = les Mémoires du Baron de Sirot, depuis 1614, = les Vies du Cardinal de Richelieu, depuis 1615 jusqu'en 1642, = les Voyages du Sieur de Brèves de 1615 à 1618, = les Mémoires de Lescun, pour 1616 & 1617, = le Baron de Feneste, = les Mémoires de Puyſegur, depuis 1617, = l'Histoire du Cardinal Mazarin, par Gualdo Priorato, depuis 1622, = les Mémoires de Montchal, depuis 1624 jusqu'en 1641, = l'Histoire du Vicomte de Turenne, depuis 1623, = les Mémoires de la Porte, depuis 1624, = les Mémoires de Beauvau, de même, = le Testament politique du Cardinal de Richelieu, & la suite, depuis 1624 jusqu'en 1642, = la Vie de François d'Effiort, = l'Histoire du Maréchal de Guebriant, depuis 1616, = les Mémoires du Cardinal de Retz, depuis 1627, = la Vie du Cardinal Mazarin, par Aubery, depuis 1628, = la Vie du Duc de Montauzier, depuis 1628, = les Lettres de Guy Patin, depuis 1630, = les Mémoires de Talon, de même, = les Mémoires du Duc de Rohan, sur les Guerres de la Valteline, de 1631 à 1637, = les Mémoires de l'Abbé Arnaud, depuis 1634, = ceux de Bussy, de même, = ceux de Mademoiselle de Montpensier, de même, = ceux de Montglat, depuis 1635, = le Tome I. de l'*Histoire des Négociations du Traité de Paix des Pyrénées*, par Courchetel, depuis 1635, = les Mémoires de Navailles, de même, = l'Espion Turc, depuis 1637, = les Mémoires de la Châtre, & de la Rochefoucaut, depuis 1638, = les trois premiers Tomes du *Mercure de Siri*, depuis 1640, = les Histoires & Vies du Prince de Condé, de même, = les Notes XI. & XII. du tom. V. de l'*Histoire de Languedoc*, de DD. de Vic & Vaissette.]

§. III.

Règne de Louis XIV. depuis l'an 1643 jusqu'en 1715.

☞ On a cru devoir mettre ici quelques Pièces qui regardent la Naissance de ce Prince.]

2172. ☞ Discours sur le Vœu du Roi (Louis XIII.) à la sainte Vierge, & sur la Naissance de M. le Dauphin, (depuis nommé Louis XIV.) prononcés à Bayeux, par Gilles Buhot, Chanoine de cette Eglise: *Paris*, 1638, *in-8.*]

2173. ☞ Les Sacrifices de la Vierge & de la France, faits à Aix, en 1639, par le R. P. Raphaël: *in-8.*]

2174. ☞ Eloges & Poésies sur la Naissance du Dauphin; par le P. L. & le P. L. M. (le P. Labbe, & le P. Le Moine, Jésuites): *Lyon*, 1638, *in-4.*]

2175. ☞ Henrici Auberii, Genethliacon Delphini Gallici: *Tolos.* 1638, *in-8. Parisiis*, 1639, *in-4.*]

2176. ☞ Recueil de Pièces sur le même sujet: *Paris*, Camusat, 1638, *in-4.*

On y trouve:

1. Nascenti Galliarum Delphino Utsii Molinensium Præfectus, Consules, & Cives, votivum Monumentum auctore Cl. de Livonide, Soc. Jes.

2. Delphino Nænia, auctore Joanne Samblancato.

3. Delphini Horoscopus, auctore Fr. Vavasseur.

4. Poëme sur la Naissance de Monseigneur le Dauphin, par le Sieur Colletet. *Ibid.*

5. Paraphrase du Pseaume LXXI. sur le même sujet, par Charpy.]

2177. ☞ Paraphrase du Pseaume LXXI. à l'occasion de la Naissance de Monseigneur le Dauphin, par Regnault: *Paris*, Quinet, 1639, *in-4.*]

2178. ☞ Jacob Pinon, Carmen Panegyricum, in natalibus Delphini: *Parisiis*, 1639, *in-4.*]

2179. ☞ Leonis Allatii Hellas in natales Delphini Gallici Græcè, cum interpretatione Latinâ Guidonis de Souvigny Blesensis: *Romæ*, 1642, *in-4.*]

2180. ☞ Déclaration du Roi sur la Régence de la Reine, vérifiée en Parlement, le 21 Avril 1643: *Paris*, Antoine Etienne & P. Rocolet, 1643.]

2181. La Tenue du Lit de Justice en Parlement, le 18. Mai 1643, par le Roi Louis XIV. après la mort de Louis XIII.

Cette Pièce est imprimée dans le *Recueil D. in-12.*]

2182. La Bataille de Rocroy, gagnée par le Duc d'Enghien: *Paris*, 1643, *in-4.*

2183. Relation de la Bataille de Rocroy: *Paris*, 1643, *in-fol.*

Louis de Bourbon, Duc d'Enghien, depuis Prince de Condé, écrivit lui-même cette Relation. L'Original est dans la Bibliothèque de M. de la Mare à Dijon. Ce grand Prince est mort en 1686.

☞ On m'a dit qu'il l'avoit écrite sur le Champ de Bataille; mais cela n'est vrai que de celle de Lens, en 1648.]

2184. ☞ Pugna ad Rocrœum pugnata, à Joanne Samblancato, Tolosate: *in-8.*]

2185. Relations des Campagnes de Rocroy & de Fribourg, en 1643 & 1644: *Paris*, Clousier, 1673, *in-12.*

La même Relation est imprimée avec les *Mémoires pour servir à l'Histoire du Prince de Condé*: *Cologne*, 1693, *in-12.* Dans sa *Vie*, Liv. I. *in-12. Cologne*, 1694, & dans un *Recueil de Pièces choisies: in-12. Amsterdam*, 1714. L'Auteur de cette Relation est Henri de Besse, Sieur de la Chapelle-Milon. « Elle a toujours passé pour bien écrite. L'Auteur en est cité comme Classique dans les Remarques du Pere Bouhours, & dans le *Dictionnaire de Richelet.* Ceux qui, sur l'équivoque du nom, l'avoient attribué à Chapelle l'Huillier, les autres à M. de la Chapelle, de l'Académie Françoise, ont depuis reconnu qu'elle étoit de Henri de Besse, Sieur de la Chapelle, Inspecteur des Beaux Arts, sous le Marquis de Villacerf, Inspecteur des Bâtiments Royaux. Quelques-uns cependant, qui se prétendent mieux informés, la donnent au Marquis de la Moussaye, homme d'esprit & de cœur, Maréchal

Règne de Louis XIV. 1643.

» de Camp fous le grand Condé, qui l'affectionnoit fort.
» Pour moi je croirois plutôt que ce seroit fur les Mé-
» moires du Marquis qu'auroit été dressée la Relation.
» Ce qu'il y a de sûr, c'est qu'elle est généralement esti-
» mée; & que, soit pour l'intelligence de la Guerre, soit
» pour la justesse de l'expression, elle peut servir d'un bon
» modèle en ce genre ». M. de la Mohnoye, de l'Académie Françoise, dans la Préface de son *Recueil de
Pièces choisies.*

☞ *Voyez la* Méth. histor. *in-*4. *de Lenglet, t.* IV.
pag. 135.

« Le Chapitre XXX. de l'*Essai sur la Cavalerie*,
» tant ancienne que moderne, contient une nouvelle Re-
» lation très-détaillée & très-intéressante de la Bataille
» de Rocroy, & qui n'est pas inférieure à celle de la
» Chapelle, quoique regardée dans le temps comme un
» chef-d'œuvre ». *Mercure de France*, Octobre, 1756,
vol. I.]

22186. Mf. Récit de la Campagne d'Allemagne, de l'année 1643. & quelques considérations sur ce sujet : *in-fol.*

Ce Récit est conservé dans la Bibliothèque du Roi,
num. 9180.

22187. Les Lauriers d'Enghien, ou le parfait Général d'Armée en la personne de
Louis de Bourbon; par CHARRIER : *Paris*,
1645, *in-*4.

22188. ✱ Le Siège de Thionville, par le Duc
d'Anguien : *Paris*, 1643, *in-*4.
Journal de ce Siége, au mois d'Août : *Paris*,
1643, *in-*4.

22189. ☞ Relation du Siége & de la prise
de Thionville, par M. le Duc d'Enguien, le
10 Août 1643 avec le Journal de ce Siége
& les Articles de la Capitulation : *in-*8.

Ces deux Pièces sont remplies de détails.]

22190. ☞ L'Entrée victorieuse de Monseigneur le Duc d'Anguien, dans Thionville,
le 10 Août 1643.]

22191. ☞ Edit contre les Duels, vérifié en
Parlement le 11 Août 1643 : *in-*4.

Il fut dressé par Robert-Arnaud d'Andilly. *Voyez
ses Mémoires,* part. II. pag. 127.]

22192. Les commencemens & la Rébellion
des Croquans de Rouergue, en 1643 : *Paris*, 1643, *in-*4.

22193. ☞ Mf. Discours de ce qui s'est
passé en Catalogne, sous M. de Harcourt,
Viceroy : 1643, de 19 pages.

Ce Manuscrit, qui est une Copie du temps, est conservé dans la Bibliothèque de M. Fevret de Fontette,
à Dijon.]

22194. ☞ La Victoire obtenue par la Flotte
Françoise, sous le commandement du Duc
de Brezé, contre celle d'Espagne, en la Bataille navale, donnée devant Cartagène, le
4 de Septembre dernier (1643), où les Ennemis ont perdu leur Vaisseau Admiral de
Naples, un Galion, & deux autres grands
Navires : *Paris*, & *Lyon*, 1643, *in-*4.]

22195. ✱ Histoire du Comte de Guébriant,
Maréchal de France, contenant le récit de
ce qui s'est passé en Allemagne dans les
Guerres contre la Maison d'Autriche, de-
puis l'an 1699. jusqu'à sa mort; avec la Gé-
néalogie des Budes, &c. par Jean LE LA-
BOUREUR, Prieur de Juvigné : *Paris*,
Barbin, 1656, *in-fol.*

Jean-Baptiste de Budes, Maréchal de Guébriant, fut
tué au mois de Novembre 1643. Son Histoire, qui est
excellente, a été composée sur les Mémoires par l'Abbé
le Laboureur, qui est mort en 1675.

☞ Jean-Baptiste de Budes, Comte de Guébriant,
naquit au Plessis-Budes en Bretagne, le 2 Février 1602.
Il se signala dès sa jeunesse dans différens Siéges & Batailles. Il gagna celle de Kempert, qui lui procura le
Bâton de Maréchal de France, en 1642. Il fut blessé au
Siége de Rotweil d'un coup de canon au coude, dont
il mourut le 24 Novembre 1643. *Voyez* Méth. histor.
de Lenglet, *in-*4. tom. III. pag. 188. & tom. IV.
p. 165. = Le P. Niceron, tom. XIV. pag. 117.]

22196. Mémoires de M. DE LA CHASTRE,
sur ce qui s'est passé à la fin de la Vie de
Louis XIII. & au commencement de la Régence de la Reine-Mère.

Ces Mémoires sont imprimés avec ceux de M. de la
Rochefoucault : *Leyde*, 1662, 1669, *in-*12. Edme de
la Chastre, Colonel Général des Suisses, fut tué en 1645.
Ses Mémoires, qui vont jusques vers la fin de l'année
1643, sont écrits avec un grand sens & avec beaucoup
de pénétration ; nous n'avons même guères d'Ouvrages
de cette nature mieux faits.

☞ *Voyez la* Méth. histor. *de Lenglet*, *in-*4.]

22197. ✱ Réponse aux Mémoires de M. de
la Chastre ; par le Comte de BRIENNE.

Cette Réponse est imprimée dans le *Recueil de Pièces
pour servir à l'Histoire : Cologne*, 1664, *in-*12. [& dans
le *Conservateur*, Juillet, 1760, pag. 133.] Henri-Auguste de Loménie, Comte de Brienne, Secrétaire d'Etat,
est mort en 1666. Sa Réponse est une Apologie pour la
Reine-Mère, Anne d'Autriche.

☞ C'est aussi une réfutation des faits faux & calomnieux avancés sur ce Secrétaire d'Etat, par M. de la
Chastre. On y trouve plusieurs Anecdotes, & les secrets
du Cabinet, peu avant la mort de Louis XIII. & au
commencement du Règne de Louis XIV.]

22198. ☞ Recueil d'Edits, Arrêts, Déclarations & Mémoires touchant la Chambre
de Justice créée en 1643 : *Paris*, *in-*4.]

22199. Le Mercure François, tome premier,
ou la suite de l'Histoire de la Paix, entre les
Rois de France & d'Espagne, commençant
à l'année 1605 & finissant au Sacre de
Louis XIII. (pour le Tom. I.) : *Paris*, Richer, 1611, 1613, [*Genève*, Albert, 1614,
1619,] *in-*8.

Jean RICHER, Imprimeur & Libraire, mort en 1655,
est l'Auteur de cet Ouvrage. Il l'a intitulé : *Suite de l'Histoire de la Paix*, parcequ'il l'a commencé en l'an 1605,
où finit l'Histoire de la Paix, ou la Chronologie Septennaire de Pierre-Victor-Palma Cayer. Ce premier Tome
fut défendu par Arrêt du Parlement, du 7 Janvier 1612,
comme le rapporte Louis Servin, Procureur Général du
Parlement, au tom. II. de ses *Œuvres*, pag. 58. [Il a
été réimprimé à Genève en 1617.]

Tome second, suite de la Régence de Marie
de Médicis : *Paris*, Richer, 1615, [*Cologne*,
(*Genève*, Albert), 1617, *in-*8.]

Mercure François, Tome troisième divisé en
deux Livres ; le premier comprend la Ré-

gence de Marie de Médicis, & le second
l'Histoire de notre temps, jusqu'à la majorité
de Louis XIII, *Paris*, 1617. [*Geneve*, Albert, 1617, *in-*8.]

Tome quatrième, du Règne de Louis XIII.
contenant la seconde & la troisième Guerre
civile. *Paris*, 1618, *in-*8. [Il y en a une
autre Edition moins complete.]

Tome cinquième & les suivans, (jusques & y
compris le vingt-cinquième) contiennent
tout ce qui s'est passé depuis l'an 1617 jusqu'en 1644). *Paris*, 1620-1648, *in-*8.

☞ Le Tome I. commence en 1605, finit en 1610.

Le Tome II.	en 1610	finit en 1611.
Le Tome III.	1611	1615.
Le Tome IV.	1615	1617.
Le Tome V.	1617	1619.
Le Tome VI.	1619	1621.
Le Tome VII.	1621, en partie.	
Le Tome VIII.	1621	1622.
Le Tome IX.	1622	1623.
Le Tome X.	1623	1625.
Le Tome XI.	1625	1626.
Le Tome XII.	1626, en partie.	
Le Tome XIII.	1626	1627.
Le Tome XIV.	1627	1628.
Le Tome XV.	1628	1629.
Le Tome XVI.	1629	1630.
Le Tome XVII.	1630	1631.
Le Tome XVIII.	1631	1632.
Le Tome XIX.	1633	

Un Supplément au tom. XIX. contient le Démêlé
entre l'Archevêque de Bordeaux & le Duc d'Espernon.
Ce Supplément a été réimprimé ces années dernières.

Le Tome XX.	1634	1635.
Le Tome XXI.	1635	1637.
Le Tome XXII.	1637	1638.
Le Tome XXIII.	1639	1640.
Le Tome XXIV.	1641	1642.
Le Tome XXV.	1643	1644.

Le Tome XXII. porte le nom de (Théophraste) Renaudot : il est imprimé en 1638. Ce n'est qu'un Recueil de la Gazette, dont ce Médecin a été l'inventeur.
Il a fait aussi les deux suivans.

Le Tome XXV. est intitulé : « Tome premier de
» l'Histoire de notre temps, sous le Règne du Très-
» Chrétien Roi de France & de Navarre Louis XIV. ès
» années 1643 & 1644 ; ou Tome XXV. du *Mercure
François*, ès années 1643 & 1644 : *Paris*, Jean Henault, 1648, *in-*8.

☆ Il est, selon Sorel, de Claude MALINGRE ; &
c'est le plus mauvais de tout ce Recueil.

☞ Mercure François, Tome XXVI. ou
Histoire de notre temps, sous le Règne de
Louis XIV. Roi de France & de Navarre,
& de l'auguste Régence de la Reine sa mère :
Tome II. *Paris*, Ant. de Sommaville,
1648, *in-*8.

Il est bien singulier que ce Volume ait échappé au
Père le Long, & à tant d'autres Bibliographes, qui tous
ne donnent que 25 Volumes au Mercure François, &
le font finir en 1644. Il faut que ce Tome XXVI. soit
rare ; puisqu'il n'est rapporté dans aucun Catalogue : il
n'en est pas moins vrai qu'il existe. On voit des rapports
entre ce Volume & le précédent, qui est de MALIN-

gre, comme la Continuation de DU VERDIER, rapportée ci-après, sous l'année 1651.

« Cette Compilation est une des plus curieuses que
» nous ayons ; car quoique cet Ouvrage soit assez languissant, cependant, il contient de bonnes pièces &
» d'excellens Mémoires, qui se publioient alors. Les derniers volumes (qui ne valent pas les premiers) sont
» très-rares ; les premiers sont plus communs ». Nicolas Lenglet.

« Le Mercure François est une Histoire, ou plutôt
» un Livre historique qui n'observe aucune règle ; étant
» composé de tout ce qui s'est pu recueillir des Mémoires. Il fut commencé pour l'année 1605, & il a été
» continué jusqu'au vingtième tome, qui est, pour les années 1634 & 1635, le tout d'une même méthode &
» de la main d'un Imprimeur, appellé Jean Richer, qui
» se crois fort stylé à cette manière d'Ouvrage, & qui employoit d'assez bonnes Instructions pour les Affaires
» de Paix & de Guerre. Depuis, cela est fort changé ; il
» n'y a eu qu'un Tome ou deux depuis (il y en a quatre)
» qui ont été faits par le Sieur Malingre. Ce Continuateur prétendoit y introduire la seule narration suite de
» Mémoires, mais cela ne lui a pas réussi ; de sorte que
» notre Mercure François a trouvé là son tombeau. »
Sorel, *pag.* 359, de sa *Bibliothèque Françoise*. Cet Auteur n'étoit pas bien instruit sur cette Continuation &
sur son Auteur ; car Théophraste RENAUDOT, dans l'Epitre dédicatoire du Tome XXI. se l'approprie depuis
l'an 1635 jusqu'en 1643.

« Le Libraire Jean Richer, qui en imprima le premier Tome, en étoit aussi le Compilateur. Il nous apprend lui-même dans sa Préface, Les volumes qui suivent jusqu'au vingtième inclusivement, furent imprimés par Etienne Richer, qui les compiloit. Le Tome XX. fut imprimé en 1637, & comprend la dernière partie de l'an 1634, & la première de 1635. Le
» vingt-unième fut imprimé à Paris en 1639, par Olivier de Varennes, associé à Pierre Billaine, en faveur
» de qui le Privilège fut expédié. Les trois volumes suivans, dont le dernier se termine à la mort de Louis XIII.
» au mois de Mai 1643, furent imprimés par le même
» de Varennes. Le vingt-cinquième, qui est le dernier,
» fut imprimé en 1648, chez Jean Henault, & comprend la suite de 1643 & de 1644. Inférez de ceci que
» le Sieur Sorel se trompe, quand il donne les vingt
» premiers au seul Jean Richer, & qu'il dit qu'il n'y a
» qu'un Tome ou deux, qui ont été faits par le Sieur Malingre ». Pierre Bayle, au Tome II. de sa *Réponse aux
Questions à un Provincial*, Chap. XLVI. pag. 433.

[☞ Voyez *Biblioth.* Harley. tom. II. p. 515. = Lenglet, *Méth. histor. in-*4: tom. II. pag. 284 : tom. IV.
pag. 114, & *Supplémens*, pag. 14. = Sorel, *pag.* 321.
= Le Gendre, tom. II. pag. 77.]

22200. ☞ Mss. Description du Pays des
Braques Idraques ; *in-*4.

C'est une Allégorie ingénieuse & fort singulière sur
plusieurs grands personnages, hommes & femmes de la
Cour, du temps de l'Hôtel de Rambouillet. Ce Manuscrit est conservé dans la Bibliothèque de M. Jardel, à
Braine près de Soissons.]

22201. L'Entrée de Mazarin (dans le Ministère) ou Mémoires abrégés des Etats de
France, depuis la mort du Cardinal de Richelieu, jusqu'à la première année de la
Régence d'Anne d'Autriche ; par *Thomas
TANNER* : *London*, 1657, 1658, *in-*8. 2 vol.
(en Anglois.)

22202. ☞ Ad invictissimum Ludovicum
XIV. Galliæ Regem Christianissimum, Pacata Italia gratias agens ; auctore Bartholomæo TORTOLITO : *Romæ*, Grignani, 1644,
*in-*4.]

Règne de Louis XIV. 1644.

22203. ☞ Panegyricus Annæ Austriacæ, Augustissimæ Galliarum Regenti dictus; auctore Christophoro DEHENNOT : *Parisiis*, Jacquini, 1644, *in-4*.]

22204. ★ Francia interessada con Portugal; por Antonio MONIS DE CARVALLO : *an Barcelona*, 1644, *in-4*.

22205. Relation de ce qui s'est passé de plus mémorable en Catalogne au Siége de Lérida, jusqu'au 17 Juin 1644 : *Paris*, 1644, *in-4*.

22206. Journal des signalées actions (de Philippe) de la Mothe-Houdancourt, Maréchal de France, Vice-Roi de Catalogne, depuis l'an 1640 jusqu'en 1644 : *Paris*, 1644, *in-4*.

Ce Maréchal est mort en 1657.

22207. Le Hérault François publiant les signalées actions & gestes du Maréchal de la Mothe-Houdancourt : *Paris*, 1644, *in-4*.

El mismo Libro traducido dal Francese de Renato DE CERISIERS, por Gaspard Salas: *an Barcelona*, 1646, *in-4*.

22208. La prise du Fort Saint-Philippe par le Duc d'Orléans, avec ce qui s'est passé au Siége de Gravelines, en 1644 : *Paris*, 1644, *in-4*. Continuation de ce Siége : *Ibid.* 1644, *in-4*. La prise de Gravelines : *Ibid.* 1644, *in-4*.

22209. ☞ La chasse donnée à trente-sept Cornettes de Cavalerie Espagnole, par le Maréchal de Gassion, avec la prise des Forts de Cambron & d'Aquin, en Flandres; & la reprise d'Ast par le Prince Thomas, le 31 Septembre 1644 : *in-8*.]

22210. ☞ Mſ. Motifs de la France pour la Guerre d'Allemagne, & quelle y a été sa conduite.

Cette Pièce d'Histoire & de Politique est imprimée dans le *Conservateur*, Novembre, 1758, *Supplément*, pag. 10. Il s'y agit de la fameuse guerre d'Allemagne, qui fut terminée par les Traités de Munster & d'Osnabrug, en 1648.]

22211. Les avantages remportés par le Duc d'Enghien sur l'Armée de Bavière en deux sanglans Combats donnés près de Fribourg, le 3 & le 5 Août 1644 : *Paris*, 1644, *in-4*.

— Relation de la Campagne de Fribourg, en 1644.

Cette Relation, qui est imprimée avec celle de la Bataille de Rocroy, [ci-devant, N. 22185,] a été composée par Henri de Bessé, Sieur DE LA CHAPELLE-MILON.

22212. La prise de douze Places en Allemagne, avec le Siége de Philisbourg : *Paris*, 1644, *in-4*.

22213. La reddition de la Ville de Spire, avec la continuation du Siége de Philisbourg : *Paris*, 1644, *in-4*.

22214. La prise de Philisbourg, au mois de Septembre : *Paris*, 1644, *in-4*.

22215. La reddition de la Ville & Citadelle de Mayence : *Paris*, 1644, *in-4*.

22216. ☞ Symbola heroica Porticûs Regiæ, per Joannem GUISSIUM : *Parisiis*, 1644, *in-4*.]

22217. Relation de la Bataille donnée auprès de Mariendal en Allemagne par le Maréchal de Turenne, le 5 Mai : *Paris*, 1645, *in-4*.

22218. La prise de la Ville de Trèves par le même : *Paris*, 1645, *in-4*.

22219. Relation de la Bataille entre les Bavarois & les Troupes Françoises de Weymar, le 25 Avril & le 5 Mai 1645, à une heure de Lautenbach : 1645, *in-4*. (en Allemand).

22220. Journal de ce qui s'est passé de plus mémorable en l'Armée du Roi, commandée par le Duc d'Anguien, depuis le commencement de sa marche jusqu'au jour de la Bataille : *Paris*, 1645, *in-4*.

22221. Relation de la Bataille de Nortlingue, le 3 Août : *Paris*, 1645, *in-4*.

22222. Relation de la Bataille donnée le 3 Août 1645, près de Nortlingue, entre les François, Hessois & Bavarois, écrite en Allemand par un Officier de Hesse : 1645, *in-4*.

22223. Relation de la Bataille donnée le 3 Août, proche d'Allersheim, entre l'Armée Bavaroise Impériale d'un côté, & la Françoise de Weymar & de Hesse de l'autre côté : 1645, *in-4*.

22224. Mſ. Autre Relation de cette Bataille.

Cette Relation est conservée entre les Manuscrits de M. Dupuy, num. 631.

22225. La prise de Mardick en Flandres, par le Duc d'Orléans, avec tout ce qui s'est passé à ce Siége : *Paris*, 1645, *in-4*. Articles de la Capitulation de Mardick : *Ibid.* 1645, *in-4*.

22226. La prise & Siége de Linck, par le même : *Paris*, 1645, *in-4*.

22227. Le Siége & la prise de la Ville de Bourbourg : *Paris*, 1645, *in-4*.

22228. La prise de la Ville de Béthune : *Paris*, 1645, *in-4*.

22229. ☞ Le grand vol des Princes; par BERTHIUS : 1652, *in-4*.

C'est un Eloge de Louis XIV. composé vers 1645.]

22230. Delle Rivoluzioni di Catalogna : da Luca ASSARINI : *en Genova*, Farroni, 1644, *in-4*. 2 vol. *in Bologna*, 1645, *in-4*.

☞ Le même, con Annotazioni sopra i luoghi principali, del P. Alberto CAREZANO : *in Genova*, Caleuzani, 1647, *in-4*.]

Les Révolutions de Catalogne sont décrites dans les trois & quatrième Livres de cet Ouvrage.]

22231. Le Siége de Rose en Catalogne : Paris, 1645, in-4. La prise de la Ville de Rose, & la fin du Journal de ce Siége : Ibid. 1645, in-4.

22232. Le succès des armes du Roi en Catalogne, depuis que le Comte d'Harcourt a eu le commandement ; Paris, 1645, in-4.

22233. ☞ La prise de la Moche par l'Armée du Roi, avec sa Capitulation ; ensemble ce qui s'y est passé durant le Siége ; 1645, in-4.]

22234. ☞ La Défaite des Espagnols qui gardoient les passages des rivières de Ségre & Noguère en Catalogne ; ensemble le nombre des morts, blessés & prisonniers faits par l'Armée du Roi, commandée par le Comte d'Harcourt, Vice-Roi de cette Principauté : in-4.]

22235. Le Journal du Siége de Lérida par le Comte d'Harcourt : Paris, 1646, in-4. Continuation de ce Journal : Ibid. 1646, in-4. Suite de ce Siége : Ibid. 1646, in-4. Relation de la levée de ce Siége : Ibid. 1646, in-4.

22236. * Relation de ce qui s'est passé en Catalogne, depuis le 27 Septembre jusqu'au 10 d'Octobre ; Paris, 1646, in 4.

22237. Cataluña desingañada discursos politicos : da Alessandro Dominico DE ROS : en Napoles, 1646, in-4.

Cet Auteur Catalan est mort en 1656.

22238. * Manifiesto de la fidelidad Cataluña, integridad Francese y perversidad enemiga, de la justa conversion de Cataluña en Francia ; por Francisco MARTI Y VILADAMOR ; 1646, in-4.

22239. * Presagios fatales del mondo Frances en Cataluña, escrivelos don Ramo Dalmao DE ROCABERTI : en Zagoza, 1646, in-4.

22240. * Defensa de la autoridad Real en las Personas Ecclesiasticas ; por Francisco MARTI Y VILADAMOR, Chronista Reale ; in Barcelona, 1646, in-4.

22241. Historie delle Guerre civili di Catalogna, del Comte Maiolino BISACCIONI : in Bologna, 1653, in-4.

22242. Histoire sommaire de Louis XIV. & de la Reine Régente, depuis l'an 1643 jusqu'en 1646 ; par S. C. M.

☞ Voyez le Journal de Louis XIII. attribué à MALINGRE, & rapporté ci-devant.]

22243. * Le Roi mineur, ou Panégyrique sur la Personne & l'éducation du Roi Louis XIV. par François DE BRETAGNE, Lieutenant Général d'Auxois ; Paris, 1651, in-4.

22244. La Marche de l'Armée du Roi en Flandres, avec la prise de Lannoy, & le Siége de Courtray : Paris, 1646, in-4. Journal du Siége de Courtray avec sa prise : Paris, 1646, in-4.

22245. * La prise de la Ville de Furnes : Paris, 1646, in-4.

22246. Journal du Siége de Dunkerque : Paris, 1646, in-4. Continuation de ce Siége : Paris, 1646, in-4. La prise de cette Ville ; Paris, 1646, in-4.

22247. * Histoire du Siége de Dunkerque par M. le Prince (Louis de Bourbon) ; par [Jean-François] SARRASIN ; Paris, 1649, in-4.

La même Histoire est imprimée dans ses Œuvres ; Paris, 1656, in-4. Rouen, 1658, in-4. Paris, 1663, in-12. Paris, le Gras, 1683, in-12. 2 vol. Amsterdam, Huguetan, 1694 ; avec les Mémoires pour servir à l'Histoire de M. le Prince : in-12. 2 vol. Cologne, 1693, in-12. & dans le Livre second de la Vie du Prince de Condé : Cologne, 1694, in-12.

« Cette Pièce est l'Ouvrage d'une main maîtresse, » qui n'abandonne jamais le jugement pour courir après » le bel esprit, & ne cherche point de fleurs, quand » c'est la saison des fruits. Jusques là que l'Auteur écrivant » l'Histoire d'une action particulière, qui tient beaucoup » de la simple relation, il a retenu son style dans une » simple médiocrité, sans lui permettre de s'élever ambitieusement au-dessus de son sujet ; & a mérité d'extrêmes louanges par cela même, qu'il semble ne les » avoir pas recherchées ». Pelisson, dans son Avertissement sur les Œuvres de Sarrasin, qui est mort en 1654.

☞ Voyez Lenglet, Méth. hist. in-4. t. IV. p. 137. = Le P. Niceron : tom. VI. pag. 391. = Isag. in not. script. hist. Gall. part. II. pag. 24. M. Huet ; Compatriote de Sarrasin, & bien instruit, dit, dans son Histoire de la Ville de Caen, qu'il mourut en 1655, Richelet, tom. I. des plus belles Lettres Françoises, pag. 60, & Pérault, tom. I. de ses Hommes Illustres, le font mourir en 1657.]

22248. Relation de ce qui s'est passé en Flandres pendant la Campagne de 1646 ; Paris, 1647, in-4.

22249. ☞ Ms. Lettre de la Reine Christine de Suède, à M. le Duc d'Enghien, pour le féliciter sur le succès de ses armes ; in-4.

Cette Lettre est datée de Stockolm, le 10 Juillet 1646. Il y en a une Copie dans la Bibliothèque de M. Jardel à Braine.]

22250. Laurea Flandrica, anni 1646, auspiciis Christianissimi Regis Ludovici XIV. serenissimo Duce Gastonio ; auctore Pandulpho PRATÆO : Lugduni-Batavorum, 1646, in-fol.

22251. Justice des armes du Roi Très Chrétien contre le Roi d'Espagne, depuis le Roi Charles VIII. Paris, 1647, in-4.

Ce Livre est de Christophe BALTHAZAR.

22252. Les Siéges & Batailles de M. le Prince, en 1644, 1645, 1646 & 1647 ; par (Jean) PUGET DE LA SERRE : Paris, Besogne, 1647, in-4.

Le même Livre sous ce titre : Paralleles ou Eloges historiques d'Alexandre le Grand & de M. le Prince, Duc d'Anghien : Paris, 1647, in-4.

22253.

22253. Les Victoires du Duc d'Anguien, en trois divers Poëmes; par Louis LE LABOUREUR, Bailly du Duché de Montmorency: *Paris*, de Nain, 1647, *in-*4.

Cet Auteur est mort en 1679.

22254. La Vie de (Jean) Gassion, Maréchal de France, depuis l'an 1609 jusqu'à sa mort, (en 1647): *Paris*, 1673, *in-*12. 4 vol. *Amsterdam*, 1696, *in-*12. 2 vol.

Michel DE PURE a écrit cette Vie d'un style peu naturel & peu châtié. On y trouve un grand nombre de particularités du Règne de Louis XIII. Il n'a pas le talent de bien arranger les faits ni de les bien narrer. «Il s'est » attaché à rapporter les actions extraordinaires de va- » leur de ce Maréchal; mais il s'y est quelquefois un peu » trop étendu, comme il l'avoue lui-même. On ne laisse » pas d'y remarquer le caractère particulier de l'esprit » de Gassion, qui ne le rendoit pas moins propre pour » les Affaires du Cabinet, qu'il étoit habile dans celles » de la Guerre». *Journal des Sçavans*, 2 Janvier 1679.

☞ *Voyez* Lenglet, *Méth. histor. in-*4. tom. *IV. pag.* 165, & *Supplément, pag.* 166. = Le Gendre, *t. II. pag.* 74.]

22255. ☞ Mss. Affaires de France; *in-fol.*

Ce Recueil, qui est dans la Bibliothèque de la Ville de Paris, contient plusieurs Pièces de la fin du Règne de Louis XIII. & des premières années de Louis XIV. Il finit en 1647.]

22256. Florus Germanicus, seu Commentaria de Bello Germanico, inter Ferdinandum II. & III. & eorum hostes, ab anno 1617 ad annum 1640: *Francofurti*, 1638, 1640, 1648, *in-*12.

Le même Livre (en Allemand), continué jusqu'en 1647: *Francofurti* & *Amstelodami*, 1647, *in-*12.

22257. La prise de la Ville de Lens, avec le Journal de son Siége: *Paris*, 1647, *in-*4.

22258. * Cabinetto istorico delle Guerre d'Italia, nel quale si scorge la cagione delle Guerre che si vedevano soprastare all'Italia, nel anno 1640, e quanto e seguito sino all'anno presente 1647, del Capitan Pier Francesco PIERI, Fiorentino: *in Firenze*, Onofri, 1648, *in-*4.

22259. ☞ Harangues prononcées au Parlement & en la Chambre des Comptes & Cour des Aydes de Provence, sur la publication des Lettres de provision de la Charge de Grand-Maître, Chef & Surintendant Général de la Navigation & Commerce de France, en faveur de la Reine Régente, mère du Roi; par le Sieur MASCARON, Advocat au Parlement: *Paris*, Courbé, 1647, *in-fol.*]

22260. ☞ Voyage fait à Munster, l'an 1646 & 1647; par M. (Claude) JOLY, Chanoine de Paris: *Paris*, 1670, *in-*12.

Ce Sçavant Chanoine accompagnoit le Duc de Longueville, envoyé en Allemagne comme l'un des Plénipotentiaires pour la Paix générale, qui se fit à Munster & Osnabrug, en 1648.]

22261. L'Histoire de France représentée par Tome *II*. tableaux, commençant au Règne de Hugues Capet, avec des Discours & des Réflexions; par AUDIN, Prieur de Thermes: *Paris*, de Sommaville, 1647, *in-*4. 2 vol.

22262. Relation du tumulte de Naples, depuis l'arrivée de Dom Jean d'Autriche, en 1647, première Partie. Le Manifeste des Napolitains, contre le Gouvernement d'Espagne, seconde Partie. Le partement de l'Armée navale de France vers Naples, suite ou troisième Partie des Mouvemens de Naples. Le Voyage du Duc de Guise, & de tout ce qui s'est passé de mémorable jusqu'à son arrivée à Naples, quatrième Partie. L'avantage remporté sur les Espagnols, cinquième Partie: *Paris*, 1647, *in-*4.

22263. Le Rivolutioni di Napoli, nell'anno 1647, descritte dal Alessandro GIRAFFI: *in Firenze*, 1647, *in-*12. *in Genova*, 1647, *in-*4. *Ivi*, 1648, *in-*8.

Les mêmes, sous le nom di Nescipio LIPONANI, (Scipione Napolini): *in Padoua*, 1648, *in-*8.

Les mêmes Révolutions, traduites en Anglois: *London*, 1650, *in-*8.

22264. Parthenope liberata, overò Racconto delle medesime Rivolutioni; da Giozeppe DONZELLI: *in Napoli*, Baltrano, 1647, *in-*4.

22265. Il Mas-Aniello, overò Discorsi narrativi le sollevationi di Napoli; del Gabriele TONDOLI: *in Napoli*, 1648, *in-*4.

Les premiers mots de cet Ecrit font allusion au nom du premier Chef de la révolte de ce temps-là, qui se nommoit MASANIEL.

22266. Napoli sollevata, Narratione de gli accidenti occorsi in detta Citta, dal Juglio 1647, sino al 20 Marso 1648, da Diego AMATORE Spagnuolo: *in Bologna*, 1650, *in-*4.

22267. Raphaëlis DE TURRI diffidentis, descicentis, recuperatæque Neapolis, annis 1646, 1647 & 1648, Libri sex: *Insulis*, 1652, *in-*4.

Cette Edition a été faite en Italie.

☞ Le P. Le Long, dans son Exemplaire corrigé, ajoute ici l'Ouvrage intitulé: « Augustini NICOLAI, Bi- » suntini, Parthenope Furens; Carmen: *Lugduni*, Ro- » mæi, 1668, *in-*4. » Et cela est suivi de cette Note: » Dans ce Poëme historique sont racontées les Révolu- » tions de l'an 1667 ».

Les troubles de 1646 s'y trouvent peut-être aussi.]

22268. * Mss. Actes, Mémoires, Lettres & Relations de la Rébellion du Peuple de Naples, contre le Roi d'Espagne, en 1646, 1647 & 1648: *in-fol.*

Ce Recueil est conservé entre les Manuscrits de M. Dupuy, num. 674.

22269. Mss. Lettres originales du Duc (Henri) DE GUISE, particulièrement sur le

R r r

Voyage de Naples, du Règne de Louis XIV, in-fol.

Ces Lettres sont conservées dans la Bibliothèque du Roi, entre les Manuscrits de M. de Gaignières.

22270. * Mss. Lettres & diverses Pièces touchant le Voyage de Henri de Lorraine, Duc de Guise, à Naples: *in-fol.* 3 vol.

Ces Lettres sont conservées dans la même Bibliothèque, entre les mêmes Manuscrits.

22271. Historia del tumulto di Napoli, dall'anno 1646 sin all'anno 1648, da Tomaso DE SANTIS, en Leone, Elzevir, 1652, *in-4.*

Cette Edition a été faite en Italie.

22272. * Histoire des Révolutions & Mouvemens de Naples, traduite de l'Italien du Comte Galeasso GUALDO, Priorato: *Paris*, Piget, 1654, *in-4.*

Cette Histoire est tirée de la Continuation que cet Auteur a faite delle Historie delle Rivoluzioni di Francia, rapportée ci-après, [sous l'année 1654.]

22273. Breve Relatione della medesima Rivolutione, & delle cose passate sotto il Governo del Duca di Guisa, nel anno 1647 & 1648; da Lucentio SALERNO: *in Parigi*, 1654, *in-4.*

22274. Historia, overò Narratione Giornale della ultima Rivolutione di Napoli, doppo l'anno 1647, in sino alla prigione del Duca di Guisa; da Agostino NICOLAI: *in Amsterdam*, Pluymer, 1660, *in-8.*

22275. Raguaglio dell'assedio dell'Armata Francese nella Cita di Salerno, e della difesa fatta da Duca di Modena; per Gio. Antonio GOFFREDO, Arciprete di Bologna: *in Napoli*, Savio, 1649, *in-4.*

22276. Mémoires de M. le Duc (Henri) DE GUISE, contenant son entreprise sur le Royaume de Naples, jusqu'à sa prison: *Paris*, Martin, 1668, *in-4.* *Cologne*, 1668, *in-12.* 2 vol. *Paris*, 1681, *in-12.* *Amsterdam*, 1703, *in-12.* 2 vol.

I medesimi Commentarii, tradotti in Lingua Toscana: *in Colonia*, 1675, *in-12.* 2 vol.

Les mêmes, traduits en Allemand: *Francfort*, 1670, *in-12.*

Les mêmes, traduits en Anglois: *London*, 1669, *in-8.*

Henri de Lorraine, Duc de Guise, Auteur de ces Mémoires, est mort en 1664. Ils ont été publiés par les soins du Sieur de Saint-Yon son Secrétaire. Ils sont fort sensés, & contiennent une bonne partie de l'*Histoire de la Révolution de Naples*. « Il faut avouer (dit l'Abbé Gallois » dans son neuvième *Journal des Sçavans* de 1668) » qu'il y a dans ces Mémoires un je ne sçai quoi, qu'on » ne sçauroit exprimer, & qui ne se trouve point ordi- » nairement dans les Histoires; soit que cela vienne du » génie particulier de M. de Guise, ou de sa naissance, » ou peut-être de ce que ceux qui ont fait eux-mêmes » de grands Exploits, ont un particulier avantage pour » les écrire ».

« Quoique M. de Sainte-Hélène, frère de M. de » Cerisante, Envoyé du Roi dans le Royaume de Naples, » attribue ces Mémoires à M. de Saint-Yon, qui les a » publiés, on ne peut pas néanmoins douter (disent les » *Mémoires de Trévoux*, Art. CCX. Décembre 1703). » qu'ils ne soient du Prince dont ils portent le nom. » L'attestation de feu M. le Duc de Saint-Aignan, qui » a écrit l'Eloge qui se trouve au-devant de ces Mémoires, & le témoignage de toute la Cour de France, » sont des preuves qu'on ne détruira pas par un soupçon. » M. de Sainte-Hélène qui l'a formé, étoit intéressé à » diminuer l'autorité d'un Livre, dans lequel M. de » Cerisante son frère étoit fort mal-traité. M. de Saint- » Yon, à qui il l'attribue, a fait d'autres Ouvrages bien » écrits à la vérité, mais d'un style fort différent & fort » inférieur à celui de ces Mémoires ».

22277. Histoire des Révolutions de Naples, depuis l'an 1647 jusqu'à la prison du Duc de Guise; par (Esprit Raymond,) Comte DE MODÈNE: *Paris*, Bouillard, 1666-1668, *in-12.* 3 vol.

« Bien que cette Histoire ne contienne rien que de » véritable, néanmoins elle est si mêlée d'événemens » extraordinaires & si surprenans, qu'il semble qu'elle » ait été inventée pour divertir le monde........ Il y » a voit déja eu plusieurs Relations Italiennes des » troubles de Naples; mais celle-ci est écrite avec plus » de fidélité que toutes les autres ». *Journal des Sçavans*, 13 Mai 1666.

Le Comte de Modène étoit né à Avignon, d'une famille illustre de Provence, connue sous le nom de Raymond. La Terre de Modène est dans le Comté Venaissin. Il rapporte ce qu'il a vu & ce qu'il a souffert dans l'entreprise de Naples; il relève souvent les Mémoires du Duc de Guise, dont il étoit Lieutenant Général dans ce Royaume.

☞ L'Abbé Arnaud, dans ses *Mémoires*, dépeint cet Auteur comme un homme d'esprit, mais fort débauché, & son Ouvrage comme peu véridique.]

22278. Tumultos de la Ciudad y Reyno de Napoles, en el año 1647; por Pablo Antonio DE TARSIA: *en Leone de Francia*, Burgeat, 1670, *in-4.*

22279. ☞ Histoire de la dernière Révolution de Naples; par Mademoiselle DE LUSSAN, (ou plutôt M. BAUDOT DE JUILLY): *Paris*, 1756, *in-12.* 4 vol.]

22280. L'Etat de la République de Naples, sous le Gouvernement de Henri de Lorraine, Duc de Guise, traduit de l'Italien du Père CAPECE; par Marie-Turge Loredan: *Paris*, 1670, *in-12.*

Le nom de la Traductrice est l'anagramme de Marguerite Léonard; elle avoit épousé Primi Visconti, Comte de Saint-Majole, qui a sans doute fait cette traduction, & l'a publiée sous ce nom.

22281. Victoire obtenue dans le Crémonois sur les Espagnols, par l'Armée Françoise, sous la conduite du Duc de Modène, en 1648: *Paris*, 1648, *in-4.*

22282. Relation du Siége de Crémone: *Paris*, 1648, *in-4.*

22283. Le Siége de Tortose en Catalogne: *Paris*, 1648, *in-4.*

22284. Prise de la Ville de Tortose: *Paris*, 1648, *in-4.*

22285. Progrès fait en Catalogne depuis cette prise: 1648, *in-4.*

22286. Joſephi RICCII, de Bellis Germanicis, ab anno 1618 ad annum 1648. Libri decem: *Venetiis*, Tarrini, 1648, *in-4*.

22287. Récit de ce qui s'eſt paſſé en l'Aſſemblée des Cours ſouveraines aſſemblées en la Chambre de ſaint Louis: 1648, *in-4*.

Ce Récit contient ce qui s'eſt paſſé depuis le 26 Juin juſqu'au 8 Juillet 1648.

22288. Relation de la Bataille de Lens, gagnée par le Prince de Condé ſur les Eſpagnols: *Paris*, 1648, *in-4*.

22289. La Bataille de Lens, donnée le 20 Août 1648; par Iſaac DE LA PEYRERE: *Paris*, 1649, *in-fol*.

Cet Auteur eſt mort en 1677.

22290. Le Siége de la Ville d'Ypres: *Paris*, 1648, *in-4*.

22291. Journal de ce qui s'eſt paſſé durant ce Siége: *Paris*, 1648, *in-4*.

22292. Priſe de la Ville d'Ypres: *Paris*, 1648, *in-4*.

22293. ☞ Le glorieux Avénement à la Couronne Impériale de Louis XIV. prédit par pluſieurs ſaints Pères, Sybilles, Michel Noſtradamus & autres; par MENGAU: *Rouen*, 1648, *in-8*.]

22294. ☞ Martialis HENOCQ, Sancto Martiali, ob ſervatam e navibus ſtygiis Dunkerkam, Carmen: *Pariſiis*, *in-4*.]

22295. ☞ Gallica arma contra calumnias aſſerta & oſtenſa Europæ ſalutaria eſſe: 1648, *in-4*.]

22296. ☞ Hiſtoire des Guerres & Négociations qui précédèrent le Traité de Weſtphalie, compoſée ſur les Mémoires du Comte d'Avaux; par le P. (Guil. Hyacinthe) BOUGEANT: *Paris*, Muſier, 1727, 1767, *in-4*. 3 vol.

Le Traité de Weſtphalie fut ſigné avec les Proteſtans à Oſnabruc, le 6 Août 1648, & à Munſter avec les Proteſtans, le 24 Octobre. Les Eſpagnols continuerent à faire la Guerre juſqu'en 1659.]

22297. ☞ Réponſe de Théophraſte RENAUDOT, à l'Auteur des Libelles intitulés: *Avis du Gazettier de Cologne, à celui de Paris*, &c. *Paris*, 1648, *in-4*.]

22298. Relation véritable de ce qui s'eſt paſſé les 26, 27 & 28 Août 1648, aux Barricades de Paris: *Paris*, Bouillerot, 1648, *in-4*.

C'eſt le commencement de la première Guerre de Paris.

22299. ☞ Les Barricades, en Vers burleſques: *in-4*.

Il y a de la légèreté dans cette Pièce.]

22300. ☞ Mſ. Agréable Récit de ce qui s'eſt paſſé à Paris aux Barricades, des 25, 26, 27 Août 1648: en Vers.

C'eſt un Manuſcrit du temps, en 9 pages. Il eſt conſervé dans la Bibliothèque de M. Fevret de Fontette, Conſeiller au Parlement de Dijon.]

22301. ☞ Lettre de la Cour de Parlement de Paris, envoyée aux Parlemens du Royaume.]

22302. ☞ Sermon de Saint Louis, Roi de France, fait & prononcé devant le Roi & la Reine Régente ſa mère, par Monſeigneur l'Illuſtriſſime & Révérendiſſime Jean-François-Paul DE GONDY, Archevêque de Corinthe, &c. Coadjuteur de Paris, à Paris, dans l'Egliſe de S. Louis des PP. Jéſuites, au jour & fête de S. Louis: 1648.

L'Auteur, connu depuis ſous le nom de Cardinal DE RETZ, prend occaſion d'exhorter le Roi à ſoulager ſon peuple.]

22303. ☞ Lettre de M. Servien à MM. les Médiateurs: *in-4*.

Cette Pièce eſt du premier Septembre 1648, & concerne les Négociations de la Paix qui ſe traitoient à Munſter.]

22304. ☞ Teſtament ſolemnel du Cardinal Mazarin, par lui fait au temps des Barricades, & trouvé depuis ſa ſortie de Paris, en ſon Cabinet, daté du 29 Août 1648; avec l'Avertiſſement de la vente de ſes biens, &c. ſuivant l'Arrêt de la Cour du mois précédent.]

22305. ☞ Lettre du Sieur Mazarini au Cardinal Mazarin ſon fils, de Rome, le 25 Octobre 1648; avec la Réponſe du Cardinal à ſon Père: *in-4*.

Satyre contre la mauvaiſe conduite de ſon Eminence.]

22306. * Le Politique du temps, touchant ce qui s'eſt paſſé depuis le 26 Août 1648 juſqu'à l'heureux retour du Roi en ſa Ville de Paris; Diſcours qui peut ſervir de Mémoire à l'Hiſtoire: 1648, *in-4*.

22307. Le Mémoire des plus remarquables Pièces faites depuis le 26 Août juſqu'à préſent, contenant une particulière deſcription de toutes les Affaires & Négociations de l'Etat & des Barricades: *Paris*, Morlot, 1649, *in-4*.

22308. Remontrances très-humbles que préſentent au Roi & à la Reine Régente, mère du Roi, la Chambre des Comptes, le 14 Octobre 1648: *Paris*, 1648, *in-4*.

Cette Remontrance a été faite au ſujet de la diſſipation des deniers publics.

22309. Déclaration du Roi, portant Règlement ſur le fait de la Juſtice, Police, Finance & ſoulagement des Sujets de Sa Majeſté, du 14 Octobre 1648: *Paris*, 1648, *in-4*.

22310. ☞ Mſ. Extrait de ce qui s'eſt paſſé au Parlement en 1648, au ſujet de la jonction des Compagnies Souveraines.

Ce Manuſcrit, qui eſt différent du Journal imprimé, eſt indiqué num. 7149, du Catalogue de M. Baxré, *pag*. 827.]

22311. Mſ. Délibérations & Arrêts donnés

au Parlement sur les Affaires publiques, depuis le 11 Janvier jusqu'au 25 Octobre 1648.

22312. Mſ. Récit véritable de tout ce qui s'est passé au Parlement durant l'année 1648 : *in-fol.*

Ces deux Manuscrits sont conservés entre ceux de M. Dupuy, num. 681.

22313. L'Histoire du temps, ou le véritable Récit de tout ce qui s'est passé dans le Parlement de Paris, depuis le mois d'Août 1647, jusqu'au mois de Novembre 1648 : 1649, *in-4.*

La même Histoire, augmentée d'une seconde partie, qui va jusqu'à la Paix, avec les Harangues & Avis différens qui ont été proposés dans les Affaires qu'on y a solemnellement traitées : 1649, *in-4.*

Nicolas JOHANNES, Sieur DU PORTAIL, Bailly de Saint-Denys en France, mort en 1663, est l'Auteur de cette Histoire. L'Epître dédicatoire est signée J.P.R.

☞ Cette Histoire, qui vient d'un partisan du Parlement d'alors, & d'un ennemi juré du Ministère, est assez bien écrite & détaillée. L'Auteur y donne par-tout des louanges aux entreprises que l'on fit alors contre l'autorité Royale. Elle commence en 1647, & finit en 1649. On y trouve :
1. Les Déclarations & principaux Arrêts qui ont été rendus pour la Police du Royaume, & pour le soulagement du Peuple.
2. Seconde partie de l'Histoire du temps, contenant tout ce qui s'est passé dans le Parlement de Paris, depuis le mois de Novembre 1648, jusqu'à la paix publiée le 1 Avril 1649.

Ce Livre est moins une Histoire qu'un Journal tiré des Régistres du Parlement. Il contient particulièrement les Conférences tenues à Ruel & à S. Germain pour la paix, & les difficultés qui s'y rencontrèrent.]

22314. ☞ Histoire du temps, contenant ce qui s'est passé dans le Parlement en 1647 & 1648 : *Paris*, 1650 & *suiv. in-4.* 13 vol.]

22315. Lettres du Roi, de son Altesse Royale, de M. le Prince, au Duc de Montbazon, aux Prévôt des Marchands & Echevins de la Ville de Paris, sur le sujet de la sortie de Sa Majesté de ladite Ville, du 5 Janvier 1649 : *Saint-Germain en Laye*, 1649, *in-4.*

Arrêt de la Cour du Parlement, du 6 Janvier 1648, pour la sûreté & la police de la Ville de Paris : *Paris*, 1649, *in-4.*

22316. Déclaration du Roi, par laquelle la Séance du Parlement de Paris est transférée en la Ville de Montargis ; avec l'Interdiction de s'assembler ni de faire aucun Acte de Justice dans Paris, du 6 Janvier 1649 : *Saint-Germain en Laye*, 1649, *in-4.*

22317. L'Etendart de la liberté publique : 1649, *in-4.*

22318. Les Raisons & les véritables Motifs de la défense du Parlement & des Habitans de Paris, contre les Perturbateurs du repos public & les Ennemis de l'Etat : *Paris*, 1649, *in-4.*

Cet Ecrit est fait au sujet de l'Union de toutes les Compagnies souveraines de Paris.

22319. Arrêt du Parlement, du 8 Janvier, pour faire des Remontrances à la Reine Régente, sur le refus que leurs Majestés ont fait d'entendre ses Députés : *Paris*, Métayer, 1649, *in-4.*

22320. ☞ Ode à Nosseigneurs du Parlement de Paris, sur l'Arrêt d'Union donné en 1648, & quelques autres Pièces ensuite : *Paris*, Bessin, 1649, *in-4.*]

22321. Justification du Parlement & de la Ville de Paris dans la prise des Armes contre l'oppression & tyrannie du Cardinal Mazarin, du 8 Janvier : *Paris*, Lesselin, 1649, *in-4.*

22322. Serment de l'Union des Princes & Seigneurs ligués contre le mauvais Gouvernement de Jules Mazarin : 1649, *in-4.*

22323. Le Bouclier & l'Esprit du Parlement & des Généraux contre les calomniateurs ; par M. L. du 8 Janvier 1649 : *Paris*, 1649, *in-4.*

Sur l'Union des Princes avec le Parlement.

22324. Le Conseil de Saint-Germain en Laye sur les Affaires de Paris : *Paris*, Veuve Coulon, 1649, *in-4.*

C'est un Libelle contre la Cour.

22325. Le Censeur Politique, au très-auguste Parlement de Paris : *Paris*, Colombel, 1649, *in-4.*

C'est une Pièce de sept cens Vers à six pieds.

22326. Avis salutaire aux Bourgeois de Paris : (1649) *in-4.*

22327. Relation véritable de ce qui s'est passé à Saint-Germain en Laye en la députation de la Cour des Aydes pour le retour de leurs Majestés à Paris, avec la Harangue & Réplique de M. MOLÉ, premier Président, sur ce sujet, du 9 Janvier 1649 : *in-4.*

22328. ☞ La Gazette de la Place Maubert, ou Gazette des Halles, touchant les Affaires du temps : *Paris*, Métayer, 1649, *in-4.*

Pièce dialoguée en jargon des Halles & en Vers burlesques. Il y a première & seconde nouvelle.]

22329. ☞ Le Politique burlesque (en Vers) dédié à Amaranthe ; par S. T. F. S. L. S. D. T. *Paris*, 1649, *in-4.*]

22330. ☞ L'Agatonphile de la France : *Paris*, 1649, *in-4.*

Pièce en Vers sur les misères de la France.]

22331. ☞ Le Bannissement du mauvais Riche, rempli de Pièces curieuses : *Paris*, *in-4.*]

22332. ☞ Les Plaintes (en Vers) de la France, sur l'état présent : *in-4.*]

22333. ☞ Ballade burlesque des Partisans : *in-4.*]

22334. ☞ Imprécation comique, ou la

Règne de Louis XIV. 1649.

Plainte des Comédiens sur la guerre passée : *Paris*, 1649, *in*-4.]

22335. ☞ Regrets héroïques (en Vers) du Soldat amoureux, résolu de mourir pour sa patrie : *Paris*, Maucroy, 1649, *in*-4.]

22336. ☞ Lettre du vrai Soldat François au Cavalier Georges, ensuite de la Lettre à M. le Cardinal, (en Vers) burlesque : *Paris*, Langlois, 1649, *in*-4.

Elle est signée Longin Toupin, & datée du 15 Mars.]

22337. ☞ La Farce des Courtisans de Pluton, & leur Pélerinage en son Royaume, ou la Farce de Mazarin & des Monopoleurs : 1649, *in*-4.

On trouve à la tête une Epigramme du Sieur N. Bosc, au Sieur de la Valise, sur sa Farce, qui est en un Acte contenant sept Scènes.]

22338. ☞ Humble Requête de son Eminence adressée à MM. du Parlement, en Vers burlesques : *Paris*, Boudeville, 1649, *in*-4.]

22339. ☞ Almanach de la Cour pour l'an 1649, fait par Maître François le Vautier, grand spéculateur des choses présentes : *Paris*, 1649, *in*-4.]

22340. ☞ Remontrance à M. le Cardinal, (en Vers burlesques :) *Paris*, Jacquart, 1649, *in*-4.]

22341. ☞ Les Lamentations de la Durié de Saint-Cloud, touchant le Siége de Paris : *Paris*, 1649, *in*-4.]

22342. ☞ Lettre joviale à M. le Marquis de la Boulaye, (en Vers burlesques :) *Paris*, Martin, 1649, *in*-4.]

22343. ☞ Le nocturne Enlevement du Roi hors de Paris, fait par le Cardinal Mazarin, la nuit des Rois, (en Vers burlesques :) *Paris*, Cotinet, 1649, *in* 4.]

22344. ☞ Lettre à M. le Cardinal, (en Vers burlesques :) *Paris*, Cotinet, 1649, *in*-4.

Cette Lettre est signée Nicolas le Dru, & datée du 9 Mars. C'est M. de Laffemas qui en est l'Auteur.]

22345. ☞ Dialogue, ou Discours d'un Gentilhomme François avec un Cardinaliste, réduit en Sonnets & Epigrammes : *Paris*, Boudeville, 1649, *in*-4.]

22346. ☞ Les Soldats sortis de Villejuive sans congé, (en Vers burlesques :) *Paris*, de la Vigne, 1649, *in*-4.]

22347. ☞ Discours facétieux & politiques, (en Vers burlesques) sur toutes les Affaires du temps ; par O. D. C. *Paris*, Sassier, 1649, *in*-4.]

22348. ☞ Au Prince du Sang surnommé la Cuirasse : *in*-4.

Satyre en Vers contre le Prince de Condé.]

22349. ☞ Testament véritable du Cardinal Jules Mazarin, (en Vers) : *in*-4.]

22350. ☞ L'Achapt de Mazarin, (en Vers burlesques) : 1649, *in*-4.

Cette Pièce est divisée en plusieurs Strophes de huit Vers, portant le nom de quelques-unes des principales Villes de France, qui s'accordent toutes à ne vouloir point de Mazarin.]

22351. ☞ Le Commerce rétabli, (en Vers burlesques) : *Paris*, de la Vigne, 1649, *in*-4.]

22352. ☞ La dernière Soupe à l'oignon pour Mazarin, ou la Confirmation de l'Arrêt du 8 Janvier 1649, (en Vers burlesques :) *Paris*, Jacquard, 1649, *in*-4.]

22353. ☞ La Complainte du Sieur Coindinet, Gentilhomme Champenois, envoyée à la Reine à S. Germain : 1649, *in*-4.

Cette Pièce roule sur les malheurs de la France.]

22354. ☞ Requête présentée à Monseigneur le Prince, par les Vignerons de son Gouvernement de Bourgogne, (en Vers burlesques) : *Paris*, Bessin, 1649, *in*-4.]

22355. ☞ Paraphrase sur le Bref de sa Sainteté, envoyé à la Reine Régente, mère du Roi, touchant sa réconciliation avec plusieurs des plus signalés de son Royaume, & le soulagement de son peuple, (en Vers burlesques) : *Paris*, Morlot, 1649, *in*-4.]

22356. ☞ Le Pot-pourri burlesque de toute l'Histoire de ce temps : *Paris*, Dupont : 1649, *in*-4.]

22357. ☞ L'On du temps, tout nouveau ; (en Vers burlesques) ; par C. D. B. M. 1649, *in*-4.]

22358. ☞ La France sans espoir, (en Vers) : 1649, *in*-4.]

22359. ☞ Agréable & véritable Récit de tout ce qui s'est passé devant & depuis l'enlévement du Roi hors de la Ville de Paris, par le conseil de Jules Mazarin, (en Vers burlesques) : *Paris*, Guillery, 1649, *in*-4.]

22360. ☞ Le Tombeau de la Paix : 1649, *in*-4.]

22361. ☞ Le Deuil de Paris sur l'éloignement du Roi : *Paris*, 1649, *in*-4.]

22362. ☞ Le Testament du Diable d'Argent, avec sa mort : *Paris*, 1649, *in*-4.]

22363. ☞ La Mercuriade, ou l'ajournement personnel envoyé à Mazarin, par le Cardinal de Richelieu, (en Vers burlesques) : 1649, *in*-4.]

22364. ☞ Les menaces des Harengères faites aux Boulangers de Paris, à faute de pain : 1649, *in*-4.]

22365. ☞ Procès burlesque entre M. le Prince & Madame la Duchesse d'Esguillon, avec les Plaidoyers, (en Vers) par le S. D. S. M. *Paris*, Maucroy, 1649, *in*-4.

C'est au sujet de la succession du Cardinal de Richelieu.]

22366. ☞ Passage de Jules Mazarin, avec le Récit des plus belles pièces trouvées en son inventaire, &c. *Paris*, Gasse, 1649, *in-4.*]

22367. ☞ Les Reproches de la France à Mazarin, (en Vers) : *Paris*, 1649, *in-4.*]

22368. ☞ Le Satyre, ou Mazarin métamorphosé, en deux parties : *Paris*, Noel, 1649, *in-4.*]

22369. ☞ Rondeau du Roi contre le Cardinal Mazarin : 1649, *in-4.*]

22370. ☞ Le Voyage des Justes en Italie, & autres lieux : *in-4.*

Pièce au sujet du transport des espèces hors du Royaume.]

22371. ☞ La Prosopopée de la France aux bons Soldats François, tant Cavalerie qu'Infanterie : 1649, *in-4.*]

22372. ☞ Les François oppressés sous la fureur & tyrannie de Jules Mazarin, dédié aux Protecteurs du public : *Paris*, 1649, *in-4.*]

22373. ☞ Le *Pater noster* de Mazarin : *in-4.*]

22374. ☞ Plainte de la France à la Reine : *in-4.*]

22375. ☞ La Catastrophe burlesque sur l'enlevement du Roi, avec la représentation du Miroir enchanté dans lequel on voit la justification de Mazarin en la Place de Grève : *Paris*, veuve Musnier, 1649, *in-4.*]

22376. ☞ Les Centuries de la naissance de Jules Mazarin, apportées de Sicile par un Courier à S. Germain en Laye : *Paris*, Métayer, 1649, *in-4.*]

22377. ☞ Discours des misères de ce temps, dédié au Duc de Beaufort : *Paris*, Métayer, 1649, *in-4.*]

22378. ☞ Le *Salve Regina* de Mazarin & des Partisans : *in-4.*]

22379. ☞ Harangues & Eloges véritables de deux Archevêques protecteurs de la Paix, & d'un même troupeau ; par M. H. D. BARROYS, P. C. D. S. N. D. S. M. D. F. *Paris*, Sevestre, 1649, *in-4.*

Il s'agit de M. l'Archevêque de Paris, de Gondi, & de son neveu le Coadjuteur, depuis connu sous le nom de Cardinal de Rets.]

22380. ☞ La Justice triomphante : 1649, *in-4.*]

22381. ☞ L'Oracle des vertus héroïques & cardinales de M. le Prince de Conty : *Paris*, Dupont, 1649, *in-4.*]

22382. ☞ Remerciment des Normans à S. A. de Longueville, pour la Paix : *Paris*, Besogne, 1649, *in-4.*]

22383. ☞ L'Entrée de M. le Marquis de la Boulaye dans la Ville du Mans, & la honteuse fuite des Mazarinistes, (en Vers burlesques) : *Paris*, Colombel, 1649, *in-4.*]

22384. ☞ Lucifer précipité du Ciel par le Génie François, ou Mazarin chassé de Paris par l'inspiration de S. Michel, Ange tutélaire de la France : *Paris*, 1649, *in-4.*]

22385. ☞ La Plainte des Bourgeois de Paris à M. de Broussel, pour avancer le Procès de Jules Mazarin : *Paris*, 1649, *in-4.*]

22386. ☞ Recueil général de toutes les Chansons Mazarinistes, avec plusieurs qui n'ont point été chantées : *Paris*, 1649, *in-4.*]

22387. ☞ L'Homme indifférent, (en Vers burlesques) : *Paris*, G. S. 1649, *in-4.*]

22388. ☞ Paris débloqué, ou les passages ouverts : *Paris*, Huot, 1649, *in-4.*]

22389. ☞ Harangue faite à M. le Duc d'Orléans ; par M. NICOLAÏ, premier Président en la Chambre des Comptes.]

22390. ☞ Discours d'Etat présenté à la Reine.

L'Auteur, après avoir rapporté toutes nos disgraces & nos pertes, en fait tomber la faute sur le Cardinal Mazarin, qui sans lumière & sans aucune teinture de nos usages & de nos maximes, s'est érigé en Régent de la France, pour le malheur de tous les Sujets du Roi, qui sont résolus de secouer enfin un joug si honteux & si tyrannique. C'est probablement l'un des quatre Discours rapportés ci-après.]

22391. ☞ La réception faite à MM. les Gens du Roi à S. Germain en Laye.]

22392. ☞ Harangue faite à la Reine à S. Germain, & la Réponse de la Reine.]

22393. ☞ La réception faite au Courier d'Espagne, au Parlement.]

22394. ☞ Lettre de l'Archiduc LÉOPOLD, par lui envoyée au Parlement de Paris, par le susdit Courier, & le Discours par lui tenu audit Parlement.]

22395. ☞ Lettre envoyée de S. Germain à l'Imprimeur.]

22396. ☞ Discours d'Etat & de Religion à MM. du Parlement.

C'est probablement le second des quatre Discours rapportés ci-après. L'Auteur y fait voir que le Cardinal est le plus méchant, le plus fripon, le plus tourbe de tous les Ministres qui l'ont précédé : que si on le laisse faire, il bouleversera tout le Royaume, qui a les yeux tournés sur le Parlement, comme sur son protecteur.]

22397. ☞ Harangue du Courier extraordinaire envoyée par N. S. P. le Pape à la Reine Régente.]

22398. ☞ Lettre d'une Religieuse présentée au Roi & à la Reine pour obtenir la Paix.]

22399. ☞ Lettre envoyée à quelques Villes de Champagne & de Picardie, pour les inciter à prendre le parti du Roi & du Parlement.]

22400. ☞ Avis d'un bon Père Hermite envoyé à un autre, sur les malheurs du temps: in-4.

Il envie le bonheur qu'il a de vivre éloigné du tumulte & des horreurs de la guerre; il y dit un mot de la naissance & des causes des troubles présens.

22401. ☞ Lettre de Mr. le Maréchal de Turenne, envoyée à M. de Bouillon.]

22402. ☞ Les Visions nocturnes de M. Mathurin Questier, en trois parties.

Pièce assez amusante sur les troubles du temps. On trouve après chaque Vision l'explication de ce qu'elle contient.

22403. ☞ Lettre du Roi d'Espagne, envoyée aux Parisiens, touchant les motifs de la Paix générale.]

22404. ☞ Lettre de l'Empereur, aux mêmes, touchant les motifs de la Paix.]

22405. ☞ Lettre du Comte Duc d'Olivarès, Ministre d'Etat du Roi d'Espagne, à Jules Mazarin, Cardinal, & n'aguères Ministre d'Etat du Roi de France.

L'Auteur de cette Lettre supposée, commence par déplorer leur commune chûte causée par l'ambition d'un côté, & par une infâme avarice de l'autre. Il fait ensuite un parallele des Cardinaux de Richelieu & Mazarin, & fait voir combien le premier étoit supérieur en lumières & en affection aux intérêts du Roi & du Royaume.]

22406. ☞ Lettre circulaire & véritable de l'Archiduc Léopold, envoyée à tous Gouverneurs, Prévôts & Echevins des Villes & Bourgs de France, situés sur le chemin & route de son Armée.]

22407. ☞ Lettre d'Aristandre à Cléobule.

On y examine les différens motifs qui engagent les deux partis à rechercher la paix; & après les avoir balancés, l'Auteur se contente de dire que ce qu'on traite à S. Germain sera ou bon ou mauvais.]

22408. ☞ Lettre d'un Docteur de Paris à la Reine Régente, à S. Germain en Laye, sur le sujet de la Paix.]

22409. ☞ Lettre déchiffrée d'un Mazariniste à Mazarin, trouvée entre S. Germain & Paris, traduite d'Italien en François, sur le mariage du Parlement avec la Ville de Paris : *Paris*, Cotinet, 1649, *in-4*.

Pièce ironique & assez plaisante.]

22410. ☞ Les Contens & Mécontens sur le sujet du temps.]

22411. L'Intérêt des Provinces: *in-4*.

☞ On prétend qu'il consiste à ne pas laisser pétir Paris, qui est le centre du Royaume, & le chef du corps politique de la France.]

22412. ☞ Lettre de la petite Nichon du Marais, à M. le Prince.]

22413. ☞ Echo de la France troublée, par le déguisé Mazarin, représenté par la figure d'un Ours.]

22414. ☞ Autre Echo de la France.]

22415. ☞ Le Courbouillon de Mazarin, assaisonné pas toutes les bonnes Villes de France : *Paris*, Morlot, 1649, *in-4*.

Pièce satyrique, écrite d'un style burlesque & assez bas.]

22416. ☞ L'Adieu de Jules Mazarin à M. le Prince, & la Réponse qu'il lui a faite pour l'empêcher de partir.]

22417. ☞ Avis sur l'Etat, touchant les Affaires présentes, & le gouvernement étranger.]

22418. ☞ L'Entretien familier du Roi avec M. le Duc d'Anjou son frère, à S. Germain en Laye.]

22419. ☞ Lettre de Mazarin, écrite à l'Agent de ses Affaires à Rome.

Pièce contre l'excessive avarice du Cardinal.]

22420. ☞ Contre les ennemis de la Paix, Alidor à Ariste.]

22421. ☞ Lettre de La Raillere, prisonnier en la Conciergerie du Palais, écrite à Catelan, à S. Germain en Laye.]

22422. Lettre du Sieur Pepoli, Comte Boulonnois, au Cardinal Mazarin, touchant sa retraite hors du Royaume : 1649, *in-4*.

22423. Conseil nécessaire donné aux Bourgeois de Paris pour la conservation de leur Ville contre les desseins de Mazarin & les Libelles qu'il a fait semer dans Paris : *Paris*, Besogne, 1649, *in-4*.

22424. Discours politique aux vrais Ministres d'Etat : *Paris*, du Pont, 1649, *in-4*.

22425. Discours véritable d'un Seigneur à son fils, qui vouloit suivre le parti de Mazarin : *Paris*, Cotinet, 1649, *in-4*.

22426. Les Motifs de l'Union des Bourgeois de Paris avec le Parlement, représentés à la Reine, servant de Réponse aux Libelles jettés dans Paris, où est découverte la fausse Politique des deux Ministres Cardinaux, le 12 Janvier 1649 : *Paris*, Bessin, 1649, *in 4*.

22427. Manifeste des bons François contre Jules Mazarin, perturbateur du repos public, ennemi du Roi & de son Etat : 1649, *in-4*.

☞ Pièce sanglante contre le Cardinal. On y demande qu'il soit éloigné des Conseils, & qu'il soit arrêté & châtié comme il le mérite.]

22428. La Requête des trois Etats présentée à MM. du Parlement : 1649, *in-4*.

Ce sont les trois Etats du Gouvernement de l'Isle de France, qui demandent à s'unir aux onze autres Gouvernemens du Royaume.

22429. Requête des Provinces & des Villes de France à Nosseigneurs du Parlement de Paris: *in-4*.

22430. Lettre des Provinces de France aux

Bourgeois de Paris : *Paris*, Loyson, 1649, *in-4.*

22431. La Réponse des Bourgeois de Paris à la Lettre écrite des Provinces sur le mutuel secours de leurs armes : *Paris*, 1649, *in-4.*

22432. Le Génie démasqué, ou le temps passé & l'avenir de Mazarin ; par un Gentilhomme Bourguignon : *Paris*, Musnier, 1649, *in-4.*

22433. La Confession générale de Jules Mazarin sur tous les crimes par lui commis contre le Pape & tous les Princes Chrétiens : *Paris*, 1649, *in-4.*

Libelle contre le Cardinal.

22434. L'Amende-honorable de Jules Mazarin des crimes qu'il a commis contre Dieu, contre le Roi & contre lui-même : *Paris*, 1649, *in-4.*

22435. Les souhaits de la France, au Duc d'Angoulème : 1649, *in-4.*

22436. Discours d'Etat & de Religion sur les Affaires du temps, présenté à la Reine : *Paris*, Cotinet, 1649, *in-4.*

Second Discours présenté à MM. du Parlement : *Paris*, Jacquart, 1649, *in-4.*

Troisième Discours présenté à la Noblesse de Normandie : *Paris*, Jacquart, 1649, *in-4.*

Quatrième Discours & suite du premier, à la Reine : *Paris*, Jacquart, 1649, *in-4.*

22437. Les divines révélations & promesses faites à S. Denys, Patron de la France, & à sainte Geneviève, Patrone de Paris, en faveur des François contre le Tyran Mazarin, apportées du Ciel en Terre par l'Archange Michel : *Paris*, Boudeville, 1649, *in-4.*

22438. La Parabole du temps présent : *Paris*, 1649, *in-4.*

22439. Contribution d'un Bourgeois de Paris pour sa cotte part au secours de sa Patrie : 1649, *in-4.*

22440. Lettre d'un Religieux, envoyée à Monsieur le Prince à S. Germain en Laye, contenant la vérité de la vie & des mœurs du Cardinal Mazarin, avec exhortation audit Seigneur d'abandonner son parti : *La Haye*, 1649, *in-4.*

☞ Le Portrait du Cardinal & sa Généalogie n'y sont pas flattés.]

22441. ☞ Arrêt de la Cour de Parlement, portant que tous les biens, meubles & immeubles, & revenus des Bénéfices du Cardinal Mazarin, seront saisis, & Commissaires séquestres, & Gardiens établis à iceux, du 13 Janvier 1649 : *in-4.*]

22442. ☞ Les Entretiens de Mazarin & de la Rivière, au retour du Sabath : *in-4.*]

22443. ☞ Le grand Bréviaire de Mazarin : *in-4.*

Pièce badine sur les mœurs du Cardinal, & sur la façon dont il passe la journée.]

22444. ☞ Lettre du Comte DE GRANCEY, à M. le Prince de Condé : *in-4.*

Il reconnoît comme une punition de Dieu d'avoir été pris par les ennemis, quelque temps après s'être emparé de Brie-Comte-Robert.]

22445. ☞ L'apparition de la Guerre & de la Paix, à l'Hermite du Mont-Valérien : *in-4.*]

22446. ☞ Discours prononcé par le Sieur FOURNIER : *in-4.*

Il fut prononcé le 8 Janvier 1649, pour supplier la Reine de ramener le Roi à Paris, consterné de la fuite de Sa Majesté.]

22447. ☞ L'épouvantable Vision apparue à l'Abbaye de Marmoûstier-lès-Tours : *in-4.*]

22448. ☞ Jules l'Apostat : *in-4.*

Satyre sanglante contre le Cardinal. Il est mis en paralléle avec Judas & Julien l'Apostat.]

22449. ☞ La Nazarde à Jules Mazarin : *in-4.*

Nargue de vous, *Messire Jules*, est le refrain de cette Pièce bouffone. L'Auteur cite plusieurs exemples tirés de l'Histoire ancienne & moderne, de Favoris, qui élevés de bas lieu, ou n'ayant pas profité sagement de leur fortune, ont tous péri misérablement. Cet Ecrivain a mal prophétisé par rapport au Cardinal Mazarin.]

22450. ☞ La Sanglante Dispute entre le Cardinal Mazarin & l'Abbé de la Rivière : *in-4.*

Farce plaisante, ces deux Ministres ayant pris querelle au jeu, se dirent assez bien leurs vérités, & des paroles passèrent aux coups.]

22451. ☞ Prédictions de Nostradamus sur la perte du Cardinal Mazarin : *in-4.*]

22452. ☞ Prédiction merveilleuse, &c. *in-4.*]

22453. ☞ Codicile très-véritable de Jules Mazarin : *in-4.*

Pièce ironique qui contient plusieurs legs que le Cardinal fait à différentes personnes.]

22454. ☞ Le Pot-aux-Roses découvert : *in-4.*

Pièce morale & politique, sur ce qu'il est très-dangereux d'admettre des Ministres dont la probité ou la science ne sont point éprouvées.]

22455. ☞ L'arrivée des Ambassadeurs du Royaume de Patagoce & de la Nouvelle France : *in-4.*

Satyre plaisante sur les concussions & l'avarice du Cardinal.]

22456. ☞ Les premières nouvelles de la Paix : *in-4.*]

22457. ☞ Actions de graces de la France, à M. le Prince de Condé : *in-4.*]

22458. ☞ Les très-humbles Remerciemens des Bourgeois de Paris, à Mademoiselle, &c.]

22459.

Règne de Louis XIV. 1649.

22459. ☞ La Paix en son Trône de Gloire, &c. *in-4.*]

22460. ☞ Le Triomphe de Paris & sa joie : *in-4.*]

22461. ☞ Le Remerciement de toutes les Provinces de France à Nosseigneurs du Parlement, & aux Bourgeois de Paris : *in-4.*]

22462. ☞ Ode au Roi sur les mouvemens arrivés à Paris : *in-4.*]

22463. ☞ Décision de la Question du temps : *Paris*, Besoigne, 1649, *in-4.*

Cette Pièce est très-pathétique. L'Auteur y fait le tableau des maux de la France & des Peuples, l'apologie du Parlement & des François que la Cour traitoit de Rébelles, & il découvre l'iniquité & la mauvaise administration du Gouvernement.]

22464. ☞ Nouvelles apportées au Roi Louis XIII. dans les Champs-Elysées, &c. *in-4.*

C'est le jeune Tancrède de Rohan, que l'on suppose en être le porteur; & son arrivée donna occasion aux anciens Ministres & Courtisans de Louis XIII. de s'élever fortement contre la conduite du Cardinal Mazarin. Ce Tancrède de Rohan étoit un fils supposé au Duc de Rohan, comme il fut jugé par Arrêt du Parlement, en 1649. Il mourut la même année. *Voyez* à la fin du tom. XXII. des *Vies des Hommes Illustres de la France,* commencées par M. d'Auvigny, & continuées par l'Abbé Pérau.

On peut encore voir à son sujet un *Recueil de Pièces* imprimé à *Liége,* 1767, *in-12.* qui est intitulé, *Tancrede,* &c.]

22465. ☞ Parabole & Similitude présente, pour faire voir l'union & la concorde qui doivent être entre un Roi & ses Sujets, s'ils veulent vivre en paix & prospérité : *in-4.*]

22466. ☞ Lettre des Peuples de la Province de Poitou, envoyée à Nosseigneurs du Parlement : *in-4.*

Ils s'y plaignent des excès & des violences des Maltôtiers, qui sous prétexte de la Gabelle du sel, établissoient de nouveaux droits, & vexoient extraordinairement cette Province.]

22467. ☞ Les Plaintes de la France à M. le Prince : *in-4.*]

22468. ☞ Très-humble Remontrance d'un Gentilhomme Bourguignon à Monseigneur le Prince de Condé : *in-4.*]

22469. ☞ Le Monopoleur rendant gorge : *in-4.*]

22470. ☞ La fin tragique des Partisans, arrivée de temps en temps, & tirée de l'Histoire de France : *in-4.*]

22471. ☞ Catéchisme des Partisans, ou Résolutions Théologiques touchant l'imposition, levée, & emploi des Finances, dressé par demandes & par réponses, pour la plus grande facilité ; par le R. P. D. P. D. S. J. *in-8.*]

22472. ☞ La France désolée, aux pieds du Roi, où le Gouvernement tyrannique de Mazarin est succinctement décrit : 1649, *in-4.*

Pièce assez pathétique, contre l'administration de ce Cardinal. On y trouve un parallèle assez bien frappé du bon & du mauvais Ministre.]

22473. ☞ La Lettre d'un Secrétaire de Saint-Innocent, à Jules Mazarin : *in-4.*]

Satyre plaisante contre le Gouvernement, la conduite & les fourberies de son Eminence.]

22474. ☞ L'Entrée pompeuse & magnifique du Roi Louis XIV. en sa bonne Ville de Paris ; par N. I. T. *Paris,* Cotinet, 1649, *in-4.*

Cette Pièce est en Vers.]

22475. ☞ La Nappe renversée chez Renard ; en Vers burlesques : *Paris,* 1649, *in-4.*

C'est au sujet de quelques Mazarinistes que le Duc de Beaufort chassa de chez le Sieur Renard, où ils étoient assemblés pour souper.]

22476. ☞ Le Cardinal Mazarin en deuil, quittant la France : *Paris,* 1649, *in-4.*]

22477. ☞ La France vengée des malheurs dont elle étoit menacée par les armes de Jules Mazarin : *Paris,* Métayer, 1649, *in-4.*]

22478. ☞ La Décadence des mauvais Ministres d'Etat : *in-4.*

L'Auteur repasse tous les Siècles de la Monarchie, & tous les mauvais Ministres qu'elle a eus, & il rapporte leur misérable fin.]

22479. ☞ Le Tableau des Tyrans favoris, & la description des malversations qu'ils commettent dans les Etats qu'ils gouvernent, envoyé par l'Espagne à la France : *in-4.*

C'est l'Espagne qui parle dans cette Pièce. Elle fait un grand Eloge du Cardinal de Richelieu, & le portrait le plus affreux du Cardinal Mazarin & de ses projets.]

22480. ☞ La Pucelle de Paris, triomphante des injustes prétentions d'un Italien, par la force de ses Arrêts : *in-4.*]

22481. ☞ Agréable Conférence de deux Paysans de Saint-Ouen & de Montmorency, sur les Affaires du temps : *in-4.*]

22482. ☞ L'Ombre du Cardinal de Richelieu, parlant à Jules Mazarin.]

22483. ☞ Le François fidèle, à Jules Mazarin, traitant du devoir des bons Ministres envers les Rois leurs Maîtres.]

22484. ☞ La Cassandre Françoise, avec le Réveil-matin des Parisiens : *in-4.*]

22485. ☞ Le Jugement donné contre les Traitans, Partisans, Prêteurs & Maltôtiers.

Toutes ces Pièces sont des invectives & des satyres contre les Partisans & les Voleurs des deniers publics.]

22486. ☞ La Farce des Mazarins & des Monopoleurs : 1649, *in-4.*]

22487. ☞ L'Anti-Machiavel, le fidèle Empyrique, ou le puissant Hellébore Anti-Machiavel, pour contenter les Mal-contens de l'Etat, & affermir la liberté des Peuples : *Paris*, 1649, *in*-4.]

22488. ☞ Le Pasquin, sur les affaires du temps, mis en François : *in*-4.]

22489. ☞ Les Motifs de la tyrannie du Cardinal Mazarin : *in*-4.]

22490. ☞ Le Mouchoir pour essuyer les yeux de M. le Prince de Condé : *in*-4.]

22491. ☞ Le Miroir à deux visages opposés, l'un louant la conduite du fidèle Ministre, l'autre condamnant la conduite du méchant & infidèle Ministre, & ennemi du Prince & de son Etat : *in*-4.]

22492. ☞ Le Mot à l'oreille, ou le Miroir qui ne flate point : *in*-4.

C'est une énumération des vices & des crimes du Cardinal.]

22493. ☞ La Vision prophétique de sainte Geneviève, Patrone & Protectrice de la Ville de Paris, évidemment accomplie dans l'état des affaires présentes : *in*-4.

22494. ☞ La liberté de la France, & l'anéantissement des Ministres Étrangers : *Paris*, 1649, *in*-4.]

L'Auteur de cette Pièce fait voir, par des exemples, combien un Ministre étranger est préjudiciable à un Etat ; que nos Rois ont souvent fait des Ordonnances pour les exclure, & que ce n'est qu'en les observant que la France pourra recouvrer son ancien lustre.]

22495. ☞ Le bon Ministre d'Etat : *in*-4.

Etre homme de bien, être affectionné à l'Etat, être désintéressé, n'être ni Etranger ni Ecclésiastique ; telles sont les qualités que l'Auteur demande.]

22496. ☞ Le temps passé & l'avenir, & le génie démasqué de Jules Mazarin : *in*-4.

C'est une apostrophe à ce Cardinal, dans laquelle on lui reproche l'inégalité & l'injustice de ses vues & de ses desseins.]

22497. ☞ Les véritables reproches faits à Jules Mazarin ; par un Ministre d'Etat.]

22498. ☞ Le triomphe de la vérité sans masque : *in*-4.]

22499. ☞ La Complainte des pauvres à la Reine Régente, mère du Roi, contre le Cardinal Mazarin : *in*-4.

Elle contient une peinture affreuse des maux du Royaume ; & il est difficile de trouver rien de plus satyrique contre le Cardinal.]

22500. ☞ Panégyrique pour Monseigneur le Duc de Beaufort, adressé à MM. du Parlement ; par L. S. D. E. *in*-4.]

22501. ☞ Les Palmes héroïques du généreux Duc de Beaufort : *in*-4.

L'Auteur de cette Pièce en Vers, est une fille nommée Charlotte HENAULT.]

22502. ☞ Avis aux Grands de la Terre, sur le peu d'assurance qu'ils doivent avoir en leurs grandeurs : *in*-4.]

22503. ☞ Discours à MM. de Paris, sur le sujet des taxes : *in*-4.]

22504. ☞ Inventaire des Pièces du monde, rencontrées dans le Palais du Cardinal Mazarin : *in*-4.]

22505. ☞ La Pièce charmante du Cabinet découverte : *in*-4.]

22506. ☞ Le Procès-verbal de la canonisation du B. Jules Mazarin, faite dans le Consistoire des Partisans ; par Catalant & Tabouret, séant Emery, Anti-Pape : *in*-4.

C'est une apothéose ridicule.]

22507. ☞ Dialogue de Rome & de Paris, au sujet de Mazarin : *in*-4.

Ce Dialogue est assez amusant. On y trouve un parallele du Cardinal de Richelieu avec le Cardinal Mazarin.]

22508. ☞ Le secret à l'oreille d'un Domestique de Mazarin, à Mazarin.]

22509. ☞ Avis du riche inconnu de la Parabole, envoyé à Mazarin.]

22510. ☞ La manifestation de l'Antechrist en la personne de Mazarin & de ses adhérans, avec des figures authentiques de l'Ecriture-Sainte : *in*-4.

C'est une Satyre violente.]

22511. ☞ La vengeance équitable, charitable & permise, selon les loix divines & humaines, que MM. du Parlement & les Habitans de la Ville de Paris veulent & doivent prendre du mauvais Ministre d'Etat.

Cette Pièce tend à montrer qu'on devoit, par le cours ordinaire & réglé de la justice, se défaire du Cardinal.]

22512. ☞ L'ambitieux, ou le portrait d'Ælius Sejanus, en la personne du Cardinal Mazarin.

C'est un parallele des vices de ces deux Ministres, & des maux qu'ils ont faits à leurs Maîtres & aux Peuples.]

22513. ☞ L'injuste au trône de la fortune, ou le fléau de la France.]

22514. ☞ Etat succinct des troubles excités par le Cardinal, & de la misère à laquelle il a réduit le Royaume.]

22515. ☞ La non-pareille du temps, ou la Prosopopée de Thémis, & la fortune plaidant le procès de Mazarin.]

22516. ☞ Icon tyranni, in Invectivâ contrà Mazarinum expressâ.

Déclamation très-vive contre les vices, les fourberies & les crimes du Cardinal. Elle vient d'un partisan du Duc de Beaufort & de M. d'Houdancourt.]

22517. ☞ La Généalogie ou extraction de la Vie de Jules Mazarin, à présent Cardinal & Ministre d'Etat en France.]

22518. ☞ Le Portrait du méchant Ministre d'Etat, Jules Mazarin, & sa chûte souhaitée.

Règne de Louis XIV. 1649.

22519. ☞ Avis de l'Ame du Maréchal d'Ancre à l'Esprit du Cardinal Mazarin, touchant la résolution qu'il doit prendre sur les troubles qu'il a nouvellement excités en France.]

22520. ☞ La Robbe sanglante de Jules Mazarin, avec la vérité reconnue, ou le récit de toutes ses fourbes & impostures.

On reproche dans cette Pièce au Cardinal son avarice, son ambition, son envie, son ingratitude, & ses fourberies.]

22521. ☞ Le bonheur de la France en la mort de Mazarin & de ses adhérans.]

22522. ☞ Avis au Sieur Cardinal Mazarin, pour sa sortie de France.]

22523. ☞ Mazarin en soupçon de sa vie & de ses mœurs.]

22524. ☞ L'Adieu du Cardinal Mazarin à MM. de Paris.]

22525. ☞ Lettre d'un Gentilhomme Italien à un François son ami, sur l'enlèvement du Roi Très-Chrétien, traduite par P.D.P.S. de Carigny.]

22526. ☞ Dernière supplication du Cardinal Mazarin faite à Monseigneur le Prince de Conti, pour la sûreté de sa personne.]

22527. ☞ La France prosternée aux pieds de MM. du Parlement, pour lui demander justice.]

22528. ☞ Examen sur les Affaires du temps: Paris, Huot, 1649, in-4.

On y discute les fautes qu'a faites le Ministère dans les conjonctures présentes. L'Auteur en cite huit principales, qui tendent toutes à des conséquences terribles.]

22529. ☞ Remarques importantes à la cause commune, sur les actions & la conduite de M. le Duc d'Elbœuf, dans les Affaires de ce temps.]

22530. ☞ Le Conseiller fidéle.]

22531. ☞ L'illustre Prince Duc de Beaufort exilé, rétabli & remis au trône de sa gloire.]

22532. ☞ Eloge de Monseigneur le Duc de Beaufort, par la voix publique des Habitans de la Ville de Paris.]

22533. ☞ Le Palladium, ou le Dépôt tutélaire de Paris.

Cette Pièce, qui est en Vers, est adressée à Madame la Duchesse de Longueville, par le Sieur De l'Isle, qui avoue n'en être pas tout à fait l'Auteur.]

22534. ☞ Les Vœux des Religieux de Saint-Denys pour la paix du Royaume, envoyés à Monseigneur le Prince de Conti.]

22535. ☞ Gallicinium nuper auditum, Franciam expilante Mazarino.]

22536. ☞ Stomachatio boni Popularis.

Cette Déclamation est vive & pathétique. L'Auteur exhorte tous les Ordres du Royaume à se joindre ensemble, pour obtenir l'expulsion du Cardinal Mazarin.]

Tome II.

22537. ☞ Très-humble Remontrance du Parlement de Paris au Roi & à la Reine Regente : in-4.

Il commence par montrer à la Reine que les exemples passés de Favoris trop puissans, auroient dû la rendre plus circonspecte à n'en point élever. Il justifie ensuite sa conduite, & fonde la nécessité où il est de prendre les armes sur les excès, les violences, les rapines & les crimes du Cardinal.]

22538. ☞ Très-humble & chrétienne Remontrance à la Reine Régente, sur les malheurs présens de l'Etat.]

22539. ☞ Remontrance sur les abus des Intendans de Justice, & la cruauté de l'exaction des deniers Royaux à main armée, à la Reine.]

22540. ☞ Discours important sur le Gouvernement du Royaume : in-4.

Il regarde l'ordre qu'on doit observer dans les Affaires & dans les Conseils, le choix des personnes qui doivent y entrer, & les récompenses qu'on doit leur donner. Cette petite Pièce est assez bonne & assez méthodique.]

22541. ☞ Les raisons où les motifs véritables du Parlement & des Habitans de Paris, contre les Perturbateurs du repos public, & les ennemis du Roi & de l'Etat.]

22542. ☞ La Justification du Parlement & de la Ville de Paris, dans la prise des armes, contre l'oppression & tyrannie du Cardinal Mazarin.]

22543. ☞ Louange de feu M. le Marquis de Chanleu, tué à Charenton en combattant pour le service du Roi & du Parlement.]

22544. ☞ Nouvelles burlesques portées par le Duc de Châtillon à l'Empereur des ténèbres, aux affreuses cavernes de sa domination.]

22545. ☞ Lettre du Sieur DU PELLETIER, à M. le Duc de Beaufort, le 10 Février 1649.]

22546. ☞ Lettre du Sieur DU NACAR à l'Abbé de la Rivière, à S. Germain en-Laye, sur les Affaires du temps, & où sont présentés les moyens pour faire la paix.]

22547. ☞ Lettre de consolation envoyée à Madame la Duchesse de Rohan, sur la mort de M. de Rohan, son fils, surnommé Tancrède.

Voyez ci-devant, N.° 22464.]

22548. ☞ Les Courtisans de Saint-Germain révoltés contre le Cardinal Mazarin.

L'Auteur de cette fiction rapporte différens discours de plusieurs Courtisans qui font entendre au Cardinal les bruits qu'on répand contre lui, & lui conseillent de se soustraire par la fuite au châtiment exemplaire qui lui est préparé.]

22549. ☞ Plainte à la Reine, des Dames de Paris, qui ont leurs maris dans l'Armée Mazarine.]

22550. ☞ La Sibylle moderne, ou l'Oracle du temps; in-4.

Elle prédit au Cardinal que la guerre qu'il vient d'allumer au sein du Royaume, lui sera aussi funeste qu'il a prétendu en tirer d'avantages.]

22551. ☞ L'Espérance des bons Villageois, &c.]

22552. ☞ Les attaques & la prise de Charenton, &c.]

22553. ☞ Motifs & raisons principales du Parlement de Roüen.]

22554. ☞ Supplication au Roi, pour avancer le Procès des Partisans.]

22555. ☞ La métamorphose Royale, &c.]

22556. ☞ Lettre du Cardinal Antonio Barberin, au Cardinal Mazarin, &c. avec la Réponse.]

22557. ☞ Lettre envoyée à Sa Sainteté, &c.]

22558. ☞ Récit véritable de ce qui s'est fait & passé à Rome & à Venise, contre Jules Mazarin.

Le Pape fit saisir le Palais où logeoit le père du Cardinal, & fit sommer cette Eminence, par son Nonce en France, de comparoit dans trois semaines à Rome devant le Consistoire. La République de Venise les priva tous deux du titre de Nobles Vénitiens, qu'elle leur avoit accordé.]

22559. ☞ La voix du Peuple, à M. le Duc de Beaufort.]

22560. ☞ La Couronne de gloire de nos Généraux.]

22561. ☞ La Pompe funèbre de Voiture, avec la clef.

Pièce très-jolie & très-amusante; en Prose & en Vers.]

22562. ☞ Lettres de M. le Duc de Longueville, & de MM. du Parlement de Normandie, avec les Arrêts, &c.]

22563. ☞ L'honneur du Ministre étranger enseveli dans le tombeau.]

22564. ☞ La Déclaration du Duc Charles de Lorraine, &c. aux Bourgeois de Paris.

Ce Duc, entr'autres faits, déclare que le Cardinal lui a fait offrir deux millions, & de le remettre en possession de son Duché, s'il vouloit entrer dans ses desseins & perdre la France.]

22565. ☞ Les souhaits des bons François, &c.

Exhortation au Parlement à ne pas se démentir dans la conjoncture présente, que le Cardinal ne soit chassé ou puni.]

22566. ☞ Les profanations Mazariniques, &c. par le Sieur de la Campie.

Cette Pièce regarde les abominations que les Soldats commirent dans l'Eglise de Saint-Denys.]

22567. ☞ Requête burlesque des Partisans au Parlement.

Pièce en Vers, ainsi que la suivante.]

22568. ☞ Lettre burlesque à M. le Cardinal; in-4.]

22569. ☞ La Métamorphose de la France.]

22570. ☞ Lettre de M. le Duc de Guise, à la Reine, &c.

C'est au sujet de sa détention à Naples, & de son affection pour Mademoiselle de Pont.]

22571. ☞ Raillerie universelle, &c. en Vers burlesques.]

22572. ☞ Les Eloges & Louanges des Peuples à Monseigneur l'Archevêque de Corinthe, &c. ensemble le progrès des Armes des bons François; par le Sieur Rozard.

Cet Archevêque de Corinthe étoit le Coadjuteur, depuis connu sous le nom de Cardinal de Retz : on sçait qu'il étoit un des Chefs de la Fronde, ou du parti contre le Cardinal Mazarin.]

22573. ☞ L'Esprit du Duc de Châtillon apparu à M. le Prince de Condé.]

22574. ☞ La grande Conférence des Hermites du Mont-Valérien, &c.]

22575. ☞ Le Passe-partout du temps, ou la Sourde-Renommée, &c.

Grand verbiage, pour dire qu'à la Cour & à Paris on n'ose pas déclarer librement ce que l'on pense.]

22576. ☞ Remontrance du Berger de la grande Montagne, à la Reine.]

22577. ☞ Le Vœu des Parisiens à la Vierge, &c. en Vers.]

22578. ☞ La résolution du Conseil de science tenu à Saint-Germain, &c.]

22579. ☞ Le Rameau Royal.]

22580. ☞ La Champagne désolée par l'Armée d'Erlach, &c.]

22581. ☞ L'Oui-dire de la Cour.

Satyre sanglante contre la Reine & la Maison de Condé.]

22582. ☞ Remontrance du Roi Louis XII, au Roi Louis XI. sur leur différente façon de régner.]

22583. ☞ Discours prophétique, contenant quarante-quatre Anagrammes sur le nom de Jules Mazarin.

Toutes ces Anagrammes sont satyriques; on les a insérées dans le Discours, de manière qu'elles en font la meilleure partie.]

22584. ☞ Lettre d'un fameux Courtisan à la plus illustre Coquette du monde, avec la Réponse.]

22585. ☞ Entretien Politique entre Jaqueton & Catau.

Ces deux Courtisans déclament contre le Cardinal, qui avoit emmené le Roi, & s'étonnent qu'il se soit trouvé des scélérats qui aient osé attenter à la vie des meilleurs Princes, & qu'il n'y ait personne assez zélé pour se défaire du Ministre.]

22586. ☞ Le nez pourri de Théophraste Renaudot, &c.

C'est peu de chose que cette Pièce, qui consiste en

deux Rondeaux & un Quatrain de Getutie de Nostradamus.]

22587. ☞ La France & les Royaumes ruinés par les Favoris & les Reines amoureuses.

L'Auteur rapporte beaucoup d'exemples pour prouver ce qu'il avance. On auroit pu lui trouver un plus grand nombre.]

22588. ☞ Discours d'un Philosophe mécontent.]

22589. ☞ Les nouvelles Métamorphoses de l'Espagnol.]

22590. ☞ Les sentimens de réjouissance d'un Solitaire.]

22591. ☞ Lettre de réplique de la petite Nichon, à M. le Prince de Condé.

Elle roule sur les amours de ce Prince, & les maux qu'il cause à la France, en faisant la guerre pour le Cardinal.]

22592. ☞ L'Acte d'opposition de M. le Duc de Chaulnes à la proposition de donner à M. le Duc de Bouillon les Provinces de basse & haute Auvergne, pour remplacement de Sédan.]

22593. ☞ Le Caquet des Marchandes Poissonnières, &c. sur la maladie du Duc de Beaufort.

Pièce en style de la Halle, sur le soupçon qu'on avoit que ce Duc avoit été empoisonné.]

22594. ☞ Les métiers de la Cour.

Pièce bouffonne & satyrique.]

22595. ☞ Le Mercure infernal.

Cette Pièce regarde le Surintendant Bullion, & quelques autres personnes.]

22596. ☞ Union de la Noblesse de France.]

22597. ☞ Requête au Roi par le Corps de la Noblesse.]

22598. ☞ De la Guerre des Tabourets, &c. Livre I & II.]

22599. ☞ Plaisant entretien du Sieur Rodriguez avec Jules Mazarin, &c.

Il roule sur l'embarras de son Eminence de trouver une place pour s'y retirer en sûreté.]

22600. ☞ Le Te Deum des Dames de la Cour, présenté à la Reine par Mademoiselle DE NERVEZE.]

22601. ☞ Le véritable ami du Public.]

22602. ☞ Lettre de Cachet du Roi à la Chambre des Comptes.]

22603. ☞ Lettre du bon Génie de Paris à celui de Compiegne.]

22604. ☞ La Couronne de la Reine, envoyée du Ciel.

Cette Couronne n'est point d'or ornée de pierreries, mais gît dans les souffrances de cette Princesse & dans les calomnies avancées contre son honneur.]

22605. ☞ Le Triomphe Royal.]

22606. ☞ Les Entretiens sérieux de Jodelet & de Gilles-le-Niais, &c.]

22607. ☞ Catalogue des Partisans, ensemble leur Généalogie, in-4.]

22608. ☞ Complainte des Partisans au Cardinal Mazarin.

Ils attribuent à son avarice la cause de leurs malheurs.]

22609. ☞ Propositions faites à leurs Majestés par le Prince d'Epinoze, &c.]

22610. ☞ Moyen assuré pour bien ménager le bled des Bourgeois.]

22611. ☞ Le monstre hérétique étouffé par un enfant.]

22612. ☞ L'heureuse rencontre d'une mine d'or, &c.

L'Auteur propose dans cette Pièce certains moyens qu'il juge de facile exécution, par lesquels le Roi, sans fouler ses Sujets, aura de très-gros revenus, & pourra entretenir à peu de frais une Milice de 50000 hommes.]

22613. ☞ La Rencontre d'un Gascon & d'un Poictevin.]

22614. ☞ Vers sur l'Effigie de la Justice qui étoit au haut du feu de la Grève.]

22615. ☞ Lettre d'un Normand aux Fendeurs de Nazeaux.]

22616. ☞ Dialogue de Dame Perette, & de Jeanne la Crottée.]

22617. ☞ La Cavalcade Royale faite le jour de S. Louis, &c. & l'Ordonnance du Parlement de Londres.]

22618. ☞ Arrêt notable du Parlement contre plusieurs Partisans.]

22619. ☞ Les particularités de la Chasse Royale faite par Sa Majesté le jour de S. Hubert & de S. Eustache.]

22620. ☞ L'Ambassadeur de Savoye, &c.

Il remontre à la Reine qu'il n'est point de son honneur ni de la gloire du Roi son fils, de conserver en place le Cardinal Mazarin.]

22621. ☞ La Conférence d'un Parisien & d'un Bordelois.]

22622. ☞ Le Courrier souterrein, &c.

Fiction assez plaisante & satyrique contre le Cardinal.]

22623. ☞ Le Triomphe de Monseigneur le Duc de Beaufort.]

22624. ☞ Les ressentimens de la Ville de Paris, sur les obligations qu'elle a à M. le Duc de Beaufort.]

22625. Très humbles Remontrances du Parlement au Roi & à la Reine Régente, du 14 Janvier 1649 : 1649, in-4.

Elles ne servirent que de Manifeste ; car on ne voulut pas les recevoir à la Cour, où l'on prétendoit que le Parlement, qui avoit été supprimé comme rebelle, ne pouvoit plus parler en Corps. C'est une des Pièces des plus véhémentes & des plus détaillées contre le Cardinal Mazarin, tendante à obtenir son expulsion.

« Le Parlement, (dit Guy Patin, dans sa Lettre 31

à Charles Spon, écrite le 17 Janvier 1649,) a fait aussi des Remontrances par écrit, lesquelles sont imprimées ; on dit qu'elles sont bien faites, & que M. le Président (Jacques) le Coigneux en est l'Auteur. On a fait ici courir depuis huit jours quantité de papiers volans contre le Mazarin ; il n'y a encore rien qui vaille ».

22626. Le Procès criminel du Cardinal Mazarin, envoyé d'Espagne avec la dénonciation de l'Empereur : *Paris*, Vatiquet, 1649, *in*-4.

☞ C'est une pure invective contre le Cardinal.]

22627. Factum servant au Procès-criminel du Cardinal Mazarin, touchant ses intelligences avec les Etrangers, ennemis de l'Etat : *in*-4.

☞ Ce Factum est rempli de faits qui ne roulent que sur la probabilité de ces intelligences.]

22628. Le Mouchard, ou Espion de Mazarin : *Paris*, Boudeville, 1649, *in*-4.

☞ Il fait au Cardinal le récit de ce qui se dit ou qui s'écrit contre lui.]

22629. Antithèse du bon & du mauvais Ministre d'Etat : *Paris*, Pépingué, 1649, *in*-4.

22630. Apologie pour le Cardinal Mazarin, tirée d'une Conférence entre son Eminence & un excellent Casuiste : *Paris*, Preuveray, 1649, *in*-4.

☞ Le style de cette Satyre est bas & peu châtié. On y suppose que le Cardinal découvre ses vues, & les motifs qui l'ont fait agir avant & depuis son élévation.]

22631. Entretien secret entre MM. de la Cour de Saint-Germain avec MM. de la Cour de Parlement de Paris : *Paris*, Hénault, 1649, *in*-4.

C'est un Ecrit contre le Parlement.

22632. Les glorieux travaux du Parlement pour le maintien de l'autorité du Roi, & pour le soulagement de ses Peuples, du 12 Janvier 1649 : *Paris*, Noël, 1649, *in*-4.

22633. ☞ Lettre du Capitaine LA TOUR, contenant la réfutation des calomnies, au parti du Parlement & de la Ville de Paris : *Paris*, 1649, *in*-4.]

22634. Raison d'Etat contre le Ministre Etranger : (1649) *in*-4.

☞ Cette Pièce est assez bien raisonnée. L'Auteur, après avoir prouvé par les loix & par les exemples que les Etrangers ont toujours été éloignés de l'administration des Affaires, rapporte en peu de mots les raisons qui doivent leur donner l'exclusion.]

22635. Question, Si la voix du Peuple est la voix de Dieu : 1649, *in*-4.

Ecrit pour le Cardinal Mazarin.

22636. Que la voix du Peuple est la voix de Dieu, contre le sentiment de celui qui nous a proposé une Question toute contraire : *Paris*, Vatiquet, 1649, *in*-4.

22637. Remèdes aux malheurs de l'Etat de France, au sujet de la Question, Si la voix du Peuple est la voix de Dieu : *Paris*, 1649, *in*-4.

Ecrit contre l'obéissance absolue.

22638. L'Idole renversée, ou le Ministre d'Etat puni ; par D. P. P. Sieur DE CARIGNY : *Paris*, Musnier, 1649, *in*-4.

22639. Apologie, ou Défense du Cardinal Mazarin, traduite ou imitée de l'Italien de L. *Paris*, 1649, *in*-4.

C'est un sanglant Libelle contre le Cardinal Mazarin.

22640. Remontrance à la Reine sur le Gouvernement de l'Etat : *Paris*, Cotinet, 1649, *in*-4.

22641. Manifeste du Duc de Bouillon & des autres Généraux, contre les Libelles que le Cardinal Mazarin a fait publier contre eux : *Paris*, Veuve Coulon, 1649, *in*-4.

22642. Le Politique Chrétien de Saint-Germain, à la Reine : *Paris*, Hénault, 1649, *in*-4.

22643. Le Philosophe d'Etat, ou Réflexions politiques sur les vertus du Parlement & du Peuple de Paris : *Paris*, Hénault, 1649, *in*-4.

22644. Les généreux sentimens de la Noblesse Françoise, contre le mauvais Gouvernement de l'Etat par un Ministre Etranger : *Paris*, Langlois, 1649, *in*-4.

22645. Contract de Mariage du Parlement avec la Ville de Paris, au mois de Janvier : *Paris*, Veuve Guillemot, 1649, *in*-4.

☞ Il contient plusieurs Réglemens que les contractans croient être nécessaires au bien de l'Etat.]

22646. Consultation & Ordonnance des Médecins de l'Etat, pour la purgation de la France malade ; par le Sieur DU TEIL : *Paris*, Hénault, 1649, *in*-4.

22647. L'Antidote pour guérir la France : 1649, *in*-4.

22648. ☞ Harmonie de l'Amour & de la Justice de Dieu, Ouvrage à l'occasion des troubles de 1649 : *La Haye*, 1650, *in*-12.]

22649. ☞ Le Pour & Contre de la Cour, (en Vers) : *in*-4.]

22650. ☞ Requête (en Vers), au Parlement, sur l'attentat commis en la personne du Roi, la nuit des Rois ; faite par Louis CADET, *Paris*, Lesselin, 1649, *in*-4.]

22651. ☞ Le Poulet : *Paris*, 1649, *in*-4.

C'est une Lettre en Vers de la nièce du Cardinal, à M. le Prince, dans laquelle elle lui témoigne un ardent désir d'être unie à lui.]

22652. ☞ L'Onophage, ou le Mangeur d'âne : *Paris*, 1649, *in*-4.

Pièce en Vers, contre un Procureur, qui pendant le Blocus de Paris, avoit tué & mangé un âne.]

22653. ☞ La Résolution des bons François,

Règne de Louis XIV. 1649.

adreſſée au Roi & à la Reine : *Paris*, 1649, *in*-4.]

22654. ☞ Diſcours ſur le Gouvernement de la Reine, depuis ſa Régence : *Paris*, Hulpeau, 1649, *in*-4.

C'eſt une Apologie de la conduite de cette Princeſſe.]

22655. ☞ Le Burleſque *On* de ce temps, qui ſçait tout, qui fait tout & qui dit tout : *Paris*, 1649, *in*-4.

Suite & ſeconde Partie du Burleſque *On* de ce temps, qui ſçait, qui fait & qui dit tout : *Paris*, 1649, *in*-4.

Extraordinaire Arrivée du burleſque *On* de ce temps, qui ſçait, qui fait & qui dit toutes les particularités du Siége de Cambray; avec un Sommaire de l'ordre du feſtin fait aux Généraux & Parlement d'Angleterre, par les Communes : *Paris*, Hébert, 1649 *in*-4.

Ces trois Piéces ſont en Vers.]

22656. ☞ Lettre de deux amis, ſur la priſe de la Baſtille : 1649, *in*-4.

Elle fut renduë aux Pariſiens, le Jeudi 14 Janvier.]

22657. ☞ Le Foudroyant des Géans Mazariniſtes, abîmés ſous les ruines du fameux & déſolé Bourg de Charenton : *Paris*, Noël, 1649, *in*-4.]

22658. ☞ Inſtruction prompte & facile aux Pariſiens, pour bien apprendre l'exercice du mouſquet & de la pique, & les rendre parfaits en l'Art militaire : *Paris*, Beſoigne, 1649, *in*-4.]

22659. Raiſonnemens ſur les Affaires préſentes, & leur comparaiſon avec celles d'Angleterre : *Paris*, Preuveray, 1649, *in*-4.

Libelle contre la Cour.]

22660. Les calomnies du Cardinal Mazarin, réfutées & rejettées ſur ſon Eminence : *Paris*, Preuveray, 1649, *in*-4.

Ces deux Ecrits ſont du Sieur DU TEIL.

☞ Dans le dernier, l'Auteur fait voir la différence qu'il y a entre le Parlement de Paris & celui d'Angleterre, auquel le Cardinal Mazarin l'avoit méchamment comparé.]

22661. Diſcours adreſſé aux Soldats François, dédié à M. Payen des Landes, Conſeiller au Parlement de Paris, du 15 Janvier : *Paris*, Sevestre, 1649, *in*-4.

22662. Diſcours fait par les Députés du Parlement de Provence dans le Parlement de Paris; enſemble la Réponſe de M. le Premier Préſident, avec l'Arrêt de ladite Cour, du 15 & 28 Janvier 1649 : *Paris*, 1649, *in*-4.

22663. L'Anathême & l'Excommunication d'un Miniſtre d'Etat Etranger : *Paris*, Colombel, 1649, *in*-4.

22664. Lettre du Chevalier GEORGE de Paris, à M. le Prince de Condé : *Paris*, 1649, *in*-4.

Seconde Lettre du même, à M. le Prince : *Paris*, Brunet, 1649, *in*-4.

« La premiére eſt meilleure que la ſeconde, & dangereuſe par l'apparence de vérité qui y règne dans tout ce qui eſt allégué contre le Cardinal Mazarin ». Naudé, dans ſon *Maſcurat*.

22665. Lettre d'un Gentilhomme à la Reine : *Paris*, Pépingué, 1649, *in*-4.

22666. Lettre de la Cour du Parlement de Paris, envoyée aux Parlemens du Royaume, du 18 Janvier : *Paris*, 1649, *in*-4.

22667. Lettre de la Cour de Parlement de Paris, envoyée aux Baillifs, Sénéchaux, Maires, Echevins & autres Officiers de ce Royaume, du 18 Janvier : *Paris*, 1649, *in*-4.

22668. L'étroite Alliance, ou la jonction du Parlement de Bretagne & des trois Etats de la Province, avec le Parlement de Paris : *Paris*, 1649, *in*-4.

22669. Arrêt de la Cour de Parlement de Rennes, contre le nommé Jules Mazarin & ſes Adhérans, du 18 Janvier : *Paris*, Pépingué, 1649, *in*-4.

22670. ☞ Arrêt du Parlement, portant défenſes à toutes perſonnes étant en cette Ville & Fauxbourgs de Paris, de changer leurs noms, & de ſe traveſtir & déguiſer pour ſortir de ladite Ville, ſous peine de la vie, 20 Janvier, 1649 : *Paris*, 1649, *in*-4.]

22671. Lettre d'un fidéle François à la Reine, ſur l'occurrence du temps : *Paris*, Preuveray, 1649, *in*-4.

22672. Diſcours de la Clémence & de la Juſtice au Parlement, pour & contre Mazarin : *Paris*, veuve Coulon, 1649, *in*-4.

☞ Ce Dialogue eſt aſſez vif. On y repréſente le Cardinal comme un voleur public, un ſerviteur infidèle & un ennemi juré de la France, lequel doit être traité ſans miſéricorde.]

22673. Relation véritable de ce qui s'eſt fait & paſſé dans la Ville d'Aix en Provence, depuis l'enlévement du Roi, le 6 Janvier; & en l'Affaire du Parlement, où le Comte d'Alais, ſa femme & ſa fille, &c. ont été arrêtés priſonniers, le 21 Janvier; apporté par le Sieur T. envoyé par Meſſieurs du Parlement : *Paris*, Hénault, 1649, *in*-4.

22674. Retraite de M. le Duc de Longueville dans ſon Gouvernement de Normandie.

Ce Diſcours eſt attribué vulgairement à Charles de Saint-Denis, Sieur DE SAINT-ÉVREMONT, mort en 1700. Il eſt imprimé avec les *Mémoires de M. de la Rochefoucault*, & dans les *Œuvres de M. de Saint-Evremont*, tom. I. pag. 39 : *Londres*, 1711, *in*-8. L'Auteur y eſt nommé d'une manière indirecte à la page 109 de la premiére Edition des *Mémoires de M. de la Rochefoucault*. C'eſt une Piéce ſatyrique contre quelques Gentilshommes Normands, qui s'étoient déclarés contre la Cour, en 1649.

☞ Il a été réimprimé dans le *Recueil* A, *in*-12.]

22675. Lettre de Meſſieurs du Parlement

de Normandie, au Roi, touchant le refus de recevoir M. le Comte d'Harcourt, du 21 Janvier: *Paris*, Cotinet, 1649, *in*-4.

22676. La Vérité sans masque, ou la Plainte des Pauvres, à la Reine, contre le Cardinal Mazarin, du 22 Janvier: *Paris*, 1649, *in*-4.

22677. Déclaration du Roi, portant suppression de toutes les Charges & Offices dont sont pourvus les Gens ci-devant tenant la Cour de Parlement de Paris, pour les causes y contenues, du 23 Janvier: *Saint-Germain-en-Laye*, 1649, *in*-4.

22678. Déclaration du Roi, par laquelle les Princes, Ducs, Seigneurs & leurs Adhérans qui ont pris les armes contre son service, sont déclarés criminels de lèze-Majesté, s'ils ne se rendent près de sa personne dans trois jours, après la Déclaration d'icelle; du 23 Janvier: *Saint-Germain-en-Laye*, 1649, *in*-4.

22679. Lettre circulaire pour la Convocation des Etats-Généraux, du 23 Janvier: *Saint-Germain-en-Laye*, 1649, *in*-4.

22680. Lettre d'un Bourgeois de Paris, étant à la Cour, envoyée à un sien ami le 26 Janvier, sur le sujet des mouvemens présens: *Saint-Germain-en-Laye*, 1649, *in*-4.

Ecrit contre le Parlement.

22681. Harangues faites à M. le Duc de Longueville; par Messieurs les Députés du Clergé & de la Noblesse de Normandie: *Paris*, Sassier, 1649, *in*-4.

22682. La Défaite d'une partie de la Cavalerie du Régiment de Corinthe, & de celui d'Infanterie du Duc de Bouillon, au Pont-Antoni, & sur le chemin de Paris à Long-Jumeau: *Paris*, 1649, *in*-4.

22683. L'Union des trois Parlemens de Tholose, de Bourdeaux & de Provence: 1649, *in*-4.

22684. Lettre de (Louis Guez) DE BALZAC, à M. le Duc de Beaufort, du 31 Janvier: *Paris*, Huot, 1649, *in*-4.

22685. Lettre du Roi, aux Prevôt des Marchands, Echevins & Bourgeois de Paris, du premier Février: *Saint-Germain-en-Laye*, 1649, *in*-4.

22686. Advis d'Etat à la Reine, sur le Gouvernement de sa Régence; par un Solitaire; du Désert, le premier Février: 1649, *in*-4.

22687. Déclaration du Roi, du 3 Février, par laquelle sont donnés six jours aux Habitans de Paris pour rentrer dans leur devoir: *Saint-Germain-en-Laye*, 1649, *in*-4.

22688. Lettres & Arrêts du Parlement de Normandie, envoyés au Parlement de Paris pour l'adjonction desdites Cours, ès Affaires présentes; avec l'Arrêt portant ladite adjonction, du 5 Février: *Paris*, 1649, *in*-4.

22689. Le Bandeau levé de dessus les yeux des Parisiens, du 7 Février: 1649, *in*-4.

Ecrit pour l'autorité absolue des Rois.

22690. ☞ L'Oignon ou l'Union qui fait mal à Mazarin, avec quelques autres Pièces du temps contre lui: *Paris*, 1649, *in*-4.]

22691. ☞ Le *De profundis* de Jules Mazarin, avec les regrets de sa méchante vie: *Paris*, 1649.

Ces deux Pièces sont en Vers.]

22692. ☞ Vers burlesques envoyés à M. Scarron, sur l'arrivée du Convoi à Paris: *Paris*, Boudeville, 1649, *in*-4.]

22693. La Défaite d'une partie du Convoi des Parisiens, dans le Village de Vitry, par le Maréchal de Grammont, commandant l'Armée du Roi; du 9 Février: *Saint-Germain-en-Laye*, 1649, *in*-4.

22694. Lettre du Sieur LA FLEUR, écrite au Sieur de l'Espine à Saint-Germain-en-Laye, le 9 Février, contenant un grand nombre de Pièces imprimées contre Jules Mazarin: *Paris*, Brunet, 1649, *in*-12.

Cette Liste contient les titres de cent dix Pièces.

22695. Le véritable Ami du Public: (1649); *in*-4.

22696. Les généreux Conseils d'un Gentilhomme qui a quitté le parti des Mazarins pour se retirer à Paris: *Paris*, Noël, 1649, *in*-4.

22697. Le fidèle Domestique à M. le Duc d'Orléans sur les Affaires de ce temps: *Paris*, Jacquart, 1649, *in*-4.

22698. Le Remerciment de toutes les Provinces de France, à Nosseigneurs du Parlement & aux Bourgeois de Paris, des nobles efforts qu'ils ont faits pour le soulagement du Public: *Paris*, Lesselin, 1649, *in*-4.

22699. Manifeste du Roi, contenant quel doit être le Conseil d'un Prince, à la gloire du Parlement; par L. S. D. T. *Paris*, Langlois, 1649, *in*-4.

L'Auteur dit dans un Avertissement, qu'il écrit sans passion, & qu'il n'est ni François ni Italien.

22700. La décadence des mauvais Ministres d'Etat, & les fruits qu'ils ont reçus pour leur salaire: *Paris*, veuve Coulon, 1649, *in*-4.

22701. Remarques importantes à la cause commune, sur les actions & la conduite de M. le Duc d'Elbœuf, dans les Affaires de ce temps: *Paris*, Preuveray, 1649, *in*-4.

22702. Le Médecin politique, ou Consultation sur la maladie de l'Etat: *Paris*, Pépingué, 1649, *in*-4.

Seconde visite du Médecin politique: *Paris*, Pépingué, 1649, *in*-4.

22703. L'Envoy à Paris d'un Hérault d'Armes, de la part du Roi, & ce qui s'est passé ensuite, enfuite, du 12 Février : *Saint-Germain-en-Laye*, 1649, in-12.

22704. Le judicieux refus du Parlement de donner audience aux deux Hérauts, du 12 Février : *Paris*, veuve Guillemot, 1649, in-4.

22705. La prise de Charenton par les Troupes du Roi, commandées par son Altesse Royale : *Saint-Germain-en-Laye*, 1649, in-4.

22706. ☞ Remontrances de M. le Duc de Chastillon, à M. le Prince de Condé, au Château du Bois de Vincennes, après la prise de Charenton ; avec les larmes de Madame de Chastillon, sur la mort de son Mari : *Paris*, Targa, 1649, in-4.]

22707. ☞ Les dernières paroles de M. de Chastillon, tué à Charenton, le Lundi 8 Février 1649 : *Paris*, Preuveray, 1649, in-4.]

22708. ☞ L'Injustice des Armes de Mazarin, témoignée à M. le Prince de Condé, par M. de Chastillon : *Paris*, Boudeville, 1649, in-4.]

22709. ☞ Les admirables Sentimens d'une Fille villageoise, envoyés à M. le Prince de Condé, touchant le parti qu'il doit prendre : *Paris*, Hénault, 1649, in-4.]

22710. ☞ Lettre d'un Ecclésiastique, envoyée à M. le Duc d'Orléans, touchant plusieurs particularités : *Paris*, 1649, in-4.

Elle est datée de Paris, du 22 Février. C'est pour engager ce Prince à chasser son Favori, (l'Abbé de la Rivière), qui lui a donné tant de mauvais conseils.]

22711. ☞ Lettre de Madame la Princesse Douairière de Condé, envoyée à M. le Prince de Condé son fils, sur les armes qu'il a prises injustement contre la France : *Paris*, Musnier, 1649, in-4.]

22712. ☞ Les généreux Sentimens d'un bon François, présentés à la Reine par un de ses Aumôniers : *Paris*, Rolin de la Haye, 1649, in-4.

Cette Pièce assez pathétique, roule sur les malheurs de l'Etat, causés par le Cardinal Mazarin.]

22713. ☞ Avertissement politique au Roi : *Paris*, 1649, in-4.

L'Auteur de cette Pièce l'invite à revenir à Paris, & à rendre à ses Sujets ses bontés.]

22714. Les vrais moyens de faire la Paix, ou Advis aux bons François sur les Affaires présentes : *Paris*, Langlois, 1649, in-4.

Cela consiste à chasser le Cardinal, & à exterminer ses Partisans.]

22715. La Requête présentée au Conseil-Privé par les Bourgeois de Paris, avec la Lettre au Cardinal Mazarin : *Paris*, 1649, in-4.

22716. Lettre circulaire, contenant un cha-

ritable Avis à quelques Villes de Champagne & de Picardie, pour les inciter à se résoudre à prendre le bon parti du Roi & du Parlement, du 12 Février : *Paris*, Preuveray, 1649, in-4.

22717. Lettre (de Henri d'Orléans), Duc de Longueville, à Messieurs du Parlement de Paris, du 14 Février 1649 : *Paris*, Musnier, 1649, in-4.

22718. Sommaire de la doctrine curieuse du Cardinal Mazarin, par lui déclarée, en une Lettre qu'il écrit à un sien Confident, pour se purger de l'Arrêt du Parlement & des Faits dont il l'accuse ; avec la Réponse à icelle, du 16 Février : *Paris*, Bessin, 1649, in-4.

22719. Harangue à la Reine Régente, par le Premier Président du Parlement : *Paris*, 1649, in-4.

Cette Harangue de Matthieu MOLÉ, fut faite le 27 Février.

22720. Déclaration du Roi, par laquelle tous les Officiers du Parlement de Rouen sont interdits, déclarés Criminels de lèze-Majesté, & leurs Offices supprimés, en cas qu'ils ne se rendent pas dans quatre jours auprès de Sa Majesté : *Saint-Germain-en-Laye*, 1649, in-4.

22721. Les Combats donnés sur le Chemin de Paris à Charenton, & à Brie-Comte-Robert, les 16 & 18 de ce mois : *Saint-Germain-en-Laye*, 1649, in-4.

22722. Le Chevalier Chrétien, parlant des Affaires du temps à la Reine Régente : *Paris*, Noël, 1649, in-4.

22723. Le Voyage de Renaudot, Gazetier, à la Cour : 1649, in-4.

22724. La Conférence du Cardinal Mazarin, avec le Gazetier : 1649, in-4.

22725. Le Gazetier désintéressé : *Paris*, Brunet, 1649, in-4.

Deuxième Suite du Gazetier désintéressé : *Paris*, Musnier, 1649, in-4.

☞ Satyre très-sanglante contre le Cardinal.]

22726. Le vrai Politique, ou l'Homme d'Etat désintéressé, au Roi : *Paris*, Noël, 1649, in-4.

22727. Lettre interceptée de M. (Anthime Denis) COHON, ci-devant Evêque de Dol, contenant son intelligence avec Mazarin : *Paris*, 1649, in-4.

22728. Nouvelles Propositions faites par les Bourgeois de Paris, à Messieurs du Parlement, contre la Lettre du Sieur Cohon, Evêque de Dol : *Paris*, Jacquart, 1649, in-4.

22729. Lettre de Mademoiselle d'Orléans (Anne DE BOURBON), étant à Poissy, écrite à la Reine à Saint-Germain-en-Laye, pour le bien du Peuple: *Paris*, Feugué, 1649, *in-4*.

22730. Lettre d'Etat de M. MERCIER, envoyée à la Reine: *Paris*, Morlot, 1649, *in-4*.

22731. Le Manifeste pour la justice des armes des Princes zélés pour le bien de la Paix: *Paris*, de la Vigne, 1649, *in-4*.

22732. Le Revers du mauvais temps passé; & la libre entrée de la Paix; par Mathurin QUESTIER, dit FORT-LYS, Parisien: *Paris*, veuve Coulon, 1649, *in-4*.

22733. Advis d'Etat à M. le Prince, pour la sûreté de sa personne & de sa vie, & pour l'augmentation de sa gloire: *Paris*, 1649, *in-4*.

22734. Requête & Remontrance adressée par le Parlement de Dijon, à M. le Prince, à son arrivée en Bourgogne: *Paris*, 1649, *in-4*.

22735. Réponse de M. le Prince (Louis DE BOURBON), à la Requête & Remontrance qui lui ont été adressées par le Parlement de Dijon, à son arrivée en Bourgogne, avec la déclaration qu'il leur a faite de n'être plus Mazariniste: *Paris*, 1649, *in-4*.

22736. Le Journal Poëtique de la Guerre Parisienne; par M. Q. dit FORT-LYS: *Paris*, veuve Coulon, 1649, *in-4*.

Ces Lettres initiales signifient Mathurin QUESTIER, Parisien, Auteur de ce Journal écrit en Vers.

22737. Le Théologien d'Etat, à la Reine, pour faire déboucher Paris: *Paris*, du Bray, 1649, *in-4*.

☞ Pièce très-sage & assez bien écrite, au sujet du Blocus de Paris. L'Auteur remontre à la Reine, qu'en voulant détruire cette Ville, elle perd le Royaume: il lui conseille de chasser le Cardinal.]

22738. Le second Théologien d'Etat, à Messieurs les Généraux: *Paris*, Jacquart, 1649, *in-4*.

22739. Le secret de la Paix, ou la véritable suite du Théologien d'Etat, à la Reine: *Paris*, Hameau, 1649, *in-4*.

22740. Le Tableau des Tyrans favoris, & la Description des malversations qu'ils commettent dans les Etats qu'ils gouvernent, envoyé par l'Espagne à la France: *Paris*, Noël, 1649, *in-4*.

22741. Extrait des Registres du Parlement, contenant la Harangue d'Omer TALON, Avocat-Général, au Roi & à la Reine Régente; avec son Rapport audit Parlement de la Réponse de leurs Majestés, du 19 Février: *Paris*, 1649, *in-4*.

22742. Lettre d'un Gentilhomme de la Ville d'Aix en Provence, adressée à un sien Ami à Paris, sur ce qui s'est passé depuis la détention du Comte d'Alais & du Duc de Richelieu, (le 21 Janvier): *Paris*, Hénault, 1649, *in-4*.

Cet Ecrit, en faveur du Parlement de Provence, contre le Comte d'Alais, est signé H. R. P. le 20 Février 1649.

22743. La Prise par assaut de la Ville de Quillebeuf en Normandie, par le Comte de Harcourt: *Saint-Germain-en-Laye*, 1649, *in-4*.

22744. Apologie des Normands, au Roi; pour la justification de leurs armes, du 25 Février: *Paris*, Besoigne, 1649, *in-4*.

22745. Relation curieuse de ce qui s'est fait & passé à Saint-Denis, par l'Armée des bons François, le jour de saint Matthias; ensemble, de ce qui s'est passé dans Paris de plus mémorable; par ROZARD: *Paris*, 1649, *in-4*.

22746. Lettre du Roi, aux Gouverneurs des Provinces, sur ce qui s'est passé avec les Députés venus de Paris, le 25 Février; & les Réponses faites ausdits Députés: *Saint-Germain-en-Laye*, 1649, *in-4*.

22747. La Requête des Auteurs présentée au Parlement, à l'encontre de Mazarin: *Paris*, Hénault, 1649, *in-4*.

22748. Relation fidelle de ce qui s'est passé de plus remarquable au Parlement, depuis le 10 Février jusqu'à la fin de ce mois: *Paris*, 1649, *in-4*.

22749. Apologie curieuse pour les justes Procédures du Parlement, jusqu'au jour de la Conférence, pour servir de Supplément aux Motifs véritables: *Paris*, Besoigne, 1649, *in-4*.

22750. Lettre curieuse sur ce qui s'est passé de plus remarquable à Paris, depuis le jour des Rois jusqu'à la fin de la première Conférence; avec un petit Discours de la vie & de la mort de M. le Comte de Soissons: *Paris*, 1649, *in-4*.

22751. Lettre d'un Gentilhomme Suédois, envoyée à un Seigneur Polonois, touchant l'état présent des Affaires de France; avec le Catalogue de tous les Ecrits qui ont été imprimés & publiés depuis le 6 Janvier 1649, jusqu'au premier de Mars: *Paris*, du Pont, 1649, *in-4*.

Ce Catalogue est composé de deux cens quatre-vingt-six titres de Pièces. Ainsi Guy Patin n'étoit pas bien instruit, lorsqu'il dit dans sa Lettre, écrite le 15 Mars 1649, à Charles Patin, qu'il y avoit déja environ 150 Pièces.

22752. Lettre du véritable François, à M. le Duc d'Orléans; par D. P. Sieur DE S. Paris, 1649, *in-4*.

22753. Copie du Billet imprimé à Saint-Germain-en-Laye, qui a été semé dans Paris par le Chevalier de la Valette, tendant

Règne de Louis XIV. 1649.

à faire soulever les Parisiens contre le Parlement: in-4.

Ce Billet commence par ces mots: *Pauvre Peuple*.

22754. Copie du second Billet semé dans Paris : par le même ; Signé le Désintéressé. 1649, in-4.

[« On a mis prisonnier à la Conciergerie, dans la Tour de Mongommeri, un nommé le Chevalier de la Valette, Bâtard de feu M. d'Esperon ; il a été pris & arrêté ce soir, jettant des Billets dans les rues & dans les boutiques, tendant à exciter sédition dans la Ville parmi le Peuple ». Guy Patin, dans sa *Lettre XXXII*. écrite à Charles Spon, le 20 Février 1649.]

22755. L'Anti-Désintéressé, ou l'équitable Censeur des Libelles semés dans Paris, sous le nom de Désintéressé : *Paris*, Besoigne, 1649, in-4.

[L'Auteur adresse cette Pièce au Peuple de Paris, & l'exhorte à ne pas prêter l'oreille aux calomnies répandues dans certains Libelles, par les Emissaires du Cardinal, contre l'honneur & les bonnes intentions du Parlement & des Généraux.]

22756. Apologie pour Messieurs du Parlement, contre quelques Libelles faits à Saint-Germain-en-Laye : *Paris*, de la Vigne, 1649, in-4.

22757. Lettre écrite au Chevalier de la Valette, sous le nom du Peuple de Paris, avec la Réponse aux Placards qu'il a semés par ladite Ville : *Paris*, Colombel, 1649, in-4.

☞ *Voyez* sur les Pièces écrites par le Chevalier de la Valette, sous le nom du *Désintéressé*, le *Dictionnaire* de Prosper Marchand, au mot *Anti*.]

22758. ☞ Lettre écrite de Madrid, par un Gentilhomme Espagnol, à un sien ami, par laquelle il lui découvre une partie des intrigues du Cardinal Mazarin, traduite de l'Espagnol en François, (du 7 Février) : *Paris*, veuve Guillemot, 1649, in-4.]

22759. Les justes Complaintes des Bourgeois de Paris, adressées à Messieurs du Parlement: *Paris*, Boudeville, 1649, in-4.

22760. Suite de ce qui s'est passé à Saint-Germain-en-Laye : *Paris*, 1649, in-4.

Ecrit contre le Parlement, où il est dit que le Roi veut que le Parlement sorte de Paris, & les Factieux veulent qu'il y demeure ; voilà en quoi consiste tout le différend. La question à décider est de sçavoir, qui du Roi ou du Parlement sera obéi.

22761. Avis politique envoyé à un Officier de la Reine, touchant l'état des Affaires présentes : *Paris*, de la Vigne, 1649, in-4.

22762. La Foi barbare & la Liberté des volontés forcées ès personnes des Députés du Parlement : *Paris*, veuve Coulon, 1649, in-4.

22763. ☞ Edit du Roi, portant révocation de l'Edit d'établissement du Sémestre, & le rétablissement des anciens Officiers de la Cour du Parlement de Provence : *Aix*, 1649, avec l'Arrêt de vérification, du 23 Février 1649, in-4. 8 pages.]

22764. ☞ Edit du Roi, portant révocation & suppression de la Chambre des Requêtes ; ensemble la création de nouveaux Officiers au Parlement de Provence, vérifié le 27 Mars 1649 : *Aix*, 1649, in-4. 8 pages.]

22765. ☞ Lettres-Patentes du Roi, portant abolition générale de tout ce qui s'est passé en Provence soit avant ou après l'établissement du Sémestre jusqu'à présent, sans aucune exception ni réserve ; publiées au Parlement d'Aix, le 27 Mars 1649 : *Aix*, 1649, in-4. 8 pages.]

22766. Lettre de Pierre de Provence à la Reine, en forme d'Avis, sur ce qui s'est passé en son pays: *Paris*, Hénault, 1649, in-4.

22767. Le Secret découvert du temps présent, ou l'Intrigue manifestée : *Paris*, de la Vigne, 1649, in-4.

22768. Motifs & Raisons principales du Parlement de Rouen, pour la jonction avec le Parlement de Paris : *Paris*, Musnier, 1649, in-4.

22769. Lettre de la France aux vrais François, sur les affaires du temps présent : *Paris*, Brunet, 1649, in-4.

22770. La fureur des Normands contre les Mazarinistes : *Paris*, 1649, in-4.

22771. Récit véritable de ce qui fut dit à l'arrivée de Messieurs les Députés de Normandie, le 3 Mars : *Paris*, Dedin, 1649, in-4.

22772. La prise de la Ville & Château de Brie-Comte-Robert : *Saint-Germain-en-Laye*, 1649, in-4.

22773. Les Sentimens d'Aristide sur les Affaires publiques : *Paris*, 1649, in-4.

Pièce assez mesurée contre le Cardinal Mazarin.

22774. Lettre du Père Michel, Religieux Hermite de l'Ordre de Camaldoli, près Gros-Bois, à M. le Duc d'Angoulême, sur les cruautés des Mazarinistes en Brie : *Paris*, 1649, in-4.

☞ Pièce pathétique contre les horreurs de la guerre & les cruautés des Soldats. L'Auteur fait le Cardinal Mazarin petit-fils d'un Juif, & dit l'avoir appris en Italie : il exhorte le Duc d'Angoulême à détourner la Reine, M. le Duc d'Orléans & le Prince de Condé, de protéger le Tyran de la France.]

22775. La réunion des Esprits : *Paris*, Noël, 1649, in-4.

Ouvrage sensé & fort modéré.

22776. Les Réjouissances de Paris pour les graces reçues de leurs Majestés, & les Soumissions que toutes les Compagnies souveraines & Corps de Ville leur en sont venus rendre cette semaine à Saint-Germain-en-Laye, les 6, 7 & 8 Mars : *Saint-Germain-en-Laye*, 1649, in-4.

22777. Avis au Parlement de Paris sur la continuation de la Trève & Suspension d'Armes : *Paris*, Métayer, 1649, in-4.

22778. Arrivée extraordinaire du Courier François, apportant les nouvelles du Royaume, & de ce qui s'est passé depuis le premier Mars jusqu'au 8 de ce mois : *Paris*, 1649, *in-4*.

22779. Déclaration du Roi, portant translation du Parlement qui se tenoit dans la Ville de Rouen, dans celle de Vernon, du 7 Mars : 1649, *in-4*.

22780. Extrait des Registres du Parlement de Normandie séant à Vernon, du 9 Mars : *Saint-Germain-en-Laye*, 1649, *in-4*.

22781. Le Silence au bout du doigt : 1649, *in-4*.

Suite du Silence au bout du doigt : *in-4*.

Ces deux Libelles sont contre la Reine Mère.

22782. Le Guerrier politique ; Discours qui pourra servir de Mémoire à l'Histoire : *Paris*, 1649, *in-4*.

Ecrit en faveur de M. le Prince de Condé.

22783. ☞ Arrêt de la Cour de Parlement sur la proposition faite par Monseigneur le Prince de Conty, pour l'éloignement du Cardinal Mazarin, du 17 Mars 1649 : *Paris*, 1649, *in-4*.]

22784. ☞ Arrêt donné en faveur de M. le Maréchal de Turenne, du 8 Mars 1649 : *Paris*, 1649, *in-4*.]

22785. ☞ Dernière Requête présentée à Nosseigneurs de Parlement, par M. le Duc DE BEAUFORT, avant le jugement de la calomnieuse accusation intentée par le Cardinal Mazarin : *Paris*, Veuve Pépingué, 1649, *in-4*.

Le Cardinal l'avoit accusé d'attentat & de conspiration contre sa personne.]

22786. ☞ Panégyrique pour M. le Duc de Beaufort, Pair de France, adressé à M. de Palleteau ; par L. S. D. B. [le Sieur DE BONAIR :] *Paris*, du Pont, 1649, *in-4*.]

22787. ☞ La Guerre civile en Vers burlesques : *Paris*, Huot, 1649, *in-4*.]

22788. ☞ Le Voyage de la France à Saint-Germain, avec ses plaintes à la Reine, contre le Cardinal Mazarin ; & ses prières pour la paix & le retour de leurs Majestés à Paris ; par L. B. E. S. D. G. M. O. D. R. (en Vers :) *Paris*, 1649, *in-4*.]

22789. ☞ Les Regrets de l'absence du Roi : *in-4*.]

Cette Pièce, qui est aussi en Vers, est singulière par les expressions que l'Auteur emploie pour témoigner l'envie qu'il a de voir le Roi & la Reine de retour à Paris.]

22790. ☞ La Plainte des Bourgeois de Paris à MM. du Parlement, pour avancer le procès de Jules Mazarin : *Paris*, 1649, *in-4*.]

22791. ☞ Stances à M. de Broussel, Conseiller du Roi au Parlement de Paris : *Paris*, Noël, 1649, *in-4*.

Ces deux Pièces en Vers ont le même but, & contiennent un Eloge de ce Conseiller.]

22792. ☞ Avis à la Reine sur la Conférence de Ruel : *Paris*, Sara, 1649, *in-4*.]

22793. Procès-verbal de la Conférence tenue à Ruel jusqu'au dixième de Mars par les Députés des Cours Souveraines de Paris : *Paris*, Colombel, 1649, *in-4*.

22794. Récit exact & fidèle de ce qui s'est passé à la Conférence de Ruel, pour la Négociation de la Paix : *Paris*, Bessin, 1649, *in-4*.

22795. Lettre contenant les véritables nouvelles de la Paix, suivant ce qui a été arrêté à la Conférence de Ruel : *Paris*, Veuve Coulon, 1649, *in-4*.

22796. Les Articles de la Paix conclus & arrêtés à Ruel, le 11 Mars : 1649, *in-4*.

22797. ☞ Sur la Conférence de Ruel en Mars, Vers burlesques du Sieur S. 1649, *in-4*.]

22798. ☞ Récit de ce qui s'est passé à la Conférence de Ruel, où l'on voit le sujet du retardement de la Paix, causé par Mazarin, avec la Plainte par lui faite à ses Confidens, (en Vers burlesques) : *in-4*.]

22799. ☞ L'Avant-Courier François, (en Vers burlesques) : *in-4*.]

22800. ☞ La France parlant à M. le Duc d'Orléans endormi : *Paris*, *in-4*.]

22801. ☞ Description de la Paix particulière de la fortune universelle des plus grandes Puissances de la terre du siècle présent, (en Vers burlesques) : *Paris*, 1649, *in-4*.]

22802. ☞ Vœux présentés à Nosseigneurs de Parlement & à M. le Duc de Beaufort, par les Bourgeois de la Ville de Paris, pour le retour du Roi : 1649, *in-4*.]

22803. ☞ Plaintes burlesques du Secrétaire extravagant des Nourrices, des Servantes, des Laquais & de toute la République idiote : *Paris*, Veuve Musnier, 1649, *in-4*.]

22804. ☞ Récit du Duel mémorable fait à Ruel entre dix Laquais des Députés & autant d'Estafiers de Mazarin, le 28 Mars 1649, (en Vers burlesques) : *Paris*, Veuve Coulon, 1649, *in-4*.]

22805. ☞ Le Ministre d'Etat flambé : *Paris*, Brunet, 1649, *in-4*.

Cette Pièce, en Vers burlesques, est signée D. B.]

22806. ☞ Le Terme de Pâques sans trébucher, en Vers burlesques, suivant l'Arrêt du 14 Avril 1649 : *Paris*, Jacquard, 1649, *in-4*.

Elle est signée Nicolas LE DRU.]

22807. ☞ Ambassade burlesque (en Vers) des Filles de joie au Cardinal : *Paris*, 1649, *in-4.*]

22808. ☞ L'Adieu de Jules Mazarin à la France, à Paris & à MM. du Parlement : *Paris*, Hénault, 1649, *in-4.*
Cette Pièce en Vers est signée François CORNELION.

22809. Requête des Bourgeois & Habitans de la Ville de Paris à MM. du Parlement, sur leur Union avec MM. les Généraux : *Paris*, Veuve Guillemot, 1649, *in-4.*]
Ils demandent l'éloignement du Cardinal Mazarin.

22810. Arrêt de la Cour de Parlement de Bretagne touchant la convocation des Etats-Généraux du Royaume & particuliers de la Province, le 11 Mars : *Paris*, 1649, *in-4.*

22811. La subtilité du Cardinal Mazarin découverte sur la Conférence faite à Ruel pour la Paix : *Paris*, Noël, 1649, *in-4.*

22812. Importantes vérités pour les Parlemens, Protecteurs de l'Etat, Conservateurs des Loix & Pères du Peuple, tirées des anciennes Ordonnances & des Loix fondamentales du Royaume, dédiées au Roi par J. A. D. *Paris*, Villery, 1649, *in-4.*
Pièce considérable de quatre-vingt-quatorze pages, en faveur du Parlement.

22813. Les insignes Obligations que les Rois de France & leurs Couronnes ont toujours eues au Parlement : *Paris*, Lesselin, 1649, *in-4.*

22814. Lettre contenant ce qui s'est passé en l'Assemblée du Parlement, le 15 & 16 Mars, sur le sujet des Articles signés à Ruel : *Paris*, Veuve Coulon, 1649, *in-4.*

22815. Discours Chrétien & politique sur la puissance des Rois : *Paris*, 1649, *in-4.*

22816. Discours véritable sur le Gouvernement de l'Etat, où l'on voit les ruses & trahisons desquelles le Cardinal Mazarin s'est servi pour se rendre nécessaire auprès de leurs Majestés : 1649, *in-4.*

22817. La Raison d'Etat, ou le Bouclier du Parlement : *Paris*, Hénault, 1649, *in-4.*

22818. La France languissante résolue à vaincre ou à périr : *Paris*, 1649, *in-4.*

22819. Le Mercure de la Cour, en cinq parties : *Paris*, 1649, *in-4.*

22820. Remontrance des trois Etats à la Reine Régente, pour la Paix : *Paris*, Brunet, 1649, *in-4.*

22821. Remontrance de la Noblesse à la Reine pour la Paix : *Paris*, Brunet, 1649, *in-4.*

22822. Remontrance du Peuple à la Reine Régente pour la Paix : *Paris*, Brunet, 1649, *in-4.*

22823. Remontrance au Peuple ; par L.S.D. D.S.C.E.T. 1649, *in-4.*
En faveur du Cardinal Mazarin.

22824. Les sentimens du vrai Citoyen sur la Paix & Union de la Ville ; par le Sieur B. *Paris*, Pillon, 1649, *in-4.*

22825. La prise du Château de Neuf-Bourg, & l'installation du Parlement de Normandie en la Ville de Vernon : *Saint-Germain-en-Laye*, 1649, *in-4.*

22826. ☞ Le Hétault & l'Arrêt des trois Etats ; ensemble les Questions d'une Abbesse sur la demeure du Roi : *Paris*, Musnier, 1649, *in-4.*]

22827. Le Flambeau d'Olympe, dédié à M. le Duc de Beaufort ; par le Sieur BARROYS : *Paris*, Veuve Coulon, 1649, *in-4.*]

22828. ☞ Justes reproches de la France à M. le Prince de Condé : *Paris*, Langlois, 1649, *in-4.*
Ces trois Pièces sont en Vers.]

22829. Le Babillard du temps, en Vers burlesques : *Paris*, de la Vigne, 1649, *in-4.*]

22830. ☞ Les Délices de la Paix représentés par les Etats & les Villes de ce Royaume ; par le Sieur BERTAUD : *Paris*, Jacquard, 1649, *in-4.*
Cette Pièce en Vers est dédiée à M. le premier Président du Parlement de Paris, & la permission de l'imprimer est du 24 Avril.]

22831. ☞ La Capture de deux Courtisanes Italiennes habillées en hommes, faite par le Corps de Garde de la Porte S. Honoré, qui portoient des intelligences secretes au Cardinal Mazarin, & ce qui se passa dans Paris ; avec la Lettre d'un Partisan : *Paris*, Variquet, 1649, *in-4.*]

22832. Les Soupirs des Parisiens sur l'absence du Roi : *Paris*, Nicolas Gasse, 1649, *in-4.*]

22833. ☞ Le vrai François à MM. de Paris, sur les actions héroïques des Généraux des Armées du Roi, & de Nosseigneurs de Parlement : *Paris*, Sassier, 1649, *in-4.*]

22834. ☞ L'Amazone Françoise au secours des Parisiens, ou l'approche des Troupes de Madame la Duchesse de Chevreuse : *Paris*, Hénault, 1649, *in-4.*]

22835. ☞ Remerciement fait à M. le Coadjuteur, par une Demoiselle Parisienne : *Paris*, 1649, *in-4.*
Dans cette Lettre, signée Elisabeth SALETTE, on le remercie de tout ce qu'il a fait pour le bien de la Patrie.]

22836. ☞ La Disgrace du Courtisan, ou sa Bouffonnerie fortunée : 1649, *in-4.*
Satyre contre les Courtisans.]

22837. ☞ Lettre de M. le Duc de Beaufort, à M. le Duc de Mercœur son frère ; avec la Réponse : *Paris*, 1649, *in-4.*
Ces deux Lettres roulent sur les bruits qui couroient du Mariage du Duc de Mercœur avec la Nièce du Cardinal Mazarin, qui lui avoit écrit pour le lui offrir, &

qui avoit éprouvé un refus. On trouve ensuite de la Lettre du Cardinal, quatre Articles contenant la dot immense qu'il faisoit à sa Nièce.]

22838. ☞ La Fronde du Parlement fatale au Mazarin : *Paris*, Sevestre, 1649, *in-4.*]

22839. ☞ La Viole violée, ou le Violon démanché : *Paris*, 1649, *in-4.*

Pièce contre le Sieur Viole & ses Confreres, Députés à Saint-Germain, qui prirent le parti de la Cour.]

22840. ☞ Lettre à la Reine pour la Cause publique, comme elle doit chasser Mazarin : *in-4.*]

22841. ☞ Le funeste Hoc de Jules Mazarin : *Paris*, Boisset, 1649, *in-4.*

Cette Pièce & les quatre suivantes sont en Vers.]

22842. ☞ Ballade à Jules Mazarin sur son jeu du Hoc : *Paris*, 1649, *in-4.*]

22843. ☞ Le mauvais temps passé, ou le Ministère du Cardinal Mazarin : 1649, *in-4.*]

22844. ☞ Le Tocsin de la France, pour le maintien du Roi & de la Couronne : *Paris*, 1649, *in-4.*]

22845. ☞ Le burlesque Remerciement des Imprimeurs & Colporteurs aux Auteurs de ce temps : 1649, *in-4.*]

22846. ☞ Le Chariot de Triomphe de la Paix, en Vers burlesques : *Paris*, Hénault, 1649, *in-4.*]

22847. ☞ Stances au Roi ; par le Sieur ALGIER, *in-4.*]

22848. ☞ Avis burlesque du Cheval de Mazarin à son Maître, (en Vers) : *Paris*, Musnier, 1649, *in-4.*]

22849. ☞ Recueil de quelques Pièces (en Vers) contre le Cardinal Mazarin : *Paris*, 1649, *in-4.*]

22850. ☞ Le Qu'en-dira-t-on de Mazarin, (en Vers burlesques) : *Paris*, Quénet, 1649, *in-4.*]

22851. ☞ Le Passeport & l'Adieu de Mazarin, (en Vers burlesques) : *Paris*, Huot, 1649, *in-4.*]

22852. ☞ Le Tout en Tout du temps : *in-4.*]

22853. Demandes des Princes & Seigneurs qui ont pris les armes avec le Parlement & le Peuple de Paris : 1649, *in-4.*

22854. Demandes des Généraux & Personnes qui sont unis avec eux : *in-4.*

22855. Procès-verbal des deux Conférences, la première tenue à Ruel, depuis le 18 Février jusqu'au 14 de Mars, entre les Députés du Roi & ceux des Cours Souveraines de Paris ; la seconde, à Saint-Germain-en-Laye, le 16 Mars, entre les Députés du Roi & les Députés des Cours Souveraines du Parlement de Rouen : *Paris*, 1649, *in-4.*

22856. La Réfutation des Articles de Paix qui ont été passés à Ruel, ensemble les véritables Nouvelles reçues de leur réformation, les 15 & 18 Mars 1649 : *in-4.*

22857. Extrait d'une Lettre envoyée de Ruel, en date du 19 Mars 1649, contenant le véritable état où sont à présent les Affaires, & réfutant les bruits que l'on fait courir touchant la Paix : *Paris*, veuve Coulon, 1649, *in-4.*

22858. Les vrais sentimens des bons François touchant la Paix, à la Reine : *Paris*, Hénault, 1649, *in-4.*

22859. Lettre du Sieur CERMIER de Sipois, à M. le Duc d'Orléans, sur les défiances de quelques particuliers touchant la Paix : *Paris*, 1649, *in-4.*

Cermier de Sipois est l'Anagramme de MERCIER de POISSI.

☞ On peut voir ce qui est rapporté de Mercier dans les *Mémoires* de l'Abbé d'Artigny, tom. *VII.* pag. 352 & suiv.]

22860. Nouveau Discours politique contre les ennemis du Parlement & de la Ville de Paris, où il est traité de l'usage légitime de la puissance Royale dans l'imposition des subsides, de la dignité du Parlement de Paris dans la France, & de l'innocence de la Ville de Paris, à la Reine : *Paris*, de la Haye, 1649, *in-4.*

22861. Le Théologien politique ; Pièce curieuse sur les Affaires du temps, pour la défense des bons François : *Paris*, Loyson, 1649, *in-4.*

Ecrit contre le Pouvoir absolu des Rois, composé par un Curé de Paris.

22862. Seconde Lettre d'un Gentilhomme Suédois à un Seigneur Polonois, sur le sujet des Affaires de France ; avec la suite du Catalogue de tous les Ecrits qui ont été imprimés & publiés, depuis le premier Mars jusqu'à cejourd'hui 20 du présent mois : *Paris*, du Pont, 1649, *in-4.*

Cette Suite contient cent soixante-quatorze Pièces ; mais il s'en faut beaucoup que ce Catalogue & le précédent rapportent tous les Ecrits publiés dans cet espace de temps, depuis le 6 Janvier jusqu'au 20 Mars.

Guy Patin, dans sa *Lettre* 35 écrite à Charles Spon, le 2 Avril 1649, dit : « qu'il y a ici, (à Paris) horrible-
» ment de Libelles contre le Mazarin. Quand on ne
» prendroit que les bonnes Pièces, (ajoute-t-il) il y en
» a pour en faire un Recueil de cinq ou six Tomes *in-4.*
» à quoi j'apprens que l'on travaille, en ôtant & retran-
» chant les mauvaises Pièces. Cela est merveilleux & sans
» exemple, qu'on ait pu dire tant de différentes choses
» contre un homme ».

22863. ☞ Dialogue de Jodelet & de l'Orviatan, sur les Affaires de ce temps : 1649, *in-4.*]

22864. ☞ Lettre de Guillaume Sans-peur, aux Troupes de Mazarin : *Paris*, Boudeville, 1649, *in-4.*

22865. ☞ La sortie de M. le Duc de Beau-

Règne de Louis XIV. 1649.

fort du Bois de Vincennes, Stances : *Paris*, de la Haye, 1649, *in-4*.]

22866. ☞ Les Triolets du temps, selon les Visions d'un petit-fils du grand Nostradamus, faits pour la consolation des bons François, & dédiés au Parlement : *Paris*, Langlois, 1649, *in-4*.

Cette Pièce en Vers roule sur le Siége de Paris, la suite du Cardinal, & la nouvelle de la Paix.]

22867. La Déclaration de M. de Conty & de MM. les Généraux, pour le soulagement des Peuples & la Paix générale, du 20 Mars : *Paris*, Lesselin, 1649, *in-4*.

22868. Le Courier de la Cour portant des Nouvelles à Saint-Germain-en-Laye, depuis le 15 Mars jusqu'au 22 de ce mois : *Paris*, Lesselin, 1649, *in-4*.

22869. Le fort & puissant Bouclier du Parlement, en forme d'Apologie, dédié au Roi, du 23 Mars : 1649, *in-4*.

22870. Maximes morales & chrétiennes pour le repos des consciences dans les Affaires présentes, données & envoyées de Saint-Germain-en-Laye, par un Théologien, fidèle Officier du Roi, à MM. du Parlement : *Paris*, Besoigne, 1649, *in-4*.

22871. Suite des Maximes morales & chrétiennes : *Paris*, Besoigne, 1649, *in-4*.

22872. Arrêt du Parlement sur l'éloignement du Cardinal Mazarin, du 27 Mars : *Paris*, 1649, *in-4*.

22873. Arrêt du Parlement, portant confirmation de l'Arrêt du 8 Janvier à l'encontre du Cardinal Mazarin, du 27 Mars : *Paris*, 1649, *in-4*.

22874. Avis au Cardinal Mazarin sur sa sortie du Royaume : *Paris*, Alliot, 1649, *in-4*.

22875. Discours de l'Entrevue du Cardinal Mazarin & de M. d'Hocquincourt, Gouverneur de Péronne : 1649, *in-4*.

22876. Avis salutaires & généreux à tous les bons François & aux véritables Bourgeois de Paris : 1649, *in-4*.

22877. Le vrai Amateur de la Paix contre les Avis dangereux du Libelle intitulé : *Avis salutaires*, &c. *Paris*, de la Vigne, 1649, *in-4*.

22878. Lettre de M. le Duc D'ESPERNON, écrite à la Cour du Parlement de Bourdeaux, du 31 Mars ; avec la Réponse du Parlement, du 2 Avril : *Paris*, 1649, *in-4*.

22879. L'Image du Souverain, ou l'illustre Portrait des Divinités mortelles, où il est traité de la Dignité Royale, de l'ancienne Institution des Rois, &c. contre l'opinion des Libertins de ce siècle, dédié à Sa Majesté ; par P. B. E. *Paris*, 1649, *in-4*.

C'est un Ecrit pour l'autorité absolue.

22880. Le fidèle Politique : *Paris*, 1649, *in-4*.

En faveur du Cardinal Mazarin.

22881. Etablissement universel de la Paix générale, ou Sentences morales & politiques sur les plus importantes matières de l'Etat contre les Usurpateurs du bien public, où le droit des Gens & la cause commune sont équitablement défendus en faveur des Souverains & du Peuple, touchant la véritable création & légitime autorité des Rois, & la mutuelle obligation des Princes envers leurs Sujets, & des Sujets envers les Princes. Pièce très-instructive & pour le Tiers-Etat & pour la Noblesse : *Paris*, Variquet, 1649, *in* 4.

22882. Manuel du bon Citoyen, ou Bouclier de défense légitime contre les assauts de l'Ennemi : 1649, *in-4*.

22883. Epilogue, ou dernier Appareil du bon Citoyen sur les misères publiques : *Paris*, Sara, 1649, *in-4*.

Ecrit contre l'autorité absolue.

22884. ☞ Advertissement au Sieur Cohon, Evêque de Dol, par les Cuistres de l'Université de Paris ; jouxte la copie imprimée à Douay : 1649, *in-4*.

On lui reproche la bassesse de sa naissance, les scandales de sa vie, & son ingratitude.]

22885. ☞ Remontrances du Pape & de tous les Cardinaux faites au Cardinal Mazarin, pour se retirer hors du Royaume de France, avec exhortation au Cardinal Mazarin d'aller rendre compte à S. S. de tous ses mauvais déportemens, à peine de désobéissance : *Paris*, Variquet, 1649, *in-4*.]

22886. ☞ Avis salutaire donné à Mazarin, pour sagement vivre à l'avenir : *Paris*, Cotinet, 1649, *in-4*.]

22887. ☞ La Mine éventée de Jules Mazarin, par un Ingénieur ; avec un Sonnet à M. le Duc de Beaufort : *Paris*, Métayer, 1649, *in-4*.]

22888. ☞ L'Italie vengée de son Tyran, par les armes des bons François ; par le Sieur N. R. Champenois : *Paris*, Musnier, 1649, *in-4*.]

22889. ☞ Le Visage de bois au nez du Mazarin, & son exclusion de la Conférence qui se tient à Ruel par le Chev. D. L. *Paris*, Hénault, 1649, *in-4*.]

22890. ☞ L'Entretien familier du Roi & de la Reine Régente sa mère, sur les Affaires du temps : *Rouen*, 1649, *in-4*.

Cet Entretien contient des particularités singulières.]

22891. ☞ Le Dialogue du Soldat, du Paysan, de Polichinelle, & du Docteur Scatalon, ou Retour de la Paix, avec les Remerciemens au Roi & à la Reine : *Paris*, Hénault, 1649, *in-4*.]

22892. ☞ Arrêt de la Cour de Parlement, pour la diminution des loyers des maisons dans la Ville & Fauxbourgs de Paris, 10 Avril 1649 : *Paris*, 1649, *in-4*.]

22893. ☞ Autre du 14 Avril 1649, en interprétation du précédent, avec Réglement pour les Baux : *Paris*, 1649, *in-4*.]

22894. ☞ Lettre de M. le Maréchal de Turenne, envoyée à M. le Duc de Bouillon : *Paris*, Variquet, 1649, *in-4*.

Il y approuve la prise des armes par les Parisiens, & dit que son intention est de les secourir.]

22895. ☞ L'Union des bons François, & le Panégyrique qu'ils présentent à Nosseigneurs du Parlement : *Paris*, Musnier, 1649, *in-4*.]

22896. ☞ Les Apparitions épouvantables de l'Esprit du Marquis d'Ancre, venu par Ambassade à Jules Mazarin ; (par le Sieur N. T. Drazor, Champenois) : 1649, *in-4*.

Dans cette Pièce remplie d'invectives & d'injures, on promet au Cardinal un sort bien plus funeste & plus terrible que celui du Marquis.]

22897. ☞ Le Tombeau des Monopoleurs, avec leur Epitaphe : *Paris*, 1649, *in-4*.]

22898. ☞ L'Horoscope de Jules Mazarin, naïvement & fidélement expliquée des Centuries de M. Nostradamus, tant du passé, présent, qu'advenir : *Paris*, 1649, *in-4*.]

22899. ☞ La Famine, ou les Putains à cul ; par M. de la Valise : *Paris*, 1649, *in-4*.

Petite Brochure assez difficile à trouver, écrite en rime Françoise. Elle fait partie de la Collection des Mazarinades ; mais il est difficile de la rencontrer ; elle y manque presque toujours.]

22900. Le vrai Courtisan, sans flatterie, qui déclare ce que c'est que l'autorité Royale : *Paris*, veuve Coulon, 1649, *in-4*.

22901. Prédication d'Etat faite devant la Cour, sçavoir si un Souverain doit faire des Favoris, & quels Favoris il peut faire : *Paris*, 1649, *in-4*.

22902. Les Intentions de leurs Majestés & des Princes, conformes à celles du Parlement de Paris : *Paris*, du Pont, 1649, *in-4*.

C'est au sujet des Articles de la Paix qui ont été signés à Ruel.

22903. Déclaration du Roi pour la Paix, donnée au mois de Mars & vérifiée en Parlement le premier Avril : *Saint-Germain-en-Laye*, 1649, *in-4*.

☞ Déclaration du Roi du mois de Mars 1649, pour faire cesser les mouvemens, & rétablir le repos & la tranquillité en ce Royaume ; vérifiée en Parlement le 1 Avril : *Reims*, 1649, *in-4*.

Il y a apparence que c'est la même que la précédente.]

22904. Arrêt de la Cour des Aydes, portant vérification de la Déclaration de Sa Majesté, donnée pour faire cesser les mouvemens & pour rétablir le repos & la tranquillité dans son Royaume, du 3 Avril 1649 : *Paris*, 1649, *in-4*.

22905. Lettre du Roi aux Prévôt des Marchands & Echevins de Paris, ensuite les Articles de Paix arrêtés à Ruel le 11 Mars : *Saint-Germain-en-Laye*, 1649, *in-4*.

22906. Les généreux sentimens du véritable François, sur la Conférence & Paix de Ruel ; avec Exhortation à tous bons François de ne point poser les armes que le Cardinal Mazarin ne soit mort, ou hors le Royaume : *Paris*, 1649, *in-4*.

22907. ☞ Récit véritable des Discours tenus entre les trois Figures qui sont sur le Pont-au-Change, sur les Affaires de ce temps : *Paris*, Targa, 1649, *in-4*.]

22908. ☞ Plainte du Carnaval & de la Foire S. Germain, en Vers burlesques : *Paris*, Huot, 1649, *in-4*.

Elle roule sur ce que le Cardinal faisant sortir le Roi de Paris, a troublé tous leurs plaisirs.]

22909. ☞ Remerciement des Imprimeurs, à M. le Cardinal Mazarin : *Paris*, Boisset, 1649, *in-4*.

Ils le remercient du grand gain que leur procure la multiplicité d'Ecrits qu'on publie contre son Eminence.]

22910. ☞ Harangues faites à M. le Duc de Longueville, dans la Ville de Rouen, par MM. les Députés du Clergé & de la Noblesse de Normandie : *Paris*, Sassier, 1649, *in-4*.]

22911. ☞ Lettre de Polichinelle à Jules Mazarin : *Paris*, Hénault, 1649, *in-4*.

Elle contient l'énumération de tous les vices qu'on lui reprochoit, & des malheurs dont il étoit cause.]

22912. ☞ Reproches des Coquettes de Paris aux Enfarinés, sur la cherté du pain : *Paris*, Guillery, 1649, *in-4*.

Ces reproches ont trait aux Petits-Maîtres, & à l'usage qu'ils faisoient de la poudre sur leurs cheveux.]

22913. ☞ La Mi-Caresme des Harangères ; ou leur Entretien sur les Affaires d'Etat : 1649, *in-4*.]

22914. ☞ L'Adieu du Sieur Catalan, Envoyé, de Saint-Germain, au Sieur de la Raillère dans la Bastille : *Paris*, Huot, 1649, *in-4*.

Cette Pièce roule sur les friponneries & les monopoles dans les Finances que le Cardinal favorisoit.]

22915. ☞ Les sérieuses Réflexions du Cardinal Mazarin, en Vers : *Paris*, Remy, 1649, *in-4*.]

22916. ☞ La Chemise sanglante de Mazarin, en Vers burlesques : *Paris*, Charles, 1649, *in-4*.]

22917. ☞ Le Passe-temps de Villejuif, en Vers burlesques : *Paris*, Huot, 1649, *in-4*.]

Règne de Louis XIV. 1649.

22918. ☞ La Guerre burlesque, ou l'Injustice terrassée aux pieds de M. de Beaufort : *Paris*, Jacquart, 1649, *in-*4.

Cette Pièce en Vers, & dialoguée entre un Crocheteur & un Crieur d'eau de vie, est du Sieur de la Fresnaye.

22919. ☞ Le Siége d'Aubervilliers, en Vers burlesques: *Paris*, Hénault, 1649, *in-*4.]

22920. ☞ Les sanglots de l'Orviétan, sur l'absence du Cardinal Mazarin, & son Adieu, en Vers burlesques: *Paris*, Charles, 1649, *in-*4.]

22921. ☞ Plainte du Poëte Champêtre, à la Cour des Aydes : *in-*4.

C'est au sujet de la multiplicité des Impôts.]

22922. ☞ La Déroute des Troupes de Mazarin, vue en songe, & présentée à M. le Duc de Beaufort, en Vers burlesques : *Paris*, Boudeville, 1649, *in-*4.]

22923. ☞ Satyre sur le grand Adieu des Nièces de Mazarin à la France ; avec une plaisante Description de leurs entreprises, en Vers burlesques : *Paris*, Morlot, 1649, *in-*4.]

22924. ☞ Triolets de Saint-Germain : 1649, *in-*4.

C'est une Satyre contre les principaux Chefs de la Fronde & du Parti Royaliste.]

22925. ☞ Première Partie, seconde & troisième Partie, de l'Art de bien dire des Courtisans de la Cour, qui consiste à bien enseigner, &c. en Vers burlesques : *Paris*, Morlot, 1649, *in-*4.]

22926. ☞ Chants Royaux, sur l'Eminence & sur les Partisans : 1649, *in-*4.]

22927. ☞ Le Dialogue François : *Paris*, 1649, *in-*4.]

22928. ☞ Monologue, ou Entretien de Mazarin sur sa bonne & sa mauvaise fortune, en Vers burlesques : 1649, *in-*4.]

22929. ☞ Le Salut aux Courtisans : 1649, *in-*4.]

22930. ☞ Triolets sur le Tombeau de la Galanterie, & sur la Réforme générale : 1649, *in-*4.]

22931. ☞ La pure Vérité cachée : *in-*4.

Satyre infame contre la Reine & le Cardinal.]

22932. ☞ Le Pâtissier en colère sur les Boulangers & les Taverniers, en Vers burlesques : *Paris*, de la Vigne, 1649, *n-*4.]

22933. ☞ La Réponse du Boulanger au Pâtissier en colère, en Vers burlesques : *Paris*, 1649, *in-*4.]

22934. ☞ Le Délogement de la Discorde sans trompette, en Vers burlesques : 1649, *in-*4.]

22935. ☞ L'Envoi de Mazarin au Mont-Gibel, ou l'Etique Mazarin : *Paris*, 1649, *in-*4.

Pièce singulière sur une seule rime en *ique*.]

22936. ☞ Les Avis Héroïques & importans donnés à M. le Prince de Condé, par M. de Chastillon, revenu de l'autre monde ; par l'Auteur même des Triolets : *Paris*, Langlois, 1649, *in-*4.]

22937. ☞ Le Rabais du pain, en Vers burlesques : *Paris*, Huot, 1649, *in-*4.]

22938. ☞ Lettre d'un Curé de France, écrite à un sien ami à Paris, touchant les Affaires du temps, en Vers burlesques : *Paris*, Lerond, 1649, *in-*4.]

22939. ☞ Dialogue, contenant la dispute & l'accord de la Paix & de la Guerre, en Vers burlesques : *Paris*, Huot, 1649, *in-*4.]

22940. ☞ Les deux Friperies, ou les Drilles revestus, Raillerie en Vers burlesques: *Paris*, Langlois, 1649, *in-*4.]

22941. ☞ Le Soldat en peine de prendre parti, en Vers burlesques : *Paris*, Guillery, 1649, *in-*4.]

22942. ☞ Le Festin de la Paix & de la Guerre interrompu, en Vers burlesques : *Paris*, Martin, 1649, *in-*4.]

22943. ☞ La Chasse à Mazarin : *Paris*, Métayer, 1649, *in-*4.]

22944. ☞ La Nouvelle courante à la Reine : *Rouen*, 1649, *in-*4.]

22945. ☞ Le Retour de l'abondance dans les Ports & Places publiques de la Ville de Paris : *Paris*, Hénault, 1649, *in-*4.]

22946. ☞ Triolets sur le ton Royal, pour la Conférence de Ruel : *Paris*, Guillery, 1649, *in-*4.]

22947. Le Secret de la Paix, à la Reine : *Paris*, Hameau, 1649, *in-*4.

22948. Les justes appréhensions du Peuple, sur la demande du Cardinal Mazarin, & les seuls moyens pour rendre la Paix assurée : *Paris*, 1649, *in-*4.

22949. Décadence de l'injuste parti des Mazarinistes, réfugiés à Saint-Germain, & leurs pernicieux desseins avortés par la conclusion de la Paix : *Paris*, Musnier, 1649, *in-*4.

22950. Le véritable Bandeau de Thémis, ou la Justice bandée : 1649, *in-*4.

Ecrit contre le Parlement.]

22951. Réponse au véritable Bandeau de Thémis, ou à la Justice bandée : *Paris*, 1649, *in-*4.

22952. Réfutation de la Réponse sans jugement au Bandeau de la Justice : 1649, *in-*4.

22953. Anti-Réfutation de la Réponse au Bandeau de Thémis, avec jugement: 1649, *in-*4.

Tome II. V u u

22954. Le Philo-Thémis, ou Contre-Bandeau du Parlement: 1649, *in-4.*

22955. Soupirs François sur la Paix Italienne, en Vers: 1649, *in-4.*

Les mêmes Soupirs, avec l'augmentation; nouvelle Edition, revue & corrigée: 1649, *in-4.*

22956. Censure ou Réfutation du Libelle intitulé: Soupirs François sur la Paix Italienne: *Paris*, du Pont, 1649, *in-4.*

22957. ☞ Déclamation, en Vers, contre les Députés qui ont fait la Paix, lesquels on accuse d'avoir trahi la Patrie: *in-4.*]

22958. Requête civile contre la conclusion de la Paix: *Paris*, 1649, *in-4.*

22959. L'Anti-Requête civile: 1649, *in-4.*

22960. La Condamnation de l'incivile Perturbateur de la Paix: *Paris*, 1649, *in-4.*

Ecrit contre la Requête civile.

22961. La Vérité reconnue, ou les Intrigues de la Cour: *Paris*, Cotinet, 1649, *in-4.*

22962. Réfutations & Censures des Libelles intitulés: Requête civile & la Vérité reconnue: 1649, *in-4.*

22963. Lettre d'Avis, à Messieurs du Parlement de Paris, écrite par un Provincial: 1649, *in-4.*

Cette Pièce est un Précis de Maximes du *Franco-Gallia* d'Hotman, & des *Vindiciæ Junii Bruti adversùs Tyrannos.*

« La *Lettre d'Avis* a été ici réputée la meilleure
» Pièce, avec le *Théologien d'Etat*, [N°. 22737,] la
» *Décision de la Question du temps*, [N°. 22463,] la
» *Lettre d'un Religieux à M. le Prince*, [N°. 22440,]
» la *Lettre du Chevalier Georges*, [N°. 22664,] la
» *Lettre du Père Michel, Hermite de Camaldoli*,
» [N°. 22774,] le *Manuel du bon Citoyen*,
» [N°. 22881,] & son *Epilogue*, [N°. 22883.]» Guy Patin, *Lettre XXXV.* à Charles Spon.

22964. Réponse & Réfutation du Discours intitulé: Lettre d'Avis à Messieurs du Parlement: *Paris*, 1649, *in-4.*

L'Auteur de cette Réponse ne combat pas entièrement cette Lettre d'Avis; il l'attaque seulement sur ce que l'Auteur dit, qu'un Roi cesse de l'être, lorsqu'il se dispense de son devoir. Cette Réponse est signée L. M.

22965. Réplique au suffisant & captieux Censeur de la Lettre d'Avis: *in-4.*

22966. Censure de l'insuffisante & prétendue Réponse faite à la Réfutation de la Lettre d'Avis: *Paris*, 1649, *in-4.*

22967. Véritable Censure de la Lettre d'Avis, écrite par un Provincial à Messieurs du Parlement, & la véritable Censure de la Réponse de la même Lettre; avec la Réfutation de la Réplique à ladite Réponse, ou la Critique des trois plus fameux Libelles que nous ayons vu paroître depuis le commencement de ces derniers troubles jusqu'à présent; par un des plus illustres Grammairiens de Samothrace: *Paris*, 1649, *in-4.*

Pièce en faveur du pouvoir absolu.

22968. Le Donjon du Droit naturel, contre toutes les attaques des ennemis de Dieu & des Peuples, donnant la Camusade au très-illustre Grammairien de Samothrace: *Paris*, 1649, *in-4.*

22969. La Ruine du mal nommé, ou le Foudroyement du Donjon, faussement appellé du Droit naturel divin, avec l'abomination de sa mémoire par l'énorme péché de son Défenseur, qui, pour le maintenir injustement, s'est déclaré ennemi mortel de Dieu, des Rois & des Peuples: *Paris*, 1649, *in-4.*

22970. Le Retorquement du foudre de Jupinet: 1649, *in-4.*

22971. Jugement & Censure des trois Libelles intitulés: La Réplique, le Donjon & le Retorquement du foudre de Jupinet, faits par l'Hypocrite à la fausse barbe: *Paris*, 1649, *in-4.*

22972. Aveuglement des Esprits de ce temps, qui sert de Réponse à toutes les Pièces qui choquent l'Etat, & qui peuvent retarder le retour du Roi à Paris: *Paris*, 1649, *in-4.*

Cet Auteur répond principalement aux trois Libelles intitulés: *Les Soupirs de la France sur la Paix Italienne: La Requête civile: & la Lettre d'Avis au Parlement*, rapportés ci-dessus, [N.os 22955, *& suiv.*].

22973. Censure générale de tous les Libelles diffamatoires imprimés depuis la conclusion de la Paix, au préjudice de cet Etat: *Paris*, 1649, *in-4.*

Cet Auteur répond comme le précédent, aux mêmes Libelles.

22974. Recueil des Arrêts, Remontrances & Lettres, tant du Parlement & Cour des Aides de Paris, que du Parlement de Rouen, depuis les mouvemens commencés au 6 Janvier jusqu'à la pacification d'iceux: *Paris*, 1649, *in-4.*

22975. Discours sur la Députation du Parlement, à M. le Prince de Condé: 1649, *in-4.*

Libelle contre M. le Prince & le Parlement, attribué à Nicolas Johannes, Sieur DU PORTAIL, Avocat en Parlement.

22976. Lettre d'un Parisien, envoyée de Rome à Paris, à un sien Ami, sur la paix des mouvemens de Paris: 1649, *in-4.*

22977. La Paix en France: *Saint-Germain-en-Laye*, 1649, *in-4.*

22978. Thèses d'Etat, tirées de la politique Chrétienne, présentées à M. le Prince de Conty: *Paris*, Pépingué, 1649, *in-4.*

Le Sieur DE SAINT-CLÉMENT est l'Auteur de ces Thèses.

22979. Première Partie des Vérités Françoises & Politiques, contenant toutes les Affaires les plus remarquables de ce temps, dédiées à M. le Prince de Conty; par le Sieur R. Ch. *Paris, Variquet, 1649, in-4.*

22980. La Tranquillité publique rétablie à Paris, par l'heureux retour de la Paix, contre les faux bruits semés au préjudice de l'honneur de Sa Majesté & de la Tranquillité publique: Discours moral & politique: *1649, in-4.*

22981. Réflexions Chrétiennes, Morales & Politiques de l'Hermite du Mont-Valérien, sur toutes les Pièces volantes de ce temps, ou Jugement critique, donné contre ce nombre infini de Libelles diffamatoires qui ont été faits depuis le commencement des troubles jusqu'à présent: *Paris, 1649, in-4.*

Ecrit pour le Pouvoir absolu. « Je crois, dit l'Auteur, » qu'il s'est fait plus de Libelles diffamatoires en trois » mois de temps que les désordres ont duré, qu'il ne » s'en étoit fait auparavant, durant le Règne des deux » plus illustres Monarques du Monde. Les plus piquans » étoient les mieux reçus, & les plus criminels étoient » réputés les plus dignes de gloire ».

22982. Question, s'il doit y avoir un premier Ministre dans le Conseil du Roi. Raison d'Etat & politique, très-importante à décider pour le bien du Souverain & pour le repos de la Patrie: *Paris, 1649, in-4.*

L'Auteur soutient la négative. Il dit, *pag. 4 & 5,* « que les Auteurs des Ecrits rapportés ci-devant, & in- » titulés: l'*Image du Souverain*, [N°. 22879.] La vé- » ritable Censure de la Lettre d'Avis, [N°. 22967.] » La Ruine du mal nommé, [N°. 22969.] & les Ré- » flexions Chrétiennes & Politiques, [N°. 22981.] » veulent que les Rois aient un pouvoir très-absolu sur » leurs Sujets; & que les Auteurs des Ecrits intitulés: » *Lettre d'Avis*, [N°. 22963.] & le *Théologien po- » litique*, [N°. 22861.] s'étudient à persuader le con- » traire............ Les Rois sont d'institution divine, » comme à fort bien dit celui qui a fait l'*Image de Sou- » verain*. Les puissances qui ont été établies de Dieu, » ne sçauroient dépendre aucunement de la volonté des » hommes. La *Réponse* & la *Réfutation de la Lettre » d'Avis* en parle fort amplement, & en dit de fort » bonnes choses. La *véritable Censure* de la même Lettre » la reprend aussi de fort bonne grâce».

22983. La chasse aux Satyres du temps, en Vers burlesques: *Paris, 1649, in-4.*

Cette Pièce est faite contre les *Soupirs de la France*, la *Requête civile*, la *Vérité cachée*, les *Généreux Sentimens*, le *François véritable*.

☞ Le Père le Long disoit qu'il n'avoit pu trouver la *Vérité cachée*: on l'a indiquée ci-devant, N°. 22931. C'est une Satyre contre la Reine & le Cardinal.]

22984. L'Anti-Satyre du temps, ou la Justification des Auteurs: *Paris, 1649, in-4.*

22985. Réponse à l'Anti-Satyre du temps: *1649, in-4.*

22986. Observationes politicæ super nuperis Galliæ motibus: *Amstelodami, 1649, in-12.*

☞ L'Auteur repasse sommairement tout ce qui est arrivé depuis les Troubles, & fait des réflexions sur chaque événement principal. Elles roulent sur l'administration des Finances, les droits respectifs du Roi & du Peuple, les Ministres & leurs qualités. Cet Ecrivain ne paroît pas Partisan du despotisme, & semble incliner en faveur du Parlement.]

22987. Recueil de plusieurs Pièces curieuses, contre le Cardinal Mazarin, imprimées depuis l'enlèvement du Roi (le 6 Janvier 1649) jusqu'à la Paix, publiée le premier Avril de la même année: 1649, *in-4.* (en plusieurs Volumes).

Ce Recueil est ordinairement appellé *les Mazarinades*; il est composé de Pièces écrites pendant la première Guerre de Paris, appellée *la vieille Fronde*; & on y joint souvent celles qui ont été faites pendant la seconde Guerre, qui recommença aussitôt après la délivrance des Princes, & qui est nommée *la nouvelle Fronde*, ou *le Parti des Princes*. Dans la première Guerre, il y eut sept à huit cents Pièces, qui furent publiées, à ce que dit Naudé dans son *Mascurat*. J'en ai rapporté les plus considérables & les plus intéressantes: la plupart des autres ne servent de rien pour l'Histoire. On conserve à Paris, dans la Bibliothèque de sainte Geneviève, un *Recueil* de toutes ces Pièces, écrites depuis 1649 jusqu'à la fin de 1652, en quarante gros volumes; & dans celle de M. Colbert, en quarante-six gros volumes: *in-4.* Mais le seul ordre qu'on y a observé, c'est d'y ranger ces Pièces selon les années où elles ont été publiées.

☞ On trouve dans le Catalogue de M. Lancelot, depuis le num. 1212 jusques & compris le num. 1135, une suite de ces Pièces, divisées par classes, & reliées dans un très-grand nombre de Volumes, *in-4.* M. de la Rivière disoit avoir vu chez M. de Thou 40 volumes reliés de Pièces faites pendant les Guerres de Paris, & des autres séparées, pour en faire encore au moins 50 Volumes; qu'indépendamment de celles qu'on lui avoit données, il en avoit acheté pour 600 liv.

On peut voir sur ces Recueils contre le Cardinal Mazarin, le *Dictionnaire* de Prosper Marchand, au mot *Anti-désintéressé*.]

22988. ☞ Ms. Récit véritable de ce qui s'est passé de plus remarquable au Parlement, en l'année 1648: Journal de ce qui s'est passé en l'année 1649: *in-fol.*

Ces Manuscrits sont conservés dans la Bibliothèque de M. Fevret de Fontette, Conseiller au Parlement de Dijon. La seconde Partie, qui ne se trouve pas dans les Imprimés rapportés ci-dessus, renferme tout ce qui s'est passé depuis la sortie du Roi le 6 Janvier, jusqu'à la Paix, faite le premier Avril 1649, à S. Germain.]

22989. Jugement de ce qui a été imprimé contre le Cardinal Mazarin, depuis le 6 Janvier jusqu'au premier Avril: (1650) *in-4.* Seconde Edition, augmentée: (1650) *in-4.* (par Gabriel Naudé.)

☞ Ces Editions sont sans nom de lieu ni date d'impression. Le but de cet Ouvrage est de défendre le Cardinal Mazarin contre différentes Satyres ou Libelles publiés contre lui en 1649. L'Auteur y réfute d'abord & très-amplement, celui qui est intitulé: *Lettre du Chevalier Georges*, qui attaque la famille du Cardinal, & il prouve par différens Auteurs, que les Mazarini, Mancini & Mattinozzi étoient bons Gentilshommes en Italie, avant de venir en France. Il passe ensuite à un examen succint de quelques autres Pièces & de leurs Auteurs, parmi lesquels il convient que celle intitulée: *Théologien d'Etat*, est la meilleure & la plus modérée; celle intitulée: *Le Manuel du bon Citoyen*, la plus véridique; les quatre Discours d'Etat & de Religion, les plus agréables; celle intitulée: *Avis à la Reine sur la Conférence de Ruel*, la plus forte & remplie de bon sens; (il l'attribue à l'Abbé de Chambon, frère de

M. du Chaftelet). La *Conférence entre deux Payſans de Saint-Ouen & de Montmorency*; le *Dialogue des deux Gueſpins* & la *Queſtion d'Aſſicotée*, écrites en ſtyle burleſque, le plus naïf.

Il cherche enſuite à juſtifier le Cardinal Mazarin, & les motifs qui l'ont fait agir, par différentes réflexions ſur ſa conduite & ſur les affaires de ce temps, parmi leſquelles il n'oublie pas les Arrêts du Parlement contre le Cardinal; la Paix manquée avec l'Eſpagne, &c. Tout cela ſe paſſe dans un Dialogue. On y trouve pluſieurs digreſſions ſçavantes & curieuſes en toute ſorte de genre, ſur-tout pour la Littérature, & dont pluſieurs n'ont nul rapport au Cardinal Mazarin. Enfin ce Livre eſt aſſez agréablement écrit, d'un ſtyle plaiſant, mais un peu trop verbeux.]

La ſeconde Edition eſt de ſept cens dix-ſept pages; c'eſt à quoi on la reconnoît. Ce Jugement eſt fait en forme de Dialogue, entre Saint-Ange Libraire, & Maſcurat Imprimeur; il porte ordinairement le nom de *Maſcurat*, ſous lequel eſt caché CAMUSAT, Imprimeur de Paris; & ſous celui de Saint-Ange, Gabriel NAUDÉ, Pariſien, Bibliothécaire du Cardinal Mazarin. C'eſt un Ouvrage plein d'une belle & agréable érudition, & qui contient une Apologie de ce Cardinal.

L'Auteur, qui eſt mort en 1653, reconnoît que les Pièces ſuivantes [rapportées ci-devant], ſont ſoutenues & raiſonnées; ſçavoir, les *Raiſons & Motifs du Parlement*, [Nº. 22318.] Le *Contrat de Mariage*, [Nº. 22645.] Le *Théologien d'Etat*, [Nº. 22737.] La *Déciſion de la Queſtion du temps*, [Nº. 22463.] Les *Maximes Morales & Chrétiennes*, [Nº. 22870.] Les *Avis à la Reine ſur ſa Régence*, [Nº. 22686.] Les *Avis à la Reine ſur la Conférence de Ruel*, [Nº. 22791.] Le *Manuel du bon Citoyen*, [Nº. 22882.] L'*Epilogue du bon Citoyen*, [Nº. 22883.] La *Lettre du Chevalier Georges*, [Nº. 22664.] La *Lettre d'un Religieux au Prince de Condé*, [Nº. 22440.] Le *Factum du Cardinal Mazarin*, [Nº. 22627.] L'Auteur s'attache à réfuter ces trois dernières Pièces, « parceque, » dit-il, la plupart des circonſtances cotées par ces trois » Auteurs, quoiqu'abſolument fauſſes, ſont néanmoins » ſi bien colorées, que ceux qui ne ſont pas informés » de la vérité, les peuvent croire plus facilement que » toutes les niaiſeries & ſottiſes de tant d'autres Auteurs ».

Il dit en un autre endroit, que la veuve Guillemot, Robert Sara & Cardin Beſoigne, n'ont pas imprimé les pires; mais que ceux de la veuve Coulon ſont extrêmement ſéditieux. Il rapporte entre les meilleurs, les *Souhaits de la France au Duc d'Angoulême*, [Nº. 22435.] Le *Contrat de Mariage*, [Nº. 22645.] Les *Maximes Morales & Chrétiennes*, [Nº. 22870.] Le *Théologien d'Etat*, [Nº. 22737.] Le *Sommaire de la Doctrine curieuſe*, [Nº. 22718.] *Raiſons & Motifs des Remontrances*, (je n'ai point trouvé cette Pièce). *Manuel du bon Citoyen*, [Nº. 22882.] *Lettre d'Avis au Parlement*, [Nº. 22963.] Il dit encore qu'on doit ajouter foi aux Ecrits intitulés: *Déclarations & Arrêts de Noſſeigneurs du Parlement, Remontrances, Hiſtoires, Journaux, Relations, Procès-verbaux, Manifeſtes, Harangues, Lettres*, &c.

☞ On peut voir ſur ce Jugement, la *Méth. hiſt.* de Lenglet, in-4. tom. IV. pag. 141. = Le Père Niceron, tom. IX. pag. 96. = Rec. de Lettr. phil. & hiſtor. p. 23, 25. = Lettr. de Patin, à Spon, tom. I. pag. 227. = Colomeſ. pag. 548. = Baillet, Jug. des Sçav. t. II. p. 85. = Beyeri, Libr. rar. pag. 115. = Iſag. in not. ſcript. hiſtor. Gall. part. II. pag. 48.]

22990. Le *Courier François, portant toutes les Nouvelles véritables, depuis l'enlèvement du Roi, tant à Paris qu'à Saint-Germain-en-Laye, juſqu'au 7 Avril, en douze Courſes: Paris*, de la Haye, 1649, in-4.

Le même Courier, en Vers burleſques: *Paris*, Boudeville, 1649, in-4.

Ce Courier fut inventé, lorſque les Gazettes ceſſerent à Paris, pendant le blocus de cette Ville.

☞ Cette eſpèce de Gazette s'étend depuis le 25 Janvier juſqu'au 8 Mars.]

— *Journal de tout ce qui s'eſt paſſé au Parlement de Paris, ſur les Affaires du temps, depuis le 13 Mai 1648, juſqu'au 12 Avril 1649.*

Il eſt rapporté ci-après, [à la fin de l'année 1652.]

22991. ☞ Mſ. *Diſcours de ce qui s'eſt paſſé à Paris en 1649, depuis le 14 Décembre 1648 juſqu'à Pâques de l'année 1649*: de 57 pages.

Ce Diſcours eſt dans la Bibliothèque de M. Fevret de Fontette, à Dijon.]

22992. ☞ *Tableau de la Diſcorde dans les Guerres civiles de France, en Vers*, (ſuivi de pluſieurs autres Pièces en Vers, ſur les Affaires de ce temps): *in-12*.]

22993. *Lumières pour l'Hiſtoire de ce temps, ou la Réfutation de tous les Libelles & Diſcours faits contre l'autorité Royale, durant les troubles de Paris; avec les motifs de la ſtabilité de la Paix, contre l'opinion du vulgaire: Paris*, 1649, in-4.

Cet Ecrit va juſqu'au mois de Mai 1649. L'Auteur qui l'a compoſé, en faveur du Cardinal Mazarin, diſtingue en trois claſſes les Libelles: ceux qui ſont diffamatoires, comme le *Procès-criminel*, [Nº. 21616.] La *Contribution d'un Bourgeois de Paris*, [Nº. 22439.] La *France déſolée aux pieds du Roi*, [Nº. 22471.] Le *Politique du temps*, (je n'ai point trouvé cette Pièce). Le *Diſcours d'Etat*, [Nº. 22436.] Ceux qui ſont impies, comme la *Confeſſion générale de Mazarin*, [Nº. 22433.] La *Lettre d'un Religieux à M. le Prince de Condé*, [Nº. 22440.] Et ceux qui ſont injurieux au Roi, comme l'*Entretien du Roi & de M. le Dauphin*. A la Reine, comme le *Théologien d'Etat*, [Nº. 22737.] La *Déciſion de la Queſtion du temps*, [Nº. 22463.] Au Parlement, comme la *Lettre d'Avis, par un Provincial*, [Nº. 22963.]

☞ *Voyez* ſur cet Ouvrage, la *Méth. hiſtor.* de Lenglet, in-4. tom. IV. pag 141.]

22994. Mſ. *Mouvemens de Paris, de l'année 1649, in-fol.*

Ce Manuſcrit [étoit] conſervé dans la Bibliothèque de M. le Chancelier Seguier, num. 179, [aujourd'hui à S. Germain-des-Prés.]

22995. Mſ. *Hiſtoire en forme de Journal de la Guerre de Paris: in-4.*

Cette Hiſtoire eſt conſervée dans la Bibliothèque de M. le Chancelier d'Agueſſeau.

22996. *Articles de Paix accordés entre Meſſieurs du Parlement de Bourdeaux & M. d'Argenſon, le 6 Mai: Paris*, Muſnier, 1649, in-4.

22997. *Relation de la Paix de la Ville de Bourdeaux & de la Province de Guyenne, faite par l'entremiſe de M. l'Archevêque de Bourdeaux, le 4 Juin: Paris*, 1649, in-4.

22998. *Relation véritable de tout ce qui*

Règne de Louis XIV. 1649.

s'est fait & passé en la Bataille de Val en Provence, & au délogement des Troupes du Sieur de Saint-André, entrées dans la Province sans ordre du Roi : *Paris*, 1649, *in-4*.

Cette Relation est en faveur du Parlement de Provence.

22999. Relation véritable de ce qui s'est passé en la défaite des Troupes [des Révoltés] de Provence, par le Régiment [de Cavalerie] de Saint-André Monbrun, [commandé par le Sieur de Villefranche, Maréchal de Camp :] 1649, *in-4*.]

23000. ☞ Réponse à la fausse Relation du Parlement de Provence : (1649), *in-4*.]

23001. Ordonnance de Louis DE VALOIS, Comte d'Alais, Gouverneur de Provence, & Lieutenant Général pour le Roi en ses Pays & Armées de Provence, contre l'Arrêt du Parlement de Provence, du 20 Juin : 1649, *in-4*.

Ce Gouverneur est mort en 1653.

23002. Arrêt de la Cour de Parlement de Provence, contre les Perturbateurs du repos & tranquillité publique, du 23 Juin : *Aix*, 1649, *in-4*.

23003. Lettre du Roi, en forme de Déclaration, adressée à Monseigneur le Comte d'Alais, Gouverneur & Lieutenant Général pour Sa Majesté en Provence, contenant les intentions de Sadite Majesté, contre les Rébelles dudit Pays, du 24 Juin 1649, avec une Lettre du Roi aux Consuls de Marseille, de même date : *Marseille*, 1649, *in-4*.]

23004. ☞ Relation de la défaite d'une Compagnie de Chevaux-légers, levée pour le service des Rébelles d'Aix, (28 Juin 1649) : *in-4* de 3 pages.]

23005. Articles donnés par le Comte d'Alais, à Messieurs les Députés des Etats de Languedoc ; & la Réponse d'iceux, par l'Assemblée des Cours souveraines & autres Corps de la Ville d'Aix, en Juin, 1649 ; *in-4*.

23006. Déclaration du Roi, portant interdiction de la Cour de Parlement de Bourdeaux, du 12 Juillet 1649, *in-4*.

23007. Pièces d'Etat, ou les Sentimens des Sages : *Paris*, Lesselin, 1649, *in-4*.

« Ecrit touchant les Libelles, imprimé le 14 de Juillet. « De toutes les Pièces imprimées depuis six mois, dit » cet Ecrivain, les Auteurs se divisent en trois classes : » en Zélés pour la Justice & pour le bien public, en Ar-» tificieux, & en Vindicatifs. Sous les premiers, on com-» prend nos Magistrats, dont les productions ne s'ap-» pellent pas Libelles, mais Oracles & Jugemens, non » plus que celles qui ont été faites par leur commande-» ment & par leur ordre, lesquelles ne sont pas en grand » nombre. Sous les seconds, sont compris nos Ennemis, » tant étrangers que domestiques,.... nous faisant des » Vérités d'Etat qui ne subsistent quasi toutes qu'en chi-» mères & qu'en idée, & ce sont leurs Libelles que nos » Sages appellent les pestes les plus dangereuses de l'Etat, » & de ceux-ci le nombre est médiocre, mais le plus » pernicieux .... Sous les Vindicatifs, on compte les » Fantasques & les Intéressés, dont les Libelles, quoi-» qu'en plus grand nombre, sont sans doute moins » dangereux que les autres. Je ne fais cette division de » Libelles, qu'afin qu'on connoisse le mépris qu'on doit » faire des uns & des autres ».

23008. Relation de ce qui s'est passé en l'Assemblée de l'Hôtel de Ville de Paris, le 20 Juillet : *Paris*, Rocolet, 1649, *in-4*.

C'est au sujet des Libelles.

23009. Cayer des Remontrances faites au Roi & à la Reine Régente par les Députés du Parlement de Provence : *Paris*, 1649, *in-4*.

23010. La voix du Parlement de Provence au Roi sur le Gouvernement du Comte d'Alais, Gouverneur de cette Province : *Paris*, 1649, *in-4*.

23011. La Justice persécutée par les armes du Comte d'Alais : *in-4*. [de 13 pages.]

C'est au sujet des Mouvemens à l'occasion du Semestre du Parlement de Provence.

23012. La voix du Peuple de Provence contre les armes du Comte d'Alais : 1649, *in-4*. Trois Editions ; la première, de dix, la seconde, de douze ; & la troisième, de vingt pages.

C'est une déclamation contre un Ecrit fait en faveur du Comte d'Alais.

23013. Très-humble Remontrance de M. le Comte d'Alais : 1649, *in-4*.

23014. ☞ Manifeste de M. le Comte d'Alais sur les mouvemens de cette Province, (la Provence) : *Marseille*, 1649, *in-4*. de 12 pages.]

23015. ☞ Remontrance au Peuple de Provence : *Marseille*, *in-4*. de 7 pages, (en faveur du Comte d'Alais).]

23016. ☞ Justification des armes de M. le Comte d'Alais, contre le Parlement de Provence : *Marseille*, 1649, *in-4*.]

23017. Très-humble Remontrance du Parlement de Provence au Roi, sur le Gouvernement de M. le Comte d'Alais : *Paris*, 1649, *in-4*. Trois Editions ; la première, de vingt-trois ; la seconde, de vingt-neuf ; & la troisième, de trente-neuf pages.

Elle est du mois de Juin. Il y a des traits d'éloquence fort beaux, mais trop vifs. Elle répond à un Manifeste que le Comte d'Alais avoit fait pour sa justification.

23018. ☞ Examen de la très-humble Remontrance du Parlement de Provence au Roi, sur le Gouvernement de M. le Comte d'Alais : *in-4*. (de 41 pages.)

Cette Pièce, faite contre le Parlement, est en faveur du Comte d'Alais.]

23019. ☞ Relation de ce qui s'est passé à Marseille dans le Voyage de M. le Comte d'Alais, Gouverneur de Provence : *in-4*.

Liv. III. Histoire Politique de France.

La même, avec des Remarques sur la fausse relation de M. le Comte d'Alais, (en deux colonnes): *in-4.*]

23020. Manifeste de la Ville d'Aix sur les mouvemens de cette Province: *in-4.*

Pièce bien écrite, publiée en Juillet, pour l'opposer à une autre faite en faveur du Comte d'Alais.
☞ *Voyez la Méth. hist. de Lenglet, in-4. tom. IV. pag. 141.]*

23021. ☞ Relation du Siége de Cambray & de sa Levée, le 3 de Juillet 1649; (par LALLOUX, Prêtre:) 1650, *in-4.* (petit.)

Au Frontispice on lit: « Cambray délivré du Siége par les faveurs de la sainte Vierge, Notre-Dame de Grace, & les Armes de son Altesse l'Archiduc Léopold Guillaume, le 3 Juillet 1649 ». L'Auteur étoit Secrétaire & Chapelain du Colonel de Brouck, Sergent de Bataille, qui eut grande part à la Levée du Siége.]

23022. ☞ Mf. Relation de ce qui s'est passé au Siége de Cambray en 1649.

Ce Manuscrit, qui fut dressé par l'un des principaux Bourgeois de cette Ville, entre dans un très-grand détail, & se trouve à Cambray dans plusieurs Cabinets.]

23023. Relation de ce qui s'est passé en la Ville de Bordeaux les derniers jours du mois de Juillet, lors de la signification de l'Interdiction du Parlement: *Paris, in-4.*

23024. Articles donnés (sur la fin de Juillet) par le Comte d'Alais au Sieur d'Estampes, Conseiller d'Etat, envoyé par Sa Majesté: *in-4.*

« Jamais, (dit Pitton, *pag.* 429, de son *Histoire d'Aix*) tant de Manifestes, Factums, Remontrances & Libelles diffamatoires. Les plus considérables furent ceux qui parurent sous ces titres; *Manifeste de la Ville d'Aix*; *Manifeste du Comte d'Alais*; *Remontrance du Parlement au Roi*; *Examen de cette Remohtrance*; *Remontrance au Peuple de Provence*; *la Voix de la Justice opprimée*; *Justification des armes du Gouverneur* ».

23025. Les Visions du Père HYPARQUE, Religieux Provençal du Convent des Saints Pères d'Aix; avec la Lettre d'un Provençal à un Languedocien sur ces Visions: 1649, *in-4.*

Cette Lettre, signée l'*Anti-Moine*, est une Critique de ces Visions. « Le plus insolent Libelle qui parut alors, (dit Pitton, *pag.* 429 de son *Histoire d'Aix*,) fut les *Visions du Père Hyparque*, si paysan & si rustic, qu'ayant perdu toute sorte de respect, il n'en eut pas même pour la plus ancienne & la meilleure Noblesse d'Arles. Il visite toute la Provence, & il en décrie toutes les Villes sous des noms empruntés de belles Dames ». En voici la clef, qui m'a été communiquée par M. de Mazaugues. « C'est un Ecrit allégorique mêlé de prose & de vers, composé en faveur du Comte d'Alais. Il contient neuf Visions, dont la première, sous le nom de *Mélancolique*, représente la Ville d'Aix; la seconde, sous le nom d'*Esclave*, la Ville de Sallon; la troisième, sous le nom de *Coquette*, la Ville d'Arles; la quatrième, sous le nom d'*Amazone*, la Ville de Tarascon; la cinquième, sous le nom de *Possédée*, la Ville de Marseille; la sixième, sous le nom de *Zèlée*, la Ville de Brignoles; la septième, sous le nom de *Moresque*, la Ville d'Hières; la huitième, sous le nom de *Nymphe*, la Ville de Toulon; & la neuvième, sous l'*Aigle Royal*, le Comte d'Alais qui est le Héros de l'Auteur. »

23026. Lettre du Roi écrite au Parlement de Provence, avec les Articles accordés tant aux Officiers de Guerre, qu'autres Officiers de la Province, le 8 Août: 1649, *in-4.*

23027. Déclaration de la volonté du Roi & de la Reine Régente sa mère, sur les présens Mouvemens de la Ville d'Aix, du 18 Août: 1649, *in-4.* 4 pages.

23028. Réponse d'ARISTE à Clytophon, sur la pacification des Troubles de Provence: *Paris*, Dedin, 1649, *in-4.*

23029. Lettre de Cachet du Roi envoyée à la Chambre des Comptes, sur son retour en sa bonne Ville de Paris, du 11 Août: *Paris*, de Cay, 1649, *in-4.*

23030. Lettres du Parlement de Bordeaux au Parlement de Paris, sur le sujet des Mouvemens de la Guyenne & des violences du Duc d'Espernon, du 12 & 21 Août: 1649, *in-4.*

23031. Relation de Bordeaux, contenant ce qui s'est passé depuis la sortie de nos Chaloupes, entre l'Armée du Parlement & celle du Duc d'Espernon jusqu'au 23 Août: *Bordeaux*, 1649, *in-4.*

23032. Lettre de M. THEVENIN à M. le Duc d'Espernon, touchant ce qui se passe dans Paris contre lui, du premier Septembre: 1649, *in-4.*

23033. Lettre de M. DE LA VRILLIERE à M. d'Argenson, touchant les Affaires de M. le Duc d'Espernon, du premier Septembre: 1649, *in-4.*

23034. Le Courier du temps jusqu'au premier Septembre: 1649, *in-4.*

Guy Patin, dans sa *Lettre* 25, du tom. I. attribue cet Ecrit à FOUQUET de Croissy, Conseiller au Parlement de Paris, qui l'a fait contre le Cardinal Mazarin.
- Il avoit déja dit qu'on n'avoit rien imprimé depuis quatre mois de meilleur que le *Courier du temps*. Il ajoute. (*Lettre* 30:) « L'Auteur du *Courier du temps* est un brave & courageux Conseiller de la Cour, nommé M. Fouquet de Croissy, qui étoit à Munster durant les Traités de paix, avec notre M. d'Avaux.]

23035. Récit véritable de tout ce qui s'est fait & passé, tant dedans la Ville de Bordeaux qu'aux environs, le 15 Septembre: 1649, *in-4.*

23036. Extrait des Registres du Parlement de Bordeaux, du 24 Septembre: 1649, *in-4.*

23037. Très-humble Remontrance du Parlement de Normandie, au Sémestre de Septembre, au Roi & à la Reine Régente: *Paris*, Estienne, 1649, *in-4.*

23038. Arrêt de la Cour de Parlement de Paris, du 24 Septembre, contre le Libelle précédent, imprimé & publié au préjudice de la Paix; avec la Lettre du Parlement de

Normandie au Parlement de Paris : *Paris*, Hulpeau, 1649, *in-4*.

23039. Très-humble Remontrance de la Guyenne au Roi : *Paris*, Variquet, 1649, *in-4*.

23040. Très-humbles Remontrances des Députés du Parlement de Bourdeaux, présentées au Roi & à la Reine Régente, le 2 Octobre : 1649, *in-4*.

23041. Le Soldat Bourdelois, ou la misère du Pays de Gascogne, ensemble ce qui s'est passé en la Bataille de Libourne : *Paris*, 1649, *in-4*.

La suite du Soldat Bourdelois, contenant les particularités de cette Bataille : *Paris*, Morlot, 1649, *in-4*.

23042. Très-humbles Remontrances à la Reine Régente par MM. du Parlement de Paris, en faveur des Parlemens de Bourdeaux & de Provence, sur le sujet des désordres esdites Provinces, le 15 Octobre : *Paris*, Dedin, 1649, *in-4*.

23043. Relation de la marche & progrès de l'Armée commandée par le Marquis de Sauvebœuf, Général de l'Armée du Roi, sous l'autorité du Parlement de Bourdeaux, le 16 Octobre : *Bourdeaux*, 1649, *in-4*.

23044. Relation de ce qui s'est fait & passé à la prise & réduction du Château Trompette, avec les Articles qui ont été accordés au Sieur d'Hautmont, le 18 Octobre : *Paris*, de la Vigne, 1649, *in-4*.

23045. Le Courier Bourdelois, apportant toutes les Nouvelles de Bourdeaux, tant de la Ville que dehors : *Paris*, le Rat, 1649, *in-4*.

Le second Courier Bourdelois : *Paris*, le Rat, 1649, *in-4*.

Suite, & troisième arrivée du Courier Bourdelois : *Paris*, le Rat, 1649, *in-4*.

23046. Moyens de Requête présentés à la Cour, par M. Guy Joly, Conseiller du Roi au Châtelet de Paris, pour raison de l'assassinat commis en sa personne, le 11 Décembre : *Paris*, 1649, *in-4*.

C'est ce Joly qui est Auteur des Mémoires concernant le Cardinal de Rets, [qu'on indiquera dans la suite.]

23047. Lettre du Roi à sa Cour du Parlement de Bourdeaux ; ensemble sa Déclaration & Articles de la Paix, avec l'Arrêt de ladite Cour, du 25 Décembre : *Paris*, Saffier, 1649, *in-4*.

23048. Relation de tout ce qui s'est passé en Guyenne pendant la Guerre de Bourdeaux, en 1649 : *Paris*, 1650, *in-4*.

23049. Raccolta di diverse scritture sopra le ultime Commotioni della Francia, nel anno 1649, tradotte da gli originali Francesi : 1649, *in-4*.

23050. ☞ Nicolai UNELLI Franciados, Libri II. ad Regem Ludovicum XIV. Poema heroïcum : *Parisiis*, 1649, *in-4*.

Ce Poëme n'a que 63 pages.]

23051. ☞ Maximes fondamentales touchant le Gouvernement & les pernicieux desseins des Espagnols : *Paris*, veuve Remy, 1649, *in-4*.]

23052. Mémoires & la Vie de Claude DE LÉTOUF, Baron de Sirot, Lieutenant-Général des Armées du Roi sous Louis XIII & Louis XIV. depuis l'an 1605 jusqu'en 1650, avec la Généalogie de la Maison de Létouf : *Paris*, Osmont, 1683, *in-12*. 2 vol.

Ce brave Officier est mort en 1652. Ses Mémoires ne contiennent rien de bien considérable. Il n'y a que le Siège d'Arras, en 1640, qu'il décrit fort au long. Il remplit sa Narration de moralités inutiles, & souvent de minuties. Son style languissant rend ennuyeuse la lecture de ses Mémoires.

☞ Ils ont été donnés au Public par Charlotte de Létouf, veuve du Comte de Pradines, & fille de l'Auteur. Ils ne servent à l'Histoire que depuis 1615 jusqu'en 1650. *Voyez* ce qui en est dit dans la *Méth. histor.* de Lenglet, *in-4*. tom. IV. pag. 131, 142. = *Bibliot. des Auteurs de Bourgogne*, tom. II. pag. 324. = Le Gendre, tom. II. pag. 21. = *Année Littéraire*, tom. V. 1758, Lettre XII.]

23053. Compendium Belli Germanici, ab anno 1617, ad annum 1643 : *Lucernæ*, 1643, *in-12*.

Idem, usque ad annum 1650 : *Lucernæ* & *Viennæ*, 1657, *in-12*.

23054. Rerum Germanicarum sub Matthia ; Ferdinandis II. & III. Imperatoribus gestarum Commentarii ; auctore Joanne Petro LOTICHIO : *Francofurti*, 1646, 1650, *in-fol*. 2 vol.

Matthias a été élu Empereur en 1612, & Ferdinand III. est mort en 1650.

23055. Arrêt de la Cour de Parlement donné en faveur de M. Joly, en Janvier : *Paris*, Brunet, 1650, *in-4*.

23056. Arrêt de la Cour de Parlement de Bourdeaux, pour la paix générale de la Province, du 7 Janvier 1650 : *Paris*, Saffier, 1650, *in-4*.

23057. Lettre & Déclaration du Roi, avec les Articles accordés par Sa Majesté pour le repos & la tranquillité publique de ses Sujets de la Ville de Bourdeaux, vérifiés au Parlement de ladite Ville, le 7 Janvier : *Paris*, Estienne, 1650, *in-4*.

23058. Relation véritable de ce qui s'est fait & passé à Bourdeaux, touchant la Paix qu'il a plu au Roi d'y envoyer : *in-4*.

23059. Lettre du Roi sur la détention des Princes de Condé, de Conty & du Duc de Longueville, envoyée au Parlement le 20 Janvier : *Paris*, 1650, *in-4*.

Cette Lettre est aussi imprimée dans la *Vie du Prince de Condé* : [*Cologne*, 1693 & 1694, *in-12*.] Liv. III. pag. 261.

23060. Les particularités de la détenfion des Princes, le 22 Janvier : *Paris*, 1650, *in-4*.

23061. ☞ Prédictions de 1649, fur l'emprifonnement du Prince de Condé, furnommé la Cuiraffe, (en Vers) : 1650, *in-4*.]

23062. ☞ Le retour du Prince de Condé dans le ventre de fa mère, (en Vers) : 1650, *in-4*.]

23063. Mf. Relation de ce qui s'eft paffé dans Paris & au Parlement, depuis le 2 Décembre 1644 jufqu'au 22 Janvier 1650 : *in-fol.*

Cette Relation eft confervée entre les Manufcrits de M. Dupuy, num. 733.

23064. Arrêt de la Cour de Parlement, portant renvoi & décharge contre MM. de Vendôme, Duc de Beaufort, Gondy Coadjuteur, Brouffel & Charton, du 22 Janvier : *Paris*, 1650, *in-4*.

23065. ☞ Caufes de récufation propofées par M. le Duc de Beaufort, Meffire Jean-François-Paul de Gondy, Archevêque de Corinthe & Coadjuteur de Paris, M. Brouffel, Confeiller en la Cour, M. Charton, Préfident aux Requêtes du Palais, & autres ; contre Meffire Matthieu Molé, premier Préfident au Parlement de Paris, M. Molé de Champlâtreux fon fils, Confeiller honoraire, & parens alliés au dégré de l'Ordonnance ; avec l'Arrêt du Parlement, toutes les Chambres affemblées, en faveur de M. le Duc de Beaufort & autres, du 22 Janvier 1650 : *in-4*.

Il s'agiffoit de l'accufation formée par M. le premier Préfident contre ces Meffieurs, d'avoir voulu le faire affaffiner.]

23066. Le Voyage du Roi en Normandie, le 25 Janvier : *Paris*, 1650, *in-4*.

23067. La Marche du Roi en Normandie, avec fon Entrée à Rouen, le 28 Janvier : *Paris*, 1650, *in-4*.

23068. Réponfe de MM. les Princes aux calomnies & impoftures du Cardinal Mazarin : 1650, *in-4*.

23069. Difcours & Confidérations politiques & morales fur la prifon des Princes de Condé, de Conti & du Duc de Longueville ; par M. L. *Paris*, Martin, 1650, *in-4*.

C'eft un Ecrit en faveur des Prifonniers.

23070. La Satyre des Satyres : 1650, *in-4*.

☞ C'eft une Pièce en Vers, contre les Auteurs fatyriques qui fe déchaînoient contre le Prince de Condé, quand il fut condamné comme rebelle & criminel de lèze-Majefté.]

23071. Avis aux Parifiens, fervant de Réponfe aux impoftures du Cardinal Mazarin : 1650, *in-4*.

L'Auteur, qui écrit en faveur de M. le Prince, prétend que ces calomnies font contenues dans la Lettre du Roi fur la détenfion des Princes.

23072. Factum pour MM. les Princes : 1650, *in-4*.

23073. Apologie pour MM. les Princes, envoyée par Madame de Longueville à MM. du Parlement de Paris : *in-4*.

Contre la Lettre du Roi fur la détenfion des Princes.

23074. Le Manifefte de M. le Prince envoyé au C. enfemble la Lettre de M. de Bouillon : 1650, *in-4*.

23075. La Vérité dans fa naïveté, ou Difcours véritable fur la Vie de M. le Prince de Condé ; avec fes juftes plaintes au Parlement : *in-4*.

Louis DE BOURBON, Prince de Condé, parle lui-même dans cet Ecrit.

23076. ☞ Le Revers du Prince de Condé ; en Vers burlefques, & le regret de quitter la Ville de Paris pour aller loger au Château de Vincennes : *Paris*, veuve Coulon, 1650, *in-4*.]

23077. ☞ Le Ramage de l'Oifeau mis en cage, en Vers burlefques : *Paris*, 1650, *in-4*.]

23078. ☞ Les Entretiens myftérieux des trois Princes en cage dans le Bois de Vincennes, fous les figures du Lyon, du Renard & du Singe ; Dialogue : *Paris*, 1650, *in-4*.]

23079. ☞ Triolets pour le temps préfent : *Paris*, Boudeville, 1650, *in-4*.

Sur l'emprifonnement des Princes de Condé, de Conty, & Duc de Longueville.]

23080. ☞ L'Examen des Princes, pour gagner le Jubilé, dans le Bois de Vincennes : 1650, *in-4*.]

23081. ☞ Triolets fur l'arrivée du Roi en fa bonne Ville de Paris : *Paris*, Beauplet, 1650, *in-4*.]

23082. ☞ La Rivière à fec au cœur de l'Hyver, pendant fes plus grandes pluies : 1650, *in-4*.

Cette Pièce en Vers, eft contre l'Abbé de la Rivière ; Favori du Duc d'Orléans.]

23083. ☞ Le Soufflet de la Fortune donné au Prince de Condé : 1650, *in-4*.]

23084. ☞ Les Entretiens du Prince de Condé & du Prince de Conty, répondant l'un à l'autre, par Dialogue : *Paris*, Boudeville, 1650, *in-4*.]

23085. ☞ L'Antinopcier, ou le Blafme des Nopces de M. de Mercœur, avec la Niepce de Mazarin : *Amiens*, 1650, *in-4*.]

23086. ☞ Le Réveil-Matin des Curieux, touchant les regrets de la petite Nichon : Poëme burlefque, fur l'emprifonnement du Prince : *Paris*, 1650, *in-4*.]

23087. Réfolution politique de deux principaux doutes, qui occupent les efprits, fçavoir eft pourquoi eft-ce que Mazarin a fait emprifonner

Règne de Louis XIV. 1650.

emprisonner MM. les Princes dans le temps de la minorité, & pourquoi il s'opiniâtre à leur détention, en vue des désordres qui troublent l'Etat, pour procurer leur élargissement ; dédiée à ceux qui voudront voir une Apologie sans passion, une invective sans aigreur, & un avertissement sans obscurité : 1650, *in-4*.

L'Auteur y rapporte, selon lui, les véritables raisons de l'emprisonnement des Princes.

23088. Réponse à la Résolution politique de deux principaux doutes ; dédiée à ceux qui voudront voir des raisons sans passions, des justifications sans ambiguités, & des conclusions sans fallace : 1650, *in-4*.

23089. Déclaration du Roi contre les Sieurs Duc de Bouillon, Maréchaux de Brézé & de Turenne, & de Marsillac, du 1 Février, [enregistrée le 5] : *Paris*, 1650, *in-4*.

23090. Apologie des Frondeurs : *Paris*, 1650, *in-4*.

Ecrit contre M. le Prince.

23091. Avis important & nécessaire à M. de Beaufort & à M. le Coadjuteur : 1650, *in-4*.

23092. Le véritable Avis donné à M. de Beaufort & à M. le Coadjuteur : 1650, *in-4*.

23093. Avis à la Ville de Paris : 1650, *in-4*.

23094. Bons Avis sur plusieurs mauvais Avis : 1650, *in-4*.

Dans le *Patiniana*, pag. 107, cet Ecrit, qui contient une *Défense du Cardinal Mazarin*, où les Princes sont fort maltraités, est attribué à Matthieu DE MORGUES, Sieur de Saint-Germain, qui a tant écrit contre le Cardinal de Richelieu.

23095. Réponse au Libelle intitulé : Bons Avis sur plusieurs mauvais : 1650, *in-4*.

Dans le même endroit du *Patiniana*, cette Réponse est donnée à Jean LE LABOUREUR, Prieur de Juvigné. On ajoute, au même endroit, que ces deux Pièces ne valent rien.

23096. Journal de la Lettre de Madame la Princesse Douairière, présentée à la Reine Régente, contenant tous les moyens dont le Cardinal Mazarin s'est servi pour empêcher la paix, & pour la détention des Princes : 1650, *in-4*.

23097. Les particularités du Voyage du Roi en Bourgogne, le 5 Mars : *Paris*, 1650, *in-4*.

23098. La réception du Roi faite dans la Ville de Dijon, le 16 Mars : *Paris*, 1650, *in-4*.

23099. Marseille délivrée de la tyrannie du Comte d'Alais, & remise sous l'autorité du Roi, le 19 Mars : 1650, *in-4*. Deux Editions ; la première de six ; & la seconde, de huit pages.

23100. Arrêt du Parlement de Provence sur les nouveaux Troubles arrivés dans la Ville de Marseille, du 21 Mars : 1650, *in-4*.

Tome II.

23101. La Capitulation de la Ville de Bellegarde, le 21 Mars : *Paris*, 1650, *in-4*.

23102. La réduction du Château de Saumur au service du Roi, le 18 Avril : *Paris*, 1650, *in-4*.

23103. Requête de Madame la Princesse Douairière de Condé, pour sa sûreté dans Paris & pour la justification de MM. ses Enfans, à Nosseigneurs du Parlement, le 27 Avril : 1650, *in-4*.

23104. Récit de ce qui s'est passé sur cette Requête : *Paris*, 1650, *in-4*.

23105. Discours sur la sûreté demandée par Madame la Princesse à MM. du Parlement, contre le Cardinal Mazarin : 1650, *in-4*.

23106. Apologie de MM. du Parlement : 1650, *in-4*.

23107. L'Union & Association des Princes sur l'injuste détention des Princes de Condé, de Conti & du Duc de Longueville : 1650, *in-4*.

23108. Lettre de M. de Turenne à la Reine Régente pour la délivrance des Princes, & le sujet qui l'a obligé de prendre les armes, du 3 Mai : 1650, *in-4*.

23109. Lettre d'Avis, ou les Sentimens de son Altesse M. le Prince, au Maréchal de Turenne : *Paris*, 1650, *in-4*.

23110. Article principal du Traité que Madame de Longueville & M. de Turenne ont fait avec Sa Majesté Catholique [le Roi d'Espagne] : *in-4*.

23111. Avis au Maréchal de Turenne sur son Traité avec les Ennemis de l'Etat : *Paris*, 1650, *in-4*.

23112. Motifs du Traité de Madame de Longueville & de M. de Turenne avec le Roi Catholique : 1650, *in-4*.

23113. Avis aux Flamans, sur le Traité que les Espagnols ont fait avec la Duchesse de Longueville & le Maréchal de Turenne.

Cet Avis de Jean DE SILHON est imprimé à la page 277 de ses *Eclaircissemens touchant l'Administration du Cardinal Mazarin* : *Paris*, 1650, *in-fol*.

23114. Lettre ou Exhortation d'un particulier à M. le Maréchal de Turenne, pour l'obliger à mettre bas les armes : *Paris*, Martin, 1650, *in-4*.

Ce Discours est signé M. L.

23115. Apologie particulière pour M. le Duc de Longueville, où il est traité des services que sa Maison & sa personne ont rendus à l'Etat, tant pour la guerre que pour la paix ; avec la Réponse aux imputations calomnieuses de ses ennemis, par un Gentilhomme Breton : *Amsterdam*, 1650, *in-4*.

L'Auteur dit dans son Avertissement, qu'il prépare une Histoire générale de la Maison de ce Prince : elle n'a pas encore paru, & n'a peut-être-pas été achevée.

23116. Désaveu du Libelle intitulé : Apologie particulière pour M. le Duc de Longueville : 1651, *in-4.*

La raison que cet Auteur donne de ce désaveu, est que toutes les personnes notées dans l'Apologie étoient des amis du Duc de Longueville. Il y ajoute un Supplément à ce qu'il y a d'historique dans l'Apologie.

23117. La politique Sicilienne, ou les pernicieux desseins du Cardinal Mazarin, déclarés à M. le Duc de Beaufort par la part de toutes les Provinces de France : 1650, *in-4.*

23118. Eclaircissement sur quelques difficultés touchant l'administration du Cardinal Mazrain, par Jean SILHON, Conseiller d'Etat ordinaire : *Paris*, de l'Imprimerie Royale, 1650, *in-fol.*

Le même Livre traduit en Latin, & publié sous ce titre : Ministerium Cardinalis Mazarini, cum Observationibus politicis.

Ce Livre Latin est imprimé avec *Historia Cardinalis Richelii : Herbipoli*, 1662, *in-8.*

Jean Silhon est mort en 1667. « Son Ouvrage est historique & politique ; car il rapporte ce qui s'est passé » en France depuis un certain temps ; comme les Siéges » des Villes & les Négociations, avec les motifs de di- » verses entreprises. Le style en est beau, & les raison- » nemens bien faits & accompagnés de jugemens ». Sorel, *pag.* 368 de sa *Bibliothèque Françoise.*

« Les Ouvrages de Silhon le font voir un de nos meil- » leurs Ecrivains en matière de politique. On en feroit » aisément un bon Historien, s'il se laissoit conseiller ; » car il est très-informé des intérêts de l'Europe, & il » a eu participation de mille choses ignorées de tout » autre que de lui. Son style est beau & soutenu, orné » même ; & s'il étoit moins étendu, & un peu plus pur, » il n'y auroit rien à souhaiter ». C'est ce qu'écrivoit Chapelain en 1660, dans un Mémoire manuscrit indiqué ci-après, dans l'Article des Vies des Personnes célèbres dans les Sciences.

☞ Ce Mémoire porte encore : « Ses mœurs sont » bonnes, ses intentions droites, ses maximes toutes » pour le bien de l'Etat & pour la gloire du Prince ; sans » préoccupation contre les Etrangers. Il a de l'élo- » quence & du sçavoir, peu de Lettres humaines, assez » de Théologie : si rien lui défaut, c'est l'ordre & la » méthode dans les longues Pièces ; & s'il a rien de » trop, c'est l'opinion très-avantageuse de lui ».

Silhon avoit promis à la page 276 de son *Avertissement*, une seconde Partie, qui n'a pas vu le jour. La premiére fut imprimée après la proposition de la paix faite par l'Archiduc à M. le Duc d'Orléans.]

23119. Les Sentimens des François intéressés à la Paix générale, adressés à MM. du Parlement de Paris ; jouxte la copie imprimée à Bruxelles : *in-4.*

23120. ★ La Généalogie du Prince de Condé, (Louis de Bourbon) & comme tous ceux de cette Maison ont été funestes au Roi & au Peuple : *Paris*, Charles, 1650, *in-4.*

23121. ★ Le Tableau de l'ingratitude de M. le Prince, dédié à M. le Duc de Beaufort : 1650, *in-4.*

23122. Requête de M. le Duc de Bouillon à MM. du Parlement, du 16 Mai : *Paris*, 1650, *in-4.*

23123. Lettre de Madame la Princesse à la Reine Régente, du 16 Mai : *Paris*, 1650, *in-4.*

23124. Les quarante-cinq Faits criminels du Cardinal Mazarin, que les Peuples instruits adressent à ceux qui ne le sont pas : 1650, *in-4.*

23125. Remarques d'Etat sur le Ministère du Cardinal Mazarin, ou le Manifeste des crimes de lèze-Majesté, dont il est convaincu jusqu'à présent : *Paris*, 1650, *in-4.*

23126. ☞ Les Doléances de la Noblesse de Provence au Roi, (pour le Comte d'Alais) : *in-4.*]

23127. Les bons Sentimens de la véritable Noblesse de Provence au Roi, contre les doléances de la fausse Noblesse : 1650, *in-4.*

Ecrit en faveur du Parlement de Provence contre le Comte d'Alais.

23128. Les plaintes de la Noblesse de Provence contre l'oppression du Parlement, sur le sujet de l'éloignement du Comte d'Alais, leur Gouverneur, adressées au Roi : *in-4.*

C'est une Réponse à divers Ecrits, mais particuliérement au précédent, qui y est réfuté en détail.

23129. Réponse de la véritable Noblesse de Provence aux doléances de la fausse & prétendue du bas aloy, au Roi : *in-4.*

Cet Ecrit est composé contre M. le Comte d'Alais, & contre la Noblesse qui suivoit son parti, laquelle étoit appellée par sobriquet, de bas aloy ou de faux coin.

23130. ☞ Les Visions d'un Père spéculatif Religieux Provençal du Couvent des PP. PP. (Pères Prêcheurs) d'Aix : 1650, *in-4.*

C'est une Piece allégorique sur les Mouvemens de Provence, & en faveur de la Paix.]

23131. Remontrance au Roi & à la Reine Régente, faite par les Députés de la Cour du Parlement de Provence sur les Affaires de la Province : *in-4.*

On demande dans cette Réponse la destitution du Comte d'Alais.

23132. Très-humbles Remontrances des Députés du Parlement de Provence, au Roi & à la Reine Régente : *in-4.*

Jacques GALIFET, Seigneur de Toconet, Président des Enquêtes, Député du Parlement vers le Roi, est l'Auteur de cette Pièce, présentée au sujet des différends du Parlement avec le Comte d'Alais.

23133. Relation de ce qui s'est passé à Marseille dans le Voyage de M. le Comte d'Alais, Gouverneur de Provence, le 17 Mai : *in-4.*

Cet Ecrit a été composé en faveur de M. le Comte d'Alais.

23134. Lettre d'un Gentilhomme écrite de Paris à un Provençal, sur les Affaires du temps : (1650) *in-4.*

23135. Les Pensées du Provençal Solitaire, au Calomniateur sur les Troubles de Provence : (1650) *in-4.*

Règne de Louis XIV. 1650.

23136. ☞ Réflexions Chrétiennes & Morales sur la Vie de feu Haut & Puissant Prince Monseigneur Charles de Valois, Duc d'Angoulême, prononcées dans l'Eglise Cathédrale de Toulon; par M. ARNAUD, Curé de la Ciotat: *Toulon*, 1650, *in-4.*]

23137. Avis aux Parisiens pour la conservation de M. de Beaufort: 1650, *in-4.*

23138. Requête de Madame la Princesse à MM. du Parlement de Bordeaux, pour la sûreté de sa personne & celle du Duc d'Anguien : 1650, *in-4.*

23139. Relation de ce qui s'est passé à l'arrivée de Madame la Princesse & de M. le Duc d'Anguien en la Ville de Bordeaux, le 31 Mai : 1650, *in-4.*

23140. Lettre du Parlement de Bordeaux au Parlement de Paris, du 18 Juin : 1650, *in-4.*

23141. Journal du Siége de Guise par les Espagnols : *Paris*, 1650, *in-4.*

23142. La levée du Siége mis devant Guise par les Espagnols, le 29 Juin : *Paris*, 1650, *in-4.*

23143. Le Triomphe de la Ville de Guise sous Louis le Grand, ou l'Histoire héroïque du Siége de cette Ville; par Jean-Baptiste DE VERDUN, Minime : *Paris*, de Launay, 1687, *in-12.*

23144. Le Courier burlesque de la Guerre de Paris, envoyé à M. le Prince, pour divertir son Altesse durant sa prison; ensemble tout ce qui s'est passé jusqu'au retour de leurs Majestés: *Paris*, 1650, *in-4.*

✱ Il est aussi imprimé *pag.* 259 du *tom. IV.* des *Mémoires du Cardinal de Retz, Edition de* 1719.

23145. ☞ La Guerre d'Enée en Italie, appropriée à l'Histoire du temps, en Vers burlesques; dédiée à M. le Marquis de Roquelaure, par BARCIET: *Paris*, 1650, *in-4.*]

23146. Lettre d'un Gentilhomme Frondeur à un sien ami de Paris, sur le retour du Cardinal Mazarin : 1650, *in-4.*

23147. Lettre du Roi à MM. du Parlement sur son départ pour la Guyenne, du 8 Juillet : *Paris*, 1650, *in-4.*

23148. Journal de tout ce qui s'est passé en Berry, depuis le 27 Juillet jusqu'au 4 Août : *Paris*, 1650, *in-4.*

23149. La Réception & Séjour de leurs Majestés à Bourges, & dans les autres Villes où elles ont passé pour aller à Poitiers : *Paris*, 1650, *in-4.*

23150. L'Arrivée de leurs Majestés à Poitiers, avec ce qui s'est passé dans leur séjour : *Paris*, 1650, *in-4.*

23151. Journal des Délibérations tenues en Parlement, [& en l'Hôtel d'Orléans,] depuis le 5 Août [1650, où ont assisté M. le

Tome II.

Duc d'Orléans, MM. de Beaufort, de l'Hôpital, de Brissac & le Coadjuteur, touchant l'éloignement du Cardinal Mazarin, la guerre de Bordeaux & l'affaire des Princes; avec les Harangues & Arrêts en conséquence : 1650, *in-8.* &] *in-4.*

23152. Lettres & Ordonnances du Roi faites depuis son arrivée dans le Bourdelois, & de ce qui s'est passé de plus mémorable dans Bourdeaux, du 9 Août : 1650, *in-4.*

23153. Lettre (d'Antoine) BRUN, Ambassadeur pour Sa Majesté Catholique en Hollande, sur l'innocence de MM. les Princes, du 19 Août : 1650, *in-4.*

23154. Remontrance faite au Roi & à la Reine par le Parlement de Bordeaux, sur les mouvemens de Guyenne & de Bourdeaux, du 23 Août: *Paris*, 1650, *in-4.*

23155. Lettre d'un Ami de M. le Duc d'Espernon, contre les Remontrances du Parlement de Bordeaux, du mois d'Août : *in-4.*

23156. Manifeste pour les Bourdelois sur la prise des Châteaux Trompette & du Ha, à Messeigneurs du Parlement de Paris; par G.D.G.P. Bourdelois : 1650, *in-4.*

23157. Pièces justificatives de la Sédition arrivée à Nismes, le 4 Septembre; publiées par Antoine BAUDAN, Ministre de Nismes: *Paris*, 1650, *in-4.*

23158. Procès-verbal fait par MM. Musnier & Bitault, Conseillers du Roi en la Cour de Parlement, Commissaires Députés par icelle vers Sa Majesté & la Reine Régente, pour la pacification de la Paix de Bourdeaux & de la Province de Guyenne, & pour l'exécution de l'Arrêt du 5 Septembre : *Paris*, 1650, *in-4.*

23159. Lettre du Duc D'ESPERNON, à un de Messieurs du Parlement de Paris, avec la Réponse, du 12 Septembre : 1650, *in-4.*

23160. Relation véritable de l'état présent du Siége de la Ville de Bourdeaux, du 13 Septembre: *Paris*, 1650, *in-4.*

23161. Relation véritable de ce qui s'est passé à Bourg à l'arrivée des Députés du Parlement de Paris près du Roi & de la Reine Régente; avec la cessation d'armes accordée par leurs Majestés, & l'entrée des Députés dans la Ville de Bourdeaux, le 16 Septembre : *Paris*, Chevalier, 1650, *in-4.*

23162. Le véritable Courier, envoyé par les Députés du Parlement de Paris, & de tout ce qui s'est fait & passé, tant à Bourdeaux que dans la Ville de Bourg : *Paris*, Chevalier, 1650, *in-4.*

23163. ☞ L'Accueil fait à son Eminence, par les Bordelois : 1650, *in-4.*]

23164. ☞ Le Courier burlesque de la Guerre de Bourdeaux, apportant ce qui

Xxx 2

s'est passé de plus secret en la Cour du Duc d'Epernon : 1650, *in-4.*]

23165. ☞ Lettre de Madame la Princesse, écrite au Roi : 1650, *in-4.*

Au sujet de la détention de M. le Prince son mari.]

23166. ☞ Arrest de la Cour de Parlement de Bourdeaux, sur le refus de l'entrée des Gens de Guerre du Cardinal Mazarin, dans la Ville de Bourdeaux, & sur le sujet de la Députation vers le Roi, garde & sûreté de ladite Ville : jouxte la Copie imprimée à Bourdeaux : *Paris*, 1650, *in-4.*]

23167. ☞ Réponse des Bourgeois & Habitans de Paris, à MM. les Jurats & Habitans de Bourdeaux : 1650, *in-4.*]

23168. ☞ La Menace que fait le Prince de Condé, de sortir du Bois de Vincennes : 1650, *in-4.*]

23169. ☞ Lettre de Remerciement de MM. du Parlement de Bourdeaux, écrite toutes les Chambres assemblées, envoyée à M. le Duc de Beaufort, sur le sujet de sa bienveillance pour leurs intérêts, & de la Province de Guyenne : 1650, *in-4.*]

23170. ☞ Lettre de MM. du Parlement de Bourdeaux, toutes les Chambres assemblées, envoyée à S. A. R. sur l'arrivée de Sa Majesté dans la Province de Guyenne : 1650, *in-4.*]

23171. ☞ Arrest de la Cour de Parlement, toutes les Chambres assemblées, sur les propositions faites par M. le Duc d'Orléans, sur la pacification des troubles de la Ville de Bourdeaux & province de Guienne ; avec la nouvelle Députation vers le Roi & la Reine Régente, faite par ledit Parlement pour cet effet, du 15 Septembre : 1650, *in 4.*]

23172. ☞ L'Insatiable, ou l'ambitieux Visionnaire, en Vers burlesques : *Paris*, Chambellan, 1650, *in-4.*

Pièce contre le Prince de Condé.]

23173. ☞ Lettre du Parlement de Bourdeaux, écrite au Roi, sur le sujet de la Dépêche de Sa Majesté, au Parlement, étant arrivé en sa Ville d'Angoulesme : *in-4.*]

23174. ☞ Les Remontrances du Parlement de Bourdeaux, faites au Roi & à la Reine Régente, suivant la Copie présentée au Parlement de Paris, par MM. de Gourgue Président, Monjon, Guyonet & Voysin, Conseillers & Députés du Parlement de Bourdeaux, le 3 Septembre : 1650, *in-4.*

On y trouve des traits hardis contre le Duc d'Espernon, auteur des troubles de Guyenne, & contre le Cardinal Mazarin son protecteur.]

23175. ☞ Suite de la Relation portée par le Courier Bourdelois, contenant ce qui s'est passé à Bourdeaux, depuis le 21 Juillet 1650 jusqu'à présent : 1650, *in-4.*]

23176. Très-humbles Remontrances faites au Roi, par les Députés de la Province de Guienne, pour lui demander la paix : 1650, *in-4.*

23177. Apologie pour Messieurs les Députés du Parlement de Bourdeaux, sur les Affaires du temps : 1650, *in-4.*

23178. Déclaration du Roi, accordée pour la pacification de Bourdeaux, du premier Octobre : *Paris*, 1650, *in-4.*

23179. Les Articles de la paix de Bourdeaux : *Paris*, 1650, *in-4.*

23180. La paix de Bourdeaux : *Paris*, 1650, *in-4.*

23181. L'Entrée de Leurs Majestés à Bourdeaux : *Paris*, 1650, *in-4.*

23182. La véritable paix accordée par le Roi à ses Sujets de la Ville de Bourdeaux : le 4 d'Octobre ; avec les Articles accordés à Madame la Princesse, M. le Duc d'Anguien, & à Messieurs de Bouillon & de la Rochefoucaut : *Paris*, 1650, *in-4.*

23183. Amnistie accordée au Parlement de Bourdeaux, & Propositions du Duc d'Orléans : 1650, *in-4.*]

23184. Sommaire de ce qui s'est passé en la Ville de Bourg, sur le sujet de la paix de Bourdeaux : *Paris*, Chevalier, 1650, *in-4.*

23185. Les particularités de ce qui s'est passé à Bourdeaux jusqu'à la conclusion de la Paix : 1650, *in-4.*

23186. La sortie de Madame la Princesse de Condé & de M. son Fils, de Messieurs de Bouillon, de la Rochefoucault & autres de leur parti, de la Ville de Bourdeaux, le 3 Octobre : 1650, *in-4.*

23187. Ms. Journal du Voyage du Roi à Bourdeaux, en 1650 : *in-fol.*

Ce Journal est conservé dans la Bibliothèque de M. le Chancelier d'Aguesseau.

23188. Journal de tout ce qui s'est fait & passé, tant durant la Guerre & Siége de Bourdeaux, que dans le Traité de Paix, depuis le 7 Juillet jusqu'au 1. Octobre ; avec les Harangues faites à l'Entrée du Roi dans ladite Ville, & ce qui s'est observé à sa sortie : 1650, *in-4.*

23189. Lettre d'un Particulier au Parlement de Paris, pour réponse à celle du Roi.

Cette Lettre, qui est bien écrite, répond à celle que le Roi avoit écrite sur la détention des Princes. Elle parut avant leur transport à Marcoussi. On la trouve imprimée dans la *Vie du Prince de Condé*, Livre III. pag. 288 : *Cologne*, 1693 & 1694, *in-12.*

23190. ☞ La Réduction au service du Roi, de Damvilliers & du Pont de l'Arche ; avec ce qui s'est passé de plus considérable en Normandie : *Paris*, 1650, *in 4.*]

23191. Le Réveil-matin de la Fronde Royale, sur la honteuse paix de Bourdeaux : *in-*4.

23192. Réponse au Réveil-matin de la Fronde Royale, &c. 1650, *in-*4.

23193. Le Frondeur désintéressé, en Vers : 1650, *in-*4.

Seconde Partie du Frondeur désintéressé, aux Frondeurs intéressés, en Vers : 1650, *in-*4.

23194. Le faux Frondeur converti & démasqué, servant de Réponse au prétendu Frondeur désintéressé, en Vers : *Paris*, 1650, *in-*4.

23195. Réponse au Frondeur désintéressé, par un autre Frondeur désintéressé : 1650, *in-*4.

23196. Défense pour le Frondeur désintéressé, au faux Frondeur soi-disant vrai : *in-*4.

23197. Satyre, ou Feu à l'épreuve de l'eau, pour consommer ce chiffon, intitulé : (Réponse des vrais Frondeurs, au faux Frondeur soi-disant désintéressé), & Foudre qui chasse, &c. en Vers, *in-*4.

23198. Histoire véritable de tout ce qui s'est fait & passé en Guienne, pendant la Guerre de Bourdeaux, jusqu'au 15 Octobre : 1650, *in-*4.

23199. ☞ Mémoires de M. *** (Pierre LENET), Conseiller d'Etat, contenant l'Histoire des Guerres civiles des années 1649 & suivantes, principalement celles de Guienne & autres Provinces : 1729, *in-*12. 2 vol.

Ces Mémoires contiennent l'Histoire de ce qui regarde la Prison des Princes, la Retraite de Madame la Princesse de Guyenne, &c. en 1649 & 1650.

Il est parlé de M. Lenet dans la *Bibliothèque des Auteurs de Bourgogne*. On peut voir aussi les *Lettres de Madame de Sévigné*, tom. *VI*. pag. 189 & 288. A la page 409 de la *Biblioth. des Aut. de Bourgogne*, l'on voit qu'il y avoit une Copie manuscrite de ce Livre, plus ample que l'Imprimé, qu'on devoit donner au Public.

Voyez encore le *Supplément de la Méth. histor.* de Lenglet, pag. 166. = *Journ. des Sçav. Sept.* 1729. = *Journ. de Verdun, Mai*, 1729.]

23200. Avertissement salutaire donné aux Bourgeois de Paris, contre les fourbes secrettes des ennemis de leur repos & de leur famille : 1650, *in-*4.

On reproche à l'Auteur d'être devenu de Frondeur, Mazariniste.

23201. L'Apologie des bons François contre les Mazarins, ou Réponse au Libelle intitulé : *Avertissement salutaire* : 1650, *in-*4.

23202. Remontrance très-humble à la Reine-Mère, Régente en France, pour la conservation de l'Etat, pendant la minorité de son Fils : *Paris*, du Pont, 1650, *in-*4.

Cette Remontrance est signée par Nicolas PASQUIER, Conseiller, Maître des Requêtes ordinaire de l'Hôtel du Roi.

23203. Conclusions proposées par la Reine Régente, à Messieurs du Parlement & à ses Sujets, tant pour chercher les moyens de la paix générale, afin de bannir du Royaume mille particulières Guerres, que pour instruire le fond du Procès des Princes : 1650, *in-*4.

23204. Requête de Madame la Princesse, à Messieurs du Parlement, pour la justification de Messieurs les Princes, du 2 Décembre 1650 : *Paris*, 1650, *in-*4.

Cette Requête fut concertée la veille, chez Madame la Princesse Palatine, entre Croissy, Viole & moi, dit M. le Cardinal de Rets dans ses Mémoires.

23205. Arrêt de la Cour du Parlement, du 30 Décembre 1650, portant que très-humbles Remontrances seroient faites au Roi & à la Reine Régente, pour la liberté de Messieurs les Princes.

23206. Relation de la Prise & Bataille de Rethel, envoyée par le Maréchal DU PLESSIS, Général de l'Armée du Roi : *Paris*, 1650, *in-*4.

23207. Aveuglement de la France, durant la minorité, trois Parties : 1650, *in-*4.

La troisième Partie, qui est imprimée en 1651, n'est pas de l'Auteur des deux précédentes.

23208. Avis à la Reine d'Angleterre & à la France, pour servir de Réponse à celui qui a représenté l'Aveuglement de la France, &c. *Paris*, 1650, *in-*4.

23209. Discours d'Etat, où il est prouvé par un raisonnement invincible, que la perte de Mazarin & la délivrance des Princes, est absolument nécessaire pour calmer les Troubles de la Monarchie : 1650, *in-*4.

L'Aveuglement de la France & ce Discours d'Etat, furent faits après la prise de la Ville de Rethel. L'Auteur prétend y faire voir que les François sont bien aveugles de ne pas voir que ceux qui peuvent les défendre, sont enchaînés.

23210. ☞ De la Puissance qu'ont les Rois sur les Peuples, & du pouvoir des Peuples sur les Rois : 1650, *in-*4.]

23211. ☞ Discours Chrétien & politique de la puissance des Rois : 1650, *in-*4.]

23212. ☞ Traité de l'ancienne Dignité Royale, & de l'Institution des Rois : 1650, *in-*4.

Ces trois Ouvrages pourroient être de DU BOSC MONTANDRÉ.

23213. Le vrai caractère du Tyran, ou toutes les Maximes du Mazarin contradictoirement opposées à celles de la politique, de la morale & du Christianisme ; le tout vérifié par des exemples tirés de sa Vie : 1650, *in-*4.

23214. Les Allarmes de la Fronde & les insensibilités des Parisiens, sur les approches du Cardinal Mazarin : 1650, *in-*4.

23215. La Pièce curieuse, ou les Sentimens

des Grands de ce Royaume, touchant la personne de Mazarin : 1650, *in-4*.

23216. ☞ Le Conseil d'Etat sans fourbe, raisonnant sur le choix du Havre de Grace, pour la détention des Princes; & concluant qu'il ne bute qu'à la ruine de l'autorité de son Altesse Royale, au rétablissement de la tyrannie de Mazarin, & à la perte plus assurée de ces Illustres; & sur le Voyage de Mazarin sans la compagnie du Roi, &c. 1650, *in-4*.

23217. ☞ Etat présent de la France, comme elle est gouvernée, en l'année 1650 : Paris, 1650, *in-12*.]

23218. ☞ La Muse historique, ou Recueil de Lettres en Vers, contenant les Nouvelles du temps, écrites à son Altesse, Mademoiselle de Longueville ; par le Sieur LORET : Livre premier, dédié au Roi, année 1650 : Paris, Chenault, 1658, (petit) *in-fol.* de 191 pages.]

23219. ☞ La Chaîne du Hercule Gaulois, avec les Figures & Eloges des Princes, Princesses & Personnes illustres de ce Siècle, &c. 1651, *in-4*. fig.]

23220. Lettre d'ARISTE à Nicandre, sur la Bataille de Rethel, (du 15 Décembre 1650), de Stenay, le 25 Janvier : 1651, *in-4*.

23221. ☞ P. ALZIARII Ludovico XIV. Panegyricus, de compositis Galliæ motibus : *Narbonæ*, 1650, *in-4*.]

23222. Historia universalis rerum memorabilium, ab anno 1618 ad annum 1651 ; per Adolphum BRACHELIUM.

Voyez ci-après, à l'année 1672.

23223. Le véritable Secret de la Paix, à la Reine, par le Sieur E. B. E. S. D. P. P. *Paris*, 1651, *in-4*.

Cet Auteur dit que le véritable secret de la Paix consiste en deux choses, l'une est l'éloignement du Cardinal Mazarin, & l'autre est l'élargissement des Princes.

23224. Harangue faite au Roi & à la Reine Régente, au nom de toute la France, par les Députés de ses Provinces : *in-4*.

23225. Les dernières Convulsions de la Monarchie reconnues ; premièrement par la nécessité d'éloigner Mazarin, & par la nécessité de le retenir. Secondement, par la nécessité de l'élargissement des Princes, & par la nécessité de la détention des Princes. Troisièmement, par la nécessité de faire de grandes impositions pour remplir les Epargnes vuides, & par la nécessité de soulager le peuple, pour tâcher de le remettre. Quatrièmement, par les approches de la Majorité, moins à desirer qu'à craindre : 1651, *in-4*.

23226. Les Décisions du Censeur Monarchique, touchant la plus juste autorité des Régens d'Etat, prescrivant des bornes à leur pouvoir, faisant voir qu'ils sont absolus avec dépendance, & dépendans avec souveraineté ; concluant que les Régens qui renferment leur pouvoir entre ces deux extrémités, maintiennent les Minorités de leurs pupilles; & au contraire, &c. *Paris*, 1651, *in-4*.

23227. Le Politique Royal, faisant voir à Sa Majesté Régente, & à son Altesse Royale (M. le Duc d'Orléans), que Mazarin s'en défera infailliblement, supposé qu'il puisse conserver les affections du Roi, étant Majeur, comme il tâche sans doute de s'y ancrer, non moins par leur entremise que par ses propres souplesses ; & les suppliant par leurs sacrées personnes, si chères & si nécessaires à l'Etat, de préoccuper le coup infaillible de cet ingrat, en le sacrifiant à la haine publique ; & rendant en même temps au Roi, à eux-mêmes & à la France, la liberté tant desirée & tant nécessaire de Messieurs les Princes : 1651, *in-4*.

23228. Requête de Mademoiselle DE LONGUEVILLE, Fille de Henri d'Orléans, Duc de Longueville, présentée à Nosseigneurs du Parlement, touchant la mort de Madame la Princesse Douairière, & le transport de Messieurs les Princes du Château de Vincennes à Marcoussy, (le 18 Août 1650), & au Havre, (le 15 Novembre 1650), & sur leur délivrance : *in-4*.

☞ Le Cardinal Mazarin, se retirant une seconde fois de la France, alla notifier la liberté aux Princes, qui le reçurent assez mal.]

23229. L'Avant-Coureur, pour la délivrance de Messieurs les Princes de Condé, de Conty & de Longueville : 1651, *in-4*.

23230. Recherches historiques sur toutes les Affaires qui se passent aujourd'hui dans l'Etat, & sur les issues qu'on doit en espérer : 1651, *in-4*.

23231. Le déréglement de l'Etat, où les Curieux verront que les véritables causes des désordres sont : premièrement, le mépris de la Religion dans la division de ses Docteurs, dans la politique des Prédicateurs, & dans le mauvais exemple des Grands. Secondement, la confusion des trois Etats, dans l'ambition démesurée du Clergé, dans l'abus de la Noblesse, & dans le luxe du peuple. Troisièmement, l'impunité des crimes dans les Personnes publiques. Quatrièmement, la trop grande abondance des richesses dans les Ecclésiastiques. Cinquièmement, le mauvais usage de la politique, dans la pratique des Maximes Italiennes, contraires à la simplicité des François ; avec un Discours ensuite, qui fera voir dans l'application de ces cinq causes à leurs effets, par les exemples du temps, que tous les désordres de l'Etat en sont provenus : 1651, *in-4*.

23232. Réponse de M. le Prince (DE CONDÉ), & ses très-humbles Remontrances faites au

Roi, à la Reine Régente & à la France, sur le sujet de sa détention : 1651, *in-*4.

« M. le Prince écrivit dans la Prison de Vincennes » un long & beau Discours, pour justifier à la France » & à toute la Terre son innocence, & faire connoître » la malice de son ennemi...... La Pièce est très-forte » & très-bien écrite ; elle justifie parfaitement son illustre » Auteur, qui sçavoit faire autre chose que manier l'é- » pée ». *Vie de M. le Prince, Liv. III. pag.* 260. [*Cologne,*] 1693 & 1694.] Il répond [aussi] à la Lettre du Roi sur sa détention.

23233. Remontrance faite au Roi & à la Reine Régente, par Nosseigneurs du Parlement de Paris, pour la liberté des Princes, du 20 Janvier : *Paris*, Chevalier, 1651, *in-*4.

Ces Remontrances sont fortes, & le Premier Président, de Nesmond, n'oublia rien pour les rendre efficaces.

23234. Véritables Remontrances faites au Roi & à la Reine Régente, par Monseigneur le Premier Président ; avec la Réponse de la Reine Régente, faite à Messieurs les Députés du Parlement : *Paris*, Chevalier, 1651, *in-*4.

23235. Déclaration de M. le Duc d'Orléans, envoyée au Parlement, pour la justification de M. le Prince, du premier Février : 1651, *in-*4.

23236. Les intérêts du Roi, de la Reine Régente, de la Noblesse & du Tiers-Etat, dans l'éloignement du Cardinal Mazarin : 1651, *in-*4.

23237. Arrêt du Parlement contre le Cardinal Mazarin, du 9 Février : *Paris*, 1651, *in-*4.

Arrêt terrible contre le Cardinal Mazarin, qui le condamne à un bannissement perpétuel ; ordonne à tous les François de lui courir sus, s'il paroît dans le Royaume ; & confisque tout ce qui est à lui.]

23238. La Prospérité malheureuse, ou le parfait Abrégé de l'Histoire du Cardinal Mazarin, où se voient toutes les ruses & toutes les fourberies dont il s'est servi pour arriver au faîte de la prodigieuse fortune où il s'est vu ; avec une Relation de toutes les causes de sa disgrace : 1651, *in-*4.

23239. Les Vérités historiques, ou Examen fidèle des actions & desseins du Cardinal Mazarin : *Paris*, Brunet, *in-*4.

23240. Le Manifeste du Cardinal Mazarin ; laissé à tous les François avant sa sortie hors du Royaume, contenant un exact Abrégé de toutes les actions de son Ministère ; répondant à tous les Chefs d'accusations qu'on lui a objectés, découvrant les motifs, les intrigues & la politique dont il s'est servi pour entreprendre, pour conduire & pour établir tous ses desseins. Et le tout, sans que le Parlement, les Frondeurs, les Partisans des Princes puissent s'inscrire en faux contre pas une des propositions : *in-*4.

23241. Suite du Manifeste du Cardinal Mazarin, confessant les motifs & les moyens qu'il a tenus pour s'agrandir, &c. *in-*4.

23242. ☞ Le Manifeste d'Espagne fait contre Mazarin, apporté par Madame la Duchesse de Longueville, & présenté à MM. les Princes à son arrivée : 1651, *in-*4.]

23243. ☞ Le Mazarin confus dans l'élévation de ses ennemis, & l'abaissement de ses créatures : *Paris*, Chamboury, 1651, *in-*4.

Cette Pièce a trait à la détension & à l'élargissement des Princes.]

23244. Ballades, servant à l'Histoire : 1651, *in-*4.

Il y en a quatre, toutes contre le Cardinal Mazarin.]

23245. ☞ Le Trou fait à la lune, par Mazarin, Burlesque ; ou sa fuite hors du Royaume, avec la route qu'il a tenue depuis sa sortie : *Paris*, 1651, *in-*4.]

23246. Le grand Ballet, ou le Bransle de Sortie, dansé sur le Théâtre de la France, par le Cardinal Mazarin, & par toute la suite des Cardinalistes & Mazarinistes : de l'impression de *Basle*, en la Boutique de Maître Personne, à la Rue Par-tout, à l'Enseigne de la Vérité toute nue en Hyver : *in-*4.

23247. La Tragédie de la Royauté, jouée sur le Théâtre de la France, par le Cardinal Mazarin, où les bons François verront que si cet insolent Ministre n'a point entièrement ruiné la Royauté, il a du moins pratiqué toutes les intrigues qu'on peut inventer pour la perdre : 1651, *in-*4.

23248. ☞ Le Ministre fugitif, sans espoir de retour : *Paris*, 1651, *in-*4.]

23249. Le Caractère de Mazarin, trouvé dans son Cabinet après son départ, apporté à Messieurs du Parlement : *Paris*, 1651, *in-*4.

23250. Les Services que la Maison de Condé a rendus à la France, contre les calomnies des Partisans du Cardinal Mazarin : 1651, *in-*4.

23251. Lettre du Parlement de Paris, écrite aux autres Parlemens de France, sur la mauvaise conduite du Cardinal Mazarin, du 10 Février : *Paris*, 1651, *in-*4.

23252. Lettre de la Cour de Parlement de Bourdeaux, pour Réponse à celle de la Cour de Parlement de Paris, concernant les Arrêts donnés contre le Cardinal Mazarin pour la liberté de MM. les Princes : *Paris*, 1651, *in-*4.

23253. Lettre de Cachet du Roi envoyée (le 4 Février) au Maréchal de l'Hospital, sur le sujet du Sacre & Couronnement de Sa Majesté dans sa Ville de Reims : *Paris*, 1651, *in-*4.

23254. Lettre du Parlement de Grenoble au Parlement de Paris : *Paris*, Dupont, 1651, *in-4*.

23255. Le Secret ou les véritables Causes de la détension & de l'élargissement de MM. les Princes ; avec un exact Recueil de toutes les Délibérations du Parlement dans les Assemblées qui ont été faites pour leur liberté, & pour l'éloignement du Cardinal Mazarin, où sont fidélement exposés tous les raisonnemens & les belles Remarques faites par chacun de ces Messieurs dans leurs opinions : 1651, *in-4*.

Ce Livre contient l'Histoire du temps, depuis le 18 Janvier 1650, jusqu'au 12 Février 1651.

☞ Cette Relation paroît exacte & assez suivie ; elle va bien avec les Journaux.]

23256. Reproches de l'Ombre du Cardinal de Richelieu faits au Cardinal Mazarin sur les Affaires du temps, jusqu'au 14 Février : 1651, *in-4*.

23257. Les Lettres de MAZARIN, surprises en les envoyant à Paris, écrites de Dourlens les 21 & 25 Février : *Paris*, 1651, *in-4*.

23258. Déclaration du Roi pour l'innocence de MM. les Princes de Condé & de Conty & du Duc de Longueville, avec rétablissement de toutes leurs Charges & Gouvernemens, le 25 Février : *Paris*, 1651, *in-4*.

23259. Déclaration du Roi, du 25 Février, par laquelle Sa Majesté révoque toutes les Lettres de Cachet données en conséquence de la détention des Princes, & les remet dans tous leurs biens, Gouvernemens & Charges : *Paris*, 1651, *in-4*.

23260. Remerciement fait au Roi par Madame la Princesse, sur la délivrance de MM. les Princes : *Paris*, 1651, *in-4*.

23261. Les particularités de l'Entrée de MM. les Princes dans Paris, & celle de M. le Cardinal Mazarin dans le Havre-de-Grace ; avec la Lettre envoyée au Maréchal de Turenne, pour l'élargissement de MM. les Princes : 1651, *in-4*.

23262. Le glorieux retour à Paris des Princes de Condé, de Conty & Duc de Longueville : *Paris*, 1651, *in-4*.

23263. Lettre d'un Particulier sur la sortie de MM. les Princes : 1651 : *in-4*.

« J'ose me vanter, (dit l'Auteur de cette *Lettre* à MM. les Princes) » & vos Domestiques en ont rendu » témoignage, d'être le premier qui sans fard vous a » soutenus, quand tout Paris faisoit des feux de joye » de votre emprisonnement ». Cela donne lieu de croire que c'est le même Auteur qui a écrit toutes les Pièces indiquées dans le *Courtisan désintéressé*, qui suit.

23264. Le Courtisan désintéressé, ou le Partisan des Oppressés, venant rendre compte à MM. les Princes de la constante fidélité qu'il a eue pour ne démordre jamais de leur parti, &c. *Paris*, 1651, *in-4*.

L'Auteur de cette Pièce avoue qu'il a composé la *Satyre des Satyres*, [N.º 23070,] la *Résolution politique*, [N.º 23087,] l'*Aveuglement de la France*, le *Discours d'Etat*, le *Caractère du Tyran*, les *Allarmes de la France*, la *Pièce curieuse*, le *Conseiller d'Etat*, [N.ᵒˢ 23207 & *suiv.*] les *Convulsions d'Etat*, le *Censeur Monarchique*, & le *Politique Royal*, [N.ᵒˢ 23225-23227.] L'Auteur dit aussi à quelle occasion il a composé ces Ouvrages. Comme il prend toujours le parti des Princes contre le pouvoir absolu, je serois porté à croire que c'est le même qui a fait un si grand nombre d'Ecrits l'année suivante, sur ces mêmes principes, & qui s'appelloit DU BOSC MONTANDRÉ. *Voyez* la Note qui se trouve ci-après sous l'année 1652, à la Pièce intitulée : *L'Anatomie de la Politique du Coadjuteur*, &c.

23265. ☞ Histoire de la prison & de la liberté de M. le Prince (& des Prince de Conty & Duc de Longueville ; par Claude JOLY) : 1651, *in-4*.

On trouve dans cette Histoire, qui commence en 1650, toutes les intrigues qui furent faites, & ce qui se passa au Parlement pour la liberté de MM. les Princes, & l'éloignement du Cardinal Mazarin. Elle est curieuse & assez bien écrite.]

23266. Discours de la Ville de Paris à M. le Prince sur son retour ; par un Parisien : *Paris*, 1651, *in-4*.

Ce Discours est du Sieur L'ESCALOPIER, Aumônier du Roi.

23267. La Juliade, ou Discours de l'Europe à M. le Duc d'Orléans, sur l'éloignement du Cardinal Mazarin, & le retour des Princes : *Paris*, 1651, *in-4*.

Pièce satyrique de quinze cens Vers de quatre pieds, contre le Cardinal Mazarin.

Suite de la Juliade, ou les Adieux à Mazarin : *Paris*, 1651, *in-4*.

Cette Suite n'est que de sept cens cinquante Vers.

On lit dans le *Recueil d'Histoire & d'Erudition*, composé des Conversations de Jean Regnaud de Segrais, qui [a été long-temps en] Manuscrit, (& qui a été imprimé sous le titre de *Segresiana* : La Haye, 1722, *in-8*.] que « de tous les Ecrits que l'on fit contre le » Cardinal Mazarin, la *Mazarinade* de Paul Scarron, » (mort en 1660,) est celui qui lui fut le plus sensible ». Comme le titre de *Mazarinade* est le titre commun du *Recueil des Pièces écrites contre le Cardinal*, M. de Segrais n'a-t-il pas voulu parler de celle qui est intitulée : *La Juliade* ?

☞ Cette conjecture du Père le Long n'est pas juste. *La Mazarinade* est une autre Pièce, aussi en Vers, & que l'on trouvera ci-après, à la fin de cette année 1651.]

23268. L'heureuse Captivité, ou l'Innocence reconnue des Princes & du Duc de Longueville par les moyens de leur liberté, contenant l'Histoire de ce qui s'est passé depuis le Siége de Dunkerque jusqu'à présent ; ensemble les intrigues & artifices desquels s'est servi le Cardinal Mazarin pour la perte de cette Maison ; dédié à M. le Prince : *Paris*, 1651, *in-4*.

L'Auteur marque pourquoi il ne parle ici que de M. le Prince.

23269. Le Triomphe de l'innocence manifestée

festée par la destruction des importuns & faux bruics qu'ont semés les Partisans du Cardinal Mazarin contre l'intégrité de M. le Prince : 1651, *in*-4.

23270. La Balance d'Etat, Tragicomédie allégorique : *Paris*, 1651, *in*-4.

Cette Pièce est composée en Vers. La Clef est à la fin, avec l'explication de l'emprisonnement & de l'élargissement de MM. les Princes; elle est désignée comme faite par H. M. D. M. A.

23271. Histoire des dernières Guerres civiles : *in*-12.

Cette Histoire, qui est imprimée sans nom d'Auteur, ni de lieu, ni de date de l'impression, contient ce qui s'est passé depuis le mois de Décembre 1647, jusqu'à la délivrance des Princes.

☞ Elle est divisée en trois Livres. Le premier renferme tout ce qui se passa au Parlement au sujet de la vérification des Edits bursaux, & l'Arrêt d'union des Cours souveraines. Le second contient tout ce qui a suivi ces démêlés ; l'emprisonnement du Conseiller Broussel, les Barricades, & l'accommodement que fit la Cour par le Traité de Saint-Germain, au mois de Mars 1649. On trouve ensuite un autre Livre qui développe tout ce qui se passa pendant & après ces troubles entre différens particuliers qui s'employèrent ou à les fomenter ou à les étouffer. Cette Histoire finit à l'élargissement de MM. les Princes.]

23272. Lettre du Cardinal MAZARIN à la Reine-Mère, sur sa sortie du Royaume, du 6 Mars : 1651, *in*-4.

23273. Le Manifeste de la Reine Régente & de M. le Duc d'Orléans touchant la disgrace du Cardinal Mazarin : 1651, *in*-4.

23274. Arrêt de la Cour du Parlement de Paris contre le Cardinal Mazarin, du 11 Mars : *Paris*, 1651, *in*-4.

Les autres Parlemens de France donnèrent, à l'exemple de celui de Paris, des Arrêts contre ce Cardinal.

23275. Manifeste des Provinces fait aux Parlemens sur la Lettre circulaire du Parlement de Paris aux autres Parlemens de France, au sujet de l'expulsion du Cardinal Mazarin hors du Royaume : 1651, *in*-4.

23276. Le parallèle Politique-Chrétien du Jansénisme & du Molinisme, avec le Mazarinisme & la Fronde, avec le Procès de tous les quatre Partis, & l'Arrêt de leur condamnation, &c. *Paris*, 1651, *in*-4.

L'Auteur commence son Discours par déclarer qu'il n'est d'aucun de ces Partis, mais qu'il est Catholique, Apostolique-Romain, & très-fidèle Serviteur & Sujet du Roi.

23277. La puissance des Rois sur les Peuples, & du pouvoir des Peuples sur les Rois : 1651, *in*-4.

23278. L'Ombre de Madame la Princesse apparue à la Reine, au Parlement, & à plusieurs autres : 1651, *in*-4.

L'Auteur de ces deux Pièces en a composé jusqu'à douze, en 1651, dont il rapporte les titres, & en quelle occasion il les a faites, à la page 15 & 16 du *Factum de la Sapience Eternelle*, & encore plus au long dans l'*Inventaire des Pièces produites devant le Parlement*, qui est sa dernière Pièce. Cet Auteur étoit un fanatique & un emporté. Il dit à la page 2 de son *Factum*, que c'est le Verbe qui le fait parler. « Il y a six ans, (dit-il » à la page suivante,) que Dieu me fit parler aux Rois, » aux Ecclésiastiques, à Nosseigneurs de la Cour. Je » vous déclarai en public & en particulier, que le Jugement dernier venoit, ou du moins la rénovation » du Monde. Je fus goûté des sages ; mais les fols se » moquèrent de moi. Le Clergé me fit emprisonner ». Ne seroit-ce point CHARPY DE SAINTE-CROIX ?

— Suite du Journal du Parlement de Paris, depuis la Saint-Martin 1649, jusqu'à Pâques 1651.

Voyez ci-après, à la fin de l'année 1652.

23279. Procès-verbaux de ce qui s'est passé à Stenay entre les Députés des Rois de France & d'Espagne au sujet de la Paix, le 27 Avril : *Paris*, 1651, *in*-4.

23280. Manifeste de M. le Prince de Condé touchant les véritables raisons de sa sortie hors de Paris, faite le 6 Juillet 1651, avec une protestation qu'il fait à la France, qu'il n'en veut qu'à l'ennemi de son repos, c'est-à-dire, au Cardinal Mazarin : *in*-4.

23281. Le Manifeste de l'Auteur qui a composé le Manifeste de M. le Prince de Condé, pour servir d'instruction à ceux qui l'ont lu, touchant les Affaires d'Etat qu'il a traitées : 1651, *in*-4.

Ces deux Manifestes sont d'un même Auteur, & le second est une Apologie du premier.

23282. Récit sommaire de ce qui s'est passé au Parlement sur la retraite de M. le Prince de Condé à Saint-Maur : *Paris*, 1651, *in*-4.

23283. Relation de ce qui s'est passé au Parlement, le 7 Juillet, touchant la Déclaration de MM. les Princes contre le Cardinal Mazarin : *Paris*, Sassier, 1651, *in*-4.

23284. Lettre de M. LE PRINCE à MM. du Parlement, du 7 Juillet ; avec la Réponse de la Reine à ladite Lettre : *Paris*, 1651, *in*-4.

23285. Seconde Lettre de M. LE PRINCE à MM. du Parlement : *Paris*, 1651, *in*-4.

23286. Lettre de M. LE PRINCE, écrite à MM. du Parlement au sujet de l'Ecrit de la Reine, porté à MM. les Gens du Roi ; du 11 Juillet : 1651, *in*-4.

23287. Avis de M. le Coadjuteur (Jean-François-Paul de Gondy DE RETS,) prononcé au Parlement pour l'éloignement des Créatures du Cardinal Mazarin, le 11 Juillet : *Paris*, veuve Guillemot, 1651, *in*-4.

23288. Le Manifeste des Sieurs Servien, le Tellier & de Lyonne, rendant un fidèle témoignage de toute l'Administration du Gouvernement qu'ils ont eu depuis la délivrance de MM. les Princes : *in*-4.

23289. Discours sur le sujet des défiances de

M. le Prince, qui l'ont obligé de se retirer à Saint-Maur : *Paris*, 1651, *in-*4.

Ecrit en faveur de M. le Prince.

23290. Le Coup d'Etat de M. le Prince de Condé : *Paris*, 1651, *in-*4.

On y demande l'éloignement des Sieurs Servien, le Tellier & de Lyonne.

23291. Discours désintéressé sur ce qui s'est passé de plus considérable depuis la liberté de MM. les Princes jusqu'à présent : 1651, *in-*4.

23292. Le nœud de l'Affaire, ou la seule Ressource des grands désordres qui menacent cette Monarchie, avec un danger évident de quelque changement d'Etat : Discours sans flatterie, sur la défiance que la Reine a de la conduite de M. le Prince, & sur la défiance que M. le Prince a de la conduite de la Reine : 1651, *in-*4.

Ecrit en faveur de M. le Prince.

23293. Remontrance de la Province de Guyenne à M. le Prince de Condé, sur la réunion de la Maison Royale : *Paris*, 1651, *in-*4.

23294. Le Manifeste de M. le Duc de Guise touchant son emprisonnement, & les raisons de jonction avec M. le Prince : 1651, *in-*4.

23295. Avis au Peuple sur les calomnies contre M. le Prince : *Paris*, Vivenay, 1651, *in-*4.

23296. Second Avis sur les calomnies contre M. le Prince : *Paris*, Vivenay, 1651, *in-*4.

23297. Avis aux Gens de bien : *in-*4.

Ecrit en faveur de M. le Prince. Vivenay avoit son Imprimerie dans l'Hôtel de Condé, d'où est sorti un grand nombre de Pièces de ce temps-là.

23298. Second Avertissement aux Parisiens, affiché à Paris le 14 Juillet : *in-*4.

Sur ce que le Cardinal Mazarin est à Sedan.

23299. Troisième Affiche posée à Paris le 19 Juillet : *in-*4.

Pour l'expulsion des Sieurs Servien, le Tellier & de Lyonne.

23300. Le Prince de Condé aux bons Bourgeois de Paris, quatrième Affiche, du 24 Juillet : *in-*4.

23301. Le franc Bourgeois de Paris : 1651, *in-*4.

C'est une Apologie du Cardinal Mazarin.

23302. Réponse au Libelle intitulé : *Le franc Bourgeois* : *Paris*, Vivenay, 1651, *in-*4.

En faveur de M. le Prince.

23303. Le bon François au véritable Mazarin déguisé sous le nom de franc Bourgeois de Paris : *Paris*, Vivenay, 1651, *in-*4.

23304. Manifeste véritable des intentions de M. le Prince, qui ne tendent qu'au rétablissement de l'autorité souveraine & du repos des Peuples, présenté à Nosseigneurs de Parlement : 1651, *in-*4.

23305. Lettre d'un Marchand de Liége, du 10 Août, à un sien Correspondant de Paris, avec l'instruction secrette du Cardinal Mazarin pour Zongo Ondedeï retournant à Paris : *Paris*, 1651, *in-*4.

23306. Observation sur un Discours venu de Cologne : *Paris*, 1651, *in-*4.

23307. Articles accordés entre MM. le Cardinal Mazarin, le Garde des Sceaux de Châteauneuf, le Coadjuteur de Paris, & Madame la Duchesse de Chevreuse : lesdits Articles trouvés sur le chemin de Cologne dans un paquet, &c. 1651, *in-*4.

23308. Discours que le Roi & la Reine ont fait lire en leur présence aux Députés du Parlement, & autres Cours Souveraines de Paris au sujet de la résolution prise de l'éloignement pour toujours du Cardinal Mazarin hors le Royaume, & sur la conduite de M. le Prince, du 17 Août : *Paris*, 1651, *in-*4.

Ce Discours, qui piqua vivement M. le Prince, fut lu par le Comte de Brienne, Secrétaire d'Etat, qui l'avoit apporté de la part de la Reine-Mère.

23309. Déclaration de M. le Duc d'Orléans, envoyée au Parlement le 18 Août, pour la justification de la conduite de M. le Prince : *Paris*, Vivenay, 1651, *in-*4.

23310. Déclaration de son Altesse Royale sur le sujet du Discours (précédent;) ensemble la Réponse de M. le Prince, présentée au Parlement le 19 Août : *Paris*, Vivenay, 1651, *in-*4.

23311. Le Manifeste de M. le Prince, pour servir de justification aux calomnies du Discours (précédent) : *Paris*, 1651, *in-*4.

23312. Réflexions libres & importantes sur les Affaires présentes : 1651, *in-*4.

Ecrit en faveur de M. le Prince.

23313. Discours libre & véritable sur la conduite de M. le Prince & de M. le Coadjuteur : 1651, *in-*4.

Ce Discours est contre le premier, & en faveur du dernier.

☞ C'est une Apologie en forme de la conduite de ce dernier, c'est-à-dire, du Coadjuteur. On l'y disculpe de tous les bruits faux & malins qu'on répandoit contre lui dans le public.]

23314. Avis désintéressé sur la conduite de M. le Coadjuteur : 1651, *in-*4.

Cet Ecrit, qui est en sa faveur, lui est attribué.

23315. Réponse d'un véritable Désintéressé, à l'Avis du faux Désintéressé, sur la conduite de M. le Coadjuteur ; avec la Réfutation des calomnies qui y sont contenues contre l'innocence de M. le Prince : 1651, *in-*4.

23316. Le Solitaire aux deux Désintéressés : 1651, *in-*4.

« J'ai lu depuis quelques jours deux Libelles, que

Règne de Louis XIV. 1651.

» l'on peut appeler avec beaucoup de raison, un Précis
» de toutes les Affaires présentes ; l'un contient la défense
» de M. le Coadjuteur, sous le titre d'Avis désintéressé
» sur sa conduite ; & dans l'autre on remarque sous un
» titre presque pareil, une Apologie, ou plutôt un Pa-
» négyrique de M. le Prince ». Cet Écrit est pour M. le
Coadjuteur.

23317. Le bon Frondeur, qui fronde les mauvais Frondeurs, & qui ne flatte pas la Fronde Mazarine de ceux qui ne sont plus bons Frondeurs : *Paris*, 1651, in-4.

23318. Le Frondeur bien intentionné, aux faux Frondeurs : *Paris*, 1651, in-4.

23319. Lettre d'un Marguillier à son Curé, sur la conduite de M. le Coadjuteur : *Paris*, 1651, in-4.

Cette Lettre est de Jean François SARRAZIN, mort en [1655.]

23320. Réponse du Curé à la Lettre du Marguillier, sur la conduite de M. le Coadjuteur : *Paris*, 1651, in-4.

Cette Réponse est d'Olivier PATRU, Avocat au Parlement, depuis, de l'Académie Françoise, mort en 1681.

23321. Apologie de l'ancienne & légitime Fronde : *Paris*, 1651, in-4.

C'est une Réponse courte, mais générale (de Jean-François de Gondy) Cardinal DE RETZ, à tous les Écrits faits depuis quelque temps contre lui. « Un certain
» Montardet, (ou plutôt Montandré), méchant Écri-
» vain, ... m'attaqua (dit le Cardinal dans ses *Mé-*
» *moires*, pag. 137 du tom. III.), par douze ou quinze
» Libelles, plus mauvais l'un que l'autre, en douze ou
» quinze jours..... Je me résolus de faire voir au public
» que je sçavois les relever. Je travaillai pour cela avec
» soin l'Apologie de l'ancienne & légitime Fronde, dont
» la Lettre paroissoit être contre le Cardinal Mazarin,
» & dont le sens étoit proprement contre ceux qui se
» servoient de son nom pour abattre l'autorité Royale ».
Le même Cardinal, à la page 138 du même volume,
rapporte ceci : « J'avois bien dit à M. le Prince, qu'il
» alloit faire taire ce coquin de Montardet. Comme
» il ne se tût pourtant pas, je continuai aussi de mon
» côté à écrire & faire écrire. Portail, Avocat au Parle-
» ment, & habile homme, fit en ce temps-là la *Défense*
» *du Coadjuteur*, Pièce qui est d'une très-grande élo-
» quence, Sarrazin, Secrétaire de M. le Prince de Conty,
» fit contre moi la *Lettre du Marguillier au Curé*, qui
» est une fort belle Pièce. Patru, bel esprit & fort poli,
» y répondit par la *Lettre du Curé au Marguillier*,
» qui est fort injurieuse ». Celui qui est ici appellé Montardet, se nommoit DU BOSC DE MONTANDRÉ.

Voyez la Note ci-après, sous l'année 1652, à la Pièce intitulée : *L'Anatomie de la politique du Coadjuteur*, &c.

23322. Lettre d'un Gentilhomme de M. le Duc d'Orléans, écrite à un Bourgeois de Paris, sur le sujet de sa sortie, du 28 Août : *Paris*, 1651, in-4.

M. le Duc d'Orléans s'étoit retiré à Limours, qui étoit sa Maison de Campagne.

23323. Réflexions sérieuses & importantes, sur les Affaires présentes : 1651, in-4.

En faveur de M. le Prince.

23324. Véritables raisons de l'union du Parlement de Bourdeaux, avec M. le Prince, adressées au Roi : *Bourdeaux*, la Court, 1651, in-4.

23325. Arrêt de la Cour de Parlement de Bourdeaux, pour la justification de M. le Prince, avec les Remontrances faites sur ce sujet, au Roi, par le Parlement, du 30 Août : *Paris*, 1651, in-4.

23326. La célèbre Cavalcade, faite le 7 de Septembre, pour la Majorité du Roi : *Paris*, 1651, in-4.

23327. Le changement d'État, à la Majorité du Roi : 1651, in-4.

23328. Panégyrique du Roi, où sont les très humbles Supplications faites à Sa Majesté, de vouloir conserver M. le Prince dans l'honneur de ses bonnes graces : *Paris*, Vivenay, 1651, in-4.

23329. Déclaration du Roi, pour l'innocence de M. le Prince de Condé, du 7 Septembre : *Paris*, 1651, in-4.

23330. Très-humbles Remontrances faites au Roi dans son Avénement en sa Majorité, sur les désordres de l'État, & rétablissement d'un premier Ministre : *Paris*, 1651, in-4.

23331. Lettre de M. le Prince, à son Altesse Royale, sur le sujet de son éloignement de la Cour, du 13 Septembre : *Paris*, 1651, in-4.

23332. Lettre d'un Bourdelois, à un Bourgeois de Paris, du 19 Septembre : 1651, in-4.

Libelle contre l'Avis désintéressé.

23333. Lettre de M. le Prince de Conty, écrite au Roi sur son Voyage de Berry, du premier Octobre : 1651, in-4.

La Déclaration suivante prouve que cette Lettre est supposée.

23334. Déclaration pour M. le Prince de Conty, où sont désavouées les impostures du Libelle intitulé : *Lettre de M. le Prince de Conty*, &c. contre la réputation de M. de Châteauneuf, avec une entière justification du procédé de M. le Prince de Conty : 1651, in-4.

23335. Relation du Voyage du Roi, en Berry, du 9 d'Octobre : 1651, in-4.

23336. Réponse de M. le Prince, aux impostures de cette Relation : 1651, in-4.

23337. Avis important de M. DE CHATEAUNEUF, donné avant le départ de Sa Majesté de Fontainebleau (le 4 d'Octobre), touchant la résolution qu'on doit prendre sur le mécontentement de M. le Prince : 1651, in-4.

23338. Motifs de la Retraite de M. le Prince : *Paris*, Vivenay, 1651, in-4.

23339. Arrêt du Parlement de Bourdeaux, du 27 Octobre ; avec les Remontrances faites au Roi sur le sujet de la Retraite de M. le Prince, dans son Gouvernement : *Bourdeaux*, 1651, in-4.

23340. Le secret de la Retraite de M. le

Tome II.

Liv. III. Histoire Politique de France.

Prince, contenant une fidelle & exacte déduction de toutes les intrigues qu'on a jouées dans l'Etat, depuis son élargissement jusqu'à l'Arrêt de proscription donné contre le Cardinal Mazarin : *in-4.*

23341. Question Canonique, si M. le Prince a pû prendre les armes en conscience, & si ceux qui prennent son parti offensent Dieu, contre les Théologiens Courtisans : *Bourdeaux*, de la Cour, 1651, *in-4.*

23342. ☞ L'Innocence des armes de M. le Prince, justifiée par les loix de la conscience : *Bourdeaux*, de la Cour, 1651, *in-4.*

C'est une Apologie de la conduite de ce Prince, où l'on montre par plusieurs raisons, la Justice de sa prise d'armes, & de ses Adhérans, puisqu'il ne l'a fait que pour défendre sa personne qu'on vouloit opprimer ; l'Etat qu'on tâche de ruiner, & la Guyenne en particulier qu'on veut perdre.]

23343. Réflexions sur la conduite de M. le Prince, par laquelle l'on peut connoître la fin de ses desseins dans la recherche de toutes ses actions, examinées avec beaucoup de soins, depuis sa liberté jusqu'à présent : *in-4.*

23344. Le Manifeste de la Noblesse qui s'est jettée dans le parti du Roi, sous la conduite de M. le Prince : *Paris*, 1651, *in-4.*

23345. ☞ Lettre de M. le Prince, écrite à son Altesse Royale : *Paris*, Vivenay, 1651, *in-4.*

Elle est datée de Bordeaux, du 31 Octobre, & a le même but que la Pièce précédente, intitulée : L'*Innocence*, &c.]

23346. Second Avis de M. DE CHATEAUNEUF, donné à Sa Majesté à Poitiers, sur la proposition qui fut faite, s'il falloit avancer ou reculer, où séjourner dans cette Ville, & quel conseil il falloit prendre dans cette conjoncture : 1651, *in-4.*

23347. Lettre écrite de Poitiers, portant la Réponse aux Avis publiés à Paris, sous le nom de M. de Châteauneuf, touchant les Affaires du temps : 1651, *in-4.*

23348. ☞ Relation véritable de ce qui s'est passé en la Ville d'Aix, au sujet du Voyage de M. d'Ayguebonne, Commandant pour le Roi dans la Province, fait en ladite Ville, le Mercredi 8 Novembre : 1651, *in-4.* de 8 pages.]

23349. Journal de tout ce qui s'est passé dans l'Armée du Roi, commandée par le Comte d'Harcourt, depuis sa sortie de Niort ; avec les particularités d'un Combat donné entre cette Armée & celle de M. le Prince de Condé, le 17 Novembre : *Paris*, 1651, *in-4.*

23350. ☞ La véritable Relation de ce qui s'est passé dans l'Armée du Roi, commandée par M. le Comte d'Harcourt, depuis qu'il est parti de Niort, le 8 Novembre jusqu'au 16 dudit mois, qui supprime la précédente ;

ensemble les noms & surnoms des Officiers morts & blessés, avec le nombre des Prisonniers, &c. au Siége de Coignac, imprimé par le commandement exprès du Roi : *Poitiers*, Thoreau, 1651, *in-4.*]

23351. Relation véritable de la défaite de cinq cens Chevaux de l'Armée de M. le Prince, lui présent, par le Comte d'Harcourt : *Paris*, 1651, *in-4.*

23352. Relation du succès emporté sur les Troupes de M. le Prince, par M. de Bougy, sous les ordres de M. le Comte d'Harcourt ; avec la défaite de cinq cens Chevaux : *Paris*, 1651, *in-4.*

23353. Relation véritable de ce qui s'est passé à la levée du Siége de Coignac, par l'Armée du Roi, commandée par le Comte d'Harcourt, à la vue du Prince de Condé : *Paris*, 1651, *in-4.*

23354. Le véritable Journal de ce qui s'est passé pendant le Siége de Coignac, & comme quoi il a été levé en présence de M. le Prince, le 15 Novembre : *Paris*, 1651, *in-4.*

23355. Le Manifeste circulaire de M. le Prince, envoyé aux Peuples de France, touchant le succès de Mouron, de Coignac & de la dernière Bataille qu'il a gagnée sur le Comte d'Harcourt dans la Xaintonge & sur les ordres qu'on a envoyés au Cardinal Mazarin d'entrer dans l'Etat, avec le titre de Généralissime : *in-4.*

23356. Lettres d'Avis d'un Marchand de Cologne, à un Bourgeois de Paris, sur la marche du Cardinal Mazarin, du 30 Novembre : *Paris*, 1651, *in-4.*

23357. ☞ La véritable Relation de la défaite de l'Armée du Marquis de Saint-Luc, par les Troupes de MM. les Princes, envoyée par M. le Prince de Conty, à Son Altesse Royale : 1652, *in-4.*]

23358. ☞ Relation véritable, contenant la sortie par force du Duc d'Espernon, hors la Ville de Dijon, avec le Siége du Château de ladite Ville, par les Habitans d'icelle : 1652, *in-4.*]

23359. Journal de ce qui s'est passé au Siége du Château de Dijon, depuis le 26 de Novembre jusqu'au 2 Décembre : *Paris*, le Rond, 1651, *in-4.*

23360. Déclaration du Roi, contre les Princes de Condé, Conty & Duchesse de Longueville, les Ducs de Nemours & de la Rochefoucault, & autres leurs adhérans, qui les ont suivis, du 8 Octobre, vérifiée le 5 Décembre en Parlement : *Paris*, 1651, *in-4.*

23361. La prise du Château de Dijon, le 8 Décembre, par les Troupes du Roi, commandées par le Duc d'Espernon : *Paris*, 1651, *in-4.*

Règne de Louis XIV. 1651. 541

23362. ☞ Arrêt de la Cour de Parlement, toutes les Chambres assemblées, donné contre le Cardinal Mazarin & ses adhérans, en présence de son Altesse Royale, du 13 Décembre, 1651: *Paris*, 1651, *in-4*.]

23363. Déclaration du Roi, contre les Officiers & Habitans de la Ville de Bourdeaux, & autres de la Province de Guienne qui se sont unis à icelle, du 23 Décembre: *Paris*, 1651, *in-4*.

23364. Lettre du Cardinal MAZARIN, à la Reine & au Prévôt des Marchands de Paris, du 23 Décembre: *Paris*, 1651, *in-4*.

23365. Observations sur quelques Lettres écrites au Cardinal Mazarin, & par le Cardinal MAZARIN: *Paris*, 1651, *in-4*.

Ces Observations sont principalement sur les Lettres que ce Cardinal a écrites au Roi & à la Reine, le 23 Décembre, sur son Retour en France.

23366. Arrêt du Parlement de Paris, contre le Cardinal Mazarin & ses adhérans, du 29 Décembre: 1651, *in-4*.

Rien ne toucha davantage le Cardinal, que sa tête mise à prix par cet Arrêt, qui promettoit cinquante mille écus à celui qui l'apporteroit.

23367. ☞ La Mazarinade, sur la Copie imprimée à Bruxelles: 1651, *in-4*.

C'est une Pièce en Vers licentieux & satyriques contre le Cardinal. M. de Segrais attribue cette Pièce à Paul SCARRON. *Voyez* ce qu'il en dit, rapporté ci-devant au [N°. 23267.]

23368. ☞ Jugement du Curé Bourdelois, pour servir à l'Histoire des Mouvemens de Bourdeaux: 1651, *in-4*.]

23369. ☞ La France à l'épreuve: septième Partie des Lettres héroïques du Sieur DE RANGOUZE: *Paris*, 1651, *in-12*.]

23370. ☞ La Chaîne du Hercule Gaulois, ou Essai sur quelques Evénemens importans du temps, avec les Eloges des Personnes illustres du Siècle: 1651, *in-4*.]

23371. ☞ Propositions d'une suspension d'Armes, faites à Stenay, par M. de Croissy, au Député de M. l'Archiduc; avec la Réponse dudit Député: *Paris*, 1651, *in-4*.]

23372. ☞ L'Anti-Gazette de Flandres, contre ceux qui blâment la garde qui se fait à Paris: 1651, *in-4*.

L'Auteur, en répondant au Gazettier Flamand, prouve que le Roi n'est jamais plus libre qu'à Paris, & s'étend beaucoup sur l'amour que les François ont naturellement pour leur Roi.]

23373. Relation de ce qui s'est fait & passé touchant les Propositions faites au Roi, étant en son Conseil; la Reine sa mère présente; plus aucuns des principaux Créanciers du Roi: 1651, *in-4*.

23374. ☞ Mf. Discours sur l'Etat présent des Affaires: 1651, de 19 pages.

Ce Manuscrit est conservé dans la Bibliothèque de M. Fevret de Fontette, à Dijon.]

23375. Histoire des Mouvemens de Bourdeaux, en 1649, 1650 & 1651; par DE FONTENEIL: *Bourdeaux*, Millanges, 1651, *in-4*. 2 vol.

23376. Histoire des Guerres de Savoye, depuis 1597 jusqu'en 1651; par Samuel GUICHENON, Historiographe du Roi & de son Altesse Royale de Savoye.

Cette Histoire est insérée dans le tome second de celle que l'Auteur a composée de la Maison Royale de Savoye: *Lyon*, Barbier, 1660, *in-fol*. L'Auteur est mort en 1664.

23377. Mf. Mémoires de ce qui s'est passé en France, durant la Régence de la Reine Anne d'Autriche, depuis l'an 1643 jusqu'à la fin de 1651; par Nicolas GOULAS, Sieur de la Mothe, Gentilhomme ordinaire de Monsieur: *in-fol*.

Ce Manuscrit est la suite de l'*Abrégé de l'Histoire de Louis XIII*. du même Auteur; il [étoit] conservé dans la Bibliothèque de M. le Prince Eugène, & dans celle de M. le Baron d'Hoendorff, [toutes deux aujourd'hui réunies à la Bibliothèque de l'Empereur.]

☞ On en a indiqué aussi un dans le Catalogue de M. Lancelot, num. 5257.]

23378. ☞ Mf. Mémoires servans à l'Histoire des années 1649-1651, & Relation du Siége de Barcelonne, en 1651 & 1652: *in-fol*.

Ce Manuscrit est marqué num. 2063, du Catalogue de M. Bernard.]

23379. Réponse de M. le Prince de Condé, contre la vérification de la Déclaration envoyée contre lui au Parlement de Paris: 1652, *in-4*.

23380. Les Sentimens d'un fidèle Sujet du Roi, sur l'Arrêt du Parlement, du 29 Décembre, contre le Cardinal Mazarin, *in-4*.

« Tous les bons esprits de Paris (dit l'Auteur des *Observations véritables & désintéressées sur cet Ecrit*) » sont partagés à qui devinera l'Auteur des Sentimens... » L'opinion la plus commune veut que ce soit M. (Samuel) MARTINEAU, Evêque de Bazas; d'autres soutiennent que c'est M. le Comte (Abel) DE SERVIENT; » il y en a qui parient pour M. (Anthime Denis) COHON, » (ancien Evêque de Dol); & beaucoup veulent que » ce soit M. (Jean) SILHON. Quoi qu'il en soit, nous » avons cette Pièce imprimée dans le Louvre, & un » Imprimeur du Roi en a fait le premier le débit avec » ordre de la Cour.... Quiconque ait travaillé à cette » Pièce étudiée, il fait voir qu'il est meilleur ami du » Mazarin, que fidèle Sujet du Roi, puisqu'il ne peut » mériter cette qualité usurpée, en s'efforçant de détruire » comme il fait, les Loix fondamentales de l'Etat ».

23381. Le Complot, ou Entretien burlesque sur l'Arrêt du 29 Décembre 1651, contenant les principaux Chefs d'Accusations proposés par la France, contre le Ministère du Cardinal Mazarin; par DE SANDRICOURT: *Paris*, 1652, *in-4*.

Cette Pièce est aussi intitulée : « Le Procès du Cardinal Mazarin, tiré du Greffe de la Cour, contre l'Auteur précédent ». De Sandricourt est un nom supposé. *Voyez* la Note ci-après, [à la Pièce intitulée: *L'Accouchée*, N°. 23386.]

23382. Observations véritables & désintéressées sur un Ecrit imprimé au Louvre, intitulé: Les Sentimens d'un fidèle Sujet du Roi, contre l'Arrêt du Parlement, du 29 Décembre 1651; par lesquelles l'autorité du Parlement & la justice de son Arrêt contre le Mazarin, est pleinement défendue, & l'Imposteur qui le condamne, entièrement réfuté; par un bon Ecclésiastique, très-fidèle Sujet du Roi, première Partie: *Paris, 1652, in-4.*

23383. Avis important & nécessaire, donné par un Politique désintéressé, à Messieurs du Parlement, au sujet de leur dernier Arrêt contre le Cardinal Mazarin: *Paris, 1652, in-4.*

Cet Avis est en faveur de ce Cardinal.

23384. ☞ Système général, ou Révolution du Monde, contenant tout ce qui doit arriver en France; la présente année 1652; avec les progrès des armes de M. le Prince, prédit par l'oracle Latin & l'oracle François, Michel Nostradamus, à Messieurs les Prévôt des Marchands & Echevins de Paris: 1652, *in-4.*]

23385. Le Politique Lutin, porteur des Ordonnances, ou les Visions d'Alectromante sur les Maladies de l'Etat; par le Sieur DE SANDRICOURT: *Paris, 1652, in-4.*

23386. L'Accouchée Espagnole; avec le Caquet des Politiques, ou le Frère & la suite du Politique Lutin sur les Maladies de l'Etat; par le même: *Paris, 1652, in-4.*

La première Partie de cet Ouvrage étoit achevée le 20 Décembre 1651, & la seconde Partie l'étoit le 3 Janvier suivant. De Sandricourt est un Auteur Pseudonyme qui a composé plus de vingt Pièces dans l'année 1652, sur les Affaires du temps. Il a donné à la plupart un tour fort singulier; aussi les appelle-t-il ses Fictions politiques. Quoique cet Auteur veuille persuader qu'il ne prend la défense que de l'autorité Royale, & la liberté modérée des Peuples; il passera néanmoins toujours pour un franc Frondeur, dont le style, souvent burlesque, renferme cependant quelquefois des choses bien sensées. Les proverbes & les quolibets ne sont pas épargnés dans ses Ecrits; l'esprit & le sel n'y manquent pas. On y remarque sur-tout une grande lecture qui est fort variée; mais il produit aussi des sentimens bien hardis & fort libres, où il entre quelque peu de libertinage. Enfin on peut dire que c'est un Philosophe bouffon qui raisonne, & qui est fort opposé au Gouvernement, sous le Ministère du Cardinal Mazarin. Quelques-uns ont cru que Mézeray s'étoit caché sous le nom de Sandricourt, parce qu'on trouve dans ce nom celui de François Eudes. Mais outre qu'il y a trois lettres différentes dans ces deux noms, le style de ces deux Auteurs est fort différent, & le Pseudonyme répand une vaste érudition, qui ne paroît pas convenir au fameux Mézeray. Si l'on veut s'en tenir à la preuve de l'anagramme, on croira plutôt Auteur de ces Ecrits, un François DURET, n'y ayant qu'une lettre différente dans ce nom & celui de Sandricourt. Au reste le Pseudonyme semble avouer qu'il est Médecin, & plusieurs endroits de ses Ouvrages confirment ce sentiment. Il dit à la fin de la troisième Partie de son *Censeur du Monde & du Temps*, qui a paru en 1652, qu'il avoit alors cinquante-six ans. On verra dans la suite ses autres Ecrits.

Voyez la Note ci-après, à la Pièce intitulée: *Les très-humbles Remontrances des trois Etats, &c.*

23387. La Science des Grands, l'honneur des Sçavans & des Magistrats, & le contentement des Curieux & Amateurs des Histoires & Affaires publiques & politiques, dans le vrai & sincère usage de la Politique: *Paris*, Noël, 1652, *in-4.*

Cet Auteur a fait un Traité de Politique, dont il donne le Plan dans cet Ecrit.

23388. Instructions politiques, contenant les véritables Maladies de l'Etat, & les moyens assurés pour y établir & conserver la tranquillité publique, présentées à Nosseigneurs du Parlement: *Paris, 1652, in-4.*

Ces Instructions & le Traité suivant, sont de l'Auteur de la *Science des Grands.*

23389. La Politique universelle, ou brève & absolue Décision de toutes les Questions d'Etat les plus importantes: *in-4.*

Cet Auteur entreprend de résoudre dans les cinq Parties de ce Traité, trente Questions qui ont du rapport à l'Histoire de ce temps-là.

23390. Observation de (Louis) MACHON, pour l'Arrêt du Parlement, du 29 Décembre 1651, contre le Cardinal Mazarin: *Paris, 1652, in-4.*

23391. Lettre de M. le Prince DE CONDÉ, contre la Vérification de la Déclaration envoyée contre lui au Parlement, (le 5 Décembre 1651): 1652, *in-4.*

23392. Concordat de l'Union faite entre le Parlement & la Ville de Bourdeaux, avec Nosseigneurs les Princes, contre les Ennemis de l'Etat: *Bourdeaux, 1652, in-4.*

23393. La Vérité manifestée sur le nouveau sujet des divisions du Parlement & de la Ville d'Aix: *in-4.*

Cet Ecrit fut fait en faveur de quelques Magistrats, qui tenoient le parti des Princes, & qu'on appelloit en Provence les *Sabreurs.* Il fut condamné au feu comme un Libelle, par Arrêt du Parlement de Provence, du 3 Janvier 1652, au rapport de Bouche, *pag. 975* du tom. II. de son *Histoire de Provence.*

23394. Pièces justificatives du Cardinal Mazarin, contre les Libelles diffamatoires à lui imposés, jusqu'à cejourd'hui: *Paris, 1652, in-4.*

23395. Lettre de M. le Cardinal MAZARIN, écrite au Roi (le 4 Janvier), sur son retour en France: 1652, *in-4.*

23396. Les Lettres de M. le Prince DE CONDÉ à son Altesse Royale, & à Messieurs du Parlement, (du 4 Janvier); ensemble la Requête de M. le Prince, envoyée au Parlement: *Paris, Vivenay, 1652, in-4.*

23397. Lettre du Cardinal MAZARIN, à son Altesse Royale, sur son retour en France, (du 5 Janvier): *Paris, 1652, in-4.*

23398. Réponse pour son Altesse Royale, à la Lettre du Cardinal Mazarin, sur son retour en France; par DE SANDRICOURT: *Paris, 1652, in-4.*

23399. Les Lettres du Cardinal MAZARIN, envoyées à la Reine & à M. le Prevôt des Marchands de la Ville de Paris, le 12 Janvier: *Paris*, 1652, *in-4.*

23400. Le Manifeste de la Reine, sur le retour du Cardinal Mazarin & sur les Affaires du temps: *Paris*, 1652, *in-4.*

23401. La Réponse au Manifeste de la Reine présenté à son Altesse Royale: *Paris*, 1652, *in-4.*

23402. Considérations désinteressées, sur la conduite du Cardinal Mazarin: 1652, *in-4.*

23403. Le Véritable, contre le Menteur: *Paris*, 1652, *in-4.*

C'est une Réponse fort vive aux Considérations désinteressées.

23404. Arrêt de la Cour du Parlement, contre le Cardinal Mazarin & ses Adhérans, du 13 Janvier: *Paris*, 1652, *in-4.*

23405. La Justification de M. le Prince, tirée de cet Arrêt: *in-4.*

23406. Les Raisons & Motifs, ou la Décision de la Question du temps, pourquoi l'on ne s'est pas opposé au passage du Mazarin, s'en allant à la Cour: 1652, *in-4.*

23407. Croisade pour la Conservation du Roi & du Royaume: *Paris*, 1652, *in-4.*

23408. Manifeste de M. le Duc de Guise, contenant les véritables motifs de la levée d'une Armée, pour le service du Roi & de Messieurs les Princes: 1652, *in-4.*

23409. Entretien d'un Gentilhomme, d'un Avocat & d'un Marchand, sur les divisions de Provence & les Affaires du temps: 1652, *in-4.* [20 pages.]

Cette Pièce fut faite le 15 Janvier, en faveur des Sabreurs.

23410. Lettre d'un Gentilhomme désinteressé, à Messieurs les Députés des Etats, sur les mouvemens présens, & des moyens qu'ils doivent tenir pour les pacifier: 1652, *in-4.*

Ecrit contre le Cardinal Mazarin.

23411. La contenance des Principaux de l'Etat, mais principalement des Chefs de parti, en la présence du Cardinal Mazarin, le 19 Janvier: 1652, *in-4.*

Pièce singulière, qui fait connoître la situation où étoient les esprits en ce temps-là.

23412. Relation écrite de Poitiers, du 20 Janvier, contenant les avantages remportés sur l'Armée de M. le Prince, par l'Armée du Roi: *Paris*, 1652, *in-4.*

23413. Discours politique sur le tort que le Roi fait à son autorité, en ne faisant point exécuter les Déclarations contre le Cardinal Mazarin, & l'avantage que cela donne à ses Sujets: 1652, *in-4.*

23414. La Voix du Peuple, servant d'avertissement à M. le Prince, dans la conjoncture des Affaires de ce temps: *Paris*, 1652, *in-4.*

Ecrit contre le Cardinal Mazarin, pour le chasser de nouveau.

23415. Articles & Conditions, dont son Altesse Royale & M. le Prince sont convenus, pour l'expulsion du Cardinal Mazarin hors du Royaume, en conséquence des Déclarations du Roi & des Arrêts des Parlemens de France intervenus sur icelles, du 24 Janvier: *Paris*, 1652, *in-4.*

23416. Très-humbles Remontrances faites au Roi par Messieurs les Députés du Parlement de Paris, contre le retour du Cardinal Mazarin: *Paris*, Chevalier, 1652, *in-4.*

23417. Arrêt de la Cour de Parlement, contre le Cardinal Mazarin, du 25 Janvier: *Paris*, 1652, *in-4.*

23418. Lettre de M. (Henri Chabot), Duc DE ROHAN, à son Altesse Royale, sur les entreprises du Cardinal Mazarin, contre la Ville d'Angers, du 3 Février: *Paris*, de la Caille, 1652, *in-4.*

☞ Ce Duc de Rohan est mort en 1655.]

23419. Lettre du Roi, écrite à son Parlement de Paris, sur les Affaires présentes, de Saumur, le 11 Février: *Paris*, 1652, *in-4.*

23420. Lettre de M. le Prince DE CONDÉ, au Roi, sur le sujet du retour du Cardinal Mazarin, contenant ses intentions, de Bergerac, le 12 Février: *Bourdeaux*, 1652, *in-4.*

23421. Le Manifeste de M. le Duc DE ROHAN, contenant les raisons de son armement, & de sa jonction avec son Altesse Royale & Messieurs les Princes: *Paris*, 1652, *in-4.*

23422. Manifeste des Angevins, adressé à Messieurs du Parlement de Paris, du 12 Février: *Paris*, Vivenay, 1652, *in-4.*

23423. La descente du Politique Lutin aux Limbes, sur l'enfance & les maladies de l'Etat; par DE SANDRICOURT: *Paris*, 1652, *in-4.*

L'Auteur de cet Ecrit, le fit du temps du Siège d'Angers, comme il le dit lui-même.

23424. Les véritables Maximes du Gouvernement de la France, justifiées par ordre des temps, depuis l'établissement de la Monarchie jusqu'à présent, servant de Réponse au prétendu Arrêt de cassation, du 18 Janvier 1652, dédiées à son Altesse Royale: *Paris*, veuve Guillemot, 1652, *in-4.*

L'Arrêt du Conseil d'Etat donné à Poitiers, le 18 Janvier, qui casse & annulle l'Arrêt du Parlement, du 29 Décembre 1651, contre le Cardinal Mazarin, est au-devant de cet Ecrit.

Suite des véritables Maximes du Gouvernement de la France: *Paris*, Chevalier, 1652, *in-4.*

23425. Les Préparatifs de la descente du Cardinal Mazarin aux Enfers, avec les Entretiens des Dieux souterrains, touchant & contre les Maximes supposées véritables du Gouvernement de la France ; par DE SANDRICOURT : *Paris*, 1652, *in*-4.

Cet Ouvrage, au jugement de l'Auteur, est entre les plus considérables & les plus utiles qu'il eût donnés jusqu'alors au Public.

23426. La France en travail, sans pouvoir accoucher, faute de Sage-Femme; par le même. C'est une branche de mon Accouchée Espagnole, & la cinquième Pièce de mes Fictions politiques : *Paris*, 1652, *in*-4.

23427. Recueil des Maximes véritables, pour l'institution du Roi, contre la pernicieuse politique du Cardinal Mazarin, Surintendant de l'éducation de Sa Majesté : *Paris*, 1652, *in*-8. 1652, *in*-12.

Ce Recueil a été composé par Claude JOLY, alors Avocat au Parlement, & qui est mort en 1700, Chantre de l'Eglise de Paris.

☞ Le même, avec deux Lettres apologétiques pour ledit Recueil, contre l'Extrait de S. N. Avocat du Roi au Châtelet : *Paris*, 1663, *in*-12.

Quoique ce Livre ait été composé contre le Cardinal Mazarin, & sur la fin des troubles, l'Auteur s'y est attaché particulièrement à traiter des devoirs des Souverains, & à leur indiquer une forme de gouvernement, en discutant leurs droits & ceux du Peuple, sur-tout pour ce qui regarde la France. On peut dire qu'il s'en est acquitté au mieux.

Cet Ouvrage est écrit d'un style fort net ; il est hardi, mais il n'est point outré, comme la plupart de ceux qui ont été composés par les Républicains fougueux, que leur zèle emporte au-delà des bornes de la bienséance & de la Vérité. L'Auteur n'a rien avancé que sur les témoignages des meilleurs Historiens & Politiques, dont les citations s'y trouvent rapportées en entier. Les Chapitres VIII. & IX. qui traitent des Etats & des Parlemens, sont des plus curieux. Les Lettres apologétiques qui sont à la fin, contiennent un peu trop de déclamation; mais il y a plusieurs choses qui valent la peine d'être lues.

Il seroit à souhaiter pour le bien des Peuples, que les Rois fissent leur étude de ce Livre; mais il n'y a pas d'apparence qu'il parvienne jusqu'à eux.

Cet Ouvrage de Claude Joly, fut brûlé par la main du Bourreau, aussi-tôt qu'il parut, aussi-bien que les deux Lettres qui en faisoient l'apologie; mais il fut réimprimé en 1663, sous prétexte de l'éducation du Dauphin, & depuis encore sous le titre de la *Véritable Education du Roi, opposée à la politique & aux maximes du Cardinal Mazarin* : *Amsterdam*, 1695, *in*-12. On peut voir à son sujet le *Dictionnaire* de Prosper Marchand, au mot *Saint-Réal*. Note M. Lenglet, *Méth. histor. in-*4. *tom. IV. pag.* 145, & *Supplément*, *pag.* 165. = *Biblioth.* de Colomiez, *pag.* 193.]

23428. Lettre du Roi au Parlement de Paris, écrite de Saumur, le 22 Février, sur les Affaires du temps : *Paris*, 1652, *in*-4.

23429. Lettre du Roi au Duc de Lorraine, du 25 Février, pour la jonction de ses armes à celles de Sa Majesté : *Paris*, 1652, *in*-4.

23430. Discours politique sur un Placart affiché dans la Guienne, par ordre de M. le Prince, du 28 Février : *Paris*, Vivenay, 1652, *in*-4.

23431. Très-humble Remontrance du Parlement de Tholose, faite au Roi contre le retour du Cardinal Mazarin, & pour la surséance de la Déclaration de Sa Majesté, contre M. le Prince, du premier Mars : *Paris*, Chevalier, 1652, *in*-4.

23432. L'Evangéliste de la Guienne, où la Découverte des intrigues de la petite Fronde, dans les Négociations & les Mouvemens de cette Province, depuis la détention de Messieurs les Princes jusqu'à présent : *Paris*, veuve Guillemot, 1652, *in*-4.

23433. Plaintes & Réflexions politiques sur la Harangue de M. l'Archevêque de Rouen, faite au Roi dans la Ville de Tours, au nom du Clergé de France, contre le Parlement de Paris, en faveur du Cardinal Mazarin, proscrit & légitimement condamné par plusieurs Arrêts donnés contre lui, où il est montré que le Parlement est Juge naturel & légitime des Cardinaux, Archevêques, Evêques, Abbés & autres Ecclésiastiques du Royaume, tant Séculiers que Réguliers : 1652, *in*-4.

« L'Arrêt du 31 Décembre 1651, (ou plutôt celui
» du 29 de ce mois), a été combattu & défendu par
» des plumes engagées, c'est-à-dire, intéressées en des
» partis différens : l'un, qui se publie le *Fidèle Sujet du*
» *Roi*, [N°. 23380,] découvre des sentimens Maza-
» rins pour l'idole qu'il adore ; & l'autre, qui fait l'Apo-
» logie du Parlement, [N°. 23381.] Je sçais bien qu'il
» n'en a point d'aveu, & qu'il est aux gages d'un Prince.
» Celui qui a donné au public les *Maximes véritables*,
» [No. 23427,] a approché plus solidement du point.
» Celui qui a fait les *Motifs des Arrêts des Parlemens de*
» *France*, propose des Chefs d'accusations très-puissans
» contre ce Ministre Etranger. Celui qui a fait les *Ré-*
» *flexions politiques sur la Harangue de l'Archevêque*
» *de Rouen*, donne des exemples qui convainquent, &
» qui accusent la flatterie sous le Camail ». De Sandricourt, *pag.* 30 de la première Partie de son *Censeur du Temps & du Monde*.

23434. L'Entrevue de Messieurs les Ducs de Beaufort & de Nemours, avec la jonction de leurs Troupes, le 15 Mars : *Paris*, Brunet, 1652, *in*-4.

23435. Réponse des Bourgeois d'Orléans, faite à Sa Majesté, & la Députation qu'ils ont envoyée à son Altesse Royale, touchant le dessein qu'ils ont de ne permettre point l'entrée de Mazarin dans leur Ville, du 16 Mars : 1652, *in*-4.

23436. Lettre du Roi au Maréchal de l'Hôpital, Gouverneur de Paris, sur les Affaires présentes ; de Blois, le 23 Mars : *Paris*, 1652, *in*-4.

23437. La très-humble & véritable Remontrance de Nosseigneurs du Parlement, pour l'éloignement du Cardinal Mazarin, présentée au Roi étant à Sully, (le 29 Mars) par les Députés du Parlement : *Paris*, Chevalier, 1652. *in*-4.

23438.

Règne de Louis XIV. 1652.

23438. Lettre de M. le Duc DE BEAUFORT, écrite à son Altesse Royale, sur la marche de son Armée; ensemble l'arrivée de M. le Prince à Paris, le 29 Mars: *Paris*, Petrinal, 1652, *in-4*.

23439. Lettre de M. le Prince DE CONDÉ, à son Altesse Royale, sur le sujet de son arrivée aux Troupes de Messieurs les Ducs de Vendôme & de Nemours, du premier Avril: *Paris*, Vivenay, 1652, *in-4*.

23440. Lettre d'un Habitant de la Ville de Blois, écrite à un sien Ami, sur les désordres, pilleries, sacrilèges & violemens que le Cardinal Mazarin a fait faire, tant dans ladite Ville de Blois, que dans les Villages aux environs, du premier Avril : *Paris*, veuve Guillemot, 1652, *in-4*.

23441. Le Manifeste de la Ville d'Orléans, à son Altesse Royale, où il est montré que pour avoir bien-tôt la paix, il est nécessaire de se déclarer contre le Mazarin, à l'imitation des Habitans de ladite Ville d'Orléans: *Paris*, le Roi, 1652, *in-4*.

23442. ☞ Harangue burlesque, faite à Mademoiselle, au nom des Bâteliers d'Orléans, contenant le Narré de son entrée dans la Ville: *Orléans*, Hotot, 1652, *in-4*. (de 11 pages).

Cette Piéce est une sanglante Satyre contre le Cardinal Mazarin, & un Eloge assez délicatement tourné de Mademoiselle. Elle est l'Ouvrage d'un nommé D'ANGERVILLE.]

23443. La véritable Réponse du Roi, faite par M. le Garde des Sceaux, aux Remontrances par écrit, présentées à Sa Majesté dans la Ville de Sully, le 3 Avril, par les Députés du Parlement, où se voit le peu de satisfaction que ces Messieurs ont reçu sur le sujet de leur Députation: *Paris*, de la Fosse, 1652, *in-4*.

23444. Extrait des Registres du Parlement, contenant ce qui s'est passé pour l'éloignement du Cardinal Mazarin, depuis le 9 Février jusqu'au 13 Avril: *Paris*, 1652, *in-4*.

23445. Parallèle des plus pernicieux & abominables Tyrans que la nature réprouvée ait jamais sçu créer en forme d'hommes; ou véritable Parangon des mœurs, humeurs, conditions & maximes de Jules Mazarin, avec celles d'Elius Sejanus, &c. en deux Parties, dédié à M. le Prince; par S. P. P. *Paris*, 1652, *in-4*.

Libelle fort emporté contre le Cardinal Mazarin.

23446. Lettre de M. le Prince à son Altesse Royale, sur le sujet de la dernière Bataille : *Paris*, Chevalier, 1652, *in-4*.

23447. La Lettre véritable, écrite par un bon Religieux à un Officier de la Ville de Paris, où se voient la conversion d'un Mazarin, & la vérité reconnue des fourberies du Sicilien, pour servir d'Avis aux bons François, du 18 Avril : *Paris*, veuve Guillemot, 1652, *in-4*.

23448. Le vrai & le faux de M. le Prince & de M. le Cardinal de Retz : *in-4*.

« J'ai particulièrement arrêté mes pensées (dit le Cardinal DE RETZ, Auteur de cet Ecrit), sur M. le Prince, & sur M. le Cardinal de Retz, qui sont les deux personnes qui ont, ce semble, donné le mouvement à toutes les autres; & après une recherche soigneuse & exacte, j'ai trouvé que tout ce qu'on a dit contre M. le Cardinal de Retz, s'est trouvé faux par l'événement, & que tout ce qu'on a dit contre M. le Prince, par le même événement, s'est trouvé véritable.

« Marigny me raconta presque dans le même temps » (c'est le même Cardinal qui parle, pag. 216, du tom. IV. de ses *Mémoires*), que s'étant trouvé dans la Chambre de M. le Prince, & ayant remarqué qu'il lisoit avec attention un Livre; il avoit pris la liberté de lui dire qu'il falloit que ce fût un bel Ouvrage, puisqu'il y prenoit tant de plaisir ; & que M. le Prince lui répondit : Il est vrai que j'y en prens beaucoup; car il me fait connoître mes fautes, que personne n'ose me dire. Vous observerez, s'il vous plait, que ce Livre, qui étoit celui qui étoit intitulé : *Le Vrai & le Faux du Prince de Condé & du Cardinal de Retz*, pouvoit fâcher & piquer M. le Prince; car je reconnois de bonne foi, que j'y avois manqué au respect que je lui devois. Ces paroles sont belles, hautes, sages, grandes, & proprement des Apophthegmes, desquels le bon sens de Plutarque auroit honoré l'antiquité avec joie. »

23449. Contre-Vérités du Vrai & du Faux du Cardinal de Retz : *Paris*, 1652, *in-4*.

C'est une Réponse fort vive pour M. le Prince, à l'Ecrit précédent.

23450. Le vrai-semblable sur la conduite de M. le Cardinal de Retz : 1652, *in-4*.

Le Cardinal DE RETZ a composé ce Livre, pour se défendre contre la Réponse précédente.

23451. Les Contre-temps du Sieur de Chavigny, premier Ministre d'Etat de M. le Prince ; (par le même.): 1652, *in-4*.

« Les Libelles recommencèrent (dit le Cardinal de Retz, *pag.* 205 du tom. IV. de ses *Mémoires*), j'y répondis...... Je me contenterai de vous dire que les *Contre-temps du Sieur de Chavigny*, que je dictai en badinant à M. de Caumartin, touchèrent à un point cet esprit altier & superbe, qu'il ne pût s'empêcher d'en verser des larmes, en présence de douze ou quinze personnes de qualité, qui étoient dans sa Chambre. ».

23452. Les bons Avis, par révélation de sainte Geneviève, à l'Hermite solitaire : 1652, *in-4*.

On exhorte dans ce Discours les Parisiens à être unis aux Princes & au Parlement.

23453. Les Intérêts du temps ; (par le Cardinal DE RETZ): 1652, *in-4*.

Ce Cardinal, après avoir parlé de plusieurs Ecrits faits pour & contre lui-même, *pag.* 138 du tom. III. de ses *Mémoires*, ajoute : « Je composai ensuite le *Vrai & le Faux du Prince de Condé & du Cardinal de Retz*, le *Vrai-semblable*, le *Solitaire*, les *Intérêts du temps*, les *Contre-temps du Sieur de Chavigny*, le *Manifeste de M. de Beaufort en son jargon*; Joly, qui étoit à moi, fit les *Intrigues de la Paix* ».

Liv. III. *Histoire Politique de France.*

23454. Avis aux Malheureux: 1652, in-4.

Cet Avis est aussi attribué au Cardinal DE RETZ, dans la Réponse suivante.

23455. La Réponse d'un Malheureux, au Cardinal de Retz, ou l'Imposture & la Trahison du Coadjuteur découverte, dans la Réfutation de son Libelle séditieux, intitulé: *Avis aux Malheureux*: Paris, 1652, in-4.

23456. Le Poignard du Coadjuteur: Paris, 1652, in-4.

Ecrit violent contre M. le Coadjuteur, pour M. le Prince.

23457. Conduite du Cardinal Mazarin, depuis son retour en France, adressée aux Compagnies souveraines, Maison de Ville & bons Bourgeois de Paris: Paris, 1652, in-4.

23458. Très-humbles Remontrances faites par écrit à son Altesse Royale, dans son Palais, par un grand nombre de notables Bourgeois de Paris, le 2 Avril 1652, sur leurs résolutions touchant les approches du Cardinal Mazarin avec l'Armée du Roi, pour bloquer Paris; & le bruit de l'arrivée de M. le Prince à Orléans, pour l'empêcher; ensemble la Requête, avec les motifs qui ont obligé les Frondeurs à procéder criminellement contre ce Ministre ressuscité: Paris, 1652, in-4.

Ecrit supposé par un Frondeur.

23459. La Pierre de Touche, aux Mazarins: Paris, 1652, in-4.

On publia à Paris le 13 Avril, un Arrêt du Parlement, par lequel on défendoit à toutes personnes de composer, aucun Placard, ni Livres ni Libelles, tendant à sédition contre l'autorité du Roi, & ceux qui sont préposés au Gouvernement de Paris & Magistrats d'icelle; enjoignant aux Officiers du Châtelet, Lieutenant Criminel, &c. de tenir la main à l'exécution dudit Arrêt. La *Pierre de touche* fut alors composée contre ces Officiers, pour la défense de ceux qui écrivoient contre le Cardinal Mazarin.

23460. Avis important & nécessaire, donné aux Parisiens par M. le Duc de Beaufort: Paris, 1652, in-4.

Cet Avis fait le 13 Avril, est contre le Cardinal de Retz.

23461. Lettre du Roi écrite au Maréchal de l'Hospital, Gouverneur de Paris, sur le fait de son retour en cette Ville; de Corbeil, le 25 Avril: Paris, 1652, in-4.

Le Roi n'arriva à Paris que le 21 Octobre suivant.

23462. Relation véritable de ce qui s'est passé à Saint-Germain-en-Laye, depuis le 18 Avril 1652, jusqu'au 30 de ce mois: 1652, in-4.

23463. Lettre du Roi envoyée au Maréchal de l'Hospital, Gouverneur de Paris, sur ce qui s'est passé entre les deux Armées ès environs d'Estampes, du 6 Mai: Paris, 1652, in-4.

23464. Journal véritable & désintéressé de tout ce qui s'est fait & passé tant à Saint-Germain-en-Laye qu'à Paris, depuis l'arrivée du Roi audit lieu de Saint-Germain, jusqu'à présent: Paris, le Gentil, 1652, in-4.

Ce Journal commence au 17 Avril, & finit le 7 Mai suivant.

23465. ☞ Lettre du Roi écrite à la Cour du Parlement de Provence, sur le sujet des Affaires présentes, du 15 Mai 1652: Marseille, 1652, in-4. de 8 pages.]

23466. Avertissement aux bons François sur le bruit de la Conférence pour la conclusion de la Paix générale & particulière, avec l'exil perpétuel du Cardinal Mazarin: Paris, Vivenay, 1652, in-4.

23467. Le Censeur du temps & du Monde, portant en main la Clef promise du Politique Lutin; par DE SANDRICOURT: Paris, 1652, in-4.

C'est la première partie des quatre, dont cet Ouvrage est composé; elle fut faite peu de jours après la prise de Gravelines, le 24 Mai.

23468. Pasquin & Marforio sur les Intrigues d'Etat; par le même: Paris, 1652, in-4.

L'Auteur dit que cette Pièce fut faite trois semaines avant la prise d'Estampes, le 2 Juin; cependant il y cite la première partie de son *Censeur*.

23469. Manifeste du Duc de Lorraine, présenté à son Altesse Royale: Paris, de la Fosse, 1652, in-4.

23470. La Déclaration du Duc de Lorraine à son Altesse Royale & à MM. les Princes, sur l'approche de ses Troupes ès environs de Paris; ensemble la Lettre écrite à MM. du Parlement à ce sujet, du 25 Mai: Paris, le Roy, 1652, in-4.

23471. ☞ Recueil de plusieurs Pièces sur l'Entrée de l'Armée de Lorraine en France, & sa marche: Paris, 1652, in-4.]

23472. Très-humbles Remontrances des bons Bourgeois de Paris à Nosseigneurs de Parlement, sur le sujet de leur première Assemblée après le retour des Députés: Paris, le Rouge, 1652, in-4.

23473. Avis important & nécessaire sur l'état & la crise des Affaires présentes, donné par un notable Bourgeois en l'Assemblée de l'Hôtel de Ville: Paris, 1652, in-4.

Cet Avis tend à unir le Parlement avec M. le Prince.

23474. Le Mercure de la Cour, en cinq parties: Paris, 1652, in-4.

Ce Mercure finit au siège d'Estampes, qui se fit le 2 Juin.

23475. Seconde partie du Censeur du Temps & du Monde, portant en main la Clef du Politique Lutin, & rapportant les Discours des quatre Héros dans les Champs Elysées, touchant les trois Cardinaux accusés; l'Education des Princes; la Confédération du

Prince de Condé avec les Espagnols; & l'Ordonnance de Charles le Sage sur la Majorité des Rois; par DE SANDRICOURT: *Paris*, 1652, *in-4*.

Cette partie du *Censeur* parut lorsque le Duc de Lorraine arriva à Paris, le 2 Juin.

23476. La Pièce intitulée le *Censeur censuré*: *in-4*.

23477. La Réponse DE SANDRICOURT sur la Thèse couchée en la seconde partie du Censeur du Temps & du Monde, à sçavoir que les Régences des Royaumes ne doivent jamais être déférées aux Reines Mères ni aux Princes du Sang. C'est une branche de la deuxième partie du Censeur du Temps & du Monde, & l'Examen de la Pièce intitulée: *Le Censeur censuré*; par ledit DE SANDRICOURT: *Paris*, 1652, *in-4*.

L'Auteur y fait entendre qu'il a beaucoup voyagé, & il se pique d'être sans engagemens.

23478. Le Censeur de la Censure adressée au Sieur de Sandricourt, Auteur du Libelle intitulé: *Le Censeur du Temps*; par (Henri) BAUGDINIER de Mazet, Procureur-Général de la Reine Mère; seconde Edition: *Paris*, 1652, *in-4*.

23479. La Réponse de Sa Majesté à MM. les Députés du Parlement & à leur dernière Remontrance au Roi, à Melun le 15 de Juin 1652: *Paris*, Brunet, 1652, *in-4*.

23480. Le Manifeste de M. de Beaufort, par lequel il déclare se joindre à son Altesse Royale, au Parlement & à la Ville de Paris: *Paris*, 1652, *in-4*.

Le Cardinal DE RETZ dit à la page 555 du Tome II. de ses *Mémoires*, qu'il a composé ce Manifeste dans le jargon de M. de Beaufort.

23481. Propositions faites par MM. les Députés de l'Assemblée générale de la Provence, à MM. les Consuls de la Ville de Tolon, & ensuite leur Réponse, articles par articles, du 21 Juin: *Paris*, Colombel, 1652, *in-4*.

23482. Avis sincère du Maréchal de l'Hospital donné à Sa Majesté dans Saint-Denys, avec les raisons pour lesquelles on l'a fait arrêter en Cour: *Paris*, le Hardy, 1652, *in-4*.

23483. Réponse à la Lettre circulaire envoyée à tous les gens de bien de la Province sur le sujet de l'arrivée de M. le Duc de Mercœur en ce Pays, (en Provence): *in-4*.

Écrit contre les Sabreurs.

23484. La véritable Fronde des Parisiens, frondant Jean-François Paul de Gondy, Archevêque de Corinthe, Coadjuteur de Paris, & depuis le vœu du Mazarinisme indigne Cardinal de la sainte Eglise, ennemi juré des Princes du Sang, & ami du Mazarin & des Mazarins, avec des Avis nécessaires à MM. les Princes, aux Parlemens, aux Parisiens & à M. de Penis: *Paris*, 1652, *in-4*.

Libelle emporté contre le Cardinal de Retz.

23485. Relation de ce qui s'est fait & passé au Siége du Château de Tarascon, le 24 Juin: *Aix*, Roize, 1652, *in-4*.

23486. L'Esprit de Paix: 1652, *in-4*.

Le Cardinal DE RETZ à qui cet Ouvrage est attribué, commence ainsi: « Je ne suis ni Prince, ni Mazarin, » ni de partis, ni de cabales, &c.

23487. Réponse pour MM. les Princes au Libelle séditieux intitulé, *L'Esprit de Paix*, semé dans les rues de Paris, la nuit du 25 Juin 1652. Pièce Académique; par DE SANDRICOURT: *Paris*, 1652, *in-4*.

L'Auteur y condamne les deux partis.

23488. L'Aveuglement du Conseil de Sa Majesté, dans les fausses prétentions qu'il a de pouvoir justifier le rétablissement de Mazarin, sur le prétexte de rétablir par ce moyen l'autorité souveraine: *in-4*.

23489. Relation véritable de ce qui s'est passé dans le Combat de MM. les Ducs de Beaufort & de Nemours, (le 30 Juin): *Paris*, Mallard, 1652, *in-4*.

23490. Le Récit du Duel déplorable entre MM. les Ducs de Beaufort & de Nemours: *Paris*, 1652, *in-4*.

23491. La Censure & l'Antidote des Maximes pernicieuses contenues dans un Libelle qui a pour titre: *Le Récit du Duel*, &c. *Paris*, 1652, *in-4*.

23492. Le Duel de M. le Duc de Beaufort justifié par l'innocence de ses mœurs, par le succès de ses armes & par sa fidélité incorruptible envers les Bourgeois de Paris, avec le parallèle de ses actions & de celles du Coadjuteur, pour servir de preuves à ces trois raisonnemens: *Paris*, 1652, *in-4*.

23493. Relation véritable de ce qui s'est passé le 2 Juillet au Fauxbourg Saint-Antoine, contre les Troupes du Cardinal Mazarin, commandées par MM. les Maréchaux de Turenne & de la Ferté, & celles de M. le Duc d'Orléans & de M. le Prince: *Paris*, Vivenay, 1652, *in-4*.

« Je serois inexcusable, (dit le Cardinal de Retz, *pag.* 243, du tom. IV. de ses *Mémoires*,) si j'entreprenois de décrire le détail de l'action du monde la plus » grande & la plus héroïque, sur des Mémoires qui courent les rues, & que j'ai ouï dire à des gens de Guerre » être très-mauvais ».

23494. Le Mirouer de la Reine, lui représentant tous les désordres de la Régence, & lui donnant d'infaillibles moyens pour les réparer: *Paris*, Chevalier, 1652, *in-4*.

Pièce pleine d'invectives contre la Reine Mère.

23495. Le Caractère du Royaliste, à Agathon: *Paris*, 1652, *in-4*.

Écrit contre le Prince de Condé.

Liv. III. Histoire Politique de France.

23496. Réponse contre le séditieux Libelle intitulé : *Le Caractère du Royaliste* : *in*-4.

23497. La Vérité toute nue, ou Avis sincère & désintéressé sur les véritables causes des maux de l'Etat & les moyens d'y apporter le remède : *Paris*, 1652, *in*-4.

Ecrit contre M. le Prince ; le Cardinal de Retz n'y est pas épargné. Il fut achevé sur la fin du mois de Juin. L'Auteur attribue les malheurs du temps à la dissipation des Finances, à la mauvaise conduite du Cardinal Mazarin, aux intrigues du Cardinal de Retz, aux entreprises du Parlement, à l'ambition de M. le Prince, & à la trop grande facilité de M. le Duc d'Orléans.

23498. L'Antidote au venin des Libelles du Royaliste à Agathon, & de la Vérité toute nue : *Paris*, 1652, *in*-4.

23499. Conjuration découverte des Sieurs Servien, le Tellier, de Lyonne & autres : Triumvirat du Conseil du Cardinal Mazarin contre MM. les Princes & la Ville de Paris, proscrits par Arrêt de la Cour de Parlement : *Paris*, Hardouin, 1652, *in*-4.

23500. Journal de ce qui s'est passé aux deux Assemblées de l'Hôtel de Ville, les 4 & 6 Juillet : *Paris*, Brunet, 1652, *in*-4.

23501. ☞ Le Masque levé contre la conduite de la Cour, & le Coup de grace donné au Cardinal Mazarin, où l'Auteur fait voir dans douze raisons invincibles, que l'établissement du repos de la France dépend de la ruine de Mazarin ; & que les François n'ont ni ressentiment, ni honneur, ni courage, ni force, s'ils ne lèvent ouvertement le masque pour faire une conspiration générale contre le rétablissement de ce Ministre ; dédié à Monseigneur le Prince : *Paris*, 1652, *in*-4.

L'Epitre dédicatoire est signée H. M. D. M. A. Les raisonnemens de l'Auteur sont sensés, solides, & pleins de bonne politique.]

23502. ☞ La Requête des trois Etats, touchant le lieu & les personnes qu'on doit choisir pour l'Assemblée des Etats-Généraux : *in*-4.

Le but de ces Etats, dit l'Auteur, étant de remédier aux abus qui règnent, on ne peut choisir d'autre Ville pour cette Assemblée que la Ville de Paris, où il y a lieu de présumer que les suffrages seront libres : ce qui ne se trouveroit pas ailleurs, où la Cour & les Mazarinistes auroient trop de crédit, & où les Princes & les autres personnes bien intentionnées ne pourroient pas se trouver, sans courir risque de leur vie, ou tout au moins de leur liberté.]

23503. ☞ Le Mot à l'oreille sur les Desseins particuliers de la Reine & du Cardinal Mazarin : *in*-4.

L'Auteur veut qu'on sonne le tocsin sur le Cardinal & sur ses Adhérans, & qu'on retire le Roi de ses mains, pour pouvoir rétablir le repos & la tranquillité publique.]

23504. ☞ L'Amuse-badaud Mazarin, ou l'intrigue des Créatures du Mazarin qui sont dans Paris, pratiquée Jeudi dernier pour empêcher l'effet de l'Assemblée du Parlement qui devoit se faire ce jour-là : *in*-4.

Ils avoient fait courir le bruit que M. le Prince, qui assiégeoit la Ville de Miradoux, y avoit été défait entièrement par le Comte d'Harcourt ; ce qui avoit beaucoup refroidi les Frondeurs. Cet Ecrit fut fait pour les désabuser.]

23505. ☞ Le Catéchisme de la Cour : *Paris*, Clément, 1652, *in*-4.

Cette Pièce satyrique contre les Mazarinistes est assez bien faite. Elle est par demandes & par réponses.]

23506. ☞ Le Manifeste de Mademoiselle, présenté aux cœurs généreux ; par le Sieur C. Perret : *Paris*, 1652, *in*-4.]

23507. ☞ Le véritable Manifeste de la France à son Altesse Royale, & à Messieurs du Parlement, sur les désordres des Gens de guerre : *Paris*, le Roy, 1652, *in*-4.]

23508. ☞ Le Tableau des misères de la France, en Vers héroïques : *Paris*, Chevalier, 1652, *in*-4.]

23509. ☞ L'Interprète du Caractère du Royaliste, montrant à Agathon quelle a été la conduite de M. Seguier, Chancelier de France, dans tous ses emplois : *Paris*, 1652, *in*-4.

Pièce satyrique assez vive contre le Chancelier.]

23510. ☞ Le Fourier d'Etat, marquant le logis d'un chacun, selon sa fortune présente : *Paris*, 1652, *in*-4.

Le second Fourier, &c. 1652.

Pièces satyriques contre la Cour & les principaux personnages du temps.]

23511. ☞ Lettre & Ordonnance du Roi envoyée à Messieurs les Prévôt des Marchands & Echevins de sa bonne Ville de Paris, pour le rétablissement des Colonels, Capitaines, Lieutenans & Enseignes qui ont été & se sont démis depuis le 4 Juillet 1652 : *Paris*, Rocolet, 1652, *in*-4.]

23512. ☞ Virelay sur les vertus de sa Faquinance : *Paris*, 1652, *in*-4.

Satyre violente en Vers, contre le Cardinal.]

23513. ☞ Arrêt du Conseil du Roi tenu à Pontoise le 18 Juillet 1652, portant cassation de l'Arrêt du Parlement de Paris, du premier Juillet 1652, & autres Procédures : 1652, *in*-4.

L'Arrêt du 1 Juillet portoit injonction aux Prévôt des Marchands & Echevins de faire incessamment une nouvelle Assemblée générale pour aviser à l'ordre nécessaire à la sûreté de la Ville & de la Justice. En conséquence elle fut faite le 4 Juillet suivant, & le Sieur Broussel y fut élu Prévôt des Marchands.]

23514. ☞ Le Qui-fut de Jacquemard, sur les sujets de la Guerre Mazarine : *Paris*, de Chaumury, 1652, *in*-4.

Cette Pièce en Vers est une suite des Questions que fait Jacquemard, & qui commencent toutes par ces deux mots, *Qui fut*. C'est delà que vient le titre de la Pièce.]

23515. ☞ La nouvelle Mazarinade : Paris, 1652, in-4.

Pièce en Vers, & très-sanglante, contre le retour du Cardinal. L'Auteur le menace que les Princes, les Parlemens & les Peuples, vont tout mettre en jeu pour le perdre & le culbuter.]

23516. ☞ La France à couvert sous les lauriers des Princes : Paris, de la Fosse, 1652, in-4.

L'Auteur y exalte la modération de son Altesse Royale & des autres Princes, qui ayant pu perdre le Cardinal Mazarin, ne l'ont pas fait dans l'espérance que sa retraite apporteroit la paix & le calme dans le Royaume. Mais ils ne le ménageront plus, puisque son retour en France y ramene le trouble & la dissention.]

23517. ☞ La Foudre du Bureau & du Monopole, en Vers Scarroniens : Paris, Clément, 1652, in-4.

Cet Ecrit est contre les Commis des Aydes & Gabelles, dont on attend la perte des efforts des Princes réunis, & en faveur des Fauxsonniers.]

23518. ☞ Dialogue de deux Vignerons cheminant par la France, qui s'entrétiennent de tout ce qui s'est passé depuis la Majorité du Roi jusqu'à présent ; avec une exacte recherche de tout ce qui s'est fait & passé en leur acheminement, & aussi leurs songes & rêveries de ce qui se passoit en leur ménage pendant leur absence ; dédié aux curieux de ce temps ; par I. L. C. P. M. Paris, le Rat, 1652, in-4.]

23518.* Suite véritable des Conférences de Piairot de Saint-Ouyn, & Jeannot de Montmorency : 1652, in-4.]

23519. ☞ La Catastrophe Mazarine : 1652, in-4.

Pièce satyrique en Vers, sur le retour du Cardinal, & sur la fin funeste qu'il doit attendre pour tous les crimes qu'il a commis, & les maux qu'il a faits à la France.]

23520. ☞ Les véritables motifs de la retraite de M. le Comte d'Harcourt, & les justes raisons qui l'ont obligé de quitter le commandement de l'Armée Mazarine : Paris, Chevalier, 1652, in-4.

L'Auteur de cet Ecrit prétend y exposer les fourberies & l'ingratitude du Ministre envers M. le Comte d'Harcourt, à qui il a refusé les choses les plus justes, malgré les obligations qu'il lui avoit ; d'où il insère ce que Seigneur quittera un parti si déloyal pour se réunir à celui des Princes qui ont la justice & la bonne cause de leur côté.]

23521. ☞ L'Inconnu à la Reine, où elle est suppliée de chasser le Cardinal Mazarin, & l'on montre la nécessité de son exil par des raisons infaillibles & inévitables, à celle fin d'avoir la paix générale : Paris, Beley, 1652, in-4.

Cette Lettre est très-sensée. L'Auteur y fait voir que le Cardinal étant la seule cause de tous les troubles, Sa Majesté ne doit pas balancer un instant à l'éloigner ; & qu'il vaut mieux le faire tour de suite, que d'attendre que le mal soit sans ressource, & la France ravagée.]

23522. ☞ Le prompt & salutaire Avis envoyé à Messieurs les Princes par un Père Capucin : Paris, Lombard, 1652, in-4.

Pièce séditieuse, dont le but est de faire une ligue contre les perturbateurs du repos public.]

23523. ☞ Lettre d'un Bourgeois de Paris écrite à un sien ami de la Ville de Lyon, sur les affaires de ce temps : Paris, 1652, in-4.

Elle roule sur des bruits d'accommodement des Princes avec la Cour, au sujet d'une députation de quelques Seigneurs : le Roi leur répondit qu'il vouloit garder le Cardinal près de sa personne.]

23524. ☞ La Malédiction des Mazarins, & la glorification des illustres Parisiens, défenseurs de la liberté publique ; avec les éloges des Princes & Princesses déclarés pour le parti : Paris, Brunet, 1652, in-4.

Pièce en Vers, assez bien frappée.]

23525. ☞ Le Pont-neuf fondé : Paris, 1652, in-4.

Cette Pièce en Vers est contre les Mazarinistes, qu'on menace d'être traités encore plus cruellement que ne le furent M. de Brancas & le Maréchal d'Ornano, en passant sur le Pont-neuf.]

23526. ☞ Ordre donné par le Mazarin à son Maître-d'Hôtel, pour un plat dont il veut que sa table particulière soit servie pendant tous les jours du mois de Février prochain, laissant le reste à la volonté du Sieur Luzenat : Paris, 1652, in-4.

Pièce burlesque sur les Monopoles du Cardinal, les taxes qu'il prétendoit imposer, & les Edits bursaux qu'il vouloit créer.]

23527. ☞ Le Triomphe du faquinissime Mazarin, décrit avec les ornemens & la pompe qu'on voyoit dans les triomphes de l'ancienne Reine ; (Rome) Hymne : in-4.

Cette Pièce en Vers, est des plus mordantes & des plus satyriques sur le Cardinal. Le triomphe qu'on lui prépare est à la Grêve, où on le couronnera d'une roue.]

23528. ☞ Le Manifeste de M. le Duc de Longueville, sur sa déclaration faite le 8 du courant, pour se joindre au parti de son Altesse Royale & de MM. les Princes : Paris, jouxte la copie imprimée à Rouen, chez Guillaume Othot : 1652, in-4.]

23529. ☞ Le Manifeste de M. de Châteauneuf, touchant les raisons de sa retraite hors de la Cour : Paris, jouxte la copie imprimée à Angoulême, chez François du Rhosne, 1652, in-4.

Il y étale la conduite qu'il a tenue à la Cour & dans le Conseil, pour s'opposer au retour du Cardinal, les raisons dont il s'est servi pour appuyer ses avis & pour demander sa retraite ; & il finit en avouant que le parti des Princes est celui de la justice.]

23530. ☞ Généalogie de M. le premier Président, Garde des Sceaux & Ministre d'Etat en France, envoyée au Roi : 1652, in-4.

Cette Pièce, en forme de Lettre, & signée A. L. est une satyre très-vive contre Matthieu Molé, & contre son fils M. de Champlâtreux.]

23531. ☞ Avis pressant & nécessaire donné aux Parisiens sur la demande que la Cour fait de l'Arsenal & de la Bastille : *Paris*, Heulin, 1652, *in-4*.

On leur représente que le Conseil du Roi, qui n'est composé que d'Etrangers, ne leur fait cette demande que pour triompher plus aisément de leur liberté.]

23532. ☞ L'Homme effronté, ou l'impudence de son impudence Mazarine : *Paris*, 1652, *in-4*.

Pièce contre les François qui se sont laissé, (dit-on) duper par ce Cardinal.]

23533. ☞ Le Stratagême, ou le Pour & Contre du départ de Mazarin, en Vers burlesques : *in-4*.

C'est une Satyre contre le Roi, la Reine, le Parlement, les Peuples, mais plus particulièrement contre le Cardinal Mazarin.]

23534. ☞ La Doctrine Chrétienne des bons François : *Paris*, N. D. dit Gaffion, 1652, *in-4*.

Cette Pièce, qui est par demandes & par réponses, roule sur plusieurs chefs, dont le principal est que le Cardinal ayant été chassé & proscrit du Royaume, ce seroit une œuvre très-méritoire de concourir à l'exécution de l'Arrêt du Parlement qui a mis sa tête à prix.]

23535. ☞ La Rhétorique du grand Frondeur désintéressé, contre la Philosophie du Corinthien : 1652, *in-4*.

Déclamation contre les maux qu'a causés le Cardinal: c'est la France qu'on fait parler.]

23536. ☞ La France aux Frondeurs ; première Elégie : *in-4*.]

23537. ☞ Harangue de M. le Président de Nesmond faite au Roi dans Saint-Denys : *Paris*, le Moyne, 1652, *in-4*.

Il lui expose fort pathétiquement les malheurs de la France, qui ne peuvent cesser que par l'éloignement d'un seul Etranger qui les cause, & qui vit tranquille à l'abri de l'autorité Royale.]

23538. ☞ Le second retour du Cardinal Mazarin à la Cour, avec le succès de son Voyage : *Paris*, 1652, *in-4*.]

23539. Affiche, l'Arbitre de la Paix aux Parisiens : *Paris*, 1652, *in-4*.

23540. Mf. Relation de ce qui s'est passé à l'Hôtel de Ville de Paris, le 9 Juillet.

Cette Relation [étoit] conservée dans la Bibliothèque de M. Colbert de Croissy, Evêque de Montpellier, [mort en 1738.]

23541. Réponse à la Lettre du Roi envoyée à Nosseigneurs du Parlement de Rouen sur le sujet des présens mouvemens ; avec la Lettre du Roi, du 10 Juillet : 1652, *in-4*.

23542. La Réponse du Roi faite à MM. les Députés du Parlement, avec les Articles de la Paix à eux donnés à Saint-Denys en France pour envoyer à son Altesse Royale & à MM. les Princes sur le départ du Cardinal Mazarin, du 12 Juillet : *Paris*, le Roy, 1652, *in-4*.

23543. Le véritable Ami sans flatterie, à MM. du Parlement, qui veulent quitter le parti de MM. les Princes, pour suivre celui de Mazarin : 1652, *in-4*.

Ecrit contre le Parlement.

23544. Le Syndic du Peuple François, élu par MM. les Bourgeois de Paris, au Roi, lui représentant les intrigues, fourberies, &c. dont le Cardinal Mazarin s'est servi pour troubler l'Etat de tout son Royaume, & comme il est indigne d'être Ministre d'Etat ni Cardinal : *Paris*, 1652, *in-4*.

23545. La Sibylle Françoise, ou Avis très-important : 1.° pour lever une Armée en peu de temps : 2.° pour ôter le Roi de captivité, détenu par le Cardinal Mazarin : 3.° pour mettre le Royaume de France en repos, & pour autoriser le pouvoir de son Altesse Royale : *Paris*, Hardouin, 1652, *in-4*.

23546. L'Asne rouge dépeint avec tous ses défauts, en la personne du Cardinal Mazarin : 1.° sur son incapacité au maniement des Affaires, &c. 2.° sur son ignorance & ambition démesurée : 3.° sur ses actions & entreprises qui font connoître les trahisons & perfidies contre l'Etat : *Paris*, Hardouin, 1652, *in-4*.

23547. Le Guide au Chemin de la liberté, faisant voir : 1.° que les François sont traités en esclaves : 2.° qu'ils ont droit de tout faire pour sortir d'esclavage : *Paris*, 1652, *in-4*.

Libelle séditieux contre le Gouvernement.

23548. Les Intrigues de la Paix, & les Négociations faites à la Cour par les Amis de M. le Prince, depuis sa retraite en Guyenne jusqu'à présent : 1652, *in-4*.

Suite des Intrigues de la Paix, &c. *Paris*, 1652, *in-4*.

Guy JOLY, Conseiller au Châtelet de Paris, est l'Auteur de cet Ouvrage. *Voyez* la Note ci-devant, [après la Pièce intitulée : *Les Intérêts du Temps*, N.° 23453.]

23549. Réponse aux Intrigues de la Paix, &c. *Paris*, le Porteur, 1652, *in-4*.

23550. Lettre du Bourgeois désintéressé : *in-4*.

♭ Cette Lettre est attribuée à M. le Cardinal DE RETZ.

23551. Réponse au séditieux Ecrit intitulé : Lettre d'un Bourgeois désintéressé : *in-4*.

L'Auteur de cette Réponse, écrite en faveur de M. le Prince, dit qu'il a fait plutôt une Apologie qu'une Réponse à cette Lettre.

23552. ☞ Mf. Narration sincère & véritable de tout ce qui s'est passé en France depuis le commencement de la Régence d'Anne d'Autriche, jusqu'au temps de la sortie de M. le Prince, arrivée en 1652 : *in-fol*.

Ce Manuscrit est dans la Bibliothèque de la Ville de Paris.]

23553. La Vérité de ce qui s'est passé à Paris en trois fâcheuses rencontres, contre les impostures de la Lettre Mazarine du Bourgeois désintéressé; avec la Réponse à la Lettre écrite par le Cardinal Mazarin, sous le nom du Roi, au Parlement de Rouen, du 10 Juillet : *Paris*, veuve Guillemot, 1652, *in-*4.

Ces trois fâcheuses rencontres sont 1.° l'Assemblée de M. de Beaufort à la Place Royale de Paris, le 21 de Juin 1652 : 2.° ce qui s'est passé à l'attaque de Saint-Denys, le 1 Juillet : 3.° ce qui s'est passé à l'attaque de l'Hôtel de Ville, le 4 de Juillet.

23554. L'Esprit de Guerre des Parisiens contre l'Esprit de Paix du Corinthien, réfuté article par article : 1652, *in-*4.

Réponse violente à l'Ecrit intitulé : *L'Esprit de Paix*, & attribué au Cardinal de Retz. L'Auteur de cette Réponse croit que ce Cardinal a fait les Ecrits suivans : *Le Vrai & le Faux de M. le Prince & de M. le Cardinal de Retz*, qui est, dit-il, de même doctrine que votre *Esprit de Paix* : les *Intrigues de la Paix*, les *Contretemps de M. de Chavigny*, la *Lettre du Bourgeois désintéressé*. Mais le Cardinal de Retz déclare que les *Intrigues de la Paix* sont de Joly, qui étoit à lui.

23555. Le Caton François disant les vérités du Roi, de la Reine & du Mazarin, des Princes, du Parlement, des Peuples : *in-*4.

Cet Ecrit a été composé par le même Auteur qui a fait le *Contre-coup de partie*; c'est-à-dire, par DU BOSC DE MONTANDRÉ.

23556. Le bon Citoyen, faisant voir : 1.° l'Antinomie des Maximes d'Etat & de la Religion Chrétienne touchant la Guerre : 2.° que puisqu'il y va de l'honneur des Princes & du salut du Peuple de laisser le Roi prisonnier entre les mains du Cardinal Mazarin, les Parisiens doivent aller le querir où il est : 3.° que laissant perdre l'occasion qui se présente, la ruine de Paris est infaillible : *Paris*, 1652, *in-*4.

23557. Le Fidèle intéressé ; par L. S. C. C. A. P. D. A. 1652, *in-*4.

Après avoir parlé de ces Pièces : *Avis aux Malheureux*, la *Vérité toute nue*, le *Guide du Chemin de la Liberté*, le *Bon Citoyen*, il ajoute : « Je n'aurois jamais fait, si je voulois seulement parcourir les titres des Pièces pernicieuses qui ont paru depuis ces derniers troubles, & qui nous font voir qu'il n'y a pas moins de mauvais Ecrivains que de méchans Soldats. »

23558. L'Evangéliste du Salut, où il est traité des moyens que l'on doit tenir pour remettre l'Etat en son ancienne splendeur, & pour le rendre très-redoutable à toutes les Puissances de l'Europe. Divisé en deux parties : *in-*4.

23559. Inquisition recherchant exactement ce qu'on doit faire dans l'état présent des Affaires : *Paris*, 1652, *in-*4.

L'Auteur conclut pour la tenue des Etats-Généraux du Royaume.

23560. La Franche-Marguerite, faisant voir : 1.° que le Roi ne peut point rétablir le Mazarin, & que par conséquent l'Armement qui se fait pour ce dessein est injuste : 2.° que les loix fondamentales de l'Etat ne permettent point à la Reine d'être Chef du Conseil de Sa Majesté ; & que par conséquent tout ce qui se fait par son avis, ne doit point être suivi : 3.° que le Roi, quelque majeur qu'il soit, doit néanmoins vivre sous la curatèle, quoique tacite, de son Altesse Royale & de ses Princes, jusqu'à l'âge prescrit par les Loix pour l'émancipation des enfans : 4.° & que pendant cette conjoncture d'Affaires son Altesse Royale, MM. les Princes & les Parlemens, peuvent commander le Ban & Arrière-Ban pour terminer bien-tôt cette Guerre Mazarine : *in-*4.

DU BOSC DE MONTANDRÉ est l'Auteur de cet Ecrit & des dix-huit Pièces suivantes, excepté du *Bâillon de la Sédition*, qui est écrit contre les deux premières Pièces, [& la *Réfutation*, &c.]

23561. Le Point de l'Ovale, faisant voir que pour remédier promptement aux maladies de l'Etat pendant qu'elles ont encore quelque ressource ; premièrement, il faut renforcer un parti, &c. *in-*4.

Cet Auteur avance ici cinq Articles bien hardis.

23562. La Décadence visible de la Royauté reconnue par cinq marques infaillibles : 1.° par le peu d'autorité que ceux qui sont intéressés à la soutenir, ont auprès de Sa Majesté : 2.° par le peu de respect que les Peuples ont pour tout ce qui vient de la part du Roi : 3.° par l'usage des Fourbes, &c. 1652, *in-*4.

23563. Bâillon de la Sédition, faisant voir par un Examen désintéressé, que les moyens qui sont proposés dans (les trois Libelles précédens) sont contraires à la fin du parti de MM. les Princes ; *Paris*, 1652, *in-*4.

L'Auteur ne répond qu'à deux de ces Libelles ; & promet sa réponse au troisième. Il appelle son Adversaire Maître Clément, je crois, par ironie.

23564. Le *Tu-autem*, faisant pressentir aux Peuples : 1.° ce qu'on doit espérer si M. le Prince a l'avantage sur Mazarin : 2.° ce qu'on doit appréhender si Mazarin a l'avantage sur M. le Prince : 3.° qu'on ne doit choquer M. le Prince, sans choquer le Roi : 4.° que c'est offenser le Roi que d'entrer dans le parti du Mazarin : 1652, *in-*4.

23565. Le Coup de Partie, qui consiste à faire un Régent jusqu'à ce que le Roi soit pleinement désabusé de toutes les mauvaises impressions que le Mazarin lui donne : Où se voit dans une agréable méthode, & par les preuves de la raison & de l'Histoire, 1.° en combien d'occasions & de rencontres on a vu des Régens en France : 2.° quelles sont les personnes qu'on doit choisir, &c. 1652, *in-*4.

23566. Le Contre-coup de Partie, faisant voir qu'après l'établissement d'un Régent, 1.° on doit faire Commandement à toutes sortes d'Officiers de remettre le Roi entre les mains du Régent : 2.° on doit faire le procès à tous ceux qui ont contrevenu à la Déclaration contre Mazarin : 1652, in-4.

Cet Auteur a aussi composé la *Discussion des quatre Controverses*, la *Cautele*, & le *Caton François*.

23567. L'Exorciste de la Reine, faisant voir : 1.° que la Reine est possédée par le Mazarin, & que ses inclinations sont esclaves sous la tyrannie de ce Lutin de Cour, &c. 1652, in-4.

23568. Le Séneque mourant, déclarant à sa mort le seul moyen d'avoir la paix, pourvu qu'on la veuille ; ensuite de la Députation de Messieurs du Parlement ; par DU CREST : Paris, 1652, in-4.

C'est une Critique de l'Exorciste de la Reine. L'Auteur avoue sur la fin, qu'il a fait quelques Pièces contre le Cardinal Mazarin, nommément le *Séneque exilé*, & la *Résolution du Lutin du même Cardinal*, dont le *Séneque mourant* est la suite.

23569. Le Manuel politique, faisant voir, par la raison & par l'autorité, 1°. que le Roi, dans l'âge où il est, ne peut point choisir son Conseil, & que par conséquent la Reine, le Mazarin, le Duc de Bouillon & le Premier Président, sont des Conseillers ingérés par tyrannie, &c. 1652, in-4.

23570. Excommunication politique lancée sur le Clergé, contre les sentimens du Coadjuteur, où l'on verra : 1°. que le maniement des Affaires d'Etat est contraire à la profession des Prélats & des Cardinaux : 2°. que les Prélats qui s'ingèrent dans les Affaires d'Etat, sont des Apostats : 3°. que les Prélats ne doivent jamais entrer dans les Palais des Grands que pour y porter la parole de l'Eternel : 4°. que si les Prélats sont gens de bien, ils sont incapables de gouverner les Etats ; s'ils sont méchans, il ne faut point permettre qu'ils s'en approchent : 1652, in-4.

23571. ☞ Réfutation (de ce Libelle, en faveur du Cardinal Mazarin) : 1652, in-4. [de 28 pages.]

23572. ☞ Le Formulaire d'Etat, faisant voir par la raison & par l'Histoire : 1°. Que les Loix fondamentales de la Monarchie sont au-dessus de l'autorité du Roi : 2°. Qu'il n'y a que les Etats Généraux, &c. 1652, in-4.

Voici l'Avertissement qui est à la fin de cette Pièce : « Mon Lecteur, je vous avertis, que de toutes les Pièces » qui ont paru sous la méthode de mes titres, il n'y a que » la *Franche Marguerite*, le *Point de l'Ovale*, la *Déca-* » *dence de la Royauté*, le *Tu-autem*, le *Coup de Par-* » *tie*, le *Contre-coup de Partie*, l'*Exorciste de la Reine*, » le *Manuel politique* & l'*Excommunication politique*, » qui m'appartiennent depuis six mois ; pour les autres » je les laisse à leurs Auteurs ».]

23573. Caducée d'Etat, faisant voir par la raison & l'Histoire : 1°. Que nous ne pouvons point espérer de paix pendant que la Reine sera dans le Conseil : 2°. Que l'entrée du Conseil est interdite à la Reine par les Loix de l'Etat : 3°. Que la Reine est obligée de se retirer en son Appanage, &c. Paris, le Muet, 1652, in-4.

23574. Le Coup d'Etat du Parlement des Pairs, ou le Prince convainquant le Mazarin par la raison & par l'Histoire : 1°. que le Parlement des Pairs a eu le pouvoir de transférer l'exercice de l'autorité souveraine entre les mains de son Altesse Royale : 2°. qu'il a dû se résoudre à ce transport, par les nécessités de l'Etat : 3°. qu'il n'est point d'autorité qui puisse en casser l'Arrêt, &c. 1652, in-4.

23575. Le Royal au Mazarin, lui faisant voir par la raison & par l'Histoire : 1°. que l'autorité du Roi sur la vie & sur les biens de ses Sujets, est fort limitée, à moins qu'elle ne soit tyrannique : 2°. que l'autorité des Princes du Sang est essentielle dans le Gouvernement : 3°. que l'autorité des autres Parlemens de France, pour les Affaires d'Etat, est inférieure & subordonnée à celle du Parlement de Paris : 4°. que les Prélats n'ont point d'autorité dans le maniement des Affaires d'Etat ; & que leur devoir les engage de n'avoir d'attachement que pour le Sanctuaire : in-4.

23576. L'Avocat Général soutenant la cause de tous les Grands de l'Etat, outrageusement offensés dans le Libelle intitulé : *La Vérité toute nue*, dans lequel l'Auteur choque : 1°. l'honneur de la Reine : 2°. la réputation de son Altesse Royale : 3°. la gloire de M. le Prince, de M. de Nemours & de M. de la Rochefoucault : 4°. la justice & l'intégrité du Parlement : 5°. la générosité & la naissance de M. de Beaufort : 6°. la vie irréprochable de M. Broussel : in-4.

23577. L'Apocalypse d'Etat, faisant voir : 1°. le Parallèle de l'attachement que la Reine a pour le Mazarin, avec l'attachement que Brunehault avoit pour Proclaïde, & Catherine de Médicis pour un certain Gondy : 2°. que l'attachement que la Reine a pour Mazarin est un crime d'Etat : 3°. que le même attachement donne fondement à toute sorte de soupçon : 4°. que par cet attachement la Reine fait voir qu'elle aime plus Mazarin que son Fils : 5°. que par cet attachement la Reine dispose toutes choses à un changement d'Etat, ou à l'établissement d'une tyrannie qui sera sans exemple : in-4.

A la fin de cet Ecrit on trouve cet Avertissement : « Depuis le *Formulaire d'Etat*, je n'ai fait paroître que » le *Caducée d'Etat*, le *Coup d'Etat du Parlement des* » *Pairs*, le *Royal au Mazarin*, & l'*Avocat Général* ».

23578. Le Plaidoyé de la Maison Royale, ou la Cause d'Etat, montrant comment il faut borner : 1°. les intérêts des Princes du Sang : 2°. les intérêts des Princes Etrangers : 3°. les intérêts des Maréchaux de France : 4°. les intérêts des autres Grands de l'Etat : Paris, 1652, in-4.

L'Auteur dit dans son Avertissement, qui est à la fin de

de cet Ecrit, qu'il n'a point fait d'autre Pièce que celle-ci depuis son *Apocalypse d'Etat.*

23579. Le Rapporteur des Procès d'Etat, faisant voir, pour servir d'instruction au Procès du Comte de Rieux : 1°. que les affronts qu'on fait aux Princes du Sang, sont des crimes d'Etat, retombant sur la personne du Roi, &c. *in-4.*

L'Auteur dit la même chose à la fin de cette Pièce, que ce qu'il a dit à la fin de la précédente ; mais c'est une faute de l'Imprimeur, qui a copié le même Avertissement, sans en changer selon le titre des Pièces.

23580. L'Anatomie de la Politique du Coadjuteur, faite par le Vraisemblable, sur la conduite du Cardinal de Retz : *in-4.*

On lit à la fin : « Voilà la seule Pièce que j'ai composée depuis le *Rapporteur des Procès d'Etat* ». Les dix-neuf Pièces précédentes sont de DU BOSC MONTANDRÉ, excepté celles intitulées : *Le Baillon* [& *la Réfutation.*] C'étoit un esprit fort séditieux : il écrivoit assez bien & d'une manière suivie, mais sur des principes qui portent à la sédition. Montandré se déchaîna d'abord dans ses Libelles contre M. le Prince, qui pour l'en punir, lui fit écharper le visage. Cet emporté, pour se venger de cet affront, dit publiquement que ce Prince ne périroit que de sa main ; que ni les roues ni les gibets ne pouvoient l'empêcher de le poignarder. La déclaration de ce forcené vint jusqu'aux oreilles de M. le Prince, qui jugea à propos de le concilier. Il n'eut pas beaucoup de peine à le gagner ; car il avoit à faire à une ame vénale. Depuis ce temps-là Montandré se porta avec autant de passion pour les intérêts du Prince de Condé, qu'il en avoit fait paroître contre lui jusqu'alors. Il se déclara donc toujours pour son parti contre le Cardinal Mazarin, souvent contre le Cardinal de Retz, & quelquefois contre le Parlement. Aussi quitta-t-il la France en 1652, lorsque le Prince en sortit, & il n'y revint qu'avec lui, en 1659, lorsque la paix fut faite avec les Espagnols. Il étoit à Liége en 1656 ; car il dédia cette année-là la *Vie de saint Lambert* à Messieurs du Chapitre de Liége, & il la publia l'année suivante. De retour en France, il composa deux Ouvrages, dont il obtint le Privilège le 30 Janvier 1662. Il donna cette année le premier, intitulé : *Suite des Ducs de la Basse-Lorraine*, qu'il dédia au Roi, & l'année d'après il publia le second sous ce titre : *L'Histoire & la Politique de la Maison d'Autriche*; il la dédia par trois différentes Lettres au Roi, à la Reine & à la Reine Mère. Je ne connois que ces trois Ouvrages rendus publics, sous son véritable nom ; toutes les autres Pièces sont anonymes, excepté deux, ci-après, qu'il a données sous le nom D'ORANDRÉ, faisant sans doute allusion au Mont-d'Or, & se servant de la seconde syllabe, au lieu de la première, pour mieux se déguiser.

Cet Auteur étoit si connu pour brouillon à la Cour, que le Roi ayant déclaré la Guerre à la Flandres, en 1667, & à la Hollande, en 1672, le premier acte d'hostilité fut de le faire enfermer dans la Bastille, de peur qu'il ne remplît le monde de ses Libelles. Il est mort pauvre, âgé de plus de quatre-vingts ans. Il fut obligé sur la fin de ses jours, pour subsister, de faire des Sermons.

23581. ☞ Discours important sur l'autorité des Ministres & l'obéissance des Subjets, faisant voir : 1°. que les Ecclésiastiques qui flattent les consciences des Grands, sont les sources de tous les maux des Etats : 2°. que tous les Ordres sont obligés en conscience de résister à la tyrannie des Ministres : 3°. qu'aucunes impositions ne peuvent être faites que du consentement des Peuples : 4°. que l'obéissance n'est due qu'aux justes,

c'est pour cela qu'elle doit être raisonnable & non aveugle ; (par DU BOSC DE MONTANDRÉ) *Paris*, 1652, *in-4.*]

23582. ☞ Le Camouflet donné à la Ville de Paris, pour réveiller sa léthargie : *Paris*, 1652, *in-4.*]

23583. La Pierre de Touche, faisant voir que le Cardinal Mazarin & ses adhérans sont les plus grands ennemis du Roi, de son Etat, de son Peuple & de la Ville de Paris, aux trois Etats du Royaume de France : *Paris*, 1652, *in-4.*

23584. La Mercuriale, faisant voir : 1°. l'injustice des deux partis, soit en leurs fins, soit en leurs moyens, dont ils se servent pour y parvenir : 2°. la nécessité d'un tiers-parti, pour réduire les autres deux à raison : *Paris*, 1652, *in-4.*

23585. Le Dépositaire des Secrets de l'Etat, découvrant au Public : 1°. les raisons pour lesquelles la Reine ne fait entrer dans le Conseil que des Ministres Etrangers : 2°. les raisons pour lesquelles la Reine ne veut point venir à Paris, quoiqu'elle le puisse sans aucun obstacle ; par D'ORANDRÉ : *in-4.*

On lit à la fin de cette Pièce ce qui suit : « La lâcheté » de certains Auteurs qui confondent, à la faveur de mes » titres, leurs Pièces avec les miennes, m'a obligé de » vous en donner le discernement, par le moyen du » nom que j'ai mis à la première page ». Le nom est déguisé ; le véritable est DU BOSC DE MONTANDRÉ, qui se plaint de l'Auteur des Pièces précédentes & de quelques autres.

23586. Le Labyrinthe de l'Etat, ou les véritables causes des malheurs de la France, à Ctésiphon : *Paris*, 1652, *in-4.*

L'Auteur prétend que la véritable cause des malheurs de la France, est le défaut d'un Conseil composé d'un certain nombre de personnes des mieux éclairées & des plus sages de tout le Royaume.

23587. Le fidèle Empyrique, ou le puissant Hellébore Anti-Machiavel, pour contenter les Malcontens de l'Etat, & affermir la liberté des Peuples : *Paris*, 1652, *in-4.*

Ecrit en faveur du Conseil du Roi.

23588. Le franc Bourgeois de Paris, montrant les véritables causes & marques de la destruction de la Ville de Paris, & les devoirs du Magistrat & de tous les bons Citoyens, pour y remédier : *Paris*, 1652, *in-4.*

23589. Apophthegmes de l'Esprit de Vérité, contre les Ecclésiastiques qui abandonnent le Gouvernement politique des Affaires de Dieu, pour (sous masque d'une piété simulée) usurper avec plus de facilité le Gouvernement politique des Affaires de l'Etat : *Paris*, 1652, *in-4.*

23590. La Discussion des quatre Controverses politiques : 1°. si la puissance des Rois est de Droit divin, & si elle est absolue : 2°. si les Rois sont par-dessus les

Loix: 3°. fi les Peuples ou Etats Généraux ont pouvoir de régler leur puiſſance : 4°. ſi dans l'état où ſe trouvent maintenant les Affaires, on peut faire un Régent ou Lieutenant pour le Roi : *in-4.*

L'Auteur de cet Ecrit eſt le même qui a fait le Contre-coup de Partie : ainſi il eſt de DU BOSC DE MONTANDRÉ.

☞ Il répond au prémier point, que l'autorité royale eſt de Droit divin naturel; au ſecond, qu'elle n'eſt abſolue & par deſſus les loix, qu'en tant qu'elle a pour principe la raiſon, & pour but le bien de l'Etat; au troiſième, que ſi le Monarque n'a pas les vertus royales, qu'il ſoit dans l'impuiſſance de gouverner, ou qu'il ſe ſerve de ſon autorité pour vexer ſes Sujets, alors c'eſt aux Magiſtrats ou aux Etats Généraux d'y remédier : il conclud enfin ſon Diſcours par l'affirmative de la quatrième propoſition; en obſervant que Sa Majeſté eſt entre les mains d'un Etranger qui lui fait faire la Guerre aux Princes de ſon Sang, aux Magiſtrats & aux Peuples.]

23591. Second Extrait des Regiſtres du Parlement, contenant ce qui s'eſt paſſé pour l'éloignement du Cardinal Mazarin, par Meſſieurs les Députés, depuis le 25 Juin juſqu'au 17 de Juillet : *Paris*, 1652, *in-4.*

23592. Les Particularités de tout ce qui s'eſt fait en l'Aſſemblée du Parlement, au ſujet de la Réponſe par écrit faite à Meſſieurs les Députés; avec la Députation de la Cour, vers M. le Chancelier, du 17 Juillet : *Paris*, le Gentil, 1652, *in-4.*

23593. Les dernières Réſolutions du Parlement priſes en l'Aſſemblée du Parlement, par leſquelles : 1°. le Roi eſt déclaré priſonnier du Cardinal Mazarin : 2°. ſon Alteſſe Royale, Lieutenant Général de l'Etat & du Royaume; & M. le Prince, Lieutenant Général de ſes Armées; avec toutes les particularités des Avis donnés ès Aſſemblées tenues pour ce ſujet, les 19 & 20 Juillet : *Paris*, 1652, *in-4.*

23594. Arrêt notable du Parlement de Paris, donné le 20 Juillet, par lequel le Roi eſt déclaré priſonnier entre les mains des ennemis de ſon Etat; & M. le Duc d'Orléans, Lieutenant Général & Souverain du Royaume, pendant la captivité du Roi; avec les motifs de cet Arrêt ſolemnel : *Paris*, Chevalier, 1652, *in-4.*

23595. Pièce de Pontoiſe. Les Sentimens divers ſur l'Arrêt du Parlement, du 20 Juillet, & le Diſcours ſéditieux qu'on prétend fauſſement avoir été fait par M. Bignon, le 26, ſur la Lieutenance du Royaume : *in-4.*

23596. Réfutation de la Pièce de Pontoiſe, intitulée : *Les Sentimens divers* : *in-4.*

23597. Examen des divers Sentimens ſur l'Arrêt du Parlement, du 20 Juillet, & du Diſcours ſéditieux ſur la Lieutenance, ou Réponſe à la Pièce de Pontoiſe : *Paris*, 1652, *in-4.*

« Bien que la plupart des Ecrits ſéditieux, qui calomnient la conduite du Parlement & des Princes (dit l'Auteur de cet Examen), ſoient attribués au Coadjuteur, » ou à quelque autre bonne plume; ſi eſt-ce qu'il y en » a qui ne peuvent être eſtimés que parce qu'ils ſont » hardis. Je mets celui de la *Pièce de Pontoiſe* dans ce » rang; & quoique pluſieurs aient cru qu'il partoit de » la même main que celui de l'*Eſprit de la Paix*, de la » *Vérité nue*, néanmoins je ne trouve aucune confor- » mité de caractère ».

23598. Avertiſſement envoyé aux Provinces, pour le grand ſoulagement du Peuple, ſur la Déclaration de M. le Duc d'Orléans, Lieutenant Général du Royaume de par toute la France : *Paris*, 1652, *in-4.*

23599. La véritable Lettre circulaire du Parlement, envoyée à tous les autres Parlemens de France, du 20 Juillet : *Paris*, veuve Guillemot, 1652, *in-4.*

23600. La troiſième Partie du Cenſeur du Tems & du Monde, portant en main la Clef, & donnant l'ouverture de toutes les Fictions, Equivoques, Laconiſmes, Ordonnances & Viſions contenues dans le Politique Lutin, ſur le Gouvernement des Etats & Affaires préſentes; par DE SANDRICOURT : *Paris*, 1652, *in-4.*

Cette troiſième Partie a été faite trois ſemaines avant la quatrième Partie, qui a été achevée le 13 Août. L'Auteur dit dans ſon Avertiſſement, qui eſt à la fin, qu'il a plus de cinquante-ſix ans.

23601. Arrêt de la Cour du Parlement, du 23 Juillet, contre le Cardinal Mazarin : *Paris*, 1652, *in-4.*

23602. Le Flambeau d'Etat, avec lequel tous les Peuples de France peuvent voir comme ils ſont obligés de s'unir pour l'exécution de l'Arrêt du 29 Décembre 1651; & du 23 Juillet 1652, donnés au Parlement contre Mazarin, &c. *in-4.*

23603. L'Union de Meſſieurs les Princes & du Parlement, avec la Ville de Paris : *Paris*, Pouſſin, 1652, *in-4.*

23604. Relation véritable de tout ce qui s'eſt fait & paſſé au Parlement, le 26 Juillet 1652; enſemble l'Arrêt dudit jour, qui confirme celui du 20 Juillet : *Paris*, veuve Guillemot, 1652, *in-4.*

23605. ☞ Lettre des Maire & Echevins de Dijon, aux Prévôt des Marchands & Echevins de Paris, du 28 Juillet : 1652, *in-4.*

La Cour en fit diſtribuer une très-grande quantité à Paris & dans les Provinces, parcequ'elle ſervoit à réfuter un Libelle imprimé chez Jacque Bohnet, rue Sainte-Anne, à Paris, dans lequel on faiſoit la Relation d'une prétendue défaite des Troupes de M. d'Eſpernon, auprès de Dijon, & de la priſe du Château de Talant, par compoſition, le 14 du même mois.]

23606. La Pandore, ou l'Aſſemblage de tous les malheurs que la France a ſouſſerts dans le Miniſtère du Cardinal Mazarin : 1°. ſur ſon manquement de foi 2°. ſur le nom de Jules Mazarin, funeſte à la Chrétienté : 3°. ſur les mauvais conſeils donnés à Sa Majeſté : 4°. Sur la néceſſité qu'il y a de l'éloigner des Conseils du Roi & du Ministère, & sur son ambition, aspirant à la Souveraineté: *Paris*, 1652, *in*-4.

23607. Avis prompt & salutaire, donné par les bons Bourgeois de Paris, à Messieurs les Princes, pour se rendre maîtres des passages & des Villes des environs de Paris, où il y a Garnisons Mazarines; pour la conservation de M. le Duc de Beaufort, dans le Gouvernement de la Ville; pour la continuation de M. Broussel, dans la Charge de Prévôt des Marchands; pour l'éloignement du Coadjuteur hors de Paris, & pour la perfection des cinquante mille écus promis par Arrêt de la Cour, à celui qui présenteroit le Cardinal Mazarin vif ou mort: *Paris*, 1652, *in*-4.

23608. Le Haro François, sur la tyrannie, faisant voir que nous mourrons plutôt que de consentir à son rétablissement; si nous considérons: 1°. que la Reine ne peut le rétablir sans nous détruire: 2°. que son retour doit être accompagné de celui de la Maltôte, &c. 1652, *in* 4.

23609. La Vérité parlant avec liberté sur l'état présent: *Paris*, 1652, *in*-4.

23610. L'Inventaire des sources d'où les désordres de l'Etat sont sortis: 1652, *in*-4.

23611. Manifeste de la Ville de Paris, contre le retour du Cardinal Mazarin, dédié à son Altesse Royale: *Paris*, Veuve Guillemot, 1652, *in*-4.

23612. Le Secret de la Cour: *in*-4.

Cet Ecrit fait connoître tous les mouvemens qu'on s'est donnés pour empêcher ou pour procurer le retour du Cardinal Mazarin.

23613. Harangue de M. le Chancelier (Pierre SEGUIER), faite à Sa Majesté, sur le danger qu'il y a de quelque changement d'état, à moins que la Paix ne soit bientôt conclue: *Paris*, Courant, 1652, *in*-4.

23614. Déclaration du Roi, portant translation du Parlement de Paris, en la Ville de Pontoise; avec l'Arrêt d'Enregistrement d'icelle, du 7 Août: *Paris*, Courant, 1652, *in*-4.

23615. Résultat de tout ce qui s'est passé au prétendu nouveau Parlement de Pontoise, en la première Assemblée que le Roi y a faire, pour y faire lire sa Déclaration, touchant l'interdiction du Parlement de Paris, transféré à Pontoise, du 7 Août: *Paris*, 1652, *in*-4.

23616. Les Raisons ou Motifs pour la nullité du prétendu Parlement de Pontoise; ensemble l'Arrêt de la Cour de Parlement, contre les Officiers du nouveau Parlement, du 6 Août: *Paris*, Chouqueux, 1652, *in*-4.

23617. De la nature & qualité du Parlement de Paris, & qu'il ne peut être interdit ni transféré hors de la Capitale du Royaume,

Tome II.

pour quelque cause ni prétexte que ce soit: *Paris*, Preuveray, 1652, *in*-4.

23618. ☞ Le Parlement burlesque de Pontoise, contenant les noms & surnoms de tous les Présidens & Conseillers Renégats, qui composent ledit Parlement; ensemble les Harangues burlesques, faites par le prétendu Premier Président: 1652, *in*-4.

Pièce en Vers, goguenarde & satyrique, sur les Membres du Parlement, qui se retirèrent par ordre de la Cour, à Pontoise, pour y tenir les séances du Parlement.]

23619. ☞ La véritable Suite du Parlement burlesque de Pontoise, contenant les Noms & Eloges de quatre nouveaux Renégats, & la Harangue faite par Mazarin, avant son départ, revu & corrigé par l'Auteur de la première Partie: 1652, *in*-4.

Cette Pièce en Vers, est aussi satyrique que la précédente; ils y sont représentés comme des gens intéressés, bêtes, vagabonds, & dont le nombre n'est qu'une ombre de la Compagnie qu'ils ont quittée.]

23620. ☞ Réponse au Parlement burlesque de Pontoise, ou l'Anti-burlesque du Sieur D. L. R. Parisien, contre l'Auteur du Libelle intitulé: *Le Parlement burlesque de Pontoise*: *Paris*, 1652, *in*-4.]

23621. ☞ La troisième Partie du Parlement burlesque de Pontoise, contenant la Réponse à l'Anti-burlesque du Sieur D.L.R. & le nom & les qualités de trois nouveaux Renégats; par l'Auteur de la première & seconde Partie: 1652, *in*-4.]

23622. ☞ La quatrième Partie du Parlement burlesque de Pontoise, ou la Réponse à un Libelle impertinent, intitulé: *Le Parlement burlesque de Paris*, par l'Auteur de la première, seconde & troisième Partie: *Paris*, Veuve J. Guillemot, Imprimeur ordinaire de son Altesse Royale, rue des Marmousets, 1652, *in*-4.]

23623. Mémoires de la Vie du Duc de Bouillon, Lieutenant des Armées du Roi en Italie, mort le 8 Août 1652.

Voyez ci-après, Art. des *Officiers de Guerre*.

23624. Réponse faite par le Roi, à son Altesse Royale, du 9 Août: *Paris*, 1652, *in*-4.

23625. L'Aveuglement des Parisiens, faisant voir qu'ils sont bien aveuglés de ne voir pas, premièrement que la Cour ne veut point de Paix, quelque monstre qu'elle fasse du contraire, &c. *in*-4.

23626. Discours sur plusieurs points cachés & importans de l'Etat, touchant la nouvelle conduite du Cardinal Mazarin, découverts au Roi, par un Page de la Reine, pendant son séjour à Pontoise: *Paris*, 1652, *in*-4.

23627. L'Autorité des Rois, des Princes, des Républiques & des Parlemens, présentée au Roi dans la Ville de Pontoise, par un grand Prélat : *Paris*, 1652, *in-4*.

23628. L'Interprète du Caractère du Royaliste, montrant à Agathon, quelle a été la conduite de M. le Chancelier de France dans tous ses Emplois : *Paris*, 1652, *in-4*.

Pièce satyrique contre M. Seguier.

23629. Discours d'Etat sur l'absence & la captivité du Roi, dans lequel est montré que ceux qui le tiennent éloigné de Paris, sont aussi criminels que mauvais politiques ; par Sovil de Cinq-Cieux : *Paris*, 1652, *in-4*.

Sovil de Cinq-Cieux est l'anagramme de Ludovic de Quincé, n'y ayant que deux lettres qui ne sont pas communes dans ces deux noms.

23630. Les dernières Convulsions de la Monarchie Françoise reconnues, &c. 1652, *in-4*.

L'Auteur conclud des quatre Propositions qu'il avance, contre le Cardinal Mazarin. Il dit à la page 5, qu'on a composé dix-huit grands volumes de toutes les Pièces faites contre ce fameux Cardinal, depuis le Siège de Paris.

23631. Requête des Peuples affligés des présens troubles, à Nosseigneurs du Parlement, séant à Pontoise : 1652, *in-4*.

C'est un violent Libelle contre le Parlement de Paris.

23632. L'Esprit de feu la Reine Mère, parlant à la Reine, sur l'état de sa Régence : *Paris*, 1652, *in-4*.

23633. L'Esprit du feu Roi Louis le Juste, à la Reine, lui témoignant ses sensibles regrets sur le mauvais gouvernement de l'Etat : *Paris*, 1652, *in-4*.

Cette Pièce tend à faire chasser le Cardinal Mazarin.

23634. L'esprit du feu Roi Louis XIII. à son Fils Louis XIV. lui montrant que la mauvaise conduite de Mazarin est la cause des troubles de l'Etat, & lui donnant les moyens de les appaiser, par son retour dans sa Ville de Paris : *Paris*, 1652, *in-4*.

23635. L'Ecueil de la Royauté, ou la Politique du Conseil, où l'on verra par un raisonnement pathétique : 1°. que le Conseil nous fait appréhender le retour du Roi, lorsque nous le désirons avec passion, & qu'il veut le faire revenir en tyran, lorsque nous demandons qu'il revienne en Roi : 2°. que le Conseil fait appréhender ce Règne, &c. par d'Orandré : *in-4*.

Cet Ecrit est contre le Conseil du Roi. Il est de du Bosc de Montandré.

23636. La Vérité prononçant ses Oracles sans flatterie : 1°. sur la Reine : 2°. sur le Roi : 3°. sur le Duc d'Orléans : 4°. sur le Prince de Condé : 5°. sur le Parlement : 6°. sur le Duc de Beaufort : 7°. sur le Coadjuteur : 8°. sur le Parlement de Pontoise : 9°. sur Paris & sur l'Etat : 1652, *in-4*.

23637. La Vérité continuant de prononcer ses Oracles : 1°. sur Mademoiselle : 2°. sur le Premier Président : 3°. sur le Marquis de Châteauneuf : 4°. sur la Duchesse de Chevreuse : 5°. sur le Comte d'Harcourt : 6°. sur le Maréchal de Turenne. 7°. sur le Comte de Servient : 8°. sur le Conseil d'Espagne : 9°. sur le Conseil du Roi : 10°. sur Mazarin : *in-4*.

Ces deux Pièces sont du même Auteur, qui n'a pas flatté les portraits de ceux qu'il nomme dans les titres de ces deux Ouvrages.

23638. La Voix du Peuple au Roi, pour la Paix générale : *Paris*, 1652, *in-4*.

— Le Pour & le Contre de la Majorité des Rois.

Voyez ci-après, *Chapitre des Régences & Majorités*.

23639. Le Fléau de l'Esprit de Dieu sur les Ministres à deux cœurs, à deux maitres, à deux visages : 1652, *in-4*.

C'est le même Auteur qui a écrit les *Apophthegmes de l'Esprit de Vérité*.

23640. Le grand Ressort des Guerres civiles, faisant voir dans les Vies de tous les Ministres d'Etat qui se sont ingérés de nous gouverner, trois grands désordres, & le remède nécessaire & politique à tous ces désordres : 1652, *in-4*.

Cet Ecrit contient l'Histoire des Ministres sous la première Race de nos Rois.

23641. Le Breviaire des Ministres d'Etat, leur faisant connoître les cas auxquels ils sont inférieurs au Parlement de Paris : *Paris*, 1652, *in-4*.

23642. Les Voies de la Paix : *Paris*, 1652, *in-4*.

En faveur de M. le Prince de Condé.

23643. Le Manifeste des bons François, Serviteurs du Roi étant dans Paris, & leur résolution pour la tranquillité de la Ville : *Paris*, 1652, *in-4*.

23644. Réponse au Manifeste des méchans François, soi-disans bons Serviteurs du Roi étant dans Paris, pour y commettre des massacres & y mettre le trouble & la confusion : *Paris*, veuve Guillemot, 1652, *in-4*.

23645. Les Articles accordés par Sa Majesté dans la Ville de Pontoise, le 10 Août, pour la retraite du Cardinal Mazarin dans la Ville de Metz : *Paris*, 1652, *in-4*.

23646. La Réponse du Roi à Messieurs les Députés, contenant la résolution de Sa Majesté pour l'éloignement du Cardinal Mazarin, & le sujet de leur détention à la Cour, du 12 Août : *Paris*, Brunet, 1652, *in-4*.

23647. La quatrième & dernière partie du Censeur du Temps & du Monde, portant en main la Clef, & découvrant toutes les Fictions, Equivoques, Laconismes & Blasphêmes contenus es quatre Pièces intitulées :

Règne de Louis XIV. 1652.

L'*Accouchée Espagnole* : 2. *La Descente aux Limbes* : 3. *Les Préparatifs, &c.* & la *France en Travail, &c.* par DE SANDRICOURT. C'est la dernière Pièce qui regarde le Politique Lutin : *Paris*, 1652, *in-4*.

23648. Les Paradoxes de l'éloignement de Mazarin, avec un curieux Examen de la conduite & des intentions de Messieurs les Princes, & du Coadjuteur : *Paris*, 1652, *in-4*.

23649. L'Oracle de la France, parlant au Roi de l'état présent de toutes les Villes de son Royaume : *Paris*, 1652, *in-4*.

23650. Le Coup d'Etat de M. le Duc d'Orléans, envoyé à M. le Prince touchant les Affaires présentes : *Paris*, Pétrinel, 1652, *in-4*.

23651. Avis sincère aux Bourgeois de Paris, sur ce qui s'est passé en leur Ville, depuis l'an 1648 : 1652, *in-4*.

Pièce historique d'un Royaliste, qui l'a finie au 16 d'Août 1652.

23652. Les Sentimens de la France & des plus déliés Politiques, sur l'éloignement du Cardinal Mazarin & la conduite de M. le Prince ; par DE SANDRICOURT. Cette Pièce est aussi académique & détachée des douze précédentes : *Paris*, 1652, *in-4*.

23653. L'Ombre de Mancini, sa condamnation & sa déposition contre le Cardinal Mazarin. La marche de ce dernier, sa contenance, ses desseins & ses passions différentes. C'est la suite de la Pièce intitulée : *Les Sentimens de la France* ; par DE SANDRICOURT : *Paris*, 1652, *in-4*.

23654. Songes & Réponse d'Hydromante sur les dangers inévitables & les misères toutes certaines de l'Etat, depuis la personne du Monarque jusqu'à celle de l'Artisan, en cas que la paix civile soit plus long-temps différée, que le Cardinal Mazarin retourne en France, & qu'on abuse plus long-temps de la parole & de la puissance Royale ; par DE SANDRICOURT. C'est la troisième Pièce de cet Ouvrage qui suit l'Ombre de Mancini : *Paris*, 1652, *in-4*.

23655. Les Cordeliers d'Etat, ou la Ruine des Mazarins, Anti-Mazarins & Amphibies, occasionnée par les rages de nos Guerres intestines ; par DE SANDRICOURT. C'est le songe des Baudriers & des Cordeliers, la quatrième Pièce de l'Hydromante : *Paris*, 1652, *in-4*.

23656. Conférence du Cardinal Mazarin avec un de ses plus grands Confidens, tenue à Saint-Denys en France, avant son départ ; où il représente l'Histoire de toute sa vie : *Paris*, 1652, *in-4*.

Cette Pièce a été composée contre le Cardinal Mazarin.

23657. Déclaration de son Altesse Royale & de M. le Prince faite en la Chambre des Comptes, sur l'éloignement du Cardinal Mazarin, du 22 Août : *Paris*, de Cay, 1652, *in-4*.

23658. Lettre interceptée & déchiffrée du Cardinal MAZARIN, à M. le Tellier, surprise à son Courier par les Gens du Chevalier de Guise, & envoyée à Messieurs les Princes, contenant les Instructions du Cardinal Mazarin à M. le Tellier pour le gouvernement des Affaires pendant son absence ; du 22 Août : *Paris*, 1652, *in-4*.

23659. Le Manifeste de M. le Duc d'Orléans, avec les conspirations du Cardinal Mazarin, découvertes par son Altesse Royale ; envoyé aux bons François : *Paris*, Pétrinel, 1652, *in-4*.

Cette Pièce est contre le retour du Cardinal Mazarin.

23660. La Vérité démasquée, faisant voir dans deux contradictions apparentes : 1.° que ceux qui sont ici au service de Messieurs les Princes, sont les véritables serviteurs du Roi : 2.° que ceux qui sont à Compiègne ou ailleurs, auprès du Roi, sont les véritables ennemis du Roi : (1652) *in-4*.

C'est un Manifeste de la Retraite de M. le Prince, & pour ceux qui sont avec lui.

23661. La Tyrannomanie, ou Entreprise tyrannique du Conseil Mazarin contre MM. les Princes & le Parlement de Paris. 1.° La découverte de leurs mauvaises intentions contre l'Etat : 2.° faisant voir comme ils sont ennemis de la paix générale : 3.° qu'ils ne tendent qu'à déchirer la Monarchie de France : *Paris*, 1652, *in-4*.

23662. Avis important d'un Abbé au Cardinal Mazarin, sur le sujet de sa sortie hors le Royaume de France : 1652, *in-4*.

23663. Edit du Roi, portant Amnistie, de tout ce qui s'est passé à l'occasion des présens mouvemens, à la charge de se remettre dans trois jours dans l'obéissance du Roi ; vérifié le 26 Août : *Pontoise*, Courant, 1652, *in-4*.

23664. Examen de l'Ecrit dressé par Molé, Servient & Ondedei, sous le titre d'Edit du Roi, portant Amnistie, &c. *Paris*, 1652, *in-4*.

23665. La Pièce Royale, ou la Défense de leurs Majestés sur l'éloignement de M. le Prince : *Pontoise*, Courant, 1652, *in-4*.

23666. Lettre de son Altesse Royale au Roi sur les Affaires présentes, du 22 Août ; ensemble la Réponse de M. le Duc d'Anville à son Altesse Royale, avec la Déclaration de son Altesse Royale sur l'éloignement du Cardinal Mazarin : *Paris*, veuve Guillemot, 1652, *in-4*.

23667. Réponse faite par le Roi à son Altesse

Royale, du 29 Août : *Pontoise*, Courant, 1652, *in-4.*

23668. Le Code de Messieurs de Compiégne, présenté au Roi contre le Cardinal Mazarin & ses adhérans; avec l'Affiche affichée dans la Ville de Compiégne, le premier de Septembre, contre le Cardinal Mazarin : 1652, *in-4.*

23669. La Réduction du Château & Forteresse de Montrond; ensemble les véritables Articles accordés à M. le Marquis de Persan, par le Comte de Palluau; & tout ce qui s'est fait & passé entre les deux Armées, depuis ladite Capitulation jusqu'au 2 Septembre : *Paris*, 1652, *in-4.*

23670. Déclaration de M. le Duc d'Orléans & de M. le Prince de Condé faite en Parlement, avec les Arrêts de ladite Cour, du 2 & 3 Septembre : *Paris*, 1652, *in-4.*

23671. L'Homme d'Etat, faisant voir par l'Histoire & la Raison, que la Reine ne doit plus être dans le Conseil, où les intéressés verront clair pour justifier sans erreur les armes de l'un & de l'autre des deux partis qui divisent aujourd'hui cet Etat : *Paris*, 1652, *in-4.*

Ecrit en faveur des Princes.

23672. Les Ris & les Pleurs de la France sur la conduite de la Reine & du Conseil d'Etat, découvrant l'origine de nos misères & des calamités publiques : *Paris*, 1652, *in-4.*

23673. La Conjuration Italienne contre la France par l'introduction des Italiens, des Anglois & des Savoyards au Conseil du Roi, qui sont les effets de la haine que le Cardinal Mazarin porte aux François : *Paris*, 1652, *in-4.*

23674. L'Etat en trouble par le gouvernement des Etrangers, où l'on verra que c'est une maladie ordinaire à tous les Etats de ne pouvoir souffrir un Gouverneur Etranger, & que tant que nous serons gouvernés par eux, il est bien difficile que nous ayons une bonne paix; par M. N. R. F. I. *Paris*, Chrétien, 1652, *in-4.*

23675. Lettre de son Altesse Royale, écrite au Roi le 7 Septembre, servant de Réponse à celle de Sa Majesté, du 29 Août : *Paris*, 1652, *in-4.*

23676. Réponse faite par le Roi à la dernière Lettre de son Altesse Royale, du 12 Septembre : *Compiégne*, Courant, 1652, *in-4.*

23677. Réponse du Roi servant de Réplique à la dernière Lettre de son Altesse Royale, &c. article par article, concernant les desservices que les Mazarins ont rendus à Sa Majesté, & les changemens qu'ils ont faits dans ses Conseils, avec les moyens de prévenir leurs mauvais desseins, du 12 Septembre : 1652, *in-4.*

23678. Réponse du Roi donnée par écrit au Sieur Piétre, Procureur de Sa Majesté à l'Hôtel de Ville de Paris, tendante au rétablissement des Cours souveraines en sa bonne Ville de Paris, du 12 Septembre : *Paris*, 1652, *in-4.*

23679. Harangue faite au Roi par M. le Cardinal DE RETZ, en présence de M. le Nonce, assisté de Messieurs du Clergé pour la Paix générale; faite à Compiégne le 12 Septembre : *Paris*, Langevin, 1652, *in-4.*

La véritable Harangue faite au Roi par M. le Cardinal DE RETZ, pour lui demander la paix & son retour à Paris, au nom du Clergé, & accompagné de tous ses Députés, prononcée à Compiégne le 12 Septembre : *Paris*, veuve Guillemot, [& *Compiégne*,] 1652, *in-4.*

C'est la même Harangue sous ces différens titres.

23680. La véritable Réponse du Roi à la Harangue du Cardinal de Retz & de Messieurs du Clergé : *Compiégne*, Courant, 1652, *in-4.*

23681. Réponse du Roi faite le 13 Septembre aux Députés du Clergé de Paris : *Paris*, 1652, *in-4.*

23682. ☞ Articles accordés par M. le Duc de Mercœur à la Ville de Toulon, du 13 Septembre 1652 : *Aix*, 1652, *in-4.*]

23683. ☞ Le fidèle Provençal consacrant son honneur & sa vie pour le service du Roi, sur l'heureuse réception de Monseigneur le Duc de Mercœur en Provence : (1652) *in-4.*]

23684. ☞ Réponse à la Lettre circulaire envoyée à tous les gens de bien de la Province, sur le sujet de l'arrivée de M. le Duc de Mercœur en Provence : *in-4.*]

23685. ☞ La Vérité toute nue au Peuple de Provence : *in-4.* de 14 pages.

C'est un Eloge de M. le Duc de Mercœur.]

23686. Le Résultat de la Députation des six Corps des Marchands, avec la Harangue faite au Palais d'Orléans, & la Réponse de son Altesse Royale aux Députés, le 17 Septembre : *Paris*, le Porteur, 1652, *in-4.*

23687. Relation véritable, contenant la Liste des noms de ceux qui étoient en l'Assemblée faite le 24 Septembre au Palais Royal, & l'ordre que son Altesse Royale mit pour faire arrêter la sédition : *Paris*, Laureau, 1652, *in-4.*

23688. Arrêt du Parlement de Pontoise, du 25 Septembre : *Pontoise*, 1652, *in-4.*

23689. La dernière Résolution du Roi apportée à son Altesse Royale par M. le Marquis de Joyeuse, au contentement du public : *Paris*, Toussaint, 1652, *in-4.*

23690. Déclaration du Roi, contenant la

Règne de Louis XIV. 1625.   559

levée des modifications portées par l'Arrêt de vérification de l'Amnistie accordée par Sa Majesté, donnée à Mantes le 26 Septembre: *Paris, Estienne*, 1652, *in-4*.

23691. Apologie pour la défense des Bourgeois de Paris, sur la dernière Déclaration du Roi, portant Amnistie, donnée à Mantes le 26 Septembre: 1652, *in-4*.

23692. La Physionomie de la France, où se voit le mauvais état où elle se trouve: 1.° sur la perte de ses belles Conquêtes: 2.° sur les Entreprises des Ennemis étrangers sur nous: 3.° le tout par les mauvais conseils de ceux qui gouvernent: *Paris*, 1652, *in-4*.

23693. Les véritables Sentimens des Parisiens prosternés aux pieds du Roi: *Paris*, 1652, *in-4*.

On leur fait demander avec de grandes instances au Roi, qu'il rétablisse dans son Conseil le Cardinal Mazarin.

23694. Lettre du Roi envoyée à M. l'Archevêque de Paris sur le sujet de la Paix; avec la Réponse dudit Seigneur à Sa Majesté: *Paris, Targa*, 1652, *in-4*.

23695. Relation véritable de ce qui s'est passé à Pontoise le 30 Septembre, en la Réception des six Corps des Marchands; ensemble, leurs Harangues & ce qui leur a été répondu par le Roi & par la Reine: *Paris, Chrétien*, 1652, *in-4*.

23696. Relation de ce qui s'est passé au Parlement le 3 Octobre: *Paris*, 1652, *in-4*.

23697. ☞ Arrêt de la Cour de Parlement, portant que Députation sera faite vers Sa Majesté, pour la supplier de donner une Amnistie dans les termes ordinaires, vérifiée en sa Cour de Parlement de Paris, du 3 Octobre: *Paris*, 1652, *in-4*.]

23698. Arrêt du Conseil d'État, du 5 Octobre, portant cassation de tout ce qui a été & pourroit être fait contre les Particuliers qui se sont assemblés au Palais Royal & autres lieux, pour le service du Roi: *Pontoise, Courant*, 1652, *in-4*.

23699. Le véritable Manifeste de M. le Prince, touchant les raisons de sa sortie & les protestations qu'il fait aux Parisiens, qu'il n'abandonnera jamais leurs intérêts: *Paris, Lambert*, 1652, *in-4*.

☞ Il leur fait sentir la nécessité de s'unir étroitement pour parvenir à une Paix solide, & que de son côté il n'épargnera rien pour y forcer la Cour, qui ne la desire que lorsque l'état malheureux de ses affaires l'y engage.]

23700. ☞ La véritable Réponse au prétendu Manifeste de M. le Prince: *Paris*, 1652, *in-4*.]

23701. Mſ. Secrets de la Négociation du retour du Roi en 1652; & autres Pièces: *in-fol*.

Ce Recueil est conservé dans la Bibliothèque de M. le Chancelier d'Aguesseau.

23702. Mſ. Guerres civiles & Affaires du Prince de Condé: *in-fol*.

Ce Recueil est cité dans le Catalogue des Manuscrits de M. le Chancelier Séguier, [à S. Germain des Prés.]

23703. ☞ Dernière Remontrance faite au Roi par MM. les Députés du Parlement: 1652, *in-4*.

Pièce pathétique sur les maux que le Cardinal Mazarin a faits à la France, depuis son entrée dans le Ministère, & pour justifier les motifs de l'Arrêt qui ordonne que Paris prendra les armes conjointement avec MM. les Princes.]

23704. ☞ Journal de ce qui s'est passé au Parlement les 10, 11 & 12 Octobre 1652, en présence de S. A. R. avec les ordres donnés pour l'éloignement des Troupes des environs de Paris, & les derniers moyens de la Paix: 1652, *in-4*.]

23705. ☞ Relation véritable de ce qui s'est fait & passé au Parlement le Lundi 14 Octobre, en présence de S. A. R. & plusieurs Ducs & Pairs, avec les Déclarations de S. A. R. & de M. le Duc de Beaufort, pour l'éloignement sans retour des Gens de guerre: *Paris*, 1652, *in-4*.]

23706. Les très-humbles Remontrances des trois Etats, présentées à Sa Majesté pour la convocation des Etats-Généraux. C'est l'Adieu DE SANDRICOURT: *Paris*, 1652, *in-4*.

Cette Pièce fut achevée le 19 Octobre 1652. L'Auteur parle ainsi dans un Avertissement qui est après la quatrième partie de son *Censeur*. « Ne crois pas, mon cher Lecteur, que j'aie écrit, ni par intérêt, ni par aucune passion, autrement que raisonnée & raisonnable. Je chéris mon Roi, j'honore MM. les Princes, j'ai du respect pour les Parlemens; je suis ennemi des libertins; je n'écris que ce que la vérité me dicte. Je raille un peu en écrivant; c'est que j'affriande mon Lecteur. Mon but unique est l'autorité Royale reconnue avec ses limites, la liberté modérée des Sujets; le repos & la paix civile avant toutes choses ».

Dans son *Dialogue de Pasquin & de Marforio*, il s'explique de cette manière: « Veux-tu que je te parle en François un peu serré. Quand je veux, je relâche & je m'égaye; mais quand je m'y mets, je serre comme tous les diables. Mon *Politique Lutin*, il est gaillard; il semble qu'il cabriolle. Mon *Accouchée Espagnole*, elle est Théologienne. Quand je descends aux *Limbes*, je raille l'Astrologue; & quand je m'entretiens (dans les *Préparatifs*) avec le bon Samothrace, je sçais fort bien observer mon sérieux. Dans ma *France en travail*, je relâche & j'entremêle des amours & du dépit. Mais le *Censeur du temps*, il est sévère, & si tu y prends garde, il serre de bien près ». A la fin de cet Entretien, l'Auteur donne la suite des Ouvrages qu'il avoit composés jusqu'alors.

« Il y a plus de soixante volumes de Pièces composées dans le cours de la Guerre civile, & je crois pouvoir dire avec vérité, qu'il n'y a pas cent feuillets qui méritent qu'on les lise ». Le Cardinal de Retz s'explique ainsi, *pag*. 139 du tom. III. de ses *Mémoires*: « Apparemment qu'il n'approuvoit que ce qu'il avoit écrit; car il en avoit bien fait cent feuillets pour sa part, si tous ceux qu'on lui attribue sont de lui ».

23707. Edit du Roi, portant Amnistie générale de tout ce qui s'est fait à l'occasion des mouvemens passés: vérifié au Parlement le 22 Octobre: *Paris*, 1652, *in-*4.

23708. L'Aveuglement du Conseil du Roi, avec les raisons pourquoi l'on doit refuser leur Loi d'Amnistie: 1652, *in-*4.

23709. Examen de l'Ecrit dressé, par Molé, Servient & Ondedeï, sous le titre d'Edit du Roi portant Amnistie: *Paris*, 1652, *in-*4.

23710. Déclaration du Roi pour le rétablissement du Parlement en la Ville de Paris, du 22 Octobre: *Paris*, 1652, *in-*4.

23711. ☞ Ad Christianissimum Regem Ludovicum XIV. post civicos tumultus Lutetiam fœliciter reversum Panegyricus gratulatorius; auctore Stephano BACHOT, Doctore Medico Parisiensi: *Parisiis*, Soubret, 1652, *in-*4.]

23712. ☞ Les vraies Centuries de Mᵉ Michel Nostradamus, expliquées sur les Affaires de ce temps: *Paris*, 1652, *in-*8.

Livre de 120 pages, peu connu & assez rare. C'est une Satyre contre le Cardinal Mazarin. On peut en voir l'Extrait dans les *Mémoires* d'Artigny, tom. *VII. p.* 23.]

23713. Lettre de son Altesse Royale, présentée au Roi par le Maréchal d'Estampes, (écrite) de Limours le 29 Octobre; & la Réponse du Roi: *Paris*, 1652, *in-*4.

23714. ☞ Mſ. Au Révérend Père D. Gaston, Général des Frondeurs Réformés: *in-fol.*

Ce Manuscrit est conservé dans la Bibliothèque de M. Jardel, à Braine. C'est une Pièce très-ingénieuse, qui contient en Vers & en Prose les Nouvelles de la Cour adressées à son Altesse Royale, Monsieur, frère unique du Roi, pour lors retiré à Blois.]

23715. Recueil du Journal, contenant ce qui s'est passé de plus remarquable en tout le Royaume, depuis le 27 Août jusqu'au dernier Octobre 1652: *Paris*, le Porteur, 1652, *in-*4.

23716. Mſ. Mémoires des services rendus en la seconde Guerre de Paris; par Jean-Dominique MARCHISIO: *in-fol.*

Ces Mémoires [étoient] conservés dans la Bibliothèque de M. le Chancelier Seguier, num. 179, [aujourd'hui dans celle de S. Germain des Prés.]

23717. Déclaration du Roi contre les Princes de Condé, de Conti, la Duchesse de Longueville, le Duc de la Rochefoucault, le Prince de Talmont, & leurs Adhérans, vérifiée le 13 Novembre: *Paris*, 1652, *in-*4.

23718. Le Plumitif sur la dernière Déclaration du Roi: *Paris*, Belles, 1652, *in-*4.

23719. Recueil de plusieurs Pièces curieuses de ce temps. Histoire des mouvemens arrivés en France, depuis le départ du Prince de Condé de la Cour (le 13 Octobre 1652) & le retour du Cardinal Mazarin: *Amsterdam*, 1652, *in-*4.

23720. Réponse de M. le Cardinal DE RETZ faite à M. le Nonce du Pape, à MM. de Brienne & le Tellier, Secrétaires d'Etat, le 4 Août 1653: *in-*4.

23721. Discours sur la conduite & l'emprisonnement de M. le Cardinal de Retz, le 16 Décembre 1652: *in-*4.

C'est une Apologie historique pour ce Cardinal.

23722. Lettre d'un Conseiller de Nantes à son ami, sur l'évasion du Cardinal de Retz: *Nantes*, 1654, *in-*4.

L'Auteur de cette Lettre raconte cette évasion de la même manière que le Cardinal de Retz le fait dans ses *Mémoires*.

23723. Historia memorabile delle Sollevationi di Stato di nostro tempo, dall'anno 1626, all'anno 1652, da Gio. Battista BIRAGO: *In Venetia*, Turrini, 1653, *in-*4.

23724. ☞ Mſ. Histoire de la Régence de la Reine Anne d'Autriche; avec la Relation de la Guerre de Paris, la Retraite de M. de Longueville à son Gouvernement de Normandie durant ladite Guerre, la Relation de la prison des Princes, la Relation de ce qui se passa depuis la prison des Princes jusqu'à la Guerre de Guyenne, la Relation de la Guerre de Guyenne avec la dernière de Paris, & la Lettre du Cardinal Mazarin adressée à M. de Brienne: *in-fol.*

C'est un Manuscrit du temps, indiqué num. 3107, du Catalogue de M. de Gaignat.]

23725. Mſ. Historia delle Guerre civili di Francia, dall'anno 1648, sin all'anno 1652, da Vittorio SIRI, Historiographo della Maestà Christianissima: *in-fol.* [4 vol.]

L'Original de ce curieux Manuscrit [étoit] conservé au Louvre dans le Dépôt des Affaires étrangères, & il y en a des Copies dans le Cabinet de quelques Curieux.

☞ On apprend dans la Bibliographie de M. de Bure, *Histoire*, tom. *I. pag.* 279, que l'Original a passé de la Bibliothèque du Cardinal du Bois qui l'avoit emprunté, dans celle de M. de Lauraguais. Il a pour titre: *Delle Turbulenze del Regno di Francia*.]

L'Abbé Siri, qui est mort en 1685, avoit détaché cette Histoire de son *Mercure*; c'est pour cela qu'il n'y a fait aucune mention de ces Guerres civiles, quoiqu'il l'ait continué jusqu'en 1655. Cette Histoire contient un grand nombre de Mémoires & plusieurs éclaircissemens sur des faits très-importans.

« De tous ces Mémoires tant manuscrits qu'imprimés de ces malheureux temps, (dit l'Abbé Renaudot » dans son *Mémoire manuscrit*, du 17 Décembre 1692, » adressé à M. de Croissy le Ministre, qui lui avoit de-» mandé son avis sur cette Histoire), il n'y en a aucun » qui représente d'une manière moins suspecte la gran-» deur d'ame & le courage avec lequel Sa Majesté sou-» tint tant de fâcheuses Affaires, & qui détruise plus » parfaitement toutes les calomnies de ses ennemis & » de ceux de l'Etat. On doit d'autant plus souhaiter que » cette Histoire soit donnée au public, que les Mémoi-» res & les Auteurs de ces temps-ci sont fort confus & » fort partiaux, & que dans celle-ci on y trouve non-» seulement tous les faits, mais aussi les principales Piè-» ces, & l'indication d'une infinité de Dépêches ».

23726. Mémoires de M. D. L. R. sur les brigues à la mort de Louis XIII. Les Guerres de Paris & de Guyenne, & la Prison des Princes. L'Apologie pour M. de Beaufort. Mémoires

Règne de Louis XIV. 1652. 561

Mémoires de M. DE LA CHASTRE. Articles dont sont convenus son Altesse Royale & M. le Prince, pour l'expulsion du Cardinal Mazarin. Lettre de ce Cardinal à M. de Brienne : *Cologne*, Van-Dick, 1662, *in-*4. (*en Hollande*,) 1669, *in-*12.

Les Lettres initiales signifient, M. DE LA ROCHEFOU-CAULT, François VI. de ce nom, Prince de Marsillac, mort en 1680. Dans les Manuscrits, ses Mémoires ont les titres suivans: *Histoire des derniers troubles de France, depuis* 1642 *jusqu'en* 1652. & *Histoire de la Régence d'Anne d'Autriche sous la Minorité de Louis XIV*. Cela mérite d'être observé, afin qu'on ne croye pas que ce sont différens Mémoires. [Dans la Maison] de la Rochefoucault, il y en a un Manuscrit plus ample que les imprimés.

Les mêmes Mémoires mis en meilleur ordre, imprimés sous ce titre : *Mémoires pour la Minorité de Louis XIV*. Edition corrigée & augmentée de Notes: *Villefranche*, 1688, [1689, 2 vol.] *in-*12.

Ces Editions, faites à Amsterdam chez Westein, contiennent des Notes & une Préface d'Abraham-Nicolas AMELOT DE LA HOUSSAYE.

☞ On a prétendu que ces Notes & cette Préface étoient, ainsi que cette Edition, de l'Abbé DE SAINT-REAL. Mais il est certain qu'ils sont de M. Amelot de la Houssaye. Ce qu'il dit de ces Mémoires dans les deux Editions de son *Discours critique des principaux Traducteurs & Commentateurs de Tacite*, (folio IV. verso, & pag. xxxvj.) ne permet nullement d'en douter.

« M. de la Rochefoucault avoit envoyé une copie » de ses Mémoires à M. Arnauld d'Andilly, afin qu'il y » fît des corrections, particulièrement sur la pureté de » la langue. M. d'Andilly les ayant communiqués à M. le » Comte de Brienne, celui-ci les copia, les porta à » Rouen, & les fit imprimer par Berthelin. M. de la » Rochefoucault, qui avoit eu nouvelle de l'impression » de ses Mémoires, auxquels il avoit fait plusieurs chan-» gemens depuis qu'il les avoit prêtés à M. d'Andilly, » fit toutes ses diligences pour empêcher que cette im-» pression ne fût publiée ; en quoi il fut bien servi. » Il y avoit un grand défaut dans cette Edition ; on avoit » mis à la fin ce qui devoit être au commencement, » (ce sont sans doute les Mémoires de M. de la Chastre,) » & il y avoit des mots les uns pour les autres ».

M. de Segrais, qui rapporte tout ceci dans son *Segresiana*, dit qu'il a fait tous les changemens nécessaires, selon l'intention de l'Auteur, sur un Exemplaire imprimé qu'il lui avoit donné. A quoi il ajoute : « Ces » Mémoires sont intitulés : *Relation des Guerres civiles* » *de France*, depuis le mois d'Août 1649, jusqu'à la fin » de 1652. Après l'Edition faite à Rouen de ces Mé-» moires, M. Ménage conseilloit à M. de la Roche-» foucault de les faire imprimer ; mais M. de Gourville » l'en dissuada ; ce qui obligea M. de la Rochefoucault » de ne point passer outre. Depuis ce temps-là, il est » mort, & les enfans n'ont pas cru devoir aussi les faire » imprimer : il y a grande apparence qu'ils ne le seront » jamais ».

M. de Segrais, de qui on a emprunté ceci, a voulu dire par ces dernières paroles, que ces Mémoires ne paroîtroient jamais dans l'état où l'Auteur les avoit laissés ; car il ne pouvoit ignorer qu'ils avoient été imprimés en 1662, & même en 1680, aussi-tôt après la mort de M. de la Rochefoucault, & que l'on a même mis cette seconde Edition dans un meilleur ordre que n'étoit la première, qui avoit été faite sans doute sur un Exemplaire de l'Edition de Rouen.]

✻ Ce fut M. Pelot, premier Président en cette Ville, qui fit supprimer cette Edition, à la prière de M. d'Andilly.

☞ Les mêmes Mémoires. *Trévoux*, 1754, *in-*12. 2 vol.]
Tome II.

Les mêmes, traduits en Anglois : *London*, 1683, *in-*8.

Ces Mémoires sont un Recueil de Pièces composées par différens Auteurs, dont les principales sont de M. DE LA ROCHEFOUCAULT & de M. Edme DE LA CHASTRE, Colonel-Général des Suisses. Ce qu'on donne ici, sous le titre de *Mémoires de M. de la Rochefoucault*, n'est pas proprement une suite d'Histoire ; ce ne sont que des morceaux détachés & non liés ensemble, sur les principaux événemens arrivés depuis les Barricades au mois d'Août 1648, & jusqu'à la retraite de M. le Prince en Flandres, en Octobre 1652. Comme il n'y a point de Table dans la première Edition, qui est la plus belle, j'y suppléerai ici.

Mémoires de M. D. L. R. contenant les Brigues pour le Gouvernement à la mort de Louis XIII. L'Auteur qui parle souvent de lui dans cette Pièce sous le nom de Prince de Marsillac, y rapporte les premières Guerres de Paris. Il dit au commencement, qu'il se contente de raconter ce qui le regarde, ou les choses dont il a été témoin.

Retraite de M. de Longueville en son Gouvernement de Normandie, pendant la Guerre de Paris, en 1649. Pièce ironique, composée par Charles de Saint-Denys, Sieur DE SAINT-EVREMONT, dont le nom est estropié à la page 109 de la première Edition, mais corrigé dans l'*Errata* ; car on avoit imprimé *de Saint-Curemont*. Il y fait des railleries de plusieurs Gentilshommes Normans, qui s'étoient déclarés pour M. de Longueville leur Gouverneur.

Les Pièces suivantes sont de M. de la Rochefoucault, qui parle alors ce nom en parlant de lui, parceque son père étoit mort. *Récapitulation* de ce que dessus, avec la *Prison des Princes*. = *Ce qui se passa depuis la Prison des Princes jusqu'à la Guerre de Guyenne*. = *Guerre de Guyenne* & *la dernière de Paris*.

Ces Mémoires sont excellens & bien écrits. L'Auteur, qui étoit un très-bon esprit, a été témoin de tout ce qu'il raconte ; il avoit même été bien avant dans tous les mouvemens dont il fait le récit. Il en indique les sources, en développe les intrigues, & fait le portrait des principaux Auteurs d'une manière très-vive & très-naturelle. Il prend toujours le parti de M. le Prince de Condé, à qui il étoit fort attaché. « Ce petit Ouvrage, » (selon M. Amelot de la Houssaye) est inimitable & » sans pair ; par la juste application que l'Auteur fait des » plus beaux traits de Tacite aux Affaires de la Régence » & aux Ministres qui les ont menées. Il ajoute, qu'il » ne s'est jamais rien écrit en notre langue qui approche » tant du caractère de Tacite ». C'est dans son *Discours critique sur divers Auteurs modernes* qui ont travaillé sur Tacite, pag. 36, que [M. Amelot de la Houssaye] s'explique ainsi.

M. Huet, *pag*. 316 de son *Commentar. de rebus ad se pertinent*. dit que M. le Duc de la Rochefoucault s'est fait un grand nom par cet Ouvrage, qui est écrit avec beaucoup de jugement ; & d'un style tout-à-fait élégant, & qui sent son homme de qualité tel qu'il étoit.

On a placé dans ce Recueil, après les *Mémoires de la Rochefoucault*, l'*Apologie de M. de Beaufort*, composée par Guillaume GIRARD, Secrétaire de M. le Duc d'Espernon. Voici ce qu'en dit M. des Maiseaux, dans la *Vie de M. de Saint-Evremont* : « Le Duc de Beaufort se récon-» cilia avec la Cour ; mais les Courtisans ne laissèrent pas » de le tourner en ridicule. Un jour que le Duc de Canda-» le, le Comte de Palluau, le Comte de Moret, M. de » Saint-Evremont & cinq ou six autres, avoient soupé en-» semble, & se trouvoient de bonne humeur, ils firent » le plan d'une Satyre contre ce Duc, qu'ils appellèrent » l'*Apologie de M. de Beaufort, contre la Cour, la* » *Noblesse & le Peuple*. Chacun fournit ce qu'il croyoit » le plus capable de le rendre ridicule, & on chargea » M. Girard, qui a fait la *Vie du Duc d'Espernon*, de » rédiger par écrit ce qu'ils avoient dit ».

Enfin ce Recueil est terminé par les autres Pièces énoncées dans le titre. On a mis dans les dernières Edi-

Bbbb

tions la Lettre du Cardinal Mazarin avant la Retraite de M. de Longueville. Pour les *Mémoires de M. de la Chaftre*, si on avoit eu égard à l'ordre des temps, ils auroient dû être placés les premiers, parcequ'ils contiennent ce qui s'est passé à la mort de Louis XIII.

☞ On dit que les *Mémoires de la Rochefoucault*, tels qu'ils sont imprimés, sont d'un Monsieur de Vignoles, qui les a rédigés d'après les conversations qu'il a eues avec ce Seigneur ; que les véritables sont entre les mains des Ducs de la Rochefoucault ses héritiers, & qu'ils sont fort différens de ceux qu'on a donnés au Public. Ce M. de Vignoles fut exilé à Saumur, dans le commencement de la fortune de Madame de Maintenon, pour en avoir parlé trop librement.

Voyez sur ces Mémoires, *Méth. hiftor.* de Lenglet, *in-*4. *tom. II. pag.* 289, & *tom. IV. pag.* 136. = *Segrefiana, pag.* 156. = *Lettr.* de Guy Patin, *tom. II. pag.* 309. = *Longueruana, pag.* 108. = *Mél.* de Vign. Marville, *tom. I. pag.* 322. = *Le Gendre, tom. II. pag.* 76.]

☞ Mf. Les Mémoires de la Rochefoucault (Copie différente des imprimés) : *in-*4.

Dans la Bibliothèque du Roi, & provenant de M. Lancelot.]

23727. Historie de la Guera de France, deipey l'an cinquante, & de ce que sey passa dy nôtre Pays, pendant à quela Guera ; Dialogué : (c'eft-à-dire, « Histoire de la Guerre » de France, depuis l'an 1650, & de ce qui » s'eft passé dans notre Pays pendant cette » Guerre ; Dialogue : » en Vers héroïques Limousins).

C'eft une Brochure *in-*12. de 60 pages, sans nom d'Auteur, ni date, ni lieu d'impression. Elle finit par ces deux Vers :

En jugan au trictrac, penu & fey chamife, L'Irlandey en rifen entret dedin Venife.

C'eft-à-dire,

En jouant au trictrac, nud pied & fans chemife, L'Irlandois en riant entra dedans Venife.

23728. Rerum Gallicarum, impubere Ludovico XIV. liber primus, res per Novennium apud Gallos aut à Gallis pace belloque geftas, ab exceffu Ludovici XIII. ad annum 1652 : *in-*4.

Il n'y a eu d'imprimé de cette Histoire, que la première feuille. Jean DOUJAT, Professeur en droit, mort en 1688, l'avoit composée.

23729. ☞ Observations sur les Troubles de la Régence, pendant la Minorité de Louis XIV.

Elles fe trouvent dans le Recueil intitulé : *L'Hiftoire de Tancrede de Rohan,* &c. *Liège* 1767, *in-*12.]

23730. ☞ Mf. Journal des Evénemens qui fe passoient en France durant les années 1651 & 1652, *in-fol.* de 560 pages.

Ce Manuscrit est conservé dans le Cabinet de M. l'Abbé Ballonnet, à Montpellier. L'Auteur, qui étoit contemporain, ne laisse appercevoir aucun esprit de parti, ni rien qui puisse le déceler. Mais il paroit très-inftruit, & il entre dans des détails qu'on chercheroit vainement dans les Mémoires du temps qui ont été imprimés. Ce Manuscrit est d'une écriture ancienne, mais très-lisible.]

23731. Mémoires de M. le Cardinal DE RETZ: *Nancy,* Cuffon, 1717, *in-*12. 3 vol. *Amfter-* dam, Bernard, (*Paris*), 1717, *in-*12, 4 tom. en 5 vol.

Nouvelle Edition, sous ce titre : Mémoires du Cardinal DE RETZ, contenant ce qui s'eft passé de plus remarquable en France, pendant les premières années du Règne de Louis XIV. *Amfterdam,* (*Rouen*), 1718, *in-*12. 5 vol. *Lyon,* 1718, *in-*12. 3 vol.

★ Les mêmes, augmentées de plusieurs Eclaircissemens historiques, & de quelques Pièces du Cardinal de Retz & autres, servant à l'Histoire de ce temps-là : *Amfterdam,* Bernard, 1718, *in-*8. [1731, *in-*12.] 4 vol.

☞ Quelques lacunes s'y trouvent remplies. Il sera question ci-après de plusieurs autres Editions, que nous n'avons pu rencontrer.]

23732. ☞ Les mêmes Mémoires ; avec ceux de Joly & de la Duchesse DE NEMOURS; *Genève,* (*Paris*), 1751, petit *in-*12. 7 vol.

Cette Edition eft correcte & jolie. On y a joint un Mémoire touchant les démêlés du Cardinal de Retz avec la Cour de France ; c'eft un Extrait d'une Histoire manuscrite, composée par Claude Joly, Chanoine de Notre-Dame.

M. le Duchat croit, ainsi que Vigneul-Marville, que les *Mémoires du Cardinal de Retz* ne sont pas de lui. Il en donne pour raison, que le style eft plus nouveau que celui du temps auquel il a vécu. Il ajoute que c'étoit en Latin que ce Cardinal avoit composé toute l'Histoire de sa vie. On peut voir le *Ducatiana, pag.* 198. Beaucoup de gens ne seront pas de leur avis.]

Lorsque j'ai rapporté des Extraits de ces Mémoires, j'ai cité l'Edition de Rouen ; il y a quelques Notes historiques dans le Tome premier. Jean-François-Paul de Gondy, Cardinal DE RETZ, qui a composé ces Mémoires, eft mort en 1679. Il dit au commencement, qu'il s'eft fixé à ne rapporter proprement que ce qu'il a connu par lui-même. Ils font bien écrits, mais fort défectueux, à cause des lacunes qui s'y trouvent, & un grand nombre de fautes qui viennent des Copiftes. Les Intrigues des Guerres de la Fronde y font bien développées. L'Auteur n'eft pas toujours favorable à Meffieurs les Princes ; mais il fe déclare bien davantage contre le Cardinal Mazarin. Il n'y a pas ménagé fa propre réputation ; car il y peint fes foibleffes avec trop de naïveté & de franchife, & fe donne pour un homme capable d'être à la tête d'un parti. Auffi commence-t-il ainsi fes Mémoires : « Madame, quelque répugnance que je puiffe avoir à » donner l'Histoire de ma Vie, je vous obéis néanmoins, » & même aux dépens de ma réputation ». On ne sçait comment concilier fes sentimens avec le caractère qu'il avoit ; c'eft ce qui fait dire que celui qui a publié fes Mémoires, n'a pas contribué à lui conferver toute fa réputation.

※ Voici ce qui en eft dit dans l'*Europe Sçavante,* au mois de Février 1719, *pag.* 301 : « Il eft presque » inconcevable avec quelle ardeur & avec quel applau-» diffement ces Mémoires ont été reçus du Public, fur-» tout en France. On en a fept Editions, de Nancy, de » Paris, de Rouen, de Bourdeaux, de Lyon & deux » de ce Pays-ci (en Hollande). A entendre parler cer-» taines personnes, il n'y avoit point de Livre mieux » écrit à tous égards. Cependant on y trouve des mots » hasardés, des phrases obscures, équivoques, qui n'ont » point de construction, des périodes chargées & très-» fatiguantes. Ces Mémoires contiennent de l'utile, de » l'agréable & du superflu : ils instruisent, ils amusent, » ils ennuient.

☞ « L'Auteur les a adressés à une Dame dont on » ignore le nom, quelques recherches que l'on ait faites » pour le sçavoir. Le Cardinal de Retz étoit Damoiseau,

Règne de Louis XIV. 1652.

» c'est-à-dire, Seigneur de Commetcy : c'est là qu'ils ont
» été composés. Il en remit le Manuscrit original à Dom
» Ennesson, Abbé Régulier de Saint-Mihel, qu'il avoit
» choisi pour son Confesseur. Ce Religieux les ayant
» examinés, trouva dans les endroits où il décrit les
» péchés de sa jeunesse, des détails & des expressions
» qui lui parurent trop libres pour un homme élevé aux
» premières dignités de l'Eglise, & il eut soin de les
» effacer si parfaitement, qu'il a été impossible de les
» déchifrer. C'est de-là que sont venues les lacunes que
» l'on trouve dans le premier Volume ». Notes historiques sur les Mémoires du Prince de Tarente : Liége, 1767, in-12. On peut voir sur le Père Ennesson, la Lettre de Madame de Sévigné, du 7 Juin 1676.

Voyez ce qui est dit de ces Mémoires, dans la Méth. histor. de Lenglet, in-4. tom. II. pag. 290. tom. IV. pag. 146, & Supplément, pag. 166. = Bibl: Harley, tom. II. pag. 529. = Biblioth. ancien. & modern. de le Clerc, tom. VIII. pag. 463, & tom. XI. pag. 233. = Journ. histor. de Verdun, Nov. 1717, & Sept. 1751. = Mém. de Trév. Nov. 1717. = Lett. de Rousseau, t. II. p. 232, 241. = Nouv. Littér. t. V. p. 293, & tom. IX. p. 139. = Europ. sçav. Fév. 1719. = Pièc. fugit. t. III. part. 2, p. 190. = Ducatiana, pag. 298. = Racine, Abr. de l'Hist. Eccl. in-12. tom. X. p. 381. = Abr. de l'Hist. de Fr. tom. II. pag. 773. = Siècle de Louis XIV.]

Au reste je place ici ces Mémoires, parcequ'ils racontent particulièrement les Guerres de Paris, quoiqu'ils soient continués depuis la prison du Cardinal de Retz, qui fut arrêté le 15 Décembre 1652, jusqu'en 1655.

23733. ☞ Remarques historiques, suivies de quelques Observations critiques, sur un Livre intitulé : *Mémoires de M. le Cardinal de Retz* ; par M. DE SENECEY, premier Valet de Chambre de la feue Reine, à M. Buchet, &c.

Elles sont imprimées dans le *Mercure d'Août 1718*, & au tom. IV. du Recueil intitulé : *Amusemens du Cœur & de l'Esprit*, donné par M. Pretot : Paris, Pissot, 1741, & suiv.

L'Auteur soutient & veut prouver par le style, les inconséquences & les contradictions qui règnent dans cet Ouvrage, qu'il n'est pas de l'illustre Cardinal dont il porte le nom. Les retranchemens, & peut-être quelques additions du Père Ennesson, donnent la solution du Problême.]

23734. ☞ *Histoire de la détention du Cardinal de Retz, Archevêque de Paris, & de ses suites, pour montrer combien il est essentiel de prendre les voies régulières de l'ordre judiciaire, pour la punition des délits commis par les Evêques, & dans quels défilés on se jette, quand on ne suit que les voies d'une autorité arbitraire* : Vincennes, (Paris), 1755, in-12.

Cette Histoire est de M. le Président du Rey DE MEINIÈRES & de M. Louis-Adrien LE PAIGE, Avocat au Parlement de Paris, & Bailly du Temple. Depuis la page 154 jusqu'à la fin, il est parlé de l'affaire du Cardinal de Bouillon, en 1710 & 1715.]

23735. Mémoires de M. (Guy) JOLY, Conseiller au Châtelet de Paris : 1718, in-12.

Les mêmes, sous ce titre : *Mémoires de M. Joly, contenant l'Histoire de la Régence d'Anne d'Autriche, & des premières années de la Majorité de Louis XIV. jusqu'en 1666 ; avec les Intrigues du Cardinal de Retz à la Cour* : Amsterdam, Bernard, 1718, in-12. 3 vol.

Il y a dans le tom. II. de cette seconde Edition, des *Mémoires touchant les Affaires du Cardinal de Retz avec la Cour*, par Claude JOLY, Chanoine de Notre-Dame de Paris, oncle de Guy Joly. Le tom. III. ne contient que les *Mémoires de Madame la Duchesse de Nemours*.

☞ Voyez pour une troisième Edition, la fin du N.° suivant.

Guy Joly étoit Syndic des Rentes de l'Hôtel de Ville de Paris, en 1652. Ce fut sur lui qu'on tira un coup de pistolet, en 1649, dans la rue des Bernardins, dont il porta sa plainte au Parlement. Ses Mémoires qui contiennent l'*Histoire des Guerres de Paris*, peuvent servir de Supplément à ceux du Cardinal de Retz, à qui il étoit fort attaché, & dont il avoit suivi la fortune dans sa retraite. Mais comme il n'y déguise pas les foiblesses de ce Cardinal, ils ne lui font pas beaucoup d'honneur. Ils commencent en 1648, & finissent en 1665, lorsqu'il quitta le service du même Cardinal.

» « Ces Mémoires sont écrits d'un style plus exact
» que ceux du Cardinal de Retz. Si l'on en excepte la
» fin, ils ne sont proprement qu'un abrégé des premiers.
» M. Joly paroît sage dans ses discours, prudent dans
» sa conduite, éclairé dans le parti qu'il embrasse ; fixe
» dans ses principes, prompt en ressources, hardi dans
» le danger, constant dans ses résolutions ». Europe Sçavante, Février, 1719.

☞ On peut voir sur ces Mémoires, la Méth. histor. in-4. tom. II. pag. 290, tom. IV. pag. 147. = Bibl. Harley, tom. II. pag. 529. = Mém. de Trév. Juill. 1718. = Lettr. de Rousseau, tom. II. pag. 255. = Nouv. Littér. t. VII. p. 282. = Siècle de Louis XIV. tom. II. pag. 386.]

23736. Mémoires de M. L. D. D. N. contenant ce qui s'est passé de plus particulier en France, pendant les Guerres de Paris jusqu'à la Prison du Cardinal de Retz, avec les différens caractères des personnes qui ont eu part à cette Guerre : Cologne, (Paris), 1709, in-12.

Les lettres initiales désignent Madame la Duchesse DE NEMOURS, Marie d'Orléans, Fille du Duc de Longueville, Souveraine de Neuchâtel en Suisse, morte en 1707. Ceux qui ont connu de près cette Princesse, l'ont aussi reconnue dans ses Mémoires, qui sont écrits avec beaucoup d'esprit & de fidélité, & d'un style très-léger. Elle fait, de même que M. de la Rochefoucault, des portraits fort travaillés des principaux auteurs des troubles dont elle décrit l'Histoire ; mais elle ne laisse échapper aucune occasion de drapper ce Seigneur, comme pour se venger de ce qu'il avoit dit de [Henri II.] Duc de Longueville. Ces Mémoires ont été imprimés à Paris.

☞ Les *Mémoires de Madame de Nemours* ont été réimprimés : Amsterdam, 1738, in-8. & encore avec les *Mémoires de Joly*: Genève, 1751, in-12. 3 vol.

Voyez à leur sujet, la Républiq. des Lettr. de Bernard, Janv. 1710. = Lenglet, Méth. hist. in-4. tom. II. pag. 290, tom. IV. pag. 146.]

ON trouvera diverses particularités sur l'Histoire du même temps, dans la *Vie de Madame la Duchesse de Longueville*, (belle-mère de Madame de Némours :) Paris, 1738, & plus complette, Amsterdam, 1739, in-12. Madame de Longueville prit grande part aux Guerres de Paris & à leurs suites.]

23737. ☞ *Mémoires secrets de la Cour de France, contenant les intrigues du Cabinet, pendant la Minorité de Louis XIV*. Amsterdam, Girardi : (Paris, Ganeau), 1733, in-12. 3 vol.

Ces Mémoires sont attribués à M. Rustaing DE SAINT-JORY.]

23738. ☞ Mémoires de M. de Pontis, qui a servi dans les Armées 56 ans, sous les Rois Henri IV. Louis XIII. & Louis XIV. contenant plusieurs circonstances remarquables des Guerres, de la Cour & du Gouvernement de ces Princes : *Rouen*, 1676, *in*-12. 2 vol. Seconde Edition, revue & corrigée : *Paris*, Desprez, 1679 : [*Lyon*, 1692] : *Amsterdam*, 1694 : [*Paris*, 1749], *in* 12. 2 vol.

Louis de Pontis est mort en 1670, âgé de 92 ans. Ses Mémoires contiennent ce qui s'est passé depuis qu'il a été dans le service, en 1596, jusqu'à la fin des Guerres de Paris. Cet Officier, après avoir quitté le service, se retira auprès de l'Abbaye de Port-Royal-des-Champs. C'est dans cette retraite, que Pierre Thomas, Sieur du Fossé, composa ces Mémoires sur le récit que lui faisoit tous les jours M. de Pontis des actions de la vie passée ; & c'est après sa mort, que le Sieur du Fossé a pris le soin de les publier. Il y fait parler M. de Pontis, dont la Vie fait le principal sujet de ces Mémoires. On a mis au-devant de la seconde Edition, un Avis qui sert d'Apologie à ces Mémoires. Ils semblent avoir été faits pour l'instruction des Officiers de Guerre.

· *Voyez* la *Méth. histor.* de Lenglet, *in*-4. tom. IV. pag. 136, & *Supplément*, pag. 166. = *Nouv. Edit.* du P. Daniel, tom. I. *Préf.* pag. 96 ; tom. XIII. *Préface*, pag. 4 & 351. = *Mém. de Trév.* Juillet, 1718. = *Mél. de Vigneul Marville*, tom. I. pag. 130. = Le Gendre, t. II. p. 67. = *Isag. in not. script. Hist. Gall. part. II. pag.* 27.]

23739. Joannis LABARDÆI, Matrolarum ad Sequanam Marchionis, Regis apud Helvetios extra Ordinem Legati, de rebus Galliarum, Libri decem : *Parisiis*, Thierry, 1671, *in*-4.

Jean DE LA BARDE est mort fort âgé, en 1692. Il a écrit une partie de l'Histoire de son temps, depuis l'an 1643 jusqu'à la fin de 1652. La continuation [étoit] conservée manuscrite dans le Cabinet de Madame la Présidente Amelot, sa petite-fille. Il marque en marge les noms propres en François. « Cet Ouvrage (dit Bayle » dans son *Dictionnaire*, sous le nom de cet Auteur) a » été long-temps attendu comme un chef-d'œuvre ; » aussi a-t-il été bien reçu du Public. Le style en est » bon ; les choses y sont narrées sans flatterie, & avec » beaucoup de connoissance des intrigues du Cabinet. »

L'Abbé de Marolles, parlant de cette Histoire, dans le *Catalogue de ses propres Ouvrages*, pag. 19, [ancienne Edition], dit : « que quoiqu'elle soit écrite en Latin, » d'un style comparable à celui de Salluste, il seroit néan-» moins à souhaiter que l'Auteur l'eût encore mise en » François, pour être plus utile & plus intelligible qu'elle » ne sçauroit être dans une Langue qui n'est plus aujour-» d'hui en usage ». On peut aussi consulter sur ces Guerres, l'*Histoire Latine* DE PRIOLO, rapportée ci-après. [sous l'année 1660.]

☞ *Voyez Mém.* de Marolles, tom. III. pag. 234. = Lenglet, tom. II. pag. 289, & tom. IV. pag. 133. = *Dictionn.* de Bayle, Note B. = Le Gendre, tom. II. p. 58. = *Isag. in not. script. Hist. Gall. part. II. p.* 23.]

23740. Ms. Affaires & Mouvemens du Parlement de Paris, depuis l'an 1648 jusqu'en 1653 : *in-fol*.

Ces Narrations étoient conservées dans la Bibliothèque de M. le Chancelier Seguier, num. 179, [aujourd'hui à S. Germain-des-Prés.]

23741. Journal contenant ce qui s'est passé au Parlement de Paris, sur les Affaires du temps, depuis le 13 Mai 1648 jusqu'au 12 Avril 1649 : *Paris*, Alliot, 1648-1649, *in*-4.

☞ Il commence par l'Affaire des rentes ; viennent ensuite l'Emprisonnement des Princes, les Troubles de Guyenne & de Bourdeaux, l'élargissement des Princes, & l'éloignement du Cardinal Mazarin.]

On a donné une seconde Edition du commencement de ce Journal, qui est plus correcte que la précédente. Il n'y eut point d'Assemblée du Parlement, depuis le 12 Avril 1649 jusqu'à la Saint-Martin de la même année.

Suite du vrai Journal des Assemblées du Parlement, contenant ce qui s'y est passé depuis la Saint-Martin en 1649, jusqu'à Pâques (le 3 Avril) 1651 : *Paris*, Alliot, 1651, *in*-4.

Le Journal, ou l'Histoire du temps présent, contenant toutes les Déclarations du Roi, vérifiées en Parlement, pour les Affaires publiques, depuis le mois d'Avril 1651 jusqu'au mois de Juin 1652 : *Paris*, Alliot, 1652, *in*-4.

23742. Ms. ☞ Mémoires de ce qui s'est passé au Parlement de Paris, en l'année 1651, sur le sujet de la retraite de M. le Prince & du Cardinal Mazarin : *in-fol.*

Ce Manuscrit est conservé dans la Bibliothèque de M. Fevret de Fontette, Conseiller au Parlement de Dijon. Il contient un détail des Avis & de ce qui s'est fait & dit dans l'intérieur de la Compagnie, depuis le 18 Novembre 1651 jusqu'au 12 Avril 1652, lequel ne ressemble point à celui qui se trouve au Numéro précédent.]

23743. ☞ Histoire abrégée du Parlement, durant les Troubles du commencement du Règne de Louis XIV. depuis 1647 jusqu'en 1652 ; (par l'Abbé Jean-Baptiste GAULTIER) : 1754 & 1755, *in*-12.]

23744. ☞ Histoire de notre temps, sous le Règne de Louis XIV. depuis 1648 jusqu'en 1652, *in*-8.

Feuilles imprimées d'un Ouvrage que le Cardinal Mazarin fit enlever, & dont les Exemplaires sont dans les dépôts de la Bibliothèque Mazarine.]

23745. Relation, contenant la suite & conclusion du Journal de tout ce qui s'est passé au Parlement, pour les affaires publiques, depuis Pâques 1652 jusqu'en Janvier 1653 : *Paris*, Alliot, 1653, *in*-4.

23746. ☞ Histoire de la Guerre de Guyenne, commencée sur la fin du mois de Septembre 1651, & continuée jusqu'à l'année 1653 (par M. BALTHAZARD) : *Cologne*, Egmond, 1694, *in*-12.

On l'a réimprimée sous le titre suivant, dans le tom. III. du *Recueil des Pièces fugitives* de M. le Marquis d'Aubais : *Paris*, 1759, *in*-4.

Mémoires de la Guerre de Guyenne, sous la Minorité du Roi Louis XIV. par M. BALTHAZARD, mort Lieutenant Général des Armées du Roi.

Cette Histoire, devenue très-rare, méritoit de reparoître. On y trouve ce qui se passa en Guyenne & en Périgord, depuis le mois de Septembre 1651, jusqu'à la fin de 1653. Elle est divisée en deux Parties & fort

Règne de Louis XIV. 1653. 565

curieuse, quoique l'Auteur s'étende plus sur ce qui le regarde que sur les affaires générales.]

23747. Mſ. Secret de la Négociation, pour la réduction de la Ville de Bourdeaux, à l'obéiſſance du Roi, en 1653.

Cette Hiſtoire eſt conſervée dans la Bibliothèque de M. le Chancelier-d'Agueſſeau, num. 175, pag. 141, & elle étoit dans celle de M. le premier Préſident de Meſme.

23748. ☞ Œuvres de l'Inconnu, sur les mouvemens de Guyenne : *Paris*, Targa, 1652, *in-4*.

Cet Ouvrage, dédié au Cardinal Mazarin, par une de ſes créatures, paroît n'avoir été fait que pour juſtifier la conduite de ce Miniſtre à l'égard des Princes, & afin d'empêcher la Guyenne de ſe déclarer en leur faveur. Le portrait du Cardinal eſt à la tête de l'Ouvrage, avec cette Epigraphe : *Micat inter omnes Julium ſidus*. On trouve dans ce Recueil les Pièces ſuivantes :

1°. Dialogue de l'Inconnu avec la Ville de Bordeaux.
2°. Les Larmes de Thémis.
3°. L'Exil de l'Inconnu, &c.
4°. La Voix du Peuple, ou Remontrance de la Guyenne, à M. le Prince de Conty.
5°. Nouveau Dialogue de l'Inconnu, avec la même Ville de Bordeaux.]

23749. ☞ Mſ. Mémoires des mouvemens de Guyenne, pour ſervir à l'Hiſtoire de l'année 1653, ſous le Duc de Candale : *in-fol*.

Ces Mémoires ſont indiqués au num. 15764, du Catalogue de M. d'Eſtrées.]

23750. ☞ Lettres-Patentes du Roi, portant abolition générale de tout ce qui s'eſt paſſé de parti à parti, durant les derniers mouvemens arrivés en Provence, & notamment depuis les Articles de Paix, du 8. Août 1649, publiées en Parlement le 31. Mars 1653 : *Aix*, 1653, *in-4*.]

23751. ☞ Hiſtoria delle Guerre civili di Francia deſcritta dal Comte Majolino BISACCIONI, Gentilhuomo ordinario della Camera del Ré Chriſtianiſſimo e ſuo Cavalliere.

Cette Hiſtoire commence en 1648, & finit en 1651, dans la première Edition, & en 1653 dans la ſeconde Edition. Elle eſt imprimée avec ſon *Hiſtoire des Guerres civiles de ce temps-là*, depuis 1610 : *in Venetia*, Storti, 1652 : *in Bologna*, Zenero, 1653, *in-4*.

23752. Joſephi RICCII, Clerici, Regularis Congregationis Sommaſchæ, Rerum Italicarum ſui temporis Narrationes, quibus omnia Bella, eventa, notabiles caſus continentur, quæ ab anno 1613 uſque ad annum 1653, in Italia acciderunt: *Venetiis*, Turrini, 1655, *in-4*.

23753. ☞ Mémoires de feu M. Omer TALON, Avocat Général de la Cour de Parlement de Paris : *La Haye*, Goſſe & Neaulme : (*Paris*,) 1732, *in-12*. 8 vol.

Ils commencent en 1630, & finiſſent en 1653. Voyez Lenglet, *Supplément de ſa Méth. hiſtor. in-4*. pag. 166. = *Siècle de Louis XIV*. On aſſure qu'ils ſont plus amples dans les Manuſcrits qui ſe trouvent entre les mains de quelques Curieux. M. Jardel, à Braine, en

a un écrit magnifiquement, en 4 vol. *in-fol*. L'Editeur eſt feu M. Joly, laïc, Cenſeur des Livres, & connu par quelques Pièces de Théâtre.]

23754. Déclaration du Roi, en faveur de M. le Prince de Conti, & de ceux qui l'ont ſervi, ſuivi, aſſiſté & exécuté ſes ordres dedans & dehors le Royaume, vérifiée en Parlement, en la Chambre des Vacations, le 2 Octobre 1653 : *in-4*.

23755. ☞ Lyſiados Libri V. Poema Heroicum de Geſtis Ludovici XIV. palmæ Liliatæ; à Cl. Baldo DE BELLA-CURIA, *Caſtris*, 1653, *in-4*.]

23756. Mémoires de Jacques DE SAULX, Comte de Tavannes, Lieutenant Général des Armées du Roi, contenant les Guerres de Paris, depuis la Priſon des Princes (en 1650) juſqu'en 1653 : *Paris* & *Cologne*, 1691, *in-12*.

Cet Auteur eſt mort en 1683.
☞ Voyez le *Journ. des Sçav. Avril 1691*. = *Hiſt. des Ouvr. des Sçav. Fév. 1691*. = *Biblioth. univ. & hiſtor*. t. XX. p. 166. = *Bibliot. des Aut. de Bourgogne*, t. II. pag. 239. = *Journ. de Leipſick*, 1691, pag. 418.]

23757. Hiſtoire de l'Adminiſtration du Cardinal Mazarin, juſqu'en 1653.

Ci-après, Art. des *Miniſtres d'Etat*, &c.

23758. Relation de ce qui s'eſt paſſé de jour en jour, pendant le Siège de Bellegarde, le 6 Juin 1653 : *Dijon*, Guyot, *Paris*, 1653, *in-4*.

23759. ☞ La France aux pieds victorieux du Roi, au jour ſolemnel de ſon Sacre, en qualité de Suppliante, demandant à Sa Majeſté une paix glorieuſe à ſa Couronne, & néceſſaire à ſes Sujets, par le rétabliſſement de leur ſubſiſtante félicité : *Challon-ſur-Saône*, Tan, (1654), *in-4*.

Louis XIV. fut ſacré à Reims, le 7 Juin 1654.]

23760. ☞ Ce qui s'eſt paſſé en Picardie, depuis l'entrée des Eſpagnols en France, juſqu'à leur retraite, & la Priſe de la Ville & Château de Saint-Felion en Catalogne; par le Marquis DU PLESSIS-BELLIEVRE; avec ce qui s'eſt fait depuis l'arrivée du Maréchal d'Hocquincourt : *Paris*, 1653, *in-4*.]

23761. Ce qui s'eſt paſſé au Siège de Clermont en Beauvoiſis, en 1654 : *Paris*, 1654, *in-4*. La priſe du Fort de l'Egliſe de Clermont, avec le Journal de ce qui s'eſt paſſé à ce Siège : *Paris*, 1654, *in-4*. La priſe de Clermont par le Maréchal de Senneterre : *Paris*, 1654, *in-4*.

23762. Hiſtoria delle Rivolutioni di Francia ſotto il Regno di Luigi XIV. dall'anno 1648 fin all'anno 1654, con la continuatione della Guerra trà le due Corone Libri dieci del Conte Galeaſſo GUALDO; Priorato : *in Venetia*, 1655 : *in. Parigi*, 1656, *in-fol*.

La medeſima Hiſtoria, con un aggiunto d'altri accidenti occorſi in Europa: ſin alla pace

di Pirenei : *in Colonia*, 1670, *in-*4. 2 vol.
[*Pampelona*, 1720, *in-fol.*]

La même, traduite en Anglois, d'abord par le Duc de Montmouth, & achevée par Guillaume Brant : *London, in-fol.*

Gualdo, qui étoit Historiographe de l'Empereur, mourut à [Vicence] sa Patrie, en 1678. « Son malheur » (au jugement de l'Auteur du *Journal des Sçavans*, du » 16 Mars 1665), est de parler souvent des choses dont » il n'a pas toute la connoissance qu'il seroit nécessaire » qu'il eût pour se bien acquitter de ce qu'il entreprend, » comme on a vu par l'*Histoire des derniers troubles de » France*, où il y a autant de fautes que de mots ».

☞ *Voyez* la *Méth. histor.* de Lenglet, *in-*4. *tom. IV*. p. 132. = Sorel, p. 329. = Le P. Niceron, *t. XXXIV*. *pag.* 10. = *Journ. des Sçav. Mars*, 1665.]

23763. ☞ Mf. Luogi corretti dal Conte Galeazzo Gualdo nella sua Historia, intorno il Principe di Condé.

Ce Manuscrit est dans la Bibliothèque de M. Fevret de Fontette, à Dijon.]

23764. ☞ Troisième Livre des Copies de Commissions, Missives & Notes des Voyages faits comme Héraut d'armes de France, au titre de Valois ; par le Sieur GARDÉ, depuis 1648 jusqu'en 1654: *in-fol.*]

Ce Manuscrit, qui est dans la Bibliothèque de la Ville de Paris, est d'une écriture très-minutée, & contient beaucoup de choses curieuses, concernant les Affaires de la minorité de Louis XIV.]

23765. Relation du Siége d'Arras, en 1654, décrit par DE LA MESNARDIERE.

Voyez ci-après, [année 1658.]

23766. Journal de ce qui s'est passé en Alsace: *Paris*, 1654, *in-*4.

23767. La Prise des dehors de Stenay: *Paris*, 1654, *in-*4.

23768. Sallustius Germanicus, seu Bellum Sueco-Gallo-Germanicum, ab anno 1618 ad annum 1654: *Coloniæ*, 1654, *in-*12.

23769. Journal de ce qui s'est passé au Siége de Puycerda : *Paris*, 1654, *in-*4.

23770. La prise de Puycerda par le Prince de Conti : *Paris*, 1654, *in-*4.

23771. Particularités de la prise d'Urgel, Belver & Montallier dans la Cerdaigne : *Paris*, 1654, *in-*4.

23772. Suite des Mémoires du Duc de Guise, ou Relation du Voyage de l'Armée Navale de France au Royaume de Naples, en 1654: *Paris*, David, 1682, *in-*12.

23773. Relation de ce qui s'est passé au Voyage de Naples, en 1654, écrite par Henri de Lorraine, DUC DE GUISE.

Cette Relation est imprimée dans le *Recueil historique : Cologne*, 1666, *in-*12.

23774. * Mf. La Levée du Siége d'Arras : Poëme en Vers burlesques ; par Etienne PASQUIER, Jacobin : *in-*8.

Ce Manuscrit est conservé dans la Bibliothèque des Jacobins de Paris de la rue S. Honoré, Les Espagnols furent défaits le 25 Août 1654, par le Vicomte de Turenne, qui leur fit lever le Siége d'Arras qu'ils avoient formé.

23775. L'Armée Françoise, ou la première Campagne du Roi, (en 1654) décrite par René DE CERISIERS, Aumônier du Roi : *Paris*, 1655, *in-*4. 1660, *in-*8.

23776. ☞ Discours politique à Agathon sur les Assemblées du Parlement, & sur les Mouvemens derniers : 1654, *in-*4.]

23777. ☞ Lettre du Roi à M. le Maréchal de l'Hôpital, sur la réduction de Stenay, le 6 Août 1654, *in-*4.]

23778. ☞ Lettre du Roi à M. de l'Hôpital, contenant l'état de ce qui s'est passé dans ses Armées depuis son Sacre, jusqu'à la Levée du Siége d'Arras, &c. *Paris*, 1654, *in-*4.]

23779. ☞ Harangue faite au Roi sur l'heureux succès des Armes de Sa Majesté, ensuite de son Sacre ; par M. le Recteur de l'Université, le 15 Septembre 1654: *in-*8.]

23780. ☞ La Harangue faite aux Cardinaux à Rome, dans le Conclave, pour l'Election d'un nouveau Pape ; par M. le Marquis de SAINT-CHAUMOND, Chevalier des Ordres du Roi, Conseiller en ses Conseils, Lieutenant-Général en ses Armées, & son Ambassadeur Extraordinaire à Rome: *in-*4.]

23781. ☞ Lettre du Roi envoyée à MM. les Prévôt des Marchands & Echevins de sa bonne Ville de Paris, du 11 Septembre 1654: *in-*4.]

23782. ☞ Lettre du Roi envoyée à M. le Maréchal de l'Hôpital, Gouverneur de Paris, & à MM. les Prévôt des Marchands & Echevins de ladite Ville ; ensemble l'Ordonnance de Sa Majesté contre le Cardinal de Retz : 1654, *in-*4.]

23783. ☞ Commission du Roi & Arrêt du Parlement pour informer contre le Cardinal de Retz : 1654, *in-*4.]

23784. ☞ Lettre du Roi à N. S. P. le Pape, touchant les Affaires du Cardinal de Retz: *in-*4.]

23785. ☞ Mf. Réponse de M. de CHANUT à la Lettre de la Reine de Suéde (Christine) du 24 Décembre 1654 ; de la Haye le 4 Janvier 1655, dans laquelle il détruit toutes les préventions que les Espagnols ont cherché à donner à cette Princesse contre la France, & où il répond vertement aux railleries qu'elle faisoit sur l'inconstance des François : *in-*4.

Cette Pièce est conservée dans la Bibliothèque de M. Jardel, à Braine.]

23786. ☞ Arrêt de la Cour de Parlement, rendu le 27 Mars 1654, toutes les Chambres assemblées, garnies de Pairs, le Roi séant & présidant en icelles ; publié en Parlement le Roi tenant son Lit de Justice, contre Messire Louis de Bourbon, Prince de Condé.]

23787. ☞ Autre, du même jour, contre les Sieurs Viole, Lesnet, le Marquis de Persan, Marchin & autres Adhérans de M. le Prince : *in-4.*]

23788. ☞ Ms. Ce qui se passa quand le Roi tint son Lit de Justice à Paris : 1655. Ancienne copie de 8 pages.

Cette Relation est conservée dans la Bibliothèque de M. Fevret de Fontette, à Dijon.]

23789. ☞ Réponse au Manifeste de l'Archiduc Léopold, qui prétend justifier l'emprisonnement du Duc de Lorraine : *Paris*, 1654, *in-4.*]

23790. ☞ Epinicia Ludovico XIV. triumphali carmine celebrata, ob ejus inaugurationem & victorias; auctore Guillelmo Rolando PALINGENIO, J. U. D. *Parisiis*, 1655, *in-4.*]

23791. Douze Tableaux du Roi Louis XIV. de la Reine Anne d'Autriche, de Philippe Duc d'Anjou, frère unique du Roi, & du Cardinal Mazarin, exposés sur des Arcs de Triomphe, après le Sacre de Sa Majesté ; la prise de la Ville de Stenay, du Quesnoy & de Clermont ; la Délivrance d'Arras, &c. en Latin & en François ; par N. LESCALOPIER, Aumônier du Roi : *Paris*, 1655, *in-4.*

23792. Il Mercurio, overò Istoria de correnti tempi ; da Vittorio SIRI : *in-4.* 15 vol. Il primo : *in Casale*, della Casa, 1636. *In Geneva*, 1639. Il secundo, *in Casale*, della Casa, 1637. *In Geneva*, 1637. Il terzo, *in Lione*, Huguetan, 1652. Il quarto, quinto, sesto, settimo, ottavo & nono, *in Casale*, del Monte, (cioè in Parigi) 1667-1670. Il decimo, ondecimo, dodecimo, decimo terzo : *in Parigi*, Cramoisy, 1670-1673-1674. Il decimo quarto & il decimo quinto : *in Firenze*, della Nave, 1682.

☞ Les différens Volumes qui composent le Mercure de Siri ont été imprimés dans différens endroits & en différentes années. En voici un détail pour les meilleurs Exemplaires. Les Editions de *Genève*, chez Philippe Albert, ne valent rien. L'Ouvrage entier doit avoir quinze Tomes, qui se relient en dix-huit Volumes, parcequ'il y en a trois qui sont trop épais pour les relier chacun en un seul Volume.

Le Tome I. *in Casale*, 1644, per Christophoro della Casa, contient trois Livres & les années 1640 & 1641.

Le Tome II. *in Casale*, 1647. Ibid. première Partie, deux Livres, en un très-gros Volume, qui devoit être mis en deux, contient le commencement de 1642. = Seconde Partie, contient le Livre III. & le reste de l'année 1642.

Le Tome III. *in Lione*, Huguetan, 1652, contient trois Livres, & l'année 1643.

Le Tome IV. 2 parties en 1 vol. *in Casale*, Delmonte, 1655, contient l'année 1644.

Le Tome V. 2 parties en 2 vol. grand papier, *in Casale*, per eundem, contient partie de l'année 1645.

Le Tome VI. *in Casale*, per eundem, 1667, contient la fin de l'année 1645, & les trois premiers mois de 1646.

Le Tome VII. *in Casale*, per eundem, 1667, gros volume, contient les quatre mois suivans de 1646.

Le Tome VIII. *in Casale*, per eundem, 1667, gros volume, contient les cinq derniers mois de 1646.

Le Tome IX. *in Casale*, per eundem, 1667, gros volume, contient les six premiers mois de 1647.

Le Tome X. *in Casale*, per eundem, 1668, gros volume, contient les cinq mois suivans de 1647, jusqu'à Septembre.

Le Tome XI. *in Parigi*, Mabre-Cramoisy, 1670, contient le reste de 1647 & partie de 1648.

Le Tome XII. *in Parigi*, per eundem 1672, contient la suite de 1648.

Le Tome XIII. *in Parigi*, per eundem, 1674, contient la fin de 1648.

Le Tome XIV. *in Firenze*, per Ipolito della Nave 1682, contient les années 1649 & 1650.

Le Tome XV. *in Firenze*, per eundem, 1682, contient 1651, 1652 & 1653.

M. Jean-Baptiste Requier, Provençal & Ex-Oratorien a fait une Traduction du *Mercure* de Siri, de laquelle il n'a donné que 24 volumes *in-12.* & 6 *in-4.* mais il n'a pas achevé. Il a abrégé en retranchant ou racourcissant un grand nombre de Pièces, qui contribuoient à grossir considérablement l'Ouvrage. Cette Traduction n'empêchera pas que l'Original ne conserve son prix.

On peut voir ce qui en est dit dans l'*Année Littéraire*, 1756, tom. *VI.* pag. 141. = 1757, tom. *I.* p. 601. tom. *II.* pag. 37 : tom. *III.* pag. 16.]

Cette Histoire commence en 1635, & finit en 1655 ; c'est un Ouvrage très-curieux, sur-tout pour les Pièces qu'il contient. Ce sont d'excellens Mémoires qui lui ont été communiqués par Hugues de Lionne, Secrétaire d'Etat, & qui sont fort utiles pour l'Histoire ; mais il faut y apporter quelque discernement. On y remarque plusieurs choses curieuses qu'on n'avoit osé dire jusqu'alors.

« Les Mercures Italiens de Vittorio Siri, & ses *Memorie recondite*, sont remplis de quantité de faits très-curieux & très-utiles à un Négociateur, pour l'instruire de l'Histoire moderne. Ils sont extraits des Dépêches & Instructions de plusieurs Ambassadeurs. On y trouve quantité de Mémoires, de Manifestes & autres Ecrits sur les différens intérêts des Princes de l'Europe, dont l'Auteur parle avec beaucoup de liberté & avec une connoissance particulière des motifs de leurs démêlés, de leurs projets & de leurs entreprises ». Fr. de Callieres, Chap. V. de la *Manière de négocier avec les Souverains*, pag. 87.

Jean le Laboureur, à l'occasion de l'Histoire de Davila, parle ainsi des Historiens Italiens, au tom. II. des *Mémoires de Castelnau*, pag. 867, imprimés en 1659. « Ils ne se soucient pas fort que tout ce qu'ils écrivent soit vrai, pourvu qu'il tienne du vraisemblable, parcequ'ils se plaisent à ajuster leurs sujets à leurs maximes, plutôt que de se laisser contraindre à leur sujet. Nous en avons des exemples récens, qu'il est inutile de citer ici ». Ne parleroit-il point des premiers volumes de l'Abbé Siri, ou de Gualdo Priorato?

☞ *Voyez* sur les *Mémoires* de Siri, la *Méth. hist.* de Lenglet, *in-4.* tom. II. pag. 291 : tom. III. pag. 77 : tom. IV. pag. 174, & *Supplément*, pag. 13. = Sorel, pag. 326. = *Biblioth. choisie*, tom. IV. pag. 158. = Le Gendre, tom. II. pag. 99. = *Catalog. de M. Gaignat*, tom. II. pag. 276.]

23793. Journal de ce qui s'est passé au Siège & à la prise de Landrecy : *Paris*, 1655, *in-4.*

23794. La Marche du Roi dans le Pays ennemi à la tête de son Armée, avec la prise de Condé : *Paris*, 1655, *in-4.* Particularités de cette Prise : *Ibid.* 1655, *in-4.*

Liv. III. Histoire Politique de France.

23795. Mſ. Relations des Affaires publiques, depuis le 5 Avril 1652, juſqu'au 30 Juillet 1655.

Ces Relations [étoient] conſervées dans la Bibliothèque de M. Baluze, num. 837, [& ſont aujourd'hui en celle du Roi.]

23796. Hiſtoire de notre temps ſous Louis XIV. commencée par Claude MALINGRE, & continuée par (Gilbert Saunier) Sieur DU VERDIER, Hiſtoriographe de France: *Paris*, 1655, *in*-8. 2 vol.

Ce ſont des Recueils de divers Mémoires de ce qui eſt arrivé.

— ☞ Mémoire préſenté à Cromwel par les Ambaſſadeurs d'Eſpagne, contre la France, en 1655.

Voyez ci-après, à l'année 1658.]

23797. La priſe du Cap de Quiers en Catalogne, par le Prince de Conti: *Paris*, 1655, *in*-4. Particularités de ce Siége: *Ibid.* 1655, *in*-4.

23798. L'Entrée de l'Armée Françoiſe commandée par le Prince Thomas dans le Milanois, en 1655: *Paris*, 1655, *in*-4.

23799. Siége de Pavie: *Paris*, 1655, *in*-4. Suite de ce Siége: *Ibid.* 1655, *in*-4.

23800. Il ſincero Giornale dell'aſſedio di Pavia intrapreſo dal Armi di Francia, à 24 Luglio ed abandonado à 14 Settembre 1655, di Gio. Dominico DE LA TORRE: *in Milano*, 1655, *in*-4.

23801. Le glorie di Pavia dall'eſtretto aſſedio e liberatione di eſſa riportate contrà l'Armi di Francia, di Savoïa & di Modena, l'anno 1655, di Franciſco PIROGALLO: *in Pavia*, 1655, *in*-4.

23802. Raconto ſincero di tutto il ſucceſſo dell'aſſedio di Pavia poſto dall'eſſercito del Ré Chriſtianiſſimo, da quale era Principe Thoma e Duca di Modena: *in Pavia*, 1655, *in*-4.

23803. ☞ Decora Franciæ in Ludovico XIV. Rege refloreſcentia; auctore Claudio DORMAY, Canonico Regio Sancti Joannis Sueſſionenſis: *Pariſiis*, 1655, *in*-8.]

23804. ☞ Mſ. Diſcours ſur les moyens de maintenir la France contre ſes voiſins: 1655.

Ce Manuſcrit, qui eſt du temps, & de 10 pages, eſt conſervé dans la Bibliothèque de M. Fevret de Fontette, Conſeiller au Parlement de Dijon.]

23805. Les premières Nouvelles du Siége de Valenciennes par le Maréchal de Turenne, en 1656: *Paris*, 1656, *in*-4. Lettre du Siége, avec le Journal de tout ce qui s'y eſt paſſé juſqu'au 26 Juin: *Paris*, 1656, *in*-4. La continuation de ce Siége: *Ibid.* 1656, *in*-4. Suite du Journal: *Ibid.* 1656, *in*-4.

23806. Deſcription des choſes plus mémorables arrivées pendant le Siége de Valenciennes par l'Armée de France; avec figures; par Jacques DE RENTRÉ: *Valenciennes*, 1656, *in*-4.

23807. La priſe de la Capelle par l'Armée du Roi: *Paris*, 1656, *in*-4.

23808. Le Siége de Valence dans le Milanois: *Paris*, 1656, *in*-4.

— Le Siége de Valence ſur le Po; par Hippolyte DE LA MESNARDIERE.

Voyez ci-après, [N.° 23821.]

23809. Journal de la Campagne de 1656, & priſe de la Ville & Château de Valence ſur le Po par (Eſprit-Raymond,) Comte de Modene, Généraliſſime des Armées de France & d'Italie; par Louis DE BEAUBRUN: *Turin*, Zavate, 1657, *in*-4.

23810. ☞ L'Europe crucifiée entre deux Larrons: *Londres*, 1656, *in*-8. (en Anglois.)

Cette Pièce fut faite en partie au ſujet de l'Alliance entre le Cardinal Mazarin & Cromwel. *Voyez* l'*Abrégé Chronologique de l'Hiſtoire univerſelle*, traduite du Latin du *Rationarium temporum* du Pére Pétau, par Maucroix, *tom. III. pag.* 308.]

23811. ☞ Arrêt du Conſeil d'Etat du Roi, portant caſſation des Arrêts du Parlement de Paris, du 18 Août, 1 & 4 Septembre dernier, donnés par attentats contre l'autorité Royale, avec défenſe au Parlement de plus s'aſſembler ſur les matières y contenues; du 19 Octobre 1656, *in*-4.]

23812. ☞ Lettre du Sieur COLBERT, Intendant de la Maiſon de M. le Cardinal, à ſon Eminence: *in*-4.

Elle eſt pleine de ſentimens de reconnoiſſance pour tous les bienfaits qu'il a reçus du Cardinal Mazarin, tant pour lui que pour ſa famille.]

23813. ☞ Emblêmes & Deviſes du Roi, des Princes & Seigneurs: *Paris*, Giſſey, 1656, *in*-4.]

23814. Breve & ſincero Diario delle coſe principali avvenute nel aſſedio della citta d'Aleſſandria poſto da Franceſi, a gli 17 Luglio, i levato a gli 17 Agoſto: *in Milano*, 1657, *in*-24.

23815. Hiſtorie delle Guerre d'Italia, dall' anno 1635, ſin all'anno 1657, da Girolamo BRUSONI: *in Venetia*, 1657, *in*-4. Settima impreſſione: *in Torino*, 1680, *in-fol.*

23816. Mſ. Mémoires touchant le Siége d'Ardres, du 29 Août 1657: *in-fol.*

Ces Mémoires [étoient] conſervés dans la Bibliothèque de M. le Préſident de Lamoignon.

23817. La priſe de Montmedy par l'Armée du Roi, en 1658: *Paris*, 1658, *in*-4.

23818. La priſe de Saint-Venant ſur la Rivière de la Lys: *Paris*, 1658, *in*-4.

23819. Le Siége de Dunkerque par le Maréchal de Turenne: *Paris*, 1658, *in*-4. Journal de ce Siége: *Ibid.* 1658, *in*-4. Particularités de la Bataille donnée proche les Dunes;

Dunes : *Ibid.* 1658, *in*-4. Réduction de Dunkerque : *Ibid.* 1658, *in*-4. Relation de l'Entrée du Roi dans Dunkerque : *Ibid.* 1658, *in*-4.

23820. Remarques sur la reddition de Dunkerque entre les mains des Anglois, en 1658 : *Paris*, Cramoisy, 1658, *in*-4.

23821. Relations des Guerres, contenant le secours d'Arras, en 1654 ; le Siége de Valence sur le Po, en 1656, & le Siége de Dunkerque en 1658 ; par (Hippolyte-Jules Pilet) DE LA MESNARDIERE, Lecteur ordinaire de la Chambre du Roi, de l'Académie Françoise : *Paris*, Vitré, 1662 : *Ibid.* Clousier, 1672, *in*-12.

L'Auteur est mort en 1663.

23822. ☞ Guillelmi Salvigenii ROLANDI, Angli, Epinicia seu victoriæ Regiæ, annorum 1657 & 1658 : *Lugduni*, 1659, *in*-4.]

23823. ☞ MS. Relation des occasions où Philippe de Puysegur s'est trouvé servant le Roi, depuis l'année 1617 jusqu'en 1658 : *in-fol.*

Ce Manuscrit est indiqué num. 2081, du Catalogue de M. Bernard.]

23824. ☞ La Flandre Françoise, ou Traité curieux des Droits du Roi sur la Flandre : *Paris*, 1658, *in*-8.

Ce Discours est appuyé de preuves.]

23825. Lettre d'un Gentilhomme Anglois, à un de ses amis à la Haye : 1658, *in*-4.

Cette Lettre est de Guy JOLY, attaché au Cardinal de Retz : elle roule sur la remise de Mardick & des autres Places Maritimes de la Flandres, entre les mains de Cromwel. L'Auteur y fait sentir toutes les conséquences d'un marché si préjudiciable à la France.

23826. Remontrance adressée au Roi sur la remise des Places Maritimes de la France entre les mains des Anglois : 1658, *in*-4.

Cette Pièce, composée par le Cardinal DE RETZ, en termes pompeux & magnifiques, courut par toute l'Europe avec beaucoup d'applaudissement, ayant été traduite en diverses Langues. Il y décrie la conduite du Cardinal Mazarin.

23827. * Remarques sur la reddition de Dunkerque entre les mains des Anglois : *Paris*, Cramoisy, 1658, *in*-4.

C'est une Réponse à la Remontrance précédente : elle est de l'un des Ministres, Hugues DE LYONNE. On y a joint le Mémoire suivant, &c.

Mémoire, en Espagnol & en François, présenté à Cromwel par les Ambassadeurs d'Espagne, le 21 Mai 1655, contre la France, & les Articles de deux Traités de Paix faits entre la France & l'Angleterre, les 23 Mars 1657 & 28 Mars 1658, en Latin & en François.

23828. Harangue faite au Roi dans la Ville de Lyon ; par ANTOINE GODEAU, Evêque de Vence, Député vers Sa Majesté avec MM. les Procureurs du Pays (de Provence :) *Aix*, Roize, 1658, *in*-4.

23829. Discours fait à M. le Cardinal Mazarin dans la Ville de Lyon ; par Antoine GODEAU, Evêque de Vence : *Aix*, Roize, 1658, *in*-4.

Le Précis de ces deux Discours, qui contiennent bien des faits historiques, se trouve dans Bouche, pages 1011 & 1012 de son *Histoire de Provence*.

23830. ☞ Harangues faites à leurs Majestés en la Ville de Lyon, au nom des Etats de Languedoc, le 28 Novembre 1658 : *Narbonne*, Bonde, *in*-4.]

23831. ☞ Déclaration du Roi portant pardon aux Gentilshommes qui ont eu part aux Assemblées de la Noblesse de Normandie : 1658, *in-fol.*]

23832. ☞ Ordonnance du Roi contre ceux qui donneront retraite aux exceptés de l'abolition (portée dans la Déclaration précédente :) 1658, *in-fol.*]

23833. Artamène, ou le grand Cyrus : *Paris*, 1650, *in*-8. 10 vol. Seconde Edition, 1651. Troisième Edition, revue, corrigée & augmentée de figures (gravées par Chauveau) : *Paris*, Courbé, 1653, 1654 : *Leyde*, 1655 : [*Paris*, 1656, 1658,] *in*-8. 10 vol.

23834. ☞ Clef du Roman du grand Cyrus : *in*-8.]

23835. Clélie, Histoire Romaine : *Paris*, 1656, *in*-8. 10 vol. *Paris*, Billaine, 1658, 1660, [1666, *in*-12. & 1731.]

« Ces deux Romans ont été composés par Madelaine DE SCUDERY, (morte en 1701.) Ce sont des espèces de Poëmes Epiques en prose, & de véritables Histoires sous des noms cachés, dont on a donné la clef. En effet, on trouve dans le premier quelques événemens de la vie du grand Condé ; & l'autre renferme quantité de traits qui ont rapport à tout ce qu'il y avoit alors d'illustre & de distingué en France », Moréri, dans son *Dictionnaire*, sous le nom de Mademoiselle de Scudery.

Elle fait aussi dans le dernier une jolie description de la petite Cour de Rambouillet.

« Tout le monde sçait à présent, qu'encore que M. de Scudéry ait eu grand soin de mettre son nom & celui de son Gouvernement à la tête de *Cyrus* & de *Clélie*, ce n'est pourtant point lui, mais Mademoiselle sa Sœur qui les a faits. Vous ne voyez personne qui n'attribue ces Romans à la sœur au préjudice du frère, toutes les fois qu'il s'agit de les citer. C'est un grand éloge pour la modestie de cette Demoiselle, qui, ayant été capable de faire des Livres, qui ont fait beaucoup de bruit, ait consenti qu'ils courussent sous le nom d'un autre ». Bayle, Art. XIX. de ses *Nouvelles de la République des Lettres*, de 1684, *p*. 273.

« M. de Marolles ne vouloit pas que Mademoiselle de Scudery eût fait ni le *Cyrus* ni la *Clélie*, parceque ces Ouvrages sont imprimés sous le nom de M. de Scudery. Mademoiselle de Scudery, me disoit-il, m'a dit qu'elle ne les avoit point faits. Et M. de Scudery m'a assuré qu'il les avoit composés ; & moi, lui dis-je, je vous assure que c'est Mademoiselle de Scudery qui les a faits, & je le sçai bien ». Ménage, au tom. II. du *Menagiana*, *pag*. 11, de l'Edition de 1716.

✠ « De tous les Romans qui s'attirèrent le plus d'applaudissement, (dit Boileau Despréaux,) ce furent le *Cyrus* & la *Clélie* de Mademoiselle de Scudery. Cependant elle tomba dans la plus grande puérilité....

Liv. III. *Histoire Politique de France.*

» Au lieu de représenter, comme elle le devoit, dans
» la personne de Cyrus, un Roi promis par les Prophè-
» tes, ou, comme l'a peint Hérodote, le plus grand
» Conquérant qu'on eût encore vu ; elle composa un
» *Artamène* plus fou que les Céladons & les Sylvandres,
» qui n'est occupé que du seul soin de sa Mandane, qui
» ne fait du matin au soir que lamenter, gémir & filer
» le parfait amour. Elle a encore fait pis dans son autre
» Roman intitulé *Clélie*, où elle représente tous les Hé-
» ros de la République Romaine naissante...... encore
» plus amoureux qu'Artamène, ne s'occupant..... en un
» mot qu'à faire tout ce qui paroît plus opposé au carac-
» tère & à la gravité héroïque de ces premiers Ro-
» mains ». *Discours sur le Dialogue* intitulé : *Les Héros des Romans;* dans lequel Boileau tourne en ridicule
sur-tout les Héros de ces Romans.

23836. ☞ Divers Portraits (par Mademoiselle DE MONTPENSIER & autres :) 1659,
in-4.

On trouve à la fin la Table de ces Portraits, au nombre de 59. Il y en a de très-bien frappés. Ce sont les personnes mêmes qu'ils représentent qui les ont faits pour
la plûpart. Mademoiselle, outre le sien, en a cependant
fait plusieurs autres, qui ne sont pas des moindres. Madame la Princesse de Tarente & Mademoiselle de la Trimouille, à leur retour de Hollande, lui ayant parlé de
certains Portraits qu'on y faisoit, lui en inspirèrent le
goût, qui gagna aussi-tôt les personnes les plus conside-
rables de la Cour, & les Sçavans.]

23837. Varii Europæ (præcipuè Galliarum)
Eventus compendiosè descripti, ab anno
1643, ad annum 1659; auctore Francisco
VILIOTTO, Siculo, Cive & Medico Montis-
Regalis: *Monteregali,* Gislandi, 1666, *in-8.*

L'Auteur ne s'arrête pas tant dans sa Relation à examiner le détail des événemens, qu'à en rechercher les
causes, & y faire des réflexions politiques. Il parle plus
succinctement des Affaires des autres Pays, que de celles
de France, qui remplissent la plus grande partie de sa
Relation.

23838. ☞ Ms. Mémoires de (Michel-Ange)
Baron DE WORDEN, depuis l'ouverture de la
Campagne de l'année 1653, jusqu'au Traité
des Pyrénées en 1659 : *in fol.*

Ce Manuscrit est indiqué num. 2099, du Catalogue
de M. Pelletier.]

23839. ☞ La France ressuscitée par la nouvelle de la Paix, Discours de F. N. le Fevre
D'ORMESSON, Minime : *Paris,* Cramoisy,
1659, *in-4.*]

23840. ☞ La grande Feste des cœurs; par
Susanne DE NERVESE : *in-4.*]

23841. Journal pour servir à l'Histoire de ce
qui s'est passé de plus mémorable depuis la
Guerre déclarée entre la France & l'Espagne,
(en 1635), jusqu'à la conclusion de la Paix
& Mariage de Leurs Majestés : *Paris,*
1660, *in-4.*

23842. Journal contenant la Relation du
Voyage du Roi, & de son Eminence le
Cardinal Mazarin : *Paris,* Loyson, 1659,
in-4.

Suite de ce Journal : *Paris,* 1659, *in-4.*

Troisième Journal : *Paris,* 1659, *in-4.*

23843. Seconde Relation véritable, &c.
Paris, Loyson, 1660, *in-4.*

Suite de la nouvelle Relation : *Paris,* 1660,
in-4.

23844. ☞ Discours sur le Mariage du Roi
& sur la Paix, à Agathon; par MM. 1660,
in-12. de 77 pages.

Il fut imprimé d'abord *en Cour,* ou à *Aix,* comme
on l'apprend de l'Avis du Libraire, dans l'Edition de
Paris. On y trouve une Apologie du Ministère du Cardinal Mazarin.]

23845. Dernière Relation, contenant le retour de leurs Majestés à Fontainebleau :
Paris, Loyson, 1660, *in-4.*

23846. Lettre de Matthieu DE MONTREUIL,
Chanoine du Mans, contenant une Relation
de ce qui s'est passé à Saint-Sébastien, au
sujet du Mariage du Roi, depuis le 26 Mai
1660, jusqu'au premier Juin de la même
année.

Cette Lettre est imprimée dans ses *Œuvres : Paris,*
1671, 1684, *in-12.* L'Auteur est mort en 1691.

23847. ☞ Harangues de GUERIN, Lieutenant particulier de Cognac, faites lors du
Mariage du Roi : *Paris,* 1664, *in-8.*]

23848. Hymenæus pacifer, sive Theatrum
pacis Hispano-Gallicæ : *Antverpiæ,* 1661,
in-fol.

23849. Journaux historiques, contenant ce
qui s'est passé de plus remarquable dans le
Voyage du Roi, & de son Eminence, depuis leur départ de Paris, le 23 Juin 1659,
pour le Traité de Mariage de Sa Majesté
& de la Paix générale, jusqu'à leur retour,
avec les Conférences tenues à ce sujet; l'Entrée de Leurs Majestés dans les Villes de
leur passage ; leur triomphe dans Paris :
Paris, Loyson, 1660, *in-4.*

Ces Journaux sont composés de diverses Pièces.
☞ L'Auteur de ces Journaux y est désigné par ces
lettres F. C. qui signifient François COLLETET, comme
on le reconnoît par diverses Pièces qui sont à la suite.
On a une nouvelle « Histoire des Négociations & du
» Traité de paix des Pyrénées: *Amst.*1750, *in-12.* 2 vol.]

23850. ☞ Lettre de M. l'Abbé de M....
contenant le Voyage de la Cour, vers la
Frontière d'Espagne, en l'année 1660.]

23851. Viage del Rey Felippe IV. a la Fron-
tiera de Francia & Vistas de Su Majestad
Catholica y Christianissima y solemne jura-
mento de la Paz y successos, &c. en Relacion
Diaria ; por Leonardo DEL CASTELLO :
1667, *in-4.*

23852. ☞ Ms. Lettre d'un Gentilhomme
touchant le Voyage de Madame de Lyonne
en Espagne : 1660, de 12 pages.

Elle est conservée dans la Bibliothèque de M. Fevret
de Fontette, à Dijon.]

23853. ☞ Discours sur le sujet de la Paix ;
par le Sieur BOMIER, Avocat du Roi au
Présidial de la Rochelle, du 4 Mars 1660 :
La Rochelle, Blanchet, 1660, *in-4.*]

Règne de Louis XIV. 1660.

23854. ☞ Odes sur la Paix & sur le Mariage du Roi ; (par Charles PERRAULT) : *Paris*, Loyson, 1660, *in-4.*

23855. De Pace ac Regalibus Nuptiis Franc. VAVASSOR, Soc. Jesu : *Parisiis*, Cramoisy, 1660, *in-4.*]

23856. ☞ Poëme sur l'accomplissement du Mariage de leurs Majestés : *Paris*, Sercy, 1660, *in-4.*]

23857. ☞ Lettre héroïque, sur le retour de M. le Prince, à la Duchesse de Longueville ; par M. DE CAILLERE, Maréchal de Bataille des Armées du Roi, & son Commandant à Cherbourg : *Saint-Lo*, Pien, 1660, *in-4.*]

23858. ☞ Le Navire de la France arrivé heureusement au port de la Paix, sous la conduite de son Eminence, présenté à Sa Majesté ; par le Sieur DE COCQUEREL, Conseiller du Roi, & Lieutenant Général de l'Amirauté de Flandres : *Paris*, 1660, *in-4.*

C'est peu de chose que cet Ouvrage, qui regarde la Paix des Pyrénées. Il contient 27 Emblêmes sur les principales Personnes de la Cour qui y ont eu part par leurs conseils & leur valeur. On en trouve ensuite l'explication.]

23859. ☞ Le Portrait de son Eminence fait par la Paix ; par le Sieur DU FAYOT : *Paris*, 1660, *in-4.*]

23860. ☞ Insula Pacis Carmen heroicum ; Eminentissimo Cardinali, cùm primùm ab Insulâ pacificâ in aulam rediit, oblatum : *Burdigalæ*, Millangius, 1660, *in-4. Parisiis*, Cramoisy, 1667, *in-fol.*

Léonard FRIZON, Jésuite, est Auteur de cet Eloge historique du Cardinal, dans la conclusion de la Paix des Pyrénées, en 1659. Il y a des Notes marginales pour l'intelligence des morceaux les plus intéressans de ce petit Poëme Latin.]

23861. ☞ Le Triomphe de son Eminence, dans la Conclusion de la Paix : *Paris*, Cramoisy, 1660, *in-4.*

Cet Ouvrage est en Latin & en François ; il est précédé d'une Epître dédicatoire au Cardinal Mazarin, remplie d'adulation & de flatteries insoutenables, avec le Portrait du Cardinal en taille douce, & cette Epigraphe empruntée d'Ovide :

Sola gerat miles quibus arma coerceat arma,
Canteturque ferâ non nisi pompa tubâ.]

23862. Benjamini PRIOLI, ab excessu Ludovici XIII. ad sanctionem Pacis Historiarum Libri quinque, (hoc est ab anno 1643 ad annum 1659) : *Parisiis*, Cramoisy, 1662, *in-4.*

Earumdem Libri XII. *Carolopoli,* (*Parisiis* Léonard), 1665, *in-4. Lipsiæ*, 1669, *in-8.* [*Lugd. Batav.* Elzevir, 1660, *in-12.*] *Ultrajecti*, 1670, *in-8.*

Iidem, cum Notis & Indice Christophori Friderici Franckensteinii, Professoris Historiæ Lipsiensis : *Lipsiæ*, 1686, *in-8.*

☞ Cette dernière Edition est la meilleure de toutes. *Tome II.*

Priolo étoit noble Vénitien d'origine, mais né dans la Saintonge, en 1602. Il fut Secrétaire du fameux Duc de Rohan. Il mourut en 1667. Rhodius a écrit sa Vie.]

La même Histoire, traduite en Anglois ; par Christophe Wase : *London*, 1670, *in-8.*

Priolo, ou Prioleau, comme l'appelle Guy Patin, *Lettre* 201, abjura l'hérésie de Calvin en 1648, à Lyon, & rentra dans le sein de l'Eglise Catholique. Son dessein est de traiter principalement de la Guerre de Paris, & de ce qui concerne le Cardinal Mazarin.

« Cet Auteur (dit Wiquefort, au Livre I. de l'*Ambassadeur*), estropiant Tacite en plusieurs endroits, & en imitant ce que celui-ci a de mauvais dans d'autres, n'a pas acquis une si grande réputation que l'Abbé Vittorio Siri, qui sous le titre de *Mercure*, a obligé le public de plusieurs volumes des plus beaux Mémoires que l'on ait jamais vus ». Priolo dit à la fin de son Histoire, qu'il l'a dictée en se promenant, & qu'il n'y a fait aucune rature.

Morrhosius, au Livre I. de son *Polyhistor*, ch. XVI. *pag.* 176, en parle à peu près de même. « Priolo, dit-il, dans une Addition à son Histoire, promet des Jugemens sur les Ecrivains Grecs & Latins ; mais quel jugement doit-on attendre d'un homme qui en fait si peu paroître dans le vaste dessein qu'il traite ; car il n'y a rien dans son Histoire qui puisse plaire aux Sçavans, soit pour le style, soit pour la matière. Il y a joint une Lettre pour se justifier, qui est tout-à-fait ridicule. Cette affectation du style de Lipse ne peut se souffrir ; mais que veulent dire ces lambeaux, ou lieux communs, tirés des politiques de cet Auteur, dont son Histoire est remplie »?

Bayle dans son *Dictionnaire*, en parle plus avantageusement. « Priolo, dit-il, a composé son Histoire avec une liberté fort éloignée de la flatterie. Je suis sûr que si cette Histoire eût été composée en François avec tout le feu & toute la force qui paroît dans le Latin, elle eût été imprimée plus de dix fois. Elle plairoit infiniment à ceux qui donnent dans le goût moderne, né depuis la mort de l'Auteur, car il est tout plein de ces caractères & de ces portraits, qui sont à présent si à la mode ; les phrases de Tacite en fournissent presque toutes les couleurs, & semblent s'être placées d'elles-mêmes. Je ne dis rien de plusieurs intrigues que l'Auteur expose, & qu'il connoissoit d'original. Il paroît par les Ouvrages du Comte Galeazzo Gualdo Priorato, & par les Mémoires de la Régence, qu'il fut employé à des Négociations.

« L'Edition de Leipsick est préférable à toutes les autres, car on y trouve quelques Lettres que l'Auteur avoit supprimées dans l'Edition de Charleville, & de fort bonnes Tables alphabétiques ; outre cela des Notes bien instructives & bien curieuses ».

Le même Bayle dit aussi de Priolo, qu'il approche plus de la médisance que de la flatterie ; & il ajoute (dans l'Article de la Maréchale de Guébriant, Nota L.) que les Notes de l'Edition de Leipsick ne sont pas à la vérité exemptes de fautes, mais qu'elles sentent néanmoins un homme assez bien instruit pour un Etranger.

Il est difficile de concilier les jugemens opposés que ces divers Auteurs ont portés de Priolo.

☞ On peut voir encore à son sujet, *Méth. histor.* de Lenglet, *in-4. tom. IV. pag.* 133. = *Hist. critiq. des Journ. pag.* 261. = *Journ. des Sçav. Févr.* 1666. = Le Père Nicéron, *tom. XXXIX. pag.* 307. = *Lett. de Bayle, tom. II. pag.* 416. = *Essais de Littér.* 1703. *pag.* 64. = *Isagog. in not. Script. Hist. Gall. part. II. pag.* 163.]

23863. ☞ Les Armées Françoises, ou (les cinq premières) Campagnes du Roi ; par (René) DE CERISIERS, Aumônier de Sa Majesté : *Paris*, Angot, 1658, *in-12.*

La première Campagne est en 1654, & la dernière en 1658.

Les six Campagnes du Roi, jusqu'en 1660, par le même : *Paris*, 1660, *in-12*.

23864. Memorabilium in Bello Gallico gestorum, ab anno 1635 ad annum 1660, Historia compendiosa, Versibus descripta; auctore Luca LESTORQUART : *Insulis*, Rache, 1660, *in-4*.

23865. ☞ Mémoires de François de Paule de Clermont, Marquis de MONTGLAT, Mestre-de-Camp du Régiment de Navarre, Grand-Maître de la Garde-robe du Roi, & Chevalier de ses Ordres, contenant l'Histoire de la Guerre, entre la France & la Maison d'Autriche, durant l'Administration du Cardinal de Richelieu & du Cardinal Mazarin, sous les Règnes de Louis XIII. & de Louis XIV. depuis la Déclaration de Guerre en 1635, jusqu'à la Paix des Pyrénées en 1660 ; avec un Discours préliminaire de l'an 1672 : *Amsterdam*, (*Rouen*), *in-12*. 4 vol.

L'Auteur est mort le 7 Avril 1675.

Voyez sur ces Mémoires, *Journ. des Sçav. Avril*, 1727.=*Biblioth. Fr.* Camus. *tom. IX. p*. 157.=Lenglet, *Méth. histor. in-4. tom. IV. pag*. 148, & *Supplément, pag*. 165.]

23866. ☞ Ms. Mémoires de M. de Montglat, Copie originale : *in-fol*.

Dans la Bibliothèque du Roi, & provenant de M. Lancelot. Ils sont là plus exacts que dans l'Imprimé, donné par M. de Saumeri, qui les tenoit de M. de Chiverny.]

23867. ☞ Mémoires de M. le Marquis DE CHOUPPES, Lieutenant Général des Armées du Roi, &c. (donnés par un de ses parens): *Paris*, Duchesne, 1753, *in-12*. 2 part.

Ils commencent en 1625, & ne vont que jusqu'en 1660. On espère trouver la suite.

Voyez le *Journal de Verdun*, 1753.=*Mém. de Trév. Mai*, 1753.=*Merc. Mai*, 1753.=*Journ. des Sçav. Nov*. 1753.]

23868. ☞ Ms. Testament & Codicile général du Cardinal Mazarin, portant donation au Roi, du 3 Mars 1661.= Brevets du Roi, par lesquels Sa Majesté renonce à la donation du 3 Mars 1661 : *in-4*.

Il y a Copie de ces Pièces dans la Bibliothèque de M. Jardel à Soissons.]

— Vie du Cardinal Mazarin, Ministre d'Etat sous Louis XIV.

Voyez ci-après, Art. des *Ministres d'Etat*, &c.

23869. Histoire de France, sous le Ministère du Cardinal Mazarin, contenant les choses les plus remarquables, depuis la mort de Louis XIII. jusqu'à la mort de ce Cardinal, (en 1661); par Christophle WASE: *London*, Starkein, *in-8*. (en Anglois).

23870. L'Histoire de la Monarchie Françoise, sous le Règne de Louis XIV. contenant tout ce qui s'est passé de plus remarquable entre les Couronnes de France & d'Espagne, & autres Pays Etrangers, depuis l'an 1643 jusqu'en 1661, par C. de S. S. *Paris*, Loyson, 1662, *in-12*. 2 vol.

Ces lettres initiales désignent Charles de Souvigny SOREL, Historiographe de France.

☞ *Voyez* sur cette Histoire, *Méth. histor*. de Lenglet, *in-4. tom. IV. pag*. 39.=Sorel, *pag*. 287.= Le Gendre, *tom. II. pag*. 20.]

23871. Ms. Mémoires d'Henri-Auguste DE LOMENIE, Comte de Brienne, Ministre & Secrétaire d'Etat, contenant les événemens les plus remarquables du Règne de Louis XIII. & de celui de Louis XIV. jusqu'à la mort du Cardinal Mazarin, composés pour l'instruction de ses Enfans, & divisés en quatre parties : *in-fol*.

Ces Mémoires [étoient] conservés entre les mains de son petit-fils M. le Comte de Brienne.

Ms. Mémoires du même, depuis l'an 1630 jusqu'en 1660 : *in-fol*.

Ces Mémoires sont conservés dans la Bibliothèque du Roi, entre les Manuscrits de M. de Gaignière. C'est sans doute une partie des précédens. Ils contiennent des particularités qu'on ne lit point ailleurs.

Mémoires du Comte DE BRIENNE (Henri-Auguste DE LOMENIE, Ministre & premier Secrétaire d'Etat, contenant les événemens les plus remarquables du Règne de Louis XIII. & de celui de Louis XIV. jusqu'à la mort du Cardinal Mazarin en 1661, composés pour l'instruction de ses Enfans : *Amsterdam*, Bernard, 1719, *in-12*. 3 vol.

M. de Brienne étoit né en 1594, & il est mort en 1666. Ses Mémoires commencent en 1615 & finissent en 1661.

Le Tome I. commence en 1613, & finit en 1618.

Le Tome II. va de 1619 à 1648, & contient quelques Traités & Pièces servant de preuves & d'éclaircissemens.

Le Tome III. commence en 1648, & finit en 1661.

Dans l'Edition de Lyon, les Notes sont différentes de celles d'Amsterdam.

☞ On peut voir à ce sujet, le *Journ. de Verdun, Sept. & Octob*. 1720.=*Nouv. Littér. tom. X. pag*. 287.=Lenglet, *Méth. histor. in-4. t. IV. p*. 134 ; 153.=*Biblioth. anc. & modern. tom. XIII. pag*. 410.=*Mém. de Trév. Févr. Mars*, 1721.]

23872. ☞ Relation du Voyage du Roi à Nantes, du 2 Septembre 1661.]

23873. ☞ Ms. Mémorial de ce qui s'est fait à Fontainebleau, au séjour du Roi, en 1661 : *in-4*.

Ce Manuscrit, qui est conservé dans la Bibliothèque de M. Jardel à Braine, contient plusieurs Règlemens pour l'Etat, & entr'autres la suppression du Surintendant des Finances.]

23874. ☞ Ms. Requête & Remontrance au Roi : 1661, de 16 pages.

Ce Manuscrit concerne les Finances, la Chambre de Justice [& le Gouvernement. Il est conservé dans la Bibliothèque de M. de Fontette, à Dijon.]

23875. ☞ Ms. Monitoire pour les malversations des Finances ; 1661, (imprimé.)]

23876. ☞ Très-humble Remontrance faite au Roi, d'un style respectueux, burlesque, sérieux & de carnaval; par M. DE BRIAND, Ecuyer, Premier Président en l'Election de Nyort, concernant les concussions & les malversations commises par les Financiers, Partisans & Traitans : *Nyort*, 1662, *in*-8.

Cet Ouvrage, qui est extrêmement rare, n'a pas son pareil, pour son extraordinaire & indécente singularité: il y a apparence qu'il ne parut qu'après la mort de l'Auteur. Il y désigne bien des personnes.]

23877. Histoire des Démêlés de la Cour de France avec la Cour de Rome, au sujet de l'Affaire des Corses ; par François Séraphin REGNIER DES MARAIS, Abbé de Saint-Laon-de-Tours, Secrétaire perpétuel de l'Académie Françoise : 1707, *in*-4.

L'Affaire des Corses arriva l'an 1662, & l'Histoire qui en a été composée fut imprimée à Paris, dans l'Imprimerie Royale. « L'an 1707 (dit l'Auteur dans sa *Vie*, » rapportée au [N°. 11394, *tom. I. pag.* 715,) l'His- » toire de ces démêlés parut en public. Il y avoit très- » long-tems que je l'avois composée, & que je l'avois fait » imprimer; mais ce ne fut qu'en 1707 que l'impression, » dont le Roi avoit fait suspendre le débit, devint pu- » blique. Tout ce qui y est rapporté, m'a passé par les » mains ; je l'ai toute écrite sur les Instructions & les Dé- » pêches du Roi & de celles de l'Ambassadeur ; & j'y ai » joint les preuves de tout ce que j'y rapporte ». Cet Auteur est mort en 1713.

☞ La figure de la Pyramide que le Roi fit ériger à Rome, & qu'il fit ensuite abattre, est au commencement du Livre. A la fin, on trouve les Preuves qui servent à l'Histoire de ces démêlés, qui commencèrent en 1662 & finirent en 1664.

Cette Histoire est fort connue, aussi bien que son Auteur. L'Abbé Regnier entre dans de grands détails ; & l'on peut dire qu'il a épuisé la matière. Cette Affaire fit grand bruit, & jamais la Cour de Rome ne se trouva plus embarrassée. Enfin, après deux ans de négociations difficiles & délicates, elle fut terminée par le Traité de Pise, le seul peut-être que la France ait jamais fait avec Rome, pour un différend purement temporel. On érigea vis-à-vis l'ancien Corps-de-garde des Corses, une Pyramide, avec une Inscription, contenant en substance le Décret rendu contre cette Nation. Le Roi la fit abattre à la sollicitation de Clément IX. en 1670.]

« La lecture de cette Histoire est très-agréable, pour » ceux-là même qui sçavent en gros ce qu'elle contient. » L'Auteur parle purement; il marre parfaitement bien, » & se fait lire presque malgré qu'on en ait. Il a vu lui- » même les choses dont il parle ; elles lui sont passées par » les mains, & il en possède tous les secours. Ainsi il écrit » avec tous les secours qu'un Historien peut avoir pour » dire la vérité. Il déclare d'ailleurs qu'il a une sincère » intention de la dire ». Bernard, Art. IV. des *Nouvelles de la République des Lettres, Septembre,* 1708.

☞ *Voyez* encore le P. Niceron, tom. *V. pag.* 362. = Journ. des Sçav. Sept. 1707. = Journ. de Leipf. Supplément IV. *pag.* 216. = Lenglet, *Méth. hisstor. in-4. tom. IV. pag.* 149. = *Mél.* de Vigneul-Marville, *t. II. pag.* 457.]

══ Autres Relations de ce Démêlé.

A l'Article des *Traités avec les Princes d'Italie,* ci-après.

23878. ☞ Les Risées de Pasquin, ou l'Histoire de ce qui s'est passé à Rome entre le Pape & la France, dans l'Ambassade de M. de Créquy : *in*-12.

Cette Pièce regarde les années 1662, 63 & 64. Elle est de la nature de toutes celles qui ont paru sous le titre de Pasquin. On y tourne en ridicule les vues de la France, ses menaces & son Traité de Pise. Le Roi & son Conseil n'y sont pas bien traités. L'Epilogue est contre les Jésuites. Le Discours roule entre Pasquin & un Abbé Italien.]

23879. ☞ Panegyricus Delphino dictus, anno 1662 ; à Petro BOUCHER : *Parisiis*, 1662, *in*-4.]

23880. ☞ Regi, Dunkercâ restitutâ & Filiâ natâ, varia Variorum Carmina : *Parisiis*, 1662, *in*-4.]

23881. Histoire du Maréchal (Abraham) Fabert, Lieutenant Général des Armées du Roi, Gouverneur de la Ville & Château de Sedan, &c. *Amsterdam*, des Bordes, 1697 : (*Rouen*), 1698, *in*-12.

Ce Maréchal de France est mort en 1662.

23882. ☞ Vie du Maréchal de Fabert, par le Père (Joseph) BARRE, (Chanoine Régulier de Sainte Geneviève, & Chancelier de l'Université de Paris :) *Paris,* J.Th. Hérissant, 1752, *in*-12. 2 vol.

Elle s'étend depuis 1613 jusqu'en 1662, & l'on y a joint des Pièces justificatives. *Voyez* le *Journal des Sçav. Mai,* 1753. «Cette seconde Histoire du Maréchal Fabert » ne seroit pas plus longue que la première, si on s'y fût bor- » né à ce qui le regarde ; & sur ce qui le concerne person- » nellement. L'Auteur ne se fût pas appesanti sur bien » des détails minutieux ; & s'il n'avoit point imité la » plupart des faiseurs de Vies particulières, à qui il » semble que tout ce qui s'est passé du tems de leurs » Héros, doit faire partie de leur Histoire ». *Année Littéraire, tom. VI.* Quoi qu'il en soit, cette Vie mérite par-là d'avoir place dans l'*Histoire du Règne de Louis le Grand.*]

23883. Relation des Voyages faits à Tunis, par le Sieur DE BRICARD.

☞ Il s'agissoit de renouveller les alliances, & de faire rendre les Esclaves François, ce que ces Corsaires ne voulurent pas exécuter, quoiqu'ils l'eussent promis positivement.]

23884. * Relation de la conduite présente de la Cour de France, en 1664 ; par un Seigneur Romain L. T. de la suite du Cardinal Chigi, traduite de l'Italien ; par S. U. N. U. *Leyde*, Duval, *in*-12.

23885. Historia di Francia nelli, tre primi anni di Pace seguiti doppo il Trattato de Pirenei ; da Michele Angelo MARIANI : *in Venetia,* 1667, *in*-4.

23886. Abrégé de l'Histoire de ce Siècle de fer, contenant les calamités des derniers temps, depuis 1600 jusqu'en 1653 ; par J. N. DE PARIVAL : 1654, *in*-8.

Le même Abrégé, continué jusqu'en 1664, sixième Edition : *Bruxelles*, Vivien, 1665, *in*-8. 3 vol. *in*-12. 5 vol.

23887. ☞ Deux Discours en forme de Panégyriques, adressés au Roi, l'un intitulé : *L'Allemagne au Roi,* daté de Grenoble, le 3 Mai 1664, *in*-4. l'autre : *Au Roi,* daté aussi de Grenoble, le 29 Décembre 1663, *in*-4.

On dit que ces deux Discours sont du Père GRATET, Jésuite.]

23888. ☞ Relation de ce qui s'est passé à la descente des Troupes du Roi, à Gigery en Afrique : *Aix*, Roize 1664, *in*-4.]

23889. Relation de diverses particularités de l'expédition de Gigery en Afrique, par l'Armée du Roi, commandée par le Duc de Beaufort, & la retraite des Troupes Françoises, décrite par DE CASTELLAN, du 25 Octobre 1664.

Cette Relation est imprimée dans le Recueil de *Diverses Piéces historiques* : *Cologne*, 1666, *in*-12.

23890. ☞ Panégyrique du Roi, sur le sujet de la Paix de Rome ; par DU BOSC : *Paris*, 1664, *in*-4.]

23891. ☞ Panegyrici da Gio Giac. PALLEMONIO : *Lione*, 1665, *in*-12.]

23892. Apologie pour M. de Gadaigne, Lieutenant Général des Armées du Roi, touchant ce qui s'est passé à Gigery, présenté au Roi en 1666 : (*Paris*), 1666, *in*-4.

23893. Relation de la Campagne de Hongrie (en 1664), & des Combats de Kermain & de Saint-Gothard, entre les Allemans, les François & les Turcs.

Cette Relation est imprimée dans le Recueil de *Diverses Piéces historiques* : *Cologne*, Vandyck, 1666, *in*-12.

23894. Mss. Lettre de François d'Aubusson DE LA FEUILLADE (commandant les Troupes du Roi &) faisant la Relation de la Bataille de Saint-Gothard, gagnée par les Impériaux contre les Turcs.

Cette Lettre est conservée dans la Bibliothèque de M. le Chancelier d'Aguesseau.

23895. Mss. Mémoires historiques pour l'année 1665 : *in*-4.

Ces Mémoires sont dans la même Bibliothèque.

23896. ☞ Mémoires pour servir à l'Histoire D. M. R. avec quelques Réflexions politiques sur ces Mémoires : 1668, *in*-12.

Ces Mémoires commencent au Voyage du Cardinal Mazarin, à S. Jean-de-Luz, en 1659, & ils finissent au mois de Décembre 1664 ; puisque à la page 209, l'Auteur parle d'un Interrogatoire fait à quelques personnes, peu de jours avant le jugement de M. Fouquet, qui fut rendu le 4 Décembre 1664. A la page 211, sont des « Considérations politiques sur la conduite de » C. M. (Colbert) », qui forment la Partie II. de ces *Mémoires*. Dans l'une & dans l'autre Partie, qui sont de la même main, on voit tout ce qu'il a fait, ce qu'il a fait faire au Cardinal, & ce qu'il a fait lui-même depuis, pour parvenir à la perte de M. Fouquet, Procureur Général au Parlement de Paris, & Surintendant des Finances. On y trouve la naissance de M. Colbert, sa généalogie & tout ce qu'il a fait dans son Ministère pendant ce temps, avec des Considérations politiques sur sa conduite, & quelques Lettres qu'il écrivoit à son Eminence, étant Intendant de sa Maison. En un mot, on peut dire que le portrait que l'on fait ici de M. Colbert n'est pas flatté. Ces Mémoires sont curieux & peu communs ; mais on ne peut en tirer que très-peu de chose pour l'Histoire, parceque l'Auteur passionné pour M. Fouquet, s'y est déchaîné contre M. Colbert, ce qui n'a pu se faire que par une Satyre perpétuelle, & aux dépens de la vérité. « Le Peuple, ce monstre féroce » & aveugle, détestoit le grand Colbert, au point qu'il » voulut déterrer son corps ; mais la voix des gens sensés » qui prévaut à la longue, a rendu sa mémoire à jamais » respectable ». Notes sur le Chant VII. de la *Henriade*, Edition de 1756.]

23897. ☞ Fragment d'une Comédie intitulée : *Colbert enragé*, 1664, Piéce en Vers, & deux Sonnets contre le même.

Ce Manuscrit du temps, en 6 pages, conservé dans la Bibliothèque de M. Fevret de Fontette, à Dijon, est une Satyre contre M. Colbert, & le dessein qu'il avoit formé de perdre M. Fouquet.]

23898. ☞ Les heureux augures du Triomphe de Louis XIV. par Jean-Baptiste DE CASSILLAC, Capucin : *Paris*, 1665, *in*-4.]

23899. ☞ La Muse historique, ou Recueil de Lettres en Vers, contenant les Nouvelles du temps, écrites à son Altesse Mademoiselle de Longueville ; par le Sieur LORET : *Paris*, 1658, *in-fol.* 3 vol.

Le Tome I. s'étend de 1650-1655.
Le Tome II. . . . . . . 1655-1660.
Le Tome III. . . . . . 1660-1665.

Ce Recueil curieux est devenu rare. On peut voir ce qui en est dit dans le *Supplément de la Méth. hist.* de Lenglet, *in*-4. tom. IV. pag. 166.]

23900. ☞ Suite, depuis le 27 Mai 1665, jusqu'au 27 Décembre 1670 ; par DU LORENS : *Paris, in-fol.*]

23901. ☞ Mémoires de M. DE BORDEAUX, Intendant des Finances, contenant ce qui s'est passé de particulier en France & en Angleterre, depuis l'avénement de Louis le Grand à la Couronne, jusqu'à la mort de la Reine-Mère ; par M. G. D. C. *Amsterdam*, (*Paris*), 1758, *in*-12. 4 vol.

Ces Mémoires s'étendent depuis la mort de Louis XIII. en 1643, jusqu'à la fin de l'année 1665. Le fils de M. de Bordeaux, qui fut envoyé Ambassadeur en Angleterre, y a eu autant de part que son père, sur-tout pour ce qui regarde les Affaires d'Angleterre, si l'on en croit l'Avertissement qui est à la tête de ces Mémoires. Mais il est beaucoup plus probable qu'ils sont de GATIEN DES COURTILS, Auteur d'un grand nombre de Romans historiques, & qu'ils faisoient partie de quelques Manuscrits de cet Auteur, qui n'avoient pas encore été donnés au Public. *Voyez* le *Journal des Sçavans*, Octobre, 1760.

Il faut avoir le Tome IV. de ces Mémoires, avec les cartons qui en ont été retranchés, parcequ'ils intéressoient gens en place & leur famille. Ces cartons, qui contiennent environ 16 pages, sont au nombre de quatre, placés aux pages 265, 316, 343 & 434.]

23902. Journal de la Marche du Marquis de Farcy, contre les Iroquois de la Nouvelle France, en 1665 : *Paris*, 1667, *in*-4.]

23903. ☞ De la conduite présente de la Cour de France : *Fribourg*, 1666, *in*-12.]

23904. Mémoires de (Roger) RABUTIN, Comte de Bussi, Lieutenant Général des Armées du Roi, sur les divers évènemens de sa vie & de son temps, depuis 1634 jusqu'en 1666: *Paris*, Anisson, 1696, *in-*4. 2 vol. & *in-*12. 3 vol.

☞ Les mêmes: *Amsterdam*, 1731, avec quelques Œuvres mêlées du même Auteur: *in-*8. 3 vol. & 1754, avec ses Lettres.

Edition abrégée sous ce titre: « Mémoires »secrets de M. le Comte de Bussy Rabutin, »contenant sa vie publique & privée, ses »avantures galantes, &c. *Amsterdam*, (*Paris*, 1768. *in-*12. 2 vol.

On a retranché dans cette dernière Edition, les détails militaires de Siéges, Marches, Campemens, &c. aussi-bien que les réflexions prolixes ; mais on a conservé la peinture des caractères des hommes fameux, les avantures galantes de l'Auteur, & les détails superflus ont été remplacés par les événemens les plus intéressans du Siècle.]

Ce Livre est réjouissant ; le style est vif & propre à l'Auteur, dont l'humeur satyrique paroît en bien des endroits. Il y rapporte au long l'Histoire de sa disgrace. On peut dire en général, que pour des Mémoires, il y a trop de détails. Parmi plusieurs avantures galantes, l'Auteur y mêle quelques événemens de la Guerre. Ces Mémoires, selon Bayle, sont curieux & bien écrits; mais il pouvoit ajouter qu'ils ne répondent pas tout-à-fait à la grande réputation de l'Auteur, qui est mort en 1693.

Il s'étoit déja fait connoître par son *Histoire amoureuse des Gaules* : *Liége*, 1665, *in-*12. Voici ce qu'en dit Guy Patin, dans la Lettre 368, de l'Edition de la Haye, 1707. « M. de Bussy Rabutin est dans la Bastille, »pour avoir écrit librement des Amours de la Cour, »& y avoir nommé des personnages de crédit, qui s'en »tiennent offensés, & qui s'en sont plaints: toutefois »on dit qu'il n'en aura point d'autre mal que la prison, »& que le Roi n'en a fait que rire ».

✻ M. Huet, *pag.* 310 de son *Commentar. de rebus ad se pertinent.* dit que cet Auteur est fameux par son *Histoire amoureuse des Gaules*, écrite avec beaucoup d'esprit, & d'un style fort élégant, mais un peu trop piquant ; que ses autres Ouvrages ne lui méritèrent pas tant d'applaudissemens, & encore moins ses Mémoires, qu'il semble n'avoir écrit que pour y prodiguer ses propres louanges: que s'il a cru par-là en acquérir beaucoup, il a mal pris ses mesures; car ces Mémoires lui ont fait perdre la gloire qu'il s'étoit acquise avant ce temps-là.

☞ Les mêmes Mémoires, avec les Œuvres mêlées DE RABUTIN, & le *Rabutiana* : *Amsterdam*, Chapelain, 1751, *in-*12. 3 vol.

On peut voir au sujet de ces Mémoires, *Méth. hist.* de Lenglet, *in-*4. tom. II. pag. 377, tom. IV. p. 149. = *Journ. des Sçav. Févr.* 1697.= *Hist. des Ouvr. des Sçav. Mars*, 1697. = *Pièces fugit.* de Flachat, *p.* 121. = *Lett.* de la Rivière, *tom.* I. *pag.* 237.= *Lett.* de Bayle, *tom. II. pag.* 556. = *Mél.* de Vigneul-Marville, *tom.* I. *pag.* 325. = *Journ. de Leips.* 1698, *pag.* 23.]

23905. ☞ Supplément aux Mémoires & Lettres de M. le Comte DE BUSSY RABUTIN, pour servir de suite à toutes les Editions de ses Ouvrages qui ont paru, tant en France qu'aux Pays Etrangers: Extrait des Manuscrits originaux de cet Auteur, en 10 vol. *in-*4. *au Monde*, 7539417. 2 Parties en 1 vol. *in-*12.]

23906. ☞ Mémoires pour servir à l'Histoire d'Anne d'Autriche, épouse de Louis XIII. Roi de France ; par Madame DE MOTTE-VILLE, (Françoise BERTAUT, femme de Nicolas Langlois, Sieur de Motteville, Président au Parlement de Rouen), l'une des Favorites de la Reine : *Amsterdam*, Changuion, 1723, *in-*12. 5 vol. *Amsterdam*, (*Paris*,) 1739, *in-*12. 6 vol.

Ces Mémoires commencent en 1615, sous Louis XIII. & finissent en 1666, sous Louis XIV. à la mort de la Reine Anne d'Autriche.

Voyez à leur sujet, le *Journ. de Verdun*, *Août*, 1739.=*Journ. des Sçav. Janv.* & *Fév.* 1724.= *Biblioth. Françoise* du Sauzet, tom. II. pag. 115.= *Méth. histor.* de Lenglet, tom.II. pag. 284, & t. IV. p. 133. = *Mém. de Trév. Nov.* 1724.=Le P. Niceron, tom. VII. pag. 141.= *Origine de la Ville de Caen*, pag. 359. = *Siècle de Louis XIV.* tom. II. pag. 396. = *Comparaison des Hist.* de Mézeray & Daniel, *pag.* 80. = *Journ. de Leipsick*, 1723, *pag.* 332.]

23907. ☞ Mémoires de M. (Pierre) DE LA PORTE, premier Valet de Chambre de Louis XIV. contenant plusieurs particularités des Règnes de Louis XIII. & Louis XIV. *Genève*, *Mars*, 1755, *in-*12.

Ces Mémoires commencent en 1624, & finissent vers la mort de la Reine Anne d'Autriche, en 1666. Ils sont curieux. On y remarque par-tout un honnête homme, aussi fidèle & attaché à ses Maîtres, qu'il en fut mal récompensé. Ils contiennent un nombre infini de petits détails & d'Anecdotes sur la Reine Anne d'Autriche, le Cardinal Mazarin, l'enfance de Louis XIV. & sur plusieurs autres personnes de la Cour.

Le Manuscrit original de la main de l'Auteur, *in-*4. est entre les mains d'une Dame, qui avoit épousé en premières nôces un descendant par femmes de M. de la Porte. Il est entièrement conforme à l'Imprimé; mais on trouve à la suite plusieurs Morceaux intitulés : *Pièces détachées*. = Le premier entre autres, contient quelques Anecdotes curieuses, au nombre de 34, écrites aussi de la main de l'Auteur. = Il y a ensuite 26 Lettres originales, dont quelques-unes du Sieur de la Porte même, & celle de la Reine Anne d'Autriche, écrite de sa main, au Sieur de la Porte, le 25 Août 1637 : c'est celle dont il est parlé à la page 158 des *Mémoires* imprimés. Ces Lettres sont fort intéressantes, & relatives aux faits rapportés dans ces Mémoires. = Le Testament du Sieur de la Porte, du 20 Novembre 1653, aussi en original, lequel ne contient autre chose qu'une protestation de son innocence. = Enfin la Clef des noms dont il est parlé dans les Lettres. Rien de tout cela n'a été imprimé. A l'égard des Mémoires, la Dame qui en possède l'Original assure ne l'avoir jamais confié à personne, & qu'il faut qu'on lui en ait subtilement volé une Copie, sur laquelle ils ont été imprimés.]

23908. La prise des Isles d'Antigue, de Saint-Eustache, de Tabago, sur les Anglois, par les Troupes de la Compagnie des Indes Occidentales: *Paris*, 1667, *in-*4.

23909. Les Articles accordés aux Habitans de l'Isle d'Antigue, avec la prise du Fort de Bouron en Terre-Ferme, par les mêmes Troupes: *Paris*, 1667, *in-*4.

23910. Relation de ce qui s'est passé aux Terres-Fermes de l'Amérique, pendant la dernière Guerre avec l'Angleterre, en 1666 & 1667, & depuis en exécution du Traité de Bréda; avec un Journal du dernier Voyage du Sieur de la Barre en l'Isle Cayenne; par J. C. S. D. U. *Paris*, Clousier, 1671, *in-*12. 2 vol.

23911. Lettre du Roi, à la Reine d'Espagne, touchant la résolution d'entrer en armes dans les Pays-Bas Espagnols, pour se mettre en possession de ce qui devoit lui en revenir du Chef de la Reine; de Saint-Germain-en-Laye, le 6 Mai 1667: (*Paris*, 1667,) *in-*4.

✳ Cette Lettre est écrite en forme de Manifeste, dans lequel on établit la justice des desseins du Roi.

23912. La prise de Bergue, au commencement de Juin, par le Maréchal d'Aumont: *Paris*, 1667, *in-*4.

23913. La prise de la Ville & Château de Tournay: *Paris*, 1667, *in-*4. Particularités du Siége & Prise de Tournay, (en Juin): *Paris*, 1667, *in-*4.

23914. La prise de la Ville de Douay, le 6 Juillet: *Paris*, 1667, *in-*4.

23915. La prise de la Ville & Citadelle de Courtray: *Paris*, 1667, *in-*4.

23916. La prise du Mont-Saint-Hubert: *Paris*, 1667, *in-*4.

23917. Le Siége de Lille, avec le Journal de ce qui s'est passé dans la marche de Sa Majesté, depuis le premier Août: *Paris*, 1667, *in-*4. Suite du Journal de ce Siége: *Paris*, 1667, *in-*4.

23918. ☞ Articles proposés au Roi par les Députés des Villes de Lille, Douay & Orchies, avec les Réponses en marge ; fait au Camp devant Lille le 27 Août 1667: *in-*4.]

23919. Mss. Extrait des Délibérations de l'Assemblée convoquée par l'Europe, des Princes ou Membres d'icelle sur le fait de l'invasion de la Flandres, en 1667.

23920. Mss. Le véritable Flamand touchant l'Entrée de l'Armée Françoise en Flandres, du 30 Juin 1667.

23921. Relation de la Guerre de Flandres en 1667 : *Paris*, Barbin, 1668, 1672, *in-*12.

De Vandœuvre est l'Auteur de cette Relation.
Ces deux Manuscrits sont conservés dans la Bibliothèque de M. le Chancelier d'Aguesseau.

23922. La grandeur & la gloire de la France dans le portrait des Triomphes de Louis XIV. *London*, *in-*8. (en Anglois.)

23923. ☞ Ludovico XIV. Belli ac Pacis arbitro : *Tolosæ*, les Bacoue, 1667, *in-fol.*]

23924. La Chine & la France, ou deux Traités, dont l'un regarde la Chine, & l'autre contient plusieurs choses remarquables du Règne de Louis XIV. & de la valeur des Troupes Angloises dans ses Armées : *London*, 1667, *in-*12. (en Anglois.)

23925. Abrégé historique des Guerres entre la France & l'Angleterre, les Etats-Généraux & l'Evêque de Munster, depuis 1664

jusqu'en 1667 : *Amsterdam*, 1668, *in-*4. *Ibid.* 1674, *in-*12.

Cet Abrégé [est le même] Livre, qui est intitulé [dans plusieurs Exemplaires] : « Description de ce qui » s'est passé dans les Guerres entre le Roi d'Angleterre, » le Roi de France, les Etats-Généraux des Provinces-» Unies & l'Evêque de Munster, depuis la Paix de » Breda en 1664 jusqu'en 1667 : *Amsterdam*, 1668, » *in-*4.

✳ On peut voir sur le même sujet, les *Annales des Provinces-Unies depuis les Négociations pour la Paix de Munster*, par Jacques Basnage : *la Haye*, 1719, *in-fol.* Elles contiennent une partie de l'Histoire de France, depuis 1646 jusqu'en 1667, & l'Auteur y a copié les *Mémoires du Cardinal de Retz*.

23926. ☞ Mémoires de Messire Robert Arnauld (ou plutôt Arnaud) d'Andilly, écrits par lui-même : *Hambourg*, (*Paris*,) 1734, *in-*12. 2 parties.

M. d'Andilly, qui est mort en 1674, commença ces Mémoires à Port-Royal-des-Champs, & il les acheva dans sa Terre de Pompone, le 25 Juin 1667. Ils servent à l'Histoire depuis 1590. Ce qui concerne sa Famille tient une bonne place dans la première Partie ; ils renferment beaucoup d'Anecdotes & de faits singuliers & personnels. L'Auteur étoit l'aîné des enfans du fameux Avocat Antoine Arnaud. On peut voir par ces Mémoires, combien c'est à tort que le Président de Grammond, le Vassor & autres, ont accusé M. d'Andilly d'avoir été vendu au Cardinal de Richelieu, & d'avoir trahi le Duc d'Orléans (Gaston), & ceux qui suivoient son parti. C'est l'Abbé Goujet qui a publié ces Mémoires, & qui a mis en tête un Avertissement de 6 pages.

Il ne sera pas inutile d'observer ici qu'Antoine Arnauld le Docteur, dernier frère de M. d'Andilly, paroît être le premier de sa famille qui ait inséré son nom, (par une suite d'*Arnaldus* qu'il y avoit mis dans ses premiers Ouvrages Latins.) C'est par-là que la plupart des Ecrivains & des Editeurs ont été induits à mettre cette lettre dans les noms des autres. *Voyez* les Remarques de l'Auteur des *Mémoires historiques & chronologiques sur l'Abbaye de Port-Royal*, tom. I. part. 1, pag. lxiv. Utrecht, (Paris) 1758, *in-*12.]

23927. ✳ Ms. Projet de la Conquête du Comté de Bourgogne en 1667 & 1668 : *in-*4.

Ce Manuscrit [étoit] conservé parmi ceux de M. Baluze, num. 945, [& est aujourd'hui dans la Bibliothèque du Roi.]

23928. La prise de la Ville de Dole en Franche-Comté : *Paris*, 1668, *in-*4.

23929. Discours ou Relation véritable sur le succès des armes de la France dans le Comté de Bourgogne, en 1668. Ouvrage nécessaire à tous ceux qui écrivent l'Histoire du temps, pour ne point faillir dans le récit des événemens ; 1673, *in-*4.

Ce Discours a été composé par Augustin Nicolas, depuis Maître des Requêtes du Parlement de Besançon.

23930. Bellum Sequanicum secundum à Joanne Moreleto descriptum : *Divione*, Chavance, 1668, *in-*8.

Cet Auteur est mort en 1679, [âgé de 90 ans.]

23931. Le bon Bourguignon, ou Réponse à un Livre injurieux à l'auguste Maison d'Autriche & à la Franche-Comté, intitulé : *Bellum*

Règne de Louis XIV. 1668.

Bellum Sequanicum secundum : suivant l'imprimé à Wergulstadt, 1672, *in-*12.

On attribue cet Ouvrage à M. BOYVIN, Conseiller au Parlement de Franche-Comté, alors à Dole.

23932. ✱ Le Bourguignon intéressé : *Cologne,* Egmont, *in-*12. (sans date.)

C'eſt encore une Réponſe à l'Ouvrage de Morelet.

23933. Sur les Conquêtes de la Franche-Comté, Poëme ; par Jacques DE CASSAGNES, de l'Académie Françoiſe : *Paris,* 1668, *in-fol.*

Cet Auteur est mort en 1679.

23934. Poëme de Pierre CORNEILLE, de l'Académie Françoiſe, ſur les Victoires de Louis XIV. en 1668 : *Paris,* 1668, *in-*8.

Cet Auteur est mort en 1684.

23935. ☞ Portraits de la Cour, du Roi, des Princes, des Miniſtres d'Etat & autres : *Cologne,* 1668, *in-*12.]

23936. ☞ De hibernâ Expeditione Ludovici XIV. Carmen Spiritûs FLECHERII : *in-*4.]

23937. Mſ. Relation de ce qui s'eſt paſſé dans le Pays de l'Hurepois, depuis le 20 juſqu'au 24 Juillet 1668.

Cette Relation eſt conſervée dans la Bibliothéque du Roi, entre les Manuſcrits de du Cheſne, num. 13, *pag.* 58.

23938. La Campagne Royale, ou le Triomphe des Armées de Sa Majeſté, ès années 1667 & 1668 ; (par DALICOURT :) *Paris,* Alliot, 1668, *in-*12.

L'Auteur de cette Hiſtoire, qui s'eſt déſigné par les lettres P. D. à la fin de l'Epître dédicatoire à Mademoiſelle de Montpenſier, dit dans ſa Préface, qu'il n'a compoſé cet Ouvrage que pour rendre compte à ſon Alteſſe Royale de ce qu'il lui a plu lui commander dans Arras. Il eſt nommé Dalicourt, dans le Privilège.

23939. ☞ Les-fauſſes démarches de la France ſur la négociation de la Paix : 1668, *in-*12.]

23940. ☞ Remarques ſur le procédé de la France touchant la négociation de la Paix : 1668, petit *in-*12. (ſans nom de Ville ni d'Imprimeur.)]

23941. ☞ Diſcours d'un véritable Hollandois ſur les Affaires préſentes de la guerre & de la paix avec l'Angleterre : 1668, *in-*12. (ſans nom de Ville ni d'Imprimeur.)]

23942. La dernière Expédition du Roi de France dans les Pays-Bas Eſpagnols ; par C. H. *London,* 1669, *in-*8. (en Anglois.)

23943. Tableau hiſtorique repréſentant l'État ancien & moderne de la France, de l'Allemagne & de l'Eſpagne, & les plus remarquables Démêlés que ces trois Nations ont eus enſemble ; par (Nicolas) L'HERITIER de Nouvelon, Hiſtoriographe de France : *Paris,* Joly, 1669, *in-*12.

Cet Auteur est mort en 1679.

23944. Hiſtoire des Voyages du Marquis de Ville en Levant, & du Siége de Candie ; par Joſeph DU CROS : *Lyon,* Barbier, 1669, *in-*12.

23945. ☞ Les Mémoires du Voyage de Ghiron François, Marquis de Ville au Levant, ou l'Hiſtoire du Siège de Candie juſqu'à la priſe de la place en 1669 ; le tout tiré des Mémoires de Jean-Baptiſte Roſtagne, Secrétaire d'Etat de M. le Duc de Savoye, témoin oculaire, & de pluſieurs autres très-curieuſes Relations ; par François Savinien D'ALQUIÉ : *Amſterdam,* Boom, 1671, *in-*12. 2 vol.]

23946. Le Voyage de Candie fait par l'Armée de France, en 1669 ; par [des Reaux] DE LA RICHARDIERE : *Lyon,* Thioly, 1669 : [*Paris,* Pralard,] 1671, *in-*12.

23947. ☞ La Campagne des François en Candie, en Vers héroï-comiques ; par le Chevalier DE LOUTAUD ; enſuite l'Etat du ſecours de mer & de terre, avec les noms des Officiers & Volontaires qui ont fait cette Campagne, y compris les morts & les bleſſés, & quelques petites Pièces de Poéſie héroïque : *Paris,* 1670, *in-*12.]

23948. Journal de l'Expédition de M. de la Feuillade pour le ſecours de Candie ; par un Volontaire : *Lyon,* Thioly, 1669, *in-*12.

23949. Journal véritable de tout ce qui s'eſt paſſé en Candie ſous le Duc de la Feuillade : *Paris,* de Sercy, 1670, *in-*12.

Ce Journal eſt écrit contre le Livre précédent ; par un Officier nommé DESROCHES.

23950. Relation du Siége de Candie, avec la première Expédition des forces de France ſous le commandement du Duc de la Feuillade, en 1669 : *London,* 1670, *in-*8. (en Anglois.)

23951. Mémoires & Expéditions Françoiſes de Candie, depuis 1645 ; par DE LA SOLAYE : *Paris,* 1670, *in-*12.

23952. Mſ. Journal de M. de Vivonne en Candie, en 1669, écrit par DE VANCY, ſon Secrétaire : *in-fol.*

Ce Journal [étoit] conſervé dans la Bibliothèque de M. Colbert, num. 3520, [& eſt aujourd'hui dans celle du Roi.]

23953. ☞ Panegyrico di Luigi XIV. da Carlo DATI : *Firenze,* 1669, *in-*4.]

23954. Le Voyage du Roi en Flandres : *Paris,* 1670, *in-*4.

23955. La priſe de la Ville & Château d'Epinal : *Paris,* 1670, *in-*4.

23956. La France démaſquée, ou ſes irrégularités dans ſa conduite : *Bruxelles,* 1670, *in-*12.

☞ Seconde Edition, augmentée, avec des Réflexions curieuſes : *La Haye,* Laurent, 1670, *in-*12.]

23957. ☞ Apologie pour les François, ou vérification de leur constance ; par A. V. D. S. S. *Cologne*, 1670, *in*-16.]

23958. Le Politique désintéressé : *Cologne*, 1671, *in*-12.

23959. La France Politique, ou ses desseins exécutés ou à exécuter sur le Plan des passés, projettés en pleine paix contre l'Espagne au Pays-Bas & ailleurs, & tirés de ses Mémoires, Ambassades, Négociations & Traités : *Charleville*, Denys François : (*Bruxelles*,) 1672, *in*-12.

23960. ☞ Ms. Mémoires de la Campagne de 1670 : *in-fol*.

Ce Manuscrit original est indiqué num. 15837 du Catalogue de M. d'Estrées.]

— ☞ Mémoires de Henri-Charles de la Trémoille, Prince de Tarente : *Liége*, 1767, *in*-12.

Ces Mémoires servent à l'Histoire, depuis 1643 jusqu'à 1670, & feront rapportés ci-après à l'Article des *Officiers de Guerre*.

23961. ☞ Journal du Sieur DELBÉE, & réception de l'Ambassadeur du Roi d'Ardres en France : *in*-12.

Ce Roi d'Ardres est un Prince de Guinée.]

☞ Suite du Journal du Sieur Delbée, & la cause de l'Ambassadeur du Roi d'Ardres en France, & sa réception : 1670, *in*-12.]

23962. Mémoires de divers Emplois & Actions du Maréchal DU PLESSIS-PRASLAIN, depuis l'an 1628 jusqu'en 1671 : *Paris*, Barbin, 1676, *in*-4.

César Duc de Choiseul, Maréchal du Plessis, est mort en 1675, & Gilbert DE CHOISEUL son frère, Evêque de Comminges, qui a donné le style à ces Mémoires, est mort en 1689. Ce Maréchal de France a composé ses Mémoires à la sollicitation de M. de Segrais, qui les mettoit au net ; mais Gilbert de Choiseul, Evêque de Comminges, les a mis dans l'état où ils sont. C'est un Ouvrage digne de ces deux frères. J'ai appris ces circonstances d'une Lettre de M. de Segrais à M. l'Abbé Bosquillon, écrite le 4 Octobre 1700. Selon M. l'Abbé le Gendre, c'est moins une Histoire qu'un Panégyrique, où l'Auteur se donne tout l'honneur du dessein & de l'exécution de ce qui s'est fait de glorieux dans les Armées d'Italie.

☞ Ces Mémoires ont été donnés au Public, par le Sieur de Saint-Victor. On peut voir à leur sujet la *Méth. hist.* de Lenglet, *in*-4. tom. *IV*. pag. 150. = Le Gendre, tom. *II*. pag. 76.]

☞ M. TURPIN vient de publier en 1768 une Vie de César Duc de Choiseul, dans le tom. XXVII. des *Vies des Hommes illustres de France*, commencées par M. d'Auvigny & M. l'Abbé Pérau.]

23963. ☞ Ms. Relation de la première Audience qu'eut le Marquis de Nointel, Ambassadeur, de la part du Grand-Seigneur & du Grand-Visir : 1671. Copie du temps, 11 pages.

Ce Manuscrit est conservé dans la Bibliothèque de M. Fevret de Fontette, Conseiller au Parlement de Dijon.]

23964. Historia della Republica Veneta, dopo l'anno 1613, sino all'anno 1671 ; da Battista NANI, Procuratore di san Marco : *in Venetia*, Combi, 1662-1679, *in*-4. 2 vol.

Le premier Volume de cette Histoire, (qui va jusqu'en 1644,) traduit de l'Italien par François Tallemant, de l'Académie Françoise : *Paris*, Pepie, 1689, *in*-12. 4 vol.

Le second Volume traduit de l'Italien par Masclaris : *Amsterdam*, 1702, *in*-12. 2 vol.

Nani, Noble Vénitien, est mort en 1678. En écrivant l'Histoire de Venise, il a fait une Histoire universelle de son temps, & sur-tout de ce qui s'est passé en France, & de ce qu'ont fait les François en Italie. Sur ce qui regarde sa Patrie, il a plus suivi les sentimens naturels que la vérité de l'Histoire ; dans le reste, il rend assez justice au mérite. Son style est un peu trop enflé ; sa diction n'est pas assez pure, & sa phrase est comme embarassée de parenthèses. Il y a peu d'Auteurs de son temps qui approchent de son rafinement & de sa politesse.

☞ François-Denys Camusat, dans l'*Histoire critique des Journaux*, tom. *II*. pag. 25, reprend le jugement du Père le Long sur Nani, qu'il a tiré, dit-il, de la Roque, *Journal des Sçavans*, du 7 Août 1679. Camusat ajoute qu'à l'exception d'un trop fréquent usage des Harangues directes, Nani est un excellent Historien, qui peut tenir un rang distingué entre ceux du premier rang.]

« Le caractère de Nani se trouve dans son Histoire ; il » l'a écrite avec tant d'adresse & de jugement, que quand » il n'auroit point donné d'autres preuves de sa suffisan- » ce, il passera toujours pour un très-grand homme » dans l'esprit de ceux qui s'y connoissent ». De Wicquefort, Livre II. de l'*Ambassadeur*, Sect. 7.

23965. Motivi di tutte le Guerre maneggiate dalla Corona di Francia nello proprio Regno altrove, dall'anno 1560, sino all'anno 1672, parte tre ; dal Alberto LAZARI : *in Venetia*, 1676, *in*-4.

« Cet Auteur a ramassé toutes les Guerres que les Fran- » çois ont eues dedans & dehors le Royaume, depuis » l'an 1560 jusqu'en 1672, en vingt-sept articles, qu'il » appelle Motifs. Il n'y décrit pas seulement les causes » & les succès des Guerres dont il parle ; il touche en- » core ce qui s'est passé de considérable ou de plus cu- » rieux depuis ce temps-là, ou qui peut y avoir rap- » port ». *Journal des Sçavans*, du 16 Mars 1676.]

23966. Le Politique du temps, ou le Conseil fidèle sur les mouvemens de la France, tiré des événemens passés pour servir d'instruction à la triple Alliance : *Charleville*, 1671, *in*-12.

Le même Livre, avec des Remarques : *Cologne*, 1674, *in*-12.

Le même, en François & en Allemand : 1672, *in*-4.

François Baron DE LISOLA, Francomtois, est l'Auteur de ce Livre ; il est mort en 1673.

23967. ☞ Panégyrique de Louis XIV. par PELISSON : *Paris*, 1671, *in*-4.

Il a été traduit en différentes Langues.]

23968. ☞ E. W. (Everardi WASSEMBERGII,) Gallia verecunda : 1671, *in*-12.]

23969. ☞ Everardi WASSEMBERGII, Auri-

Règne de Louis XIV. 1672.

fodina Gallica referata & obstructa : 1672, *in*-12.]

23970. ☞ Everardi WASSEMBERGII Maroboduus in sereniffimo & potentissimo Ludovico XIV. Galliarum Rege redivivus, principibus Europæ demonstratus, &c. anno Domini 1672 : *in*-12.

Cet Auteur parle dans cet Ouvrage des deux précédens. C'est peut être le même que celui dont le Père le Long a fait mention, ci-après, à l'*Histoire des Duchés de Clèves & de Juliers*, sous le nom d'Ebhardus Waffemburgius. D'autres attribuent ces trois Ouvrages au Baron DE LISOLA.]

23971. Differtation historique & politique fur l'état présent de la Chrétienté, avec des Annotations fur le Livre intitulé : *Le Politique du temps*, 1674, *in*-8.

Nota. Depuis 1671, on a imprimé en Hollande un nombre infini de Libelles contre la France, qui font écrits avec beaucoup d'emportement, & auxquels on n'a pas daigné répondre : on ne les rapportera pas tous.

23972. Mémoires (d'Antoine) Maréchal de Grammont, Duc & Pair de France, Commandeur des Ordres du Roi, Gouverneur de Navarre & de Béarn ; donnés au public par le Duc (Antoine-Charles) DE GRAMMONT son fils, Pair de France : *Paris*, David, 1716, *in*-12. 2 vol.

☞ Ce Maréchal est mort en 1678. Le premier Volume contient ses principales Actions, depuis [1625] jusqu'en 1649. Le second renferme ses Négociations à Francfort & à Madrid, depuis 1651 jusqu'en 1659. Il y a peu de choses à la fin, fur les années 1660 & fuivantes, jusqu'en 1672.

On peut voir fur ces Mémoires la *Méth. hift.* de Lenglet, *in*-4. tom. IV. pag. 166. = *Bibl. Harley*, tom. II. pag. 519. = *Mém. de Trévoux*, Juin, 1716. = *Journal de Leipfick*, 1717, pag. 362.]

23973. Historia universalis rerum memorabilium ubique penè terrarum gestarum, pars prima & secunda, ab anno 1618, ad annum 1651, per Adolphum BRACHELIUM : inde per Christianum Adolphum THULDENUM usque ad annum 1660 producta : denique per Henricum BREUVER, ad annum 1672, continuata : cum Tractatibus historico-politicis actisque publicis, & figuris æheis : *Coloniæ*, Kinchii, 1672, *in*-8. 7 vol.

23974. Les premières Nouvelles de la prise de Rinberg, Orsoy, Wefel & Burich, par les Troupes du Roi : *Paris*, 1672, *in*-4.

23975. Le Combat Naval donné entre les Armées de France, d'Angleterre & de Hollande : *Paris*, 1672, *in*-4.

23976. ☞ La France politique, ou ses deffeins exécutés ou à exécuter : *Bruxelles*, 1672, *in*-12.]

23977. Le passage du Rhin par les Troupes du Roi : *Paris*, 1672, *in*-4.

23978. ☞ Mémoires du Comte DE GUICHE, concernant les Provinces-Unies des Pays-Bas : *Amsterdam*, Changuyon, 1744, *in*-12. 2 vol.

Ces Mémoires contiennent une Histoire des Provinces-Unies, depuis 1665 jusqu'en 1672, précédée d'une Introduction, & ils servent à l'Histoire de France pour la Campagne de 1672. On y trouve une description du Siége de Vefel & du Passage du Rhin, où l'Auteur se trouva, & eut grande part. Ces Mémoires font écrits avec franchise, naïveté & candeur. *Voyez* ce qu'en dit amplement, & de leur Auteur, Prosper Marchand, dans son *Dictionnaire*, Article Guiche, tom. I. pag. 296-300. L'Auteur est mort en 1673.]

23979. Liste des Places prises par le Roi sur les Provinces-Unies ; depuis le 15 Juin : *Paris*, 1672, *in*-4.

23980. ☞ Mf. Relation de ce qui s'est passé en Hollande, aux Siéges faits par l'Armée que commandoit M. le Prince en l'année 1672 : *in*-fol.

Ce Manufcrit est dans la Bibliothèque de la Ville de Paris.]

23981. Le Siége & la Prise de Nimègue ; avec la Prise de Grave, &c. *Paris*, 1672, *in*-4. Particularités de la Prise de Grave : *Paris*, 1672, *in*-4.

23982. ☞ Le Conseil d'extorsion, ou la volerie des François exercée dans la Ville de Nimègue, par le Commissaire Méthelet & ses suppôts ; par J. B. *in*-12.]

23983. La Journée de Woerden : *Paris*, 1672, *in*-4. Levée du Siège de Woerden par le Prince d'Orange : *Paris*, 1672, *in*-4.

23984. ✱ L'Infraction supposée, ou Discours fur le Siège de Charleroy en 1672, avec des Réflexions fur ce mouvement : *Villefranche*, 1668, *in*-12.

23985. Journal de la Guerre de Hollande, depuis le départ du Roi jusqu'à son retour, en 1672 ; par Henri ESTIENNE, Sieur du Belle : *Paris*, 1673, *in*-12. 2 vol.

Le même ; par H. Brome : *London*, 1674, *in*-8. (en Anglois.)

23986. ☞ Lettre fur les Conquêtes du Roi ; écrite de la Campagne, à une personne de la Cour : *Paris*, Thierry, 1672, *in*-4.]

23987. Claudii FERRARII de Bello Batavico ; Libri duo : *Londini*, 1672, *in*-8.

23988. Breviculum Ludovici XIV. adversùs Batavos, anno 1672 ; auctore Ægidio LACARRY, è Societate Jesu : *Claromonti*, 1672, *in*-4.

23989. Henrici BREUVER, de Regis Christianissimi expeditione adversùs unitum Belgium.

Cette Narration est imprimée avec son *Histoire Universelle* Latine, [ci-devant, N.° 23973.]

23990. Batavia triumphata : anno quo summus arbiter rerum DepoSVIt potentes DefeDe & eXaLtaVIt FranCos : 1672, *in*-8.

Jean Ulric Meurer attribue ce Livre, dans fa *Centuria Auctorum anonymorum*, num. 66, à Jean FRISCHMAN, Conseiller de Montbéliard. Le nombre de l'année 1672 se trouve dans les lettres majufcules & numériques de ce titre.

Tome II.

LIV. III. Histoire Politique de France.

23991. * Poëme de Jacques DE CASSAGNES sur la guerre de Hollande : *Paris*, [Mabre-Cramoisy, 1672, *in-fol.*] 1672, *in-12.*

Troisième Edition : 1673, *in-8.*

23992. Friderici SILVII, Discursus de Revolutionibus anni retroacti 1672, in Fœderata Belgica : *Amstelodami*, 1673, *in-12.*

23993. Mf. Recueil des Mémoires & Relations de ce qui s'est passé aux Voyages de Hongrie, de Gigery, en 1664, de Candie, en 1669, & du Voyage des Conquêtes que le Roi a faites en Hollande & sur le Rhin, pendant l'année 1672 : *in-4.*

Ce Recueil est conservé dans la Bibliothèque de M. le Chancelier d'Aguesseau.

23994. ☞ Entretiens curieux touchant les plus secrettes Affaires de plusieurs Cours de l'Europe, avec une clef : *Cologne*, 1674, *in-16.*

Cet Ouvrage contient six Entretiens, dans lesquels les Ministres des différentes Cours de l'Europe exposent les vues & les intérêts de leurs Maîtres, sous des noms empruntés. Il a rapport à l'année 1672.

23995. Abrégé historique des Guerres des Provinces-Unies : *Amsterdam*, 1674, *in-12.*

23996. Historia della Guerra d'Olanda, nell'anno 1672 : *in Parigi*, 1682, *in-12.*

La même, traduite en François : *Paris*, 1682, *in-12.*

La même, traduite en Anglois.

Cette dernière Version est imprimée au tom. I. du *Recueil des Traités de Politique* : *London*, 1705, *in-fol.* (en Anglois)

« Cette Histoire fut supprimée & mise au pilon, » parceque l'Auteur (qui se nommoit Jean-Baptiste » PRIMI, Visconti, Comte de Saint-Majole, mort en » 1714), y avoit fait mention du Traité de Douvres ; » il n'y eut que soixante-sept Exemplaires Italiens & » quatre-vingt-huit François qui furent débités ; & le » Comte de Saint-Majole fut envoyé à la Bastille, sur les » plaintes que Mylord Preston, Ambassadeur de Char- » les II. Roi d'Angleterre, fit à la Cour de France, » parceque cette Histoire découvroit les liaisons qu'il y » avoit entre les Rois de France & d'Angleterre, pour » l'entreprise de cette Guerre. Cette Histoire ne con- » tient que deux Livres, qui finissent au Passage de » Tool-huys (ou du Rhin) ». Le Clerc, Article XV. du tom. XV. de sa *Bibliothèque choisie*.

☞ « L'Abbé Primi ayant été employé par M. Col- » bert de Croissy, pour écrire la Guerre de Hollande, » en 1672, son Livre fut imprimé avec Privilège du » Roi, signé de M. de Louvois, Secrétaire d'Etat. Il fut » mis cependant à la Bastille, d'où il sortit après six jours » de prison, & rentra en apparence dans la faveur qu'il » n'avoit effectivement jamais perdue. Les huit autres » Livres que cet Abbé promettoit, n'ont jamais vu le » jour ». *Histoire du temps*, tom. I. pag. 28.

On peut voir sur cet Ouvrage, la *Méth. histor.* de Lenglet, *in-4.* tom. IV. pag. 151. *Hist. des Ouvr. des Sçav. Juillet*, 1689.]

« L'Auteur avant de faire imprimer son Ouvrage, » l'avoit communiqué aux Ministres, qui l'avoient lu & » approuvé. La plupart de ses Mémoires venoient de » M. Groot (ou Grotius), & contenoient diverses » choses fort singulières de la Négociation qu'alla faire » Madame la Duchesse d'Orléans en Angleterre, pour » la France. Ce qui a donné sujet à l'emprisonnement » de l'Auteur, est qu'il a dit que ce fut le Comte de » Guiche qui donna l'avis au Roi de passer le Rhin à » Thool-huys, & qu'il dit que le Roi le suivit, parce- » qu'il ne sçavoit que faire ». *Mémoires manuscrits* de Philibert de la Mare.

23997. Europa Gelosa, ò Gelosia de Principi d'Europa ; per Gregorio LETI : *in Colonia*, 1672, *in-12.* 2 vol.

Cet Auteur Milanois [qui a beaucoup écrit,] est mort en 1701. Il traite dans cet Ouvrage de la jalousie des Princes de l'Europe, contre le Roi de France.

23998. Gallo-Batavus Veredarii Currus, id est Gallorum in Hollandia progressus, anno 1672 ; per C. Q. B, Mariæ Insularis Abbatem : *Parisiis*, 1679, *in-8.*

23999. Mémoires du Comte DE MONTBAS, Général des Troupes Hollandoises, pour sa justification sur la Conquête de la Hollande : *Utrecht*, 1673, *in-12.*

☞ Jean Barton, Comte de Montbas, étoit proche parent de Grotius, qui fut Ambassadeur de Hollande en France. On lui avoit fait son procès, pour n'avoir pas défendu le passage du Rhin : il se retira en France, où il est mort en 1696.]

24000. ☞ Les Entretiens familiers des Animaux parlans, où sont découverts les plus importans secrets de l'Europe, dans la conjoncture de ce temps ; avec une Clef qui donne l'intelligence de tout : *Bruxelles*, le Petit, 1672, *in-16.*

Pièce assez médiocre, sur les prétendus secrets importans de l'Europe, qui se réduisent à fort peu de chose.]

24001. ☞ Traité de la Monarchie universelle, pour répondre aux Espagnols qui osent alléguer que le Roi y aspire : *Cologne*, 1672, *in-12.*]

24002. Le Cabinet François, ou Découverte des desseins que la France avoit médités long-temps, & qu'elle va exécuter maintenant : 1673, *in-4.* (en Allemand).

24003. Mémoires de la dernière Marche de l'Armée du Roi de France en Brabant, avec figures.

Ces Mémoires sont imprimés avec l'*Avis fidèle aux véritables Hollandois* : 1673, *in-4.*

24004. ☞ Avis fidèle aux véritables Hollandois, touchant ce qui s'est passé dans les Villages de Bodegrave & de Swammerdam, & les cruautés inouies que les François y ont exercées, avec figures en taille douce ; (en Hollande, sans indication de Ville) : 1673, *in-4.*

On dit que quand les Hollandois ont guerre avec les François, ils font distribuer cette Relation dans les Ecoles, afin que les Enfans la voyant, en entretiennent leurs parens, qui animés par-là contre les François, payent plus aisément les contributions nécessaires pour soutenir la guerre. Quand la paix se fait, on retire le Livre.]

24005. La prise de Bodegrave par le Duc de Luxembourg : *Paris*, 1673, *in-4.* Nouvelle

Relation de ce qui s'est passé en la prise de cette Ville : *Paris*, 1673, *in*-4.

24006. Mémoires de Philippe de Procé, Sieur DU BAS, Commandant à Naerden, sur la reddition de cette Place, au Prince d'Orange, en 1673 : *Cologne*, 1673, *in*-12.

24007. Relation du Combat donné entre la Flote de France, d'Angleterre & de Hollande : *Paris*, 1673, *in*-4.

24008. ☞ Relation de ce qui s'est passé entre les Armées navales de France & d'Angleterre, & celle de Hollande, pendant les années 1672 & 1673 ; avec la Clef des termes de Marine, & les Instructions pour la route, la discipline, &c. *Paris*, Clousier, 1674, *in*-12.]

24009. ☞ Histoire panégyrique de Louis XIV, par DE LA MOTTE-LE-NOBLE : 1673, *in*-4.]

24010. Mémoires de M. D'ARTAGNAN, Capitaine Lieutenant de la première Compagnie des Mousquetaires du Roi, contenant plusieurs choses secrettes & particulières arrivées sous le Règne de Louis le Grand, jusqu'au Siége de Maestricht, en 1673 : *Cologne*, P. Marteau, (*la Haye*, Van-Bulderen), 1700 : *Amsterdam*, de Coup, 1715, *in*-12. 3 vol.

« Quoique ces Mémoires portent le nom de M. d'Artagnan, & qu'il paroisse dans le Livre qu'il en est l'Auteur, on doit sçavoir qu'ils nous sont venus d'une autre » main que la sienne, & qu'on s'est seulement servi » d'un autre nom, pour coudre ensemble plusieurs choses » fausses, ou arrivées à diverses personnes ». *Nouvelles Littéraires*, du mois de Janvier 1715, *pag*. 72. Bayle, au tom. II. de la *Réponse aux Questions à un Provincial*, *Chap*. XI. *pag*. 58, dit que l'Auteur de ces Mémoires est un homme qui débite ses fictions, & qui les place sans aucun égard à la bonne Chronologie. Il s'appelloit Gatien DE COURTILZ, & il est mort en 1712. On peut consulter à la fin de cette Bibliothèque, le Mémoire qui concerne ses Ouvrages.

☞ On peut voir encore sur les *Mémoires d'Artagnan*, le *Journal de Verdun*, *Mars* 1708. = Le P. Niceron, tom. II. pag. 175. = *Républ. des Lettr.* de Bernard, *Sept*. 1700, & *Octob*. 1701.]

24011. Les premières Nouvelles du Siége de Maestricht : *Paris*, 1673, *in*-4. Journal de ce qui s'est passé à ce Siége : *Paris*, 1673, *in*-4. Premières Nouvelles de la prise de Maestricht, & la suite de ce qui s'est passé à ce Siége : *Paris*, 1673, *in*-4. Articles de Capitulation : *Paris*, 1673 : *in*-4.

24012. La Suite de l'extraordinaire valeur des François, ou Journal du Siége & de la Prise de Maestricht, décrite en Vers héroïques & demi-burlesques : *Paris*, 1674, *in*-12.

L'Auteur de ce Journal extraordinaire se nomme DE SAINT-BLAISE.

24013. Journal fidèle de ce qui s'est passé au Siége de Maestricht : *Amsterdam*, 1674, *in*-4.

24014. ☞ Nouvelle Relation de la prise de Maestricht, Poëme héroïque ; par François COLLETET. *Paris*, Loison, 1673 *in*-4.]

24015. Ms. Recueil touchant ce qui s'est passé, tant sur mer que sur terre, par les Troupes du Roi, pendant l'année 1673.

Ce Recueil est conservé dans la Bibliothèque de M. le Chancelier d'Aguesseau.

24016. ☞ Mosa ad Batavos Trajecto excedentes, & varia Epigrammata in Batavos : *Cadomi*, 1673, *in*-4.]

24017. ☞ Ms. Campagnes de 1672 & 1673 : *in-fol*. 4 vol.

Ce Manuscrit original est indiqué au num. 15844, du *Catalogue* de M. d'Estrées.]

24018. ☞ La Hollande aux pieds du Roi ; (par LA VOLPILLIERE, Docteur en Théologie) : *Paris*, de la Tourette, 1673, *in*-8. de 40 pages.

Ce sont trois Odes en assez mauvais Vers.]

24019. ☞ Essais & Echantillons de l'heureuse Alliance, présentés au Roi, au retour de ses Conquêtes de Hollande ; par DE PINCHESNE : *in*-4.]

24020. ☞ Prédictions tirées des Centuries de Nostradamus qui se peuvent appliquer à la Guerre entre la France & l'Angleterre, contre les Provinces-Unies : 1673, *in*-12.]

24021. ☞ Considérations politiques au sujet de la Guerre entre la France & la Hollande : *Amsterdam*, 1673, *in*-12.]

24022. ☞ Réponse à la première Partie des difficultés & oppositions à la Paix générale : *Villefranche*, 1673, *in*-12.]

24023. ☞ Suite des fausses démarches de la France, sur la Négociation de la Paix : *in*-12.]

24024. ☞ Remarques sur le Discours du Commandeur de Gremonville, fait au Conseil d'Etat de Sa Majesté Impériale : *la Haye*, 1673, *in*-12.

On trouve d'abord le Discours : ensuite viennent les Remarques, qui posent en fait que M. de Gremonville n'a aucune des qualités requises dans un Ambassadeur ; après quoi l'on fait voir en détail que son Discours est un tissu de faussetés & d'impertinences, aussi injurieuses à celui à qui on l'a fait, que peu séantes dans la bouche d'un François. Le Commandeur de Gremonville avoit fait le Discours en question, à l'occasion de la Guerre que les Rois de France & d'Angleterre, réunis à l'Electeur de Cologne & à l'Evêque de Munster, faisoient aux Provinces-Unies.]

24025. ☞ Le Char de Triomphe de Louis XIV. Poëme ; par le P. ETIENNE D'ARLES, Capucin de la Province de Saint Louis : *Marseille*, 1673, *in*-4.]

24026. Della Historia di Ludovico il Grande, descritta da Filippo CASONI, Genevese, dall'anno 1638 sin' all'anno 1674, prima Parte : *in Milano*, Malaterra, 1706, *in*-4.

Il n'y a eu que cette Partie d'Imprimée.

24027. ☞ Ms. Requête présentée au Roi,

LIV. III. *Histoire Politique de France.*

par la Nobleſſe, contre le Clergé de la Cour, au mois de Janvier 1674.

Cette Pièce, qui eſt curieuſe, eſt conſervée en Copie dans la Bibliothèque de M. Jardel, à Braine.]

24028. ☞ Campagne de Louis, Prince de Condé, en 1674.

Elle eſt imprimée dans le tom. I. de la *Bibliothèque militaire, &c.* de Zurlauben : *Paris*, 1751, *in-12.*]

24029. ☞ Campagne de Louis, Prince de Condé, en Flandres, en 1674; par M. CARLET DE LA ROXIERE, Chevalier de l'Ordre Royal & Militaire de S. Louis, Lieutenant-Colonel de Dragons, &c. *Paris*, Merlin, 1765, *in-12*.

Les Lettres mêmes du Prince de Condé, adreſſées à M. de Louvois pendant la Campagne de 1674: une Relation de cette Campagne, publiée par ordre du Prince d'Orange, & le récit des meilleurs Hiſtoriens, ont ſervi de baſe à cet Ouvrage, que l'Auteur a accompagné d'une Carte très-détaillée des Pays-Bas Catholiques, & d'une autre néceſſaire pour l'intelligence du Combat de Senef. *Voyez* le *Mercure*, *Mars*, 1765, *pag.* 102.]

24030. L'Entrée des Troupes du Roi dans la Franche-Comté, & la priſe de Beſançon, par l'Armée de Sa Majeſté : *Paris*, 1674, *in-4*. Journal du Siége de Beſançon : *Paris*, 1674, *in-4*. Priſe de la Citadelle de Beſançon : *Paris*, 1674, *in-4*.

24031. La réduction de la Ville & Citadelle de Beſançon à l'obéiſſance du Roi de France : *Aix*, 1674, *in-4*.

24032. Le Siége de la Ville de Dole : *Paris*, 1674, *in-4*. Sa Priſe : *Paris*, 1674, *in-4*.

24033. Sur la nouvelle Conquête de la Franche-Comté, Poëme, diviſé en quatre chants : *Paris*, Oſmont, 1674, *in-4*.

✠ Jacques de FAURE FERRIÉS, Abbé de S. Vivant, ſous Vergis, eſt Auteur de ce Poëme.

24034. ☞ Deux Lettres d'un Gentilhomme Bourguignon, (M. de Bellefort, Comte DE LAUBEPIN,) écrites de Veniſe à un de ſes amis à Beſançon, des 28 Février & 18 Mars 1681, au ſujet de la Conquête de la Franche-Comté, par Louis XIV. *in-12.*]

24035. Relation de la Conquête de la Comté de Bourgogne; par Paul Fontanier PELISSON, Maître des Requêtes, & de l'Académie Françoiſe : *in-4*.

M. Péliſſon eſt mort en 1693.

☞ Sa Relation eſt dans le *Recueil* du P. Des-Molets, ou *Continuation des Mémoires de Littérature* de Salengre, (*tom. VII.*) Elle ſe trouve d'ailleurs fondue dans l'*Hiſtoire de Louis XIV.* du même Péliſſon, indiquée ci-après, à l'année 1679.]

24036. ☞ Mſ. Mémoire de M. le Prince DE CONDÉ, ſur la Ville de Beſançon, écrit de ſa main, & donné au Roi avant ſon départ de Paris, ſervant de premier point à la conquête du Comté de Bourgogne.═Lettres à ce ſujet & Mémoires.

Mſ. Relation de ce qui s'eſt paſſé à l'ouverture du Parlement de Dole, le 16 de Juillet 1674.

Mſ. Relation de la dernière Campagne de la Franche-Comté, écrite par M. de Chevalier DE MIMEURE, & autres Pièces à ce ſujet.

Ces trois Articles ſont conſervés dans la Bibliothèque de M. Fevret de Fontette, à Dijon.]

24037. Bataille donnée aux Troupes Impériales & de Lorraine, par le Vicomte de Turenne : *Paris*, 1674, *in-4*.

24038. La Journée de Sintzheim, ou la Bataille gagnée par le Vicomte de Turenne : *Paris*, 1674, *in-4*. Nouvelle Relation de cette Bataille : *Paris*, 1674, *in-4*.

☞ La Journée de Sintzheim fut aſſez égale des deux côtés ; ce qu'il y eut de plus remarquable, eſt que la Cavalerie Allemande ſauva ſon Infanterie, & l'Infanterie Françoiſe garantit ſa Cavalerie.]

24039. Relation des violences faites dans le Palatinat, en 1673 & 1674, avec diverſes Lettres de ſon Alteſſe Electorale Palatine à Sa Majeſté Impériale, à M. le Duc d'Orléans, au Marquis de Béthune, & leurs Réponſes, à quoi on a joint la Lettre de M. Verjus, au Duc de Wolfembuttel : *Cologne*, 1675, *in-12*.

24040. La priſe de la Ville de Faucogney, avec la réduction de Luxeuil [& de Lure, dans la Franche-Comté, par les Troupes du Roi ſous le commandement de M. du Renel :] *Paris* [& *Lyon*,] 1674, *in-4*.

24041. Les préparatifs du Siége de Grave par les Hollandois : *Paris*, 1675, *in-4*. Suite de ce Siége, avec les Articles de la Capitulation : *Paris*, 1675, *in-4*.

24042. Relation de ce qui s'eſt paſſé pendant le Siége de Grave ; par un Officier de la Garniſon : *Paris*, de Luyne, 1678, *in-12.*

24043. ☞ Relation du fameux Siége de Grave en 1674, & du Siége de Mayence en 1689, avec le Plan de ces deux Villes : *Paris*, Jombert, 1758, *in-12.*]

24044. Mſ. La grande Chaſſe aux Loups, Sangliers & Taureaux chaſſés à Senef, le 11 d'Avril 1674, par M. le Prince : *in-fol.*

Cette Relation eſt conſervée dans la Bibliothèque de M. le Prince de Condé.

24045. Relation de la Bataille de Senef donnée par M. le Prince : *Paris*, 1674, *in-4*.

24046. Relation de la Bataille donnée le 4 Octobre, près du Village d'Enleïen par le Vicomte de Turenne : *Paris*, 1674, *in-4*. Nouvelle particularité de cette Bataille gagnée : *Paris*, 1674, *in-4*.

24047. ☞ Le Triomphe de Louis & de ſon Siécle : Poëme Lyrique de Jean DES-MARESTS (Saint-Sorlin) : *Paris*, le Gras, 1674, *in-4.*]

24048. ☞ *Gallia victrix annis* 1673 & 1674,

Règne de Louis XIV. 1674.

Poeticè decantata à J. PERIGAUD, Pictaviensi, Soc. Jesu: *Burdigalæ*, 1675, *in*-12.]

24049. ☞ Entretiens sur les Affaires du temps: *Strasbourg*, 1674, *in*-12.]

24050. ☞ La France attaquée & défendue; par DE LARTIGUE: *Bourdeaux*, Séjourné, 1674, *in*-12.]

24051. ☞ L'Apologiste réfuté, ou Réponse aux calomnies de certain prétendant justifier les Guerres de la France: *Cologne*, 1674, *in*-16.]

24052. ☞ Manifeste par lequel il se reconnoît combien juste, convenable & nécessaire a été l'emprisonnement du Prince Guillaume de Furstemberg, tant pour le maintien de Sa Majesté Impériale, que pour la tranquillité générale de l'Empire, & pour l'avancement de la paix; par Christophle WOLFANG: *Strasbourg*, 1674, *in*-4.]

24053. ☞ Guillelmi Furstembergii detentio; auctore Christoph. WOLFANGO: 1674, *in*-12.]

24054. ☞ Remarques sur la Réponse donnée à M. de Puffendorff au nom de l'Empereur, sur l'enlèvement du Prince de Furstemberg: 1674, *in*-12.]

24055. ☞ Traité curieux sur l'enlèvement du Prince de Furstemberg, avec des exemples & des réflexions importantes touchant l'immunité des Ambassadeurs: *Villefranche*, Charles de la Vérité, 1676, *in*-12.]

24056. ☞ Détention de Guillaume, Prince de Furstemberg, nécessaire pour maintenir l'autorité de l'Empereur & la tranquillité de l'Empire, traduit du Latin: 1675, *in*-12.]

24057. ☞ MS. Elégie Latine de M. (l'Abbé Gilles) MÉNAGE, en laquelle le Parlement de Paris est blâmé, avec une Relation en François de ce qui s'est passé ensuite. Copie du temps, de 11 pages.

Ces Pièces sont conservées dans la Bibliothèque de M. Fevret de Fontette, Conseiller au Parlement de Dijon.]

24058. ☞ Discours sur l'état présent de l'Europe, & des Provinces-Unies: 1674, *in*-12.]

24059. Relation de ce qui s'est passé en Allemagne sous le Vicomte de TURENNE, depuis le commencement en 1674, jusqu'en 1675.

Cette Relation est imprimée avec l'*Etat présent des Affaires d'Allemagne*; par BRUNEAU: *Paris*, le Petit, 1675: *Cologne*, 1675, *in*-12.

24060. * Raisons politiques (de François Baron DE LISOLA) touchant la Guerre d'Allemagne, des années 1673, 1674, 1675: *Strasbourg*, 1675, *in*-12.

24061. ☞ Harangue de l'Archevêque d'Embrun, interprétée par les événemens de notre temps, &c. *Cologne*, 1674, *in*-12.]

24062. ☞ Mémoires très-fidèles & très-exacts des Expéditions militaires qui se sont faites en Allemagne, en Hollande & ailleurs, depuis 1664 jusqu'en 1675: *Paris*, 1734, *in*-12. 2 vol.]

24063. ☞ Mémoires des deux dernières Campagnes de M. de Turenne: *Strasbourg*, 1734, *in*-12. 2 vol.]

24064. ☞ MS. Joan. MORELETI de Conchey, Divionensis, de Bello Batavico, Belgico, Sequanico & Germanico, per annos 1672, 1673, 1674 & 1675, gesto sub Ludovico XIV. Gallorum Rege, Libri IV. tum ejus manu subscripti, tum ex ejus Autographo descripti: *in-fol*.

Cette Histoire est conservée dans la Bibliothèque de M. le Président Bouhier, à Dijon.]

24065. ☞ Le Voyage du Cardinal de Baden, & son séjour à Liège, en Décembre 1674, Janvier, Février & Mars 1675, *in*-4.]

24066. Le Machiavel François, où l'on montre par cent axiomes politiques François, les Maximes d'Etat & de Guerre des François: 1675, *in*-4. (en Allemand.)

24067. La Politique de la France démasquée pour la conservation de l'Allemagne; par Anonyme WAHRMUND: 1675, *in*-4. (en Allemand.)

24068. Mémoires des Affaires de France sous le Règne de Louis XIV. contenant les plus remarquables Exploits du Prince de Condé & du Maréchal de Turenne, Généraux de l'Armée Françoise: *London*, De-ring, *in*-8. (en Anglois.)

24069. ☞ Memoires of the affairs of France during the Reign of Lewis the XIV. Done ont of French: *London*, 1675, *in*-12.

Ce sont apparemment ceux dont parle le P. le Long, au numéro précédent.]

24070. ☞ Remarques sur le Gouvernement du Royaume, durant les Règnes de Henri IV. Louis XIII. & Louis XIV. où sont traitées plusieurs choses singulières & rapportés plusieurs faits anecdotes de ces trois Règnes, jusqu'à la mort de M. de Turenne, en 1675; (par Gatien Sandras DE COURTILZ:) *Cologne*, Marteau: (*Hollande*) 1688, *in*-12.]

24071. ☞ Mémoires de M. l'Abbé ARNAUD, contenant quelques anecdotes de la Cour de France, depuis 1634 jusqu'en 1675: *Amsterdam*, (*Paris*,) 1756. Trois parties en 2 vol. *in*-12.

M. l'Abbé Arnaud étoit l'aîné des fils du célèbre M. Arnaud d'Andilly. Il naquit en 1616, & mourut en 1698: il embrassa l'état Ecclésiastique en 1643.]

24072. Relation de la Campagne d'Allemagne, de l'année 1675, jusqu'à la mort de M. de Turenne: *Paris*, Barbin, 1676, *in*-12.

24073. La Vie du Vicomte de Turenne, par DU BUISSON, Capitaine du Régiment de Verdelin : *Cologne*, Dallon, 1685, *in*-12. Nouvelle Edition : *Cologne*, de Clou, 1688 : *La Haye*, Van-Bulderen, 1688 ; 1695, *in*-12.

Gatien DE COURTILZ, qui s'est déguisé sous le nom de du Buisson, a fait quelques additions dans la seconde Edition, & en a refondu le style. Pour justifier ces changemens, il débite dans sa Préface, que feu M. du Buisson avoit laissé deux copies du même Ouvrage, l'une plus ample & plus correcte que l'autre ; que la moins correcte a servi d'original à la première Edition, & qu'il publie à présent la plus correcte. Bayle, au Tome I. de la *Réponse aux Questions d'un Provincial*, pag. 222, chap. 17. Il fait dans ce Chapitre une critique de divers endroits de cette Vie.

Le même, dans ses *Nouvelles de la République des Lettres*, de Juillet 1685, pag. 816, dit qu'il y a beaucoup d'apparence que celui qui donne cette Vie, est l'Auteur de la *Conduite de Mars*, imprimée cette année 1685, à la Haye, chez Van-Bulderen. On trouvera au même endroit de quelle manière il critique cet Auteur sur plusieurs articles. Cette Histoire n'est ni exacte ni judicieuse ; elle est remplie de faussetés & de beaucoup de traits Romanesques. Cependant l'Auteur commence ainsi sa Préface : « Si ce qu'on doit désirer le plus dans » un Historien, est de dire la vérité, c'est sans contre- » dit en cela que cet Ouvrage aura de quoi satisfaire » ceux qui le liront ; c'est à quoi je me suis particuliè- » rement étudié, espérant qu'après avoir acquis quel- » que réputation par les armes, je ne la perdrois pas » par ma plume ». *Voyez* à la fin de cette Bibliothèque le Mémoire touchant les Ouvrages de cet Auteur.

☞ On peut encore voir sur cette Vie de M. de Turenne, les *Mém.* du P. Niceron, *tom.* II. p. 171. = *Journ. de Leipsick*, 1686, *pag.* 130. = *République des Lettres, Juillet*, 1685.]

24074. ☞ Histoire du Vicomte de Turenne, avec les Preuves & les Plans de Batailles ; par M. (André-Michel) DE RAMSAY : *Paris*, 1735, *in*-4. 2 vol.

L'Auteur est mort en 1743.]

24075. ☞ Histoire du même ; par l'Abbé (François) RAGUENET : *La Haye*, (*Paris*,) 1738, 1759, *in*-12. 2 parties.

C'est un Ouvrage posthume. L'Auteur est mort vers 1720.]

24076. ☞ Vie de Henri de la Tour d'Auvergne, Vicomte de Turenne ; par l'Abbé (Gabriel-Louis CALABRE) PÉRAU.

Celle-ci se trouve parmi les *Vies des Hommes illustres de France*, commencées par M. d'Auvigny. Elle occupe le Tome XXIII. *Amsterdam* & *Paris*, 1760, *in*-12. L'Auteur est mort en 1767.]

24077. Le Siège & la Prise de la Ville d'Huy : *Paris*, 1675, *in*-4.

24078. La prise de Figuera, de Biscara & de Mont-Joué, & la reddition de plus de quatre-vingt autres Villes de Catalogne par l'Armée du Roi, commandée par le Duc de Schomberg, avec ce qui s'est passé entre les François & les Espagnols depuis l'entrée des Troupes de France dans cette Principauté : *Paris*, 1675, *in*-4.

24079. Relation de ce qui s'est passé en Catalogne, en 1674 & 1675 ; par D. C. *Paris*, 1675, *in*-12.

☞ L'Auteur pourroit bien être un nommé DE CAISSEL, dont on trouvera plus bas quelques Ouvrages de même genre.]

24080. La prise de la Forteresse de Bellegarde dans le Roussillon : *Paris*, 1675, *in*-4.

24081. Histoire du Roi Louis XIV.

Cette Histoire se trouve dans le tom. IV. du *Portrait géographique & historique de l'Europe*, composé par Jean HINSSELIN DE MORACHE : *Paris*, 1674, *in*-12. 4 vol.

24082. Relation des Mouvemens de la Ville de Messine, depuis 1671 jusqu'en 1675 : *Paris*, de la Caille, 1675 : *Lyon*, 1676, *in*-12.

« Cette Relation apprend les véritables commence- » mens des Affaires de Messine avec d'autant plus de » fidélité, que celui qui l'a donnée au public, a été té- » moin de la plupart des choses ; & que la manière dont » il s'explique, fait connoître qu'il écrit sans passion ». *Journal des Sçavans*, du 2 *Décembre* 1675.

24083. Relation de ce qui s'est passé à Messine, & au Combat des Vaisseaux du Roi par le Duc de Vivonne : *Paris*, 1675, *in*-4.

24084. Relation de la prise d'Agousta en Sicile : *Paris*, 1675, *in*-4.

24085. * Il vendico Messinense o sia succinta Relatione di quanto e seguito nella Citta di Messina, dal giorno della revolutione sino chiamata de Francesci ; da Alberto TUCCAVI, Nobile Messinese : *in Rhegio*, 1676, *in*-12.

24086. Della congiura de i Ministri del Rè di Spagna contra la fedelissima Citta di Messina, nell'anno 1671, & sequenti. Raconto historico di Gio. Battista Romano COLUMNA, Cavaliere Messinense : *in Messina*, 1676, *in*-4. 3 vol.

24087. La Mamertina, Columba Discorso augurico con Avvertimenti politici sopre li questi Motione di Messina ; dal medesimo : *in Messina*, 1676, *in*-8.

24088. Mf. Historia de las Revolutiones de Messina, escritta por D. Juan Alfonso LANZINA : *in*-*fol*.

Cette Histoire [étoit] conservée dans la Bibliothèque de M. Colbert, num. 3071, & dans celle de M. Baluze, num. 119, [l'une & l'autre aujourd'hui dans la Bibliothèque du Roi.]

24089. Relation du Combat donné entre les Vaisseaux du Roi commandés par M. du Quesne, Lieutenant-Général des Armées Navales de Sa Majesté, & la Flotte des Espagnols & des Hollandois sous le commandement de l'Amiral Ruyter : *Paris*, 1676, *in*-4.

24090. Relation du Combat naval entre l'Armée navale de France & la Flote Hollandoise, le 22 Avril : *Paris*, 1676, *in*-4.

24091.

24091. Relation du Combat naval, du 2 Juin : *Paris*, 1676, *in-4*.

24092. ☞ Martini MESQUITÆ, Lusitani, Estræum fulmen in Batavorum classem : *Romæ*, 1677, *in-fol.*]

24093. Relation de ce qui s'est passé en Sicile depuis l'entrée de M. de Vivonne, en 1675, jusqu'à présent ; par M. D. *Paris, Amsterdam, Venise*, 1677, *in-12*.

24094. Mf. Origines des Troubles de Messine jusqu'en 1677 : *in-fol.*

Ce Manuscrit [étoit] conservé dans la Bibliothèque de M. Fouquet, Secrétaire du Roi.

24095. Relation de la Retraite des Troupes Françoises qui étoient en Sicile, par le Duc de la Feuillade : 1678, *in-12*.

24096. La Clemenza reale, ò Historia della Rebellione & riaquesto di Messina ; da Francesco STRADA : *in Palermo*, 1682, *in-fol.*

24097. Le Siége & la Prise de Condé par l'Armée du Roi : *Paris*, 1676, *in-4*.

24098. Relation du Siége & de la Prise de Bouchain : *Paris*, 1676, *in-4*.

24099. La prise de la Ville d'Aire : *Paris*, 1676, *in-4*.

24100. Journal du Siége de Mastricht ; par un Officier de la Garnison : *Paris*, 1676, *in-4*.

24101. Journal du Siége de Philisbourg ; par un Officier de la Garnison : *Strasbourg*, 1676, *in-12*.

24102. Journal du Siége de Philisbourg ; par un Officier de la Garnison : *Fribourg*, 1676, *in-12*.

Ce Journal est opposé au précédent. L'Auteur se nomme le François DE RIGAUVILLE.

24103. ☞ Relation de ce qui s'est passé dans les Armées du Roi en Allemagne & en Flandres, depuis le commencement de 1675 jusqu'en 1676, avec les particularités du Combat de M. de Créquy & du Siége de Trèves : *Cologne*, 1676, *in-12*.]

24104. ☞ Au Roi, sur son heureux retour, & sur le glorieux succès de ses Armes ; par le Sieur DE LA GRAVETTE : *Paris*, 1676, *in-4*. avec deux Portraits.

24105. ☞ Réflexions curieuses & précautions nécessaires sur les raisons & moyens qui peuvent servir à la paix générale ; par un François désintéressé : *Villefranche, Charles de la Vérité*, 1676, *in-12*.]

24106. ☞ La France intriguante, ou Réponse aux Manifestes de quelques Princes sur l'état présent de l'Allemagne : 1676, *in-12*. sans nom de Ville ni d'Imprimeur.]

24107. ☞ Moyen de réduire la France à un état plus Chrétien, pour le bien de l'Europe : 1676, *in-12*.]

24108. ☞ Quiproquo, ou Erreur d'Etat, au sujet de la réduction de la Rochelle : *Cologne*, 1676, *in-16*.]

24109. Relation du Siége & de la Prise de Valenciennes : *Paris*, 1677, *in-4*.

24110. ☞ Lettre de M. le Comte DE LOUVIGNY à M. le Maréchal de Grammont son père, (sur la prise de Valenciennes) du 17 Mars 1677.

Dans le *Recueil de Pièces d'Histoire & de Littérature*, tom. III.]

24111. ☞ Lettre du Duc de Saint-Aignan ; (François DE BEAUVILLIERS) & Réponses de Louis XIV. sur la prise de Valenciennes & de Tournay, en 1677.

Elles sont imprimées dans les *Mémoires* de l'Abbé d'Artigny, tom. IV. pag. 309 : (*Paris*, Debure, 1749, &c. *in-12*.)

24112. Journal de ce qui s'est passé au Siége & à la Prise de la Ville & Citadelle de Cambray : *Cambray*, 1677, *in-4*.

24113. Relation de la Bataille de Cassel, le 10 Avril 1677 : *Paris*, 1677, *in-4*.

24114. Mf. Le Triomphe de France par les grands Exploits du Roi & de Monsieur, qui confirment les hautes vertus & les actions héroïques qu'ils ont faites au commencement de l'année 1677.

Ce Manuscrit est conservé dans la Bibliothèque du Roi, entre les Manuscrits de M. de Gaignères, & dans celle de M. l'Abbé d'Estrées, [aujourd'hui à S. Germain des Prés.]

24115. ☞ Pour le Roi ; Ode présentée à Sa Majesté au Camp de Thulin, le 21 Mai 1677 : *in-4*.]

24116. ☞ Mauvaise foi & violences de la France : *Villefranche*, 1677, *in-12*.]

24117. ☞ Le Pot-aux-Roses des François découvert : *Cologne*, 1677, *in-12*.]

24118. ☞ Le Justin moderne des affaires de ce temps : *Villefranche*, 1677, *in-12*.]

24119. Relation de la Victoire gagnée à Epouille en Catalogne : *Paris*, 1677, *in-4*.

24120. Relation du Siége & de la Prise de la Ville & Citadelle de Fribourg : *Paris*, 1677, *in-4*.

La Relation (précédente) mise en partition selon les règles de la critique la plus exacte, avec toutes les modifications raisonnées ; par J. D. S. Sieur DE RICHESOURCE : *Paris*, 1677, *in-4*.

Ces lettres initiales signifient Jean DE SOURDIER.

24121. La Campagna del Ré Christianissimo, nell'anno 1677, dal Signor PRIMI Visconti, Conte de San Majole : *in Parigi*, Michallet, 1677, *in-12*.

La même Campagne, en François, avec les particularités du Siége de Valenciennes, de Saint-Omer & de Cambray, & de la Bataille de Mont-Caſſel : *Paris*, Michallet, 1678, *in*-12.

La même : *London*, 1679, *in*-12. (en Anglois.)

24122. ☞ Campagne du Maréchal de Créqui, en 1677, publiée par François Berthelot, Marquis DE BAYE, Maréchal de Camp : *Luneville*, 1761, *in*-8.]

24123. ☞ Campagne du Maréchal de Créqui en Lorraine & en Alſace, en 1677, rédigée par M. Carlet DE LA ROZIERE, Capitaine de Dragons, &c. (avec une Carte de la Lorraine & de l'Alſace :) *Paris*, Merlin, 1764, *in*-12.]

24124. * Relation des Guerres d'Allemagne ès années 1675, 1676, 1677 : *Lyon*, 1677, *in*-12.

24125. Relation de ce qui s'eſt paſſé en Flandres entre les Armées commandées par le Maréchal de Créqui & les Confédérés, en 1675, 1676 & 1677 : *Lyon*, 1678, *in*-12. 2 vol.

24126. Mémoires des deux dernières Campagnes de M. de Turenne en Allemagne, & de ce qui s'eſt paſſé depuis ſa mort ſous le commandement du [Comte] de Lorges : *Paris*, 1678, *in*-12. 2 vol.

☞ Mémoires des deux dernières Campagnes de M. de Turenne en Allemagne, (en 1674 & 1675,) & de ce qui s'eſt paſſé depuis ſa mort, ſous le commandement du Comte de Lorges ; (par le Sieur DESCHAMPS, Officier, qui fut depuis prépoſé par M. le Prince de Condé à l'éducation du Duc de Bourbon, ſon petit-fils ;) Nouvelle Edition, revue & corrigée (par M. de Hauteville :) *Paris*, Jombert, 1756, *in*-12.

C'eſt la réimpreſſion de l'Ouvrage précédent, qui étoit fort rare & très-eſtimé. On l'a augmenté d'une Préface. Il a été compoſé par un Officier qui ſervoit ſous M. de Turenne, & revû par M. de Lorges. On a ſeulement corrigé dans cette ſeconde Edition, quelques expreſſions ſurannées, & changé l'ancienne orthographe. *Mercure de France*, Septembre 1756 ; *pag*. 166.]

24127. Hiſtoire de la Guerre de Hollande, depuis l'an 1672 juſqu'en 1677 : *La Haye*, Van-Bulderen, 1689, *in*-8. 2 vol.

Gatien DE COURTILZ, Auteur de cette Hiſtoire, eſt fort ſuſpect dans ſes récits particuliers. *Voyez* à la fin de cette Bibliothèque le Mémoire touchant les Ouvrages.

☞ *Voyez* le P. Niceron, tom. II. pag. 173. = Bibl. des Rom. tom. II. pag. 90.]

24128. ☞ L'Europe Eſclave, ſi l'Angleterre ne rompt ſes fers : *Cologne*, 1677, *in*-12.]

24129. ☞ Theatrum Belgii inferioris, ſive origo & progreſſus belli quod Reges Galliæ & Angliæ, cum Epiſcopis Monaſterienſi & Colonienſi contra unitas Belgii Provincias eorumque Socios geſſerunt, ab anno 1672, ad annum 1678, auctore H. S. SOET, (en Hollandois :) *Amſtelodami*, 1678, *in*-8.]

24130. La Priſe de la Ville & Citadelle de Leuve : *Paris*, 1678, *in*-4.

24131. Priſe de la Ville de Puycerda par le Maréchal de Navaille : *Paris*, 1678, *in*-4.

24132. Le Combat de Reinsfeld donné par le Maréchal de Créqui : *Paris*, 1678, *in*-4. Particularités de ce Combat : *Paris*, 1678, *in*-4.

24133. Le Combat donné près de Mons par le Maréchal de Luxembourg : *Paris*, 1678, *in*-4.

24134. ☞ Mſ. Lettre touchant le Siége de Gand : 17 pages.

Elle eſt conſervée dans la Bibliothèque de M. Fevret de Fontette, Conſeiller au Parlement de Dijon.]

24135. I ſucceſſi della Guerra, nell'anno 1678 : *in Parigi*, Ribou, 1678, *in*-4.

Le même Livre traduit en François par l'Auteur, & publié ſous ce titre : « La dernière » Campagne du Roi en Flandres juſqu'à la » Paix, & le ſuccès de ſes armes en Allemagne : *Paris*, Ribou, 1679, *in*-12.

Jean-Baptiſte PRIMI Viſconti, Comte de Saint-Majole, eſt l'Auteur de cette Hiſtoire : il eſt mort en 1714.

24136. ☞ Les fauſſes démarches de la France, ſur la Négociation de la Paix : 1678, *in*-12.]

24137. Relation de la Campagne de Flandres, en 1678, & en Allemagne juſqu'à la Paix ; par D. C. *Paris*, Quinet, 1679, *in*-12. 2 vol.

Ces lettres initiales D. C. ſignifient DE CAISSERI

24138. Relation de ce qui s'eſt paſſé en Catalogne, depuis 1671 juſqu'en 1678 : *Paris*, Quinet, 1678, *in*-12.

24139. Mſ. Recueil de pluſieurs Lettres écrites à M. Portail, Chirurgien, par des Officiers des Armées du Roi, contenant ce qui s'eſt paſſé pendant les années 1674 ; juſques & y compris l'année 1678 : *in*-4. 10 vol.

Ce Recueil eſt conſervé dans la Bibliothèque de M. le Chancelier d'Agueſſeau.

24140. Ludovici Magni Res terrâ marique geſtæ Bellis Hiſpanico tertio, Germanico ſecundo, Bataviço unico ævi poſterorumque ſcitu digniores, Elogii ſtylo concinnatæ, ab anno 1672, ad annum 1678 ; auctore Michaële Angelo DE WOERDEN : *Pariſiis*, *in*-fol.

24141. ☞ Caroli RUÆI, Societatis Jeſu, pro confecto feliciter bello Panegyricus, Ludovico Magno dictus : *Pariſiis*, Bénard, 1678, *in*-12.]

24142. Le Mercure Hollandois, ou les Conquêtes du Roi en Hollande, en Franche-Comté, en Allemagne, en Catalogne, & généralement de ce qui s'eſt paſſé dans l'Europe pendant la Guerre, depuis l'an 1672 juſqu'à la fin de 1679 ; par Pierre LOUVET de Beauvais, Docteur en Médecine & Hiſtoriographe de Son Alteſſe Royale de Dombes: *Lyon*, Baritel, 1673-1680, *in*-12. 10 vol.

☞ Le Tome I. contient l'Hiſtoire de la Républiqueˆdes Provinces-Unies des Pays-Bas, depuis l'an 1566 juſqu'en 1671.

Tome II. Les Conquêtes du Roi Louis XIV. ſur les Provinces-Unies, en 1672 & 1673.

Tome III. La Marche des Troupes Françoiſes dans l'Allemagne, depuis la priſe de Maeſtricht & la réduction de l'Alſace; avec la Conquête de la Franche-Comté en 1673 & 1674. Enſemble un Abrégé de l'Hiſtoire de la Franche-Comté, depuis l'an 1100 juſqu'en 1668.

Tome IV. Les avantages remportés ſur les Impériaux, les Eſpagnols & les Hollandois, dans l'Allemagne, en Sicile, dans la Catalogne & aux Pays-Bas, en 1674, 1675 & 1676.

Tome V. Ce qui s'eſt paſſé de plus conſidérable dans les Pays-Bas, en Alſace & ſur la Méditerranée, &c. en 1676 & 1677, avec un Recueil des Actions ſolemnelles, des Naiſſances, des Mariages & des Morts illuſtres, &c. arrivées durant le même temps.

Tome VI. La ſuite de l'Hiſtoire contenue au Tome précédent, juſqu'à la fin de 1677.

Tomes VII. & VIII. La ſuite, pendant l'année 1678.

Tome IX. La ſuite, pendant l'année 1679, avec un Recueil des Actions ſolemnelles, Mariages, Naiſſances & Morts, &c. comme auſſi le Mariage de M. le Dauphin en 1680.

Dans le premier Volume, l'Auteur place une idée de l'état ancien des dix-ſept Provinces & de leurs premiers Seigneurs, juſqu'en 1566, que la hauteur des Eſpagnols en fit révolter une partie, qui ſe fortifia tellement, qu'elle forma ce qu'on nomme à préſent la République de Hollande. On voit enſuite ſes progrès, juſqu'en 1672, que Louis XIV. lui déclara la guerre, & la réduiſit à l'extrémité. Il paroît d'abord que le but de l'Auteur n'étoit que de parler de cette ſeule Expédition: cependant comme elle entraîna un embraſement général, il détaille les différentes manœuvres des Puiſſances qui y entrèrent. Il fait quelquefois des digreſſions aſſez curieuſes ; & il s'étend fort aux louanges du Roi, en même-temps qu'il traite fort mal les Hollandois. On peut voir ce qui en eſt dit dans la *Méth. hiſt.* de Lenglet, *in*-4. tom. *IV. pag.*152.]

24143. ☞ Le Mercure Hollandois, contenant les choſes les plus remarquables de toute la Terre, arrivées en l'an 1672 & ſuivans, ſur tout dans les Guerres de France, Angleterre & Hollande: *Amſterdam*, 1678 *& ſuiv. in*-12. 13 vol. avec figures.

Cet autre Mercure, tout différent du précédent, contient treize années, dont chacune occupe un Volume, depuis le commencement de 1672 juſqu'à la fin de 1684. On prend ſouvent cet Ouvrage pour celui qui précède. Celui-ci eſt un Journal de tout ce qui s'eſt paſſé depuis 1672 dans la Hollande & le reſte de l'Europe. Autant M. Louvet a tâché d'exalter le Roi & ſes vertus, autant ce Nouvelliſte veut le faire paſſer pour un Prince cruel, ſans probité & ſans foi. Les Etats de Hollande ſont, ſelon lui, un modèle de ſageſſe & de modération, & le Prince d'Orange un Héros comparable aux plus grands qui aient jamais été.]

24144. ☞ Mémoires très-fidèles & très-exacts des Expéditions militaires qui ſe ſont faites en Allemagne, en Hollande & ailleurs, depuis le Traité d'Aix-la-Chapelle (en 1668) juſqu'à celui de Nimégue (en 1678) auxquels on a joint la Relation de la Bataille de Senef, par M. le Prince, (en 1674) & quelques autres Mémoires ſur les

Tome II.

principales Actions qui ſe ſont paſſées pendant cette Guerre, (telle que la Campagne du Vicomte de Turenne en 1674, le Combat de Tabago par le Comte d'Eſtrées, la Bataille de Mont-Caſſel décrite par un Mouſquetaire, &c.) 1734, *in*-12. 2 vol.

L'Officier qui a écrit ces Mémoires paroît être un homme qui a l'uſage du monde, qui parle bien & qui écrit comme il parle. On peut voir le *Journal de Verdun, Avril* 1734.]

24145. ☞ La Deviſe du Roi juſtifiée; par le Père (Claude-François) MENESTRIER, Jéſuite; avec un Recueil de 500 Deviſes faites pour Sa Majeſté & toute la Famille Royale: *Paris*, 1679, *in*-4.]

24146. Mémoires hiſtoriques de ce qui s'eſt paſſé de plus remarquable en Europe, depuis l'an 1672 juſqu'en 1679, tant aux Guerres contre les Hollandois, qu'à la Paix de Nimégue; par M. D. *Paris*, 1692, [1693] *in*-12. 2 vol.

Marie-Catherine de Jumel de Berneville, Comteſſe d'AUNOY, morte en 1705, a compoſé ces Mémoires.

24147. Mémoires de tout ce qui s'eſt paſſé dans la Chrétienté, depuis le commencement de la Guerre, en 1672, juſqu'à la concluſion de la Paix, en 1679, traduits de l'Anglois du Chevalier TEMPLE: *La Haye*, 1692, 1694: *Utrecht*, 1707, *in*-12.

Guillaume Temple eſt mort en 1699. On trouve dans ſes Mémoires bien des choſes particulières, parcequ'il avoit été long-temps employé dans les Ambaſſades en Hollande.

☞ *Voyez* le *Journal de Leipſick*, 1693, *pag.* 32. = Lenglet, *in*-4. tom. *III. pag.* 422 : tom. *IV. pag.* 153. = Le Père Niceron, tom. *XIII. pag.* 169. = *Hiſt. des Ouvr. des Sçav. Févr.* 1691. = *Biblioth. univ. & hiſtor.* tom. *XXII. pag.* 313. = *République des Lettr.* de Bernard, *Octobre* 1699, *& Novembre* 1700.]

24148. ☞ Réponſe du Chevalier Temple au Libelle intitulé, *Lettre de M. du Cros, &c. à Milord*, &c. contre ſes Mémoires: *La Haye*, 1693, *in*-12.]

24149. ☞ Nouveaux Mémoires du Chevalier (Guillaume) TEMPLE, depuis la Paix de Nimégue juſqu'à ſa retraite: *La Haye*, 1729, *in*-12.]

24150. ☞ Hiſtoire de Louis XIV. depuis la mort du Cardinal Mazarin en 1661, juſqu'à la Paix de Nimégue en 1678; par M. (Paul Fontanier) PELISSON: *Paris*, 1749, *in*-12, 3 vol.

L'Auteur eſt mort en 1693. Cette Edition a été donnée par l'Abbé Jean-Baptiſte le Maſcrier. On en avoit parlé comme manuſcrite dans le XVIIᵉ *Journal des Sçavans de* 1693, *pag.* 209.]

24151. ☞ Panégyrique de Louis XIV, par M. CHARPENTIER en 1679: *in*-4. & *in*-12.]

24152. Ludovici Magni Galliarum Regis, elucubratio anagrammatica-hiſtorica; à P. Gaſparo LAUGIER, Minimorum alumno (cum Symbolis heroicis) *Aquis-Sextiis*, Marchy, 1679, *in*-4.]

Eeee 2

24153. Mémoires de Gaspar, Comte DE CHAVAGNAC, Maréchal de Camp des Armées du Roi, & Lieutenant-Général de l'Empereur, & son Ambassadeur en Pologne: *Besançon*, 1699: *Paris*, 1700: *Amsterdam*, Malherbe, 1700, *in*-12. 2 vol.

Ces Mémoires sont corrigés dans l'Edition de Paris; ils contiennent ce qui s'est passé de plus considérable depuis l'an 1624 jusqu'en 1679. Car l'Auteur ne dit qu'un mot de la prise de Strasbourg, en 1681, & de la mort du Maréchal de Luxembourg, en 1695.

« Celui qui a fait ces Mémoires, est son propre pa-
» négyriste éternellement. Il se donne pour l'auteur de
» tous les conseils qui font réussir les entreprises. Si
» quelqu'un ne réussit pas, c'est à cause qu'on ne l'a pas
» voulu croire; il seroit arrivé de grands inconvéniens,
» s'il n'y eût remédié. Il se charge des exécutions les
» plus hardies & les plus pénibles, & il en vient à bout.
» En un mot, sans lui tout va mal; avec lui tout va
» bien ». Pierre Bayle, dans son *Dictionnaire*, sous le nom de *Souche*, Note E.

« L'Auteur de ces Mémoires est un Gentilhomme
» Gascon, qui a porté les armes pour le service de
» Louis XIII. & de Louis XIV. pendant quarante-cinq
» ans sans discontinuer. Il raconte assez naïvement ce
» qui lui est arrivé; & s'il n'avoit pas eu le soin de dire,
» En plus d'un lieu qu'il étoit Gascon, on en auroit pu
» connoître le caractère dans son Livre ». Le Clerc, Article XII. de sa *Bibliothèque universelle* de l'année 1699.

» Cet Auteur n'étoit rien moins qu'habile Ecrivain.
» Il y a cependant bien des choses curieuses dans ses
» Mémoires sur les dernières Guerres civiles de France,
» sur celle qui commença en 1672, & qui ne finit qu'à
» la Paix de Nimègue, & sur les Négociations de l'Auteur pour faire élire Roi de Pologne le dernier Duc
» de Lorraine, à qui il étoit entièrement dévoué ». Bernard, Article II. des *Nouvelles de la République des Lettres*, Juillet 1701.

On peut voir encore, la *Méth. hist.* de Lenglet, *in*-4. tom. IV. pag. 153.]

24154. Historia delle Guerre d'Europa, dall' anno 1643, in sino all'anno 1680, da Pietro GAZZOTTI: *in Venetia*, 1681, *in*-4.

C'est proprement l'Histoire des Guerres entre la France & la Maison d'Autriche.

24155. Theatri Europæi tomus primus & secundus, ab anno 1617, ad annum 1633, per Joannem-Philippum ABELINUM: *Francofurti*, 1632-1636, *in-fol.* 2 vol. Tomus tertius & quartus, ab anno 1633, ad annum 1643; per Henricum ORÆUM: *Ibid.* 1639-1644, *in-fol.* Tomus quintus, ab anno 1643, ad annum 1647; per Joannem-Philippum ABELINUM: *Ibid.* 1651, *in-fol.* Tomus sextus & septimus, ab anno 1647, ad annum 1657; per Georgium SCHLEDERUM: *Ibid.* 1663, *in-fol.* 2 vol. Tomus octavus & nonus, ab anno 1657, ad annum 1665; per Martinum MAYER: *Ibid.* 1667-1672, *in-fol.* 2 vol. Tomus decimus & undecimus, ab anno 1665, ad annum 1680; per Wolfgangum Jacobum GEIGER: *Ibid.* 1677-1682, *in-fol.* 2 vol.

24156. Diverses Harangues, contenant par abrégé, l'Histoire des dernières Guerres, prononcées à la Cour, par le fils de Guibert DE BEAUVAL, communément appellé le Petit Prédicateur de M. le Dauphin; avec l'Eloge de M. de Turenne; par TAUPINART DE TILLIERES: *Paris*, 1680, *in*-4.]

24157. Panégyrique & Harangues à la louange du Roi; par l'Académie Françoise: *Paris*, 1680, *in*-8.]

24158. Le Triomphe de la gloire, ou les dernières Conquêtes de Louis le Grand; par DE CAISSEL: *Paris*, Delaune, 1682, *in*-12.

24159. Louis le Grand, Panégyrique; par François FAURE, Evêque d'Amiens: *Paris*, Muguet, 1680, *in*-4.

Cet Evêque est mort en 1687. Son Panégyrique contient en abrégé les choses les plus considérables du Règne de Louis XIV.

24160. Sentiment d'un Particulier, sur l'Ecrit qui a paru touchant l'Alliance de la France: 1680, *in*-12.]

24161. Adriani VALESII Oratio de laudibus Ludovici Adeodati, Regis Christianissimi; quod ejus munificentiâ Litteræ sunt restitutæ: *in*-4.]

24162. Journal du Voyage du Roi en Flandres: 1680, *in*-12.

24163. La Fama gelosa della Fortuna, Panegirico sopra la Nascita, Vita, Attioni, Governo, Progressi, Vittorie, Glorie e Fortune di Luigi el Grande; da Gregorio LETI, Milanese: *in Gex*, 1680, *in*-4.

C'est un Panégyrique présenté au Roi, par l'Auteur, qui est mort en 1701. (Voyez *Merc. Juillet*, 1680.)

24164. La France auguste, en abrégé; par DAMOND: *Utrecht*, 1681, *in*-12.]

24165. Requête au Roi, & Mémoire de M. DE FIESQUE, pour ses prétentions contre la République de Gênes; 1681, *in*-4. de 38 pages.]

24166. Combat donné par M. du Quesne, Lieutenant Général des Armées navales du Roi, contre huit Vaisseaux de Tripoli, dans le Port de Chio, le 23 Juillet: *Paris*, 1681, *in*-4.

24167. Relation des particularités de l'Audience que le Grand Visir a donnée au Sieur de Guilleragues, Ambassadeur du Roi à Constantinople, au sujet du Combat de Chio: *Paris*, 1682, *in*-4. Suite des Négociations du Sieur de Guilleragues: *Paris*, 1682, *in*-4.

24168. Relation véritable de ce qui s'est passé à Constantinople, avec M. de Guilleragues, Ambassadeur de France: *Chio*, 1682, *in*-12.

Relation de ce qui s'est passé à Constantinople, avec M. de Guilleragues, où on montre les bévues de la Gazette de Paris: 1682, *in*-12.

C'est apparemment la même que le N°. précédent.]

Règne de Louis XIV. 1682.

24169. Mſ. Lettre ſervant de Réponſe au Libelle intitulé: *Relation véritable de ce qui s'eſt paſſé à Conſtantinople*, &c.

Cette Lettre [étoit] conſervée dans la Bibliothèque de M. l'Abbé d'Eſtrées, [aujourd'hui à S. Germain-des-Prés.]

24170. Lettre d'un Officier du Grand Viſir à un Bacha, ſur l'Expédition de M. du Queſne à Chio, & la Négociation de M. de Guilleragues: *Villefranche*, 1683, *in*-12.

24171. ☞ La Mémoire éternisée de Louis le Grand; par Jean-Baptiſte de Saint-Yriey DES MARINES: *Toloſe*, Leblois, 1682, *in*-12.]

24172. ☞ Les Déſordres des Pays-Bas, cauſés par la France: *Amſterdam*, Vandick, 1683, *in*-12.]

24173. ☞ Les Incendies infernaux, ou Deſcription en forme de Lettre, de l'entrepriſe du Maréchal de Créquy, ſur la Ville de Luxembourg: *Cologne*, 1683, *in*-12.]

24174. ☞ Abrégé du deſſein Ottoman ſur la Chrétienté, par la France ſuſcité & fomenté: 1683, *in*-12.]

24175. ☞ Lettre où l'on voit les pratiques & menées ſecretes des François avec les Turcs, & les Hongrois rébelles, &c. *Ratisbonne*, 1683, *in*-12.]

24176. ☞ Paſquinades: *in*-12.]

☞ Paſquini & Marforii curioſæ interlocutiones, &c. anno 1683.]

24177. ☞ Le Piquet de l'Europe: *in*-12.]

24178. ☞ Réflexions ſur le Portrait de Louis XIV. par LE MARESCHAL: *Paris*, 1682, *in*-12.]

24179. Mémoires de Louis Henri DE LOMÉNIE, Comte de Brienne, ci-devant Secrétaire d'Etat, contenant pluſieurs particularités importantes & curieuſes, tant des Affaires & Négociations étrangères, que dans le Royaume, qui ont paſſé par ſes mains, auſſi-bien que des Intrigues ſecretes du Cabinet, dont il a eu connoiſſance depuis l'an 1643 juſqu'en 1682, incluſivement: [*Amſterdam*, 1720, *in*-12. 2 vol.]

☞ Le Père le Long les indiquoit comme Manuſcrits, & diſoit que M. de Brienne les avoit dreſſés étant enfermé à S. Lazare.]

24180. L'Eſpion dans les Cours des Princes Chrétiens, ou Lettres & Mémoires d'un Envoyé ſecret de la Porte dans les Cours de l'Europe, où l'on voit les découvertes qu'il a faites dans toutes les Cours où il s'eſt trouvé: *Cologne*, (*Paris*), 1696, 1700, *in*-12. 2 vol. *Cologne*, Kinchius, (*Paris*), 1697, *in*-12. 6 vol. Nouvelle Edition d'un plus gros caractère: *Cologne*, Kinchius, (*Rouen*), 1710, *in*-12. 6 vol.

Ce Livre a été d'abord publié ſous ce titre: *L'Eſpion du Grand Seigneur, & ſes Relations ſecrettes envoyées au Divan de Conſtantinople, & découvertes à Paris, pendant le Règne de Louis le Grand: Paris*, Barbin, 1684, & *Amſterdam*, des Bordes, 1684, *in*-12. Bayle en parla auſſi-tôt ainſi: « Cet Ouvrage a été contrefait » à Amſterdam, du conſentement du Libraire de Paris, » qui l'a le premier imprimé. Il ſera compoſé de pluſieurs petits volumes, qui contiendront les événemens » les plus conſidérables de la Chrétienté en général, & » de la France en particulier, depuis l'an 1637 juſqu'en » 1682. Un Italien, natif de Gènes, nommé (Jean-» Paul) MARANA, donne ces Relations pour des Lettres » écrites aux Miniſtres de la Porte, par un Eſpion Turc, » qui ſe tenoit caché à Paris. Il prétend les avoir traduites de l'Arabe en Italien, & il raconte fort au » long comment il les a trouvées. On ſoupçonne avec » beaucoup d'apparence, que c'eſt un tour d'eſprit Italien » & une fiction ingénieuſe........ On croit donc que le » Sieur Marana n'a point d'autre deſſein que de faire » l'éloge de Sa Majeſté Très-Chrétienne, &c. » Bayle, *pag*. 90 de ſes *Nouvelles de la République des Lettres*, Mars, 1684. Le ſecond & troiſième Tome parurent à Paris: Barbin, 1686, *in*-12.

☞ Les trois premiers Volumes valent beaucoup mieux que les trois ſuivans.]

Marana eſt mort en 1693.

☞ Selon le P. le Long, il mourut à Paris; cela n'eſt pas exact, car il avoit quitté la France dès 1689, & s'étoit retiré en Italie. M. Dreux du Radier, au *Journal de Verdun*, Octobre 1754, cite pour preuve la Préface d'un autre Livre du même Auteur, imprimé en 1696, ſous le titre d'*Entretiens d'un Philoſophe avec un Solitaire, ſur pluſieurs matières de Morale & d'Erudition*, & une Note du Catalogue manuſcrit de la Bibliothèque du Roi.]

L'Ouvrage de Marana doit être mis au nombre des ſuppoſés. L'Eſpion Turc, ſous le nom duquel il le publie, eſt appellé MEHEMET au bas de ſon Eſtampe, où il eſt repréſenté avec le petit collet d'Abbé. On ſuppoſe que cet Eſpion écrit en Arabe au Grand-Seigneur, à ſes Miniſtres, à ſa propre famille & à ſes amis en particulier, & leur mande tout ce qui ſe paſſe, ſoit à Paris, où il a demeuré 45 ans, ſoit dans les principales Cours de l'Europe, où il entretenoit des correſpondances. Le Grand-Seigneur, dit-on dans la Préface, l'avoit envoyé à Paris pour y obſerver les mouvemens de ces Cours, ſur-tout de celle de la France. La manière dont on débite la découverte de ces Mémoires, traduits d'abord d'Arabe en Italien, de l'Italien en Anglois, & de l'Anglois en François, avec un grand nombre d'Editions dans toutes ces Langues, tout cela jette un merveilleux dans l'eſprit du Lecteur, qui excite à ſatisfaire ſa curioſité.

Mais rien n'eſt plus aſſuré que les ſoupçons de M. Bayle. Ce n'eſt qu'un Roman que cet Ouvrage, inventé à plaiſir pour lui donner du relief. L'Auteur n'eſt rien moins qu'un Turc, quoiqu'il le contrefaſſe aſſez bien. Il a rendu ſa fiction vraiſemblable, par les circonſtances dont il remplit ſes récits, & par-là il ſe donne la liberté de dire ce qu'il penſe. Il eſt vrai qu'il rapporte bien des choſes curieuſes, qui doivent néanmoins être lues avec précaution, & qu'on ne doit croire que ſur l'autorité d'un meilleur garant. Ces Lettres, au reſte, ſont une Hiſtoire aſſez ſuivie des temps où elles ſont écrites. L'Auteur les varie avec diſcernement, ſelon les perſonnes à qui il feint qu'il les écrit; le ſtyle en eſt aſſez vif, quoique la diction ne ſoit pas toujours exacte. Enfin, pour bien connoître le caractère de cet Ouvrage, il ſuffit de lire cet Extrait du commencement de la Préface particulière du premier Tome.

« Ceux qui liſent, y dit-on, avec diſcernement, » jugent d'un Livre par lui-même, & pourvu qu'ils le » trouvent bon, ils ne ſe mettent guères en peine de » ſçavoir, ni par qui il a été compoſé, ni de quelle » manière il eſt ſorti des mains de l'Auteur. Que ce ſoit » une fiction ou une vérité: qu'importe? La raiſon n'eſt » elle pas de tous les temps & de tous les Pays? Un Ouvrage le bon livre, & règne par-tout: que » faut-il de plus pour le rendre recommandable? »

Après un ſemblable aveu, où l'Auteur paroît donner

Liv. III. *Histoire Politique de France.*

à découvert une véritable idée de son Ouvrage, il étoit assez inutile de feindre tout ce qui suit dans cette Préface, & dont on a rapporté ci-devant le précis. On pourroit bien même avancer, sans beaucoup se commettre, que le détail de toutes les Editions & de toutes les Versions qu'on y marque, n'est pas plus assuré que le reste. La première Edition, supposée faite à Cologne, qui est d'un mauvais caractère, est de Paris; & la seconde, de Rouen.

☞ On peut voir sur cet Ouvrage, *Républiq. des Lett. Mars*, 1686. = *Journ. histor. Oct.* 1724, *Sept.* 1754. = Lenglet, *in-*4. *tom. IV. p.* 152. = *Biblioth. des Rom. tom. II. pag.* 84. = *Lett. sérit.& bad. tom. VI. pag.* 105. = *Carpenter. pag.* 29.]

24181. Mémoires contenant divers événemens remarquables arrivés sous le Règne de Louis le Grand, l'état où étoit la France, lors de la mort de Louis XIII. & celui où elle est à présent: *Cologne*, P. Marteau, (*La Haye*, Van-Bulderen), 1683, *in-*12.

« Gatien DE COURTILZ, Auteur de ce petit Livre, se propose de louer le Roi Très-Chrétien, d'une manière qui ne sent pas la déclamation; pour cet effet, il compare l'état où est à présent la France, avec l'état où elle a été sous le Ministère du Cardinal Mazarin.... On voit bien qu'il a pour but de louer trois personnes en même temps, le Roi, M. Colbert & M. de Louvois ». Il y a des Anachronismes dans cette Histoire, & l'Auteur y mêle diverses intrigues politiques & amoureuses.

☞ On peut voir à son sujet, la *Répub. des Lettr. Mars*, 1684. = Le Père Niceron, *tom. II. pag.* 169. = *La Biblioth. des Romans, tom. II. pag.* 90.]

24182. Testament politique de Jean-Baptiste Colbert, Ministre d'Etat, où l'on voit ce qui s'est passé sous le Règne de Louis le Grand, jusqu'en 1683; avec des Remarques sur le Gouvernement du Royaume: *La Haye*, Van-Bulderen, 1694, *in-*12.

Ce Ministre est mort en 1683. Son Testament est une mauvaise copie d'un excellent original; c'est-à-dire, que l'Auteur, qui est le même que celui du Livre précédent, a mal imité le *Testament politique du Cardinal de Richelieu.*

☞ Voyez *Hist. des Ouvr. des Sçav. Juin* 1693. = Le P. Niceron, *tom. II. pag.* 174.]

24183. ☞ Eloge de M. Colbert.

Il est imprimé dans le *Journal des Sçavans*, 3 Mai 1683.]

24184. Vie de Jean-Baptiste Colbert, Ministre d'Etat sous Louis XIV. *Cologne*, 1695, *in-*12.

Libelle plein d'injures & de faussetés. Bayle écrit que l'Auteur de ce Livre est le même qui a fait le *Testament politique de M. de Louvois*. Voyez la Note ci-après, sur le *Testament de M. de Louvois*, à l'année 1691.

24185. ☞ Vie du même; par M. D'AUVIGNY.

Cette Vie intéressante, & bien capable de faire voir le caractère de M. Colbert, & combien la France lui a d'obligations, est imprimée parmi les *Vies des Hommes Illustres de France, tom. V. pag.* 249 : *Paris*, 1739, *in-*12.]

24186. Ms. ☞ Mémoires de Charles PERRAULT, de l'Académie Françoise, (depuis 1662 jusqu'en 1683), contenant beaucoup de particularités.]

24187. ☞ Cinquante devises pour M. Colbert, Ministre d'Etat; inventées & mises en Vers; par le Président DE SILVECANE: *Lyon*, Canier, 1683, *in-*4. avec fig. en taille douce.]

24188. Mémoires pour servir à l'Histoire de Louis le Grand: *Paris*, Jollet, 1697-1703, *in-fol.* 10 vol.

L'Auteur de ces Mémoires se nommoit Jean d'Auneau, Sieur DE VISÉ; c'est le même qui a composé, pendant une longue suite d'années, le *Mercure Galant*. Ses Mémoires ne contiennent guères que les Eloges qu'il a répandus en tant d'endroits dans son *Mercure*; ils commencent en 1638, & finissent en 1688. De Visé est mort en 1710.

☞ Ces Mémoires sont imprimés d'un si gros caractère, que les dix Volumes n'en feroient qu'un de caractère ordinaire. On peut voir à leur sujet, la *Méth. histor.* de Lenglet, *in-*4. *tom. IV. pag.* 134. = *Hist. critiq. des Journ. part. II. pag.* 215. = *Bibliog. instructive, Histoire, tom. II. pag.* 127.]

24189. Mémoires du Duc DE NAVAILLE & de la Valette, Pair & Maréchal de France, contenant ce qui s'est passé depuis l'an 1635 jusqu'en 1683 : *Paris*, Barbin, 1691: *Paris, & Amsterdam*, 1701, [1702], *in-*12.

Philippe de Montault de Bonac, Maréchal de Navaille, est mort en 1689. « Ses Mémoires sont bien écrits & se font lire. On y sent le style d'un homme de qualité, qui sans affectation & même sans art, parle avec politesse & avec élégance, & donne un tour également naturel & noble à tout ce qu'il dit ». *Mémoires de Trévoux, Mars* 1701, *pag.* 1708. Mais on n'y apprend pas grande chose.

☞ Voyez encore, *Méth. histor.* de Lenglet, *in-*4. *t. IV. p.* 153. = *Répub. des Lett.* de Bernard, *Juin* 1701.]

24190. Relation de ce qui s'est passé à l'attaque de la Ville d'Alger, par le Sieur du Quesne, Lieutenant Général des Armées du Roi, au mois de Juin 1683 : *Paris*, 1683, *in-*4.

24191. ☞ Relation de ce que le Roi a fait de mémorable contre les Corsaires de Barbarie; par François PETIS DE LA CROIX: *Lyon*, Amaulry, 1688.

Cette Histoire est imprimée avec la *Relation universelle de l'Afrique ancienne & moderne*, du même Auteur: *in-*12. 4 vol.]

24192. Relation de ce qui s'est passé dans les Négociations de la Paix conclue par le Chevalier de Tourville, avec le Bacha & Milice d'Alger: *Paris*, 1683, *in-*4.

24193. ☞ Lettre touchant l'expédition de M. du Quesne à Chio: *Villefranche*, 1683, *in-*12.]

24194. ☞ La Source véritable de la grandeur de France; l'Empire en danger de choir, & la Hollande sur le point de sa perte, par une Paix mal concertée; par Polydore DE WARMOND: 1683, *in-*4.]

24195. ☞ Testament du Cardinal Jules Mazarin : (*Hollande*), 1683, *in-*12.

Les six premiers Chapitres de ce prétendu Testament, contiennent des réflexions libres, adressées à Louis XIV. sur les événemens de son Règne, depuis son avènement à la Couronne jusqu'en 1684. Les dix derniers, qui ont beaucoup moins d'étendue, contiennent des pré-

Règne de Louis XIV. 1683.

ceptes sur le Gouvernement de son Etat, relativement à toutes les parties qui le composent. On peut voir à ce sujet, le *Journal de Verdun, Mars, 1708.*]

24196. ☞ Ms. Réponse d'un Officier de l'Armée de l'Empereur à un Général Espagnol, contenant le détail des actions de la Campagne de 1683 : *in-4.*

Cette Réponse se trouve indiquée au num. 15875 du *Catalogue d'Estrées.*]

24197. ☞ Enttetien d'un François & d'un Hollandois, sur les Affaires du temps : *Cologne, le Jeune, 1683, in-12.*]

24198. Successi e evenimenti dell'Europa, durante il Regno di Luigi XIV. Ré di Francia, dall'anno 1638 sino all'anno 1684; scritti da Gregorio LETI, Milanese : *in Amsterdam, 1686, in-4.* 3 vol.

«On verra dans cette Histoire des choses particuliè-»res & inconnues jusqu'ici au public. Entre autres per-»sonnes, il y a deux Ministres d'Etat d'une grande »expérience, qui communiquent à M. Léti les Mé-»moires de ce qu'ils sçavent de meilleur. On ne doute »pas qu'il ne les mette en œuvre à sa manière, c'est-»à-dire, sans oublier le mal & le bien ». Bayle, *Nouvelles de la République des Lettres, Avril 1686, pag. 468.* il y a de bons connoisseurs qui mettent cet Auteur dans la même classe où ils placent Varillas.

☞ *Voyez la Méth. hist. de Lenglet, in-4. tom. IV. pag. 132.*]

24199. ☞ Mémoires des Evénemens sous le Règne de Louis le Grand, en l'état où étoit la France à la mort de Louis XIII. *Cologne, 1684, in-12.*]

24200. Mémoires de M.L.C.D.R. contenant ce qui s'est passé de plus particulier sous le Ministère du Cardinal de Richelieu & du Cardinal Mazarin; avec plusieurs particularités du Règne de Louis le Grand : *Cologne, P. Marteau, 1687, in-12. La Haye, Van-Bulderen, 1688, 1693. Quatrième Edition, 1696, in-12.*

Les Lettres initiales signifient le Comte DE ROCHEFORT, sous le nom duquel Gatien DE COURTILZ s'est caché. « Jamais Livre du temps n'a peut-être été mieux »reçu que ces Mémoires. Il s'en est fait un grand nom-»bre d'Editions. C'est cependant un pur Roman histori-»que, & qui ne mérite pas la moindre créance. Il est »d'ailleurs très-bien écrit, & rempli d'Historiettes qui »sont narrées avec tout l'agrément possible. L'Auteur »de cet Ouvrage a écrit quantité d'autres Livres ». *Mémoires de Littérature, tom. I. pag. 145.* On voit ensuite la Liste des Ouvrages de de Courtilz, qui n'étoit pas de Champagne, comme on le dit dans cet Ouvrage, mais [né à Paris en 1644.] Il est mort en 1712. & non pas en 1713. Il avoit épousé en troisièmes nôces la veuve d'un Libraire. Il y a encore ici d'autres fautes qui viennent sans doute de celui qui a envoyé le Mémoire qui concerne de Courtilz.

☞ *Voyez sur celui de ses Ouvrages dont il est ici question, la Méth. hist. de Lenglet, tom. II. pag. 377.* = Le P. Niceron, *tom. II. pag. 173.* = *Mém. de Littér. de Sall. tom. I. pag. 194.* = Le Gendre, *tom. II. p. 76.* = Le *Véritable P. Joseph, tom. I. pag. 150.* = *Biblioth. des Romans, tom. II. pag. 89.*]

24201. ★ Jacobi DE LA BAUNE, Ludovico Magno liberalium Artium Patrono, Panegyricus : *Paris, Martin, 1684, in-12.*

24202. Journal du Siège de Luxembourg: *Paris, 1684, in-4.* Suite de ce Journal: *Paris, 1684, in-4.* Troisième Suite de ce Journal, avec les Articles de la Capitulation: *Paris, 1684, in-4.*

24203. Journal du Siège de Luxembourg: *Lyon, 1684, in-12.*

Jean d'Auneau, Sieur DE VIZÉ, est l'Auteur de ce Journal, qui fait un des Volumes de ses Extraordinaires.

24204. Journal contenant ce qui s'est passé devant Gènes : *Paris, 1684, in-4.*

24205. Relation de ce qui s'est passé devant Gènes, par l'Armée du Roi : *Lyon, 1684, in-12.*

Jean d'Auneau, Sieur DE VIZÉ, est aussi l'Auteur de cette Relation.

24206. ☞ Présens du Roi de Siam, envoyés au Roi de France par ses Mandarins (en 1684) : *in-4.*]

24207. ☞ Déduction des maximes de la France : *Anvers, 1684, in-12.*]

24208. Réflexions politiques sur les démarches de la Hollande, contre les attentats de la France : *1684, in-12.*]

24209. ☞ La France sans bornes : *Cologne, 1684, in-12.*]

24210. ☞ Advis contre les François, aux grands Seigneurs des Pays-Bas, (vers 1684): *in-12.*]

24211. ☞ Apologie des Armes du Roi Très-Chrétien, contre les Chrétiens, 1684, *in-12.*]

24212. ☞ Les Conquêtes amoureuses du grand Alcandre dans les Pays-Bas; avec les Intrigues de sa Cour; (par Gatien DE COURTILZ) : *1684, in-12.*]

24213. ☞ La France Sorcière, ou malignité inouie du Maréchal d'Humières & du Baron de Quincy, exercée sur la Ville d'Oudenarde, en 1684, *in-12.*]

24214. ☞ *Pater noster* de M. Colbert, mis en Vers burlesques : *Cologne, Marteau, 1684, in-12.*]

24215. ☞ Pasquini & Marfori curiosæ Interlocutiones super præsentem Orbis Christiani statum : 1684, *in-12.*]

24216. ☞ Mars Christianissimus (Hollande), 1684, *in-12.*]

Cet Ouvrage est en faveur de Louis XIV.]

24217. Le grand Sophy, nouvelle Allégorie: *Paris, Morel, 1685, in-12.*

Ce volume contient un Eloge historique de Louis XIV. depuis ses premières années. L'Auteur se nommoit DE PRECHAC; il a joint la Clef à la fin du Livre.

24218. Récit de ce qui s'est fait à Caën, le jour de la naissance du Roi, que la Ville avoit choisi pour élever une Statue à Sa Majesté : *Caën, 1685, in-4.*]

24219. ☞ Dialogo frà Genova & Algieri, città fulminate del Giove Gallico: *Amsterdamo*, Desbordes, 1685, *in-12.*]

☞ Dialogues de Gènes & d'Alger, Villes foudroyées par les armes invincibles de Louis le Grand, en 1684, avec plusieurs particularités historiques touchant le juste ressentiment de ce Monarque, & ses prétentions sur la Ville de Gènes, avec les Réponses des Génois: *Amsterdam*, Desbordes, 1685, *in-12.*

C'est la Traduction du précédent.

« MARANA, (qui est l'Auteur de ces Dialogues en Italien) suppose qu'Alger, dont il fait un personnage, devenue plus raisonnable par son malheur, donne à Gènes, qui est l'autre Interlocuteur, des conseils de sagesse, en proposant sa conduite pour modèle de celle que doit suivre Gènes, à qui elle conseille de s'humilier devant un Monarque offensé, & dont elle doit tout appréhender en résistant inutilement, ou tout espérer en se soumettant. Ce Dialogue est suivi d'une Relation du Bombardement de Gènes sous ce titre: *Lettera della Republica di Genova al Regno d'Algieri*. Elle est datée du 10 Septembre 1684, & elle fut traduite en François, ainsi que le Dialogue. C'est un Journal exact de cette fameuse Expédition, commençant au 12 Mai 1684, que l'Armée navale de France, sous les ordres du Marquis de Seignelay, descendit des côtes de Provence à Villefranche, & finissant au 28 du même mois, que notre Armée se retira en faisant volte vers la Provence ». M. Dreux du Radier, *Journal de Verdun*, 1754, Octobre, fait connoître les Ouvrages qui suivent.]

24220. ☞ Mss. Le più nobili azioni della Vita è Regno di Luigi il Grande dopo la sua minorità, contenute in molte Lettere, che l'Autore scrive alla sua Patria : 2 vol.

« Le but de l'Auteur, dans ces deux volumes de Lettres, qui sont au nombre de trente-six, (& que l'on trouve dans plusieurs Cabinets d'Italie,) étoit un Eloge historique de Louis XIV. & de son Règne : on peut même dire de la France, dont il fait valoir la splendeur par des détails curieux & intéressans, & par des récits circonstanciés de quantité de faits qui font honneur à la Nation & à son Roi. Il s'y trouve aussi des anecdotes intéressantes, & que je ne me souviens pas d'avoir lues ailleurs. On peut appeller ces Lettres le Siècle de Louis Le Grand ». *Le même.*]

24221. ☞ Les Evénemens les plus considérables du Règne de Louis le Grand, écrits en Italien par M. MARANA, & traduits en François (par M. François Pidou de Saint-Olon,) dédié à M. le Cardinal d'Estrées: *Paris*, Martin Jouvenel, 1688.

« Cet Ouvrage n'est qu'une espèce d'extrait du précédent. Il paroît, par un Avertissement au Lecteur, que l'Ouvrage fut composé en 1685 ». Lettre de M. Dreux du Radier, au *Journal de Verdun*, Octobre, 1754.]

24222. ☞ Articles accordés par le Roi à la République de Gènes : 1685, *in-4.*]

24223. Ludovici Magni, Francorum Imperatoris semper Augusti, victoriæ, gestorumque Series (versibus hexametris:) canente Ambrosio PLAYNE, Juris utriusque in Academia Parisiensi Doctore, & in supremo Senatu Patrono : *Parisiis*, Grou, 1686, *in-8.*

Ce Volume contient l'Histoire du Roi Louis XIV. en Vers hexamètres.

24224. ☞ Eloge de Louis XIV. ou Discours sur la proposition d'ériger une Statue équestre à Sa Majesté dans Marseille; prononcé dans la Salle de l'Hôtel de Ville, par M.° Marc-Antoine CHALUET, Avocat, de l'Académie Royale d'Arles, & Assesseur de Marseille : *Marseille*, Mesnier, 1685, *in-4.*]

24225. ☞ Le nouveau Panthéon, ou le Rapport des Divinités du Paganisme, des Héros de l'antiquité, & des Princes surnommés Grands, aux vertus & aux actions de Louis le Grand, avec des Inscriptions Latines & Françoises, en Vers & en Prose, pour l'Histoire du Roi, les revers de ses Médailles, les Monumens érigés à sa gloire, &c. par M. (Guyonnet) DE VERTRON, de l'Académie Royale (d'Aix), Historiographe de Sa Majesté: *Paris*, Morel, 1686, *in-12*, avec fig.]

24226. Histoire de la Vie & des Actions du Prince de Condé, & de ce qui s'est passé de plus considérable depuis 1640 jusqu'en 1686 ; par P. *Cologne*, (*Amsterdam*,) P. Marteau, 1693, *in-12.* Seconde Edition, revue, corrigée & augmentée par l'Auteur: *Cologne*, 1694, *in-12.* [Troisième Edition, revue, &c. *La Haye*, 1748 *in-4.*]

Pierre Bayle, dans sa *Lettre* 216, écrite à Pierre COSTE, natif d'Uzès & Protestant, le fait Auteur de cette Histoire, (& il me l'a avoué lui-même.) Elle est curieuse & écrite sensément ; l'Auteur s'est servi à propos des *Relations* imprimées, sur-tout de celles des *Campagnes de Rocroy & de Fribourg*, par M. de la Chapelle ; de l'*Histoire du Siège de Dunkerque*, par M. Sarrazin ; de la *Lettre du Roi sur la détention des Princes*, avec la *Réponse d'un Particulier*; & enfin de l'*Histoire de la dernière Guerre civile de Paris*, (en 1652,) tirée des *Mémoires de M. de la Rochefoucault*, qu'il a insérés dans son Ouvrage. La Seconde Edition est la meilleure. (Au reste cette Vie ne doit être considérée qu'à cause de ces Relations ; le reste étant peu de chose.) Le Prince de Condé est mort en 1686.

☞ *Voyez* la *Méth. hist.* de Lenglet, *in-4. tom. IV.* pag. 167. = *Journ. des Sçavans*, *Mai*, 1751. = *Lettres choisies* de Bayle, 1714, *tom. II, p. 830, Notes* 6 & 7.]

24227. ☞ Histoire de Louis de Bourbon, II° du nom, Prince de Condé, surnommé le Grand, ornée de Plans de Siéges & de Batailles; par M. DESORMEAUX: *Paris*, Saillant, &c. 1766 - 1768, *in-12.* 4 vol.

Cette Histoire est écrite d'une manière très-intéressante, aussi-bien que celle qui suit.]

24228. ☞ Vie du Prince de Condé ; par M. TURPIN.

C'est ce qui forme les Tomes XXIV. & XXV. des *Vies des Hommes illustres de France : Amsterdam & Paris*, 1766, *in-12.* On trouve à la fin plusieurs Lettres du grand Condé, où l'on peut dire qu'il se fait connoître parfaitement.]

24229. Description du Monument érigé à la gloire du Roi par le Maréchal de la Feuillade, avec les Inscriptions de tout l'Ouvrage

Règne de Louis XIV. 1688.

vrage: *Paris*, Mabre-Cramoify, 1686, *in*-4.

Ce Monument eft dans la Place des Victoires; ce fut François-Séraphin REGNIER DES MARAIS, qui en fit cette Defcription.

24230. ☞ Traité des Statues; par François LE MÉE: *Paris*, 1688, *in*-12.

Ce Traité a été fait à l'occafion de l'érection de la Statue du Roi dans la Place des Victoires. On trouve à la fin du Livre la Donation du Duc de la Feuillade pour l'entretien perpétuel de cette Statue.]

24231. Hiftoire du fiècle courant, depuis 1600 jufqu'en 1686; par (Claude-Bernard) DE CHASAN: *Paris*, Coignard, 1687, *in*-12.

Ce Gentilhomme Bourguignon eft mort en 1709, lorfqu'il travailloit encore à une nouvelle Edition de fon Ouvrage, qu'il avoit continué jufqu'à cette année. ☞ *Voyez* la *Bibliothèque des Auteurs de Bourgogne*, *pag.* 132.]

24232. Traits principaux de l'Hiftoire de Louis le Grand; par Michel-Ange Baron DE WOERDEN.

Ces Traits font imprimés avec fon *Journal hiftorique*: *Lille*, 1684-1686, *in*-8. 2 vol.

24233. De Bellis inter Auftriacos & Gallos Hiftoria, ad annum 1686 deducta; auctore Joanne Georgio LAYRIZ, Hiftoriæ facræ & civilis Profeffore: *Baruthi*, Gerardi, 1687, *in*-4.

24234. ☞ La Cour de France turbanifée, & les Trahifons démafquées; par M. L. B. D. E...E. *Cologne*, Matteau, 1686, *in*-12.]

24235. ☞ Les Dames dans leur naturel, ou la Galanterie fans façon, fous le Règne du grand Alcandre; (par Gatien DE COURTILZ:) 1686, *in*-12.]

24236. Relation de ce qui s'eft paffé à l'érection de la Statue du Roi à Poitiers, en 1687: *Poitiers*, 1687, *in*-4.

24237. Mf. Mémoires de Philibert DE LA MARE, Confeiller du Parlement de Dijon, contenant ce qui s'eft paffé depuis l'an 1673 jufqu'en 1687: *in-fol*. 9 vol.

Cet Auteur eft mort en 1687. Ses Mémoires font confervés à Dijon dans fa Bibliothèque, [qui eft chez fon petit-fils.]

☞ Ces Mémoires de M. de la Mare, [dont il y a auffi une Copie chez M. de Fontette, Confeiller au Parlement de Dijon,] ne font guères que des Mélanges de Littérature, tels que ceux de Vigneul-Marville, & autres pareils; & quoiqu'il y ait côté & d'autre quelques faits hiftoriques, il femble qu'ils ne devoient pas être placés dans la *Bibliothèque des Hiftoriens de France*, fi ce n'eft comme Mélanges.]

24238. ☞ Le Siècle de Louis le Grand, Poëme de Charles PERRAULT: *Paris*, Coignard, 1687, *in*-4. de 27 pages.]

24239. * Hiftoire de la Décadence de la France, prouvée par fa conduite: *Cologne*, 1687, *Liége*, 1689, *in*-12.

24240. ☞ Le Triomphe de la Religion fous Louis le Grand, repréfenté par des Infcriptions, &c. *Paris*, 1687, *in*-12.]
Tome II.

24241. Relation du Voyage du Roi à Luxembourg, au mois de Juin 1687: *Lyon*, 1687, *in*-12.

24242. Panégyrique hiftorique du Roi Louis XIV. par (François) DE CALLIERE, Secrétaire du Cabinet, (& Membre) de l'Académie Françoife: *Paris*, 1688, *in*-4.

Cet Auteur eft mort en 1717.

24243. ☞ Confidérations fur les Règnes de Henri IV. Louis XIII. & Louis XIV. *Cologne*, Marteau, 1688, *in*-12.]

☞ Remarques fur le Gouvernement du Royaume, durant les Règnes de Henri IV. de Louis XIII. & de Louis XIV. *Cologne*, 1688, *in*-12.

Il y a apparence que c'eft le même Ouvrage que le précédent.]

24244. La gloire de Louis le Grand dans les Miffions Étrangères; par l'Abbé Hébert DE ROCMONT: *Paris*, Couftelier, 1688, *in*-12.

24245. Manifefte du Roi Louis XIV. touchant les caufes de la Guerre, ou Mémoire des raifons qui ont obligé le Roi à reprendre les armes, du 24 Septembre 1688: *Paris*, 1688, *in*-4. *Châlons*, Seneufe, 1688: [*Dijon*, Michard, 1688, *in*-4.]

24246. Réponfe à ce Manifefte: (*en Hollande*,) 1688, *in*-12.

24247. Remarques fur la Déclaration de la Guerre que le Prince d'Orange fait fous le nom des Etats-Généraux à la France, &c. 1688, *in*-4.

24248. ☞ Lettre d'un Gentilhomme de Gueldres, à un de fes amis, fur les Affaires de Cologne & de Liége: 1688, *in*-12.

« L'Auteur femble avoir eu pour but de faire fentir » le grand pouvoir de la France, autant que d'éva- » porer fa bile contre le Pontife Romain ». C'eft le jugement qu'en porte de Limiers, dans fon *Hiftoire de Louis XIV. Livre X*. Mais ce qu'il en cite fuffit pour faire connoître qu'il eût parlé plus jufte, s'il eût dit que l'Auteur étoit auffi ennemi de la Cour de France que de celle de Rome.]

24249. Journal du Siége de Philifbourg: *Paris*, 1688, *in*-4.

24250. Journal de la Campagne de Monfeigneur en Allemagne, en 1688: *Paris*, 1688, *in*-12.

Louis Dauphin, fils du Roi Louis XIV. eft mort en 1711.

24251. ☞ Ode fur les commencemens des Conquêtes de M. le Dauphin, fur le Rhin, en Latin & en François: *Metz*, Colignon, 1688, *in*-4.]

24252. ☞ Mémoires de Mademoifelle DE MONTPENSIER, fille de M. Gafton d'Orléans, frère de Louis XIII. Roi de France: *Amfterdam*, Bernard, 1730, *in*-12. 6 tomes en 3 vol.

Ils commencent en 1634, & finiffent en 1688. On peut voir la *Bibliothèque raifonnée*, *tom. II. pag.* 375:

Ffff

tom. XIII. pag. 465 : *tom. XIV. pag.* 199. = *Siècle de Louis XIV. tom. II. pag.* 395. = *Obſerv. ſur les Ecrits modernes, Lettre XII.* = *Mém. de Trév. Juillet,* 1735, *pag.* 1330. = *Abrégé Chronolog. du Préſident Heſnaut, tom. II. année* 1693. La Princeſſe eſt morte cette même année.

Les mêmes, Nouvelle Edition, augmentée de quelques Lacunes, Lettres & Amours de Mademoiſelle de l'Iſle inviſible, de la Princeſſe de Paphlagonie, des Portraits, &c. *Amſterdam,* Weſtein, 1735 & 1746, *in-*12. 8 vol.]

24253. ☞ Lettre du Roi à M. le Cardinal d'Eſtrées, alors à Rome, écrite de Verſailles le 6 Septembre 1688 : *Paris,* Coignard, 1688, *in-*4.

Sa Majeſté s'y plaint du Pape, qui fait paroître trop ouvertement ſon inclination pour la Maiſon d'Autriche ; & il y détaille ſes ſujets de mécontentement.]

24254. ☞ L'Eſprit de la France & les Maximes de Louis XIV. découvertes à l'Europe, revu, corrigé & augmenté : 1688, *in-*12.

Il eſt inutile de dire que ce Livret vient d'un Auteur peu ami de la France & de ſon Roi ; il lui impute des maximes & des vues d'ambition, telles qu'on les a reprochées autrefois à l'Eſpagne & à Charles-Quint. Si on li croit, il n'y eut jamais Prince plus fourbe que Louis XIV. & plus habile à choiſir des Ambaſſadeurs d'auſſi mauvaiſe foi que lui. Il veut prouver que toutes les marques d'amitié que Sa Majeſté donne à ſes voiſins, ne ſont que des piéges pour uſurper leurs Etats, & qu'ils ne doivent jamais plus s'en défier, que lorſqu'il leur fait faire de plus grandes proteſtations de garder les anciens Traités. L'Auteur montre auſſi un peu d'humeur contre les Jéſuites.]

24255. ☞ Paſquinade (de M. (Euſtache) LE NOBLE,) ſur les Affaires du temps: *Rome,* 1688, *in-*12.]

24256. ☞ Proteſtation de M. le Marquis de Lavardin, Ambaſſadeur extraordinaire de France à Rome, avec l'Arrêt du Parlement, les Chambres aſſemblées, ſur la Bulle du Pape, concernant les franchiſes dans la Ville de Rome ; l'Ordonnance rendue en conſéquence, le 26 Décembre dernier, (1688) & l'Acte d'appel de M. le Procureur-Général au Concile, au ſujet de ladite Bulle du Pape : *Paris & Chaalons,* 1689, *in-*4.]

24257. ☞ Lettres ſur les matières du temps; (par DU BREUIL:) *Amſterdam,* Desbordes, 1688, 1689 & 1690, *in-*4. 2 vol.

Ce Recueil eſt compoſé de quatorze Lettres politiques autant qu'hiſtoriques. Les huit premières ſont de 1688. Elles ſont écrites d'Angleterre, & relatives principalement à ce qui regarde ce Royaume & celui de France. Il y eſt beaucoup parlé de l'affaire des Franchiſes, & du Diſcours de M. Talon à ce ſujet, un peu de la Régale, des Jéſuites, & des perſécutions contre ceux de la Religion Prétendue-Réformée. Ces Lettres, pour être complettes, doivent s'étendre juſqu'en Décembre 1690.]

24258. Campagne de Monſeigneur le Dauphin, ou la Priſe de Philiſbourg : *Lyon,* 1689, *in-*12.

24259. ☞ Relation du Siége de Mayence en 1689.

Cette Relation eſt à la ſuite de celle du Siége de Grave, de l'Edition de 1756, rapportée ci-deſſus, à l'année 1674, N.° 24043.]

24260. Relation du Combat donné par les Vaiſſeaux du Roi commandés par le Comte de Châteauregnault, contre la Flotte Angloiſe, le 10 Mai 1689 : *Paris,* 1689, *in-*4.

24261. Relation du Siége & de la Priſe du Château de Campredon en Catalogne: *Paris,* 1689, *in-*4.

24262. La Monarchie univerſelle de Louis XIV. où l'on voit en quoi elle conſiſte, traduite de l'Italien de Gregorio LETI : *Amſterdam,* Wolfgang, 1689, *in-*12. 2 vol.

Cet Auteur a écrit tantôt pour & tantôt contre le Roi, ſelon les vues d'intérêt qui le portoient à écrire.

☞ Le Tome I. contient la première Partie, où l'on montre en quoi conſiſte cette Monarchie ; par quels moyens elle s'eſt établie ; la néceſſité de la détruire; comment elle doit être détruite ; les malheurs dans leſquels l'Europe tomberoit, ſi on ne le faiſoit au plutôt; les moyens dont le Roi de France ſe ſert pour défendre & pour attaquer ; la différence que l'on doit mettre entre la Couronne de France & la Monarchie de Louis XIV. & par quelles raiſons on doit conſerver l'une & détruire l'autre. On trouve à la tête une prétendue juſtification de l'Auteur à l'égard de la France ; ce Morceau eſt aſſez ample.

Le Tome II. contient la ſeconde Partie, où l'on fait des obſervations particulières ſur l'état où étoient alors les Affaires de l'Europe ; ſçavoir ce qui concernoit l'Electorat de Cologne, les Franchiſes de Rome, la Guerre contre le Palatinat & contre la Hollande, & ce qui s'étoit paſſé depuis peu en Angleterre.

On peut voir ſur cet Ouvrage, la *Méth. hiſtor. de Lenglet, in-*4. *tom. IV. pag.* 133. = *Hiſt. des Ouvr. des Sçav. Mai,* 1689. = *Biblioth. univ. & hiſtor. tom. XIII. pag.* 499. = *Le P. Niceron, tom. II. pag.* 369.]

24263. L'Europe reſſuſcitée du tombeau de M. Leti, ou Réponſe à la Monarchie univerſelle de Louis XIV. par J. D. M. D. R. *Utrecht,* 1690, *in-*12.

24264. ☞ La France toujours ambitieuſe, & toujours perfide : *Ratisbonne,* 1689, *in-*12.]

24265. ☞ Le Prince aſſis ſur une Chaiſe dangereuſe, ou le Roi Très-Chrétien ſe confiant en un Jéſuite Confeſſeur, qui le trompe : *Cologne,* 1689, *in-*12.

On voit aſſez que c'eſt un Libelle contre le Père de la Chaiſe.]

24266. ☞ Sentimens véritables des Flamands, pour faire voir l'injuſtice de la Déclaration de Guerre du Roi de France contre Sa Majeſté (Catholique) & la juſtice de la contre-Déclaration du Marquis de Caſtanagua : *Bruxelles,* 1689, *in-*12.]

24267. ☞ Fecialis Gallus: 1689, *in-*12.]

24268. ☞ Giudizio della publica Nemeſi, ſu la ſcrittura Franceſe intitolata : Memoria delle raggioni ch'ann'obligato il Re à ripigliare le armi : *Baſilea,* 1689, *in-*12.

C'eſt une Réponſe au Manifeſte ci-deſſus, N.° 24245.]

24269. ☞ La Vérité Chrétienne à l'audience du Roi, donnée à Verſailles le 15 Juillet 1689, *in-12.*]

24270. ☞ La Chambre des Comptes d'Innocent XI. Dialogue entre S. Pierre & le Pape, à la porte du Paradis : *Villefranche*, 1689, petit *in-12.*

Piéce ſatyrique faite par un Proteſtant, relativement à ce qui s'eſt paſſé en France & dans le reſte de l'Europe.]

24271. ☞ La fauſſe Clef de tous les Cabinets des Princes de l'Europe, où tous les ſecrets les plus enfoncés ſont révélés & Rome trahie, &c. *Oſnabruck*, 1689, petit *in-12.*

Cette Piéce eſt en faveur de Louis XIV.]

24272. Affaires du temps au ſujet de la Guerre commencée en 1688 : *Paris*, 1688-1689, *in-12.* 10 vol.

Jean d'Auneau, Sieur DE VIZÉ, eſt l'Auteur de cet Ouvrage.

24273. Décoration de la Cour de l'Hôtel de Ville de Paris, pour l'érection de la Statue du Roi : *Paris*, 1689, *in-4.*

Quelques principaux faits de la Vie du Roi Louis XIV. ſont rapportés dans cette Deſcription, qui a été compoſée par Claude-François MENESTRIER, Jéſuite, mort en 1705.

24274. La Statue de Louis le Grand, placée dans le Temple d'honneur, (&) Deſſein du Feu d'Artifice dreſſé devant l'Hôtel de Ville de Paris, pour la Statue du Roi qui doit y être poſée; [par le Sieur BEAUSIRE:] *Paris*, 1689, *in-4.*

24275. * Les Reſpects de la Ville de Paris en l'érection de la Statue de Louis le Grand, juſtifiés contre les ignorances & les calomnies d'un Hérétique François, réfugié en Hollande; (par le P. Claude-François MENESTRIER:) *Lyon*, 1690, *in-12.*

On y juſtifie en particulier ces mots, *Viro immortali*, qui avoient été mis dans la Décoration précédente, [comme à une des Inſcriptions de la Statue de la Place des Victoires.]

24276. ☞ Mémoires de la Cour de France, pour les années 1688 & 1689 ; par Madame (Magdelaine de la Vergne,) Comteſſe DE LA FAYETTE : *Amſterdam*, Bernard, 1731, *in-12.*

Il y en a une ſeconde Edition : *Paris*, veuve Ganeau, 1741, *in-12.* à laquelle on a joint l'Hiſtoire de Madame Henriette d'Angleterre, Ducheſſe d'Orléans.

Les *Mémoires de Madame de la Fayette* ſont bien écrits, & contiennent des Anecdotes curieuſes.]

24277. ☞ Le Tableau de la France attaquée par les Puiſſances de l'Europe, ſa grandeur, &c. *Cologne*, 1690, *in-12.*]

24278. ☞ Le Salut de la France : *Cologne*, 1690, *in-12.*]

24279. ☞ Dialogue de Louis XI. & Louis XII. dans les Champs Elyſées : *Paris*, 1690, *in-12.*]

24280. ☞ Entretien de Louis XI. Roi de France, & de Charles-le-Hardi, Duc de Bourgogne : *Amſterdam*, Desbordes, 1690, *in-12.* de 56 pages.

Cette Piéce eſt contre le Roi Louis XIV. & pour blâmer ſes entrepriſes ſur ſes voiſins.]

24281. ☞ La France intéreſſée à rétablir l'Edit de Nantes : *Amſterdam*, 1690, *in-12.*]

24282. ☞ Li mezzi di liberare l'Europa dall'uſurpazione della Francia : 1690, *in-12.*]

☞ Les moyens de délivrer l'Europe de l'uſurpation de la France : *La Haye*, 1690, *in-12.*

C'eſt la Traduction du précédent.]

24283. ☞ La France calomniatrice, ou Réponſe au Mémoire des raiſons qui ont porté le Roi de France à reprendre les Armes, ſervant d'Apologie pour Innocent XI. &c. *Cologne*, 1690, *in-12.*]

24284. ☞ La France ruinée ſous le Règne de Louis XIV. par qui, & comment ? *in-12.*]

24285. ☞ Les Heures Françoiſes, ou les Vêpres de Sicile & les Matines de la Saint-Barthélemi : *Amſterdam*, 1690, *in-12.*

Cette Piéce, qui eſt aſſez rare, contient le détail de ce qui ſe paſſa en Sicile l'an 1282, & en France l'an 1572. Elle fut faite dans un temps où les Libelles contre la France inondoient l'Europe. Le but de l'Auteur eſt de montrer que cette Monarchie doit craindre de reſſentir la fureur du feu qu'elle a allumé chez tous les Peuples ; & que les funeſtes cataſtrophes qu'elle a éprouvées dans les deux Epoques de l'Hiſtoire qu'il raconte, ne ſoient augmentées par quelqu'autre encore plus cruelle.]

—— ☞ Les Soupirs de la France eſclave, &c.

Voyez ci-après, Art. du *Gouvernement de l'Etat.*]

24286. ☞ Juſtification des Colonels & des Capitaines du Pays des Griſons qui ſervent le Roi de France, contenue dans une Lettre écrite aux Chefs des trois Ligues des Griſons, le 15 Avril 1690 : *Paris*, Stroppa, *in-8.*]

24287. Relation de la Bataille de Fleurus gagnée par le Duc de Luxembourg ſur le Prince de Waldeck, [le 1 Juillet 1690 :] *Paris*, [& *Soiſſons*,] 1690, *in-4.*

Cette Relation a été écrite par Charles Caton DE COURT, Secrétaire des Commandemens de M. le Duc du Maine. Cet Auteur eſt mort en 1694.

24288. Relation de la même Bataille. Suite des Affaires du temps : *Paris*, 1690, *in-12.*

Cette Relation eſt un des volumes de Jean d'Auneau, Sieur DE VIZÉ.

24289. ☞ Relation du Combat donné par l'Armée Navale du Roi, commandée par le Comte de Tourville, contre les Flottes d'Angleterre & de Hollande, à huit lieues du Cap de Beveſier, ſur la Côte d'Angleterre, le 10 Juillet 1690 : *Soiſſons*, Hanniſſet, 1690, *in-4.*

Ce Combat ſe donna à la hauteur de Dieppe dans le Canal, & M. de Châteaurenault commandoit avec le Vice-Amiral de Tourville.]

24290. Relation véritable de la Campagne des Allemans en 1690, avec des Réflexions pour servir de Réponse au petit Livret intitulé, *Campagne des Allemans en 1690* : *Liége*, le Blanc, 1691, *in*-12.

24291. ☞ Mémoire des raisons qui obligent le Roi à prendre les Armes contre le Duc de Savoye : *in*-4.

Ces raisons sont que le Roi fut instruit des liaisons secrettes que ce Prince avoit avec l'Empereur, ce qui lui fit déclarer la guerre, le 13 Juin 1690.]

24292. Relation de la Victoire remportée [près l'Abbaye] de Staffarde, sur l'Armée du Duc de Savoye, par celle du Roi commandée par M. de Catinat, (le 18 Août 1690) : *Paris*, 1690 : [*Soissons*, 1690] *in*-4.

24293. ☞ Relation de la Bataille de Staffarde, en 1690.

Elle se trouve au tom. III. de la *Bibliothèque Militaire, &c.* de M. de Zurlauben : *Paris*, 1751, *in*-12.]

24294. Les événemens les plus considérables du Règne de Louis le Grand, traduits de l'Italien : *Paris*, [sans année, mais de] 1690, *in*-12.

☞ Le Père le Long attribuoit cet Ouvrage à J. B. *Primi* Visconti, Comte de Saint-Majole ; mais il est de Jean-Paul MARANA, Auteur de l'*Espion Turc*. Nous transcrirons ici les remarques que M. Secousse a faites sur cela dans sa *Table Alphabétique des noms d'Auteurs*, &c. *in-fol.* qui est dans la Bibliothèque de M. de Sainte-Palaye.

Le Privilège est daté du 6 Avril 1690. On lit à la page 9 de l'Avertissement, que ce Livre a été traduit par M. de Saint-Olon, Gentilhomme ordinaire du Roi, & à la page 14, qu'on se plaint de l'Auteur de ce qu'il ne donne pas la Continuation de son *Espion du Grand Seigneur*. Il est dit à la page 21 de l'Epître Dédicatoire Françoise au Cardinal d'Estrées, qu'il y a neuf ans que l'Auteur s'est dévoué au service de Louis XIV. Il dit à la page 1 de l'Avertissement, qu'il y a trois ans que son *Histoire de Louis XIV.* est achevée, qu'il y a près de deux ans qu'elle a passé les Monts, & qu'il l'a soumise à la censure de Christine, Reine de Suède. Après cet Avertissement, on trouve une Lettre de cette Reine, du 25 Mai 1688, adressée à Marana, à Paris.]

24295. ☞ Mémoires de M***, pour servir à l'Histoire du XVIIe siècle, publiés pour la première fois : *Amsterdam*, Arkstée & Merkus, 1760, *in*-8. 3 vol.

Ils commencent à l'avénement de Louis XIV. en 1643, & finissent en 1690. L'*Année Littéraire*, 1759, *tom. VIII. Lett.* 14, les attribue au Comte DE BREGY, & le *Journal de Trévoux*, Février 1760, pense différemment.]

24296. ☞ Dialogues des Grands sur les affaires présentes : *Cologne*, 1690, *in*-8.

Ces Dialogues sont au nombre de dix : 1.º entre Alexandre VIII. & Louis XIV. 2.º le Grand Duc de Toscane & le Duc de Savoye : 3.º le Roi Jacques II. & le Maréchal de la Feuillade : 4.º le Duc de Lorraine & le Duc de Schomberg : 5.º le Duc de Lorraine & l'Electeur Palatin : 6.º Louis XIV. & M. de Louvois : 7.º l'Avoyer de Berne & le premier Syndic de Genève : 8.º le Cardinal Ottoboni & le Duc de Chaulnes : 9.º le jeune Prince Abaffi & le Comte Tekeli.]

24297. ☞ Entretien de Rabelais & de Nostradamus : *Cologne*, 1690, *in*-8.

Ils parlent ici de politique chacun dans leur genre.]

24298. ☞ Vie de M. de Seignelai, Ministre & Secrétaire d'Etat ; par M. D'AUVIGNY.

Elle se trouve parmi ses *Vies des Hommes illustres de la France*, tom. *VI.* pag. 181-268. Jean-Baptiste Colbert, Marquis de Seignelai, est mort en 1690.]

24299. ☞ Journal de la Campagne de Piémont, pendant l'année 1690 ; par Jacques MOREAU de Brasey, Capitaine d'Infanterie dans le Régiment de la Sarre : *Paris*, 1691, *in*-12.]

24300. Journal de la Campagne de Piémont, en 1691, sous le commandement de M. de Catinat, & du Siége de Montmélian, en 1691 ; par Jacques MOREAU, Sieur de Brasey, Capitaine d'Infanterie dans le Régiment de la Sarre : *Paris*, Langlois, 1692, *in*-12.

[Ces Journaux ont été rédigés & publiés par les soins de Bernard Philibert MOREAU de Mautour, de l'Académie Royale des Inscriptions, oncle de l'Auteur. [Ils méritent] d'autant plus qu'on y ajoute foi, qu'ils ont été composés par un homme de Guerre, & qui a eu part à ce qu'il rapporte.

☞ Malgré ce que disoit le Père le Long de l'un de ces Journaux, (car il ne connoissoit pas l'autre,) on doute qu'ils méritent l'éloge qu'il en faisoit, étant faits par un homme de peu de jugement, & connu pour peu véridique. On peut voir ce qu'en dit l'Abbé Lenglet, tom. *IV*, *pag*. 154, de sa *Méth. hist. in*-4.]

24301. ☞ Mémoires de M. D. F. L. sur ce qui s'est passé en Italie entre Victor-Amédée II. & le Roi de France : 1697.

Voyez les *Lettres de Bayle*, tom. *II*. pag. 527.]

24302. ☞ Le secret de la Haye en Hollande, ou l'Entretien du Duc d'Alençon & de Marguerite Reine de Navarre, avec le désespoir du Marquis de Boufflers, au sujet du Bombardement de Liége : *Cologne*, Marteau, 1691, *in*-12. de 96 pages.]

24303. Testament politique du Marquis de Louvois, Ministre d'Etat sous Louis XIV. où l'on voit ce qui s'est passé de plus remarquable en France jusqu'à sa mort : *Cologne*, le Politique, 1695, *in*-12.

☞ La première Partie contient les événemens depuis 1643 jusqu'en 1691, qui fut l'année de la mort de M. de Louvois.

La seconde Partie traite des différentes choses qui ont rapport au Gouvernement ; sçavoir, de l'autorité absolue ; de l'Eglise ; de la Noblesse ; des Gens de Justice ; des Officiers de Finances & des Partisans ; des Marchands ; des Arts & Métiers, & de l'Agriculture ; de la Paix & de la Guerre.

Il y a une Edition des Testamens réünis de Richelieu, de Colbert, de Louvois, & du Duc de Lorraine : *Paris*, 1749, *in*-12. 4 vol.]

Le Testament de Michel-François le Tellier, Marquis de Louvois, est une Pièce supposée. Il ne vaut pas mieux que celui de M. Colbert, étant l'un & l'autre remplis de faussetés & de calomnies ; celui-ci est plus mal écrit. Pierre Bayle, en une de ses Lettres à l'Auteur des *Remarques sur la Confession de Sancy*, dit « que l'Auteur » des Intrigues Galantes des Rois de France passe pour

Règne de Louis XIV. 1691.

» le même qui a fait la Vie de M. Colbert & le Testa-
» ment politique de M. de Louvois ». *Remarques sur
la Confession de Foi de Sanci, pag.* 264, *de l'Edition
de* 1699.

✱ Bayle ajoute dans son *Dictionnaire*, au mot *Tellier*, Note A. que c'est une Pièce supposée, dont l'Auteur demeuroit à Paris, & étoit Catholique de naissance.

24304. ☞ Vie de M. de Louvois ; par M. D'AUVIGNY.

Cette Vie, qui est intéressante pour l'Histoire du Règne de Louis XIV. est parmi les *Vies des Hommes illustres de la France, pag.* 1, du tom. *VI. Amsterdam & Paris*, 1724, *in-*12.

M. de Louvois est mort en 1691.]

24305. Journal du Siége de Mons, en 1691: *Paris*, 1691, *in-*4. Suite de ce Journal ; avec la prise de la Ville : *Paris*, 1691, *in-*4.

Ce Journal a été composé par Jean d'Auneau, Sieur DE VISÉ.

☞ Cette Ville de Mons fut prise le 9 Avril 1691, par le Roi, ayant sous lui les Maréchaux de Luxembourg & de la Feuillade, & l'ayant fait investir par M. de Boufflers. Ce fut à ce Siége que le Roi donna le rang de Colonels aux Capitaines des Gardes-Françoises & Suisses.]

24306. ☞ Lettre écrite de Paris, au sujet du Siége & de la Prise de Mons : *Cologne*, 1691, *in-*12.

« L'Auteur fait semblant d'être dans les intérêts de
» la France ; mais jamais homme ne se déguisa si mal.
» On ne sçauroit montrer dans toute la Pièce, une seule
» période qui puisse faire douter de sa préoccupation &
» de son animosité contre la Nation dont il se dit ».
Bayle, *Réponse aux Questions d'un Provincial, tom. I.
chap. XIX. pag.* 142.]

24307. ☞ Les Victoires du Roi en Savoye, par l'Armée commandée par M. de Catinat, contenant le Siége & la Prise de Villefranche, du Château de Montalban, de la Ville de Nice, &c. en 1691 : *in-*4.

24308. ☞ Mémoire des offres faites de la part du Roi, au Duc de Savoye, pour le rétablissement du repos en Italie.

Ce Mémoire fut fait après la prise de Montmélian, en 1691 : *in-*8.]

24309. ☞ Relation du Combat (de Leuze près Tournay), entre l'Armée commandée par le Maréchal de Luxembourg, & celle des Alliés, commandée par le Prince de Waldeck, (le 18 Septembre 1691) : *in-*4.

Ce fut là où M. de Luxembourg, avec 48 Escadrons, en battit 75.]

24310. Lettre du Maréchal (François Henry de Montmorency), Duc DE LUXEMBOURG, au Roi, sur ce qui s'est passé au Combat de Steinkerque : *Paris*, 1692, *in-*4.

24311. Relation du Combat de Steinkerque : *Paris, Michallet*, 1692, *in-*12.

24312. Journal du Siége de Namur : *Paris*, 1692, *in-*4. Suite de ce Journal ; avec la prise du Château : *Paris*, 1692, *in-*4.

24313. Relation du Siége de Namur, par les François : *Paris*, 1692, *in-fol.* avec fig.

24314. Siége de Namur, avec un Journal des mouvements faits pendant le Siége, par l'Armée du Roi & celle des Alliés : *Paris*, Gueroult, 1692, *in-*12.

24315. Mf. Recueil de Pièces, touchant le Siége de Namur : *in-*4.

Ce Recueil est conservé dans la Bibliothèque du Roi, entre les Manuscrits de M. de Gaignières.

24316. Le vrai Intérêt des Princes Chrétiens, depuis la Ligue d'Ausbourg : 1692, *in-*12.

24317. Le Paravent de la France contre le vent du Nord, ou Réflexions sur un Livre anonyme, intitulé : *Le vrai Intérêt des Princes Chrétiens, &c. Poitiers*, 1692, *in-*12.

« De tous les Libelles que la Hollande imprime &
» débite contre la France, depuis la Ligue d'Ausbourg,
» celui qui a pour titre : *Le vrai Intérêt des Princes
» Chrétiens*, est un des plus outrageux, parcequ'il attri-
» bue au Roi Très-Chrétien des desseins aussi injustes
» qu'ils sont éloignés de la grandeur de son ame. La
» calomnie qui règne dans toutes les pages, est si gros-
» sière & si visible, qu'elle auroit pu être méprisée, dans
» la créance qu'elle ne fera nulle impression sur des
» esprits raisonnables. Mais M. P. (Pierre) MORET de
» Fayole, Avocat au Présidial de Poitiers, a jugé à pro-
» pos de l'arrêter par cette Réponse ». *Journ. des Sçav.
du* 2 *Février* 1693.

24318. ☞ Histoire des mouvemens de l'Europe, ou Panégyrique historique de Louis le Grand ; par Thomas l'Hérault DE LYONNIERE, Bachelier en Théologie, dédié à Louis XIV. *Paris*, Saugrain, 1692, *in-*12.]

24319. ☞ L'Ombre du Marquis de Louvois, consultée par Louis XIV. sur les Affaires présentes : *Cologne*, Marteau, 1692, *in-*12.

Voyez les *Lettres* de Bayle, *tom. II. pag.* 375.]

24320. ☞ Le Médiateur équitable entre les sept Sages de France & le Directeur politique : *Cologne*, Marteau, 1692, *in-*12.]

24321. Mf. Journal de tout ce qui s'est passé à Paris & ailleurs, depuis le premier jour de Janvier 1689 jusqu'à la fin de l'année 1692 ; par Gilles HUREL : *in-fol.*

Ce Journal [étoit] conservé dans la Bibliothèque de M. Baluze, num. 853, [& est aujourd'hui dans celle du Roi.]

24322. Les Conquêtes de Louis le Grand, depuis la Bataille de Rocroy (en 1643) jusqu'à la prise de Namur, en 1692 ; avec les Plans & les Cartes : *Paris, in-fol.* 2 vol.

☞ Pour avoir cet Ouvrage complet, il faut l'avoir avec les *Portraits* & les *Discours imprimés* ; & alors il forme trois gros volumes *in-fol.*]

Les Plans des Places prises avant l'année 1674, sont de Sébastien de Pontault, Seigneur DE BEAULIEU, mort cette année, premier Ingénieur du Roi, & Maréchal des Camps & Armées de Sa Majesté.

☞ Il y a encore du même des *Conquêtes de Louis le Grand*, ou les *Petits Plans du Chevalier DE BEAULIEU* : *in-*4. 2 vol. oblongs. *Voyez* ci-dessus la Géographie, *tom. I. pag.* 111, N°. 2141.]

24323. Histoire de la Monarchie Françoise, sous le Règne de Louis XIV. contenant ce qui s'est passé de plus remarquable, depuis 1643 jusqu'en 1688; par Simond DE RIENCOURT, Correcteur de la Chambre des Comptes: *Paris*, 1688, *in-*12, 2 vol.

La même Histoire, continuée jusqu'en 1692: *Paris*, 1692 & 1694, *in-*12. 2 vol.

✻ « L'Edition de 1694 fut faite en Hollande, & » contient plusieurs choses remarquables, auxquelles » M. de Riencourt ne songea jamais; par exemple, ce » qui y est rapporté de M. Pelisson, *pag*. 224 ». Bayle, *Dictionnaire*, Art. *Pelisson*, Note F.

La même, augmentée; par Thomas CORNEILLE, de l'Académie Françoise: *Paris*, 1697, *in-*12, 3 vol.

De Riencourt est mort en 1693, & Thomas Corneille en 1709. C'est très-peu de chose que cette Histoire, dans laquelle on ne trouve rien de singulier, & qu'on ne lise par-tout ailleurs.

☞ On peut voir à son sujet, la *Méth. histor*. de Lenglet, *in-*4. *tom*. IV. p. 134, & *Supplément*, *p*. 165. = *Hist. des Ouvr. des Sçav*. Juin, 1689. = *Mercure*, Sept. 1688. = *Isagoge in not. Script. Hist. Gall. part*. II. *pag*. 22.]

24324. Histoire abrégée de Louis XIV. contenant ce qui s'est passé de plus remarquable sous son Règne, depuis 1643 jusqu'en 1692; par (Roger) RABUTIN, Comte de Bussi: *Paris*, Anisson, 1699: *Amsterdam*, 1700, *in-*12.

« Il y a apparence que ce n'est ici que le plan & le » canevas de l'Histoire que l'Auteur vouloit écrire, si la » mort (dont il fut prévenu en 1693), ne l'en eût em» pêché. Les faits y sont rapportés simplement, & sans » entrer dans aucun détail, si on en excepte le Siége de » Namur, sur lequel il s'étend un peu davantage ». Bernard, Art. III. des *Nouvelles de la République des Lettres*, Février, 1700.

☞ L'Auteur du premier *Supplément de Moréri*, dit que ce n'est presque qu'un Panégyrique. On peut voir au sujet de ce petit Ouvrage, le *Journ. des Sçav*. Janv. 1700. = *Journ. de Leipsick*, 1700, *pag*. 142. = *Méth. histor*. de Lenglet, *in-*4. *tom*. II. *pag*. 287, *tom*. IV. *pag*. 134, & *Supplément*, *pag*. 164. = *Lettre de la Rivière*, *tom*. I. *pag*. 240.]

24325. Histoire du Roi Louis le Grand, par les Médailles, Emblêmes, Devises, Jettons, Inscriptions, Armoiries & autres Monumens publics; recueillis & publiés par Claude-François MENESTRIER, Jésuite, gravés par Jean-Baptiste Nolin: *Paris*, 1689, *in-fol*. Seconde Edition, augmentée de (cinq Planches de) Médailles: *Amsterdam*, 1691, *in-fol*.

La même, seconde Edition (de Paris), corrigée & augmentée d'un Discours sur la Vie du Roi & de plusieurs Médailles & Figures: *Paris*, Pepie, 1693, *in-fol*.

La même: *Baden*, 1704, *in-fol*. (en Allemand).

. Il y a dans la seconde Edition un Sommaire de la Vie du Roi, où l'ordre des temps est observé, avec un renvoi aux Médailles qui marquent chaque événement.

« Messieurs Charpentier, Perrault & de la Chapelle » (de l'Académie Françoise), ont inventé les Types & » les Inscriptions; Messieurs le Brun & Mignard en ont » débité une partie; quelques-uns des premiers sont de » M. Varin ». *Journal des Sçavans*, de 1689.

☞ *Voyez* sur cet Ouvrage, *Méth. histor*. de Lenglet, *in-*4. *tom*. IV. *pag*. 131. = *Journ. des Sçav*. Sept. 1689, & Févr. 1693.]

24326. ✻ Factum justificatif (du P. MENESTRIER), contre le Sieur de la Chapelle, Secrétaire de l'Académie des Inscriptions & des Médailles: 1694, *in-*4.

L'Auteur y fait voir qu'il y avoit trente-cinq ans qu'il avoit commencé cette Histoire, ou qu'il en avoit formé le dessein.

24327. Relation de la Victoire remportée sur les Alliés (le 29 Juillet 1693), à Nerwinde, en Brabant, par le Maréchal de Luxembourg: *Paris*, 1693, *in-*4.

On a cessé en ce temps - ci, d'insérer dans le *Recueil des Gazettes de France*, les Relations particulières des événemens les plus remarquables; ainsi il m'a paru tout-à-fait inutile de rapporter celles qui se sont faites depuis, parceque ne faisant plus partie d'un grand Recueil, on ne sçait où les trouver.

24328. ☞ Réflexions sur les avantages de Louis XIV. & de la Couronne; par Charles DE NYAU: *Angers*, 1693, *in-*12.]

24329. ☞ Panégyrique du Portrait de M. le Dauphin; avec les Caractères des Généraux François; par Thomas l'Hérault DE LYONNIERE: *Paris*, 1693, *in-*12.]

24330. ☞ Les Héros de la France, sortant de la barque de Caron: Dialogue entre MM. Colbert, Louvois & Seignelay: *Cologne*, Marteau, 1693, *in-*12.]

24331. ☞ L'Apollon François, ou le Parallèle des Vertus héroïques de Louis le Grand, quatorzième de ce nom; avec les propriétés & les qualités du Soleil; par M. Brice Bauderon, Seigneur DE SENECEY, &c. avec des Remarques & une Préface: *Mascon*, Bonard & Piget: (*Hollande*) 1693, *in-*12.

Satyre très-vive contre Louis XIV.]

24332. Fasti Ludovici Magni accuratè digesti; à Joanne Stephano DU LONDEL, è Societate Jesu: *Parisiis*, Anisson, 1694; *in-folio patente*.

Ces Fastes commencent à la naissance du Roi, en 1638, & finissent par la Victoire remportée en Catalogne, par le Maréchal de Noailles, le 17 de Mai 1694. [Il y en a eu aussi une Edition, également en Latin: *Paris*, Anisson, 1694, *in-*8.]

Les Fastes de Louis XIV. *Paris*, Anisson, 1695, *in-*8.

C'est la Traduction de la feuille précédente, qui se trouve aussi dans les *Fastes de la Maison d'Orléans*, publiés par le même Auteur, qui est mort en 1697.

24333. ☞ Journal du Règne de Louis le Grand: *Limoges*, 1694, *in-*12.]

24334. ☞ Ludovici Magni Panegyricus; metricè; à Joan. Baptistâ POUHAT: *Vesontione*, 1694, *in-*4.

C'est un Poëme de 105 pages, en grands Vers Latins.]

24335. ☞ Scarron apparu à Madame de Maintenon : *Cologne*, 1694, *in*-16.]

24336. Journal des Marches, Campemens, Batailles, Siéges & Mouvemens des Armées du Roi en Flandres, & de celles des Alliés, depuis l'an 1690 jusqu'en 1694; par VAULTIER, Commissaire ordinaire d'Artillerie : *Paris*, Coignard, 1694, *in*-12.

☞ Le même ; avec des Observations sur l'Art de faire la Guerre ; par le même : *Paris*, 1740, *in*-12.]

24337. ☞ Histoire Militaire de Flandres ; depuis l'année 1690 jusqu'en 1694, inclusivement, qui comprend le détail des Marches, Campemens, Batailles, Siéges & Mouvemens des Armées du Roi & de celles des Alliés, pendant ces cinq Campagnes : Ouvrage fait sur les Mémoires manuscrits des Camps, Marches, Batailles & Siéges de M. le Maréchal de Luxembourg, sur sa correspondance avec la Cour, sur celle des Officiers Généraux employés sur la Frontière pendant ces mêmes années, & sur le Journal imprimé de M. VAULTIER, Lieutenant d'Artillerie, Chevalier de S. Louis, dédié & présenté au Roi ; par le Chevalier DE BEAURAIN, Géographe ordinaire du Roi, & ci-devant chargé de l'Education de Monseigneur le Dauphin : *Paris*, 1755, *in*-fol. 5 parties, 3 vol.

Cet Ouvrage est orné de Vignettes, culs de lampes, & de plus de 140 Cartes, Plans, &c. Chacune des Parties contient ce qui s'est passé sous chacune des cinq années ci-dessus marquées. Il y a un Volume d'impression, & deux de Cartes & Plans.

On a réimprimé en Hollande les deux premières années, 1690 & 1691 : *La Haye*, Gibert, 1756, *in*-4. Mais il y a apparence que l'on n'a pas continué.]

24338. ☞ Les Bornes de la France, réduites à la Paix des Pyrénées, & l'intérêt que les Alliés ont de ne point accepter les offres de Paix qu'elle fait aujourd'hui : *Cologne*, Marteau, 1694, *in*-12.]

24339. ☞ L'Esprit de Luxembourg, ou Conférence de ce Ministre avec Louis XIV. sur les moyens de parvenir à la Paix : *Cologne*, Marteau, 1694, *in*-12.]

24340. ☞ Miroir historique de la Ligue de 1464, où peut se reconnoître celle de 1694 : *Paris*, 1694, *in*-12.]

24341. ☞ Avis d'un Ami à l'Auteur du Miroir, &c. *Cologne*, Constant, (*Hollande*), 1694, *in*-12.]

24342. ☞ Pensées sur l'Avis (précédent) : *Basle*, Frischman, (*Hollande*), 1694, *in*-12.]

24343. ☞ Politique de la Cour de France, sous le Règne de Louis XIV. *Cologne*, 1694, *in*-12.]

24344. Journal historique de l'Europe, pour l'année 1694, contenant ce qui s'est passé de plus remarquable, principalement en France, pendant cette année ; par L. A. D. *Strasbourg*, 1695, *in*-12.

24345. ☞ Réponse à l'Ecrit de M. le Comte d'Avaux, touchant les conditions de Paix que la France offre aux Alliés : Juillet 1694 : (*en Hollande*), sans date.]

24346. Journal de ce qui s'est passé au Siége de la Ville & du Château de Namur : *Lyon*, 1695, *in*-12.

24347. ☞ Journal de ce qui s'est passé au Siége de Namur ; par le Secrétaire d'un Officier Général qui étoit dans la Place : *Paris*, 1695, *in*-12.]

24348. La Campagne de Namur, ou Relation fidelle de ce qui s'est passé de plus mémorable pendant la prise de cette Place ; avec les divers mouvemens des Armées Confédérées, & ceux de l'Armée de France dans les Pays-Bas : *La Haye*, 1695 ; *Toulouse*, 1695, *in*-8.

24349. ☞ Relation de ce qui s'est passé au Siége de Namur : 1692, *in*-4.

Cette Relation est du célèbre Jean RACINE, & se trouve parmi ses *Œuvres*.]

24350. Sentimens de la grandeur de la France ; par E. A. CARO : *Paris*, 1695, *in*-12.]

24351. ☞ La France en décadence, par la réduction de Namur & de Casal : *Cologne*, 1695, *in* 12.]

24352. ☞ Entretien du Maréchal de Luxembourg, avec l'Archevêque de Paris, sur la Prise de Namur : *Cologne*, 1695, *in*-12.]

24353. ☞ Les Lamentations des Dames de Saint-Cyr, depuis la Prise de Namur : *Cologne*, 1696, *in*-12.]

24354. ☞ Le Marquis de Louvois sur la sellette, examiné par l'Europe : *Cologne*, 1695, *in*-12.]

Ce sont des Dialogues satyriques, en Vers.]

24355. ☞ Le Maréchal de Luxembourg au lit de la mort, Tragi-Comédie : *Cologne*, 1695, *in*-12.]

24356. ☞ Luxembourg apparu à Louis XIV. la veille des Rois, sur le rapport du Père de la Chaise : *Cologne*, 1695, *in*-12.]

24357. ☞ L'Alcoran de Louis XIV. ou le Testament politique du Cardinal Mazarin ; traduit de l'Italien : *Rome*, (*en Hollande*), 1695, *in*-12.]

24358. ☞ La Chasse au Loup de M. le Dauphin, ou la Rencontre du Comte de Roure, dans les Plaines d'Anet : *Cologne*, 1695, *in*-12.]

24359. Mémoires du Comte DE VORDAC, Général des Armées de l'Empereur, où l'on voit ce qui s'est passé en Hongrie, & ensuite en Flandres, depuis l'an 1661 jusqu'au Siége

Liv. III. Histoire Politique de France.

de Namur: *Paris*, Cavelier, 1702; *en Hollande*, 1703, *in-12.*

☞ Les mêmes: *Paris*, 1724, *in-12*. 2 vol.

Cette dernière Edition est plus ample que celles de 1702 & 1703. « On assure que ce Comte de Vordac » est le Général Vaubonne, qui a été long-temps pri-» sonnier en France, & qui est mort en 1707 des bles-» sures qu'il reçut à la prise de Gaëte, dans le Royaume » de Naples ». *Journ. de Verdun*, Mars 1708.]

Ces Mémoires finissent en 1695. Ils [ont été attribués à] Gatien de Courtilz, & ne sont pas si mal écrits que les autres de cet Auteur. « Il y a tant de conformité » entre les manières de l'Auteur de la *Vie de M. de* » *Turenne*, & celle de l'Ecrivain qui a composé les *Mé-*» *moires du Comte de Vordac*, que c'est avec raison » qu'on conjecture qu'ils sont frères ». P. Bayle, *part. II.* de ses *Réponses aux Questions d'un Provincial*, sur la fin du Chapitre vingt-huitième.

« Je ne sçaurois mieux faire connoître ce Livre, » qu'en disant qu'il est à peu près du même caractère » que les *Mémoires de la Fontaine*, que les *Mémoires* » *d'Artagnan*, & quelques autres Livres de cette na-» ture ». Bernard, Art. III. des *Nouvelles de la République des Lettres*, Octobre 1702.

☞ « Ces Mémoires ne sont pas de Gatien de Cour-» tilz. Le premier Volume est d'un Prêtre de Languedoc » nommé Cavard. Le second est du Sieur Olivier, » Chanoine de Milly, dans le Gâtinois ». *Mém. d'Artigny*, *tom. III.* pag. xij. Voyez *Recherches nouvelles & curieuses de Littér. & d'Hist.* pag. 77: Genève, 1731, & le P. Niceron, *tom. II.* pag. 176 & X. pag. 86.]

24360. ∗ L'Esprit du Cardinal Mazarin, ou Entretiens sur les matières du temps, & sur ce qui s'est passé à la Cour de France & dans celles des autres Princes de l'Europe: *Cologne*, P. Marteau, 1695, *in-12.*

24361. ☞ Le Triomphe de la Ligue, ou la France à la veille de souscrire à la Paix: *Paris*, (Hollande), 1696, *in-12.*]

24362. ☞ Le Grand Alcandre frustré, ou les derniers efforts de l'Amour & de la Vertu, Histoire galante; (par Gatien de Courtilz): 1696, *in-12.*]

24363. ☞ La Turquie Chrétienne, sous la protection de Louis le Grand; par M. Petis de la Croix: *Paris*, 1695, *in-12.*]

24364. ∗ Mémoires de M. D. F. L. touchant ce qui s'est passé en Italie, entre Victor Amédée II. Duc de Savoye, & le Roi Très-Chrétien: 1696, *in-12.*

Cet Ecrit est fort injurieux au Duc de Savoye.

24365. ☞ Vie de François Henri de Montmorency, Duc de Luxembourg; par M. Désormeaux.

Elle occupe les deux derniers Volumes, (ou les tom. IV. & V.) de l'*Histoire de la Maison de Montmorenci*: *Paris*, Desaint, 1764, *in-12.*]

24366. ☞ Histoire amoureuse des Gaules; (par le Comte de Bussy-Rabutin): 1696, *in-12.*

Cet Ouvrage a fait beaucoup de bruit, & tout le monde sçait qu'il fut la cause de la disgrace de l'Auteur. Il y décrit avec ce feu & cet enjouement qui lui étoient naturels, les amours de Mesdames de Châtillon & d'Olonne. Ce fut à la persuasion & par complaisance pour Madame de Monglas, qu'il l'entreprit. Il y a inséré l'Histoire de ses Amours avec elle, & une Histoire de Madame de Sévigné. On y trouve aussi beaucoup d'autres épisodes sur différentes personnes de la Cour. Cette Edition est fort jolie. Ce Recueil contient encore:

1. Maximes d'amour du même Auteur, (en Vers).
2. Copie d'une Lettre écrite au Duc de S. Aignan, par le Comte de Bussy, du 12 Novembre 1665. Il lui rend compte de la façon dont il a composé son Roman satyrique, & comment il est devenu public sans sa participation, & avec une grande différence de l'original.
3. Histoire du Palais Royal. Elle contient les Amours du Roi avec la Nièce du Cardinal Mazarin & Madame de la Vallière.
4. Histoire galante de M. le Comte de Guiche & de Madame.
5. Les Amours de Mademoiselle avec le Comte de Lauzun, augmentés d'une Lettre du Roi, & quelques Vers sur ce sujet: *Cologne*, 1673.
6. Relation de la Cour de Savoye, ou les Amours de Madame Royale: *Amsterdam*. (Ce Roman est fort satyrique).
7. Le Catéchisme des Courtisans, contenant diverses questions de la Cour. = Instruction à la loi Mazarini. = Passion de M. Fouquet. = Maximes d'amour. = Recherches de la Noblesse. = Epigrammes sur l'adultère des femmes.= Reproche aux Dames. = Différend des cinq Nations. = La Cour de la Reine: *Cologne*, Marteau, 1671.
8. Carte géographique de la Cour & autres Galanteries, par Rabutin: *Cologne*, Marteau, 1668.

Cette dernière Pièce est une des plus rares qu'il y ait. Parmi les Gens de Lettres, on en trouve qui ne l'ont jamais vu, & qui l'ont confondue avec l'*Histoire amoureuse des Gaules*. C'est cependant un Ouvrage tout différent, quoique dans le fonds il regarde aussi les amours des principales Personnes de la Cour, dont le nom forme celui des Villes de cette Carte. Cette Pièce qui est fort courte, est piquante & curieuse.

9. Maximes d'amour. = Le tout en tout du temps. = Les Prières de Rome. = L'amour sans espérance. = Elégie, par M. le Comte de la Guiche. = Le jeu des dez, ou la rafle de la Cour.= Primera Gioco politico di Corte.]

24367. ☞ Amours des Dames illustres de France, sous le Règne de Louis XIV. *Cologne*, P. Marteau, *in-12*. 2 vol.

Jamais Cour ne fut plus galante que celle de Louis XIV. elle a fourni elle seule plus d'Anecdotes que tous les Règnes précédens. La plupart des Pièces de ce nouveau Recueil, sont dans celui qui précède.

Le Tome I. contient:

1. Histoire amoureuse des Gaules; par Bussy Rabutin.
2. Maximes d'amour, avec une Lettre écrite au Duc de Saint-Aignan, par le Comte de Bussy, double de même.
3. Le Palais Royal, ou les Amours de Madame de la Vallière.
4. Histoire de l'amour feint du Roi, pour Madame.
5. La Princesse, ou les Amours de Madame.

Charles Patin, Docteur en Médecine, fils de Guy Patin, ayant eu ordre de la Cour de retirer tous les Exemplaires du Livre des amours de Madame, fut pour cela en Hollande; mais au lieu d'en rapporter à Paris, de bonne foi, tous les Exemplaires, il en rapporta seulement quelques-uns à ceux qui lui avoient donné cette commission, & il en envoya deux ou trois boîtes à Charenton, d'où il les apporroit à Paris, petit à petit. Cela ayant été reconnu, on lui fit son Procès, & il fut condamné aux Galères par contumace, pour avoir usé de mauvaise foi en sa commission. Ayant été averti à temps, il se retira du Royaume, & il est mort à Padoue en 1693.

6. Le

Le Tome II. contient :

6. Le Perroquet, ou les Amours de Mademoiselle.
7. Junonie, ou les Amours de Madame de Bagneux.
8. Les fausses Prudes, ou les Amours de Madame de Brancas, & autres Dames de la Cour.
9. La Déroute & l'Adieu des filles de joie de la Ville & Fauxbourgs de Paris, avec leurs noms, leur nombre, & les particularités de leur prise & de leur emprisonnement, & la Requête à Madame de la Vallière.
10. Le Passe-temps Royal, ou les Amours de Madame de Fontanges.
11. Les Amours de Madame de Maintenon, sur de nouveaux Mémoires très-curieux.
12. Les Amours de M. le Dauphin avec la Comtesse de Roure.]

24368. ☞ La France Galante, ou Histoire amoureuse de la Cour ; nouvelle Edition beaucoup augmentée & enrichie de figures, divisée en six parties : *Cologne*, 1696, *in*-12.

Ce troisième Recueil contient :

1. La France Galante, ou Histoires amoureuses de la Cour.
Les principales sont, les Amours de Madame de Montespan, de M. de Lauzun, de la Maréchale de la Ferté avec le Duc de Longueville, &c.
2. Les vieilles Amoureuses.
Autre Histoire de Madame de la Ferté & de Madame de Lyonne.
3. Histoire de la Maréchale de la Ferté.
4. La France devenue Italienne, ou les autres Désordres de la Cour. (L'on y voit les Dames faire jouer tous les ressorts imaginables pour empêcher la jeunesse de la Cour de donner dans certaines débauches où elles n'étoient pas admises.)
5. Le Divorce Royal, ou Guerre civile dans la famille du grand Alcandre. (C'est une Conversation entre Mesdames de Montespan & de Maintenon, dans laquelle elles se disent bien des vérités.)
6. Suite de la France Galante, ou les derniers déréglemens de la Cour.

Voyez *Lettr. de la Rivière, tom. I. pag.* 236. = Sorel, *Connoissance des Livres, pag.* 413. = *Bibliothèque des Romans, tom. II. p.* 85. = *Ménagiana, tom. II. p.* 339. = *Bibliot. des Auteurs de Bourgogne, tom. II. pag.* 182. = *Méth. hist.* de Lenglet, *in*-4. *tom. IV. pag.* 149.]

24369. ☞ Mf. Mémoires historiques sur les principaux événemens du Règne des Favorites de Louis XIV. (par Jean-Benigne Lucotte DU TILLOT :) *Joannes Piron scripsit & delineavit*, 1733, *in*-fol. avec figures à la plume.

Ce Manuscrit, qui est conservé dans la Bibliothèque de M. Fevret de Fontette, Conseiller au Parlement de Dijon, est l'Original de M. du Tillot ; il y a ramassé très-brièvement quelques Anecdotes sur Louis XIV. & sur Mesdames de la Vallière & de Montespan, de Fontanges & de Maintenon, avec leurs Portraits.]

24370. Mémoires de Jean-Baptiste DE LA FONTAINE, Chevalier, Seigneur de Savoye & de Fontenay, Brigadier & Inspecteur-Général des Armées du Roi, contenant ses Avantures, depuis 1636 jusqu'en 1697: *Cologne*, (*La Haye*, Van-Bulderen,) 1698, *in*-12.

« Ces Mémoires, (qui sont de Gatien DE COURTILZ,) de même que ceux d'Artagnan & du Comte

» de Rochefort, sont du nombre de ces Romans histo-
» riques, dont on a tant vu paroître depuis quelques
» années, & mêlés à plaisir d'historique & de fabuleux,
» divertissans à la vérité, mais d'autant plus nuisibles à
» un Lecteur peu instruit, que ce qu'il y trouve de vrai
» & d'ordinaire, le porte à croire facilement ce qu'il
» y rencontre de faux & de merveilleux » . Prosper Marchand, dans sa *Note sur la Lettre* 168 de M. Bayle, *pag.* 643. Bayle lui-même, dans la 232, *pag.* 892, dit qu'il y a des Mémoires du Sieur de la Fontaine, imprimés à Amsterdam ; mais que c'est un Ouvrage romanesque & dans le goût des *Mémoires de Rochefort*, & par le même Auteur.

☞ On peut voir la *Biblioth. des Romans, tom. II. pag.* 90. = Le Père Niceron, *tom. II. pag.* 174. = *Lett.* de Bayle, *tom. III. pag.* 892. = *Républiq. des Lettr. Mars* 1699.]

24371. Mémoires & Réflexions sur les principaux événemens du Règne de Louis XIV. & sur le caractère de ceux qui y ont eu la principale part ; par M. le M. D. L. F. (Ch. Auguste, Marquis DE LA FARE :) *Rotterdam*, Fritsch, 1716, *in*-12.

☞ Nouvelle Edition, où l'on a joint quelques Remarques : *Amsterdam*, Bernard, 1734, *in*-12.

Ces Mémoires commencent avec le Règne de Louis XIV. & finissent à la Paix de Risvick en 1697.]

Le Marquis de la Fare étoit Capitaine des Gardes de M. le Duc d'Orléans, & il est mort en 1713. « Ce n'est
» pas, (dit-il au commencement du Chapitre IV.) une
» Histoire que j'écris, mais seulement une suite des prin-
» cipaux Faits, avec des Réflexions propres à donner
» une idée de ce temps, de ce que j'ai vu, & de la vie
» des hommes que j'ai connus » . L'Auteur écrit finement, mais avec trop de liberté, sur-tout à l'égard des Puissances.

☞ *Voyez* la *Méth. hist.* de Lenglet, *in*-4. *tom. II. pag.* 288 : *tom. IV. pag.* 235. = *Longueruana, pag.* 19. = *Pour & contre, tom. II. num.* 25. = *Biblioth. Françoise* de du Sauzet, *tom. XIX. p.* 165. = *Journ. de Léipf.* 1717, *pag.* 135. = Lenglet, *Plan de l'Hist. de France, tom. II. pag.* 26.]

24372. Annales Bellici & Triumphales Ludovici Magni ; auctore Michaele Angelo Barone DE WOERDEN : 1697, *in*-fol.

☞ Dans le Catalogue de la Bibliothèque de M. Lancelot, on en trouve indiqués deux Exemplaires, l'un de 99 pages, l'autre de 224, avec diverses Pièces & Inscriptions du même Baron de Woerden.]

24373. Les Fastes des Rois de la Maison d'Orléans & de celle de Bourbon, depuis Louis XII. (en 1498,) jusqu'à Louis XIV. en 1697 ; par Jean-Etienne DU LONDEL, Jésuite : *Paris*, Anisson, 1697, *in*-8.

C'est une Chronologie assez bien digérée.

24374. Mf. Relation du Siége d'Ath fait en 1697, sous la conduite de M. de Vauban : *in*-fol. fig.

Cette Relation [étoit] conservée dans la Bibliothèque de M. le Baron d'Hoendorff, Colonel de l'Empereur ; [elle est aujourd'hui à Vienne, dans la Bibliothèque Impériale.]

24375. Theatro Gallico, overò la Monarchia della real Casa de' Borbone sotto i Regni di Henrico IV. Luigi XIII. & Luigi XIV. ma piu particolare della Vita, Allevamento, Progreffi, &c. di detto il Luigi il Grande; dall'anno 1572, fino all'anno 1697, di Gregorio LETI, Milanefe : *in Amfterdam*, de Jonghe, 1691-1697, *in-*4. 7 vol.

Cet Auteur a compofé un grand nombre de Livres; mais il ne s'eft pas acquis beaucoup de réputation par fon défaut d'exactitude : il eft mort en 1701.

☞ *Voyez* fur cet Ouvrage, la *Méth. hift.* de Lenglet, *in-*4. tom. *IV. pag.* 130. = *Biblioth. univ. & hift. tom. XX. pag.* 1. = Le P. Niceron, *tom. II. pag.* 366. = Lettr. de Bayle, *tom. I. pag.* 353. = *Mél.* de Vigneul-Marville, *tom. II. pag.* 48.]

24376. Mémoires de tout ce qui s'eft paffé de plus confidérable fur mer durant la Guerre avec la France, depuis l'an 1688 jufqu'en 1697, traduit de l'Anglois de BURCHETT, Secrétaire de l'Amirauté : *Amfterdam*, Roger, 1704, *in-*12. [*Londres*, 1732, *in-*12.]

24377. ☞ Mf. Mémoires de M. le Comte D'ALIGNY, contenant l'Hiftoire abrégée du Roi Louis XIV. jufqu'à la Paix de Rifwick.

Ils font conservés dans la Bibliothèque de M. Fevret de Fontette, Confeiller au Parlement de Dijon. Ces Mémoires font curieux, & contiennent des détails très-circonftanciels des Batailles, Siéges & Camps, où l'Auteur s'eft trouvé. Ce qui les rend encore plus agréables, ce font des portraits & beaucoup d'anecdotes fur les Généraux, les Miniftres & les Officiers qui ont eu part aux événemens. On y trouve auffi de la critique fur des fujets Littéraires. Ils ont été écrits environ l'an 1717 ou 1718. Le Comte d'Aligny s'appelloit *Quarré*, nom d'une Famille originaire du Comté de Charolois.]

24378. Effais du Règne de Louis le Grand jufqu'en 1697; par Louis LE GENDRE, Chanoine de l'Eglife de Paris : *Paris*, 1697, *in-*4. *Paris*, 1698 : *Cologne*, 1698. Quatrième Edition : *Paris*, 1699, 1701 : *Cologne*, 1700, *in-*12.

Les fleurs & les louanges fe rencontrent répandues à pleine main dans cet Effai, qui n'eft qu'un Panégyrique hiftorique.

☞ *Voyez* la *Méth. hift.* de Lenglet, *in-*4. tom. *IV. pag.* 134. = tom. *II. pag.* 286. = *Journal des Sçav. Janv.* 1698. = *Journ. de Léipf.* 1700, *pag.* 141.]

24379. Relation de l'Expédition de Carthagène dans la Nouvelle-Efpagne : *Amfterdam*, 1698, *in-*12.

Cette Expédition fut faite par les François, en 1697, fous la conduite de Jean-Bernard Des-Jean, SIEUR DE POINTIS, qui l'a lui-même mife par écrit. Il eft mort en 1707.

24380. Relation fidelle de la même Expédition, ou Réponse de M. DU CASSE à la Relation précédente : 1699, *in-*12.

24381. ☞ Journal du Camp de Coudun, (près de Compiégne :) *Paris*, 1698, *in-*12.]

24382. Mf. Relations de plufieurs Expéditions de Guerre, depuis l'an 1691 jufqu'au 5 Janvier 1698 : *in-fol.*

Ces Relations [étoient] confervées dans la Bibliothèque de M. Pelletier de Soufi.

24383. Mémoires de tout ce qui s'eft paffé de plus confidérable pendant la Guerre, depuis 1688 jufqu'en 1698; par DE MAS-SIAC, Lieutenant des Grenadiers dans le Régiment de la Reine : *Paris*, le Clerc, 1698, *in-*12.

Cet Auteur rapporte les principaux Mouvemens qu'il a vu faire à notre Armée, & à celle des Ennemis, pendant l'efpace de dix années.

☞ *Voyez* le Supplément à la *Méth. hift.* de Lenglet, *in-*4. *pag.* 167. = *Journ. des Sçav. Juillet*, 1698.]

24384. ☞ Mémoires de M. (Jean, Sieur) DE GOURVILLE, contenant les Affaires auxquelles il a été employé par la Cour, depuis 1642 jufqu'en 1698 : *Paris*, Ganeau, 1724, *in-*12. 2 vol.

Le Tome I. va depuis 1642 jufqu'à 1664.
Le Tome II. .... 1665-1698.

Voyez la *Méth. hiftor.* de Lenglet, *in-*4. tom. *IV. pag.* 167. = *Journ. de Verdun*, *Nov. & Décemb.* 1724. = *Journ. des Sçav.* Oct. ob. 1724. = *Siècle de Louis XIV.*]

24385. ☞ Annales de la Cour & de Paris, pour les années 1697 & 1698; (par Gatien DE COURTILZ) : *Cologne*, Marteau, 1701, *in-*12. 2 vol.

Voyez la *Biblioth. des Romans*, tom. *II. pag.* 101. = Le P. Niceron, *tom. II. pag.* 176.]

24386. ☞ Jo. Gafp. KHUNII Panegyricus Ludovico XIV. ob reftitutam in Europâ pacem : *Argentorati*, 1698, *in-fol.*]

24387. La Statue équeftre de Louis le Grand, placée dans le Temple de la Gloire; Deffein du Feu d'artifice fur la RIVIÈRE de Seine, le 13 Août 1699; avec l'Explication des Figures, Médailles & Bas-reliefs : *Paris*, 1699, *in-*4.

Cette Defcription eft de Claude-François MENESTRIER, Jéfuite, [mort en 1705.]

24388. ☞ Defcription de ce qui a été pratiqué pour fondre en bronze d'un feul jet, la Statue équeftre de Louis XIV. élevée par la Ville de Paris, dans la Place de Louis le Grand, en l'année 1699 : Ouvrage enrichi de Planches en taille douce; par M. BOFFRAND, Architecte du Roi.]

24389. Arcana Galliæ, ou Hiftoire fecrette de la France, pendant le dernier fiècle, où l'on montre par quels degrés les Miniftres de France ont ruiné la liberté de cette Nation en général, & la Religion Proteftante en particulier; avec une idée des défordres des Guerres civiles, qui ont régné pendant les deux Minorités de ces temps-là. Ouvrage tiré des Monumens les plus authentiques, *London*, 1714, *in-*8. (en Anglois).

« L'Auteur de cette Hiftoire eft le même qui a écrit » depuis peu l' *Hiftoire fecrette des Intrigues de la France* » *en plufieurs Cours de l'Europe.* Les Gens fenfés fe dé- » fient toujours de ces Hiftoires fecrettes & anecdotes, » & celle-ci ne le fera point revenir de cette opinion. » L'Auteur prétend avoir tiré ces matériaux de Pièces » authentiques, qui n'ont jamais été imprimées ni en » France ni en Angleterre. Ces Pièces authentiques font : » l' *Hiftoire de Louis XIII.* de M. le Vaffor, & l' *Hif-* » *toire de l'Edit de Nantes* de M. Benoift. Voilà les » fources où il a puifé toutes fes belles découvertes ». *Journal Littéraire, Mars & Avril* 1714, *pag.* 446.

24390. ☞ Mémoires (pour l'Histoire) du Maréchal de Villars, depuis 1670 jusqu'en 1700: *La Haye*, Gosse, 1734, *in-12*.

On trouvera ces Mémoires en entier, Edition de Paris, ci-après, N.° 24603.]

24391. ☞ Litanies pour le Roi, tirées des seules paroles de l'Ecriture Sainte; traduites & composées par le Marquis (depuis Duc) de Crussol d'Uzés: *Paris*, 1700, *in-4*.]

24392. ☞ Dialogues divers entre les Cardinaux de Richelieu & Mazarin, Louis XII. François I. & autres: *Cologne*, Lenclume, 1700, *in-12*. de 66 pages.]

24393. ☞ Copie du Testament clos & cacheté, du 2 Octobre 1700, & du Codicille du 5 du même mois, faits par Sa Majesté le Roi Charles II. décédé le premier Novembre de ladite année, dans les sentimens contenus audit Testament & Codicille; avec la Copie du Mémoire mentionné audit Testament; traduit de l'Espagnol, imprimé à Madrid, l'an 1700: *Amsterdam*, des Bordes, 1700, *in-12*. de 120 pages.]

24394. ☞ Bref du Pape au Roi, sur le Mémoire de M. le Dauphin, présenté à sa Sainteté, par M. le Cardinal de la Trimouille: *in-4*.]

24395. ☞ Lettre sur le Mémoire présenté par M. Vernon, de la part de la France; par M. Poussin: *Cologne*, 1701, *in-12*.]

24396. ☞ Dialogue entre le Maréchal de Turenne & le Prince d'Auvergne, sur l'état présent des Affaires de l'Europe: *Cologne*, 1701, *in-12*.]

24397. Fasti di Ludovico XIV. il Grande, espositi in Versi, con figure; dal Marchese Filippo Cavaliere Sampieri: *in Bologna*, Pisarri, 1701, *in-4*.

24398. ★ Prophétie du Comte Bombast, Chevalier de la Rosecroix, neveu de Théophraste Paracelse, publiée en 1609, sur la naissance miraculeuse de Louis le Grand, les circonstances de sa Minorité, l'extirpation de l'Hérésie, l'union d'Espagne à la Maison de Bourbon; avec la destruction de l'Empire Ottoman, &c. expliquée & présentée au Roi; par François Alary, Docteur en Médecine: *Rouen*, Maurry, 1701, *in-8*.

24399. ☞ Mémoires du Maréchal (Anne-Hilarion de Cotentin) de Tourville, Vice-Amiral de France, & Général des Armées navales du Roi, (mort en 1701): *Amsterdam*, (*Paris*), 1742, *in-12*. 3 vol.

Le Tome I. va depuis 1657 jusqu'en 1665.
Le Tome II. ... 1665-1683.
Le Tome III. ...1684-1701.

Il n'y a que les deux derniers Volumes qui puissent servir pour l'Histoire. Le premier contient les avantures particulières de sa jeunesse, qui ont l'air un peu Romanesque.]

Tome II.

24400. ☞ Le Cabinet de M. le Duc de Richelieu: *Paris*, 1702, *in-12*.]

24401. Médailles sur les principaux événemens du Règne de Louis le Grand; avec des Explications historiques; par Messieurs de l'Académie Royale des Médailles & des Inscriptions: *Paris*, de l'Imprimerie Royale, 1702, *in-fol*.

Il s'est fait une dépense immense pour l'impression de cet Ouvrage, où les Médailles gravées par le Clerc, & les Vignettes avec les Bordures dessinées par Berin, sont parfaitement belles. Les caractères, nouvellement inventés pour les proportions & frappés exprès, sont de M. des Billetes, de l'Académie Royale des Sciences, & gravés par M.° Grandjean, ce qui a produit un chef-d'œuvre d'impression. L'Histoire a été composée par Messieurs (François) Charpentier, (mort en 1701. Paul) Tallemant, (mort en 1712. Jean) Racine, (mort en 1699. Nicolas Boileau, Sieur) Despreaux, (mort en 1711. Jacques de) Tourril, (mort en 1713. Eusèbe) Renaudot, (mort en 1710) (André) Dacier, (mort en 1722) & (Estienne) Pavillon, (mort en 1705), sous la direction de M. l'Abbé (Jean-Paul) Bignon, (mort en 1743.) Art. VII. de l'*Histoire des Ouvrages des Sçavans*, Décembre, 1701, par Basnage de Beauval.

24402. ☞ Préface du Recueil des Médailles, &c.

Cette Préface, qu'on dit être de l'Abbé Paul Tallemant, & qui est assez curieuse, ne fut point approuvée, sans qu'on en sache les véritables raisons; elle ne se trouve que dans les 50 premiers Exemplaires de l'Edition de 1702: *in-fol*. qui étoient reliés lorsqu'on forma le dessein de la supprimer. Prosper Marchand, (*Diction. p.* 40) dit qu'un Libraire de Hollande en a fait imprimer une autre cinquantaine d'Exemplaires, pour l'Edition *in-4*. De plus François-Denys Camusat l'a rendue commune, en la mettant, *p.* 180 du tom. II. de son *Hist. critiq. des Journ. Amsterdam*, 1734, *in-12*. Divers Auteurs ont voulu indiquer les raisons de la suppression de cette Préface; mais il ne paroit pas qu'ils y aient réussi. L'Abbé Lenglet a écrit dans le *Supplément à sa Méth. histor.* que c'étoit parce qu'on y faisoit l'Eloge des Graveurs, au lieu de celui du Roi. Il falloit qu'il n'eût pas lu cette Préface, puisqu'il n'y est pas dit un seul mot des Graveurs. D'autres croient que c'est à cause des louanges outrées qu'on y donne à Louis XIV. ce qui n'a pas plus de fondement que la conjecture précédente. D'autres enfin pensent que c'est parcequ'on y parle au long & à deux reprises, de la Médaille que fit battre Diane de Poitiers, Maîtresse de Henri II. Quoi qu'il en soit, cette Préface est curieuse, par rapport aux détails que l'on y donne des Médailles anciennes, & à la manière délicate dont l'Académie a procédé pour faire celles dont elle étoit chargée.]

La même Histoire: *Paris*, Anisson, 1702, *in-4*.

Cette Edition est faite avec d'autres caractères que la précédente: elle est sans bordures, & les diverses Médailles du Roi n'y sont point répétées, mais se trouvent une seule fois.

☞ Cet Ouvrage a été encore réimprimé, avec une Traduction Allemande: *Baden*, 1705, *in-fol*. « On en » a fait une Edition en Allemagne; mais il s'en faut bien » qu'elle soit aussi belle que celles de France ». Struvius, *Bibliothec. histor. pag.* 418.]

La même traduite en Hollandois, par Garcé; (avec une Préface de ce Traducteur): *Amsterdam*, Van-Damme, 1715, [*in-8*.]

Cette Edition se trouve défigurée, de même que l'Histoire du Père Ménestrier, par diverses additions de Médailles peu convenables.

24403. ☞ Premières Epreuves des Médailles de l'Histoire du Roi (Louis XIV.) dont il n'y a que les dix premières explications imprimées; & le reste des Médailles, cul-de-lampes & bordures, sans explication; pour servir de règle & de modèle : *Paris*, Imprimerie Royale, *in-fol.*

Il y a à la fin, en une seule Estampe, dix Portraits de Louis XIV. suivant ses différens âges, gravés par le Sieur Audran, d'après les modèles en cire faits par Antoine Benoist.

On trouve cité, *pag.* 263 du *Catalogue* de M. de Cangé, un *Recueil* des premières Epreuves de ces Médailles, jusqu'en 1700, avec les Cartouches sans explication, excepté celles des dix premières, *in-fol.* & un autre des Epreuves, tant *in-fol.* qu'*in-4.* des Médailles retranchées ou changées, & l'état des Légendes & Exergues, tant changées que retranchées, mis en Notes au bas des pages & dans les marges. Ces *Recueils* sont à présent dans la Bibliothèque du Roi.]

24404. ☞ Médailles sur les principaux Evénemens du Règne de Louis le Grand, (jusqu'à sa mort): *Paris*, Imprimerie Royale, 1723, petit *in-fol.* (ou *in-4.*)

Après la mort de Louis XIV. Audran retoucha, ou plutôt regrava ces Médailles, & on les a conduites dans cette dernière Edition jusqu'à la fin du Règne de Louis XIV. en 1715. De 40 nouvelles Médailles qui avoient été frappées pour cela, on n'en publia que 32, les huit autres ayant été supprimées. (*Voyez* le *Catalogue* de M. de Cangé, *pag.* 263). La Préface retranchée de la première Edition, ne se trouve point non plus dans celle-ci, excepté néanmoins une cinquantaine d'Exemplaires imprimés en Hollande, comme on l'a déja observé.

Voyez sur cet Ouvrage, le *Dictionnaire* de Prosper Marchand, au mot *Médailles*, Note C.= Mél. de Vigneul Marville, *tom. III. pag.* 239.= Begery, *Libr. rarior. pag.* 14.= Lenglet, *Méth. histor. in-4. tom. IV. pag.* 131, & *Supplément*, *pag.* 165.= *Journ. des Scav. Mars*, 1702.= *Républiq. des Lettr.* de Bernard, *Nov.* 1702.

☞ Il est à propos de rapporter ici l'Extrait d'une Lettre écrite par M. le Clerc, Prêtre d'Orléans, fils du fameux le Clerc, Graveur, au Père des Molets de l'Oratoire, en date du 11 Février 1722, au sujet de ces Articles des *Médailles*.

« Je n'avois point lu jusqu'ici l'Article du Père
» Long, lequel n'est point exact. En le lisant, on sera en
» droit de supposer que les Médailles de ce Livre sont,
» au moins pour la plûpart, gravées par mon Père, ce
» qui n'est point. Des 300 Médailles qui y sont, mon
» Père n'en a gravé en tout que 36; & de tous les
» Graveurs qui y ont travaillé, je pense qu'il n'y en a
» point qui en ait moins gravé que lui. Je vais vous dire
» tout le fin de cela. Mon Père avoit fait tous les desseins
» des Médailles frappées en grand volume, depuis 1684,
» lorsqu'il fut question un peu avant 1700, de faire
» graver l'*Histoire Métallique de Louis XIV.* On en
» communiqua le projet à mon Père. Son avis fut qu'il
» falloit graver les Médailles d'après les desseins sur lesquels elles avoient été frappées. Tous ces desseins furent remis entre les mains de M. Coypel (mort depuis
» peu, à la fin de 1721), lequel étoit habile Peintre;
» mais assurément inférieur à mon Père, pour le dessein
» en petit. Un peu de jalousie de métier se mêla dans
» son fait, & il retoucha les desseins de mon Père,
» changeant par tout quelque chose, tantôt un bras,
» tantôt une jambe; ensorte qu'il ne se trouvoient différentes de ce qu'elles étoient dans les Médailles frappées. Mon Père s'en plaignit pour deux
» raisons : 1°. Il disoit que les corrections prétendues,
» gâtoient ses desseins, & les rendoient moins beaux;
» 2°. Il disoit qu'il paroîtroit étrange à ceux qui conservoient dans leurs Cabinets les Recueils des Médailles
» déja frappées, d'en voir dans le nouveau Livre d'entièrement différentes, & qui jusques-là n'avoient point
» paru ; que c'est l'ordinaire dans les Histoires Métalliques de faire graver les Médailles, telles qu'elles sont
» en effet en métal. Cependant son avis ne fut point
» suivi, & ceux qui étoient chargés de l'Ouvrage, suivirent l'avis de M. Coypel. Ce parti pris, on s'adressa
» à mon Père, qui eut de la peine à se résoudre de graver
» des desseins qu'il avoit faits, & que d'autres avoient
» retouchés. Néanmoins, comme il étoit d'une humeur
» douce & facile, il y consentit. Il avoit jusques-là été
» payé, quand il avoit gravé de ces Médailles, du prix
» de 60 livres. Ceux qui étoient chargés de l'Ouvrage,
» s'adressèrent à quelques autres Graveurs, qui s'offrirent
» de les faire à 40: on offrit la préférence à mon Père,
» qui la refusa. Sur son refus, on fit travailler d'autres
» Graveurs. Ce ne fut que sur la fin, & lorsque l'Ouvrage
» étoit presque achevé, qu'on le pria d'en faire quelques-
» unes qu'on lui promit de lui payer à 60 liv. il obéit, &
» en fit seulement 36. Il donna aussi son avis sur la forme,
» & dit que les personnes de bon goût n'approuveroient jamais les deux Médailles accostées sur la même
» page, & la répétition du Portrait du Roi sur chaque
» page ; mais son avis ne fut point suivi. Il dit encore
» qu'il falloit faire des bordures plus magnifiques que
» celles dont il avoit vu le projet, & en fournit un dessein incomparablement plus beau que ceux de M.
» Berin. Ce dessein a été gravé par mon Père, & il a
» accompagné d'une Médaille pour Charles XII. Roi
» de Suède, & d'un petit fleuron fort délicat. Son avis
» ne fut point encore suivi, parceque ces petites bordures
» étant chargées de figures, il n'y auroit eu que lui qui
» eût été en état de les graver. On lui objecta que cela
» seroit d'une trop grande dépense. Il répondit que pour
» un Livre pour lequel on avoit déja employé de si grandes sommes, il ne falloit rien épargner ; qu'après tout
» une couple de mille francs plus ou moins , n'étoit pas
» un objet qui dût arrêter sur un Ouvrage de cette nature. Mais il ne gagna rien, & l'on ne suivit point
» son avis. C'est lui qui a donné l'idée de la petite Edition de M. Anisson ».]

24405. ☞ Abrégé chronologique de l'Histoire Civile & Militaire du Règne de Louis XIV. par des Médailles ; par M. l'Abbé (Claude-François) LAMBERT.

C'est le dernier Livre de son *Histoire Littéraire de ce Règne* : *Paris*, Prault, 1751, *in-4.* 3 vol. On y indique les Evénemens, & on fait la description de chaque Médaille, mais sans figure.]

24406. ☞ Observations sur les Médailles du Règne de Louis XIV. contenant un Abrégé de l'Histoire de ce Règne; par M. FRADET, Prêtre habitué de la Paroisse de S. Germain-l'Auxerrois à Paris.

Cet Ouvrage est entre les mains de M. Fradet, neveu de l'Auteur, Avocat en Parlement, & ancien Secrétaire de l'Intendance à Châlons-sur-Marne.]

== ☞ Eclaircissement sur la (véritable) Médaille de la Paix de (l'Eglise sous) Clément IX.

Voyez ci-devant, *tom. I. pag.* 367, N°. 5611. On y trouve des discussions critiques sur le *Recueil des Médailles*, & sur-tout par rapport à la dernière Edition, procurée par Claude (Gros) DE BOZE, Secrétaire de l'Académie des Inscriptions.]

24407. ☞ Lettre critique sur la Médaille de Van-Beunenghen, frappée en Hollande après le Traité de Paix d'Aix-la-Chapelle: *Journ. de Verdun, Mars*, 1753.

M. Dreux du Radier prouve aussi modestement qu'invinciblement contre M. de Voltaire, l'existence de cette fameuse Médaille.]

24408. ☞ Remarques de Prosper Marchand, sur la Médaille du Soleil arrêté.

Dans son *Dictionnaire histor. tom. II. pag.* 49, & *suiv.*]

24409. ☞ Relations diverses, contenant: = La Journée de Nimègue : = Journal de l'Armée du Roi en Italie : = Journal du Séjour du Roi d'Espagne, à Naples; par de Vizé: *Paris*, 1702, *in-*12. = Journal du Blocus de Mantoue & de l'Armée du Duc de Bourgogne; par le même: *Paris*, 1702, *in-*12. = Relation de la Journée de Cremone; par le même: *Paris*, 1702, *in-*12. = Journal du Blocus & du Siége de Landau; par le même: *Paris*, 1702, *in-*12.]

24410. ☞ Relation de ce qui s'est passé à la surprise de Cremone: 1702, *in-*12.]

24411. ☞ Réflexions sur la Lettre du Roi de France au Cardinal de Noailles, sur la Victoire de Luzzara: *Cologne*, Marteau, 1702, *in-*12.

Pièce satyrique contre Louis XIV.]

24412. Journal du Siége de Landau: *Metz*, Colignon, 1702, *in-*12.

« L'Auteur de ce Journal (qui se nommoit de » Breande) marque jour par jour, & pour ainsi dire, » heure par heure, tout ce que les Assiégeans ont fait » pour prendre cette Ville, & tous les efforts des As- » siégés pour la défendre. Personne ne pouvoit être » mieux instruit que lui de toutes les particularités de » ce Siége; il étoit Officier de cette Garnison, & présent » à tout ce qui se passoit. D'ailleurs, la manière simple » & naturelle dont il raconte les actions les plus hardies, » ne permet pas de douter de sa fidélité ». *Journal des Sçavans*, du 28 Mars 1703.

24413. Mss. Journal du Siége de Landau, soutenu & décrit par (Yriez de Magontier) de Laubanie, Lieutenant Général des Armées du Roi, & Gouverneur de cette Place; depuis le 9 Septembre jusqu'au 23 Décembre 1704.

Ce Journal [étoit] conservé dans la Bibliothèque de M. le Pelletier de Souzi.

24414. ☞ Caroli Aubry Gallorum ad Landaviam & in Pugna Spirensi duplex palma, Duce Tallardo, Carmen; Aquila & Gallus fabula versibus senariis, de obsidione Landaviæ: *Parisiis*, 1703, *in-*4.]

24415. ☞ Journal du Siége de Brisac; par de Vizé: *Paris*, 1703, *in-*12.]

24416. ☞ Caroli Aubry Victores Galli ad Rhenum, Duce Hectore de Villars, Galliarum Polemarcho: *Parisiis*, 1703, *in-*4.]

24417. * Lettre du Roi Louis XIV. au Pape [Clément XI.], touchant la Guerre de Savoye : *Paris*, 1704, *in-*4. *Lyon*, 1704, *in-*12.

24418. La Guerre d'Italie, ou Mémoires du Comte D. * * *, contenant quantité de choses particulières qui se sont passées dans les Cours d'Allemagne, de France, d'Espagne, de Savoye & d'Italie : *Cologne*, P. Marteau, 1702, *in-*12.

« Nous pouvons dire de ces Mémoires, à peu près » ce que nous avons dit de ceux de Vordac; c'est qu'ils » sont du caractère des Mémoires de la Fontaine, d'Ar- » tagnan, & de quelques autres Livres de cette nature. » Le public n'a pas besoin qu'on l'avertisse que la plu- » part de ces Ouvrages sont faits sous des noms supposés, » & par tous autres Auteurs que par ceux à qui on les » attribue ». Jacques Bernard, Art. V. des *Nouvelles de la République des Lettres*, Janvier, 1703.

« J'ai lû dans l'Extrait de la *Réponse aux Questions* » *d'un Provincial* (dit M. des Maiseaux, rapporté par » Bernard, dans les *Nouvelles de la République des* » *Lettres, en Juin* 1704, *pag.* 697), que (M. Bayle) » faisoit Auteur de ce Livre M. du Buisson, qui » a écrit la *Vie de M. de Turenne*, & les *Mémoires du* » *Comte D. * * *,* qui ont paru il y a quatre ans. Ce » sçavant homme se trompe. J'ai connu l'Auteur de ce » Livre, qui étoit de mes amis; il s'appelloit de Grand- » champ, & servoit comme Capitaine en pied, dans le » Régiment de Lillemarais. Il fut tué dans l'attaque de » la Citadelle de Liége, en 1702.

Seconde Edition, augmentée: *Cologne*, P. Marteau, 1706, *in-*12.

Cette Edition est augmentée par un autre Ecrivain, jusqu'en 1705, d'environ soixante-dix pages.

24419. ☞ La Guerre d'Italie, ou Mémoires historiques, politiques & galans, (publiés sous le nom du) Marquis de Langallerie: *Cologne*, 1709, *in-*12. 2 vol. *La Haye*, 1743, *in-*12.

C'est un Roman dans le goût de ceux de Gatien de Courtilz. La seconde Edition va depuis 1704 jusqu'en 1716. On y trouve des fautes grossières, & qui prouvent que ces Mémoires n'ont pas été composés par M. de Langallerie.

24420. ☞ Campagne de M. le Maréchal de Villars en Allemagne, en 1703: *Amsterdam*, Rey, 1762, *in-*12. 2 vol.]

24421. ☞ Historia delle Guerre avenute in Europa, è particolarmente in Italia; per la successione alla Monarchia delle Spagne dell'anno 1696 all'anno 1725; scritta dal Copta Marchese Francesco Maria Ottieri, Accademico della Crusca: *in Roma*, 1729, 1753, &c. *in-*4. 5 vol.

Il n'y a eu que le premier Tome qui ait paru du vivant de l'Auteur, décédé en 1742. Son fils a fait imprimer le second Volume, qui embrasse tous les événemens qui sont arrivés depuis 1700 jusqu'à la fin de 1702. Les trois suivans ont dû paroître successivement. « On » distribue chez les héritiers Barbellini (à Rome), le » cinquième Tome de l'*Histoire des Guerres, pour la* » *succession à la Monarchie d'Espagne, depuis l'année* » 1696 *jusqu'à l'année* 1725; *par le Marquis François* » *Ottieri, Académicien della Crusca* ». Gazette de France du 20 Septembre 1755. Article de Rome du 30 Août.]

24422. ☞ Ludovico Magno Panegyricus Imp. Roman. nummis contentus; à Joan. Ant. à Mediobarbo, in Gallicum, à Carolo Cesare Baudelot de Dauval, translatus: *Parisiis*, 1703, *in-*4.]

24423. ☞ Nouveaux Caractères de la famille Royale, des Ministres d'Etat & des principales personnes de la Cour de France ; avec une supputation exacte des Revenus de cette Couronne : *Villefranche*, Pinceau, 1703, 1706, *in-12*.

Ces Caractères sont en grand nombre, & il y en a d'assez bien frappés & de curieux. L'Auteur entre dans un grand détail, pour la supputation des Revenus de Sa Majesté.]

24424. ☞ Oraison Funèbre de très-haute, &c. Princesse, Monarchie universelle, prononcée le 25 Août 1704, dans la Chapelle du Château de Versailles : *Cologne*, 1705, *in-12*.

Pièce satyrique contre la France.]

24425. ☞ Extrait d'une Lettre écrite vers la fin du mois de Novembre 1726.

Il est imprimé *pag.* 411 des *Réflexions sur l'Hist. de la Captivité de Babylone* : Utrecht, 1735, *in-12*. Il y est question des suites de la Bataille de Hochstet.]

24426. Historia di Ludovico XIV. Ré di Francia : *in Milano*, 1704, *in-12*.

24427. ☞ Détail fait par le Chevalier D'INFREVILLE, de la conduite qu'il a tenue dans le combat naval, rendu le 24 Août 1704 : *in-12*.]

24428. ☞ De l'Envoyé de Tripoli à la Cour de France : *Mercure, Juillet*, 1704, & *Choix des Mercures, tom. XXX. p. 35*.]

24429. ☞ Campagne de M. le Maréchal de Marsin, en Allemagne, en 1704 : *Amsterdam*, Rey, 1762, *in-12*. 3 vol.]

24430. ☞ Répliques de Louis Ferdinand, Comte de MARSIGLI, touchant la reddition de la Forteresse de Brisac : 1705, *in-4*.]

24431. Discours historique du Règne de Louis le Grand ; par MIRAT DE LA TOUR, Gouverneur de Tulle : *Paris*, Coignard, 1705, *in-12*.

24432. Essai historique sur la Révolte des Cévennes, commencée en 1702 & finie en 1705. Dans les *Lettres curieuses de Cuper, tom. II. pag. 324*.

Pour ce qui regarde cet événement & les Camisars, *Voyez* ci-devant, *Hist. des Calvinistes*, (*tom. I.* de cette *Bibliothèque, pag.* 398), N°s. 6085 & *suiv*.]

24433. ☞ Relation de ce qui est arrivé au Chevalier de Feuqueroles, à la Bataille de Ramilly : *Paris*, 1722, *in-12*.]

24434. Della Historia di Ludovico il Grande, descritta da Filippo CASONI Genovese, dall'anno 1638 fin al principio dell'anno 1706 : *in Milano*, Malatesta, 1706, *in-4*.

✱ On n'a publié [alors] que la Partie I. qui va jusqu'en 1674.

Istessa Historia : *in Milano*, 1722, *in-4*. 3 vol.

C'est l'Histoire complette de Casoni, principalement par rapport aux Affaires d'Italie, depuis 1638, année de la Naissance de Louis XIV. jusqu'au commencement de 1706.]

24435. Lettre sur la Campagne de M. de Vendôme en Italie : *Paris*, 1706, *in-12*.

24436. Journal historique du Siége de la Ville, de la Citadelle, & de la Bataille de Turin, l'an 1706 : *Amsterdam*, Mortier, 1708, *in-12*.

Ce Journal a été écrit par un Auteur qui étoit dans la Place pendant ce Siége.]

24437. La Guerre d'Espagne, de Bavière & de Flandres, du Marquis ***, contenant ce qui s'est passé de plus secret & de plus particulier, depuis le commencement de cette Guerre jusqu'à la fin de la Campagne de 1706 ; avec le Plan des Batailles qui se sont données ; (par Gatien DE COURTILZ) : *Cologne*, P. Marteau, 1706. Nouvelle Edition augmentée jusqu'en 1707 : *La Haye*, Foulques, 1707, *in-12*.

Les mêmes Guerres, sous ce titre : Mémoires du Marquis D.*** contenant ce qui s'est passé de plus secret depuis le commencement de la Guerre d'Espagne, de Bavière & de Flandres, nouvelle Edition : *Cologne*, 1712, *in-12*. 2 vol.

Cet Ouvrage est plein de partialités & d'aventures galantes assez fades ; il est du caractère des autres productions du même Auteur. *Voyez* à la fin de cette *Bibliothèque historique*, le *Mémoire concernant ses Ouvrages*,

☞ Quelques-uns cependant attribuent ce Livre au Marquis de SOUFFENAGE.]

24438. ☞ Relation de ce qui s'est passé en Espagne, sous la conduite de Mylord Peterboroug, depuis 1706 : *Amsterdam*, 1708, *in-12*.]

24439. ☞ Enlèvement de M. de Beringhen : *Mercure*, Mars, 1707 ; & *Choix des Mercures, tom. XXX. pag.* 43.

Il fut pris pour M. le Dauphin, sur la route de Paris à Versailles, par un Parti des Ennemis qui avoit traversé la Champagne.]

24440. ☞ Description de la Bataille d'Almanza, donnée (en Espagne) le 25 Avril 1707 ; & Observations préliminaires.

Cette Pièce se trouve au tom. III. de la *Bibliothèque militaire de Zurlauben* : *Paris*, 1751, *in-12*.]

24441. Histoire du Siége de Toulon, où l'on voit tout ce qui s'est passé depuis le jour que M. de Savoye est entré en Provence, jusqu'au jour qu'il en est sorti : *Paris*, Brunet, 1707, *in-4*. & *in-12*. 2 vol.

Cette Histoire est de Jean d'Auneau, Sieur DE VIZÉ.

24442. ☞ L'Expédition d'Ecosse, ou le retour du Prince de Galles en France ; Tragicomédie, en Vers François : *Paris*, (*Amsterdam*), 1708, *in-12*.]

24443. ☞ Compendio Istorico dell'ultima Guerra tra, collegati e la Francia ; da Arias RIPAMONE Cielvegra, principiando l'anno 1700 sino al 1708 : *Trento*, Brunati, 1708, *in-12*.]

Règne de Louis XIV. 1718.

24444. ☞ Le Triomphe de l'auguste Alliance, & la levée du Siége de Bruxelles, par l'Armée de France, sous les ordres de son Altesse Electorale de Bavière, au mois de Novembre 1708, dédié aux Etats-Généraux des Provinces unies; par C. M. D. R. Nancy, (*Amsterdam*), Gaidon, 1709, *in-*8. avec fig.]

24445. La Campagne de Lille, par le Sieur CATON, Officier dans l'Armée des Alliés: *La Haye*, Husson, 1709, *in-*12.

24446. ☞ Lettre du Roi, au Duc de Tresmes, au sujet des propositions extraordinaires des Alliés pour la Paix: *Paris*, 1709, *in*-4.]

24447. ☞ Relation de la Bataille de Malplaquet: 1709, *in*-4. & *in*-12.]

24448. ☞ Le *Pater* de Louis XIV. en 1709, *in*-12.]

24449. ☞ Les Partisans démasqués, Nouvelle plus que galante : *Cologne*, 1709, *in*-12.]

24450. Histoire de Louis XIV. jusqu'à présent, narrée d'une manière désintéressée, & confirmée par des Mémoires authentiques, des Traités, &c. *London*, 1709, *in*-8. (en Anglois.)

Les Anglois étoient alors trop animés contre le Roi, pour croire qu'un Auteur de ce Pays-là ait pu écrire sa Vie d'une manière désintéressée : ceux qui auront lu cet Ouvrage, pourront en juger plus sûrement.

24451. ☞ Mémoires du Comte (Claude) DE FORBIN, Chef d'Escadre, Chevalier de l'Ordre de S. Louis: *Amsterdam*, (*Rouen*,) 1729, *in*-12. 2 vol.

Le Tome I. va de 1675 à 1697.
Le Tome II. de 1698. à 1710.

On prétend qu'ils ont été revus par le P. le Comte, Jésuite, & par Reboulet. « Ils sont écrits avec plus de » feu & d'imagination que de justesse & de vérité : » peut-être pourroit-on reprocher à l'Auteur un peu » trop d'amour propre ; il traite avec indécence quel- » ques personnes de mérite, & sur-tout le Chevalier » Jean Bart, dont l'air grossier cachoit un grand sens » & une valeur exquise ». *Essai sur la Marine*, par Deslandes : 1748, *pag.* 25. On trouve dans les *Mémoires* de l'Abbé d'Artigny, *tom*. II. *pag.* 24 & *suiv*. quelques particularités sur ces Mémoires.

On peut encore voir le *Supplément* de Lenglet, à sa *Méth. hist. in*-4. *pag.* 168. = *Mém. de Trév.* Févr. 1730. = *Biblioth. Françoise* du Sauzet, *tom*. XV. *pag.* 96. = *Biblioth. raisonnée*, *tom*. *pag.* 316. = *Siécle de Louis XIV. tom*. II. *pag.* 376. = *Lett. sérieuses & badines*, *tom*. IV. *pag.* 596.]

24452. Relation de la Campagne de Tannières, ou Journal de la Campagne de 1709 : *La Haye*, 1710, *in*-12.

24453. ☞ Relation de la Campagne de l'année 1710, contenant le Siége de Béthune, de Saint-Venant, d'Aire, &c. *La Haye*, 1710, *in*-12.]

24454. ☞ Relation de la Campagne de Flandres en 1710, contenant un Journal des Siéges de Douai, Béthune, Saint-Venant,

Aire, &c. par J. V. S. *La Haye*, Husson, 1711, *in*-12.]

24455. ☞ Histoire des Combats d'Almenar & de Penalva, des Batailles de Sarragosse & de Villaviciosa, & du Siége de Gironne en 1710; par M. GAYOT DE PITAVAL: *Paris*, Jombert, 1712, *in*-12.]

24456. ☞ Relation de ce qui s'est passé dans la descente que les ennemis ont faite au Port de Cette, le 30 Juillet 1710: *Montpellier*, Martel, 1711, *in*-4.]

24457. ☞ Mémoire touchant les moyens d'établir le Prétendant sur le Trône de la Grande-Bretagne : *Cologne*, 1710, *in*-12.]

24458. ☞ Dialogue entre MM. de Turenne & le Prince d'Auvergne, sur l'état des Affaires en 1710 : *Cologne*, 1710, *in*-12.]

24459. ☞ L'Ombre de Charles-Quint apparue à Volcart, ou Dialogue sur les Affaires du temps : *Cologne*, Marteau, 1710, *in*-12. de 163 pages.

Pièce assez rare & singulière : c'est une comparaison & une critique de la conduite de l'Empereur Charles-Quint & de celle de Louis XIV.]

24460. ☞ Mémoire pour servir à l'Histoire des Couplets de 1710, attribués faussement à M. Rousseau ; (par feu M. BOINDIN, de l'Académie des Belles-Lettres).: *Bruxelles*, 1752, *in*-12.

On trouve à la fin un Extrait des Interrogatoires, Récolemens & Confrontations de Guillaume Arnould, Charles Olivier & Joseph Saurin ; enfin les Couplets intitulés : *Le véritable pacquet*, adressé à M. Boindin, & parconséquent le vrai corps du délit.

C'est une Apologie de Rousseau contre Saurin, qui contient un Récit des faits assez succinct, un Extrait d'Interrogatoires, & la Copie figurée du véritable pacquet qui renfermoit les Couplets en question. Si Boindin, qui est Auteur de cet Ouvrage, a voulu être la vérité, il étoit mieux instruit que personne, puisque c'est à lui que le paquet fut adressé.

Il faut y joindre : *Mémoire du Sieur* SAURIN, *contre le Sieur Rousseau* : *in*-4. On peut voir sur ces Couplets & leur Auteur, le *Siécle de Louis XIV. tom*. VII. de l'Edition des *Œuvres de Voltaire*, 1756, Article, *La Motte Houdart*, & Article *Rousseau*, où il en est amplement parlé, ainsi que dans le Fragment d'une de ses Lettres adressée à un Académicien de Berlin, *tom*. I. de l'Edition de ses Œuvres de 1756.

Voyez encore les Notes qui suivent l'Eloge de la Motte, à la tête de l'*Esprit de ses Poésies*, *in*-12.]

24461. ☞ Relation de l'Expédition de Rio Janeiro, par M. du Guay-Trouin, en 1711 : *Paris*, 1712, *in*-4.]

24462. ☞ Discours de ce qui s'est passé dans l'Empire au sujet de la succession d'Espagne, & l'Allemagne menacée d'être bientôt réduite en Monarchie absolue, &c. 1711, *in*-12.]

24463. ☞ La Musique du Diable, ou le Mercure Galant dévalisé : *Paris* (*Hollande*) 1711, *in*-12.]

24464. Histoire de Louis le Grand, depuis le commencement de son Règne jusqu'en 1710; par (Michel David,) Sieur DE LA

BIZARDIERE : *Paris*, Barois, 1712, *in-*8. [de 73 pages.]

Il est surprenant qu'un Auteur, qui a quelque réputation, veuille l'exposer en donnant un pareil Ouvrage au public; car il ne contient qu'une Chronologie très-succincte de quelques événemens de la Vie du Roi, dénués des circonstances qui peuvent les faire lire.

☞ Le Sieur de la Bizardiere s'appelloit Michel David de la Bizardiere, & David étoit son nom de famille, comme on peut le voir dans son *Histoire de la Scission de Pologne.*

Voyez Lenglet, tom. *IV. pag.* 135. = *Journ. des Sçav. Févr.* 1713. = *Journ. Hist. Décemb.* 1712.]

24465. ☞ Relation de l'Affaire de Denain & Marchienne, par l'Armée du Maréchal de Villars : *Paris*, 1712, *in-*4.]

24466. Relation de la dernière Campagne & de l'Affaire de Denain (en 1712;) avec une Carte de tous les Mouvemens des François.: *La Haye*, Johnson, 1713, *in-*4.

Cette Relation est contenue dans un *Recueil de Lettres & de Mémoires.*

24467. ☞ Observations du Chevalier Folard sur les Batailles de Cassano, (1705) de Malplaquet (1709) & de Denain.

Elles se trouvent dans les Extraits de son Commentaire sur Polybe, attribués au Roi de Prusse, & publiés sous le titre d'*Esprit du Chevalier Folard, &c. de main de Maître: Leipsig*, 1761, *in-*8. *pag.* 73, 78 & 91.]

24468. ☞ Mémoires Anecdotes de la Cour & du Clergé de France ; par J. B. DENYS : *Londres*, 1712, *in-*8.]

24469. ☞ Entretien d'un Gentilhomme François avec un Officier Hollandois, au sujet de l'enlèvement de M. de Beringhen sur le chemin de Versailles : 1712, *in-*12.

Voyez ci-devant, N.° 24439.]

24470. Histoire des dernières Campagnes de (Louis-Joseph) Duc de Vendôme, qui contient la fidélité héroïque des Espagnols au service de Philippe V. les divers événemens qui se sont passés en Espagne depuis l'arrivée de M. de Vendôme jusqu'à sa mort (en 1712;) avec son Eloge & ses autres Campagnes; par le Chevalier DE BELLERIVE, Capitaine de Dragons, témoin oculaire : *Paris*, Saugrain, 1714, *in-*12.

☞ On peut voir sur cette Histoire, les *Mémoires de Trévoux*, 1714, *Décembre.*]

24471. ☞ Memorie historiche della Guerra tra le Case d'Austria & di Borbonia sopra la Monarchia d'Espagna dopo l'anno 1701, final 1713 : *in Venetia, in-*4.]

34472. Relation de la Campagne du Maréchal de Villars, en 1712; par GAYOT DE PITAVAL : *Paris*, 1712, *in-*12.

24473. Campagne du Maréchal de Villars, en 1712, suivie de la Paix de Rastat ; par le même : *Paris*, Jombert, 1713, *in-*12.

24474. La conduite du Duc d'Ormont pendant la Campagne de 1712, en Flandres, où l'on voit les Lettres des Lords d'Oxford & de Bulinbroke, & des Généraux de Villars & Ormond, touchant l'intrigue du dernier Ministère d'Angleterre, pour parvenir à une cessation d'armes, &c. traduit de l'Anglois : *La Haye*, Scheurleer, 1715, *in-*12.

On y trouve des anecdotes fort curieuses.

24475. ☞ Histoire burlesque de la Guerre présente, traduite de l'Anglois : *Londres*, 1713, *in-*12.]

24476. ☞ L'Avant-Coureur de la Paix: *Cologne*, 1713, *in-*12.]

24477. ☞ Dialogues entre Charles-Quint & François I. sur la Paix : 1713, *in-*12.]

24478. ☞ La conduite des Alliés & du dernier Ministère, en commençant & en continuant la Guerre, traduit de l'Anglois : 1712, *in-*8.]

24479. Eloge historique du Roi sur la Conclusion de la Paix générale ; par l'Abbé DE BELLEGARDE : *Paris*, Colombat, 1714, *in-*12.

Dans cet Eloge, l'Auteur donne un Abrégé de la Vie du Duc de Vendôme.

24480. Histoire abrégée de Louis le Grand.

Cette Histoire est imprimée dans le *Dictionnaire de Moréri : Paris*, 1712, *in-fol.* [& autres Editions suivantes.]

24481. Mf. Poëme (héroïque) du Règne de Louis XIV. par François-Séraphin REGNIER DESMARAIS, de l'Académie Françoise.

Ce Poëme est cité dans les *Mémoires de Littérature, pag.* 75. Il est en quatre Chants; le premier contient ce qui s'est passé depuis 1643 jusqu'en 1684; le second, depuis 1685 jusqu'à la Paix de Riswick ; le troisième, depuis ce temps-là jusqu'à la Bataille de Malplaquet ; & le dernier, depuis le Siége de Douay jusqu'à la Paix. L'Auteur est mort en 1713.

24482. ☞ Histoire de la Révolte des Catalans, & du Siége de Barcelonne : *Lyon*, 1714, *in-*8.

L'Espagne & la France tombèrent sur les Catalans; & ceux-ci, au moyen de la Paix, se trouvèrent abandonnés par les Alliés.]

24483. ☞ Journal du Siége de Barcelonne, & de la Guerre de Catalogne (en 1714) : *Lyon*, Lamaury, 1714, *in-*12.

Le même, sous ce titre : Histoire de la dernière Révolte des Catalans & du Siége de Barcelonne, seconde Edition : *Lyon*, Lamaury, 1715, *in-*12. de 355 pages.]

24484. ☞ Journal historique du Voyage & des Aventures de l'Ambassadeur de Perse en France ; (par LE FEVRE DE FONTENAY, l'un des Auteurs du Mercure :) *Paris*, 1715, *in-*12.]

24485. ☞ Relation de l'Entrée de Milord Stair, Ambassadeur d'Angleterre : 1715, *in-*12.]

24486. ☞ Histoire secrette des Intrigues de la France dans toutes les Cours de l'Europe; traduite

traduite de l'Anglois: *Londres*, 1715, *in*-8. 3 vol.]

24487. Journal historique de la dernière maladie, de la mort & des obséques du Roi Louis XIV. & de l'Avénement de Louis XV. à la Couronne; par LE FEVRE DE FONTENAY: *Paris*, 1715, *in*-12.

L'Auteur a fait quelques Volumes du *Mercure Galant*.

24488. Mf. Mémoire de (Philippe de Courcillon, Marquis de) DANGEAU, sur ce qui s'est passé dans la Chambre du Roi Louis XIV. pendant sa maladie, au mois d'Août 1715.

Ce Mémoire [étoit] conservé dans la Bibliothèque de M. le Baron d'Hoendorff, Colonel de l'Empereur, [& est aujourd'hui dans la Bibliothèque Impériale.]

24489. La Vie & l'Histoire de Louis XIV. divisée en huit parties: *London*, 1716, *in*-8. [8 vol.] (en Anglois).

On ne trouve rien dans cette Vie qui n'ait déja paru dans d'autres Ouvrages.

24490. Histoire du Règne de Louis XIV. où l'on trouve une recherche exacte des Intrigues de cette Cour dans les principaux États de l'Europe; par H. P. D. L. D. E. D. *Amsterdam*, Compagnie, 1717, *in*-12. 7 vol.

Ces lettres initiales signifient Henri-Philippe DE LIMIERS, Docteur ès Droits. « C'est une entreprise bien » hardie, que celle d'écrire l'Histoire de Louis XIV. » Son Règne a été un des plus longs que l'on ait vus en » France, un des plus féconds en grands événemens, un » de ceux où la plus fine politique a été mise en usage, » & où le secret de mille & mille Négociations a été si » bien gardé, qu'on ne peut pas se vanter de les avoir » pénétrées..... Quant aux Intrigues de Cour, qu'on » promet dans le titre de cette Histoire, je demande- » rois volontiers dans quelles sources on les a puisées ». Jacques Bernard, *Nouvelles de la République des Lettres*, Art. VII. des mois de Juillet & Août, *pag.* 532, &c. Les *Mémoires de Trévoux*, *pag.* 842, du mois d'Août 1717, disent que cette Histoire a été composée en sept mois; aussi l'Auteur y a fait entrer un grand nombre de Pièces & d'Actes assez longs; ce qui a avancé sa besogne. [C'est le premier qui ait fait la Gazette d'Utrecht.]

La même, seconde Edition, revue, corrigée & augmentée par l'Auteur: *Amsterdam*, Compagnie, 1719, *in*-12. 12 vol. *Amsterdam*, (Rouen) 1720, *in*-4. 2 vol.

Cette seconde Edition n'est presque augmentée que des Extraits d'Ecrits & de Libelles publiés par les ennemis du Roi & du Royaume de France.

☞ *Voyez* les *Nouvelles de la République des Lettres* de Bernard, *Juillet, Août & Sept.* 1717. = *Nouv. Littér.* tom. *V.* pag. 361 : tom. *IX.* pag. 37. = *Histoire critique de la Républ. des Lettres*, tom. *XIII.* pag. 439. = *Pièces fugit.* tom. *III.* pag. 187, part. 2. = *Journal de Leipsick*, 1718, pag. 346. = Lenglet, *Méth. histor.* in-4. tom. *II.* pag. 286 : tom. *IV.* pag. 132. = *Journal de Verdun*, *Septemb.* 1717, *Octob.* 1718. = Lenglet, *Plan de l'Histoire de France*, tom. *II.* pag. 25.]

24491. Histoire de France sous le Règne de Louis XIV. par (Isaac) DE LARREY, Conseiller de la Cour & des Ambassades de Sa Majesté le Roi de Prusse: *Rotterdam*, Bohm, 1718, 1719 & 1721, *in*-12. [9 &] 12 vol.

☞ La même, avec des Notes; (par Louis-François-Joseph DE LA BARRE): *Rotterdam*, (Rouen) 1733, 1738, *in*-12. 9 vol.

Voyez Hist. critiq. de la Républ. des Lettr. tom. *XV.* pag. 368. = *Observ. sur les Ecriv. modern. Lettr.* 9. = *Journ. de Verdun, Mars*, 1717, *Février*, 1719, *Juillet*, 1722. = Le P. Niceron, tom. *I.* pag. 12. = *Journal de Leipsick*, 1719, pag. 61: *Suppl. VIII.* p. 59: 1723, pag. 144. = *Nouv. Littér.* tom. *VII.* pag. 307 : tom. *X.* pag. 139. = Lenglet, *Méth. hist.* in-4. tom. *II.* pag. 288: tom. *IV.* pag. 132. = *Mém. de Trévoux, Mai*, 1717, *Septemb.* 1722. = Lenglet, *Plan de l'Hist. de France*, tom. *II.* p. 24. = *Siècle de Louis XIV.* tom. *II.* p. 387.]

24492. ☞ Lettre de M. l'Abbé R .... à Mr M. E. S. D. R. sur l'Histoire de France, sous le Règne de Louis XIV. par LARREY : *in*-4.]

24493. ☞ Lettre de M. N. à M. N. sur l'Histoire de Larrey. *Mercure nouveau*, 1719, *Décembre*.]

24494. ☞ Histoire de la Vie & du Règne de Louis XIV. rédigée sur les Mémoires de feu M. le Comte de ***, & publiée par M. Bruzen de la Martinière, avec figures & Médailles : *La Haye*, Van-Duren, 1740, *in*-4. 5 vol.

La même; par M. DE LA HODE, enrichie de Médailles : *Basle & Francfort*, 1740 & *suiv.* *in*-4. 6 vol.

On a prétendu que le Manuscrit, fait double, avoit été vendu aux deux endroits. Quoi qu'il en soit, dans l'Edition de la Haye les Médailles sont imprimées dans le Texte, aux années auxquelles elles ont rapport; & dans celle de Basle, elles sont toutes à la fin du Tome VI.

Ce M. de la Hode, Auteur de l'Ouvrage, est, comme le dit Voltaire, (*Mensonges imprimés*) un Jésuite (sorti) de son Ordre, qui s'étoit réfugié en Hollande, où il a travaillé pour avoir du pain. Il s'appelloit LA MOTHE, & étoit Auteur d'une misérable *Hist. des Révolutions de France*, bien caractérisée par Mathurin Veyssiere La Croze, dans sa Préface de l'*Histoire du Chr. d'Ethiopie*, &c. *la Haye*, 1739, *in*-12. On peut encore voir au sujet de cet Ecrivain, les *Mémoires de la Régence*, tom. *I.* sous l'année 1715. Quant à son *Histoire de Louis XIV.* il en est parlé dans les *Observations sur les Ecrits modernes*, *Lettre* 53 : = les *Mémoires de Trévoux*, 1739, *Janvier*, (à l'occasion du *Prospectus* de la Haye :) le *Supplément à la Méthode historique* de Lenglet, *in*-4. pag. 165.]

24495. Mf. Histoire de Louis XIV. *in*-4.

Les *Mém. de Trévoux*, (*Déc.* 1716, p. 2293) l'ont annoncée, comme devant bien-tôt paroître. On l'attribuoit à l'Abbé DE BELLEGARDE. [Il n'en a rien paru, au moins sous ce nom.]

24496. ☞ Histoire du Règne de Louis XIV. surnommé le Grand, Roi de France; par M. (Simon) REBOULET, Docteur ès Droits : *Avignon*, 1744, *in*-4. 3 vol.

On y place plusieurs portraits gravés par Odieuvre. L'Auteur, ami des Jésuites, est mort en 1752.

Voyez sur cette Histoire; *Mém. de Trév. Décemb.* 1745, *Janv. Févr. Mars & Avril* 1746. = *Mémoires de Littér.* d'Artigny, tom. *VI.* pag. 309 & *suiv.* = Lenglet, *Plan de l'Histoire de France*, tom. *II.* pag. 16. = *Jugement sur quelques Ouvrages nouveaux*, tom. *IX.* p. 145. = *Observ. Littér.* tom. *I.* pag. 89, 134.]

== Histoire Métallique de Louis le Grand, ou Recueil de Médailles depuis 1643 jusqu'en 1715 : *in-fol.* & *in*-4.

C'est la seconde Edition. *Voyez* ci-devant, N°. 24404.]

24497. ☞ Abrégé de l'Histoire de Louis

Liv. III. *Histoire Politique de France.*

XIV. (par M. Arbaud :) *Bruxelles*, 1752, *in*-12.

Voyez *Mercure*, 1753, Mai.]

24498. ☞ Journal du Règne de Louis XIV. par le P. Henri Griffet, Jésuite : *in*-4.

C'est le Tome XVI. de l'Edition qu'il a donnée de *l'Histoire de France* du P. Daniel : *Paris*, 1755-1757, *in*-4.]

24499. ☞ Nouveaux Entretiens des Jeux d'esprit & de Mémoire, ou Conversations plaisantes, avec des particularités du Règne de Louis le Grand ; par le Marquis de Chastres : *Lyon*, 1721, *in*-12.]

24500. ☞ Histoire Militaire du Règne de Louis le Grand, Roi de France ; où l'on trouve un détail de toutes les Batailles, Siéges, Combats particuliers, & généralement de toutes les Actions de Guerre qui se sont passées pendant le cours de son Règne, tant sur terre que sur mer ; enrichie des Plans nécessaires, &c. par M. le Marquis de Quincy : *Paris*, Mariette, 1726, *in*-4. 7 vol.

Tome I. 1643 —— 1681.
Tome II. 1681 —— 1693.
Tome III. 1694 —— 1702.
Tome IV. 1703 —— 1705.
Tome V. 1706 —— 1708.
Tome VI. 1708 —— 1711.
Tome VII. 1712 —— 1715.

On trouve à la fin :

Relation de la dernière maladie du Roi.
Maximes & Instructions sur l'Art Militaire, par M..... Officier général des Armées du Roi.

Voyez la *Méth. historiq.* de Lenglet, *in*-4. tom. II. pag. 292, & tom. IV. pag. 132. = Journ. des Sçavans, Octob. 1726. = Journ. de Verdun, Novemb. 1724, & Septemb. 1726. = Mém. de Trévoux, Octobre, 1724. = Siècle de Louis XIV. tom. II. pag. 406.]

24501. ☞ Histoire Militaire du Règne de Louis le Grand ; par M. Ray de S. Geniés : *Paris*, Durand, 1755, *in*-12. 3 vol.]

24502. ☞ Recueil de Lettres pour servir d'éclaircissement à l'Histoire Militaire du Règne de Louis XIV. depuis 1671 jusqu'en 1694 ; par le P. Henri Griffet, de la Compagnie de Jesus : *Paris*, 1760-1764, Boudet, *in*-12. 8 vol.]

24503. ☞ Extrait des Guerres du Règne de Louis le Grand ; par P.F. Brunet : *Paris*, 1732, *in*-4.]

24504. ☞ Le Siècle de Louis XIV. publié par M. de Francheville : *Berlin*, 1752, *in*-12. 2 vol.

L'Auteur est M. François-Marie Arouet de Voltaire.

Le Tome I. s'étend depuis 1643 jusqu'à 1714, après la Paix d'Utrecht.

Le Tome II. contient, = les Particularités & Anecdotes du règne de Louis XIV. = le Gouvernement intérieur, Commerce, &c. = les Finances : = les Sciences & Arts : = les Hommes illustres & Ecrivains.

Additions & Corrections au premier & second Volume du Siècle de Louis XIV. *Berlin*, 1753, *in*-12.

Il y a une Edition de 1753 *in*-12. 3 vol. avec des Notes : celles du Tome I. sont de M. de la Beaumelle.

Le même, augmenté.

Dans l'Edition des *Œuvres* de M. de Voltaire, 1756, *in*-8. 1757, *in*-12.

Le même, revu & augmenté considérablement, avec le Précis du Siècle de Louis XV. par M. de Voltaire : *Genève*, 1768, *in*-8. 4. vol.

Voyez Lenglet, *Plan de l'Histoire de France*, t. II. pag. 26. = *Lettre de Clément*, tom. II. pag. 225-268. = *Observ. sur la Litter. modern.* tom. VIII. pag. 280, 334 : tom. IX. pag. 251. = *Biblioth. Françoise* de Dujauzet, tom. XXXI. pag. 352.]]

24505. ☞ Réfutation d'un Mensonge imprimé dans le Siècle de Louis XIV. (par M. François-Louis Cizeron Rival) : *in*-4.]

24506. ☞ Le Siècle Politique de Louis XIV. (par Milord Bolingbroke) ; avec les Pièces qui forment l'Histoire du Siécle de M. de Voltaire, & de ses Querelles avec MM. de Maupertuis & de la Beaumelle, suivies de la Disgrace de ce fameux Poète : (*Dresde*,) 1754, *in*-12. 2 vol.]

24507. ☞ Réponse au Supplément du Siècle de Louis XIV. (par M. de la Beaumelle :) *Colmar*, 1754, *in*-12.

On trouve à la suite : = Lettre de M. de la Beaumelle sur ses démêlés avec M. de Voltaire : = Mémoire de M. de Voltaire, apostillé par M. de la Beaumelle.]

24508. ☞ Anecdotes sur Louis XIV. par M. de Voltaire. *Mercure*, 1750, Août.]

24509. ☞ Lettre à M. de Voltaire, sur son Histoire de Louis XIV. par M***. *Mercure*, *Juin*, 1753, I. vol.]

24510. ☞ Essai sur l'Histoire générale & sur les Mœurs & l'Esprit des Nations depuis Charlemagne, jusqu'à nos jours ; (par M. de Voltaire :) (*Genève*, Crammer,) 1756, *in*-8. 7 vol.

Cet Essai avoit déja été imprimé, mais moins ample : on y a réuni le *Siècle de Louis XIV.* qui étant augmenté (& l'Histoire continuée jusqu'en 1755) forme les trois derniers Volumes. Les sept Tomes sont les derniers des dix-sept qui composent l'Edition des *Œuvres de M. de Voltaire*, donnée en 1756, *in*-8. On en imprime une nouvelle *in*-4. dont le *Prospectus* a été publié en 1768.]

24511. ☞ Mémoires pour servir à l'Histoire de Louis XIV. par feu M. l'Abbé (François Thimoléon) de Choisy, de l'Académie Françoise : *Utrecht*, 1727, *in*-12. 1 vol. en 2 tomes.

Ces Mémoires ne commencent qu'à la mort du Cardinal Mazarin en 1661. L'Editeur est feu Denys-François Camusat, qui a fait la Préface. Struvius, dans sa *Bibliothec. historic.* pag. 430, dit que ces Mémoires sont écrits sans jugement & sans ordre ; que cependant ils contiennent des Portraits curieux de quatre Ministres, Fouquet, le Tellier, Lyonne & Colbert.

Voyez encore, = *Journ. de Leipsick*, 1728, pag. 217.

= *Biblioth. Littér. d'Europe*, tom. *VI. pag.* 99. = Lenglet, *Méth. hift. in-*4. tom. *II. pag.* 228, & tom. *IV. pag.* 135. = *Mém. de Trévoux,* 1727, *Octobre.*]

24512. ☞ Mémoires de M. DU GUÉ TROUIN, Chef d'Efcadre des Armées de Sa Majefté Très-Chrétienne, & Grand'Croix de l'Ordre Militaire de S. Louis : *Amfterdam,* (Paris,) 1730, *in-*12. 2 vol. *Paris,* 1740, *in-*4. & *in-*12. 2 vol.

Ces Mémoires (qui ont été d'abord publiés par Pierre de Villepontoux) commencent en 1673, & finiffent à la mort de Louis XIV. en 1715. L'Edition *in-*4. a été faite fur l'original de l'Auteur, & on y a ajouté un Abrégé de fa Vie, & des figures : elle a été donnée par M. Godard de Beauchamps.

Voyez fur ces Mémoires, *Biblioth. Françoife de Dufauzet,* tom. *XIV. pag.* 293. = *Biblioth. raifon.* tom. *V. pag.* 309. = *Lettres férieufes & badin.* tom. *IV. p.* 596. = *Siécle de Louis XIV.* tom. *II. pag.* 382. = *Le Nouvellifte du Parnaffe, Lettre* 1. = *Obferv. fur les Ecrits modernes, Lettre* 320. = *Journ. des Sçav. Avril* 1740. = *Mercure, Juin* 1740. = Lenglet, *Supplément, p.*168.]

24513. ☞ Mémoires de M. de ***, pour fervir à l'Hiftoire du XVII.e fiécle, publiés par M. Meufnier de Querlon : 1759, *in-*12. 2 vol.]

24514. ☞ Mémoires de (la Vie de) Madame de Maintenon ; (par LA BEAUMELLE :) *Amfterdam,* (*Paris,*) 1755, *in-*12. 6 vol.

Le même a auffi publié les *Lettres* de cette Dame, & plufieurs de celles qu'elle a reçues : *Amfterdam,* 1756, *petit in-*12. 8 vol.]

24515. ☞ Mélanges hiftoriques du Règne de Louis XIV. *in-*12.]

24516. Lettre Critique fur quelques circonftances de la Naiffance de Louis XIV. exprimées par Vittorio Siri, mal entendues par le Clerc, & éclaircies fur un Manufcrit de Jean-Paul MARANA. *Journal de Verdun,* 1752, *Décembre.*]

24517. ☞ Mf. Les Prodiges du Ciel dans la Vie & dans le Règne de Louis XIV. avec trois figures à l'encre de la Chine : grand *in-fol.*

Ce Manufcrit eft indiqué num. 5235, au Catalogue de la Bibliothèque de M. Pajot d'Ons-en-Bray, imprimé en 1756.]

24518. ☞ Anecdotes fur le difcernement, l'accueil & la libéralité de Louis XIV. pour les Sçavans ; par M. Jean-Marie-Joféph Thomaffeau DE CURSAY, Sous-Diacre & Chanoine honoraire d'Appoigny : 1761, *in-*12.]

— Hiftoire Littéraire de Louis XIV. par l'Abbé LAMBERT.

Voyez ci-après, *Hommes illuftres dans les Sciences.*

24519. ☞ Mort de Louis XIV. *Journal de Verdun,* 1715, *Octobre,* & *Choix des Mercures,* tom. *XXXII. pag.* 1.]

24520. Oraifons funèbres de Louis XIV.

Les *Mémoires de Trévoux*, des mois de *Novembre* & *Décembre* 1716, rapportent les titres des Oraifons funèbres Françoifes & Latines.

☞ Louis XIV. a eu cinquante-trois Panégyriftes après fa mort : l'Editeur du *Recueil des Oraifons funè-*

bres de M. LE PREVOST, Chanoine de Chartres, *Paris,* Lottin, 1765, les fait connoître ou les rappelle, dans les Notices qui précédent le Difcours de M. le Prevôt. Cet Editeur eft M. Auguftin-Martin LOTTIN, Imprimeur & Libraire de Paris.]

24521. ☞ Relation en abrégé de ce qui s'eft paffé à la mort de Louis XIV. dit Louis le Grand, Roi de France & de Navarre, arrivée à Verfailles le 1 Septembre 1715, à huit heures du matin : *in-*4.

On y trouve les cérémonies qui furent obfervées à fes Obféques, & tout ce qui fe paffa au Parlement au fujet de la Régence & du Lit de Juftice qu'y tint le Roi Louis XV.]

24522. ☞ Oraifon funèbre de Louis le Grand, Roi de France, prononcée dans le Collége de Louis le Grand ; par le P. PORÉE, de la Compagnie de Jefus, & traduite en François par M... M... (M. Louis Mannory :) *Paris,* 1716, *in-*4. Latin & François.]

24523. ☞ Réflexions critiques fur l'Eloge funèbre du Roi, prononcé par le R. P. P**, J**, 1716 ; (par Bénigne GRENAN, Profeffeur de l'Univerfité) : *in* 12.]

24524. ☞ Lettres ou Réflexions critiques fur le même Eloge ; par M... (GUÉRIN,) Profeffeur en Rhétorique au Collége de (Beauvais, à Paris :) 1716, *in-*12.]

24525. ☞ Apologie de l'Eloge funèbre du Roi, prononcé par le P. Porée, ou Remarques fur les Réflexions critiques de M........ *Paris,* 1716, *in-*12.

Cette Apologie eft d'Etienne PHILIPPE, Licentié en Droit, & le plus ancien Maitre ès Arts de l'Univerfité de Paris, originaire de Beauvais, mort à Paris, au Collége de Louis le Grand, le 9 Mai 1754, âgé de près de 78 ans.]

24526. ☞ Réponfe à la Critique faite par M....... Profeffeur en Rhétorique ; (par l'Abbé DE LA FARGUE :) *Paris,* 1716, *in-*12.

Cette Pièce, de 108 pages, eft polie & bien écrite.]

24527. ☞ Pièce de Poéfie fur la mort de Louis XIV. par le P. LE VASSEUR, Jéfuite : *in-*4.]

24528. ☞ Poëme Latin fur la mort de Louis XIV. par le P. Charles-Joféph PERRIN, Jéfuite : *in-*4.]

24529. ☞ Poéfies Latines fur la mort de Louis XIV. par le Père Gilles-François DE BEAUVAIS, Jéfuite : 1715, *in-*4.]

24530. ☞ Vers fur la mort de Louis le Grand, avec quelques Epitaphes de ce Prince : *Cologne,* 1715, *in-*12.]

24531. ☞ Scarromancie, ou Compliment de Scaron à Louis XIV. à fon arrivée aux Enfers : 1715, *in-*12.

Satyre bouffonne, contre la plupart des Miniftres & autres Perfonnes dont Louis XIV. avoit fuivi les confeils.]

24532. ☞ Tumulus Ludovici XIV.

Cette Pièce, qui eft plus longue que ne font ordinaire-

612　　Liv. III. *Histoire Politique de France.*

ment ceux qui portent ce titre, contient un Précis de la Vie & des actions de ce Monarque. Il est très-satyrique. L'Auteur est Dom Vincent Thuillier, Bénédictin, mort à S. Germain des Prés en 1736, & connu par sa *Traduction de Polybe* & autres Ouvrages de parti, pour la cause des Jésuites.]

24533. ☞ Le Courier de Pluton : *Cologne*, Marteau, 1718, *in*-12.

Ce Libelle contient douze Lettres satyriques sur Louis XIV. & autres Personnes.]

24534. ☞ Miroir pour Philippe V. Roi d'Espagne, contenant les Actions héroïques de Louis XIV. par le P. Coronelli : *in*-12.]

24535. ☞ Portrait de Louis XIV. par Marana, traduit (par Pidou de Saint-Olon :] *Paris*, 1690, *in*-12.]

24536. ☞ Mémoires secrets pour servir à l'Histoire de Perse, nouvelle Édition : *Amsterdam*, 1746, *in*-12.

L'Auteur de cet Ouvrage est le Chevalier de Reboille, Officier aux Gardes. C'est l'Histoire de la Cour de Louis XIV. sous des noms Persans.]

24537. ☞ Parallèle de Philippe II. & de Louis XIV. par M. J. J. Q. *Cologne*, 1709, *in*-12.]

24538. ☞ Recueil d'Anagrammes de J. Douet, sur le nom de Louis XIV. publié par le Sieur du Mesnil : *in*-4.]

24539. ☞ Memoires de M. de la Porte, premier Valet de Chambre de Louis XIV. contenant plusieurs particularités des Règnes de Louis XIII. & de Louis XIV. *Genève,* (*Paris,*) 1755, *in*-12.

Quoique succincts, ces Mémoires sont très-curieux.]

24540. ☞ Ms. Diverses Pièces sur l'Histoire de Louis XIV. en huit Portes-feuilles : *in* 4.

C'est ce qui est contenu dans les Portes-feuilles du N.os 490-497, du grand *Recueil* de M. de Fontanieu, à la Bibliothèque du Roi.]

24541. ☞ Mémoires pour servir à l'Histoire Universelle de l'Europe, depuis 1600 jusqu'en 1716, (ou jusqu'à la mort de Louis XIV. en 1715;) avec des Réflexions & Remarques critiques; (par le Père d'Avrigny, Jésuite :) *Amsterdam*, veuve Desbordes, 1725 : *Paris*, Delespine, 1731, *in*-12. 4 vol. corrigés & augmentés (par H. Griffet, Jésuite :) *Paris*, Guérin, 1757, 5 vol.

Cet Ouvrage, qui est une espèce de Chronologie raisonnée, est intéressant pour la discussion de plusieurs récits faits différemment par divers Auteurs. Il est d'ailleurs bien écrit ; mais on ne l'a pas tel qu'il avoit été composé par l'Auteur : on y a fait plusieurs retranchemens. Sur quoi l'on peut voir les *Mémoires de l'Abbé d'Artigny*, *tom. I. pag.* 464.]

☞ On peut encore consulter, pour l'Histoire du Règne de Louis XIV. = l'Abrégé de l'Histoire Ecclésiastique de l'Abbé Racine, jusqu'à 1700, &c. = l'Histoire du Cardinal Mazarin, par Gualdo Priorato, jusqu'en 1655. = les Mémoires de Marolles, de même, = les Mémoires de Puységur, jusqu'en 1658, = les Mémoires de Turenne, qui se trouvent dans sa Vie, par Ramsay, jusqu'en 1658, & cette Vie jusqu'en 1675, = l'Histoire de la Paix des Pyrénées, par Courchetet, jusqu'en 1659, = l'Histoire de Port-Royal, jusqu'en 1660, = la Vie du Cardinal Mazarin, par Aubery, jusqu'en 1661, = les Lettres de Guy Patin, jusqu'en 1672, = les Mémoires de Beauvau, jusqu'en 1675, = la Vie de Madame de Longueville, jusqu'en 1679, = les Mémoires de La Brune, pour l'Histoire du Prince de Condé, jusqu'en 1684, = les trois derniers Volumes de l'Histoire de l'Édit de Nantes, jusqu'en 1688, = la Vie du Duc de Montausier, jusqu'en 1690, = l'Histoire du Traité de Vestphalie, du Père Bougeant, depuis 1644 jusqu'en 1648, = le Journal de Saint-Amour, depuis 1646 jusqu'en 1654, = la Vie & les Lettres de Madame de Maintenon, depuis 1650 jusqu'en 1715, = les Mémoires du Cardinal d'Est, depuis 1657 jusqu'en 1673, = le Tome II. des Lettres sur l'Histoire, par Bolingbrocke, depuis 1659, jusqu'en 1713, = l'Histoire de Madame Henriette d'Angleterre, depuis 1661 jusqu'en 1670, = l'Histoire de la dernière persécution de Port-Royal, depuis 1661 jusqu'en 1715, = les Lettres de Bussy-Rabutin, depuis 1666 jusqu'en 1692, = celles de Madame de Sévigné, depuis 1670 jusqu'en 1690, = celles de Pélisson, depuis 1670 jusqu'en 1688, = les Mémoires de Langallerie, depuis 1674, = l'Histoire des Négociations de Nimègue, par Saint-Didier & Courchetet, depuis 1676 jusqu'en 1679; = la Relation du Quiétisme, depuis 1680 jusqu'en 1700, = les Mémoires de Barvick, depuis 1685, = la Vie du Duc d'Orléans, Régent, depuis 1691, = les Lettres de Madame du Noyer, depuis 1695, = l'Histoire & les Anecdotes de la Constitution, depuis 1696, = les Mémoires de Lamberti, depuis 1700, = les Lettres de Filtz-Moritz, = la partie I. des Mémoires de Bolingbroke, depuis 1710, = Recueil, &c. ou Mémoires du Marquis de Lassay, ci-après à l'an 1716.]

§. IV.

Règne de Louis XV.

Lit de Justice du Roi (Louis XV.) tenu en son Parlement, le 12 Septembre 1715, où il confirme la Régence du Royaume à M. le Duc d'Orléans.

☞ *Voyez* ci-devant, N.º 14487, & ci-après, Article des *Régences & Majorités*.]

☞ Ordonnances du Roi servant de Réglemens pour le Conseil du dedans du Royaume, Conseil de Guerre, des Finances, de Commerce; en Octobre, Novembre & Décembre 1715 : *in*-4.

Voyez ci-après, Article du *Gouvernement & Etat de la France*, §. III.]

24542. ☞ Monsieur le Duc d'Orléans, Régent du Royaume. *Journal de Verdun*, 1715, *Octobre*, *pag.* 17, *Choix des Mercures*, *tom. XXXII. pag.* 31.]

24543. ☞ Expédition de M. de Louvigny, Major de Québec, contre les Outagamis ou Renards, Sauvages du Canada Occidental, qui empêchoient le Commerce : en Octobre 1716.

Cette petite Relation est dans la *Gazette de France* de 1717, *pag.* 60. Nous la citons ici, pour justifier certaines Chronologies qui parlent de cette affaire comme de la première Expédition militaire du Règne de Louis XV. au lieu que M. de Voltaire dit dans son *Siècle*, que « la première Guerre de Louis XV. fut contre son » Oncle (le Roi d'Espagne) que Louis XIV. avoit établi » au prix de tant de sang ».]

23544. ☞ Mémoires secrets de Milord

BOLINGBROKE, sur les Affaires d'Angleterre, depuis 1710 jusqu'en 1716, & plusieurs Intrigues de la Cour de France; écrits par lui-même en 1717, adressés en forme de Lettres au Chevalier Windham, publiés après sa mort en 1753; traduits de l'Anglois (par N. Favier, de Toulouse;) avec des Notes historiques pour l'intelligence du texte; précédés d'un Discours préliminaire sur la Vie de l'Auteur, & accompagnés de Pièces justificatives : *Londres*, 1754, 2 part. en 1 vol. grand *in*-8.

Henri Saint-John, Lord-Vicomte de Bolingbroke, avoit eu une grande autorité sous la Reine Anne, & avoit travaillé le plus efficacement à la Paix conclue à Utrecht entre la France & l'Angleterre. Cela lui attira des ennemis, qui ne lui pardonnèrent jamais le voyage qu'il fit en France en 1712, pour en arrêter les Préliminaires. Après la mort de la Reine, il fut obligé de quitter sa patrie, pour sauver sa vie. Ses Mémoires contiennent l'Apologie de tout ce qu'il a fait. La première Partie finit à la mort de Louis XIV. On y trouve peu de chose qui ait rapport à notre Histoire. La seconde fait un précis de l'Expédition du Prétendant en Angleterre sur la fin de 1715, & des diverses commissions dont l'Auteur fut chargé pour ce Prince.]

— Edit du Roi qui révoque & annulle celui du mois de Juillet 1714 & la Déclaration du 23 Mai 1715, donné en Parlement au mois de Juillet 1717; avec tous les Ecrits publiés au sujet du Démêlé entre les Princes du Sang & les Princes Légitimés.

Voyez ci-après, [l'Article du *Droit de succession à la Couronne*.]

24545. ☞ Médailles sur la Régence : *Paris*, 1716, *in*-12.]

24546. ☞ Mémoires de M. DE LA COLONIE, Maréchal de Camp des Armées de l'Electeur de Bavière, contenant les Evénemens de la Guerre, depuis le Siége de Namur en 1692, jusqu'à la Bataille de Belgrade en 1717; les motifs qui engagèrent l'Electeur de Bavière à prendre le parti de la France contre l'Empereur, en 1701; la Description circonstanciée des Batailles & Siéges en Allemagne, en Flandres, en Espagne, &c. avec les Avantures & les Combats particuliers de l'Auteur : *Bruxelles*, (*Blois*, Masson,) 1737, *in*-12. 2 vol.

Seconde Edition : *Francfort*, (*Bourdeaux*) 1750, *in*-12. 2 vol.]

24547. ☞ Entrée de Sa Majesté Czarienne en France. *Mercure*, 1717, *Mai*, & *Choix des Mercures, tom. XXXV. pag.* 5.]

24548. ☞ Abrégé de l'Histoire du Czar Pierre Alexiewitz, avec une Relation de ce qui s'est passé en France depuis son arrivée : *Paris*, 1717 : *in*-12.]

24549. ☞ Le Czar Pierre I. en France; par Hubert LE BLANC : *Amsterdam*, 1741, *in*-12. 2 vol.

Ce Livre est critique, moral & allégorique, & point du tout historique. L'Auteur promène le Czar en divers endroits de Paris, avec deux Conducteurs, M. Réflé-chi & M. l'Agissant : il le fait disserter avec eux sur les mœurs & usages de France, & sur tous les objets qu'on lui met sous les yeux. Cet Ouvrage est mal écrit, & très-ennuyeux.

On trouvera diverses particularités sur le Czar Pierre en France, dans l'*Histoire de l'Académie des Sciences, année* 1717, & dans son *Eloge* fait par M. de Fontenelle, année 1725, = dans l'*Histoire de l'Académie des Inscriptions & Belles-Lettres, tom. V.* = dans la *Description historique de l'Empire Russien* : *Paris*, Desaint, 1757, *tom. II. pag.* 25 *& suiv.*]

24550. ☞ Réflexions sur un Panégyrique de Louis XV. prononcé dans le Collège de Louis XIV. par un Orateur de la Société, le 24 Février 1717. Ce qu'il faut espérer du bon naturel & de l'éducation du Roi : *in*-12.]

24551. Mercure François, ou Histoire courante du Règne de Louis XV. par l'Abbé DE SAINT-REMY : *Paris*, 1718, *in*-8.

Jean-Baptiste de la Landelle, Gentilhomme Breton, connu sous le nom d'Abbé de Saint-Remy, [Ex-Jésuite] a inséré les Pièces du temps dans cet Ouvrage.

24552. ☞ Deux Lettres du Prince DE CELLAMARE, Ambassadeur d'Espagne en France, des 1 & 2 Décembre 1718, *in*-4.

Ces Lettres, qui furent interceptées, indiquèrent les intrigues du Cardinal Albéroni, Ministre d'Espagne, contre la France & le Gouvernement de M. le Régent. Ce fut ce qui donna lieu à une guerre, qui dura jusqu'à ce que le Roi d'Espagne ouvrît les yeux sur la conduite de son Ministre, & le disgraciât.]

24553. ☞ Requête présentée au Roi Catholique, au nom des trois Etats de France : *in*-4.

Dans cette Pièce supposée, on leur fait implorer son assistance contre les maux qui les accablent, & ils lui promettent toute obéissance comme à l'héritier présomptif de la Couronne.]

24554. ☞ Copie de Lettres écrites par M. le Régent, à MM. les premiers Présidens & Procureurs-Généraux des Parlemens & Conseils Supérieurs d'Alsace & de Roussillon, le 25 Octobre 1718 : *in*-4.]

24555. ☞ Mémoires pour les trois Ordres du Royaume : *in*-4.]

24556. ☞ Lettres circulaires du Roi d'Espagne : *in*-4.]

24557. ☞ Lettres de FILTZ-MORITZ sur les Affaires du temps; traduites de l'Anglois : *Rotterdam*, (*Paris* & *Rouen*,) 1718, *in*-12.

Il y a dans cet Ouvrage du singulier, qu'on ne devoit jamais faire connoître, dit l'Abbé Lenglet. On en parlera plus au long, Article de la *Succession*.]

24558. ☞ Ordonnance du Roi, au sujet des départemens du Conseil des Finances : Barois, 1718, *in*-4.]

24559. ☞ Manifeste sur les sujets de rupture entre la France & l'Espagne : *Paris*, Barois, 1719, *in*-4.]

24560. ☞ Lettres au sujet du Voyage de M. l'Evêque de Soissons en Lorraine : 1719, *in*-4.]

24561. ☞ Lettre de M. de Soissons à M. le

Régent, & de M. le Maréchal d'Uxelles à M. de Soissons : *in-*4.]

24562. ☞ Arrêt qui ordonne suppression de l'Imprimé intitulé : *Déclaration du Roi Catholique, &c.* 16 *Janvier*, 1719 : *in-*4.]

24563. ☞ Lettre du Roi Louis XV. à M. de Berwick, Commandant en Chef les Armées de Sa Majesté en Espagne, au sujet d'un Ecrit intitulé : *Déclaration de Sa Majesté Catholique* : 1719, *in-*4.]

24564. ☞ Mémoires pour servir à l'Histoire d'Espagne, sous le Règne de Philippe V. traduits de l'Espagnol du Marquis DE SAINT-PHILIPPE : *Paris*, 1756, *in-*12. 4 vol.

Ces Mémoires intéressent l'Histoire de France, principalement pour le Règne de Louis XIV. Ils ont aussi quelque rapport à celui de Louis XV.]

24565. ☞ Histoire du Prince Papyrius, surnommé Pille-argent, &c. *in-*12.

Ecrit satyrique au sujet des Billets de Banque, & du Systême de Law.]

24566. ☞ Relation de ce qui s'est passé à Marseille pendant le séjour de Madame la Duchesse de Modène, en 1720 : *Marseille,* 1720, *in-*4.]

24567. ☞ Mf. Mémoires du Marquis de DANGEAU, ou Journal de la Cour de Louis XIV. commençant en 1684, & finissant en 1720.

L'Original doit être à la Bibliothèque du Roi. Il s'en trouve indiqué une Copie dans le Catalogue de Madame de Pompadour, num. 2907, & elle est en 58 volumes *in-*4. On en connoît d'autres. Il est parlé de ces Mémoires dans la *Dissertation de M. de Voltaire sur la mort de Henri IV.*]

24568. ☞ Relation de l'Ambassade de Méhémet Effendi à la Cour de France, en 1721, écrite par lui-même, & traduite du Turc : *Constantinople,* 1757, *in-*12.]

24569. ☞ Faits mémorables des Guerres & des Révolutions de l'Europe, depuis 1672 jusqu'en 1721; par M. DE MASSIAC : *Toulouse*, Manavit, 1721, *in-*8.]

24570. ☞ Lettres Persannes : *Cologne*, Marteau, 1721, *in-*12. 2 vol.

Ces Lettres sont très-bien écrites. Les Persans, qu'on fait parler, rapportent la plupart des événemens qui se sont passés sous la Minorité de Louis XV. & quelques-uns de ceux du Règne de Louis XIV. Ils censurent avec esprit les mœurs & le gouvernement François. L'Auteur est M. (Charles de Secondat, Baron) DE MONTESQUIEU. Cette première Edition renferme quelques Lettres qui ne sont pas de lui, comme on le dit dans son *Eloge historique,* par M. d'Alembert.

Les mêmes, 1730, 1751, *in-*12. Nouvelle Edition, augmentée par l'Auteur de plusieurs Lettres & d'une Table des matières : *Amsterdam, &c.* 1761, *in-*12. 2 vol.

Il a paru en 1751 une Critique sur quelques points de Religion & de Morale, intitulée : *Les Lettres Persannes convaincues d'impiété* : *in-*12. de 103 pages. On l'attribue à J. B. GAULTIER, Théologien.]

24571. ☞ Bref d'Innocent XIII. au Roi & au Duc d'Orléans : 24 Mars 1722, *in-*4.]

24572. ☞ Mémoires historiques & critiques de l'année 1722 : *Amsterdam,* *in-*12. 2 vol.

Ils ont été publiés par François-Denys CAMUSAT, qui en a fait une partie.]

24573. ☞ Journal du Voyage du Roi à Rheims, contenant ce qui s'est passé de plus remarquable à la Cérémonie de son Sacre & de son Couronnement, &c. Avec la Description des Fêtes données à Sa Majesté à Villers-Cotterets & à Chantilly, par M. le Duc d'Orléans Régent, & par M. le Duc de Bourbon ; & quelques Remarques historiques de M. l'Abbé DE VAYRAC, sur les lieux qui ont été honorés de la présence du Roi.

Ce Journal occupe dans le *Mercure* tout le tom. I. de *Novembre* 1722. Il a été aussi imprimé à part, *Paris & la Haye,* 1723, *in-*12.]

24574. ☞ Mémoires de la Régence de S. A. R. Monseigneur le Duc d'Orléans, durant la Minorité de Louis XV. Roi de France ; (par le Chevalier DE PIOSSENS :) *La Haye*, (*Rouen*,) 1729, 1733, *in-*12. 3 vol.

Les mêmes, Nouvelle Edition, considérablement augmentée : *Amsterdam,* 1749, *in-*12. 5 vol. avec figures.

Cette seconde Edition a été revue & augmentée par l'Abbé (Nicolas) LENGLET.

La première Partie, en deux volumes, commence à la mort de Louis XIV. en 1715, & finit en 1717.

Le troisième volume contient 1718 & une partie de 1719.

Le quatrième, une partie de 1719, jusqu'en Octobre 1722.

Le cinquième contient le reste de l'année 1722, jusqu'à la mort du Duc d'Orléans, arrivée le 2 Décembre 1723.

On trouve à la fin :

Nouvelles Pièces ajoutées à cette Edition, touchant le Systême des Finances de Law, & la Conspiration du Prince de Cellamare, Ambassadeur d'Espagne, à la découverte de laquelle l'Abbé Lenglet contribua beaucoup. Les curieux veulent avoir les deux Editions, à cause des changemens qui ont été faits dans la seconde.

Voyez le *Supplément* à la *Méth. histor.* de Lenglet, *in-*4. p. 168. = *Bibliot. raisonnée*, tom. II. pag. 56.]

24575. ☞ Mf. Mémoires concernant la Régence de feu Monseigneur le Duc d'Orléans.

Ils étoient dans la Bibliothèque de M. Chauvelin, Garde des Sceaux, num. 1670, & ils ont passé en celle de S. Germain des Prés.]

24576. ☞ Vie de Philippe d'Orléans, petit-fils de France : *Londres,* (*Amsterdam,*) 1736, *in-*12. 2 vol.

On l'attribue au Sieur DE LA HODE, ou l'Ex-Jésuite LA MOTHE, ci-dev. N°. 14494.) L'Abbé Lenglet dit dans son Supplément, qu'il y a dû trop hardi, & qu'il va même jusqu'à la calomnie. On parlera dans les *Généalogies & Histoires des Princes du Sang,* d'un Ecrit satyrique contre M. le Duc d'Orléans, intitulé : *Avantures de Pomponius, &c.*]

Règne de Louis XV. 1720.

24577. ☞ Histoire du Système des Finances en 1719 & 1720; (par M. DU HAUTCHAMPS:) *La Haye*, 1734, 1739, *in-12*. 6 vol.]

24578. ☞ Histoire de la Vie & du Procès du fameux Cartouche : 1733, *in-12*.

Ce fameux Chef de Voleurs fut pris & exécuté sur la fin de l'année 1721.]

24579. ☞ Le Vice puni, ou Cartouche; Poëme; (par le Sieur GRANVAL:) *Anvers*, 1725, *in-8*.

On trouve à la fin un Dictionnaire Argot-François, ou du Jargon des Filoux.

Voyez le *Mercure*, 1725, Octobre.]

24580. ☞ Lettre à M. de Granval, ou Examen critique de son Poëme de Cartouche : *Paris*, 1726, *in-8*.]

24581. ☞ Apologie de Cartouche, ou le Scélérat sans reproche, par la grace du Père Quesnel : *La Haye*, 1732.

Ouvrage d'un homme de parti, & calomnieux.]

24582. ☞ Manifeste du Roi d'Espagne : *in-4*.

C'est au sujet du renvoi de l'Infante, qui devoit épouser Louis XV. (& qui est aujourd'hui Reine de Portugal.) Le Roi d'Espagne demande l'éloignement de M. le Duc, premier Ministre.]

24583. ☞ Copie d'une Lettre au sujet de la derniere Assemblée du Clergé : 1725; *in-12*.

Cette Lettre est sur le refus que le Clergé faisoit de payer le cinquantième.]

24584. ☞ Chasses du Roi Louis XV. & la quantité de lieues que le Roi a faites tant à cheval qu'en carrosse, pendant l'année 1725; par le Sieur MOURAT : *Paris*, Colombat, *in-8*.]

24585. ☞ Journal historique du Voyage de Mademoiselle de Clermont, depuis Paris jusqu'à Strasbourg, du Mariage du Roi & du Voyage de la Reine, &c. par le Chevalier DAUDET : *Chaalons*, Bouchard, 1725, *in-8*.]

24586. ☞ Journal de ce qui s'est fait à Metz au passage de la Reine, avec un Recueil de plusieurs Pièces sur le même sujet : *Metz*, 1725, *in-4*.]

24587. ☞ Stances sur la promotion du Roi Stanislas à l'Ordre du S. Esprit, & sur le Mariage de sa fille avec le Roi Louis XV. 1725, *in-4*.]

24588. ☞ Poésies diverses sur le Mariage du Roi; par le Père Louis PATOUILLET, Jésuite : 1725.]

24589. ☞ Epître historique à la Reine, sur sa maladie & celle du Roi, en 1726; par le Chevalier DAUDET : *Paris*, veuve Mazieres, 1726, *in-12*.]

24590. ☞ Lettre du Roi à son Conseil; le 16 Juin 1726 : *in-4*.

C'est au sujet de la suppression du titre & des fonctions du premier Ministre, & sur la résolution que le Roi a prise de gouverner par lui-même.]

24591. ☞ Recueil de différentes choses; (Ouvrage plus connu sous le nom de Mémoires du Marquis DE LASSAY,) commençant vers l'an 1663, & finissant au mois d'Octobre 1726, (imprimé au Château de Lassay, le 15 Juin 1727) *in-4*.

Dans le Catalogue de la Marquise de Pompadour, num. 2266, il est dit que dans son Exemplaire, il y avoit à la tête du Volume un Ecrit signé de la main du Marquis de Lassay. On trouve dans ce Recueil diverses Anecdotes du Règne de Louis XIV. comme de celui de Louis XV.

Le même : *Lausanne*, (*Paris*,) 1756, *in-8*. 4 vol.]

24592. ☞ Plan historique du Camp formé en Bourgogne sur la rivière de Saone, avec l'Etat des Troupes & le Plan gravé : *Lyon*, Rigolet, 1727, *in-12*.]

24593. ☞ Lettres historiques contenant ce qui s'est passé de plus important en Europe, depuis 1692 jusqu'en 1728; (par M. BASNAGE, & autres Continuateurs :) *in-12*. 74 vol.]

24594. ☞ Journal historique du premier Voyage du Roi Louis XV. dans la Ville de Compiégne; de l'ouverture du Congrès convoqué à Soissons; du Voyage de S. A. S. Madame la Duchesse (de Hesse-Reinfeld,) depuis Rotembourg jusqu'à la Cout de France, & de son Mariage avec M. le Duc de Bourbon; du premier Voyage de la Reine à Paris, & à quelle occasion; de la maladie du Roi à Fontainebleau; du rétablissement de sa santé, & de plusieurs autres Evénemens remarquables; avec un Recueil des Discours, Harangues, & Ouvrages de Poésie qui ont été faits à l'occasion de ces Epoques; par le Chevalier DAUDET, Ingénieur-Géographe ordinaire du Roi & de la Reine : *Paris*, 1729, *in-12*.]

24595. ☞ Poëme héroïque sur la petite vérole du Roi; par MARTINEAU DE SOLEINE : *Paris*, 1729, *in-8*.]

24596. ☞ Poëme sur la maladie & la guérison du Roi en 1728; par le P. Gilles-Anne-Xavier DE LA SANTE, Jésuite : *in-4*.

L'Auteur est mort en 1762.]

24597. ☞ Poëme Latin sur la Convalescence du Roi, en 1729; par le Père Louis PATOUILLET, Jésuite : *in-4*.]

24598. ☞ Panegyricus Ludovici XV. in solemni Natalis Regii celebratione; à Joan. Dan. SCHOEPFLIN : *Argentorati*, 1732, *in-fol*.]

24599. ☞ Mémoires pour servir à l'Histoire de la Calotte; nouvelle Edition, augmentée d'un tiers : à *Môropolis*, chez le Libraire de Momus, à l'Enseigne du Jésuite démasqué, 1732, *in-12*. trois parties.

Ce Recueil peut servir en quelque chose à l'Histoire de

Louis XV. depuis le commencement jusqu'en 1732. Il y a de l'agréable, du plaisant, du comique, & quelquefois du licentieux dans ces sortes de Pièces. On en tireroit quelque avantage, si l'on pouvoit compter sur les Anecdotes de toute espèce qu'il contient. Mais communément elles sont plus propres à amuser le Lecteur par leur malignité, qu'à l'instruire.]

24600. ☞ Lettre du Cardinal de Richelieu à M. le Duc de Richelieu; le 25 Juillet 1732.]

24601. ☞ Testament de Mantoue : *in-4*.

Pièce allégorique, qui contient les legs que cette Ville fait aux Puissances de l'Europe.]

24602. ☞ Mf. Recueil de trente-sept Lettres anecdotes & littéraires écrites de Paris à Dijon, pendant les années 1730-1733. Original de 233 pages.

Dans la Bibliothèque de M. Fevret de Fontette, Conseiller au Parlement de Dijon.]

24603. ☞ Mémoires (pour l'Histoire) du Duc de Villars, Maréchal de France; par l'Abbé DE LA PAUSE DE MARGON : *Paris*, 1734, *in-12*. 3 vol.

Cet Ouvrage est peu considérable; mais on y voit l'Histoire des guerres dans lesquelles s'est trouvé ce Maréchal, qui est mort en 1734. Ils servent, comme les suivans, à la fin du Règne de Louis XIV. & à celui de Louis XV.]

24604. ☞ Mémoires (pour l'Histoire) du Maréchal de Berwick, depuis 1685 jusqu'en 1734, par le même : *Rouen*, 1737, *in-12*. 2 vol.

Ce Maréchal est mort en 1734.]

24605. ☞ Mf. Journal de ce qui est arrivé aux Régimens de Périgord, la Marche, Blaisois, dans la Campagne du Nord en 1734; par M. DE SEVERAC, Brigadier des Armées du Roi, Lieutenant-Colonel du Régiment de la Marche : petit *in-4*.

Ce Manuscrit original est très-intéressant. Il est conservé dans le Cabinet de M. le Marquis de Bélesta de Gardouch, à Toulouse.]

24606. ☞ Journal historique de la Campagne de Dantzick, en 1734 : *Paris*, 1761, *in-12*.]

24607. ☞ Relation de la Victoire remportée par l'Armée du Roi de France & celle du Roi de Sardaigne, sur l'Armée Impériale, à Guastalla : *Metz*, 1734, *in-4*.]

24608. ☞ Description en Vers, de la Bataille de Guastalla; par M. l'Abbé GAUDRILLET : *Dijon*, 1734, *in-4*.]

24609. ☞ Relation de la prise de la Ville de Philisbourg : *Metz*, 1734, *in-4*.]

24610. ☞ Mémoires pour servir à l'Histoire de nos jours, ou Recueil de Pièces sur l'Affaire du temps, tom. I. part. I. *Amsterdam*, 1735, *in-8*.

Ces Pièces regardent le secours envoyé au Roi Stanislas; les Affaires de Dantzick, & la Captivité du Marquis de Monti.]

24611. ☞ Anecdotes généalogiques & secrettes de la Cour & de la Ville : 1735, *in-12*. 3 vol.

Cet Ecrit satyrique fut supprimé, parceque plusieurs Seigneurs s'y trouvoient maltraités.]

24612. ☞ Mémoires de Madame DE STAAL, écrits par elle-même : *Londres*, (*Paris*,) 1755, *in-12*. 3 vol.

Ces Mémoires servent à l'Histoire de la fin du Règne de Louis XIV. & de la Régence; principalement sur ce qui s'est passé à la Cour de Madame la Duchesse du Maine, jusqu'à la mort de M. le Duc du Maine, arrivée en 1736. Madame de Staal étoit attachée à Madame la Duchesse du Maine, sous le nom de Mlle de Launay; & avoit un bon esprit. Elle est morte en 1750.

On trouve dans cet Ouvrage des Portraits bien faits, & il est terminé par celui de M. le Duc du Maine, qui est aussi beau que fidèle.

Voyez une Lettre de M. l'Abbé Trublet, *p.* 319 de ses *Mémoires*, &c. *Amsterdam*, 1761, *in-12*. dans le *Mercure*, 1755, *Décembre*, vol. 2.]

24613. ☞ Histoire de la Guerre présente & des Négociations pour la Paix, avec la Vie du Prince Eugène de Savoye, contenant tout ce qui s'est passé de plus important en Italie, sur le Rhin, en Pologne & dans la plupart des Cours de l'Europe; par Pierre MASSUET : *Amsterdam*, 1737, *in-12*. 5 vol.

Cette Histoire, qui est précédée d'une Introduction, commence en 1733, & finit à la signature des Préliminaires de la Paix, au mois d'Avril 1736. La Vie du Prince Eugène est à la fin du Tome V.

Voyez le *Supplément* à la *Méth. hist.* de Lenglet; *in-4. pag.* 169. = *Observ. sur les Ecrits modern. Lett.* 41. = *Biblioth. raison. tom.* XVII. *pag.* 221.]

24614. ☞ Castrucii BONAMICI Commentariorum Libri tres, de Bello Italico : *Lugduni-Batav.* 1750 & 1751, *in-8*.]

24615. ☞ Mf. Journal de la Guerre d'Italie en 1733; par Gaspard-Moyse DE FONTANIEU, Conseiller d'Etat : *in-fol.*

Ce Journal est conservé dans la Bibliothèque du Roi. L'Auteur est mort en 1767.]

24616. ☞ Mémoires de Pologne, contenant ce qui s'est passé de plus remarquable dans ce Royaume, depuis la mort du Roi Auguste II. arrivée à Varsovie le 1 Février 1733, jusqu'en 1737; par le Sieur Armand DE LA CHAPELLE : *Londres*, 1739, *in-12*.

Ce Livre regarde autant notre Histoire que celle de Pologne, où la France envoya des troupes en faveur du Roi Stanislas. On peut voir à ce sujet la *Vie* de ce Prince : *Paris*, 1769, *in-12*.]

24617. ☞ Relation de l'Expédition de Moka en 1737, sous les ordres de M. de Lagarde-Jazier; (par P. Fr. Guyot DES FONTAINES :) *Paris*, Chaubert, 1739, *in-8*.]

24618. ☞ Mf. Nouvelles depuis le 15 Juillet 1732, jusqu'au 14 Janvier 1737, recueillies par D. F. REGNARD, ancien Consul & ancien Echevin de Paris : *in-4*. 3 vol.

Ce Manuscrit est conservé dans la Bibliothèque de cette Ville.]

24619.

Règne de Louis XV. 1737. 617

24619. ☞ Almanach historial pour l'année 1737, où se trouve le Monument consacré à la postérité, en mémoire de la folie incroyable de la 20ᵉ année du XVIIIᵉ Siècle, &c. augmenté de la Vie & Avantures de l'incomparable Mie Margot : 1737, *in-*4.]

24620. ☞ Extrait de l'Almanach du Diable de 1737.
Almanach du Diable : 1738.

Ces deux petites Pièces sont remplies de faits anecdotes & satyriques, sur plusieurs personnes de la Cour, Prélats & Beaux-Esprits. L'Auteur est un nommé QUESNEL, de Dieppe, qui est mort à la Bastille. C'est le même qui a fait en partie une *Histoire des Religieux de la Compagnie de Jésus*, dont le commencement a paru en France, en quatre petits volumes, 1739, &c. & qui a été réimprimée en deux volumes à Utrecht, 1741 & 1742. Cette Histoire ne va que jusqu'en l'an 1572. La suite n'a point été donnée. Le même Ecrivain a aussi publié un Roman intitulé : *Histoire de Dom Ranutio d'Aletès*, Ouvrage allégorique sur les affaires de la Bulle *Unigenitus*.]

24621. ☞ Recueil de Pièces pour servir de justification à M. le Comte de Vélasco, Officier de Sa Majesté Catholique, détenu dans les prisons de la Ville d'Aix en Provence : (1738) *in-*4.]

24622. ☞ Mémoires du Comte de Bonneval : *La Haye*, 1738, & Nouveaux Mémoires du même : *Utrecht*, 1742, *in-*12. 5 tom. en 2 vol.]

24623. ☞ Description de la Corse, & Relation de la dernière Guerre de 1739 : *Paris*, Chardon, 1743, *in-*12. *La Haye*, 1750, *in-*12.]

24624. ☞ Histoire de la dernière Guerre d'Italie : 1740, *in-*12.]

24625. ☞ Lettre de Strasbourg, au sujet du Roi de Prusse (qui y étoit arrivé *incognito* :) 1740 : *in-*12.]

24626. ☞ Annales politiques de M. Charles-Irénée Castel, Abbé DE SAINT-PIERRE : *Londres*, (*Paris*,) 1758 : *Genève & Lyon*, Duplain, 1767, *in-*12. 2 vol.

Ces Annales s'étendent depuis 1658 jusqu'en Novembre 1739. Elles sont précédées d'une Préface & d'un Discours Préliminaire sur les Affaires politiques de l'Europe, sur l'état de la France en 1735, & sur les Mœurs, Coutumes, & Loix de ce Royaume. Il y a bien de la hardiesse dans cet Ouvrage, une grande liberté dans le récit des faits & dans ses réflexions, avec plusieurs idées singulières. Le Manuscrit original, qui ne passe pas 1735, est à Dijon entre les mains de M. le Président de Brosses, petit-neveu de l'Auteur, par sa mère.]

24627. ☞ Histoire de Stanislas I. *Amsterdam*, 1741, *in-*12.

Ce n'est qu'une partie de la Vie de ce Prince, jusqu'aux dernières affaires de Pologne. On vient d'en donner une entière : *Paris*, 1769, *in-*12.]

24628. ☞ Réflexions sur la conduite du Cardinal de Fleury dans la conjoncture des Affaires présentes : *Utrecht*, 1741, *in-*8.]

24629. ☞ Mémoires historiques pour le *Tome II.*

Siècle courant, depuis 1718 jusqu'en Octobre 1742 : *Amsterdam*, *in-*12. 43 vol.]

24630. ☞ Mémoires historiques, militaires & politiques, sur les principaux Événemens arrivés dans l'Isle & Royaume de Corse, depuis le commencement de l'année 1738 jusqu'à la fin de l'année 1741, avec l'Histoire Naturelle de ce Pays-là, & diverses Remarques curieuses touchant l'origine des Peuples qui l'habitent, & une Carte nouvelle de l'Isle de Corse ; par M. JAUSSIN, ancien Apothicaire Major des Camps & Armées de Sa Majesté Très-Chrétienne : *Paris*, 1759, *in-*12. 2 vol.

On peut en voir l'Extrait dans l'*Année Littéraire*, tom. III. Lettre 4.]

24631. ☞ Ms. Mémoires pour servir à l'Histoire de la Campagne de Bohême, en 1741 & 1742 ; par M. DE SOULLE, de l'Académie d'Amiens.

Ces Mémoires sont conservés dans les Registres de cette Académie. M. de Soulle, Chevalier de S. Louis, a fait cette Campagne, étant alors Capitaine Commandant au Régiment de Grammont, Cavalerie.]

24632. ☞ Mémoire Apologétique au sujet de la dernière révolution de l'Isle de Corse : *Corté*, (en France,) 1760, *in-*8.

On voit dans cet Ecrit le détail des Négociations de nos Généraux avec les Génois, à l'effet de pacifier les troubles de la Corse. On y trouve des Extraits de leurs Lettres & de leurs Mémoires. Le style de l'Auteur est vif & rapide.]

24633. ☞ Mémoires Militaires & Voyages du R. P. DE SINGLANDE, (du Tiers-Ordre de S. François :) *Paris*, Delalain, 1765, *in-*12. 2 vol.

Ces Mémoires ont en partie rapport à l'Histoire de France, quant à ce qui y est dit de la Corse.]

24634. ☞ Ambassade solemnelle de la Porte à la Cour de France. *Mercure*, 1742, Juin, Vol. II.

Le Volume tout entier traite de cette Ambassade des Turcs. L'Ambassadeur étoit le fils de celui qui étoit venu en 1721 : ci-dessus, N.° 24568.]

24635. ☞ L'Ambassade de la Porte Ottomane à la Cour de France : *Paris*, 1742 & 1743, *in-*12. 2 vol.]

24636. ☞ L'Oracle de ce Siècle consulté par les Souverains de la Terre : Ouvrage singulier sur les Affaires critiques & politiques du temps : *Londres*, 1743, *in-*12.]

24637. ☞ Essai sur la Campagne de M. le Maréchal Duc de Noailles, en l'année 1743 : *Utrecht*, 1745, *in-*12.]

24638. ☞ Campagne du Maréchal de Noailles, en Allemagne, en 1743 : *Amsterdam*, Rey, 1760, *in-*12. 2 vol.]

24639. ☞ Campagne de M. le Maréchal de Coigny, en Allemagne, en 1743 : *Amsterdam*, Rey, 1761, *in-*12. 3 vol.]

24640. ☞ Mémoires de M. DE LAGE DE

Iiii

CUEILLY, contenant son Journal de la Campagne navale de 1744 : *Avignon*, 1746, *in*-12.]

24641. ☞ Histoire de ce qui s'est passé en Provence, depuis l'entrée des Autrichiens jusqu'à leur retraite ; (par François MORÉNAS, natif d'Avignon, & Historiographe de cette Ville ;) *Avignon*, 1747, *in*-12.]

24642. ☞ Journal de ce qui s'est passé à Gènes & dans son Territoire, depuis l'irruption de l'Armée Autrichienne & Piémontoise, jusqu'à sa retraite : 1747, *in*-4.]

24643. ☞ Le Guerrier Philosophe, ou Mémoires de M. le Duc de ***, contenant des Réflexions sur divers caractères de l'Amour, avec quelques Anecdotes curieuses de la dernière Guerre des François en Italie ; par M. JOURDAN : *La Haye*, 1744, *in*-12. 2 vol.]

24644. ☞ Copie de la Lettre du Roi à M. le Dauphin, du 9 Juillet 1744.

Cette Lettre est imprimée dans le *Recueil* N. *in*-12.]

24645. ☞ Lettre sur la Maladie du Roi : (1744) *in*-8.

Cette Lettre satyrique est contre M. de la Peyronie, premier Chirurgien du Roi, que l'on accuse d'ignorance & d'imprudence dans le traitement de la Maladie de Sa Majesté à Metz.]

24646. ☞ Lettre sur la Maladie du Roi ; par M. François CHICOYNEAU, premier Médecin du Roi : 1745, *in*-4.

Ce Médecin, qui étoit de Montpellier, est mort en 1752.]

24647. ☞ Journal de la Maladie du Roi : 1744, *in*-12.]

24648. ☞ Délibération conclue en l'Assemblée des Juifs de Metz, pour les Prières publiques, afin d'obtenir de Dieu le recouvrement de la santé de Sa Majesté, &c. *in*-4.]

24649. ☞ La Maladie du Roi, Ode ; par M. GORDON DE BACQ, neveu de M. Campistron : *in*-8. de 4 pages.

L'Auteur n'a fait tirer que 36 Exemplaires de cette Pièce.]

24650. ☞ Oratio in restitutam Regi valetudinem ; à Joan. Bapt. Lud. CREVIER : 1744, *in*-4.

L'Auteur est mort en 1765.

Le même Discours, traduit en François, par Jean-Pierre DE BOUGAINVILLE : 1744, *in*-4.

M. de Bougainville à été ensuite Secrétaire de l'Académie des Inscriptions & Belles-Lettres : il est mort en 1763.]

24651. ☞ In restitutam Regi valetudinem Oratio, à Carolo LE BEAU : 1744, *in*-4.

Ce Discours a été traduit en François par M. Masson, avec un autre du même Auteur, sur la Paix : 1750, *in*-12.]

24652. ☞ Gallis ob Regem ex morbo restitutum Gratulatio ; à J. B. GEOFFROY : 1744, *in*-4.

Le même Discours, traduit en François ; par M. MERCIER : 1744, *in*-4.]

24653. ☞ Recueil de Poésies Latines ; (par Jean-Louis LE BEAU, Chrétien LE ROY, Jean QUERVELLE, Louis ROUGET, François-Marie COGER, N. J. Fr. COUET, Joseph MOUTON, & François-Louis NICOLE,) sur la Convalescence du Roi : *Paris*, Thiboust, *in*-4.]

24654. ☞ Le Bien-Aimé, Allégorie ; (par M. GODART D'ANCOURT, de Langres, & Fermier Général ;) imprimé d'un coup de baguette par la Fée de la Librairie, dans les espaces imaginaires : 1744.

Cette Pièce contient une Critique des Ecrits qui ont paru en 1744 sur la Convalescence du Roi.

Jamais allégresse ne fut plus universelle & plus juste, que celle que témoigna la Nation Françoise dans cette occasion, où près de perdre un Roi chéri, elle se le vit rendre par une espèce de miracle. Prières & remercîmens à Dieu, Fêtes & Poëmes, rien ne fut épargné pour célébrer un si heureux événement.]

24655. ☞ La Convalescence du Roi, célébrée à Saint-Cyr, en présence de la Reine ; par M. ROI, Chevalier de l'Ordre de S. Michel : *Paris*, le Mercier, 1744, *in*-8.]

24656. ☞ Discours en Vers sur les Evénemens de l'année 1744, & le Poëme de Fontenoy ; par M. DE VOLTAIRE.

Dans les Œuvres de l'Auteur.]

24657. ☞ Le Berceau de la France : 1744 ; *in*-12.]

24658. ☞ Louis XV. Poëme ; par M. D'ANCOURT : 1744, *in*-12.]

24659. ☞ Portrait historique de Louis XV. dans la Paix & dans la Guerre, &c. avec plusieurs Pièces en prose & en vers, sur les mêmes sujets ; par M. LAUGIER DE LA BERNARDEAU, Gentilhomme Provençal : *Paris*, Jorry & de Poilly, 1744, *in*-8.]

24660. ☞ Pièces nouvelles sur les premiers succès de la Campagne ; par M. DE QUINSONNAS : 1745, *in*-8.]

24661. ☞ Recueil de Pièces choisies sur les Conquêtes & la Convalescence du Roi : *Paris*, David, 1745, *in*-8.]

24662. ☞ Petit Poëme Latin de M. (Jean-Jacques) LE FRANC (DE POMPIGNAN,) Président à la Cour des Aydes de Montauban, où il célèbre le retour du Roi après la Campagne de 1744.

Il est imprimé dans le tom. I. de la troisième Edition de ses *Œuvres diverses*. On peut voir l'*Année Littéraire*, tom. II. pag. 103.]

24663. ☞ Histoire de la dernière Guerre de Bohême ; par M. MAUVILLON, Secrétaire du Roi de Pologne, Electeur de Saxe : *Amsterdam*, 1745, *in*-8. 2 vol. *Rouen*, 1750, *in*-12. 4 tomes en 2 vol.]

24664. ☞ Anecdotes du Siége de Tournay : 1745, *in-12.*]

24665. ☞ Histoire de la présente Guerre ; par M. (François) MORENAS: 1744, *in-12.*]

24666. ☞ Histoire de la Guerre de 1741 ; (par M. François-Marie Arouet DE VOLTAIRE :) *Amsterdam,* 1755, *in-12.* 2 vol. 1 tome.

L'Auteur l'a désavoué, comme peu exacte, tom. XVI. de ses Œuvres, 1756, *pag.* 97. Elle commence à la mort de l'Empereur Charles VI. en Octobre 1740, & finit à la Bataille de Fontenoy en 1745. On trouve à la fin une Addition aux Affaires de Gênes en 1746 & 1747, & à la tête, dans le Chapitre I. l'Auteur reprend en abrégé les Evénements qui ont précédé la Guerre de 1741, depuis la fin du Règne de Louis XIV. Il a donné aussi l'Abrégé de cette Histoire, & l'a continuée jusqu'en 1756, dans l'Edition de son *Essai sur l'Histoire générale du Siècle de Louis XIV.* publiée en 1756, *in-8.*

L'Histoire abrégée de Louis XV. a été traitée encore par le même Ecrivain, jusqu'au temps présent, dans sa Nouvelle Edition du *Siécle de Louis XIV,* 1769, *in-8.* 4 vol.]

24667. ☞ Diverses Pièces sur la Convalescence du Roi, sur la Bataille de Fontenoy, & sur ses Conquêtes en 1744 & 1745, en Vers & en Prose, (dont quelques Curieux ont fait des Recueils) : *in-4.*

Nous ne faisons qu'un Article de toutes ces Pièces, que nous allons cependant particulariser.

1. Campagnes du Roi en 1744 & 1745 ; par l'Abbé ROUSSEAU : *Paris,* 1745.

2. Les mêmes Campagnes, Poëme : *Paris,* 1746, *in-12.*

3. Deux Plans de la Bataille de Fontenoy.

4. Relation de cette Bataille : 1745, *in-4.*

5. Mandement de M. l'Archevêque de Paris, sur cette Bataille : *Paris,* 1745, *in-4.*

6. Plan du Feu d'Artifice, fait à l'occasion de cette Bataille.

7. La Victoire de Fontenoy, Poëme ; par M. GUERIN : 1745.

8. La Bataille de Fontenoy, Poëme ; par M. DE VOLTAIRE : *Paris,* Imprimerie Royale, 1745. Troisième Edition, avec Notes : *Ibid.* 1745. Sixième Edition : *Ibid.* 1745, *in-4.*

9. Avis à M. de Voltaire, sur (cette) sixième Edition ; par l'Abbé DES FONTAINES.

10. Réflexions sur ce Poëme ; par M. DROMGOLD : *Paris,* 1745.

11. Vers sur la Bataille de Fontenoy.

12. Requête du Curé de Fontenoy ; (par M. MARCHANT :) 1745.

13. Remerciement du Curé de Fontenoy, à l'Auteur de sa Requête ; par M. VILLEROD : *Paris,* 1745.

14. Epître au Roi, par le premier Marguillier de Fontenoy ; par M. HEUDÉ : 1745.

15. Requête au Roi, par le Curé d'Antouin, contre le Curé de Fontenoy ; (par M. J. B. CARSILIER, Avocat :) 1745. L'Auteur est mort en 1760.

16. Requête de la Gouvernante du Curé de Fontenoy ; (par M. Fr. Charlemagne GAUDET :) 1745.

17. Epître du Sieur Rabot, Maître d'Ecole de Fontenoy ; (par M. ROBBÉ !) 1745.

18. La Bataille de Fontenoy, Poëme ; (par M. LAURÈS.)

19. A M. de Voltaire, Historiographe de France ; par M. D*** de l'Académie de Rouen.

20. Compliment d'un Gascon au Roi, sur sa glorieuse Campagne : *Pézenas,* 1745.

21. Le Bouclier, Poëme, à M. le Dauphin : *Paris,* 1745.

22. Vers sur la Bataille de Fontenoy ; par M. le Chevalier C***: *Paris,* Gonichon, 1745.

23. Ode sur les Victoires du Roi ; par un Enfant de Chœur de la Paroisse de Fontenoy : *Paris,* 1745.

24. Lettre de M*** du Camp de Ost, le 10 Juillet, &c. *Tournay,* 1745.

25. Stances au Roi : Conquêtes de Gand, Bruges, Oudenarde, & prise de Dendermonde & d'Ostende : *Paris,* 1745.

26. Vers d'un Paysan de Choisy-le-Roi, à l'occasion des Victoires de Sa Majesté.

27. Requête des Parisiens au Roi, sur l'impatience de son retour.

28. Epître d'un Suisse au Roi, sur ses Victoires.

29. Requête de Blaise Bouche-d'Or, au Roi, sur ses Triomphes.

30. Discours d'un Imprimeur aux Auteurs des Poëmes, Epîtres, &c. au sujet de la Bataille de Fontenoy.

31. Adieux d'un Poëte à sa Muse, dédié à M. G****, par M. C. DE D. Capitaine d'Infanterie : *Oudenarde,* 1745.

32. Apologie du Poëme de M. de V..... sur la Bataille de Fontenoy : 1745.

33. Réflexions sur un Imprimé intitulé : *La Bataille de Fontenoy,* Poëme ; dédiées à M. de Voltaire ; première Edition considérablement retranchée : 1745.

34. L'Oracle ou Sibylle de Fontenoy, Ode par la Servante du Curé : 1745.

35. Epître au Roi, par Grosjean, Bedeau, Carillonneur & Fossoyeur de la Paroisse de Fontenoy : 1745.

36. Vers sur la Bataille de Fontenoy, par le Vicaire du lieu : 1745.

37. Dialogue entre un Graffin & un Habitant du Village de Charonne-lès-Paris, au sujet du Poëme sur la Bataille de Fontenoy : *Vérone,* 1745.

38. Le *Miserere* Hongrois.

39. Lettre du Cheval Pégaze, au Curé de Fontenoy : 1745.

40. Le Barbier du Village de Fontenoy : 1745.

41. Epître de Mademoiselle Javotte, Nièce du Curé de Fontenoy, au Roi : 1745.

42. Néant sur la Requête du Curé de Fontenoy, son Vicaire, le Marguillier, &c. par Phébus, le Capucin du lieu : 1745.

43. Les Habitans de Fontenoy, au Roi : 1745.

44. Seconde Pièce des Habitans de Fontenoy au Roi, sur la suite de ses Conquêtes : 1745.

45. La Capilotade, ou tout ce qu'on voudra, soixante-dix-septième Edition ; par Momus : 1745.

46. Le Galimathias, Poésie du temps, &c. par le grand Thomas : *Gand,* 1745.

47. Requête critique du Curé de C.... adressée au Roi, en Réponse à celle du Curé de Fontenoy ; (par M. D'ARLES, Curé de Congemis, Diocèse de Nîsmes :) 1745, *in-8.*

L'Auteur est mort en 1758.]

24668. ☞ Conquêtes des Pays-Bas par le Roi, dans la Campagne de 1745, avec la prise de Bruxelles, en 1746 : *Paris,* 1747, *in-12.*]

24669. ☞ Campagne du Roi, en 1745 ; par M. D'ESPAGNAC : *in-8.*]

24670. ☞ Voyage fait au Camp devant

Liv. III. *Histoire Politique de France.*

Fribourg, en Brifgaw, par MM. F. & D. La Haye, 1745, *in-8.*]

24671. ☞ Difcours au Roi ; par M. C. G. Soldat du Régiment des Gardes Françoifes : Paris, Prault, 1745, *in-4.*]

24672. ☞ Siéges & Campagnes de M. le Maréchal de Saxe, dans les Pays-Bas, (depuis 1746 :) *Amfterdam*, 1751, *in-12.*]

24673. ☞ Afcanius, ou le jeune Avanturier : Hiftoire véritable, contenant un Récit très-circonftancié de ce qui eft arrivé de plus fecret & de plus remarquable au Prince Charles Edouard-Stuart, dans le Nord de l'Ecoffe, depuis la Bataille de Culloden, donnée le $\frac{16}{27}$ Avril 1746, jufqu'à fon débarquement arrivé le $\frac{9}{20}$ Septembre de la même année ; traduite de l'Anglois, & augmentée de Remarques hiftoriques : *Lille*, 1749, *in-12.*

Cet Evénement tient à l'Hiftoire de France.

On ne peut s'empêcher d'être touché & de s'attendrir fur tous les malheurs de ce Prince infortuné, réduit à l'extrémité de fe rendre à fes ennemis ou de périr de faim, après avoir perdu tous ceux qui avoient foutenu fon parti avec zèle. Ce Journal eft purement hiftorique.

On peut ajouter à cet Ouvrage quelques Pièces *in-4.* fur le même fujet. Les principales font :

1. Manifefte de Charles-Edouard d'Angleterre.
2. Proclamation de Jacques III. Roi d'Ecoffe.
3. Lettre de Charles-Edouard à fon père, & la Réponfe.
4. Relation de la reddition d'Edimbourg, en 1745.
5. Manifefte du Prince de Galles.
6. Relation d'une Victoire remportée par le Prince Edouard : 1745.
7. Réflexions libres & défintéreffées fur le droit du Prince Edouard ; Plaidoyers & autres Pièces fur le même fujet, en cinq parties, avec les preuves. (L'Auteur eft M. d'Auneau DE LARROQUE, Prêtre de l'Eglife Anglicane, converti à la Religion Catholique, & qui a été Bibliothécaire de M. le Cardinal de Noailles.)
8. Relation de la Bataille de Culloden.

Il y a encore une douzaine de Pièces moins intéreffantes, fçavoir :

9. Proclamation de Jacques III. Roi d'Ecoffe, ou Lettre du Chevalier Olimphant, &c. 1745.
10. Réponfe de M. Claude, Miniftre, à Monfeigneur ***, Evêque d'Angleterre.
11. Lettre de M***, Evêque d'Angleterre, à M. Claude, Miniftre, fur les progrès de Jacques III. Roi d'Ecoffe.
12. Manifefte de Charles-Edouard Stuart, publié à Dublin en Août 1745.
13. Harangue de Lord Thaylord, au nom du Parlement d'Ecoffe, au Prince Charles-Edouard : Septembre 1745.
14. Harangue de Charles-Edouard d'Ecoffe, à fon Armée, en Septembre 1745.
15. Les Irlandois, Poëme, dédié à Edouard Stuart, Prince de Galles.
16. Lettre des Ecoffois à l'Impératrice de Ruffie : *Edimbourg*, 1745.
17. Traduction de la Déclaration du Prince Charles-Edouard, portant abolition de tous les excès commis contre la Maifon de Stuart, &c. Seconde Edition : 1745.
18. Relation d'une Victoire fingulière remportée par l'Armée du Prince Edouard, &c. 1745.
19. Le Quart-d'heure de Rabelais.

24674. ☞ Recueil de Pièces qui ont paru depuis le paffage de Charles-Edouard en Ecoffe : 1746, *in-8.*]

24675. ☞ Le Siége de Tournay ; par M. (Jacques-Augufte) DE LA MORLIÈRE, Chevalier de l'Ordre de Chrift : 1745, *in-12.*]

24676. ☞ Capitulation de la Citadelle de Tournay : *Tournay*, 1745, *in-4.*]

24677. ☞ Relation de la prife de Gand : *in-4.*]

24678. ☞ Mandemens de M. l'Archevêque de Paris, au fujet de la prife de Tournay, Gand, Bruges, Dendermonde, Oudenarde, Oftende, Nieuport : *Paris*, 1745, *in-4.*]

24679. ☞ Pièces concernant la deftination des Garnifons qui ont défendu Tournay & Dendermonde : *in-4.*]

24680. ☞ Remontrances au Roi, fur la Campagne de Sa Majefté en Flandres ; par M. PORTES, Chanoine de Laon : 1745, *in-4.*]

24681. ☞ Epître au Roi, fur fon retour ; par M. CONTAN : *Paris*, 1745, *in-4.*]

24682. ☞ Ludovico victori Oratio, à Joanne VAUVILLIERS : *Parifiis*, 1746, *in-4.*]

24683. ☞ Effai d'un Chant fur la Louifiade ; Poëme ; par M. PIRON : *Paris*, 1745, *in-4.*]

24684. ☞ Difcours au Roi, fur le fuccès de fes Armes ; par M. ROI : *Paris*, 1745, *in-4.*]

24685. ☞ Journal hiftorique de la dernière Campagne de l'Armée du Roi en 1746. Ouvrage enrichi de Plans & d'une Carte du Brabant, pour l'intelligence de fes pofitions ; par M. le Chevalier D'ESPAGNAC ; Brigadier des Armées du Roi : *Paris*, Ganeau, 1747, *in-8.*

Cet Ouvrage a été fait fous les yeux du Maréchal de Saxe.]

☞ Journal de la Campagne du Roi en 1746, contenant fes Entrées dans Bruxelles, Malines, Anvers, les Siéges & Mouvemens des deux Armées, & un grand nombre de Remarques : *Anvers*, 1746, *in-12.* de 115 pages.

C'eft un Livre qui n'a jamais paru, quoiqu'annoncé dans le *Journal de Verdun*, *Avril*, 1747. *Voyez* le même *Journal au mois de Juin.*]

24686. ☞ Les glorieufes Campagnes de Louis XV. le Bien-Aimé, depuis 1744 jufques & compris 1746, repréfentées par des figures allégoriques, avec une Explication hiftorique ; par M. GOSMOND : *Paris*, 1751, petit *in-fol.*

C'eft une fuite de Médaillons, affez bien deffinés & gravés, au nombre de 44.

Voyez le *Journ. hift. de Verdun*, 1752, *Avril.* = Mé-

Règne de Louis XV. 1747.

moires de Trévoux, Septembre, 1747, (pour le *Prospectus*,) & *Mai* 1752.]

24687. ☞ Médailles du Règne de Louis XV. par GODONESCHE, au nombre de 54 : 1727, 1736, *in-fol.*

La première Edition va jusqu'en 1727, la seconde s'étend jusqu'en 1736.

Les mêmes, continuées par FLEURIMONT, au nombre de 70.

Celles-ci finissent à la prise de Bruxelles, en 1746.]

24688. ☞ Campagne de l'Armée du Roi, en 1747 ; par M. D'ESPAGNAC : *in-8.*]

24689. ☞ Campagne du Roi, en 1748 ; par le même : *in-8.*]

24690. ☞ La Campagne du Roi, Poëme ; par M. TANNEVOT : *in-4.*]

24691. ☞ Les Campagnes du Roi, Epître ; par M. BAZIN, Ingénieur : *Paris*, de l'Espine, 1747, *in-4.*]

☞ Mémoires de M. DUWANEL, tué à la Bataille d'Ettingen, contenant l'Histoire de la Guerre de Bohême, mise au jour suivant le Manuscrit de l'Auteur ; par M. du Bellay, Avocat au Siége Présidial de ***: *Abbeville*, 1747, *in-12*, 2 vol.

Ce Livre n'a jamais existé, quoiqu'annoncé dans le *Journal de Verdun*, *Avril*, 1747. *Voyez* le même Journal au mois de *Juin*.]

24692. ☞ Histoire de tout ce qui s'est passé en Provence, depuis l'entrée des Autrichiens dans cette Province, jusqu'à leur retraite : 1747, *in-12.*]

24693. ☞ La Provence délivrée, Poëme : *Avignon*, 1747, *in-12.*]

24694. ☞ Le Passage du Var, ou l'Incursion des Autrichiens en Provence, Poëme ; (par M. Michel-François D'ANDRÉ-BARDON :) *Paris*, Thiboust, 1750, *in-4.*]

24695. ☞ Journal du Siége de Bergopzoom, en 1747, avec les Plans : *Amsterdam*, 1750, *in-12.*

On a publié en 1747 une *Histoire des différens Siéges de Bergopzoom*; par M. (Edme-Jacques) GENET : *in-12.*]

24696. ☞ Poëme sur la prise de Bergopzoom ; par M. DE CAUX : *in-4.*]

24697. ☞ Poësies Françoises & Latines, sur le même sujet ; par M. Paul DESFORGES-MAILLARD : *in-12.*]

24698. ☞ Poëme sur les Victoires de M. le Comte de Saxe ; par M. BOUSSINGAULT : 1747, *in-4.*]

24699. ☞ Mf. Procès-Verbaux des graces accordées par le Roi, en faveur des prises de Menin, Ypres & Furnes, en 1744, & autres Villes de Flandres, en 1745, 1746 & 1747 : *in-fol.*

Ce Manuscrit se trouve indiqué au Catalogue du Président Bernard, num. 2145.]

24700. ☞ Relation de la Campagne de Maestricht, en 1748 : *Nancy*, 1751, *in-12.*]

24701. ☞ La Bataille de Lawfeldt, Poëme ; par M. CANSI : *in-4.*]

24702. ☞ Epître du Magister de Lawfeldt, au Curé de Fontenoy ; par M. Ant. Cl. Pierre Masson DE LA MOTTE-CONFLANS : 1747, *in-4.*]

24703. ☞ Epître au Roi sur la Paix, sous le nom d'un Officier Gascon ; (par M. DE LA MOTTE;) 1748, *in-4.*]

24704. ☞ Tableau de la Bataille donnée près de Maestricht ; par le P. Louis-François DAIRE, Célestin : 1747, 1756, *in-12.*

Ce Religieux, qui est Bibliothécaire des Célestins de Paris, descend de Jean Daire, l'un des anciens Héros de Calais.]

24705. ☞ Plans & Journaux des Siéges de la dernière Guerre de Flandres, (finie en 1748,) rassemblés par deux Capitaines Etrangers au service de France, (MM. D'ELLENS & FUNCK :) *Strasbourg*, 1750, *in-4.*

Les Plans sont au nombre de vingt-quatre, dont le premier est celui de Menin & le dernier celui de Maestrick. Ils sont précédés d'une Carte des Pays-Bas, qui renferme toutes les Villes prises pendant cette Guerre.]

24706. ☞ Siéges & Campagnes de M. le Maréchal de Saxe, dans les Pays-Bas, (depuis 1746 jusqu'en 1748 :) *Amsterdam*, 1751, *in-12.*]

24707. ☞ Histoire des Révolutions de Gênes, jusqu'en 1748 : *Paris*, Nyon, 1750, *in-12.*]

24708. ☞ Histoire du Siège de Pondichéry, (levé par les Anglois le 17 Octobre 1748,) sous le Gouvernement de M. Dupleix ; (par M. Anne-Gabriel Meusnier DE QUERLON ;) précédé d'un Journal du Voyage fait aux Indes en 1747, &c. Nouvelle Edition : *Bruxelles*, (*Paris*,) 1766, *in-12.*

On trouve à la tête, *Recueil de Lettres sur l'Expedition faite en Ecosse en* 1745.]

24709. ☞ Mémoires pour servir à l'Histoire de l'Europe, depuis 1740 jusqu'à la Paix générale en 1748 : *Amsterdam*, 1749, 1752, *in-12.* 3 vol.]

24710. ☞ Collection historique, ou Mémoires pour servir à l'Histoire de la Guerre terminée par la Paix d'Aix-la-Chapelle, en 1748, avec des Plans : *Londres*, (*Paris*,) Duchesne, 1758, *in-12.*]

24711. ☞ Mf. Précis historique sur les causes & les révolutions de la Guerre de la succession d'Autriche, après la mort de Charles VI. par M. LE DRAN : *in-4.*

Ce Manuscrit étoit dans la Bibliothéque de Monseigneur le Dauphin, mort en 1766, & il a passé à Monseigneur le Dauphin son fils.]

24712. ☞ De Pace, Oratio Caroli LE BEAU : *Parisiis*, *in-4.*

Ce Discours, & un autre de M. le Beau sur la Con-

LIV. III. - *Histoire Politique de France.*

valescence & les Conquêtes du Roi, (prononcé en 1744) ont été traduits en François par M. Pierre-Toussaint Masson, Trésorier de France : *Paris*, 1750, *in-*12.]

24713. ☞ Histoire des Conquêtes de Louis XV. tant en Flandres que sur le Rhin, en Allemagne & en Italie, depuis 1744 jusqu'à la Paix conclue en 1748. Ouvrage enrichi d'Estampes représentant les Sièges & Batailles, & de Plans des principales Villes assiégées & conquises ; par M. (Pierre) DU MORTOUS : *Paris*, 1759, *in-fol.*

Ce Livre a des Plans, des Estampes, des Vignettes & Culs-de-Lampes assez bien exécutés. L'Auteur est Avocat au Parlement de Paris, & Procureur du Roi à la Maîtrise des Eaux & Forêts.]

24714. ☞ Les Campagnes de Louis XV. (1744-1748) représentées par des figures allégoriques ; par M. GROSMESNIL DE VERNON : 1749, *in-*4. fig.]

24715. ☞ Anecdotes historiques, militaires & politiques de l'Europe, depuis l'élévation de Charles-Quint au Trône de l'Empire, jusqu'au Traité d'Aix-la-Chapelle en 1748 ; par M. l'Abbé RAYNAL : *Amsterdam*, 1753, *in-*8. 3 vol.]

24716. ☞ Histoire des Guerres entre les Maisons de France & d'Autriche : *Paris*, Rozet, 1766, *in-*8. 6 vol.]

24717. ☞ Parallèle de Louis XV. avec Louis XIV. sur la dernière Guerre ; par M. l'Abbé (Michel) DESJARDINS : *in-*12.]

24718. ☞ Les Conquêtes du Roi couronnées par la Paix, Odes : *Paris*, 1749, *in-*8. de 38 pages.]

24719. ☞ L'Année merveilleuse ; (par l'Abbé COYER, 1748:) *in-*12.]

C'est une Pièce en Prose, bien écrite, qui peint au naturel les mœurs du Siècle. Il y a eu une Réponse qui a paru sous le titre suivant.]

24720. ☞ L'Année sans merveille, ou fausseté de la prédiction de l'Année merveilleuse, avec des Notes : *Lille*, 1748, *in-*12.]

24721. ☞ Le Retour de la Paix, Poëme ; par M. DE LA PORTE : 1748, *in-*12.].

22722. ☞ Poëme, au Roi, sur ses Conquêtes ; par M. DE MARTIGNY : 1749, *in-*4.]

24723. ☞ Remerciement des Habitans de la Ville de Paris au Roi ; par M. DE LA FONT : 1749, *in-*8.]

24724. ☞ Panégyrique de Louis XV. par M. DE VOLTAIRE : 1748, *in-*12.

Le même, avec les Traductions Latine, Italienne, Espagnole & Angloise : 1749, *in-*8.]

24725. ☞ Histoire de Maurice, Comte de Saxe, Maréchal - Général des Armées & Camps de Sa Majesté Très-Chrétienne ; par M. NEEL : *Mittaw*, (*Paris*,) 1752, *in-*8. 2 vol.

A la fin se trouve son « Oraison funèbre prononcée à » Paris le 8 Février 1751, dans la Chapelle de M. le » Plénipotentiaire de Suède ; par le Sieur BAER, Au- » mônier de S. M. Suédoise ». Le Maréchal de Saxe étoit mort le 30 Novembre 1750.]

24726. ☞ Mémoire pour le Sieur (Mahé) de la Bourdonnaye, avec les Pièces justificatives : *Paris*, 1751, *in-*4. & *in-*12. 4 tomes en 3 vol.

On y trouve des faits depuis 1735 jusqu'en 1750, particulièrement pour l'Histoire de l'Expédition de Madras en 1746. Ce Mémoire est de M. DE GENNES, Avocat au Parlement de Paris, mort en 1759.

M. de la Bourdonnaye fut nommé en 1734 Gouverneur des Isles de France & de Bourbon. Il s'y conduisit en homme qui a à cœur la gloire de sa patrie, & les intérêts de ceux qu'elle employe. La guerre ayant été déclarée en 1744 à l'Angleterre, il se prépara à en profiter, & à gagner la supériorité dans l'Inde sur l'ennemi. S'il ne fut point secouru aussi puissamment qu'il l'auroit desiré, il tâcha de se signaler par quelque expédition honorable. Il prit aux Anglois la Ville de Madras en 1746, & par accord elle fut rançonnée à onze cens mille pagodes. Voilà (dit-il) l'époque de ses malheurs & du délagrément qu'il eut à essuyer de la part de M. Dupleix, Gouverneur de Pondichéry, qui par des vues particulières ne voulut point tenir la Capitulation, & préoccupa tellement l'esprit des Ministres & de la Nation, que M. de la Bourdonnaye, à son retour, fut arrêté & conduit à la Bastille. C'est pour se disculper & mettre au grand jour sa conduite & son innocence, qu'il fit imprimer un Mémoire divisé en deux parties, l'une pour le fait & l'autre pour les moyens : il est compris, dans le premier Tome *in-*12. les trois autres renferment les Pièces justificatives. Ce Mémoire est curieux & intéressant. On y apprend quantité de faits concernant les Comptoirs de la Compagnie des Indes dans les Isles de France & de Bourbon, à Pondichéry & ailleurs.]

24727. ☞ Lettre à M. de ***, sur le Mémoire du Sieur de la Bourdonnaye : *in-*4. de 16 pages.]

24728. ☞ Mémoire pour le Sieur de la Gatinais, Capitaine de Vaisseau dans les Indes, détenu au Château de la Bastille, (en faveur de M. de la Bourdonnaye ;) par M. HORDRET, Avocat, 8 pages.]

24729. ☞ Elargissement de M. de la Bourdonnaye, retenu à la Bastille : *in-*4.]

24730. ☞ Dialogue entre le Siècle de Louis XIV. & le Siècle de Louis XV. par M. CARACCIOLI : *La Haye*, (*Paris*,) 1751, *in-*12.

Voyez le *Mercure*, 1751, *Juin.*

24731. ☞ L'Etablissement de l'Ecole Royale Militaire, Poëme héroïque ; par M. MARMONTEL : *Paris*, Jorry, 1751, *in-*8.]

24732. ☞ L'Ombre du Grand Colbert ; avec des Réflexions sur la Peinture : *Paris*, 1752, *in-*12. 2 parties en 1 tome.]

24733. ☞ Prédictions de Momus, pour l'année 1752, par M. (Jean) SORBT, Avocat, *in-*8.]

24734. ☞ Le Parnasse, ou Essai sur les Campagnes de Louis XV. Poëme héroïque ; par M. DE CAUX : *Paris*, Pissot, 1752, *in-*12.]

24735. ☞ Recueil des Sièges & Batailles,

pour servir à l'Histoire des Guerres de 1741; par le Sieur LE ROUGE: Seconde Edition, augmentée: *Paris*, 1754, 53 feuilles, grand in-fol.]

24736. ☞ Eloge de Louis XV. par M. LE CORVAISIER, (prononcé dans l'Académie d'Angers:) *Paris*, Lottin, 1754, *in-8*.]

24737. ☞ Eloge de Louis XV. prononcé dans l'Hôtel de Ville de Paris; par le Père DU FAURE DE GACHE : *Paris*, Knapen, 1755, *in-8*.]

24738. ☞ Journal, en Vers de ce qui s'est passé au Camp de Richemont, commandé par M. de Chevert, & commencé le 26 Août; (par M. DE VALLIER:) *Metz*, Collignon, 1755, *in-4*.]

24739. ☞ Mandrin pris, Poëme; par Dom (Stanislas) DUPLESSIS, (Bénédictin de la Congrégation de S. Vannes:) 1755, *in-8*.

Ce Mandrin étoit un célèbre brigand, ennemi déclaré des Fermiers, Traitans & Receveurs des Droits Royaux, en Dauphiné & voisinage.]

24740. ☞ Mémoire contenant le Précis des Faits, avec leurs Pièces justificatives, pour Réponse aux Observations envoyées par les Ministres d'Angleterre dans les Cours de l'Europe : *Paris*, Imprimerie Royale, 1756, *in-4*.

On trouvera ci-après, entre les *Lettres politiques*, *Mémoires*, &c. diverses Pièces dressées par les Ministres de France & d'Angleterre avant la Guerre de 1756.]

24741. ☞ Minorque conquise sur les Anglois, Poëme héroïque en quatre Chants; par M. MAILLET : *Genève*, (*Paris*, Delormel,) 1756, *in-8*.]

24742. ☞ Poëme au Roi, sur la Prise de Port-Mahon, (dans l'Isle Minorque;) par M. Jacques TEISSERENC, Garde du Corps: 1756, *in-8*.]

24743. ☞ La Prise de Mahon & de ses Forts; par D. Stanislas DUPLESSIS: 1756, *in-4*.]

24744. ☞ Vers sur la Conquête de Minorque; par M. Gazon DOURXIGNÉ : 1756, *in-12*.]

24745. ☞ Journal historique de la Conquête de l'Isle de Minorque: 1756, *in-12*.]

24746. ☞ Journal de la Conquête de Port-Mahon ; par M. le Chevalier Ange GOUDARD : 1756, *in-8*.]

24747. ☞ Poëme, sur le même sujet; par le Chevalier DU BELLOY : 1758, *in-4*.]

24748. ☞ La Conquête de Port-Mahon, Poëme ; par M. Louis-Antoine AUDIBERT : 1756, *in-8*.]

24749. ☞ Recueil général des Pièces, Chansons & Fêtes données à l'occasion de la Prise du Port-Mahon; précédées d'un Journal historique de l'Expédition de l'Isle Minorque, & du Siège du Fort Saints Philippe par les François: *Paris*, Veuve, 1756, *in-8*.]

24750. ☞ Lettre à Madame de ***, ou Réflexions sur la Conquête de Minorque; par M. J. B. PASCAL : *in-12*.]

24751. ☞ Lettre d'un Négociant à un Milord, sur Port-Mahon ; par M. Jean-Mathurin MAZEAS, Professeur au Collège de Navarre : *Paris*, 1756, *in-12*.]

24752. ☞ Le Siège de Mahon, ou la Fureur Angloise, Roman historique ; par l'Auteur D. P. B. 1757, *in-12*. 2 parties.]

24753. ☞ Ob minorem fortissimamque Balearium à Gallis expugnatam, Musarum Epinicia : Accesserunt Arcis Philippeæ generalis Oppugnatio, ejusque dedendæ Pacta, Italico atque Latino idiomate exarata : Corollarium ad bina L. Licinii Glauci utriusque insulæ prolegati & Seviri equitum Romanorum Elogia illustranda ; Parerga quibus Carminum, Notarum & Argumentorum rationes firmantur, auctore Antonio Joseph Comite à TURRE, Rezzonici Patricio, &c. *Parma*, Borsius, 1757, *in-4*.]

24754. ☞ Josephi Benedicti JUSTINIANI, Monachi Benedictino-Casinatis, de rebus ad Minorem Balearium gestis, anno M.DCC.LVI. Commentarius : *Parisiis*, Barbou, 1761, *in-8*. pag. 48.

C'est l'Histoire du Siège & de la prise de l'Isle Minorque par l'Armée Françoise, sous le Commandement de M. le Maréchal Duc de Richelieu.

On peut voir à ce sujet les *Mémoires de Trévoux*; 1761, *Septembre*, pag. 2295.]

24755. ☞ Pièces originales & procédures du Procès fait à Robert-François Damiens, tant en la Prevôté de l'Hôtel qu'en la Cour de Parlement : *Paris*, Simon, 1757, *in-4*; & *in-12*. 4 vol.

On trouve à la tête un Avertissement & un Précis historique.]

24756. ☞ Table des Matières contenues dans le Procès de Robert-François Damiens : *in-12*. de 84 pages.

Elle a été publiée quelque temps après le Recueil dudit Procès, & elle est utile pour réunir sous un coup d'œil diverses choses qui ont rapport les unes aux autres.]

24757. ☞ Diverses Pièces faites à ce sujet, (dont plusieurs Curieux ont fait des Recueils.)

Ces Pièces sont :

1. Discours sur l'assassinat du Roi; par M. COTTEREL ; 1757, *in-4*.
2. La France sauvée, Poëme ; par M. D'ARNAUD ; 1757.
3. La France vengée, Poëme; par M. SAUVIGNY ; 1757.
4. In horrendum nefas perpetratum die 5 Januarii 1757, Carmen : *in-4*.
L'Auteur est M. François-Marie COGER, Professeur au Collège Mazarin. La Traduction en François est de M. Godard.
5. Poëme sur le malheur arrivé à la France la veille des Rois 1757 ; par D. Stanislas DUPLESSIS, Bénédictin.
6. Lettre à un Ami de Province.
7. Lettre d'un Patriote, où l'on rapporte les faits qui prouvent que l'Auteur de l'attentat commis sur la

vie du Roi a des complices, & la manière dont on inftruit le Procès.

8. Déclaration de guerre contre les Auteurs du parricide tenté sur la personne du Roi : *in-12*.

9. Lettre d'un Solitaire, sur le Mandement de M. l'Archevêque de Paris.

10. Réflexions sur l'attentat commis le 5 Janvier, contre la vie du Roi : *in-12*.

11. Extrait de la Gazette Françoise d'Amsterdam, depuis le 7 Janvier 1757, jusqu'à la fin du Procès.

12. In teterrimum Ludovici XV. Galliarum Regis amantissimi parricidium, Oratio extemporalis habita Universitatis Cadomensis nomine, die 18 Febr. 1757, à Joan. Jac. Franc. GODARD, Presbytero, Rhetorices in Artiano & Regio Collegio eloquentiæ Professore, necnon Regiæ Litterarum Academiæ socio : *Cadomi*, 1757, *in-4*.

Les Pièces précédentes ont été réunies en un volume sous ce titre : « Les Iniquités découvertes, ou Recueil de Pièces curieuses & rares qui ont paru lors du Procès de Damiens : *Londres*, (*Paris*), 1760, *in-12*. » Dans quelques-unes, on cherche à répandre de grands soupçons contre les Jésuites : elles ont été condamnées au feu par Arrêt du Parlement, du 30 Mars 1757.

13. Mandement de M. l'Archevêque de Paris (DE BEAUMONT), sur cet événement, du premier Mars 1757.

14. Mandement de M. l'Evêque de Valence (Alexandre MILON), du 8 Février 1757.

15. Mandement de M. l'Evêque de Soissons (François Duc DE FITZJAMES), du 21 Mars 1757.

16. Discours prononcé par M. l'Evêque de Grenoble, (DE CAULET), dans son Eglise Cathédrale, le 30 Janvier 1757, imprimé à Grenoble & à Paris.

17. Mandement de Jean-Nicolas de Honteim, Evêque de Miriophis, suffragant de Trèves, du 22 Mars 1757.

18. Lettre du Parlement de Bourdeaux, au Roi, &c. du 15 Janvier 1757.

19. Lettre de Paul Rabaut, Pasteur (Calviniste), à Nismes, du 14 Janvier 1757, adressée aux Protestans de Languedoc.

20. Prière faite par les Juifs Portugais de Bordeaux, & Action de graces des mêmes : 1757.

21. Discours sur le même sujet, prononcés dans les Chaires de Paris; = par le Père BERNARD, Chanoine Régulier de Sainte Geneviève; = par le Sieur CHEMERY, Vicaire de S. Severin; = par le Sieur ARMERIE, Porte-Dieu de la Paroisse S. Germain-l'Auxerrois; = par M. THOMAS, Thrésorier de Saint Jacques-de-l'Hôpital; = par le P. HUBERT de Dôle, Capucin; = par le Père CYPRIEN, Carme déchaussé.

Discours prononcé par M. CHREITIER, Chapelain du Roi de Dannemarck, à Paris, dans la Chapelle de l'Ambassadeur.

22. Peroraison d'un Discours sur la conduite de Dieu envers les hommes, prononcée à Paris, par M.***, en Février 1757. (Cette Peroraison de 11 pages *in-4*. n'a pas été prononcée, & cet Ecrit est d'Augustin-Martin LOTTIN, Libraire & Imprimeur.)

23 Mandatum Procurationis venerandæ Normannorum Nationis (Robert DESCHAMPS), 26 Martii 1757.

24. Vers sur l'attentat commis contre la personne du Roi, &c. 1757.

25. L'Aigle & le Vautour, Fable; (par l'Abbé AUBERT): 1757.

26. Les Erreurs, Poëme, sur le même sujet : (les Jésuites y sont fort maltraités).

27. L'Amour de la Patrie, Ode, 1757.

28. Vers sur les Affaires présentes : 1757.

29. Sonnet Italien sur le même sujet; par M. MERCABUONI, de l'Académie des Arcades.

Il n'est pas extraordinaire qu'un Evénement aussi affreux, fournisse matière à différentes Réflexions & à plusieurs Ecrits hazardés. Mais on doit remarquer pour l'honneur d'une Nation qui a toujours chéri ses Souvetains, que la consternation fut générale lorsqu'on apprit ce terrible événement, & la joie universelle par toute la France lorsqu'elle sçut son Monarque hors de danger.]

24758. ☞ Mf. Mémoire de M. de Maillebois : 12 pages.

Il y en a une Copie dans la Bibliothèque de M. de Fontette, à Dijon, &c.]

24759. ☞ Eclaircissemens présentés au Roi par le Maréchal d'Estrées, (en Réponse au Mémoire précédent) : *Paris*, 1758, de 32 pages.

Ces deux Mémoires sont curieux & contiennent des Observations sur la Bataille d'Hastembeck, donnée en 1757. M. de Maillebois fut condamné par jugement des Maréchaux de France, confirmé par le Roi, à un an de prison, & destitué de ses Charges.]

24760. ☞ Parallèle de la conduite des Carthaginois, à l'égard des Romains, avec celle de l'Angleterre à l'égard de la France; (par M. l'Abbé SERAN DE LA TOUR): *Paris*, 1757, *in-12*.]

24761. ☞ Mémoires pour servir à l'Histoire de notre temps; par l'Observateur Hollandois (M. Jean-Nicolas MOREAU): 1757, *in-12*. 2 vol.]

24762. ☞ Journal historique au sujet de la tentative de la Flotte Angloise, sur les côtes de l'Aunis en 1757; par le P. Louis-Etienne ARCERE, Prêtre de l'Oratoire : *La Rochelle*, *in-4*.

Les Anglois vouloient surprendre & brûler le Port & les Magasins de Rochefort. En conséquence ils s'avancèrent sur nos Côtes; avec une Flotte de plus de 100 voiles, & douze mille hommes de débarquement. Ils abordèrent à l'Isle d'Aix, près l'embouchure de la Charente; mais après y être restés dix jours, comme ils ne virent aucun moyen de réussir dans leur entreprise, ils se retirèrent.]

24763. ☞ Parallèle de la conduite du Roi, avec celle du Roi d'Angleterre, sur la rupture de la Capitulation de Closter-Seven: *Paris*, Imprimerie Royale, 1758, *in-8*.]

24764. ☞ Poëme sur la Bataille de Lutzelberg; par M. l'Abbé SABATIER, Professeur au Collége de Tournon, 1758 : *in-8*.]

24765. ☞ Histoire de la Campagne de 1757, jusqu'au premier Janvier 1759; par M. François-Antoine CHEVRIER : 1759, *in-8*. 4. parties.]

24766. ☞ Mémoires historiques sur les principaux événemens arrivés dans l'Isle de Corse; par Louis-Amant JAUSSIN, Apothiquaire : 1759, *in-12*. 2 vol.

L'Auteur est mort en 1767.]

24767. ☞ Théâtre de la Guerre dernière, en Allemagne (1756-1759), contenant la Description géographique des Pays où elle s'est faite; avec un Journal historique des Opérations Militaires des Puissances belligérantes, accompagné d'un grand nombre de Cartes, & des Plans des principales Villes,
&

Règne de Louis XV. 1759.

& des Batailles & Combats, &c. (par le Sieur d'Heulland,) seconde Édition, revue & corrigée: *Paris*, Langlois, 1763, *in*-12. 6 vol.

Il y a trois Volumes de Récits, & trois de Cartes & Plans.]

24768. ☞ Journal historique de la Campagne du Capitaine Thurot, sur les côtes d'Ecosse & d'Irlande, en 1757 & 1758; (par M. Tassin): *Dunkerque*, (*Paris*), 1759 & 1760, *in*-12. de 100 pages.]

24769. ☞ Histoire de la dernière Révolution de Gènes: 1759, *in*-12. 2 vol.]

24770. ☞ Lettres du Maréchal de Belle-Isle, à M. de Contades: *La Haye*, de Hondt, 1759, *in*-12.]

24771. ☞ Relation de la Bataille navale de 1759; par M. (Charles-Louis) d'Authville, Lieutenant-Colonel des Grenadiers Royaux: 1760, *in*-4.

L'Auteur est mort en 1761 ou 1763.]

24772. ☞ Histoire de la Guerre contre les Anglois, depuis 1749 jusqu'à présent; (par M. Poullin de Lumina): *Genève*, 1759, *in*-8. 2 vol.]

24773. ☞ Journal de la Campagne de 1760, sous les ordres de M. de Broglie: *Francfort*, 1761, *in*-4.]

24774. ☞ Atlas Géographique & Militaire, ou Théâtre de la Guerre présente en Allemagne, où sont marqués les Marches & Campemens des Armées, depuis 1756 jusqu'en 1761; par M. Rizzi Zannoni: *Paris*, Ballard & Lattré, 1761, *in*-16. Avec le Journal de cette Guerre, (par M. Drouet, Bibliothécaire de MM. les Avocats:) 1761, *in*-16.]

24775. ☞ Devises & Inscriptions pour la décoration des quatre Façades de la Statue équestre que la Ville de Paris se propose d'ériger à Sa Majesté; par M. du Gardein de Villemaire: 1760, *in*-4.]

24776. ☞ Lettres d'un Particulier à un Seigneur de la Cour, ou Observations Irénaïques sur la Science Métallique & le style Lapidaire, & en particulier sur les deux Inscriptions proposées, & actuellement tracées sur le Plâtre, à la Place de Louis le Bien-aimé: *Avignon*, (*Paris*, Panckoucke), 1765, *in*-8.

Il y a trois Lettres, qui sont de l'Abbé Gourné.]

24777. ☞ Mémoires du Colonel Lawrence: contenant l'Histoire de la Guerre dans l'Inde, entre les Anglois & les François, sur la côte de Coromandel, depuis 1750 jusqu'en 1761; avec une Relation de ce qui s'est passé de remarquable sur la côte de Malabar, & des Expéditions à Golconde & à Surate, donnés sur les Papiers originaux; par Richard Owen Cambridge, Écuyer, traduits de l'Anglois, par M. (Marc-Antoine Eidous): *Amsterdam*, (*Paris*), 1766, 1767, *in*-12. 2 vol.]

Tome II.

24778. ☞ Le Chef-d'œuvre en politique, ou Projets pour la Campagne de 1761: *in*-12.]

24779. ☞ Journal de la défense de Cassel, en 1762, rédigé par M. Auguste J. Fr. Ant. de la Broue, Baron de Vareilles, Officier d'Artillerie: 1763, *in*-12.]

24780. ☞ Considérations sur la Guerre d'Allemagne, traduites de l'Anglois: *Paris*, les Frères Estienne, 1761, *in*-12.]

24781. ☞ Testament politique du Maréchal de Belle-Isle, par M. D. C. *Amsterdam*, (*Paris*), 1761, *in*-8.]

24782. ☞ Codicille & Esprit, (ou) Commentaire des Maximes politiques (dudit) Maréchal; par le même: *La Haye*, Van-Duren, 1762, *in*-8.]

24783. ☞ Vie politique & militaire de M. le Maréchal Duc de Belle-Isle, publiée par M. D. C. *La Haye*, Van-Duren, 1762, *in*-8.

On attribue ces Ouvrages à Fr. Ant de Chevrier, mort en 1762.]

24784. ☞ La Paix annoncée, Poëme; par M. l'Abbé (Michel) Desjardins, Prédicateur du Roi: 1762, *in*-8.]

24785. ☞ Journal du Siége de Belle-Isle: 1761, *in*-12.]

24786. ☞ La Paix, Poëme; par M. Pagés de Vixouses: 1763, *in*-8.]

24787. ☞ Poëme aux Anglois, à l'occasion de la Paix universelle; par M. Peyrand de Beaussol: 1763, *in*-8.]

24788. ☞ Lettres sur la Paix, à M. le Comte de ***: *Lyon*, 1763, *in*-8.]

24789. ☞ Éloge du Roi; par M. l'Abbé Donjon, (Docteur en Théologie, Principal du Collége de la Flèche): 1763, *in*-8.]

24790. ☞ Ode sur les Vaisseaux que différentes Provinces, Villes, &c. ont offerts au Roi; par M. C. ***: *Paris*, 1762, *in*-8.]

24791. ☞ Apollon, Poëme, au sujet des Vaisseaux, &c. par M. de Nougaret: *Paris*, 1762, *in*-8.]

24792. ☞ Mémoires de Madame la Marquise de Pompadour (Jeanne-Antoinette Poisson), écrits par elle-même, où l'on découvre les motifs des Guerres & des Traités de Paix, les Ambassades, les Négociations dans les différentes Cours de l'Europe; les Menées & les Intrigues secrettes, le caractère des Généraux, celui des Ministres d'Etat, la cause de leur élévation & le sujet de leur disgrace; & généralement tout ce qui s'est passé de plus remarquable à la Cour de France, pendant vingt années du Règne de Louis XV. *Liége*, (*Hollande*) 1765, *in*-8. (2 parties, sans nom d'Imprimeur.)

Il reste encore à publier quelque Partie de ces Mémoires, qui commencent en 1743 ou 1744. Ils ne sont point de la Dame dont ils portent le nom, mais d'un de ces Ecrivains de Hollande, qui a cherché à gagner de l'argent. Il dit que parmi une multitude de Papiers de Madame de Pompadour, il a fait un choix, & a élagué beaucoup. Cette Dame est morte le 15 Avril 1764.]

24793. ☞ Journal historique, ou Fastes du Règne de Louis XV. surnommé le *Bien-aimé*, (depuis Septembre 1715 jusqu'à la fin de 1764): *Paris*, Prault, 1766, *in*-12. 2 vol.

Le même, (en petit caractère): *Paris*, Prault & Saillant, 1766, *in*-12. 1 vol.]

24794. ☞ Précis du Siècle de Louis XV. (jusqu'en 1764; par M. François-Marie Arouet de Voltaire).

Il est imprimé dans la dernière Edition de son *Siècle de Louis XIV*. 1769, *in*-8. 4 vol. Il y occupe un Volume & demi, commençant à la page 250 du tom. III.]

24795. ☞ Anecdotes historiques, morales & littéraires du Règne de Louis XV. par Simon-Ant. Charles Dagues de Clairfontaine, de l'Académie d'Angers: 1767: *in*-12.]

24796. ☞ Joan. Danielis Schoepflin, Panegyricus Ludovico XV. secundum Imperii semisæculum ingresso, Argentorati anno 1766, jussu publico dictus: (*Argentorati*), *in-fol.* 15 pages.]

24797. ☞ Mf. Recueil de Pièces sur le Règne de Louis XV. onze Porte-feuilles, *in*-4.

C'est ce qui compose les num. 500-510, du grand *Recueil* de M. de Fontanieu, qui est à la Bibliothèque du Roi.]

24798. ☞ Mercure historique & politique contenant l'état présent de l'Europe, ce qui se passe dans toutes les Cours, les Intérêts des Princes, & tout ce qu'il y a de curieux: (*Hollande*), 1689 & *suiv*. (jusqu'à présent), petit *in*-12. plusieurs volumes.

Gatien de Courtilz a été le premier Auteur de ce Mercure, ou Journal, qui commença au mois de Novembre 1686. Il a été continué depuis par plusieurs. Bayle fit quelques-uns de ces Journaux en 1689 & 1690. La Brune, Saint-Elier, Saint-Donnet, Guyot, Rousset, l'ont conduit jusqu'au temps présent.]

24799. ☞ Le Courier véridique, ou l'Anti-Rousset; Mémoires pour servir à l'Histoire du Siècle courant, mois de Janvier & Février 1743: *Genève*, 1743, *in*-8. 2 vol.

On peut voir sur Rousset & sur cet Ouvrage, le *Diction*. de Prosper Marchand, au mot *Anti-Rousset*.]

24800. ☞ La Clef du Cabinet des Princes de l'Europe, ou (*Journal de Verdun*), depuis le mois de Juillet 1704 (jusqu'à présent); avec un Supplément, contenant ce qui s'est passé en Europe pour l'Histoire, depuis la Paix de Ryswick jusqu'au mois de Juillet 1704; par Claude Jordan: (imprimée en différens endroits, 1704 & *suiv*. Aujourd'hui, *Paris*, Ganeau, *in*-8. 104 vol. jusqu'à la fin de 1768.]

24801. ☞ Le Mercure galant (appelé ensuite) *Mercure de France*, avec les suites, depuis le premier Janvier 1672, (jusqu'à présent): *in*-12. près de 800 vol.

Pour que ce Recueil soit complet, il faut que les Volumes qui ont précédé le Mercure, au nombre de 28, les Parties xi. xii. & xiii. sur les Affaires du temps qui sont très-rares, & les *Extraordinaires historiques*, s'y trouvent. Le Sieur Jean d'Auneau de Visé a été le premier Auteur de ce Mercure, qui a été continué par MM. Charles Rivière du Fresny, Le Fevre, l'Abbé Buchet, Antoine & Jean de la Roque, Louis Fuzelier, l'Abbé Raynal, Louis de Boissy, M. Marmontel, M. de la Place; & en 1769 M. Lacombe, Avocat & Libraire.]

24802. La Gazette de France: *Paris*, 1631, 1768, &c. *in*-4.

Ce Recueil de Nouvelles a été commencé en 1631, par Théophraste Renaudot, Historiographe de France. Il contient les Nouvelles ordinaires & plusieurs Relations extraordinaires. Depuis sa mort arrivée en 1653, ce travail a été continué sous la direction de ses enfans & de ses héritiers; [ensuite par d'autres.] Chaque année fait un Volume.

☞ On a donné en 1767 & 1768, une *Table générale des Matières*, qui est fort utile.]

☞ *Nota*. On peut voir encore, pour l'Histoire du Règne de Louis XV. les Ouvrages sur la Constitution *Unigenitus*, & l'Affaire des Jésuites, *tom*. I. p. 369, & *suiv*. 878 & *suiv*.]

CHAPITRE TROISIÈME.

Histoires généalogiques de la Famille Royale de France.

ARTICLE PREMIER.
Histoires généalogiques des Rois de France.

§. PREMIER.
Histoires généalogiques des trois Races.

24803. Mſ. De Origine & Geſtis Regum Francorum.

Cette Généalogie [étoit] conſervée dans la Bibliothèque de feu M. de Harlay, Premier Préſident du Parlement de Paris, [& ſe trouve maintenant à S. Germain-des-Prés.]

24804. Mſ. De Francorum Regum Origine.

Cette Généalogie eſt conſervée dans la Bibliothèque du Vatican, num. 1985.

24805. Mſ. Les Lignées des Rois de France.

Cette Généalogie [étoit] conſervée dans la Bibliothèque de M. Colbert, num. 4694, 4695, [& eſt aujourd'hui dans celle du Roi.]

24806. Mſ. Traité de l'Origine & Succeſſion des Rois de France; par Nicolas D'ORAISON, Ecuyer: *in-fol.*

Ce Traité eſt conſervé dans la Bibliothèque de l'Abbaye de S. Vincent de Beſançon.

24807. Mſ. Généalogie des Rois de France, des Ducs de Lorraine, & autres anciennes Maiſons; par HEUNESON, Secrétaire du Chapitre de Verdun.

Cette Généalogie [étoit] conſervée dans la Bibliothèque de M. le Chancelier Seguier, num. 846, [& eſt aujourd'hui à S. Germain-des-Prés.]

24808. Mſ. De Francorum Regum Origine & Geſtis uſque ad Ludovicum Balbum, Caroli Calvi filium.

Cette Généalogie eſt conſervée dans la Bibliothèque du Vatican, num. 1785.

24809. Mſ. Genealogia Regum Francorum uſque ad Henricum I. deducta: *in-fol.*

Cette Généalogie eſt conſervée dans la Bibliothèque de l'Abbaye de S. Germain-des-Prés, num. 547.

24810. Mſ. Genealogia Regum Francorum à Meroveo ad Regnum Philippi I. ſeu ad annum 1059.

Cette Généalogie eſt conſervée dans la Bibliothèque de S. Victor, num. 447.

24811. Mſ. Généalogie des Rois de France, juſqu'à Louis VIII.

Elle eſt citée par Sanderus, au tom. I. de ſa *Bibliothèque des Manuſcrits Belgiques, pag.* 272.

24812. * Mſ. Genealogia Regum Franciæ, Tome II.

(uſque ad annum 1316.), & de ejuſdem Regni origine; auctore Bernardo GUIDONIS, Epiſcopo Lodovenſi; cum Arbore Genealogicâ depictâ.

Cet Ouvrage eſt conſervé dans la Bibliothèque du Roi, num. 1026 & 9620, & parmi les Manuſcrits de M. Colbert; num. 2464, 2763 & 3276. [Ce ſont cinq Exemplaires qui peuvent mériter d'être comparés.]

24813. Mſ. Origo Regum Franciæ, ab anno Chriſti 374 ad Ludovicum X.

Cette Généalogie [étoit] conſervée dans la Bibliothèque de M. de Harlay, [& eſt aujourd'hui à S. Germain-des-Prés.] Elle eſt écrite du temps du Roi Charles V.

24814. Mſ. Généalogie des Rois de France, juſqu'à Philippe-le-Bel.

Elle eſt dans la Bibliothèque du Roi, num. 324, ſelon le Père Labbe, *pag.* 274 de ſa *Nouvelle Bibliothèque des Manuſcrits.*

24815. Mſ. Chronique, contenant une Généalogie des Rois de France, depuis Adam juſqu'à Philippe-le-Bel; écrite par Barthélemi DE MESNE, fils de Marguerite, Comteſſe de Flandres, morte en 1382.

Cette Chronique eſt conſervée dans la Bibliothèque de Berne en Suiſſe, entre les Manuſcrits de Jacques Bongars, num. 72. Il eſt marqué dans la Note que l'on m'a communiquée, que cet Auteur y paroît exact, & qu'il recherche avec un ſcrupule digne d'un très-habile Hiſtorien, tout ce qui peut concerner la Chronologie véritable des Rois qu'il a allégués. Cela doit s'entendre depuis Pharamond.

24816. Mſ. Origo & Series Regum Francorum uſque ad Carolum VI.

Cette Généalogie [étoit] conſervée dans la Bibliothèque de M. Colbert, num. 3290, [& eſt aujourd'hui dans celle du Roi.]

24817. Mſ. Généalogie des Rois de France, depuis Antenor, fils de Priam, juſqu'à Charles VI.

Elle eſt dans la Bibliothèque de Berne, entre les Manuſcrits de Bongars, num. 560. Il paroît qu'elle a été écrite à diverſes fois & en divers lieux. On en trouve une autre num. 557. Ces deux Généalogies viennent, ſelon toutes les apparences, de la Bibliothèque de l'Abbaye de Fleuri, ou de S. Benoît-ſur-Loire, dont Bongars avoit acquis une partie, après qu'elle eut été pillée par les Huguenots.

24818. ☞ La Deſcente & Ligne des Rois François: *Paris, Bonhomme, in-folio, Gothiq.*]

24819. ☞ Lignée des Rois de France, ou Chronique des Rois de France, depuis Adam juſqu'à Louis XI. 1483: *in-4. Gothiq.*]

24820. Mſ. Généalogie des Rois de France juſqu'à François I. *in-fol.*

Elle [étoit] conſervée dans la Bibliothèque de M. Foucault, [& a paſſé par M. l'Abbé de Rothelin, dans celle du Roi.]

KKkk 2

24821. Regum Francorum Genealogia ; auctore Symphoriano CHAMPIER.

Cette Généalogie est imprimée avec son *Trophæum Gallorum*: *Lugduni*, 1507, *in-fol.*

24822. Les Généalogies des Gaules & des Rois de France, & celle des Ducs de Savoye ; par le même.

Elle se trouve dans sa *Chronique des Ducs de Savoye*: *Paris*, 1516, *in-fol.*

24823. Les anciennes & modernes Généalogies des Rois de France, leurs Epitaphes & Effigies ; avec le Sommaire des Gestes des Rois de France ; par Jean BOUCHET de Poitiers: *Poitiers*, 1527, *Paris*, 1530, *in-8. Poitiers*, 1535, *in-4. Poitiers*, 1536, *in-12. Paris*, Dupré, 1541, & *Poitiers*, 1545, *in-fol.* [*Paris*, 1636, *in-12.*]

Ce Livre est singulier par ses impertinences. L'Auteur l'a publié d'abord sous le nom du *Traverseur des voyes périlleuses.*

☞ La Partie I. traite des Rois François, jusqu'à Pharamond.

La II. contient un *Abrégé de la Vie des Rois de France*, depuis Pharamond jusqu'à Louis XII. & leurs Epitaphes.

On trouve dans ce Livret toutes les Fables qui font descendre les François des Troyens, leur arrivée en Pannonie, sous Francus, leur irruption sur le Rhin, & leurs différens noms, de Troyens, de Scythes, de Sicambriens & de François. L'Auteur donne une Liste de quarante Rois & de deux Chefs, depuis Marcomir, fils aîné d'Antenor, l'an 440. avant Jesus-Christ, jusqu'à Pharamond, & il fait un détail de leurs actions. C'est un tissu continuel de fables, mêlées de prétendues Généalogies. Viennent ensuite les Rois de France, depuis Pharamond jusqu'à François I. L'Auteur fait un Précis de leur vie, en Prose & en Vers ; ce sont les Vers qu'il nomme *Epitaphes*. L'Epître dédicatoire, qui est adressée à M. le Dauphin, François, fils du Roi François I. contient un parallèle des Romains & des François. M. Bouchet y soutient que ces derniers ne le cèdent en rien aux premiers.]

24824. Suite Généalogique des Rois de France, Ducs de Lorraine, &c. par Richard DE WASEBOURG.

Cette Suite Généalogique est imprimée avec ses *Antiquités de la Gaule Belgique*: *Paris*, 1549, *in-fol.*

☞ On y trouve encore bien des Fables.]

24825. Alliances généalogiques des Rois de France & Princes des Gaules ; par Claude PARADIN, Bourguignon, Doyen de Beaujeu: *Lyon*, de Tournes, 1561, *in fol.*

Les mêmes, augmentées par Jean DE TOURNES: *Lyon*, de Tournes, 1606, *in-fol.*

Les mêmes, troisième Edition, revue & augmentée en plusieurs endroits, & en laquelle ont été ajoutés de nouveaux blasons, & divers écartelages d'Armoiries : *Genève*, Stoer, 1636, *in-fol.*

Ce Volume ne contient que de simples Généalogies, sans aucunes preuves. Claude Paradin étoit neveu de Guillaume.

☞ *Voyez* le *Supplément de la Méth. histor.* de Lenglet, *in-4. pag.* 237.]

24826. Abrégé généalogique de la Maison de France, & toutes les Branches issues de la troisième Race ; par Jean DU TILLET.

Cet Abrégé est imprimé dans son *Recueil des Rois de France*: *Paris*, 1618, *in-4.*

24827. Anacephaleosis Geneseon, sapienterque dicta, & monodiæ septem & quinquaginta illustrium Francorum Regum, a Faramundo ad Franciscum I. auctore Francisco BONADO, Angeriæ Presbytero Santonensi: *Parisiis*, 1593, *in-8.*

24828. ★ Illustrationes Genealogicas de los Christianismos Reyes di Francia, compuestos por Estevan DE GARIBAY.

Cette Généalogie est imprimée dans l'Ouvrage du même Auteur, intitulé : *Illustrationes genealogicas de los Catholicos Reyes del Espagna*, &c. En *Madrid*, 1596, *in-fol.*

24829. ✱ Ms. Chronologie Armoriale, contenant les Règnes & Actes les plus signalés des Rois de France, leurs Alliances & Descentes, (par la connoissance des Armes des Maisons), depuis Charlemagne jusqu'au Roi Louis XIII. par Antoine DU BOIS de Valagon, Héraut d'Armes du titre d'Angoulesme ; avec les Blasons des Armoiries enluminées : 1618, *in-fol.*

Ce Manuscrit (étoit) à Paris, dans le Cabinet de M. Lauthier, Avocat au Parlement.

24830. Histoire généalogique des Rois de France, depuis la création du Monde jusqu'à Louis XIII. avec leurs portraits, extraite de l'Histoire universelle de Jacques Charron, Sieur de Monceaux ; par Thomas BLAISE, Libraire: *Paris*, Blaise, 1630, *in-8.*

Blaise, qui a fait cet Abrégé, avoue que les Portraits de plusieurs Princes, dont il a orné son Ouvrage, ont été faits à la fantaisie des Peintres ; mais que pour ce qui est de nos Rois depuis Pharamond, les Portraits ont été pris la plûpart sur ceux qui ont été ci-devant mis en lumière. Il y en a plusieurs de ceux-ci qui ne sont pas plus vrais que les précédens.

24831. Histoire généalogique de la Maison de France, augmentée, en cette (seconde) Edition, des deux précédentes Maisons Royales, avec les illustres Familles qui sortent des Reines & des Princesses du Sang ; par Scévole & Louis DE SAINTE-MARTHE, frères jumeaux, Avocats en Parlement, Historiographes du Roi : *Paris*, Cramoisy, 1628, *in-fol.* 2 vol.

Cette Edition est la seconde ; la première : (*Paris*, Pacard, 1619, *in-4.* 2 vol.) ne renferme que l'*Histoire généalogique de la troisième Race.*

La même Histoire, revue & augmentée en cette troisième Edition ; avec les illustres Familles sorties des Reines & Princesses du Sang : *Paris*, Cramoisy, 1647, *in-fol.* 2 vol.

Selon M. Lenglet, il faut avoir ces deux Editions. La dernière est la plus ample & la plus exacte, par rapport à l'Histoire ; mais la descente des Familles, sorties des Princesses du Sang, y manque ; elle devoit faire un troisième volume. Ces Généalogies ne se trouvent que dans le second volume de l'Edition de 1628. M. l'Abbé le Gendre marque que cette Histoire n'est pas tout-à-fait exacte, ni pour les faits ni pour les dates.

☞ *Voyez* le P. Niceron, *tom. VIII. pag.* 16. = Le Gendre, *tom. II. pag.* 95. = Lenglet, *Méth. histor. in-*4. *tom. IV. pag.* 434. = Sorel, *pag.* 344.

M. de Foncemagne a fait une remarque par rapport à l'Édition de 1647. Pour avoir l'Ouvrage complet, il faut qu'il y ait deux Cartons de corrections, aux feuillets 415 & 459 du Tome I. qui quelquefois se trouvent à la fin du Volume, comme dans l'Exemplaire qui est à la Bibliothèque des Barnabites de Paris. On peut voir à ce sujet les *Mém. de l'Acad. des Inscript. & Bell. Lettr. tom. XX. pag.* 562.]

24832. Ms. Additions à l'Histoire généalogique de la Maison de France; par Pierre-Scevole DE SAINTE-MARTHE.

Ces Additions sont conservées dans la Bibliothèque de saint Magloire, entre les Manuscrits de Messieurs de Sainte-Marthe. Pierre-Scevole de Sainte-Marthe est mort en 1690.

24833. Origine & Généalogie de la Royale Maison de France; par Jean BOISSEAU, Enlumineur du Roi: *Paris*, Sercy, 1646, *in-fol.*

24834. Table généalogique de l'Auguste & Royale Maison de France; par Pierre-Scevole de SAINTE-MARTHE, Historiographe du Roi: *Paris*, Van-Lochon, 1649, *in-fol.*

24835. Carte généalogique de la Maison Royale de France, & celle des Princes & Seigneurs qui ont possédé les Etats dont ce Royaume est composé; par Laurent TURQUOYS.

Cette Carte se trouve dans son *Empire François*, &c. *Orléans*, 1651, *in-fol.*

24836. La Clef d'or de l'Histoire de France, ou Tableaux généalogiques de la Maison Royale de France, tant en ligne directe que collatérale, au nombre de trente & plus; avec des remarques singulières pour l'Histoire & la Chronologie; par Philippe LABBE, Jésuite: *Paris*, 1649, *in-*12.

Les mêmes Tableaux généalogiques; avec ceux des six grandes Pairies Laïques du Royaume de France, seconde Édition, revue & augmentée: *Paris*, 1652: *La Haye*, 1654: *Paris*, 1664, *in-*12.

☞ *Voyez* Lenglet, *Méth. hist. in-*4. *t. IV. p.* 434. = *Abrégé de l'Hist. Eccl.* de Racine, *in-*12. *tom. XII. pag.* 470.]

24837. Histoire généalogique & chronologique de la Maison Royale de France, des grands Officiers de la Couronne; avec les qualités, l'origine & le progrès de leur Famille; ensemble le Catalogue des Chevaliers du Saint-Esprit: le tout dressé sur Chartes, Titres & autres preuves; par ANSELME (de la Vierge Marie), Augustin déchaussé: *Paris*, Loison, 1674, *in-*4. 2 vol.

Ce Religieux, qui se nommoit dans le monde, Pierre de Guibours, étoit de Paris; il est mort en 1694.

La même, augmentée & publiée sous ce titre: Histoire généalogique & chronologique de la Maison Royale de France, des grands Officiers de la Couronne & de la Maison du Roi; avec les qualités, l'origine & le progrès de leur Famille: le tout dressé sur les Titres originaux, Registres des Chartes du Roi, du Parlement, de la Chambre des Comptes, du Châtelet de Paris; Cartulaires de l'Eglise; Manuscrits & Mémoires qui sont dans la Bibliothèque du Roi & autres; par le P. ANSELME, Augustin déchaussé. Seconde Édition, revue, corrigée & augmentée par l'Auteur; & après son décès, continuée jusqu'à présent, par un de ses amis: *Paris*, 1712, *Amsterdam*, 1713, *in-fol.* 2 vol. [Édition augmentée.]

Honoré Caille DU FOURNY, Auditeur de la Chambre des Comptes, étoit célèbre par la grande connoissance qu'il avoit de notre Histoire, & des anciens Titres & Archives qui sont à Paris. Il a augmenté considérablement cette Histoire, & il l'a beaucoup perfectionnée. Il est mort en 1713.

☞ Histoire généalogique & chronologique pour la Royale Maison de France, des Pairs, grands Officiers de la Couronne & de la Maison du Roi, & des anciens Barons du Royaume; avec les qualités, &c. par le P. ANSELME, Augustin déchaussé, continué par M. DU FOURNY: troisième Édition, revue, corrigée & augmentée par les soins du Père ANGE-DE-SAINTE-ROSALIE, (François Raffard, mort en 1626), & du P. SIMPLICIEN, Augustins déchaussés: *Paris*, 1726-1733; *in-fol.* 9 vol.

Le I. contient la Maison Royale de France. On trouve à la fin: Table des noms des Rois, Reines, Princes, Princesses, & autres compris dans l'*Histoire de la Maison Royale de France*.

Tome II. Les douze anciennes Pairies, tant Ecclésiastiques que Laïques.

Tome III. La Suite des Pairs de France.

Tome IV. La Suite des Pairs de France.

Tome V. La Suite des Pairs de France: les Ducs non Pairs enregistrés, & les Ducs Pairs & non Pairs non enregistrés.

Tome VI. Les Sénéchaux, Connétables, Chanceliers & Maréchaux de France.

Tome. VII. La Suite des Maréchaux, les Amiraux & Généraux des Galères.

Tome. VIII. Grands-Maîtres des Arbalestriers: Grands-Maîtres de l'Artillerie: Portes-Oriflamme: Colonels-Généraux de l'Infanterie: Grands-Aumôniers: Grands-Maîtres Chambriers: Grands-Maîtres Chambellans: Grands-Ecuyers: Grands-Bouteillers: Echansons: Grands-Panneriers: Grands-Veneurs: Grands-Fauconniers: Grands-Louvetiers: Grands-Queux: Grands Maîtres des Eaux & Forêts de France.

Tome IX. Statuts & Catalogue des Chevaliers Commandeurs & Officiers de l'Ordre du S. Esprit, depuis leur Institution jusqu'à présent, avec leurs noms & surnoms, qualités & postérités.

On trouve à la fin de ce Volume: Additions & Corrections générales pour l'*Histoire Généalogique*, &c. Table générale Alphabétique des Noms, des Maisons & des Terres mentionnées dans l'*Histoire Généalogique de la Maison Royale de France*, *des Ducs & Pairs*, *des Grands Officiers de la Couronne*, & dans le *Catalogue des Chevaliers du S. Esprit.*

Voyez sur cet Ouvrage, *Bibliothèq. de Clément*,

tom. I. pag. 355. = *Siècle de Louis XIV. t. II. p.* 346. = *Mercure, Avril,* 1712, *Janv.* 1726 & 1738. = *Méth. hiſtor.* de Lenglet, *in-*4. *tom. IV. pag.* 435. = *Journ. des Sçav. Mai,* 1712. = *Dictionn.* de Bayle. = *Obſerv. ſur les Ecrits mod. Lett.* 207. = *Mém. de Trévoux, Décembre,* 1712 : *Décemb.* 1727 : *Mai,* 1728. *Juillet & Nov.* 1729 : *Janv. & Fév.* 1735 : *Novembre,* 1742. = *Journ. de Verdun, Sept.* 1728 : *Août,* 1730, & *Novembre* 1733.

Le Père Simplicien, qui ſe nommoit dans le monde Pierre Lucas, eſt mort le 10 Octobre 1759. Le Père Alexis (Pierre Caquet), a continué ſon Ouvrage, & eſt prêt à publier deux nouveaux Volumes de Supplément ; mais il ne ſera point encore queſtion des *Barons du Royaume,* annoncés dans la 3e Éd. par le P. Simplicien, dans les papiers duquel on n'a rien trouvé à ce ſujet ; parceque ceux qui devoient s'y intéreſſer ne lui ont rien envoyé.]

24838. ☞ Lettre ſur quelques endroits de l'Hiſtoire Généalogique & Chronologique de la Maiſon Royale de France ; par M. PIGANIOL DE LA FORCE : *Mém. de Trevoux,* 1742, *Novembre, pag.* 2075.]

24839. Table chronologique, hiſtorique & généalogique des Rois, Ducs, Comtes & autres Seigneurs qui ont poſſédé, après les Romains, les diverſes Provinces de France ; par Meſſieurs de la Conférence géographique & hiſtorique d'Avignon : *Avignon,* 1679, *in-fol.* [Placart.]

24840. Tableaux généalogiques des Rois de France ; par Claude-François MENESTRIER, Jéſuite : *Paris,* 1681, *in-fol.*

Cet Auteur eſt mort en 1705.

24841. Jacobi Wilhelmi IMHOFF, Germani, Excellentium Familiarum (ſcilicet Regum, Principum, Ducum, Pariumque) in Gallia Genealogiæ, à prima earum origine ad præſens ævum deductæ, & Notis hiſtoricis, quibus memorabilia Regni Galliæ, Regumque & clarorum Togâ & Sago Virorum facta, moreſque & dignitates recenſentur, illuſtrata : *Norimbergæ,* Endteri, 1687, *in-fol.*

24842. Table chronologique & généalogique des Rois de France ; par Antoine THURET, ancien Prieur de Notre-Dame-de-Homblières : *Paris,* 1687, *in-fol.* 4 feuilles. Seconde Édition, revue & corrigée : *Paris,* 1706, *in-fol.*

24843. Illuſtriores Galliæ ſtirpes, Tabulis genealogicis comprehenſæ : à Jacobo Philippo SPENERO, Germano : *Francofurti,* 1689, *in-fol.*

24844. Règles du jeu généalogique des Rois de France : *Paris,* 1696, *in-*12.

24845. Abrégé de l'Hiſtoire généalogique de la Maiſon de France & de ſes Alliances ; avec les noms des grands Officiers de la Couronne, ſous chaque Roi ; par D. Prieur de Courcelles : *Paris,* de Launay, 1699, *in-*12.

Ce Prieur ſe nomme DE GUEULETTE.

Voyez le *Journal des Sçavans, Janvier,* 1699.

24846. ☞ Mſ. Carte Généalogique des Rois & de la Maiſon de France, depuis Pharamond juſqu'à Louis XIV. incluſivement ; par DUCANGE.

Cette Carte deſſinée ſur vélin & d'un caractère tres-net, porte onze à douze pieds de haut, ſur ſix à ſept de large. Elle eſt à la Bibliothèque du Roi. M. d'Aubigny en donne une deſcription détaillée dans ſon *Mémoire* ſur les Manuſcrits de ſon grand-Oncle, *pag.* 16 & *ſuiv. in-*4. « Nous n'avons rien, dit la Notice inſérée » au *Journal des Sçavans,* (*Décembre,* 1749, 2d vol.) » qui préſente ſi généralement, ſi diſtinctement & ſous » un ſeul aſpect, les lignes directes, les différentes bran-» ches, les alliances, le Blaſon & la Chronologie, outre » le Précis hiſtorique, dont les Ecuſſons ſont remplis ».]

24847. ☞ Tables généalogiques & hiſtoriques des Rois de France & des Princes iſſus d'eux ; par Claude DE L'ISLE, Hiſtoriographe : 1718, *in-*4. en 14 demi-feuilles.

Ces Tables, qui ſe trouvent chez Philippe Buache, ſucceſſeur de Guillaume de l'Iſle, premier Géographe du Roi & fils de l'Auteur, font partie de ſon *Atlas Généalogique,* qui n'eſt pas auſſi connu qu'il le mérite. Claude de l'Iſle eſt mort en 1720, âgé de 76 ans.]

24848. ☞ Généalogies de la Maiſon Royale des trois Races.

Elles ſe trouvent à la fin de l'*Hiſtoire de France* de l'Abbé le Gendre : *Paris,* 1718, *in-fol.* 2 vol. 1719, *in-*12. 7 vol.]

§. II.

Traités Généalogiques des Rois de la première Race.

24849. Mſ. DISSERTATION dans laquelle on prouve que Clovis étoit iſſu des Rois de France qui avoient régné avant lui ; par François DE CAMPS, Abbé de Signi.

Cette Diſſertation eſt conſervée au tom. I. de ſon *Cartulaire hiſtorique de Hugues Capet,* [aujourd'hui dans la Bibliothèque de M. de Beringhen.]

☞ On trouve dans l'*Hiſtoire Généalogique* de MM. de Sainte-Marthe, (ci-devant, N.° 24831), les Rois qui ont régné ſur les François avant Faramond.]

24850. ☞ De Clodomiro & Theodorico filiis Clodovæi, Theodeberto & Theobaldo nepotibus ; auctore Carolo LE COINTE.

Dans ſes *Annales Francorum, tom. I. pag* 849.]

24851. Francorum Regum Proſapia ad Dagobertum Juniorem, filium Childeberti II.

Cette Généalogie eſt imprimée dans d'Achery, au tom. II. de ſon *Spicilegio, pag.* 800.

24852. * Généalogies des Rois d'Auſtraſie.

Elles ſont imprimées au tom. I. des *Hiſtoires Généalogiques* de Sainte-Marthe & du Père Anſelme.

24853. ☞ Reges Auſtraſiæ ; auctore Joan. Daniele SCHOEPFLINO.

On trouve ce Morceau important dans ſon *Alſatia illuſtrata, tom. I. pag.* 749 : *Colmariæ,* 1751, *in-fol.*]

24854. De tribus Dagobertis, Francorum Regibus, Diatriba ; in quâ horum Regum & Succeſſorum genus, tempus, acta indicantur, & Dagoberto II. Sigeberti filio Regnum Auſtraſiorum vindicatur ; edita à Godefrido HENSCHENIO, è Societate Jeſu : *Moleſhemii,* 1623, *in-*4.

Eadem auctior: *Antverpia*, Meursius, 1655, *in-4*.

L'Auteur est mort en 1683. Adrien de Valois, dans sa Préface du tom. II. de son *Histoire de France*, se plaint de ce que cet Ecrivain s'est attribué la découverte d'un Dagobert II. fils de Sigébert, qu'il assure avoir faite dès l'an 1647, & de ce qu'il se sert des mêmes preuves qu'il avoit produites, ou fait connoître à plusieurs personnes.

☞ L'Ouvrage d'Henschenius est fait pour prouver qu'il y a eu trois Dagoberts, quoique plusieurs Auteurs n'aient pas connu le règne de Dagobert II. Le premier étoit fils de Clotaire II. le second petit-fils de Dagobert I. & fils d'Imnechilde & de S. Sigebert II. Roi d'Austrasie, mort, selon l'Auteur, en 663. Grimoald, Maire du Palais de Sigébert, fit couper les cheveux à Dagobert II. & le fit conduire en Irlande. Il en revint environ l'an 670, & régna dans l'Austrasie, (dont Childéric II. lui remit une partie). L'Auteur pense qu'il mourut environ l'an 687. Il conjecture que ce fut aussi d'une mort violente, par deux raisons : la première, que son corps étoit resté dans le Pays ennemi : la seconde, que Martin & Pepin, Maires du Palais d'Austrasie, firent la guerre à Thierry & à Ebroin son Maire du Palais, comme pour venger la mort de Dagobert. Selon la Vie de S. Ouen, son corps fut transporté de *Clypiaco*, (de Clichy), à Rouen, où il fut enterré en l'Eglise dédiée à S. Pierre.

Il eut deux filles, Sainte Ermine, Abbesse dans le Pays de Trèves (*Honcensis*), & Sainte Adèle, qui fut mère d'Albéric, père de S. Grégoire, Evêque d'Utrecht. Elle mourut Abbesse de Palaisseau ou Palaissieu, *Palatiolum*, Monastère situé près de Trèves, sur le bord de la Moselle. *Voyez* le Cointe, *Annal. tom. IV. pag.* 380 & 382. D'autres donnent encore deux filles à Dagobert, Régentrude & Clotilde, ou Ratilde.

L'Auteur passe ensuite à Dagobert III. qui succéda à son père Childebert III. l'an 711, & qui mourut en 715. Il n'eut de Roi que le nom, sous l'autorité de Pepin, Maire du Palais, dont l'Auteur place la mort en 714.

La Vie de ces trois Rois est partagée en trois Livres, A la fin du troisième, Henschenius examine si S. Dagobert, que l'Eglise de Stenay (*Satanacum*) reconnoît pour son patron, est l'un de ces trois Dagoberts, ou s'il étoit simplement Confesseur ou Martyr, ayant été ainsi appellé par quelques-uns. Il se détermine pour ce dernier parti, & il croit qu'il pouvoit être un Seigneur François, peut-être même issu du Sang Royal; mais qu'il n'a jamais été Roi.

Enfin, dans un quatrième Livre, il parle des Conciles & des Evêques de France, sous les Règnes des trois Dagoberts. L'avant-dernier Chapitre de ce Livre contient une Dissertation, dans laquelle l'Auteur prouve que Clodion & nos premiers Rois établirent leur première demeure dans le Pays d'Utrecht, où il place le *Dispargum*, dont il est parlé dans Grégoire de Tours; mais on le met communément & mieux, dans le Brabant.

Cet Ouvrage est utile pour l'Histoire de la première Race, sur-tout, par rapport à la Chronologie, qui, dans ces premiers temps de la Monarchie, est fort embrouillée & fort controversée. On trouve à la fin un *Index Chronologicus*.]

24855. Exegesis de Genealogico Stemmate Regum Francorum primæ Stirpis, ab anno 644 ad annum 741, per tres Dagobertos deducendo ; eodem Auctore.

Ce Traité est imprimé dans le *Recueil des Actes des Saints* de Bollandus, au commencement du *tom. III. du mois de Mars*.

24856. Appendix apologetica pro Diatriba de tribus Dagobertis Francorum Regibus, & eorumdem Genealogico Stemmate ; eodem auctore.

Cette Addition est imprimée dans le même *Recueil, pag.* 22. Elle est contre ce qu'a écrit Adrien de Valois, dans la Préface du tom. II. de son *Histoire de France*.

24857. Genealogia Regum Francorum à Dagoberto I. ad Childericum III. in opinione Godefridi Henschenii. Eadem ex antiquissimis ac probatis auctoribus ; Auctore Carolo le Cointe, Congregationis Oratorii Presbytero.

Cette Généalogie est imprimée au tom. V. de ses *Annales Eccl. Franc.* sous l'année 743, num. 77 & 78.

24858. Exegesis innovans ac stabiliens Diatribam de tribus Dagobertis ; auctore Godefrido Henschenio, è Societate Jesu.

Ce Traité est imprimé dans Bollandus, au commencement du tom. III. des *Actes des Saints*, du mois d'*Avril*.

☞ Cette Dissertation est divisée, ainsi que la première, en quatre Chapitres. Dans le premier, l'Auteur donne un Abrégé chronologique de son Système, & des raisons qui l'ont obligé à y changer quelques époques. Dans le second, il fixe la mort de Dagobert I. (qu'il avoit cru être arrivée l'an de Jésus-Christ 644 ou 647), à l'année 638, & discute les passages sur lesquels il se fonde. Dans le troisième, il fait l'Histoire de l'exil, du retour, du rétablissement de Dagobert II. de sa mort & de son martyre. Il croit dans ce second Ouvrage, que c'est le Saint qu'on révère à Stenay. Dans le quatrième Chapitre, il examine le temps du Règne de Thierry III. & de ses successeurs.]

== ☞ Mémoires historiques sur le Règne des trois Dagoberts, au sujet des fondations de plusieurs Eglises d'Alsace, faites par le Saint Roi Dagobert II. & faussement attribuées à Dagobert I. & particulièrement de la fondation de l'Eglise Collégiale d'Haslach, avec un Abrégé de la Vie de S. Florent son patron, Evêque de Strasbourg, & une Dissertation critique sur sa Châsse : *Strasbourg*, 1717, *in-8*.

On a déja indiqué ces Mémoires dans l'*Hist. Ecclés.* ci-devant, (N.° 9125). L'Epître dédicatoire au Cardinal de Rohan est signée P. Berain, Chanoine & Custos de l'Eglise d'Haslach, & il est l'Auteur de cet Ouvrage. Il place la naissance de Dagobert I. en 602, & sa mort en 638. La naissance de Dagobert II. en 651, fut relégué en Irlande en 655, fut rappellé & remonta sur le Thrône en 673. Il fut tué en 679. Le Règne de Dagobert III. fils de Childebert II. commence en 711, & ce Prince meurt en 715, à l'âge de 17 ans, laissant pour fils Thierry II. dit de Chelles, père de Childéric III. dernier Roi de la première Race. Ce sont les sentimens de l'Auteur.

24859. ☞ De Stemmate Childerici postremi : *in-8*.]

24860. Stemma genealogicum posteriorum Regum Meroveadorum, editum à Godefrido Henschenio, tomo tertio mensis Martii. Idem ab eodem editum tomo tertio mensis Aprilis. Idem editum tomis Annalium Ecclesiæ Francorum II. III. IV. & V.

Cette Généalogie est imprimée dans le P. le Cointe, sous l'année 798, num. 86.

24861. Genealogia Regum Francorum, à Pharamundo ad Pipinum.

24862. Genealogia Regum Francorum, à Meroveo usque ad unctionem Pipini.

Ces deux Généalogies sont imprimées dans du Chesne, au tom. I. de sa *Collection des Historiens de France*, *pag.* 793 & 794. La première est imparfaite & fabuleuse, dès les trois premiers mots. Il donne la seconde sous le titre d'*Altera series*. Il les avoit tirées de la Bibliothèque du Roi de la Grande Bretagne. La seconde commence à Mérouée, & finit au Voyage du Pape Estienne en France, où il sacra le Roi Pepin & ses deux Enfans Charles & Carloman, ce qui arriva l'an 754 ou 755. C'est ce que remarque Chantereau-le-Fevre, *pag.* 158 de son *Discours historique concernant le Mariage d'Ansbert*, &c.

☞ Reges Francorum Merovingici, &c. à GEBHARDO: 1736, *in*-4.

Cet Ecrit est rapporté ci-dessus, aux *Traités concernant la Chronologie des Rois de France*, (N.° 15891.) Il sert aussi beaucoup à la Généalogie de la première Race.]

24863. ☞ Historica quædam Excerpta ex veteri Stemmate genealogico Regum Franciæ. = Genealogia Regum Francorum primæ Stirpis : ex Manuscriptis Bibliothecæ Regiæ, num. 1593.

Ces deux Morceaux sont imprimés dans la *Collection des Historiens de France*, de Dom Bouquet, *tom. II. pag.* 665 & 695. *Voyez* aussi *pag.* 697 & 698.]

☞ On peut encore consulter sur la Généalogie de la première Race, les Livres IV. & V. des *Origines Francorum* de Pontanus, = le Chap. VI. des *Antiquités de la Nation Françoise*, par le Gendre de Saint-Aubin, = le Chap. I. des *Antiquités de la Maison de France*, du même Auteur, = la *Dissertation* de M. de Longuemare, sur les *Rois Mérovingiens*, ci-devant, N.° 17887, = le commencement des *Histoires Généalogiques* de MM. de Sainte-Marthe & du P. Anselme.]

§. III.
Traités Généalogiques des Rois de la seconde Race.

24864. DE Origine atque Primordiis Gentis Francorum (stirpis Carolinæ) Carmen Authoris [incerti, sed] qui Caroli Calvi, cui inscriptum est, ætate vixit ; [nunc primùm prodit], cum Notis Historicis, [in quibus è veteribus monumentis multa illustrandæ, tum Civili, tum Ecclesiasticæ Francorum Historiæ, opportuna eruuntur. [Accessit] Dissertatio [de Aristensis Episcopatûs nomine, &c. Operâ & studio R. P.] THOMÆ AQUINATIS à sancto Joseph, Carmelitæ Excalceati : *Parisiis*, Bertier, 1644, *in*-4.

Idem Carmen, quòd ex Codice pervetusto Manuscripto COLUMBANO cuidam adscribitur sub Carolo Calvo.

Ces Vers sont imprimés dans du Bouchet, *pag.* 32, de ses *Preuves de la véritable Origine de la Maison de France*: *Paris*, 1646, *in-fol*.

Idem (scriptum anno 840).

Les mêmes ont été encore donnés par Chifflet, dans ses *Vindiciæ Hispanicæ*, cap. I. *Appendicis ad Lumina nova, de Matrimonio Ansberti* : *Antverpiæ*, 1650, *in-fol*. Chifflet prétend qu'on ne peut attribuer cette Généalogie, ni à saint Colomban, Abbé de Luxeu, ni à Henry, Moine d'Auxerre ; mais à LOTHAIRE, Diacre.

☞ Ce Poëme, adressé à Charles le Chauve, a pour objet de célébrer l'origine des Rois de la seconde Race, tirée de Ferreolus, par Ansbert & Blitilde, S. Arnoul, Ansegise, Pepin-Héristal, Charles Martel, le Roi Pepin, &c. Il est accompagné de plusieurs Notes de celui qui l'a mis au jour. L'Auteur du Poëme n'est pas entièrement connu, & l'on n'a que des soupçons. Il est encore dans le *Recueil* de D. Bouquet, *tom. III. pag.* 677.

Le Livre du P. Thomas, qui est dans la Bibliothèque de M. de Fontette à Dijon, est accompagné de Notes & Variantes, prises sur un Exemplaire qui avoit appartenu à M. Baluze, où elles étoient écrites de sa main.]

24865. Genealogia Caroli Magni scripta ab Anonymo, anno 867.

Cette Généalogie est imprimée dans Canisius, au tom. V. de ses *Lectiones antiquæ*, *pag.* 687. Chantereau le Fevre croit que ce Généalogiste est le premier Inventeur de la Fable d'Ansbert, ainsi qu'il le dit, *pag.* 143 de son *Discours historique sur le Mariage de ce Sénateur*. Cette même Généalogie est imprimée dans du Bouchet, *pag.* 37 de ses *Preuves de la Véritable Origine de la Maison de France : Paris*, 1646, *in-fol*. Elle l'est aussi par Chifflet, dans ses *Vindiciæ Hispanicæ*, cap. I. *Appendicis ad Lumina nova de Matrimonio Ansberti : Antverpiæ*, 1650, *in-fol*.

24866. Genealogia, de quâ ortus est Carolus Magnus. Item quomodò disjunctum sit Regnum à Genealogiâ Caroli Magni.

Cette Généalogie est imprimée d'Acheri, au tom. II. de son *Spicilège*, *pag.* 800 & 803.

24867. Fragmentum de Caroli Magni Majoribus & Liberis ejusdem ; ex Libro Pauli WARNEFRIDI de Episcopis Metensibus.

Ce Fragment est imprimé dans du Chesne, au tom. II. de ses *Historiens de France*, *pag.* 20.

24868. Genealogia beati Arnulphi, Metensis Episcopi, (qui obiit anno 1640), quique ex Regibus Francorum sumpsit initium.

Cette Généalogie, qui a été écrite selon Chifflet l'an 1108, sous Louis le Gros, est imprimée dans Pithou, au tom. I. de ses douze Historiens Contemporains, *pag.* 303.

Ms. Genealogia eadem, ex fide veterum Codicum manuscriptorum, ab Auberto Mirœo aucta & emendata.

Cette Généalogie est citée par Sanderus, au tom. II. de sa *Bibliothèque des Manuscrits Belgiques*, *pag.* 160.

Genealogia ejusdem sancti Arnulphi, qui ex Regibus Francorum sumpsit initium, & qui post eum in tantum crevit, ut ex ipso genere Imperatores Romani crearentur, necnon Principes, Duces, Comites, Marchiones, & multi alii Barones dicuntur, ex ipsius consanguinitate, ferè per totum Imperium Christianorum, profecisse.

Cette Généalogie est imprimée dans du Chesne, au tom. II. des *Historiens de France*, *pag.* 642. Dans le Traité de Dominici, intitulé : *Ansberti familia rediviva : Parisiis*, 1648, *in*-4. par Jean-Jacques Chifflet, *Vindiciæ Hispanicæ*, cap. I. *Appendicis ad Lumina nova de Matrimonio Ansberti*, *pag.* 437 : *Antverpiæ*, 1650, *in-fol*.

24869. Ms. Ejusdem sancti Arnulphi Genealogia,

logia, sed diversa ab ea quam Petrus Pithœus primus edidit.

Cette Généalogie est conservée dans la Bibliothèque de l'Empereur, selon Lambecius, tom. II. de son *Commentaire, pag.* 913 & 931.]

24870. ☞ Commemoratio Genealogiæ Arnulphi Episcopi, & Wandregesili nepotis ejus.

Cette Pièce se trouve au *Spicilège* de d'Achery, *tom. II. pag.* 263.]

24871. Mss. Tractatus sive Relatio Gestorum quorumdam Imperatorum, Regum, Principum, Ducum, Marchionum, Comitum, Episcoporum, Archiepiscoporum, Abbatum qui de genere beati Arnulphi processerunt, necnon aliarum multarum utriusque sexûs Religiosarum personarum.

Ce Traité [étoit] conservé dans la Bibliothèque de M. Colbert, entre les Manuscrits de du Chesne, [& est aujourd'hui en celle du Roi.]

24872. * Ms. Documenta Domûs sancti Arnulphi Ducis & ejus Posteritatis è Merovingorum stirpe; collecta & illustrata à Francisco DE CAMPS.

Ce Manuscrit [étoit] dans la Bibliothèque de l'Auteur, [& est aujourd'hui dans celle de M. de Beringhen.]

24873. Compendio della Stirpe di Carlo Magno & di Carlo Quinto Imperatore; per Pietro MARENI, Dottore della Lege: *in Venetia,* 1545, *in*-8.

24874. ☞ Genealogia Caroli Magni; autore Anonymo, scripta anno 867.

Cette Généalogie est imprimée dans les *Lectiones antiquæ* de Canisius, *tom. II. part. 2, pag.* 371.]

24875. Ms. Prosapia Regum à beato Arnulpho ad Lotharium I. Imperatorem. Genealogia Regum Francorum usque ad Philippum I. *in-fol.*

Cette Généalogie est conservée dans la Bibliothèque [du Roi; & est imprimée en partie *pag.* 170 du *tom. XI.* de D. Bouquet.]

24876. La Postérité de Ferreolus, premier de ce nom, Préfet du Prétoire des Gaules, sous l'Empereur Honorius, tige de la seconde & troisième Lignée de la Maison de France jusqu'à Louis V. dernier Roi de la Branche de Charlemagne; avec une Table généalogique; par (Jean) DU BOUCHET.

Cette Généalogie est imprimée dans la première partie de la *Véritable Origine de la Maison de France*, &c. *Paris,* 1646, *in-fol.*

Ansbert, Sénateur Romain, Duc en Austrasie, sous les Rois Théodebert & Clotaire I. par le même.

Arnoul, premier du nom, Duc en Austrasie, sous les Rois Sigebert & Childebert, père & fils, & après Evêque de Metz; par le même.

Saint Arnoul, Evêque de Metz en Austrasie, sous les Rois Théodebert II. Clotaire II. & Dagobert I. par le même.

Ces trois Discours, du même DU BOUCHET, sont imprimés dans le volume précédent, *pag.* 45, 53, & 56.

* Cet Auteur, au jugement de M. le Laboureur,

écrivoit fort bien, étoit exact, aussi propre à la critique qu'à la composition. Il étoit sçavant dans l'origine des plus grandes Familles, & sçavoit en perfection celles de son Pays d'Auvergne. *Mémoire manuscrit* de M. le Laboureur.

24877. ☞ De matrimoniis Ferreoli & Ansberti; auctore Carolo LE COINTE.

Dans ses *Annales Eccl. Franc. tom. I. pag.* 258. L'Auteur prouve par un calcul chronologique qu'il est impossible que Ferreole ait pu épouser Industrie, fille de Clovis, & Ansbert Blitilde, fille de Clotaire.]

24878. Indice de ce qui est contenu au Traité de Ferreolus & d'Ansbert, desquels sont descendus nos Rois de la seconde & troisième Race; composé par Jacques CHOLET, Avocat en Parlement: *Paris,* 1647, *in*-4.

24879. Discours historique, concernant le Mariage d'Ansbert & de Blitilde, prétendue fille de Clotaire I. par Louis CHANTEREAU LE FEVRE, Conseiller d'Etat: *Paris,* Vitré, 1647, *in*-4.

Cet Auteur est mort en 1658. Il a composé ce Discours contre le sentiment de Jean du Bouchet. Il dit dans son Avant-propos, « que le Baron d'Auteuil a le premier » publié dans son *Histoire des Ministres d'Etat*, im» primé en 1642, la Généalogie qui dérive Hugues » Capet en ligne masculine de Childebrand, avec cette » marque d'un vrai homme d'honneur & de lettres, d'en » avoir référé la louange à André du Chesne, Historio» graphe du Roi, comme étant celui de qui il l'avoit » appris ». Chantereau le Fevre, dès l'an 1642, au tom. I. de ses *Considérations historiques,* avoit rejetté ce Mariage comme faux, & regardé la Généalogie, déduite d'Ansbert, comme supposée. Il étoit fort judicieux & très-versé dans l'Histoire & la Chronologie.

Voici une Note manuscrite, qui se trouve à la fin d'un Exemplaire de ce Discours historique. « Depuis ce Livre » fait, il s'est tenu une Conférence chez Messieurs Dupuy, » Gardes de la Bibliothèque du Roi, où M. le Prince » présida. Il y fut déclaré que le présent Livre auroit » cours, puisqu'il étoit fondé sur la vérité. M. le Prince » demanda l'avis de quatre Doctes, qui furent le Baron » d'Auteuil, qui fit un grand Discours à l'avantage de » M. le Fevre; M. Blondel, qui fut du même avis, par » un Discours pour M. le Fevre; M. de Valois fut du » même sentiment; & le Père Labbe, par un Discours » qui fut depuis imprimé par le Sieur du Bouchet, fut » contraire aux trois précédens. Dans cette Conférence, » M. le Fevre eut tout l'avantage qu'il pouvoit souhaiter; » le Sieur du Bouchet avoua ses preuves de nulle valeur, » & confessa que son Livre étoit son premier coup » d'essai ».

☞ *Voyez* sur l'Ouvrage de Chantereau le Fevre, la *Méth. histor.* de Lenglet, *in*-4. *tom. IV. p.* 50. = Le Gendre, *tom. II. pag.* 67.]

24880. * Ms. Apologie de la Maison Royale; par Jean DU BOUCHET, contre le Fevre Chantereau.

L'Original qui n'est que de quelques feuilles, [étoit] conservé parmi les Manuscrits de M. Baluze, *pag.* 113 de son Catalogue, [& doit être dans la Bibliothèque du Roi.]

24881. Discours historique du P. L. J. (Père LABBE, Jésuite), touchant le Mariage d'Ansbert le Sénateur, & de Blitilde, fille de Clotaire I. Roi de France, ayeul de S. Arnoul, duquel sont descendues la seconde

& troisième Lignée de nos Rois ; dédié à M. le Prince : *Paris*, 1647, *in-*4.

Ce Discours fut imprimé par les soins du Sieur du Bouchet, pour l'opposer à celui de Chantereau le Fevre.

☞ M. Chantereau le Fevre attaque dans son Ouvrage, le Traité de la *Véritable origine de la seconde & de la troisième Lignée de la Maison Royale de France*, ainsi que le prétendu Mariage d'Ansbert & de Blitilde. Il donne cependant de grandes louanges à M. du Bouchet, pour avoir éclairci des faits aussi embrouillés, & il s'accorde avec lui depuis S. Arnoul, Evêque de Metz. Il conteste le reste, le traite de pure fable, & soutient que cette descendance d'une source obscure & illégitime, loin d'illustrer la Maison Royale, ne peut que la rendre ridicule aux yeux des Etrangers. Sa première Partie est toute de faits. Il y raconte ce qui se passa dans plusieurs Conférences qu'il eut avec M. du Bouchet, au sujet de cette Généalogie. Il expose les opinions de ceux qui y assistèrent, & qui lui furent toutes favorables, & déduit ensuite les réponses qu'il y fit. Dans la seconde Partie, il discute cinq points : 1.° Quelles sont les preuves sur lesquelles est fondé le Mariage de Tonantius Ferreolus III. avec Industria, fille de Clovis ? 2.° Si ce mariage sont issus Ansbert le Sénateur, Duc en Australie, & sept autres enfans ; sçavoir, cinq mâles & deux femelles ? 3.° Si Ansbert a eu pour femme Blitilde, fille de Clotaire I. ou II. 4.° S'il en eut quatre enfans, dont l'aîné fut Arnoul, Duc en Australie, & Evêque de Metz, qui avoit épousé Doda, Dame Suève, de race très-noble & très-illustre ? 5.° Si S. Arnulphe, Duc en Australie & Evêque de Metz, étoit fils d'Arnoul & de Doda ? Voilà les points contestés, dont il prétend prouver, ou l'impossibilité ou le peu d'authenticité & de solidité, ou la contrariété. Dans son Avant-propos, il redresse l'Auteur de l'*Assertor Gallicus* (Blondel), & soutient qu'il n'a pas sçu la distinction qui est entre la Loi Salique & l'ancienne Coutume des Francs. La Loi Salique étoit une compilation de Décrets qui servoient de règles aux François & aux Gaulois, demeurans dans l'étendue de son Détroit, depuis la Forêt Charbonnière jusqu'à la Loire. Ce n'est pas, dit-il, cette Loi qui a établi le droit de la masculinité pour monter sur le trône. Cependant tous les Auteurs l'ont confondue avec l'ancienne Coutume des Francs qui en est le principe ; & suivant laquelle toutes les contestations pour la Couronne ont toujours été réglées, & qui veut que quand la ligne Masculine vient à manquer, les Francs aient recours à l'Election, ainsi qu'il arriva quand Pepin & Hugues Capet parvinrent à la Couronne.

Dans le second Ouvrage, qui est divisé en trois Parties, le P. Labbe prétend contre M. Chantereau le Fevre : 1.° L'existence & le Mariage d'Ansbert & de Blitilde, qui semblent fondés sur de bonnes preuves, & telles qu'on doit les produire pour établir des faits historiques anciens. 2.° Qu'on ne peut rejetter ces personnes comme fabuleuses, quoiqu'il y ait bien des faits qui les regardent qui puissent être contestés. 3.° Que quand même ces faits seroient encore plus douteux, on ne devroit pas inférer que ce Prince & cette Princesse n'auroient jamais vécu ensemble, puisque ce fait est attesté & le sera encore par plusieurs personnes doctes & curieuses dans la recherche de l'antiquité. *Voyez* la *Méth. histor. de* Lenglet, *in-*4. *tom. IV. pag.* 50.]

24882. Ms. Observations historiques sur le Discours historique de Louis Chantereau le Fevre, concernant le Mariage d'Ansbert & de Blitilde, dans lesquelles l'existence de l'extraction d'Ansbert & de Blitilde, leur Mariage & leur postérité sont établis & défendus de ses attaques ; par THOMAS D'ACQUIN de saint Joseph, Carme déchaussé, en 1648 : *in-*4.

Ces Observations sont conservées dans la Bibliothèque de saint Magloire, entre les Manuscrits de Messieurs de Sainte-Marthe.

24883. De Matrimonio Ansberti & Blitildis, adversùs Fabrum (seu adversùs Ludovici Cantarelli Fabri historicam Dissertationem) ; auctore Joanne Jacobo CHIFFLETIO, Doctore Medico, Equite Aurato.

Ce Discours est imprimé dans son Livre intitulé : *Vindiciæ Hispanicæ*, (*Cap. I. Appendicis ad Lumina nova :*) *Antverpiæ*, 1650, *in-fol.*

24884. Ansberti Familia rediviva contra Ludovici Cantarelli Fabri, & Joannis Jacobi Chiffletii Objectiones vindicata, sive linea superior & inferior Stemmatis sancti Arnulphi. Pars prima, seu confutatio Dissertationis Ludovici Cantarelli Fabri, de Nuptiis commentitiis Ansberti cum Blitilde, Clotarii Regis filia (quas Nuptias veras fuisse tuetur). Pars altera, sive germanum Hugonis Capeti Stemma illustratum, adversùs Joannem Jacobum Chiffletium ; auctore Marco Antonio DOMINICY, Cadurcensi, Sacri Consistorii Consiliario, Regisque Historico : *Parisiis*, Cramoisy, 1648, *in-*4.

Dominicy, qui est mort en 1650, a rapporté dans ce Livre plusieurs Généalogies de saint Arnoul, tirées de différens Manuscrits.

☞ C'est encore une Réponse au Livre de Chantereau le Fevre. L'Auteur, en défendant M. du Bouchet, fait l'apologie du sentiment qu'il avoit embrassé. D'après lui, il soutient la réalité de l'existence d'Ansbert & de Blitilde, ainsi que leur Mariage, répondant à tous les chefs contestés. Il établit aussi la Généalogie de la Maison de France, telle qu'il l'avoit déjà donnée, en la faisant remonter à Ferreolus I. Préfet du Prétoire des Gaules. Il fait voir quelle étoit cette dignité, la seconde de l'Empire, & combien elle illustroit ceux qui en étoient revêtus ; que c'est donc à tort que M. le Fevre tient une pareille origine trop commune pour en tirer celle de la Maison de France. La seconde Partie est contre le Médecin Chifflet. M. Dominicy convient avec lui, que la postérité de Charlemagne finit avec Louis V. en 987 ; mais il prétend qu'il ne s'ensuit pas de là que la Maison Royale fût absolument éteinte. Hugues Capet ne tenoit, dit-il, à Charlemagne, que par les femmes ; mais il descendoit directement de Childebrand, frère de Charles Martel, qui descendoit par leur père Pepin & leur ayeul Ansegise, de S. Arnoul de Metz. Il s'attache ensuite à prouver cette descendance de Hugues Capet. Quand il parvient à Robert, surnommé le Saxon, il fait voir qu'il y a eu en Neustrie un Peuple de ce nom qui en faisoit partie, parmi lequel les ancêtres de Robert tenoient le plus haut rang. Le reste est plein de recherches sur les Généalogies & les Descendans de ces Princes.

Voyez Lenglet, *Méth. histor. in-*4. *tom. IV. pag.* 50.]

24885. Ms. La Famille d'Ansbert anéantie, contre Dominicy & Chifflet, par Louis CHANTEREAU LE FEVRE, en 1648.

Ce Traité est conservé dans la Bibliothèque du Roi, num. 9592.

24886. Ad Vindicias Hispanicas Lampades historicæ contra novas M. A. Dominicy Cavillationes in rediviva Ansberti Familia ; auctore Joanne Jacobo CHIFFLETIO : *Antverpiæ*, 1649, *in-fol.*

24887. Davidis BLONDELLI Animadversiones

adversùs Lampades historicas Joannis Jacobi Chiffletii.

Ces Remarques sont imprimées dans sa Préface Apologétique XIX. N.º 3. de son *Assertio Geneal. Franc. Amstelodami*, 1655, *in-fol.*

24888. De Ansberto & Blitilde Commentatio Adriani VALESII.

Ce Discours est imprimé au tom. III. de ses *Gesta Reg. Franc. Lib. XVIII. p.* 17: *Parisiis*, 1658, *in-fol.*

24889. Ms. Remarques critiques contre les Preuves rapportées par du Bouchet, sur l'Origine de saint Arnoul; par François DE CAMPS, Abbé de Signy.

Ces Remarques [étoient] au tom. I. de ses *Remarques critiques sur les Historiens de France*, dans sa Bibliothèque, [& sont aujourd'hui dans celle de M. de Beringhen.]

24890. Ms. Dissertation du même Auteur, dans laquelle il prouve que saint Arnoul venoit en ligne Masculine du Roi Clovis.

Cette Dissertation est conservée au tom. II. de son *Cartulaire historique de Hugues Capet*, [dans la même Bibliothèque.]

24891. ✱ Généalogies des Empereurs d'Occident, depuis Lothaire I. jusqu'à Louis II.

Généalogie des Rois d'Aquitaine, depuis Pepin I. second fils de Louis le Débonnaire, jusqu'à Pepin II.

Généalogie des Rois de Germanie, depuis Louis I. troisième fils de Louis le Débonnaire, jusqu'à Louis II.

Elles se trouvent toutes trois dans les *Hist. Généalog.* de MM. de Sainte-Marthe & du P. Anselme.

24892. Tacitus Belgicus, seu Flosculi historico-genealogici de Origine & Rebus gestis Bello-Politicis Carolorum Magni, Audacis & Quinti, &c. collecti à Joachimo Augustino PASTORIO, J. U. D. *Coloniæ*, 1658, *in-8.*

24893. ☞ Joannis Davidis KOELERI Exercitatio genealogica de Familiâ augustâ Carolingicâ, antiquorum Monumentorum autoritate innixa: *Altorfii*, 1725, *in-4.*

C'est la première de ses Dissertations intitulées: *Genealogia augusta.*]

24894. ☞ Ejusdem Dissertatio genealogica de Familiâ Augustâ Franconicâ: *Altorfii*, 1722, *in-4.*

Cet Auteur prouve dans cette Dissertation, que l'Empereur Conrad I. n'est point descendu de la Race des Carlovingiens.]

24895. ☞ Examen de la Question: Si Gerberge, Comtesse de Louvain, a été la fille aînée du Duc Charles de France, (dernier Carlovingien), ou si ç'a été Ermengarde sa sœur, Comtesse de Namur; par le Père Jean-Baptiste DE MARNE, Jésuite.

C'est la sixième des Dissertations qu'il a jointes à son *Histoire de Namur*, *pag.* 105: *Liege*, 1754, *in-4.* L'Auteur fait voir qu'il est probable qu'Ermengarde étoit l'aînée.]

24896. ☞ Lettre où l'on examine si les premiers Lantgraves de Thuringe descendoient en ligne Masculine de Charles Duc de Basse-Lorraine, que Hugues Capet fit exclure de la Succession à la Couronne de France. *Mercure, Juin,* 1722.

L'Auteur de cette Dissertation, pleine de recherches & de critique, prétend que cela n'est pas, sans pouvoir fixer précisément l'origine de ces Landgraves.]

☞ Il est encore parlé de l'origine & des Généalogies de la seconde Race, dans les Ouvrages suivans, = le Tiers-Livre des Illustrations des Gaules, par Jean le Maire, = le vrai Childebrand, = le faux Childebrand, = Delbenei & Zampini, de origine Hugonis Capeti, = la véritable Origine de la troisième Race; par le Duc d'Epernon, & la Critique par le P. Jourdan; = les Histoires généalogiques de MM. de Sainte-Marthe & du P. Anselme, = les Antiquités de la Maison de France, par le Gendre de Saint-Aubin, *pag.* 177 & *suiv.* = la Table insérée, *pag.* 180 de l'*Auguste Basilique de saint Arnoul de Metz*, par Valladier.]

§. IV.

Traités Généalogiques de la troisième Race.

24897. Ms. TITRES originaux, Copies, Extraits, Tombeaux, Epitaphes, Sceaux, &c. concernant les Maisons Royales de France, & particulièrement la troisième Race, les Princes du Sang, &c. cinquante-huit Portefeuilles : *in-fol.*

Ce Recueil est conservé dans la Bibliothèque du Roi, entre les Manuscrits de M. de Gaignières.

24898. ☞ Ms. Mémoire historique, où l'on prouve que les deux dernières Races des Rois de France, descendent d'Ecdicius, fils de l'Empereur Avitus, lesquels étoient originaires & natifs de Clermont.

Mémoire sur la Vie d'Ecdicius, fils de l'Empereur Avitus; par M. DE BEAUVEZEIX, de la Société Littéraire de Clermont-Ferrand.

Ces deux Mémoires sont dans les Registres de cette Société.]

24899. De Origine & Atavis Hugonis Capeti, illorumque cum Carolo Magno, Clodoveo, atque antiquis Francorum Regibus agnatione & gente, Tractatus Matthæi ZAMPINI, Recanatensis Jurisconsulti : *Parisiis, Brumen,* 1581, *in-8.*

Cet Auteur prétend que les Rois de la troisième Race descendent en ligne Masculine de saint Arnoul de Metz, & que ce Saint descend de Clovis.

☞ L'Auteur a voulu prouver dans ce Traité que Hugues Capet tiroit son origine des Rois de France de la première Race. Il commence par rapporter les passages des Historiens qui le font Saxon, & petit-fils de Witikind, & ceux qui soutiennent le contraire. Il établit ensuite les raisons qui lui font croire : 1.º Qu'il étoit François. 2.º Qu'il étoit Prince. 3.º Qu'il étoit Prince du Sang Royal. Il réfute après cela ses Adversaires, & finit par une longue Généalogie, qu'il fait remonter jusqu'à saint Arnoul de Metz, comme souche commune des Races Carlovingienne & Capétienne. Il adopte toutes les réveries qui donnent aux François une origine Troyenne, & se met bonnement en colère contre ceux qui ont pensé plus sensément.]

24900. ☞ Traité de l'origine de Hugues Capet, Roi de France: 1585.

Il est imprimé dans le *Recueil* H. *in-12*. L'Auteur fait descendre Hugues Capet de Witikhind, qui de son mariage avec la fille de Sigefroy, Roi de Dannemarck, eut (dit-on) Vilpert qui lui succéda au Duché de Saxe, Hugues l'Abbé qui fut Comte de Paris, & Robert le Fort, Comte d'Anjou, souche de la Famille des Capets. On trouve à la fin une espèce de Généalogie de la Maison de Bourbon.]

24901. Paradoxe, néanmoins Discours véritable de l'Origine & Extraction de Hugues Capet, Roi de France; extrait des différends entre Louis II. dit de Crecy, Comte de Flandres, & Marie de Bourgogne, (mariée en 1346); par Pierre DE SAINT-JULIEN BALEURE, Bourguignon, Doyen de Challon: *Paris*, le Noir, 1585, *in-8*.

Le même Discours est imprimé avec ses *Mélanges historiques*, au tom. II. *Lyon*, 1589, *in-8*. Cet Auteur est mort en 1593.

24902. De la Noblesse, ancienneté, remarques & mérites d'honneur de la troisième Maison de France: *Paris*, Langelier, 1587, *in-8*.

Colletet, dans la *Vie* de Nicolas VIGNIER, Médecin, lui attribue cet Ouvrage, qui est écrit contre le Livre précédent. Vignier ne remonte que jusqu'à Robert le Fort.

☞ L'Auteur de ce Traité fait Robert, dit le Saxon, Chef de la troisième Race. Les Historiens, avant l'an 1000, ne disent point d'où il étoit; mais tous les autres depuis ce temps, conviennent généralement qu'il étoit sorti du Pays de Saxe. Il vint en France avec une Troupe de Saxons & d'Allemans, environ l'an 830. Il fut tué par les Normands vers l'an 867, laissant deux fils fort jeunes, Eudes & Robert. Ce fut cet Eudes qui soutint le Siège de Paris contre les Normands, en 882, & qui fut fait Roi à cause du bas âge de Charles le Simple, dont il étoit Tuteur. Il mourut en Janvier 899. Robert, son frère, reconnut le Roi Charles jusqu'en 920, qu'il fut lui-même fait & sacré Roi. Il fut défait & tué devant Soissons, en 923, par le Roi Charles le Simple. Il eut de sa femme, sœur d'Herbert, Comte de Vermandois, (descendant en ligne directe & masculine de Bernard, Roi d'Italie, petit-fils de Charlemagne), deux filles & un fils nommé Hugues, surnommé le Blanc, qui joua un grand rôle sous le Roi Rodolphe ou Raoul son Beaufrère. Il prit le titre de Duc de France, sous Louis, fils de Charles le Simple, & il eut quatre fils, dont l'aîné fut Hugues Capet. Il mourut le 16 Juin 956. Hugues Capet parvint à la Couronne, du consentement de tous les Seigneurs François, & sans aucune usurpation ni brigue. L'Auteur tâche de le prouver par plusieurs passages. Le reste de son Ouvrage est employé à faire l'éloge des Rois de cette Race, & à montrer qu'ils ont été belliqueux, & qu'ils ont augmenté l'honneur de la Couronne par les bonnes loix, la justice & la piété : enfin qu'il n'y a point de Maisons qui aient une origine aussi ancienne, une descendance aussi suivie, & qui aient donné autant de Souverains à l'Europe.

Voyez la *Méth. histor.* de Lenglet, *in-4. tom. IV. pag. 56.*]

24903. Apologie & plus que juste Défense d'honneur & de réputation de Pierre DE SAINT-JULIEN, assaillie par un Anonyme indiscret, & plus lettré que sage : *Lyon*, Rigaud, 1588, *in-8*.

La même Apologie est imprimée à la page 269 de ses *Mélanges historiques*, &c. *Lyon*, 1589, *in-8*.

24904. ☞ De la fatalité qu'il y eut en la Ligne de Capet, au préjudice de celle de Charlemagne, & contre la sotte opinion de Dante, Poëte Italien, qui estime que Capet étoit issu d'un Boucher.

C'est au Chap. I. du Liv. VI. des *Recherches* de Pasquier.]

24905. Traité de l'Origine, ancienne Noblesse & Droits Royaux de Hugues Capet, Souche de nos Rois de la Maison de Bourbon ; justoque progressu ad Familiam Régiam : extrait des Paradoxes de l'Histoire Françoise de Jean GUYART : *Tours*, 1590, *in-4*.

☞ *Voyez* sur cet Ouvrage, le *Ducatiana*, p. 323.]

24906. * De Genealogia Hugonis, cognomento Capeti, Francorum Regis, & posteriorum successorum Prosapiâ Caroli Magni in Franciâ, Tractatus : *Parisiis*, Patisson, 1596, *in-8*.

Le même Traité fut traduit en François, & publié [d'abord] sous le titre suivant :

Extrait de la Généalogie de Hugues Capet, Roi de France, & des derniers Successeurs de la Race de Charlemagne en France : *Paris*, Patisson, 1594, *in-8*.

Jacques-Auguste de Thou, dans le soixante-dix-septième Livre de son Histoire, attribue cet Ouvrage à Pontus DE THIARD, Evêque de Châlon, mort en 1605, & du Chesne, à la page 30 de sa *Bibliothèque des Historiens de France*, dit qu'il l'a fait pour servir de Réponse au Livre de François de Rosières, intitulé : *Stemmata Ducum Lotharingiæ*.

☞ Cet Extrait ne diffère de l'Ouvrage de Vignier qu'en ce qu'il fait remonter cette Généalogie de trois Générations, jusqu'à Witikind I. Roi des Saxons, qui épousa, dit-on, Berthe, fille de Carloman. On y donne ensuite une Généalogie des Ducs de Lorraine, pour prouver contre ceux qui prétendoient à la Couronne, se disoient issus de la Race de Charlemagne, que cette Branche finit en 1009, dans la personne d'Othon, qui mourut sans enfans. On le donne pour fils de Charles, Duc de Lorraine, frère du Roi Lothaire.]

24907. Alphonsi DEL-BENE, Episcopi Albiensis, de gente & familiâ Hugonis Capeti, origine, justoque progressu ad Familiam Regiam : *Lugduni*, 1595, 1605, *in-8*.

Cet Auteur, dont le nom s'écrit aussi d'Elbène, est mort en 1608. Il est du sentiment de Matthieu Zampini.

☞ Il a prétendu réfuter dans son petit Ouvrage ce que Pierre de Saint-Julien avoit avancé. Il établit trois points : 1.° que Robert, bisaïeul de Hugues Capet, n'est point fils de Hugues, fils de Lothaire II. & de Valdrade : 2.° qu'il tire son origine de S. Arnoul, & qu'il sort parconséquent de la Royale Maison de France. Ici l'Auteur avoue qu'il a tenu long-temps un sentiment contraire, mais qu'il a été obligé d'en changer, après avoir lu le Traité de Zampini, qui l'a convaincu par de très-bonnes raisons. Pour répondre à ceux qui objectent que plusieurs Historiens donnent à ce Prince une origine Saxone, il dit qu'il a été ainsi appelé, ou parceque son père avoit une Charge en Saxe, ou parcequ'il est né dans ce Pays, ou parceque sa mère en étoit, ou parcequ'il a vaincu ces Peuples. 3.° Il soutient que son fils Eudes a été non-seulement Tuteur de Charles le Simple, mais réellement Roi de France. Il finit par montrer que Hugues Capet n'a employé aucune violence pour parvenir à la Royauté, mais qu'il y fut élevé du consentement unanime & volontaire de tous les François.]

24908. * De Gallicanis Capetiæ stirpis Regibus, Satyra seu Somnium ; auctore Andræa Hoio, Brugensi, Scholæ Bethunensis Præfecto.

A la suite d'un Discours qu'il a intitulé : *De Gentis Urbisque Atrebatum laudibus Panegyris : Duaci*, Bogardus, 1595, 1598, *in-4*.

24909. Généalogie nouvelle de la Maison de Hugues Capet, selon l'opinion de feu André DU CHESNE ; publiée par Charles d'Auteuil de Combaut.

Cette Généalogie est imprimée à la page 37 de son *Histoire des Ministres d'Etat : Paris*, 1642, *in-fol*. Du Chesne la fait descendre en ligne directe de Childebrand, frère de Charles-Martel.

24910. Vindiciæ Hispanicæ ; auctore Joanne Jacobo CHIFFLETIO : *Antverpiæ*, 1643, *in-4*. *Ibid*. 1645, *in-fol*.

Ce même Ouvrage est imprimé dans le *Recueil de ses Œuvres : Antverpiæ*, 1650, *in-fol*.

Chifflet prétend, au commencement de son Livre, que la Race de Hugues Capet ne descend pas en ligne Masculine de Charlemagne, & que du côté des femmes la Maison d'Autriche précède celle de Hugues Capet, dont il se vante de donner la vraie origine.

24911. La véritable origine de la seconde & troisième Lignée de la Maison de France, justifiée par plusieurs Chroniques & Histoires d'Auteurs contemporains, Epîtres des souverains Pontifes & autres grands Personnages, Vies des Saints, Chartes de diverses Eglises & Abbayes, Titres publiés & autres Preuves dignes de foi, tant imprimées que non encore imprimées; par (Jean) DU BOUCHET, Chevalier de l'Ordre du Roi, Conseiller & Maître d'Hôtel ordinaire de Sa Majesté : *Paris*, 1646, 1661, *in-fol*.

Cet Auteur est mort en 1684 ; âgé de quatre-vingt-cinq ans. Son Ouvrage est divisé en deux parties. La première traite de la postérité de Férreolus & du Mariage d'Ansbert & de Blitilde. La seconde traite de la postérité de Childebrand, Duc & Comte, fils de Pepin I. Duc d'Austrasie, Prince des François, & frère de Charles Martel, jusqu'au Roi Louis XIV. André du Chesne avoit eu le premier ce sentiment, ainsi qu'il a été publié par le Baron d'Auteuil, (*Histoire des Ministres d'Etat*, *pag*. 35,) qui le tenoit de lui.

* « Après la mort d'André du Chesne, François du » Chesne, son fils, donna cette Généalogie, écrite de » la main de son père, à M. du Bouchet, comme du » Chesne l'a déclaré dans ses *Chanceliers de France*, en la » Vie d'Adalberon, & M. du Bouchet, dans la Préface » de la *Véritable Origine de la Maison de France*, en » demeure d'accord. Ainsi André du Chesne est l'Au-» teur de cette opinion, qui a été suivie par M. du Bou-» chet, le Père Thomas d'Acquin, Dominicy, MM. de » Sainte-Marthe, le Père Labbe , le Père Jourdan, le » Ministre Blondel , & M. Audiguier ». Ménage, dans son *Histoire de Sablé*, *pag*. 56.

Du Bouchet a été extrêmement laborieux, & ses recherches ont été très-difficiles, s'étant attaché à l'éclaircissement & aux preuves des Généalogies.

☞ L'Auteur n'adopte aucune des opinions de ceux qui avoient écrit jusqu'alors sur l'origine de la seconde Race. Il la fait descendre de Ferréolus I. Préfet du Prétoire des Gaules, au commencement du cinquième Siècle ; son petit fils Ferreolus III. s'allia, selon lui, avec la Famille Royale de France, par son mariage avec Industrie, fille du grand Clovis, Roi des François. De ce mariage, après plusieurs générations qu'il rapporte, est issu Charles, surnommé Martel, Prince des François, qui, de sa première femme Rotrude, eut Pepin le Bref, qui fut le Roi de France après la déposition de Childéric III. C'est ce même Pepin, qui fait la tige de la seconde Race de nos Rois, & qui fut père de Charlemagne.

Charles Martel eut, dit-on, un frère nommé Childebrand. C'est de lui que l'on fait sortir Hugues, dit le Grand, Duc de France, Comte de Paris & d'Orléans, qui eut de sa seconde femme Edvinde, fille de l'Empereur Henri I. Hugues, surnommé Capet, élu Roi de France en 987, dont la postérité est encore sur le Trône, & qui a donné son nom à la troisième Race. Tel est le systême de notre Auteur, qui donne la même origine aux deux dernières Races de nos Rois. On peut voir dans sa Préface le détail & les opinions de ceux qui en ont parlé. Cet Ouvrage est plein de recherches, & l'Auteur a ajouté à la fin toutes les Pièces tirées des Ecrivains anciens, des Cartulaires & autres Monumens pour servir de preuves, & donner plus de crédit à tout ce qu'il avance.

Voyez à son sujet, Lenglet, *Méth. hist. in-4, tom. IV. pag*. 434. = Le Gendre, *tom. II. pag*. 59.]

24912. Assertor Gallicus contra Vindicias Hispanicas Joannis Jacobi Chiffletii, sive Historica disceptatio quâ Arcana regia, politica & genealogica Hispanica confutantur, Francica stabiliuntur ; auctore Marco-Antonio DOMINICY , Jurisconsulto : *Parisiis*, è Typographia Regia, 1646, *in-4*.

☞ Le Médecin Chifflet prétendoit que Hugues Capet ne descendoit pas même par les femmes de Charlemagne, & que la Branche des Carlovingiens ayant fini en 987, à la mort de Louis V. le Royaume de France étoit dévolu aux femmes, & parconséquent au Roi d'Espagne, qui en descendoit de plusieurs côtés. C'est pour réfuter de pareilles rêveries, que M. Dominicy a entrepris son Ouvrage, qu'il a divisé en quinze Chapitres ; où il traite de la descendance de Hugues Capet & de la Loi Salique. Il adopte le sentiment de M. du Bouchet, sur l'origine de la seconde & de la troisième Race de nos Rois. Il convient que la descendance directe a fini à Louis V. mais il prétend que la Couronne a dû & n'a fait que passer d'une ligne à l'autre, puisque Hugues Capet tire directement son origine de Childebrand, frère de Charles Martel, & tous deux fils de Pepin Heristal & d'Alpaïs. Il établit ensuite la descendance par les femmes, qui n'est pas moins certaine, puisqu'il en rapporte quatorze différentes, qui toutes ont transmis leur sang & leurs droits à la Race Capétienne. Il distingue deux Loix Saliques ; l'une faite au-delà du Rhin par Pharamond, & l'autre en-deça par Clovis. Elles ont eu, selon lui, toutes deux le même but, qui est de conserver la Couronne aux mâles, & ont toujours été observées avec la plus grande exactitude : ce qu'il confirme en démontrant la fausseté des dix-neuf Exemples que Chifflet citoit en faveur de sa cause. Il discute ensuite quelle est la nature de la Terre Salique, & il soutient que les Terres ont toujours cessé d'être mâles en mâles : que s'il y a eu quelques exemples contraires, ç'a été pour certaines raisons qui ne doivent pas tirer à conséquence , & qu'elles ont rentré par la suite dans leur ordre naturel. Il passe à la Préséance que les Rois de France ont toujours eue sur ceux d'Espagne, à la préexcellence de leur origine & de leurs titres, à l'étendue & à l'indépendance des Droits de leur Couronne, à leur Puissance & à leur Catholicité, & soutient qu'en ces articles les Rois Catholiques leur sont bien inférieurs. Il y a de la force, de la critique & des recherches dans cet Ouvrage.]

24913. ☞ Ad vindicias Hispanicas Lumina nova genealogica de Stemmate Hugonis Capeti, adversùs Assertorem Gallicum ; auctore Joanne-Jacobo CHIFFLETIO : *Antverpiæ*, 1647, *in-fol.*

Cet Ouvrage a été réimprimé dans le *Recueil des Œuvres* de Chifflet : *Antverpia*, 1650, *in-fol.*

24914. Les diverses Opinions sur l'origine de la Lignée des Rois de France, dite des Capévingiens, vulgairement nommée la troisième Race. La véritable origine de Hugues Capet descendu de la même tige que celle de l'Empereur Charlemagne, Childebrand, Comte & Duc de Matrie, les Ducs & Marquis de France, Comtes de Paris & d'Anjou ; par MM. DE SAINTE-MARTHE.

Ces diverses Opinions sont imprimées au Livre XI. de leur *Histoire généalogique de la Maison de France* : *Paris*, 1647, *in-fol.*

24915. Mantissa Joannis-Jacobi CHIFFLETII in Sammarthanos de fabuloso Stemmate Hugonis Capeti.

Cette Addition est imprimée avec ses *Vindiciæ Hispanicæ* : *Antverpia*, 1647, 1650, *in-fol.*

Chifflet dit dans cette Addition, qu'André du Chesne est le premier qui ait mis au jour cette Généalogie, & qu'elle fut d'abord imprimée dans le *Propugnaculum Lusitanico-Gallicum*, du P. Macedo. Le Tenneur, dans la seconde partie de son Traité, intitulé : *Veritas vindicata*, a réfuté en 1651 cet Ouvrage de Chifflet.

24916. Germanum Hugonis Capeti Stemma illustratum, adversùs Joannem-Jacobum Chiffletium ; auctore Marco-Antonio DOMINICY.

Cette Généalogie est imprimée dans la seconde partie de son Traité, qui est intitulé : *Ansberti Familia rediviva*, &c. *Parisiis*, 1648, *in-4.*

24917. Genealogiæ Francicæ plenior Assertio Vindiciarum Hispanicarum, novorum Luminum, Lampadarum historicarum & Commentatorum Libellis, &c. à Joanne-Jacobo Chiffletio inscriptis, ab eoque in Francici nominis injuriam editis inspersorum omnimoda Eversio ; auctore Davide BLONDELLO, Historiarum Professore : *Amstelodami*, Joannis Blaeu, 1655, *in-fol.* 2 vol.

Cet Auteur étoit de Chaalons-sur-Marne; & il est mort en 1655 à Amsterdam.

✶ « Il fut privé de la vue dès le commencement de » l'année 1653, & ne laissoit pas de continuer son » Ouvrage. J'étois étonné (ajoute M. Huet) que » sans le secours de ses yeux, il pût rapporter avec soin » la suite des Généalogies des Familles par dégrés, par » nom & surnom, marquant les alliances & les dates de » l'année, du mois, de la semaine & du jour : en quoi il » étoit si exact, comme on le peut voir dans ses autres » Ouvrages, que Pierre Dupuy avoit coutume de l'appel- » ler *le grand Dataire* ».

Il a mis au-devant de ses *Généalogies Royales de France*, une longue & savante Préface, qui occupe tout le premier tome, dans laquelle il y a une Dissertation *de Childebrando, Caroli Martelli Germano & Caroli Magni propatruo*; elle est imprimée au cahier trente-cinquième ✶. Il défend aussi dans cette Préface les Droits & Prérogatives de la Couronne de France contre Chifflet.

« Blondel avoit une fort grande lecture & une pro- » digieuse mémoire ; il rendoit son entretien très-agréa- » ble, particulièrement à ceux qui dans les conversa- » tions se plaisent plus à écouter les autres qu'à parler. Il » s'énonçoit, principalement en François, avec une si » grande facilité sur toutes sortes de sujets, que son » discours étoit comme un torrent rapide : aussi par- » loit-il plusieurs heures de suite, sans s'y être préparé, » & sans ennuyer ceux qui l'écoutoient. Mais lorsqu'il » avoit médité ce qu'il devoit dire en public, son dis- » cours étoit froid & sans agrément. Il écrivoit en Latin » & en François, d'un style si embarassé & si plein de » répétitions inutiles, qu'il surpassoit en cela ceux qui » sont les plus diffus, & on ne le peut lire sans dégoût; » souvent même le Lecteur, quand il est à la fin de sa » période, perd de vue ce qu'il a lu au commencement » de cette même période ». Samuel Desmarest, dans l'*Avertissement* qui est au-devant de sa *Réfutation de la Préface Apologétique de la Papesse Jeanne*.

24918. Imago Francici Eversoris, Davidis Blondelli, Ministri Calvinistæ, Clypei Austriaci Liber prodromus ; auctore Joanne-Jacobo CHIFFLETIO.

Ce Discours est imprimé au Tome II. de ses *Oper. hist. Antverpia*, 1655, *in-fol.* C'est une Réponse à l'Ouvrage précédent de David Blondel, qui est générale, fort courte & très-piquante. Chifflet y attaque un lion mort.

☞ Cette réflexion du Père le Long me paroît déplacée. La dispute en question étoit fort échauffée depuis plusieurs années, & Chifflet y étoit engagé trop avant pour pouvoir reculer & laisser sans réplique un Ouvrage où il n'étoit pas d'ailleurs fort ménagé. Cette Réplique parut presqu'aussitôt que le Traité de Blondel, & la même année, suivant les dates du Père le Long. Assurément Chifflet pouvoit ignorer que Blondel fût mort quand il entreprit de le réfuter : d'ailleurs on ne peut pas douter qu'il ne l'eût réfuté vivant comme mort.]

24919. Verum Stemma Childebrandinum, contra Davidem Blondellum, Ministrum Calvinistam, aliosque Austriaci splendoris Adversarios ; eodem auctore.

Cette Généalogie est imprimée *in-fol. Antverpia*, Moreti, 1656.

24920. Le vrai Childebrand, ou Réponse au Traité injurieux de Jean-Jacques Chifflet, contre le Duc Childebrand, frère du Prince Charles Martel, & duquel descend la Maison de Hugues Capet ; par un bon François, (Charles de Combault, Baron D'AUTEUIL :) *Paris*, Lamy, 1659, *in-4.*

L'Epître dédicatoire de cet Ouvrage est signée A. D. C. qui répond à Auteuil de Combault, mort en 1670. Ce Baron étoit très-intelligent dans l'Histoire de France, & dans les Généalogies. Il a intitulé sa Préface : *Apologie pour la très-Auguste Maison de France, dite la troisième Race* ; & a ajouté à la fin du volume un Discours sur les différentes opinions de l'origine plus apparente de la Maison d'Autriche.

☞ On trouve au commencement :

1.° Apologie pour la très-Auguste & très-Chrétienne Maison de France, dite la troisième Race, contre les invectives ordinaires de M. Chifflet : elle servira aussi de Préface à notre Traité du vrai Childebrand.

On trouve à la fin :

2.° Discours ou Remarques en forme de critique,

sur les différentes opinions de l'origine plus apparente de l'Auguste Maison d'Autriche ; pour le juste parallele de son extraction, avec celle de la très-Chrétienne Maison de France, en éclaircissement de notre Préface, & pour répondre à M. Chifflet sur ce point-là, en son Traité de Childebrand, & dans ses autres Ouvrages.

5.° Preuves pour la Préface.

Dans l'Apologie contre M. Chifflet, l'Auteur prouve invinciblement que nos Rois ont la prééminence pour l'ancienneté, le lustre & l'extraction, sur les Rois d'Espagne & les autres Souverains de la Maison d'Autriche & de toute la Chrétienté : que leur droit à la Couronne est incontestable, de quelque côté qu'on l'envisage, soit que l'on considere l'ancienne coutume de la Monarchie qui la défere toujours aux Mâles, à l'exclusion des Femmes, soit qu'on prétende que ce droit doive appartenir aux Princes descendus d'elles. Il entre ensuite en matiere, & dans les huit Chapitres qu'il oppose à ceux de M. Chifflet, il soutient que selon le témoignage de Frédegaire, le Duc Childebrand étoit véritablement frere de pere & de mere de Charles Martel : qu'il étoit fils de Pepin le Gros, dit Héristal : que M. du Chesne n'a pas été le premier depuis Frédegaire qui l'ait fait fils de Pepin & d'Alpaïde : que plusieurs Auteurs habiles & éclairés ont été de ce sentiment : que Childebrand n'étoit point étranger, ou Italien d'origine & de la Race des Rois Lombards, mais réellement François : que sa fraternité avec Charles Martel n'a pas été honoraire ou spirituelle, mais propre & réelle : enfin, qu'il n'y a jamais eu de Childebrand Lombard, qui ait amené du secours à Charles Martel. L'Auteur, dans ses Remarques & dans ses Preuves, se montre aussi attaché à ses Rois & aux droits de leur Couronne, qu'habile homme & fin critique.]

24921. Mémoires des Siècles passés contre le faux Childebrand du Philosophe inconnu ; ou le faux Childebrand relégué aux Fables. Autrement, Mémoires touchant les Carliens issus de S. Arnoul de Metz, & les Capétiens de Race Saxone, contre le faux Childebrand du Philosophe inconnu. *Opus Genealogicum Gallicè & Latinè de industriâ mixtum* : *Bruxellis*, 1659, *in*-4.

Jean-Jacques CHIFFLET, premier Médecin du Roi d'Espagne, est l'Auteur de ces Mémoires.

☞ C'est une Réplique au Livre précédent. M. Chifflet rapporte d'abord les témoignages de tous les Historiens depuis le huitième Siècle, qui en parlant de Pepin le Gros & de ses enfans, ne font aucune mention de Childebrand, à l'exception de Frédegaire & de deux autres qui l'ont copié mot à mot, & qui le nomment *Germanus* de Charles Martel. Tous les Mémoires font descendre Hugues Capet de Princes Saxons, & quelques-uns l'appellent Etranger. Il en infere que le sisteme qui fait Childebrand frere de Charles Martel, est faux & démué de preuves : que c'est avec aussi peu de fondement qu'on prétend faire descendre Hugues Capet de S. Arnoul de Metz, soit par Childebrand, fils de Pepin Héristal, comme le soutient M. d'Auteuil, & ceux qu'il a suivis, soit par un Childebrand, fils de Martin, & petit-fils de Clodulphe, comme le prétend Zampini avec ses adhérans. Il répond ensuite à tous les Chapitres de son Adversaire, & confirme ce qu'il avoit avancé en premier lieu.

24922. ☞ De Childebrando ; *auctore* Carolo LE COINTE.

Cette Dissertation est dans ses *Annal. Eccl. Franc. tom. IV. pag.* 878. Childebrand étoit, selon cet Auteur, le vrai frere de Charles Martel, fils comme lui, de Pepin Héristal & d'Alpaïs. Il prouve ensuite qu'il ne faut pas le confondre, comme a fait Chifflet, avec le Prince Lombard, qui portoit le même nom, & qui vivoit en même temps que celui-ci.]

24923. De l'Origine de la Maison Royale de France ; par Adrien JOURDAN, Jésuite.

Ce Discours est imprimé dans le tom. I. de son *Histoire de France* : *Paris*, 1683, *in*-4. Le Père Jourdan est mort en 1692.

☞ Son Systême est expliqué au N.° 24926.]

24924. Histoire de la véritable Origine de la troisième Race des Rois de France ; par le Duc D'ESPERNON : publiée avec un Discours préliminaire, & des Remarques ; par (Jean le Royer) DE PRADE : *Paris*, Cramoisy, 1683, *in*-12.

Jean-Baptiste Gaston Goth, Marquis de Rouillac, Duc d'Espernon, fils d'une sœur de Jean-Louis de Nogaret, Duc d'Espernon, Auteur de cet Ouvrage, est mort en 1690. Il l'a composé contre le Livre précédent du Père Jourdan. De Prade y a ajouté le Sommaire (ou l'Abrégé), & un Discours sur les diverses opinions de l'origine de la troisième Race. Le Duc d'Espernon la fait descendre de saint Arnoul, Evêque de Metz. Son Traité est sçavant & curieux, quoiqu'il y ait employé quelques faux titres.

☞ L'Auteur établit l'union des trois Races Royales, & montre que S. Arnoul étoit Prince du Sang des Mérovingiens, & que le Roi Hugues Capet descendoit par les mâles de ce Saint. Il a prétendu prouver tout ce qu'il avance par des Chartes tirées des meilleurs endroits, & par le témoignage des Historiens anciens les plus estimés. Il soutient encore contre M. du Bouchet, que Childebrand étoit fils de Pepin & de Plecturde, & non pas d'Alpaïde sa concubine. Il traite de pure fable le Mariage d'Ansbert & de Blitilde. L'Ouvrage est divisé en deux parties. Dans le Discours de M. de Prade, sur les différentes opinions des Historiens sur l'origine de la Maison de France, il les réduit à trois classes, qui la font descendre, ou des Empereurs de Saxe, ou des Mérovingiens ou des Carlovingiens. Il croit la première opinion insoutenable, la seconde fabuleuse, si l'on y ajoute que la seconde & la troisième Race sont des Branches de la première. Enfin, la troisième opinion est, selon lui, véritable. Il en rapporte cinq Généalogies différentes. Le Traité de M. d'Espernon passe pour un très-bon Ouvrage. *Voyez* le *Journ. des Sçav. Mars*, 1680. = Lenglet, *Méth. histor. in*-4. *tom. IV. pag.* 56 & 437.]

24925. Ms. Remarques sur le Livre de M. d'Espernon, de la véritable origine de la Maison de France.

Ces Remarques sont dans la Bibliothèque du Roi, parmi les Manuscrits de M. de Cangé.]

24926. La Critique de l'Origine de l'auguste Maison de France ; par Adrien JOURDAN, Jésuite : *Paris*, 1683, *in*-12.

C'est une critique du Livre de M. le Duc d'Espernon. « Le Père Jourdan voyant que la Réfutation, dont on
» avoit menacé depuis deux ans son (propre) systême,
» ne paroissoit point, a voulu publier ici les raisons qu'il
» avoit eues de l'avancer. Il convient avec le Duc d'Espernon, que les Rois & les Empereurs qui ont régné dans
» la seconde Race, sont tous sortis de saint Arnoul ; &
» que ceux qui ont régné dans la troisième, sont venus
» de Robert Comte d'Anjou, surnommé le Fort ; &
» qu'ainsi toutes les trois Races de nos Rois ne viennent
» que d'un même Principe. Mais (ces deux Auteurs) ne
» conviennent pas sur la maniere de démêler dans l'obscurité de l'Histoire, les Ancêtres de saint Arnoul &
» ceux du Comte Robert le Fort. Le Duc d'Espernon
» prétend que S. Arnoul a été de la postérité de Mérovée, & le Père Jourdan soutient qu'il est né des
» premiers Rois qui ont régné en France avant Mérovée,
» que ses Ancêtres ont été Francus, &c. » *Journal des Sçavans*, du 8 *Mars* 1683.

☞ Il y a beaucoup de recherches & de critique dans cet Ouvrage, à l'exception de ce qui regarde Francus, &c. Il s'y trouve aussi bien des conjectures.

Voyez le *Journ. des Sçav. Mars*, 1683, = Lenglet, *Méth. histor.* in-4. tom. *IV. pag.* 56.]

24927. Réfutation de l'opinion du Duc d'Espernon, touchant Emenon, Adémar, Adelme & Robert le Fort ; par Gilles MENAGE, Doyen de saint Pierre d'Angers.

Cette Réfutation est imprimée au Chap. IX. du Liv. III. de son *Histoire de Sablé* : *Paris*, 1686, *in-fol.* L'Auteur est mort en 1692.

24928. Remarques sur le Livre du Père Jourdan, & sur l'Origine de la Maison de France du Duc d'Espernon : *Paris*, 1684, *in-12.*

Ces Remarques sont de Pierre-Scévole DE SAINTE-MARTHE, Maître-d'Hôtel du Roi, & son Historiographe : il est mort en 1690.

24929. ☆ Lettre de René PIHAN, touchant la Succession à la Couronne de France : *Mercure Galant, Septembre*, 1701, *pag.* 166.

L'Auteur y soutient que ce ne sont pas trois Races différentes qui ont régné sur les François, que ce n'est qu'une même Race, divisée en trois branches principales, & que saint Arnoul reconnu pour tige des Carliens & des Capets, étoit Prince du Sang & de la même Race que les Mérovingiens ; enfin que cette opinion a été celle de toute la terre jusqu'au seizième Siècle.]

24930. Ms. Dissertation de François DE CAMPS, Abbé de Signy, où il prouve que Hugues Capet descendoit de mâle en mâle de S. Arnoul, & qu'il avoit la même origine que les Rois de la première & seconde Race ses Prédécesseurs, & qu'il a succédé à la Couronne par le droit du Sang, & comme Prince le plus proche à succéder ; Charles de France, Duc de la Basse-Lorraine, en ayant été exclu par ses félonies & par la Loi du Royaume.

Cette Dissertation [étoit] conservée dans la Bibliothèque de l'Auteur, au tom. I. de son *Cartulaire historique de Hugues Capet*, [qui est aujourd'hui dans la Bibliothèque de M. de Beringhen.]

☞ Il y a une Critique du Système de l'Abbé de Camps, dont il parla en abrégé dans quelques Pièces citées ailleurs. Cette Critique se trouve dans la *Seconde Partie de la Suite des Remarques*, &c. qui sont après les deux Articles suivans.]

24931. ☞ De la Noblesse de la Race Royale des François ; par M. l'Abbé DE CAMPS : *Mercure, Juillet*, 1720.

L'Auteur soutient dans cette Dissertation, que la Race Royale des François étoit la première & la plus noble de la Nation, & qu'elle est la plus noble & la plus ancienne de l'Europe, puisque les trois Branches qui ont occupé successivement le Trône, ont la même souche & la même origine.]

24932. ☆ Que Robert le Fort n'étoit point Saxon d'origine, mais Prince du Sang des François ; (par le même) ; *Mercure, Novembre*, 1720.

☞ Cette Pièce est contre le Père Mabillon, qui soutient sur un passage d'Aimoin, que Robert le Fort étoit Saxon d'origine. M. l'Abbé DE CAMPS prétend au contraire, qu'il étoit issu de Childebrand, frère de Charles Martel, fils de Pepin le Gros, & par conséquent du même Sang que le Grand Clovis. *Voyez* le *Journ. des Sçav. Mai*, 1721.]

24933. ☆ Remarques sur le Système de M. l'Abbé de Camps, touchant l'origine de la Maison de France & ses prérogatives ; (par M. l'Abbé Claude du Moulinet, Sieur DES THUILLERIES) : *Mercure, Décembre*, 1720.

☞ Ces Remarques sont divisées en huit Articles, pour répondre à huit Chefs avancés par l'Abbé de Camps. Les principaux sont que les Rois de la seconde & de la troisième Race ont eu une origine bien différente des Mérovingiens ; que s'il n'est pas absolument vrai que le titre de *Très-Chrétien* a été affecté à nos Rois depuis Clovis, comme le soutient l'Abbé de Camps ; il est indubitable qu'il est bien antérieur à Louis XI. contre l'opinion du P. Daniel, qui n'a pas corrigé cette faute : enfin, que la Couronne de France a été toujours Royale, & non Impériale.]

24934. ☞ Suite des Remarques (précédentes), qui regardent les deux nouveaux Ecrits que l'Abbé de Camps a donnés encore sur ce sujet, dans le Mercure de Novembre, 1722 ; par l'Abbé DES THUILLERIES : *Merc. Février*, 1723.

La première Partie regarde encore le titre de *Très-Chrétien*. On en promettoit une Suite pour le *Mercure* suivant ; elle ne s'y trouve pas : [c'est la Pièce suivante.]

24935. ☞ Seconde Partie de la Suite des Remarques sur le Système de M. l'Abbé de Camps, touchant l'origine de la Maison de France & ses prérogatives ; par le même.

Elle est imprimée dans les *Mémoires de Littérature*, publiés par le Père des Molets, *tom.* X. & on y attaque l'Abbé de Camps. L'Auteur suit le sentiment de Belleforest & de Chifflet, adopté par le Père Mabillon, & qui fait descendre Robert le Fort de Welphe, Duc de Bavière.

Voyez le *Journal des Sçavans, Juin & Juillet* 1721.]

24936. Dissertation sur l'orgne des Rois de France de la troisième Race.

Cette Dissertation a été composée par Claude du Moulinet, Sieur DES THUILLERIES ; & elle est la quatrième de ses Dissertations imprimées avec celle qu'il a faite sur la *Mouvance de Bretagne* : *Paris*, 1711, *in-12.* L'Auteur [y] suit le sentiment [dont on vient de parler.]

24937. Ms. Remarques critiques de François DE CAMPS, Abbé de Signy, sur cette Dissertation.

Ces Remarques sont conservées au premier Volume de son *Cartulaire historique de Hugues Capet*, [dans la Bibliothèque de M. de Beringhen.

24938. ☞ Opinion du Père René-Joseph TOURNEMINE, Jésuite, sur l'origine de la troisième Race, en réfutant la quatrième Dissertation de l'Abbé des THUILLERIES : *Journ. des Sçav. Avril*, 1712.]

24939. Défense des Dissertations sur l'origine de la Maison de France : *Paris*, Guignard, 1713, *in-12.*

Cette Défense de Claude du Moulinet, Sieur DES THUILLERIES, a été faite pour répondre au Père de Tournemine, qui dans les *Mémoires de Trévoux, Avril* 1712, après avoir rendu compte au public des quatre *Dissertations* de M. des Thuilleries, réfute à la page 674

Généalogies des Rois de France.

la dernière, qui traite de la vraie origine des Rois de France de la troisième Race. Ce Père suit l'opinion, dont Besly est le premier Auteur, que Hugues le Fort est fils de Hugues l'Abbé, fils de Charlemagne.

24940. ☞ Éclaircissemens (du même Abbé DES THUILLERIES) : *in-12*. de 20 pages.]

24941. ☞ De l'Origine de Robert, Chef de la troisième Race de nos Rois, & des (4) Opinions différentes qu'il y a eu à ce sujet.

C'est le commencement de l'*Hist. Généalogique des Rois de France de la troisième Race*, dernière Édition, du P. Anselme, donnée en 1726 ; par les PP. ANGE & SIMPLICIEN, *tom. I. pag.* 65.]

24942. ☞ Sur la Question de sçavoir si ceux qui conviennent que la Maison de nos Rois a la même source que celle de Charlemagne, doivent l'appeller la troisième Race : *Mercure, Juillet,* 1735.

L'Auteur étant du sentiment de ceux qui croient que la troisième & la seconde Race de nos Rois ont eu la même origine, voudroit qu'on ne comptât plus que deux Races divisées en plusieurs branches.]

24943. ☞ Des Antiquités de la Maison de France & des Maisons Mérovingienne & Carlienne, & de la diversité des opinions sur les Maisons d'Autriche, de Lorraine, de Savoye, Palatine & plusieurs autres Maisons Souveraines ; par Gilbert-Charles LE GENDRE, Marquis DE S. AUBIN (sur Loire), ci-devant Maître des Requêtes : *Paris*, Briasson, 1739, *in*-4.

La première Partie de cet Ouvrage, qui est la plus considérable, traite de la descendance de Robert le Fort, bisaïeul de Hugues Capet. Elle est divisée en six Chapitres. Le premier parle des Ancêtres de Hugues Capet, en remontant jusqu'à Robert le Fort. Dans les quatre suivans, l'Auteur réfute quatre opinions différentes au sujet des Ancêtres de Robert le Fort : la première, qui lui donne une origine Saxone, en le faisant venir de Witikind : la seconde de Conrard, Comte d'Altorf. la troisième, qui se divise en plusieurs classes, & qui le fait sortir de S. Arnoul : & la quatrième, des Rois Mérovingiens, par une autre lignée que celle de S. Arnoul.

Dans le Chapitre VI. l'Auteur expose son opinion. Il fait sortir Robert le Fort des Rois de Lombardie, par un Childebrand, Prince de ce Pays. Voici la suite de cette Généalogie : Ansprand, Roi de Lombardie ; Sigebrand, Childebrand, Roi de Lombardie après son oncle ; Luitprand, Nébilon, Comte de Madric, Théodebert aussi Comte de Madric ; Robert, qui eut d'Agaune, fille d'un Comte de Berry, Robert le Fort, qui eut d'Adélaïde, veuve de Conrard Comte d'Altorf, Eudes & Robert, qui furent Rois de France.

Il n'y a rien de si embrouillé dans notre Histoire, que la descendance de Hugues Capet. L'ignorance de son temps, ou les efforts qu'ont fait les Auteurs qui l'ont suivi, pour appuyer son droit à la Couronne, peuvent en avoir été la cause. Quoi qu'il en soit, presque tous les Auteurs qui ont traité cette matière, n'ont pu s'empêcher de convenir de l'incertitude de leur opinion. Celle de M. le Gendre de S. Aubin est fondée uniquement sur un passage de Helgaud, Religieux de Fleury-sur-Loire, qui vivoit sous le Règne de Robert II. fils de Hugues Capet.

Helgaud dit bien peu de chose ; & il faut avoir bien envie de former un système pour l'asseoir sur un passage aussi vague : je doute que celui-ci fasse fortune, tant qu'il ne sera pas mieux étayé.

La seconde Partie est divisée en deux Chapitres. Dans le premier, l'Auteur traite de la Maison Mérovingienne.

Tome II.

Il avoue de bonne foi qu'on ne sçait rien de certain sur l'origine de cette Maison, & sur la Généalogie des premiers Rois. Il s'attache uniquement à faire voir qu'elle ne s'éteignit point en la personne de Childeric III. mais qu'elle subsista en la personne des Ducs d'Aquitaine & de leurs descendans, parceque Bogis, père d'Eudes, Duc d'Aquitaine, étoit fils de Caribert, fils de Clotaire II. (& ce sentiment est approuvé aujourd'hui ; & exposé dans la nouvelle *Hist. de Languedoc*, par D. Vaissette).

Dans le second Chapitre, M. de S. Aubin réfute l'opinion d'un grand nombre d'Auteurs, qui font sortir la Maison Carlienne de la Mérovingienne, par le Mariage d'Industrie, fille de Clovis, avec Ferréole, & celui de Blitilde, fille de Clotaire avec Ansbert, grand-père de S. Arnoul. Il rapporte ensuite différentes opinions sur l'Origine des Maisons d'Autriche, de Bavière, de Lorraine & des anciens Langraves de Turinge.

On apprend au reste peu de chose par cet Ouvrage ; où il y a beaucoup de citations employées diversement ailleurs.]

24944. ☞ Réponse de M. le Marquis DE S. AUBIN, aux objections contenues dans les Réflexions sur les Ouvrages de Littérature, dans les Observations sur les Écrits modernes, & dans le Journal des Sçavans ; au sujet du Traité des Antiquités de la Maison de France : *Mercure, Juin,* 1740, II.ᵉ vol.

Cette Réponse se trouve aussi jointe à la fin de l'Ouvrage précédent.]

24945. ☞ Seconde Réponse du même, aux mêmes. *Mercure, Septembre,* 1740.]

24946. ☞ Lettre de M. le Marquis DE S. AUBIN, aux Auteurs des Mémoires de Trévoux, sur l'Article XCIII. de Novembre 1741 : *Mém. de Trévoux, Février,* 1742, *pag.* 241.

L'Auteur appelle, comme il le dit lui-même, du Jugement que les Journalistes avoient porté de son Ouvrage sur les *Antiq. de la Maison de France.*]

24947. ☞ Examen sommaire des différentes Opinions qui ont été proposées pour l'origine de la Maison de France, par M. DE FONCEMAGNE, 1746 : *Mém. de l'Acad. des Inscript. & Bel. Lettr. tom. XX. pag.* 548.

L'Auteur n'y fait que discuter les différentes Opinions qui ont été proposées sur ce sujet, sans en adopter aucune. Il les réduit à quatre, & fait sentir en quoi elles ne sont pas recevables.]

24948. ☞ De l'Origine de la troisième Race des Rois de France, & des différentes Opinions à ce sujet : 1760.

C'est le commencement de la Préface du tom. X. de la *Nouvelle Collection des Historiens de France* ; par les Bénédictins. On y trouve des Tables Généalogiques pour chaque Opinion, ce qui rend les choses sensibles. Ces Opinions sont au nombre de sept, selon les Bénédictins.]

24949. ☞ L'Origine de la Maison de France ; par M. (Germain-François Poullain) DE SAINTFOIX.

Ce Morceau (qui n'a point été imprimé à part) se trouve dans les *Essais historiq.* (Paris, 1766, 4.ᵉ Éd.) *tom. II. p.* 119-130. Il fait venir la troisième Race de Witichind, & celui-ci des Mérovingiens.]

24950. Ms. Parenté du Roi Philippe I. avec Bertrade de Montfort.

Ce Discours est conservé entre les Manuscrits de M. Dupuy, num. 638.

* Cette parenté est aussi prouvée dans le *Formula*

Mmmm

Regnante Christo, de Blondel : *Amst.* 1646, *in-4.* Il y traite fort au long, du Divorce de Philippe avec Berthe.

24951. Genealogia Regum Franciæ & Daniæ exarata ad probandam consanguinitatem inter Philippum Augustum Regem Franciæ & Isemburgam Reginam; ex Registro Cameræ Computorum Parisiensis.

Cette Généalogie est imprimée dans Labbe, au tom. II. de ses *Mélanges, pag.* 631 : *Paris,* 1664, *in-4.*

24952. Mss. Genealogia aliquot Regum Franciæ, per quam apparet quantùm attinere potest Regi Francorum Regnum Navarræ; per Richardum Scoti, Monachum, qui vivebat sub Carolo V. & hanc Genealogiam Ansillo Choquardi ejus tunc Regentis Consiliario misit : *in-fol.*

Cette Généalogie est conservée dans la Bibliothèque de Saint-Victor, num. 419.

24953. Mss. Genealogia Regum Franciæ, à sancto Ludovico, usque ad Carolum VI. *in-fol.*

Cette Généalogie est conservée dans la Bibliothèque du Roi, entre les Manuscrits de M. de Gaignières.

24954. Généalogie des Rois de France, depuis saint Louis jusqu'à Charles VII. & l'extinction du faux droit prétendu sur le Royaume de France, par les Anglois; par Alain CHARTIER.

Elle est imprimée à la page 253 de ses *Œuvres : Paris,* 1617, *in-4.*

24955. Table généalogique de tous les Descendans de Charles VI. Roi de France ; par Jean LE LABOUREUR.

Cette Généalogie est imprimée dans ses *Annotations sur l'Histoire de ce Roi : Paris,* 1661, *in-fol.*

24956. Mss. Généalogie de la Maison d'Orléans, avec ses Armes & celles de ses Alliances, depuis Charles V. jusqu'au temps de François I. *in-fol.*

Cette Généalogie est conservée dans la Bibliothèque du Roi, num. 9487.

24957. Valesiorum Franciæ Regum Origo splendida, invictum robur & prosperum imperium; Stephano FORCATULO, Jurisconsulto, auctore : *Parisiis,* 1579, *in-8.*

[☞ Cet Ecrit ne renferme que des conjectures & des étymologies forcées, avec peu de traits remarquables.]

24958. Mss. Généalogie de la Maison de Bourbon : *in-fol.*

Elle [étoit] conservée dans la Bibliothèque de M. le Chancelier Seguier, num. 838, [aujourd'hui à Saint-Germain-des-Prés.]

24959. Mss. Généalogie de la Maison de Bourbon, où est la louange de saint Louis & les Terres & Seigneuries appartenantes à ladite Maison, & comme elles y sont venues.

Cette Généalogie est conservée dans la Bibliothèque du Roi, num. 900, selon le Père Labbe, *pag.* 282 de sa *Nouvelle Bibliothèque des Manuscrits.*

24960. Mss. Chronologie armoriale des Maisons de France, avec la Généalogie de la Maison de Bourbon; par Antoine DU BOIS de Valagon : *in-fol.*

Cette Chronologie [étoit] conservée dans la Bibliothèque de M. l'Evêque de Seez.

24961. Mss. Généalogie & Alliances des Maisons de Bourbon, d'Alençon & de Navarre, leur origine & leur progrès, depuis saint Louis, écrite en 1559; revue par Jean-Jacques DE MESME, Sieur de Roissy, Maitre des Requêtes : *in-fol.*

Cette Généalogie est conservée dans la Bibliothèque [du Roi, parmi les Manuscrits] de M. Colbert, [de S. Germain-des-Prés, entre les Manuscrits] de M. le Chancelier Seguier, dans la Bibliothèque des Minimes de Paris, num. 46, & chez M. le Président de Mesme.

24962. Mss. Mémoires concernant les Biens de la Maison de Bourbon : *in-fol.*

Ces Mémoires sont conservés entre les Manuscrits de M. Dupuy, num. 71.

24963. Mss. Titres concernant la Maison de Bourbon, depuis l'an 1436 jusqu'en 1608 : *in-fol.*

Ces Titres sont conservés entre les mêmes Manuscrits, num. 434.

24964. Mss. Titres de la Maison de Bourbon : *in-fol.* 2 vol.

Ces Titres sont conservés dans la Bibliothèque du Roi, entre les Manuscrits de M. de Gaignières, & dans celle de MM. des Missions Etrangères.

24965. Mss. Mémoires, Titres & Enseignemens concernant la Maison de Bourbon & ses Branches : *in-fol.* 4 vol.

Ces Mémoires [étoient] conservés dans la Bibliothèque de M. le Chancelier Séguier, [dont les Manuscrits sont aujourd'hui à S. Germain des Prés.]

24966. Mss. Recueil de plusieurs Actes, Arrêts, Contrats, Testamens, &c. concernant la Maison de Bourbon : *in-fol.*

Ce Recueil est conservé dans la Bibliothèque des Minimes de Paris, num. 47.

24967. Mémoire & Recueil de l'Origine, Alliance & Succession de la Royale Famille de Bourbon, Branche de la Maison de France. Ensemble de l'Histoire, Gestes & Services plus mémorables faits par les Princes d'icelle à la Couronne de France : *la Rochelle,* Haultin, 1587, *in-8.*

Ce Livre a été fait en faveur de la Maison de Bourbon, contre celle de Guise. Il est attribué par les uns à Pierre DE BELLOY, Avocat-Général au Parlement de Toulouse; & par les autres, à PELISSON, Maître des Requêtes de Navarre.

24968. Histoire abrégée de la Maison de Bourbon; par E. D. L. I. C.

Cette Histoire abrégée est imprimée avec l'*Apologie Catholique* de Pierre DE BELLOY : 1585, *in-8.*

24969. Mss. Ephémérides Bourbonnoises; ou Histoire journalière des Princes, Ducs, Comtes & autres Seigneurs de la Maison Royale de Bourbon; (ou) Extraits des Chartes, Titres, Contrats & autres Papiers qui font ès Chambres des Comptes de Paris & de Moulins, & des Journaux des Maîtres de la Chambre aux Deniers des Ducs de Bourbonnois; par Noël Cousin, Conseiller pour le Roi en la Sénéchauffée & Siége Préfidial de Bourbonnois à Moulins.

Ces Ephémérides font citées par M. Lenglet, dans fon *Catalogue des Hiftoriens*.

Du Chefne, *pag.* 278 de la feconde Edition de fa *Bibliothèque des Hiftoriens de France*, affure que cette Hiftoire devoit être bien-tôt mife en lumière à Paris; [mais elle n'a point paru.]

☞ C'eſt une Hiſtoire & une Suite des Ducs de Bourbon, depuis Robert, Comte de Clermont, dernier fils de S. Louis, juſqu'à Henri IV. Elle finit fous son Règne, en 1598.]

24970. Henrici IV. Galliæ & Navarræ Regis Androgeneia : *Coloniæ*, 1591, *in-fol.*

24971. Exegefis genealogica, five Explicatio Arboris Gentilitiæ Galliæ Regis Henrici, ejus nominis IV. Regum 65, Navarræ III. Regum 39, ex probatiſſimis Hiſtoricis Latinis & Gallicis delineata : ſtudio Joſephi Texeræ, Portugallenſis, Ordinis Prædicatorum, Regis Portugalliæ, atque etiam Henrici III. Regis Franciæ & Poloniæ Concionatoris : *Turonibus*, 1590, *in-4.*

Eadem ab Auctore aucta : *Lugduni-Batavorum*, Raphelingii, 1592, 1617, *in-4.*

La même Edition avec ce titre : Stemmata Franciæ, item Navarræ Regum, à primâ Gentis origine ad Henricum IV. *Leidæ*, Maire, 1619, *in-4.*

La même Explication traduite en François par C. de Heris, dit Cocqueriomont : *Paris*, Beys, 1595, *in-4.*

Texeira fait remonter l'Origine des Bourbons juſqu'à Antenor, premier Roi de [ces] Troyens [dont on a prétendu faire venir les François.] Son Ouvrage commence ainfi par des fables.

24972. Généalogie de la Maifon Royale de Bourbon : 1599, *in-8.*

24973. La Généalogie de la Maifon de Bourbon, depuis Pharamond juſqu'à Henri IV. par Pierre Matthieu.

Elle eſt imprimée avec fon *Hiſtoire de la Guerre* entre la France & l'Eſpagne, *pag.* 44 : *Paris*, 1600, *in-8.* & avec fon *Hiſtoire de la Paix* : *Paris*, 1606, *in-8.* [ci-devant, N.os 19737 & 19821.]

La même : *Paris*, Sonnius, 1610, *in-8.*

La medefima tradotta da Girolamo Coccini : *in Venetia*, 1625, *in-4.*

24974. Hiftoire généalogique de la Maifon Royale de Bourbon; par Antoine de Laval, Capitaine du Château de Moulins.

Cette Hiſtoire eſt imprimée avec fes *Deſſeins des Profeſſions nobles* : *Paris*, 1612, *in-4.*

24975. La Defcente généalogique, depuis S Louis, de la Maifon Royale de Bourbon, enrichie de l'Hiſtoire fommaire des faits, vies & morts de tous les Deſcendans juſqu'à préſent; par Henri de Montagu, Sieur de la Cofte : *Paris*, Rigaud, 1609, *in-12.*

24976. Hiftoire de l'ancienne extraction, fource & origine de la Maifon Royale de France; par Claude Rubys, Conſeiller au Préfidial de Lyon : *Lyon*, 1613, *in-8.*

24977. La Généalogie des Rois, Ducs, Princes, Marquis & Comtes de la Maifon de Bourbon & de leurs Alliances; par Thomas Fougasses : *Paris*, 1613, *in-8.*

24978. Hiftoire généalogique de la Maifon de France (de la troifième Race;) par Scevole & Louis de Sainte-Marthe : *Paris*, Pacard, 1619, *in-4.*

☞ La feconde Edition de ce Livre *in-fol.* qui contient encore les deux premières Races, eſt indiquée ci-devant, N.° 24831.]

24979. Les Lauriers de la Maifon de Bourbon, ou Recherches curieuſes des actions héroïques de fes Princes; par Jean Collins, Aumônier du Roi : *Paris*, 1641, *in-4.*

24980. Hiftoire des Princes de la Maifon Royale, & Defcription curieuſe des Exploits & Conquêtes, tant des Rois que des Princes du Sang de Bourbon juſqu'à préſent, [avec un Difcours hiſtorique fur les Batailles de Cerizoles & de Rocroy, données par les Ducs d'Enghien;] par le Sieur D. L. Gentilhomme ordinaire de la Chambre du Roi : *Paris*, [Denain] 1644, *in-4.*

24981. Carte généalogique de la Royale Maifon de Bourbon, [avec les Eloges des Princes contenans des Remarques fommaires;] par Charles Bernard, Hiſtoriographe de France : *Paris*, 1634, *in-fol.*

La même, continuée & publiée fous ce titre : Généalogie de la Maifon Royale de Bourbon, avec les Portraits & Eloges des Princes qui en font fortis; & les Remarques hiſtoriques de leurs illuſtres actions, depuis faint Louis juſqu'à Louis XIII. *Paris*, 1646, *in-fol.*

Charles Sorel, qui a continué cette Généalogie, avoue à la page 413 de fa *Bibliothèque Françoife*, qu'il a changé & ajouté ce qu'il a cru néceſſaire dans cet Ouvrage [de fon Oncle.]

✱ Il n'y a preſque ajouté que les Portraits.

24982. Carte généalogique, chronologique & hiftorique de la poftérité de S. Louis; par Antoine de Saint-Gabriel, Feuillent : *Paris*, 1667, *in fol.*

Ce Religieux, qui fe nommoit dans le monde Defprez, eſt mort en 1701. « Il ne [s'étoit] pas encore fait » de Carte généalogique fi grande & fi magnifique que » celle-ci. Le principal deſſein de l'Auteur eſt de repré- » fenter toute la poſtérité de S. Louis, & il le fait avec » tant d'exactitude, que cette Table peut tenir lieu » d'une Hiſtoire entière; car on y voit ſelon l'ordre » généalogique le nom de plus de cinq cens perſonnes, » avec un Abrégé de leur Hiſtoire, & cela ſans confu- » ſion ». *Journal des Sçavans*, du 4 Avril 1667.

☞ *Voyez* Lenglet, *Méth. hiftoriq. in-4.* tom. *IV.* *pag.* 437.]

Liv. III. Histoire Politique de France.

24983. Généalogie de la Maison de Bourbon, depuis l'an 400 de Jesus-Christ.

Cette Généalogie est imprimée au tom. I. du *Portrait géographique & historique de l'Europe* : *Paris*, 1675, *in-*12.

24984. Tableaux généalogiques des seize Quartiers de nos Rois, depuis S. Louis jusqu'à présent, des Princes & des Princesses qui vivent, & de plusieurs Seigneurs du Royaume; par Jean LE LABOUREUR : *Paris*, Coustellier, 1683, *in-fol.*

Cet Ouvrage contient le nom & les armes de près de huit cens Familles de ce Royaume. Le Père Menestrier qui l'a publié, pour le rendre plus utile, y a joint un Traité de l'origine, de l'usage & de la pratique des Lignes & des Quartiers.

☞ *Voyez* le P. Niceron, *tom. XIV. pag.* 125.]

24985. L'Arbre Royal, ou Cartes généalogiques de la postérité de Henri le Grand, dans lesquelles on voit en huit Branches les Alliances de l'auguste Maison de Bourbon; par le Sieur TARDIF, Généalogiste du Roi: *Paris*, 1701, *in-fol.*

24986. Abrégé généalogique de la Maison de France, depuis l'an 956 jusqu'à présent; par (Claude) BUFFIER, Jésuite.

Cet Abrégé remplit le Tome II. de son Introduction à l'*Histoire des Maisons souveraines de l'Europe*: *Paris*, Coustelier, 1717, *in-*12.

24987. ☞ Carte généalogique & chronologique de la Maison de France, pour faciliter la lecture & l'intelligence de l'Histoire de France, dédiée & présentée au Roi ; par M. l'Abbé HURÉ : *Paris*, 1750, *in-fol.* deux grandes feuilles.

L'Auteur se disposoit d'en donner quatre autres, qui devoient contenir les Rois & Princes du Sang Royal des trois Races.]

24988. ☞ Tableau généalogique & chronologique de la Maison Royale de France, dédié à Monseigneur le Comte d'Artois; par le Sieur CLABAULT : *Paris*, 1763, en huit grandes feuilles.

Cette Table Généalogique, qui ne regarde que la troisième Race de nos Rois, est la plus belle & la plus intéressante qui ait encore paru. L'Auteur y a joint une *Analyse* : (*Paris*, Lottin l'aîné, 1764, *in-*8.) où il insiste sur ce qu'il y a de particulier dans son Ouvrage; sçavoir l'indication des Maisons alliées à la Maison Royale de France. Il se propose de publier le Tableau des deux premières Races, où l'on verra sur-tout les descendantes de Charlemagne par femmes ; ce qui intéresse une multitude de Maisons, ou Souveraines ou Nobles.]

24989. ☞ Dissertation sur le nom de Famille de l'auguste Maison de France ; (par M. l'Abbé Baltazard DE BURLE DE REAL:) *Paris*, 1762, *in-*4. de 8 pages, & *Mercure*, 1762, *Octobre*, *Vol. II. pag.* 77.

L'Auteur prétend qu'on ne doit pas l'appeller Maison de Bourbon.]

24990. ☞ Recueil de Mémoires & Dissertations, qui établissent que c'est par erreur & un mauvais usage, que l'on nomme l'auguste Maison qui règne en France, la Maison de Bourbon ; que son nom est France, & qu'entre toutes les Maisons Impériales & Royales régnantes, elle est la seule qui ait pour nom de Famille le nom même de sa Couronne : *Paris*, Musier, 1769, *in-*12. de 183 pages.

La première des quatre Pièces de ce Recueil est un Mémoire de M. DE SALLO, imprimé en 1665, à la suite de son Traité des Légats, sur la Question s'il faut nommer la Reine Marie-Thérèse d'Espagne ou d'Autriche. La seconde Pièce est une Dissertation de M. DE REAL, pour le nom de Maison de France, imprimée en 1735, en une feuille *in-*4. La troisième est un Discours avec des Notes, sur l'erreur introduite à ce sujet du temps de Henri IV. enfin un Extrait de la *Science du Gouvernement*, du même M. de Real, *tom. V. chap. IV. sect. II, num.* 2.]

☞ ON peut encore consulter, sur l'Origine & les Généalogies de la troisième Race, = le *Mars Gallicus*, Liv. I. chap. 32 jusqu'au 38, = l'*Examen du Discours publié contre la Maison de France de Belloy*, = l'Auguste Basilique de S. Arnoul, par Valladier, *pag.* 186, = les Ouvrages sur le Mariage d'Ansbert & de Blitilde, rapportés ci-dessus, = les Mélanges de Priezac, *pag.* 338, = l'Origine des François, par Audiguier, *t. II. p* 287, = l'Histoire de la Monarchie Françoise, par Marcel, *tom. II. pag.* 268.]

ARTICLE II.

Histoires des Reines de France.

☞ Les Histoires particulières, &c. seront par ordre chronologique, après les Histoires générales.]

24991. LES Portraits des Reines de France; par Henri CAPITAIN : *in-fol.*

Ce sont les mêmes Portraits qui se trouvent dans l'*Histoire de France* de Mézeray, [en partie imaginaires. *Voyez* ci-devant, N.° 15758.]

24992. Abrégé des Vies des Reines de France ; par François Eudes DE MÉZERAY.

Cet Abrégé est imprimé dans son *Histoire de France*: *Paris*, 1643-1651, 1685, *in-fol.* 3 vol. & dans son *Abrégé chronologique*, depuis l'Edition de 1701.

24993. Ms. Abrégé de l'Histoire chronologique des Reines de France, depuis le commencement de la Monarchie jusqu'à François I. avec une longue Préface, & une Dissertation qui sert d'Introduction à cette Histoire ; par François DE CAMPS, Abbé de Signy : *in-fol.*

Cet Abrégé [étoit] conservé dans la Bibliothèque de l'Auteur, [& est aujourd'hui dans celle de M. de Beringhen.]

☞ « L'Abbé de Camps fait voir dans cette Dissertation, que les Rois de la première & de la seconde » Race ont épousé deux sortes de femmes ; que les premières étoient d'une haute naissance, & les secondes » qualifiées de *Concubines*, d'une naissance abjecte ; & » que celles-ci avoient été épousées légitimement selon » le for Ecclésiastique, quoique leur Mariage n'eût » point été fait avec les formalités requises par le for » civil ».]

24994. Histoire des Reines de France, avec les Généalogies de la Maison Royale ; par

Histoires des Reines de France.

Louis LE GENDRE, Chanoine de l'Eglise de Paris.

Cette Histoire est imprimée au tom. II. de son *Histoire de France* : Paris, Cl. Robustel, 1718, *in-fol.*
☞ *Voyez* ci-devant, N.° 19806.]

24995. ☞ Mss. Traités des Reines de France ; par M. DE FONTANIEU, Conseiller d'Etat : *in-4.*

Ils sont conservés dans la Bibliothèque du Roi.]

24996. Les Eloges & Vies des Reines, Princesses, Dames & Damoiselles illustres en piété, courage & doctrine, qui ont fleuri de notre temps ; par Hilarion DE COSTE, Religieux de l'Ordre des Minimes : *Paris*, Cramoisy, 1630, *in-4.*

Les Vies contenues dans ce Volume sont rapportées ci-après en détail.

24997. ☞ Mémoires historiques, critiques & anecdotes des Reines & Régentes, & des Favorites des Rois de France ; par M. DREUX DU RADIER : *Amsterdam* (*Paris*,) 1763, *in-12.* 4 vol. en 8 parties.

L'Ouvrage finit à Marie-Thérèse d'Autriche, femme de Louis XIV. morte en 1683.]

24998. Les Mémoires & Recherches de la dévotion, piété & chasteté des illustres Roynes de France ; ensemble les Eglises, Monastères, Hôpitaux & Colléges qu'elles ont fondés & édifiés en divers endroits de ce Royaume, [au moyen desquelles Fondations Dieu leur a donné féconde & heureuse lignée ;] par Nicolas HOWEL, Parisien, [Intendant & Gouverneur de la Maison de la Charité Chrétienne :] *Paris*, Métayer, 1586, *in-8.*

24999. Le Temple de la gloire, contenant les Eloges historiques de treize Annes, Roynes & Princesses : *Paris, in-fol.*

Jean PUGET DE LA SERRE est Auteur de cet Ouvrage, & l'a dédié à la Reine Anne d'Autriche, [femme de Louis XIII. & Régente sous la Minorité de Louis XIV.]

25000. Vita sanctæ Chlotildis, Burgundiorum Regis filiæ, Francorum Reginæ.

La Vie de cette Reine, femme de Clovis I. morte en 545, n'est pas d'un Auteur fort estimé ni proche du temps de la Sainte. Elle est imprimée dans le Recueil de Jean Ravisius Textor, intitulé : *De claris Mulieribus*, (fol. 214, verso :) *Parisiis*, & *Coloniæ*, 1521, *in-fol.* & au tom. I. des *Actes des Saints de l'Ordre de S. Benoît*, pag. 98.

25001. Excerpta ex GREGORIO Turonensi, [de sancta Clotilde,] cum Commentario prævio Godefridi HENSCHENII, è Societate Jesu.

Ces Extraits sont imprimés parmi les *Vies des Saints* de Bollandus, au 3 de Juin.

25002. Vie de sainte Clotilde ; par Jacques DESMEY, Docteur de Sorbonne : *Rouen*, Osmont, 1613, *in-12.*

25003. Vie & Miracles de sainte Clotilde, Patrone d'Andely, mis en Vers par Nicolas PIEDUCANT, Curé de Forest au Vexin : *Rouen*, Maury, 1636, *in-8.*

25004. Vie de sainte Clotilde ; par MODESTE de saint Amable.

Cette Vie est imprimée au tom. I. de sa *Monarchie sainte* : Clermont, 1670, *in-fol.* pag. 29.

25005. Vie de la même ; par François GIRY.

Cette Vie est imprimée dans son *Recueil des Vies des Saints*, au 3 de Juin.

25006. Vie de la même ; par Adrien BAILLET.

Cette Vie est imprimée dans son *Recueil des Vies des Saints*, au même jour.

25007. ☞ Extrait du Mémoire de M. l'Abbé (Jean) LEBEUF, sur la Reine Pédauque, où l'on examine quelle pourroit être cette Reine. *Mercure, Décembre*, 1751.

L'Auteur prétend que ce n'est point la Reine Clotilde qui est représentée d'une manière singulière, comme l'ont avancé le Père Mabillon & quelques autres Sçavans, mais la Reine de Saba, si connue dans l'Histoire de Salomon.]

25008. Vita sanctæ Radegundis, Reginæ Francorum & Monachæ Pictaviensis, duobus Libris conscripta. Liber primus ; auctore Venantio FORTUNATO, Episcopo Pictaviensi. Liber secundus ; auctore BAUDONIVIA, Moniali æquali.

Cette Vie est imprimée dans le *Recueil des Vies des Saints* de Surius, au 13 d'Avril, & au tom. I. des *Actes des Saints de l'Ordre de S. Benoît*, pag. 319. Cette Sainte, qui étoit femme de Clotaire I. est morte en 587, & Fortunat vivoit l'an 600.

25009. ☞ Mss. Vie de sainte Radegonde, femme de Clotaire, composée en Latin par SS. Fortuné & Audebert, Evêques de Poitiers, traduite en François : *in-4.*

Cet ancien Manuscrit, sur vélin, est cité pag. 215 du Catalogue de M. de Cangé, & est à présent dans la Bibliothèque du Roi.]

25010. Vita ejusdem ; auctore HILDEBERTO, Turonensi Archiepiscopo.

Cette Vie est imprimée à la pag. 806 de ses Œuvres : *Parisiis*, le Conte, 1708, *in-fol.* L'Auteur est mort en 1134.

25011. Vie de sainte Radegonde, Royne de France, Fondatrice du Monastère Royal de sainte Croix de Poitiers, traduite du Latin par Jean Bouchet : *Poitiers*, 1527, *in-4.*

25012. Vie de la même, avec des Notes de Charles PIDOUX : *Poitiers*, 1621, *in-12.*

Cette Vie a été composée par E. L. P. c'est ainsi que l'Auteur est désigné.

25013. Vie de la même ; par Joseph DE MONTEIL : *Rodez*, Desclaux, 1627, [*in-8.*]

25014. Preuves historiques des Litanies de sainte Radegonde, contenant par abrégé les actions miraculeuses de sa vie, tirées des Historiens François ; par Jean FILLEAU, Avocat au Siége Présidial de Poitiers : *Poitiers*, Mounin, 1643, *in-4.*

Les mêmes Preuves sont imprimées avec son *Traité de l'Université de Poitiers* : *Poitiers*, 1644, *in-fol.* Cet Auteur est mort en 1682.

25015. Vie de sainte Radegonde ; par Modeste de saint Amable.

Cette Vie est imprimée au tom. I. de sa *Monarchie sainte* : *Clermont*, 1670, *in-fol.*

25016. Vie de la même ; par François Giry.

Cette Vie est imprimée dans son *Recueil des Vies des Saints*, au 13 d'Avril.

25017. Vie de la même ; par Adrien Baillet.

Cette Vie est imprimée dans son *Recueil des Vies des Saints*, au même jour.

25018. ☞ Trois nouvelles Découvertes dans l'Histoire de l'Eglise de France : 1.° Que sainte Radegonde n'a jamais fait le voyage d'Arles : 2.° Que sainte Radegonde a établi la Règle de S. Césaire dans son Monastère de Sainte-Croix de Poitiers, l'an 559 au plutard : 3.° Que sainte Agnès (de Poitiers) n'a pas été la première Supérieure du Monastère de sainte Radegonde.

Ces Observations sont imprimées dans les *Singularités historiques* de Dom Liron, *tom. I. pag. 156 & suiv.* Elles ont été faites contre MM. Bulteau, Baillet & Fleuri, & contre les PP. le Cointe & Mabillon.]

25019. ☞ Histoire de sainte Radegonde, Reine de France ; par Dom Antoine Rivet, Bénédictin de la Congrégation de S. Maur.

Elle se trouve dans son *Hist. Littéraire de la France*, *tom. III. pag. 346-352.*]

25020. Vie de sainte Andovaire, Reine de France, première femme de Chilpéric ; par Modeste de saint Amable.

Cette Vie est imprimée au tom. I. de sa *Monarchie sainte*, (*pag.* 145 :) *Clermont*, 1670, *in-fol.* Sainte Andovaire est morte en 580.

25021. Vie de sainte Gélesuinte, Reine de France, seconde femme de Chilpéric ; par le même.

Cette Vie est imprimée dans le Volume précédent, *pag.* 148.

25022. Déportemens extraordinaires, tant bons que mauvais de la Reine Frédégonde, troisième femme de Chilpéric ; par Estienne Pasquier.

Ce Discours est imprimé au Chap. II. du Livre X. de ses *Recherches de la France.* La Reine Frédégonde est morte en 597, selon Frédégaire.

25023. ☞ Mémoire sur Frédégonde & sur Brunehaut, contenant la réfutation de l'apologie de Brunehaut, entreprise par quelques Auteurs ; par M. Gaillard, Avocat au Parlement. *Mém. de l'Acad. Royale des Inscriptions & Belles-Lettres, tom. XXX. pag.* 633.]

25024. Des déportemens déréglés de la Reine Brunehault, femme de Sigebert I. Roi d'Austrasie, avec son Apologie ; par Estienne Pasquier.

Ce Discours est imprimé au Chap. IV. & suiv. du Liv. X. de ses *Recherches de la France.* Brunehault fut condamnée à mort en 613, [par le Roi Clotaire II.]

25025. Ms. Innocentia & sanctitas Brunichildis Reginæ ; à Joanne Floydo, è Societate Jesu asserta.

Ce Traité est cité par Bollandus, dans ses Notes sur la Vie de S. Nicet, Evêque de Besançon, au 8 de Février.

25026. Variæ de Brunichilde fabulæ refutatæ ; à Carolo le Cointe, Congregationis Oratorii Presbytero.

Cette Réfutation est imprimée au tom. II. de ses *Annal. Eccles. Franc.* sous l'année 613, num. 6. « Le » Père le Cointe fait l'Apologie de la Reine Brunehault, » contre Aimoin & Frédégaire. Mariana avoit déjà en- » trepris sa défense ; mais Adrien de Valois avoit si so- » lidement refuté ses raisons dans le Tome II. de son » *Histoire de France*, qu'il sembloit que la cause de » cette pauvre Princesse fut désespérée. Néanmoins le » Père le Cointe n'a pas laissé de prendre son parti, & » fait voir ici fort au long que tout ce que les Histo- » riens ont dit des meurtres des dix Rois qu'on lui im- » pute, sont de pures calomnies ». *Journal des Sçavans*, *du 22 Décembre* 1666. M. de Cordemoi a suivi le sentiment du P. le Cointe en prenant la défense de Brunehault.

☞ L'Abbé Velly s'y est aussi conformé, dans sa nouvelle *Histoire de France*; mais la manière dont il a parlé à cette occasion de S. Colomban & de Jonas son Historien, a excité le zèle des Bénédictins, Continuateurs de l'*Hist. Littér. de la France.* Ils ont cru devoir faire l'Apologie de ces deux Religieux, & examiner nombre de faits qui concernent la Reine Brunehault.

Voyez l'*Avertissement du tom. XII. de l'Hist. Littér. de la France, pag.* ix-xvij.]

25027. Histoire de la même.

Cette Histoire est imprimée au tom. II. de l'*Histoire des Favorites* : *Amsterdam*, 1700, *in-*12. (*pag.*147.)

25028. ☞ Ms. Dissertation sur la Reine Brunehault ; par M. Silvestre de S. Abel, de la Société Littéraire d'Auxerre.

Elle est conservée dans les Registres de cette Société. Son objet est de laver cette Princesse des imputations avancées plusieurs siècles après elle par des Historiens qui n'ont cité aucuns garants, & qui, peut-être, ne l'ont noircie que pour justifier la conduite du Roi Clotaire envers elle.

« L'Auteur doute que Brunehault ait subi le supplice » dont notre Histoire fait mention. Mais sans vouloir » entrer dans la critique du plus ou du moins à cet » égard, il me paroît qu'on ne peut révoquer en doute » qu'elle n'ait été brûlée. Dom Germain, de la Congré- » gation de S. Maur, qui a fait bâtir l'Eglise de S. Mar- » tin d'Autun, & relever les restes de Brunehault (qu'il » a fait transférer du lieu où ils étoient dans la Chapelle » de S. Martin, où l'on voit son tombeau,) m'a dit que » les cendres de cette Reine étoient enfermées dans un » petit Cercueil de plomb d'environ deux pieds & demi ; » qu'il avoit ouvert ce Cercueil, & qu'il y avoit trouvé » de la terre mêlée de cendres, & des restes de petits » os (comme des phalanges) brûlés par l'extrémité, » de sorte qu'à l'inspection de ces restes on ne pouvoit » douter que Brunehault n'eût été effectivement brû- » lée ». C'est ce que nous a écrit M. Pasumot, Professeur de Mathématique & de Physique à Auxerre, & de la Société Littéraire de cette Ville, qui s'est donné la peine de nous extraire ses Registres, & de nous envoyer des Notices de quelques Livres de la Bibliothèque de cette Société.]

25029. ☞ Ms. Observations sur la Reine Brunehault ; par M. Petyst, Avocat du Roi à Amiens, & de l'Académie de cette Ville.

Dans les Registres de cette Académie.]

Histoires des Reines de France. 647

25030. Vie de sainte Bertrude, Reine de France, femme de Clotaire II. par MODESTE de saint Amable.

Cette Vie est imprimée au tom. I. de sa *Monarchie sainte*, (pag. 293:) *Clermont*, 1670, *in-fol.* Sainte Bertrude est morte en 623.

25031. ☞ Abrégé de la Vie de Nantilde, Reine de France.

Dans le *Dictionnaire* de Jacques-Georges DE CHAUFEPIÉ. Nantilde épousa Dagobert I. l'an 632, gouverna le Royaume pendant la Minorité de Clovis II. & mourut en 641.]

25032. ☞ Mf. Vie & Légende de notre bonne & glorieuse Mère Madame sainte Baultheux, Royne de France : *in-4.*

Cet ancien Manuscrit, indiqué pag. 168 du Catalogue de M. de Cangé, est conservé dans la Bibliothèque du Roi. Sainte Bathilde, comme on l'appelle aujourd'hui, fut femme de Clovis II. & mourut l'an 680.]

25033. Vita sanctæ Bathildis, Reginæ Francorum, Sanctimonialis Kalensis ; auctore anonymo ejus æquali, cum Commentario prævio.

Cette Vie est imprimée dans le *Recueil* de Bollandus, au 30 Janvier ; & tom. II. des *Actes des Saints de l'Ordre de S. Benoît*, pag. 775.

25034. Alia Vita ejusdem ; auctore anonymo, sed antiquo.

Cette Vie est imprimée dans le *Recueil* de Bollandus, au 30 Janvier.
✻ Elle est plus récente & mieux écrite que la précédente, ce qui consiste seulement en quelques différences dans les phrases. On y a ajouté à la fin la comparaison de sainte Bathilde avec les autres Reines.

La même, traduite en François ; par Robert Arnaud d'Andilly.

Cette Traduction est imprimée dans son *Recueil des Vies des Saints illustres* : *Paris*, 1675, *in-fol.*

25035. Vie de sainte Bathilde, Reine de France, Fondatrice & Religieuse de Chelles ; par Estienne BINET, Jésuite : *Paris*, Chappellet, 1624, *in-8.*

25036. Vie de la même ; par MODESTE de saint Amable.

Cette Vie est imprimée au tom. I. de sa *Monarchie sainte*, (pag. 138:) *Clermont*, 1670, *in-fol.*

25037. Vie de la même ; par François GIRY.

Cette Vie est imprimée dans son *Recueil des Vies des Saints*, au 30 de Janvier.

25038. Vie de la même ; par Adrien BAILLET.

Cette Vie est imprimée dans son *Recueil des Vies des Saints*, au même jour.

25039. Vie de sainte Ultrogothe, Reine de France, femme du bienheureux Childebert (II.) par MODESTE de saint Amable.

Cette Vie est imprimée au tom. I. de sa *Monarchie sainte*, (pag. 82:) *Clermont*, 1670, *in-fol.*

25040. ☞ Mf. Epitaphe de la Reine Théodechilde, & autres, qui se voyent à Saint-Pierre le Vif de Sens ; avec des Remarques par M. l'Abbé du Four DE LONGUERUE.

On les trouve indiqués parmi les Manuscrits qu'il a laissés, dans la Notice qui est à la tête du *Recueil de Pièces intéressantes*, &c. Genève, (Paris, le Jay) 1769, *in-12.*]

25041. Vie de la bienheureuse Hildegarde, seconde femme de Charlemagne ; par MODESTE de saint Amable.

Au Tome II. de sa *Monarchie sainte*, pag. 442.

25042. ☞ Judithæ Augustæ Franciæ, uxoris secundæ Ludovici Pii, Elogium historicum ; auctore Georgio Christiano GEBAVERO, Lipsiensi Jurisconsulto : *Lipsiæ*, 1720, *in-4.*]

25043. Vie de sainte Richarde, femme de Charles le Gros ; par MODESTE de saint Amable.

Cette Vie est imprimée tom. II. de sa *Monarchie sainte*, pag. 558.

25044. L'Héritière de Guyenne, ou l'Histoire d'Eléonore, fille de Guillaume, dernier Duc de Guyenne, femme de Louis VII. Roi de France, ensuite de Henri II. Roi d'Angleterre ; par Isaac DE LARREY : *Rotterdam*, Leers, 1692, *in-12.*

Cette Histoire curieuse & bien écrite, est le second Ouvrage qu'ait publié Isaac de Larrey, Gentilhomme du Pays de Caux, retiré en Hollande. Elle contient la Vie de cette Reine, depuis l'an 1136 jusqu'en 1204, qu'elle mourut. Il s'y trouve quelques événemens qui sentent le Roman.
☞ On peut voir ce qui en est dit dans l'*Histoire de la Rochelle*, par M. Arcère (tom. I. pag. 188:) *Paris*, 1757, *in-4.*]

25045. Mf. Les Gestes de la Reine Blanche ; petit Discours fait sous le Règne de François I. présenté à Madame Louise de Savoye, mère du Roi & Régente du Royaume : *in-fol.*

Ces Gestes, qui sont fort courts, fort confus & très-défectueux, se conservent dans la Bibliothèque du Roi, num. 1736, selon le P. Labbe, pag. 295 de sa *Bibliothèque des Manuscrits* : *Paris*, 1653, *in-4.* Blanche de Castille, femme de Louis VIII. & mère de S. Louis, est morte en 1253. L'Auteur de ces Gestes s'appelle Estienne LE BLANC, qui depuis a été Contrôleur de l'Epargne.

25046. Mf. Gestes ou Vie de Blanche de Castille, écrite par ordre de la Reine Catherine de Médicis : *in-fol.*

Cette Vie est conservée entre les Manuscrits de M. Dupuy, num. 606, & [étoit] dans la Bibliothèque de M. le premier Président de Mesme.

25047. Blanche, Infante de Castille, mère de S. Louis, Reine & Régente en France ; *Paris*, de Sommaville, 1644, *in-4.*

Cette Histoire a été écrite & illustrée de quelques anciens Actes, par Charles DE COMBAULT, Baron D'AUTEUIL, mort en 1670.
☞ On trouve au commencement un Discours des Régentes les plus célèbres de l'antiquité ; & à la fin, Preuves & Eclaircissemens des choses plus considérables contenues en cet Ouvrage.
L'Auteur fait voir d'abord que dans tous les temps & chez tous les Peuples, il y a eu des femmes illustres qui les ont gouvernés avec beaucoup de sagesse & de gloire ; & que parmi nous la Régence a toujours été déférée aux femmes, qui s'en sont acquitté avec tout le succès possible. Il conduit sa narration jusqu'à la Reine Blanche, qu'il nous dépeint en trois Livres ; comme un modèle des vertus Royales, Chrétiennes & Politiques,

& qu'il disculpe totalement des calomnies avancées contre elle au sujet de ses amours avec le Comte de Champagne & Roi de Navarre. Il reprend ensuite son Discours sur les Régentes, qu'il finit à Anne d'Autriche, mère de Louis XIV. Son but est de prouver que les femmes, quoiqu'exclues du Trône par nos Loix, ne le sont pas des Régences, & qu'elles ont été autorisées & maintenues dans cette possession malgré les contestations qui se sont élevées de temps en temps sur ce sujet.

Voyez sur cet Ouvrage, la *Méth. hist.* de Lenglet, *in*-4. tom. IV. pag. 157. = *Biblioth. Harley*, tom. II. pag. 532.]

25048. ☞ Les Poésies du Roi de Navarre, avec des Notes & un Glossaire François; précédées de l'Histoire des révolutions de la Langue Françoise, depuis Charlemagne jusqu'à S. Louis; d'un Discours sur l'ancienneté des Chansons Françoises, & de quelques autres Pièces; (par M. Lévêque de la Ravalière, de l'Académie des Inscriptions & Belles-Lettres:) *Paris*, 1742, *in*-12. 2 vol.

On trouve dans le Tome I. l'Ecrit suivant, qui avoit déja été imprimé cinq ans auparavant.]

25049. ☞ Examen critique des Historiens qui ont prétendu que les Chansons de Thibaut, Roi de Navarre, Comte de Champagne & de Brie, Palatin, s'adressoient à la Reine Blanche de Castille, mère de S. Louis; (par M. Lévêque de la Ravalière. *Mercure*, 1737, *Août*, & dans les *Variétés historiques*, tom. I. pag. 15.]

25050. ☞ Extrait d'une Lettre du R. P. le Pelletier, Chanoine Régulier de la Congrégation de Sainte-Geneviève, sur le même sujet. *Mercure*, 1738, *Juin*.]

25051. ☞ Réponse de l'Auteur de l'Examen critique : *Ibid.*]

25052. ☞ Lettre du Père le Pelletier, sur le même sujet : *Ibid.* 1739, *Janvier*.]

25053. ☞ Réponse à la Lettre précédente : *Ibid.* 1739, *Mars*.

L'Auteur de cette Réponse prétend prouver que les Chansons de Thibaud, Comte de Champagne & Roi de Navarre, n'ont jamais été faites pour la Reine Blanche, & que l'amour criminel qu'on lui suppose pour cette Princesse, est une pure fable, inventée par Mathieu Paris. Le Père le Pelletier pense tout le contraire, & fait un magnifique éloge de cet Historien. Si le premier ne donne pas des preuves absolument convaincantes, au moins sont-elles plus que des conjectures, & son sentiment approche fort de la vraisemblance.]

25054. Ms. Vie de la bienheureuse Jeanne de France, fille du Roi Louis XI. femme de Louis XII. par Sœur Françoise Guiard, l'une des Religieuses de son Couvent de l'Annonciade de Bourges.

Cette Vie est conservée dans ce Couvent, au rapport de D. Martenne, *pag*. 34, de la partie I. de son *Voyage littéraire* : [*Paris*, 1717, *in*-4.]

25055. Vita beatæ Joannæ Valesiæ, Ludovici XII. uxoris, Fundatricis Ordinis Annunciatarum beatæ Mariæ Virginis: *Antverpiæ*, 1524, *in-fol*.

Cette Vie avoit déja été publiée dans le *Recueil* de Jean Ravisius Textor, intitulé *De Claris Mulieribus*; fol. 190 verso : *Parisiis*, 1521, *in-fol*. & elle l'a été encore dans le *Recueil des Vies des Saints* de Bollandus, avec le Commentaire d'Henschenius, au 4 de Février. Cette Sainte est morte en 1505.

25056. ☞ Miracles qui se font au Tombeau de la bienheureuse Jeanne de France, en l'Eglise des Annonciades de Bourges : *Paris*, Jacquin, 1615, *in*-8.]

25057. Elogium beatæ Joannis, Reginæ Francorum.

Cet Eloge est imprimé dans Labbe, au tom. II. de sa *Bibliothèque des Manuscrits*, pag. 395 : *Paris*, 1653, *in-fol*.

25058. Vie de Jeanne, Reine de France, & de Marguerite de Lorraine; par Yves Magistri, Cordelier, Directeur des Religieuses de l'Annonciade : *Bourges*, 1585, *in*-8.

25059. ☞ Instructio & Censura sacræ Theologiæ Doctorum Lovaniensium, pro Canonisatione B. Joannæ Valesiæ : *Lovanii*, Hastenius, 1624, *in*-4.]

25060. Tableau de la Vie de la bienheureuse Jeanne de France ; par Louis Dony d'Attichy, de l'Ordre des Minimes : *Paris*, 1625, *in*-8.

La même Histoire revue & augmentée; par le même : *Paris*, 1664, *in-fol*.

L'Auteur est mort Evêque d'Autun, en 1668.
Il est entré dans un plus grand détail que les autres Auteurs qui ont écrit la même Vie.

☞ *Voyez* la *Méth. hist.* de Lenglet, *in*-4. tom. IV. pag. 158.]

☞ Histoire de la bienheureuse Jeanne de France de Valois, Fondatrice de l'Ordre des Religieuses de l'Annonciade, avec un Abrégé de la Vie du bienheureux Père Gabriel Maria, son Confesseur, & second Instituteur de son Ordre, composé par Messire Louis Dony d'Attichy, Evêque & Seigneur de Riez : *Paris*, Cramoisy, 1644, *in*-8.

C'est la seconde Edition de l'Ouvrage précédent.
La bienheureuse Jeanne de Valois, fille de Louis XI. sœur de Charles VIII. & première femme de Louis XII. naquit en 1464. Elle épousa Louis XII. alors Duc d'Orléans, en 1476. Etant devenu Roi, il fit déclarer ce mariage nul en 1498, & Jeanne se retira à Bourges, où elle fonda l'Ordre des Religieuses Annonciades, en 1501, & mourut en 1504. Cette Histoire contient sa vie dans le monde, mais plus particulièrement sa vie Religieuse. On trouve, à la fin, les Règles des Religieuses de la Vierge Marie, dites de l'Annonciade.]

25061. Eloge de la même; par Hilarion de Coste.

Cet Eloge est imprimé au tom. II. des *Eloges des Reines*, &c. pag. 1 : *Paris*, 1630, *in*-4.

25062. Vita ejusdem 24 imaginibus æri incisis evulgata, & totidem capitibus descripta Latinè & Flandricè ; ab Adriano Huberti, Ordinis Minorum.

Cette Vie est citée par Wading, dans sa *Bibliothèque des Ecrivains de son Ordre*. Adrien Hubert, Auteur de cette

Histoires des Reines de France.

cette Ville, vivoit en 1625. Le même Wading cite encore un autre Auteur de son Ordre, appellé Grégoire Mirault, qui a écrit en Latin la même Vie.

25063. Vida de Joanna de Valois, Reina de Francia; por Pedro Manero: *en Madrid*, 1654, *in-4*.

Cet Auteur est mort en 1666.

25064. Vie de la même; par Paulin du Guast: *Bourges*, 1666, *in-8*.

25065. Vie de la même; par Louis de Bony, Jésuite: *Paris*, du Bois, 1684, *in-8*.

Cet Auteur a embelli des plus beaux traits de l'Histoire de ce temps-là, tout ce qui concerne les actions pieuses de cette Reine, & l'établissement de l'Ordre de l'Annonciade, dont elle a été la Fondatrice. Il n'a pas manqué de matière, puisqu'il parloit d'une Princesse, fille de Louis XI. sœur de Charles VIII. & femme de Louis XII.

☞ *Voyez* la *Méth. histor.* de Lenglet, *in-4. t. IV.* pag. 159. = *Répub. des Lettr.* Septembre, 1684. = *Journ. des Sçav.* Août, 1684.]

25066. Vie de la même; par François Giry.

Cette Vie est imprimée dans son *Recueil des Vies des Saints*, au 4 de Février.

25067. Vie de la même; par Adrien Baillet.

Cette Vie est imprimée dans son *Recueil des Vies des Saints*, au même jour.

25068. ☞ La Vie de la Vénérable Servante de Dieu, l'Illustrissime & Sérénissime Princesse Jeanne de Valois, Reine de France, Fondatrice de l'Ordre des Religieuses de l'Annonciade; par le P. Pierre de Mareuil, de la Compagnie de Jésus: *Paris*, Veuve Mazières, 1741, *in-8*.

Voyez les *Mémoires de Trévoux*, 1741, Octobre, pag. 1903, & 1742, Mars, pag. 500.]

25069. Mſ. Histoire d'Anne de Bretagne.

Cette Histoire est conservée dans la Bibliothèque de saint Victor. Anne de Bretagne, qui étoit la seconde femme de Louis XII. est morte en 1513.

25070. Fausti Andrelini, Foroliviensis, Professoris Poëseos & Rhetorices Parisiis, Praefationes duae, altera de vivente, altera de mortua Anna Francorum Regina: *Parisiis*, 1577, *in-4*.

L'Auteur est mort en 1518.

25071. ☞ Epître de Fauste Andrelin, en laquelle Anne, Reine de France, exhorte Louis XII. à revenir en France, après sa Victoire sur les Vénitiens, traduite du Latin en Vers François; par Guillaume Cretin: *in-16*.]

25072. Eloge d'Anne de Bretagne; par Pierre Bourdeille, Seigneur de Brantosme.

Cet Eloge est imprimé dans son *Recueil des Eloges des Dames illustres*, pag. 1: *Leyde*, 1666, *in-12*.

25073. Eloge de la même; par Hilarion de Coste.

Cet Eloge est imprimé au tom. II. de son *Recueil des Eloges des Reines, &c.* pag. 4: *Paris*, 1630, *in-4*.

25074. ☞ Commémoration & Avertissement de la mort de très-Chrétienne, très-haute, très-puissante & très-excellente Princesse ma très-doubtée & souveraine Dame Madame Anne, deux fois Royne de France, Duchesse de Bretaigne, seule héritière d'icelle noble Duché, Comtesse de Montfort, de Richemont, d'Estampes & de Vertuz; Enseignement de sa Progéniture & Complainte que fait Bretaigne, son premier Hérault, & l'ung de ses Rois d'Armes: *in-4*.

Ce Manuscrit, en Vers & en Prose, sur velin, avec figures peintes en or & en couleur, est dans la Bibliothèque de M. Jardel à Braine près Soissons.]

25075. ☞ Epitaphes de la Reine, morte à Blois, l'an 1513: *in-8*.]

25076. ☞ Anne de Bretagne, Reine de France, Tragédie; par le Sieur Ferrier: *Paris*, 1679, *in-12*.]

25077. La Princesse d'Angleterre, ou la Duchesse Reine: *Paris*, Loyson, 1677, *in-12*. 2 vol.

Cette Histoire est un vrai Roman. Marie d'Angleterre, fille de Henri VII. Roi d'Angleterre, fut la troisième femme de Louis XII. Roi de France. Elle épousa Mylord Bardon, en secondes nôces, & mourut en 1531.

25078. ☞ Marie d'Angleterre, Reine Duchesse, &c. par Mademoiselle de Lussan: *Amsterdam*, 1749, *in-12*.

C'est un autre Roman, mais plus historique.]

25079. Eloge de Claude de France, première femme de François I. (morte en 1524); par Hilarion de Coste.

25080. Eloge d'Eléonore d'Autriche, seconde femme de François I. (morte en 1558); par le même.

Ces deux Eloges sont imprimés au tom. I. de son *Recueil des Eloges des Reines*, pag. 427 & 523.

25081. Discours merveilleux de la Vie, Actions & Déportemens de Catherine de Médicis: 1575, *in-8*.

* Le même sous ce titre: Discours, déclarant les moyens que Catherine de Médicis a tenus pour usurper le Gouvernement du Royaume de France, & ruiner l'Etat d'icelui. Troisième Edition, plus correcte, mieux disposée que la première & la seconde, & augmentée de quelques particularités: 1578, *in-8*.

Il y a de petits Vers François semés dans cette Edition, qui ne sont pas dans les précédentes. On a mis à la fin deux Lettres envoyées à la Royne-mère, par un sien Serviteur, après la mort de Henri II. la première, datée du 26 Août 1554, & l'autre de 1576, où sont plusieurs particularités touchant le Gouvernement de cette Reine. Elle n'y est pas plus épargnée que dans le *Discours merveilleux*.

Le même, 1649, *in-8*. [*Cologne*, 1663, *in-4*.]

☞ Nouvelle Edition du même: *Cologne*, 1720, *in-12*.]

Ce même Discours est encore imprimé au tom. III. des *Mémoires du Règne de Charles IX. Middelbourg*, 1578, *in-8*. & dans le *Recueil in-8.* pag. 423, *de Pièces servant à l'Histoire de Henri III.*

La Reine Catherine de Médicis, qui étoit femme de Henri II. est morte en 1589. Deckerus, *pag.* 262 de son Livre intitulé : *De Adespotis*, à la fin du *Theat. Anonym.* de Vincent Placcius, attribue ce Discours à Jean de Serres. Guy Patin, dans la dix-neuvième Lettre du tom. V. de ses *Lettres*, veut qu'il soit de Théodore de Beze ; mais le sentiment le plus commun, est que Henri Estienne, fils de Robert Estienne, célèbre Imprimeur, l'a composé. C'est une des plus sanglantes Satyres qui ait paru contre cette Reine. L'Auteur y décrit toute sa Vie, depuis son horoscope, la compare avec celle de Brunehault, & la menace d'un châtiment pareil à celui qu'a souffert cette Princesse. *Voyez* ce qu'en dit Varillas, dans son *Avertissement sur l'Histoire de Henri II.* [ci-devant, N.º 17752.]

✻ L'Estoille en parle ainsi, sur l'année 1574. (*Mém. tom. I. pag.* 45). « En ce temps-là, la Vie de la Reine-Mère imprimée, qu'on a depuis appellée vulgairement » la *Vie de Sainte Catherine*, couroit par-tout. La Reine » même se la fit lire, riant à gorge déployée, & disant » que si on lui en eût communiqué, elle en auroit appris » bien d'autres qu'ils ne sçavoient pas, dissimulant à la » Florentine, le mal talent qu'elle en concevoit contre » les Huguenots. Le Cardinal de Lorraine l'ayant lue, dit » à un sien familier, nommé la Montagne, qui disoit » que la plûpart de ce qui étoit dans ce Livre n'étoit » que faussetés : *Crois-moi*, *Montagne*, *les Mémoires* » *des Huguenots ne sont pas toujours certains* ; *mais de* » *ce côté ils ont rencontré* : *j'en sçai quelque chose.* J'ai » oui dire à des Catholiques qu'il n'y avoit pas la moitié » de ce qu'elle avoit fait ».

« Il s'en faut bien (dit Jean le Laboureur dans ses » *Additions aux Mémoires de Castelnau, liv. I. chap. II.* » que cette Reine ait été aussi criminelle que le Hugue- » not, Auteur de cette prétendue *Vie*, a voulu la repré- » senter dans un Libelle que l'on a réimprimé depuis » peu, & que le Sieur Brantôme témoigne qu'elle a » vu.

« Henri Estienne écrivoit en François aussi-bien » qu'homme de son temps, comme il le témoigne dans » le *Discours de la Vie de Catherine de Médicis*, qui est » de main de Maître, selon le sentiment du nouveau » Traducteur de Fra-Paolo, [Amelot de la Houssaye], dit Antoine Teissier, au tom. IV. des *Additions aux Eloges des Hommes Sçavans* de M. de Thou, *p.* 350.

☞ Il n'y a que trop de vérité dans la plûpart des choses que l'Auteur a avancées.

Voyez sur cette Pièce, le *Dictionnaire* de Prosper Marchand, Art. *Discours de la Vie de Cath. de Médicis.* = Lenglet, *Méth. historique*, *in-4. tom. IV. pag.* 87 & 162. = *Journ. de Henri III. tom. II. pag.* 299, & *Préf. pag.* 11. = Le P. Niceron, *tom. XXXVI. p.* 311. = *Ducatiana, pag.* 383.]

☞ *Legenda Sanctæ Catharinæ Mediceæ Reginæ Matris, vitæ, actorum & consiliorum quibus universum regni Gallici statum turbare conata est, stupenda eaque vera Narratio* : 1575, *in-8.*

La première Edition de cette Traduction parut en 1573. Le Latin & le François sont attribués à Henri Estienne ; & celle-ci est une seconde Edition, sous le titre de *Légende.*]

L'Edition de ce Discours, 1578, *in-8.* en François, est augmentée de deux Lettres écrites à Catherine de Médicis, par D.V. (de Villemadon), en 1559, & d'une petite Pièce de 24 Vers, intitulée : *Sympathie de la Vie de Catherine & de Jésabel, avec l'antipathie de leur mort.*

A l'occasion de la Fronde & de la Régence de la Reine, Mère de Louis XIV. on reproduisit ce Discours, avec l'*Exhortation à la Paix*, autre Pièce du temps de Charles IX. suivie d'un petit Supplément : 1649, *in-8.* Il a été réimprimé depuis plusieurs fois, avec le *Recueil de Pièces pour servir à l'Histoire de Henri III.* mais seul & sans aucune des Additions indiquées ci-dessus. Au surplus, ce Discours, quoique composé selon quelques-uns en 1574, peu de temps avant la mort de Charles IX. n'a été publié qu'après la mort de ce Prince, & pendant la Régence de Catherine.

☞ Le même Discours, traduit d'abord en Anglois, ensuite en Flamand.

La Traduction Angloise est intitulée : « A merveglous » Discouts upon the Lyfe, deeds, and behaviours, of » Katarine de Medicis Queen mother and Regent of » France, &c. *Neydelberg*, 1575, *in-8.*

La Traduction Flamande a pour titre : « Het Won- » derlyke Leven van Catharina de Medicis Koninginne- » moeder van Vrankryck : 1583, *in-8.*

A l'occasion d'un attentat sur la personne du Roi Guillaume, on reproduisit un Extrait de la Traduction Angloise intitulé : « The History of the Life of Katarine » de Medicis, &c. » *London*, by John Wyet, 1693, *in-8.* de 96 pages.]

25082. ☞ Tableau de la Vie de Catherine de Médicis, attribué à Henri Estienne : *Choix des Mercures*, *tom. XVI. pag.* 41.]

25083. ☞ Talisman magique de Catherine de Médicis : *in-8.*

Voyez la Satyre Ménippée, tom. II. = Les *Observations* de M. le Duchat, sur cette Médaille, avec son empreinte. Il faut consulter encore sur cette Médaille qui a existé réellement dans le Cabinet de M. le Président de Mesmes, le *Dictionnaire* de Prosper Marchand, au mot *Catherine de Médicis.* On y trouve d'amples Notes, tant à ce sujet, que sur un certain enchantement dans lequel on a débité qu'un Magicien fit voir à cette Princesse, tous les Rois de France qui devoient venir après elle.]

25084. Eloge de la même ; par Pierre Bourdeille, Seigneur de Brantôme.

Cet Eloge est imprimé au tom. I. des *Dames Illustres*, *pag.* 31 : *Leyde*, 1666, *in-12.* & au tom. I. des *Mémoires* de Castelnau, *Liv. I. Chap. II.* Paris, 1659, *in-fol.*

Brantôme a composé cet Eloge pour réfuter le Libelle précédent. Il dit au commencement, « que l'Auteur de » la *Vie de Catherine de Médicis* est un imposteur, & » non digne d'être cru ; puisqu'il est plus plein de men- » terie que de vérité, ainsi qu'elle même l'a dit, l'ayant » vu ; comme telles faussetés sont apparentes à un chacun » & aisées à noter & à rejetter. Aussi celui qui l'a fait, » lui vouloit mal mortel, & étoit ennemi de son nom, » de son état, de sa vie & de son honneur ; voilà pour- » quoi il est à rejetter.

« Voici ce qu'à ce sujet, un Sçavant Protestant? » Deux Auteurs ont fait l'*Histoire de Catherine de Mé- » dicis.* L'un n'a pas voulu se faire connoître ; il a bien » fait ; car c'est un imposteur, & son Livre est un Libelle. » Le second, qui est le Sieur de Brantôme, l'en accuse » & l'en convainc. Ainsi pour sçavoir l'Histoire de cette » Reine, il faut lire Brantôme, & non pas l'Auteur ano- » nyme ». David Ancillon, au tom. II. de son *Mélange critique*, *pag.* 75.

Quoiqu'il n'y ait rien que de sensé dans cet Avis, il se trouvera pourtant des Lecteurs qui liront le premier plutôt que le second, & qui y ajouteront plus de foi, tant on est porté à croire volontiers le mal.

25085. Mf. Mémoires touchant Catherine de Médicis, & la Reine Marguerite : *in-fol.*

Ces Mémoires [étoient] conservés dans la Bibliothéque de M. le Chancelier Seguier, [aujourd'hui à Saint Germain-des-Prés.]

25086. ☞ Mf. Etat général des Finances

de la Reine, Mère du Roi: 1580, de 26 pages.

C'est une Copie du temps, qui est conservée dans la Bibliothèque de M. Févret de Fontette, à Dijon.]

25087. ☞ Déclaration du droit de légitime succession sur le Royaume de Portugal, appartenant à la Reine, Mère du Roi, Catherine de Médicis : *Anvers*, 1582, *in-fol.*]

25088. Elogio della grande Caterina, Reina di Francia, Madre del Ré, fatto in Lingua Italiana & Latina ; per Matteo ZAMPINI ; & tradotto in Francese per Carlo Pascal, & in Spagnuolo per Girolamo Gondi : *in Parigi*, 1586, *in-4*.

25089. Eloge de la même ; par Hilarion DE COSTE.

Cet Eloge est imprimé au tom. I. de son *Recueil des Eloges des Reines, &c. pag.* 223 : *Paris*, 1630, *in-4.*

25090. ☞ Orazione delle lodi della Reina di Francia Catarina de Medici, recitata nell' Academia Fiorentina ; da Giovanni RONDINELLI, l'anno 1588.

Ce Discours se trouve, *pag.* 57 du Recueil intitulé : *Prose Fiorentine, raccolte dallo Smarrito, Academico della Crusca* ; (de Carlo D A T I) : *Firenze*, 1661, *in-8.*]

25091. De Maria Scotorum Regina, totaque ejus contra Regem conjugem conspiratione, fœdo cum Bothuëlis adulterio, &c. Historia (per Georgium BUCHANANUM) : 1572, *in-8*.

Cette Histoire contient une Satyre très-infâme contre cette Reine, ce qui fait que l'Auteur n'a pas osé y mettre son nom. Cette Histoire est aussi imprimée dans le *Recueil des Œuvres de Buchanan : Edimburgi*, 1716, *in-fol*. L'Auteur est mort en 1582.

La même Histoire traduite en François, avec des Lettres de la Reine à Botwel : *Edimbourg*, 1572, *in-8.*

Cette Traduction est aussi imprimée tom. I. des *Mémoires du Règne de Charles IX. pag.* 110 : *Middelbourg*, 1578, *in-8.*

La même (en Anglois): 1651, *in-8*.

Marie Stuart, veuve de François II. Roi de France, eut la tête tranchée en Angleterre, l'an 1585.

25092. Traité des conspirations contre la Reine Elizabeth, où l'on réfute les calomnies des Libelles publiés contre la Reine d'Ecosse, & on justifie son innocence, touchant ses prétendues conspirations ; & on en découvre de plus dangereuses contre la Reine Elizabeth : 1572, *in-8*. (en Anglois).

25093. L'Innocence de la très-illustre & très-chaste Princesse Marie Stuart, Reine d'Ecosse, Douairière de France, où sont réfutées les calomnies d'un Livre secrètement divulgué en France, l'an 1572, touchant la mort du Sieur d'Arley son Epoux, & les autres crimes dont elle est faussement accusée ; avec un Discours auquel sont découvertes plusieurs trahisons, tant manifestes que cachées, perpétrées par les mêmes calomniateurs : *Lyon*, de Tournes, 1572, *in-8*.

François DE BELLEFOREST est l'Auteur de cette Apologie.

25094. Mariæ Stuartæ supplicium & mors pro fide Catholicâ constantissima : *Coloniæ*, 1587, *in-8.*

25095. ☞ Mariæ Stuartæ Scotorum Reginæ, Principis Catholicæ, nuper ab Elizabethâ Reginâ & Ordinibus Angliæ , post novemdecim annorum captivitatem in arce Fodringaye interfectæ, supplicium & mors ; in Anglia vernaculâ linguâ primùm conscripta, & nunc in Latinâ edita ; nec non brevis Chronologia vitæ & gloriosi per martyrium exitûs Mariæ Stuartæ, &c. *Coloniæ*, Kempensis, 1587, *in-8*.]

25096. Martyre de la Royne d'Ecosse , Douairière de France, contenant le vrai Discours des trahisons à elle faites, à la suscitation de la Reine Elizabeth, & sa justification des accusations tramées contre elle ; (pat Adr. BLACKWOOD): *Edimbourg*, 1587, *in-8*.

25097. Della morte della Regina di Scotia, moglie di Francesco II. Ré di Francia : *in Vicenza*, 1587, *in* 8.

25098. La Mort de la Reine d'Ecosse, Douairière de France, où l'on voit la Procédure de son Exécution, ses Funérailles, &c. 1588, *in-8.*

25099. Remontrances faites par Jacques DE LA GUESLE, Procureur Général au Parlement de Paris, au nom du Roi, à Elizabeth, Reine d'Angleterre, pour Marie, Reine d'Ecosse.

Elles sont imprimées à la suite des *Remarques curieuses*, du même, *touchant le Comté de S. Paul : Paris, Villery*, 1635, *in-4.*

25100. ☞ Extrait & Aphorismes de la Harangue de M. DE BELLIEVRE, à la Royne d'Angleterre, pour la Royne d'Ecosse, par lesquels il veut conclure qu'elle ne doit mourir.

Cet Extrait est imprimé au tom. I. *des Mémoires de la Ligue.*]

25101. Summaria rationum, quibus Cancellarius Angliæ & Prolocutor Puchetingius Elizabethæ Reginæ Angliæ persuaserunt occidendam esse Reginam Scotiæ Mariam Stuartam, cum eorumdem confutatione ; auctore Romualdo SCOTO : *Ingolstadii*, Ederi, 1588. *Coloniæ*, 1627, *in-8.*

25102. Apologie ou Défense de l'honorable Sentence & très-juste Exécution de Marie Stuart, Reine d'Ecosse, avec les Actes qui servent à justifier la trahison de ladite Reine contre la Reine Elizabeth, traduite de l'Anglois : 1588, *in-8.*

25103. Maria Stuarta Regina Scotiæ vindicata & innocens à cæde Darleiana ; auctore

Oberto BARNESTAPOLIO: *Ingolſtadii*, 1588, *in-8*.

Quelques Auteurs attribuent cette Apologie Latine à Romuald Scot ou l'Ecoſſois: ſelon M. Baillet, Robert TURNELL, [ou plutôt TURNER], s'eſt déguiſé ſous le nom de Barneſtapolius.

Hiſtoire & la Vie de Marie Stuart, Reine d'Ecoſſe, en laquelle eſt clairement juſtifiée la mort du Prince d'Arley ſon mari, traduite du Latin d'Obert BARNESTAPOLIUS, en François, par Gabriel de Guttery: *Paris*, 1589, *in-12*.

25104. Oraiſon funèbre de la même, traduite en François par J. S. 1587, *in-12*.

25105. Autre; par Renaud DE BEAULNE, Archevêque de Bourges: 1588, *in-8*.

☞ Cette Oraiſon fut prononcée à Notre-Dame de Paris, par l'Archevêque de Bourges, qui fut enſuite Archevêque de Sens.]

25106. ☞ Oraiſon funèbre de Marie, Reine d'Ecoſſe, morte pour la Foi, le 18 Février 1587, par la cruauté des Anglois hérétiques, ennemis de Dieu, ſur le ſujet & diſcours de celle qui fut faite à Notre-Dame, par Meſſire Renaud de Beaulne, Archevêque de Bourges: *Paris*, Bichon, 1588, *in-8*.]

25107. ☞ Oraiſon funèbre de la même; par Claude D'ESPENCE: *Paris*, Vaſcoſan, 1591, *in-8*.]

25108. ☞ Martyre de la Reine d'Ecoſſe, Douairière de France; avec ſon Oraiſon funèbre, prononcée à Paris à Notre-Dame: *Edimbourg*, 1588, *in-12*.]

25109. Eloge de la même; par Pierre Bourdeille, Seigneur DE BRANTÔME.

Cet Eloge eſt imprimé, *pag.* 112 des *Eloges des Dames illuſtres*: *Leyde*, 1666, *in-12*.

25110. Relation de ſa mort; par Eſtienne PASQUIER.

Cette Relation eſt imprimée au Chap. XV. du Liv. VI. de ſes *Recherches de la France*.

25111. Vita Mariæ Stuartæ, Scotorum Reginæ; à Georgio CONÆO, Scoto: *Romæ*, 1624, *in-12*. *Viceburgi*, 1624, *in-8*.

25112. Hiſtoire de la Vie & de la Mort de Marie Stuart, Reine d'Ecoſſe, depuis l'an 1559 juſqu'en 1585; par Guillaume UDALL: *London*, Haviland, 1624, *in-fol*. [& 1636, *in-8*.] (en Anglois).

25113. ☞ Willelmi STRANGNAGE, Hiſtoria Vitæ & Mortis Mariæ Stuart, Reginæ Scotorum: *London*, 1624, *in-fol*. (en Anglois).]

25114. Hiſtoire de Marie, Reine d'Ecoſſe, & du Roi Henri VI. par Guillaume SANDERSON: *London*, 1656, *in-fol*. (en Anglois).

25115. Hiſtoire de la mort de Marie Stuart; avec pluſieurs Lettres de cette Reine & de Michel DE CASTELNAU.

Cette Hiſtoire eſt imprimée au tom. I. de ſes *Mémoires*, Liv. III. Chap. I. Parts, 1659, *in-fol*.

25116. ☞ De Vitâ & rebus geſtis Mariæ Scotorum Reginæ Scriptores XVI. junctim edidit Latino & Gallico ſermone exaratos editoſque Samuel Iebb: *Londini*, 1725, *in-fol*. 2 vol.

Le Tome I. contient:

1. D. CHAMBRE, de la ſucceſſion des Femmes au Gouvernement.

2. Joannis LESLÆI, de titulo & jure Mariæ Scotiæ Reginæ in ſucceſſione Angliæ (Ouvrage déja imprimé): *Reims*, 1580, *in-4*.

3. Ejuſdem de rebus geſtis Schotorum ſub Mariâ.

4. Georgii BUCHANANI, Detectio Mariæ Reginæ Scotiæ, (déja imprimé. *Voyez* ci-devant, N.° 25091).

5. Anonymi, Hiſtoire tragique de Marie Stuart, &c. touchant la Conjuration faite contre le Roi ſon mari, & l'adultère commis avec le Comte de Bothwel.

6. Oberti Barneſtapolii, ſive Roberti TURNERI, Maria innocens à cœde Darlæiana, (déja imprimée. *Voyez* ci-deſſus, N.° 25103).

7. Anonymi ſive Franciſci DE BELLEFOREST, l'Innocence de la Reine Marie d'Ecoſſe, (déja imprimée. *Voyez* ci-devant, N.° 25093).

Dans le Tome II. ſe trouvent les Pièces ſuivantes:

8. Georgii CONÆI, Vita Mariæ, &c. (déja imprimée. *Voyez* ci-devant, N.° 25111).

9. Nicolai CAUSSIN, Hiſtoire de la Reine Marie, &c.

10. Famiani STRADÆ, Narratio de vitâ & morte Mariæ, &c.

11. Romoaldi SCOTI, Summarium rationum quibus perſuaſa Eliſabetha Mariam occidendam curavit.

12. Adr. BLACWOOD, Martyre de la Reine d'Ecoſſe, (déja imprimée. *Voyez* ci-devant, N.° 25096).

13. Ant. DE HERRERA, Hiſtoria de lo ſuccedido en Eſcocia.

14. Extrait des Mémoires de Michel DE CASTELNAU, & des Additions de M. LE LABOUREUR, (ci-devant, N.° 25115).

15. La Mort de la Reine d'Ecoſſe, (ci-devant), N.° 25098).

16. Oraiſon funèbre de la Reine d'Ecoſſe; par DE BEAULNE, Archevêque de Bourges, (ci-devant, N.° 25105).]

25117. ☞ Vie de Marie, Reine d'Ecoſſe, faite en Anglois & traduite en Allemand; par MATTHESON: *Hambourg*, 1726, *in-8*.

Cette Vie a été tirée d'excellens Mémoires.]

25118. ☞ Recueil de Pièces, concernant Marie, Reine d'Ecoſſe, publié par Jacques Anderſon: *London*, 1729, *in-4*. 4 vol.

La plus grande partie en Anglois & en Ecoſſois.]

25119. ☞ Hiſtoire de Marie Stuart, Reine d'Ecoſſe & de France; avec des Pièces juſtificatives & des Remarques; par MM. DE MARSY & FRÉRON: *Londres*, (*Paris*), 1742, *in-8*. 2 vol. *in-12*. 3 vol.]

25120. ☞ Eclairciſſemens de M. SYMONNET, ſur l'Hiſtoire de Marie Stuart, dans le *Journal de Verdun*, 1742, Février.]

25121. Mſ. Roman de Marie Stuart: *in-fol*.

Ce Roman eſt indiqué à la page 62, du Catalogue de la Bibliothèque de M. le Chancelier Seguier, [aujourd'hui à S. Germain-des-Prés.]

25122. Marie Stuart, Reine d'Ecoſſe, Nouvelle historique : *Paris*, Barbin, 1675, *in*-12. 4 vol.

Cette Nouvelle historique a été écrite par Pierre le Pesant, Sieur DE BOIS-GUILBERT, Lieutenant-Général au Bailliage de Rouen, mort en 1714.

25123. Sommaire Discours de la Vie de la Reine Isabelle, fille de l'Empereur Maximilien, veuve de Charles IX. Roi de France : *Paris*, le Fizelier, 1592, *in*-8.

Cette Reine est morte en 1592.

25124. Eloge de la même ; par Hilarion DE COSTE.

Cet Eloge est imprimé au tom. I. de son *Recueil des Eloges des Reines, &c.* pag. 547 : *Paris*, 1630, *in*-4.

25125. Oraison funèbre de Louise de Lorraine, Reine [Douairière] de France & de Pologne, prononcée à Moulins en Bourbonnois, le 13 Février 1601 ; par THOMAS d'Avignon, Capucin : *Paris*, Douceur, 1601, *in*-8.

Cette Reine, qui étoit femme du Roi Henri III. est morte en 1601.

25126. Le Miroir des Veuves, ou la Vie & la Mort de Louise de Lorraine ; par Nicolas GAZET, Cordelier : *Paris*, 1601, *in*-12.

25127. Économie spirituelle & temporelle, ou la Vie de la même ; par Antoine MALET, Théologien & Chancelier du Duché de Mercœur : *Paris*, 1619, *in*-4.

☞ Le véritable titre de cet Ouvrage est : « Œconomie spirituelle & temporelle de la Vie & Maison, Noblesse & Religion des Nobles & des Grands du Monde, dressée sur la Vie de Louise de Lorraine, Royne de France & de Pologne ; par M. Antoine MALET, Théologien de la Faculté de Paris : *Paris*, Austruche Foucault, 1619, *in*-4. »]

25128. Eloge de la même ; par Hilarion DE COSTE.

Cet Eloge est imprimé au tom. II. de son *Recueil des Eloges des Reines, &c.* pag. 107 : *Paris*, 1630, *in*-4.

25129. Mémoires de la Reine MARGUERITE sur divers événemens de sa Vie : *Paris*, [Chapelain, 1628], 1629, *in*-8. [1642, de Sercy, *in*-4.] : 1648, *in*-8. *Bruxelles*, 1659, 1662, *in*-12.

Edition plus correcte : *Paris*, 1661 ; 1666 : *Cologne*, 1693, *in*-12.

Les mêmes, avec son Eloge & celui de Bussi d'Amboise ; par BRANTÔME, & la Fortune de la Cour : *Liége*, Broncart, 1713, *in*-8.

Marguerite de Valois, Reine de France, première femme du Roi Henri IV. est morte en 1615. Ce fut dans sa retraite du Château de Carlat en Auvergne, qu'elle écrivit ses Mémoires, qui sont une fine Apologie des irrégularités de sa vie & de sa conduite, pendant son séjour à la Cour. Ils contiennent plusieurs particularités des Règnes de Charles IX. & de Henri III. ses frères, & de la Vie de Henri IV. son mari, lors Roi de Navarre, depuis 1565 jusqu'en 1587. Ce ne sont guères que des intrigues de Cour & des récits de quelques petits Voyages. Ils sont écrits avec art, mais d'un style qui ne paroît pas assez naturel. Au reste ils ne contiennent rien de bien sérieux. M. Pellisson dit, dans son *Histoire de l'Académie*, qu'il les lut deux fois en une nuit, & que ce fut un des quatre Livres qui lui donnèrent du goût pour la Langue Françoise. Ils ont été publiés d'abord par Auger Mauleon, Seigneur de Granier, depuis de l'Académie Françoise. La dernière Edition a été faite par les soins de Jean Godefroy de Lille.

☞ Nouvelle Edition : *La Haye*, 1715 ; *in*-12. 2 vol.

Le Tome I. contient l'Eloge de cette Princesse, par Brantôme, & les *Mémoires de la Reine Marguerite*. Ces Mémoires sont assez connus. Ils contiennent bien des choses curieuses, pendant l'espace d'environ 16 années, sous Charles IX. & Henri III. Personne n'étoit plus à portée que cette Princesse de rendre compte de certains détails intéressans, & qu'on ne trouve pas dans d'autres Historiens de ce temps, entr'autres sur la Saint-Barthélemi, sur les querelles de Henri III. avec son frère le Duc d'Alençon, & autres événemens. Ces Mémoires sont adressés au Sieur de Brantôme, & sont une Réponse à l'Eloge qu'il a fait.

Le Tome II. contient l'*Eloge de Bussi d'Amboise*, par Brantôme, & la *Fortune de la Cour*, qui est comme un Supplément aux *Mémoires de la Reine Marguerite*.

Cette dernière Pièce a été faite postérieurement à l'année 1579, la mort de François de Bussi d'Amboise, tué cette année, s'y trouvant rapportée. L'Auteur est Pierre DE DAMPMARTIN, Président à Cambrai, & Procureur Général de M. le Duc d'Alençon, pag. 188 & 197 de cette Pièce. Il l'avoit composée sous ce titre : *Bonheur de la Cour* ; mais Sorel l'a donnée au public, & remise en meilleur langage sous le titre de *Fortune de la Cour*. Voyez sa *Bibliothèque Françoise*, pag. 414. Peut-être même l'a-t-il continuée jusqu'à la mort du Duc d'Alençon, en 1584, où l'Ouvrage finit. C'est une conversation assez étendue entre le Sieur Bussi d'Amboise & le Sieur de la Neufville, père du Sieur de Dampmartin ; car assurément ce n'est pas le Sieur de Dampmartin lui-même, comme on le voit par ce qui est dit de l'un & de l'autre, pag. 187 & 188 de ce Discours. Ce qui y donna occasion fut le départ précipité de Monsieur, qui partit à la dérobée d'Alençon, pour retourner à la Cour, sans en parler à ses plus intimes, qu'il laissa fort étonnés, & entr'autres Bussi d'Amboise, auquel il paroissoit plus attaché qu'à tout autre.

Dans la première Partie, Neufville cherche à le consoler, & à lui inspirer du dégoût de la Cour & du métier de Favori. Dans la seconde, voyant qu'il n'a pu le guérir de l'envie de retourner à la Cour, il lui donne les plus beaux préceptes de morale sur la façon dont il faut que les Souverains, les Ministres & les Favoris s'y conduisent, pour y pratiquer les vertus qui contribuent à rendre les hommes grands & heureux. La troisième Partie traite de la façon dont il faut que Monsieur se conduise à la Cour du Roi son frère, & finit par le récit de ce qui arriva à Bussi d'Amboise après cette conversation, & de sa mort, ainsi que de celle du Duc d'Alençon.

Cet Ouvrage est plein de belles choses, également utiles aux Princes & à ceux qui fréquentent la Cour ; le style en est noble, mais un peu verbeux. On y trouve plusieurs faits curieux & intéressans, tirés de l'Histoire, particulièrement de celle de France. Voyez à son sujet, l'*Esprit de la Ligue*, tom. I. pag. xl.]

25130. Avertissement touchant les Mémoires de la Reine Marguerite ; par Paul COLOMIEZ.

Cet Avertissement est imprimé avec la *Vie du Père Sirmond* ; par le même : *La Rochelle*, 1671, *in*-12.

« Celui à qui la Reine Marguerite adresse ses Mémoires, n'est pas Messire Charles de Vivone, Baron de la Chateigneraye, comme le prétend le Sieur de Granier, qui les a donnés au public, mais Messire Pierre de Bourdeille, Seigneur de Brantôme...... Il paroît en effet, par les Mémoires de cette Princesse, qu'elle

Liv. III. *Histoire Politique de France.*

» y réfute indirectement quelques endroits du Discours
» de M. Brantôme ». Colomiez, *pag.* 98 de ses *Mélanges*
» *historiques*.

25131. * Discours sur le trépas de la Reine Marguerite de Valois, contenant un Abrégé de sa Vie : *Paris*, 1615, *in*-8.

25132. Eloge de Marguerite de Valois ; par Pierre Bourdeille, Seigneur de Brantosme.

Cet Eloge est imprimé , *pag.* 201 de ses *Eloges des Dames illustres* : *Leyde*, 1666, *in*-12. & avec les *Mémoires* de cette Reine : *Liége*, 1713, *in*-8.

25133. Eloge de la même ; par Hilarion de Coste.

Cet Eloge est imprimé, tom. II. de son *Recueil des Eloges des Reines, &c. pag.* 292 : *Paris*, 1630, *in*-4.

25134. ☞ La Royne Marguerite, où sont décrites les vertus de cette Princesse ; avec un racourci des Dames illustres de l'Antiquité ; par Jacques Corbin, Avocat : *Paris*, Berjon, 1605, *in*-8.]

25135. ☞ Le Divorce satyrique, ou les Amours de la Reine Marguerite : *Cologne*, Marteau, 1663, *in*-4. *Ibid.* 1720, *in*-12.

Cette Reine n'a que trop donné prise sur sa réputation. Elle n'eut jamais de goût pour le Roi de Navarre ; & depuis qu'elle en fut séparée, elle ne mena pas une vie capable de rétablir son honneur. Si tous les faits qu'on trouve dans cette sanglante Satyre, ne sont pas vrais, ils ne sont pas aussi tous faux. Le nouvel Editeur conjecture que cette Pièce pourroit bien venir de la plume d'Aubigné, ennemi capital de cette Reine. Mais on aura de la peine à croire qu'elle soit de lui ; ce n'est pas son style, & d'ailleurs les lettres D. R. H. Q. M. qui s'y trouvent, ne désignent pas d'Aubigné. Cette Pièce est encore imprimée au tom. IV. du *Journal de Henri III.* 1744, *in*-8.]

25136. ☞ Arrêts du Parlement de Paris, en la cause d'entre la Reine Marguerite, femme de Henri IV. le Duc d'Angoulesme & Pierre Cadot, Syndic des Créanciers de Catherine de Médicis, pour les Comtés de Clermont & d'Auvergne, & la Baronnie de la Tour : *Paris*, 1606, *in*-4. Arrêt du Parlement (sur le même sujet) ; avec le Plaidoyer de Louis Servin : *Paris*, de Heuqueville, 1606, *in*-4.]

25137. ☞ Discours funèbre sur le trépas de la Reine Marguerite de Valois, contenant un Abrégé de sa Vie : 1615, *in*-8.

On peut consulter la Note VIII. du tom. V. de l'*Histoire du Languedoc* de Dom Vaissette, laquelle regarde la Reine Marguerite.]

25138. ☞ Discorso di Giovanni Cervoni da Colle in laude di Maria Medicis, Regina di Francia : *Fiorenza*, Marescotti, 1600, *in*-4.]

25139. Prosopopée historique, ou Tableau sacré des vertus de la Reine Régente, dans lequel est traité de son départ de Florence, &c. par François de Menantes, Sieur de Saint-Denys : *Paris*, 1612, *in*-8.

Marie de Médicis, seconde femme de Henri IV. est morte en 1642, [à Cologne, ayant été obligée de sortir de France par les menées du Cardinal de Richelieu.]

25140. Le Tableau de la Régence de [Blanche] Marie de Médicis, [contenant tout ce qui s'est passé ès Régences des Régents & Régentes, depuis Clotilde, & principalement en la Régence de la Reyne ;] par Florentin du Ruau : *Poitiers*, 1615, *in*-8.

☞ Cet Ouvrage, rempli des louanges de Marie de Médicis, dont l'Auteur regarde toutes les actions comme autant de miracles, tend à montrer que les femmes ont, ainsi que les hommes, de grands talens pour le Gouvernement. Une infinité d'exemples, tirés de l'Histoire ancienne & moderne, sacrée & profane, confirment cette thèse. On y répond en passant à plusieurs Libelles, & l'on fait voir les avantages de l'Alliance avec l'Espagne.]

25141. Histoire de la Reine Marie de Médicis, jusqu'à son accommodement avec le Roi à Angers, (en 1617).

Cette Histoire est imprimée avec la *Description de la Gallerie du Palais de Luxembourg* : (*Paris*, 1704, *in*-4. & *in*-8.) L'Auteur est Bernard-Philibert Moreau de Mautour, de l'Académie Royale des Inscriptions.

25142. ☞ La Gallerie du Palais du Luxembourg, peinte par Rubens, dessinée par les Sieurs Nattier, & gravée par les plus illustres Graveurs du temps : *Paris*, 1710 ; grand *in-folio*.

Ce magnifique morceau de Gravure contient l'*Histoire de la Reine Marie de Médicis*, en 21 Estampes & 4 Portraits.]

== Ms. Histoire de la Reine Marie de Médicis, depuis 1600 jusqu'en 1619.

Cette Histoire est conservée en cahiers dans la Bibliothèque du Roi.

☞ On l'a attribuée à Mezeray ; mais d'habiles Critiques croient qu'elle est du Cardinal de Richelieu.
Voyez le *Dictionnaire* de Prosper Marchand, *t.* II. *pag.* 10. C'est le même Ouvrage que l'*Hist. de la Mère & du Fils*, (ci-devant, N.° 20855). Le Père le Long qui l'ignoroit, en a fait deux Articles.]

25143. Le brillant de la Reine, ou Histoire généalogique de la Maison de Médicis ; par Pierre Boissat : *Lyon*, 1613, *in*-8.

Cet Auteur est mort en 1616.

== Mémoires de la Régence de Marie de Médicis , (attribués à François Hannibal d'Estrées , Duc & Maréchal de France, mort en 1670.).

☞ *Voyez* ci-devant, N.° 20701.].

25144. * La Vertu triomphante de la Fortune, où il est parlé des grands services rendus par la Reine-Mère, à la France ; par Jean Alary, Médecin, Auteur de l'*Abrégé des longues Etudes* : *Paris*, 1622, *in*-4.

25145. Eloge historial de Marie de Médicis ; par Jean-Baptiste Matthieu : *Paris*, Loyson, 1626, *in*-8.

C'est un Panégyrique flateur de cette Reine.

25146. ☞ Mariæ Medices Augustæ Reginæ Elogia, ex dictionibus quæ omnes ab initiali Regii nominis & cognominis, Litterâ M. incipiunt, ad historiæ fidem, pictaque in

Histoires des Reines de France. 655

Mariali tabellas concinnata; à Jano Cæcilio FREY: *Parisiis*, 1628, *in-4*.

Cette Pièce & la suivante, paroissent avoir été faites dans le temps que la Galerie du Luxembourg fut peinte, ci-devant, N.º 25142.]

25147. ☞ Porticus Medicæa ad Illustrissimum Cardinalem Richelæum, Carmen MORISOTI: *Parisiis*, 1628, *in-4*.]

25148. ☞ Panegyricus Mariæ Mediceæ, Gall. & Navar. Reginæ; auctore Abele DE SAINTE-MARTHE.

Ce Panégyrique est imprimé dans ses *Œuvres: Paris*, Villery, 1632, *in-4*.]

25149. Eloge de Marie de Médicis; par Hilarion DE COSTE.

Cet Eloge est imprimé, tom. II. de son *Recueil des Eloges des Reines*, &c. Paris, 1630, *in-4*.

25150. Mſ. Vie & Actions de Marie de Médicis.

Cette Vie est citée, *pag.* 470 du Catalogue de la Bibliothèque de M. de Thou.

25151. Mſ. Histoire de Marie de Médicis, en 1631: *in-fol*.

Cette Histoire [étoit] conservée dans la Bibliothèque de M. le Chancelier Seguier, num 773, [aujourd'hui à S. Germain des Prés.]

25152. Les deux faces de la Vie & de la Mort de Marie de Médicis; Oraison funèbre de cette Reine; par Matthieu DE MORGUES, Sieur de Saint-Germain, son Aumônier.

Cette Oraison funèbre est imprimée dans le *Recueil de Pièces* (que l'Auteur a publié pour la défense de cette Princesse): *Anvers*, 1643, *in-fol*.

25153. Oraison funèbre de la même; par Jean-François SENAULT, Prêtre de l'Oratoire: *Paris*, 1642, *in-4*.

25154. Autre; par (Jean) DE LA LANDE, Théologien: *Paris*, 1643, *in-4*.

25155. Mſ. Lettres & Papiers concernant la Reine Marie de Médicis, depuis le premier Février 1601 jusqu'au 11 Mars 1643: *in-fol*.

Ce Recueil [étoit] conservé à Paris dans la Bibliothèque de M. Bouthillier, ancien Evêque de Troyes. La Reine Marie de Médicis est morte en 1642. Ainsi les dernières Pièces de ce Recueil concernent son Testament.

25156. ☞ Testament de la très-vertueuse Reine, mère du Roi Louis XIII. fait & passé en la Ville Impériale & libre de Cologne sur le Rhin, le 2 Juillet 1642: *in-4*.]

25157. ☞ Mſ. Copie du Compte rendu par M. Adrian Guitonneau, de l'Administration des Biens de la Reine Marie de Médicis, en 1646: *in-fol*.

Ce Manuscrit est indiqué num. 2212, du Catalogue de M. Bernard.]

25158. ☞ Transactions, Lettres-Patentes, Arrêts concernant la Succession de Marie de Médicis, cédée par le Roi à M. le Duc d'Orléans: 1646, *in-4*.]

25159. ☞ Déclaration du Roi, pour les deniers dotaux & assignat du Douaire de la Reine sa mère, du 12 Octobre 1643; avec les Commissions pour l'évaluation des Domaines de ladite Dame, &c. *Paris*, Cramoisy, 1657, *in-4*.]

25160. Le Portrait d'Anne d'Autriche; par (Jean) PUGET DE LA SERRE, Historiographe du Roi: *Paris*, Targa, 1644, *in-4*.

Cette Reine, femme de Louis XIII. est morte en 1666.

25161. ☞ Harangues prononcées au Parlement, Chambre des Comptes, Cour des Aides de Provence, pour la publication des Lettres de la Charge de Grand-Maître, Surintendant de la Navigation, en faveur de la Reine-mère, Régente (Anne d'Autriche); par le Sieur MASCARON, Avocat: *Paris*, Courbé, 1647, *in-12*.]

25162. Remarques des signalés bienfaits rendus à l'Etat par Anne d'Autriche, Reine de France & de Navarre, depuis le commencement de sa Régence jusqu'à présent, dédiées à sa Majesté; par Paul BOYER, Ecuyer, Sieur du Petit-Puy: *Paris*, Noël, 1649, *in-4*.

25163. Réflexions consciencieuses des bons François, sur la Régence de la Reine: *Paris*, Sassier, 1649, *in-4*.

Charles MANGNIEN, Cordelier, est l'Auteur de ces Réflexions.

25164. ☞ Panegyricus Mariæ Theresiæ Reginæ Christianissimæ, dictus à Nicolao DE HAROWYS, Societatis Jesu Sacerdote, 5 Nonas Octobris 1660, in aulâ Collegii Claromontani: *Parisiis*, ex officinâ Cramosianâ, 1661, *in-4*.]

25165. ☞ In Obitum Annæ Austriacæ; Galliæ & Hispaniæ Planctus, & Responsio Hispaniæ ad Galliam; (sine anni & urbis indicio): *in-4*.]

25166. Oraisons funèbres de la Reine Anne d'Autriche: *Paris*, 1666, *in-4*.

Noms des Auteurs de ces Oraisons funèbres, rangés selon le temps auquel ils les ont prononcées. François FAURE, Evêque d'Amiens. Louis-Jean DE FROMENTIERES, depuis Evêque d'Aire. Jules MASCARON, Prêtre de l'Oratoire, depuis Evêque de Tulles. Hyacinthe SERRONI, Jacobin, depuis Evêque de Mende. Jacques BIROAT, Docteur en Théologie. Dom COSME, Feuillent, depuis Evêque de Lombès. Jean-François SENAULT, Supérieur Général de l'Oratoire. Honoré BONTEMPS, Aumônier du Roi. Antoine FUIRON, Prêtre & Prédicateur. DE LA LANE. Charles MAGNIEN, Cordelier. Pascal RAPINE, Récollect. François MALLET DE GRAVILLE, de Drubec, Docteur de Sorbonne. Thomas-Navet DE FOLLEVILLE, Prêtre de l'Oratoire.

M. l'Abbé Bocquillon [avoit] un Exemplaire manuscrit de l'Oraison funèbre composée par le Père Mascaron, corrigé de la main de l'Auteur, & différent en plusieurs endroits de l'imprimé.

25167. Autre Oraison funèbre de la même; (prononcée à Aix, en présence de M. le Cardinal de Grimaldi, Archevêque, & des

Cours Souveraines de la Province); par Jean-Baptiste BREYER, [Prêtre du Diocèse de Troyes, &] Théologal de l'Eglise d'Aix: *Aix*, [Roiſe], 1666, *in-4*.

25168. ☞ Autre par François VINAY, Minime : *Arles*, 1666, *in-4*.]

25169. Autre ; par Claude COMBET, Jacobin: *Vennes*, 1666, *in-4*.

25170. Autre; par Jérôme LOPEZ, Théologal de Bourdeaux : *Bourdeaux*, 1666, *in-4*.

25171. ☞ Autre ; par Claude-François MÉNESTRIER, Jéſuite : *Aix*, Langlois, 1667, *in-4*.]

25172. * Autre ; par le P. DURAND, Prêtre de l'Oratoire : *Lyon*, 1667, *in-12*.

25173. ☞ Oraiſon funèbre de la Reine Annette-Marie Maurice d'Autriche, Mère de Louis XIV. prononcée dans la Paroiſſe de S. Martin de Metz, le 9 Avril 1666, au Service célébré par MM. les Prêtres de la Congrégation de la Miſſion, fondés dans cette Ville par les libéralités de cette Reine; par le P. Charles DE PESCIONI, Chanoine Régulier de S. Antoine de Viennois: *Metz, Antoine*, 1666, *in-4*.]

25174. ☞ Phil. CATTIERI, Oratio funebris ad gloriam Annæ Auſtriacæ, Galliarum Reginæ: *Pariſiis*, 1666, *in-4*.]

25175. ☞ Deviſes panégyriques pour Anne d'Autriche, Reine de France, par Léonard DE CHAUMELZ, Conſeiller en la Cour des Aydes de Guyenne: *Bourdeaux*, Millanges, 1667, *in-4*.]

25176. Abrégé de la Vie d'Anne d'Autriche, en forme d'Epitaphe, dreſſé par FRANÇOISE de la Croix & THÉRESE de Jéſus, Carmelites Réformées: *Paris*, 1666, *in-4*.

Cet Abrégé a été compoſé par Paul PELISSON Fontanier, de l'Académie Françoiſe.

25177. ☞ Lettres, Pièces & Mémoires; touchant la Cauſe de la Baronnie d'Ardres, pour la Reine-Mère, contre Charles-Hippolyte de Spinola; par d'Audiguier DU MAZET: 1662, 1667, *in-4*.]

25178. ☞ Les Amours d'Anne d'Autriche, Epouſe de Louis XIII. avec le C. D. R. (Cardinal de Richelieu:) *Cologne*, 1692, 1693, 1696: *Londres*, 1738, *in-12*.

C'eſt un infâme & calomnieux Libelle, qui de plus eſt très-mal fait.
Voyez le *Dictionnaire* de Proſper Marchand, *tom. I.* pag. 143, & les *Lettres* de Bayle, *tom. II.* pag. 408.]

25179. ☞ El Retrato de Maria-Tereſa d'Auſtria: *in-4*.]

25180. ☞ L'Héroïne Chrétienne, ou la Princeſſe achevée, ſous le très-auguſte nom de Marie-Thérèſe d'Autriche, Reine de France & de Navarre, diviſée en deux Parties, qui contiennent toutes les perfections du Chriſtianiſme, avec des applications à la fin de chaque Diſcours, où Sa Majeſté paroît la preuve vivante de chaque propoſition de ce Livre; par Paul D'UBAYE, Minime: *Lyon*, Guerrier, 1671, *in-4*.]

25181. Oraiſons funèbres de Marie-Thérèſe d'Autriche: *Paris*, 1683, *in-4*.

Cette Reine, femme de Louis XIV. eſt morte en 1683.

Noms des Auteurs de ces Oraiſons funèbres, rangés ſelon le temps auquel elles ont été prononcées. Jacques-Benigne BOSSUET, Evêque de Meaux. George d'Aubuſſon DE LA FEUILLADE, Evêque de Metz. Jean-Baptiſte Adheimar DE GRIGNAN, Coadjuteur d'Arles. Le Coadjuteur de Glandève. Antoine-Paul LE GALLOIS, Bénédictin de la Congrégation de ſaint Maur. Jules DE BOLLOGNE, Grand Archidiacre & Théologal de Langres. Le Père CHALLOPIN, Chanoine Régulier de la Congrégation de France. Armand DE BÉTHUNE, Evêque du Puy. L'Abbé BAUYN. BOBÉ, Chanoine de Meaux, [mort à Paris en 1702.] Philippe ESGUISIER, Docteur en Théologie. Nicolas HERON, Aumônier de la Reine. Philippe Cureau DE LA CHAMBRE, Curé de ſaint Barthélemy, M.*** dont l'Oraiſon funèbre n'a pas été prononcée.

☞ Un Billet imprimé dans le temps, apprend que Jean SOANEN, Prêtre de l'Oratoire, qui a été depuis Evêque de Senez, prononça à Paris, en l'Egliſe des PP. de l'Oratoire de S. Honoré, une Oraiſon funèbre de la même Princeſſe, le 2 Octobre 1683. Elle n'a point été imprimée.]

25182. Oratio funebris ejuſdem ; auctore Nicolao TAVERNIER, Græcarum Linguarum Profeſſore, & Academiæ Pariſienſis Rectore: *Pariſiis*, 1683, *in-4*.

25183. ☞ Oraiſon funèbre de Marie-Thérèſe d'Autriche, Infante d'Eſpagne, Reine de France & de Navarre, prononcée à Paris, en l'Egliſe de S. Euſtache, le 23 Octobre 1683; par Nicolas DENISE, Abbé de ſaint Paul de Sens, Chantre & Chanoine de l'Egliſe de Troyes, ancien Chapelain du Roi: *Paris*, Joſſe, 1684, *in-4*.]

24184. ☞ Autre ; par Etienne GROSEZ, Jéſuite: *Lyon*, 1683, *in-12*]

25185. ☞ Autre ; par Paul D'UBAYE, Minime, *Avignon*, 1683, *in-4*.]

25186. Diſcours funèbre ſur la mort de la même; par Hugues L'EPÉE, Cordelier : *Lyon*, Vitalis, 1683, *in-8*.]

☞ Ce Religieux étoit né à Auxonne, & il eſt mort à Louhans.]

25187. * Autre; par Etienne DE SAHURS, Chanoine Régulier de la Congrégation de France : *Paris*, 1684, *in-8*.

25188. Autres Oraiſons funèbres de la même, prononcées en 1684: *Paris*, 1684, *in-4*.

Noms des Auteurs. Eſprit FLECHIER, depuis Evêque de Niſmes. Antoine ANSELME, Abbé de ſaint Séver-Cap. DES ALLEURS, Abbé de la Reau. Archange ENGUERRANT, Récollect.

25189. Autre, prononcée dans l'Egliſe des Cordeliers du grand Couvent (à Paris); par le R. P. DAVID, Religieux du même Couvent: *Paris*, Couterot, 1683, *in-4*.

25190.

Histoires des Princes & Princesses du Sang.

25190. Autre Oraison funèbre de la même; par Pierre DE PONSSEMOTHE DE L'ETOILLE, Chanoine & Abbé Régulier de saint Acheul d'Amiens : *Amiens, le Bel*, 1684, *in-4.*

25191. ☞ Autre, prononcée à Langres ; par Jules DE BOLLOGNE, Archidiacre & Théologal : *Paris, Dezallier*, 1683, *in-4.*]

25192. ☞ Autre ; par Hiérôme LOPEZ, Chanoine Théologal de l'Eglise de Bordeaux : *Bordeaux, de la Court*, 1683, *in-4.*]

25193. ☞ Autre ; par Constantin ARNAUD, Récollet : *Bordeaux, de la Court*, 1683, *in-4.*]

25194. ☞ Autre; par J. BOUZONI, Jésuite: *Bordeaux*, Simon Boé, 1682, *in-4.*

[Ce Jésuite étoit Professeur de Rhétorique au Collège de Pau, où il prononça cette Oraison funèbre, en présence du Parlement.]

25195. ☞ Autre, prononcée dans l'Eglise de Beaumont, le 13 Septembre ; par M.ᵉ Jean DE PEYRONNENC, Docteur en Théologie, Curé & Archi-Prêtre de cette Eglise : *Toulouse*, J. Pech, 1683, *in-12.*]

25196. Abrégé de la Vie de Marie-Thérèse d'Autriche ; par Bonaventure DE SORIA, Cordelier Portuguez, son Confesseur : *Paris*, Roulland, 1683, *in-12.*

☞ Breve Historia de la Vida y Virtudes de Maria Theresa de Austria, Reina de Francia, por Fr. Juan. Buenaventura DE SORIA, su Confessor, Madrid. de Paredes : 1684 & 1689, *in-12.*]

25197. ☞ Recueil de Médailles de la Reine (Marie Leckzinska) ; par M. DES BORDES, Lieutenant des Gardes de la Porte du Roi, en douze Planches : *Paris*, 1726, *in-4.*]

25198. ☞ Médailles de la Reine, gravées par SIMONEAU, en 1725 ; *in-4.*]

25199. ☞ Oraison funèbre de Marie Princesse de Pologne, Reine de France & de Navarre ; prononcée à Saint-Denys, le 11 Août 1768 ; par Mre. Jean-George LE FRANC DE POMPIGNAN, Evêque du Puy : *Paris, Desprez*, 1768, *in-4.*]

25200. ☞ Oraison funèbre de la même Princesse, prononcée dans l'Eglise de Notre-Dame de Paris, le 6 Septembre 1768 ; par Messire Matthias PONCET DE LA RIVIERE, ancien Evêque de Troyes : *Paris, Desprez*, 1768, *in-4.*]

25201. ☞ Description des Mausolées de la Reine, élevés dans les Eglises de S. Denys & de Notre-Dame de Paris, sur les Desseins de Mic. Ange CHALLE : *Paris*, Ballard, 1768, *in-4.* avec fig.]

25202. ☞ Mandement de M. l'Archevêque de Lyon, (Antoine de Malvin DE MONTAZET), qui ordonne des Prières publiques pour le repos de l'ame de la Reine : *Lyon*, de la Roche, 1768, *in-4.* & *Paris*, P. G. Simon, 1768, *in-12.*

[Ce Mandement, l'un des plus beaux qui ait été donné sur ce triste sujet, renferme un Précis abrégé de la Vie de la Reine, dressé avec autant d'éloquence que de piété.]

25203. ☞ Oraison funèbre, prononcée par M. l'Abbé FRESNEAU, Curé de S. Jean, au Service solemnel que MM. les Prévôt des Marchands & Echevins de la Ville de Paris ont fait célébrer : *Paris*, Lottin l'aîné, 1768, *in-4.*]

25204. ☞ Discours de M. COTTEREL, Docteur de Sorbonne & Curé de Saint Laurent, à ses Paroissiens, avant la Messe solemnelle célébrée pour le repos de l'ame de la Reine : *Paris*, Regnard, 1768, *in-4.*]

25205. ☞ Eloge historique de la Reine ; par M. DESLAVIERS : 1768, *in-8.*]

25206. ☞ Oratio funebris Mariæ, Polonorum Regis filiæ, Gallorum Reginæ, nomine & jussu Universitatis, habita in Æde sacrâ Franciscanorum die Martis 29 Novembris, anno 1768 ; à M. Antonio MALTOR, Ex-Rectore : *Parisiis*, Thiboust, 1768, *in-4.*]

25207. ☞ Oraison funèbre de Marie Leczinska, Reine de France, prononcée au Service solemnel célébré par ordre des Etats de Languedoc, en leur présence, dans l'Eglise de Notre-Dame-des-Tables à Montpellier, le 20 Novembre 1768 ; par Messire Jean-Félix-Henri DE FUMEL, Evêque de Lodève : *Paris*, Vincent, 1768, *in-4.*]

ARTICLE III.

Histoires des Seigneurs, Princes & Princesses issus de la Famille Royale de France.

§. PREMIER.

Traités des Fils & Filles de France, & de leurs Appanages.

25208. MÉMOIRES des Fils & Filles de France, leurs Appanages & Bienfaits, avec l'Inventaire des Pièces ; par Jean DU TILLET.

Ces Mémoires sont imprimés dans son *Recueil des Rois de France*, pag. 286 & 308 : *Paris*, 1618, *in-4.*

Mf. Les mêmes Mémoires avec des Observations : *in-fol.*

[Ils sont conservés entre les Manuscrits de M. Dupuy, num. 55, & [ils étoient] dans la Bibliothèque de M. le Chancelier Seguier, [aujourd'hui à S. Germain des Prés.]

25209. ☞ Histoire des Filles de la Maison de France & autres Princesses, qui ont été données en mariage à des Princes Hérétiques ou Payens ; par François DE CAMPS, Abbé de Signy. *Mercure*, 1719, Novembre.]

Liv. III. Histoire Politique de France.

25210. Des Appanages des Fils de France.

Ce Discours est imprimé tom. I. de la *Bibliothèque du Droit François* de Bouchel, *pag.* 198 : *Paris*, 1667, *in-fol.*

25211. Traité des Appanages des Enfans de France ; par Pierre Dupuy.

Ce Traité est imprimé au Chap. IV. des *Droits du Duché de Bourgogne*, dans son *Recueil des Droits du Roi* : *Paris*, 1655, *in-fol.*

25212. Joannis DE TERRA-RUBEA, quondam Nemausum Advocati, Opus de Jure Delphini Primogeniti : *Lugduni*, 1526, *in-fol.* Typis Panningeri, 1585, *in-8.*

☞ Voici le titre en entier :

Joan. DE TERRA-RUBEA, contra rebelles Regum : scilicet tres Tractatus : 1.° De jure & præeminentiâ Delphini & aliorum Primogenitorum Regum ; ubi succedunt : 2.° Ad quem, Rege per amentiam regere impedito, Regni regimen attineat ? 3.° An eo casu alteri obedientes quàm Delphino, Regi rebelles dicantur, & quibus pœnis plectendi sint ; cum Notis Jac. BONAUDI de Sanseto : ejusdem Bonaudi Panegyricus ad Franciam, Franciæque Regem : *Lugduni*, 1526, *in-4.*

L'Auteur se nommoit Jean DE TERRE-VERMEILLE. Il étoit de Nismes, Avocat du Roi en la Sénéchaussée de Beaucaire : il est mort en 1430.
Voyez l'*Histoire de Nismes*, par M. Mesnard, *tom. III. pag.* 17 des Note, ou Note 15.]

25213. De la commodité de l'Appanage & Panage de MM. les Enfans de France ; par Clément VAILLANT, de Beauvais, Avocat en Parlement : *Paris*, 1585, *in-8.*

25214. ☞ Ms. Discours sur l'origine des Appanages des Fils de France ; par M. GUERRIER, Conseiller au Parlement de Paris, lors Avocat-Général en la Cour des Aydes de Clermont-Ferrand, & de la Société Littéraire de cette Ville.

Ce Discours, lu à l'Assemblée publique, en 1756, est conservé dans les Registres de cette Société. On en trouve un Extrait : *Mercure*, 1757, *Janvier*, *p.* 137. Le principal objet est de rappeller un fameux Arrêt du Parlement, de l'année 1283, qui adjugea au Roi Philippe les Comtés d'Auvergne & de Poitou, & de réparer ainsi l'oubli où l'avoit laissé M. le Président Hénault.]

25215. ☞ Ms. Appanages des Enfans de France, depuis Louis XII. jusqu'en l'année 1584 : *in-4.*

Ce Recueil est conservé dans la Bibliothèque du Roi, entre les Manuscrits de M. de Cangé.]

25216. Ms. Partages & Appanages des Enfans de France, depuis l'an 1225 jusqu'en 1627 : *in-fol.*

Ce Recueil de Pièces, fait par Pierre Dupuy, est conservé entre ses Manuscrits, num. 148.

25217. Ms. Recueil de Pièces touchant les Appanages, depuis 1226 jusqu'en 1627 : *in-fol.*

Ce Recueil est conservé entre les Manuscrits de M. Dupuy, num. 149, & dans la Bibliothèque de M. le Chancelier d'Aguesseau.

25218. Ms. Recueil de Pièces touchant les Appanages, depuis 515 jusqu'en 1630 : *in-fol.* 3 vol.

Ce Recueil est conservé [à la Bibliothèque du Roi] entre les Manuscrits de M. de Brienne, num. 241-243, & [étoit] dans la Bibliothèque de M. le Chancelier Seguier, en deux volumes *in-fol.* num. 862, [aujourd'hui dans celle de S. Germain des Prés.]

25219. Ms. Appanages des Enfans de France : *in-fol.* 2 vol.

Ce Recueil est conservé dans la Bibliothèque du Roi, entre les Manuscrits de M. de Gaignières.

25220. Recueil d'Edits, Ordonnances & Arrêts concernant les Appanages, Priviléges des Princes, Dons faits à eux, & Pièces faites à ce sujet, depuis 1399 jusqu'en 1714 : *in-4.* 2 vol.]

25221. Accroissement de l'Appanage du Duc d'Orléans, Frère du Roi Charles VI. en 1404.

Cette Pièce est imprimée dans les *Mélanges historiques* de Nicolas Camusat : *Troyes*, 1619, *in-8.*

25222. Ms. Procès-verbal de l'évaluation des Duchez & Seigneuries baillez en Appanage par le Roi Charles IX. au Duc d'Anjou son frère, en 1570 : *in-fol.* 2 vol.

Ce Procès-verbal est conservé entre les Manuscrits de M. Dupuy, num. 693 & 694.

25223. L'Appanage de Monseigneur (Jean-Baptiste Gaston, Duc d'Orléans,) Fils de France, Frère unique du Roi ; ou Recueil de Lettres-Patentes, Arrêts & autres Actes à ce sujet ; [par M. ROGER, augmenté par Germain PIETRE :] *Paris*, Courbé, 1636: *Ibid.* Guillemot, 1656, *in-4.*

25224. ☞ Pièces touchant les Appanages & Mariages de Gaston, Duc d'Orléans.

Elles sont imprimées dans l'*Histoire d'Orléans*, par le Maire.]

25225. ☞ Ms. Recueil des Appanages des Ducs d'Orléans : *in-4.*

Ce Manuscrit est dans la Bibliothèque de M. Jousse, Conseiller au Présidial d'Orléans.

25226. ☞ Mémoire de M. P. (POLLUCHE;) où l'on examine s'il est certain que la Ville d'Orléans ait été donnée en Appanage à Philippe, fils de S. Louis, qui fut depuis le Roi Philippe-le-Hardi : *Mercure*, 1735, *Septembre.*

On le trouve réimprimé à la suite de la Description d'Orléans. L'Auteur, en rapportant les Lettres d'Appanage de Philippe, établit que ce Prince ne fut jamais appanagé de la Ville d'Orléans, puisque cette Ville ne s'y trouve pas comprise.]

25227. Des Partages & Appanages des Enfans de France, du Domaine de la Couronne & des Fiefs-Liges ; par Martin HUSSON, Avocat au Parlement.

Ce Discours est imprimé dans son Factum pour Philippe Aubery, Sieur de Monbar, contre Jacques Benisson : *Paris*, le Gentil, 1677, *in-fol.* Le même Factum est imprimé à la fin du *Commentaire* de du Plessis sur la

Histoires des Princes & Princesses du Sang.

Coutume de Paris : *Paris*, 1692, *in-fol.* Husson est mort en 1685.

25228. Ms. Traité des Appanages & Partages des Enfans de France ; par Louis DU FOUR DE LONGUERUE, Abbé du Jars : *in-fol.*

Ce Traité [étoit] conservé dans la Bibliothèque de M. l'Abbé Béraud à Paris.

25229. Lettres de l'Appanage de Charles de France Duc de Berry, du mois de Juin 1710 : *Paris*, 1710, *in-4.*

25230. Lettres du Roi, qui permettent au Duc de Berry de nommer aux Bénéfices Consistoriaux de son Appanage, du 2 Juillet : *Paris*, 1710, *in-4.*

25231. Lettres-Patentes, par lesquelles le Roi distrait de l'Appanage du Duc de Berry le Comté de Ponthieu, &c. du mois de Septembre : *Paris*, 1710, *in-4.*

25232. Discours de l'excellence des Princes du Sang de France qui gouvernent l'Etat du Royaume ; par François DE BELLEFOREST : *Paris*, 1572, *in-8.*

25233. Mémoires des Princes du Sang de France, avec l'Inventaire des Pièces ; par Jean DU TILLET.

Ces Mémoires sont imprimés dans son *Recueil des Rois de France* : *Paris*, 1618, *in-4.*

§. II.

Histoires & Généalogies des Princes & Princesses du Sang de la premiere Race des Rois de France.

25234. GENEALOGIA posterorum Clodionis Regis, qui hactenùs incogniti fuerunt.

Cette Généalogie est imprimée dans du Chesne, au tom. I. de son *Recueil des Historiens de France*, p. 793.

25235. Vie de la bienheureuse Alboflede, sœur du bienheureux Clovis, Roi de France, & fille de Childéric I. par MODESTE de saint Amable.

Dans sa *Monarchie sainte*, tom. I. pag. 45 : *Clermont*, 1670, *in-fol.*

25236. Vie de sainte Alboflede, fille du bienheureux Clovis & de sainte Clotilde ; par le même : (*Ibid. pag. 49.*)

25237. Vie de S. Lyphard, neveu du bienheureux Clovis, Diacre & Solitaire ; par le même : (*Ibid. pag. 168.*)

25238. Généalogie de soixante & sept Maisons illustres issues de Mérovée & de Thierry, Roi d'Austrasie ; par Estienne DE LUSIGNAN, de Chypre, de l'Ordre des Frères Prêcheurs : *Paris*, 1586, *in-4.*

Auteur peu exact & trop crédule.

25239. Généalogie des Rois d'Austrasie descendus de Thierry I. Roi d'Austrasie, fils naturel de Clovis I.

Elle est imprimée au tom. I. de l'*Hist. Généalogique* de MM. de Sainte-Marthe, Livre V. & au Chap. I. du Père Anselme, §. I. [dernière Edition de 1726, tom. I. pag. 15.] Thierry I. est mort en 534.

25240. Vita sancti Chlotoaldi (seu Clodoaldi,) filii Clodomiri Francorum Regis, Monachi & Fundatoris Monasterii apud Novigentum ad Sequanam.

Cette Vie est imprimée au tom. I. des *Actes des Saints de l'Ordre de S. Benoît*, pag. 139. Saint Cloud est mort vers l'an 560. Sa Vie a été écrite par un Auteur inconnu ; elle est peu autorisée en ce qui ne se rapporte pas avec Grégoire de Tours, à qui il est de beaucoup postérieur. Nogent-sur-Seine près de Paris, a pris depuis le nom de Saint-Cloud.

25241. ☞ Eadem Vita, cum Commentario Joannis STILTINGI, è Societate Jesu.

Dans le *Recueil* de Bollandus, au 7 de Septembre.]

25242. La Vie & les Miracles de S. Cloud, petit-fils du Roi Clovis ; par Claude BOUCHAREL, Curé & Chanoine de S. Cloud : *Paris*, 1647, *in-8.*

25243. Vie du même ; par MODESTE de saint Amable.

Cette Vie est imprimée au tom. I. de sa *Monarchie sainte*, pag. 92 : *Clermont*, 1670, *in-fol.*

25244. Vie du même ; par François GIRY.

Cette Vie est imprimée dans son *Recueil des Vies des Saints*, au 4 Septembre.

25245. Vie du même, [avec l'antiquité des Reliques & des Privilèges de l'Eglise de Saint-Cloud ; par P. P. *Paris*, [Langlois] 1696, *in-12.*

Pierre PERRIER, Prêtre [habitué de S. Eustache] né au Village de S. Cloud, est l'Auteur de cette Vie.

25246. Vie du même ; par Adrien BAILLET.

Cette Vie est imprimée dans son *Recueil des Vies des Saints*, au 7 Septembre.

25247. ☞ Histoire de Gondevald, prétendu fils de Clotaire I. pour servir d'explication à des Médailles frappées à Arles & à Marseille, au coin de l'Empereur Maurice ; par M. BONAMY, &c. *Mém. de l'Acad. des Inscript. & Bell. Lettr. tom. XX. p. 184, & XXI. Hist. pag. 84.*

Le sentiment que M. Bonamy propose dans cette Dissertation historique, fut attaqué par M. Levesque DE LA RAVALIÈRE. La réponse que M. Bonamy opposa aux difficultés, fut encore fortifiée par des Observations Chronologiques de M. FRERET, sur le commencement du règne de Maurice, & sur la date de l'arrivée de Gondevald en France. Toutes ces Pièces se trouvent recueillies avec un précis de la Dissertation attaquée, dans le Tome XXI. sous le titre d'*Eclaircissemens* sur quelques points de l'Histoire de Gondevald, fils naturel de Clotaire I.]

25248. De sancta Thechilde seu Theodechilde, filia Theoderici I. Regis Austrasiæ, Virgine & Fundatrice sancti Petri Vivi apud

Senones, *Commentarius historicus Danielis* Papebrochii, è Societate Jesu.

Ces Mémoires sont imprimés dans le *Recueil* de Bollandus, au 28 de Juin. Cette Sainte est morte en 563.

25249. Vie de sainte Théodechilde, fille du bienheureux Thierry I. par Modeste de saint Amable.

Cette Vie est imprimée au tom. I. de sa *Monarchie sainte, pag.* 54 : *Clermont*, 1670, *in-fol.*

25250. Généalogie des Rois d'Austrasie, sortis de Sigebert I. Roi d'Austrasie.

Elle est imprimée au Chap. I. de l'*Hist. Généalogique* du Père Anselme, §. 2. [dernière Edition de 1726, *pag.* 17.]

25251. Vie de S. Arnoald, petit-fils de Clotaire ; par Modeste de saint Amable.

Cette Vie est imprimée au tom. II. de sa *Monarchie sainte, pag.* 1 : *Clermont*, 1671, *in-fol.*

Vie de sainte Ode ; femme du bienheureux Arnoald.

Voyez ci-devant, [tom. I. N.os 4610 & *suiv.*]

25252. Mf. *Vita sanctæ Enimiæ*, filiæ Clodovei II. *Regis Francorum.*

Cette Vie est conservée dans la Bibliothèque du Roi, num. 1165, selon le Père Labbe, *pag.* 327, de sa nouvelle *Bibliothèque des Manuscrits.*

25253. Vie de sainte Enimie, Vierge & Solitaire, fille de Clovis II. par Modeste de saint Amable.

Cette Vie est imprimée au tom. I. de sa *Monarchie sainte, pag.* 297. Ces trois articles précédens ne se trouvent pas dans l'*Histoire généalogique* du P. Anselme.

25254. Généalogie des Rois d'Austrasie, descendus de S. Sigebert II. Roi d'Austrasie, fils de Dagobert I. Roi de France.

Cette Généalogie est imprimée au Chap. I. du Père Anselme, §. 3. [Edition de 1726, tom. I. *pag.* 19.]

25255. Vie de sainte Adèle, fille de Dagobert, Roi de France ; par Modeste de saint Amable.

25256. Vie de S. Balderic, Abbé de Montfalcon, fils de Sigebert, Roi d'Austrasie ; par le même.

Ces deux Vies sont imprimées au tom. I. de sa *Monarchie sainte, pag.* 146 & 274. Le Père Anselme n'a point parlé des deux Articles précédens, ni des deux qui suivent.

Vie de sainte Austreberte, Princesse du Sang de la première Race de nos Rois, & première Abbesse de Pavilly.

Voyez ci-devant, [tom. I. N.° 14769 & *suiv.*]

25257. La Vie & les Vertus de S. Gombert, issu de la Maison Royale de France, & de sainte Berthe sa femme, Fondatrice du Val d'Avenay ; par Etienne Binet, Jésuite : *Pont-à-Mousson*, 1625, *in-12.*

25258. Vie des mêmes ; par Modeste de saint Amable.

Cette Vie est imprimée au tom. I. de sa *Monarchie sainte, pag.* 579 & 587.

25259. ☞ Vie de sainte Berthe ; par Laurent Majoret : *Toul*, 1650, *in-8.*]

25260. ☞ Autre, revue & corrigée, à laquelle on a ajouté les Vies de S. Gombert & de S. Trésain : *Reims*, 1700, *in-12.*]

§. III.

Histoires & Généalogies des Princes & Princesses de la seconde Race des Rois de France.

25261. Généalogie des Princes & Ducs des François, Ancêtres des Rois de la seconde Lignée Royale de France.

Elle est imprimée au tom. I. de MM. de Sainte-Marthe, Livre VI.

Vita sancti Remigii, Archiepiscopi Rotomagensis, fratris Pipini Regis Francorum.

Voyez ci-devant, [tom. I. N.° 9866.]

25262. * Histoire des deux nobles & vaillans Chevaliers, Valentin & Orson, fils de l'Empereur de Grèce, & neveux de Pepin : *Lyon*, 1605, *in-8.*

25263. Henricus Guntherus Thulemarius, *de Sororibus Caroli Magni* : *Heidelbergæ*, 1681, *in-4.*

25264. Généalogie des Comtes de Vermandois & de ses Branches, jusqu'en 1130.

Cette Généalogie est imprimée au tom. I. de MM. de Sainte-Marthe, Livre X.

25265. Généalogie des anciens Comtes de Vermandois, depuis Pepin, Roi d'Italie, second fils de l'Empereur Charlemagne, jusqu'à Hébert IV. qui vivoit encore en 1076, avec les deux Branches de ces Comtes.

Cette Généalogie est imprimée au Chap. II. du Père Anselme, §. 5, 6 & 7, [Ed. de 1726, tom. I. *pag.* 48.] Pepin, Roi d'Italie, est mort en 810.

25266. ☞ On ne doit point avoir égard aux Auteurs modernes, quand il s'agit de faits anciens ; au sujet d'Hébert, Comte de Vermandois.

Ces Observations sont imprimées au tom. III. des *Singularités historiques* de Dom Liron. Jean de Serres, dans son *Inventaire de l'Histoire de France*, prétend que le Comte Hébert avoit été pendu à Laon, par les ordres de Louis d'Outremer. Il n'appuie son sentiment que sur l'autorité d'un Auteur du XIII.e siècle, contre ce qu'en ont écrit les Auteurs du temps.]

25267. De Hugues l'Abbé, fils de Charlemagne ; par Jean Besly.

Ce Discours est imprimé à la fin de son *Histoire de Poitou*, *pag.* 47 : *Paris*, 1647, *in-fol.* Hugues l'Abbé fut tué en 844.

25268. Vie du même ; par Modeste de saint Amable.

Cette Vie est imprimée au tom. II. de sa *Monarchie sainte, pag.* 463.

25269. *De Nithardo, Caroli Magni nepote,*

Histoires des Princes & Princesses du Sang.

ac tota ejusdem Nithardi prosapia breve Syntagma : ex Pauli PETAVII, Senatoris Parisiensis, bimestri rerum prolatarum : *Parisiis*, 1616, *in-4*.

Ce même Traité est imprimé dans du Chesne, au tom. II. de ses *Historiens de France*, p. 351, [& *pag.* 1. du tom. VII. de la Collection de D. Bouquet.]

25270. ☞ Incerti Autoris Carmen Panegyricum de Laudibus Berengarii Augusti quod è veteribus Codicibus erutum ac notis illustratum vulgavit Adrianus Valesius, anno 1663, cum ejusdem præfatione.

Il se trouve dans la Collection de Dom Bouquet, tom. VIII. *pag.* 103.]

25271. Généalogie des Empereurs d'Occident, depuis Lothaire I. fils de Louis le Débonnaire, jusqu'à Louis II.

25272. Généalogie des Rois d'Aquitaine, depuis Pepin I. second fils de Louis le Débonnaire, jusqu'à Pepin II.

25273. Généalogie des Rois de Germanie, depuis Louis I. troisième fils de Louis le Débonnaire, jusqu'à Louis III.

Ces Généalogies sont imprimées au Chap. II. du Père Anselme, §. 2, 3 & 4, [Ed. de 1726, tom. I. *pag.* 41 *& suiv.*]

25274. Généalogie des Ducs de Lorraine & de Brabant, de la postérité de Charlemagne.

Cette Généalogie est imprimée au tom. I. de MM. de Sainte-Marthe, Livre IX.

25275. Généalogie des Ducs de Lorraine, descendus de Charles de France, Duc de Lorraine, frère puîné de Louis V. Roi de France, jusqu'en 1004.

Cette Généalogie est imprimée au Chap. II. du Père Anselme, §. I. [Ed. de 1726, tom. I. *pag.* 39.]

25276. ☞ Charles, fils du Roi Louis d'Outremer, Duc de Lorraine.

Cet Article se trouve dans l'*Histoire de Poitou*, de Besly, *pag.* 83, jusqu'à 90.]

25277. ☞ Généalogie des Ducs de Bourgogne, ancêtres du Roi Raoul.

C'est un Article ajouté dans la dernière Edition de l'*Histoire Généalogique de France*, par les Pères ANSELME & SIMPLICIEN, *tom. I. pag.* 57, Edition de 1726, *in-fol.*]

25278. ☞ Epitaphia Principum & illustrium personarum, &c.

Ces Epitaphes sont imprimées dans les *Analecta* du Père Mabillon, *pag.* 377, & dans la *Collection des Historiens de France*, de D. Bouquet, *tom. IX. pag.* 102.]

§. IV.

Histoires & Généalogies des Princes & Princesses de la troisième Race des Rois de France.

25279. DISCOURS servant à l'intelligence des Familles collatérales sorties de la troisième Race de nos Rois, depuis l'an 987 jusqu'aujourd'hui ; par (Jean-Jacques II.) DE MESME : *in-fol*.

Ce Discours [étoit] conservé dans la Bibliothèque de M. le premier Président de Mesme. L'Auteur est mort en 1642.

25280. Ducs & Comtes, Princes du Sang, sortis des Rois de la troisième Race.

Cette Suite est imprimée au tom. II. de l'*Hist. Généalogique* de MM. de Sainte-Marthe, *pag.* 941, [& dans le Père Anselme.]

25281. ☞ Le Temple de la Gloire, auquel sont contenus les Eloges historiques des treize Princesses de Sang Royal qui ont porté le nom d'Anne, avec figures en taille douce.

Voyez ci-devant, au commencement de l'*Histoire des Reines*, N.° 24999.]

ENFANT DE HUGUES CAPET.

25282. Vie de sainte Aurélie, fille de Hugues Capet, Roi de France, Vierge & Solitaire ; par François GIRY.

Cette Vie est imprimée dans son *Recueil des Vies des Saints*, au 12 d'Octobre. MM. de Sainte-Marthe & le Père Anselme n'en font point mention.

ENFANS DU ROI ROBERT.

☞ Observations sur Alix, fille du Roi Robert.

Voyez ci-après, *Généalogies*, à la Lettre H, au nom *Humières*.]

Anciens Ducs de Bourgogne, descendus du Roi Robert, en 1032.

25283. * De la première Branche de Bourgogne ; avec un Inventaire de Pièces.

Cette Généalogie est imprimée dans le *Recueil des Rois de France* de DU TILLET, *pag.* 64 de l'Edition de 1618, *in-4*. On n'a cité que cette Edition dans la suite que l'on donne ici des Généalogies.

25284. Généalogie des anciens Ducs de Bourgogne, depuis Robert I. de ce nom, troisième fils de Robert, Roi de France, jusqu'en 1351.

Cette Généalogie est imprimée dans MM. de Sainte-Marthe, Livre XXXVIII. & dans le P. Anselme, Chapitre XIX. [Ed. de 1726, *pag.* 537.]

25285. ☞ Mf. Généalogie des Ducs de Bourgogne, commencée en 1001, à Guillaume & Othon, & finie à Charles le Terrible ; (par Pierre DE SAINT-JULIEN Baleure.)

Ce Manuscrit est conservé dans la Bibliothèque du Roi. *Voyez* la *Bibliothèque des Auteurs de Bourgogne*, Art. *S. Julien.*]

25286. Tables généalogiques des Rois, Ducs & Comtes de Bourgogne & d'Arles ; extraites de diverses Chartes & Chroniques anciennes.

Ces Tables sont imprimées avec l'*Histoire des Rois, des Ducs & Comtes de Bourgogne*; par André DU CHESNE : *Paris*, 1619, *in-4*.

25287. Histoire généalogique des Ducs & Comtes de Bourgogne, des Dauphins de Viennois, des Comtes de Valentinois, des Seigneurs de Montagu, de Sombernon & de Conches, & de plusieurs autres Princes & Princesses tous issus de la Maison Royale de France : le tout justifié par titres, Histoires & autres bonnes preuves ; par le même : *Paris*, 1628, *in-4*.

Cette Histoire commence à l'an 1003. L'Auteur est mort en 1640.

25288. ☞ Mss. Notes d'Etienne Pérard, sur l'Histoire généalogique des Ducs de Bourgogne, &c. par André du Chesne.

Elles se trouvent à la Chambre des Comptes de Dijon.]

25289. Histoire généalogique des Dauphins du Viennois, depuis Guigues, en 1227, jusqu'à Louis V. fils de Louis le Grand ; par Louis DE GAYA : *Paris*, Michallet, 1683, *in-12*.

25290. ☞ Mss. Histoire de Marguerite de Bourgogne, femme de Guigues I. Dauphin de Viennois, composée en Latin par un Chanoine de Grenoble, & déposée aux Archives de la Chambre des Comptes de cette Ville, avec des réflexions de M. de QUINSSONAS, premier Président du Parlement de Besançon, & l'un des Directeurs nés de l'Académie de cette Ville.

Il y en a une Copie dans les Registres de cette Académie.]

25291. ☞ Recherches sur Guy, Dauphin, frère de Jean, Dauphin de Viennois ; par Antoine LANCELOT. *Mém. de l'Acad. des Inscript. & Bell. Lettr. tom. VIII. p.* 682.]

25292. Les Eloges de nos Rois & des Enfans de France, qui ont été Dauphins, depuis André de Bourgogne, & Dauphin de Vienne & d'Albon jusqu'en 1643 ; par Hilarion DE COSTE, Minime.

Voyez ci-après, à l'*Hist. de Dauphiné*.

André de Bourgogne, est mort en 1338.

Rois de Portugal, issus du Roi Robert, par les anciens Ducs de Bourgogne.

25293. Généalogie des Rois de Portugal de la Maison de France, depuis Henri de Bourgogne, Comte de Portugal, fils aîné de Robert I. Duc de Bourgogne, en 1089.

Elle est imprimée parmi celles de MM. de Sainte-Marthe & du Père Anselme.

☞ Dans la dernière Edition du Père Anselme, &c. 1726, *pag*. 569, on trouve cette Généalogie bien plus exacte & plus complette : c'est comme une Pièce nouvelle, travaillée sur les Monumens du Pays.]

25294. Généalogie des Rois de Portugal, issus en ligne directe masculine de la Maison de France, qui règne aujourd'hui : *Paris*, 1610, 1612, 1614, 1616. Cinquième Edition, 1624 : *in-4*.

La même est imprimée avec l'*Entrevue de Charles IV.*

Empereur, & du Roi Charles V. *Roi de France* : *Paris*, 1613, *in-4*. Toutes ces diverses Editions pourroient bien n'en faire que deux ou trois différentes. Cette Généalogie est l'ouvrage de Théodore GODEFROY, Historiographe de France.

25295. Genealogia Regum Lusitaniæ ; auctore Antonio DE SOUSA DE MACEDO : *Londini*, 1643, *in-4*.

25296. ☞ Lettre historique & critique, qui prouve que Henri, Roi de Portugal, n'est pas de la Maison de Bourgogne-Duché, mais de celle des Comtes de Bourgogne ; par P. J. M. D. C. (Pierre-Joseph-Marie DUNAND Capucin, de Franche Comté,) du 1 Mars 1758. *Mercure*, 1758 , *Avril*.]

25297. ☞ Mss. Seconde & troisième Lettres du même, sur le même sujet.

Entre les mains de l'Auteur.]

25298. ☞ Histoire des Rois de Portugal, depuis le Prince Henri, mort en 1112, jusqu'en 1763.

Dans l'*Histoire universelle* traduite de l'*Anglois*, d'une Société de Gens de Lettres, tom. *XXX*. *Amsterdam*, 1768, *in-4*. *pag*. 308.]

ENFANS DE HENRI I.

Comtes de Vermandois, en 1060.

25299. * De la Branche de Vermandois, avec l'Inventaire des Pièces ; par Jean DU TILLET.

Dans son *Recueil des Rois de France* : *Paris*, 1618, *in-4*. *pag*. 73.

25300. Généalogie des derniers Comtes de Vermandois, depuis Hugues de France, en 1060, troisième fils de Henri I. Roi de France, jusqu'en 1213.

Elle est imprimée au Livre XXXVI. de MM. de Sainte-Marthe, & au Chap. XVIII. du P. Anselme.

25301. ☞ Vie de Raoul, ou Rodolphe, Comte de Vermandois, Sénéchal de France, & Régent du Royaume pendant le Voyage d'Outremer de Louis VII. ou le Jeune ; par M. D'AUVIGNY.

Elle est imprimée *pag*. 61-103, du tom. VII. de ses *Vies des Hommes illustres de la France* : *Amsterdam* & *Paris*, le Gras, 1743, *in-12*. Raoul de Vermandois est mort en 1155.]

ENFANS DE LOUIS VI.

Comtes de Dreux issus de Robert de France, cinquième fils de Louis VI. en 1147.

25302. * De la Branche de Dreux, avec l'Inventaire des Pièces ; par Jean DU TILLET.

Dans son *Recueil des Rois de France, pag*. 77.

25303. Généalogie des Comtes de Dreux & de Braine, depuis Robert de France, dit le Grand, Comte de Dreux, premier de ce nom, en 1147, jusqu'en 1377.

Cette Généalogie est imprimée dans MM. de Sainte-Marthe, & dans le Père Anselme, Chap. XV. §. 1, 2 & 3, [Ed. de 1726, tom. I. *pag*. 423, *& suiv*.]

Histoires des Princes & Princesses du Sang.

25304. Mss. Le Lignage de Dreux & de Coucy, qui a pour titre : « C'est Livre est l'extrait de plusieurs Histoires, & vient à la Conquest que fist Godefroy de Bouillon en la Terre-Sainte, composé l'an 1305 » : *in-fol.*

Cette Généalogie [étoit] conservée dans la Bibliothèque de M. Foucault, [qui a été dispersée.]

25305. Ms. Généalogie des Comtes de Dreux : *in-fol.*

Elle est conservée dans la Bibliothèque du Roi, num. 9860.

25306. Ms. Histoire des Comtes de Dreux & de Braine ; par Matthieu HERBELIN, Religieux de l'Abbaye de Braine : *in-fol.*

Cette Histoire [étoit] conservée dans la Bibliothèque de M. Colbert, num. 1462, [& est aujourd'hui à la Bibliothèque du Roi.]

Ms. La même, sous ce titre : Les anciennes & modernes Généalogies, Epitaphes & Armoiries des Comtes & Comtesses de Dreux & de Braine, depuis le Roi Louis le Gros jusqu'en 1539, avec quelques Additions, jusqu'en 1568 ; par Matthieu HERBELIN, Trésorier de l'Eglise de S. Yved à Braine : *in-fol.*

Cette Généalogie est conservée dans la Bibliothèque de Sainte-Geneviève, à Paris.

☞ M. Jardel, Officier du Roi, demeurant à Braine, en a dans sa Bibliothèque un magnifique Exemplaire en vélin, coloré en or, &c. rouleau de 14 pieds de long, qui paroît être l'Original, & qui, selon le titre, fut présenté en 1567, à M. Loys de Bourbon, Duc de Montpensier, par l'Auteur, qui s'y est peint dans une vignette.]

25307. ☞ Ms. L'Antiquité & ancienne Description de la situation de Dreux en Normandie, & de Braine en Champagne, avec les anciennes & modernes Généalogies, Epitaphes & Armoiries de tous les feux Comtes & Comtesses de Dreux & de Braine, commençant à Loys le Gros, jadis Roi de France, père de Robert, Comte desdits Dreux & Braine ; à ma très-honorée & très-redoutée Dame, Madame Guillemete de Sarrebruche, Comtesse de Braine, Frère Matthieu HERBELIN, Thrésorier de l'Eglise de Saint-Yved de Braine, votre très-humble & obéissant serviteur & Chapelain : *in-fol.*

Cette Pièce, qui semble être un Original, est ornée d'Ecussons & d'Armoiries peints en couleur. Elle est dans la Bibliothèque de M. Jardel à Braine.]

25308. Histoire généalogique de la Maison Royale de Dreux & de quelques autres Familles illustres qui en sont descendues par femmes, avec les preuves ; par André DU CHESNE : *Paris, Cramoisy, 1632, in-fol.*

25309. Déduction généalogique, ou Abrégé de la Branche y mentionnée à la Maison de Dreux, avec ses Preuves : 1658, [1665], *in-fol.*

☞ Il s'agit dans cet Ecrit, qui fut suivi de plusieurs autres, de la Famille du Marquis DE PRANZAC ; qui a prétendu descendre de cette Maison.

Voyez ci-après, ce nom, (tom. III.) aux *Généalogies des Maisons illustres.*]

Ducs de Bretagne, issus de Louis VI. par les Comtes de Dreux.

25310. ✶ Généalogie des Ducs de Bretagne, issus de Louis le Gros, depuis 1147 jusqu'à 1513 ; par Denis GODEFROY.

Dans son *Histoire de Charles VII.* pag. 740: *Paris, 1661, in-fol.*

25311. ✶ De la Maison de Bretagne, issue de la Branche de Dreux, avec l'Inventaire des Pièces ; par Jean DU TILLET.

Dans son *Recueil des Rois de France.*

25312. Généalogie des Ducs de Bretagne, Comte de Richemont, de Penthevre, &c. depuis Pierre de Dreux, Duc de Bretagne, en 1213, second fils de Robert II. Comte de Dreux, jusqu'en 1513.

Cette Généalogie est imprimée dans Messieurs de Sainte-Marthe & dans le Père Anselme, [*Edit. de 1726, tom. I. pag. 445.*]

25313. Histoire de Jean IV. Duc de Bretagne, dit le Conquérant, depuis l'an 1341 jusqu'en 1381 ; écrite en Vers par Guillaume DE SAINT-ANDRÉ, Scholastique de Dol, Secrétaire & Ambassadeur de ce même Duc.

Cette Histoire est imprimée dans Lobineau, au tom. II. de son *Histoire de Bretagne,* pag. 691. Le Duc Jean IV. est mort en 1399.

— Histoire d'Artus III. Duc de Bretagne, Comte de Richemont, Connétable de France, avec la Généalogie des Ducs de Bretagne, issus de Louis le Gros, Roi de France, jusqu'à Anne de Bretagne, par le mariage de laquelle avec Charles VIII. & puis avec Louis XII. le Duché de Bretagne a été enfin réuni à la Couronne.

Voyez ci-après, *Connétables de France.*

25314. Histoire de François II. dernier Duc de Bretagne ; par JEAN-MARIE de Vernon, Religieux du Tiers-Ordre de saint François.

Cette Histoire est imprimée avec celle de son Ordre: *Paris, 1667, in-fol.* Le Duc François II. est mort en 1488.

25315. ☞ Ouverture & Description du Tombeau de François II. Duc de Bretagne, dans l'Eglise des Pères Carmes de Nantes, faite par ordre du Roi ; dressée par M. MELLIER, Maire, Subdélégué à cet effet, les 16 & 17 Octobre 1727 : *Nantes, 1727, in-12.*]

25316. Généalogie d'Anne de Bretagne ; composée en Vers par DISARVOEZ-PINGUERN, natif de Cornouaille.

Cette Généalogie est imprimée avec l'*Histoire de Bretagne* de Pierre le Baud : *Paris, 1638, in-fol.*

Seigneurs de Courtenay, issus de Pierre de France, septième fils de Louis VI.

25317. ✶ De la Branche de Courtenay,

avec l'Inventaire des Pièces; par Jean DU TILLET.

Dans son *Recueil de l'Histoire des Rois*, pag. 88.

25318. Généalogie des Seigneurs de Courtenay, desquels sont issus cinq Empereurs de Constantinople, depuis Pierre de France, premier du nom, en 1179, septième & dernier fils de Louis VI. Roi de France, jusqu'en 1404.

Cette Généalogie est imprimée dans le Liv. XXXVI. de Messieurs de Sainte-Marthe.

25319. La Généalogie des mêmes Seigneurs, jusqu'en 1307, [&c.]

Elle est imprimée dans le Chap. XVII. §. 1, & suiv. du Père Anselme.

☞ Elle est plus en détail dans la dernière Edition de 1726, &c. *tom. I. pag.* 473 ; & l'on donne au *tom. VII. pag.* 838, la Généalogie d'une Branche de Courtenay, établie en Angleterre.]

25320. Titres & Extraits d'Histoire concernant la Maison de Courtenay : *in-fol.*

Ces Titres sont conservés entre les Manuscrits de M. Dupuy, num. 12.

25321. Mf. Titres & Extraits concernant les Empereurs de Constantinople de la Maison de Courtenay : *in-fol.*

Ces Titres sont aussi entre les Manuscrits de M. Dupuy, num. 13.

25322. Mf. Diverses Généalogies de la Maison de Courtenay ; Observations & Mémoires sur lesdites Généalogies : *in-fol.*

Ces Titres sont encore conservés entre les Manuscrits de M. Dupuy, num. 14.

25323. Discours sur la Généalogie & Maison de Courtenay, issue de Louis le Gros, Roi de France ; avec les Requêtes présentées au Roi; par Hélie DU TILLET, Sieur de Goves: *Paris*, 1603, *in-8.*

25324. Requête présentée au Roi Henri IV. le 15 Janvier 1603; avec diverses poursuites faites sous les Règnes de Henri IV. Louis XIII. & Louis XIV. par Messieurs de Courtenay.

Cette Requête est imprimée dans du Bouchet, p. 243 des *Preuves de son Histoire généalogique de cette Maison : Paris,* 1660, *in-fol.*

25325. Remontrance au Roi, par Messieurs de Courtenay, sur les Requêtes présentées à Sa Majesté, en 1603 : *Paris*, 1604, *in-8.*

25326. Représentation du mérite de l'Instance faite par Messieurs de Courtenay, pour la conservation de la dignité de leur Maison : *Paris*, 1603, *in-8.*

25327. De stirpe & origine Domûs de Courtenay Sermocinatio, cui inserti sunt Libelli Regi ad hanc rem oblati, unà cum repræsentatione juris & meritorum præsentis Instantiæ : addita sunt Responsa celeberrimorum Europæ Jurisconsultorum : *Parisiis*, 1607, *in-8.*

Ce Recueil contient les trois Discours précédens, traduits en Latin.

☞ Il commence par un Précis des raisons qui obligèrent MM. de Courtenay à présenter leurs diverses Requêtes & Mémoires à Henri IV. pour faire constater leur état de Princes du Sang. Il contient, outre les Requêtes, un Discours sur l'origine de cette Maison, qui descend en droite Ligne de Louis VI. dit le Gros, & une Réponse aux diverses objections qu'on pouvoit faire & qu'on faisoit, contre la prétention de ces Messieurs. On trouve à la fin vingt Consultations, qui leur sont toutes favorables.]

25328. ☞ Requête présentée au Roi, par MM. de Courtenay, le 22 Janvier 1608 : *in-8.*]

25329. ☞ Représentation du procédé tenu en l'Instance faite devant le Roi, par MM. de Courtenay, pour la conservation & dignité de leur Maison, issue du Roi Louis le Gros, avec le nom des Docteurs & Jurisconsultes qui ont été consultés sur ce sujet, & l'Abrégé de leurs Avis : *Paris*, 1609, *in-8.*]

25330. ☞ Continuation du procédé tenu en l'Instance faite devant le Roi, par MM. de Courtenay, pour la conservation de l'honneur de leur Maison & droit de leur naissance : *in-8.*]

25331. Remontrance de MM. de Courtenay, avec protestation de leur droit & origine par eux mise entre les mains du Roi, le 19 Mars 1609 : *in-8.*

La même, imprimée dans du Bouchet, pag. 244 des *Preuves de son Histoire généalogique de cette Maison*.

25332. Congé demandé à la Reine Régente, mère du Roi, par Messieurs de Salles & de Fréaville, de la Maison de Courtenay, de se retirer hors du Royaume, le 24 Janvier 1613.

Ce Congé se trouve à la page 247 des *Preuves de du Bouchet, pour l'Histoire généalogique de cette Maison.*

25333. Lettre des mêmes, se retirant hors le Royaume, à Messieurs du Parlement de Paris.

Cette Lettre est imprimée dans le Volume précédent, *pag.* 248.

25334. ☞ Lettre de MM. de Courtenay à la Royne-mère, Régente du Royaume, sur le même sujet, de Londres, le 16 Mars 1614 : *in-8.*]

25335. Requête présentée au Roi, par Messieurs de Courtenay, le 15 Juin 1618 : *in-8.*

25336. Représentation du sujet qui a porté Messieurs de Salles & Fréaville, de la Maison de Courtenay, de se retirer hors du Royaume : 1614, *in-8.*

☞ Ce Morceau est plutôt un Factum de Jurisprudence que d'Histoire. Les Princes de la Maison de Courtenay, dont il restoit deux Branches en France ; sçavoir, celle de Bleneau & celle de Chevillon, descendans de Louis le Gros, sixième du nom, Roi de France, s'étoient pourvus par-devant Henri IV. pour être rétablis & confirmés en leur rang & qualité de Princes du Sang. Ce Roi ne jugea pas à propos de pourvoir d'abord d'abord à leur Requête. Quelque temps après, en 1609, le Sieur de Courtenay-Bleneau, aîné de cette Branche, ayant tué dans son Château de Neufvy, le fils du Baron de la Rivière-Champlemy, qui attentoit à son honneur, le Prévôt d'Auxerre informa du fait. Le Sieur de Bleneau se pourvut devant le Roi, qui envoya l'affaire au Parlement, où après la mort du Roi, & pendant la Régence, le père du Sieur de la Rivière obtint que le Procès seroit continué, nonobstant la qualité de Prince du Sang que ledit de Bleneau & ses proches parens qui étoient intervenus, produisoient. Cela obligea Courtenay-Bleneau à se retirer en Flandres, & les Sieurs de Courtenay des Salles & Fréauville en Angleterre, d'où ils envoyèrent cette représentation, où la procédure de toute l'affaire est détaillée.]

25337. ☞ Remontrance présentée au Roi (Louis XIII.) par MM. de Courtenay, le 16 Mars 1626; avec une Lettre du Sieur DE LA VERCHIÈRE, Procureur en la Justice du Grand-Prévôt de l'Hôtel, à M. de Courtenay, de Paris, le 14 Septembre 1620; & une autre Lettre du Roi d'Angleterre au Roi de France, pour servir de recommandation en la cause de MM. de Courtenay, de Westmunster, le 9 Juillet 1614: *in-*8.]

25338. Remontrance de Messieurs de Courtenay, présentée le 6 Mars 1628, au Roi: 1628, *in-*8.

25339. Histoire généalogique de la Maison de Courtenay, justifiée par les Chartes, Titres & autres Preuves, avec figures; par (Jean) DU BOUCHET: *Paris*, du Puis, 1660, *in-fol.*

On [conservoit] dans la Bibliothèque de M. de Lamoignon [qui a été vendue en partie], un Exemplaire de cette Histoire, où se trouvent des Notes critiques de François Blanchard, particulièrement sur les Actes qui ont servi à la composer.

☞ Il y avoit originairement dans l'Epître au Roi, qui est au devant de cette Histoire, un Eloge du Cardinal Mazarin, qui a été supprimé. On prétend même que cette Epître ne se trouve pas dans un certain nombre d'Exemplaires, parcequ'il y restoit encore des traits qui ont paru trop hardis.

Voyez sur ce Livre, la *Méth. hist.* de Lenglet, *in-4. tom. IV. pag.* 438.]

25340. Protestation de M. le Prince de Courtenay & de Messieurs ses Enfans, faite entre les mains du Roi, pour la conservation des droits de leur naissance, le 11 Février 1662 : *in-fol.*

25341. Requête présentée au Roi par les Princes de Courtenay, pour la Reconnoissance de leur rang & origine Royale, 1666: *in-fol.*

25342. Protestation faite par les Princes de Courtenay, pour la conservation des droits de leur naissance, du premier Octobre 1715 ; 1715, *in-fol.*

25343. ☞ Extrait des Registres du Parlement: *Journ. de Verdun*, 1737, *Mars.*

Ce sont des Conclusions des Gens du Roi, contre un Mémoire de M. de Beaufremont, où il étoit dit que Hélène de Courtenay, Marquise de Beaufremont, étoit Princesse du Sang Royal de France. Il y eut Arrêt qui ordonna que ces termes seroient rayés, & le Mémoire supprimé.]

Tome II.

25344. ☞ Requête au Roi, de Hélène de Courtenay, femme du Sieur de Beaufremont, contre un Arrêt du Parlement de Paris, du 7 Février 1737, qui lui a rayé la qualité de Princesse du Sang Royal de France : *in-fol.* de 23 pages.

Madame de Beaufremont, qui étoit la dernière de la Maison de Courtenay, est morte en 1768.]

ENFANT DE LOUIS VII.

25345. Alix de France, Nouvelle historique: *Liége*, Montfort, 1686, *in-*12.

Cette Alix étoit fille de Louis VII. dit le Jeune, & d'Alix de Champagne sa troisième femme. Elle fut fiancée à Richard d'Angleterre, Comte de Poitou; depuis elle épousa Guillaume IV. comte de Ponthieu, en 1195.

ENFANS DE LOUIS VIII.

25346. ☞ Lettre au sujet d'un Epitaphe de Poissy : *Mém. de Trévoux*, 1726, *Mars.*]

☞ Extrait d'une Explication nouvelle de l'Epitaphe de Poissy par le R. P. H. insérée dans les Mémoires de Trévoux, & de ce qui y est dit de quelques Fils de France de la troisième Race, à quoi on a joint quelques Remarques. *Ibid. Juin*, vol. I.

☞ Nouveaux Eclaircissemens sur l'Epitaphe de Poissy. *Ibid.* 1727, *Mars.*

Il s'y agit, selon cet Auteur, de deux fils de Louis VIII. & de Blanche de Castille son Epouse. Ces Princes sont Philippe & Jean.]

Rois de Sicile, de la Branche des Comtes d'Anjou, issus de Charles, dernier fils de Louis VIII.

25347. ★ De la première Branche d'Anjou; avec l'Inventaire des Pièces ; par Jean DU TILLET.

Dans son *Recueil des Rois de France, pag.* 143.

25348. Généalogie des Rois de Sicile, de Jérusalem, de Hongrie, de Pologne, de Dalmatie, &c. de la Branche des Comtes d'Anjou, depuis Charles de France, premier de ce nom, Roi de Jérusalem & de Sicile, frère de saint Louis, Roi de France, en 1264 jusqu'en 1400.

Cette Généalogie est imprimée dans Messieurs de Sainte-Marthe, Liv. XXX. XXXI. XXXII. & XXXIII. & dans le Père Anselme, Chap. XIV. [*Edit. de* 1726 ; *tom. I. pag.* 593.]

25349. De la Conquête du Royaume de Naples, par Charles de France, Duc d'Anjou, l'an 1265 ; Extrait d'un Livre intitulé : *Trésor*, composé en Latin par BRUNET, Italien de Nation.

Ce Discours est imprimé au Chap. LXXXI. de la première Partie. L'Auteur vivoit en 1280.

25350. Instrumentum publicum de condicto singulari certamine inter Carolum Hierusalem & Siciliæ & Petrum Arragonum, Reges.

Cette Pièce est imprimée dans Martenne, tom. III. de son *Nouveau Trésor de Pièces anecdotes, pag.* 1914.

Pppp

25351. Mf. Chronica come la Cala di Franza; cioe il Conte Carlo fu inveſtito di Napoli, & durò queſta Signoria di Franceſi nel detto Regno per fino alla Conquiſta del Ré Alfonſo di Caſa di Arragonia ; fu detta inveſtitura fatta, nell'anno 1264.

Cette Chronique eſt conſervée à Dijon, dans la Bibliothèque du Préſident Bouhier, D. 22.

25352. Chronicon Siciliæ ab exceſſu Wilhelmi I. anno 1166 ad annum 12533 auctore RICHARDO à ſancto Germano.

25353. SIMEONIS Leontini Chronicon Regni Siciliæ.

25354. BARTHOLOMÆI Neocaſtrenſis, Siculi, Poëma inſcriptum Meſſana, ſeu de rebus à Petro Arragoniæ Rege in Sicilia adversùs Carolum I. Siciliæ Regem geſtis.

Ces Chroniques & ce Poëme ſont inſérés dans Michel del Giudice, aux tomes II. & III. de ſes *Hiſtoriens de Sicile.*

25355. Deſcriptio Victoriæ quam habuit Eccleſia Romana, anno 1266, quatto Martii, ſub Clemente Papa IV. per brachium Caroli Regis Siciliæ.

Dans le *Recueil des Hiſtoriens de France*, de du Cheſne, *tom. V. pag.* 816.

25356. Excerpta ex Chronico PTOLOMÆI de Luca, Ordinis Prædicatorum [ſeu Anonymi] ſuper Genealogia & poſteris Caroli Regis Siciliæ, fratris ſancti Ludovici Francorum Regis, uſque ad annum 1370.

Ces Extraits ſont auſſi imprimés dans du Cheſne, au tom. V. de ſon *Recueil des Hiſtoriens*, *pag.* 897. Ce Fragment, tiré de la continuation de la Chronique de Barthélemy & non pas de Ptolomée de Luques, n'eſt point de lui ; car il finit ſon Hiſtoire Eccléſiaſtique en 1294, comme on le connoît par les Manuſcrits, au rapport du R. P. Echard, Jacobin, qui a examiné ce fait avec ſoin.

25357. Mſ. Hiſtoria Neapolitana uſque ad annum 1318.

Cette Hiſtoire eſt conſervée dans la Bibliothèque du Roi, num. 2159.

25358. La Chronique & la Généalogie des Comtes d'Anjou de la Maiſon de France, qui furent Rois & Roynes de Sicile, depuis Charles, frère du Roy ſaint Louis, Comte d'Anjou, de Provence & du Maine ; par Antoine DE LA SALE : *Paris*, (1517), *in-4.*

☞ Les mêmes ſe trouvent *pag.* 32 de l'Ouvrage du même Auteur, intitulé : *La Salade, &c. Paris*, le Noir, 1527, petit *in-fol.* La Sale étoit Secrétaire de René d'Anjou, Roi de Naples, &c. Il vivoit vers 1440.]

25359. De la Famille d'Anjou, qui dès & depuis le temps de Charles, frère de ſaint Louis, commanda au Royaume de Naples, & des traverſes qu'elle reçut ; par Eſtienne PASQUIER.

Ce Diſcours eſt imprimé au Chap. XXVI. du Liv. VI. des *Recherches de la France.*

25360. Brevis & ſuccincta Narratio rerum à Regibus Hieroſolymitanis, Neapolis & Siciliæ geſtarum, ex variis Hiſtoricis præſentata ; auctore Chriſtophoro BESOLDO, Juriſconſulto : *Argentorati*, 1636, *in-8.* 2 vol.

L'Auteur eſt mort en 1641.

25361. Hiſtoire des Rois de Sicile & de Naples, de la Maiſon d'Anjou : *Paris*, le Mercier, 1707, *in 4.*

Nicolas Petrineau DES NOULIS, Angevin, Préſident de l'Election d'Angers, & Secrétaire perpétuel de l'Académie de cette Ville, a compoſé cet Ouvrage. Il y décrit l'Hiſtoire de Charles I. Comte d'Anjou, mort en 1284, & celle de Charles II. dit le Boiteux, en 1309, ſur ceux des Hiſtoriens contemporains, qui paſſent pour les plus exacts, ſur les Titres originaux & ſur des Manuſcrits authentiques. Cet Auteur eſt mort en 1709.

☞ Il avoit eu deſſein de donner une Hiſtoire de la Province d'Anjou, puiſqu'il en a publié un *Projet* de 11 pages *in-4.*]

25362. Mſ. Obſervations hiſtoriques ſur l'Hiſtoire de M. des Noulis ; par François DE CAMPS, Abbé de Signi.

Ces Obſervations [étoient] conſervées au tom. I. de ſes *Remarques critiques ſur quelques Hiſtoriens de France*, dans la Bibliothèque de l'Auteur, [& ſont aujourd'hui dans celle de M. de Beringhen.]

25363. ✱ Nicolai Parthenii GIANNETASII, è Societate Jeſu, Hiſtoria Neapolitana : *Neapoli*, Mutius, 1713, *in-4.* 3 vol.

L'Auteur y donne au long l'Hiſtoire des Princes Normands de la Maiſon d'Hauteville, Rois de Naples & de Sicile, & celle des deux Maiſons d'Anjou.

25364. ☞ Hiſtoire des Rois des deux Siciles de la Maiſon de France ; par Ch. Philippe (de Monthenault) D'ÉGLY, (de l'Acad. des Inſcript. & Bel. Lettr.) *Paris*, Nyon, 1741, *in-12.* 4 vol.

Voyez l'Extrait au *Journal de Verdun,* 1741, *Janv.* On trouve auſſi dans le même *Journal, Juillet* 1741, une Lettre ſur cette Hiſtoire. L'Auteur eſt mort en 1749.]

25365. Mſ. Mémoires de Sébaſtien LENAIN, Sieur DE TILLEMONT, touchant la Conquête du Royaume de Sicile, par Charles, Comte d'Anjou & de Provence, avec des Notes : *in-4.*

Ces Mémoires [étoient] conſervés dans le Cabinet de M. Tronchay, Secrétaire de M. de Tillemont, & [enſuite] Chanoine de ſaint Michel à Laval, [mort en 1733, à Nonant, Dioceſe de Bayeux.]

25366. Raguagli hiſtorici del Veſpro Siciliano, nel anno 1282, ne' quali ſi monſtrano i felici reggimenti de Ré Arragoneſi ed Auſtriaci, e il mal governo di Carlo d'Angiò ; da Filadelfo MUGNOS, Leontino e Citadino Palermitano : *in Palermo,* Coppola, 1645, *in-4.*

L'iſteſſi, ampiati e corretti : *in Palermo,* d'Anſelmo, 1669, *in-4.*

25367. La Princeſſe charitable, ou Hiſtoire de la Reine Marguerite de Bourgogne, Comteſſe de Tonnerre, ſeconde femme de

Charles d'Anjou, frère de saint Louis, & Roi de Jérusalem, Fondatrice du grand Hôpital de Fonteville audit Tonnerre; [par Robert LUYTS: Troyes, 1653, in-8.

Cette Reine est morte en 1308.

— Vita sancti Ludovici, Caroli II. Regis Siciliæ filii, Episcopi Tolosani; auctore Anonymo coætaneo.

Voyez ci-devant, aux *Archevêques de Toulouse*, [N.os 10222 & *suiv. tom. I. pag. 660.*]

Comtes d'Artois, issus de Robert de France, Fils de Louis VIII.

25368. ✱ De la Branche d'Artois, avec l'Inventaire des Pièces de cette Maison; par Jean DU TILLET.

Dans son *Recueil des Rois de France*, pag. 107.

25369. Généalogie des Comtes d'Artois, depuis Robert de France, premier du nom, Comte d'Artois, en 1226 jusqu'en 1472.

Elle est imprimée dans Messieurs de Sainte-Marthe, Liv. XXIX. & dans le Père Anselme, Chap. XIII. [Edit. de 1726, tom. I. pag. 381.]

25370. Mf. De Origine Comitatûs Artesiæ & Comitum ejusdem genealogica Enarratio.

Cette Généalogie est conservée dans la Bibliothèque de l'Eglise Cathédrale de Tournay, selon Sanderus, tom. I. de sa *Bibliothèque des Manuscrits Belgiques*, pag. 210.

25371. La Succession & la Généalogie des Comtes d'Artois, avec les choses mémorables advenues de leur temps; par Guillaume GAZET.

Cette Généalogie est imprimée avec l'Ordre & la suite des Evêques de Cambray: *Arras*, 1598, *in-8.*

25372. ☞ Mémoires pour servir à l'Histoire de Robert d'Artois; par Antoine LANCELOT: *Mém. de l'Acad. des Inscript. & Bel. Lettr. tom. X. pag. 571 & 635.*

On trouvera ci-après les Pièces de son Procès.]

Comtes de Toulouse, dont Alphonse de France, fils de Louis VIII. fut le dernier.

25373. ✱ De la Branche des Comtes de Toulouse, & l'Inventaire des Pièces; par Jean DU TILLET.

Dans son *Recueil des Rois de France*, pag. 110.

☞ Il faut y ajouter un nouveau Comte titulaire de Toulouse, Louis-Alexandre de Bourbon, Prince légitimé, fils naturel de Louis XIV. mort en 1737, & père du Duc de Penthièvre. 2.º L'un des frères de Monseigneur le Dauphin d'aujourd'hui, a eu le nom de *Duc d'Aquitaine* (Toulousaine.)

Isabelle de France, fille de Louis VIII.

25374. Vie de sainte Isabelle de France, sœur de saint Louis, Fondatrice du Monastère de Long-Champ; écrite par Agnès D'HARCOURT, troisième Abbesse de ce Monastère, & publiée par Charles du Fresne du Cange.

Cette Vie est imprimée dans son Edition de l'*Histoire de Saint Louis*, par Joinville, de l'an 1668. Sainte Isabelle est morte en 1270; & Agnès d'Harcourt avoit été au service de cette Princesse. Cette Vie n'est qu'un petit Discours, mais sensé, des vertus de sainte Isabelle, elle contient quelques faits remarquables qui ont rapport à notre Histoire. Il paroît que le style a été retouché du temps de Louis XI.

☞ La même, & le *Commentarius* Joannis STILTINGI, e Societate Jesu.

Dans le *Recueil* de Bollandus, au 31 d'Août.]

25375. La sainte Mère, ou la Vie de sainte Ysabelle, ou Elizabeth de France; par Sébastien ROUILLIARD: *Paris*, Taupinard, 1619, *in-8*.

25376. La Vie neutre des filles dévotes qui font état de n'être mariées ni Religieuses, ou la Vie de sainte Isabelle de France; par Nicolas CAUSSIN, Jésuite: *Paris*, Sonnius, 1644, *in-12. Paris*, de Bray, 1647, *in-8*.

Cet Auteur est mort en 1651.

25377. Vie de la même; par François GIRY.

Cette Vie est imprimée dans son *Recueil des Vies des Saints*, au 31 d'Août.

25378. Vie de la même; par Adrien BAILLET.

Cette Vie est imprimée dans son *Recueil des Vies des Saints*, au même jour.

ENFANS DE SAINT LOUIS, IX.º du nom.

25379. ☞ Mémoire, où l'on démontre que Philippe de France, fils de S. Louis, n'a jamais été Duc d'Orléans; par M. POLLUCHE.

Dans le *Mercure*, 1735, Mai.]

25380. ☞ Remarques sur une Inscription du grand Cloître de la Chartreuse de Paris; (au sujet de Jeanne de Châtillon, femme de Pierre, Comte d'Alençon, mort en 1284, & fils de S. Louis).

Dans les *Variétés historiques*, tom. *I. pag. 46.* Cette Inscription est au bas d'un Tableau, représentant cette Princesse, qui fonda au treizième Siècle quatorze Chartreux.

Remarques sur le jour du décès, & le lieu où repose le cœur de la Princesse Jeanne de Châtillon, épouse de Pierre de France.

Dans le même *Recueil*, *tom. I. pag. 62*, le P. Anselme place cette mort au 19 Janvier; mais l'Auteur la met au 29 Janvier 1291. Le cœur de la Princesse a été déposé dans l'Eglise des Dominicains de Paris, où étoit celui de son mari; & son corps fut porté dans l'Abbaye de la Guiche, près de Blois, fondée par le Comte de Châtillon son père.]

Comtes de Clermont, issus de Robert, sixième Fils de S. Louis, & Chef de la Maison de Bourbon.

Cette Branche, qui est celle qui règne à présent (depuis Henri IV. en 1589) par l'extinction de toutes les autres qui la précédoient dans l'ordre de la succession à la Couronne, sera placée pour suivre l'ordre des temps, après la Branche d'Orléans-Valois.

ENFANS DE PHILIPPE III.
dit le Hardi.

Comtes d'Evreux & Rois de Navarre, issus de Louis de France, Fils puisné du Roi Philippe III.

25381. * De la Branche d'Evreux, avec l'Inventaire des Pièces; par Jean DU TILLET.

Dans son *Recueil des Rois de France*, pag. 178.

25382. Généalogie des Comtes d'Evreux, d'où sortent quelques Rois de Navarre, depuis l'an 1325 jusqu'en 1441.

Elle est imprimée dans Messieurs de Sainte-Marthe, Liv. XXII.

25383. Généalogie des Rois de Navarre, depuis Louis de France, Comte d'Evreux, fils puisné de Philippe III. Roi de France, jusqu'à Henri d'Albret II. du nom, Roi de Navarre.

Cette Généalogie est imprimée dans le Père Anselme, Chap. XI. §. 1 & 2, [Edit. de 1726, tom. I. pag. 179.]

25384. Ms. Titres de la Maison d'Evreux, Princes du Sang de France : *in-fol.*

Ces Titres [étoient] conservés dans la Bibliothèque de M. le Chancelier Seguier, [& sont aujourd'hui à S. Germain-des-Prés.]

25385. Ms. Généalogie de la Maison Royale de Navarre & des Maisons qui ont possédé cette Couronne, justifiée par Titres, Chartes d'Eglise, Manuscrits, Auteurs contemporains, anciens & modernes, & autres Preuves; par Pierre Gaucher DE SAINTE-MARTHE, Seigneur de Meré-sur-Indre, Historiographe de France : *in-fol.* 4 vol.

Cette Généalogie est conservée dans la Bibliothèque de saint Magloire, entre les Manuscrits de Messieurs de Sainte-Marthe.

25386. Genealogia Navarræ Regum, cæterarumque in utraque Vasconia Familiarum; auctore Arnaldo OIHENARTO.

Cette Généalogie est imprimée dans son Ouvrage intitulé : *Notitia utriusque Vasconia: Parisiis*, 1638, *in-4.*

25387. ☞ Mémoires pour servir à l'Histoire de Charles II. Roi de Navarre & Comte d'Evreux, surnommé le Mauvais; par feu M. (Denis-François) SECOUSSE, de l'Académie des Inscriptions & Belles-Lettres : *Paris, Durand*, 1758, *in-4.* 2 vol.

Le Tome I. contient les *Mémoires historiques & critiques*, au nombre de huit.
Le Tome II. renferme les *Pièces justificatives*, avec une Table chronologique à la tête; & à la fin, quelques Chroniques, dont nous avons fait mention en leur place. Charles le Mauvais naquit en 1332, & mourut environ l'an 1386. M. Secousse est mort en 1754.]

25388. Généalogie des Maisons de Foix, Béarn, Rodès, Bigorre, Commines, Albret, Périgueux & autres; par Pierre DE BELLOY.

Elle est imprimée à la fin de son *Interprétation des sauses de l'Edit du Roi Henri IV. Tolose*, 1608, *in-8.*

25389. Généalogie des Seigneurs souverains de Béarn, Empereurs, Rois, & autres Princes qui en sont descendus depuis Gaston de Moncade jusqu'à Louis XIII. Roi de France contre un Livre intitulé, *Le Moine*, tendant à assujettir la Principauté de Béarn au Royaume d'Arragon, avec les Preuves; par Jean-Paul DE LESCUN, Conseiller d'Etat de Navarre : *Paris*, 1616, *in-4.*

☞ L'Auteur, zélé Huguenot, ayant ameuté les esprits, fut condamné comme séditieux, & exécuté en 1622. On en a parlé ci-devant plusieurs fois, & surtout au N.° 5904.]

Comtes & Ducs d'Alençon, issus de Charles II. de Valois, Comte d'Alençon, second Fils de Charles de France, Comte de Valois, Fils de Philippe III. dit le Hardi.

25390. * De la Maison d'Alençon, issue de la Branche de Valois; avec l'Inventaire des Pièces; par Jean DU TILLET.

Dans son *Recueil des Rois de France*, pag. 174.

25391. Généalogie des Comtes & Ducs d'Alençon, & Comtes de Perche, depuis l'an 1326 jusqu'en 1525.

Elle est imprimée dans Messieurs de Sainte-Marthe, Liv. XXI. & dans le Père Anselme, Chap. X. [Edit. de 1726, tom. I. pag. 269.]

25392. Ms. La Chronique d'Alençon, depuis l'an 1227 jusqu'en 1438; écrite par PERCEVAL DE CAIGNY, Ecuyer d'Escurie de Jean Duc d'Alençon.

Cette Chronique est conservée dans la Bibliothèque du Roi, entre les Manuscrits de M. du Chesne, n. 2.

25393. Ms. La Chronique des Comtes & Ducs d'Alençon, depuis Pierre, fils de saint Louis, jusqu'à Jean, Duc d'Alençon, en 1473.

Cette Chronique est conservée dans la Bibliothèque du Roi, entre les Manuscrits de du Chesne, [& parmi ceux] de M. Colbert, num. 2195 & 6232.

25394. Ms. Addition à l'Histoire d'Alençon, extraite d'un cahier de Généalogie écrite du temps de Henri II.

Cette Chronique est conservée dans la Bibliothèque du Roi, entre les Manuscrits de du Chesne.

25395. Ms. Mémoire de la noble Lignie, dequoi M. d'Alençon est descendu, depuis le temps de M. saint Louis jusqu'à la mort de Charles VI.

Ce Mémoire est conservé entre les mêmes Manuscrits de du Chesne.

25396. * Inventaire des Titres d'Alençon : *in-fol.*

Dans la Bibliothèque de M. le Chancelier d'Aguesseau, & dans celle de M. Seguier [aujourd'hui à S. Germain des Prés.]

25397. Histoire des Princes de la Maison Royale qui ont tenu les Pays & Comtés de Perche & d'Alençon, depuis S. Louis jus-

qu'à préfent ; par Gilles BRY DE LA CLER-
GERIE, Avocat en la Cour de Parlement.

Cette Hiftoire eft imprimée avec celle des Pays de
Perche & d'Alençon, du même Auteur : *Paris*, le
Mur, 1620, *in*-4.

25398. ☞ De felici Obitu Joannæ Comi-
tiffæ Alenconii & Blefenfis, ex Manufcripto
Præmonftratenfi : (1291.)

Cette Pièce, qui concerne la Femme de Pierre de
France, Duc d'Alençon, eft *pag*. 1219 du tom. VI. du
Recueil de D. Martenne, intitulé : *Collectio vet. Scrip-
torum*. Voyez ci-devant, N.º 25380.]

25399. Vie de Marguerite de Lorraine, Ducheffe d'Alençon ; par Yves MAGISTRI,
Cordelier.

Elle eft imprimée avec celle de la Reine Jeanne,
[ci-devant, N.º 25058:] *Bourges*, 1585, *in*-8.

25400. * Vie de Marguerite de Lorraine,
Ducheffe d'Alençon, grande-aïeule du Roi
Louis le Jufte, & à lui préfentée ; (par Pierre
DU HAMEAU, Jéfuite :) *Paris*, Cramoify,
1628, *in*-8.

25401. * Vie de la bienheureufe Marguè-
rite de Lorraine, Religieufe de Sainte-Claire, & grande bifaïeule du Roi Louis XIV.
Dieu-Donné : *Paris*, Hénault, 1658, *in*-8.

L'Auteur n'a ajouté que des paroles à la Vie précédente, fans nouveaux faits ; & il paroît en avoir voulu
feulement rendre la lecture plus dévote. Celle-ci eft dédiée à Marguerite de Lorraine, Ducheffe d'Orléans, par
les Religieufes de Sainte-Claire d'Argentan, fondées
par Marguerite, Ducheffe d'Alençon, qui étoit la troifième fille de Ferry II. de Lorraine, Comte de Vaudemont, & femme de René, Duc d'Alençon. Elle eft
morte en 1521. Son Teftament fait le 9 Octobre 1520,
eft imprimé au tom. V. du *Spicilège* de D. Luc d'A-
chery, *pag*. 635.

25402. ☞ Mf. Lettre hiftorique fur la Vie
de Marguerite de Lorraine ; par Jean BA-
RAT, Curé de Sainte-Honorine de Chail-
loué.

Cet Ouvrage, qui eft confervé chez les Religieufes
de Sainte-Claire d'Argentan, eft plus étendu que les
trois Vies imprimées ; mais il y paroît peu de critique.]

25403. Eloge de la même ; par Hilarion DE
COSTE.

Cet Eloge eft imprimé dans fon *Recueil des Eloges
des Reines*, &c. tom. II. pag. 260 : *Paris*, 1630, *in*-4.

25404. Oraifon funèbre de Françoife d'A-
lençon, fille de René, Duc d'Alençon, Ducheffe de Beaumont, Douairière de Vendômois & de Longueville ; par Charles DE
SAINTE-MARTHE : *Paris*, 1550, *in*-8.

25405. Eloge de la même ; par Hilarion
DE COSTE.

Dans le tom. II. de fon *Recueil d'Eloges*, (ci-deffus)
pag. 471.

25406. Eloge d'Anne d'Alençon, fille de
René d'Alençon, Marquife de Montferrat ;
par le même.

Dans le même Recueil, tom. I. *pag*. 86. Anne d'A-
lençon vivoit encore l'an 1551.

ENFANT DE PHILIPPE VI.
dit de Valois.

Ducs d'Orléans, depuis Philippe d'Orléans.

25407. Généalogie des Ducs d'Orléans, depuis Philippe d'Orléans, Comte de Valois,
fils du Roi Philippe de Valois, depuis 1344
jufqu'en 1515.

Elle eft imprimée dans MM. de Sainte-Marthe, Livre XV. partie première.

☞ Ce Prince, frère du Roi Jean, n'ayant eu que
deux enfans naturels, le Duché d'Orléans fut réuni
après fa mort, (en 1375) à la Couronne.]

25408. Mf. Hiftoire de Philippe d'Orléans,
Comte de Valois : *in-fol*.

Cette Hiftoire eft confervée dans la Bibliothèque du
Roi, entre les Manufcrits de M. Bigot, num. 105.

25409. ☞ Mémoire fur l'année de la mort
& le lieu de la fépulture de Philippe de
France, premier Duc d'Orléans, fils de Philippe de Valois : *Mercure*, 1747, Décembre,
vol. I. & 1749, Juillet, *pag*. 3.

L'Auteur (M. POLLUCHE,) prétend contre le Père
Beuvrier & M. Piganiol de la Force, que ce Prince mourut le 1 Septembre 1375, & qu'il fut enterré en l'Eglife
de Sainte-Croix d'Orléans.]

ENFANS DU ROI JEAN.

*Ducs d'Anjou, Rois de Sicile & de Naples,
iffus de Louis de France, fecond Fils de
Jean, Roi de France.*

25410. * De la feconde Branche d'Anjou,
avec l'Inventaire des Pièces ; par Jean DU
TILLET.

Dans fon *Recueil des Rois de France*, *pag*. 206.

25411. Mf. Généalogie des Rois de Naples
& de Sicile ; par Jean MEINIER, Sieur d'Op-
pède.

Elle eft confervée dans la Bibliothèque du Roi,
num. 1665, felon le Père Labbe, *pag*. 293 de fa *Nouvelle Bibliothèque des Manufcrits*.

25412. Généalogie des Rois de Naples &
de Sicile de la feconde Branche d'Anjou,
depuis Louis de France, premier du nom,
Roi de Naples, &c. fecond fils du Roi Jean
de France, jufqu'à Nicolas d'Anjou, Duc
de Calabre, avec les Branches des Comtes
du Maine & des Marquis de Mézières.

Cette Généalogie eft imprimée dans MM. de Sainte-
Marthe, Livre XVII. & dans le P. Anfelme, Chap. VIII.
§. 1 & 2. [Ed. de 1726, tom. I. *pag*. 227.]

25413. Hiftoire de Louis de France, Duc
d'Anjou, Roi de Sicile ; par Jean LE LA-
BOUREUR.

Cette Hiftoire eft imprimée au tom. I. de fon *Hiftoire de Charles VI*. *pag*. 47 : *Paris*, 1663, *in-fol*.
Louis d'Anjou eft mort en 1384.

25414. ☞ Hiftoire de Jeanne I. Reine de
Naples ; par M. MIGNOT, (Confeiller-Clerc
au Grand-Confeil :) 1764, *in*-12.]

25415. ☞ Hiftoire des Reines Jeanne I.

& Jeanne II. Reines de Naples & de Sicile, Comtesses de Provence: *Paris*, 1700, *in-*16.]

25416. ☞ Mf. Les Amours de René, Roi de Sicile, & de Jeanne, fille de Guy, Comte de Laval, qu'il épousa en secondes nôces, en 1454: *in-fol.*

Cet Ouvrage est indiqué dans le Catalogue des Manuscrits de M. Seguier, *pag.* 20. [*Voyez* à S. Germain des Prés.]

25417. Mf. Chronique de la Lignie d'Anjou, depuis l'an 1377 jusqu'en 1446.

Cette Chronique est conservée dans la Bibliothèque du Roi, entre les Manuscrits de du Chesne, num. 2.

25418. Des prétentions de la seconde Famille d'Anjou sur le Royaume de Naples, & les ruineux Voyages qu'elle y fit ; par Estienne Pasquier.

Ce Discours est imprimé au Chap. XXVII. du Liv. VI. de ses *Recherches de la France*.

25419. Histoire (d'Amé) Comte de Génévois, & de Mademoiselle d'Anjou ; (par DE PRESCHAC:) *Paris*, Barbin, 1680, *in-*12.

Amé, Comte de Génévois, étoit fils puîné d'Amé VIII. premier Duc de Savoye. Cette Histoire est continuée jusqu'à son mariage avec Anne de Chypre, fille de Janus, Roi de Chypre, avec laquelle il fut accordé l'an 1432; mais sa mort, qui arriva peu après, l'empêcha d'accomplir ce mariage. Il n'y avoit point dans ce temps-là d'autre Princesse qu'on pût appeller Mademoiselle d'Anjou, que Marie, fille de Louis II. Duc d'Anjou, qui épousa en 1413 le Roi Charles VII. Cette Reine étoit trop sage & trop religieuse pour devenir la matière d'une nouvelle historique : ce qui fait connoître que dans plusieurs de ces Ouvrages tout est de l'invention des Auteurs, même jusqu'au nom des personnages dont ils prétendent écrire l'Histoire.

25420. ☞ Histoire de Marguerite d'Anjou; Reine d'Angleterre ; par M. l'Abbé (Antoine-François) PRÉVOST d'Exiles : *Amsterdam*, (*Paris*,) 1740, *in-*12. 2 vol.

Marguerite d'Anjou, fille de René, Roi de Naples, naquit en 1429, épousa en 1441 Henri VI. Roi d'Angleterre, & mourut en 1482. Cette Histoire tient beaucoup du Roman.]

25421. ☞ Mf. Lettres d'abolition données par le Roi à Charles, Duc de Calabre & Comte du Maine, 1475 : Copie de 10 pages.

Elle est conservée dans la Bibliothèque de M. Fevret de Fontette, Conseiller au Parlement de Dijon.]

Ducs de Berry depuis Jean de France, troisième fils du Roi Jean.

25422. ★ De la Branche de Berry, avec l'Inventaire des Pièces ; par Jean DU TILLET.

Dans son *Recueil des Rois de France*, *pag.* 209.

25423. Généalogie des Ducs & Duchesses de Berry, & anciens Comtes de Montpensier, depuis Jean de France, Duc de Berry & d'Auvergne, troisième fils du Roi Jean.

Cette Généalogie est imprimée dans MM. de Sainte-Marthe, Livre XVIII.

25424. Histoire de Jean de France, Duc de Berry, (mort en 1416;) par Jean LE LABOUREUR.

Cette Histoire est imprimée au tom. I. de l'*Histoire du Roi Charles VI.* pag. 72 : *Paris*, 1663, *in-fol.*

25425. ☞ Mf. Testament, Inventaire & Prisée des Meubles de Jean, Duc de Berry, frère du Roi Charles V. en 1416: *in-fol.*

Ces Pièces en Original sur vélin, sont conservées dans la Bibliothèque de Sainte-Geneviève à Paris. On y voit un dénombrement exact des Livres, Joyaux & autres Meubles précieux que ce Prince, qui étoit fort riche, curieux & magnifique, avoit amassés. On y trouve aussi à la fin, le nombre de ses Officiers, qui étoit très-considérable.]

Ducs de Bourgogne issus de Philippe de France, quatrième fils de Jean, Roi de France.

25426. ★ De la seconde Branche de Bourgogne & des Comtes de Flandres, avec l'Inventaire des Pièces ; par Jean DU TILLET.

Dans son *Recueil des Rois de France*, *pag.* 211.

25427. Généalogies des Ducs de Bourgogne; Comtes de Flandres, d'Artois & de Bourgogne, Palatins, depuis l'an 1360 jusqu'en 1483.

Ces Généalogies sont imprimées dans MM. de Sainte-Marthe, Livre XIX.

25428. Généalogie des derniers Ducs de Bourgogne, depuis Philippe de France, second de ce nom, quatrième fils de Jean, Roi de France, jusqu'à Marie de Bourgogne, Duchesse de Brabant.

Elle est imprimée dans le Père Anselme, Chap. IX. [Ed. de 1726, tom. I. pag. 239.]

25429. Histoire de Philippe de France, Duc de Bourgogne, (mort en 1404;) par Jean LE LABOUREUR.

Cette Histoire est imprimée au tom. I. de l'*Histoire du Roi Charles VI.* pag. 90 : *Paris*, 1663, *in-fol.* C'est une vraie Satyre, selon Philibert de la Mare.

25430. Genealogia Ducum Burgundiæ, Brabantiæ, Flandriæ, &c. auctore Edmundo DINTERO: *Argentorati*, 1529, *in-fol.*

La même est imprimée au tom. III. de Fréher, dans sa *Collection des Historiens d'Allemagne.* Ce petit Livre est plein de fables ; il commence ces Généalogies depuis Hector le Troyen. L'Auteur est mort en 1448.

☞ Il fait sortir les Ducs de Bourgogne, ainsi que la troisième Race des Rois de France, d'Ansbert & de Blitilde, en remontant jusqu'à Priam, fils d'Hector.]

25431. Tables généalogiques des Ducs de Bourgogne ; par Joachim HACMENER: *in-*4.

25432. Mf. Les Généalogies des Rois & Princes de Bourgogne ; par André THEVET.

Ce Manuscrit [étoit] conservé dans la Bibliothèque de M. Pelletier le Ministre, num. 174.

25433. Mf. Généalogie pour montrer que

Histoires des Princes & Princesses du Sang.

le Duché de Bourgogne est par succession échu au Roi Jean : *in-fol.*

Cette Généalogie est conservée entre les Manuscrits de M. Dupuy, num. 309.

25434. Mss. Connoissance sommaire des deux Familles Royales des Ducs de Bourgogne ; par Jules CHIFFLET, Abbé de Ballerne.

Ce Discours est cité par Philibert de la Mare, dans son *Plan des Historiens de Bourgogne*, pag. 5.

25435. ☞ Mss. Histoire générale de la vie & faits des Ducs de Bourgogne, issus de la Maison Royale de France, & de leurs successeurs audit Duché, & autres leurs Pays & Etats issus de la Maison Impériale & Royale d'Autriche ; par le Sieur François Poyer DE CROIX, Notaire Royal de la Résidence de S. Pol en Artois: Manuscrit original, *in-fol.* 2 gros volumes.

Il est conservé dans les Archives de la Chambre des Comptes de Lille. Cet Ouvrage, qui commence en 1363 & finit en 1672, est divisé en deux Livres.

Le premier contient la vie & faits des Ducs de Bourgogne, avec plusieurs remarques & particularités convenantes dignement à ladite Histoire ; auquel Livre est joint un Discours sommaire des Erections & Institutions de plusieurs Ordres de Chevalerie faites tant en Espagne, Afrique, Angleterre, qu'en France & en la Gaule Belgique, augmenté de plusieurs choses notables.

Le second Livre comprend la Description & dénombrement des Etats, Pays, Provinces, Villes & Seigneuries qu'ont tenu & possédé ces Ducs, tant en Bourgogne, pays adjacens, France, qu'en ladite Gaule Belgique, jusqu'à la mer Océane, Germanique & Frise Orientale.]

25436. ☞ Mss. Mémoires pour servir à l'Histoire des Ducs de Bourgogne, de la première & seconde Race Royale; (par M. Jean-Benigne Lucotte DU TILLOT:) Joannes Piron, scripsit & delineavit: 1726, *in-fol.*

Ce magnifique Manuscrit est l'Original de M. du Tillot, qui a rassemblé plusieurs choses curieuses concernant l'Histoire des Ducs de Bourgogne, tirées de différents endroits, entr'autres de la Chambre des Comptes de Dijon. On y trouve entr'autres, la Procédure & l'information faites au sujet du meurtre de Jean Sans-Peur, (qui se voit aussi dans le *Journal de Paris*, imprimé *in-4.* ci-devant, N.° 17144;) plusieurs morceaux concernant la fondation & les tombeaux des Chartreux, & nombre d'autres choses intéressantes. M. du Tillot n'a rien négligé pour orner son Ouvrage de portraits & sceaux des Ducs de Bourgogne, destinés à la plume avec grand soin, ainsi que nombre d'autres figures concernant l'Histoire de Bourgogne, de l'écriture & de la main du Sieur Piron, des plus belles qui aient jamais existé. Papier, marges, reliure, tout concourt à rendre ce Manuscrit l'un des plus beaux qu'il soit possible de voir. On peut consulter sur M. du Tillot & sur ce Manuscrit, la *Bibliothèque des Auteurs de Bourgogne*, par l'Abbé Papillon, Art. *Lucotte*. Il est actuellement dans la Bibliothèque de M. Fevret de Fontette, Conseiller au Parlement de Dijon.]

25437. Rerum Burgundicarum Libri sex, in quorum quinque prioribus describuntur maximè res gestæ Regum, Ducum, Comitum utriusque Burgundiæ, ac in primis Philippi Audacis, Joannis Intrepidi, Philippi Boni, Caroli Pugnacis, qui è Valesiana Francorum Regum Familia apud Burgundos imperarunt, & in sexto Libro exponuntur Genealogiæ Familiarum Gallicarum & Belgicarum de quibus in opere fit mentio ; auctore Ponto HEUTERO, Delphio : *Antverpiæ*, Plantini, 1584, *in-fol. Hagæ-Comitis*, Maire, 1639, *in-8.*

Cette même Histoire est imprimée avec les Œuvres du même Auteur : *Lovanii*, 1643, *in-fol.* Il est mort en 1602.

☞ Ce Livre a quatre parties principales. La premiere contient en cinq Livres l'Histoire des anciens Bourguignons & des quatre Ducs de Bourgogne de la seconde Race. On y a ajouté un sixième Livre de Tables généalogiques de diverses Maisons de la France, & particulièrement de la Flandre, avec des explications. Cette Partie I. avoit déja été imprimée séparément en 1639, *in-8.* La Partie II. contient en quinze Livres la suite de l'Histoire de Flandres, sous les Princes de la Maison d'Autriche : Maximilien, Philippe I. Charles V. & Philippe II. jusqu'en 1560. On trouve à la tête un Traité sur la Généalogie de la Maison d'Autriche, & à la fin un Eloge de l'Empereur Maximilien I. La Partie III. comprend, en trois Livres, la suite de la vie de Philippe II. depuis 1560 jusqu'en 1569. La Partie IV. contient, 1.° une Histoire de la Gaule Belgique, avant Jules-César, & depuis jusqu'à la décadence de l'Empire Romain : 2.° une Description plus récente des différentes Provinces, Villes & Rivières de la Flandre : 3.° une Histoire des Monnoies anciennes, & leur comparaison avec celles du siècle précédent : 4.° enfin, un Traité intitulé : *De libera hominis nativitate, seu de liberis naturalibus.*

On peut voir la *Bibliothèque des Auteurs de Bourgogne*, par l'Abbé Papillon, pag. 107, où il est parlé d'une Traduction de cet Ouvrage par Philibert Bretin.]

25438. Duces Burgundiæ, itemque Flandriæ Comites & res ab eis gestæ ; auctore Cornelio LUMINÆO A MARCA, Gandensi, Ordinis sancti Benedicti : *Lovanii*, Dormelii, 1613, *in-8.*

25439. Icones & Epitaphia quatuor postremorum Ducum Burgundiæ ex augustissimâ Valesiorum Familiâ ; auctore Stephano TABOROTIO, Procuratore Regis Divionensi, Latinè & Gallicè : *Parisiis*, Richer, 1587, *in-8.*

L'Auteur est mort en 1590.

☞ Les Portraits sont tirés des Chartreux, de la Sainte-Chapelle & de la Chambre des Comptes de Dijon. Ils sont accompagnés d'un Sommaire très-abrégé de la Vie des quatre derniers Ducs.]

25440. Ericii PUTEANI, Orchestra Burgundica, (quatuor postremorum) Ducum Burgundiæ Elogia historica, Pars Theatri Heroici : *Bruxellæ*, Mommartii, 1642, *in-fol.*

25441. Mss. Mémoires contenant la Vie des quatre derniers Ducs de Bourgogne; par Prosper BAUYN, Maître de la Chambre des Comptes de Dijon.

Ces Mémoires de Prosper Bauyn, mort en 1688, sont conservés dans la Bibliothèque de M. de la Mare, à Dijon, comme il est dit pag. 7 de son *Plan des Historiens de Bourgogne.*

25442. Mss. Historia quatuor Ducum postremorum Burgundiæ ; auctore Petro PALLIOT : *in-fol.*

Cette Histoire est conservée dans la Bibliothèque du

Collége [qu'occupoient ci-devant les] Jésuites à Dijon; & elle est jointe aux Ordonnances de l'Ordre de la Toison d'or.

☞ « Il se trouve, à la vérité, une Histoire pareille » en Manuscrit, dans la Bibliothèque du Collége de » Dijon, ou du moins de trois Ducs; sçavoir Philippe » le Hardi, Jean Sans-Peur & Charles le Terrible; car à » l'égard de Philippe le Bon, ce n'est qu'un petit Mé- » moire de deux ou trois pages, qui ne mérite pas de » portet le nom d'Histoire. Mais je ne sais sur quoi on » fonde que Palliot en est l'Auteur. Le Manuscrit n'est » point de sa main; son nom n'y est point; & de plus il » ne sçavoit pas assez de Latin pour un pareil Ouvrage. » Je n'ai cependant pu encore découvrir de qui il est ».

Cette Note est de M. le Président Bouhier. Mais si l'on est au fait de ce qui regarde Palliot, il ne faut que jetter les yeux sur ce Manuscrit, qui est écrit de sa main même, & raturé en quelques endroits, pour être convaincu qu'il en est l'Auteur; on le sera davantage en lisant, par la raison même qu'en apporte M. Bouhier, que Palliot n'étoit pas trop versé dans la Langue Latine. Le surplus de la Note est vrai; mais outre les Ordonnances de l'Ordre de la Toison d'or, on y trouve encore les Eloges & les Blasons des Chevaliers qui ont assisté au troisième Chapitre de cet Ordre, tenu à Dijon au mois de Novembre 1433. Il en sera fait mention ci-après, à l'Article de l'*Ordre de la Toison d'or.*]

25443. ☞ Ms. Histoire abrégée des quatre derniers Ducs de Bourgogne, avec les Vies de ces Ducs & leurs Portraits; par Jean GODRAN.

Elle est imprimée avec son *Histoire abrégée des Chevaliers de la Toison d'or.*]

25444. Histoire des quatre derniers Ducs de Bourgogne; par DE FABERT: *Cologne,* P. Marteau, 1687, *in*-12. & 1689, *in*-12. 2 vol.

L'Auteur de cette Histoire étoit le cousin-germain du Maréchal de France de même nom.

☞ Voyez l'*Hist. des Ouvr. des Sçav. Mars & Avril* 1689. = Lenglet, *Méth. hist. in*-4. *tom. IV. pag.* 218.]

※ La Préface de la première Edition est signée L.D.G. Cet Editeur dit qu'il imprime cette Histoire malgré l'Auteur, parcequ'il est son parent, & qu'il veut obliger le Public. La Préface de la seconde Edition est signée par Louis De G. Capitaine d'Infanterie au Diocèse de Cologne. C'est dans cette Préface qu'il est dit que l'Auteur de cet Ouvrage est cousin du Maréchal de Fabert. Elle est composée, dit-on, sur les Mémoires & Papiers laissés par ce Maréchal, à qui l'on veut que tout ce qu'il a de bon soit attribué. On devoit donner la suite en deux volumes. Il n'y a pas beaucoup de recherches dans ce Livre, qui est écrit d'un style Flamand & fort dur. L'Auteur paroît partisan de la Maison d'Autriche.

25445. ☞ Ms Eloges des quatre derniers Ducs de Bourgogne, & Mémoires historiques sur les écus des Chevaliers de la Toison d'or, qui se voyent dans la sainte Chapelle du Roi à Dijon; par P. MONIN: *in-fol.*

Ce Manuscrit original est cité pag. 386 du Catalogue de Cangé.]

25446. ☞ Ms. Histoire du Voyage fait en Hongrie par Jean, Comte de Nevers, depuis Duc de Bourgogne, de la Défaite de l'Armée Chrétienne à Nicosie, de la Prison & Délivrance de ce Prince, avec les Preuves; (par Prosper BAUYN, Maître des Comptes à Dijon.)

Cette Histoire est conservée dans la Bibliothèque de M. Fyau, Conseiller au Parlement de Dijon.]

25447. ☞ Ms. Le Pas ou Tournoy tenu en la Ville de Bruxelles, par Messire Jacques de Lalain, avec le Livre de la mort de Jean, Duc de Bourgogne, & la Fête de Philippe, Duc de Bourgogne, le 17 Janvier 1454: *in*-4.]

Ce Manuscrit est indiqué parmi les Manuscrits de M. Baluze, num. 654, & se trouve dans la Bibliothèque du Roi.]

25448. Tractatus historicus de virtutibus Philippi Burgundiæ Ducis; auctore Joanne GERMAIN, Cabilloniorum Episcopo, primo Ordinis Velleris Aurei Cancellario: *in*-4.

Ce Traité [étoit] conservé [en Manuscrit] dans la Bibliothèque de M. Foucault, & dans le Cabinet de M. Fouquet, Secrétaire du Roi. L'Auteur est mort Evêque d'Auxerre en 1362.

☞ J. P. de Ludewig, entre les mains duquel un Manuscrit étoit passé, l'a publié dans son Recueil intitulé: *Reliquiæ Manuscriptorum omnis ævi,* &c. *Halæ Salicæ,* 1337, *in*-8. *tom. XI.* Germain a écrit son Ouvrage en 1352. *Voyez* les *Actes de Léipsick,* 1728, *pag.* 642, L'Abbé Lebeuf dans ses *Mémoires concernant l'Histoire d'Auxerre:* (Paris) 1743, *in*-4.) parle de cet Evêque, *tom. I. pag.* 467; mais il ne dit rien de cet Ouvrage.]

25449. Ms. Sommaire de l'Histoire contenant les victorieux Faits de Philippe Duc de Bourgogne & de Brabant; ensemble de Charles de Charolois son fils: *in-fol.*

Ce Sommaire est conservé dans la Bibliothèque de Sainte-Geneviève, à Paris.

25450. Ms. La Déclaration de tous les hauts faits & glorieuses avantures du Duc Philippe de Bourgogne, appellé le grand Lyon; par Georges CHASTELAIN, son Judiciaire: *in-fol.*

Ce Manuscrit est conservé dans la Bibliothèque de M. de la Mare, à Dijon.

※ Olivier de la Marche, dans la Préface du Liv. 1. de ses *Mémoires, pag.* 74, nomme l'Auteur, *la perle & l'étoile de tous les Historiographes.*

25451. Ms. Histoire de Bourgogne, commençant à la prise du Château de Gaur sur les Gantois, par Philippe le Bon, Duc de Bourgogne, en 1453, jusqu'à la prise de Senegebeques & Ponques, par le même Duc.

Ce Manuscrit est aussi dans la Bibliothèque de M. de la Mare, & il en parle, comme du précédent, *pag.* 13, de son *Plan des Historiens de Bourgogne.*

25452. Ms. Historia rerum gestarum Philippi Boni, Ducis Burgundiæ.

Cette Histoire est indiquée dans Lambecius, tom. II. de ses *Commentaires sur la Bibliothèque de l'Empereur, pag.* 356.

== Abrégé de l'Histoire chronologique, depuis l'an 1400 jusqu'en 1467, que mourut Philippe le Bon, qui comprend le temps que régna ce Prince; par un Auteur contemporain qui lui étoit attaché.

Voyez ci-devant, au *Règne de Louis XI.* [N.° 17296.]

25453. ☞ Epitaphe qui fut faite pour le noble Duc Philippe (le Bon) de Bourgogne, *Mercure,* 1724, *Octobre.*]

☞ Remarques

25454. Remarques sur cette Epitaphe; par M. Moreau de Mautour. *Ibid.* 1725; Février, pag. 291.

Ces Remarques contiennent plusieurs faits curieux sur la vie & la sépulture des quatre derniers Ducs de Bourgogne.]

25454. Epistola Arnoldi de Lalain, Præpositi beatæ Mariæ Brugensis, de congressu Imperatoris Federici & Caroli Burgundiæ Ducis; ex Gallico Latina facta à Rudolpho Agricola.

Cette Lettre est imprimée avec les *Opuscules d'Agricola*: Basileæ, 1518, in-4. & dans Freher, au tom. II. de sa *Collection des Historiens d'Allemagne*, pag. 155.

25455. Mf. La mort du Duc de Bourgogne Pervers, nommé Charles, fils du bon Duc Philippe très-doux, bel, gracieux, & qui vesquit en paix avec son Seigneur le Roy Charles VII. en 1476.

Cette Relation [étoit] conservée dans le tom. XC. des Manuscrits de M. Joachim Colbert de Croissi, Evêque de Montpellier, [qui a été vendue après la mort de ce Prélat, arrivée en 1738.]

25456. ☞ Mf. Ad Fredericum Gonzaguam Mantuæ Marchionem, de bello, strage & obitu Caroli Burgundiæ Ducis; (auctore Petro Brocardo).

On peut voir à ce sujet, la *Bibliothèque des Auteurs de Bourgogne*, pag. 111.]

25457. Mf. Vie de Charles, Duc de Bourgogne, dit le Hardy.

Cette Vie est conservée entre les Manuscrits de M. Dupuy, num. 724.

25458. Mf. Histoire du même.

Cette Histoire est conservée à Dijon, dans la Bibliothèque de M. de la Mare, & il en fait mention dans son *Plan des Historiens de Bourgogne*, pag. 16.

25459. Le Chevalier délibéré, ou la Vie & la Mort de Charles, Duc de Bourgogne, qui trépassa (en 1477), devant Nancy, en rimes Françoises; par George Chastelain: Paris, le Noir, 1489, in-4. [Autre Edition, sans date, chez Sergent.]

☞ Il paroît qu'on est plus autorisé à l'attribuer à Olivier de la Marche.

Voyez tom. II. des *Mémoires de l'Académie des Inscript.* pag. 744, & fol. 2 verso du Livre du même de la Marche, intitulé: *Traités & Avis de quelques Gentilshommes François, sur les duels & gages de Bataille*: Paris, 1586, in-8. où l'Auteur s'exprime ainsi: *Après avoir achevé le Chevalier délibéré, le Parement des Dames*, &c. M. Papillon, dans sa *Biblioth. des Auteurs de Bourgogne*, lui attribue aussi cet Ouvrage.]

25460. ☞ L'Avanturier rendu à daugier, conduit par advis, traitant des guerres de Bourgogne, & la journée de Nancy; avec la Vie & Testament de Maître Enguerrant de Marigny, qui fit faire le Palais de Paris, & l'Eglise de Notre-Dame d'Escouys, près de Rouen; & plusieurs autres choses dignes de mémoire: imprimé nouvellement *à Paris*, in-4. Gothique.

Cet Ouvrage est en Vers; il paroît que l'Auteur s'appelloit Jean de Marony, par la fin de ce Livre, qui est ainsi conçue:

L'EPITAPHE DE L'ACTEUR:

Ce fist Jean de Margny,
Qui de grands adventures
En ce monde souffrit
De diverses & dures.
Pays, Cités, & tours
Il fut à conquérir
Batailles & estours,
Pour Prince maintenir,
Par fortune contraint;
Fut grands maulx enduret,
Et de danger attaint:
Dieu nous doint bien finer.

L'Auteur donne un détail du Lignage ou Famille d'Enguerant de Marigny, de laquelle il se dit, & par lequel il paroît qu'Enguerant avoit deux frères, Philippe, Archevêque de Sens, & Jean Evêque de Beauvais; qu'ils avoient un oncle qui resta au Pays de Normandie, & avoit nom Valart de Margny. Il épousa la fille de Robert de Grigny, dont il eut Honoré de Margny, qui épousa la fille d'Anguerin de Jonchois, dont il eut Clément de Margny, qui épousa la fille de Jean de Brestel, dont il eut trois fils: Jean de Margny épousa la fille de Jean de Franmery, dont il eut neuf fils & quatre filles. L'Auteur, Jean de Margny, étoit l'aîné, & épousa la fille de Jean de Bonnal, Seigneur de Maucourt.

Cet Auteur raconte ensuite ses exploits depuis l'âge de 20 ans, étant au service de Charles le Hardy, Duc de Bourgogne, & détaille la Journée de Nancy, à laquelle il avoit été présent.

25461. ☞ Mf. Ballade de la mort du Duc de Bourgogne, tué à Nancy.

Cette Pièce est conservée dans la Bibliothèque du Roi, au num. 7685.

25462. De Caroli Burgundiæ Ducis laudibus & victoriis, necnon Leodiensium clade & excidio, incerti auctoris Epistola.

Cette Narration est imprimée dans Freher, tom. III. de sa *Collection des Historiens d'Allemagne*, pag. 135.

25463. ☞ Mf. Henricus Gundelfingius, de rebus gestis sub Carolo Duce Burgundiæ.

Cette Histoire est indiquée par Lambecius, au tom. II. de ses *Commentaires sur la Bibliothèque de l'Empereur*, pag. 492.]

25464. ☞ Mémoires & Recueils faits par Jehan de Saint-Remy de la Jacquerie, natif d'Avesne, Roy d'Armes de la Toison-d'or, contenant l'Histoire de Charles, dernier Duc de Bourgogne, depuis l'an 1464 jusqu'en 1477: *in-fol.* 2 vol.

Cet Exemplaire, écrit de la main de l'Auteur, qui étoit au service de ce Duc, est conservé dans la Bibliothèque du Roi, num. 8348 & 8349, outre une Copie provenant de M. Colbert.

25465. Mf. Histoire de Charles, dernier Duc de Bourgogne; par Jean (Wauvrin), Seigneur de Forestel: *in fol.* 3 vol.

Cette Histoire de Jean Wauvrin, [étoit] conservée dans la Bibliothèque de M. Godefroy, [dont une grande partie est dans celle de l'Hôtel de Ville de Paris.]

25466. Vita Caroli Burgundiæ Ducis; per Hadrianum Barlandum. Item de Comitibus Hollandiæ.

Cette Vie est imprimée à la suite de son *Histoire des*

Comtes de Hollande, pag. 96 : Lugduni - Batavorum, Plantini, 1584, in-fol.

25467. Historia del Duque Carlos de Borgoña, Bisaguelo del Emperador Carlo V. ò Compendio de las Memorias de Comines de los Hechos de Luigi XI. &c. por el Secretario Petro DE AGUILON : *in Pampelone*, 1586, *in-4*.

☞ Les quatre premiers Livres s'étendent depuis l'an 1464 jusqu'à la mort de Charles le Hardy, en 1477 : les deux derniers jusqu'à la mort du Roi Charles VIII. en 1498.]

25468. Histoire des Ducs de Bourgogne, Philippe le Bon & Charles le Hardy : *Bruxelles*, 1634, *in-4*.

25469. ☞ Extrait d'une ancienne Chronique.

Elle est imprimée dans le *Supplément aux Mémoires de* Comines, 1713, *in-8. pag.* 319. Cette Chronique ou cet Extrait commence en 1460, & finit en 1476. L'Auteur s'est plus étendu sur l'*Histoire de Philippe le Bon & de Charles le Hardy son fils*, que sur l'*Histoire de France*.]

25470. Histoire secrette de Bourgogne : *Paris*, Benard, 1694, *in-12*. 2 vol.

« Le titre d'Histoire n'appartient pas à la rigueur à
» cet Ouvrage (qui a été composé par Charlote Rose
» DE CAUMONT DE LA FORCE, petite-fille du Maréchal
» de France de ce nom), puisqu'il ne représente aucune
» de ces actions éclatantes, qui méritent le mieux d'être
» tirées de l'oubli, & conservées dans la mémoire des
» hommes. Ce ne sont que des avantures galantes (des
» derniers Ducs de Bourgogne), auxquelles le silence de
» deux siècles fait aujourd'hui la grace de la nouveauté.
» Il semble pourtant que celles de Philippe de Comines
» doivent être exceptées de ce nombre ». *Journal des Sçavans, du 21 Juin 1694.*

25471. Ms. Etats des Maisons des quatre derniers Ducs de Bourgogne ; les trois premiers tirés de la Chambre des Comptes de Dijon ; & le quatrième des Mémoires d'Olivier de la Marche.

Ces Etats sont conservés dans la Bibliothèque de M. de la Mare à Dijon. Le dernier, composé par Olivier DE LA MARCHE, est imprimé [avec ses Ouvrages] : *Bruxelles*, 1616, *in-4*. *Louvain*, 1645, *in-8*.

☞ Les premiers Etats sont imprimés dans les *Mémoires pour servir à l'Histoire de France & de Bourgogne*, & *Journal de Paris*, publiés par D. des Salles. Celui d'Olivier de la Marche, intitulé: *Rationarium Aulæ & Imperii Caroli Audacis*, &c. se trouve en Flamand, tom. I. de la *Collection* d'Antoine Matthæus, intitulée : *Veteris ævi Analecta : Lugd. Batav.* 1698, *in-8*. 10 tomes: *Hagæ - Comit. in-4*. 5 tom.]

25472. ☞ Les honneurs de la Cour de Bourgogne.

Cette Pièce se trouve dans les *Mémoires sur l'ancienne Chevalerie* ; par M. de SAINTE-PALAYE : *Paris*, 1759, *in-12. tom. II.*]

25473. Histoire secrette de Marie de Bourgogne : *Paris*, 1712, *in-12*. 2 vol.

Marie de Bourgogne étoit fille de Charles le Téméraire, Duc de Bourgogne ; elle épousa Maximilien d'Autriche, & porta par ce Mariage, tous ses Etats des Pays-Bas dans cette Maison. Elle est morte en 1482. Mademoiselle DE LA FORCE, dont on a parlé au N.º 25470, a aussi composé cette Histoire.

25474. ☞ Histoire de Marie de Bourgogne, fille de Charles le Téméraire, femme de Maximilien I. Archiduc d'Autriche, & depuis Empereur ; (par M. GAILLARD) : *Amsterdam*, (*Paris*) , 1757, *in-12*.

Cet Ouvrage est intéressant. L'Auteur y a recueilli & fixé les causes du mariage de l'héritière de Bourgogne, époque principale des grands événemens de l'Histoire, depuis environ 250 ans. Il l'a développé dans toutes ses parties, & en a présenté aux Lecteurs les premiers effets. Son plan est exécuté avec beaucoup de précision & de lumière, selon le *Journal des Sçavans*.]

25475. ☞ Histoire amoureuse & tragique des Princesses de Bourgogne : *La Haye*, 1720, *in-12*. 2 vol.

25476. Vita Philippi à Burgundia, Boni Philippi Burgundiorum Ducis filii, in quâ non paucis locis Christiani Principis exempla proponuntur, & origo Belli inter Episcopum Ultrajectinum & Carolum Gueldriæ Principem inseritur ; auctore GERARDO Noviomago, Gerardi Geldenhavrii filio : *Argentorati*, Egenolfi, 1529, *in-8*.

Eadem cum Notis & Observationibus Antonii MATTHÆI.

Cette Vie est imprimée entre ses *Veteris Ævi Anal. pag.* 216 : *Lugduni-Batavorum*, 1698, *in-8*. Ce Prince étoit fils naturel de Philippe le Bon : il est mort Evêque de Mastricht en 1524.

25477. Généalogie des Ducs de Brabant, de Lothier & de Limbourg : les Comtes de Nivernois & de Rethelois, depuis l'an 1406 jusqu'en 1500.

Elle est imprimée dans Messieurs de Sainte-Marthe, Livre XX. & dans le Père Anselme, Chapitre IX. §. 1. & suivans, [Edit. de 1726, tom. I. *pag.* 248.] ☞

25478. Vie d'Antoine de Bourgogne, fils de Philippe le Bon ; par André THEVET.

Cette Vie est imprimée au tom. II. de ses *Hommes illustres*, Chap. XXVII.

25479. Ms. Vita Antonii Lotharingiæ, Brabantiæ & Limburgiæ Ducis, ab anno 1410, ad annum 1415 (quo obiit) : 1500.

Cette Vie [étoit] entre les mains de Dom Mattenne, Bénédictin, [& se trouve ainsi à S. Germain-des-Prés.]

25480. Extraits de divers Registres & autres enseignemens, concernant les Rois & Princes & autres saints Personnages issus de la Maison de Bourgogne : *Genève*, Poncet, 1535, *in-8*.

ENFANS DE CHARLES V.

Ducs d'Orléans, issus de Louis de France, second Fils de Charles V. [desquels descendoit Louis XII.] Roi de France.

25481. ✱ De la Branche des Ducs d'Orléans, avec l'Inventaire des Pièces ; par Jean DU TILLET.

Dans son *Recueil des Rois de France*, *pag.* 226.

25482. Généalogie des Ducs d'Orléans ;

Histoires des Princes & Princesses du Sang.

depuis Louis de France, second fils de Charles V. jusqu'à Louis XII. Roi de France.

Cette Généalogie est imprimée dans le Père Anselme, au Chapitre VII. [Edit. de 1726, tom. I. pag. 206.]

25483. ☞ Mémoire sur quelques particularités de l'Histoire des Ducs d'Orléans, descendus de Charles V. & sur quelques Ecrits d'Auteurs François, qui ont fleuri dans le quatorzième Siècle; par M. l'Abbé Sallier: *Mém. de l'Acad. des Inscript. & Bell. Lett. tom. XV. pag. 795.*]

25484. ☞ Notice de deux Ouvrages manuscrits de Christine de Pisan, dans lesquels il se trouve quelques particularités de l'Histoire de Louis, Duc d'Orléans, fils de Charles V. par le même. *Ibid. tom. XVII. pag. 515.*]

25485. Vie de Louis d'Orléans, Comte d'Angoulesme; par André THEVET.

Cette Vie est imprimée au tom. II. de ses *Hommes Illustres*, Chap. XXIX.

25486. Mf. Le Livre de la mort & occision de Louis Duc d'Orléans, en 1407.

Ce Livre est conservé à Bruxelles, selon Sanderus, tom. II. de sa *Biblioth. des Manuscrits Belgiques*, p. 5.

━ Pièces concernant les démêlés du Duc d'Orléans avec le Duc de Bourgogne.

Voyez ci-devant, au *Règne de Charles VI.* N.° 17107.

25487. ☞ Mf. Plaidoyer fait devant le Conseil du Roi, au nom de la Duchesse d'Orléans, pour demander justice de l'assassinat de son mari : *in-fol.*

Cette Pièce est conservée dans la Bibliothèque de M de Nicolay, à Arles.]

25488. ☞ Histoire de Charles, Duc d'Orléans I. par M. l'Abbé SALLIER : *Mém. de l'Acad. des Inscr. & Bell. Lettr. tom. XVII. pag. 526.*

Ce Prince étoit fils de Louis Duc d'Orléans, qui fut assassiné par les ordres du Duc de Bourgogne, en 1407, & de Valentine de Milan; il naquit à Paris, le 26 Mai 1391.]

25489. ☞ Notes critiques sur le Mariage de Marie d'Orléans; par M. POLLUCHE : *Journ. de Verdun*, 1749, Octobre.

Marie d'Orléans étoit fille de Charles, Duc d'Orléans, & de Marie de Clèves sa troisième femme. Elle fut fiancée le 8 Novembre 1465, avec Pierre de Bourbon, Seigneur de Beaujeu, & mariée depuis à Jean de Foix, Vicomte de Narbonne & Comte d'Estampe. Elle est morte en 1493.]

Première Branche des Ducs d'Orléans : Comtes d'Angoulesme, [desquels descendirent François I. Henri II. François II. Charles IX. & Henri III. Rois de France.]

25490. Généalogie des Comtes d'Angoulesme, depuis Jean d'Orléans jusqu'en 1551.

Elle est imprimée dans Messieurs de Sainte-Marthe, Livre XVI. & dans le Père Anselme, Chap. VII. §. 1. [Edit. de 1726, tom. I. pag. 209.]

Tome II.

25491. Vita inclyti Principis Joannis Engolismæ & Petracoriorum Comitis, è Regia stirpe Francorum; Papirii MASSONI stilo & operâ : *Parisiis*, 1588, *in-8.*

Jean, Comte d'Angoulesme, fils de Louis d'Orléans, est mort en 1467.

☞ Ce Prince, né en 1404, étoit fils de Louis, Duc d'Orléans, que le Duc de Bourgogne fit assassiner, & de Valentine de Milan. Les adversités qu'il eut à souffrir, & ses vertus, l'ont fait regarder comme un Saint. On a même fait des enquêtes pour sa Canonisation, par ordre de la Régente Louise de Savoye, mère de François I. Il paroît que l'Auteur de sa Vie n'a eu en vue que cet objet, & de faite un Panégyrique. On trouve dans cette Histoire quelque chose sur les démêlés entre les Maisons d'Orléans & de Bourgogne, & sur les Règnes des Rois Charles VI. & Charles VII.]

La même Vie, traduite en François; par Jean DU PORT, Sieur de Rosières : *Angoulesme*, 1589, 1602, *in-4.*

✻ La même Vie; traduite par Jean LE MASSON : *Paris*, 1613, *in-8.*

25492. Mf. Mémoires de Louise DE SAVOYE, Duchesse d'Angoulesme, mère de François I. *in-4.*

Ces Mémoires sont conservés dans la Bibliothèque de M. le Chancelier d'Aguesseau. Louise de Savoye est morte en 1531; elle étoit femme de Charles, Comte d'Angoulesme, mort en 1496.

25493 Journal de toutes les avantures & événemens de Louise de Savoye, Duchesse d'Angoulesme, & de son fils François I. Roi de France.

Ce Journal est indiqué [comme Manuscrit] dans le Catalogue des Manuscrits de Frère Eloi, Augustin Déchaussé de Lyon. Il a été imprimé *pag.* 457 du tom. I. de l'*Histoire Généalogique de Savoye*; par Guichenon: *Lyon*, 1660, *in-fol.*

☞ Il a été donné de nouveau dans le tom. VI. de l'Edition des *Mémoires de du Bellay*, publiés par M. l'Abbé Lambert, ci-devant, N.° 17623.]

25494. Eloge de la même; par Hilarion DE COSTE.

Cet Eloge est imprimé au tom. II. de ses *Eloges des Reines, &c.* pag. 157 : *Paris*, 1630, *in-4.*

25495. ☞ In mortem Lodoïcæ, Regis matris, Epitaphia : 1531, *in-4.*]

25496. ☞ Remarques sur la Médaille de François, Duc de Valois, Comte d'Angoulesme, &c. dont il est parlé dans le Mercure de Juin 1727, vol. II. *pag.* 1364, adressées à M. le Marquis de Pierrepont; (par M. DE LA ROQUE) : *Mercure*, 1730, *Juin*, vol. I.]

25497. In obitum Margaritæ, Navarrorum Reginæ, Oratio funebris; per Carolum SANCTO-MARTHANUM, hujus Reginæ Libellorum supplicum Magistrum; *Parisiis*, 1550, *in-4.*

Cette Princesse est morte en 1549.

La même traduite en François : *Paris*, 1550, *in-4.*

25498. Eloge de Marguerite de France & d'Angoulesme, Reine de Navarre & Du-

Qqqq 2

Liv. III. *Histoire Politique de France.*

chesse d'Alençon, sœur de François I. par Hilarion DE COSTE.

Cet Eloge est imprimé au tom. II. de ses *Eloges des Reines, &c. pag.* 268 : *Paris*, 1630, *in*-4.

25499. Histoire de Marguerite de Valois : *Paris*, Benard, 1696, *in*-12. 2 vol. [1720, 4 vol. *Paris*, 1739, *in*-12. 2 vol.]

« Le sort de cette Princesse a été tellement uni à » celui du Connétable de Bourbon, qu'il semble qu'on » ne devoit faire qu'un seul récit de leurs avantures. Les » deux qui nous ont été donnés (par différens Auteurs) » renferment le même sujet, & décrivent les mêmes » événemens, & nous apprennent que comme ils eurent » les mêmes inclinations & les mêmes desirs, ils eurent » aussi les mêmes malheurs ». *Journal des Sçavans*, *du* 26 Novembre 1696.

« Quelle pitié (dit Bayle dans sa cent trente-quatrième » Lettre, *pag.* 517), qu'au lieu de l'Histoire véritable » de cette Princesse, qui seroit un très-bon Livre & » très-curieux ; (car ce fut l'une des plus illustres & des » plus accomplies Dames de son Siècle), on nous donne » des contes & des galanteries sous un nom si digne de » vénération ». Cette Histoire [est attribuée à] Charlotte - Rose DE CAUMONT DE LA FORCE.

✣ Les *Mémoires de Trévoux*, de Février 1721, *pag.* 358, en parlent ainsi : « C'est un Roman fondé » sur divers traits historiques. La personne de qualité à » qui on l'atttribuoit, a plus de politesse & d'esprit qu'il » n'en a fallu pour écrire cette prétendue Histoire ; mais » nous sommes persuadés que son inclination la porte à » des objets tout autres, & d'une toute autre impor- » tance ».

Voyez la *Biblioth. des Romans*, tom. II. pag. 79. = *Journ. des Sçav. Juill.* 1720. = *Journ. de Leips.* 1721, *pag.* 302. = *Lettr. de Bayle*, tom. *II. p.* 517 ∶ *in Diction.* Art. *Navarre.* = *Diction.* de Marchand, Art. *Louis de Bourbon*, Remarque F.

✱ La même Histoire : *Paris*, Delaune, 1720, *in*-12. 4 vol.

« Les deux Volumes d'augmentation, qui ont donné » lieu à cette nouvelle Edition, ne sont proprement » qu'une augmentation de fictions, suivant le goût du » premier Ouvrage ». *Journal des Sçavans*, 29e de l'année 1720.

25500. ☞ Remarques sur Marguerite de Valois & Henri d'Albret son mari ; par D. Isidore MIRASSON.

Dans son *Hist. des Troubles de Béarn, &c. Paris*, 1768, *in*-12. *pag.* 104 & 112.]

25501. Alexandri CHAMILLARDI, Oratio de Francisci Delphini laudibus : *Parisiis*, Wecheli, 1537, *in*-4.

Ce Prince, fils aîné du Roi François I. est mort en 1535.

25502. ☞ Recueil de plusieurs Vers Latins & Vulgaires (ou François), sur le Trépas de feu M. le Dauphin : *Lyon*, Juste, 1536, *in*-8.]

25503. Eloge de Magdeleine de France, Reine d'Ecosse ; par Hilarion DE COSTE.

Cet Eloge est imprimé, tom. II. de ses *Eloges des Reines, &c. pag.* 197 : *Paris*, 1630, *in*-4. Cette Reine, qui étoit la troisième fille de François I. est morte en 1537.

25504. ☞ Le Concile des Dieux, sur les Noces de Jacques, Roi d'Ecosse, & de Magdeleine de France, fille aînée du Roi François I. Poëme de Charles DE LA HUETERIE : *Paris*, Mallard, 1536, *in*-8.]

25505. Oraison funèbre de Marguerite de France, Duchesse de Savoye, [prononcée le 29 Mars 1575] ; par Arnaud SORBIN ; *Paris*, [Chaudière], 1575, *in*-8.

Cette Duchesse, qui étoit la quatrième fille de François I. est morte en 1574.

25506. Autre, traduite du Latin de Charles PASCAL, par Gabriel Chappuis : *Paris*, Poupy, 1574, *in*-8.

25507. ☞ L'Ombre & le Tombeau de Marguerite de France, composé en Latin ; par R. D'ER, & traduit par Endi : *Thurin*, d'Almeyda, 1574, *in*-12.

C'est un Mélange de Prose Françoise, & de Vers Latins & François.]

25508. ☞ L'Hymne sur la naissance de Madame (Marie Elizabeth), fille du Roi Très-Chrétien Charles IX. par J.S.P. *in*-12. sans date ; dédié à Messire Jacques Fouyu, Prieur & Seigneur d'Arzemesle : *Paris*, Mathurin Martin, *in*-8.]

25509. Oraison funèbre d'Isabeau de France, fille de Charles IX. par Arnaud SORBIN, Docteur en Théologie : *Paris*, Chaudière, 1577, *in*-8.

Cette Princesse est morte en 1577.

25510. ☞ Les Regrets & Lamentations de très - haute Princesse Izabeau d'Autriche, sur le trépas de Madame Marie, fille de France ; par J. DE BOISSIERES, de Montferrand, en Auvergne : *Paris*, de Montreuil & Jabert, 1578, *in*-8.

On voit au Frontispice un œil à la cime d'une Montagne, une main qui le montre de l'index, & un oiseau qui y vole comme sur sa proie, avec ces paroles : *Haud intuendus splendor summus.* Marie Elisabeth de France, fille unique de Charles IX. & d'Elisabeth d'Autriche, mourut à l'âge de cinq ans.]

25511. Regrets funèbres, contenant les actions & dernières paroles de François d'Alençon, Duc d'Anjou, depuis sa maladie jusqu'à son trépas ; par Jacques BERSON, Docteur en Théologie : *Paris*, 1584, *in*-8.

Ce Prince, qui étoit le quatrième fils de Henri II. Roi de France, est mort en 1584. Les trois aînés (François II. Charles IX. & Henri III.) ont succédé, les uns après les autres, à la Couronne de leur père.

25512. Larmes & Regrets sur la mort du même ; par Jean GELÉE, son Secrétaire : *Paris*, Morel, 1584, *in*-4.

25513. ☞ Sermon funèbre, prononcé le 3 Juillet 1584, en l'Eglise de Notre-Dame de Paris, aux obsèques de Monseigneur le Duc d'Anjou, Alençon, &c. fils de France, frère unique du Roi ; par Renaud DE BEAUNE, Archevêque de Bourges : *Paris*, le Roy & Ballard, 1584, *in*-4.]

25514. Oratio in funere Francisci Valesii, Alenconü Ducis ; auctore Augustino BUCCIO,

Histoires des Princes & Princesses du Sang

Taurinensi, Sabaudiæ Ducis Oratore : *Lugduni*, Tornæsii, 1584, *in-4*.

La même en François : *Lyon*, 1584, *in-4*.

25515. Abrégé de la Vie de François, Duc d'Alençon ; par Marin le Roy, Sieur DE GOMBERVILLE.

Cet Abrégé est imprimé au tom. II. des *Mémoires du Duc de Nevers*, pag. 69 : *Paris*, 1665, *in-fol*.

☞ On y remarque sur-tout la cause de l'inimitié qui a toujours été entre ce Prince & ses frères, le projet de son évasion en Flandres, la conjuration contre le Roi qui fut découverte par Fervaques, & plusieurs autres particularités sur les brouilleries & les menées de ce Prince. On trouve à la fin le Manifeste qu'il publia.]

25516. Historia ejusdem ; auctore Christophoro FREYTAGIO.

Cette Histoire est imprimée dans son Livre, intitulé : *Historia Valesiana : Francofurti*, 1705, *in-4*.

25517. Oraison funèbre d'Elizabeth de France, Reine d'Espagne ; par Simon VIGOR, Docteur en Théologie : *Paris*, Fremy, 1568, *in-8*.

Cette Reine, qui étoit fille aînée de Henri II. est morte en 1568, & Vigor est mort Archevêque de Narbonne, en 1575.

25518. ☞ Tombeau de très-haute, très-puissante & très-Catholique Princesse Madame Elizabeth de France, Reine d'Espagne, en plusieurs Langues, recueilli de plusieurs sçavans Personnages de la France : *Paris*, Robert Estienne, 1569, *in-4*.]

25519. Historia y Relacion verdadera de la enfermedad, felicissimo transito, y sumptuosissimas exequias de la serenissima Reina de España Donna Isabella de Valois ; por Juan LOPEZ : *en Madrid*, 1569, *in-8*.

25520. Eloge de la même ; par Pierre de Bourdeille, Seigneur DE BRANTOSME.

Cet Eloge est imprimé dans son *Recueil des Dames illustres*, pag. 175 : *Leyde*, 1666, *in-12*.

25521. Oraison funèbre de Claude de France, Duchesse de Lorraine & de Bar ; par Arnaud SORBIN, Théologal de Tholose, *Paris*, 1575, *in-8*.

Cette Duchesse, qui étoit fille puînée de Henri II. Roi de France, est morte en 1575.

25522. Eloge de la même ; par Hilarion DE COSTE.

Cet Eloge est imprimé, tom. II. de ses *Eloges des Reines, &c.* pag. 448 : *Paris*, 1630, *in-4*.

25523. Relation de la mort de Henri d'Angoulesme, fils naturel de Henri II. Grand Prieur de France, Gouverneur de Provence : *Paris*, 1586, *in-8*.

25524. ☞ Récit de la mort déplorable & inopinée de haut & puissant Seigneur, M. le Grand-Prieur de France, Gouverneur de Provence.

Ce Récit est imprimé dans le *Recueil G. in-12*. Henri de Valois, Comte d'Angoulême, fils naturel du Roi Henri II. fut tué en 1586, par le Seigneur de Rochefort, nommé Dativitis.]

25525. Eloge de Diane Légitimée de France, Duchesse d'Angoulesme, femme de François, Duc de Montmorency, de Castres ; par Hilarion DE COSTE.

Cet Eloge de Diane de France, fille du Roi Henri II. est imprimé tom. I. de son *Recueil des Eloges des Reines, &c.* pag. 505 : *Paris*, 1630, *in-4*.

25526. Oraison funèbre de Diane de France, Duchesse d'Angoulesme ; par Matthieu DE MORGUES, Sieur de Saint-Germain, Abbé de Gondon : *Paris*, Percheron, 1619, *in-8*.

25527. Diane de France, Nouvelle historique : *Paris*, 1678, *in-12*.

25528. Généalogie des derniers Ducs d'Angoulesme, depuis Charles de Valois, fils naturel du Roi Charles IX. jusqu'en 1701.

Cette Généalogie est imprimée dans le Père Anselme, Chap. VI. §. 4.

☞ Arrests de la Cour de Parlement de 1606, en la Cause d'entre la Reine Marguerite & Charles de Valois, &c.

Voyez ci-devant, N.° 25136.]

25529. Discours des bons Gouverneurs. Tableau du Gouvernement de Louis de Valois, Comte d'Alais, Colonel-Général de la Cavalerie ; par (François d'Andrea) Sieur DE NIBLES, Gentilhomme Provençal : *Paris*, 1645, *in-8*.

25530. Oraison funèbre de Louis-Emmanuel de Valois, Duc d'Angoulesme, fils de Charles, Comte d'Alais ; par Philippe GOURREAU, Chanoine Régulier de S. Victor, Curé de Villiers-le-Bel : *Paris*, 1655, *in-4*.

Louis-Emmanuel de Valois est mort en 1653, & le Père Gourreau en 1694.

25531. ☞ Réflexions Chrétiennes & Morales sur la Vie de Monseigneur Charles de Valois, Duc d'Angoulesme, prononcées dans l'Eglise Cathédrale de Toulon, aux cérémonies de ses Obsèques ; par J. ARNAUD : *Tholon*, 1654, *in-8*.]

25532. ☞ Oraison funèbre du même ; par Matthieu LESCOT, Docteur ès Loix, Doyen & Chanoine de l'Eglise de S. Marcel-lès-Paris : *Paris*, 1654, *in-8*.]

Seconde Branche des Ducs d'Orléans : Ducs de Longueville, [*issus de Jean d'Orléans, Comte de Dunois, fils naturel de Louis Duc d'Orléans.*]

25533. Les Comtes de Dunois, Ducs de Longueville, sortis des Ducs d'Orléans.

Cette Suite est imprimée dans MM. de Sainte-Marthe, Livre XV. part. 2.

25534. Généalogie des Ducs de Longueville, depuis Jean d'Orléans, Comte de Dunois.

Elle est imprimée dans le Père Anselme, Chap. VII. §. 2. [Ed. de 1726, tom. I. *pag.* 212.]

25535. Mſ. Généalogie de la Maiſon de Longueville & des Comtes de Dunois : *in-fol.*

Elle [étoit] conſervée dans la Bibliotheque de M. le Chancelier Séguier, num. 847, [aujourd'hui dans celle de S. Germain des Prés.] Elle [étoit auſſi] dans la Bibliothèque de M. Baluze, num. 845, [qui a été jointe à celle du Roi.]

25536. Généalogie de la Maiſon de Longueville ; par Jean DE BAUDREUL, Préſident de la Chambre des Comptes de Louis II. Duc de Longueville.

Elle eſt imprimée dans Godefroy, *Hiſtoire de Charles VII. pag.* 838 : *Paris, 1661, in-fol.*

✻ Comme cette Généalogie eſt plutôt une Déclaration des anciennes Seigneuries de cette Maiſon, on la rapportera ſelon ſon titre Manuſcrit :

Mſ. Nom des Terres & Seigneuries appartenans à Louis d'Orléans, Duc de Longueville ; en quel Pays elles ſont ſituées, comme elles doivent être partagées ; avec les Armes des Seigneurs d'où les Terres ſont venues ; par Jean DE BAUDREUL.

Ce Manuſcrit eſt conſervé dans la Bibliothèque du Roi, num. 1187, ſelon le Père Labbe, *pag.* 293 de ſa *Nouvelle Bibliothèque des Manuſcrits.*

25537. ☞ Mémoires de M. le Prince de Conti & de Madame la Ducheſſe de Nemours, touchant la ſucceſſion du dernier Duc de Longueville : (1694) *in-fol.*]

25538. Mſ. Traité des Comtes de Dunois & Ducs de Longueville, avec des Portraits & des Armes : *in-4.*

Ce Traité eſt conſervé dans la Bibliothèque du Roi, entre les Manuſcrits de M. de Gaignières.

25539. Mſ. Papiers concernant la Maiſon de Longueville ; avec les Lettres de Monſieur & de [Meſdames] de Longueville, depuis le mois de Juillet 1625, juſqu'au 13 Août 1678.

Ce Recueil [étoit] conſervé à Paris, dans la Bibliothèque de M. Bouthillier, ancien Evêque de Troyes, Z. 5.

25540. ✻ Recueil de diverſes Pièces juſtificatives qui concernent le Comte de Dunois & ceux de ſa Maiſon, priſes & conférées ſur les Originaux ou ſur des Copies exactement collationnées.

Ce Recueil eſt imprimé *pag.* 805 de l'*Hiſtoire du Roi Charles VII.* par Denys Godefroy.

25541. Mſ. Hiſtoire de la Maiſon de Longueville depuis Jean, Comte de Dunois, juſqu'à préſent, (en 1653 ;) par Jacques LESCORNAY, Avocat au Parlement.

Cette Hiſtoire eſt citée par Guy Patin, Lettre LXXV. du Tome I. de ſes *Lettres, pag.* 211, de l'Edition de 1707.

« L'Auteur (au rapport de Patin) la préſenta à M. de » Longueville, qui la trouva ſi belle, qu'il étoit réſolu » de la faire imprimer à ſes dépens, & d'y ajouter tous » les Portraits de ſes Ancêtres, que l'on a fait graver » exprès » . Gilles-André de la Roque en rapporte des Fragmens aux *pag.* 730 & 731, du tom. I. de ſes *Preuves de l'Hiſtoire généalogique de la Maiſon d'Harcourt.*

25542. ☞ Vie de Jean, Comte de Dunois & de Longueville, Lieutenant-Général des Armées Royales en France, ſous le Règne de Charles VII. par M. D'AUVIGNY : (1743.)

Elle eſt imprimée *pag.* 432-557, du tom. *VIII.* de ſes *Vies des Hommes illuſtres de la France : in-12.* Jean de Dunois, qui étoit fils naturel de Louis d'Orléans, ſecond fils du Roi Charles V. eſt mort en 1470.]

25543. Eloge hiſtorique de Jean d'Orléans, Comte de Dunois & de Longueville, Grand-Chambellan de France, comprenant les glorieux exploits & les principales actions de ſa Vie, depuis l'an 1423 juſqu'en 1461.

Cet Eloge eſt imprimé avec ſes *Annotations ſur l'Hiſtoire de Charles VII. pag.* 801 : *Paris, 1661, in-fol.*

25544. Le Comte de Dunois, Nouvelle hiſtorique ; par la Comteſſe D. *Paris,* Barbin, 1671, *in-12.*

Une Dame à qui Julie de Caſtelnau, Comteſſe DE MURAT, avoit confié ſon Manuſcrit, voulut s'attribuer la gloire de cet Ouvrage ; mais cette Comteſſe la convainquit par ſes propres Lettres.

25545. Le Prince de Longueville & Anne de Bretagne, Nouvelle hiſtorique : *Paris,* Guignard, 1697, *in-12.*

Ce Prince ſe nommoit François II. d'Orléans, Duc de Longueville ; il eſt mort en 1512, & la Reine Anne de Bretagne en 1513. LESCONVEL, Breton, eſt l'Auteur de cet Ouvrage.

25546. Eloge d'Antoinette d'Orléans, fille de Léonor, Duc de Longueville, femme de Charles de Gondy, Marquis de Belliſle, Fondatrice des Religieuſes de Notre-Dame du Calvaire ; par Hilarion DE COSTE.

Cet Eloge eſt imprimé au tom. II. de ſon *Recueil des Eloges des Reines,* &c. *pag.* 573 : *Paris, 1630, in-4.* Antoinette d'Orléans eſt morte en 1618.

25547. Eloge de Catherine d'Orléans, fille de Léonor Duc de Longueville, Fondatrice de l'Ordre des Carmélites en France ; par le même.

Cet Eloge eſt imprimé au tom. I. de ſes *Eloges,* &c. *pag.* 309. Catherine d'Orléans eſt morte en 1638.

25548. Eloge de Catherine de Gonzague-Clèves, femme de Henri I. d'Orléans, Duc de Longueville ; par le même.

Cet Eloge eſt imprimé dans le même volume,*p.*303. Catherine de Clèves eſt morte en 1619.

25549. Relation de la mort de Henri II. Duc de Longueville ; par Dominique BOUHOURS, Jéſuite : *Paris, 1663, in-4.*

25550. Oraiſon funèbre de Henri II. d'Orléans, Duc de Longueville, Souverain de Neufchatel ; par Guillaume LE PELLETIER, Jéſuite : *Caën, 1663, in-4.*

25551. ✻ Eloge de Louiſe de Bourbon, Ducheſſe de Longueville, (morte en 1637 ;) par Hilarion DE COSTE.

Dans le tom. II. de ſes *Eloges, pag.* 30.

25552. ☞ Le Triomphe de la Vertu ſur la mort, diviſé en trois parties ; à l'immortelle mémoire de feue Madame Louise de Bourbon, Duchesse de Longueville; par E. BAUDRY, Bachelier en Théologie: *Paris*, Rocollet, 1638, *in-4*.]

== Apologie pour le Duc de Longueville; par un Gentilhomme Breton.

Voyez *Règne de Louis XIV.* année 1650, [ci-devant, N.° 23115.]

25553. ☞ La véritable Vie d'Anne-Geneviève de Bourbon, Duchesse de Longueville; par l'Auteur des Anecdotes de la Constitution *Unigenitus*, (Jos. François Bourgoin DE VILLEFORE:) *Amsterdam*, 1739, *in-12*. 2 tomes en 1 volume.

Cette Princesse, fille de Henri II. Prince de Condé, & de Charlotte de la Trimouille, naquit en 1619, & mourut en 1679. Une première Edition moins ample, intitulée: *Vie de Madame de Longueville*, avoit paru à Paris en 1738, *in-8*. *Voyez* le *Journ. des Sçav. Novembre*, 1738. L'Auteur étoit mort en 1737.]

25554. ☞ Carolo Parisio Aurelianensi, Comiti à Sancto Paulo, optimi maximique parentis Henrici ab Aureliano, Ducis Longavillæi, &c. Consolatio heroica: *Parisiis*, Cramoisy, 1663, *in-fol*.

Léonard FRISON est l'Auteur de ce Poëme historique.]

25555. Oraison funèbre de Charles Paris d'Orléans, fils de Henri II. Duc de Longueville; par Gilbert DE CHOISEUL, Evêque de Comminges: *Paris*, Desprez, 1672, *in-4*.

Cet Evêque est mort en 1689.

25556. Autre Oraison funèbre; par l'Abbé BAUYN: *Paris*, 1672, *in-4*.

Troisième Branche des Ducs d'Orléans: Marquis de Rothelin, [*issus des Ducs de Longueville.*]

25557. Généalogie des Marquis de Rothelin, fils naturels de François d'Orléans, depuis François I. jusqu'à présent.

Elle est imprimée dans MM. de Sainte-Marthe, Liv. XV. Part. 2, & dans le Père Anselme, Chap. VII. §. 3. [Ed. de 1726, tom. I. *pag*. 224.]

== ☞ Eloge de l'Abbé (Charles d'Orléans) de Rothelin; par Nicolas FRERET, Secrétaire de l'Académie des Inscriptions & Belles-Lettres.

Voyez ci-devant, N.° 11410, *tom. I. pag*. 716.]

Catherine de France, Fille du Roi Charles VI.

25558. Histoire de Catherine de France, Reine d'Angleterre; (par Nicolas BAUDOT DE JUILLY): *Paris*, de Luyne, 1696, 1706, *in-12*.

Quoique le sujet de cet Ouvrage, aussi-bien que celui de l'*Histoire secrète du Connétable de Bourbon & de Germaine de Foix*, soit tiré de l'Histoire, & que tout y soit vrai dans les principaux événemens, & qu'il n'y ait rien contre la pureté; néanmoins l'Auteur a avoué [dans la suite], qu'il ne [faisoit] pas honneur de cet Ouvrage, composé dans un âge où l'on tolère plus aisément ces sortes de bagatelles, qui se trouvent dans de pareilles Histoires. On peut assurer, que quelques surprenantes que soient les aventures qui paroissent dans l'*Histoire de Catherine de France*, elles n'ont rien de fabuleux. Cette Princesse est morte en 1438.

Madelaine de France, Fille du Roi Charles VII.

25559. Eloge de Madelaine de France, Princesse de Viane; par Hilarion DE COSTE.

Cet Eloge est imprimé au tom. II. de son *Recueil des Eloges des Reines*, &c. pag. 201. *Paris*, 1630, *in-4*. La Princesse est morte en 1486.

FILS DE LOUIS XI.

25560. ☞ Mémoire sur la découverte d'un Prince & d'une Princesse de France, dont les Généalogistes ne font pas mention; (par M. POLLUCHE d'Orléans). *Mercure*, 1742, Septembre.

Ce Prince est un fils de Louis XI. nommé aussi Louis, & enterré à Notre-Dame de Cléry. La Princesse est une fille de Pierre de Courtenay, fils de Louis le Gros, nommée Agnès, Religieuse de Fontevraut, dans le Prieuré de la Magdeleine d'Orléans. L'Auteur le prouve par des Chartes tant de ce Prieuré que de Notre-Dame de Cléry.]

SIXIÈME FILS DE SAINT LOUIS.

Ducs de Bourbon issus de Robert, Comte de Clermont, sixième fils du Roi S. Louis.

☞ On a indiqué ci-devant, *pag*. 641 & *suiv*. plusieurs Généalogies de la III.e Race, où il est spécialement question de la Maison de Bourbon.]

25561. * De la Branche de Clermont, depuis appellée Bourbon; avec l'Inventaire des Pièces; par Jean DU TILLET.

Dans son *Recueil des Rois de France*, &c. pag. 152: *Paris*, 1607, *in-4*.

25562. ☞ Généalogie de la Maison de Bourbon, avec les Portraits & les Eloges des Princes qui en sont sortis depuis S. Louis, jusqu'à Louis XIII. par Charles BERNARD: *Paris*, 1644, *in-fol*. figures.]

25563. Généalogie des Comtes de Clermont & Ducs de Bourbon & d'Auvergne, Comte de la Marche, de Forez, de Montpensier, depuis l'an 1270 jusqu'en 1520.

Elle est imprimée dans MM. de Sainte-Marthe, Livre XXIII.

25564. ☞ Mf. Histoire généalogique de la Maison Royale de Bourbon, ancienne & moderne; par le Père ANDRÉ, Carme: *in-fol*.

Ce Manuscrit est conservé dans la Bibliothèque des Carmes à Besançon. M. de Laurière en a parlé dans sa *Bibliothèque des Coutumes*, *pag*. 95.]

25565. Généalogie des Ducs de Bourbon; depuis Robert de France, Comte de Clermont, Seigneur de Bourbon, sixième fils de S. Louis, jusqu'en 1502.

Cette Généalogie est imprimée dans le Père Anselme, Chap. XII.

☛ La Vie des Bourbons: *La Rochelle*, 1587, *in*-8.

On cite quelquefois ainsi, la Partie II. des *Mémoires sur la Royale Famille de Bourbon*, qui sont indiqués ci-devant, N.° 24962.]

25566. ☞ Histoire de la Maison Royale de Bourbon; par M. (Louis) DESORMEAUX, Bibliothécaire de Monseigneur le Prince de Condé : *in*-4. plusieurs volumes.

Cette Histoire s'imprime actuellement (1769.) L'Auteur s'est fait connoître très-avantageusement par ses *Histoires de la Maison de Montmorency*, & *du grand Condé*, comme par une *Histoire d'Espagne* : (*Paris*, 1758, Duchesne, *in*-12. 9 vol.) &c. Celle de la Maison de Bourbon est ornée de magnifiques Portraits, de Figures & Vignettes d'Histoires très-bien choisies.]

Première Branche de Bourbon; & Comtes de Montpensier.

25567. Mf. Généalogie des Comtes de Clermont : *in-fol.*

Elle [étoit] conservée dans la Bibliothèque de M. le Chancelier Séguier, num. 849.

25568. Généalogie des Comtes de Montpensier & Dauphins d'Auvergne, Ducs de Bourbon & de Chatelleraud, depuis Louis de Bourbon, premier de ce nom, en 1317, jusqu'à Charles III. Duc de Bourbon, [Connétable de France,] tué en 1527 [au Siége de Rome.]

Cette Généalogie est imprimée dans MM. de Sainte-Matthe, Liv. XXIV. & dans le P. Anselme, Chap. XII. §. 1. [Ed. de 1726, tom. I. pag. 295 & 314.]

25569. Histoire abrégée de Louis I. Duc de Bourbon, Comte de Clermont, Pair & Grand-Chambrier de France, (mort en 1341;) par Jean LE LABOUREUR.

Cette Histoire est imprimée au tom. I. de l'*Histoire de Charles VI.* pag. 103 : *Paris*, 1653, *in-fol.*

25570. Histoire de la Vie & Faits héroïques de Louis II. Duc de Bourbon, arriere-petit-fils de Robert, Comte de Clermont, Baron de Bourbon, fils de S. Louis; en laquelle est compris le Discours des Guerres des François contre les Anglois, Flamans, Sarrasins & autres, sous la conduite dudit Duc pendant les Règnes de Jean, de Charles V. & de Charles VI. écrite par le commandement de Charles, Comte de Clermont, fils aîné de Jean, Duc de Bourbon, Seigneur de Beaulieu, en 1429, donné au public par Jean-Baptiste Masson, Archidiacre d Evreux: *Paris*, Huby, 1612, *in*-8.

Ce Duc, qui étoit Pair & Chambellan de France, est mort en 1410. Jean D'ORONVILLE, Picard, dit Cabaret & pauvre Pellerin, a écrit cette Histoire sur ce qu'il en avoit appris de Sire Castelmorant, homme de qualité, qui avoit été élevé avec ce Duc, & ne l'avoit presque point quitté.

☞ Il est parlé dans cet Ouvrage, avec distinction, de plusieurs Maisons nobles.

Cette Vie regarde principalement les Guerres de Charles V. avec les Anglois & les Flamans. On y trouve encore plusieurs faits de ce temps, auxquels Louis de Bourbon eut part. L'Auteur le fait âgé de 18 ans à son retour d'Angleterre en 1363 ; par conséquent il auroit dû être né eh 1335 : il le fait mourir en la Ville de Montluçon, le Mardi 19 Août 1419, âgé de 73 ans. Le Père Anselme dit qu'il mourut en 1410, & ne vint au monde qu'en 1337. Cette Vie est écrite en vieux langage. L'Auteur la commença le Mardi 29 Mars 1429, après Pâques.

Voyez le Gendre, *tom. II.* pag. 61. = *Journ. de Leipsick*, 1694, pag. 291.]

25571. Agnès de Bourgogne, Nouvelle historique : *Paris*, 1680, *in* 12.

Cette Princesse étoit fille puînée de Jean Sans-Peur, Duc de Bourgogne. Elle épousa Charles I. Duc de Bourbon, & mourut en 1476.

25572. Eloge d'Anne de France, Duchesse de Bourbonnois & d'Auvergne ; par Hilarion DE COSTE.

Cet Eloge est imprimé au tom. I. de son *Recueil des Eloges des Reines*, &c. pag. 25 : *Paris*, 1630, *in*-4.

☞ Anne de France est morte en 1522, après avoir eu grande part au gouvernement de l'Etat. Elle étoit fille aînée du Roi Louis XI. & femme de Pierre II. de Bourbon, Seigneur de Beaujeu, frère puîné de Jean II. Duc de Bourbon. Pierre recueillit la succession de ce Prince, avec le consentement de son second frère, Charles de Bourbon, Cardinal & Archevêque de Lyon.]

25573. ☞ Poëme fait à la louange de la Dame de Beaujeu, sœur de Charles VIII. par M. LANCELOT. *Mém. de l'Acad. des Inscript. & Bell. Lettr. tom. VIII.* p. 579.]

25574. Eloge historique de Charles, Cardinal de Bourbon, Archevêque de Lyon; par Henry ALBI, Jésuite.

Cet Eloge est imprimé avec ses *Eloges des Cardinaux François*, pag. 235 : *Paris*, 1644, *in*-4. Ce Cardinal, qui étoit fils de Charles I. Duc de Bourbon, est mort en 1488.

25575. Eloge de Gabrielle de Bourbon, Vicomtesse de Tours, Princesse de Talmon, femme de Louis II. Sire de la Trimouille; par Hilarion DE COSTE.

Cet Eloge est imprimé au tom. I. de son *Recueil des Eloges des Reines*, &c. pag. 753 : *Paris*, 1630, *in*-4.

☞ La Princesse étoit fille de Louis de Bourbon, Comte de Montpensier : elle est morte en 1516.]

25576. La Vie & les grandes actions de Charles III. Duc de Bourbon, Connétable de France ; jusqu'au mois de Mars 1521; par Gilbert DE MARILLAC, Baron de Paissac & de Saint-Genest, son Secrétaire.

Cette Vie est imprimée avec les *Desseins des Professions nobles & publiques* d'Antoine de Laval : *Paris*, 1612, *in*-4. Ce Connétable fut tué en 1527 : [sur les murs de Rome, qu'il assiégeoit pour Charles-Quint. La Bataille de Marignan, où Charles de Bourbon s'étoit trouvé [en 1515] est très-bien décrite dans cette Vie.

☞ Voyez la *Méth. hist. in*-4. de Lenglet, *tom. IV.* pag. 160. = Le Gendre, *tom. II.* pag. 39. Charles de Bourbon eut le Duché après Pierre de Bourbon-Beaujeu, son beau-père & son oncle à la mode de Bretagne & de Bourgogne.]

25577. Eloge du même; par Pierre Bourdeille, Seigneur de BRANTOSME.

Cet Eloge est imprimé au tom. I. de ses *Capitaines Etrangers*, pag. 207 : *Leyde*, 1666, *in*-12.

25578.

Histoires des Princes & Princesses du Sang.

25578. Histoire tragique de Charles, aîné de la Maison de Bourbon, Connétable de France; par Estienne PASQUIER.

Ce Discours est imprimé au Chap. XII. du Livre VI. de ses *Recherches de la France.*

25579. Histoire secrette du Connétable de Bourbon, où l'on voit les causes de sa disgrace; (par Nicolas BAUDOT DE JUILLY:) *Paris*, de Luyne, 1696, Beugnié, 1706, [du Mesnil, 1724, *in-12.*]

« L'Histoire générale de France a célébré les grandes » qualités du Connétable de Bourbon, déploré son » malheur & détesté sa rébellion; l'*Histoire secrette* dé- » veloppe les avantures particulières de sa vie, en dé- » couvre les intrigues les plus cachées, & montre la » véritable cause de sa disgrace & la fatale occasion de » son crime. L'Auteur a donné à son sujet les ornemens » dont il étoit susceptible, & l'a enrichi de ce que la » Rhétorique a de plus agréable & la Morale de plus » utile, &c. ». *Journal des Sçavans*, du 23 Janvier 1696.

☞ *Voyez encore, Mercure, Décembre,* 1695.=*Bibliothèque des Romans, tom. II. pag.* 78.]

25580. ☞ Mf. Procès pour la succession de Dame Suzanne de Bourbon-Beaujeu, Duchesse de Bourbonnois; entre le Connétable de Bourbon (son mari) & la Duchesse d'Angoulesme; (Louise de Savoye, mère du Roi François I.) 1522.

C'est un Manuscrit du temps, qui est conservé dans la Bibliothèque de M. Fevret de Fontette, Conseiller au Parlement de Dijon.]

Seconde Branche de Bourbon : Comtes de la Marche.

25581. Généalogie des Comtes de la Marche & de Ponthieu, depuis Jacques de Bourbon, Comte de la Marche, troisième fils de Louis I. Duc de Bourbon, jusqu'en 1452.

Elle est imprimée dans MM. de Sainte-Marthe, Livre XXIV. & dans le Père Anselme, Chap. XII. §. 2. [Ed. de 1726, tom. I. pag. 318.]

Troisième Branche de Bourbon : Comtes de Vendôme, issus des Comtes de la Marche.

25582. Généalogie des Comtes de Vendôme, depuis Louis de Bourbon II. du nom, fils de Jean de Bourbon, Comte de la Marche, jusqu'en 1546.

Elle est imprimée dans MM. de Sainte-Marthe, Livre XXV. La même, jusqu'en 1610, est imprimée dans le Père Anselme, Chap. XII. §. 3. [Ed. de 1726, tom. I. pag. 322.]

25583. Mf. Recueil de Pièces concernant l'Histoire de la Maison de Vendôme.

Ce Recueil [étoit] conservé dans la Bibliothèque de M. Colbert de Croissy, Evêque de Montpellier, [qui a été distraite après sa mort.]

25584. Histoire des Princes sortis des deux Maisons Royales de Vendôme & d'Albret; par Claude RUBYS: *Lyon*, 1614, *in-8.*

Je n'ai trouvé ce Livre cité que dans la *Bibliothèque des Historiens de France* du Chesne, pag. 212.

Tome II.

25585. ☞ La postérité actuelle de Charles de Bourbon, Duc de Vendôme, ayeul de Henri IV. Roi de France, le premier Mai 1754. Carte généalogique dédiée à Monseigneur le Dauphin; par M. G*** Ecuyer, Officier de la Chambre de Madame la Dauphine, & de la Société Littéraire de Senlis: *in-fol.* deux feuilles de grand Atlas.

On observe dans le titre, que cette Carte » 1.° ser- » vira pour l'intelligence des anecdotes de la Cour » de France, & d'Introduction aux Histoires depuis » Henri II. jusqu'à nos jours. 2.° [Qu'on y] constate les » dégrés de consanguinité de Monseigneur le Dauphin » avec Madame la Dauphine, & généralement avec » tous ses Collatéraux issus aux septième & huitième dé- » grés du sang de Bourbon. 3.° [Que l'on y] confirme » par un exemple illustre la solution du fameux Problè- » me de la population ou progression géométrique, par » la loi de laquelle le genre humain se multiplie ».

Le *Mercure de Juin* 1754 l'annonce en ces termes: « Cette Carte, qui remplit parfaitement le triple objet » de son titre, ne peut manquer d'être très-intéressante » par elle-même. Elle le devient encore davantage par » l'agrément du dessein, la méthode & la précision dans » l'exécution ».]

== Eloge & Vie de Louis de Bourbon, Cardinal & Archevêque de Sens.

Voyez ci-devant, [*tom. I.* pag. 652, N.os 10067 & *suiv.* Ce Prince étoit fils de François de Bourbon, Comte de Vendôme, & il est mort en 1556.]

25586. Eloge d'Antoinette de Bourbon, Duchesse de Guise & d'Aumale, fille de François de Bourbon, Comte de Vendôme, (morte en 1583;) par Hilarion DE COSTE.

Cet Eloge est imprimé au tom. 1. de son *Recueil des Eloges des Reines*, &c. pag. 136: *Paris*, 1630, *in-4.*

25587. ☞ De Obitu Antonii Borbonii Navar. Regis, Galliarumque Moderatoris, Dialogus; per Franc. PICARD: *Parisiis*, Briere, 1562, *in-4.* une feuille.

C'est un Poëme Latin, en grand Vers.]

25588. Vie d'Antoine de Bourbon, Duc de Vendôme, Roi de Navarre, second fils de Charles de Bourbon, & petit-fils de François, Duc de Vendôme; par André THEVET.

Cette Vie est imprimée au Livre II. de ses *Hommes illustres*, Chap. XXV. *Paris*, 1575, *in-fol.* Ce Roi est mort en 1562. Il étoit père de Henri IV. Roi de France.

☞ On peut voir les Remarques de D. Isidore Mirasson, sur ce Prince & sur Jeanne d'Albret sa femme, pag. 130 & *suiv.* de son *Histoire des Troubles de Béarn*: *Paris*, 1768, *in-12.*]

25589. ☞ Conjugum illustriss. Antonii à Borbonio, Vindocinorum Ducis, & Ianæ Navarrorum Principis, Epithalamium; Nicol. BORBONIO authore: *Parisiis*, Vascosan, 1549, *in-8.*

25590. Oraison funèbre d'Antoine de Bourbon & Jeanne d'Albret, Roy & Royne de Navarre, prononcée à Rome, au Pape Pie IV. par Marc-Antoine MURET, en 1560: *Rouen*, le Mégissier, *in-8.*

Elle se trouve en Latin dans le Recueil des Discours de l'Auteur, imprimé plusieurs fois, & dans Livre intitulé: *Orationes gratulatoriæ: Hanoviæ*, Wechel, 1613, *in-8.*]

Rrrr

25591. Brief Discours de Jeanne d'Albret, femme d'Antoine de Bourbon, Roi de Navarre: 1572, *in-8*.

Cette Reine est morte en 1572. Ce Discours a été fait par un Huguenot.

25592. Discours au long du portement de la Royne de Navarre en sa maladie jusqu'à sa mort.

Ce Discours est imprimé au tom. I. des *Mémoires sous le Règne de Charles IX*. pag. 222: *Middelbourg*, 1578, *in-8*.

☞ Le Mariage du Prince de Navarre & de Madame, sœur du Roi, (c'est-à-dire de Henri de Bourbon & de Marguerite de Valois,) ayant été conclu à Blois, le Roi Charles IX. invita au commencement de Mai 1572, la Reine de Navarre à venir à Paris pour en faire les préparatifs. Cette Princesse y tomba malade, & mourut le 9 Juin, âgée de 44 ans, après six jours de maladie. On soupçonna violemment la Reine-Mère (Catherine de Médicis) de l'avoir fait empoisonner par René son empoisonneur à gages. *Voyez* sur l'injustice de ce soupçon, une Note de l'Abbé Lenglet, sur le Vers 167, du Chant II. de la Henriade, & la Note ou Remarque du Père Mirasson, que l'on vient d'indiquer.

Ce Discours, au reste, contient 1.° les Conversations de la Reine de Navarre avec son Ministre, & les prières qu'on faisoit pour elle pendant sa maladie : 2.° son Testament du 8 Juin 1572. Elle nomme le Cardinal de Bourbon & l'Amiral de Coligny ses Exécuteurs Testamentaires : 3.° les Epitaphes faites en son honneur.]

25593. Histoire secrette de Catherine de Bourbon, Duchesse de Bar, avec les Intrigues des Règnes de Henri III. & de Henri IV. *Nancy*, 1703, *in-12*.

La même Histoire, sous ce titre : Mémoires historiques ou Anecdote galante de la Duchesse de Bar; avec les Intrigues de la Cour pendant les Règnes de Henri III. & de Henri IV. *Amsterdam*, 1709 : [*Rouen*, 1713] *in-12*.

Cette Duchesse, qui étoit fille d'Antoine de Bourbon, & sœur du Roi Henri IV. est morte en 1604. Charlote Rose DE CAUMONT DE LA FORCE a composé son Histoire.

25594. Vie de Charles de Bourbon, Archevêque de Rouen, cinquième fils de Charles de Bourbon, Duc de Vendôme.

Voyez ci-devant, [tom. I. N.° 9882.]

Cet Archevêque étoit frère d'Antoine de Bourbon, Duc de Vendôme; [il fut proclamé Roi par la Ligue, & mourut en 1590.]

25595. ☞ Discours sur la maladie & la mort du Cardinal Charles de Bourbon (le jeune, neveu du précédent;) par Antoine DE GUINAUNT, Docteur en Médecine : *Paris*, 1594, *in-8*.

Ce Cardinal, également Archevêque de Rouen, est mort en 1594. Il fut le Chef du Tiers-Parti, du temps de Henri IV. *Voyez* la *Vie du C. du Perron* : (*Paris*, Debure, 1768, *in-12*.) pag. 58 & *suiv*. Il y est mal nommé Louis dans la Table des Matières.]

25596. Oraison funèbre de Jean de Bourbon, Comte d'Anguien, de Saint Paul, sixième fils de Charles de Bourbon, Duc de Vendôme; par Michel BOUCHER, Sieur de Boiscommun : *Paris*, 1557, *in-8*.

Ce Comte est mort en 1557.

25597. ☞ Oraison funèbre du Duc de Montpensier; par François HUMBLOT, Minime.

Elle est imprimée avec celle du P. Ange de Joyeuse, Capucin, (ci-devant, N.° 13910) sous ce titre : « Deux »Discours funèbres & panégyriques faits ès morts de »M. le Duc de Montpensier & du P. Ange de Joyeuse; »par F. Franc. HUMBLOT, Minime : *Lyon*, Morillon, »1608, *in-12*.» Ce Duc de Montpensier étoit Henri de Bourbon, descendant de Louis, Prince de la Roche-sur-Yon, fils de Jean de Bourbon, Comte de Vendôme : il est mort en 1608, ayant épousé Henriette-Catherine, Duchesse de Joyeuse; & leur fille, Marie, fut mariée à Gaston de France, Duc d'Orléans, fils de Henri IV.]

ENFANS DE HENRI IV.

25598. Récit véritable de la Naissance de Messeigneurs & Dames les Enfans de France, avec les particularités qui y ont été & qui pourroient être remarquées; par Louise BOURGEOIS, dite Boursier, Sage-Femme de la Reine, mère du Roi (Louis XIII.) *Paris*, 1626, *in-8*.

☞ C'est un Récit assez succinct, mais curieux, des démarches faites par ladite Bourgeois pour être choisie Sage-Femme de la Reine Marie de Médicis, & de ce qui s'est passé dans ses différens accouchemens depuis 1601, avec un Etat du jour & de l'heure de la naissance des six Enfans de Henri IV. & de leurs parrains & marraines.]

Ducs d'Orléans issus du Roi Henri IV.

25599. Généalogie des derniers Ducs d'Orléans, depuis Gaston, Jean-Baptiste de France, fils du Roi Henri IV. jusqu'à présent.

Elle est imprimée dans le Père Anselme, Chap. VI. §. 1. [Ed. de 1726, tom. I. pag. 187.]

== Mémoires d'un Favori de Monsieur, jusqu'en 1626.

Voyez ci-devant, *Règne de Louis XIII*. année 1626.

== Letttres de Monsieur au Roi Louis XIII.

Voyez année 1631.

== Pièces touchant ses Appanages & son Mariage avec Marie de Bourbon, Princesse de Montpensier.

Voyez ci-devant, [N.° 25224.]

== Pièces touchant son Mariage avec Marguerite de Lorraine.

Voyez ci-devant, aux *Libertés de l'Eglise Gallicane*, [tom. I. pag. 504.]

== Mémoires contenant ce qui s'est passé de plus remarquable depuis la naissance de Monsieur jusqu'en 1636.

Voyez au *Règne de Louis XIII*. année 1636.

25600. Discours véritable fait par M. DE BREVES, du procédé tenu lorsqu'il remit entre les mains du Roi la personne de Monseigneur le Duc d'Anjou, Frère unique du Roi, en 1618.

Ce Discours est imprimé à la Suite des *Voyages de François Savary de Brèves dans le Levant* : *Paris*, 1628, *in-4*. Cet Auteur est mort en 1627. Il justifie sa conduite dans ce Discours, & rapporte ce qu'il a fait pour l'éducation de Gaston-Jean-Baptiste de France, frère du Roi Louis XIII.

25601. Mf. Lettres & Papiers concernant Monsieur le Duc d'Orléans, depuis le 13 Mai 1626 jusqu'en 1651, & Mademoiselle de Montpensier sa fille, depuis l'an 1635 jusqu'au 30 Juin 1670 : *in-fol.* 2 vol.

Ces Lettres [étoient] conservées à Paris, dans la Bibliothèque de M. Bouthillier, ancien Evêque de Troyes.

25602. Mf. Vie de Léonard Goulas, Secrétaire des Commandemens de M. le Duc d'Orléans; par Nicolas GOULAS, Sieur de la Mothe, son parent, Gentilhomme ordinaire de Monsieur, avec la défense de M. Goulas, contre les calomnies insérées dans un Livre intitulé : *Mémoires de M. de Montrésor : in-4.*

Cet Exemplaire, écrit de la main de l'Auteur, [étoit] conservé dans la Bibliothèque de M. le Baron d'Hoendorff, Colonel de l'Empereur, [& est aujourd'hui à Vienne, dans la Bibliothèque Impériale.]
Je rapporte ici ces Pièces, parcequ'il y a plusieurs circonstances de la Vie de Monsieur le Duc d'Orléans, Gaston-Jean-Baptiste de France, mort en 1660.

25603. Oraison funèbre de Gaston-Jean-Baptiste d'Orléans; par René François DE FAVEROLLES, Jésuite : *Blois*, 1660, *in-4.*

25604. ☞ Oraison funèbre de très-haut & très-puissant Prince J. B. Gaston de France, Duc d'Orléans, prononcée en l'Eglise de Villefranche, capitale de Beaujolois; par le P. JACQUES D'AUTUN, Prédicateur Capucin, le 8 Mars 1660 : *Lyon*, 1660, *in-4.*]

25605. Eloge de Marie de Bourbon, Duchesse d'Orléans, Princesse souveraine de Dombes & Dauphine d'Auvergne; par Hilarion DE COSTE.

Cet Eloge est imprimé au tom. II. de son *Recueil des Eloges des Reines, &c.* pag. 573 : *Paris*, 1630, *in-4.* Cette Duchesse, qui étoit fille de Henri de Bourbon, Duc de Montpensier, & première femme de Gaston-Jean-Baptiste de France, Duc d'Orléans, est morte en 1627.

25606. Harangue Chrétienne sur la vie & la mort de la même : *Paris*, 1627, *in-8.*

25607. Oraison funèbre de la même : *Paris*, 1627, *in-8.*

25608. Oraison funèbre de Marguerite de Lorraine, seconde femme de Gaston-Jean-Baptiste Fils de France, & Douairière d'Orléans : *Paris*, 1672, *in-4.*

25609. Oraison funèbre de Mademoiselle; par (Jacques) FEJAC, de l'Ordre de saint Dominique : *Paris*, le Fevre, 1693, *in-4.*

Anne-Marie-Louise d'Orléans, Princesse souveraine de Dombes, étoit fille du premier lit de Gaston de France, Duc d'Orléans.

25610. Autre; par Antoine ANSELME, Abbé de Cap Saint-Sévert : *Paris*, 1693, *in-4.*

☞ L'Auteur, qui a été ensuite de l'Académie des Inscriptions, est mort en 1737.]

25611. * Autre; par Jean-Baptiste DOU-
Tome II.

CETTE, Chanoine d'Ainay : *Lyon*, Amaulry, 1693, *in-4.*

25612. Oraison funèbre de la Duchesse de Guise; par MARESCHAUX, Chanoine de l'Eglise de Chartres : *Paris*, 1687, *in-4.*

Cette Duchesse, qui s'appelloit *Elizabeth d'Orléans*, étoit fille du second lit de Gaston Duc d'Orléans. L'Auteur est mort en 1711.

25613. Breve Raconto della Vita e Morte di Madama Reale Francesca di Borbon, Duchessa di Savoya; dell'Abbate Francesco MOROZZO : *in Torino*, Zapata, 1664, *in-8.*

Françoise Madelaine d'Orléans, dite de Valois, étoit fille puînée du second lit de Gaston de France, Duc d'Orléans. Elle fut mariée en 1663, à Charles Emmanuel III. Duc de Savoye, & elle mourut l'année suivante.

Filles du Roi Henri IV.

25614. Vida de Isabel de Borbon, Reina de España; por MICHELE : *en Saragoça*, 1644, *in-4.*

Elizabeth de Bourbon étoit la fille aînée du Roi Henri IV. Elle est morte en 1644.

25615. L'heureuse Alliance contractée entre le Sérénissime & Vaillant Prince, Victor Amédée de Savoye, Prince de Piedmont, & la très-haute & très-puissante Dame, Madame Christine de France, sœur du Roi (Louis XIII.) *Paris*, 1619, *in-8.*]

25616. Mf. Histoire de Christine de France, Duchesse de Savoye; par Samuel GUICHENON.

Cette Histoire est indiquée dans le Catalogue des Manuscrits du Frère Eloy, Augustin déchaussé, *pag.* 12. [C'est un Original qui est très-curieux]. Christine de France étoit la seconde fille du Roi Henri IV. Elle est morte en 1663.

☞ On peut voir sur cet Ouvrage, la *Bibliothèque des Auteurs de Bourgogne*, au mot Guichenon.]

25617. * Oraison funèbre de Chrétienne (Christine) de France, Duchesse de Savoye; par le Père BARREME : *Paris*, 1664, *in-4.*

25618. ☞ Panégyrique de Christine de France, Duchesse de Savoye, prononcé pendant sa vie, dans l'Académie de Turin; par le Comte Emmanuel TESAURO, & traduit d'Italien en François, par le Sieur le Maistre : *Paris*, Guignard, 1665, *in-12.*]

25619. Oraison funèbre de Henriette-Marie de France, Reine de la Grande-Bretagne, par François FAURE, Evêque d'Amiens : *Paris*, 1670, *in-4.*

Cette Reine étoit la troisième fille de Henri IV. Elle est morte en 1669.

25620. Autre; par Jacques-Bénigne BOSSUET, Evêque de Condom (ensuite de Meaux) : *Paris*, 1670, *in-4.*

Le même se trouve avec une *Histoire abrégée de la vie & de la mort* de cette Princesse, par M. l'Abbé LEQUEUX, dans le *Recueil des Oraisons funèbres de M. Bossuet* : *Paris*, 1762, *in-12.*

25621. ☞ Autre; par Jean-François SENAULT, Prêtre de l'Oratoire : *Paris*, 1670, *in-4.*]

Rrrr 2

25622. Histoire de Henriette-Marie de France, Reine d'Angleterre, [femme de Charles I.] avec un Journal de sa Vie; par le Sieur C. C. *Paris*, [Querout, 1690, &] Brunet, 1693, *in-8*.

☞ *Voyez* la *Bibliothèque universelle & historique, tom. XVI. pag. 85.*]

Autre Fille de Henri IV.

25623. Eloge funèbre de Gabrielle-Angélique de Bourbon, fille naturelle du Roi Henri IV. Légitimée de France, Duchesse de la Valette, première femme de Jean-Louis de Nogaret, Duc d'Espernon; par Charles HERSENT: *Paris*, 1627.

Ducs de Vendôme issus du Roi Henri IV.

25624. Généalogie des derniers Ducs de Vendôme, depuis César, fils naturel du Roi Henri IV. jusqu'à présent.

Cette Généalogie est imprimée dans le P. Anselme, Chapitre VI. §. 3. [Edit. de 1726, tom. I. *pag.* 166.]

25625. Ms. Discours fort curieux, envoyé à M. le Cardinal de Givry, qui étoit de la Maison d'Escars, contenant ce qui s'est dit dans un Conseil particulier à Saint-Germain-en-Laye, en l'an 1598, par le Roi Henri IV. du nom, dit le Grand, Roi de France & de Navarre, sur le sujet du Mariage prétendu de Madame la Duchesse de Beaufort avec Sa Majesté: *in-fol.*

Ce Manuscrit est conservé dans la Bibliothèque de S. Germain-des-Prés.

25626. Ms. Inventaire des Titres & Enseignemens, concernant les Droits du Duché de Vendômois: *in-fol.*

Cet Inventaire [étoit] conservé dans la Bibliothèque de M. le Chancelier Seguier, [& est aujourd'hui à S. Germain-des-Prés.]

25627. Ms. Lettres, Actes & Mémoires, touchant M. le Duc de Vendôme, depuis l'an 1595 jusqu'en 1632: *in-fol.*

Ce Recueil est conservé entre les Manuscrits de M. Dupuy, num. 2 & 3, & [dans la Bibliothèque du Roi], entre ceux de M. de Brienne, num. 231.

25628. Ms. Vendôme, ou Titres & Légitimations de Messieurs de Vendôme: *in-fol.* 6 vol.

Ce Recueil [étoit] conservé dans la Bibliothèque de M. le Chancelier Seguier, num. 678, [aujourd'hui à S. Germain-des-Prés.]

25629. Requête de César, Duc de Vendôme, au Parlement de Paris, touchant le Gouvernement de Bretagne; avec les Mémoires & Pièces qui en dépendent: 1649, *in-4*.

25630. Factum & Pièces justificatives pour le Procès de César, Duc de Vendôme, contre le Duc d'Elbœuf: 1649, *in-4*.

25631. Pièces produites au Procès d'entre M. le Duc d'Elbœuf, Demandeur, contre M. le Duc de Vendôme, Défendeur: *in-4*.

25632. Factum pour M. le Duc d'Elbœuf, contre M. le Duc de Vendôme: 1651, *in-4*.

25633. Arrêt du Parlement, du 13. Juin 1651, au profit de César, Duc de Vendôme, contre le Duc & la Duchesse d'Estrées, touchant les biens de la Succession de (Gabrielle d'Estrées), Duchesse de Vendôme; avec les Plaidoyers des Avocats & celui d'Omer TALON, Avocat Général: *Paris*, 1651, *in-4*.

25634. ☞ Recueil de Pièces, concernant le Duc de Vendôme, &c. *in-4*.

Ce Recueil commence en 1626 & finit en 1651. Il contient trois affaires différentes qu'a eues la Maison de Vendôme, sous les Règnes de Louis XIII. & sous la minorité de Louis XIV.

La première concerne la prison de César, Duc de Vendôme, arrêté en 1626, comme soupçonné d'avoir eu part à une conjuration contre le Cardinal de Richelieu. La Déclaration qu'on extorqua de lui, en 1627, les Lettres d'abolition qu'on lui accorda en conséquence, vérifiées au Parlement en 1629, les Démissions de son Gouvernement de Bretagne, au profit du Cardinal de Richelieu, qui furent le prix de sa rançon, en 1630 & 1631; enfin son Traité avec la Reine Anne d'Autriche, Régente, en 1643, au sujet de sa démission.

La seconde regarde l'emprisonnement du Duc de Beaufort, en 1643, son évasion de Vincennes en 1648, & les accusations intentées contre lui & le Coadjuteur (ou le Cardinal de Retz), en 1650. Les Cardinaux de Richelieu & Mazarin ne sont pas bien traités dans ces deux premières Parties, qui contiennent dès faits curieux.

La troisième affaire, qui est la plus étendue, concerne le Procès entre M. le Duc de Vendôme & M. le Duc d'Elbœuf & sa femme, jugé par Arrêt du Parlement de Paris, du 13 Juin 1651, où il s'agissoit, 1.° de la Succession de la Duchesse de Beaufort (Gabrielle d'Estrées), & de l'habileté du Duc de Vendôme son fils à y succéder: 2.° de la préséance de M. le Duc de Vendôme, soit à cause de sa Pairie de Vendomois, soit à cause de sa qualité de Prince légitimé, contestée par M. le Duc d'Elbœuf.

Les Pièces de ce Recueil sont:

1. Requête du Duc de Vendôme, au Parlement de Paris.

2. Lettres d'abolition pour le Duc de Vendôme: 1627, & Entérinement.

3. Déclaration du Duc de Vendôme, sur laquelle a été donnée l'Abolition: 16 Janvier 1627.

4. Protestations contre les deux précédentes: 19 Janvier 1627, & autres jointes.

5. Protestations contre la première & seconde démission du Gouvernement de Bretagne: 20 Décembre 1630, & premier Janvier 1631.

6. Protestations de la Duchesse & du Duc de Vendôme, contre la prise de possession par le Cardinal de Richelieu, du Gouvernement de Bretagne: 29 Septembre & 2 Octobre 1631.

7. Articles accordés entre le Comte de Brienne, fondé de pouvoir du Roi & de la Reine Régente, & M. le Duc de Vendôme: 9 Août 1643.

8. Instruction baillée par le Roi à Madame d'Elbœuf, allant de sa part trouver M. le Duc de Vendôme: 13 Janvier 1627.

9. Lettre du Roi, à M. le Duc de Vendôme: 17. Janvier 1627.

10. Factum du Procès intenté contre César, Duc de Vendôme, &c. & aussi contre François de Vendôme,

Histoires des Princes & Princesses du Sang. 685

Duc de Beaufort, présenté par Madame la Duchesse de Vendôme, à Messieurs de la Cour de Parlement.

11. Requête des mêmes, au Parlement de Paris.

12. Requête du Duc de Beaufort, du Coadjuteur & de Pierre Broussel, Conseiller, en récusation contre le Premier Président du Parlement de Paris.

13. Factum pour M. le Duc de Vendôme, contre les prétentions de M. & Madame d'Elbœuf : 1651.

14. Sentence de l'Official d'Amiens, donnée sur la nullité du Mariage de Madame la Duchesse de Beaufort, avec M. d'Amerval de Liancourt : 1594.

15. Légitimation de M. le Duc de Vendôme, & enregistrement : 1595.

16. Déclaration du Roi sur la susdite légitimation, pour rendre M. le Duc de Vendôme & Madame la Duchesse de Beaufort réciproquement héritiers l'un de l'autre, & enregistrement : 1596.

17. Acte de consentement de Madame de Beaufort, à ce que M. le Duc de Vendôme lui succède : 1596.

18. Erection du Comté de Beaufort en Duché-Pairie, en faveur de M. de Vendôme, & enregistrement : 1597.

19. Commission du Roi, pour l'administration des Biens de M. & Mademoiselle de Vendôme, & enregistrement : 1599.

20. Partage des Biens de la Succession de feue Madame la Duchesse de Beaufort : 1599.

21. Contrat de Mariage de M. le Duc de Vendôme, (César), 5 Avril 1598.

22. Factum pour M. le Duc d'Elbœuf, contre M. le Duc de Vendôme, & Pièces : 1651.

23. Arrêt donné en l'Audience de la Grand'Chambre, le 13 Juin 1651, au profit de M. le Duc de Vendôme, contre M. & Madame d'Elbœuf; ensemble les Plaidoyers des Avocats; & de M. Talon, Avocat Général : *Paris*, 1651.

24. Remerciement de M. le Duc de Vendôme, à MM. du Parlement.

25. Le maintien de la préséance de M. le Duc de Vendôme, à cause de la Pairie de Vendôme, contestée par M. le Duc d'Elbœuf, aussi Pair de France; ensemble l'Arrêt.

26. Réflexions en Vers, sur l'Arrêt du Parlement, en faveur du Duc de Vendôme.

Les principales de ces Pièces se trouvent dans l'*Histoire générale* du P. Anselme, Edit. de 1726, &c. *tom. IV. pag. 89 & suiv.*]

25635. ☞ Mf. Indult de Paul V. en faveur du Chevalier de Vendôme, pour conférer les Prieurés, Cures, &c. dépendans de ses Abbayes : en parchemin, de 14 pages.

C'est l'Original; il est conservé à Dijon, dans la Bibliothèque de M. Fevret de Fontette.]

25636. ☞ Eloge funèbre de Madame la Duchesse de Vendosme; par le Père JEAN-BAPTISTE DE BOURGES, Capucin de la Province de Touraine : *Orléans*, 1669, in-4.]

25637. In Funere Francisci Vindocinensis, Ducis Belfortii, Rei Maritimæ Præfecti; Oratio Stephani COSMI : *Venetiis*, 1669, in-4.

François de Vendôme, Duc de Beaufort, étoit fils de César, Duc de Vendôme.

La même Oraison funèbre, traduite par François le Galois : *Paris*, 1670, in-4.

25638. Alia Oratio in ejusdem funere; auctore Annibale ADAM, è Societate Jesu : *Romæ*, 1669, in-fol.

25639. Descriptio honorarii tumuli, & Oratio in funere ejusdem; auctore Carolo BOVIO, *Romæ*, Tinassii, 1669, in-fol.

25640. Oraison funèbre du même; par Jules MASCARON, Prêtre de l'Oratoire, (depuis Evêque d'Agen) : *Paris*, 1670, in-4.

La même est imprimée dans le *Recueil de ses Oraisons funèbres* : *Paris*, 1704, in-12.

25641. ☞ Mf. Les Trophées & les Disgraces des Princes de la Maison de Vendosme; par le Sieur DE BONAIR : 1669, in-8.

Ce Manuscrit est indiqué au Catalogue de M. du Fay; num. 3777.]

Mf. Les mêmes, jusqu'en 1675; par le Sieur Bonair Stuart : in-8.

Celui-ci se trouve marqué, *pag.* 508 du Catalogue de la Bibliothèque de Rambouillet.]

25642. * Factum pour Henri DE BONAIR; Historiographe du Roi, & l'un des 25 Gentilshommes de sa Garde Ecossoise, sur la bravoure & la conduite du Chevalier de Vendosme, & sur les avantages des enfans naturels de nos Rois, le 22 Août 1676 : in-8.

Ce De Bonair, mauvais Ecrivain, [qui fit cet Ouvrage contre quelques Chevaliers de Malthe], a donné, sans doute l'idée à Vatillas de prendre son nom dans le Factum pour la Maison d'Estrées, ci-après, [aux *Généalogies des Familles*.] On en rapporte une autre raison dans le Mémoire sur cet Auteur, qui est à la fin de cette Bibliothèque.

25643. ☞ Lettres-Patentes du Roi, pour M. Louis de Vendôme, Duc de Mercœur, Pair de France, pour le Gouvernement de Provence, publiées en Parlement, le 10 Mai 1652 : *Aix*, 1652, in-4.]

Les mêmes, avec le Discours fait par M. Noël GAILLARD, sur la présentation d'icelles, en la Cour des Comptes, &c. *Mars*, 1652, in-4.

25644. Histoire des dernières Campagnes de (Louis-Joseph) Duc de Vendôme, Général des Armées du Roi; avec son Eloge; par le Chevalier de BELLERIVE.

Voyez ci-devant, [année 1713.]

Il étoit fils de Louis, Cardinal de Vendôme & petit-fils de César, Duc de Vendôme. Il est mort en 1711.

25645. Oraison funèbre du même; par le Père GRAMAIN, Jésuite : *Paris*, 1712, in-4.

25646. Autre; par (Laurent) JUILLARD du Jarry : *Paris*, 1712, in-4.

25647. * Autre; par M. LE MERCIER, Curé du Diocèse d'Evreux : *Rouen*, 1712, in-12.

25648. ☞ Autre; prononcée à Estampes, le 13 Septembre 1712.

Voyez le *Journal de Verdun*, *Mars* 1713, *pag.* 222. ➾ *Mém. de Trévoux*, *Février* 1713, *pag.* 232.]

25649. Mémoires sur la vie & le caractère du même.

Ces Mémoires sont imprimés avec les *Mémoires sur les plus illustres Personnes, &c.* Londres, 1713, *in*-8.

Autre Fils naturel de Henri IV.

25650. ☞ Observations sur le Comte de Moret.

On les trouve dans la *Vie d'un Solitaire inconnu*, ci-devant, num. 13334, & il y faut joindre la Critique qu'en a faite le P. d'Avrigny, dans ses *Mémoires pour l'Histoire de l'Europe*, tom. II. au premier Septembre 1632. Tous les Auteurs du temps disent que le Comte de Moret fut tué cette année à la Bataille ou Rencontre de Castelnaudari; mais l'Auteur de la Vie dont on vient de parler, prétend qu'il ne le fut pas, & que c'est ce Solitaire inconnu. On a déja dit (ci-devant, tom. I. pag. 823) que le P. Griffet se déclare pour ce dernier sentiment, dans sa nouvelle Edition des *Mémoires* du P. d'Avrigny.]

Enfans de Louis XIII.

Ducs d'Orléans issus de Louis XIII.

25651. ☞ Histoire généalogique des derniers Ducs d'Orléans.

Elle se trouve imprimée au Chap. VI. §. 1. du Père Anselme, & plus complette, [tom. I. de l'Edit. de 1726, pag. 187.]

25652. ☞ La Nuit des Nuits, & le Jour des Jours, ou la Naissance des deux Dauphins du Ciel & de la Terre; avec un Discours panégyrique au Cardinal Duc de Richelieu; par le Sieur DE BOISHUS: *Paris*, Passé, 1641, *in*-8.

Le véritable Dauphin, (depuis Roi, & nommé Louis XIV.) étoit né le 5 Septembre 1638. Philippe, second fils de Louis XIII. appellé d'abord Duc d'Anjou, & ensuite Duc d'Orléans, (après la mort de Gaston frère de Louis XIII.) naquit le 21 Septembre 1640.

25653. ☞ Abrégé de la Vie & des Actions héroïques de Philippe de France, frère unique du Roi, Duc d'Orléans: *Paris*, Moreau, 1701, *in*-4.]

25654. * [L'Ecole des Princes, ou] les Dits Notables de Monsieur, Frère unique du Roi, [depuis l'âge de 7 ans jusqu'à 14]; par le Sieur RÉVÉREND, son Aumônier: *Paris*, Soubron, [1655], 1656, *in*-8.

25655. Oraisons funèbres de Philippe de France, Duc d'Orléans, Frère unique du Roi, *Paris*, 1701, *in*-4.

Noms des Auteurs rangés selon le temps auquel ils les ont prononcées: François DE CLERMONT-TONNERRE, Evêque & Duc de Langres. Jean GRANCOLAS, Docteur en Théologie, Aumônier de son Altesse Royale. François BRETONNEAU, Jésuite. Jacques BOCHART de Saron, Trésorier de la Sainte Chapelle de Vincennes. L'Abbé D'ESTAMPES.

25656. Oratio funebris eidem Principi dicta; ab Andrea LE CAMUS, è Societate Jesu: *Parisiis*, 1701, *in*-12.

25657. ☞ In Philippi Aurelianensis Ducis obitum Poemata varia; à Patribus Societ. Jesu, sine anno: *in*-4.]

25658. ☞ Caroli AUBRY, Ecloga in obitum Ducis Aurelianensis: *Parisiis*, 1701, *in*-4.]

25659. ☞ Histoire de Madame Henriette d'Angleterre, première femme de Philippe de France, Duc d'Orléans, jusqu'à sa mort, en 1670; par Marie-Magdeleine de Lavergne, Comtesse DE LA FAYETTE: *Amsterdam*, 1720, *in*-12.]

25660. ☞ Ms. La même, avec des Notes (qui n'ont pas été imprimées).

Elle est conservée dans la Bibliothèque de M. Fevret de Fontette, Conseiller au Parlement de Dijon.]

25661. ☞ Récit de ce qui s'est passé à la mort chrétienne de Henriette-Anne d'Angleterre, Duchesse d'Orléans, & son Oraison funèbre; par (Nicolas) FEUILLET, Chanoine de Saint-Cloud: *Paris*, Aubouyn, 1686, *in*-4.

Cette Duchesse, qui étoit la première femme de Philippe de France, Duc d'Orléans, est morte en 1670, & M. Feuillet en 1693.]

25662. Relation de la mort de Madame.

Cette Relation est imprimée à la fin des *Lettres* du Comte d'Arlington, au Chevalier Temple: *Utrecht*, 1701, *in*-12.

25663. ☞ Connoissance assurée de la maladie & mort de Madame, par l'ouverture de son corps: *Paris*, 1627, *in*-12.]

25664. ☞ Apologie de Louise Bourgeois, dite Boursier, Sage-femme de la Reine, Mère du Roi (Marie de Médicis), & de feue Madame, contre le rapport des Médecins: *Paris*, 1627, *in*-8.]

25665. ☞ Les Soupirs & Regrets de la France, sur la mort de Madame: *Paris*, *in*-8.]

25666. Oraison funèbre de la même; par Jacques-Bénigne BOSSUET, Evêque de Condom (depuis de Meaux): *Paris*, 1670, *in*-4.

Le même se trouve avec une *Histoire abrégée de la vie & de la mort* de cette Princesse, par M. l'Abbé LEQUEUX, dans le *Recueil des Oraisons funèbres de M. Bossuet*: *Paris*, 1762, *in*-12.

25667. ☞ Autre, prononcée à Pontoise, le 26 Avril 1670, en présence du Clergé de France; par Pierre DE BERTIER, Evêque de Montauban: *Paris*, Vitré, 1670, *in*-4.]

25668. Autre; par Jules MASCARON, Prêtre de l'Oratoire.

Cette Oraison funèbre est imprimée dans le *Recueil de ses Oraisons funèbres*: *Paris*, 1704, *in*-12. L'Auteur est mort Evêque d'Agen, en 1703.

25669. ☞ Oraison funèbre de la même; par M. LE MAIRE, Chanoine & Archidiacre de Dunois, en l'Eglise Cathédrale de Chartres: *Paris*, Pepingué, 1670, *in*-4.]

25670. Primitiæ Actorum compromissi Francofurtensis, in causa serenissimæ Dominæ Ducissæ Aurelianensis, contra serenissimum

Histoires des Princes & Princesses du Sang. 687

Dominum Electorem Palatinum. Eorumdem Continuatio : 1701, *in-4*.

C'est un Recueil de Pièces pour & contre, écrites au sujet des droits de Madame, veuve de Philippe de France, Duc d'Orléans.

25671. ☞ Oraison funèbre de Madame Elizabeth-Charlotte Palatine de Bavière, Duchesse d'Orléans, prononcée dans l'Eglise de Laon, le 18 Mars 1723 ; par le Père CATHALAN, Jésuite : *Paris*, veuve Mazières, 1723, *in-4*.

A la tête se voit le Portrait de la Princesse, peint par Rigaud, & gravé par Drevet.]

══ ☞ La Vie de Philippe d'Orléans, Petit-fils de France, Régent du Royaume, pendant la minorité du Roi Louis XV.

Voyez ci-devant, N.° 24576. Ce Prince est mort en 1723.]

25672. ☞ Les Avantures de Pomponius, Chevalier Romain, ou l'Histoire de notre temps ; (par PREVOST D'EXILES) : *Rome*, chez les héritiers de Ferrante Pallavicini : (*Rouen*), 1725, 1728, *in-12*.]

Les mêmes, augmentées : 1728, *in-12*.

C'est une Pièce satyrique sur la Vie du Duc d'Orléans, qui sert pour l'Histoire de la Régence de Louis XV. Quelques-uns l'ont attribuée à M. de Themiseuil de S. Hyacinthe, (Belair) ; mais on sçait à n'en pouvoir douter, que ce petit Roman fut envoyé en manuscrit de Paris en Hollande, avec une Lettre anonyme ; & que le Libraire à qui il fut adressé en 1722, le fit offrir au Cardinal du Bois, qui fit peu de cas de cette offre & du Manuscrit. La Chronique qui est à la fin de ce Roman, n'est pas de la même main.

La clef de cette Pièce se trouve dans le *Ducatiana*, p. 108. Les Bénédictins y sont assez mal traités. L'Auteur les désigne sous le nom d'*Ichthyophages* ou mangeurs de poisson. On croit que le fonds de l'Ouvrage est d'un Père LABADIE, Bénédictin, mort à Samer, à deux lieues de Boulogne en Picardie, & que l'Abbé Prevôt, qui alors étoit aussi Bénédictin, l'a seulement revu & corrigé. La seconde Edition de 1728, est augmentée par un Recueil de Pièces concernant la Minorité de Louis XV.

[*Voyez* sur ce Livre le *Recueil de Philosophie, d'Histoire & de Littér.* du Sieur Jordan : *Amsterdam*, 1730, *pag.* 25 ; & les *Lettres sérieuses & badines* de Janiçon, *tom. I. Lettr. VIII.*]

25673. ☞ Abrégé de la Vie du Régent (le Duc d'Orléans), & de Law.

Elle se trouve au tom. I. de l'*Histoire du Système des Finances*, par HAUT-CHAMP. On voit un Portrait assez bien tracé de M. le Régent, dans le Chant VII. de la *Henriade*.]

25674. ☞ Oraison funèbre de Philippe de France, Duc d'Orléans, Régent du Royaume, prononcée en l'Eglise de S. Denys ; par Michel PONCET DE LA RIVIERE, Evêque d'Angers, le 4 Février 1724.]

25675. ☞ Oraison funèbre de Louis, Duc d'Orléans, premier Prince du Sang, prononcée dans l'Eglise des Jacobins de la rue S. Honoré, le 14 Avril 1752 ; par le Père JOUIN : *Paris*, 1752, *in-4*.]

25676. Eloge funèbre du même ; par l'Abbé J. B. Louis DE LA ROCHE, Prédicateur du Roi : 1753, *in-4*.]

25677. ☞ Oraisons funèbres du même ; par le P. BERNARD, Chanoine Régulier ; par le P. RENAUD, Jacobin ; par l'Abbé BARATHIER ; par M. POULLIN ; par M. DE LA TOUR DU PIN : *Paris*, 1752, *in-4*. par M. BESAULT, dans l'Eglise de Sainte-Croix d'Orléans, le 23 Mars ; & par Jean-François COLAS, à S. Aignan d'Orléans ; le 20 Avril : *Orléans*, 1752, *in-4*.]

25678. ☞ Lettre d'une Dame retirée à la Campagne, au sujet de l'Eloge funèbre de M. le Duc d'Orléans, prononcée par M. POULLIN : *in-12*.]

Seconde Lettre sur le même sujet ; par M. JOHANNETON, Greffier au Criminel à Orléans : 1752, *in-12*.

ENFANS DE LOUIS XIV.

Louis Dauphin son Fils ; Louis Duc de Bourgogne, aussi Dauphin après lui, &c.

25679. ☞ L'Horoscope de Monseigneur le Dauphin ; par le R. P. J. F. SENAULT, Prêtre de l'Oratoire de Jésus : *Paris*, 1661, *in-4*.]

Le même ; avec diverses Pièces de Poësies, sur la Naissance (de ce Prince :) *Amsterdam*, Louis & Daniel Helzevier, 1662, *in-12*.

Les Poësies qui consistent en une Ode & des Stances, se trouvent *pag.* 69-80 de ce Volume.]

25680. ☞ Francisci LE CARON, Ecclesiæ ad Galliam Epistola poetica, de Delphini ortu : *Fixæ*, 1662, *in-4*.]

25681. ☞ Traité de l'Education de M. le Dauphin ; par Paul Hay DU CHASTELET : *Paris*, 1664, *in-12*.]

25682. ☞ Leonis BACOVII Delphinus, seu de primâ Principis institutione : *Tolosæ*, 1670, *in-4*.]

25683. Relation de tout ce qui s'est passé dans l'éducation de Louis de France, Dauphin, Fils unique de Louis XIV. par Jacques-Benigne BOSSUET, Evêque de Meaux.

Cette Relation est imprimée dans l'*Epître dédicatoire de sa Politique Chrétienne*, par les soins de M. Bossuet son neveu, nommé à l'Evêché de Troyes : *Paris*, Anisson, 1711, *in-4*. [*Paris & Liége*, *in-12*. 2 vol.]

25684. ☞ Jacobi CUSINOTI Delphinus Gallicus : 1662, *in-fol*.]

25685. De Serenissimi Delphini studiis felicibus, Oratio habita in Collegio regio Franciæ, VI. Kal. Decemb. 1673 ; à Joanne GERBAIS : *Parisiis*, Léonard, 1673, *in-4*.]

25686. ☞ Delphineis, seu pueritia Principis moribus & litteris ad virtutem imbuta (ab anno 1661 ad annum 1675) ; auctore Joan. DE LA FAYE : *Parisiis*, Barbin, 1676, *in-8*.]

25687. ☞ Collegii Parisiensis Societ. Jesu, festi Applausus ad Nuptias Ludovici Galliarum Delphini : *Parisiis*, 1680, *in fol*.]

25688. ☞ Obeliscus Plomberianus in honorem Delphini erectus, Poema à Cl. PERRY Divionensis : *Divione*, 1681, *in*-4.

Cet Obélisque existe encore à Plombières, Village situé à une lieue de Dijon, dans le Jardin de M. Charpy de Billy, Conseiller au Parlement ; & il y a parmi les Manuscrits *in*-4. de M. le Président Bouhier, une Histoire de cet Obélisque, par Philibert DE LA MARE.]

25689. ☞ Augusto Principi Delphino vota pro felici hymenæo : *in*-8.]

25690. ☞ La Querelle des Dieux sur la grossesse de Madame la Dauphine : *Paris*, 1682, *in*-12.]

25691. Oraison funèbre de M. le Dauphin ; par Michel PONCET DE LA RIVIERE, Evêque d'Angers : *Paris*, 1711, *in*-4.

25692. Autre ; par (Pierre) BRAYER, Chanoine & Vicaire-Général de l'Evêque de Metz : *Metz*, 1711, *in*-4.

Il y a eu plusieurs autres Oraisons funèbres de ce Prince; on en trouvera la Liste dans les *Mémoires de Trévoux*, Art. LXXXIII. de l'année 1711.

25693. ☞ Oraison funèbre de Monseigneur Louis Dauphin, prononcée dans l'Eglise de la sainte Chapelle de Dijon, le 8 Août 1711 ; par M. MATTHIEU, Prêtre Mépartiste de l'Eglise S. Pierre de la même Ville : *Dijon*, 1711, *in*-4.]

25694. ☞ Autre, prononcée à Arras par le Père AUGUSTIN DE PICQUIGNY, Gardien des Capucins, le 15 Juin 1711, quatrième Edition : *Arras*, 1713, *in*-4.]

25695. ☞ Autre ; par le Père BEAUFILS : 1711, *in*-4.]

25696. ☞ Autre, prononcée à Toulouse le 22 Juin 1712; par le Père CAPISTRON, Jésuite : *Toulouse*, le Camus, *in*-4.]

25697. ☞ Autre, prononcée à Marseille ; par le P. FELLON, Jésuite : *Marseille*, Brebion, 1711, *in*-4.]

25698. ☞ Autre, prononcée à Rome dans l'Eglise Nationale de S. Louis, en présence du sacré Collége, le 18 Septembre 1711 ; par le P. Guillaume D'AUBENTON, Jésuite : *Rome*, 1712, *in* 8.]

25699. ☞ Eloge de M. le Dauphin, prononcé par le P. PORRÉE, Jésuite, dans le Collége de Louis le Grand, le 2 Juin 1711 : *in*-4.]

25700. ☞ Laudatio funebris Ludovici Delphini dicta à Natali SANADON, Societatis Jesu : *Parisiis*, 1712, *in*-4.]

25701. ☞ Joannis-Gasparis KUNII, Oratio funebris Delphini habita Argentorati, 13 Maii 1711. Versibus heroicis expressa à Gunthero PREUSSERO : *Argentorati*, 1711, *in-fol*.]

25702. Mémoire sur la vie & le caractère du même Prince.

Ce Mémoire est imprimé avec les *Mémoires sur les Vies de plusieurs illustres Personnes mortes en* 1711, &c. *Londres*, 1712, *in*-8.

25703. Oraison funèbre d'Anne-Christine de Bavière, Dauphine de France ; par Esprit FLESCHIER, (depuis Evêque de Nismes:) *Paris*, 1687, *in* 4.

25704. Autre ; par Laurent JUILLARD DU JARRY : *Paris*, 1687, *in*-4.

25705. Autre ; par Pierre DE LA BROUE, Evêque de Mirepoix : *Paris*, 1690, *in*-4.

25706. ☞ Discours sur la mort de M. le Dauphin & de Madame la Dauphine; par Germain-Antoine GUIOT : *Orléans*, 1712, *in*-4.]

25707. Oraison funèbre de Louis Dauphin de France, & de Marie-Adélaïde de Savoye son Epouse ; par Jacques MABOUL, Evêque d'Alet : *Paris*, 1712, *in*-4.

Ce Prince est mort le dix-huitième jour de Février 1712, & la Princesse étoit décédée le douzième du même mois.

25708. Autre ; par Honoré GAILLARD, Jésuite : *Paris*, 1712, *in*-4.

25709. Autre ; par Charles DE LA RUE, Jésuite : *Paris*, 1712, *in*-4.

25710. Autre ; par le Père CAPISTRON, Jésuite : *Toulouse*, 1712, *in*-4.

25711. Autre ; par OLLIER DE VERNEUIL, Chancelier, Pénitencier de l'Eglise de Saint-Estienne de Toulouse : *Toulouse*, 1712, *in*-4.

25712. Autre ; par Laurent JUILLARD DU JARRY : *Paris*, 1713, *in*-4.

25713. Autre ; par Jean-César Rousseau DE LA PARISIERE, Evêque de Nismes : *Paris*, Estienne, 1713, *in*-4.

25714. ☞ Autre ; par le Père FELLON, Jésuite : *in*-4.]

25715. ☞ Serenissimi Delphini, olim Burgundionum Ducis, Laudatio funebris ; auctore Carolo COFFIN.

Ce Discours est imprimé *pag*. 115 du *tom. I*. des Œuvres de M. Coffin, ancien Recteur de l'Université de Paris, & Principal du Collége de Dormans-Beauvais : *Paris*, Desaint & Hérissant, 1755, *in*-12. 2 vol.]

25716. ☞ Oraisons funèbres de Louis Dauphin (père,) de Louis Dauphin (fils) & de Marie-Adélaïde de Savoye son Epouse, & de Louis le Grand, (prononcées à Marseille, à Toulon & à Avignon ; par M. LÉONARD :) *Avignon*, 1738 ; *in*-4.]

25717. ☞ Imago nascentis Herois, in Rege Hispaniæ & in Duce Burgundionum expressa, Oratio ab Andrea LE CAMUS : *Parisiis*, 1703, *in*-12.]

25718. Les Vertus de Louis de France, Duc de

Histoires des Princes & Princesses du Sang. 689

de Bourgogne, ensuite Dauphin; par (Isaac) MARTINEAU, Jésuite, son Confesseur : *Paris*, 1712, *in*-4 [& *in*-12. Quatrième Edition, 1714, *in*-12.]

25719. ☞ Mémoire des principaux actes de Vertus, qu'une personne de probité a remarqués en feu Monseigneur le Dauphin : *in*-12. (sans nom d'Auteur ni d'Imprimeur,) de 22 pages.]

25720. Mémoire sur la vie & le caractère du même.

Ce Mémoire est imprimé avec les *Mémoires sur les Vies des plus illustres Personnés, &c. Londres*, 1713, *in*-8.

25721. Portrait du même ; par Claude FLEURY, Prieur d'Argenteuil, (depuis Confesseur de Louis XV.) *Paris*, 1714, *in*-12.

☞ Ce Portrait, daté du 11 Mars 1711, est aussi joint au Livre des *Vertus, &c.* du P. Martineau, de la quatrième Edition, & il n'y occupe que 14 pages.]

25722. ☞ Serenissimi Ducis Britanniæ Natalitia, à Musis, in Reg. Ludovici Magni Collegio S. J. celebrata : *Parisiis*, Sevestre, 1704, *in*-4.

On trouve dans ce Recueil : Religio nutrix, = ad Nutricem Ducis Britanniæ, par le P. M. HENRY. = In natalem Britanniæ Ducis Dialogus Galliæ & Hispaniæ, par le P. J. B. DU HALDE. = In Natales Britanniæ Ducis, par le P. Guil. DE SEGAUD. = Hispaniæ ad Galliam Epistola, par le P. L. LE BRUN. = Plausus Parnassi in ortu Britanniæ Ducis, par le P. J. F. BERRUYER. = Ludovico Magno in Natales Britanniæ Ducis Ode, par le P. J. ARCHUYS. Les Pensionnaires du Collége de Louis le Grand, au Roi, sur la naissance de M. le Duc de Bretagne, par le P. Joseph DE BLAINVILLE.]

25723. ☞ Waltherus LE BLANC, Regi proavo, Delphino avo, Duci Burgundiæ patri, Adelaïdæ Matri, Monumentum à Musis erectum, in ortum Britanniæ Ducis : *Parisiis*, 1704, *in*-4.]

25724. ☞ Amusemens de Monseigneur le Duc de Bretagne ; par René TREPAGNE : *Paris*, 1712, *in*-12.

On y trouve quelques récits de l'enfance de ce Prince, qui étoit frère de Louis XV.]

25725. Oraison funèbre de Charles de France, Duc de Berry ; par (Pierre Robert) LE PREVOST, Prêtre : *Paris*, 1714, *in*-4.

☞ On la trouve dans le *Recueil des Or. fun.* de l'Auteur : (*Paris*, 1765, *in*-12.) précédée d'une *Notice historique* sur ce Prince, par Aug. Martin LOTTIN, *pag.* 182.]

25726. Autre ; par (Henry) FAVIER, de l'Ordre de Cluni, Prieur de Sainte-Croix de Provins : *Paris*, Papillon, 1714, *in*-4.

Rois d'Espagne, issus de Louis XIV.

25727. ☞ Généalogie des Rois d'Espagne de la Maison de France.

Elle est imprimée dans l'Edition de 1726 du Père Anselme & de ses Continuateurs, *tom. I. pag.* 183.]

25728. ☞ Oraison funèbre de Philippe V. Roi d'Espagne, prononcée à Notre-Dame
Tome II.

de Paris le 15 Décembre 1746; par M. Pierre-François LAFFITAU, Evêque de Sisteron : *Paris*, Durand, 1746, *in*-4.]

25729. ☞ Oraison funèbre de Ferdinand VI. & de Marie de Portugal, Roi & Reine d'Espagne, prononcée dans l'Eglise de Paris, le 15 Janvier 1760; par M. Gabriel-François MOREAU, Evêque de Vénce : *Paris*, Lottin, 1760, *in*-4.]

25730. ☞ Histoire d'Espagne, sous Philippe V. & ses fils, (depuis 1700 jusqu'en 1765.)

C'est le sujet d'une partie du *Tome XXIX.* de l'*Histoire universelle* traduite de l'Anglois d'une Société de Gens de Lettres : (*Amsterdam*, 1768, *in*-4.) *pag.* 208. On y trouve beaucoup de choses qui regardent l'Histoire de France.]

25731. ☞ Oraison funèbre de Don Philippe de Bourbon, Duc de Parme, &c. prononcée dans l'Eglise de Paris le 15 Mars 1766 ; par M. l'Abbé DE BEAUVAIS, Prédicateur du Roi : *Paris*, Desprez, 1766, *in*-4.]

Princes légitimés, fils de Louis XIV.

25732. Généalogie des Ducs (ou du Duc) du Maine, depuis Louis-Auguste de Bourbon, fils naturel de Louis XIV. jusqu'à présent.

Elle est imprimée dans le P. Anselme, Chap. IV. §. 2.
☞ *Voyez* le Portrait de ce Prince, indiqué ci-devant, au N.° 14611.

Son fils aîné n'a point eu le nom de Duc du Maine, mais de Prince de Dombes, & est mort en 1755. Un autre fils (qui est encore vivant (en 1769) Louis-Charles de Bourbon, a été appellé Comte d'Eu.

Leur Généalogie & celle du *Comte de Toulouse*, Louis-Alexandre de Bourbon, (frère du Duc du Maine & mort en 1737,) sont plus amples dans l'Edition de 1726 du Père Anselme & de ses Continuateurs, *tom. I. pag.* 192. On peut suppléer pour la suite, par les Calendriers de la Cour ou les Almanachs Royaux.]

25733. ☞ Portrait du Duc du Maine.

Il se trouve à la fin des Mémoires de Madame DE STAAL, ci-devant, N.° 24612. Le Duc du Maine est mort en 1736.]

25734. ☞ Oraison funèbre du Prince de Dombes ; par M. LAUGIER : 1756, *in*-4.]

25735. ☞ Ms. Oraison funèbre de Charles-Louis-Auguste de Bourbon, Prince Souverain de Dombes, prononcée aux Etats de Languedoc le 21 Février 1756 ; par M. l'Abbé Guillaume-Ignace DE MEREZ, Docteur de Sorbonne, Chanoine & Archidiacre de l'Eglise Cathédrale de Nismes, Vicaire général & Official du Diocèse, & Membre de l'Académie de Nismes.

Cette Oraison funèbre, qui fut fort applaudie, est entre les mains de l'Auteur. Le Prince y est représenté comme digne de nos éloges, par l'idée qu'il sçut se former de sa grandeur, & comme digne de nos regrets par l'usage qu'il sçut en faire.]

☞ On trouve dans le *Dictionnaire* de Prosper Marchand, un article de *Louis de Bourbon* (Comte de Vermandois, fils naturel de Louis XIV. & de Madame de la Vallière,) qui contient quelques détails curieux sur ce Prince, duquel peu d'Historiens ont parlé. Il naquit en

Ssss

1667, & mourut à Courtray d'une fièvre maligne, en 1683. Il promettoit beaucoup. Prosper Marchand s'étend sur l'Anecdote romanesque qui se trouve dans les *Mémoires de la Cour de Perse*, & dans le *Siècle de Louis XIV*. par M. de Voltaire, au sujet de la prison de ce Prince au Havre, puis à la Bastille, où l'on a prétendu qu'il avoit fini sa vie, caché sous un masque de fer. Cet article est curieux; mais il est étonnant qu'il ne s'y trouve rien du Duc de Beaufort, auquel on attribue aussi cette Histoire. On peut voir à ce sujet l'*Année Littéraire*, 1759, tom. III. *Lettre VIII*.]

25736. ☞ Lettre de M. (Germ. Fr. Poullain) DE SAINT-FOIX, au sujet de l'Homme au masque de fer : *Paris*, 1768, *in-12*.

Cet Auteur prouve assez bien que c'étoit le Duc de Montmouth, frère du Roi Jacques II. d'Angleterre, *Voyez* l'*Année Littér*. 1768, *tom. IV*, *pag*. 73 & 351. *Ibid. tom. VI. pag. 128*.]

ENFANS DE LOUIS XV.

25737. ☞ Discours présenté à la Reine, au sujet de son heureux Accouchement & de la Naissance des deux Princesses; par le Chevalier DAUDET : *Paris*, veuve Oudot, 1727, *in-12*.]

25738. ☞ Histoire de l'auguste Naissance de Monseigneur le Dauphin (Louis); par le même : *Paris*, le Mercier fils, 1731, *in-8*.

C'est un Recueil de toutes les Fêtes & Réjouissances faites à Paris & dans les Provinces, & de tous les Discours, Harangues, faites à l'occasion de la naissance de Louis Dauphin.]

25739. ☞ Oratio Caroli COFFIN, in recentem ortum Serenissimi Delphini, habita Universitatis nomine.

Ce Discours est imprimé *pag*. 201, du *tom. II*. des *Œuvres* de M. Coffin, ancien Recteur & Principal du Collége de Beauvais : *Paris*, Desaint & Hérissant, 1755, *in-12*. 2 vol.]

25740. ☞ In restitutam Delphino valetudinem Oratio; auctore (J. B.) GEOFFROY, è Societate Jesu : 1752, *in-4*.]

25741. ☞ Poëme Latin sur la Convalescence de M. le Dauphin; par le P. Jean-François FLEURIAU, Jésuite : *Paris*, 1752, *in-4*.]

25742. ☞ La Maladie & la Convalescence de Monseigneur le Dauphin, Poëme; par M. Guillaume RAOULT, Professeur de Belles-Lettres Françoises à Moscou : 1752, *in-4*.]

25743. ☞ Vers sur la Convalescence de M. le Dauphin; par M. Fr. Charlemagne GAUDET, Lieutenant en la Prévôté de Weymars : 1752, *in-4*.]

25744. ☞ Oratio super restitutâ Serenissimi Delphini valetudine; à Laurentio FERRET.]

25745. ☞ Portrait de Monseigneur le Dauphin : *Paris*, Lottin, 1766, *in-8*. de 38 pages.

Cet Ecrit est attribué à M. le Marquis de SAINT-MÉORIN, fils de M. le Duc de la Vauguyon.]

25746. ☞ Récit des principales circonstances de la maladie de feu M. le Dauphin : *Paris*, Regnard, 1766, *in-4*.

Ce Prince est mort le 20 Décembre 1765.]

25747. ☞ Oraison funèbre de Monseigneur le Dauphin, prononcée le 22 Janvier 1766, dans l'Eglise des Religieuses Capucines de Paris; par le Père FIDÈLE DE PAU, Capucin de la Province d'Aquitaine : *Paris*, Vente, 1766, *in-4*.

Cette Pièce, écrite d'un style singulier, devoit paroître avec des Notes plus singulières encore; mais elles ont été supprimées avant la publication. Il en existe cependant quelques Exemplaires de cette manière.]

25748. ☞ Discours de M. (Alexandre-François) COTTEREL, Curé de S. Laurent, à ses Paroissiens, le 30 Janvier : *Paris*, Regnard, 1766, *in-4*.]

25749. ☞ Oraison funèbre de Monseigneur Louis Dauphin; prononcée dans l'Eglise de Paris, le 1 Mars; par Messire Charles de Loménie DE BRIENNE, Archevêque de Toulouse : *Paris*, Hérissant, 1766, *in-4*, & *in-8*.]

25750. ☞ Autre, prononcée le 12 Mai, devant l'Assemblée générale du Clergé de France; par Messire Jean-Baptiste-Marie Champion DE CICÉ, Evêque d'Auxerre : *Paris*, Desprez, 1766, *in-4*.]

25751. ☞ Autre, prononcée dans la Chapelle du Louvre, le 6 Mars, en présence de l'Académie Françoise; par M. l'Abbé DE BOISMONT, l'un des Quarante de l'Académie : *Paris*, Regnard, 1766, *in-4*.]

25752. ☞ Autre, prononcée en l'Eglise Paroissiale de S. Sulpice, le 15 Mars; par M. l'Abbé (Denys-Xavier) CLEMENT, Confesseur de Mesdames : *Paris*, Delatour, 1766, *in-4*.]

25753. ☞ Autre, prononcée dans l'Eglise Cathédrale de Metz, le 23 Mai; par M. l'Abbé DE L'AUBRUSSEL : *Metz*, Collignon, 1766, *in-4*.]

25754. ☞ Oratio funebris Ludovico Delphino, &c. dicta die 9 Aprilis, à M. Antonio MALTOR, Eloquentiæ Professore, in Aula Collegii Ludovici Magni : *Parisiis*, Simon, 1766, *in-4*.],

25755. ☞ Alia, Universitatis nomine, &c. dicta à Nicolao-Francisco GUERIN : *Parisiis*, Vid. Thiboust, 1766, *in-4*.]

25756. ☞ Eloge de Louis, Dauphin; par M. THOMAS : *Paris*, 1766, *in-8*.]

25757. ☞ Examen du Discours (ou Eloge précédent; par M. l'Abbé Fr. Marie COGER :) *in-8*.]

25758. ☞ Autres Eloges du même Prince : 1766, *in-8*.

Noms des Auteurs. L'Abbé LE COUSTURIER. Le Père François DURAND, Dominicain. L'Abbé Jean Suffrein MAURY. Pierre MARQUEZ, Professeur d'Eloquence à Toulouse. Le Sieur PUGET DE S. PIERRE. Le Sieur RICARD, Professeur d'Eloquence à Auxerre. L'Abbé

Charles BELLET, Chanoine de la Cathédrale de Montauban.

M. le Dauphin a été inhumé dans la Cathédrale de Sens; & l'Oraison funèbre, qui fut alors prononcée par M. l'Abbé BOURLET de Vauxelles, n'a pas été imprimée.]

25759. ☞ Relation du Service fait à Avignon pour Monseigneur le Dauphin; par François MORENAS : *Avignon*, 1766, *in-8*.]

25760. ☞ Descripcion subcinta de la funebre obstentosa Pompa, con la muy noble y muy leal Nacion Francesa en la Ciudad de Cadix dedico magníficas Exequias à la amable, tierna, y gloriosa memoria de Serenissimo Delphin, &c. con la Oracion funebre que dixo Joseph-Martin y GUSMAN, Canonigo de la Cathedral, &c. *en Cadix*; 1766, *in-4*.

La même Oraison funèbre traduite de l'Espagnol; par M. Allain, Maître de Pension à Paris : *Paris*, Desprez, 1766, *in-4*.

Voyez à son sujet le *Journal de Verdun*, 1767, Février, pag. 123.]

25761. ☞ Eloge du vrai Sage, pour le jour de l'Anniversaire de Monseigneur le Dauphin; par l'Abbé DELFAUD : 1766, *in-4*.]

25762. ☞ Mſ. Recueil de Pièces, tant en Prose qu'en Vers, sur la mort de Monseigneur le Dauphin, décédé à Fontainebleau le 20 Décembre 1765 : *in-4*.

Ce Recueil est conservé dans la Bibliothèque de M. Bertin, Ministre & Secrétaire d'Etat, 1769.]

25763. ☞ Vie de Louis IX. Dauphin de France, dédiée à Monseigneur le Dauphin (son fils) par M. l'Abbé DE VILLIERS, Prêtre & Licentié ès Loix : *Paris*, d'Houry, 1769, *in-12*.]

25764. ☞ Oraison funèbre de Madame la Dauphine, Marie-Thérèse, Infante d'Espagne; par M. Jean-Georges LE FRANC DE POMPIGNAN ; Evêque du Puy : *Paris*, 1746, *in-4*.

Elle a été inhumée à S. Denys.]

25765. ☞ Oraison funèbre de la même, prononcée à Nancy; par le Père CUNY, Jésuite; avec la Description de la Pompe funèbre : *Paris*, Guérin, 1746, *in-4*.]

25766. ☞ Oraison funèbre de Marie-Josephe de Saxe, Dauphine (Douairière) de France, prononcée dans l'Eglise de Paris, le 3 Septembre 1767; par Messire Jean-de-Dieu-Raymond de Boisgelin DE CUCÉ, Evêque de Lavaur : *Paris*, Hérissant, 1767, *in-4*.

Elle a été inhumée, avec son mari, à Sens.]

25767. ☞ De felici ortu Serenissimi Burgundiæ Ducis Oratio; auctore Jacobo DU PARC, è Soc. Jesu : *Parisiis*, 1751, *in-4*.]

25768. ☞ In felicem ortum Serenissimi Ducis Burgundiæ, Oratio gratulatoria habita nomine Regii Franciæ Collegii in Regiis Franciæ auditoriis die 20 Januarii anni 1752; à Carolo BATTEUX, Professore, &c. *Parisiis*, Thiboust, 1752, *in-4*. Avec la Traduction à la suite par le même.]

Tome II.

25769. ☞ Eclogue sur la Naissance de M. le Duc de Bourgogne : *Paris*, Prault, 1751, *in-4*.]

25770. ☞ Poëme sur la Naissance de M. le Duc de Bourgogne; par M. DE SERENT : 1752, *in-8*.]

25771. ☞ Oraison funèbre de Louis-Joseph-Xavier de France, Duc de Bourgogne, prononcée à S. Denys; par Messire Gabriel-François MOREAU, Evêque de Vence : *Paris*, Vincent, 1761, *in-4*.]

25772. ☞ Description du Mausolée érigé dans l'Eglise de S. Denys, pour les Obsèques de Monseigneur le Duc de Bourgogne; par M. FRERON : 1761, *in-12*.]

25773. ☞ Cl. Fr. WILLERMET, Laudatio funebris Seren. Burgundionum Ducis, dicta 29 Maii 1761 ; avec la Traduction Françoise : *Paris*, Barbou, 1761, *in-8*.

Le même Eloge funèbre traduit en François par le Père Marie Querbeuf, Jésuite : *Paris*, 1761, *in-4*.

Voyez sur cette Pièce les *Mémoires de Trévoux*, 1761, Septembre.]

25774. ☞ Eloge historique de M. le Duc de Bourgogne; par Jean-Jacques LE FRANC DE POMPIGNAN, Prés. de la Cour des Aides de Montauban : *Paris*, Impr. R. 1761, *in-8*.

Voyez à son sujet, les *Mémoires de Trévoux*, 1761, Novembre.]

25775. ☞ Eloge du même; par M. l'Abbé COUASNIER des Landes : *Paris*, 1762, *in-4*.]

25776. ☞ Autre Eloge; par M. BARON, Secrétaire de l'Académie d'Amiens : *Paris*, 1761, *in-4*.]

25777. ☞ La France éplorée, Poëme sur la mort de M. le Duc de Bourgogne; par M. l'Abbé (Michel) DES JARDINS, Docteur de Sorbonne, & Prédicateur du Roi : 1761, *in-8*.]

25778. ☞ Vers sur la Naissance de M. le Duc d'Aquitaine; par M. DE MARMONTEL : *Paris*, Jorry, 1753, *in-4*.

Ce Prince est mort le 22 Février 1754, âgé de cinq mois & demi.]

25779. ☞ Sentimens d'un Citoyen d'Arras, à la Naissance de Monseigneur le Comte d'Artois, (en Vers; par Alexandre-Xavier HARDUIN, Secrétaire perpétuel de l'Académie d'Arras :) 1757, *in-4*.]

25780. ☞ Oraison funèbre de Madame Louise-Elizabeth de France, Duchesse de Parme, &c. prononcée dans l'Eglise de Paris le 12 Février 1760; par Messire Mathias PONCET DE LA RIVIÈRE, Evêque de Troyes; *Paris*, Desprez, 1760, *in-4*.]

25781. ☞ Oraison funèbre de Madame Anne-Henriette de France, prononcée dans l'Eglise de S. Denys, le 24 Mars 1752, par le même Evêque de Troyes : *Paris*, Desprez, 1752, *in-4*.]

25782. ☞ Eloge historique de Madame Anne-Henriette ; par M. l'Abbé (Denys-Xavier) CLEMENT.

Cet Eloge est à la fin de l'Ouvrage du même, intitulé : *Maximes pour se conduire chrétiennement*, &c. *Paris*, Guérin, 1753, *in-12*.]

ENFANS DE CHARLES DE BOURBON, DUC DE VENDOSME, AYEUL DU ROI HENRY IV.

Quatrième Branche de Bourbon : Princes de Condé.

25783. Généalogie des Princes de Condé, depuis Louis de Bourbon, premier de ce nom, en 1538, jusqu'à présent.

Elle est imprimée dans MM. de Sainte-Marthe, Livre XXVI. & dans le Père Anselme, Chap. XII. §. 4.

☞ Dans la dernière Edition de l'Ouvrage du Père Anselme, (1726) tom. I. *pag.* 331, cette Généalogie est bien plus complette que dans ce qui précède & ce qui suit.]

25784. * Généalogie des Princes de Bourbon, issus de Louis de Bourbon, Prince de Condé ; par Jacques DU BREUL, de l'Ordre de S. Benoît.

Elle a été imprimée avec la *Vie du Cardinal de Bourbon*; *Paris*, 1612, *in-4*.

25785. * Arrest du Parlement de Paris, déclaratif de l'innocence de Louis de Bourbon, Prince de Condé ; *Paris*, Robert Estienne, 1561, *in-4*.

25786. ☞ Vie de Louis I. de Bourbon, Prince de Condé ; (par l'Abbé PERAU : 1746.)

Elle se trouve dans le tom. XIII. des *Vies des Hommes illustres de la France*, (commencées par M. d'Auvigny,) *pag.* 1-297. Ce Prince fut tué en 1569, à la Bataille de Jarnac.]

25787. Narrationes Cædis Ludovici Borbomii : 1569, *in-8*.

Placcius, num. 1054, *Thesaur. Anonymor.* attribue cet Ecrit à Henri ESTIENNE, mort en 1598. Louis de Bourbon étoit [frère] d'Antoine, Roi de Navarre, [qui fut père] de Henri IV. Roi de France.

25788. ☞ Narration de la mort du Prince de Condé : 1588.

Elle est imprimée au tom. III. du *Journal de Henri III*. 1744, *in-4*. Les Médecins & Chirurgiens dirent qu'il étoit mort de poison. Plusieurs personnes furent soupçonnées, notamment Charlotte-Catherine de la Trimouille son épouse, qui fut mise en prison, où elle accoucha, & qui fut déclarée innocente par Arrêt du Parlement de Paris ; du 24 Juillet 1596. Une tradition populaire & ridicule fait naître Henri II. Prince de Condé leur fils, 13 mois après la mort de son père ; & cette fable a été adoptée par de Larrey, dans son *Histoire de Louis XIV*. Cependant la vérité est qu'il vint au monde le 1 Septembre 1588, six mois après la mort de son père. *Voyez* à ce sujet le *Dictionnaire* de Prosper Marchand, au mot *Henri de Bourbon*. On trouve dans cet Article deux Notes curieuses sur cet événement. Son Article *Bourbon*, qui est fort étendu, contient aussi plusieurs Remarques intéressantes par rapport à Louis I. de Bourbon Prince de Condé.]

25789. ☞ Procédures en la poursuite criminelle contre la Princesse de Condé : 1595 & 1596 : & Pièces à ce sujet.

Elles se trouvent aussi dans le tom. III, du *Journal de Henri III*. 1744, *In-8*.]

25790. ☞ Examen d'un endroit de l'Histoire du Président de Thou, suivi par tous ou presque tous nos Historiens, concernant l'intrigue galante de Louis I. Prince de Condé, avec Isabelle de la Tour de Turenne, dite la belle Limeuil, & Marguerite de Lustrac, Maréchalle de Saint-André ; & sur la Politique de Catherine de Médicis ; par M. DREUX DU RADIER. *Journal de Verdun*, 1763, *Janvier*, *pag.* 33.]

25791. Le Prince de Condé, Nouvelle historique : *Paris*, 1675. Troisième Edition, 1681, 1683, *in-12*.

Edme BOURSAULT, Auteur de cet Ouvrage, selon quelques-uns, est mort en 1701.

* On trouve dans cette espèce de Roman, plusieurs traits historiques très-curieux & très-fidèlement rapportés, selon Bayle, *Critiq. gén. du Calvin. Lettr. III. pag.* 45 de la troisième Edition.

☞ *Voyez* ce qui est dit de cet Ouvrage dans la *Bibliothèque des Romans*, tom. II. *pag.* 82. = *Dictionnaire* de Prosper Marchand, Art. *Bourbon*, (Louis de) Remarq. E.]

25792. Lettre d'une Damoiselle Françoise [à une sienne amie] sur la mort d'Eléonor de Roye, [contenant le Testament & dernière volonté d'icelle, ensemble le Tombeau de ladite Dame:] *Paris*, 1564, *in-8*.

Eléonor de Roye étoit la première femme de Louis de Bourbon, Prince de Condé.

25793. Explicatio genealogiæ Serenissimi Henrici II. Condæi, Franciæ Principis, à Divo Ludovico per Borbonios, ac etiam ab Imbaldo Trimulio usque ad utrumque dicti Henrici parentem repetitæ ; auctore Josepho TEXERA, Portugalensi, Ord. Præd. Sac. Theol. Magistro : *Parisiis*, Plantin, 1594, *in-4*. (& 1596, *in-8*.)

Eadem Genealogia auctior, (sub hoc titulo:) Rerum ab Henrici Borbonii, Franciæ Protoprincipis, majoribus gestarum Epitome, ejusdemque Henrici genealogica Explicatio : *Parisiis*, 1598, *in-8*.

La même Explication traduite par J. D. M. *Paris*, 1596, *in-8*.

Cette Traduction est de Jean de Montlyard, [dont Prosper Marchand a fait un Article curieux dans son *Dictionnaire*.]

25794. Eloge de Marie de Clèves, Princesse de Condé ; par Hilarion DE COSTE.

Cet Eloge est imprimé au tom. II. de son *Recueil des Eloges des Reines*, &c. *pag.* 621 : *Paris*, 1630, *in-4*. Cette Princesse, qui étoit la première femme de Henri de Bourbon, Prince de Condé, est morte en [1574.]

☞ Sa mort pensa faire perdre l'esprit à Henri III. Prince de Condé, qui l'aimoit éperduement. Il épousa en secondes nôces Charlotte-Catherine de la Trémouille, avant laquelle il mourut.]

25795. ☞ Narratio Conversionis Carlotæ Catharinæ Principissæ Condæi : *in-12.*]

25796. Oraison funèbre de Charlotte-Catherine de la Trimouille, Princesse de Condé ; par Nicolas HEBERT, Théologal d'Evreux : *Paris*, 1629, *in-8.*

Cette Princesse, qui étoit la seconde femme de Henri de Bourbon, Prince de Condé, est morte en 1629.

25797. ☞ Oraison funèbre sur la Vie & trépas de très-haute, très-excellente & très-vertueuse Princesse Madame Charlotte-Catherine de la Trimouille, veuve de très-excellent Prince feu Monseigneur le Prince de Condé, prononcée en la grande Eglise de Bourges, le 10 Septembre 1629 : *in-8.*]

25798. Eloge de la même ; par Hilarion DE COSTE.

Cet Eloge est imprimé au tom. I. de son *Recueil des Eloges des Reines, &c. pag.* 367 : *Paris*, 1630, *in-4.*

25799. ☞ Remarques sur la Naissance de Henri II. Prince de Condé : 1588.

Elles se trouvent dans le Recueil qui commence par l'*Histoire de Tancrède de Rohan*, imprimée à *Liége*, Bassompierre, 1767, *in-12.*

Voyez encore à ce sujet le *Dictionnaire* de Prosper Marchand, cité ci-dessus, N.° 25788.]

25800. ☞ Discours de M. Louis DOLLÉ, lorsque M le Prince de Condé présenta au Parlement ses Provisions pour le Gouvernement de Guyenne, pour être enregistrées : 17 Mars 1597.

Ce Discours est imprimé dans le *Recueil* N. *in-12.*]

25801. Mf. Voyage du Prince de Condé en Flandres, en 1609, décrit en Vers par VIREY, avec des Notes.

Ce Voyage de Henri II. Duc de Bourbon, est conservé entre les Manuscrits de M. Dupuy, num. 73.

25802. ☞ Mf. Sommation au Prince de Condé sur sa retraite hors de France, par l'Ambassadeur du Roi à Bruxelles : 1610.

C'est une Copie ancienne, & du temps, en 6 pages, qui est conservée dans la Bibliothèque de M. Fevret de Fontette, Conseiller au Parlement de Dijon.]

25803. Mf. Lettres, Mémoires & autres Actes touchant la fuite du Prince de Condé en Flandres, en 1609 & 1610 : *in-fol.*

Ce Recueil est conservé entre les Manuscrits de M. Dupuy, num. 72.

25804. Mf. Relation de la fuite de Henri de Bourbon, Prince de Condé, hors de France en 1622, & son retour : *in-fol.*

Cette Relation [étoit] conservée dans la Bibliothèque de M. Colbert, num. 5385. [& est aujourd'hui dans celle du Roi.]

25805. ☞ Discours d'honneur sur les vertus éminentes de très-haut & très-puissant Prince Henri de Bourbon, Prince de Condé, présenté à mondit Seigneur, en Juin 1627 ; par Pierre SAUMAISE : *Dijon*, 1627, *in-4.*]

25806. Henrici Borbonii in Galliam Narbonensem & Aquitabiam Iter, descriptum ab Henrico AUBERY, Societatis Jesu : *Parisiis*, Cramoisy, 1629, *in-fol. Biterris Septimanorum*, 1630, *in-4.*

☞ Ce Voyage est en Vers.]

25807. ☞ Mf. Itinerarium Italicum Henrici Borbonii Condæi, &c. *in-8.*

Il est aussi en Vers Latins & François : il a été composé par Cl. Enoch VIREY.

Voyez la *Bibliothèque des Auteurs de Bourgogne*, sur ce nom.]

25808. Voyage du même en Italie : *Paris*, 1634 : *Lyon*, 1635 : *Paris*, Varenne, 1666, *in-8.*

25809. Oraison funèbre du même Prince ; par Hubert MAGNIER, Jésuite, son Confesseur : *Paris*, 1647, *in-4.*

Ce Prince est mort en 1646.

25810. Autre ; [prononcée à Dijon, en la Sainte-Chapelle] ; par Jacques NOUET, Jésuite : *Dijon*, Palliot, 1647, *in-4.*

25811. Autre ; par M. (Laurent) JUILLARD DU JARRY : *Paris*, 1668, *in-4.*]

25812. Mf. Vie de M. le Prince de Condé : *in-fol.*

Cette Vie [étoit] conservée dans la Bibliothèque de M. le Chancelier Seguier, num. 563, & est aujourd'hui dans celle de S. Germain-des-Prés, num. 1536.

☞ Son vrai titre est : *Véritable Discours de la Naissance de Monseigneur le Prince de Condé jusqu'à présent*, à lui dédié par le Sieur DE FIESBRUN. Ce Discours ne raconte les faits que jusqu'au retour du Prince en France, en Juillet 1610 ; ainsi ce n'est pas là une Vie de Prince de Condé, dont il mourut qu'en 1646. Après ce Discours on trouve dans le même Manuscrit : 1.° Procès-verbal du Marquis de Cœuvre, envoyé de la part du Roi à Bruxelles, vers M. le Prince, avec la Réponse du Prince, du 16 Février 1610 : 2.° Différentes Lettres du Prince de Condé : 3.° Mémoire de ce que j'ai traité avec M. le Prince de Condé à Milan, suivant le Commandement & les Mémoires & Instructions que m'a donnés M. l'Ambassadeur, & sommaire Discours de ce qui s'est traité entre nous, en 1609. On ignore l'Auteur de ce dernier Discours.

Il y a un Exemplaire du premier, dans la Bibliothèque de M. Jardel, à Brenne, auquel sont jointes quelques Lettres du Prince, à M. de Bullion, touchant le Voyage de Flandres, à M. le Connétable & à Madame la Duchesse d'Angoulême. On y trouve aussi une Lettre de Henri IV. au Prince de Condé, qui caractérise bien la franchise & la bonté de ce grand Roi.

Le Sieur de Fiesbrun, Auteur du premier Discours, étoit particulièrement attaché au Prince de Condé, Henri I. Père de Henri II. & ce fut lui qui reçut ses derniers soupirs, lorsqu'il fut empoisonné. Il raconte comment il en apprit la première nouvelle à Charlotte de la Trémouille, Princesse de Condé. Ce fut encore lui qui reçut dans ses bras le jeune Prince Henri II. (dont il parle principalement) lorsqu'il vint au monde.]

25813. Abrégé de la Vie & de la Mort du même ; par Théophraste RENAUDOT : *Paris*, 1646, *in-4.*

On le trouve aussi dans la *Gazette de France*, que le Médecin Renaudot composoit, *an.* 1646, *pag.* 1229.]

25814. Elogium Henrici Borbonii II. auctore

Henrico BACIO, Societatis Jesu : *Divione*, Palliot, 1647, *in*-12.

Ce Jésuite est mort en 1681.

25815. Eloge du même ; par Louis BOURDALOUE, Jésuite : *Paris*, Cramoisy, 1684, *in*-4.

☞ Cette Oraison funèbre ne fut pas prononcée en 1646, comme le marquoit le P. le Long, mais le 10 Décembre 1683, à l'occasion de la fondation faite d'un Eloge annuel, par M. Perrault, Président à la Chambre des Comptes.]

Idem Elogium Latinè redditum à Josepho de Jouvency : *Parisiis*, 1700, *in*-12.

25816. ☞ Oraison funèbre du même, prononcée en 1717 ; par l'Abbé Edme MONGIN, de l'Académie Françoise.

Elle est imprimée dans le *Recueil de l'Acad. Franç. Année* 1723, *pag.* 129.]

25817. ☞ Oraison funèbre du même, prononcée en 1764 ; par Jean-Bapt. BERNARD, Chanoine Régulier de Sainte Geneviève : *Paris*, Thibouſt, 1764, *in*-8.]

25818. Dernières paroles de Madame la Princesse, Douairière de Condé, [Charlotte-Marguerite de Montmorency] : 1650, *in*-4.

25819. Oraison funèbre de la Vie & de la Mort de la même ; par M. D. L. B. E. *Paris*, Jacquart, 1650, *in*-4.

25820. Panégyrique funèbre de Charlotte-Marguerite de Montmorency, veuve de Henri II. de Bourbon, Prince de Condé ; par (François) HEDELIN, Abbé d'Aubignac : *Paris*, de Sercy, 1651, *in*-4.

Cet Auteur est mort en 1675.

══ Les Lauriers d'Anguien, ou Eloge de Louis II. de Bourbon, Prince de Condé ; par CHARRIER.

Voyez ci-dev. *Règne de Louis XIV*. [N.° 22187.]

25821. ☞ Steph. DE CHAMPS, Carmen Ludovico Duci d'Enghien ad Rocroyam victori : *Parisiis*, 1643, *in*-4.]

25822. ☞ Lud. Borbonius Dux d'Enghien victor, seu Victoria Rocroyensis, & Theodonis-villa liberata ; auctore Antonio Lud. CHANUT : *Tolosæ*, 1644, *in*-8.]

══ Campagnes de M. le Prince, en 1644, 1645, 1646 & 1647 ; par (Jean) PUGET DE LA SERRE.

Voyez ci-devant, [N.° 22252.]

25823. ☞ Harangue faite au Parlement de Dijon, le Lundi 11 Mars 1647, sur la présentation & lecture des Lettres du Gouvernement de Bourgogne & Bresse, expédiées en faveur de très-haut, très-puissant & très-excellent Prince Monseigneur Louis de Bourbon, Prince de Condé, premier Prince du Sang, premier Pair de France ; par Me Charles FEVRET, Avocat à la Cour : *Dijon*, Palliot, 1647, *in*-4.]

25824. L'Alliance des Armes & des Lettres de Monseigneur le Prince, avec son Panégyrique ; par le Sieur DE TOURNAY : *Paris*, 1652, *in*-4.

25825. Le Magnanime, ou Eloge de Louis de Bourbon, Prince de Condé, second du nom, premier Prince du Sang ; par René RAPIN, Jésuite : *Paris*, 1687, *in*-12.

25826. ☞ Le Prince illustre (Louis Duc d'Enguien) ; par le Sieur DU BOISHUS : *Paris*, 1645, *in*-4.]

25827. ☞ Eloge historique du Duc d'Enguien ; par Puget DE LA SERRE : *Paris*, 1647, *in*-4.]

25828. ☞ Edmundi RIVERI Epinicium in Lensiacam invictissimi Principis Condæi Victoriam : *Biturigis*, Cristo, 1648, *in*-4.]

25829. De Morte Ludovici Borbonii, Principis Condæi, Epistolæ duæ Gallicè scriptæ à Francisco BERGIER, è Societate Jesu, & in Latinum conversæ à Ludovico de Saligny, ex eadem Societate : *Parisiis*, 1689, *in*12.

25830. Les Honneurs rendus à la mémoire de Louis de Bourbon, Prince de Condé, premier Prince du Sang, dans l'Eglise de Notre Dame de Paris : *Paris*, Michallet, 1687, *in*-4.]

25831. ☞ Relation de la Pompe funèbre faite dans la Sainte-Chapelle de Dijon, après la mort de Louis de Bourbon, Prince de Condé ; par Eſtienne MOREAU, Avocat Général de la Chambre des Comptes : *Dijon*, Palliot, 1687, *in*-4.]

25832. Oraisons funèbres du même : *Paris*, 1687, *in*-4.

Noms de ceux qui ont composé ces Oraisons funèbres, rangés selon le temps qu'ils les ont prononcées. Jacques-Benigne BOSSUET, Evêque de Meaux. Henri FÉLIX, Evêque de Challon-sur-Saône. Louis BOURDALOUE, Jésuite. Isaac MARTINEAU, Jésuite. Laurent JUILLARD DU JARRY.

☞ Dans le *Recueil des Oraisons funèbres de M. Bossuet*, Edition de 1762, l'Abbé LEQUEUX a mis un *Abrégé de la Vie du Prince*.]

☞ Autres Oraisons funèbres : *in*-4.

Par Guillaume D'AUBENTON, Jésuite, prononcée dans l'Eglise des Jésuites de Dijon ; par Hiérôme LOPEZ, Chanoine Théologal de Bordeaux.]

25833. Eloge du Prince de Condé ; par Charles PERRAULT.

Cet Eloge est imprimé au tom. I. des *Eloges des Hommes illustres*, *pag.* 23 : *Paris*, 1700, *in-fol.*

25834. ☞ Essai sur la Vie du grand Condé ; par M. Maizière DE MONTVILLE, Chanoine de Bordeaux.

Cet Essai est imprimé dans le *Recueil des Mémoires de l'Académie de Montauban*.]

══ Histoire de la Vie & des Actions du Prince de Condé ; (par Pierre COSTE).

Voyez ci-devant, *Règne de Louis XIV*. [année 1686, N.° 14226.]

25835. Mémoires pour servir à l'Histoire de

Histoires des Princes & Princesses du Sang.

M. le Prince: *Cologne*, Pi. Marteau, (*Amsterdam*), 1693, *in*-12. 2 vol.

Ces Mémoires, qui ont été publiés par de la Brune, contiennent la Relation de la Campagne de Rocroy, en 1643, & de celle de Fribourg, en 1644; par Jean DE LA CHAPELLE-MILON; & l'Histoire du Siége de Dunkerque, par Jean-François SARRASIN, de l'Académie Françoise, qui se trouvent aussi dans l'Histoire écrite par Pierre Coste.

== ☞ Vie du même; par M. DESORMEAUX.]

== ☞ Autre Vie; par M. TURPIN.
Voyez ces deux belles *Vies*, ci-devant, N.os 24117 & 24128.]

25836. ☞ Portrait historique du grand Condé.
Cette Piéce & la suivante se trouvent dans le *Recueil* C. *in*-12.]

25837. ☞ Parallèle de M. le Prince & de M. de Turenne.

25838. ☞ Comparaison d'Alexandre, de César & de M. le Prince; par Jean DE LA FONTAINE.
Cette Comparaison se trouve dans les *Œuvres posthumes* de cet Auteur: *Paris*, 1696, *in*-12. La Fontaine est mort en 1695.]

25839. Laudatio funebris Henrici Julii Borbonii; dicta ab Adamo ROGIER, Professore Rhetorices Divione: *Divione*, Reslayre, 1710, *in*-12.

25840. Oraison funèbre de Henri-Jules de Bourbon, Prince de Condé; par Honoré GAILLARD, Jésuite: *Paris*, 1709, *in*-4.

25841. ☞ Discours moral sur les vertus de Louis de Bourbon, Duc d'Enguien, Prince du Sang, Gouverneur de Bourgogne; composé par Messire Thibauld-Gaspard THIERY, Conseiller du Roi en ses Conseils, & son Avocat Général au Parlement de Dijon: *Dijon*, 1710, *in*-4.]

25842. ☞ Oraison funèbre de Madame Anne-Palatine de Bavière, Princesse Douairière de Condé, prononcée à Trévoux; par le P. Dominique DE COLONIA, Jésuite, le 13 Avril 1723: *Paris*, Ganeau, 1723, *in*-4.]

25843. ☞ Oraison funèbre de Louis-Henri de Bourbon, Prince du Sang, Prince de Condé, Pair & Grand-Maître de France, Gouverneur de Bourgogne, prononcée en l'Eglise Cathédrale de Dijon, le 9 Mars 1740, par M. Louis CARRELET, Prêtre, Docteur en Théologie, Curé de la Paroisse de Notre-Dame de cette Ville: *Dijon*, 1740, *in*-4.]

25844. ☞ Description de la Pompe funèbre faite dans l'Eglise de la Sainte-Chapelle de Dijon, le 13 Décembre 1740, après la mort de Louis Henri, Duc de Bourbon; par Charles LE JOLIVET: *Dijon*, Desay, 1741, *in*-4.]

25845. ☞ Genethliacon Serenissimi Principis, Ludovici Henrici Ducis Borbonii filio Principi Condæo; auctore Francisco OUBIN, è Societ. Jesu: *Divione*, Marteret, 1736, *in*-4. 1737, *in*-8.

On trouve à la fin de la seconde Edition, la Traduction de cette Piéce, en Vers François; par l'Abbé Philippe-Louis JOLY, Chanoine de la Chapelle aux Riches de Dijon.]

25846. ☞ Oraison funèbre de Madame la Princesse de Condé (Rohan-Soubise), prononcée à Paris, le 7 Mai 1760, dans l'Eglise des Religieuses de l'Assomption de la rue S. Honoré; par M. l'Abbé DE CLOZET: *Paris*, Prault, 1760, *in*-4.

Cinquième Branche de Bourbon, Princes de Conty, issus des Princes de Condé.

Première Branche.

25847. Oraison funèbre de François de Bourbon, Prince de Conty, second fils de Louis I. de Bourbon, Prince de Condé; par Henri LE MAIRE, Curé de saint Sulpice: *Paris*, Huby, 1614, *in*-8.

25848. Eloge de Louise-Marguerite de Lorraine, Princesse de Conty; par Hilarion DE COSTE.
Cet Eloge est imprimé au tom. II. de son *Recueil des Eloges des Reines*, &c. *Paris*, 1730, *in*-4. Cette Princesse est morte en 1631.

Seconde Branche.

25849. Généalogie des Princes de Conty, depuis Armand de Bourbon, Prince de Conty, second fils de Henri II. de Bourbon, Prince de Condé, jusqu'à présent.
Cette Généalogie est imprimée dans le *Père Anselme*, Chap. XII. §. 5. [Edit. de 1726, tom. I. pag. 345.]

25850. ☞ Réjouissance de l'Infanterie Dijonnoise, pour la Naissance de M. le Prince de Conty: *Dijon*, Spirinx, 1630, *in*-4.]

25851. ☞ Histoire de la Conversion du Prince de Conty, & ses suites.
Elle se trouve: 1.° dans l'Avertissement des *Lettres* de ce Prince, au Père Deschamps, Jésuite: 1689, *in*-12. 2.° dans la *Vie de M. Pavillon, Evêque d'Alet* (son Directeur), ci-devant, *tom.* I. N.° 9250: & 3.° dans celles des quatre *Evêques*; (par Jérôme BESOIGNE:) *Utrecht* (*Paris*) 1756, *in*-12. 2 vol.]

25852. Oraison funèbre d'Armand de Bourbon, Prince de Conty; par Gilbert DE CHOISEUL, Evêque de Comminges: *Paris*, Vitré, 1666, *in*-4.
Ce Prince est mort [à Pézenas] en 1666, & Gilbert de Choiseul est mort Evêque de Tournay, en 1689.

25853. * Autre du même; par Jean-Léonard GEAY, Dominicain: *Pézenas*, 1666, *in*-4.

25854. Abrégé de la Vie du même Prince; par Joseph DE VOISIN, Docteur en Théologie, son Aumônier.
Cet Abrégé est imprimé avec sa *Défense du Livre du Prince de Conty, contre la Comédie*: *Paris*, 1671, *in*-4. L'Auteur est mort en 1685.

25855. Oraison funèbre d'Anne-Marie Martinozzi, Princesse de Conty; par Gabriel DE ROQUETTE, Evêque d'Autun : *Paris*, 1672, *in*-4.

Cette Princesse, qui étoit [nièce du Cardinal Mazarin], femme d'Armand, Prince de Conty, est morte en 1672.

☞ Dans le Catalogue des Ouvrages de M. Nicole, qui est à la tête de sa Vie, (par l'Abbé Goujet), imprimée *in*-12. en 1733, & réimprimée avec des augmentations en 1767, il est dit que Pierre NICOLE est Auteur de cette Oraison funèbre; & dans cette Vie, (*pag*. 247 de la 2.e Ed.)on lit qu'*au moins de célèbres Auteurs lui en attribuent la composition*. Cela est dit d'après M. de la Mare, dans ses Mémoires manuscrits, en 1672.]

25856. Oraison funèbre de François-Louis de Bourbon, Prince de Conty; par Jean-Baptiste MASSILLON, Prêtre de l'Oratoire : *Paris*, 1709, *in*-4. & *in*-12.

Ce Prince, qui étoit le second fils d'Armand Prince de Conty, est mort en [1709.] Le Père Massillon a été depuis nommé à l'Evêché de Clermont, [en 1717, & est mort en 1742.]

25857. Mémoires historiques sur la Vie de ce Prince; par Jean DE LA CHAPELLE, de l'Académie Françoise.

Ces Mémoires sont imprimés avec sa *Pompe funèbre* : *Paris*, [1709], *in*-4.

25858. ☞ Factums du Procès entre M. le Prince de Conty & Madame la Duchesse de Nemours.

C'est au sujet de l'exécution du Testament fait en faveur de M. le Prince de Conty, par M. de Longueville son Cousin-germain, au préjudice de Madame de Nemours, sœur consanguine de M. de Longueville, le 7 Octobre 1668.]

25859. ☞ Deux Plaidoyers, l'un de 1696, l'autre de 1698, dans la même cause; par M. D'AGUESSEAU, (alors) Avocat Général.

Ils se trouvent, tom. III. de ses *Œuvres*, *pag*. 249 & 403 : *Paris*, 1762, *in*-4.]

Sixième Branche de Bourbon, Comtes de Soissons, issus des Princes de Condé.

25860. Généalogie des Comtes de Soissons, depuis Charles de Bourbon, Comte de Soissons, jusqu'à présent.

Elle est imprimée dans Messieurs de Sainte-Marthe, Liv. XVII. & dans le Père Anselme, Chap. XII. §. 5. [Edit. de 1726, tom. I. *pag*. 350.] Charles de Bourbon, Comte de Soissons, qui étoit fils du second Lit de Louis I. de Bourbon, Prince de Condé, est mort en 1612.

25861. Larmes & regrets de la France, sur la mort de Charles de Bourbon, Comte de Soissons, Pair & Grand-Maître de France : *Paris*, le Fevre, 1612, *in*-8.

25862. Oraison funèbre d'Anne de Montafié, Comtesse de Soissons; par François OGIER : *Paris*, 1652, *in*-4.

Cette Princesse, qui étoit femme de Charles de Bourbon, Comte de Soissons, est morte en 1643, & François Ogier en 1670.

25863. Eloge de la même; par Hilarion DE COSTE.

Cet Eloge est imprimé au tom. II. de son *Recueil des Eloges des Reines*, &c. *pag*. 57 : *Paris*, 1630, *in*-4.

25864. Eloge funèbre de Louis de Bourbon, Comte de Soissons, Pair & Grand-Maître de France, fils de Charles de Bourbon, Comte de Soissons; par Nicolas DENISE, Chanoine de Troyes : *Troyes*, 1642, *in*-4.

25865. Le Comte de Soissons, Nouvelle Galante : *Cologne*, le Jeune, 1699, *in*-12.

Quelques-uns prétendent que c'est l'Histoire véritable du Comte de Soissons, tué à la Bataille de Sedan, en 1641. Isaac CLAUDE, fils du Ministre de Charenton de ce nom, en est l'Auteur.

☞ Eloge de Louise de Bourbon, Duchesse de Longueville; par Hilarion DE COSTE.

Voyez ci-devant, [N.o 25551.] Cette Duchesse étoit fille de Charles de Bourbon, Comte de Soissons.

ENFANS DE JEAN DE BOURBON, DUC DE VENDÔME.

Septième Branche de Bourbon, Ducs de Montpensier.

25866. Généalogie des Ducs de Montpensier, depuis Louis de Bourbon, Prince de la Roche-sur-Yon, second fils de Jean de Bourbon, Duc de Vendôme, en 1477.

Elle est imprimée dans Messieurs de Sainte-Marthe, Liv. XXVIII. & dans le Père Anselme, Chap. XII. §. 6. [Edit. de 1726, *pag*. 353.]

25867. Eloge de Louis de Bourbon, second du nom, premier Duc de Montpensier; par Pierre Bourdeille, Seigneur DE BRANTÔME.

Cet Eloge est imprimé au tom. III. de ses *Capitaines François*, *pag*. 271 : *Leyde*, 1666, *in*-12. & au tom. I. des *Mémoires de Castelnau*, *pag*. 796 : *Paris*, 1659, *in-fol*.

25868. Vie de Louis de Bourbon, surnommé le Bon, premier Duc de Montpensier, Pair de France, Souverain de Dombes (mort en 1582), depuis l'an 1536 jusqu'en 1579; par Nicolas COUSTUREAU, Sieur de Jaille, Président en la Chambre des Comptes de Bretagne, Intendant général de la Maison de Montpensier; mise au jour avec des Additions, plusieurs Lettres & autres Pièces servant à l'Histoire; par (Jean) du Bouchet, Chevalier de l'Ordre du Roi : *Rouen*, 1642, *in*-4. *Rouen*, 1645, *in*-8.

Le Président de Jaille s'est contenté de faire une Relation simple des choses qu'il avoit vues; elle en contient de considérables, arrivées pendant les premiers troubles de la Religion, en 1562, qui ne sont point marquées par les autres Historiens. L'Auteur est mort en 1596.

☞ Cette Histoire est fort courte. M. Coustureau la composa à la prière de Henri de Bourbon, dernier Duc de Montpensier & petit-fils de Louis de Bourbon. Ce Président étoit entré à son service en 1562; & c'est sur ce qu'il lui a ouï raconter qu'il fait son récit. Il commence au Voyage de Provence, en 1536. Le Duc de Bourbon avoit alors 25 ans. Il mourut le 23 Septembre 1582;

Histoires des Princes & Princesses du Sang.

1582; mais son Histoire ne va pas jusques-là. Elle finit en 1579; & c'est pour y suppléer que M. du Bouchet y a fait des Additions beaucoup plus amples que la Vie même. Elles consistent en Lettres, Instructions & autres Pièces relatives au sujet. La façon dont le Duc de Montpensier surprit la Rochelle en 1562, est ce qu'il y a de plus remarquable, & ne se trouve point ailleurs.

Voyez la *Méth. histor.* de Lenglet, *in-*4. tom. *IV. pag.* 162. = Le Gendre, tom. *II. pag.* 77.]

25869. Oraison funèbre de Henri de Bourbon, [descendant] de Louis I. Duc de Montpensier; par Pierre FENOILLET (depuis Evêque de Montpellier): *Paris*, Thierry, 1608, *in-*8.

25870. Autre; par Jessé CANU, Roüennois, Ecolier: *Paris*, 1608, *in-*8.

25871. ☞ Consolation à très-illustre & très-vertueuse Princesse Madame la Duchesse de Montpensier, sur le trépas de M. son père; par Jean DE MONTEREUL: *Paris*, Rolin & Thierry, 1608, *in-*12.]

Autres Branches de Bourbon, Seigneurs de Carency, &c.

25872. Généalogie des Seigneurs de Carency, depuis Jean de Bourbon, Seigneur de Carency en Artois, jusqu'en 1458.

Elle est imprimée dans le Père Anselme, Chap. XII. §. 8. [Ed. de 1726, tom. I. *p.* 359 & *suiv.*]

25873. Histoire de Jean de Bourbon, Prince de Carency, Chambellan du Roi Charles VI; par Madame D'AULNOY: *Paris*, Barbin, 1692, *in-*12. *Ibid.* 1695, *in-*12. 3 vol. [*Paris*, Prault, 1729, *in-*12. 2 vol.]

Jean de Bourbon, Seigneur de Carency en Artois, qui étoit le troisième fils de Jean de Bourbon I. Comte de la Marche, est mort en 1458. « C'est dommage » (dit Pierre Bayle, Note B. sous le nom de *Nitard*, » dans son *Dictionnaire critique*), qu'on ne puisse per- » suader au public que Madame (Marie-Catherine » Jumel de Berneville, Comtesse) D'AULNOY, (qui a » composé cette Histoire), dont les Ouvrages ont été » imprimés tant de fois, mérite beaucoup de créance. » On s'est laissé prévenir (& avec raison) que ses Ou- » vrages ne sont qu'un mélange de fictions & de vérités, » moitié Roman, moitié Histoire; & l'on n'a point » d'autre voie de discerner ce qui est fiction d'avec les » faits véritables, que de sçavoir par d'autres Livres, » si ce qu'elle narre est vrai. C'est un inconvénient qui » augmente tous les jours, par la liberté qu'on prend » de publier les amours secrettes, l'Histoire secrette, &c. » de tels & tels Seigneurs fameux dans les Histoires. Les » Libraires & les Auteurs font tout ce qu'ils peuvent » pour faire accroire que ces Histoires ont été puisées » dans des Manuscrits anecdotes; ils sçavent bien que » les intrigues d'amour, & telles autres avantures plai- » sent davantage que des inventions. De-là vient que » l'on s'éloigne autant que l'on peut de l'air romanesque » dans les nouveaux Romans; mais par-là on répand » mille ténèbres dans l'Histoire véritable ». Cette Réflexion, quoique longue, m'a paru si judicieuse & si convenable à bien des Nouvelles historiques insérées dans cette Bibliothèque, que je n'ai pas cru devoir l'omettre.

25874. Généalogie des Seigneurs de Préaux, depuis Jacques de Bourbon, premier du nom, Seigneur de Préaux, jusqu'en 1417.

Généalogie de Charles, Bâtard de Bourbon, Baron de Caudes-Aigues & de Malause, fils naturel de Jean II. Duc de Bourbon, mort en 1502.

Généalogie de Pierre de Bourbon, Bâtard de Liège, Seigneur de Busset, fils naturel de Louis de Bourbon, Evêque de Liège, mort en 1529.

Généalogie de Jacques, Bâtard de Vendôme, Chevalier, Seigneur de Bonneval, de Vançay, & de Ligny, fils naturel de Jean de Bourbon, second du nom, Comte de Vendôme, mort en 1524.

Ces quatre Généalogies sont imprimées dans le Père Anselme, Chap. XII. §. 9, 10, 11 & 12. [Edit. de 1726, tom. I. *pag.* 359 & *suiv.*]

☞ On trouve dans cette dernière Edition deux Branches de plus; sçavoir, celle des Vicomtes de *Lavedan*, & celle des Barons de *Basian*.]

ARTICLE IV.

Généalogies des Princes Etrangers, prétendus issus du Sang de France.

25875. PRINCIPUM Haspurgi-Austriacorum Stemma, Origo, Gesta, à Pharamundo Francorum Rege ad hæc usque tempora deducta; auctore Theoderico PIESPORDIO, Alberto & Isabellæ Belgarum Principibus à secretis: *Bruxellis*, 1616, *in-fol.*

« Cet Auteur a entrepris de faire descendre la Mai- » son d'Autriche, de mâle en mâle, du Roi Pharamond, » & d'assurer par-là au Roi d'Espagne le Droit de Suc- » cession à la Couronne de France, ce qui a été réfuté » avec autant de brièveté que d'éloquence, par le cé- » lèbre Claude Fabry de Peiresc ». Gassendi, au Liv. III. de la *Vie de Peiresc*, *pag.* 334. Il avoue que la Maison d'Autriche descend des Princes de Habsbourg, & que ces Princes descendent par mâles des Rois de France; mais il prétend faire voir, par les Actes de l'Abbaye de Muré, imprimés par ses soins, que ceux de la Maison d'Autriche ne descendent que par les femmes des Princes de Habsbourg. [Ces opinions ont été depuis réfutées, sur-tout par le P. Herrgott, ci-après.]

25876. ☞ Relationes Historicæ, Haspurgicæ, Austriacæ, seu de medio quo Domus Austriaca Provinciis adaucta fuerit, quid à tempore Caroli Magni augmenti, & quid decrementi Imperium viderit, & qualiter Imperatores, Reges, Electores & Principes Europæ Domui Austriacæ sint cognati, & quomodo singulorum Genealogia materno genere in Rudolphum possit derivari; per Leonardum WURFBAIN: *Norimbergæ*, Endrers, 1636, *in-fol.*

Cet Ouvrage est en Langue Allemande.]

25877. Ms. Réfutation de l'imposture & fausseté de Thierry Piespord, touchant la première Origine de la Maison d'Autriche; par André DU CHESNE: *in-fol.*

Cet Ouvrage est conservé entre les Manuscrits de M. Dupuy, num. 665.

25878. ☞ De la vraie Origine de la Maison

Tome II.

d'Autriche ; par Théodore GODEFROY: *Paris*, 1624, *in*-4.

L'Auteur détruit, entre autres choses, l'opinion de ceux qui font descendre cette illustre Maison de Théodebert II. fils naturel de Childebert II. Roi d'Austrasie.]

25879. ☞ Mſ. Le même Ouvrage, augmenté : 1638, *in-fol.*

Cet Exemplaire est conservé dans la Bibliothèque du Roi. Il est relié avec le *Stemma Austriacum* de Chifflet, & l'*Alsatia Vindicata* du même.
Dans la Bibliothèque de la Ville de Paris, parmi les Manuscrits de MM. Godefroy, on trouve deux Exemplaires de cet Ouvrage *in-fol.* num. 522 & 523, datés de 1628 & 1629.]

25880. Ad Vindicias Hispanicas Lumina nova prærogativa, hoc est de Origine Domûs Austriacæ, adversùs Marcum Antonium Dominicy ; auctore Joanne-Jacobo CHIFFLETIO, Doctore Medico, Equite Aurato : *Antverpiæ*, 1647, *in-fol.*

Ce même Traité est imprimé parmi ses *Opera historica & politica : Antverpiæ,* 1650, *in-fol.*

25881. Mſ. La véritable Origine de la Maison de Lorraine & d'Autriche ; avec une Critique contre Jean-Jacques Chifflet ; par THIERRY, Conseiller de Charles III. Duc de Lorraine : *in-8.*

Le Père Benoist de Toul, Capucin, qui en [avoit] un Exemplaire, écrit de la main de l'Abbé de Riguet, a écrit dans une Lettre, que ce petit Ouvrage est excellent, & que le Père Vignier s'en est servi.

25882. Table généalogique des très-illustres Maisons de France, d'Alsace, de Lorraine, tant ancienne que moderne, d'Ausbourg, de Hasbourg, Autriche, Brabant, Luxembourg, Champagne, Bar-le-Duc, Joinville, &c. avec leurs Descendans, Alliances & Armes de leurs Familles, tout recueilli & dressé sur fidèles Histoires, Chartres & autres Pièces authentiques ; par D.P.D.S.C.R.F. en cinq feuilles : *Paris*, Boisseau, 1649, *in-fol.*

Les lettres initiales signifient Dom PIERRE de saint Charles, Religieux Feuillent.

25883. La véritable Origine de la Maison d'Alsace, de Lorraine, d'Autriche, de Bade & de plusieurs autres ; avec les Tables Généalogiques des Descentes & des Branches desdites Maisons, depuis l'an de Jésus-Christ 600 jusqu'à présent ; le tout justifié par Titres, Chartres, &c. (par Jérôme VIGNIER, Prêtre de l'Oratoire): *Paris*, Méturas, 1649, *in-fol.*

La même, avec des Additions & des Notes manuscrites : *in-fol.*

Cette Généalogie est conservée dans la Bibliothèque du Roi, entre les Manuscrits de M. de Gaignières. Jérôme Vignier est mort en 1661. Il y a bien des fautes de Chronologie dans son Ouvrage ; il y en a aussi quelques-unes qui regardent les Généalogies, par rapport à la Maison d'Autriche. M. Vyon d'Hérouval l'a redressé.

☞ « Le Père Sirmond, Jésuite, avoit fait dire au
» Duc de Lorraine, qu'il avoit découvert une Généalogie
» de sa Maison, dans laquelle, sans faire mention de
» Godefroy de Bouillon, il trouvoit deux Empereurs.
» Mais comme ce Prince étoit entêté de sa Généalogie
» de Bouillon, il rebuta cette proposition. Or cette Gé
» néalogie est la même que le Père Jérôme Vignier a
» depuis dérivée de la Maison d'Alsace ; de laquelle
» encore qu'on ait écarté Godefroy de Bouillon, elle
» n'en est pas moins éclatante, puisque par cette des
» cendance, il se vérifie que la Maison de Lorraine a
» une origine commune avec celle d'Autriche ». *Mémoires manuscrits* de M. Philibert de la Mare.]

25884. ✱ Mſ. Remarques de René PIHAN, sur l'Origine de la Maison de Lorraine & sur ses progrès.

Elles [étoient] entre les mains de M. le Comte de Souillac. L'Auteur y combat le sentiment du P. Vignier.]

25885. ☞ Mſ. Preuves des degrés de la Généalogie d'Alsace ; par M. MAULJEAN, Conseiller de Lorraine.

Ce Manuscrit a été entre les mains de M. Lancelot, qui en parle dans ses Extraits, à la Bibliothèque du Roi.]

25886. Stemma Austriacum millenis ab hinc annis, Hieronymus VIGNIER, Congregationis Oratorii Presbyter, priores novem gradus elucubravit ; Joannes-Jacobus CHIFFLETIUS asseruit atque illustravit : *Antverpiæ*, 1650, *in-fol.*

25887. De variis Principum Genealogiis adversùs Joannem-Jacobum Chiffletium ; auctore Jacobo-Alexandro TENNEURIO.

Ce Discours est imprimé dans son Traité, intitulé : *Veritas vindicata adversùs Joannis-Jacobi Chiffletii Vindicias Hispanicas : Parisiis*, 1651, *in-fol.*

25888. Tenneurius expensus ; ejus calumniæ palam repulsæ ; auctore Joanne-Jacobo CHIFFLETIO : *Antverpiæ*, 1652, *in-fol.*

25889. In Stemma Austriacum Joannis-Jacobi Chiffletii ; Animadversiones Davidis BLONDELLI.

Ces Remarques sont imprimées dans la Préface Apologétique, *Assertionis Domûs Franciæ XXX. 4 : Amstelodami,* 1655, *in-fol.*

25890. Imago Francici Eversoris, Davidis Blondelli, Ministri Calvinistæ, Clypei Austriaci Liber prodromus ; auctore Joanne-Jacobo CHIFFLETIO : *Antverpiæ*, 1655, *in-fol.*

25891. Discours sur les différentes opinions de l'Origine plus apparente de l'auguste Maison d'Autriche.

Ce Discours de Charles DE COMBAULT, Baron d'Auteuil, est imprimé avec son Traité, intitulé : *Le vrai Childebrand : Paris,* 1659, *in-4.*

25892. Tractatus de Origine, Antiquitate ac Nobilitate Domûs Austriacæ & Familiæ, necnon de ejus cum Borbonia Regum Francorum Sobole, eodem tempore : Œnoponti, 1660, *in-fol.* 2 vol.

Ce Traité a été fait dans une autre vue que ceux de Piesford & de Chifflet, en faveur de la Maison d'Autriche.

25893. Joannis-Ludovici SCHONLEUBEN, Carniolo Labacensis, Theologiæ Doctoris, Dissertatio Polemica de primâ origine augustissimæ Domûs Haspurgo-Austriacæ ; in quâ diversæ opiniones Auctorum ventilan

Généalogies des Princes prétendus issus de France.

tur, & vera origo à Carolo Magno Imperatore, ejusque Majoribus Franco-Germanis, cum multiplici prærogativâ participati Sanguinis ante alios Europæos Principes ostenditur & solidè probatur : *Labaci*, Mayr, 1680, *in fol.*

☞ Toutes ces idées de descendance de la première & seconde Race de nos Rois, sont aujourd'hui abandonnées, avec raison.]

25894. ☞ Arbor Aniciana; auctore Joanne Seyfrid, Abbate Benedictino.

Gaspard Scioppius fit imprimer en 1651, une petite Dissertation pour réfuter Seyfrid.

Richard Streinnius a aussi écrit un Livre intitulé : *Anti-Anicianus*, contre les fables de ceux qui veulent que S. Benoît & la Maison d'Autriche soient de l'ancienne famille Romaine des Aniciens ; mais il est resté en Manuscrit dans la Bibliothèque de l'Empereur, & Lambecius devoit y répondre dans les Prolégomènes des Annales d'Autriche qu'il promettoit.

Voyez le *Dictionnaire* de Bayle, sur le mot *Anicius*.]

25895. ☞ Origines Serenissimæ ac potentissimæ Familiæ Habsburgo - Austriacæ ; à Joanne-Georgio Eccardo : *Lipsiæ*, 1721, *in-fol.*]

25896. ☞ Marquardi Herrgott Genealogia diplomatica Gentis Habsburgicæ : *Viennæ Austriacorum*, 1737, *in-fol.* 3 vol.

C'est le plus sçavant Ouvrage qui ait été fait à ce sujet. On y a produit quantité de Pièces qui n'avoient jamais vu le jour. Les commencemens de l'illustre Maison d'Autriche se perdent dans l'antiquité, & ont donné lieu à bien des conjectures, sur-tout depuis Gontran-le-Riche, neuvième ayeul de Rodolphe de Habsbourg, qui monta sur le trône Impérial en 1273. Le P. Herrgott, par des conjectures aussi raisonnables que sçavantes, remonte encore neuf degrés, & fait sortir la Maison d'Autriche d'Eticho ou Athic, Duc d'Alsace, au septième Siècle, en perfectionnant le Système du Père Vignier, & profitant des travaux de M. Eccard. Il a publié depuis 3 vol. in-fol. (*Viennæ Austriacorum*, 1750, &c.) sur les *Monumens de la Maison d'Autriche*, & ils doivent être suivis de trois autres.]

25897. ☞ Histoire Généalogique de la Maison d'Autriche, depuis son origine jusqu'à présent ; par Laurent Krafft : *Bruxelles*, 1744 & 1745, *in-fol.* 3 vol. fig.]

25898. ☞ Systemata varia de Origine Habsburgicorum, eorumque Genealogia ; auctore Jo. Daniele Schoepflino.

Ce Morceau important se trouve *pag. 460 du tom. II. de l'Alsatia illustrata : Colmariæ*, 1761. C'est la suite de ce qui est dit dans le tom. I. *pag.* 753, sur le commencement de la famille d'Etichon, Duc d'Alsace, au septième Siècle, réputé Chef des Maisons de Habsbourg ou d'Autriche, de Lorraine & de Bade. L'Auteur, dans le Tome II. discute sur la Généalogie de la Maison de Habsbourg, non-seulement les anciens Ouvrages qui étoient pleins de fables & d'imaginations, mais encore ceux de Vignier, d'Eccard & d'Herrgott, à la lumière de plusieurs titres d'Alsace, où les Ancêtres de la Maison d'Autriche ont eu autrefois des établissemens considérables.]

25899. ☞ Merovea, sive origines familiarum Brandeburgiæ & Zollerensis in Germania, Columniæ & Collaltæ in Italiâ, à Re-
Tome II.

gibus Francorum Meroveis ; auctore Jac. Zabarella : *Patavii*, 1660, *in-fol.*]

25900. ☞ Dialogues des trois Etats de Lorraine sur la nativité du Prince Charles de Lorraine, fils du Duc François ; avec la Généalogie de tous les Rois & Ducs d'Austrasie, dite Lotraine ; par Edmond du Boullay, dit Clermont : *Strasbourg*, 1543, *in-fol.*]

25901. Genealogia Ducum Lotharingiæ & Brabantiæ, ex prosapiâ sancti Caroli Magni Imperatoris.

Elle est imprimée dans la première partie de la Chronique de Nivelle, *pag.* 119, du *Faux-Childebrand* de Chifflet : *Bruxelles*, 1659, *in-4*.

25902. Genealogia Lotharingorum Principum ; auctore Symphoriano Champier : *Lugduni*, 1537, *in-fol.*

Cet Auteur est le premier des modernes qui ait imprimé que la Maison de Lorraine descendoit en droite ligne de la seconde Race des Rois de France.

☞ *Voyez* le Gendre, *tom. II. pag.* 96. = *Méth. hist.* de Lenglet, *in-4. tom. IV. pag.* 444.]

25903. Stemmatum Lotharingiæ ac Barri Ducis Tomi, ab Antenore Trojano ad Caroli III. Ducis tempora, in quibus præterea habes rerum ubique gentium gestarum perutile Compendium chronologicum ; auctore Francisco de Rosieres, Archidiacono Tullensi : *Parisiis*, Chaudière, 1580, *in-fol.*

Cet Auteur est mort en 1607. Son Livre est plein de faux titres, suivant le Procès-verbal du pardon que l'Auteur demanda au Roi Henri III. qui se trouve à la page 406 du tome II. de la *Satyre Menippée*, de l'Edition de 1711. L'Auteur ajouta de son chef plusieurs clauses aux titres qui sont au-devant de cette Histoire. On peut aisément le reconnoître, en les confrontant avec ceux qui se trouvent dans les *Annales de Trèves* de Brouwerus. C'est ce qui fit condamner cet Ouvrage ; & l'Auteur fut envoyé à la Bastille, pour avoir employé dans son Livre plusieurs choses opposées à la vérité de l'Histoire, & contre l'honneur & la réputation des Rois de France. Il fut amené le 26 Avril 1583, en présence du Roi, dans son Conseil, où il fit amende-honorable. Il avoit composé cet Ouvrage en faveur de la Maison de Lorraine ; & il y soutenoit que la Couronne de France appartenoit à cette Maison, comme issue de Clodion & de la Maison de Charlemagne. Ce fut pour réfuter ces faussetés que fut écrit le Traité suivant.

☞ *Voyez* sur l'Ouvrage de Rosières, la *Méth. hist.* de Lenglet, *in-4. tom. II. pag.* 302 : *tom. IV. pag.* 444. = *Mém.* de l'Etoile, *tom. I. pag.* 162. = *Hist.* de Thou, *tom. IX. pag.* 70. = *Satyre Menippée*, *tom. I. p.* 122 : *tom. II. pag.* 405. = *Struvius, pag.* 477.]

25904. Discours du droit prétendu par ceux de la Maison de Guise à la Couronne de France : 1583, *in-8*.

Ce Discours, composé par Philippe de Mornay, Sieur du Plessis, est aussi imprimé au Tome I. des *Mémoires de la Ligue*, *pag.* 46 : 1590, *in-8.*

« Nicolas Vignier, de Bar-sur-Seine, avoit fait des
» Observations sur l'origine de la Maison de Lorraine,
» par lesquelles il détruisoit les contes fabuleux de Richard de Wasebourg, Archidiacre de Verdun, & de
» François de Rosières, Archidiacre de Toul ; mais cet
» Ecrit lui fut dérobé pendant sa vie ». Antoine Teissier, au tome IV. de ses *Additions aux Eloges des Hommes illustres* de M. de Thou.

☞ Il répond à un Livre fait en 1584, intitulé : *Gé-*

LIV. III. *Histoire Politique de France.*

néalogie de ceux de Lorraine & de Bar, écrit en Latin par François de Rosières de Batleduc, Archidiacre de Toul, lequel, pour favoriser les prétentions des Guises, fait descendre la Maison de Lorraine d'un Albéric, second fils de Clodion, sur lequel il prétend que Mérovée usurpa la Couronne, & encore de Charlemagne par Charles Duc de Lorraine, frère de Lothaire, sur lequel Hugues Capet usurpa la Couronne après la mort de Louis le Fainéant, neveu dudit Charles. Il fait voir que la première descendance est imaginaire, & que la seconde ne venoit que par femmes ; elle est totalement détruite par la Loi Salique. Le Roi commit M. Brulart pour faire le procès à Rosières ; puis il lui accorda grace, sauf à faire amende honorable, se reconnoître criminel de lèze-Majesté, & révoquer par contraire écrit le Livre qu'il avoit fait.]

25905. ☞ Lettre sur l'Ouvrage de François de Rosières. *Mercure*, 1749, *Juillet*.]

25906. Origine, Généalogie & Démonstration de cette excellente & héroïque Maison de Lorraine & de Guise & dépendance, avec plusieurs excellens & hauts Faits des Ducs, &c. *Paris*, 1589, *in-8*.

Libelle séditieux contre la Maison de France.

25907. Généalogie des Ducs de Lorraine, fidèlement recueillie de plusieurs Histoires & Titres authentiques ; par Théodore GODEFROY, Avocat au Parlement : *Paris*, 1684, *in-4*.

☞ *Voyez* la *Méth. hist.* de Lenglet, *in-4. tom. IV. pag.* 445.]

Mf. Origines de la Maison de Lorraine, avec les Preuves ; par le même : *in-fol.*

Ce Manuscrit [étoit] conservé dans la Bibliothèque de M. Colbert, num. 2245, [& est aujourd'hui dans celle du Roi : il y en a aussi un Exemplaire] dans la Bibliothèque des Minimes de Paris, num. 96. Ces Origines sont plus amples que l'Imprimé, l'Auteur ayant eu dessein d'en donner une nouvelle Edition. Il a fait cet Ouvrage contre l'opinion de ceux qui font descendre la Maison de Lorraine en ligne directe masculine de l'Empereur Charlemagne. L'Auteur soutient au contraire, qu'elle descend de Gérard d'Alsace ; & son sentiment a été suivi par les meilleurs & les plus fidèles Historiens & Généalogistes, comme par le Pere Vignier, Louis Chantereau le Févre, [& D. Augustin Calmet.]

25908. Mf. Réfutation de la prétendue Origine de la Maison de Lorraine, que l'on veut faire descendre de la Maison de Charlemagne, contre Jean-Jacques Chifflet : *in-fol.*

Cette Réfutation [de Théodore GODEFROY,] est conservée à Paris dans la Bibliothèque des Minimes, num. 86.

☞ On en trouve un autre Exemplaire indiqué num. 3681 du Catalogue imprimé de M. Godefroy.]

25909. ☞ Lettre où l'on examine si les premiers Landgraves de Thuringe descendoient en ligne masculine de Charles, Duc de Basse-Lorraine, que Hugues Capet fit exclure de la succession à la Couronne de France. *Mercure*, 1722, *Juin*.]

25910. ☞ La Clef Ducale de la Maison de Lorraine, avec un Catalogue des Saints & Saintes de Lorraine, & une Explication de l'Ecu de Lorraine : *Nancy*, 1663, *in-fol.*]

25911. L'Origine de la très-illustre Maison de Lorraine, avec un Abrégé de l'Histoire de ses Princes ; par BENOIST (PICARD) de Toul, Capucin : *Toul*, 1704, *in-12*.

Le style de cet Auteur est négligé ; il a peu d'ordre & de méthode ; mais ses sentimens sont justes & mieux appuyés que ceux des autres Historiens Lorrains, selon M. l'Abbé Lenglet.

☞ Il y a à la tête de ce Livre une Notice de l'ancienne Province ou Comté de Chaumontois.

Voyez le *Journ. de Verdun*, *Novemb.* 1712 : *Avril* 1713. = La *Méth. hist. in-4.* de Lenglet, *tom. II. p.* 303 ; *tom. IV. pag.* 445. = *Journ. des Sçav. Juin*, 1705.]

25912. Mf. Critique & Réfutation de l'Ouvrage du P. Benoît ; par François DE CAMPS, Abbé de Signi.

Cette Critique [étoit] conservée au volume de ses *Remarques critiques sur les Ecrivains Lorrains*, dans la Bibliothèque de l'Auteur, [& est aujourd'hui dans celle de M. de Béringhen.]

25913. Traité historique & critique sur l'Origine de la Maison de Lorraine, avec les Chartes servant de preuves aux Faits avancés dans le corps de l'Ouvrage, & l'Explication des Sceaux, des Monnoies & Médailles des Ducs de Lorraine ; par le Sieur DE BALEICOURT : *Berlin*, 1711, *in-8*.

Louis-Charles HUGO, Prémontré, s'est déguisé sous ce nom ; il a fait imprimer cet Ouvrage à Nancy. Son Livre est mieux écrit que celui du Père Benoist ; mais il est rempli de traits hardis & séditieux ; ce qui a été cause qu'il a été flétri par Arrêt du Parlement de Paris, du 17 Décembre 1712, avec un autre du même Auteur, intitulé : *Réflexions sur deux nouveaux Ouvrages concernant l'Histoire de la Maison de Lorraine* ; & celui de Jean Mussey, qui a pour titre : *La Lorraine ancienne & moderne*.

☞ *Voyez* le *Journ. de Verdun*, 1713, *Mars*, Art. 1. = *Biblioth.* de Clément, *tom. II. pag.* 374. = *Méth. hist. in-4.* de Lenglet, *tom. II. pag.* 303, & *tom. IV. pag.* 446.]

25914. Mf. Critique & Réfutation du Livre du Sieur de Baleicourt ; par François DE CAMPS, Abbé de Signi.

Cette Critique est conservée au volume de ses *Remarques critiques sur les Historiens Lorrains*, dans la Bibliothèque de [M. de Béringhen.]

25915. Supplément à l'Histoire de Lorraine, imprimée à Toul en 1704, avec des Remarques du Père BENOIST, sur le Traité historique & critique sur l'Origine & la Généalogie de la Maison de Lorraine, &c. *Toul*, 1712, *in-12*. [*Ibid.* Rolin, 1713, *in-8*. 2 vol.]

25916. La Lorraine ancienne & moderne, ou l'ancien Duché de la Mosellane, véritable origine de la Maison Royale & du Duché de Lorraine ; avec un Abrégé de l'Histoire de chacun de ses Souverains ; par Jean MUSSEY, Prieur-Curé de Longwic : 1712, *in-8*.

Cet Auteur suit à peu près le faux système de François de Rosières. Il a fait imprimer son Ouvrage à Nancy.

25917. Réflexions sur deux Ouvrages nouvellement imprimés concernant l'Histoire de la Maison de Lorraine : 1712, *in-12.*

Ces Réflexions, imprimées à Nancy, sont du Père Louis-Charles Hugo, Prémontré.

25918. ☞ Réplique (du P. Benoist,) aux deux Lettres qui servent d'Apologie du Traité historique sur l'origine de la Maison de Lorraine

Elle est à la fin du *Supplément,* &c. Edition de 1713, ci-devant, N.° 25915.]

25919. Mſ. Critique & Réfutation du Livre de Jean Muſſey, Prieur-Curé de Longwic; par François de Camps, Abbé de Signi.

Cette Critique est conservée au volume de ses *Remarques critiques sur les Ecrivains Lorrains,* dans la Bibliothèque de [M. de Béringhen.] Cette Critique & la précédente, sur le Livre de M. de Baleicourt, sont attribuées à M. Péan, & les Exemplaires sont écrits de sa main, dans la Bibliothèque de M. le Baron d'Hoendorff, [qui a été jointe à celle] de l'Empereur.

25920. ☞ Origine de la Maison de Lorraine, (& différens Systêmes formés à ce sujet :) Généalogie des Ducs de Lorraine, accompagnée de ses Preuves ; par Dom Augustin Calmet, Bénédictin de la Congrégation de S. Vanne, & Abbé de S. Léopold de Nancy.

Ces deux Morceaux qui intéressent l'Histoire de France, sur-tout à cause de leurs commencemens, sont imprimés à la tête du Tome I. de l'*Histoire de Lorraine* de ce sçavant Bénédictin, *pag.* cix. & cxlj. Nancy, 1728, *in-fol.*

Il est bon d'observer ici que ce qui est dit par Dom Calmet de Gontran le Riche, tige certaine de la Maison d'Autriche, a été critiqué par Dom Herrgott, dans son *Hist. Diplom.* (ci-devant) N.° 25896,) *tom. I. pag.* 150. Il y distingue ce Gontran d'un autre de même nom, dont le Père Calmet a parlé.]

☞ Au bas de la Feuille VIII. & dernière du *Tableau Généalogique & Chronologique* (gravé) *de la Maison Royale de France* (troisième Race) par M. Clabault, (ci devant, N.° 24988,) est une « Table » alphabétique des Maisons alliées à la Maison Royale ».

Depuis la publication de l'Ouvrage de M. Clabault, faite en 1763, M. Julien, de l'Hôtel de Soubise, a donné une nouvelle forme à ce magnifique Tableau, en le faisant coller en deux Parties, qui se plient comme les grandes Cartes de Géographie, & en y faisant deux Additions. 1.° Il en a divisé la largeur en 22 Colonnes, au haut & au bas desquelles il a fait *imprimer* les Lettres de l'Alphabet avec des caractères de cuivre ; & il a dressé en conséquence, & fait *imprimer* une nouvelle « Table » alphabétique des Maisons alliées à la Maison Royale » de France, (où) les chiffres gravés aux deux côtés du » Tableau, qui marquant les dégrés généalogiques, ser- » vent avec les 22 Lettres de l'Alphabet, à trouver les » Alliances avec beaucoup plus de facilité que ne l'indi- » que la Table (gravée) de M. Clabault. » On en donne ensuite plusieurs Exemples à la tête de cette nouvelle Table alphabétique, que l'on colle au haut de la première Feuille.

Cette Table est terminée par une « Division métho- » dique de la Maison Royale de France, distinguée par » des Couleurs différentes » , & partagées en 29 Branches. Ainsi 2.° M. Julien a enluminé ou « distingué par » des couleurs les principales Branches généalogiques, » comme on distingue dans une Carte de France les » Provinces & Gouvernemens du Royaume ; ce qui, » (dit-il) n'avoit point encore été fait » .

Nous observerons à ce sujet, que Claude Buffier, Jésuite, lorsqu'il publia les *Maisons Souveraines de l'Europe,* (Paris, Coustelier, 1717, *in-12.* 3 vol.) a eu la même idée, & qu'il dit (*pag.* 6 du *tom. I.*) que « les » quatre Parties de sa Table 1re (qui contient l'abrégé de » la Généalogie de la troisième Race) se distingueront à » l'œil beaucoup plus commodément, si l'on a soin de » les faire enluminer chacune d'une couleur particu- » lière, comme j'ai coutume (ajoute-t-il) de le faire » dans (cette) première Table gravée » . Cependant on n'en voit point ainsi d'enluminée dans les Exemplaires communs de son Ouvrage ; & apparemment il n'en avoit de telles que pour les Leçons qu'il donnoit à la jeune Noblesse, dans le Collége de Louis le Grand, où il est mort en 1737.

Comme le Chapitre que nous finissons traite des Généalogies de la Maison Royale, on sera peut-être bien aise de trouver ici l'abrégé ou le Tableau de cette Division en *quatre Parties,* que le Père Buffier a imaginé, pour démêler distinctement les Branches Royales. Ce sont :

1.° Les Branches qui avoient droit à la Couronne avant la Maison de Bourbon ; sçavoir, celles d'*Orléans* ancienne, d'*Angoulême,* de *Naples - Anjou* seconde, de *Bourgogne* seconde, d'*Alençon,* d'*Evreux.*

2.° Les Branches qui n'avoient droit qu'après celle de Bourbon ; sçavoir, celles d'*Artois,* de *Naples-Anjou* première, de *Dreux,* de *Courtenai,* de *Vermandois,* de *Bourgogne* première.

3.° Les Branches de la Maison de Bourbon avant qu'elle portât la Couronne ; sçavoir, celles de *Bourbon* aînée, de *Montpensier,* de *Vendôme,* (nommée auparavant de *la Marche,*) de *la Roche-sur-Yon,* (appellée ensuite de *Montpensier,*) de *Carency.*

4.° Les Branches de la Maison de Bourbon depuis le temps qu'elle est sur le Trône ; sçavoir, la *Royale,* celles d'*Espagne,* d'*Orléans,* de *Condé,* de *Conti,* de *Soissons.*

Mais pour revenir à l'Ouvrage de M. Clabault, nous avons dit ci-devant, N.° 24988, qu'il publia en même-temps une petite Brochure *in-*8. Il y insiste sur les Alliances à la Maison Royale, & fait entendre que dans le Tableau des deux premières Races auquel il travaille, on verra au moins les tiges des Descendances de Charlemagne par femmes ; ce qui intéresse une multitude de Maisons, Souveraines ou Nobles, auxquelles il est disposé à communiquer les recherches immenses qu'il a faites à ce sujet, d'après les Auteurs & les Monumens les moins sujets à critique. Ce ne sont pas-là des Descendances de prétentions & arbitraires, comme la plupart de celles qui composent ce dernier Article des Généalogies Royales de France.]

CHAPITRE QUATRIÈME.

Cérémonial de France.

Article premier.

Cérémoniaux ou Recueils des Cérémonies de France.

25921. LE Cérémonial de France, ou Deſcription des Cérémonies, Rangs & Séances obſervés aux Couronnemens, Entrées & Enterremens des Roys & des Roynes de France, & autres Actes & Aſſemblées ſolemnelles ; recueilli des Mémoires de pluſieurs Secrétaires du Roi, Hérauts d'Armes & autres ; par Théodore Godefroy, Avocat au Parlement : *Paris*, Pacard, 1619, *in-4*.

Cet Auteur eſt mort en 1649. Son Recueil commence en 1467, & finit en 1594. Il contient auſſi les Pompes funèbres.

☞ Cette Edition, toute imparfaite qu'elle eſt, eſt néceſſaire pour la partie qui concerne principalement les Pompes funèbres, qui ne ſe trouve pas dans l'Edition ſuivante, dont on n'a point donné le troiſième Volume, que l'on ſe propoſoit de publier.]

25922. Le Cérémonial François : Tome premier, contenant les Cérémonies obſervées en France aux Sacres & Couronnemens des Roys & des Roynes, & de quelques anciens Ducs de Normandie, d'Aquitaine & de Bretagne : comme auſſi aux Entrées ſolemnelles, & à celles d'aucuns Dauphins, Gouverneurs de Province, & autres Seigneurs dans diverſes Villes du Royaume. ⸺ Tome ſecond, contenant les Cérémonies obſervées en France aux Mariages & Feſtins ; Naiſſances & Baptêmes ; Majorités des Rois ; Etats Généraux & Particuliers ; Aſſemblées des Notables ; Lits de Juſtice ; Hommages ; Sermens de fidélité ; Réceptions & Entrevues ; Sermens pour l'obſervation des Traités ; Proceſſions & *Te Deum*. Recueilli & extrait de divers Auteurs & Mémoires ; par Théodore Godefroy, & mis en lumière par Denys Godefroy ſon fils : *Paris*, Cramoiſy, 1649, *in-fol.* 2 vol.

Cet Ouvrage eſt un excellent Recueil de l'ordre tenu dans les Cérémonies qui ſe ſont faites par les Rois de France, ou par leur ordre. On rapporte ci-après, en détail, ce que contient cette ſeconde Edition, quoiqu'elle ne ſoit pas encore complette ; car le Collecteur ſe trouva expoſé à tant de contradictions, qu'il ne jugea pas à propos de publier le troiſième Tome, qui devoit contenir les Chevaleries, les Pompes funèbres, divers Traités, Diſcours & Actes de Préſéances, &c. les Règles & les Maximes principales en fait de Cérémonies.

« Ce Recueil ne s'eſt pas pu faire en peu de temps, » (dit Denys Godefroy dans ſon *Prologue.*) Il y a plus » de trente ans que Théodore Godefroy s'eſt appliqué » à ce labeur. Dès 1619, il en donna quelque partie au » Public..... Il a depuis ramaſſé avec grand ſoin, dili- » gence & aſſiduité, tout ce qui s'eſt pu extraire de » quantité de diverſes Hiſtoires anciennes & modernes » faiſant à ſon ſujet ; & de pluſieurs Regiſtres du Par- » lement, Chambre des Comptes & Hôtel de Ville de » Paris ; comme auſſi des Relations, Diſcours & Mé- » moires des Maîtres de Cérémonie, Conducteurs » d'Ambaſſadeurs, Secrétaires du Roi, Hérauts d'Ar- » mes, & autres dignes de foi : le tout exactement con- » féré & collationné ſur les Originaux en toute fidélité ».

☞ *Voyez* les *Mémoires* du P. Nicéron, *tom. XVII.* pag. 61. = *Méth. hiſt.* de Lenglet, *in-4. tom. IV. p.* 277. = *Biblioth. Harley, tom. II. pag.* 558.]

25923. ☞ Projet d'un nouveau Cérémonial François, augmenté d'un grand nombre de Pièces qui n'ont pas été publiées par M. Godefroy ; (par M. Antoine-François Joly, Cenſeur Royal :) *Paris*, Prault, 1746, *in-4*.

L'Auteur eſt mort avant d'avoir exécuté ce Projet, qui eſt d'une grande étendue. Il y indique les Pièces omiſes par Godefroy ; & les endroits où elles ſe trouvent.

On garde dans la Bibliothèque de Sainte-Geneviève à Paris, un Exemplaire de ce Projet, dont les marges ſont toutes chargées de Notes du ſçavant Claude Prévôt, Chanoine Régulier & Bibliothécaire de Sainte-Geneviève, mort en 1752. Ces Notes curieuſes & inſtructives ſont le fruit de trois ans entiers de travail ; elles tendent toutes à rectifier le Projet par des Additions que l'on propoſe d'y faire, par des changemens dont l'on montre la néceſſité, par de nouvelles ſources que l'on indique à l'Auteur du Projet. Si jamais quelqu'un tentoit de l'exécuter, on ne ſçauroit aſſez l'inviter à conſulter ces Notes ou Obſervations, qui lui épargneroient bien des peines, & contribueroient beaucoup à la perfection de l'Ouvrage.]

25924. ☞ Diverſes Pièces ſur le Cérémonial de France.

On les trouve dans la Partie III. du *Palais de l'Honneur* du P. Anſelme : *Paris*, 1663, *in-4*. = A la fin des Tomes II. & VI. de l'Edition de 1753, des *Mémoires de du Bellay*. = Dans la Partie III. des *Antiquités & Recherches de la Grandeur des Rois de France*, par du Cheſne : *Paris*, 1621, *in-fol.*]

25925. ☞ Mſ. Des Solemnités en général : *in-4.*

C'eſt ce qui occupe le Porte-feuille 811 du grand Recueil de M. de Fontanieu, aujourd'hui dépoſé à la Bibliothèque du Roi. Ce Porte-feuille eſt ſuivi de trente autres, ſur diverſes Solemnités concernant le Cérémonial de France : nous les indiquerons ci-après, ſelon les ſujets particuliers, & les Articles du Père le Long.]

25926. Mſ. Cérémonial de France ; par MM. de Rhodes, Saintot, & autres Grands-Maîtres de Cérémonies de France : *in-fol.* 3 vol.

Ce Cérémonial [qui étoit] dans la Bibliothèque de M. Godefroy, [eſt dans celle de la Ville de Paris, n. 398-400,] & en un volume *in-fol.* dans la Bibliothèque de M. le Préſident de Lamoignon.

25927. ☞ Mſ. Cérémonial contenant les rangs des Enfans & petits-Enfans de France, des Princes du Sang, des Princes Etrangers, des Ducs & Pairs, des Ducs à Brevet, & des Maréchaux de France, & de la Réception, Entrée publique & Audience des Ambassadeurs : *in-4.*

Ce Manuscrit est indiqué *pag.* 443 du Catalogue de M. Bellanger.]

25928. Ms. Recueil de Cérémonies ; par Théodore GODEFROY : *in-fol.* 49 vol.

Ce Recueil [étoit] conservé dans la Bibliothèque de ses Enfans. C'est le Recueil des Pièces qui composent les deux Tomes de son *Cérémonial de France*, [& qui devoient servir au] troisième.

☞ Il est aujourd'hui dans la Bibliothèque de la Ville de Paris ; & l'on y trouve aussi les autres Recueils de M. Godefroy, que le Père le Long indique ci-après. On y compte 105 Volumes sur le Cérémonial & ses différentes parties, num. 379-483, des Manuscrits de M. Godefroy.]

25929. ☞ Ms. Recueil de plusieurs choses mémorables touchant les Cérémonies de France : *in-fol.*

Ce Recueil est indiqué au num. 16656 du Catalogue de M. le Maréchal d'Estrées.]

25930. Ms. Cérémonial des Assemblées générales du Clergé de France, tiré des Procès-verbaux des Assemblées de 1650, 1655 & 1660 : *in-fol.*

Il est conservé dans la Bibliothèque de Sainte-Geneviève, & dans plusieurs autres.

25931. Ms. Cérémonial de l'Ordre du Saint-Esprit : *in-fol.*

Ce Cérémonial [étoit] conservé dans la Bibliothèque de M. le Président de Lamoignon.

25932. Ms. Cérémonial de la Cour de Parlement de Paris ; par Théodore GODEFROY : *in-fol.* 4 vol.

[Il est aujourd'hui dans la Bibliothèque de la Ville de Paris, n. 420-422,] dans celle de M. Seguier, num. 312, [aujourd'hui à S. Germain des Prés] & entre les Manuscrits de M. Dupuy, num. 542.]

25933. ☞ Ms. Cérémoniaux du Parlement : *in-4.*

C'est ce qui occupe le Porte-feuille 833 du grand Recueil de M. de Fontanieu, conservé dans la Bibliothèque du Roi.]

25934. ☞ Ms. Cérémonial de la Chambre des Comptes, depuis 1323 jusqu'en 1610 : *in-fol.*

Il est indiqué num. 95 des Manuscrits du Catalogue de M. Godefroy.]

25935. Ms. Cérémonial de la Chambre des Comptes de Paris, depuis 1523 jusqu'en 1635 : *in-fol.*

Ce Cérémonial [étoit] conservé dans la Bibliothèque de M. l'Abbé le Fevre de Caumartin, [mort Evêque de Blois en 1733.]

25936. Ms. Autre Recueil, depuis 1525 jusqu'en 1658 : *in-fol.* 2 vol.

Ce troisième Recueil [étoit] conservé dans la Bibliothèque de M. Godefroy, & [est dans celle de la Ville de Paris, num. 418-419. Il se trouvoit] encore dans celle de M. le Chancelier Seguier, num. 311 : [celui-ci est maintenant à S. Germain des Prés.]

25937. Ms. Cérémonies & Publications d'Edits, & de Cérémonies en la Chambre des Comptes & Cour des Aydes de Paris : *in-fol.*

Ces Recueils [étoient] conservés dans la Bibliothèque de M. le Chancelier Séguier, num. 435, [aujourd'hui à S. Germain des Prés.]

25938. Ms. Cérémonial de l'Hôtel de Ville de Paris, depuis l'an 1501 jusqu'en 1603 : *in-fol.* 10 vol.

Ce Cérémonial [étoit] conservé dans la Bibliothèque de M. Godefroy, [& est dans celle de la Ville de Paris, n. 423-432. Il étoit aussi] dans la Bibliothèque de M. le Chancelier Seguier, num. 308, [maintenant à S. Germain des Prés.]

☞ Dans le Catalogue imprimé des Manuscrits de la Bibliothèque de M. Godefroy, on en marque un (num. 97) qui va jusqu'en 1628 : *in-fol.* 9 vol.]

Ms. Le même, jusqu'en 1629 : *in-fol.* 6 vol.

Ce même Cérémonial [étoit] conservé dans la Bibliothèque de M. Pellerier le Ministre.

25939. Ms. Cérémonial des Etats-Généraux de la Province de Languedoc : *in-fol.*

Ce Cérémonial [étoit] conservé dans la Bibliothèque de M. l'Abbé le Fevre de Caumartin, [mort Evêque de Blois en 1733.]

25940. ☞ Cérémonial de la Cour de Bourgogne.

Il est imprimé à la fin du tom. III. de l'*Histoire des Séquanois*, &c. par Dunod : *Dijon*, 1735, & *suiv. in-4.*]

25941. ☞ Les honneurs de la Cour de Bourgogne, &c.

Cet Ouvrage se trouve à la fin du tom. II. des *Mémoires de l'ancienne Chévalerie*, par M. de Sainte-Palaye, Edition de 1759, *in-12.*]

25942. ☞ Ms. Cérémonial public des Officiers de l'Hôtel de Ville de Lyon : *in-fol.*

Il est conservé dans le Cabinet de M. Pianelli de la Valette, à Lyon.]

☞ *Nota*. On trouve encore différens Morceaux qui ont trait au Cérémonial, dans le *Mercure François*, = tom. *VIII.* pag. 881 & 889, = tom. *XI.* pag. 366, tom. *XII.* pag. 300, = tom. *XIII.* pag. 378, tom. *XV.* pages 32, 60, 89, 106, 110 & 505, = tom. *XVI.* pag. 147, = tom. *XX.* pag. 821.]

ARTICLE II.

Traités des Sacres des Rois & Reines de France, & de quelques Ducs, grands Vassaux.

25943. L'ORDRE qui se doit observer au Sacre & Couronnement des Roys de France, commandé par le Roy Louis le Jeune, en 1179.

25944. L'Ordre du Sacre & Couronnement des Roys & Roynes de France, mis par écrit du Règne du Roi Louis VIII. l'an 1223.

25945. L'Ordre du Sacre & Couronnement des Roys & Roynes de France, recueilli du

Règne du Roi S. Louis, l'an 1226. Comment la Reine doit être couronnée.

Ces trois Ordres pour le Sacre des Rois sont imprimés dans le *Cérémonial* de Godefroy, seconde Edition, tom. I. *pag.* 1, 13 & 26.

✶ Le dernier se trouve encore *pag.* 619 de l'*Abrégé Royal* du Père Labbe, qui assure que son Manuscrit a été moins altéré qu'un autre par les Copistes, & qu'il avoit été traduit du Latin qui se trouvoit à la tête d'une Vie manuscrite de S. Louis, par Guillaume de Nangis.

25946. Ordo ad benedicendum Regem Francorum ; ex manuscripto Codice Ratoldi, Abbatis Corbeïensis.

Alius ; ex Codice Bibliothecæ Regiæ ante annos 400 scripto.

Alius ; ex manuscripto Pontificali insignis Ecclesiæ Senonensis, annorum 300.

Alius ; ex manuscripto Pontificali insignis Ecclesiæ Arelatensis, ante annos 400 scripto.

Alius ; ex manuscripto Pontificali Petri, Episcopi Silvanectensis, qui obiit anno 1356.

Ces cinq Ordres différens de bénir les Rois de France, sont imprimés dans Martenne, au tom. III. de son Livre intitulé : *De Antiquis Ecclesiæ Ritibus* : (*Rothomagi,* 1701, *in-4.*) *cap. X.*

25947. ☞ Mss. Ordo ad consecrandum & coronandum Regem Franciæ, cum ritibus in eo observandis, & precibus recitari solitis : *in-8.*

Ce Manuscrit est dans la Bibliothèque de l'Abbaye de S. Remi de Reims, num. 59, L. 8. Il a environ 500 ans, & est conforme à l'*Ordo VII. ex Mss. Pontif. Eccles. Senonensis,* que le Père Martenne a donné dans son Ouvrage *De ritibus antiq. Eccles. in-fol. tom. II. pag.* 622.]

25948. ☞ Mss. Ordo ad Regem faciendum : *in-4.*

Ce Manuscrit est aussi dans la Bibliothèque de l'Abbaye de S. Remy, n. 263, Q. 9. Il commence par cette demande des Evêques au Roi : *A vobis perdonari nobis cupimus,* &c. Il paroît que c'est le même que Martenne a publié dans l'*Ordo V. ad benedicendum Regem Angliæ,* excepté qu'on n'y voit point ce qui regarde l'Angleterre, &c. Au lieu de saint Georges, on y nomme S. Remy. Il y a aussi quelques changemens légers dans l'ordre de quelques Cérémonies. Ce qu'il y a de particulier, c'est que ces Prières, &c. pour le Sacre de nos Rois étoient celles dont on se servoit dans le IX.e siècle. Elles se trouvent à la fin d'un Rituel qu'Hincmar a donné à l'Abbaye de S. Remy. Quoiqu'elles soient peut-être d'une main différente, le trait de plume est certainement plus gros que le reste du Rituel ; mais l'écriture n'en est pas moins du même temps. Ainsi ce Manuscrit a près de 900 ans. Godefroy qui a copié Hincmar, & probablement sur l'Edition de Sirmond, (*tom. I. Oper. Hincm.*) n'a point fait mention de ce qui regarde l'anneau & l'épée.]

25949. ☞ Mss. Ordo ad inungendum & coronandum Regem Franciæ : *in-4.*

Ce Manuscrit est conservé dans la Bibliothèque de l'Abbaye de S. Remy de Reims, num. 64, S. 7. Il est moins ancien que l'*Ordo ad consecrandum & coronandum Regem Franciæ,* &c. qui a environ 500 ans. Le commencement de ces Cérémonies, & une partie de ce qui suit, est semblable à l'*Ordo VI.* (du P. Martenne) *ad coronandum Regem Franciæ.* Le reste est comme dans l'*Ordo VII. ad coronandum eumdem Regem,* (du même Martenne.)]

25950. ☞ Mss. Sacre & Couronnement des Rois de France, depuis Pepin en 750, jusqu'au Règne de Louis XIII. en 1614 : *in-fol.* 3 vol.

Ce Recueil, indiqué num. 104 des Manuscrits du Catalogue de M. Godefroy, est dans la Bibliothèque de la Ville de Paris, num. 380-383, suivi d'un Porte-feuille de Pièces sur le même sujet.]

25951. Mss. Rex Franciæ, per quem sacratur & coronatur : incerto Auctore.

Ce Discours est conservé dans la Bibliothèque du Vatican, num. 5666.

25952. L'Ordre & Cérémonies qui se doivent observer au Sacre & Couronnement des Roys & des Roynes ; mis par écrit du commandement du Roi Charles V. l'an 1365.

L'Ordre pour les Roys est imprimé au tom. I. du *Cérémonial* de Godefroy, *pag.* 31, & l'Ordre pour le Couronnement des Roynes, est *pag.* 48.

25953. Mss. Inventaire des Pièces du Cartulaire de la Ville de Reims, concernant le Sacre des Rois ; dressé par Jean Foulquart, Procureur-Syndic des Habitans de Reims.

Ce Manuscrit est conservé à Reims.

25954. ☞ Consecratio & Coronatio Regis Franciæ : *Parisiis,* 1510, *in-8.* Gothiq.]

25955. ☞ Epistola Yvonis, Carnotensis, quòd Francorum Regis unctio non sit Remensis Metropolitæ ita propria, ut non sit alterius ; operâ Claudii Goust, Senonensis Prætoris, evulgata : *Senonibus,* Richeboesius, 1561, *in-4.*

La Traduction est indiquée ci-après, au *Sacre de Henri IV.* en 1594.]

25956. ☞ Cérémonies du Sacre des Rois de France, recueillies par P. David : *Paris,* 1654, *in-12.*]

25957. Cérémonies observées au Sacre & Couronnement des Rois de France, & à la création des nouveaux Ducs, Comtes & Marquis, & autres ; par Antoine De La Salle : *Paris,* le Noir, (1527.)

☞ Elles se trouvent dans son Livre intitulé : *La Salade,* petit *in-fol.*]

25958. Du Sacre & Couronnement des Rois de France : Discours sur le même sujet, & l'exposition des Cérémonies dudit Sacre ; par Jean Champagne, de l'Ordre des Frères Prêcheurs : *Reims & Lyon,* 1575, *in-8.*

25959. L'Ordre & les Cérémonies du Sacre & Couronnement du très-Chrétien Roi de France, traduit par M. René Benoist, [Angevin, Docteur en Théologie & Curé de S. Eustache à Paris :] *Paris,* Chesneau, 1575, *in-8.*

25960. Le Sacre & Couronnement du Roi de France, avec les Cérémonies & Prières qui se font en l'Eglise de Reims : *Reims,* de Foigny, 1575, *in-8.*

Jean De Foigny, Libraire, est l'Auteur de cet Ouvrage.

25961.

Sacres des Rois & Reines.

25961. Les Cérémonies qui s'observent aux Sacres des Rois & des Reines; par le Père ANSELME.

Ces Cérémonies sont imprimées dans la Partie III. de son *Palais d'Honneur*, &c. Paris, 1663, *in-4*.

25962. Mémoires des Sacres & Couronnemens des Roys & Roynes de France, avec l'Inventaire des Pièces; par Jean DU TILLET, Greffier en Parlement.

Ces Mémoires sont imprimés à la page 279 de son *Recueil des Rois de France*: Paris, 1610, *in-4*.

25963. ☞ Mf. Sacres & Couronnemens des Rois & Reines de France, & des Souverains Etrangers: *in-4*. 4 vol.

C'est ce qui occupe les Porte-feuilles 812-815 du grand Recueil de M. de Fontanieu, conservé dans la Bibliothèque du Roi.]

25964. Mf. Sacres & Couronnemens des Rois & des Reines de France, depuis celui de Philippe I. en 1059, jusqu'à celui de Louis XIII. en 1614: *in-fol*.

Ces Sacres sont conservés [dans la Bibliothèque du Roi,] entre les Manuscrits de M. de Brienne, n°. 263.

25965. ☞ Histoire des Sacres & Couronnemens de nos Rois faits à Reims, à commencer par Clovis; & Recueil du Formulaire le plus moderne qui s'observe au Sacre & Couronnement des Rois de France, &c. Cérémonies qui se sont observées à Reims lorsque le Roi Louis XIII. reçut l'Ordre du S. Esprit, &c. Projet des Cérémonies pour le Sacre & Couronnement de la Reine Marie de Médicis, &c. Dissertation historique touchant le pouvoir accordé aux Rois de France de guérir des écrouelles; par M. N. REGNAULT, Chanoine de S. Symphorien de Reims: *Reims*, 1722, *in-12*.]

25966. ☞ Traité historique & chronologique du Sacre & Couronnement des Rois & des Reines de France, depuis Clovis I. jusqu'à présent, & de tous les Princes Souverains de l'Europe, augmenté de la Relation exacte de la Cérémonie du Sacre de Louis XV. par M. MENIN, Conseiller au Parlement de Metz: *Paris*, 1723, *in-12*.

Voyez le Journal de Verdun, Mars, 1723. = Mém. de Trév. Avril, 1723. = Journ. des Sçav. Févr. 1723. = Biblioth. Françoise de du Sauzet, tom. II. pag. 155.]

━ ☞ Voyage du Roi (Louis XV.) à Reims: Cérémonies de son Couronnement, &c.

Voyez ci-devant, N.° 24573.]

25967. Mf. *Libellus de sacrâ Regum Galliæ Unctione*; auctore GUILLELMO Nangio, Benedictino.

Ce petit Traité est cité par du Chesne, *pag.* 16 de son *Plan des Historiens de France*.

25968. ✠ Francisci & Claudii LESTRANGIORUM, *Orationes duæ, de Regis consecratione*: *Parisiis*, 1547, *in-4*.

25969. Huberti MORI, Theologi Parisiensis, & Ecclesiastæ Rhemensis, *de sacris Unctionibus Libri tres, in quibus de sanctâ Ampullâ, & Regum Francorum consecratione disseritur*: *Parisiis*, Bichon, 1593, *in-8*.

Cet Auteur se nommoit MEURIER: il suit dans son Ouvrage les principes séditieux de la Ligue.

☞ Il le composa avant l'abjuration de Henri IV. pour prouver contre ses partisans que le Sacre des Rois de France étoit si nécessaire, qu'ils ne pouvoient être reconnus pour légitimes possesseurs de la Couronne, que préalablement ils n'eussent reçu l'Onction sainte. Il en fait voir dans le premier Livre, l'antiquité & les cérémonies pratiquées dans l'ancienne Loi pour les Prêtres, les Rois & les Prophètes. Dans le second Livre, après avoir parlé de l'Onction que tous les Chrétiens reçoivent, & qui a été instituée par Jesus-Christ, il traite de celle des Prêtres & des Evêques, enfin du Sacre des Rois de France. Il croit, après plusieurs Auteurs qu'il cite, que la sainte Ampoulle fut apportée du Ciel pour sacrer Clovis, & que tous ses successeurs l'ont été à Reims par l'Archevêque de cette Ville, à moins qu'il n'y ait eu de fortes raisons pour l'empêcher. Le troisième Livre traite de tout ce qui a rapport à cette Cérémonie, soit avant, soit après. Cet Auteur prétend que Clovis changea, après son Baptême, les anciennes Armes des François, (soit que ce fût trois crapauds ou trois croissans,) & qu'il y substitua les Fleurs de lys, qui varièrent pour le nombre, & ne furent fixées irrévocablement à trois que sous le règne de Charles VI. Imaginations pures.]

25970. ☞ Témoignages de l'Huile céleste envoyée à S. Martin, Evêque de Tours, & Extraits touchant le lieu du Sacre de nos Rois: *Chartres*, 1594, *in-4*.

Cet Ouvrage fut composé à l'occasion du Sacre de Henri IV. fait en cette Ville.]

25971. Traités des Habillemens Royaux & Cérémonies tant des Sacres des Rois, Couronnemens, Entrées & Lits de Justice, qu'aux Solemnités publiques & Funérailles de leur Maison; par A. D. C. T.

Ce Traité, qui est d'André DU CHESNE, Tourangeau, est imprimé au tom. II. des *Antiquités & Recherches de la grandeur & majesté de nos Rois*, par le même: *Paris*, 1609, *in-8*.

25972. *De Consecratione & Coronatione Regis Francorum.*

Ce Traité est imprimé au Livre V. titre second, de l'Ouvrage intitulé: *Decreta Ecclesiæ Gallicana, studio Laurentii* BOCHELLI: *Parisiis*, 1609, 1621, *in-fol*.

25973. *De Coronatione Regum Franciæ*; auctore Davide BLONDELLO.

Ce Morceau est le Chapitre XIV. de la Section II. de son Traité intitulé: *Diatribe de Formulâ, Regnante Christo*, &c. *Amstelodami*, 1646, *in-4*.

25974. ☞ Dissertation historique du Sacre & Couronnement des Rois de France, depuis Pepin jusqu'à Louis le Grand inclusivement, &c. par M. DE CAMPS, Abbé de Signy: *Mercure*, 1722, *Mai*.

Cette Dissertation renferme plusieurs Questions. L'Auteur doute que les Archevêques de Reims soient Légats-nés du Saint Siége, & qu'en cette qualité ils aient seuls le droit de sacrer nos Rois: c'est ce qu'il fait remarquer dans une suite de plusieurs Sacrés. Il discute aussi à quel âge nos Rois peuvent être couronnés. Mais son but principal a été de réfuter le sentiment de ceux qui croient que les Rois de la seconde Race avoient été élevés au trône par la voie de l'élection. Il examine s'il est vrai & pourquoi les Régens & Administrateurs du Royaume pendant la minorité de ces Rois ont été sacrés & couronnés, en quel temps les Pairs Ecclésiastiques & Séculiers ont assisté pour la première fois à cette Cérémonie. Il expose plusieurs faits curieux & intéressans qui ont rapport à ces questions.]

25975. ☞ Remarques sur cette Dissertation; (par M. DU CARDONNOY:) *Mercure*, 1722, *Décembre*.

On y relève plusieurs erreurs de date, qui se trouvoient dans la Dissertation précédente.]

25976. ☞ Extrait d'une Lettre écrite par M. DE CAMPS à M. du Cardonnoy, Conseiller Vétéran au Présidial d'Amiens, le 25 Février 1723 : *Mercure*, 1723, *Février*.

En convenant de quelques méprises qu'il attribue au Copiste ou à l'Imprimeur, l'Auteur en explique & en éclaircit d'autres.]

25977. Sacra Rhemensia, in quibus omnia sacræ inaugurationis ornamenta describuntur: *Pictavis*, 1611, *in*-4.

25978. Les Raisons des Cérémonies du Sacre des Rois, & les douze marques uniques de leur Royauté céleste; par Claude VILETTE, Chanoine de S. Marcel : *Parisiis*, 1611, *in*-4.

☞ Ce Traité est encore imprimé avec le Livre du même Auteur, intitulé : *Les Raisons de l'Office & Cérémonies qui se font en l'Eglise Catholique*, &c. *Rouen*, du Mesnil, 1638, *in*-8.]

25979. L'Antiquité des Sacres & Onctions des Rois Chrétiens; par Pierre DE LA SALLE: *Paris*, 1641, *in*-8.

25980. Le Théâtre d'honneur & de magnificence préparé au Sacre des Rois, où il est traité de l'inauguration des Souverains, de la sainte Ampoulle, du Couronnement des Roynes, des Entrées Royales & Cérémonies du Sacre, de la Dignité de nos Rois; par Guillaume MARLOT, Bénédictin, Grand-Prieur de S. Nicaise : *Reims*, 1643, *in*-4. Seconde Edition, revue & augmentée: *Ibid.* 1654, *in*-4.

La seconde Edition n'est différente de la première qu'en ce que l'Auteur y a ajouté quatre pages en faveur de l'Evêque de Soissons, ce qui fait le chapitre quatorzième, & a mis un Avis au commencement, & une nouvelle date au premier feuillet. Il traite dans ce chapitre des Prérogatives de cet Evêque, sçavoir du Droit de sacrer les Rois, quand le Siége de Reims est vacant. Cet Avis est composé contre la Réponse de Jacques-Alexandre le Tenneur à Jean-Jacques Chifflet, dans laquelle il avoit attaqué le Traité de Marlot, qui est mort en 1667.

25981. De Ampulla Remensi, nova & accurata Disquisitio ad dirimendam litem de prærogativa Ordinis inter Reges. Accessit Parergon de Unctione Regum contra Jacobum-Alexandrum Tenneurium fucatæ veritatis alterum Vindicem; auctore Joanne-Jacobo CHIFFLETIO, Medico-Doctore & Equite Aurato: *Antverpiæ*, Moreti, 1651, *in-fol.*

Cet Auteur traite de fable l'Histoire de la sainte Ampoule, & prétend prouver qu'Hincmar, Archevêque de Reims, pour faire valoir les Droits de son Eglise, en a été l'inventeur.

☞ *Voyez* la *Méth. hist. in*-4. de Lenglet, *tom. IV. pag.* 278.]

25982. De sacra Ampulla Remensi Tractatus apologeticus, adversùs Joannem-Jacobum Chiffletium, cæcum veritatis disquisitorem : accesserunt Responsio ad Parergon ejusdem, & Chiffletius ridiculus : elucubrabat Jacobus-Alexander TENNEURIUS, in Aquitanico Vectigalium Senatu Consiliarius Regius : *Parisiis*, Billaine, 1652, *in*-4.

Le Tenneur, qui étoit de Paris, mais Elu de Poitiers, est mort en 1661. Il prend un milieu ; il ne rejette pas comme fabuleuse l'Histoire de la sainte Ampoule, mais il prétend que les autres Prérogatives des Rois de France n'en dérivent pas.

☞ *Voyez* la *Méth. hist.* de Lenglet, *in*-4. *tom. IV. pag.* 278.]

☞ Chifflet, Médecin de Besançon, & Historiographe d'Espagne, nioit la vérité de l'Histoire de la sainte Ampoule de Reims, & la Préséance des Rois de France sur ceux d'Espagne. L'Auteur de ce petit Traité, qui est divisé en dix Chapitres, prétend établir, par le témoignage de plusieurs Auteurs, & particulièrement d'Hincmar, Archevêque de Reims, l'authenticité de l'Histoire de la sainte Ampoule. Il répond ensuite à toutes les objections de son adversaire, qu'il accuse de mauvaise foi & de faux préjugé. Par une espèce de récrimination, il nie l'Histoire de S. Jacques, & soutient qu'il n'a jamais été en Espagne. Dans le dernier Chapitre, il établit la Préséance des Rois très-Chrétiens sur les Rois Catholiques : c'est à présent une affaire finie, en faveur de nos Rois. Les deux autres Pièces qui suivent, sont des Réponses personnelles.

25983. Réponse à la Censure de Jacques le Tenneur, touchant la dignité de l'onction & l'origine de quelques Prérogatives des Rois de France ; par Guillaume MARLOT, Bénédictin : *Reims*, 1654, *in*-4.

C'est l'Addition faite à son *Théâtre d'honneur*, dans la seconde Edition.

25984. De Ampulla Remensi, adversùs Joannem-Jacobum Chiffletium, Disquisitio Davidis BLONDELLI.

Ce Discours est imprimé dans sa Préface apologétique, §. XIV. de l'Ouvrage intitulé : *Genealogiæ Francicæ plenior Assertio: Amstelodami*, 1655, *in-fol.*

25985. Decora Franciæ, ubi de Regia Inauguratione & Unctione, de Liliis, Ampulla, Auriflamma, Titulis Regum Christianissimorum ; auctore Claudio DORMAY, Canonico Regulari sancti Joannis Suessionensis : *Parisiis*, 1655, *in*-8.

25986. De sacris Ampullis Liber; auctore Joanne LIMNÆO.

Ce Discours est imprimé au Livre I. de l'Ouvrage intitulé : *Notitia Regni Franciæ : Argentorati*, 1655, *in*-4.

☞ ON peut encore voir sur la sainte Ampoule & le Sacre de nos Rois, = le Livre II. du *Théâtre d'honneur & de Chevalerie* de Favyn, = les *Annales Ecclésiastiques* du Père le Cointe, *tom. I. pag.* 143.]

25987. De cœlesti Regum Christianissimo-

Sacres des Rois & Reines.

rum Unctione à sancto Remigio didactica Disquisitio Andreæ DU SAUSSAY, Episcopi Tullensis : *Tulli Leucorum*, 1661, *in-fol.*

Cet Auteur est mort en 1675.

25988. ✳ De cœlesti Chrismate Dissertatiuncula, Guillelmi MARLOT, Monachi Benedictini.

Dans son *Historia Metropoleos Remensis*, lib. II. cap. 4, pag. 152.

25989. Traité de la sainte Ampoule ; par René d'Auber DE VERTOT, de l'Académie Royale des Inscriptions, qui l'a achevé en 1684.

Ce Traité, [qui est imprimé pag. 669 du tom. II. des *Mémoires de l'Académie des Inscriptions & Belles-Lettres*,] n'affoiblit pas les objections que l'on peut faire contre le sentiment qu'il paroît suivre.

☞ M. l'Abbé de Vertot se déclare en faveur de la sainte Ampoule, & répond à toutes les objections que les Critiques ont formées pour la décréditer. Sa Dissertation peut être regardée comme un répertoire des passages des anciens Auteurs qui en ont parlé. L'Abbé de Vertot tâche d'établir que le silence des Contemporains ne doit pas être une induction négative de la vérité du Miracle.]

25990. ☞ Du Droit des Archevêques de Reims pour sacrer les Rois de France.

Cette Dissertation est imprimée dans les *Mémoires de Littérature* du P. Des-Molets, tom. *XI*. L'Auteur prétend que ce Droit appartient aux Archevêques de Reims, privativement à tous autres, & qu'ils y ont été confirmés par les Papes & par nos Rois.

Voyez ci-devant, au N.° 25955, la Lettre d'Yves de Chartres, sur la thèse contraire.]

25991. ☞ Lettre écrite le 18 Juin 1732, au sujet des Barons de la sainte Ampoule : *Mercure*, 1732, Juillet.

Voyez encore les *Variétés histor.* tom. III. p. 315.]

25992. L'Onction & Elévation au Trône Royal du Roi Pepin, par le Pape Estienne III. l'an 754.

25993. Charles & Carloman, fils du Roi Pepin, oints & élevés au Siège Royal à Noyon & à Soissons, l'an 768.

25994. Cérémonie du Couronnement de Charlemagne, Roi d'Italie, en 774.

25995. L'Onction de Pepin & de Louis le Débonnaire, Rois d'Italie & d'Aquitaine, fils de l'Empereur Charlemagne, par Adrien I. l'an 781.

25996. Le Sacre & Couronnement Impérial de Charlemagne, comme Empereur des Romains, par le Pape Léon II. l'an 801.

Ces cinq Discours sont imprimés dans Godefroy, au tom. I. de son *Cérémonial*; les deux premiers, *pag.* 88, & les trois autres, *pag.* 89, 90 & 91.

25997. Cérémonie de la résignation faite par Charlemagne à Louis, Roi d'Aquitaine son fils, de ses Royaumes & Etats, & comme il le déclare son Successeur, l'an 813.

25998. Le Sacre de Louis, Empereur & Roi de France, surnommé le Débonnaire, à Reims, l'an 816, par le Pape Estienne.

Tome II.

25999. Lothaire, fils aîné de Louis le Débonnaire, couronné Empereur par le Pape Paschal, l'an 823.

26000. Charles-le-Chauve se fait couronner Roi à Limoges, l'an 854.

26001. Ordo qualiter Karolus Calvus Rex fuit consecratus in Metis Civitate, anno 868, ab HINCMARO, Archiepiscopo Remensi, descriptus.

Ces cinq Discours sont imprimés dans le *Cérémonial* de Godefroy, *pag.* 94, 96, 98, & le dernier est aussi dans les *Œuvres* d'Hincmar, *pag.* 741 : *Parisiis*, 1645, *in-fol.*

26002. Le Roi Charles-le-Chauve couronné Empereur à Rome, l'an 876.

Ce Discours est imprimé dans Godefroy, *tom. I. pag.* 105.

26003. Consecratio Hermentrudis Reginæ, Caroli Calvi conjugis, anno 866.

Cette Consécration est imprimée dans du Chesne, au tom. III. de sa *Collection des Historiens de France*, *pag.* 448, dans du Bouchet, *pag.* 520, de l'*Origine de la seconde & troisième Lignée de France* : *Paris*, 1641, *in-fol.* & au tom. I. de Godefroy, *pag.* 465.

26004. Coronatio Judith, Caroli Filiæ, cùm (Edulpho) Anglorum Regi desponsata est, anno 854.

Ce Couronnement est imprimé dans du Chesne, au tom. II. de ses *Historiens de France*, *pag.* 423, & au tom. I. du *Cérémonial* de Godefroy, *pag.* 464.

26005. Consecratio Ludovici III. Francorum Regis, Caroli Calvi filii, quandò Compendii coronatus est, anno 877.

Cette Consécration est imprimée dans du Chesne, au tom. II. de ses *Historiens de France*, *pag.* 473, & au tom. I. de Godefroy, *pag.* 106, & entre les *Œuvres* d'Hincmar, *pag.* 747 : *Parisiis*, 1645, *in-fol.*

26006. Louis & Carloman, fils de Louis-le-Begue, sacrés & couronnés par Ansegise, Archevêque de Sens, l'an 879.

26007. Charles, dit le Gras ou le Gros, III.e de ce nom, se fait couronner Empereur à Rome par le Pape Jean VIII. l'an 88.

26008. Le Sacre du Roi Eudes à Compiégne, l'an 888, par Gautier, Archevêque de Sens.

26009. Charles, dit le Simple, Roi de France, de Lorraine, de Bourgogne, sacré à Reims par l'Archevêque Foulques, l'an 893.

26010. Robert I. frère du Roi Eudes, sacré à Reims par l'Archevêque Hervé, l'an 922.

26011. Raoul, fils de Richard, Duc de Bourgogne & Comte d'Autun, élu & sacré Roi de France, l'an 922.

Ces six Sacres sont imprimés dans Godefroy, tom. I. de son *Cérémonial*, les deux premiers, *pag.* 111, les troisième & quatrième, *pag.* 112, les cinquième & sixième, *pag.* 113.

26012. L'Onction & Couronnement du Roi Louis d'Oultremer, fils du Roi Charles-le-

Simple, par Artold, Archevêque de Reims, l'an 936.

26013. Lothaire, fils du Roi Louis d'Oultremer, élevé au Royaume, & couronné par Artold, Archevêque de Reims, l'an 951.

26014. Louis V. fils de Lothaire, élevé au Royaume à Compiégne, l'an 983.

26015. Le Sacre du Roi Hugues-Capet, l'an 987.

26016. Le Sacre du Roi Robert II. à Orléans, l'an 988.

26017. Le Couronnement du Roi Henri I. l'an 1027.

26018. Le Sacre du Roi Philippe I. l'an 1059.

Ces sept Sacres sont imprimés dans le tom. I. du *Cérémonial* de Godefroy; les trois premiers, *p.* 114, 115, 116, les quatrième & cinquième, *pag.* 117, les sixième & septième, *pag.* 118, 119.

26019. ☞ Du Sacre & Couronnement des Rois & des Reines, &c. sous les Règnes de Hugues-Capet, de Robert & de Henri I.

Ces Remarques forment l'Article I. de la seconde Partie de la Préface du tom. XI. de la *Collection des Historiens de France*, par les Bénédictins, *p.* cxxxij-cxl.]

26020. Ordo qualiter Philippus I. in Regem consecratus est, anno 1059.

Cet Ordre est imprimé dans du Chesne, au tom. IV. de ses *Historiens de France*, & au tom. I. du *Cérémonial* de Godefroy, *pag.* 120.

26021. Le Sacre & Couronnement du Roi Louis VI. l'an 1108.

Ce Sacre est imprimé au même Tome de Godefroy, *pag.* 121.

☞ On sçait que des Députés de l'Eglise de Reims formèrent opposition au Sacre de Louis VI. sous prétexte que leur Eglise étoit seule en droit de procéder à ces Cérémonies. On réfuta solidement cette prétention; & Yves de Chartres, entr'autres, écrivit contre.]

== De Consecratione Ludovici Regis, &c. Senonibus, 1561, *in*-4.

C'est l'Epître 70 d'Yves de Chartres, (déja indiquée ci-devant, N.º 25955,) publiée par les soins de Claude Goust, Lieutenant-Général de Sens, où l'on montre que les Rois de France ne sont astraints de se faire sacrer à Reims.

Cette Lettre est aussi imprimée dans du Chesne, au tom. I. de ses *Historiens de France*, *pag.* 130, & au tom. I. de Godefroy, *pag.* 127.

La même, traduite en François, 1594, *in*-4. 1610, *in*-8.

La même, en François, est encore imprimée au tom. I. de Godefroy, *pag.* 130.

Voyez encore, sur le même, ci-après, N.º 26075.

26022. Le Sacre & Couronnement de Philippe de France & de Louis le Jeune, fait en 1131.

26023. Le Sacre & Couronnement de Philippe-Auguste, l'an 1179.

26024. Philippe-Auguste couronné pour la seconde fois à S. Denys, avec sa femme Isabelle de Hainault, l'an 1180.

26025. Le Sacre du Roi Louis VIII. Roi de France & d'Angleterre, avec le Couronnement de la Reine Blanche de Castille sa femme, l'an 1223.

26026. Le Sacre & Couronnement de saint Louis, l'an 1226.

26027. Le Couronnement de Philippe-le-Hardi, l'an 1270.

26028. Le Couronnement de la Reine Marie son épouse, l'an 1275.

26029. Philippe-le-Bel couronné l'an 1285.

26030. Le Sacre & Couronnement du Roi Louis X. l'an 1314.

26031. Couronnement de Philippe-le-Long, l'an 1317.

26032. Charles-le-Bel, quatrième de ce nom, couronné l'an 1321.

26033. Couronnement des Reines Marie & Jeanne, successivement femmes de Charles-le-Bel, ès années 1323 & 1326.

26034. Sacre & Couronnement du Roi Philippe VI. l'an 1328.

26035. Le Sacre & Couronnement du Roi Jean avec la Reine Jeanne, Comtesse de Boulogne, sa seconde femme, l'an 1350.

26036. Le Sacre & Couronnement du Roi Charles V. avec sa femme Jeanne de Bourbon, l'an 1364.

26037. Le Couronnement du Roi Charles VI. l'an 1380.

Ces divers Sacres & Couronnemens sont imprimés dans Godefroy, au tom. I. de son *Cérémonial*, depuis la page 133 jusqu'à la page 154, excepté les numéros 26028 & 26033, qui sont aux pages 468 & 469.

26038. Ordonnance & Mystère du Sacre & Coronation du Roy Loys de Sicile, Duc d'Anjou, l'an 1389.

Cette Ordonnance est imprimée au tom. I. du *Recueil historique* du P. Labbe, *pag.* 640 : *Paris*, 1664, *in*-4.

26039. Le Couronnement du Roi Charles VII. l'an 1422 & 1429.

Ce Couronnement est imprimé au tom. I. de Godefroy, *pag.* 163.

26040. Lettre de trois Gentilshommes de la suite du Roi Charles VII. touchant son Sacre, écrite à Reims le 17 Juillet 1429, à Marie d'Anjou, fille du Roi Louis II. Reine de France, & à la Reine de France sa fille; avec quelques Remarques du Père MENESTRIER, Jésuite.

Cette Lettre est imprimée au tom. II. de sa *Bibliothèque curieuse*, *pag.* 89 : *Trévoux*, 1704, *in*-12. Ces trois Gentilshommes se nommoient DE BEAUVAU, MONREAL & LUSSE.

26041. Le Sacre & Couronnement de Louis XI. l'an 1461.

26042. Le Couronnement du Roi Charles VIII. l'an 1484.

Sacres des Rois & Reines.

26043. Le Sacre de la Reine Anne de Bretagne sa femme, l'an 1489.

26044. Le Sacre & Couronnement du Roi Louis XII. l'an 1498 : *Paris, in-4.*

Ces quatre Sacres & Couronnemens sont imprimés dans Godefroy, au tom. I. de son *Cérémonial*, p. 172, 184, 469 & 231.

26045. ☞ Ms. Les Cérémonies du Couronnement d'Anne de Bretagne, le sixième jour de Novembre 1504, écrites par son Secrétaire : *in-4.*

Ce Livre est bien écrit & en vélin. Il est conservé dans la Bibliothèque de Sainte-Geneviève, à Paris.]

26046. Couronnement de la Reine Marie, seconde femme de Louis XII. en 1514.

Dans le *Cérémonial* de Godefroy, *tom. I. pag.* 470.

26047. Le Sacre & Couronnement de François I. en 1514, écrit par LE MOINE sans froc : *Paris, in-8. Ibid.* Cousteau, 1520, *in-4.*

C'est ainsi que se nommoit lui-même Pasquier le Moine.

Autre Description.

Elle est imprimée dans Godefroy, tom. I. de son *Cérémonial, pag.* 253.

26048. ☞ L'Ordre du Sacre & Couronnement du Roi Très-Chrétien notre Sire François de Valois, premier de ce nom, fait en l'Eglise Notre-Dame de Reims, le Jeudi 25 de Janvier 1514: Ghannot, *in-16.* Goth.]

26049. Les Noms des Archevêques, Evêques, Ducs & Comtes du Royaume de France, qui ont assisté au Sacre de François I. *Paris,* 1514, *in-8.*

☞ *Voyez* encore sur ce Sacre, ci-devant, au Règne de François I. année 1515.]

26050. L'Ordre observé au Sacre & Couronnement de la Reine Claude, première femme de François I. l'an 1517, recueilli par un Officier de ladite Reine.

Cet Ordre est imprimé au tom. I. de Godefroy, *p.* 472.

26051. Ms. Sacre, Couronnement & Entrée à Paris de Madame Claude de France, fille du Roi Louis XII. & d'Anne de Bretagne, deux fois Reine de France, l'an 1517.

Ce Manuscrit est conservé dans la Bibliothèque du Roi, num. 1869, selon le Père Labbe, *pag.* 299 de sa *Nouvelle Bibliothèque des Manuscrits : Parisiis,* 1653, in-4.

26052. L'Ordre tenu au Sacre & Couronnement d'Eléonor d'Autriche, seconde femme de François I. l'an 1530, rédigé par écrit par Guillaume BOCHETEL, Secrétaire d'Etat : *Paris,* Geoffroy Fory, 1530, *in-8.*

Le même Ordre est imprimé *pag.* 343 des *Preuves de l'Histoire de la Maison de Coligny : in-fol.* & au tom. I. de Godefroy, *pag.* 487.

26053. L'Ordre observé au Sacre & Couronnement du Roi Henri II. l'an 1547: *Paris,* Estienne, 1547, *in-8.*

26054. ☞ Le Sacre & Couronnement du très-Auguste, très-Puissant & très-Chrétien Roi Henri II. de ce nom, à Reims, l'an 1547, en Juillet ; avec la Harangue faite au Roi par Monseigneur le Cardinal de Guise, Archevêque de Reims, & la Réponse du Roi : *Paris,* Roffet, dit le Faucheur, 1549, *in-4.*]

26055. Autre Relation tirée des Commentaires Latins de Jean SLEIDAN.

Cette Relation, & celle du N.° 26053, sont imprimées au tom. I. de Godefroy, *pag.* 279 & 510.

26056. ☞ Trionfo, ordine, pompa, e cerimonie fatte alla santa unttione e sacra incoronatione dell' Cristianiss. Henrico II. nella citta Reims, alli 25 & 26 di Juglio 1547 : *in Roma,* 1547, *in-4.*]

26057. De Adeptione Regni, Consecratione & Coronatione Henrici II. Francorum Regis, Ecphrasis Jacobi CLICHOU, Jurisconsulti : *Parisiis,* David, 1547, *in-4.*

26058. Ordre tenu au Sacre & Couronnement de la Reine Catherine de Médicis, en l'Eglise de saint Denys en France, le 10 Juin 1549 : *Paris,* Dallier, 1549, *in-4.*

26059. Le Sacre & Couronnement de Henri II. & de la Reine Catherine de Médicis, en Vers ; par Claude CHAPPUYS : *Paris,* Roffet, 1549, *in-4.*

26060. ☞ L'Ordre & les Articles du Tournoy entrepris pour la Solemnité du Couronnement & Entrée du Roi Henri II. & de la Reine son épouse, &c. *Paris,* Roffet, 1548, *in-4.*]

26061. Gabrielis PRATEOLI, Sermo de jucunda Francisci II. apud Remos Inauguratione : *Parisiis,* 1559, *in-8.*

26062. ☞ L'Excellence des trois Dons célestes ; à sçavoir, les trois Fleurs de lys, l'Ordre de S. Michel, & l'Huile présentée en la ville de Reims, donnés au Roi de France ; décrite en l'honneur du Sacre de François de Valois II. de ce nom : *Rouen,* 1559, *in-12.*]

26063. [L'Entrée], Sacre & Couronnement du Roi Charles IX. faicte en la ville de Reims ; [le Mercredi 14 Mai 1561 : *Paris,* Chrestien, 1561, *in-8.*]

Cette Relation est [aussi] imprimée au tom. I. du *Cérémonial* de Godefroy, *pag.* 312.

26064. ☞ La Harangue au Roi, notre Sire Charles IX. faicte à son Entrée en sa ville de Reims ; par M. le Cardinal DE LORRAINE : *Paris,* Sertenas, (sans année), *in-8.* de 12 pages. Le Privilége est du 8 Juillet, 1561.]

26065. Entier Discours des choses qui se sont passées à la Réception de la Royne & Mariage du Roi ; par Papire MASSON :

Liv. III. *Histoire Politique de France.*

Paris, du Mont, 1570 : [*Paris*, Vitray, 1615, *in*-8.]

Cette Relation est fausse, en ce que l'Auteur dit lui seul, que l'Archevêque de Trèves, qui conduisit la Reine, précéda le Duc d'Anjou. Cette circonstance est détruite par les Mémoires du Chancelier de Chiverny.

26066. La Renommée de Charles DE NAVIÈRE, Sédanois, sur la Réception à Sédan, Mariage à Mézières, Couronnement à Saint-Denys, & Entrée à Paris du Roy & de la Royne ; Poëme historique : *Paris*, Prevost, 1571, *in*-8.

26067. L'Ordre & Forme qui a été tenu au Sacre & Couronnement de Madame Elizabeth d'Autriche, Royne de France ; avec son Entrée faite à Paris, le 25 de Mars 1571 : *Paris*, Robinot, 1571, *in*-8.

☞ Il est réimprimé dans le *Recueil* R. *in*-12.]

26068. Le Sacre & Couronnement de la Royne Elizabeth, femme de Charles IX. l'an 1571 ; recueilli par Simon BOUQUET, Echevin de la Ville de Paris : *Paris*, 1572, *in*-4.

26069. ☞ Mf. Sacre & Couronnement du Roi de France (Henri III.) *in*-12.

Ce Manuscrit, qui est d'environ 200 ans, est conservé dans la Bibliothèque de S. Remy de Reims, num. 60, N. 10. Ce sont les Cérémonies, Prières, &c. observées audit Sacre. A l'exception des deux premières pages, le reste est imprimé dans le *Cérémonial François*, de Godefroy, *tom. I. pag.* 52 : *in-fol*. où il dit qu'elles furent recueillies pour être observées au Sacre de Louis XIII.]

26070. La Coronatione d'Henrico, Duca d'Angio a Ré di Polonia, con la sua partita in Francia, nel anno 1575 ; di Gio. Battista VISCARDO : *in Bergamo*, Ventura, 1592, *in*-8.

26071. Le Sacre & Couronnement du Roi Henri III. l'an 1575 ; par René BENOIST, Docteur en Théologie : *Reims*, 1575, *in*-8.

Ces deux derniers Sacres sont imprimés au tom. I. du *Cérémonial* de Godefroy, *pag.* 530 & 321.

26072. La Coronatione di Polonia e di Francia, dal Christianissimo Ré Henrico III. con le attioni e successi de suoi Viaggi, descritta in dieci giornate ; da Pietro BUCCIO : lo primo Volume che contiene il cinque prime giornate : *in Padoua*, 1576, *in*-4.

26073. L'Ordre observé au Sacre & Couronnement du Roi Henri IV. l'an 1594 ; par Nicolas DE THOU, Evêque de Chartres ; [avec l'Epître d'Yves de Chartres, pour montrer qu'ils ne sont astraints de faire leur Sacre à Reims] : *Chartres*, Cotereau, & *Paris*, Métayer, 1594, *in*-4. & *in*-8. *Paris*, 1610, *in*-8.

Le même Ordre est imprimé au tom. I. de Godefroy, *pag.* 346.

☞ La seconde Edition, de Paris, a pour titre : « Cérémonies observées au Sacre & Couronnement, &c. ensemble la réception de l'Ordre du S. Esprit, en l'Eglise de Chartres, ès 27 & 28 jours de Février 1594 : *Paris*, Bourriquant, 1610, *in*-8.] »

26074. L'Ordre des Cérémonies du Sacre du Roi Henri IV. *Tours*, 1594, *in*-4.

26075. Lettre de Matthieu GIRON, Religieux de Marmoutier, écrite au Roi, sur le Sacre de Sa Majesté : *Chartres*, 1594, *in*-4.

☞ Ce petit Discours a été fait pour prouver (contre ceux qui prétendoient que le Roi n'avoit pu être sacré qu'à Reims, & avec l'huile de la sainte Ampoule), que la Ville est indifférente, & que le Roi peut se faire sacrer où bon lui plaît ; que la sainte Ampoule de Marmoustier est plus ancienne & plus authentique que celle de Reims, ayant été connue plus de cent douze ans avant Clovis. On trouve ensuite les témoignages des Auteurs sur lesquels ce Religieux établit ce qu'il avance.]

26076. Discours au Roi Henri IV. sur son Sacre ; avec l'Ordre qui s'y est observé : *Paris*, 1594, *in*-8.

26077. Projet des Cérémonies concertées par ordre du Roi Henri IV. peu avant le Sacre de Marie de Médicis, pour servir de modèle & d'exemple à de semblables actions solemnelles.

26078. Le Sacre & Couronnement de Marie de Médicis, femme de Henri IV. l'an 1610 : *Mantes*, 1610, *in*-8.

26079. Autre Relation plus ample de ce Sacre.

26080. Formulaire moderne qui s'observe au Sacre & Couronnement des Rois de France, recueilli pour servir au Sacre de Louis XIII.

26081. Les Cérémonies du Sacre & Couronnement du Roi Louis XIII. *Paris*, Richer, 1610, *in*-8.

Ces cinq Ecrits sont imprimés dans Godefroy, au tom. I. de son *Cérémonial*, *pag.* 584, 404, 567, 52 & 404.

26082. ☞ L'Ordre & les Cérémonies qui sont faites au Sacre & Couronnement du Très-Chrétien Roi de France : *Paris*, Rousselet, 1610, *in*-8.]

26083. Le Sacre & Couronnement du même ; par Charles DE RÆMOND, Abbé de la Frenade : *Paris*, [Sevestre], 1610, *in*-8.

26084. La Couronne Royale ; par le même : *Paris*, Sevestre, 1610, *in*-8.

26085. Le Bouquet Royal, ou le Parterre des riches inventions qui ont servi à l'Entrée du Roi Louis le Juste en sa ville de Reims ; par Nicolas BERGIER, & augmenté des Cérémonies observées en son Sacre, le 17 Octobre 1610 ; par Pierre DE LA SALLE, Avocat en l'Election de Reims : *Paris*, Richer, 1610, *in*-8. *Reims*, de Foigny, 1637, *in*-4.

26086. Inscriptions des Arcs de Triomphe, pour le Sacre & Couronnement de Louis XIII. *Reims*, 1610, *in* 8.

26087. Le Voyage de Reims, avec la Description, tant des Cérémonies de la Confirmation, Sacre, Couronnement & Réception

Sacres des Rois & Reines. 711

en l'Ordre du Saint-Esprit, que du touchement des Malades, du Roi Louis XIII. en 1610; par L. D. R. *Paris*, Foucault, 1610, *in*-8.

26088. Particularités omises aux précédentes Relations.

Ces deux Pièces sont imprimées au tom. I. de Godefroy, *pag.* 419 & 437.

26089. Discours Panégyrique de Raymond DU BRAY, dit de Saint-Germain, Prédicateur du Roi, [Aumônier de Monsieur], sur le Sacre de Sa Majesté, [où il est parlé de l'avantage des Rois de France sur tous les autres Rois:] *Paris*, Chapelet, 1610, *in*-8.

26090. Parénèse Royale, sur les Cérémonies du Sacre de Louis XIII. par Antoine VALLADIER: *Paris*, Chevalier, 1611, *in*-8.

26091. ☞ Sacra Coronatio Ludovici XIII. Galliæ Regis & Navarræ (Versibus expressa); per Theodorum MARCILIUM: *Parisiis*, Libert, *in*-8.]

26092. ☞ La grandeur & excellence du Ciel François, &c. sur le Sacre de Louis XIII. par François CHAMPFLOUR, Clairmontois, Bénédictin: *Paris*, Libert, 1610, *in*-8.]

26093. ☞ Inauguratio Ludovici XIII. Joanne MASSONO auctore: *Parisiis*, Martin, 1612, *in*-8.]

26094. Ludovico XIII. Galliarum & Navarræ Regi Christianissimo feliciter inaugurato, Sacra Rhemensia. (Versibus expressa), nomine Collegii Societatis Jesu Pictaviensis, Franciscus GARASSUS, ex eadem Societate, D. D. D. *Pictavis*, Mesnerius, 1611, *in*-4.

26095. ☞ Le Baudrier du Sacre de Louis le Juste, XIII. de ce nom, Roi de France, &c. *Aix*, Tholosan, 1623, *in*-4.

C'est un Recueil de Vers, faits à l'honneur de ce Baudrier, & du don qu'en fit le Roi au Sieur de Borvilly, Secrétaire de la Chambre du Roi, lorsqu'il passa à Aix, en 1622.]

26096. Le Sacre & Couronnement de Louis XIV. l'an 1654; décrit par LE MAIRE; [avec la Version des Prières en François]: *Paris*, 1654, *in*-8.

26097. La pompeuse & magnifique Cérémonie du Sacre du Roi Louis XIV. représentée en taille douce: *Paris*, 1655, *in fol.*

Cette Relation a été faite par Henri D'AVICE, Chevalier de l'Ordre de saint Michel.

26098. Le véritable Journal de ce qui s'est passé au Sacre du Roi Louis XIV. dans la Ville de Reims, depuis le 3 Juin 1654, jusqu'au neuvième, avec les noms & qualités de ceux qui y ont assisté: *Paris*, Pepingué, 1654, *in*-4.

26099. ☞ Le Sacre & Couronnement de Louis XIV. dans l'Eglise de Reims, le 7 Juin 1654, où toutes les Cérémonies, séances, fonctions, &c. sont fidèlement décrites, par l'ordre du Chapitre de l'Eglise Métropolitaine de Reims: *Reims*, Bernard, 1654, *in*-8.]

26100. Procès-verbal du Sacre du Roi Louis XIV. par Simon LE GRAS, Evêque de Soissons: *Soissons*, 1694, *in*-8.

Le même Procès-verbal, avec les Protestations des Chanoines de Reims: *Reims*, 1697, *in*-8.

Cet Evêque est mort en 1656.

Le Sacre & Couronnement de Louis XIV. avec le Procès-verbal fait par Simon LE GRAS, Evêque de Soissons, & les Protestations des Prevôt, Doyen, Chantre, Chanoines & Chapitre de l'Eglise Métropolitaine de Notre-Dame de Reims, contre ce prétendu Procès-verbal: *Paris*, Chardon, 1717. *in*-12. [*Ibid.* Garnier, 1720, *in*-12.]

☞ *Voyez* les *Mém. de Trévoux*, Septembre, 1717, & *Décembre* 1718. = Le *Journ. de Verdun*, Septembre 1717.]

26101. Nova Francia Orientalis, sive de Inauguratione Ludovici XIV. auctore Carolo HANOQUE: *Parisiis*, 1656, *in*-4.

26102. Regis Christianissimi Ludovici XIV. Inauguratio seu Sacrum Remense; auctore Ignatio DE FENIS: *Burdigalæ*, Millanges, 1654, *in-fol.* [*Ibid.* de la Court, 1654, *in*-4.]

☞ Cérémonie du Sacre & du Couronnement du Roi (Louis XV.) & Description des Fêtes données à Sa Majesté, à Villers-Cotterets & à Chantilly.

Dans le *Journal du Voyage du Roi à Reims*, indiqué ci-devant, N.º 24573.]

26103. ☞ Relation de la Cérémonie du Sacre & Couronnement du Roi, de celles qui ont suivi, & de tout ce qui s'est passé pendant le Voyage de Sa Majesté: *Paris*, 1722, *in*4.

On trouve à la suite:

= Autre Relation du même Voyage.

= Les Plans de la Ville de Reims, sa vue du côté de Paris, Plan de l'Eglise Cathédrale, Représentation de la Cérémonie du Sacre de Louis XV. le Tombeau de S. Remi, le Tombeau de Jovin, la Marche du Roi, depuis N. D. jusqu'à S. Remi, la Porte-Bazée, & le dessein de la Porte de Mars, le Village de Corbeny avec le Plan de l'Eglise de S. Marcou, la Route depuis Versailles jusqu'à Reims, & celle depuis Reims jusqu'à Soissons, passant par Corbeny, le tout gravé par le Sieur DAUDET, Géographe de Sa Majesté: *Paris*, 1722.

Il y a des Exemplaires où l'on a joint le Lit de Justice du 22 Février 1723, avec les Plans.]

26104. ☞ Le Sacre de Louis XV. dans l'Eglise de Reims, le Dimanche 25 Octobre 1722; (rédigé par M. DANCHET, & par les soins de MM. BIGNON & DE BOZE; les Plans levés & deſſinés par le Sieur DULLIN, avec un grand nombre d'Eſtampes de différens (Graveurs): grand *in-fol.*]

26105. ☞ Mſ. Procès-verbal des graces accordées par Sa Majeſté, en conſidération de ſon Sacre, & première Entrée dans la ville de Reims, en 1722: *in-fol.* 5 vol.

Ce Manuſcrit eſt indiqué au num. 2143 du Catalogue de la Bibliothèque de M. Bernard.]

26106. Edit du Roi (Louis XIV.), portant Règlement général pour les Duchés & Pairies, du mois de Mai 1711: *Paris*, 1711, *in 4.*

Dans cet Edit eſt réglé le rang des Ducs & Pairs, & à qui il appartient de repréſenter les anciens Pairs dans les Sacres des Rois.

26107. ☞ Mſ. Remarques hiſtoriques & critiques, ſur le Chapitre XXXIII. de l'Hiſtoire d'Orléans par le Maire, où cet Auteur parle des Rois qui ſe ſont fait ſacrer à Orléans; par M. Daniel POLLUCHE.

Ces Remarques ſont entre les mains de l'Auteur à Orléans.]

26108. Couronnement des Ducs de Normandie, d'Aquitaine & de Bretagne.

Ce Couronnement eſt imprimé au tom. I. du *Cérémonial* de Godefroy, *pag.* 602.

26109. Mſ. Cérémonial du Couronnement des Ducs de Bretagne.

Ce Manuſcrit [étoit] conſervé dans la Bibliothèque de M. le Comte de Touloufe, Grand-Amiral de France, n. 1624, [& eſt dans celle de M. le Duc de Penthièvre.]

ARTICLE III.

Relations des Entrées ſolemnelles des Rois de France, des Reines, [des Seigneurs & Dames: Fêtes & Réjouiſſances publiques.]

26110. DISSERTATION des Aſſemblées & des Fêtes ſolemnelles des Rois de France; par Charles (DU FRESNE) DU CANGE.

Ces Diſſertations ſont la quatrième & la cinquième de ſes *Diſſertations ſur l'Hiſtoire de ſaint Louis*, par Joinville, *pag.* 152: *Paris*, 1668, *in-fol.*

26111. ☞ Des Fêtes & Divertiſſemens de nos Rois, dans les anciens temps; par M. DE SAINTFOIX.

Ce Morceau curieux eſt imprimé *pag.* 31 de la quatrième Partie de ſes *Eſſais hiſtoriques*: *Londres & Paris*, Ducheſne, 1757, *in-12.* & *pag.* 214 du tom. II. de l'Edition de 1766.]

26112. ☞ Diſſertation ſur les Réjouiſſances publiques. *Journ. de Verdun*, 1750, Mai.

C'eſt une Pièce curieuſe, pleine de recherches & d'érudition. Elle eſt d'Etienne-Claude BENETON de Peytrins, mort en 1752.]

26113. Mſ. Cérémonies obſervées aux Entrées des Rois & des Princes, depuis l'an 1378 juſqu'en 1626: *in-fol.*

Ces Cérémonies [étoient] conſervées entre les Manuſcrits de M. Dupuy, num. 327, & dans la Bibliothèque de M. le Premier Préſident de Meſme.

26114. Mſ. Entrées des Rois & Reines de France dans les Villes du Royaume, depuis 1420 juſqu'en 1622: *in-fol.*

Ces Entrées ſont conſervées [dans la Bibliothèque du Roi], entre les Manuſcrits de M. de Brienne, num. 268.

26115. Mſ. Entrées & Paſſages de divers Rois & Princes Etrangers dans les Villes de France, depuis 1578 juſqu'en 1625: *in-fol.*

Ces Entrées ſont auſſi entre les Manuſcrits de M. de Brienne, num. 269.

26116. ☞ Mſ. Entrées, Réceptions & Voyages des Rois & Reines de France, dans la Capitale & autres Villes du Royaume, par ordre chronologique, (les Rois d'abord & enſuite les Reines): *in-4.* 5 vol.

C'eſt ce qui occupe les Porte-feuilles 816-820 du grand *Recueil* de M. de Fontanieu, conſervé dans la Bibliothèque du Roi.]

26117. ☞ Mſ. Entrées, Réceptions & Voyages des Princes, Princeſſes, Miniſtres, Légats, Ambaſſadeurs, Prélats, &c. tant dans les Villes de France que dans les Cours & Pays étrangers; par ordre chronologique: *in-4.* 3 vol.

C'eſt ce que contiennent les Porte-feuilles 821-823 du grand *Recueil* de M. de Fontanieu, conſervé dans la Bibliothèque du Roi.]

26118. ☞ Mſ. Entrées, Réceptions & Voyages des Souverains Etrangers, dans les Villes & à la Cour de France. = Entrevues des Souverains, en général & en particulier, & Feſtins royaux: *in-4.*

C'eſt ce qui occupe les Porte-feuilles 824 & 825 du même *Recueil*.]

26119. Cérémonies qui s'obſervent aux Entrées des Rois & des Reines de France; par le Père ANSELME, Religieux Auguſtin Déchauſſé.

Ces Cérémonies ſont imprimées dans la Partie troiſième de ſon *Palais d'honneur*: *Paris*, 1663, *in-4.*

26120. ☞ Tréſor des Harangues faites aux Entrées des Rois, Reines, &c. *Paris*, 1680, *in-12.* 2 vol.]

26121. ☞ Relation des Entrées ſolemnelles dans la Ville de Lyon, de nos Rois, Reines, Princes, &c. depuis Charles VI. juſqu'à préſent; (imprimée pour MM. du Conſulat): *Lyon*, 1752, *in-4.*]

26122. Entrée du Roi Gontran dans Orléans, l'an 588.

Cette Entrée eſt imprimée dans Godefroy, au tom I. du *Cérémonial de France*, *pag.* 634: *Paris*, 1649, *in-fol.*

☞ Ce n'eſt qu'un Extrait de Grégoire de Tours, (*Lib. VIII. cap. I.*) Il faut y recourir, les ſources étant toujours préférables.]

26123.

Entrées des Rois & Reines, &c.

26123. ☞ . Mémoire sur un passage de Grégoire de Tours, dont on avoit prétendu la Leçon fautive, dans une des séances de l'Académie. *Mém. de l'Acad. des Inscript. & Bell. Lettr. tom. XXI. pag. 96.*

Ce Mémoire, qui est curieux, est de M. BONAMY. Voici son objet & ce qui y donna lieu. Un Académicien avoit cru que la Description que fait Grégoire de Tours, de l'Entrée solemnelle du Roi Gontran dans la ville d'Orléans, & des témoignages éclatans de joie avec lesquels il fut reçu, étoit fautive en quelques endroits du texte, sur-tout en ce que cet Auteur, en écrivant « qu'un peuple innombrable alla au devant de ce Prin- » ce, chantant ses louanges, &c. » ajoutoit « que de tou- » tes parts on entendoit les acclamations de *Vive le Roi*, » exprimées en Syriaque, en Hébreu & en Latin ». Surpris de voir sur les bords de la Loire des Syriens, il proposoit de lire, au lieu de *Lingua Syrorum*, ainsi que le porte le texte de Grégoire de Tours, *Lingua Suorum*, ce qui auroit signifié la Langue des Francs, ou celle des Orléanois, Sujets naturels de Gontran. M. Bonami s'est élevé contre cette innovation, & soutient la vérité du texte de Grégoire de Tours.]

26124. ☞ Entrée du Roi Philippe le Hardy, en 1272, à Limoges.

Elle est décrite dans les Annales de cette Ville ; par le Père Bonaventure DE SAINT-AMABLE.]

26125. Mf. Actes du Roi Jean, qui contiennent des Entrées des Roys & Roynes en plusieurs Villes : *in-fol.*

Ces Actes sont conservés dans la Bibliothèque du Roi, entre les Manuscrits de M. de Gaignières.

26126. Mf. Entrée de l'Empereur Charles IV. en France & à Paris, en 1377.

Cette Relation est conservée dans la Bibliothèque de Messieurs des Missions Etrangères.

26127. ☞ Mf. Relation historique de la venue de l'Empereur Charles IV. du nom, en France ; & de la Réception qui lui fut faite par le Roi Charles V. *in-fol.* sur velin, avec miniatures.

Cette Relation est indiquée num. 3215 du Catalogue de M. de Gaignat.]

26128. Entrée de Louis d'Anjou, cousin-germain du Roi Charles VI. en qualité de Roi de Sicile, en 1383.

Dans le *Cérémonial* de Godefroy, *tom. I. pag. 208.*

26129. Ordre de l'Entrée & Bienvenue en la ville de Paris, d'Isabeau de Bavière, Reine de France, femme du Roi Charles VI. l'an 1385. Extrait du quatrième Livre de l'Histoire de FROISSART.

26130. La même Entrée ; décrite par Jean-Juvenal DES URSINS.

26131. Mf. Discours de l'Entrée de la Reine Isabelle de Bavière, à Paris, & des Joustes & Tournois qui à icelle Entrée furent faits en l'an 1385 ; par Estienne LE BLANC, Greffier des Comptes, Secrétaire de Louis XII. *in-4.*

Ce Discours étoit conservé dans la Bibliothèque de M. le Baron d'Hoendorff, [& est aujourd'hui dans celle] de l'Empereur.

☞ Cet Etienne le Blanc, est-il le même qu'Etienne le Blanc, Contrôleur Général de l'Epargne, Secrétaire de la Duchesse d'Angoulesme & de la Reine de Navarre, dont parle du Verdier ; & Traducteur de dix Oraisons de Ciceron, qui se trouvent dans la Bibliothèque du Roi, Manuscrites, num. 7691, & de la Description des Offices des Romains ? Il y a grande apparence.]

26132. Entrée du Roi Charles VI. à Lyon ; & de sa Réception faite à Avignon par le Pape Clément [VII.] l'an 1389.

26133. Entrée de Louis, Duc d'Orléans, frère du Roi Charles VI. à Orléans, l'an 1403.

On peut voir l'*Histoire de Charles VI.* par Juvenal des Ursins, où il est parlé de cette Entrée.

26134. Entrée de la Reine Isabeau, l'an 1406.

26135. Entrée du Roi Charles VI. à Paris, l'an 1408.

26136. Entrée du Roi Charles VI. & de Henri V. Roi d'Angleterre, à Paris, l'an 1408.

26137. Entrée du Roi Charles VII. à Paris, l'an 1437.

26138. La même, décrite par Alain CHARTIER.

26139. ☞ Entrée du Roi Charles VII. & du Dauphin son Fils, en 1438, à Limoges.

Elle est décrite dans les Annales de cette Ville ; par le Père Bonaventure DE SAINT - AMABLE.]

26140. Entrée du Roi Charles VII. à Rouen, l'an 1449.

26141. Entrée du même Roi à Caen ; l'an 1450.

26142. Entrée du Comte de Dunois à Bourdeaux, l'an 1451.

26143. Entrée du Comte de Foix à Bayonne, l'an 1451.

26144. Entrée de Louis XI. à Paris, l'an 1461.

26145. ☞ Entrée du même Roi, en 1462, à Limoges.

Dans les Annales de cette Ville ; par le Père Bonaventure DE SAINT-AMABLE.]

26146. Entrée de la Reine Charlotte sa femme, à Paris, l'an 1467.

26147. Entrée à Paris de Madame de Beaujeu, fille aînée de Louis XI. & de Madame la Dauphine, ès années 1482 & 1483.

26148. Entrée du Roi Charles VIII. à Paris, l'an 1484, décrite en vieilles rimes ; par un Poëte de ce temps.

26149. Entrée du même dans la ville de Troyes, l'an 1486.

26150. Entrée de la Reine Anne de Bretagne à Paris, l'an 1492.

26151. Entrée du Roi Charles VIII. ès villes de Naples, Rome, Sienne & Pise, l'an 1495.

26152. Entrée de Charles VIII. à Lyon, l'an 1495.

26153. Entrée de Louis XII. à Paris, l'an 1498, au retour de son Sacre : *Paris, in-4.*

26154. Autre Entrée du même Roi.

26155. Préparatifs pour l'Entrée à Paris de la Reine Anne de Bretagne, seconde femme de Louis XII. l'an 1501.

26156. Entrée de la Reine Anne de Bretagne à Paris, l'an 1504.

26157. Descriptio Adventûs Ludovici XII. Francorum Regis, in Urbem Genuensem, anno 1507; auctore BENEDICTO, Portuensi.

26158. Autre Description de cette Entrée; par Jean d'AUTON.

26159. Autre Description de cette Entrée.

26160. Entrée de Louis XII. dans les villes de Pavie & Milan, l'an 1507.

26161. ☞ L'Entrée du Très-Chrétien Roi de France Louis XII. en la ville de Rouen, le 28 Septembre 1508 : *in-4.* Gothique.]

26162. ☞ L'Entrée de la Reine à Rouen : 1508, *in-4.* Gothique.]

26163. Entrée de Louis XII. à Paris, l'an 1509.

26164. Entrée du même à Troyes, l'an 1510.

Toutes ces Entrées, depuis celles de Charles VI. [à l'exception de ce qui concerne Limoges & Rouen], sont imprimées dans Godefroy, au tom. I. de son *Cérémonial de France*, aux pages 208, 238, & depuis la page 635 jusqu'à la page 730, & à la page 1004, 1006.

26165. Entrée de la Reine Marie, femme de Louis XII. à Abbeville, l'an 1514: 1514, *in-12.*

☞ Dans un Recueil qui est à la Bibliothèque Mazarine, (num. 10898), il y a deux Exemplaires de cette Entrée, différens l'un de l'autre. L'un est avec le nom du Libraire, l'autre sans nom. Le premier commence par ces paroles : « Monseigneur, parceque je » sçais que apetez à sçavoir, &c. » & l'autre par celles-ci : » Premièrement alloient devant ladite Dame, &c. » Le premier est plus étendu que l'autre, & de caractères plus menus.]

26166. ☞ L'Entrée de très-excellente Princesse Madame Marie d'Angleterre, Royne de France, en la noble Ville, Cité & Université de Paris, faite le Lundi 6 Novembre 1514: *in-16.* Gothiq.]

La même : *Paris*, 1514, *in-8.*

26167. Autre Relation de la même Entrée.

26168. Extrait des Registres de l'Hôtel de Ville de Paris.

26169. Extrait des Registres du Parlement.

Ces quatre Entrées sont imprimées dans Godefroy, au tom. I. de son *Cérémonial, pag.* 430, 431, 737 & 746.

26170. L'Ordre des Joustes faites à Paris,

à l'Entrée de la Reine Marie d'Angleterre, l'an 1514; par MONTJOYE, Roi d'Armes : *Paris*, 1514, *in-8.*

26171. L'Ordre observé à l'Entrée de François I. à Paris, l'an 1514.

26172. Les Cérémonies observées à cette Entrée.

26173. Entrée en armes du Roi François I. à Milan, l'an 1517.

26174. Autre Relation de la même Entrée.

26175. Extrait des Registres de l'Hôtel de Ville de Paris.

26176. Seconde Entrée du Roi François I. à Paris, l'an 1526.

26177. Le grand Triomphe & Entrée des Enfans de France, & de Madame Aliénor, par les Princes & Dames.

Ces huit Entrées sont imprimées dans Godefroy, tom. I. de son *Cérémonial.*

26178. ☞ Claudius MERULA de Adventu Eleonorae Divionem.

Voyez la *Bibliothèque de M. de la Monnoye*, où il est fait mention de cet Ouvrage. Eléonore d'Autriche, sœur de Charles-Quint, fut mariée à François I. en 1530.]

26179. ☞ Entrée de Henri, Roi de Navarre, en 1529, à Limoges.

Dans les Annales de cette Ville; par le Père Bonaventure DE S. AMABLE.]

26180. ☞ Entrée du Cardinal du Prat, Légat en France, à Paris, en 1530 : *in-8.*]

26181. ☞ L'Ordonnance des Joustes pour la Paix, envoyée au Parlement, publiée le 5 Décembre 1530 : *Paris*, Lotrian, 1530, *in-8.*]

26182. ☞ Entrée de la Royne & de Nosseigneurs les Enfans de France, en la Ville & Cité d'Angoulesme : 1530, *in-12.* Gothique.]

26183. Entrée à Bourdeaux, de la Reine Eléonore d'Autriche, seconde femme de François I. tirée d'une Relation manuscrite.

26184. Entrée de la même à Paris, l'an 1531.

26185. Extrait des Registres de l'Hôtel de Ville de Paris.

Ces trois Relations sont imprimées au tom. I. du *Cérémonial* de Godefroy.

26186. ☞ L'Ordre & Forme de l'Entrée de la Reine Eléonore, en la ville de Paris, & de son sacre & Couronnement à Saint-Denis; par Guillaume BOUCHETEL : *Paris*, Tory, 1532, *in-4.*]

26187. * Entrée du Roi François I. dans la Ville de Toulouse, en 1532.

Cette Relation est imprimée dans la Faille, au tom. II. de ses *Annales de Toulouse*, sous l'année 1532 : *Toulouse*, 1701, *in-fol.*

26188. * Relation de l'Entrée d'Anne de Montmorency, Grand-Maître, Maréchal de France & Gouverneur de Languedoc, dans Toulouse, l'an 1533.

26189. ★ Relation de l'Entrée de Monseigneur le Dauphin, dans la même Ville, en 1533.

26190. ★ Relation de l'Entrée du Cardinal Antoine du Prat, Légat du S. Siége & Chancelier de France, dans la même Ville, en 1533.

Ces trois Relations sont imprimées dans les *Annales de Toulouse*, par la Faille, *pag.* 10 - 11 & 12 des Preuves.

26191. La triomphante Entrée du Pape Clément VII. en la ville de Marseille ; avec l'Entrée du Roi François I. de la Reine & des Enfans de France dans ladite Ville, l'an 1533 : *Paris*, Petit, 1533, *in*-8.

26192. Autre Relation de cette Entrée.

☞ Elle est imprimée ainsi que la précédente, au tom. I. du *Cérémonial* de Godefroy.]

26193. Antonii SAXANI, sancti Antonii Burgensis, apud Sebusianos Commendatoris, Oratio ad Clementem VII. Papam, super ipsius Massiliam adventu : *Lugduni*, Gryphii, 1534, *in*-4.

26194. Entrée faite par le commandement de François I. à l'Empereur Charles-Quint, en la Ville de Poitiers, l'an 1539 : *Paris*, du Pré, 1539, *in*-8.

Et au tom. I. du *Cérémonial* de Godefroy.

☞ Il y en a une Edition intitulée : « Triomphes d'honneur faits par le commandement du Roi, à l'Empereur, en la ville de Poitiers, où il passa venant d'Espagne en France, pour aller en Flandres, le 9 Décembre 1539 : *Paris*, du Pré, 1539, *in*-8 ».]

26195. ☞ S'ensuivent les triomphantes & honorables Entrées faites à l'Empereur Charles-Quint, ès Villes de Poitiers & Orléans, avec la Harangue faite par le Bailly d'Orléans, & la Réponse. = Le honorable accueil que lui fit le Roi à Fontainebleau. = La Complainte de Mars sur ladite venue en France; par Cl. CHAPPUYS, Valet-de-Chambre du Roi. = Epigramme de Clément MAROT, sur le même sujet : *Lille*, Hammelin, 1539, *in*-12.]

26196. Entrée en la Ville d'Orléans, de l'Empereur Charles-Quint, en 1539 : *Paris*, Langelier, *in*-8.

26197. L'Ordre tenu & gardé à l'Entrée de l'Empereur Charles, toujours Auguste, en la ville de Paris, capitale du Royaume de France. L'Ordre du Banquet fait au Palais. L'Ordonnance des Joustes & Tournois faits au Louvre, &c. *Paris*, du Pré, 1539, *in*-8.

Ces deux Entrées sont aussi au tom. I. du *Cérémonial* de Godefroy.

26198. ☞ Ms. Extrait des Registres du Parlement, contenant comme le Parlement a été au-devant de l'Empereur Charles-Quint, à son Entrée à Paris, en 1539, *in-fol.*

Cet Extrait est cité entre les Piéces du num. 3301* du Catalogue de M. le Blanc.]

26199. ☞ Entrée de Marguerite, Reine de Navarre, en 1539, à Limoges.

Elle est décrite dans les Annales de cette Ville; par le Père Bonaventure de S. AMABLE.]

26200. ☞ Entrée d'Eléonor, Reine de France, en 1541, à Limoges.

Elle est décrite dans les mêmes Annales.]

26201. ☞ Entrée du Roi Henri II. à Beaune, en 1548 ; par Denis BERARDIER : *in*-4.]

26202. ☞ Ms. Entrée joyeuse faite par le Roi Henri II. à Beaune, l'an 1548, en Vers François; par Jean-Aimé DE CHAVIGNY; & Compliment que l'Auteur, comme Maire de Ville, fit au Roi.

Ce Manuscrit [étoit] conservé dans la Bibliothèque de M. de Chavigny, Président au Parlement de Besançon.]

26203. Entrée de Henri II. & de Catherine de Médicis son épouse, à Lyon, l'an 1548 : *Lyon*, 1548, *in*-4 & *in*-8.

Elle est aussi imprimée au tom. I. du *Cérémonial* de Godefroy.

Cette Relation a été traduite en Italien par F. M. sous ce titre :

26204. La magnifica e triomfale Entrata del Re Enrico II. e della sua consorte Caterina nella Citta di Lione, alli 28 di Septemb. 1548, colla particulare Descrittione della Comedia che fece recitare la Natione Fiorentina a richiesta di S. M. *Lione*, Rovillio, 1549, *in*-4.

26205. Description de la même Entrée ; par Maurice SCEVE : *Lyon*, 1549, *in*-8.

26206. ☞ Ordre qui a été tenu à la nouvelle & joyeuse Entrée que très-haut, très-excellent & très-puissant Prince le Roi Très-Chrétien Henri II. de ce nom, a faite en sa bonne Ville & Cité de Paris, capitale de son Royaume, le seizième jour de Juin 1549. On le vend à Paris par Jehan Dallier, *in*-4. avec des figures.

Le P. le Long, ci-après, indique à part l'Entrée de la Reine Catherine de Médicis, comme si c'étoit une autre brochure ; mais le format, le caractère & la continuation des chiffres, indique qu'elle fait un tout avec l'Entrée du Roi. Elle commence ainsi : *Suit l'Entrée de la Reine, &c.* à moins qu'il n'y en ait eu une autre Edition.]

26207. Procès-verbal de cette Entrée ; par Jean DU TILLET.

Ces deux Entrées sont au tom. I. du *Cérémonial* de Godefroy.

26208. ☞ L'Ordre du Tournoy, entrepris pour la solemnité du Couronnement, & triomphante Entrée du Roi Henri II. & de la Reine son épouse, &c. 17 Pièces en tout: *in*-8.]

26209. ☞ De Adventu Henrici II. in Metropolim regni sui Lutetiam, Oratio habita à Joanne STEVARTO, Scoto, nonis Julii in Collegio Prelleorum : *Parisiis*, David, 1549, *in*-4.]

26210. ☞ Avant-Entrée du Roi Très-Chrétien à Paris; par Pierre DE RONSARD: *Paris*, Corrozet, 1549, *in*-4.]

26211. ☞ Les grandes Triumphes faites à l'Entrée du Très-Chrétien & victorieux Roi Henri II. en sa noble Cité & Université de Paris : *Rouen*, le Prest, 1549, *in*-8.]

26212. Ordre de l'Entrée de la Reine Catherine de Médicis à Paris, l'an 1549 : *Paris*, 1549, *in*-4.

☞ On a observé ci-devant, N.° 26205, que cette Relation pourroit bien être la même que celle qui y est indiquée comme suite de l'Entrée du Roi à Paris.]

26213. Entrée de Monseigneur le Dauphin, fils aîné du Roi Henri II. qui fut depuis le Roi François II. à Paris, en 1549.

26214. Déduction somptueuse de l'Entrée du Roi Henri II. & de Catherine de Médicis son épouse, à Rouen, l'an 1550 : *Rouen*, 1551, *in*-4.

☞ Le vrai titre est :

Déduction du somptueux Ordre, plaisants spectacles & magnifiques théâtres dressés par les Citoyens de Rouen, à Henri II. & Catherine de Médicis, lors de leur avénement à icelle Ville les 1 & 2 Novembre 1550 : *Rouen*, le Hey, 1551, *in*-4. avec fig.]

Ces deux Entrées sont aussi imprimées dans Godefroy, au tom. I. de son *Cérémonial, pag.* 1002 & 893.

26215. ☞ Ordre, Spectacles & Théâtres dressés par les Citoyens de Rouen, à Henri II. Roi de France, & à Catherine de Médicis son épouse, lors de leur avénement en cette Ville : *Rouen*, le Prest, 1551, *in*-4.]

26216. ☞ Entrée du Roi Henri II. & de la Royne son épouse, en la ville d'Orléans, le Mardi 4 Août 1551 : *in*-8.]

26217. Entrée de Henri II. en la ville de Tours, en 1551 : *Paris*, 1551, *in*-8.

26218. ☞ Entrée du Cardinal Farnèse, Légat d'Avignon, à Carpentras, en 1553, mise en rithme François par Antoine BLEGIER: *in*-8.]

26219. Voyage du Roi Henri II. aux Pays-Bas de l'Empereur, en 1554; par Bertrand DE SALIGNAC, Gentilhomme Berruyer: *Paris, Lyon*, 1554 : *Rouen*, 1555, *in*-4.

☞ Ce sont quatre Lettres au Cardinal de Ferrare, dans lesquelles l'Auteur lui raconte, comme témoin oculaire, tout ce qui s'est passé dans cette Campagne. La troisième contient un récit fort détaillé de la Bataille de Renty. Ce Journal est assez bien suivi.]

26220. ☞ Entrée d'Antoine de Bourbon & de Jeanne d'Albret, Roi & Reine de Navarre, en 1556, à Limoges.

Elle est décrite dans les Annales de cette Ville ; par le Père Bonaventure DE S. AMABLE.]

26221. ☞ Triomphe & magnificence du Tournois & des nobles Mariages faits en Avril 1556, à Blois : *Lyon*, du Rosne, 1556, *in*-8.]

26222. Recueil des Inscriptions, Mascarades & Devises, ordonnées en l'Hôtel de Ville de Paris, en 1558, [devant le Roi Henri II. à son retour de la Comté d'Oye, heureusement conquestée]; fait par Estienne JODELLE : *Paris*, Wechel, 1558, *in*-4. 3 vol. *Ibid.* 1659, *in*-8.

L'Auteur est mort en 1566.

☞ La Croix du Maine dit que Jodelle mourut en Juillet 1573, âgé de 41 ans, & non en 1566.]

26223. ☞ Réception du Duc de Saxe au Camp du Roi, à Pierre-Pont, en 1558 ; traduite de l'Allemand : *in*-4.]

26224. *Le Triomphe fait à l'Entrée du Roi François II. à Chenonceaux, en 1559 ; décrit par Guillaume BOURGEAT: *Tours*, 1559, *in*-8.

26225. ☞ Discours des Triomphes du Mariage du Roi d'Espagne & de Madame Elisabeth, fille du Roi Henri II. *Paris*, de Hansy, 1559, *in*-8.]

26226. Discours de la Réception d'Elisabeth, fille de Henri II. par les Députés, sur les Frontières d'Espagne : *Lyon*, Jove, 1560, *in*-8.

26227. Ordres tenus à la Réception & Entrée du Roi François II. & de la Reine, en la ville d'Orléans : *Paris*, 1560, *in*-8.

☞ La Popelinière, dans son *Histoire, Livre VI. pag.* 111, fait un récit assez bien détaillé de cette Entrée.]

26228. ☞ Entrée des mêmes en la ville de Tours : 1560, *in*-4.]

26229. ✳ Description des Arcs Triomphaux faits pour l'Entrée du Roi Charles IX. dans Toulouse, en 1563.

Elle est imprimée dans le tom. II. des *Annales de Toulouse*, par la Faille, *pag.* 70 *des Preuves*.

26230. Entrée du Roi Charles IX. à Rouen, le 12 Août 1563 : [*Lyon*, Tachet, 1563.] *Rouen*, 1610, *in*-8.

26231. ☞ Triomphes, Bravetez & Magnificences qui ont été faites pour l'Entrée de très-haut & très-Chrétien Prince Charles IX. de ce nom, Roi de France, en la ville de Troyes, capitale ville de Champagne, le Jeudi vingt-troisième jour de Mars 1564, avant Pasques ; avec l'Ordre gardé & observé par Messieurs les Habitans de ladite Ville, à son Entrée : *Troyes*, Trumeau, 1564, *in*-12. Gothiq.✳

Au commencement de cette Relation, il est rapporté qu'il fut mis & posé sur une plate-forme, du côté où

Entreés des Rois & Reines, &c. 717

devoit arriver le Roi, grande quantité d'artillerie, & jusqu'au nombre de trois cents Pièces, pour saluer le Roi à son Entrée. De l'ordre du Roi Louis XIV. en date du 21 Mars 1682, fut fait Inventaire de toute cette artillerie, par le Sieur Charles Hainault de Montigny, Commissaire d'artillerie, & elle a été ensuite enlevée de Troyes pour être conduite & distribuée aux Villes de Franche-Comté, après la Conquête que fit Sa Majesté de cette Province.

Il est encore dit dans la Relation de 1564, que le Roi Charles IX. pendant son séjour à Troyes, signa la Paix entre lui & Elisabeth, Reine d'Angleterre, après qu'on eut repris sur elle le Havre-de-Grâce, que les Hérétiques lui avoient livré.]

26232. Entrée du Roi Charles IX. à Troyes.

26233. Ordre de l'Entrée du même à Dijon, en 1564.

Ces deux Entrées, au tom. I. du *Cérémonial* de Godefroy, *pag.* 894 & 897.

26234. ☞ De auspicato Regis Caroli IX. in urbem Divionem bene atque feliciter excepti ingressu, Euphemia sive gratulatorium Carmen; (à Carolo GODRAN) : *Divione*, Desplavilles, 1564, *in-4.*]

26235. ☞ Entrée du même à Lyon, en 1564 : *in-4.*]

26236. Discours entier des choses qui se sont passées à la Réception de la Royne à Lyon, l'an 1564, & au Mariage du Roy Charles IX. par Papire MASSON : *Paris*, 1570, *Lyon*, 1571, *in-8.*

Il est aussi imprimé dans le tom. I. de Godefroy, *pag.* 898.

26237. ☞ Salutation au Roi Charles IX. sur son Entrée en sa noble & antique ville de Lyon; par Charles FONTAINE, Parisien: *Lyon*, Rigaud, 1564, *in-8.*]

26238. ☞ Entrée du même Roi Charles IX. à Tholose, en 1565 : *in-4.*]

26239. ☞ Réception de la Reine d'Espagne à S. Jean-de-Luz, & son Entrée à Bayonne, en 1565 : *in-4.*]

26240. ☞ Recueil des choses notables qui ont été faites à Bayonne, à l'entrevue du Très-Chrétien Roi Charles IX. avec la Reine sa mère & la Reine Catholique sa sœur, (le 30 Mai 1565) : *Paris*, Vascosan, 1566, *in-4.*]

26241. ☞ Entrée du Roi à Metz, en 1569 : *in-4.*]

26242. Entrée du Roi Charles IX. à Saint-Malo, le 24 Mai 1570.

Cette Entrée est imprimée au tom. II. de la *Bibliothèque curieuse* du P. Menestrier, *pag.* 102 : *Trévoux*, 1706, *in-12.*

26243. Ordre de l'Entrée du même à Bourdeaux, l'an 1571.

Dans le tom. I. du *Cérémonial* de Godefroy, *p.* 907.

26244. Entrée du Roi Charles IX. à Paris, l'an 1571.

Dans le même Livre, *pag.* 519, & encore au tome I. des *Mémoires du Règne de Charles IX. pag.* 51.

26245. * Entrée d'Elisabeth d'Autriche, Reine de France, à Paris; par François DE BELLEFOREST.: 1571, *in-8.*

26246. Entrée du Roi Charles IX & d'Elisabeth d'Autriche son Epouse à Paris, l'an 1571; par Simon BOUQUET, Echevin de Paris: *Paris*, du Pré, 1572, *in-4.*

☞ Le titre véritable est:

L'Ordre tenu à l'Entrée de Charles IX. à Paris, le Mardi 6 Mars 1571, avec le Couronnement d'Elisabeth d'Autriche son Epouse, du 25, & l'Entrée de cette Dame en icelle Ville, le Jeudi 29 du même mois de Mars 1571, &c.]

Elle est aussi imprimée au tom. I. de Godefroy, *pag.* 538.

26247. ☞ Prosphonématique au Roi sur son Entrée à Paris, le 6 Mars 1571; par Pierre DE LA ROCHE, Saintongeois : *Paris*, Dumont, 1571, *in-8.*]

26248. ☞ Le magnifique Triomphe & esjouissances des Parisiens, faites en la décoration des Entrées du très-Chrétien Roi Charles IX. le 6 Mars, en sa Ville de Paris, & de la Reine son épouse, faite le 29 dudit mois, l'an 1571; par N. N. D. L. F. *Paris*, Nyverd, (sans date,) *in-8.*]

26249. ☞ Allégresses au Peuple & Citoyens de Paris, pour la Réception & Entrée de très-illustre & très-héroïque Princesse Elisabeth d'Autriche, Royne de France, en sa bonne Ville de Paris. Ensemble la Généalogie & Alliances de la Maison d'Autriche, &c. par F. D. B. C. (François DE BELLE-FOREST, Comingeois:) *Paris*, Mallot, 1571, *in-8.*]

26250. ☞ Hymne de François ROZE, sur l'Entrée du même Roi à Paris, en 1571 : *in-4.*]

26251. Bref & sommaire Recueil de ce qui a été fait, & de l'ordre tenu à l'Entrée de Charles IX. à Paris, l'an 1572 : *Paris*, 1572, *in* 4.

☞ Il paroît que le Père le Long a cité deux fois le même Ouvrage, sous deux titres. Ce numéro-ci pourroit bien être le même que l'Entrée par Simon BOUQUET, ci-dessus, N.° 26246. Ce *Bref & sommaire Recueil* se vendoit chez le même du Pré, 1572, *in-4.* A la fin il est dit que c'est l'Ouvrage de Simon BOUQUET, & que les Gravures sont de CUDORÉ. D'ailleurs, tout ce que cet Ouvrage contient n'est point indiqué par le Père le Long. Le titre est : « Bref & sommaire Recueil de ce » qui a été fait & de l'ordre tenu à la joyeuse & triom- » phante Entrée de très-puissant, très-magnanime & » très-Chrétien Prince Charles IX. de ce nom, Roi de » France, en sa bonne Ville & Cité de Paris, Capitale » de son Royaume, le Mardi 6° jour de Mars, avec le » Couronnement de très-excellente Princesse Madame » Elisabeth d'Autriche, son Espouse, le Dimanche 25, » & Entrée de ladite Dame en icelle Ville, le Jeudi 29 » dudit mois de Mars 1571 ».]

26252. ☞ Jo. AURATI (DORAT) Descriptio spectaculi à Regina Regum matre editi in Henrici, Regis Poloniæ nuper renunciati, gratulationem : *Parisiis*, 1573, *in-4.*]

26253. ☞ Les Obséques de Sigismond, Roi de Pologne ; plus, l'Entrée & Couronnement de Henri (III.) Roi de Pologne : *Paris*, 1574, *in-8*.]

26254. * L'Historia della Entrata in Venega di Henrico III. Ré di Francia ; per Marsilio della CROCE : *in Venegia*, 1574, *in-4*.

☞ On peut voir encore d'autres Pièces, ci-devant, *pag*. 272 & 273.]

26255. ☞ Extrait d'une Lettre écrite par un Gentilhomme du Roi de Pologne à Miezerich, le 25 Janvier 1574 : *in-4*. (sans nom de Ville ni d'Imprimeur,)

Cette Lettre contient la réception faite au Duc d'Anjou à son entrée en Pologne.]

26256. Le Feste & Triomfi della Signoria di Venetia, nella venuta di Henrico III. Ré di Francia & di Polonia ; da ROCCO BENEDETTI : *in Venetia*, 1574, *in-4*.

Le même Discours, traduit de l'Italien : *Paris*, Lyon, 1574, *in-8*.

26257. Discours des choses mémorables faites à l'Entrée du Roi Henri III. en la Ville de Venise ; par Claude DORRON : *Lyon*, Rigaud, 1574, *in-8*.

26258. Il glorioso Apparato della Republica Venetiana per la venuta, per la dimora & per la partenza di Errico Terzo ; per il Dottore MANZINI : *in Venetia*, 1574, *in-4*.

26259. I grand Triomfi fatti nella Citta di Trevisa, nella venuta di Henrico Terzo : *in Venetia*, 1574, *in-4*.

26260. Entrata di Henrico Terzo nella Citta di Mantoua, con gli Apparati fatti per riceverlo : *in Venetia*, 1574, *in-4*.

26261. Entrée du Roi Henri III. à Mantoue, le 2 Août 1574 ; par Blaise DE VIGENERE : *Paris*, 1576, *in-4*.

26262. Ordre tenu à l'Entrée de Henri III. à Lyon, l'an 1574 : *Lyon*, 1574, *in-8*.

Il est aussi imprimé au *Cérémonial* de Godefroy, *t. I. pag*. 922.

26263. Discours de l'Entrée de Henri, Duc d'Anjou, Roi de Pologne, à Orléans, l'an 1573, [le 24 Juillet ;] par Nicolas ROUSSEAU, Notaire Royal à Orléans : *Orléans*, 1573, *in-8*.

Le même Discours est imprimé au tom. I. de Godefroy, *pag*. 918.

☞ Ce n'est qu'un Extrait du Discours. ✳ Louis Aleaume, Lieutenant-Général, & homme de singulière éloquence (dit l'Auteur,) harangua pour le Présidial ; Jean Robert, Recteur, Assesseur & Doyen de l'Université, harangua pour cette Université.]

26264. ☞ Mf. Entrée du Roi de Pologne en la Ville de Paris : *in-fol*.

Ce Manuscrit est dans la Bibliothèque du Roi, & provient de M. Lancelot.]

26265. Les Feux de joie faits à Paris pour l'arrivée du Roi Henri III. en France, à son retour de Pologne.

26266. Entrée de la Royne Elisabeth d'Autriche, veuve de Charles IX. à Orléans, en 1575.

Ces deux dernières Entrées sont imprimées au tom. I. de Godefroy, *pag*. 922 & 927.

26267. Entrée du Duc d'Anjou, frère unique du Roi, à Tours, en 1576 : *Tours*, 1576, *in-4*.

26268. Les Triomphes & Magnificences faits à l'Entrée du frère unique du Roi, à Tours : *Tours*, 1576, *in-4*.

26269. ☞ Oraison panégyrique à Monseigneur, fils de France & frère du Roi, (le Duc d'Anjou, puis d'Alençon,) à son heureuse entrée en la Ville de Bourges ; par Antoine LE COMTE : *Bourges*, Bouchier, 1576, *in-8*.]

26270. ☞ Les Joies & Allégresses pour le bien viengnement & entrée de Monseigneur, fils de France, & frère unique du Roi, en sa Ville de Bourges, Ville Capitale du Pays & Duché de Berry ; dédié à l'Excellence de mondit Seigneur, par Gabriel DOUNYN : *Paris*, de Lastre, 1576, *in-8* de 11 pages.]

26271. Entrée de Henri III. & de Louise de Lorraine son Epouse, à Orléans : *Orléans*, Gibier, 1576, *in-8*.

26272. * Recueil de la Chevauchée faite en la Ville de Lyon, le 17 Novembre 1578, avec tout l'Ordre tenu en icelle ; par les trois supports (qui sont trois Imprimeurs :) *Lyon*, 1578, *in-8*.

26273. Entrée du Comte de Randan à Clermont ; par Jean MOREL : *Lyon*, 1579, *in-8*.

26274. Entrée de François, Duc d'Alençon, frère unique du Roi, Duc de Brabant, d'Anjou, d'Alençon, en sa Ville d'Anvers : *Anvers*, Plantin, 1582, *in-fol*. & *in-8*.

26275. ☞ Discours sur la venue & honorable réception de Monsieur, fils & frère du Roi, Duc de Brabant, Marquis du S. Empire, faite à S. A. dans sa Ville d'Anvers, le 19 Février : *Paris*, Le Noir, 1582, *in-8*.

Il y a beaucoup de Vers dans cet Ouvrage.]

26276. ☞ Entrée magnifique de Monseigneur François, fils de France, frère unique du Roi, par la grace de Dieu, Duc de Lothier, de Brabant, d'Anjou, d'Alençon, &c. Comte de Flandre, &c. faite en sa Métropolitaine & fameuse Ville de Gand, le 20 Août 1582 : *Gand*, De Rekenare, 1582, *in-8*.

On y trouve aussi beaucoup de Vers, & un fragment de l'*Histoire de Gédéon*.]

26277. ☞ La triomphante Entrée de Madame Magdelaine de la Rochefoucault, Epouse de haut Seigneur Messire Juste-Loys de Tournon, Seigneur & Baron dudit lieu, Comte de Roussillon, faite en la Ville de

Tournon, le Dimanche 24 Avril 1583; avec les Inscriptions en Vers faits & récités tant en Latin qu'en François, par aucuns Ecoliers y nommés, (par les Jésuites de Tournon, sous le nom, entre les autres, de Honorat D'URFÉ, alors Ecolier au Collège de Tournon:) *Lyon*, 1583, *in-8*.

On peut voir à ce sujet la *Bibliothèque* de du Verdier.]

26278. Les Triomphes & Magnificences faits à l'Entrée du Roy & de la Royne en la Ville d'Orléans, le 15 Novembre 1586; avec les Harangues faites à Sa Majesté: *Paris*, de Lastre, *in-12*.

26279. Brief Discours de la Réception faite au Roi Henri III. en la Ville de Rouen, le 13 de Juin 1587, recueilli par Jean DE SEVILLE, Professeur des bonnes Lettres audit Rouen: *Rouen*, 1588, *in-8*.

26280. ☞ Discours de l'ordre tenu par les Habitans de la Ville de Rouen à l'Entrée du Roi, avec les Harangues & prononcées à sa réception: *Paris*, 1588, *in-8*.]

26281. ☞ L'Entrée de Henri IV. à Lyon, le 4 Septembre 1595: *Lyon*, Michel, *in-fol*.]

26282. ☞ Discours sur l'Arc de Triomphe de l'Entrée du Roi à Moulins, en 1595.

Il est imprimé dans les *Professions nobles & publiques* de Laval: *Paris*, 1613, *in-4*.]

26283. ✻ L'Entrée du Roi Henri IV. à Lyon, [le 4 Septembre] 1595; (par Pierre MATTHIEU:) *Lyon*, Michel, 1595, *in-4*.

Voyez encore plus bas, N.° 26285.

26284. ☞ Discours de la joyeuse & triomphante Entrée de très-haut, très-puissant & très-magnifique Prince Henri IV. de ce nom, très-Chrétien Roi de France & de Navarre, faite en sa Ville de Rouen, le Mercredi seizième jour d'Octobre 1596: *Rouen*, du Petit-val, 1599, *in-4*.

Il y a plusieurs figures, & beaucoup de vers.]
La même Entrée est imprimée au tom. I. de Godefroy, *pag. 945*.

26285. Les deux plus grandes Réjouissances de la Ville de Lyon; la première, pour l'Entrée du Roi Henri IV. la seconde pour la Publication de la Paix ; par Pierre MATTHIEU: *Lyon*, 1596, *in-fol*. [*Ibid*. Ancelin, 1598, *in-4*.]

26286. ✻ L'Accueil de Madame de la Guiche à Lyon, le 25 d'Avril 1598: *Lyon*, 1598, *in-8*.

26287. ☞ Ms. Arrivée à Paris des Ambassadeurs de Flandres, pour voir jurer la paix au Roi, en 1598, *in-fol*.

Cette Pièce est indiquée entre celles du num. 3301 * du Catalogue de M. le Blanc.]

26288. Arrivée de la Reine Marie de Médicis en France, l'an 1600.

Cette Arrivée est imprimée au tom. I. du *Cérémonial* de Godefroy, *pag. 953*.

26289. Récit véritable des choses plus remarquables, passées à l'Arrivée de la Reine en France, & de sa Réception par M. de Guise; par D. F. *Paris*, 1615, *in-8*.

26290. Réception de la Reine à son arrivée à Marseille.

Cette Réception est imprimée au tom. I. du *Cérémonial* de Godefroy, *pag. 955*.

26291. Labyrinthe Royal de l'Hercule Gaulois triomphant sur le sujet des Fortunes, Batailles, Victoires, Trophées, Triomphes, Mariages & autres Faits héroïques de Henri IV. représenté à l'Entrée triomphante de la Reine en la Cité d'Avignon, en 1600: *Avignon*; [Bramereau,] 1601, *in-fol*. avec figures.

La même, sans figures, est imprimée au tom. I. du *Cérémonial* de Godefroy, *pag. 958*.
André VALLADIER, Abbé de S. Arnoul de Metz, est l'Auteur de cet Ouvrage, comme il le reconnoît lui-même dans un Mémoire manuscrit des Ouvrages qu'il a composés, que j'ai vu. Il entre dans un détail curieux des Antiquités d'Avignon; mais il n'est pas exact, & donne un peu dans le fabuleux.

26292. Entrée de la Reine à Lyon, en 1600; (par Pierre MATTHIEU:) *Lyon*, [Ancelin] 1600, *in-8*. [*Rouen*, *in-12*.]

26293. ☞ Entrée de Marie de Médicis, Reine de France, en la Ville de Lyon, (Décembre 1600;) avec l'Histoire de l'origine & progrès de la Maison de Médicis: *Rouen*, Reinsart, 1601, *in-8*.]

26294. Descrittione dell' Entrata in Lione di Madama Maria di Medici, Regina di Francia; raccolta di Giovanni TONSI: *Siena*, Florinti, 1601, *in-12*.

26295. ☞ Traité du Mariage de Henri IV. avec Marie de Médicis, de son arrivée en France à Marseille, & de ses Entrées en Avignon & Lyon; plus, la Conspiration & Jugement du Duc de Biron, avec un Sommaire de sa Vie, & le Procès de Jean de Coste, avec la Généalogie de la Maison de Médicis: *Rouen*, 1609, *in-8*.]

26296. ☞ Le Discours de ce qui s'est passé au Voyage de la Reine, depuis son département de Florence jusqu'à son arrivée à Marseille, avec les Magnificences faites à son Entrée: *Paris*, 1600, *in-8*.]

26297. ☞ Exhortation &·Epithalame sur le Mariage du Roi; par Philippe DU BEC: *Paris*, 1600, *in-8*.]

26298. Sommaire Dessein & Projet de ce qui a été représenté pour l'heureuse Entrée de Roger de Bellegarde, Lieutenant pour Sa Majesté au Gouvernement de Bourgogne, Bresse & Pays adjacens, en la Ville & Cité d'Autun, l'an 1603 ; par Jacques GUIJON, [Lieutenant-Criminel d'Autun.]

Ce Sommaire est imprimé avec les *Œuvres* des Guijons, *pag. 14*: *Divione*, 1658, *in-4*. L'Auteur est mort en 1625.

☞ Cette Entrée se fit le 6 Octobre. Il falloit que dans

ce temps l'érudition fût bien à la mode, puisque dans une fête aussi galante, on prodigua l'Hébreu, le Grec & le Latin. Outre les emblèmes & les allégories qui ornoient les décorations, on y trouve un grand nombre de très-bons Vers Latins.

M. Michault, Académicien de Dijon, a un Manuscrit de cette Entrée, qui peut être différent.]

26299. Le Carrousel des quatre Elémens, dans l'Hôtel de Vendôme, en 1605.

La Description de ce Carrousel est imprimée tom. I. du *Mercure François*.

26300. ☞ Recueil des Cartels & Défis, tant en Prose qu'en Vers, pour le Combat de la Barrière, fait le 25 Février en préséance du Roi & de la Reine, &c. en la Grand'Salle de Bourbon : *Paris*, Saugrain, 1605, *in-12*.]

26301. ☞ Recueil des Mascarades & Jeu de prix à la course du Sarasin, faits à Carême-prenant, en la présence de Sa Majesté, à Paris : *Paris*, Mariette, 1607, *in-8*.]

26302. ☞ Accueil fait à Monseigneur & Madame d'Alincourt, par la Ville de Lyon, à leur arrivée en icelle, au mois de Novembre 1608 ; par le sieur GOUJON, Avocat : *Lyon*, 1608, *in-4*.]

26303. ☞ Réception à Fontainebleau de Dom Pedre de Tolède, Ambassadeur extraordinaire d'Espagne, en 1608 : *in-4*.]

26304. Lettre écrite de Rome par un des Huissiers de la Chambre du Duc de Nevers, sur les Cérémonies faites à l'Entrée dudit Seigneur à Rome, le 25 Novembre 1608 : *Paris*, Regnault, 1609, *in-8*.

26305. ☞ Relation de la venue & Entrée solemnelle en la Ville de Rome, au 27 du mois de Novembre 1608, de très-illustre & très-magnanime Prince, Charles de Gonzague de Clèves, Duc de Nevers, traduite d'Italien en François, sur la copie imprimée à Rome, chez Jacques Mascardi, en l'année 1608 ; par L. S. D. D.]

26306. ☞ Entrée du Roi Henri IV. en 1609 à Limoges.

Elle est décrite dans les Annales de cette Ville, par le Père Bonaventure DE S. AMABLE.]

== Voyage du Roi Henri IV. à Metz : l'occasion d'icelui ; ensemble les signes de réjouissance faits par les Habitans pour honorer l'Entrée de Sa Majesté, &c. par Abraham FABERT, Sieur de Moulin, Echevin de ladite Ville : *Metz*, 1610, *in-fol.* avec fig.

☞ On a déja indiqué ce petit Volume au *Règne de Henri IV.* N.° 19909.]

26307. Dessein de l'Entrée à Paris de la Reine Marie de Médicis, en 1610.

Cette Entrée est imprimée au tom. I. du *Cérémonial de Godefroy*, *pap. 760*.

== Bouquet Royal de l'Entrée du Roi Louis-le-Juste en la Ville de Reims, en 1610 ; par Nicolas BERGIER.

Voyez ci-devant, [aux *Sacres & Couronnemens*, N.° 26085.]

26308. Entrée du Prince de Condé à Bourdeaux, l'an 1611.

Cette Entrée est imprimée au tom. II. du *Mercure François*, *pag. 124*.

26309. Relation de ce qui s'est passé sur l'arrivée du Duc de Mayenne, Ambassadeur Extraordinaire du Roi en Espagne, pour l'accomplissement du Mariage du Roi, avec l'Infante des Espagnes, & la Réception qui lui a été faite à Madrid, & de l'Ordre qu'il tint en y entrant : *Paris*, Bertaut, 1612, *in-8*.

26310. Entrée du Duc de Pastrana, Ambassadeur Extraordinaire du Roi d'Espagne à Paris, pour le Mariage du Roi, &c. avec l'Ordre qui s'y est observé ; par Jean BAUDOUIN : *Paris*, du Breuil, 1612, *in-8*.

Cet Auteur, mort en 1650, étoit de l'Académie Françoise.

== Le grand Bal de la Reine Marguerite, en faveur du Duc de Pastrana ; par F. FASSARDI : *Lyon*, 1612, *in-12*.

Il est déja indiqué ci-devant.

26311. Discours de ce qui s'est passé à l'arrivée du Duc de Pastrana ; par le Sieur D. S. A. *Paris*, 1612, *in-8*.

☞ Le véritable titre est :

Discours de ce qui s'est passé à l'Arrivée du Duc de Pastrana : Réjouissance sur les Alliances de France & d'Espagne : l'explication d'une Prophétie de Nostradamus, sur le même sujet ; par le Sieur D. S. A. *Paris*, Bertaud, 1612, *in-8*.]

26312. ☞ Le Carrousel du Roi Louis XIII. dans la Place Royale : *Paris*, 1612, *in-4*.]

26313. ☞ Recueil de Cartels publiés ès présence de leurs Majestés en la Place Royale, les 5, 6, 7 Avril 1612 : *Paris*, 1612, *in-12*.]

26314. ☞ Les Courses de Bagues faites en la Place Royale, en faveur des heureuses Alliances de France & d'Espagne, par les Princes & Seigneurs de France : 1612.]

26315. ☞ Le Camp de la Place Royale, ou Relation de ce qui s'y est passé pour la publication des Mariages du Roi & de Madame (sa sœur) avec l'Infante & le Prince d'Espagne ; le tout recueilli par le commandement de Sa Majesté, (la Reine Régente ;) par Honoré Laugier, Ecuyer, Sieur DE PORCHERES : 1612, *in-8*.

On peut voir sur l'Auteur, qui étoit de l'Académie Françoise, les *Mémoires de l'Abbé d'Artigny*, *tom. V. pag. 235*.]

26316. La triomphante Entrée du Roi Louis XIII. en Avignon, en 1612, pour la publication des Mariages du Roi & de Madame, avec l'Infante & le premier Prince d'Espagne : *Paris*, 1612, *in-4*.

26317. ☞ Le Roman des Chevaliers de la gloire,

gloire, contenant les Avantures des Chevaliers qui parurent aux Courses faites à la Place Royale ; par François DE ROSSET : *Paris*, 1612, *in*-4.]

26318. ☞ Tournoy de Naples pour la Fête des Alliances de France & d'Espagne : *Paris*, 1612, *in*-4.]

26319. ☞ Magnificences faites au Carousel de la Ville de Naples : *Paris*, 1612, *in*-4.]

26320. Entrée du Roi Louis XIII. & de la Reine Marie de Médicis en la Ville du Mans : [*Paris*, le Bourdays] : *Le Mans*, de Varennes, 1614, *in*-8.

26321. Entrée du Roi Louis XIII. en la Ville d'Orléans, avec l'ordre & les Cérémonies observées en icelle ; par Claude MALINGRE : *Paris*, Mondiet, 1614, *in*-8.

La même Entrée est aussi imprimée au tom. I. du *Cérémonial* de Godefroy, *pag.* 969, [& au tom. III. du *Mercure François*.]

26322. ☞ Le Triomphe de la Fleur de Lys présenté au Roi, à son Entrée en la Ville d'Orléans : *Paris*, Dubreuil, 1614, *in*-8.]

26323. Ordre, Entrée & Cérémonies observées par la Ville de Paris à l'heureux retour du Roi ; par C. JOURDAN, Parisien, Huissier des Comptes : *Paris*, Brunet, 1614, *in*-8.

On le trouve aussi tom. I. du *Cérémonial* de Godefroy, *pag.* 970.

26324. ∗ Heureuse arrivée du Roi à Bordeaux pour la Cérémonie du Mariage de sa sœur aînée : 1615, *in*-8.

26325. ☞ Casamientas de España y Francia, y Viage del Duque de Lerma ucoando Anna de Austria, y trayendo la Princesa de Asturias en el anno 1615, por Pedro MANTUANO : *Madrid*, 1618, *in*-4.]

26326. ☞ Magnificences des Nôces du Roi & de la Reine ; par Puget DE LA SERRE : *Paris*, 1615, *in*-4.]

26327. Entrée du Roy & de la Royne dans Bourdeaux, l'an 1615.

Cette Relation est imprimée dans Godefroy, tom. I. de son *Cérémonial*, *pag.* 971.

26328. La Royale Réception de leurs Majestés Très-Chrétiennes dans Bordeaux : *Bordeaux*, Millanges, 1615, *in*-8.

26329. ☞ Les Champs Elysiens, ou la Réception de Louis XII. au Collége des Jésuites de Bordeaux : *Bordeaux*, Millanges, 1615, *in*-8.]

26330. ☞ Raisons pour montrer que toute la Généralité de Guyenne doit contribuer aux frais de l'Entrée de leurs Majestés à Bordeaux, pour les Maire & Jurats Gouverneurs de Bordeaux : *in*-8.]

26331. Le Persée François au Roi, avec les Mariages & Entrées Royales à Bordeaux ;

Tome II.

par le Sieur DE MORILLON : *Bordeaux*, 1617, *in*-8.

26332. ☞ La France consolée, Epithalame pour les Nôces de Louis XIII. par FAVEREAU : *Paris*, 1615, *in*-8.]

26333. Les Cérémonies faites à l'Entrée du Roi & de la Reine à Orléans, le 8 Mai 1616 : *Paris*, Dubreuil, 1616, *in*-8.

26334. Retour du Roi Louis XIII. à Paris, de son Voyage de Guyenne, & l'Entrée de la Reine sa femme à Paris, en 1616.

Cette Relation est imprimée au tom. I. du *Cérémonial* de Godefroy, *pag.* 977.

26335. ☞ Histoire du Palais de la Félicité, contenant les Avantures des Chevaliers des Courses faites à la Place Royale, pour la Fête des Alliances de France & d'Espagne, &c. par François DE ROSSET : *Paris*, Huby, 1616, *in*-4.]

26336. ☞ Allégories Royales sur les Alliances & Mariage du Roi Très-Chrétien Louis XIII. avec la Sérénissime Princesse d'Espagne, Anne d'Autriche, Royne régnante ; par D. D. D. R. *Paris*, Moreau, 1616, *in*-12.]

☞ ON peut encore recourir aux Pièces rapportées ci-dessus, sous le *Règne de Louis XIII.* N.º 20430 & *suiv.*]

26337. ∗ L'Entrée de Madame de Montmorency à Montpellier, en 1617 : *Montpellier*, Gillet, 1617, *in*-12.

26338. ☞ Ms. Entrée & Réception de M. le Duc de Mayenne en la Ville de Bordeaux, en qualité de Gouverneur & Lieutenant-Général pour le Roi au Pays & Duché de Guyenne, le Mardi dernier de Juillet 1618, présentée à très-hault & illustre Prince M. le Duc de Rhételois, nepveu dudit feu mondit Seigneur, avec l'Addition d'une Lettre de consolation sur sa mort, adressée à Madame la Duchesse Poriano : 1622, *in*-4.

Toutes les Ordonnances des Jurats prononcées à cette occasion, tous les complimens des différentes Cours de Justice, des différens Corps & des Communautés de cette Ville, se trouvent dans ce Manuscrit, qui est conservé avec le Portrait de M. de Mayenne, dans la Bibliothèque de M. le Président de Verthamon-Dambloy. M. de Mayenne est mort en 1621.]

26339. ☞ Arrivée du Roi (Louis XIII.) en sa Ville de Soissons, le 1 d'Octobre (1618.) Ensemble la Réception & l'établissement de M. de Luynes au Gouvernement de l'Isle de France & Ville de Soissons : *Paris*, Mesnier, 1618, *in*-8. de 14 pages.]

26340. Réception faite à la Royne, mère du Roy, en la Ville de Tours, le 6 Septembre : *Paris*, Sevestre, 1619, *in*-8.

26341. Entrée du Roy & de la Royne à Chartres, le 26 Septembre 1619 : *Paris*, Chernin, 1619, *in*-8.

La même Entrée est imprimée au tom. I. du *Cérémonial* de Godefroy, *pag.* 981.

Y y y y

26342. Entrée de la Royne-Mère à Angers, le 16 Octobre 1619 ; (par le Sieur BELOURDEAU :) *Angers*, Hervault, 1619, *in*-4.

26343. Entrée du Roi en la Ville de Poitiers, l'an 1619 : *Paris*, Pignon, 1619, *in*-8.

26344. Entrée du Roi en la Ville de Saint-Jean-d'Angély, 1620 : *Paris*, Mesnier, 1620, *in*-8.

26345. Entrée du Roi à Paris à son retour de Guyenne & de Béarn, l'an 1621.

Cette Entrée est imprimée au tom. I. du *Cérémonial* de Godefroy, *pag.* 987.

26346. Entrée du Roi à Tolose, en 1622, Prose & Vers ; par Guy ALLARD : *Tolose*, Colomiés, 1622, *in*-8.

La même Entrée est imprimée au tom. VII. du *Mercure François*, *pag.* 892.

26347. ☞ Théâtre Royal du Persée François, ouvert à l'arrivée de Louis XIII. au Collège des Jésuites de Toulouse : *Toulouse*, Colomiés, 1622, *in*-12.]

26348. ☞ Ode Lyrique sur l'arrivée en Provence de notre Roi très-Chrétien & très-Auguste, Louis-le-Juste ; (par Ambroise MAURIN :) *Aix*, Tholosan, 1622, *in*-12. de 24 pages.]

26349. Entrée du Roi dans la Ville d'Arles, le 29 Octobre de l'an 1622 : *Avignon*, Bramereau, 1623, *in-fol.*

Pierre SAXI, Chanoine de l'Eglise Métropolitaine d'Arles, est l'Auteur de ce Discours, dans lequel il y a beaucoup de Faits historiques, comme l'observe Bouche, tom. II. de son *Histoire de Provence*, *pag.* 866.

26350. Autre Relation de cette Entrée.

Cette Relation est imprimée au tom. I. du *Cérémonial* de Godefroy, *pag.* 991.

26351. La Villo d'Aix à l'Entrado dou Gran Louis lou Juste, Rey de France : *Aix*, Tholosan, 1622, *in*-8.

☞ Cette Pièce, de 12 pages, est en Vers Provençaux.]

26352. ☞ Discours abrégé de l'Entrée du Roi en sa Ville de Marseille ; par Henri MILLE, Notaire Royal : *Aix*, Tholosan, 1622, *in*-4.]

26353. Discours sur les Arcs triomphaux dressés en la Ville d'Aix à l'heureuse arrivée de Louis XIII. en 1622 : *Aix*, Tholosan, 1624, *in fol.*

Jean DE CHASTEUIL GALAUP, Procureur-Général de la Chambre des Comptes de Provence, est l'Auteur de ce Discours; il est mort en 1646, selon Honoré Bouche, tom. II. de son *Histoire de Provence*, *pag.* 866.

26354. La solemnelle Entrée du Roi dans la Ville d'Avignon, le 16 Novembre 1622 ; ensemble l'Entrevue de Sa Majesté avec le Duc de Savoye : *Paris*, Saugrain, 1622, *in*-8.

26355. La Voye de Laict, ou le Chemin des Héros dans le Palais de la Gloire, ouvert à l'Entrée triomphante de Louis XIII. en la Cité d'Avignon, l'an 1622; par Thomas BERTON : *Avignon*, 1623, *in*-4. fig.

26356. ☞ Andteæ MESTRALI Διαυλοι, ad Ludovicum XIII. *Avenione*, 1623, *in*-12.]

26357. Entrée du Roi à Montelimart, l'an 1622.

26358. Entrée du Roi à Grenoble, l'an 1622.

Ces deux Entrées sont imprimées au tom. VIII. du *Mercure François*, *pag.* 889.

26359. Entrée du Roy & de la Royne dans la Ville de Lyon, (en 1622) ou le Soleil au Signe du Lyon, [d'où sont tirés quelques Parallèles avec le très-Chrétien, &c. Louis XIII.] Ensemble un sommaire Récit de ce qui s'est passé de remarquable en ladite Entrée de leurs Majestés : *Lyon*, Juilleron, 1624, *in-fol.* avec figures.

Un Jésuite, Professeur du Collège de Lyon, a composé ce Discours:

26360. La Réception du Roy & de la Royne par les Doyen, Chanoines & Comtes de Lyon en leur Cloître, en 1622 : *Lyon*, 1623, *in-fol.*

26361. Entrée de M. le Légat, le Cardinal Barberin, à Paris, en 1625 : *Paris*, Bessin, 1625, *in*-8.

Ce Légat étoit le neveu du Pape, qu'il servit mal, en marquant trop de partialité pour les Espagnols.

26362. L'Ordre véritable tenu & observé à l'arrivée de Monseigneur le Légat, depuis l'Eglise de S. Magloire jusqu'à Notre-Dame de Paris : *Paris*, Hulpeau, 1625, *in*-8.

26363. Résolution du Roi dans son Conseil sur le départ du Légat : 1625, *in*-8.

26364. Entrée de Henriette-Marie, Reine d'Angleterre, sœur du Roi Louis XIII. dans la Ville d'Amiens.

26365. Entrée du Duc d'Enghien dans la Ville de Bourges, en 1626.

Ces deux Entrées sont imprimées dans le *Mercure François*, tom. XI. *pag.* 366, & tom. XII. *pag.* 300.

26366. ☞ La magnifique & superbe Entrée de M. le Duc d'Anguien, en la Ville de Bourges, en attendant le jour heureux de son Baptême : *Paris*, Jacquin, 1626, *in*-8.]

26367. Discours de l'Entrée triomphante du Duc de Rohan en la Ville de Castres, après la Publication de la Paix, par permission du Roi, en 1626 : *Nismes*, 1628, *in*-8.

26368. Entrée du Maréchal de Thémines dans Rennes, en 1627.

Dans le *Mercure François*, tom. XIII. *pag.* 378.

26369. Carousel du Duc d'Espernon, à Bordeaux, en 1627 : *Bordeaux*, 1627, *in*-4.

26370. ☞ Le Pancraste d'Alexandre, ou Carousel du Duc de la Valette, fait (à Bordeaux) en présence du Duc d'Espernon ;

par le Sieur DE MORILLON : *Bordeaux*, de la Court, 1628, *in-*8.]

26371. Entrée victorieuse & en armes du Roi dans la Rochelle, en 1628.

Elle est imprimée dans le *Mercure François*, tom. *XV*. *pag.* 709.

26372. ☞ Les Magnificences de Paris, faites au Roi, pour la prise de la Rochelle, l'ordre des gens de guerre, & l'interprétation des figures, en Vers ; par JOURDAN : *Paris*, Mathoniere, 1628, *in-fol.* (grande feuille, avec fig.]

26373. Eloges & Discours sur la triomphante Réception du Roi en sa Ville de Paris, après la réduction de la Rochelle : *Paris*, Rocolet, 1629, *in-fol.* avec figures.

Ce Discours est de Jean-Baptiste MACHAUD, Jésuite ; & les figures ont été gravées par Melchior Tavernier & Pierre Firens.

26374. Entrée du Roi dans la Ville de Troyes, en 1629 : *Troyes*, Jacquart, 1629, *in-*4.

La même Entrée est imprimée au tom. XV. du *Mercure François*, *pag.* 32, & au tom. I. du *Cérémonial* de Godefroy, *pag.* 1000.

26375. Desseins des Arcs triomphaux, érigés en l'honneur du Roi, dans la ville de Dijon, le 31 Janvier 1629 : *Dijon*, Guyot, 1629, *in-*4.

L'Auteur est Etienne BRECHILLET, Avocat à Dijon.

26376. ☞ Chariot de triomphe du Roi, représenté par l'Infanterie Dijonoise, le Dimanche 25 Février 1629, mêlé de François & de Bourguignons ; (par Pierre MALPOY) : *Dijon*, 1629, *in-*8.]

26377. Entrée du Roi dans Dijon, l'an 1629.

26378. Entrée du Roi dans Challon-sur-Saône, l'an 1629.

26379. Entrée du Roi dans Mâcon ; l'an 1629.

26380. Entrée du Roi dans Grenoble, l'an 1629.

26381. Entrée du Roi dans Uzès & dans Nismes, en 1629.

Ces cinq Entrées sont imprimées dans le *Mercure François*, tom. *XV*. *pag.* 60, 89, 106, 110, 505.

26382. ☞ Réjouissance de l'Infanterie Dijonoise, pour la naissance de M. le Prince de Condé ; (par Pierre MALPOY) : *Dijon*, 1630, *in-*8.]

26383. Arrivée de Monsieur d'Orléans à Troyes, & la Réception que le Roi lui fit, en 1630.

Au tom. XVI. du *Mercure François*, *pag.* 147.

26384. Entrée de la Reine Mère Marie de Médicis, dans les Villes des Pays-bas ; par (Jean) PUGET DE LA SERRE : *Anvers*, [Plantin], 1630, *in-fol.*

26385. Medicæa Hospes, seu Descriptio publicæ gratulationis, quâ Mariam de Me-
Tome II.

dicis excepit Senatus, Populusque Amstelodamensis ; auctore Gaspare BARLÆO : *Amstelodami*, Blaeu, 1638, *in-fol.* cum figuris.

La même Description, traduite en François : *Amsterdam*, Blaeu, 1638, *in-fol.*

L'Auteur est mort en 1647.

26386. Histoire de l'Entrée de Marie de Médicis, dans la grande Bretagne ; par (Jean) PUGET DE LA SERRE : *Londres*, 1639, *in-fol.*

26387. La Garde du Lys, à l'Entrée du Maréchal de Vitry, (en qualité de Commandant, en 1631), dans la ville d'Aix, avec l'explication des Emblêmes & des Ecriteaux apposés aux Arcs de Triomphes ; par G. M. *Aix*, Roize, 1631, *in-*4.

Guillaume MASSET, Jésuite, est désigné par ces lettres initiales.

26388. Le bonheur de la ville d'Aix, représenté aux Arcs de Triomphe ; dressés par elle, à l'honneur du Maréchal de Vitry, reçu en qualité de Gouverneur de Provence ; & déchiffré par l'explication des Emblêmes, Devises & Chiffres y apposés ; par J. F. *Aix*, David, 1632, *in-*4.

Ces lettres initiales signifient Jean FERRAND, Jésuite.

26389. Relation de ce qui s'est passé à l'Entrée de la Reine, en la ville de la Rochelle, au mois de Novembre 1632 ; par David DE FOS : *La Rochelle*, Charruyer, 1632, *in-*4.

26390. Entrée de Henri de Bourbon, Prince de Condé, Gouverneur de Bourgogne, en la ville de Dijon, le 30 Septembre 1632 : *Dijon*, Guyot, 1632, *in-fol.* avec fig.

Pierre MALPOY, Avocat, est l'Auteur de cette Pièce. Il est mort vers l'an 1650.

26391. Retour du bon temps, dédié à M. le Prince, Gouverneur & Lieutenant Général de Sa Majesté en Bourgogne, représenté à son Entrée par l'Infanterie Dijonnoise, le 3 Décembre 1631 : *Dijon*, 1632, *in-*4.

Cette Pièce est d'Estienne BRECHILLET, Avocat, mort vers l'an 1660.

26392. L'Arc-en-Ciel de la Ville de Mâcon, représentant les rares perfections de Henri le Grand, (de Bourbon,) premier Prince du Sang, Gouverneur de Bourgogne, en son Entrée dans la Ville de Mâcon, le 4 Décembre 1632 ; (par Gaspard MACONNAY, Jésuite :) *Bourg-en-Bresse*, Teinturier, 1633, *in-*4.

26393. Relatione della Venuta & solenne Entrata del Excell. S. Carlo Sire de Crequy, Duca di Ledigueres, Ambasciatore del Rè Christianissimo appresso Urbano VIII. *in Roma*, 1633, *in-*4.

26394. Théopante, ou la Rencontre des Dieux en l'Entrée du Marquis de Saint-Chamond, Lieutenant-Général de Sa Majesté au Pays de Provence, dans la Ville d'Aix, le 10 Novembre 1634 : *Aix*, 1638, *in-4.*

Jean Pastourane, Jésuite, est l'Auteur de cette Piéce.

26395. Entrée des Commissaires Députés pour tenir les grands Jours dans la Ville de Poitiers, l'an 1635.

Cette Entrée est imprimée au tom. XX. du *Mercure François*, pag. 821.

26396. Réjouissance de l'Infanterie Dijonnoise pour la venue du Duc d'Anguien, le 25 Février 1636 : *Dijon*, Guyot, 1636, *in-4.*

26397. Réjouissance de l'Infanterie Dijonnoise pour l'Entrée du Marquis de Tavanne, Lieutenant pour le Roi au Gouvernement de Bourgogne : *Dijon*, 1636, *in-4.*

Ces deux Piéces sont d'Etienne Brechillet, Avocat.

26398. ☞ Le Roi triomphant, ou la Statue équestre de Louis XIII. posée sur le front de l'Hôtel de Ville de Reims, l'an 1636; par René de la Cheze : *Reims*, Bernard, 1637, *in-4.*]

26399. ☞ Le Cheval de Domitian, version du Latin du grand Poëte Stace, par feu M. (Nicolas) Bergier, pour servir de parallèle à la Statue équestre du feu Roi Henri le Grand, lorsqu'elle fut posée à Paris sur le Pont-neuf, en 1614. Seconde Edition : *Reims*, Bernard, 1637, *in-4.*]

26400. ☞ Bouquet Royal de l'Entrée de Louis le Juste en la Ville de Reims; par Nicolas Bergier (fils :) *Reims*, 1637, *in-4.*]

26401. ☞ Récit de ce qui s'est passé en la Ville de Dijon pour l'heureuse naissance de Monseigneur le Dauphin; (par Pierre Malpoy :) *Dijon*, 1638, *in-4.*]

26402. ☞ Relation de l'Entrée de Monseigneur le Duc de Richelieu dans la Ville de Toulouse (en Mai 1641 :) *in-4.*]

26403. Première Entrée du Roi Louis XIV. dans Paris, en 1643.

Cette Entrée est imprimée au tom. I. du *Cérémonial* de Godefroy, *pag.* 1003.

26404. Entrée des Ambassadeurs Polonois à Paris, en 1645, venus pour le Mariage de Louise Marie de Mantoue : 1645, *in-4.*

26405. ☞ Relation véritable des Cérémonies observées par les Habitans de la Ville de Coustance à l'Entrée de leur Evêque, (Claude d'Auvry), le 15 Septembre 1647; par M. de Morel : *Coustance*, 1647, *in-4.*]

26406. Description & Interprétation des Portiques érigés à l'Entrée de Louis de Bourbon, Gouverneur de Bourgogne, le 6 Mars 1648 : *Dijon*, Guyot, 1650, *in-4.* & *in-fol.* avec figures.

Estienne Brechillet, Avocat, est Auteur de cette Description.

☞ Les figures qui sont gravées dans ce Livre sont presque toutes semblables à celles qui accompagnent une Relation manuscrite qui suit. Au reste, les desseins de ces figures viennent d'une personne qui avoit de l'imagination; mais elle n'étoit pas réglée par les principes de l'architecture : un coup d'œil suffira pour en juger; il n'y a ni proportion dans les ordres des colonnes, ni justesse.]

26407. ☞ Mss. La Voie triomphale de la Vertu, préparée par l'amour du peuple Dijonnois, à l'honneur de haut & puissant Prince Monseigneur Louis de Bourbon, Prince de Condé, &c. à son heureuse Entrée en la Ville de Dijon, le 6 Mars 1648; (par Jean Godran, Sieur de Chazans :) *in-fol.*

Ce Manuscrit est dans la Bibliothèque de M. Fevret de Fontette, Conseiller au Parlement de Dijon.]

26408. ☞ La magnifique Entrée de la Paix, ou les superbes Portiques & Arcs de triomphes préparés à la venue de leurs Majestés dans la Ville de Paris : *Paris*, Dupont, 1649, *in-4.*

Ce n'est qu'un projet qui ne fut pas exécuté.]

26409. ☞ Description burlesque du Combat naval des Vénitiens & des Turcs, avec la solemnité du Feu de joie fait par l'Ambassadeur de Venise, devant le Pont des Thuilleries : *Paris*, Variquet, 1649, *in-4.*]

26410. ☞ Réception du Roi en Normandie, l'an 1650 : *in-4.*]

26411. La célèbre Cavalcade faite le 7 de Septembre 1651, pour la Majorité du Roi : *Paris*, 1651, *in-4.*

26412. Combat d'honneur concerté par les quatre Elémens, sur l'heureuse Entrée de Madame la Duchesse de la Vallette, (Gabrielle de Bourbon) en la Ville de Metz; ensemble la Réjouissance publique concertée par les Habitans de la Ville & du Pays, sur le même sujet, en 1650 : *in-fol.* 1654, avec figures.

Jean Motet de Briançon, Jésuite, est l'Auteur de ce Discours.

26413. ☞ Relation de ce qui s'est passé dans la Ville de Marseille le 19 d'Août 1650, & des Feux de joie qu'on y a faits, sur la nouvelle naissance de Monseigneur le Prince : 1650, *in-4.* de 4 pages.]

26414. ☞ Relation de ce qui s'est passé à l'arrivée de la Reine Christine de Suède à Essonne : *Paris*, Ballard, 1656, *in-4.*

C'est une Description des Fêtes que M. de Hesselin, Maître de la Chambre aux deniers du Roi, & Surintendant de ses plaisirs, donna dans sa maison d'Essonne à la Reine Christine de Suède, au mois de Septembre 1656, avant son arrivée à Paris. L'Abbé de l'Escalopier est l'Auteur de cette Description, des Vers Latins, & des Complimens François faits à la louange de cette Reine, qui se trouvent imprimés à la fin de ce Recueil.]

26415. ☞ Entrée de Christine, Reine de Suède, à Paris, en 1656 : *in-4.*]

26416. Les Armes triomphantes du Duc d'Espernon pour le sujet de son Entrée à Di-

Entrées des Rois & Reines, &c.

jon, en 1655 : *Dijon*, 1656, *in-fol.* avec figures.

26417. J. G. R. R. C. Sereniſſimi Ducis Eſpernonii triumphalia, ſeu honoraria ac ſuperba hujus herois in urbem Divionenſem ingreſſio, die 8 Maii 1656 : *Divione*, Chavance, 1656, *in-4.*

26418. Cavalcade du Roi au Palais Mazarin, en 1656.

Le Père Meneſtrier en fait mention dans ſon *Traité des Tournois*; & de Larrey, en ſon *Hiſt. de Louis XIV.* appelle cette Fête Carouſel, & dit qu'elle conſiſtoit en courſes de teſtes & de bagues, qui ſe firent dans la Place Royale.

26419. ☞ Les Emblêmes & Deviſes de la Cavalcade & Courſe de Bague que le Roi fit au Palais Cardinal, en 1656; recueillies par Giſſey, avec l'explication : *Paris*, de Sommaville, 1657, *in-4.*

26420. Entrée du Roi à Lyon, & la Réception faite à Madame Royale par Sa Majeſté : *Paris*, 1658, *in-4.*

26421. ☞ L'Autel de Lyon, dédié à Sa Majeſté, à ſon Entrée à Lyon : *Lyon*, 1658, *in-4.*

26422. Deſcription des Cérémonies & Réjouïſſances faites pour la Publication de la Paix, en 1660, à Lyon; par Claude-François MENESTRIER : *Lyon*, 1660, *in-fol.* & *in-8.*

26423. ☞ Au Roi ſur ſon arrivée (à Marſeille;) les Nymphes, Idylle : *Marſeille*, Garcin, 1660, *in-4.*

Cette Pièce, qui eſt ſans nom d'Auteur, eſt du Père BONNEAU, Prêtre de l'Oratoire.]

26424. Entrée triomphante de leurs Majeſtés Louis XIV. & Marie-Thérèſe d'Autriche dans la Ville de Paris, au retour de la ſignature de la Paix générale & de leur Mariage ; avec des figures deſſinées par le Pautre, & gravées par Chauveau, & diverſes Pièces pour l'Hiſtoire : *Paris*, Marot, 1660 ; *Ibid.* le Petit [& le Cointe,] 1662, *in-fol.*

Jean TRONÇON, Avocat au Parlement, a fait cette Deſcription.

26425. Relazione dell'Entrata di Luigi XIV. Rè di Francia, e della Reina Maria Tereſa, in Parigi : *in-fol.*

26426. La magnifique Entrée du Roi & de la Reine à Paris : *Paris*, 1660, *in-4.*

Cette Deſcription eſt de Gabriel COSSART, Jéſuite, mort en 1674.

26427. ☞ Entrée du Roi à Paris le 24 Août 1660, & Inſtitution des Habits à brevet, le 2 Octobre 1661.

Cette Entrée eſt imprimée au tom. I. des *Curioſités hiſtoriques* : *Amſterdam*, 1759, *in-12.*]

26428. ☞ Les Deviſes de la Porte S. Antoine & celles du Pont Notre-Dame ; avec les plus belles actions de nos Rois, & le temps de leur règne : *Paris*, Beſoigne, 1660, *in-4.* de 13 pages.]

26429. ☞ La Cavalcade Royale, contenant la revue générale de MM. les Colonels & Bourgeois de Paris, faite au Parc de Vincennes en préſence du Roi & de la Reine, pour la diſpoſition de leur magnifique Entrée dans leur bonne Ville de Paris : 1660, *in-4.*]

26430. ☞ Liſte des Colonels, Capitaines, Officiers & Bourgeois de Paris, avec l'ordre qu'ils doivent tenir pour l'Entrée de leurs Majeſtés : *in-4.*]

26431. ☞ Les harangues & les acclamations publiques au Roi & à la Reine, ſur leur magnifique Entrée en leur bonne Ville de Paris : 1660, *in-4.*]

26432. ☞ Le Triomphe de la France, ou l'Entrée de leurs Majeſtés à Paris : 1660, *in-8.*]

26433. ☞ Requête préſentée au Prevôt des Marchands de Paris par cent mille Provinciaux ruinés, attendant l'Entrée ; avec la Marche des Tailleurs allant au-devant de leurs Majeſtés, & un Sonnet ſur la Ville de Paris : *in-4.*]

26434. ☞ Deſcription des Arcs triomphaux pour l'Entrée de la Reine, avec l'explication en Vers & en Proſe : *Paris*, Loyſon, 1660, *in-4.* avec fig.]

26435. ☞ Explication des Tableaux, Peintures, &c. pour l'Entrée de leurs Majeſtés.]

26436. ☞ Le Parnaſſe Royal ſur l'Entrée de la Reine : *in-4.*]

26437. ☞ Remerciment des Provinciaux au Prevôt des Marchands, ſur l'Entrée de leurs Majeſtés : *Paris*, Loyſon, *in-4.*]

26438. ☞ Le feu Royal qui s'eſt tiré pour cette Entrée : *in-4.*]

26439. ☞ Conférence de Janot & de Pierrot Doucet, de Villenoce, & de Jaquot Pacquet de Pantin, ſur l'Entrée de la Reine.]

26440. Nouvelle Relation contenant la Royale Entrée de leurs Majeſtés dans leur bonne Ville de Paris, le 26 Août 1660 ; avec pluſieurs Pièces de Proſe & de Vers y jointes ; par François COLLETET : *Paris*, Loyſon, 1660, *in-4.*

26441. La Muſe en belle humeur, contenant la magnifique Entrée de leurs Majeſtés dans Paris, ſuivant l'ordre du Roi ; avec les Eloges du Roi, de la Reine, des Princes & Seigneurs de la Cour, des Chancelier, Préſidens & Chefs de Compagnies qui s'y ſont trouvés : le tout en Vers burleſques ; [par le Sieur PARENT] : *Paris*, Loyſon, (1660) *in-4.*

26442. ☞ Relation de la Réjouiſſance faite

à Nismes sur le sujet de la Paix, &c. *Nismes*, Roban, 1660, *in-*4.]

26443. Description de la Fête donnée au Roi & aux Reines par M. Fouquet, dans sa Maison de Vaux-le-Vicomte, le 17 Août 1660 : *Paris*, 1660, *in-*4.

☞ On sçait que les magnificences que fit alors le Surintendant des Finances, servirent en partie à ses ennemis pour indisposer contre lui le Roi, qui ne fit arrêter l'année suivante.]

26444. ☞ Description de la Machine du Feu d'artifice pour la Naissance de Monseigneur le Dauphin, par la Communauté des Maîtres Imprimeurs de Lyon, le 20 Novembre 1661 : *Lyon*, Guillimin, 1661, *in-fol.*]

26445. ☞ Le grand Carousel du Roi, ou la Course de bagues ordonnée par Sa Majesté, &c. *Paris*, Besoigne, 1662, *in-*4.]

Cavalcade du Roi & des Seigneurs de sa Cour, appellée communément le Carousel du Roi, en 1662 : *Paris*, Imprimerie Royale, 1662, *in-fol.* avec fig.

Le Roi fit graver en 1669 la Marche de ce Carousel, & les desseins en grand papier, avec le titre suivant :

Courses de têtes & de bagues faites par le Roi & par les Princes & Seigneurs de la Cour, en 1662, décrites par Charles PERRAULT, (depuis de l'Académie Françoise) ornées de Planches gravées par Chauveau, Sylvestre, Rousselet, &c. avec un Poëme Latin d'Esprit FLESCHIER, (depuis Evêque de Nismes) intitulé : *Cursus Regius*, *Carmen heroïcum* : *Paris*, Imprimerie Royale, 1669, *in-fol.*

26446. ☞ Emblêmes & Devises du Roi, des Princes & Seigneurs qui l'accompagnèrent en la Cavalcade Royale & Course de bague que Sa Majesté fit au Palais Cardinal, en 1662, recueillies par Gissey : *in-*4.]

26447. ☞ Ms. Les Noms & Armes enluminées des Princes & Seigneurs qui composent le grand Carousel & Courses de bagues ordonnées par Louis XIV. le 5 Juin 1662 : *in-fol.*

Ce Livre est indiqué au Catalogue de M. Sardière, num. 1060, avec la Note suivante. « Ce Manuscrit, qui » est bien écrit, fut présenté au Marquis de Coislin, qui » étoit un des Seigneurs de cette Fête. Après les Blasons, » on y trouve plusieurs Sonnets composés à la louange » des Princes & Seigneurs de ce Carousel.]

26448. ☞ Réception des Ambassadeurs des Cantons Suisses à Paris, en 1663 : *in-*4.]

26449. ☞ Le Carousel & Course de bague faite dans les Bosquets de Versailles, en 1664.

C'est une partie de la Fête des *Plaisirs de l'Isle enchantée* : *in-fol.*]

26450. Relation des Divertissemens que le Roi a donnés aux Reines dans le Parc de Versailles, en 1664 ; par DE MARIGNY : *Paris*, 1664, *in-*12.

26451. Recueil des Noms de tous ceux qui ont été employés à cette Fête : *Paris*, Ballard, 1664, *in-*4.

26452. ☞ Neuf Planches, représentant les Fêtes des Plaisirs de l'Isle enchantée, données à Versailles les 7, 8 & 9 de Mai 1664, gravées par Sylvestre : *in fol.*]

26453. Relation de l'Entrée du Cardinal Fabio Chigi, neveu d'Alexandre VII. & son Légat Apostolique en France, dans la Ville de Lyon ; par Claude-François MENESTRIER, Jésuite : *Lyon*, Juilleron, 1664, *in-fol.*

26454. ☞ L'Entrée solemnelle à Lyon du Cardinal Chigi, Légat, avec les Noms, qualités & Blasons des Prélats & Gentilshommes de sa suite, & les Noms, qualités, Blasons & Harangues des personnes qui composent le Corps de la Ville de Lyon : *Lyon*, Fumeux, 1664, *in-fol.*

C'est une Relation différente de la précédente.]

26455. ☞ Description de l'Arc de Triomphe dressé à la porte du Pont du Rhône, par les soins de MM. les Prevôt des Marchands & Echevins de la Ville de Lyon, en la réception de Monseigneur l'Em. Cardinal Fabio Chigi, neveu de sa Sainteté, & son Légat Apostolique en France : *Lyon*, Juilleron, 1664, *in-*4.]

26456. Description de l'Arc de Triomphe dressé à l'Entrée de la rue de Portefroc (à Lyon) par les soins de MM. les Doyen, Chanoines & Comtes de Lyon, pour la réception du même : *Lyon*, Juilleron, 1664, *in-*4.

26457. ☞ L'Entrée de Monseigneur le Légat Fabio Chigi, neveu de sa Sainteté, dans la Ville de Lyon, en Vers burlesques ; par P. L. S. G. J. C. D. C. S. L. *Lyon*, 1664, *in-*4.]

26458. Ms. Relation de ce qui s'est passé à l'Entrée du Légat à Paris, en 1664 ; par François DU CHESNE, Historiographe de France.

Cette Relation est conservée dans la Bibliothèque du Roi, entre les Manuscrits de du Chesne, num. 13, *p.*63.

26459. ☞ Ms. Récit de ce qui se fera à Betny, à l'arrivée du Roi, de la Reine, de Monsieur, & de toute la Cour : *in-*4.

Ce Manuscrit est conservé dans la Bibliothèque de M. Jardin, à Braine. C'est le Récit d'une Fête magnifique donnée (vers 1665) au Roi dans cette Maison, par M. de Lyonne, à qui elle appartenoit.]

26460. ☞ Audience de M. de Lyonne, (Secrétaire d'Etat) à Soliman Musta-Feraga, Envoyé de l'Empereur des Turcs, à Suresne en 1669. Audience du Roi : *in-*4.]

26461. Les Divertissemens de Versailles donnés par le Roi à toute sa Cour, au retour de la Conquête de la Franche-Comté, en 1674 ; décrits par André FELIBIEN : *Paris*, Coignard, 1674, *in-*12.

Cet Auteur est mort en 1695.

26462. * Relation de ce qui s'est passé à Vizille, à l'arrivée de Madame la Duchesse de Sault : *Grenoble*, 1676, *in-4*.

26463. Discours sur l'intelligence des Arcs de Triomphes, dressés par l'ordre des Consuls de la Ville d'Aix, Procureurs du Pays de Provence, à l'heureuse Entrée de son Altesse de Vendôme, Gouverneur de ladite Provence ; par Honoré BURLE, Ecuyer, Conseiller du Roi & Doyen en la Sénéchaussée générale dudit Pays : *Aix*, David, 1680, *in-fol*.

Cet Auteur est mort en 1691.

26464. ☞ Recueil contenant la Description de diverses Cérémonies : *in-4*. sçavoir :

L'Entrée des Ambassadeurs Polonois à Paris, pour le Mariage de la Princesse Louise de Mantoue, pour être Reine de Pologne, en 1645.

Le Couronnement de cette Princesse à Cracovie.

Le Mariage du Roi d'Espagne Charles II. avec Mademoiselle, en 1679.

La Fête donnée par l'Ambassadeur d'Espagne à la même Princesse, & son Entrée à Madrid.

Le Mariage de M. le Prince de Conti, avec Mademoiselle de Blois, en 1680.

Celui de Monseigneur le Dauphin avec la Princesse de Bavière, en 1680 : *in-4*.

Ce Recueil est indiqué *pag*. 582 du Catalogue de M. Bellanger.]

26465. ☞ Description des Feux d'artifice faits à l'honneur du Roi à Lille, ensuite de la venue de Sa Majesté en cette Ville, & de la Réjouissance publique de la Paix, en 1680 : *Lille*, Malte, 1680, *in-fol*.]

26466. ☞ Feu d'artifice tiré à Valenciennes, à l'arrivée du Roi, le 5 Août 1680 : *in-4*.]

26467. ☞ La Relation de la Naissance de M. le Duc de Bourgogne, & des Fêtes faites à cette occasion : 1682, *in-4*.]

26468. ☞ Le Temple du Mont Claros, ou les Oracles rendus en forme d'Horoscope sur la Naissance de M. le Duc de Bourgogne, (au Collège de Clermont ou de Louis le Grand;) par le P. MENESTRIER : *Paris*, 1682, *in-4*.]

26469. ☞ Relation des Réjouissances faites à Dijon pour la Naissance de Monseigneur le Duc de Bourgogne ; par Aimée PIRON, Apothicaire : *Dijon*, Pailliot, 1682, *in-4*.]

26470. ☞ Réjouissances faites dans la Ville de Dijon, au sujet de la Naissance de Monseigneur le Duc de Bourgogne ; par Etienne MOREAU, Avocat-Général à la Chambre des Comptes : *Dijon*, Grangier, 1682, *in-4*.]

26471. ☞ Dialogue François & Bourguignon du récit des Réjouissances faites à Dijon pour la Naissance de Monseigneur le Duc de Bourgogne ; par Jean FLORY, Chirurgien : *Dijon*, Bellaire, 1682, *in-4*.]

26472. ☞ Relation de ce qui s'est passé de plus considérable dans la Réjouissance ordonnée par MM. les Magistrats de la Ville de Semur, Capitale de l'Auxois, sur la Naissance de Monseigneur le Duc de Bourgogne, en l'année 1682 ; par Antoine CHIFFLOT, Avocat : *Dijon*, Pailliot, *in-4*.]

26473. ☞ Relation figurée sur les Magnificences que la Ville de Marseille a étalées en la Naissance heureuse du Duc de Bourgogne : *Marseille*, Mesnier, 1682, *in-4*.]

26474. ☞ Réjouissances faites à Ratisbonne pour la Naissance de M. le Duc de Bourgogne, par le Comte de Crecy, Plénipotentiaire du Roi à la Diette de l'Empire : *Paris*, de la Caille, 1682, *in-4*. avec fig.]

26475. Carousel des Dames par Monseigneur le Dauphin, en 1685 : *Paris*, 1685, *in-4*. avec fig.

26476. ☞ Le Carousel des galans Maures, entrepris par M. le Dauphin, en 1685 : *Paris*, veuve Blageart, 1685, *in-4*.]

26477. ☞ Seconde Relation du Carousel de M. le Dauphin : *Ibid*. 1685, *in-4*. avec figures.]

26478. ☞ Récit de ce qui s'est fait à Caën le 5 Septembre, pour la Naissance du Roi, que la Ville avoit choisi pour élever une Statue à Sa Majesté, avec les Panégyriques du Roi & autres Ouvrages sur le même sujet : *Caën*, Cavelier, 1685, *in-4*.]

26479. ☞ Rome triomphante sur le Mont Pincius, dans les applaudissemens à la gloire & à la piété de Louis le Grand, célébrées par le Cardinal d'Estrées, le 12 Mai 1686, à l'occasion de l'extirpation de l'Hérésie, & pour le rétablissement de la santé de Sa Majesté, en François & en Italien ; par le Père CORONELLI : *in-fol*.

La même Relation de cette Fête, en François : *in-4*.]

26480. Carousel de Monseigneur le Dauphin à Versailles, en 1686 : *Paris*, veuve Blageart, 1686, *in-4*.

26481. Relation de ce qui s'est passé à Paris à la Réception du Roi en l'Hôtel de Ville, le 30 Janvier : *Paris*, 1687, *in-4*.

26482. ☞ Relation de tout ce qui s'est passé à Marseille à l'occasion des Réjouissances qu'on a faites pour le rétablissement de la santé du Roi : *Marseille*, Mesnier, 1687, *in-4*.]

26483. ☞ La Fête de Chantilly, pendant le séjour que Monseigneur le Dauphin y a fait, avec une Defcription exacte du Château; par DE VIZÉ : *Paris*, 1688, *in*-12.]

26484. ☞ Relation de la Fête des Prud'hommes, Corps & Communautés des Patrons Pêcheurs de la Ville de Marfeille, célébrée le 16 Février 1687, à l'honneur du Roi & fur l'heureux rétabliffement de fa fanté; par le Sieur MAGNI : *Marfeille*, Mefnier, 1687, *in*-4. & *in*-12.]

26485. ☞ Relation des Réjouiffances que l'Univerfité d'Aix a faites en Provence, pour le Rétabliffement de la fanté du Roi : *Aix*, 1687, *in*-8.]

26486. ☞ La Statue de Louis le Grand, placée dans le Temple de l'honneur; Deffein du feu d'artifice dreffé devant l'Hôtel de Ville de Paris, pour la Statue du Roi qui y doit être pofée : *Paris*, Caillou, 1689, *in*-4.

On y a joint :

Décoration de la cour de l'Hôtel de Ville, &c. = Les mêmes, avec des différences. = Lettre à M..... fur la Defcription du Feu d'artifice de l'Hôtel de Ville de Paris, fous le titre du *Temple de l'honneur.* = Seconde Lettre pour juftifier l'Infcription Latine du Temple de l'honneur. = Réflexions fur les applications des paffages de l'Ecriture Sainte, dans les Actions publiques pour les Entrées, Spectacles, Décorations & autres fujets : *in*-4.]

26487. ☞ Les Refpects de la Ville de Paris en l'érection de la Statue de Louis le Grand, juftifiés contre les ignorances & les calomnies d'un Hérétique François, réfugié en Hollande : *Lyon*, 1690, *in*-12.]

26488. ☞ Relation des Réjouiffances qui fe font faites à Châtillon-fur-Seine, pour la Réduction de la Ville de Mons; par M. PYON, Bachelier en Théologie & Principal du Collége : *Châtillon*, Bourut, 1691, *in*-12.]

26489. ☞ Diverfes Pièces fur la Statue équeftre élevée à la Place de Louis le Grand : 1699, *in*-4.

Ces Pièces font :

1. Epître au Roi fur le fujet de fa Statue, par l'Abbé P..... *Paris*, Valleyre, 1699.

2. Sonnet au Roi & les Quatrains, au fujet de la Cérémonie ; & l'Explication du Feu de joie de la Ville de Paris : *Paris*, veuve Mazuel.

3. Chanfon nouvelle fur le Feu d'artifice qui fe fait fur la rivière.

4. Ode Latine, traduite en vers François : *Paris*, Coignard, 1700.

5. La Statue équeftre de Louis le Grand, placée dans le Temple de la Gloire, deffein du feu d'artifice élevé fur la Seine le 13 Août 1699 : *Paris*, veuve Vaugon, 1699.

6. Le Portrait du Roi, par les Infcriptions du pied-d'eftal, &c. avec leurs Explications en François.

7. Infcriptions mifes autour du pied-d'eftal : *Paris*, Imprimerie Royale.

8. Cùm Statua equeftris Lud. Magni à Præfecto urbis & Ædilibus dedicaretur, carmen (Martini BILLET de Faniere :) *Paris*, veuve Bouillerot, 1699.]

26490. ☞ Fefti plaufus Collegii Pictavienfis Societatis Jefu, adveniente Pictavium Philippo V. Hifpaniarum Rege : *Pictavii*, Vidua J. Bapt. Braud, 1700, *in*-4.]

26491. ☞ La Ville de Poitiers, au Roi d'Efpagne, Idylle : *Poitiers*, 1700, *in*-4.]

26492. Lettre (de B.) au fujet de l'Entrée du Roi d'Efpagne (Philippe V.) & des Princes dans la Ville de Bourdeaux, le 5 Janvier 1701 : (*Bourdeaux*, 1701,) *in*-4.

26493. Relation de ce qui s'eft paffé à l'arrivée & pendant le féjour à Marfeille de Meffeigneurs les Ducs de Bourgogne & de Berry, en 1701 : *Marfeille*, 1701, *in*-4.

26494. Relation fommaire de ce qui a été fait à Toulon, pendant le féjour des Ducs de Bourgogne & de Berry : *Paris*, Michallet, 1701, *in*-4.

26495. Difcours fur les Arcs triomphaux dreffés en la Ville d'Aix, à l'heureufe arrivée du Duc de Bourgogne & du Duc de Berry : *Aix*, Adibert, 1701, *in*-fol.

Pierre DE CHASTEUIL - GALAUP eft l'Auteur de ce Difcours, qui donna lieu à une querelle Littéraire, où l'on éclaircit divers points de l'*Hiftoire de Provence.*

☞ M. de Chafteuil, qui a fait auffi les deffeins des Arcs triomphaux, nous apprend dans la Préface que ces Arcs ont été fon coup d'effai, à l'âge de 57 ans, & qu'il fut principalement engagé à fe laiffer charger de ce foin, parcequ'on lui repréfenta que fon père avoit été chargé du même emploi en 1622, à l'Entrée de Louis le Jufte, & que fon ayeul avoit travaillé aux Deffeins de la Porte Royale de la Ville de Marfeille. Louis XIII. fut fi content de la Réception qu'on lui fit à Aix, qu'il fit expédier à M. de Chafteuil, gratis, les Provifions de l'Office de fon Procureur - Général en la Chambre des Comptes & Cour des Aides de Provence. Page 5 de ce Difcours, il dit avoir compofé l'*Hiftoire de la Ville d'Aix*, & ajoute qu'il y mettra bien-tôt la dernière main. Page 17, on trouve l'*Hiftoire de la Cour d'Amour* fort au long. On y traite auffi de l'origine de la rime Françoife, &c. jufqu'à la page 41.]

26496. Lettre critique de SEXTIUS le Salyen à Euxenus le Marfeillois, touchant le Difcours précédent : 1701, *in*-12.

Pierre-Jofeph DE HAITZE OU D'HACHE, Provençal, a écrit cette Lettre. L'Euxenus le Marfeillois à qui il écrit, eft le Sieur de Roiffy.

26497. Réflexions fur le Libelle intitulé : Lettre critique de Sextius, &c. à M. D. S. C. D. R. A. P. D. P. *Cologne*, le Blanc, 1702, *in*-12.

Ces Réflexions de M. DE CHASTEUIL-GALAUP, à M. de Suffren, Confeiller du Roi au Parlement de Provence, furent imprimées à Aix chez les Héritiers de Roize. M. de Haitze inféra fa Réponfe aux Réflexions précédentes, dans fes Differtations, &c. [rapportées ci-après aux *Hiftoires de Provence.*]

—— ☞ Apologie des Troubadours, &c. fervant de Réponfe aux Differtations de Pierre Jofeph de Haitze.

Cette Pièce fe trouve ci-après aux *Hiftoires des Poëtes François.*]

26498. ☞ Harangue prononcée le 6 Mars 1701;

1701; par M. l'Abbé VIANI, Prieur de l'Eglise de S. Jean de Jérusalem à Aix, en y recevant les Princes : *Aix*, Elzeas, 1701, *in-4.*]

26499. ☞ Ludovico Burgundiæ Duci, symbola Heroica : *in-4.*]

26500. L'auguste piété de la Royale Maison de Bourbon, sujet de l'appareil fait à Avignon pour la réception des Ducs de Bourgogne & de Berry; par J. J. (Jean Joseph) BONTOUS, Jésuite : *Avignon*, Offray, 1701, *in-fol.*

26501. Veridico Ragguaglio dell'arrivo de' Principi della Casa Reale di Francia in Avignone, colle notitie piu distinte dell'Entrata e passagio delle Reali Altezze loro peri stati del Contado Venaissino : *in Avignone*, Offray, 1701, *in-4.*

26502. ☞ Abrégé de la Vie de Michel Nostradamus, suivi d'une nouvelle Découverte de ses Quatrains, par le Sieur Palamedes Trone DE CONDOULET, de la Ville de Sallon : *Aix*, Adibert, *in-4.*

Cette Découverte est au sujet de l'avénement de Philippe V. à la Couronne d'Espagne, & du Voyage des Princes; c'est ce qui nous a engagé à citer ici cet Ouvrage.]

26503. ☞ Sonnets & Madrigal présentés à MM. les Ducs de Bourgogne & de Berry, à leur passage du Pont-S.-Esprit ; par le Sieur DE ROUBIN : *Avignon*, Chastenier, 1701, *in-4.*]

26504. Décoration faite dans la Ville de Grenoble pour la réception de Messeigneurs les Ducs de Bourgogne & de Berry; avec des Remarques sur la pratique & les usages des Décorations : *Grenoble*, Fremon, 1701, *in-fol.* avec figures.

26505. ☞ La Réjouissance des Peuples des Provinces, au passage des Princes; Chanson-Sonnet pour l'Entrée des Princes à Lyon : *in-4.*]

26506. Relation de ce qui s'est passé à Lyon, lorsque les Princes y vinrent en 1701 : *Lyon*, 1701, *in-12.*

Dominique COLONIA, Jésuite, a composé cette Relation : [il est mort en 1741.]

26507. Relation de ce qui s'est passé à Lyon au passage des Princes, depuis le 9 Avril jusqu'au 23 : *Lyon*, Pascal, (1701) *in-4.*

26508. ☞ Recueil de quelques Poésies Françoises & Latines, présentées à Lyon à M. le Duc de Bourgogne, par le Collége de la Compagnie de Jesus : *Lyon*, Sibert, 1701, *in-4.*]

26509. Dessein du Feu d'artifice dressé sur la Saone à Lyon, pour l'arrivée de MM. les Ducs de Bourgogne & de Berry, avec l'Explication des Devises, &c. *Lyon*, Pascal, 1701, *in-4.*]

26510. Relation de ce qui s'est passé à Châlon-sur-Saone à l'Entrée du Duc de Bourgogne, le 14 Avril 1701 ; par Jacques MOREAU, Sieur de Brazey, ancien Capitaine au Régiment de Jarre : *Lyon*, Chappuis, 1701, *in-4.*

26511. Relation de ce qui s'est passé à Dijon pour la réception des Ducs de Bourgogne & de Berry : *Dijon*, Michard, 1701, *in-4.*

26512. ☞ Journal du Voyage de feu Monseigneur le Duc de Bourgogne, père de Louis XV. pour accompagner le Roi d'Espagne son frère, depuis le 4 Décembre 1700, jusqu'au 24 Avril 1701 ; fait par lui-même.

Il est imprimé au tom. II. des *Curiosités historiques : Amsterdam*, 1759, *in-12.*]

26513. Relation de l'Entrée de Philippe V. Roi d'Espagne, à Madrid, le 14 Avril 1701 : *Paris*, Jouvenel, 1701, *in-4.*

26514. ☞ Passage du Roi d'Espagne à Marseille, le 27 Octobre 1702 : *in-4.*]

26515. Breve Demonstration del leal gozo que monstrò el dia 5 de Septembre, D. Petro DE ARNOUL, Intendente de la Marina el natal dia de Luis XIV. en Cadiz, (ou Description de la Fête que M. d'Arnoul, Intendant de la Marine, donna à Cadix le 5 Septiembre 1703, jour de la Naissance de Louis XIV.) *Cadix*, de Requena, 1703, *in-fol.*]

26516. ☞ Discours à Monseigneur Louis de France, Duc de Bourgogne, & à Madame la Princesse Marie-Adélaïde son Epouse, sur la Naissance de Monseigneur le Duc de Bretagne : 1704, *in-12.*]

26517. ☞ Description du feu de joie tiré à Versailles le 8 Juillet ; par M. LE NOBLE : *Paris*, Cellier, 1704, *in-4.*]

26518. ☞ Explication du feu d'artifice dressé devant l'Hôtel de Ville de Paris : *Paris*, veuve Grou, 1704, *in-4.*]

26519. ☞ Description de la Décoration des Galleries du Louvre, le 28 Août : *in-4.*]

26520. ☞ Relation de la Fête donnée au Palais Abbatial de S. Germain des Prés, par M. le Cardinal d'Estrées : *Paris*, Josse, *in-4.*]

26521. ☞ Le Triomphe de la Seine & du Tage sur les autres Fleuves de l'Europe, affermi par la Naissance de Monseigneur le Duc de Bretagne : Dessein du Feu d'artifice tiré sur la Seine le 21 Août : *Paris*, l'Esclapart, *in-4.*]

26522. ☞ Réjouissances faites à Lyon pour la Naissance de M. le Duc de Bretagne, en 1704; par Dominique DE COLONIA : *Lyon*, Briasson, 1704, *in-4.* avec fig.]

26523. ☞ Relation des Réjouissances faites à Caën, le 6 Juillet : *Caën*, Cavelier, 1704, *in-4.*]

LIV. III. Histoire Politique de France.

26524. ☞ Relation de l'Entrée de M. le Duc d'Aumont, Ambassadeur extraordinaire en Angleterre, le 12 Juillet 1713, &c.

Elle est imprimée au tom. II. des *Curiosités historiques*: *Amsterdam*, 1759, *in-12*.]

26525. Relation de l'Entrée du Comte de Konisseg, Ambassadeur de Sa Majesté Impériale auprès du Roi Très-Chrétien, le 22 Octobre 1718: (*Paris*, 1718,) *in-4*.

On lit au commencement de cette Relation, que cette Ambassade est la première qui ait été faite au Roi de France depuis le Règne de l'Empereur Charles-Quint.]

26526. ☞ Description de la Fête donnée dans Paris, sur la rivière, le 24 Mars 1722, (pour le Mariage projetté entre le Roi & l'Infante): *Paris*, Coignard, 1722, *in-4*.

On sçait que ce Mariage n'a pas eu lieu.]

26527. ☞ La Fête Royale donnée à Sa Majesté par Monseigneur le Duc de Bourbon, à Chantilly, les 4, 5, 6, 7 & 8 Novembre 1722; par M. FAURE : *Paris*, Barrois, 1722, *in-4*.]

26528. ☞ Fêtes données à la Reine Marie de Pologne, depuis Strasbourg où se fit son Mariage, en 1725.

Voyez les *Journaux* faits à ce sujet, ci-après, Article V. à l'an 1725.]

26529. ☞ Fêtes lors du premier Voyage du Roi à Compiégne, en 1729.

Voyez ci-devant, N.° 34594, le *Journal historique de ce Voyage*.]

26530. ☞ Description du Feu d'artifice des Ambassadeurs d'Espagne, pour la Naissance de Monseigneur le Dauphin ; (par l'Abbé LENGLET :) 1729, *in-4*.]

26531. ☞ Naissance de Monseigneur le Dauphin : *Paris*, 1729, *in-4*.]

26532. ☞ Lettre du Roi à M. l'Archevêque de Paris, pour faire chanter le *Te Deum*, &c. *Paris*, Simon, *in-4*. & Mandement de l'Archevêque de Paris, qui ordonne une Procession générale : *Ibid. in-4*.]

26533. ☞ Harangue au Roi; par M. DE LA MOTTE, Directeur de l'Académie Françoise : *Paris*, Coignard, *in-4*.]

26534. ☞ Lettre du Roi à M. l'Evêque de Grenoble, & Mandement de cet Evêque : *Grenoble*, Petit, 1729, *in-4*.]

26535. ☞ Déclaration du Roi concernant les graces accordées aux Prisonniers, 22 Octobre 1729 : *Paris*, Simon, *in-4*.]

26536. ☞ Description de la Décoration du Feu d'artifice (tiré le 7 Septembre 1729,) & Explication : *Paris*, Coignard, *in-4*.]

26537. ☞ Description de la Décoration du Feu qui doit être tiré à Versailles : *in-4*.]

26538. ☞ Relation des Fêtes données à Rome par M. le Cardinal de Polignac, pour la Naissance de Monseigneur le Dauphin, en Novembre 1729, traduit de l'Italien : *Paris*, Delespine, 1730, *in-4*. de 23 pages.]

26539. ☞ Carlo Magno Festa teatrale in occasione della Nascita del Delfino, offerta dal Card. Ottoboni : *in Roma*, de Rossi, 1729, *in-fol*.]

26540. ☞ Description de la Fête & du Feu qui doit être tiré à Paris sur la rivière, par ordre de Sa Majesté Catholique, par les soins du Marquis de Santa-Cruz & de M. de Barrenechea, le 31 Janvier 1730 : *Paris*, Gandouin, 1730, *in-4*.]

26541. ☞ Relation des Réjouissances faites en l'Université de Caën, pour le même sujet, le 29 Octobre 1729 : *Caën*, Cavelier, 1730, *in-4*.]

26542. ☞ Relation de ce qui s'est passé à Arles, à l'occasion de la Naissance de Monseigneur le Dauphin : *Arles*, 1729, *in-4*.]

26543. ☞ Relation des Réjouissances qui se sont faites à Dijon à la Naissance de Monseigneur le Dauphin; par M. l'Abbé PETIT: *Dijon*, 1729, *in-4*.]

26544. ☞ Relation des Réjouissances faites à Dijon pour la Naissance de Monseigneur le Dauphin, en patois Bourguignon; par le Sieur PETITOT, (le même que Petit,) Bourgeois de Dijon : *Dijon*, Auger, 1730, *in-12*.]

26545. ☞ Relation de la Fête ordonnée par les Elus Généraux (de Bourgogne) pour la Naissance de Monseigneur le Dauphin : *Dijon*, 1729, *in-fol*.]

26546. ☞ Relation de la Réjouissance faite à Dijon dans la rue Vannerie, pour la Naissance de Monseigneur le Dauphin : *Dijon*, Sirot, 1729, *in-4*.]

26547. ☞ Relation des Réjouissances faites en la Ville de Châlon (sur Saone,) à l'occasion de la Naissance de Monseigneur le Dauphin, (attribuée à M. GAUTHIER, Maire de Châlon, & à M. BERTHELOT, Chanoine de la Cathédrale de cette Ville:) *Châlon*, 1729.]

== ☞ Recueil de toutes les Fêtes, pour le même sujet : *in-8*.

Voyez ci-devant, N.° 25738.]

26548. ☞ Ode sur la Naissance de M. le Dauphin & du Duc d'Anjou : *in-4*.]

26549. ☞ La prédiction accomplie, ou la Naissance du Duc d'Anjou, présentée au Roi au sortir du *Te Deum* chanté en action de graces le 2 Septembre 1730 : *Paris*, Simon, *in-4*.]

26550. ☞ Relation de ce qui s'est passé à l'Entrée solemnelle de M. Claude-Antoine de Choiseul, Evêque, Comte de Châlons

Entrées des Rois & Reines, &c.

(fur-Marne,) Pair de France; (par M. le Chevalier DE LA TOUCHE:) *Châlons*, Bouchard, 1735, *in-fol.* une feuille.]

26551. ☞ Description des Fêtes & Feux d'artifice à l'occasion du Mariage de Madame Louise-Elisabeth de France avec l'Infant D. Philippe, en 1739, *in-4.* avec fig.]

26552. ☞ Description des Fêtes données par la Ville de Paris, à l'occasion du Mariage de Madame Louise-Elisabeth de France avec D. Philippe, Infant d'Espagne; par les soins de M. Turgot, Prevôt des Marchands, en 1739, les 29 & 30 Août: *in-fol.* avec fig.]

26553. ☞ Description de la Fête donnée à Versailles (pour le même sujet:) *Paris*, Osmont, 1739, *in-4.*]

26554. ☞ Description de la Fête & du Feu d'artifice donné par l'Ambassadeur d'Espagne: *Paris*, Lottin, *in-4.*]

26555. ☞ Description des Magnificences faites à Orléans au passage de Madame de France, Epouse de D. Philippe; par M. (Daniel) POLLUCHE: *Orléans*, *in-4.*]

26556. ☞ Représentation des Fêtes données par la Ville de Strasbourg, pour la convalescence du Roi à l'arrivée de Sa Majesté & pendant son séjour en ladite Ville, avec des Explications gravées au burin: 1744, *in-fol.*

On y a joint : « Représentation du Feu d'artifice de » 1749, » indiqué plus bas.]

26557. ☞ Description des Fêtes & Réjouissances célébrées à Strasbourg pour la convalescence du Roi: *Strasbourg*, 1744, *in-4.*]

26558. ☞ Lettre à M. Klinghin, Préteur de Strasbourg, sur le Livre d'Estampes qu'il a fait graver à l'occasion du séjour du Roi à Strasbourg, & des Fêtes qui y ont été données à Sa Majesté, en 1744; par le Sieur TANEVOT: 1744, *in-4.*]

26559. ☞ Relation de l'Entrée de D. Philippe dans Avignon; par M. (François) MORÉNAS: 1744, *in-4.*

Relation de ce qui s'est passé pendant son séjour; par le même: 1745, *in-fol.*]

26560. ☞ Description de la Fête donnée à Dijon par MM. les Elus généraux (de Bourgogne) le 27 Septembre 1744, à l'occasion de l'heureuse convalescence du Roi; par M. LE JOLIVET: *Dijon*, 1744, *in-4.*]

26561. ☞ Lettre contenant la Relation des Réjouissances faites à Semur au sujet du rétablissement de la santé du Roi: 1745, *in-12.*

Cette Pièce est assez jolie; & l'*Errata* qui est à la fin, est plaisant.]

Tome II.

26562. ☞ Relation des Réjouissances faites dans Avignon pour la convalescence du Roi; par le même: 1745, *in-4.*]

26563. ☞ Relation des Fêtes publiques données par l'Université de Montpellier, à l'occasion du rétablissement de la santé du Roi, procuré par trois Médecins de cette Ecole; par (M. Arnulphe) D'AUMONT, Professeur en Médecine à Valence: 1744, *in-4.*]

26564. ☞ Fêtes publiques données par la Ville de Paris, à l'occasion du (premier) Mariage de Monseigneur le Dauphin, au mois de Février 1745, *in-fol.* avec fig.]

26565. ☞ Descriptions des Fêtes données à Naples, les 2, 3 & 4 Août 1745, par M. le Marquis de l'Hôpital, Ambassadeur extraordinaire de France auprès du Roi des deux Siciles, à l'occasion du Mariage de Monseigneur le Dauphin avec l'Infante Marie-Thérèse d'Espagne, avec l'Estampe: *Paris*, Cl. Hérissant, 1746, *in-4.*]

26566. ☞ Fêtes publiques données par la Ville de Paris à l'occasion du (second) Mariage de Monseigneur le Dauphin, au mois de Février 1747: *in-fol.* avec fig.]

26567. ☞ Représentation du Feu d'artifice fait à Strasbourg à l'occasion de la publication de la Paix: 1749, *in-fol.*]

26568. ☞ Le Triomphe de la Paix, ou le Feu de joie élevé par les soins de MM. les Lieutenans, Gens du Conseil & Echevins de la Ville de Reims; & tiré devant l'Hôtel de Ville, pour la publication de la Paix, le Jeudi 13 Mars 1749: *Reims*, 1749, *in-4.*]

26569. ☞ Relation de l'Arrivée du Roi au Havre-de-Grace, le 19 Septembre 1749, & des Fêtes qui se sont données à cette occasion: *Paris*, Guérin, 1753, *in-fol.* avec figures.]

26570. ☞ Plans & Desseins des Constructions & Décorations ordonnées par la Ville de Paris, pour les Réjouissances publiques, à l'occasion de la publication de la Paix: 1749, *in-4.* oblong.]

26571. ☞ Le Temple de la Félicité publique, figuré par le Feu de joie élevé par les soins de MM. les Magistrats de la Ville de Reims, pour la Naissance de Monseigneur le Duc de Bourgogne: *Reims*, Florentain, 1751, *in-4.*]

26572. ☞ Relation des Fêtes données à Avignon pour la Naissance de Monseigneur le Duc de Bourgogne; par M. (François) MORÉNAS: 1751.]

26573. ☞ Recueil de Pièces sur la Naissance de M. le Duc de Bourgogne, & Re-

Zzzz 2

lation des Fêtes données dans le Royaume à ce sujet.

C'est ce que contient le tome II. du *Mercure de Janvier* 1761.]

26574. ☞ Description des Fêtes données à l'occasion de la Naissance de M. le Duc de Bourgogne ; (par M. Alexandre-François COTTEREL, Curé de S. Laurent à Paris:) 1751, *in-4*.]

26575. ☞ Relation des Fêtes données à Avignon pour la Naissance de M. le Duc de Bourgogne ; par François MORÉNAS : *Avignon*, 1751, *in-4*.]

26576. ☞ Deux Plans des Edifices élevés à la Place Royale de Dijon, les 2 & 6 Février 1757, pour les Feux d'artifice, tirés par la Province & par la Ville, en réjouissance de l'heureuse conservation du Roi.]

26577. ☞ Fêtes données à l'occasion des Voyages de Mesdames, Adelaïde & Victoire, en Lorraine, aux années 1761 & 1762.

On trouve la Description de ces Fêtes, dans le *Journal* & la *Relation de ce Voyage*, indiqués ci-devant (au tom. I. pag. 126,) N.ᵒˢ 2374 & 2375, comme dans la *Relation du premier Voyage*, par M. DE SAUVIGNY, & dans celle du *second Voyage*, en 1761; par M. FILLION : *in-8*. Pièces qui seront indiquées au long dans le Supplément.]

26578. ☞ De Adventu Dominarum Adelaïdæ & Victoriæ in Lotharingiam : Carmen : *in-4*.

M. LE FEBVRE, Conseiller au Parlement de Metz, en est l'Auteur.]

26579. ☞ Le Triomphe de Chantilly, ou Lettre de M. QUIN, sur les Fêtes qu'on y a données depuis trois mois : 1762, *in-8*.]

══ ☞ Descriptions des Entrées de l'Evêque d'Orléans, & du Privilège qu'il a de délivrer des Criminels.

Voyez ci-devant, au tom. I. *pag*. 621, N.ᵒˢ 9446 & *suiv*.]

26580. ☞ Relation des Entrées solemnelles dans la Ville de Lyon, de nos Rois, Reines, Princes, Princesses, Cardinaux, Légats & autres grands Personnages depuis Charles VI. jusqu'à présent : *Lyon*, 1752, *in-4*.

Elle est principalement tirée des Registres & Actes Consulaires de la Ville de Lyon.]

26581. ☞ Mss. Mémoires concernant les Ambassadeurs ; par M. DE SAINTOT : *in-fol*. 3 vol.

Ces Mémoires, qui auroient dus être indiqués ci-devant parmi les Traités généraux du Cérémonial, sont conservés dans la Bibliothèque de la Ville de Paris, num. 53-55. On y trouve nombre de Relations d'Entrées & Réceptions d'Ambassadeurs Etrangers en France. (Ces Mémoires sont différens de ceux que nous avons mis N.º 25926.) M. de Saintot les présenta au Roi en 1704, & les revit en 1708 ; ensorte que le troisième Volume n'est que le premier revu & corrigé.]

ARTICLE IV.

Discours de plusieurs autres Cérémonies faites du vivant des Rois, [*Mariages, Baptêmes, Lits de Justice, Processions, Entrevues, Formulaires, Rangs & Séances*.]

26582. Ms. CÉRÉMONIES observées aux Mariages des Rois & autres Grands de France, depuis l'an 1494 jusqu'en 1626: *in-fol*.

Ces Cérémonies sont conservées entre les Manuscrits de M. Dupuy, num. 76, & entre ceux de M. de Brienne, num. 266, [à la Bibliothèque du Roi], & dans celle de Messieurs des Missions Etrangères.

26583. ☞ Ms. Mariages.— Suite des Mariages : *in-4*.

C'est ce qui occupe les Porte-feuilles 830 & 831 du grand Recueil de M. de Fontanieu, conservé dans la Bibliothèque du Roi.]

26584. Les Cérémonies ès Mariages des Rois, de leurs Fils & Frères, comme aussi de leurs Filles & Sœurs, depuis l'an 1558 jusqu'en 1645.

Elles sont imprimées dans Godefroy, au tom. II. du *Cérémonial de France*, *pag*. 1 & *suiv*. Paris, 1649, *in-fol*.

26585. ☞ Bernardini RINCII, Mediolanensis Medici, Epithalamion, seu Oratio in Nuptiis Francisci, Galliarum Delphini, & Mariæ Britannorum Regis filiæ : *Parisiis*, Gormond, 1518, *in-4*.]

26586. ☞ Campi, Convivii atque Ludorum Agonisticorum ordo, Modus atque Descriptio ; incerto auctore : *in-4*.

Cela regarde la même Fête, & est écrit en forme d'Epître, datée du camp d'Ardres, au mois de Juin 1518. On n'y trouve ni le nom ni le lieu ni de l'Imprimeur, non plus que l'année ; mais on voit bien qu'il a été imprimé à Paris.]

☞ La Description & Ordre du Camp, Festins & Joustes : *in-4*.

C'est l'Original ou la Traduction du précédent.]

26587. ☞ Cutheberti CONSTALLI Oratio habita in Sponsalibus Francisci Francorum Regis primogeniti, & Mariæ Henrici VIII. Regis Angliæ filiæ : *Parisiis*, in æd. Ascens. (circa annum 1518), *in-4*.]

26588. ☞ Ad Leonoram Galliæ Reginam Caroli V. germanam sororem, de ejus Matrimonio cum Francisco Gallorum Rege, Gratulatio ; auctore Joanne STRATIO : *Parisiis*, Morrhius, 1530, *in-4*.]

26589. * Panégyrique de (François) BALDUIN, sur le Mariage du Roi Charles IX. *Angers*, Picquenot, 1571, *in-4*.

26590. ☞ Entrevue que le Roi François I.

Cérémonies du vivant des Rois. 733

. eut à Aigues-Mortes, avec l'Empereur Charles-Quint, & circonstances du Voyage que ce même Roi fit en Languedoc, l'an 1542, pendant & après le Siège de Perpignan.

Ce sont les Notes & Observations II. & III. du tom. V. de l'*Histoire du Languedoc* ; par DD. DE VIC & VAISSETE.]

26591. Descrittione delle Nozze di Madama Maria di Medici ; di Michel-Angelo BUONAROTTI : *in Firenze*, 1600, *in-4*.

26592. ☞ Orazione del Cavalier Filippo CAURIANA, fatta nella partita di Toscana per Francia di Maria de Medici : *in Firenze*, Tosi, 1600, *in-4*.]

26593. Le Camp de la Place Royale, ou Relation de ce qui s'est passé pour la publication du Mariage du Roi & de Madame, avec l'Infante & le Prince d'Espagne : *Paris*, Micart, 1612, *in-4*. & *in-8*.

Honorat DE PORCHÈRES, qui a été depuis de l'Académie Françoise, a fait cette Relation.

26594. Description de la Place Royale & des Magnificences qui s'y sont faites depuis ; avec les Cérémonies qui furent faites aux Epousailles de Madame, Sœur aînée de Sa Majesté, jusqu'à son départ vers l'Espagne : *Bourdeaux*, Millanges, 1615, *in-8*.

26595. ☞ Heureuse Arrivée du Roi à Bourdeaux, & la Cérémonie du Mariage de Madame, Sœur aînée du Roi : 1615, *in-8*.]

26596. L'Ordre & Cérémonies observées aux Mariages de France & d'Espagne ; sçavoir, entre le Roi Louis XIII. & Anne d'Autriche, & entre Philippe IV. Roi d'Espagne & Elizabeth de France, en 1615 ; par Théodore GODEFROY : *Paris*, Martin, 1627, *in-4*.

26597. * Il solemne Matrimonio, celebrato in Francia trà Don Filippo d'Austria, Principe di Spagna, e Elisabeta di Borbone, tradotto di Discorso Francese : *Viterbo*, Discepoli, 1616, *in-4*.

26598. * Regio Sposalitio, celebrato in Burgos alli 18 d'Ottobre 1615, tra Ludovico XIII. Re di Francia, Anna d'Austria ; da Pietro Rochino PEPINO : *Viterbo*, Discepoli, 1616, *in-4*.

26599. Relation de ce qui s'est passé à Tolose, [les 3, 10 & 11 Février], pour le Mariage de Madame (Chrestienne), Sœur du Roi, avec le Prince de Savoye : *Tolose*, Colomiez, 1619, *in-8*.

26600. ☞ Relatione delle gran Feste, fatte in Torino, per il Matrimonio di Amedeo, Principe di Piemonte, con Cristiana di Francia : *Venetia*, Benvenuti, 1619, *in-4*.]

26601. ☞ Les Cérémonies de l'Alliance entre la France & l'Angleterre, faite Dimanche dernier, 2 Février, en l'Eglise des Feuillans, en présence du Roi & de toute la Cour : *Paris*, 1620, *in-8*.}

26602. L'Ordre des Cérémonies observées au Mariage du Roi de la Grande Bretagne & de Madame, Sœur du Roi : *Paris*, Martin, 1625, *in-8*.

26603. ☞ Mf. Relation de ce qui s'est fait & passé au Mariage du Roi Charles I. & de Madame Henriette, fille de Henri le Grand & Sœur de Louis XIII, Rois de France, ès années 1624 & 1625 : *in-4*.

Ce Manuscrit est indiqué *pag*. 475 du Catalogue de M. Bellanger.]

26604. ☞ Relation de ce qui s'est passé à Douvres & à Londres, à l'Arrivée & Réception de la Reine d'Angleterre, son départ de Boulogne, &c. *Paris*, Bacot, 1625, *in-8*.]

26605. ☞ Récit véritable de l'ordre & des Cérémonies faites au Mariage de Monsieur, frère du Roi, & de Mademoiselle de Montpensier, en la Ville de Nantes, avec les Articles du Mariage : *Paris*, Bacot, 1626, *in-8*.]

26606. Relatione de' Regii Sponsali trà Ludovico Rè di Francia & l'Infanta Maria Teresa di Austria, nell'anno 1660 : *in Roma*, 1660, *in-4*.

26607. ☞ Mf. Relation du Mariage du Roi & de la Reine, célébré à Fontarabie, le 3 Juin 1660, *in-4*.

Ce Manuscrit est conservé dans la Bibliothèque du Roi, entre ceux de M. de Cangé.]

26608. ☞ Nouvelle Relation, contenant l'Entrevue & Sermens des Rois pour l'entière exécution de la Paix ; ensemble toutes les particularités & cérémonies qui se sont faites au Mariage du Roi & de l'Infante d'Espagne ; avec tout ce qui s'est passé de plus remarquable entre ces deux Monarques, jusqu'à leur départ 1660 : *in-4*.]

26609. ☞ P. BURAY, J. Mazarinus, utriusque fœderis & pacis, & nuptiarum minister, seu Pompa Regia in ingressu Reginæ : *Parisiis*, 1660, *in-4*.]

26610. ☞ Mf. Procès-verbal, contenant les Interrogatoires des Prisonniers détenus dans les Prisons de Paris, lors du Mariage de Louis XIV. en 1660 ; avec les rôles des graces accordées & refusées : *in-fol*.

Il se trouve indiqué au num. 2142 du Catalogue de M. Bernard.]

26611. ☞ Relation de ce qui s'est passé à Munich au Mariage de Monseigneur le Dauphin, en 1680.

Relation de ce qui s'est passé à Nancy, au passage de Madame la Dauphine.

Ces deux Pièces sont conservées dans la Bibliothèque de M. Fevret de Fontette, Conseiller au Parlement de Dijon.]

26612. ☞ L'Espagne en Fête, à l'occasion du Mariage de Mademoiselle Marie-Louise d'Orléans, fille de Monsieur, frère de Louis XIV. Roi de France, avec le Roi d'Espagne Charles II. fait à Fontainebleau, le 31 Août 1679 : *Paris*, 1679, *in*-4.]

26613. Cérémonies du Mariage de Charles II. Roi d'Espagne, avec Marie-Louise d'Orléans, fille de Monsieur, Frère unique du Roi : *la Haye*, 1685, *in*-12.

26614. ☞ In Burgundiæ Ducis nuptias cum Adelaida Principe Sabaudâ, poematia XLII. à PP. S. J. *Parisiis*, 1697.

In idem Argumentum Musarum Plausus in Collegio Ludovici Magni : *Parisiis*, 1697, *in*-4.]

26615. ☞ Route de Mademoiselle d'Orléans, Princesse des Asturies : *Bourdeaux*, 1722, *in*-4.]

26616.* ☞ Journal historique du Voyage de Mademoiselle de Clermont, depuis Paris jusqu'à Strasbourg, du Mariage du Roi & du Voyage de la Reine, &c. par le Chevalier DAUDET : *Chaalons*, Bouchard, 1725, *in*-8.]

26617. ☞ Relation de tout ce qui s'est passé au Mariage du Roi, le Voyage de la Reine, la Célébration faite à Fontainebleau, les Fêtes, les Harangues, les Pièces de Poésies. *Mercure*, 1725, *Septembre*, 1 & 2 vol.]

26618. ☞ Relation en forme de Journal, de ce qui s'est passé à Strasbourg, à l'occasion du Mariage du Roi Très-Chrétien, avec la Princesse de Pologne, fille du Roi Stanislas: *Strasbourg*, Stouck, *in*-4.]

26619. ☞ Journal de ce qui s'est fait à Metz au passage de la Reine, avec un Recueil de plusieurs Pièces sur le même sujet : *Metz*, 1725, *in*-4.]

26620. ☞ Edit portant création de Maîtrises d'Arts & Métiers dans toutes les Villes du Royaume, à l'occasion du Mariage du Roi : Juin, 1725, *in*-4.]

26621. ☞ Mandement & Discours de M. le Cardinal de Rohan, Evêque de Strasbourg, pour la célébration du Mariage, &c. *Paris*, Garnier, 1725, *in*-4.]

26622. ☞ Lettre du Roi à M. le Cardinal de Noailles, pour faire chanter le *Te Deum* : *Paris*, Delespine, 1725, *in*-4.]

26623. ☞ Regales Nuptiæ Ludovici & Mariæ, Carmen : *Parisiis*, Lottin, 1726, *in*-4.]

26624. ☞ Relation des Cérémonies observées à l'occasion de ce Mariage : *in*-4.]

26625. ☞ Le Mariage du Roi avec la Princesse Royale de Pologne, Poëme ; par le Sieur PARIS, Curé de Coolus : *Chaalons*, Seneuze, 1725, *in*-4.]

26626. ☞ Harangue faite au Roi, par M. l'Evêque de Luçon : *Paris*, Simon, 1725, *in*-4.]

26627. ☞ Harangue faite à la Reine, à Fontainebleau, le 10 Septembre 1725 ; par M. l'Evêque d'Angers : *Paris*, *in*-4.]

26628. ☞ Relation de la Cérémonie que l'on a faite au Mariage de Madame Louise-Elisabeth de France, avec Don Philippe, Infant d'Espagne, à Versailles le 26 Août 1739 : *in*-4.]

26629. ☞ S.P. Philippi Hispaniarum Infantis & Ludovicæ Elisabeth, &c. Epithalamium ; auctore Christiano LEROY : 1739, *in*-4.]

26630. ☞ Ode à M. Turgot, Prévôt des Marchands, sur la Fête donnée par la Ville au sujet de ce Mariage : *Paris*, Guérin, 1739, *in*-8.]

26631. ☞ Ludovicus audiat, Carmen, in Nuptias Galliarum Delphini : *Parisiis*, 1745, *in*-8.]

26632. ☞ Ms. Mémoire des Cérémonies qui se font aux Baptême, Confirmation, première Communion & Pompes funèbres des Rois & Princes du Sang : *in*-4.

Ce Recueil est indiqué num. 2222 du Catalogue de M. Bernard.]

26633. Ms. Cérémonies observées aux Naissances & Baptêmes des Enfans de France; Réceptions & Entrées des Légats, Chanceliers & autres, tirées du Cérémonial de la Chambre des Comptes : *in-fol.*

Elles sont conservées dans la Bibliothèque du Roi, num. 9363.

26634. ☞ Ms. Naissances, Baptêmes & Convalescences : *in*-4.

C'est ce qui occupe le Porte-feuille 832 du grand Recueil de M. de Fontanieu, conservé dans la Bibliothèque du Roi.]

26635. Ms. Cérémonies des Baptêmes des Enfans de France, depuis l'an 1368 jusqu'en 1598 : *in-fol.*

Ces Cérémonies sont conservées entre les Manuscrits de M. Dupuy, num. 76, & dans la Bibliothèque du Roi, num. 9362.

26636. Les Réjouissances publiques, faites à la Naissance des Enfans de France ; comme aussi les Cérémonies & Baptêmes desdits Enfans & autres.

Elles sont imprimées au tom. II. de Godefroy, pag. 156.

26637. Cérémonies qui s'observent aux Baptêmes des Fils & des Filles de France ; par le Père ANSELME, Religieux Augustin Déchaussé.

Ces Cérémonies sont imprimées dans la troisième Partie de son *Théâtre d'Honneur* : *Paris*, 1663, *in*-4.

26638. ☞ La Magnificence des Triomphes faits à Rome, pour la Nativité de Monseigneur le Duc d'Orléans, second fils du

Roi Henri II, par A. B. traduite de l'Italien en François: *Paris*, André, 1549, *in*-4.]

26639. Relatio Cæremoniarum Baptismi Ludovici Delphini, primogeniti Henrici Magni; auctore Joanne Papirio MASSONO: *Parisiis*, 1606, *in*-8.

26640. Relatione delle Ceremonie fatte nel Batesimo del sereniffimo Delphino, & delle sereniffime sue sorelle celebratosi in Fontainebleau; il die 14 de Settembre 1606; racolta da Cesare LATINI, Fiorentino: *in Parigi*, Morello, 1606, *in*-8.

☞ La même Relation en François : *in*-8.]

26641. ☞ Colloque des trois supposts du Seigneur de la Coquille : *id est*, Explication des Réjouiffances que les Imprimeurs de Lyon firent faire à la Naiffance de Louis XIII. *in*-8.]

26642. ☞ Triomphe & Cérémonies du Baptême de M. le Dauphin & de Mesdames ses Sœurs; ensemble l'ordre des Princes, Princeffes & grands Seigneurs qui y ont affisté; les noms des Parrains & Marraines, &c. *Lyon*, Morillon, 1606, *in*-8.]

26643. ☞ Le triple Flambeau de grace, départi sur le Baptême de M. le Dauphin & de Mesdames ses Sœurs; par Pierre DE BERNARD, Conseiller au Parlement de Tholose : *Rouen*, le Villain, 1606, *in*-8.]

26644. Parénete ou Fantaisie sur les Cérémonies du Baptême de Monseigneur le Dauphin, en Vers; par Jean BERTAUT, Abbé d'Aunay: *Paris*, 1607, *in*-8.

Cet Auteur est mort Evêque de Seez, en 1611.

26645. ☞ Traduction du Poëme de Georges CRITTON, Profeffeur du Roi, sur le Baptistère de Monseigneur le Dauphin; par Nicolas de Sainte-Marthe, (sans Frontispice): *in*-8. de 8 pages.]

26646. Cérémonies du Baptême de Monseigneur le Dauphin, (fils de Louis XIV.): *Paris*, 1667, *in*-8.

26647. Mf. Recueil de Cérémonies, qui commence par les Cérémonies observées lorsque le Roi fit Monseigneur le Dauphin Chevalier du S. Esprit; en 1682: *in-fol*.

Ce Recueil est conservé dans la Bibliothèque de M. le Prince de Condé, num. 64.

26648. ☞ Mf. Procès-verbal des graces accordées en faveur de la Naiffance de Monseigneur le Dauphin, (fils de Louis XV.) en 1729 : *in-fol*.

Ce Procès-verbal est indiqué num. 2144 du Catalogue de M. Bernard.]

26649. Mf. Ordre & Séances gardés en la Convocation & Affemblée des trois Etats du Royaume de France, en 1559 & 1560: *in-fol*.

Cet Ordre est conservé dans la Bibliothèque de M. le Chancelier d'Aguesseau.

26650. Mf. Ordre des Séances observées aux Etats Généraux & Affemblées des Notables, depuis l'an 1557 jusqu'en 1632 : *in-fol*.

Cet Ordre est conservé entre les Manuscrits de M. de Brienne, num. 166, & dans la Bibliothèque de Meffieurs des Miffions Etrangères.

26651. Majorités des Rois & Cérémonies; & Séances tenues ès Etats-Généraux du Royaume, & particulièrement du Languedoc & autres; comme auffi aux Affemblées des Notables.

Ces Cérémonies sont imprimées au tom. II. de Godefroy, pag. 257.

26652. Mf. Cérémonies & Rangs aux Lits de Juftice : *in-fol*.

Elles [étoient] conservées parmi les Manuscrits de M. le Chancelier Seguier, [& sont aujourd'hui à S. Germain-des-Prés.]

26653. Mf. Cérémonies observées aux Lits de Juftice, aux Mariages des Rois & Princes, aux Proceffions publiques, aux Festins publics, aux Baptêmes des Rois & des Princes: *in-fol*.

Elles sont conservées entre les Manuscrits de M. Dupuy, num. 76.

26654. ☞ Mf. Lits de Juftice tenus par nos Rois dans leurs Parlemens, tant pour la publication de leurs Edits que pour autres occasions : *in-fol*.

Ces Lits de Juftice sont indiqués num. 3236 du Catalogue de M. Le Blanc.]

26655. Mf. Lits de Juftice en l'année 1363: *in-fol*.

Ils sont conservés dans la Bibliothèque de M. le Chancelier Seguier, num. 347.

26656. Mf. Lits de Juftice, depuis 1369 jusqu'en 1610: *in-fol*. 3 vol.

Ces Lits de Juftice sont conservés dans la Bibliothèque de M. le Premier Préfident de Mesme.

26657. Mf. Autre Recueil, depuis 1369 jusqu'en 1627 : *in-fol*. 4 vol.

Ces Lits de Juftice [étoient] parmi les Manuscrits de M. Godefroy, [dont la plûpart sont dans la Bibliothèque de la Ville de Paris.]

26658. Mf. Autre Recueil, depuis 1485 jusqu'en 1633 : *in-fol*.

Ces Lits de Juftice sont conservés entre les Manuscrits de M. Dupuy, num. 76, [dans la Bibliothèque du Roi, parmi] ceux de M. de Brienne, num. 248, & dans la Bibliothèque de M. le Chancelier d'Aguesseau.

26659. Mf. Autre, depuis l'an 1369 (jusqu'en 1636): *in-fol*. 2 vol.

Ces Lits de Juftice sont conservés entre les Manuscrits de M. Dupuy, num. 507, 508, & dans la Bibliothèque de M. le Chancelier Seguier, num. 342, [aujourd'hui à S. Germain-des-Prés.]

26660. Mf. Lits de Juftice servant de Supplémens aux autres : *in-fol*. 2 vol.

Ces Lits de Juftice sont conservés entre les Manuscrits de M. Dupuy, num. 513, 514.

26661. Mſ. Autres, depuis le Roi Charles VI. juſqu'en 1641 : *in-fol.*

Ces Lits de Juſtice [étoient] conſervés dans la Bibliothèque de M. Foucault, [qui a été vendue.]

26662. ☞ Lit de Juſtice tenu par Charles IX. à Bordeaux, en 1564.

Il ſe trouve dans le *Recueil* de Mauleon de Granier, *pag.* 414.]

26663. Séance du Roi Louis XIV. en ſon Lit de Juſtice, en ſon Parlement, le 18 Mai 1643 : *Paris,* 1643, *in-fol.* & *in-8.*

La même Séance, décrite par DU TILLET, Greffier au Parlement, eſt imprimée au tom. II. de Godefroy, *pag.* 635.

26664. Lits de Juſtice, Séances des Rois & autres Aſſemblées ſolemnelles, ès Cours de Parlement de Paris, Toulouſe, Bourdeaux, Rouen, depuis Charles V. en 1369 juſqu'en 1648.

Ils ſont imprimés au tom. II. du *Cérémonial* de Godefroy, *pag.* 427. Ce Recueil commence par un Diſcours ſur la Séance des Rois de France en leurs Cours de Parlement, que l'on eſtime être de Jean du Tillet, Greffier au Parlement.

26665. Séance de Louis XIV. en ſon Lit de Juſtice, le 29 Juillet 1649 : *Paris,* 1649, *in-4.*

26666. Lit de Juſtice de Louis XV. tenu en ſon Parlement, le 12 Septembre 1715 : *in-4.*

26667. Procès-verbal de ce qui s'eſt paſſé au Lit de Juſtice tenu par le Roi, (Louis XV.) au Château des Thuilleries, le 26 Août 1718; avec les Edits, Déclarations, Lettres-Patentes & Arrêts, prononcés & enregiſtrés, le Roi tenant ſon Lit de Juſtice : *Paris,* Imprimerie Royale, 1718, *in-4.*

26668. ☞ Mémoire ſur les Lits de Juſtice; (par M. Louis-Adrien LE PAIGE, Avocat, & Bailli du Temple) : *in-12.*]

26669. Mſ. Inſcriptions, Souſcriptions & Suſcriptions des Lettres écrites par le Roi & au Roi : *in-fol.*

Ces Inſcriptions, &c. ſont conſervées dans la Bibliothèque du Roi, num. 9373, 9374, & dans celle de M. le Chancelier Seguier, num. 615, [à S. Germain-des-Prés.]

26670. Mſ. Mémoires de Suſcriptions, Souſcriptions & manières d'écrire des Empereurs, Rois & Princes Etrangers, au Roi, en 1631 & 1632 : Mémoires de Suſcriptions, Souſcriptions & manières d'écrire du Roi, aux Princes Etrangers, en 1631 & 1632 : *in-fol.*

Ces Mémoires ſont conſervés entre les Manuſcrits de M. Dupuy, num. 233, 383, 584, & dans la Bibliothèque du Roi, num. 9373.

26671. ☞ Mſ. Titres & Qualités que les Rois & Reines de France d'une part, & les Papes, Empereurs, Rois, Cardinaux, Princes & Seigneurs Etrangers d'autre part, ſe ſont donnés réciproquement : *in-fol.*

Ce Manuſcrit ſe trouve indiqué num. 2259 du Catalogue de M. Pelletier.]

26672. Mſ. Inſcriptions, Souſcriptions & Suſcriptions des Lettres que le Roi, la Reine Mère, Monſeigneur le Dauphin & Monſieur, écrivent ou qui leur ſont écrites, tant dedans que dehors le Royaume : *in-fol.*

Ces Inſcriptions ſont conſervées entre les Manuſcrits de M. Dupuy, num. 139, & ceux de M. de Brienne, num. 232, [à la Bibliothèque du Roi, & parmi ceux] de M. le Chancelier Seguier, num. 615, [à S. Germain-des-Prés.]

26673. Formulaire des Inſcriptions & Souſcriptions de Lettres dont le Roi de France eſt traité par tous les Potentats de l'Europe, & dont il les traite réciproquement : *Utrecht,* 1680, *in-12.*

26674. ☞ Mſ. Formulaire pour le Cabinet du Roi, fait en 1683 : *in-4.*

Ce Manuſcrit eſt indiqué *pag.* 636 du Catalogue de M. Bellanger.]

26675. Les Actes de Foi & Hommage pour les grandes Terres & Seigneuries du Royaume, pour les Terres baillées en Appanage; avec les Sermens de fidélité des Connétables, Amiraux, Ducs & Pairs, Maréchaux, Echevins de Paris, & autres Officiers.

Ces Actes ſont imprimés dans Godefroy, au tom. II. de ſon *Cérémonial de France, pag.* 651 & 675.

26676. Mſ. Cérémonies anciennes, obſervées aux Gages des Batailles, Querelles, Cartels & Satisfactions, depuis l'an 1485 juſqu'en 1619, Preuves anciennes par le Fer chaud; Tournois, &c. *in-fol.*

Ces Cérémonies ſont conſervées [à la Bibliothèque du Roi], entre les Manuſcrits de M. de Brienne, num. 278, & ceux de M. Baluze, num. 27.

26677. Traité des Cérémonies & Ordonnances appartenant à Gage de Bataille & Combats, en Champs clos, ſelon les Inſtitutions de Philippe, Roi de France, donnés au Roi, par Paul DEMONT - BOURCHER, Sieur de la Rivaudière; avec un Avis au Roi, pour le rétabliſſement du Gage de Bataille en Champs clos : *Paris,* Mariette, 1612, *in-8.*

26678. Mſ. Entrevues des Rois & Princes ſouverains, depuis 1254 juſqu'en 1625 : Cérémonies obſervées aux Feſtins Royaux, depuis 1378 juſqu'en 1625 : *in-fol.*

Ces Entrevues ſont conſervées entre les Manuſcrits de M. de Brienne, num. 269, [à la Bibliothèque du Roi], & dans celle de M. le Chancelier d'Agueſſeau.

26679. Réceptions & Entrevues des Papes, Empereurs, Rois & Reines, & autres Princes Etrangers, par les Rois de France; comme auſſi des Légats *à latere,* & des Ambaſſadeurs Extraordinaires & Ordinaires : Réceptions des Lieutenans de Roi, Evêques & Gouverneurs de Paris.

Ces Réceptions ſont imprimées au tom. II. de Godefroy, *pag.* 709 & 866.

26680. ☞ Extrait d'une Lettre écrite ſur l'Ordre

Cérémonies du vivant des Rois.

l'Ordre & les Cérémonies observées à l'Entrevue des Rois de France & d'Angleterre, &c.

Dans les *Mélanges* de Camusat, *pag.* 106 : *Troyes*, 1619, *in*-8.]

26681. Mf. Actes tirés des Regiftres du Parlement, touchant les Proceffions folemnelles faites, tant à Paris qu'à Saint-Denis, depuis 1482 jufqu'en 1594 : *in-fol.*

Ces Actes font conservés dans la Bibliothèque du Roi, num. 9809.

26682. Mf. Proceffions générales, où font débattus & décidés plufieurs différends pour les rangs, depuis 1527 jufqu'en 1622 : *in-fol.*

Ces Proceffions générales font conservées entre les Manufcrits de M. de Brienne, num. 270, [à la Bibliothèque du Roi], & dans celle des Miffions Étrangères.

26683. ☞ Mf. Publications de Paix, Alliances & Déclarations de Guerre ; = Fêtes & Réjouiffances ; = Proceffions : *in*-4.

C'eft ce qui occupe les Porte-feuilles 826-829 du grand Recueil de M. Fontanieu, conservé dans la Bibliothèque du Roi.]

26684. Actes & Séances des Rois, pour l'entretenement des Traités de Confédération & d'Alliance avec les Rois & Princes Étrangers, & les *Te Deum*, Proceffions, Feux de joie, faits à ce fujet : Proceffions folemnelles.

Ces Cérémonies font imprimées au tom. II. de Godefroy, *pag.* 887, 933, 987.

26685. Mf. Grands Maîtres de Cérémonies de France ; Mémoires, Actes & Lettres-Patentes, touchant le Rang des Grands de France : *in-fol.*

Ces Mémoires font conservés entre les Manufcrits de M. de Brienne, num. 262, [à la Bibliothèque du Roi.]

26686. Mf. Cérémonies & Rangs : *in-fol.*

Ces Cérémonies font conservées dans la Bibliothèque du Roi, num. 936, dans celle de M. de Mefme, *in-fol.* 6 vol. & parmi les Manufcrits de M. le Chancelier Seguier, num. 313, [à S. Germain-des-Prés.]

26687. Mf. Difcours des Rangs & Séances ; Mélanges de diverfes Cérémonies : *in-fol.*

Ce Difcours eft conservé entre les Manufcrits de M. Dupuy, num. 326 & 478.

26688. Mf. Rangs des Princes du Sang, dans les Cérémonies facrées : *in*-4.

Ce Recueil eft conservé dans la Bibliothèque de M. le Prince de Condé, num. 132.

26689. Mf. L'Ordre qui s'obferve aux jours des Cérémonies Royales, pour ce qui eft des Rangs & Préféances des Princes, Seigneurs & Officiers de la Couronne.

Cet Ordre eft conservé dans la Bibliothèque de M. le Chancelier d'Aguesseau.

26690. Mf. Rangs & Séances des Pairs & grands Seigneurs de France, dans les Confeils des Rois : *in-fol.*

Mf. Extraits des Recueils de Jean DU TILLET, concernant les Séances des Grands dans les Confeils du Parlement, Affemblées des Etats Généraux, &c.

Mf. Difcours de Nicolas de Neufville, Seigneur DE VILLEROY, fur le Rang & Séance qui s'obferve entre les Grands du Royaume, au jour des Cérémonies.

Mf. Difcours fur le même fujet.

Ce Volume eft conservé dans la Bibliothèque du Roi. ☞ Ces deux Difcours font imprimés dans les *Curiofités hiftoriques* : *Amfterdam*, 1759, *in*-12.]

26691. ☞ Du Manteau Royal des Reines de France, des Filles de France, des Princeffes du Sang & des Ducheffes.

Dans le tom. XI du *Mercure François*, *pag.* 363.]

26692. ☞ Recueil des Rangs des Grands de France.

Dans le *Recueil des Rois de France* de du Tillet : *Paris*, 1610, *in*-4.]
☞ Au tom. I. des *Mémoires de Villeroy*, *pag.* 17, & dans le *Catalogus gloriæ mundi* de Chaffeneus, il eft parlé du Rang du Dauphin de France.]

26693. ☞ Mf. Si le Chevalier de Vendofme a dû prétendre la droite à la Cour de Savoye ? quel rang doivent tenir les Cardinaux, & en quoi confifte la Principauté, pour les Enfans naturels de nos Rois, contre les Cardinaux François & les Regnicoles, les Officiers de la Couronne & les Princes Etrangers ; par le Sieur DE BONAIR (Stuart ı) 1671, *in*-8.

Ce Manufcrit eft indiqué au Catalogue de M. du Fay, & fe trouve dans la Bibliothèque de la Ville de Paris. *Voyez* ci-devant, N.° 25642.]

26694. ☞ Mémoire ou Differtation au fujet du Rang des Princes Étrangers, (particulièrement ceux de la Maifon de Lorraine), en France.

Dans le tom. I. des *Mémoires de Ribier*, *pag.* 275.]

26695. ☞ Mf. Diverfes Cérémonies ; = Rangs, Séances & Préféances : *in*-4.

C'eft ce qui occupe les Porte-feuilles 834-835 du grand Recueil de M. Fontanieu, conservé dans la Bibliothèque du Roi.]

☞ On trouve encore dans le Recueil des *Curiofités hiftoriques* : *Amfterdam*, 1759, *in*-12. les Pièces 1, 2, 3, 4, 5, 6, 9, 11 & 19, qui concernent les Rangs, Préféances, &c. en France, & les honneurs faits aux Ambaffadeurs de France dans les Cours de l'Europe.]

ARTICLE V.

Defcriptions des Pompes funèbres des Rois, des Reines, Princes & Princeffes de France.

26696. DISCOURS fur les anciennes Sépultures de nos Rois ; par Dom Jean MABILLON, Religieux Bénédictin de la Congrégation de Saint-Maur, & de l'Académie des Infcriptions.

Ce Difcours eft imprimé au tom. II. des *Mémoires de* cette Académie, *pag.* 684.

26697. ☞ Funérailles de nos Rois ; par M. DE SAINTFOIX.

[Ce Morceau curieux est imprimé, *pag.* 41 de la quatrième Partie de ses *Essais historiques* : *Londres*, & *Paris*, Duchesne, 1757, *in*-12. & *pag.* 226 de la Part. 2. Edition de 1766.]

26698. Mf. Obséques des Rois & Reines de France, & des Seigneurs, depuis l'an 1378 jusqu'en 1584 ; Extraits des Registres du Parlement : *in-fol.*

Ces Obséques sont conservés dans la Bibliothèque du Roi, num. 9371.

26699. Mf. Obséques des Rois & Reines de France, & Seigneurs, depuis l'an 1378 jusqu'en 1616 : *in-fol.*

Ces Obséques [étoient] conservés dans la Bibliothèque de M. Foucault, [qui a été vendue.]

26700. Mémoires des derniers jours, Exeques & Enterremens des Roys & Roynes de France ; avec l'Inventaire des Testamens ; par Jean DU TILLET.

Ces Mémoires sont imprimés dans son *Recueil des Rois de France*, *pag.* 344 : *Paris*, 1610, *in*-4.

26701. Cérémonies qui s'observent aux Enterremens des Rois & des Reines de France ; par le Père ANSELME, Religieux Augustin Déchaussé.

Elles sont imprimées dans la troisième Partie de son *Palais d'Honneur* : *Paris*, 1663, *in*-4.

26702. Mf. Cérémonies & Pompes funèbres observées aux Obséques des Princes & Grands, depuis l'an 1380 jusqu'en 1627 : *in-fol.*

Ces Mémoires sont conservés entre les Manuscrits de M. Dupuy, num. 324, dans la Bibliothèque de M. le Chancelier d'Aguesseau, & dans celle de M. le Premier Président de Mesme.

26703. Mf. Pompes funèbres & Enterremens des Rois & des Reines de France, des Princes & Princesses du Sang ; Services & Cérémonies funèbres pour des Rois, Reines, Princes & Princesses Etrangers, depuis l'an 1285 jusqu'en 1629 : *in-fol.*

Ces Pompes funèbres sont conservées entre les Manuscrits de M. de Brienne, num. 264, [à la Bibliothèque du Roi], & dans la Bibliothèque de Messieurs des Missions Etrangères.

26704. ☞ Mf. Funérailles des Reines : *in-fol.*

[Elles se trouvent indiquées au num. 1665, du Catalogue de M. d'Estrées.]

☞ On peut consulter encore, pour les Cérémonies qui s'observent aux Obséques des Rois, Reines, &c. = *Théâtre d'honneur* de Favyn, *tom.* II. *pag.* 1838, = les *Mélanges* de Camusat, *pag.* 157 : *Troyes*, 1619, *in*-8.]

26705. Mf. Enterremens & Pompes funèbres de plusieurs Princes, Cardinaux & autres Seigneurs François ; ensemble de quelques Chanceliers de France & autres, depuis l'an 1389 jusqu'en 1595 : *in-fol.*

Ces Enterremens sont conservés entre les Manuscrits de M. de Brienne, num. 265.

26706. Epitaphium Dagoberti Regis.

26707. Epitaphium Theodorici ?. Regis Francorum.

26708. Epitaphia vetera Reginarum, Pontificum, Patriciorum, & aliquot aliorum.

26709. Epitaphia Fastradæ Reginæ, Caroli Magni uxoris.

26710. Epitaphia filiarum Pipini & Caroli Magni, & Hildegardis Reginæ.

Ces Epitaphes sont imprimés dans du Chesne, au tom. I. de son *Recueil des Histor. de France*, *pag.* 590, 685, 513, 648, 202.

26711. Epitaphium Ludovici Regis & Imperatoris.

26712. Epitaphium Lotharii, Imperatoris, & Irmengurdis Augustæ ; auctore RABANO Mauro.

26713. Epitaphium Ludovici II. Lotharii Imperatoris filii.

26714. Epitaphium Caroli Calvi, Imperatoris.

26715. Epitaphia Lotharii Francorum Regis, Gerbertæ Reginæ, Matris ejus, & aliquot aliorum.

26716. Epitaphium Hugonis Magni, Roberti Regis filii, quod fecit GERALDUS, Aurelianensis.

26717. Epitaphium duplex Philippi I. Francorum Regis.

26718. Epitaphium duplex Ludovici VII. Francorum Regis.

26719. Epitaphium Philippi Augusti Regis.

26720. Epitaphium Ingelburgis sive Isenburgis Reginæ Francorum.

26721. Epitaphia fratrum & liberorum sancti Ludovici IX. Regis Francorum.

Ces Epitaphes sont imprimés au tom. II. de du Chesne, *pag.* 320, 398, 399, 472, 600, 628, & au tom. IV. *pag.* 79, 167, 444, 262, 442.

26722. Mf. Epitaphes du Roi Charles V. [ou VII.] composés par Simon GREBAN : *in-fol.*

Ces Epitaphes [étoient] conservés dans la Bibliothèque de M. Baluze, num. 84, [& sont aujourd'hui à la Bibliothèque du Roi.]

26723. ☞ Epitaphes de Charles VII. par le même : *Paris*, *in*-4.

Les Epitaphes de Greban ne sont point de Charles V. mais de Charles VII. André du Chesne, dans la *Bibliothèque des Auteurs qui ont écrit l'Histoire de France*, *pag.* 63, parle d'une Edition de cet Ouvrage imprimé à *Paris* : *in*-4. Ménage, dans ses *Observations sur Malherbe*, *pag.* 482 & 483, rapporte quelques Vers de ces Epitaphes de Greban.]

26724. Epitaphes de Louis XI. & de Charles VIII. (vieille Edition) : *in*-4.

26725. Epitaphes des Rois de France, depuis Pharamond jusqu'à François I. en Vers François ; avec des Distiques Latins ; par

Descriptions des Pompes funèbres.

Barthélemy CHASSENEUS : *Bourdeaux*, de Vaten, *in*-8.

Cet Auteur eſt mort Préſident au Parlement de Provence, en 1544.

☞ Il y a pluſieurs Editions de ce Livre. Il n'y a que les Vers Latins qui ſoient de Chaſſeneus; les Vers François ſont de Jean BOUCHET, dit le Traverſeur, & ils ſont tirés de ſon Ouvrage intitulé : *Les anciennes & modernes Généalogies des Rois de France, leurs Epitaphes, &c.*]

26726. Cérémonies & Obſéques du Roi Charles VI. [extraites d'un ancien Livre écrit environ l'an 1460.]

Ces Cérémonies ſont imprimées dans les *Mélanges hiſtoriques* de Camuſat : *Troyes*, 1619, *in*-8.

26727. L'Ordre tenu à l'Enterrement de Charles VIII. l'an 1498; par Pierre D'URFÉE, Grand-Ecuyer de France.

Dans le *Cérémonial* de Godefroy : *in*-4.

26728. ☞ De lubrico temporis curriculo, &c. Opuſculum, necnon Carmen de funere Regis Caroli VIII. Simone NANQUERIO auctore : *Conſtantiis*, Coquerel, 1621, *in*-8.]

26729. L'Ordre obſervé à l'Enterrement de Pierre II. Duc de Bourgogne, l'an 1503; par Jacques DE BIGUE, Ecuyer ordinaire de Charles VIII. & de Louis XII.

26730. L'Ordre tenu à l'Enterrement de la Royne Anne de Bretagne, femme des Rois Charles VIII. & Louis XII. l'an 1513; par BRETAGNE, Roi d'Armes.

Ces deux Ordres ſont imprimés dans le *Cérémonial François* de Godefroy : *Paris*, 1619, *in*-4.

Mſ. La même Pompe funèbre d'Anne de Bretagne, avec des miniatures : *in-fol*.

Cette Pompe funèbre eſt conſervée dans la Bibliothèque du Roi, num. 9713, & num. 379, 534 des Manuſcrits de M. Baluze.

☞ Ce même Manuſcrit eſt indiqué au Catalogue de M. Sardière, Manuſcrit du temps, ſur vélin, avec beaucoup de miniatures : grand *in*-4.]

26731. ☞ Mſ. Commémoration & Cérémonies obſervées ès Obſéques de très-haute & très-excellente Princeſſe Anne de Bretagne, deux fois Reine de France, l'an 1514; avec la Généalogie de ladite Dame, en termes rudes & en rime, ſelon les Hiſtoires antiques; ſur vélin, décoré de miniatures & de blaſons enluminés : *in-fol*.

Ce Manuſcrit ſe trouvoit indiqué au Catalogue de M. de la Vallière, num. 5626, & l'a été enſuite dans celui de M. de Gaignat, num. 3207.]

26732. L'Ordre tenu à l'Obſéque & Funérailles du Roi Louis XII. *Paris*, 1514, *in*-8.

26733. ☞ L'Ordre qui fut tenu à l'Obſéque & funérailles du feu Très-Chrétien Père du Peuple & magnanime Louis, XII. de ce nom, qui trépaſſa en la ville de Paris, en ſon Hôtel des Tournelles, le lundi premier Janvier 1514 : *in*-16. Gothiq.]

26734. ☞ Gilberti DUCHERII Epiſtola

ſuper Pompa in funere Claudiæ, Francorum Reginæ, anno 1524, (ſine loci vel temporis notâ) : *in*-4.]

26735. L'Ordre obſervé aux Obſéques & Enterrement de François I. l'an 1547.

Cet Ordre eſt imprimé dans le *Cérémonial François* de Godefroy : *Paris*, 1619, *in*-4.

26736. Le Trépas, Obſéques & Enterrement de François I. par Pierre DU CHASTEL, Evêque de Mâcon : *Paris*, Eſtienne, 1547, *in*-4. & *in*-8.

☞ Cette Pièce eſt encore imprimée au tom. VI. des *Mémoires de du Bellay*, Edit. de 1753. Il ne paroît pas que la Deſcription des Obſéques de François I. ſoit de Pierre du Chaſtel. Il n'y a de lui que les deux Oraiſons funèbres qui ſont à la ſuite, & dont une ſe trouve traduite en Italien, dans le Recueil intitulé : *Oratione volgarmente ſcritte, &c. Vinegia*, 1584, *in*-4.

26737. Mſ. Pompes funèbres de Charles VIII. Louis XII. Anne de Bretagne, François I. & Henri II. *in-fol*.

Ces Pompes funèbres ſont conſervées dans la Bibliothèque du Roi, num. 9370.

26738. Le Trépas & l'Ordre des Obſéques, Funérailles & Enterrement du Roi Henri II. l'an 1559; par François DE SIGNAC, Seigneur de la Borde, Roi d'Armes de Dauphiné : *Paris*, Eſtienne, 1559, *in*-4. 1610, *in*-8.

Le même eſt imprimé dans l'Edition de Godefroy, de 1619, *in*-4.

26739. * Trépas & Obſéques du Roi Charles IX. *Paris*, 1574, *in*-8.

26740. Diſcours des Obſéques & Enterrement de Charles IX.

Ce Diſcours eſt imprimé au tom. III. des *Mémoires ſous le Règne de Charles IX*. pag. 379 : *Middelbourg*, 1578, *in*-8. & dans le Recueil de pluſieurs Harangues, &c. *Paris*, 1622, *in*-8.

26741. Caroli IX. Pompa funebris verſibus expreſſa; per A. B. J. C. *Pariſiis*, de Roigny, 1574, *in*-8.

Ces lettres initiales ſignifient Adam BLACWOD, Juriſconſulte.

26742. Le grande Pompe funerali fatte nella morte di Carlo IX. *in Padoa*, Paſcato, 1576, *in*-4.

26743. L'Ordre obſervé à l'Enterrement de François, Duc d'Anjou, Frère unique du Roi, l'an 1584; par Henry DE MARLE, Maître-d'Hôtel du Roi.

Cet Ordre eſt imprimé dans l'Edition du *Cérémonial* de Godefroy, de 1619, *in*-4.

26744. Le Trépas, Obſéques & Pompes funèbres faites pour l'Enterrement de François, fils de France, Duc d'Anjou & d'Alençon : *Paris*, Richer, 1584, *in*-8.

26745. Mſ. Cérémonies obſervées aux Funérailles du Roi Henri IV.

Ces Cérémonies ſont conſervées dans la Bibliothèque du Roi, num. 9357, pag. 16.

26746. Eſſequie d'Errico IV. Rè di Francia & di Navarra, celebrate in Firenze, con le figure in rame deſcritte da Guiliani Giraldi : *in Firenze*, Sermartelli, 1610, *in-fol.*

== Tabulæ Ferales Henrici IV. auctore Petro Cornuto.

Voyez à la fin du Règne de Henri IV. ci-devant, N.° 19992.

26747. ☞ Pompe funèbre du Roi Henri IV. faite à Paris & à S. Denys, les 29 & 30 Juin, & premier Juillet 1610; recueillie par Claude Morillon, Imprimeur : *Lyon*, 1610, chez l'Auteur, *in-8.*]

26748. ☞ L'Ordre de ladite Pompe funèbre, des 29 & 30 Juin 1610 : *Lyon*, Poyrat, 1610, *in-8.*

Elle est auſſi imprimée au *Recueil* O, *in-12.*].

26749. ☞ Diſcours des ſomptueuſes Funérailles de Henri IV. faites par Monſeigneur de Tournon, en ſa Ville, les 28, 29 & 30 Juillet 1610; enſemble l'Oraiſon funèbre dite au même lieu; par le Père Jean Arnoux, de la Compagnie de Jeſus : *Tournon*, 1610.]

26750. L'Ordre des Cérémonies obſervées aux Funérailles & Service de feue Madame à Saint-Denis en France, en 1627 : *Paris*, Maſtais, 1627, *in-8.*

Marie de Bourbon, Ducheſſe de Montpenſier, étoit la première femme de Gaſton-Jean-Baptiſte, Duc d'Orléans, frère de Louis XIII.

26751. Cérémonies faites en l'Egliſe de Notre-Dame de Paris, pour le Cardinal de Richelieu, par ordre du Roi, le 18 & le 19 de Janvier 1643 : *in-fol.*

Ces Cérémonies [étoient] conſervées dans la Bibliothèque de M. le Chancelier Seguier, num. 316 : [aujourd'hui à S. Germain-des-Prés.]

26752. Les Cérémonies faites à Cologne & à Liége, pour la Pompe funèbre de la Reine Mère Marie de Médicis : *Paris*, 1643, *in-4.*

26753. Récit véritable de ce qui s'eſt paſſé en la Ville & Collége de la Fleſche, à la réception du Cœur de la Reine Marie de Médicis, en 1643 : *Paris*, 1643, *in-4.*

26754. Eſſequie della medeſima, celebrate in Firenze, nell'anno 1642; deſcritte da Simeoni de Giovanni Batti : *in Firenze*, 1643, *in-4.*

26755. Mſ. Procès-verbal de ce qui s'eſt paſſé en la Cérémonie & Pompe funèbre de Louis XIII. l'an 1643 : *in-fol.*

Ce Procès-verbal [étoit] conſervé dans la Bibliothèque de M. le Chancelier Seguier, num. 315, [aujourd'hui à S. Germain-des-Prés], & dans celle de Meſſieurs des Miſſions Etrangères.

26756. Le Convoi du Corps Royal de Louis le Juſte, depuis Saint-Germain juſqu'à Saint-Denys : *Paris*, 1643, *in-4.*

26757. Pompe funèbre du même : *Paris*, 1643, *in-4.*

26758. Eſſequie di Luigi XIII. Rè di Francia & di Navarra, celebrate in Firenze, e deſcritte da Carlo Dati : *in Firenze*, 1644, *in-4.*

26759. Relation & Procès-verbal de ce qui s'eſt paſſé dans toutes les Cérémonies & Pompe funèbre pour la Princeſſe de Condé, Charlotte-Marguerite de Montmorency : *Paris*, 1651, *in-4.*

26760. Eſſequie di Anna d'Auſtria, Regina di Francia, celebrate in Firenze; deſcritte da Luigi Rucellai : *in Firenze*, nella Stamperia di S. A. 1666, *in-4.*

26761. Il mondo piangente & il cielo feſtaggiente nel funerale e l'apparato dell'Eſſequie celebrate in Roma, nella Chieza di ſan Luigi de' Franceſi, nella glorioſa memoria di Anna Auſtria, Regina di Francia; per Abbate Elpidio Benedetti : *in Roma*, 1666, *in-fol.*

26762. ☞ Apparato delle Eſſequie della medeſima Regina celebrate in Roma dal Capitolo di S. Giovani in Laterano : *in Roma*, Dragondelli, 1667, *in-4.*]

26763. Mſ. Recueil des Pompes funèbres qui ſe ſont obſervées aux Enterremens & Obſéques des Reines & Princeſſes, décédées depuis l'an 1666 juſqu'à préſent : *in-fol.*

Ce Recueil eſt conſervé dans la Bibliothèque de M. le Prince de Condé, num. 63.

26764. Pompe funèbre faite à Veniſe, pour le Duc de Beaufort : *Paris*, 1669, *in-4.*

26765. Pompe funèbre de Henriette-Marie de France, Reine d'Angleterre, à Saint-Denys : *Paris*, 1669, *in-4.*

26766. Les Obſéques de M. le Duc d'Anjou : *Paris*, 1670, *in-4.*

26767. Pompes funèbres de Henriette d'Angleterre, Ducheſſe d'Orléans : *Paris*, 1670, *in-4.*

26768. Pompe funèbre de Jeanne-Baptiſte de Bourbon, Abbeſſe de Fontevrault : *Paris*, 1670, *in-4.*

26769. Deſſein de l'Appareil funèbre de Henry de la Tour d'Auvergne, Vicomte de Turenne : *Paris*, 1675, *in-4.*

26770. Pompe du Convoi de la Reine-Marie-Thérèſe d'Autriche à S. Denys; avec ce qui s'eſt paſſé au Château de Verſailles : *Paris*, 1683, *in-4.*

26771. Pompe funèbre faite pour la Reine à Saint-Denys : *Paris*, 1683, *in-4.*

26772. Pompe funèbre faite pour la Reine, par les Etats de Languedoc : *Montpellier*, 1683, *in-4.*

26773. Pompe funèbre faite pour Louis de Bourbon, Prince de Condé, dans l'Egliſe de Notre-Dame de Paris: *Paris*, Michallet, 1687, *in-4.*

26774. Sujet de l'Appareil funèbre du Cœur de M. le Prince, inhumé [à Paris] dans l'Eglise de S. Louis [des Jésuites:] *Paris*, 1687, *in-4.*

Claude-François MENESTRIER, Jésuite, est l'Auteur de ces deux Descriptions.

26775. Relation de la Pompe funèbre faite dans la sainte Chapelle de Dijon, après la mort de Louis de Bourbon, Prince de Condé, Gouverneur de Bourgogne: *Dijon*, Palliot, 1687, *in-4.*

26776. ☞ Succinte Description de las exequias de Maria Lusia de Bourbon: *en Sevilla*, 1690, *in-4.*

Marie-Louise d'Orléans étoit fille de Philippe de France, Duc d'Orléans, & première femme de Charles II. Roi d'Espagne.]

26777. Pompe funèbre de François-Louis de Bourbon, Prince de Conti; avec des Mémoires historiques: *Paris*, Mazières, 1699, *in-4.*

Cette Description a été faite par Jean DE LA CHAPELLE, de l'Académie Françoise.

26778. Relation du Service solemnel fait dans l'Eglise de saint Louis à Rome, pour Louis Dauphin de France: *Rome*, de Rossi, 1713, *in-fol.* avec figures.

Ce Prince est mort le 14 Avril 1711.

26779. ☞ La Pompe Dauphine, par Mademoiselle L'HÉRITIER, (en Vers): *Paris*, 1711, *in-12.*

26780. Essequie e Pompe funebri del defunto Luigi Delfino di Francia figlio di Luigi XIV. il grande, celebrate nel duomo di Livorno il di 28 Settembre 1711, dalli SS. Nationali sotto la direzzione di Carlo di Riencourt Consol generale: *in Livorno*, Valsisi, 1711, *in-4.*

Cette Description est du Chanoine Cosimo BANI.

26781. ☞ Relation du Service fait dans l'Eglise de saint Louis à Rome, pour Monseigneur Louis Dauphin de France, le 19 Septembre 1711 : *Rome*, Rossi, 1713, *in-fol.*

26782. Mémoire sur les Dauphins & Dauphines: *Paris*, Valeyre, 1712, *in-4.*

Ce Mémoire contient le détail des Funérailles de Louis de France, Dauphin, & de la Princesse de Savoye son Epouse, précédé de quelques legers Extraits de nos Historiens sur les Enfans de France qui ont porté le nom de Dauphin, & sur leurs Epouses.

☞ L'Auteur s'appelloit DU PERRIER.]

26783. ☞ Almanach historique des Ducs de Bourgogne, contenant l'Histoire de la Naissance des premiers Fils des Dauphins de France, portant aujourd'hui le nom de Ducs de Bourgogne, & la Relation succinte des Fêtes générales & particulières données à ces occasions, suivies de l'Abrégé de la Vie de ces Princes; par LL. FF. LL. *Paris*, 1752, *in-24.*]

26784. Mf. Description des Réjouissances faites dans la Ville de Rennes, pour la Naissance de Monseigneur Louis de France, Duc de Bretagne, arrière-petit-fils de Louis le Grand; & de la Cérémonie de ses Funérailles; avec le Cérémonial du Couronnement des Ducs de cette Province: *in-fol.*

Ce Manuscrit, orné de figures & de miniatures, [étoit] conservé dans la Bibliothèque de M. le Comte de Toulouse, Grand-Amiral de France, num. 1614.

26785. Cérémonies faites à Saint-Denys, au Service du Roi Louis XIV. *in-4.* Placard.

26786. ☞ Relacion de la Pompa funeral, que por Luis XIV. el grande Rei de Francia consacro en el real Convento de san Francisco de Sevilla la Nacion Francesa, 27 y 28 Noviembre 1715; con la Oracion funebre del P. Blas Antonio ALVAREZ : *Sevilla*, Blas, 1716, *in-4.*]

26787. ☞ Honras funerales consagradas à las augustas Zenizas del gran Luis XIV. en la Ciudad y Reyno de Mallorca: *Mallorca*, 1716, *in-4.*]

26788. ☞ Description des Monumens élevés (aux Jésuites de Paris) pour la conservation des Cœurs de Louis XIII. & Louis XIV. *Mercure*, 1738, *Janvier.*]

☞ ON a publié les *Descriptions des Mausolées* de Marie-Thérèse d'Espagne, première Dauphine, en 1746; de Louis Dauphin, en 1766; de Marie-Josephe de Saxe, Dauphine Douairière, en 1767; de Marie de Pologne, Reine de France, en 1768, *in-4.* avec figures.]

26789. ☞ Mf. Enterremens, Convois, Funérailles, Obséques, Pompes & Services funèbres, = des Rois & Reines de France, par ordre chronologique, = des Princes & Princesses du Sang de France, par ordre chronologique, = des grands Officiers de la Couronne & Personnages élevés en dignité, = des Souverains, Rois, Reines, Princes, Princesses, Ministres & Seigneurs Etrangers: *in-4.*

C'est ce qui occupe les Porte-feuilles 836-841 du grand Recueil de M. de Fontanieu, conservé dans la Bibliothèque du Roi.]

CHAPITRE CINQUIÈME.
Traités politiques concernant les Rois & le Royaume de France.

Article premier.
Traités des Prérogatives des Rois de France, de leurs Palais & de leurs Armoiries.

§. Premier.
Discours des Titres & Prééminences des Rois de France, [de leur Souveraineté & Autorité.]

26790. ☞ Quand on a dit : *Reges Francorum*, ou *Reges Franciæ*, *Reges Galliarum* ou *Galliæ*.

Dans les *Annal. Franc. Eccl.* de le Cointe, tom. *I.* pag. 853. Jamais avant Philippe-le-Bel, (qui est mort en 1316) on n'avoit appellé nos Rois, *Reges Franciæ*; ceux même qui en ont parlé depuis ce temps, & qui ont écrit avec plus d'exactitude, ont toujours dit *Reges Francorum* ; mais depuis qu'on se sert de la Langue Françoise dans les Actes, c'est-à-dire, depuis François I. on les nomme Rois de France, &c. Ce n'est que très-improprement qu'on les appelleroit *Reges Galliarum aut Galliæ*; ce titre n'appartenoit qu'à ceux qui possédèrent ce Pays avant Pharamond.]

26791. ☞ Extrait d'une Lettre du P. (Joseph Barre, Chanoine Régulier, sur l'unité de la Monarchie Françoise. *Mercure*, 1762, *pag.* 66.]

26792. Innocentii III. Pontificis Maximi, Epistola decretalis pro Jure Regis & Regni Galliæ.

Cette Décrétale est imprimée dans Goldast, au tom. II. de sa *Monarchie de l'Empire*, pag. 86 : *Francofurti*, 1611, *in-fol*. Innocent III. est mort en 1216.

26793. ☞ Des Rois de France, portant le titre d'Empereurs.

Dans les *Annales* de le Cointe, tom. *III.* pag. 61.]

26794. * Insignia peculiaria Christianissimi Francorum regni, prærogativæ & præeminentiæ ; per Joannem Ferrault : *Parisiis*, Bonnemere, 1529, *in-8*.

Ce même Traité a été publié par du Moulin, & se trouve dans ses *Œuvres*, tom. *V.* pag. 535. (*Parisiis*, 1661, *in-fol*.) & dans les *Tract. Tract. juris* : (*Venetiis*, 1584, *in-fol*.) tom. *XVI.* pag. 174.

26795. La Louange des Rois de France : *Paris*, (vieille Edition), *in-8*.

26796. De excellentia Christianissimi nominis ad Franciscum I. Opusculum Hieronymi Perboni, Marchionis Incisæ & Oviliarum Domini.

Cet Opuscule est imprimé dans ses *Œuvres* : *Mediolani*, Medda, 1531, *in-fol*.

26797. De la Prééminence des Rois de France ; par Henri Estienne.

Ce Traité d'Estienne, fils de Robert, est cité par de la Croix du Maine, dans sa Bibliothèque.

☞ La Partie III. de l'Ouvrage du Président de Chasseneus, intitulé : *Catalogus Gloriæ Mundi*, traite de plusieurs choses qui ont rapport à la Royauté.]

26798. ☞ De la Foi, & à qui il faut la garder.

Dans les *Mélanges historiques* de Saint-Julien, pag. 114.]

26799. ☞ Traité de la puissance & authorité du Roi, &c. fait en Latin par Claude Gousté, Prévôt de Sens, depuis mis en vulgaire François : (sans nom de Ville ni d'Imprimeur, 1561, *in-8*. de 74 feuillets, non compris l'Ep. déd. & la Table.]

26800. ☞ De l'Autorité du Roi & de l'Obéissance que ses Sujets lui doivent.

Aux *Lettres* de Nicolas Pasquier, pag. 335.]

== ☞ Résolution des Docteurs, sur la question de sçavoir, Si il n'est pas licite au Peuple François de se révolter de l'obéissance de son Roi, &c. = Examen de la Résolution ; = Saint & charitable Conseil, &c. = Conseil salutaire, &c.

Ces quatre Ecrits sont imprimés dans les *Mémoires de la Ligue*, tom. *III.* pag. 192, 198, 344 & 399.

Voyez ci-devant, sous le *Règne de Henri III.* année 1589.]

26801. De Prærogativis Principum, & in primis de Prærogativis Regum Franciæ ; auctore Petro Rebuffo, Jurisconsulto : *Venetiis*, 1584 : *Lugduni*, 1619, *in-fol*.

☞ Cet Ouvrage est fort peu de chose. L'Auteur est mort en 1557.]

26802. Tractatus de Excellentia Regni & Coronæ Franciæ ; auctore Carolo Molinæo, Jurisconsulto : *Parisiis*, 1561, *in-8*.

Ce Traité est aussi imprimé dans ses *Œuvres* : *Parisiis*, 1681, *in-fol*.

26803. Mémoires des Titres, Grandeurs & Excellences des Rois & du Royaume de France, avec l'Inventaire des Pièces ; par Jean du Tillet.

== Mémoires de l'Autorité & Prérogatives des Roynes ; par le même.

Ces Mémoires sont imprimés dans son *Recueil des Rois de France*, pag. 249 & 255 : *Paris*, 1610, *in-4*.

26804. Stephani Forcatuli, Jurisconsulti, de Francorum Regum Jure, Auctoritate & Imperio.

Ce Traité est imprimé dans ses *Œuvres* : *Parisiis*, 1595, *in-fol*.

Titres, Prééminences, &c. des Rois des France.

26805. De la Grandeur, de l'Excellence, de la Prérogative du Rang & de la Dignité des Rois de France; par Bernard de Girard, Seigneur DU HAILLAN.

Ce Discours est imprimé dans son quatrième Livre de *l'Etat de France*: Paris, 1570, *in-*8.

26806. [Extrait, ou] Traité de la Grandeur, Droits, Prééminences & Prérogatives des Rois & du Royaume de France; par François PITHOU, Avocat au Parlement: Paris, 1594, *in-*8.

Le même Traité est imprimé dans le *Recueil des Libertés de l'Eglise Gallicane*, pag. 253: Paris, 1652, *in-fol*. [& au tom. V. des *Mém. de la Ligue: in-*8.]

☞ Ce petit Ouvrage, qui est sçavant, fut fait uniquement pour prouver, par des exemples soutenus par des Actes authentiques & des citations, que les Papes n'ont nulle autorité en France sur le temporel, ni sur le Souverain; & que toutes les fois qu'ils ont voulu entreprendre, les Rois de France s'en sont moqués, ou s'y sont opposés. C'est sans doute l'Extrait d'un plus grand Ouvrage que François Pithou a peut-être eu dessein de faire, & dont il est parlé dans sa *Vie*, par M. Grosley, tom. II. pag. 167.

On peut voir ce qu'en dit l'Abbé Lenglet, *Méth. hist. in-*4. tom. IV. pag. 14.]

26807. Remontrance de Jacques DE LA GUESLE, Procureur Général du Parlement de Paris, faite l'an 1595, pour montrer la Grandeur, l'Excellence & l'Autorité des Rois de France.

Cette Remontrance est imprimée avec les autres *Remontrances* du même Auteur, pag. 805: Paris, 1611, *in-*4.

26808. Traité de la Majesté Royale en France; par Pierre POISSON, Sieur de la Bodinière, Conseiller au Présidial d'Angers: Paris, 1597, *in-*8.

26809. Titre d'Aîné de l'Eglise, donné aux Rois de France.

Ce Discours est imprimé dans Bouchel, au tom. I. de sa *Bibliothèque du Droit François*, pag. 109: Paris, 1667, *in-fol*.

26810. Ms. Titre du Roi de Navarre, donné ou omis au Roi de France: *in-fol*.

Ce Discours [étoit] conservé dans la Bibliothèque de M. Godefroy.

26811. ☞ Mémoire sur l'indépendance de nos premiers Rois, par rapport à l'Empire; par M. le Duc DE NIVERNOIS : *Mém. de l'Acad. des Inscript. & Bell. Lett. tom. XX.* pag. 162.

Plusieurs Auteurs ont douté de l'indépendance de nos Rois jusqu'à Théodebert, & ont avancé qu'ils ne jouissoient dans les Gaules que d'une autorité précaire, & qu'ils étoient Vassaux de l'Empire Romain. M. le Duc de Nivernois se propose dans ce Mémoire de réfuter ces opinions, & de prouver, par un tableau fidèle de la Vie de Clovis, que ce Prince, en entrant dans les Gaules, ne s'occupa que de ses intérêts, sans s'embarrasser de ceux de l'Empire; qu'il employa dans ses Expéditions les forces de la Gaule, sans que l'Empire se soit cru en droit de s'en plaindre; & que sa conduite ait eu besoin de justification ou d'excuse. Ce sujet est traité avec beaucoup d'exactitude & de précision. Cependant on ne voit pas comment concilier ce qu'y soutient l'Auteur, que Clovis n'a pas reconnu l'Empereur, avec l'acceptation qu'il a faite du Consulat, si ce n'est que l'on dise avec l'Abbé Dubos (*pag.* 15 du tom. III. de la première Edition de son *Histoire de la Monarchie Françoise*), que cette subordination ne subsistoit que de nom. Il faut au reste confronter cette Dissertation avec les trois derniers Chapitres du cinquième Livre de l'Abbé Dubos.]

26812. Les Antiquités & Recherches de la Grandeur & Majesté des Rois de France; par A. D. C. T. Paris, Petit-Pas, 1609, *in-*8. Paris, 1621, *in-fol*.

Ces lettres initiales désignent André DU CHESNE, Tourangeau; dont le Traité est curieux. Il est divisé en trois Livres. L'Auteur traite dans le premier, de la Religion, de la Vaillance, de l'Autorité & de la Prééminence des Rois de France; dans le second, des Habits Royaux, des Cérémonies, &c. dans le troisième, de la Cour & Suite, de la Grandeur & Prérogatives des Roynes & des Enfans de France.

☞ Voyez sur cet Ouvrage, la *Méth. hist.* de l'Abbé Lenglet, *in-*4. tom. IV. pag. 255. = Le Père Niceron, tom. VII. pag. 324.]

26813. De la Préséance & Prérogative des Rois de France; par Hiérôme BIGNON.

Ce Discours est imprimé dans son *Traité de l'Excellence des Rois & du Royaume de France* : Paris, Drouart, 1610, *in-*8. L'Auteur est mort Avocat Général du Parlement, en 1656.

26814. ☞ De l'Origine & Autorité des Rois; par H. DU BOYS: Paris, Fouet, 1604, *in-*12.]

26815. ☞ Traité de l'Autorité Royale : Paris, Cusson, 1691, *in-*12.]

26816. De la Souveraineté des Rois, Poëme Epique, divisé en trois Livres: 1610, *in-*8.

Pierre DE NANCEL, Substitut du Procureur Général, est l'Auteur de ce Poëme.

26817. Le Droit des Rois; par Jean BEDÉ, Avocat au Parlement : Franckental, 1611, *in-*8.

26818. Traité de l'Autorité Royale, 1611, *in-*8.

26819. Mémoires touchant la Dignité des Rois de France; par Théodore GODEFROY.

Ce Mémoire est imprimé avec l'*Entrevue de Charles IV, Empereur, & du Roi Charles V*. Paris, 1612, *in-*4.

26820. Le Sacré Trône des Rois de France; par J. Philippe VARIN.

Ce Traité est imprimé avec celui de Corrozet, intitulé : *Le Trésor de l'Histoire de France* : Paris, 1613, *in-*8.

26821. Le premier Article du Cahier général du Tiers-Etat de France, assemblé à Paris, en 1614: 1615, *in-*8.

Ce premier Article concerne la Souveraineté du Roi, & la conservation de sa Personne.

Il fut dressé par Claude LE PRESTRE, Conseiller au Parlement de Paris.

26822. Loi fondamentale du Royaume : 1615, *in-*8.

Touchant la Souveraineté du Roi.

26823. Arrêt du Parlement, du 2 Janvier 1615, touchant la souveraineté du Roi au temporel, &c. avec les Arrêts donnés sur le même sujet, depuis 1561 : *Paris*, Motel, 1615, *in-8*.

26824. ☞ Arrêt du Conseil, qui évoque le différend mû à l'occasion de cet Article du Tiers-Etat, du 6 Janvier 1615.]

26825. Le Véritable; ce qui s'est passé en la présence du Roi, le 8 Janvier : 1615, *in-8*.

26826. ☞ Copie d'une Lettre d'un Prélat, Député du Clergé à l'Assemblée des Etats, sur ce qui s'est passé touchant l'Article contentieux employé pour le premier Cahier du Tiers-Etat : 1615, *in-8*.]

26827. ☞ Raisons pour l'opposition de Messieurs du Clergé & de la Noblesse, à l'Article proposé par aucuns, en la Chambre du Tiers-Etat : 1615, *in-8*.]

26828. La Loi proposée aux autres Etats, touchant la Personne sacrée des Rois, conformément aux Arrêts du Parlement : 1615, *in-8*.

26829. Avis donné au Roi dans son Conseil, par le Prince de Condé, sur l'Article du Tiers-Etat, &c. 1615, *in-8*.

☞ Le Parlement ayant confirmé par Arrêt l'Article en question, le Clergé s'en plaignit comme d'une chose qui donnoit atteinte à la liberté des Etats, & le lendemain M. le Prince soutint fortement au Conseil la vérité de cette Doctrine; mais néanmoins il fut d'avis que Sa Majesté devoit évoquer à son Conseil cette Dispute, & empêcher la publication de l'Arrêt, pour contenter le Clergé & la Noblesse. On peut voir sur cette affaire, la nouvelle *Vie du Cardinal du Perron* ; par M. de Burigny : (*Paris*, Debure, 1768, *in-12*.), pag...... & *suiv.*]

26830. ☞ Avis salutaire donné au Cardinal de Sourdis, pour sagement vivre à l'avenir : 1615, *in-8*.

Il avoit répondu insolemment à M. le Prince dans le Conseil.]

26831. Discours pour la sûreté de la vie & de l'Etat des Rois : 1615, *in-8*.

26832. * Manifeste de ce qui se passa dernièrement aux Etats-Généraux, entre le Clergé & le Tiers-Etat : 1615, *in-8*.

26833. Les Résolutions, Arrêtés de la Chambre du Tiers-Etat, touchant le premier Article de leur Cahier : 1615, *in-4*.

C'est une espèce de Réfutation du Manifeste précédent.

26834. Harangue de Jacques Davy, Cardinal DU PERRON, aux Etats, sur l'Article du Serment : *Paris*, Estienne, 1615, *in-4*. & *in-8*.

☞ Il y a dans la Bibliothèque de la Ville de Paris, (parmi les Manuscrits de M. Godefroy), un Exemplaire de cette Harangue, dont les marges sont chargées de Notes manuscrites.

Voyez la *Vie du Cardinal du Perron*, indiquée ci-dessus, au N.° 20245.]

26835. Réponse à cette Harangue; par V. D. A. C. D. 1615, *in-8*. [*Paris*, Veuve Velut, 1616, *in-8*.]

Ces lettres initiales signifient VIOLE D'ATHYS, Conseiller d'Etat.

☞ Cette Pièce est solide & bien raisonnée.]

Robert Miron, Président du Tiers-Etat & Prévôt des Marchands, fit aussi une Réponse à la même Harangue.

26836. Déclaration du Roi d'Angleterre, Jacques I. STUART, pour le Droit des Rois, contre la Harangue du Cardinal du Perron : *Londres*, 1615, *in-4*: Jouxte la Copie de Londres, 1615, *in-8*.

26837. ☞ Apologie Royale : *Paris*, 1615, *in-4*.]

26838. Relation véritable envoyée au Roi de la Grande Bretagne, de plusieurs divers Jugemens faits en France, sur le sujet de la Déclaration de Sa Majesté pour le droit des Rois & l'indépendance de leurs Couronnes; par François DE KERMADEC, Baron de Cuffé: *Caen*, sur l'imprimé de Nantes, 1615, *in-4*.

Cette Relation est écrite contre la Harangue du Cardinal du Perron.

26839. Procès du Pape contre le Roi : 1615, *in-8*.

☞ Cette Pièce regarde l'indépendance de la Couronne, & le premier Article du Cahier du Tiers-Etat. L'Auteur y réfute solidement la Harangue du Cardinal du Perron, qui avoit osé soutenir que cette matière étoit problématique.]

26840. Apologie de l'Article premier du Tiers-Etat; par R. P. D. P. 1615, *in-8*.

26841. Brieve Confutation de la Harangue du Cardinal du Perron : *Montbéliard*, de la Londe, 1615, *in-8*.

26842. Avis à un des Grands de l'Etat du Royaume, sur la Harangue du Cardinal du Perron : 1615, *in-8*.

26843. Avis à Messieurs des Etats, pour la sûreté du Roi, de l'Etat & Maison Royale : 1615, *in-8*.

* Cet Avis est de Louis SERVIN, Avocat-Général.

26844. Discours sur l'Autorité & Puissance Royale, contre l'Avis naguères imprimé au préjudice d'icelle & du repos de l'Etat : 1615, *in-8*.

26845. Raison pour l'opposition du Clergé & de la Noblesse, à l'Article proposé par aucuns de la Chambre du Tiers-Etat : 1615, *in-8*.

26846. Harangue faite au Roi & à la Reine; par Balthazar DE VIAS, Docteur ès Droits & Avocat en la Cour de Provence, Assesseur & Député de la Ville de Marseille aux Etats Généraux de France : *Paris*, Hulpeau, 1615, *in-8*.

26847. Désaveu des Etats de Provence, de ce qui s'est passé aux Etats-Généraux de Paris,

Titres, Prééminences, &c. des Rois de France.

Paris, en 1614, au sujet du premier Article du Cahier du Tiers-Etat: 1615, in-8.

26848. ☞ Extrait des Etats Généraux de 1614 & 1615 : in-12.

C'est un Procès-verbal de tout ce qui se passa aux Etats, au sujet du premier Article des Cahiers du Tiers-Etat, concernant la souveraineté du Roi. On y trouve les Harangues qui furent faites dans les différentes Chambres, les soins & les raisons que le Clergé y apporta pour faire supprimer cet Article, l'Evocation qu'en fit sa Majesté à son Conseil, & les Délibérations des Provinces, pour la supplier d'y répondre.]

26849. Lettre d'un Prélat, Député du Clergé en l'Assemblée des Etats, sur ce qui s'est passé touchant l'Article contentieux employé pour le premier au Cahier du Tiers Etat: 1615, in-8.

Cette Lettre est de Charles MIRON, Evêque d'Angers, mort en 1628.

26850. Le Cahier général des Remontrances que l'Université de Paris a dressé pour présenter au Roi, en l'Assemblée des Etats Généraux, &c. 1615, in-8.

26851. ☞ Discours remarquables avenus à Paris pendant les Etats : 1615, in-8.]

26852. ☞ Lettre du Pape écrite à Messieurs du Clergé, Députés aux Etats de ce Royaume, 31 Janvier 1615; avec la Réponse faite par L. E. D. in-8.]

26853. ☞ Révélations, ou Suite des Mânes de Henri le Grand à la France : 1616, in-8.

Il s'y agit de l'Article en question, & des Cardinaux du Perron, Sourdis, &c. in-8.]

26854. ☞ Le Décret du Concile de Constance, contre les attentats sur la sacrée Personne des Rois : 1614, in-8.]

26855. ☞ Avis des Affaires de France, du 29 Décembre 1589, présenté au Cardinal Cajétan, Légat en Février 1590 ; par L. D. A. avec plusieurs autres Pièces & Extraits concernant l'obéissance dûe aux Rois, pour opposer à ceux qui ont entrepris contre l'Article I. du Cahier du Tiers-Etat : 1615, in-8.]

═ * Edmundi RICHERII..... Defensio Articuli, &c.

Voyez ci-devant, [tom. I. pag. 492, N.º 7237.]

26856. Lettre d'Avis au Président Miron, sur les Réponses par lui faites à la Harangue du Cardinal du Perron & de l'Evêque de Beauvais, pour la Puissance Ecclésiastique contre la Séculière : Nantes, 1616, in-4.

Cette Lettre est de François DE KERMADEC, Baron de Cussé.

═ De la Grandeur de nos Rois & de leur souveraine Puissance : Paris, durant la tenue des Etats, 1615, in-8.

☞ C'est la seconde Edition.

Voyez ce qui en est déja dit ci-devant, tom. I. p. 491, N.º 3217.]

26857. Traité de la Souveraineté du Roi & de son Royaume, aux Députés de la Noblesse ; par Jean SAVARON, Président à Clermont en Auvergne : Paris, Chevalier, 1615, in-8.

Ce Traité est fait pour prouver que le Roi ne tient sa Couronne que de Dieu seul ; que le temporel de son Royaume n'est sujet à aucune Puissance spirituelle & temporelle, & que ses Sujets ne peuvent être dispensés du Serment de fidélité & de l'obéissance.

26858. Second Traité, au Roi Louis XIII. par le même : Paris, 1615, in-8.

☞ « Le Traité de Savaron, de la Souveraineté, » (dit Durand, pag. 257 de ses Notes sur les Origines » de Clairmont,) lui avoit donné bien de l'exercice ; en » répliquant aux Cardinaux du Perron & Baronius » qui le harceloient continuellement sous des noms » empruntés ». Si ce dernier fait est vrai, il ne regarde pas son Traité de la Souveraineté, mais quelqu'autre qu'il aura fait pendant les Démêlés du Pape Paul V. avec la République de Venise ; car Baronius étant mort en 1607, il n'a pu écrire contre un Traité qui n'a été publié qu'en 1615.

Voyez sur le Traité de la Souveraineté, la Méth. hist. de Lenglet, in-4. tom. IV. pag. 256. = Le P. Niceron, tom. XVII. pag. 89.]

26859. Examen des deux Traités précédens : Paris, 1615, in-8.

Cet Examen ne regarde pas le Droit, mais le Fait ou les seuls Points d'Histoire allégués par Savaron.

26860. ☞ Examen du Traité de M. Jehan Savaron, de la Souveraineté du Roi & de son Royaume ; (par Jean LE COQ:) 1615, in-8.

Cet Examen, & la pièce suivante, sont relatifs au premier Traité. L'Auteur accuse M. Savaron de beaucoup de fautes, & d'avoir voulu semer la division dans les esprits. Savaron, en lui répliquant, l'accusa d'ineptie, & de renverser les droits du Roi & les maximes du Royaume.]

26861. Erreurs & Impostures de l'Examen de ces Traités ; par Jean SAVARON : Paris, 1615, in-8.

26862. Censure de la Réplique de Jean Savaron sur l'Examen fait de son Traité de la Souveraineté du Roi ; par Jean LE COQ : Paris, 1617, in-8.

☞ L'Auteur, dans son Epître au Roi, se plaint des mauvaises intentions qu'on a voulu lui prêter ; il proteste qu'il est bon François, & qu'il ne reconnoît d'autre Souverain au temporel dans le Royaume, que le Roi, qui tient sa puissance de Dieu & de son épée. Il avance qu'il n'a entrepris d'écrire que par l'insuffisance reconnue du Sieur Savaron, & le peu de fondement de ses preuves ; après quoi il les examine en détail.]

26863. Le Prince absolu : Paris, 1617, in-8.

26864. La Puissance, Dignité & Autorité Royale : Paris, 1617, in-8.

Cet Ouvrage est d'un Huguenot.

26865. ☞ Recueil des Censures, Décrets & Conclusions de l'Université de Caën, touchant la Souveraineté des Rois, & la fidélité que leur doivent leurs Sujets : Caen, 1617, in-4.]

26866. De la Souveraineté du Roi, & que Sa Majesté ne la peut soumettre à qui que ce soit, ni aliéner son Domaine à perpétuité, avec les Preuves contre un Auteur inconnu ; par Jean SAVARON : *Paris*, Chevalier, 1620, *in-8*.

☞ Cet Ouvrage est fait pour servir de preuves aux deux autres, & pour confirmer les deux Articles que l'Auteur y avoit soutenus ; sçavoir, 1.° que le Roi ne peut soumettre ni céder sa Souveraineté à personne : 2.° que quand il le voudroit, il est loisible de lui résister. Il rapporte à ce sujet une foule d'autorités tirées de la pratique & des Loix du Royaume, des Sermens des Rois & des Officiers de la Couronne, des Ordonnances, des Etats Généraux, des Parlemens, des Jurisconsultes & des Historiens. On ne peut trop louer le zèle & les recherches de cet Auteur.]

26867. Le Droit du Roi sur des Sujets Chrétiens, à ceux de la Religion Prétendue-Réformée ; par Matthieu DE MORGUES, Sieur de Saint-Germain : *Paris*, 1622, *in-8*.

26868. De la Dignité du Roi ; par Louis ROLLAND, Docteur : *Paris*, 1625, *in-8*.

26869. Pour la sûreté de la vie & de l'Etat des Rois, contre les impiétés de ceux qui ont écrit contre leur Puissance souveraine : 1626, *in-8*.

26870. De la Souveraineté du Roi, de son Domaine & de sa Couronne ; par Cardin LE BRET, Conseiller d'Etat : *Paris*, 1632, *in-4*.

Le même Traité est imprimé entre ses Œuvres : *Paris*, 1635, 1642, 1689, *in-fol*. L'Auteur est mort Doyen des Conseillers d'Etat, en 1654.

26871. ☞ Discours de la Souveraineté des Rois ; par Moyse AMYRAULT : 1650, *in-4*.

Cet Ouvrage fut fait pour défendre la Dignité des Rois, & pour la sûreté inviolable de leurs personnes, contre les Indépendans d'Angleterre, qui venoient de faire trancher la tête au malheureux Charles I.]

26872. ☞ Lettre de M. (Samuel) BOCHART à M. Morley, Chapelain du Roi d'Angleterre, pour répondre à trois questions : 1.° de l'Ordre Episcopal & Presbytérien : 2.° des Appellations des Jugemens Ecclésiastiques : 3.° du Droit & de la Puissance des Rois : *Paris*, 1650, *in-4*.

Cette Lettre, qui a aussi été imprimée en Latin *in-4*. *Paris*, 1650, fut faite à la même occasion. L'Auteur y prouve par plusieurs passages de l'Ecriture & de l'Histoire, que les Rois ne dépendent que de Dieu seul, & qu'il n'est jamais permis d'attenter à leur vie, sous quelque prétexte que ce soit.]

26873. ☞ La Souveraineté des Rois défendue ; (par Pasquier QUESNEL,) contre l'Histoire Latine de Melchior Leydecker, Calviniste, par lui appellée l'Histoire du Jansénisme : *Paris*, Josset, 1704, *in-12*.]

26874. ☞ Défense de la Justice & de la Souveraineté du Roi, & du Droit des Ecclésiastiques : *Amsterdam*, 1708, *in-4*.]

26875. ☞ Du pouvoir des Souverains & de la liberté de conscience, en deux Discours traduits du Latin de M. NOODT, Professeur en Droit de l'Université de Leyde ; par Jean BARBEYRAC, Professeur en Droit & en Histoire à Lausanne, & Membre de la Société Royale des Sciences de Berlin : seconde Edition, revue & augmentée de plusieurs Notes ; comme aussi du Discours de Jean-Frédéric GRONOVIUS, sur la Loi Royale, & d'un Discours du Traducteur sur la nature du sort : *Amsterdam*, Humbert, 1714, *in-12*.]

26876. Censures & Conclusions de la Faculté de Théologie de Paris, touchant la Souveraineté des Rois, la fidélité que leur doivent leurs Sujets, la sûreté de leurs Personnes & la tranquillité de l'Etat : *Paris*, Delespine, 1717, *in-4*.

☞ Le même, augmenté, 1720 : *Ibid. in-4*.]

Les Pièces contenues dans ce Recueil prouvent, 1.° que la Faculté de Théologie de Paris a toujours soutenu la Souveraineté & l'Indépendance des Rois : 2.° qu'elle s'est opposée en toutes occasions à la Doctrine contraire, & qu'elle a censuré les Ouvrages & les Ecrits qui y dérogeoient : 3.° que les Décrets donnés sous les Règnes de Henri III. & Henri IV. sous son nom, sont nuls & supposés, & qu'elle les a toujours désapprouvés : 4.° que c'est une calomnie insigne de lui imputer des sentimens contraires au respect & à l'obéissance dûe aux Rois : 5.° ce Recueil fait connoître qui sont ceux qui ont avancé & soutenu opiniâtrément cette Doctrine détestable ; les noms des Auteurs condamnés par les Censures & par les Conclusions de la Faculté, les découvrant assez sans qu'il soit besoin de les nommer.

☞ Ce Recueil est très-curieux & très-intéressant, d'autant plus qu'il contient une suite chronologique des Libelles qui ont attaqué la Souveraineté des Rois, & les efforts généreux de l'Université de Paris, pour s'opposer à une Doctrine aussi pernicieuse.]

26877. ☞ Examen de quelques Actes publiés par les Jésuites, contenant la Déclaration de leur Doctrine touchant le temporel des Rois : *Paris*, 1633, *in-8*.]

══ ☞ Diverses Pièces sur la Légende de Grégoire VII.

Voyez ci-devant, tom. I. p. 500, N.ᵒˢ 7330 &*suiv*.]

26878. ☞ L'Avocat du Diable, ou Mémoires historiques & critiques sur la Vie & sur la Légende du Pape Grégoire VII. &c. *Saint-Pourçain*, 1743, *in-12*. 3 vol.

On a réuni dans cet Ouvrage tout ce qui a été fait en France par les Parlemens, quelques Universités & quelques Evêques, contre la Légende de Grégoire VII. On y rapporte des Extraits de quantité d'Arrêts, Mandemens, Lettres & autres Ecrits, avec quelques Pièces entières. Dans le cours du Livre, il y a aussi beaucoup de Notes. Mais il y règne un ton de satyre qui déplaît, & gâte cette Collection. On y a joint quelques gravures allégoriques & satyriques.]

26879. ☞ Mémoire sur l'origine & la signification de la Formule *par la grace de Dieu*, que les Souverains mettent à la tête de leurs Lettres ; par M. BONAMY. *Mém. de l'Acad. des Inscript. & Belles-Lettres, tom. XXVI. pag. 660*.]

26880. Petri D'AULBEROCHE, Oratio pancgyrica de Coronæ Franciæ Præftantia & Prærogativis : *Parifiis*, 1625, *in-*4.

26881. Des Grandeurs, Prééminences, Titres & Prérogatives des Rois, Maifon & Couronne de France ; par MM. DE SAINTE-MARTHE.

Ce Traité eft imprimé au Livre I. de leur *Hiftoire généalogique de la Maifon de France* : *Paris*, 1628, 1647, *in-fol.*

26882. De Excellentia Regum Galliæ ; auctore (Ludovico) MAIMBURGIO, è Societate Jefu : *Rhotomagi*, 1641, *in-*4.

26883. La Grandeur de la Maifon de France ; par M. L. D. M. *Paris*, Jolly, 1667, *in*-4.

Ces lettres initiales fignifient M. Louis DE MONTIGNY, de Senlis.

☞ Il s'appelloit Gabriel de Laberan de Montigny, & étoit Miniftre Calvinifte.]

26884. Tractatus Jura feu Privilegia aliqua Regni Franciæ continens ; per Joannem FERAULT, Jurium Licentiatum : *Parifiis*, [le Preux : 1545,] *in*-8.

* Idem : *Parifiis*, 1555, *in*-8.

Charles du Moulin publia la première Edition. Ce Traité eft auffi imprimé au tom. XVI. du *Recueil des Traités de Droit*, *pag.* 176 : *Venetiis*, 1584, *in-fol.* & au tom. II. des *Œuvres* de du Moulin, *p.* 535 : *Parifiis*, 1681, &c. *in-fol.*

☞ « L'Ouvrage eft le même que celui [qui va fui-
» vre, &] qui paroît néanmoins marqué comme diffé-
» rent. Il y a des Editions beaucoup plus anciennes que
» celles qui font rapportées ici ; [entr'autres une, fans
» année avant 1515, en lettres Gothiques.] Ferault vi-
» voit fous Charles VIII. & Louis XII. Il étoit Angevin.
Singularités hiftoriques de D. Liron , tom. *III. p.* 389.]

Infignia peculiaria Chriftianiffimi Francorum Regni numero viginti, feu totidem illuftriffimæ Francorum Coronæ Prærogativæ ac Præeminentiæ ; (per eumdem,) excellentem utriufque Juris Licentiatum , Confiliarium Fifci ac Reipublicæ Cenomanenfis Procuratorem, Joannem FERALDUM, in lucem editæ : *Parifiis*, Bonnemere, 1520, *in*-8.

== Tractatus Juris Regalium ; per Arnulphum RUZÆUM.

Voyez ci-devant, *Art. de la Régale*, [tom. I. *p.* 524, N.° 17586.]

26885. Regalium Franciæ, Libri duo : Jura omnia & Dignitates Chriftianiffimi Galliæ Regis continentes ; auctore Carolo DE GRASSALIO, Carcaffonenfi : *Lugduni*, 1538, *in*-8.

Iidem ; cum Tractatu Joannis FERAULT, Jura feu Privilegia aliqua Regni Franciæ continente : *Parifiis*, 1545, *in*-8.

Ces Ouvrages font eftimés & contiennent divers Droits de la Couronne.

26886. Des Droits du Roi & de la Couronne de France ; par Antoine LOISEL, Avocat en Parlement.

Ce Traité eft imprimé avec fes *Opufcules* : *Paris*, 1652, *in-*4. Cet Auteur eft mort en 1617.

Tome II.

26887. De Jure Gallicæ Coronæ ; à Scevola SAMMARTHANO.

Ce Traité eft imprimé avec fes *Œuvres* : *Parifiis*, 1643, *in-*4. L'Auteur eft mort en 1623.

26888. Traités des Droits de la Monarchie, Maifon, Etat & Couronne de France ; Difcours premier ; par François FREMINEAU, Sieur de Beaulieu, Avocat du Roi au Préfidial de Nifmes : *Nifmes*, Martel, 1638, *in*-4.

26889. De Regis Franciæ Jure, Officiis ; Aula , & de Regina ; auctore Joanne LIMNÆO.

Ce Traité eft imprimé au Livre II. de fon Ouvrage intitulé : *Notitia regni Francici* : *Francofurti*, 1655, *in*-4.

26890. Mf. Titres des Rois de France : *in-fol*.

Ces Titres [étoient] confervés dans la Bibliothèque des Manufcrits de M. le Chancelier Seguier, num. 755, [& font aujourd'hui dans celle de S. Germain des Prés.]

26891. La preuve des quatre Titres d'Honneur appartenans aux Rois de France ; par Guillaume DU PEYRAT, Aumônier du Roi : *Troyes*, 1622, 1629, *in*-8.

Ces Titres font , Très-Chrétien , Fils aîné de l'Eglife Catholique, & Défenfeur de la Foi.

26892. Du Titre du Roi Très-Chrétien, & de l'Autorité du Roi au fait de la Religion.

Ce Difcours eft imprimé dans Bouchel, *pag.* 796 de fa *Bibliothèque du Droit François* : *Paris*, 1667, *in-fol.*

== Mf. De Prærogativis Regum Franciæ fuper omnes alios Reges Chriftianos, Opufculum Stephani DE CONTY, Monachi Corbeïenfis.

Voyez ci-deffus, au *Règne de Charles VI.* fous lequel cet Auteur écrivoit : [N.° 17134.]

26893. Du Titre de Très-Chrétien, donné aux Rois de France & aux Princes iffus de leur fang par mâles ; par M. (François) DE CAMPS, Abbé de Signy. *Mercure, Janvier,* 1720, *pag.* 1.

☞ L'Auteur foutient, contre le Père Daniel & autres, que ce n'eft point le Pape Pie II. qui a accordé ce titre à Louis XI & à fes fucceffeurs ; & il prétend, par une longue fuite d'exemples, que depuis le Baptême du grand Clovis, il a paffé par hérédité à tous les Rois de France, & à tous les Princes de leur fang, à l'exclufion de tous les autres Rois de la terre , tant par rapport à la pureté de leur foi, qu'à caufe de la protection qu'ils ont accordée à toute l'Eglife en général, & au faint Siége en particulier.]

26894. Réfutation de la Differtation (précédente ;) par le R. P. (Gabriel) DANIEL, de la Compagnie de Jefus. *Mercure, Avril*, 1720, *pag.* 1.

☞ Le Père Daniel, après avoir raconté fommirement ce qui occafionna un refroidiffement entre M. l'Abbé de Camps & lui, fait voir, 1.° que cet Abbé a changé le texte de fon Hiftoire, d'une manière qui n'eft pas pardonnable ; 2.° qu'il a très-imprudemment entrepris de le réfuter par l'autorité du Père Mabillon, fur un point où il eft évident qu'il ne dit pas la même chofe que le fçavant Bénédictin. Il attaque enfuite l'Abbé de Camps, & prétend prouver qu'il ne s'agit pas de fçavoir si quelques Papes ou quelques Auteurs ont donné ce titre aux Rois de France, mais de sçavoir si ce titre depuis Clovis leur a été tellement attaché, qu'ils l'aient eu à l'exclusion des autres Princes ; ce que cet Abbé ne prouve pas, & ne prouvera jamais, dit le Père Daniel.]

26895. Réponse de M. l'Abbé DE CAMPS, du 18 Mai 1720, à la Réfutation du Père Daniel : *Mercure, Juin,* 1720.

☞ Cette Réponse est vive ; mais elle contient, ainsi que les suivantes, plusieurs Articles qui expliquent & développent la Question, & la mettent dans tout son jour ; avec plusieurs Anecdotes au sujet de l'Histoire du Père Daniel. Il faut laisser au Public à décider lequel de ces Auteurs a écrit le plus conformément à la vérité, & à l'honneur des Monarques & de la Nation Françoise.]

26896. ☞ Lettre du Père DANIEL à M. l'Abbé de Camps, au sujet de la Réplique ci-dessus. *Ibid. Août,* 1720.]

26897. ☞ Réponse de M. l'Abbé DE CAMPS à la Lettre précédente. *Ibid. Novembre,* 1720.]

26898. ☞ Remarques sur le titre de *Très-Chrétien,* donné aux Rois de France, & sur le temps où cet usage a commencé ; par M. (Pierre-Nicolas) BONAMY. *Hist. de l'Académie des Inscriptions & Belles-Lettres, tom. XXIX. pag.* 268.

On trouve *pag.* 273 le Recueil d'autorités qui servent à prouver que long-temps avant le Règne de Louis XI. nos Rois ont été décorés du titre de Roi *Très-Chrétien.*]

26899. ☞ Lettera dell' Abate N. al Signor N. N. in proposito della privativa del titolo di Primo genito della Chiesa attribuito al Re di Francia dal Sign. Duca di S. Agnan, suo Ambasciatore al Conclave dell'anno 1740, nella sua Allocuzione fatta al S. Collegio. (Scritta è stampata *in Roma,* 1745.

L'Auteur donne le titre de premier Fils de l'Eglise à l'Empereur.]

26900. ☞ Parere dell' Ab. N. N. al Sign. Conte N. N. intorno alla Lettera, in data di Roma, il di 24 Aprile 1754.

Ce second Ouvrage est une Réponse au premier. Vers 1757 on l'a imprimé à la suite du précédent, sous le titre : « Dissertazione critica sopra i titoli di primo-» genito della Chiesa è di Christianissimo, del Re di Fran-» cia, colla Riposta alla medesima : *in-*4. *pag.* 69, sans nom de lieu, ni d'année, ni d'Imprimeur.

L'Auteur de la *Storia Letteraria d'Italia,* Vol. X. *pag.* 224. donne un Extrait très-détaillé des deux Ouvrages.]

26901. ☞ Mss. Dissertations sur le titre de Roi Très-Chrétien, & sur le nom de Dauphin ; par M. (Jean-Baptiste) BULLET, Professeur de Théologie, Doyen de l'Université de Besançon, & Membre de l'Académie de cette Ville.

Dans les Registres de cette Académie.]

26902. ☞ Ms. Des Suscriptions & Souscriptions des Lettres du Roi : *in-fol.* 2 vol.

Ces Recueils sont parmi les Manuscrits de MM. Godefroy, à la Bibliothèque de la Ville de Paris, num. 412 & 417. *Voyez* ci-devant, N°s. 26669 *& suiv.*]

26903. ☞ De Regis Christianissimi Prærogativis, adversùs Vindicias Hispanicas Joannis Jacobi Chiffletii ; auctore Jacobo-Alexandro TENNEURIO.

Ce Discours est imprimé dans la Troisième Partie de son Ouvrage, intitulé : *Veritas vindicata, &c. Parisiis,* 1651, *in-fol.*

26904. ∗ Danielis PRIEZACI, Miscellaneorum Libri duo, in quibus multa de dignitate & titulis Regum Franciæ : *Parisiis,* 1568, *in-*4.

26905. ☞ Quæstio ultima de Prærogativis & excellentiâ Regni Franciæ.

Cette Dissertation se trouve dans le Livre intitulé : *Propugnaculum Lusitano-Gallicum, pag.* 401.]

26906. Serenissimus Rex Romanorum, & Christianissimus Rex Francorum, uter alterum præcedat ; auctore Antonio QUETTA, Jurisconsulto, Consiliario tam Regiæ, quàm Cæsareæ Majestatis.

Ce Discours est imprimé dans Goldast, Partie XI. de ses *Politiques de l'Empire, pag.* 596 : *Francofurti,* 1614, *in-fol.* Antoine Quetta a fleuri en 1536.

26907. ☞ Responsum Oratorum Caroli IX. Francorum Regis, die 21 Maii, anno Domini 1563, ad Protestationem Oratoris Philippi II. Hispaniarum Regis, super præcedentiâ quam asserebat sibi deberi proximam Ferdinandi Romanorum Imperatoris ad Concilium Tridentinum Oratori.

Cette Pièce se trouve dans le *Cérémonial* de Godefroy, 1619, *in-*4. *pag.* 712. L'Histoire de cette Dispute est à la fin du Traité intitulé : *Les Affaires qui sont aujourd'hui entre les Maisons de France & d'Autriche :* 1648, *in-*12. *pag.* 337.]

26908. Ms. Relatione venuta di Trento di quanto occorse in Capella il giorno di san Pietro, sopra la Precedenza de gli Ambasciatori di Francia & di Spagna, di Trento, 1. di Luglio, con alcune lettere di Monsignor Reverendo PALEOTTO, & del Cardinal LORENA intorno a questa materia : *in-*4.

Cette Relation étoit conservée dans la Bibliothèque de M. le Chancelier Seguier, num. 136, [& est aujourd'hui à S. Germain-des-Prés.]

La même Relation, en Italien & en François ; avec plusieurs Lettres & autres Pièces sur ce sujet.

Cette Relation est imprimée dans le Recueil de M. Dupuy, intitulé : *Instructions sur le Concile de Trente : Paris,* 1654, *in-*4.

26909. ☞ Que la Dignité Impériale a été attachée à la Couronne de France depuis Clovis ; que les Rois de la première, seconde & troisième Race ont pris le titre d'Empereurs, & qu'il leur a été donné par leurs Sujets & par les Etrangers ; par M. l'Abbé DE CAMPS, Abbé de Signy : *Mercure, Août,* 1720.

Ce fut l'an 508, selon cet Auteur, que Clovis étant à Tours, reçut les Ambassadeurs de l'Empereur Anastase, qui lui rendirent le Décret par lequel cet Empereur lui conféroit le Consulat, ou l'associoit à l'Empire. Il le prouve par l'autorité de Grégoire de Tours, du P. le Cointe, de du Cange, &c. Cette association fut renouvellée par Justinien, en faveur des Fils & des Successeurs de Clovis; & cette Dignité n'a point été jusqu'à présent détachée de la Couronne de France.]

26910. Mſ. Discours du Rang & Préséance de France.

Ce Discours étoit conservé dans la Bibliothèque de M. Baluze, num. 339, [aujourd'hui dans celle du Roi.]

26911. Mſ. Discorso di Precedenza trà Spagna e Francia; di Giacomo ALOISIO: *in-fol.*

Ce Discours [étoit] conservé dans la Bibliothèque de M. Colbert, num. 3818, [& est aujourd'hui dans celle du Roi.]

26912. Mſ. Règles & Actes de Préséance, entre la France & l'Espagne: *in-fol.*

Ces Actes [étoient] conservés dans la Bibliothèque de M. Godefroy.

26913. Mſ. Hieronymi OLEIGNANI, Jurisconsulti, Responsum Juris, sive Tractatus de Præcedentia Regis Catholici, Philippi Hispaniarum Regis, adversùs Regem Franciæ; ex Autographo in Regiâ sancti Laurentii Scorialensis Bibliothecâ asservato: *in-4.*

Ce Traité [étoit] conservé dans la Bibliothèque de M. Foucault, [qui a été vendue.]

26914. Lettre d'un François sur un certain Discours fait naguères pour la préséance du Roi d'Espagne, le 16 Février 1586: (*Paris*), 1586, 1587, *in-8. Paris*, Patisson, 1694, *in-8.* [& dans le tom. V. des *Mémoires de la Ligue.*]

Ce Discours, de François PITHOU, Avocat au Parlement, a été fait à l'occasion d'un Écrit Italien venu de Rome.

☞ Il prouve que l'Espagne a toujours cédé le pas à la France; que la Maison d'Autriche est moins ancienne que celle de France. Wernard, Évêque de Strasbourg en 1027, jetta les fondemens du Château de Hapsbourg, & Watebod son frère eut trois enfans, qui les premiers en portèrent le titre de Comtes. Pithou passe ensuite à la Loi Salique; & pour en assurer l'existence, il a ramassé une suite de passages anciens, dans lesquels il en est fait mention. On peut voir sur cette Lettre, ce qu'en dit l'Auteur de la *Vie de M. Pithou*, M. Grosley, tom. II. pag. 130 & suiv.

La prétention des Rois d'Espagne, pour la préséance sur ceux de France, est fondée sur ce qu'Athanaric, Roi d'Espagne étoit Chrétien, avant que Pharamond fût Roi de France. M. Pithou n'en convient pas; il en démontre la fausseté, & fait voir que les Papes & tous les Princes ont toujours reconnu en toutes occasions, la supériorité des Rois de France sur les Rois d'Espagne. Le sentiment des Historiens est unanime à ce sujet, & c'est à présent une affaire décidée.]

26915. Raison & causes de Préséance entre la France & l'Espagne, proposées par Augustin CRAVATO, Romain, pour l'Espagne; & traduites de l'Italien, avec les Réponses & Défenses pour la France; par Nicolas VIGNIER, de Bar, Médecin: *Paris*, 1608, *in-8.*

Ce Traité a été composé par Nicolas Vignier, en 1589, & publié par Jean Vignier son fils.

☞ Ce Cravato prétendoit que la préséance étoit due à l'Espagne, selon l'ordre de la nature & du monde, par la noblesse & la dignité des personnes, & par la Loi Chrétienne. Vignier au contraire soutient que toutes ces qualités conviennent mieux aux Rois de France qu'à ceux d'Espagne; & en réfutant les exemples cités en faveur de ceux-ci, il en ajoute d'autres qui lui donnent entièrement gain de cause.]

26916. De la Prééminence des Rois de France sur les autres Rois; par DU FOUSTEAU.

Ce Traité est imprimé dans son Livre intitulé: *Les curieuses singularités de France, &c. Vendôme*, 1631, *in-8.*

26917. Prærogativa Hispaniæ de Dignitate & Præeminentia Regum Regnorumque Hispaniæ, & honoratiori Loco ac Titulo eis eorumque Legatis à Conciliis, necnon à Romana Sede jure debito, Tractatus; auctore Jacobo VALDESIO, Doctore: *Granata*, 1602; *Francofurti*, 1625, *in-fol.*

26918. Sentence du Prevôt de Paris, contre un méchant & pernicieux Livre, imprimé à Francfort, intitulé: *Præcedentia Hispaniæ, &c. Paris*, Alexandre, 1626, *in-8.*

26919. Lettres pour la Préséance des Rois de France.

Ces Lettres sont imprimées dans Bouchel, au tom. II. de sa *Bibliothèque du Droit François*, pag. 970: *Paris*, 1667, *in-fol.*

26920. Mſ. Relation de ce qui s'est passé à Rome entre les Ambassadeurs, pour la Préséance, en 1609.

Cette Relation est citée dans la Bibliothèque de M. de Thou, pag. 506.

26921. ☞ Mſ. Séance du rang des Ambassadeurs & Députés des Rois de France, aux Traités de Paix; avec les Ambassadeurs & Députés des Empereurs & des Rois d'Espagne: *in-fol.*

Ce Recueil est indiqué num. 120 des Manuscrits du Catalogue de Godefroy.]

26922. De la Préséance des Rois de France sur tous les Rois de la Terre; par André DU CHESNE.

Ce Discours est imprimé dans ses *Antiquités & Recherches de la Grandeur des Rois de France, &c. Paris*, 1609, *in-8.*

26923. De l'Excellence des Rois & du Royaume de France, traitant de la Préséance & des Prérogatives des Rois de France par dessus tous les autres, & des causes d'icelles; par Jérôme BIGNON: *Paris*, Douceur, 1610, *in-8.*

Cet Auteur est mort en 1656. Il a fait son Traité contre le Livre de Valdès, de la Préséance des Rois d'Espagne. « Ce grand Magistrat (selon Costar) a été » un des plus sçavans hommes en toutes choses, & celui » qui l'a été le plutôt; car à l'âge de vingt-deux ans il » avoit tout lû & tout retenu. Il a fort travaillé sur l'O» rigine des François & sur Grégoire de Tours ». Costar, dans son Mémoire manuscrit, rapporté ci-après, aux *Vies des Personnes célèbres, &c.*

☞ L'Ouvrage de M. Bignon a pour but de faire voir que les Rois d'Espagne ne peuvent contester la Préséance aux Rois de France ; il est divisé en quatre Livres. Le premier traite de l'excellence de la Gaule ou France, eu égard à sa situation, à ses productions & à son commerce. Le second, de l'excellence de ses peuples, de leurs mœurs, de leurs coutumes & de leur bravoure. Ces deux premières Parties parlent autant de ce qui a rapport aux Gaulois, qu'aux François ; l'Auteur les regarde comme un seul & même peuple. Les François, sortis (selon lui) originairement des Gaules, ne firent que rentrer dans leur ancienne Patrie, lorsqu'ils quittèrent la Germanie pour occuper les Gaules. Le troisième Livre traite de l'excellence du Gouvernement des François, tant par rapport à son Etat Monarchique, qu'à sa succession à la Couronne, selon la Loi Salique, & à sa longue durée ; comme aussi des vertus héroïques de plusieurs de nos Rois. Enfin, le quatrième expose les justes raisons qu'a le Roi de France de prétendre la Préséance sur tous les autres de la Chrétienté, & traite de la possession dans laquelle il s'est maintenu à cet égard, sur-tout avec le Roi d'Espagne, qui seul a voulu quelquefois la lui disputer.

Ce Traité qui part d'une main habile, est écrit d'une façon aussi solide que méthodique. L'Auteur y a rassemblé plusieurs faits & passages très-curieux. On peut voir à son sujet, le P. Niceron, tom. XXIII. pag. 158. = La *Méth. histor.* de Lenglet, *in-4. tom. II. pag.* 250. & *tom. IV. pag.* 15. = *Carpenteriana, pag.* 238. = *Vie de Pithou, tom. II. pag.* 140. = *Abrégé de l'Hist. Eccl.* de Racine, *in-12. tom. X. pag.* 342. = *Vie de Bignon, pag.* 55.]

26924. Defensa de la Precedencia de los Reyes Catholicos de España a todos los Reyes del Mundo ; por Juan DE LA PUENTE, de la Orden de san Domingo.

Cet Ouvrage fait partie de celui que l'Auteur a intitulé : *La Convenientia de las dos Monarquias Catolicas, la de la Iglesia Romana, y la del Imperio Español* : *en Madrid,* 1612, *in-fol.*

26925. Mémoires concernant la Préséance des Rois de France sur les Rois d'Espagne ; par Théodore GODEFROY : *Paris,* 1613, 1618, *in-4.*

Les mêmes sont imprimés avec les *Annotations de Denis Godefroy sur l'Histoire de Charles VI. pag.* 650 : *Paris,* 1653, *in-fol.*

☞ On trouve sur le même sujet, & autres Préséances, plusieurs Volumes, parmi les Manuscrits de MM. Godefroy, dans la Bibliothèque de l'Hôtel de Ville de Paris, num. 386-397, 401, 402.]

26926. Conférence des Prérogatives d'Ancienneté & de Noblesse de la France, avec toutes les autres Monarchies & Maisons Royales de l'Europe ; par Claude DE RUBIS, Procureur Général de la Communauté de la Ville de Lyon, & Conseiller en la Sénéchaussée & Présidial de la même Ville : *Lyon,* 1614, *in-8.*

☞ L'Auteur, dans la première Partie, fixe l'époque & l'Origine des différens Royaumes & Souverainetés de l'Europe. Dans la seconde, il réfute les fables qu'on avançoit sur l'origine des François, appuyées sur le témoignage du faux Berose. Il dit que leur nom vient de leur ancienne franchise, & que ce fut sous l'Empire d'Auguste qu'on l'entendit prononcer pour la première fois. Il prétend qu'ils étoient Gaulois d'origine, & que s'ils se trouvèrent alors mêlés avec les Germains, ils ne perdirent jamais l'espérance de rentrer dans leur patrie ; ce qu'ils exécutèrent environ l'an de Jesus-Christ 420, sous Pharamond. L'Auteur examine l'origine des Rois de France, dont il distingue les trois Races. Il soutient que Hugues-Capet vint à la Couronne par succession légitime. Il conclut de tout cela que la Monarchie Françoise doit avoir la Préséance sur toutes les autres ; il traite ensuite des Dauphins qui prirent ce nom depuis Guigue III. qui le premier porta un Dauphin dans ses armes. Au dernier Chapitre, il parle de la Maison de Médicis, & de son ancienne alliance avec celle de France.]

26927. Traité de la Préséance des Rois de France ; par Eustache DU REFUGE, Conseiller d'Etat.

Ce Traité est imprimé dans sa *Géographie historique* : *Paris,* 1645, *in-4.* 1658, *in-8.* L'Auteur est mort en 1628.

26928. Les Différends arrivés à Rome entre les Ambassadeurs de France & d'Espagne, à la nouvelle Election d'Urbain VIII. *Paris,* 1621, *in-8.*

26929. Ms. Discours de la Préséance des Rois de France, d'Espagne : du Rang des Dauphins de France sur les Princes Etrangers, &c.

Ce Discours [étoit] conservé dans la Bibliothèque de M. le Chancelier Seguier, num. 246, des Manuscrits, [aujourd'hui à S. Germain des Prés.]

26930. Ms. Du Rang que tiennent les Maisons de France & d'Espagne avec les Electeurs de l'Empire.

Ce Traité est conservé dans la Bibliothèque de M. le Chancelier d'Aguesseau.

26931. Ms. Débat de Préséance de l'Ambassadeur du Roi des Romains, & des Ambassadeurs des autres Rois de l'Europe.

Cet Ecrit est conservé entre les Manuscrits de M. Dupuy, num. 721.

26932. Jacobi GOTHOFREDI, Jurisconsulti, Diatriba de Jure Præcedentiæ : *Genevæ,* 1627, *in-4.*

Eadem duplo auctior : *Genevæ,* 1664, *in-4.*

L'Auteur est mort en 1652.

☞ Ce Livre de Jacques Godefroy n'a aucun rapport avec l'Histoire de France, & on croit devoir l'observer, parceque le Père le Long en a fait mention.]

26933. Traité de la Prééminence de nos Rois ; par le Sieur DE SAINT-LAZARE.

Ce Traité, qui a été composé par Claude MALINGRE, est imprimé dans son *Histoire des Dignités honoraires* : *Paris,* 1635, *in-8.* Ce Traité est aussi intitulé : « De la » Prééminence & Préséance du Roi de France sur tous » les Rois de la Chrétienté, contre un Discours Italien » fait en faveur de la Maison d'Autriche »,

26934. De la Préséance des Rois de France sur tous les autres Rois ; par MM. DE SAINTE-MARTHE.

Ce Discours est imprimé au Livre I. de l'*Histoire généalogique de la Maison de France, Chap.* V. *Paris,* 1647, *in-fol.*

26935. Ms. Dissertation de M. CHARRIER, Avocat au Parlement, sur le Droit qu'ont les Rois de France de précéder les Empereurs d'Allemagne : *in-4.*

Cette Dissertation [étoit] conservée dans la Bibliothèque de M. le Baron d'Hœndorff. [& est aujourd'hui dans celle de l'Empereur.]

26936. De la Prééminence de nos Rois & de leur Préféance sur l'Empereur & le Roi d'Espagne : Traité historique (d'Antoine) AUBERY, Avocat au Parlement ; avec une Addition de quelques Pièces tirées des Mémoires de MM. Bignon & Dupuy : *Paris*, Joly, 1650, *in-4*.

« Cet Auteur (selon Costar) écrit sensément & exac-
» tement dans les matières historiques & politiques ; son
» style n'est ni fleuri ni élégant ; & son fort est dans la
» fidélité, curiosité & solidité ; n'alléguant jamais rien
» dont il n'ait la preuve ». Costar, dans son *Mémoire manuscrit*, [rapporté ci-après, aux *Vies des Personnes célèbres*, &c. M. de Boulainvilliers n'en a pas porté un jugement si avantageux dans sa Préface manuscrite sur la Vie de S. Louis.]

☞ On trouve dans l'*Addition*, une Relation de Michel SURIANO, Vénitien, touchant son Ambassade en France, & une autre Relation de Bernard NAVAGERO, Vénitien, depuis Cardinal, sur son Ambassade de Rome.

Voyez le P. Niceron, tom. *XIII. pag.* 308.]

26937. Apologie pour la France sur la Préséance contre l'Espagne en Cour de Rome : *Paris*, Noël, 1651, *in-4*.

26938. Procès-verbal contenant la Déclaration que le Marquis DE LA FUENTE, Ambassadeur Extraordinaire d'Espagne, a fait à Sa Majesté de la part de son Maître, pour satisfaire Sa Majesté sur ce qui est arrivé à Londres le 10 Octobre 1661, entre les Ambassadeurs de France & d'Espagne : *Paris*, 1661, *in-fol.* & *in-4*.

26939. Ms. Lettres du Roi à l'Archevêque d'Ambrun, (Georges d'Aubusson) Ambassadeur de Sa Majesté en Espagne, avec ses Réponses, depuis le premier Novembre 1661, jusqu'au 10 de Janvier 1662, sur l'action commise par l'Ambassadeur du Roi Catholique en Angleterre, au sujet du rang prétendu par lui devant l'Ambassadeur de France. Le Procès-verbal & la Déclaration (énoncés dans l'Article précédent.) Mémoires de François Eudes DE MÉZERAY, sur ce sujet, avec sa Réponse aux Raisons des Espagnols ; & un autre Mémoire de Charles LE COINTE, Prêtre de l'Oratoire, sur le Rang & la Séance des Ambassadeurs de France au-dessus des autres Rois : *in-fol.*

Ce Recueil [étoit] conservé dans le Cabinet de M. l'Abbé de Louvois, n. 83, & est à la Biblioth. du Roi.]

26940. Traité de la Prééminence des Rois de France, d'Espagne & d'Angleterre, &c. dans lequel on défend les Droits, Prérogatives & Prééminences des Rois d'Angleterre ; par Jacques HOWEL, Historiographe du Roi : *London*, 1664, *in-fol.* (en Anglois.)

Cet Auteur est mort en 1666.

Idem Tractatus Latinè redditus à B. Harrisio : *Londini*, 1664, *in-8*.

26941. Divers Traités sur les Droits & Prérogatives des Rois de France & de leur Préséance sur les autres Rois ; de la Préséance de l'Empereur sur les autres Rois ; & qu'il ne doit avoir sur la France, &c. tirés des Mémoires historiques & politiques de M. C.S.S.D.S. *Paris*, 1666, *in-12*.

Ces lettres initiales signifient Charles SOREL, Seigneur de Souvigny. Il y a dans ce volume quatre différens Traités : le premier, où il est parlé de la Dignité & Prérogatives du Roi de France sur les autres Rois, a été fait pour répondre au Traité de Jacques Howel, Anglois, où cet Auteur prétend montrer que ces Princes n'ont point droit de prétendre la Préséance les uns sur les autres, chacun étant également bien fondé à la prétendre : Sorel fait voir au contraire, que le Roi de France a toujours eu la Préséance sur tous les autres Rois. Dans le second, il prétend que quelque l'Empereur soit en possession de précéder tous les Rois, néanmoins cette possession n'a aucun fondement raisonnable par rapport aux Rois de France. Le troisième Traité contient diverses Remarques sur la Lorraine, qui vont toutes à éclaircir les prétentions du Roi sur ce Pays ; & le quatrième traite des Droits du Roi sur la Flandres.

☞ On peut voir sur ces Traités, la *Méth. hist.* de Lenglet, *in-4. tom. IV. pag.* 256. = Le Père Niceron, *tom. XXXI. pag.* 400. = *Journ. des Sçav. Août*, 1666.]

26942. ☞ Ms. Prérogatives de la Couronne, générales & particulières. Préséances des Rois de France sur les autres Rois de l'Europe : *in-4*. 2 vol.

Ce sont les Porte-feuilles 586 & 587 du grand Recueil *in-4.* conservé dans la Bibliothèque du Roi, & qui a été dressé par M. de Fontanieu, mort en 1767.]

26943. De la Prééminence des Rois de France au-dessus des autres Rois de la Terre, & par occasion de quelques circonstances qui regardent le Règne de Louis VII. Roi de France ; par Charles DU FRESNE DU CANGE, Trésorier de France à Amiens.

Ce Traité est imprimé dans la seconde Dissertation sur l'*Histoire de S. Louis*, par Joinville, *pag.* 315 : *Paris*, 1668, *in-fol.*

26944. La Préséance des Rois de France sur les Rois d'Espagne ; par C. B. *Paris*, Billaine, 1674, *in-4*.

Charles BULTEAU, Auteur de ce Traité, est mort Doyen des Secrétaires du Roi, en 1710. « Il a pris soin
» de ramasser dans son Livre toutes les Preuves rapportées par Théodore Godefroy, dans son *Traité de la Préséance*, & d'ajouter à celles dont cet Auteur n'a-
» voit point parlé, une Réponse à tout ce que le Sieur
» Chifflet avoit avancé contre M. Godefroy, en répon-
» dant à son Ouvrage ». *Journal des Sçavans*, du 11 Février 1675.

☞ *Voyez* encore la Préface du Catalogue de M. Bulteau. = La *Méth. hist.* de Lenglet, *in-4. tom. IV. pag.* 256.]

26945. ☞ Ms. Préséance de la France sur l'Angleterre : *in-4*.

Cet article Manuscrit, sur vélin, est conservé dans la Bibliothèque du Roi, entre ceux de M. de Cangé.]

26946. Ms. Des Droits, Prérogatives & Prééminences des Rois de France : *in-4*.

Ce Traité, qui est du Sieur PEAN, [étoit] conservé dans la Bibliothèque de M. le Baron d'Hoendorff, [& est aujourd'hui dans celle de l'Empereur.]

26947. Ms. Préséance des Frères des Rois de France & d'Espagne sur les Electeurs : *in-fol.*

Ce Discours est conservé dans la Bibliothèque de M. le Chancelier d'Aguesseau.

26948. Mſ. Rois de France Arbitres de pluſieurs Rois & Princes, depuis l'an 1233 juſqu'en 1631.

Ce Recueil eſt conſervé entre les Manuſcrits de M. Dupuy, num. 607, & parmi les Manuſcrits de M. le Chancelier Seguier, num. 756, [à S. Germain des Prés.]

Nota. Les Traités touchant le Droit de Régale ou de Nomination faite par le Roi aux Bénéfices pendant la vacance des Siéges, auroient pu être placés ici : mais ils ont été déja rapportés enſuite des Traités touchant les Pragmatiques & Concordats, afin que tout ce qui concerne les Bénéfices fût réuni dans un même lieu.

☞ *Voyez* le Tom. I. *pag.* 524 & *ſuiv.*

On y trouvera auſſi, *pag.* 502, les *Traités des Droits du Roi ſur les perſonnes & les choſes Eccléſiaſtiques.*]

26949. ☞ Si Charlemagne a eu le droit d'élire les Papes.

Ce ſujet eſt traité dans les *Annales Eccléſiaſtiques* de Charles LE COINTE, *tom.* VI. *pag.* 70.]

26950. Le Lys très-Chrétien, floriſſant en la Foi Chrétienne; par Triſtan DE LESCAGNE, Official de Saint-Julien de Sault, près de Sens : *Paris*, 1540, 1611, *in*-4.

26951. ☞ Panegyre ortodoxe, myſtérieux & prophétique ſur l'antiquité, dignité, nobleſſe & ſplendeur des fleurs de Lys; par le R. P. Hyppolite RAULIN, Minime : *Paris*, 1626, *in*-8.]

26952. De triplici Francorum Liliorum incremento, hoc eſt I. Literarum; II. Religionis; III. Armorum, apud Majores noſtros priſcos Gallos atque Francos cultu & ſtudio; auctore Claudio ESPENCÆO, Doctore Sorbonico : *Pariſiis*, Auvray, 1575, *in*-8.

Le même Ouvrage, ſous ce titre : *Sermo de Franciſcis Liliis*, eſt imprimé à la page 940 de ſes *Œuvres* : *Pariſiis*, 1619, *in-fol.* Ce Sermon fut compoſé en 1541, & l'Auteur eſt mort en 1571.

Traité de l'excellence des trois Fleurs de Lys, Traduction du Traité précédent, faite par Jean Chalumeau : *Paris*, Auvray, 1575, *in*-8.

Ce Traducteur y a joint une Contre-Apologie de la fameuſe Journée de la Saint-Barthélemy.

26953. De la Religion Catholique & Foi Chrétienne des Rois de France : Œuvre par lequel eſt montrée la dévotion & affection deſdits Rois envers les choſes ſaintes, & la punition faite par eux des Hérétiques & des Rébelles : *Paris*, Lhuillier, 1572, *in*-8.

Ce petit Traité finit par une courte Apologie de la fameuſe Journée de la Saint-Barthélemy, [ou plutôt il n'a eu d'autre but que celui de la juſtifier.]

26954. De la Providence de Dieu ſur les Rois de France Chrétiens; par Gabriel DE SACONAY, Précenteur & Chantre de l'Egliſe de Lyon : *Lyon*, Jove, 1568, *in*-8.

☞ Le but de cet Auteur eſt de montrer au Roi Charles IX. qu'il ne doit point tolérer deux Religions différentes dans ſon Royaume, qui ne ſubſiſtera qu'autant que la Religion Catholique, qui en eſt le fondement, y régnera. Il le prouve par l'exemple de ſes Prédéceſſeurs, qui ont eu un grand ſoin d'exterminer tous les Hérétiques qui ont paru en France. Il s'étend principalement ſur les Albigeois, & finit en exhortant le peuple François à demeurer ferme & conſtant dans l'obéiſſance qu'il doit à Dieu, à l'Egliſe & au Roi.]

26955. De la Sainteté de la Monarchie Françoiſe, des Rois Très-Chrétiens & des Enfans de France; par Artus DU MONSTIER, Recollect : *Paris*, 1638, *in*-8.

26956. La France ſous la protection de Dieu, depuis Pharamond juſqu'à nous; avec un Manuel des Rois, l'antiquité de leurs Titres & Prérogatives au-deſſus de tous; par le Père DU VAL, de l'Ordre des Minimes : *Paris*, 1640, *in*-8.

26957. Mſ. Traité ſommaire des choſes les plus ſignalées, faites par les Rois de France, pour l'exaltation de l'Egliſe Catholique; traduit de l'Italien, en 1635.

Cet Ouvrage a été traduit par l'Auteur du Livre ſuivant, & eſt conſervé à Dijon dans la Bibliothèque de M. de la Mare.

26958. Mſ. Diſcours hiſtoriques & apologétiques de la France & de ſes Rois Très-Chrétiens, avec le Martyrologe & le Calendrier Royal des Saints & Saintes de la Maiſon Royale & de ſes Alliés; par un Jéſuite : *in-fol.*

Cet Ouvrage a été écrit en 1642, & eſt conſervé dans la même Bibliothèque.

⸺ Sanctorum Galliæ Regum ac Principum Sylva, verſibus heroïcis; auctore Ludovico Abele SAMMARTHANO.

☞ *Voyez* ci-devant, au *tom.* I. *p.* 269, N.° 4236.]

⸺ La Monarchie ſainte, ou Vies des Saints ſortis de la Tige Royale (de la première & ſeconde Race); compoſées par DOMINIQUE de Jeſus, de l'Ordre des Carmes.

Rapportée ci-deſſus, aux *Recueils des Vies des Saints de France.*

Voyez ci-devant, N.° 4237.]

26959. La Piété des Rois de France, en forme d'Hiſtoire; par le P. BALTHAZAR de Riez, Capucin : *Paris*, 1672, *Aix*, 1674, *in*-4. 2 vol.

☞ Le titre véritable eſt : « L'incomparable Piété » des Très-Chrétiens Rois de France, & les admirables » Prérogatives qu'elle a méritées à leurs Majeſtés, tant » pour leur Royaume en général, que pour leur Per- » ſonne ſacrée en particulier; par, &c. »]

26960. Diſcours ſur l'Hiſtoire des Fondations Royales & des Etabliſſemens faits ſous le Règne de Louis le Grand, en faveur de la Religion, de la Juſtice, des Sciences & de beaux Arts, de la Guerre & du Commerce; par (René) RICHARD, Prêtre, Hiſtoriographe des Fondations Royales de Louis le Grand : *Paris*, le Fevre, 1695, *in*-12.

26961. Mſ. Table alphabétique des Dons des Rois, vérifiés en la Chambre des Comptes de Paris : *in-fol.*

Cette Table [étoit] conſervée dans la Bibliothèque de M. l'Abbé de Caumartin, [mort Evêque de Blois, en 1733.]

26962.

26962. ☞ Militia Regum Francorum pro re christianâ : *Parisiis*, 1518, *in-4*.]

26963. ☞ Lettre de M. le Bœuf, Capitaine de la Milice Bourgeoise à Joigny, sur la dévotion des Rois de France à la sainte Vierge : *Mercure*, 1738, *Novembre*.]

26964. Francia exterorum Principum summa Protectrix ; auctore Francisco DE HAUTESERRE de Salvaizon, Antecessore Pictaviensi : *Parisiis*, Lambert, 1646, *in-4*.

26965. Exemples de la magnanimité des Rois de France, depuis Clovis jusqu'au Roi Charles VII. par GUILLAUME, Evêque de Tournay.

Ces Exemples sont imprimés dans son *Traité de la Toison d'Or* : *Paris*, 1517, *in-fol*. Cet Evêque, qui est mort en 1473, se nommoit FILASTRE.

26966. Mf. Exemples de la hardiesse de plusieurs Rois & Empereurs, depuis Clovis jusqu'au Roi François I. par N. SALA, Pannetier du fils de Charles VIII. qu'il suivit en la conquête de Naples, & vivoit encore sous le Roi François I.

Ces Exemples sont conservés dans la Bibliothèque du Roi, num. 180, selon le Père Labbe, *pag*. 314 de sa *Nouvelle Bibliothèque des Manuscrits*. Il en a fait imprimer des Extraits à la page 714 de son *Recueil historique de Pièces anciennes*, [à la fin de son *Abrégé Royal, &c. Paris*, 1651, *in-4*.]

26967. Traité de l'Epée Françoise ; par Jean SAVARON : *Paris*, Perrier, 1610, *in-8*.

Ce Livre traite de la valeur des Rois de France.

26968. De la Piété & Vertu des Rois de France, & de l'amour qu'ils ont porté à l'étude des Lettres ; par Ferry DE LOCRES.

Ce Traité est imprimé avec son *Discours de la Noblesse* : *Arras*, 1605, *in-8*.

26969. * De la Bibliothèque du Louvre, sous les Rois Charles V. VI. & VII. par M. (Jean) BOIVIN, Garde de la Bibliothèque du Roi : *Mém. de l'Acad. des Inscript. & Bell. Lettr. tom. II. pag*. 747.

26970. * Arrest du Conseil, concernant cette Bibliothèque, du 11 Octobre 1720 : *Paris*, Rondet, 1720, *in-4*.

26971. ☞ Remarques sur les dons annuels faits anciennement aux Rois de France de la seconde Race ; où, à l'occasion de Livres offerts en forme de présens, on parle de ceux qui ont été donnés depuis à la Bibliothèque de Charles V. & de ceux que Jean Duc de Berry son frère, reçut en étrennes au premier Janvier ; par M. l'Abbé (Jean) LEBEUF.

Dans son *Recueil de Pièces sur l'Histoire de France, tom. II. pag*. 248 : *Paris*, *in-12*.]

26972. ☞ Mf. Inventaire des Livres de la Bibliothèque du Roi Charles VI. fait par l'ordre du Duc de Betfort, Régent du Royaume de France, pour le Roi d'Angleterre, l'an 1423, Garnier de S. Yon étant alors Garde de la Bibliothèque : *in-fol*.

Cet Inventaire est conservé dans la Bibliothèque de Sainte Geneviève, à Paris.]

26973. ☞ Mémoire historique sur la Bibliothèque du Roi.

Ce Mémoire, qui est très-étendu, se trouve à la tête du tom. I. du *Catalogue* imprimé de cette Bibliothèque : *Paris*, Imprimerie Royale, 1739 & *suiv. in-fol*.]

26974. ☞ Lettres d'un Académicien, sur le Catalogue de la Bibliothèque du Roi : (*Rouen*, Boulenger), 1749, *in-12*.

Ces Lettres sont de M. l'Abbé SAAS, Chanoine de la Cathédrale de Rouen, & de l'Académie de cette Ville.]

26975. ☞ Lettre sur l'Histoire des Médailles du Roi ; par Claude DU MOULINET, Chanoine Régulier de Sainte Geneviève : *Mercure*, 1719, *Mai, pag*. 45.

Elle se trouve encore au tom. VII. des *Amusemens du Cœur & de l'Esprit* ; par M. PRÉTOT.]

26976. Sancti Marculphi, Abbatis Nantuensis, Translatio Corbiniacum, ubi de ejus potestate in Strumas Francorum Regibus communicata ; auctore anonymo.

Ce Discours est imprimé au tom. VI. du *Recueil des Actes des Saints de l'Ordre de saint Benoît* ; par le Père Mabillon, *pag*. 134. L'Auteur anonyme a fleuri dans le douzième siècle.

26977. De mirabili Strumas sanandi vi, solis Galliæ Regibus Christianissimis divinitùs concessa ; auctore Andrea LAURENTIO, Regis Medico Primario : *Parisiis*, Orry, 1609, *in-8*.

Du Laurens est mort en 1609. Ce Traité est aussi imprimé au tom. II. de ses *Œuvres* : *Francofurti*, Fitzer, 1621, *in-fol*.

26978. Les miraculeux effets de la sacrée main des Rois de France, pour la guérison des Malades, & pour la conversion des Hérétiques ; par Jean BARBIER, Avocat Consistorial au Parlement de Dauphiné : *Lyon*, 1618, *in-8*.

26979. De la Dignité des Rois de France, & du Privilège que Dieu leur a donné de guérir les Ecrouelles ; par Simon FAROLD, Doyen & Official de Mante : *Paris*, 1633, *in-8*.

☞ C'est peu de chose que cet Ouvrage, dont la Vie de S. Marcoul tient la plus grande partie. Ce qui est dit au commencement sur la sainte Ampoule, sur les Lys & sur la faculté de guérir les écrouelles, attribuée à nos Rois, est très-abrégé. La fin de la Vie de S. Marcoul, qui contient ce qui se passa après sa mort, & la translation de ses Reliques à Mante, est plus intéressante, parce qu'elle contient quelque chose sur l'Histoire de la Ville de Mante.]

26980. Apologie pour le Pélerinage de nos Rois à Corbigny, au Tombeau de saint Marcoul, Abbé de Nanteuil, ou la vérité des Reliques de ce Saint, contre la nouvelle opinion de M. Farold ; par Oudart BOURGEOIS, Religieux Bénédictin, Prieur de saint Marcoul : *Reims*, Bernard, 1638, *in-4.*

☞ Chacun veut tirer à foi le Corps & les Reliques de S. Marcoul, & l'un & l'autre de ces Auteurs plaident pour fon Eglife. D. Bourgeois a joint beaucoup de titres pour appuyer fa prétention.]

26981. ☞ Mémoire fur la Cérémonie (pratiquée par nos Rois), pour toucher les écrouelles : *in-fol.*

Parmi les Manufcrits de MM. Godefroy, confervés dans la Bibliothèque de l'Hôtel de Ville de Paris, au Volume marqué num. 379.]

26982. Danielis Georgii MORHOFFII, Germani, Princeps Medicus, five Differtatio Hiftorico-Medica, de curatione Strumarum, quæ à Regibus Angliæ & Galliæ fit : *Kiloni*, 1665, *in-4.*

Cette Differtation eft auffi imprimée dans le volume de fes *Differtations Académiques, pag.* 127 : *Hamburgi*, 1699, *in-4.* Cet Auteur eft mort en 1691.

26983. Joannis Joachimi ZENTGRAFF, biga Differtatio de Tactu Regis Franciæ, quo Strumis laborantes reftituuntur, adversùs Morhoffium : *Witteberga*, 1668, 1677, *in-4.*

§. II.

Traités des Palais de nos Rois.

☞ On a déja indiqué des Liftes de ces Palais, & des morceaux fur quelques-uns, parmi les Traités de *Géographie*, ci-devant, *tom. I. pag.* 38.]

26984. HINCMARI, Archiepifcopi Remenfis, Epiftola de Regno & Palatio Francorum.

Cette belle & grande Lettre eft imprimée dans fes *Œuvres : Pariſiis*, 1645, *in-fol.*

━ Commentarius de antiquis Regum Francorum Palatiis; auctore Michaele GERMAIN, Benedictino.

━ Differtation d'Adrien DE VALOIS, fur les anciens Palais des Rois.

Ces deux Ouvrages font indiqués ci-devant, [tom. I. Nos 441 & 442.]

26985. ☞ Obfervations fur les anciens Palais de nos Rois; par un Religieux de la Congrégation de S. Maur. *Journal de Verdun*, 1762, *Avril, pag.* 283.

On peut encore voir Henfchenius, *De tribus Dagobertis, lib. IV. chap. VIII.* Il y eft parlé de *Difpargum*, la première demeure connue de nos Rois, du temps de Clodion. Waftelain, dans fa *Gaule Belgique*, (*Lille*, 1761,) croit que c'eft Dieft en Brabant, *pag.* 210.]

26986. Des anciens Bâtimens des Rois de France de la première & feconde Race; par Florent LE COMTE, Sculpteur & Peintre à Paris.

Ce Difcours eft imprimé dans le *Cabinet des Singularités d'Architecture : Paris*, 1699, *in-12.*

26987. Mſ. Mémoires pour fervir à l'Hiftoire des Maifons Royales & Bâtimens de France; par André FELIBIEN : *in-fol.*

Ce Mémoire [étoit] confervé dans la Bibliothèque de M. Baluze, num. 164, [& eft aujourd'hui dans celle du Roi.] L'Auteur eft mort en 1690.

26988. ☞ Plans, Elévations & Vues des Châteaux du Louvre & des Thuilleries; par LE CLERC, SILVESTRE & autres : *in-fol.*]

26989. Mſ. Defcription hiftorique de l'ancien Louvre; par Jean-François FELIBIEN, Sieur des Avaux, de l'Académie Royale des Infcriptions.

Cette Defcription eft confervée dans les Regiftres de cette Académie, de l'année 1707.

26990. ☞ Premier & fecond Mémoire fur le Louvre, (où il s'agit des projets pour achever & perfectionner le Vieux Louvre; par M. DE BACHAUMONT,) 1749 & 1750: *Paris*, Prault, petite Brochure, *in-4.*

26991. ☞ L'Ombre du Grand Colbert, le Louvre & la Ville de Paris; Dialogue, par M. DE LA FONT de S. Yennes: *Paris*, 1749, 1752, *in-12.*]

26992. ☞ Mſ. Les Inventaires des Vaiffelles & Joyaux d'or & d'argent doré, pierreries & autres chofes précieufes de la Couronne, en 1560 : *in-fol.*

Cet Inventaire eft confervé dans la Bibliothèque du Roi, entre les Manufcrits de M. de Cangé.]

26993. ☞ Remarques fur le Bois, le Château & la Sainte-Chapelle de Vincennes; par M. l'Abbé (Jean) LEBEUF.

On trouve ces Remarques, *pag.* 74-94, du tom. V. de fon *Hiftoire du Diocefe de Paris, &c. Paris*, 1755, *in-12.* On y réfute l'étymologie du Mémoire d'un, en faifant voir que Vincennes ne fe nommoit pas *Vicena*, mais *Vilcena*.]

26994. Le Tréfor des merveilles de la Maifon Royale de Fontainebleau, contenant fon Antiquité, les Singularités qui s'y voient, &c. par Pierre DAN, de l'Ordre de la Trinité : *Paris*, Cramoify, 1642, *in-fol.*

Le Père Dan eft mort en 1649. Son Livre eft curieux & utile, parcequ'il explique plufieurs belles chofes qui ont été depuis enlevées de Fontainebleau : pour l'Auteur, il eft fort médiocre, n'ayant ni choix ni goût, felon l'Abbé Lenglet. Les Eftampes ont été gravées par Boffe, fameux Peintre.

☞ Voyez la *Méth. hift.* de Lenglet, *in-4. tom. IV. pag.* 187. = *Bibl. Harley, tom. II. pag.* 535.]

26995. Salomonis PRIEZACI, Campeftre Galliæ Miraculum, feu Fons Bellauticus : *Pariſiis*, 1647, *in-4.*

26996. ☞ Defcription hiftorique des Château, Bourg & Forêt de Fontainebleau, contenant une Explication des Peintures, Tableaux, Reliefs, Statues, Ornemens qui s'y voient, & la Vie des Architectes, Peintres & Sculpteurs qui y ont travaillé, enrichie de plufieurs Plans & Figures; par l'Abbé (Pierre) GUILBERT, Précepteur des

Palais de nos Rois.

Pages du Roi : *Paris*, Cailleau, 1731, *in-12.* 2 vol.

Voyez le *Journ. des Sçav. Juillet*, 1731. = *Journ. de Verdun, Mars*, 1731. = Lenglet, *Supplément à sa Méthode historique, in-4. pag.* 172.]

26997. ☞ In laudem Fontisbelli, Regum deliciis & præsentiâ cantatissimi, centum disticha : *in-8.*]

26998. ☞ Les Travaux d'Ulysse, (peints dans la Galerie de Fontainebleau, par Saint-Martin de Boulogne & Nicolas, premiers Peintres de Henri III.) gravés par Van-Thulden : 1632, *in-fol.* oblong.]

26999. ☞ Porticûs Reginæ in Arcis Fontis-bellaquæ vestibulo Picturæ, & Ornatûs à Simone Vouet : *in-fol.*

On a un grand nombre de Planches gravées d'après les Peintures faites dans le Château de Fontainebleau, par le Primatice, Saint-Martin de Boulogne & autres : *in-fol.*]

27000. ☞ Discours au Roi sur le rétablissement de la Bibliothèque Royale de Fontainebleau, (dressée par les soins du Roi François I.) par Abel de Sainte-Marthe, Garde de cette Bibliothèque : *Paris*, 1668, *in-4.*]

27001. Séjour Royal de Compiégne, depuis Clovis I. jusqu'à Louis XIV. par Antoine Charpentier, Avocat à Compiégne : *Paris*, Piget, 1647, *in-4.*

27002. L'illustre Compiégne : Lettre où l'on rapporte ce qui s'y est passé de plus considérable sous chaque Roi, avec l'Ordre de Bataille du Camp de Coudun ; par Fleuri de Fremicourt : *Paris*, Moreau, 1698, *in-12.*

27003. Maisons Royales, Plans & Élévations, gravées : *in-fol.*

27004. ☞ Plans & Vues des Villes & Maisons Royales ; par Israël Silvestre & autres : *in-fol.* 2 vol.]

27005. * Celanire, dédiée au Roi ; par (Madelaine) de Scudery : *Paris*, 1671, *in-12.*

C'est une Description de Versailles.

27006. Description sommaire du Château de Versailles ; par André Felibien : *Paris*, Desprez, 1674, *in-12.*

27007. Explication historique remarquable de la Maison Royale de Versailles ; par Combei : *Paris*, 1681, *in-12.*

27008. Poëme de François Regnier des Marests, sur la Rivière d'Eure & les Eaux de Versailles : *Paris*, 1687, *in-4.*

27009. ☞ Versailles immortalisé par les Merveilles parlantes, &c. en Vers libres ; par J. B. de Monicart, Ancien Trésorier de France de Metz, contenant (ou plutôt qui devoit contenir) 10 mille Vers & 500 Estampes en 9 volumes *in-4.*

Il n'y a eu d'exécuté de cet Ouvrage ou au moins de donné au Public, que les Tom. I. en 1720, & Tom. II. en

Tome II.

1721. L'Auteur étant mort en 1722, l'Ouvrage ne fut pas continué, & les Souscripteurs poursuivirent en 1724 sa veuve & sa fille, pour se faire rendre leur argent. *Voyez* le *Journal de Verdun, Juillet* 1724. Struvius, (*Bibl. hist. pag.* 996,) dit que c'est un Ouvrage magnifique, & qu'il en a vu trois volumes ; mais il se trompe. Les Vers François ont été traduits en Prose Latine par Romain le Testu.

Voyez le *Journ. de Verdun, Mai & Juillet*, 1719 : *Juillet*, 1720 : *Mars*, 1721 : *Juillet*, 1724.]

27010. Nouvelle Description du Château & Parc de Versailles & de Marly, contenant une Explication historique de toutes les Peintures, Tableaux, Statues, Vases & Ornemens qui s'y voient, &c. *Paris*, 1701, [1707, *in-12.* 1 vol.] Troisième Édition : *Paris*, 1713, *in-12.* 2 vol.

L'Auteur de cette Description se nomme Jean de Piganiol de la Force, d'Auvergne, Gouverneur des Pages de M. le Comte de Toulouse.

☞ *Voyez* sur cette Description, *Journal des Sçavans*, 1702, *Janvier*. Depuis ce temps, elle a été réimprimée plusieurs fois, sur tout avec sa *Description de Paris & de ses Environs : Paris*, Desprez, 1765, *in-12.* 10 vol. & c'est la dernière Édition. On peut encore voir sur Versailles, le *Voyage Pittoresque des Environs de Paris*, imprimé plusieurs fois : *Paris*, Debure, *in-12.*]

27011. Description sommaire de Versailles ancienne & nouvelle, avec des figures ; par Jean-François Felibien, Historiographe des Bâtimens du Roi, de l'Académie Royale des Inscriptions : *Paris*, 1703, *in-12.*

Cette Description est exacte & méthodique ; l'Auteur ne s'y borne pas à ce qui ne regarde que le corps des Bâtimens : la Description & l'Explication des Tableaux, des Statues & autres Ornemens de cette magnifique Maison, fait une des principales & des plus agréables parties de cet Ouvrage.

☞ *Voyez* sur cet Ouvrage, le *Journal des Sçavans, Juin*, 1703. = *Mem. de Trévoux, Novemb.* 1703.]

27012. Description de Versailles, de Trianon & de Marly : *Amsterdam*, 1715, *in-8.* 2 vol.

☞ *Voyez* Lenglet, *Méth. histor. in-4. tom. IV. pag.* 188. = *Biblioth. ancienne & moderne, tom. IV. pag.* 455. = *Républiq. des Lettres*, de Bernard, *Mai*, 1716.]

27013. Vue, Perspective & Plans du Château de Versailles, du Jardin, des Fontaines, avec les changemens qui y ont été faits ; dessinés & gravés par Claude Melan ; en 1715, *in-fol.* expanso.

27014. ☞ Plans, Élévations & Vues du Château de Versailles ; par Silvestre & autres : *in-fol.*]

27015. ☞ Grotte, Labyrinthe, Fontaines & Bassins de Versailles : *in-fol.*]

27016. ☞ Statues du Roi, antiques & modernes, de Versailles, gravées par J. Edelinck : *in-fol.*]

27017. ☞ Lettre sur les plus belles Statues des Jardins de Versailles ; par M. Poultier, Sculpteur ordinaire du Roi : *Choix des Mercures, tom. XVIII. pag.* 70.]

27018. ☞ Thermes, Bustes, Sphinx & Vases du Roi à Versailles, gravés par LE PAUTRE : *in-fol.*]

27019. ☞ Différentes Planches gravées concernant Versailles, & entr'autres celles représentant le grand Escalier des Ambassadeurs, peint par le Brun, & le Plafond de la Galerie du Petit Appartement du Roi, peint par MIGNARD : *in-fol.*]

27020. ☞ La grande Galerie de Versailles & les deux Salons qui l'accompagnent, peints par le BRUN, dessinés par MALSÉ, & gravés sous ses yeux : *Paris*, 1752, grand *in-fol.*

Cet Ouvrage est magnifique.]

27021. ☞ Explication des Tableaux de la Galerie de Versailles; par François CHARPENTIER, de l'Académie Françoise : *Paris*, 1684, *in-4.*]

27022. ☞ Explication des Tableaux de la Galerie de Versailles & de ses deux Salons; par M. (Pierre) RAINSSANT : *Versailles*, Muguet, 1687, *in-4.*]

27023. ☞ Estampes de différens endroits du Jardin de Versailles, & de Marly : *Londres*, 1726, *in-fol.*]

27024. ☞ Description de la Chapelle du Château de Versailles, & des Ouvrages de Sculpture & de Peinture ; par André FÉLIBIEN : *Paris*, Delaulne, 1711, *in-12.*]

27025. ☞ L'Apothéose d'Hercule peinte au Plafond du Sallon de marbre de Versailles; par le Sieur LE MOINE : *Paris*, Colombat, 1736, *in-12.*]

27026. ☞ Recueil des Figures, Groupes, Thermes, Fontaines, Vases, & autres Ornemens tels qu'ils se voient à présent dans le Château de Versailles, gravés d'après les Originaux par Simon THOMASSIN, Graveur du Roi : *Paris*, Thomassin, 1694, *in-8.*]

27027. ☞ Le Labyrinthe de Versailles en Vers; par Isaac DE BENSERADE : *Paris*, 1677, *in-8. La Haye*, 1724, *in-4.*]

27028. Description de Marly, gravée & expliquée en six planches : *Paris*, Giffart, 1716, *in-fol.*

27029. ☞ La Tyrannie des Fées détruite, ou l'origine de la Machine de Marly : *Paris*, 1756, *in-12.* 2 vol.]

27030. ☞ Floretum Philosophicum, seu Ludus Meudonianus in terminos totius Philosophiæ, præmissis diversis Meudonii Elogiis & origine : simulque amplissima Francisci Rabelæsi commendatione, opus elucubratum Meudonii in musæo Franc. Rabelæsi; auctore Antonio LE ROY, Presbytero : *Parisiis*, Dedin, 1649, *in-4.*]

27031. ☞ Meudonium & Trianæum, Ser.

Delphino, Ode Francisci BOUTARD : *in-4.*

Ces Descriptions furent traduites en François par Messeigneurs les Ducs de Bourgogne & d'Anjou, alors jeunes.

Le même Abbé Boutard a fait aussi celles de Versailles & de Marly.

Description de la Maison Royale de Meudon, dédiée à M. le Dauphin, traduite d'une Ode Latine de M. l'Abbé Boutard, par M. l'Abbé du Jary : *Paris*, Witte, 1703, *in-4.* de 15 pages.]

27032. ☞ Arrêt du Conseil d'Etat, portant estimation des terres & héritages compris dans les premiers Desseins de la nouvelle clôture du Parc de Vincennes : 1660, *in-4.*]

27033. ☞ Description du Château de Chambor, en 14 planches ; par le Sieur LE ROUGE : *Paris*, 1751, *in-fol.*]

§. III.

Traités des Armoiries des Rois de France.

27034. ☞ Ms. TRAITÉ de Blason dédié à Philippe-Auguste.

Il est conservé dans la Bibliothèque du Roi, & c'est le plus ancien Ouvrage de Blason que l'on ait, comme l'a observé M. Gautier de Sibert, *pag.* 337 du tom. II. de ses *Variations de la Monarchie Françoise* : *Paris*, 1765.]

27035. Le Miroir Royal blasonnant les Armoiries de France, & le nom du Roi (Henri II.) avec une Lettre à la Reine Catherine de Médicis; par Jean DE CAMBERY : *Paris*, 1549, *in-8.*

27036. ☞ Le Blason des Armes de France; par Jacques DE LA MOTHE, Seigneur de Huppigny : *Rouen*, du Gard, 1549, *in-16.*]

27037. Le Symbole Armorial des Armoiries de France, d'Ecosse & d'Irlande ; par Jean LE FERON, de Compiégne, Avocat en Parlement : *Paris*, 1555, *in-4.*

Les Armoiries de tous les Roys, Roynes & Enfans de France, jusqu'au Règne de Henri II. avec une briève Description de leurs Actes vertueux ; par le même.

Ce Livre est cité par l'Auteur dans l'Epître Dédicatoire de son *Catalogue des Connétables de France.*

27038. Mémoires des Ecus & Armoiries des Rois & Fils de France; par Jean DU TILLET.

Ces Mémoires sont imprimés dans son *Recueil des Rois de France*, *pag.* 319 : *Paris*, 1610, *in-4.*

27039. Des Armes de France ; par DU FOUSTEAU.

Ce Traité est imprimé dans son Livre intitulé : *Les curieuses Singularités de France* : *Vendôme*, 1631, *in-8.*

27040. Le Blason des Armes de la Maison Royale de Bourbon & de ses Alliances : recherché par le Sieur DE LA ROCQUE, & gravé par Pierre FIRENS : *Paris*, 1626, *in-fol.*

27041. Le Blason Royal des Armoiries des

Rois, Reines, Dauphins, Fils & Filles de la Maison de France ; par Philippe LABBE, Jésuite : *Paris*, Meturas, 1652 : *Amsterdam*, 1664, *in*-12.

27042. Traité historique des Armes de France [& de Navarre, & de leur origine ; par Pierre Scévole DE SAINTE-MARTHE, Historiographe du Roi : *Paris*, 1673, *in*-12.

☞ Cet Auteur recherche l'origine des Armes de France & de celles de Navarre. Il soutient que les Fleurs de Lys n'ont eu place sur les Ecussons que depuis Louis le Jeune, & sur les Vêtemens Royaux que depuis Philippe-Auguste. A l'égard de celles de Navarre, il prétend que c'est un Rays d'Escarboucles ; & non des doubles Chaînes, comme plusieurs l'ont avancé.]

27043. Traité singulier du Blason, contenant les Règles des Armoiries des Armes de France, & de leur Blason ; ce qu'elles représentent, & le sentiment des Auteurs qui en ont écrit ; par Gilles-André DE LA ROCQUE : *Paris*, 1673, 1681, *in*-12.

✱ Cet Auteur est mort en 1686.

27044. Elogium de laudibus & prærogativis sacrorum Liliorum in Stemmate Regis Gallorum existentium ; auctore Joanne-Ludovico VIVALDO, de Monte-Regali, Ordinis Prædicatorum : *Parisiis*, Colinæi, 1608, *in*-8.

☞ Ce Traité avoit déja été imprimé dans l'*Opus Regale* du même Auteur, dont on a plusieurs Editions. Voyez *Scriptores Ord. Prædic.* tom. *II.* pag. 42.

Vivaldi est mort au commencement du XVIe siècle : il avoit présenté cet Eloge à Louis XII. & ce fut un Cordelier, nommé Matthæus Bacelinus, qui le tira de la poussière, & le fit imprimer avec une Dédicace au Roi Henri IV.]

27045. Discours de la dignité & excellence des Fleurs-de-Lys & des Armes des Rois de France ; par Jean GOSSELIN, Garde de la Librairie des Rois Charles IX. & Henri III. *Melun*, 1593, & *Tours*, Métayer, 1593 ; *Nantes*, 1615, *in*-8.

Le même Discours est imprimé dans Bouchel, *p*. 229 de sa *Bibliothèque du Droit François : Paris*, 1667, *in-fol.* Jean Gosselin est mort en 1600.

☞ Il étoit de Vire en Normandie. D'autres attribuent ce Discours à Henri LAISNÉ, natif de Boissy près d'Anville, Diocèse d'Evreux.]

27046. Panégyrique orthodoxe, mystérieux & prophétique sur l'antiquité, noblesse & splendeur des Fleurs-de-Lys ; par Hippolyte RAULIN, Religieux Minime : *Paris*, Jacquin, 1626, *in*-8.

Cet Auteur est mort en 1628.

27047. ☞ Petri MARTIRIS, Collarii, pro Franciâ crescente Commentarium : *Avenione*, 1642, *in*-8.

C'est un Traité sur les Fleurs de Lys.]

27048. De Insignibus Regum Francorum ; auctore Joanne-Jacobo CHIFFLETIO.

Ce Discours est imprimé dans son Livre intitulé : *Anastasis Childerici, Lib. XII. Antverpia*, 1655, *in*-4.

27049. Traité du Lys, Symbole de l'Espérance, contenant la juste défense de sa gloire, dignité & prérogatives : ensemble les preuves irréprochables que nos Monarques François l'ont toujours pris pour leur Devise en leur Couronne, Sceptre, Ecus, Etendars, &c. par Jean TRISTAN, Seigneur de Saint-Amand, Gentilhomme ordinaire de la Chambre du Roi, enrichi de figures : *Paris*, Piot, 1656, *in*-4.

Cet Ouvrage est composé contre le Livre précédent de Chifflet.

☞ Il est principalement fait pour détruire la Fable des Abeilles, inventée par Chifflet dans son Livre intitulé : *Anastasis, &c.* L'Auteur prouve que les Rois de France n'ont jamais eu des Abeilles pour Armes ; il avance qu'ils ont fait usage des Fleurs-de-Lys depuis Clovis, qu'ils les ont réduites à trois dans leurs Armes dès le Règne de Philippe le Hardi, & non sous celui de Charles VI. comme le prétend Chifflet. Schmincklius dans la Préface de son Edition d'Eginhart, (*Trajecti ad Rhenum*, 1711, *in*-4.) prétend que cet Ouvrage de Tristan est très-rare ; mais il se trompe.]

27050. Lilium Francicum veritate historica, botanica & heraldica illustratum à Joanne-Jacobo CHIFFLETIO, Doctore Medico, Equite Aurato : *Antverpia*, 1658, *in-fol.*

C'est la Réponse au Traité de Tristan.

27051. Joannis FERRANDI, Aniciensis, Societatis Jesu Theologi, Epinicion pro Liliis, seu pro Aureis Franciæ Liliis, adversùs Joannem-Jacobum Chiffletium, apes pro Liliis sufficere nuper audentem, victrices Vindiciæ : *Lugduni*, 1663, *in*-4.

Epinicion secundum pro Liliis Franciæ : *Lugduni*, 1671, *in*-4.

Cet Auteur est mort en 1671.

☞ Le Père Ferrand, dans la première partie de son Ouvrage, combat celui de Chifflet, intitulé : *Anastasis, &c.* qui prétend que les Fleurs-de-Lys n'ont pas été connues dans les Armes des Rois de France avant le Règne de Philippe-Auguste, & que ce que plusieurs ont pris pour des Fleurs-de-Lys jusqu'à ce Roi, n'étoit autre chose que des Abeilles. Il soutient & prouve que les Fleurs-de-Lys ont été en usage dans les Armes des Rois de France dès le commencement de la première Race.

Dans la seconde partie, il répond au Traité du même Chifflet, intitulé : *Lilium, &c.* composé contre celui de Tristan.]

27052. Réponse aux Vindices de Ferrand, touchant les Fleurs-de-Lys ; par Jean-Baptiste DE VADERE.

Cette Réponse est imprimée avec son Traité de l'Origine des Ducs de Brabant : *Bruxelles*, 1672, *in*-4.

27053. Mf. Traité de l'antiquité & du vrai usage des Armoiries, où l'on montre que l'origine des Fleurs-de-Lys pour les Armes de France, n'est pas si moderne que quelques-uns se le sont imaginé ; par Michel DE MAROLLES, Abbé de Villeloin.

Ce Traité est cité à la *pag*. 13 du Catalogue de ses Ouvrages, à la fin du tom. *II.* de sa *Traduction de l'Enéide de Virgile en Vers François* : *Paris*, 1673, *in*-4.

27054. Traité de l'origine des Fleurs-de-

Lys; par Pierre Scévole DE SAINTE-MAR-THE, Historiographe de France.

Ce Traité est imprimé avec celui des *Armes de France* du même Auteur : *Paris*, 1673, *in-12*.

27055. Dissertation sur l'origine de la figure des Fleurs-de-Lys; par Pierre RAINSSANT, de Reims, Docteur en Médecine, Garde des Médailles du Roi : *Paris*, 1678, *in-4*.

Cet Auteur est mort en 1689.

☞ *Voyez* le *Journ. des Sçav.* 1678, *Septembre.*]

27056. ☞ Lettre de M. l'Abbé HARCOUET, à M. de Cipierre, sur l'origine des Armes de France : *Mercure*, 1695, *Octobre*.

Réponse du même à M. de Cipierre, en forme de Dissertation, sur l'origine des Fleurs-de-Lys, écrite de Paris le 19 Décembre 1695. *Ibid.* 1696, *Janvier.*

Réponse du même à M. de Cipierre, sur les Fleurs-de-Lys, écrite de Paris le 25 Août 1696. *Ibid.* 1696, *Octobre*.

Dans ces trois Pièces, l'Auteur prétend sur la foi de Trithème & de Hunibaldus, que l'usage des Lys est de plus de 500 ans avant Clovis, dont les descendans les portèrent sans nombre jusqu'à l'an 1400, que Charles VI. les réduisit à trois; & que Francus II. fils d'Authaire, (Roi fabuleux que l'on fait régner dans la Gaule Belgique, 70 ans avant Jesus-Christ,) en mettoit déja sur les Drapeaux. Il y a des recherches dans ces morceaux; mais c'est dommage qu'elles portent sur des fondemens si ruineux.]

27057. Mf. Dissertation sur les Lys qui font les Armoiries de France; par LEQUIEN DE LA NEUVILLE, de l'Académie Royale des Inscriptions.

Cette Dissertation est conservée dans les Registres de cette Académie, de l'année 1706.

27058. ☞ Dissertation sur les Armoiries de France, pour répondre à celle d'un Auteur anonyme; par Melchior COCHET DE SAINT-VALLIER, Président aux Requêtes à Paris.

Elle est imprimée dans les *Mémoires de Trévoux*, de *Septembre*, 1706.]

27059. ☞ Dissertation sur les Armoiries des Rois & des Princes de la Maison Royale.

Dans les *Mémoires de Trév.* 1705, *Juin, p.* 1050.]

27060. ☞ De l'origine des Armoiries en général, & en particulier de celles de nos Rois; par M. DE FONCEMAGNE, 1746. *Mém. de l'Acad. des Inscript. & Bell. Lettr. t. XX. p.* 579.

L'Auteur rapporte d'abord les différentes opinions des Auteurs sur l'origine des Armoiries, & croit qu'on doit l'attribuer aux Tournois & aux Croisades dans le XIe siècle. A l'égard de celles de nos Rois, il pense qu'on ne peut rien assurer de certain jusqu'au Règne de Louis VIII. ou le Jeune, qui prit des Fleurs-de-Lys, & à celui de Charles V. qui les fixa à trois. Ce Mémoire est clair, & peut suppléer à tout ce qui a été écrit sur ce sujet.]

27061. ☞ D. LOHENSCHIOLD de Floribus Lygiis vulgò *Lilia* vocatis, Regni Galliæ insignibus : *Tubingæ*, 1758, *in-4*.]

27062. ☞ Recherches sur les Fleurs-de-Lys; par Jacques-Bernard Durey DE NOIN-VILLE, Président Honoraire au Grand-Conseil.

On les trouve à la fin du tom. III. du *Dictionnaire généalogique* : *Paris*, 1757, & *suiv. in-8.*]

27063. ☞ Des Couronnes des Rois de France & de celles des Empereurs, des Ducs & des Comtes de France, & des grands Seigneurs de l'Empire de Constantinople; par Charles du Fresne DU CANGE.

Ce Discours est compris dans sa Dissertation XXIV. de l'*Histoire de S. Louis*, par Joinville : *Paris*, 1668, *in-fol.*]

27064. ☞ Dissertation sur les Couronnes, leur origine & leurs formes; par le Sieur BENNETON DE PERRYNS, Ecuyer, ancien Gendarme de la Garde du Roi : en 1730.

Cette Dissertation curieuse, qui est imprimée dans la *Cont. des Mém. de Littérature* du P. Des-Molets, *tom. IV.* est divisée en deux parties. La première traite de l'origine des Couronnes anciennes : la seconde, de la forme des Couronnes modernes. L'Auteur dit que nos Rois de la première & seconde Race portèrent des Diadêmes, des Couronnes radiées & à fleurons. Il conjecture que ces fleurons à trois pointes pourroient bien avoir donné origine aux Fleurs-de-Lys. Les Rois de la troisième Race portèrent des Couronnes ouvertes jusqu'à Louis XII. qui la prit fermée, pour ne pas paroître céder en prééminence aux Empereurs & aux Rois d'Angleterre. Ce qu'il dit sur celles des Ducs & des Comtes, n'est ni moins curieux ni moins plein de recherches.]

☞ *Nota.* On peut encore consulter les Armoiries des Rois de France, le Tome II. de l'*Origine des François*, d'Audiguier, *pag.* 470. = Les *Mémoires historiques* de Mézeray, *pag.* 147.]

27065. * Les Devises des Rois de France, Latines & Françoises, & la Paraphrase en Vers Latins, &c. par Michel GRENET, de Chartres : *Paris*, 1609, *in-8.*

27066. ☞ La Devise du Roi (Louis XIV.) avec un Recueil de cinq cens Devises faites pour Sa Majesté & toute la Maison Royale; par Claude-François MENESTRIER, Jésuite : *Paris*, Michallet, 1679, *in-4.*]

27067. ☞ Mf. Recueil de Devises, peintes en miniature sur vélin, à la louange de Louis XIV. avec des Explications historiques, tant en Prose qu'en Vers : *in-fol.*]

C'est le num. 3112 du Catalogue de M. de Gaignat.]

ARTICLE II.

Traités du Gouvernement de l'Etat.

☞ On a cru qu'il pouvoit être utile d'indiquer ici les principaux Traités du Gouvernement des Etats en général.]

§. PREMIER.

Traités du Droit public, du Gouvernement en général, & des devoirs des Souverains & des Sujets.

☞ LES Chapitres III. & IV. du Livre I. du *Droit de la Guerre & de la Paix* de GROTIUS, traitent de la

Souveraineté, & de la Guerre des Sujets contre les Puissances.

Le Livre VII. & les cinq premiers Chapitres du Livre VIII. du *Droit de la Nature & des Gens* de PUFENDORF, traitent des diverses sortes de Gouvernement, de la Souveraineté, des droits & des engagements des Souverains, de leur pouvoir, &c.

Les meilleures Éditions de ces deux Ouvrages, sont les Traductions Françoises de BARBEYRAC, accompagnées de quantité de Notes qu'il y a ajoutées, & ses dernières Éditions sont préférables: *Amsterdam*, 1729 (pour Grotius), *in-*4. 2 vol. *Amsterdam*, 1734 (pour Pufendorf), *in-*4. 2 vol.

On peut encore consulter, = JONÆ, Aurelianensis Episcopi, Opusculum de Institutione regia. Ce Traité se trouve au Spicilège de d'Achery, *tom. I. pag.* 324 : *in-fol.* = SMARAGDI, Abbatis, &c. Via regia: il est imprimé au même Tome, *pag.* 258, = la Fortune de la Cour, qui se trouve à la fin des Mémoires de la Reine Marguerite, Edition de 1715, (ci-devant, N.° 25129.) contient les préceptes utiles aux Princes & Gens de la Cour, pour s'y bien comporter, = l'Instruction du Chancelier de CHIVERNI à son fils, qui est au tom. II. de ses Mémoires, (ci-devant, N.° 19749), = le Curial & le Quadrilogue invectif, de CHARTIER, (ci-devant, N.° 17163), = le Don Royal, aux Opuscules d'Hotman, = la Préface de M. DE BOULAINVILLIERS, à la tête de son Etat de la France, = Pour-parler du Prince, qui se trouve *pag.* 871 des Recherches de PASQUIER, = les cinq premiers Chapitres des Ouvertures des Parlemens, de Louis D'ORLEANS, = le Chapitre I. du Supplément de GODEFROY, aux Mémoires de Philippe de Commines, = aux Mémoires de Tavannes, plusieurs maximes, dont le détail se trouve à la Table II. & au même Livre premier, = Avis pour régner en piété, justice, &c. quatre Pièces au *Mercure François*, la première, *tom. VI. part. I. pag.* 342 : la seconde, *tom. VII. pag.* 223 : la troisième, *tom. XI. pag.* 219 : la quatrième, *tom. XIII. pag.* 210, = aux Mémoires de Condé, *tom. II. pag.* 230, = Exhortation chrétienne au Roi Charles IX. = deux Discours sur le gouvernement de l'Etat, & sur la façon d'instruire un Roi, qui se trouvent dans les Lettres de Nicolas PASQUIER, 1623 : *in-*8. *pag.* 165 & 468, = les Mémoires DE BOULAINVILLIERS, présentés au Duc d'Orléans, Régent, relativement aux Finances, = plusieurs Harangues, Remontrances, &c. qui se trouvent dans le Recueil des Etats, (par Quinet) : 1651, *in-*4. = BOCLERUS, de Auspicio regio, = Diverses Harangues, Discours, &c. qui se trouvent dans les Commentaires de la Religion & République de LA PLACE, = la Harangue de GRIMAUDET, aux Etats d'Anjou, &c. qui se trouve dans l'*Histoire de l'Etat de la France, &c.* par la Planche, *pag.* 653.]

27068. ☞ La Science du Gouvernement, Ouvrage de Morale, de Droit & de Politique, qui contient les Principes du commandement & de l'obéissance, &c. par M. (Gaspard) DE RÉAL, Grand-Sénéchal de Forcalquier : *Aix-la-Chapelle & Paris*, 1760-1765, *in-*4. 8 vol.

« On y réduit (ajoute-t-on dans le titre) toutes les » matières du Gouvernement en un corps unique, entier » dans chacune de ses parties ; & l'on y explique les » droits & les devoirs des Souverains, ceux des Sujets, » ceux de tous les Hommes, en quelque situation qu'ils » se trouvent ». L'Auteur, qui a travaillé à cet Ouvrage pendant 40 ans, est mort à Paris en 1752.

Les Tomes I. & II. contiennent l'Introduction, où il est traité, entr'autres choses, de la forme du Gouvernement des Peuples, anciens & modernes. Ce qui regarde en particulier la *France*, est au commencement du tom. II. Ces deux Tomes, imprimés à Paris (dans le Temple,) ont paru d'abord sous le titre d'*Aix-la-Chapelle*, sans année & sans nom d'Imprimeur.

Le Tome III. *Paris*, 1761, dédié au Roi Stanislas, renferme le Droit naturel.

Le Tome IV. *Paris*, 1765, dédié à Monseigneur le Dauphin, contient le Droit public. On trouve dans ce Volume beaucoup de choses sur la *France*, ainsi que dans les suivans. Nous en avons indiqué les Morceaux les plus considérables, dans ceux de nos Articles qui y avoient rapport.

Le Tome V. *Paris*, 1764, dédié au Roi, renferme le Droit des Gens.

Le Tome VI. (qui a paru d'abord sous le nom d'*Aix-la-Chapelle*, sans année, &c. après les tom. I. & II.) contient le Traité de Politique, par rapport au-dedans & au-dehors de l'Etat, & aux moyens de concilier les intérêts respectifs des Puissances, qui partagent la domination de l'Europe. Ce qui regarde les *Intérêts (présens) de la France*, se trouve *pag.* 500-518.

Le Tome VII. renferme le Droit Ecclésiastique. Dans 8 ou 9 Exemplaires non corrigés, il est appellé IV. *Paris*, 1763, & il a une Epître dédicatoire adressée à M. l'Evêque d'Orléans. Cependant il n'a été distribué que sous le titre d'*Amsterdam*, 1764, avec une Dédicace à M. Joly de Fleury, Avocat-Général ; le Ministère public y ayant fait faire des corrections en plusieurs endroits. On peut voir ce qui y étoit d'abord, dans la Requête présentée au Parlement, par Messire Balthasar de Burle de Réal, neveu de l'Auteur, & imprimée avec les *Réponses des Libraires associés*: (1767, Simon, *in-*4.) Il s'y agit des Contestations sur lesquelles la sagesse du Roi a imposé silence.

Le Tome VIII. *Amsterdam*, (*Paris*), 1764, dédié à Madame Adélaïde de France, contient l'Examen des principaux Ouvrages composés sur des Matières de Gouvernement, par ordre alphabétique. Les Auteurs François, se trouvent *pag.* 49-416.]

27069. ☞ Politique tirée des propres paroles de l'Ecriture sainte, à Monseigneur le Dauphin, Ouvrage posthume de Jacques Bénigne BOSSUET, Evêque de Meaux, &c. *Paris*, Cot, 1709, *in-*4. *Paris, & Liége*, *in-*12. 2 vol.

L'Auteur est mort en 1704. La plus grande partie de son Ouvrage regarde les devoirs des Rois & ceux des Sujets.

Voyez les Observations que M. de Réal a faites sur ce Livre, dans la *Science du Gouvernement, tom. VIII. pag.* 344.]

27070. ☞ De l'Esprit des Loix, ou du rapport que les Loix doivent avoir avec la constitution de chaque Gouvernement, les mœurs, le climat, la Religion, le commerce, &c. à quoi l'Auteur a ajouté des Recherches nouvelles sur les Loix Romaines, touchant les Successions, sur les Loix Françoises & sur les Loix Féodales ; par M. le Président DE MONTESQUIEU) : *Genève*, 1756, *in-*4. 2 vol.

La première Edition étoit de 1749. On trouve à la fin de la seconde une Lettre du Père JOSEPH, Jésuite, au Nonce Gualterio, sur la mort du Président de Montesquieu (en 1755), & Propositions extraites de l'Esprit des Loix.

Il y en a une Edition : *Londres*, 1757, *in-*12. 4 vol. & une dans les *Œuvres* du Président de Montesquieu, 1758, *in-*4. 3 vol. & *Amsterdam*, 1764, *in-*12. 8 vol. Dans cette dernière Edition, l'Esprit des Loix est accompagné de Notes ou de Remarques d'un Anonyme. L'Auteur s'appelloit Charles Secondat, Baron de la Brède & de Montesquieu. Il étoit ancien Président à Mortier au Parlement de Bordeaux, & de l'Académie Françoise.

Voyez sur son Ouvrage, *Lettres* de Clément, *tom. I.*

Pag. 137. = *Obſerv. ſur la Littér. mod. tom. II. pag.* 73.
= *Mémoires de Trévoux, Avril,* 1749, *Février,* 1750.
= *Mercure, Juillet,* 1751 : *Décembre,* 1755. =Le *Finan-cier-Citoyen, tom. I. pag.* 366. = *Siècle de Louis XIV.*]

27071. ☞ Critique ; par l'Auteur des Nouvelles Eccléſiaſtiques, (ſur les principes concernant la Religion).
Année 1749, *pag.* 161 & 165.]

27072. ☞ L'Eſprit de l'Eſprit des Loix : 1749, *in*-8 & *in*-4.
Cet Ouvrage eſt attribué à M. LE GRAS DE VILLARD.]

27073. ☞ Remerciement ſincère à un homme charitable, contre les Gazettes Eccléſiaſtiques, (attribué à M. DE VOLTAIRE): *Amſterdam,* (*Paris*), 1750, *in*-12.
L'Auteur des *Nouvelles Eccléſiaſtiques* fit ſur cet Ecrit quelques Obſervations : *Année* 1750, *pag.* 28.]

27074. ☞ Extrait de l'Eſprit des Loix, Chapitre par Chapitre ; par M. DE FORBONAYS : 1750, *in*-12.]

27075. ☞ Réfutation du Livre de l'Eſprit des Loix, en ce qui regarde le Commerce & les Finances ; par M. DUPIN : 1749, *in*-12. 3 vol.]

27076. ☞ Défenſe de l'Eſprit des Loix ; (par M. DE MONTESQUIEU), à laquelle on a joint quelques éclairciſſemens : *Genève,* 1750, *in*-12.
Elle ſe trouve auſſi dans le *Recueil des Œuvres* de M. de Montesquieu. Cette Défenſe eſt principalement contre l'Auteur des *Nouvelles Eccléſiaſtiques,* qui s'étoit élevé avec force contre pluſieurs principes du Livre de *l'Eſprit des Loix,* Cet Auteur y répondit : *Année* 1750, *pag.* 165 & 169.]

27077. ☞ Suite de la Défenſe de l'Eſprit des Loix ; par M. DE LA BEAUMELLE : 1752, *in*-12.
Voyez les *Nouv. Eccléſiaſtiq.* 1752, *pag.* 89.]

27078. ☞ Obſervations ſur l'Eſprit des Loix, ou l'Art de lire ce Livre, de l'entendre & d'en juger ; par L. D. L. P. (l'Abbé DE LA PORTE) ; ſeconde Edition : *Amſterdam,* 1751, 2 parties.
Voyez les *Lettres* de Clément, *tom. II. pag.* 4.]

27079. ☞ Réponſe aux Obſervations ſur l'Eſprit des Loix ; par M. RISTEAU, Directeur de la Compagnie des Indes, de la Société Royale de Londres : *Londres,* 1751, *in*-12.]

27080. ☞ Apologie de l'Eſprit des Loix, ou Réponſe aux Obſervations précédentes ; par M. de R... (Boulanger DE RIVERY d'Amiens) : 1751, *in*-12.]

27081. ☞ Analyſe de l'Eſprit des Loix ; par M. D'ALEMBERT, de l'Académie Françoiſe, &c. pour ſervir de Suite à l'Eloge de M. de Monteſquieu ; par le même.
Cette Analyſe ſe trouve à la ſuite de l'Eloge, au tom. I. des *Œuvres* de M. de Monteſquieu : 1758, *in*-4. & 1764, *in*-12.]

27082. ☞ Examen critique de l'Eſprit des Loix ; avec l'Examen des Critiques faites dudit Ouvrage : 1751, *in*-12.]

☞ Au tom. III. des *Opuſcules* de M. Fréron : imprimées, *Amſterdam,* (*Paris*), 1753, *in*-12. on trouve un Extrait, Chapitre par Chapitre, du Livre de l'*Eſprit des Loix,* des Obſervations ſur quelques endroits particuliers de ce Livre : une idée de toutes les Critiques qui en ont été faites, avec des Remarques de l'Editeur, & cinq Lettres ſur le même Ouvrage, par le Sieur Anglivier DE LA BEAUMELLE.]

27083. ☞ L'Eſprit des Loix quinteſſencié par une ſuite de Lettres analytiques ; (par l'Abbé DE BONAIRE) : 1751, ſans nom de lieu ni d'Imprimeur, *in*-12. 2 vol.]

27084. ☞ L'Eſprit des Maximes politiques, pour ſervir de Suite à l'Eſprit des Loix du Préſident de Monteſquieu ; par M. PECQUET : *Paris,* 1757, *in*-12. 2 vol.]

27085. ☞ Le Génie de Monteſquieu ; (par M. Alexandre DE LAYRE) : *Amſterdam,* 1758, 1762, *in*-12.]

27086. ☞ Obſervations ſur le Livre de l'Eſprit des Loix ; par M. CREVIER : *Paris,* Deſaint, 1764, *in*-12.]

27087. ☞ Du Gouvernement Civil, où l'on traite de l'origine, des fondemens, de la nature, du pouvoir & des fins des Sociétés politiques ; traduit de l'Anglois (de M. (Jean LOCKE) : *Amſterdam,* 1691 : *Genève,* 1724, *in*-12.]

27088. ☞ Le Corps politique, ou les Elémens de la Loi morale & écrite ; avec des Réflexions ſur la Loi de nature, ſur les ſermens, les pactes & diverſes ſortes de Gouvernemens, leurs changemens, leurs révolutions ; par Thomas HOBBES, Anglois, traduit de l'Anglois en François, par un de ſes amis, (Samuel Sorbière) : 1652.
Cet Ouvrage, qu'il faut lire avec précaution, traite de la ſoumiſſion aux Souverains, ſi elle eſt de droit naturel ; des différentes ſortes de Gouvernemens, & des devoirs réciproques des Souverains & de leurs Sujets.
Voyez la *Science du Gouv.* de M. de Réal, *t. VIII. pag.* 632.]

27089. ☞ De l'Inſtitution du Prince ; par Guill. BUDÉ, avec des Notes de Jean de Luxembourg, Abbé d'Yvry, de la Rivou (près de Troyes), & de Salmoiſy : *La Rivou,* 1547, *in-fol.*
Voyez la *Science du Gouv.* tom. VIII. *pag.* 69.]

27090. ☞ Les Diſcours de l'état de paix & de guerre ; par M. Nicolas MACHIAVELLI, Secrétaire & Citoyen de Florence, ſur la première Décade de Tite-Live, traduits de l'Italien en François ; plus un Livre du même Auteur, intitulé : *Le Prince :* dernière Edition, *Paris,* 1606, *in*-12.
Quoiqu'il ſemble d'abord que l'Auteur n'ait eu intention que de diſcuter & d'éclaircir l'Etat politique du Gouvernement des anciens Romains, il y a cependant inſéré tant de réflexions & de maximes ſur celui des peuples de ſon temps, & en particulier des François, qu'il a rendu ſon Livre l'un des plus curieux & des plus utiles

Traités du Gouvernement de l'Etat. 761

utiles qu'il y ait pour ceux qui sont chargés du Ministère public. Il faut néanmoins le lire avec précaution, & ne pas donner à certaines conséquences toute l'étendue qu'elles pourroient avoir.

Voyez sur Machiavel, la *Science du Gouvernement*, tom. *VIII. pag.* 685.]

27091. ☞ Le Prince de Nicolas MACHIAVEL, Secrétaire & citoyen de Florence; traduit de l'Italien en François, par Guill. Capel: *Paris*, 1553, *in*-4.

La bonne Edition est celle d'Amelot de la Houssaye, qui en traduisant ce Livre, y a joint des Notes: *Amsterdam*, 1686, *in*-12.

Machiavel examine dans cet Ouvrage les moyens dont un Prince doit & peut se servir pour conquérir & conserver ses Etats, soit qu'il y soit appellé par droit de succession & de naissance, soit qu'il y parvienne par ses vertus, ou par hazard. Il entre ensuite dans le détail des qualités requises dans un Prince; & c'est sur-tout dans cette partie qu'il développe des principes qui, dans le temps que son Livre parut, lui firent beaucoup d'ennemis, & qui l'ont toujours fait regarder, avec raison, comme un Politique très-dangereux. Les plus sages de ses Panégyristes se sont contentés de l'excuser, sans prétendre justifier les détestables conséquences qui se tirent naturellement de son Ecrit. L'Auteur est mort en 1530, dans la pauvreté & l'irréligion.

Voyez la Préface de l'*Anti-Machiavel*, ci-après.]

27092. ☞ Davidis HUMII Apologia Basilica, seu Machiavelli ingenium examinatum in Libro quem Princeps inscripsit: *Parisiis*, Blageart, 1626, *in*-4.

David Hume étoit un Ecossois, demeurant en France.
Voyez le *Dictionnaire* de Prosper Marchand.]

27093. ☞ De Nicolao Machiavello, ejusque vita & scriptis Libri III. auctore Friderico CHRISTIO: *Hallæ*, 1731, *in*-4.

Cet Ouvrage est fort curieux.]

27094. ☞ L'Anti-Machiavel, ou Examen du Prince, de Machiavel, avec des Notes historiques & politiques: *Londres*, Meyer, (la Haye, Van Duren,) 1741, *in*-8.

Ce Livre est imprimé à deux colonnes; sçavoir, le texte de Machiavel de la traduction d'Amelot de la Houssaye d'un côté, & les réflexions sur ce texte de l'autre. Elles sont attribuées à CHARLES-FRÉDÉRIC, Roi de Prusse, & ont été données au public par Voltaire, qui a pu y mettre quelques phrases ou pensées. Les Notes qui accompagnent cet Ouvrage & la Préface, sont d'AMELOT DE LA HOUSSAYE. Les Réflexions tendent à détruire une partie des principes faux & dangereux de Machiavel. Amelot, dans sa Préface, sans adopter ses principes, a cherché à l'excuser.

On peut voir sur cet Anti-Machiavel, le *Dictionnaire* de Prosper Marchand, *tom. I. pag.* 43, où il en est amplement parlé.]

Anti-Machiavel, ou Essai de critique sur le Prince de Machiavel, publié par M. de Voltaire: *La Haye*, 1740, *in*-8.

Cette Edition a été publiée après la précédente.

Le même: *Marseille*, 1741, *in*-8.

Ces deux dernières Editions, & celle qui porte le nom de *Londres*, sont un seul & même Ouvrage, avec peu de différence.

Il y a une Edition des *Œuvres* de Machiavel, à laquelle on a joint cette Critique: *La Haye*, 1743, *in*-12. 6 vol.]

Tome II.

27095. ☞ Fidèle Copie d'une Lettre écrite par Nicolas MACHIAVEL, pour sa justification & celle de sa Religion, traduite sur une Copie authentique: *Londres*, 1691, *in*-4.

Dans cette Lettre, il parle avec horreur des tyrans & des usurpateurs, & il dit que si on lit, avec impartialité, son Livre, intitulé *Le Prince*, on s'appercevra aisément que son intention n'a jamais été de recommander le Gouvernement de ceux qu'il y dépeint; & qu'au contraire, cet Ouvrage est une Satyre contre de tels monstres.]

27096. ☞ Discours d'Etat sur les moyens de bien gouverner & maintenir en bonne paix un Royaume ou autre Principauté, contre N. Machiavel; par Innocent GENTILLET, (Président au Parlement de Grenoble, retiré à Genève): *Lausanne*, Chiquolle, 1585, *in*-8.

Il en avoit paru une première Edition, sans nom d'Auteur, &c. 1576, *in*-8. Il y a eu plusieurs autres Editions, soit de l'original de ce Livre, soit des traductions qui en ont été faites, en Latin & en Allemand. Les Editions Latines de *Strasbourg*, 1630, *in*-12. & de *Leyde*, 1647, *in*-12. portent le titre d'*Anti-Machiavellus*, &c.

Voyez le *Dictionnaire* de Prosper Marchand, au mot *Anti*.]

27097. ☞ Discours sur le Gouvernement des Monarchies & Principautés Souveraines; par Messire Jacques RIBIER, Conseiller d'Etat: *Paris*, Cramoisy, 1630, *in*-4.]

27098. ☞ Mss. Les Fondemens de l'Etat, & les moyens de régner, traduits d'Italien en François,

C'est un Manuscrit ancien, & un très-beau Discours. Il est conservé dans la Bibliothèque de M. Fevret de Fontette, Conseiller au Parlement de Dijon.]

27099. ☞ D. Hieronymi OSORII, Lusitani, Episcopi Silvensis, de Regis institutione & disciplinâ, Libri VIII. ad sereniss. Portugalliæ Regem Sebastianum I. *Coloniæ Agrippinæ*, 1572, *in*-12. *Parisiis*, 1583, *in-fol.*

Cet Ouvrage est en forme de Conférence. Quatre interlocuteurs proposent ce qu'ils croient le plus propre à former un Prince, qui puisse rendre les peuples heureux. Osorius qui y fait le principal personnage, approuve ou blâme ce que les autres ont avancé. Il examine les biens ou les maux qui suivent ordinairement la bonne ou la mauvaise éducation des Princes, la manière de gouverner un Royaume avec prudence, valeur & gloire, la cause de la décadence des Empires, & les moyens d'y remédier. Il traite son sujet avec grace & avec éloquence, & s'y montre par-tout aussi bon Philosophe que Théologien & Critique habile. Il naquit à Lisbonne en 1506, fut Evêque d'abord de Silves, ensuite de Faro, & est mort en 1580. On l'appelloit le Cicéron Portugais. Il a fait plusieurs Ouvrages qui ont été réunis dans une Edition en 4. vol. que son neveu Jérôme Osorio, Archidiacre de Lagos & Chanoine d'Evora a fait faire à Rome, en 1592. Il y a une Edition de son Livre, *De Regis institutione*, faite à Paris en 1583, par les soins de Pierre Brisson, frère du fameux Président Brisson, tué par les Ligueurs.]

27100. ☞ Recueil de Maximes véritables pour l'institution du Roi, &c. (par Claude JOLY).

Voyez ci-dessus, sous le Règne de Louis XIV. aux Pièces de l'année 1652, N.º 23427.]

27101. ☞ Joannis MARIANÆ de Rege & Regis institutione Libri tres : *Toleti*, Rodericus, 1599, *in*-4. *Moguntiæ*, 1605, *in*-8. (*Francofurti*), typis Wechelianis, 1611, *in*-8.

Les différentes Leçons des deux premières Editions, (la troisième étant absolument semblable à la seconde), se trouvent au commencement du *Supplément*, ou tom. VI. des *Mémoires de Condé*. Celle de 1605 fut changée par les Jésuites, qui cependant ont voulu persuader que c'étoient leurs ennemis qui avoient fait réimprimer ce Livre en Allemagne, quoiqu'il l'eût été chez Baltazard Lippius, intime ami de ces Pères. La plus remarquable de ces différences, est un retranchement à l'Eloge de Jacques Clément, Assassin de Henri III. qui est appellé, dans l'Edition de Tolède : *Æternum Galliæ decus, ut plerisque visum est*. Si les ennemis des Jésuites eussent fait faire l'Edition de Mayence, ils n'auroient pas retranché cette phrase, qui n'y est point. On trouve des Extraits de ce Livre d'après la même Edition de Mayence, *pag.* 452-457 des *Assertions*, *in*-4. publiées par le Parlement de Paris, en 1762.

Voyez le *Diction*. de Bayle, *Art*. Mariana, *Rem*. G. = *Journal de Henri IV*. tom. II. pag. 103, 173. = *Anticoton*, *p*. 10. = *Maximes du vieux de la Montagne*, pag. 89. = *Rec. de Lettr. Philosoph. & histor. pag.* 70. = *Histoire* de Thou, *tom. XV. pag.* 111. = *Ducatiana*, *pag.* 341. = *Mem. de l'Etoile*, *tom. II. pag.* 325. = *Recherches de la France*, par Pasquier, *pag.* 319. = *Merc. Franç. tom. I. pag.* 461. = *Science du Gouv. tom. VIII. pag.* 422.]

27102. ☞ L'Anti-Mariana : ou Réfutation des Propositions de Mariana, pour montrer que la vie des Princes Souverains doit être inviolable aux Sujets & à la République ; par Michel ROUSSEL ; avec les Délibérations de la Sorbonne, & l'Arrêt du Parlement : *Rouen*, Petit, 1610, *in*-8. de 180 pages.

Voyez sur cet Ouvrage, le *Dictionnaire* de Prosper Marchand, *tom. I. pag.* 45.]

27103. ☞ Défense des Puissances de la Terre, contre Mariana ; par Antoine le Clerc, Sieur DE LA FOREST : *Paris*, Lombard, 1610, *in*-8.

Ce sçavant Auxerrois est mort avec la plus grande piété, en 1628. On peut voir ce qui en est dit dans les *Mémoires* de M. l'Abbé Lebeuf, sur Auxerre, *tom. II. pag.* 508 : *Paris*, 1743, *in*-4.]

27104. ☞ Jodocus CLICHTOVEUS de Regis Officio : *Parisiis*, Henricus Stephanus (senior), 1519, *in*-4.]

27105. ☞ De l'autorité des Rois ; par François de Cauvigny DE COLOMBY : *Paris*, 1623, 1627, *in*-4.

Cet Auteur, qui étoit de l'Académie Françoise, est mort en 1649.]

27106. ☞ Le Monarque, ou les Devoirs du Souverain ; par J. Fr. SENAULT, Prêtre de l'Oratoire : *Paris*, le Petit, 1661, *in*-4.]

27107. ☞ Maximes, avec des exemples, pour l'instruction du Roi ; (par l'Abbé J. B. DE BELLEGARDE :) *Paris*, 1718, *in*-12.]

27108. ☞ Institution d'un Prince, ou Traité des qualités, des vertus & des devoirs d'un Souverain, soit par rapport au gouvernement temporel de ses Etats, ou comme chef d'une société Chrétienne, qui est nécessairement liée avec la Religion ; nouvelle Edition, enrichie de la Vie de l'Auteur (Jacques - Joseph DU GUET) : *Londres*, (*Paris*), 1740, *in*-12. 4 vol. *Utrecht*, 1743, 3 vol. *in*-12. & un *in*-4.

La première Edition de cet excellent Ouvrage fut faite en Hollande : *in*-4. la Vie de l'Auteur ne s'y trouve pas. Elle est de M. l'Abbé GOUJET, (augmentée par un de ses amis, dans l'Edition d'Utrecht). On a dans cette Vie un Catalogue raisonné des autres Ouvrages de l'Abbé du Guet. Il composa celui-ci pour le Prince de Piémont, fils de Victor-Amédée, Duc de Savoye, depuis Roi de Sardaigne. Il est divisé en plusieurs Parties : la première traite des qualités & des vertus d'un Prince, par rapport au gouvernement temporel. La seconde a le même objet, & il y est parlé de l'administration de la justice, de l'usure, de la guerre, &c. Il s'agit dans la troisième Partie, des qualités personnelles & des vertus d'un Prince Chrétien, considéré comme chef d'une société fidelle & Chrétienne. Ce qu'il doit faire par rapport à l'élection des Evêques, à la nomination des Bénéfices, &c. est très-bien traité ici, de même que ce qui concerne la pénitence & les vertus Chrétiennes. La quatrième Partie expose les qualités que doit avoir le Prince par rapport au Peuple, à la Religion, &c. Tout cela est présenté avec une solidité & une force supérieures.]

27109. ☞ Maximes sur le devoir des Rois, & le bon usage de leur autorité, tirées de différens Auteurs ; par M. B. *en France*, 1754, *in*-12]

27110. ☞ Bartholomæi DE LAS CASAS, de Jure Principum erga subditos, Editio altera, multò correctiùs recusa, curante Jacobo Kyllingero. Accessit Tractatus Guillelmi DE MONSERRAT, de successione Regum, præsertim Galliæ : *Tubingæ*, Wild, 1625, *in*-4.

Le premier Traité, qui est fort rare, est de la première Edition : (*Francofurti*, 1571, *in*-4.) pourroit bien avoir été fait, lorsque Charles-Quint obligea François I. à lui céder plusieurs Provinces de France : il n'a que 47 pages. On y examine la question : « Utrum » Reges vel Principes, jure aliquo vel titulo, & salvâ » conscientiâ, cives ac subditos à Regiâ eorum alienare » & alterius Domini particularis Ditioni subjicere pos- » sint ».

Las Casas étoit un des plus habiles Espagnols du temps de Charles-Quint, & il est très-connu par son zèle, & les Ouvrages qu'il fit pour procurer la liberté aux Sauvages de l'Amérique. Il est mort à Madrid, en 1566, âgé de 92 ans. Au reste, on peut voir sur les Traités que nous venons d'indiquer, la *Bibliographie* de Debure, Volume de la *Jurisprudence*, pag. 220. & son *Catalogue* de M. Gaignat, *tom. I. pag.* 238.]

27111. Les six Livres de la République de Jean BODIN, Angevin : *Paris*, 1576, *in-fol. Lausanne*, 1577, *in*-8. *Paris*, 1578, *in-fol.* & 1581, *in*-8. *Lyon*, 1593, *in*-8. (*Genève*), Cartier, 1608. [& *Gamonet*, 1629], *in*-8.

Iidem, ab auctore Latinè redditi, multòque quàm antea locupletiores : *Parisiis*, Dupuis, 1586, *in-fol. Geneva & Francofurti*, 1588, *in*-8. *Argentorati*, 1598, *in*-8. *Francofurti*, 1598. Editio quinta : *Francofurti*, 1622, *in*-8. *Coloniæ*, 1645, *in*-12.

Traités du Gouvernement de l'Etat. 763

L'Istessa Opera, tradotta da Lorenzo Conti: *in Geneva*, 1588; *in Torino*, 1590, *in-fol*.

27112. ☞ Abrégé de la République de Bodin : *Londres*, (*Paris*), 1755, *in-12*. 2 vol.

M. L'ESCALOPIER a aussi publié le Livre I. 1756, *in-12*.

L'Ouvrage de Bodin est fort étendu. Quoiqu'il paroisse d'abord que l'Auteur n'a eu aucune règle fixe & déterminée de politique, on ne laisse pas d'y trouver d'excellentes maximes, & beaucoup de citations curieuses. Il passe en revue tous les Gouvernemens, & depuis le Particulier jusqu'au Souverain, les Magistrats, les Corps & Communautés ; les droits & les devoirs respectifs de chacun ; l'origine & la décadence des différens Etats & Républiques ; & il finit par un Traité de la Justice. Bodin avoit l'esprit crédule. Il est mort de la peste à Laon, en 1596, âgé de 67 ans.

Voyez la *Science du Gouv.* tom. *VIII*. pag. 97 & *suiv*.= Le *Dictionnaire* de Bayle , Remarq. D. = Le Père Niceron, tom. *XVII*. pag. 257.= La *Bibliothèq.* de Clément , tom. *IV*. pag. 405.= Lenglet , *Méth. histor. in-4*. tom. *III*. pag. 51.= *Journ. des Sçav*. 1756, *Décembre*.]

27113. Remontrance au Roi Henri III. sur les pernicieux Discours de la République de J. B. par le Sieur (Michel) DE LA SERRE, (Provençal) : *Paris*, Morel, 1579, *in-8*.

☞ *Voyez* la *Bibliothèque* de du Verdier, *pag*. 888. = Le Père Niceron, tom. *IV*. pag. 324, & tom. *X*. pag. 151.]

27114. ☞ Apologie, ou Réponse pour la République de Jean Bodin ; par René HERPIN : (*Genève*), Cartier, 1608 : *in-8*.

Le nom de l'Auteur est supposé, selon la Croix du Maine, & c'est BODIN lui-même. Cette Apologie avoit déja paru, & elle se trouve dans les Editions de la République, 1577 & 1578. Elle fut faite principalement contre l'Ecrit de la Serre, qui avoit apparemment été imprimé avant 1579, ou qui avoit couru Manuscrit. On trouve, *pag*. 44 de l'Edition de 1608, « un Discours » de Jean Bodin, touchant l'enchérissement de toutes » choses, & le moyen d'y remédier, contre les Para- » doxes du Sieur de Malestroit ».]

27115. ☞ Avertissement à Jean Bodin, sur le quatrième Livre de sa République ; par Augier FERRIER, Médecin : *Paris*, Cavellat, 1580, *in-8*.]

27116. La Défense de la Monarchie Françoise, & autres Monarchies, contre les Maximes d'Etienne Junius Brutus, Louis Mayerne Turquet & leurs Adhérans ; par J. BARRICAVE, Docteur en Théologie, Chanoine & Official de Tolose : *Tolose*, 1614, *in-4*.

☞ L'Auteur prouve que le Gouvernement Monarchique est le meilleur de tous ; que les Rois n'ont aucun supérieur ; qu'ils ne sont soumis à aucune Puissance pour leur temporel, & qu'ils ne doivent rendre compte de leurs actions qu'à Dieu seul. Le zèle de l'Auteur est très-louable, & ses maximes excellentes : on pourroit seulement lui en reprocher quelques-unes qui approchent du paradoxe.]

☞ Puisque le P. le Long a rapporté cet Ouvrage de Barricave, il devoit aussi indiquer ceux qui ont été faits sur la matière dont il est question ; d'autant plus

Tome II.

qu'ils ont été composés dans le temps & à l'occasion des troubles qui se sont élevés en France au sujet de la Religion. Voici les principaux : ils roulent sur des Maximes aussi fausses que détestables, & la lecture en est pernicieuse. Mais il est du devoir d'un Bibliographe de les annoncer, & de les faire connoître tels qu'ils sont.]

27117. ☞ Sentences redoutables & Arrêts rigoureux du Jugement de Dieu, à l'encontre de l'impiété des Tyrans.

Cette Pièce est imprimée au tom. V. des *Mémoires de Condé*, pag. 56.]

☞ ON trouve différentes Pièces sur cette matière dans les *Mémoires de Charles IX*. tom. *II*. pag. 239, 246, 522, 554, & tom. *III*. pag. 61, 203 & 318. = Dans les *Mémoires de la Ligue*, tom. *IV*. pag. 108, 128, & tom. *VI*. pag. 33.]

27118. ☞ Des Droits des Magistrats sur leurs Sujets : Traité très-nécessaire en ce temps, tant pour les Magistrats que pour les Sujets, publié par ceux de Magdebourg l'an 1550, & maintenant revu & augmenté de plusieurs raisons & exemples.

Ce pernicieux Ecrit se trouve au tom. II. des *Mémoires de l'Etat de la France sous Charles IX. Middelbourg,* 1578. L'Auteur prétend que tout Roi est électif & vassal de son Royaume : qu'en conséquence les Magistrats inférieurs ont droit de s'opposer à ses violences, & de lui résister : que les Etats-Généraux, comme supérieurs au Roi, peuvent le déposer & même le punir, sans pour cela être rebelles, puisqu'ils s'acquittent d'un devoir qu'ils doivent à Dieu & à leur patrie. Il est vrai qu'il refuse aux particuliers le droit de résister & d'attenter à la personne des Rois ; mais ses principes n'en sont pas moins faux ni moins dangereux. Ses distinctions obscures, & ses exemples, ne rendent pas sa cause meilleure. Où a-t-il appris qu'il étoit permis de recourir aux armes pour défendre sa Religion ? les premiers Chrétiens le firent-ils, quoique par leur nombre ils fussent bien en état de se faire rendre justice ?

Le même, imprimé séparément : 1579, *in-12*.]

☞ De jure Magistratuum in Subditos, & officio Subditorum erga Magistratus, Tractatus brevis & perspicuus his turbulentis temporibus utrique Ordini apprimè necessarius : è Gallico in Latinum conversus : *Ingolstadii*, 1578, *in-12*. & 1580 apud Joannem Marescallum Lugdunensem : *in-12*. de 136 pages.]

27119. ☞ De jure Magistratuum in Subditos & officio Subditorum erga Magistratus ; contra Libellum cujusdam Calviniani sub eadem inscriptione sed reticito nomine Autoris & loci typographiæ, superiori anno editum, &c. Huic accessit Tractatiuncula Quæstionis utrum Delegati Magistratus ob non administratam justitiam, &c. publicè debeant emendari, &c. auctore Joanne-Baptista FICKLERO J. U. D. *Ingolstadii*, Sertorii, 1578, *in-12*. de 75 feuillets.

C'est la Critique du numéro précédent.]

27120. ☞ Joannis BECCARIÆ, Refutatio cujusdam Libelli, cui titulus : De jure Magistratuum in Subditos, &c. 1590, *in-8*.

Voyez Lenglet, *Méth. hist. in-4*. tom. *III*. pag. 53.

Ddddd 2

= *Commentar. de Statu Rel. & Reip. tom. IV. fol.* 118 *verso.*]

27121. ☞ Apophthegmes & Difcours notables recueillis de divers Auteurs contre la tyrannie & les tyrans.

Cette Pièce & les quatre fuivantes font imprimées dans les *Mémoires fous Charles IX. tom. II. & III.*]

27122. ☞ Difcours des Jugemens de Dieu contre les Tyrans ; recueilli des Hiftoires facrées & profanes, & nouvellement mis en lumière.

Ces Apophthegmes & ces Hiftoires ont le même but. On a voulu les faire fervir comme de preuves au Difcours *des Droits*, &c. Ils font voir que le Peuple a toujours porté fort impatiemment la tyrannie, & que les Tyrans ont eu la fin que leurs excès & leur cruauté ont méritée. Qui en doute ? Mais on n'en peut rien conclure pour autorifer les révoltes.]

27123. ☞ Le Politique, Dialogue traitant de la puiffance, autorité & du devoir des Princes des divers Gouvernemens ; jufqu'où l'on doit fupporter la tyrannie ; fi en une oppreffion extrême, il eft loifible aux Sujets de prendre les armes pour défendre leurs vie & liberté ; quand, comment, par qui & par quels moyens cela fe doit & peut faire. Notable Difcours de l'autorité des Princes & de la liberté des Peuples.

Ce Dialogue eft d'un Proteftant qui l'adreffe à fon neveu. Ses Interlocuteurs font Archon & Politic. Voici fur quoi il roule. Dans tout Gouvernement, il faut des Magiftrats. Le Monarchique eft le meilleur, mais il ne faut pas croire que les Princes aient une puiffance abfolue & indéterminée fur leurs Sujets. Ces derniers peuvent, en cas d'oppreffion & de tyrannie, prendre les armes pour défendre leurs biens, leur vie & leur Religion. A qui, comment, & par quels moyens cela eft-il permis ? Il y a de bonnes chofes dans cette Pièce, qui n'eft pas mal écrite ; mais la plupart des maximes en font très-dangereufes : ce font à peu près les mêmes que celles qu'on trouve dans la Pièce ci-deffus intitulée : *Des Droits des Magiftrats*, &c. de laquelle je foupçonne fort qu'une grande partie de celle-ci eft tirée.]

27124. ☞ Difcours de la fervitude volontaire.

Selon l'Auteur, nous naiffons tous libres : la nature en a gravé le caractère dans nos cœurs, & il eft étonnant que l'homme renonce fi facilement à ce privilège, & foit fi porté à fe donner un maître, qui devient enfuite fon tyran. Il faut diftinguer trois fortes de maîtres ; les uns le font par élection, les autres par droit de fucceffion, & les derniers par droit de conquête. Les premiers font les moins à craindre : on s'accoutume peu à peu à l'efclavage. Les enfans apprennent de leurs pères à le fupporter ; delà vient la lâcheté & le peu d'envie qu'on a d'en fecouer le joug, pour fe remettre dans l'ordre. Voilà à peu près ce qui eft contenu dans cette féditieufe déclamation. Cet Ouvrage eft d'Etienne DE LA BOETIE, Confeiller au Parlement de Bordeaux. On prétend qu'il n'avoit pas encore dix-huit ans quand il le compofa. Il mourut en 1563, âgé de 33 ans. Montagne parle de lui avec de grands éloges, dans fes *Effais, Liv. I. Chap. XXVIII*.

Voyez Sorel, *pag.* 306. = Mafcurat, *pag.* 646.]

27125. ☞ Difcours politiques des diverfes Puiffances établies de Dieu au monde, du Gouvernement légitime d'icelles, & du Devoir de ceux qui y font affujettis ; néceffaires & pleins d'excellentes Inftructions à toutes fortes de perfonnes : 1574.

Voici une idée de cet Ecrit. Il ne faut pas croire qu'il y ait jamais eu d'égalité parmi les hommes, même avant le péché. Tous ont reconnu une Puiffance, foit économique, foit politique, foit feigneuriale. Qu'eft-ce que la Souveraineté ? D'où vient l'érection des Principautés ? A quelles conditions & pourquoi un Royaume eft-il devenu héréditaire ? L'Auteur traite enfuite du pouvoir des Rois, & des qualités qui leur font requifes ; d'où vient la tyrannie, & quel eft le plus méchant des Tyrans ; du Gouvernement des femmes ; quelle eft la fociété la plus ferme ; par quels moyens les Etats publics s'entretiennent ; de la fervitude ; de l'origine des Rois & de la Nobleffe ; de la foumiffion des Princes à la Loi ; des Loix & de leur exécution. Il y a quelque chofe de fingulier dans ce dernier Difcours. L'Auteur y parle de la dépofition & de la punition des Tyrans, & pofe pour maxime inconteftable que tout homme qui commet un crime notable, eft privé à l'inftant de toutes fes dignités & de fes privilèges. Il l'étend aux Rois, & foutient qu'un Roi ne l'eft qu'en régnant, & lorfqu'il a les qualités requifes pour être tel : s'il vient à mal ufer de fon pouvoir, & à confpirer contre la patrie, il eft auffi-tôt dépouillé & dégradé, & devient par conféquent perfonne privée. On fent affez à quoi tendoient de pareilles maximes.

== Le vrai Réveil - matin des Calviniftes, &c. auquel eft amplement difcouru de l'autorité des Princes & du devoir des Sujets envers eux ; par Arnaud SORBIN : 1574 & 1576.

Cet Ouvrage, qui eft une réfutation des Libelles précédens, eft indiqué ci-devant au *Règne de Henri III.* N.° 18219.]

27126. ☞ Vindiciæ contra Tyrannos, fivè de Principis in populum, populique in Principem legitimâ poteftate ; Stephano Junio BRUTO, Celtâ, auctore, (Huberto LANGUET:) 1580, *in-12*.

On peut voir fur l'Auteur de ce pernicieux Ouvrage, la Differtation critique de M. l'Abbé le Clerc, à la fin du Tome V. du *Dictionnaire* de Baylé, Edition de 1734, & les *Remarques* de M. l'Abbé Joly, *pag.* 124, de fon *Hiftoire*, Edition de 1626, parle de ce Livre comme ayant été donné en garde, manufcrit, à M. du Pleffis - Mornay, par Hubert Languet, de la Franche-Comté : (il étoit de Viteaux, petite Ville du Duché de Bourgogne) Agent en France pour le Duc de Saxe. On trouve une Critique de cet Ouvrage dans le Traité de Guillaume Barclay, intitulé : *De regno & regali poteftate adversùs Monarchomachos, &c. Parifiis*, 1600, *in-4*.]

☞ De la puiffance légitime du Prince fur le Peuple, & du Peuple fur le Prince : Traité très-utile & digne de lecture en ce temps, écrit en Latin par Etienne Junius Brutus, & nouvellement traduit en François (par François-Eftienne, avec une Préface de C. Superantius :) 1581, *in-12*.

Ce trop fameux Traité eft l'Ouvrage d'un Républicain & d'un grand ennemi des Rois qui abufent de leur autorité. Au furplus il eft affez bien écrit, & des plus forts qui aient paru dans ce genre. Il eft divifé en quatre Queftions. La première, fi les Sujets font tenus & doivent obéir aux Princes qui leur commandent quelque chofe contre la Loi de Dieu. La feconde, s'il eft loifible de réfifter à un Prince qui veut enfreindre la Loi de Dieu, ou qui ruine l'Eglife ; à qui, comment, & jufqu'où cela eft loifible. La troifième Queftion, fi l'on peut réfifter à un Prince qui opprime ou qui ruine un

Etat public, & jusqu'où cette résistance s'étend; à qui, comment, & de quel droit cela est permis. La quatriéme, si les Princes voisins peuvent, ou sont tenus de droit, de donner du secours aux Sujets des autres Princes affligés à cause de la vraie Religion, ou opprimés par tyrannie manifeste. Il n'est pas nécessaire de s'expliquer sur le parti que prend l'Auteur sur chacune de ces Questions, son Livre étant d'ailleurs assez connu.

Voyez Colomiez, *pag.* 556. = Le Père Niceron, *tom. III. pag.* 295. = Lenglet, *Méth. hist. tom. III. pag.* 53. = Mascurat, *pag.* 646. = Menagiana, *tom. II. pag.* 92, *tom. IV. pag.* 62. = *Rép. à l'Anticoton, p.* 164. = *Biblioth. des Auteurs de Bourgogne, tom. I. pag.* 371. = *Mém.* d'Artigny, *tom. VI. pag.* 179. = *Dictionnaire* de Prosper Marchand, Art. *Celsus*, Remarque C.]

27127. ☞ Disquisitio de auctore Vindiciarum contra Tyrannos, quæ sub nomine Steph. Junii Bruti editæ sunt: *Amsteladami*, Walekenier, 1662, *in-12.*]

27128. ☞ La Monarchie Aristo-Démocratique, ou le Gouvernement composé & mêlé de trois formes de légitimes Républiques; par Louis DE MAYERNE TURQUET: *Paris*, Berjon, 1611, *in-4.*

Voyez les *Mémoires* de l'Etoile, *tom. II. pag.* 376. = *Science du Gouvernement, tom. VIII. pag.* 175.]

27129. ☞ Apologie contre les Détracteurs du Livre de la Monarchie Aristo-Démocratique de Mayerne Turquet: 1616, *in-12.*]

27130. ☞ Question, à sçavoir s'il est loisible au Sujet de se défendre contre le Magistrat, pour maintenir la Religion vraiement Chrétienne: *in-8.*

Cette Question, & la suivante, sont imprimées dans le Tome II. des *Mémoires sous Charles IX.*]

27131. ☞ Question, à sçavoir s'il est licite sauver la vie aux Massacreurs & Boureaux prins en guerre par ceux de la Religion, assiégés en cette Ville: *in-8.*

Ces deux Questions furent vivement agitées pendant le siége de la Rochelle. Elles sont ici traitées par argumens & par réponses; mais comme les réponses viennent de gens intéressés, il n'est pas étonnant s'ils se donnent gain de cause, & s'ils sont pour l'affirmative dans la première, & pour la négative dans la seconde.]

27132. ☞ Réponse à la Question, à sçavoir s'il est loisible au Peuple & à la Noblesse de résister par armes à la félonie & cruauté d'un Seigneur Souverain: *in-8.*

La résolution est, qu'il est permis aux Princes & aux principaux Officiers de la Couronne, aux Etats & aux Communautés, de s'opposer à la félonie & à la cruauté du Souverain; & qu'en ce cas il est non-seulement permis d'avoir recours aux armes, mais que ce seroit être coupable de lèze-majesté d'y manquer, parcequ'alors c'est moins contre le Roi que pour le Roi, qu'on emploie ce remède.]

27133. ☞ Dispute du Port d'armes: *in*8.

Cette Piéce est aussi imprimée au tom. II. des *Mémoires sous Charles IX.* Les Protestans revenus de la frayeur que leur avoient causée les Massacres, prirent les armes en plusieurs endroits. On agita à ce sujet la question s'il est permis aux Sujets de prendre les armes pour défendre leur vie contre leur Souverain. L'Auteur n'hésite pas un seul moment à décider qu'oüi, & qu'on ne peut les mettre bas, tant que les Massacreurs seront armés.

Voyez encore sur cette Question, le Conseil de Carpentier & la Réponse, rapportée sous le *Régne de Charles IX. An.* 1572, N.os 18188 & *suiv.* de ce Volume.]

27134. ☞ Résolution claire & facile sur la Question tant de fois faite de la Prise d'armes par les inférieurs, où il est montré par bonnes raisons tirées de tout droit divin & humain, qu'il est permis & licite aux Princes, Seigneurs & Peuple inférieur, de s'armer pour s'opposer, résister à la cruauté & félonie du Prince supérieur, voire même nécessaire, pour le devoir duquel on est tenu au Pays & République: *Reims*, Mouchart, *in-*16.

On peut consulter le Catalogue de M. de Cangé, *pag.* 129. La première Edition de cette Piéce est de *Basle*, 1575, *in-8.* C'est une Réponse au Livre intitulé: *Petri Carpenterii de armis consilium. Voyez* le Catalogue de M. Secousse, num. 2436, & la Traduction, num. 2437, sous le titre: *Avertissement touchant le port d'armes*, par Pierre Carpentier: *Paris*, 1575, *in-*12.]

27135. ☞ Vive Description de la Tyrannie & des Tyrans, avec les moyens de se garantir de leur joug: *Reims*, Mouchart, 1577, *in-*16.

On a prétendu qu'Odet de la Noue étoit Auteur de cette Piéce. L'Abbé le Clerc, *pag.* 886 de sa Dissertation critique sur l'Auteur des *Vindicia*, à la fin du *Dictionnaire* de Bayle, au num. XLI. parle de ce petit Livre. Il marque les raisons qu'on peut apporter pour l'attribuer à Odet de la Noue, fils du célébre la Noue, dit *Bras de fer.* Celui-ci avoit porté les armes contre Charles IX. & contre Henri III. qu'il avoit trahi à la Rochelle en 1573, &c. Mais Odet, en 1577, n'avoit tout au plus que dix-huit ans; ainsi à moins que son père ne l'eût guidé dans son travail, il est douteux qu'il ait mis de si bonne heure la main à la plume, pour écrire sur une matière aussi forte. La seconde partie de ce Livre est inconnue à l'Abbé le Clerc, puisqu'il n'en a point parlé. M. le Duc de Nevers a fait un Traité de la Prise d'armes en Janvier 1589, imprimé dans le Tome II. de ses *Mémoires, pag.* 39; mais c'est un Ouvrage bien différent de celui-ci. On peut consulter les *Mémoires* de l'Abbé d'Artigny, *tom. V. pag.* 392, où il rapporte une note de M. l'Abbé Papillon, au sujet des deux Piéces précédentes.]

27136. ☞ Traité politique composé par William ALLEN, Anglois, & traduit nouvellement en François; (par Marigny, Gentilhomme de Nevers;) où il est prouvé par l'exemple de Moyse & par d'autres tirés hors de l'Ecriture, que tuer un Tyran, *titulo vel exercitio*, n'est pas un meurtre: *Lyon*, 1658, *in-*16.

Cette Piéce fut faite contre Olivier Cromwel, & pour exciter le peuple Anglois à se délivrer de sa tyrannie. L'Auteur, après avoir dédié son Ouvrage à Cromwel, par une Epître très-singulière, entreprend de prouver trois propositions. La première, que Cromwel est un Tyran; la seconde, que dans ce cas il est permis de s'en faire justice & de le tuer; la troisième, que cet acte étant légitime, ne peut manquer d'être utile à la République.]

27137. ☞ Adami BLACVODÆI Apologia pro Regibus contra Georgium Buchananum: *Pictavis*, 1581; *in-4.*

Buchanan avoit traité la Question des Tyrans, dans son *Histoire d'Ecosse.*

27138. ☞ Traité de la Dignité des Rois & Princes Souverains, du Droit inviolable de leurs succeſſeurs légitimes, & du Devoir des Peuples & Sujets envers eux ; par François LE JAY : *Tours*, 1589, *in*-8.]

⇒ Apologie pour Jean Châtel, Pariſien, exécuté à mort, & pour les Pères & Ecoliers de la Société de Jeſus, bannis du Royaume de France, contre l'Arrêt du Parlement donné contre eux à Paris le 29 Décembre 1594 ; par François DE VERONE, Couſtantin, accompagnée de notes hiſtoriques, politiques, &c.

☞ Cette Apologie eſt imprimée au tom. VI. des *Mémoires de Condé, Edition de la Haye*, 1743, *in*-4. Elle avoit paru en 1610 *in*-8. ſans Notes, & elle a déja été rapportée, ainſi que les Pièces qui concernent cet événement, ſous le *Régne de Henri IV*. à l'année 1594, N.ºs 19603 & *ſuiv*.

On convient unanimement, que cet horrible & ſéditieux Ecrit ſort de la même plume qui a canoniſé l'action exécrable de Jacques Clément. Jean BOUCHER, qui s'eſt déguiſé long-temps ſous le maſque de François de Vérone, a diviſé cet Ouvrage en cinq parties. La première n'eſt qu'une vaine déclamation qui n'a preſque aucun rapport à ſon but. Ce ton règne dans toute la Pièce. Dans la ſeconde Partie, il s'efforce de prouver que l'acte de Jean Châtel eſt juſte, & dans la troiſième, qu'il eſt héroïque. Dans la quatrième, il prétend faire voir les défauts de l'Arrêt rendu contre lui ; & dans la cinquième, ceux de celui rendu contre les Jéſuites. On ne peut faire un abus plus criminel des paſſages de l'Ecriture. Je ne ſçai où l'Auteur a puiſé ſa théologie. Ses principes tendent à détruire entièrement toute ſociété. Il n'a jamais été permis à un particulier d'en tuer un autre, encore moins d'attenter à la perſonne ſacrée des Rois, pour quelque cauſe que ce ſoit. Si Dieu dans ſa colère en donne de mauvais aux Peuples, c'eſt à eux à ſouffrir, & non pas à s'en défaire.]

27139. ☞ Cenſure de la Faculté de Théologie de Paris, aſſemblée au Collège de Sorbonne, contre les Parricides des Rois : 1610, *in*-4.

Cette Pièce, & la ſuivante, ſont auſſi imprimées au tom. I. du *Mercure François*.]

27140. ☞ Lettre déclaratoire de la Doctrine des Jéſuites ; par le P. COTON, &c. *in*-4.

Cette Lettre parut le 12 Juillet 1610. Il tâche de prouver que l'opinion de Mariana n'eſt point celle de la Société, mais particulière à l'Auteur. Il cite pluſieurs Ecrivains Jéſuites qui ont enſeigné qu'il n'eſt loiſible d'attenter ſur la vie des Princes, quand même ils abuſeroient de leur pouvoir. Il dit que cette Doctrine eſt la ſeule qui ait régné dans leurs Ecoles, & que la Doctrine contraire eſt combattue par tous les Jéſuites du monde. C'eſt ce qui ne paroîtra pas vrai, lorſqu'on conſultera le Recueil des *Aſſertions*, publié par le Parlement de Paris en 1762.]

27141. ☞ Arreſt de la Cour de Parlement de Paris, par lequel il eſt ordonné que le Décret de la Faculté de Théologie de Paris, contre les Parricides des Rois de France, ſera lu à chacun an à pareil jour, en l'Aſſemblée de ladite Faculté, & publié ès Prônes des Paroiſſes, & que le Livre de Jean Mariana, intitulé : *De Rege & Regis inſtitutione*, ſera brûlé : *in*-4.

Cet Arrêt & les deux Pièces ſuivantes, ſont auſſi imprimées dans le *Recueil de pluſieurs Actes & Mémoires* : 1612, *in*-4.]

27142. ☞ Procès-verbal de l'exécution dudit Arrêt, touchant le Livre de Mariana, brûlé par l'exécuteur de la haute-Juſtice, devant l'Egliſe de Paris.]

27143. ☞ Etat de la Queſtion agitée en Sorbonne, le premier jour de Février 1611 ; ſçavoir ſi Mariana, en ſon Livre du Roi & de l'Inſtitution Royale, eſt d'accord en quelque choſe avec le Concile de Conſtance, & les Décrets de Sorbonne.]

27144. ☞ Queſtion Royale & ſa déciſion, où il eſt montré en quelle extrémité, principalement en temps de paix, le ſujet pouvoit être obligé de conſerver la vie du Prince, aux dépens de la ſienne ; (par Jean DU VERGIER DE HAURANNE, depuis Abbé de Saint-Cyran :) *Paris*, du Bray, 1609, *in*-12.

Ce Livret, qui n'a que 65 feuillets, eſt extrêmement rare. Il fut fait par un jeune & vif Auteur, qui voulut juſtifier un jeune Seigneur de la Cour de Henri IV. qui la veille de la Bataille d'Arques avoit dit, que ſi le Roi la perdoit, & qu'obligé de ſe mettre ſur mer il fit naufrage dans une Iſle déſerte, lui, fidèle Sujet, n'héſiteroit pas à ſe tuer pour ſe donner à manger à ſon Roi, & lui conſerver la vie. L'Abbé de S. Cyran, dans un âge plus avancé, s'étonnoit qu'on eût fait eſtime de cet Ouvrage, qui n'étoit qu'un jeu d'eſprit & un paradoxe, rempli de raiſons plus ſpécieuſes que ſolides. Il le citoit même pour exemple, qu'il ne faut pas trop ſe fier au raiſonnement humain, par lequel il eſt aiſé de rendre probable tout ce que l'on veut. On peut voir à ce ſujet la Note des pages 110 & *ſuiv*. du Tome II. des *Mémoires ſur ſa vie*, par (Claude) Lancelot : *Cologne*, (*Utrecht*) 1738, *in*-12. L'Abbé de Saint-Cyran eſt mort en 1643.]

27145. ☞ De l'inviolable & ſacrée perſonne des Rois, contre tous Aſſaſſins & Parricides, qui oſent attenter ſur leurs Majeſtés ; par le Sieur PELLETIER : *Paris*, Huby, 1610, *in*-8.]

27146. ☞ Rodolphi BOTEREI ad Paulum V. Pontificem Maximum poſtulatio ut renovatâ Conſtantienſis Synodi ſanctione Regum ſiccarios, ſuaſores, laudatoreſque devoveat.

Pièce en Vers, qui ſe trouve à la ſuite de celle du même Auteur, intitulée, *Lutetia* : *Pariſiis*, 1611, *in*-8.]

27147. ☞ Recueil de Pièces concernant la Doctrine ſur la dépoſition des Rois : *Genève*, 1627, *in*-8.]

27148. ☞ Du Gouvernement deſpotique & de la puiſſance abſolue.

Ce Diſcours ſe trouve parmi les *Mémoires de Marolles, tom. III. pag. 1, de l'Edition de 1755, in*-12.]

27149. ☞ Si l'on peut réſiſter par les armes au Souverain qui ne règne pas juſtement, le juger, le dépoſer ; par Gaſpard DE REAL, Grand-Sénéchal de Forcalquier.

Cette Queſtion eſt examinée en détail ; & les raiſons pour & contre comparées ; l'Auteur (qui eſt mort en 1752) conclut pour la négative. *Science du Gouvernement, tom. IV. pag*. 305-397.]

☞ ON peut voir encore le Dialogue ſecond du *Réveil-Matin des François*, qui traite de la puiſſance des Rois & de la tyrannie; = la Réponse des Catholiques zélés à la Déclaration du Roi Henri III. sur la mort des Guises, = l'Avertissement aux Provinces, = celui de Nicocléon, & l'Hellebore pour nos Malcontens, qui se trouvent dans les Recueils de du Châtelet & de Morgues de S. Germain. Tous ont trait au même objet.]

§. II.

Traités historiques généraux sur le Gouvernement de la France, depuis l'origine des François jusqu'à présent.

☞ Du Gouvernement de la France; par Gaspard DE REAL.

Ce Morceau est déja indiqué aux *Mélanges*, ci-devant, pag. 35 de ce Volume, N.° 15601. C'est le commencement du tom. II. de la *Science du Gouvernement*. On peut voir par la Table du tom. IV. plusieurs choses sur le Droit public de la France.]

27150. De l'Etat & succès des Affaires de France, en quatre Livres; par Bernard Girard, Sieur DU HAILLAN : *Paris*, 1570, 1571, *in*-8.

Seconde Edition, augmentée : *Paris*, 1572, *in*-4. *Paris*, 1573, 1577, 1580. La même, seconde Edition augmentée : *Paris*, 1584, *in*-8.

Troisième Edition : *Paris*, 1594 : *Anvers*, 1596, *in*-8.

Le même Ouvrage augmenté pour la dernière fois de plusieurs belles Recherches, depuis plusieurs précédentes Editions : *Paris*, le Mur, 1609 : *Genève*, 1609 : *Paris*, Robinot, 1613, *in*-8.

☞ Cet Ouvrage est divisé en quatre Livres. Les deux premiers sont un Précis de la grande Histoire de France que l'Auteur avoit faite, & qui est la première qui ait été composée dans notre Langue. Il y reconnoît que l'origine Troyenne que l'on donnoit aux François, est une pure fable; mais il n'a pas la force de la détruire, & il se laisse entraîner au torrent. Les deux derniers Livres sont des espèces de Mélanges, où l'Auteur traite de l'état de la France, de ses Rois, du Clergé, de la Noblesse, du Peuple, de la Justice, des Finances, & autres Articles intéressans & curieux. Du Haillan étoit judicieux, & écrivoit avec méthode. Il paroît qu'il a eu bien des critiques, & il les traite avec assez de mépris.

L'Auteur est mort [à Paris] en 1610, [âgé de 76 ans.] »Plusieurs d'entre vous, Lecteurs, [dit-il, dans »la Préface de l'Edition de 1580,] qui verrez ce pré-»sent Ouvrage, que j'ai de nouveau revu & de beau-»coup augmenté & enrichi, l'auront ci-devant vu im-»primé en plusieurs sortes de volumes & caractères, »depuis la première Edition de 1570 ; car depuis ce »temps-là il n'y a aucune année qu'il n'ait été réimpri-»mé, ayant donné contentement à ceux qui l'ont vu, »& qui trouvent bon ce qui est bon». Les deux dernières Editions de 1609 & 1613 sont les plus amples. Au reste, ce Livre est très-curieux pour le détail dans lequel il entre dans ce qui regarde l'Etat & le Gouvernement du Royaume. Il y a eu plusieurs Editions augmentées sur les Mémoires de du Tillet.

27151. Mf. La France ancienne, du Gouvernement des trois Etats, en l'ordre de la Justice de France, avec les changemens qui y sont arrivés ; par Jean DU TILLET, Sieur de la Bussière : *in-fol*. 6 vol.

Cet Ouvrage est cité par la Croix du Maine, dans sa *Bibliothèque Françoise*.

☞ Au défaut de ce Manuscrit, dont on ignore la destinée, on peut avoir recours à ce qui est imprimé de du Tillet, (ci-devant, N.° 15732), sous le titre de « Mémoires touchant plusieurs choses mémorables, pour » l'intelligence de l'Estat & des Affaires de France».]

27152. Francisci HOTOMANI, Parisini, Jurisconsulti, Franco - Gallia, sive Tractatus Isagogicus de regimine Regum Galliæ & de Jure Successionis : *Genevæ*, Stoer, 1573, *in*-8.

Editio secunda, cui titulus: Libellus Statuum veteris Reipublicæ Gallicæ tùm, deinde à Francis occupatæ, descripens : *Coloniæ*, Bertulphi, 1574, *in*-8.

Cette Edition est différente de la première.

Editio tertia locupletior ; ex Officina Joan. Bettulphi : 1576, *in*-8.

Cette Edition est augmentée du dix-huitième Chapitre, & de six pages à la fin de l'Ouvrage.

Eadem Franco - Gallia, nunc quartùm sex novis Capitibus ab auctore aucta : *Francofurti*, Wecheli, 1586, *in*-8.

Ces Additions regardent principalement l'autorité des Etats-Généraux. Cette même Edition est imprimée au tom. III. de ses Œuvres, sous ce titre : *Liber primus, de antiquo Jure Regni Galliæ præcipuè quoad autoritatem Comitiorum* : *Genevæ*, de Tournes, 1600, *in-fol*. L'Auteur a retranché quelque chose qui n'est point dans cette Edition, mais qui se trouve dans la précédente.

Editio nova, in qua quæ in Editionibus præcedentibus sublata erant, restituuntur ; unaque MATHARELLI Responsio : *Francofurti*, 1665, *in*-8.

La France Gauloise de François HOTMAN, traduite en François : *Cologne*, 1574, *in*-8.

☞ Cette Traduction a été faite par Simon Goulard, suivant la liste qui est en tête des Opuscules François des Hotmans.]

La même est aussi imprimée au tom. II. des *Mémoires du Règne de Charles IX. Middelbourg*, 1578, *in*-8. Hotman est mort en 1590. Nevelet parle ainsi de ce Livre, dans l'Eloge qu'il a fait de son Auteur : « Hotman » a mis en lumière un Traité de l'Etat du Royaume de » France, où il y représente comme à l'œil son commen-»cement, ses fondemens, son progrès, sa discipline, & » les Loix faites pour le conserver & pour l'augmenter, » tirées des anciens Auteurs ».

Il s'en faut beaucoup que le Livre mérite les éloges que lui donne cet Editeur. Les Réponses que Matharel & Masson y firent, sont à la vérité foibles ; mais s'ils n'ont pas entièrement réussi, au moins sont-ils très - louables d'avoir réfuté un Livre aussi pernicieux que le *Franco-Gallia*.

Cet Ouvrage est divisé en 20 Chapitres :

Dans le I. l'Auteur décrit quel étoit l'état des Gaules avant qu'elles fussent réduites en Province Romaine. Elles étoient divisées en Cités indépendantes les unes des autres, pour la plupart. Les unes étoient gouvernées par l'autorité des Grands, d'autres par des Rois. Les premières élisoient un Magistrat tous les ans ; dans les secondes, la Royauté n'étoit point héréditaire.

Le II. examine quelle étoit la Langue des Gaulois,

avant les Romains. L'Auteur croit que cette Langue n'étoit pas différente de la Bretonne, & de celle qui se parle encore en Basse-Bretagne.

Dans le III. il discute l'état des Gaules réduites en Province Romaine, & les différentes Peuplades des Germains qui y passèrent, du nombre desquels furent les François.

Le IV. traite de l'origine des François. Hotman les tire de cette contrée marécageuse, qui est entre le Rhin & l'Elbe, & qui touche l'Océan, proche les Caninefates, dont il est parlé dans Tacite, si ce ne sont eux-mêmes.

Dans le V. il recherche l'origine du nom des François, qui veut dire libres ou exempts de servitude; leurs différentes expéditions dans les Gaules, le temps auquel ils s'y sont fixés pour toujours, & y ont établi le Royaume de France-Gaule, dont le premier Roi a été Childéric, selon Hotman.

VI. & VII. il agite la question, si le Royaume de France est électif ou héréditaire. Il le croit électif par la voix de la Nation, de façon cependant qu'on choisissoit les Rois dans la famille Royale, & que la Nation avoit le pouvoir de partager le Royaume entre les enfans du Roi mort, comme elle vouloit; ce qu'il fait voir par différens exemples, & par le témoignage de plusieurs Auteurs.

VIII. De la Loi Salique, qu'il ne croit pas une Loi de l'Etat, mais seulement faite pour les particuliers. Il pense qu'il n'y en a aucune en France qui exclue les filles de la Couronne; mais que l'usage de la Nation, toujours invariable, en tient lieu.

Le IX. traite de la longue chévelure des premiers Rois François.

Les X. & XI. du Gouvernement des premiers François. Il étoit composé de l'autorité Royale, de celle des Grands & de celle du Peuple. L'Assemblée générale de la Nation, ou Etats Généraux, se tenoient sous les ans aux Kalendes de Mai, & là se décidoient les affaires les plus importantes de l'Etat. On y faisoit les Rois, on les déposoit; on y faisoit la paix ou la guerre; on y disposoit des emplois, &c.

XII. Des Maires du Palais & de leur autorité.

XIII. De l'Election de Pépin, qui se fit par la Nation, & non par le Pape.

XIV. Du Connétable & des Pairs.

XV. Continuation de l'autorité des Etats-Généraux, sous la Race des Carlovingiens.

XVI. XVII. & XVIII. De la famille des Capétiens; comment ils montèrent sur le trône; de l'autorité des Etats-Généraux sous cette Race, & sur-tout sous Louis XI.

XIX. De la Régence des Reines; qu'elles devroient en être exclues selon les Loix, & des inconvéniens qui sont arrivés de leurs Régences.

XX. Des Parlemens qui ont anéanti les Etats-Généraux, & de leur autorité.

Le Livre d'Hotman est écrit d'un beau Latin, d'un style très-net & très-concis. Il est aisé de voir, par l'Extrait ci-dessus, que le but de l'Auteur, en faisant ce Livre, a été de faire revivre l'autorité & le pouvoir de la Nation & des Etats-Généraux. Le motif pouvoit être bon; mais il faut convenir qu'il s'est souvent laissé aller à son zèle, & qu'on lui reproche avec raison d'avoir outré l'exécution de son projet; on l'accuse même d'avoir falsifié l'Histoire. Son Livre a servi de fondement à quantité d'autres semblables qui ont paru depuis. Enfin, quoi qu'en disent plusieurs de nos Auteurs François, il y a du bon & du vrai dans cet Ouvrage. M. le Gendre de S. Aubin, dans son *Traité des Antiquités de la Monarchie Françoise*, traite Hotman de méprisable par son ignorance. Il est peut-être le seul Républicain qui se soit déclaré contre les Parlemens, & ce n'est pas son plus bel endroit. Il changea de ton dans son Livre intitulé: *De Jure successionis Regia in Regno Francorum Leges collectæ*, où

il se déclare pour la succession linéale du Royaume de France; mais alors il avoit aussi changé de parti, & étoit devenu zèlé pour les intérêts de Henri IV.

« Cet Ouvrage (dit Bayle) est recommandable du » côté de l'érudition; mais il est très-indigne d'un Ju- » risconsulte François, si l'on en croit même plusieurs » Protestans. Voici ce qu'en dit M. Tessier (dans sa » Note sur les *Eloges des Hommes illustres*:) son Livre » intitulé, *Franco-Gallia*, lui attira avec raison le blâme » des bons François; car dans cet Ouvrage, il tâche de » prouver que le Royaume le plus florissant de la Chré- » tienté, n'est point successif comme les Héritages des » particuliers; & qu'autrefois on ne parvenoit à la Cou- » ronne que par le suffrage de la Noblesse & du Peu- » ple, &c. Hotman étoit en colère contre sa Patrie, » quand il composa ce Livre; & non content de se » venger de ceux qui régnoient alors, il tâcha de dé- » charger son ressentiment sur la Monarchie même, & » sur tout le Corps de la Nation ». Bayle, en son *Dictionnaire*, Article *Hotman*, Note E. *Voyez* au même endroit le jugement de ce Livre.

On peut consulter encore le *Journal de Henri III*. tom. II. pag. 94 & 512: tom. 5, pag. 124. = *Comment. de statu Relig. & Reipub.* tom. IV. fol. 115, = *Réponse à l'Anticot.* pag. 274, = le Gendre, tom. II. pag. 34, = Lenglet, *Méth. histor. in-4.* tom. II. pag. 501: t. IV. pag. 15, = *Biblioth. Harley.* tom. II. pag. 506, = le Pere Niceron, tom. II. pag. 124, = *Hist.* de Thou, tom. VII. pag. 19, = *Mascurat*, pag. 646, = *Isag. in notit. Scriptor. Histor. Gall. part. III.* pag. 18, = *Scient. du Gouv.* tom. VIII. pag. 93.]

27153. Ad Francisci Hotomani Franco-Galliam, Antonii MATHARELLI, Reginæ Matris à Rebus procurandis Primarii, Responsio, in qua agitur de initio Regni Franciæ, Successione Regum, publicis Negotiis & Politia; ex Fide Annalium nostrorum, Germaniæque & aliarum Gentium Græcis & Latinis. Præfixum est Judicium Papirii MASSONI, de Libello Hotomani: *Parisiis*, Morellus, 1575, *in-*8.

Cette Réponse est aussi imprimée avec le Livre d'Hotman: *Coloniæ*, 1576; *Francofurti*, 1586, 1665, *in-*8. « Hotman (ne répondit point à ce Livre &) ne se » vengea qu'en la manière des Boufons, qui tâchent de » tourner en ridicule ce qui leur fait peine, quand la » force ou les raisons leur manquent ». Baillet, pag. 536 de ses *Satyres personnelles*. Papire Masson, dans son Jugement, dit qu'Hotman fait paroître dans son Ouvrage plus de colère que de science. Il y a dans le Livre de Matharel & dans celui d'Hotman, bien des choses qui concernent l'établissement de la Monarchie Françoise, & ses anciennes Loix & Coutumes. Le Jugement de Masson ne contient que trois pages. [Il est encore imprimé avec la *Réponse* de Papire Masson, indiquée ci-après.]

☞ Loisel, dans ses *Opuscules*, pag. 708, en parle sous ce titre: *Anti-Franco-Gallia Matharelli*; mais ce doit être un seul & même Ouvrage.

Matharel a répondu, Chapitre par Chapitre, au Livre d'Hotman. Il s'en faut beaucoup que son style soit aussi beau que celui du Livre qu'il réfute. Il y a des choses qu'il a fort bien relevées; mais il y en a beaucoup plus d'autres auxquelles il a répondu foiblement. On ne peut trop le blâmer d'avoir semé dans sa Réponse des injures grossières contre son adversaire: c'est une façon basse de se tirer d'affaires. Le Jugement de Papire Masson, qui est à la tête de cette Réponse, n'a que trois pages. On soupçonne que Matharel n'est autre que Papire Masson déguisé.

Voyez Baillet, tom. VI. pag. 210. = Lenglet, *Méth. histor. in-4.* tom. II. pag. 501: tom. IV. pag. 15. = Hotomani, *Epist.* 40. = Le Gendre, tom. II. pag. 10.]

27154. Matagonis DE MATAGONIBUS, Decretorum Baccalaurei, Monitoriale adversùs Italo-Galliam sive Antifranco-Galliam Antoni Matharelli, Alvernogeni, 1575, 1578; *Lutriviani*, 1584; *Villiorbani*, 1593, *in-8*.

François HOTMAN, Auteur de ce Libelle, s'est déguisé sous ce nom : « Il eût mieux fait (dit Bayle) de » répondre sérieusement & modestement à ses Adver- » saires, que de se servir du style Maccaronique, & de » publier une Pièce impertinente, contre un Livre qui » défendoit les Loix du Royaume ».

☞ *Voyez* Lenglet, *Suppl. à la Méth. histor. in-4. pag.* 156 : *Williorban* est un nom de Ville supposé, qui indique l'Auteur Hotman DE VILLIERS.]

27155. Papirii MASSONI Responsio ad maledicta Hotomani, cognomento Matagonis : *Parisiis*, à Prato, 1575, *in-4*.

☞ Cette Réponse a 19 pages, & le *Judicium* du même Auteur est en tête : il y occupe trois pages & demie.]

27156. Strigilis Papirii Massoni, sive Remediale caritativum contra rabiosam phrenesim Papirii Massoni, Jesuitæ excucullati ; per Matagonidem DE MATAGONIBUS, Baccalaureum Formatum in Jure Canonico & in Medicina, si voluisset.

Cet autre Libelle, qui est d'Hotman, se trouve imprimé avec son *Franco-Gallia* : *Coloniæ*, 1576, *in-8*.

Eadem Strigilis : 1578, *in-8*. [Eadem (avec l'Ouvrage précédent *Matagonis*, &c.) *Williorbani*, 1593, *in-8*.]

Hotman déguisé dans cet Ecrit, comme dans le précédent, son style ; il affecte d'écrire d'une manière barbare ; il se moque de ses Adversaires ; mais il ne les réfute pas : il les accuse par-tout de folie & d'ignorance ; mais il ne se justifie point des faussetés & des impiétés dont il a été chargé. C'est une Réplique à la Réponse précédente.

27157. Petri TURELLI, Campani, in supremo Galliarum Senatu Advocati, Tractatus adversùs Francisci Hotomani Franco-Galliam : *Parisiis*, de Roigny, 1576, *in-8*.

Cet Auteur se nommoit TUREAU.

☞ Le Livre d'Hotman fit grand bruit dès qu'il parut. L'Auteur de cette Réponse s'élève, par plusieurs raisons, contre l'Election des Rois. Il soutient la réalité de la Loi Salique, faite (selon lui) par Pharamond, & il est fort porté à accorder la Régence aux Reines.]

27158. De la commune Police de France, diversement observée, selon les temps & les choses séculières ; par Estienne PASQUIER.

Ce Discours est le Livre II. de ses *Recherches de la France*.

27159. ☞ Histoire de l'ancien Gouvernement de France, avec quatorze Lettres historiques sur les Parlemens ou Etats Généraux ; par feu M. le Comte (Henri) DE BOULAINVILLIERS : *La Haye & Amsterdam*, aux dépens de la Compagnie, 1727, *in-12*. 3 vol.

L'Histoire de l'ancien Gouvernement a été réimprimée dans les différentes Editions de l'*Etat de la France*, (ci-devant, *tom*. I. N.° 2085), & les Lettres l'ont été à part : *Londres*, (*Rouen*), 1753, *in-12*. 3 parties.

Tome II.

L'Auteur, après avoir établi & fixé l'origine des François dans la Germanie, donne un précis de leur Etat & de leur Gouvernement, sous les trois Races de nos Rois dans les Gaules ; mais il a eu particulièrement en vûe de montrer la Noblesse, la liberté & la franchise de la Nation, dans les diverses époques de la Monarchie ; & comment & par quels degrés les nobles sont déchus de tous leurs droits, & ont fait place au pouvoir dont les Souverains jouissent aujourd'hui. C'est ce changement qu'il expose dans ses quatorze Lettres. Il y fait voir que les Parlemens ont été, sous les deux premières Races, le seul Conseil des Rois, qui n'ont rien entrepris sans leur consentement : que la Noblesse seule y eut d'abord part ; mais que le Clergé, par des vues particulières, y fut admis : qu'il n'y fut parlé du Tiers-Etat qu'après l'établissement des Communes & l'abolition des Mainsmortes, qui contribua beaucoup à la ruine du Gouvernement féodal, & par contre-coup à celle de la Noblesse. Il donne une espèce de Chronologie de tous ces Parlemens & de ce qui y fut traité, jusqu'au Règne de Philippe-le-Bel, qu'ils furent nommés Etats Généraux. Le tout s'étend jusqu'à la mort de Louis XI. Il y a des Recherches curieuses ; mais aussi quelquefois des pensées outrées, & qui tendent trop au paradoxe. On l'a beaucoup critiqué en différens Ouvrages.

Voyez Lenglet, *Suppl. à sa Méth. historiq. in-4. pag.* 156. = *Nouv. Ed. du* P. Daniel, *tom*. V. *p.* 541. = *Espr. des Loix*, Liv. XXX. Chap. X.]

27160. ☞ Examen critique d'une Opinion de M. le Comte de Boulainvilliers, sur l'ancien Gouvernement de la France ; par M. DE FONCEMAGNE : *Mém. de l'Acad. des Inscr. & Bell. Lettr. tom.* X. *pag.* 525.

M. le Comte de Boulainvilliers soutient que les Rois de la première Race n'étoient point les Généraux nés des troupes ; que la Nation s'étoit réservé le droit de les élire, & que les Maires du Palais étoient par, leur dignité, Commandans de l'armée, indépendamment de la volonté du Prince. Voilà ce que l'Auteur se propose de réfuter, en soutenant que la distinction du Général & de la Royauté, est une chimère, destituée de preuves ; & qu'il est absolument faux que les Maires du Palais aient été indépendans des Rois, & absolus dans l'exercice des fonctions militaires, & dans la conduite des Armées.]

27161. ☞ Dissertation historique & critique, pour servir à l'Histoire des premiers temps de la Monarchie Françoise.

Elle est imprimée au commencement du tom. I. des *Mélanges historiq. & critiq.* (*sur*) l'*Histoire de France* : *Amsterdam & Paris*, de Hansy, 1768, *in-12*. On y réfute le sentiment de M. de Boulainvilliers, sur l'ancien Gouvernement des François. Dans la *Dissertation* qui suit celle-là, & qui traite des Maires du Palais, *pag*. 147, on réfute encore M. de Boulainvilliers.]

27162. ☞ Mf. Dissertation sur le Gouvernement Monarchique des Rois de la première Race, contre le Systême de M. de Boulainvilliers ; par M. DE GOMICOURT, Commissaire de la Compagnie des Chevaux-légers, & de l'Académie d'Amiens.

Dans les Registres de cette Académie.]

27163. ☞ Dissertation historique & critique, pour servir à l'Histoire des premiers temps de la Monarchie Françoise ; (par M. D'AMIENS) : *Colmar*, 1754, *in-12*.

Cet Ouvrage traite de l'ancien Gouvernement François.]

== ☞ Traité de l'origine du Gouvernement François, où l'on examine ce qui est resté en France sous la première Race de nos Rois, de la forme du Gouvernement qui subsistoit dans les Gaules, sous la domination Romaine; par M. l'Abbé GARNIER.

On l'a déja indiqué, aux *Mélanges*, N.° 15603, *pag.* 35 de ce Volume.]

27164. ☞ Mf. Dissertation, pour prouver que sous les Rois Mérovingiens, les Évêques ont formé le premier Ordre de l'État; qu'ils ont joui de la plus haute considération; que les Princes les ont appellés à la décision des plus importantes affaires; qu'ils les ont comblés de richesses, & qu'il n'est point de droit Régalien au dessous de la haute Souveraineté, dont ils ne leur aient fait part; par M. (Jean-Baptiste) BULLET, Professeur de Théologie, Doyen de l'Université de Besançon, & Membre de l'Académie de cette Ville.

Dans les Registres de cette Académie.]

☞ ON peut consulter encore, pour ce qui regarde l'ancien Gouvernement des François à leur entrée dans les Gaules, = le Discours sur l'ancien Gouvernement des Francs de Pierre le Roi, *pag.* 79 & *suiv*. = l'Apologie contre un Livre intitulé, *Catachrèse du Droit Romain*, laquelle se trouve à la suite du Traité de l'origine des François de Dupré, = Briefs & simples Discours comme les François n'ont jamais pu souffrir Etrangers régner sur eux, au tom. V. *Mém. de la Ligue, p.* 77, = le tom. II. de l'Origine des François d'Audiguier, = le Discours préliminaire de l'*Histoire critique de la Monarchie Françoise* de du Bos, & le *tom. IV. in-*12. = les Chapitres VII. & VIII. des Antiquités de la Nation & de la Monarchie, par le Gendre de S. Aubin, = les derniers Livres de l'Esprit des Loix, = les Lettres historiques sur les Parlemens.]

27165. Butcardi Gottholffii STRUVII Dissertatio de Francorum Regno atque Imperio.

Cette Dissertation, qui traite des premiers Rois de France, de leur État héréditaire & Monarchique, des Ordres du Royaume, des Assemblées & des Dignités, est la sixième de l'Ouvrage que l'Auteur a intitulé : *Syntagma Historia Germanica* : *Iena*, 1716, *in*-4.

27166. ☞ Les Origines de l'ancien Gouvernement de la France, de l'Allemagne & de l'Italie, Ouvrage historique, &c. *Paris*, 1757, *in*-12. 4 vol.

Cet Ouvrage intéressant est de M. le Comte DE BUAT. « On y voit dans leur origine, la Royauté & ses attributs, » la Nation & ses différentes Classes, les Fiefs & le Vas- » selage, les Dignités, la Hiérarchie, les Immunités Ec- » clésiastiques & les Domaines, la Milice & la Chéva- » lerie, la Justice distributive, la compétence des » Tribunaux & leur forme, les Parlemens & autres » Cours souveraines, les Etats Généraux, la Pairie, la » Législation & les Coutumes ». Cet Ouvrage traduit en Allemand, a été imprimé à *Bamberg*, en 1764.]

27167. ☞ La vraie Origine du Conseil de Cour de l'Empereur, déterminée par l'Histoire de la Justice Souveraine de l'Empire, sous les Rois de France, & par la comparaison de cette Histoire, aux temps moyens & modernes; par J. H. HERMANN : *Leipsick*, Langenheim, 1760, *in*-8. en Allemand.]

== ☞ Traité politique & historique du Gouvernement de France, selon les trois Races : *Amsterdam*, 1734, *in*-12.

Voyez ci-devant, aux *Mélanges*, N.° 15600, *pag.* 35 de ce Volume.]

27168. ☞ Essai sur les progrès du Gouvernement de la Monarchie Françoise; par M. l'Abbé RAYNAL : *Mercure*, 1750, Juillet, *pag.* 33.

La fin de nos guerres civiles, dit l'Auteur, peut être regardée comme l'époque de la grandeur réelle de notre Monarchie : (il auroit pu dire un renouvellement, car elle avoit déja eu plusieurs fois une grandeur très-réelle au dessus de ses voisins). L'Auteur développe les ressorts qui l'ont conduite à sa perfection, depuis le grand Clovis jusqu'à Louis XI. Il indique les vertus & les talens des Princes qui l'ont gouvernée, & ne dissimule pas les vices & les défauts de leur politique; qui ont exposé souvent l'Etat à de grandes vicissitudes, & l'ont conduit presque à sa perte. Cette Pièce est bien écrite, sçavante & remplie de portraits frappés de main de Maître.]

== ☞ Variations de la Monarchie Françoise, dans son Gouvernement Politique, Civil & Militaire, &c. par M. GAUTIER DE SIBERT : *Paris*, 1765, *in*-12. 4 vol.

Déja indiquées aux *Mélanges*, N.° 15602, *pag.* 35 de ce Volume.]

27169. ☞ Observations sur l'Histoire de France; par l'Abbé MABLY : *Genève*, (*Paris*), 1765, *in*-12. 2 vol.

Cet Ouvrage qui est bien fait, a rapport au Gouvernement des François, depuis leur habitation en Germanie, jusqu'au Règne de Philippe de Valois. Il n'a pas été continué.]

27170. ☞ Considérations sur le Gouvernement ancien & présent de la France; (par M. le Marquis D'ARGENSON, donné au Public après sa mort): *Amsterdam*, (*Paris*), 1765, *in*-8.]

27171. ☞ Observations critiques, en forme de Lettre, aux Auteurs du Journal Encyclopédique; par M. L. C. D. B. sur le Gouvernement ancien & présent de la France: *Journal Encyclopédique*, 1765, *Décembre*, 1 part. *pag.* 59-73, 2 part. *pag.* 56-71.

A ces Observations de M. le Comte DE BUAT, les Journalistes ont joint des Réponses pour se défendre des contradictions qu'il leur reprochoit.]

27172. ☞ Mf. Traité de la Politique (ou du Gouvernement) de la France, présenté au Roi : *in*-4.

Cet Ouvrage, qui est divisé en 20 Chapitres, est entre les mains de M. Bertrand, Chanoine de Troyes. Il paroit avoir été fait sous Louis XIV. On y passe en revue tous les états de la France; & ce qui concerne généralement le Royaume, d'une manière fort méthodique. L'Auteur indique différens moyens utiles pour la perfection du Gouvernement & le soulagement des Peuples; mais il a quelques idées singulières; par exemple, il prétend que les Évêques doivent être auprès du Roi.]

27173. ☞ Traité historique de la Souveraineté du Roi, & des Droits en dépendans; par F. D. P. L. (François de Paule LAGARDE): *Paris*, Durand, 1753, *in*-4. 2 vol.

Le même sous ce titre : Traité historique des Droits du Souverain en France, & principalement des Droits utiles & Domaniaux : *Paris*, Rozet, 1767, *in*-4. 2 vol.

[Il n'y a de différence que le Frontispice, mis par le second Libraire, après la mort du premier. On y traite de toutes les parties du Gouvernement, quoique l'Auteur s'étende plus sur ce qui concerne le Domaine.]

27174. ☞ Le Droit public de France, éclairci par les Monumens de l'Antiquité ; par M. (Pierre) BOUQUET, Avocat au Parlement, *tom. I. Paris*, Desaint, 1756, *in*-4.

[La suite de cet Ouvrage n'a point paru. On reproche à l'Auteur des opinions particulières.]

27175. ☞ Droit public de France : Ouvrage posthume de M. l'Abbé (Claude) FLEURY, composé pour l'éducation des Princes, & publié avec des Notes ; par J. Bapt. DARAGON, Professeur en l'Université de Paris : *Paris*, 1769, *in*-12. 3 vol.

[Cet Ouvrage n'est guères qu'un Canevas, mais précieux par les indications qu'il contient. Il n'alloit que jusqu'en 1675 : & M. Daragon y a suppléé jusqu'à ce jour. On trouve à la tête quelques Pièces qui sont relatives au même objet ; entre autres, un Avis de M. PASQUIER l'aîné, Avocat, sur un Traité complet du Droit public de France, avec ses Preuves, qu'il avoit entrepris à la sollicitation du Maréchal d'Huxelles, & qu'il comptoit publier en 1736. Cet Ouvrage n'a point paru.]

☞ ON peut encore consulter l'Ouvrage de LIMNÆUS, ci-devant, aux *Mélanges*, N.º 15580, l'Introduction de PIGANIOL, N.º 819, *pag.* 60 du tom. I. de cette Bibliothèque ; & les derniers Livres de l'*Esprit des Loix* de MONTESQUIEU, indiqué au commencement de cet Article, N.º 17070.]

§. III.

Traités particuliers sur le Gouvernement du Royaume.

27176. Ms. DISCOURS touchant l'état de la Police, divisé en trois Parties : la première, concerne les Princes : la seconde, les Nobles : & la troisième, le Peuple : *in-fol.* 2 vol.

Ce Discours est conservé dans la Bibliothèque du Roi, num. 7410-7411.

27177. Ms. Diverses Pièces touchant l'Etat de France, les Dignités & les Charges : *in-fol.*

[Ce Recueil [étoit] dans la Bibliothèque de M. Foucault, [qui a été vendue.]

27178. HINCMARI, Archiepiscopi Remensis, Opusculum x. ad Ludovicum Balbum Regem. Novi Regis instructio ad rectam Regni administrationem ; ex Editione Moguntina Joannis Busæi.

Cet Opuscule est imprimé au tom. II. des *Œuvres* d'Hincmar, *pag.* 179 : *Parisiis*, 1645, *in-fol.* Cet Auteur rapporte ici ce qui se passa après la mort de Pepin, de Charles-Magne, de Louis le Débonnaire & de Lothaire. Hincmar est mort en 882.

27179. Mémoires pour le Gouvernement du Royaume de France, du temps de Charles VI. par Jacques PETIT, Religieux Augustin.

Ces Mémoires sont cités par la Croix du Maine, dans sa *Bibliothèque Françoise*. Jacques Petit fleurissoit en 1410.

27180. Harangue faite au nom de l'Université de Paris, devant le Roi Charles VI. & son Conseil ; par Jean GERSON, Chancelier de l'Eglise de Paris, en 1405 ; avec des Remontrances touchant le Gouvernement du Roi & de son Royaume, avec les Protestations de Charles VII. sur la Détermination du Concile de Basle : *Paris*, Dallier, 1560, *in-8.*

Cette Harangue ne fut point prononcée devant le Roi, qui étoit alors malade, mais en présence des Régens du Royaume.

27181. Ms. Etat de la France, pendant l'exil d'Alain CHARTIER, écrit par lui-même : *in-fol.*

Cet Etat est conservé dans la Bibliothèque de M. le Chancelier d'Aguesseau.

27182. Le Rosier des Guerres, composé par le feu Roi LOUIS XI. pour Monseigneur le Dauphin (Charles) son fils.

Cet Ouvrage est imprimé dans la première partie du *Rosier*, ou *Epitome historial de France* : *Paris*, 1523, *in-fol.* & dans la troisième partie du même *Epitome historial : Paris*, 1528, *in-fol.*

Le même, mis en lumière sur le Manuscrit trouvé au Château de Nérac ; avec un Traité de l'Institution d'un jeune Prince ; par le Sieur J. d'Espagnet, Président au Parlement de Bourdeaux : *Paris*, Buon, 1616, *in-8.*

Cette dernière Edition est fort imparfaite ; l'Ouvrage contient un Traité de Politique, adressé au Dauphin, pour lui apprendre à régner. Il paroît que Louis XI. l'a fait composer, & l'a ensuite adopté.

« M. d'Espagnet dit que son Edition est la première, & que Louis XI. étoit l'Auteur de ce Livre ; mais » il se trompe. Le Livre avoit été imprimé *in-fol.* dès » l'an 1523, & cette Edition est plus ample que celle » de 1616. Il manquoit au Manuscrit de Nérac toute » la seconde Partie, & les trois derniers Chapitres de » la première. Le Prologue seul est capable de nous » convaincre que Louis XI. n'est pas l'Auteur de l'Ouvrage. C'est néanmoins lui qui parle, pour donner » des instructions au Dauphin son fils ». Bayle, *Dictionnaire*, Art. d'*Espagnet*, Note Y.

☞ *Voyez* sur cet Ouvrage, la *Bibliothèq.* de Colomiez. ⸗ Le Gendre, *tom. II. pag.* 67. ⸗ *Additions* de Naudé, *pag.* 32. ⸗ *Bibliothèq.* de la Croix du Maine, *pag.* 289.

On trouve dans la Bibliothèque du Roi, sous les num. 7433 & 7434, des Manuscrits, deux Exemplaires du Rosier des Guerres. Le premier paroît du seizième Siècle. A la Table des Chapitres, il est dit au Chap. IX. qui est le dernier, « que Loys X. fils de Charles VII. » le Bien-servi, peut être compté pour Loys XI. se l'en » compte Loys & Carloman, enfans de Loys le Baube » (le Begue) & de sa Concubine. Au Chap. I. Louis XI. parlant en sa personne, dit « qu'il a voulu faire rédiger » en ce Livre, plusieurs bons enseignemens, afin qu'il....

Liv. III. Histoire Politique de France.

» & qu'il feroit à la gloire du Daufin son fils ». A la fin est une Chronique des Rois de France, qui va jusqu'en 1470, & ensuite : « Ci finit le noble Rosier des Guerres, » contenant Chroniques abrégées jusqu'à très-noble & » très-redouté Roi Loys X. faites & abrégées par son » commandement ».

Le num. 1434 est un Manuscrit du quinzième Siècle, qui vient de M. Bigot, lequel y a écrit de sa main : « Imprimé à Paris, 26 Février 1523, (y est plus ample » que dans ce Manuscrit), & aussi 1528, selon Duchesne » (*Biblioth. des Auteurs de l'Hist. de France*) : Forté , » composé par Pierre Chenysot, &c. » Le Manuscrit est conforme au précédent, si ce n'est qu'il y a au commencement 33 Vers, parmi lesquels sont ceux-ci :

De par son humble & obéissant subjet,
Dont le nom est : En reproche n'y siet.
Car qui à point les Lettres en asset,
Trouver le peut, s'il ne faut en son giet.

On lit à la marge d'une main récente : *Anagramme : Forté, Pierre Chenysot.* Naudé y trouve *Estienne Porchier*, dans son *Addition à l'Hist. de Louis XI.* & Colomiez (*Biblioth. Choisie,* §. 8), dit que cet Ouvrage fut écrit en 1470.]

27183. La grande Monarchie de France ; par Claude DE SEISSEL, Evêque de Marseille : *Paris,* Dupré, 1519, 1541, 1548, [Sartenas, 1557], *in-*8.

Idem Liber, Latinè redditus à Joanne Sleidano : *Argentorati*, 1548 : *Francofurti,* 1608, *in-*8.

Le même Livre, traduit en Latin, est imprimé dans le Recueil intitulé : *Respublica, seu Status Regni Galliæ : Leidæ,* 1626, *in-*24.

L'Auteur, [qui avoit été Conseiller du Roi Louis XII. & qui a écrit sa Vie], est mort Archevêque de Turin, en 1520.

Il avance que l'Etat de ce Royaume est mixte, & que le Roi est dans une sorte de dépendance du Parlement.

☞ Son Ouvrage est divisé en cinq Parties, subdivisées chacune en plusieurs Chapitres. Le but de l'Auteur a été d'y examiner & d'y prescrire tous les moyens possibles d'entretenir & d'augmenter la gloire du Royaume & de la Nation. Dans la première Partie, il discute lequel de tous les Gouvernemens politiques est le meilleur, se déclare pour le Monarchique, & fait voir que de tous celui de France est le mieux policé. Dans la seconde Partie, il traite des moyens extérieurs qui peuvent faire fleurir cette Monarchie ; tels sont la Religion , la Justice & la Police. Dans la troisième, il parle de la Milice & de tout ce qui y a rapport ; & dans la quatrième, des Alliances & de la manière de vivre avec ses voisins. Enfin , dans la cinquième, il traite des conquêtes & des moyens de les conserver.]

27184. De Monarchia Gallorum & de triplici ejus Imperio ; auctore Symphoriano CAMPEGIO : *Lugduni*, 1537, *in-*8.

27185. Discours de la République Françoise ; par Estienne DOLET : *Lyon*, 1544, *in-*8.

27186. ☞ Apologie de Marius Equicolus, contre les Médisans de la Nation Françoise, traduite du Latin en François ; par Michel Rote : *Paris,* Bonfons, 1550, *in-*8.

== Apologie contre les Détracteurs de la Gaule, & des Privilèges & Droits d'icelle, &c. par Guillaume POSTEL.

Voyez ci-devant, au Chapitre des Gaulois, [*tom. I.* *pag.* 243, N.° 3906.]

27187. ☞ Discours divers de choses appartenant à notre France : *Poitiers;* 1557, *in-*4.]

27188. Juliani TABOETII de Republicâ Francicâ.

Cet Ouvrage est imprimé avec ses *Ephemerides historica : Lugduni,* Pagani, 1559, *in-*4.

☞ Le nom François de l'Auteur étoit Taboüet. Il avoit été Procureur Général au Parlement de Chambéry, & il a fait bien du bruit en son temps, par son fameux Procès avec Rémond Pelisson. On peut voir à son sujet les *Remarques critiques* de M. l'Abbé Joly, sur le *Dictionnaire* de Bayle, *in-*fol. au mot *Taboüet.*]

27189. ☞ Avis donnés par Catherine de Médicis, à Charles IX. pour la police de sa Cour, & pour le gouvernement de son Etat.

Ces Avis sont imprimés au tom. IV. de la dernière Edition des *Mémoires de Condé : Londres,* 1743 , *in-*4. Ce sont des préceptes familiers que la Reine donne à son fils. Elle y entre dans le plus petit détail de ce qu'il faut qu'il fasse pour rendre sa personne, son Gouvernement & sa Cour, agréables à ses Sujets. Cette Pièce est par-là curieuse & singulière.]

27190. ☞ De sacra Francisci II. Galliarum Regis initiatione, regnique ipsius administrandi providentia ; Epistola Mich. HOSPITALII : (1559).

Cette Pièce de Vers contient un petit Traité sur les devoirs des Rois, que Michel de l'Hôpital, qui devint Chancelier l'année suivante, étoit capable de bien exposer. Elle se trouve Liv. V. de ses *Poësies,* pag. 261 de *l'Ed.* *in-*8. *Amstelodami,* 1732, & dans l'Ed. *in-fol,* de 1585.]

27191. Discours de l'Etat du Royaume de France & des Maisons illustres ; par Jean SLEIDAN.

Ce Discours est imprimé avec ses *Œuvres : Genève*, 1561, 1566, *in-*8. *Ibid.* 1563, *in-fol.* L'Auteur est mort en 1556.

27192. ☞ Remontrances présentées au Roi, le premier Janvier 1563, &c.

Elles se trouvent dans les *Mémoires de Condé,* t. V. *pag.* 6.]

27193. ☞ Discours pour la Subvention, &c. 1563.

Il est imprimé dans le même *Recueil*, tom. IV. *pag.* 518.]

27194. ☞ Brief Discours envoyé au Roi Philippe, &c. 1565.

Il se trouve aussi dans les *Mém. de Condé,* tom. V. *pag.* 374.]

== ☞ Remontrances des Députés des Etats de Bourgogne, &c. (par BEGAT) ; Apologie & Réponse, &c.

On les a indiquées au *Règne de Charles IX.* Elles contiennent des Maximes pour le Gouvernement, sur-tout par rapport à la Religion.]

27195. ☞ Panégyrique ou Oraison de l'amour du Prince, & obéissance du Peuple envers lui, au Roi Charles IX. par Louis LE CARON, Avocat : *Paris,* Robert Estienne, 1567, *in-*12.]

27196. ★ Discours de Joachim DU BELLAY, sur le fait des quatre Etats du Royaume de France : *Paris*, 1569, *in*-8.

27197. Projet ou Dessein du Royaume de France, pour en représenter l'Etat entier, sous le bon plaisir du Roi ; par Loys LE ROY de Coûtance, Professeur Royal : 1569, *in*-8.

Le même, avec une Exhortation aux François, pour vivre en concorde & jouir du bien de la Paix ; par le même : *Paris*, 1570, *in*-8.

Ce Dessein n'a point été exécuté. L'Auteur est mort en 1579.

27198. De l'Excellence du Gouvernement Royal ; par le même : *Paris*, Morel, 1575, *in*-4.

27199. Traité pour la Monarchie de ce Royaume, contre la division ; par Jean VAUQUELIN, Sieur de la Fresnaye, Juge Présidial & Lieutenant-Général au Bailliage de Caen : *Paris*, Morel, 1570, *in*-8.]

27200. ☞ Discours politique sur la voie d'entrer aux Etats, & manière de gouverner : *Paris*, 1574, *in*-8.]

27201. ☞ Discours sur les causes de l'extrême cherté qui est aujourd'ui en France, & sur les moyens d'y remédier : *Paris*, Lhuillier, 1574, *in*-8.

Ce Discours paroît être le même que celui de Jean BODIN, qui se trouve *pag.* 43 & *suiv.* de l'*Apologie de René Herpin*, &c. *Genève*, 1608, *in*-8. sous ce titre : « Discours & Réponse de Jean BODIN, aux Paradoxes » de Malestroit, touchant l'enchérissement de toutes » choses, & le moyen d'y remédier ».

On trouve, *pag.* 77 de la même *Apologie*, &c. l'Ecrit auquel Bodin a répondu, & qui est intitulé : « Paradoxes du Seigneur DE MALESTROIT, sur le fait des » Monnoyes, au Roi : 1. Paradoxe, que l'on se plaint » à tort en France de l'enchérissement de toutes choses, » attendu que rien n'y est enchéri depuis 300 ans : » 2. Paradoxe, qu'il y a beaucoup à perdre sur un écu » ou autre monnoye d'or & d'argent, encore qu'on la » mette pour même prix qu'on la reçoit.

L'Auteur finit ainsi : « Les mouvemens & progrès » de ce mal seront ci-après amplement déduits & dé-» montrés, avec le moyen certain & infaillible pour y » remédier, au grand bien & honneur de Sa Majesté, » soulagement & commodité (du Peuple) ». C'est que l'Auteur paroît n'avoir pas fait, comme le lui reproche Bodin, qui dans sa Réponse a indiqué les moyens de remédier au mal.

La même Réponse, traduite en Latin sous ce titre : Joan. BODINI, Responsio ad Paradoxa Malestretti de caritate rerum, ejusque remediis ; edente Hermanno Conringio : *Helmestadii*, 1671, *in*-4.]

27202. ☞ Mss. Avis d'Etat, donnés au Roi Henri III. par les Grands du Royaume de France, en 1577 : *in-fol.*

Ce Manuscrit est cité num. 3207 du Catalogue de M. le Blanc.]

27203. ☞ Mss. Mémoires politiques sur le Gouvernement du Royaume de France ; par M. DE BELESBAT : *in-fol.*

Ces Mémoires sont indiqués num. 3208 du même Catalogue.]

27204. ☞ Guillelmi BLANCI, Junioris, Albiensis Jurisconsulti, Gallia.

Guillaume le Blanc a été Evêque de Grasse & de Vence : il fut assassiné en 1596 : sur quoi l'on peut voir un Discours à ce sujet, rapporté par le P. le Long, aux *Evêques de Vence*, (ci-devant, tom. I. N.° 8841).]

27205. Mss. Etat du Royaume de France, la Cour & Princes du Sang Royal, en 1580.

Cet Etat [étoit] conservé dans la Bibliothèque de M. Baluze, num. 509, [& est aujourd'hui dans celle du Roi.]

27206. Mirouer des François, contenant l'état & manière des Affaires de France, sous Henri III. tant de la Justice que de la Police, avec le Réglement requis par le Tiers-Etat, pour la pacification des troubles, &c. le tout en Dialogues ; par Nicolas DE MONTAND : 1582, *in*-8.

☞ Le titre tout au long & plus exact de cet Ecrit est : « Le Mirouer des François, compris en trois Li-» vres, contenant l'état & maniement des affaires de » France, tant de la Justice que de la Police, avec le » Réglement requis par les trois Etats, pour la pacifi-» cation des troubles, abolitions des excessives Tailles » & Gabelles, Dons gratuits & charitatifs, Equipollens » & Décimes, suppression des supernuméraires Officiers, » démolition des Citadelles, restaurations des Univer-» sités, Collèges & Hôpitaux, taux & appréciations des » vivres & autres marchandises, punitions contre les » usuriers, tyrans & rongeurs du peuple, & générale-» ment tous les secrets qu'on a pu recueillir pour l'em-» bellissement & enrichissement du Royaume & soula-» gement du Public ; le tout mis en Dialogue, par Ni-» colas DE MONTAND, à la Reine régnante : 1581, » *in*-12. »

Voyez l'Extrait de ce Livre, dans le *Conservateur*, *Août*, 1757. M. de la Monnoye, dans ses *Remarques sur les Auteurs déguisés de Baillet*, *pag.* 163, attribue cet Ouvrage à Nicolas BARNAUD, déguisé sous le nom de Montand.]

27207. La fausse Glace du Mirouetier, ou Censure du Livre précédent : 1581 & 1582, *in*-8.

27208. L'Etat présent de ce Royaume, quant à la Religion, Justice & Police ; par Jean DE LAURIER : *Paris*, Pinet, 1583, *in*-8.

══ ☞ Mss. 'L'Acquit du Trésorier d'Abra DE RACONIS, ou Etat au long de l'ancien ordre de l'Etat de France, &c.

Voyez ci-devant, au *Règne de Charles IX*. N.° 18258.

27209. ☞ Discours au Roi, &c.

Il est imprimé au tom. III. des *Mémoires de Villeroy*, *pag.* 34.]

27210. ☞ Remontrances du Clergé de France, au Roi : 1585.

Elles se trouvent au tom. I. des *Mémoires de la Ligue*, *pag.* 272.]

27211. ☞ Exhortation, &c. contenant les commodités de la paix, &c.

Dans le même *Recueil*, tom. II. *pag.* 127.]

27212. ☞ Discours de la vraie & légitime constitution de l'Etat, & que l'ordre y est, encore que la Religion n'y fût.

Le but de ce Discours (qui se trouve au tom. II. des *Mémoires de Villeroy*), est de prouver : 1. Que l'Etat & la Religion n'ont rien de commun ; ce qu'on vérifie par la diversité de leurs préceptes & de leurs maximes : 2.° Que l'Etat n'est établi ni maintenu par la Religion, mais la Religion conservée par l'Etat ; 3.° Que la différence de Religion n'empêche point la paix de l'Etat, comme on peut le voir par l'exemple de l'Empire Romain & autres, qui ont toléré toutes sortes de Religions, & n'ont pas été moins florissants : 4.° Que le Prince ne doit être considéré pour sa Religion, mais comme chef du Peuple ; car quoiqu'il soit à souhaiter qu'on puisse communiquer avec le Prince, en fait de Religion, il ne faut pas croire qu'on doive l'abandonner, quand il diffère de celle de ses Sujets : il y en a mille exemples dans l'Histoire, tant sacrée que profane : 5.° Qu'il y a une grande différence entre régner & être religieux. De tout cela on conclud qu'on doit laisser la liberté de conscience, & s'unir par l'obéissance, puisqu'il est certain que, où il y a révolte, il ne peut y avoir Religion.]

27213. De l'Etre perpétuel de l'Empire François, par l'éternité de cet Etre : Discours en deux Remontrances faites aux ouvertures du Parlement, en 1591, à la saint Martin ; & en 1592, après Pâques, du Parlement n'aguères séant à Chaalons ; par Hugues DE L'ESTRE, Conseiller du Roi, y exerçant lors la Charge de son Avocat Général, contre certains Ecrits fameux, qui au même temps en publioient le contraire : *Paris*, Mettayer, 1595, *in-8*.

Le même Discours est imprimé au tom. V. des *Mémoires de la Ligue : Leyde*, 1596, *in-8*.

27214. Des Affaires d'Etat, de Finance, du Prince, de la Noblesse ; par le Président (François) DE L'ALLOUETTE, seconde Edition : *Metz*, Jean d'Arras, 1597, *in-8*.

☞ Il ne faut pas confondre, comme l'a fait le Père le Long dans sa Table, le Président de l'Allouette, avec François l'Allouette, Bailli de Vertus, qui a fait plusieurs Ouvrages généalogiques.]

27215. Les Etats, esquels est discouru du Prince, du Noble & du Tiers-Etat ; par David DU RIVAULT, Sieur de Fleurence, Conseiller d'Etat : *Lyon*, Rigaud, 1596, *in-12*.

Cet Auteur est mort en 1616.

27216. Observations sur diverses choses remarquables sur l'Etat, Couronne, Peuple de France, tant ancien que moderne, recueillies de divers Auteurs ; par Regnault D'ORLÉANS, Sieur de Sincé, Conseiller au Présidial de Vennes : *Vennes*, Bourrelier, 1597, *in-4*.

27217. ☞ La Maladie de la France : Discours.

Il est imprimé dans le *Recueil d'Excellens & libres Discours, &c. Paris*, 1606, *in-12*. Selon l'Auteur, les deux grandes maladies de la France sont l'Inféodation des Gouvernemens & la Vénalité des Charges. Pour y remédier, il faut tirer les Gouvernemens du Commerce, les rendre temporels, & n'avoir égard qu'au mérite dans la distribution des Charges. On fait voir qu'il y a une grande connexité entre ces remèdes, & qu'on ne peut les séparer sans en diminuer l'effet. Il y a de la méthode & du bon sens dans cette petite Piéce.]

27218. ☞ Avis pour les Gens des trois Etats de Bourgogne, &c. par M. DE SOUVERT : 1605, *in-8*.]

27219. ☞ Le Paysan François : 1609, *in-8*.]

27220. Remontrance à la Royne Mère, Régente en France, pour la conservation de l'Etat, pendant la minorité du Roi son fils : *Paris*, Petitpas, 1610, *in-8*.

Cette Remontrance a été composée par Nicolas PASQUIER, Maître des Requêtes ordinaires de l'Hôtel du Roi.

27221. Discours trouvé parmi les Papiers de Maximilien DE BETHUNE, Duc DE SULLY, touchant le Gouvernement des Affaires du Royaume, après la mort du Roi Henri IV.

Ce Discours est imprimé au tom. IV. de ses *Mémoires, pag. 143 : Paris*, 1662, *in-fol*.

27222. ☞ Discours présenté à la Royne, mère du Roy, en l'année 1612.

Il est imprimé parmi les *Mémoires d'Etat*, à la suite de ceux de Villeroy, *tom. IV*. Ce sont des étrennes que l'Auteur présente à la Reine. Il l'invite à donner au Roi une bonne éducation, & à éloigner le Précepteur, qu'il accuse de peu de suffisance & de Religion. Il veut que l'on fasse voler des têtes pour empêcher la désobéissance, & donne plusieurs autres conseils, entre autres celui de retenir & d'écouter M. de Sully.]

27223. ☞ Extrait de deux Imprimés, le premier intitulé : Les maux que cause le Droit annuel : le second, Que la Vénalité des Offices n'est point dommageable à l'Etat : 1614.

Cet Extrait est imprimé au tom. III. du *Mercure François*. L'Auteur du premier Ecrit dit, que la vénalité des Charges, introduite par François I. porta le premier coup à la vertu ; mais que le coup mortel lui a été donné par l'établissement du Droit annuel. De là le prix excessif des Offices ; de-là des Juges de bas lieu, & corrompus. On prétend que le Droit annuel fait perdre l'usage des résignations, cause la ruine des familles & la perte de la jeunesse, fomente les usures, retarde les mariages. L'Auteur répond ensuite aux huit Articles publiés en faveur du Droit annuel. La seconde Pièce est une Lettre en faveur de la vénalité des charges, dans laquelle on soutient qu'elle a été connue & pratiquée de tout temps, & qu'elle ne peut aucunement préjudicier à l'Etat.]

27224. ☞ Maximes d'Etat de Henri le Grand ; par le Cardinal DU PERRON, &c. *in-12*.]

27225. ☞ Avis donné à la Royne, mère du Roy, pour le Gouvernement & la conservation de l'Etat, sur les mouvemens de l'année 1614, par trois des principaux de son Conseil, & auxquels feu Henri le Grand communiquoit ses plus importantes affaires.

Cet Avis est imprimé dans le *Recueil de Granier : Paris*, 1623, *in-4*. L'Auteur commence par dire que les Etats se conservent par l'autorité, & l'autorité par les récompenses & les châtimens. Parmi les bons conseils qu'il donne à la Reine, il l'exhorte à faire une satisfaction honnête au Prince de Condé, & à soulager le Peuple.]

27226. Utile & salutaire Avis au Roi, pour bien régner : (1614), in-8.

== Défense de la Monarchie Françoise, &c. par J. BARRICAVE : *Tolose*, 1614, in-4.

☞ *Voyez* ci-devant, N.° 17116.]

27227. Le Caton François au Roi : *Paris*, 1614, in-8.

Ce Discours, dans lequel il y a d'excellentes choses, roule sur quatre Maximes où l'Auteur donne au Roi : n'être point oisif ; ne pas faire violence à la justice ; ne point contracter légèrement avec toutes sortes de personnes ; & ne pas s'asservir mal-à-propos. Dans le second Article, l'Auteur parle de la Justice qu'on doit faire de ceux qui ont conseillé le parricide du feu Roi, & il indique clairement les Jésuites. dans le troisième, il parle fort au long de l'Alliance avec l'Espagne, qu'il désapprouve. Il fait à ce sujet une digression sur l'invasion de la Navarre. Enfin il soutient la cause des Princes de Condé, &c. qui faisoient alors bien des mouvemens.

27228. L'Image de la France représentée à Messieurs des Etats ; avec la Réfutation du Libelle intitulé, *Le Caton François*, fait contre ceux qui maintiennent la Religion & l'Etat : 1615, in-8.

☞ L'Auteur agite dans ce Livret plusieurs points délicats, tels que la Souveraineté du Pape & celle du Roi : il fait un grand éloge du ministère des Jésuites. Au reste on y trouve d'assez bonnes choses.]

27229. Le Caton François, ou Information sur la manière dont se peut servir le Roi de France pour bien gouverner : *Berlin*, 1615, in-4. (en Allemand.)

☞ Peut-être n'est-ce qu'une Traduction de l'Ouvrage François.]

27230. ☞ Dialogue servant de Réplique à l'Image de la France, & d'Apologie au Caton François : in-8.

Ce Dialogue est assez long.]

27231. Le Diogène François : 1615, in-8.

☞ L'Auteur se plaint qu'il n'y a plus d'hommes en France, ni de véritables François dans tous les Etats qu'il passe en revue. Il fronde un peu les Jésuites sans les nommer. Il fait des noms de quelques personnes de la Cour, une application assez ingénieuse, selon lui.]

27232. Réponse au Diogène François : *Paris*, 1615, in-8.

Pierre DE GUINOYSEAU est l'Auteur de cette Réponse.

27233. Le Caton & le Diogène François pour Apologie contre un trait de l'Image de la France, où est la Réfutation du Caton François : 1615, in-8.

27234. ☞ L'Ombre de Henri le Grand au Roi : 1615.

Cette Pièce contient des maximes sur le Gouvernement.]

27235. ☞ Cahier général du Tiers-Etat, en 1615, & Harangue de M. Miron.

Ces Pièces se trouvent au *Recueil des Etats de 1614*, par Florimond de Rapine, *pag.* 443 *& suiv.*]

27236. Avertissement à la France touchant le Libelle qu'on sème contre le Gouvernement de l'Etat, par D. C. 1615, in-8.

27237. ☞ Le bon François contre les Libelles : 1615.

Rapporté ci-après, Art. des *Alliances politiques*.]

27238. * L'Espagnol François : (1615) in-8.

C'est une Réponse à quatre Ecrits publiés sous les noms de Caton, Diogène, Cassandre, Pacifique. « De » tels gens, (dit l'Auteur de cette Réponse) l'on ne » doit rien attendre de véritable, puisque le titre & le » commencement de leur Livre est mensonger. L'un » écrit sous le nom de *Caton*, un Traité pernicieux, » rempli de choses indignes d'être produites sous le » nom d'un si grave & si sage Auteur. L'autre prétend » autoriser ses méchantes intentions, accompagnant ses » infâmes équivoques du nom de *Diogène*. L'autre s'est » imaginé qu'il mettroit son impertinence en crédit, » s'il logeoit ses sales discours dans les rares productions » de la chaste *Cassandre* ; & le dernier, sous le titre du » *Pacifique*, persuade lui-même & sappe l'allarme. »

27239. Discours sur l'état présent des Affaires de France, au Roi : 1615, in-8.

27240. Avis & Remontrances aux Etats, par six Paysans : 1615, in-8.]

27241. ☞ Harangue de l'Amateur de Justice, aux trois Etats : 1615, in-8.]

27242. ☞ Plaintes des Malcontens contre le Gouvernement de l'Etat, ensemble la Réponse : 1615, in-8.

Cette Plainte est imprimée au tom. IV. du *Mercure-François*. Elle parut sous le nom de la *Noblesse Françoise au Chancelier*. Elle contient neuf griefs, dont les principaux sont, la corruption des Etats ; le rétablissement de l'Annuel & des Pensions ; & le refus d'établir une Chambre de Justice, pour la recherche des Financiers.]

27243. Discours sur l'injustice des plaintes qu'on fait contre le Gouvernement de l'Etat : 1615, in-8.

☞ Le but de l'Auteur est de répondre à l'Ecrit précédent. Il fait voir que ceux qui crient tant contre le Ministère, sont des furieux & des enragés, qui voudroient voir tout bouleversé. Il soutient que les Etats, ont été libres & avantageux au Royaume, ainsi que l'Alliance avec l'Espagne & les autres Princes. Il fait voir que le Roi a été obligé, par de bonnes raisons, à rétablir le Droit annuel qui avoit été aboli par les Etats : qu'il est impossible de supprimer les Pensions & d'ériger une Chambre de Justice. Son zèle pour la Reine Régente l'emporte quelquefois, & le fait sortir des bornes de la modération.].

== ☞ Le Conseiller fidèle, &c. 1615.—Le Censeur, &c.—Remontrances au Roi, par Nosseigneurs de Parlement : 1615. *Ibid.*

Ces Pièces sont rapportées ci-devant, au *Règne de Louis XIII. Année* 1615.]

27244. ☞ Harangue du Maréchal de Brissac aux Etats-Généraux de 1615.

Elle se trouve dans le *Recueil de Harangues*, &c. de Lannel, *pag.* 183.]

— ☞ L'Euphème François, sur l'Edit du 1 Octobre 1614, auquel est traité du devoir des trois Ordres; par Jean DE LOYAC: *Paris*, 1616, *in-4*.

Voyez ci-après, l'Article des États-Généraux.]

27245. ☞ Police générale de France ; par Nicolas BERGIER : *Paris*, 1617, *in-8*.]

27246. Libre & salutaire Discours des Affaires de France, au Roi : *Paris*, 1618, *in-8*.

Le Président VIOLE d'Athys, depuis Conseiller d'État, a composé ce Discours.

27247. Discours au Roi sur la Réformation de l'État : 1618, *in-8*.

27248. ☞ Manifeste pour le Public, au Roi, &c. 1620, *in-8*.]

27249. ☞ Très-humbles Remontrances au Roi de la part de sa Cour de Parlement de Paris : *in-8*.

On supplie le Roi, 1.° d'effectuer ce qui a été promis dans l'Assemblée de Rouen : 2.° de soulager son peuple : 3.° de faire observer la discipline militaire : 4.° de réprimer les Gouverneurs des Villes & Châteaux, qui font des levées de deniers à l'insçu de Sa Majesté : 5.° de supprimer les Édits nouveaux ; 6.° de rétablir la Justice : 7.° de mettre le bon ordre dans ses Finances : 8.° de renouveller les Ordonnances contre le luxe : 9.° de supprimer les Offices & États inutiles : 10.° d'avoir égard au mérite & à la vertu, dans la distribution des Charges ; enfin de rétablir son autorité, & de commander à son Procureur-Général d'informer contre tous ces bus.]

☞ Brief Discours d'État au Roi : 1622.

Rapporté au *Règne de Louis XIII*.]

27250. De la Réformation de ce Royaume, au Roi : 1623, *in-8*.

※ Il y a bien des vérités contenues dans ce petit Écrit, composé par un Normand.

27251. L'Œconome fidèle, au Roi : 1623, *in-8*.

27252. ☞ Galliæ, sive de Francorum Regis dominiis & opibus : *Leide*, 1641, *in-24*.]

27253. * Le Politique du temps, Discours Panégyrique du Gouvernement ; contenant plusieurs belles Maximes d'État, au Roi, pour l'heureux retour de Sa Majesté & du Cardinal de Richelieu, après la prise de Perpignan & la Conquête du Roussillon ; par Guillaume BOYER DES ROCHES, Avocat en Parlement : *Paris*, de la Caille, 1642, *in-4*.

☞ Le Testament politique du Cardinal DE RICHELIEU.

Il est rapporté ci-après, Art. des *Ministres d'État*.

27254. ☞ La Science Royale, (ou différens Mémoires & Discours de François MARCHANT, Directeur du Conseil de l'Ordre de Fontevrault, adressés au Roi, à la Reine-Mère, aux Cardinaux de Sourdis, de la Rochefoucault, de la Valette, de Richelieu, au Chancelier, à l'Archevêque de Paris, l'Évêque d'Angers, le Père Seguiran, & le Père Joseph ; sur les moyens de remédier aux abus de la chicane, de restraindre les Juridictions Ecclésiastique, & Séculière à leurs bornes, &c.) *Saumur*, Godeau, 1625, *in-4*.

Il y a une Note à la tête d'un Exemplaire qui est à Dijon, (dans la Bibliothèque de M. Fevret de Fontette ;) où il est dit, que cet Ouvrage a servi aux Réglemens faits par le Roi Louis XIV. en son Code, & que ce Code avoit opéré ce que tant d'États généraux tenus avoient tant, mais inutilement, desiré. Dans les différentes Lettres, qui composent ce Livre, il y a beaucoup de remarques singulières sur les inconvéniens de l'exercice de la Justice, telle qu'elle se pratique en France dans différentes Juridictions. Dans la Lettre au Cardinal de Richelieu, l'Auteur fait l'abrégé de sa vie, par lequel il paroît qu'avant de se faire Moine, il avoit été Avocat & ensuite Juge dans quelque petite Juridiction, & que haï pour sa droiture, & persécuté par des chicaneurs, il avoit perdu une partie de son bien, & avoit été obligé de se défaire de sa charge.]

27255. ☞ Mémoires importans concernant le bien de la France, & les incommodités des Monarchies circonvoisines ; (par le Sieur DE MOLEYRES ;) dédiés au Cardinal de Richelieu : 1628, *in-8*.]

27256. ☞ Discours pour montrer qu'il est expédient au Roi, pour le bien de son État, d'être fort sur mer.

Ce Discours est imprimé au tom. XIII. du *Mercure François*. L'Auteur commence par faire voir quelles ont été les forces navales des anciens Gaulois, & jusqu'où ils ont porté leur puissance par ce moyen ; quel en fut l'état sous Charlemagne & dans les Croisades ; combien les François ont été supérieurs & redoutables aux Anglois, quand ils ont eu soin d'entretenir une bonne Marine ; que le Roi François I. avoit jusqu'à 55 Galères sur la Méditerranée ; que ce fut la paix & les troubles qui suivirent la mort de Henri II. qui nous firent négliger nos avantages, & combien Henri le Grand avoit envie de, les rétablir. Il pose ensuite pour principe, que qui est maître de la mer, l'est aussi de la terre ; que les États ne se conservent que par leurs forces maritimes. Il passe enfin à l'utilité qui devoit en revenir, & à la facilité que nous avons pour y réussir.]

27257. ☞ Codicilles de Louis XIII. Roi de France & de Navarre, à son très-cher fils aîné, successeur en ses Royaumes de France & de Navarre, Canada, Mexique, &c. pour devenir le plus puissant Roi qui ait jusqu'à présent régné, plus impérieux que S. Charlemagne, débonnaire comme S. Louis, plus craint de ses ennemis que François I. plus aimé de ses peuples que Louis XII. plus caressé de la Noblesse que les Charles, plus chéri de ses Ecclésiastiques que les Henrys, tous Rois de France, d'heureuse mémoire, (sans date ni lieu d'impression,) petit *in-16*. 2 vol.

On lit au bas de la dernière page, *Achevé d'imprimer le 7 Août 1643*.

Cet Ouvrage est divisé en quatre parties ; sçavoir de la Vertu, de la Prudence Royale, de la Prudence Guerrière, & de la Prudence Ménagère. Il est rare & singulier : c'est son plus grand mérite. On y trouve les rêveries & les extravagances d'un imposteur qui paroît attaché à la Religion Prétendue-Réformée, & qui a pris le nom de Louis XIII. On peut voir la Dissertation en forme d'Extrait qui se trouve au *Mercure de Septembre 1754*.

On y remarque que cet Ouvrage tomba dans le mépris

Traités particuliers sur le Gouvernement du Royaume.

pris dès sa naissance, & qu'il n'a d'autre mérite que la rareté. Cependant M. Debure, qui n'a pas rapporté son titre en entier, vient de nous faire part dans la *Bibliographie*, (*Hist. tom. II. pag.* 124.) d'un jugement sur ce Livre, que nous croyons devoir transcrire ici, parce-qu'il vient d'une personne de la plus grande distinction, & qui a eu la plus grande part aux Affaires du Gouvernement.

« Ce Livre qui est très-rare, est d'ailleurs très-ex-
» traordinaire, & mérite d'être lu par sa singularité ,
» & parce qu'à travers mille extravagances, il contient
» quelques idées sur lesquelles un bon Citoyen peut
» s'arrêter & réfléchir. L'Auteur qui prend effrontément
» le nom de Louis XIII. est un ardent Protestant. Il
» compose avec autant d'effronterie une Loi Salique, où
» il culbute & réforme à sa guise la Religion , les Finan-
» ces , l'Administration intérieure de l'Etat, & fait de
» la France une République de Lycurgue & de Platon.
» Tout cela peut amuser à parcourir , & tout en se mo-
» quant de l'Auteur , on pourroit en retirer quelque
» profit ».

Voyez encore Lenglet , *Méth. hist. in-4. tom. IV. pag.* 131, & la Lettre de M. de Foncemagne, sur le *Testament politique du Cardinal de Richelieu* : Paris, 1764, *in-8. pag.* 61.]

27258. Ms. Raisonnemens d'Etat, sur les occurrences du temps, & principalement du feu Duc Cardinal DE RICHELIEU, & du Comte Duc D'OLIVARÈS & de Saint-Lucar: *in-fol.*

Ce Discours est conservé entre les Manuscrits de M. Dupuy, num. 629.

27259. ☞ Ms. Etat de la France, en Italien : Copie ancienne de 70 pages.

Dans la Bibliothèque de M. Fevret de Fontette, à Dijon.]

27260. ☞ Ms. Autre Etat : 1643, en Italien, de 40 pages.

C'est un Manuscrit du temps, qui se trouve au même endroit.]

27261. Etat de la France, comme elle est gouvernée, en 1648 : *Cologne*, 1649, *in-*12.

27262. Discours important sur le Gouvernement de ce Royaume , à la Reine Régente : *Paris*, Mulnier, 1649, *in-*4.

Ce Discours contient un Plan excellent du Gouvernement.

27263. Remontrance du Roi Louis XII. au Roi Louis XI. sur leur différente façon de régner : *Paris*, 1649, *in-*4.

27264. Dialogue entre le Roi Louis XI. & le Roi Louis XII. sur leur différente façon de régner , à sçavoir auquel est meilleur, ou de gouverner par amour , ou par force & puissance absolue : 1649, *in-*4.

27265. ☞ Recueil d'Avis & de Remontrances concernant le Gouvernement de l'Etat : *in-*12.

Ce Recueil est cité *pag.* 271 du Catalogue de M. de Cangé.

Voyez encore, sur cette matière le *Testament du Cardinal de Richelieu*, rapporté ci-après, Article des *Ministres d'Etat*, = celui de M. Colbert, rapporté ci-devant, N.° 24182, = celui de M. de Louvois , ci-devant, N.° 24303, & celui du Maréchal de Belisle, N.° 24781 & 24782.]

Tome II.

27266. Observations curieuses sur l'Etat, & Gouvernement de France, avec les Noms , Dignités & Familles, comme il est, en 1649. [Item , Etat général du Revenu de France :] *Paris*, Alliot, 1649, *in-*8.

27267. Etat général de la France : *Paris*, 1649, *in-*12.

27268. Le Courtisan sans flatterie , qui déclare ce que c'est que l'autorité royale : *Paris*, Coulon, 1649, *in-*4.

27269. Discours Chrétien & Politique de la Puissance des Rois : 1649, *in-*4.

27270. Le Miroir des Souverains, où se voit l'Art de régner : *Paris*, Noël, 1649, *in-*4.

== ☞ Discours important sur le Gouvernement du Royaume : 1649.

Voyez ci-devant, N.° 22540.]

27271. Manifeste au Roi, contenant quel doit être le Conseil d'un Prince ; par L. S. D. T. 1649, *in-*4.]

27272. ☞ Avis d'Etat à la Reine, sur le Gouvernement de la Régence : 1649, *in-*4.]

27273. ☞ Le Politique du temps, traitant de la puissance & des devoirs des Princes; des divers Gouvernemens ; jusqu'où l'on doit supporter la tyrannie, & si en une oppression extrême, il est loisible aux Sujets de prendre les armes pour défendre leurs vie & liberté ; quand , comment , par qui , & par quel moyen cela peut se faire ; Jouxte la Copie à Paris, 1650, *in-*8.]

27274. ☞ Les Advis d'un fidèle Conseiller, au Roi ; par J. DE LOYAC : *Paris*, 1653, *in-*4.]

27275. Le vrai Etat de la France , comme elle est gouvernée en cette présente année 1650 , sous le Règne de Louis XIV. où sont trouvées plusieurs particularités & remarques d'Histoire de notre temps : *Paris*, Bobin, 1650. [*Ibid.* première Edition, 1649.]

Jean PINSSON de la Martinière, Procureur du Roi en la Jurisdiction de la Connétablie & Maréchaussée de France à Paris, est l'Auteur de ce Livre : il est mort en 1678.

27276. Etat général de la France : *Paris*, 1651, *in-*12.

27277. Le vrai Etat de la France dans la Majorité de Louis XIV. en cette année présente 1652 : *Paris*, Loyson, 1652, *in-*12.

27278. Instruction Royale ou Paradoxe sur le Gouvernement de l'Etat : 1652, *in-*4.

27279. Etat & Gouvernement du Royaume de France, comme il est, depuis la Majorité de Louis XIV. où sont contenues diverses remarques sur l'Histoire de notre temps, avec les Noms, Dignités & principales Familles du Royaume ; par Jean PINSSON de la Martinière : *La Haye*, 1652 : *Amsterdam*, 1655, *in-*12.

Fffff

LIV. III. *Histoire Politique de France.*

27280. Le véritable Etat de la France, & comme elle est gouvernée à présent, &c. par le Sieur DE LA LANDE, Gentilhomme ordinaire du Roi : *Paris*, Guignard, 1653, *in-*12.

27281. L'exacte Description de l'Etat présent de la France; augmenté par (Gilbert Saunier) Sieur DU VERDIER : *Paris*, 1654, *in-*12.

On peut voir à son sujet, la Préface du Livre suivant.

27282. Description de l'Etat présent de la France; par Antoine MARCHAIS : Seconde Edition : *Blois*, 1654, *in-*16.

Ce Livre contient quelques singularités assez curieuses, qui ne sont pas dans les derniers Etats de la France.

▬ Joannis LIMNÆI, Germani (Jenensis) Notitiæ Regni Galliæ Libri septem : *Argentorati, & Francofurti*, Spoor, 1655, *in-*4.

☞ *Voyez* ci-devant, aux *Mélanges*, N.° 15580.]

27283. ☞ Traité de la Politique de France; par M. P. H. Marquis de C. Seconde Edition, augmentée d'une seconde Partie : *Utrecht*, P. Elzevier, 1670, *in-*12.

Cet Ouvrage est dédié à Louis XIV. & contient des Avis pour la félicité du Royaume. Il paroît que l'Auteur est le même qui a fait une Réplique (manuscrite) au *Bouclier d'Etat*, concernant les Droits de la Reine sur le Brabant, dont on parlera ci-après.]

27284. Mſ. Etat de la France, ou Propositions Politiques & Militaires présentées au Roi (Louis XIV.) pour rendre ses actions non moins aimables que formidables, tant parmi les siens qu'Etrangers : *in-*fol.

Cet Etat est conservé dans la Bibliothèque de Messieurs des Missions Etrangères, à Paris.

27285. Le parfait Etat de la France, augmenté de Blasons, Armes & Fonctions des principaux Officiers : *Paris*, 1656, *in-*12.

C'est la première Edition de Nicolas BESOIGNE, Clerc de la Chapelle du Roi, qui dit que son Ouvrage n'étoit d'abord qu'un petit Livret. Cet Auteur est mort en 1697. [Il étoit oncle du Docteur de même nom.]

27286. La France triomphante en 1658, contenant les Armes, Blasons, Fonctions, &c. *Paris*, 1658, *in-*12.

▬ ☞ Traité de la Politique de France; par DU CHASTELET, &c.

Il est rapporté ci-après, Art. des *Ministres d'Etat*.]

27287. Tableau historique de la France, représentant l'Etat ancien & moderne de la France, &c. par Nicolas L'HERITIER de Nouvellon, Historiographe de France : *Paris*, 1669, *in-*12.

Cet Auteur est mort en 1679.

27288. L'Etat de la Cour des Rois de l'Europe, particulièrement de la France; par Pierre Scévole DE SAINTE-MARTHE, Historiographe de France : *Paris*, 1670, *in-*12. 3 vol.

Le même augmenté : *Paris*, 1680, *in-*12. 4 vol.

27289. Etat présent de la France : *London*, 1671, *in-*8. (en Anglois).

27290. ☞ Mſ. Proposition pour la Police générale du Royaume de France, présentée pour le Roi à M. Colbert en 1679 ; par le Baron DE SAINTE-MARTHE : *in-*4.

Cet Ouvrage est indiqué num. 606, du Catalogue de M. Pelletier.]

27291. Mſ. De la Justice, de la Police, des Finances de France, par Ordonnances, Edits & Déclarations, Lettres-Patentes, Réglemens de nos Rois, &c. avec des Remarques historiques & politiques ; par Guy ALLARD : *in-*fol. 4 vol.

Cet Ouvrage [étoit] conservé dans le Cabinet de l'Auteur, qui en a publié le plan. Son Recueil est fait avant l'année 1680.

☞ L'Auteur est mort en 1715.]

27292. ☞ La France auguste, en abrégé : *Utrecht*, 1681, *in-*12.]

27293. L'Europe vivante, ou l'Etat des Rois & Princes Souverains, & autres Personnes de marque dans l'Eglise, dans l'Epée & dans la Robe, vivans en Europe, l'an 1685 ; par Pierre Scévole DE SAINTE-MARTHE : *Paris*, de Sercy, 1685, *in-*12.

La moitié de cet Ouvrage concerne le Royaume de France.

27294. ☞ Remarques sur le Gouvernement du Royaume, durant les Règnes de Henri IV. Louis XIII. & Louis XIV. *Cologne*, 1688, *in-*12.]

27295. ☞ Etat présent de la France & de ses Finances : *Genève*, 1691, *in-*12.]

27296. Etat de la France, contenant tous les Princes, Ducs & Pairs, les Maréchaux de France, les Evêques, les Gouverneurs, les Chevaliers de l'Ordre du Roi, &c. les Etats de la Maison du Roi, &c. par Nicolas BESOIGNE, Chanoine de Troyes : *Paris*, 1657, 1660, 1667, 1674, 1678, 1684, 1686. Seizième Edition, 1689, 1692, 1694 : *in-*12. 2 vol.

Le même, augmenté par Louis TRABOUILLET, (Chapelain du Roi, neveu de l'Auteur :) *Paris*, 1698, 1702, 1708, [1712] 1718, *in-*12. 3 vol.

☞ Louis Trabouillet est mort Chanoine de Meaux, en 1720.]

Ce Livre fait connoître l'état présent des Charges & des Officiers du Royaume.

☞ Voici les différentes Editions qui ont été données successivement de l'Etat de la France.]

1. Le vrai Etat de la France en 1651 : *Paris*, Loyson, 1651, *in-*12.

2. Le même ; par Antoine MARCHAIS : *Blois*, de la Saugere, 1652, *in-*12. *Paris*, Leché, 1652, *in-*8. 1653, *in-*8.

3. Le même ; par le Sieur DU VERDIER : *Paris*, Beloigne, 1654, *in-*12. *Paris*, David, 1657, Leché, 1657, *in-*8.

4. Le même, revu & augmenté : *Paris*, Loyson, 1658, *in-*12.

Traités particuliers sur le Gouvernement du Royaume. 779

5. Le même mis en ordre ; par le Sieur DE LA MARTINIERE : *Paris*, Guignard, 1660, *in-8*.

6. Le même ; par N. BESOIGNE : *Paris*, Veuve David, 1661, *in-12*. 1663, *in-12*. 2 vol. *Paris*, Ribou, 1665, *in-12*. 2 vol. Loyson, 1669, *in-12*. 2 vol. 1671, *in-12*. 2 vol. 1674, *in-12*. 2 vol. le Gras, 1676, *in-12*. 2 vol. Guignard, 1677, *in-12*. 2 vol. Besoigne, 1678, *in-12*. 2 vol. Trabouillet, 1680, *in-12*. 2 vol. 1683, *in-12*. 2 vol. Osmont, 1684, *in-12*. 2 vol. 1686, *in-12*. 2 vol. de Luynes, 1687, *in-12*. 2 vol. Guillayn, 1689, *in-12*. 2 vol. Trabouillet, 1692, *in-12*. 2 vol. le Gras, 1694, *in-12*. 2 vol. de Luynes, 1698, *in-12*. 3 vol.

7. Le même, revu (par Louis TRABOUILLET:) *Paris*, Veuve le Gras, 1699, *in-12*. 3 vol. Loyson, 1702, Prud'homme, 1708, Guignard, 1711, *in-12*, Cavelier fils, 1718, *in-12*. 3 vol.

Voyez le *Journal des Sçav. Mars*, 1708, & Septembre 1718.

8. Le même, revû (par le P. ANGE, Augustin Déchaussé) : *Paris*, David, 1722, *in-12*. 5 vol.

9. Le même, revû (par le P. SIMPLICIEN, aussi Augustin Déchaussé) : *Paris*, 1727, *in-12*. 5 vol.

Voyez les *Mém. de Trév. Juin*, 1722. = *Journal de Verdun, Août*, 1722. = *Mercure*, Juillet, 1727, Juin, 1736. = Lenglet, *Méth. histor. in-4*. tom. *IV*. pag. 16.

10. L'Etat de la France, contenant les Princes, le Clergé, les Ducs & Pairs, les Maréchaux de France & les grands Officiers de la Couronne & de la Maison du Roi ; les Chevaliers des Ordres, les Officiers d'armées, tant sur mer que sur terre ; les Conseils, les Gouverneurs des Provinces, toutes les Cours supérieures du Royaume, les Généralités & Intendances, les Universités & Académies, avec les noms des Officiers de la Maison du Roi, leurs fonctions, gages & privilèges ; la Maison de la Reine, celle de son Altesse Royale Madame la Duchesse d'Orléans, & de son Altesse Sérénissime Monseigneur le Duc d'Orléans : *Paris*, Guill. Cavelier, 1736, *in-12*. 6 vol.

11. Autre Edition ; par des Religieux Bénédictins (D. BAR, D. JALABERT & D. PRADIER) : *Paris*, 1749, *in-12*. 6 vol.

Voyez le *Journal de Verdun, Avril*, 1749.]

27297. Joachimi HAGEMEIERI, Epistolæ duæ de Statu Galliæ : *Francofurti*, 1678, *in-4*.

27298. ☞ Ms. Réflexions & Maximes politiques sur l'Etat présent des affaires du Royaume de France, présenté au Roi en 1692 : *in-4*.

Ce Manuscrit est dans la Bibliothèque de la Ville de Paris, N.° 245.]

27299. ☞ Mémoire servant d'instruction pour MM. les Commissaires départis dans les Provinces.

Il est indiqué comme Manuscrit *in-4*. num. 2215, du Catalogue de M. Bernard ; mais il y a apparence que c'est celui qui fut dressé pour les Mémoires à faire sur l'Etat de la France. Il est imprimé à la tête de l'Abrégé de cet *Etat*, publié par M. le Comte de Boulainvilliers, ci-devant, tom. *I*. pag. 108, N.° 2085.]

☞ Ms. Etat de la France, en 1698.

Cet Etat est renfermé dans les Mémoires des Généralités du Royaume, [rapportés ci-devant aux *Traités Géographiques des Provinces*, (tom. *I*. pag. 107, N.° 2084.)]

27300. ☞ Les soupirs de la France esclave, qui aspire après la liberté ; (par Pierre JURIEU) : 1690, *in-4*.

Ce Livre est composé de 15 Mémoires, réunis en un *Tome II*.

volume de 228 pages. Dans les trois premiers, l'Auteur, zélé Protestant, examine l'oppression & la tyrannie sous lesquelles gémissent (selon lui) tous les Ordres de la France, & la misère à laquelle ils sont réduits sous une puissance despotique. Dans les quatrième & cinquième, il recherche par quel moyen la Cour de France affermit son joug, & soutient sa puissance absolue, & l'abus qu'elle en fait. Dans les Mémoires suivans, il examine combien le Gouvernement de la France est éloigné de celui sur lequel a été fondée la Monarchie, & avec lequel elle a subsisté tant de Siècles. Comme cette troisième Partie est la plus intéressante, nous allons donner les sommaires de ces Mémoires. On soutient dans le sixième, qui est le premier de cette Partie, que la Couronne étoit élective, & que rien n'est moins fondé que la Loi Salique. Dans le septième, que les Etats ont toujours été les principaux dépositaires de la souveraineté, & sont supérieurs aux Rois. Le huitième est l'Histoire de l'origine du Parlement de Paris ; il fut établi pour représenter les Etats généraux, & donner un frein aux entreprises de la Cour. Dans le neuvième, il est parlé du Grand-Conseil, des Maires du Palais, des Connétables, des Pairs de France, de la forme ancienne de nos Tribunaux de Justice, avant l'établissement des Présidiaux. Dans le dixième, des Ducs, Comtes, Marquis & Gentilshommes ; les Grands du Royaume, qui sont aujourd'hui (dit-on) esclaves, étoient autrefois indépendans du Roi, & lui étoient égaux, excepté l'hommage. Dans le onzième, on soutient que la France n'avoit point de troupes réglées ; que quand elles ont commencé, la Noblesse portoit le fardeau de la guerre ; que les impôts étoient autrefois inconnus ; quand ils ont commencé.

La quatrième Partie contient les quatre derniers Mémoires. L'Auteur en examine par quel moyen on pourroit se servir des circonstances du temps, pour ramener la Monarchie à son ancien Gouvernement.

Cet Ouvrage, qui est périodique, commence au 10 Août 1689, & finit au 15 Septembre 1690. Il n'est pas commun en France, & il paroît fort mal écrit. Les deux premières Parties & la dernière, qui contiennent des Réflexions critiques sur le Gouvernement & sur les événemens du Règne de Louis XIV. sont pleines de raisonnemens, quelquefois justes & à propos, mais presque toujours outrés & séditieux. Cela est inévitable dans ces sortes d'Ouvrages, où la chaleur de la déclamation emporte toujours l'Auteur au-delà des bornes raisonnables. On douteroit que ce Livre fût d'un François : il sont communément plus affectionnés à leur Patrie, que l'Auteur ne le paroît. Mais Jurieu, auquel on attribue ces Mémoires, étoit un emporté, qui a renoncé plus d'une fois aux sentimens les plus naturels. La troisième Partie de cet Ouvrage, qui est assez sçavante, mérite d'être lue.]

27301. ☞ Diverses Pièces sur la Police générale & particulière du Royaume : *in-fol*.

Elles sont parmi les Manuscrits de MM. Godefroy, dans la Bibliothèque de la Ville de Paris, nom. 195.]

27302. ☞ La France ruinée, par qui & comment, &c. 1695, *in-12*.

C'est un détail des maux de la France, que l'on attribue à l'Abbé DE CHEVREMONT, mort vers l'année 1701.

Voyez les *Mém. de Trévoux*, du mois de *Décembre* 1754, *pag.* 2923.]

27303. Etat du Gouvernement du Royaume de France, en 1715, sous le Règne de Louis XV. compris dans une Déclaration du Roi, du 15 Septembre 1715, portant établissement de plusieurs Conseils pour la Direction des Affaires du Royaume : *Paris*, de l'Imprimerie Royale, 1715, *in-4*.

Le Roi déclare : « Qu'outre le Conseil général de
Fffff 2

» Régence, il en fera établi fix autres particuliers, qui
» feront composés chacun d'un Président & d'un nom-
» bre convenable de Conseillers & de Secrétaires, selon
» la nature des Affaires dont chaque Conseil sera chargé ;
» sçavoir le Conseil de Conscience, où l'on traitera des
» Affaires Ecclésiastiques ; le Conseil des Affaires Etran-
» gères ; le Conseil de Guerre & de tout ce qui y a
» rapport ; le Conseil de Finance ; le Conseil de Marine
» & de tout ce qui en dépend ; le Conseil des Affaires
» du dedans du Royaume, qui étoient ci-devant por-
» tées au Conseil des Dépêches : le tout sans rien inno-
» ver, tant à l'égard du Conseil Privé, que pour les
» Affaires dont la connoissance appartient aux Cours &
» autres Tribunaux & Jurisdictions du Royaume ».

En conséquence de cette Déclaration, ont été depuis publiées six Ordonnances du Roi ; la première, servant de Réglement pour le Conseil de Conscience, du 22 Décembre 1715 : *Paris*, de l'Imprimerie Royale, 1715, *in-4*. La seconde, pour le Conseil de Guerre, du 3 Novembre 1715 : *in-4*. La troisième, pour le Conseil de Finance, le 14 Novembre 1715 : *in-4*. La quatrième, pour le Conseil de Marine, le 3 Novembre 1715 : *in-4*. La cinquième, pour le Conseil du dedans du Royaume, le premier Octobre 1715 : *in-4*. La sixième, pour le Conseil du Commerce, le 4 Janvier 1716 : *in-4*. *Paris*, 1716. On n'en a point publié pour le Conseil de Régence & pour celui des Affaires Etrangères.

27304. * Discours sur la Polysynodie, où l'on démontre que la Polysynodie, ou la pluralité des Conseils, est la forme du Ministère la plus avantageuse pour un Roi & pour son Royaume ; (par Charles Castel DE SAINT-PIERRE, Abbé de Tiron) : 1718, *in-4*. *Amsterdam*, du Villard, 1718, *in-12*.

On a porté sur cet Ouvrage des jugemens bien différens. Les *Réflexions hardies* qui y sont répandues contre le Règne de Louis XIV. ont paru à plusieurs personnes autant de crimes d'Etat. On peut voir dans l'*Europe Sçavante*, *Septembre*, 1718, *pag*. 43, ce que des lecteurs plus modérés en ont pensé. On y dit, *pag*. 65, que cette Dissertation a été écrite avec précipitation.

27305. ☞ Systême d'un nouveau Gouvernement en France ; par M. DE LA JONCHERE : *Amsterdam*, 1720, *in-12*. 4 vol.

Voyez Lenglet, *Supplément à la Méth. hiftor. in-4. pag*. 157.=Le *Financier citoyen*, *tom. I. pag*. 299.]

27306. Etat présent du Clergé de France, des Conseils du Roi, des Finances, des Départemens des Secrétaires d'Etat & des Intendans des Finances, de la Chancellerie & de ses Officiers, du Grand-Conseil, du Parlement de Paris, de la Chambre des Comptes, de la Cour des Aydes, de celle des Monnoies, du Châtelet & autres Jurisdictions & Compagnies de remarque de la Ville de Paris, pendant les années 1704, (& suivantes).

Cet Etat est imprimé dans l'*Alman. Royal in-8. Paris*, d'Houry, 1704, *in-8*. Il s'imprime tous les ans, [avec les changemens nécessaires.]

27307. ☞ Mémorial alphabétique des choses concernant la Justice, la Police & les Finances de France : *Paris*, Cochart, 1713, *in-8*. = Mémorial alphabétique des choses concernant la Justice, la Police & les Finances de France, pour les Gabelles & cinq grosses Fermes ; par BELLET-VERRIER : *Paris*, Cochart, 1714, *in-8*.]

== ☞ Dictionnaire universel, chronologique & historique de Justice, Police & Finances de France ; par M. François Jacques CHASLES : *in-fol*.

Il est rapporté ci-après, à l'Article des *Ordonnances* de la troisième Race.]

27308. ☞ Introduction générale à l'étude de la Politique, des Finances & du Commerce ; par M. DE BEAUSOBRE, nouvelle Edition, corrigée & augmentée : *Amsterdam*, Schneyder, 1765, *in-8*.

On y trouve beaucoup de choses sur les différentes parties du Gouvernement de la France, dont l'Auteur est originaire : il demeure à Berlin.]

27309. ☞ Recherches sur l'origine des Communes.

Elles sont imprimées dans les *Œuvres* de M. DE GLATIGNY : *Lyon*, 1758, *in-8*.

L'Auteur fait voir contre le Père Daniel & le Comte de Boulainvilliers, que les Communes doivent leur établissement aux Romains ; que leurs droits leur ont été conservés, même après la Conquête des Gaules, par les Rois de la première & de la seconde Race ; que dans quelques Villes, elles se soutiennent contre les usurpations des Vassaux de la Couronne & des grands Officiers, qui s'emparèrent des Provinces dont ils n'étoient que les Gouverneurs sous la seconde Race ; & qu'enfin Louis le Gros ne fit que rétablir les Villes dans leurs anciens droits.]

27310. ☞ Traités des Droits des Communes & Bourgeoisies ; par M. VARSAVAUX : 1759, *in-12*.]

27311. ☞ Les Intérêts de la France mal entendus, dans les branches de l'Agriculture, de la Population, des Finances, du Commerce, de la Marine & de l'Industrie ; par un Citoyen : *Paris*, 1756, *in-12*.]

27312. ☞ L'Ami des Hommes, ou Traité de la Population ; par M. DE MIRABEAU, quatrième Edition : *Hambourg*, 1758, *in-12*. 5 vol.

Le Tome III. contient deux Parties : la première intitulée : *Précis de l'Organisation*, ou *Mémoire sur les Etats Provinciaux*, seconde Edition : la seconde Partie est intitulée : *Réponse aux Objections de l'Auteur du Financier Citoyen*, contre le Mémoire précédent.

Lettres pour servir de suite à l'*Ami des Hommes*, (déja imprimées ensemble : *Paris*, 1760, *in-8*. de 160 pages).

La première, d'un Ingénieur de Province, à un Inspecteur des Ponts & Chaussées, pour servir de suite à l'*Ami des Hommes*. (Cette Lettre avoit été imprimée aussi séparément : 1759, *in-12*.)

La seconde : Réponse d'un Major d'Infanterie, à un Intendant de Province, sur la Milice.

La troisième, Lettre d'un Subdélégué à un Intendant de Province, sur la Milice.

Le Tome IV. ou V.e Partie contient : Mémoire sur l'Agriculture, envoyé à la très-louable Société d'Agriculture de Berne ; avec l'Extrait des six premiers Livres du *Corps complet d'Œconomie rustique* de feu M. Thomas Hale.

Le Tome V. ou sixième Partie, renferme, = Réponse à l'Essai sur les Ponts & Chaussées, la Voierie &

Traités particuliers sur le Gouvernement du Royaume. 781

les Corvées. = Tableau œconomique, avec les explications.]

27313. ☞ Essai sur les Ponts & Chaussées, la Voierie & les Corvées : 1759, *in-*12.]

27314. ☞ L'Ami de l'Etat, ou Réflexions politiques pour l'intérêt général & particulier de la France; par M. le Comte de F... *Trévoux*, 1761, *in-*12.]

27315. ☞ L'Homme en société, ou Vues politiques pour porter la Population au plus haut dégré en France : *Amsterdam*, 1763, *in-*12. 2 vol.]

27316. ☞ Des causes de la Dépopulation & des moyens d'y remédier; par M. l'Abbé JAUBERT : 1767, *in-*12.]

27317. ☞ Observations relatives à la construction, au service & à l'entretien des Chemins publics dans toute l'étendue du Royaume; par M. de SAINTE-COLOMBE : 1761, *in-*12.]

27318. ☞ Lettre de M. DE FONTETTE, Intendant de Caen, à M.***; avec son Mémoire pour justifier la construction & l'entretien des grands Chemins de la Généralité de Caen, du 18 Août 1760 : *in-*12.]

27319. ☞ Réflexions sur la Corvée des Chemins, ou Supplément à l'Essai sur la Voierie : 1762, *in-*12.]

27320. ☞ De l'Administration des Chemins; par M. (Pierre-Samuel) DUPONT : 1767, *in-*8.]

27321. ☞ Idée d'un Citoyen, sur les besoins, les droits & les devoirs des vrais Pauvres : *Amsterdam*, (*Paris*), Hochereau, 1765, *in-*8.]

27322. ☞ Mf. Si l'Etablissement des Monts de Piété est nécessaire en France : 1636 & 1637, de 17 pages.

Ce Mémoire est conservé à Dijon, dans la Bibliothèque de M. Fevret de Fontette.]

27323. ☞ Mémoire de l'Abbé (Castel) DE SAINT-PIERRE, sur les Pauvres mendians, & sur les moyens de les faire subsister : (1724), *in-*8.]

27324. ☞ Mémoire sur les Vagabonds & sur les Mendians : *Soissons*, (*Paris*), 1764, *in-*8.

Ce Mémoire a été envoyé en Mars 1763, à M. le Contrôleur Général, par la Société d'Agriculture de Soissons.]

27325. ☞ Mf. Diverses Pièces sur le Gouvernement : *in-*4.

Elles sont renfermées dans les Porte-feuilles 574, 576, 579-583 du grand *Recueil* de M. de Fontanieu, dans la Bibliothèque du Roi.]

☞ On peut encore consulter, pour ce qui regarde le Gouvernement, ci-après, les Articles des *Finances*, des *Ministres d'Etat* & *Surintendans*, où l'on trouve un grand nombre de Morceaux qui ont trait à cette Partie.]

☞ *Nota*. Le Père le Long avoit mis pour l'Article suivant, dans la première Edition, les *Traités & Histoires des Maires du Palais*, qui ont gouverné d'une manière absolue la France, dans les derniers temps de la première Race; mais dans les corrections de son Exemplaire, disposé par lui-même, pour une nouvelle Edition, il a rejetté cet Article à la tête de l'*Histoire des Grands Officiers*, (ci-après, *Chap*. VI.) qui se trouvera dans notre Tome III. Il est certain que cet ordre est préférable, & nous avons cru devoir en avertir, afin qu'on ne pensât pas que cet Article eût été oublié.]

§. IV.

Traités & Actes des Régences du Royaume, & de la Majorité des Rois de France.

27326. Mf. DIVERS Discours de la Majorité des Rois & de la Régence du Royaume, Edits, Lettres & autres Actes concernant la Majorité des Rois de France, & Administration du Royaume, depuis l'an 1190 jusqu'en 1610 : *in-fol*.

Ce Discours est conservé entre les Manuscrits de M. de Brienne, num. 144.

27327. ☞ Mf. Traité de la Majorité des Rois de France & des Régences, avec un Recueil de Titres & Pièces sur la même matière : *in-fol*. 2 vol.

Ce Traité est indiqué num. 3206, du Catalogue de M. le Blanc.]

27328. Mf. Pouvoirs & Lieutenances Générales donnés à des Reines, Enfans de France, Princes du Sang & autres, depuis l'an 1375 jusqu'en 1629 : *in-fol*.

Ce Recueil est conservé [dans la Bibliothèque du Roi], entre les Manuscrits de M. de Brienne, n. 260, & parmi ceux de M. de Gaignières.

27329. Mf. Autre Recueil, continué jusqu'en 1637 : *in-fol*.

Ce Recueil est conservé dans la Bibliothèque de M. le Chancelier d'Aguesseau.

27330. ☞ Traité des Régences; par M. DE FONTANIEU : *in-fol*. & *in-*4. Original & Copie.

Ils sont conservés dans la Bibliothèque du Roi.]

27331. Mf. Pouvoirs & Lieutenances Générales des Reines, Enfans de France, Princes du Sang & autres Princes, Cardinaux & Ecclésiastiques, Connétables & Maréchaux de France, Seigneurs & Gentilshommes : *in-fol*.

Ce Recueil est conservé dans la Bibliothèque du Roi, entre les Manuscrits de M. de Gaignières, & dans celle des Minimes de Paris, num. 52.

27332. Mf. Divers Actes de Régences établies en France, depuis Philippe Auguste, en 1190 jusqu'en 1574 : *in-fol*.

Ce Recueil est conservé entre les Manuscrits de M.

Dupuy, num. 18. Il compose les Preuves imprimées dans le *Traité des Régences* ; par M. Dupuy.

Le même Recueil, continué jusqu'à la Séance de Louis XIV. au Parlement, en 1643, où la Reine fut déclarée Régente ; avec une Table : *in-fol.*

Ce Recueil [étoit] conservé dans la Bibliothèque de M. l'Abbé d'Estrées, nommé à l'Archevêché de Cambray, [aujourd'hui à S. Germain-des-Prés] ; & dans celle des Missions Etrangères, [à Paris.]

27333. Mſ. Régences & Majorités des Rois : *in-fol.* 4 vol.

Ce Recueil [étoit] conservé dans la Bibliothèque de M. le Chancelier Seguier, num. 755, [aujourd'hui à S. Germain-des-Prés.]

27334. Mſ. Régence & Majorités, Appanages, Douaires des Reines : *in-fol.* 2 vol.

Ce Recueil [étoit] conservé dans la Bibliothèque de M. Godefroy, [aujourd'hui dans celle de la Ville de Paris.]

27335. Mſ. Régences pendant les absences & Minorités : *in-fol.*

Ce Recueil est conservé dans la Bibliothèque des Minimes de Paris, num. 48.

27336. Mſ. Opinions de divers Docteurs, pour le Gouvernement de France, quand le Roi est Mineur.

Ces Opinions sont conservées entre les Manuscrits de M. Dupuy, num. 240.

27337. Mſ. Traité de la Régence ; par Jean SAVARON.

Ce Traité est conservé entre les mêmes Manuscrits.

27338. Mémoires des Régences du Royaume de France, avec l'Inventaire des Pièces ; par Jean DU TILLET.

Ces Mémoires sont imprimés à la page 275 de son *Recueil des Rois de France* : *Paris*, 1610, *in-4.*

27339. * Discours de l'excellence des Princes du Sang de France, qui gouvernent l'Etat du Royaume ; par François DE BELLEFOREST : *Paris*, Hulpeau, 1572, *in-8.*

27340. Stephani FORCATULI Biterrensis, Jurisconsulti, quòd Fœminæ illustres Regnis gubernandis & Legibus ferendis commodissimæ ubique fuerint, ad Catharinam Medicæam.

Ce Discours est imprimé avec l'Ouvrage intitulé : *Tractatus Valesiorum, &c. Parisiis*, Chaudière, *in-8.*

27341. Discours sur ce qu'aucuns Séditieux ont témérairement dit & soutenu, que pendant la Minorité des Rois de France, leurs Mères ne sont capables de la Régence, ains qu'elle appartient aux Princes mâles qui sont plus proches & habiles à succéder à la Couronne ; par Jean FAY : *Paris*, Roffet, 1579, *in-8.*

☞ On peut encore voir, sur la Régence des Reines Mères, = la Pièce intitulée : *La Plante humaine* ; par Louis d'Orléans : 1632, *in-8. pag.* 431, = les *Lettres de Nicolas Pasquier, pag.* 325.]

27342. Mſ. Traités sur les Minorités des Rois, Régences, &c. *in-fol.*

Ces Traités sont conservés dans la Bibliothèque du Roi, entre les Manuscrits de M. de Gaignières.

27343. Gouvernement des Roys mineurs, par les Roynes leurs Mères ; Régences & Majorités de nos Roys ; par Estienne PASQUIER.

Ce Discours est imprimé au Chap. XIX. du Livre II. de ses *Recherches de la France.*

27344. Régences & Gouvernemens des Rois de France.

Ce Discours est imprimé au tom. III. de Bouchel, *pag.* 143 de sa *Bibliothèque du Droit François* : *Paris*, 1667, *in-fol.*

27345. Tableau historial des Régences ; par Florentin DU RUAU : *Paris*, 1615, *in-8.*

27346. Des Régences de France ; par Jacques LESCHASSIER, Avocat au Parlement.

Ce Discours est imprimé avec ses *Œuvres* : *Paris*, 1649, 1652, *in-4.* Cet Auteur est mort en 1625.

27347. Histoire de toutes les Régences qui ont été en France, depuis le commencement de la Monarchie jusqu'à présent, avec les Preuves ; par Pierre DUPUY.

Cette Histoire est imprimée avec son *Traité de la Majorité des Rois* : *Paris*, 1655, *in-4.*

27348. ☞ Dissertation sur la Régence de Catherine de Médicis, pendant la Minorité de Charles IX. par M. LE FEBVRE, Prêtre de la Doctrine Chrétienne : *Année Littéraire*, 1760, tom. I. lettre X.]

27349. ☞ Lettre de M. le Président HÉNAULT, pour prouver que Catherine de Médicis n'a ni reçu ni pris le titre de Régente, pendant la Minorité de Charles IX. *Mercure*, 1760, *Janvier, pag.* 136.]

27350. Arrêt de la Cour, pour la Régence de la Reine (Marie de Médicis), pendant le Voyage du Roi, du 15 Mai 1610 : *Paris*, 1610, *in-8.*

27351. Relation de Jacques GILLOT, Conseiller-Clerc au Parlement, de ce qui s'est passé les 14 & 15 Mai 1610, touchant la Régence de la Reine Marie de Médicis.

Cette Relation est imprimée, *pag.* 475 du *Traité* de Dupuy, de la Majorité des Rois : *Paris*, 1655, *in-4.*

== Histoire de la Régence de la Reine Marie de Médicis ; par DU RUAU.

Voyez ci-devant, *Histoire des Reines*, [N.° 25140.]

== Mémoires de la Régence de Marie de Médicis ; (par le Maréchal D'ESTRÉES).

Ci-dessus, au *Règne de Louis XIII.* [N.° 20701.]

27352. ☞ Mſ. Discorso della Regenza di Maria di Medici : *in-fol.*

Ce Discours est indiqué entre les Pièces du n. 3301 * du Catalogue de M. le Blanc.]

27353. ☞ Séance du Roi Louis XIV. tonant son Lit de Justice en son Parlement, avec les Harangues de la Reine Régente, de M. le Duc d'Orléans, du Prince de Condé, &c. du Lundy 18 Mai 1643.

Cette Piéce est imprimée dans le *Recueil* de du Chastelet.]

27354. Déclaration du Roi sur la Régence de la Reine, du 21 Avril 1643 : *Paris*, 1643, *in-8*.

Cette Déclaration de Louis XIV. regarde la Régence d'Anne d'Autriche sa Mère.

27355. Réflexions conscientieuses des bons François, sur la Régence de la Reine Mère : *Paris*, 1649, *in-4*.

François MAGNIER, Cordelier, est l'Auteur de ces Réflexions.

27356. De la Régence & de l'Autorité des Régentes ; par BERTIER : *Paris*, 1650, *in-4*.

27357. La Régence des Reines de France, ou les Régentes, depuis sainte Clotilde jusqu'à la Reine Anne d'Autriche ; par Robert LUYT, Prédicateur & Aumônier du Roi : *Paris*, 1659, *in-4*.

Le même Livre, sous ce titre : Le Sceptre de France en quenouille, par la Régence des Reines, &c. 1652, *in-4*.

☞ Le P. le Long a confondu l'Ouvrage suivant avec celui de Luyt, qui est favorable aux Reines.]

27358. ☞ Le Sceptre de France en quenouille, par les Régences des Roynes ; faisant voir par de naïves représentations d'Histoire, 1.° les désordres du pouvoir absolu des Femmes en France ; 2.° la mauvaise éducation des Rois ; 3.° la pernicieuse conduite de l'Etat ; 4.° les horribles factions qui s'y sont élevées, & qui ont souvent mis cette Monarchie à deux doigts de sa ruine ; 5.° le moyen infaillible de remédier à tous ces désordres, si l'on veut s'en servir efficacement, & dans l'usage des Loix fondamentales de la Monarchie ; (par le Sieur DU BOSCQ DE SAINT-ANDRÉ) : *Paris*, 1652, *in-4*.]

27359. La Tutelle des Rois mineurs en France, avec des Réflexions politiques sur le Gouvernement de chaque Roi mineur : 1652, *in-4*.

═ Le Censeur du temps & du Monde, seconde Partie ; par DE SANDRICOURT.

Voyez ci-devant, [N.° 23475.]

Cet Ecrit traite de la Régence des Reines-Mères des Rois.

27360. ☞ Le Censeur censuré ; adressé au Sieur de Sandricourt, Auteur d'un Libelle intitulé : Le Censeur du temps, touchant les Régences des Roynes Mères des Roys, en 1652 ; par Henri D'AUDIGUIER du Mazet : *Paris*, 1657, *in-8*.]

27361. ☞ Recueil de Piéces sur la Régence des Reines en France, & sur la Tutelle des Rois mineurs : *in-4*.

Ce Recueil est num. 7190 du Catalogue de M. Barré.]

27362. ☞ Discours de l'autorité que les Oncles des Rois de France ont toujours eue pendant la minorité & bas âge de leurs Neveux : *Paris*, 1652.]

27363. Ms. Divers Différends sur la Régence ; par Joachim LE GRAND, Prieur de Neuville-les-Dames.

Ce Manuscrit [étoit] entre les mains de l'Auteur [qui est mort en 1733.] Il dit que M. Dupuy a ramassé dans son, *Traité de la Majorité des Rois*, tout ce qu'on peut dire sur cette matière, & qu'il a fait voir contre son sentiment, qu'il n'y a rien de réglé sur les Régences établies pendant les Minorités des Rois ; mais il n'a pas assez marqué la différence qu'il y a entre ces Régences & celles que les Rois établissent, lorsqu'ils sortent de leur Royaume.

27364. Pouvoir donné par le Roi Louis XIV. à la Reine, pour commander en son absence dans le Royaume, le 13 Mai 1672 : *Paris*, 1672, *in-4*.

27365. Arrêt de la Cour du Parlement, qui confirme à Monsieur le Duc d'Orléans la Régence du Royaume, du 2 Septembre 1715 : *Paris*, 1715, *in-4*.

27366. Procès-verbal de ce qui s'est passé au Parlement, le Lundi 2 de Septembre 1715 : *Paris, Muguet*, 1715, *in-fol*.

Ce Procès-verbal est fait au sujet de la Régence de son Altesse Royale Monseigneur le Duc d'Orléans.

27367. Lit de Justice du Roi (Louis XV.) tenu en son Parlement, le 12 Septembre 1715, où il confirme la Régence due à Monsieur le Duc d'Orléans par sa naissance, avec l'Ordre des Séances, & les Harangues qui se sont lors prononcées : *Paris*, Muguet, 1715, *in-fol*. & *in-4*.

27368. Lettres-Patentes qui ordonnent l'enregistrement en la Chambre des Comptes de Paris (du même) Arrêt prononcé au Parlement, &c. du 22 Septembre 1715 : *Paris*, 1715, *in-4*.

27369. ☞ Ms. Piéces sur les Régences, Minorités, Majorités, jusques & compris Louis XV. (Porte-feuille en partie de MM. Godefroy.)

Dans la Bibliothéque de la Ville de Paris ; n.° 315.]

27370. Discours pour la Majorité du Roi Très-Chrétien (François II.) contre les Ecrits des Rebelles ; par Jean DU TILLET, Evêque de Saint-Brieu : *Paris*, 1560, *in-4*.

☞ Ce Discours est aussi dans Dupuy, *pag.* 317, & il est attribué à Jean du Tillet le Greffier.

Du Tillet (l'Ecclésiastique) est mort Evêque de Meaux [le 19 Novembre, 1574,] & son frère le Greffier le 2 Octobre de la même année.]

Extrait de ce Discours.

Cet Extrait est imprimé au tom. II. de Bouchel, *pag.* 634, de sa *Bibliothéque du Droit François* ; *Paris*, 1667, *in-fol*.

27371. Réponse au Livre inscrit : Pour la Majorité du Roi François II. ensemble ledit Livre : *Amboise*, 1560, *in-8*.

27372. Légitime Conseil des Rois de France pendant leur jeune âge ; contre ceux qui veulent maintenir l'illégitime Gouvernement de ceux de Guise, sous le titre *De la Majorité du Roi*, [ci-devant publié;] qui servira de Réponse à toutes les calomnies par ci-devant imposées à la Noblesse de France, qui s'est opposée à la tyrannie desdits de Guise : [1560.]

Cet Ecrit, aussi-bien que le précédent, est imprimé dans le tom. I. des *Mémoires de Condé* : 1565, in-8. pag. 149 & 200, [au tom. IV. de la nouvelle Edition : Londres, 1743, in-4.]

27373. Pour l'entière Majorité du Roi Très-Chrétien, contre le légitime Conseil malicieusement inventé par les Rebelles ; par Jean DU TILLET, Greffier au Parlement : *Paris*, Morel, 1560, in-4.

Le même Discours est imprimé à la page 329 du Traité de Dupuy de la *Majorité des Rois* : *Paris*, 1655, in-4.

☞ *Voyez* l'Histoire de M. de Thou, (en François) tom. III. pag. 395.]

☞ Il avoit paru dès 1559 plusieurs Ecrits qui attaquoient le Gouvernement de Catherine de Médicis & des Guises ; dans lesquels on avançoit que quoique François II. fût majeur, il ne pouvoit cependant, à cause de la foiblesse de son âge, gouverner sans un Conseil composé des Princes du Sang. Jean du Tillet combattit cette proposition, dans le *Discours pour la Majorité*. Ceux du parti contraire aux Guises y opposèrent deux Répliques, qui sont la *Réponse* & le *Légitime Conseil*, dans lesquelles ils soutiennent, par raisons & par exemples, que les Rois n'ont pas acquis à 14 ans une pleine Majorité ; mais qu'ils doivent avoir un Conseil : que ce Conseil doit être composé de Princes du Sang, & non d'Etrangers, tels que les Guises. Du Tillet répliqua par l'Ecrit intitulé : *Pour l'entière Majorité du Roi Très-Chrétien, contre le légitime Conseil*, &c. Paris, 1560. Ce dernier Ecrit de du Tillet ne se trouve pas dans l'ancienne Edition des *Mémoires de Condé*. On ne l'a point ajouté dans la nouvelle de 1743, publiée par M. Secousse, parcequ'il a été imprimé, ainsi que la première pièce de du Tillet, dans le *Traité de la Majorité*, &c. de M. Dupuy, qui n'a fait des deux Pièces qu'une seule en deux parties. La première Pièce est attribuée au Père le Long à Jean du Tillet, Evêque de Saint-Brieu, frère du Greffier ; mais elle est de celui-ci, comme l'a bien prouvé M. Secousse dans son Avertissement sur ces trois Pièces. Il ajoute que les faits qui se trouvent dans ces quatre Ouvrages n'y sont pas toujours rapportés avec exactitude. Le Père le Long attribuoit la *Réponse*, à Nicolas Durand de Villegagnon ; mais M. Secousse a fait voir qu'ayant renoncé dès 1558 aux erreurs de Calvin, & s'étant livré entièrement aux Guises, il ne peut être l'Auteur de cette Pièce. On ignore aussi quel est l'Auteur du *Légitime Conseil*.]

27374. ☞ Advis de M. l'Evêque de Valence, (Jean DE MONTLUC,) lorsque le Roi fit opiner Messieurs de son Conseil, en présence de M. le Président de Thou, & autres envoyés de la part de la Cour de Parlement de Paris, pour faire Remontrances audit Seigneur des causes pour lesquelles ils n'avoient voulu publier en icelle son Edit fait sur sa Majorité.

Il est imprimé au tom. IV. de l'Edition des *Mémoires de Condé*, in-4.

L'Edit sur la Majorité est du 16 Août 1563 : il fut enregistré au Parlement de Rouen le 17, le Roi présent. Le Parlement de Paris fit difficulté de l'enregistrer : cependant il y fut procédé le 28 Septembre. L'Avis de l'Evêque de Valence n'étoit pas favorable au Parlement.]

27375. Déclaration du Roi Charles IX. de sa Majorité, du 23 Septembre 1563 : [*Paris*, Robert Estienne,] 1563 ; *Paris*, 1610, in-8.

La même Déclaration, avec d'autres Pièces sur ce sujet, est imprimée au tom. III. des *Mémoires du Prince de Condé* : 1565, in-8. pag. 1.

✱ Elle se trouve aussi, avec toutes les Pièces qui y ont rapport, dans le *Traité de la Majorité* de M. Dupuy, & dans Fontanon.

27376. L'Ordre observé à la Déclaration de la Majorité du Roi Charles IX. au Parlement de Rouen, en 1563.

Cet Ordre est imprimé au tom. I. de Godefroy, pag. 157 du *Cérémonial de France* : *Paris*, 1649, in-fol.

27377. Commentaire sur l'Ordonnance de la Majorité des Rois ; [par M. DUPUY:] 1655, in-8.

☞ *Voyez* Lenglet, *Supplément à la Méth. histor.* in-4. pag. 158.]

27378. Lit de Justice du Roi Louis XIII. au Parlement de Paris à sa déclaration de sa Majorité, le 2 Octobre 1614, âgé de treize ans & quelques mois.

Ce Lit de Justice est imprimé dans Godefroy, au tom. I. du *Cérémonial de France*, pag. 263 : *Paris*, 1649, in-fol.

27379. Actes de la Majorité de Louis XIII.

Ces Actes sont imprimés au Livre I. des *Œuvres* de Jacques Corbin : *Paris*, 1628, in-fol.

27380. Basilephanie, ou Rapport des Cérémonies qui ont été observées en la Déclaration de la Majorité du Roi Louis XIII. par Pierre BERNARD, Conseiller au Parlement de Toulouse : *Paris*, Brunet, 1614, in-4. & in-8.

27381. Action du Parlement de Paris, du 2 Octobre 1614, sur la Déclaration de la Majorité du Roi Louis XIII. par Louis SERVIN, Avocat-Général.

Ce Discours est imprimé à la page 395 de ses *Œuvres* : *Paris*, 1640, in-fol.

27382. Discours d'un fidèle Sujet sur la Majorité des Rois, par J.B. *Paris*, de Bray, 1614, in-8.

Ces lettres J. B. signifient Jean BEDE, Sieur de la Gourmandière, de la Religion Prétendue-Réformée.

27383. Le Lys fleurissant pour la Majorité du Roi ; par Jean D'ALARY, Avocat au Parlement : *Tolose*, Colomiers, 1615, in-8.

Le style de cet Ouvrage est singulier par le grand nombre de métaphores outrées, des citations, des exemples & allusions ridicules, dont il est tout rempli.

27384. La célèbre Cavalcade pour la Majorité du Roi, le 7 Septembre 1651 : *Paris*, 1651, in-4.

27385. Traité de la Majorité des Rois, avec les Preuves & autres Traités ; par Pierre DUPUY,

Dupuy, Garde de la Bibliothèque du Roi : Paris, 1655, in-4.

Cet Auteur est mort en 1651. Son Traité est curieux, exact & profond. Il a été publié par le Prieur de Saint-Sauveur son frère.

☞ *Voyez* Lenglet, *Méth. historiq.* in-4. tom. IV. pag. 259.]

27386. Mf. Notes d'Adrien DE VALOIS sur ce Traité, avec la Réponse de Pierre Dupuy : *in-fol.*

Les Notes d'Adrien DE VALOIS, (qui étoit fort jeune lorsqu'il les composa), & la Lettre de M. GIVEZ, qui suit, sont conservées entre les Manuscrits de M. Dupuy, num. 777, qui est le dernier volume du Recueil de ses Manuscrits, [dans la Bibliothèque du Roi.]

27387. Mf. Lettre de M. GIVEZ, Avocat du Roi à Orléans, sur le même Traité.

☞ Ce M. de Givez étoit aïeul de Madame la Chancelière d'Aguesseau.

27388. Le Pour & Contre de la Majorité des Rois & de la Loi Salique, divisé en deux parties : en la première, sera le Pour ; en la seconde, le Contre : (*Paris*, 1652,) *in-4.*

27389. ☞ Lit de Justice du Roi Louis XV. pour sa Majorité : 1723, *in-4.*]

27390. ☞ Mf. Des Régences, Minorités & Majorités des Rois : *in-4.*

C'est ce qui est contenu dans le Porte-feuille 575 du grand Recueil de M. de Fontanieu, à la Bibliothèque du Roi. On y trouve aussi nombre de Pièces concernant Louis XV.]

§. V.

Traités & Procès-Verbaux des Etats Généraux du Royaume de France, & des Assemblées des Notables.

27391. ☞ J. Jacobi SORBER J.U.D. Commentatio de Comitiis veterum Germanorum antiquis ex Historia, Monumentis, Diplomatibus, & Scriptoribus, fide dignis eruta, quâ conventuum qualitas & forma, tum ante Caroli Magni ævum, tum sub illius & priorum successorum regimine demonstratur : *Ienæ*, ex officinâ Ritterianâ, 1745, *in-4.*

Voyez les *Act. de Lipf.* 1747, *pag.* 141.]

27392. Mf. De l'Origine de la Convocation des trois Etats de France, qui étoit jadis tenir le Parlement.

Ce Traité est conservé entre les Manuscrits de M. Dupuy, num. 240.

27393. Mf. De l'Origine de la Convocation des trois Etats sous la première & seconde Lignée de nos Rois : *in-4.*

Ce Traité [étoit] conservé dans la Bibliothèque de M. le Chancelier Seguier, n. 331, [& est aujourd'hui à S. Germain-des-Prés.]

27394. Mf. Recueil de l'Origine de la Convocation des trois Etats de France, depuis Charles-Martel, Maire du Palais, jusqu'aux Etats de Blois sous Henri III. *in-fol.*

Ce Recueil est conservé dans la Bibliothèque du Roi.

27395. ☞ Mf. De l'Origine des Parlemens, & Convocation des trois Etats du Royaume.

Ce Manuscrit est conservé à Dijon, dans la Bibliothèque de M. Fevret de Fontette.]

27396. Mf. * De l'Origine des Etats & Parlemens de France, &c. *in-fol.*

27397. Mf. Convocation des Etats, & Union du Domaine ; par Louis SERVIN : *in-fol.*

Ces deux Recueils [étoient] conservés dans la Bibliothèque de M. le Chancelier Seguier, num. 607, des miniatures, & num. 340, [aujourd'hui à S. Germain des Prés.]

27398. De Auctoritate Comitiorum ; auctore Francisco HOTOMANO, Jurisconsulto.

Ce Discours est imprimé au tom. III. de ses Œuvres, Livre II. qui a pour titre : *De Jure Regni Galliæ* : *Geneva*, 1600, *in-fol.*

Voyez ci-devant son Ouvrage intitulé, *Franco-Gallia*, N.º 27151.]

27399. De gli Stati di Francia & della loro potenza : da Matteo ZAMPINI, de Recanati, Dottore de Legge : *in Parigi*, 1578, *in-8.*

De Statibus Franciæ, illorumque potestate, Epitome, ex Italico : *Parisiis*, 1578, *in-8.*

C'est un abrégé du Traité Italien.

Des Etats de France & de leurs Puissances ; traduit de l'Italien ; [par J. D. M.] *Paris*, 1588, *in-8.*

☞ L'Auteur recherche dans ce Discours ce que c'est que les Etats-Généraux, ce qui les compose, quelle est leur puissance, comment ils l'ont, & en quels cas ils doivent l'exercer, pour quelles raisons on doit les convoquer, & à qui la convocation en appartient. Il s'étend particulièrement sur leur pouvoir, & rapporte plusieurs exemples qui ne seroient plus à présent de saison. Prosper Marchand, dans son *Dictionnaire*, Article *Montlyard*, lui attribue cette Traduction.]

27400. * Discours sur les Etats de France ; par J. L. P. J. C. D. *Paris*, 1586, *in-8.*

27401. Discours des Etats de France, & du Droit que le Duché de Nivernois a en iceux ; par Guy COQUILLE.

Ce Discours est imprimé au tom. I. de ses Œuvres, *pag.* 521 : *Paris*, 1665, *in-fol.*

27402. Chronologie des Etats-Généraux, où le Tiers-Etat est compris, depuis la 1615 jusqu'en 422 ; par Jean SAVARON, Président, Lieutenant-Général en la Sénéchaussée d'Auvergne : *Paris*, Chevalier, 1615, *in-8.*

« Le principal but de ce Traité est de montrer que » depuis la Fondation de la Monarchie jusqu'à Louis » XIII. aux Etats-Généraux, le Tiers-Etat y a toujours » été convoqué par les Rois, y a eu entrée, séance & » opinion ». On voit par le titre, que l'Auteur va en rétrogradant.

☞ Le but de Savaron, dans cette Chronologie, est de prouver, 1.º que nos Maximes touchant la vie & le salut du Roi, d'où dépend la sûreté publique, ont été plusieurs fois établies dans des Etats Généraux, tels que ceux de Troyes sous Clotaire II. de Paris, sous Philippe le Bel, Charles VI. &c. 2.° Que le Tiers-Etat y a toujours été admis, même avant Charles VIII. & que si avant ce temps on ne trouve nommés que les Prélats, Barons & Comtes, le Tiers-Etat doit être entendu sous le nom de ces derniers, qui recevoient les Mandemens pour assembler les trois Ordres de leurs Provinces.]

27403. Des Etats-Généraux en France : *Paris*, 1615, *in-8*.

27404. Mſ. Traité sommaire des Etats-Généraux.

Ce Traité [étoit] dans la Bibliothèque de M. Colbert de Croissy, Evêque de Montpellier, [mort en 1740.]

27405. ☞ Mſ. Etats du Royaume, tant généraux que particuliers : *in-4*.

C'est ce qui est contenu dans les Porte-feuilles 577 & 578, du grand Recueil de M. de Fontanieu, à la Bibliothèque du Roi.]

27406. ☞ Mſ. Diverses Pièces sur les Etats-Généraux : *in-fol*.

Elles sont parmi les Manuscrits de MM. Godefroy, dans la Bibliothèque de la Ville de Paris, num. 280.]

27407. Mſ. Traité de l'Assemblée des Etats ; par Joachim LE GRAND, Prieur de Neuville-les-Dames.

Ce Traité [étoit] entre les mains de l'Auteur, [qui est mort en 1733.] Il y réfute le Traité de Savaron, qui confond avec ces Assemblées les Parlemens tenus sous la première & la seconde Race. Il y traite de l'Origine des Communes, & fait voir qu'on n'a point connu le Tiers-Etat avant Philippe-le-Bel, qui le consulta, comme il fit aussi, mais séparément, le Clergé & la Noblesse ; & que le Roi Jean est le premier qui a assemblé les trois Etats.

27408. Traité des Etats-Généraux en France ; par Pierre PICAULT.

Ce Discours est imprimé avec son *Traité des Parlemens : Cologne*, 1679, *in-12*.

☞ Les deux Parties de cet Ouvrage n'ont trait qu'aux Etats-Généraux.]

27409. ☞ Avis pour les Gens des Etats de Bourgogne ; par Jean DE SOUVERT, &c.

Il parle des Etats généraux & particuliers.]

27410. Abrégé des trois Etats, du Clergé, de la Noblesse & du Tiers-Etat ; par D. G. *Paris*, Cramoisy, 1682, *in-12*.

27411. ☞ Recueil concernant les anciens Etats : *in-12*.

Ce Recueil est indiqué *pag.* 281 du Catalogue de M. de Cangé.]

27412. ☞ Recherches historiques sur les Etats généraux & particuliers tenus sous le Règne du Roi Jean, & suivans.

On les trouve dans la Préface du Tome III. & les suivantes, des Ordonnances de la troisième Race, compilées par M. Secousse. Il y en a un abrégé, tom. V. de l'Edition de l'*Histoire de France*, du P. Daniel, donnée par le Père Griffet, *pag.* 534-557.]

27413. Mſ. Assemblées des trois Etats-Généraux tenues sous le Roi Jean, ès années 1355, 1356, 1357 & 1358, avec les Ordonnances intervenues ensuite desdits Etats: *in-fol*.

Ces Assemblées sont conservées entre les Manuscrits de M. Dupuy, num. 126, & ceux de M. de Brienne, num. 276, & dans la Bibliothèque de M. le Chancelier Seguier, n. 330. [aujourd'hui à S. Germain-des-Prés.]

☞ Si la date du Réglement fait pour le Parlement d'Angleterre, par Guillaume le Conquérant en 1045, est exacte, il faut en conclure que le renouvellement des Assemblées des différens Ordres est bien antérieur au XIVe Siècle. *Voyez* ce Réglement dans le *Spicilège* de D. Luc d'Achery, Edition *in-fol*. tom. III. *pag.* 394.]

27414. ☞ Lettres sur les anciens Parlemens ou Etats-Généraux, depuis Charlemagne jusqu'à la mort de Louis XI. en 1483 ; par M. le Comte DE BOULAINVILLIERS.

Voyez ci-devant, N.° 17159. Il y a apparence que c'est la même chose que le premier Manuscrit que l'on va indiquer.

27415. ☞ Mſ. Etats-Généraux du Royaume de France, depuis 1355 jusqu'à 1483 ; par M. le Comte DE BOULAINVILLIERS : *in-4*. 2 vol.

Cet Article & les deux suivans sont indiqués n. 2243, 2244 & 2245, du Catalogue de M. Bernard.]

27416. ☞ Mſ. Autres en 1560 : *in-4*. 4 vol.]

27417. ☞ Mſ. Journal des Etats tenus à Blois en 1588 & 1589 : *in-4*.]

27418. ☞ Mſ. Recueil de différens Etats-Généraux : *in-fol*.

Il est conservé dans la Bibliothèque de M. Fevret de Fontette, Conseiller au Parlement de Dijon ; & il contient :

1. Etats-Généraux tenus à Paris en 1355, sous le Roi Jean.

Ces Etats de 1355 sont les plus mémorables de tous ceux qui aient jamais été tenus, & ceux qui eurent le plus d'autorité. Ils firent signer au Roi Jean une Charte à peu près pareille à celle d'Angleterre, par laquelle le pouvoir du Souverain fut considérablement gêné & restraint.

2. Etats-Généraux tenus à Paris en 1356, par Charles, Dauphin & Régent pendant la captivité du Roi Jean.

3. Etats-Généraux tenus en 1418.

4. Etats-Généraux de France tenus à Pontoise au mois d'Août 1561.

5. Assemblée d'Etats & des Notables tenus sous le Roi Henri II. en la Salle de S. Louis du Palais de Paris, le 5 Janvier 1557.

6. Assemblée des Notables tenue à Rouen en 1596.

7. Assemblée des Notables tenue à Rouen en 1617.

8. Assemblée des Notables tenue à Paris en 1626 & 1627.

9. Registre contenant plusieurs Actes & Mémoires concernant les Etats-Généraux tenus à Paris durant la Ligue, en 1593.]

27419. Mſ. Ordonnances des Etats de 1356 : *in-fol*.

Ces Ordonnances sont conservées dans la Bibliothèque du Roi, num. 9559, 9655².

27420. Mſ. Propositions & Demandes des trois Ordres des Etats-Généraux assemblés à Paris, l'an 1356.

Ces Propositions sont conservées à Londres dans la Bibliothèque du Chevalier Cotton, *Titus XIII*. 5.

Traités des États-Généraux.

27421. Mf. Procès-verbal des trois Etats du Royaume tenus à Paris au Parlement, sur les désordres de l'Etat, en 1412.

Ce Procès-verbal est conservé entre les Manuscrits de M. Dupuy, num. 646. Pièce XI.

27422. Etats-Généraux tenus sous le Roi Charles VI. ou plutôt les plaintes & doléances des Etats de France, faites au Roi Charles VI. par l'Université de Paris : extraites du Chapitre quatre-vingt-dix-neuvième de MONSTRELET.

Ces Etats sont imprimés dans le *Recueil général des Etats*, publié par Quinet, (ci-après) pag. 1 : *Paris*, 1651, *in-4.*

27423. Mf. Ordonnance du Roi Charles VI. appellée *Cabochienne*, concernant la réforme générale du Royaume, de l'année 1413 : *in-fol.*

Cette Ordonnance est conservée entre les Manuscrits de M. de Brienne, num. 276, [dans la Bibliothèque du Roi,] & parmi ceux de M. le Chancelier Séguier, n. 330, [à S. Germain des Prés.] Elle est appellée ainsi à cause de Simon Caboche, l'un des principaux Révoltés de ce temps-là.

27424. Plaintes & Doléances des Etats faites au Roi Charles VI. [extraites du 99ᵉ Chapitre de Monstrelet,] avec les Ordonnances faites sur ce sujet [en 1413,] non encore imprimées : *Paris*, Bichon, 1588, *in-8.*

Ces Ordonnances ne sont que l'Ordonnance séditieuse, appellée *Cabochienne* ; aussi est-elle imprimée par un des fameux Libraires de la Ligue sous Henri III.

27425. Mf. Lettre de Jean-Juvenal DES URSINS, Evêque de Beauvais, depuis Archevêque de Reims, pour envoyer aux Etats tenus à Blois par le Roi Charles VII.

Cette Lettre est conservée au *Recueil de ses Lettres*, dans la Bibliothèque du Roi, num. 9666 & 9754. Du Chesne en rapporte un long Fragment, pag. 838 de ses *Annotations sur les Œuvres d'Alain Chartier : Paris*, 1621, *in-4.*

27426. Recueil concernant les Etats-Généraux sous plusieurs Rois de France, avec les Harangues, Ordres & Cérémonies y observées : *Paris*, Gobert, 1614, *in-8.*

Ces Etats se sont tenus sous les Rois Charles VI. Charles VIII. & Henri III.

27427. Recueil général des Etats tenus en France sous les Rois Charles VI. Charles VIII. Charles IX. Henri III. & Louis XIII. dédié à Matthieu Molé, premier Président : *Paris*, Quinet, 1651, *in-4.*

Cette Edition est plus ample que la précédente ; mais elle est pleine de fautes. Elle a été faite par Toussaint QUINET, Libraire.

☞ Elle contient les Pièces qui suivent:
1. Etats-Généraux tenus sous le Règne de Charles VI. &c.
2. Assemblée des trois Etats convoqués en la Ville de Tours par le Roi Charles VIII. en 1483.
3. La Harangue de par la Noblesse, faite au Roi Charles IX. aux Etats d'Orléans.
4. Etats tenus à Blois en 1576.
5. Etats tenus à Blois en 1588.
6. Noms, surnoms & qualités de Messieurs les Députés des trois Ordres des Etats-Généraux de France, assemblés en la Ville de Paris en l'année 1614 par le commandement de Sa Majesté.]

27428. Ordre observé en l'Assemblée des Etats-Généraux de France à Tours, du Règne de Louis XI. en 1467 ; par Jean LE PREVOST, Secrétaire du Roi & Greffier desdits Etats.

Cet Ordre est imprimé au tom. II. de Godefroy, pag. 277 de son *Cérémonial de France : Paris*, 1649, *in-fol.*

27429. Les Etats tenus à Tours sous Charles VIII. en 1483 : *in-fol.* lettre Gothique : *Paris*, du Pré, 1518, *in-4.*

27430. ☞ L'Ordre tenu & gardé en l'Assemblée des trois Etats de France, convoqués à Tours, par Charles VIII. contenant les Propositions faites par Jean DE RELY, Chanoine de Paris, &c. *Paris*, du Pré, *in-4.* sans date.

On trouve parmi les Manuscrits de MM. Godefroy, dans la Bibliothèque de la Ville de Paris, un volume *in-fol.* de Pièces sur ces Etats, num. 252.]

27431. La Forme & Ordre des Etats tenus à Tours, & ce qui s'y est remontré, décidé & ordonné : *Paris*, 1561, 1588, 1614, *in-8.*

Le même Ordre est imprimé au tom. II. de Godefroy, pag. 286 de son *Cérémonial de France*, & dans le Recueil de Quinet.

27432. Cahier présenté au Roi par les Gens des trois Etats, & Réponse du Roi à ce Cahier.

Ce Cahier avec la Réponse sont imprimés dans Godefroy, pag. 404 & 418 de ses *Observations sur l'Histoire du Roi Charles VIII. Paris*, 1684, *in-fol.*

27433. Propositions faites devant le Roi Charles VIII. & son Conseil ; par Jean DE RELY, Docteur en Théologie, Chanoine de l'Eglise de Paris, élu & député par ceux des trois Etats à ce faire.

Ces Propositions sont imprimées dans le *Recueil général des Etats de Quinet*, pag. 40 : *Paris*, 1651, *in-4.* [& à part, ci-devant, N.° 27427.]

27434. Mf. Procès-verbal des Etats-Généraux assemblés à Tours, en 1483, sous le Roi Charles VIII. compilé par Jean MASSELIN, Official de l'Archevêque de Rouen, l'un des Députés ausdits Etats : *in-fol.*

Ce Procès-verbal est conservé entre les Manuscrits de M. Dupuy, num. 321, dans la Bibliothèque de MM. des Missions Etrangères, [& autres.]

☞ M. l'Abbé Garnier, dans sa *Continuation de l'Histoire de France de MM. Velly & Villaret*, t. XIX. pag. 154-347, a donné un Extrait aussi ample que curieux de ce Journal.]

27435. Assemblée des Principaux du Royaume à Tours, l'an 1506, sous le Règne de Louis XII.

Cette Assemblée est imprimée au tom. II. de Godefroy, pag. 288 du *Cérémonial de France*.

27436. Relation de la Séance du Roi Louis XII. à ces Etats.

Godefroy en rapporte un long Fragment à la page 289 du même Cérémonial.

27437. ☞ Mémoire dreſſé ſous le Règne de François II. ſur les inconvéniens qui pourroient naître d'une Aſſemblée des Etats-Généraux.

Ce Mémoire eſt imprimé au tom. I. de ceux de Condé, 1743 : *in-4.*]

27438. Ordre & Séance gardée en la Convocation & Aſſemblée des trois Etats du Royaume de France, faite en la Ville d'Orléans, au mois de Décembre & de Janvier 1560.

Cet Ordre eſt imprimé dans le *Cérémonial* de Godefroy, *pag.* 295.

27439. ☞ La Deſcription du Plan du Théâtre fait à Orléans pour l'Aſſemblée des trois Etats; avec un brief Diſcours de la Séance des tenans & repréſentans leſdits Etats : *Paris*, Sertenas, 1560, *in-8.*]

27440. ☞ Mſ. Propoſition de M. le Chancelier (Michel DE L'HOSPITAL,) aux Etats d'Orléans, 1560, de 16 pages.

C'eſt une Copie du temps, conſervée dans la Bibliothèque de M. Fevret de Fontette, à Dijon.]

27441. Harangue faite devant le Roi François II. à l'Aſſemblée des trois Etats, au mois de Janvier 1560; par Jean DE MONTLUC, Evêque de Valence.

Cette Harangue eſt imprimée au tom. I. des *Mémoires du Prince de Condé*, *pag.* 286 : 1565, *in-8.* [& *pag.* 555 de la nouvelle Edition des mêmes Mémoires: 1743, *in-4.*]

☞ Il y a faute dans le titre. Cette Harangue fut faite *le* 23 Août 1560, & non au mois de Janvier; non à une Aſſemblée des *trois Etats*, mais à un Conſeil extraordinaire que François II. aſſembla à Fontainebleau, & auquel il préſida. La Reine, les Princes du Sang, ceux de la Maiſon de Lorraine; les Miniſtres y étoient avec les Maréchaux de France, les Gouverneurs des Provinces & les Chevaliers de l'Ordre, qui y furent convoqués. Le Roi les conſulta ſur trois points : la Religion, les Finances, & le moyen de ſe faire obéir. Montluc, qui y parla le premier, ne s'expliqua dans ce Diſcours que ſur l'article de la Religion. Il le fit avec force & avec hardieſſe, & il ne craignit pas de déſapprouver les toutmens que l'on faiſoit ſouffrir à ceux de la Religion Prétendue-Réformée. Il fut conclu dans ce Conſeil, qu'on aſſembleroit les Etats-Généraux, & enſuite un Concile Univerſel, s'il étoit poſſible, ſinon un National. C'eſt ſur cette Délibération que roulent les deux Pièces qui ſuivent.]

27442. ☞ Humbles Requêtes & Remontrances faites au Roi par le Clergé de France, tenant les Etats (à Orléans en 1560;) par Frère Jean QUINTIN, Profeſſeur en l'Univerſité de Paris, & Religieux de l'Ordre de S. Jean de Jéruſalem : *Paris*, 1588, *in-8.*

Cette Pièce fut imprimée à l'occaſion des Etats de Blois.]

27443. Harangue de par la Nobleſſe de toute la France faite au Roi Charles IX. tenant ſes grands Etats en la Ville d'Orléans; par le Seigneur DE ROCHEFORT, Aulneau & Montmireil.

Cette Harangue eſt imprimée dans le *Recueil général des Etats de Quinet*, *pag.* 177 : *Paris*, 1651, *in-4.*

27444. Harangue au nom de la Nobleſſe, au Roi Charles IX. aux Etats d'Orléans, en 1560; par Jacques DE SILLY, Chevalier: *Paris*, 1561, *in-4.*

27445. Mſ. Cahier préſenté au Roi Charles IX. dans l'Aſſemblée des Etats, par la Nobleſſe de France, avec un Cahier particulier pour celle de Bourgogne, du 29 Août 1561.

Ce Cahier eſt conſervé dans la Bibliothèque du Roi, num. 9559, *pag.* 88.

27446. Mſ. Cahier du Tiers-Etat préſenté aux Etats de Blois, en 1560 : *in-fol.*

Ce Cahier [étoit] conſervé dans la Bibliothèque de M. le premier Préſident de Meſme.

27447. * Remontrance aux Etats d'Anjou; par François GRIMAUDET, Avocat du Roi à Angers: *Lyon*, 1561, *in-8.*

27448. ☞ Traité contre les Remontrances faites à la première Aſſemblée des Etats tenus à Angers, le 14 Octobre 1560; par Raoul Surguyn, Seigneur DE BELLE-CROIX: *Paris*, Cheſneau, 1562, *in-8.*]

27449. Diverſes Propoſitions & Remontrances faites en l'Aſſemblée des Etats à Orléans, en 1561.

Ces Propoſitions ſont conſervées dans la Bibliothèque du Roi, num. 9586, *pag.* 73.

27450. Mſ. Petit Journal des Etats d'Orléans, en 1560; par Guy COQUILLE, Député du Tiers-Etat du Nivernois auſdits Etats-Généraux. Etat ſommaire du Cahier préſenté au Roi par aucuns de la Nobleſſe eſdits Etats, en Décembre & Janvier 1560. Sommaire du Cahier général du Tiers-Etat de France, fourni pardevers le Roi eſdits Etats, en Janvier 1560. Quelques autres petits Mémoires touchant leſdits Etats d'Orléans.

Toutes ces Pièces ſont rapportées dans le *Catalogue des Œuvres de Coquille*; imprimé au tome I. *Paris*, 1665, *in-fol.*

☞ On voit par la Préface miſe au commencement des Œuvres de Coquille, que ces Manuſcrits étoient pour lors entre les mains de MM. Bolacre, Lieutenans-Généraux au Duché de Nivernois. Il n'y a point à douter qu'il ſeroit utile de les trouver : ils doivent être exacts, l'Auteur ayant aſſiſté auxdits Etats en qualité de Député de ſa Province.]

27451. Mſ. Procès-verbal de l'Aſſemblée des Etats-Généraux d'Orléans, en 1560 : *in-fol.*

Ce Procès-verbal eſt conſervé dans la Bibliothèque du Roi, entre les Manuſcrits de du Cheſne, num. 17, *pag.* 193.

27452. ☞ Procès-verbal & Diſcours de ce que ha été fait aux Etats-Généraux tenus à Orléans, ès mois de Décembre & Janvier 1560 : (*Paris*,) 1560, *in-4.*]

27453. Mſ. Recueil général de tout ce qui s'eſt fait aux Etats-Généraux du Royaume aſſemblés à Orléans, ès années 1560 & 1561 : *in-fol.*

Ce Recueil [étoit] conservé dans la Bibliothèque de M. Colbert, num. 2139, [aujourd'hui dans celle du Roi,] dans la Bibliothèque de MM. des Missions Etrangères, & dans celle de M. le Chancelier d'Aguesseau. Il contient les Cahiers des trois Ordres, & toutes les Pièces qui concernent ces Etats.

27454. Sommaire exposition des trois Etats tenus à Orléans, en 1560, & des Ordonnances du Roi Charles IX. sur les plaintes de ces Etats; par Joachim DU CHARLARD, Avocat au Grand-Conseil : *Paris*, 1568, *in*-8. *Lyon*, Rigaud, 1582, *in*-12. *Ibid.* 1587, *in*-8.

☞ On peut voir encore quelques Pièces concernant les Etats d'Orléans, ci-devant, au *Règne de Charles IX.* Année 1560.]

27455. ☞ Mſ. Cahier général du Tiers-Etat, présenté au Roi à S. Germain-en-Laye, au mois d'Août 1561 ; avec les Réponses délivrées le 23 Septembre de la même année : *in-fol*.

Ce Manuscrit est indiqué num. 1983 du Catalogue de M. Pelletier.]

27456. La Harangue du Tiers-Etat de France faite à la Majesté du Roi, en l'Assemblée de ses Etats tenus à S. Germain-en-Laye, le 27 Août 1561 ; par M. (Jacques) BRETAGNE, Jurisconsulte, Lieutenant Général en la Chancellerie, & Vierg de la Ville & Cité d'Autun : *Paris*, 1561, *in*-8.

Cette Harangue est aussi imprimée au tom. I. des *Mémoires du Prince de Condé*, pag. 620 : 1565, *in*-8. [au tom. II. des mêmes : *Londres*, 1743, *in*-4.] & p. 216 de l'Etat de la Religion & de la République, sous Henri II. François II. & Charles IX.

☞ Il demande que le Roi ordonne aux Ecclésiastiques & aux Juges de faire leur devoir ; aux Gentilshommes, de se comporter avec douceur ; qu'on supprime la vénalité des Offices, & qu'on rétablisse les Elections.]

27457. ☞ Mſ. Recueil & Procès-verbal de ce qui a été fait & arrêté par les Députés du Tiers-Etat en l'Assemblée des Etats-Généraux de Pontoise. = Cahier général du Tiers-Etat pour le Gouvernement d'Orléans & de Berry, en Août 1561 ; avec les Réponses du Roi & de son Conseil. = Cahier général de la Noblesse à Pontoise, en Août 1561 : *in-fol*.

Ces Pièces sont indiquées au Catalogue de M. Secousse, num. 3476.]

27458. Mſ. Mémoires des Etats de Moulins, sous Charles IX. en 1566 ; par Guy COQUILLE.

Ces Mémoires sont cités dans le *Catalogue de ses Œuvres*, au tom. I. *Paris*, 1665, *in-fol*.

☞ L'Ordonnance de Moulins est de Février 1566. Il y a deux Déclarations & interprétations sur les Remontrances du Parlement : elles sont du 10 Juillet & 11 Décembre 1566. Charles IX. a encore donné l'Edit d'Amboise du 26 Février 1572. L'Ordonnance de Moulins n'a pas été faite dans une Assemblée d'Etats ; mais avec le Conseil, les premiers Présidens de tous les Parlemens, & le Grand-Conseil. Les plus habiles gens s'y trompent ; il n'y a qu'à lire l'Ordonnance.]

27459. La Forme & l'Ordre de l'Assemblée des Etats-Généraux tenus à Blois sous le Roi Henri III. en 1576 & 1577 ; avec la Description de la Salle, les Harangues, les Députés, &c. *Paris*, le Magnier, 1577, *in*-4.

Les mêmes sont imprimées au tom. II. de Godefroy, pag. 298 du *Cérémonial de France*, & dans le *Recueil des Etats-Généraux* de Quinet, pag. 189 : *Paris*, 1651, *in*-4.

27460. Mſ. Cahier présenté au Roi Henri III. dans l'Assemblée des Etats de Blois, en 1576, par les Députés du Tiers-Etat du Royaume : *in fol*.

☞ Ce Cahier est conservé dans la Bibliothèque du Roi, num. 8801.

27461. Mſ. Cahier des trois Etats du Royaume assemblés à Blois en 1576, des Royaux Etats : Requêtes des Etats au Roi : Lettres-Patentes aux Etats, en 1577 : Remontrance du Clergé de France : Protestation du Clergé : Articles du Procureur-Général, de la Noblesse, de l'Université : *in-fol*. 3 vol.

Ces Pièces sont conservées [dans la famille] de M. Guéret, Officier de la Chambre des Comptes à Blois.

27462. Recueil sommaire des Propositions & Conclusions faites en la Chambre Ecclésiastique des Etats tenus à Blois, en 1576 ; par Guillaume DU TAIX, Doyen en l'Eglise de Troyes, & Député ausdits Etats, pour les Ecclésiastiques du Bailliage de Troyes.

Ce Recueil est imprimé dans les *Mélanges historiques* de Camusat, *Troyes*, 1619, *in*-8.

Le même, sous ce titre : *Mémoires ou Journal des Délibérations du Clergé*, aux Etats de Blois, en 1576 : *Paris*, 1625, *in*-4.

☞ Il est bon & curieux. L'Auteur ne dit rien qu'il n'ait vu. La principale affaire étoit l'aliénation de cinquante mille écus de Biens Ecclésiastiques.]

27463. ☞ Mſ. Diverses Pièces concernant les mêmes Etats.

Elles sont conservées à Dijon, dans la Bibliothèque de M. Fevret de Fontette, toutes d'écritures du temps, en voici les titres :

1. Remontrances au Roi par le Clergé, pour pourvoir aux troubles du Royaume : 32 pages.

2. Harangue du Premier Président FABRI : 9 pages.

3. Avis qui doit être donné au Roi, par les Etats-Généraux, pour le bien de Sa Majesté & de ses Sujets : 28 pages.

4. Cahier des Remontrances du Clergé de France, pour présenter au Roi : 238 pages. (Extrait en forme).

5. Requête présentée au Roi, pour faire cesser les malheurs du Royaume : 54 pages.

6. Cahier des demandes faites au Roi : 79 pages.]

27464. Relation des Députés des Etats de Blois, écrite au Prince de Condé ; par Guillaume DU TAIX.

Cette Relation est imprimée dans les *Mélanges historiques* de Nicolas Camusat : *Troyes*, 1619, *in*-8.

27465. Recueil de ce qui s'est passé en la Compagnie du Tiers-Etat, aux Etats de Blois, depuis le 15 Novembre 1576 jusqu'en Mars 1577 : *Paris*, 1577, *in*-8.

Le même Recueil est imprimé dans celui des *Etats-Généraux* de Quinet, *pag.* 263 : *Paris*, 1651, *in-4.* Ce Recueil a été composé par Claude de Beaufremont, Baron DE SENECEY, mort en 1596, Gentilhomme ordinaire du Roi.

Le même Recueil en Latin, sous ce titre : Commentarius de iis omnibus quæ in Tertii Ordinis Conventu, &c. *Rignaviæ*, 1577, *in-8.*

Cette Traduction est de Philbert Bugnyon, Jurisconsulte.

27466. Journal des Etats tenus à Blois, en 1576 ; fait par Ludovic de Gonzague, Duc DE NEVERS : *in-fol.*

Ce Journal est conservé dans la Bibliothèque du Roi, num. 8800. L'Auteur est mort en 1595. Il apprend dans son *Journal* un détail d'Histoire, qu'on ne trouve point ailleurs. Il y en a un Extrait imprimé au tom. I. de ses *Mémoires, pag.* 166 : *Paris*, 1665, *in-fol.*

☞ Il a été imprimé au tom. III. du *Journal de Henri III.* 1744 : *in-8.* C'est une Pièce précieuse pour le grand nombre de faits qu'il contient. Que de lumières n'y trouve-t-on pas pour notre Histoire de ce temps là ? Il vient d'une bonne main. M. de Nevers étoit aussi bon Politique que brave Guerrier.]

27467. Relation journalière de tout ce qui s'est négocié en l'Assemblée générale des Etats de Blois, en 1576 ; prise des Mémoires de Jean BODIN, l'un des Députés : *Paris*, 1578, 1614, *in-8.*

27468. Quelques Actes & Mémoires des Etats de Blois, de l'an 1577 ; par Guy COQUILLE.

Ces Actes sont cités dans le Catalogue de ses Œuvres, *tom. I. Paris*, 1665, *in-fol.*

27469. ☞ Remontrance au Roi, tenant ses Estats en sa Ville de Blois ; par les Officiers de sa Majesté : *Blois*, Montrœil & Richer, 1588, *in-4.*

Cette Pièce a 30 pages, & il y a ensuite un *Discours adressé à Nosseigneurs des Etats*, de 8 pages. Ces deux Discours tendent à empêcher la suppression des Offices.]

☞ ON peut voir encore quelques Pièces qui ont trait aux Etats de Blois, ci-devant, au *Règne de Henri III.* Année 1576.]

27470. L'Ordre des Etats-Généraux tenus à Blois sous Henri III. l'an 1588 ; avec la Description de la Salle, les Harangues & les Réponses : *Blois*, Metayer, 1589 : *Paris*, Sonnius, 1614, *in-4.*

Les mêmes sont imprimés au tom. II. de Godefroy, *pag.* 321 du *Cérémonial de France*, & dans le *Recueil des Etats-Généraux* de Quinet, *Paris*, 1651, *in-4.*

27471. ☞ Harangue de Henri III. à l'ouverture des Etats de Blois, du 16 Octobre 1588 : *Paris*, 1588.]

27472. Remerciement fait au Roi, par l'Archevêque de Bourges, sur la Proposition faite par Sa Majesté, à l'ouverture des Etats pour la Déclaration de sa bienveillance envers ses Sujets, le Dimanche 16 Octobre 1588.]

27473. ☞ Remerciement fait au nom de la Noblesse ; par Nicolas de Beaufremont, Baron DE SENECEY.

Dans le *Recueil* de Quinet, *part.* 2.]

27474. ☞ Harangue du Prevôt des Marchands de Paris, pour le Tiers-Etat.]

27475. ☞ Actes de la seconde Séance des Etats de Blois, le Mardi 18 Octobre 1588.]

27476. ☞ Proposition du Roi, faite à la seconde Séance des Etats.]

27477. ☞ Briève Exhortation de l'Archevêque de Bourges, pour le commandement du Roi, sur le Serment solemnel prêté par Sa Majesté, & par lui requis de ses Sujets, pour l'entretenement de l'Edit d'Union : le Mardi 18 Octobre 1588.]

27478. ☞ Discours au Roi, ensuite de l'Exhortation ci-dessus.]

27479. ☞ Acte du Serment.]

27480. ☞ Discours fait au Roi ; par Charondas LE CARON, Député du Tiers-Etat du Comté de Clermont.]

27481. ☞ Première Remontrance faite au Roi, par l'Archevêque de Bourges, pour le soulagement du Peuple, de ce qui est accru de Tailles & Impositions, depuis les derniers Etats de Blois, le Samedi 3 Décembre 1588 : *Blois*, Metayer, 1588, *in-4.*]

27482. ☞ Déclamation, ou Harangue, faite aux Etats de Blois, par l'Archevêque de Bourges, le Dimanche 15 Janvier 1589. *Blois*, Metayer, 1589, *in-4.*]

27483. ☞ Harangue prononcée devant le Roi, séant en ses Etats-Généraux à Blois, le 15 Janvier 1589 ; par Messire Charles de Cossé, Comte DE BRISSAC, au nom de l'Etat de la Noblesse de France, à laquelle il présidoit : *Blois*, Metayer, 1589, *in-4.*

Charles de Cossé étoit fils puîné du Maréchal de Brissac. Il remit Paris, dont il étoit Gouverneur, au Roi Henri IV. le 22 Mars 1594, & mourut en 1621. Il remontre dans sa Harangue au Roi Henri III. dont il fait l'éloge, que pour rendre l'Etat florissant, il faut rétablir la Religion & détruire l'Hérésie, soutenir l'honneur de la Noblesse, & soulager le Peuple, en diminuant les impôts & mettant ordre aux Finances.]

27484. Harangue prononcée devant le Roi, aux Etats de Blois, le 16 Janvier 1589 ; par Etienne BERNARD, Avocat au Parlement de Dijon, élu Orateur pour le Tiers-Etat : *Blois*, Metayer, 1589, *in-4.* & *in-8.*

Ce Discours, qui se trouve aussi dans le *Recueil* de Quinet, est très-vif, & sent l'homme zélé pour le bien public. Le Roi dit hautement à Bernard, qu'il lui avoit « dit ses vérités, sans l'offenser néanmoins, & avoit parlé » en homme de bien ». Il y a à la fin de la première Edition, sept pages qui concernent le Discours de Bernard, & que l'on ne trouve point dans l'*in-8.*

27485. Mf. Cahiers originaux présentés au

Roi Henri III. par la Nobleſſe, aux Etats de Blois : *in-fol.*

Ces Cahiers ſont conſervés dans la Bibliotheque du Roi, num. 8802.

27486. Mſ. Cahier général du Clergé aſſemblé aux Etats-Généraux tenus à Blois, en 1588 : *in-fol.*

Ce Cahier eſt conſervé entre les Manuſcrits de M. Dupuy, num. 546.

27487. ☞ Humbles Requêtes & Remontrances faites au Roi, pour le Clergé de France, tenant ſes Etats : *Paris*, Gueau, 1588, *in-8.*]

27488. Mſ. Procès-verbal de l'Aſſemblée des trois Etats de la Prévôté de Paris, pour députer aux Etats de Blois, en 1588 : *in-fol.*

Ce Procès-verbal eſt conſervé dans la Bibliothèque de M. le Chancelier d'Agueſſeau.

27489. Mſ. Procès-verbal, contenant les Noms, Qualités, Comparitions, Propoſitions, Délibérations, Concluſions, Ordonnances & autres Actes faits par les Députés du Clergé de France, aſſemblés en la Ville de Blois, en 1588, recueilli par Yves LE TARTRIER, Doyen de l'Egliſe Collégiale & Vicaire de l'Evêque de Troyes, Député en cette Aſſemblée, par le Clergé du Bailliage de ladite Ville, en Septembre & Octobre de la même année.

Ce Procès-verbal eſt cité par Godefroy, au tom. II. du *Cérémonial de France*, pag. 326. Il y en a rapporte pluſieurs Fragmens.

27490. Sommaire de toutes les Harangues, Edits, Ordonnances, Remerciemens, Délibérations, Actes & Remontrances faites & accordées, & Serment ſolemnel par le Roi, les Princes & Seigneurs, tant Eccléſiaſtiques que Temporels, en ſes Etats tenus à Blois, en 1588 : jouxte la Copie de Jamet Mettayer, 1588, *in-8.*

27491. Mſ. Procès-verbal & Mémoires des Propoſitions & Délibérations faites en l'Aſſemblée générale des Etats-Généraux du Royaume de France, tenus en la Ville de Blois, depuis le 15 de Septembre 1588, juſqu'à la fin; par Louis DE THESUT, Conſeiller au Bailliage de la Ville de Châlons, & l'un des Députés de cette Ville auſdits Etats de Blois : *in-fol.*

Ce Procès-verbal eſt conſervé dans la Bibliothèque de Philibert de la Mare, Conſeiller au Parlement de Dijon.

27492. ☞ Mſ. Remontrances des Habitans d'Orléans, pour préſenter en l'Aſſemblée des Etats convoqués à Blois, en 1588 : *in-4.*

On voit par ce Manuſcrit, (qui eſt entre les mains de M. Jouſſe, Conſeiller au Préſidial d'Orléans), que lors de la tenue des Etats-Généraux, les principales Villes y envoyoient des Députés qui préſentoient leurs Remontrances. Celles-ci avoient pour objet la réformation des choſes concernant : 1.º l'Egliſe, la Religion & l'Etat Eccléſiaſtique : 2.º la Nobleſſe : 3.º la Juſtice : 4.º les Finances, Tailles & Impoſitions : 5.º les Univerſités & le maintien des Etudes : 6.º le Tiers-Etat, ce qui comprenoit le Commerce, les Marchands & Artiſans. Les Remontrances d'Orléans ſont des 15 & 16 Septembre 1588.]

27493. Mſ. Journal des Etats de Blois, en 1588 & 1589; par Etienne BERNARD, Avocat au Parlement de Dijon, Député du Tiers-Etat de ladite Ville : *in-fol.*

Ce Journal [où une Copie] eſt conſervé dans la Bibliothèque de S. Germain-des-Prés. [Il y en a une autre dans celle de M. le Préſident Bouhier, à Dijon.] L'Auteur eſt mort en 1609.

☞ L'Original de ce Journal [étoit] entre les mains de M. Bernard, Seigneur de Miſſery en Bourgogne, l'un des deſcendans d'Etienne.

Voyez ce qui en eſt dit dans la *Bibliothèq. des Auteurs de Bourgogne*, part. I. pag. 41.]

27494. * Véritable Diſcours de ce qui s'eſt paſſé aux Etats de Blois; (par Etienne BERNARD) : 1589, *in-4.* & *in-8.*

27495. Mſ. Petit Journal des Etats de Blois, de l'an 1588; par Guy COQUILLE.

Ce Journal eſt cité dans le Catalogue de ſes *Œuvres*, tom. I. Paris, 1665, *in-fol.*

27496. ☞ Recueil de Pièces concernant les Etats-Généraux du Royaume, depuis 1560 juſques & compris 1588 : *in-4.*

Ce Recueil eſt indiqué, pag. 281 du Catalogue de M. de Cangé.]

== Etats de la Ligue, tenus à Paris, en 1593.

Voyez ci-devant, [N.ᵒˢ 19435 & *ſuiv.*]

27497. ☞ Mſ. Recueil des Procès-verbaux, Cahiers & autres Pièces, concernant les Etats-Généraux de France, tenus aux années 1560, 61, 88 & 93; les Aſſemblées des Notables des années 1583, 96, 1617, 18 & 27; avec la Relation de cette dernière; par Hugues PICARDET, Procureur-général au Parlement de Dijon : *in-fol.* 2 vol.

Ce Recueil eſt conſervé à Dijon, dans la Bibliothèque de M. le Préſident Bouhier.]

27498. ☞ Mſ. Aſſemblée des Etats de 1614 & 1615 : *in-4.* 3 vol.

C'eſt le num. 2246 du Catalogue de M. Bernard.]

27499. De l'Ordre obſervé en la Convocation des Etats-Généraux de France, tenus à Paris en 1614 ; par Henri GRESLIN, Pariſien : *Paris*, 1614, *in-8.*

27500. Ordre des Bailliages obſervé en la Convocation des Etats-Généraux de 1614 : *Paris*, Mondière, 1615, *in-4.*

27501. Noms, Surnoms & Qualités des Députés des Etats-Généraux de France, tenus & aſſemblés à Paris, en 1614.

Ces noms ſont imprimés dans le *Recueil des Etats-Généraux* de Quinet, pag. 161 : *Paris*, 1651, *in-4.*

27502. ☞ Noms & Qualités des Cardinaux, Archevêques, Evêques & autres Eccléfiaftiques, députés par le Clergé du Royaume de France, qui ont affifté en la Chambre Eccléfiaftique des Etats-Généraux du Royaume, en la préfente année 1614: *Paris*, Richer, 1614, *in-*4.]

27503. Mémoire de l'Ouverture des Etats, faite par le Roi Louis XIII. à Paris, le 27 Octobre 1614; décrite par le Sieur DE VALLAVEZ, un des Députés de la Nobleffe pour Provence.

Ce Mémoire eft imprimé au tom. II. de Godefroy, *pag.* 342, du *Cérémonial de France*: *Paris*, 1649, *in-fol.* L'Auteur étoit frère du fameux M. de Peyresk.

27504. Difcours d'un Gentilhomme François à la Nobleffe de France, fur l'Ouverture de l'Affemblée des Etats-Généraux à Paris, en 1614; avec deux Avertiffemens particuliers à Meffieurs les Députés du Clergé & de la Nobleffe: *Paris*, 1614, *in-*8.

27505. ☞ Inftructions politiques de ce que les trois Ordres peuvent légitimement demander au Roi, en l'Affemblée des Etats: *Paris*, 1614, *in-*8.

Ce pourroit bien être le même Ouvrage que le N°. fuivant.]

27506. Le Miroir Royal de faint Louis, ou Inftruction politique de ce que les trois Ordres peuvent légitimement demander au Roi, en l'Affemblée des Etats; par P. F. G. D. Poitevin: *Paris*, Robinot, 1614, *in-*8.

27507. L'Euphême des François & leur Homonée, (c'eft-à-dire, leur renommée & concorde), en l'obfervation de l'Edit de premier Octobre 1614, Œuvre auquel il eft traité du devoir des trois Ordres des Sujets de Sa Majefté, repréfentant les Etats-Généraux de fon Royaume, pour y perpétuer & maintenir la concorde, avec la réputation de la gloire du nom François; par Jean DE LOYAC, Confeiller au Parlement de Bordeaux: *Bordeaux*, Millanges, 1615, *in-*4.]

27508. Mf. Cahier de l'Etat Eccléfiaftique de France, préfenté au Roi à la fin des Etats, en 1614: *in-fol.*

Ce Cahier eft confervé dans la Bibliothèque du Roi, num. 9210.

== Procès-verbal de la Chambre Eccléfiaftique des Etats-Généraux tenus à Paris, en 1614 & 1615, recueilli & dreffé par Pierre BEHETY.

☞ *Voyez* ci-devant, *tom. I. aux Actes des Affemblées du Clergé, pag.* 459.]

27509. Mf. Procès-verbal de la Chambre de la Nobleffe, aux Etats-Généraux de 1614; par Rémond DE MONTCASSIN, Député pour la Sénéchauffée d'Albret, & Secrétaire en la Chambre de la Nobleffe: *in-fol.*

Ce Procès-verbal eft confervé entre les Manufcrits du M. Dupuy, num. 684, & dans la Bibliothèque de M. Godefroy, [dont la plus grande partie des Manufcrits eft aujourd'hui dans la Bibliothèque de la Ville de Paris.]

27510. Mf. Cahier de la Nobleffe de France, préfenté au Roi en 1614: *in-fol.*

Ce Cahier & les deux fuivans font dans la Bibliothèque du Roi, num. 9222, 9220 & 8358.

27511. Mf. Cahier de la Nobleffe de Provence: Autre de la Nobleffe d'Orléans, préfenté au Roi.

27512. Mf. Cahier des Députés des Provinces (de Lyonnois, Bretagne, Champagne, Languedoc & Picardie), préfenté au Roi, aux Etats-Généraux, en 1614.

27513. ☞ Mf. Cahiers particuliers de la Nobleffe de diverfes Provinces du Royaume, pour être repréfentés en l'Affemblée des Etats-Généraux tenus à Paris, en 1615: *in-fol.*

Ils font confervés dans la Bibliothèque de M. Fevret de Fontette, Confeiller au Parlement de Dijon.

Les Provinces dont les Cahiers fe trouvent dans ce Recueil, font: Paris & l'Ifle de France, l'Orléanois, le Dauphiné, la Normandie, la Guyenne, le Languedoc, la Picardie, l'Auvergne, la Champagne & Brie, la Provence, la Bourgogne, la Bretagne.]

27514. ☞ Harangue que M. DE BRISSAC fit telle qu'il l'eût voulu prononcer s'il eût préfidé pour la Nobleffe de France, aux Etats tenus à Paris, en 1615.

Elle eft imprimée dans le *Recueil de plufieurs Harangues*: *Paris*, 1622, *in-*8.

Il n'y eut point d'Affemblée d'Etats en Bretagne cette année, & M. de Briffac étoit occupé à la Conférence de Loudun. Cette Harangue eft faite fur le même Plan que la première, (ci-devant, N° 27483); mais il y a plus de détails: les abus y font plus frappans, les couleurs plus vives. On voit par toutes les Pièces que l'on a de M. de Briffac, qu'il réuffiffoit auffi-bien dans le Cabinet, qu'en pleine Campagne.]

27515. Le Cahier général des Remontrances de l'Univerfité de Paris, au Roi, en l'Affemblée générale des Etats, du 13 Décembre 1614: *in-*8.

27516. * Avis, Remontrances & Requêtes aux Etats de 1614; par fix Payfans: 1614, *in-*12.

27517. ☞ Mf. Etats-Généraux de 1614 & 1615: *in-fol.* 3 vol.

Ils fe trouvent parmi les Manufcrits de MM. Godefroy, dans la Bibliothèque de la Ville de Paris, n. 277, 278 & 281. Ce dernier renferme la Harangue imprimée du Cardinal du Perron, avec beaucoup de Notes manufcrites de Théodore GODEFROY.]

27518. ☞ Mf. Recueil en forme de Procès-verbal de tout ce qui s'eft paffé aux Etats de 1614 & 1615, en la Chambre du Tiers-Etat: le tout recueilli jour par jour par un des Députés de ladite Chambre, Manufcrit original.

Il eft confervé à Dijon, dans la Bibliothèque de M. Fevret de Fontette, & joint au Cahier des Remontrances du Clergé, qui eft imprimé.]

27519. Mf. Journal de ce qui s'eft paffé en la Chambre du Tiers-Etat, en 1615; fait par

par (Claude LE DOUX, Sieur de Melleville), Lieutenant Général d'Evreux : *in-fol.*

Ce Journal est conservé entre les Manuscrits de M. Dupuy, num. 684.

27520. Mſ. Recueil journalier de tout ce qui s'est négocié & arrêté en la Chambre du Tiers-Etat de France, en l'Assemblée des Etats-Généraux tenus à Paris, ès années 1614 & 1615 ; par (Pierre) CLAPISSON, Conseiller du Roi au Châtelet de Paris, Echevin : *in-fol.*

Ce Recueil est conservé entre les Manuscrits de M. Dupuy, num. 520, & dans ceux de M. de Brienne, num. 286, [à la Bibliothèque du Roi.]

27521. * Cahiers généraux des Articles résolus & accordés entre les Députés de divers Etats : 1615, *in-12.*

27522. Anatomie des trois Ordres de la France, sur le sujet des Etats : 1615, *in-8.*

27523. Mſ. Etats-Généraux tenus à Paris, en 1614 & 1615 : *in-fol.* 2 vol.

Ils sont conservés dans la Bibliothèque de M. le Chancelier d'Aguesseau.

27524. Histoire générale des Etats assemblés à Paris, en 1614 ; par Claude MALINGRE : Paris, 1616, *in-8.*

27525. ☞ Mſ. Harangues prononcées aux Etats-Généraux, en 1614, avec tout ce qui s'y passa de plus remarquable.

Dans la Bibliothèque de la Ville de Paris, num. 82.]

27526. Récit de tout ce qui s'est passé aux Etats-Généraux tenus à Paris, en 1614, avec les Harangues.

Ce Récit est imprimé au tom. III. du *Mercure François*, pag. 1, 149, 185 & 428.

27527. ☞ Remontrances du Parlement de Paris, ensuite des Etats-Généraux : 1615, *in-8.*]

27528. ☞ Harangue de l'Archevêque de Lyon, (Simon DE MARQUEMONT), à la clôture des Etats.

Elle est imprimée, ainsi que les deux suivantes, au tom. III. du *Mercure François*. Cet Archevêque commence par l'Eloge de la Régente, & finit par des protestations de fidélité & d'obéissance. Il dit au Roi qu'il ne pouvoit mieux commencer sa Majorité que par la convocation de cette Assemblée, qui doit être si utile à l'Etat.]

27529. ☞ Harangue du Baron DU PONT-SAINT-PIERRE.

Ce Baron fit à peu près le même compliment pour la Noblesse, ainsi que le Président Miron pour le Tiers-Etat.]

27530. ☞ Harangue de Messire Robert MIRON, Prevôt des Marchands de Paris, Président du Tiers-Etat.]

27531. ☞ Mſ. Etats-Généraux : Etats de 1614 & 1615 : Assemblées des Notables, en 1626 & 1627 : *in-fol.* 4 vol.

Ce Manuscrit est conservé dans la Bibliothèque de la Ville de Paris, parmi ceux de M. Godefroy.]

27532. Récit très-exact & général de tout ce qui s'est fait & passé en l'Assemblée générale des Etats à Paris, depuis le 27 Octobre 1614 jusqu'au 23 Février 1615, avec le Cahier général du Tiers-Etat, & autres Pièces sur le même sujet ; par Florimond RAPINE, Seigneur de Foucheraine, l'un des Députés pour le Tiers-Etat du Bailliage de Saint-Pierre-le-Moustier, & l'un des Députés du Tiers-Etat de France : Paris, 1651, *in-4.*

27533. Lettre circulaire pour la Convocation des Etats-Généraux, du 23 Janvier 1649 : Saint-Germain-en-Laye, 1649, *in-4.*

27534. Requête de la Noblesse pour l'Assemblée des Etats-Généraux : Paris, 1651, *in-4.*

27535. Harangue faite à Messieurs du Clergé, par le Marquis DE VITRI, l'un des Commissaires choisis de la Noblesse, pour traiter avec eux des moyens de parvenir aux Etats-Généraux : Paris, veuve Guillemot, 1651, *in-4.*

27536. Lettre circulaire de l'Assemblée de la Noblesse, du 28 Février 1651 : *in-4.*

27537. Union de la Noblesse, signée par deux cens soixante-douze Gentilshommes : Paris, veuve Guillemot, 1651, *in-4.*

27538. Lettre envoyée sur le sujet de la Noblesse, & les Procurations écrites dans les Provinces : Paris, 1651, *in-4.*

27539. Réponse (de George d'Aubusson) DE LA FEUILLADE, Archevêque & Prince d'Ambrun, Président de l'Assemblée du Clergé, au Comte de Fiesque & autres Gentilshommes, envoyés en ladite Assemblée de la part de la Noblesse, le Mercredi 15 Mars 1651 : Paris, le Rond, 1651, *in-4.*

27540. Journal de l'Assemblée de la Noblesse, tenue à Paris aux Cordeliers, depuis le 6 de Février jusqu'au 25 de Mars 1651 : Paris, 1651, *in-4.*

27541. Justification de l'Assemblée de la Noblesse, tenue aux Cordeliers, en 1651 : Paris, 1651, *in-4.*

27542. Lettre Politique sur l'Assemblée de la Noblesse : *in-4.* *

27543. La Joie des François, pour la prochaine tenue des Etats-Généraux, du mois d'Avril : Paris, 1651, *in-4.*

27544. Remontrance de la Noblesse à M. le Duc d'Orléans, pour être admise conjointement avec le Clergé à l'Audience de leurs Majestés, & pour obtenir d'Elles le temps & la Députation libre pour la tenue des Etats-Généraux ; prononcée par le Comte DE FIESQUE : Paris, 1651, *in-4.*

27545. Déclaration de M. le Duc d'Orléans,

à Messieurs de l'Assemblée de la Noblesse, pour la Convocation des Etats-Généraux, au 8 de Septembre prochain : *Paris*, 1651, *in-*4.

27546. Résultat de l'Assemblée de la Noblesse, en conséquence des promesses de son Altesse Royale & de M. le Prince, de la convocation & tenue des Etats-Généraux : *Paris*, 1651, *in-*4.

27547. Lettre du Roi, du mois de Mai, à tous les Baillifs & Sénéchaux du Royaume, pour la Convocation des Etats-Généraux à Tours, le 8 de Septembre de cette année : *Paris*, 1651, *in-*4.

27548. La Requête des trois Etats, touchant le lieu & les Personnes qu'on doit choisir pour l'Assemblée des Etats-Généraux : (*Paris*, 1651), *in-*4.

27549. Procès-verbal de l'Election de la Députation de la Noblesse d'Anjou aux Etats-Généraux, en 1651 : *in-fol.*

27550. Procès-verbal, contenant tout ce qui s'est fait & passé dans l'Assemblée générale faite à Chartres, pour députer aux Etats-Généraux ; avec le Rapport fait au Roi & à la Reine Régente, par les Députés de la Noblesse du Pays Chartrain ; ensemble l'Arrêt du Conseil d'Etat sur ce intervenu : *Paris*, Colombel, 1651, *in-*4.

27551. Lettre de Messieurs de la Noblesse, envoyée à tous les Gentilshommes du Royaume, pour la Convocation des Etats-Généraux, au premier Novembre 1652 : *Paris*, 1652, *in-*4.

27552. Mſ. Etats-Généraux & Assemblée des Notables : *in-fol.*

Ce Recueil est conservé entre les Manuscrits de M. Dupuy, num. 342.

27553. ☞ Remontrances faites en la Convention des trois Etats de Normandie, tenue à Rouen en 1578 & 1598 : *in-*4. 2 vol.

Indiquées num. 2387 du Catalogue de M. de Pontcarré.]

27554. Mſ. Assemblée des Notables, tenue à S. Germain-en-Laye, en 1583, & celle de Rouen, en 1596 : *in-fol.*

Ces Assemblées sont conservées dans la Bibliothèque de Messieurs des Missions Etrangères.

27555. * Assemblée des Notables tenue à S. Germain-en-Laye, en 1583 : *Paris*, 1584, *in-*8.

27556. ☞ Articles & Propositions, lesquelles le Roi a voulu être délibérées par les Princes & Officiers de la Couronne, qui se sont trouvés en l'Assemblée faite à Saint-Germain-en-Laye, en 1583 : (*Paris*), 1584, *in-*8.]

27557. Mſ. Assemblées des Notables, ès années 1596, 1617, 1626 & 1627 : *in-fol.*

Ces Assemblées sont conservées entre les Manuscrits de M. Dupuy, num. 208, dans la Bibliothèque de M. le Chancelier Seguier, num. 346, [à S. Germain-des-Prés], & dans celle de M. le Chancelier d'Aguesseau.

27558. Articles des Remontrances faites en la Convocation des Notables & des trois Etats, tenus à Rouen, le 24 Novembre 1617 ; avec la Réponse & l'Ordonnance sur ce faite par le Roi ; du 24 Février 1618 : *Paris*, 1618, *in-*8.

☞ Cette Pièce, que le P. le Long avoit placée plus bas, parmi celles qui regardent l'Assemblée générale des Notables, ne regarde que l'Assemblée des Etats de Normandie, tenue aussi à Rouen, quelques jours avant l'Assemblée générale des Notables, comme l'a observé M. Secousse dans ses Manuscrits.]

27559. Lettres-Patentes du Roi, pour la Convocation de l'Assemblée que Sa Majesté veut être tenue à Rouen, &c. *Paris*, Morel, 1617, *in-*4.

27560. L'Ordre tenu en l'Assemblée tenue à Rouen ; avec les Séances, Noms & Rangs des Députés : *Paris*, 1617, *in-*8. *Lyon*, 1617, *in-*12.

27561. L'Assemblée des Notables de France, faite par le Roi en la Ville de Rouen, avec les noms desdits Elus & Notables : *Paris*, 1617, *in-*8.

Cette Assemblée a été décrite par Hugues PICARDET, Procureur Général du Parlement de Dijon, mort en 1641.

27562. Advis à Messieurs de l'Assemblée : 1618, *in-*8.

27563. * L'Hercule François, Harangue au Roi, pour la Noblesse de France, en l'Assemblée des Notables, tenue à Rouen en 1617 : (*Rouen*), 1618, *in-*12.

27564. Le Cahier Royal divulgué en quatre Parties notables, par la Convocation des Députés assemblés à Rouen, le 4 Décembre 1617 ; le tout historié par Pierre BEAUXIS, Sieur des Viettes, Historiographe du Roi : *Rouen*, Courant, (1618), *in-*8.

☞ Cette Assemblée se tint à Rouen, au mois de Décembre. On y traita de plusieurs affaires relatives à l'Etat & aux circonstances. Elles furent réduites en vingt Articles.]

27565. * Sommaire des Propositions présentées par écrit, de la part du Roi, en la (même) Assemblée : 1618, *in-*12.

27566. Mémoire particulier de ce qui s'est passé en cette Assemblée.

Ce Mémoire est imprimé au tom. II. de Godefroy, p. 389 du *Cérémonial de France* : *Paris*, 1649, *in-fol.*

27567. L'Assemblée des Notables tenue à Paris, ès années 1626 & 1627, & les Résolutions prises sur plusieurs Questions & Propositions d'Etat très-importantes pour le règlement de Justice, Police, Finance & des Gens de Guerre, &c. & autres choses nécessaires pour la sûreté & gouvernement de ce Royaume ; avec plusieurs Harangues prononcées par les plus notables Personnages de l'Assemblée: *Paris, Bologne*, 1651, *in-4.*

Cette Relation a été faite par Hugues PICARDET, Procureur Général du Parlement de Dijon, mort en 1641.

Le Journal de Picardet se trouve aussi aux *Mémoires pour l'Histoire du Cardinal de Richelieu*, par Aubery, [tom. I. Edition *in-12. pag.* 581.]

27568. Mf. Procès-verbal de l'Assemblée des Notables tenue à Paris, ès années 1626 & 1627, où tous les Actes sont contenus; avec le Journal de tout ce qui s'y est passé; par Paul ARDIER, Greffier en icelle, (depuis Président en la Chambre des Comptes) *in-fol.*

Ce Procès-verbal est conservé entre les Manuscrits de M. Dupuy, num. 343. Godefroy en rapporte un Extrait de quatre pages au tom. II. du *Cérémonial de France*, pag. 415 : *Paris*, 1649, *in-fol.*

27569. ☞ Mf. Assemblées des Notables, en 1626 & 1627.

Ce Recueil est parmi les Manuscrits de MM. Godefroy, dans la Bibliothèque de la Ville de Paris, n. 279.]

27570. Mémoire de ce qui s'est passé de remarquable touchant l'Ordre des Rangs, Séances & autres formalités en l'Assemblée des Notables, convoquée à Paris, au mois de Novembre 1626, par le Procureur Général du Parlement de Navarre.

Ce Mémoire, de David SALIES, se trouve au tom. II. du *Cérémonial de France*, pag. 402.

27571. Assemblées solemnelles des Notables & Grands du Royaume, dans les Villes de Paris & de Rouen, depuis l'an 1557 jusqu'en 1626.

Elles sont imprimées dans Godefroy, au même tom. II. du *Cérémonial de France*, pag. 379.

27572. Avis à l'Assemblée de Messieurs les Notables, sur l'Ouverture des Etats : *Paris*, 1626, *in-8.*

☞ On leur marque quels sont les maux auxquels ils doivent remédier, tels que les Tailles, les Pensions, les Gens de Guerre, les Aydes, les Finances, les Officiers de Justice, & tout ce qui a rapport à ces différens Chefs.]

27573. ☞ Harangue faite en l'ouverture de l'Assemblée des Notables, en 1626 ; par M. le Garde des Sceaux & M. le Cardinal de Richelieu.

Elle est imprimée au tom. XII. du *Mercure François*. On y fait l'énumération de toutes les Assemblées d'Etats, depuis Henri II. On s'étend ensuite sur les louanges du Roi, sur la protection de Dieu envers ce Prince & son Etat; sur les grandes dépenses qu'il a fallu faire dans les dernières Guerres; sur l'attention de Sa Majesté à ne point fouler son Peuple; sur les retranchemens qu'il a faits dans sa Maison, dans les Charges, & d'autres qu'il prétend faire. On propose ensuite ce à quoi l'on doit aviser, l'examen de l'état des dettes, les moyens d'augmenter la recette sans surcharger le Peuple; le réachat des Domaines, l'établissement du Commerce, les réglemens pour les Gens de guerre, sur la licence effrénée d'abuser des deniers du Roi, les fréquentes révoltes, & tout ce qu'on voudra représenter au Roi, pour le bien & l'avantage de l'Etat.]

Tome II.

27574. ☞ Requêtes & Articles présentés au Roi, par la Noblesse de l'Assemblée des Notables, le 10 Février 1627.

Elles sont aussi imprimées au tom. XII. du *Mercure François*. Ce fut le Maréchal DE LA FORCE qui porta la parole, & qui fit voir l'état déplorable où la Noblesse étoit réduite, en suppliant très-humblement Sa Majesté de la tirer de la ruine qui la menaçoit. Cette Requête consiste en 22 Articles, tendans tous à cette fin. Le septième est remarquable en ce qu'il demande au Roi l'établissement de Collèges Militaires, en faveur des enfans des pauvres Gentilshommes. Ce Projet étoit réservé au Règne de Louis XV. & nous avons vu de nos jours l'établissement de cette Ecole Militaire, si utile à la jeune Noblesse & si glorieuse à notre Monarque. On demandoit dans l'Article XXI. que les Gentilshommes pussent faire le Commerce, sans déchoir de leurs Privilèges.]

27575. ☞ Mf. Assemblée des Notables tenus à Rouen en 1629 ; *in-4.*

Ce Manuscrit est indiqué au num. 2108 du Catalogue de M. Bernard.]

27576. ☞ Journal de l'Assemblée de la Noblesse tenue à Paris en l'année 1651, (au sujet de la détention des Princes, & pour obtenir la Convocation des Etats-Généraux ; par le Marquis DE SOURDIS :) *in-4.*

27577. ☞ Mémoire concernant l'utilité des Etats-Provinciaux ; (par M. CONSTANTIN.)]

27578. ☞ Mémoire sur les Etats Provinciaux ; (par Victor de Riquetti, Marquis DE MIRABEAU, de l'Académie de Marseille:) 1750, *in-12.*

Cet Ecrit solide & lumineux fait voir l'utilité des Etats Provinciaux ; on y reconnoît l'Auteur de l'*Ami des Hommes.*]

27579. ☞ Observations sur la Noblesse & le Tiers-Etat ; par Madame BELLOT : 1758, *in-12.*]

ARTICLE III.

Recueils des Loix du Royaume.

§. PREMIER.

Traités historiques généraux.

27580. * HISTOIRE du Droit François; par Claude FLEURY, Prieur d'Argenteuil, & Confesseur du Roi Louis XV.

Elle est imprimée au commencement de l'*Institution du Droit*, par Gabriel Argoux : *Paris*, le Petit, 1692, 1699, [&c.] *in-12.*

☞ La huitième Edition a été donnée, corrigée & augmentée par M. Boucher d'Argis : 1753, 2 vol.]

27581. ☞ Historiæ Juris Gallicani Epitome ; auctore Joan. Martino SILBERRADIO, Antecessore Argentinensi.

Cet Abrégé est à la suite de l'*Historia Juris Romani* de Heineccius : *Argentorati*, 1751 & 1765, *in-8.*]

27582. * Conjectures sur l'origine du Droit François; par Claude-Alexis LOGER.

Au commencement de sa *Bibliothèque des Coutumes de France* : Paris, Gosselin, 1699, *in-4*.

27583. ☞ Recherches pour servir à l'Histoire du Droit François; par M. GROSLEY : *Paris*, 1752, *in-12*.]

☞ Droit public du Royaume.

Voyez ci-devant, N.° 27174 & 27175.]

§. II.

Des anciennes Loix des François.

27584. ORIGINUM & Antiquitatum Germanicarum Libri, Leges videlicet Salicæ, Ripuariæ, Alamanorum, Baïoriorum, Burgundionum, Francorum, &c. operâ Basilii Joannis HEROLD, ac collatione Exemplariorum descripti, emendati, atque in lucem magna religione editi : *Basileæ*, 1557, *in-fol*.

Cette Edition est fort défectueuse. Les mêmes Ouvrages sont imprimés dans le *Recueil des anciennes Loix*, par Frédéric LINDENBROGE : *Francofurti*, 1613, *in-fol*.

Struvius, *pag*. 717 de sa *Biblioth. histor*. ne pense pas de l'Edition de Hérold, comme le Père le Long : il la loue au contraire sur son exactitude, & dit qu'elle est encore estimée des Sçavans, quoique celle de Lindenbroge soit plus ample & plus travaillée.

M. le Président Chifflet, de Besançon, a la Copie d'un Manuscrit très-ancien de la Bibliothèque des Ducs de Brabant, & un Original du IX.e ou X. Siècle, contenant les *Loix des Bourguignons*; l'un & l'autre plus corrects que l'Edition de Lindenbroge.]

27585. Aurei venerandæque antiquitatis Libelli, Legem Salicam continentes, à Clodoveo, Childeberto & Clotario Regibus, priùs editi & postremùm à Carolo-Magno emendati & aucti : Item, Leges veterum Burgundionum, Alamanorum, &c. *Parisiis*, du Puys, 1573, *in-16*.

☞ Cette Edition a été donnée per Claud. MITALERIUM, *Viennensem*.]

27586. Liber Legis Salicæ; (&) Glossarium seu Interpretatio Rerum & Verborum obscuriorum quæ in ea lege habentur : ex Bibliothecâ Francisci PITHOEI, Jurisconsulti : *Parisiis*, Roze, 1602, *in-8*.

Idem, curâ Federici Lindenbrogii : *Parisiis*, 1609, *in-8*. & dans son Recueil des anciennes Loix : (*Cod. Leg. antiquarum* :) *Francofurti*, 1613, *in-fol*.

27587. ☞ Lex Salica, à Stephano Baluzio edita.

Cette Edition se trouve jointe aux *Capitulaires de nos Rois* : *Parisiis*, 1677, *in-fol*. M. Baluze avoit revu la Loi Salique sur onze Manuscrits.]

27588. * Leges Francorum Salicæ & Ripuariorum, cum Additionibus Regum & Imperatorum, variis ex Mss. Codd. emendatæ, auctæ, & Notis perpetuis illustratæ. Accedunt Formulæ veteres Alsaricæ ; G.G. Leibnitii Liber de Origine Francorum, &c. operâ & studio Jo. Georg. ECCARDI : *Francofurti & Lipsiæ*, Foersteri, 1720, *in fol*.

27589. ☞ Antiquissimæ Legis Salicæ Textus vetustior ex Bibliothecâ Parisiensi Regiâ, descriptus; quo voces quædam Germanicæ retentæ ad instar vetustissimarum reliquiarum Francicæ Linguæ recensuit & editioni paravit Joannes SCHILTERUS. Adjecta est accurata subnotatio Variationum insignium (ex aliis Editionibus :) Præmissæ egregiæ SCHILTERII & FRICKII Præfationes.

Dans le tom. II. du *Thesaurus antiquitatum Teutonicarum* de Schilter : *Ulmæ*, 1727, *in-fol*. On peut consulter les *Actes de Leipsick*, 1728, *pag*. 327.]

27590. ☞ Legum Salicarum, Ripuariorum, Burgundionum, Wisigothorum ; cum Notis D. Martini BOUQUET, & aliorum.

Dans le tom. IV. du *Recueil des Historiens de France* : (*Paris*, 1741, *in-fol*.) *pag*. 110-159. La Loi Salique s'y voit selon l'ancien Manuscrit de Brunswick, publié par Eccard ; selon celui de la Bibliothèque du Roi, & enfin selon les corrections faites par ordre de Charlemagne. Cette Edition de la Loi Salique par Dom Bouquet, est la meilleure de toutes.]

27591. ☞ Observations sur la Loi Salique; par M. DE MONTESQUIEU.

Dans les derniers Livres de l'*Esprit des Loix*, ci-devant, N.° 17070.]

☞ ON a fait sur un texte de cette Loi nombre de Traités que l'on trouvera ci-après, à l'Article VIII. qui traite de la *Succession à la Couronne*.]

27592. Statuta Galliæ juxta Francorum, Burgundionum, Gothorum & Anglorum in ea dominantium Consuetudines : collatore Dionysio GOTHOFREDO, Jurisconsulto : *Francofurti*, 1611, *in-fol*.

Denys Godefroy, habile Jurisconsulte, est mort en 1622.

27593. Mss. Decreta Regum Francorum primæ Stirpis : *in-fol*.

Ces Décrets [étoient] conservés dans la Bibliothèque de M. Baluze ; num. 361, [& sont aujourd'hui en celle du Roi.]

27594. ☞ Regum Francorum Constitutiones VIII.

Dans le tom. IV. du *Recueil* de D. Bouquet, *p*. 111.]

27595. ☞ Anciennes Loix des François, conservées dans les Coutumes Angloises ; par M. David HOUARD, Avocat au Parlement de Rouen : *Rouen*, Lallemand, 1766, *in-4*. 2 vol.

Sur chacun des Articles de ces anciennes Loix, M. Houard a fait des Notes historiques très-intéressantes.]

27596. MARCULFI, Monachi, Formulæ : ex Bibliotheca Regia Hieronymus BIGNONIUS edidit & Notis illustravit : *Parisiis*, Drouart, 1613 : *Argentorati*, 1656, *in-4*.

Editio auctior, ab eodem Bignonio adornata,

Capitulaires des Rois de la seconde Race.

qui & Legem Salicam adjecit, & Notis illustravit : *Parisiis*, Cramoisy, 1666, *in*-4.

Les mêmes Formules sont imprimées dans le *Recueil des Loix anciennes*, par Frédéric Lindenbroge : *Francofurti*, 1613, *in-fol*. dans les dernières Editions des Bibliothèques des Pères de Paris ; dans celles de Cologne & de Lyon ; & avec les *Capitulaires des Rois de France*, (par Etienne Baluze :) *Paris*, 1677, *in-fol*.

☞ Marculphi, & aliorum Formulæ, cum Notis D. Martini BOUQUET, Benedictini.

Dans le tom. IV. du *Recueil des Historiens de France*, *pag*. 465, & *suiv*.]

Marculfe a fleuri dans le huitième siècle ; son Ouvrage est fort utile & très-nécessaire pour entendre l'Histoire de la première Race des Rois de France. Il est partagé en deux Livres ; le premier contient les Lettres expédiées aux Palais des Rois, nommées *Chartæ Regales* ; & le second, celles qui étoient données devant le Comte ou les Juges des Lieux, qui en sont appellées *Chartæ Pagenses*.

Il y a deux principales Editions de ces Formules ; l'une procurée par Jérôme Bignon, l'autre par Etienne Baluze. On a tout sujet de croire que le premier s'est servi de Manuscrits plus anciens que n'en a eu le second. Aussi dans cette première Edition le style de ces Formules est plus conforme à celui de Grégoire de Tours, qui a employé ce style vulgaire & rustique aussi-bien que Marculfe.

☞ *Voyez* D. Rivet, *Hist. Littér. de France*, *t. III*. *pag*. 565. = Le Gendre, *tom. II. pag*. 69. = *Hist. critiq. de du Bos*, *tom. IV. pag*. 227. = *Dissert. sur l'Hist. de Paris*, *tom. II. pag*. lxx. = *Bibl. de Colomiés*, *pag*. 113. = *Abrégé de l'Hist. Eccl.* de Racine, *tom. X. pag*. 342. = *Vie de Bignon*, *pag*. 80. = *Rec. des Hist. de France*, *tom. IV. Préf. pag*. 10.]

27597. Veteres Formulæ Andegavenses.

Elles se trouvent dans les *Analectes* de D. Mabillon, *in-fol. pag*. 388, [& au tom. IV. du *Recueil des Historiens de France*, par Dom Bouquet.]

Ces Formules ne sont pas aussi anciennes que celles de Marculfe. Le P. Mabillon dit qu'elles ont été dressées sous le Règne de Childebert, qui a commencé en 575. Elles contiennent plusieurs choses qui servent à connoitre les mœurs des François de ce temps-là

27598. ☞ Formulæ antiquæ Alsaticæ.

Elles sont dans le *Recueil des Loix Saliques* d'Eccard, *pag*. 232 : 1720, *in-fol*.]

27599. ☞ Mémoire sur l'origine & la signification de la Formule *Par la grace de Dieu*, que les Souverains mettent à la tête de leurs Lettres ; par M. BONAMY. *Mém. de l'Acad. des Belles-Lettres*, *tom. XXVI*. *pag*. 660.]

§. III.

Les Capitulaires des Rois de la seconde Race.

27600. VERSUS de Legibus & Capitulis institutis à Pipino, Carolo-Magno, & aliis Francorum Regibus : ex præfatione BENEDICTI, Levitæ.

Dans le *Recueil des Historiens* de du Chesne, *tom. II. pag*. 653.

27601. ☞ Capitularia & Diplomata Pipini & Caroli Magni.

Dans le *Recueil* de D. Bouquet, *tom. V. pag*. 637.]

27602. Capitula CAROLI Magni Regis, anno 770.

Sacramentum duplex ejusdem.

Dans le *Recueil* de du Chesne, *tom. II. pag*. 186.

27603. ☞ Diploma CAROLI Magni, Imperatoris, de Scholis Osnabrugensis Ecclesiæ Græcis & Latinis, criticè expensum ; A. I. (à Joanne-Georgio ECCARDO) : 1717, (*Hannoverii*,) *in*-4.

Jodocus Hermannus MINNINGIUS ayant fait une Réponse en faveur du Diplome, Eccard y répondit par trois Ecrits ; dont deux en Allemand : *Osnabrug*, 1721, *in*-4. & le dernier est en Latin, avec le titre suivant :

27604. ☞ Censura Diplomatis Caroli de Scholis Osnabrugensis Ecclesiæ Græcis & Latinis, ab objectionibus Jodoci Hermanni Minningii : *Helmestadii*, 1721, *in*-4.]

27605. CAROLI Calvi, Francorum Regis & Imperatoris, Capitula in diversis Synodis ac Placitis Generalibus edita ; ea duntaxat quæ ad ejusdem Regis Historiam pertinere visa sunt, anno 849, & seqq.

Ces Capitules sont imprimés dans du Chesne, au tom. II. de son *Recueil des Historiens de France*, *p*. 406.

27606. Præcipuæ Constitutiones CAROLI Magni, de Rebus Ecclesiasticis & Civilibus à Lothario nepote ex Consuetudinum Libris collectæ, anno 847, cum Annotationibus (& Præfatione) Viti AMERBACHII : *Ingolstadii*, Weisschorni, 1545, *in*-8.

Eædem : curâ Joannis Tilii, Episcopi Meldensis : *Parisiis*, 1548, *in*-8.

Cette Edition n'a pas été achevée.

Les mêmes Constitutions sont imprimées dans le *Recueil des anciennes Loix*, publié par Basile Jean Hérold : *Basileæ*, Henric-Petri, 1557, *in-fol*. = A la fin des Lettres d'Hincmar, Archevêque de Reims, publiées par Jean Busée : *Moguntia*, 1612, *in*-4. & dans Goldast, au tom. III. de sa *Monarchie de l'Empire : Francofurti*, 1613, *in-fol*.

27607. ☞ Ludovici Pii, Lotharii & Pipini primi Aquitaniæ Regis, Capitularia, Formulæ, Diplomata, &c.

Dans le *Recueil* de D. Bouquet, *tom. VI. pag*. 417 & *suiv*.]

27608. ☞ Capitularia Caroli Calvi, Formulæ, &c.

Dans le même *Recueil*, *tom. VII. pag*. 598.]

27609. ☞ Pipini secundi, Aquitaniæ Regis, Lotharii, &c. & Caroli Calvi Diplomata.

Dans le même *Recueil des Historiens de France*, *tom. VIII. pag*. 355.]

27610. KAROLI Magni & LUDOVICI Pii, Christianissimorum Regum & Imperatorum Francorum, Capitula seu Leges Ecclesiasticæ & Civiles : ab ANSEGISO, Abbate Fontanellensi, Libris quatuor : & aliæ à BENEDICTO, Levita Moguntinensi, Libris tribus collectæ, cum Annotationibus Viti Amerbachii : adjectis aliis eorumdem Regum, &

CAROLI Calvi Capitulis, & Gloſſario Franciſci PITHŒI : edita ſtudio Petri Pithœi : *Pariſiis*, Bogardi, 1588, *in-*8.

☛ *Voyez* le *Scaligerana*, *pag.* 255 & 508. = *Bibl.* de Colomiés, p. 229. = *Vie de Pithou, tom. I. p.* 239.]

Eadem omnia : curâ Franciſci Pithœi : *Pariſiis*, 1603, *in-*8.

Eadem Editio auctior & emendatior : ex Bibliotheca Pithœana : *Pariſiis*, Pelé, 1620, *in-*8.

Les mêmes défauts qui ſe trouvent dans les Editions précédentes, ſont auſſi dans celle-ci. Pierre Pithou a repris l'Edition commencée par du Tillet, & l'a donnée plus parfaite ; ils ont cependant retranché l'un & l'autre ce qui leur a paru inutile, & n'ont pas toujours ſuivi l'ordre de leur Auteur. Les mêmes Capitulaires ſont imprimés auſſi dans le *Recueil des anciennes Loix*, publié par Frideric Lindenbroge : *Francofurti*, 1613, *in-fol.* & dans le *Recueil des Conſtitutions Impériales* de Goldaſt, au tom. II. *Francofurti*, 1613, *in-fol.*

Eadem, cum Notis Jacobi Sirmondi : *Pariſiis*, 1623, 1640, *in-*8. & inter ejuſdem Opera : *Pariſiis*, 1696, *in-fol.*

Anſégiſe eſt mort Abbé de S. Wandrille, en 834. Il eſt réputé l'Auteur des quatre premiers Livres de ce Recueil, fait en 830. Les deux premiers contiennent les Loix Eccléſiaſtiques ; & les deux derniers, les Loix Civiles. Celles du premier & du troiſième Livre, ſont de Charlemagne ; & celles du ſecond & du quatrième Livre, ſont de Louis-le-Débonnaire & de l'Empereur Lothaire. Benoît le Lévite, ou Diacre de Mayence, compoſa la ſuite de ce Recueil, en 845. Il contient en trois Livres les Capitulaires de Pepin & de Carloman. Les Sçavans ſe plaignent du peu d'ordre qui règne dans ce dernier Recueil : mais comme le témoigne M. Baluze, il n'a point été fait à mauvaiſe intention, ainſi que le prétendent quelques Auteurs.

Capitularia Regum Francorum. Additæ ſunt MARCULFI, Monachi, & aliorum Formulæ veteres & Notæ doctiſſimorum Virorum. Stephanus BALUZIUS, Tutelenſis, in unum collegit, ad vetuſtiſſimos Codices manuſcriptos emendavit, magnam partem nunc primùm edidit, Notis illuſtravit : *Pariſiis*, Muguet, 1677, *in-fol.* 2 vol.

Cette Edition eſt la meilleure & la plus ample de toutes celles qui avoient paru juſqu'alors.

Le premier volume, outre une longue & ſçavante Préface de M. Baluze, contient les Capitulaires des Rois, depuis Childebert I. en 554, juſqu'à Childéric III. en 744, enſuite ceux du Roi Pepin, de Charlemagne, de Pepin, Roi d'Italie, & de Louis-le-Débonnaire. Suivent les ſept Livres recueillis par Anſégiſe & Benoît le Lévite ; le Recueil d'Iſaac, Evêque de Langres, qui fleuriſſoit en 866, & enfin celui d'HERARD, Archevêque de Tours, mort vers l'an 870.

Il y a dans le ſecond Tome les Capitulaires de Charles-le-Chauve, de Louis-le-Bègue, du Roi Eudes, de Charles III. des Empereurs Lothaire & Louis II. Enſuite ſont les Formules de Marculfe, avec des Additions ; celles qui ont été publiées par Jacques Sirmond, Jérôme Bignon, & Frédéric Lindenbroge & autres Recueils de Formules. On y trouve enfin le Gloſſaire de François Pithou, tant de la Loi Salique que des Capitulaires ; les Notes du Père Sirmond ſur ceux-ci ; celles de M. Bignon ſur la Loi Salique & ſur Marculfe ; & celles de M. Baluze ſur les Capitulaires & ſur les Formules, qu'il a accompagnés d'un grand nombre d'Actes dont il a parlé dans les Notes.

Cette Edition eſt d'une très-grande utilité pour connoître l'ancienne Discipline de l'Egliſe de France, & le Droit ancien de ce Royaume ; mais de toutes ces Loix, il y en a peu à préſent qui ſoient en vigueur.

☛ La Préface eſt belle & ample : elle a été traduite par M. Leſcalopier, ſous ce titre : « Hiſtoire des Capitulaires des Rois François, ſous la première & la ſeconde Race : *La Haye*, & ſe trouve à *Paris*, chez la veuve Quillau, 1755, *in-*12. »

Le reſte du ſecond Volume contient :

Marculphi, Monachi, Formularum Libri duo.

Appendix Formularum Marculphi, five Formulæ veteres incerti Auctoris.

Formulæ Sirmondicæ, five Formulæ veteres ſecundùm Legem Romanam, primò editæ ex Cod. clariſſ. viri Jacobi Sirmondi.

Formulæ Bignonianæ, five Formulæ quædam variæ & incerti Auctoris, ex veteri Cod. Petri Danielis primùm editæ à clariſſimo viro Hieronymo Bignonio.

Formulæ Lindenbrogii : altera Editio Formularum Marculphi à Friderico Lindenbrogio in publicum emiſſa.

Nova collectio Formularum : Stephanus Baluzius, Tutelenſis, ex veterrimis Codd. MSſ. eruit, in unum collegit, nunc primùm edidit.

Formulæ antiquæ de Epiſcopatu, quarum olim uſus fuit ſub primis Regibus.

Formulæ veteres Exorciſmorum & Excommunicationum : Steph. Baluzius, Tutelenſis, in unum collegit, magnam partem nunc primùm edidit, alias emendavit.

Franciſci Pithœi Gloſſarium ad libros Capitularium, nunc prodit multò auctius & emendatius ex autographo ejuſdem Pithœi.

Ejuſdem Gloſſarium, five interpretatio obſcuriorum verborum quæ in Lege Salicâ habentur.

Jacobi Sirmondi Notæ ad Capitularia.

Analecta minutorum diverſi generis Opuſculorum quæ in Notis promiſſa vel commemorata ſunt.

Notæ Hieronymi BIGNONII ad Librum Legis Salicæ.

Ejuſdem Notæ ad Marculphum.

Stephani BALUZII Notæ ad Capitularia Regum Francorum.

Appendix Auctorum veterum quorum in Notis facta mentio eſt.

Carmina ævi Karolini nunc primùm edita, ex vetuſtiſſimis illorum temporum membranis.

Toutes ces Formules & autres Pièces ſe trouvent encore dans le *Recueil des Hiſtoriens*, donné par D. Bouquet, tom. *IV. & ſuiv.* à la fin de chaque Règne.

Voyez la *Biblioth. Harley*, tom. II. p. 508. = *Journ. des Sçav. Avril*, 1677. = *Nouv. Lettr.* de Bayle, tom. I. pag. 351. = *Bibl.* de Clément, tom. II. pag. 387. = *Hiſt. Litter. de la France*, tom. IV. p. 391. = *Lenglet, Méth. hiſt. in-*4. tom. IV. pag. 55. = *Vie de Pithou*, tom. II. pag. 153.]

☛ ON peut voir dans la *Bibliotheca hiſtorica* de Struvius, *pag.* 1035, les différens Ouvrages faits au ſujet d'un Diplome de Louis le Germanique ; mais ils appartiennent plutôt à l'*Hiſtoire d'Allemagne* qu'à celle de France.]

§. IV.

Ordonnances des Rois de la troiſième Race.

27611. CONSTITUTIONES, Statutum & quædam Litteræ ſancti LUDOVICI Francorum Regis.

Ces Conſtitutions ſont imprimées dans du Cheſne,

au tom. V. de la *Collection des Historiens de France*, pag. 420-423.

27612. Les Préceptes de Saint Louis, à Philippe III. son fils, pour bien vivre & pour bien régner, tirés de l'Histoire de France & des Registres de la Chambre des Comptes; avec un Discours sur chacun d'iceux d'A. (André) THEVENEAU, Avocat en Parlement, où sont rapportées & interprétées plusieurs Ordonnances touchant la Police, tant spirituelle que temporelle : *Paris*, Petit-pas, 1627, *in-8*.

27613. Les Etablissemens de Saint Louis, Roi de France, selon l'usage de Paris & d'Orléans, & de Cour de Baronnie; avec les Notes & Observations de Charles DU FRESNE DU CANGE.

Ces Etablissemens sont imprimés dans la troisième Partie de l'*Histoire de Saint Louis* ; par Jean Sire de Joinville : *Paris*, 1668, *in-fol*.

27614. ☞ Ms. Le Livre de Justice & du Plet, ou ancien Droit de France, comparé avec le Droit Romain : à la tête sont les Etablissemens de S. Louis: *in-fol*.

Ce gros Manuscrit, écrit vers la fin du XIII.e Siècle, est dans la Bibliothèque du Roi, & vient de M. Lancelot.]

27615. Table chronologique des Ordonnances faites par les Rois de France de la troisième Race, depuis Hugues Capet jusqu'en 1400 : *Paris*, de l'Imprimerie Royale, 1706, *in-4*.

Cette Table chronologique a été dressée par Claude BERROYER, Eusèbe DE LAURIERE & Claude-Alexis LOGER, Avocats au Parlement. L'Auteur de la Préface de ce Livre y donne un nouveau Plan du Recueil des Ordonnances des Rois de France de la troisième Race, beaucoup plus ample & mieux digéré que ce qui a paru jusqu'à présent, [en 1718, temps du P. Le Long.] Ce Livre n'est que l'Essai ou la Table chronologique des Ordonnances qui doivent composer ce Recueil : l'Auteur y devoit joindre de petites Notes. « Les Ordonnances » (dit-on dans cette Préface) peuvent être considérées » selon deux vues différentes ; c'est-à-dire, par rapport » à l'Histoire, & par rapport à la Jurisprudence. L'ordre » (chronologique) auquel on s'est déterminé, satisfait » pleinement aux desirs de ceux qui veulent étudier » l'Histoire ». Ce dessein [est] très-beau & même fort utile. [Il a été exécuté dix-huit ans après, comme on le verra.]

27616. ☞ Ms. Répertoires & Registres des Ordonnances de France : *in-fol*. 3 vol.

Dans la Bibliothèque de la Ville de Paris, parmi les Manuscrits de MM. Godefroy, num. 169-171.]

27617. ☞ Ms. Recueil d'anciennes Ordonnances & autres Pièces : *in-fol*.

Il est conservé dans la Bibliothèque de M. Fevret de Fontette, Conseiller au Parlement de Dijon.

Il contient les Pièces suivantes : 1.° Ordinationes antiquæ Regiæ, extractæ ex Registris Cameræ Computorum Parisiensis, & in certa capita distributæ; cum indice annexo.

2.° Ordonnance du Roi Jean, faite sur les Remontrances des trois Etats du Royaume, du 28 Décembre 1355.

3.° Arrêts, Délibérations & Remontrances de la Cour du Parlement de Paris, sur la vérification de l'Ordonnance d'Orléans, de l'année 1560.

4.° *Idem*. Sur la vérification de l'Ordonnance de Blois, de l'année 1579.

5.° *Idem*. Sur l'Ordonnance de 1629.

6.° Arrêts & modifications des Parlemens de Bourdeaux, Toulouse, Grenoble & Rennes, sur l'Ordonnance de 1629.]

27618. Ordonnances anciennes, depuis l'an 1302 jusqu'en 1447 : *in-fol*.

Ces Ordonnances sont conservées entre les Manuscrits de M. Dupuy, num. 617.

27619. ☞ Ms. Recueil d'anciennes Ordonnances & autres : *in-4*.

C'est ce qui est contenu dans les Porte-feuilles 677-685, du grand *Recueil* de M. de Fontanieu, à la Bibliothèque du Roi.]

27620. ☞ Ms. Statuts & Etablissemens sur le fait de la Justice, après l'expulsion des Anglois par Charles VII. 1453 : de 69 pag.

Ce Manuscrit, qui est du temps, est conservé à Dijon, dans la Bibliothèque de M. Fevret de Fontette.]

27621. Ordinationes Regiæ antiquæ & authenticæ à Ludovico IX. & usque ad Carolum VIII. statutæ, quæ inter Gallicè impressas non habentur; collectæ per Carolum MOLINÆUM.

Ces Ordonnances sont imprimées au tom. II. des *Œuvres* de du Moulin, pag. 487 : *Parisiis*, 1681, *in-fol*.

27622. Ordonnances & Statuts Royaux, depuis Philippe-le-Bel jusqu'à Louis XII. *Paris*, 1517, *in-4*. 2 vol.

27623. Ordonnances Royaux, ou Recueil des Ordonnances des Rois de France, depuis saint Louis jusqu'à François I. *Paris*, (vers l'an 1540) : *in-fol*.

Autres, jusqu'à Henri II. *Paris*, du Pré, 1547, *in-fol*.

27624. ☞ Dicæarchiæ Henrici Regis Christianissimi Progymnasmata : *in-8*. (sans nom d'année, &c.)

L'Auteur de ce Livre, souvent cité comme un Recueil d'Ordonnances du Roi Henri II. est Raoul SPIFAME, Avocat au Parlement de Paris, mort à Melun, en 1563, comme le dit M. Secousse dans le *Mémoire* qui suit. Dans la *Bibliographie* de Debure, il est appelé Jean Spifame, & l'on dit qu'il s'est fait connoître par sa folie singulière, comme Jacques son frère, Evêque de Nevers, l'a été par son Apostasie : *Bibliog. instructive*, Histoire, tom. II. pag. 90.]

27625. ☞ Notice d'un Livre singulier & rare, intitulé *Dicæarchiæ Henrici Regis Christianissimi Progymnasmata* ; par M. SECOUSSE : *Hist. de l'Acad. des Inscript. & Bell. Lettr.* tom. XXIII. pag. 271.]

27626. Les Edits & Ordonnances des Rois de France, depuis l'an 1226 jusqu'à présent, disposées par ordre des matières; avec les Annotations de Pierre REBUFFI, Jurisconsulte : *Lyon*, 1573, *in-fol*.

Cet Auteur est mort en 1597.

27627. Ejuſdem REBUFFI Commentarii in Conſtitutiones Regias : *Lugduni*, 1560 ; 1580, *in-fol.*

27628. Les Edits & Ordonnances des Rois de France, depuis Louis le Gros, l'an 1108, juſqu'au Roi Henri III. recueillis par Antoine FONTANON, Avocat en Parlement : *Paris*, du Puis, 1580, *in-fol.* 2 vol.

Les mêmes, juſqu'au Roi Henri IV. augmentés par Gabriel MICHEL DE LA ROCHE MAILLET, Avocat en Parlement: *Paris*, 1611, *in-fol.* 3 vol.

Cette dernière Édition eſt la plus ample & la plus recherchée. Le but de Fontanon a été de compiler toutes les Ordonnances de la troiſième Race ; mais quoique ſon *Recueil* ſoit le moins imparfait de tous ceux qui avoient paru, cependant il y manque une infinité d'Ordonnances. Pluſieurs de celles qu'il y a placées y ſont coupées par morceaux ; en ſorte qu'on ne peut les lire de ſuite : & enfin il a mis dans ſon Recueil pluſieurs Pièces qui ne devoient pas s'y trouver.

27629. ☞ Ordinationes antiquæ, ou Extraits des Regiſtres des Ordonnances, depuis Philippe de Valois, en 1340 juſqu'à Louis XIII. en 1627 : *in-fol.* 3 vol.

Ce Recueil eſt indiqué, num. 3232, du Catalogue de M. le Blanc.]

27630. Les Edits & Ordonnances des Rois de France, depuis François I. juſqu'à Louis XIV. avec Annotations, Apoſtilles & Conférences ſur aucun d'eux ; par Pierre NERON & Eſtienne GIRARD, Avocats en Parlement : *Paris*, 1647, 1656, *in-4.* 2 vol. *Paris*, 1656, *in-fol.*

* Les mêmes, augmentées juſqu'à Louis XV. d'un grand nombre d'Ordonnances & de quantité de Notes, Conférences & Commentaires ; (par Claude DE FERRIERE, Profeſſeur en Droit): *Paris*, Montalant, 1720, *in-fol.* 2 vol.

L'Ordre des Ordonnances y eſt ſi différent des Editions précédentes, qu'on peut regarder ce Recueil comme un Ouvrage nouveau. On y a ſuivi l'Ordre chronologique, & non pas celui des Matières ; mais on a ſuppléé à l'avantage de celui-ci, par des Tables fort amples.

27631. La Conférence des Ordonnances Royaux, avec Annotations; par Pierre GUESNOIS, Lieutenant Particulier d'Iſſoudun : *Paris*, 1596, *in-fol.*

La même, enrichie d'Annotations du même & de celles de Louis CHARONDAS LE CARON : *Paris*, Chevalier, 1606, *in-fol.*

La même, amplifiée par Nicolas Frerot, Michel, &c. *Paris*, 1617, *in-fol.*

La même, amplifiée par divers Auteurs : *Paris*, 1660 : *Lyon*, 1660 : *Paris*, Moëtte, 1678, *in-fol.* 3 vol.

☞ L'Edition de 1660 contient des Notes de Louis Charondas le Caron, de Nicolas Frerot, de Gabriel Michel, de Matthieu de la Faye, de Laurent Bouchel, de Jacques Joly & de Jean Thomas.]

27632. Abrégé de la Conférence des Ordonnances Royaux, tant vieilles que nouvelles, par ordre alphabétique : *Paris*, Beſoigne, 1653, *in-8.*

27633. Les Baſiliques ou Ordonnances des Rois de France, ſelon les Mémoires du Préſident Briſſon ; par Nicolas FREROT : *Paris*, Fouet, 1611, *in-fol.*

27634. Ordonnances faites par le Roi (Charles IX.) ſur les Remontrances & Requêtes des Députés des Etats de ſon Royaume, en la Convocation & Aſſemblée d'iceux, faites & continuées en la Ville d'Orléans, après le décès de François II; en l'an 1560 ; avec l'Arrêt de la Cour du Parlement, contenant les Modifications, Reſtrictions, Réſervations & Déclarations de ladite Cour, ſur pluſieurs Articles deſdites Ordonnances ; le tout publié en icelle Cour, le 20 de Mars 1561 : *Rouen*, le Mégiſſier, (1563), *in-8.*

27635. * Ordonnance du Roi Charles IX. dreſſée par le Conſeil du Roi, les Premiers Préſidens de tous les Parlemens, & le Grand-Conſeil, aſſemblés en la Ville de Moulins, en Février 1566 ; avec deux Déclarations du Roi, en interprétation ſur les Remontrances du Parlement, du 10 Juillet & du 11 Décembre de la même année.

Cette Ordonnance & les deux Déclarations ſont dans tous les Recueils des Ordonnances des Rois de France, publiés par Rebuffe, Fontanon, &c.

27636. Les Edits & Ordonnances des Rois François II. & Charles IX. recueillis par Robert Eſtienne (Libraire): *Paris*, 1567, 1568, *in-8.*

* Ces Editions contiennent les Notes des Avocats nommés ci-deſſus, ſur la Conférence de 1660.]

27637. Ordonnance du Roi Henri III. ſur les plaintes & doléances faites par les Députés des Etats de ſon Royaume, convoqués & aſſemblés en la Ville de Blois, (datée de Paris, l'an 1579), publiée en la Cour de Parlement, le 25 de Janvier 1580 : *Paris*, Morel, 1580, *in-8.*

* La même Ordonnance, avec les Commentaires de Philibert BUGNYON : *Lyon*, Strat, 1583, *in-8.*

La même, avec les Avertiſſemens ou Commentaires de Jean DURET: *Lyon*, Rigaud, 1587, *in-8.*

La même Ordonnance eſt imprimée avec les Annotations de Guy COQUILLE, à la fin du tom. I. de ſes *Œuvres* : *Paris*, 1665, *in-fol.*

27638. Code du Roi Henri III. rédigé par écrit ; par Barnabé BRISSON, Préſident au Parlement : *Paris*, 1587, *in-fol.*

Ce Préſident fut mis à mort par les Ligueurs, en 1591.

Le même, avec les Annotations de Louis CHARONDAS LE CARON : *Paris*, 1603, *in-fol.*

Traités du Gouvernement de l'État.

Le même, nouvelle Edition, avec les Édits des Rois Henri IV. & Louis XIII. *Paris*, 1615, *in-fol.*

Le même, augmenté; par Gabriel Michel de la Roche-Maillet, Avocat en Parlement. *Paris*, Huby, 1622, *in-fol.*

27639. Mf. Ordonnances, depuis le mois de Décembre 1588 jusqu'en 1594; avec l'Assemblée générale des Etats, en 1593: *in-fol.*

Ces Ordonnances [étoient] conservées dans la Bibliothèque de M. de Lamoignon, Président à Mortier.

27640. Le Code de Henri IV. recueilli par Thomas Cormier, revu par J. S. *Geneve*, Pernet, 1613, *in-4.*

27641. Notables Observations sur le Code de Henri IV. par Louis Vrevin : *Paris*, Rousset, 1617, *in-8.*

27642. ☞ Mf. Répertoire des Ordonnances de France, depuis le mois de Juin 1574 jusqu'en 1627; fait par Nicolas Guignoiseau : *in-fol.*

Ce Répertoire est indiqué num. 129 des Manuscrits du Catalogue de M. Godefroy.]

27643. Le Code de Louis XIII. contenant les Ordonnances & les Arrêts de ses Cours souveraines, pour les Droits de la Couronne, Police entre ses Sujets, &c. recueillies, commentées & conférées avec celles de Henri IV. & des Rois ses Prédécesseurs; par Jacques Corbin, Maître des Requêtes de la Reine : *Paris*, 1628, *in-fol.*

27644. Ordonnance de Louis XIII. sur les plaintes & doléances faites par les Députés des Etats de son Royaume, convoqués & assemblés dans la Ville de Paris, l'an 1614 & 1615, & sur les Avis donnés à Sa Majesté, par les Assemblées des Notables tenues à Rouen, en l'an 1617, & à Paris l'an 1626, publiées en Parlement, le 15 de Janvier 1629: *Paris*, Estienne, 1629, *in-8.*

Cette Ordonnance s'appelle le *Code Michau*, du nom de Michel de Marillac, Garde des Sceaux.

✻ Elle fut ainsi nommée par raillerie & par mépris des Réglemens dont elle est composée; les créatures & partisans du Cardinal de Richelieu ayant donné à cette Ordonnance un si grand ridicule, que quoiqu'elle fût très-sage, on n'osoit la citer au Palais ni nulle part. C'est ce que l'on dit dans une Note de la *Sacyre Ménippée*, tom. II. pag. 242.

☞ Le Parlement de Paris résista avec vigueur en 1628, à la vérification de cette Ordonnance : ce ne fut qu'après plusieurs Jussions que le Roi fut obligé de venir en personne au Parlement, pour la faire publier en sa présence.]

27645. ☞ Harangue de Messire de Marillac, Garde des Sceaux, à Paris: 1629.

Elle est imprimée au tom. XV. du *Mercure François*: elle fut prononcée au lit de Justice que tint Sa Majesté le 15 Janvier, pour y faire publier l'Ordonnance ci-dessus, portant Réglement sur toutes les Parties de son Etat. M. de Marillac y fait d'abord l'Eloge du Roi & de ses Victoires. Il discute ensuite la manière dont les anciennes Ordonnances de nos Rois étoient signées, & depuis quel temps la coutume de les vérifier au Parlement a prévalu. Il traite amplement de l'autorité des Rois & de l'obéissance qui est due à leurs volontés. Il finit par les louanges qu'il donne au Parlement.]

27646. Mf. Arrêts & Délibérations du Parlement de Paris, sur la vérification de l'Ordonnance de Charles VIII. en 1493; sur celle de Louis XII. en 1512, sur celle de François I. en 1539, sur l'Ordonnance d'Orléans, en 1560, sur celle de Blois, en 1589; sur celle de Louis XIII. en 1629; des Parlemens de Toulouse, de Bourdeaux & de Grenoble, sur la même de 1629 : *in-fol.*

Ces Arrêts, &c. sont conservés entre les Manuscrits de M. Dupuy, num. 30.

27647. Mf. Ordonnances anciennes des Rois de France, depuis l'an 1302 jusqu'en 1643 : *in-fol.*

Ces Ordonnances [étoient] conservées dans la Bibliothèque de M. de Lamoignon, Président à Mortier.

27648. Code de Louis XIV. ou diverses Ordonnances, Edits & Déclarations, (au nombre de douze); *Paris*, 1667-1695, *in-4.*

Le Recueil des Ordonnances, &c. qui suivent, peut être appellé le *Code de Louis XIV*. parceque c'est sous son Regne, & par son autorité, que ces Ordonnances ont été rendues publiques. En voici les titres :

1. Ordonnance du Roi, pour les Affaires Civiles, du mois d'Avril 1667.

2. Ordonnance; ensemble les Edits & Déclarations touchant la Réforme de la Justice, du mois d'Août 1669.

3. Ordonnance du Roi, ou nouveau Réglement pour les Eaux & Forêts de son Royaume, vérifiée le 13 Août 1669.

4. Ordonnance pour les Matières criminelles, du mois d'Août 1670.

5. Ordonnances sur le fait des Aydes & Gabelles, des mois de Mai & de Juin 1680.

6. Ordonnances sur le fait des Aides & autres Droits y joints dans la Province de Normandie, du mois de Juin 1680.

7. Ordonnance du Roi, pour servir de Réglement sur plusieurs Droits de ses Fermes, & sur tous en général, du 22 Juillet 1681.

8. Ordonnance touchant la Marine, du mois d'Août 1681.

9. Ordonnance du Roi, sur le fait des cinq Grosses Fermes, du mois de Février 1687.

10. Réglement concernant les Procédures du Conseil, du 17 Juin 1687.

11. Recueil d'Edits & Déclarations du Roi, Arrêts du Conseil de la Chambre souveraine, concernant les Francs-Fiefs & les nouveaux Acquêts, publiés depuis le 29 Décembre 1652, jusqu'au mois d'Août 1692.

12. Edits concernant la Juridiction Ecclésiastique, du mois d'Avril 1695, qui comprend les principales Dispositions de tous les Edits faits jusqu'à présent à ce sujet.

27649. ✻ Procès-verbal des Conférences tenues par ordre du Roi, entre MM. les Commissaires du Conseil, pour l'Examen des Articles des Ordonnances civile & criminelle, seconde Edition, augmentée: *Louvain*, 1700, *in-4.*

Cette seconde Edition, comme la première, a été faite

Liv. III. *Histoire Politique de France.*

à Lyon, par les soins de Claude Brossette, Avocat aux Cours de cette Ville. Cet Ouvrage a été réimprimé plusieurs fois.

27650. Conférence des nouvelles Ordonnances de Louis XIV. avec celles de ses Prédécesseurs ; par Philippe BORNIER, Lieutenant Particulier au Siége Présidial de Montpellier : *Paris*, Thierry, 1678, *in-*4.

☞ Les mêmes : *Paris*, 1737 ; *in-*4. 2 vol.]

27651. ☞ Abrégé alphabétique des Edits & Déclarations du Roi Louis XIV. par le Sieur H. B. *Paris*, Cochart, 1685, *in-*12.]

27652. ☞ Ms. Journal des Edits & Déclarations du Roi, Arrêts du Conseil & autres, pendant la Minorité de Louis XV. depuis le 1 Septembre 1715, jusqu'au 16 Février 1723 ; *in-fol*. 2 vol.

Dans la Bibliothèque de la Ville de Paris, num. 108 & 109.]

27653. ☞ Recueil des Edits, Déclarations, Ordonnances, Arrêts, Sentences, & Réglemens concernant la Justice, la Police & les Finances, depuis le mois de Septembre 1715, jusques & compris le mois d'Octobre 1740 : *Paris*, Girard, 1760, *in-*12. 12 vol.

Ce Recueil est accompagné de Tables Chronologiques & Alphabétiques des Matières.]

27654. ☞ Code de Louis XV. ou le Recueil des principaux Réglemens & Ordonnances du Roi, tant sur la Justice, Police & Finances, que sur la Jurisdiction Ecclésiastique. Troisième Edition, augmentée d'une Table générale & analytique des matières, & de différentes Pièces intéressantes : *Grenoble*, Giroud, 1765, *in-*12. 2 vol.

La première Edition de ce Recueil, qui étoit moins complette, a été publiée à Grenoble en 1749 : *in-*12.]

27655. ☞ Ordonnances de Louis XV. concernant les Donations, Insinuations, Testamens, Substitutions, &c. *Paris*, 1759, *in-*32.]

27656. ☞ Le Code Noir, servant de Réglement pour le gouvernement & l'administration de la Justice, Police, Discipline & Commerce des Esclaves Nègres, &c. Mars, 1734 : *Paris*, 1768, *in-*12.]

27657. Deux Chronologies des Ordonnances & Edits Royaux, depuis Pharamond jusqu'en 1638.

Ces Chronologies sont imprimées au commencement de la *Conférence des Ordonnances*, ci-devant, N.° 27650.]

27658. Table chronologique, contenant un Recueil en abrégé des Ordonnances, Edits, Déclarations & Lettres-Patentes des Rois de France, qui concernent la Justice, la Police & les Finances, avec la date de leur enregistrement dans les Greffes des Compagnies Souveraines, depuis l'an 1115 jusqu'en 1688 ; par Guillaume BLANCHARD, Avocat au Parlement : *Paris*, de Sercy, 1688, *in-*4.

Le même Ouvrage augmenté considérablement, & imprimé sous ce titre : Compilation chronologique, contenant un Recueil des Ordonnances, Edits, Déclarations & Lettres-Patentes des Rois de France, qui concernent la Justice, la Police & les Finances, avec la date de leur enregistrement dans les Greffes des Compagnies supérieures, depuis l'an 987 jusqu'à présent ; par le même Auteur : *Paris*, Moreau, 1715, *in-fol.* 2 vol.

27659. ☞ Ordonnances des Rois de France de la troisième Race, recueillies par MM. DE LAURIERE & SECOUSSE, (qui y ont joint des Notes) : *Paris*, Imprimerie Royale, 1723 & *suiv. in-fol.* 9 vol. tom. X. 1763.

Le premier Volume a été donné par M. de Laurière ; le second, par M. Secousse, après la mort de M. de Laurière, qui l'avoit recueilli. Les six Volumes suivans ont été donnés par M. Secousse. Le IX.e est aussi de lui, mais donné après sa mort, par M. DE VILLEVAULT, qui y a ajouté une Préface, & l'Eloge de M. Secousse. M. de Villevault est chargé de continuer ce Recueil, & en a déjà donné le Tome X. en 1763. M. DE BREQUIGNY lui a été associé.

Le Tome X. contient les Ordonnances de Charles VII. depuis l'an 1411 jusqu'en 1418.]

27660. ☞ Table générale & chronologique des neuf Volumes du Recueil des Ordonnances des Rois de France de la troisième Race ; par M. DE VILLEVAULT, Conseiller en la Cour des Aydes : *Paris*, Imprimerie Royale, 1757, *in-fol.*

C'est la Table en forme d'Extrait du Recueil précédent. Elle s'étend depuis 1057 jusques & compris 1411, & ne sert que pour les neuf premiers Volumes.]

27661. ☞ Dictionnaire chronologique & historique de Justice, Police & Finances, distribué par ordre de Matières, contenant l'indication des Edits, Déclarations, Lettres-Patentes & Arrêts du Conseil d'Etat, rendus depuis l'an 1600, jusques & compris 1720 ; par François-Jacques CHASLES, Avocat : *Paris*, Robustel, 1725, *in-fol.* 3 vol.]

27662. ☞ Ms. Recueil de Réglemens sur toutes les parties qui peuvent concerner la Police, depuis S. Louis jusqu'à présent ; par feu M. DUPRÉ, ancien Commissaire au Châtelet de Paris, (mort en 1765 :) *in-fol.* 80 vol. & quelques *in-*4.

Cette Collection a été acquise par le Roi, & est conservée à la Police. Voici en quoi elle consiste :

1.° Différentes Pièces concernant la Police, depuis 1264 jusqu'en 1742, formant 10 volumes *in-fol.* 12 de Supplémens, & 5 de Pièces nouvellement recouvrées.

2.° Arrêts du Parlement, concernant les Arts & Métiers, depuis 1319 jusqu'en 1747 : *in-fol.* 4 vol.

3.° Réglemens concernant les Arts & Métiers, depuis 1426 jusqu'en 1717 : *in-fol.* 6 vol.

4.° Arrêts du Parlement, d'après les indications de M. le Nain : *in-fol.* 3 vol.

5.° Pièces tirées du Recueil du Commissaire Parisot : *in-fol.* 6 vol.

6.° Ordonnances Royaux : *in-fol.* 6 vol.

7.° Pièces concernant les Commissaires : *in-fol.* 8 vol. & 1 de Tables : *in-*4.

8.° Tables des Pièces sur chaque Matière : *in-fol.* 21 vol.

9.° Un Porte-feuille de Sommaires chronologiques, depuis le IX.e siècle jusqu'à présent, concernant toutes les Pièces recueillies.

10.° La Table des Tables, ou Tables générales, sur des Cartes enfermées dans des Cartons.

11.° Quelques volumes détachés, comme Tables des Registres du Châtelet, celle des Pièces de la Bibliothèque du Roi, &c.

« Les sources où l'Auteur a puisé, sont les Archives » du Parlement & du Châtelet, les Bibliothèques pu- » bliques & particulières, & tous Recueils quelconques » d'émanations de l'autorité Royale, relatives à toutes » les parties de la Police en général : Religion, Mœurs, » Santé, Vivres, Voierie, Sûreté, Sciences, Commerce, » Pauvres, Domestiques, &c. On y trouve aussi tout » ce qui est particulier aux Jurisdictions, aux Compa- » gnies, & à tous les Corps & Communautés d'Arts & » Métiers de Paris. Chaque Partie est précédée d'un » petit Discours, & accompagnée de Notes & d'Eclair- » cissemens de l'Auteur ». *Extrait du Catalogue de M. Dupré : Paris*, Boudot, 1765 , *in-*8.]

27663. ☞ Loix Forestières de France ; par M. PECQUET : 1753, *in-*4. 2 vol.]

ARTICLE IV.

Traités & Titres des Domaines du Roi.

§. PREMIER.

Traités généraux du Domaine.

LES Pièces suivantes n'ont pu se trouver dans un ordre exact, parcequ'elles n'ont été souvent placées que sur l'inspection du seul titre. J'ai fait entrer dans cet Article, tous les Traités & Titres qui concernent les Provinces qui forment aujourd'hui la Monarchie Françoise, renvoyant les Traités qui regardent les Provinces des Gaules, qui ne font point maintenant partie de cette Monarchie, à l'Article IX. de ce Chapitre, qui concerne les *Droits du Roi*, &c.

27664. Ms. De l'origine & autorité du Patrimoine Royal : *in-fol.*

Ce Traité est conservé dans la Bibliothèque de MM. des Missions Etrangères.

27665. Ms. Traité du Domaine de France, d'Espagne, &c. *in-fol.*

Ce Traité est conservé dans la Bibliothèque du Roi, num. 10373.

27666. De Domanio Franciæ, Libri tres Renati CHOPPINI, Andegavensis, Jurisconsulti, & in supremo Galliæ Senatu Advocati : *Parisiis*, 1574, *in-*4. Ibid. 1588 : Tertia Editio , 1605, 1621, *in-fol.*

Les mêmes Livres sont imprimés dans la première partie du Recueil intitulé : *De Jure Domaniali*, &c. *Francofurti*, 1700, *in-fol.*

Les mêmes Livres traduits en François : *Paris*, 1612, [1613] 1634 : *in-fol.*

☞ M. de Beaucousin, Avocat au Parlement de Paris, en a un Exemplaire de 1613, avec des corrections manuscrites, des Notes & des Tables généalogiques de la main du sçavant David BLONDEL.]

Les mêmes Livres sont imprimés au tom. II. des Tome II.

Œuvres de Choppin : *Paris*, 1662, *in-fol.* Cet Auteur fut annobli par le Roi Henri IV. à cause de ce Traité ; mais le style est empoulé & peu intelligible. Choppin est mort en 1606.

27667. ☞ Du Domaine des Rois, des Reines & des Princes de la Famille Royale, sous Hugues Capet, Robert, & Henri I.

C'est le sujet de l'Article II. de la seconde Partie de la Préface du Tome XI. de la *Collection des Historiens de France*, par les Bénédictins, *pag.* cxl.]

27668. Quatre Traités des Droits du Domaine de la Couronne, & de l'Etablissement & Jurisdiction de la Chambre du Trésor ; par Jean BACQUET, Avocat du Roi en la Chambre du Domaine : *Paris*, 1577, *in-*4. 1580-1582, *in-*4. 2 vol.

Les mêmes Traités sont imprimés dans les *Œuvres* de Bacquet : *Paris*, 1601, 1603, 1608, 1612, 1621, 1630, 1664, 1668, *in-fol.* [& plusieurs fois depuis.]

27669. ☞ Ms. Traité ; par M. DE MESMES, des Biens que le Roi Henri IV. possédoit lors de son avénement à la Couronne.

Ce Manuscrit est parmi ceux de MM. Godefroy, dans la Bibliothèque de la Ville de Paris, num. 530, au milieu du Volume.]

27670. Indice des Droits Royaux ; par François RAGUEAU : *Paris*, 1600, *in-*4.

27671. Glossaire du Droit François, ou Indice des Droits Royaux de François RAGUEAU, augmenté par Eusèbe DE LAURIERE, ancien Avocat en Parlement : *Paris*, 1704, *in-*4. 2 vol.

Ce Glossaire n'est pas moins nécessaire pour entendre nos anciens Historiens François, comme Froissart, Monstrelet, Philippe de Comines, que pour le Droit François ancien.

27672. Des Droits du Roi & de sa Couronne ; par Antoine LOISEL, Avocat.

Ce Traité de Loisel, mort en 1617, est imprimé avec ses *Opuscules*, publiés par Claude Joly : *Paris*, 1652, *in-*4.

27673. Gallia, seu de Francorum Regiis Domaniis & Opibus Commentarius : *Lugduni-Batavorum*, 1629, *in-*24.

Jean DE LAET, mort en 1649, a rapporté ce qu'il a tiré de M. de Thou, de Seissel, de Boterus, de Bodin, des Sainte-Marthe, de Papire Masson, du *Mercure François*. Au reste ce Livre est différent du Recueil que le même Auteur publia en 1626, sous ce titre : *Respublica*, *seu Status Regni Galliæ*.

27674. Dissertation sur le Droit d'Aubaine ; par Emmanuel DE GAMA, Avocat au Parlement : *Paris*, 1706, *in-*12.

== De la Souveraineté du Roi, & de son Domaine ; par Jean SAVARON.

Ci-dessus, [N.° 26866.]

== De la Souveraineté du Roi, & de son Domaine ; par Cardin LE BRET.

Ci-dessus, [N.° 26870.]

27675. ☞ Traité de la connoissance des Droits & Domaines du Roi ; par BERTHELOT DU FERRIER : *Paris*, 1719, *in-*4.]

Iiiii 2

━ ☞ Traité historique de la Souveraineté du Roi & des Droits en dépendans, (principalement des Domaniaux ; par Fr. de Paule LAGARDE.)

Voyez ci-devant, N.° 27173.]

27676. * Mſ. Traité du Domaine Royal, Droits & Privilèges d'icelui ; où il est vérifié par divers Actes anciens, que le Domaine a toujours été tenu pour inaliénable à perpétuité, jusqu'au Roi Charles VI. contre l'opinion vulgaire ; par Christophle BALTHAZAR, Avocat du Roi au Présidial d'Auxerre.

Ce Traité est cité dans le Mémoire manuscrit des Ouvrages de cet Auteur, qui est conservé parmi ceux de M. le Chancelier Seguier, num. 113, [à la Bibliothèque de S. Germain des Prés.]

27677. De Donationibus Jurium & Bonorum Regiæ Coronæ ; à Dominico AUTUNET Portugal. *Lugduni,* 1688, *in-fol.* 2 vol.

27678. Mſ. Traités des Domaines faits par les Commiſſaires, du temps du Roi Henri III. en 1581 : *in-fol.*

Ces Traités sont conservés dans la Bibliothèque de M. le Chancelier d'Aguesseau.

27679. Mſ. Traité du Domaine & autres Pièces curieuses : *in-fol.*

Ce Traité est conservé dans la même Bibliothèque.

27680. Mſ. Traité du Domaine du Roi ; par BISET, contenant plusieurs Avis : *in-fol.* 2 vol.

Ce Traité [étoit] conservé dans la Bibliothèque de M. de Mesme, premier Président.

27681. Mſ. Domaine ancien jusqu'à l'union du Patrimoine Royal : *in-fol.*

27682. Mſ. Union du Domaine privé.

27683. Mſ. Manuscrit concernant le Domaine.

27684. Mſ. Droits & Domaine du Roi.

27685. Mſ. Etat du Domaine du Roi.

27686. Mſ. Recherches du Domaine du Roi.

27687. Mſ. Pour le Domaine du Roi.

27688. Mſ. Copie du Traité de l'union du Domaine : 2 vol.

27689. Mſ. Terres du Domaine de la Couronne.

Ces dix Volumes *in-fol.* sur le Domaine, depuis le numéro 27681 jusqu'à 27689, [étoient] conservés dans la Bibliothèque de M. le Chancelier Seguier, num. 711-719, [aujourd'hui dans celle de S. Germain des Prés.]

27690. Mſ. Recueil des Maximes concernant les Droits du Roi & de son Domaine, tirées des Titres ; par Pierre DUPUY, & écrit de sa main : *in-4.*

Ce Recueil est conservé dans la Bibliothèque de M. le Chancelier d'Aguesseau.

27691. ☞ Recueils sur le Domaine, & autres revenus du Roi : *in-fol.* 20 vol.

Dans la Bibliothèque de la Ville de Paris, parmi les Manuscrits de MM. Godefroy, num. 136-147, 293, & 294.]

27692. ☞ Mémoire sur les Matières Domaniales, ou Traité du Domaine ; Ouvrage posthume de M. LE FEVRE DE LA PLANCHE, Avocat du Roi au Bureau des Finances, ordinaire en la Chambre du Domaine ; avec une Préface & des Notes de l'Editeur, (M. François LORRY :) *Paris,* Desaint ; &c. 1764, *in-4.* 3 vol.

M. le Fevre est mort en 1738.]

27693. ☞ Dissertatio Historico-juridica de Domanio Regis & Regni Franciæ ; auctore Adelpho-Michaele BARTH, Neovillano : *Argentorati,* Kürsner, 1764, *in-4.*]

27694. Mſ. Mémoires pour le Domaine du Roi, ou Recueil de Pièces touchant le Domaine, depuis l'an 1320 jusqu'en 1628 : *in-fol.*

Ce Recueil, & les deux suivans, sont conservés entre les Manuscrits de M. Dupuy, num. 4, 52 & 527.

27695. Mſ. Recueil de Pièces concernant le Domaine, depuis l'an 1278, jusqu'en 1633 : *in-fol.*

27696. Mſ. Anciens Titres du Domaine : *in-fol.*

27697. Mſ. Extraits de l'Histoire de France pour le Domaine : *in-fol.*

Ces Extraits [étoient] conservés dans la Bibliothèque de M. le Président de Lamoignon.

27698. Mſ. Extraits des Registres de la Chambre des Comptes de Paris, touchant le Domaine du Roi, Etat & Dépense de sa Maison, l'an 1223 & suivantes : *in-fol.*

Ces Extraits [étoient] dans la Bibliothèque de M. de Caumartin, [mort Evêque de Blois en 1733.]

27699. Mſ. Mémoires d'Auguste GALLAND, touchant le Domaine : *in-fol.*

Ces Mémoires [étoient] conservés dans la Bibliothèque de M. le Chancelier Seguier, num. 755, [aujourd'hui à S. Germain des Prés.]

27700. Mſ. Etat général du Domaine de France : *in-fol.*

Cet Etat général [étoit] dans la Bibliothèque de M. Pelletier de Sousy.

27701. ☞ Mſ. Traités des Domaines de France ; par ROBICHON : *in-fol.* 3 vol.

Ce Manuſcrit est indiqué num. 2169 du Catalogue de M. Pelletier.]

27702. Mſ. Aliénations des portions du Domaine faites en différens temps par tout le Royaume : extraits de la Chambre des Comptes ; par ROBICHON : *in-fol.* 2 vol.

27703. Mſ. Domaines aliénés par Edits, depuis le mois de Mars 1675, jusqu'au mois de Juillet 1712 : *in-fol.* 3 vol.

Ces cinq Volumes [étoient] dans le Cabinet de Claude-Bernard Rousseau, Auditeur de la Chambre des Comptes & Chevalier de S. Lazare, qui [travailloit en 1718] à un Traité général du Domaine, dont il y

Titres & Droits du Domaine.

[avoit] une bonne partie d'achevée. [On croit que le tout a passé dans la Bibliothèque de M. le Chancelier d'Aguesseau.]

27704. Mf. Réunions à la Couronne de plusieurs Provinces du Royaume, Principautés, Terres & Seigneuries en dépendantes : *in-fol.*

Ce Recueil [étoit] conservé dans la Bibliothèque de M. Godefroy, [& se trouve aujourd'hui dans celle de la Ville de Paris.]

27705. ☞ Histoire abrégée de la réunion des Provinces de France à la Couronne, par ordre alphabétique.

Cette Histoire termine le Tome II. du Recueil des *Variétés sérieuses & amusantes : Paris*, 1764 & 1769, *in-12*. « Le dessein de l'Auteur [M. SABLIER,] est de » faire voir comment les Provinces qui composent main- » tenant la France, & les principales Villes qui ont eu » des Seigneurs particuliers, ont été réunies sous la do- » mination de nos Rois. Cette Histoire est curieuse ». *Année Littéraire*, 1765, tom. II. pag. 189.]

27706. ☞ Mf. Mémoire des Principautés, Duchés, Marquisats, Comtés, Baronies, &c. sur lesquels le Roi peut prétendre droit pour la réunion d'iceux au Domaine de sa Couronne, &c. tiré des Histoires & des Titres du Trésor des Chartres : *in-fol.*

Ce Manuscrit est indiqué num. 2148 du Catalogue de M. Bernard.

27707. ☞ Mémoire de Henri Comte DE BOULAINVILLIERS, au sujet des Domaines du Roi.

C'est le VIe de ses Mémoires présentés à M. le Duc d'Orléans : *La Haye*, 1727, *tom. II. pag. 93.*]

27708. Recherches pour montrer que plusieurs Provinces & Villes du Royaume sont du Domaine du Roi : le tout recueilli de divers Mémoires & Titres anciens, tirés tant du Trésor des Chartres du Roi qu'autres lieux ; par Pierre DUPUY, & rédigés par ordre alphabétique.

Ces Recherches sont imprimées dans son *Traité des Droits du Roi*, &c, *pag*. 683 : *Paris*, 1655, *in-fol*.

27709. Mf. Droits du Roi sur diverses Maisons de France : *in-fol.*

Ce Traité est conservé dans la Bibliothèque de MM. des Missions Etrangères.

27710. Mf. Anciens Titres originaux, concernant les Villes de France : *in-fol*. 7 volumes non reliés.

27711. Mf. Titres originaux des Provinces de France, d'Acqs, d'Anjou, d'Auvergne, Forez, Limousin, Périgord & Touraine : *in-fol*. 7 vol.

27712. Mf. Titres originaux en Gascon, Limosin, Forésien & Bourguignon : *in-fol*.

27713. Mf. Traité sur les Domaines, Subventions, Finances & Annoblissemens : *in-fol.*

Ces quatre derniers Articles sont conservés dans la Bibliothèque du Roi, entre les Manuscrits de M. de Gaignières.

27714. Mf. Anjou, Auvergne, Béarn, Berry, Blésois, Bourgogne, Bretagne, Brie, Dauphiné, Guyenne, Isle de France, Languedoc, Lyon, Normandie, Orléanois, Picardie, Poitou, Touraine, Vendômois : *in-fol*. 4 vol.

Ce Recueil [étoit] conservé à Paris dans la Bibliothèque de M. Bouthillier ancien Evêque de Troyes, L. 1. M. 1. N. 1. O. 1.

27715. ☞ Mf. Diverses Pièces sur le Domaine, les Droits Domaniaux, &c. *in-4*. 21 vol.

C'est ce qui est contenu dans les Porte-feuilles 774-794 du grand Recueil de M. de Fontanieu, à la Bibliothèque du Roi.

27716. Ordonnance du Domaine & des Droits de la Couronne de France, avec le Commentaire de Louis CHARONDAS le Caron : *Paris*, 1638, *in-16.*

27717. Recueil des anciens Edits, Déclarations, Arrêts & Réglemens concernant la Ferme générale du Domaine de France : *Paris*, 1676-1677, *in-fol*. 2 vol.

27718. Recueil des anciens Edits, Ordonnances, Déclarations & Arrêts concernant le Domaine du Roi & les Droits de la Couronne ; avec les Commentaires de Louis CHARONDAS le Caron, & plusieurs Edits, Déclarations & Arrêts concernant le Domaine de Sa Majesté & autres Droits y joints jusqu'à présent : *Paris*, Ballard, 1690, *in-4.*

27719. Liste des Droits des quatre Membres de Flandres, faisant Partie des Droits Domaniaux appartenans au Roi dans les Terres de sa domination ; & Ordonnance pour la levée d'iceux : *in-12.*

§. II.

Titres & Droits du Domaine, rangés selon l'ordre alphabétique des Provinces & des Villes du Royaume.

A

— ALBRET : ci-après à *Guyenne*.

27720. Mf. Etat des Terres du Duché d'Albret : *in-fol*.

Cet Etat [étoit] conservé dans la Bibliothèque de M. le premier Président de Mesme.

27721. ☞ Mf. Pièces sur le Duché d'Albret & le Comté d'Armagnac : *in-fol*.

Dans la Bibliothèque de la Ville de Paris, num. 439.]

27722. Mf. Procès-verbaux & Mémoires touchant l'Alsace, Sedan & le Duché de Bouillon : *in-fol.*

27723. Mf. Procès-verbaux ou Mémoires d'Alsace & des Evêchés de Metz, Toul & Verdun ; par (Charles) COLBERT de Croissy, Intendant d'Alsace, depuis l'an 1656 jusqu'en 1663 : *in-fol.*

Ces deux Procès-verbaux [étoient] conservés dans

806   Liv. III. *Histoire Politique de France.*

la Bibliothèque de M. le Chancelier Seguier, num. 775, [aujourd'hui à S. Germain des Prés.]

27724. ☞ Notice des Domaines de la Province d'Alsace ; par M. GŒTSMANN.

Dans son Ouvrage intitulé : *Traité du Droit commun des Fiefs* : *Paris*, Desventes, 1768, *in*-12. 2 vol.]

27725. Alsatia jure proprietatis & prætensionis Regi Catholico vindicata ; auctore Joanne-Jacobo CHIFFLETIO.

Ce Traité est imprimé dans ses *Œuvres historiques & politiques* : *Antverpiæ*, 1650, *in-fol.* David Blondel y a répondu dans sa Préface Apologétique, qui est au-devant de son Ouvrage, intitulé : *Genealogiæ Franciæ plenior Assertio.*

27726. Acta memorabilia & Declarationes hinc inde in puncto juramenti fidelitatis, &c. ex capite supremi Dominii sacræ Christianissimæ Regiæ Majestati, &c. in Præfecturam Provincialem decem Civitatum Imperialium in Alsatia sitarum, vigore instrumenti Pacis Monasteriensis competentis, coram laudabilissimo arbitrio utrinque selecto ac recepto producta & publicata : *Ratisbonæ*, Hanckwitz, 1671, *in*-4.

27727. Acta memorabilia & Declarationes de Galliarum Regis Dominio in decem Alsatiæ Civitates coram arbitrio hinc inde producta : *Ratisbonæ*, 1682, *in*-4.

27728. ☞ Arrêts du Conseil Souverain d'Alsace séant à Brisac, portant que Louis XIV. sera mis en possession de la Souveraineté de l'Alsace & des Frontières : *Strasbourg*, 1682, *in*-4.]

27729. Réponse de *** à la Lettre d'un de ses Amis, sur les Droits cédés au Roi Très-Chrétien sur l'Alsace, écrite de Leyde le 17 Août 1697 : *La Haye*, 1697, *in*-12.

27730. Information sommaire & historique touchant les dix Villes Impériales d'Alsace, & cela au regard de la Préfecture Provinciale d'Haguenau : *La Haye*, 1697, *in*-12.

27731. Mémoire sommaire & historique touchant les dix Villes impériales d'Alsace.

Ces trois derniers Ecrits sont imprimés au tom. II. des *Actes de la Paix de Riswick*, pag. 494, 501 & 516 : *La Haye*, 1707, *in*-12.

27732. ☞ Nullitas iniquitasque reunionis Alsatiæ sub Imperio Regis Franciæ : 1708, *in*-4.]

— Angoumois : ci-après, à *Guyenne*.

— Anjou : ci-après, à *Tours*.

27733. Mf. La raison pourquoi le Duché d'Anjou doit revenir au Roi & à la Couronne de France, après le trépas de René Roi de Sicile.

Ce Traité est conservé dans la Bibliothèque de l'Eglise Cathédrale de Tournay, selon Sanderus, tom. I. de sa *Bibliothèque des Manuscrits Belgiques*, *p*. 216.

27734. ☞ Mf. Réponses aux prétentions du Duc de Lorraine sur le Duché d'Anjou : *in-fol.*

Ce Manuscrit, qui vient de la Bibliothèque de M. Dupuy, est aujourd'hui dans celle de M. d'Esbiey, Bibliothécaire de la Ville de Bourdeaux.]

27735. Mf. Recueil des Titres concernant la Province d'Anjou : *in-fol.*

Ce Recueil est conservé dans la Bibliothèque du Roi, entre les Manuscrits de M. de Gaignières.

27736. Mf. Anjou, Maine, Berry : Titres des Maisons de Vendôme, de Nevers, d'Estampes, Dunois, Longueville & Montmorency, depuis l'an 1377 jusqu'en 1626 : *in-fol.*

Ce Recueil est conservé entre les Manuscrits de M. de Brienne, [dans la Bibliothèque du Roi, & à S. Germain des Prés, provenant de] la Bibliothèque de M. le Chancelier Seguier, num. 675.

27737. ☞ Lettres en forme de Requête Civile, Pièces & Mémoires touchant la cause de la Baronie d'Andres (Ardres,) pour la Reine-Mère, contre Charles-Hippolyte de Spinola ; par Henri d'Audiguier DU MAZET : 1661, *in*-4.

On les trouve aussi dans le *Recueil de ses Plaidoyers* : *Paris*, Pepingué, 1661, *in*-4.]

27738. Mf. Anciens Titres touchant le Pays d'Argonne : *in-fol.*

Ces Titres sont conservés entre les Manuscrits de M. Dupuy, num. 299.

— Armagnac : ci-après, à *Guyenne*.

— Artois : ci-après, à *Bourgogne* & *Picardie*.

27739. Mf. Extraits des Titres d'Artois : *in-fol.*

Ces Extraits sont conservés dans la Bibliothèque du Roi, entre les Manuscrits de M. de Gaignières.

27740. Mf. Inventaire raisonné du Trésor des Chartres de la Comté d'Artois : Cartulaire du Domaine d'Artois : *in-fol.*

Cet Inventaire [étoit] conservé dans la Bibliothèque de M. Colbert, [aujourd'hui dans celle du Roi.]

27741. Mf. Mémoires concernant l'Artois & la Flandres : *in-fol.*

Ces Mémoires sont conservés dans la Bibliothèque de MM. des Missions Etrangères, & dans celle de Saint Germain des Prés.]

27742. Mf. Pièces concernant le Pays d'Artois, en 1561 : *in-fol.*

27743. Mf. Titres & Mémoires d'Etat concernant l'Artois, la Franche-Comté, Bourgogne, Brabant, Limbourg ; recueillis par Auguste GALLAND : *in-fol.*

Ces deux Articles [étoient] conservés dans la Bibliothèque de M. le Chancelier Seguier, num. 186, 726, [aujourdhui à S. Germain des Prés.]

27744. Traités des Droits du Roi, sur le Comté d'Artois ; par Pierre DUPUY.

Ces Traités sont imprimés dans son *Recueil des Droits du Roi*, pag. 281 : *Paris*, 1655, *in-fol.*

27745. ☞ Mf. Prétentions du Roi, sur le Comté d'Artois ; avec la Généalogie de ses Comtes : in-fol.

Ce Manuscrit, qui avoit passé de la Bibliothèque de M. de Pontac, Premier Président du Parlement de Bordeaux, dans celle de M. Duplessis, Conseiller au même Parlement, est à présent dans le Cabinet de M. d'Ebley, Bibliothécaire de la Ville de Bordeaux.]

27746. Mf. Procès-verbal des Enclaves d'Artois, fait par M. DE ROISSY : in-fol.

Ce Procès-verbal [étoit] conservé dans la Bibliothèque de M. le Premier Président de Mesme. Henri DE MESME, Seigneur de Roissy, Président au Parlement, mort en 1650, en est l'Auteur.

27747. ☞ Mf. Pièces du Comté d'Artois : in fol. — Chartres d'Artois : in-fol. — Registres & Cahiers d'Artois : in-fol.

Ces Pièces sont indiquées au Catalogue de M. Secousse, num. 3915, 3916 & 3917.]

27748. ☞ Arrest de la Cour de Parlement de Provence, portant réunion de la Ville d'Avignon & Comté Venaissin, au Domaine de la Couronne, du 26 Juillet 1663 : *Paris, Boullard, 1663, in-4.*

On trouve cet Arrêt, & plusieurs autres Pièces qui ont rapport au même objet, à la fin d'un Ecrit imprimé avec ce titre : *Recherches historiques concernant les Droits du Pape sur la Ville & l'Etat d'Avignon :* (Paris) 1768, in-8.]

27749. ☞ Extrait des Registres de Nosseigneurs les Commissaires Députés par la souveraine Cour de Parlement de Provence, sur la réunion de la Ville d'Avignon & Comté Venaissin, à la Couronne, du 30 Juillet 1663 : *Avignon, in-fol.* 1 feuille.]

27750. ☞ Arrest du Parlement de Provence, pour la réunion de la Ville d'Avignon & du Comtat Venaissin, à la Couronne, du 9 Juin 1768.

On peut voir dans le *Journal de Verdun* de cette année, *Juillet, pag.* 77, la Relation de la prise de possession.]

27751. Traité du Comté d'Aussonne & du Ressort de Saint-Laurent de Châlon ; par Pierre DUPUY.

Ce Traité est imprimé dans son *Recueil des Droits du Roi : Paris, 1655, in-fol.*

— Auvergne : ci-après, à *Picardie.*

27752. ☞ Titres des Duché & Comté d'Auvergne : in-fol.

Ces Titres [étoient] conservés dans la Bibliothèque de M. le Chancelier Séguier, num. 689, [aujourd'hui à S. Germain des-Prés.]

27753. ☞ Titres concernant l'Auvergne, pour sa défense contre les Anglois : in-fol.

Ces Titres sont conservés dans la Bibliothèque du Roi, entre les Manuscrits de M. de Gaignières.]

27754. Mf. Evaluation du Comté d'Auvergne & de la Baronnie de la Tour : in-fol.

Cette Evaluation est conservée dans la Bibliothèque de M. le Chancelier d'Aguesseau.

27755. ☞ Mf. Echange de la Comté de Boulogne, fait par Louis XI. avec le Comte d'Auvergne : 1477, Extrait collationné.

Il est conservé à Dijon, dans la Bibliothèque de M. Favret de Fontette.]

27756. Compte du Domaine du Duché & Comté d'Auvergne, depuis 1617 jusqu'en 1640 : in-fol.

Il est à la Bibliothèque du Roi, & vient de M. Lancelot.]

27757. Mf. Mémoires de ceux d'Auvergne contre le Duc de Bouillon : in-fol.

Ces Mémoires sont conservés entre les Manuscrits de M. Dupuy, num. 702.

27758. Remontrance au Roi, pour la Noblesse & Tiers-Etat de la Province d'Auvergne, sur la Proposition de donner l'Auvergne au Duc de Bouillon, pour partie de la récompense de Sedan ; avec les Lettres Patentes, Arrêts & autres Pièces, pour faire voir que l'Auvergne a toujours été du Domaine de la Couronne, & qu'elle n'en peut être démembrée : *Paris, la Coste, 1649, in-4.*

27759. Nullités des Remontrances faites au Roi & à son Conseil, sous le nom de la Noblesse & du Tiers-Etat de la Province d'Auvergne ; avec les Pièces : *Paris, des Hayes, 1649, in-4.*

Ce Livre est de David BLONDEL, ainsi que Samuel Guichenon l'a marqué sur son Exemplaire, que l'Auteur lui avoit envoyé.

— Le Comté d'Auxerre : ci-après, à *Bourgogne.*

27760. Traité du Comté d'Auxerre ; par Pierre DUPUY.

Ce Traité est imprimé dans son *Recueil des Droits du Roi, pag. 505 : Paris, 1655, in-fol.*

B

— Béarn, ci-après, à *Guyenne & Navarre.*

27761. Mf. Titres pour les Seigneurs de Béarn : in-fol.

27762. Mf. Traité de (Jean-Jacques de Mesme, Seigneur) DE ROISSY, des Terres & Seigneuries patrimoniales échues au Roi Henri IV. tant du côté de son Père que du côté de sa Mère : in-fol.

27763. Mf. Mémoire & Titres pour la Principauté de Béarn, depuis l'an 1253 jusqu'en 1621 : in-fol.

Ces Titres, Traité & Mémoire sont conservés entre les Manuscrits de M. Dupuy, num. 702, 101 & 153. Le dernier Recueil commence par ces deux Pièces : « Mémoire de la souveraineté de Béarn, par Pierre » DE MARCA ; (&) Lettre de Jean BESLY, touchant le » Béarn ». Il y a de plus quantité de Pièces, concernant le rétablissement de la Religion Catholique dans cette Principauté, depuis l'an 1599 jusqu'en 1615.

27764. Mf. Recueil concernant le Béarn, depuis l'an 1117 jusqu'en 1624 : *in-fol.*

Ce Recueil est conservé entre les Manuscrits de M. de Brienne, num. 303, [à la Bibliothèque du Roi.]

27765. Mf. Mémoires de Béarn, & autres Pièces touchant le Béarn : *in-fol.*

Ces Mémoires [étoient] conservés dans la Bibliothèque de M. le Chancelier Seguier, num. 685, [aujourd'hui à S. Germain-des-Prés.]

27766. Mf. Actes & Mémoires touchant le Béarn.

Ce Recueil de Pièces est conservé dans la Bibliothèque de M. Thomassin Mazaugues, à Aix, entre les Manuscrits de M. de Peiresc, num. 14.

27767. Interprétation des causes de l'Edit de Déclaration du Roi Henri IV. sur l'union & incorporation de son ancien Patrimoine, mouvant de la Couronne de France, au Domaine d'icelle ; par Pierre DE BELLOY : *Tolose*, Colomiez, 1608, *in-8.*

☞ Ce Livre contient beaucoup de recherches sur les Domaines des Rois, &c. en particulier sur le Comté de Foix, Béarn, Pamiez, Donnesan, Comminge, Bigorre, Vicomté de Lautrec, &c. sur les Comtés d'Armaignac, Basse-Navarre, Vicomté de Soule, Biscaye, Rouergue, Gévaudan, l'Isle-Jourdain, Familles de Foise, d'Armaignac, Ravat, celle de Clément V. celle d'Albret, &c. Il y a un Discours à part pour le Béarn.]

27768. Avis pour la Réunion de la Terre de Béarn, à la Couronne de France : 1615, *in-8.*

☞ Les Catholiques de ce Pays la souhaitoient ardemment ; mais les Huguenots n'en vouloient pas entendre parler. Les Catholiques disent d'abord dans cet Avis, qu'il est incontestable que ce Pays faisoit le patrimoine du Roi Henri le Grand, & qu'il a dû par conséquent être réuni à la Couronne, comme il s'est toujours pratiqué. Ils prouvent par une foule d'autorités, que le Béarn a toujours été mouvant de la Couronne ; ce que leurs Adversaires nioient. Les Catholiques concluent que cette réunion importe à l'Etat, au repos public & au bonheur des Béarnois.]

27769. ☞ Réponse d'un Gentilhomme Navarrois, à la Lettre d'un Seigneur, sur l'union de la Navarre & du Béarn, à la Couronne : 1617, *in-8.*

27770. ☞ Mf. Droit du Roi, au Comté de Beaufort & autres Terres, qui furent à la Reine Germaine de Foix, & qui sont possédées à présent par Madame de Guyse & ses Ayans-cause : *in-fol.*

Cette Pièce est indiquée entre celles du num. 3301 * du Catalogue de M. le Blanc.]

— Beaujolois : ci-après, à *Lyonnois.*

— Berry, ci-devant, [N.º 27736.]

— Besançon, ci-après, à *Bourgogne.*

— Béziers, ci-après, à *Languedoc.*

— Bigorre, ci-après, à *Guyenne.*

— Bouillon, ci-devant, [N.º 27722,] & ci-après, à *Sedan.*

27771. Mf. Origine du Duché de Bouillon & de sa Mouvance ; avec les Pièces qui servent de Preuves ; par François DE CAMPS, Abbé de Signy : *in-fol.*

Ce Traité [étoit] conservé dans la Bibliothèque de l'Auteur, [aujourd'hui chez M. de Beringhen.]

27772. ☞ Discours du Duché de Bouillon & du rang des Ducs de Bouillon, en France : 1633, *in-4.*]

27773. Mf. Extraits des Registres de Bourbonnois : *in-fol.*

27774. Mf. Titres du Bourbonnois : *in-fol.*

Ces Titres & Extraits sont conservés dans la Bibliothèque du Roi, entre les Manuscrits de M. de Gaignières.

— Bourdeaux, ci-après, à *Guyenne.*

27775. ☞ Mémoire pour la Ville de Bourdeaux, contre le Fermier du Domaine ; avec la Réponse à ce Mémoire : *in-fol.*]

— Bourgogne, ci-devant, [N.º 27743.]

27776. Mf. Titres concernant les Duché & Comté de Bourgogne : *in-fol.*

Ces Titres [étoient] conservés dans la Bibliothèque de M. le Chancelier Seguier, num. 376, [aujourd'hui dans celle de S. Germain-des-Prés.]

27777. Mf. Union à la Couronne de France, par le Roi Jean, des Duché de Bourgogne & Comtés de Champagne & de Tolose, en 1361.

Cette Union est conservée dans la Bibliothèque de M. de la Mare à Dijon, *pag.* 19 de son *Plan des Historiens de Bourgogne.*

27778. Mf. Extraits des Titres de Bourgogne & de Nivernois : *in-fol.*

Ces Extraits sont conservés dans la Bibliothèque du Roi, entre les Manuscrits de M. de Gaignières.

27779. Mf. Titres originaux concernant la Bourgogne : *in-fol.*

Ces Titres [étoient] conservés dans la Bibliothèque de M. Colbert, & dans celle de M. Baluze, [toutes deux réunies, pour les Manuscrits, à la Bibliothèque du Roi.]

27780. Mf. Recueil de Titres anciens, concernant la Bourgogne, depuis l'an 1028 jusqu'en 1475 : *in-fol.*

Ce Recueil [étoit] conservé dans la Bibliothèque de M. Baluze, num. 414, [aujourd'hui dans celle du Roi.]

27781. Mf. Recueil de Pièces originales, concernant les Ducs de Bourgogne, depuis l'an 1456 jusqu'en 1477 : *in-fol.*

Ce Recueil [étoit] conservé dans la Bibliothèque de M. Colbert, num. 2135, & dans celle de M. Baluze, num. 166. [Ces deux Exemplaires sont maintenant à la Bibliothèque du Roi.]

27782. Mf. Divers Titres de Bourgogne : *in-fol.*

27783. Mf. Droits du Roi sur la Bourgogne : *in-fol.*

Ces deux Articles [étoient] conservés dans la Bibliothèque de M. Colbert, [& sont aujourd'hui dans celle du Roi.]

Titres & Droits du Domaine.   809

27784. ☞ Mſ. Titres & Droits du Domaine des Comtes de Bourgogne.

1. Il y a à la Chambre des Comptes de Dôle, un Inventaire général en 3 vol. *in-fol.* dont M. Bouhelier d'Audelange, Procureur-Général, a une Copie, & M. Balan, Avocat à Dôle, une autre.

2. M. CHEVALIER, Maître des Comptes, a rectifié l'Article des Chartes principales, dites *en ordre de Bourgogne :* l'Académie de Beſançon en a une Copie.

3. Il y a de plus un Inventaire particulier des Titres rapportés de la Chambre des Comptes de Dijon, il y a quelques années.

4. Indépendamment de ces Inventaires uſuels, il faut conſulter pour l'Hiſtorique, les anciens Inventaires qui contiennent pluſieurs Chartes perdues & négligées dans les nouveaux, comme réputés inutiles. Entre autres, il y a un Inventaire appellé *de Grimont*, fait en 1510, lorſqu'on transféra les Chartes du Château de Grimont, préſentement détruit: M. Tinſeau de Gennes, Conſeiller au Parlement de Beſançon, en a une Copie très-ancienne, & l'Académie de Beſançon en a un double.]

27785. Mſ. Bourgogne, Flandres, Artois, Cambray, Bezançon, depuis 1197 juſqu'en 1600 : *in-fol.*

Ces Titres ſont conſervés entre les Manuſcrits de M. Dupuy, num. 232.

27786. Mſ. Titres concernant la Bourgogne, Provence, Lyonnois, Dauphiné, Avignon, Orange, Auxerre, Mâcon, Bretagne : *in-fol.* 10 vol.

Ces Titres [étoient] conſervés dans la Bibliothèque de M. le Chancelier Seguier, num. 736, [aujourd'hui à S. Germain-des-Prés.]

27787. Mſ. Avertiſſement pour montrer que le Duché de Bourgogne appartient au Roi; ſemblablement les Comtés d'Artois, de Bourgogne, d'Auxerre, de Boulogne.

Cet Avertiſſement eſt conſervé dans la Bibliothèque de l'Egliſe Cathédrale de Tournay, ſelon Sanderus, au tom. I. de ſa *Bibliothèque des Manuſcrits Belgiques*, *pag.* 216.

27788. Traité des Droits du Roi au Royaume de Bourgogne, contre les prétentions des Empereurs d'Allemagne; & comme il le poſſéde à juſte titre, le Lyonnois, le Dauphiné, la Provence, la Breſſe, le Comté d'Auxerre, & autres Seigneuries, qui étoient anciennement dudit Royaume ; par Pierre DUPUY.

Ce Traité eſt dans ſon *Recueil des Droits du Roi: Paris*, 1655, *in-fol. pag.* 341.

27789. ☞ De la Souveraineté de la Couronne de France, ſur les Royaumes de Bourgogne Trans-Jurane & d'Arles ; par M. l'Abbé (François) DE CAMPS, *Mercure*, 1723, *Avril.*

Ce n'eſt que l'Extrait d'un plus grand Ouvrage ſur le même ſujet, que l'Auteur dit être prêt à mettre ſous la preſſe: (*Voyez* ci-après). Il ſoutient que le ſecond Royaume de Bourgogne Trans-Jurane & d'Arles, ont toujours été depuis leur établiſſement ſous la ſouveraineté de nos Rois; ce qu'il prouve, & par le ſéjour qu'ils y ont ſouvent fait, & par les hommages que leur ont rendus les Vaſſaux & grands Seigneurs de ce Royaume. Il fait voir enſuite que ſi les Empereurs l'ont poſſédé; ce n'a été que comme héritiers & légataires; mais qu'ils ont toujours été ſubordonnés à nos Monarques, leſquels en ont toujours retenu la haute Souveraineté.]

27790. Traité du Duché de Bourgogne ; par Pierre DUPUY.

Ce Traité eſt imprimé dans ſon *Recueil des Droits du Roi, pag.* 479.

27791. Mſ. Etat du Domaine du Roi en Bourgogne ; par Claude JOLY, Conſeiller à Mets.

Ce Conſeiller fut aſſaſſiné ſur le Pont de Mets, en 1680. Son Etat du Domaine de Bourgogne eſt cité par M. de la Mare, *pag.* 26 de ſon *Plan des Hiſtoriens de Bourgogne.*

27792. ☞ Recueil de 25 Pièces, Cahiers ou Procès-verbaux, concernant Fiefs, Arrière-fiefs, Droits & Domaines du Roi en Bourgogne, en Original ou Copies anciennes: *in-fol.*

Elles ſont conſervées à Dijon, dans la Bibliothèque de M. Fevret de Fontette, & viennent de M. (Philibert) de la Mare.]

27793. Mſ. Hiſtoire de la haute Souveraineté des Rois de France, ſur les Royaumes de Bourgogne & de Provence; par François DE CAMPS, Abbé de Signy: *in-fol.*

Cette Hiſtoire [étoit] conſervée dans la Bibliothèque de l'Auteur.

☞ Elle eſt maintenant dans celle de M. de Beringhen. On voit qu'elle eſt revêtue de l'Approbation du Cenſeur ; & M. de Camps ſe diſpoſoit à la donner au Public, lorſqu'il eſt mort, le 15 Août 1723. Il en avoit fait lui-même l'Extrait & l'avoit rendu public.

Voyez ci-deſſus, N°. 27789.]

27794. Mſ. Etat du Domaine de la Généralité de Bourgogne & de Breſſe : *in-fol.*

Cet Etat [étoit] conſervé dans la Bibliothèque de M. Pelletier de Souſi.]

27795. ☞ Conférence ſur les Limites de Bourgogne, & pour partager les Terres de ſurſéance, en ce qui concerne la Terre de Saint-Loup : *in-fol.*]

27796. ☞ Mémoire entre le Roi & le Comte de Braine, Robert de la Mark, Duc de Bouillon, pour la mouvance de Neſle & Foreſt de Daulle : *Paris*, 1661, *in-fol.*

Ce Mémoire eſt à trois colonnes. L'Expoſition du fait eſt dans l'une ; les Prétentions du Roi ſur cette mouvance, dans l'autre ; & celles du Comte de Braine, dans la troiſième. Ce Procès n'a pas été jugé : les choſes ſont reſtées comme elles étoient, & les Comtes de Braine ont conſervé leurs droits ſur ces objets.]

══ Breſſe : ci-devant, [N.° 27794], & ci-après à *Dauphiné & Provence.*

══ Bretagne : ci-devant, [N.° 27714 & 86.]

27797. Mſ. Inventaire des Titres de Bretagne, fait ſous le Roi Louis XII. & la Reine Anne, (c'eſt-à-dire, avant l'année 1514): *in-fol.*

Cet Inventaire [étoit] conſervé dans la Bibliothèque de M. le Comte de Pontchartrain.

27798. Mſ. Double de l'Inventaire des Char-

Tome II. Kkkkk

tres & Lettres du Pays & Duché de Bretagne : *in-fol.*

Cette ancienne copie manuscrite est indiquée *pag. 363* du Catalogue de M. de Cangé.]

27799. Mf. Inventaire des Lettres, Titres & Chartes de Bretagne, dressé l'an 1568 : *in-fol.*

Cet Inventaire [étoit] conservé dans la Bibliothèque de M. l'Abbé de Camps, [& a passé dans celle de M. de Beringhen.]

27800. Mf. Inventaire des Titres & Archives de la Chambre des Comptes de Nantes, fait l'an 1574 : *in-fol.*

27801. Mf. Inventaire des Titres du Château de Nantes en Bretagne, l'an 1565, 1568 & 1578 : *in-fol.*

Ces deux derniers Inventaires [étoient] conservés dans la Bibliothèque de M. le Chancelier Séguier, num. 437 & 733, [& aujourd'hui à S. Germain-des-Prés.]

27802. Mf. Inventaire des Lettres, Titres & Chartres de Bretagne, trouvées en la Chambre du Trésor de la Tournelle neuve du Château de Nantes ; fait par René DE BOURNEUF, Sieur de Cussé, premier Président du Parlement de Bretagne, à cette fin député par le Roi Charles IX. en 1565, depuis l'an 1421 jusqu'en 1579 : *in-fol.*

Cet Inventaire est conservé entre les Manuscrits de M. de Brienne, num. 300, & dans la Bibliothèque de M. Baluze, num. 39, [l'un & l'autre aujourd'hui à la Bibliothèque du Roi.]

27803. Mf. Inventaire des Titres & Archives du Château de Nantes, revu, corrigé & augmenté par les Bénédictins, qui ont visité les Archives de ce Château ; avec deux Tables : *in-fol.*

Cet Inventaire [étoit] entre les mains du R. P. Lobineau, Auteur de l'*Histoire de Bretagne.*

27804. Mf. Titres, Extraits, Montres, &c. de Bretagne : *in-fol.* 2 vol.

27805. Mf. Titres anciens, concernant la Bretagne, particulièrement sous les Règnes de Charles VIII. Louis XI. & depuis : *in-fol.*

Ces deux derniers Recueils sont conservés dans la Bibliothèque du Roi, entre les Manuscrits de M. de Gaignières.

27806. Mf. Anciens Titres de Bretagne, depuis l'an 1231 jusqu'en 1404 : *in-fol.*

27807. Mf. Titres & Mémoires concernant le Duché de Bretagne, depuis l'an 1297 jusqu'en 1598 : *in-fol.* 2 vol.

Ces deux Articles sont conservés entre les Manuscrits de M. Dupuy, num. 635 & 607.

27808. Mf. Autre Recueil, depuis l'an 1500 jusqu'en 1598 : *in-fol.*

Ce Recueil [étoit] conservé dans la Bibliothèque de M. de Caumartin, [mort Evêque de Blois. Il se trouve encore] dans celle de M. le Chancelier d'Aguesseau.

27809. Mf. Registre de divers Titres, Actes & Mémoires copiés sur les originaux des Archives du Duché de Bretagne, qui sont dans le Château de Nantes, touchant l'Histoire de Bretagne ; par les soins du Sieur DU MOULINET, à ce commis par le Roi, en 1683 & 1684 ; avec la Table de ces Titres : *in-fol.* 13 vol.

Ces Titres sont conservés dans la Bibliothèque du Roi, num. 8357^2-8357.[14] Le premier Tome contient les Bulles des Papes, en faveur des Ducs & Evêques de Bretagne : le second, les Fondations de plusieurs Abbayes & Bénéfices en Bretagne : le troisième, la Régale des Evêchés de Bretagne & les Sermens de fidélité dûs aux Ducs de Bretagne : le quatrième, les Mariages des Ducs de Bretagne & de leurs Enfans : le cinquième, Dissolution du Mariage de Louis XII. avec Jeanne de France : le sixième, Testamens des Ducs & Duchesses de Bretagne & de leurs Enfans : le septième, Pièces touchant la Généalogie des Ducs de Bretagne & des Comtes de Penthièvre : le huitième, Traités d'Alliance, entre les Ducs de Bretagne, les Rois d'Angleterre, Ducs de Bourgogne & autres. le neuvième, Traités de Paix entre les Ducs de Bretagne & les Rois de France : le dixième, Pièces touchant les Droits & Privilèges des Ducs de Bretagne, & touchant les Marches & Limites de cette Province : le onzième, le Procès criminel de Pierre de Rohan, Maréchal de Gié, en 1504 : le douzième, Procès criminels ; premièrement, contre les Seigneurs de Fougères ; secondement, Requête du Duc d'Orléans, contre le Duc de Bourgogne, qui avoit tué son père ; troisièmement, contre Marguerite de Clisson ; quatrièmement, contre le Comte de Penthièvre ; cinquièmement, contre le Chancelier Chauvin ; sixièmement, contre le Vicomte de Rohan : le treizième Tome contient l'Inventaire de ces Pièces.

27810. Mf. Traités, Actes & Mémoires concernant le Duché de Bretagne, depuis l'an 1328 jusqu'en 1575 : *in-fol.*

27811. Mf. Autre Recueil, depuis l'an 1209 jusqu'en 1626 : *in-fol.*

Ces deux Recueils sont conservés entre les Manuscrits de M. de Brienne, num. 299 & 298, [dans la Bibliothèque du Roi.]

27812. Mf. Traité des Domaines de Bretagne : *in-fol.*

Ce Traité [étoit] conservé dans la Bibliothèque de M. le Comte de Pontchartrain.]

27813. Mf. Mémoires concernant le Duché de Bretagne ; par Madame de Nemours, contre M. le Procureur Général du Roi. = Mémoires pour la Dame de Mercœur, contre Charles, Comte de Vertus, où est la déduction des prétentions au Duché de Bretagne, par ceux de Penthièvre : *in-fol.*

Ces Mémoires sont conservés entre les Manuscrits de M. Dupuy, num. 283.

27814. Traité de l'ancien Etat de la petite Bretagne, & du Droit de la Couronne de France sur icelle, contre les faussetés & calomnies des deux Histoires de Bretagne, composées par le Sieur d'Argentré ; par feu Nicolas VIGNIER : *Paris*, Perrier, 1619, *in-*4.

Cet Auteur est mort en 1596. « On s'étonnera peut-
» être (dit Nicolas Vignier, fils de l'Auteur, dans la
» longue Préface, qu'il a mise au-devant de cet Ouvrage
» en le publiant), que ce Livre, dressé dès l'an 1581,
» lorsque la première Histoire de Bretagne fut mise en

» lumière par le Sieur d'Argentré, & augmenté en
» 1587, par les Observations faites sur la seconde Edi-
» tion d'icelle, forte seulement en public après tant
» d'années........ Mais les mouvemens qui suivirent
» incontinent après, & qui contraignirent mon père de
» quitter sa Maison, &c. »

☞ *Voyez* sur ce Traité, la *Méth. histor.* de Lenglet, *in-*4. tom. IV. pag. 106.]

27815. Mémoire de la Bretagne & des Droits
des Rois de France sur icelle : *in-fol.*

☞ Ce Discours fut imprimé à l'occasion des Etats
de Bretagne, tenus en Juillet 1626, où le Roi & sa
Cour se trouvèrent.

L'Auteur donne une idée du Pays, de sa longueur,
largeur, figure, & de ses Rivières. Il dit que ce Pays
fut d'abord érigé en Royaume, & ensuite en Duché ;
que ses anciens Ducs prétendoient ne relever de personne ; que Pierre de Dreux fut le premier qui en fit
hommage au Roi S. Louis. Il passe légèrement sur les
grands hommes que cette Province a produits ; mais il
traite plus au long les disputes qui s'élevèrent entre les
Maisons de Montfort & de Penthièvre, dont les droits
réunis dans la personne de la Princesse Anne, femme
des Rois Charles VIII. & Louis XII. passèrent à Claude,
fille aînée du dernier, qui les transmit au Duc de Valois &
d'Angoulesme François, lequel fut depuis Roi de France, premier de ce nom, & les réunit à la Couronne,
pour n'en être plus séparés. Cette Pièce fut faite au sujet
des Prétentions de M. le Duc de Vendosme à ce Duché.
L'Auteur soutient qu'il n'y a plus de droits à prétendre
sur une prescription centenaire.]

Le même Mémoire est imprimé au tom. XII. du
Mercure François, pag. 348 : *Paris, 1626, in-*8.

27816. Traité des Droits du Roi sur le Duché
de Bretagne, avec les Généalogies ; par
Pierre DUPUY.

Ce Traité est imprimé dans son *Recueil des Droits
du Roi,* pag. 451 : *Paris, 1655, in-fol.*

27817. Mf. Traité de la Souveraineté du
Roi, sur les Bretons & sur le Duché de Bre-
tagne, depuis l'an de Jesus-Christ 502, con-
tenant la réfutation de l'Histoire de cette
Province, composée par le Père Lobineau,
avec les Pièces & Titres qui servent de
Preuves ; par François DE CAMPS, Abbé de
Signy : *in-fol.*

Ce Traité [étoit] conservé dans la Bibliothèque de
l'Auteur, [& est aujourd'hui dans celle de M. de Beringhen.]

27818. Traité historique de la Mouvance
de Bretagne, dans lequel on justifie que
cette Province, dès le commencement de
la Monarchie Françoise, a toujours relevé
immédiatement & en Arrière-fief de la Couronne de France, contre ce qu'en a écrit le
Père Lobineau, dans son Histoire de Bretagne : *Paris,* Cot, 1710, *in* 12.

René Auber DE VERTOT, Prieur de Pubel, de
l'Académie Royale des Belles-Lettres, est l'Auteur de
ce Traité.

☞ *Voyez* le *Journ. des Sçav.* Juillet 1710 : Janv.
1712. = *Mém. de Trévoux,* Janv. 1711. = Avril 1712.
Novemb. 1713. = *Journ. des Sçav.* Févr. 1714.]

27819. Réponse au Traité de la Mouvance
de Bretagne : On fait voir dans ce Traité
que la Bretagne n'a point été cédée par
Tome II.

Charles le Simple au Duc de Normandie :
Nantes, Maréchal, 1712, *in-*8.

Quoique cette Réponse soit anonyme, & que l'Auteur parle au nom d'un Ami du Père LOBINEAU, on a
sçû, à n'en pas douter, que ce Père en étoit l'Auteur.

27820. * Histoire critique de l'établissement
des Bretons dans les Gaules, & de leurs
dépendances des Rois de France & des
Ducs de Normandie ; par René Auber DE
VERTOT : *Paris,* Barois, 1720 : *in-*12.

C'est la Réplique à la Réponse du Père Lobineau.

27821. Dissertations sur la Mouvance de
Bretagne, par rapport au Droit que les
Ducs de Normandie y prétendoient, &
sur quelques autres sujets historiques : *Paris,*
Fournier, 1711, *in-*12.

Ces Dissertations ont été composées par Claude du
Moulinet, Sieur DES THUILLERIES.

☞ Elles sont au nombre de quatre, sçavoir :

Dissertation première, où l'on examine si la Mouvance de la Bretagne fut accordée avec la Normandie, par
le Roi Charles le simple, au Duc Rollon, & si lui &
ses Successeurs en ont depuis reçu l'hommage.

Dissertation seconde, touchant quelques points de
l'*Histoire de Normandie,* sur lesquels le nouvel Historien de Bretagne s'est aussi mépris.

Dissertation troisième, où l'on fait voir que l'Histoire
de la Translation & du Retour du corps de saint Martin de Tours, attribuée à S. Odon, Abbé de Cluny, est
une Pièce supposée.

Dissertation quatrième, touchant l'Origine des Rois
de France de la troisième Race.]

27822. Lettre du Père LOBINEAU, à M. de
Brilhac, Premier Président du Parlement
de Bretagne, pour servir de Réponse aux
Dissertations sur la Mouvance de Bretagne,
imprimées en 1711 : *Nantes,* 1712, *in-*8.

27823. Lettre à M. l'Abbé de Vertot, touchant les Réponses d'un Ami du Père Lobineau, aux Dissertations sur la Mouvance
de Bretagne, & au Traité sur le même
sujet.

Cette Lettre, écrite par M. Claude du Moulinet, Sieur
DES THUILLERIES, est imprimée avec la *Défense des
Dissertations,* du même Auteur : *Paris,* Guignard,
1713, *in-*12.

27824. ☞ Mf. Procès-verbal d'évaluation
des Domaines de Bretagne, de 1614 &
1644 : *in-fol.* 2 vol.

Ce Procès-verbal est indiqué num. 138 des Manuscrits du Catalogue de M. Godefroy.]

27825. ☞ Mémoire pour servir à la connoissance des fois & hommages de Bretagne ;
par Gérard MELLIER : *Paris,* 1715, *in-*12.]

C

27826. Mf. Etat des Domaines de Calais &
de Château-Renard, en 1643 : *in-fol.*

Cet Etat [étoit] conservé dans la Bibliothèque de
M. Pelletier de Souzi.

27827. Mf. Procès-verbal du Recolement

général fait des Terres du Pays reconquis, en 1584; par Jean CHOISNYN : *in-fol.*

Il [étoit] conſervé dans la Bibliothèque de M. Pelletier le Miniſtre, num. 174.

— Cambray : ci-devant, [N.° 27785.]

27828. Mſ. Lettres, Actes & Mémoires touchant Cambray, Saint-Paul, Sedan : *in-fol.*

Ce Recueil eſt conſervé entre les Manuſcrits de M. Dupuy, num. 530.

— Carcaſſone : ci-après, à *Languedoc.*

— Champagne : ci-après, à *Picardie.*

27829. De la Mouvance du Comté de Champagne ; par Charles DU FRESNE DU CANGE.

Ce Traité eſt imprimé dans ſa Diſſertation XIII. ſur l'*Hiſtoire de ſaint Louis* ; par Joinville, *pag.* 222 : *Paris*, 1668, *in-fol.* Elle eſt faite contre ce qu'a dit ſur ce ſujet Jean-Jacques Chifflet, dans ſes *Vindiciæ Hiſpanicæ.*

27830. ☞ Memoire ſur l'Union de la Champagne & de la Brie, à la Couronne de France ; par M. SECOUSSE : *Mém. de l'Acad. des Inſcript. & Bell. Lett. t. XVII. pag.* 295.

Ce Mémoire eſt diviſé en deux Parties. Dans la première, l'Auteur rapporte tout ce qui ſe trouve dans les Actes originaux, concernant cette Union. Les Rois de France, depuis la mort de Philippe-le-Bel, en 1314, ont toujours poſſédé ce Comté ; mais ils n'en jouirent paiſiblement & irrévocablement qu'en 1336. Dans la ſeconde Partie, M. Secouſſe diſcute les paſſages des Auteurs qui ont parlé de cette Union, & dont quelques-uns ne ſe ſont pas expliqués aſſez exactement.]

27831. ☞ Recueil des Arrêts & Réglemens, concernant le Papier Terrier du Roi en la Généralité de Champagne : *Troyes, in-4.*]

27832. Mſ. Mémoires de pluſieurs Villes, Bourgs & Villages qui ſont ſur la Frontière de Champagne, Lorraine & Barrois ; & dans l'étendue des Evêchés de Metz, Toul & Verdun : *in-fol.*

Ces Mémoires ſont conſervés entre les Manuſcrits de M. Dupuy, num. 680.

Voyez ci-après, à *Lorraine.*

27833. Traité des Pays & Comté de Charrolois, & Droits de Souveraineté que la Couronne de France a eue de tout temps & de toute ancienneté ; par Philibert DE RYMOND, Lieutenant Général de ce Comté : *Paris*, Richer, 1619, *in-8.*

27834. Mſ. Mémoires contenant la Principauté de Château-Regnault, depuis l'an 1575 juſqu'en 1632 ; recueillis par Auguſte GALLAND, Avocat Général au Conſeil ſouverain de Madame de Conty : *in-fol.*

Ces Mémoires ſont conſervés dans la Bibliothèque de M. le Chancelier d'Agueſſeau.

27835. ☞ Titres de la Maiſon d'Hamilton, ſur le Duché de Chatelleraut : *in-4.*]

— Cognac : ci-après, à *Guyenne.*

— Cominges : ci-après, à *Languedoc.*

27836. ☞ Diſcours touchant les Prétentions de la France, ſur les Places de Condé, Link, &c. en vertu du Traité d'Aix-la-Chapelle : *La Haye*, 1670, *in-12.*]

D

== Dauphiné : ci-devant, [N.° 27786 & 88,] & ci-après, à *Provence.*

27837. Le Tranſport du Dauphiné, fait à la Maiſon & Couronne de France, par Humbert, Dauphin du Viennois, en 1343, extrait de la Chambre des Comtes de Dauphiné ; publié par Jean BALESDENS, Avocat au Parlement & au Conſeil : *Paris,* Soubron, 1639, *in-8.*

Baleſdens, qui étoit de l'Académie Françoiſe, eſt mort en 1675. Tous les Actes de ce tranſport ſe trouvent imprimés avec les *Mémoires du Dauphiné* ; par M. de Valbonnais : *Paris,* 1711, *in-fol.*

27838. Mſ. Titres de Dauphiné, Breſſe, Savoye & Piémont : *in-fol.* 2 vol.

Ces Titres [étoient] dans la Bibliothèque de M. le Chancelier Seguier, num. 735, [aujourd'hui à Saint-Germain-des-Prés.]

27839. Mſ. Actes, Lettres & Traités concernant le Dauphiné, la Ville d'Avignon & la Principauté d'Orange, depuis l'an 1343 juſqu'en 1603 : *in-fol.*

Ce Recueil eſt conſervé entre les Manuſcrits de M. Dupuy, num. 440.

27840. ☞ Arrêts, Réglemens, Inſtructions, Formules & Ordonnances pour le Papier Terrier du Domaine du Roi en Dauphiné : *Grenoble*, Gilibert, 1679, *in-4.*]

27841. Mſ. Mémoires, Lettres, Actes & Traités concernant le Dauphiné, depuis l'an 1316 juſqu'en 1630 : *in-fol.*

Ce Recueil eſt conſervé entre les Manuſcrits de M. de Brienne, num. 307, [dans la Bibliothèque du Roi.]

— Diois : ci-après, à *Valentinois.*

F

27842. Mſ. Mémoires du Droit particulier du Roi, en Flandres, ſur les Villes de Dunkerque, Gravelines & Bourbourg : *in-fol.*

Ces Mémoires ſont conſervés dans la Bibliothèque de MM. des Miſſions Etrangères.

27843. * Droits particuliers du Roi ſur les Villes & Châtellenies de Dunkerque, Bourbourg & Gravelines en Flandres ; par Auguſte GALLAND.

Ce Traité eſt imprimé au Livre II. de ſes *Mémoires de Navarre & de Flandres* : *Paris*, 1648, *in-fol.*

27844. Mſ. Inventaire des Titres, Homma-

Titres & Droits du Domaine.

ges & Aveus de la Chambre des Comptes de la Fere : *in-fol.*

Cet Inventaire [étoit] conservé dans la Bibliothèque de M. le Chancelier Seguier, num. 731, [aujourd'hui à S. Germain des Prés,] & dans celle de M. le Chancelier d'Aguesseau.

✽ Galland cite un Inventaire pareil, comme fait par lui, dans les *Preuves de ses Mémoires sur la Flandres*, pag. 12.

27845. ☞ Liste des Droits appellés des Quatre Membres de Flandres, faisant partie des Domaines du Roi : *Lille*, 1712, *in*-8.]

— Foix : ci-après, à *Guyenne.*

27846. Ms. Inventaire des Terriers, Transactions, Testamens, Foi & Hommages, & autres Titres étant en la Chambre des Comptes de Forez, en la Ville de Montbrison, fait en 1472; par GAVAND : *in-fol.*

Cet Inventaire original est conservé dans la Bibliothèque de M. le Chancelier d'Aguesseau.

27847. Ms. Titres des Comtés de Forez & de Montbrison : *in-fol.*

Ces Titres [étoient] conservés dans la Bibliothèque de M. le Chancelier Seguier, num. 722, [aujourd'hui à S. Germain des Prés.]

G

27848. ☞ Ms. Extrait de la Chambre des Comptes de la Terre & Seigneurie de Guise, depuis 1275 jusqu'en 1408 : *in-fol.* 2 vol.

Il est indiqué au Catalogue de M. Secousse, n. 5857.]

27849. Traité du Comté de Guise en Picardie ; par Pierre DUPUY.

Ce Traité est imprimé dans son *Recueil des Droits du Roi* : Paris, 1655, *in-fol.*

27850. Ms. Guyenne, Armagnac, Foix, Bazadois, Limosin, Périgord, Béarn : *in-fol.*

27851. Ms. Guyenne & Languedoc : *in-fol.*

Ces deux Recueils sont conservés entre les Manuscrits de M. Dupuy, num. 219 & 220.

27852. Ms. Guyenne, Bourdeaux, Negrepelisse, Bigorre, Albret, Foix, Armagnac, Angoumois, Cognac : *in-fol.*

Ces Titres sont conservés entre les Manuscrits de M. de Brienne, num. 302, [dans la Bibliothèque du Roi.]

27853. ☞ Mémoire dans lequel il est prouvé que Charles V. étoit Souverain de la Guyenne, lorsqu'en 1369 la Cour des Pairs de France décerna contre Edouart, Prince de Galles & Duc de Guyenne, un ajournement qui fut suivi d'une Déclaration de guerre ; par M. SECOUSSE. *Mém. de l'Acad. des Inscript. & Bell. Lettres*, tom. XVII. pag. 316.]

27854. ☞ Ms. Négociation & Traité (concernant parties de la Guyenne ;) sur une violence commise par les Habitans de la Vallée d'Inco, en Arragon, sur les Habitans de la Vallée d'Aspe, en la Souveraineté de Béarn,

avec divers Mémoires sur les différends touchant la Rivière d'Andaye ou Bidasso, la construction d'un Port à Poccona, S. Jean-de-Luz, & confins de Navarre, & des Vallées de Barreige en France, & Brotho en Espagne.

Ce Manuscrit est conservé dans la Bibliothèque de S. Germain des Prés.]

H

27855. ☞ Ms. Recueil des Domaines du Hainault, fait en 1701 ; par le Sieur RAUCOURT : *in-fol.*

Il est indiqué au num. 2273 du Catalogue de M. Pelletier.]

L

== Languedoc, ci-devant, [N.° 27851.]

27856. Ms. Languedoc, Montpellier, Lautrec, Cominges, Lyon, Mâcon : *in-fol.*

27857. Ms. Languedoc, Carcassonne, Béziers, Toulouse, Poitiers : *in-fol.*

Ces deux Recueils sont conservés entre les Manuscrits de M. Dupuy, num. 518 & 634.

27858. Ms. Languedoc, Cominges & Montpellier : *in-fol.*

Ces Titres sont entre les Manuscrits de M. de Brienne, num. 306, [dans la Bibliothèque du Roi.]

27859. ☞ Ms. Pièces sur le Languedoc & la Provence : *in-fol.*

Elles sont dans la Bibliothèque de la Ville de Paris, num. 438.]

27860. Ms. Etats de Languedoc, Toulouse, Montpellier, Beziers, Nismes, & autres Pièces : *in-fol.*

Ces Etats [étoient] conservés dans la Bibliothèque de M. le Chancelier Seguier, num. 589, [aujourd'hui à S. Germain des Prés.]

27861. ☞ Traité du Droit de l'Equivalent établi dans le Pays de Languedoc, par Charles VII. en 1460 ; par Daniel DE LA COSTE, Romain : *Tolose*, Colomiez, 1616, *in*-4.]

27862. Titres du Comté de Laval & de ses Privilèges : *Paris*, des Hayes, 1658, *in*-4.

== Lautrec : ci-devant, [N.° 27856.]

== Limosin : ci-devant, [N.° 27850.]

27863. Ms. Extrait de Pièces tirées de plusieurs Châteaux & de particuliers dans les Villes concernant le Limosin : *in-fol.*

Ces Pièces sont conservées dans la Bibliothèque du Roi, entre les Manuscrits de M. de Gaignières.

27864. Ms. Conférence pour le réglement des Limites de Lorraine & Franche-Comté, en 1614 : *in-fol.*

Cette Conférence [étoit] conservée dans la Bibliothèque de M. Godefroy. François PITHOU est l'Auteur de cette Conférence.

27865. ☞ Divers Mémoires justificatifs de

la Souveraineté du Roi sur plusieurs endroits de Lorraine : *in-fol.*

Ils sont conservés dans la Bibliothèque de S. Germain des Prés. En voici les titres :

1. Différends pour les Limites du côté de Chaumont en Bassigny, entre le Roi, le Duc de Lorraine & le Comte de Bourgogne.

2. Plaidoyers, Mémoires, Arrêts & autres Pièces concernant le grand Différend entre le Roi & le Duc de Lorraine, pour raison des excès commis en la personne de Claude de Vallée, Prévôt de Clermont en Argonne, par les Officiers dudit Duc & de son consentement ; & pour maintenir que Clermont en Argonne est tenu à foi & hommage de la Couronne de France.

3. Titres & Mémoires justifians la Souveraineté du Roi à Neuf-Châtel en Lorraine, & à Gondrecourt le Châtel.

Voyez encore sur la Lorraine, ci-après, N.ᵒˢ 27878 *& suiv.*]

27866. ☞ Mſ. Diverses Pièces concernant les Terres de surféance sur la Frontière de Champagne & de Lorraine, entre le Roi & son Alteſſe : en Original.

Dans la Bibliothèque de M. Fevret de Fontette, à Dijon.]

27867. ☞ Mſ. Le Droit du Roi au Procès du Châtel de Louzoun, contre l'Evêque de Clermont.

Dans la même Bibliothèque, d'écriture ancienne.]

━ Lyonnois : ci-devant, à *Bourgogne & Languedoc.*

27868. Mſ. Titres du Lyonnois & du Beaujollois : *in-fol.*

Ces Titres [étoient] conservés dans la Bibliothèque de M. le Chancelier Seguier, num. 723, [aujourd'hui à S. Germain des Prés.]

M

━ Mâcon : ci-devant, [N.° 27786 & 857.]

— Maine : ci-après, à *Tours.*

━ Metz, Toul & Verdun : ci-devant, [N.° 27723.]

27869. Mſ. Inventaire des Titres de la Réunion des trois Evêchés, Metz, Toul & Verdun : *in-fol.*

Cet Inventaire [étoit] conservé dans la Bibliothèque de M. Pelletier de Souſi.

27870. Mſ. Mémoires sur les trois Evêchés, Metz, Toul & Verdun : *in-fol.*

Ces Mémoires sont dans la Bibliothèque de M. le Chancelier d'Aguesseau.

27871. Mſ. Metz, Toul & Verdun : *in-fol.* 2 vol.

Ce Recueil [étoit] conservé à Paris dans la Bibliothèque de M. Bouthillier, ancien Evêque de Troyes, T. 1. V.1.

27872. Mſ De l'Indépendance de Metz, Toul & Verdun : *in-fol.*

Ces Titres [étoient] conservés dans la Bibliothèque de M. l'Abbé de Camps, [qui a paſſé à M. de Beringhen.]

27873. Mſ. Metz, Toul, Verdun, Paſſavant, Mouſon : *in-fol.*

Ces Titres sont conservés entre les Manuscrits de M. Dupuy, num. 492.

27874. Mſ. Inventaire des Titres de Metz, Toul, Verdun : *in-fol.*

27875. Mſ. Titres de Metz, Toul & Verdun : *in-fol.* 5 vol.

Cet Inventaire & ces Titres [étoient] dans la Bibliothèque de M. Godefroy.

27876. Mſ. Titres & Pièces touchant les Evêchés de Metz, Toul & Verdun : *in-fol.* 22 vol.

Ces Titres [étoient] conservés dans la Bibliothèque de M. le Chancelier Seguier, num. 497, [aujourd'hui à S. Germain des Prés.]

27877. Mſ. Actes & Mémoires touchant Metz, Toul & Verdun : *in-fol.*

Ce Recueil est conservé [à Aix] dans la Bibliothèque de M. Thomaſſin Mazaugues, entre les Manuscrits de M. de Peiresc, num. 14.

27878. Productions des Titres & Actes pour justifier les Droits du Roi ès trois Evêchés de Metz, Toul & Verdun ; comme aussi les Uſurpations des Ducs de Lorraine sur lesdits Evêchés, avec leur Inventaire ; par Pierre Dupuy.

Ces Productions sont imprimées dans son *Recueil des Droits du Roi, pag.* 591 : *Paris,* 1655, *in-fol.*

27879. ☞ Mſ. Recueil sur les trois Evêchés : *in-fol.*

Il est indiqué *pag.* 405 du Catalogue de M. de Cangé ; & à la Bibliothèque du Roi : il contient :

1. Abrégé des Chroniques du Roi Charles VII. Chronique de Metz véritable.

2. Recueil d'anciennes Pièces concernant divers Engagemens faits par les Evêques de Metz, dont quelques-unes en original.

3. Inventaires, Titres & Actes touchant les Usurpations de plusieurs Villes & Seigneuries de l'Evêché de Metz, faites par le Duc de Lorraine.

4. Edit portant création de cinq Bailliages & huit Prévôtés dans le ressort du Parlement de Metz.

5. Mémoire sur la Jurisdiction des Officiers Royaux.

6. Entreprises & Uſurpations des Ducs de Lorraine sur la Ville de S. Manſuit, & de S. Epvre de Toul, comme auſſi sur l'Evêché & le Chapitre de Toul.

7. Factum de l'Eglise de S. Euchaire de Liverdun, contre le Cardinal de Biſſy.

8. Uſurpations des Ducs de Lorraine sur la Ville & Comté de Verdun ; & autres Pièces manuscrites & imprimées.

27880. Mſ. Inventaires, Titres & Actes touchant les Uſurpations du Duc de Lorraine sur la Ville de Metz & Pays Meſſin, sur les Abbayes de S. Arnoul & de Groze produits par le Procureur du Roi audit Metz, en l'année 1625 : *in-fol.*

Ces Inventaires sont conservés entre les Manuscrits de M. de Brienne, num. 132, [à la Bibliothèque du Roi.]

27881. De la Souveraineté de Metz, Pays Meſſin & autres Villes & Pays circonvoiſins,

Titres & Droits du Domaine. 815

qui étoient de l'ancien Royaume d'Austrasie ou de Lorraine : contre les prétentions de l'Empire, de l'Espagne & de la Lorraine ; & contre les maximes des Habitans de Metz, qui ne tiennent le Roi que pour leur Protecteur ; par Charles HERSENT, Chancelier de l'Eglise de Metz : *Paris*, Blaise, 1632, *in-8*.

27882. Recueil des Arrêts de la Chambre Royale de Metz, pour la Réunion des Dépendances des trois Evêchés de Metz, Toul & Verdun, & autres endroits, à l'obéissance du Roi : *Paris*, Léonard, 1681, *in-4*.

Le même Recueil est aussi imprimé avec les *Traités de Paix* de LEONARD, *tom. VI. Paris*, 1693, *in-4*.

27883. ☞ La Dissolution de la Réunion, où il est prouvé que les Seigneurs ne sont plus tenus aux hommages & aux serments, qu'ils ont rendus au Roi de France, à la Chambre Royale de Metz, & aux Conseils souverains d'Alsace & de Besançon : *Cologne*, 1692, *in-8*.]

27884. ☞ Mf. Lettre d'un Gentilhomme Italien, à un de ses Amis, où l'on répond à ce que disoient les Etrangers contre les Arrêts de la Chambre Royale de Metz ; avec un Discours sur les Affaires d'Alsace.

Je ne sçai si cette Pièce est imprimée ; mais je l'ai vu manuscrite.]

27885. Mf. Metz, Lorraine, Barrois: *in-fol*.

Ces Titres sont conservés entre les Manuscrits de M. Dupuy, num. 752.

27886. Mf. Négociations du Sieur DE VATAS, envoyé par Charles, Cardinal de Lorraine, Evêque de Metz, à la Diète d'Ausbourg, depuis le 6 Janvier jusqu'en Mai 1566, où est la Reprise pour l'Evêché de Metz & le Pays Messin : *in-fol*.

Ces Négociations sont conservées entre les mêmes Manuscrits, num. 753.

27887. Mf. Traités, Actes, Mémoires concernant la Ville de Metz & le Pays Messin, depuis l'an 1312 jusqu'en 1632 : *in-fol*.

Ces Traités sont entre les Manuscrits de M. de Brienne, num. 125, [à la Bibliothèque du Roi.]

27888. Mf. Inventaire fait par l'ordre du Roi, des Titres & Papiers qui concernent l'Evêché de Metz & l'Abbaye de Gorze, trouvés dans le Trésor de la Chancellerie de Vic, en 1633 : *in fol. 2 vol*.

Cet Inventaire [étoit] dans la Bibliothèque de M. Godefroy.

27889. Mf. Conférence pour la Ville de Metz : *in-fol*.

Cette Conférence, avec l'Inventaire précédent, [étoient dans la Bibliothèque de M. le Chancelier Séguier, num. 494 & 743, [aujourd'hui à S. Germain-des-Prés.]

27890. Mf. Mémoires, Titres & Actes concernant l'Evêché de Metz : *in-fol*.

Ces Mémoires sont conservés entre les Manuscrits

de M. Dupuy, num. 334, & entre ceux de M. de Brienne, num. 126.

27891. ☞ Mf. Mémoire pour justifier que la Terre & Seigneurie de Montbard est Domaniale, & qu'elle a toujours relevé du Duché de Bourgogne ; par Etienne FILSJEAN, Maître des Comptes à Dijon.

Il est conservé dans la Bibliothèque de M. Filsjean de Talmay, Conseiller au Parlement.]

— Montpellier : ci-devant, [N.° 27860.]

27892. ☞ Donation de la Comté de Mortaing, à M. Charles de Navarre, en 1401.

Elle est imprimée dans les *Mélanges historiques* de Camusat].

N

27893. Mf. Inventaire des Titres de Navarre : *in-fol*.

Cet Inventaire [étoit] conservé dans la Bibliothèque de M. Colbert, [aujourd'hui dans celle du Roi.]

27894. Mf. Inventaire des Chartes de la Chambre des Comptes ; concernant le Royaume de Navarre : *in-fol*.

Cet Inventaire [étoit] dans la Bibliothèque de M. Foucault, [qui a été distraite.]

27895. Mf. Mémoires, Lettres & Actes touchant le Royaume de Navarre, depuis l'an 1360 jusqu'en 1608 : *in-fol*.

Ces Mémoires sont conservés entre les Manuscrits de M. Dupuy, num. 389.

27896. Mf. Titres du Domaine de Navarre, rédigé par ordre alphabétique : *in-fol*. 16 vol.

27897. Mf. Union du Domaine de Navarre à la Couronne : *in-fol*.

Ces Titres & cette Union sont conservés dans la Bibliothèque de M. le Chancelier Seguier, num. 681 & 682.

27898. ☞ Mf. Copie collationnée de l'ancien Domaine de Navarre : 1619, de 13 pages.

Dans la Bibliothèque de M. Fevret de Fontette, à Dijon.] •

27899. Mf. Etat du Domaine de Navarre & de Béarn, en 1643 : *in-fol*.

Cet Etat [étoit] conservé dans la Bibliothèque de M. Peletier de Souzy.

27900. ☞ Mf. Négociation & Traité entre le Roi & le Roi d'Espagne, touchant les différends pour les Pasturages des Montagnes d'Alduos, entre les Habitans de la Vallée de Baigorry, en la Basse-Navarre, & les Habitans de la Vallée de Valderro, Valcarlos, Roncevaux & autres, en la Haute-Navarre, durant les années 1610, jusqu'en 1615.

Ce Manuscrit est conservé dans la Bibliothèque de S. Germain-des-Prés.]

— Negrepelisse : ci-devant, [N.° 27852.]

Liv. III. Histoire Politique de France.

— Nismes : ci-devant, [N.° 27860.]

— Normandie : ci-après, à *Picardie*.

27901. ☞ Mſ. Mémoire pour juſtifier que la Terre & Seigneurie de Noyers eſt Domaniale, & qu'elle a toujours relevé du Duché de Bourgogne; par Etienne FILSJEAN, Maître des Comptes à Dijon.

Il eſt conſervé dans la Bibliothèque de M. Filsjean, de Talmay, Conſeiller au Parlement de Dijon.]

O

— Orange, ci-devant, [N.os 27786, & 27839], encore ci-après, à *Provence*.

27902. Mſ. Inventaire de pluſieurs Titres, concernant la Principauté d'Orange : *in-fol.*

27903. Mſ. Principauté d'Orange; Généalogie de la Maiſon de Chalons; Inſtructions touchant les Droits du Roi ſur la Principauté d'Orange ; par Claude Fabry DE PEIRESC; avec d'autres Mémoires touchant ladite Souveraineté : *in-fol.*

Cet Inventaire & ce Recueil ſont conſervés entre les Manuſcrits de M. Dupuy, num. 644 & 645.

27904. Traité de la Principauté d'Orange; par Pierre DUPUY.

Ce Traité eſt imprimé dans ſon *Recueil des Droits du Roi*, pag. 415 : Paris, 1655, *in-fol.*

27905. Du Droit de l'Empire, ſur la Principauté d'Orange, contre les prétentions des Rois de France, (en Allemand); par Jean-Pierre LUDOVICI : 1702, *in-4*.

27906. ☞ Mſ. Inventaire des Titres d'Orléans, du Lyonnois, &c. *in-fol.* 2 vol.

Cet Inventaire eſt indiqué num. 144 des Manuſcrits du Catalogue de M. Godefroy.]

P

27907. Mſ. Etat du Domaine de Paris; par Antoine LE MENESTREL, Receveur de ce Domaine, depuis l'an 1642 juſqu'à pareil jour en 1643 : *in-fol.*

Cet Etat [étoit] conſervé dans la Bibliothèque de M. Pelletier de Souſi.

27908. Mſ. Recueil de Pièces concernant Paris, & le Château de Vincennes: *in-fol.*

Ce Recueil [étoit] conſervé à Paris, dans la Bibliothèque de M. Bouthillier, ancien Evêque de Troyes : I. 2.

— Périgord, ci-devant, [N.° 27850.]

27999. Mſ. Inventaire des Titres du Roi, concernant le Périgord & la Vicomté de Limoges, qui étoient ci-devant au Château de Nerac, & qui ſont à préſent au Château de Pau: *in-fol.* 2 vol.

Cet Inventaire eſt conſervé entre les Manuſcrits de M. Dupuy, num. 362, 366, dans la Bibliothèque de M. le Chancelier Seguier, num. 677, [à S. Germain-des-Prés : il étoit auſſi] dans celle de M. Foucault, [qui a été diſtraite.]

27910. Mſ. Mémoires pour les Limites de Picardie, Comté de Saint-Paul, Normandie, Champagne, Auvergne : *in-fol.*

Ces Mémoires ſont conſervés entre les Manuſcrits de M. de Brienne, num. 297, [à la Bibliothèque du Roi.]

27911. Mſ. Mémoires hiſtoriques touchant les Limites de France, Picardie & Artois ; avec pluſieurs Pièces ſur le même ſujet : *in-fol.*

Ces Mémoires [étoient] conſervés dans la Bibliothèque de M. Pelletier le Miniſtre, num. 174.

— Poitiers : ci-devant, [N.° 27850.]

27912. Mſ. Domaine de Poitiers: *in-fol.*

Ce Recueil [étoit] dans la Bibliothèque de M. le Chancelier Seguier, num. 687, [aujourd'hui à S. Germain-des-Prés.]

27913. Mſ. Titres concernant le Poitou: *in-fol.* 2 vol.

Ces Titres ſont conſervés dans la Bibliothèque du Roi, entre les Manuſcrits de M. de Gaignières.

— Provence: ci-devant, [N.° 2786 & 93.]

27914. Mſ. Provence & Dauphiné : *in-fol.*

Ces Titres ſont conſervés entre les Manuſcrits de M. Dupuy, num. 221.

27915. Mſ. Titres des Comtés de Provence, Dauphiné, Breſſe & Savoye : *in-fol.*

Ces Titres [étoient] conſervés dans la Bibliothèque de M. le Chancelier Seguier, [aujourd'hui à S. Germain-des-Prés,] & dans celle des Miſſions Etrangères. Ce Volume eſt auſſi intitulé : *Hiſtoire du Royaume d'Arles*, parce qu'il étoit compoſé de ces Provinces & Principautés.

27916. Mſ. Titres & Mémoires pour le Comté de Provence & la Principauté d'Orange, depuis l'an 1113 juſqu'en 1627: *in-fol.*

Ces Titres ſont conſervés entre les Manuſcrits de M. Dupuy, num. 154.

27917. Obſervations ſur l'Uſurpation du Royaume de Provence par Boſon, & la Souveraineté de nos Rois ſur le Rhône.

C'eſt le ſujet de la Note 1. du tom. II. de l'*Hiſtoire du Languedoc*, par DD. DE VIC & VAISSETTE.

27918. ☞ Epoque de l'Union du Marquiſat de Provence, au Domaine des Comtes de Toulouſe : étendue de ce Marquiſat ; Suite des Comtes de Provence; Partage de la Provence, fait en 1125, entre Alphonſe Jourdain, Comte de Toulouſe, & Raymond Berenger III. Comte de Barcelonne.

Ce ſont les objets des Notes XIV. & XV. du tom. II. de l'*Hiſtoire du Languedoc*, par DD. DE VIC & VAISSETTE.]

27919. Mſ. Procès; Ecritures & Productions de Pierre de Bourbonnois & d'Auvergne, Seigneur de Beaujeu, & d'Anne de France ſa femme, fille aînée de Louis XI. pour raiſon du Comté de Provence, & pour les Biens meubles & immeubles donnés au Roi Louis XI. par Charles d'Anjou, Roi de Sicile, & autres prétentions : *in-fol.*

Ces Pièces ſont conſervées entre les Manuſcrits de M.

Traités & Titres du Domaine.

M. Dupuy, num. 196, & ceux de M. de Brienne, num. 305.

27920. Mſ. Procès pour les Comtés de Provence, Forcalquier & Terres adjacentes, entre le Procureur Général du Roi, Défendeur d'une part ; & René, Roi de Sicile & Duc de Lorraine, Demandeur d'autre part, du temps de Louis XII. *in-fol.*

Ce Procès eſt conſervé entre les Manuſcrits de M. Dupuy, num. 195, 406, & ceux de M. de Brienne, num. 304. Le Recueil eſt compoſé de quatre Ecrits pour le Roi de France, dont Accurſe MEYNIER, Conſeiller du Roi au Grand-Conſeil, Juge-Mage de Provence, a dreſſé les premiers ; de quatre autres Ecrits pour le Duc de Lorraine, avec un Inventaire des Productions de part & d'autre ; & de beaucoup de Titres & de Pièces juſtificatives. Les Commiſſaires nommés ne devoient point juger, comme l'aſſure M. Dupuy ; mais ſeulement examiner les raiſons des deux Parties, & en faire leur rapport au Roi.

27921. Traité des Droits du Roi aux Comtés de Provence, de Forcalquier & Terres adjacentes ; par Pierre DUPUY.

Ce Traité eſt imprimé dans ſon *Recueil des Droits du Roi, pag.* 373 : *Paris,* 1655, *in-fol.*

27922. Pièces & Titres concernant le Domaine des Comtés de Provence & de Forcalquier, Seigneurs de Fréjus & autres Terres : *in-4.*

27923. Diſcours préſenté au Roi Charles VIII. (par Jean DE LUBIERES), pour prouver que les Comtés de Provence & de Forcalquier ſont du Domaine de France : [que c'eſt par uſurpation qu'Alfonſe, Roi d'Arragon, s'étoit emparé du Royaume de Sicile ; & enfin faire voir que ledit Roi Charles VIII. étoit en droit de demander partage en Lorraine, Vaudemont, Harcourt & autres Biens paternels & maternels de Jeanne de Lorraine, femme de Charles, dernier Roi de Sicile : *in-4.*]

Le même Diſcours, ſous ce titre : Droits du Roi de France au Royaume de Sicile, & ès Comtés de Provence, de Forcalquier & Terres adjacentes, tiré du Tréſor des Chartres de la Ville d'Aix, l'an 1484.

Il eſt imprimé parmi les *Preuves des Mémoires* de Ph. de Comines, & dans les *Obſervations ſur l'Hiſtoire de Charles VIII. pag.* 476.

27924. * Réponſe aux Prétentions de René II. Duc de Lorraine, ſur les Duché d'Anjou, Comtés de Provence & du Maine, & autres Seigneuries.

Elle eſt parmi les *Obſervations ſur l'Hiſtoire de Charles VIII. pag.* 483.

27925. Mſ. Conſultation de Melchior SEGUIRAN, pour les Droits de la France ſur la Provence, contre le Duc de Lorraine.

Cette Conſultation (qui fut dreſſée vers l'an 1484), eſt conſervée entre les Manuſcrits de M. Dupuy, n. 655. Melchior Seguiran, Seigneur de Vauvenargue, fut député par les Etats de Provence, vers Louis XII. qui le fit en 1501, l'un des douze Conſeillers du Parlement d'Aix. Ayant été employé dans les Affaires, il avoit vu les Archives & les anciens Titres. Il eſt mort en 1509.

27926. ☞ Mſ. Le Catalogue des princi-

paux Rois & Comtes qui ont régné en Provence : comment le Comté de Provence eſt venu en la Maiſon d'Anjou & de Lorraine, & de ceux auxquels appartient juſtement la poſſeſſion dudit Pays ; par Nicolas de Lorraine, Comte de Vaudemont, Duc DE MERCŒUR : *in-12.*

Ce Manuſcrit original eſt indiqué *pag.* 393 du Catalogue de M. de Cangé, & eſt apparemment dans la Bibliothèque du Roi.]

27927. Remontrances de la Nobleſſe de Provence au Roi, pour la révocation des Arrêts de ſon Conſeil, portant réunion à ſon Domaine des Terres aliénées & inféodées par les Comtes de Provence ; avec les Preuves tirées de leurs Teſtamens & Actes authentiques ; par Noël GAILLARD, Avocat au Parlement de Provence, & Syndic de la même Nobleſſe : *Aix,* Roize, 1669, *in-fol.*

Ces Remontrances, qui eurent leur effet, ſont très-bien & très-ſolidement dreſſées. Ce qui rend ce Recueil précieux, ce ſont les anciens Titres & Actes qui compoſent la plus grande partie de ce Volume. L'Auteur eſt mort en 1695, âgé de quatre-vingt-deux ans.

☞ *Voyez* ci-devant, *Avignon,* N.° 17748 & *ſuiv.*]

Q

27928. ☞ Epoque de l'Union des Comtés de Quercy & de Rouergue, au Domaine des Comtes de Touloufe.

C'eſt le ſujet de la Note XCIX. du tom. I. de l'*Hiſtoire du Languedoc* ; par DD. DE VIC & VAISSETTE.]

R

27929. Mſ. Inventaire des Titres de la Ville de la Rochelle : *in-fol.*

Cet Inventaire [étoit] dans la Bibliothèque de M. le Chancelier Seguier, num. 554, [& eſt aujourd'hui à S. Germain-des-Prés.]

27930. Mſ. Inventaire des Titres, Chartres & Privilèges de la Ville de la Rochelle & du Pays d'Aunis ; recueillis par Amos BARBOT : *in-fol.*

Cet Inventaire eſt conſervé avec ſon *Hiſtoire de la Rochelle,* dans la Bibliothèque précédente ; [M. Arcère en a fait uſage dans l'Hiſtoire qu'il a publiée.]

27931. ☞ Anecdotes hiſtoriques, & diſcuſſion exacte des moyens de la France, pour prouver que c'eſt à tort que les Anglois ont prétendu que la Rochelle leur appartenoit ; dédiées à M. le Bailleur, Conſeiller d'Etat, Lieutenant Civil & Prévôt des Marchands de la Ville de Paris : 1623.

Ces Anecdotes ſont imprimées dans le *Recueil* F. *in-12.*]

27932. ☞ Conſultation ſur la Mouvance de la Vicomté de Rohan ; par M. DE SOZZI : 1752.]

S

27933. ☞ Extrait des Requêtes du Sieur DE CHALIVEAU, pour la Défenſe des Droits du Roi ſur l'Abbaye de Saint-Jean-au-Mont,

Tome II. L l l l l

contre les anciennes prétentions de l'Espagne, soutenues par les Religieux de la même Abbaye; avec la Réponse des Religieux : *in-fol.*

27934. Mf. Procès-verbal des Commissaires députés par les Rois Très-Chrétiens & Catholiques, sur le différend touchant l'Abbaye de Saint-Jean du Mont de Térouenne, en 1560 : *in-fol.*

Ce Procès-verbal est conservé entre les Manuscrits de M. Dupuy, num. 66.

27935. Les Droits du Roi sur l'Abbaye de Saint Jean de Térouenne, éclaircis & défendus contre l'injuste prétention d'Espagne; par GERMAIN, Abbé de cette Abbaye : *Paris*, Sevestre, 1663, *in-4*.

☞ Cette dispute vient d'être terminée par l'Art. 36 de la Convention du 16 Mai 1769, entre le Roi & l'Impératrice Archiduchesse d'Autriche, à laquelle le Roi abandonne ses Droits.]

27936. ☞ Procès-verbal des Commissaires du Roi, des Archiducs, Comtes de Bourgogne, & du Duc de Lorraine, concernant le différend de la Mouvance & Seigneurie de Saint-Loup en Vosge : 1611, *in-fol.*

Ce Manuscrit est conservé dans la Bibliothèque de S. Germain-des-Prés.]

══ Le Comté de Saint-Paul, ci-devant, [N.° 27818, & 27910.]

27937. Mf. Procès-verbaux & Inventaires des Pièces touchant la Mouvance du Comté de Saint Paul : *in-fol.* 6 vol.

Ces Procès-verbaux sont conservés entre les Manuscrits de M. Dupuy, num. 181-186, & ceux de M. de Brienne, num. 161-166.

27938. ☞ Mf. Conférence de S. Riquier.

C'est le Procès-verbal de la Conférence tenue à Saint-Riquier & autres lieux, par les Députés du Roi & des Archiducs, touchant les différends demeurés indécis par le Traité de Paix fait à Vervins, en 1602 : *in-fol.*

Ce Manuscrit, ainsi que les suivans, se trouvent dans la Bibliothèque de S. Germain-des-Prés.]

Inventaire des Productions des Archiducs, à S. Riquier, en 1602 : *in-fol.*

Ces Productions furent faites par le Procureur-Général des Archiducs, au sujet de la Mouvance & Tenue Féodale du Comté de S. Paul.

Contredits du Roi, aux Productions des Archiducs : 1602, *in-fol.*

27939. Mf. Recueil de différentes Pièces, sur le différend de la Souveraineté & Féodalité du Comté de Saint-Paul : *in-fol.*

Ce Recueil [étoit] dans la Bibliothèque de M. Colbert, num. 2281, [aujourd'hui dans celle du Roi.]

27940. ☞ Inventaire des Titres, Papiers & Dénombremens du Comté de Saint-Paul; par Claude BENNET, Bailly de Ham : *in-fol.*

Cet Inventaire est conservé dans la Bibliothèque de M. le Chancelier d'Aguesseau.

27941. ☞ Défense des Droits du Roi, pour la Mouvance du Comté de Saint-Paul, sur la nomination faite par Sa Majesté, à l'Abbaye de Cercamp, de la personne de M. Eustache Picot, Maître de la Musique de sa Chapelle : *Paris*, 1627, *in-4*.]

27942. Traité en forme de Contredits, touchant le Comté de Saint-Paul; par Jacques DE LA GUESLE, Procureur Général du Parlement; auquel sont exposés les Droits de la Couronne sur ledit Comté, contre les prétentions de l'Archiduc: *Paris*, 1634, *in-4*.

27943. Remarques curieuses touchant le Comté de Saint-Paul; par Jacques DE LA GUESLE : *Paris*, 1635, *in-4*.

☞ Cet Ouvrage, imprimé chez Villery, pourroit bien être le même que celui qui est indiqué au N.° précédent.]

27944. Traité de la Mouvance du Comté de Saint-Paul; par Pierre DUPUY.

Ce Traité est imprimé dans son *Recueil des Droits du Roi*, pag. 319 : *Paris*, 1655, *in-fol.*

27945. ☞ Mf. Généalogie des Comtes de Boulogne & de Saint-Paul, pour démontrer que le Comté de Saint-Paul est mouvant en plein fief du Comté de Boulogne, & non du Comté d'Artois : *in-fol.*

Ce Manuscrit, qui avoit passé de la Bibliothèque de M. de Pontac, Premier Président au Parlement de Bordeaux, dans celle de M. Duplessis, Conseiller au même Parlement, est à présent dans le Cabinet de M. l'Abbé d'Esbiey, Bibliothécaire de la Ville de Bordeaux.]

27946. ☞ Mf. Procès-verbal du 13 Mars 1601, pour les Limites entre les Députés du Roi & des Archiducs; ═ Titres pour les différends, concernant le Comté de Saint-Paul; Traité de Paix entre Louis XI. & les Princes du Sang, &c. *in-fol.* 2 vol.

Ce Manuscrit original est conservé dans la Bibliothèque du Roi, parmi ceux de M. de Cangé.]

══ Sedan, ci-devant, [N.° 27722 & 27828.]

27947. Mf. Lettres, Titres, [Actes concernant la Ville de Sedan, depuis l'an 1259 jusqu'en 1631 : *in-fol.*

Ces Pièces sont conservées entre les Manuscrits de M. de Brienne, num. 135, [à la Bibliothèque du Roi.]

27948. Mf. Principauté de Sedan & Duché de Guise, depuis l'an 1259 jusqu'en 1633, *in-fol.*

27949. Mf. Pièces, touchant Sedan, Raucourt, & le Duché de Bouillon : *in-fol.*

Ces deux derniers Recueils sont conservés entre les Manuscrits de M. Dupuy, num. 435 & 625.

27950. ☞ Mf. Origines & Mouvances des grandes Seigneuries situées le long de la Meuse, contenant l'Histoire de Sedan, Charleville, Arques; de la Prévôté de Donchery, de Mouzon, de Clermont en Argone, de Jamets, de Raucourt & de Stenay; par François DE CAMPS, Abbé de Signy : *in-fol.*

Cet Ouvrage est cité parmi ceux de l'Auteur, par du Sauzet : *Bibl. Franc.* tom. III. part. I. art. VIII. & il doit être chez M. de Beringhen.]

27951. Mf. Domaine de Sedan : *in-fol.* 2 vol.

Ce Recueil [étoit] dans la Bibliothèque de M. le Chancelier Seguier, num. 730, [& est aujourd'hui à Saint Germain-des-Prés.]

27952. Mf. Differtation du Comté de Soiffons, & de fa Mouvance de la Couronne de France ; par François DE CAMPS, Abbé de Signy : *in-fol.*

Cette Differtation [étoit] confervée dans la Bibliothèque de l'Auteur, [& eft aujourd'hui dans celle de M. de Béringhen.]

T

== Evêché de Toul, ci-devant, [N.º 27869 & *fuiv.*]

27953. Mf. Titres de la Ville & Evêché de Toul : *in-fol.* 4 vol.

Ces Titres [étoient] dans la Bibliothèque de M. le Chancelier Seguier, [aujourd'hui à S. Germain-des-Prés.]

== Touloufe, ci-devant, [N.º 27857 & *f.*]

27954. Mf. Mémoires de Tours, Anjou, Maine, fur le rapport de M. Colbert, en 1664 : *in-fol.*

Ces Mémoires [étoient] dans la Bibliothèque de M. le Chancelier Seguier, num. 776, [aujourd'hui à Saint-Germain-des-Prés.]

27955. Mf. Titres pour la Ville de Troyes en Champagne : *in-fol.*

Entre les M. de Manufcrits Dupuy, num. 225.

V

27956. Mf. Traité concernant le Tranfport fait au Roi, des Comtés de Valentinois & de Diois, en 1404 : *in-fol.*

Ce Traité eft confervé entre les Manufcrits de M. Dupuy, num. 257.

27957. ☞ Pouvoir pour le Gouverneur du Dauphiné, de faire lever un Ayde audit Pays, pour l'achapt de la Comté de Valentinois, au profit du Roi & du Royaume : 1403.

Ce Pouvoir eft imprimé dans les *Mélanges hiftoriques* de Camufat.

== Evêché de Verdun, ci-devant, [N.º 27869 & *fuiv.*]

27958. Mf. Anciens Titres, concernant Verdun & le Verdunois : *in-fol.*

Ces Titres font confervés entre les Manufcrits de M. Dupuy, num. 244.

27959. Mf. Mémoires, Titres & Actes touchant la Ville & Evêché de Verdun, depuis l'an 1261 jufqu'en 1624 : *in-fol.*

Ce Recueil eft entre les Manufcrits de M. de Brienne, num. 129, [dans la Bibliothèque du Roi.]

27960. Mf. Inventaire des Titres & Actes, & une Enquête touchant les Ufurpations des Ducs de Lorraine, fur la Ville & Comté de Verdun, produite par le Procureur du Roi audit Verdun, l'an 1625 : *in-fol.*

Cet Inventaire eft dans la Bibliothèque du Roi, num. 9432.² & parmi les Manufcrits de M. de Brienne, num. 132.

27961. Mf. Lettres & Mémoires touchant la Ville de Verdun & le Verdunois, depuis l'an 1566 jufqu'en 1627 : *in-fol.*

Ces Lettres font confervées entre les Manufcrits de M. Dupuy, num. 54.

27962. Mf. Mémoires, Actes & Titres touchant la Ville & les Evêques de Verdun, & le Pays Verdunois, depuis l'an 1315 jufqu'en 1628 : *in-fol.*

Ces Mémoires font entre les Manufcrits de M. de Brienne, num. 130, [dans la Bibliothèque du Roi.]

27963. ☞ Mf. Droits du Roi fur le Vermandois, Boulogne, Gravelines, &c. *in-fol.*

Ce Recueil eft indiqué num. 166, des Manufcrits du Catalogue de M. Godefroy.

ARTICLE V.

Traités concernant les Finances du Roi.

== ☞ INTRODUCTION générale à l'étude de la Politique des Finances, &c.

Voyez ci-devant, N.º 27308.

On peut confulter encore fur les Finances, le tom. II. du *Traité de la Souveraineté*, ci-devant, N.º 27173.]

27964. ☞ Hiftoire générale & particulière des Finances, où l'on voit l'origine, l'établiffement, la réception & la régie de toutes les Impofitions, dreffée fur les Pièces authentiques; par M. du Frefne DE FRANCHEVILLE : *Paris*, 1738, *in-*4. 3 vol.

Cet Ouvrage ne contient encore qu'une partie du Plan de l'Auteur, & elle regarde plus particulièrement le Commerce que les Finances.

Le Tome I. renferme l'Hiftoire du Tarif de 1664, & l'origine de ce Tarif, avec fes fixations & celles qui ont eu lieu avant & depuis 1664, fur chaque Marchandife, à la fortie.

Le Tome II. contient les fixations de ce Tarif, & celles qui ont eu lieu avant & depuis 1664, fur chaque Marchandife, Droguerie & Epicerie, à l'entrée.

Le Tome III. préfente l'Hiftoire de la Compagnie des Indes, jufqu'en 1737, & eft fuivie d'un Recueil de Preuves pour cette Hiftoire, contenant les Titres de Conceffion & autres principales Pièces juftificatives, indiquées dans le Récit hiftorique. A la fin fe trouve une Table chronologique des Titres & principaux faits mentionnés dans tout l'Ouvrage.

Voyez Lenglet, *Supplément à la Méth. hiftor. in-*4. pag. 179.=*Réflex. fur les Ouvrages de Littér. tom. VI.* pag. 273.]

27965. ☞ Mémoires pour fervir à l'Hiftoire générale des Finances ; par M. DEON de Beaumont : *Londres*, (*Paris*), 1758, *in-*12. 2 vol.

Ils contiennent un Précis fur l'adminiftration des Finances de toutes les Nations, particulièrement de celles de France, jufqu'en 1758. On trouve à la fin un Abrégé hiftorique fur les fonctions des Contrôleurs Généraux, Intendans des Finances, & Intendans ou Commiffaires départis dans les Provinces.]

27966. ☞ Déclaration du Roi Charles VI fur la réduction du nombre des Officiers, tant de Juftice que des Finances, en 1400.

Cette Déclaration eft imprimée dans les *Mélanges hiftoriques* de Camufat.]

27967. Difcours pour la Subvention des Affaires du Roi, & rétabliffement des Fiefs

nobles de France, en leur première nature :
1564, *in-8*.

☞ Ce Discours est assez fort. Il propose quatre moyens pour réparer les Finances : 1.° Faire rendre compte à ceux qui les ont maniées depuis François I. 2.° Révoquer ou retrancher les dons excessifs faits par Henri II. 3.° Vendre au profit de l'Etat, les Croix, Calices & Châsses d'or & d'argent ; 4.° Vendre le temporel noble de l'Eglise. C'est principalement sur ce dernier point que le Discours roule ; il appuie les motifs de son avis, combat les objections, & tombe avec violence sur les Ecclésiastiques, sur-tout sur ceux du premier Ordre.

Ce Discours est aussi imprimé au tom. IV. des *Mémoires de Condé : Londres*, 1743, *in-4*.]

27968. ☞ Moyens pour augmenter les Revenus du Royaume de plusieurs millions ; par QUERBRAT Calloët : *Paris*, 1566, *in-4*. imprimé sur velin, avec fig.

Ce Livre (déjà cité N.° 3571, pour la partie Physique,) est très-rare : je ne l'ai vû que dans le Catalogue du Maréchal d'Estrées.]

27969. Mf. Instruction des Finances, & la manière de lever les Aides : *in-fol*.

Cette Instruction [étoit] dans la Bibliothèque de M. le Premier Président de Mesme.

27970. ☞ Advertissements faits au Roi, pour l'acquitter de tous poincts, au salut & proufit de son Peuple, & augmenter annuellement ses Finances d'un million d'or & plus, oster l'effet de l'ambition & avarice, & réunir perpétuellement en paix, foi & loi ses Subjects, sans coup férir : le tout colligé sur certaines Copies à Sa Majesté présentées en Avril 1571 : *in-8*.]

27971. ☞ Mf. Système politique sur la conduite des Finances & autres sujets importans : *in-4*.

Ce Manuscrit est indiqué, *pag.* 635 du Catalogue de M. Bellanger.]

27972. ☞ Traité des Finances de France, de l'institution d'icelles, de leurs fortes & espèces, de ce à quoi elles sont destinées, des moyens d'en faire fonds, de les bien employer, & d'en faire réserve au besoin, au Roi Henri III. 1580, *in-16*.]

27973. Le Secret des Finances découvert & départi en trois Livres ; par N. (Nicolas) FROUMENTEAU, pour ouvrir les moyens de payer les dettes du Roi, décharger ses Sujets des subsides imposées depuis trente & un ans, & recouvrer les deniers pris à Sa Majesté ; présenté au Roi Henri III. en 1581 : 1581, *in-8*. & *in-16*. 1582, *in-8*. *Londres*, 1624, *in-8*.

☞ Un grand nombre d'Exemplaires ne porte point dans le titre le nom de l'Auteur, qui a divisé son Ouvrage en trois Parties.

Le Livre I. contient le détail de tous les deniers que leurs Majestés ont levés, & dépendus depuis trois ans, finis le dernier jour de Décembre 1580 ; avec le bon d'Etat que le Roi a ou doit avoir en ses coffres.

Le Livre II. représente de même l'Etat de tous les deniers tirés des Archevêchés, Diocèses, Sénéchaussées, Bailliages, Elections, Prévôtés & Châtellenies, de la basse & haute Normandie, du Pays Chartrain, de l'Isle de France, Brie, Beauvoisis, Picardie, Champagne, Pays Messin, Beauce, Anjou, Touraine, Poitou, haute & basse Bretagne, Berry, Nivernois, Saintonge, Limisin, Périgord, Angoumois, Auvergne, Lyonnois, Maconnois & Bourgogne. Il indique le nombre des Archevêchés, Evêchés, Paroisses, Maisons, Fiefs & Arrière-fiefs, le Rolle des Ecclésiastiques, Nobles, Roturiers, Soldats François & Etrangers, massacrés & occis durant les troubles ; le nombre des femmes & filles violées, des Villages & Maisons brulées dans ces Provinces. Il représente encore l'Etat des deniers qui ont été levés du temps du Roi Louis XII. & le Revenu du temporel que les Ecclésiastiques y possèdent.

Le Livre III. donne l'état de tous les deniers tirés des Archevêchés, Diocèses, Sénéchaussées, Bailliages, Elections, Prévôtés & Châtellenies de Guyenne, Gascogne, Quercy, Languedoc, Dauphiné, Provence & autres Provinces circonvoisines. Il indique ensuite le nombre des Archevêchés, Evêchés, Paroisses, Maisons, Fiefs & Arrière-fiefs, le Rolle des Ecclésiastiques, Nobles, Roturiers, Soldats François & Etrangers, massacrés & occis durant les troubles ; le nombre des femmes & filles violées, des Villages & Maisons brulées dans ces Provinces. Enfin il représente l'Etat des deniers qui y ont été levés du temps du Roi Louis XII. & le Revenu du temporel que les Ecclésiastiques y possèdent.

Le détail de cet Ouvrage est immense. Il reste à savoir s'il est exact, & si l'on peut s'assurer de la vérité de ce qui y est contenu. A en juger, par un Livre du même Auteur, intitulé : *Le Cabinet du Roi de France*, rempli de détails comme celui-ci, (ci-devant, N.° 18414) il est certain que cet Ecrivain grossissoit extrêmement les objets, & n'écrivoit que suivant ses vues, sans s'embarrasser beaucoup de la vérité.

Voyez le *Journ. de Henri III*. tom. II. pag. 320.]

27974. Instruction générale sur le fait des Finances & de la Chambre des Comptes ; par Jean LE GRAND : *Paris*, 1582 : *Tours*, 1591, *in-8*.

☞ La Partie I.^e traite de la Chambre des Comptes & de ses fonctions : la IIe des Receveurs-généraux & Trésoriers-généraux de France : la IIIe contient une seconde Instruction sur le fait de la Chambre des Comptes. On trouve à la fin des Formulaires concernant les Matières qui se traitent dans cette Chambre.]

27975. Instruction pour le fait des Finances ; par Philibert BOYER, Procureur au Parlement : *Paris*, 1583, *in-8*.

27976. Trésor des Instructions des Finances : *Paris*, 1583, 1599, *in-8*.

27977. Le Guidon général des Finances, contenant l'Instruction du Maniement de toutes les Finances de France ; par Jean HENNEQUIN, Secrétaire de la Chambre du Roi : *Paris*, 1585, 1586, *in-8*.

Le même, avec les Annotations de Vincent Gelée, [Conseiller du Roi & Correcteur en la Chambre des Comptes] : *Paris*, 1594, 1605, *in-8*. *Paris, Regnoul*, 1610, *in-16*.

✻ Ces Annotations de Gelée avoient d'abord été imprimées à part : *Paris*, 1585, *in-8*.

Le même Guidon des Finances, augmenté par Sébastien HARDY : *Paris*, 1631, 1644, *in-8*.

27978. ☞ Mf. Etat des Finances en 1588 & 1589, servant de Mémoires pour l'Histoire du Règne de Henri III. *in-fol*.

Dans la Bibliothèque de la Ville de Paris, n. 501.]

27979. ☞ Mf. Recueil des Affaires extraordinaires de Finances, depuis 1706 jusqu'en 1713 : *in-fol.*

Dans la même Bibliothèque, num. 502.]

27980. ☞ Idée générale des Finances; par Charles-Estienne Pesselier : 1759, *in-fol.*

L'Auteur est mort en 1763.]

27981. ☞ Idées d'un Citoyen sur l'administration des Finances du Roi ; par M. (Nicolas) Baudeau : 1763, *in-*8.]

27982. ☞ Dictionnaire des Finances, &c. par M. Bouthillier de Chavigny : *Paris*, 1727, *in-*12.]

Le même : 1740, *in-*12.

☞ *Voyez* le *Journ. de Verdun, Janvier*, 1727.]

27983. ☞ Discours historique, dans lequel on démontre qu'il seroit plus avantageux à la France, que les Charges y fussent annuelles, & non à vie, comme elles sont à présent; qu'il seroit même très-utile d'établir des Censeurs qui eussent inspection sur les Officiers; & combien la vénalité des Charges apporte de dommage au Royaume ; par S. L. P. J. C. D. 1587.

Ce Discours est imprimé dans le *Recueil* F. *in-*11.]

☞ On peut consulter encore pour ce qui regarde les Finances, = les Testamens politiques du Cardinal de Richelieu, du Marquis de Louvois & de Colbert, = le (prétendu) Codicille de Louis XIII. = le Cabinet du Roi de France de Fromenteau, = les différentes Remontrances & Discours faits à chaque tenue d'Etats.]

27984. Mf. Actes de Ligues & Associations de la Noblesse de diverses Provinces de France, des Ecclésiastiques & du Peuple, contre le Roi Louis Hutin, pour s'opposer à plusieurs Exactions & Tailles mises sur eux, outre les charges ordinaires, en l'an 1314 & 1315 : *in-fol.*

27985. Mf. Remarques sur les troubles advenus en France, pour les Exactions extraordinaires ; par Nicolas Vignier.

Ces Actes & ces Remarques sont conservés entre les Manuscrits de M. Dupuy, num. 758 & 281.

27986. ☞ Mf. Sommaire Déclaration des aydes & charges que les Rois de France ont levées en leur Royaume ; par le même Vignier : *in-fol.*

Ce Manuscrit est indiqué, *pag.* 237 du Catalogue de M. de Cangé, & est à présent dans la Bibliothèque du Roi.]

27987. ☞ Tables alphabétiques des Aydes & Gabelles ; par M. de Gran-Maisons : *Paris*, 1727, *in-*4.]

27988. ☞ Commentaires sur le fait des Aydes de France en général ; par MM. H. Dubois, de Roquemont & Asse : *Paris*, 1748, *in-*12. 3 vol.]

27989. ☞ Considérations sur les plaintes que plusieurs Provinces de ce Royaume font de l'imposition de la Gabelle du sel, & des formes qui s'observent à la levée d'icelle : *Paris*, 1604, *in-*4.]

27990. ☞ Recueil des Réglemens, Edits, Ordonnances sur les Finances, avec un Traité des Officiers des Chambres des Comptes : *Paris*, 1600, *in-*8.]

27991. ☞ L'Anti-Hermaphrodite, ou le Secret tant désiré, de l'avis proposé au Roi pour réparer tous les désordres du Royaume, tant par la disposition des jours divers en deux semaines, par lesquelles on connoîtra aisément la vérité de tout ; par J. P. D. B. C. D. P. G. P. D. M. L. M. D. F. E. X. (Jonathas Petit de Bertigny, ci-devant Prévôt Général de Messieurs les Maréchaux de France en Xaintonge) : *Paris*, Berjon, 1606, *in-*8.

☞ On peut voir sur cette Pièce le *Dictionnaire* de Prosper Marchand, au mot *Anti.*]

27992. Discours de Charles Bernard sur l'Etat des Finances : *Paris*, Richer, 1614, *in-*4.

27993. Traité du Revenu & Dépense des Finances de France : Etat du Maniement pendant la Régence de la Reine [Marie de Médicis.]

Ce Traité est imprimé, *pag.* 525 & 551 du *Recueil général des Etats* ; par Rapine : *Paris*, 1651, *in-*4.

27994. Avis en l'occurrence des Etats-Généraux : 1614, *in-*8.

Cet Avis de Juvigny, concerne les Finances.

27995. Le Trésor des Trésors de France volé à la Couronne par les principaux Officiers de Finances, découvert & présenté au Roi Louis XIII. pendant les Etats-Généraux ; par Jean de Beaufort : 1615, *in-*8.

☞ Cette Pièce contre les Financiers est fort vive. M. De Beaufort connoissoit & découvre très-bien toutes les pratiques qu'ils savent mettre en usage pour divertir les deniers du Roi, & s'enrichir. Il demande par sa Requête l'établissement d'une Chambre de Justice pour leur faire rendre compte de leurs richesses.]

27996. ☞ Mémoires de Beaufort, pour faire en douze années le remboursement actuel des Offices, tant de Judicature que de Finances : 1615.

Ils sont imprimés au tom. III. du *Mercure François*. Il offroit de consigner six millions de livres la première année pour commencer ce remboursement ; & que moyennant cela, Sa Majesté laisseroit aux Entrepreneurs le fond accoutumé des gages, & les cinquante sols par minot de sel diminués au dernier Bail.]

27997. ☞ Première Harangue, ou Remontrance prononcée devant le Roi pour la continuation du droit Annuel : 1615.

Seconde Harangue prononcée devant le Roi pour l'assurance des Officiers durant la surséance du droit annuel.

L'Editeur dit que ces Remontrances furent estimées. Elles se trouvent, comme la Pièce suivante, au tom. III. du *Mercure François.*]

27998. ☞ Requête présentée au Roi par les Députés du Tiers-Etat, contre la proposition de trente sols par Minot de sel : 1615, *in-8*.

Le Roi promit de supprimer la vénalité des Charges, à condition de lever pendant dix ans trente sols sur chaque minot de sel : le Tiers-État s'y opposa, & dit que le Peuple étoit déja assez foulé, sans augmenter encore ses charges ; qu'au lieu de le soulager, comme on l'avoit fait espérer, il sembloit qu'on vouloit le sacrifier à l'avantage & au contentement des autres ; que Sa Majesté pouvoit retrancher les pensions excessives, & que par d'autres épargnes elle pouvoit tirer de grosses sommes de deniers, sans réduire à la mendicité son pauvre Peuple.]

27999. ☞ Discours des Officiers Royaux, au sujet du droit Annuel.

Ce Discours est imprimé au tom. XV. du *Mercure François*. L'Auteur fait remonter la vénalité des Charges jusqu'au Règne de Philippe Auguste. Il examine les inconvéniens qui procèdent de la continuation ou suppression de cette vénalité ; & dit que le droit Annuel est plus à charge aux Officiers mêmes qu'au Peuple.]

28000. Remontrances de Jean DE BEAUFORT à Nosseigneurs de la Chambre des Comptes, pour montrer & vérifier que par l'abolition accordée par le feu Roi aux Officiers des Finances, en l'année 1607, le simple défaut d'emplois passé en leurs Comptes n'a été remis : 1615, *in-8*.

28001. Remontrance des Officiers des Finances, à Messeigneurs de la Chambre des Comptes, sur les diverses inventions de Jean de Beaufort & de ses semblables : 1615, *in-8*.

Cet Écrit est en faveur des Officiers des Finances.

28002. Le Financier à Messieurs des Etats : 1615, *in-8*.

C'est un Écrit contre Juvigny & de Beaufort.

☞ Cette fine Satyre est contre les Financiers. On avoit présenté aux Etats plusieurs Mémoires contre eux, & l'on ne cessoit de demander une Chambre de Justice, pour leur faire rendre gorge. L'Auteur fait voir qu'elle seroit inutile ; que les petits & les innocens seroient seuls punis, tandis que les grands & les coupables éviteroient le châtiment. Il finit par assurer qu'il n'y a point de bonheur à espérer pour la France, tant qu'on ne réformera pas le Conseil. Il se trouve dans cet Écrit plusieurs faits contre les Partisans de ce temps-là, & quelques-uns contre les sieurs de Beaufort & Juvigny, qui les avoient attaqués.]

28003. Suite du Trésor des Trésors, & Réponse à deux Libelles publiés contre le Trésor des Trésors de la France par les Officiers des Finances : 1616, *in-4*.

Cette Suite est aussi de Jean DE BEAUFORT.

28004. Seconde Remontrance des Officiers des Finances : 1616, *in-8*.

Cette Remontrance est faite contre le Livre précédent.

28005. Requête présentée au Roi par François DU NOYER, Sieur de Saint-Martin, pour établir dans la Ville de Paris la Compagnie Royale, &c. *Paris*, 1616, *in-8*.

28006. ☞ Mſ. Revenu & Dépense des Finances de France, en 1617.

C'est un Manuscrit du temps, de 92 pages, qui est à Dijon dans la Bibliothèque de M. Fevret de Fontette.]

28007. Recueil de plusieurs Edits, Lettres Patentes, Déclarations, Arrêts & Titres concernant le Pouvoir & Juridiction de la Chambre du Trésor : *Paris*, Métayer, 1617, *in-4*.

28008. La Chasse aux Larrons, ou Établissement de la Chambre de Justice ; où se fait une démonstration des larcins des Financiers, & de la justice des poursuites que la Chambre de Justice fait contre eux ; par Jean BOURGOIN : *Paris*, 1618, *in-8*.

C'est une Recherche du crime de Péculat.

28009. Quatre propositions faites au Roi pour le soulagement de son Peuple, & l'augmentation du fond de ses Finances ; par DE JUVIGNY, Gentilhomme ordinaire de la Chambre de Sa Majesté : *Paris*, 1618, *in-8*.

28010. ☞ Anti-Courtisan, ou Défense du droit Annuel : 1618, *in-8*.

On peut voir à ce sujet le *Dictionnaire* de Prosper Marchand, au mot *Anti*.]

28011. Propositions, Avis & Moyens de François DU NOYER, sieur de Saint-Martin, jugés capables de remettre la France en son premier lustre, augmenter les Revenus de la Couronne, ôter les Impôts, la Vénalité des Charges, rétablir le Commerce, &c. *Paris*, Regnault, 1619, *in-4*.

28012. L'Etat des Finances, présenté au Roi : 1622, *in-8*.

28013. ☞ Mſ. Etat des affaires des Finances, sous Louis XIII. *in-fol*.

Il est indiqué num. 2199, du Catalogue de M. Bernard.]

28014. ☞ Mſ. Moyens d'augmenter les Finances de France, représentés par les Hollandois.

Ce Manuscrit est à Dijon, dans la Bibliothèque de M. Fevret de Fontette.]

28015. Sommaire Traité du Revenu & Dépense des Finances de France ; ensemble les Pensions de Nosseigneurs & Dames de la Cour ; écrit par Nicolas REMOND, Secrétaire d'État : 1622, *in-8*.

28016. Avis général présenté au Roi sur la Recherche générale de ses Finances, & contre les Fauteurs d'icelles : *Paris*, 1623, *in-8*.

28017. Offres & Propositions faites le 7 Février 1623, au Roi, pour faire rendre à Sa Majesté les deniers pris & volés par les Officiers de ses Finances, &c. par Jean BOURGOIN : 1623, *in-8*.

☞ L'Auteur, homme fort au fait des affaires des Financiers, dont il dresseroit les états de Compagnie, offroit caution d'une certaine somme, s'obligeant, si on vouloit en faire une recherche exacte & sans acception de personnes, de faire rentrer dans les cinq premiers mois cinq millions, & trente dans un an, outre les confiscations des Charges des coupables.]

28018. Le Pressoir des éponges du Roi, ou

*Epître liminaire de la Chambre de Justice établie en 1607, pour la recherche des abus, malversations & péculats commis ès Finances de Sa Majesté, présenté au Roi le 16 de Mars 1623; par Jean BOURGOIN: 1623, *in-8*.

28019. Apologie au Roi & à Nosseigneurs de son Conseil, en faveur des Officiers de ses Finances, & pour le bien de ses Affaires: *in-8*.

☞ L'Auteur de cette pièce est le Sieur DUJON, Intendant général des Meubles de la Couronne.]

28020. La Contre-Apologie présentée au Roi contre certains Officiers de ses Finances; (par François DE FASSY, Gentilhomme de la Chambre du Roi:) (1623,) *in-8*.

☞ D'autres l'attribuent au Sieur DE CADENADE, Gentilhomme de la Chambre du Roi; mais peut-être est-ce le même, qui avec la même qualité avoit deux noms.]

28021. ☞ Requête pour les Financiers, dressée par le Sieur HARDY.

Elle est imprimée au tom. XI. du *Mercure François*; & c'est pour implorer la miséricorde du Roi. Il y est dit que ce fut le Roi François I. qui ordonna qu'un Financier convaincu de péculat seroit puni de mort.]

28022. Le Tableau de la calomnie, en faveur des Financiers, contre les impostures de Bourgoin & de ses complices; par un Cavalier François: 1623, *in-8*.

28023. Le Financier réformé aux occasions des Affaires du temps: 1623, *in-8*.

C'est la Réponse au Livre précédent.

28024. La France en convalescence, ou très-humble Remontrance au Roi pour la recherche des Financiers, & la réformation de l'Etat: 1624, *in-8*.

☞ Cette Pièce se trouve aussi dans le tom. X. du *Mercure François*, *pag*. 678.]

28025. La poursuite de la Chasse aux Larrons, au Roi: 1624, *in-8*.

28026. La Chasse aux Larrons, ou Rétablissement de la Chambre de Justice; par Jean BOURGOIN, 1625, *in-8*.

28027. Le desir du Peuple François, pour le bien de l'Etat, & le moyen pour réprimer les abus & malversations qui se commettent au maniement des Finances, représenté à la Reine Mère du Roi: 1625, *in-8*.

Jean BOURGOIN est aussi l'Auteur de cette Pièce.

☞ Elle paroît avoir été faite des premières, quoiqu'elle ait paru des dernières; peut-être pour exciter à rétablir la Chambre de Justice, qui venoit d'être révoquée en 1625. Car l'Auteur y supplioit le Roi d'ériger la Chambre Royale qu'il avoit promise à l'Assemblée des Etats en 1614. Il parle ensuite des Finances, de la suppression du Droit Annuel, de la Vénalité des Charges & autres Affaires. La Chambre de Justice fut établie par Lettres du mois d'Octobre 1624, & finit le 10 Juin 1625. On pendit plusieurs des Financiers en effigie, un seul en réalité: d'autres furent punis de différentes peines.]

28028. ☞ L'Etat des affaires des Finances, représenté en l'Assemblée des Notables; par M. le Marquis D'EFFIAT, Surintendant d'icelles: 1626.

Cet Etat, qui est imprimé au tom. XII. du *Mercure François*, fut lu à haute voix dans l'Assemblée par le Secrétaire, afin que chacun fût instruit au vrai de l'état & emploi des deniers, depuis le décès de Henri IV. Il en découvre tous les défauts, & propose les moyens de remettre la France dans son ancien lustre. M. d'Effiat donne un détail de l'état des Finances, quand il s'en est chargé.]

28029. ☞ Remontrance au Roi sur le fait de l'Epargne.

Elle est imprimée dans le même Volume. On y représente les abus & les malversations qui s'y commettent.]

☞ On trouve au même tom. XII. du *Mercure François*, *pag*. 756 & *suiv*. plusieurs Pièces & Discours faits dans l'Assemblée des Notables de 1626, à l'occasion des Finances.]

28030. ☞ Mf. Arrêts contre plusieurs Financiers dans les Chambres de Justice, en 1607 & 1625: *in-fol*.

Ils se trouvent indiqués au num. 16751, du Catalogue de M. le Maréchal d'Estrées.]

28031. Remontrances au Roi sur le fait de ses Finances: 1627, *in-8*.

28032. ☞ Recueil des Edits & Etablissemens, Déclarations, Lettres-Patentes & Arrêts des Chambres Royales & de Justice, pour la recherche des Officiers de Finance: *Paris*, Charpentier, 1628, *in-8*.]

28033. * Requête de Jean BOURGOIN, contre Isaac Laffemas, touchant la Chambre de Justice: *Paris*, 1629, *in-4*.

28034. ☞ Mf. L'Etat général des Finances de France, dressé par le commandement de M. le Cardinal de Richelieu, en l'année 1639: *in-fol*.

Il est conservé à Dijon, dans la Bibliothèque de M. Fevret de Fontette.]

28035. ☞ Edit, Déclaration & Tarif concernant la subvention du Vingtième, imposée en 1640: *in-4*.]

28036. ☞ Mf. Remontrances de la Chambre des Comptes au Roi, sur la dissipation des Finances, en 1648: *in-fol*.

Ces Remontrances sont indiquées au num. 3190, du Catalogue de M. le Blanc.]

28037. Avis très-juste au Roi Très-Chrétien, pour le soulagement des trois Ordres de son Etat, & le moyen de dresser une Milice de cinq mille hommes, pour la décharge de toutes les Tailles, Aydes & Gabelles, & généralement tous Subsides & Impôts; par Isaac LOPPIN, Secrétaire Ordinaire de la Chambre du Roi: 1649, *in-4*.

28038. Le Catéchisme des Partisans, ou Résolutions Théologiques touchant l'imposition, levée & emploi des Finances, dressé par Demandes & Réponses; par le R. P.

D. P. D. S. J. (Révérend Pere Dom Pierre de S. Joseph, Feuillant) : *Paris*, Besoigne, 1649, *in-*4.

Suite du Catéchisme des Partisans, ou des Résolutions Théologiques, touchant l'Imposition, levée & emploi des Finances ; par M. J. B. D. E. T. E. R. O. D. P. M. *Paris*, 1649, *in-*4.

28039. ☞ Catalogue des Partisans, ensemble leurs généalogies, contre lesquels on peut & on doit agir pour la contribution aux dépenses de la guerre présente : 1649, *in-*4.]

28040. ☞ Ballade des Maltôtiers : 1649, *in-*4.]

28041. Etat général du revenu du Royaume de France : 1649, *in-*4.

28042. Mémoires & Lettres écrites sur le sujet des Finances, ès années 1648, 1650, 1651, 1660 & 1664 ; par Saguez, Secrétaire du Roi : *in-*4.

28043. Les Factums du même, ensemble les Lettres qui lui ont été écrites (sur ce sujet) par Monsieur & Madame de Chastillon, le Maréchal d'Effiat & Monsieur de la Vieuville, Surintendant des Finances : *in-*4.

28044. Recueil d'Edits de l'an 1659, faits pour rétablir les Finances épuisées par la Guerre, & pour trouver les moyens de retirer les deniers dont Sa Majesté avoit besoin, sans néanmoins surcharger ses Peuples : *Paris*, 1659, *in-*4.

28045. MS. Recherches des Finances, ès années 1530, 1534 & 1535 : *in-fol.*

Ces Recherches sont conservées entre les Manuscrits de M. Dupuy, num. 623.

28046. ☞ Oraison prononcée à MM. des Comptes par le Seigneur de Guerine, M°. Claude du Bourg, Conseiller du Roi & Sécrétaire de ses Finances, sur laquelle il a été incontinent élargi des prisons de la Conciergerie du Palais de Paris, esquelles il étoit détenu par les Ordonnances desdits Gens des Comptes ; avec une Epître écrite & envoyée par ledit Seigneur du Bourg à un sien confrère & compagnon d'Office.

Cette Pièce est imprimée au tom. V. des *Mémoires de Condé* : *in-*4. *La Haye*, 1743.

Claude du Bourg, Trésorier de France en 1557, Intendant de la Navigation aux mers du Levant en 1575, étoit frère d'Anne du Bourg, ce fameux Conseiller-Clerc au Parlement, qui fut pendu pour son attachement au Calvinisme. Claude fut long-temps prisonnier à la Bastille, soupçonné de professer la même Religion que son frère. Dans le Procès criminel qu'il avoit à la Chambre des Comptes, & qui donna lieu à ce Discours ou Mémoire justificatif, il s'agissoit de Péculat, & des articles de son compte de Trésorier de l'Extraordinaire des Guerres de Piémont, Italie, Languedoc, Dauphiné, Provence, &c.]

28047. MS. Journal de ce qui s'est fait aux Grands-Jours de Languedoc, tenus tant dans la Ville du Puy, qu'en celle de Nismes, avec un Recueil de plusieurs Arrêts & Reglemens qui y ont été rendus : *in-fol.*

Ce Journal [étoit] conservé dans la Bibliothèque de M. Foucault, [qui a été distraite après sa mort.]

28048. MS. Chambre de Justice, où il est traité d'abord des Lits de Justice des Rois dans leurs Parlemens, ensuite de la Chambre de Justice en 1607, & de celle de 1624 jusqu'en 1627 : *in-fol.*

Ce Manuscrit est conservé dans la Bibliothèque de l'Abbaye de Marmoutier, & à Paris dans celle de Messieurs des Missions Etrangères.

28049. ☞ Recueil de plusieurs Arrêts donnés contre les Financiers ; ensemble, les Chambres de Justice des années 1606, 1607 & 1624.]

28050. ☞ MS. Recueil des Grands-Jours tenus ès Villes du Royaume, depuis 1360 jusqu'en 1634 : *in-*4. 11 vol.

Ils se trouvent indiqués au num. 2217 du Catalogue de M. Bernard.]

28051. ☞ MS. Les Grands-Jours tenus en diverses Provinces du Royaume, depuis 1367 jusqu'en 1634 : *in-fol.* 4. vol.

Ce Recueil est indiqué num. 3245 du Catalogue de M. le Blanc, & est dans la Bibliothèque de S. Germain des Prés.]

28052. ☞ Les Grands-Jours tenus, tant à Troyes, Poitiers, Angers, qu'autres Villes, depuis l'an 1367 jusqu'en 1635 : *in-fol.*

Ce Recueil [étoit] conservé dans la Bibliothèque de M. le Président de Lamoignon.]

28053. ☞ Arrêt du Conseil d'Etat, pour l'imposition des frais nécessaires pour le Mariage du Roi, en 1660 : *in-fol.*]

28054. ☞ MS. Traité de la Chambre de Justice de 1661 : *in-fol.*

Il est indiqué num. 3246, du Catalogue de M. le Blanc.]

28055. Recueil des Edits, Arrêts & autres Pièces contenant l'établissement d'une Chambre de Justice pour la recherche des abus & malversations commises dans les Finances, depuis l'an 1635 jusqu'en 1661, & ce qui s'est passé dans cette Chambre : *Paris*, 1661, *in-*8.

28056. MS. Journal (d'Olivier le Fevre) d'Ormesson, Maître des Requêtes, contenant tout ce qui s'est passé en la Chambre de Justice, pendant les années 1661, 1662, 1663, 1664 & 1665, [avec la Requête de récusation de M. Fouquet contre le Chancelier Seguier ; un Traité du crime de Lèze-Majesté ; par M. Chamillard, Procureur-Général de la même Chambre ; & l'Etat des Taxes de ceux qui ont été employés dans les Finances, du temps de M. Fouquet : *in-fol.*

Ce Journal est conservé dans la Bibliothèque du Roi, entre les Manuscrits de M. de Gaignieres, & dans celle de M. de Lamoignon. [Il étoit] *in-*4. dans la Bibliothèque

thèque de M. Foucault, [qui a été distraite.] Olivier d'Ormesson est mort en 1686.

28057. ☞ Recueil de Pièces concernant la Chambre de Justice de l'an 1661 : *in-4*.

Ce Recueil est indiqué *pag.* 313, du Catalogue de M. de Cangé.]

28058. ☞ Traités composés par François Roland LE VAYER de Boutigny, Maître des Requêtes.

Ces Traités sont :
1. Réponse des Trésoriers de l'Epargne, aux raisons & moyens du Procureur-Général de la Chambre de Justice, en Avril 1663.
2. Causes & Moyens d'opposition pour les Créanciers de M. Jeannin, contre le même Procureur-Général, en 1664.
3. Défense de M. Jeannin, en Août 1665.]

28059. Ms. Chambres de Justice depuis l'an 1318 jusqu'en 1666 : *in-fol*.

Ce Recueil [étoit] conservé dans la Bibliothèque de M. de Lamoignon.

28060. ☞ Ms. Etat des Particuliers taxés par la Chambre de Justice (1716) & leurs Taxes.

Cet Etat est conservé à Dijon, dans la Bibliothèque de M. Fevret de Fontette.]

28061. Traité de la peine du Péculat, selon les Loix & Usages de France, avec des Apostilles, pour servir d'autorités : 1665, *in-4*.

Ce Traité a été fait à l'occasion du Procès contre Nicolas Fouquet, Surintendant des Finances, par Rolland LE VAYER de Boutigny, Avocat au Parlement, depuis Intendant de Soissons, mort en 1687.

28062. Observations sur un Manuscrit intitulé, Traité du Péculat ; pour servir de preuves & d'illustrations au Traité de la peine du Péculat : (*en Hollande*,) 1666, *in-12*.

28063. ☞ Etat des Revenus & Dépenses du Roi & du Clergé de France ; par J. B. D. L. F. Financier : 1689, *in-16*.

Ce n'est qu'une Brochure, qui donne cependant une bonne idée de ce qu'elle annonce.]

28064. ☞ Ms. Etat de la France suivant la régie des Finances en 1694 : *in-4*.

Il est conservé dans la Bibliothèque de la Ville de Paris, num. 269.]

28065. ☞ Ms. Traité des Finances extraordinaires, depuis 1686 jusqu'en 1698 : *in-4*.

Il est indiqué num. 1920, du Catalogue de M. Bernard.]

28066. * Ms. Histoire de la Maltôte ; par François Eudes DE MEZERAY, Historiographe de France.

L'Original de cette Histoire fut jetté au feu par le Faucheur, Exécuteur testamentaire de l'Auteur ; mais il y en a des copies dans quelques Cabinets.

28067. ☞ Ms. Etat de la valeur & estimation faite au Conseil du Roi, des Offices de Judicatures, Aydes & Finances & autres

Tome II.

établis ès Villes & lieux des Généralités : *in-fol*. 2 vol.

Ce Manuscrit dressé vers 1760, est conservé dans la Bibliothèque de la Ville de Paris, num. 504 & 505.]

28068. ☞ Supputation exacte des Revenus de la Couronne de France.

Cette Pièce, qui est de la fin du dix-septième siècle, se trouve à la suite de celle intitulée : *Nouveaux caractères de la Famille Royale*, &c. *Villefranche*, 1703.]

28069. Le Détail de la France, ou Traité de la cause de la diminution de ses biens, & des moyens d'y remédier ; par M. de S. *Rouen*, 1695, *in-12*.

28070. * Le Détail de la France sous Louis XIV : (*Rouen*,) 1699, *in-12*.

Seconde Edition augmentée de plusieurs Mémoires & Traités sur la même matière : *Rouen*, 1707, *in-12*. 2 vol.

L'Auteur de ce Livre, est Pierre le Pesant, Sieur DE BOISGUILLEBERT, Avocat-Général de Rouen, mort en 1714.

La même seconde Edition, publiée sous ce titre : *Testament Politique de M. de Vauban* : 1708, *in-12*. 2 vol.

Ce Titre a été manifestement supposé, pour donner sans doute plus de débit à cet Ouvrage, qui est fort bon d'ailleurs, &c.

28071. ☞ Pluton Maltôtier : *Cologne*, 1708, *in-12*.]

28072. ☞ Nouvelle Ecole publique des Finances, ou l'Art de voler sans aisles : *Cologne*, 1708, *in-12*.]

28073. ☞ Les Partisans démasqués, ou suite de l'Art de voler sans aisles : *Cologne*, 1709, *in-12*.]

28074. ☞ L'Art de plumer la poule sans crier : *Cologne*, 1710, *in-12*.]

28075. Projet d'une Dixme Royale, qui supprimant la Taille & les autres Impôts, produiroit au Roi un revenu certain & suffisant : *Rouen*, 1707, *in-4*. & *in-12*.

Cet Ouvrage est de Sebastien le Prestre, Sieur DE VAUBAN, Maréchal de France, mort en 1707. Il a beaucoup travaillé, & il donne par-tout des preuves de sa passion pour soulager les Peuples. Ce Projet a été imprimé à Rouen, par les soins de l'Abbé de Beaumont. Comme il a été fait sur les idées & les Mémoires de M. de Boisguillebert, on pourroit le regarder comme son Ouvrage.

☞ Le même, traduit en Anglois, avec une Préface du Traducteur : *Londres*, 1708, *in-8*.]

C'est l'Ouvrage d'un grand homme d'Etat, & d'un vrai Citoyen.

Voyez à son sujet Lenglet, *Supplément à la Méthode Hist. in-4. pag.* 156. = *Biblioth. des Aut. de Bourg. tom. II. pag.* 348. = *Republ. des Lettr. de Bernard, Août* 1707. = *Le Financier Citoyen, tom. I. pag.* 186. =*Siècle de Louis XIV*.]

28076. * Réflexions sur le Traité de la Dixme Royale de M. le Maréchal de Vauban : 1716, *in-12*.

M m m m m

28077. ☞ Mſ. Obſervations ſur la Dixme Royale de M. de Vauban : *in-4.*

Elles ſont indiquées num. 1921 du Catalogue de M. Bernard.

28078. ★ Nouveau Traité ſur la Dixme Royale ; par Guerin DE RADEMONT, Receveur des Fermes: *Liege*, 1715, *in-12.*

☞ Dans la *Bibliothèque des Auteurs de Bourgogne*, Article *Vauban*, il eſt parlé d'un Ouvrage Manuſcrit de M. de Vauban, en 12 vol. *in-fol.* intitulé *Oiſivetés*, dans lequel il a ramaſſé différentes idées ſur les Finances.]

28079. Mſ. Nouveau Traité concernant l'établiſſement du Dixiéme ſur tous les biens, héritages, maiſons, édifices du Royaume, préſenté au Roi; où l'on fait voir, par des réflexions judicieuſes, les erreurs qui ſe ſont trouvées dans le Projet de la Dixme Royale de M. de Vauban, accompagnées des moyens ſolides pour rendre le Royaume plus floriſſant que jamais.

Cet Ouvrage eſt entre les mains de pluſieurs Curieux de Paris. C'eſt le fruit d'un ſpéculatif qui ſe trompe, parce qu'il ne ſçait pas le prix des choſes.

☞ Nouveau Projet d'une Taille réelle, pour l'interêt de l'Etat & le ſoulagement des Peuples, ſur tous les biens fonds ; où l'on fait voir par des réflexions ſolides les erreurs du Livre de la Dixme Royale : *in-12.*

Il y a apparence que c'eſt le même que le précédent, imprimé depuis que le P. le Long en a parlé comme Manuſcrit.]

28080. ☞ Mſ. Traité ſommaire de la Taille réelle : *in-fol.*

Il eſt indiqué à la *pag.* 432, du Catalogue de M. Bellanger.]

⚬ ★ Syſtême d'un nouveau Gouvernement; (touchant les Finances); par M. (Louis) DE LA JONCHERE: *Amſterdam, le Bon,* 1720, *in-12.* 4. vol.

☞ *Voyez* ci-devant N.° 27305. [Au reſte M. de Réal dit qu'il n'eſt bon à rien pour le maniement des Finances. Ce M. de la Jonchere eſt le même que celui dont on a rapporté divers Extraits, au ſujet des Canaux, &c. ci-devant, *tom. I. pag.* 68.]

28081. ☞ Lettre de Monſeigneur le Duc D'ORLEANS, Régent du Royaume, à MM. les Intendans des Provinces, ſur le fait de la Taille, du 4. Octobre 1715 : *Paris*, 1721, *in-4.*]

28082. ☞ Mémoire concernant la Taille, & les moyens de faire ceſſer les abus qui ſe commettent dans ſon impoſition ; par M. AUBER: *Paris*, Colombat, 1721, *in-4.*]

28083. ☞ Mémoire pour l'établiſſement de la Taille proportionnelle : 1717, *in-12.*

On attribue cet Ouvrage à M. l'Abbé DE SAINT-PIERRE.]

28084. ☞ Projet d'une Taille tarifiée pour faire ceſſer les maux que cauſent en France les diſproportions ruineuſes dans les répartitions de la Taille arbitraire ; par M. l'Abbé DE SAINT-PIERRE: *Paris*, 1723, *in-4.*]

28085. ☞ Mémoire en interprétation des cauſes de l'inexécution de l'Arrêt du Conſeil du 7 Juillet 1722, pour procurer dans la répartition des Impoſitions une égalité parfaite, & pour perfectionner & ſimplifier le Cinquantième : 1726, *in-8*]

28086. ★ Trois Lettres d'un Gentilhomme François, ſur l'établiſſement d'une Capitation générale en France : *Liege*, 1695, *in-12.* 1696, *in-16.*

28087. ☞ Mſ. Capitation de la Cour, du Conſeil, des Maiſons Royales, & de tout le Royaume de France : *in-4.*

Ce Manuſcrit eſt indiqué au num. 16612, du Catalogue de M. le Maréchal d'Eſtrées.]

28088. ☞ Mſ. Détail de la France, & Extraits envoyés à M. le duc du Maine: *in-4.*

Il eſt conſervé dans la Bibliothèque de la Ville de Paris, num. 257.]

28089. Détail de la France : 1716, *in-12.*

Monſieur DE SOISSONS, Gentilhomme du Pays du Maine, a publié ce Détail, où il démontre bien la cauſe de notre miſere. Il fait voir que ſous les Rois prédéceſſeurs de [Louis XV,] les Tailles étoient plus fortes, & que cependant les Peuples ſont plus miſérables qu'ils n'étoient alors; il en dévelope bien la raiſon, & il eſt peu d'Auteurs qui parlent auſſi ſenſément. Son ſtyle eſt bon, même intéreſſant. Son Ouvrage eſt un *in-12.* de quatre à cinq cens pages, où l'on trouve des raiſonnemens ſolides, & une curieuſe littérature ſur le ſujet que l'Auteur traite.

28090. Mémoire de Nicolas DESMAREST ; (Controlleur-Général des Finances, ſous les dernières années du Règne de Louis XIV,) ſur l'adminiſtration des Finances, depuis le 20 Février 1708 juſqu'au 1 Septembre 1715: (*Paris*,) 1716, *in-8.*

☞ Les calculs de ce Mémoire ſont preſque tous faux dans l'Imprimé. M. Jardel, à Braine, en a un Exemplaire rempli de Notes manuſcrites & de corrections. L'Auteur, M. Deſmareſt, eſt mort en 1721.

Voyez Lenglet, Suppl. à la *Méthod. Hiſt. in-4. pag.* 168.= *Le Financier Citoyen*, *tom. I*, *pag.* 65.]

28091. Edit du Roi portant l'Etabliſſement d'une Chambre de Juſtice, du mois de Mars 1716: *Paris*, Imprim. Royale, 1716, *in-4.*

28092. Commiſſion du Roi, contenant les Noms des Juges & Officiers de la Chambre de Juſtice, du 8 Mars 1716: *Paris*, 1716, *in-4.*

27093. Déclaration du Roi, du 17 Mars 1716, contenant les Juſticiables de la Chambre de Juſtice, & la Procédure qui doit être obſervée dans ladite Chambre: *Paris*, 1716, *in-4.*

28094. ☞ Recueils d'Edits, Arrêts, Déclarations & Mémoires pour la Chambre de Juſtice établie au mois de Mars 1716: *Paris*, *in-4.*]

28095. ☞ Mſ. Journal de la Chambre de Juſtice de 1716: *in-4.*

Ce Manuſcrit eſt indiqué *pag.* 616, du Catalogue

de M. Bellanger, & num. 3148 de M. le Blanc, précédé des Motifs de l'établissement de cette Chambre.]

28096. ☞ Recueil de Pièces concernant la Chambre de Justice de l'an 1716 : *in-4*.

Ce Recueil est indiqué *pag.* 313, du Catalogue de M de. Cangé.]

28097. ☞ Satyre contre les Partisans : *in-12*.

Le Discours roule entre un père qui veut engager son fils à suivre les traces de ses ayeux, & à se faire un nom dans la profession des armes, & le fils qui lui fait voir combien ce métier est ingrat, & qu'il conduit à l'Hôpital, tandis que les Financiers sont les seuls qui fassent fortune. Cette Satyre est assez jolie; elle s'étend encore sur plusieurs personnes de la Cour.]

28098. Edit du Roi portant Révocation & Suppression de la Chambre de Justice ; du mois de Mars 1718 : *Paris*, 1718, *in-4*.

28099. ☞ Mss. Recueil de matières de Finances, pour l'instruction du Roi Louis XV. par M. DE CHANDÉ : *in-4*.

Il est indiqué au n. 595, du Catalogue de M. Pelletier.]

28100. ☞ Mss. Domaine de France, ou Abrégé de l'Etat général de la Recette & Dépense de tout le Royaume : *in-fol.*

Dans la Bibliothèque de la Ville de Paris, num. 514.]

28101. ☞ Mss. Mémoires des Recettes & Dépenses du Roi, dans les années 1688, 1717 & 1718 : *in-4*.

Dans la même Bibliothèque, num. 255.]

28102. ☞ Mss. Variations des Effets en papiers, qui ont eu cours en France, depuis le mois d'Août 1719, jusqu'au dernier Mars 1721 ; par le Sieur GIRAUDEAU neveu : *in-4*.

Ce Manuscrit est indiqué au num. 604, du Catalogue de M. Pelletier.]

28103. ☞ Trois Lettres (de l'Abbé Jean TERRASSON,) sur le nouveau Système des Finances : 1720, *in-4*.

L'Auteur est mort en 1750.]

28104. ☞ Etat général des Dettes de l'Etat à la mort de Louis XIV. leur réduction & payement, avec la suppression d'un grand nombre d'Offices & de droits jusqu'au premier Septembre 1720 : *Paris*, Coustelier, 1720, *in-4*.]

28105. ☞ Essai Historique sur les différentes situations de la France, par rapport aux Finances sous le Règne de Louis XIV. & la Régence du Duc d'Orléans ; par M. DEON DE BEAUMONT : *Amsterdam*, (*Paris*, Ballard,) 1753, *in-12*. de 186 pages.

On peut voir à ce sujet les *Mém. de Trév.* Mai 1754. = *Mercure*, Nov. 1753. = *Journ. de Verdun*, Juillet 1755.]

28106. ☞ Mss. Mémoires de M. LAW, concernant l'établissement de la Banque & de la Compagnie des Indes : *in-fol.*

Ce Manuscrit est indiqué num. 3684, *pag.* 635, du Catalogue de M. Bellanger.]

28107. ☞ Histoire du Système des Finances. Tome II.

ces sous la Minorité de Louis XV. pendant les années 1719 & 1720, précédée d'un Abrégé de la Vie du Duc Régent & du Sieur Law ; par M. (Barthelemi Marmont) DU HAUTCHAMP, ci-devant Fermier des Domaines de Flandre : *La Haye*, 1739, *in-12*. 6 vol.

Le volume III. en entier contient les Pièces, Arrêts, Déclarations qui servent de preuves à cette Histoire. *Voyez* ce qu'en dit l'Abbé Lenglet dans son *Suppl. à la Method. Hist. in-4. pag. 168.*]

28108. ☞ Mémoires pour servir à l'Histoire du Système de Law, en 1719.

Ils contiennent sommairement ce qui donna lieu à ce Système, & quel en fut le succès en 1720. On trouve au commencement un Etat des Dettes que le feu Roi avoit laissées à son Successeur.]

28109. ☞ Le secret du Système de M. Law dévoilé, en deux Lettres écrites par un Duc & Pair de France, & un Milord Anglois : *La Haye*, 1721, *in-12*.]

28110. ☞ Lettre servant de Réponse aux Remontrances du Parlement, au sujet de l'Edit pour la réduction des Rentes : *la Haye*, (*Paris*,) 1720, *in-4*.]

28111. ☞ Arrêt du Conseil d'Etat du 21 Mai 1720, concernant les Actions de la Compagnie des Indes, & les Billets de Banque ; avec une Lettre au sujet dudit Arrêt : *in-4*.]

28112. ☞ Mémoires présentés à M. le Duc d'Orléans, Régent de France, contenant les moyens de rendre ce Royaume très-puissant, & d'augmenter considérablement les Revenus du Roi & du Peuple ; par le Comte (Henri) DE BOULAINVILLIERS : *La Haye*, 1727, *in-12*. 2. vol.

On trouve au tome I.

I. Mémoire sur la Convocation d'une Assemblée d'Etats-Généraux.

II. Mémoire pour rendre l'Etat puissant & invincible, & tous les Sujets de ce même Etat heureux & riches.

III. Mémoire touchant la Taille réelle & proportionnelle.

IV. Mémoire concernant l'Affaire de MM. les Princes du Sang.

Au Tome II.

V. Mémoire concernant les moyens d'établir le droit d'Amortissement des Gabelles, & la conversion du Revenu des Aydes en droit de Bouchon ; avec les avantages que le Roi & les Sujets peuvent en tirer.

VI. Mémoire au sujet des Domaines du Roi, & Extrait d'un Mémoire de M. DE FOUGEROLLES en 1711, intitulé : « Projet qui peut aider à un Règlement général » pour assurer les Revenus du Roi, en répartir l'impo- » sition avec plus d'égalité qu'il n'a été pratiqué jusqu'à » présent, & fortifier les Arts, le Commerce, & l'em- » ploi utile des Sujets. »]

28113. ☞ Recherches & Considérations sur les Finances de France, depuis l'année 1595 jusqu'en 1721 ; (par M. DE FORBONNAIS :) *Basle*, 1758, *in-4*. 2. vol.

Le Tome I. contient les trois premières Epoques, depuis 1595 jusqu'en Octobre 1683.

Mmmmm 2

Le Tome II. les deux dernières Epoques, depuis Octobre 1683 jusqu'en 1718. Le tout dans un détail très-circonstancié, accompagné de Calculs & Tables numéraires. Cela est suivi de quatre Mémoires pour les années suivantes, jusqu'à la fin du système, en 1721. Le premier est intitulé : *Sixième Partie du Rapport des Finances, fait le 17 Juin 1717*. Le second a pour titre : *Mémoire lu au Conseil sur la réduction des Intérêts*. Le troisième est intitulé : *Mémoire de M. LAW, par lui présenté avant son Ministère à M. le Régent, sur l'usage des Monnoies, & sur le profit ou la perte qu'il peut y avoir pour un Prince & pour un Etat dans l'altération du titre de ses Monnoies, & dans l'augmentation ou diminution de leur prix, par rapport aux Etats Voisins*. Le quatrième a pour titre : *Vue générale du Système de M. Law*.]

28114. ☞ Examen du Livre intitulé : Réflexions Politiques sur les Finances & le Commerce : *La Haye*, (*Paris*,) 1740, *in-12*.]

28115. ☞ Histoire générale & particulière du *Visa*, par M. DU HAUTCHAMP : 1743, *in-12*. 2. vol.]

28116. ☞ Etat véritable des Revenus & des Dépenses de la France en 1740, 1741, 1742 & 1743, comme aussi des Dettes nationales de cette Nation en 1743, &c. traduit d'un Manuscrit original, acheté à la vente de feu M. Furnese : *Londres*, Millar, 1750, *in-4*. (en Anglois.)]

28117. ☞ L'Etat de la France démontré par le Compte exact des Revenus de ce Royaume, de ses Recettes & de ses Dépenses, à chaque article desquelles on a mis un nombre qui répond à un nombre semblable dans un Commentaire ou des Notes explicatoires qu'on y a joint; les Etats ayant été tirés du Cabinet du Controlleur-Général des Finances de France, & de la Bibliothèque du Duc de Richelieu actuellement vivant : on y a ajouté un Etat de la Dette du Gouvernement dans ce Royaume, & une Liste de ses forces tant de terre que de mer : le tout formant le Tableau le plus complet qu'on ait publié jusqu'ici de l'état de cette Nation : *Londres*, Pottinger, 1760, *in-4*. (en Anglois.)]

28118. ☞ Le Financier ; par M. Charles de Fieux, Chevalier DE MOUHY : 1755, *in-12*. 5 parties.]

28119. ☞ Le Financier Citoyen ; (par M. NAVAU:) 1757, *in-12*. 2. vol.]

28120. ☞ Théorie de l'Impôt ; (par M. le Marquis DE MIRABEAU:) (*Paris*,) 1760, *in-4*. & 1761, *in-12*.]

28121. ☞ Doutes proposés à l'Auteur de la Théorie de l'Impôt ; (par M. Charles-Etienne PESSELIER:) *Paris*, 1761, *in-4*. & *in-12*.

L'Auteur est mort en 1763.]

28122. ☞ Mémoire pour la libération des Finances ; par M. le Baron D'OGILVY : *Amsterdam*, Rey, 1761, *in-12*.]

28123. ☞ Les vues d'un Patriote, ou la Pratique de l'Impôt ; par M. Louis-Joseph Belle-Pierre de NEUVE-EGLISE, Garde du Corps du Roi : 1761, *in-12*.]

☞ La Pratique de l'Impôt, ou Vues d'un Patriote ; seconde édition : *Avignon*, 1762, *in-12*.]

28124. ☞ Les Finances considérées dans le Droit naturel & politique des hommes, ou Examen de la Théorie de l'Impôt, (par M. BUCHET:) *Amsterd*. (*Paris*,) 1762, *in-12*.]

28125. ☞ Le Consolateur, pour servir de Réponse à la Théorie de l'Impôt, & autres Ecrits sur l'Œconomie politique ; (par M. Sébastien-Alexandre Coffé, Baron de SAINT-SUPLIX:) *Paris*, 1763, *in-12*.]

28126. ☞ Système d'Imposition & de Liquidation des dettes de l'Etat, établi par la raison ; par M. le Chevalier F. 1763, *in-12*.]

28127. ☞ L'Officier Partisan ; (par M. J. Ray de SAINT-GENIES:) *Paris*, 1763, *in-12*. Tome premier.]

28128. ☞ L'Anti-Financier, ou Relevé de quelques-unes des malversations des Fermiers-Généraux, &c. servant de Réfutation d'un Ecrit intitulé : Lettre servant de réponse aux Remontrances du Parlement de Bordeaux ; (par M. DARIGUANT, Avocat:) *Amsterdam*, (*Paris*,) 1763, *in-8*.]

28129. ☞ Supplément à l'Anti-Financier : *in-8*.]

28130. ☞ Réponse à l'Auteur de l'Anti-Financier : *La Haye*, (*Paris*,) 1764, *in-8*.]

28131. ☞ Arrêt de la Cour du Parlement de Rouen, qui condamne cette Réponse à être lacérée & brûlée, du 9 Avril 1764 : *in-12*.]

28132. ☞ La Richesse de l'Etat ; (par M. ROUSSEL, Conseiller au Parlement de Paris): 1763, *in-4*. & *in-8*.]

28133. ☞ Recueil de Pièces sur la Richesse de l'Etat : *in-8*.

Les Pièces qui composent cette Collection faite par plusieurs Curieux, sont : = Doutes modestes sur la Richesse de l'Etat ; 13 Juin 1763. = Observations certaines sur les Doutes modestes. = Mes Rêveries sur les Doutes modestes ; par M. B.*** = Résolution des Doutes modestes. = Suite des Richesses de l'Etat. = Ressource actuelle, ou Supplément à la Richesse de l'Etat. = Plan de réformation, intitulé : *Richesse de l'Etat reformé*. = Réformation du Projet de la Richesse de l'Etat ; par le même Auteur. = Entendons-nous, ou le Radotage du vieux Notaire ; (par M. Jacob-Nicolas MOREAU, Avocat.) = Réflexions sur l'Ecrit intitulé : *Richesse de l'Etat*. = Réponse à l'Auteur des Réflexions, &c. = Observations du Marquis de *** sur la Richesse de l'Etat. = Réponse demandée par M. le Marquis de ***. = La Patrie vengée, ou la juste Balance. = Tout est dit. = Tout n'est pas dit. = Questions sur la Richesse de l'Etat, en forme de Lettre à un Citoyen de Marseille. = Lettre à M. S... sur un Plan de réforme dans les Finances. = L'Orage du 20 Juin 1763. = Le Boutte-Selle du 9 au 23 Juillet. = La Balance égale, ou la juste Imposition des Droits du Roi. = Bien de l'Etat. = Réflexions sur le vrai moyen.]

28134. ☞ Idées d'un Citoyen sur l'administration des Finances du Roi ; (par M. Nicolas BAUDEAU, Chanoine Régulier de

Chancellade:) *Amsterdam*, (*Paris*,) 1763, *in*-8.]

28135. ☞ Opuscules sur les Impositions; par deux Patriotes: 1763, *in*-12.]

28136. ☞ Mf. Etat actuel des Affaires générales, concernant les Finances du Royaume de France, qui constate, 1.° les Revenus & Dépenses du Roi: 2.° les Affaires extraordinaires faites depuis & comprise l'année 1756 jusqu'en 1763: 3.° les Affaires particulières qui se font annuellement dans le Royaume, en faveur de la Cour de Rome, des Evêques, &c. première Partie, *in*-4.

Détail général & spécifique sur toutes les parties des Finances du Royaume de France, avec des Observations politiques & intéressantes, tant sur la multiplicité onéreuse des Impôts, que sur l'administration & régie des Finances: seconde Partie, *in*-4.

Ce Manuscrit est conservé dans la Bibliothèque de M. Feyret de Fontette, Conseiller au Parlement de Dijon, & dans plusieurs autres. C'est peu de chose, & l'Ouvrage est très-superficiel.]

28137. ☞ Mf. Diverses Pièces & Mémoires sur les Finances du Royaume: *in*-4. 7 vol.

C'est ce qui est contenu dans les Porte-feuilles 706-711 du grand Recueil de M. de Fontanieu à la Bibliothèque du Roi.]

28138. ☞ Essais sur les principes des Finances: *Londres*, & *Paris*, Prault père, 1769, *in*-8.]

28139. De Regali conducendi Jure; à Philiberto Alberto ORTHEN: *Norimbergœ*, 1672, *in*-8.

28140. De Regali Postarum Jure; à Ludovico VAN HORNIECK: *Francofurti*, 1660, *in*-8.

28141. Origine & Usage des Postes chez les Anciens & les Modernes, [avec les Arrêts, Edits, &c. sur ce sujet;] par LEQUIEN de la Neuville: *Paris*, 1708, *in*-8. 1709, *in*-12.

☞ Liste des Postes de France: *Paris*, 1721, & années suivantes, *in*-12.

On la débite chaque année, avec les corrections ou changemens, à Paris chez Jaillot, Géographe.]

28142. ☞ Recueil d'Edits, Déclarations & Arrêts, concernant l'Office de Receveur des Consignations: *Paris*, 1680, *in*-4.

28143. Recueil des Edits, &c. concernant les Commissaires aux Saisies réelles: *Paris*, 1698, *in*-8.

28144. ☞ Mémoire sur les Tarifs des Droits des Traites en général: 1762, *in*-8.]

28145. ☞ Dissertation sur l'origine du Papier & Parchemin timbré.

Elle est imprimée dans les *Variétés historiques*. L'Auteur y fait voir que cette institution, récente parmi nous, étoit connue & en usage chez les Romains, sous l'Empire de Constantin.]

28146. ☞ Statuts & conditions de la Banque de France: *Paris*, 1610, *in*-4.]

28147. ☞ Recueil concernant l'Edit de création des Agens de Banque, Change, Commerce & Finances de Paris, les Statuts & Lettres de confirmation desdits Agens: *Paris*, Léonard, 1707, *in*-4.]

28148. ☞ Arrêt de la Cour des Monnoyes, qui règle les fonctions & salaires des Changeurs, tant titulaires que commissionnaires établis dans les Villes du Royaume, du 14 Décembre 1693: *in*-4.]

28149. ☞ Combinaison générale des Changes des principales Places de l'Europe, par rapport à la France; par DARINS: *Paris*, Coignard, 1728, *in*-4. 3. vol.]

ARTICLE VI.

Ouvrages sur le Commerce & la Marine de France.

☞ On peut consulter à ce sujet, l'*Introduction* de M. de Beausobre, ci-devant, N.° 27308.]

28150. ☞ L'HISTOIRE du Commerce de France, enrichie des plus notables de l'antiquité & du trafic des Pays Etrangers; par Isaac DE LAFFEMAS, Sieur de Humour, Avocat: *Paris*, du Bray, 1606, *in*-12.

Ce n'est point une Histoire, mais un Discours adressé au Roi.]

28151. ☞ Observations sur un passage de Grégoire de Tours, avec des Remarques sur le Commerce que les Peuples du Levant faisoient avec le Royaume, sous la première Race de nos Rois; par M. BONAMY: *Hist. de l'Acad. des Insc. & Bell. Lett. tom. XXI. pag. 96.*]

28152. ☞ Dissertation sur l'état du Commerce en France, sous les Rois de la première & de la seconde Race, qui a remporté le Prix, au jugement de l'Académie d'Amiens; en l'année 1752; par M. l'Abbé (Claude) CARLIER: ▓▓ns, 1753, *in*-12.

L'Auteur, dans une espèce de Préliminaire, traite du Commerce des Gaules avant l'arrivée des Francs, & de celui de ces Peuples, quand ils y furent établis sous les deux premières Races: c'est ce qui lui a fait diviser son Ouvrage en deux Articles, qui comprennent tout ce qu'il a trouvé dans les anciens Auteurs sur ce sujet. Sa Dissertation est sçavante & pleine de recherches très-curieuses.

Voyez le Journ. des Sçav. Juin 1754.]

28153. ☞ Dissertation, où l'on examine quel étoit l'état du Commerce de France, sous les Rois de la première & de la seconde Race, Ouvrage auquel l'Académie d'Amiens a adjugé le premier *Accessit*, en 1752; par M. l'Abbé ✱✱✱ (JOSSE): *Paris*, Thiboust, 1753, *in*-12.

Cette Dissertation est divisée en deux Parties: la première comprend le Commerce intérieur, & la seconde l'extérieur. L'Auteur croit que durant ces deux premières Races, les François se font peu mêlés du trafic, &

qu'il se faisoit presque tout entier par les Etrangers, qui n'apportoient souvent que des bagatelles.
Voyez le *Mercure*, Juillet 1753.]

28154. ☞ Mf. Differtation fur le Commerce de France, fous la premiere Race; par Jean-Louis LE COINTE, Officier au Régiment de l'Isle de France, & de l'Académie de Nismes.
Cette Differtation, qui a été lue dans cette Académie, est entre les mains de l'Auteur.]

28155. ☞ Differtation fur l'état du Commerce de France, depuis Hugues Capet jusqu'à François I, par M. CLICQUOT de Reims; (Discours couronné par l'Académie d'Amiens): *Amiens*, Godard, 1756, *in-12.*]

28156. ☞ Ordonnance du Commerce, de Mars 1763, & nouveau Commentaire par M. (Daniel JOUSSE, Conseiller au Présidial d'Orléans): *Paris*, Debure, 1757. Corrigé & augmenté, 1761, *in-12.*]

28157. Edit notable de Charles IX. de l'érection & établissement d'un Juge & quatre Consuls des Marchands en la ville de Paris; avec les Déclarations, Arrêts du Conseil & du Parlement, & autres Pièces en faveur de ladite Jurisdiction: *Paris*, Thierry, 1645, *in-4.*

Le même Recueil: *Paris*, 1652, *in-4.*

Le même, augmenté: *Paris*, 1660, *in-4.*

Le même, augmenté: 1668, *in-4.* 2 vol.

Le même augmenté; [sous ce titre, Recueil contenant les Edits & Déclarations du Roi, fur l'établissement & confirmation de] la Jurisdiction des Consuls, en la Ville de Paris & autres; & les Ordonnances & Arrêts donnés en faveur de cette Justice: *Paris*, Thierry, 1705, *in-4.*

☞ On a mis en tête, une «Instruction générale » fur la Jurisdiction Consulaire des Marchands», & à la fin, les noms des Villes de France, où il y a des Jurisdictions consulaires. La Partie I. renferme les Edits, Déclarations & Arrêts. La II. contient: 1.° l'Ordre & les Cérémonies observées pour l'Election du Juge & de quatre Consuls : 2.° le Rolle des noms & surnoms de ceux qui ont été Juges & Consuls depuis l'Edit de création (en 1563) jusqu'à présent (1704).

On a réimprimé depuis, pour être joint à ce Recueil: 1.° la Suite de ce Rolle jusqu'en 1764: 2.° les Pieces suivantes: *in-4.* = Edit de Mars 1710, portant établissement de vingt nouvelles Jurisdictions Consulaires. = Edit du 4 Octobre 1710. Déclaration du 21 Octobre 1710, pour établir à Coutances la Jurisdiction Consulaire qui venoit de l'être à Bayeux. Edit en 1715, pour créer une Jurisdiction Consulaire dans la Ville de Lille. = Autre en 1718 pour Valenciennes. = Arrêt du Conseil d'Etat; au sujet du Consulat de Nantes, du 19 Octobre 1754. = Arrêt du Parlement, entre les Officiers du Châtelet & les Juge-Consuls, du 19 Septembre 1755. = Arrêt du 24 Septembre 1755, au sujet des Consuls d'Angers. = Extrait des Regiftres du Conseil d'Etat, du 2 Juin 1761, (en faveur des Juge-Consuls de Paris, & qui annulle un Arrêt du Parlement). = Arrêt du 2 Décembre 1761, en faveur des Juge & Consuls d'Orléans.]

☞ Ordre chronologique des Juges & Consuls de la Ville de Paris, depuis leur établissement, suivant l'Edit du Roi Charles IX. donné à Paris au mois de Novembre 1563, imprimé en l'année 1755 : *in-4.*]

28158. ☞ Déclaration du Roi, au sujet des Jurisdictions Consulaires, du 7 Avril 1759: *in-4.*]

28159. ☞ Requête contenant les Représentations des Juge & Consuls de Paris fur (cette) Déclaration : *Paris*, le Mercier, 1760, *in-4.*

Ces deux Pieces font la premiere & la troisieme du Recueil suivant.]

28160. ☞ Mémoires & Pièces au Conseil de Sa Majesté, pour les Jurisdictions Consulaires & les Chambres de Commerce du Royaume, concernant la Déclaration du 7 Avril 1759 : *Paris*, le Mercier, 1766, *in-4.*

Cette Affaire n'est point encore terminée, non plus que la suivante.]

28161. ☞ Recueil de Pièces & Mémoires concernant le Réglement à faire entre la Jurisdiction de la Conservation de Lyon, & les Jurisdictions Consulaires: *Paris*, le Mercier, 1759, *in-4.*]

28162. ☞ Privilèges & Ordonnances concernant les Foires de Lyon, de Champagne & de Brie : 1549, *in-12. Lyon*, 1574, 1649, *in-4. Paris*, 1676, *in-12.*]

28163. ☞ Réglemens de la Place des Changes de la Ville de Lyon: *Lyon*, 1678, *in-4.*]

28164. ☞ Mf. Tarif de la Douane de Lyon, (imprimé à Valence, 1684); avec plusieurs Mémoires manuscrits, dont un par M. D'AGUESSEAU: *in-4.* 2 vol.

Dans la Bibliotheque de la Ville de Paris, num. 250, & 251.]

28165. ☞ Ordonnances & Réglemens touchant la Manufacture des Draps d'or, d'argent & de foye, qui se feront en la Ville de Lyon: *Lyon*, 1660, *in-8.* 1720, *in-12.*]

28166. ☞ Edit sur la Fabrique d'or & d'argent à Lyon: *Lyon*, 1661, *in-8.*]

28167. ☞ Statuts proposés aux Prévôt des Marchands & Echevins de Lyon, pour les Teinturiers de Soye de ladite Ville, homologués au Conseil & enregistrés au Parlement: *Lyon*, 1716, *in-8.*]

28168. Mf. Privilèges accordés par les Rois de France, aux Marchands de diverses Nations trafiquans dans leur Royaume, depuis l'an 1275 jusqu'en 1611 : *in-fol.*

Ce Recueil est conservé entre les Manuscrits de M. Dupuy, num. 320.

Mf. Les mêmes Privilèges, avec ceux qui ont été accordés par les Rois de France, à plusieurs Villes de leur Royaume, *in-fol.*

Ce Recueil est entre les Manuscrits de M. de Brienne, num. 322, [dans la Bibliotheque du Roi.]

28169. ☞ Mſ. Privilèges concédés par les Rois de France, aux Marchands de diverses Nations, trafiquans en leur Royaume: *in-fol.* 2 vol.

Ces Privilèges sont indiqués num. 16906 du Catalogue du Maréchal d'Estrées.]

28170. Mſ. Mémoire pour l'Etablissement du Commerce de Mer en France; ensemble quelques Ordonnances & Contrats; Ordonnances contenant les Privilèges des Foires de Lyon & de Champagne; Traités & autres Mémoires touchant le Commerce: *in-fol.*

Ces Pièces sont entre les Manuscrits de M. de Brienne, num. 319, [dans la Bibliothèque du Roi.]

28171. Mſ. Mémoire pour la Navigation & le Commerce de France: *in-fol.*

Ce Mémoire [étoit] conservé dans la Bibliothèque de M. Baluze, num. 246, [& est aujourd'hui en celle du Roi.]

28172. ☞ Recette, par laquelle tous les hommes de la France pourront apprendre à multiplier & augmenter leurs Trésors, &c. par Bernard PALISSY: *La Rochelle*, 1563, *in-4.*]

28173. ☞ Traité des Négoces & Trafiques ou Contracts qui se font en choses meubles; Réglement & Administration du Bureau politique des Marchands, pris des Mémoires de L. D. M. (Louis DE MAYERNE TURQUET): *Genève*, 1599, *in-8.*]

28174. ☞ L'Incrédulité ou l'Ignorance de ceux qui ne veulent connoître le bien & repos de l'Etat, & voir renaître la vie heureuse des François : ce Discours contient cinq petits Traités, faits depuis le 15 Août dernier; par Barthélemy DE LAFFEMAS, Valet de Chambre du Roi: *Paris*, Métayer, 1600, *in-8.*

Ces petits Traités ont pour objet principal, le Commerce, le Change, les Métiers & Manufactures.]

28175. ☞ Remontrances faites au Roi par le Parlement de Provence, pour l'établissement de nombre suffisant de Galères, afin d'assurer le Commerce ès Mers du Levant: 1626.

Elles sont imprimées au tom. XII. du *Mercure François.* Elles représentent combien il seroit utile à l'Etat d'avoir une bonne Marine, pour la sûreté du Commerce & des Côtes. Elles finissent par indiquer combien cette entreprise étoit facile.]

— Discours pour montrer qu'il est expédient au Roi, pour le bien de son Etat, d'être fort sur Mer.

Il est dans le *Mercure François*, tom. *XIII.* & il a déjà été indiqué ci-devant, Art. du Gouvernement.

28176. ☞ Dessein du Cardinal de Richelieu, de faire une nouvelle Compagnie pour le Commerce du Canada.

Cette Pièce se trouve dans le *Mercure François*, tom. *XIV.* part. 2, pag. 232.]

28177. ☞ Mſ. Mémoire présenté en 1626, au Cardinal de Richelieu, pour rétablir le Commerce sur Mer, & autres choses très-utiles; par le Chevalier DE ROSSELY: *in-4.*

Il se trouve dans la Bibliothèque de Sainte-Geneviève à Paris.]

28178. ☞ Mſ. Mémoire de M. DE SAINTE-CATHERINE, au Roi, pour faire des Colonies Françoises, ès Terres neuves.

C'est l'Original de 30 pages : il est conservé dans la Bibliothèque de M. Fevret de Fontette, à Dijon.]

28179. ☞ Mſ. Articles présentés au Roi Louis XIII. par la Compagnie de Morbihan:

Ce sont 6 pages, dans la même Bibliothèque.]

28180. ☞ Mémoires concernant le bien de la France, & les incommodités des Monarchies circonvoisines (par rapport au Commerce); par DE MOLEYRES: 1628, *in-12.*]

28181. ☞ Mſ. Lettre du Czar au Roi, pour le Commerce entre leurs Sujets: 1629; Copie de 6 pages.

Elle est conservée à Dijon, dans la Bibliothèque de M. Fevret de Fontette.]

28182. ☞ Cinq Propositions au Roi & au Cardnal de Richelieu, faites (en 1633); par le Sr DE PERIERS-LOYSEL, (pour le rétablissement de la Navigation & Commerce; la jonction de la Garonne & Aude, pour la communication des Mers, la construction d'un bon nombre de Vaisseaux, sans toucher aux Finances, &c.) *Paris*, 1636, *in-4.*]

28183. ☞ Mſ. Plaintes au Parlement d'Angleterre; par M. DE SABRAN, Résident de France, sur la liberté du Commerce: 1644 & 1645, 2 pièces, en 6 pages.

Elles sont conservées à Dijon, dans la Bibliothèque de M. Fevret de Fontette.]

28184. Le Commerce honorable, ou Considérations politiques, [contenant les motifs de nécessité, d'honneur & de profit, qui se trouvent à former des Compagnies de personnes de toutes conditions], pour l'entretien du Négoce [de Mer] en France, composé par un Habitant de la Ville de Nantes : *Nantes*, [le Monnier], 1646, *in-4.*

☞ L'Epître dédicatoire au Maréchal de la Meilleraye, est signée F. M.]

☞ Extrait des Considérations politiques, &c. (ou du même Livre): *Paris*, 1659, *in-4.*

28185. ☞ Discours sommaire de la Navigation & du Commerce; jugemens & pratiques d'iceux; par Thomas LE FEVRE, Ecuyer, Sieur du grand Hamel, &c. ci-devant Lieutenant en l'Amirauté de France : *Rouen*, 1650, *in-4.*]

28186. ☞ Obligations que la France a

LIV. III. Histoire Politique de France.

à M. Colbert, pour l'établissement des Manufactures & Commerce des Indes: *in-4.*

Je ne sçai si ce Livre est Manuscrit ou imprimé. On le trouve num. 6309, du Catalogue de M. Colbert.]

28187. ☞ Discours sur le Négoce des Gentilshommes de Marseille; par MARCHETTI: *Marseille*, 1671, *in-4.*]

28188. ☞ Moyens de la France pour ruiner le Commerce des Hollandois: *Lyon*, 1671, *in-12.*]

28189. ☞ Nouveau Traité du grand Négoce de France; par Antoine Moitoirel DE BLAINVILLE: *Rouen*, 1698, *in-12.* 1729, *in-12.* 2 vol.]

28190. ☞ Mémoires pour le rétablissement du Commerce en France, rédigés par Jean PELLETIER: 1701, *in-12.*]

28191. Mémoires sur l'état présent du Commerce de France, des causes de sa décadence & des moyens de le rétablir; dressés par les Députés des Provinces, en l'année 1701, à la Chambre du Commerce: *in-fol.*

Ces Mémoires [étoient] conservés dans la Bibliothèque de M. l'Abbé d'Estrées, [aujourd'hui à S. Germain-des-Prés: ils sont aussi] dans la Bibliothèque des Minimes de Paris, num. 72.

☞ On peut consulter le *Parfait Négociant* de Savary.]

28192. ☞ Ms. Traité du Commerce, ou Assemblées des Députés des Négociations des Pays-Bas, François & Espagnols, tenues à Ypres en 1703; avec les Avis de M. l'Intendant à la Cour: *in-fol.*

Ce Traité est indiqué num. 3209 du Catalogue de M. le Blanc.]

28193. ☞ Système politique sur le Commerce & la Marine; par BOUCICAULT: 1709, *in-4.*]

28194. ☞ Projet pour perpétuer la Paix & le Commerce en Europe; (par M. l'Abbé DE SAINT-PIERRE): *Utrecht*, 1713, *in-12.*]

28195. ☞ Déclaration du Roi d'Espagne, Philippe V. en faveur des Négocians François, datée du 9 Novembre 1718.

Cette Déclaration est imprimée dans le *Recueil D. in-12.* Elle fut donnée dans le temps de la Conspiration du Prince de Cellamare, Ambassadeur d'Espagne en France, contre M. le Régent.]

28196. ☞ Considérations sur le Commerce & sur l'Argent; par M. (Jean) LAW, traduites de l'Anglois: *La Haye*, 1720, *in-12.*]

28197. ☞ Requête de M. le Duc DE LA FORCE (Henri-Jacques Nompar de Caumont), Pair de France, présentée au Roi, le 26 Mai 1721, (suivie d'un) Mémoire à consulter: *in-fol.*

C'est au sujet d'un Procès de monopole de Marchandises de la Chine, &c. dans lequel le Duc de la Force étoit impliqué. L'Affaire fut évoquée du Parlement au Conseil, & ensuite renvoyée au Parlement, qui donna Arrêt le 12 Juillet 1721, en faveur des Marchands Epiciers de la Ville de Paris, contre Bernard, Secrétaire & Intendant du Duc de la Force, &c. recommandant à ce Seigneur « d'en user avec plus de circonspection, & » de se comporter à l'avenir d'une manière irréprocha- » ble, & telle qu'il convient à sa naissance & à sa dignité » de Pair de France». Il y a eu plusieurs *Mémoires, Requêtes, &c.* imprimés *in-fol.* sur cette Affaire, de la part des Epiciers, de Bernard & du Chevalier Landais, Armateur.]

28198. ☞ Essai politique sur le Commerce; (par J. Fr. MELON): 1734, *in-12.* Seconde Edition, augmentée: 1736, *in-12.*

Voyez au sujet de ce Livre, = *Observations sur les Ecrits modernes* de l'Abbé des Fontaines, tom. II. Lettr. XVII. pag. 24 = Le *Financier Citoyen*, tom. I. pag. 337. = *Journal histor.* Sept. 1736. L'Edition de 1736 est augmentée de 7 Chapitres.]

28199. ☞ Réflexions politiques sur les Finances & le Commerce, où l'on examine quels ont été les revenus, les denrées, le change étranger; & conséquemment sur notre Commerce, les Influences des augmentations & des diminutions des valeurs numéraires des Monnoyes; (par DU TOT): *La Haye*, (*Paris*), 1740, *in-12.* 2 vol.

Voyez le *Financier Citoyen.* t. I. p. 359. = *Journ. de Verdun*, Mai & Juin, 1738.]

28200. ☞ Examen des Réflexions (précédentes); par DESCHAMPS: *La Haye*, (*Paris*), 1740, *in-12.* 2 vol.

Voyez le *Journ. de Verdun*, Nov. 1740.]

On peut voir sur MM. Jean Law, Melon & du Tot, sur le Commerce, le luxe, &c. le tom. IV. Chap. XLIII. & XLIV. des *Œuvres* de Voltaire, Edit. de 1756.]

28201. ☞ Essai sur la Marine & le Commerce; (par André-François Boureau DES LANDES, de l'Académie de Berlin, ci-devant Commissaire général de la Marine): 1743; *in-8.*

Cet Auteur est mort en 1757.]

28202. ☞ Mémoire sur la Chambre du Commerce de Dunkerque: 1751, *in-4.*]

28203. ☞ Essai sur les Intérêts du Commerce maritime; par M. D. (d'HÉGUERTY): *La Haye*, (*Paris*), 1754, *in-12.*]

28204. ☞ Elémens du Commerce; (par M. Veron DE FORBONNAIS, Inspecteur général des Monnoyes de France: (*Leyde*, (*Paris*, Briasson), 1754, *in-12.* 2 vol.]

28205. ☞ Remarques sur les avantages & les désavantages de la France & de la Grande Bretagne, par rapport au Commerce & aux autres sources de la puissance des Etats, traduites de l'Anglois, du Chevalier John NICKOLS, (par N. Plumard de Dangeul, Maître des Comptes, & Maître d'Hôtel de Madame la Dauphine:) troisième Edition, *Leyde*, (*Paris*), 1754, *in-12.*

Les mêmes, traduits en Allemand: *Leipsick*, 1757, *in-8.*

« Ce qui regarde particulièrement la France, remplit » la première Partie de l'Ouvrage. L'Auteur a omis d'y » compter parmi nos avantages, notre situation &
» nos

Du Commerce & de la Marine de France.

» nos Ports sur les deux Mers ». *Journ. des Sçavans, Juin*, 1754.

Voyez aussi au mois d'*Août*, = *Mém. de Trév. Mai & Juin* 1754. = *Ann. Littér.* 1754, tom. III. pag. 145. = *Journ. de Verdun, Mai* 1755.]

28206. ☞ Essai sur les avantages & les désavantages de la France & de la Grande Bretagne, par rapport au Commerce; traduit de l'Anglois de M. TUCKER: *Journal Œconomique, Octobre* 1755.]

28207. ☞ Nouveaux Motifs pour porter la France à rendre libre le Commerce du Levant; par M. Ange G. (GOUDARD): *Paris*, 1755, *in*-12.]

28208. ☞ Mémoire pour l'accroissement du Commerce, tant par mer que par terre, & la sûreté de la Navigation & de la Pêche, en temps de Guerre comme en temps de Paix: *Paris*, Veuve Quillau, *in*-4.]

28209. ☞ Questions sur le Commerce des François au Levant; par M. DE FORBONNAIS: 1755, *in*-12.]

28210. ☞ La Vérité révélée, Ouvrage traduit de l'Anglois; (par M. Genest, Commis aux Affaires Étrangères): *Londres*, (*Paris*), 1755, *in*-12.

Cet Ouvrage concerne le Commerce & la Marine.]

28211. ☞ La Noblesse Commerçante; (par l'Abbé COYER): *Londres*, (*Paris*), 1756, *in*-12.

Voyez les *Mém. de Trévoux, Mars & Avril* 1756. = *Merc. Juin* 1756. = *Ann. Littér.* 1756, tom. I. p. 37: tom. III. pag. 275.]

28212. ☞ Lettre à l'Auteur de la Noblesse Commerçante; par M. l'Abbé Jean-Gabriel BARTHOUILH: 1756, *in*-12.]

28213. ☞ Lettre de M. D. à M. D...: au sujet de la Noblesse Commerçante; où l'on démontre la facilité de remédier à la dépopulation dont on se plaint; tant à l'égard de la France que de nos Colonies, & spécialement de la Louisianne, & les moyens de rendre le Commerce du Royaume plus florissant que par le passé, & supérieur à celui d'Angleterre; avec quelques Observations relatives au Mémoire des Protestans; (par l'Abbé Emmanuel-Jean DE LA COSTE): 1756, *in*-8.

L'Auteur est mort en 1761.]

28214. ☞ La Noblesse Militaire; ou le Patriote François; (par le Chevalier D'ARC): 1756, *in*-12.]

28215. ☞ Le Citoyen Philosophe, ou Examen critique de la Noblesse Militaire: 1756, *in*-12.]

28216. ☞ L'une & l'autre, ou la Noblesse Commerçante & Militaire; par M. DE SAUVIGNY, Lieutenant de Cavalerie, de l'Académie de Rouen: 1756, *in*-12.]

28217. ☞ La Noblesse Commerçable, ou Ubiquiste; (par M. MARCHAND): *Amsterdam*, 1756, *in*-12.]

Tome II.

28218. ☞ La Noblesse oisive; (par M. ROCHON): 1756, *in*-12.

Voyez sur ces Ouvrages, = *Journ. des Sçav. Août*, 1756. = *Mém. de Trév. Juin, Juillet* 1756. = *Mercure, Avril* 1756. = *Ann. Littér.* 1756, tom. II. pag. 311 tom. VI. pag. 231.]

28219. ☞ Le Commerce annobli; (par M. SERAS): *Bruxelles*, 1756, *in*-12.]

28220. ☞ Lettre à M. F. ou Examen politique des prétendus inconvéniens de la faculté de commercer en gros, sans déroger à la Noblesse; (par M. DE FORBONNAIS, Inspecteur général des Monnoies de France, & Conseiller au Parlement de Metz): 1756, *in*-12.]

28221. ☞ Lettre d'un Citoyen, sur la permission du Commerce dans les Colonies; par M. S. 1756, *in*-12.]

28222. ☞ Le Commerce remis à sa place; (par M. l'Abbé GARNIER): 1756, *in*-12.]

28223. ☞ Le Conciliateur, ou la Noblesse Commerçante & Militaire; par M. DE PEZEROLS: 1757, *in*-12.]

28224. ☞ Le Développement & Défense du Système de la Noblesse Commerçante; par M. l'Abbé COYER: *Amsterdam*, (*Paris*), 1757, *in*-12. 2 parties en un vol.]

28225. ☞ La Noblesse ramenée à ses vrais principes, ou Examen du développement de la Noblesse Commerçante; (par M. DESPENNES): *Amster.* (*Paris*), 1759, *in*-12.

Voyez l'Extrait dans l'*Ann. Littér.* 1758, tom. VIII. Lettr. XV.]

28226. ☞ La Noblesse telle qu'elle doit être, ou Moyen de l'employer utilement pour elle-même & pour la Patrie; (par M. DE LA HAUSSE): *Amsterdam*, (*Paris*, Lottin,) 1758, *in*-12.

C'est une révision du Procès de la Noblesse Commerçante & de la Noblesse Militaire. Il y en a un Extrait, *Mém. de Trévoux, Février*, 1759.]

28227. ☞ Nouvelles Observations sur la Noblesse Commerçante ou Militaire; par M. Pierre-Alexandre, Vicomte D'ALÈS DE CORBET: *in*-12.]

28228. ☞ Réflexions sur la Noblesse Commerçante: 1759, *in*-12.]

28229. ☞ Remarques sur plusieurs Branches de Commerce & de Navigation: 1757, *in*-12. 2 vol. en un.]

28230. ☞ Le Progrès du Commerce; (par M. Honoré DE LA COMBE, Avocat): 1759, *in*-12.]

28231. ☞ Vues politiques sur le Commerce; par M. Henri GOYON de la Plombanie: 1759, *in*-12.]

28232. ☞ Lettres d'un Citoyen à un Magistrat, sur l'affranchissement du Commerce de Lorraine & de Bar, du Tarif de France: 1762, *in*-8.]

28233. ☞ Le Négociant Citoyen, ou Essai dans la recherche des moyens d'augmenter les lumières de la Nation sur le Commerce & l'Agriculture ; par M. C. C. A. *Amsterdam*, (*Paris*), 1764, *in* 8. de 56 pages.]

28234. ☞ Idées d'un Citoyen sur le Commerce d'Orient & la Compagnie des Indes; par M. Nicolas BAUDEAU, de l'Académie de Bordeaux, &c. 1764, *in*-8.]

28235. ☞ Mémoire sur l'étendue & les bornes des Loix prohibitives du Commerce Etranger dans nos Colonies; par M. DUBUC: 1765, *in*-4.]

28236. ☞ Considérations sur le Commerce de Bretagne; par M. PINCZON Duselpdes-Monts: *Rennes*, Vatar, *in*-8.]

28237. ☞ Nouvelle France, ou France commerçante, par M. F. X. T. Juge de la V. de C. *Londres*, (*Paris*), 1765, *in*-12.

L'Auteur est M. François-Xavier TIXEDOR, Juge de la Viguerie de Conflans.]

28238. ☞ Le Commerçant politique : *Londres* & *Paris*, Desventes, 1768, *in*-12.]

28239. ☞ Considérations sur le Commerce, & en particulier sur les Compagnies: 1759, *in*-12.]

28240. ☞ La France agricole & marchande ; par M. Henri GOYON de la Plombanie: *Avignon*, (*Paris*), 1762, *in*-8. 2 vol.]

28241. ☞ Idées patriotiques sur la nécessité de rendre la liberté au Commerce : *Lyon*, Cutty, 1762, *in*-8.]

28242. ☞ Le Coup-d'œil du Citoyen, ou Moyens de rétablir la Marine en France : 1763, *in*-8.]

28243. ☞ Idées d'un Citoyen sur la puissance du Roi, & le Commerce de la Nation dans l'Orient : *Amster*.(*Paris*), 1763,*in*-8.]

28244. ☞ Examen des avantages & des désavantages de la prohibition des Toiles-peintes; par M. DE FORBONNAIS: 1755, *in*-12.]

28245. ☞ Réflexions sur les avantages de la libre fabrication & de l'usage des Toiles-peintes en France ; (par M. l'Abbé MORELLET), pour servir de Réponse aux divers Mémoires des Fabriquans de Paris, Lyon, Tours, Rouen, &c. sur cette Matière : *Genève*, (*Paris*), 1758, *in*-12.]

28246. ☞ Réflexions sur divers objets de Commerce, & en particulier sur la libre fabrication des Toiles-peintes: 1759: *in*-12.]

28247. ☞ Examen des effets que doivent produire dans le Commerce de France, l'usage & la fabrication des Toiles-peintes; par M…. *Genève*, (*Paris*), 1759, *in*-8.]

28248. ☞ Essai sur l'origine & les progrès de la Porcelaine en France : *in* - 8. de 16 pages.]

28249. ☞ Mémoire sur les Manufactures de Drap & autres Etoffes de laine : *Paris*, Saugrain, 1764, *in*-12.]

28250. ☞ Mémoire sur les Laines de France & sur les Laines Etrangères, propres aux Manufactures; par M. DE BLANCHEVILLE : (Discours couronné par l'Académie d'Amiens) : *Amiens*, Godard, 1754, *in*-12.

Ce Mémoire est de l'Abbé CARLIER, qui l'a donné sous le nom de Blancheville.]

28251. ☞ Considérations sur les moyens de rétablir en France les bonnes espèces de Bêtes à laine ; (par M. l'Abbé Claude CARLIER): 1762, *in*-12.]

28252. ☞ Mémoire sur les Bleds; avec un Projet d'Edit, pour maintenir en tout temps la valeur des Grains à un prix convenable au vendeur & à l'acheteur ; (par M. DUPIN): *Paris*, 1748, *in*-4.]

28253. ☞ Essai sur la Police générale des Grains; par HERBERT : *Paris*, Pissot, 1754, *in*-8. 1755, *in*-12.]

28254. ☞ De l'Exportation & de l'Importation des Grains: Mémoire lû à la Société Royale d'Agriculture de Soissons; par M. DU PONT, l'un des Associés : *Soissons*, (*Paris*), 1764, *in*-8.

On trouve à la suite, Lettre à l'Auteur de la *Gazette du Commerce*, 22 Février 1764, = Lettre en Réponse à la précédente, 4 Mars 1764, = Réflexions pour servir de Réponse à la première Lettre, = Lettre à M… au sujet de la cherté des Bleds en Guyenne, 8 Mai 1764.]

28255. ☞ Effets d'un Privilège exclusif en matière de Commerce, sur les droits de la propriété, &c. Mai 1765 : *Paris*, Renard; *in*-8.]

28256. ☞ Observations sur la liberté du Commerce des Grains ; par M. Claude-Humbert-Piarron DE CHAMOUSSET, Maître des Comptes à Paris : *Amsterdam*, (*Paris*, Lambert), 1759, *in*-12.]

28257. ☞ Lettre d'un Négociant (de Marseille), sur la nature du Commerce des Grains, 8 Octobre 1762 : *in*-12.]

28258. ☞ Réflexions sur la Police des Grains en France & en Angleterre : Mars, 1764, *in*-8.]

28259. ☞ Recueil des principales Loix relatives au Commerce des Grains : (*Paris*,) 1769, *in*-12.

On y trouve le Procès-verbal de la grande Assemblée de Police tenue au Parlement, au sujet de la cherté du bled.]

28260. ☞ La liberté du Commerce des Grains; par M. Guill. François LE TROSNE, Avocat du Roi à Orléans : 1765, *in*-8.]

28261. ☞ Représentations aux Magistrats; contenant l'exposition raisonnée des faits relatifs à la liberté du Commerce des Grains, & les résultats respectifs des Réglemens & de la Liberté : 1769, *in*-8.]

Du Commerce & de la Marine de France.

28262. ☞ Le Négociant, feuille périodique sur le Commerce; par M. (Louis-Florent) LE CAMUS, Marchand de fer: *in-8*.

Cet Ouvrage a commencé le 15 Mars 1762.]

28263. Mémoire pour servir d'Instruction à ceux qui voudront s'intéresser dans la grande Compagnie de l'Amérique: *Paris*, 1653, *in-4*.

28264. Articles & Conditions sur lesquels les Marchands Négocians du Royaume supplient le Roi de leur accorder sa Déclaration, & les graces y contenues, pour l'Etablissement d'une Compagnie pour le Commerce des Indes Orientales: *Paris*, 1664, *in-4*.

28265. Discours d'un fidèle Sujet du Roi, touchant l'Etablissement d'une Compagnie Françoise, pour le Commerce des Indes Orientales: *Paris* 1664, *in-4*.

François CHARPENTIER, mort Directeur perpétuel de l'Académie Françoise, en 1701, a composé ce Discours par l'ordre de M. Colbert le Ministre.

28266. Le même en François & en Allemand; (par le même, sous le nom de Jean-Christophe Wagenseil); avec les Articles & Conditions, & la Déclaration du Roi: 1665, *in-4*.

28267. Relation de l'Etablissement de la Compagnie Françoise pour le Commerce des Indes Orientales; par le même (François CHARPENTIER:) *Paris*, Cramoisy, 1666, *in-4*.

✻ On y trouve le Recueil de toutes les Pièces concernant cet Etablissement.

28268. ☞ Abrégé historique de l'Etablissement de la Compagnie des Indes: *Mercure*, 1720, *Janvier*.]

28269. ☞ Du Commerce des François aux Indes; par M. l'Abbé GUYON.

C'est ce qui occupe la plus grande partie du tom. III. de son *Histoire des Indes Orientales* : *Paris*, Butard, 1744, *in-12*.]

== Histoire du Tarif de 1664 & de la Compagnie des Indes, &c.

Cette Histoire forme les trois premiers volumes de l'*Histoire générale des Finances* de M. du Fresne DE FRANCHEVILLE, dont il n'y a encore que cette Partie d'imprimée. *Voyez* ci-devant, N.° 27964.]

28270. ☞ Histoire du Commerce des François, aux Indes (Orientales), où l'on expose leurs vues dans l'Etablissement d'une Compagnie, les difficultés qu'ils ont trouvées à la soutenir, & la décadence entière de cette (première) Compagnie; avec le Plan & les progrès de la Compagnie des Indes d'aujourd'hui.

Cette Histoire, qui est traitée d'une manière intéressante, se trouve, *pag*. 146-242 du tom. XXII. de l'*Histoire Universelle*, traduite de l'Anglois par une Société de Gens de Lettres : *Amsterdam*, Arkstée, 1764, *in-4*.]

28271. ☞ Recueil d'Arrêts & autres Pièces, pour l'établissement de la Compagnie d'Occident : *Amsterdam*, 1720, *in-12*.]

Tome II.

28272. ☞ Recueil des Edits, Déclarations, Arrêts & autres Pièces concernant la Compagnie des Indes établie à Paris : *Paris*, 1720, *in-4*. 2 vol.]

28273. Tarif du quatrième payement pour sçavoir la valeur des nouvelles souscriptions de la Compagnie des Indes; par le Sieur PERPOINT : *Paris*, 1720, *in-8*.]

28274. ☞ Mémoires pour servir à justifier la Compagnie des Indes, contre la Censure des Casuistes qui la condamnent : 1720 : *in-12*.]

28275. ☞ Mémoires pour les Sieurs Markara & Arachins, contre les Directeurs généraux de la Compagnie des Indes : *in-4*.]

28276. ☞ Lettres-Patentes de 1686, pour l'établissement d'une Compagnie du Sénégal, Cap-verd & Côtes d'Afrique : *Paris*, 1696, *in-4*. Edits, &c. pour le même Etablissement : *Paris*, 1687, *in-4*.]

28277. ☞ Edit de 1674, portant révocation de la Compagnie des Indes Occidentales : *in-4*.]

28278. ☞ Réglement touchant la Marine de la Compagnie des Indes : *Paris*, de l'Imprimerie Royale, 1734, *in-4*.]

28279. ☞ Mémoire de la situation actuelle de la Compagnie des Indes, Juin 1769; par M. l'Abbé MORELLET : *Paris*, Desaint, (1769), *in-4*.

On y trouve d'abord *l*he *Histoire succincte du Commerce de l'Inde*, par les Compagnies Françoises, depuis son origine jusqu'en 1725, *pag*. 10-24.]

28280. ☞ Réponse au Mémoire précédent, imprimée en exécution de la Délibération des Actionnaires, du 9 Août; par M. NEKER : Imprimerie Royale, 1769, *in-4*.]

28281. ☞ Examen de la Réponse, &c. par l'Abbé MORELLET : 1769, *in-4*.]

28282. ☞ Mémoire sur la Compagnie des Indes; par M. le Comte DE LAURAGUAIS : *Paris*, Lacombe, 1769, *in-4*.]

☞ Lettre du même, sur un passage de son Mémoire : *Mercure* 1769, *Sept. pag*. 154.

Voyez sur son Mémoire, le même *Mercure*, p. 130.]

28283. ☞ Arrêt du Conseil d'Etat, en date du 13 Août 1769, par lequel le Roi suspend l'exercice du Privilège exclusif de la Compagnie des Indes, & permet à tous ses Sujets de négocier librement dans les différentes parties de l'Inde : *in-4*.]

28284. ☞ Arrêt du Conseil, portant Réglement pour le Commerce de l'Inde; du 6 Septembre 1769 : *in-4*.]

28285. ☞ Mémoire sur les Compagnies des Indes établies en France : *Mercure*, 1746, *Décembre*, vol. II.

Ce Mémoire est de M. DE RHINS, Doyen des Avocats de Saint-Etienne en Forês. Il y fait l'éloge du Commerce, & sur-tout du Commerce Maritime, & des avantages que les Nations qui s'y sont adonnées en ont retirés.]

== ☞ Mémoires pour le Sieur de la Bourdonnaye, &c. 1751, *in-12.* 4 vol.

Ils sont indiqués ci-devant, N.° 24716. Ils servent particulièrement à l'Histoire du Commerce & de l'établissement de la Compagnie des Indes à Pondichery.]

28286. ☞ Mémoire pour le Sieur Dupleix contre la Compagnie des Indes, avec les Pièces justificatives; par M.° DE GENÈS: *Paris*, le Prieur, 1759, *in-4.*]

28287. ☞ Réponse pour la Compagnie des Indes; par M.° GERBIER: 1759, *in-4.*]

28288. ☞ Réfutation des faits imputés au Sieur Godeheu, par le Sieur Dupleix; avec les Pièces justificatives: *Paris*, Chenault, 1764, *in-4.*]

28289. ☞ Traité du Commerce du Levant; par M. GOUDARD: *in-12.*]

28290. ☞ Essai sur les Colonies Françoises; par M. SAINTARD: 1755, *in-12.*]

28291. ☞ Almanach des Corps des Marchands & Communautés du Royaume, contenant l'origine de chaque Corps, un Abrégé de leurs Statuts, & les noms & demeures (à Paris) des Officiers en Charge de chaque Communauté: *Paris*, Duchesne, 1753, *in-24.*]

28292. ☞ Recueil d'Arrêts & d'Edits, concernant les Privilèges des Marchands fréquentans la Rivière de Loire: *in-8.*]

28293. ☞ Pièces concernant l'établissement de la Compagnie Royale de Commerce de Nantes: 1623, *in-4.*]

28294. ☞ Mf. Arrêts & autres Pièces sur le Commerce, tirées des Registres des Parlemens de Besançon, Toulouse, Bourdeaux, Rouen, Aix: *in-fol.*

Ce Recueil est à la Bibliothèque du Roi, & vient de M. Lancelot.]

28295. ☞ Recueil des Réglemens généraux & particuliers concernant les Manufactures & Fabriques du Royaume: *Paris*, Imprimerie Royale, 1730, *in-4.* 4 vol.]

28296. ☞ Mf. Avis au Roi pour l'Office de Contrôleur des Manufactures.

C'est un Manuscrit ancien, qui est conservé à Dijon, dans la Bibliothèque de M. Fevret de Fontette.]

28297. ☞ Remontrance au Peuple, suivant les Edits, &c. à cause du luxe & superfluité des soyes, &c. *Paris*, Barbot, 1601. = Avis & Remontrances à MM. les Commissaires députés du Roi, en fait de Commerce; avec moyen de soulager le Peuple des Tailles: *Paris*, Moreau, 1600. = Preuve du Plant & profit des Mûriers, pour les Paroisses de la Généralité de Paris, Orléans, Tours, pour l'année 1603: *Paris*, 1603. = Comme l'on doit permettre la liberté du transport de l'or & de l'argent hors du Royaume, & par tel moyen conserver le nôtre, & attirer celui des Etrangers: *Paris*, Pamounier, 1602, *in-8.*

Ces petits Ouvrages sont de Barthélemy DE LAFFEMAS, natif de Beaulemblant en Dauphiné, Valet de Chambre du Roi. Il est qualifié à la tête du *Plant des Mûriers*, Sieur de Bauthor, Contrôleur Général du Commerce de France.]

28298. ☞ Advis, qu'on peut élever en France des Chevaux aussi beaux qu'en Allemagne & ailleurs; par QUERBRAT CALLOET: *Paris*, 1566, *in-4.*

Il est déjà à l'*Histoire Naturelle*.]

28299. ☞ Réglemens & Instructions touchant l'administration des Haras du Royaume: *Paris*, Impr. Royale, 1717, 1724, *in-4.*]

28300. ☞ Instructions pour l'établissement des Haras: *in-12.* de 20 pages.]

28301. ☞ Mémoire présenté à M. ROUILLÉ, Secrétaire d'Etat de la Marine; par M. JOHAN, natif de Tours & Habitant de la Louisiane, pour l'établissement des Vers à soye dans cette Colonie: *Mercure*, 1750, Février.

O y fait voir combien cet Etablissement seroit avantageux aux Colons, & qu'il pourroit remplacer les pertes souvent trop réelles qu'ils souffrent dans la culture du Tabac & de l'Indigo.]

28302. ☞ Mf. Diverses Pièces & Mémoires sur le Commerce & la Marine de France: *in-4.* 11 vol.

C'est ce qui est contenu dans les Porte-feuilles 715-722 & 724-726 du grand *Recueil* de M. de Fontanieu, à la Bibliothèque du Roi.]

28303. ☞ Histoire générale de la Marine, contenant son origine chez tous les Peuples du Monde, ses progrès, son état actuel, & les expéditions maritimes, anciennes & nouvelles; (par M. DE BOISMESLÉ): *Amsterdam*, (*Paris*), 1746-1758. *Ibid.* 1759, *in-4.* 3 vol. avec fig.

Le troisième a été publié par M. DE RICHEBOURG.]

28304. ☞ Mf. Mémoires, Ordonnances, Ordres, Instructions & Commissions du Roi, pour la Marine, expédiées par M. Colbert & par M. le Marquis de Seignelay: *in-fol.*

Ce Recueil & le suivant sont indiqués au num. 2318, & 2319 du Catalogue de M. Pelletier.]

28305. ☞ Mf. Registre des dépenses faites pour la Marine, pendant les années 1661-1666; avec la Liste des Vaisseaux & de l'Artillerie qu'il y avoit pendant ces années-là: *in-fol.*]

28306. ☞ Mf. Ordres, Lettres, Mémoires, &c. donnés & écrits sur la Marine, depuis l'année 1679 jusqu'en 1701: *in-fol.* 8 vol.

Ce Recueil est indiqué au num. 15909 du Catalogue de M. d'Estrées.]

28307. ☞ Tarif des Marchandises & Ou-

Contracts de Mariages & Testamens des Rois, &c. 837

vrages nécessaires pour les Galères de Sa Majesté, pour les années 1686, 1695, 1700, 1707 & 1713 : *Marseille*, 1686, & suiv. *in-fol.* 5 vol.]

28308. ☞ Traité des Vivres pour les Vaisseaux & pour les Galères, sous le nom de Michel Parent, en 1719 : *Paris*, 1719, *in-4.*]

28309. ☞ Mf. Ordres donnés pour les années 1691 & 1692, sur la Marine : *in-fol.*]

28310. ☞ Mf. Lettres écrites en 1691, à M. de Pontchartrain, sur la Marine : *in fol.*

Ces deux Recueils se trouvent aux num. 16642 & 16643, du Catalogue de M. d'Estrées.]

28311. ☞ Mf. Controlle de la Marine de Toulon, en 1715 : *in-fol.*]

28312. ☞ Mf. Formulaire des Registres & Etats du Controlle de la Marine de Toulon, en 1715 : *in-fol.*

Ces Controlles sont indiqués aux n. 16644 & 16645, du Catalogue de M. d'Estrées.]

28313. ☞ Mf. Recueil des ordres de Batailles & signaux donnés par les Généraux des Armées Navales & les Commandans des Escadres des Vaisseaux du Roi, depuis 1664 jusqu'en 1667 : *in-fol.*

Ce Manuscrit est indiqué num. 979 du Catalogue de M. Pelletier.]

28314. ☞ Trait François en guerre & marchandise passant d'une mer à l'autre, par la transnavigation des rivières, &c. 1638, *in-8.*]

28315. ☞ Remontrance en forme d'Avertissement que font au Roi & au Conseil les Capitaines de la Marine de France, (contre les vexations des Espagnols & Portugais sur mer :) *in-4.*]

28316. ☞ Avis sur le fait de la Navigation & Commerce en Afrique & Amérique : *in-4.*]

28317. ☞ Mf. Remontrance au Roi par le Parlement de Provence, pour la subsistance des Galères sur la Méditerranée : 11 pages.

Ce Manuscrit est conservé à Dijon, dans la Bibliothèque de M. Fevret de Fontette.]

28318. ☞ Discours sommaire contenant les Armemens qui ont été faits en la Marine du Levant, depuis que la Provence a été réunie à la Couronne ; par lesquels on voit que les Trésoriers de ladite Marine sont en possession & en droit de faire les paiemens de toutes les dépenses des Armées aux Mers du Levant, &c. contre les prétentions des Trésoriers de la Marine de Ponant : (1651) *in-4.*]

28319. ☞ Considérations sur la Constitution de la Marine Militaire de France ; (par M. J. B. DE SECONDAT, ancien Conseiller au Parlement de Bordeaux) : *Londres*, 1756, *in-12.*

On trouve à la suite, = Lettre sur les *Considérations*, &c. = Essai sur la nécessité & sur les moyens d'indemniser les propriétaires & les intéressés dans les Navires François pris par les Anglois, &c.]

28320. ☞ Essai sur l'admission des Navires neutres dans nos Colonies ; par M. (Veron) DE FORBONNAIS : 1579, *in-12.*]

28321. ☞ Nouveau Commentaire sur l'Ordonnance de la Marine du mois d'Août 1681 ; par Mᵉ René-Josué VALIN, Avocat & Procureur au Siége de l'Amirauté de la Rochelle : *La Rochelle*, Légier & Mesnier, 1760, *in-4.* 2 vol.

Cet Auteur est mort en 1765.]

28322. ☞ Traité des Prises ; par le même : *La Rochelle*, 1762, *in-8.*]

28323. ☞ Us & Coutumes de la Mer ; par CLAIRAC : *Bordeaux*, 1661, *in-4.*]

ARTICLE VII.

Contracts de Mariage des Rois, des Fils & Filles de France : Testamens des Rois [& des grands Seigneurs du Royaume.]

28324. Mf. DISSERTATION, dans laquelle on fait voir que les Rois de la première & de la seconde Race ont épousé deux sortes de Femmes ; que les premières étoient d'une haute naissance ; que les Rois n'avoient pas dérogé en les épousant ; que les secondes étoient qualifiées de Concubines, quoique épousées légitimement selon le For Ecclésiastique, parce que leur mariage n'étoit point fait avec les formalités requises par le For Civil, & d'ailleurs elles étoient d'une naissance abjecte ; par François DE CAMPS, Abbé de Signi : *in-fol.*

Cette Dissertation [étoit] conservée avec l'*Abrégé de l'Histoire Chronologique des Reines de France*, (par le même) dans sa Bibliothèque, [dont les Manuscrits sont passés à M. de Beringhen.]

28325. * Histoire des Filles de la Maison de France, & autres Princesses qui ont été données en mariage à des Princes Hérétiques ou Payens : *Nouv. Mercure*, 1719, Novembre, pag. 1.

28326. ☞ Mf. Liste des Contracts de Mariage des Rois de France : *in fol.*

Cette Liste est indiquée num. 3190, du Catalogue de M. le Blanc.]

28327. Mf. Contracts de Mariage des Rois de France, depuis l'an 1514 jusqu'en 1581 : *in-fol.*

Ces Contracts [étoient] conservés dans la Bibliothèque de M. le Président de Mesme.

Liv. III. Histoire Politique de France.

28328. Mſ. Autre Recueil, depuis l'an 1532 juſqu'en 1581 : *in-fol.*

Ce Recueil eſt conſervé dans la Bibliothèque de M. le Chancelier d'Agueſſeau.

28329. Mſ. Contraćts de Mariage des Rois de France, depuis l'an 1258 juſqu'en 1608 : *in-fol.*

Ces Contraćts ſont conſervés dans la Bibliothèque du Roi, num. 9365.

28330. Mſ. Autre Recueil, depuis l'an 1258 juſqu'en 1612 : *in-fol.*

Ce Recueil [étoit] conſervé dans la Bibliothèque de M. Foucault, [qui a été diſtraite.]

28331. Mſ. Extraits de Mariage, depuis l'an 1478 juſqu'en 1612 : *in-fol.*

Ces Extraits ſont conſervés dans la Bibliothèque du Roi, num. 9688.

28332. Mſ. Traités de divers Mariages entre les Rois de France & d'Angleterre, depuis l'an 1305 juſqu'en 1612 : *in-fol.*

Ces Traités ſont conſervés entre les Manuſcrits de M. de Brienne, num. 36, [dans la Bibliothèque du Roi.]

28333. ☞ Mſ. Recueil de Contraćts de Mariages de pluſieurs Rois de France, d'Eſpagne & autres Pièces ; enſemble pluſieurs Titres & Patentes : *in-fol.*

Ces Contraćts, &c. ſont conſervés dans la Bibliothèque du Roi, entre les Manuſcrits de M. de Cangé.]

28334. Mſ. Contraćts de Mariage entre les Maiſons de France & d'Eſpagne, depuis l'an 1559 juſqu'en 1615 : *in-fol.*

Ces Contraćts ſont conſervés entre les Manuſcrits de M. Dupuy, num. 156, & [ils étoient auſſi] dans la Bibliothèque de M. le Chancelier Seguier, [aujourd'hui à S. Germain des Prés.]

28335. Mſ. Contraćts de Mariages & Mémoires de divers Contraćts de Mariage des Rois, Princes & Seigneurs, depuis l'an 1386 juſqu'en 1619 : *in-fol.*

Ces Contraćts ſont conſervés entre les Manuſcrits de M. Dupuy, num. 701.

28336. Mſ. Contraćts de Mariage, depuis l'an 1364 juſqu'en 1622 : *in-fol.*

Ces Contraćts ſont conſervés dans la Bibliothèque du Roi, num. 9485.

28337. Mſ. Contraćts de Mariage des Rois, Princes & Grands Seigneurs, depuis l'an 1258 juſqu'en 1626 : *in-fol.*

Ces Contraćts ſont conſervés entre les Manuſcrits de M. Dupuy, dans la Bibliothèque de [S. Germain des Prés, provenant de celle de] M. le Chancelier Seguier, dans celle de Meſſieurs des Miſſions Etrangères, & dans la Bibliothèque des Minimes de Paris, num. 45.

28338. Mſ. Traités de Mariages des Rois, Princes & Grands Seigneurs, depuis 1258 juſqu'en 1624 : *in-fol.* 2 vol.]

28339. ☞ Mſ. Mariages de pluſieurs Rois, Reines, Princes & Princeſſes de France, depuis 1258 juſqu'en 1717 : *in-fol.*]

28340. ☞ Mſ. Contraćts de Mariages de Rois, Reines, Princes & Princeſſes de France, depuis 1405 juſqu'en 1641 : *in-fol.*

Ces trois Articles ſont indiqués num. 2218, 19 & 20, du Catalogue de M. Bernard.]

28341. Mſ. Contraćts de Mariage des Rois de France, des Princes & Princeſſes du Sang, Princes & Seigneurs de France, depuis l'an 1255 juſqu'en 1645 : *in-fol.* 3 vol.

Ces Contraćts [étoient] conſervés dans la Bibliothèque de M. Godefroy, [& ſont aujourd'hui dans celle de la Ville de Paris, avec trois Porte-feuilles ſur la même matière, num. 299 - 304.]

28342. Mſ. Mariages des Rois & Reines de France de la troiſième Race, depuis Hugues Capet juſqu'à Louis XIV. par Robert Regnault, de l'Ordre des Minimes : *in-4.* 2 vol.

Ce Recueil eſt conſervé dans la Bibliothèque des Minimes de Paris, num. 27 & 28.

28343. Mſ. Mariages & Généalogies des Rois, Princes & Princeſſes de la Maiſon de France, & d'autres Maiſons fondues en icelle : *in-fol.*

28344. Mſ. Mariages, Teſtamens & Tranſaćtions de la Branche aînée de la Maiſon de Bourbon : *in-fol.*

28345. Mſ. Contraćts de Mariage des Rois, Princes & Ducs & autres Grands Seigneurs : Diſſolutions de Mariage ; & contre les Mariages clandeſtins : *in-fol.*

Ces trois derniers Recueils [étoient] conſervés dans la Bibliothèque de M. le Chancelier Seguier, num. 849, 680 & 854, [& ſont aujourd'hui à S. Germain des Prés.]

28346. ☞ Mſ. Contraćts de Mariages des Rois de France, Princes du Sang, Princeſſes, par ordre Chronologique : Diſſolutions de Mariages : *in-4.*

C'eſt ce qui eſt contenu dans les Porte-feuilles 608 - 618, 624, du grand Recueil de M. de Fontanieu, à la Bibliothèque du Roi.]

28347. Pluſieurs Traités d'Alliance & de Mariage.

Ces Traités ſont imprimés dans les *Mélanges Hiſtoriques* de Camuſat : *Troyes, 1719, in-8.*

28348. Mſ. Aſſignations des Douaires donnés aux Reines de France, depuis l'an 1328 juſqu'en 1566 : *in-fol.*

Ce Recueil eſt conſervé entre les Manuſcrits de M. de Brienne, num. 240, [dans la Bibliothèque du Roi.]

28349. Mſ. Traité Hiſtorique, touchant le Divorce prétendu par le Roi Philippe Auguſte II. du nom, avec Ingerburge ſa Femme, l'an 1193 juſqu'en 1213, avec les Reſcrits du Pape Innocent III. & ce qui s'eſt paſſé au Concile National de Dijon en 1199 ſur ce ſujet ; par Jean Bouhier, Conſeiller au Parlement de Dijon.

Ce Traité eſt conſervé à Dijon dans la Bibliothèque du Préſident Bouhier ſon petit-fils, B. 60.

Contracts de Mariages & Testamens des Rois, &c. 839

28350. ☞ Traités contenant les Articles du Mariage accordé entre Thibault, Comte de Champagne, surnommé le Jeune ou le Posthume, & la Sœur du Roi d'Ecosse: 1219.]

28351. ☞ Conventiones quæ fuerunt inter Odonem Comitem Burgundiæ, & Theobaldum Comitem Campaniæ, super Matrimonio faciendo inter filiam Comitis Burgundiæ, & filium Comitis Theobaldi: 1225.

Ces deux Pièces sont imprimées dans les *Mélanges Historiques* de Camusat: *Troyes*, 1619, *in-8*.]

28352. ☞ Ms. Conventiones Matrimonii inter Robertum filium Philippi Regis Francorum, & Constantiam filiam Frederici III. (Siciliæ Regis,) anno 1306: *in-fol*.

Ce Contrat est indiqué num. 3189, du Catalogue de M. Le Blanc.]

28353. Ms. Procès de Dissolution de Mariage de Henri, Roi d'Angleterre, & de Jeanne de Clermont, en 1253; & de celui de Charles IV. Roi de France, & de Blanche de Bourgogne, en 1321: *in-fol*.

Ce Procès est conservé entre les Manuscrits de M. Dupuy, num. 347, & ceux de M. de Brienne, num. 139, [dans la Bibliothèque du Roi.]

28354. ☞ Ms. Traité de Mariage entre Pierre de Castille & Blanche de Bourbon: 1352.

Ce Manuscrit qui est de 10 pages en Latin, est conservé à Dijon dans la Bibliothèque de M. Fevret de Fontette. La dot est de 300000 florins de Florence.]

28355. Contract de Mariage entre Louis, fils de Jean, Roi de France, Comte d'Anjou & du Maine, & Madame de Bretagne, fille de Charles de Blois, en 1360.

Ce Contract est imprimé au tom. II. de l'*Histoire de Bretagne* de Dom Lobineau, *pag.* 499, *Paris*, 1707, *in-fol*.
La plupart des Contracts de Mariage suivans, se trouvent dans le *Recueil des Traités de Paix*, imprimé à Paris en 1693, par Léonard, & dans celui de Moetjens, publié à la Haye en 1700.

28356. Traité de Mariage de Robert, fils de Robert de Bavière & Comte Palatin, avec Catherine, fille de Charles V. Roi de France, en 1379.

Ce Traité est imprimé au tome I. du *Recueil* de Moetjens, *pag.* 333.

28357. ☞ Ms. Contract de Mariage de Louis Duc de Touraine (& d'Orléans,) avec Valentine de Milan, passé à Paris au Château du Louvre le 28 Janvier 1386, (1387,) avec la Ratification de Jean Galeas Visconti, père de ladite Valentine, du 8 Avril suivant.

On en trouve une Copie dans le Cabinet de M. de Nicolaï à Arles, faite sur une autre Copie, communiquée par M. de la Ville-Heurnoy, Commissaire des Guerres à Paris. On en trouve une autre indiquée n. 612. des Manuscrits du Catalogue de M. Godefroy.]

28358. ☞ Traité du Mariage de Madame Catherine de France, avec M. Jean de Clermont fils aîné du Duc de Bourbon: 1403.]

28359. ☞ Traité du Mariage de M. Loys de France, Duc de Guyenne, avec Madame Marguerite de Bourgogne: 1403.]

28360. ☞ Traité du Mariage de Madame Michelle de France, avec M. Philippe de Bourgogne: 1404.]

28361. ☞ Traité du Mariage de Madame Isabelle de France, avec Charles Comte d'Angoulême.]

28362. ☞ Lettres du Mariage accordé de M. Charles de France, avec la fille du Comte d'Ostrevant.

Ces cinq Traités sont imprimés dans les *Mélanges Historiques* de Camusat: *Troyes*, 1619, *in-8*.].

28363. Ms. Extrait sommaire ou Discours du Mariage de Madame Isabelle de France, fille du Roi Charles VI. avec Richard (III.) Roi d'Angleterre, en 1395, & tout ce qui s'en est suivi jusqu'à la mort dudit Roi Richard, & le retour de ladite Reine son épouse, en France, en 1401, & son second Mariage en 1404, avec Charles Duc d'Orléans, père du Roi Louis XII. composé & présenté au Roi Louis XII; par Estienne LE BLANC, Greffier des Comptes, son Secrétaire: *in-4*.

Ce Discours [étoit] conservé dans la Bibliothèque de M. le Baron d'Hoendorff [& est aujourd'hui dans celle de l'Empereur.]

28364. Contract de Mariage entre Jean de France, & Jaqueline de Bavière, en 1415.

Ce Contract est imprimé au tome I. du *Recueil* de Moetjens, *pag.* 383.

28365. Traité de Mariage entre Charles VII. Roi de France, & Jacques I. Roi d'Ecosse, pour le Mariage de Madame Marguerite sa fille, avec Louis Dauphin, en 1428.

Ce Traité est imprimé au tom. I. de Léonard, *p.* 23.

28366. Contract de Mariage d'Yolande de France, fille de Charles VII. avec Amé (IX.) de Savoye, en 1436.

28367. Contract de Mariage entre Charles Comte de Charolois, fils de Philippe le Bon, Duc de Bourgogne, & Catherine de France, fille de Charles VII. en 1438.

28368. Contract de Mariage de Louis Dauphin, avec Charlotte de Savoye, en 1451.

28369. Traité de Mariage de Charles Duc de Bourgogne &, de Marguerite, fille d'Edouard IV. Roi d'Angleterre, en 1467.

Ces quatre Contracts sont imprimés au tome I. de Léonard, *pag.* 451, 31, 49, 76, & au tome I. de Moetjens, *pag.* 474, 478, 523, 558.

28370. ☞ Ms. Contract de Mariage de Volsait de Borselle, avec Charlotte de Bourbon, fille de Louis de Bourbon, Comte de Montpensier: 1468.

Ce Manuscrit est à Dijon dans la Bibliothèque de M. Fevret de Fontette.]

28371. ☞ Mſ. Contract de Mariage de Louis de Joyeuſe avec Jeanne de Bourbon, fille du Comte de Vendoſme; 16 Février 1477: *in-fol.*

Ce Contract eſt cité entre les Pièces du num. 3301 * du Catalogue de M. le Blanc.]

28372. ☞ Mſ. Traité de Paix & de Mariage de Charles Dauphin, avec Marguerite d'Autriche, en 1482, & autres Pièces: *in-fol.*

Ce Manuſcrit eſt indiqué au num. 15088, du Catalogue du Maréchal d'Eſtrées.]

28373. Contract de Mariage de Louis Duc d'Orléans, depuis Roi Louis XII. du nom, avec Jeanne de France, fille du Roi Louis XI. l'an 1487.

28374. Contract de Mariage de Charles de Valois Comte d'Angoulême, père de François I. & de Louiſe, fille de Philippe de Savoye, en 1487.

28375. Traité de Mariage du Roi Charles VIII. & d'Anne Ducheſſe de Bretagne, en 1491.

Ces trois Contracts ſont imprimés au tom. I. de Léonard, *pag.* 313 bis, 340, & au tom. I. de Moetjens, *pag.* 733 bis, 752.

28376. ☞ Innocentii VIII. Bulla diſpenſationis inter Carolum VIII. Regem Franciæ, & Annam Duciſſam Britanniæ, data anno 1491.

Cette Bulle de Diſpenſe de Mariage, eſt imprimée dans les *Commentationes Hiſtoricæ*, de M. Schoepflin: Baſileæ, 1741, *pag.* 531. *in-4.*]

28377. Mſ. Procès & Sentence de Diſſolution du Mariage de Louis XII. Roi de France, & de Jeanne de France, en 1498: *in-fol.*

Ce Procès-verbal en original, eſt conſervé entre les Manuſcrits de M. Dupuy, num. 347, & la Copie entre ceux de M. de Brienne & de M. Baluze, [dans la Bibliothèque du Roi.] La même Sentence de Diſſolution eſt imprimée au tom. I. de Léonard, *pag.* 415, & au tom. I. de Moetjens, *pag.* 807.

28378. Contract de Mariage du Roi Louis XII. avec Anne de Bretagne, veuve du Roi Charles VIII. l'an 1498.

Il eſt imprimé au tom. I. de Léonard, *pag.* 416, & au tom. I. de Moetjens, *pag.* 807.

28379. ☞ Mſ. Procédures faites pour la Diſſolution du Mariage de Louis XII. & d'Anne de Bretagne, tirées du Château de Nantes: *in-fol.*]

28380. Traité entre Louis XII. Roi de France, & Maximilien I. Roi des Romains, pour le Mariage de Charles, Duc de Luxembourg, depuis Empereur V. du nom, avec Madame Claude de France, fille de Louis XII. en 1504.

Ce Contract & celui de Louis XII. ſont imprimés au tom. II. de Léonard, *pag.* 26, & au tom. II. de Moetjens, *pag.* 11.

28381. Propoſition & Harangue faite par Claude DE SEISSEL, Ambaſſadeur du Roi Louis XII. au Roi d'Angleterre Henri VII. pour le Mariage de Madame Claude de France avec M. le Duc de Valois.

Cet Ecrit eſt imprimé en Latin & en François dans l'*Hiſtoire de Louis XII.* par Seiſſel, pages 205 & 218: Paris, 1615, *in-4.*

28382. Contract de Mariage de François de Valois, Comte d'Angoulême, depuis Roi de France, François I. du nom, avec Madame Claude de France, fille du Roi Louis XII. l'an 1506.

28383. Traité & Articles de Mariage de Charles Prince de Caſtille, avec Madame Renée de France, ſeconde fille de Louis XII. en 1513.

28384. Contract de Mariage entre Louis XII. & Marie d'Angleterre, en 1514.

28385. Contract de Mariage de Charles d'Autriche, depuis Roi d'Eſpagne & Empereur, avec Madame Renée de France, fille de Louis XII. en 1514.

28386. Traité de Mariage entre Charles Roi de Caſtille, & Madame Louiſe de France, fille de François I. en 1516.

Ces cinq derniers Contracts ſont imprimés au tom. II. de Léonard, *pag.* 43, 9, 110, bis, & 138, & au tome II. de Moetjens, *pag.* 19, 35, 44, 47 & 69.

28387. Traité entre François I. Roi de France & Henri VIII. Roi d'Angleterre, pour le Mariage de François Dauphin avec Marie, fille dudit Henri VIII. en 1518.

Ce Traité eſt imprimé au tom. II. de Moetjens, *pag.* 81.

28388. Mſ. Relation de tout ce qui s'eſt fait & négocié en 1525, touchant le Mariage de la fille de Henri VIII. Roi d'Angleterre avec le Roi François I. & de la Délivrance des Enfans de France; par Claude PODIEU, Conſeiller au Parlement de Paris: *in-fol.*

Cette Relation eſt conſervée entre les Manuſcrits de M. Dupuy, num. 4, & ceux de M. de Brienne, n. 33, [à la Bibliothèque du Roi. Elle étoit auſſi] dans celle de M. le Chancelier Seguier, num. 47, [aujourd'hui à S. Germain des Prés.]

28389. Mſ. Traité de Mariage de Renée de France, fille du Roi Louis XII. avec Hercule d'Eſt, fils du Duc de Ferrare, en 1518: *in-fol.*

Ce Traité [étoit] conſervé dans la Bibliothèque de M. Baluze, num. 128, [aujourd'hui dans celle du Roi.]

28390. Contract de Mariage de Henri de France, Duc d'Orléans, depuis Roi de France, II. du nom, avec Catherine de Médicis, Princeſſe de Toſcane, en 1533.

Il eſt imprimé au tom. II. de Léonard, *pag.* 39, & au tom. II. de Moetjens, *pag.* 100.

28391. ☞ Arrêt de la Cour du 13 Juillet 1601, pour l'enregiſtrement du Contract de Mariage de Henri II. & de Catherine de

Contracts de Mariage & Testamens des Rois, &c. 841

de Médicis, recouvert des mains de personnes particulières : *in-4.*]

28392. Contract de Mariage de Jacques V. Roi d'Ecosse, avec Madame Madeleine de France, fille de François I. en 1536.

28393. Contract de Mariage d'Antoine de Bourbon, Duc de Vendôme, avec Jeanne d'Albret, Princesse de Navarre, en 1548.

28394. Contract de Mariage de François, fils aîné du Roi Henri II. avec Marie Stuart Reine d'Ecosse, en 1558.

28395. Contract de Mariage de Philippe II. Roi d'Espagne, avec Madame Elisabeth de France, fille aînée du Roi Henri II. en 1559.

Ces quatre derniers Contracts sont imprimés au tom. II. de Léonard, *pag.* 397, 468, 511 & 557, & au tom. II. de Moetjens, *pag.* 205, 246, 277 & 297.

28396. Discours du Mariage du Roi d'Espagne avec Elisabeth de France : *Paris,* 1559, *in-8.*

28397. Contract de Mariage d'Emmanuel, Duc de Savoye, avec Madame Marguerite de France, sœur unique du Roi Henri II. en 1559.

28398. Contract de Mariage du Roi Charles IX. Roi de France, avec la Princesse Elisabeth d'Autriche, fille de l'Empereur Maximilien II. en 1570.

Ces deux Contracts sont imprimés au tome II. de Léonard, *pag.* 560 & 578, & au tome II. de Moetjens, *pag.* 298 & 324.

28399. Recueil de Lettres de diverses personnes, touchant ce Mariage.

Ce Recueil est imprimé au tome II. des *Mémoires* de Castelnau, Livre sixième, *pag.* 467, *Paris,* 1659, *in-fol.*

28400. Discours sur ce Mariage : *Paris,* Dalier, 1570, *in-8.*

28401. Contract de Mariage de Madame Marguerite de France, fille du Roi Henri II. avec Henri Roi de Navarre, depuis Roi de France, IV. du nom, en 1572.

Ce Contract est imprimé au tom. II. de Léonard, *pag.* 594, & au tome II. de Moetjens, *pag.* 334.

28402. Mf. Histoire du Mariage du Prince de Navarre, depuis Henri IV. avec Madame Marguerite de France, sœur du Roi, & des massacres arrivés en 1572, sous le règne de Charles IX. *in-4.* 2 vol.

Cette Histoire est conservée dans la Bibliothèque de M. le Prince de Condé, num. 117 & 118.

28403. Mf. Journal de ce qui s'est passé aux Nôces du Roi de Navarre, depuis Roi de France, avec la Relation de la Journée de la Saint-Barthélemi, en 1572 : *in-4.*

Ce Journal qui est un extrait des Mémoires du règne de Charles IX. se trouve dans la même Bibliothèque, num. 119.

28404. Contract de Mariage du Roi Henri III. avec la Princesse Louise de Lorraine, en 1575.

Ce Contrat est imprimé au tome II. de Léonard, *pag.* 618, & au tome II. de Moetjens, *pag.* 344.

28405. Mf. Mémoires, Actes & Instructions concernant le Mariage du Duc d'Anjou, frère du Roi Henri III. & de la Reine Elisabeth d'Angleterre : *in-fol.*

28406. Mf. Ample Relation du Voyage fait par les Ambassadeurs de France envoyés en Angleterre pour ledit Mariage.

28407. Mf. Pièces concernant ce Mariage, depuis l'an 1571 jusqu'en 1580.

Ces trois derniers Articles sont conservés dans la Bibliothèque du Roi, num. 9909.

28408. Du Mariage proposé & depuis accordé à la sollicitation du Sieur de Castelnau Mauvissière, Ambassadeur de France, entre François d'Alençon & Elisabeth, Reine d'Angleterre, avec plusieurs Pièces concernant ce Mariage.

Ce Discours est imprimé au tome II. des *Mémoires* de Castelnau, Liv. III. Chap. 1, *Paris,* 1659, *in-fol.*

28409. Relation de (Louis de Gonzague) Duc de Nevers, touchant les propositions de Mariage des Ducs d'Anjou & d'Alençon, avec Elisabeth, Reine d'Angleterre ; avec les Lettres de la Reine Elisabeth à Walsingham son Ambassadeur en France, & les Réponses de cet Ambassadeur (Walsingham,) à la Reine.

Cette Relation est imprimée au tome I. des *Mémoires* du Duc de Nevers, *Paris,* 1665, *in-fol.* Toutes nos Histoires ont parlé diversement de ce projet de Mariage ; mais on voit ici ce qu'on doit en croire : car on y trouve par les Lettres de cette Reine à son Ambassadeur avec ses Réponses, que son intention avoit été peu sincère.

☞ Catherine de Médicis avoit toujours eu envie de marier un de ses fils avec la Reine Elisabeth. Elle proposa d'abord Charles IX. qui ne fut refusé qu'à cause de la grande disproportion de son âge avec celui de la Reine d'Angleterre. En 1571 Catherine de Médicis renoua la négociation pour le Duc d'Anjou ; les choses allèrent si loin, que sans le massacre de la Saint-Barthelemi, ce Mariage eût pu réussir, puisque la Reine Elisabeth éprise de ce Duc, témoigna le desirer aussi fortement que la Cour de France. Enfin le Duc d'Alençon parut sur les rangs. On peut en voir toutes les circonstances dans ces *Mémoires du Duc de Nevers.*]

28410. Contract de Mariage de Henri, Prince de Lorraine, Duc de Bar, avec Catherine de France, sœur unique du Roi Henri IV. en 1598.

Ce Contract est imprimé au tom. II. de Léonard, & au tom. II. de Moetjens, *pag.* 628.

28411. Mf. Recueil de Lettres de la Reine Marguerite au Roi Henri IV. touchant leur Mariage, & depuis la Dissolution d'icelui : *in-fol.*

Ce Recueil est conservé entre les Manuscrits de M. Dupuy, num. 247.

28412. Mf. Procès de Dissolution de Mariage d'entre Henri IV. Roi de France &

Tome II. Ooooo

de Navarre, & de Madame Marguerite, fille du Roi Henri II. en 1599 ; ensemble les Remontrances de Jacques DE LA GUESLE, Procureur-Général, & le Conseil du Cardinal d'Ossat sur ce sujet : *in-fol.*

Ce Procès est conservé entre les Manuscrits de M. Dupuy, num. 347, & ceux de M. de Brienne, n. 138.

28413. ☞ Ms. Recueil de Pièces touchant la Dissolution du Mariage d'entre Henri IV. & Marguerite de France : *in-fol.*

Ce Recueil est indiqué num. 3918 du Catalogue de M. le Blanc.]

28414. ☞ Ms. Recueil de Pièces concernant la Dissolution du Mariage d'entre le Roi Henri IV. & Marguerite de France, fille du Roi Henri II. en 1599: *in-4.* 2 vol.

Ce Manuscrit est indiqué pag. 98 du Catalogue de la Bibliothèque de Rambouillet.]

28415. Inventaire des Pièces de la Dissolution de ce Mariage.

Cet Inventaire est imprimé *pag.* 306 des *Mémoires d'Aubery, pour la Vie du Cardinal de Joyeuse* : *Paris*, 1654, *in-4.*

28416. Sentence de la Dissolution de ce Mariage.

Cette Sentence est imprimée au tom. II. de Léonard, & au tom. II. de Moetjens, *pag.* 637.

28417. Contract de Mariage du Roi Henri IV. & de Marie de Médicis, Princesse de Florence, en 1600 : *Honfleur*, 1606 ; *Rouen*, 1609, *in-8.*

Le même Contract est imprimé au tom. II. de Léonard, & au tom. II. de Moetjens, *pag.* 640.

28418. Relation & Cérémonies de ce Mariage.

Cette Relation est imprimée dans Bouchel, au tom. III. de la *Bibliothèque du Droit François*, *pag.* 704 : *Paris*, 1667, *in-fol.*

28419. Articles & Conventions arrêtées en Espagne le 2 Août 1612, par le Duc de Mayenne, &c. sur le Mariage de Louis XIII. avec l'Infante Dame Anne, Princesse d'Espagne : 1614, *in-8.*

28420. Contract de Mariage de Louis XIII. avec l'Infante Anne d'Autriche, fille de Philippe III. Roi d'Espagne, en 1612.

Ce Contract est imprimé au tom. IV. de Léonard, & au tom. III. de Moetjens, *pag.* 96.

28421. Histoire de tout ce qui s'est passé en Espagne, pour l'accomplissement du Mariage du Roi & de l'Infante, depuis le départ du Duc de Mayenne, Ambassadeur Extraordinaire du Roi, jusqu'à son arrivée en France ; par un Gentilhomme de la Maison du Duc de Mayenne : *Paris*, Bertault, 1612, *in-8.*

28422. Articles & Conventions arrêtées en France, par le Duc de Pastrana, & par Dom Inigo de Cardenas, Ambassadeur Ordinaire du Roi Catholique, sur le Mariage de Dom Philippe, Prince d'Espagne ; & de Madame Elisabeth de France, le 20 Août 1612 : (*Paris*,) 1614, *in-8.*

28423. Las excellentias del Matrimonio de los Cristianissimos Reyes de Francia, sobre el de todos los Reyes del mundo, para la paz de la Yglesia ; por Ascensio HENRIQUEZ de Monegro : *in Burdegala*, 1615, *in-8.*

28424. * Discours de ce qui s'est passé à Bordeaux sur les Fiançailles & Epousailles de Madame, sœur du Roi, avec le Prince d'Espagne : *Paris*, 1615, *in-8.*

28425. Contract de Mariage de Philippe IV. Prince d'Espagne, avec Madame Elisabeth de France, fille du Roi Henri IV. en 1612.

28426. Contract de Mariage de Christine de France, seconde fille du Roi Henri IV. avec Victor-Amédée de Savoye, Comte de Piémont, fils aîné du Duc de Savoye, en 1619.

Ces deux Contracts sont imprimés dans Léonard, au tom. IV. & dans Moetjens, au tom. III. *pag.* 99 & 150.

28427. Ms. Lettres, Mémoires, Actes, Instructions & Contracts faits au Traité de Mariage d'entre Henriette-Marie, sœur du Roi Louis XIII. & Charles I. Roi de la Grande-Bretagne, ès années 1624 & 1625 ; par le Père Pierre DE BERULLE (depuis Cardinal) pour la dispense dudit Mariage & l'Ambassade de M. d'Effiat en Angleterre : *in-fol.* 4 vol.

Ces Lettres, &c. sont conservées entre les Manuscrits de M. Dupuy, num. 143-146, ceux de M. de Brienne, num. 46-49, dans la Bibliothèque des Minimes à Paris, num. 37-38, & dans celle de MM. des Missions Etrangères, en six volumes *in-4.*

☞ Elles sont indiquées dans le Catalogue de M. Bernard, en neuf volumes *in-fol.*]

28428. Contract de ce Mariage.

Ce Contract est imprimé au tom. V. de Léonard, & au tom. III. de Moetjens, *pag.* 229.

== Actes touchant la validité ou invalidité du Mariage de M. le Duc d'Orléans (Gaston Jean-Baptiste de France) avec Madame Marguerite de Lorraine, en 1632.

☞ *Voyez* ci-devant, à l'Article des *Libertés de l'Eglise Gallicane, tom.* I. *pag.* 504.

On trouve parmi les Manuscrits de MM. Godefroy, dans la Bibliothèque de la Ville de Paris, num. 305 & 306, deux volumes *in-fol.* sur ce Mariage & ses suites.]

28429. Pièces touchant les Appanages & Mariages du même.

Ces Pièces sont imprimées par le Maire, dans son *Histoire de la Ville d'Orléans*, *pag.* 143 : *Orléans*, 1642, *in-fol.*

28430. Contract de Mariage du Roi Louis XIV. avec l'Infante d'Espagne Marie-Thérèse, fille aînée de Philippe IV. Roi d'Espagne, en 1659.

Contracts de Mariage & Testamens des Rois, &c.

28431. Contract de Mariage de Philippe, Duc d'Orléans, frère unique du Roi, avec la Princesse Henriette-Anne, fille de Charles I. Roi d'Angleterre, en 1661.

28432. Contract de Mariage de Philippe, Duc d'Orléans, avec la Princesse Electorale, Elisabeth-Charlote, Palatine du Rhin, en 1671.

28433. Contract de Mariage de Louis Dauphin de France, avec la Princesse Electorale Marie-Anne Christine de Bavière, en 1679.

Ces quatre derniers Contracts sont imprimés dans Léonard, aux Tomes IV. & V. & dans Moetjens au tom. III. pag. 794, & au tom. IV. pag. 487 & 458.

28434. Mémoires particuliers touchant le Mariage de Charles II. Roi d'Espagne, avec Marie-Louise d'Orléans, fille de Monsieur, frère unique du Roi Louis XIV. *Paris*, Barbin, 1681, *in-12*.

28435. Contract de Mariage de Louis, Duc de Bourgogne, avec la Princesse Adélaïde de Savoie, en 1696: *Paris*, Léonard, 1697, *in-4*.

28436. Contract de Mariage de Philippe V. fils de France, Roi d'Espagne, avec Marie-Louise-Gabrielle de Savoye, seconde fille du Duc de Savoye, en 1700: *Paris*, Léonard, 1700, *in-4*.

28437. Contract de Mariage de Charles, fils de France, Duc de Berry, avec la Princesse Marie-Louise-Elisabeth d'Orléans, fille aînée de Monsieur le Duc d'Orléans, en 1710: *Paris*, Léonard, 1710, *in-4*.

28438. Ms. Contracts de Mariage de plusieurs Princes & Princesses de l'Europe: *in-fol*.

Ces Contracts [étoient] conservés dans la Bibliothèque de M. le Chancelier Seguier, num. 486, [& sont aujourd'hui à S. Germain des Prés.]

28439. ☞ Ms. Contracts de Mariages de Princes & Princesses & grands Seigneurs, depuis 1258 jusqu'en 1598: *in-fol*.

Ils étoient parmi les Manuscrits de M. de Chauvelin, laissés à M. Lalourcé, Avocat à Paris, & mort en 1767.]

28440. Ms. Contracts de Mariages, Testamens, Epitaphes de grands Seigneurs & Personnes illustres de France: *in-fol*.

Ces Contracts [étoient] conservés dans la Bibliothèque de M. Pelletier le Ministre, num. 196.

28441. Ms. Contracts & Traités de Mariage, Différends, Célébrations, Dissolutions, Enfans bâtards légitimés: *in-fol*.

Ces Contracts, &c. [étoient] conservés dans la Bibliothèque de M. le Chancelier Seguier, num. 704, [& sont aujourd'hui à S. Germain des Prés.]

28442. ☞ Ms. Recueil d'Actes & Mémoires concernant la Dissolution de Mariage de plusieurs Princes, depuis l'an 1251 jusqu'en 1595: *in-fol*.

Ce Recueil est indiqué num. 3197 * du Catalogue de M. le Blanc.]

28443. Ms. Discours, Consultations, Mémoires sur les Mariages des Princes du Sang: *in-fol*.

28444. Ms. Exemples tirés de l'Histoire de France sur lesdits Mariages, depuis Mérovée jusqu'en 1635: *in-fol*.

Ces deux Recueils sont conservés entre les Manuscrits de M. Dupuy, le premier, num. 457, 470, & le second num. 458.

28445. Ms. Légitimations des Bâtards, depuis l'an 1558 jusqu'en 1673: *in-fol*.

Ce Recueil [étoit] conservé dans la Bibliothèque de M. Baluze, num. 257, [& est dans celle du Roi.]

28446. Ms. Contracts de Mariage, Testamens & autres Actes concernant les Comtes d'Alençon de la première Race, les Comtes de Blois, de Chartres, de Valois. Contracts de Mariage, Testamens & autres Actes touchant les Comtes d'Alençon de la seconde Race: le tout depuis l'an 1205 jusqu'en 1524: *in-fol*.

Ces Contracts, &c. sont conservés entre les Manuscrits de M. de Brienne, num. 309, [dans la Bibliothèque du Roi.]

28447. Ms. Burgundiæ Ducum, Regiæ Stirpis utriusque, Tabulæ Nuptiales, Testamenta, & cum finitimis Principibus Transactiones: ex Regio Chartophylacio Divionensi.

Ce Recueil [étoit] dans la Bibliothèque de Philibert de la Mare: *pag*. 67 de son Plan des Historiens de Bourgogne.

28448. Ms. Contracts de Mariage & Testamens des Seigneurs de la Tour en Auvergne, depuis l'an 1286 jusqu'en 1535: *in-fol*.

28449. Ms. Testamens des Rois & Reines de France, depuis l'an 806 jusqu'en 1589: *in-fol*.

Ces deux Recueils sont conservés entre les Manuscrits de M. de Brienne, num. 316 & 140, [dans la Bibliothèque du Roi.]

28450. Ms. Testamens de divers Rois, Princes, Grands Seigneurs & autres: *in-fol*.

Ce Recueil [étoit] conservé dans la Bibliothèque de M. le Chancelier Seguier, num. 860, [& est aujourd'hui à S. Germain des Prés.]

28451. ☞ Ms. Testamens des Rois, Reines, Princes & autres Seigneurs François & Etrangers: *in-fol*.

Ce Recueil est indiqué num. 2221 du Catalogue de M. Bernard.]

28452. ☞ Ms. Liste des Testamens des Rois, Reines & Princes du Sang de France: *in-fol*.]

28453. ☞ Ms. Liste des Testamens des Princes, Seigneurs & autres Personnes de France: *in-fol*.

Ces deux Listes sont indiquées num. 3190 du Catalogue de M. le Blanc.]

28454. Testament de CHARLEMAGNE, Empereur & Roi de France.

Tome II.

28455. Teſtament de Philippe Auguſte, Roi de France, fait en 1224.

Ces deux Teſtamens ſont imprimés dans Bouchel, au tom. III. de ſa *Bibliothèque du Droit François*, p. 715 & 716 : *Paris*, 1667, *in-fol.*

28456. ☞ Mſ. Teſtamentum Ludovici ſecundi, Jeruſalem & Siciliæ Regis : an. 1417.

Ce Teſtament eſt à Dijon, dans la Bibliothèque de M. Fevret de Fontette. Le Prince donne à S. Maurice d'Angers la Terre d'Attemxe, ſubſtitue ſes enfans Louis, René & Charles, l'un à l'autre, faute d'hoirs mâles, donne les Terres de Gliſé, Chailly & Lonjumeau à René, & celle de la Roche-ſur-Yon à Charles.]

28457. ☞ Teſtament de feu Monſeigneur le Duc d'Anjou, frère du Roi Henri III. 10 Juin 1584 : *Lyon & Paris*, 1584, *in-8.*

Il eſt auſſi imprimé dans le *Recueil de pluſieurs Harangues* : *Paris*, 1622, *in-8.*]

28458. ☞ Mſ. Divers Teſtamens & Contracts de Mariages depuis 1416 juſqu'en 1615 : *in-fol.*

Ce Recueil eſt indiqué num. 3190 du Catalogue de M. le Blanc.]

== Codicilles de Louis XIII. à ſon très-cher Fils aîné Succeſſeur : 1643, *in-16.* 2 vol.

☞ Ce n'eſt en aucune manière le Teſtament de ce Prince ; mais un mauvais Ecrit d'un prétendu Politique : on en a parlé ci-devant, N.° 27257.]

28459. ☞ Teſtament de la Reine, mère du Roi Louis XIII.

Il eſt imprimé dans le *Recueil des Pièces* de du Chaſtelet : *Paris*, 1635, *in-fol.*]

28460. Extrait des Regiſtres du Parlement, touchant la dépoſition du Teſtament du Roi (Louis XIV.) du 29 & 30 Août : *Paris*, 1714, *in-4.*

28461. ☞ Mſ. Teſtamens des Rois & Reines de France, des Princes & Princeſſes ; par ordre chronologique : *in-4.*

C'eſt ce qui eſt contenu dans les Porte-feuilles 627 & 628 du grand Recueil de M. de Fontanieu, à la Bibliothèque du Roi.]

28462. Mſ. Teſtamens notables de pluſieurs grands Seigneurs & autres grands Perſonnages de diverſes qualités, depuis l'an 543 juſqu'en 1630 : *in-fol.*

Ces Teſtamens ſont conſervés entre les Manuſcrits de M. de Brienne, n. 141, [dans la Bibliothèque du Roi.]

28463. Mſ. Teſtamens de pluſieurs grands Seigneurs, depuis l'an 1265 juſqu'en 1630 : *in-fol.*

Ces Teſtamens ſont conſervés entre les Manuſcrits de M. Dupuy, num. 81, & [ils étoient] dans la Bibliothèque de M. le premier Préſident de Meſme.]

28464. Mſ. Anciens Teſtamens des Comtes de Toulouſe, des Comtes de Provence, des Seigneurs de Leſincou, des Seigneurs de Montpellier, des Comtes de la Marche & d'Angoulême, des Comtes d'Armagnac, des Comtes de Comminges, des Comtes de Bigorre, depuis l'an 1238 juſqu'en 1289 : *in-fol.*

28465. Mſ. Teſtamens des Comtes de Valentinois, Contracts & Traités concernant les Comtes de Valentinois & de Die, depuis l'an 1277 juſqu'en 1411 *in-fol.*

Ces deux Recueils ſont conſervés entre les Manuſcrits de M. de Brienne, num. 312 & 308, [dans la Bibliothèque du Roi.]

28466. ☞ Mſ. Teſtamens des Souverains, Princes, Princeſſes & perſonnes illuſtres : *in-fol.* 2 porte-feuilles.

Ils ſont conſervés parmi les Manuſcrits de MM. Godefroy, dans la Bibliothèque de la Ville de Paris, n. 307 & 308.]

28467. ☞ Mſ. Partages, Contracts, Mariages, & Teſtamens faits par les Ducs de Lorraine & autres Princes de leur maiſon : *in-fol.*

Dans la Bibliothèque de M. le Marquis d'Aubais.]

Article VIII.

Ouvrages ſur le Droit de la Succeſſion à la Couronne de France.

Les Auteurs, même entre les François, ſont partagés au ſujet de la Loi Salique. Les uns prétendent que c'eſt en vertu de cette Loi que les Femmes ſont privées du droit de ſuccéder à la Couronne de France. Les autres ſoutiennent que ce n'eſt pas tant en vertu de cette Loi, dont l'antiquité ne leur eſt pas ſi connue ; que par une Coutume immémoriale, qu'ils croient établie dès le commencement de la Monarchie Françoiſe, (c'eſt le ſentiment de Louis Chantereau le Fevre, & de pluſieurs autres) quoiqu'elle n'ait eu lieu [manifeſtement, & qu'elle n'ait éclaté] que du temps de Philippe de Valois, Couſin-germain des Rois Louis Hutin, Philippe le Long & Charles le Bel, auquel il ſuccéda, à l'excluſion d'Edouard III. Roi d'Angleterre, fils d'Iſabeau de France, fille de Philippe le Bel, & ſœur des trois derniers Rois de France. En faveur de la première opinion j'ai rapporté toutes les Editions de la Loi Salique, quoiqu'il n'y ait qu'un ſeul article dont elle puiſſe ſe prévaloir.

== Leges Salicæ.

Ces Loix Saliques ont été imprimées d'abord avec les autres *Loix Anciennes*, par Baſile Jean Herold : *Baſilea*, 1557, *in-fol.*

== De Lege Salica, aurei Libelli, &c.

☞ *Voyez* ci-devant les différentes Editions des *Loix Saliques*, [N.° 27584 & *ſuiv.*]

Le même Livre des *Loix Saliques* eſt imprimé avec les *Formules de Marculfe*, [par M. Bignon, avec ſes Notes] : *Pariſiis*, 1666, *in-4.* & avec les *Capitulaires des Rois de France*, [par M. Baluze :] *Pariſiis*, 1677, *in-fol.* [ci-devant, *pag.* 798.]

[Il y a trois ſortes d'Exemplaires de la Loi Salique aſſez conformes quant au ſens, mais différens dans les termes. Le plus ancien eſt celui que M. Eccard a publié en 1720, d'après un Manuſcrit de la Bibliothèque de Brunſwik, qu'il croit être du temps de l'extinction de la Race Mérovingienne. Le ſecond eſt tiré d'un Manuſcrit de Fulde, dont les caractères paruent de ſept cens ans à Hérold, qui l'a publié en 1557 ; c'eſt-à-dire, qu'il eſt d'environ l'an de Jeſus-Chriſt 850. Une autre ſorte d'Exemplaire a été faite ſur la réformation de Charlemagne. Mais les uns & les autres paroiſſent n'être qu'un abrégé d'un Recueil plus ancien. La Loi Salique a été imprimée plusieurs fois par les soins du Tillet, de Pithou, de Lindenbroge, de M. Baluze, d'Eccard, de Schilter, de Dom Bouquet.

Voyez ci-devant, pag. 796 de ce Volume.]

28468. Laus Francorum.

Cet Eloge est imprimé dans du Chesne, au tom. I. de sa *Collection des Historiens de France*, pag. 250. Il est presque tout tiré de la Préface de la Loi Salique, & cette Préface est de l'an 798.

28469. De Lege Salica & Virili Francorum Regno; Carmen Elegiacum PHILIPPI VALESII, impositum in Æde Beatæ Mariæ Virginis, Parisiis.

Ces Vers sont imprimés dans Bouchel, au tom. II. de sa *Bibliothèque du Droit François*, pag. 399: *Parisiis, 1667, in-fol.* Le Roi Philippe de Valois est mort en 1350.

28470. JOANNIS PETRI Cameracensis, Canonici sancti Autperti in Patria, Dialogi duo de Querelis Franciæ & Angliæ, & Jure Successionis utrorumque Regum in Regno Franciæ.

Ces Dialogues sont imprimés avec d'autres Pièces, par Goldast, dans sa *Sibylle Françoise : Ursellis, 1606, in-4.*

28471. ☞ De Eduardi III. in Galliam Jure.

C'est le Chapitre V. du Traité de M. SCHOEPFLIN, intitulé : *Illustres ex Britannica Historia Controversiæ*, qui se trouve dans ses *Commentationes Historicæ : Basileæ, 1741, in-4.*]

28472. ☞ Histoire abrégée du Procès qui s'éleva au commencement du XIVe Siècle, entre le Roi de France & le Roi d'Angleterre, & du Jugement rendu à ce sujet, tirée de deux Manuscrits de la Bibliothèque du Roi ; par M. l'Abbé (Claude) SALLIER : 1746, *Mém. de l'Acad. des Inscript. & Bel. Lett. tom. XX. pag. 459.*

C'est au sujet de la Succession à la Couronne de France que le Roi d'Angleterre Edouard III. prétendoit lui appartenir par sa mère, qui étoit sœur de Charles IV. dit le Bel, Roi de France, décédé sans enfans. Les Etats adjugèrent la Couronne à Philippe de Valois, comme plus proche parent mâle du feu Roi.]

⚏ ☞ Examen des prétentions d'Edouard III. (en 1339) sur la Couronne de France.

Voyez ci-devant, N.º 17010.]

28473. ☞ La Généalogie, &c. contre le Droit prétendu par les Anglois.

Cette Pièce se trouve dans les *Œuvres* d'Alain CHARTIER : 1617, *in-4.*

28474. La Loi Salique, première Loi des François, ou Traité contre les prétentions des Anglois au Royaume de France, à l'occasion des Trèves rompues en 1449 : *Paris, Niverd, (1507), in-4.*

28475. Traités d'entre les Rois de France & les Rois d'Angleterre, comment les Filles ne peuvent succéder à la Couronne, & aussi comment le Roi d'Angleterre ne peut prétendre aucune chose au Royaume de France ; par Jean ROGIER.

Ces Traités sont imprimés avec ses *Harangues : Caen, Auget, in-16.*

28476. ☞ Des Intérêts anciens des Anglois contre la France.

Cette Pièce est imprimée dans les *Mémoires de Castelnau, tom. III, pag. 249.*

28477. ☞ Cui debeatur Successio in regno Franciæ ; auctore Joh. LIMNÆO.

C'est le sujet du Chapitre III. du Liv. II. de la *Notice du Royaume de France : Argentorati & Francofurti, 1655, in-4.*

28478. La Loi Salique des François, faisant mention de plusieurs Droits appartenans aux Rois de France ; par Claude SEISSEL, Evêque de Marseille : *Paris, [du Pré], 1540, 1557, [Sartenas, 1577], in-8.*

Seissel est mort Archevêque de Turin, en 1520. Louis Chantereau le Fèvre, dans l'Avant-propos de son *Discours historique concernant le Mariage d'Ansbert & de Blithilde*, soutient que jusqu'à Seissel, la Loi Salique n'a point été alléguée en toutes les occasions qui se sont présentées de décider du Droit de la Couronne de France, mais seulement l'ancienne Coutume du Royaume. Il auroit dit quelques lignes auparavant que cet Archevêque de Turin s'étoit persuadé le premier que le §. 6. du Titre LXII. de la *Loi Salique*, où il est parlé de la Succession de la Terre Salique, attribuoit la Couronne aux Mâles, & en excluoit les Femelles.

☞ Il paroît que ce Traité fut composé sous le Règne de Charles VIII. L'Auteur y discute les prétentions des Anglois sur la Couronne de France : il l'a divisé en trois Parties. Dans la première, après avoir donné l'étymologie du nom de la Loi Salique, qu'il tire du mot *Sal*, qui signifie *Condimentum*, ou *quasi lex licitè condita*, (Loi prétendue rédigée par quatre Sages de la Nation) ; il fait l'Histoire du différend de Philippe de Valois, avec Edouard III. Roi d'Angleterre, qui lui disputoit la Couronne, du droit de sa mère Isabelle, sœur des trois derniers Rois ; & il prouve que jamais les femmes n'ont succédé au Royaume de France. Dans la seconde Partie, il traite des droits que les Anglois prétendoient sur plusieurs Provinces, & qu'il dit avoir été justement perdus par félonie & rébellion ; & dans la troisième Partie, il discute la rupture de la Trève, en 1449, dont il accuse les Anglois. Il y a du détail dans cet Ouvrage.]

28479. Guillelmi DE MONSERRAT Catalani, Juris utriusque Interpretis, Tractatus de Successione Regum, & præcipuè Galliæ : *Lugduni, 1519, in-fol.*

Ce Discours est aussi imprimé au tom. XIV. des *Divers Traités de Droit : Venetiis, 1584, in-fol.* [& avec un Traité de Barthélemi de las Casas, ci-devant, N.° 27110.]

28480. Joannis DE TERRA RUBEA, J. C. Tractatus duo de Jure legitimæ Successionis in Hæreditate Regni Galliæ : *Lugduni, 1526, in-fol.*

Iidem : *Typis Panningeri, 1585, in-8.*

Ces Traités se trouvent en cette dernière Edition joints au Traité de François Hotman. [*Voyez* ce qu'on en dit ci-après, N.° 28585.]

28481. De Lege Salica & Regni Successione, Disputatio Joannis Pyrrhi ENGLEBERMÆI, Doctoris Aurelianensis : *Parisiis, [Galeot. Pratensis], 1543, in-4. Hanoviæ, 1613, in-8.*

28482. ☞ Les raisons de la Monarchie, & quels moyens sont nécessaires pour y parvenir ; là où sont compris les Privilèges & Droits de la Gent Gallique, & des Princes par icelle esleus & approuvés; par Guillaume POSTEL : *Paris, Tours, 1551, in-8. de 48 pages.*]

28485. La Loi Salique, &c. par Guillaume POSTEL : *Paris, Nivelle, 1552, in-8.* [47 feuillets.]

Ce Traité est fait pour prouver la préexcellence & l'ancienneté de la Loi Salique. L'Auteur l'appelle la *Loi Gallique*, au lieu de *Sallique*, en restituant la lettre G. au lieu de la lettre S. erreur qui a été occasionnée, selon lui, par la ressemblance du G. avec l'S. Il soutient que cette Loi est plus ancienne que Pharamond, n'étant nullement croyable que le peuple Gaulois, qui appelloit à son secours les Francs, étant plus fort & plus nombreux qu'eux, se fût laissé imposer une pareille Loi, s'il ne l'eût déja eue de toute ancienneté. Au surplus cet Ouvrage est assez semblable à tous ceux du même Auteur, c'est-à-dire, assez dépourvu de bon sens. Au Chapitre VI. il renvoie à plusieurs Ouvrages qu'il dit avoir composés, sçavoir : *La Raison de la Monarchie* : = *la Gallique Apologie* : = *les Droits de la Gaule* : = *les Galliques origines* : = *la Vie de Janus ou de notre père Noé* : = *l'Interpretation du Candélabre* : = *l'Exposition des quatre Pseaumes chantés sur le Lys par David* : = *l'Arbre de la secrette Doctrine des septante & deux Auditeurs de Moyse* : = *l'Exposition d'Abdie le Prophète*; celle de *Daniel & celle de Ruth* : = enfin le *Livre des Prophéties de l'Univers & de la Monarchie de France*. Quelques-uns de ces Ouvrages ne sont pas parvenus jusqu'à nous.

☞ *Voyez* Lenglet, *Méth. histor, in-4. tom. II. p. 252, & tom. IV. pag. 257.*]

== Mémoires de l'Avocat (Jean) DAVID, touchant l'exclusion des Descendans de Hugues Capet, & la Restitution de la Couronne aux Guises, descendans de Charlemagne.

Voyez ci-après, Article des *Lettres historiques, &c.* [à l'an 1573.]

28484. Les Droits de l'Oncle contre le Neveu, en faveur du Cardinal de Bourbon : 1585, *in-8.*

Antoine HOTMAN, frère de François Hotman, soutint dans ce Livre [les intérêts du Cardinal de Bourbon, que quelques Ligueurs vouloient faire succéder à Henri III. Mais quelques années après, il se déclara fortement en faveur de Henri IV. N.° 28513.]

☞ *Voyez* la Satyre Ménippée, tom. I. pag. 101.]

28485. Francisci HOTOMANI, Jurisconsulti, Disputatio de Controversia Successionis Regiæ, inter Patruum & Nepotem (fratris scilicet mortui filium) atque in universum de Jure Successionis Regiæ in Regno Galliæ; Regni Hæreditas, utrùm ex ætatis & gradûs Prærogativa, an Repræsentationis jure deferatur : (*Basileæ & Francofurti*), apud Nicolaum Panningerum, 1585, *in-8.*

Cette même Dispute, imprimée [en 1588] est aussi t. III. de ses Œuvres : *Geneva*, 1600, *in-fol.* Le P. Maimbourg, qui attribue à Ant. Hotman le Traité des Droits de l'Oncle contre le Neveu, (au Livre IV. de l'*Histoire de la Ligue*, sur l'année 1589), ajoute que François Hotman publia un sçavant écrit contre ce Traité, où il fait voir manifestement le foible & les faux raisonnemens de son Adversaire, sans sçavoir que ce fût son frère, qui n'y avoit pas mis son nom. Bayle tâche de réfuter ce récit; mais toutes les preuves n'ont de force, qu'au cas que le Traité que François Hotman réfute, soit de Matthieu Zampini; & il se fonde pour cela sur un passage de M. de Thou, par où il paroît que cet habile Historien n'a point eu intention de parler des Traités que ces deux Auteurs publièrent en 1588, sur le Droit de la Succession à la Couronne de France. Ainsi la Remarque du P. Maimbourg subsiste toujours malgré la critique de M. Bayle.

☞ *Voyez* Lenglet, *Méth. histor. in-4. tom. IV. pag. 258.* = Le P. Niceron, *tom. XI. pag. 127.*

On trouve à la fin de l'Ouvrage de Hotman, les Traités de Terre Rouge, (ci-dessus, N.° 28480.] Cet Auteur, qui est mort en 1430, étoit Avocat de Charles VI. & il travailla en faveur du Dauphin Charles, contre les prétentions du Duc de Bourgogne, qui vouloit gouverner pendant la maladie du Roi. On trouve un précis de ces deux Traités à la tête de l'Edition donnée par Hotman. L'Auteur y soutient que la Succession à la Couronne de France ne doit pas être regardée comme un héritage, auquel tous les parens ont droit, quand le Possesseur meurt sans enfans; mais que c'est un Fief auquel l'aîné & ses enfans, à l'infini, sont appellés par la Loi du Royaume; de sorte qu'il ne seroit pas même permis au Roi régnant de faire un Testament, pour y appeller ce fils, qui succéderoit même contre sa volonté. Le second Traité est contre le Duc de Bourgogne. François Hotman veut prouver par cet Auteur, & par les Règles ou Loix qu'il en a tirées, ci-après N.° 28500, (*De jure, &c. Leges collectæ, &c.*) quelle a été de tous les temps la pratique de ce Royaume, où l'aîné & ses enfans à l'infini ont toujours été appellés à l'exclusion de leurs oncles; & que le Roi de Navarre Henri est le seul qui doive être reconnu pour le futur Roi de France. On trouve à la fin, quelque chose sur les Apanages & leur nature. Ces Traités de J. de Terre Rouge ne sont point dans l'Edition de l'Ouvrage de Hotman de 1588, & à la tête de laquelle sont ces Règles ou *Leges*, qui n'ont que 4 pages.]

28486. ☞ Discours sur le Droit prétendu par ceux de Guise, sur la Couronne de France : 1585.

Il est imprimé aux *Mémoires de la Ligue*, *tom. I. pag. 46.*]

28487. Mémoire & Recueil de l'Origine, Alliance & Succession de la Royale Famille de Bourbon, Branche de la Maison de France : *La Rochelle*, Haultin, 1587, *in-8.*

Pierre DE BELLOY est l'Auteur de ce Recueil.

28488. Discours sur la Maison Royale de France, & particulièrement contre la Branche de Bourbon : 1587, *in-8.*

28489. Examen d'un Discours publié contre la Maison Royale de France, & particulièrement contre la Branche de Bourbon, seule reste d'icelle, par la Loi Salique & la Succession à la Couronne; par un Catholique, Apostolique & Romain, mais bon François, & très-fidèle Sujet de la Couronne de France : *Paris*, 1587, *in-8.*

L'Auteur des *Mémoires de la Ligue*, au tom. IV. pag. 113, attribue cet Ouvrage à Pierre DE BELLOY.

☞ Cet Ecrit est contre la Maison de Guise. L'Auteur fait voir dans sa Préface jusqu'où elle porte son ambition, & que la conservation de la Religion Catholique n'est qu'un prétexte dont elle se sert pour pouvoir monter au Trône, qui, à ce qu'il prétend, dans les Libelles qu'elle fait semer, lui appartient. Il répond ensuite aux cinq Questions proposées par un des Partisans de cette Maison, contre la Loi Salique. Il en examine & prouve la justice, l'ancienneté, la vérité. Il soutient que le Roi ne peut priver son héritier légitime du Royaume qui lui est dû, & que la Succession s'étend à l'infini. Ces deux derniers Articles sont en faveur du Roi de Navarre]

28490. Sommaire Réponse à l'Examen d'un Hérétique, sur un Discours de la Loi Salique, faussement prétendu contre la Maison de France & la Branche de Bourbon : 1587, *in-8*.

28491. Réplique faite à cette Réponse: 1587, *in-8*.

Pierre DE BELLOY a fait cette Réplique.

28492. Réponse aux Calomnies proposées contre les Catholiques : 1588, *in-8*.

Cette Réponse d'un Ligueur paroît faite contre l'Examen précédent, composé par de Belloy, & contre sa Défense.

28493. Discours sur les Calomnies imposées aux Princes & Seigneurs Catholiques, par les Politiques de notre temps : 1588, *in-8*.

Ce Livre d'un Ligueur est contre l'Examen de Belloy.

28494. * Mémoire de M. (Gaspard) DE SCHOMBERG, (Conseiller d'Etat & Maréchal des Gens de Guerre Allemans), touchant la Proposition faite au Roi Henri III. de reconnoître pour son Successeur le Marquis de Pons, fils aîné du Duc de Lorraine.

Ce Mémoire est imprimé dans le *Dictionnaire* de Bayle, *pag.* 1527 de la troisième Edition. Il est fort curieux, & il détourna le coup.

28495. Lettres-Patentes du Roi Henri III. déclaratives des Droits, Privilèges & Prérogatives du Cardinal de Bourbon, le 26 Août 1588 : 1588, *in-8*.

☞ Elles regardent des Privilèges octroyés à ce Cardinal, qu'elles nomment le plus proche parent du Roi.]

28496. Avertissement sur les Lettres octroyées par le Roi, au Cardinal de Bourbon : 1588, *in-8*.

28497. ☞ Matthæi ZAMPINI Confutatio errorum Scripti cui titulus: *Avertissement,&c.* *Paris*, 1588, 1589, *in-8*.]

28498. Diverses Pièces contenant les Droits du Cardinal de Bourbon, pour la Succession à la Couronne : 1588, *in-8*.

28499. Traité sur la Déclaration du Roi: pour les Droits de Prérogatives du Cardinal de Bourbon : *Paris*, 1588, *in-8*.

28500. De Jure Successionis Regiæ in Regno Francorum, Leges collectæ à Francisco HOTOMANO : 1588, *in-8*.

☞ Ces Loix ou Règles, sont souvent jointes à l'Ouvrage d'Hotman, ci-dessus, N.° 28485.

Elles sont encore imprimées au tom. III. de ses *Œuvres*, Liv. II. du *Droit du Royaume de France* : *Colonia Allobrogum*, 1600, *in-fol.*]

28501. De Successione Juris & Prærogativæ Primi Principis Franciæ, morte Francisci Valesii, Ducis Andegavensis, Carolo, Cardinali Borbonio, tanquam proximiori Agnato Regiæ Stirpis, per Legem Regni delata; ex Tractatu Matthæi ZAMPINI, J. C. Recanatensis : *Parisiis*, 1588, *in-4*.

☞ Le même traduit en François sous ce titre: De la Succession du Droit & Prérogative de premier Prince du Sang, déférée à Monseigneur le Cardinal de Bourbon, par la Loi du Royaume, & le décès de François de Valois, Duc d'Anjou, traduit du Latin de Matthieu Zampini, de Recanati, Jurisconsulte : *Paris*, Thierry, 1588 : *Paris*, Ménier, 1588, *in-4*. & *in-8*.]

« Ce Docteur extravagant n'a pas mieux réussi dans » cet Ouvrage que dans celui qu'il avoit fait en faveur » des Bulles de Grégoire XIII. contre le Roi Henri IV. » De Thou, Liv. CI. de son *Histoire du temps*, sous l'année 1591, *pag*. 166 de la première Edition de Genève.

☞ *Voyez* Lenglet, *Méth. histor. in-4. tom. IV. pag.* 258.]

28502. Ad Matthæi Zampini Tractatum de Successione Juris, &c. Civis Parisiensis & Regis Consiliarii Responsum : *Francofurti*, 1588, *in-8*.

Idem Tractatus Zampini cum Responso : *Francofurti*, 1590, *in-8*.

François HOTMAN, Auteur de cette Réponse, y établit le Droit de Henri IV. contre les faux raisonnemens de son Adversaire, qui soutenoit la cause du Cardinal de Bourbon.

☞ Zampini vouloit prouver par la Loi des héritages, que la Couronne de France appartenoit au Cardinal de Bourbon, comme plus proche parent du feu Roi. François Hotman, Auteur de cette Réponse, prouve qu'il ne s'agit pas de sçavoir quel est le plus proche parent, mais quel est le plus habile à succéder. Le Cardinal de Bourbon, quelque raison qu'on en donne, n'a jamais pu avoir cette habileté, qui n'est pas donnée par le dégré de parenté, mais par la Loi ou la Coutume aux aînés, & à ceux qui les représentent. Hotman prouve que ce droit n'appartient qu'à Henri de Bourbon, dont le père Antoine de Bourbon, Roi de Navarre, a été reconnu pour premier Prince du Sang, dans une Assemblée générale du Royaume. Cette Réponse est vive & sçavante ; les raisonnemens en sont suivis, & réfutent invinciblement ce qu'on alléguoit en faveur du Cardinal de Bourbon.]

28503. ☞ Traité de la Succession à la Couronne de France : 1588, *in-8*.

L'Auteur rapporte & examine tous les sentimens pour & contre la Loi Salique. Il croit qu'un petit fils de Roi, par sa mère, pourroit succéder à la Couronne ; que s'il n'y en a point d'exemple, c'est que le cas n'est pas arrivé, excepté dans la personne d'Edouard, Roi d'Angleterre, qui ne fut exclus (selon cet Auteur) que parce qu'il étoit Etranger & ennemi des François. Cependant, ajoute-t-il fort sensément, il faut s'en tenir à la Coutume, & ne changer point les Loix, quoiqu'elles paroissent contenir quelque chose d'injuste. Il discute ensuite si la Succession au Trône peut avoir lieu à l'infini ; il paroît n'être pas de ce sentiment, & dit qu'il seroit absurde qu'un Petit-fils de France, par sa mère, fût exclus, par exemple, par un parent qui descendroit par mâles de Louis le Gros, qui régnoit il y a environ cinq siècles.]

28504. ☞ Avis aux François, de la résolution prise aux Etats de Blois, contre Henri de Bourbon, soi-disant Roi de Navarre, extrait des Registres des Etats: *Lyon*, 1589, *in-8*.

Cet Avis est daté de Dijon, du premier Septembre

1589, & signé J. B. D. (peut-être BERNARD, Dijonnois). C'est un vrai Libelle, où l'Auteur prétend que le Prince, étant hérétique, fauteur des Huguenots, ennemi de l'Eglise, justement excommunié & relaps, est exclus de droit du Trône, & ne peut jamais y succéder.]

28505. ☞ Réponse pour les Catholiques, à l'Apologie de M. Claude Rosset, Conseiller de Montferrand en Auvergne, par laquelle il est évidemment montré que Henri de Bourbon ne peut être Roi de France: 1588, in-8.]

28506. Ms. Remontrance faite aux Etats-Généraux assemblés à Paris, après la mort de Henri III. par un des principaux d'iceux, touchant la Succession du Royaume, & les justes prétentions des Princes du Sang.

Cette Remontrance est conservée dans la Bibliothèque du Roi, num. 9592, pag. 74.

28507. Sommaire des raisons qui ont mû les François Catholiques à reconnoître Charles X. entre tous les Princes qui sont en France: *Paris*, 1589, *in-8*.

☞ Charles X. Roi de la Ligue, étoit le Cardinal de Bourbon.]

28508. Des François Saliens, desquels prit le nom la Loi Salique; par Pierre DE SAINT-JULIEN.

Ce Traité est imprimé au Livre I. de ses *Mélanges historiques: Lyon*, 1589, *in-8*.

28509. Traité de l'origine, vérité & usage de la Loi Salique, fondamentale & conservatrice de la Monarchie Françoise, par J. G. (JEAN GUYART:) *Tours*, Richer [& Montreuil,] 1590, *in-4*.

Le même Traité est imprimé dans Bouchel, au tom. III. de sa *Bibliothèque du Droit François, pag.* 401, *Paris*, 1667, *in-fol.*

28510. De la Puissance des Rois, & Droit de Succession au Royaume, contre l'usurpation du Titre de Roi de France, faite par le Roi de Navarre, &c. *Paris*, 1590, *in-8*.

Le même Traité, revu & corrigé par l'Auteur: *Paris*, Nivelle, 1590, *in-8*.

28511. Explicatio Controversiarum, quæ à nonnullis moventur, de Henrici Borbonii in Regnum Franciæ Constitutione. Opus à Tussano Berchetto è Gallico in Latinum sermonem conversum: *Sedani*, 1590, *in-8*.

28512. ☞ Discours par lequel il apparoîtra que le Royaume de France est électif, & non héréditaire: 1591, *in-8*. de 61 pages.

Cet Ecrit est d'un Ligueur outré. On peut l'attribuer à Pierre de SAINT-JULIEN Balleure, puisqu'on lit dans un Exemplaire qui [étoit] entre les mains de M. Papillon de Dijon: *Ex dono San-Juliani Baleurii*, X *Februarii* 1591.

L'Auteur de cette Pièce n'est pas du même sentiment que celui de la précédente. Il dit positivement que la Loi Salique est une Loi imaginaire, & soutient que le Royaume est électif. Il est vrai, (dit-il,) que les François, Nation fort attachée à ses Rois, ont toujours élu les fils ou les parens du défunt; mais ç'a été plus par reconnoissance que par aucune force de Loi. Childeric chassé n'avoit-il point de parens? Cependant on élut à sa place Ægidius, Capitaine Romain, qui régna environ neuf ans. Quand la Race de Mérovée finit en Chilpéric, Pepin fut élu d'un consentement unanime ; mais en Prince habile, il y joignit la Religion du serment, & se fit sacrer deux fois, l'une par Boniface, Archevêque de Mayence, & l'autre par le Pape Estienne, avec ses deux fils. Hugues Capet fut couronné au préjudice de Charles Duc de Lorraine, oncle paternel de Louis V. & de son vivant, il fit sacrer & couronner son fils Robert. La même chose a été pratiquée depuis par plusieurs de ses Successeurs, pour assurer la Couronne à leurs enfans.]

28513. Traité de la Loi Salique; par Antoine HOTMAN: 1593, *in-4*.

Le même Traité est imprimé avec les Opuscules des Hotmans: *Paris*, 1616, *in-8*. L'Auteur fait voir que la Loi Salique, ou du moins la Coutume exclud les Femmes de la Couronne de France.

❧ Il avoit été Ligueur, & même en 1591 Avocat Général de la Ligue à Paris; mais en 1593, il étoit revenu de ses égaremens. Car il soutint dans ce Traité au péril de sa vie, pendant les désordres de la Ligue, la puissance légitime du Roi & l'autorité de la Loi Salique. Cet Auteur est mort en 1596.

☞ Hotman, dans ce Traité, prétend que ce qu'on appelle la Loi Salique, a été rédigé par écrit du temps de Charlemagne; qu'elle est ainsi appellée des Saliens, & qu'elle ne signifie autre chose que Loi des François; qu'elle ne regarde en rien la succession à la Couronne, & qu'elle n'est qu'un Réglement entre les particuliers; que la succession au Trône n'est réglée que par une Coutume si ancienne, qu'on l'attribue à Pharamond; mais que ce soit une Loi ou une Coutume, on doit la regarder comme un chef-d'œuvre. Il rapporte ensuite quantité d'exemples pour montrer qu'elle a été observée religieusement dans tous les temps, & que non seulement les Femmes n'ont point succédé au Royaume, mais encore que les enfans mâles qui en sont issus, en ont été exclus. Il croit cependant que si les mâles venoient à manquer absolument, on auroit & on devroit avoir égard à ceux qui auroient eu des Princesses du Sang pour mères. *Voyez Hist. de Thou, tom.* 10, *p.* 350. = *Journ. de Henri IV, pag.* 259, *tom. II.* = *Satyre Ménip. tom. I. pag.* 101.]

28514. De Successione Regni Galliæ; Auctore Antonio BAGNASACCO, Juris utriusque Doctore Caroli Emmanuelis primi Patrimonialis Advocato: *Taurini*, 1593, *in-8*.

28515. ☞ Consultatio de Jure Gallicæ Coronæ; ad Gasparum Schombergium; Auctore Abele SAMMARTHANO.

Cette Pièce se trouve au *Recueil des Œuvres de Sainte-Marthe le Père: Paris*, Villery, 1632, *in-4*. Il y établit que le Roi ne peut aliéner sa Couronne, ni en troubler l'ordre successif. Elle ne contient que quatre pages.]

28516. ☞ Ejusdem Lex Salica.

C'est un Poëme du même Abel DE SAINTE-MARTHE père. Il a 125 Vers, & est dédié à M. de Marillac. Il se trouve parmi ses *Poésies Latines: Paris*, Patisson, 1597, *in-8*. & dans le Recueil de toutes ses *Œuvres* que l'on vient de citer.]

28517. Arrêt du Parlement de Paris, du 28 Juin 1593, pour exclure tous les Etrangers de la Couronne.

28518. Débat entre le Duc de Mayenne & le Président le Maître sur cet Arrêt.

L'Arrêt est imprimé au tom. V. des *Mémoires de la Ligue, pag.* 397, & les deux Pièces le sont au tome III. de la *Satyre Menippée, pag.* 352 & 353. *Ratisbonne*, 1711, [&c.] *in-8*.

Droits de la Succession à la Couronne.

28519. Suasion de l'Arrêt donné au Parlement, pour la manutention de la Loi Salique; par Guillaume DU VAIR, Evêque de Lisieux, Président au Parlement de Provence.

Cet Ecrit est imprimé à la *pag.* 601 du *Recueil de ses Œuvres: Paris,* 1641, *in-fol.*

28520. La Loi Salique; par Jacques LESCHASSIER, Avocat en Parlement.

Ce Traité est imprimé avec ses *Observations diverses: Paris,* 1602, *in-8.* & avec ses *Opuscules: Paris,* 1649, *in-4.* Cet Auteur est mort en 1625.

28521. Du Droit d'Aînesse, Appanage, Loi Salique, Successions aux anciens Duchés & Comtés de France; par Estienne PASQUIER.

Ce Discours est imprimé au Chapitre XVIII. du Liv. II. de ses *Recherches de la France.*

28522. De la Loi Salique; par DU FOUSTEAU.

Ce Traité est imprimé dans son Livre intitulé: *Les Curieuses singularités de la France: Vendôme,* 1608, *in-8.*

28523. Des Successions & de la Loi Salique.

28524. Traité de la Succession au Royaume de France.

Ce Discours & ce Traité sont imprimés dans Bouchel, au tom. III. de sa *Bibliothèque du Droit François, pag.* 568 & 575 *: Paris,* 1667*, in-fol.*

28525. De la Loi Salique & du Droit des François; par Antoine LOISEL, Avocat en Parlement.

Ce Discours est imprimé avec ses *Opuscules: Paris,* 1652, *in-4.* Cet Auteur est mort en 1617.

28526. Traité de la Loi Salique, Armes & Blazons de France, retirés des anciennes Chartes, Pancartes, Chroniques & Annales de France; par Claude MALINGRE, Historiographe *: Paris,* 1614 [& 1618,] *in-8.*

28527. De la Loi Salique; par Pierre DUPUY.

Ce Discours est imprimé au *Traité des Droits du Roi, pag.* 218: *Paris,* 1655, *in-fol.*

28528. ☞ De la Loi Salique; par Jean LE LABOUREUR.

Dans son *Hist. de la Pairie*: (*Londres,* 1740, *in-12.*) *Chap.* XVI. On peut voir encore la *Sç. du Gouvernem.* de M. de Réal *, tom. II. pag.* 43 *& suiv.* = Dubos, *Hist. de la Mon. Fr. tom. III. Liv. VII. Chap. II.*]

28529. Oblatio Salis, sive Gallia Lege Salica condita, sive de Sale, Terra & Lege Salica: operâ Guillelmi DAVISSONII, Nobilis Scoti, Medici *: Parisiis,* Promé, 1641, *in-8.*

☞ Ce Livre traite de la Loi Salique, dont l'étymologie, selon cet Auteur, est *saltȝ*, qui en vieux Germain signifie sel, & *lik* qui veut dire ressemblance; de sorte que ces deux mots joints ensemble & formant celui de *salik*, signifient cette Loi vulgairement appellée Salique, qui sembloit au sel à conservé & conserve la Couronne aux seuls mâles, à l'exclusion des femmes. L'Auteur taxe de ridicules toutes les autres opinions, & prétend que cette Loi a passé des Israélites aux Francs. Il s'étend ensuite beaucoup sur les usages & les vertus du sel.]

28530. Prælibatio Joannis-Jacobi CHIFFLETII, Medici Doctoris, de Terra & Lege Salica, & Vindiciis Lotharingicis *: Bruxellæ,* 1643, *in-4.*

28531. Mf Traité de la Loi Salique; par Louis CHANTEREAU le FEVRE *: in-fol.*

Ce Traité est conservé en Cahiers dans une des Armoires de la Bibliothèque du Roi. Il a été achevé en 1643. Il est écrit contre le Livre précédent. L'Auteur fait mention de son Traité à la *pag.* 21 de l'Avant-Propos de son *Discours historique concernant le Mariage d'Ansbert & de Blithilde.* Louis Chantereau le Fevre est mort en 1658. » Deux Auteurs, (dit-il dans sa Préface), l'un Théologien (Bédian Arroy) & l'autre Jurisconsulte (Jacques Cassan) poussés d'un zèle ardent au service du Roi & à l'honneur de leur Patrie, entreprirent de justifier les Armes du Roi, & de mettre en évidence le Droit qu'il avoit sur plusieurs Royaumes & Principautés qui ont été usurpés à son préjudice. » Ils composèrent chacun un Ouvrage (Cassan, le Livre intitulé: *La Recherche des Droits & Prétentions du Roi, &c. Paris,* 1632, *in-4.* & Arroy, *Questions décidées sur la Justice des Armes des Rois de France, &c. Paris,* 1634, *in-8.* » dans lesquels ils tirent » un de leurs spécieux argumens de la Loi Salique, » l'élevant au-dessus de toutes les Loix, &c. Deux autres » Ecrivains, l'un Théologien, (Jansénius, sous le nom » de Patrice d'Armach) & l'autre Jurisconsulte (Jean » Zype) ont travaillé à la réfutation de ces deux Ouvrages: (Patrice d'Armach, dans son *Mars Gallicus,* » 1636, *in-4.* & Zype, dans le Livre qu'il a intitulé*: Hiatus Joannis Cassani obstructus, &c. Antverpiæ,* 1638, *in-12.* » Chacun ayant entrepris ce qui » ressembloit à sa Profession, ils se sont jettés à l'une » extrémité, je veux dire qu'ils ont révoqué la Loi » Salique. » Chantereau le Fevre garde le milieu Il réfute sur-tout le Traité précédent de Chifflet. Outre le sujet principal de son Ouvrage, qui est de la Loi Salique, il traite encore, 1.º de l'Origine des Francs: 2.º pourquoi ils ont été appellés Saliens.: 3.º. de la validité de la Chronique attribuée à Prosper d'Aquitaine, outre la Consulaire: 4.º du temps de la mort de Saint Martin: 5.º. du temps de celle du Roi Clovis. Selon le Baron d'Auteuil dans son *Vrai Childebrand, pag.* 340. » Chantereau a été celui qui a le plus curieusement développé les mystères de la Loi Salique, qu'il » a maintenu devoir être appellée l'Ancienne Coutume, » & en a fait voir la distinction d'avec la Loi dite com- » munément Salique ».

28532. Legis Salicæ Vindicatio; auctore Marco-Antonio DOMINICY.

Cette Défense est imprimée aux Chapitres V. VI. VII. VIII. & IX. de son Livre intitulé: *Assertor Gallicus: Parisiis,* 1646, *in-4.*

28533. Ms. Traité historique contenant la différence essentielle entre l'Ancienne Coutume des François & la Loi Salique, confondues par Chifflet & Dominicy; composé par Louis CHANTEREAU le FEVRE *: in-fol.*

Ce Traité est conservé en Cahiers dans une des Armoires de la Bibliothèque du Roi.

28534. Assertoris Gallici, circa Legis Salicæ intellectum, Mens explicata, adversùs Ludovicum Cantarellum *: Parisiis,* 1646, *in-4.*

Ce Traité est de Marc-Antoine DOMINICY, de Cahors.

☞ Dans cette Explication, il dit qu'il n'a prétendu parler que des mâles dans la ligne paternelle, sans exclure les lignes collatérales qui conservent leur droit à l'infini, à l'exclusion des femelles qui seroient dans

Tome II. Ppppp

Liv. III. Histoire Politique de France.

la ligne directe ; qu'il croit cependant que si les mâles du Sang Royal venoient absolument à manquer, on auroit égard à ceux qui en descendent par les femmes. Il fait voir ensuite l'inutilité de la distinction de la Loi Salique & de l'ancienne Coutume des Francs ; & il finit par discuter la nature de cette Loi.]

28535. Ad Vindicias Hispanicas Lumina nova Salica ; auctore Joanne-Jacobo CHIF-FLETIO: *Antverpiæ*, 1647, *in-fol.*

Ce Traité est contre celui de Marc-Antoine Dominicy. Il est aussi imprimé entre les *Œuvres* de Chifflet : *Antverpiæ*, 1650, *in-fol.*

28536. Leges Salicæ illustratæ, illorum natale solum demonstratum, cum Glossario Salico Legum Advaticarum ; auctore Godefrido WENDELINO, Condatensi, Officiali Tornacensi : *Antverpiæ*, 1649, *in-fol.*

☞ Le but principal de l'Auteur est d'examiner si la Loi Salique fut faite en-delà ou en-deçà du Rhin. Il prend le dernier parti, & fixe la promulgation de cette Loi dans la Toxandrie, aux environs de Diest, Ville du Brabant sur la Demer, qu'il croit être l'ancien *Dispargum*, Palais ou Demeure de nos premiers Rois. Il est dit dans le Prologue de cette Loi, qu'elle fut rédigée par quatre Seigneurs de la Nation, dont cet Auteur trouve les Seigneuries proche Diest. Il réfute les fables vulgaires sur l'origine des Francs, & dit qu'ils descendent des Sicambres ; qu'une partie nommée Saliens, qui étoit la principale & la plus noble, ayant été contrainte de sortir du Pays qu'ils habitoient au-delà du Rhin, vint s'établir dans cette partie du Belgium, où ils élurent pour Roi Pharamond, & que depuis ce tems les Rois ont toujours habité en-deçà du Rhin, d'où ils s'étendirent sous Clovis dans les Gaules. Le nom de Francs leur fut donné à cause de leur valeur & de leur férocité, & il ne peut pas avoir d'autre étymologie selon cet Auteur. Il y a des choses curieuses dans son Ouvrage, aussi bien que dans le Glossaire, où l'Auteur tâche de prouver par la conformité de plusieurs mots la vérité de ce qu'il avance.

Voyez le Recueil des Historiens de France ; par D. Bouquet, *Préface du tom. IV. pag.* v.]

28537. Joannes-Jacobus CHIFFLETIUS, contra mentem explicatam Gallici Assertoris, circa Salicæ Legis intellectum.

Ce Traité est imprimé au Chapitre II. de son Livre intitulé : *Appendix ad Vindicias Hispanicas*, dans le *Recueil de ses Œuvres* : *Antverpiæ*, 1650, *in-fol.*

28538. De Jure Francorum Salico, adversùs Joannem-Jacobum Chiffletium ; auctore Jacobo-Alexandro TENNEURIO.

Cette Réponse est imprimée dans la première partie de son Livre intitulé : *Veritas vindicata : Parisiis*, 1651, *in-fol.*

28539. ☞ Quæstio, de Lege Salicâ.

Cette Question se trouve dans le Live intitulé : *Propugnaculum Lusitano-Gallicum*, *pag.* 279. ci-devant N.º 15595.]

28540. ☞ De Lege Salicâ.

Cette Pièce est imprimée dans les *Mélanges* de Priezac, *pag.* 331.]

28541. Dissertatio de Jure Hereditario Coronæ Francicæ, adversùs Godefridum Henschenium, qui asserit « Dagobertum I. post-
» quam, assentione Populorum, Pontificis
» Romani auctoritate, Imperatorisque Orien-
» tis approbatione, Francis Regnum Galliæ
» pridem confirmatum sit, hereditario jure,
» Patris Avique Successorem, etsi quàm illi,
» minus latè, regnasse ; « auctore Carolo LE COINTE, Congregationis Oratorii Presbytero.

Cette Dissertation est imprimée au tom. III. de ses *Annales de l'Eglise de France*, sur l'année 673, num. 22 & suivans. Henschénius écrivit cela lorsque la France étoit en guerre avec l'Empereur, en 1655 ; mais il n'a produit aucune Charte qui fasse mention de cette Confirmation.

☞ Les Rois François ont toujours succédé à la Couronne par droit héréditaire, pur & plein, qu'ils ont reçu de Dieu & de leur naissance ; & ils n'ont point eu besoin de l'autorité du Pape, ni de l'approbation des Empereurs d'Orient. Tel est le précis de cette Dissertation.]

28542. Du mot de *Sale*, & par occasion des Loix & Terres Saliques, Dissertation de Charles du Fresne DU CANGE.

Cette Dissertation est la dix-septième sur l'*Histoire de Saint-Louis*, par Joinville : *Paris*, 1668, *in-fol.*

28543. Henrici COCCEII, de Lege Salicâ, Oratio : *Heidelbergæ*, 1672, *in-*4.

☞ Cocceius veut prouver dans ce Discours, que la dignité de Vicaire de l'Empire que possède l'Electeur Palatin du Rhin, est annexée au Territoire même qu'il occupe. Il prétend que la Loi Salique fut promulguée au-delà du Rhin, sous Pharamond, environ l'an 422, & que ce fût Mérovée qui le premier s'établit dans les Gaules. L'Auteur est mort le 16 Août 1719, âgé de 76 ans.]

28544. De Regibus Franciæ & Lege Salica ; auctore Ægidio LACARRY, è Societate Jesu : *Claromonti*, 1677, *in-*4.

28545. La Legge Salica della Francia, ridotta al morale & sziffrata : da Giovanni-Baptista VESTELONGA : *in Hamburgo*, 1687, *in-*12.

28546. ☞ Ms. Dissertation sur la Loi Salique ; par Pierre LE COINTE, Avocat à Nismes, & de l'Académie de cette Ville.

Cette Dissertation, qui a été lue à cette Académie, est entre les mains de l'Auteur.]

28547. Dissertation de Gabriel DANIEL, Jésuite, de l'Antiquité & de l'Instituteur de la Loi Salique.

Cette Dissertation est imprimée au tom. I. de son *Histoire de France in-*4. Edition de 1696, *pag.* 428.

☞ *Voyez* le *tom. II. de la nouv. Edit. de* 1751.]

28548. Ms. De l'Abdication volontaire de Childéric III. & de la Succession légitime à la Couronne des François ; par François DE CAMPS, Abbé de Signi : *in-fol.*

Ce Discours [étoit] conservé dans la Bibliothèque de l'Auteur ; [& est aujourd'hui dans celle de M. de Beringhen.]

28549. Dissertation sur l'origine de la Loi Salique, & sur la manière de succéder à la Couronne ; par René Auber DE VERTOT : *Mém. de l'Acad. Royale des Inscript. & Bell. Lettr. tom. II. pag.* 651.

☞ L'Auteur, sans s'arrêter aux différentes étymologies du mot Salique, ni à ceux qui lui donnèrent naiſſance, croit qu'il vient des Saliens, & que cette Loi eſt très-ancienne. Il diſtingue deux ſortes de Terres, les unes Allodiales, auxquelles les mâles & les femelles ſuccédoient également : les autres Saliques ou Bénéficiales, qui étoient des Terres de Conquêtes, affectées aux ſeuls mâles. Il penſe que l'uſage de n'admettre point les filles à la ſucceſſion de la Couronne (le plus noble Fief des terres Saliques) eſt plus ancien même que l'Inſtitution de cette Loi, & que cette Coutume étoit commune aux Nations Barbares qui dévaſtèrent l'Empire Romain. Il prouve contre du Haillan, qu'elle fut exactement obſervée ſous la première & la ſeconde Race, & que les hauts Barons étoient les arbitres-nés des conteſtations qui s'élevoient à ce ſujet.]

28550. ☞ Examen d'une Partie de la Diſſertation de M. l'Abbé de Vertot, qui a pour titre, Sur l'Origine des Loix Saliques, &c. en quatre parties; par Pierre RIVAL, Chapelain du Roi de la Grande-Bretagne, dans la Chapelle Françoiſe au Palais de Saint-James; ſeconde Edition, revue par l'Auteur, & augmentée d'une Préface, où il relève quelques endroits de la Diſſertation ſur la Loi Salique, que feu M. Rapin a miſe dans le tome III. de ſon Hiſtoire d'Angleterre, auſſi bien que d'une Lettre en défenſe de cet Examen adreſſée aux Auteurs des Mémoires de Trévoux, qui l'ont critiqué : *Amſterdam*, Humbert, 1727, *in-12*.

Cet Ecrit ſe trouve encore dans le *Recueil des Diſſertations* de Rival : *Amſterdam*, 1726, in-12. 3 vol.

Voyez la *Biblioth. Angl.* tom. *X.* art. *V.* = *Biblioth. Franç.* de du Sauzet, tom. *XIV.* pag. 314. = Lenglet, *Suppl. à la Méth. Hiſt. in-4.* pag. 159.]

28551. Diſcours où l'on examine ſi le Royaume de France, depuis l'établiſſement de la Monarchie dans les Gaules a été Héréditaire ou un Etat Succeſſif; par Gabriel DANIEL, Jéſuite.

Ce Diſcours eſt imprimé dans l'article III. de la Préface hiſtorique de ſon *Hiſtoire de France : Paris*, 1713, *in-fol.* « Il paroît conſtant, (dit cet Auteur), que le » Royaume de France ne fut point électif dans la pre- » mière Race, mais qu'il fut parfaitement héréditaire, » & qu'il ne l'eſt aujourd'hui que conformément à ſa » première inſtitution. Il ajoute qu'il n'en eſt pas de » même de la ſeconde Race. Pepin chef de cette lignée, » fut fait Roi par élection ; & par cette élection même » le Droit des Fils des Rois à la Couronne de leur Père » fut aboli, c'eſt-à-dire, que la Couronne ceſſa d'être » héréditaire, & il eſt queſtion de voir ſi elle le redevint » après.

28552. Eclairciſſement ſur ce qui a été dit de l'Election des anciens Rois de France, dans la Réponſe aux Mémoires de Trévoux, contre la nouvelle Diſſertation de l'Origine de la Maiſon de France.

Cet Eclairciſſement eſt imprimé avec la *Défenſe des Diſſertations de la Maiſon de France, &c.* L'Auteur de cet Eclairciſſement, qui eſt M. [l'Abbé Claude Moulinet] DES THUILLERIES, ſoutient à la page 18, » qu'on n'a aucune preuve ſolide pour ſe perſuader que » le Royaume de France fût ni moins Electif pour la » première Race de nos Rois que pour la ſeconde, ni » moins Succeſſif pour la ſeconde que pour la première. » Mais au ſurplus il convient que des Elections d'un » droit auſſi borné que celles qui ont été en uſage

Tome II.

» durant ces deux Races, ne ſe faiſoient point par des » ſuffrages en France comme dans les Etats purement » Electifs, & que dans l'ordinaire elles ne reſſembloient » qu'à de ſimples conſentemens. Le même eſprit qui » portoit les anciens François à ne vouloir pour Rois » que les Fils de leurs Monarques, les engageant éga- » lement pour éviter les diſſentions, à les choiſir tou- » jours ſelon l'ordre de leur naiſſance, qui les deſtinoit » à régner, ce qui ne demandoit pas de délibération.

28553. Mſ. Lettres du même Auteur, dans leſquelles il répond à quelques difficultés contre ſon Eclairciſſement ſur l'Election des anciens Rois de France.

L'Auteur de ces Lettres explique plus au long ſon ſentiment, & en rapporte de nouvelles preuves, par où il montre que pour l'ordinaire les aînés étoient préférés aux cadets. Ces Lettres [étoient] entre les mains de l'Auteur, [qui eſt mort en 1728. On peut ſuppléer à ces Lettres par l'Ecrit ſuivant.]

28554. ☞ Nouvel Eclairciſſement (du même Abbé DES THUILLERIES,) ſur l'Election de nos Rois de la première & de la ſeconde Race, contre ce que le Père Daniel en a dit dans ſa Préface Hiſtorique.

Cet Eclairciſſement eſt imprimé dans la *Continuation des Mémoires de Littérature*; publiée par le Père Des-Molets, tom. *IV*. part. 2. pag. 310.

Le point de notre Hiſtoire qui y eſt traité, a été & eſt encore fort controverſé parmi les Sçavans. L'Abbé des Thuilleries compoſa cette Diſſertation en 1724. Elle eſt pleine de recherches curieuſes & de fine critique. L'Auteur l'a diviſée en deux parties, dans leſquelles, en répondant en détail aux preuves du Père Daniel, il prouve : 1.° que les François avoient le droit d'élire leurs Rois ſous la première Race, auſſi bien que ſous la ſeconde ; & il l'établit, tant par la Conſtitution de leur Monarchie, que par ce qui s'eſt pratiqué : 2.° que la Couronne continua ſous la ſeconde Race d'être & ſucceſſive au droit du Sang, & élective au droit du Peuple ; de ſorte que ſujette qu'elle étoit à être partagée dans la première & la ſeconde Race, & à être miſe quelquefois par élection ſur la tête des Princes qui n'étoient pas les aînés de leur Maiſon, elle eſt devenue ſeulement indiviſible dans la troiſième Race, & irrévocablement affectée à celui qui a la gloire d'en être le chef.

On trouve à la fin une Réfutation abrégée de l'Ecrit de M. Rival, Chapelain du Roi d'Angleterre, imprimé à Londres, dans lequel cet Ecrivain entreprenoit de juſtifier le droit imaginaire que les Rois d'Angleterre s'attribuent ſur le Royaume de France depuis Edouard III. ci-devant N.° 28550.]

28555. Diſſertation dans laquelle on examine ſi le Royaume de France, depuis l'établiſſement de la Monarchie, a été un Etat Héréditaire ou un Etat Electif, par René Auber DE VERTOT, de l'Académie Royale des Inſcriptions & Belles-Lettres. [*Mém. de cette Acad.* tom. *IV.* pag. 672.]

Il dit d'abord, « que cette Queſtion a fait naître des » opinions bien différentes, dont il y en a trois prin- » cipales, Selon la première, la Couronne a toujours » été héréditaire dans les trois Races. Le Juriſconſulte » François Hotman, Auteur de la ſeconde queſtion, » du Haillan & de Larrey, prétendent au contraire » que ſous les deux premières Races cette Couronne » étoit purement élective. Le Père Daniel, pour » concilier des ſentimens ſi contraires, croit qu'il faut » diſtinguer les temps & les différentes Epoques de la » Monarchie. Il ſoutient que la forme du Gouverne- » ment a varié dans les trois Races : que la Couronne a

» été purement héréditaire dans la première, élective » dans la seconde, & qu'elle est redevenue héréditaire » dans la troisième. Telle est la troisième opinion que » ce sçavant Historien prétend établir dans l'Article III. » de sa Préface historique. Cette Dissertation en a fait » naître une autre composée par M. l'Abbé des Thuille- » ries. Il y soutient contre le P. Daniel, que le Royaume » de France n'a pas été moins électif dans la premiere » Race de nos Rois que dans la seconde, ni moins suc- » cessif dans la seconde que dans la première; mais il » prétend en même temps que cette Election étoit ren- » fermée, non-seulement dans la Famille régnante, » mais encore attachée inviolablement aux aînés de » cette Maison. Le même esprit qui portoit les anciens » François, (& le reste qui fait la fin de la Note [du » N.º 28552.] M. des Thuilleries par ces restrictions, » retombe dans la première opinion de ceux qui sou- » tiennent l'Hérédité linéale & successive dans les trois » Races, & son sentiment n'est différent du leur que » par la diversité des termes ». M. l'Abbé de Vertot dit qu'il ose proposer un autre système conforme & opposé ea partie à ces différentes opinions. Il prouve dans la première partie de sa Dissertation contre du Haillan, que la Couronne, sous la première Race, a toujours été héréditaire; mais en même temps il soutient contre le Père Daniel, que dans la première Race, cette Succession héréditaire n'excluoit point un véritable droit d'Elec- tion; & contre M. des Thuilleries, que cette Election passive n'étoit point attachée à la seule personne de l'aîné de la Maison régnante, mais que le choix de la Nation pouvoit tomber indifféremment sur tous les Princes du Sang Royal. Il prouve dans la seconde partie, contre le P. Daniel & M. des Thuilleries, qu'il s'est également trouvé dans la seconde Race comme dans la première, Hérédité dans la Maison régnante, & Election par rapport aux seuls Princes du Sang, qui pouvoient concourir dans ces Elections. Il fait voir dans la troi- sième partie, que ces Usages, devenus Loix fondamen- tales par leur ancienneté, ont été également observés dans la troisième Race, à l'égard de la Succession Héréditaire.

☞ Cette sçavante & curieuse Dissertation est di- visée en trois Parties, dans lesquelles l'Auteur soutient que dans tous les temps & sous chaque Dynastie ou Race de nos Rois, la Couronne a été héréditaire, avec la seule différence que sous la première & la seconde Race, les François s'étoient réservé le droit d'élire leur Prince, pourvu qu'il fût de la famille régnante, & que cet usage continua sous la troisième jusqu'à Phi- lippe I; que nos Rois en s'associant de leur vivant leurs fils aînés, abolirent peu-à-peu l'Election, & que c'est à cette Epoque, c'est-à-dire, depuis près de sept cens ans que la Couronne leur appartient privativement à leurs frères & à tous autres Princes du Sang Royal.

Les Lettres de l'Abbé des Thuilleries & la Disserta- tion de l'Abbé de Vertot, ont d'abord paru dans les *Mémoires de Littérature & d'Histoire* du P. Des-Molets, tom. *IV.*]

28556. ☞ Premier Mémoire pour établir que le Royaume de France a été successif héréditaire dans la première Race; par M. DE FONCEMAGNE: 1724. *Mém. de l'Acad. des Inscr. & Bell. Lettr. t. VI. p.* 680.

Second Mémoire à ce sujet; par le même: *Ibid. tom. VIII. pag.* 464.

Dans le premier, M. de Foncemagne établit son sentiment sur des faits & des textes positifs. Il fait voir ce qui s'est passé dans la Succession de nos premiers Rois, & que quelques Exemples contraires arrivés dans des temps de troubles & de séditions, ne sont pas capables d'infirmer ses preuves. Dans le second Mémoire, il ré- fute le sentiment de M. l'Abbé de Vertot, en examinant les faits que ce sçavant Abbé avoit apportés pour l'ap- puyer.]

28557. ☞ Mémoire Historique sur le par- tage du Royaume de France dans la pre- mière Race; par le même: *Ibid. tom. VIII. pag.* 476.

L'Auteur y soutient que c'étoit anciennement une Maxime du Gouvernement des François, que tous les Fils des Rois fussent également admis au partage de leur Couronne, & que ces Princes naissoient avec le droit de régner immédiatement après la mort de leur père; que cet usage subsista jusqu'à la mort de Dago- bert II. qu'il fut quelquefois renouvellé sous la seconde Race, & enfin aboli pour toujours par les Successeurs de Hugues Capet. Il tire de ses preuves un argument en faveur de son Système sur la Succession des Rois de la première Race.]

28558. ☞ Mémoire Historique dans lequel on examine si les Filles ont été exclues de la Succession au Royaume, en vertu d'une disposition de la Loi Salique; par le même: *Ibid. tom. VIII. pag.* 490.

On y soutient que la succession a toujours été agna- tique, & que les Filles en ont été exclues, non en vertu d'aucune Loi, mais par une Coutume immémoriale. L'Auteur le prouve par une suite chronologique des Princesses qui n'ont pas été admises à succéder au défaut des mâles. Elles en étoient dédommagées par des titres d'honneur, & par des terres qu'on leur donnoit en usufruit pour soutenir leur rang, & qui étoient réunies au Domaine après leur mort, à moins que le Roi par un privilège spécial ne leur eût concédé la liberté d'en disposer. Ce Mémoire finit par des recher- ches curieuses sur ces sortes de terres & sur le Douaire des Reines.]

28559. Traité de la Succession à la Cou- ronne, [ou la Couronne de France toujours successive linéale agnatique; avec un Mé- moire touchant la Succession de la Cou- ronne d'Espagne;] par Joachim LE GRAND, Prieur de Neuville-les-Dames: [*Paris*, 1728, *in-*12.]

L'Auteur, [qui est mort en 1733, âgé de quatre- vingts ans,] y soutient que non-seulement les partages qui se sont faits dans la première & la seconde Race, mais aussi les Appanages, qu'au défaut des Partages on a donnés aux seconds Fils de France, pour eux & leurs Descendans nés en légitime mariage, sont des preuves convainquantes que le Royaume de France a toujours été Héréditaire ou Successif, & qu'il n'a jamais été Electif: que le terme d'Election, qui se trouve dans quelques-uns de nos anciens Auteurs est impropre, & ne marque autre chose que la Cérémonie qui se faisoit pour reconnoître le nouveau Roi, lorsqu'il entroit en jouissance du Droit qui lui étoit acquis par sa nais- sance.

☞ On trouve à la fin: *Preuves du Traité de la Succession à la Couronne.*

Nous ajouterons à ce qu'en disoit le P. le Long, (qui en parloit comme d'un Manuscrit,) que ce Livre vient d'une bonne main, & est divisé en deux Dissertations. Dans la première, l'Auteur traite de la Succession à la Couronne de France, qu'il prétend avoir toujours été successive, &c. contre le sentiment de l'Abbé des Thuilleries. Il soutient ensuite que Hugues Capet n'étoit pas un usurpateur; qu'il avoit un droit acquis à la Couronne, par l'Election précédente d'Eudes, de Robert & de Raoul; ce qu'il prétend prouver en fai- sant voir que la postérité légitime de Charlemagne étoit éteinte par la mort de Charles le Gros en 888, & que Charles le Simple n'étoit qu'un Bâtard, incapable de succéder. De-là résulte la légitimité de l'Election d'Eudes, puisque par le défaut de succeſſibles, les François avoient le droit de s'élire un Roi.

Dans la ſeconde Diſſertation, l'Auteur établit que la Succeſſion à la Couronne d'Eſpagne eſt linéale cognative, &qu'elle étoit dévolue de plein droit à Philippe V. Ces deux Diſſertations ſont ſuivies de quelques Extraits qui ſervent de Preuves.

On peut voir ſur ce Livre la *Méth. Hiſt.* de Lenglet, *in*-4. *tom. II. pag.* 253, *tom. IV. pag.* 259.]

28560. ☞ Mſ. Diſſertation pour prouver que Hugues Capet eſt monté ſur le Trône par une Election légitime; par M. BULLET, Profeſſeur de Théologie, Doyen de l'Univerſité de Beſançon, & Membre de l'Académie de cette Ville.

Cette Pièce eſt conſervée dans les Regiſtres de cette Académie.]

28561. ☞ Lettre de M. PIHAN à l'Abbé du M. ſur la Succeſſion à la Couronne & ſur le rang des Princes du Sang: *Mercure, 1701, Septembre.*

Il y a trois points principaux dans cette Lettre: 1.º L'Auteur ſoutient que la Succeſſion au Trône étoit établie long-temps avant Clodion: 2.º que les Princes du Sang avoient rang immédiatement après les Rois, & que ce fut le Duc de Guiſe qui en 1538 le leur diſputa le premier: 3.º que nos Rois viennent d'une même ſouche, & que les trois Races que nous diſtinguons, ne ſont que trois Branches du même Tronc, puiſque Saint Arnoul duquel deſcendent les Carliens & les Capétiens, étoit, (ſelon cet Auteur) Prince du Sang Mérovingien.]

28562. ☞ Recueil de Pièces ſur la Succeſſion à la Couronne; rédigé par M. DE FONTANIEU, Conſeiller d'Etat: *in*-4.

C'eſt le Porte-feuille 585, de ſon grand *Recueil de Titres, &c.* qui eſt à la Bibliothèque du Roi. Voici les Matières qui ſe trouvent dans ce Volume.

De la Succeſſion à la Couronne en général.

Queſtions ſur la Succeſſion à la Couronne après la mort de Henri III.

Succeſſion des Princes Légitimés à la Couronne.

Prétentions des Princes Lorrains à la Succeſſion de la Couronne.

Prétentions des Princes Etrangers à la Couronne.]

28563. Lettres-Patentes du Roi, pour conſerver au Roi d'Eſpagne, (Philippe V. ſon Petit-fils) le Droit de Succeſſion à la Couronne de France: Décembre 1700: *Paris, Muguet, 1701, in*-4.

28564. Renonciation de (Philippe V.) Roi d'Eſpagne à la Couronne de France, en 1713: *Paris,* Fournier, 1713, *in*-4.

28565. ☞ Lettres-Patentes qui admettent la Renonciation du Roi d'Eſpagne, &c. & révoquent les Lettres-Patentes de 1700, Mars 1713: *in*-4.]

== ☞ Lettres de M. Filtz-Moritz ſur les Affaires du temps, (écrites en 1716 & 1717;) traduites de l'Anglois par M. de Garneſay, jouxte la Copie imprimée à Londres: *Rotterdam,* 1718, *in*-12.

On en a déja parlé au commencement du Règne de Louis XV. Elles traitent particulièrement de la Renonciation de Philippe V. à la Couronne de France, des Affaires d'Eſpagne ſous ce Prince, des intrigues de la Princeſſe des Urſins, &c.

C'eſt M. le Duc d'Orléans Régent de France, qui a fait faire cet Ouvrage, & il n'a point été traduit de l'Anglois.

Voyez Lenglet, *Supplément in*-4. *pag.* 168,

On peut voir ſur ces Lettres, l'*Europe Sçavante*, 1719, *Mai, part.* I. qui en contient un Extrait & un jugement ſort amples.]

28566. ☞ Conférence d'un Anglois & d'un Allemand ſur les Lettres de Filtz-Moritz;](par l'Abbé BRIGAUD:) *Cambray, 1722, in*-12.]

28567. ☞ Mſ. Lettre en forme de Réponſe à celles de Filtz-Moritz, (par l'Abbé BRIGAUD, attribuée par d'autres au Cardinal de Polignac, & au Duc du Maine, & par d'autres encore au Père Tournemine.)

Cette Lettre eſt conſervée dans la Bibliothèque de M. Fevret de Fontette, Conſeiller au Parlement de Dijon.]

28568. Edit du Roi (Louis XIV.) qui appelle à la Succeſſion de la Couronne de France M. le Duc du Maine, M. le Comte de Toulouſe, & leurs Deſcendans Mâles, au défaut de tous les Princes du Sang, après tous leſdits Princes, & ordonne qu'ils jouiront des mêmes Rangs, Honneurs & Préſéances que leſdits Princes du Sang, après tous leſdits Princes, du mois de Juillet 1714: *Paris, Muguet, 1714, in*-4.

28569. Déclaration du Roi, par laquelle il donne auxdits Princes, Duc du Maine, Comte de Toulouſe, & leurs Deſcendans Mâles, le Titre, les Honneurs & le Rang de Princes du Sang; du 15 Mai 1715: *Paris,* 1715, *in*-4.

28570. Lettre d'un Eſpagnol à un François; de Madrid, du 9 Mai 1716: 1716, *in*-8.

Cette Lettre eſt écrite en faveur des Princes Légitimés, touchant la qualité de Prince du Sang, qui leur a été accordée par l'Edit & la Déclaration précédente. On la ſuppoſe écrite par un Eſpagnol; elle eſt du 13 Juillet 1716. L'Auteur y fait paroître peu de diſcrétion; il n'avance que des paradoxes; il ne raiſonne jamais juſte; auſſi ſe contredit-il très-ſouvent: il ne dit rien d'exact; enfin il manque de reſpect à tout le monde.

28571. Mémoire de M. le Duc DU MAINE; (Louis-Auguſte de Bourbon) avec des Réflexions: 1716, *in*-8.

Ce Mémoire eſt écrit du 20 Juillet 1716, à l'occaſion de la Requête qu'on ſuppoſe devoir être préſentée au Roi par M. le Duc (de Bourbon,) pour défendre ſon Rang de Prince du Sang. Les Réflexions ſont du premier Août ſuivant. Elles ont été faites à l'occaſion de la Requête qui ſuit.

28572. Requête des Princes du Sang au Roi: 1716, *in-fol. in*-4. & *in*-8.

Cette Requête eſt ſignée, le 22 Juillet 1716, par le Duc de Bourbon, le Comte de Charolois & le Prince de Conti, qui demandent au Roi Louis XV. que l'Edit du Roi Louis XIV. de Juillet 1714, & la Déclaration du 15 Mai 1715, ſoient révoqués & annullés. Elle a été dreſſée par [Jean-François MILLAIN, Sécretaire des Commandemens] de M. le Duc.

28573. Réponſe à la Lettre d'un Eſpagnol à un François, au ſujet de la Conteſtation qui eſt entre les Princes du Sang & les Légitimés: 1716, *in-8*.

Cette Réponſe eſt du 12 Septembre 1716. Elle a été faite, auſſi-bien que la Pièce ſuivante, par l'Abbé DE VAYRAC. Il ne fait pas paroître plus de connoiſſance dans notre Hiſtoire, que le prétendu Eſpagnol.

28574. Nouvelle Réfutation de la Lettre d'un Eſpagnol écrite à un François au ſujet de la Conteſtation qui eſt entre les Princes du Sang & les Légitimés; où l'on fait voir les dangereuſes conſéquences qu'on peut tirer contre l'Etat, des faux principes que cet Auteur établit: 1716, *in-8*.

Cette Nouvelle Réfutation eſt du 20 Septembre, 1716.

28575. Lettre de M.*** à un Homme de Qualité qui lui a demandé ſon ſentiment ſur la Lettre d'un Eſpagnol à un François, ſur les Réponſes qu'on y a faites, & ſur la Requête des Princes, du 20 Septembre 1716: 1716, *in-8*.

Cette Lettre & les deux autres ſuivantes à un Homme de Qualité, ſont de Louis LE GENDRE, Chanoine de Notre-Dame de Paris.

28576. Maximes de Droit & d'Etat, pour ſervir de Réfutation au Mémoire qui paroît ſous le nom de M. le Duc du Maine, au ſujet de la Conteſtation qui eſt entre lui & M. le Duc, pour le Rang de Prince du Sang: 1716, *in-8*.

Ces Maximes de l'Abbé DE VAYRAC, ſont du 22 Septembre 1716.

28577. Réponſe d'un Solitaire à une Lettre qu'un de ſes parens de Province lui avoit écrite ſur l'Affaire des Princes du Sang, dont il lui demande ſon ſentiment: de Saint-Amand, le 4 Octobre 1716: 1716, *in-4*.

On a mis au-devant de cette Réponſe la Déclaration du Roi Charles IX. du mois de Décembre 1571, ſur la Préſéance & le Rang des Princes de la Maiſon de Longueville, & à la fin l'Edit du Roi, du mois de Mai 1714, & la Déclaration du 15 Mai 1715, donnée en faveur de Meſſieurs les Princes Légitimés.

28578. Réflexions ſur la prétention de Meſſieurs les Ducs de Bourbon, Comte de Charolois & Prince de Conti, contre Meſſieurs les Ducs du Maine & Comte de Toulouſe: 1716, *in-8*.

Ces Réflexions ſont du 22 Octobre 1716.

28579. Apologie pour l'Edit du mois de Juillet 1714, & de la Déclaration du 23 Mai 1715, qui donnent aux Princes Légitimés, & à leurs Enfans & Deſcendans Mâles à perpétuité, nés & à naître en légitime mariage, le Titre, les Honneurs & le Rang de Princes du Sang, & le Droit de ſuccéder à la Couronne après tous les Princes Légitimés: ou Lettre juſtificative d'un Magiſtrat à un Abbé pour Meſſieurs les Ducs du Maine & Comte de Toulouſe; du 20 Octobre 1716: (1716), *in-8*.

On attribue cette Apologie à Nicolas DE MALEZIEUX, Chancelier de Dombes. Il réfute la Lettre d'un Eſpagnol à un François, la nouvelle Réfutation de cette Lettre, & les Máximes de Droit.

28580. Examen de la prétendue Loi fondamentale, qui exclud les Princes Légitimés de la Succeſſion à la Couronne: (1716,) *in-8*.

Cet Examen eſt du 12 Novembre 1716.

28581. Mémoire inſtructif ſur la Requête préſentée au Roi contre les Princes Légitimés: 1716, *in-fol. Paris*, Ganeau, 1716, *in-8*.

Ce Mémoire, du 15 Novembre 1716, eſt en faveur de M. le Duc du Maine, contre M. le Duc de Bourbon.

28582. Mſ. Mémoire pour faire voir qu'on ne peut trouver aucune forme régulière de jugement dans l'Affaire des Princes du Sang.

28583. Mſ. Réflexions ſur les Affaires des Princes, du 23 Novembre 1716.

Ces deux Pièces [étoient] dans la Bibliothèque de M. l'Abbé d'Eſtrées, [aujourd'hui à S. Germain-des-Prés.] La première eſt attribuée à M. le Duc DU MAINE, & la ſeconde à M. DE CONFLANS.

28584. Remarques ſur le Mémoire de M. le Duc du Maine; du 15 Novembre 1716: 17.6, *in-8*.

28585. Second Mémoire ſur la Requête préſentée au Roi contre les Princes Légitimés: 1716, *in-4*. & *in-8*.

Ce ſecond Mémoire eſt du 9 Décembre 1716.

28586. Seconde Lettre de M.***. à un Homme de Qualité qui lui a propoſé des doutes ſur la première Lettre que l'Auteur lui avoit écrite touchant l'Affaire des Princes; du 30 Décembre 1716: 1717, *in-8*.

28587. Réponſe au dernier Mémoire inſtructif de M. le Duc du Maine: 1717, *in-8*.

C'eſt une Réponſe au Mémoire inſtructif du 15 Novembre 1716. Cette Réponſe eſt du 25 Janvier 1717.

28588. Remarques ſur les Mémoires de M. le Duc du Maine, du 15 Novembre & du 9 Décembre 1716.

Ces Remarques ſont du 19 Janvier 1717.

28589. Mémoire des Princes du Sang, pour répondre au Mémoire inſtructif des Princes Légitimés, du 15 Novembre 1716, & à celui du 9 Décembre ſuivant: (1717), *in-fol*. & *in-8*.

Ce Mémoire, du premier Février 1717, a été dreſſé ſur pluſieurs autres, par M. MILLAIN, Sécretaire des Commandemens de M. le Duc de Bourbon. Il y a à la fin les Lettres de Légitimation accordées par les Rois Henri IV. & Louis XIV. en faveur de leurs Enfans naturels. On a mis au-devant de la ſeconde Edition *in-8*. la Requête des Princes légitimés, au Roi, du 22 Août 1716.

28590. Justification de M. le Président de*** sur la dispute des Princes : 1717, *in-8*.

Cette Justification, du 8 Février 1717, contient la Critique de la Réponse du dernier Mémoire de M. le Duc du Maine.

28591. Suite de la Justification de M. le Président de***, sur la Dispute des Princes, ou Réfutation d'un Libelle intitulé : Remarques sur les Mémoires de M. le Duc du Maine : 1717, *in-8*.

Cette Suite est du 16 Février 1717.

28592. Réflexions politiques & historiques sur l'Affaire des Princes : (1717), *in-8*.

Jean DE LA CHAPELLE, de l'Académie Françoise, passe pour l'Auteur de ces Réflexions. Il y défend avec beaucoup de vivacité le parti de M. le Duc. Ces Réflexions sont du 17 Février 1717.

—— Requête des Pairs de France, présentée au Roi, le 22 Février 1717.

Voyez ci-après, [*Offices & Dignités du Royaume*, Art. I. du Chap. VII. tom. III.]

28593. Mémoire abrégé pour les Princes du Sang : 1717, *in-8*.

On a joint à ce Mémoire abrégé, du 23 Février 1717, une Dissertation sur les exemples allégués par l'Auteur du Mémoire instructif. On attribue l'un & l'autre à N. BEGON, Avocat au Parlement.

—— Réponse de M. le Chevalier de Vendôme, Grand-Prieur de France, à quelques Articles du Mémoire de Messieurs les Princes du Sang ; avec les Pièces justificatives.

Voyez ci-après, *Off. & Dignités du Royaume*.
Cette Réponse est du 26 Février 1717. Elle est attribuée à l'Abbé DE CHAULIEU, ou à l'Avocat LE GENDRE.

28594. Raisons courtes & fondamentales pour les Princes du Sang & pour la Nation, contre les Princes Légitimés : (1717), *in-4*. & *in-8*.

Ce n'est qu'une feuille d'Impression, du 27 Février.

28595. Requête présentée au Roi, par Messieurs les Princes Légitimés : (1717), *in-fol*. & *in-8*.

Cette Requête, qui a été dressée par N. TARTARIN, Avocat au Parlement, est du 28 Février 1717.

28596. Justification de la Naissance légitime de Bernard, Roi d'Italie, Petit-fils de Charlemagne : (1717), *in-8*.

Cette Brochure est attribuée à M. le Comte Henri DE BOULAINVILLIERS. On y a joint une Dissertation critique sur les Exemples allégués par l'Auteur du Mémoire instructif.

28597. ☞ Mémoire du même, au sujet de l'Affaire des Princes du Sang.

C'est le quatrième de ses *Mémoires présentés à M. le Régent: La Haye*, 1727, *in-8*. tom. I. pag. 112.
Il est favorable aux Princes Légitimés.]

28598. Défense des Droits du Roi, dans la Contestation formée entre les Princes Légitimes & les Légitimés : (1717), *in-4*. & *in-8*.

L'Auteur de cet Ecrit défend l'Edit du Roi Louis XIV. du mois de Mai 1714, & soutient qu'il ne peut être révoqué que par le Roi Majeur. Cet Ecrit est du 20 Mars 1717. On avoit publié dès le 16 de ce mois, un Extrait des Propositions tiré du Mémoire intitulé : *Défense des Droits du Roi*. On fait voir dans cet Extrait, jusqu'à quel point l'Auteur se contredit.

☞ On soutient dans cette Défense, que le pouvoir de nos Rois ne reçoit point de bornes dans les Loix civiles, & qu'en légitimant & donnant le droit de succéder à leurs enfans, ils usent d'un droit acquis incontestablement à l'indépendance de leur Couronne, & que Louis XIV. a pu le faire sans blesser les Princes Légitimes, ni les intérêts de la Nation.]

28599. Troisième Lettre de M.***, à un Homme de Qualité qui lui a demandé son sentiment sur le grand Mémoire, qui a paru sous le nom de M. le Duc, de M. le Comte de Charolois, & de M. le Prince de Conty, du 23 Mars 1717 : 1717, *in-8*.

—— Lettre d'un Chanoine de Luçon, à un de ses Amis, contenant ses Réflexions sur la Requête présentée au Roi par les Pairs.

Voyez ci-après, Art. des *Dignités du Royaume*.
Cette Lettre est du 30 Mars 1717. Elle est attribuée à Claude BLANCHARD, Avocat au Parlement.

28600. Réponse à l'Extrait des Propositions tirées du Mémoire intitulé : *Défense des Droits du Roi* : (1717), *in-4*. & *in-8*.

Cette Réponse est du 3 Avril 1717.

—— Réponse de Philippe de Vendôme, Grand-Prieur de France, à la Requête des Ducs & Pairs.

Voyez ci-après, Art. des *Dignités du Royaume*.
Cette Réponse, du premier Mai, a été faite par LE GENDRE, Avocat au Parlement. Il y a au-devant une Requête de M. le Grand-Prieur, au Roi.

28601. Réflexions sur la nécessité de juger l'Affaire des Princes du Sang, sur la forme du Jugement, & sur l'effet des Lettres de Légitimation, signées Louis-Henri de Bourbon, & Louis-Armand de Bourbon ; présentées le 16 Mai 1717 : *in-fol*.

28602. Nouvelles Réflexions sur l'Affaire des Princes du Sang.

28603. Lettres d'un Avocat de Province, à un Avocat de Paris.

28604. Mémoires pour servir de Réponse aux Réflexions de Messieurs les Princes du Sang, & pour montrer que l'Affaire des Princes du Sang Légitimés n'est point en état d'être jugée, & qu'ils ne peuvent reconnoître aucun Tribunal.

28605. Sommaire pour montrer que la Requête des Princes Légitimés, par laquelle ils demandent au Parlement qu'un Acte leur soit donné des Protestations par eux faites & attachées à leur Requête, doit être entérinée.

28606. Réflexions sur l'Edit de 1714.

28607. Protestations des Princes Légitimés ; du 15 Juin 1717.

28608. Réponse des Princes Légitimés, touchant leur Protestation.

28609. Edit du Roi, qui révoque & annulle l'Edit du mois de Juillet 1714, & la Déclaration du 23 Mai 1715: donné à Paris, au mois de Juillet 1717: regiſtré au Parlement le 8 Juillet 1717: *Paris*, 1717, *in-4*.

28610. Mémoire ſur les honneurs que les Légitimés prétendent qu'on doit leur réſerver, en révoquant l'Edit de 1714, & la Déclaration de 1715.

28611. Requête préſentée à M. le Régent, par M. de Vendôme, Grand-Prieur de France.

28612. Troiſième Mémoire des Princes Légitimés: *in-fol*.

Ce dernier Mémoire eſt de 153 pages, & l'Ecrit le plus ample qui ait paru ſur cette conteſtation. On a commencé à l'imprimer le 19 Juin 1717, & on l'a achevé le 5 Août de la même année. Il a été écrit contre le Mémoire des Princes du Sang, du premier Février 1717. Il eſt diviſé en deux Parties: la première, contient des Obſervations particulières ſur la Réponſe des Princes Légitimés; & la ſeconde contient cinq Propoſitions, qui renferment tout ce qui regarde la Conteſtation. Dès le commencement, les Princes Légitimés déſavouent, ſans exception, tous les Ouvrages qui ont paru pour leur défenſe, à la réſerve de deux Mémoires qu'ils ont donnés au Public.

Toutes ces Pièces, concernant l'Affaire des Princes Légitimés, excepté les Manuſcrits des N.° [28582 & 83, & le Mémoire de M. de Boulainvilliers, N.° 28597.] ont été imprimées enſemble, ſous ce titre: «Recueil général de Pièces touchant l'Affaire des Princes Légitimés » & Légitimés», mis en ordre»; (mais elles ne ſont pas dans un ordre auſſi exact que celui qu'on a ſuivi ci-deſſus): *Roterdam*, (*Paris*), 1717, *in-12*. 4 vol.

☞ *Voyez* à ce ſujet: *Républiq. des Lettres* de Bernard, 1718, *Mai.= Méth. hiſtor.* de Lenglet, *in-4. tom. IV. pag. 259*, & ſon *Supplément in-4. p. 178.*]

Parmi le nombre de Pièces que contient ce Recueil, il y en a quelques-unes de bien médiocres, mais beaucoup de curieuſes, très-ſçavantes & pleines de recherches ſur notre Hiſtoire. Voici les Matières principales qui y ſont traitées.

1.° Les Bâtards dans la première, la ſeconde & la troiſième Race, ont-ils été regardés ou traités comme capables de ſuccéder à la Couronne?

2.° Le Roi Louis XIV. a-t-il pu diſpoſer de la Couronne, & donner le titre de Princes du Sang, aux Princes Légitimés?

3.° Le Roi Louis XV. encore Mineur, peut-il révoquer cet Edit & cette Déclaration, dans ſon Lit de Juſtice, ou par un Edit?

Il y a outre cela, pluſieurs Diſſertations curieuſes, qui ſe trouvent inſérées dans les différens Mémoires, ou Lettres, dont eſt compoſé ce Recueil.

Dans le Tome I. depuis la page 360 juſqu'à la page 375, il eſt parlé des Prérogatives des Princes du Sang; c'eſt-à-dire, des honneurs qui leur ont été attribués juſqu'à préſent, tant à la Cour qu'au Parlement, & dans les différentes Cérémonies.

Dans le Tome II. depuis la page 43 juſqu'à la page 48, de l'origine de Hugues Capet; depuis la page 282 juſqu'à 284, de l'indiviſibilité du Domaine de la Couronne de France.

Dans le Tome III. depuis la page 302 juſqu'à 326, du rang des Pairs & des différens changemens qui y ſont arrivés, depuis leur inſtitution juſqu'à préſent.

Dans le Tome IV. depuis la page 31 juſqu'à la page 54, des Concubines & de leurs Enfans, dans les premiers temps de la Monarchie. Depuis la page 54 juſqu'à 81, du Divorce & de l'effet qu'il produiſoit ſous les deux premières Races.]

ARTICLE IX.

Traités ſur les Alliances Politiques de la France.

28613. ☞ Exhortationes in barbaros Turcos & Scythas, Joannis Mercurii, Corigienſis, perornatæ: *Antverpii*, per Theodoricum Martini, anno 1502, menſe Julio.

Ce Livre eſt adreſſé particulièrement au Roi Louis XII. il eſt rare. Le but de l'Auteur étoit d'exciter les Princes Chrétiens à faire la Guerre au Turc. On peut voir les *Singularités hiſtoriq.* de D. Liron, *tom. III. pag. 481.*]

28614. ☞ Repræſentatio pacis generalis inter orbis Chriſtiani Reges, Principes & Status, Pontificum, & Sedis Romanæ ſollicitudine ab exordio ſuperioris ſæculi ad hæc uſque tempora procuratæ; auctore Germano Franco, &c. nunc ſecundùm diligente reviſa & multis in locis utiliter adaucta: (ſine loco) 1609, *in-12*.

La première Edition eſt de 1607, *in-12*.]

28615. La Conſolation du Soldat François, & l'Aſſurance du Craintif, ſur l'Alliance de France & d'Eſpagne, Dialogue: *Paris*, Bourriquant, 1612, *in-8*.

28616. Diſcours d'Etat ſur la Protection des Alliés, pendant la Minorité du Roi Louis XIII. 1614, *in-4*.

Jean Bedé, Sieur de la Gormandière, Gentilhomme [Angevin], eſt l'Auteur de ce Diſcours.

28617. Diſcours ſur les Mariages de France & d'Eſpagne; contenant les raiſons qui ont mû M. le Prince à en demander la ſurſéance: 1614, *in-8*.

28618. Remontrance à la Reine Mère, ſur les Alliances d'Eſpagne: 1715, *in-8*.

28619. Diſcours ſur les préſentes Alliances des Maiſons de France & d'Eſpagne; par Jean Bedé: *Paris*, 1613, *in-8*.

Ce Diſcours eſt fait contre le Livre intitulé: *Le Caton François*, [ci-devant, N.° 20235 & 27227.]

28620. ☞ Extrait du Livret intitulé: «La »Défenſe de la faveur contre l'envie», con- «tenant les raiſons pour la ſurſéance des »Mariages, &c. 1614.»

Cet Extrait eſt imprimé au tom. III. du *Mercure François*. L'Auteur s'occupe à prouver que de tout temps il y a eu des Favoris, qu'ils ont été déteſtés, & qu'on a crié contre eux. Il fait voir que la faveur a été l'époque de la fortune de preſque toutes les grandes Maiſons; que les plus grands Princes n'ont pas craint de mettre leur autorité entre les mains des Etrangers; qui leur ont rendu des ſervices ſignalés. Cette Pièce paroît être faite en faveur du Maréchal d'Ancre.]

Alliances Politiques de la France.

28621. Le bon François, contre les Libelles: 1615, *in-12*.

Ces Libelles sont contre les Alliances de France & d'Espagne.

28622. Apologie ou Défense du Mariage du Roi & de Madame sa sœur, contre le blâme de ceux qui réprouvent l'Alliance d'Espagne: *Paris*, 1615, *in-8*.

L'Auteur de cette Apologie se désigne par N. D. S.

28623. Discours sur l'Alliance faite par le Roi Très Chrétien avec le Roi Catholique: 1615, *in-8*.

28624. Les Terreurs paniques de ceux qui pensent que l'Alliance d'Espagne doive mettre la Guerre en France: 1615, *in-8*.

28625. L'Accomplissement des Alliances de France & d'Espagne: 1615, *in-8*.

28626. Le Franc Bourguignon, pour l'entretien des Alliances de France & d'Espagne: *Paris*, le Veau, 1615, *in-8*.

Claude D'ESTERNOD est l'Auteur de ce Livre.

☞ C'est un Ecrit très-ennuyeux. L'Auteur vouloit montrer l'avantage des Alliances de France & d'Espagne ; & pour cela il a employé 215 pages du plus recherché galimathias, des plus basses injures & des plus fades louanges. Il a mérité de rencontrer un Imprimeur aussi mal habile que lui.]

28627. Le Soldat François en colère: 1616, *in-8*.

Cet Ouvrage est contre les Alliances de France & d'Espagne.

☞ L'Auteur s'emporte beaucoup contre le Maréchal d'Ancre, sa femme & ceux du Conseil qui avoient proposé l'Alliance avec l'Espagne. Il prétend qu'ils ne la veulent que pour se mettre à couvert de la fureur des Peuples, & empêcher qu'on ne recherche les auteurs du parricide du feu Roi.]

28628. ☞ La Oposicion y conjuncion de los dos grandes luminares de la Tierra ; Antipatia de los Franceses y Españoles. Opra apacible y curiosa, conpuesta en Castellano por el Doctor Carlos GARCIA.

Je ne sçais où ce Livre a été d'abord imprimé, en Espagnol ou Castillan seul, avant les Traductions qui suivent ; mais il en a paru ensuite une Edition en cette Langue: *Rouen*, 1630; & *Gand*, 1645, *in-12*.]

L'Opposition & Conjonction des deux grands Luminaires de la Terre, où il est traité de l'heureuse Alliance de France & d'Espagne, & de l'antipathie des François & des Espagnols, (en Espagnol) ; par Charles GARCIA, avec la Traduction Françoise à côté: *Paris*, Huby, 1617, *in-8*.

☞ Le même, en François seulement: *Rouen*, 1627, 1637, *in-12*.]

Antipatia de Francesie Spagnuoli, tradotta dalla Lingua Castellana; da Clodio Vilopoggio: *in Bologna*, Ferroni, 1636, *in-12*. *in Venetia*, 1637 & 1651, *in-12*.

« Cet Ouvrage (qui est une Traduction [Italienne]
» d'une partie du Livre précédent) est assez curieux, il
» auroit été meilleur si on n'y eût pas tant mêlé de pen-
» sées Théologiques, ou plutôt Philosophiques ».

Tome II.

& Le Docteur Charles Garcia est incomparablement
» plus civil & plus honnête envers la France, que la
» Mothe-le-Vayer envers l'Espagne, (dans le Livre
» qu'il a écrit [dans la suite] sur le même sujet, intitulé:
» *Discours de la contrarieté d'humeurs, &c.*) Garcia
» donne de si grands éloges à la Nation Françoise, qu'il
» craint avec fondement que les Espagnols n'en soient
» jaloux. Les circonstances du temps, je veux dire le
» Mariage de Louis XIII. avec l'Infante, lui inspirèrent
» sans doute ce style ». Bayle, dans sa *Réponse aux Questions d'un Provincial*, tom. I. chap. XIV. pag. 96.

Bayle devoit considérer que la Mothe-le-Vayer, déguisé sous le nom de Campolini, écrivoit son Livre dans un autre temps, & où les François étoient en guerre avec les Espagnols : [c'étoit en 1647. On le trouvera ci-après.]

28629. De Antiquâ Gallias inter & Hispanias, in divinis & humanis rebus, Communiohe ; auctore PETRO ROSELLO, Sacerdote Gallo: *Lugduni*, 1660, *in-4*.

Mandosius, au tom. II. de sa *Centurie des Ecrivains de Rome*, dit que François MARCHESIUS a publié ce Livre sous le nom de Rosellus.

28630. Renouvellement des anciennes Alliances & Confédérations des Maisons & Couronnes de France & de Savoye, au Mariage de Victor-Amédée, Prince de Piémont, avec Madame Christine de France ; par Scipion GUILLIET, Avocat au Parlement: *Paris*, Moreau, 1619, *in-4*.

28631. Alliances de France & de Savoye ; par Pierre MATTHIEU, Historiographe de France: *Paris*, 1623, *in-4*.

Cet Auteur est mort en 1621.

28632. Recherches historiques sur les Alliances de France & de Savoye ; par Pierre MONOD, Jésuite. *Lyon*, Rigaud, 1641, *in-4*.

L'Auteur est mort en 1644.

28633. Anciennes Alliances entre la France & l'Ecosse ; par Claude MALINGRE.

Ces Alliances sont imprimées avec son *Histoire de plusieurs grands Capitaines*: *Paris*, 1617, *in-8*.

28634. Apologie en faveur du Roi ; avec deux Lettres sur les Affaires du temps : *Paris*, 1622, *in-8*.

28635. Le Manifeste François, contre la trop grande présomption des Espagnols: 1624, *in-8*.

28636. Dessein perpétuel des Espagnols, à la Monarchie universelle, avec les Preuves d'icelui: 1624, *in-8*.

Le même revu, augmenté & mis en meilleur ordre qu'auparavant, avec les Extraits des Lettres du Roi d'Espagne au Roi d'Angleterre: 1624, *in-8*.

28637. ☞ La Monarchie de France, ou le moyen de mettre à bas celle d'Espagne, traduite de l'Italien de Thomas CAMPANELLA, M.

Cet Auteur est mort en 1639. Son Traité [étoit] conservé dans la Bibliothèque de M. Bouthillier, ancien Evêque de Troyes.

28638. Contrebatterie de la Justice des François, à la présomption & injustes Prétentions des Espagnols : 1624, *in-8*.

28639. ☞ Les Alliances par Mariage, d'entre les Maisons Royales de France & d'Angleterre: 1624, *in-8*.]

28640. Discours pour montrer que le Roi a entrepris avec grande raison & justice la défense de ses Alliés, du mois de Janvier 1625.

Ce Discours est imprimé dans le *Recueil de quelques Discours Politiques sur diverses occurrences des Affaires, &c.* 1632, *in-4*.

28641. G. G. R. Theologi, ad Ludovicum XIII. Admonitio, quâ breviter & nervosè demonstratur Galliam fœdè & turpiter impium fœdus iniisse, & injustum bellum hoc tempore contra Catholicos movisse, salvâque Religione prosequi non posse; ex Gallico in Latinum translata: *Augustâ Francorum*, 1625, *in-4*.

Le même Avertissement au Roi Très-Chrétien, écrit avec beaucoup de fidélité, de respect, de vérité, & traduit du Latin en François, où l'on montre, avec non moins de conviction que de briéveté, que la France a honteusement contracté une Alliance, pour déclarer une Guerre injuste contre des Catholiques, & qu'elle ne sçauroit continuer plus long-temps, sans violer les Droits les plus saints & les plus religieux : *Francheville*, 1627, *in-4*.

Le même, traduit en Allemand sous ce titre : Très-humble Admonition au Roi Louis XIII. par un bon Compatriote Catholique : 1625, *in-4*.

Cet Ecrit est un Libelle plein d'outrages & de calomnies contre le Roi & l'Etat. Il avoit été imprimé en Italie. On fit accroire que ce n'étoit qu'une version Latine d'un Ouvrage françois, pour empêcher d'en découvrir l'Auteur & le lieu de l'impression. Il fut d'abord attribué à Jean Boucher, fameux Ligueur, alors Théologal de Tournay, parce qu'on l'avoit traduit en Wallon, & fait courir en Flandre ; mais il s'en défendit comme d'une calomnie. (N.º 28680.) Adrien Baillet en fait Auteur un [Jésuite] Grec, nommé André Eudemon-Johannes, qui étoit venu en France avec le Cardinal Barberin, Légat d'Urbain VIII. Il le composa dès qu'il fut en France. Mais il retourna bientôt à Rome, & y mourut, le 24 Décembre de la même année 1625. Il le fit au sujet de la Guerre de la Valteline, & il prétendit montrer qu'en cela la France avoit fait une Alliance honteuse & impie avec les Protestans, & entrepris une Guerre injuste contre des Catholiques. A peine ce Libelle fut-il publié, que le Lieutenant Civil de Paris le condamna comme méchant, impie, séditieux, & tendant au renversement de l'Etat.

On lit aux pages 103 & 104 des *Naudæana*, plusieurs choses touchant ce Livre & son Auteur, qui ne sont pas vraies. Il ne parut pas en 1622, mais en 1625. La première Edition est *in-4*. & non pas *in-fol*. Ce Livre & le suivant ne sont point de Cornelius Jansenius : Gabriel Naudé les lui attribue dans ses *Considérations sur les Coups d'Etat*, pag. 610 de l'Edition de 1673. Jansenius devint Evêque d'Ypres, pour avoir composé le *Mars Gallicus*, & non pas l'*Admonitio*.

☞ *Voyez* sur cet Ouvrage, la *Méth. Hist. in-4.*

de Lenglet ; tom. *IV*. pag. 265. = *Mercure François*, tom. *II*. pag. 1058. = *Mercure Jésuitique*, part. *II*. = *Abrégé de l'Hist. Eccl.* de Racine, tom. *X*. pag. 288, *in-12*.]

28642. Mysteria politica, hoc est Epistolæ arcanæ Virorum illustrium sibi mutuò confidentium : juxta Copiam in Germania impressam : 1625, *in-4*.

☞ Le même, traduit en François.]

Cet autre Libelle contient un Recueil de huit Lettres séditieuses & pleines de calomnies contre le Roi de France & ses Ministres ; au sujet de l'Alliance de la France, d'Angleterre, de Venise, de Hollande & de Transilvanie. Il y en a qui ont fait Auteur de ces (deux Libelles) un Religieux de Munich assez célèbre, dit Auberi, Livre II. de la *Vie du Cardinal de Richelieu*, Chap. *VII*. Ce Religieux est Jacques Cellarius, ou Keller, lors Recteur des Jésuites de Munich : il est mort en 1631.

☞ Le Livre des *Mysteria politica* est sûrement de Keller. On peut voir le *Mercure François*, tom. *IV*. p. 34-94. = *Abrégé de l'Histoire Ecclésiastique* de Racine, tom. *X*. pag. 289, *in-12*.]

28643. Sentence du Lieutenant-Civil de Paris, contre les deux Libelles (précédens) : *Paris*, 1625, *in-8*.

Cette Sentence est aussi imprimée au tom. *XI*. du *Mercure François*. En conséquence de cette Sentence de Nicolas de Bailleul, les deux Libelles furent jettés au feu le 30 Octobre 1625.

☞ Il fut défendu de les lire, & de les retenir, sous peine de la vie.]

28644. ☞ Parallèles du Roi S. Louis & du Roi Louis XIII.

Ce Parallèle est imprimé au tom. *XI*. du *Mercure François*. C'est un Extrait de plusieurs Histoires anciennes & modernes, pour montrer que Louis XIII. est l'héritier de la piété, de la justice & de la charité de S. Louis, aussi-bien que de sa couronne & de son nom. L'Auteur le fit pour répondre aux calomnies répandues dans le *Mysteria politica*, qui venoit d'être traduit & imprimé en François.]

28645. Avertissement à tous les Etats de l'Europe touchant les Maximes fondamentales du Gouvernement, & les desseins des Espagnols : *Paris*, 1625, *in-8*.

C'est contre les deux Libelles précédens, que l'on vient d'indiquer.

28646. La Cabale Espagnole entièrement découverte, à l'avancement de la France, & contentement des bons François : 1625, 1632, *in-8*.

28647. Réponse au Libelle intitulé : Admonition à Louis XIII. Roi de France : 1625, *in-8*.

28648. ☞ Quodlibeta. = Relatio prodicionis Gallicanæ. = Hymni & Panegyrici. = Appendix ad catalogum. = Hippodromus. = Scopæ. = Virgidemia. = Politica Quæstio. = Instructio Gallo-Britanno-Barbara. = Ignis fatuus.

Toutes ces Pièces sont du même genre, & relatives à celles intitulées : *Admonitio & Mysteria politica*. Voyez les *Mémoires* du Père d'Avrigny, à l'année 1616.]

28649. Censure de la Faculté de Théologie

Alliances Politiques de la France. 859

de Paris, du premier Décembre 1625, contre un Libelle intitulé : *Admonitio ad Ludovicum XIII*, Paris, 1625, *in*-8.

La même Censure est imprimée au tom. XI. du *Mercure François*.

28650. ☞ Relation de ce qui s'est passé en Sorbonne, au sujet de l'*Admonitio*, &c. du Livre de Santarel, Jésuite, &c. *in*-12.]

28651. ☞ Catalogus Librorum mystico-politicorum qui Autumnalibus nundinis Franco-Fordiensibus, anni 1626, in lucem prodibunt : *in*-4.

Ce Catalogue de Livres, dont les titres sont fictices, regarde les *Mysteria politica*, l'*Admonitio*, &c. On y trouve plusieurs titres contre les Jésuites.]

28652. Le Catholique d'Etat, ou Discours politique des Alliances du Roi Très-Chrétien contre les calomnies des ennemis de son Etat; par le Sieur DU FERRIER : *Paris*, 1625, *in*-4. Troisième Edition revue & corrigée : *Paris*, Bouillerot, 1626, *in*-8.

Le même Livre est imprimé dans le *Recueil* de du Chastelet, pag. 91 : *Paris*, 1635, *in-fol.*

Il medesimo tradotto in Lingua Italiana : *in Parigi*, 1625, *in*-8.

✱ C'est une Réponse aux Libelles que les partisans du Roi d'Espagne avoient publiés contre la France, & dont les titres sont rapportés dans le *Mercure François*, *tom*. XII. pag. 500.

L'Auteur, à la fin de l'Epitre dédicatoire, signe *Ferrier*, & non pas du Ferrier : c'est Jérémie Ferrier, Ministre de Nismes converti, qui est mort en 1626. Charles Loisel, dans une Histoire qu'il écrivoit alors, pag. 981, le lui attribue. Les Espagnols y firent une Réponse, intitulée : *Scopæ Ferrerianæ*. Adrien Baillet, dans la *Table des Auteurs déguisés*, marque que du Ferrier est Jean Sirmond, une des plumes dont se servoit le Cardinal de Richelieu, pour répondre aux Libelles dont on imprimoit un grand nombre contre lui à Bruxelles. C'est un des meilleurs Ouvrages qu'on voie dans le Recueil de du Chastelet.

☞ *Voyez* Lenglet, tom. *IV*. pag. 266. = *Diction*. de Bayle, Art. *Ferrier*, Remarque K.

Il y expose les doutes qu'il a sur l'Auteur de cet Ouvrage.]

28653. ☞ Jubilus Confœderatorum, aliàs Nova Novorum, in quibus magnæ victoriæ & læti terrâ marique progressus, anni 1625, continentur, &c. Editio ultima, ab Auctore recognita & emendata : 1626, *in*-4.

C'est une Lettre Latine assez ample, qui commence : *Franciscus Vitellianus Sansseverinus, Autor, Ferrerio amico salutem p. Parisios.* Elle a le même objet que l'*Admonitio*, & contient une Satyre très-vive contre le Cardinal de Richelieu : il paroît que c'est une réponse au *Catholique d'Etat* de Ferrier.

Cette Pièce est aussi imprimée sous le titre suivant :

Nova novorum, hoc est, Nova exacta narratio in quâ novorum Confœderatorum magnæ victoriæ & læti progressus anni 1625 continentur, &c. autore Francisco Vitelliano Sanseverinate ; Editio posterior & auctior : *Neoburgi Cattorum*, apud Neophilum Neumarck, 1626, *in*-4.]

28654. ☞ Racematio Virgidemiæ mystico

Tome II.

Bibliothecario Rabelesio D. D. 1626 : *in*-4.

C'est une espèce de Catalogue & Extrait de 60 Ouvrages, dont les titres sont imaginés, toujours au sujet de l'*Admonitio*, &c.]

28655. ☞ Mémoires d'Etat, contenant les pratiques faites depuis 1574 jusqu'en cette année 1625, pour divertir & rendre inutile l'Alliance de France avec les Cantons des Suisses & Grisons.

C'est un Recueil de Pièces, Mémoires, Instructions, Harangues, &c. qui est imprimé au tom. X, du *Mercure François*. Il y a des Pièces curieuses, & l'on y trouve bien des faits intéressans.]

28656. Ms. Jugement donné par GUISCARDI, du Livre du Catholique d'Etat.

Ce Jugement est conservé entre les Manuscrits de M. Dupuy, num. 481, la quinzième Pièce.

28657. Cardinalium, Archiep. Episcop. cæterorumque ex universis Regni Provinciis qui Ecclesiasticis Comitiis interfuerunt, de Anonymis quibusdam ac famosis Libellis Sententia, data die 13 Decembris 1625 : *Parisiis*, 1625, *in*-4. & *in*-8.

Cette Censure a été composée au nom de ces Cardinaux, Archevêques, Evêques, par LÉONOR D'ESTAMPES DE VALENÇAY, lors Evêque de Chartres, depuis Archevêque de Reims, mort en 1650.

✱ Charles de Montchal, Archevêque de Toulouse, assure pag. 261 du tom. II. de ses *Mémoires*, [*Rotterdam*, 1718, *in*-12.] que cette Déclaration fut dressée sous le nom de l'Evêque de Chartres, par un Régent de l'Université de Paris.

La même Déclaration traduite en François, par le Pelletier, & publiée sous ce titre : Jugement des Cardinaux, Archevêques, Evêques & autres qui se sont trouvés en l'Assemblée Ecclésiastique de toutes les Provinces du Royaume, sur les Libelles diffamatoires : *Paris*, 1626, *in*-8.

La même est imprimée au tom. XI. du *Mercure François*.

☞ Cette Traduction est aussi imprimée : *Paris*, Antoine Estienne, *in*-4.]

La medesima Sentenza tradotta dal Latino : in *Parigi*, 1626, *in*-8.

28658. Programma Episcopi Carnutensis in causa Censuræ per eum propositæ sub homine Cleri Gallicani, anno 1626 : *in*-4.

Pierre DUPUY est l'Auteur de ce Programme.

28659. Ms. Mémoire dressé par le commandement du Roi sur le fait de cette Censure.

Ce Mémoire est conservé dans la Bibliothèque du Roi, num. 9593, *pag*. 104.

28660. Ms. Censure ou Déclaration contre certains Libelles injurieux, publiée par M. de Chartres, (LÉONOR D'ESTAMPES) sous le nom de l'Assemblée du Clergé, avec les Manifestes faits de part & d'autre contre ladite Censure : *in-fol.*

Ce Recueil [étoit] conservé dans la Bibliothèque de M. l'Evêque de Séez.

28661. ✱ Recueil de diverses choses qui ont

Qqqqq 2

été faites en l'Université de Paris contre deux méchans Livres, l'un intitulé : *Mysteria politica*, & l'autre *Admonitio*, &c. *Parisiis*, 1626, *in-8*.

28662. Mf. Divers Actes intervenus sur le sujet de la Censure du Clergé, contre les Libelles anonymes, en 1626 : *in-fol*.

Ces divers Actes sont conservés entre les Manuscrits de M. Dupuy, num. 678.

28663. Arrêt de la Cour du Parlement, du 21 Janvier 1626, portant défense de faire imprimer ou publier aucune autre Déclaration du Clergé, que celle de l'Assemblée du 13 Décembre dernier : *Paris*, Morel, 1626, *in-8*.

☞ Il y eut plusieurs autres Arrêts du Parlement sur le même sujet, & contre les intrigues du Cardinal de la Rochefoucault, qui vouloit faire rétracter le Clergé, & qui ne put gagner que quelques Evêques.]

28664. Raisons pour les Condamnations ci-devant faites du Libelle intitulé *Admonitio*, & autres ; par un François Catholique : 1626, *in-8*.

28665. Raisons pour le désaveu fait par les Evêques de France, d'un Livret intitulé : Jugement des Cardinaux, Archevêques, Evêques & autres qui se sont trouvés en l'Assemblée générale du Clergé, sur quelques Libelles diffamatoires contre les Schismatiques de ce temps; par François, Cardinal DE LA ROCHEFOUCAULT, Grand-Aumônier de France : *Paris*, 1626, *in-4*.

Jean PHELIPPEAUX, Jésuite, est l'Auteur de cet Ouvrage : il est mort en 1643.

28666. Considérations sur le Livre intitulé : *Raisons pour le désaveu fait par les Evêques de France*, &c. mis en lumière sous le nom du Cardinal de la Rochefoucault; par TIMOTHÉE, François Catholique : 1628, *in-8*.

C'est Edmond RICHER, Docteur [& Syndic de Sorbonne], qui a fait & publié, sous le nom de Timothée, ces Considérations. Il est mort en 1633.

28667. Vindiciæ Theologicæ Ibero-Politicæ ad Catholicum Regem Philippum IV. contra Pseudo-Theologi Admonitoris calumnias : 1628, *in-8*.

Selon Morotius, *pag*. 74, de son Livre intitulé : *Cistercium reflorescens*, Antoine GOULU, dit Jean de saint François, qui a été Général des Feuillens, est l'Auteur de cet Ouvrage. Il est mort en 1629.

28668. ☞ Bibliotheca mystica, clarissimi viri Ludovici Servini, sex aliis longe ditioribus, scilicet Arnaldi, Paschasii, Martelleni, Turgotii & Tarini, in antecessum præmissa : 1626, *in-8*.

Ce sont des titres fictices de Livres satyriques sur les affaires de ce temps; mais principalement sur les Jésuites en général, & quelques-uns d'eux en particulier.]

28669. ☞ Vita illustrissimi D. Cardinalis Richelii, Præfecti intimi Senatûs Regis Galliarum; auctore Remigio DU FERRIER, Andegavo : *Aurelia*, Arnoldus Martz ; 1626, *in-8*.

Pièce satyrique & sanglante contre le Cardinal, au sujet de la Ligue qu'il avoit fait faire avec les Princes Protestans.]

28670. ☞ Quæstiones quotlibeticæ, tempori præsenti accommodatæ, ad Illustr. Card. de Richelieu : Editio ultima, 1626, *in-8*.

Cette Pièce satyrique roule sur plusieurs points; mais elle a trait particulièrement à l'Affaire de la Valteline. Voyez sur elle & sur celle intitulée : *Questiones politicæ*, les *Remarques sur Bayle* de M. l'Abbé Joly, Art. *Garasse*; *pag*. 374.]

28671. ☞ Satyra in Quæstiones quotlibeticas, Fr. Garassi; auctoritate supremi Senatûs laceratas & combustas, 17 Januarii, 1626 : *in-8*.

Cette Satyre, qui est fort vive, est en Vers Alexandrins.]

28672. ☞ Resolutiones magistrales Quæstionum quotlibeticarum mensis Decembris anni 1625 : *Parisiis*, de la Rue, 1626, *in-8*.

C'est la Réponse aux Questions *Quotlibetiques* : elle n'est ni moins piquante ni moins satyrique.]

28673. Avis d'un Théologien sans passion, sur plusieurs Libelles imprimés depuis peu en Allemagne : 1626, *in-8*.

Cet Avis est une Production de Matthieu DE MORGUES, Sieur de Saint-Germain, en faveur du Cardinal de Richelieu & des autres Ministres. Les Libelles, dont il est parlé dans le titre, ont été imprimés à Ausbourg ou à Ingolstadt. Dans le *Mercure François*, à la page 500 du tom. XII. l'Abbé de Saint-Germain s'avoue l'auteur de ce Livre, & rapporte le titre de huit autres Libelles, avec des conjectures sur leurs Auteurs. (Dans ses *Réparties, pag*. 8, il dit, que le Cardinal de Richelieu en a apostillé & augmenté de sa main l'original, dressé sur ses Mémoires. On lui a souvent fait dans la suite des reproches au sujet de cet Ouvrage, & sur ce qu'il avoit lui-même écrit depuis tant de Libelles contre le Gouvernement.

☞ Le Livre dont il est ici question, est une Apologie du Roi, de son Conseil & du Cardinal de Richelieu, que tous ces Libelles avoient assez maltraités. L'Auteur réfute en particulier la chimérique proposition d'une nouvelle Ligue Catholique, ou d'un tiers-parti en Europe, capable de réprimer la Maison d'Autriche, & d'exterminer l'Hérésie.]

28674. Considérations d'Etat sur le Livre publié depuis quelques mois, sous le titre d'*Avertissement au Roi* : 1626, *in-8*.

Ce Livre a été aussi imprimé sous ce titre : *L'Homme d'Etat, ou le vrai Catholique, au Roi*.

28675. L'Homme d'Etat Catholique, présenté au Roi : *Paris*, 1626, *in-8*.

L'Auteur se désigne par L. L. L.

28676. Pro Rege Christianissimo Defensio adversùs pestilentis Doctrinæ Libellum, cui titulus: *Admonitio*, G. G. R. à Rodolpho BOTEREIO : *Parisiis*, Bessin, 1626, *in-8*.

28677. ☞ Discours au Roi touchant les Libelles, &c. = Marphore, ou Discours contre les Libelles : *in-8*.]

28678. Mf. Sapiens & generosus Francus

G. G. R. Theologi, & Admonitoris Regii nuper propter nimiam suam sapientiam innocenter combusti Discipulus, Præceptoris sui sapientiam & innocentiam brevibus quæstionibus defensans, anno 1626.

Ce Discours est conservé dans la Bibliothèque du Roi, num. 9593, pag. 56.

☞ Cet Ouvrage est imprimé: *Parisiis*, apud Robertum Stephani, 1626, *in-*4. Ce n'est cependant qu'un Libelle contre la France, qui n'a pas été imprimé aussi publiquement. On en trouve un Exemplaire dans la Bibliothèque du Roi, num. 709, L. 2. de l'ancien Catalogue. Il est composé de 41 Questions, en faveur du Libelle intitulé: *Admonitio*. Il annonce qu'il combat six Ouvrages faits contre l'*Admonitio*: sçavoir, 1. Responsum ad Libellum cui titulus est Admonitio: 2. Speculum temporis acti: 3. Catholicus Status, 4. Discursus politicus: 5. Propositiones. 6. Francia desperabunda.]

28679. L'Homme d'Etat François, vraiment Catholique, dédié au Roi Très Chrétien; par le Sieur DE CHIREMONT: *Paris*, 1626, *in-*8.

☞ L'Auteur, qui s'appelloit LE NORMANT, étoit Picard de Nation, Lieutenant Particulier du Bailliage du Palais. Ce Libelle est fort séditieux; mais l'Auteur fut regardé comme un fou; & du Châtelet, où il avoit été premièrement enfermé, il fut transféré à la Bastille.

Voyez le *Mercure François*, tom. XI. 1626, à la fin, pag. 113.]

28680. Défense de Jean BOUCHER, Chanoine de Tournay, contre l'imputation calomnieuse à lui faite d'un Libelle intitulé: *Ad Ludovicum XIII. Admonitio*, &c. Tournay, 1626, *in-*4.

Cet Auteur, de furieux Ligueur qu'il étoit, lorsqu'il desservoit à Paris la Cure de saint Benoist, devint bon François, après avoir vécu long-temps à Tournay avec les Espagnols. C'est ce qu'avance Mézeray, dans son *Abrégé chronologique*, sous l'an 1594; mais cela est contredit, *pag*. 52 du tom. II. de la *Satyre Ménippée*, Edit. de 1711: *Ratisbonne*, *in-*8.

28681. ☞ Désaveu des Jésuites, présenté au Roi & à MM. du Parlement, à Fontainebleau, au sujet de l'*Admonitio*, &c. de Santarel, &c. Protestations & Déclaration d'aucuns du Clergé, que le Parlement n'a aucune autorité sur le Clergé, &c. 1626, *in-*8.]

28682. Epistola Joannis B. Ædui, quâ Jacobus Augustus Thuanus à Jacobi Cellarii, Rectoris Collegii Monachiensis cavillationibus deffenditur, & simul eundem Cellarium Admonitionis ad Ludovicum XIII. nec non Mysteriorum Politicorum Auctorem esse indicatur: 1626, *in-*4.

Nicolas RIGAULT est l'Auteur de cette Lettre & du Livre suivant.

28683. Apologeticus pro Christianissimo Rege, adversùs factiosæ G. G. R. Admonitionis calumnias in causa Principum fœderatorum: *Parisiis*, 1626, *in-*4.

La même Apologie (en Allemand): 1626, *in-*8.

Le séditieux Libelle du Père Eudemon-Johannes, (c'est-à-dire, l'*Admonitio*), n'eut pas plutôt paru, que tous les François furent révoltés des propositions scandaleuses qui y sont contenues. Le Roi chargea M. Rigault de répondre aux calomnies de l'Auteur, & c'est ce qu'il fait de la manière la plus complette dans cette Apologie. Il l'a divisée en 16 Chapitres, dans lesquels il montre l'injustice de nos ennemis, leur envie de s'agrandir à nos dépens & à ceux de nos Alliés, ce qui est prouvé par l'invasion de la Valteline; la nécessité & la sainteté de nos Alliances, qui quoique contractées avec des Princes hérétiques, n'ont fait aucun tort à la Religion Catholique, & lui ont été fort utiles.

28684. Politicissimus discursus super famosissima quæstione in Consilio Regis agitata; An conveniat Coronæ Franciæ fœdus cum Catholicis potiùs quàm cum Protestantibus jungere; auctore M. de R. *Parisiis*, Bouillerot, 1626, *in-*4.

☞ On a publié l'année suivante la Traduction Françoise sous ce titre]:

Discours très-politique sur une célèbre & notable Question, débattue au Conseil du Roi. S'il est plus expédient à la Couronne de France de faire alliance, & se maintenir en amitié avec les Catholiques, ou bien ceux de la Religion Prétendue-Réformée; par M. de R. en son temps Avocat du Roi au Parlement de Paris: jouxte la Copie imprimée à *Paris* par Bouillerot, 1627, *in-*8.

« Les Espagnols se plaignoient éternellement des Alliances que la France contractoit avec les Etats Protestans; ils employoient l'exagération & l'hyperbole à décrier notamment la Ligue qu'on avoit formée en faveur de l'Electeur Palatin. On leur allègue entre autres choses, le *Propugnaculum Catholicum* du Père Carthagena, Jésuite, qui y soutenoit tout ce que les Espagnols reprochoient sur ce sujet aux François; ce Religieux Espagnol, écrivant dans Rome au Pape, pour le Pape & par son commandement.... Les uns & les autres de ces Ecrivains; les Espagnols d'un côté, avec leurs plaintes contre les Ligues de la France; les François de l'autre, avec leurs Apologies, songeoient peu à l'avenir, & qu'avant la fin du Siècle, les Preuves seroient changées en objections de part & d'autre ». Bayle, (qui veut parler ici des Guerres de la fin du dix-septième Siècle, entre les François & les Espagnols, alors unis aux Anglois & aux Hollandois) *Dictionn.* Art. *Carthagena*, Note B.

28685. ☞ Quæstio politica, An rectè Cardinalis Richelius suaserit fieri pacem à Rege Galliæ cum rebellibus Hugenottis, ut bellum transferatur in Palatinatum adversùs Hispanum: *Lugduni*, 1626, *in-*4.

Cet Ouvrage est précédé d'une Epître dédicatoire au Cardinal de Richelieu, signée *Alexius Piraltus*, laquelle est très-vive & très-emportée contre lui.]

28686. ☞ Rabbi Benoni visiones & doctrina, &c. *in-*4.

Cette espèce de Prophétie a le même objet que l'Ouvrage intitulé: *Gesta impiorum*, &c. rapporté ci-après.]

28687. Avis salutaire sur l'état présent des Affaires d'Allemagne: *Paris*, 1626, *in-*8.

Le même, imprimé dans le Mercure d'Etat: *Genève*, 1635, *in-*8.

28688. Alliance de la France avec le Turc, & autres Infidèles, justifiée contre les caiomnies des Espagnols; par Claude LE GUAY: *Paris*, 1626, 1632, *in*-12.

28689. Discours sur l'Alliance qu'a le Roi avec le Grand-Seigneur, & de l'utilité qu'elle apporte à la Chrétienté; par François SAVARY DE BREVES.

Ce Discours est imprimé à la suite de la *Relation de ses Voyages*: *Paris*, 1628, *in*-4.

28690. Les Grenouilles d'Egypte, Discours contre les calomniateurs, Auteurs de Libelles infames; traduit du Latin de M. B. A. A. G. C. (Avocat au Grand-Conseil): *Paris*, Bessin, 1626, *in*-8.

Ce Discours est contre les deux Libelles intitulés: *Admonitio* & *Mysteria politica*, indiqués ci-devant.

28691. Traités des Alliances entre les Rois de France & ceux de la Grand' Bretagne, avec tout ce qui s'est passé sur ce sujet; par le Sieur D. L. U. *Paris*, Prudhomme, 1627, *in*-8.

28692. Advis aux Princes Chrétiens, sur les Desseins & Entreprises des Espagnols, pour le sujet des Affaires publiques de ce temps; 1632, *in*-8.

28693. Gesta impiorum per Francos, seu Gesta Francorum per impios; ex variis Auctoribus omni exceptione majoribus collecta à Ludovico CRUZAMONTE, Doctore Catholico: *Rhenopoli*, (sive Aureliæ), 1632, *in*-4.

El mismo Libro, en Lengua Castellana: *Francfort*, 1633, *in*-4.

☞ Le même en François avec ce titre: l'Impiété des Méchans par les François, ou l'Impiété des François par les Méchans, contenant l'Alliance avec le Turc, la protection de Genève, la confédération avec les Hollandois, & la Ligue avec les Suédois; le tout extrait des Auteurs dignes de foi; par LOYS DE CRUZAMONT, Docteur Catholique: *Rhenonville*, 1633, (sans nom d'Imprimeur), *in*-4. de 44 pages.]

28694. * Mémoires des Desseins de la Maison d'Autriche: 1633, *in*-8.

Ce Recueil contient quatre Traités. Le premier a pour titre: « Avis aux Princes Chrétiens, sur les Affaires publiques & présentes ». Il a été traduit en Italien & en Espagnol. Le second est intitulé: « Réponse au Discours, pour induire les Princes Chrétiens à se libérer de la tyrannie de la Maison d'Autriche ». Le troisième, « A ceux qui veulent conserver leur liberté ou l'acquérir ». Le quatrième, « Raisons de la dernière résolution faite en la Valteline, contre la tyrannie des Grisons & Hérétiques ».

28695. Protrita impietas, seu odiorum in Francos extincta pernicies, Jacobi GAUFRIDY Apologia pro Ludovico XIII. *Bononiæ*, 1633, *in*-4. *Parisiis*, 1635, *in*-8.

La même Apologie traduite en François [sous ce titre: L'Impiété renversée, ou la malice découverte de la haine contre les François: Apologie du Sieur Jacques GAUFRIDY,

pour le Très-Chrétien Roi Louis le Juste]: *Paris*, Cramoisy, 1636, *in*-8.

MS. La Impieta destrutta, overo Lhidra de gli odii contra la Francia, spenta Apologia di Giacomo GOFFREDO in gratia di Luigi XIII. Christianissimo Heroe, tradotta per Dom Settimio Castellari, da Recanati, Monacho Silvestrino, nell'anno 1633.

Cet Ecrit [Italien étoit] conservé dans la Bibliothèque de M. Fouquet, Secrétaire du Roi, à Paris. C'est une Réponse au Libelle intitulé: *Gesta Impiorum per Francos*, &c. [Il y a apparence que ce n'est qu'une traduction de l'Ouvrage précédent.]

28696. MS. Al Pio, al Grande, al Beatissimo Padre Urbano VIII. Ludovico ZAMBECCARI Servitore & humillima Creatura di vostra Santita.

Libelle Italien contre la France, de Louis ZAMBECCARI, ou plutôt d'Antoine de Vera & Zuniga, Comte DE LA ROCCA, Ambassadeur d'Espagne à Venise. Il est conservé entre les Manuscrits de M. Dupuy, num. 473, Pièce cinquième.

« La Maison d'Autriche (au rapport de Varillas, dans » l'Avertissement du tom. IV. des *Révolutions en ma-* » *tière de Religion*), jetta les yeux sur ce Comte, en 1635, » pour écrire en sa faveur; il s'en acquitta d'une manié- » re respectueuse, à la vérité, pour l'auguste personne » de Louis XIII. mais tout-à-fait outrageante pour celle » du Cardinal de Richelieu son premier Ministre. Il est » vrai que son Eminence opposa au Comte de la Roque, » Jean Sirmond, Avocat au Parlement, qui répondit par »des termes également aigres, & rendit injures pour » injures....... Je ne sçais pourquoi le Comte de la » Roque changea pour lors son véritable nom en celui » de Zambeccari, si ce n'est qu'il avoit honte de passer » pour Auteur ».

28697. * Scrittura Satirica di un Catholico Spagnuolo appationato che le Duce il Zambeccari.

Je ne sçai si c'est la même Pièce que la précédente, ou quelque chose qui y ait rapport. Quoi qu'il en soit, elle est citée au num. 497 de la *Bibliotheca Larraxana*: *Amsterdam*, 1715.

28698. ☞ MS. Ludovici XIII. postulatio ad Urbanum VIII. ut transferat Imperium à Domo Austriacâ ad alias: *in-fol*.

Cette Requête est citée entre les Pièces du n. 3301 * du Catalogue de M. le Blanc.]

28699. L'Homme du Pape & du Roi, ou Réparties véritables sur les imputations calomnieuses d'un Libelle diffamatoire, semées contre sa Sainteté & Sa Majesté Très-Chrétienne, par les Ennemis du saint Siège & de la France: 1634, *in*-4. *Bruxelles*, 1634, *in*-8. Jouxte la Copie de Bruxelles, 1635, *in*-8.

C'est la réfutation du Libelle du Comte de la Rocca. L'Auteur y disculpe le Pape & le Roi Louis XIII. de tout ce que cet Ambassadeur avoit avancé d'injurieux contre leurs personnes, particulièrement au sujet de l'Alliance avec les Suédois; & il fait voir que les Espagnols n'ont pas toujours été si scrupuleux quand ces sortes d'Alliances ont été avantageuses à leurs desseins.]

L'Huomo del Papa e del Rè contra la Francia, gl'Intrighi del nostro tempo di Zambeccari, all'illustrissimo e reverendissimo Signor Padron colendissimo, Monsignor Giulio Mazarini, Plenipotentiario della Maestà Christianissima al Convento di Colonia : in Cuneo, appresso Giacomo d'Ibarra, (*in Parigi*) 1634, *in*-8.

C'est une Traduction du Livre précédent. L'Abbé Richard, Auteur de la Vie du Père Joseph, lui attribue ce Livre; en effet celui qui l'a composé, prend souvent la défense du Capucin ; il lui attribue aussi le *Catholique d'Etat*, indiqué ci-dessus , (N.° 28652). L'Abbé de Saint-Germain l'en a si bien cru l'Auteur, qu'il lui a même adressé la parole dans la Réfutation qu'il en a faite. Cependant plusieurs Auteurs, & entre les autres, Paul Pelisson, *pag.* 306, de son *Histoire de l'Académie Françoise*, les donne à Jean SIRMOND, que le Cardinal de Richelieu employoit souvent à ces sortes d'écritures.

☞ Le Catalogue de M. Godefroy, num. 491, donne ce Livre à Bénigne MILLETOT.]

28700. Questions décidées sur la justice des armes des Rois de France, & l'Alliance avec les Hérétiques & les Infidèles; par Besian ARROY, Docteur en Théologie, Théologal de Lyon : *Paris*, Loyson, 1634, *in*-8.

Ce Livre a été fait à l'occasion du Traité de Louis XIII. avec les Suédois & les Protestans d'Allemagne.

28701. Scriptorum Galliæ Maledicentiæ & Adulationes impiæ: 1635, *in*-4.

28702. Defensa de España contra las calomnias de Francia : *in Venecia*, 1635 , *in*-8.

28703. Discours politique, Si la France doit prendre le parti des Princes & Electeurs Protestans, contre l'Espagne, ou observer la neutralité, ou se jetter du côté de cette Maison: *Berlin*, 1635, *in*-8. (en Allemand).

28704. Déclaration du Roi sur l'ouverture de la Guerre avec l'Espagne, du 18 Juin: *Paris*, 1635, *in*-4. & *in*-8.

✱ Ce Manifeste est attribué à Abel SERVIEN, dans la Note de la page 105 des *Mémoires de Brienne*, tom. II.

28705. Lettre du Roi, écrite au Duc de Montbazon, Gouverneur de Paris & de l'Isle de France, contenant les justes causes que Sa Majesté a eues de déclarer la Guerre au Roi d'Espagne : *Paris*, Ribot, 1635, *in*-8.

Ce Livre a été aussi imprimé sous ce titre : « Manifeste contenant les justes causes, &c. »

28706. Manifeste de la Maison d'Autriche, ou Déclaration de Guerre, dans laquelle on réfute le Manifeste de la France, & l'on attaque vivement le Cardinal de Richelieu.

Ce Manifeste est imprimé dans le Recueil de l'Abbé de Saint-Germain , qui l'a désavoué.

28707. Respuesta de un Vassallo de su Magestad de los Estados de Flandes à los Manifiestos del Rey de Francia, traducida por Dom Martin Globat : *en Madrid*, 1635, *in*-4.

28708. Discorso sopra il Manifesto e Lettere supposte sotto il nome del Rè Christianissimo, intorno alla ragioni della Confederatione di Luigi XIII. con li Protestanti : *in San-Marino*, 1635, *in*-4.

28709. Declaracion del su Alteza del Señor Cardenal Infante à cerca de la Guerra contra la Corona de Francia, ò Memorial sobre la Declaracion de Guerra, de 6 de Junio deste anno 1635 : *en Brussellas*, a los 29 de Junio 1635, *in*-4.

28710. Les Vérités Françoises, opposées aux calomnies Espagnoles, ou Réfutation de la Déclaration du Cardinal Infant ; par un Gentilhomme de Picardie, (Charles-Barthélemi DE BEINVILLE) : *Beauvais*, 1637-1639, *in*-8. 3 vol. *Paris*, 1643, *in*-4.

☞ Cet Ouvrage , qui est très-bien raisonné , est divisé en trois Parties. La première comprend ce qui s'est passé depuis la Paix de Vervins, en 1598, jusqu'à la mort de Henri IV. en 1610. La seconde s'étend depuis cette époque jusqu'au Ministère du Cardinal de Richelieu, en 1624. La troisième embrasse tout ce qui s'est passé sous son Administration. On ne peut mieux découvrir que l'a fait cet Auteur , toutes les ruses, les vues ambitieuses , & le peu de bonne foi des Espagnols.

Le dessein de l'Auteur étoit de faire une quatrième Partie ; touchant l'Affaire de Trèves , & pour répondre à quelques Libelles diffamatoires venus des Pays-Bas, comme il est dit à la fin de l'Avertissement de la troisième Partie.]

Cet Auteur qui est mort en 1641, avoit composé son Ouvrage pour la défense du Cardinal de Richelieu ; c'est celui de tous ses Apologistes qui écrit avec le plus de netteté & d'éloquence. Le Cardinal Infant, dont il réfute la Déclaration , étoit Ferdinand d'Autriche, Archevêque de Tolède , frère de Philippe IV. Roi d'Espagne, Gouverneur des Pays-Bas, pour le Roi son frère.

28711. ☞ Justicia de las Armas y Confederaciones del Rey de Francia : *en Madrid*, 1635, *in*-4.]

28712. Justice des armes du Roi, contre l'Espagne, ou Discours pour montrer que le Roi entreprend avec grande raison & justice la défense de ses Alliés.

Ce Discours est imprimé dans le *Mercure d'Etat*, pag. 401 : *Genève*, 1635, *in*-8.

28713. ☞ Ms. Discours sur la justice des Armes de Louis XIII. par le P. GIBALIN, Jésuite, par le commandement du Cardinal de Richelieu.

Ce Manuscrit, aussi-bien que le suivant , est dans la Bibliothèque de M. Fevret de Fontette, à Dijon.]

28714. ☞ Ms. Infractions de Traités par les Espagnols & la Maison d'Autriche , envers la France & ses Alliés.]

28715. Ms. De Bello justo Hispaniæ Regis adversùs Galliæ Regem, ad omnes Catholicos fidei assertores Parænesis apodictica.

Ce Traité est conservé dans la Bibliothèque de saint Victor, num. 55.

28716. Declaratio, qua armorum Domûs Austriacæ æquitas ostenditur, simulque & ad illam, quæ Regis Galliæ nomine vulgata est, Responsio : *Antverpia*, 1635, *in*-4.

☞ Cet Ecrit est très-vif, & a pour but principal de décrier la conduite du Cardinal de Richelieu.]

28717. ☞ Gallia deplorata, sive Relatio de luctuoso Bello quod Rex Christianissimus contra vicinos Populos molitur : *in-*4. (circà 1635).

Cette Pièce contient en même temps une satyre très-vive contre le Cardinal de Richelieu & contre son Ministère.]

28718. Francia engannada & y respondida por GERARDO, Hispano : *en Caller*, 1635, *in-*4.

28719. Carta de Francesco DE QUEVEDO, al Rey Christianissimo Luis XIII. *en Saragoça*, 1635, *in-*4.

28720. Justificacion de las acciones de España, Manifestacion de las violencias de Francia : (*en Bruſſellas*), *in-*4.

28721. Discorso breve de las miserias y calamidades de la Religion Catholica, al Christianissimo Rey de Francia Luis XIII. por Ambrosio BAUTISTA, Canonico Premonstense : *en Madrid*, 1635, *in-*4.

28722. * Réponse d'un Vassal du Roi Catholique, aux Manifestes du Roi de France : 1635, *in-*4.

☞ Discours d'Etat sur les Ecrits de ce temps, auquel est fait Réponse à plusieurs Libelles diffamatoires, publiés à Bruxelles par les Ennemis de la France : 1635, *in-*8.

Ce Discours [déja indiqué ci-devant, au *Règne de Louis XIII.*], est de Paul Hay, Sieur DU CHASTELET. Il est aussi imprimé, pag. 112 de son *Recueil de Pièces* : *Paris*, 1635, *in-fol.*

28723. Alexandri PATRICII Armachani [seu Cornelii JANSENII], Theologi, Mars Gallicus, seu de justitiâ Armorum & Fœderum Regis Galliæ, Libri duo : 1635, *in-fol.* 1636, *in-*4.

Alia Editio aucta, cui accessit Declaratio, seu deductio solida, quâ Domûs Austriacæ armorum æquitas ostenditur, & ad illam, quæ nomine Regis Galliæ evulgata est, Responsio : 1636, *in-*4.

Editio novissima : 1637, *in-*12.

Idem Mars Gallicus, cum Refutatione [Nic. FOREST], è regione.

☞ Ce Livre est indiqué à la page suivante. Le Texte est d'un côté, & la Réfutation de l'autre.]

Le Mars François sur la justice des armes & des Alliances des Rois de France, traduit du Latin de la troisième Edition ; par C. H. D. P. D. E. T. B. 1637, *in-*8.

Ces lettres initiales signifient Charles Hersent de Paris, Docteur en Théologie, Bénéficier.

Marte Frances de la injusticia de las armas del Rey de Francia ; traducido de Latino y Frances por Sancho de Moncada : *en Madrid*, 1637, *in-*4.

Corneille JANSENIUS, Docteur de Louvain, s'est déguisé sous le nom de Patrice d'Armach, sous lequel il a publié son *Mars Gallicus.* On a prétendu qu'il avoit eu pour récompense de cet Ouvrage l'Evêché d'Ypres, où il mourut en 1638. Un Auteur célèbre a dit fort sensément, que la Maison d'Autriche auroit donné aussi en 1710, lorsqu'elle étoit alliée avec les Protestans, un Evêché à qui auroit voulu alors y répondre : ainsi les Alliances qu'a faites depuis cette Maison avec les Protestans, ont pleinement justifié la France. Leydecker, dans son *Histoire du Jansénisme*, pag. 92, rapporte que P. Roze, Président au Conseil souverain de Brabant, homme très-docte, avoit fourni les matériaux de cet Ouvrage, & que Jansénius les avoit mis en œuvre ; mais il s'est servi, ajoute-t-il, d'un style très-piquant, plus convenable à un homme de Guerre qu'à un Théologien.

Guy Patin ne croyoit pas que Jansenius fût l'Auteur de cet Ouvrage. Il s'en explique ainsi dans sa Lettre à Charles Spon, du 6 Janvier 1654 : « Quiconque, (dit-il) a fait le *Mars Gallicus*, est un Catholique Romain fort zélé ; *Gallus, ut puto, forsan etiam Jesuita* ; qui connoît fort bien nos désordres, & qui est fort entendu dans nos affaires, même qui sçait le fort & le foible de nos Historiens. Le bon Jansenius avoit bien d'autres affaires que de s'amuser à de telles bagatelles. » Il paroîtra sans-doute bizarre à bien des gens, d'ôter cet Ouvrage à Jansénius, pour le donner à un Jésuite.

L'Auteur du *Mars Gallicus* répond aux *Questions décidées* du Docteur Arroy, (ci-devant N.° 28700.) Il a divisé son Ouvrage en deux Parties. Il traite dans la première, du Sacre des Rois de France, de la vertu de guérir les écrouelles ; si le titre de Très-Chrétien convient aux Rois de France ; de la Loi Salique ; de l'union des Provinces conquises à la Couronne : [le tout en suivant l'Auteur qu'il réfute.] La seconde Partie contient le principal sujet de l'Ouvrage, c'est-à-dire, ce qui regarde les Alliances des François avec les Hérétiques & les Infidèles.

☞ *Voyez* sur cet Ouvrage, la *Méth. Hist.* de Lenglet, *in-*4. tom. *IV.* pag. 267. = *Abrégé de l'Hist. Eccl.* par Racine, *in-*12. tom. *XI.* pag. 6, & sa *Justification*, tom. *XV.* pag. 70-76.]

28724. Vindiciæ Gallicæ, adversùs Alexandrum Patricium Armachanum : *Parisiis*, 1638, *in-*8. & *in-*12. *Amstelodami*, 1638, *in-*12.

Daniel DE PRIEZAC, Auteur de cette Défense, étoit Conseiller d'Etat & de l'Académie Françoise. Il est mort en 1662. Cette même Défense est imprimée à la pag. 222 de ses *Mélanges*, *Parisiis*, 1638, *in-*4.

Le même Livre traduit en François par Jean Baudouin, & publié sous ce titre : » Défense des Droits & des Prérogatives des Rois de » France, contre Alexandre Patrice Armachan « : *Paris*, Rocolet, 1639, *in-*8.

☞ C'est la Réponse au Livre de Jansenius, dans laquelle l'Auteur le réfute vivement, au sujet des Titres, des Honneurs & des Prérogatives de nos Rois. Il justifie aussi leurs Alliances, par l'exemple même des Espagnols, & il traite plusieurs autres points curieux, qui y sont relatifs, entr'autres de l'origine de la Monarchie Françoise, de la Loi Salique, du Testament de S. Rémy, de Hugues Capet, &c.]

28725. El arbitrio entre el Marte Frances y las Vindicias Gallicas, responde por la verdad, por la patria, por sus Reyes, escrivelo Ferdinando DE AYORA Malvisoto ; *in Pampelona*, 1646, *in-*4.

C'est un jugement sur le *Mars Gallicus*, & sur sa Critique. Ferdinand D'AVILA & SOTO-MAYOR de Sousa s'est caché sous le nom marqué dans le titre, qui contient l'anagramme du sien. Son Livre a été imprimé à Séville.

27826.

28726. Martis Gallici subsidiariæ Velitationes, adversùs Vindicias Gallicas quæ contra Alexandrum, Patricium Armachanum prodière; auctore D. J. JANESGIO Bellesano: *Bruxeliæ*, 1639, *in*-8.

☞ C'est une Réplique au Livre précédent, dont l'Auteur avoit prétendu relever les bévues de M. de Priezac. Ce fut avec beaucoup d'animosité & d'aigreur que les Ecrivains Espagnols se déchaînèrent contre la France & ses Alliances, quand elle s'opposa aux différentes usurpations, & aux vues ambitieuses de leurs Souverains.]

28727. Manifesto che va sopra il nome del Rè Christianissimo, con le Risposte di M. N. Legato di N, *in Milano*, 1636, *in*-4.

≡ Le Nonce du Peuple François, sur le sujet de la Guerre contre l'Espagnol, au Roi.

Voyez ci-devant [N.° 21872.]

28728. Le Mercure Espagnol, ou Réponse au Libelle, intitulé, le Mars François; ensemble les Remarques de Religion: 1639, *in*-8.

Le même Auteur avoit composé l'Ecrit intitulé: *Justice des Armes du Roi*, &c. ci-devant, [N.° 28712.]

28729. ☞ La Guerre libre; Traité auquel est décidé la question, S'il est loisible de porter armes au service d'un Prince de diverse Religion: *La Haye*, 1641, *in*-16.]

28730. Nicolai FOREST DU CHESNE, Abbatis Escuriensis, Mars verè Gallicus adversùs Jansenii Martem falsò Gallicum: *Rotomagi*, 1660, *in*-fol.

Ouvrage imprimé sans Privilège, & qui a sans-doute été supprimé, tant les Exemplaires en sont rares.

☞ *Voyez* Lenglet, *Méth. Hist. in*-4. tom. IV. pag. 267.]

28731. ☞ La Cabala Spagnuola discoperta, per lo benne della Francia: *in*-4.]

28732. Discours d'Etat, ou véritable Déclaration des motifs qui obligèrent Louis le Juste, Roi de France, (en 1635) à rompre la Paix faite en 1598, entre le Roi Henri IV. & Philippe II. où se voit le nombre des Places & Principautés que les Espagnols ont devant ce temps-là & du depuis usurpées à cette Couronne: *Paris*, Noel, 1649, *in*-4.

28733. ☞ Le coup d'Etat de l'Empire, envoyé par un Prince Allemand aux Etats, &c. d'Allemagne, pour l'union de leurs forces aux desseins de la France, afin d'établir par ce moyen une Paix générale en la Chrétienté: 1640, *in*-4.]

28734. Bibliotheca Gallo-Suecica, sive Syllabus Operum selectorum, quibus Gallorum Suecorumque tempestate belli proferendi, Pacis evertendæ studio publicè exhibentur. Accessit Prologus seu ad Concordiam Germanicam Adhortatio; auctore Erasmo IRENICO: *Utopiæ*, apud Udonem Neminem, vico Ubique, hoc anno: *in*-4.

☞ Editio altera, Notis novis superadditis illustrior: *in*-4.

Ce Libelle, publié sous le titre de *Bibliothèque Gallo-Suédoise*, contient plusieurs titres de Livres feints, satyriques, remplis d'invectives contre la France. Il a été composé devant le Traité de Munster, même devant les Traités préliminaires de Hambourg, même en 1641. Selon Placcius, dans son *Theatrum des Pseudonymes*, num. 1478, à François Graverol parlant des Usuriers &c. de ceux qui sont des Libelles diffamatoires, découvre « l'Auteur du Livre intitulé, *Bibliotheca Gallo-* » *Suecica*, est Isaac WOLMAR; & que celui qui l'im- » prima (à Paris en 1641) fut condamné au feu par » Arrêt du Parlement de Paris. » C'est ce que dit le *Journal des Sçavans* du 19 Mars, 1685.

Le Père Bougeant tom. IV. pag. 65 de son *Hist. des Négotiations*, &c. dit que le Cardinal Mazarin soupçonnoit Antoine BRUN (ou BRUEN,) Procureur-Général du Parlement de Dôle, d'être l'Auteur de ce Livre; & le Père le Long le conjecturoit dans ses Additions, d'après ces paroles de Bayle, dans son *Dictionnaire*, Note F. de son Article. Il publia beaucoup de Libelles pendant les Conférences de Munster, où il maîtrisoit la France, & répandoit assez d'agrémens & beaucoup de feu; mais sa médisance étoit trop comique, & s'approchoit trop du burlesque.

Voyez encore ce qui est dit de lui ci-après, aux *Lettr. Hist.*, &c. *du Regne de Louis XIV*.

28735. Monarchia Gallica, ab Anonymo, contra calumnias, in Libello, cui titulus, Bibliotheca Sueco-Gallica, intentatas asserta: 1646, *in*-4.

Jean STELLA, Résident du Roi à Strasbourg, a composé cet Ecrit. Il y prouve que l'Auteur du Libelle est très-emporté, & que son Ouvrage est si plein d'invectives & de médisances contre les François & les Suédois, qu'il passe même les Loix de la Satyre.

28736. Litura fœderis Hispano - Gallici; auctore Francisco WAREMUNDO, Germanicè: *Francofurti*, 1646, *in*-4.

Ce Livre traite de la justice des armes entre l'Empereur, le Roi de France & les Princes de l'Europe.

28737. Spongia Franco - Gallicæ Lituræ; auctore Wilhelmo Rodulpho GEMBEKLARHIO, apud Triboces Consule: *Œnoponti*, 1646, *in*-4.

28738. Politicismus Gallicus, seu fœdus triplex Gallo-Turcicum & Turco-Gallicum, Gallo - Hollandicum & Hollando - Gallicum, Gallo-Suecicum & Sueco-Gallicum, tum & patrocinium Genevæ, Regum Christianismorum Christianismum perspicuè demonstrans: *Cosmopoli*, 1646, *in*-4.

L'Auteur de ce Libelle fait connoître ses emportemens, même dans son titre.

☞ On soupçonne que l'Auteur est le même Antoine BRUN, dont on vient de parler.

28739. Gallica arma contra calumnias asserta, & ostensa Europæ salutaria esse: 1648, *in*-4.

28740. Discours de la contrariété d'humeurs qui se trouve entre de certaines Nations, & singulièrement entre la Françoise & l'Espagnole; traduit de l'Italien de Fabricio CAMPOLINI, Véronois: *Paris*, Courbé, 1647, *in*-8. *Paris*, 1653, *in*-12.

Le même Discours est imprimé *pag*. 157 du tom. I.

des Ouvrages de François DE LA MOTHE LE VAYER, qui s'est déguisé sous le nom de Campolini : Paris, 1656, in-fol. A la fin de cette dernière Edition, il y a un Avertissement au Lecteur ; où on lit que « l'Auteur » supprima son nom à la première Edition de ce Livre, » outre qu'il fit passer l'Ouvrage sur des raisons du temps, » pour une traduction d'Italien en François. Je vous » veux bien avertir que c'est un véritable original, & » que ce Fabricio Campolini ne doit être pris que pour » une personne tout-à-fait imaginaire. L'Auteur est mort Conseiller d'Etat en 1672. Il fait voir entre autres choses, en faveur des François contre les Espagnols, les différentes fins que ces deux Nations ont eues dans leurs Alliances avec les Hérétiques & les Infidèles.

☞ On a déja observé la différence de cet Ecrit d'avec celui du N.° 28628.

Nous en mettrons ici de suite quelques autres, qui concernent les contrariétés d'humeurs d'avec les François.]

28741. ☞ En quoi la Piété des François diffère de celle des Espagnols dans une profession de même Religion ; par François DE LA MOTHE LE VAYER : Paris, 1658, in-4.

Ce Discours se trouve aussi au tom. I. de ses Œuvres.]

28742. ☞ Mf. La différence des humeurs, façons de faire & complexions des cinq Nations les plus considérables de l'Europe, François, Italiens, Espagnols, Anglois & Allemands : in-fol.

Ce Traité est indiqué num. 3190 du Catalogue de M. le Blanc.]

28743. ☞ La différence du Patriotisme National chez les François & chez les Anglois ; par M. BASSET DE LA MARELLE, (Avocat-Général au Parlement de Dombes): 1762, in-8.]

28744. ☞ Illustres Cardinales Armandus de Richelieu & Mazarinus, sive Instructio & Historia universalis, ab anno 1624 usque ad 1650, de Ministeriis, Consultationibus, Litteris ac Machinationibus, in materiâ Statûs, contra Domum Austriacam peractis, cum Observationibus politicis : Francofurti, Schonwetterus, 1652, in-8. 2 vol.]

28745. ☞ De tribus Nebulonibus, Thoma Anicello, Olivario Cromwellio, & Julio Mazatino, Cardinale & summo rerum Gallicarum Administro.

Cet Ecrit fut fait à l'occasion des Négociations de la France, touchant une Alliance avec Cromwell en 1655. Le Cardinal Mazarin en fit alors retirer presque tous les Exemplaires.

Voyez les Lettres de Guy Patin à Spon, tom. II. pag. 101.]

28746. Discours sur les Alliances de France avec l'Espagne : Paris, 1661, in-12.

Ce Discours est de Charles de Saint-Denys, Sieur DE SAINT-EVREMOND.

La gloriosa Alliança de Francia con l'España : en Paris, 1661, in-8.

28747. ☞ Lettre sur les pratiques des François avec les Turcs & les Hongrois rébelles : Ratisbonne, 1683, in-12.]

28748. ★ Discours sur l'Alliance du Roi de France & des Turcs.

Ce Discours est imprimé dans un Livre intitulé : La Dissolution de la réunion, &c. Cologne, 1691, in-8.

28749. ☞ Mars Christianissimus : auctore Germano-Gallo-Græco ; ou Apologie des armes du Roi Très-Chrétien contre les Chrétiens : 1684, in-12.

On sent bien que c'est un Ouvrage satyrique.]

28750. Dissertatio de fœderibus inter Sueciam & Galliam ; auctore Samuele PUFENDORFIO, Sueciæ Historiographo. Adjectum est suffragium in Senatu Regio Holmiæ, anno 1671 ; exhibitum contra fœdus cum Gallo & Anglo adversùs Batavos, ineundum : Hagæ-Comitis, Johnson, 1708, in-8.

La même Dissertation, traduite en François : La Haye, 1709, in-12.

L'Auteur est mort en 1694.

28751. ☞ Idée de l'Alliance de la Maison de Bourbon & de la Maison d'Autriche ; par M. François MORENAS : Avignon, 1759, in-12.]

ARTICLE X.

Ouvrages par rapport aux Droits de la Couronne de France sur plusieurs Etats voisins.

CE n'est pas mon dessein, en rapportant les Ouvrages compris dans cet Article, de troubler la Paix dont jouit une bonne partie de l'Europe, & encore moins d'exciter des disentions entre les Puissances intéressées sur ce sujet : je ne rapporte point ici des décisions, mais seulement les titres des Livres qui ont été composés touchant les Droits de la Couronne de France sur plusieurs autres Etats.

28752. ☞ Recherches des Droits des Rois de France sur les Royaumes, Duchés, Comtés, Villes & Pays occupés par les Princes Etrangers, &c. par Jacques CASSAN : Rouen, 1643, in-8.]

28753. Mf. Mémoires des principaux Duchés, Marquisats, Comtés, Baronies, Châtellenies, Villes, Châteaux, Fiefs, Terres, Seigneuries, sur lesquels le Roi peut prétendre droit pour la réunion d'iceux à la Couronne ; le tout tiré des Chartres du Roi : in-fol.

Ces Mémoires [étoient] conservés dans la Bibliothèque de M. de Caumartin, [mort Evêque de Blois en 1733.]

28754. Traité touchant les Droits du Roi Très-Chrétien sur plusieurs Etats & Seigneuries possédés par plusieurs Princes voisins, & pour prouver qu'il tient à juste titre plusieurs Provinces contestées par les Princes Etrangers. Recherches pour montrer que plusieurs Provinces & Villes du Royaume sont du Domaine du Roi. Usurpations faites sur les trois Evêchés, Metz, Toul & Verdun. Du Droit d'Aubaine & du Trésor des Chartres; le tout compilé & recueilli, avec les Preuves, par Pierre DUPUY: *Paris*, Courbé, 1655; *Rouen*, 1670, *in-fol*.

☞ On trouve à la fin quelques Traités concernant les matières publiques, sçavoir :

'Mémoires du Droit d'Aubaine; sur le fait des biens de France délaissés par le Duc de Mantoue; si le Droit d'Aubaine a lieu contre les Princes Souverains Etrangers; si les parens François peuvent prétendre la part prétendue par leurs parens Etrangers à l'exclusion du Roi.=Sur la Justice des Conquêtes faites par la Guerre. =Des Exemples que les Rois se peuvent entremettre d'accommoder les différends entre les Rois leurs voisins & leurs Peuples.=Du Trésor des Chartres du Roi; & de la Charge du Trésorier & Garde dudit Trésor; de ceux qui l'ont exercée; & des Inventaires qui en ont été faits.]

Pierre Dupuy est mort en 1651. Quoique ce Traité ait paru sous son nom seul, parce qu'il s'est trouvé depuis son décès entre ses Manuscrits, il étoit aussi de Théodore GODEFROY, à qui on doit l'attribuer, du moins en bonne partie: 1.º parce que les Traités différens dont ce Recueil est composé, [se trouvoient] écrits de sa main en trois volumes *in-fol*. dans la Bibliothèque de Denys Godefroy son petit-fils; & que dans les Manuscrits de la Bibliothèque du Roi, ceux-ci ont été notés, *Par T. G.* ce que Godefroy mettoit de sa main sur tous ses Ouvrages: 2.º Pierre Dupuy & Théodore Godefroy furent chargés de ce travail par le Cardinal de Richelieu, comme il paroît par une Lettre originale signée des deux, écrite à ce Cardinal, le 27 Octobre 1631, dans laquelle ils lui rendent compte de ce qu'ils ont fait : en voici la copie que j'ai eue de M. Godefroy, le petit-fils.

« Monseigneur, nous avons exécuté pour la plûpart
» le commandement qu'il vous a plû nous faire, tou-
» chant les Traités des Droits du Roi sur quelques
» Royaumes & Principautés voisines, & les Réponses
» aux prétentions des Princes voisins sur aucunes Pro-
» vinces de cet Etat. Il vous a plû, Monseigneur, de
» recevoir favorablement le premier Traité, que nous
» avons envoyé de la Navarre, de Gènes, d'Aragon,
» de Naples & de Sicile. Il en reste beaucoup d'autres
» qui sont faits, comme ceux de Flandres & d'Artois,
» de Bourgogne, de Provence, de Bretagne, d'Anjou,
» d'Avignon, de Mâcon, d'Auxerre, de Bar-sur-Seine
» & d'Aussone, toutes les prétentions d'Angleterre sur
» nous, & de nous sur eux. Nous vous envoierons,
» Monseigneur, ces Traités, quand il vous plaira nous
» le commander. L'ordre qu'il vous a plû donner à M.
» des Roches de nous faire recevoir quatre mille livres
» pour l'année 1630, a manqué. Nous n'avons depuis
» osé presser ni nous présenter devant Vous, ni le reste
» de notre Ouvrage jusqu'à nouvel ordre, que nous
» attendrons de Vous, Monseigneur, priant Dieu qu'il
» vous conserve pour le bien de cet Etat; vous assurant,
» Monseigneur, que nous ne manquerons jamais à la
» fidélité que nous vous devons, & au service que nous
» sommes obligés de vous rendre en qualité, Monsei-
» gneur, de vos très-humbles, & très-affectionnés & très-
» obligés Serviteurs, P. Dupuy & T. Godefroy. »

✠ Pierre Pithou travailla aussi sur les mêmes matières. L'Ouvrage auroit été plus exact & plus complet, s'il eût été publié sur les propres Mémoires de Théodore Godefroy ; & le Public y auroit profité d'un grand nombre d'additions & de corrections, qui paroissent très-nécessaires, & de quelques Traités qui n'ont point paru. C'est ce qui a engagé le sieur Denys Godefroy, son petit-fils, à proposer d'en donner une nouvelle Edition, & d'y joindre ses propres Recherches, qui [devoient rendre] [devoit] rien changer à l'ordre dans lequel il avoit été donné.

Cette nouvelle Edition, [qui a été arrêtée par la mort de Denys Godefroy, arrivée le 6 Juillet 1719,] devoit contenir deux Parties.

Dans la première, on auroit établi les Droits du Roi sur les Etats dont il n'est point en possession; & sur ceux qui ont été acquis & réunis à la Couronne depuis un siècle. Dans la seconde, on devoit traiter des mêmes Droits sur différentes Provinces & Villes du Royaume.

On auroit trouvé dans la première Partie plusieurs Traités qui ne sont point dans l'Edition précédente; entr'autres celui de l'Allemagne : on devoit y parler de son établissement, de son étendue & de sa succession dans la Race de Charlemagne ; le tout historiquement, sans entrer dans la discussion des Droits de la France à cet égard. Il y auroit eu dans la seconde Partie plusieurs Articles & Traités qui ne sont pas dans l'Edition de 1655; en sorte que chacune de ces Parties devoit composer un volume *in-fol*. de juste grosseur.

On auroit pu y joindre trois autres Ouvrages qui n'ont pas encore paru; le premier, des *Appanages des Enfans de France* ; le second, des *Régences* ; le troisième, *du Douaire des Reines*, ou les donner séparément, si la grosseur des volumes ne permettroit pas de les y faire entrer. Les Preuves devoient venir ensuite ; elles suroient fourni aisément jusques à trois & quatre volumes, si on eût trouvé des Libraires disposés à se charger de l'Edition. Ce Recueil devoit contenir plus de quatre cens Traités différens.

Quoiqu'on ne changeât rien à son premier ordre, le grand nombre d'additions & de corrections que l'on y auroit faites, l'auroit rendu un nouvel Ouvrage. Le principe que l'on suivoit, de n'y rien avancer sans de bonnes & de solides preuves, demandoit une grande application & des recherches très-exactes, pour mettre, s'il se pouvoit, un Ouvrage de cette importance hors de toute atteinte. Le Sieur Godefroy n'avoit eu d'abord d'autres vues que de contenter sa curiosité dans ses Recherches ; mais il les avoit poussées assez loin pour les croire utiles au Public. Il se flattoit que deux années le mettroient en état de satisfaire à ce qu'il lui devoit à cet égard.

Voyez sur l'Edition qui a paru, la *Méth. Hist*. de Lenglet, *in-4. tom. IV. pag.* 260.]

28755. ☞ Mf. Droits du Roi sur plusieurs Royaumes & Seigneuries: *in-fol*. 8. vol.

Ces Mémoires & Pièces, qui étoient dans la Bibliothèque de M. Godefroy, sont aujourd'hui dans celle de la Ville de Paris, num. 292-298 & 229.]

28756. ☞ Droits du Roi sur les Pays possédés par les Etrangers : Ouvrage de Gaspard-Moyse DE FONTANIEU : *in-4*.

Ce Manuscrit est dans la Bibliothèque du Roi.]

§. PREMIER.

Droits sur l'Empire.

28757. DE Translatione Imperii Romani à Græcis ad Francos, Commentarius Radulphi DE COLUMNA, Romani, Canonici Carnotensis.

Ce Traité est imprimé par Schardius, dans son *Recueil de la Monarchie de l'Empire*, pag. 88: *Basileæ*, 1566, *in-fol*.

✠ Il fut composé en 1290. L'Auteur écrivoit bien, mais il paroît plein de préjugés en faveur de la Cour de Rome.

28758. Tractatus MARSILII Patavini, dicti Menandri de Padua, de Translatione Imperii Romani ad Francos seu Germanos.

Ce Traité est imprimé par Flaccus Illyricus, *in Anthologia Papæ : Basileæ*, 1555, *in-8*.

28759. Magistri Jordani, Monachi Augustiniani Argentinensis, Chronica, qualiter Romanum Imperium translatum fuit ad Germanos, cum aliis Opusculis: *Basileæ*, 1559, *in-*8.

Ces trois Traités dont on vient de parler sont aussi imprimés dans Goldast, tom. II. de la *Monarchie de l'Empire*, pag. 88, 147 & 1462. Raoul de Colomna a fleuri en 1260; Marsile de Padoue, en 1324; & Jourdain, Religieux Augustin, en 1440.

28760. Michaelis Coccinii, Tubingensis, Tractatus de Translatione Imperii Romani ad Francos: *Argentorati*, 1518, *in-*8.

Ce Traité est aussi imprimé par Schardius, dans son *Recueil de la Monarchie de l'Empire*: *Basileæ*, 1566, *in-fol.*

28761. De Translatione Imperii Romani à Græcis ad Germanos; Auctore Matthia Flacco Illyrico: *Basileæ*, Pernæ, 1566, *in-*8. *Francofurti*, Hapsii, 1612, *in-*4.

Cet Auteur, dont le nom véritable est Francowitz, est mort en 1575.

28762. Roberti Bellarmini, Societatis Jesu, de Translatione Imperii Romani à Græcis ad Francos, & quatenùs à Pontifice Romana facta sit; adversùs Matthiam Flaccum Illyricum: *Antverpiæ*, 1584; *Coloniæ*, 1599, *in-*8.

Ce même Traité est imprimé tom. VII. de ses *Opuscules*: *Coloniæ*, 1619, *in-fol.* Cet Auteur est mort Cardinal en 1621.

28763. Confutatio commentitiæ opinionis Roberti Bellarmini, de Translatione Imperii Romani per Pontificem; Auctore Matthæo Dressero: *Ursellis*, 1591, *in-*8. *Francofurti*, 1592, *in-*4.

Cet Auteur est mort en 1607. Louis Rogieri, Jésuite Italien, qui enseignoit la Controverse, répondit à Dresserus; mais il ne jugea pas à propos de publier son Ouvrage.

28764. Apologeticus seu Defensio Cardinalis Bellarmini de Translatione Imperii Romani ad Germanos, adversùs Matthæum Dresserum; Auctore Gasparo Hap, Posnaniensi, Theologiæ Baccalaureo: *Moguntiæ*, 1601, *in* 8.

Alegambe croit que cet Ouvrage est celui de Louis Rogieri, Jésuite Italien, mort en Pologne en 1602.

28765. Francisci Junii, Bituricensis, Animadversiones in Libros tres Cardinalis Bellarmini, de Translatione Imperii Romani à Græcis ad Francos: (*Genevæ*,) apud sanctum Andream; *Leidæ*, 1602, *in-*8.

Ces mêmes Remarques sont imprimées tom. II. de ses *Œuvres*: *Genevæ*, 1602, *in-fol.* Du Jon est mort en 1602.

28766. Tractatus de Translatione Imperii Romani à Græcis ad Francos, an & quatenùs à Pontifice Romano facta sit; auctore quodam Jurisconsulto Germano: 1606; *Hanoviæ*, 1612, *in-*4.

Idem Tractatus, sub hoc titulo: De Translatione Imperii Romani à Græcis ad Francos, an & quatenùs à Pontifice Romano facta sit. Clarissimi cujusdam Germaniæ Jurisconsulti politica Disputatio opposita disceptationi Roberti Bellarmini Cardinalis & Jesuitæ, de eadem re.

Ce Traité est aussi imprimé dans Goldast, à la seconde partie de ses *Politiques de l'Empire*, fol. 487: *Francofurti*, 1614, *in-fol.* Lipenius attribue cet Ouvrage à Melchior Goldast, Jurisconsulte Allemand, mort en 1635. Il renferme en peu de mots ce qu'avoient écrit sur ce sujet plus au long Raoul de Colomna, Marsile de Padoue, Jourdain, Michel Coccinius de Tubinge, Matthias Flaccus Illyricus, Matthieu Dresserus, François du Jon & autres.

28767. Apologia trium Librorum de Translatione Imperii Romani à Græcis ad Francos, pro Cardinale Roberto Bellarmino, adversùs Franciscum Junium Calvinistam, & Matthæum Dresserum Lutheranum; auctore Jacobo Gretsero, è Societate Jesu.

Cette Apologie est imprimée tom. II. de sa *Défense des Controverses* de Bellarmin, pag. 1178: *Ingolstadii*, 1609, *in-fol.* Gretser est mort en 1625.

28768. Joannis Arnisæi, Tractatus de Translatione Imperii Romani.

Ce Livre est imprimé avec son *Traité de la Sujection & de l'Exemption des Clercs*: *Francofurti*, 1612, *in-*4.

28769. Ms. De la Translation de l'Empire d'Occident ès mains de Charlemagne; par Daniel de la Mothe, Evêque de Mende.

Ce Discours est conservé entre les Manuscrits de M. Dupuy, num. 525. Cet Evêque est mort en 1628.

28770. * Dissertatio historica ad Severinum le Monzanbano, cap. I. §. 2, 13, 14, 15, de ludibriis Aulæ Romanæ in Translatione Imperii Romani; auctore Henrico Vagede, Hist. Prof. *Rinthelii*, 1678, *in-*4.

28771. * De non Translato Imperio à Græcis ad Francos; auctore Carolo le Cointe.

Ce Morceau se trouve dans son *Ann. Eccl. Francorum*, ad ann. 800, tom. VI. pag. 734. Le Père le Cointe y combat Bellarmin sur trois points, & nie, 1.° que l'Empire d'Occident ait été transféré par le Pape, des Grecs aux François; 2.° que le Souverain Pontife ait confirmé à Charlemagne, son droit sur les Provinces qu'il possédoit; 3.° qu'il ait accordé à ce Prince un droit sur celles dont il n'étoit pas le maître.

28772. Histoire de la Translation de l'Empire des Grecs aux François; par Louis Maimbourg, Jésuite.

Cette Histoire est imprimée au Livre IV. de son *Histoire des Iconoclastes*, *Paris*: 1674, *in-*4. *Ibid.* 1679, 1684, *in-*12. 2. vol. *Ibid.* 1686, *in-*4.

== Histoire de la décadence de l'Empire depuis Charlemagne; par le même: *Paris*, 1679, *in-*4. *Ibid.* 1680, *in-*12. 2 vol. *Ibid.* 1686: *in-*4.

☞ On l'a déja indiqué, pag. 120 de ce vol. N.° 16456.]

C'est le meilleur Livre du Père Maimbourg, & où il a bien débrouillé les différends que les Empereurs ont eus avec les Papes au sujet des Investitures & de l'indépendance jusqu'en 1556. Tel est le sentiment de Jean-Baptiste Mencke, qui ajoute que cette Histoire a été traduite en Latin & en Allemand. Le Cardinal Sfondrate lui a reproché de n'avoir fait que copier dans cette Histoire le Traité d'Illyricus, indiqué ci-devant [N.° 28761.]

※ « Louis Maimbourg étoit né pour écrire l'Histoire. » Il accompagne les faits de tant de circonstances que » le Lecteur en est satisfait ; & il fait des portraits où il » marque si naïvement les caractères extérieurs & inté- » rieurs que son imagination lui fournit, qu'on croit » voir les originaux ; mais il eût été à souhaiter qu'il » les eût peints au vif. » Denys Simon, *tom. II. de la Biblioth. des Auteurs du Droit Canon, pag. 164.*

» Le Père Maimbourg donne coup sur coup au Public » un grand nombre de volumes d'Histoire, écrits en » François avec une facilité surprenante, pleins de por- » traits, de descriptions & de traits hardis & propres à » se faire lire agréablement par les gens du monde ». Dupin, *Biblioth. des Auteurs du XVII. siècle, part. IV. pag. 243.* Louis Maimbourg est mort en 1686.

== ☞ Essai critique sur l'établissement & la Translation de l'Empire d'Occident, &c. par l'Abbé GUYON.

Voyez ci-devant, N.° 16455, pag. 120 de ce Volume.]

28773. Libertas Germanica, quâ Germanos Gallis, neminem verò Gallum Germanis imperasse certissimis classicorum Scriptorum testimoniis probatur : Hieronymo GEBWILLERIO auctore, in singulare totius Germaniæ & Alsatiæ præconium congesta, anno 1519 : *Argentorati,* Scotus, 1519, *in-4.*

Le même Ouvrage est imprimé dans Goldast, partie vingtième de la *Politique de l'Empire, pag.* 839 : *Francofurti,* 1614, *in-fol.*

28774. Nouveau Bouclier d'Etat & de Justice, où l'on découvre le peu de fondement qu'ont les Rois de France dans leur prétention de l'Empire & aux autres Royaumes de Charlemagne, & où l'on combat les paradoxes avancés par le P. Maimbourg ; par PREUD'HOMME : *Amsterdam,* 1696, *in-12.*

Cet Ouvrage est écrit contre le Livre précédent, de la *Décadence de l'Empire.*

28775. ※ Mf. Recueil de Pièces concernant la prétention du Roi François I. à l'Empire : *in-4.*

Ce Recueil [étoit] conservé à Dijon dans la Bibliothèque de M. de la Mare, [& est aujourd'hui à Paris, dans celle du Roi.]

28776. Des justes prétentions du Roi sur l'Empire ; par (Antoine) AUBERY, Avocat au Parlement & au Conseil : *Paris,* Bertier, 1667, *in-4.* & *in-12.*

» Les Princes de l'Empire furent alarmés de ce Livre, » & en firent des plaintes. Le Conseil du Roi, pour » dissiper leur crainte, jugea à propos de donner ordre » de conduire l'Auteur à la Bastille, où il fut bien traité, » & visité par les personnes les plus distinguées du » Royaume, & mis bien-tôt après en liberté ». *Journal des Sçavans, du 15 Mars 1695.* Cet Auteur est mort la même année.

M. le Baron d'Hoendorff, Colonel de l'Empereur, [avoit] dans sa Bibliothèque un Exemplaire de ce Traité chargé de quantité d'additions & de citations. [Il est maintenant dans la Bibliothèque Impériale.] On a ajouté à la fin un Traité pour servir de Supplément à cet Ouvrage, qui est aussi écrit de la propre main d'Aubery.

☞ Voyez Lenglet, *Méthod. hist. in-4. tom. IV. pag.* 263.—*Journ. des Sçav. Mars* 1695.]

28777. ※ Chimæra Gallica, seu Axiomata politica Gallicana, deducta ex Tractatu Auberii : 1667, *in-12.*

28778. Henrici KIPPINGII Notæ & Animadversiones in Axiomata politica Gallicana, quæ Dñs. Aubery evulgavit de justis prætensionibus Regis super Imperium & prærogativa ejusdem : *Bremæ,* 1668, *in-12.*

28779. Libertas Aquilæ triumphans, seu de Jure quod in Imperium Regi Galliarum nullum competit, Schediasma nuperis Auberii impugnationibus oppositum à Nicolao MARTINI, Germano : *Francofurti,* 1668, *in-12.*

28780. Dissertatio de omnimoda libertate Germaniæ contra Auberium, de prætensionibus Regni Galliæ in Imperium Romanum : 1568, *in-12.*

28781. L'Avocat condamné, & les Parties mises hors de Cour & de Procès, par Arrêt du Parnasse, ou la France & l'Allemagne également défendues par la solide réfutation du Traité que le Sieur Aubery a fait des prétentions du Roi sur l'Empire ; par L. D. M. C. S. D. S. C. D. S. A. D. V. 1669, *in-12.*

Ces lettres initiales signifient Louis DU MAY, Chevalier, Seigneur de Salette, Conseiller de son Altesse de Vittemberg. « Son Traité est un des plus sçavans & » des plus curieux que cet Auteur ait mis au jour. On » pourroit l'excuser s'il avoit écrit avec plus de modé- » ration, & s'il n'avoit pas traité son Adversaire avec » trop de mépris. » Ancillon, *pag.* 365 *de ses Mémoires sur la Vie d'*Aubery : *Berlin,* 1709, *in-12.*

☞ Voyez Lenglet, *Méthod. historiq. in-4. tom. IV. pag.* 268.—Le P. Niceron, *tom. XIII. pag.* 313.]

28782. ☞ Mf. Inventaire des Titres des Réunions, en 1587 : *in-fol.*

Ce Recueil est dans la Bibliothèque de la Ville de Paris, num. 218. Il concerne les Réunions de plusieurs Etats d'Allemagne, qu'on avoit commencé à poursuivre au Parlement de Metz, & qu'on abandonna à la Paix de Risvvick, en 1697.]

28783. Dissertation historique sur quelques Monnoies de Charlemagne, de Louis le Débonnaire, de Lothaire & de leurs Successeurs, frappées dans Rome, avec les Preuves ; par (François) LE BLANC : *Paris,* Coignard, 1689, *in-4.* — *Amsterdam,* Mortier, 1692, *in-12.*

Cet Auteur prouve par ces Monnoies, & par les Faits historiques qu'il rapporte, que ces Rois ont eu le Droit de Souveraineté dans la Ville de Rome. François le Blanc est mort en 1698.

☞ Cette Dissertation, qui se trouve aussi à la fin de l'Edition de Hollande du *Traité des Monnoies* de le Blanc, réfute l'opinion de ceux qui prétendent que Charlemagne & ses Successeurs n'ont jamais eu aucune autorité dans Rome, que du consentement des Papes. Il établit la proposition contraire d'une façon bien certaine, tant par différens actes d'autorité qu'ils y ont faits, que par quelques Monnoies qu'ils y ont fait frapper.

C'est une excellente Pièce, & dans laquelle l'Auteur réfute bien solidement la prétention des Papes, qui se sont efforcés de faire remonter leur Souveraineté dans Rome jusqu'à l'Empereur Constantin.

Voyez le Journ. des Sçav. Mars 1689. = Hist. des Ouvr. des Sçav. Mars 1690.]

§. II.

Droits au sujet des Anglois.

28784. Mſ. Droits de la Couronne de France contre les Anglois, jusquen 1449 : *in-fol.*

Ce Traité est cité dans le Catalogue de la Bibliothèque de M. de Thou, *pag.* 425.

28785. Mſ. Traité auquel est contenu l'occasion pour laquelle le feu Roi Edouard d'Angleterre se disoit avoir droit à la Couronne de France ; par Jean de Montheil, Prévôt de l'Isle.

Ce Traité est cité par Bouchel, au tom. I. de sa *Bibliothèque du Droit François*, *pag.* 118 : *Paris*, 1667, *in fol.* Ce Roi est mort en 1377.

28786. Mſ. Traité fait l'an 1414, pour montrer que le Roi d'Angleterre n'a aucun droit sur la Couronne de France : *in-fol.*

Ce Traité est conservé dans la Bibliothèque de Saint Victor, num. [91.]

28787. Mſ. Traité contre les prétentions des Rois d'Angleterre, composé vers la fin du Règne de Charles VI. *in-fol.*

Ce Traité est conservé dans la Bibliothèque du Roi, entre les Manuscrits de M. de Gaignieres.

28788. Mſ. Rapport de Jean Juvenal des Ursins, Evêque & Duc de Laon, au Roi Charles VII, de ce qu'il avoit extrait aux Chartes du Roi touchant l'accord à faire entre le Roi de France & le Roi d'Angleterre, avec l'Acte de Renonciation faite par le Roi d'Angleterre au profit du Roi, de ce qu'il prétendoit en Normandie, Anjou, Touraine, le Maine, Poitou & autres Terres du Royaume : *in-fol.*

Ce Rapport est conservé entre les Manuscrits de M. Dupuy, num. 310. Jean Juvenal des Ursins est mort Archevêque de Reims en 1474.

28789. ☞ Mſ. Prérogatives de la France sur l'Angleterre, en forme de Dialogue entre le Héraut de France & celui d'Angleterre sous Charles VII. *in-fol.*

Ce Manuscrit est indiqué au Catalogue de la Bibliothèque d'Anet, *pag.* 18.]

28790. Mſ. Traité des Querelles entre les Rois de France & les Rois d'Angleterre, dédié au Roi Louis XI. par Juvenal des Ursins : *in-fol.*

Ce Traité est conservé entre les Manuscrits de M. Dupuy, num. 105, dans la Bibliothèque de M. Godefroy, de M. le Chancelier Séguier, num. 584, [à S. Germain des Prés,] & dans celle de M. le Chancelier d'A-

guesseau. Ce Discours est contre les prétentions des Rois d'Angleterre sur la France.

28791. Mſ. Deux Discours faits du temps de Charles VII. & de Louis XI. touchant les différends entre les Rois de France & les Rois d'Angleterre : *in-fol.*

Ces Discours qui sont aussi de Jean-Juvenal des Ursins, se trouvent entre les Manuscrits de M. de Btienne, num. 35, [dans la Bibliothèque du Roi.]

28792. ☞ Mſ. Différentes Pièces de Jean-Juvenal des Ursins, entr'autres son Traité des Querelles entre les Rois de France & d'Angleterre, (*Audite, cœli, quæ loquor :*) *in-4.*

Ce Manuscrit sur vélin est conservé dans la Bibliothèque du Roi, parmi ceux de M. Lancelot.]

28793. ☞ Discours de l'origine du différend d'entre les François & Anglois, auquel est prouvée la nullité du droit prétendu en France par l'Anglois ; à la fin est insérée la prise du Havre de Grace (en 1563) ; par Nicolas Natey de la Fontaine : *Paris*, Nyverd, *in-8.*]

28794. ☞ Examen sur le Titre de Roi de France, que le nouveau Roi d'Angleterre George III. a pris par sa proclamation, du 25 Octobre 1760 ; par M. le Febvre, de la Doctrine Chrétienne.

Cette Dissertation, (qui se trouve dans l'*Année Littéraire* 1760, tom. VIII. *pag.* 289), présente l'Histoire des faux motifs qu'ont eus jusqu'à présent les Rois d'Angleterre de se prévaloir du Titre de Roi de France, & des justes raisons qu'a la Nation Françoise de s'élever contre cette usurpation.]

28795. Mſ. Mémoires pour servir à l'Histoire de France, sur les différends entre la France & l'Angleterre : *in-fol.*

Ces Mémoires [étoient] conservés dans la Bibliothèque de M. Foucault, [qui a été distraite.]

28796. Mſ. Différends entre la France & l'Angleterre, depuis l'an 1340 jusqu'en 1571 : *in-fol.*

Ce Manuscrit [étoit] conservé dans la Bibliothèque de M. l'Evêque de Seez.

28797. Mſ. Sommaire Recueil des Querelles & Prétentions anciennes des Anglois sur les François ; par Jean Bernard, Secrétaire de la Chambre du Roi, en 1572 : *in-fol.*

Ce Sommaire est conservé dans la Bibliothèque de M. le Chancelier d'Aguesseau & dans celle des Minimes de Paris, num. 8. La Croix du Maine attribue à cet Auteur un Discours des plus mémorables Faits des Rois & grands Seigneurs d'Angleterre, depuis cinq cens ans, avec la Généalogie de ces Rois.

28798. Mſ. Débat entre les Rois de France & d'Angleterre, touchant les Duchés de Guyenne & de Normandie : *in-fol.*

Ce Débat [étoit] conservé dans la Bibliothèque de M. Colbert, num. 4404, [& est aujourd'hui dans celle du Roi.]

28799. Tractatus de Ducatu Normanniæ, Aquitaniæ & Comitatu Andegavensi, Cenomaniæ, Turononsi, Pontivi, Ebloicarum

& Pictaviæ; in quo dictos Ducatus & Comitatus illustrissimo Francorum Regi, Coronæque Franciæ pertinere demonstratur: auctore Guillelmo BENEDICTO, Cadurcensi.

Ce Traité est imprimé dans ses *Œuvres*, pag. 10: *Lugduni*, 1582, *in-fol*.

28800. Traité contre les Prétentions du Roi d'Angleterre sur le Royaume de France & sur aucunes Provinces dudit Royaume, avec les Généalogies, par Pierre DUPUY.

28801. Traité du Droit du Roi au Royaume d'Angleterre, par le même.

Ces deux Traités sont imprimés dans Dupuy, *pag.* 297 & 233, de son *Traité des Droits du Roi*: Paris, 1655, *in-fol*.

28802. Petri LUDOVICI, Germani, de Jure Anglorum in Gallia Discepratio: 1694, *in-4*.

28803. ☞ Recherches impartiales sur le Droit du Roi de France sur le territoire Occidental de la grande Rivière du Mississipi, dans l'Amérique Septentrionale, qui n'a point été cédé par les Préliminaires (de la Paix, signés en Novembre 1762), contenant une description abrégée de cette Rivière & des Pays adjacens, avec un court détail des avantages de ces possessions, leurs productions naturelles, & combien elles peuvent être augmentées à l'avantage du Commerce de l'Angleterre. On y a joint une Défense des Prétentions Angloises à tout ce Continent entier, fondées sur des témoignages authentiques & des faits historiques incontestables, &c. *Londres*, Nicoll, 1761, *in-8*. (en Anglois.)

Un Critique Anglois, dont on rapporte le jugement dans les *Annales Typographiques*, 1762, *tom. II. pag.* 405, apprécie bien le mérite de cette maligne Brochure, dont le but est de faire revivre les anciennes prétentions de l'Angleterre sur tout le Pays situé à l'Occident du Mississipi. La France les leur a cédé à la Paix de 1763.]

§. III.

Droits sur les Etats de Bourgogne, & de Flandres.

28804. Ms. DROITS du Roi au Royaume de Bourgogne: *in-fol*.

28805. Ms. Du Royaume de Bourgogne: *in-fol*.

28806. Ms. Mémoires anciens du Royaume de Bourgogne: *in-fol*.

Ces trois volumes sont conservés entre les Manuscrits de M. Dupuy; le premier, num. 447 les deux derniers, num. 467.

28807. Traité du Chancelier de Bourgogne, sur les Prétentions & Différends qui sont entre les Maisons de France, de Bourgogne & d'Autriche, en 1479, touchant plusieurs grandes Terres & Seigneuries.

Ce Traité est imprimé par M. Leibnits, *pag.* 1. de son *Recueil* intitulé: *Mantissa Codicis Juris Gentium Diplomatici*: *Hanovræ*, 1700, *in-fol*. Ces Terres & Seigneuries sont la Bourgogne, Duché & Comtés la Seigneurie de Calmi, les Comtés d'Auxerre & de Mâconnois, Bar-sur-Seine, Seigneurie de Noyers, Comté d'Artois, Béthune, Comté de Boulogne, Lille, Douay, Orchies, Ostrevent & le Comté de Ponthieu. Ce Traité n'est point du Chancelier de Bourgogne; mais de Jean D'AUBRAY, Maître des Requêtes du Duc de Bourgogne, & ensuite du Roi Charles VIII. comme il paroît par les Manuscrits de cet Ouvrage, conservés entre ceux de M. Dupuy, num. 106, comme dans la Bibliothèque de MM. des Missions Étrangères, & dans celle de M. le Chancelier d'Aguesseau.

28808. Ms. Réponse à ce Traité, sur les Droits prétendus par Marie de Bourgogne, Duchesse d'Autriche, aux Comtés de Mâconnois, d'Auxerrois & autres Seigneuries, en 1479; par (Jean) DE SAINT-ROMAIN, Procureur du Roi au Parlement de Paris, du commandement de Louis XI. *in-fol*.

Cette Réponse est conservée entre les Manuscrits de MM. des Missions Étrangères.

28809. ☞ Ms. Traité pour les Droits du Roi sur les Duché & Comté de Bourgogne: *in-fol*.

Ce Manuscrit est indiqué, num. 3192 du Catalogue de M. le Blanc.]

28810. Ms. Deux Discours touchant les Différends qui étoient entre les Maisons de France & de Bourgogne, pour raison du Duché & Comté de Bourgogne, & autres grandes Seigneuries: *in-fol*.

Ces Discours sont conservés entre les Manuscrits de la Bibliothèque du Roi, num. 19353, & entre ceux de M. de Brienne, num. 58, & de M. Colbert, num. 1330 & 1331. Ils se trouvent aussi parmi ceux de M. le Chancelier Seguier, num. 627, [à S. Germain des Prés.]

28811. Ms. Mémoire sur le Différend entre le Roi Louis XI. & le Duc & la Duchesse d'Autriche, pour les Terres & Seigneuries de la Succession de Charles, dernier Duc de Bourgogne: *in-fol*.

Ce Discours est conservé dans la Bibliothèque du Roi, num. 8452 ².

28812. ☞ Ms. Ecritures pour les Duc & Duchesse d'Autriche contre Louis XI, concernant la Succession de Charles, dernier Duc de Bourgogne: *in-4*.

Ce Manuscrit est conservé à Dijon, dans la Bibliothèque de M. de la Mare.]

28813. Ms. Traité des Droits du Roi Louis XI. sur les Terres de Charles, dernier Duc de Bourgogne: *in-fol*.

Ce Traité est conservé dans la Bibliothèque du Vatican, entre les Manuscrits de la Reine Christine, n. 764.

28814. Ms. Recueil & Narré de la plupart des Actes, Exploits & Entreprises, Traités, Appointemens & autres choses qui peuvent toucher la Maison de Bourgogne & les Pays sujets d'icelle, advenus depuis Janvier 1476 jusqu'en 1497.

Ce Recueil est conservé dans la Bibliothèque de l'Eglise Cathédrale de Tournay, selon Sanderus, *tom. I. de sa Bibliothèque des Manuscrits Belgiques, pag.* 217.

28815. Procès-verbal de l'Hommage fait par Philippe, Archiduc d'Autriche, à notre Roi Louis XII. à cause des Pairie & Comté de Flandres, & des Comtés d'Artois & de Charolois, [l'an 1499] écrit par ordre de Guy de Rochefort, Chancelier de France; par Jean AMYS, Notaire & Secrétaire du Roi.

Ce Procès-verbal est imprimé dans l'*Histoire de Louis XII.* par Seyssel, *pag.* 180: *Paris*, 1615, *in*-4. & à la *pag.* 664 du tom. II. du *Cérémonial de France*; par Godefroy; & dans Pasquier, au Chap. XIII. du Liv. VI. de ses *Recherches de la France*. Godefroy appelle Amys cet Auteur, & Pasquier le nomme Avis.

28816. ☞ L'Etat d'Espagne, avec le Procès-verbal fait par l'aïeul du Roi Philippe, à présent régnant, à Louis XII. en 1499: (*Paris*,) 1594, *in*-8.]

28817. ☞ Mſ. Discorso sopra le origini della guerra tra il Ré Christianissimo e i Duchi di Borgogna, è loro Eredi.

Ce Manuscrit ancien est conservé dans la Bibliothèque de M. Fevret de Fontette, Conseiller au Parlement de Dijon.]

28818. Mſ. Sommaire déduction des Querelles que la Maison d'Autriche & de Bourgogne a contre la Maison de France pour le Duché de Bourgogne; par Mercurin DE GATINARE, Président du Parlement de Dole, en 1514.

Ce Sommaire est conservé dans la Bibliothèque de la Cathédrale de Tournay, selon Sanderus, tom. I. de sa *Bibliothèque des Manuscrits Belgiques*, *pag.* 216.

28819. Mſ. Discours sur toutes les Affaires qui sont en dispute entre les Rois de France & les Princes de la Maison d'Autriche, où l'on voit les Droits de l'une & l'autre Couronne sur diverses Provinces; les jalousies, divisions & guerres qui sont sorties de ces Droits disputés; les Traités, Accords, Alliances par où elles ont fini; divisé en cinq Traités: *in-fol.*

Ce Discours [étoit] conservé dans la Bibliothèque de M. le premier Président de Mesme.

28820. Mſ. Eclaircissement du Droit de Marie de Bourgogne, femme de Maximilien I. Empereur, Archiduc d'Autriche, ès Duchés de Bourgogne, Comtés d'Artois & de Bourgogne, Villes & Châtellenies de Lille, Douay, Orchies; & plusieurs Traités de Paix entre la France & la Bourgogne; écrit l'an 1515, par le commandement de leurs Altesses Sérénissimes, par Jean RASOIR, Doyen de Salle à Valenciennes.

Cet Eclaircissement est cité dans le Catalogue des Manuscrits du Frère Eloy, Augustin Déchaussé de Lyon, *pag.* 12.

☞ Je ne sçai s'il n'a point été imprimé par M. Leibnitz, dans son *Codex diplomaticus*, ou dans les *Traités de paix*.]

28821. ☞ Mſ. Titres en vertu desquels on prétend que le Comté de Bourgogne dépendoit de l'Empire, avec la Réponse aux inductions qu'on en tire: 14 pages.

Ce Manuscrit est conservé à Dijon, dans la Bibliothèque de M. Fevret de Fontette.]

28822. ☞ Mſ. Conférence de Madrid en 1525, pour la Délivrance de François I. touchant les prétentions de la Maison d'Autriche sur le Duché & le Comté de Bourgogne, avec les Réponses pour la Couronne de France sur chacun article: *in-fol.*

Ce Manuscrit est indiqué num. 1956 du Catalogue de M. Bernard.]

28823. ☞ Mſ. Discours des raisons pour lesquelles Sa Majesté Catholique a préféré le Comté de Bourgogne aux places conquises des Pays-Bas: 15 pages.

Ce Discours est conservé à Dijon, dans la Bibliothèque de M. Fevret de Fontette.]

§. IV.

Droits sur le Hainault, sur la Flandre & sur le Brabant.

28824. Mſ. TRAITÉS & Actes concernant le Hainault, depuis l'an 1303 jusqu'en 1437: *in-fol.*

Ce Manuscrit est conservé entre les Manuscrits de M. de Brienne, num. 97, [dans la Bibliothèque du Roi.]

28825. Mſ. Inventaire & Répertoire des anciens Comtes & Comté de Hainault: Inventaire raisonné des Titres du Trésor des Chartes de la Comté de Hainault: *in-fol.*

Cet Inventaire [étoit] conservé dans la Bibliothèque de M. Colbert, [& est aujourd'hui dans celle du Roi.]

28826. ☞ Plaidoyé de feu Mᵉ Jacques CAPPEL, Avocat du Roi en la Cour de Parlement à Paris, (pour revendiquer à la Couronne de France les Comtés de Flandres, Artois, Charolois & autres): *Paris*, Langelier, 1561, *in*-12.]

28827. Mſ. Mémoires touchant le Haynault & les Limites de Flandres: *in-fol.*

Ces Mémoires sont conservés dans la Bibliothèque de MM. des Missions Etrangères, à Paris.

28828. * Mſ. Procès-verbal de M. (Honoré) COURTIN, Maître des Requêtes, & de Claude TALON, Intendant des Finances en Artois; fait en 1661, sur le Réglement des Limites dudit Pays d'Artois, du Haynault, & autres Places cédées en Flandres à Sa Majesté Très-Chrétienne, par le Traité de paix du 6 Novembre 1659: *in-fol.* 2 vol.

Ce Procès-verbal [étoit] conservé dans la Bibliothèque de M. l'Abbé de Louvois, & a dû passer en celle du Roi.]

28829. Mſ. Lettres, Traités & autres Actes concernant le Hainault & l'Ostrevent, le Comté de Bourgogne & Cambray: *in-fol.*

Ce Recueil est conservé entre les Manuscrits de M. de Brienne, num. 97.

28830. Mſ. Inventaire des Titres du Pays & Comté de Haynault, fait par l'ordre du Roi, en 1693; [par Jean GODEFROY, Directeur

Droits de la France sur des Etats voisins. 873

recteur de la Chambre des Comptes de Lille:] *in-fol.* 2 vol.

Cet Inventaire [étoit] conservé dans la Bibliotheque de M. Pelletier de Souſy.

28831. Mſ. Traités & autres Actes concernant la Ville de Cambray, depuis l'an 1339 jusqu'en 1612 : *in-fol.*

Ces Traités sont conservés entre les Manuscrits de M. de Brienne, num. 97, [dans la Bibliotheque du Roi.]

28832. Mſ. Souveraineté du Roi sur les Comtés de Haynault & d'Ostrevent, Fiefs de la Couronne de France ; par François DE CAMPS, Abbé de Signy : *in-fol.*

Ce Traité [étoit] conservé dans la Bibliothèque de l'Auteur, [& est aujourd'hui dans celle de M. de Béringhen.]

== ☞ Procès-verbal de l'Hommage fait en 1599, &c.

Voyez ci-devant, N.° 28815.]

28833. Mſ. Des Droits de France sur la Flandres : *in-4.*

- Ce Traité [étoit] conservé dans la Bibliotheque de M. le Baron d'Hoendorff, [& est aujourd'hui dans celle de l'Empereur.]

28834. Mſ. Recueil de Pièces concernant la Flandres, depuis l'an 1625 jusqu'en 1652 : *in-fol.* 2 vol.

Ce Recueil [étoit] conservé à Paris, dans la Bibliotheque de M. Bouthillier, ancien Evêque de Troyes : P. 1. Q. 1.

28835. Mſ. Mémoires concernant l'Artois & la Flandres : *in-fol.*

Ces Mémoires sont conservés dans la Bibliotheque de MM. des Missions Etrangères, à Paris.

28836. Traités des Droits du Roi sur le Comté de Flandres, avec la Généalogie ; par Pierre DUPUY.

28837. Traité des Droits du Roi sur les Villes de Lille, Orchie & Douay ; par le même.

28838. Traité des Droits du Roi sur les Villes de Tournay, le Tournesis, Mortagne-les-Tournay, Saint-Amand ; par le même.

Ces trois Articles sont imprimés, *pag.* 245, 293 & 305 de son *Recueil des Droits du Roi* : *Paris*, 1655, *in-fol.*

28839. * Droits du Roi, comme Châtelain de Lille ; par Auguste GALLAND.

Droits de la Couronne de France sur la Flandre, Lille, Douai & Orchies ; par le même.

Ces deux Morceaux sont imprimés au Liv. II. de ses *Mémoires sur la Navarre & la Flandre, chap. IX. X. XI. & suiv. Paris*, 1648, *in-fol.*

28840. La Flandre Françoise, ou Traité curieux des Droits du Roi sur la Flandre : *Paris*, Chenault, 1658, *in-fol.*

Ce même Traité, de Charles SOREL, est imprimé dans son *Recueil de divers Traités sur les Droits du Roi* : *Paris*, 1666, *in-12.*

Tome II.

28841. Remontrance au Peuple de Flandres, sur les Droits du Roi ; par le même.

Cette Remontrance est imprimée avec sa *Défense des Catalans* : *Paris*, 1642, *in-8.* C'est la seconde Partie de la *Flandre Françoise*, composée pour persuader aux Flamans de reconnoître le Roi de France pour leur vrai & naturel Seigneur.

28842. Mſ. Consultation sur la Renonciation de la Reine Marie Thérèse d'Autriche, aux Etats de la Couronne d'Espagne, le cas y arrivant ; par Jean DOUJAT, en 1664 : *in-4.*

Cette Consultation [étoit] conservée dans la Bibliothèque de M. Fouquet, Secretaire du Roi.

28843. Deductio, ex qua probatur clarissimis argumentis non esse Jus devolutionis in Ducatu Brabantiæ, nec in aliis Belgii Provinciis, ratione Principum earum, prout quidam conati sunt asserere : *in-4.*

Ce Traité fut imprimé à Bruxelles, en 1665. Il est de Pierre STOCKMANS, Conseiller du Roi [d'Espagne] au Conseil de Brabant, & Maître des Requêtes.

28844. * Considérations sur le Contract de Mariage de la Reine (Marie-Thérèse d'Autriche), pour montrer quel est le Droit de Sa Majesté sur le Brabant, le Haynault, le Comté de Namur, &c. (écrites en 1666) : *Paris*, le Bret, 1674, *in-12.*

28845. Lettre du Roi Louis XIV. sur les Droits de la Reine sur le Brabant : 1667, *in-4.*

28846. Remarques sur le Procédé de la France, touchant la Négociation de la Paix, en 1667 ; (par François DE LISOLA), avec un Projet sur les Pays-Bas, la Consulte de M. de Lyonne, en 1668. La Lettre de la Reine d'Espagne, au Roi Très-Chrétien, en Espagnol & en François, du 8 Mai 1667 ; & une Déclaration du Roi aux Peuples de Flandres : 1668, *in-4.*

Ces Remarques sont contre les Droits de la Reine sur le Brabant, &c.

28847. Traité des Droits de la Reine sur divers Etats de la Monarchie d'Espagne : *Paris*, de l'Imprimerie Royale, 1667, *in-4.* & *in-12.*

Antoine BILAIN, Avocat au Parlement, est l'Auteur de ce Traité. Il y soutient les Droits de Marie-Thérèse d'Autriche sur les Pays-Bas. Il est mort en 1672. Amable de Bourzeis, Abbé de saint Martin de Corès, de l'Académie Françoise, mort la même année, eut, selon Moreri, la principale part aux Recherches des Droits de la Reine.

✻ Les Auteurs de l'*Europe sçavante*, attribuent ce Traité à Guy JOLY, Conseiller au Châtelet de Paris. «La Cour (disent-ils), connoissant la capacité de » M. Joly, l'engagea à travailler aux Traités qui furent » faits pour la défense de la Reine ».

☞ *Voyez* sur l'Ouvrage que l'on vient d'indiquer, la *Méth. histor. in-4.* de Lenglet, tom. *IV. pag. 262*.]

Idem Tractatus Latinè versus, seu Reginæ Christianissimæ Jura in Ducatum Brabantiæ :

Sssss

Parisiis, è Typographia Regia, 1667, *in-4.* & *in-12.*

Ce Traité a été mis en Latin par Jean-Baptiste du Hamel.

El mismo Tratado, en Lengua Castellana : en *Paris*, 1667, *in-12.*

Le même Traité (en Allemand) ; traduit par Gulemeyer : 1667, *in-4.*

28848. Dialogue sur les Droits de la Reine ; (Abrégé du Traité précédent : *Rouen*, Viret), 1667, *in-12.*

Il medesimo Dialogo : 1667, *in-8.*

Le même traduit en Anglois ; (par Valentin Bigorre) : *Paris*, 1667, *in-12.*

☛ Recueil des Cartes sur les Etats de la Reine aux Pays-Bas ; par Pierre DU VAL.

Voyez ci-devant, le *tom. I. pag.* 107 ; N.° 2063.]

28849. Petri STOCKMANS, de Jure devolutionis in Brabantia, adversùs Mariam Theresam, Franciæ Reginam : *Amstelodami*, 1667, *in-12.* [& *Bruxellis*, Foppens, 1667, *in-4.*

Le même Traité est imprimé avec ses *Œuvres* : *Bruxella*, 1700, *in-fol.*

28850. Remarques pour servir de Réponse à deux Ecrits imprimés à Bruxelles, contre les Droits de la Reine sur le Brabant & sur divers Lieux des Pays-Bas : *Paris*, Mabre-Cramoisy, 1667, *in-12.*

Seconde Edition : *Paris*, 1667, *in-12.*

Ces Remarques sont de Guy JOLY, (Conseiller au Châtelet &) neveu du Chantre de Notre-Dame, du même nom. [Il ne parut cette année que la première Partie, qui regarde le premier Traité Latin] de Pierre Stockmans, indiqué ci-dessus, [N. 28843.]

Les mêmes Remarques, traduites en Latin : Observationes seu Responsio ad duos Tractatus Bruxellis editos, &c. *Parisiis*, 1667, *in-12.*

28851. * Suite des Remarques, &c. (par le même, contre le [second] Traité de Stockmans) : *Paris*, Cramoisy, 1668, *in-12.*

28852. Suite du Dialogue sur les Droits de la Reine Très-Chrétienne, par où se découvre la vanité des prétentions de la France sur les Pays-Bas & Comté de Bourgogne : 1667, *in-12.*

Nouvelle Edition, revue, corrigée & augmentée, 1668, *in-12.*

Cette Suite est une Critique du Dialogue ; elle pourroit bien être du Baron DE LISOLA, qui étoit Françcomtois.

28853. Lettre d'un Gentilhomme Liégeois, envoyée à l'Auteur des Remarques, qui servent de Réponse à deux Ecrits imprimés à Bruxelles, contre les Droits de la Reine sur le Brabant : *Liège*, [Clément], 1668, *in-12.*

28854. Bouclier d'Etat & de Justice, contre le dessein manifestement découvert de la Monarchie universelle, sous le vain prétexte des prétentions de la Reine, 1667, *in-4.* & [*Bruxelles*, Foppens], *in-12.*

François, Baron DE LISOLA, Françcomtois, Ambassadeur du Roi d'Espagne, est l'Auteur de cet Ouvrage, où il défend les Droits du Roi d'Espagne sur les Pays-bas, contre le Roi de France. Ce Baron est mort en 1675 [ou 1676.]

☛ *Voyez* le *Dictionn.* de Bayle, Art. *Lisola*.]

Le même Livre traduit en Italien, sous ce titre : Difesa di Stato & di Giustitia contro il desegno della Monarchia universale, sotto il vano pretesto delle pretensioni della Regina di Francia : 1667, *in-8.*

Le même Livre traduit en Espagnol sous ce titre : Defensa de Estado y de Justicia contro il diseño de la Monarchia universal, por las pretenciones de la Reyna de Francia : 1667, *in-8.*

Le même, traduit en Allemand : 1667, *in-12.*

Le même, traduit en Anglois : *London*, 1667, *in-8.*

28855. Mss. Réponse de Jean DOUJAT, au Bouclier d'Etat, où il est traité de la véritable fin du Roi en son Entrée aux Pays-Bas ; *in 4.*

Cette Réponse [étoit] conservée entre les Manuscrits de M. Fouquet, Secrétaire du Roi.

L'Abbé de BOURZEIS fit aussi une Réponse au *Bouclier d'Etat*, que la Paix empêcha de publier, selon Moréri.

28856. ☛ Mss. Réplique en forme de Lettre, à l'Auteur du *Bouclier d'Etat*.

Cette Lettre, qui est signée P. H. D. C. est dans le Cabinet de M. de Beaucousin, Avocat au Parlement de Paris.]

28857. ☛ La Méduse, Bouclier de Pallas, ou Défense pour la France contre un Libelle intitulé : *Le Bouclier d'Etat*, pour ce qui concerne le Portugal ; traduit du Portugais, par le Chevalier (Jacques) DE JANT : *Lisbonne*, sans date, *in-12.*

Ce Livre est réellement un Ouvrage du Chevalier DE JANT, & non une Traduction : l'Auteur étoit de Dijon. Son Livre y fut imprimé chez Pierre Palliot, environ l'an 1668.]

28858. La Verita vindicata de' i sofismi di Francia, ò Risposta allo Scrittore delle pretensioni del Re Christianissimo : 1667, *in-4.*

Gregorio Leti attribue cette Défense à l'Abbé Dominico FEDERICI.

Le même Livre, traduit de l'Italien, avec la Renonciation de la Reine Marie-Thérèse, Infante d'Espagne, promise au Roi Très-Chrétien, tant pour ce qui lui pouvoit toucher de sa Légitime, que de toute l'Hoirie du Roi Catholique son père : 1668, *in-4.*

Cette dernière Pièce se trouve aussi au tom. III. des *Traités de Paix*, publiés [en Hollande] par Moëtjens.

☛ C'est une Réponse aux différens Manifestes que le Roi Très-Chrétien avoit fait publier, pour démontrer les Droits de la Reine son Epouse, sur les Pays-bas. L'Auteur l'a divisée en deux Parties. Dans la première,

Il examine l'Acte de Renonciation qui fut fait lors du Traité des Pyrénées; & dans les différens Chapitres qui composent cette Partie, il discute tous les motifs qu'on pouvoit alléguer pour ou contre sa validité. Dans les douze Chapitres de la seconde Partie, après avoir débattu les Droits de la Reine, il conclud qu'elle ne peut en avoir aucun sur les Pays-Bas, & que la demande qu'en fait le Roi de France, ne peut passer que pour injuste. Il établit son Discours sur un grand nombre d'autorités, de raisons & d'exemples. Les quatre Pièces suivantes en sont comme les preuves.

1. Acte de Renonciation fait le 2 Juin 1660, à Fontarabie, par Marie-Thérèse, Infante d'Espagne, promise au Roi Très-Chrétien, tant de ce qui lui pourroit toucher de sa Légitime, comme de toute l'Hoirie du Roi Catholique son père.

2. Contract de Mariage du Roi Très-Chrétien, & de la Sérénissime Infante, fille aînée du Roi Catholique, le 7 Novembre 1659.

3. Extrait de l'Histoire d'Emmanuel Meteren, traduit du Flamand en François, & imprimé à *la Haye*, en 1618, *Liv. XIX. fol.* 412.

4. Extrait du Contract de Mariage entre le Roi Très-Chrétien Louis XIII. & l'Infante Anne d'Autriche, fille aînée de Philippe III. Roi d'Espagne.]

28859. LXXIV. Raisons qui prouvent plus clair que le jour, que la Renonciation de la Reine est nulle : *in*-12.

Ce Traité est d'Amable DE BOURZEIS, mort en 1672. L'Auteur y fait voir qu'il est aussi grand Jurisconsulte que bon Théologien. [Il y en a un Exemplaire] manuscrit dans la Bibliothèque de Messieurs des Missions Etrangères, à Paris, qui a pour titre : « Nullités des Renonciations, &c. *in-fol.*» [dont le Père le Long parloit, ne sachant pas que ce petit Traité eût été imprimé.]

28860. Reginæ Christianissimæ Fides & innocentia defensa contra Scriptoris Gallici cavillationes, prætextu interpretandorum Jurium in Ducatum Brabantiæ, &c. *in*-12.

28861. Respuesta de España al Tratado de Francia sobre le pretenciones de la Reyna Christianissima ; por el Dottor Francisco RAMOS del Mazano : *en Madrid*, 1667; *en Brussellas*, 1668, *in-fol.*

La medesima Risposta tradotta dal Castigliano : *in Milano*, 1677, *in-fol.*

Eadem Responsio in Latinum traducta : *Bruxellis*, 1674, *in-fol.*

28862. Risposta al Trattato delle ragioni della Regina Christianissima soprà il Ducato de Brabante & altri Stati della Flandria ; di Francesco D'ANDREA, Fiscale della Camera di Napoli : *in Napoli*, 1667, *in fol.*

28863. Defensor prodromus Renunciationis factæ à Serenissima Regina Maria Theresia in Regna & ditiones Hispaniarum : Auctore quodam Germano Austriaco anonymo : *in*-12.

28864. Examen de la Verdad en Respuesta a los tratados de los derechos de la Reyna Christianissima sobre varios Estados de la Monarchia de España ; por el Licenciado D. Pedro Gonzales DE SALCEDO, Alcalde de Casa y Corte : *en Madrid*, (1667), *in-fol.*

Le même Examen, traduit en François : *Bruxelles*, 1667, 1673, *in-fol.*

Idem Examen Latinè : *Bruxella*, 1673, *in*-4.

28865. Reflessioni Belgice fatte contrò le pretensioni della Regina Christianissima ne' Paesi-Bassi ; opera de Raymundo RICARDO : *in Milano*, 1668, *in*-4.

28866. Discoprimento delle fallacie & falsità dello Scrittore su le pretensioni della Regina Christianissima nel Brabante : *in Napoli*, 1668, *in*-8.

28867. Remarques sur la Réponse donnée de la part du Roi de France, aux Ambassadeurs d'Angleterre & de Hollande, concernant les droits de la Reine : 1668, *in*-12.

28868. Tractatus de Jure devolutionis, in quo exploduntur Observationes anonymi, quibus eundem Tractatum maculare ausus est Anonymus : Auctore Petro STOCKMANS : *Bruxellis*, 1668, *in*-12.

Le même Traité est imprimé avec ses *Œuvres* : *Bruxella*, 1700, *in-fol.*

28869. Remarques envoyées à M. Stockmans, pour servir de Réponse à la seconde partie de son Traité du Droit de Dévolution : *Paris*, Cramoisy, 1668, *in*-12.

Eædem Observationes Latinæ : *Parisiis*, 1668, *in*-12.

Ces Remarques sont de Guy JOLY, Conseiller au Châtelet.

28870. Le Remarqueur Anonyme convaincu par l'Histoire, ou Réponse aux Remarques envoyées à M. le Conseiller Stockmans sur la seconde Partie : 1668, *in*-4.

28871. Réponse au Traité de la Dévolution de M. Stockmans : *Paris*, 1668, *in*-12.

28872. Veridicus Belgicus, Pupilli Advocatus, Respondens Gallico Causarum Patrono in vicem fictitii suppositi in Dialogo, alioque Libello nuper per illum edito super prætensis Juribus Reginæ Christianissimæ in Belgicas Provincias : 1669, *in*-8.

28873. Responsio præcursoria tractatui pleniori de vera origine Ducatûs & Ducum Brabantiæ mox secururo præmissa ad Vindicias Papinianas à quodam Fabularum sarcinatore, sub nomine Veridici editas ; auctore Roberto LOYENS, in supremo Brabantiæ Senatu Secretario : 1670, *in*-8.

28874. Traité de la Monarchie universelle, pour répondre aux Espagnols qui prétendent que le Roi y aspire : *Cologne*, [Marteau], 1671, *in*-12.

28875. ☞ Lettres & autres Pièces curieuses sur les Affaires du temps : *Amsterdam*, 1672, *in*-12.

Ce Recueil contient des Mémoires & Lettres de MM. DE LISOLA & CAMPRICHT, Ministres de l'Empereur & de l'Electeur de Cologne ; & des Notes sur ces

Pièces, avec une Lettre des Etats-Généraux, au Roi de France, & sa Réponse.]

28876. La Défense de Marie-Thérèse d'Autriche, Reine de France, à la Succession des Couronnes d'Espagne ; par George d'Aubusson, Archevêque d'Ambrun : *Paris*, Cramoisy, 1674, *in-4*. & *in-12*.

☞ Seconde Edition, 1699, *in-8*.

Ce Prélat fit une Harangue au Roi à Metz, le 30 Juillet 1673, qui fut réfutée par un petit Livret intitulé : *L'Orateur François*, imprimé à Liége en 1674, dont on crut M. de Lisola l'Auteur. Le Prélat y répondit par le Traité que l'on vient d'indiquer.

Cet Archevêque est mort Evêque de Metz, en 1697.]

28877. Considérations sur le Contract de Mariage de la Reine, pour montrer quel est le Droit de Sa Majesté sur le Brabant, le Haynault, le Comté de Namur, &c. *Paris*, le Pest, 1674, *in-12*.

☞ L'Epître dédicatoire au Roi, est signée M. L. P. On trouve dans cet Ouvrage, un Mémoire sur ce qui s'est passé au Testament & à la mort de Philippe IV. Roi d'Espagne, père de la Reine.]

28878. ☞ Dissertation sur les Droits de Marie-Thérèse d'Autriche, Reine de France.

Cette Dissertation est imprimée à la suite de l'*Histoire du Traité de Nimègue*, rapportée ci-après. L'Auteur y a négligé la discussion d'un Article important, qui est celui du Droit de Dévolution.]

28879. Discours sur les prétentions de la France, au sujet des Places de Condé, de Linck, &c. en vertu du Traité d'Aix-la-Chapelle ; avec les Eclaircissemens sur la Lorraine : *la Haye*, (*Bruxelles*)1671,*in-12*.

☞ (Discours) Si la France est bien fondée ou non, à prétendre les Places de Condé, Linck, &c. en vertu du Traité d'Aix-la-Chapelle : *la Haye*, Laurent, 1670, *in-12*.]

☞ Discours contre les prétentions de la France, en vertu du Traité d'Aix-la-Chapelle, seconde Partie. *Ibid.*]

28880. ☞ Déclaration du Roi de France, que dans le terme d'un an, il ne fera pas la Guerre aux Pays-Bas, sous prétexte de ses Prétentions sur Condé, Linck & dépendances de Nieuport : *La Haye*, 1670, *in-12*.

28881. ☞ Défense des Droits du Roi Catholique, Duc & Souverain de Luxembourg, à l'entière exclusion de la France : *Cologne*, 1672, *in-12*.]

28882. ☞ Considérations sur le cas, Si les Pays-Bas Autrichiens tomboient à la France ; traduites de l'Anglois : *Amsterdam*, 1738, *in-12*.]

§. V.

Droits sur les Etats d'Espagne.

28883. Traité d'aucuns Droits du Roi Philippe II. ès Etats qu'il tient à présent : *Lyon*, Ancelin, 1594, *in-8*.

Le même Traité est imprimé au tom. V. des *Mémoires de la Ligue*, pag. 583. François Pithou, qui en est l'Auteur, y fait voir le peu de droit qu'a le Roi d'Espagne sur la plupart de ses Etats, les justes prétentions qu'y ont plusieurs Princes, & sur-tout le Roi de France.

28884. Traité des Usurpations des Rois d'Espagne sur la Couronne de France, depuis Charles VIII. Ensemble un Discours sur le commencement, le progrès, déclin & démembrement de la Monarchie Françoise ; par Christophe Balthazar, Conseiller d'Etat, Intendant en Languedoc : *Paris*, Morel, 1626, *in-8*.

Le même Traité, auquel l'Auteur a ajouté un Discours des Droits & Prétentions des Rois de France sur l'Empire : *Paris*, 1635, *in-8*. & 1645, *in-8*.

Il medesimo Trattato.

Cette Traduction Italienne est imprimée dans la seconde Partie du Livre intitulé : *Dell'Europa Gelosa*, pag. 337 : *in Colonia*, 1672, *in-12*.

28885. Risposta per la verita di Giulio Cerrio al Trattato Francese di Christoforo Balthazar, delle usurpationi del Rè di Spagna sopra la Corona di Francia, doppo il Regno di Carlo VIII : *alla Mirandola*, 1626, *in-4*.

28886. Justice des armes du Roi Très-Chrétien contre le Roi d'Espagne, depuis la mort de Charles VIII. par Christophe Balthazar : *Paris*, 1647, *in-4*.

☞C'est le *Traité des Usurpations*, indiqué ci-dessus, mais augmenté.]

28887. Ms. Avis au Roi sur la Succession de la Maison de Bourbon aux Royaumes de Naples & de Sicile, & autres qui en dépendent : *in-fol.*

Cet Avis [étoit] conservé dans la Bibliothèque de M. le Chancelier Seguier, num. 314, [& doit être à S. Germain des Prés, avec autres Manuscrits.]

28888. Ms. Discours de Jean Meynier, Sieur d'Oppede, Conseiller du Roi au Parlement de Provence, sur les Droits de Sa Majesté aux Royaumes de Naples & de Sicile : *in-fol.*

28889. Ms. Titres & Actes concernant ces Royaumes, depuis l'an 1311 jusqu'en 1516 : *in-fol.*

Ces Discours & Titres sont conservés entre les Manuscrits de M. Dupuy, num. 390 & 160.

28890. Ms. Mémoires & Traités concernant les mêmes Royaumes : *in-fol.*

Ces Mémoires sont conservés dans la Bibliothèque du Roi, entre les Manuscrits de M. de Gaignières.

28891. Ms. Justice des Prétentions de Charles VIII. au Royaume de Sicile : *in-fol.*

Ce Traité est cité dans le Catalogue des Manuscrits de M. le Chancelier Seguier, [aujourd'hui à S. Germain des Prés.]

28892. Déduction du Droit de Charles VIII. au Royaume de Naples & de Sicile, & d'Arragon, mise par écrit l'an 1491, du commandement du Roi, & rédigé de l'ordon-

Droits de la France sur des Etats voisins.

nance de la Chambre des Comptes de Paris; par Léonard BARRONNET, Maître en icelle Chambre; & autres Pièces contenant le même Droit.

Cette Déduction est imprimée à la page 544 des Additions de Godefroy, à l'*Histoire de Charles VI. Paris*, 1653, *in-fol.* & à la page 675 de ses *Additions à l'Histoire de Charles VIII. Paris*, 1684, *in-fol.*

28893. ☞ Mſ. Droits du Roi sur l'Italie, la Navarre, la Flandres, &c. *in-fol.* 2 vol.

Dans la Bibliothèque de la Ville de Paris, parmi les Manuscrits de MM. Godefroy, num. 294 & 295.]

28894. Traité des Droits du Roi, sur les Royaumes de Naples & de Sicile, avec les Généalogies; par Pierre DUPUY.

Ce Traité est imprimé dans son *Recueil des Droits du Roi : Paris*, 1655, *in-fol.*

28895. Mſ. Dissertation de François DE CAMPS, Abbé de Signi, touchant les Droits du Roi sur le Royaume de Naples & de Sicile : *in-fol.*

Cette Dissertation [étoit] conservée dans la Bibliothèque de l'Auteur, [& est aujourd'hui dans celle de M. de Beringhen.]

28896. Mſ. Avis & Opinion de Jacques CUJAS, touchant la Succession du Roi de Portugal, vacante par la mort du Roi Henri sans enfans, en l'année 1578, avec plusieurs autres Pièces sur le même sujet. Manifeste du Roi de France, contenant les raisons qu'il a de soutenir Dom Antoine, Roi de Portugal, contre le Roi d'Espagne. Mémoire sur les Prétentions de la Reine Catherine de Médicis, à la Couronne de Portugal : *in-fol.*

Ce Recueil [étoit] conservé dans la Bibliothèque de M. Baluze, num. 97, [& est aujourd'hui dans celle du Roi.]

28897. Déclaration du Droit de légitime Succession au Royaume de Portugal, appartenant à la Royne, mère du Roy Très-Chrétien, avec la Réponse. Consultations sur ce faites. Ensemble la Défense contre les impostures & calomnies d'Antoine de Nebride, pour l'usurpation du Royaume de Navarre; & Discours véritable du reste des illégitimes détentions dudit Castillan, tant sur la Maison & Couronne de France, qu'autres Princes François, notamment d'Arragon, de Valence & du Pays de Catalogne, avec les Duchés de Gueldres sur les Princes de la Maison de Lorraine; par M. P. BE. JU. TH. *Anvers*, 1582, *in-8.*

Ces lettres initiales signifient Maître Pierre DE BELLOY, Jurisconsulte Tholosain.

28898. La Recherche des Droits du Roi & de la Couronne de France sur les Royaumes, Duchés, Comtés, Villes & Pays occupés par des Princes Etrangers, appartenans aux Rois Très-Chrétiens, par Conquêtes, Successions, Achats, Donations & autres Titres légitimes; ensemble, de leurs Droits sur l'Empire, & des devoirs & hommages dûs à leurs Couronnes, par divers Princes Etrangers; par Jacques DE CASSAN, premier Avocat du Roi au Présidial de Beziers : *Paris*, 1632, *in-4. Rouen*, Besogne, 1643, *in-4. Paris*, 1646, *in-8. Paris*, 1663, *in-4.*

Ce Livre a acquis plus de réputation à son Auteur, que celui des Dynasties des Gaules & des François, qui contient bien des Fables ; au lieu que celui-ci est rempli de choses solides & véritables, qui font connoître que de Cassan sçavoit l'Histoire. Ce Livre regarde la Castille, Tolède, Arragon, Catalogne, Portugal, Naples, Sicile, Majorque, Milan, Roussillon & Sardaigne.

☞ *Voyez* Lenglet, *Méth. histor. in-4. tom. IV. pag.* 261.=*Sorel, pag.* 270.=*Biblioth. Harley. tom. II. pag.* 554.=*Caract. des Ouvr. histor. pag.* 65.]

28899. Responsio ad prætensum Jus Francorum in quasdam Principum Austriacorum Provincias; auctore Nicolao VERNULÆO, Historiographo Regio, & Lovanii publico Eloquentiæ Professore.

Cette Réponse est imprimée au Chapitre IX. de l'*Apologie de la Maison d'Autriche*, contre ses Adversaires: *Lovanii, Zegeri*, 1635. *in-4.* Ce Livre regarde le Royaume de Naples, le Duché de Milan, la Navarre, quelques Provinces des Pays-Bas, & le Comté de Roussillon.

28900. Romano - Germanus Sacr. Cæsareæ Majestatis necnon Electorum Statuumque Imperii Splendor, nebulosum Cassani somnium dispergens, ejusque errores in parte secunda capitis primi, anno 1632, editi sub titulo : Recherches des Droits du Roi, &c. auctore G. U. H. Equite Germano : *Hamburgi*, Werneri, 1635, *in-4.*

28901. Hiatus Joannis Cassani obstructus; Libri tres, quibus immensa illius omnem Europam scriptione absorbentis ambitio, nullo jure niti demonstratur, ditiones Belgicæ Juri Regis Catholici asseruntur; fœderum Regiorum vis atque virtus comprobatur, hodiernique denique belli Hispano-Gallo - Belgici justitia ostenditur. Accessit caput posthumum super Vindiciis Gallicis (Priezaci); auctore Francisco ZYPÆO, Jurisconsulto, Canonico, Officiali & Archidiacono Antverpiensi : *Antverpiæ*, 1638, *in-12. Ibid.* 1640, *in-8.*

Editio postrema ab auctore aucta & emendata.

Cette nouvelle Edition se trouve imprimée dans le tom. II. de ses Œuvres : *Antverpiæ*, Verdussen, 1675; *in-fol.* Vander Zype est mort en 1676.

28902. Davidis BLONDELLI, Animadversiones in Franciscum Zypæum.

Cette Critique est imprimée dans la Préface Apologétique de sa *Généalogie de la Famille des Rois de France défendue : Amstelodami*, 1655, *in-fol.*

28903. Mſ. Pièces concernant les Rois de France & ceux d'Arragon, les Villes de Valence, de Barcelonne, les Rois de Navarre & les Comtes de Roussillon : *in-fol.*

Ce Recueil est conservé entre les Manuscrits de M. de Brienne, num. 57, [dans la Bibliothèque du Roi.]

28904. Mſ. Recueil de pluſieurs Pièces, intitulé : *Pro Regno Arragonum & Siciliæ, Valentiæ, Comitatûs Roſſilhoni, Provinciæ & Forcalquerii, &c. in-fol.*

Ce Recueil [étoit] conſervé dans la Bibliothèque de M. Mazaugues, à Aix, entre les Manuſcrits de M. de Peireſc, num. 15. La première Pièce eſt une Conſultation, qui a pour titre : *Pro Rege Arragonum factum in ſuis veriſſimis terminis ponitur & eſt tale.* Cette Conſultation regarde les Droits que Louis I. Duc d'Anjou & Comte de Provence, fils du Roi Jean, acquit ſur le Royaume de Majorque & le Comté de Rouſſillon, par la ceſſion que lui en fit en 1378 Iſabelle, veuve de Jacques, Marquis de Montferrat, ſœur & unique héritière de Jacques, Roi de Majorque, Comte de Rouſſillon & Seigneur de Montpellier, mort ſans enfans : fait qu'aucun Hiſtorien de Provence n'a remarqué. Cette Conſultation contient un long récit de ce fait, & renferme bien des traits hiſtoriques. Elle paroît être faite du temps du Prince Louis I. ou ſous ſon fils Louis II. On juge que l'Auteur eſt Provençal, parce qu'il cite Jacques de Belloviſu, Juriſconſulte, né à Digne , mais demeurant à Aix, qui vivoit ſous le Règne de Charles II. en 1300.

Seconde Conſultation ſur le Droit du Roi René ſur la Sicile, intitulée : *De Regno Siciliæ in caſu Domini Regis Renati ſuper Regno Siciliæ Tenor facti prout ſuit, & eſt verum & notorium.* Ce n'eſt qu'une déduction hiſtorique du Droit du Roi René ſur la Sicile & le Royaume de Naples, & de celui que le Roi d'Arragon y prétendoit , & une Suite généalogique des perſonnes de qui l'un & l'autre de ces Princes tenoient leur droit.

Copies de divers Actes ſervant à ſoutenir ces deux Conſultations, les uns en abrégé, les autres en leur entier. Enſuite diverſes Remarques ſans ordre, tirées des Archives d'Aix. Le tout du temps de Louis XI. Roi de France, avec des Remarques de M. de Peireſc. Il y a encore beaucoup d'autres Pièces curieuſes dans ce Recueil. Je tiens ces Obſervations de M. Mazaugues.

28905. Mſ. Droits du Roi au Royaume de Navarre & autres : *in-fol.*

Ce Recueil [étoit] conſervé dans la Bibliothèque de M. le Chancelier Seguier, num. 686. [aujourd'hui à S. Germain des Prés.]

28906. Traité des Droits du Roi ſur le Royaume d'Arragon; par Pierre DUPUY.

28907. Traité des Droits de ſaint Louis & de ſes Succeſſeurs au Royaume de Caſtille; par le même.

28908. Traité des Droits du Roi au Royaume de Navarre, contre les prétentions des Eſpagnols; par le même.

Ces trois Traités ſont imprimés, *pag. 161. 171 & 179 de ſon Recueil des Droits du Roi : Paris,* 1655, *in-fol.*

28909. Mémoires pour l'Hiſtoire de Navarre & de Flandres, contenant le Droit du Roi au Royaume de Navarre & aux Duchés de Pégnafiel, &c. uſurpés & détenus par les Rois d'Eſpagne, avec le Royaume de Navarre, depuis l'an 1512. Le Droit particulier du Roi, comme Seigneur des Villes & Châtellenies de Dunkerque, de Bourbourg & de Gravelines en Flandres, & comme Seigneur Châtelain de Lille; avec l'Hiſtoire de 150 années de Guerres, d'entre la France & la Flandres, depuis l'an 1180 juſqu'en 1331, qui juſtifient le Droit de la Couronne de France, ſur les Villes & Châtellenies de Lille, Douay & Orchies, ſur la Comté de Flandres & le Pays de Waes; avec les preuves authentiques : le tout dreſſé ſur les Titres & Mémoires du Cabinet de feu M. Auguſte GALLAND, Conſeiller du Roi en ſes Conſeils d'Etat & privé, & Procureur-Général de ſa Maiſon, Couronne & ancien Domaine de Navarre : *Paris,* 1648, *in-fol.*

Cet Auteur eſt mort Conſeiller d'Etat, [vers 1644.] Son fils, qui étoit Prêtre de l'Oratoire, a publié ſes Mémoires, comme dit Joly, *pag.* 619 des *Œuvres mêlées* de Loyſel. Galland parle auſſi des Droits du Roi ſur diverſes Villes & Places de Caſtille, d'Arragon & de Catalogne. On y a ajoûté un Recueil de Preuves, où il y a des Pièces fort curieuſes.

☞ *Voyez* ſur cet Ouvrage, *Biblioth. Harley. t. II. p.* 548. = Lenglet , *Méth. hiſtor. in*-4. *t. IV. p.* 231.]

28910. Joannis LOPEZII de Obtentionis, Retentioniſque Regni Navarræ juſtitia , & de Situ Terræ & Antiquitate : *Lugduni,* 1576, *in-fol.*

28911. ☞ De Juſticia & Jure obtentionis ac retentionis Regni Navarræ ; auctore Joanne Lupo DE PALATIOS Ruvios , Juris utriuſque Doctore , & olim Juris Pontificii in Academia Pintiana Profeſſore primario : *Antverpiæ,* Kaerbergii, 1616, *in-fol.*

C'eſt un Ouvrage en faveur des Eſpagnols.]

28912. Extrait d'un Traité non encore imprimé, intitulé : Navarra injuſtè rea, ſive de Navarræ Regno contra jus faſque occupato, Expoſtulatio A. O. M.

Ces Lettres initiales ſignifient Arnauld OIHENART de Mauléon, Avocat au Parlement de Navarre.

Il y en a un long Extrait à la page 107 des *Preuves des Mémoires* d'Auguſte Galland *ſur la Navarre,* [que l'on vient d'indiquer.]

28913. Déclaration hiſtorique de l'injuſte uſurpation & rétention de la Navarre par les Eſpagnols : 1625, *in-*8.

Cette Déclaration hiſtorique eſt du même Auteur.

☞ Elle a été réimprimée dans le *Recueil* H , *in-*12.]

28914. Mſ. Mémoires , Actes & autres Pièces concernant les Droits du Roi ſur la Navarre, recueillis par ordre du Cardinal de Richelieu; par Théodore GODEFROY : *in-fol.*

Ces Mémoires ſont conſervés dans la Bibliothèque de M. le Chancelier d'Agueſſeau.

☞ Dans celle de la Ville de Paris, N.° 297, il y a un Volume du même ſur ce ſujet.]

28915. ☞ Traité des droits que Sa Majeſté a ſur la Navarre; par Euſtache GAULT.

Cet Auteur eſt mort Evêque de Marſeille, en 1640.]

28916. Remontrance ſur l'injuſte uſurpation du Royaume de Navarre, faite depuis l'an 1512, par Ferdinand V. Roi de Caſtille & d'Arragon , & ſes Succeſſeurs Rois d'Eſpagne.

Cette Remontrance eſt imprimée avec le *Traité* de Câteau-Cambreſis : *Paris,* Camuſat, 1637, *in*-4. &

dans les *Preuves des Mémoires* d'Auguste Galland *sur la Navarre* : *Paris*, 1648, *in-fol.* Elle a été faite par Jean-Jacques DE MESME, Sieur de Roissy, Conseiller d'Etat, mort en 1642.

28917. ☞ Réponse aux Remontrances faites à l'Empereur Charles-Quint, par aucuns de ses Sujets, sur la restitution du Royaume de Navarre & Duché de Milan : *Paris*, l'Héritier, 1542, *in-8*.

28918. Droits du Roi sur plusieurs grandes Terres & Seigneuries ; par Jean-Baptiste LE GRAIN.

Ce Traité est imprimé dans sa *Décade de la Vie du Roi Henri IV*. *Paris*, 1610, *in-fol.* Ces Droits dont il parle, sont sur la Navarre, sur Gênes & sur l'Etat de Milan.

28919. MS. Droits du Roi sur la Principauté de Catalogne, les Comtés de Roussillon & de Cerdagne, & le Royaume d'Arragon : *in-fol.*

Ce Recueil est conservé entre les Manuscrits de M. Dupuy, num. 598.

28920. MS. Pièces concernant la Catalogne : *in-fol.*

Ce Recueil [étoit] conservé dans la Bibliothèque de M. le Chancelier Seguier, num. 192, [aujourd'hui à S. Germain des Prés.]

28921. MS. Titres & Pièces concernant la Catalogne & le Roussillon : *in-fol.*

Ces Titres sont conservés dans la Bibliothèque du Roi, entre les Manuscrits de M. de Gaignières.

28922. ☞ Catalonia iterùm ad Lilia perfugiens, anno 1641 : *Barcinone*, 1642, *in-8*]

28923. La Défense des Catalans, où l'on voit le juste sujet qu'ils ont de se retirer de la domination du Roi d'Espagne ; avec les Droits du Roi sur la Catalogne & le Roussillon. Remontrance au Peuple de Flandres, sur les Droits du Roi : *Paris*, de Sercy, 1642, *in-8.*

Cette Défense est de Charles SOREL, Historiographe de France.

28924. Catalania vindicata adversùs Hispanensium imposturas, sive Dissertatio historica de legitimo Regum Francorum in eam Provinciam imperio ; auctore Ludovico MESPLEDE, Narbonensi, Ordinis Prædicatorum : *Parisiis*, 1643, *in-8.*

☞ *Voyez* le *Dictionnaire* de Bayle, Art. *Mesplede*, Remarq. A.]

28925. Galliæ dignitas adversùs præposterum Catalaniæ Assertorem vindicata, seu de Jure Regis quo Ludovicus Mesplede, rejectis Cataloniæ vindicandæ veris legitimisque monumentis, eam ementito tantùm ac falso titulo vindicare Galliæ satagit, simulque pietatem ac memoriam Regum & Regni famam gloriamque traducit ; per Joannem NICOLAÏ, Ordinis Prædicatorum, Theologiæ Doctorem : *Parisiis*, Sassier, 1644, *in-4.*

L'Auteur est mort en 1673.

28926. Francisci MARTI & VILADAMOR, Præsidium inexpugnabile Principatûs Cataloniæ, pro Jure eligendi Christianissimum Monarcham : *Barcinone*, 1644, *in-fol.*

28927. ☞ Defensa de la auctoridad Real en las personas Ecclesiasticas del Principado de Catalauna ; por el Doctor FRA MARTI y VILADAMOR, Chronista Real, &c. *en Barcelona*, 1646, *in-4.*]

28928. La Catalogne Françoise, où il est traité des Droits du Roi sur les Comtés de Barcelone & de Roussillon, & sur les autres Terres de la Principauté de Catalogne : *Toulouse*, 1644, *in-4.*

Pierre DE CASENEUVE, Prébendier de saint Etienne de Toulouse, est l'Auteur de cet Ouvrage. Il est mort en 1652.

28929. ☞ Les Catalans François, au Roi d'Espagne, contenant le motif de leurs armes : *Tholose*, 1645, *in-4.*]

28930. ☞ Manifiesto de la fidelidad Catalana, integridad Francesa, y perversidad ennemya de la justa conservacion de Cataluna en Francia ; por el Doctor Francisco MARTI y VILADAMOR, Chronista Real : *Barcelona*, 1646, *in-4.*]

28931. Vindiciæ Hispanicæ, quibus accessére lumina nova Genealogica, Salica, Prærogativa, sive Responsa ad Francorum Objectiones ; auctore Joanne-Jacobo CHIFFLETIO : *Antverpiæ*, 1647, *in-fol.*

Cette Défense est aussi imprimée dans le *Recueil de ses Œuvres* : *Antverpiæ*, 1650, *in-fol.*

☞ *Voyez* ce qu'en dit le Père Niceron, *t. XXV.* pag. 260.]

28932. Veritas vindicata adversùs Chiffletii Vindicias Hispanicas, Lumina nova, Lampades historicas, quâ retectis variis arcanis Salicis, Historicis & Genealogicis, Christianissimorum Regum jura, dignitas & prærogativæ demonstrantur ; operâ & studio Joannis-Alexandri TENNEURII : *Parisiis*, Billaine, 1651, *in-fol.*

28933. Joannis-Jacobi CHIFFLETII, Tenneurius expensus, ejusque calumniæ repulsæ ; subjecta est Appendix ad corollarium de Baptismo Clodovei I. Regis Francorum : *Antverpiæ*, 1652, *in-fol.*

28934. Davidis BLONDELLI, Responsio ad Vindicias Hispanicas Joannis-Jacobi Chiffletii.

Cette Réponse est imprimée dans sa Préface Apologétique, signatures XIX.* & XIX.* 3, de la *Généalogie de la Maison de France défendue* : *Amsterdam*, 1655, *in-fol.*

28935. ☞ Quæstio, Utrum Regibus Christianissimis jus aliquod ad Hispaniæ regnum sit. = Quæstio, Utrum regnum Navarræ ad Catholicos Hispaniæ aut ad Christianissimos Galliæ Reges pertineat.

Ce sont les Questions 3 & 4, (*pag.* 337 & 386) du

Livre intitulé : *Propugnaculum Lusitano-Gallicum* du Père Macedo, ci-devant, N.° 15595.]

28936. Mémoires & Instructions pour servir dans les Négociations & Affaires concernant les Droits du Roi : *Paris*, Cramoisy, 1665, *in-fol. Amsterdam*, 1665, & *Paris*, 1681, *in-12*. Les mêmes augmentés : *Paris*, le Fevre, 1689, *in-12*.

Denys GODEFROY composa l'an 1652, par ordre de M. le Chancelier Seguier, ce Recueil curieux & qui est très-bien fait. L'Abbé Gallois, dans le *Journal onzième des Sçavans*, de l'année 1666, ne sçachant pas le nom de l'Auteur, dit : « Qu'il est facile de juger que ce ne » pouvoit être qu'une personne très-versée dans le ma- » niement des Affaires, & très-intelligente dans l'Hi- » stoire ; car cet Ouvrage (ajoute-t-il) contient une très- » grande diversité de matières d'Etat, qui sont toutes » traitées avec beaucoup de solidité ». On y fait mention de diverses usurpations de la Maison d'Autriche sur divers Etats, & des Droits du Roi sur le Roussillon, la Catalogne, le Royaume de Navarre, le Duché de Milan, les Royaumes de Naples & de Sicile, le Duché de Savoye, les Comtés de Flandres & d'Artois, les Duché & Comté de Bourgogne, &c.

☞ Cet Ouvrage traite non seulement des Droits du Roi sur divers Etats & Villes, mais aussi du rang des Ambassadeurs, Légats, Nonces & Cardinaux, & de plusieurs autres matières concernant la Politique & les Négociations. Il a été fait par un homme sçavant dans notre Histoire, & dirigé par un Ministre éclairé.

Voyez à ce sujet, l'*Histoire critique des Journaux*, par Camusat, *pag.* 245. = Lenglet, *Méth. histor. in-4. tom. IV. pag.* 261. = XI. *Journ. des Sçav.* 1666.]

28937. ★ Discours sur la Succession de la Monarchie d'Espagne, en François & en Italien ; par Léonard PEPOLI, Jurisconsulte de Bologne : (1698).

Il est imprimé, *pag.* 294 du tom. II. des *Mémoires & Négociations* du Comte d'Harrach, Ambassadeur de l'Empereur à Madrid : *La Haye*, Husson, 1720, *in-8*. L'Auteur se déclara en faveur du Prince Electoral de Bavière, ce qui détermina le Roi d'Espagne à faire d'abord un Testament favorable à ce Prince.

28938. Mf. Protestation faite au Roi d'Espagne, par l'Ambassadeur de France, le 17 Janvier 1699 ; avec la Réponse du Roi d'Espagne.

Cette Protestation a été faite au sujet du Testament du Roi d'Espagne, en faveur du Prince Electoral de Bavière, qui mourut en 1699.

28939. Testament & Codicille de CHARLES II. Roi d'Espagne, fait le 2 Octobre 1700, en Espagnol & en François ; avec plusieurs Pièces concernant ledit Testament : *Paris*, Léonard, 1700, *in-4. Cologne*, 1701, *in-12*.

Ce Testament est fait en faveur de Philippe de France, Duc d'Anjou, qui en conséquence prit possession en 1700 des Etats de la Monarchie d'Espagne.

28940. ☞ Entretien de Marphorio & de Pasquin, sur le Testament de Charles II. *Cologne*, 1700, *in-12*. avec figures en taille douce.]

28941. ☞ Lettres-Patentes du Roi (Louis XIV.) pour conserver au Roi d'Espagne, son petit-fils, les droits de sa naissance, en Décembre 1700 : *Paris*, de l'Imprimerie Royale, 1701, *in-4*.]

28942. Mémoire de sa Majesté Très-Chrétienne, présenté par le Comte de Briord, aux Etats-Généraux des Provinces-Unies, à la Haye, le 4 Décembre 1700.

28943. Lettre écrite d'Anvers, le 29 Décembre 1700 ; par M. P. à M. N. en Hollande, sur le Testament de Charles II. Roi d'Espagne : *Bruxelles*, 1700, *in-4*.

Ce Mémoire & cette Lettre sont imprimés dans le *Recueil de Pièces authentiques pour la parfaite connoissance des dernières Révolutions d'Espagne*, &c. *Amsterdam*, Chevalier, 1701, *in-4*.

28944. Réflexions sur une Lettre écrite d'Anvers, le 29 Décembre 1700, sur les Affaires présentes de la Couronne d'Espagne, avec quelques Pièces authentiques : 1701, *in-12*.

28945. Joannis Francisci BUDDEI Exercitatio Juris naturalis de Testamentis summorum Imperantium, speciatim Caroli II. Hispaniæ Regis, habita Halæ-Saxonum, 15 Maii 1701.

Cette Dispute, contre les Réflexions précédentes, est imprimée dans son Ouvrage, intitulé : *Selecta Juris naturæ & gentium : Halæ-Saxonum*, 1717, *in-8*.

Voyez sur ce Livre & les autres Ouvrages de Buddée à ce sujet, *pag.* 292, la *Bibliotheca historica* de Struvius : *in-8*.

28946. Bref de Notre Saint Père le Pape CLÉMENT XI. écrit à [Philippe V.] Roi d'Espagne, le 6 Février 1701 : *Lyon*, 1701, *in-4*.

28947. Excerpta Historica & Juridica de natura Successionis in Monarchiam Hispaniæ : *Argentorati*, 1700, *in-4*. Mense Decembri. Continuatio prima : Mense Januario 1701. Continuatio secunda : Mense Februario 1701. Continuatio tertia : Mense Martio 1701 : *in-4*.

Ces Extraits ont été faits par Ulric OBRECHT, fameux Jurisconsulte de Strasbourg, qui les a tirés des Jurisconsultes & des Historiens. Ils prouvent que les Etats de la Couronne d'Espagne sont successifs, héréditaires & déférés par les Loix à Philippe V. L'Auteur est mort en 1701.

28948. ☞ Dissertation sur les Droits de Marie-Thérèse d'Autriche, &c.

Elle est imprimée dans l'*Histoire du Traité de Nimègue*, par Courchetet : *Paris*, 1754, au tom. *I*.]

28949. ☞ Réponse d'un Ecrivain Hollandois à un illustre Parisien : 1701, *in-12*.]

28950. Lettre d'un Gentilhomme à un de ses amis membre des Communes, sur le Traité de partage.

Cette Lettre est imprimée dans un *Recueil de trois Lettres sur la Succession d'Espagne*: (*la Haye*,) 1701, *in-12*.

28951. Joannis-Francisci BUDDEI, Ulterior Disquisitio

Droits de la France sur des États voisins.

Disquisitio de Jure gentis Austriacæ in Regnum Hispaniæ.

Cet Ecrit est imprimé *pag.* 634 de son Ouvrage intitulé : *Selecta Juris naturæ & gentium : Halæ Saxonum*, 1717, *in-*8. Il a été fait pour répondre à la Critique que les Auteurs des *Mémoires de Trévoux* avoient faite du premier Ecrit de cet Auteur, & contre les Extraits de M. Obrecht.]

28952. Examen de deux grandes questions ; la première, Ce que le Roi de France fera au sujet de la Monarchie d'Espagne ; la seconde, Quelles mesures doit prendre l'Angleterre ; traduit de l'Anglois : *Londres*, 1701, *in-*12.

28953. Litteræ LEOPOLDI Imperatoris ad Papam, super Investitura Regni Neapolitani, 29 Januarii 1701. His adjectæ sunt Notæ marginales seu Assertiones Juris succedendi in hoc Regno filiis Delphini Franciæ : 1701, *in-*4.

28954. Traité des prétentions de la Maison d'Autriche sur les Etats de la Monarchie d'Espagne : 1701, *in-*4.

28955. Avant-Coureur du Manifeste de la Maison d'Autriche, ou Recueil des Droits de cette Maison sur la Monarchie d'Espagne : *in-*4.

28956. Jus Austriacum in Monarchiam Hispanicam assertum ; (auctore Joanne-Francisco BUDDEO :) *Viennæ Austriæ*, 1701 ; *Ratisbonæ*, 1701 ; *Jenæ*, 1703, *in-*8.

☞ Il y a apparence que c'est le même qui a paru aussi sans nom d'Auteur, en 38 Chapitres, sous ce titre :

Jus Hispano-Austriacum assertum : 1701 ; *in-*12.]

Le même Traité en François, publié sous ce titre : Les Droits de l'auguste Maison d'Autriche sur la Monarchie d'Espagne : (*en Hollande*,) sur la Copie de Vienne, 1701, *in-*8.

C'est le Manifeste de la Maison d'Autriche, intitulé aussi : *Responsum ad Responsum Gallicum, & Jus Hispanico-Austriacum assertum*. Ces deux derniers Ecrits, avec les deux précédens, sont cités dans la *Réponse au Manifeste de l'Archiduc d'Autriche.*

☞ Struvius, dans sa *Biblioth. historica*, *pag.* 293, attribue cet Ouvrage à L. B. DE SEILERN, Conseiller d'Etat de l'Empereur & Sous-Chancelier, & non à Buddée.]

28957. Ejusdem Joannis-Francisci BUDDEI, selectorum Juris naturæ & gentium Dissertatio vetus & nova : *Halæ Saxonum*, 1717, *in-*8.

Le but de cet Auteur est de défendre dans ces deux Dissertations, dont la première avoit été déja imprimée sous ce titre : *Jus Austriacum in Monarchiam Hispanicam assertum*, les prétentions de la Maison d'Autriche sur le Royaume d'Espagne contre le Testament de Charles II.

28958. Réflexions sur divers Ecrits concernant la Succession à la Monarchie d'Espagne : *Villefranche*, *in-*12.

Ces Réflexions roulent toutes sur le Traité de partage entre le Roi Très-Chrétien, le Roi de la Grande-Bretagne, & les Etats-Généraux des Pays-Bas.

Tome II.

28959. Remarques sur la Succession du Duc d'Anjou, 2 part. *Londres*, 1701, *in-*12.

☞ Les mêmes ; avec des Réflexions sur le Mémoire du Roi aux Hollandois, & sur l'intérêt des Princes de la Chrétienté, traduit de l'Anglois : (*Amsterdam*,) 1701 ; 2 parties en 1 volume *in-*12.]

28960. Mémoires des Puissances contredisant l'acceptation du Testament du Roi d'Espagne Charles II. avec la Réponse du Roi Très-Chrétien à ces Puissances, en forme de Manifeste sur les raisons de l'acceptation dudit Testament en faveur de Monseigneur le Duc d'Anjou appellé à la Monarchie d'Espagne : *Amsterdam*, Hursel, 1701, *in-*12.

28961. Lettre à Mylord ✱✱✱, contenant des Réflexions désintéressées sur la Succession d'Espagne : *Londres*, 1701, *in-*12.

28962. Réponse d'un Gentilhomme Espagnol retiré de la Cour, à un Ministre d'Etat de Madrid, sur la Succession d'Espagne, traduite du Portugais.

Cette Réponse, ainsi que la Lettre précédente, ont été imprimées dans un *Recueil de trois Lettres* sur cette Succession : *La Haye*, 1701, *in-*12.

28963. Lettre d'un Noble Vénitien à un Magistrat Hollandois, sur les Affaires d'Espagne, traduit de l'Italien : Sur la Copie de Venise, 1701, *in-*4.

28964. Réflexions sur les mouvemens de l'Empereur au sujet de la Succession du Prince de France à la Monarchie d'Espagne ; avec la Démonstration de la nullité de ses prétentions sur les Espagnes, Milan & les Pays-Bas : *Mons*, la Grange, 1701, *in-*4.

28965. Recueil de Pièces authentiques pour la parfaite connoissance des dernières révolutions d'Espagne, &c. *Amsterdam*, Chevalier, 1701, *in-*4.

28966. Divisione del Leone ; Favola verificata del Ré Christianissimo per quella della Monarchia di Spagna : *in-*8.

Ce Livre est imprimé en Italie.

Le même Livre traduit en Anglois, & publié sous ce titre : La Fable du Lion vérifiée dans le prétendu partage de la Monarchie d'Espagne : *London*, 1701, *in-*12.

28967. Raisons qui ont déterminé le Roi Très-Chrétien de préférer le Testament de Charles II. au Partage de la Succession d'Espagne : *Pampelune*, 1701, *in-*12.

C'est une Pièce ironique.

28968. Lo Specchio, overò Riflessi sopra la Successione alla Monarchia di Spagna : 1701, *in-*8.

28969. Justitia Domûs Austriacæ in Regna & Provincias Hispanicas veris rerum argumentis illustrata : *Viennæ Austriæ*, 1702, *in-4.*

28970. Dialogo naturale, schietto & familiare trà Clerio & Ernesto sopra la Successione di Spagna, da servire d'Apologia contro la Lettera seria scritta ad un amico, sopra l'Affare de' tempi, nel anno 1702 : *in-12.*

28971. ☞ Injusticia Belli Austriaci contra Philippum V. gliscentis, syntagma Theologico-juridicum Francisci-Benedicti DE NORIEGA : *Neapoli*, Mutius, 1705, *in-4.*]

28972. ☞ Entretiens de M. Colbert, Ministre d'Etat, avec Bouin, fameux Partisan, sur plusieurs Affaires curieuses, entr'autres sur le Partage de la Succession d'Espagne; (par Gatien DE COURTILZ) : *Cologne*, Marteau, 1701 & 1709, *in-8.*

Dans l'Edition de 1709, on trouve encore *La Politique*, &c. *découverte.*]

28973. Edit de l'Empereur touchant la Succession à la Monarchie d'Espagne, du 2 Août 1702, en Espagnol & en François.

Réponse au Manifeste de l'Empereur.

Mémoire présenté par le Comte (Sigismond-Joachim) DE TRAUTMANSDORFF, Ambassadeur de l'Empereur à la Diete de Bade, le 9 Septembre 1703, traduit en François.

Mémoire présenté à MM. les Etats-Généraux par M. le Comte DE GROEZ, Ambassadeur de l'Empereur.

Ces quatre Pièces sont imprimées dans le *Recueil des Lettres d'un Suisse à un François*, p. 165 ; seconde Lettre, 19, 190 & 199 : *Basle*, (*Paris*,) 1703, *in-12.* La Réponse est de Jean DE LA CHAPELLE, de l'Académie Françoise, Auteur de ce Recueil. Le Comte de Trautmansdorff est mort en 1706.

28974. Lettre troisième d'un Suisse à un François, où l'on examine les deux Mémoires précédens.

Jean DE LA CHAPELLE, de l'Académie Françoise, a écrit cette Lettre sous le nom d'un *Suisse*; elle se trouve dans le Recueil dont on vient de parler, *pag.* 30.

28975. Résultat des trois Colléges de l'Empire, touchant la déclaration de la Guerre contre la Couronne de France & le Duc d'Anjou.

Ce Résultat est imprimé dans le Volume précédent, *pag.* 211.

28976. Lettre cinquième d'un Suisse à un François, où il est parlé du Résultat (précédent).

Cette Lettre est imprimée dans le Recueil de Jean DE LA CHAPELLE, que l'on vient d'indiquer.

28977. Epistola apologetica pro Augusto Hispaniarum Monarcha Philippo V. quâ & Jus ei assertum Successionis universæ Monarchiæ, & omnia confutantur quæ pro Investitura Regni Neapolitani scripta sunt; per Seraphinum BISGARDUM : *Neapoli*, [Roselli,] 1703, *in-4.*

28978. Discorso di Amato DAVIO della regione della S. C. R. M. di Filippo V. alla Successione della Monarchia di Spagna ; aggiuntovi ragionamento intorno all'Investitura del Regno di Napoli : *in Napoli*, 1703, *in-4.*

28979. Défense du Droit de la Maison d'Autriche à la Succession d'Espagne : *Cologne*, Marteau, 1703, *in-8.*

28980. Filippo Quinto, Monarcha legitimo della Spagna, overò Dimostratione de' i diritti di Filippo Quinto per la Successione della Monarchia di Spagna ; del Dottor Gio. Antonio CASTAGNOLA, Avvocato : *in Napoli*, Perrino, 1704, *in-4.*

28981. La Justice des armes Portugaises pour défendre la liberté des Espagnols opprimés par la domination Françoise, & pour assurer la Monarchie d'Espagne à Charles III. Roi Catholique, en Latin & en François : *La Haye*, 1704, *in-4.*

Le même Ecrit est imprimé après la vingt-troisième *Lettre d'un Suisse à un François* : *Basle*, 1704, *in-4.*

28982. Succession de el Rey Philippe V. en la Corona de España : diario de sus Viages à Napoles & Milan, &c. por Antonio DE UBILLA Y MEDINA : *en Madrid*, 1704, *in-fol.*

28983. Histoire anecdote de la part que la Cour de Rome a eue dans l'Affaire de la Succession d'Espagne : *Cologne*, 1704, *in-8.* & 1706, *in-12.*

Ce sont des Entretiens entre l'Abbé Scarlati & le Cardinal de Furstemberg dans les Champs Elysées. L'Auteur y fait parler ces deux grands Personnages, morts depuis peu de temps, qui étoient fort connus à la Cour de Rome, & qui, en conséquence de leurs caractères, devoient être bien informés de toutes les Affaires de ce temps-là.

28984. Aquila Augusta trisulco adornata fulmine, seu Carolus III. Austriacus Rex Hispaniarum assertus, & tribus Libris propugnatus à Joanne Alvares D'ACOSTA, Ulyssiponensi : *Amstelodami*, 1705, *in-fol.*

28985. Mémoires touchant la Succession à la Couronne d'Espagne. Réflexions sur la Lettre à un Mylord sur la nécessité & la justice de l'entière restitution de la Monarchie d'Espagne : Extraits de divers Auteurs, servant de preuves à ces Mémoires : 1710, *in-8.*

28986. Discours sur ce qui se passe aujourd'hui dans l'Empire au sujet de la Succession d'Espagne : 1711, *in-4.*

Ces Mémoires & ce Discours, imprimés à Paris, sont de Joachim LE GRAND, Prieur de Neuville-les-Dames.

☞ Ils se trouvent aussi dans son *Traité de la Succession à la Couronne* : *Paris*, 1728, *in-12.*]

28987. El Señor Phelippe V. es el Rey de las Españas verdadero, dado per la mano de Dios, Torre incontrastable de secundo David perseguido y victorioso, &c. por Jacinto DE ARANAS, Commiſſario General de la Orden de nueſtra Señora del Carmen: *en Pampelona*, 1711, *in-*4.

28988. Renonciations de (PHILIPPE V.) Roi d'Eſpagne à la Couronne de France, & de M. le Duc de Berry & de M. le Duc d'Orléans à la Couronne d'Eſpagne: *Paris*, Fournier, 1713, *in-*4.

28989. ☞ Mſ. Réflexions & Conſidérations ſur le Mémoire des formalités néceſſaires pour valider la Renonciation de Philippe V. Roi d'Eſpagne à la Couronne de France; par Henri, Comte DE BOULAINVILLIERS: *in-*4.

Ce Manuſcrit eſt indiqué *pag.* 513 du Catalogue de Rambouillet.]

══ ☞ Lettres de Filtz-Moritz, &c. *Rotterdam*, 1718, *in-*12.

Voyez ci-devant, N.os 24557 & après 28565.]

28990. ☞ Entretiens dans leſquels on traite des entrepriſes de l'Eſpagne, des prétentions du Chevalier de S. Georges, & de la Renonciation de Sa Majeſté Catholique: *la Haye*, Rogiſſart, 1719, *in-*12.]

§. VI.

Droits ſur les Duchés de Lorraine & de Bar, [*& autres Pays voiſins.*]

══ De la Lorraine.

Voyez ci-devant, Article des *Domaines du Roi*, [N.° 27885.]

28991. Mſ. L'Inventaire des Titres de Lorraine & de Barrois, apportés de Nancy dans le Tréſor des Chartes du Roi, en 1635: *in-fol.*

Cet Inventaire a été dreſſé par Pierre DUPUY; il eſt conſervé entre ſes Manuſcrits, num. 481. Il y en [avoit] une Copie dans la Bibliothèque de M. le Chancelier Seguier, num. 776, [aujourd'hui à S. Germain des Prés,] & dans celle de M. Foucault, [qui a été diſtraite.]

28992. Mſ. Inventaire des Titres de Lorraine, tant de ceux portés à Paris en 1635, que d'autres: *in-fol.*

Cet Inventaire eſt conſervé dans la Bibliothèque du Roi, en neuf volumes, num. 8357 25-8357 33 & [il étoit] en huit volumes dans celle de M. Godefroy.

28993. Mſ. Des Titres de Lorraine, Batrois & des Evêchés de Metz, Toul & Verdun, en 1634 & en 1635, mis en 1636 au Tréſor des Chartes du Roi dans la Sainte-Chapelle, avec la Table alphabétique: *in-fol.* 8 vol.

Ces Titres ont été recueillis par Théodore GODEFROY, commis par le Roi pour ce travail, & ſont conſervés dans la Bibliothèque du Roi, num. 8351 15-8351 22. Ils [étoient] en trois volumes dans celle de M. le Chancelier Seguier, num. 740-742, [aujourd'hui à S. Germain des Prés.]

28994. Mſ. Inventaire des Titres, Papiers, Actes & Enſeignemens des Duchés de Lorraine & de Bar trouvés dans la grande Archive de la Citadelle de Metz, fait & commencé au mois de Février 1697, & achevé au mois de Décembre; par Honoré CAILLE, Sieur DU FOURNY, Auditeur de la Chambre des Comptes de Paris: *in-fol.* 6 volumes, avec deux volumes de Tables.

Cet Inventaire eſt conſervé dans la Bibliothèque du Roi. En 1672, après la réduction de la Lorraine à l'obéiſſance du Roi, ces Titres & Papiers furent tranſportés dans la grande Archive de la Citadelle de Metz, où ils ſont demeurés juſqu'en 1698, qu'ils furent remis à M. le Duc de Lorraine par ordre du Roi, en conſéquence du Traité de paix conclu à Ryſwick l'année précédente.

28995. Mſ. Lorraine & ſes Dépendances: *in-fol.*

Ce Recueil [étoit] conſervé dans la Bibliothèque de M. Godefroy, [dont la plus grande partie eſt aujourd'hui dans celle de la Ville de Paris.]

28996. Mſ. Droits de la Couronne de France ſur le Duché de Lorraine, avec les Actes & Pièces juſtificatives; par Louis CHANTEREAU LE FEVRE: Seconde partie de ſes Conſidérations hiſtoriques ſur la Généalogie de la Maiſon de Lorraine; la troiſième partie des Mémoires de Lorraine, contenant pluſieurs Pièces & Actes, depuis l'an 1200, concernant les Comtes & Ducs de Bar: *in-fol.* 2 vol.

Ces deux Volumes ſont conſervés dans la Bibliothèque du Roi, num. 9597 3-9597 4. La première partie de ces Conſidérations, imprimée à Paris, en 1642, concerne la Généalogie de la Maiſon de Lorraine.

28997. Mſ. Mémoires & Actes touchant la Lorraine: *in-fol.*

28998. Mſ. Traités pour la Lorraine & Bar: *in-fol.*

28999. Mſ. Mémoires & Actes touchant la Lorraine & le Barrois: *in-fol.* 8 vol.

29000. Mſ. Mémoires & Pièces touchant la Lorraine: *in-fol.* 3 vol.

Ces quatre derniers Articles [étoient] conſervés dans la Bibliothèque de M. le Chancelier Seguier, num. 476, 747, 742 & 736-739, [aujourd'hui à S. Germain des Prés.]

29001. Mſ. Recueil de Pièces touchant la Lorraine, depuis l'an 1624 juſqu'en 1644: *in-fol.* 3 vol.

Ce Recueil [étoit] conſervé à Paris dans la Bibliothèque de M. Bouthillier, ancien Evêque de Troyes, 21-24.]

29002. Mſ. Mémoires, Lettres, Actes & Titres concernant la Lorraine, depuis l'an 1394 juſqu'en 1630: *in-fol.*

29003. Mſ. Autres, depuis 1109 juſqu'en 1635: *in-fol.* 3 vol.

29004. Mſ. Autres, depuis 1539 juſqu'en 1604: *in-fol.*

29005. Mſ. Pluſieurs Pièces concernant la Lorraine, dont la première eſt: Diſcours du Royaume de Lorraine, où il eſt montré que c'eſt un Fief ancien de la Couronne de France; par André DU CHESNE: *in-fol.*

29006. Mſ. Mémoires & Ecrits touchant les Duchés de Lorraine & de Bar : *in-fol.*

Les cinq Articles précédens ſont conſervés entre les Manuſcrits de M. Dupuy, num. 204, 430-432, 210, 683 & 586.

29007. Mſ. Pièces concernant la Lorraine & le Duché de Bar, depuis 1218 juſqu'en 1632 : *in-fol.* 2 vol.

Ces Pièces ſont conſervées entre les Manuſcrits de M. de Brienne, num. 122, [dans la Bibliothèque du Roi.]

29008. Mſ. Pièces concernant la Lorraine & le Duché de Bar : *in-fol.* 4 vol.

Ces Pièces [étoient] conſervées dans la Bibliothèque de M. Foucault, [qui a été diſtraite.]

29009. Mſ. Lettres & Mémoires concernant la Lorraine, depuis l'an 1666 juſqu'en 1670 : *in-fol.*

Ce Recueil eſt conſervé entre les Manuſcrits de M. Clément, dans la Bibliothèque du Roi.

29010. Mſ. Recueil des Actes & autres Pièces concernant le changement arrivé en Lorraine, en 1625, & en conſéquence du ſecond Teſtament de René, Duc de Lorraine ; enſemble ce qui s'eſt enſuivi juſqu'en 1663 : *in-fol.*

Ce Recueil [étoit] conſervé dans la Bibliothèque de M. l'Abbé d'Eſtrées, [aujourd'hui à S. Germain des Prés.]

29011. Mſ. Mémoires & Titres de Commercy : *in-fol.*

29012. Mſ. Traité de la Souveraineté de la Couronne de France ſur l'ancien Royaume de Lorraine, depuis ſon origine, en 843, avec les Pièces & Fragmens d'Hiſtoriens, qui ſervent de preuves ; par François DE CAMPS, Abbé de Signi : *in-fol.* 2 vol.

29013. Mſ. De la Souveraineté des Rois de France ſur les Ducs & Duché de Lorraine, depuis l'an 1465, avec les Preuves ; par le même : *in-fol.* 2 vol.

29014. Mſ. Origines & Mouvances des grandes Seigneuries ſituées le long de la Meuſe, contenant l'Hiſtoire de Sedan, Charleville, Arques, de la Prevôté de Donchery, de Mouzon, de Clermont en Argone, de Jamets, de Raucourt & de Stenay ; par le même : *in-fol.*

Ces quatre derniers Articles [étoient] conſervés dans la Bibliothèque de M. l'Abbé de Camps, [& ſont aujourd'hui dans celle de M. de Beringhen.]

29015. Mſ. La Loi Salique de Lorraine démontrée, ou Diſcours pour prouver que la Loi Salique a lieu en Lorraine & au Duché de Bar ; que ces Duchés ſont de la Souveraineté de l'Allemagne, & qu'ils ſuivent les mêmes Loix que les Souverainetés membres de l'Empire ; par Michel THEVENIN, Secrétaire d'Etat de Charles III. Duc de Lorraine : *in-fol.*

Ce Traité [étoit] conſervé dans la Bibliothèque de M. Godefroy & dans celle de M. Foucault. Le P. Hugo, Prémontré, [& Hiſtorien de Lorraine, avoit] ce même Ouvrage, ſous ce titre : « Traité hiſtorique & juridique » ſur la Maſculinité du Duché de Lorraine ; par Michel THEVENIN, Avocat en la Cour Souveraine de Lorraine : *in-fol.*

29016. ☞ Mſ. Des Droits du Roi ès Châtellenies de Neuf-Châtel ſur Meuſe, Chaſtenay, Montfort, &c. prouvés par des Titres de près de trois cens ans, avec le Procès-verbal de la Saiſie du Duché de Bar pour le Roi en 1633 : *in-fol.*

Ce Recueil eſt indiqué num. 3210 du Catalogue de M. le Blanc.]

29017. Nicolai VERNULÆI Diſſertatio hiſtorica, de cauſis occupatæ à Francis Lotharingiæ : *Lovanii*, 1636, *in-*4.

29018. Anonymi Pariſienſis Scriptum, quò probat exemplis Lotharingiæ ſuperioris Ducatum ad fœminas devolvi : *Pariſiis*, 1640, *in-*4.

29019. Queſtions hiſtoriques, Si les Provinces de l'ancien Royaume de Lorraine doivent être appellées Terres de l'Empire : *Paris*, 1644, *in-*4. & *in-*8.

Il y a deux Editions de cet Ouvrage, qui ſont de la même année : Louis CHANTEREAU LE FEVRE en eſt l'Auteur ; il eſt mort en 1658.

29020. Que la Lorraine eſt un ancien membre de la Couronne de France, & quels Droits le Roi y peut prétendre.

Ce Diſcours de Charles SOREL, Seigneur de Souvigny, eſt imprimé dans ſon *Recueil de divers Traités ſur les Droits & Prérogatives des Rois de France* : *Paris*, 1666, *in-*12.

29021. Joannis-Jacobi CHIFFLETII, Commentarius Lothariensis, quò præſertim Lotharienſis Ducatus Imperio aſſeritur ; Jura ejus regalia Carolo III. Lotharingiæ Duci vindicantur : *Antverpiæ*, 1649, *in-fol.*

29022. Barrum Campano-Francicum, adversùs Commentarium Lotharingicum Joannis-Jacobi Chiffletii ; Auctore Davide BLONDELLO : *Amſtelodami*, Blaeu, 1652, *in-fol.*

29023. Mſ. Barrum Ducale, nec Campanum nec Francicum, ante Pacta ab Henrico III. exorta, adversùs Blondelli Barrum Campano-Francicum : *in-*4.

Ce Traité eſt conſervé à Dijon dans la Bibliothèque de M. de la Mare.

29024. Mſ. Traité des Droits du Roi, tant anciens que nouveaux, ſur les Etats du Duc de Lorraine : *in-*4.

Ce Traité [étoit] dans la Bibliothèque de M. Fouquet Secrétaire du Roi, [qui a été diſtraite.]

29025. Mſ. Procès-verbaux faits par les Commiſſaires députés de Sa Majeſté, avec ceux de M. le Duc de Lorraine, en exécution du Traité ſigné le dernier Février 1661, & Suite de ce Traité : *in-fol.* 4 vol.

Ces Procès-verbaux étoient conſervés dans la Bibliothèque de M. de Louvois, num. 78-81. [Ils sont passés, selon les apparences, dans celle du Roi.]

29026. Dissertation historique & politique sur le Traité fait entre le Roi de France & de Navarre, & le Duc Charles, touchant la Lorraine, en 1662, avec la Réfutation Latine: 1662, *in-4*.

Cette Dissertation, que l'on croit être d'Antoine AUBERY, est aussi intitulée : *Traité des Droits du Roi sur la Lorraine*.

Voyez Placcius, *De Anonymis*.

29027. De Jure Galliæ in Lotharingiam: *Argentorati*, 1663, *in-4*.

Ce Discours est fait par Jean-Henri BOECLER, contre la Dissertation précédente, selon Placcius, dans son *Théâtre des Anonymes*, num. 1145.

29028. Diverses Remarques sur la Lorraine.

Charles SOREL est l'Auteur de ces Remarques, qui sont imprimées avec ses divers *Traités touchant les Droits du Roi : Paris*, 1666, *in-12*.

29029. Recueil de diverses Pièces concernant la Lorraine, en 1661, 1662 & 1663.

Ce Recueil est imprimé ensuite de l'*Histoire de la Paix conclue entre la France & l'Espagne en* 1659: *Cologne*, de la Place, 1667, *in-12*.

29030. Considérations sur l'Etat présent de la Lorraine, & sur l'invasion de la France dans ce Duché: (en Allemand), 1670, *in-4*.

29031. Avis touchant les motifs dont la France se sert pour couvrir l'invasion faite en Lorraine: (en Allemand), 1670, *in-4*.

29032. Eclaircissemens sur les Affaires de Lorraine, pour tous les Princes Chrétiens, en François & en Allemand: *Strasbourg*, Martin Frederic, 1671, *in-12*.

Les mêmes Eclaircissemens, écrits par un Ministre du Duc de Lorraine, sont imprimés en François, avec le Discours touchant les prétentions de la France. Ils contiennent une justification du Duc de Lorraine contre la France.

29033. Conférences infructueuses de Windisgrats, ou violence de la France à retenir la Lorraine, avec ce qui s'est passé là-dessus de plus remarquable : *Charleville*, 1671, *in-12*.

Le Comte de Windisgrats avoit été envoyé en France de la part de l'Empereur, pour demander la restitution de la Lorraine.

29034. * E. W. Gallia in Serenissimam Domum Lotharingicam, Lotharingiam & Orbem reliquum verecunda, Germaniæ candidè repræsentata: *Hagæ-Comitis*, Laurentius, 1671, *in-12*.

Cet Ouvrage est d'Everard WASSENBURG.

29035. Mémoires de l'Etat ancien & moderne de la Lorraine, depuis l'Institution du Royaume de ce nom & des Duchés de la Haute & Basse Lorraine jusqu'à notre temps, où l'on voit les Droits de la Couronne de France sur la Lorraine, & les justes raisons qui ont obligé les Rois Très-Chrétiens Louis XIII. & Louis XIV. de s'assurer des Etats du Duc Charles....... Tiré de la Géographie historique & politique de M. J. D. Professeur en Droit, Historiographe de Sa Majesté: 1673, *in-4*.

Ces lettres initiales signifient M. Jean DOUJAT.

☞ On trouve un Manuscrit de ce Mémoire, indiqué *pag*. 399 du Catalogue de M. de Cangé.]

29036. ☞ Ms. Réflexions sur le Traité de la nature du Duché de Lorraine.

Ce Manuscrit est indiqué num. 5502 du Catalogue de M. Lancelot.]

29037. Droits du Roi sur les Duchés de Lorraine & de Bar: 1678, *in-8*.

29038. Petri-Joannis LUDOVICI, Lotharingia contra Gallorum postulationes vindicata, rerum serie ad hæc usque tempora producta: 1697, *in-12*.

29039. Défense de la Lorraine contre les prétentions de la France, où l'on fait voir tout ce qui s'est passé de siècle en siècle de plus remarquable sur ce sujet ; par Jean-Pierre-Louis P. P. *La Haye*, 1697, *in-12*.

Le Père Louis HUGO, Prémontré, est l'Auteur de cette Défense, qui est imprimée dans le tom. II. des *Actes de la Paix de Risivick*, pag. 436 : *La Haye*, 1707, *in-12*.

29040. Ms. Remarques critiques de François DE CAMPS, sur le Livre précédent.

Ces Remarques se trouvent dans le Volume des *Remarques critiques* du même Auteur sur les Historiens de Lorraine, conservé [aujourd'hui dans la Bibliothèque de M. de Beringhen.]

29041. ☞ Dissertatio de antiquitate Coronæ Gallicæ, & Carolingorum Franciæ Regum in Regnum Lotharingiæ jure, quam Præside Joan. Georg. Scherzio, ad diem primam Februarii anni 1748, solemni Eruditorum examini submittit Joan. Mich. LORENZ, auctor: *Argentorati*, 1748, *in-4*.]

29042. Ms. Dissertation historique sur la Souveraineté des Rois & Couronne de France sur le Barrois, dans laquelle on fait voir qu'il est un Fief direct du Comté de Champagne; qu'il a été érigé en Duché par le Roi Jean, qu'il est mouvant de la Couronne de France, & qu'il n'y a point de Barrois non-mouvant; avec les Pièces qui servent de preuves; par François DE CAMPS: *in-fol*.

Cette Dissertation [étoit] conservée dans la Bibliothèque de l'Auteur, [& est aujourd'hui dans celle de M. de Beringhen.]

☞ On sçait que les prétentions de la France sur la Lorraine, ont été terminées en 1735, par le Traité de Vienne, qui la cède à la France, après la mort du Roi Stanislas.]

= Du Barrois.

Voyez ci-devant, Article du *Domaine* [N.° 27885.]

29043. ☞ Ms. Recueil de Testamens, Contrats de Mariage, & autres Actes & Pièces concernant la Succession des Duchés de Lorraine & de Bar, depuis 1486 jusqu'en 1663 : *in-fol.*

Ce Manuscrit est indiqué *pag.* 400 du Catalogue de M. de Cangé.]

29044. ☞ Mf. Diverses Pièces politiques composées par Christophle DE MAUGRISSON, Aumônier du Roi, 1.° pour prouver que le Roi peut retenir le Duché de Bar & toute la Lorraine : 2°. une Réponse au Livre intitulé : *Eclaircissement sur les Affaires de Lorraine* : &c. *in-*4.

L'Original est indiqué *pag.* 400 du même Catalogue.]

29045. Mf. Pièces concernant le Duché de Bar : *in-fol.*

Ces Pièces sont conservées entre les Manuscrits de M. Dupuy, num. 433, entre ceux de M. de Brienne, num. 342. [à la Bibliothèque du Roi,] & [ils étoient] dans celle de M. Godefroy, [dont la plupart des Manuscrits sont aujourd'hui dans la Bibliothèque de la Ville de Paris.]

29046. Mf. Autre Recueil, depuis l'an 1334 jusqu'en 1623 : *in-fol.*

29047. Mf. Traités du Comté de Bar, avec plusieurs Rois, Princes & Seigneurs, depuis l'an 1202 jusqu'en 1433 : *in-fol.*

29048. Mf. Discours, Actes & Pièces concernant le Duché de Bar, depuis l'an 1289 jusqu'en 1581 : *in fol.*

29049. Mf. Pièces concernant Neufchâtel en Lorraine, Bar & le Barrois, depuis 1220 jusqu'en 1539 : *in-fol.*

29050. Mf. Anciens Titres concernant le Barrois, & le Pays d'Argonne : *in-fol.*

29051. Mf. Actes, Mémoires & autres Pièces concernant le Duché de Bar : *in-fol.* 2 vol.

Ces six derniers Articles sont conservés entre les Manuscrits de M. Dupuy, num. 209, 575, 576, 106, 296 & 255-256.

29052. Mf. Mémoires sur la Souveraineté de Bar-le-Duc : *in-fol.*

Ces Mémoires [étoient] dans la Bibliothèque de M. Colbert, num. 2329, [& sont aujourd'hui dans celle du Roi.]

29053. Mf. Lettres historiques qui regardent la Souveraineté du Roi sur les Châtellenies de Barrois & autres usurpées sur la Champagne, des Dépendances du Présidial de Langres.

Ces Lettres historiques sont conservées dans la Bibliothèque de Philibert de la Mare, à Dijon.

29054. Mf. Procès-verbal de M. DE LA NAUVE, Conseiller au Parlement, de l'an 1633, touchant la saisie du Duché de Bar, faute de foi & hommage : *in-fol.*

29055. Mf. Autre Procès-verbal du même, de l'an 1634, pour déclarer la réunion au Domaine du Duché de Bar & autres Terres tenues par Charles Duc de Lorraine : *in-fol.*

Ces deux Procès-verbaux sont conservés entre les Manuscrits de M. Dupuy, num. 407, 597 & 734, & entre ceux de M. de Brienne, num. 347, [dans la Bibliothèque du Roi.]

29056. Mf. Journal touchant le même différend : *in-fol.*

Ce Journal est conservé [dans la Bibliothèque du Roi,] entre les Manuscrits de M. de Brienne, num. 348.

29057. ☞ Mf. Remarques des Controverses d'aucunes Places du Duché de Bar, & de ce qui est prétendu en dépendre : *in-fol.*

Ces Remarques sont indiquées entre les Pièces du num. 5301 * du Catalogue de M. le Blanc.]

29058. Mf. Terres entre Sambre & Meuse : *in-fol.* 2 vol.

Ces Titres [étoient] dans la Bibliothèque de M. Godefroy.

29059. Mf. Inventaire des Archives de Luxembourg & Comté de Chimey ; par BOURLIER, Procureur-Général au Conseil Provincial de Luxembourg : *in-fol.*

Cet Inventaire est conservé dans la Bibliothèque de M. le Chancelier d'Aguesseau, & [étoit] dans celles de Messieurs les Abbés de Caumartin & de Camps.

29060. Mf. Titres de Luxembourg, Ligny, Piney, &c. *in-fol.* 5 vol.

Ces Titres [étoient] dans la Bibliothèque de M. le Chancelier Seguier, num. 694, [aujourd'hui à S. Germain-des-Prés.]

29061. Mf. Inventaire des Chartes du Pays & Comté de Namur, Luxembourg & Artois, achevé en 1570 ; par Guillaume DE MASNAY, Président au Conseil de la même Comté : *in-fol.*

Cet Inventaire [étoit] dans la Bibliothèque de M. Foucault, [qui a été distraite.]

29062. Mf. Inventaire des Titres du Château de Namur : *in-fol.*

Cet Inventaire [étoit] dans la Bibliothèque de M. Pelletier de Sousi.

§. VII.

Droits sur Avignon & le Comté Venaissin.

== DIVERSES Pièces sur Avignon.

Voyez ci-devant, Article des *Domaines du Roi*, [N.os 27786 & 27839.]

29063. Mf. Titres, Actes & Mémoires touchant Avignon & le Comté Venaissin : *in-fol.*

Ces Titres sont conservés entre les Manuscrits de M. Dupuy, num. 161, deux volumes *in-fol.* entre ceux de M. de Brienne, num. 84-85, [à la Bibliothèque du Roi,] & dans celle de M. le Chancelier Seguier, n. 736. [aujourd'hui à S. Germain-des-Prés.]

29064. Traité des Droits du Roi sur la Ville d'Avignon ; par Pierre DUPUY.

29085. Traité du Comté de Venisse ; par le même.

Ces deux Traités sont imprimés dans son *Recueil des Droits du Roi* : (*Paris, 1655, in-fol.*) pag. 397 & 405.

29066. Arrêt donné par la Cour de Parlement contre les Manans & Habitans de la Ville d'Avignon & Comté Venaissin, du 10 Octobre 1616 : *in-4.*

Ce fut au sujet de voies de fait commises à l'occasion des Limites.

29067. Arrêt de la Cour du Parlement de Provence, portant réunion de la Ville d'Avignon & Comté Venaissin au Domaine de la Couronne, du 26 Juillet 1663 : *Paris, 1663, in-4.*

L'Affaire de M. de Crequi, que les Corses avoient insulté à Rome, donna occasion à cet Arrêt.

29068. Discours fait par M. MARIN, Premier Président du Parlement de Provence, étant à Avignon en qualité de Commissaire pour la réunion de la Ville & Comtat Venaissin faite à la Couronne de France : 1688, *in-4.*

Cette Réunion se fit après l'Affaire de M. de Lavardin, Ambassadeur du Roi à Rome, à l'occasion du Droit des Franchises.

29069. Remontrance à Nosseigneurs du Parlement de Provence, sur le fait de leur Jurisdiction du Comtat Venaissin, distingué de tout temps de celle d'Avignon, soit sous la domination des Comtes de Provence & de Toulouse, soit sous celle du Saint-Siège : *in-4.*

Ecrit fait lors de la Réunion du Comtat Venaissin, en 1688.

29070. ☞ Recherches historiques concernant les Droits du Pape sur la Ville & l'Etat d'Avignon ; (par M. Christian-Frédéric PFEFFEL, Jurisconsulte du Roi pour les Affaires étrangères, &c. *Paris,*) 1768, *in-8.*]

29071. ☞ Lettres historiques sur le Comtat Venaissin & sur la Seigneurie d'Avignon : *Amsterdam,* 1768, *in-8.*

Ces deux Ouvrages ont été faits lorsque le Roi s'empara du Comtat & de la Ville d'Avignon ensuite de la Querelle qui s'étoit élevée entre le Pape & la Maison de Bourbon, au sujet du Bref donné par Clement XIII. le 30 Janvier 1768, contre quelques Decrets de Parme.]

29072. ☞ Réponse aux Recherches historiques, &c. avec les Pièces justificatives : (*Paris,*) 1769, *in-8.*

Cette Brochure qui a été publiée à Rome, a été réimprimée en France avec la Réfutation qui suit.

Défense des Recherches historiques concernant les Droits du Pape sur l'Etat & la Ville d'Avignon ; avec de [nouvelles] Preuves : *in-8.*]

29073. Ms. Liber generalis Inquisitionis, in quo continentur proprietas, feuda, homagia & reditus Domini Alphonsi Comitis Pictaviensis & Tholosæ, quæ percipit in Seneschalia Venaissini, etiam illa quæ ad jus ejus pertinere dicuntur : *in-fol.*

Ce Livre, écrit sur du papier en 1253, contenant cent feuillets, est un des plus anciens Manuscrits en papier qu'il y ait ; il [étoit] conservé dans la Bibliothèque de M. Godefroy. Alphonse, Comte de Poitou, étoit frère de Saint Louis.

§. VIII.

Droits sur plusieurs Etats d'Italie.

29074. Ms. ☞ PAR quel moyen, sous quels Règnes, & en quel temps les Rois de France ont possédé divers Pays, Terres & Seigneuries : *in-fol.*

Ce Manuscrit faisoit partie de ceux de M. Chauvelin, Garde des Sceaux, qui l'a laissé à M. Lalourcé, Avocat au Parlement de Paris, (mort en 1768). Les Pays dont il est question, sont : la Provence, Nice, la Savoye, le Piémont, la Bresse ; Gènes, Savone, Florence, Pise, Luques, l'Espagne, Milan, Naples.]

29075. Ms. Droits du Roi sur plusieurs Terres que possède le Duc de Savoye, depuis l'an 1562, jusqu'en 1605 : *in-fol.*

Ce Recueil de Pierre DUPUY, est conservé entre ses Manuscrits, num. 150.

29076. Ms. Titres anciens pour montrer que le Piémont dépend du Comté de Provence : *in-fol.*

Ces Titres sont conservés entre les Manuscrits de M. Dupuy, num. 151, & entre ceux de M. de Brienne, num. 341.

▄ Savoye & Piémont.

Voyez ci-devant, Article des *Domaines du Roi*, [N.° 27838.]

29077. Ms. Recueil des Affaires de Piémont & de Savoye avec la Couronne de France, où il y a beaucoup de Mémoires dressés par Théodore GODEFROY : *in-fol.*

Ce Recueil [étoit] dans la Bibliothèque de M. Baluze, num. 141, [& est aujourd'hui dans celle du Roi.]

29078. Traité des différends que le Roi a eus avec M. de Savoye, concernant Fossigny, Bonne & autres Lieux du Genevois ; Nice, Villefranche & autres lieux dépendans de Provence ; avec plusieurs Pièces ; par Pierre DUPUY.

Ce Traité est imprimé dans son *Recueil des Droits du Roi,* pag. 49 : *Paris,* 1655, *in-fol.*

29079. ☞ Ms. Recueil de Pièces, Titres & Mémoires concernant la prétention réciproque du Roi & du Duc de Savoye sur le Marquisat de Saluces, lorsqu'à la Paix de Vervins, en 1597, ils se remirent au jugement du Pape pour terminer leurs différends : *in-fol.* 5 vol.

Ce Recueil est conservé dans la Bibliothèque de S. Germain-des-Prés.]

29080. Echange du Marquisat de Saluces en

Piémont pour la Bresse, en 1600. Ordre judiciaire pour les Provinces échangées.

Ces Pièces sont imprimées avec le *Style Royal de Savoye : Bourg-en-Bresse*, 1630, *in-4.*

29081. Traité des Droits du Roi sur la Ville & l'Etat de Gènes; par Pierre DUPUY.

Ce Traité est imprimé dans son *Recueil des Droits du Roi*, *pag.* 29 : *Paris*, 1655, *in-fol.*

29082. Mf. Actes & Pièces pour montrer comment Gènes & Savone appartiennent au Roi : *in-fol.*

Ce Recueil est entre les Manuscrits de M. de Brienne, num. 26, [dans la Bibliothèque du Roi.]

29083. Mf. Titres & Actes touchant la République de Gènes, depuis 1392, jusqu'en 1514 : *in-fol.*

Ce Recueil est conservé entre les Manuscrits de M. Dupuy, num. 159.

29084. ☞ Du Droit des Rois de France sur le Duché de Milan.

Ce Traité est imprimé à la fin du Livre intitulé : *Légende des Flamans,* &c. *Paris,* Galiot du Pré, 1558, *in-12.*]

29085. ☞ Mf. Droits & Prétentions du Roi de France sur Milan, Gènes, Savoye, Avignon & Arragon.

Ce Manuscrit est conservé à Dijon dans la Bibliothèque de M. Fevret de Fontette.]

29086. Mf. Traité de la Souveraineté de la Couronne de France sur le Royaume de Lombardie, depuis son Etablissement, vers l'an 568 jusqu'au Règne du Roi Charles VIII. avec des Titres, Pièces & Fragmens d'Historiens, qui servent de preuves ; & deux Dissertations qui ont rapport à ce sujet; par François DE CAMPS, Abbé de Signy: *in-fol.*

Ce Traité [étoit] conservé dans la Bibliothèque de l'Auteur, [& est aujourd'hui dans celle de M. de Beringhen.] L'Examen de cet Ouvrage avoit été envoyé par M. le Chancelier, à M. Rassicot, qui l'a lu & approuvé ; & sur son Approbation, le Privilège qui en permet l'Impression, a été expédié au grand Sceau ; [mais l'Ouvrage n'a pas été imprimé.]

29087. ☞ Premier Mémoire envoyé par M. le Chancelier. == Second Mémoire envoyé par le même. == Troisième Mémoire dressé & envoyé par M. le Chancelier.

Ces Mémoires sont imprimés dans le *Recueil de Lannel: Paris*, 1623, *in-4.* Le premier regarde l'injustice criante des Traités de Cambray, de Madrid & de Crécy. Dans le second, on fait voir que le Duché de Milan appartient à la Maison de France, non-seulement par droit d'Investiture, mais encore par celui d'Hoirie ; on y parle aussi des Droits du Roi sur la Principauté de Piémont. Le troisième Mémoire roule sur la manière dont on pourroit terminer les différends respectifs. Tous les trois contiennent des détails, & sont remplis de bonnes choses.]

== Première Savoisienne: 1600, *in-8.*

Bayle, dans son *Dictionnaire historique & critique*, attribue, après Samuel Guichenon, cet Ouvrage à Antoine ARNAULD, [ou plutôt ARNAUD,] Avocat au Parlement, mort en 1619. Il l'avoit composé pour justifier la Conquête de la Savoye, faite sous le Règne de Henri IV. en 1600.

☞ On a déja parlé de cet Ouvrage, *pag.* 369 de ce Volume, N.° 19779, & l'on y révoque en doute que l'Avocat Arnaud en soit l'Auteur.]

29088. La première & la seconde Savoisienne, où se voit comment les Ducs de Savoye ont usurpé plusieurs Etats appartenans aux Rois de France ; & les raisons de cette dernière Guerre : *Grenoble*, Marniolles, 1630, *in-8.*

La seconde Savoisienne est attribuée par Matthieu de Morgues, Sieur de Saint-Germain, *pag.* 50 de son *Caton Chrétien,* à Paul Hay, Sieur DU CHASTELET. L'Auteur dit dans sa Préface, qu'il croyoit faire voir seulement cette Pièce, (la seconde Savoisienne,) mais que le bonheur lui a fait tomber entre les mains la première. Il ajoute ensuite, que qui a fait l'une, n'a pas fait l'autre ; ce qui prouve manifestement qu'elles sont de différens Auteurs. D'autres attribuent la seconde à Bernard de Rechignevoisin, Seigneur de GURON.

Elle consiste presque toute en faits, pour montrer les justes sujets de Guerre de la France contre la Savoye. [On lui a donné] un titre propre : « La seconde Savoisienne, traduite de l'Italien de F. R. A. R. U. par un » bon & vrai François ». C'est ce que l'Auteur a mis pour se mieux déguiser ; Il dit encore qu'il l'a faite à l'imitation de ce bel esprit François, qui composa la première, il y a trente ans, en une rencontre semblable.

☞ L'Auteur de la première Savoisienne fait voir, par plusieurs autorités & raisonnemens, quels sont les Droits qu'a le Roi sur les Etats du Duc de Savoye. Il démontre que le Piémont, Nice & Villefranche, appartenoient autrefois aux Comtes de Provence, & qu'ils n'ont passé dans la Maison de Savoye que par force & par usurpation. En 1536 François I. conquit cet Etat ; mais la France le rendit à la paix de 1559, à l'exception de Turin, Chiras & Ville-Neuve-d'Ast, qui lui restèrent avec leurs territoires, jusqu'en 1562 que le Duc de Savoye les reprit, pendant les premiers troubles de la France. En 1588, son fils (Charles-Emmanuel) Prince aussi fin qu'ambitieux, se saisit encore du Marquisat de Saluces, & de toute notre artillerie. Il porta même ses vues sur le Dauphiné & sur la Provence ; mais sentant bien qu'il lui seroit impossible de garder ses conquêtes, il eut recours à la politique, & promit de rendre le Marquisat de Saluces dans l'état où il l'avoit pris, ou de faire un échange comme il plairoit au Roi Henri IV. à qui il ne tint pas parole ; & qui se voyant trompé, entra en Savoye, & s'en empara.

L'Auteur vouloit que la France gardât cette conquête pour avoir du côté de l'Italie les Alpes pour bornes, comme elle a les Pyrénées du côté de l'Espagne. L'intérêt, (dit-il,) la sureté, le commerce de Lyon l'exigent : ce Pays nous facilitera l'entrée de l'Italie. François I. eût-il jamais essuyé d'affront devant Pavie, s'il eût été moins éloigné de ses Frontières, & plus à portée de recevoir des secours? L'Auteur conclud qu'on ne doit rien rendre ; & que si le Duc de Savoye n'a pas craint de s'emparer le premier d'un Pays appartenant à la France, Sa Majesté par de justes représailles, ne doit point faire de difficulté de retenir sa conquête, & qu'elle ne doit pas se piquer, en la rendant, d'une générosité, qui loin de gagner le Duc de Savoye, nous en feroit un ennemi toujours prêt de se déclarer à la première occasion. L'Auteur finit par exhorter le Roi (Henri IV.) à ne pas exposer sa Personne sacrée, comme il fait tous les jours.

Dans la seconde Savoisienne, on trouve la suite des Princes de la Maison de Savoye, & sous chaque Règne, le récit des maux que ces Princes ont tâché de faire à la France. Ce fut Thomas I. qui, après la mort de Robert

Droits de la France sur des Etats voisins. 889

Roi de Naples & de Sicile, entra en Piémont & s'en empara. Cette conduite fut exactement suivie par ses Successeurs, qui ne réussirent pas tous également. On prétend qu'Humbert, Dauphin de Viennois, ne céda ses Etats à Philippe de Valois, que pour opposer aux Ducs de Savoye qu'il haïssoit, & qui avoient déja fait des tentatives sur son Pays; une digue assez forte pour les arrêter. L'Auteur, dans deux digressions, fait l'histoire & la Généalogie des Comtes de Provence, & des Rois de France qui leur ont succédé dans tous leurs Droits sur le Comté de Provence & sur les Terres adjacentes; & il fait voir que ce n'est que par ruse & finesse que les Ducs de Savoye se trouvent maintenant possesseurs d'une partie de ces Terres. Il rapporte à-peu-près les mêmes faits que l'Auteur de la première Pièce; & il expose assez au long tout ce qui s'est passé sous Charles-Emmanuel; la conquête de ses Etats, son rétablissement, ses intrigues & le Traité de Suze, qu'il ne tint qu'autant de temps qu'il crut ne pouvoir le rompre impunément. La guerre de Mantoue lui en offrit bientôt l'occasion; mais sa perfidie reçut, (dit-on), le salaire qu'elle méritoit, & il en mourut de chagrin.]

29089. Apologie Françoise pour la Maison de Savoye, contre la première & la seconde Savoisienne; par Pierre MONOD, Jésuite: *Chamberi*, du Four, 1631, *in*-4.

29090. Apologia seconda per la Casa di Savoia a la prima & seconda Savoiana fatta in Francese, & nuovamente tradotta & augmentata, da ordine di S. A. di Savoya: *in Torino*, 1632, *in*-4.

« Pierre Monod, Jésuite, Savoisien d'origine, est
» l'Auteur de l'*Apologie pour la Sérénissime Maison*,
» contre la première & seconde Savoisienne ; l'une
» composée l'an 1600 par Arnaud, Avocat au Parlement
» de Paris ; & l'autre l'an 1630, par Bernard de Rechi-
» gnevoisin, Seigneur de Guron, où il y a beaucoup
» de choses concernant l'Histoire de Savoye. » C'est ce que dit Samuel Guichenon, dans sa Préface de l'*Histoire généalogique de la Maison Royale de Savoye*.

29091. Ms. Actes & Mémoires pour la Conquête du Duché de Savoye, faite par le Roi Louis XIII. en 1630: *in-fol*.

Ces Actes sont conservés entre les Manuscrits de M. de Brienne, num. 82, [dans la Bibliothèque du Roi.]

29092. ☞ Ms. Recueil de diverses Pièces sur la Savoye: *in-fol*. 2 vol.

Ils sont conservés parmi les Manuscrits de MM. Godefroy dans la Bibliothèque de la Ville de Paris, num. 225 & 226.]

29093. ☞ Ms. Droits du Roi sur l'Italie, & diverses Pièces qui y ont rapport: *in-fol*. 4 vol.

Dans la même Bibliothèque, num. 224, 230-232.]

29094. L'Interdit de l'Eglise de Saint-Louis par le Pape Innocent XI: 1688, *in*-8.

29095. ☞ Protestation de M. (Henri-Charles de Beaumanoir,) Marquis DE LAVARDIN, Ambassadeur Extraordinaire de France à Rome, du 27 Décembre 1687, avec la Bulle d'Excommunication d'Innocent XI. *Dijon*, &c. 1688, *in*-4.]

29096. Lettre du Roi au Cardinal d'Estrées, du 6 Septembre 1688: *Paris*, 1688, *in*-4.

Cette Lettre fut écrite sur le sujet de cet Interdit, à
Tome II.

l'occasion de la Franchise des Quartiers de l'Ambassadeur de France dans Rome.

29097. Plaidoyé de M. TALON, Avocat-Général, sur l'Interdit de l'Eglise de Saint Louis de Rome: *Paris*, 1688, *in*-4.

Denys Talon est mort Président à Mortier en 1698.

29098. Réfutation de ce Plaidoyé: *la Haye*, 1688, *in*-12.

Eadem Refutatio, Latinè versa à Cœlestino Sfondrato, Abbate sancti Galli.

Cette Réfutation se trouve avec l'Ouvrage du même, intitulé: *Legatio Marchionis Lavardini*, &c. *Romæ*, 1688, *in*-12.

29099. Réflexions sur le Plaidoyé de M. Talon, touchant la Bulle d'Innocent XI. contre la Franchise des Quartiers: *Cologne*, P. Marteau, 1688, *in*-12.

29100. Remarques sur le même Plaidoyé: 1688, *in*-12.

29101. ☞ Qui maledixerit patri suo, &c. (contre le Plaidoyé de M. Talon, à l'occasion des Franchises:) *in*-4.]

29102. Du Droit des Franchises des Quartiers de Rome, où logent les Ambassadeurs du Roi, & les nullités de l'Excommunication fulminée contre M. de Lavardin: *Amsterdam*, 1688, *in*-8.

29103. Arrêt du Parlement sur la Bulle d'Innocent XI. concernant les Franchises des Quartiers dans la Ville de Rome; avec l'Appel interjetté par M. le Procureur-Général au sujet de la [même] Bulle, &c: *Paris*, 1688, *in*-4.

Achille DE HARLAY, lors Procureur-Général, est mort ancien Premier Président du Parlement de Paris, en 1712.

29104. Procès-verbal de l'Assemblée de Messieurs les Archevêques & Evêques qui se sont trouvés à Paris, tenue en cette Ville [dans l'Archevêché le 30 Septembre par ordre du Roi] sur le même sujet: *Paris*, 1688, *in*-4.

29105. Acte de l'Assemblée du Clergé de Paris, [tenue dans l'Archevêché par ordre de Monseigneur l'Archevêque, les 5 & 7 d'Octobre, à l'occasion de la Lettre du Roi écrite à M. le Cardinal d'Estrées &] sur l'Appel du Procureur-Général au futur Concile, du 5 Octobre 1688: *Paris*, 1688, *in*-4.

29106. Extraits des Registres de l'Université de Paris, contenant ce qui s'y est passé, lorsque M. le Procureur-Général a été [le 8 Octobre:] *Paris*, 1688, *in*-4.

29107. Acte de l'Assemblée de Messieurs les Vénérables Trésorier, Chantre & Chanoines de la Sainte-Chapelle du Palais, sur le même sujet: *Paris*, 1688, *in*-4.

29108. Instrumentum quo Universitas Re-
Vuuuu

mensis adhæsit Appellationi, &c. *Remis*, 1688, *in-4*.

29109. Giustificatione delle Bolle della Santita di N. Sig. Papa Innocentio XI. sopra l'abolitione de' pretesi Quartieri, e dell'Editto con il quale la Chieza di san Luigi e stata sottoposta a l'Interdetto, divisa in tre parti: 1688, *in-4*.

La même Justification, traduite de l'Italien: 1688, *in-12*.

29110. Risposta à la Protestatione del Marquis de Lavardin: 1688, *in-4*.

Cette Réponse est de Lorenzo CASSONI, depuis Cardinal.

29111. Réfutation d'un Libelle Italien, en forme de Réponse à la protestation du Marquis de Lavardin, avec ce Libelle en Italien: 1688, *in-4*.

29112. Apologie du Marquis de Lavardin, contre la Bulle du Pape Innocent XI. 1688, *in-4*.

29113. Contre l'Apologie du Marquis de Lavardin: *in Roma*, 1688, *in-12*.

29114. Racolta di diverse Scritture sopra gli Affari correnti trà la santa Sede e la Francia: 1688, *in-8*.

29115. Legatio Marchionis Lavardini Romani, ejusque cum Romano Pontifice Dissidium, ubi agitur de jure, origine, progressu, & abusu Quarteriorum, Franchisiarum seu Asyli, & refutantur rationes à Lavardini Advocato productæ: *Romæ*, 1688, 1697, 1705, *in-12*.

Cet Ouvrage a été composé par Célestin SFONDRATE, Abbé de saint Gal, mort Cardinal en 1696.

29116. ☞ Extrait d'un Sermon prêché le jour de Saint Polycarpe, à S. Jean en Grève à Paris, dans lequel l'Auteur (Pierre FAYDIT) prétend prouver la conformité des Eglises de France, avec celles d'Asie & de Syrie, au II⁰ & III⁰ Siècles, & que l'Ambassadeur de France doit jouir des Franchises à Rome, dans le Quartier Farnèse: *Liége*, 1689, *in-12*.]

29117. ☞ Relation du Succès de la Démission que la Reine de Suède fit de son Quartier à Rome, le 30 Avril 1687: *Rome*, 1688, *in-4*.]

§. IX.

Intérêts des Princes & Etats de l'Europe.

LA France est un Royaume dont les forces & la situation lui donnent des relations très-considérables non-seulement avec les Etats voisins, mais avec presque tous ceux de l'Europe; ainsi ses intérêts sont souvent mêlés avec ceux de ces Etats, ou leur sont contraires. C'est ce qui m'engage à rapporter ici les Traités qui concernent les Intérêts des Princes de l'Europe.

29118. ☞ Le Droit de la Guerre & de la Paix; par Hugues GROTIUS, nouvelle Traduction; par Jean BARBEYRAC, Professeur en Droit à Groningue, & Membre de la Société Royale des Sciences à Berlin; avec des Notes de l'Auteur même, qui n'avoient point encore paru en François, & de nouvelles Notes du Traducteur: *Amsterdam*, 1724, 1729, &c. *in-4*. 2 vol. *Basle*, 1746, *in-4*. 2 vol.

On trouve à la tête une ample Préface du Traducteur.]

29119. ☞ Le Droit de la Nature & des Gens, ou Systême général des Principes les plus importans de la Morale, de la Jurisprudence & de la Politique; traduit du Latin de feu M. PUFENDORFF; par Jean BARBEYRAC, Professeur en Droit & en Histoire à Lausanne, avec des Notes du Traducteur, & une Préface (très-ample) qui sert d'Introduction à tout l'Ouvrage: quatrième Edition, revue & augmentée considérablement: *Basle*, 1732, *in-4*. 2 vol. Autre Edition, plus ample: *Londres*, 1740, *in-4*. 3 vol.

Ce Livre a mérité les éloges de tous ceux qui ont été en état d'en juger: Cependant les Jésuites de Vienne en Autriche l'y ont fait défendre, comme contenant des choses impies.]

29120. ☞ Droit des Gens; par M. (Gaspard) DE REAL, Grand-Sénéchal de Forcalquier: *in-4*.

C'est le Tome V. de son grand Ouvrage intitulé: *Science du Gouvernement*: *Paris*, *in-4*. 8 vol. L'Auteur écrivoit vers 1750, & est mort en 1752.]

29121. ☞ Traité de Politique, où se trouve particulièrement ce qui concerne les Intérêts des Princes de l'Europe; par le même.

C'est le Tome VI. du même Ouvrage.]

29122. ☞ Principes du Droit de la Nature & des Gens, extraits de Wolff; par M. (Jean-Henri-Samuel) FORMEY: *Berlin*, 1757, *in-8*. 3 vol.]

29123. ☞ Traité du Droit des Gens; par M. VATTEL: 1757, *in-4*.]

29124. Intérêts & Maximes des Princes & Etats de l'Europe: *Cologne*, P. Marteau, 1666, *in-12*.

Ce Livre est de Henri, Duc DE ROHAN, mort en 1638.

☞ *Voyez* la Préface du tom. I. des *Intérêts présens des Puissances de l'Europe*, indiqués ci-après. = Lenglet, *Méth. histor. in-4. tom. II. pag.* 36, & *t. III. p.* 52.]

29125. Nouveaux Intérêts des Princes: *Cologne*, P. Marteau, 1685, *in-12*.

Les mêmes, revûs, corrigés & augmentés, selon l'état où les Affaires se trouvent aujourd'hui: *Cologne*, P. Marteau, 1686, *in-12*.

☞ « Durant l'impression de ce petit Livre, qui s'est » bien vendu, les Affaires ont changé de telle forte, » que l'Auteur a été contraint de réformer la plûpart » de ses Maximes pour cette seconde Edition ». C'est ce que dit Bayle, *Nouvelles de la République des Lettres, Juillet*, 1686.

Troisième Edition, augmentée: Cologne, P. Marteau, 1688, in-12.

Ces trois Editions ont été faites à la Haye, par Van-Bulderen. L'Abbé est Gatien de Courtilz. Bayle, dans les *Nouvelles de la République des Lettres*, de Mars 1686, dit, en parlant de l'Auteur de la *Vie de l'Amiral de Coligny*: « On sçait d'ailleurs qu'il a publié » quelques autres Livres depuis peu d'années, & nom-» mément les *Nouveaux Intérêts des Princes* ».

Voici le jugement que porte l'Abbé Longlet de ces deux Livres: « On sent bien, dit-il, la différence du » génie & de la capacité des deux Auteurs (M. de Rohan » & de Courtilz), en lisant leurs Ouvrages. Le premier » est un Politique consommé, qui parle avec connois-» sance de cause; l'autre est un Avanturier, qui hazarde » quelques Réflexions sur le peu qu'il sçait du sujet qu'il » traite ».

☞ Le Livre de De Courtilz a deux Parties. La première contient les Intérêts réciproques des Princes & Etats souverains de l'Europe. Cette Partie est entièrement de De Courtilz. La seconde est intitulée: « Maxi-» mes des Princes & Etats souverains ». Ce Morceau a été fait (dit Gatien de Courtilz, dans l'Avis qui se trouve à la tête), avant 1647, & celui qui l'a fait y a placé une partie de l'Ouvrage du Duc de Rohan; connu sous le nom d'*Intérêts des Princes*. De Courtilz y a ajouté le reste de l'Ouvrage, & des Remarques de sa façon, en lettres italiques, relatives aux différens changemens arrivés depuis 1647.

Voyez la Préface du tom. I. des *Intérêts présens des Puiss. de l'Europe*, ci-après; = Le P. Niceron, tom. II. pag. 170.]

29126. Les vrais Intérêts des Princes Chrétiens, opposés aux faux Intérêts qui ont été depuis peu mis en lumière: *Strasbourg*, Marolet, 1686, *in-12*.

29127. ☞ Le Cabinet des Princes, divisé en plusieurs Conférences: *Bruxelles*, 1676, *in-12*.

Cette Pièce, qui concerne les Affaires politiques de l'Europe, est divisée en sept Conférences ou Dialogues: 1.º entre le Pape & le Cardinal Palavicin: 2.º entre l'Empereur & le Duc de Portia: 3.º entre le Roi de France & M. de Lionne: 4.º entre le Pape, le Cardinal Palavicin & le Cardinal Chigi: 5.º entre l'Empereur & le Prince de Portia: 6.º entre le Roi de France & M. de Lionne: 7.º entre le Roi d'Espagne & le Duc de Medina de las Torres.]

29128. ☞ La fausse Clef de tous les Cabinets des Princes de l'Europe, où tous les secrets les plus enfoncés sont révélés, & Rome trahie: *Osnabruck*, Grocel, 1689, *in-12*.]

29129. ☞ Le vrai Intérêt des Princes Chrétiens, depuis la Ligue d'Ausbourg: 1692, *in-12*.]

29130. ☞ Le Paravent de la France, contre le vent du Nord; ou Réflexions sur un Livre anonyme, intitulé: *Le vrai Intérêt des Princes Chrétiens, &c.* (par P. Morel de Fayole): *Poitiers*, 1692, *in-12*.

Voyez le *Journal des Sçavans*, 1693, Février.]

29131. ☞ Les Bornes de la France, réduites à la Paix des Pyrénées, & l'intérêt que les Alliés ont de ne point accepter les offres qu'elle fait aujourd'hui: *Cologne*, P. Marteau, 1694, *in-12*. de 136 pages.]

29132. ☞ Traité des Intérêts des Princes Souverains de l'Europe, divisé en deux Parties: dans la première, on trouvera une recherche exacte des prétentions du Roi de France, sur & contre chacun des Sérénissimes Alliés en particulier, & ensuite des Droits desdits Princes confédérés sur la France & les Pays conquis; & dans la seconde, un Discours politique sur l'état présent des Affaires, considéré au premier Paragraphe, par rapport aux Intérêts du Roi de France, & au second par rapport à ceux des Sérénissimes Alliés: *Anvers*, Bramens, 1695. *in-12*.

Ce Livre est une mauvaise Pièce du temps, contre la France. On trouve à la fin de la seconde Partie, pag. 164, un aussi mauvais Traité de l'antiquité de la Guerre, & de la manière dont on devroit la faire aujourd'hui.]

29133. Ms. Discours pour bien connoître la puissance & les intérêts de chaque Cour de l'Europe: *in-fol*.

29134. Ms. Traité succint des vraies Maximes d'aucuns Princes de l'Europe; par Charles Le Cointe, Prêtre de l'Oratoire.

29135. Discours fait sous le Règne de Louis XIV. touchant les intérêts des Princes en général, tant alliés que non alliés à la Couronne de France.

Ces trois derniers Articles [étoient] conservés dans la Bibliothèque de M. Baluze, num. 510, [aujourd'hui dans celle du Roi.]

29136. ☞ Ms. Intérêts & Maximes des Princes: *in-fol*. 5 vol.

Dans la Bibliothèque de la Ville de Paris, num. 48, 51 & 206, parmi les Manuscrits de MM. Godefroy.]

29137. ☞ Les Intérêts des Puissances de l'Europe, fondés sur les Traités conclus depuis la Paix d'Utrecht inclusivement, & sur les preuves de leurs prétentions particulières; par M. J. Rousset, Membre de la Société Royale des Sciences de Berlin: *la Haye*, 1734, & *suiv. in-12*. 17 vol.

Rousset, François réfugié, est né à Laon en Picardie. On peut voir ce que dit de lui de la Barre de Beaumarchais, dans les 4 ou 5 premières *Lettres sérieuses & badines*, où il cite divers Ouvrages du Sieur Rousset.

Les quatre premiers Tomes contiennent un détail ou des Dissertations sur les Droits & différens Intérêts présens des Puissances de l'Europe.

Les cinq Volumes suivans renferment les Preuves ou les différens Traités sur lesquels ces Droits sont fondés. On trouve à la tête du cinquième Volume une Table Chronologique des Actes contenus dans ces cinq Volumes, qui s'étendent depuis l'an 1356 jusqu'en 1732.

Les X. XI. & XII. Volumes contiennent un Supplément ou des Additions aux trois premiers Tomes & au neuvième.

Les XIII. XIV. XV. XVI. XVII. Volumes renferment une Suite de cet Ouvrage, qui concerne les Droits respectifs des différens Princes d'Allemagne.]

29138. ☞ Intérêts présens des Puissances de l'Europe, avec le Supplément; par J. Rousset: *La Haye*, 1731-1735, *in-4*. 4 vol.

Voyez la *Biblioth. Franç.* de du Sauzet, tom. XVII.

pag. 150. = Biblioth. raisonnée tom. XI. pag. 312. Mém. de Trév. Mai 1734. = Pour & Contre, tom. II. N.° 30.]

☞ Intérêts des Princes de l'Europe.

Voyez ci-devant, *Considérations sur le Gouvernement*, &c. attribué à M. le Marquis d'Argenson, ci-dessus, N°. 27170.]

29139. ☞ Histoire des Guerres entre les Maisons de France & d'Autriche, avec des Remarques; par J. ROUSSET: *Amsterdam*, 1742. Nouvelle Edition, augmentée: 1748, *in*-12. 2 vol.]

29140. ☞ Le Droit public de l'Europe, fondé sur les Traités conclus jusqu'en 1740; par l'Abbé DE MABLI: *La Haye*, (*Paris*), 1746, 2 vol. Nouvelle Edition augmentée: 1754, *in*-12. 3 vol.]

29141. ☞ Projet pour rendre la Paix perpétuelle en Europe, inventé par le Roi Henri le Grand, approuvé par la Reine Elisabeth, par le Roi Jacques son Successeur, par les Républiques, & par divers autres Potentats, démontré infiniment avantageux, &c. par l'Abbé Charles-Irénée Castel DE SAINT-PIERRE: *Utrecht*, (*Paris*), 1713, *in*-12. 3 vol.]

29142. ☞ Abrégé du même, approprié à l'état présent des Affaires de l'Europe, (en 1729); par le même: *Rotterdam*, (*Paris*), 1729 & 1731, *in*-12.]

29143. ☞ Les Intérêts des Nations de l'Europe développés relativement au Commerce; (par M. ACCARIAS DE SÉRIONNE:) *Paris*, Desaint; (*Amsterdam*, Rey,) 1767, *in*-12. 4 vol.]

Fin du second Volume.

www.ingramcontent.com/pod-product-compliance
Lightning Source LLC
Chambersburg PA
CBHW070853300426
44113CB00008B/817